EINKOMMENSTEUER-HANDAUSGABE 1998

Bitte wichtige Hinweise auf der Seite 4 beachten!

Für die Veranlagungszeiträume 1998/99 sind anzuwenden

1. das **EStG 1997** in der Fassung der Bekanntmachung vom 16.4.1997 (BGBl. I S. 821, BStBl I S. 415), zuletzt geändert durch Artikel 1 des Steuerentlastungsgesetzes 1999/2000/2002 vom 24.3.1999 (BGBl. I S. 402),
2. die **EStDV 1997** in der Fassung der Bekanntmachung vom 18.6.1997 (BGBl. I S. 1558, BStBl I S. 655), zuletzt geändert durch Artikel 2 des Steuerentlastungsgesetzes 1999/2000/2002 vom 24.3.1999 (BGBl. I S. 402),
3. die **EStR 1996** in der Fassung vom 28.2.1997 (BStBl I Sondernummer 1/1997), geändert durch die Allgemeine Verwaltungsvorschrift über die Änderung der Einkommensteuer-Richtlinien 1996 (EStÄR 1998) und die 2. Allgemeine Verwaltungsvorschrift über die Änderung der Einkommensteuer-Richtlinien 1996 (2. EStÄR 1998) vom 15.12.1998 (BStBl I S. 1518, 1528) – nachfolgend als EStR 1998 bezeichnet.

Auf die Rechtsänderungen, soweit sie noch nicht für den VZ 1998 gelten, wird in den Fußnoten hingewiesen.

Falls sich Gesetzesänderungen nach Drucklegung dieser Handausgabe ergeben sollten, die für den VZ 1998 gelten, können Sie hierzu ein kostenloses Informationsblatt anfordern.

Haben Sie ein Faxgerät? Stellen Sie dieses bitte auf „Abruf" oder „Polling" und wählen Sie 02 28/7 24 99 08.

Einkommensteuer Handausgabe 1998

Einkommensteuergesetz
mit Durchführungsverordnung, Richtlinien, Hinweisen, Nebenbestimmungen

Bearbeitet von

Dipl.-Finanzwirtin
Gerlinde Rosenbaum

Dipl.-Finanzwirt
Norbert Sowinski

Ausgabe April 1999

VERLAG · BONN · BERLIN

Hinweise

Die Stollfuß-Handausgabe 1998 übernimmt die Konzeption des Amtlichen Einkommensteuer-Handbuchs. Dieses gibt seit der Ausgabe 1993 die für den jeweiligen Veranlagungszeitraum geltenden Texte des Einkommensteuergesetzes und der Einkommensteuer-Durchführungsverordnung wieder und trennt Verwaltungsvorschriften (Einkommensteuer-Richtlinien – EStR –) und Hinweise. Die EStR 1996 unter Berücksichtigung der Allgemeinen Verwaltungsvorschrift über die Änderung der EStR 1996 (EStÄR 1998) und der 2. Allgemeinen Verwaltungsvorschrift über die Änderung der EStR 1996 (2. EStÄR 1998) vom 15.12.1998 werden als **EStR 1998** bezeichnet.

Die Hinweise sind von den obersten Finanzbehörden des Bundes und der Länder beschlossen worden. Sie machen den Rechtsanwender aufmerksam auf höchstrichterliche Rechtsprechung, BMF-Schreiben und Rechtsquellen außerhalb des Einkommensteuerrechts, die in das Einkommensteuerrecht hineinwirken. Sie enthalten den ausgewählten aktuellen Stand

– der höchstrichterlichen Rechtsprechung und
– der Verwaltungsvorschriften der Länder, die auf Grund von im Bundessteuerblatt veröffentlichten BMF-Schreiben ergangen sind.

Die im Bundessteuerblatt veröffentlichte Rechtsprechung ist für die Finanzverwaltung verbindlich, soweit nicht ein Nichtanwendungserlaß ergangen ist.

In Anhängen sind ausgewählte Gesetzestexte, BMF-Schreiben und Tabellen zusammengestellt.

Die **halbfett kursiv** gedruckten Stellen kennzeichnen die Änderungen bei den Gesetzestexten, Durchführungsverordnungen, Richtlinien und Hinweisen gegenüber der letztjährigen Ausgabe; Weglassungen sind mit einer **senkrechten Randlinie (I)** markiert.

Die Stollfuß-Handausgabe enthält gegenüber dem Amtlichen Einkommensteuer-Handbuch zusätzliche Erläuterungen, Urteile, BMF-Schreiben und andere aktuelle Hinweise, die jeweils grau unterlegt dargestellt sind. Erstmals für den Veranlagungszeitraum 1999 anzuwendende Texte des Einkommensteuergesetzes und der Einkommensteuer-Durchführungsverordnung sind als Anmerkung der Verfasser (Anm.:) in Fußnoten abgedruckt. Auf die besonderen Probleme der Lohnsteuer wird nicht näher eingegangen; insofern wird auf die ebenfalls im Stollfuß Verlag erschienene „Lohnsteuer-Handausgabe" verwiesen.

Das Zeichen → im laufenden Richtlinientext zeigt ein Stichwort in den alphabetisch geordneten Hinweisen an. Im übrigen dient es zum Querverweis.

Empfohlene Zitierweise:

– die Einkommensteuer-Richtlinien, z. B.   R 6 zu § 3 Nr. 44 EStR 1998
    R 242 Abs. 2 EStR 1998
– die amtlichen Hinweise sollten mit der dort angegebenen Fundstelle zitiert werden, z. B.   BFH vom 6.11.1997 – BStBl 1998 II S. 187
  als Kurzfassung   H 192 (Haushaltszugehörigkeit) EStH 1998

Die nicht amtlichen Ergänzungen sind mit ihrer jeweils gesondert genannten Fundstelle zu zitieren.

Wir hoffen, daß die in der Praxis bewährte Form der Darstellung Ihr tägliches Leben mit dem Einkommensteuerrecht erleichtern wird und begrüßen weiterhin Anregungen und Hinweise, die der Verbesserung des Werkes dienen.

Bonn, im April 1999   Verlag und Verfasser

Die Deutsche Bibliothek – CIP-Einheitsaufnahme

Einkommensteuer-Handausgabe . . . : Einkommensteuergesetz mit Durchführungsverordnung, Richtlinien, Hinweisen, Nebenbestimmungen. – Bonn: Stollfuß
ISSN 0178-6679
1998 (1999)
ISBN 3-08-361098-X

ISBN 3-08-**361098**-X

Stollfuß Verlag Bonn 1998 · Alle Rechte vorbehalten
Satz: Fotosatz Froitzheim AG, Bonn
Druck und Verarbeitung: Druckerei Bercker, Kevelaer
99EU4T

Inhaltsübersicht

	Seite
Abkürzungsverzeichnis	27
Änderungsgesetze	31
Tabellarische Übersicht	35

A. Einkommensteuergesetz, Einkommensteuer-Durchführungsverordnung, Einkommensteuer-Richtlinien, Hinweise

Seite

Einführung 37

I. Steuerpflicht

§ 1	EStG		39
§ 1a	EStG		39
	R 1.	Steuerpflicht	40
	R 2.	Zuständigkeit bei der Besteuerung	42

II. Einkommen

1. Sachliche Voraussetzungen für die Besteuerung

§ 2	EStG	Umfang der Besteuerung, Begriffsbestimmungen	43
	R 3.	Ermittlung des zu versteuernden Einkommens	44
	R 4.	Ermittlung der festzusetzenden Einkommensteuer	46
§ 2a	EStG	Negative ausländische Einkünfte	47
	R 5.	Negative ausländische Einkünfte	49
§ 2b	EStG	(unbesetzt)	52

2. Steuerfreie Einnahmen

§ 3	EStG		53
	§ 4 EStDV	Steuerfreie Einnahmen	59
	R 6.	Steuerbefreiungen auf Grund des § 3 EStG	60
		– zu § 3 Nr. 27	74
		– zu § 3 Nr. 44	81
		– zu § 3 Nr. 67	89
	R 7.	Steuerbefreiungen nach anderen Gesetzen, Verordnungen und Verträgen	90
	R 8.–10.	unbesetzt	90

§ 3a	EStG	(weggefallen)	90
§ 3b	EStG	Steuerfreiheit von Zuschlägen für Sonntags-, Feiertags- oder Nachtarbeit	90
§ 3c	EStG	Anteilige Abzüge	91
	R 11.	unbesetzt	91

3. Gewinn

§ 4	EStG	Gewinnbegriff im allgemeinen	93
	§ 6 EStDV	Eröffnung, Erwerb, Aufgabe und Veräußerung eines Betriebs	97
	§ 7 EStDV	(zu § 6 EStG abgedruckt)	97
	§ 8 EStDV	Eigenbetrieblich genutzte Grundstücke von untergeordnetem Wert	97
	R 12.	Betriebsvermögensvergleich	97
	R 13.	Betriebsvermögen	99
	R 14.	Einlagen und Entnahmen	115
	R 15.	Bilanzberichtigung und Bilanzänderung	121
	R 16.	Einnahmenüberschußrechnung	123
	R 17.	Wechsel der Gewinnermittlungsart	128
	R 18.	Betriebseinnahmen und -ausgaben	130
	R 19.	Rechtsverhältnisse zwischen Angehörigen	135
	R 20.	Abziehbare Steuern	142
	R 21.	Geschenke, Bewirtung, andere die Lebensführung berührende Betriebsausgaben	144
	R 22.	Besondere Aufzeichnung	150

Inhaltsübersicht

			Seite
	R 23.	Kilometer-Pauschbetrag, nicht abziehbare Fahrtkosten, Reisekosten und Aufwendungen für doppelte Haushaltsführung	152
	R 24.	Abzugsverbot für Sanktionen sowie für Zuwendungen im Sinne des § 4 Abs. 5 Satz 1 Nr. 10 EStG	155
§ 4a	EStG	Gewinnermittlungszeitraum, Wirtschaftsjahr	157
	§ 8b EStDV	Wirtschaftsjahr	157
	§ 8c EStDV	Wirtschaftsjahr bei Land- und Forstwirten	157
	R 25.	Gewinnermittlung bei einem vom Kalenderjahr abweichenden Wirtschaftsjahr	158
§ 4b	EStG	Direktversicherung	160
	R 26.	Direktversicherung	160
§ 4c	EStG	Zuwendungen an Pensionskassen	162
	R 27.	Zuwendungen an Pensionskassen	163
§ 4d	EStG	Zuwendungen an Unterstützungskassen	164
	R 27a.	Zuwendungen an Unterstützungskassen	167
§ 5	EStG	Gewinn bei Vollkaufleuten und bei bestimmten anderen Gewerbetreibenden	175
	R 28.	unbesetzt	176
	R 29.	Ordnungsmäßige Buchführung	177
	R 30.	Bestandsaufnahme des Vorratsvermögens	180
	R 31.	Bestandsmäßige Erfassung des beweglichen Anlagevermögens	182
	R 31a.	Immaterielle Wirtschaftsgüter	184
	R 31b.	Rechnungsabgrenzungen	188
	R 31c.	Rückstellungen	191
§ 5a	EStG	Gewinnermittlung bei Handelsschiffen im internationalen Verkehr	200
§ 6	EStG	Bewertung	202

			Seite
	§ 7 EStDV	Unentgeltliche Übertragung eines Betriebs, eines Teilbetriebs, eines Mitunternehmeranteils oder einzelner Wirtschaftsgüter, die zu einem Betriebsvermögen gehören	205
	§ 8 EStDV	(zu § 4 EStG abgedruckt)	206
	§ 8a EStDV	(weggefallen)	206
	§§ 8b, 8c EStDV	(zu § 4a EStG abgedruckt)	206
	§ 9a EStDV	(zu § 6b EStG abgedruckt)	206
	§§ 10–11d EStDV	(zu § 7 EStG abgedruckt)	206
	R 32.	Anlagevermögen und Umlaufvermögen	206
	R 32a.	Anschaffungskosten	208
	R 33.	Herstellungskosten	211
	R 33a.	Aufwendungen im Zusammenhang mit einem Grundstück	213
	R 34.	Zuschüsse für Anlagegüter	216
	R 35.	Übertragung stiller Reserven bei Ersatzbeschaffung	217
	R 35a.	Teilwert	222
	R 36.	Bewertung des Vorratsvermögens	225
	R 36a.	Bewertung nach unterstellten Verbrauchs- und Veräußerungsfolgen	227
	R 37.	Bewertung von Verbindlichkeiten	228
	R 38.	Bewertung von Rückstellungen	230
	R 39.	Bewertung von Entnahmen und Einlagen	233
	R 40.	Bewertungsfreiheit für geringwertige Wirtschaftsgüter	234
§ 6a	EStG	Pensionsrückstellung	238
	R 41.	Rückstellungen für Pensionsverpflichtungen	239
§ 6b	EStG	Gewinn aus der Veräußerung bestimmter Anlagegüter	256
	§ 9a EStDV	Anschaffung, Herstellung	260

Inhaltsübersicht

		Seite
R 41a.	Ermittlung des Gewinns aus der Veräußerung bestimmter Wirtschaftsgüter im Sinne des § 6b EStG	260
R 41b.	Übertragung aufgedeckter stiller Reserven und Rücklagenbildung nach § 6b EStG	263
R 41c.	Sechsjahresfrist im Sinne des § 6b Abs. 4 Nr. 2 EStG	267
§ 6c	EStG Gewinn aus der Veräußerung von Grund und Boden, Gebäuden sowie von Aufwuchs auf oder Anlagen im Grund und Boden bei der Ermittlung des Gewinns nach § 4 Abs. 3 oder nach Durchschnittssätzen	269
R 41d.	Gewinn aus der Veräußerung von Gebäuden sowie von Aufwuchs auf oder Anlagen im Grund und Boden bei der Ermittlung des Gewinns nach § 4 Abs. 3 EStG oder nach Durchschnittssätzen	270
§ 6d	EStG Befristete Rücklage bei Erwerb von Betrieben, deren Fortbestand gefährdet ist	271
§ 7	EStG Absetzung für Abnutzung oder Substanzverringerung	273
	§ 10 EStDV Absetzung für Abnutzung im Fall des § 4 Abs. 3 des Gesetzes	275
	§ 10a EStDV Bemessung der Absetzungen für Abnutzung oder Substanzverringerung bei nicht zu einem Betriebsvermögen gehörenden Wirtschaftsgütern, die der Steuerpflichtige vor dem 21. Juni 1948 angeschafft oder hergestellt hat	275
	§§ 11–11b EStDV (weggefallen)	275
	§ 11c EStDV Absetzung für Abnutzung bei Gebäuden	276
	§ 11d EStDV Absetzung für Abnutzung oder Substanzverringerung bei nicht zu einem Betriebsvermögen gehörenden Wirtschaftsgütern, die der Steuerpflichtige unentgeltlich erworben hat	276
R 42.	Abnutzbare Wirtschaftsgüter	277
R 42a.	Wirtschaftsgebäude, Mietwohnneubauten und andere Gebäude	280

		Seite
R 43.	Bemessungsgrundlage für die AfA	281
R 44.	Höhe der AfA	284
R 44a.	Absetzung für Substanzverringerung	293
§ 7a	EStG Gemeinsame Vorschriften für erhöhte Absetzungen und Sonderabschreibungen	293
R 45.	Gemeinsame Vorschriften für erhöhte Absetzungen und Sonderabschreibungen	294
R 46.–51. unbesetzt		299
§ 7b	EStG Erhöhte Absetzungen für Einfamilienhäuser, Zweifamilienhäuser und Eigentumswohnungen	299
	§ 15 EStDV Erhöhte Absetzungen für Einfamilienhäuser, Zweifamilienhäuser und Eigentumswohnungen	301
R 52.	Anwendungsbereich	301
R 53.–75. unbesetzt		301
§ 7c	EStG Erhöhte Absetzungen an Gebäuden zur Schaffung neuer Mietwohnungen	302
R 76.	Erhöhte Absetzungen für Baumaßnahmen an Gebäuden zur Schaffung neuer Mietwohnungen	302
§ 7d	EStG Erhöhte Absetzungen für Wirtschaftsgüter, die dem Umweltschutz dienen	303
R 77.	Weitergeltung der Anordnungen zu § 7d EStG	304
R 78.	unbesetzt	304
§ 7e	EStG (weggefallen)	304
R 78a.–81. unbesetzt		304
§ 7f	EStG Bewertungsfreiheit für abnutzbare Wirtschaftsgüter des Anlagevermögens privater Krankenhäuser	305
R 82.	Bewertungsfreiheit für abnutzbare Wirtschaftsgüter des Anlagevermögens privater Krankenhäuser	305
§ 7g	EStG Sonderabschreibungen und Ansparabschreibungen zur Förderung kleiner und mittlerer Betriebe	307
R 82a.	Ansparabschreibungen	308
R 83.	Sonderabschreibungen zur Förderung kleiner und mittlerer Betriebe	310

Inhaltsübersicht

		Seite
§ 7h	EStG Erhöhte Absetzungen bei Gebäuden in Sanierungsgebieten und städtebaulichen Entwicklungsbereichen	314
R 83a.	Erhöhte Absetzungen nach § 7h EStG von Aufwendungen für bestimmte Maßnahmen an Gebäuden in Sanierungsgebieten und städtebaulichen Entwicklungsbereichen	315
§ 7i	EStG Erhöhte Absetzungen bei Baudenkmalen	316
R 83b.	Erhöhte Absetzungen nach § 7i EStG von Aufwendungen für bestimmte Baumaßnahmen an Baudenkmalen	317
§ 7k	EStG Erhöhte Absetzungen für Wohnungen mit Sozialbindung	318
R 83c.	Erhöhte Absetzungen für Wohnungen mit Sozialbindung	319

4. Überschuß der Einnahmen über die Werbungskosten

§ 8	EStG Einnahmen	319
§ 9	EStG Werbungskosten	320
R 84.	Aufwendungen für Fahrten bei Einkünften aus Vermietung und Verpachtung	321
§ 9a	EStG Pauschbeträge für Werbungskosten	322
R 85.	Pauschbeträge für Werbungskosten	323

4a. Umsatzsteuerrechtlicher Vorsteuerabzug

§ 9b	EStG	324
R 86.	Auswirkungen der Umsatzsteuer auf die Einkommensteuer	324

5. Sonderausgaben

§ 10	EStG	326
§ 29 EStDV	Anzeigepflichten bei Versicherungsverträgen	328
§ 30 EStDV	Nachversteuerung bei Versicherungsverträgen	329
§§ 31–44 EStDV (weggefallen)		329

		Seite
R 86a.	Sonderausgaben (Allgemeines)	329
R 86b.	Unterhaltsleistungen an den geschiedenen oder dauernd getrennt lebenden Ehegatten	331
R 87.	Renten und dauernde Lasten	332
R 87a.	Vorsorgeaufwendungen (Allgemeines)	334
R 88.	Versicherungsbeiträge	335
R 89.	Nachversteuerung von Versicherungsbeiträgen	339
R 90.–93.	unbesetzt	340
R 94.	Nachversteuerung von Bausparbeiträgen	340
R 95.–100.	unbesetzt	340
R 101.	Kirchensteuern	340
R 102.	Steuerberatungskosten	341
R 103.	Aufwendungen für die Berufsausbildung oder die Weiterbildung in einem nicht ausgeübten Beruf	342
R 103a.	Hauswirtschaftliches Beschäftigungsverhältnis	347
R 104.	Schulgeld	348
R 105.	unbesetzt	349
R 106.	Kürzung des Vorwegabzugs	350
R 107.–109.	unbesetzt	350
R 109a.	Nachversteuerung für Versicherungsbeiträge und Bausparbeiträge bei Ehegatten im Fall ihrer getrennten Veranlagung	350
§ 10a	EStG (weggefallen)	350
R 110.	unbesetzt	350
§ 10b	EStG Steuerbegünstigte Zwecke	351
§ 48 EStDV	Förderung mildtätiger, kirchlicher, religiöser, wissenschaftlicher und der als besonders förderungswürdig anerkannten gemeinnützigen Zwecke	351
§ 49 EStDV (weggefallen)		352
§ 50 EStDV	Überleitungsvorschrift zum Spendenabzug	352

Inhaltsübersicht

		Seite
R 111.	Ausgaben zur Förderung mildtätiger, kirchlicher, religiöser und wissenschaftlicher Zwecke und der als besonders förderungswürdig anerkannten gemeinnützigen Zwecke im Sinne des § 10b Abs. 1 EStG	352
R 112.	Mitgliedsbeiträge und Spenden an politische Parteien	361
R 113.	Begrenzung des Abzugs der Ausgaben für steuerbegünstigte Zwecke	362

§ 10c EStG Sonderausgaben-Pauschbetrag, Vorsorgepauschale 363

R 114. Berechnung der Vorsorgepauschale bei Ehegatten .. 364

§ 10d EStG Verlustabzug 367

R 115. Verlustabzug 369

§ 10e EStG Steuerbegünstigung der zu eigenen Wohnzwecken genutzten Wohnung im eigenen Haus 374

R 115a. Steuerbegünstigung der zu eigenen Wohnzwecken genutzten Wohnung im eigenen Haus 376

§ 10f EStG Steuerbegünstigung für zu eigenen Wohnzwecken genutzte Baudenkmale und Gebäude in Sanierungsgebieten und städtebaulichen Entwicklungsbereichen 379

R 115b. Steuerbegünstigung für zu eigenen Wohnzwecken genutzte Baudenkmale und Gebäude in Sanierungsgebieten und städtebaulichen Entwicklungsbereichen ... 379

§ 10g EStG Steuerbegünstigung für schutzwürdige Kulturgüter, die weder zur Einkunftserzielung noch zu eigenen Wohnzwecken genutzt werden 380

R 115c. Steuerbegünstigung für schutzwürdige Kulturgüter, die weder zur Einkunftserzielung noch zu eigenen Wohnzwecken genutzt werden 381

		Seite
§ 10h EStG	Steuerbegünstigung der unentgeltlich zu Wohnzwecken überlassenen Wohnung im eigenen Haus	382
§ 10i EStG	Vorkostenabzug bei einer nach dem Eigenheimzulagengesetz begünstigten Wohnung	382
R 115d.	Vorkostenabzug bei einer nach dem Eigenheimzulagengesetz begünstigten Wohnung	383

6. Vereinnahmung und Verausgabung

§ 11 EStG 383

R 116. Zufluß von Einnahmen und Abfluß von Ausgaben 384

§ 11a EStG Sonderbehandlung von Erhaltungsaufwand bei Gebäuden in Sanierungsgebieten und städtebaulichen Entwicklungsbereichen 387

R 116a. Sonderbehandlung von Erhaltungsaufwand bei Gebäuden in Sanierungsgebieten und städtebaulichen Entwicklungsbereichen 388

§ 11b EStG Sonderbehandlung von Erhaltungsaufwand bei Baudenkmalen .. 388

R 116b. Sonderbehandlung von Erhaltungsaufwand bei Baudenkmalen 388

7. Nicht abzugsfähige Ausgaben

§ 12 EStG 389

R 117.	Abgrenzung der Kosten der Lebensführung von den Betriebsausgaben und Werbungskosten	389
R 117a.	Studienreisen, Fachkongresse	392
R 118.–119.	unbesetzt	396
R 120.	Geldstrafen und ähnliche Rechtsnachteile	396
R 121.	Nichtabziehbare Steuern und Nebenleistungen	397
R 122.	Spenden	398
R 123.	Wiederkehrende Leistungen	398

Inhaltsübersicht

8. Die einzelnen Einkunftsarten

a) Land- und Forstwirtschaft
(§ 2 Abs. 1 Satz 1 Nr. 1)

§ 13 EStG Einkünfte aus Land- und Forstwirtschaft 399

§ 51 EStDV Ermittlung der Einkünfte bei forstwirtschaftlichen Betrieben .. 401

- R 124. Freibetrag für Land- und Forstwirte 402
- R 124a. Abgrenzung der gewerblichen und landwirtschaftlichen Tierzucht und Tierhaltung 402
- R 125. Bewertung von land- und forstwirtschaftlichem Betriebsvermögen 404
- R 125a. Bewertung von Vieh bei Gewinnermittlung nach § 4 Abs. 3 EStG 405
- R 126. Rechtsverhältnisse zwischen Angehörigen in einem landwirtschaftlichen Betrieb 406
- R 127. Ermittlung des Gewinns aus Land- und Forstwirtschaft 407
- R 128. Buchführung bei Gartenbaubetrieben, Saatzuchtbetrieben, Baumschulen und ähnlichen Betrieben .. 412
- R 128a. Minderung der Anschaffungs- oder Herstellungskosten eines Waldes 412
- R 129.–130. unbesetzt 412

§ 13a EStG Ermittlung des Gewinns aus Land- und Forstwirtschaft nach Durchschnittssätzen 413

§ 52 EStDV Erhöhte Absetzungen nach § 7b des Gesetzes bei Land- und Forstwirten, deren Gewinn nach Durchschnittssätzen ermittelt wird .. 417

- R 130a. Ermittlung des Gewinns aus Land- und Forstwirtschaft nach Durchschnittssätzen 417

§ 14 EStG Veräußerung des Betriebs 422

- R 131. Wechsel im Besitz von Betrieben, Teilbetrieben und Betriebsteilen 422
- R 132. Durch behördlichen Zwang veranlaßte Veräußerungen 425
- R 133. unbesetzt 425

§ 14a EStG Vergünstigungen bei der Veräußerung bestimmter land- und forstwirtschaftlicher Betriebe 425

- R 133a. Freibetrag bei Betriebsveräußerung im ganzen (§ 14a Abs. 1 bis 3 EStG) 427
- R 133b. Freibetrag für die Abfindung weichender Erben (§ 14a Abs. 4, 6 und 7 EStG) 428
- R 133c. Freibetrag für Schuldentilgung (§ 14a Abs. 5 EStG) .. 430

b) Gewerbebetrieb
(§ 2 Abs. 1 Satz 1 Nr. 2)

§ 15 EStG Einkünfte aus Gewerbebetrieb 431

- R 134. Selbständigkeit 432
- R 134a. Nachhaltigkeit 439
- R 134b. Gewinnerzielungsabsicht . 440
- R 134c. Beteiligung am allgemeinen wirtschaftlichen Verkehr 442
- R 135. Abgrenzung des Gewerbebetriebs von der Land- und Forstwirtschaft 443
- R 136. Abgrenzung des Gewerbebetriebs von der selbständigen Arbeit 447
- R 137. Abgrenzung des Gewerbebetriebs von der Vermögensverwaltung 455
- R 138. Mitunternehmerschaft 468
- R 138a. Steuerliche Anerkennung von Familiengesellschaften 478
- R 138b. unbesetzt 483
- R 138c. Verluste aus gewerblicher Tierzucht 483

§ 15a EStG Verluste bei beschränkter Haftung 484

- R 138d. Verluste bei beschränkter Haftung 485

§ 16 EStG Veräußerung des Betriebs ... 489

		Seite
	R 139. Veräußerung des gewerblichen Betriebs	489
§ 17	EStG Veräußerung von Anteilen an Kapitalgesellschaften bei wesentlicher Beteiligung	511
	§ 53 EStDV Anschaffungskosten bestimmter Anteile an Kapitalgesellschaften	512
	§ 54 EStDV Übersendung von Urkunden durch die Notare	512
	R 140. Veräußerung von Anteilen an einer Kapitalgesellschaft	512
	R 141. unbesetzt	521

c) Selbständige Arbeit
(§ 2 Abs. 1 Satz 1 Nr. 3)

§ 18	EStG	521
	R 142. Aufzeichnungspflicht und Buchführungspflicht von Angehörigen der freien Berufe	522
	R 143. Betriebsvermögen	523
	R 144. Beiträge der Ärzte zu Versorgungseinrichtungen und zum Fürsorgefonds der Ärztekammern	524
	R 145. unbesetzt	524
	R 146. Abgrenzung der selbständigen Arbeit gegenüber der nichtselbständigen Arbeit	524
	R 147. Veräußerungsgewinn nach § 18 Abs. 3 EStG	525
	R 148. unbesetzt	527
	R 149. Einkommensteuerrechtliche Behandlung der Erfinder	527

d) Nichtselbständige Arbeit
(§ 2 Abs. 1 Satz 1 Nr. 4)

§ 19	EStG	528
	R 150. Allgemeines zu den Einkünften aus nichtselbständiger Arbeit	528
	R 151.–152. unbesetzt	528
§ 19a	EStG Überlassung von Vermögensbeteiligungen an Arbeitnehmer	529

		Seite
	e) Kapitalvermögen **(§ 2 Abs. 1 Satz 1 Nr. 5)**	
§ 20	EStG	532
	R 153. Werbungskosten bei Einkünften aus Kapitalvermögen	534
	R 154. Einnahmen aus Kapitalvermögen	536
	R 155. unbesetzt	541
	R 156. Sparer-Freibetrag	541

f) Vermietung und Verpachtung
(§ 2 Abs. 1 Satz 1 Nr. 6)

§ 21	EStG	541
	§ 82a EStDV Erhöhte Absetzungen von Herstellungskosten und Sonderbehandlung von Erhaltungsaufwand für bestimmte Anlagen und Einrichtungen bei Gebäuden	542
	§ 82b EStDV Behandlung größeren Erhaltungsaufwands bei Wohngebäuden	543
	§ 82g EStDV Erhöhte Absetzungen von Herstellungskosten für bestimmte Baumaßnahmen	543
	§ 82h EStDV (weggefallen)	544
	§ 82i EStDV Erhöhte Absetzungen von Herstellungskosten bei Baudenkmälern	544
	R 157. Erhaltungsaufwand und Herstellungsaufwand	544
	R 158.–160. unbesetzt	547
	R 161. Sonderfälle von Einnahmen und Werbungskosten	548
	R 162. Ermittlung des Nutzungswerts der Wohnung im eigenen Haus und einer unentgeltlich oder verbilligt überlassenen Wohnung	553
	R 162a. Miet- und Pachtverträge zwischen Angehörigen und Partnern einer nichtehelichen Lebensgemeinschaft	555
	R 163. Behandlung von Zuschüssen	557
	R 164. Miteigentum und Gesamthand	559
	R 164a. Substanzausbeuterecht	560

Inhaltsübersicht

	Seite
§ 21a EStG Pauschalierung des Nutzungswerts der selbstgenutzten Wohnung im eigenen Haus	561
R 164b. Anwendungsbereich	562

g) Sonstige Einkünfte (§ 2 Abs. 1 Satz 1 Nr. 7)

	Seite
§ 22 EStG Arten der sonstigen Einkünfte	562
§ 55 EStDV Ermittlung des Ertrags aus Leibrenten in besonderen Fällen	564
R 165. Besteuerung von wiederkehrenden Bezügen mit Ausnahme der Leibrenten	566
R 166. Wiederkehrende Bezüge bei ausländischen Studenten und Schülern	568
R 167. Besteuerung von Leibrenten	569
R 168. Renten nach § 2 Abs. 2 der 32. DV zum Umstellungsgesetz (UGDV)	576
R 168a. Besteuerung von Leistungen im Sinne des § 22 Nr. 3 EStG	576
R 168b. Besteuerung von Bezügen im Sinne des § 22 Nr. 4 EStG	578
§ 23 EStG Spekulationsgeschäfte	579
R 169. Spekulationsgeschäfte	580

h) Gemeinsame Vorschriften

	Seite
§ 24 EStG	584
R 170. Begriff der Entschädigung im Sinne des § 24 Nr. 1 EStG	584
R 171. Nachträgliche Einkünfte	586
§ 24a EStG Altersentlastungsbetrag	588
R 171a. Altersentlastungsbetrag	588

III. Veranlagung

	Seite
§ 25 EStG Veranlagungszeitraum, Steuererklärungspflicht	590
§ 56 EStDV Steuererklärungspflicht	590
§§ 57–59 EStDV (weggefallen)	591
§ 60 EStDV Unterlagen zur Steuererklärung	591
R 172. Verfahren bei der getrennten Veranlagung von Ehegatten nach § 26a EStG	591
R 173. unbesetzt	592
§ 26 EStG Veranlagung von Ehegatten	592
R 174. Voraussetzungen für die Anwendung des § 26 EStG	592
§ 26a EStG Getrennte Veranlagung von Ehegatten	595
§ 61 EStDV Antrag auf anderweitige Verteilung der außergewöhnlichen Belastungen im Fall des § 26a des Gesetzes	595
§§ 62–62c EStDV (weggefallen)	595
§ 62d EStDV Anwendung des § 10d des Gesetzes bei der Veranlagung von Ehegatten	595
R 174a. Getrennte Veranlagung von Ehegatten nach § 26a EStG	596
§ 26b EStG Zusammenveranlagung von Ehegatten	597
§ 62d EStDV (zu § 26a EStG abgedruckt)	597
R 174b. Zusammenveranlagung von Ehegatten nach § 26b EStG	598
§ 26c EStG Besondere Veranlagung für den Veranlagungszeitraum der Eheschließung	598
R 174c. Besondere Veranlagung für den Veranlagungszeitraum der Eheschließung nach § 26c EStG	598
§ 27 EStG (weggefallen)	599
§ 28 EStG Besteuerung bei fortgesetzter Gütergemeinschaft	599
§§ 29–30 EStG (weggefallen)	599

IV. Tarif

	Seite
§ 31 EStG Familienleistungsausgleich	600
R 175. Familienleistungsausgleich	600
§ 32 EStG Kinder, Kinderfreibetrag, Haushaltsfreibetrag	601

Inhaltsübersicht

		Seite
R 176.	Im ersten Grad mit dem Steuerpflichtigen verwandte Kinder	603
R 177.	Pflegekinder	603
R 178.	Allgemeines zur Berücksichtigung von Kindern	604
R 179.	Kinder, die arbeitslos sind	605
R 180.	Kinder, die für einen Beruf ausgebildet werden	606
R 180a.	Kinder, die sich in einer Übergangszeit von höchstens vier Monaten zwischen zwei Ausbildungsabschnitten befinden	611
R 180b.	Kinder, die mangels Ausbildungsplatz ihre Berufsausbildung nicht beginnen oder fortsetzen können	612
R 180c.	Kinder, die ein freiwilliges soziales oder ökologisches Jahr leisten	612
R 180d.	Kinder, die wegen körperlicher, geistiger oder seelischer Behinderung außerstande sind, sich selbst zu unterhalten	613
R 180e.	Einkünfte und Bezüge des Kindes	615
R 180f.	Verlängerungstatbestände bei arbeitslosen Kindern und Kindern in Berufsausbildung	616
R 181.	Höhe des Kinderfreibetrags in Sonderfällen	617
R 181a.	Übertragung des Kinderfreibetrags	617
R 182.	Haushaltsfreibetrag, Zuordnung von Kindern	619
R 183.	unbesetzt	620
§ 32a EStG	Einkommensteuertarif	620
R 184.	unbesetzt	622
R 184a.	Splitting-Verfahren bei verwitweten Personen (§ 32a Abs. 6 Nr. 1 EStG)	622
R 184b.	Splitting-Verfahren bei Personen, deren Ehe im Veranlagungszeitraum aufgelöst worden ist (§ 32a Abs. 6 Nr. 2 EStG)	623

		Seite
§ 32b EStG	Progressionsvorbehalt	623
R 185.	Progressionsvorbehalt	625
§ 32c EStG	Tarifbegrenzung bei gewerblichen Einkünften	627
R 185a.	Tarifbegrenzung bei gewerblichen Einkünften	628
§ 33 EStG	Außergewöhnliche Belastungen	631
§ 64 EStDV	Mitwirkung der Gesundheitsbehörden beim Nachweis des Gesundheitszustandes für steuerliche Zwecke	632
R 186.	Außergewöhnliche Belastungen allgemeiner Art	632
R 187.	Aufwendungen für existentiell notwendige Gegenstände	632
R 188.	Aufwendungen wegen Pflegebedürftigkeit	633
R 189.	Aufwendungen wegen Krankheit, Behinderung und Tod	633
§ 33a EStG	Außergewöhnliche Belastung in besonderen Fällen	644
R 190.	Aufwendungen für den Unterhalt und eine etwaige Berufsausbildung	646
R 191.	Ausbildungsfreibeträge	653
R 192.	Aufwendungen für eine Hilfe im Haushalt oder für vergleichbare Dienstleistungen (§ 33a Abs. 3 EStG)	655
R 192a.	Zeitanteilige Ermäßigung nach § 33a Abs. 4 EStG	656
R 193.	unbesetzt	659
§ 33b EStG	Pauschbeträge für Behinderte, Hinterbliebene und Pflegepersonen	659
§ 65 EStDV	Nachweis der Behinderung	660
R 194.	Pauschbeträge für Behinderte, Hinterbliebene und Pflegepersonen	661
§ 33c EStG	Kinderbetreuungskosten	664
R 195.	Kinderbetreuungskosten	665
R 196.	unbesetzt	668

Inhaltsübersicht

		Seite
§ 34	EStG Außerordentliche Einkünfte	668
	R 197. Umfang der steuerbegünstigten Einkünfte	669
	R 198. Berechnung des ermäßigten Steuersatzes	670
	R 199. Anwendung des § 34 Abs. 1 Satz 1 EStG auf Entschädigungen im Sinne des § 24 Nr. 1 EStG sowie auf Nutzungsvergütungen und Zinsen im Sinne des § 24 Nr. 3 EStG	673
	R 200. Einkünfte aus der Vergütung für eine mehrjährige Tätigkeit (§ 34 Abs. 3 EStG)	685
	R 201.–203. unbesetzt	688
§ 34a	EStG (weggefallen)	688
§ 34b	EStG Steuersätze bei außerordentlichen Einkünften aus Forstwirtschaft	689
	§ 68 EStDV Betriebsgutachten, Betriebswerk, Nutzungssatz	690
	R 204. Außerordentliche Holznutzungen	691
	R 205. Nachgeholte Nutzungen im Sinne des § 34b Abs. 1 Nr. 1 EStG	691
	R 206. Holznutzungen infolge höherer Gewalt (Kalamitätsnutzungen) im Sinne des § 34b Abs. 1 Nr. 1 EStG	692
	R 207. Nutzungssatz	693
	R 208. Zusammentreffen der verschiedenen Holznutzungsarten	693
	R 209. Berechnung der Einkünfte aus außerordentlichen Holznutzungen, nachgeholten Nutzungen und Holznutzungen infolge höherer Gewalt	694
	R 210. Umfang der steuerbegünstigten Einkünfte	697
	R 211. Höhe der Steuersätze	697
	R 212. Voraussetzungen für die Anwendung der Vergünstigungen des § 34b EStG	697

		Seite
V. Steuerermäßigungen		
1. Steuerermäßigung bei ausländischen Einkünften		
§ 34c	EStG	699
	§ 68a EStDV Einkünfte aus mehreren ausländischen Staaten	700
	§ 68b EStDV Nachweis über die Höhe der ausländischen Einkünfte und Steuern	700
	§§ 68c und 69 EStDV (weggefallen)	700
	R 212a. Ausländische Steuern	701
	R 212b. Ermittlung des Höchstbetrags für die Steueranrechnung	701
	R 212c. Antragsgebundener Abzug ausländischer Steuern	703
	R 212d. Bestehen von Doppelbesteuerungsabkommen	703
	R 212e. Zusammenrechnung der Einkünfte zusammenveranlagter Ehegatten bei der Steuerermäßigung nach § 34c Abs. 4 EStG	704
	R 212f. unbesetzt	704
§ 34d	EStG Ausländische Einkünfte	705
	R 212g. Nachträgliche Einkünfte aus Gewerbebetrieb	706
2. Steuerermäßigung bei Einkünften aus Land- und Forstwirtschaft		
§ 34e	EStG	706
	R 213. Steuerermäßigung bei Einkünften aus Land- und Forstwirtschaft	707
2a. Steuerermäßigung für Steuerpflichtige mit Kindern bei Inanspruchnahme erhöhter Absetzungen für Wohngebäude oder der Steuerbegünstigungen für eigengenutztes Wohneigentum		
§ 34f	EStG	710
	R 213a. Steuerermäßigung nach § 34f EStG	710
2b. Steuerermäßigung bei Mitgliedsbeiträgen und Spenden an politische Parteien und an unabhängige Wählervereinigungen		
§ 34g	EStG	713

		Seite
R 213b.	unbesetzt	713
R 213c.–R 213d. unbesetzt		715

3. Steuerermäßigung bei Belastung mit Erbschaftsteuer

§ 35	EStG		715
	R 213e.	Steuerermäßigung bei Belastung mit Erbschaftsteuer	716

VI. Steuererhebung

1. Erhebung der Einkommensteuer

§ 36	EStG Entstehung und Tilgung der Einkommensteuer		718
	R 213f.	Anrechnung von Steuervorauszahlungen, von Steuerabzugsbeträgen und von Körperschaftsteuer	719
	R 213g.	Zusammenhang zwischen der Besteuerung der Kapitalerträge und der Anrechnung von Kapitalertragsteuer oder von Körperschaftsteuer	720
	R 213h.	Anrechnung von Körperschaftsteuer bei Auslandsbeziehungen	720
§ 36a	EStG Ausschluß der Anrechnung von Körperschaftsteuer in Sonderfällen		721
	R 213i.	Anteilseigner mit beherrschendem Einfluß	721
§ 36b	EStG Vergütung von Körperschaftsteuer		721
	R 213j.	Vergütung von Körperschaftsteuer und Erstattung von Kapitalertragsteuer durch das Bundesamt für Finanzen nach den §§ 36b, 36c, 44b Abs. 1 EStG	722
	R 213k.	Einzelantrag beim Bundesamt für Finanzen (§§ 36b, 44b Abs. 1 EStG)	722
§ 36c	EStG Vergütung von Körperschaftsteuer auf Grund von Sammelanträgen		723
	R 213l.	Sammelantrag beim Bundesamt für Finanzen (§§ 36c, 44b Abs. 1 EStG)	724

		Seite
§ 36d	EStG Vergütung von Körperschaftsteuer in Sonderfällen	725
	R 213m. Vergütung von Körperschaftsteuer und Erstattung von Kapitalertragsteuer durch das Finanzamt im vereinfachten Verfahren (§§ 36d, 44b Abs. 2 EStG)	726
§ 36e	EStG Vergütung des Körperschaftsteuer-Erhöhungsbetrags an beschränkt Einkommensteuerpflichtige	727
§ 37	EStG Einkommensteuer-Vorauszahlung	727
	R 213n. Einkommensteuer-Vorauszahlung	728
§ 37a	EStG Pauschalierung der Einkommensteuer durch Dritte	729

2. Steuerabzug vom Arbeitslohn (Lohnsteuer)

§ 38	EStG Erhebung der Lohnsteuer	730
§ 38a	EStG Höhe der Lohnsteuer	730
§ 38b	EStG Lohnsteuerklassen	731
§ 38c	EStG Lohnsteuertabellen	731
§ 39	EStG Lohnsteuerkarte	732
§ 39a	EStG Freibetrag beim Lohnsteuerabzug	734
§ 39b	EStG Durchführung des Lohnsteuerabzugs für unbeschränkt einkommensteuerpflichtige Arbeitnehmer	736
§ 39c	EStG Durchführung des Lohnsteuerabzugs ohne Lohnsteuerkarte	737
§ 39d	EStG Durchführung des Lohnsteuerabzugs für beschränkt einkommensteuerpflichtige Arbeitnehmer	738
§ 40	EStG Pauschalierung der Lohnsteuer in besonderen Fällen	739
§ 40a	EStG Pauschalierung der Lohnsteuer für Teilzeitbeschäftigte	740
§ 40b	EStG Pauschalierung der Lohnsteuer bei bestimmten Zukunftssicherungsleistungen	741
§ 41	EStG Aufzeichnungspflichten beim Lohnsteuerabzug	742
§ 41a	EStG Anmeldung und Abführung der Lohnsteuer	742

Inhaltsübersicht

	Seite
§ 41b EStG Abschluß des Lohnsteuerabzugs	743
§ 41c EStG Änderung des Lohnsteuerabzugs	744
§§ 42, 42a EStG (weggefallen)	745
§ 42b EStG Lohnsteuer-Jahresausgleich durch den Arbeitgeber	745
§ 42c EStG (weggefallen)	746
§ 42d EStG Haftung des Arbeitgebers und Haftung bei Arbeitnehmerüberlassung	746
§ 42e EStG Anrufungsauskunft	747
§ 42f EStG Lohnsteuer-Außenprüfung	748

3. Steuerabzug vom Kapitalertrag (Kapitalertragsteuer)

§ 43 EStG Kapitalerträge mit Steuerabzug	748
§ 43a EStG Bemessung der Kapitalertragsteuer	749
§ 44 EStG Entrichtung der Kapitalertragsteuer in den Fällen des § 43 Abs. 1 Satz 1 Nr. 1 bis 5, 7 und 8 sowie Satz 2	751
§ 44a EStG Abstandnahme vom Steuerabzug	752
R 213o. Voraussetzungen für die Abstandnahme vom Kapitalertragsteuerabzug	753
§ 44b EStG Erstattung der Kapitalertragsteuer	754
R 213p. Erstattung von Kapitalertragsteuer	755
§ 44c EStG Erstattung von Kapitalertragsteuer an bestimmte Körperschaften, Personenvereinigungen und Vermögensmassen	756
§ 44d EStG Bemessung der Kapitalertragsteuer bei bestimmten Kapitalgesellschaften	756
R 213q. Bemessung der Kapitalertragsteuer bei bestimmten Kapitalgesellschaften	759
§ 45 EStG Ausschluß der Erstattung von Kapitalertragsteuer	759
§ 45a EStG Anmeldung und Bescheinigung der Kapitalertragsteuer in den Fällen des § 43 Abs. 1 Satz 1 Nr. 1 bis 5, 7 und 8 sowie Satz 2	759

	Seite
R 213r. unbesetzt	760
§ 45b EStG (gegenstandslos)	761
§ 45c EStG Entrichtung der Kapitalertragsteuer in den Fällen des § 43 Abs. 1 Satz 1 Nr. 6	761
§ 45d EStG Mitteilungen an das Bundesamt für Finanzen	761

4. Veranlagung von Steuerpflichtigen mit steuerabzugspflichtigen Einkünften

§ 46 EStG Veranlagung bei Bezug von Einkünften aus nichtselbständiger Arbeit	763
§ 70 EStDV Ausgleich von Härten in bestimmten Fällen	764
R 214. unbesetzt	765
R 215. Veranlagung nach § 46 Abs. 2 Nr. 2 EStG	765
R 216. unbesetzt	765
R 217. Veranlagung nach § 46 Abs. 2 Nr. 8 EStG	765
R 218.–221. unbesetzt	766
§ 47 EStG (weggefallen)	767

VII. (weggefallen)

§ 48 EStG (weggefallen)	767

VIII. Besteuerung beschränkt Steuerpflichtiger

§ 49 EStG Beschränkt steuerpflichtige Einkünfte	768
R 222. Beschränkte Steuerpflicht bei Einkünften aus Gewerbebetrieb	770
R 222a. Beschränkte Steuerpflicht bei Einkünften aus selbständiger Arbeit	772
R 223. Bedeutung der Besteuerungsmerkmale im Ausland bei beschränkter Steuerpflicht	773
R 223a. Verlustabzug im Rahmen der beschränkten Steuerpflicht	773
§ 50 EStG Sondervorschriften für beschränkt Steuerpflichtige	774
§ 73 EStDV (weggefallen)	775

		Seite			Seite

R 224. Bemessungsgrundlage für die Einkommensteuer und Steuerermäßigung für ausländische Steuern 775

R 225.–227. unbesetzt 776

§ 50a EStG **Steuerabzug bei beschränkt Steuerpflichtigen** 776

§ 73a EStDV *Begriffsbestimmungen* 778

§ 73b EStDV *(weggefallen)* 778

§ 73c EStDV *Zeitpunkt des Zufließens im Sinne des § 50a Abs. 5 Satz 1 des Gesetzes* 779

§ 73d EStDV *Aufzeichnungen, Steueraufsicht* 779

§ 73e EStDV *Einbehaltung, Abführung und Anmeldung der Aufsichtsratsteuer und der Steuer von Vergütungen im Sinne des § 50a Abs. 4 des Gesetzes (§ 50a Abs. 5 des Gesetzes)* 779

§ 73f EStDV *Steuerabzug in den Fällen des § 50a Abs. 6 des Gesetzes* ... 780

§ 73g EStDV *Haftungsbescheid* 780

R 227a. Steuerabzug bei Lizenzgebühren, Vergütungen für die Nutzung von Urheberrechten und bei Veräußerungen von Schutzrechten usw. 780

R 227b. Steuerabzug bei Einkünften aus künstlerischen, sportlichen, artistischen und ähnlichen Darbietungen 781

R 227c. Berechnung des Steuerabzugs nach § 50a EStG in besonderen Fällen 781

IX. Sonstige Vorschriften, Bußgeld-, Ermächtigungs- und Schlußvorschriften

§ 50b EStG **Prüfungsrecht** 784

§ 50c EStG **Wertminderung von Anteilen durch Gewinnausschüttungen** 784

R 227d. Wertminderung von Anteilen durch Gewinnausschüttungen 785

§ 50d EStG **Besonderheiten im Fall von Doppelbesteuerungsabkommen** ... 789

R 227e. Besonderheiten im Fall von Doppelbesteuerungsabkommen 790

§ 50e EStG **Bußgeldvorschriften** 791

§ 51 EStG **Ermächtigung** 791

§§ 74–79 EStDV *(weggefallen)* 799

R 228.–233. unbesetzt 799

§ 80 EStDV *Bewertungsabschlag für bestimmte Wirtschaftsgüter des Umlaufvermögens ausländischer Herkunft, deren Preis auf dem Weltmarkt wesentlichen Schwankungen unterliegt* 799

R 233a. Bewertungsabschlag für bestimmte Wirtschaftsgüter des Umlaufvermögens ausländischer Herkunft 801

§ 81 EStDV *(gegenstandslos)* 802

§ 82 EStDV *(weggefallen)* 802

§ 82a EStDV *(zu § 21 EStG abgedruckt)* 802

§ 82b EStDV *(zu § 21 EStG abgedruckt)* 802

§§ 82c–82e EStDV *(weggefallen)* ... 802

R 234. Weitergeltung der Anordnungen zu § 82d EStDV ... 802

R 235. unbesetzt 802

§ 82f EStDV *Bewertungsfreiheit für Handelsschiffe, für Schiffe, die der Seefischerei dienen, und für Luftfahrzeuge* 803

§ 82g EStDV *(zu § 21 EStG abgedruckt)* 805

§ 82h EStDV *(weggefallen)* 805

§ 82i EStDV *(zu § 21 EStG abgedruckt)* 805

§ 83 EStDV *(weggefallen)* 805

§ 51a EStG **Festsetzung und Erhebung von Zuschlagsteuern** 805

§ 52 EStG **Anwendungsvorschriften** ... 806

§ 84 EStDV *Anwendungsvorschriften* 827

§ 85 EStDV *(gegenstandslos)* 829

§§ 53, 54 EStG *(weggefallen)* 829

§ 55 EStG **Schlußvorschriften (Sondervorschriften für die Gewinnermittlung nach § 4 oder nach Durchschnittssätzen bei vor dem 1. Juli 1970 angeschafftem Grund und Boden)** 829

R 236. Bodengewinnbesteuerung 831

Inhaltsübersicht

		Seite
§ 56	EStG Sondervorschriften für Steuerpflichtige in dem in Artikel 3 des Einigungsvertrags genannten Gebiet	832
§ 57	EStG Besondere Anwendungsregeln aus Anlaß der Herstellung der Einheit Deutschlands	832
R 237.	Verlustabzug nach § 57 Abs. 4 EStG	833
§ 58	EStG Weitere Anwendung von Rechtsvorschriften, die vor Herstellung der Einheit Deutschlands in dem in Artikel 3 des Einigungsvertrages genannten Gebiet gegolten haben	833
§§ 59–61	EStG (weggefallen)	834

X. Kindergeld

		Seite
§ 62	EStG Anspruchsberechtigte	835
R 238.	Anspruchsberechtigung	835
§ 63	EStG Kinder	836
R 239.	Berücksichtigungsfähige Kinder	836
§ 64	EStG Zusammentreffen mehrerer Ansprüche	838
R 240.	Zusammentreffen mehrerer Ansprüche	838
§ 65	EStG Andere Leistungen für Kinder	839
R 241.	Andere Leistungen für Kinder	840
§ 66	EStG Höhe des Kindergeldes, Zahlungszeitraum	841
R 242.	Höhe des Kindergeldes, Zahlungszeitraum	841
§ 67	EStG Antrag	843
R 243.	Antrag	843
§ 68	EStG Besondere Mitwirkungspflichten	850
R 244.	Besondere Mitwirkungspflichten	850
§ 69	EStG Überprüfung des Fortbestehens von Anspruchsvoraussetzungen durch Meldedaten-Übermittlung	851
R 245.	Überprüfung des Fortbestehens von Anspruchsvoraussetzungen durch Meldedaten-Übermittlung	852
§ 70	EStG Festsetzung und Zahlung des Kindergeldes	852
R 246.	Festsetzung und Zahlung des Kindergeldes	853
§ 71	EStG Zahlungszeitraum	853
R 247.	Zahlungszeitraum	853
§ 72	EStG Festsetzung und Zahlung des Kindergeldes an Angehörige des öffentlichen Dienstes	853
R 248.	Festsetzung und Zahlung des Kindergeldes an Angehörige des öffentlichen Dienstes	854
§ 73	EStG Zahlung des Kindergeldes an andere Arbeitnehmer	854
R 249.	Zahlung des Kindergeldes an andere Arbeitnehmer	855
§ 74	EStG Zahlung des Kindergeldes in Sonderfällen	855
R 250.	Zahlung des Kindergeldes in Sonderfällen	856
§ 75	EStG Aufrechnung	856
R 251.	Aufrechnung	856
§ 76	EStG Pfändung	858
R 252.	Pfändung	859
§ 77	EStG Erstattung von Kosten im Vorverfahren	859
R 253.	Erstattung von Kosten im Vorverfahren	859
§ 78	EStG Übergangsregelungen	859
R 254.	Übergangsregelungen	860

B. Anlagen zu den Einkommensteuer-Richtlinien 1998

		Seite
Anlage 1	Übersicht über die Berichtigung des Gewinns bei Wechsel der Gewinnermittlungsart	863
Anlagen 2 und 3 unbesetzt		863
Anlage 4	Muster einer Bestätigung über Zuwendungen an juristische Personen des öffentlichen Rechts oder öffentliche Dienststellen	864
	Muster einer Bestätigung über Zuwendungen an eine der in § 5 Abs. 1 Nr. 9 des Körperschaftsteuergesetzes bezeichneten Körperschaften, Personenvereinigungen oder Vermögensmassen	865
Anlage 5	(gegenstandslos)	866
Anlage 6	(gegenstandslos)	866
Anlage 7	Verzeichnis der allgemein als besonders förderungswürdig im Sinne des § 10b Abs. 1 EStG anerkannten Zwecke	867
Anlage 8	Verzeichnis ausländischer Steuern, die der deutschen Einkommensteuer entsprechen	868

C. Anhänge

Anhang 1
AfA-Vorschriften
   Übersicht über die degressiven Absetzungen für Gebäude nach § 7 Abs. 5 EStG (zu R 44) 873

Anhang 2
Angehörige
  I. Steuerliche Anerkennung von Darlehensverträgen zwischen Angehörigen BMF vom 1.12.1992 (BStBl I S. 729) 875
  II. Steuerliche Anerkennung von Darlehensverträgen zwischen Angehörigen BMF vom 25.5.1993 (BStBl I S. 410) 877
  III. Berücksichtigung ausländischer Verhältnisse; hier: Ländergruppeneinteilung ab 1996 BMF vom 27.2.1996 (BStBl I S. 115) 877
  IV. Unterhaltsaufwendungen für Personen im Ausland als außergewöhnliche Belastung (§ 33a Abs. 1 EStG ab 1996) BMF vom 15.9.1997 (BStBl I S. 826) 878

Anhang 3
Außergewöhnliche Belastungen
   Berücksichtigung von Aufwendungen für typischen Unterhalt und außergewöhnlichen Bedarf einer anderen Person nach §§ 33 und 33a Abs. 1 EStG BMF vom 26.2.1999 884

Anhang 4
Berechnungsverordnung
   Verordnung über wohnungswirtschaftliche Berechnungen (Zweite Berechnungsverordnung – II. BV – Auszug) ... 886

Anhang 5
Beitrittsgebiet
  I. Einkommensteuerrechtliche Fragen im Zusammenhang mit der Vermögensrückgabe im Beitrittsgebiet bei den Einkünften aus Vermietung und Verpachtung BMF vom 11.1.1993 (BStBl I S. 18) 888
  II. Unternehmensrückgabe nach dem Vermögensgesetz; hier: Grundzüge der Unternehmensrückgabe sowie deren bilanzielle und ertragsteuerliche Behandlung BMF vom 10.5.1994 (BStBl I S. 286, 380) 889
  III. Ermittlung der Wiederherstellungs-/Wiederbeschaffungskosten zum 1. Juli 1990 für im Beitrittsgebiet gelegene Gebäude und der AfA-Bemessungsgrundlage BMF vom 21.7.1994 (BStBl I S. 599) 902
  IV. Ermittlung der Wiederherstellungs-/Wiederbeschaffungskosten zum 1. Juli 1990 für im Beitrittsgebiet gelegene Gebäude und der AfA-Bemessungsgrundlage BMF vom 15.1.1995 (BStBl I S. 14) 904

Inhaltsübersicht

Anhang 6
Bilanzierung

I. Ertragsteuerrechtliche Behandlung von Mietereinbauten und Mieterumbauten;
hier: Anwendung der Grundsätze der BFH-Urteile vom 26.2.1975 (BStBl II S. 443)
BMF vom 15.1.1976 (BStBl I S. 66) 905

II. Bilanzsteuerrechtliche Behandlung des Geschäfts- oder Firmenwerts, des Praxiswerts und sogenannter firmenwertähnlicher Wirtschaftsgüter
BMF vom 20.11.1986 (BStBl I S. 532) .. 907

III. Zuordnung einer Verbindlichkeit zum Betriebs- oder Privatvermögen
BMF vom 27.7.1987 (BStBl I S. 508) 909

IV. Bewertung des beweglichen Anlagevermögens und des Vorratsvermögens (§ 6 Abs. 1 Nrn. 1 und 2 EStG);
hier: Voraussetzungen für den Ansatz von Festwerten sowie deren Bemessung
BMF vom 8.3.1993 (BStBl I S. 276) 910

V. Ertragsteuerliche Behandlung von im Eigentum des Grundeigentümers stehenden Bodenschätzen
BMF vom 9.8.1993 (BStBl I S. 678) 910

VI. Rückstellungen für Zuwendungen anläßlich eines Dienstjubiläums
BMF vom 29.10.1993 (BStBl I S. 898) .. 912

VII. Steuerrechtliche Behandlung des Wirtschaftsguts „Praxiswert"; Änderung der Rechtsprechung
BMF vom 15.1.1995 (BStBl I S. 14) 915

VIII. Pauschalwertberichtigung bei Kreditinstituten
BMF vom 10.1.1994 (BStBl I S. 98) 916
BMF vom 9.5.1995 918
Ausnahmeregelung für die Kreditinstitute in den neuen Ländern und in Berlin (Ost)
BMF vom 26.11.1996 (BStBl I S. 1438) . 918

Anhang 7
Buchführung

I. Handelsgesetzbuch – Auszug 920

II. Buchführung in land- und forstwirtschaftlichen Betrieben
BMF vom 15.12.1981 (BStBl I S. 878) .. 929

III. Grundsätze ordnungsmäßiger Buchführung (GoB); Verbuchung von Bargeschäften im Einzelhandel
BMF vom 14.12.1994 (BStBl 1995 I S. 7) 935

IV. Grundsätze ordnungsmäßiger DV-gestützter Buchführungssysteme (GoBS)
BMF vom 7.11.1995 (BStBl I S. 738) 935

Anhang 8
Doppelbesteuerungsabkommen

Stand der Doppelbesteuerungsabkommen 948

Anhang 9
Düsseldorfer Tabelle

Unterhaltsrichtlinien des OLG Düsseldorf zum Kindes- und Ehegattenunterhalt (Stand: 1.7.1998) 952

Anhang 10
Erbfolgeregelungen

I. Ertragsteuerliche Behandlung der Erbengemeinschaft und ihrer Auseinandersetzung
BMF vom 11.1.1993 (BStBl I S. 62) 956

II. Ertragsteuerliche Behandlung der vorweggenommenen Erbfolge;
hier: Anwendung des Beschlusses des Großen Senats vom 5.7.1990 (BStBl II S. 847)
BMF vom 13.1.1993 (BStBl I S. 80) 978

III. Abzug von Schuldzinsen als Betriebsausgaben oder Werbungskosten – Aufgabe der sog. Sekundärfolgenrechtsprechung durch den BFH; Anwendung der BFH-Urteile vom 2.3.1993 – VIII R 47/90 – (BStBl 1994 II S. 619), vom 25.11.1993 – IV R 66/93 – (BStBl 1994 II S. 623) und vom 27.7.1993 – VIII R 72/90 – (BStBl 1994 II S. 625)
BMF vom 11.8.1994 (BStBl I S. 603) 991

IV. Einkommensteuerrechtliche Behandlung von wiederkehrenden Leistungen im Zusammenhang mit der Übertragung von Privat- oder Betriebsvermögen
BMF vom 23.12.1996 (BStBl I S. 1508) . 992

Anhang 11
Fördergebiet

I. Gesetz über Sonderabschreibungen und Abzugsbeträge im Fördergebiet (Fördergebietsgesetz – FördG) 1003

II. Zweifelsfragen bei der Anwendung des Fördergebietsgesetzes
BMF vom 29.3.1993 (BStBl I S. 279) 1008

Seite

III. Inanspruchnahme von Sonderabschreibungen nach dem Fördergebietsgesetz und Zugehörigkeits-, Verbleibens- und Verwendungsvoraussetzung bei
1. Vermögensübergang im Sinne des Umwandlungssteuergesetzes
2. Realteilung einer Personengesellschaft
3. Ausscheiden von Gesellschaftern aus einer Personengesellschaft mit der Folge des Entstehens eines Einzelunternehmens
BMF vom 14.7.1995 (BStBl I S. 374) 1014

IV. Zweifelsfragen bei der Anwendung des Fördergebietsgesetzes
BMF vom 24.12.1996 (BStBl I S. 1516) . 1017

V. Ausdehnung der Investitionszulage von 10 v.H. und der Sonderabschreibungen nach dem Fördergebietsgesetz auf bestimmte Betriebe in Berlin (West); (§ 11 Abs. 2 Satz 2 Nr. 3 InvZulG 1996, § 8 Abs. 1a FördG)
BMF vom 1.10.1997 (BStBl I S. 864) 1023

VI. Willkürlichkeit von Anzahlungen auf Anschaffungskosten (§ 7a EStG, R 45 Abs. 5 Satz 7 bis 9 EStR)
BMF vom 10.12.1997 (BStBl I S. 1019) . 1028

VII. Zweifelsfragen bei der Anwendung des Fördergebietsgesetzes
BMF vom 17.9.1998 (BStBl I S. 1128) .. 1029

Anhang 12
Gewinnermittlung

I. Schuldzinsen für Kontokorrentkredite als Betriebsausgaben oder Werbungskosten
BMF vom 10.11.1993 (BStBl I S. 930) .. 1034

II. Geschenke und Zugaben
BMF vom 8.5.1995 1038

III. Ertragsteuerliche Behandlung von Incentive-Reisen
BMF vom 14.10.1996 (BStBl I S. 1192) . 1039

IV. Berücksichtigung von Aufwendungen bei der unentgeltlichen Nutzungsüberlassung von Gebäuden oder Gebäudeteilen
BMF vom 5.11.1996 (BStBl I S. 1257) .. 1041

Seite

V. Ertragsteuerliche Erfassung der Nutzung eines betrieblichen Kraftfahrzeugs zu Privatfahrten, zu Fahrten zwischen Wohnung und Betriebsstätte sowie zu Familienheimfahrten nach § 4 Abs. 5 Satz 1 Nr. 6 und § 6 Abs. 1 Nr. 4 Sätze 2 und 3 EStG
BMF vom 12.5.1997 (BStBl I S. 562) ... 1042

VI. Privatnutzung betrieblicher Kraftfahrzeuge
BMF vom 9.5.1996 1047

VII. Steuerliche Behandlung der Überlassung eines betrieblichen Kraftfahrzeugs an Arbeitnehmer
BMF vom 28.5.1996 (BStBl I S. 654) ... 1047

VIII. Ertragsteuerliche Erfassung der Nutzung betrieblicher Kraftfahrzeuge zu Privatfahrten, zu Fahrten zwischen Wohnung und Betriebsstätte sowie zu Familienheimfahrten
BMF vom 1.8.1997 1048

IX. Ertragsteuerliche Behandlung des Sponsoring
BMF vom 18.2.1998 (BStBl I S. 212) ... 1048

X. Einkommensteuerrechtliche Behandlung der Aufwendungen für ein häusliches Arbeitszimmer nach § 4 Abs. 5 Satz 1 Nr. 6b, § 9 Abs. 5 und § 10 Abs. 1 Nr. 7 EStG
BMF vom 16.6.1998 (BStBl I S. 863) ... 1050

Anhang 13
Grundstückshandel

Abgrenzung zwischen privater Vermögensverwaltung und gewerblichem Grundstückshandel
BMF vom 20.12.1990 (BStBl I S. 884) .. 1057

Anhang 14
Investitionszulage

I. Investitionszulagengesetz 1996 (InvZulG 1996) 1063

II. Gewährung von Investitionszulagen nach der Investitionszulagenverordnung und nach dem Investitionszulagengesetz 1991
BMF vom 28.8.1991 (BStBl I S. 768) ... 1069

III. Gewährung von Investitionszulagen nach der Investitionszulagenverordnung und nach dem Investitionszulagengesetz 1991
BMF vom 31.3.1992 (BStBl I S. 236) ... 1084

Inhaltsübersicht

IV. Zweifelsfragen bei der Anwendung des Investitionszulagengesetzes 1993 (BGBl. I S. 1650, BStBl 1993 I S. 856) BMF vom 28.10.1993 (BStBl I S. 904) .. 1086

V. Investitionszulage für Personenkraftwagen; hier: Anwendung des BFH-Urteils vom 16.7.1993 (BStBl 1994 II S. 304) BMF vom 6.3.1994 (BStBl I S. 230) 1091

VI. Zweifelsfragen bei der Anwendung des Investitionszulagengesetzes;
1. Verbleibensvoraussetzung bei Transportmitteln,
2. Abgrenzung der Gewerbezweige nach der Klassifikation der Wirtschaftszweige, Ausgabe 1993,
3. Anzahl der Arbeitnehmer bei der auf 10 v. H. erhöhten Investitionszulage nach § 5 Abs. 3 InvZulG 1993,
4. Erhöhte Investitionszulage nach § 5 Abs. 2 oder 3 InvZulG 1993 bei Betriebsaufspaltung
BMF vom 30.12.1994 (BStBl 1995 I S. 18) 1091

VII. Zweifelsfragen zu den Änderungen des Investitionszulagengesetzes 1993 durch Artikel 18 des Jahressteuergesetzes 1996 BMF vom 12.2.1996 (BStBl I S. 111) 1098

VIII. Investitionszulage nach § 5 Abs. 2 und 3 InvZulG 1996 bei Investitionsabschluß vor Eintragung in die Handwerksrolle oder das Verzeichnis handwerksähnlicher Betriebe; Anwendung des BFH-Urteils vom 12. 11. 1996 (BStBl 1998 II S. 29) BMF vom 19. 12. 1997 (BStBl 1998 I S. 139) 1101

IX. Gewährung von Investitionszulagen nach dem Investitionszulagengesetz 1996 und 1999 an ausländische Körperschaften BMF vom 13. 5. 1998 (BStBl I S. 623) ... 1102

Anhang 15
Investitionszulagengesetz 1999

I. Investitionszulagengesetz 1999 (InvZulG 1999) 1103

II. Investitionszulage nach § 3 InvZulG 1999 für Modernisierungsmaßnahmen an Mietwohngebäuden sowie Mietwohnungsneubau im innerörtlichen Bereich BMF vom 24. 8. 1998 (BStBl I S. 1114) . 1107

Anhang 16
Kapitalvermögen

I. Steuerliche Behandlung der rechnungsmäßigen und außerrechnungsmäßigen Zinsen aus Lebensversicherungen
BMF vom 31.8.1979 (BStBl I S. 592) ... 1113
BMF vom 13.11.1985 (BStBl I S. 661) .. 1118

II. Ermittlung des einkommensteuerpflichtigen Kapitalertrags aus Zero Coupon Bonds, die zu einem Privatvermögen gehören
BMF vom 24.1.1985 (BStBl I S. 77) 1119
BMF vom 1.3.1991 (BStBl I S. 422) 1121

III. Einkommensteuerrechtliche Behandlung von
a) Emissionsdisagio, Emissionsdiskont und umlaufbedingtem Unterschiedsbetrag zwischen Marktpreis und höherem Nennwert bei festverzinslichen Wertpapieren,
b) unverzinslichen Schatzanweisungen,
die zu einem Privatvermögen gehören
BMF vom 24.11.1986 (BStBl I S. 539) .. 1122

IV. Behandlung von Einnahmen aus partiarischen Darlehen nach den deutschen Doppelbesteuerungsabkommen; hier: Abgrenzung zu Einnahmen aus stillen Beteiligungen
BMF vom 16.11.1987 (BStBl I S. 740) .. 1124

V. Steuerliche Behandlung verschiedener Formen von Kapitalanlagen
BMF vom 30.4.1993 (BStBl I S. 343) ... 1125

VI. Einkommensteuerrechtliche Behandlung von Options- und Finanztermingeschäften an der Deutschen Terminbörse (DTB) und von anderen als Optionsscheine bezeichneten Finanzinstrumenten im Bereich der privaten Vermögensverwaltung
BMF vom 10.11.1994 (BStBl I S. 816) .. 1126

VII. Zurechnung von Kapitalerträgen aus Anderkonten
BMF vom 6.6.1995 1130

VIII. Berechnung des steuerpflichtigen Ertrags nach der Marktrendite bei Anlageinstrumenten in Fremdwährung
BMF vom 24.10.1995 1130

IX. Anwendung des Disagioerlasses auf sogenannte Kurzläufer
OFD Düsseldorf vom 6.5.1998 (ESt-Kartei NRW, § 20 EStG, Fach 3 Nr. 800) ... 1131

Inhaltsübersicht

X. Einkommensteuerliche Behandlung der Kapitalerträge aus Schuldverschreibungen des Entschädigungsfonds nach dem Entschädigungs- und Ausgleichsleistungsgesetz vom 27.9.1994 (BGBl. I S. 2624)
BMF vom 9. 10. 1998 (BStBl I S. 1226) . 1132

Anhang 17
Leasing

I. Ertragsteuerliche Behandlung von Leasing-Verträgen über bewegliche Wirtschaftsgüter
BMF vom 19.4.1971 (BStBl I S. 264) 1133

II. Ertragsteuerliche Behandlung von Finanzierungs-Leasing-Verträgen über unbewegliche Wirtschaftsgüter
BMWF vom 21.3.1972 (BStBl I S. 188) . 1136

III. Steuerrechtliche Zurechnung des Leasing-Gegenstandes beim Leasing-Geber
BMF vom 22.12.1975 1138

IV. Ertragsteuerliche Behandlung von Teilamortisations-Leasing-Verträgen über unbewegliche Wirtschaftsgüter
BMF vom 23.12.1991 (BStBl 1992 I S. 13) 1140

V. Bilanz- und gewerbesteuerrechtliche Behandlung der Forfaitierung von Forderungen
BMF vom 9.1.1996 (BStBl I S. 9) 1142

VI. Leasing-Verträge – Ermittlung des Kaufoptionspreises
BMF vom 16.4.1996 1143

Anhang 18
Mitunternehmer

I. Besteuerung der Mitunternehmer von Personengesellschaften
BMF vom 20.12.1977 (BStBl 1978 I S. 8) 1144

II. Schenkweise als Kommanditisten in eine Kommanditgesellschaft aufgenommene minderjährige Kinder als Mitunternehmer (Anwendung des BFH-Urteils vom 10.11.1987 – BStBl 1989 II S. 758)
BMF vom 5.10.1989 (BStBl I S. 378) ... 1158

III. Beteiligung einer nicht gewerblich tätigen Personengesellschaft an einer gewerblich tätigen Personengesellschaft; Anwendung des BFH-Urteils vom 8. Dezember 1994 (BStBl 1996 II S. 264)
BMF vom 13.5.1996 (BStBl I S. 621) ... 1159

IV. Gewinnrealisierung bei Mitgliedern von Bau-Arbeitsgemeinschaften; Anwendung des Mitunternehmererlasses auf sog. „kleine" Arbeitsgemeinschaften
BMF vom 27.1.1998 (BStBl I S. 251) 1160

V. 1. Sonderbetriebsvermögen bei Vermietung an eine Schwestergesellschaft; Anwendung der BFH-Urteile vom 16. Juni 1994 (BStBl 1996 I S. 82), vom 22. November 1994 (BStBl 1996 II S. 93) und vom 26. November 1996 (BStBl 1998 II S. 328)
2. Verhältnis des § 15 Abs. 1 Nr. 2 EStG zur mitunternehmerischen Betriebsaufspaltung; Anwendung des BFH-Urteils vom 23. April 1996 – VIII 13/95 – (BStBl 1998 II S. 325)
BMF vom 28.4.1998 (BStBl I S. 583) 1160

Anhang 19
Pauschalierung

I. Steuerliche Behandlung ausländischer Kulturvereinigungen
BMF vom 20.7.1983 (BStBl I S. 382) und BMF vom 30.5.1995 (BStBl I S. 336) ... 1165

II. Pauschalierung der Einkommensteuer und Körperschaftsteuer für ausländische Einkünfte gemäß § 34c Abs. 5 EStG und § 26 Abs. 6 KStG
BMF vom 10.4.1984 (BStBl I S. 252) 1166

Anhang 20
Reisekosten

Steuerliche Behandlung von Reisekosten und Reisekostenvergütungen bei Auslandsdienstreisen und -geschäftsreisen
BMF vom 28.11.1997 (BStBl I S. 985) .. 1169

Anhang 21
Steuerabzug

I. Steuerabzug von Vergütungen im Sinne des § 50a Abs. 4 EStG, die beschränkt Steuerpflichtigen zufließen; hier: Entlastung von den deutschen Abzugsteuern aufgrund von Doppelbesteuerungsabkommen – DBA – nach einem vereinfachten Verfahren („Kontrollmeldeverfahren")
BMF vom 21.12.1993 (BStBl 1994 I S. 4) 1175

II. Merkblatt Entlastung von deutscher Abzugsteuer gemäß § 50a Abs. 4 EStG aufgrund von Doppelbesteuerungsabkommen (DBA)
BMF vom 1.3.1994 (BStBl I S. 201) 1178

Inhaltsübersicht

III. Merkblatt
Entlastung von deutscher Kapitalertragsteuer von Dividenden und bestimmten anderen Kapitalerträgen gemäß § 44d EStG, den Doppelbesteuerungsabkommen (DBA) oder sonstigen zwischenstaatlichen Abkommen
BMF vom 1.3.1994 (BStBl I S. 203) 1181

IV. Abzugsteuer bei künstlerischen, sportlichen, artistischen oder ähnlichen Darbietungen gemäß § 50a Abs. 4 EStG
BMF vom 23.1.1996 (BStBl I S. 89) 1185

V. Steuerabzug bei beschränkt Steuerpflichtigen nach § 50a Abs. 7 EStG
BMF vom 4.3.1996 (BStBl I S. 162) 1200

Anhang 22
Verluste bei beschränkter Haftung

I. Begriff des Kapitalkontos i. S. des § 15a EStG und Begriff der nicht unwahrscheinlichen Vermögensminderung i. S. des § 15a EStG;
hier: Anwendung der BFH-Urteile vom 14.5.1991 – VIII R 31/88 – und – VIII R 111/86 –
BMF vom 20.2.1992 (BStBl I S. 123) 1201

II. Zweifelsfragen zu § 15a EStG;
hier: Saldierung von Gewinnen und Verlusten aus dem Gesellschaftsvermögen mit Gewinnen und Verlusten aus dem Sonderbetriebsvermögen
BMF vom 15.12.1993 (BStBl I S. 976) .. 1202

III. § 15a EStG;
Umfang des Kapitalkontos i. S. des § 15a Abs. 1 Satz 1 EStG
BMF vom 30.5.1997 (BStBl I S. 627) 1203

Anhang 23
Vermietung und Verpachtung

I. Negative Einkünfte aus der Vermietung und Verpachtung im Rahmen von sog. Bauherrenmodellen und vergleichbaren Modellen sowie geschlossenen Immobilienfonds
BMF vom 31.8.1990 (BStBl I S. 366) 1206

II. Verfahren bei der Geltendmachung von negativen Einkünften aus der Beteiligung an Verlustzuweisungsgesellschaften und vergleichbaren Modellen
BMF vom 13.7.1992 (BStBl I S. 404)
BMF vom 28.6.1994 (BStBl I S. 420) ... 1214

III. Einkunftserzielung bei den Einkünften aus Vermietung und Verpachtung
BMF vom 23.7.1992 (BStBl I S. 434) 1220

IV. Einkunftsermittlung bei im Betriebsvermögen gehaltenen Beteiligungen an vermögensverwaltenden Personengesellschaften
BMF vom 29.4.1994 (BStBl I S. 282) 1221

V. Abgrenzung der Eigen- und Fremdnutzung bei Ferienwohnungen
BMF vom 4.5.1994 (BStBl I S. 285) 1223

VI. Sinngemäße Anwendung des § 15a Abs. 5 Nr. 2 2. Alt. EStG bei den Einkünften aus Vermietung und Verpachtung von Gesellschaften bürgerlichen Rechts;
hier: Anwendung der BFH-Urteile vom 17.12.1992 und vom 30.11.1993 (BStBl 1994 II S. 490, 492, 496)
BMF vom 30.6.1994 (BStBl I S. 355) ... 1224

VII. Zurechnung von Einkünften aus Vermietung und Verpachtung bei Treuhandverhältnissen; BFH-Urteil vom 27.1.1993 (BStBl 1994 II S. 615)
BMF vom 1.9.1994 (BStBl I S. 604) 1226

VIII. Ertragsteuerliche Beurteilung von Aufwendungen eines geschlossenen Immobilienfonds im Zusammenhang mit dem Erwerb eines Grundstücks; rechtliche Einordnung der aufzubringenden Eigenkapitalvermittlungsprovision;
Anwendung des BFH-Urteils vom 11. Januar 1994 (BStBl 1995 II S. 166)
BMF vom 1.3.1995 (BStBl I S. 167) 1228

IX. Einkommensteuerrechtliche Behandlung in einem Betrag gezahlter Erbbauzinsen bei den Einkünften aus Vermietung und Verpachtung
BMF vom 10.12.1996 (BStBl I S. 1440) . 1229

X. Abgrenzung von Herstellungs- und Erhaltungsaufwendungen bei Instandsetzung und Modernisierung von Gebäuden
BMF vom 16.12.1996 (BStBl I S. 1442) . 1230

XI. Anwendung des Werbungskosten-Pauschbetrags nach § 9a Satz 1 Nr. 2 EStG bei den Einkünften aus Vermietung und Verpachtung
BMF vom 23.9.1997 (BStBl I S. 895) 1234

XII. Einkommensteuerrechtliche Behandlung des Nießbrauchs und anderer Nutzungsrechte bei Einkünften aus Vermietung und Verpachtung
BMF vom 24.7.1998 (BStBl I S. 914) 1237

Inhaltsübersicht

Anhang 24
Versicherungen

Verzeichnis der ausländischen Versicherungsunternehmen, denen die Erlaubnis zum Betrieb eines nach § 10 Abs. 1 Nr. 2 EStG begünstigten Versicherungszweigs im Inland erteilt ist (Stand: 16.1.1997) 1248

Anhang 25
Versorgungsausgleich

Erstes Gesetz zur Reform des Ehe- und Familienrechts;
hier: Einkommensteuerrechtliche Behandlung des Versorgungsausgleichs
BMF vom 20.7.1981 (BStBl I S. 567) 1250

Anhang 26
Wertminderung von Anteilen durch Gewinnausschüttung

Gesetz zur Fortsetzung der Unternehmenssteuerreform vom 29.10.1997 (BGBl. I S. 2590, BStBl I S. 928); Anwendung des § 50c Abs. 11 EStG
BMF vom 13.7.1998 (BStBl I S. 912) 1252

Anhang 27
Wohneigentumsförderung

I. Übersicht über die steuerrechtlichen Vorschriften der §§ 7b, 10e, 10f, 10g, 10h und 52 Abs. 14a, 14b, 14c und 21 EStG 1256

II. Übersicht über die Steuerermäßigung für Steuerpflichtige mit Kindern bei Inanspruchnahme erhöhter Absetzungen für Wohngebäude oder der Steuerbegünstigungen für eigengenutztes Wohneigentum (§ 34f EStG) 1263

III. Steuerbegünstigung der zu eigenen Wohnzwecken genutzten Wohnung im eigenen Haus nach § 10e EStG
BMF vom 31.12.1994 (BStBl I S. 887) .. 1264

IV. Eigenheimzulagengesetz (EigZulG) .. 1290

V. Änderung von Eigenheimzulagenbescheiden nach § 172 AO; Umstieg von der Folgeobjekt- auf die Zweitobjektförderung und umgekehrt
FinMin NW vom 19.8.1996 1296

VI. Zweifelsfragen zum Eigenheimzulagengesetz und zum Vorkostenabzug bei einer nach dem Eigenheimzulagengesetz begünstigten Wohnung (§ 10i EStG)
BMF vom 10.2.1998 (BStBl I S. 190) 1296

Anhang 28
Zinsabschlag

I. Freistellungsauftrag
BMF vom 3.9.1992 (BStBl I S. 582) 1320

II. Einzelfragen zur Anwendung des Zinsabschlaggesetzes
BMF vom 26.10.1992 (BStBl I S. 693) .. 1322

III. Zinsabschlaggesetz;
hier: NV-Bescheinigungen und Freistellungsbescheide bei Körperschaften
BMF vom 27.11.1992 (BStBl I S. 772) .. 1327

IV. Zinsabschlaggesetz;
hier: Anwendung bei Personenzusammenschlüssen
BMF vom 18.12.1992 (BStBl 1993 I S. 58) 1328

V. Erstattung des Zinsabschlags von Erträgen einer juristischen Person des öffentlichen Rechts aus Kapital auf Treuhandkonten
BMF vom 1.3.1993 (BStBl I S. 276) 1329

VI. Erstattung einbehaltenen Zinsabschlags in Treuhandfällen bei Steuerausländern
BMF vom 18.1.1994 (BStBl I S. 139) 1329

VII. Berücksichtigung von gezahlten Stückzinsen bei Personenverschiedenheit von Käufer und Depotinhaber
BMF vom 15.3.1994 (BStBl I S. 230) 1330

VIII. Zinsen aus Mietkautionen
BMF vom 9.5.1994 (BStBl I S. 312) 1330

IX. Zinsabschlag von Kapitalerträgen aus unverzinslichen Schatzanweisungen des Bundes einschließlich Bundesbank-Liquiditäts-U-Schätzen
BMF vom 12.10.1994 (BStBl I S. 815) .. 1331

X. Steuerbescheinigungen nach § 45a EStG
BMF vom 17.5.1995 (BStBl I S. 280) 1331

XI. Einkommensteuerrechtliche Behandlung der Einnahmen aus festverzinslichen Anleihen und Schuldverschreibungen mit Vorschaltkupons
BMF vom 29.5.1995 (BStBl I S. 283) 1333

XII. Freistellungsaufträge nach dem Tod eines Ehegatten
BMF vom 6.5.1997 (BStBl I S. 561) 1334

XIII. Jahressteuerbescheinigung
BMF vom 17.7.1997 (BStBl I S. 727) 1334

XIV. Bond-Stripping
BMF vom 3.9.1997 (DB 1997 S. 1951) .. 1335

Inhaltsübersicht

D. Tabellen

Seite

Einkommensteuer Grund- und Splittingtabelle 1998 1337

E. Stichwortverzeichnis
(Seite 1355)

Abkürzungsverzeichnis

A	Abschnitt
a.a.O.	am angegebenen Ort
Abs.	Absatz
AfaA	Absetzung für außergewöhnliche Abnutzung
AfA	Absetzung für Abnutzung
AFG	Arbeitsförderungsgesetz
AfS	Absetzung für Substanzverringerung
AG	Aktiengesellschaft
AIG	Auslandsinvestitionsgesetz
AK	Anschaffungskosten
AktG	Aktiengesetz
AMBlFin	Amtliches Mitteilungsblatt der Verwaltung für Finanzen des Vereinigten Wirtschaftsgebietes
AO	Abgabenordnung
ASpG	Altsparergesetz
AStG	Außensteuergesetz
AusfFördG	Gesetz über steuerliche Maßnahmen zur Förderung der Ausfuhr
Az.	Aktenzeichen
AuslInvestmG	Auslandinvestment-Gesetz
BadGVBl	Badisches Gesetz- und Verordnungsblatt
BAföG	Bundesausbildungsförderungsgesetz
BAG	Bundesarbeitsgericht
BAnz.	Bundesanzeiger
BauGB	Baugesetzbuch
BauNVO	Baunutzungsverordnung
BB	Der Betriebs-Berater (Zeitschrift)
BerlinFG	Berlinförderungsgesetz
BErzGG	Erziehungsgeld nach dem Bundeserziehungsgeldgesetz
BetrAVG	Gesetz zur Verbesserung der betrieblichen Altersversorgung
BewDV	Durchführungsverordnung zum Bewertungsgesetz
BewG	Bewertungsgesetz
BewRGR	Richtlinien zur Bewertung des Grundvermögens
BfF	Bundesamt für Finanzen
BFH	Bundesfinanzhof
BFHE	Sammlung der Entscheidungen des Bundesfinanzhofs (Zeitschrift)
BFH/NV	Sammlung amtlich nicht veröffentlichter Entscheidungen des Bundesfinanzhofs (Zeitschrift)
BGB	Bürgerliches Gesetzbuch
BGBl.	Bundesgesetzblatt
BKGG	Bundeskindergeldgesetz
BMF (BdF)	Bundesministerium der Finanzen
BMG	Bemessungsgrundlage
BMWF	Bundesminister für Wirtschaft und Finanzen
BSHG	Bundessozialhilfegesetz
BStBl	Bundessteuerblatt
BuchO	Buchungsordnung
BVerfG	Bundesverfassungsgericht
BV	Berechnungsverordnung
BVG	Bundesversorgungsgesetz
bzw.	beziehungsweise
DA-FamEStG	Dienstanweisung zur Durchführung des steuerlichen Familienleistungsausgleichs nach dem X. Abschnitt des Einkommensteuergesetzes
DB	Der Betrieb (Zeitschrift)
DBA	Doppelbesteuerungsabkommen
DMBilG	D-Markbilanzgesetz
DStR	Deutsches Steuerrecht (Zeitschrift)
DV	Durchführungsverordnung
EFG	Entscheidungen der Finanzgerichte (Zeitschrift)
EigZulG	Eigenheimzulagengesetz
EntwLStG	Entwicklungsländer-Steuergesetz
ErbStG	Erbschaftsteuergesetz
EStG (EStG 1997)	Einkommensteuergesetz 1997 in der Fassung vom 16. 4. 1997 (BGBl. I S. 821, BStBl I S. 415)
EStG 1990	Einkommensteuergesetz 1990 in der Fassung vom 7.9.1990 (BGBl. I S. 1898, BStBl I S. 453)
EStG 1987	Einkommensteuergesetz 1987 in der Fassung vom 27.2.1987 (BGBl. I S. 617, BStBl I S. 274)
EStG 1986	Einkommensteuergesetz 1986 in der Fassung vom 15.4.1986 (BGBl. I S. 441, BStBl I S. 172)

Abkürzungsverzeichnis

EStG 1985	Einkommensteuergesetz 1985 in der Fassung vom 12.6.1985 (BGBl. I S. 977, BStBl I S. 223)	**EStH 1996**	Amtliches Einkommensteuer-Handbuch 1996
EStG 1983	Einkommensteuergesetz 1983 in der Fassung vom 24.1.1984 (BGBl. I S. 113, BStBl I S. 51)	**EStH 1995**	Amtliches Einkommensteuer-Handbuch 1995
		EStH 1994	Amtliches Einkommensteuer-Handbuch 1994
EStG 1981	Einkommensteuergesetz 1981 in der Fassung vom 6.12.1981 (BGBl. I S. 1249, BStBl I S. 666)	**EStH 1993**	Amtliches Einkommensteuer-Handbuch 1993
EStG 1979	Einkommensteuergesetz 1979 in der Fassung vom 21.6.1979 (BGBl. I S. 721, BStBl I S. 379)	**EStR (EStR 1996)**	Einkommensteuer-Richtlinien für das Kalenderjahr 1996 vom 28.2.1997 (BStBl I Sondernummer 1/1997)
EStG 1977	Einkommensteuergesetz 1977 in der Fassung vom 5.12.1977 (BGBl. I S. 2365, BStBl I S. 624)	**EStR 1993**	Einkommensteuer-Richtlinien für das Kalenderjahr 1993 vom 18.5.1994 (BStBl I Sondernummer 1/1994)
EStG 1975	Einkommensteuergesetz 1975 in der Fassung vom 5.9.1974 (BGBl. I S. 2165, BStBl I S. 733)	**EStR 1990**	Einkommensteuer-Richtlinien für das Kalenderjahr 1990 vom 2.7.1990 (BStBl I Sondernummer 1/1990)
EStG 1969	Einkommensteuergesetz in der Fassung vom 12.12.1969 (BGBl. I S. 2265, BStBl I S. 832)	**EStR 1987**	Einkommensteuer-Richtlinien für das Kalenderjahr 1987 vom 24.2.1988 (BStBl I Sondernummer 1/1988)
EStG 1953	Einkommensteuergesetz in der Fassung vom 15.9.1953 (BGBl. I S. 1355, BStBl I S. 378)	**EStR 1984**	Einkommensteuer-Richtlinien für das Kalenderjahr 1984 vom 15.4.1985 (BStBl I Sondernummer 2/1985)
EStDV (EStDV 1997)	Einkommensteuer-Durchführungsverordnung 1997 in der Fassung vom 18.6.1997 (BGBl. I S. 1558, BStBl I S. 655)	**EStR 1981**	Einkommensteuer-Richtlinien für das Kalenderjahr 1981 vom 7.4.1982 (BStBl I Sondernummer 1/1982)
EStDV 1990	Einkommensteuer-Durchführungsverordnung 1990 in der Fassung vom 28.7.1992 (BGBl. I S. 1418, BStBl I S. 498)	**EStR 1978**	Einkommensteuer-Richtlinien für das Kalenderjahr 1978 vom 22.5.1979 (BStBl I Sondernummer 3/1979)
EStDV 1986	Einkommensteuer-Durchführungsverordnung 1987 in der Fassung vom 24.7.1986 (BGBl. I S. 1239, BStBl I S. 399)	**EStR 1975**	Einkommensteuer-Richtlinien für das Kalenderjahr 1975 vom 14.4.1976 (BStBl I Sondernummer 2/1976)
EStDV 1981	Einkommensteuer-Durchführungsverordnung 1981 in der Fassung vom 23.6.1982 (BGBl. I S. 700, BStBl I S. 592)	**EStER 1956/57**	Einkommensteuer-Ergänzungsrichtlinien 1956/57 vom 26.3.1958 (BStBl I S. 86)
EStDV 1979	Einkommensteuer-Durchführungsverordnung 1979 in der Fassung vom 24.9.1980 (BGBl. I S. 1801, BStBl I S. 680)	**EuGH**	Europäischer Gerichtshof
		FELEG	Gesetz zur Förderung der Einstellung der landwirtschaftlichen Erwerbstätigkeit
EStDV 1977	Einkommensteuer-Durchführungsverordnung 1977 in der Fassung vom 5.12.1977 (BGBl. I S. 2443, BStBl I S. 700)	**FG**	Finanzgericht
		FlüHG	Flüchtlingshilfegesetz
EStDV 1975	Einkommensteuer-Durchführungsverordnung 1975 in der Fassung vom 24.1.1975 (BGBl. I S. 369, BStBl I S. 129)	**FMBl**	Amtsblatt des Bayerischen Staatsministeriums der Finanzen
EStH (EStH 1997)	Amtliches Einkommensteuer-Handbuch 1997	**FÖJG**	Gesetz zur Förderung eines freiwilligen ökologischen Jahres (FÖJ-Förderungsgesetz)

Abkürzungsverzeichnis

FördG	Gesetz über Sonderabschreibungen und Abzugsbeträge im Fördergebiet (Fördergebietsgesetz)	LStDV	Lohnsteuer-Durchführungsverordnung in der für das jeweilige Kalenderjahr geltenden Fassung
FR	Finanz-Rundschau (Zeitschrift)	LStR	Lohnsteuer-Richtlinien
FVG	Finanzverwaltungsgesetz	LV	Lebensversicherung
GBl.	Gesetzblatt der DDR	MaBV	Makler- und Bauträgerverordnung
GbR	Gesellschaft bürgerlichen Rechts	MdF	Ministerium der Finanzen
GdB	Grad der Behinderung	MDK	Medizinischer Dienst der Krankenkassen
gem.	gemäß		
GenG	Genossenschaftsgesetz	MinBlFin	Ministerialblatt des Bundesministers der Finanzen
GewStDV	Gewerbesteuer-Durchführungsverordnung in der für den jeweiligen VZ geltenden Fassung	OFH	Oberster Finanzgerichtshof
		OHG	Offene Handelsgesellschaft
GewStG	Gewerbesteuergesetz in der für den jeweiligen VZ geltenden Fassung	OWiG	Gesetz über Ordnungswidrigkeiten
		PartG	Parteiengesetz
GewStR	Gewerbesteuer-Richtlinien in der für den jeweiligen VZ geltenden Fassung	PflegeVG	Gesetz zur sozialen Absicherung des Risikos der Pflegebedürftigkeit (Pflege-Versicherungsgesetz)
GG	Grundgesetz für die Bundesrepublik Deutschland		
		R	Richtlinie
GmbH	Gesellschaft mit beschränkter Haftung	RdF	Reichsminister der Finanzen
		Reichsgesetzbl.	Reichsgesetzblatt
GrStDV	Grundsteuer-Durchführungsverordnung	RepG	Reparationsschädengesetz
GrStG	Grundsteuergesetz	Rev.	Revision eingelegt
GVBl Bln.	Gesetz- und Verordnungsblatt für Berlin	RFH	Reichsfinanzhof
		RStBl	Reichssteuerblatt
H	Hinweis	SachBezVO	Sachbezugsverordnung
HAG	Heimarbeitsgesetz	SaDV	Sammelantrags-Datenträger-Verordnung
HFR	Höchstrichterliche Finanzrechtsprechung (Zeitschrift)		
		SchwbG	Schwerbehindertengesetz
HGB	Handelsgesetzbuch	SGB	Sozialgesetzbuch
HK	Herstellungskosten	StBlNRW	Steuerblatt Nordrhein-Westfalen
i. d. R.	in der Regel	StEd	Steuer-Eildienst (Zeitschrift)
i. V. m.	in Verbindung mit	StGB	Strafgesetzbuch
InvZulG	Investitionszulagengesetz	Stpfl.	Steuerpflichtiger
JStG	Jahressteuergesetz	StPO	Strafprozeßordnung
KAGG	Gesetz über Kapitalanlagegesellschaften	StZBl Bln	Steuer- und Zollblatt für Berlin
		Tz.	Textziffer
KAV	Kindergeldauszahlungsverordnung	UmwStG	Gesetz über steuerliche Maßnahmen bei Änderung der Unternehmensform (Umwandlungssteuergesetz)
KG	Kommanditgesellschaft		
KHBV	Krankenhaus-Buchführungsverordnung		
		USG	Unterhaltssicherungsgesetz
KHG	Krankenhausfinanzierungsgesetz	UStDB 1951	Durchführungsbestimmungen zum Umsatzsteuergesetz (1951)
KStG	Körperschaftsteuergesetz		
KStR	Körperschaftsteuer-Richtlinien in der für den jeweiligen VZ geltenden Fassung	UStG	Umsatzsteuergesetz
		UStR	Umsatzsteuer-Richtlinien
		VAK	Vollarbeitskraft
LAG	Lastenausgleichsgesetz	VE	Vieheinheit

Abkürzungsverzeichnis

VermBDV	Verordnung zur Durchführung des Vermögensbildungsgesetzes	**WoPDV**	Verordnung zur Durchführung des Wohnungsbau-Prämiengesetzes
VermBG	Vermögensbildungsgesetz		
vgl.	vergleiche	**WoPG**	Wohnungsbau-Prämiengesetz
VO	Verordnung	**WoPR**	Richtlinien zum Wohnungsbau-Prämiengesetz
VVG	Versicherungsvertragsgesetz		
VZ	Veranlagungszeitraum	**WÜD**	Wiener Übereinkommen über diplomatische Beziehungen
WBFBl	Amtsblatt des Finanzministeriums Württemberg-Baden		
		WÜK	Wiener Übereinkommen über konsularische Beziehungen
WEG	Wohnungseigentumsgesetz		
WiGBl	Gesetzblatt der Verwaltung des Vereinigten Wirtschaftsgebiets	**z. B.**	zum Beispiel
		ZDG	Zivildienstgesetz
WoBauFördG	Gesetz zur Förderung des Wohnungsbaues (Wohnungsbauförderungsgesetz)	**ZPO**	Zivilprozeßordnung
		ZRFG	Zonenrandförderungsgesetz
WoBauG	Wohnungsbaugesetz (Wohnungsbau- und Familienheimgesetz)	**ZugabeVO**	Zugabe-Verordnung
		ZuwG	Zuwendungsgesetz

Einkommensteuergesetz 1997
(EStG 1997)

in der Fassung der Bekanntmachung vom 16. 4. 1997 (BGBl. I S. 821, BStBl I S. 415) unter Berücksichtigung der Gesetzesänderungen in den Kalenderjahren 1998 und 1999 durch

Lfd. Nr.	Änderungsgesetz	Datum	Fundstelle BGBl. I S.	Geänderte Vorschriften	Art der Änderung
1.	Gesetz zur weiteren Fortentwicklung des Finanzplatzes Deutschland (Drittes Finanzmarktförderungsgesetz)	24. 3. 1998	529	§ 6b Abs. 1 Satz 2 Nr. 5 § 6b Abs. 4 Satz 1 Nr. 2 § 19a Abs. 3 Nr. 6 § 49 Abs. 1 Nr. 5 Buchst. a § 50c Abs. 1 Satz 1 § 52 Abs. 8 § 52 Abs. 29b § 52 Abs. 30 § 52 Abs. 31a § 52 Abs. 31a	neu gefaßt neu gefaßt geändert geändert geändert neu gefaßt wird Abs. 29c neu gefaßt wird Abs. 31b eingefügt
2.	Gesetz über die Zulassung von Stückaktien (Stückaktiengesetz – StückAG)	25. 3. 1998	590	§ 50c Abs. 4 Satz 1	neu gefaßt
3.	Gesetz zur Einführung des Euro (Euro-Einführungsgesetz – EuroEG)	9. 6. 1998	1242	§ 6d § 52 Abs. 8a	neu gefaßt eingefügt
4.	Gesetz zur Datenermittlung für den Verteilungsschlüssel des Gemeindeanteils am Umsatzsteueraufkommen und zur Änderung steuerlicher Vorschriften	23. 6. 1998	1496	§ 44d Abs. 1 § 44d Abs. 2 § 52 Abs. 29d	neu gefaßt neu gefaßt eingefügt
5.	Gesetz zur Anpassung steuerlicher Vorschriften der Land- und Forstwirtschaft	29. 6. 1998	1692	§ 13 Abs. 1 Nr. 1 Satz 2 § 52 Abs. 15a	neu gefaßt eingefügt
6.	Gesetz zur Neuordnung des Zerlegungsrechts und zur Änderung des Kraftfahrzeugsteuerrechts (Zerlegungs- und Kraftfahrzeugsteueränderungsgesetz – ZerlKraftStÄndG)	6. 8. 1998	1998	§ 45a Abs. 2 Satz 1 Nr. 4 § 52 Abs. 29a Satz 2	neu gefaßt angefügt
7.	Gesetz über die Anpassung von Dienst- und Versorgungsbezügen in Bund und Ländern 1998 (Bundesbesoldungs- und -versorgungsanpassungsgesetz 1998 – BBVAnpG 98)	6. 8. 1998	2026	§ 3 Nr. 28 § 32b Abs. 1 Nr. 1 Buchst. g § 41 Abs. 1 Satz 5 § 41b Abs. 1 Satz 2 Nr. 4 § 42b Abs. 1 Satz 4 Nr. 4	geändert geändert geändert geändert geändert

Änderungsgesetze

Lfd. Nr.	Änderungsgesetz	Datum	Fundstelle BGBl. I S.	Geänderte Vorschriften	Art der Änderung
8.	Gesetz zur Anpassung der technischen und steuerlichen Bedingungen in der Seeschiffahrt an den internationalen Standard (Seeschiffahrtsanpassungsgesetz)	9. 9. 1998	2860	§ 5a § 34c Abs. 4 § 41a Abs. 4 § 52 Abs. 6b § 52 Abs. 24b § 52 Abs. 28d § 52 Abs. 28d	eingefügt aufgehoben angefügt eingefügt eingefügt wird Abs. 28e eingefügt
9.	Steueränderungsgesetz 1998	19. 12. 1998	3816	§ 6a Abs. 4 § 52 Abs. 7a	geändert geändert
10.	Gesetz zur Änderung des Einführungsgesetzes zur Insolvenzordnung und anderer Gesetze (EGInsOÄndG)	19. 12. 1998	3836	§ 32b Abs. 1 Nr. 1 Buchst. a § 50c Abs. 3 Satz 2	geändert geändert
11.	Steuerentlastungsgesetz 1999	19. 12. 1998	3779	§ 32 Abs. 4 Satz 2 § 32a Abs. 1 § 38c Abs. 1 Satz 4 § 52 Abs. 1 § 52 Abs. 2b bis 2i § 52 Abs. 2k § 52 Abs. 5 § 52 Abs. 11a § 52 Abs. 22a bis 22d § 52 Abs. 24 § 52 Abs. 27a § 52 Abs. 28a und 28b § 52 Abs. 28d und 29e § 52 Abs. 29b und 28c § 52 Abs. 30 § 52 Abs. 32c § 66 Abs. 1 § 72 Abs. 9 § 73 Anlage 2	geändert geändert geändert geändert aufgehoben aufgehoben aufgehoben aufgehoben aufgehoben aufgehoben aufgehoben aufgehoben aufgehoben aufgehoben aufgehoben eingefügt geändert geändert aufgehoben geändert
12.	Gesetz zur Neuregelung der geringfügigen Beschäftigungsverhältnisse	24. 3. 1999	388	§ 3 Nr. 39 § 39a Überschrift § 39a Abs. 6 § 39b Abs. 7 § 39c Abs. 5 § 39d Abs. 1 § 39d Abs. 3 Satz 4 § 40a Abs. 2 Satz 2 § 40a Abs. 4 Nr. 1 § 41 Abs. 1 Satz 2 § 41b Abs. 1 Satz 2 Nr. 7 § 41b Abs. 5 § 46 Abs. 2a § 51 Abs. 4 Nr. 1c § 52 Abs. 2b (wird Abs. 7)	eingefügt geändert angefügt angefügt eingefügt ergänzt geändert neu gefaßt neu gefaßt neu gefaßt angefügt ergänzt eingefügt neu gefaßt eingefügt

Änderungsgesetze

Lfd. Nr.	Änderungsgesetz	Datum	Fundstelle BGBl. I S.	Geänderte Vorschriften	Art der Änderung
13.	Steuerentlastungsgesetz 1999/2000/2002	24. 3. 1999	402	§ 2 Abs. 3	neu gefaßt
				§ 2a Abs. 1 Satz 5	geändert
				§ 2a Abs. 3 und 4	aufgehoben
				§ 2b	eingefügt
				§ 3 Nr. 9	geändert
				§ 3 Nr. 10	geändert
				§ 3 Nr. 52	aufgehoben
				§ 4 Abs. 2 Satz 2	neu gefaßt
				§ 4 Abs. 4a	eingefügt
				§ 4 Abs. 5 Satz 1 Nr. 10	neu gefaßt
				§ 4 Abs. 7 Satz 1	neu gefaßt
				§ 5 Abs. 4	neu gefaßt
				§ 5 Abs. 4b	eingefügt
				§ 5a Abs. 5 Satz 3	geändert
				§ 6 Abs. 1 Nr. 1	geändert
				§ 6 Abs. 1 Nr. 2	neu gefaßt
				§ 6 Abs. 1 Nr. 2a	geändert
				§ 6 Abs. 1 Nr. 3	neu gefaßt
				§ 6 Abs. 1 Nr. 3a	eingefügt
				§ 6 Abs. 3 bis 7	angefügt
				§ 6b Überschrift	geändert
				§ 6b Abs. 1	neu gefaßt
				§ 6b Abs. 3 Satz 2	neu gefaßt
				§ 6b Abs. 4	geändert
				§ 6b Abs. 8 Satz 2	aufgehoben
				§ 6b Abs. 9	geändert
				§ 6b Abs. 10	angefügt
				§ 6c	neu gefaßt
				§ 7 Abs. 1	geändert
				§ 7 Abs. 4 Satz 1	ergänzt
				§ 7g Abs. 2 Nr. 1	geändert
				§ 7g Abs. 2 Nr. 3	angefügt
				§ 9 Abs. 5	neu gefaßt
				§ 9a	neu gefaßt
				§ 10 Abs. 1 Nr. 5	aufgehoben
				§ 10 Abs. 1 Nr. 8 Satz 1	neu gefaßt
				§ 10b Abs. 1 Satz 3	neu gefaßt
				§ 10c Abs. 1	geändert
				§ 10d	neu gefaßt
				§ 11 Abs. 1 Satz 3	ergänzt
				§ 12	geändert
				§ 13	geändert
				§ 13a	neu gefaßt
				§ 14 Satz 2	neu gefaßt
				§ 14a Abs. 3 und 4	geändert
				§ 15 Abs. 1 und 4	geändert
				§ 16 Abs. 3	geändert
				§ 17 Abs. 1 und 2	geändert
				§ 18 Abs. 4	neu gefaßt
				§ 20 Abs. 4	geändert
				§ 22 Nr. 2 und 3	geändert/ ergänzt
				§ 23	neu gefaßt
				§ 32a Abs. 5 Satz 1	neu gefaßt
				§ 32b Abs. 1a	eingefügt

Änderungsgesetze

Lfd. Nr.	Änderungsgesetz	Datum	Fundstelle BGBl. I S.	Geänderte Vorschriften	Art der Änderung
				§ 32b Abs. 2 Nr. 1	geändert
				§ 32c Abs. 1	geändert
				§ 32c Abs. 2	neu gefaßt
				§ 32c Abs. 4	geändert
				§ 33a Abs. 1 Satz 1 und 4	geändert
				§ 34	neu gefaßt
				§ 34b	neu gefaßt
				§ 34e Abs. 1	neu gefaßt
				§ 34e Abs. 2	geändert
				§ 34g Satz 1	geändert
				§ 35	aufgehoben
				§ 37 Abs. 3	geändert
				§ 38c Abs. 1 Satz 5 Nr. 1	geändert
				§ 39a Abs. 1	geändert
				§ 39b Abs. 3 Satz 9	neu gefaßt
				§ 39b Abs. 3 Satz 10	aufgehoben
				§ 39d Abs. 2 Satz 1	geändert
				§ 40 Abs. 3 Satz 2	ergänzt
				§ 41c Abs. 1 Nr. 2	ergänzt
				§ 42b Abs. 2 Satz 2	neu gefaßt
				§ 44a Abs. 1 Nr. 1	geändert
				§ 45d Abs. 1 Nr. 3	neu gefaßt
				§ 45d Abs. 2 und 3	neu gefaßt
				§ 46 Abs. 2 Nr. 5	eingefügt
				§ 49 Abs. 1 Nr. 2 Buchst. d	neu gefaßt
				§ 49 Abs. 1 Nr. 8	geändert
				§ 50 Abs. 1	geändert
				§ 50a Abs. 4 Satz 1 Nr. 1	neu gefaßt
				§ 50a Abs. 7	neu gefaßt
				§ 50a Abs. 8	angefügt
				§ 51 Abs. 1 Nr. 2 und 3	geändert
				§ 52	neu gefaßt
				§ 55 Abs. 1	ergänzt
				§ 55 Abs. 6	neu gefaßt
				§ 57 Abs. 3	neu gefaßt
				§ 70 Abs. 1 Satz 1	neu gefaßt
				§ 78 Abs. 1 bis 3	aufgehoben
				Anlagen 4 bis 5a	angefügt

Übersicht über die betragsmäßige Entwicklung ausgewählter Tatbestände im Einkommensteuerrecht[1])

	1994	1995	1996	1997	1998	1999
Erweiterte unbeschränkte Steuerpflicht (§ 1 Abs. 3 EStG)						
– Einnahmen im Sinne des § 1 Abs. 3 EStG nicht mehr als	6.000	6.000	–	–	–	–
Antrag auf Veranlagung zur unbeschränkten Steuerpflicht (§ 1 Abs. 3 EStG)						
– Einkünfte, die im Kalenderjahr der deutschen Einkommensteuer zu mindestens unterliegen oder nicht der deutschen Einkommensteuer unterliegende Einkünfte betragen nicht mehr als	–	–	90 v. H. 12.000	90 v. H. 12.000	90 v. H. 12.000	90 v. H. 12.000
Freibetrag bei Abfindung wegen Auflösung eines Dienstverhältnisses (§ 3 Nr. 9 EStG)						
– Grundfreibetrag	24.000	24.000	24.000	24.000	24.000	16.000
– Arbeitnehmer mindestens 50 Jahre alt und Betriebszugehörigkeit mindestens 15 Jahre	30.000	30.000	30.000	30.000	30.000	20.000
– Arbeitnehmer mindestens 55 Jahre alt und Betriebszugehörigkeit mindestens 20 Jahre	36.000	36.000	36.000	36.000	36.000	24.000
Kilometer-Pauschbetrag für Fahrten zwischen Wohnung und Arbeitsstätte (§ 9 Abs. 1 Satz 3 Nr. 4 EStG)						
– bei Benutzung eines Kraftwagens	0,70	0,70	0,70	0,70	0,70	0,70
– bei Benutzung eines Motorrads oder Motorrollers	0,33	0,33	0,33	0,33	0,33	0,33
Aufwendungen für eine Berufsausbildung (§ 10 Abs. 1 Nr. 7 EStG)	900/ 1.200[2])	900/ 1.200[2])	1.800/ 2.400[2])	1.800/ 2.400[2])	1.800/ 2.400[2])	1.800/ 2.400[2])
Aufwendungen für ein hauswirtschaftliches Beschäftigungsverhältnis (§ 10 Abs. 1 Nr. 8 EStG)[3])						
Abzug bis zu	12.000	12.000	12.000	18.000	18.000	18.000
Vorsorgeaufwendungen (§ 10 EStG)						
– Grundhöchstbetrag (§ 10 Abs. 3 Nr. 1 EStG)						
• zusammenveranlagte Ehegatten	5.220	5.220	5.220	5.220	5.220	5.220
• andere Personen	2.610	2.610	2.610	2.610	2.610	2.610
– Vorwegabzug (§ 10 Abs. 3 Nr. 2 EStG)						
• zusammenveranlagte Ehegatten	12.000	12.000	12.000	12.000	12.000	12.000
• andere Personen	6.000	6.000	6.000	6.000	6.000	6.000
– Kürzung des Vorwegabzugs in den Fällen des § 10 Abs. 3 Nr. 2 Satz 2 EStG	16 v. H.[4])	16 v. H.	16 v. H.	16 v. H.	16 v. H.	16 v. H.
– Zusätzlicher Höchstbetrag für Beiträge zu einer zusätzlichen freiwilligen Pflegeversicherung (§ 10 Abs. 3 Nr. 3 EStG)	–	360	360	360	360	360
Vorsorgepauschale (§ 10c Abs. 2 EStG)						
– Höchstbetrag (§ 10c Abs. 2 Satz 2 EStG)						
• Nummer 1	6.000	6.000	6.000	6.000	6.000	6.000
abzüglich ... v. H. des Arbeitslohns	16	16	16	16	16	16

[1]) Soweit im einzelnen nicht anders vermerkt, Angaben in „Deutsche Mark".
[2]) Erhöhung bei auswärtiger Unterbringung.
[3]) Zu Arbeitgeberpflichten gegenüber der Sozialversicherung ist der Stpfl. gfs. auf das Haushaltsscheckverfahren hinzuweisen. Haushaltsschecks sind bei Krankenkassen, Arbeitsämtern, Banken und Sparkassen erhältlich. Ab 1999 darf es sich nicht um eine geringfügige Beschäftigung im Sinne des § 8 Abs. 1 Nr. 1 SGB IV handeln.
[4]) Zur Anwendung → § 52 Abs. 12 Satz 5 EStG.

Tabellarische Übersicht

	1994	1995	1996	1997	1998	1999
• Nummer 2	2.610	2.610	2.610	2.610	2.610	2.610
• Nummer 3 ... bis zu ...	1.305	1.305	1.305	1.305	1.305	1.305
Versorgungs-Freibetrag (§ 19 Abs. 2 EStG)						
höchstens	6.000	6.000	6.000	6.000	6.000	6.000
Sparer-Freibetrag (§ 20 Abs. 4 EStG)						
– zusammenveranlagte Ehegatten	12.000	12.000	12.000	12.000	12.000	12.000
– andere Personen	6.000	6.000	6.000	6.000	6.000	6.000
Eigene Einkünfte und Bezüge des Kindes (§ 32 Abs. 4 EStG)	–	–	12.000	12.000	12.360	13.020
Kinderfreibetrag (§ 32 Abs. 6 EStG)						
in bestimmten Fällen doppelter Betrag	2.052	2.052	mtl. 261 jährl. 3.132	mtl. 288 jährl. 3.456	mtl. 288 jährl. 3.456	mtl. 288 jährl. 3.456
Grundfreibetrag (§ 32a EStG)						
Grundtabelle	5.616	5.616	12.095	12.095	12.365	13.067
Splittingtabelle	11.232	11.232	24.191	24.191	24.731	26.135
Unterhaltsaufwendungen (§ 33a Abs. 1 EStG)						
– Höchstbetrag, wenn für die unterhaltene Person die Voraussetzungen für einen Ausbildungsfreibetrag erfüllt sind, unabhängig von deren Lebensalter	4.104	4.104	–	–	–	–
– Höchstbetrag für eine andere unterhaltene Person,						
• wenn diese das 18. Lebensjahr noch nicht vollendet hat	4.104	4.104	–	–	–	–
• wenn diese das 18. Lebensjahr vollendet hat	7.200	7.200	–	–	–	–
– Höchstbetrag bei gesetzlicher Unterhaltsverpflichtung und in bestimmten anderen Fällen	–	–	12.000	12.000	12.000	13.020
– Anrechnungsfreier Betrag	6.000	6.000	1.200	1.200	1.200	1.200
Höchstbetrag der ermäßigt zu besteuernden außerordentlichen Einkünfte (§ 34 Abs. 1 EStG)	30 Mio	30 Mio	30 Mio	30/15 Mio[1]	15 Mio	–
Steuerermäßigung bei Mitgliedsbeiträgen und Spenden an politische Parteien und an unabhängige Wählervereinigungen (§ 34g EStG)						
– Höchstbetrag (§ 34g Satz 2 EStG)						
• bei zusammenveranlagten Ehegatten	3.000	3.000	3.000	3.000	3.000	3.000
• bei anderen Personen	1.500	1.500	1.500	1.500	1.500	1.500
Kindergeld (§ 66 Abs. 1 EStG)						
– für das erste und zweite Kind jeweils	–	–	200	220	220	250
– für das dritte Kind	–	–	300	300	300	300
– für das vierte und jedes weitere Kind jeweils	–	–	350	350	350	350
Steuererklärungspflichten						
– § 56 (bis 1995: Abs. 1) Satz 1 Nr. 1 Buchst. a EStDV	11.555	11.555	24.407	24.407	24.947	26.351
– § 56 (bis 1995: Abs. 1) Satz 1 Nr. 2 Buchst. a EStDV	5.777	5.777	12.203	12.203	12.473	13.175

---

[1] Stichtag ist der 31.7.1997. Siehe zur Anwendung im VZ 1997 § 34 Abs. 1 i.d.F. des Artikels 1 Nr. 3 des Gesetzes zur Fortsetzung der Unternehmenssteuerreform vom 29.10.1997 (BGBl. I S. 2590, BStBl I S. 928).

A.

Einkommensteuergesetz (EStG)

Einkommensteuer-Durchführungsverordnung 1997 (EStDV 1997)

Einkommensteuer-Richtlinien 1998 (EStR 1998)

Hinweise

Einführung

(1) Die Einkommensteuer-Richtlinien sind Weisungen an die Finanzbehörden zur einheitlichen Anwendung des Einkommensteuerrechts, zur Vermeidung unbilliger Härten und zur Verwaltungsvereinfachung.

(2) Anordnungen, die mit den nachstehenden Richtlinien im Widerspruch stehen, sind nicht mehr anzuwenden.

(3) Diesen Richtlinien liegt, soweit im einzelnen keine andere Fassung angegeben ist, das Einkommensteuergesetz 1997 in der Fassung der Bekanntmachung vom 16.4.1997 (BGBl. I S. 821), zuletzt geändert durch Artikel 6 des Gesetzes vom 9.9.1998 (BGBl. I S. 2860), zugrunde.

Anwendung der Einkommensteuer-Richtlinien 1998

Die Einkommensteuer-Richtlinien 1996 in der Fassung der Bekanntmachung vom 28.2.1997 (BStBl I Sondernummer 1/1997), geändert durch die Allgemeine Verwaltungsvorschrift über die Änderung der Einkommensteuer-Richtlinien 1996 (EStÄR 1998) vom 15.12.1998 (BStBl I S. 1518) und die 2. Allgemeine Verwaltungsvorschrift über die Änderung der Einkommensteuer-Richtlinien 1996 (2. EStÄR 1998) vom 15.12.1998 (BStBl I S. 1528) – nachfolgend als EStR 1998 bezeichnet – sind, soweit im einzelnen nichts anderes bestimmt ist, für die Veranlagung zur Einkommensteuer ab dem Veranlagungszeitraum 1998 anzuwenden.

I. Steuerpflicht

§ 1

EStG

(1) **) ¹Natürliche Personen, die im Inland einen Wohnsitz oder ihren gewöhnlichen Aufenthalt haben, sind unbeschränkt einkommensteuerpflichtig. ²Zum Inland im Sinne dieses Gesetzes gehört auch der der Bundesrepublik Deutschland zustehende Anteil am Festlandsockel, soweit dort Naturschätze des Meeresgrundes und des Meeresuntergrundes erforscht oder ausgebeutet werden.

(2) ¹Unbeschränkt einkommensteuerpflichtig sind auch deutsche Staatsangehörige, die
1. im Inland weder einen Wohnsitz noch ihren gewöhnlichen Aufenthalt haben und
2. zu einer inländischen juristischen Person des öffentlichen Rechts in einem Dienstverhältnis stehen und dafür Arbeitslohn aus einer inländischen öffentlichen Kasse beziehen,

sowie zu ihrem Haushalt gehörende Angehörige, die die deutsche Staatsangehörigkeit besitzen oder keine Einkünfte oder nur Einkünfte beziehen, die ausschließlich im Inland einkommensteuerpflichtig sind. ²Dies gilt nur für natürliche Personen, die in dem Staat, in dem sie ihren Wohnsitz oder ihren gewöhnlichen Aufenthalt haben, lediglich in einem der beschränkten Einkommensteuerpflicht ähnlichen Umfang zu einer Steuer vom Einkommen herangezogen werden.

(3) ¹Auf Antrag werden auch natürliche Personen als unbeschränkt einkommensteuerpflichtig behandelt, die im Inland weder einen Wohnsitz noch ihren gewöhnlichen Aufenthalt haben, soweit sie inländische Einkünfte im Sinne des § 49 haben. ²Dies gilt nur, wenn ihre Einkünfte im Kalenderjahr mindestens zu 90 vom Hundert der deutschen Einkommensteuer unterliegen oder die nicht der deutschen Einkommensteuer unterliegenden Einkünfte nicht mehr als 12.000 Deutsche Mark im Kalenderjahr betragen; dieser Betrag ist zu kürzen, soweit es nach den Verhältnissen im Wohnsitzstaat des Steuerpflichtigen notwendig und angemessen ist. ³Inländische Einkünfte, die nach einem Abkommen zur Vermeidung der Doppelbesteuerung nur der Höhe nach beschränkt besteuert werden dürfen, gelten hierbei als nicht der deutschen Einkommensteuer unterliegend. ⁴Weitere Voraussetzung ist, daß die Höhe der nicht der deutschen Einkommensteuer unterliegenden Einkünfte durch eine Bescheinigung der zuständigen ausländischen Steuerbehörde nachgewiesen wird. ⁵Der Steuerabzug nach § 50a ist ungeachtet der Sätze 1 bis 4 vorzunehmen.

(4) Natürliche Personen, die im Inland weder einen Wohnsitz noch ihren gewöhnlichen Aufenthalt haben, sind vorbehaltlich der Absätze 2 und 3 und des § 1a beschränkt einkommensteuerpflichtig, wenn sie inländische Einkünfte im Sinne des § 49 haben.

§ 1a

EStG

(1) ¹Für Staatsangehörige eines Mitgliedstaates der Europäischen Union oder eines Staates, auf den das Abkommen über den Europäischen Wirtschaftsraum anwendbar ist, die nach § 1 Abs. 1 unbeschränkt einkommensteuerpflichtig sind und die Voraussetzungen des § 1 Abs. 3 Satz 2 bis 4 erfüllen, oder die nach § 1 Abs. 3 als unbeschränkt einkommensteuerpflichtig zu behandeln sind, gilt bei Anwendung von § 10 Abs. 1 Nr. 1, § 26 Abs. 1 Satz 1, § 32 Abs. 7 und § 33c Abs. 1 hinsichtlich des Ehegatten und der Kinder folgendes:
1. Unterhaltsleistungen an den geschiedenen oder dauernd getrennt lebenden Ehegatten (§ 10 Abs. 1 Nr. 1) sind auch dann als Sonderausgaben abziehbar, wenn der Empfänger nicht unbeschränkt einkommensteuerpflichtig ist. ²Voraussetzung ist, daß der Empfänger seinen Wohnsitz oder gewöhnlichen Aufenthalt im Hoheitsgebiet eines anderen Mitgliedstaates der Europäischen Union oder eines Staates hat, auf den das Abkommen über den Europäischen Wirtschaftsraum Anwendung findet. ³Weitere Voraussetzung ist, daß die Besteuerung der Unterhaltszahlungen beim Empfänger durch eine Bescheinigung der zuständigen ausländischen Steuerbehörde nachgewiesen wird;

---
*) Aktenplan-Nummer für die Finanzverwaltung.
**) Die hochgestellten Ziffern geben die laufenden Nummern der Sätze an.

§ 1a EStG
R 1   H 1

2. der nicht dauernd getrennt lebende Ehegatte ohne Wohnsitz oder gewöhnlichen Aufenthalt im Inland wird auf Antrag für die Anwendung des § 26 Abs. 1 Satz 1 als unbeschränkt einkommensteuerpflichtig behandelt. Nummer 1 Satz 2 gilt entsprechend. ²Bei Anwendung des § 1 Abs. 3 Satz 2 ist auf die Einkünfte beider Ehegatten abzustellen und der Betrag von 12.000 Deutsche Mark zu verdoppeln;

3. ein Haushaltsfreibetrag (§ 32 Abs. 7) wird auch abgezogen, wenn das Kind, für das dem Steuerpflichtigen ein Kinderfreibetrag oder Kindergeld zusteht, in der Wohnung des Steuerpflichtigen gemeldet ist, die nicht im Inland belegen ist. ²Nummer 1 Satz 2 gilt sinngemäß. Weitere Voraussetzung ist, daß der Steuerpflichtige, falls er verheiratet ist, von seinem Ehegatten dauernd getrennt lebt;

4. Aufwendungen für Dienstleistungen zur Betreuung eines zum Haushalt eines Alleinstehenden gehörenden Kindes (§ 33c Abs. 1) gelten auch dann als außergewöhnliche Belastung, wenn das Kind nicht unbeschränkt einkommensteuerpflichtig ist. ²Nummer 1 Satz 2 gilt sinngemäß. ³Lebt der Steuerpflichtige, falls er verheiratet ist, von seinem Ehegatten nicht dauernd getrennt, ist § 33c Abs. 5 anwendbar.

(2) Für unbeschränkt einkommensteuerpflichtige Personen im Sinne des § 1 Abs. 2, die die Voraussetzungen des § 1 Abs. 3 Satz 2 bis 4 erfüllen, und für unbeschränkt einkommensteuerpflichtige Personen im Sinne des § 1 Abs. 3, die die Voraussetzungen des § 1 Abs. 2 Satz 1 Nr. 1 und 2 erfüllen und an einem ausländischen Dienstort tätig sind, gelten die Regelungen des Absatzes 1 Nr. 2 bis 4 entsprechend mit der Maßgabe, daß auf Wohnsitz, gewöhnlichen Aufenthalt, Wohnung oder Haushalt im Staat des ausländischen Dienstortes abzustellen ist.

R 1

1. Steuerpflicht

¹Unbeschränkt einkommensteuerpflichtig gemäß § 1 Abs. 2 EStG sind insbesondere von der Bundesrepublik Deutschland ins Ausland entsandte deutsche Staatsangehörige, die Mitglied einer diplomatischen Mission oder konsularischen Vertretung sind – einschließlich der zu ihrem Haushalt gehörenden Angehörigen –, soweit die Voraussetzungen des § 1 Abs. 2 EStG erfüllt sind. ²Für einen ausländischen Ehegatten gilt dies auch, wenn er die Staatsangehörigkeit des Empfangsstaates besitzt.

H 1   Hinweise

Allgemeines

Die unbeschränkte Einkommensteuerpflicht erstreckt sich auf sämtliche inländische und ausländische Einkünfte, soweit nicht für bestimmte Einkünfte abweichende Regelungen bestehen, z. B. in DBA oder in anderen zwischenstaatlichen Vereinbarungen.

Arbeitslohn-Besteuerung nach den DBA

Anhang 8   Anwendung der 183-Tage-Klausel → BMF vom 5.1.1994 (BStBl I S. 11) und vom 5.7.1995 (BStBl I S. 373).

Anwendung der 183-Tage-Regelung bei Berufskraftfahrern; die Tage der Hin- und Rückreise werden nicht als Aufenthaltstage im Tätigkeitsstaat mitgezählt. Dies gilt jedoch nur, wenn der Berufskraftfahrer am selben Tag aus seinem Ansässigkeitsstaat in den Tätigkeitsstaat einreist und wieder in den Ansässigkeitsstaat zurückkehrt. Tage, an denen er in den Tätigkeitsstaat einreist und von dort in einen Drittstaat wieder ausreist, werden hingegen als Aufenthaltstage im Tätigkeitsstaat gezählt. Zu den Berufskraftfahrern gehören auch Auslieferungsfahrer, jedoch nicht Reisevertreter (→ FinMin Niedersachsen vom 15.1.1997– S 1301 – 306 – 33).

Auslandskorrespondenten
→ BMF vom *13.3.1998* (BStBl I S. *351*)

§ 1a EStG
H 1

Auslandslehrkräfte und andere nicht entsandte Arbeitnehmer
→ BMF vom 9.7.1990 (BStBl I S. 324), aber Sonderregelungen für in den USA, in Kolumbien und Ecuador tätige Auslandslehrkräfte und andere nicht entsandte Arbeitnehmer → BMF vom 10.11.1994 (BStBl I S. 853) und vom 17.6.1996 (BStBl I S. 688)
→ *BFH vom 13.8.1997 (BStBl 1998 II S. 21)*

Auslandstätigkeitserlaß
→ BMF vom 31.10.1983 (BStBl I S. 470)

Diplomaten und sonstige Beschäftigte ausländischer Vertretungen in der Bundesrepublik
→ § 3 Nr. 29 EStG

Doppelbesteuerung
→ Verzeichnis der Abkommen zur Vermeidung der Doppelbesteuerung   Anhang 8

Entlastung von deutschen Abzugssteuern
→ Freistellung

Erweiterte beschränkte Steuerpflicht
→ §§ 2 und 5 AStG

Erweiterte unbeschränkte Steuerpflicht und unbeschränkte Steuerpflicht auf Antrag
→ § 1 Abs. 2 bzw. § 1 Abs. 3 in Verbindung mit § 1a Abs. 2 EStG
  Im Ausland bei internationalen Organisationen beschäftigte Deutsche fallen nicht unter § 1 Abs. 2 oder § 1 Abs. 3 i.V.m. § 1a Abs. 2 EStG, da sie ihren Arbeitslohn nicht aus einer inländischen öffentlichen Kasse beziehen.
→ BMF vom 8.10.1996 (BStBl I S. 1191) – Auszug –:
  Billigkeitsregelung in Fällen, in denen ein Steuerpflichtiger und sein nicht dauernd getrennt lebender Ehegatte zunächst unter den Voraussetzungen des § 1 Abs. 2 EStG unbeschränkt einkommensteuerpflichtig sind bzw. unter den Voraussetzungen des § 1 Abs. 3 i.V.m. § 1a Abs. 2 EStG auf Antrag als unbeschränkt steuerpflichtig behandelt werden,
  – der Steuerpflichtige dann aus dienstlichen Gründen in das Inland versetzt wird,
  – der nicht dauernd getrennt lebende Ehegatte aus persönlichen Gründen noch für kurze Zeit im Ausland verbleibt und
  – die Voraussetzungen des § 1a Abs. 1 EStG nicht erfüllt sind.
→ BMF vom 19.3.1996 (BStBl I S. 373)
  Zur steuerlichen Behandlung von Ehegatten, bei denen nur einer die Voraussetzungen des § 1 Abs. 2 EStG erfüllt.

Freistellung von deutschen Abzugssteuern
→ § 50d EStG, Besonderheiten im Fall von DBA

Gastlehrkräfte
Besteuerung von Gastlehrkräften nach den Doppelbesteuerungsabkommen (DBA) → BMF vom 10.1.1994 (BStBl I S. 14)

Gewöhnlicher Aufenthalt
→ § 9 AO

Schiffe
Schiffe unter Bundesflagge rechnen auf hoher See zum Inland.
→ BFH vom 12.11.1986 (BStBl 1987 II S. 377)

Unbeschränkte Steuerpflicht – auf Antrag –
→ BMF vom 30.12.1996 (BStBl I S. 1506)

Wechsel der Steuerpflicht
→ § 2 Abs. 7 Satz 3 EStG

Wohnsitz
→ § 8 AO

R 2   2. Zuständigkeit bei der Besteuerung

– unbesetzt –

H 2   Hinweise

Freistellung von deutschen Abzugssteuern
Für die Entlastung (Erstattung und Freistellung) von deutschen Abzugssteuern – mit Ausnahme des Steuerabzugs vom Arbeitslohn – auf Grund von DBA ist nach § 5 Abs. 1 Nr. 2 FVG das Bundesamt für Finanzen zuständig.

Wohnsitzverlegung
→ §§ 86 bis 91, 94, 95 BuchO

Zuständigkeit bei der Besteuerung
→ §§ 16 bis 29 AO

II. Einkommen

1. Sachliche Voraussetzungen für die Besteuerung

§ 2
Umfang der Besteuerung, Begriffsbestimmungen

(1) ¹Der Einkommensteuer unterliegen
1. Einkünfte aus Land- und Forstwirtschaft,
2. Einkünfte aus Gewerbebetrieb,
3. Einkünfte aus selbständiger Arbeit,
4. Einkünfte aus nichtselbständiger Arbeit,
5. Einkünfte aus Kapitalvermögen,
6. Einkünfte aus Vermietung und Verpachtung,
7. sonstige Einkünfte im Sinne des § 22,

die der Steuerpflichtige während seiner unbeschränkten Einkommensteuerpflicht oder als inländische Einkünfte während seiner beschränkten Einkommensteuerpflicht erzielt. ²Zu welcher Einkunftsart die Einkünfte im einzelnen Fall gehören, bestimmt sich nach den §§ 13 bis 24.

(2) Einkünfte sind
1. bei Land- und Forstwirtschaft, Gewerbebetrieb und selbständiger Arbeit der Gewinn (§§ 4 bis 7k),
2. bei den anderen Einkunftsarten der Überschuß der Einnahmen über die Werbungskosten (§§ 8 bis 9a).

(3) Die Summe der Einkünfte, vermindert um den Altersentlastungsbetrag und den Abzug nach § 13 Abs. 3, ist der Gesamtbetrag der Einkünfte.

---

¹) Anm.: Durch das Steuerentlastungsgesetz 1999/2000/2002 wurde Absatz 3 mit Wirkung ab VZ 1999 wie folgt gefaßt:

„(3) Die Summe der Einkünfte, vermindert um den Altersentlastungsbetrag und den Abzug nach § 13 Abs. 3, ist der Gesamtbetrag der Einkünfte. Bei der Ermittlung der Summe der Einkünfte sind zunächst jeweils die Summen der Einkünfte aus der einzelnen Einkunftsart, dann die Summe der positiven Einkünfte zu ermitteln. Die Summe der positiven Einkünfte ist, soweit sie den Betrag von 100.000 Deutsche Mark übersteigt, durch negative Summen der Einkünfte aus anderen Einkunftsarten nur bis zur Hälfte zu mindern. Die Minderung ist in dem Verhältnis vorzunehmen, in dem die positiven Summen der Einkünfte aus verschiedenen Einkunftsarten zur Summe der positiven Einkünfte stehen. Übersteigt die Summe der negativen Einkünfte den nach Satz 3 ausgleichsfähigen Betrag, sind die negativen Summen der Einkünfte aus verschiedenen Einkunftsarten in dem Verhältnis zu berücksichtigen, in dem sie zur Summe der negativen Einkünfte stehen. Bei Ehegatten, die nach den §§ 26, 26b zusammen veranlagt werden, sind nicht nach Satz 2 bis 5 ausgeglichene negative Einkünfte des einen Ehegatten dem anderen Ehegatten zuzurechnen, soweit sie bei diesem nach den Sätzen 2 bis 5 ausgeglichen werden können; können negative Einkünfte des einen Ehegatten bei dem anderen Ehegatten zu weniger als 100.000 Deutsche Mark ausgeglichen werden, sind die positiven Einkünfte des einen Ehegatten über die Sätze 2 bis 5 hinaus um den Unterschiedsbetrag bis zu einem Höchstbetrag von 100.000 Deutsche Mark durch die noch nicht ausgeglichenen negativen Einkünfte dieses Ehegatten zu mindern, soweit der Betrag der Minderungen bei beiden Ehegatten nach den Sätzen 3 bis 6 den Betrag von 200.000 Deutsche Mark zuzüglich der Hälfte des den Betrag von 200.000 Deutsche Mark übersteigenden Teils der zusammengefaßten Summe der positiven Einkünfte beider Ehegatten nicht übersteigt. Können negative Einkünfte des einen Ehegatten bei ihm nach Satz 3 zu weniger als 100.000 Deutsche Mark ausgeglichen werden, sind die positiven Einkünfte des anderen Ehegatten über die Sätze 2 bis 6 hinaus um den Unterschiedsbetrag bis zu einem Höchstbetrag von 100.000 Deutsche Mark durch die noch nicht ausgeglichenen negativen Einkünfte des einen Ehegatten zu mindern, soweit der Betrag der Minderungen bei beiden Ehegatten nach den Sätzen 3 bis 7 den Betrag von 200.000 Deutsche Mark zuzüglich der Hälfte des den Betrag von 200.000 Deutsche Mark übersteigenden Teils der zusammengefaßten Summe der positiven Einkünfte beider Ehegatten nicht übersteigt. Satz 4 und 5 gilt entsprechend."

§ 2 EStG
R 3

S 2112 (4) Der Gesamtbetrag der Einkünfte, vermindert um die Sonderausgaben und die außergewöhnlichen Belastungen, ist das Einkommen.

S 2280 (5) ¹Das Einkommen, vermindert um den Kinderfreibetrag nach den §§ 31 und 32, den Haushaltsfreibetrag nach § 32 Abs. 7 und um die sonstigen vom Einkommen abzuziehenden Beträge, ist das zu versteuernde Einkommen; dieses bildet die Bemessungsgrundlage für die tarifliche Einkommensteuer. ²Knüpfen andere Gesetze an den Begriff des zu versteuernden Einkommens an, ist für deren Zweck das Einkommen in allen Fällen des § 32 um den Kinderfreibetrag zu vermindern.

(6) ¹Die tarifliche Einkommensteuer, vermindert um den Entlastungsbetrag nach § 32c, die anzurechnenden ausländischen Steuern und die Steuerermäßigungen, vermehrt um die Steuer nach § 34c Abs. 5, die Nachsteuer nach § 10 Abs. 5 und den Zuschlag nach § 3 Abs. 4 Satz 2 des Forstschäden-Ausgleichsgesetzes, ist die festzusetzende Einkommensteuer. ²Wurde das Einkommen in den Fällen des § 31 um den Kinderfreibetrag vermindert, ist für die Ermittlung der festzusetzenden Einkommensteuer das Kindergeld der tariflichen Einkommensteuer hinzuzurechnen.

S 2111 (7) ¹Die Einkommensteuer ist eine Jahressteuer. ²Die Grundlagen für ihre Festsetzung sind jeweils für ein Kalenderjahr zu ermitteln. ³Besteht während eines Kalenderjahrs sowohl unbeschränkte als auch beschränkte Einkommensteuerpflicht, so sind die während der beschränkten Einkommensteuerpflicht erzielten inländischen Einkünfte in eine Veranlagung zur unbeschränkten Einkommensteuerpflicht einzubeziehen.

R 3 3. Ermittlung des zu versteuernden Einkommens

Das zu versteuernde Einkommen ist wie folgt zu ermitteln:

S 2117   1   Summe der Einkünfte aus den Einkunftsarten
S 2118   2 + nachzuversteuernder Betrag (§ 10a EStG)

  3 + Hinzurechnungsbetrag (§ 2a Abs. 3 Satz 3, Abs. 4 EStG, § 2 Abs. 1 Satz 3, Abs. 2 Auslandsinvestitionsgesetz)

  4 − ausländische Verluste bei DBA (§ 2a Abs. 3 Satz 1 EStG)

  5 = Summe der Einkünfte

  6 − Altersentlastungsbetrag (§ 24a EStG)

  7 − Abzug für Land- und Forstwirte (§ 13 Abs. 3 EStG)

  8 = Gesamtbetrag der Einkünfte (§ 2 Abs. 3 EStG)

  9 − Sonderausgaben (§§ 10, 10b, 10c EStG)

10 − außergewöhnliche Belastungen (§§ 33 bis 33c EStG)

Anhang 11   11 − Steuerbegünstigung der zu Wohnzwecken genutzten Wohnungen, Gebäude und Baudenkmale sowie der schutzwürdigen Kulturgüter (§§ 10e bis 10i, 52 Abs. 21 Sätze 4 bis 7 EStG und § 7 FördG)

12 − Verlustabzug (§§ 10d, 2a Abs. 3 Satz 2 EStG)

Anhang 2   13 + zuzurechnendes Einkommen gemäß § 15 Abs. 1 AStG

S 2112   14 = Einkommen (§ 2 Abs. 4 EStG)

15 − Kinderfreibetrag (§§ 31, 32 Abs. 6 EStG)

16 − Haushaltsfreibetrag (§ 32 Abs. 7 EStG)

17 − Härteausgleich nach § 46 Abs. 3 EStG, § 70 EStDV

18 = zu versteuerndes Einkommen (§ 2 Abs. 5 EStG).

§ 2 EStG
H 3

Hinweise

Domizilgesellschaften, ausländische Grundstücksgeschäfte
Zur steuerlichen Beurteilung und Kontrollverfahren → OFD Düsseldorf vom 23.7.1997 – ESt-Kartei-NW § 2 EStG Nr. 800.

Liebhaberei
bei Einkünften aus
- Land- und Forstwirtschaft → H 130a (Liebhaberei)
- Gewerbebetrieb → H 134b (Abgrenzung der Gewinnerzielungsabsicht zur Liebhaberei), H 139 (2) Liebhaberei
- selbständiger Arbeit → H 149 (Gewinnerzielungsabsicht)
- Kapitalvermögen → H 153 (Schuldzinsen)
- Vermietung und Verpachtung → H 161 (Einkünfteerzielungsabsicht)

Bei **Vermietung** wird nur ausnahmsweise nicht beabsichtigt, einen Überschuß zu erzielen. Sofern nicht ausnahmsweise besondere Umstände gegen das Vorliegen einer Überschußerzielungsabsicht sprechen (z. B. bei Ferienwohnungen, bei Mietkaufmodellen oder bei Bauherrenmodellen mit Rückkaufangebot oder Verkaufsgarantie), ist bei einer auf Dauer angelegten Vermietungstätigkeit grundsätzlich davon auszugehen, daß der Steuerpflichtige beabsichtigt, letztlich einen Einnahmeüberschuß zu erwirtschaften (→ BFH vom 30.9.1997 – BStBl 1998 II S. 771).

- Sind Verluste aus der **nebenberuflichen Vercharterung eines Motorboots** mit Zubehör als gewerbliche Tätigkeit oder Liebhaberei zu beurteilen? Ist für die Beurteilung eines „Totalgewinns" auf den ganzen Betrieb abzustellen oder können einzelne Tätigkeiten des Steuerpflichtigen für sich betrachtet werden? → FG Münster vom 12.12.1996 – EFG 1996 S. 816 – Rev. – BFH IX R 23/96.

Für die Annahme steuerrechtlicher Liebhaberei gelten folgende **allgemeine Grundsätze:**

- Bei der Ermittlung des Einkommens für die Einkommensteuer sind nur solche positiven oder negativen Einkünfte anzusetzen, die unter die Einkünfte des § 2 Abs. 1 Nr. 1 bis 7 EStG fallen. Kennzeichnend für diese Einkunftsarten ist, daß die ihnen zugrunde liegenden Tätigkeiten oder Vermögensnutzungen auf eine größere Zahl von Jahren gesehen der **Erzielung positiver Einkünfte oder Überschüsse** dienen. Fehlt es an dieser Voraussetzung, so fallen die wirtschaftlichen Ergebnisse auch dann nicht unter eine Einkunftsart, wenn sie sich ihrer Art nach unter § 2 Abs. 1 EStG einordnen ließen. Verluste, die dem Steuerpflichtigen durch ein solches unter keine Einkunftsart fallendes Verhalten – auch als „Liebhaberei" bezeichnet – entstehen, wirken sich ebensowenig einkommensmindernd aus, wie etwaige Gewinne oder Überschüsse daraus das steuerpflichtige Einkommen erhöhen (→ BFH vom 25.6.1984 – BStBl II S. 751).

- Bei der Beurteilung, ob eine **Gewinnerzielungsabsicht** gegeben ist, wird nicht abschnittsbezogen ein Periodengewinn in Bezug genommen, sondern der Totalgewinn als Gesamtergebnis der steuerrelevanten Tätigkeit oder Vermögensnutzung (→ BFH vom 29.6.1995 – BStBl II S. 722).

Bei der Gewinnerzielungsabsicht handelt es sich um ein subjektives Tatbestandsmerkmal, das sich nur anhand objektiver Merkmale beurteilen läßt. Maßgebend ist, wie sich die Verhältnisse aus der Sicht des an objektiven Gegebenheiten orientierten Steuerpflichtigen dargestellt haben. Erforderlich ist eine in die Zukunft gerichtete, langfristige Beurteilung. Die Verhältnisse eines bereits abgelaufenen Zeitraums können wichtige Anhaltspunkte bieten. Die Annahme einer einkommensteuerrechtlich unbeachtlichen Tätigkeit setzt voraus, daß der Steuerpflichtige die verlustbringende Tätigkeit nur aus im Bereich seiner Lebensführung liegenden persönlichen Gründen und Neigungen ausübt. Dabei muß die Tätigkeit nicht der persönlichen Lebensgestaltung in Form von Erholung oder Freizeitgestaltung dienen. Vielmehr sind persönliche Gründe alle einkommensteuerrechtlich unbeachtlichen Motive. Die ernsthafte Möglichkeit, daß ein jahrelang ausschließlich mit Verlusten arbeitender Betrieb nicht in der Absicht der Gewinnerzielung geführt wird, ist jedenfalls dann gegeben, wenn

> feststeht, daß der Betrieb nach seiner Wesensart und/oder der Art seiner Bewirtschaftung auf die Dauer gesehen nicht nachhaltig mit Gewinn, d. h. mit einem Totalgewinn, arbeiten kann. Dies kommt insbesondere in Betracht, wenn der Steuerpflichtige es trotz ständiger und nachhaltiger Verluste unterläßt, Maßnahmen zur Herstellung und Steigerung der Rentabilität des Betriebes zu ergreifen.
>
> – Verluste der **Anlaufzeit** können allerdings nur dann steuerrechtlich nicht anerkannt werden, wenn aufgrund der bekannten Entwicklung des Betriebes eindeutig feststeht, daß der Betrieb, so wie ihn der Steuerpflichtige betrieben hat, von vornherein nicht in der Lage war, nachhaltige Gewinne zu erzielen und deshalb nach objektiver Beurteilung von Anfang an keine Einkunftsquelle im Sinne des Einkommensteuerrechts dargestellt hat. Die Anlaufzeit eines neu aufgebauten Betriebes, während der die allgemeinen Grundsätze für die Annahme steuerlicher Liebhaberei in der Regel nicht gelten, ist je nach der Eigenart betriebsspezifisch festzulegen (→ BFH vom 25.6.1996 – BStBl 1997 II S. 202).
>
> Ein wichtiges Merkmal bei der Feststellung der Gewinnerzielungsabsicht ist, wie ein Steuerpflichtiger auf eine **längere Verlustperiode** reagiert, ob er unverändert die verlustbringende Tätigkeit fortführt oder eine Umstrukturierung vornimmt oder sich um eine Beendigung bemüht, wenn er nach einer betriebsbedingten Anlaufphase erkennt, daß ein Gewinn nicht zu erzielen ist. Erweist sich ein mit Gewinnerzielungsabsicht begonnenes Vorhaben nicht als realisierbar und stellt der Steuerpflichtige seine auf Einkünfteerzielung gerichtete Tätigkeit daraufhin ein, ist die zur Beendigung notwendige Abwicklungsphase noch Teil der steuerrelevanten Tätigkeit. Fallen für die Entwicklung noch Aufwendungen an, sind sie als durch die Einkünfteerzielung veranlaßt abzugsfähig (→ BFH vom 29.6.1995 – BStBl II S. 722).

Preisgelder
→ BMF vom 5.9.1996 (BStBl I S. 1150)

4. Ermittlung der festzusetzenden Einkommensteuer

Die festzusetzende Einkommensteuer ist wie folgt zu ermitteln:
1   Steuerbetrag
   a) laut Grundtabelle/Splittingtabelle
      (§ 32a Abs. 1, 5, § 50 Abs. 3 EStG)
      oder
   b) nach dem bei Anwendung des Progressionsvorbehalts (§ 32b EStG) oder der Steuersatzbegrenzung sich ergebenden Steuersatz
2 + Steuer auf Grund Berechnung nach den §§ 34, 34b, 34c Abs. 4 EStG

3 = tarifliche Einkommensteuer (§ 32a Abs. 1, 5 EStG)
4 – Entlastungsbetrag nach § 32c EStG
5 – ausländische Steuern nach § 34c Abs. 1 und 6 EStG, § 12 AStG   *(Anhang 2)*
6 – Steuerermäßigung bei Land- und Forstwirten nach § 34e EStG
7 – Steuerermäßigung nach § 7a FördG   *(Anhang 11)*
8 – Steuerermäßigung für Steuerpflichtige mit Kindern bei Inanspruchnahme erhöhter Absetzungen für Wohngebäude oder der Steuerbegünstigungen für eigengenutztes Wohneigentum (§ 34f Abs. 1, 2 EStG)
9 – Steuerermäßigung bei Mitgliedsbeiträgen und Spenden an politische Parteien und unabhängige Wählervereinigungen (§ 34g EStG)
10 – Steuerermäßigung nach § 34f Abs. 3 EStG
11 – Steuerermäßigung bei Belastung mit Erbschaftsteuer (§ 35 EStG)
12 + Steuern nach § 34c Abs. 5 EStG
13 + Nachsteuer nach § 10 Abs. 5 EStG i.V.m. den §§ 30, 31 EStDV
14 + Zuschlag nach § 3 Abs. 4 Satz 2 Forstschäden-Ausgleichsgesetz

15 + Kindergeld oder vergleichbare Leistungen, soweit in den Fällen des § 31 EStG das Einkommen um einen Kinderfreibetrag gemindert wurde

16 = festzusetzende Einkommensteuer (§ 2 Abs. 6 EStG).

Hinweise

Anrechnung einbehaltener Steuerabzugsbeträge
→ H 213f

Erstattung von Einkommensteuer
→ § 11 Abs. 2 und 3 AStG

Zuordnung von Gewinnen bei abweichendem Wirtschaftsjahr
→ § 4a Abs. 2 EStG

H 4

Anhang 2

§ 2a
Negative ausländische Einkünfte

EStG
S 2118a

(1) ¹Negative Einkünfte
1. aus einer in einem ausländischen Staat belegenen land- und forstwirtschaftlichen Betriebsstätte,
2. aus einer in einem ausländischen Staat belegenen gewerblichen Betriebsstätte,
3. a) aus dem Ansatz des niedrigeren Teilwerts eines zu einem Betriebsvermögen gehörenden Anteils an einer Körperschaft, die weder ihre Geschäftsleitung noch ihren Sitz im Inland hat (ausländische Körperschaft), oder
   b) aus der Veräußerung oder Entnahme eines zu einem Betriebsvermögen gehörenden Anteils an einer ausländischen Körperschaft oder aus der Auflösung oder Herabsetzung des Kapitals einer ausländischen Körperschaft,
4. in den Fällen des § 17 bei einem Anteil an einer Kapitalgesellschaft, die weder ihre Geschäftsleitung noch ihren Sitz im Inland hat,
5. aus der Beteiligung an einem Handelsgewerbe als stiller Gesellschafter und aus partiarischen Darlehen, wenn der Schuldner Wohnsitz, Sitz oder Geschäftsleitung in einem ausländischen Staat hat,
6. a) aus der Vermietung oder der Verpachtung von unbeweglichem Vermögen oder von Sachinbegriffen, wenn diese in einem ausländischen Staat belegen sind, oder
   b) aus der Vermietung oder der Verpachtung von Schiffen, wenn diese Einkünfte nicht tatsächlich der inländischen Besteuerung unterliegen, oder
   c) aus dem Ansatz des niedrigeren Teilwerts oder der Übertragung eines zu einem Betriebsvermögen gehörenden Wirtschaftsguts im Sinne der Buchstaben a und b,
7. a) aus dem Ansatz des niedrigeren Teilwerts, der Veräußerung oder Entnahme eines zu einem Betriebsvermögen gehörenden Anteils an
   b) aus der Auflösung oder Herabsetzung des Kapitals
   c) in den Fällen des § 17 bei einem Anteil an

   einer Körperschaft mit Sitz oder Geschäftsleitung im Inland, soweit die negativen Einkünfte auf einen der in den Nummern 1 bis 6 genannten Tatbestände zurückzuführen sind,

dürfen nur mit positiven Einkünften der jeweils selben Art aus demselben Staat, in den Fällen der Nummer 7 auf Grund von Tatbeständen der jeweils selben Art aus demselben Staat, ausgeglichen werden; sie dürfen auch nicht nach § 10d abgezogen werden. ²Den negativen Einkünften sind Gewinnminderungen gleichgestellt. ³Soweit die negativen Einkünfte nicht nach Satz 1 ausgeglichen werden können, mindern sie die positiven Einkünfte der jeweils selben Art, die der Steuerpflichtige in den folgenden Veranlagungszeiträumen aus demselben Staat,

§ 2a EStG

in den Fällen der Nummer 7 auf Grund von Tatbeständen der jeweils selben Art aus demselben Staat, erzielt. ⁴Die Minderung ist nur insoweit zulässig, als die negativen Einkünfte in den vorangegangenen Veranlagungszeiträumen nicht berücksichtigt werden konnten (verbleibende negative Einkünfte).¹⁾ ⁵Die am Schluß eines Veranlagungszeitraums verbleibenden negativen Einkünfte sind gesondert festzustellen; § 10d Abs. 3 gilt sinngemäß.

(2) ¹Absatz 1 Satz 1 Nr. 2 ist nicht anzuwenden, wenn der Steuerpflichtige nachweist, daß die negativen Einkünfte aus einer gewerblichen Betriebsstätte im Ausland stammen, die ausschließlich oder fast ausschließlich die Herstellung oder Lieferung von Waren, außer Waffen, die Gewinnung von Bodenschätzen sowie die Bewirkung gewerblicher Leistungen zum Gegenstand hat, soweit diese nicht in der Errichtung oder dem Betrieb von Anlagen, die dem Fremdenverkehr dienen, oder in der Vermietung oder der Verpachtung von Wirtschaftsgütern einschließlich der Überlassung von Rechten, Plänen, Mustern, Verfahren, Erfahrungen und Kenntnissen bestehen; das unmittelbare Halten einer Beteiligung von mindestens einem Viertel am Nennkapital einer Kapitalgesellschaft, die ausschließlich oder fast ausschließlich die vorgenannten Tätigkeiten zum Gegenstand hat, sowie die mit dem Halten der Beteiligung in Zusammenhang stehende Finanzierung gilt als Bewirkung gewerblicher Leistungen, wenn die Kapitalgesellschaft weder ihre Geschäftsleitung noch ihren Sitz im Inland hat. ²Absatz 1 Satz 1 Nr. 3 und 4 ist nicht anzuwenden, wenn der Steuerpflichtige nachweist, daß die in Satz 1 genannten Voraussetzungen bei der Körperschaft entweder seit ihrer Gründung oder während der letzten fünf Jahre vor und in dem Veranlagungszeitraum vorgelegen haben, in dem die negativen Einkünfte bezogen werden.

(3)²⁾ ¹Sind nach einem Abkommen zur Vermeidung der Doppelbesteuerung bei einem unbeschränkt Steuerpflichtigen aus einer in einem ausländischen Staat belegenen Betriebsstätte stammende Einkünfte aus gewerblicher Tätigkeit von der Einkommensteuer zu befreien, so ist auf Antrag des Steuerpflichtigen ein Verlust, der sich nach den Vorschriften des inländischen Steuerrechts bei diesen Einkünften ergibt, bei der Ermittlung des Gesamtbetrags der Einkünfte abzuziehen, soweit er vom Steuerpflichtigen ausgeglichen oder abgezogen werden könnte, wenn die Einkünfte nicht von der Einkommensteuer zu befreien wären, und soweit er nach diesem Abkommen zu befreiende positive Einkünfte aus gewerblicher Tätigkeit aus anderen in diesem ausländischen Staat belegenen Betriebsstätten übersteigt. ²Soweit der Verlust dabei nicht ausgeglichen wird, ist bei Vorliegen der Voraussetzungen des § 10d der Verlustabzug zulässig. ³Der nach den Sätzen 1 und 2 abgezogene Betrag ist, soweit sich in einem der folgenden Veranlagungszeiträume bei den nach dem Abkommen zu befreienden Einkünften aus gewerblicher Tätigkeit aus in diesem ausländischen Staat belegenen Betriebsstätten insgesamt ein positiver Betrag ergibt, in dem betreffenden Veranlagungszeitraum bei der Ermittlung des Gesamtbetrags der Einkünfte wieder hinzuzurechnen. ⁴Satz 3 ist nicht anzuwenden, wenn der Steuerpflichtige nachweist, daß nach den für ihn geltenden Vorschriften des ausländischen Staates ein Abzug von Verlusten in anderen Jahren als dem Verlustjahr allgemein nicht beansprucht werden kann. ⁵Der am Schluß eines Veranlagungszeitraums nach den Sätzen 3 und 4 der Hinzurechnung unterliegende und noch nicht hinzugerechnete (verbleibende) Betrag ist gesondert festzustellen; § 10d Abs. 3 gilt entsprechend.³⁾ ⁶In die gesonderte Feststellung nach Satz 5 einzubeziehen ist der nach § 2 Abs. 1 Satz 3 und 4 des Gesetzes über steuerliche Maßnahmen bei Auslandsinvestitionen der deutschen Wirtschaft vom 18. August 1969 (BGBl. I S. 1214), das zuletzt durch Artikel 8 des Gesetzes vom 25. Juli 1988 (BGBl. I S. 1093) geändert worden ist, der Hinzurechnung unterliegende und noch nicht hinzugerechnete Betrag.

---

¹⁾ Anm.: Durch das Steuerentlastungsgesetz 1999/2000/2002 wurde in Absatz 1 Satz 5 der zweite Halbsatz wie folgt gefaßt: „ § 10d Abs. 4 gilt sinngemäß."

²⁾ Anm.: Durch das Steuerentlastungsgesetz 1999/2000/2002 wurden die Absätze 3 und 4 aufgehoben.
§ 2a Abs. 3 und 4 in der Fassung der Bekanntmachung vom 16.4.1997 (BGBl. I S. 821) ist letztmals für den Veranlagungszeitraum 1998 anzuwenden. § 2a Abs. 3 Satz 3 bis 6 sowie Abs. 4 in der Fassung der Bekanntmachung vom 16.4.1997 (BGBl. I S. 821) ist bis zum Veranlagungszeitraum 2008 weiter anzuwenden, soweit sich ein positiver Betrag im Sinne des § 2a Abs. 3 Satz 3 ergibt oder soweit eine in einem ausländischen Staat belegene Betriebsstätte im Sinne des § 2a Abs. 4 in der Fassung der Bekanntmachung vom 16.4.1997 (BGBl. I S. 821) in eine Kapitalgesellschaft umgewandelt wird. Insoweit ist in § 2a Abs. 3 Satz 5, letzter Halbsatz, die Bezeichnung „§ 10d Abs. 3" durch „§ 10d Abs. 4" zu ersetzen (→ § 52 Abs. 3 in der Fassung des Steuerentlastungsgesetzes 1999/2000/2002).

³⁾ Zur Anwendung des Satzes 6 → § 52 Abs. 2a EStG.

(4) ¹Wird eine in einem ausländischen Staat belegene Betriebsstätte in eine Kapitalgesellschaft umgewandelt, so ist ein nach Absatz 3 Satz 1 und 2 abgezogener Verlust, soweit er nach Absatz 3 Satz 3 nicht wieder hinzugerechnet worden ist oder nicht noch hinzuzurechnen ist, im Veranlagungszeitraum der Umwandlung in entsprechender Anwendung des Absatzes 3 Satz 3 dem Gesamtbetrag der Einkünfte hinzuzurechnen. ²Satz 1 ist nicht anzuwenden, wenn ¹)

1. bei der umgewandelten Betriebsstätte die Voraussetzungen des Absatzes 3 Satz 4 vorgelegen haben oder
2. der Steuerpflichtige nachweist, daß die Kapitalgesellschaft nach den für sie geltenden Vorschriften einen Abzug von Verlusten der Betriebsstätte nicht beanspruchen kann.

5. Negative ausländische Einkünfte

Einkünfte derselben Art

(1) ¹Einkünfte der jeweils selben Art nach § 2a Abs. 1 EStG sind grundsätzlich alle unter einer Nummer aufgeführten Tatbestände, für die die Anwendung dieser Nummer nicht nach § 2a Abs. 2 EStG ausgeschlossen ist. ²Die Nummern 3 und 4 sind zusammenzufassen. ³Negative Einkünfte nach § 2a Abs. 1 Nr. 7 EStG, die mittelbar auf einen bei der inländischen Körperschaft verwirklichten Tatbestand der Nummern 1 bis 6 zurückzuführen sind, dürfen beim Anteilseigner mit positiven Einkünften der Nummer 7 ausgeglichen werden, wenn die Einkünfte auf Tatbestände derselben Nummer oder im Fall der Nummern 3 und 4 dieser beiden Nummern zurückzuführen sind. ⁴Einkünfte der Nummer 7 sind auch mit Einkünften nach der jeweiligen Nummer auszugleichen, auf deren Tatbestände die Einkünfte der Nummer 7 zurückzuführen sind.

Betriebsstättenprinzip

(2) ¹Für jede ausländische Betriebsstätte ist gesondert zu prüfen, ob negative Einkünfte vorliegen. ²Negative Einkünfte aus einer nicht aktiven gewerblichen Betriebsstätte dürfen nicht mit positiven Einkünften aus einer aktiven gewerblichen Betriebsstätte ausgeglichen werden.

Prüfung der Aktivitätsklausel

(3) ¹Ob eine gewerbliche Betriebsstätte ausschließlich oder fast ausschließlich eine aktive Tätigkeit nach § 2a Abs. 2 EStG zum Gegenstand hat, ist für jedes Wirtschaftsjahr gesondert zu prüfen. ²Maßgebend ist hierfür das Verhältnis der Bruttoerträge. ³Abschnitt 76 Absatz 8 und Absatz 9 Satz 1 und 2 KStR ist sinngemäß anzuwenden.

Betriebsstättenverluste bei DBA

(4) Das Antragsrecht nach § 2a Abs. 3 EStG auf Abzug von Verlusten ausländischer Betriebsstätten muß für die gesamten nach einem DBA befreiten Einkünfte aller in dem ausländischen Staat belegenen gewerblichen Betriebsstätten einheitlich ausgeübt werden.

Gesamtrechtsnachfolge

(5) Die nach § 2a Abs. 1 EStG nicht ausgeglichenen oder nicht verrechneten negativen Einkünfte sowie der nach § 2a Abs. 3 EStG abgezogene und noch nicht hinzugerechnete Betrag gehen im Erbfall auf den Erben über.

---

¹) Anm.: Durch das Steuerentlastungsgesetz 1999/2000/2002 wurden die Absätze 3 und 4 aufgehoben.
§ 2a Abs. 3 und 4 in der Fassung der Bekanntmachung vom 16.4.1997 (BGBl. I S. 821) ist letztmals für den Veranlagungszeitraum 1998 anzuwenden. § 2a Abs. 3 Satz 3 bis 6 sowie Abs. 4 in der Fassung der Bekanntmachung vom 16.4.1997 (BGBl. I S. 821) ist bis zum Veranlagungszeitraum 2008 weiter anzuwenden, soweit sich ein positiver Betrag im Sinne des § 2a Abs. 3 Satz 3 ergibt oder soweit eine in einem ausländischen Staat belegene Betriebsstätte im Sinne des § 2 Avs. 4 in der Fassung der Bekanntmachung vom 16.4.1997 (BGBl. I S. 821) in eine Kapitalgesellschaft umgewandelt wird. Insoweit ist in § 2a Abs. 3 Satz 5, letzter Halbsatz, die Bezeichnung „§ 10d Abs. 3" durch „§ 10d Abs. 4" zu ersetzen (→ § 52 Abs. 3 in der Fassung des Steuerentlastungsgesetzes 1999/2000/2002).

§ 2a EStG
R5 H5

Verlustausgleich

(6) Negative und positive Einkünfte nach § 2a Abs. 1 EStG sind in der Weise miteinander auszugleichen, daß die positiven und ggf. tarifbegünstigten Einkünfte um die negativen Einkünfte der jeweils selben Art und aus demselben Staat zu vermindern sind.

Zusammenveranlagung

(7) Bei zusammenveranlagten Ehegatten sind negative Einkünfte nach § 2a Abs. 1 EStG des einen Ehegatten mit positiven Einkünften des anderen Ehegatten der jeweils selben Art und aus demselben Staat auszugleichen oder zu verrechnen, soweit sie nicht mit eigenen positiven Einkünften ausgeglichen oder verrechnet werden können.

H 5 Hinweise

Allgemeines

Bei § 2a EStG ist zwischen den **Fallgruppen** der **Absätze 1 und 2** und **Absätze 3 und 4** zu unterscheiden. Absatz 1 schränkt für die dort abschließend aufgeführten Einkünfte aus ausländischen Quellen den Verlustausgleich und Verlustabzug ein. Hiervon ausgenommen sind nach **Absatz 2** insbesondere negative Einkünfte aus einer gewerblichen Betriebsstätte im Ausland, die die dort genannten Aktivitätsvoraussetzungen erfüllt. Der eingeschränkte Verlustausgleich bedeutet, daß die negativen Einkünfte nur mit positiven Einkünften derselben Art (→ R 5) und aus demselben Staat ausgeglichen werden dürfen. Darüber hinaus dürfen sie in den folgenden VZ mit positiven Einkünften derselben Art und aus demselben Staat verrechnet werden. Die in einem VZ nicht ausgeglichenen oder verrechneten negativen Einkünfte sind zum Schluß des VZ gesondert festzustellen. Die Regelungen in Absatz 1 und 2 wirken sich bei negativen Einkünften aus ausländischen Staaten, mit denen kein DBA besteht oder mit denen ein DBA besteht, nach dem die Einkünfte von der deutschen Besteuerung nicht freigestellt sind, unmittelbar auf die Besteuerungsgrundlage aus. Bei nach DBA steuerfreien Einkünften wirkt sich § 2a Abs. 1 und 2 EStG im Rahmen des Progressionsvorbehalts auf den Steuersatz aus (→ H 185).

Demgegenüber ermöglicht **Absatz 3** auf Antrag den Verlustausgleich und Verlustabzug für Verluste aus gewerblichen Betriebsstätten in einem ausländischen Staat, mit dem ein DBA besteht, wenn die Einkünfte nach dem DBA in Deutschland steuerbefreit und die Aktivitätsvoraussetzungen des Absatzes 2 erfüllt sind. Fallen in einem späteren VZ insgesamt positive gewerbliche Einkünfte aus diesem Staat an, ist eine Nachversteuerung durchzuführen. In diesem Fall ist ein Betrag bis zur Höhe des abgezogenen Verlustes dem Gesamtbetrag der Einkünfte hinzuzurechnen. Eine Nachversteuerung kommt nach **Absatz 4** außerdem bei Umwandlung der ausländischen Betriebsstätte in eine Kapitalgesellschaft in Betracht. Die Regelungen in § 2a Abs. 3 und 4 EStG sind aus § 2 Abs. 1 und 2 **AIG** übernommen worden und erstmals ab VZ 1990 anzuwenden.

Beteiligungen an inländischen Körperschaften mit Auslandsbezug (§ 2a Abs. 1 Nr. 7 EStG)

Beispiel 1 (Einkünfte nur nach Nummer 7):

Der Steuerpflichtige hält im Betriebsvermögen eine Beteiligung an der inländischen Kapitalgesellschaft A, die eine nicht aktive gewerbliche Betriebsstätte im Staat X hat. Außerdem hat er im Privatvermögen eine Beteiligung an der inländischen Kapitalgesellschaft B, die ebenfalls über eine nicht aktive gewerbliche Betriebsstätte im Staat X verfügt. Während die A in den Jahren 01 bis 03 in ihrer ausländischen Betriebsstätte Verluste erleidet, erzielt die B in diesem Zeitraum Gewinne. Im Jahr 02 nimmt der Steuerpflichtige eine Teilwertabschreibung auf die Beteiligung an der A vor. Im Jahr 03 veräußert der Steuerpflichtige die Beteiligung an der B und erzielt hieraus einen Veräußerungsgewinn nach § 17 EStG.

Die Gewinnminderung auf Grund der Teilwertabschreibung in 02 erfüllt einen Tatbestand des § 2a Abs. 1 Nr. 7 (hier Buchstabe a) in Verbindung mit Nr. 2 EStG.

Die Veräußerung der Beteiligung an der B in 03 erfüllt einen Tatbestand des § 2a Abs. 1 Nr. 7 (hier Buchstabe c) in Verbindung mit Nr. 2 EStG. Die negativen Einkünfte aus der Teilwertabschreibung in 02 sind daher in 03 mit dem Veräußerungsgewinn zu verrechnen.

Beispiel 2 (Einkünfte nach Nummer 7 und Nummern 1 bis 6):
Der Steuerpflichtige hat eine nicht aktive gewerbliche Betriebsstätte im Staat X und eine Beteiligung an einer inländischen Kapitalgesellschaft A, die in X ebenfalls eine nicht aktive gewerbliche Betriebsstätte unterhält. Während der Steuerpflichtige mit seiner ausländischen Betriebsstätte Gewinne erzielt, erleidet die ausländische Betriebsstätte der A Verluste. Der Steuerpflichtige veräußert die Beteiligung an der A mit Verlust.
Die negativen Einkünfte aus der Veräußerung der Beteiligung erfüllen einen Tatbestand des § 2a Abs. 1 Nr. 7 (Buchstabe a oder c) in Verbindung mit Nr. 2 EStG. Sie sind mit den positiven Einkünften aus der eigengewerblichen ausländischen Betriebsstätte auszugleichen, da diese Betriebsstätte den Tatbestand des § 2a Abs. 1 Nr. 2 EStG erfüllt.

Betriebsstätte
→ § 12 AO
→ Einkunftsart im Sinne des § 2a Abs. 1 EStG

Betriebsstättenverluste bei DBA
Die Entscheidung, ob und in welcher Weise sich Verluste im Sinne des § 2a Abs. 3 EStG auswirken, ist im Veranlagungsverfahren zu treffen. Im Rahmen eines evtl. Feststellungsverfahrens hat das Betriebsstätten-Finanzamt lediglich sämtliche tatsächliche und rechtliche Voraussetzungen festzustellen (→ BFH vom 21.8.1990 – BStBl 1991 II S. 126).

Einkünfte derselben Art
→ R 5 Abs. 1
Bei negativen Einkünften aus VZ vor 1992 ist für die Frage der Verrechnung mit positiven Einkünften maßgebend, welcher Nummer die jeweiligen negativen Einkünfte nach der geltenden Fassung des § 2a Abs. 1 und 2 EStG zuzuordnen wären.

Die Besteuerung eines Gewinns aus der Auflösung eines negativen Kapitalkontos, das durch Verluste aus gewerblicher Tierzucht entstanden ist, ist sachlich unbillig (→ BFH vom 25.1. 1996 – BStBl II S. 289).
Negative ausländische Einkünfte: Gesonderte Feststellung der verbleibenden Hinzurechnungsbeträge nach § 2a Abs. 3 Sätze 5 und 6 EStG (→ OFD Berlin vom 19.3.1997 – DStR 1997 S. 661).

Einkünfteermittlung
Die Einkünfte sind unabhängig von der Einkünfteermittlung im Ausland nach den Vorschriften des deutschen Einkommensteuerrechts zu ermitteln. Dabei sind alle Betriebsausgaben oder Werbungskosten zu berücksichtigen, die mit den im Ausland erzielten Einnahmen in wirtschaftlichem Zusammenhang stehen.

Einkunftsart im Sinne des § 2a Abs. 1 EStG
Welche Einkunftsart im Sinne des § 2a Abs. 1 EStG vorliegt, richtet sich nur nach den im Ausland gegebenen Merkmalen (sog. isolierende Betrachtungsweise; → BFH vom 21.8.1990 – BStBl 1991 II S. 126).

Nachversteuerung
– Auch wenn sich Verluste nur auf Grund deutscher Gewinnermittlungsvorschriften ergeben haben; dies gilt auch, wenn in dem ausländischen Staat wegen vorgeschriebener pauschalierter Gewinnermittlung keine Verluste ausgewiesen werden können (→ BMF vom 5.2.1979 – BStBl I S. 117).
– In Veräußerungsfällen ist bei der Hinzurechnung weder der Freibetrag nach § 16 Abs. 4 EStG noch der ermäßigte Steuersatz nach § 34 EStG zu gewähren (→ BFH vom 16.11.1989 – BStBl 1990 II S. 204).
– Auch hinsichtlich der Verluste, die vor 1982 abgezogen worden sind (→ BFH vom 20.9.1989 – BStBl 1990 II S. 112).
– Zur Nachversteuerung von ausländischen Verlusten bei Tausch einer Kommanditbeteiligung gegen Anteile an einer ausländischen Kapitalgesellschaft (→ BFH vom 30.4.1991 – BStBl II S. 873).

§§ 2a, 2b EStG
H 5

Personengesellschaften
Die Entscheidung, ob und in welcher Weise sich Verluste im Sinne des § 2a Abs. 3 EStG auswirken, ist im Veranlagungsverfahren zu treffen. Im Rahmen eines evtl. Feststellungsverfahrens hat das Betriebsstätten-Finanzamt lediglich sämtliche tatsächliche und rechtliche Voraussetzungen festzustellen (→ BFH vom 21.8.1990 – BStBl 1991 II S. 126).

Wird eine Personengesellschaft im Ausland als juristische Person besteuert, steht dies der Anwendung des § 2a Abs. 3 EStG nicht entgegen (→ BFH vom 16.11.1989 – BStBl 1990 II S. 204).

Verluste bei beschränkter Haftung (§ 15a EStG)
→ R 138d Abs. 5

Verlustverrechnung
Für Verluste vor 1992 nur zeitlich begrenzt möglich (→ § 2a Abs. 1 Satz 2 EStG in der Fassung vor dem StÄndG 1992).

EStG § 2b[1]

(unbesetzt)

[1) Anm.: Durch das Steuerentlastungsgesetz 1999/2000/2002 wurde ein neuer § 2b eingefügt:

„§ 2b
Negative Einkünfte aus der Beteiligung an Verlustzuweisungsgesellschaften und ähnlichen Modellen

Negative Einkünfte auf Grund von Beteiligungen an Gesellschaften oder Gemeinschaften oder ähnlichen Modellen dürfen nicht mit anderen Einkünften ausgeglichen werden, wenn bei dem Erwerb oder der Begründung der Einkunftsquelle die Erzielung eines steuerlichen Vorteils im Vordergrund steht. Sie dürfen auch nicht nach § 10d abgezogen werden. Die Erzielung eines steuerlichen Vorteils steht insbesondere dann im Vordergrund, wenn nach dem Betriebskonzept der Gesellschaft oder Gemeinschaft oder des ähnlichen Modells die Rendite auf das einzusetzende Kapital nach Steuern mehr als das Doppelte dieser Rendite vor Steuern beträgt und ihre Betriebsführung überwiegend auf diesem Umstand beruht, oder wenn Kapitalanlegern Steuerminderungen durch Verlustzuweisungen in Aussicht gestellt werden. Die negativen Einkünfte mindern nach Maßgabe des § 2 Abs. 3 die positiven Einkünfte, die der Steuerpflichtige in demselben Veranlagungszeitraum aus solchen Einkunftsquellen erzielt hat, und nach Maßgabe des § 10d die positiven Einkünfte, die der Steuerpflichtige in dem unmittelbar vorangegangenen Veranlagungszeitraum oder in den folgenden Veranlagungszeiträumen aus solchen Einkunftsquellen erzielt hat oder erzielt."

Zur Anwendung → § 52 Abs. 4 in der Fassung des Steuerentlastungsgesetzes 1999/2000/2002:

„(4) § 2b ist für negative Einkünfte aus einer Einkunftsquelle im Sinne des § 2b anzuwenden, die der Steuerpflichtige nach dem 4. März 1999 rechtswirksam erworben oder begründet hat. 2b ist für negative Einkünfte im Sinne des § 2b aus einer Beteiligung an einer Gesellschaft oder Gemeinschaft nicht anzuwenden, wenn die Gesellschaft oder Gemeinschaft in den Fällen der Herstellung vor dem 5. März 1999 mit der Herstellung des Wirtschaftsguts der Einkunftserzielung begonnen hat, in den Fällen der Anschaffung das Wirtschaftsgut der Einkunftserzielung auf Grund eines vor dem 5. März 1999 rechtswirksam abgeschlossenen obligatorischen Vertrags oder gleichstehenden Rechtsakts angeschafft hat oder anschafft und der Steuerpflichtige der Gesellschaft oder Gemeinschaft vor dem 1. Januar 2001 beigetreten ist oder beitritt. Das gleiche gilt, wenn der obligatorische Vertrag oder gleichstehende Rechtsakt im Sinne des Satzes 2 vor dem 5.3.1999 auf die in Satz 2 genannte Gesellschaft oder Gemeinschaft übergegangen ist. Als Beginn der Herstellung gilt bei Wirtschaftsgütern, für die eine Baugenehmigung erforderlich ist, der Zeitpunkt, in dem der Bauantrag gestellt wird; bei baugenehmigungsfreien Wirtschaftsgütern, für die Bauunterlagen einzureichen sind, der Zeitpunkt, in dem die Bauunterlagen eingereicht werden. Besteht die Einkunftsquelle im Sinne des 2b nicht aus einer Beteiligung an einer Gesellschaft oder Gemeinschaft, sind die Sätze 2 bis 4 sinngemäß anzuwenden."

52

2. Steuerfreie Einnahmen

§ 3

EStG

Steuerfrei sind

1. a) Leistungen aus einer Krankenversicherung, aus einer Pflegeversicherung und aus der gesetzlichen Unfallversicherung,
   b) Sachleistungen und Kinderzuschüsse aus den gesetzlichen Rentenversicherungen einschließlich der Sachleistungen nach dem Gesetz über die Alterssicherung der Landwirte,
   c) Übergangsgeld nach dem Sechsten Buch Sozialgesetzbuch und Geldleistungen nach den §§ 10, 36 bis 39 des Gesetzes über die Alterssicherung der Landwirte,
   d) das Mutterschaftsgeld nach dem Mutterschutzgesetz, der Reichsversicherungsordnung und dem Gesetz über die Krankenversicherung der Landwirte, die Sonderunterstützung für im Familienhaushalt beschäftigte Frauen, der Zuschuß zum Mutterschaftsgeld nach dem Mutterschutzgesetz sowie der Zuschuß nach § 4a Mutterschutzverordnung oder einer entsprechenden Landesregelung;

2. das Arbeitslosengeld, das Teilarbeitslosengeld, das Kurz-arbeitergeld, das Winterausfallgeld, die Arbeitslosenhilfe, das Übergangsgeld, das Unterhaltsgeld, die Eingliederungshilfe, das Überbrückungsgeld nach dem Dritten Buch Sozialgesetzbuch oder dem Arbeitsförderungsgesetz sowie das aus dem Europäischen Sozialfonds finanzierte Unterhaltsgeld und die aus Landesmitteln ergänzten Leistungen aus dem Europäischen Sozialfonds zur Aufstockung des Überbrückungsgeldes nach dem Dritten Buch Sozialgesetzbuch oder dem Arbeitsförderungsgesetz und die übrigen Leistungen nach dem Dritten Buch Sozialgesetzbuch oder dem Arbeitsförderungsgesetz und den entsprechenden Programmen des Bundes und der Länder, soweit sie Arbeitnehmern oder Arbeitsuchenden oder zur Förderung der Ausbildung oder Fortbildung der Empfänger gewährt werden, sowie Leistungen auf Grund der in § 141m Abs. 1 und § 141n Abs. 2 des Arbeitsförderungsgesetzes oder § 187 und § 208 Abs. 2 des Dritten Buches Sozialgesetzbuch genannten Ansprüche, Leistungen auf Grund der in § 115 Abs. 1 des Zehnten Buches Sozialgesetzbuch in Verbindung mit § 117 Abs. 4 Satz 1 oder § 134 Abs. 4, § 160 Abs. 1 Satz 1 und § 166a des Arbeitsförderungsgesetzes oder in Verbindung mit § 143 Abs. 3 oder § 198 Satz 2 Nr. 6, § 335 Abs. 3 des Dritten Buches Sozialgesetzbuch genannten Ansprüche, wenn über das Vermögen des ehemaligen Arbeitgebers des Arbeitslosen das Konkursverfahren, Gesamtvollstreckungsverfahren oder Insolvenzverfahren eröffnet worden ist oder einer der Fälle des § 141b Abs. 3 des Arbeitsförderungsgesetzes oder des § 183 Abs. 1 Nr. 2 oder 3 des Dritten Buches Sozialgesetzbuch vorliegt, und der Altersübergangsgeld-Ausgleichsbetrag nach § 249e Abs. 4a des Arbeitsförderungsgesetzes in der bis zum 31. Dezember 1997 geltenden Fassung;

2a. die Arbeitslosenbeihilfe und die Arbeitslosenhilfe nach dem Soldatenversorgungsgesetz;

3. Kapitalabfindungen auf Grund der gesetzlichen Rentenversicherung und auf Grund der Beamten-(Pensions-)Gesetze;

4. bei Angehörigen der Bundeswehr, des Bundesgrenzschutzes, der Bereitschaftspolizei der Länder, der Vollzugspolizei und der Berufsfeuerwehr der Länder und Gemeinden und bei Vollzugsbeamten der Kriminalpolizei des Bundes, der Länder und Gemeinden
   a) der Geldwert der ihnen aus Dienstbeständen überlassenen Dienstkleidung,
   b) Einkleidungsbeihilfen und Abnutzungsentschädigungen für die Dienstkleidung der zum Tragen oder Bereithalten von Dienstkleidung Verpflichteten und für dienstlich notwendige Kleidungsstücke der Vollzugsbeamten der Kriminalpolizei,
   c) im Einsatz gewährte Verpflegung oder Verpflegungszuschüsse,
   d) der Geldwert der auf Grund gesetzlicher Vorschriften gewährten Heilfürsorge;

5. die Geld- und Sachbezüge sowie die Heilfürsorge, die Soldaten auf Grund des § 1 Abs. 1 Satz 1 des Wehrsoldgesetzes und Zivildienstleistende auf Grund des § 35 des Zivildienstgesetzes erhalten;

§ 3 Nr. 6–12 EStG

S 2342   **6.** Bezüge, die auf Grund gesetzlicher Vorschriften aus öffentlichen Mitteln versorgungshalber an Wehrdienstbeschädigte und Zivildienstbeschädigte oder ihre Hinterbliebenen, Kriegsbeschädigte, Kriegshinterbliebene und ihnen gleichgestellte Personen gezahlt werden, soweit es sich nicht um Bezüge handelt, die auf Grund der Dienstzeit gewährt werden;

[1]   **7.** Ausgleichsleistungen nach dem Lastenausgleichsgesetz, Leistungen nach dem Flüchtlingshilfegesetz, dem Bundesvertriebenengesetz, dem Reparationsschädengesetz, dem Vertriebenenzuwendungsgesetz, dem NS-Verfolgtenentschädigungsgesetz sowie Leistungen nach dem Entschädigungsgesetz und nach dem Ausgleichsleistungsgesetz, soweit sie nicht Kapitalerträge im Sinne des § 20 Abs. 1 Nr. 7 und Abs. 2 sind;

S 2342   **8.** Geldrenten, Kapitalentschädigungen und Leistungen im Heilverfahren, die auf Grund gesetzlicher Vorschriften zur Wiedergutmachung nationalsozialistischen Unrechts gewährt werden. [2]Die Steuerpflicht von Bezügen aus einem aus Wiedergutmachungsgründen neu begründeten oder wieder begründeten Dienstverhältnis sowie von Bezügen aus einem früheren Dienstverhältnis, die aus Wiedergutmachungsgründen neu gewährt oder wieder gewährt werden, bleibt unberührt;

S 2340   **9.** Abfindungen wegen einer vom Arbeitgeber veranlaßten oder gerichtlich ausgesprochenen Auflösung des Dienstverhältnisses, höchstens jedoch 24.000 Deutsche Mark. [2]Hat der Arbeitnehmer das 50. Lebensjahr vollendet und hat das Dienstverhältnis mindestens 15 Jahre bestanden, so beträgt der Höchstbetrag 30.000 Deutsche Mark, hat der Arbeitnehmer das 55. Lebensjahr vollendet und hat das Dienstverhältnis mindestens 20 Jahre bestanden, so beträgt der Höchstbetrag 36.000 Deutsche Mark;

[2]

S 2342   **10.** Übergangsgelder und Übergangsbeihilfen auf Grund gesetzlicher Vorschriften wegen Entlassung aus einem Dienstverhältnis;

[3]

S 2342   **11.** Bezüge aus öffentlichen Mitteln oder aus Mitteln einer öffentlichen Stiftung, die wegen Hilfsbedürftigkeit oder als Beihilfe zu dem Zweck bewilligt werden, die Erziehung oder Ausbildung, die Wissenschaft oder Kunst unmittelbar zu fördern. [2]Darunter fallen nicht Kinderzuschläge und Kinderbeihilfen, die auf Grund der Besoldungsgesetze, besonderer Tarife oder ähnlicher Vorschriften gewährt werden. [3]Voraussetzung für die Steuerfreiheit ist, daß der Empfänger mit den Bezügen nicht zu einer bestimmten wissenschaftlichen oder künstlerischen Gegenleistung oder zu einer Arbeitnehmertätigkeit verpflichtet wird;

S 2337   **12.** aus einer Bundeskasse oder Landeskasse gezahlte Bezüge, die in einem Bundesgesetz oder Landesgesetz oder einer auf bundesgesetzlicher oder landesgesetzlicher Ermächtigung beruhenden Bestimmung oder von der Bundesregierung oder einer Landesregierung als Aufwandsentschädigung festgesetzt sind und als Aufwandsentschädigung im Haushaltsplan ausgewiesen werden. [2]Das gleiche gilt für andere Bezüge, die als Aufwandsentschädigung aus öffentlichen Kassen an öffentliche Dienste leistende Personen gezahlt werden, soweit nicht festgestellt wird, daß sie für Verdienstausfall oder Zeitverlust gewährt werden oder den Aufwand, der dem Empfänger erwächst, offenbar übersteigen;

---

[1] Zur Anwendung → § 52 Abs. 2c EStG.
[2] Anm.: Durch das Steuerentlastungsgesetz 1999/2000/2002 wurde in Nummer 9 der Betrag von „24.000 Deutsche Mark" durch den Betrag von „16.000 Deutsche Mark", der Betrag von „30.000 Deutsche Mark" durch den Betrag von „20.000 Deutsche Mark" und der Betrag von „36.000 Deutsche Mark" durch den Betrag von „24.000 Deutsche Mark" ersetzt.
    Für die vor dem 1.1.1999 abgeschlossene Verträge ist Nummer 9 in der Fassung der Bekanntmachung vom 16.4.1997 (BGBl. I S. 821) weiter anzuwenden, soweit die Abfindung dem Arbeitnehmer vor dem 1.4.1999 zufließt; dies gilt auch, wenn die Abfindung wegen einer vor dem 1.1.1999 getroffenen Gerichtsentscheidung gezahlt wird (→ § 52 Abs. 5 in der Fassung des Steuerentlastungsgesetzes 1999/2000/2002).
[3] Anm.: Durch das Steuerentlastungsgesetz 1999/2000/2002 wurde Nummer 10 wie folgt gefaßt:
    „10. Übergangsgelder und Übergangsbeihilfen auf Grund gesetzlicher Vorschriften wegen Entlassung aus einem Dienstverhältnis, höchstens jedoch 24.000 Deutsche Mark;".
    Nummer 10 in der Fassung der Bekanntmachung vom 16.4.1997 (BGBl. I S. 821) ist weiter anzuwenden, soweit die Übergangsgelder und Übergangsbeihilfen auf Grund gesetzlicher Vorschriften wegen Entlassung aus einem Dienstverhältnis dem Arbeitnehmer vor dem 1.4.1999 zufließen (→ § 52 Abs. 6 in der Fassung des Steuerentlastungsgesetzes 1999/2000/2002).

13. die aus öffentlichen Kassen gezahlten Reisekostenvergütungen, Umzugskostenvergütungen und Trennungsgelder. ²Die als Reisekostenvergütungen gezahlten Vergütungen für Verpflegungsmehraufwendungen sind nur insoweit steuerfrei, als sie die Pauschbeträge nach § 4 Abs. 5 Satz 1 Nr. 5 nicht übersteigen; Trennungsgelder sind nur insoweit steuerfrei, als sie die nach § 9 Abs. 1 Satz 3 Nr. 5 und Abs. 5 sowie § 4 Abs. 5 Satz 1 Nr. 5 abziehbaren Aufwendungen nicht übersteigen; S 2338

14. Zuschüsse eines Trägers der gesetzlichen Rentenversicherung zu den Aufwendungen eines Rentners für seine Kranken- und Pflegeversicherung; S 2342

15. Zuwendungen, die Arbeitnehmer anläßlich ihrer Eheschließung oder der Geburt eines Kindes von ihrem Arbeitgeber erhalten, soweit sie jeweils 700 Deutsche Mark nicht übersteigen; S 2342

16. die Vergütungen, die Arbeitnehmer außerhalb des öffentlichen Dienstes von ihrem Arbeitgeber zur Erstattung von Reisekosten, Umzugskosten oder Mehraufwendungen bei doppelter Haushaltsführung erhalten, soweit sie die beruflich veranlaßten Mehraufwendungen, bei Verpflegungsmehraufwendungen die Pauschbeträge nach § 4 Abs. 5 Satz 1 Nr. 5 und bei Familienheimfahrten mit dem eigenen oder außerhalb des Dienstverhältnisses zur Nutzung überlassenen Kraftfahrzeug die Pauschbeträge nach § 9 Abs. 1 Satz 3 Nr. 4 nicht übersteigen; Vergütungen zur Erstattung von Mehraufwendungen bei doppelter Haushaltsführung sind nur insoweit steuerfrei, als sie die nach § 9 Abs. 1 Satz 3 Nr. 5 und Abs. 5 sowie § 4 Abs. 5 Satz 1 Nr. 5 abziehbaren Aufwendungen nicht übersteigen; S 2338

17. Zuschüsse zum Beitrag nach § 32 des Gesetzes über die Alterssicherung der Landwirte;

18. das Aufgeld für ein an die Bank für Vertriebene und Geschädigte (Lastenausgleichsbank) zugunsten des Ausgleichsfonds (§ 5 Lastenausgleichsgesetz) gegebenes Darlehen, wenn das Darlehen nach § 7f des Gesetzes in der Fassung der Bekanntmachung vom 15. September 1953 (BGBl. I S. 1355) im Jahr der Hingabe als Betriebsausgabe abzugsfähig war;

19. Entschädigungen auf Grund des Gesetzes über die Entschädigung ehemaliger deutscher Kriegsgefangener; S 2342

20. die aus öffentlichen Mitteln des Bundespräsidenten aus sittlichen oder sozialen Gründen gewährten Zuwendungen an besonders verdiente Personen oder ihre Hinterbliebenen; S 2342

21. Zinsen aus Schuldbuchforderungen im Sinne des § 35 Abs. 1 des Allgemeinen Kriegsfolgengesetzes in der im Bundesgesetzblatt Teil III, Gliederungsnummer 653–1, veröffentlichten bereinigten Fassung;

22. der Ehrensold, der auf Grund des Gesetzes über Titel, Orden und Ehrenzeichen in der im Bundesgesetzblatt Teil III, Gliederungsnummer 1132–1, veröffentlichten bereinigten Fassung, zuletzt geändert durch Gesetz vom 24. April 1986 (BGBl. I S. 560), gewährt wird; S 2342

23. die Leistungen nach dem Häftlingshilfegesetz, dem Strafrechtlichen Rehabilitierungsgesetz, dem Verwaltungsrechtlichen Rehabilitierungsgesetz und dem Beruflichen Rehabilitierungsgesetz; S 2342

24. Leistungen, die auf Grund des Bundeskindergeldgesetzes gewährt werden; S 2342

25. Entschädigungen nach dem Bundes-Seuchengesetz; S 2342

26. Aufwandsentschädigungen für nebenberufliche Tätigkeiten als Übungsleiter, Ausbilder, Erzieher oder für eine vergleichbare nebenberufliche Tätigkeit, für nebenberufliche künstlerische Tätigkeiten oder für die nebenberufliche Pflege alter, kranker oder behinderter Menschen im Dienst oder Auftrag einer inländischen juristischen Person des öffentlichen Rechts oder einer unter § 5 Abs. 1 Nr. 9 des Körperschaftsteuergesetzes fallenden Einrichtung zur Förderung gemeinnütziger, mildtätiger und kirchlicher Zwecke (§§ 52 bis 54 der Abgabenordnung). ²Als Aufwandsentschädigungen sind Einnahmen für die in Satz 1 bezeichneten Tätigkeiten bis zur Höhe von insgesamt 2.400 Deutsche Mark im Jahr anzusehen; S 2121

27. der Grundbetrag der Produktionsaufgaberente und das Ausgleichsgeld nach dem Gesetz zur Förderung der Einstellung der landwirtschaftlichen Erwerbstätigkeit bis zum Höchstbetrag von 36.000 Deutsche Mark;

§ 3 Nr. 28-38 EStG

S 2333   28. die Aufstockungsbeträge im Sinne des § 3 Abs. 1 Nr. 1 Buchstabe a sowie die Beiträge und Aufwendungen im Sinne des § 3 Abs. 1 Nr. 1 Buchstabe b und des § 4 Abs. 2 des Altersteilzeitgesetzes, *die Zuschläge auf Grund des § 6 Abs. 2 des Bundesbesoldungsgesetzes* sowie die Zahlungen des Arbeitgebers zur Übernahme der Beiträge im Sinne des § 187a des Sechsten Buches Sozialgesetzbuch, soweit sie 50 vom Hundert der Beiträge nicht übersteigen;

S 1310   29. das Gehalt und die Bezüge,

         a) die die diplomatischen Vertreter ausländischer Staaten, die ihnen zugewiesenen Beamten und die in ihren Diensten stehenden Personen erhalten. ²Dies gilt nicht für deutsche Staatsangehörige oder für im Inland ständig ansässige Personen;

         b) der Berufskonsuln, der Konsulatsangehörigen und ihres Personals, soweit sie Angehörige des Entsendestaats sind. ²Dies gilt nicht für Personen, die im Inland ständig ansässig sind oder außerhalb ihres Amtes oder Dienstes einen Beruf, ein Gewerbe oder eine andere gewinnbringende Tätigkeit ausüben;

S 2342   30. Entschädigungen für die betriebliche Benutzung von Werkzeugen eines Arbeitnehmers (Werkzeuggeld), soweit sie die entsprechenden Aufwendungen des Arbeitnehmers nicht offensichtlich übersteigen;

S 2342   31. die typische Berufskleidung, die der Arbeitgeber seinem Arbeitnehmer unentgeltlich oder verbilligt überläßt; dasselbe gilt für eine Barablösung eines nicht nur einzelvertraglichen Anspruchs auf Gestellung von typischer Berufskleidung, wenn die Barablösung betrieblich veranlaßt ist und die entsprechenden Aufwendungen des Arbeitnehmers nicht offensichtlich übersteigt;

S 2342   32. die unentgeltliche oder verbilligte Sammelbeförderung eines Arbeitnehmers zwischen Wohnung und Arbeitsstätte mit einem vom Arbeitgeber gestellten Kraftfahrzeug, soweit die Sammelbeförderung für den betrieblichen Einsatz des Arbeitnehmers notwendig ist;

S 2342   33. zusätzlich zum ohnehin geschuldeten Arbeitslohn erbrachte Leistungen des Arbeitgebers zur Unterbringung und Betreuung von nicht schulpflichtigen Kindern der Arbeitnehmer in Kindergärten oder vergleichbaren Einrichtungen;

S 2342   34. Zuschüsse des Arbeitgebers, die zusätzlich zum ohnehin geschuldeten Arbeitslohn zu den Aufwendungen des Arbeitnehmers für Fahrten zwischen Wohnung und Arbeitsstätte mit öffentlichen Verkehrsmitteln im Linienverkehr gezahlt werden. ²Das gleiche gilt für die unentgeltliche oder verbilligte Nutzung öffentlicher Verkehrsmittel im Linienverkehr zu Fahrten zwischen Wohnung und Arbeitsstätte, die der Arbeitnehmer auf Grund seines Dienstverhältnisses zusätzlich zum ohnehin geschuldeten Arbeitslohn in Anspruch nehmen kann;

S 2342   35. die Einnahmen der bei der Deutsche Post AG, Deutsche Postbank AG oder Deutsche Telekom AG beschäftigten Beamten, soweit die Einnahmen ohne Neuordnung des Postwesens und der Telekommunikation nach den Nummern 11 bis 13 steuerfrei wären;

S 2342 ¹⁾   36. Einnahmen für Leistungen zur Grundpflege oder hauswirtschaftlichen Versorgung bis zur Höhe des Pflegegeldes nach § 37 des Elften Buches Sozialgesetzbuch, wenn diese Leistungen von Angehörigen des Pflegebedürftigen oder von anderen Personen, die damit eine sittliche Pflicht im Sinne des § 33 Abs. 2 gegenüber dem Pflegebedürftigen erfüllen, erbracht werden. ²Entsprechendes gilt, wenn der Pflegebedürftige Pflegegeld aus privaten Versicherungsverträgen nach den Vorgaben des Elften Buches Sozialgesetzbuch oder eine Pauschalbeihilfe nach Beihilfevorschriften für häusliche Pflege erhält;

²⁾   37. der Unterhaltsbeitrag und der Maßnahmebeitrag nach dem Aufstiegsfortbildungsförderungsgesetz, soweit sie als Zuschuß geleistet werden;

S 2342 ³⁾   38. Sachprämien, die der Steuerpflichtige für die persönliche Inanspruchnahme von Dienstleistungen von Unternehmen unentgeltlich erhält, die diese zum Zwecke der Kundenbindung im allgemeinen Geschäftsverkehr in einem jedermann zugänglichen

---

¹⁾ Zur Anwendung → § 52 Abs. 2f EStG.
²⁾ Zur Anwendung → § 52 Abs. 2g EStG.
³⁾ Zur Anwendung → § 52 Abs. 2h EStG.

§ 3 Nr. 38–51 EStG

planmäßigen Verfahren gewähren, soweit der Wert der Prämien 2.400 Deutsche Mark im Kalenderjahr nicht übersteigt;

39. bis 41. (weggefallen); [1)]

42. die Zuwendungen, die auf Grund des Fulbright-Abkommens gezahlt werden; S 2342

43. der Ehrensold für Künstler sowie Zuwendungen aus Mitteln der Deutschen Künstlerhilfe, wenn es sich um Bezüge aus öffentlichen Mitteln handelt, die wegen der Bedürftigkeit des Künstlers gezahlt werden; S 2342

44. Stipendien, die unmittelbar aus öffentlichen Mitteln oder von zwischenstaatlichen oder überstaatlichen Einrichtungen, denen die Bundesrepublik Deutschland als Mitglied angehört, zur Förderung der Forschung oder zur Förderung der wissenschaftlichen oder künstlerischen Ausbildung oder Fortbildung gewährt werden. ²Das gleiche gilt für Stipendien, die zu den in Satz 1 bezeichneten Zwecken von einer Einrichtung, die von einer Körperschaft des öffentlichen Rechts errichtet ist oder verwaltet wird, oder von einer Körperschaft, Personenvereinigung oder Vermögensmasse im Sinne des § 5 Abs. 1 Nr. 9 des Körperschaftsteuergesetzes gegeben werden. ³Voraussetzung für die Steuerfreiheit ist, daß S 2342

   a) die Stipendien einen für die Erfüllung der Forschungsaufgabe oder für die Bestreitung des Lebensunterhalts und die Deckung des Ausbildungsbedarfs erforderlichen Betrag nicht übersteigen und nach den von dem Geber erlassenen Richtlinien vergeben werden,

   b) der Empfänger im Zusammenhang mit dem Stipendium nicht zu einer bestimmten wissenschaftlichen oder künstlerischen Gegenleistung oder zu einer Arbeitnehmertätigkeit verpflichtet ist,

   c) bei Stipendien zur Förderung der wissenschaftlichen oder künstlerischen Fortbildung im Zeitpunkt der erstmaligen Gewährung eines solchen Stipendiums der Abschluß der Berufsausbildung des Empfängers nicht länger als zehn Jahre zurückliegt;

45. (weggefallen);

46. Bergmannsprämien nach dem Gesetz über Bergmannsprämien; S 2342

47. Leistungen nach § 14a Abs. 4 und § 14b des Arbeitsplatzschutzgesetzes; S 2342

48. Leistungen nach dem Unterhaltssicherungsgesetz, soweit sie nicht nach dessen § 15 Abs. 1 Satz 2 steuerpflichtig sind; S 2342

49. laufende Zuwendungen eines früheren alliierten Besatzungssoldaten an seine im Geltungsbereich des Grundgesetzes ansässige Ehefrau, soweit sie auf diese Zuwendungen angewiesen ist;

50. die Beträge, die der Arbeitnehmer vom Arbeitgeber erhält, um sie für ihn auszugeben (durchlaufende Gelder), und die Beträge, durch die Auslagen des Arbeitnehmers für den Arbeitgeber ersetzt werden (Auslagenersatz); S 2336

51. Trinkgelder, die dem Arbeitnehmer von Dritten gezahlt werden, ohne daß ein Rechtsanspruch darauf besteht, soweit sie 2.400 Deutsche Mark im Kalenderjahr nicht übersteigen; S 2342

---

¹) Anm.: Durch das Gesetz zur Neuregelung der geringfügigen Beschäftigungsverhältnisse wurde nach Nummer 38 folgende Nummer 39 eingefügt:
„39. das Arbeitsentgelt aus einer geringfügigen Beschäftigung im Sinne des § 8 Abs. 1 Nr. 1 des Vierten Buches Sozialgesetzbuch, für das der Arbeitgeber Beiträge nach § 168 Abs. 1 Nr. 1b (geringfügig versicherungspflichtig Beschäftigte) oder nach § 172 Abs. 3 (versicherungsfrei geringfügig Beschäftigte) des Sechsten Buches Sozialgesetzbuch zu entrichten hat, wenn die Summe der anderen Einkünfte des Arbeitnehmers nicht positiv ist;".
Zur Anwendung gilt § 52 Abs. 7 in der Fassung des Steuerentlastungsgesetzes 1999/2000/2002:
„(7) Bei der Anwendung des § 3 Nr. 39 im Veranlagungszeitraum 1999 bleibt versicherungsfreies Arbeitsentgelt aus einer geringfügigen Beschäftigung im Sinne des 8 Abs. 1 Nr. 1 des Vierten Buches Sozialgesetzbuch außer Ansatz."

§ 3 Nr. 52–62 EStG

S 2339 [1)]
52. besondere Zuwendungen des Arbeitgebers an den Arbeitnehmer nach näherer Maßgabe einer Rechtsverordnung, soweit es aus sozialen Gründen oder zur Vereinfachung des Besteuerungsverfahrens geboten erscheint, die Zuwendungen ganz oder teilweise steuerfrei zu belassen;

53. (weggefallen);

54. Zinsen aus Entschädigungsansprüchen für deutsche Auslandsbonds im Sinne der §§ 52 bis 54 des Bereinigungsgesetzes für deutsche Auslandsbonds in der im Bundesgesetzblatt Teil III, Gliederungsnummer 4139–2, veröffentlichten bereinigten Fassung, soweit sich die Entschädigungsansprüche gegen den Bund oder die Länder richten. ²Das gleiche gilt für die Zinsen aus Schuldverschreibungen und Schuldbuchforderungen, die nach den §§ 9, 10 und 14 des Gesetzes zur näheren Regelung der Entschädigungsansprüche für Auslandsbonds in der im Bundesgesetzblatt Teil III, Gliederungsnummer 4139–3, veröffentlichten bereinigten Fassung vom Bund oder von den Ländern für Entschädigungsansprüche erteilt oder eingetragen werden;

55. und 56. (weggefallen);

57. die Beträge, die die Künstlersozialkasse zugunsten des nach dem Künstlersozialversicherungsgesetz Versicherten aus dem Aufkommen von Künstlersozialabgabe und Bundeszuschuß an einen Träger der Sozialversicherung oder an den Versicherten zahlt;

58. das Wohngeld nach dem Wohngeldgesetz und dem Wohngeldsondergesetz, die sonstigen Leistungen zur Senkung der Miete oder Belastung im Sinne des § 38 des Wohngeldgesetzes sowie öffentliche Zuschüsse zur Deckung laufender Aufwendungen und Zinsvorteile bei Darlehen, die aus öffentlichen Haushalten gewährt werden, für eine zu eigenen Wohnzwecken genutzte Wohnung im eigenen Haus oder eine zu eigenen Wohnzwecken genutzte Eigentumswohnung, deren Nutzungswert nicht zu besteuern ist, soweit die Zuschüsse und Zinsvorteile die Vorteile aus einer entsprechenden Förderung mit öffentlichen Mitteln nach dem Zweiten Wohnungsbaugesetz nicht überschreiten;

59. die Zusatzförderung nach § 88e des Zweiten Wohnungsbaugesetzes und § 51 des Wohnungsbaugesetzes für das Saarland, soweit die Einkünfte dem Mieter zuzurechnen sind, und die Vorteile aus einer mietweisen Wohnungsüberlassung im Zusammenhang mit einem Arbeitsverhältnis, soweit sie die Vorteile aus einer entsprechenden Förderung nach dem Zweiten Wohnungsbaugesetz nicht überschreiten;

S 2342
60. Leistungen aus öffentlichen Mitteln an Arbeitnehmer des Steinkohlen-, Pechkohlen- und Erzbergbaues, des Braunkohlentiefbaues und der Eisen- und Stahlindustrie aus Anlaß von Stillegungs-, Einschränkungs-, Umstellungs- oder Rationalisierungsmaßnahmen;

S 2342
61. Leistungen nach § 4 Abs. 1 Nr. 2, § 7 Abs. 3, §§ 9, 10 Abs. 1, §§ 13, 15 des Entwicklungshelfer-Gesetzes;

S 2333
62. Ausgaben des Arbeitgebers für die Zukunftssicherung des Arbeitnehmers, soweit der Arbeitgeber dazu nach sozialversicherungsrechtlichen oder anderen gesetzlichen Vorschriften oder nach einer auf gesetzlicher Ermächtigung beruhenden Bestimmung verpflichtet ist. ²Den Ausgaben des Arbeitgebers für die Zukunftssicherung, die auf Grund gesetzlicher Verpflichtung geleistet werden, werden gleichgestellt Zuschüsse des Arbeitgebers zu den Aufwendungen des Arbeitnehmers
   a) für eine Lebensversicherung,
   b) für die freiwillige Versicherung in der gesetzlichen Rentenversicherung,
   c) für eine öffentlich-rechtliche Versicherungs- oder Versorgungseinrichtung seiner Berufsgruppe,

wenn der Arbeitnehmer von der Versicherungspflicht in der gesetzlichen Rentenversicherung befreit worden ist. ³Die Zuschüsse sind nur insoweit steuerfrei, als sie insgesamt bei Befreiung von der Versicherungspflicht in der gesetzlichen Rentenversicherung der Angestellten die Hälfte und bei Befreiung von der Versicherungspflicht in der knappschaftlichen Rentenversicherung zwei Drittel der Gesamtaufwendungen des

---

[1)] Durch das Steuerentlastungsgesetz 1999/2000/2002 wurde Nummer 52 mit Wirkung ab VZ 1999 aufgehoben.

Arbeitnehmers nicht übersteigen und nicht höher sind als der Betrag, der als Arbeitgeberanteil bei Versicherungspflicht in der gesetzlichen Rentenversicherung der Angestellten oder in der knappschaftlichen Rentenversicherung zu zahlen wäre. ⁴Die Sätze 2 und 3 gelten sinngemäß für Beiträge des Arbeitgebers zu einer Pensionskasse, wenn der Arbeitnehmer bei diesem Arbeitgeber nicht im Inland beschäftigt ist und der Arbeitgeber keine Beiträge zur gesetzlichen Rentenversicherung im Inland leistet; Beiträge des Arbeitgebers zu einer Rentenversicherung auf Grund gesetzlicher Verpflichtung sind anzurechnen;

63. (weggefallen);

64. bei Arbeitnehmern, die zu einer inländischen juristischen Person des öffentlichen Rechts in einem Dienstverhältnis stehen und dafür Arbeitslohn aus einer inländischen öffentlichen Kasse beziehen, die Bezüge für eine Tätigkeit im Ausland insoweit, als sie den Arbeitslohn übersteigen, der dem Arbeitnehmer bei einer gleichwertigen Tätigkeit am Ort der zahlenden öffentlichen Kasse zustehen würde; bei anderen für einen begrenzten Zeitraum in das Ausland entsandten Arbeitnehmern, die dort einen Wohnsitz oder ihren gewöhnlichen Aufenthalt haben, der ihnen von einem inländischen Arbeitgeber gewährte Kaufkraftausgleich, soweit er den für vergleichbare Auslandsdienstbezüge nach § 54 des Bundesbesoldungsgesetzes zulässigen Betrag nicht übersteigt;

65. Beiträge des Trägers der Insolvenzsicherung (§ 14 des Gesetzes zur Verbesserung der betrieblichen Altersversorgung in der im Bundesgesetzblatt Teil III, Gliederungsnummer 800–22, veröffentlichten bereinigten Fassung, zuletzt geändert durch Gesetz vom 18. Dezember 1989, BGBl. I S. 2261) zugunsten eines Versorgungsberechtigten und seiner Hinterbliebenen an eine Pensionskasse oder ein Unternehmen der Lebensversicherung zur Ablösung von Verpflichtungen, die der Träger der Insolvenzsicherung im Sicherungsfall gegenüber dem Versorgungsberechtigten und seinen Hinterbliebenen hat. ²Die Leistungen der Pensionskasse oder des Unternehmens der Lebensversicherung auf Grund der Beiträge nach Satz 1 gehören zu den Einkünften, zu denen die Versorgungsleistungen gehören würden, die ohne Eintritt des Sicherungsfalls zu erbringen wären. ³Soweit sie zu den Einkünften aus nichtselbständiger Arbeit im Sinne des § 19 gehören, ist von ihnen Lohnsteuer einzubehalten. ⁴Für die Erhebung der Lohnsteuer gelten die Pensionskasse oder das Unternehmen der Lebensversicherung als Arbeitgeber und der Leistungsempfänger als Arbeitnehmer;

66. (weggefallen);

67. das Erziehungsgeld nach dem Bundeserziehungsgeldgesetz und vergleichbare Leistungen der Länder sowie Leistungen für Kindererziehung an Mütter der Geburtsjahrgänge vor 1921 nach den §§ 294 bis 299 des Sechsten Buches Sozialgesetzbuch und der Kindererziehungszuschlag nach dem Kindererziehungszuschlagsgesetz;

68. (weggefallen); [1]

69. Leistungen an durch Blut oder Blutprodukte HIV-infizierte oder an AIDS erkrankte Personen durch das Programm „Humanitäre Soforthilfe".

§ 4
Steuerfreie Einnahmen

Die Vorschriften der Lohnsteuer-Durchführungsverordnung über die Steuerpflicht oder die Steuerfreiheit von Einnahmen aus nichtselbständiger Arbeit sind bei der Veranlagung anzuwenden.

---

[1] Anm.: → § 52 Abs. 2j EStG.

EStG

§ 3

Steuerfrei sind

S 2342 1. a) Leistungen aus einer Krankenversicherung, aus einer Pflegeversicherung und aus der gesetzlichen Unfallversicherung,

b) Sachleistungen und Kinderzuschüsse aus den gesetzlichen Rentenversicherungen einschließlich der Sachleistungen nach dem Gesetz über die Alterssicherung der Landwirte,

c) Übergangsgeld nach dem Sechsten Buch Sozialgesetzbuch und Geldleistungen nach den §§ 10, 36 bis 39 des Gesetzes über die Alterssicherung der Landwirte,

d) das Mutterschaftsgeld nach dem Mutterschutzgesetz, der Reichsversicherungsordnung und dem Gesetz über die Krankenversicherung der Landwirte, die Sonderunterstützung für im Familienhaushalt beschäftigte Frauen, der Zuschuß zum Mutterschaftsgeld nach dem Mutterschutzgesetz sowie der Zuschuß nach § 4a Mutterschutzverordnung oder einer entsprechenden Landesregelung;

R 6 **6. Steuerbefreiungen auf Grund des § 3 EStG**

Zu § 3 Nr. 1

– unbesetzt –

H 6 Nr. 1 **Hinweise**

Krankenversicherung

Leistungen aus einer Krankenversicherung sind Bar- und Sachleistungen. Es ist ohne Bedeutung, ob die Leistungen an den ursprünglich Berechtigten oder an Hinterbliebene gewährt werden.

Unfallversicherung

Leistungen aus der gesetzlichen Unfallversicherung sind Bar- und Sachleistungen. Es ist ohne Bedeutung, ob die Leistungen an den ursprünglich Berechtigten oder an Hinterbliebene gewährt werden.

Die Steuerfreiheit kann auch für Leistungen aus einer ausländischen gesetzlichen Unfallversicherung in Betracht kommen (→ BFH vom 7.8.1959 – BStBl III S. 462).

EStG

§ 3

Steuerfrei sind

...

S 2342 2. *das Arbeitslosengeld, das Teilarbeitslosengeld, das Kurzarbeitergeld, das Winterausfallgeld, die Arbeitslosenhilfe, das Übergangsgeld, das Unterhaltsgeld, die Eingliederungshilfe, das Überbrückungsgeld nach dem Dritten Buch Sozialgesetzbuch oder dem Arbeitsförderungsgesetz sowie das aus dem Europäischen Sozialfonds finanzierte Unterhaltsgeld und die aus Landesmitteln ergänzten Leistungen aus dem Europäischen Sozialfonds zur Aufstockung des Überbrückungsgeldes nach dem Dritten Buch Sozialgesetzbuch oder dem Arbeitsförderungsgesetz und die übrigen Leistungen nach dem Dritten Buch Sozialgesetzbuch oder dem Arbeitsförderungsgesetz und den entsprechenden Programmen des Bundes und der Länder, soweit sie Arbeitnehmern oder Arbeitsuchenden oder zur Förderung der Ausbildung oder Fortbildung der Empfänger gewährt werden, sowie Leistungen auf Grund der in § 141m Abs. 1 und § 141n*

Abs. 2 des Arbeitsförderungsgesetzes oder § 187 und § 208 Abs. 2 des Dritten Buches Sozialgesetzbuch genannten Ansprüche, Leistungen auf Grund der in § 115 Abs. 1 des Zehnten Buches Sozialgesetzbuch in Verbindung mit § 117 Abs. 4 Satz 1 oder § 134 Abs. 4, § 160 Abs. 1 Satz 1 und § 166a des Arbeitsförderungsgesetzes oder in Verbindung mit § 143 Abs. 3 oder § 198 Satz 2 Nr. 6, § 335 Abs. 3 des Dritten Buches Sozialgesetzbuch genannten Ansprüche, wenn über das Vermögen des ehemaligen Arbeitgebers des Arbeitslosen das Konkursverfahren, Gesamtvollstreckungsverfahren oder Insolvenzverfahren eröffnet worden ist oder einer der Fälle des § 141b Abs. 3 des Arbeitsförderungsgesetzes oder des § 183 Abs. 1 Nr. 2 oder 3 des Dritten Buches Sozialgesetzbuch vorliegt, und der Altersübergangsgeld-Ausgleichsbetrag nach § 249e Abs. 4a des Arbeitsförderungsgesetzes in der bis zum 31. Dezember 1997 geltenden Fassung;

6. Steuerbefreiungen auf Grund des § 3 EStG   R 6

Zu § 3 Nr. 2

– unbesetzt –

Hinweise   H 6 Nr. 2

Leistungen nach dem Arbeitsförderungsgesetz
→ A 4 LStR[1]

§ 3   EStG

Steuerfrei sind

...

2a. die Arbeitslosenbeihilfe und die Arbeitslosenhilfe nach dem Soldatenversorgungsgesetz;   S 2342

6. Steuerbefreiungen auf Grund des § 3 EStG   R 6

Zu § 3 Nr. 2a

– unbesetzt –

§ 3   EStG

Steuerfrei sind

...

3. Kapitalabfindungen auf Grund der gesetzlichen Rentenversicherung und auf Grund der Beamten-(Pensions-)Gesetze;   S 2342

---

[1] Anm.: LStR 4 (1999).

§ 3 Nr. 4, 5 EStG
R 6   H 6 Nr. 3, 4

R 6   **6. Steuerbefreiungen auf Grund des § 3 EStG**

Zu § 3 Nr. 3

– unbesetzt –

H 6 Nr. 3   **Hinweise**

Kapitalabfindungen auf Grund der Beamten-(Pensions-)Gesetze
→ A 5 LStR[1])

EStG   **§ 3**

Steuerfrei sind

...

S 2342   4. bei Angehörigen der Bundeswehr, des Bundesgrenzschutzes, der Bereitschaftspolizei der Länder, der Vollzugspolizei und der Berufsfeuerwehr der Länder und Gemeinden und bei Vollzugsbeamten der Kriminalpolizei des Bundes, der Länder und Gemeinden

   a) der Geldwert der ihnen aus Dienstbeständen überlassenen Dienstkleidung,
   b) Einkleidungsbeihilfen und Abnutzungsentschädigungen für die Dienstkleidung der zum Tragen oder Bereithalten von Dienstkleidung Verpflichteten und für dienstlich notwendige Kleidungsstücke der Vollzugsbeamten der Kriminalpolizei,
   c) im Einsatz gewährte Verpflegung oder Verpflegungszuschüsse,
   d) der Geldwert der auf Grund gesetzlicher Vorschriften gewährten Heilfürsorge;

R 6   **6. Steuerbefreiungen auf Grund des § 3 EStG**

Zu § 3 Nr. 4

– unbesetzt –

H 6 Nr. 4   **Hinweise**

Überlassung von Dienstkleidung und andere Leistungen an bestimmte Angehörige des öffentlichen Dienstes
→ A 6 LStR[2])

EStG   **§ 3**

Steuerfrei sind

...

S 2342   5. die Geld- und Sachbezüge sowie die Heilfürsorge, die Soldaten auf Grund des § 1 Abs. 1 Satz 1 des Wehrsoldgesetzes und Zivildienstleistende auf Grund des § 35 des Zivildienstgesetzes erhalten;

---

[1]) Anm.: LStR 5 (1999).
[2]) Anm.: LStR 6 (1999).

6. Steuerbefreiungen auf Grund des § 3 EStG

R 6

Zu § 3 Nr. 5

– unbesetzt –

Hinweise

H 6 Nr. 5

Bezüge auf Grund des Wehrsoldgesetzes

→ § 1 Abs. 1 Satz 1 des Wehrsoldgesetzes:
Geldbezüge sind insbesondere der Wehrsold, die besondere Zuwendung, das Dienstgeld, das Entlassungsgeld.

Bezüge auf Grund des Zivildienstgesetzes

→ § 35 des Zivildienstgesetzes:
Zivildienstleistenden stehen die gleichen Geld- und Sachbezüge zu wie einem Soldaten des untersten Mannschaftsdienstgrades, der auf Grund der Wehrpflicht Wehrdienst leistet.
→ A 7 LStR[1])

---

§ 3

EStG

Steuerfrei sind

...

6. Bezüge, die auf Grund gesetzlicher Vorschriften aus öffentlichen Mitteln versorgungshalber an Wehrdienstbeschädigte und Zivildienstbeschädigte oder ihre Hinterbliebenen, Kriegsbeschädigte, Kriegshinterbliebene und ihnen gleichgestellte Personen gezahlt werden, soweit es sich nicht um Bezüge handelt, die auf Grund der Dienstzeit gewährt werden;

S 2342

---

6. Steuerbefreiungen auf Grund des § 3 EStG

R 6

Zu § 3 Nr. 6

– unbesetzt –

Hinweise

H 6 Nr. 6

EU-Mitgliedstaaten

§ 3 Nr. 6 EStG ist auch auf Bezüge von Kriegsbeschädigten und gleichgestellten Personen anzuwenden, die aus öffentlichen Mitteln anderer EU-Mitgliedstaaten gezahlt werden (→ BFH vom 22.1.1997 – BStBl II S. 358).

Gesetzliche Bezüge der Wehr- und Zivildienstbeschädigten, Kriegsbeschädigten, ihrer Hinterbliebenen und der ihnen gleichgestellten Personen

→ A 8 LStR[2])

---

[1]) Anm.: LStR 7 (1999).
[2]) Anm.: LStR 8 (1999).

§ 3 Nr. 7 EStG
R 6 H 6 Nr. 7

EStG § 3

Steuerfrei sind

...

7. Ausgleichsleistungen nach dem Lastenausgleichsgesetz, Leistungen nach dem Flüchtlingshilfegesetz, dem Bundesvertriebenengesetz, dem Reparationsschädengesetz, dem Vertriebenenzuwendungsgesetz, dem NS-Verfolgtenentschädigungsgesetz sowie Leistungen nach dem Entschädigungsgesetz und nach dem Ausgleichsleistungsgesetz, soweit sie nicht Kapitalerträge im Sinne des § 20 Abs. 1 Nr. 7 und Abs. 2 sind;[1])

R 6 6. **Steuerbefreiungen auf Grund des § 3 EStG**

Zu § 3 Nr. 7

– unbesetzt –

H 6 Nr. 7 **Hinweise**

Allgemeines

Steuerfrei sind insbesondere folgende Leistungen, soweit sie nicht in Form zurückzahlbarer Darlehen, z. B. Eingliederungsdarlehen gewährt werden:

Flüchtlingshilfegesetz (FlüHG)

– laufende Beihilfe – Beihilfe zum Lebensunterhalt;
– besondere laufende Beihilfe (§§ 10 bis 15 FlüHG);

Lastenausgleichsgesetz (LAG)

– Hauptentschädigung – einschließlich des Zinszuschlags – im Sinne des § 250 Abs. 3 und des § 252 Abs. 2 LAG – (§§ 243 bis 252, 258 LAG);
– Kriegsschadenrente – Unterhaltshilfe und Entschädigungsrente – (§§ 261 bis 292 LAG);
– Hausratentschädigungen (§§ 293 bis 297 LAG), Leistungen aus dem Härtefonds (§§ 301, 301a, 301b LAG);
– Leistungen auf Grund sonstiger Förderungsmaßnahmen (§§ 302, 303 LAG);
– Entschädigungen im Währungsausgleich für Spargutgaben Vertriebener – einschließlich der Zinsen im Sinne des § 4 Abs. 3 des Währungsausgleichsgesetzes – (§ 304 LAG und Währungsausgleichsgesetz);
– Entschädigung nach dem Altsparergesetz und der dazu ergangenen Änderungsgesetze einschließlich der Zinsen im Sinne des § 18 Abs. 4 ASpG;

Reparationsschädengesetz (RepG)

– Entschädigung – einschließlich des Zuschlags im Sinne des § 39 Abs. 2 bis 4 RepG – (§§ 31 bis 42 RepG);
– Kriegsschadenrente – Unterhaltshilfe und Entschädigungsrente – (§ 44 RepG);
– sonstige Leistungen nach § 45 RepG

---

[1]) Zur Anwendung → § 52 Abs. 2c EStG.

§ 3

Steuerfrei sind

...

8. Geldrenten, Kapitalentschädigungen und Leistungen im Heilverfahren, die auf Grund gesetzlicher Vorschriften zur Wiedergutmachung nationalsozialistischen Unrechts gewährt werden. ²Die Steuerpflicht von Bezügen aus einem aus Wiedergutmachungsgründen neu begründeten oder wieder begründeten Dienstverhältnis sowie von Bezügen aus einem früheren Dienstverhältnis, die aus Wiedergutmachungsgründen neu gewährt oder wieder gewährt werden, bleibt unberührt;

6. Steuerbefreiungen auf Grund des § 3 EStG

Zu § 3 Nr. 8

– unbesetzt –

Hinweise

Wiedergutmachungsleistungen
→ Bundesentschädigungsgesetz
→ Bundesgesetz zur Wiedergutmachung nationalsozialistischen Unrechts in der Kriegsopferversorgung
→ Bundesgesetz zur Wiedergutmachung nationalsozialistischen Unrechts in der Kriegsopferversorgung für Berechtigte im Ausland
→ Entschädigungsrentengesetz
→ Wiedergutmachungsrecht der Länder

§ 3

Steuerfrei sind

...

9. Abfindungen wegen einer vom Arbeitgeber veranlaßten oder gerichtlich ausgesprochenen Auflösung des Dienstverhältnisses, höchstens jedoch 24.000 Deutsche Mark. ²Hat der Arbeitnehmer das 50. Lebensjahr vollendet und hat das Dienstverhältnis mindestens 15 Jahre bestanden, so beträgt der Höchstbetrag 30.000 Deutsche Mark, hat der Arbeitnehmer das 55. Lebensjahr vollendet und hat das Dienstverhältnis mindestens 20 Jahre bestanden, so beträgt der Höchstbetrag 36.000 Deutsche Mark;

---

[1] Anm.: Durch das Steuerentlastungsgesetz 1999/2000/2002 wurde in Nummer 9 der Betrag von „24.000 Deutsche Mark" durch den Betrag von „16.000 Deutsche Mark", der Betrag von „30.000 Deutsche Mark" durch den Betrag von „20.000 Deutsche Mark" und der Betrag von „36.000 Deutsche Mark" durch den Betrag von „24.000 Deutsche Mark" ersetzt.
Für vor dem 1.1.1999 abgeschlossene Verträge über Abfindungen ist Nummer 9 in der Fassung der Bekanntmachung vom 16.4.1997 (BGBl. I S. 821) weiter anzuwenden, soweit die Abfindung dem Arbeitnehmer vor dem 1.4.1999 zufließt; dies gilt auch, wenn die Abfindung wegen einer vor dem 1.1.1999 getroffenen Gerichtsentscheidung gezahlt wird (→ § 52 in der Fassung des Steuerentlastungsgesetzes 1999/2000/2002).

§ 3 Nr. 9 EStG
R 6   H 6 Nr. 9

R 6   6. Steuerbefreiungen auf Grund des § 3 EStG

Zu § 3 Nr. 9

– unbesetzt –

H 6 Nr. 9   Hinweise

Abfindung wegen Auflösung des Dienstverhältnisses
→ A 9 LStR[1])

- Die Auflösung eines Dienstverhältnisses beurteilt sich nach bürgerlichem Recht/Arbeitsrecht (→ BFH vom 13.10.1978 – BStBl 1979 II S. 155 und vom 11.1.1980 – BStBl II S. 205).
- Wird bei Ablauf eines **befristeten Dienstverhältnisses** eine Gratifikation oder eine besondere Zuwendung geleistet, so liegt keine Abfindung vor (→ BFH vom 18.9.1991 – BStBl 1992 II S. 34 betreff. tarifliches Übergangsgeld).
- Keine Abfindungen sind Zahlungen zur **Abgeltung vertraglicher Ansprüche,** die der Arbeitnehmer aus dem Dienstverhältnis bis zum Zeitpunkt der Auflösung erlangt hat, auch wenn der Arbeitnehmer für den Abgeltungszeitraum von der Arbeit freigestellt worden ist (→ BFH vom 27.4.1994 – BStBl II S. 653).
- Bei der Prüfung, ob der steuerpflichtige Teil der Abfindung eine **tarifbegünstigte Entschädigung** im Sinne des § 34 Abs. 1 EStG darstellt, ist der Teilbetrag, der nach § 3 Nr. 9 EStG steuerfrei ist, nicht zu berücksichtigen (→ BFH vom 2.9.1992 – BStBl 1993 II S. 52).
- Der Arbeitgeberwechsel im Rahmen eines (Teil-)**Betriebsübergangs** gemäß § 613a BGB führt i. d. R. nicht zur Auflösung des bestehenden Dienstverhältnisses und daher nicht zur Steuerfreiheit gemäß § 3 Nr. 9 EStG (→ BFH vom 16.7.1997 – BStBl II S. 666). → auch BFH vom 16.7.1997 (HFR 1998 S. 14).
- Es liegen keine Abfindungszahlungen im Sinne des § 3 Nr. 9 EStG vor, wenn das Arbeitsverhältnis einvernehmlich **fortgeführt** und der Arbeitnehmer lediglich von der Arbeitspflicht freigestellt wird. Zusätzlich vereinbarte Vergütungen für Dienste während der Freistellung beruhen auf einem **neuen Rechtsgrund** (→ FG Baden-Württemberg, Außensenate Freiburg vom 16.6.1997 – EFG S. 1297).
- Zu den Abfindungen gehört auch das **Veränderungsgeld,** das bei Auflösung eines privatrechtlichen Arbeitsvertrags mit einem beurlaubten Beamten von der TELECOM gezahlt wird (→ OFD Chemnitz vom 18.6.1997 – BB S. 1673).
- Der Steuerfreiheit einer Abfindung wegen vorzeitiger Aufgabe der Tätigkeit als Vorstandsmitglieder einer AG steht nicht entgegen, daß der Stpfl. als **Berater** der AG nichtselbständig tätig bleibt (→ FG Münster vom 16.5.1997 – EFG S. 1298).

Zweifelsfragen im Zusammenhang mit der ertragsteuerlichen Behandlung von Entlassungsentschädigungen

→ BMF vom 18.12.1998 (BStBl I S. 1512) abgedruckt zu H 199 (Zusammenballung von Einkünften).

Angestellter Kommanditist

Abfindungen, die einem bisher angestellten Kommanditisten gewährt werden, sind Sondervergütungen im Sinne von § 15 Abs. 1 Satz 1 Nr. 2 EStG, die nicht nach § 3 Nr. 9 EStG steuerbefreit sind (→ BFH vom 23.4.1996 – BStBl II S. 515).

---

[1]) Anm.: LStR 9 (1999).

§ 3 Nr. 10, 11 EStG
H 6 Nr. 10 **R 6**

§ 3 — EStG

Steuerfrei sind

...

10. Übergangsgelder und Übergangsbeihilfen auf Grund gesetzlicher Vorschriften wegen Entlassung aus einem Dienstverhältnis; — S 2342 [1])

---

6. Steuerbefreiungen auf Grund des § 3 EStG — R 6

Zu § 3 Nr. 10

– unbesetzt –

Hinweise — H 6 Nr. 10

Übergangsgelder, Übergangsbeihilfen
→ A 10 LStR [2])

---

§ 3 — EStG

Steuerfrei sind

...

11. Bezüge aus öffentlichen Mitteln oder aus Mitteln einer öffentlichen Stiftung, die wegen Hilfsbedürftigkeit oder als Beihilfe zu dem Zweck bewilligt werden, die Erziehung oder Ausbildung, die Wissenschaft oder Kunst unmittelbar zu fördern. ²Darunter fallen nicht Kinderzuschläge und Kinderbeihilfen, die auf Grund der Besoldungsgesetze, besonderer Tarife oder ähnlicher Vorschriften gewährt werden. ³Voraussetzung für die Steuerfreiheit ist, daß der Empfänger mit den Bezügen nicht zu einer bestimmten wissenschaftlichen oder künstlerischen Gegenleistung oder zu einer Arbeitnehmertätigkeit verpflichtet wird; — S 2342

---

6. Steuerbefreiungen auf Grund des § 3 EStG — R 6

Zu § 3 Nr. 11

– unbesetzt –

---

[1]) Anm.: Durch das Steuerentlastungsgesetz 1999/2000/2002 wurde Nummer 10 wie folgt gefaßt:
„10. Übergangsgelder und Übergangshilfen auf Grund gesetzlicher Vorschriften wegen Entlassung aus einem Dienstverhältnis, höchstens jedoch 24.000 Deutsche Mark;".
Nummer 10 in der Fassung der Bekanntmachung vom 16.4.1997 (BGBl. I S. 821) ist weiter anzuwenden, soweit die Übergangsgelder und Übergangsbeihilfen auf Grund gesetzlicher Vorschriften wegen Entlassung aus einem Dienstverhältnis dem Arbeitnehmer vor dem 1.4.1999 zufließen (→ § 52 Abs. 6 in der Fassung des Steuerentlastungsgesetzes 1999/2000/2002).

[2]) Anm.: LStR 10 (1999).

§ 3 Nr. 11 EStG
H 6 Nr. 11

Hinweise

Beihilfen

Werden Eltern aus kommunalen Mitteln Beihilfen zur Deckung von Aufwendungen für die Betreuung des Kindes durch Dritte bewilligt und erfolgt die Zahlung auf Antrag der Eltern unmittelbar an die Betreuungsperson, so sind diese Einnahmen der Betreuungsperson nicht steuerbefreit; Beihilfen sind nur für denjenigen steuerfrei, dem sie bewilligt worden sind (→ BFH vom 19.6.1997 – BStBl II S. 652).

Für die Unterbringung von Kindern in einem Kinderhaus gezahlte Pflegesätze sind keine Beihilfen (→ BFH vom 23.9.1998 – BFHE 187 S. 30, 39).

Beihilfen und Unterstützungen an Arbeitnehmer
→ A 11 und 12 LStR[1])

Erziehungs- und Ausbildungsbeihilfen

Steuerfrei sind z. B.
- Leistungen nach dem Bundesausbildungsförderungsgesetz
- Ausbildungszuschüsse nach § 5 Abs. 4 des Soldatenversorgungsgesetzes
- Ausbildungszuschüsse nach § 13 des Bundespolizeibeamtengesetzes in der Fassung des § 94 Nr. 3 der Beamtenversorgungsgesetze in Verbindung mit § 12 Abs. 7 des Bundespolizeibeamtengesetzes in der bis zum 30.6.1976 geltenden Fassung
- entsprechende Leistungen der Länder.

Nicht steuerfrei sind z. B.
- Unterhaltszuschüsse an Beamte im Vorbereitungsdienst – Beamtenanwärter – (→ BFH vom 12.8.1983 – BStBl II S. 718)
- erst nach Abschluß einer Ausbildung beim Eintritt in das Dienstverhältnis nachträglich gewährte Zahlungen (→ BFH vom 17.9.1976 – BStBl 1977 II S. 68)
- Beihilfen für die Fertigung einer Habilitationsschrift (→ BFH vom 4.5.1972 – BStBl II S. 566)
- von den Jugendämtern an die Betreuer von sog. Tagesgroßpflegestellen gezahlte Erziehungsgelder (→ BFH vom 17.5.1990 – BStBl II S. 1018)

Zur Behandlung der aus öffentlichen Kassen gezahlten Pflegegelder für Kinder in Familienpflege → BMF vom 7.2.1990 (BStBl I S. 109).

Hilfsbedürftigkeit
Hilfsbedürftig sind Personen, die nach § 53 AO als bedürftig angesehen werden.
Steuerfrei sind z. B. die Leistungen nach dem Bundessozialhilfegesetz.

Öffentliche Mittel
Z. B.:
- Mittel des Bundes
- Mittel der Länder
- Mittel der Gemeinden und Gemeindeverbände
- Mittel der als juristische Personen des öffentlichen Rechts anerkannten Religionsgemeinschaften

Bezüge aus öffentlichen Mitteln setzen offene Verausgabung nach Maßgabe der haushaltsrechtlichen Vorschriften voraus (→ BFH vom 9.4.1975 – BStBl II S. 577 und vom 15.11.1983 – BStBl 1984 II S. 113).

Öffentliche Stiftung
Eine öffentliche Stiftung liegt vor, wenn
a) die Stiftung selbst juristische Person des öffentlichen Rechts ist

---
[1]) Anm.: LStR 11 und 12 (1999).

oder

b) das Stiftungsvermögen im Eigentum einer juristischen Person des öffentlichen Rechts steht

oder

c) die Stiftung von einer juristischen Person des öffentlichen Rechts verwaltet wird.

Zur Definition der öffentlichen Stiftung → BVerfGE 15; S. 46, 66

Im übrigen richtet sich der Begriff nach Landesrecht.

Pflege- und Erziehungsgeld

Einkommensteuerrechtliche Behandlung des aus öffentlichen Kassen gezahlten Pflegegeldes und Erziehungsbeitrags (Erziehungsgeldes) für Kinder in Familienpflege → BMF vom 7.2.1990 (BStBl I S. 109)

---

§ 3

Steuerfrei sind

...

12. aus einer Bundeskasse oder Landeskasse gezahlte Bezüge, die in einem Bundesgesetz oder Landesgesetz oder einer auf bundesgesetzlicher oder landesgesetzlicher Ermächtigung beruhenden Bestimmung oder von der Bundesregierung oder einer Landesregierung als Aufwandsentschädigung festgesetzt sind und als Aufwandsentschädigung im Haushaltsplan ausgewiesen werden. ²Das gleiche gilt für andere Bezüge, die als Aufwandsentschädigung aus öffentlichen Kassen an öffentliche Dienste leistende Personen gezahlt werden, soweit nicht festgestellt wird, daß sie für Verdienstausfall oder Zeitverlust gewährt werden oder den Aufwand, der dem Empfänger erwächst, offenbar übersteigen;

---

6. Steuerbefreiungen auf Grund des § 3 EStG

Zu § 3 Nr. 12

– unbesetzt –

Hinweise

Aufwandsentschädigungen aus öffentlichen Kassen

→ A 13 LStR[1])
→ A 14a LStR[2])

---

§ 3

Steuerfrei sind

...

13. die aus öffentlichen Kassen gezahlten Reisekostenvergütungen, Umzugskostenvergütungen und Trennungsgelder. ²Die als Reisekostenvergütungen gezahlten Vergütungen für Verpflegungsmehraufwendungen sind nur insoweit steuerfrei, als sie die

---

[1]) Anm.: LStR 13 (1999).
[2]) Anm.: LStR 14a (1999).

§ 3 Nr. 13, 14 EStG
R 6   H 6 Nr. 13, 14

Pauschbeträge nach § 4 Abs. 5 Satz 1 Nr. 5 nicht übersteigen; Trennungsgelder sind nur insoweit steuerfrei, als sie die nach § 9 Abs. 1 Satz 3 Nr. 5 und Abs. 5 sowie § 4 Abs. 5 Satz 1 Nr. 5 abziehbaren Aufwendungen nicht übersteigen;

R 6 6. Steuerbefreiungen auf Grund des § 3 EStG

Zu § 3 Nr. 13

– unbesetzt –

H 6 Nr. 13 **Hinweise**

Reisekostenvergütungen, Trennungsgelder und Umzugskostenvergütungen aus öffentlichen Kassen
→ A 14 LStR[1])
→ A 14a LStR[2])

EStG **§ 3**

Steuerfrei sind

...

S 2342 14. Zuschüsse eines Trägers der gesetzlichen Rentenversicherung zu den Aufwendungen eines Rentners für seine Kranken- und Pflegeversicherung;

R 6 6. Steuerbefreiungen auf Grund des § 3 EStG

Zu § 3 Nr. 14

– unbesetzt –

H 6 Nr. 14 **Hinweise**

Zuschüsse zur Krankenversicherung der Rentner
Die Steuerbefreiung gilt für Zuschüsse gemäß §§ 106 und 315 SGB VI.

Zuschüsse zur Pflegeversicherung der Rentner
Die Steuerbefreiung gilt für Zuschüsse gemäß § 106a SGB VI.

---

[1]) Anm.: LStR 14 (1999).
[2]) Anm.: LStR 14a (1999).

§ 3

Steuerfrei sind

...

15. Zuwendungen, die Arbeitnehmer anläßlich ihrer Eheschließung oder der Geburt eines Kindes von ihrem Arbeitgeber erhalten, soweit sie jeweils 700 Deutsche Mark nicht übersteigen;

---

6. Steuerbefreiungen auf Grund des § 3 EStG

Zu § 3 Nr. 15

– unbesetzt –

Hinweise

Heiratsbeihilfen und Geburtsbeihilfen
→ A 15 LStR[1]

§ 3

Steuerfrei sind

...

16. die Vergütungen, die Arbeitnehmer außerhalb des öffentlichen Dienstes von ihrem Arbeitgeber zur Erstattung von Reisekosten, Umzugskosten oder Mehraufwendungen bei doppelter Haushaltsführung erhalten, soweit sie die beruflich veranlaßten Mehraufwendungen, bei Verpflegungsmehraufwendungen die Pauschbeträge nach § 4 Abs. 5 Satz 1 Nr. 5 und bei Familienheimfahrten mit dem eigenen oder außerhalb des Dienstverhältnisses zur Nutzung überlassenen Kraftfahrzeug die Pauschbeträge nach § 9 Abs. 1 Satz 3 Nr. 4 nicht übersteigen; Vergütungen zur Erstattung von Mehraufwendungen bei doppelter Haushaltsführung sind nur insoweit steuerfrei, als sie die nach § 9 Abs. 1 Satz 3 Nr. 5 und Abs. 5 sowie § 4 Abs. 5 Satz 1 Nr. 5 abziehbaren Aufwendungen nicht übersteigen;

---

6. Steuerbefreiungen auf Grund des § 3 EStG

Zu § 3 Nr. 16

– unbesetzt –

Hinweise

Barlohnumwandlungen in steuerfreie Vergütungen zur Erstattung von Reisekosten sind zulässig (→ FG Thüringen vom 23.10.1996 – Rev. – BFH VI R 2/98).

---

[1] Anm.: LStR 15 (1999).

§ 3 Nr. 16–23 EStG
R 6   H 6 Nr. 16

Kreditkartengebühren und Dienstreiseabrechnungen
Erstattet der Arbeitgeber dem Arbeitnehmer die Kreditkartengebühren für eine auf Dienstreisen eingesetzten Firmenkreditkarte (Abrechnung über Bankkonto des Arbeitnehmers), bleibt diese nur steuerfrei, soweit sie den Ersatz von nach § 3 Nr. 16 EStG steuerfreien Reisekosten betrifft. Die Ausgabe der Karten an Arbeitnehmer kann bei umfangreicher Reisetätigkeit als eine Leistung mit betrieblichem Interesse angesehen werden; es liegt kein Arbeitslohn vor; Ausnahme bei Anhaltspunkten für eine private Mitbenutzung von nicht untergeordneter Bedeutung (→ BMF vom 29.9.1998 – IV C 5 – S 2334 – 1/98, Lohnsteuer-Handausgabe 1999).

Reisekostenvergütungen, Trennungsgelder und Umzugskostenvergütungen aus öffentlichen Kassen
→ A 16 LStR[1])

EStG   § 3

Steuerfrei sind
...

17. Zuschüsse zum Beitrag nach § 32 des Gesetzes über die Alterssicherung der Landwirte;
18. das Aufgeld für ein an die Bank für Vertriebene und Geschädigte (Lastenausgleichsbank) zugunsten des Ausgleichsfonds (§ 5 Lastenausgleichsgesetz) gegebenes Darlehen, wenn das Darlehen nach § 7f des Gesetzes in der Fassung der Bekanntmachung vom 15. September 1953 (BGBl. I S. 1355) im Jahr der Hingabe als Betriebsausgabe abzugsfähig war;

S 2342 19. Entschädigungen auf Grund des Gesetzes über die Entschädigung ehemaliger deutscher Kriegsgefangener;

S 2342 20. die aus öffentlichen Mitteln des Bundespräsidenten aus sittlichen oder sozialen Gründen gewährten Zuwendungen an besonders verdiente Personen oder ihre Hinterbliebenen;

21. Zinsen aus Schuldbuchforderungen im Sinne des § 35 Abs. 1 des Allgemeinen Kriegsfolgengesetzes in der im Bundesgesetzblatt Teil III, Gliederungsnummer 653–1, veröffentlichten bereinigten Fassung;

S 2342 22. der Ehrensold, der auf Grund des Gesetzes über Titel, Orden und Ehrenzeichen in der im Bundesgesetzblatt Teil III, Gliederungsnummer 1132–1, veröffentlichten bereinigten Fassung, zuletzt geändert durch Gesetz vom 24. April 1986 (BGBl. I S. 560), gewährt wird;

S 2342 23. die Leistungen nach dem Häftlingshilfegesetz, dem Strafrechtlichen Rehabilitierungsgesetz, dem Verwaltungsrechtlichen Rehabilitierungsgesetz und dem Beruflichen Rehabilitierungsgesetz;

R 6   **6. Steuerbefreiungen auf Grund des § 3 EStG**

Zu § 3 Nr. 17 bis 23

– unbesetzt –

---

[1]) Anm.: LStR 16 (1999).

§ 3

EStG

Steuerfrei sind
...
24. Leistungen, die auf Grund des Bundeskindergeldgesetzes gewährt werden;

S 2342

---

6. Steuerbefreiungen auf Grund des § 3 EStG   R 6

Zu § 3 Nr. 24

– unbesetzt –

S 2342

---

§ 3

EStG

Steuerfrei sind
...
25. Entschädigungen nach dem Bundes-Seuchengesetz;

S 2342

---

6. Steuerbefreiungen auf Grund des § 3 EStG   R 6

Zu § 3 Nr. 25

– unbesetzt –

---

§ 3

EStG

Steuerfrei sind
...
26. Aufwandsentschädigungen für nebenberufliche Tätigkeiten als Übungsleiter, Ausbilder, Erzieher oder für eine vergleichbare nebenberufliche Tätigkeit, für nebenberufliche künstlerische Tätigkeiten oder für die nebenberufliche Pflege alter, kranker oder behinderter Menschen im Dienst oder Auftrag einer inländischen juristischen Person des öffentlichen Rechts oder einer unter § 5 Abs. 1 Nr. 9 des Körperschaftsteuergesetzes fallenden Einrichtung zur Förderung gemeinnütziger, mildtätiger und kirchlicher Zwecke (§§ 52 bis 54 der Abgabenordnung). ²Als Aufwandsentschädigungen sind Einnahmen für die in Satz 1 bezeichneten Tätigkeiten bis zur Höhe von insgesamt 2.400 Deutsche Mark im Jahr anzusehen;

S 2121

---

6. Steuerbefreiungen auf Grund des § 3 EStG   R 6

Zu § 3 Nr. 26

– unbesetzt –

§ 3 Nr. 26, 27 EStG
R 6   H 6 Nr. 26

H 6 Nr. 26   **Hinweise**

> **Assistenten-Vergütung für die Mitwirkung**
> Die Mitwirkung an Klausuren ist nicht mit der Tätigkeit eines Ausbilders vergleichbar. Nebenberuflich erfolgt sie weder im Auftrag noch im Dienst einer inländischen juristischen Person des öffentlichen Rechts. Sie dient auch nicht der Allgemeinheit → gegen FG Münster vom 8.11.1994 – EFG 1995 S. 415 (→ FG München vom 29.4.1997 – EFG S. 1095).
>
> **Aufwandsentschädigung für nebenberufliche Tätigkeiten**
> → A 17 LStR[1]
>
> **Korrekturassistent**
> Bezüge aus einer nebenberuflich ausgeübten Tätigkeit als Korrekturassistent fallen unter § 3 Nr. 26 EStG, wenn diese im Dienst oder Auftrag einer der dort genannten juristischen Personen oder Einrichtungen ausgeübt wird (→ FG Münster vom 8.11.1994 – EFG 1995 S. 415).
>
> **Nebenberufliche Tätigkeit**
> – Eine Tätigkeit wird **nebenberuflich** ausgeübt, wenn sie nicht mehr als ein Drittel der Arbeitszeit eines vergleichbaren Vollzeiterwerbs in Anspruch nimmt (→ BFH vom 30.3.1990 – BStBl II S. 854).
> – Eine nebenberufliche Tätigkeit kann auch bei **dienstrechtlicher Verpflichtung** zur Übernahme einer Tätigkeit im Nebenamt unter Fortfall der Weisungs- und Kontrollrechte des Arbeitgebers vorliegen (→ BFH vom 29.1.1997 – BStBl II S. 783).
> – Aufwandsentschädigungen für die Tätigkeit als Diskussionsleiter anläßlich einer Richtertagung unterfallen nicht dem Steuerbefreiungstatbestand des § 3 Nr. 26 EStG (→ FG Niedersachsen vom 16.7.1997 – EFG 1997 S. 1517 – Rev. – BFH IX R 80/97).

EStG   § 3

Steuerfrei sind

...

S 2333   27. der Grundbetrag der Produktionsaufgaberente und das Ausgleichsgeld nach dem Gesetz zur Förderung der Einstellung der landwirtschaftlichen Erwerbstätigkeit bis zum Höchstbetrag von 36.000 Deutsche Mark;

R 6   **6. Steuerbefreiungen auf Grund des § 3 EStG**

Zu § 3 Nr. 27
[1]Der Höchstbetrag steht dem Leistungsempfänger nicht je VZ, sondern nur einmal zu. [2]Die einzelnen Raten sind so lange steuerfrei, bis der Höchstbetrag ausgeschöpft ist. [3]Der Flächenzuschlag der Produktionsaufgaberente ist nicht begünstigt. [4]Im Fall der Betriebsaufgabe sind die Ansprüche auf die Produktionsaufgaberente nicht in den Betriebsaufgabegewinn einzubeziehen; die einzelnen Raten sind als nachträgliche Einkünfte aus Land- und Forstwirtschaft zu erfassen.

---

[1]) Anm.: LStR 17 (1999).

§ 3

EStG

Steuerfrei sind

...

28. die Aufstockungsbeträge im Sinne des § 3 Abs. 1 Nr. 1 Buchstabe a sowie die Beiträge und Aufwendungen im Sinne des § 3 Abs. 1 Nr. 1 Buchstabe b und des § 4 Abs. 2 des Altersteilzeitgesetzes, *die Zuschläge auf Grund des § 6 Abs. 2 des Bundesbesoldungsgesetzes* sowie die Zahlungen des Arbeitgebers zur Übernahme der Beiträge im Sinne des § 187a des Sechsten Buches Sozialgesetzbuch, soweit sie 50 vom Hundert der Beiträge nicht übersteigen; — S 2333

6. Steuerbefreiungen auf Grund des § 3 EStG — R 6

Zu § 3 Nr. 28

– unbesetzt –

Hinweise — H 6 Nr. 28

Leistungen nach dem Altersteilzeitgesetz
→ A 18 LStR[1])

§ 3

EStG

Steuerfrei sind

...

29. das Gehalt und die Bezüge, — S 1310

a) die die diplomatischen Vertreter ausländischer Staaten, die ihnen zugewiesenen Beamten und die in ihren Diensten stehenden Personen erhalten. ²Dies gilt nicht für deutsche Staatsangehörige oder für im Inland ständig ansässige Personen;

b) der Berufskonsul, der Konsulatsangehörigen und ihres Personals, soweit sie Angehörige des Entsendestaats sind. ²Dies gilt nicht für Personen, die im Inland ständig ansässig sind oder außerhalb ihres Amtes oder Dienstes einen Beruf, ein Gewerbe oder eine andere gewinnbringende Tätigkeit ausüben;

6. Steuerbefreiungen auf Grund des § 3 EStG — R 6

Zu § 3 Nr. 29

– unbesetzt –

Hinweise — H 6 Nr. 29

Wahlkonsuln
§ 3 Nr. 29 EStG findet keine Anwendung.

---

[1]) Anm.: LStR 18 (1999).

§ 3 Nr. 29 EStG

Wiener Übereinkommen

- vom 18.4.1961 über diplomatische Beziehungen (WÜD), für die Bundesrepublik Deutschland in Kraft getreten am 11.12.1964
- vom 24.4.1963 über konsularische Beziehungen (WÜK), für die Bundesrepublik Deutschland in Kraft getreten am 7.10.1971

Bekanntmachung über den Geltungsbereich des Wiener Übereinkommen über diplomatische Beziehungen (WÜD) und über konsularische Beziehungen (WÜK) vom → 22.7.1996 (BGBl. II S. 1454).

Inhalte:

1. Nach dem WÜD ist u.a. ein Diplomat einer ausländischen Mission und nach dem WÜK ein Konsularbeamter einer ausländischen konsularischen Vertretung, sofern er weder die deutsche Staatsangehörigkeit besitzt noch im Geltungsbereich des EStG ständig ansässig ist, im Geltungsbereich des EStG von allen staatlichen, regionalen und kommunalen Personal- und Realsteuern oder -abgaben befreit (Artikel 34 WÜD – Artikel 49 Abs. 1 und Artikel 71 Abs. 1 WÜK).

2. Die Befreiung gilt u.a. nicht für Steuern und sonstige Abgaben von privaten Einkünften, deren Quelle sich im Empfangsstaat befindet. Das bedeutet, daß ein ausländischer Diplomat oder ein ausländischer Konsularbeamter nur mit seinen inländischen Einkünften im Sinne des § 49 EStG steuerpflichtig ist und auch dann nur, soweit nicht § 3 Nr. 29 EStG eingreift oder in einem Doppelbesteuerungsabkommen abweichende Regelungen getroffen sind. Die bezeichneten Personen sind somit im Geltungsbereich des EStG nur beschränkt einkommensteuerpflichtig (§ 1 Abs. 4 EStG).

3. Gleiches gilt auch
   a) für die zum Haushalt eines ausländischen Diplomaten gehörenden Familienmitglieder, wenn sie nicht die deutsche Staatsangehörigkeit besitzen (Artikel 37 Abs. 1 WÜD),
   b) für die Familienmitglieder, die im gemeinsamen Haushalt eines Konsularbeamten einer ausländischen konsularischen Vertretung leben (Artikel 49 Abs. 1 WÜK), wenn sie weder die deutsche Staatsangehörigkeit besitzen noch im Geltungsbereich des EStG ständig ansässig sind (Artikel 71 Abs. 2 WÜK).

4. Familienmitglieder im Sinne der beiden Wiener Übereinkommen sind:
   a) der Ehegatte und die minderjährigen Kinder der privilegierten Person, vorausgesetzt, daß sie mit ihr in einem Haushalt leben. Eine vorübergehende Abwesenheit, z. B. zum auswärtigen Studium, ist hierbei ohne Bedeutung.
   b) die volljährigen unverheirateten Kinder sowie die Eltern und Schwiegereltern der privilegierten Person – unter der Voraussetzung der Gegenseitigkeit –, soweit sie mit der privilegierten Person in einem Haushalt leben und von ihr wirtschaftlich abhängig sind. Die Frage der wirtschaftlichen Abhängigkeit ist nach den Einkommens- und Vermögensverhältnissen des betreffenden Familienmitglieds von der Steuerverwaltung des Aufenthaltsstaates zu beurteilen. Diese Beurteilung erfolgt im Einzelfall nach der Abgabe einer Erklärung über das Einkommen und das Vermögen des betreffenden Familienmitglieds.

5. Für andere als die unter Nummer 4 genannten Personen (entferntere Verwandte der privilegierten Person in gerader Linie oder in der Seitenlinie) kommt eine Anwendung des Artikels 37 WÜD oder des Artikels 49 WÜK grundsätzlich nicht in Betracht. In besonderen Fällen prüft das Auswärtige Amt im Einvernehmen mit den zuständigen Bundesressorts, ob die besonderen Umstände dieses Falles eine andere Entscheidung rechtfertigen.

6. Die Mitglieder/Bediensteten des Verwaltungs- und technischen Personals ausländischer Missionen/konsularischer Vertretungen und die zu ihrem Haushalt gehörenden sowie die mit ihnen im gemeinsamen Haushalt lebenden Familienmitglieder sind wie Diplomaten/Konsularbeamte zu behandeln, wenn sie weder deutsche Staatsangehörige noch im Geltungsbereich des EStG ständig ansässig sind (Artikel 37 Abs. 2 WÜD, Artikel 49 Abs. 1 und Artikel 71 Abs. 2 WÜK).

7. Bei Mitgliedern des dienstlichen Hauspersonals einer ausländischen Mission bzw. einer ausländischen konsularischen Vertretung sind die Dienstbezüge im Geltungsbereich

des EStG steuerfrei, wenn diese Personen weder deutsche Staatsangehörige noch im Geltungsbereich des EStG ständig ansässig sind (Artikel 37 Abs. 3 WÜD – Artikel 49 Abs. 2 und Artikel 71 Abs. 2 WÜK).

8. Bei privaten Hausangestellten sind die Bezüge, die sie von Mitgliedern einer ausländischen Mission auf Grund ihres Arbeitsverhältnisses erhalten, steuerfrei, wenn sie weder deutsche Staatsangehörige noch im Geltungsbereich des EStG ständig ansässig sind (Artikel 37 Abs. 4 WÜD).

9. Anderen Mitgliedern des Personals einer ausländischen Mission und privaten Hausangestellten, die deutsche Staatsangehörige sind oder die im Geltungsbereich des EStG ständig ansässig sind, steht Steuerfreiheit nur insoweit zu, als besondere Regelungen, z. B. in Doppelbesteuerungsabkommen, für den Geltungsbereich des EStG getroffen sind (Artikel 38 Abs. 2 WÜD).

10. Vom Tage des Inkrafttretens des WÜD bzw. des WÜK ist die Verwaltungsanordnung der Bundesregierung vom 13.10.1950 (MinBlFin 1950 S. 631) nur noch auf Mitglieder solcher ausländischer Missionen oder konsularischer Vertretungen und die dort bezeichneten Bediensteten anzuwenden, deren Entsendestaat dem WÜD oder dem WÜK noch nicht rechtswirksam beigetreten ist.

§ 3

Steuerfrei sind

...

30. Entschädigungen für die betriebliche Benutzung von Werkzeugen eines Arbeitnehmers (Werkzeuggeld), soweit sie die entsprechenden Aufwendungen des Arbeitnehmers nicht offensichtlich übersteigen;

6. Steuerbefreiungen auf Grund des § 3 EStG

Zu § 3 Nr. 30

– unbesetzt –

Hinweise

Musikinstrumente
Sie sind keine Werkzeuge im Sinne des § 3 Nr. 30 EStG (→ BFH vom 21.8.1995 – BStBl II S. 906).

Werkzeuggeld
→ A 19 LStR[1])

§ 3

Steuerfrei sind

...

31. die typische Berufskleidung, die der Arbeitgeber seinem Arbeitnehmer unentgeltlich oder verbilligt überläßt; dasselbe gilt für eine Barablösung eines nicht nur einzelver-

---

[1]) Anm.: LStR 19 (1999).

§ 3 Nr. 31–33 EStG
R 6   H 6 Nr. 31, 32

traglichen Anspruchs auf Gestellung von typischer Berufskleidung, wenn die Barablösung betrieblich veranlaßt ist und die entsprechenden Aufwendungen des Arbeitnehmers nicht offensichtlich übersteigt;

R 6   **6. Steuerbefreiungen auf Grund des § 3 EStG**

Zu § 3 Nr. 31

– unbesetzt –

H 6 Nr. 31   **Hinweise**

Überlassung typischer Berufskleidung
→ A 20 LStR[1])

EStG   **§ 3**

Steuerfrei sind
...

S 2342   32. die unentgeltliche oder verbilligte Sammelbeförderung eines Arbeitnehmers zwischen Wohnung und Arbeitsstätte mit einem vom Arbeitgeber gestellten Kraftfahrzeug, soweit die Sammelbeförderung für den betrieblichen Einsatz des Arbeitnehmers notwendig ist;

R 6   **6. Steuerbefreiungen auf Grund des § 3 EStG**

Zu § 3 Nr. 32

– unbesetzt –

H 6 Nr. 32   **Hinweise**

Sammelbeförderung von Arbeitnehmern zwischen Wohnung und Arbeitsstätte
→ A 21 LStR[2])

EStG   **§ 3**

Steuerfrei sind
...

S 2342   33. zusätzlich zum ohnehin geschuldeten Arbeitslohn erbrachte Leistungen des Arbeitgebers zur Unterbringung und Betreuung von nicht schulpflichtigen Kindern der Arbeitnehmer in Kindergärten oder vergleichbaren Einrichtungen;

[1]) Anm.: LStR 20 (1999).
[2]) Anm.: LStR 21 (1999).

§ 3 Nr. 33–35 EStG
H 6 Nr. 33, 34 **R 6**

6. Steuerbefreiungen auf Grund des § 3 EStG R 6

Zu § 3 Nr. 33

– unbesetzt –

Hinweise H 6 Nr. 33

Unterbringung und Betreuung von nicht schulpflichtigen Kindern
→ A 21a LStR[1])
→ A 21c LStR[2])

§ 3 EStG

Steuerfrei sind
...

34. Zuschüsse des Arbeitgebers, die zusätzlich zum ohnehin geschuldeten Arbeitslohn zu den Aufwendungen des Arbeitnehmers für Fahrten zwischen Wohnung und Arbeitsstätte mit öffentlichen Verkehrsmitteln im Linienverkehr gezahlt werden. ²Das gleiche gilt für die unentgeltliche oder verbilligte Nutzung öffentlicher Verkehrsmittel im Linienverkehr zu Fahrten zwischen Wohnung und Arbeitsstätte, die der Arbeitnehmer auf Grund seines Dienstverhältnisses zusätzlich zum ohnehin geschuldeten Arbeitslohn in Anspruch nehmen kann;   S 2342

---

6. Steuerbefreiungen auf Grund des § 3 EStG R 6

Zu § 3 Nr. 34

– unbesetzt –

Hinweise H 6 Nr. 34

Fahrtkostenzuschüsse
→ A 21b LStR[3])
→ A 21c LStR[4])

§ 3 EStG

Steuerfrei sind
...

35. die Einnahmen der bei der Deutsche Post AG, Deutsche Postbank AG oder Deutsche Telekom AG beschäftigten Beamten, soweit die Einnahmen ohne Neuordnung des   S 2342

---

[1]) Anm.: LStR 21a (1999).
[2]) Anm.: LStR 21c (1999).
[3]) Anm.: LStR 21b (1999).
[4]) Anm.: LStR 21c (1999).

Postwesens und der Telekommunikation nach den Nummern 11 bis 13 steuerfrei wären;

S 2342 [1])
36. Einnahmen für Leistungen zur Grundpflege oder hauswirtschaftlichen Versorgung bis zur Höhe des Pflegegeldes nach § 37 des Elften Buches Sozialgesetzbuch, wenn diese Leistungen von Angehörigen des Pflegebedürftigen oder von anderen Personen, die damit eine sittliche Pflicht im Sinne des § 33 Abs. 2 gegenüber dem Pflegebedürftigen erfüllen, erbracht werden. ²Entsprechendes gilt, wenn der Pflegebedürftige Pflegegeld aus privaten Versicherungsverträgen nach den Vorgaben des Elften Buches Sozialgesetzbuch oder eine Pauschalbeihilfe nach Beihilfevorschriften für häusliche Pflege erhält;

[2]) 37. der Unterhaltsbeitrag und der Maßnahmebeitrag nach dem Aufstiegsfortbildungsförderungsgesetz, soweit sie als Zuschuß geleistet werden;

S 2342 [3])
38. Sachprämien, die der Steuerpflichtige für die persönliche Inanspruchnahme von Dienstleistungen von Unternehmen unentgeltlich erhält, die diese zum Zwecke der Kundenbindung im allgemeinen Geschäftsverkehr in einem jedermann zugänglichen planmäßigen Verfahren gewähren, soweit der Wert der Prämien 2.400 Deutsche Mark im Kalenderjahr nicht übersteigt;

[4]) 39. bis 41. (weggefallen);

S 2342 42. die Zuwendungen, die auf Grund des Fulbright-Abkommens gezahlt werden;

R 6   **6. Steuerbefreiungen auf Grund des § 3 EStG**

Zu § 3 Nr. 35–42

– unbesetzt –

H 6 Nr. 42   **Hinweise**

Fulbright-Abkommen
Neues Fulbright-Abkommen vom 20.11.1962, in Kraft getreten am 24.1.1964, → BGBl. 1964 II S. 27, 215.

---

1) Zur Anwendung → § 52 Abs. 2f EStG.
2) Zur Anwendung → § 52 Abs. 2g EStG.
3) Zur Anwendung → § 52 Abs. 2h EStG.
4) Anm.: Durch das Gesetz zur Neuregelung der geringfügigen Beschäftigungsverhältnisse wurde nach Nummer 38 folgende Nummer 39 eingefügt:
„39. das Arbeitsentgelt aus einer geringfügigen Beschäftigung im Sinne des § 8 Abs. 1 Nr. 1 des Vierten Buches Sozialgesetzbuch, für das der Arbeitgeber Beiträge nach § 168 Abs. 1 Nr. 1b (geringfügig versicherungspflichtig Beschäftigte) oder nach § 172 Abs. 3 (versicherungsfrei geringfügig Beschäftigte) des Sechsten Buches Sozialgesetzbuch zu entrichten hat, wenn die Summe der anderen Einkünfte des Arbeitnehmers nicht positiv ist;".
Zur Anwendung gilt § 52 Abs. 7 in der Fassung des Strukturentlastungsgesetzes 1999/2000/2002:
„(7) Bei der Anwendung des § 3 Nr. 39 im Veranlagungszeitraum 1999 bleibt versicherungsfreies Arbeitsentgelt aus einer geringfügigen Beschäftigung im Sinne des § 8 Abs. 1 Nr. 1 des Vierten Buches Sozialgesetzbuch außer Ansatz."

§ 3

Steuerfrei sind

...

43. der Ehrensold für Künstler sowie Zuwendungen aus Mitteln der Deutschen Künstlerhilfe, wenn es sich um Bezüge aus öffentlichen Mitteln handelt, die wegen der Bedürftigkeit des Künstlers gezahlt werden;

---

6. Steuerbefreiungen auf Grund des § 3 EStG

Zu § 3 Nr. 43

– unbesetzt –

---

§ 3

Steuerfrei sind

...

44. Stipendien, die unmittelbar aus öffentlichen Mitteln oder von zwischenstaatlichen oder überstaatlichen Einrichtungen, denen die Bundesrepublik Deutschland als Mitglied angehört, zur Förderung der Forschung oder zur Förderung der wissenschaftlichen oder künstlerischen Ausbildung oder Fortbildung gewährt werden. ²Das gleiche gilt für Stipendien, die zu den in Satz 1 bezeichneten Zwecken von einer Einrichtung, die von einer Körperschaft des öffentlichen Rechts errichtet ist oder verwaltet wird, oder von einer Körperschaft, Personenvereinigung oder Vermögensmasse im Sinne des § 5 Abs. 1 Nr. 9 des Körperschaftsteuergesetzes gegeben werden. ³Voraussetzung für die Steuerfreiheit ist, daß

   a) die Stipendien einen für die Erfüllung der Forschungsaufgabe oder für die Bestreitung des Lebensunterhalts und die Deckung des Ausbildungsbedarfs erforderlichen Betrag nicht übersteigen und nach den von dem Geber erlassenen Richtlinien vergeben werden,

   b) der Empfänger im Zusammenhang mit dem Stipendium nicht zu einer bestimmten wissenschaftlichen oder künstlerischen Gegenleistung oder zu einer Arbeitnehmertätigkeit verpflichtet ist,

   c) bei Stipendien zur Förderung der wissenschaftlichen oder künstlerischen Fortbildung im Zeitpunkt der erstmaligen Gewährung eines solchen Stipendiums der Abschluß der Berufsausbildung des Empfängers nicht länger als zehn Jahre zurückliegt;

---

6. Steuerbefreiungen auf Grund des § 3 EStG

Zu § 3 Nr. 44

¹Stipendien **zur unmittelbaren Förderung der Forschung** sind nur insoweit steuerfrei, als die Mittel zur Schaffung der sachlichen Voraussetzungen zur Erfüllung einer Forschungsaufgabe verwendet werden (Sachbeihilfe). ²Beihilfen für die persönliche Lebensführung des Empfängers sind nach § 18 oder § 19 EStG steuerpflichtig. ³Stipendien **zur Förderung der wissenschaftlichen oder künstlerischen Ausbildung oder Fortbildung** sind steuerfrei, gleichgültig, ob sie zur Bestreitung des Lebensunterhalts des Empfängers oder für den durch die Ausbildung oder Fortbildung verursachten Aufwand bestimmt sind. ⁴Die Steuerfreiheit eines Ausbildungs- oder Fortbildungsstipendiums wird nicht berührt, wenn daneben eine Sachbeihilfe zur Durchführung einer Forschungsaufgabe gewährt wird. ⁵Die Prüfung, ob die

§ 3 Nr. 44–50 EStG
R 6 H 6 Nr. 44

gesetzlichen Voraussetzungen – mit Ausnahme der Voraussetzungen des § 3 Nr. 44 Buchstabe c EStG – für die volle oder teilweise Steuerfreiheit der Stipendien vorliegen, hat das Finanzamt vorzunehmen, das für die Veranlagung des Stipendiengebers zur Körperschaftsteuer zuständig ist oder zuständig wäre, wenn der Geber steuerpflichtig wäre. ⁶Dieses Finanzamt hat auf Anforderung des Stipendienempfängers oder des für ihn zuständigen Finanzamts eine Bescheinigung über die Voraussetzungen des § 3 Nr. 44 Buchstaben a und b EStG zu erteilen.

H 6 Nr. 44

Hinweise

Öffentliche Mittel
→ A 12 LStR[1])

Stipendien
Zwischen einem nach § 3 Nr. 44 EStG steuerfrei gewährten Stipendium für Studienzwecke und den im Zusammenhang mit dem Stipendium entstehenden Mehraufwendungen besteht regelmäßig ein unmittelbarer wirtschaftlicher Zusammenhang im Sinne des § 3c EStG (→ BFH vom 9.11.1976 – BStBl 1977 II S. 207).

EStG § 3

Steuerfrei sind
...

45. (weggefallen);
S 2342 46. Bergmannsprämien nach dem Gesetz über Bergmannsprämien;
S 2342 47. Leistungen nach § 14a Abs. 4 und § 14b des Arbeitsplatzschutzgesetzes;
S 2342 48. Leistungen nach dem Unterhaltssicherungsgesetz, soweit sie nicht nach dessen § 15 Abs. 1 Satz 2 steuerpflichtig sind;
49. laufende Zuwendungen eines früheren alliierten Besatzungssoldaten an seine im Geltungsbereich des Grundgesetzes ansässige Ehefrau, soweit sie auf diese Zuwendungen angewiesen ist;

R 6

6. Steuerbefreiungen auf Grund des § 3 EStG

Zu § 3 Nr. 45 bis 49

– unbesetzt –

EStG § 3

Steuerfrei sind
...

S 2336 50. die Beträge, die der Arbeitnehmer vom Arbeitgeber erhält, um sie für ihn auszugeben (durchlaufende Gelder), und die Beträge, durch die Auslagen des Arbeitnehmers für den Arbeitgeber ersetzt werden (Auslagenersatz);

---
[1]) Anm.: LStR 12 (1999).

6. Steuerbefreiungen auf Grund des § 3 EStG

R 6

Zu § 3 Nr. 50

– unbesetzt –

Hinweise

Auslagenersatz
→ A 22 LStR¹)

Autotelefon, Mobiltelefon

Lohnsteuerliche Behandlung der Aufwendungen für ein Autotelefon
BMF vom 14.10.1993 (BStBl I S. 908)

Unter Bezugnahme auf die Erörterung mit den obersten Finanzbehörden der Länder gilt folgendes:

1. Telefon in einem Fahrzeug des Arbeitgebers
Bei der Ermittlung des privaten Nutzungswerts eines dem Arbeitnehmer überlassenen Kraftfahrzeugs bleiben die Aufwendungen für die Einrichtung und die Benutzung eines Autotelefons außer Ansatz. Die private Nutzung des Autotelefons ist deshalb gesondert als Sachbezug zu erfassen. Bei der Bewertung dieses Sachbezugs ist das Autotelefon grundsätzlich wie ein Telefon am Arbeitsplatz zu behandeln. Zu erfassen sind demnach sämtliche Gesprächsgebühren für die privaten Gespräche.

2. Telefon in einem Fahrzeug des Arbeitnehmers
a) Stellt der Arbeitnehmer dem Arbeitgeber die Aufwendungen für die Anschaffung, den Einbau und den Anschluß eines Autotelefons sowie die laufenden Gebühren für die Telefongespräche in Rechnung, so sind die Ersatzleistungen nach § 3 Nr. 50 EStG steuerfrei, wenn das Autotelefon zusätzlich zu einem Telefonanschluß in der Wohnung des Arbeitnehmers betrieben und so gut wie ausschließlich für betrieblich veranlaßte Gespräche genutzt wird; andernfalls können nur die Gesprächsgebühren für die betrieblich veranlaßten Gespräche nach § 3 Nr. 50 EStG steuerfrei ersetzt werden. Nr. 1 Satz 2 und Nr. 2 des BMF-Schreibens vom 11.6.1990 (BStBl I S. 290) sind sinngemäß anwendbar.

b) Soweit die Ausgaben für betrieblich veranlaßte Telefongespräche nicht nach Buchstabe a) vom Arbeitgeber steuerfrei ersetzt werden, können sie als Werbungskosten berücksichtigt werden. Zu den Werbungskosten gehört auch der berufliche Anteil der Absetzungen für Abnutzung (AfA) des Autotelefons. Dabei sind den Absetzungen für Abnutzung die Aufwendungen für die Anschaffung, den Einbau und den Anschluß des Autotelefons sowie eine Nutzungsdauer von vier Jahren zugrunde zu legen. Für die Ermittlung des beruflichen Anteils gilt Nr. 3 Sätze 3 bis 5 des BMF-Schreibens vom 11.6.1990 a. a. O. sinngemäß. Wenn der berufliche Anteil der laufenden Telefongebühren nach Nr. 3 Satz 6 des bezeichneten BMF-Schreibens geschätzt wird, kann das sich daraus ergebende Aufteilungsverhältnis auch für die Aufteilung der AfA angewendet werden.

Dieses Schreiben gilt sinngemäß für andere Mobiltelefone.

Durchlaufende Gelder
→ A 22 LStR¹)

---

¹) Anm.: LStR 22 (1999).

§ 3 Nr. 51, 52 EStG
R 6   H 6 Nr. 51

EStG   **§ 3**

Steuerfrei sind

...

S 2342   51. Trinkgelder, die dem Arbeitnehmer von Dritten gezahlt werden, ohne daß ein Rechtsanspruch darauf besteht, soweit sie 2.400 Deutsche Mark im Kalenderjahr nicht übersteigen;

R 6   **6. Steuerbefreiungen auf Grund des § 3 EStG**

Zu § 3 Nr. 51

– unbesetzt –

H 6 Nr. 51   **Hinweise**

Lohnzahlung durch Dritte, Trinkgelder
→ A 106 LStR[1])

Trinkgelder, auf die der Arbeitnehmer keinen Rechtsanspruch hat, sind zusätzlicher Arbeitslohn (→ BFH vom 23.10.1992 – BStBl 1993 II S. 117).

Bei der Besteuerung von freiwilligen Trinkgeldern wird darauf hingewiesen, daß von einer Überschreitung des Freibetrags von 2.400 DM nur dann ausgegangen werden kann, wenn die Angaben aufgrund der Lebenserfahrung und der besonderen Umstände des Einzelfalls unschlüssig sind. Soweit danach gleichwohl eine Schätzung der Trinkgeldeinnahmen notwendig wird, ist maßvoll vorzugehen. Hierzu wird auf das Urteil des FG Nürnberg vom 31.1.1996, V 32/95 hingewiesen, in dem das Finanzgericht für ein einfaches Lokal 1 v. H. des Umsatzes nicht als ungewöhnlich niedriges Trinkgeldaufkommen ansieht (→ Bay. Staatsministerium der Finanzen vom 29.4.1996 – DStR 1996 S. 2018).

EStG   **§ 3**

Steuerfrei sind

...

S 2339[2])   52. besondere Zuwendungen des Arbeitgebers an den Arbeitnehmer nach näherer Maßgabe einer Rechtsverordnung, soweit es aus sozialen Gründen oder zur Vereinfachung des Besteuerungsverfahrens geboten erscheint, die Zuwendungen ganz oder teilweise steuerfrei zu belassen;

---

[1]) Anm.: LStR 106 (1999).
[2]) Anm.: Durch das Steuerentlastungsgesetz 1999/2000/2002 wurde Nummer 52 mit Wirkung ab VZ 1999 aufgehoben.

6. Steuerbefreiungen auf Grund des § 3 EStG

R 6

Zu § 3 Nr. 52

– unbesetzt –

Hinweise

H 6 Nr. 52

Jubiläumszuwendungen
→ § 3 LStDV
→ A 23 LStR[1]

Eine **Gewerkschaft** ist eine Einrichtung, die ein „Geschäftsjubiläum" begehen kann; Zuwendungen an ihre Arbeitnehmer aus Anlaß des Jubiläums können daher steuerfrei sein (Änderung der Rechtsprechung – BFH vom 20.9.1977 – BStBl 1978 II S. 60) → BFH vom 19.9.1997 (BStBl 1998 II S. 62).

Keine steuerfreie Zuwendung anläßlich eines Geschäftsjubiläums eines „verbundenen" Unternehmens

Die Voraussetzungen für steuerfreie Zuwendungen an Arbeitnehmer anläßlich eines Geschäftsjubiläums sind nicht erfüllt, wenn nicht das Unternehmen des Arbeitgebers selbst, sondern ein zur gleichen Unternehmensgruppe gehörendes Unternehmen das Geschäftsjubiläum begeht. Dies gilt auch dann, wenn dieses Unternehmen als Hauptunternehmen der Gruppe anzusehen ist (→ FG Münster vom 28.10.1997 – EFG 1998 S. 995 – Rev. – BFH VI R 21/98).

§ 3

EStG

Steuerfrei sind

...

53. (weggefallen);
54. Zinsen aus Entschädigungsansprüchen für deutsche Auslandsbonds im Sinne der §§ 52 bis 54 des Bereinigungsgesetzes für deutsche Auslandsbonds in der im Bundesgesetzblatt Teil III, Gliederungsnummer 4139–2, veröffentlichten bereinigten Fassung, soweit sich die Entschädigungsansprüche gegen den Bund oder die Länder richten. ²Das gleiche gilt für die Zinsen aus Schuldverschreibungen und Schuldbuchforderungen, die nach den §§ 9, 10 und 14 des Gesetzes zur näheren Regelung der Entschädigungsansprüche für Auslandsbonds in der im Bundesgesetzblatt Teil III, Gliederungsnummer 4139–3, veröffentlichten bereinigten Fassung vom Bund oder von den Ländern für Entschädigungsansprüche erteilt oder eingetragen werden;
55. und 56. (weggefallen);
57. die Beträge, die die Künstlersozialkasse zugunsten des nach dem Künstlersozialversicherungsgesetz Versicherten aus dem Aufkommen von Künstlersozialabgabe und Bundeszuschuß an einen Träger der Sozialversicherung oder an den Versicherten zahlt;
58. das Wohngeld nach dem Wohngeldgesetz und dem Wohngeldsondergesetz, die sonstigen Leistungen zur Senkung der Miete oder Belastung im Sinne des § 38 des Wohngeldgesetzes sowie öffentliche Zuschüsse zur Deckung laufender Aufwendungen und Zinsvorteile bei Darlehen, die aus öffentlichen Haushalten gewährt werden, für eine zu eigenen Wohnzwecken genutzte Wohnung im eigenen Haus oder eine zu eigenen Wohnzwecken genutzte Eigentumswohnung, deren Nutzungswert nicht zu besteuern ist, soweit die Zuschüsse und Zinsvorteile die Vorteile aus einer entsprechenden Förderung mit öffentlichen Mitteln nach dem Zweiten Wohnungsbaugesetz nicht überschreiten;

[1]) Anm.: LStR 23 (1999).

§ 3 Nr. 59–63 EStG
R 6

59. die Zusatzförderung nach § 88e des Zweiten Wohnungsbaugesetzes und nach § 51f des Wohnungsbaugesetzes für das Saarland, soweit die Einkünfte dem Mieter zuzurechnen sind, und die Vorteile aus einer mietweisen Wohnungsüberlassung im Zusammenhang mit einem Arbeitsverhältnis, soweit sie die Vorteile aus einer entsprechenden Förderung nach dem Zweiten Wohnungsbaugesetz nicht überschreiten;

S 2342 60. Leistungen aus öffentlichen Mitteln an Arbeitnehmer des Steinkohlen-, Pechkohlen- und Erzbergbaues, des Braunkohlentiefbaues und der Eisen- und Stahlindustrie aus Anlaß von Stillegungs-, Einschränkungs-, Umstellungs- oder Rationalisierungsmaßnahmen;

S 2342 61. Leistungen nach § 4 Abs. 1 Nr. 2, § 7 Abs. 3, §§ 9, 10 Abs. 1, §§ 13, 15 des Entwicklungshelfer-Gesetzes;

R 6 **6. Steuerbefreiungen auf Grund des § 3 EStG**

Zu § 3 Nr. 53 bis 61

– unbesetzt –

EStG **§ 3**

Steuerfrei sind

...

S 2333 62. Ausgaben des Arbeitgebers für die Zukunftssicherung des Arbeitnehmers, soweit der Arbeitgeber dazu nach sozialversicherungsrechtlichen oder anderen gesetzlichen Vorschriften oder nach einer auf gesetzlicher Ermächtigung beruhenden Bestimmung verpflichtet ist. ²Den Ausgaben des Arbeitgebers für die Zukunftssicherung, die auf Grund gesetzlicher Verpflichtung geleistet werden, werden gleichgestellt Zuschüsse des Arbeitgebers zu den Aufwendungen des Arbeitnehmers

  a) für eine Lebensversicherung,
  b) für die freiwillige Versicherung in der gesetzlichen Rentenversicherung,
  c) für eine öffentlich-rechtliche Versicherungs- oder Versorgungseinrichtung seiner Berufsgruppe,

wenn der Arbeitnehmer von der Versicherungspflicht in der gesetzlichen Rentenversicherung befreit worden ist. ³Die Zuschüsse sind nur insoweit steuerfrei, als sie insgesamt bei Befreiung von der Versicherungspflicht in der gesetzlichen Rentenversicherung der Angestellten die Hälfte und bei Befreiung von der Versicherungspflicht in der knappschaftlichen Rentenversicherung zwei Drittel der Gesamtaufwendungen des Arbeitnehmers nicht übersteigen und nicht höher sind als der Betrag, der als Arbeitgeberanteil bei Versicherungspflicht in der gesetzlichen Rentenversicherung der Angestellten oder in der knappschaftlichen Rentenversicherung zu zahlen wäre. ⁴Die Sätze 2 und 3 gelten sinngemäß für Beiträge des Arbeitgebers zu einer Pensionskasse, wenn der Arbeitnehmer bei diesem Arbeitgeber nicht im Inland beschäftigt ist und der Arbeitgeber keine Beiträge zur gesetzlichen Rentenversicherung im Inland leistet; Beiträge des Arbeitgebers zu einer Rentenversicherung auf Grund gesetzlicher Verpflichtung sind anzurechnen;

63. (weggefallen);

R 6 **6. Steuerbefreiungen auf Grund des § 3 EStG**

Zu § 3 Nr. 62 bis 63

– unbesetzt –

§ 3 Nr. 63–65 EStG
H 6 Nr. 62, 64 **R 6**

Hinweise
H 6 Nr. 62

Arbeitgeberzuschüsse
Arbeitgeberzuschüsse zur Kranken- und Pflegeversicherung bei beherrschenden Gesellschafter-Geschäftsführern einer GmbH und Vorstandsmitgliedern einer AG der eines Versicherungsvereins auf Gegenseitigkeit (VVaG) → FinMin Baden-Württemberg vom 8.8.1997 – 3 – S 2333/19 (ESt-Kartei NW § 3 EStG Fach 6 Nr. 801)

Gesellschafter-Geschäftsführer
Keine Sozialversicherungspflicht im Sinne des § 3 Nr. 62 EStG bei einem Gesellschafter-Prokuristen, der maßgeblichen Einfluß auf die Geschicke der Gesellschaft hat (Hessisches FG vom 2.7.1996 – EFG 1996 S. 1201).

Zukunftssicherungsleistungen
→ A 24 LStR[1])

§ 3
EStG

Steuerfrei sind
...

64. bei Arbeitnehmern, die zu einer inländischen juristischen Person des öffentlichen Rechts in einem Dienstverhältnis stehen und dafür Arbeitslohn aus einer inländischen öffentlichen Kasse beziehen, die Bezüge für eine Tätigkeit im Ausland insoweit, als sie den Arbeitslohn übersteigen, der dem Arbeitnehmer bei einer gleichwertigen Tätigkeit am Ort der zahlenden öffentlichen Kasse zustehen würde; bei anderen für einen begrenzten Zeitraum in das Ausland entsandten Arbeitnehmern, die dort einen Wohnsitz oder ihren gewöhnlichen Aufenthalt haben, der ihnen von einem inländischen Arbeitgeber gewährte Kaufkraftausgleich, soweit er den für vergleichbare Auslandsdienstbezüge nach § 54 des Bundesbesoldungsgesetzes zulässigen Betrag nicht übersteigt;

S 2341

6. Steuerbefreiungen auf Grund des § 3 EStG
R 6

Zu § 3 Nr. 64

– unbesetzt –

Hinweise
H 6 Nr. 64

Kaufkraftausgleich
→ A 26 LStR[2])

Gesamtübersicht nach dem Stand vom 1.1.1999 (→ BMF vom 28.12.1998 – BStBl I 1999 S. 142).

§ 3
EStG

Steuerfrei sind
...

65. Beiträge des Trägers der Insolvenzsicherung (§ 14 des Gesetzes zur Verbesserung der betrieblichen Altersversorgung in der im Bundesgesetzblatt Teil III, Gliederungsnummer 800–22, veröffentlichten bereinigten Fassung, zuletzt geändert durch Gesetz vom

S 2333

---
[1]) Anm.: LStR 24 (1999).
[2]) Anm.: LStR 26 (1999).

§ 3 Nr. 65–67 EStG
R 6   H 6 Nr. 65

18. Dezember 1989, BGBl. I S. 2261) zugunsten eines Versorgungsberechtigten und seiner Hinterbliebenen an eine Pensionskasse oder ein Unternehmen der Lebensversicherung zur Ablösung von Verpflichtungen, die der Träger der Insolvenzsicherung im Sicherungsfall gegenüber dem Versorgungsberechtigten und seinen Hinterbliebenen hat. ²Die Leistungen der Pensionskasse oder des Unternehmens der Lebensversicherung auf Grund der Beiträge nach Satz 1 gehören zu den Einkünften, zu denen die Versorgungsleistungen gehören würden, die ohne Eintritt des Sicherungsfalls zu erbringen wären. ³Soweit sie zu den Einkünften aus nichtselbständiger Arbeit im Sinne des § 19 gehören, ist von ihnen Lohnsteuer einzubehalten. ⁴Für die Erhebung der Lohnsteuer gelten die Pensionskasse oder das Unternehmen der Lebensversicherung als Arbeitgeber und der Leistungsempfänger als Arbeitnehmer;

R 6   **6. Steuerbefreiungen auf Grund des § 3 EStG**

Zu § 3 Nr. 65

– unbesetzt –

H 6 Nr. 65   **Hinweise**

Insolvenzsicherung
→ A 27 LStR[1]

EStG   **§ 3**

Steuerfrei sind

...

S 2140   66. (weggefallen);

R 6   **6. Steuerbefreiungen auf Grund des § 3 EStG**

S 2140   Zu § 3 Nr. 66

– unbesetzt –

EStG   **§ 3**

Steuerfrei sind

...

67. das Erziehungsgeld nach dem Bundeserziehungsgeldgesetz und vergleichbare Leistungen der Länder sowie Leistungen für Kindererziehung an Mütter der Geburtsjahrgänge vor 1921 nach den §§ 294 bis 299 des Sechsten Buches Sozialgesetzbuch und der Kindererziehungszuschlag nach dem Kindererziehungszuschlagsgesetz;

---

[1] Anm.: LStR 27 (1999).

6. Steuerbefreiungen auf Grund des § 3 EStG

Zu § 3 Nr. 67

¹Steuerfreie Kindererziehungsleistungen nach dem SGB VI erhalten lediglich Mütter, die vor dem 1.1.1921 geboren sind. ²Bei Müttern der Geburtsjahrgänge ab 1921 erhöhen nach dem SGB VI anzurechnende Kindererziehungszeiten die Bemessungsgrundlage und wirken somit rentensteigernd. ³Derartige Rentenerhöhungen sind mit dem Ertragsanteil zu versteuern; eine partielle Steuerbefreiung kommt nicht in Betracht.

§ 3

Steuerfrei sind
...
68. (weggefallen);¹⁾

6. Steuerbefreiungen auf Grund des § 3 EStG

Zu § 3 Nr. 68

– unbesetzt –

Hinweise

§ 3 Nr. 68 EStG 1987 in der Fassung der Bekanntmachung vom 27. Februar 1987 (BGBl. I S. 657)

Steuerfrei sind:
...

68. Zinsersparnisse bei einem unverzinslichen oder zinsverbilligten Arbeitgeberdarlehen sowie Zinszuschüsse des Arbeitgebers, wenn die Darlehen mit der Errichtung oder dem Erwerb einer eigengenutzten Wohnung in einem im Inland belegenen Gebäude zusammenhängen, soweit die Zinsersparnisse und Zinszuschüsse insgesamt 2.000 Deutsche Mark im Kalenderjahr nicht übersteigen. Zinsersparnisse sind anzunehmen, soweit der Zinssatz für das Darlehen 4 vom Hundert unterschreitet. Den Zinszuschüssen stehen die aus einer öffentlichen Kasse gezahlten Aufwendungszuschüsse gleich.

Die Vorschrift ist vorbehaltlich des folgenden Satzes letztmals für das Kalenderjahr 1988 anzuwenden. Sie ist für die Kalenderjahre 1989 bis 2000 weiter anzuwenden auf Zinsersparnisse und Zinszuschüsse bei Darlehen, die der Arbeitnehmer vor dem 1. Januar 1989 erhalten hat, soweit die Vorteile nicht über die im Kalenderjahr 1988 gewährten Vorteile hinausgehen und soweit die Zinszuschüsse zusätzlich zum ohnehin geschuldeten Arbeitslohn gezahlt werden (→ § 52 Abs. 2j EStG und → A 28 LStR).

§ 3

Steuerfrei sind
...

69. Leistungen an durch Blut oder Blutprodukte HIV-infizierte oder an AIDS erkrankte Personen durch das Programm „Humanitäre Soforthilfe".

---

¹⁾ Anm.: → § 52 Abs. 2j EStG

R 7 7. Steuerbefreiungen nach anderen Gesetzen, Verordnungen und Verträgen

S 2125

– unbesetzt –

H 7 Hinweise

Steuerbefreiungen auf Grund lohnsteuerlicher Regelungen
→ § 4 EStDV

Steuerbefreiungen nach anderen Gesetzen, Verordnungen und Verträgen

S 2125
1. Zinsen aus Schuldbuchforderungen und Schuldverschreibungen im Sinne des § 252 Abs. 3 LAG, wenn der Zinssatz nicht mehr als 4 v. H. beträgt, und Zinsen aus Spareinlagen im Sinne des § 252 Abs. 4 LAG und im Sinne des § 41 Abs. 5 RepG vom 12.2.1969 (BGBl. I S. 105) insoweit, als die Spareinlagen festgelegt und nicht vorzeitig freigegeben sind, z. B. durch Auszahlung des Sparguthabens an den Berechtigten, durch Einzahlung auf ein Sparguthaben mit gesetzlicher oder vertraglicher Kündigungsfrist oder auf einen prämienbegünstigten Sparvertrag;

Anhang 14
2. Investitionszulagen nach dem InvZulG;
3. Arbeitnehmer-Sparzulagen nach dem VermBG;
4. Wohnungsbau-Prämien nach dem WoPG;
5. die Unterschiedsbeträge, die nach § 17 Abs. 1 des Arbeitssicherstellungsgesetzes gezahlt werden;
6. Leistungen nach dem Teil II des Gesetzes über die Errichtung einer Stiftung „Hilfswerk für behinderte Kinder";
7. Leistungen der Stiftung „Humanitäre Hilfe für durch Blutprodukte HIV-infizierte Personen" nach § 17 des HIV-Hilfegesetzes vom 24.7.1995 (BGBl. I S. 972).

Steuerbefreiungen auf Grund zwischenstaatlicher Vereinbarungen
→ Anlage zum BMF-Schreiben vom 13.6.1991 (BStBl I S. 746)

R 8–10 8. – 10.

– unbesetzt –

EStG § 3a

(weggefallen)

EStG § 3b
S 2343

Steuerfreiheit von Zuschlägen für Sonntags-, Feiertags- oder Nachtarbeit

(1) Steuerfrei sind Zuschläge, die für tatsächlich geleistete Sonntags-, Feiertags- oder Nachtarbeit neben dem Grundlohn gezahlt werden, soweit sie
1. für Nachtarbeit 25 vom Hundert,
2. vorbehaltlich der Nummern 3 und 4 für Sonntagsarbeit 50 vom Hundert,
3. vorbehaltlich der Nummer 4 für Arbeit am 31. Dezember ab 14 Uhr und an den gesetzlichen Feiertagen 125 vom Hundert,

§§ 3b, 3c EStG
3b H, H 11   R 11

4. für Arbeit am 24. Dezember ab 14 Uhr, am 25. und 26. Dezember sowie am 1. Mai 150 vom Hundert

des Grundlohns nicht übersteigen.

(2) ¹Grundlohn ist der laufende Arbeitslohn, der dem Arbeitnehmer bei der für ihn maßgebenden regelmäßigen Arbeitszeit für den jeweiligen Lohnzahlungszeitraum zusteht; er ist in einen Stundenlohn umzurechnen. ²Nachtarbeit ist die Arbeit in der Zeit von 20 Uhr bis 6 Uhr. ³Sonntagsarbeit und Feiertagsarbeit ist die Arbeit in der Zeit von 0 Uhr bis 24 Uhr des jeweiligen Tages. ⁴Die gesetzlichen Feiertage werden durch die am Ort der Arbeitsstätte geltenden Vorschriften bestimmt.

(3) Wenn die Nachtarbeit vor 0 Uhr aufgenommen wird, gilt abweichend von den Absätzen 1 und 2 folgendes:

1. Für Nachtarbeit in der Zeit von 0 Uhr bis 4 Uhr erhöht sich der Zuschlagssatz auf 40 vom Hundert,
2. als Sonntagsarbeit und Feiertagsarbeit gilt auch die Arbeit in der Zeit von 0 Uhr bis 4 Uhr des auf den Sonntag oder Feiertag folgenden Tages.

Hinweise   3b H

Zuschläge für Sonntags-, Feiertags- und Nachtarbeit gelten als nicht vereinbart, wenn ein stets gleichbleibender monatlicher Arbeitslohn einem Arbeitnehmer für seine jederzeit zur Verfügung gestellte Arbeitskraft ausgezahlt wird (→ BFH vom 27.6.1997 – BFH/NV S. 826).

§ 3c   EStG
Anteilige Abzüge   S 2128

Soweit Ausgaben mit steuerfreien Einnahmen in unmittelbarem wirtschaftlichen Zusammenhang stehen, dürfen sie nicht als Betriebsausgaben oder Werbungskosten abgezogen werden.

11.   R 11

– unbesetzt –

Hinweise   H 11

Schachteldividenden
Zuordnung von Betriebsausgaben zu den nach DBA steuerfreien Schachteldividenden → BMF vom 20.1.1997 (BStBl I S. 99).

Zuordnung von Betriebsausgaben zu den nach DBA steuerfreien Schachteldividenden

BMF vom 20.1.1997 (BStBl I S. 99)

Unter Bezugnahme auf das Ergebnis der Erörterungen mit den obersten Finanzbehörden der Länder gilt für die Zuordnung von Betriebsausgaben zu steuerfreien Schachteldividenden folgendes:

1. Betriebsausgabenzuordnung bei nach einem DBA steuerfreien Schachteldividenden

1.1 Allgemeines

Sind Schachteldividenden nach einem DBA von der Bemessungsgrundlage der deutschen Steuer auszunehmen, so dürfen nach den §§ 8 Abs. 1 KStG, 3c EStG Ausgaben nicht als Betriebsausgaben abgezogen werden, soweit sie mit den Dividenden in unmittelbarem wirtschaftlichen Zusammenhang stehen (BFH-Urteile vom 29.5.1996, BStBl II 1997 S. 63). Dies gilt auch in den Fällen des § 8b Abs. 5 KStG (bis VZ 1993 § 26 Abs. 7 KStG), bei denen die Befreiung ungeachtet der im DBA vereinbarten Mindestbeteiligung gilt, wenn die Beteiligung mindestens ein Zehntel beträgt (Abschn. 41 Abs. 17 KStR 1995).

1.2 Unmittelbarer wirtschaftlicher Zusammenhang

Ein unmittelbarer wirtschaftlicher Zusammenhang ist gegeben, wenn die Erträge und Ausgaben in der Wirtschaftsführung des Unternehmens nach Entstehung und Zweckbestimmung verbunden sind (Veranlassungszusammenhang). Es sind daher nur solche Ausgaben nicht abziehbar, die den außer Ansatz zu lassenden Schachteldividenden zugeordnet werden können (vgl. auch BFH-Urteil vom 9.11.1976, BStBl II 1977 S. 207). Ein unmittelbarer wirtschaftlicher Zusammenhang in diesem Sinne kann auch gegeben sein, wenn die Betriebsausgaben auch mit anderen Einkunftsquellen zusammenhängen; in diesem Fall ist eine anteilige Zuordnung zu den Schachteldividenden geboten. Die Betriebsausgaben sind erforderlichenfalls im Wege der Schätzung zuzuordnen.

1.3 Zuordnung der Betriebsausgaben bis zur Höhe der Einnahmen

Die Zuordnung von Betriebsausgaben zu den Schachteldividenden nach § 3c EStG ist nur insoweit zulässig, als solche in dem betreffenden Wirtschaftsjahr vereinnahmt werden (BFH-Urteile vom 29.5.1996, BStBl II 1997 S. 60). Werden in einem Wirtschaftsjahr keine Dividenden ausgeschüttet, bleiben die Betriebsausgaben voll abziehbar. Übersteigen die Betriebsausgaben die Dividenden, so ist der Überhang abziehbar. Bei mehreren Beteiligungen ist auf die einzelne Beteiligung abzustellen. Ist nur ein Teil der Anteile dividendenberechtigt, z. B. beim Hinzuerwerb neuer Anteile, ist dem bei der Zuordnung der Betriebsausgaben Rechnung zu tragen (vgl. BFH-Urteil vom 5.12.1984, BStBl II 1985 S. 311). Bestehen Anhaltspunkte für eine mißbräuchliche Gestaltung, z. B. bei Verzicht von Dividendenausschüttungen und gleichzeitiger Darlehensgewährung an die Muttergesellschaft, ist § 42 AO zu prüfen.

1.4 Einzelne Betriebsausgaben

1.4.1 Finanzierungskosten

Ein unmittelbarer wirtschaftlicher Zusammenhang zwischen Darlehenszinsen und Dividenden ist anzunehmen, wenn das Darlehen, das die Zinsen auslöst, zur Finanzierung des Erwerbs der Beteiligung verwendet wurde, durch die die steuerfreie Dividende veranlaßt ist (BFH-Urteil vom 29.5.1996, BStBl II 1997 S. 157). Der Veranlassungszusammenhang bestimmt sich allein nach der tatsächlichen Darlehensverwendung (s. das vorgenannte BFH-Urteil). Zinsen für Darlehen und sonstige Finanzierungskosten für den Erwerb der Beteiligung oder deren Erhöhung sind auch dann den steuerfreien Schachteldividenden zuzuordnen, wenn über die Dividendenverwaltung hinaus auch andere Motive für den Erwerb der Beteiligung maßgebend waren (BFH-Urteil vom 25.10.1966, BStBl III 1967 S. 92). Hängt der Kredit auch mit der Finanzierung anderer Aufwendungen zusammen, sind die Zinsen und sonstigen Finanzierungskosten nach dem Verhältnis der mit dem Kredit finanzierten Aufwendungen aufzuteilen.

1.4.2 Verwaltungskosten

Kosten der Verwaltung der Beteiligung, z. B. Regie- oder Kontrollkosten, Reisekosten der Konzernspitze, sind den Schachteldividenden, ggf. anteilig, zuzuordnen (vgl. auch Abschnitt 76 Abs. 15 KStR). Wegen der Verrechnung von Dienstleistungen gegenüber der Beteiligungsgesellschaft vgl. die Verwaltungsgrundsätze vom 23.2.1983, BStBl I S. 218 Tz. 4.

1.4.3 Teilwertabschreibung

Eine Teilwertabschreibung ist den Schachteldividenden nicht zuzuordnen, da sie die Beteiligung selbst betrifft (BFH-Urteil vom 2.2.1972, BStBl II S. 397). Die Zuordnung der Teilwertabschreibung nach § 3c EStG zu einem etwaigen künftigen steuerfreien Gewinn aus der Veräußerung der Beteiligung ist ebenfalls ausgeschlossen. Unbe-

> rührt bleibt die Nichtberücksichtigung einer ausschüttungsbedingten Teilwertabschreibung nach § 8b Abs. 6 KStG (bis VZ 1993 § 26 Abs. 8 KStG).
>
> **2. Betriebsausgabenzuordnung im Rahmen sonstiger Vorschriften**
> Vorstehende Grundsätze gelten bei der Zuordnung von Betriebsausgaben zu ausländischen Schachteldividenden im Rahmen der §§ 26 KStG, 9 Nr. 7 GewStG entsprechend. Sie sind auch der Gliederung des aus den Schachteldividenden entstehenden verwendbaren Eigenkapitals im Sinne des § 30 Abs. 2 Nr. 1 KStG zugrundezulegen.

Zuordnung von Betriebsausgaben zu Einnahmen aus ausländischen Einkunftsquellen; Anwendung des BFH-Urteils vom 9.4.1997 → BMF vom 23.12.1997 (BStBl I S. 1022).

3. Gewinn

§ 4
Gewinnbegriff im allgemeinen

EStG
S 2130

(1) ¹Gewinn ist der Unterschiedsbetrag zwischen dem Betriebsvermögen am Schluß des Wirtschaftsjahrs und dem Betriebsvermögen am Schluß des vorangegangenen Wirtschaftsjahrs, vermehrt um den Wert der Entnahmen und vermindert um den Wert der Einlagen. ²Entnahmen sind alle Wirtschaftsgüter (Barentnahmen, Waren, Erzeugnisse, Nutzungen und Leistungen), die der Steuerpflichtige dem Betrieb für sich, für seinen Haushalt oder für andere betriebsfremde Zwecke im Laufe des Wirtschaftsjahrs entnommen hat. ³Ein Wirtschaftsgut wird nicht dadurch entnommen, daß der Steuerpflichtige zur Gewinnermittlung nach Absatz 3 oder nach § 13a übergeht. ⁴Eine Änderung der Nutzung eines Wirtschaftsguts, die bei Gewinnermittlung nach Satz 1 keine Entnahme ist, ist auch bei Gewinnermittlung nach Absatz 3 oder nach § 13a keine Entnahme. ⁵Einlagen sind alle Wirtschaftsgüter (Bareinzahlungen und sonstige Wirtschaftsgüter), die der Steuerpflichtige dem Betrieb im Laufe des Wirtschaftsjahrs zugeführt hat. ⁶Bei der Ermittlung des Gewinns sind die Vorschriften über die Betriebsausgaben, über die Bewertung und über die Absetzung für Abnutzung oder Substanzverringerung zu befolgen.

S 2131–S 2132b
S 2134–S 2136

(2) ¹Der Steuerpflichtige darf die Vermögensübersicht (Bilanz) auch nach ihrer Einreichung beim Finanzamt ändern, soweit sie den Grundsätzen ordnungsmäßiger Buchführung unter Befolgung der Vorschriften dieses Gesetzes nicht entspricht. ²Darüber hinaus ist eine Änderung der Vermögensübersicht (Bilanz) nur mit Zustimmung des Finanzamts zulässig.

S 2141
¹)

(3) ¹Steuerpflichtige, die nicht auf Grund gesetzlicher Vorschriften verpflichtet sind, Bücher zu führen und regelmäßig Abschlüsse zu machen, auch keine Bücher führen und keine Abschlüsse machen, können als Gewinn den Überschuß der Betriebseinnahmen über die Betriebsausgaben ansetzen. ²Hierbei scheiden Betriebseinnahmen und Betriebsausgaben aus, die im Namen und für Rechnung eines anderen vereinnahmt und verausgabt werden (durchlaufende Posten). ³Die Vorschriften über die Absetzung für Abnutzung oder Substanzverringerung sind zu befolgen. ⁴Die Anschaffungs- oder Herstellungskosten für nicht abnutzbare Wirtschaftsgüter des Anlagevermögens sind erst im Zeitpunkt der Veräußerung oder Entnahme dieser Wirtschaftsgüter als Betriebsausgaben zu berücksichtigen. ⁵Die nicht abnutzbaren Wirtschaftsgüter des Anlagevermögens sind unter Angabe des Tages der Anschaffung oder Herstellung und der Anschaffungs- oder Herstellungskosten oder des an deren Stelle getretenen Werts in besondere, laufend zu führende Verzeichnisse aufzunehmen.

S 2142–S 2143
S 2161
²)

---

¹) Anm.: Durch das Steuerentlastungsgesetz 1999/2000/2002 wurde Absatz 2 Satz 2 auch mit Wirkung für VZ vor 1999 wie folgt geändert:
„²Darüber hinaus ist eine Änderung der Vermögensübersicht (Bilanz) unzulässig."
→ § 52 Abs. 9 in der Fassung des Steuerentlastungsgesetzes 1999/2000/2002.
²) Zur Anwendung des Satzes 4 → § 52 Abs. 3 EStG.
Anm.: → § 52 Abs. 10 EStG in der Fassung des Steuerentlastungsgesetzes 1999/2000/2002.

§ 4 EStG

S 2144 (4) Betriebsausgaben sind die Aufwendungen, die durch den Betrieb veranlaßt sind.

S 2145 [1)] (5) ¹Die folgenden Betriebsausgaben dürfen den Gewinn nicht mindern:

1. Aufwendungen für Geschenke an Personen, die nicht Arbeitnehmer des Steuerpflichtigen sind. ²Satz 1 gilt nicht, wenn die Anschaffungs- oder Herstellungskosten der dem Empfänger im Wirtschaftsjahr zugewendeten Gegenstände insgesamt 75 Deutsche Mark nicht übersteigen;

2. Aufwendungen für die Bewirtung von Personen aus geschäftlichem Anlaß, soweit sie 80 vom Hundert der Aufwendungen übersteigen, die nach der allgemeinen Verkehrsauffassung als angemessen anzusehen und deren Höhe und betriebliche Veranlassung nachgewiesen sind. ²Zum Nachweis der Höhe und der betrieblichen Veranlassung der Aufwendungen hat der Steuerpflichtige schriftlich die folgenden Angaben zu machen: Ort, Tag, Teilnehmer und Anlaß der Bewirtung sowie Höhe der Aufwendungen. ³Hat die Bewirtung in einer Gaststätte stattgefunden, so genügen Angaben zu dem Anlaß und den Teilnehmern der Bewirtung; die Rechnung über die Bewirtung ist beizufügen;

3. Aufwendungen für Einrichtungen des Steuerpflichtigen, soweit sie der Bewirtung, Beherbergung oder Unterhaltung von Personen, die nicht Arbeitnehmer des Steuerpflichtigen sind, dienen (Gästehäuser) und sich außerhalb des Orts eines Betriebs des Steuerpflichtigen befinden;

4. Aufwendungen für Jagd oder Fischerei, für Segeljachten oder Motorjachten sowie für ähnliche Zwecke und für die hiermit zusammenhängenden Bewirtungen;

5. Mehraufwendungen für die Verpflegung des Steuerpflichtigen, soweit in den folgenden Sätzen nichts anderes bestimmt ist. ²Wird der Steuerpflichtige vorübergehend von seiner Wohnung und dem Mittelpunkt seiner dauerhaft angelegten betrieblichen Tätigkeit entfernt betrieblich tätig, ist für jeden Kalendertag, an dem der Steuerpflichtige wegen dieser vorübergehenden Tätigkeit von seiner Wohnung und seinem Tätigkeitsmittelpunkt

   a) 24 Stunden abwesend ist, ein Pauschbetrag von 46 Deutsche Mark,

---

[1)] Anm.: Durch das Steuerentlastungsgesetz 1999/2000/2002 wurde für Schuldzinsen, die nach dem 31.12.1998 wirtschaftlich entstehen, ein neuer Absatz 4a eingefügt:

„(4a) Für die Berücksichtigung von Schuldzinsen als Betriebsausgaben gilt folgendes:

1. Unterhält der Steuerpflichtige ein Konto, insbesondere bei einem Kreditinstitut, über das betriebliche und private Zahlungsvorgänge abgewickelt werden, ist nur der durch betrieblich veranlaßte Zahlungsvorgänge entstehende Sollsaldo maßgebend. Insoweit gelten die Regelungen in Nummer 2 entsprechend.

2. Unterhält der Steuerpflichtige für die Abwicklung des betrieblichen Zahlungsverkehrs mehrere Konten, insbesondere bei Kreditinstituten, sind deren Bestände zusammenzufassen. Ist der zusammengefaßte Bestand negativ und erhöht sich der Negativbetrag durch eine Entnahme, sind die hierauf nach der Zinszahlenstaffelmethode entfallenden Schuldzinsen keine Betriebsausgaben. Entsprechendes gilt, soweit durch die Entnahme der zusammengefaßte Kontenbestand negativ wird. Erhöht sich der Negativbetrag auf Grund einer in zeitlichem Zusammenhang erfolgten Entnahme und einer Betriebsausgabe, gilt die Betriebsausgabe als zuerst erfolgt. Sind die zusammengefaßten Kontenbestände positiv und bewirkt der Steuerpflichtige die Entnahme durch Vergrößerung eines Sollsaldos eines der Konten, sind die hieraus entfallenden Schuldzinsen keine Betriebsausgaben. Betriebseinnahmen berühren die sich nach den vorstehenden Sätzen ergebende Zuordnung der Schuldzinsen zu den privat veranlaßten Ausgaben nicht. Die vorstehenden Sätze gelten sinngemäß auch für Darlehensverbindlichkeiten, soweit sie zum Zwecke der Umschuldung eines negativen Kontenbestandes eingegangen sind.

3. Werden Wirtschaftsgüter des Anlagevermögens entnommen, können die für deren Anschaffung, Herstellung oder Erhaltung nach dem Zeitpunkt der Entnahme aufgewandten Schuldzinsen nicht mehr als Betriebsausgaben abgezogen werden. Entsprechendes gilt, wenn Wirtschaftsgüter veräußert werden und der Veräußerungserlös entnommen wird, sowie im Falle der Veräußerung im Sinne des § 16.

4. Die Ermittlung der nicht abziehbaren Schuldzinsen nach der Zinszahlenstaffelmethode kann unterbleiben, wenn die Schuldzinsen der nach den Nummern 1 und 2 maßgebenden Konten insgesamt nicht mehr als 8.000 Deutsche Mark betragen. Die Schuldzinsen sind in diesem Fall zu 50 vom Hundert nicht als Betriebsausgaben abziehbar."

(→ § 52 Abs. 11 in der Fassung des Steuerentlastungsgesetzes 1999/2000/2002).

b) weniger als 24 Stunden, aber mindestens 14 Stunden abwesend ist, ein Pauschbetrag von 20 Deutsche Mark,
   c) weniger als 14 Stunden, aber mindestens 8 Stunden abwesend ist, ein Pauschbetrag von 10 Deutsche Mark

   abzuziehen; eine Tätigkeit, die nach 16 Uhr begonnen und vor 8 Uhr des nachfolgenden Kalendertages beendet wird, ohne daß eine Übernachtung stattfindet, ist mit der gesamten Abwesenheitsdauer dem Kalendertag der überwiegenden Abwesenheit zuzurechnen. ³Wird der Steuerpflichtige bei seiner individuellen betrieblichen Tätigkeit typischerweise nur an ständig wechselnden Tätigkeitsstätten oder auf einem Fahrzeug tätig, gilt Satz 2 entsprechend; dabei ist allein die Dauer der Abwesenheit von der Wohnung maßgebend. ⁴Bei einer Tätigkeit im Ausland treten an die Stelle der Pauschbeträge nach Satz 2 länderweise unterschiedliche Pauschbeträge, die für die Fälle der Buchstaben a, b und c mit 120, 80 und 40 vom Hundert der höchsten Auslandstagegelder nach dem Bundesreisekostengesetz vom Bundesministerium der Finanzen im Einvernehmen mit den obersten Finanzbehörden der Länder festgesetzt werden; dabei bestimmt sich der Pauschbetrag nach dem Ort, den der Steuerpflichtige vor 24 Uhr Ortszeit zuletzt erreicht, oder, wenn dieser Ort im Inland liegt, nach dem letzten Tätigkeitsort im Ausland. ⁵Bei einer längerfristigen vorübergehenden Tätigkeit an derselben Tätigkeitsstätte beschränkt sich der pauschale Abzug nach Satz 2 auf die ersten drei Monate. ⁶Die Abzugsbeschränkung nach Satz 1, die Pauschbeträge nach den Sätzen 2 und 4 sowie die Dreimonatsfrist nach Satz 5 gelten auch für den Abzug von Verpflegungsmehraufwendungen bei einer aus betrieblichem Anlaß begründeten doppelten Haushaltsführung; dabei ist für jeden Kalendertag innerhalb der Dreimonatsfrist, an dem gleichzeitig eine Tätigkeit im Sinne des Satzes 2 oder 3 ausgeübt wird, nur der jeweils höchste in Betracht kommende Pauschbetrag abzuziehen und die Dauer einer Tätigkeit im Sinne des Satzes 2 an dem Beschäftigungsort, der zur Begründung der doppelten Haushaltsführung geführt hat, auf die Dreimonatsfrist anzurechnen, wenn sie ihr unmittelbar vorausgegangen ist;

6. Aufwendungen für Fahrten des Steuerpflichtigen zwischen Wohnung und Betriebsstätte in Höhe des positiven Unterschiedsbetrags zwischen 0,03 vom Hundert des inländischen Listenpreises im Sinne des § 6 Abs. 1 Nr. 4 Satz 2 des Kraftfahrzeugs im Zeitpunkt der Erstzulassung je Kalendermonat für jeden Entfernungskilometer und dem sich nach § 9 Abs. 1 Satz 3 Nr. 4 oder Absatz 2 ergebenden Betrag sowie Aufwendungen für Familienheimfahrten in Höhe des positiven Unterschiedsbetrags 0,002 vom Hundert des inländischen Listenpreises im Sinne des § 6 Abs. 1 Nr. 4 Satz 2 für jeden Entfernungskilometer und dem sich nach § 9 Abs. 1 Satz 3 Nr. 5 Satz 4 und 5 oder Absatz 2 ergebenden Betrag; ermittelt der Steuerpflichtige die private Nutzung des Kraftfahrzeugs nach § 6 Abs. 1 Nr. 4 Satz 3, treten an die Stelle des mit 0,03 oder 0,002 vom Hundert des inländischen Listenpreises ermittelten Betrags für Fahrten zwischen Wohnung und Betriebsstätte und für Familienheimfahrten die auf diese Fahrten entfallenden tatsächlichen Aufwendungen;

6a. Mehraufwendungen wegen einer aus betrieblichem Anlaß begründeten doppelten Haushaltsführung, soweit die doppelte Haushaltsführung über die Dauer von zwei Jahren am selben Ort beibehalten wird; die Nummern 5 und 6 bleiben unberührt;¹⁾

6b. Aufwendungen für ein häusliches Arbeitszimmer sowie die Kosten der Ausstattung. ²Dies gilt nicht, wenn die betriebliche oder berufliche Nutzung des Arbeitszimmers mehr als 50 vom Hundert der gesamten betrieblichen und beruflichen Tätigkeit beträgt oder wenn für die betriebliche oder berufliche Tätigkeit kein anderer Arbeitsplatz zur Verfügung steht. ³In diesen Fällen wird die Höhe der abziehbaren Aufwendungen auf 2.400 DM begrenzt; die Beschränkung der Höhe nach gilt nicht, wenn das Arbeitszimmer den Mittelpunkt der gesamten betrieblichen und beruflichen Betätigung bildet;

7. andere als die in den Nummern 1 bis 6 und 6b bezeichneten Aufwendungen, die die Lebensführung des Steuerpflichtigen oder anderer Personen berühren, soweit sie nach allgemeiner Verkehrsauffassung als unangemessen anzusehen sind;

8. von einem Gericht oder einer Behörde im Geltungsbereich dieses Gesetzes oder von Organen der Europäischen Gemeinschaften festgesetzte Geldbußen, Ordnungsgelder

---

¹⁾ Zur Anwendung der Nummer 6a → § 52 Abs. 4 Satz 1 EStG.

§ 4 EStG

[1)]   und Verwarnungsgelder. ²Dasselbe gilt für Leistungen zur Erfüllung von Auflagen oder Weisungen, die in einem berufsgerichtlichen Verfahren erteilt werden, soweit die Auflagen oder Weisungen nicht lediglich der Wiedergutmachung des durch die Tat verursachten Schadens dienen. ³Die Rückzahlung von Ausgaben im Sinne der Sätze 1 und 2 darf den Gewinn nicht erhöhen. ⁴Das Abzugsverbot für Geldbußen gilt nicht, soweit der wirtschaftliche Vorteil, der durch den Gesetzesverstoß erlangt wurde, abgeschöpft worden ist, wenn die Steuern vom Einkommen und Ertrag, die auf den wirtschaftlichen Vorteil entfallen, nicht abgezogen worden sind; Satz 3 ist insoweit nicht anzuwenden;

8a. Zinsen auf hinterzogene Steuern nach § 235 der Abgabenordnung;

9. Ausgleichszahlungen, die in den Fällen der §§ 14, 17 und 18 des Körperschaftsteuergesetzes an außenstehende Anteilseigner geleistet werden.

²) 10. die Zuwendung von Vorteilen sowie damit zusammenhängende Aufwendungen, wenn wegen der Zuwendung oder des Empfangs der Vorteile eine rechtskräftige Verurteilung nach einem Strafgesetz erfolgt ist oder das Verfahren gemäß §§ 153 bis 154e der Strafprozeßordnung eingestellt worden ist, oder wenn wegen der Zuwendung oder des Empfangs der Zuwendung ein Bußgeld rechtskräftig verhängt worden ist. ²Die Finanzbehörde teilt Tatsachen, die den Verdacht einer Tat im Sinne des Satzes 1 begründen, der Staatsanwaltschaft oder der Ordnungsbehörde mit; im Besteuerungsverfahren sind Zwangsmittel gegen den Steuerpflichtigen zur Ermittlung dieser Tatsachen unzulässig.

²Das Abzugsverbot gilt nicht, soweit die in den Nummern 2 bis 4 bezeichneten Zwecke Gegenstand einer mit Gewinnabsicht ausgeübten Betätigung des Steuerpflichtigen sind. ³§ 12 Nr. 1 bleibt unberührt.

(6) Aufwendungen zur Förderung staatspolitischer Zwecke (§ 10b Abs. 2) sind keine Betriebsausgaben.

³) (7) ¹Aufwendungen im Sinne des Absatzes 5 Satz 1 Nr. 1 bis 5, 6b und 7 sind einzeln und getrennt von den sonstigen Betriebsausgaben aufzuzeichnen. ³Soweit diese Aufwendungen nicht bereits nach Absatz 5 vom Abzug ausgeschlossen sind, dürfen sie bei der Gewinnermittlung nur berücksichtigt werden, wenn sie nach Satz 1 besonders aufgezeichnet sind.

(8) Für Erhaltungsaufwand bei Gebäuden in Sanierungsgebieten und städtebaulichen Entwicklungsbereichen sowie bei Baudenkmalen gelten die §§ 11a und 11b entsprechend.

---

1) Zur Anwendung des Satzes 4 → § 52 Abs. 4 Satz 2 EStG.
2) Anm.: Durch das Steuerentlastungsgesetz 1999/2000/2002 wurde Absatz 5 Satz 1 Nr. 10 neu gefaßt:
„10. die Zuwendung von Vorteilen sowie damit zusammenhängende Aufwendungen, wenn die Zuwendung der Vorteile eine rechtswidrige Handlung darstellt, die den Tatbestand eines Strafgesetzes oder eines Gesetzes verwirklicht, das die Ahndung mit einer Geldbuße zuläßt. Gerichte, Staatsanwaltschaften oder Verwaltungsbehörden haben Tatsachen, die sie dienstlich erfahren und die den Verdacht einer Tat im Sinne des Satzes 1 begründen, der Finanzbehörde für Zwecke des Besteuerungsverfahrens und zur Verfolgung von Steuerstraftaten und Steuerordnungswidrigkeiten mitzuteilen. Die Finanzbehörde teilt Tatsachen, die den Verdacht einer Straftat oder einer Ordnungswidrigkeit im Sinne des Satzes 1 begründen, der Staatsanwaltschaft oder der Verwaltungsbehörde mit. Diese unterrichten die Finanzbehörde von dem Ausgang des Verfahrens und den zugrunde liegenden Tatsachen."
Dies gilt erstmals für Zuwendungen, die im ersten nach dem 31.12.1998 beginnenden Wirtschaftsjahr geleistet werden (→ § 52 Abs. 18 in der Fassung des Steuerentlastungsgesetzes 1999/2000/2002).
3) Anm.: Durch das Steuerentlastungsgesetz 1999/2000/2002 wurden ab VZ 1999 in Absatz 7 Satz 1 die Worte „Satz 1 Nr. 1 bis 5" durch die Worte „Satz 1 Nr. 1 bis 4" ersetzt.

§ 6

EStDV

Eröffnung, Erwerb, Aufgabe und Veräußerung eines Betriebs

S 2131

(1) Wird ein Betrieb eröffnet oder erworben, so tritt bei der Ermittlung des Gewinns an die Stelle des Betriebsvermögens am Schluß des vorangegangenen Wirtschaftsjahrs das Betriebsvermögen im Zeitpunkt der Eröffnung oder des Erwerbs des Betriebs.

(2) Wird ein Betrieb aufgegeben oder veräußert, so tritt bei der Ermittlung des Gewinns an die Stelle des Betriebsvermögens am Schluß des Wirtschaftsjahrs das Betriebsvermögen im Zeitpunkt der Aufgabe oder der Veräußerung des Betriebs.

§ 7

EStDV

Unentgeltliche Übertragung eines Betriebs, eines Teilbetriebs, eines Mitunternehmeranteils oder einzelner Wirtschaftsgüter, die zu einem Betriebsvermögen gehören

(zu § 6 EStG abgedruckt)

§ 8

EStDV

Eigenbetrieblich genutzte Grundstücke von untergeordnetem Wert

Eigenbetrieblich genutzte Grundstücksteile brauchen nicht als Betriebsvermögen behandelt zu werden, wenn ihr Wert nicht mehr als ein Fünftel des gemeinen Werts des gesamten Grundstückes und nicht mehr als 40.000 Deutsche Mark beträgt.

12. Betriebsvermögensvergleich

R 12

Betriebe der Land- und Forstwirtschaft

S 2132
S 2132a

(1) ¹Bei einem Betrieb der Land- und Forstwirtschaft ist der Gewinn durch Betriebsvermögensvergleich nach § 4 Abs. 1 EStG zu ermitteln, wenn der Land- und Forstwirt nach den §§ 140, 141 AO verpflichtet ist, für diesen Betrieb Bücher zu führen und auf Grund jährlicher Bestandsaufnahmen Abschlüsse zu machen. ²Werden für den Betrieb freiwillig Bücher geführt und auf Grund jährlicher Bestandsaufnahmen Abschlüsse gemacht, ist der Gewinn durch Betriebsvermögensvergleich nach § 4 Abs. 1 EStG zu ermitteln, wenn der Antrag nach § 13a Abs. 2 Nr. 1 EStG gestellt worden ist oder der Gewinn aus anderen Gründen nicht nach § 13a EStG zu ermitteln ist.

Gewerbliche Betriebe

S 2164
S 2150

(2) ¹Bei einem gewerblichen Betrieb, für den die Verpflichtung besteht, Bücher zu führen und auf Grund jährlicher Bestandsaufnahmen zu machen oder für den freiwillig Bücher geführt und regelmäßig Abschlüsse gemacht werden, muß der Gewerbetreibende den Gewinn durch Betriebsvermögensvergleich nach § 5 EStG ermitteln. ²Werden für einen gewerblichen Betrieb, für den Buchführungspflicht besteht, keine Bücher geführt, oder ist die Buchführung nicht ordnungsmäßig (→ R 29 Abs. 2), so ist der Gewinn nach § 5 EStG unter Berücksichtigung der Verhältnisse des Einzelfalles, unter Umständen unter Anwendung von Richtsätzen, zu schätzen. ³Das gleiche gilt, wenn für einen gewerblichen Betrieb freiwillig Bücher geführt und Abschlüsse gemacht werden, die Buchführung jedoch nicht ordnungsmäßig ist, es sei denn, der Gewinn wird nach § 4 Abs. 3 EStG ermittelt. ⁴Bei gewerblichen Betrieben, bei denen die Voraussetzungen der Sätze 1 bis 3 nicht vorliegen, kann der Gewinn durch Einnahmenüberschußrechnung nach § 4 Abs. 3 EStG ermittelt werden, wenn der Gewerbetreibende für diesen Betrieb die für diese Gewinnermittlungsart ausreichenden Aufzeichnungen hat (→ R 16).

Personengesellschaften

(3) Absätze 1 und 2 gelten sinngemäß.

§ 4 EStG
R 12   H 12

Beteiligung an einer ausländischen Personengesellschaft

(4) ¹Sind unbeschränkt steuerpflichtige Personen an einer ausländischen Personengesellschaft beteiligt, die im Inland weder eine Betriebsstätte unterhält, noch einen ständigen Vertreter bestellt hat, ist der Gewinn der Personengesellschaft zur Ermittlung der Höhe der Gewinnanteile der unbeschränkt steuerpflichtigen Personen nach § 4 Abs. 1 oder 3 EStG zu ermitteln. ²Bei der Gewinnermittlung nach § 4 Abs. 1 EStG sind alle Geschäftsvorfälle unter Beachtung der Grundsätze ordnungsmäßiger Buchführung zu berücksichtigen, auch wenn sie in einer ausländischen Währung ausgewiesen sind. ³Die Steuerbilanz ist entweder in DM aufzustellen oder das Ergebnis einer in ausländischer Währung aufgestellten Steuerbilanz ist in DM nach einem Umrechnungsverfahren umzurechnen, das nicht gegen die deutschen Grundsätze ordnungsmäßiger Buchführung verstößt.

Ordnungsmäßigkeit der Buchführung

(5) ¹Für die Ordnungsmäßigkeit der Buchführung bei Gewinnermittlung nach § 4 Abs. 1 EStG gelten R 29 bis 31 sinngemäß. ²§ 141 Abs. 1 und § 142 AO bleiben unberührt.

H 12   **Hinweise**

Aufzeichnungs- und Buchführungspflichten

- von Angehörigen der freien Berufe
  → H 142
- für das steuerliche **Sonderbetriebsvermögen einer Personengesellschaft** (→ R 13 Abs. 2) nach § 141 Abs. 1 AO obliegen nicht dem einzelnen Gesellschafter, sondern der Personengesellschaft (→ BFH vom 23.10.1990 – BStBl 1991 II S. 401); Übertragung auf die Mitunternehmer ist nicht zulässig (→ BFH vom 11.3.1992 – BStBl II S. 797). *Die Gewinnermittlung für das Sonderbetriebsvermögen hat hierbei nach dem gleichen Gewinnermittlungszeitraum und nach der gleichen Gewinnermittlungsart wie bei der Personengesellschaft zu erfolgen (→ BFH vom 11.12.1986 – BStBl 1987 II S. 553 und vom 11.3.1992 – BStBl II S. 797).*

Gewinnermittlung

- bei Beteiligung an ausländischer Personengesellschaft
  = → R 12 Abs. 4 und BFH vom 13.9.1989 – BStBl 1990 II S. 57
  = Für Zwecke der Anwendung des Progressionsvorbehalts auf Gewinnanteile ist R 12 Abs. 4 entsprechend anzuwenden (→ BFH vom 22.5.1991 – BStBl 1992 II S. 94).
- bei Land- und Forstwirtschaft
  → R 127

Anhang 7 → Buchführung in land- und forstwirtschaftlichen Betrieben → BMF vom 15.12.1981 (BStBl I S. 878)

→ Bilanzierung durch Land- und Forstwirte in den neuen Bundesländern → H 127

Gewinnschätzung

Bei einem gewerblichen Betrieb, für den keine Buchführungspflicht besteht, für den freiwillig keine Bücher geführt werden und für den nicht festgestellt werden kann, daß der Steuerpflichtige die Gewinnermittlung nach § 4 Abs. 3 EStG gewählt hat (→ BFH vom 30.9.1980 – BStBl 1981 II S. 301), ist der Gewinn nach § 4 Abs. 1 EStG unter Berücksichtigung der Verhältnisse des Einzelfalles, unter Umständen unter Anwendung von Richtsätzen, zu schätzen; ist der Gewinn im Vorjahr nach § 4 Abs. 3 EStG ermittelt worden, so handelt es sich bei der erstmaligen Anwendung von Richtsätzen um einen Wechsel der Gewinnermittlungsart (→ hierzu R 17 Abs. 1). Hat der Steuerpflichtige dagegen für den Betrieb zulässigerweise die Gewinnermittlung nach § 4 Abs. 3 EStG gewählt, so ist gegebenenfalls auch eine Gewinnschätzung in dieser Gewinnermittlungsart durchzuführen (→ BFH vom 2.3.1982 – BStBl 1984 II S. 504).

Die Schätzungsmethode der **Geldverkehrsrechnung** weist unabhängig von Buchführungsmängeln eine Gewinnverkürzung nach und muß gerade deswegen strengen Anforderungen genügen: überschaubarer Vergleichszeitraum, Ansatz von Anfangs- und Endbeständen, keine Berücksichtigung von Verhältnissen außerhalb des Vergleichszeitraums, Unterscheidung zwischen Gesamt- und Teilrechnung, Vollständigkeit.

Gewerbetreibende, die ihren Gewinn zulässigerweise durch Einnahmen-Überschußrechnung nach § 4 Abs. 3 EStG ermitteln, brauchen lediglich die Wareneinkäufe, die Betriebseinnahmen und den Eigenverbrauch aufzuzeichnen. Fehlt es hieran, ist regelmäßig eine Schätzung gerechtfertigt. Die Gewinnschätzung kann sich in diesem Falle an den Umfang der privaten Vermögensbewegungen und -anlagen ausrichten.

→ bei abweichendem Wirtschaftsjahr → R 25 Abs. 4

13. Betriebsvermögen

R 13

Allgemeines

S 2134

(1) ¹Wirtschaftsgüter, die ausschließlich und unmittelbar für eigenbetriebliche Zwecke des Steuerpflichtigen genutzt werden oder dazu bestimmt sind, sind **notwendiges Betriebsvermögen**. ²Eigenbetrieblich genutzte Wirtschaftsgüter sind auch dann notwendiges Betriebsvermögen, wenn sie nicht in der Buchführung und in den Bilanzen ausgewiesen sind. ³Wirtschaftsgüter, die in einem gewissen objektiven Zusammenhang mit dem Betrieb stehen und ihn zu fördern bestimmt und geeignet sind, können bei Gewinnermittlung durch Betriebsvermögensvergleich (→ R 12) als **gewillkürtes Betriebsvermögen** behandelt werden. ⁴Wirtschaftsgüter, die nicht Grundstücke oder Grundstücksteile sind und die zu mehr als 50 v. H. eigenbetrieblich genutzt werden, sind in vollem Umfang notwendiges Betriebsvermögen. ⁵Werden sie zu mehr als 90 v. H. privat genutzt, gehören sie in vollem Umfang zum notwendigen Privatvermögen. ⁶Bei einer betrieblichen Nutzung von mindestens 10 v. H. bis zu 50 v. H. ist bei Gewinnermittlung durch Betriebsvermögensvergleich ein Ausweis dieser Wirtschaftsgüter als gewillkürtes Betriebsvermögen in vollem Umfang möglich. ⁷Wird ein Wirtschaftsgut in mehreren Betrieben des Steuerpflichtigen genutzt, so ist die gesamte eigenbetriebliche Nutzung maßgebend.

R 13 (1)

Hinweise

H 13 (1)

Barrengold
→ Gold

Beteiligungen

Abfärberegelung
Beteiligung einer nicht gewerblich tätigen Personengesellschaft an einer gewerblich tätigen Personengesellschaft; Anwendung des BFH-Urteils vom 8.12.1994 – BStBl 1996 II S. 264 – → BMF vom 13.5.1996 – BStBl I S. 621)

Anhang 18

- **Anteil eines Steuerberaters an einer GmbH,** deren Betrieb der Steuerberatungspraxis wesensfremd ist, gehört auch dann nicht zum Betriebsvermögen, wenn er in der Absicht erworben wurde, das steuerliche Mandat der GmbH zu erlangen (→ BFH vom 22.1.1981 – BStBl II S. 564), oder wenn die anderen Gesellschafter der GmbH Mandanten des Steuerberaters sind oder der Beteiligung wirtschaftliches Eigengewicht beizumessen ist (→ BFH vom 23.5.1985 – BStBl II S. 517).

- **Anteil an Wohnungsbau-GmbH** kann zum notwendigen Betriebsvermögen eines Malermeisters gehören (→ BFH vom 8.12.1993 – BStBl 1994 II S. 296).

- *Freiwillig gezeichnete Genossenschaftsanteile sind nur dann notwendiges Betriebsvermögen, wenn sie für den Betrieb eine konkrete und unmittelbare Funktion besitzen (→ BFH vom 4.2.1998 – BStBl II S. 301).*

§ 4 EStG

Bodenschätze

- Ertragsteuerliche Behandlung von im Eigentum des Grundeigentümers stehenden Bodenschätzen → BMF vom **7.10.1998** *(BStBl I S. **1221**)*
- Land- und Forstwirte können im eigenen Grund und Boden entdeckte Bodenschätze, deren Ausbeute einem Pächter übertragen ist, nicht als gewillkürtes Betriebsvermögen behandeln (→ BFH vom 28.10.1982 – BStBl 1983 II S. 106).
- Bodenschatz, der sich bereits im Privatvermögen zu einem selbständigen Wirtschaftsgut konkretisiert hat, kann nach Eröffnung eines gewerblichen Abbaubetriebs in das Betriebsvermögen eingelegt werden (→ BFH vom 26.11.1993 – BStBl 1994 II S. 293[1])). Der Einlagewert (fiktive Anschaffungskosten) beträgt allerdings 0,– DM (→ BFH vom 19.7.1994 – BStBl II S. 846).
- Das Wirtschaftsgut Bodenschatz entsteht nicht als selbständiges materielles Wirtschaftsgut, sondern als selbständig verwertbare Abbauberechtigung (Nutzungsrecht; → BFH vom 19.7.1994 – BStBl II S. 846).

Darlehnsforderung eines Steuerberaters gegen seinen Mandanten ist notwendiges Betriebsvermögen, wenn das Darlehen gewährt wurde, um eine Honorarforderung zu retten (→ BFH vom 22.4.1980 – BStBl II S. 571).

Durchlaufende Posten

Durchlaufende Posten sind auch bei Betriebsvermögensvergleich grundsätzlich gewinnneutral zu behandeln. Die Gewinneutralität ergibt sich durch Aktivierung bzw. Passivierung gleichhoher Wertzugänge und Wertabgänge. Bei Gewinnermittlung durch Betriebsvermögensvergleich setzt die Gewinneutralität nicht voraus, daß das Geschäft erkennbar in fremdem Namen und für fremde Rechnung getätigt wird. Die Gewinneutralität findet ihre Grenze in § 159 AO *(→ **BFH vom 13.8.1997 – BStBl 1998 II S. 161**).*

Einlage von Wirtschaftsgütern als gewillkürtes Betriebsvermögen

→ H 14 (1) Gewillkürtes Betriebsvermögen

Erwerb mit betrieblichen Mitteln

Ein Wirtschaftsgut gehört nicht schon allein deshalb zum notwendigen Betriebsvermögen, weil es mit betrieblichen Geldmitteln erworben wurde (→ BFH vom 18.12.1996 – BStBl 1997 II S. 351).

Gewinnrealisierung bei Ausscheiden eines Nutzungsrechts

Anhang 12 → BMF vom 5.11.1996 (BStBl I S. 1257)

Gewinnrealisierung bei Rücktrittsrecht

Gewinnrealisierung ist bei Übertragung des wirtschaftlichen Eigentums an einem Grundstück auch anzunehmen, wenn der Käufer am Bilanzstichtag des Veräußerungsjahres noch das Recht hat, unter bestimmten Voraussetzungen vom Kaufvertrag zurückzutreten (→ BFH vom 25.1.1996 – BStBl 1997 II S. 382 und BMF vom 2.6.1997 – BStBl I S. 611).

Gold

- **Barrengold** kommt als gewillkürtes Betriebsvermögen jedenfalls für solche gewerblichen Betriebe nicht in Betracht, die nach ihrer Art oder Kapitalausstattung kurzfristig auf Liquidität für geplante Investitionen angewiesen sind (→ BFH vom 18.12.1996 – BStBl 1997 II S. 351)
- **Zahngold**; zum notwendigen Betriebsvermögen eines Zahnarztes gehört nicht nur das zu sofortiger betrieblicher Verwendung angeschaffte Zahngold, sondern auch das aus Goldabfällen stammende Altgold sowie in der Regel das zu Beistellungszwecken erworbene Dentalgold (→ BFH vom 12.3.1992 – BStBl 1993 II S. 36); der Erwerb von **Feingold** ist nicht betrieblich veranlaßt (→ BFH vom 17.4.1986 – BStBl II S. 607).

Kreditgrundlage/Liquiditätsreserve

- Wirtschaftsgüter, die weder zum notwendigen Betriebsvermögen noch zum notwendigen Privatvermögen gehören, können als gewillkürtes Betriebsvermögen berücksichtigt

---

[1]) Anm.: Abgedruckt zu H 44a (Bodenschatz).

§ 4 EStG
H 13 (1)

werden, wenn sie objektiv geeignet und vom Betriebsinhaber erkennbar dazu bestimmt sind, den Betrieb zu fördern. Förderungsmöglichkeiten in diesem Sinne bieten Wirtschaftsgüter insbesondere auch, wenn sie als **Kreditgrundlage** oder **Liquiditätsreserve** geeignet sind oder z. B. **höhere Erträge** bringen. In Betracht kommen neben Bargeld oder Bankguthaben vor allem risikofreie und leicht liquidierbare Wertpapiere (→ BFH vom 18.12.1996 – BStBl 1997 II S. 351 und vom 19.2.1997 – BStBl II S. 399).

– Ein Wirtschaftsgut gehört nicht schon allein deshalb zum notwendigen Betriebsvermögen, weil es mit betrieblichen Mitteln erworben wurde oder der **Sicherung betrieblicher Kredite** dient (→ BFH vom 13.8.1964 – BStBl III S. 502).

Leasing
Anhang 17

Voraussetzungen für die Zurechnung des Leasing-Gegenstandes beim Leasing-Geber

→ BMF vom 19.4.1971 (BStBl I S. 264)

→ BMF vom 21.3.1972 (BStBl I S. 188)

→ BMF vom 22.12.1975

→ BMF vom 23.12.1991 (BStBl 1992 I S. 13)

Einkommenssteuerliche Behandlung des Container-Leasing-Modells → OFD München vom 27.8.1998 – S 2170 – 75/8 St 41 (DStR 1998 S. 1916).

Leasingverträge mit Mietverlängerungs- oder Kaufoption – Wirtschaftliches Eigentum bei

Ob das Gebrauchmachen von einer Mietverlängerungs- oder Kaufoption betriebswirtschaftlich sinnvoll ist (sog. Prognoseentscheidung), richtet sich hinsichtlich der hierbei zu berücksichtigenden Nutzungsdauer grundsätzlich nach der in den amtlichen AfA-Tabellen festgelegten betriebsgewöhnlichen Nutzungsdauer (→ FG Düsseldorf vom 13.3.1996 – EFG 1996 S. 935, Nichtzulassungsbeschwerde eingelegt – BFH III B 111/96).

Lebensversicherungen

– Ein Anspuch aus einer Versicherung gehört zum notwendigen Privatvermögen, soweit das versicherte Risiko privater Natur und mithin der Abschluß der Versicherung privat veranlaßt ist. Dies ist insbesondere der Fall, wenn die Versicherung von einem Unternehmen auf das Leben oder den Todesfall des (Mit-)Unternehmers oder eines nahen Angehörigen abgeschlossen wird (→ BFH vom 14.3.1996 – BStBl 1997 II S. 343).

– Schließt ein Unternehmen einen Versicherungsvertrag auf das Leben oder den Tod eines fremden Dritten ab, und ist Bezugsberechtigter nicht der Dritte, sondern das Unternehmen, so kann der Anspruch auf die Versicherungsleistung zum Betriebsvermögen gehören (→ BFH vom 14.3.1996 – BStBl 1997 II S. 343).

– Ansprüche aus Lebensversicherungsverträgen, die zur Tilgung oder Sicherung betrieblicher Darlehen dienen oder zu dienen bestimmt sind, werden durch die Abtretung oder Beleihung oder durch eine Hinterlegung der Police nicht zu Betriebsvermögen. Eine von einer Personengesellschaft auf das Leben ihrer Gesellschafter abgeschlossene Lebensversicherung (Teilhaberversicherung) gehört auch dann nicht zum Betriebsvermögen, wenn die Versicherungsleistungen zur Abfindung der Hinterbliebenen im Falle des Todes eines Gesellschafters verwendet werden sollen (→ BFH vom 6.2.1992 – BStBl II S. 653).

Nebenkosten

Bei einer Anschaffung anfallende Nebenkosten können nur dann aktiviert werden, wenn die Anschaffungskosten selbst aktiviert werden.

→ BFH vom 19.6.1997 – BStBl II S. 808.

Nutzungsrechte/Nutzungsvorteile

– Unentgeltlich erworbene Nutzungsrechte/Nutzungsvorteile sind keine selbständigen Wirtschaftsgüter (→ BFH vom 26.10.1987 – BStBl II 1988 S. 348).

– Zur Berücksichtigung von Eigenaufwand und Drittaufwand bei Grundstücken und Grundstücksteilen → BMF vom 5.11.1996 (BStBl I S. 1257).

Anhang 12

– → H 13 (7) Eigenaufwand für ein fremdes Wirtschaftsgut

– → H 41b

§ 4 EStG
H 13 (1)

Pachterneuerungsanspruch
Der Verpächter eines Unternehmens hat den Anspruch auf Erhaltung und Erneuerung der Pachtgegenstände – Pachterneuerungsanspruch – in Höhe des jährlich zuwachsenden Teilanspruchs zu aktivieren (→ BFH vom 17.2.1998 – BStBl II S. 505).

Schadensersatzforderung
Bestrittene Schadensersatzforderung auch nach Betriebsaufgabe noch Betriebsvermögen (→ BFH vom 10.2.1994 – BStBl II S. 564).

> Eine nach Grund und Höhe ungewisse betriebliche Schadensersatzforderung kann nicht aus dem Betriebsvermögen entnommen werden; sie bleibt auch nach der Aufgabe des Betriebs Betriebsvermögen. Auch die Abwicklung einer Forderung ist dem betrieblichen Bereich zuzuordnen, wenn die Forderung im betrieblichen Bereich begründet worden ist. Etwas anderes kann nach Auffassung des BFH nur dann gelten, wenn es sich um eine dem Grunde und der Höhe nach unbestrittene Forderung handelt. Deshalb kann bei einer Betriebsaufgabe (§ 16 Abs. 3 EStG) eine ungewisse Verbindlichkeit nicht in das Privatvermögen überführt werden; sie bleibt grundsätzlich mindestens bis zu dem Zeitpunkt eine Betriebsschuld, zu dem sie zu einer dem Grunde und der Höhe nach gewissen Schuld wird.

Tauschgutachten
Gewinnrealisierung beim Tausch von Anteilen an Kapitalgesellschaften → BMF vom 9.2.1998 (BStBl I S. 163)

Termin- und Optionsgeschäfte
Branchenuntypische Termin- und Optionsgeschäfte sind dem betrieblichen Bereich regelmäßig auch dann nicht zuzuordnen, wenn generell die Möglichkeit besteht, damit Gewinne zu erzielen. Branchenuntypische Termingeschäfte sind nur betrieblich veranlaßt, wenn sie der Absicherung unternehmensbedingter Kursrisiken dienen und nach Art, Inhalt und Zweck ein Zusammenhang mit dem Betrieb besteht, wobei das einzelne Termingeschäft nach den im Zeitpunkt des Vertragsabschlusses bekannten Umständen geeignet und dazu bestimmt sein muß, das Betriebskapital tatsächlich zu verstärken. Unbedingte Termingeschäfte und Optionsgeschäfte scheiden auch unter dem Gesichtspunkt einer betrieblichen Liquiditätsreserve im Falle branchenfremder Betätigungen als gewillkürtes Betriebsvermögen aus, da sie auf Grund ihres spekulativen Charakters in die Nähe von Spiel und Wette zu rücken sind (→ BFH vom 19.2.1997 – BStBl II S. 399).

Anhang 5 **Unternehmensrückgabe** nach dem Vermögensgesetz im Beitrittsgebiet → BMF vom 10.5.1994 (BStBl I S. 286, 380).

Vorsteuer-Ansprüche können bereits zu einem Zeitpunkt aktiviert werden, in dem noch keine berichtigten Rechnungen vorliegen (→ BFH vom 12.5.1993 – BStBl II S. 786).

Wertpapiere
– können gewillkürtes Betriebsvermögen eines Gewerbebetriebs sein, wenn nicht bereits bei ihrem Erwerb oder ihrer Einlage erkennbar ist, daß sie dem Betrieb keinen Nutzen, sondern nur Verluste bringen. Die Zurechnung von Wertpapieren zum gewillkürten Betriebsvermögen scheidet nicht allein deshalb aus, weil sie in spekulativer Absicht, mit Kredit erworben und Kursverluste billigend in Kauf genommen wurden (→ BFH vom 19.2.1997 – BStBl II S. 399);
– werden durch ihre Verpfändung für Betriebskredite in der Regel nicht zum notwendigen Betriebsvermögen (→ BFH vom 17.3.1966 – BStBl III S. 350).

Wertpapierfonds, Anspruch auf Ausschüttungen
Der Anspruch auf Ausschüttungen eines Wertpapierfonds ist zu aktivieren, sobald er nach den Vertragsbedingungen (§ 15 KAGG) entstanden ist (→ BFH vom 18.5.1994 – BStBl 1995 II S. 54).

§ 4 EStG
H 13 (1)　R 13 (2)

Wirtschaftsgut
- *Begriff*

    Wirtschaftsgüter sind Sachen, Rechte oder tatsächliche Zustände, konkrete Möglichkeiten oder Vorteile für den Betrieb, deren Erlangung der Kaufmann sich etwas kosten läßt, die einer besonderen Bewertung zugänglich sind, in der Regel eine Nutzung für mehrere Wirtschaftsjahre erbringen und zumindest mit dem Betrieb übertragen werden können (→ BFH vom 19.6.1997 – BStBl II S. 808).

- *Eingetauschte Wirtschaftsgüter*

    Für notwendiges Betriebsvermögen eingetauschte Wirtschaftsgüter werden grundsätzlich zunächst (notwendiges) Betriebsvermögen (→ BFH vom 18.12.1996 – BStBl 1997 II S. 351).

    → H 41a (Entnahme, Tausch)

- *Leitungsanlagen als selbständige Wirtschaftsgüter → BMF vom 30.5.1997 (BStBl I S. 567).*

- *Verlustbringende Wirtschaftsgüter*

    Wirtschaftsgüter, die bisher im Privatvermögen geführt wurden, dürfen nicht in das – gewillkürte – Betriebsvermögen aufgenommen werden, wenn damit lediglich der Zweck verfolgt wird, sich bereits abzeichnende Verluste aus dem Privatvermögen in den betrieblichen Bereich zu verlagern. Entsprechendes gilt, wenn beim Erwerb des Wirtschaftsgutes bereits erkennbar ist, daß der Erwerb dem Betrieb keinen Nutzen, sondern nur Verluste bringen kann (→ BFH vom 19.2.1997 – BStBl II S. 399).

Der **Zeitpunkt der Aktivierung von Forderungen** bestimmt sich bei buchführenden Gewerbetreibenden nach den handelsrechtlichen Grundsätzen ordnungsmäßiger Buchführung (→ BFH vom 12.5.1993 – BStBl II S. 786).

Gemäß § 252 Abs. 1 Nr. 4, 2. Halbsatz HGB, sind Gewinne nur zu berücksichtigen, wenn sie am Abschlußstichtag realisiert sind. Nach dem in dieser Regelung kodifizierten Realisationsprinzip – einer Ausprägung des Vorsichtsprinzips – dürfen Vermögensmehrungen nur erfaßt werden, wenn sie disponibel sind. Bei Lieferungen und anderen Leistungen wird Gewinn realisiert, wenn der Leistungsverpflichtete die von ihm geschuldeten Erfüllungshandlungen „wirtschaftlich erfüllt" hat und ihm die Forderung auf die Gegenleistung (die Zahlung) – von den mit jeder Forderung verbundenen Risiken abgesehen – so gut wie sicher ist. In diesem Fall reduziert sich das Zahlungsrisiko des Leistenden darauf, daß der Empfänger Gewährleistungsansprüche geltend macht oder sich als zahlungsunfähig erweist. Ohne Bedeutung ist hingegen, ob am Bilanzstichtag die Rechnung bereits erteilt ist, ob die geltend gemachten Ansprüche noch abgerechnet werden müssen oder ob die Forderung erst nach dem Bilanzstichtag fällig wird.

Betriebsvermögen bei Personengesellschaften　　R 13 (2)

(2) [1]Das Betriebsvermögen im Sinne des Absatzes 1 umfaßt bei einer Personengesellschaft sowohl die Wirtschaftsgüter, die zum Gesamthandsvermögen der Mitunternehmer gehören, als auch diejenigen Wirtschaftsgüter, die einem, mehreren oder allen Mitunternehmern gehören (Sonderbetriebsvermögen). [2]Wirtschaftsgüter, die einem, mehreren oder allen Mitunternehmern gehören und die nicht Gesamthandsvermögen der Mitunternehmer der Personengesellschaft sind, gehören zum **notwendigen Betriebsvermögen,** wenn sie entweder unmittelbar dem Betrieb der Personengesellschaft dienen (Sonderbetriebsvermögen I) oder unmittelbar zur Begründung oder Stärkung der Beteiligung des Mitunternehmers an der Personengesellschaft eingesetzt werden sollen (Sonderbetriebsvermögen II). [3]Solche Wirtschaftsgüter können zum **gewillkürten Betriebsvermögen** gehören, wenn sie objektiv geeignet und subjektiv dazu bestimmt sind, den Betrieb der Gesellschaft (Sonderbetriebsvermögen I) oder die Beteiligung des Gesellschafters (Sonderbetriebsvermögen II) zu fördern. [4]Auch ein einzelner Gesellschafter kann gewillkürtes Sonderbetriebsvermögen bilden.

Hinweise

Anteile an Kapitalgesellschaften

- *Zugehörigkeit zum Sonderbetriebsvermögen einer Personengesellschaft (→ BFH vom 16.9.1994 – BStBl 1995 II S. 75)*
- *Die Beteiligung an einer Kapitalgesellschaft kann auch dann notwendiges Sonderbetriebsvermögen II des Gesellschafters einer Personengesellschaft sein, wenn die Beteiligung keinen beherrschenden Einfluß vermittelt. Dies ist z. B. der Fall, wenn die Personengesellschaft von der in der gleichen Branche tätigen Kapitalgesellschaft organisatorisch und wirtschaftlich abhängig ist (BFH vom 3.3.1998 – BStBl II S. 383).*

Darlehen an Gesellschafter

→ H 14 (2–4) Entnahme bei Personengesellschaften

Gewillkürtes Sonderbetriebsvermögen von Mitunternehmern einer Personengesellschaft

Anhang 18 → BMF vom 20.12.1977 (BStBl 1978 I S. 8) Tz. 15, 18

Nießbrauch

→ H 14 (2–4) Keine Entnahme des Grundstücks oder Grundstücksteils

Nießbrauch an Gesellschaftsanteil

→ H 138 (1) Nießbrauch

Sonderbetriebseinnahmen und -ausgaben

→ H 18

Sonderbetriebsvermögen

- bei **Betriebsaufspaltung**
  → H 137 (4) Sonderbetriebsvermögen
- bei **ehelicher Gütergemeinschaft**
  → H 13 (12) Gütergemeinschaft
- **gewillkürtes** Betriebsvermögen als Sonderbetriebsvermögen → BFH vom 23.10.1990 (BStBl 1991 II S. 401)
- bei **Land- und Forstwirtschaft oder freiberuflicher Tätigkeit**
  Notwendiges und gewillkürtes Sonderbetriebsvermögen kann es auch bei Mitunternehmern geben, die sich zur gemeinsamen Ausübung eines land- und forstwirtschaftlichen Betriebes oder eines freien Berufs zusammengeschlossen haben (→ BFH vom 2.12.1982 – BStBl 1983 II S. 215).
- zur **Unterscheidung** zwischen Sonderbetriebsvermögen I und Sonderbetriebsvermögen II → BFH vom 7.7.1992 (BStBl 1993 II S. 328).

Wertpapiere

Zugehörigkeit zum gewillkürten Sonderbetriebsvermögen einer Personenhandelsgesellschaft

→ BFH vom 23.10.1990 (BStBl 1991 II S. 401)

Unentgeltliche Übertragung aus dem Sonderbetriebsvermögen eines Gesellschafters in das Sonderbetriebsvermögen eines anderen Gesellschafters derselben Personengesellschaft im Zug der vorweggenommenen Erbfolge

BMF vom 6.3.1996

...

Danach können Wertpapiere, die dem Gesellschafter einer KG gehören, in der Regel mangels hinreichender Dokumentation des Widmungswillens nicht dem gewillkürten Sonderbetriebsvermögen zugerechnet werden, wenn die Wertpapiere nicht in die Buchführung der KG aufgenommen worden sind. Wirtschaftsgüter gehören nämlich nur dann zum gewillkürten Betriebsvermögen, wenn sie objektiv geeignet und subjektiv dazu bestimmt

sind, den Betrieb der Gesellschaft oder die Beteiligung des Gesellschafters zu fördern. Die Einlage von Wirtschaftsgütern des gewillkürten Sonderbetriebsvermögens muß daher mit der gleichen Eindeutigkeit geschehen wie die Einlage eines Wirtschaftsgutes des gewillkürten Betriebsvermögens in ein Einzelunternehmen. Besondere Bedeutung kommt dabei der buchmäßigen Behandlung zu, wenn diese auch nicht stets entscheidend ist. Aus der Aufnahme eines Wirtschaftsguts in die Buchführung wird sich in der Regel auf den Willen des Steuerpflichtigen schließen lassen, daß das betreffende Wirtschaftsgut seinem Betriebsvermögen zuzurechnen ist.
...

Gebäudeteile, die selbständige Wirtschaftsgüter sind   R 13 (3)

(3) ¹Gebäudeteile, die nicht in einem einheitlichen Nutzungs- und Funktionszusammenhang mit dem Gebäude stehen, sind selbständige Wirtschaftsgüter. ²Ein Gebäudeteil ist selbständig, wenn er besonderen Zwecken dient, mithin in einem von der eigentlichen Gebäudenutzung verschiedenen Nutzungs- und Funktionszusammenhang steht. ³Selbständige Gebäudeteile in diesem Sinne sind:

1. Betriebsvorrichtungen (→ R 42 Abs. 3);
2. Scheinbestandteile (→ R 42 Abs. 4);
3. Ladeneinbauten, → Schaufensteranlagen, Gaststätteneinbauten, Schalterhallen von Kreditinstituten sowie ähnliche Einbauten, die einem schnellen Wandel des modischen Geschmacks unterliegen; als Herstellungskosten dieser Einbauten kommen nur Aufwendungen für Gebäudeteile in Betracht, die statisch für das gesamte Gebäude unwesentlich sind, z. B. Aufwendungen für Trennwände, Fassaden, Passagen sowie für die Beseitigung und Neuerrichtung von nichttragenden Wänden und Decken;
4. sonstige → Mietereinbauten;
5. sonstige selbständige Gebäudeteile (→ Absatz 4).

Hinweise   H 13 (3)

Zur Abgrenzung zwischen dem Gebäude und solchen Bestandteilen, die nicht der Gebäudenutzung selbst, sondern einem davon verschiedenen Zweck dienen → BFH vom 26.11.1973 (BStBl 1974 – II S. 132).

Zur **Entnahme** in den Fällen, in denen selbstgenutztes Wohneigentum im VZ 1986 zulässigerweise als Betriebsvermögen behandelt worden ist → Übergangsregelungen des § 52 Abs. 15 und 21 EStG sowie BMF vom 12.11.1986 (BStBl I S. 528) und vom 4.6.1997 (BStBl I S. 630).

Mietereinbauten

– → BMF vom 15.1.1976 (BStBl I S. 66); zur Höhe der AfA bei unbeweglichen Wirtschaftsgütern aber → H 42.

– Mietereinbauten und -umbauten sind in der Bilanz des Mieters zu aktivieren, wenn es sich um gegenüber dem Gebäude selbständige Wirtschaftsgüter (verschiedener Nutzungs- und Funktionszusammenhang) handelt, für die der Mieter Herstellungskosten aufgewendet hat, die Wirtschaftsgüter seinem Betriebsvermögen zuzurechnen sind und die Nutzung durch den Mieter zur Einkünfteerzielung sich erfahrungsgemäß über einen Zeitraum von mehr als einem Jahr erstreckt (→ BFH vom 15.10.1996 – BStBl 1997 II S. 533). Das gegenüber dem Gebäude selbständige, materielle Wirtschaftsgut kann beweglich oder unbeweglich sein. Ein bewegliches Wirtschaftsgut liegt vor, wenn der Mieter sachenrechtlicher Eigentümer (Scheinbestandteil, § 95 BGB) oder eine Betriebsvorrichtung (§ 68 Abs. 2 Nr. 2 BewG) des Mieters besteht. Dagegen handelt es sich bei dem besonderen Zwecken dienenden und daher in einem von der eigentlichen Gebäudenutzung verschiedenen Nutzungs- und Funktionszusammenhang stehenden Gebäudebestandteil um ein unbewegliches Wirtschaftsgut. Das gilt auch für einen

§ 4 EStG
R 13 (4)   H 13 (3, 4)

- Gebäudebestandteil, der im wirtschaftlichen Eigentum des Mieters steht (→ BFH vom 11.6.1997 – BStBl II S. 774).
- Mietereinbauten als selbständige Wirtschaftsgüter beim Mieter auf Grund wirtschaftlichen Eigentums → BFH vom 28.7.1993 (BStBl 1994 II S. 164) und vom 11.6.1997 (BStBl II S. 774).

Aufwendungen, die für Mietereinbauten und sonstige Bauten **auf fremdem Grund und Boden** (§ 266 Abs. 2 HGB) vorgenommen werden, können unter dem Gesichtspunkt des wirtschaftlichen Eigentums nach allgemeinen Regeln abgesetzt werden, sofern (zumindest) der Steuerpflichtige die Kosten getragen hat, den Bau tatsächlich nutzt und dem Steuerpflichtigen bei Beendigung der Nutzung ein Entschädigungsanspruch zustehe.

Schaufensteranlage und Beleuchtungsanlage zum Schaufenster sind auch bei Neubauten selbständige Gebäudeteile → BFH vom 29.3.1965 (BStBl III S. 291).

R 13 (4) Unterschiedliche Nutzungen und Funktionen eines Gebäudes

(4) ¹Wird ein Gebäude teils eigenbetrieblich, teils fremdbetrieblich, teils zu eigenen und teils zu fremden Wohnzwecken genutzt, so ist jeder der vier unterschiedlich genutzten Gebäudeteile ein besonderes Wirtschaftsgut, weil das Gebäude in verschiedenen Nutzungs- und Funktionszusammenhängen steht. ²Wohnräume, die wegen Vermietung an Arbeitnehmer des Steuerpflichtigen notwendiges Betriebsvermögen sind, gehören zu dem eigenbetrieblich genutzten Gebäudeteil. ³Die Vermietung zu hoheitlichen, zu gemeinnützigen oder zu Zwecken eines Berufsverbands gilt als fremdbetriebliche Nutzung. ⁴Wird ein Gebäude oder Gebäudeteil fremdbetrieblich genutzt, handelt es sich auch dann um ein einheitliches Wirtschaftsgut, wenn es verschiedenen Personen zu unterschiedlichen betrieblichen Nutzungen überlassen wird. ⁵Eine Altenteilerwohnung ist im Falle der Entnahme nach § 52 Abs. 15 EStG stets als besonderes Wirtschaftsgut anzusehen.

H 13 (4)   Hinweise

Mehrere Baulichkeiten

sind selbständige Wirtschaftsgüter, auch wenn sie auf demselben Grundstück errichtet wurden und in einem einheitlichen Nutzungs- und Funktionszusammenhang stehen, z.B. Anbauten bei Gebäuden, es sei denn, sie sind baulich derart miteinander verbunden, daß die Teile des Bauwerks nicht ohne weitere erhebliche Bauaufwendungen voneinander getrennt werden können (→ BFH vom 5.12.1974 – BStBl 1975 II S. 344, vom 21.7.1977 – BStBl 1978 II S. 78 und vom 15.9.1977 – BStBl 1978 II S. 123).

Miteigentum

Jeder nach R 13 Abs. 4 Satz 1 selbständige Gebäudeteil ist in so viele Wirtschaftsgüter aufzuteilen, wie Gebäudeeigentümer vorhanden sind (→ BFH vom 9.7.1992 – BStBl II S. 948).

Nutzung im Rahmen mehrerer Betriebe

- Dient ein Gebäude (Gebäudeteil) ausschließlich eigenbetrieblichen Zwecken, so ist eine weitere Aufteilung auch dann nicht vorzunehmen, wenn es (er) im Rahmen mehrerer selbständiger (eigener) Betriebe genutzt wird (→ BFH vom 29.9.1994 – BStBl 1995 II S. 72).
  → R 13 (1) Satz 7
- Von selbständigen Wirtschaftsgütern ist bei gleichen Nutzungsverhältnissen jedoch dann auszugehen, wenn das Gebäude (der Gebäudeteil) nach dem WEG in **Teileigentum** aufgeteilt wurde (→ BFH vom 29.9.1994 – BStBl 1995 II S. 72).

Selbständige Wirtschaftsgüter

nach Nutzung und Funktion des Gebäudeteils → BFH vom 26.11.1973 (BStBl 1974 II S. 132) und vom 13.7.1977 (BStBl 1978 II S. 6).

§ 4 EStG
H 13 (5, 7)   R 13 (5-7)

Abgrenzung der selbständigen von den unselbständigen Gebäudeteilen   R 13 (5)

(5) ¹Ein Gebäudeteil ist unselbständig, wenn er der eigentlichen Nutzung als Gebäude dient. ²→ Unselbständige Gebäudeteile sind auch räumlich vom Gebäude getrennt errichtete Baulichkeiten, die in einem so engen Nutzungs- und Funktionszusammenhang mit dem Gebäude stehen, daß es ohne diese Baulichkeiten als unvollständig erscheint.

Hinweise   H 13 (5)

Unselbständige Gebäudeteile sind z. B.:
- Bäder und Duschen eines Hotels (→ BFH vom 12.8.1982 – BStBl II S. 782),
- Fahrstuhl-, Heizungs-, Belüftungs- und Entlüftungsanlagen, ebenso die zur Beheizung einer Fabrikanlage verwendeten Lufterhitzer (→ BFH vom 20.3.1975 – BStBl II S. 689),
- Rolltreppen eines Kaufhauses (→ BFH vom 12.1.1983 – BStBl II S. 223),
- Sprinkler-(Feuerlösch-)Anlagen einer Fabrik oder eines Warenhauses (Gleichlautende Erlasse der obersten Finanzbehörden der Länder vom 31.3.1992 – BStBl I S. 342 – Tz. 34),
- Umzäunung oder Garage bei einem Wohngebäude (→ BFH vom 15.12.1977 – BStBl 1978 II S. 210 und vom 28.6.1983 – BStBl 1984 II S. 196).

Aufteilung der Anschaffungs- oder Herstellungskosten bei Gebäudeteilen   R 13 (6)

(6) ¹Die Anschaffungs- oder Herstellungskosten des gesamten Gebäudes sind auf die einzelnen Gebäudeteile aufzuteilen. ²Für die Aufteilung ist das Verhältnis der Nutzfläche eines Gebäudeteils zur Nutzfläche des ganzen Gebäudes maßgebend, es sei denn, die Aufteilung nach dem Verhältnis der Nutzflächen führt zu einem unangemessenen Ergebnis. ³Von einer solchen Aufteilung kann aus Vereinfachungsgründen abgesehen werden, wenn sie aus steuerlichen Gründen nicht erforderlich ist. ⁴Die Nutzfläche ist in sinngemäßer Anwendung der §§ 43 und 44 der Zweiten Berechnungsverordnung zu ermitteln.

Anhang 4

Grundstücke und Grundstücksteile als notwendiges Betriebsvermögen   R 13 (7)

(7) ¹Grundstücke und Grundstücksteile, die ausschließlich und unmittelbar für eigenbetriebliche Zwecke des Steuerpflichtigen genutzt werden, gehören regelmäßig zum notwendigen Betriebsvermögen. ²Wird ein Teil eines Gebäudes eigenbetrieblich genutzt, so gehört der zum Gebäude gehörende Grund und Boden anteilig zum notwendigen Betriebsvermögen; in welchem Umfang der Grund und Boden anteilig zum Betriebsvermögen gehört, ist unter Berücksichtigung der Verhältnisse des Einzelfalles zu ermitteln.

Hinweise   H 13 (7)

Anteilige Zugehörigkeit des Grund und Bodens im Verhältnis der Zugehörigkeit des Gebäudes oder Gebäudeteils zum notwendigen Betriebsvermögen → BFH vom 27.1.1977 (BStBl II S. 388) und vom 12.7.1979 (BStBl 1980 II S. 5).

Eigenaufwand für ein fremdes Wirtschaftsgut
→ BMF vom 5.11.1996 (BStBl I S. 1257)

Anhang 12

- Errichtung eines Gebäudes auf dem Grundstück des Ehegatten unter Vereinbarung eines Aufwendungsersatzanspruches nach § 951 Abs. 1 BGB führt zur Aktivierung der Aufwendungen wie ein materielles Wirtschaftsgut. Voraussetzung ist, daß der Aufwendungsersatzanspruch besteht und die Baumaßnahme mit finanziellen Mitteln des Bauenden durchgeführt wird. Dabei ist nicht darauf abzustellen, daß der Nutzungsberechtigte nach außen aufgetreten ist, im eigenen Namen und auf eigene Rechnung und Gefahr gehandelt hat. Grundvoraussetzung für die Entstehung eines Anspruches nach § 951 BGB ist, daß die Baumaßnahme demjenigen zuzurechnen ist, der den Rechtsverlust erleidet (→ BFH vom 10.4.1997 – BStBl II S. 718).
- → H 41b (Nutzungsrecht)

Einfamilienhäuser, Zweifamilienhäuser, Eigentumswohnungen und Mietwohngrundstücke, die an Arbeitnehmer vermietet werden, sind notwendiges Betriebsvermögen des Arbeitgebers, wenn für die Vermietung gerade an Arbeitnehmer betriebliche Gründe maßgebend waren (→ BFH vom 1.12.1976 – BStBl 1977 II S. 315).

Erwerb eines langfristig verpachteten landwirtschaftlichen Betriebes:
Erwirbt ein Landwirt einen langfristig verpachteten landwirtschaftlichen Betrieb in der erkennbaren Absicht, die Bewirtschaftung dieses Betriebes alsbald zu übernehmen, entsteht vom Erwerb an notwendiges Betriebsvermögen, wenn der Bewirtschaftungswille sich auch in einem überschaubaren Zeitraum verwirklichen läßt (→ BFH vom 12.9.1991 – BStBl 1992 II S. 134).

Ferienwohnung
Ferienwohnungen, die ein Steuerpflichtiger unter Einschaltung seines auf die Vermittlung von Immobilien, Mietverträgen und Verträgen über Ferienobjekte gerichteten Gewerbebetriebs vermietet, können zum notwendigen Betriebsvermögen des Gewerbebetriebs gehören (→ BFH vom 13.11.1996 – BStBl 1997 II S. 247).

Grundstück, das zur Rettung einer betrieblichen Forderung ersteigert wird, ist notwendiges Betriebsvermögen (→ BFH vom 11.11.1987 – BStBl 1988 II S. 424).

Miteigentum
Gehört ein Grundstück nur teilweise dem Betriebsinhaber, so kann es nur insoweit Betriebsvermögen sein, als es dem Betriebsinhaber gehört; das gilt auch dann, wenn ein Grundstück Ehegatten gemeinsam gehört (→ BFH vom 23.11.1995 – BStBl 1996 II S. 193).

Wochenendhaus
Bei Errichtung eines Wochenendhauses auf einem Betriebsgrundstück werden Grund und Boden und das Wochenendhaus erst dann notwendiges Privatvermögen und damit entnommen, wenn die Absicht der künftigen Verwendung des Wochenendhauses zu eigenen Wohnzwecken in Erklärungen oder in einem eindeutigen Verhalten des Steuerpflichtigen zum Ausdruck kommt (→ BFH vom 29.4.1970 – BStBl II S. 754).

> Die Errichtung eines Wochenendhauses als solches sagt nichts zwingend darüber aus, ob der Steuerpflichtige dieses Haus allein für seine eigenen Wohnzwecke benutzt und zu benutzen beabsichtigt. Wochenendhäuser werden nicht selten auch Arbeitnehmern zur Verfügung gestellt oder zeitweise vermietet und können dann zumindest gewillkürtes Betriebsvermögen sein. Daraus folgt, daß Wochenendhäuser nur dann zu notwendigem Privatvermögen werden, wenn endgültig feststeht, daß der Steuerpflichtige das Haus ausschließlich für seine eigenen Wohnzwecke verwendet und verwenden will. Das muß in einem eindeutigen Verhalten oder in Erklärungen des Steuerpflichtigen zum Ausdruck kommen. Die Deckung der Mittel zur Errichtung des Hauses aus Privatentnahmen und die fehlende Aufnahme des Wochenendhauses ins Betriebsvermögen sah der BFH im Urteilsfall nicht als eindeutige Entnahmehandlung an.

Zeitpunkt der erstmaligen Zugehörigkeit zum Betriebsvermögen
Eigenbetrieblich genutzte Grundstücke und Grundstücksteile sind ab ihrer endgültigen Funktionszuweisung notwendiges Betriebsvermögen, auch wenn der konkrete Einsatz im Betrieb erst in der Zukunft liegt; das gilt auch dann, wenn es an einer Willenserklärung des Steuerpflichtigen oder eines Ausweises in der Buchführung und in den Bilanzen fehlt (→ BFH vom 6.3.1991 – BStBl II S. 829).

R 13 (8)   Grundstücksteile von untergeordnetem Wert

(8) ¹Eigenbetrieblich genutzte Grundstücksteile brauchen nicht als Betriebsvermögen behandelt zu werden, wenn ihr Wert nicht mehr als ein Fünftel des gemeinen Werts des gesamten Grundstücks und nicht mehr als 40.000 DM beträgt (§ 8 EStDV). ²Dabei ist auf den Wert des Gebäudeteils zuzüglich des dazugehörenden Grund und Bodens abzustellen. ³Bei der Prüfung, ob der Wert eines Grundstücksteils mehr als ein Fünftel des Werts des ganzen Grundstücks beträgt, ist in der Regel das Verhältnis der Nutzflächen zueinander zugrunde zu legen. ⁴Ein Grundstücksteil ist mehr als 40.000 DM wert, wenn der Teil des gemeinen

§ 4 EStG
H 13 (8, 9)   R 13 (8, 9)

Werts des ganzen Grundstücks, der nach dem Verhältnis der Nutzflächen zueinander auf den Grundstücksteil entfällt, 40.000 DM übersteigt. ⁵Führt der Ansatz der Nutzflächen zu einem unangemessenen Wertverhältnis der beiden Grundstücksteile, so ist bei ihrer Wertermittlung anstelle der Nutzflächen der Rauminhalt oder ein anderer im Einzelfall zu einem angemessenen Ergebnis führender Maßstab zugrunde zu legen. ⁶Beträgt der Wert eines eigenbetrieblich genutzten Grundstücksteils nicht mehr als ein Fünftel des gesamten Grundstückswerts und nicht mehr als 40.000 DM, so besteht ein Wahlrecht, den Grundstücksteil weiterhin als Betriebsvermögen zu behandeln oder zum Teilwert zu entnehmen.

Hinweise
H 13 (8)

Einlage des Grundstücksteils im Zeitpunkt des Überschreitens der absoluten Wertgrenze → BFH vom 21.7.1967 (BStBl III S. 752).

Zubehörräume im Sinne des § 42 Abs. 4 der Zweiten Berechnungsverordnung brauchen in die Berechnung des eigenbetrieblich genutzten Anteils nicht einbezogen zu werden (→ BFH vom 21.2.1990 – BStBl II S. 578).

Grundstücke und Grundstücksteile als gewillkürtes Betriebsvermögen
R 13 (9)

(9) ¹Ermitteln Steuerpflichtige den Gewinn durch Betriebsvermögensvergleich, so können sie die Grundstücke oder Grundstücksteile, die nicht eigenbetrieblich genutzt werden und weder eigenen Wohnzwecken dienen, noch Dritten zu Wohnzwecken unentgeltlich überlassen sind, sondern z. B. zu Wohnzwecken oder zur gewerblichen Nutzung an Dritte vermietet sind, als **gewillkürtes Betriebsvermögen** behandeln, wenn die Grundstücke oder die Grundstücksteile in einem gewissen objektiven Zusammenhang mit dem Betrieb stehen und ihn zu fördern bestimmt und geeignet sind. ²Wegen dieser Voraussetzungen bestehen für den Ansatz von Wirtschaftsgütern als gewillkürtes Betriebsvermögen Einschränkungen, die sich nicht nur aus den Besonderheiten des einzelnen Betriebs, sondern auch aus der jeweiligen Einkunftsart ergeben können. ³Daher können Land- und Forstwirte Mietwohn- und Geschäftshäuser, die sie auf zugekauftem, bisher nicht zum Betriebsvermögen gehörenden Grund und Boden errichtet oder einschließlich Grund und Boden erworben haben, regelmäßig nicht als Betriebsvermögen behandeln. ⁴Dagegen kann ein Land- und Forstwirt, der sein bisher land- und forstwirtschaftlich genutztes Grundstück bebaut und das Gebäude an Betriebsfremde vermietet, dieses als gewillkürtes Betriebsvermögen behandeln, wenn dadurch das Gesamtbild der land- und forstwirtschaftlichen Tätigkeit nicht wesentlich verändert wird. ⁵In Grenzfällen hat der Steuerpflichtige darzutun, welche Beziehung das Grundstück oder der Grundstücksteil zu seinem Betrieb hat und welche vernünftigen wirtschaftlichen Überlegungen ihn veranlaßt haben, das Grundstück oder den Grundstücksteil als gewillkürtes Betriebsvermögen zu behandeln. ⁶Voraussetzung für die Behandlung von Grundstücken oder Grundstücksteilen als gewillkürtes Betriebsvermögen ist, daß sie auch in der Buchführung und in der Bilanz eindeutig als Betriebsvermögen ausgewiesen werden. ⁷Wird ein Gebäude oder ein Gebäudeteil als gewillkürtes Betriebsvermögen behandelt, so gehört auch der dazugehörende Grund und Boden zum Betriebsvermögen.

Hinweise
H 13 (9)

Beispiele für zulässigerweise gebildetes gewillkürtes Betriebsvermögen:

- Ein von einem freiberuflich Tätigen zur künftigen Betriebserweiterung erworbenes Grundstück kann gewillkürtes Betriebsvermögen sein (→ BFH vom 15.4.1981 – BStBl II S. 618).
- Ein bilanzierender Gewerbetreibender kann in der Regel Grundstücke, die nicht zum notwendigen Privatvermögen gehören, z. B. Mietwohngrundstücke, als Betriebsvermögen behandeln, es sei denn, daß dadurch das Gesamtbild der gewerblichen Tätigkeit so verändert wird, daß es den Charakter einer Vermögensnutzung im nicht gewerblichen Bereich erhält (→ BFH vom 10.12.1964 – BStBl 1965 III S. 377).

§ 4 EStG
R 13 (10) H 13 (9, 10)

Besonderheiten bei **land- und** forstwirtschaftlichen Betrieben → BFH vom 19.1.1982 (BStBl II S. 526).

Darlegungspflicht der vernünftigen wirtschaftlichen Gründe für die Behandlung von Grundstücken und Grundstücksteilen als gewillkürtes Betriebsvermögen durch den Steuerpflichtigen → BFH vom 22.11.1960 (BStBl 1961 III S. 97) zum Fall eines Bäckermeisters und vom 1.12.1960 (BStBl 1961 III S. 154) zum Fall einer Rechtsanwalts- und Notarpraxis.

Gewillkürtes Sonderbetriebsvermögen von **Mitunternehmern einer Personengesellschaft**

Anhang 18 → BMF vom 20.12.1977 (BStBl 1978 I S. 8) Tzn. 15, 18

Verlustbringende Grundstücke und Grundstücksteile

→ H 13 (1) Verlustbringende Wirtschaftsgüter

R 13 (10) **Einheitliche Behandlung des Grundstücks**

(10) ¹Erfüllt ein Grundstück zu mehr als der Hälfte die Voraussetzungen für die Behandlung als Betriebsvermögen (→ Absätze 7 und 9), so können auch solche Grundstücksteile, die zu fremden Wohnzwecken oder zu fremdbetrieblichen Zwecken vermietet sind, bei denen für sich betrachtet die Voraussetzungen des Absatzes 9 nicht vorliegen, als Betriebsvermögen behandelt werden. ²Dagegen können Grundstücksteile, die nicht nur vorübergehend eigenen Wohnzwecken dienen oder unentgeltlich zu Wohnzwecken an Dritte überlassen werden, nicht als Betriebsvermögen behandelt werden; → Ausnahmen gelten nur für eine Übergangszeit. ³Für die Wertermittlung der verschieden genutzten Grundstücksteile ist Absatz 8 entsprechend anzuwenden. ⁴Ist einem Betriebsinhaber nur ein Anteil an einem Grundstück zuzurechnen, so kann der Anteil als Betriebsvermögen behandelt werden, wenn er zu mehr als der Hälfte die Voraussetzungen für die Behandlung als Betriebsvermögen erfüllt und nicht eigenen Wohnzwecken dient oder unentgeltlich zu Wohnzwecken an Dritte überlassen wird. *⁵Sätze 1, 3 und 4 sind auf Anschaffungen, Herstellungen und Einlagen nach dem 31.12.1998 nicht mehr anzuwenden.*

H 13 (10) **Hinweise**

Ausnahmen von dem Grundsatz, daß Grundstücke und Grundstücksteile, die nicht nur vorübergehend eigenen Wohnzwecken dienen oder unentgeltlich zu Wohnzwecken an Dritte überlassen werden, nicht als Betriebsvermögen behandelt werden dürfen → BMF vom 12.11.1986 (BStBl I S. 528).

Beispiel zu Absatz 10

Ein Gewerbetreibender, der den Gewinn nach § 5 EStG ermittelt, erwirbt ein Grundstück mit aufstehendem Gebäude. In einem Teil des Gebäudes unterhält er ein Großhandelsgeschäft. Einen weiteren Teil des Gebäudes vermietet er an einen Einzelhändler seines Gewerbezweigs. Den übrigen Teil des Gebäudes nutzt er teilweise zu eigenen, teilweise zu fremden Wohnzwecken. Hinsichtlich der Nutzung zu fremden Wohnzwecken besteht keinerlei Zusammenhang mit dem Betrieb. Der gemeine Wert des ganzen Grundstücks beträgt 3.000.000 DM, der Wert der eigen- und fremdbetrieblich genutzten Grundstücksteile beträgt je 1.000.000 DM, der Wert des eigenen Wohnzwecken dienenden Grundstücksteils beträgt 600.000 DM, der zu fremden Wohnzwecken vermieteten Grundstücksteils 400.000 DM.

Nach den Absätzen 3 und 4 liegen hinsichtlich des Gebäudes **vier Wirtschaftsgüter** vor.

Es bestehen folgende **Bilanzierungsmöglichkeiten**:

a) Der Steuerpflichtige bilanziert nur den für das eigene Großhandelsgeschäft genutzten Grundstücksteil, der notwendiges Betriebsvermögen ist.

b) Der Steuerpflichtige weist den eigenbetrieblich genutzten Grundstücksteil als notwendiges und den an den Einzelhändler vermieteten Grundstücksteil als gewillkürtes Betriebsvermögen aus.

c) Der Steuerpflichtige weist den eigenbetrieblich genutzten Grundstücksteil als notwendiges Betriebsvermögen, den fremdbetrieblich genutzten Grundstücksteil als gewillkürtes Betriebsvermögen und, da das Grundstück damit zu mehr als der Hälfte die Voraussetzungen für die Behandlung als Betriebsvermögen erfüllt, auch den zu fremden Wohnzwecken vermieteten Grundstücksteil als gewillkürtes Betriebsvermögen aus.

Eine Behandlung auch des zu eigenen Wohnzwecken genutzten Gebäudeteils als Betriebsvermögen ist nicht möglich.

Zubehörräume
→ H 13 (8)

Grundstücke und Grundstücksteile im Gesamthandsvermögen einer Personengesellschaft

(11) ¹Gehört ein Grundstück zum **Gesamthandsvermögen** der Mitunternehmer einer Personengesellschaft, so gehört es grundsätzlich zum notwendigen Betriebsvermögen. ²Dies gilt auch dann, wenn bei der Einbringung des Grundstücks oder Grundstücksteils in das Betriebsvermögen der Personengesellschaft vereinbart worden ist, daß Gewinne und Verluste aus dem Grundstück oder Grundstücksteil ausschließlich dem einbringenden Gesellschafter zugerechnet werden. ³Dient ein im Gesamthandseigentum der Gesellschafter einer Personengesellschaft stehendes Grundstück teilweise der privaten Lebensführung eines, mehrerer oder aller Mitunternehmer der Gesellschaft, braucht der andere Grundstücksteil nicht als Betriebsvermögen behandelt zu werden, wenn für diesen Grundstücksteil die Grenzen des § 8 EStDV nicht überschritten sind; Absatz 8 Satz 2 ff. ist entsprechend anzuwenden.

Hinweise

Ausnahme bei privater Nutzung

Ein zum Gesamthandsvermögen gehörendes Wirtschaftsgut kann nicht Betriebsvermögen sein, wenn es ausschließlich oder fast ausschließlich der privaten Lebensführung eines, mehrerer oder aller Mitunternehmer der Gesellschaft dient. Deshalb ist z. B. ein zum Gesamthandsvermögen gehörendes Einfamilienhaus, das von einem Gesellschafter nicht nur vorübergehend für eigene Wohnzwecke genutzt wird, steuerlich nicht Betriebsvermögen der Personengesellschaft. Dann handelt es sich um notwendiges Privatvermögen der Gesellschafter (→ BFH vom 16.3.1983 – BStBl II S. 459).

Grundstücke und Grundstücksteile im Sonderbetriebsvermögen

(12) ¹Grundstücke oder Grundstücksteile, die **nicht Gesamthandsvermögen** der Mitunternehmer der Personengesellschaft sind, sondern einem, mehreren oder allen Mitunternehmern gehören, aber dem Betrieb der Personengesellschaft ausschließlich und unmittelbar dienen, sind als Sonderbetriebsvermögen notwendiges Betriebsvermögen der Personengesellschaft. ²Dient ein Grundstück dem Betrieb der Personengesellschaft nur zum Teil, so sind die den Mitunternehmern zuzurechnenden Grundstücksteile lediglich mit ihrem betrieblich genutzten Teil notwendiges Sonderbetriebsvermögen. ³Betrieblich genutzte Grundstücksteile, die im Verhältnis zum Wert des **ganzen Grundstücks** – nicht im Verhältnis zum Wert des Grundstücksteils des Gesellschafters – von untergeordnetem Wert sind (→ § 8 EStDV), brauchen nicht als Sonderbetriebsvermögen behandelt zu werden. ⁴Jeder Mitunternehmer kann dieses Wahlrecht ausüben; sind mehrere Gesellschafter zugleich Eigentümer dieses Grundstücks, braucht das Wahlrecht nicht einheitlich ausgeübt zu werden. ⁵Absatz 8 Satz 2 ff. ist entsprechend anzuwenden.

Hinweise

Angehörige eines Gesellschafters

Wohnung, die an den im Einzelunternehmen tätigen Sohn eines Einzelunternehmers zu Wohnzwecken vermietet ist, bleibt bei Einbringung des Unternehmens in eine KG (Sonder-)Betriebsvermögen, wenn das Gebäude weiterhin als (Sonder-)Betriebsvermögen bilanziert wird und objektive Merkmale fehlen, die darauf schließen lassen, daß eine spätere Verwendung als Werkswohngebäude ausgeschlossen erscheint (→ BFH vom 11.10.1979 – BStBl 1980 II S. 40).

Gewillkürtes Sonderbetriebsvermögen

– Grundstücke oder Grundstücksteile im Allein- oder Miteigentum eines oder mehrerer Mitunternehmer können gewillkürtes Sonderbetriebsvermögen dieser Mitunternehmer sein (→ BFH vom 3.12.1964 – BStBl 1965 III S. 92, vom 23.7.1975 – BStBl 1976 II S. 180 und vom 21.10.1976 – BStBl 1977 II S. 150).

– **Mietwohngrundstück** als gewillkürtes Sonderbetriebsvermögen eines Gesellschafters → BFH vom 17.5.1990 (BStBl 1991 II S. 216).

– → R 13 (9) und (10)

Gütergemeinschaft

Wird eine im gemeinsamen Eigentum von Eheleuten stehende und im gemeinsamen land- und forstwirtschaftlichen Betrieb bewirtschaftete Forstfläche in das Alleineigentum eines Ehegatten übertragen, spricht eine tatsächliche Vermutung dafür, daß die bestehenden wirtschaftlichen Beziehungen aufrechterhalten bleiben und es sich nunmehr um Sonderbetriebsvermögen des Ehegatten, nicht aber um einen selbständigen Forstbetrieb handelt (→ BFH vom 16.2.1995 – BStBl II S. 592).

Miteigentum von Nichtgesellschaftern

Zum notwendigen Sonderbetriebsvermögen einer Personengesellschaft sind die den Gesellschaftern zustehenden Anteile an einem Grundstück zu rechnen, das der Personengesellschaft dient, sich aber im Eigentum einer Gesamthandsgemeinschaft (z. B. Erbengemeinschaft) befindet, an der auch Nichtgesellschafter beteiligt sind (→ BFH vom 18.3.1958 – BStBl III S. 262).

Notwendiges Sonderbetriebsvermögen

– Stellt ein Gesellschafter einer Personengesellschaft, deren Gesellschaftszweck in der **Errichtung und Vermarktung von Eigentumswohnungen im Bauherrenmodell** besteht, ein ihm gehörendes Grundstück für diese Zwecke zur Verfügung, ist das Grundstück dem notwendigen Sonderbetriebsvermögen zuzurechnen (→ BFH vom 19.2.1991 – BStBl II S. 789).

– An die Personengesellschaft zur betrieblichen Nutzung **vermietete Grundstücke oder Grundstücksteile**, die im Eigentum eines oder mehrerer Gesellschafter stehen, sind notwendiges Sonderbetriebsvermögen → BFH vom 2.12.1982 (BStBl 1983 II S. 215). Das gilt auch bei Weitervermietung des Grundstücks oder Grundstücksteils durch die Gesellschaft → BFH vom 23.5.1991 (BStBl II S. 800).

Anhang 18
– *Zur Frage, ob bei einer mitunternehmerischen Betriebsaufspaltung oder bei der Vermietung an eine Schwester-Personengesellschaft notwendiges Sonderbetriebsvermögen vorliegt* → **BMF vom 28.4.1998 (BStBl I S. 583)**.

Überlassung zu Wohnzwecken

Ein Grundstück, das ein Gesellschafter einer Personengesellschaft einem anderen Gesellschafter für dessen Wohnzwecke unentgeltlich überläßt, ist notwendiges Privatvermögen (→ BFH vom 8.2.1996 – BStBl II S. 308).

Untervermietung

Ein Grundstück, das über einen Dritten an eine Personengesellschaft untervermietet ist, wird notwendiges Betriebsvermögen, wenn der Vermieter in die Gesellschaft eintritt (→ BFH vom 9.9.1993 – BStBl 1994 II S. 250); das gilt auch bei Bestellung eines Erbbaurechts (→ BFH vom 7.4.1994 – BStBl II S. 796).

R 13 (13) Keine Bindung an die Einheitsbewertung *oder Bedarfsbewertung*

(13) Für die einkommensteuerrechtliche Behandlung von Grundstücken und Grundstücksteilen als Betriebsvermögen kommt es nicht darauf an, wie ein Grundstück bei der Einheitsbewertung *oder Bedarfsbewertung* behandelt worden ist.

§ 4 EStG
H 13 (15) R 13 (14, 15)

Erweiterte Anwendung
R 13 (14)

(14) Die Absätze 7 bis 13 gelten entsprechend für das Wohnungseigentum und das Teileigentum im Sinne des WEG sowie für auf Grund eines Erbbaurechts errichtete Gebäude.

Verbindlichkeiten
R 13 (15)

(15) ¹Sach- und Geldschulden rechnen zum Betriebsvermögen, soweit sie durch den Betrieb veranlaßt sind. ²Maßgebend für ihre Zurechnung zum Betriebsvermögen ist ihr tatsächlicher Verwendungszweck. ³Bei einer Geldschuld kommt es deshalb auf die tatsächliche Verwendung der finanziellen Mittel und bei einer Sachschuld auf die tatsächliche Verwendung der Sachen an. ⁴Mit der Entnahme eines fremdfinanzierten Wirtschaftsguts wird die zur Finanzierung des Wirtschaftsguts aufgenommene betriebliche Schuld zu einer privaten Schuld. ⁵Umgekehrt wird mit der Einlage eines fremdfinanzierten Wirtschaftsguts die zur Finanzierung des Wirtschaftsguts aufgenommene private Schuld zu einer betrieblichen Schuld. ⁶Wird ein betrieblich genutztes, fremdfinanziertes Wirtschaftsgut veräußert, oder scheidet es aus der Vermögenssphäre des Steuerpflichtigen aus, bleibt die zur Finanzierung des Wirtschaftsguts aufgenommene Schuld weiterhin eine betrieblich veranlaßte Schuld.

Hinweise
H 13 (15)

Ablösung einer Schuld
Wird eine Schuld zur Ablösung einer bereits bestehenden Schuld aufgenommen, rechnet die neue Schuld nur insoweit zum Betriebsvermögen, als die abgelöste Schuld betrieblich veranlaßt war (→ BFH vom 15.11.1990 – BStBl 1991 II S. 226).

Betriebsschuld
Eine Verbindlichkeit gehört zum Betriebsvermögen, wenn sie durch den Betrieb veranlaßt ist (Betriebsschuld). Für die Bestimmung des Veranlassungszusammenhangs ist allein die Verwendung des Darlehensbetrags ausschlaggebend. Eine für Betriebszwecke aufgenommene Verbindlichkeit ist unabhängig davon eine Betriebsschuld, ob der Steuerpflichtige die fremdfinanzierten betrieblichen Aufwendungen auch durch eigene Mittel hätte bestreiten können oder ob der Betrieb über aktives Betriebsvermögen oder stille Reserven verfügt. Die betriebliche Veranlassung einer Verbindlichkeit wird nicht dadurch berührt, daß der betriebliche Fremdmittelbedarf auf Entnahmen beruht; → aber Finanzierung von Entnahmen. Eine Verbindlichkeit ist aber nicht deshalb eine Betriebsschuld, weil Eigenmittel für betriebliche Zwecke eingesetzt worden sind und aus diesem Grunde Fremdmittel für private Zwecke aufgenommen werden mußten; → Umschuldung Privatschuld in Betriebsschuld (BFH vom 8.12.1997 – BStBl 1998 II S. 193).

Betriebsaufgabe oder -veräußerung im ganzen
– Schulden, *die während des Bestehens des Betriebs entstanden sind,* bleiben betrieblich veranlaßt, wenn der Betrieb insgesamt veräußert oder aufgegeben wird und soweit der Veräußerungserlös oder die Verwertung von Aktivvermögen zur Tilgung einer zurückbehaltenen, ehemals betrieblichen Schuld nicht ausreichen (→ BFH vom 21.11.1989 – BStBl 1990 II S. 213 *und vom 12.11.1997 – BStBl 1998 II S. 144*). Wird der Veräußerungserlös nicht zur Tilgung der zurückbehaltenen Schuld verwendet, oder wird Aktivvermögen entnommen und dadurch einer Verwertung entzogen, mindert sich die betrieblich veranlaßte Schuld um den Betrag des Veräußerungserlöses oder um den Verkehrswert des entnommenen Aktivvermögens (→ BFH vom 11.12.1980 – BStBl 1981 II S. 463), es sei denn, mit dem Veräußerungserlös wird ein anderes Betriebsvermögen erworben. Die zurückbehaltene Schuld rechnet dann zu dem neu erworbenen Betriebsvermögen (→ BFH vom 7.8.1990 – BStBl 1991 II S. 14).

– Zahlt der Gesellschafter einer **Personengesellschaft** Zinsen für Verbindlichkeiten, die die Gesellschaft bei Aufgabe ihres Betriebs nicht getilgt hat, obwohl ihr bei ordnungsgemäßer Abwicklung ausreichende Mittel zur Verfügung gestanden hätten, kann er die Zinsen nicht als (nachträgliche) Betriebsausgaben abziehen. Das gilt auch für Zinsen auf

§ 4 EStG
H 13 (15)

Verbindlichkeiten, die einem Gesellschafter im wirtschaftlichen Zusammenhang mit seinem Sonderbetriebsvermögen entstanden sind, wenn er die Aktivwerte dieses Vermögens bei Beendigung seiner Mitunternehmerstellung nicht zur Tilgung der Verbindlichkeiten verwendet. Zahlt ein Gesellschafter aber Zinsen für fortbestehende Gesellschaftsverbindlichkeiten, so muß er sich nicht entgegenhalten lassen, daß er die Aktivwerte seines Sonderbetriebsvermögens zur Tilgung dieser Verbindlichkeiten hätte einsetzen können (→ BFH vom 13.2.1996 – BStBl II S. 291).

Finanzierung von Entnahmen
Werden Fremdmittel nicht zur Finanzierung betrieblicher Aufwendungen, sondern tatsächlich zur Finanzierung einer Entnahme aufgenommen, liegt keine Betriebsschuld vor. Ein solcher Fall ist gegeben, wenn dem Betrieb keine entnahmefähigen Barmittel zur Verfügung stehen und die Entnahme erst dadurch möglich wird, daß Fremdmittel in das Unternehmen fließen. Unerheblich ist, ob die Fremdmittel einem betrieblichen Konto zufließen, von welchem zuvor wegen fehlender Barmittel mit schulderhöhender Wirkung aus privaten Gründen Beträge abgebucht wurden (→ BFH vom 8.12.1997 – BStBl 1998 II S. 193)

Fortfall der Rentenverpflichtung
Der Wegfall einer zum Erwerb eines betrieblichen Grundstücks eingegangenen Rentenverpflichtung infolge des Todes des Rentenberechtigten führt zu ihrer erfolgswirksamen Ausbuchung in der Bilanz zum Ende des betreffenden Wirtschaftsjahrs. Das gilt auch, wenn die Rentenverpflichtung in früheren Wirtschaftsjahren im Rahmen einer Bilanzberichtigung erfolgsneutral eingebucht worden ist (→ BFH vom 26.6.1996 – BStBl II S. 601).

Gemischt genutztes Grundstück
Wird durch einheitlichen Kaufvertrag ein gemischt genutztes Grundstück erworben und die Kaufpreisschuld teils mit Fremd-, teils mit Eigenmitteln beglichen, so sind die Zinszahlungen nur im Verhältnis des betrieblich zum privat genutzten Anteil als Betriebsausgabe abziehbar. Keine vorrangige Tilgung des privat veranlaßten Teils (→ BFH vom 7.11.1991 – BStBl 1992 II S. 141).

Haftungslose Darlehen
→ H 37

Kontokorrentschulden
Anhang 12
- **Grundsatz:** → BMF vom 10.11.1993 (BStBl I S. 930) und abweichend von Tzn. 8 und 9 → BFH vom 8.12.1997 (BStBl 1998 II S. 193)
- Abweichend von Tz. 10 des BMF-Schreibens vom 10.11.1993 (BStBl I S. 930) sind getrennte Kontokorrentkonten nicht allein wegen einer Zinskompensation als einheitliches Kontokorrentkonto zu behandeln (→ BFH vom 19.3.1998 – BStBl II S. 513)
- Die Grundsätze der Kontokorrentbeschlüsse des BFH vom 4.7.1990 (BStBl II S. 817) und vom 8.12.1997 (BStBl 1998 II S. 193) gelten auch für den Gesellschafter einer Personengesellschaft (→ BFH vom 4.3.1998 – BStBl II S. 511)

Sekundärfolgenrechtsprechung
→ H 18 (Schuldzinsen)

Umschuldung Privatschuld in Betriebsschuld
Werden Eigenmittel für betriebliche Zwecke und deshalb Fremdmittel für private Zwecke verwendet, so **begründet die Fremdmittelaufnahme keine Betriebsschuld. Ein privates Darlehen kann nicht durch eine bloße wirtschaftliche Umschuldung in eine Betriebsschuld umgewandelt werden. Werden aber im Betrieb erzielte Einnahmen zur Tilgung eines privaten Darlehens entnommen und wird deshalb ein neues Darlehen zur Finanzierung von betrieblichen Aufwendungen aufgenommen, stellt das neue Darlehen eine Betriebsschuld**
Anhang 6 dar (→ BMF vom 27.7.1987 – BStBl I S. 508 und BFH vom 8.12.1997 – BStBl 1998 II S. 193).

Betriebsvermögen bei der Einnahmenüberschußrechnung, bei Schätzung des Gewinns oder bei Gewinnermittlung nach § 13a Abs. 3 bis 8 EStG R 13 (16)

(16) Ermitteln Steuerpflichtige den Gewinn nach § 4 Abs. 3 EStG, oder wird der Gewinn geschätzt (→ R 12 Abs. 2) oder nach § 13a Abs. 3 bis 8 EStG ermittelt, kommt gewillkürtes Betriebsvermögen nur in den Fällen des Wechsels der Gewinnermittlungsart und der Nutzungsänderung in Betracht (→ § 4 Abs. 1 Satz 3 und 4 EStG).

Hinweise H 13 (16)

Beibehaltung von gewillkürtem Betriebsvermögen nach einem Wechsel der Gewinnermittlungsart oder einer Nutzungsänderung

→ R 14 Abs. 3

→ H 16 (6) „Geduldetes" gewillkürtes Betriebsvermögen

→ BFH vom 23.5.1991 – BStBl II S. 798

14. Einlagen und Entnahmen R 14
S 2136

Einlagen R 14 (1)

(1) **Gegenstand von Einlagen** können abnutzbare und nicht abnutzbare, materielle und immaterielle Wirtschaftsgüter aller Art sein, unabhängig davon, ob sie dem Anlage- oder dem Umlaufvermögen zuzuordnen sind.

Hinweise H 14 (1)

Banküberweisung

Eine Einlage ist bei Zahlung durch Banküberweisung erst geleistet, wenn die Gutschrift auf dem Empfängerkonto erfolgt ist (→ BFH vom 11.12.1990 – BStBl 1992 II S. 232).

Bodenschätze

→ H 13 (1)

Gewillkürtes Betriebsvermögen

– Die Zuordnung eines Wirtschaftsguts zum gewillkürten Betriebsvermögen bei Einlage muß unmißverständlich in einer Weise kundgemacht werden, daß ein sachverständiger Dritter ohne weitere Erklärung des Steuerpflichtigen die Zugehörigkeit zum Betriebsvermögen erkennen kann (→ BFH vom 22.9.1993 – BStBl 1994 II S. 172).

– Die Einlage von Wirtschaftsgütern als gewillkürtes Betriebsvermögen ist nicht zulässig, wenn erkennbar ist, daß die betreffenden Wirtschaftsgüter dem Betrieb keinen Nutzen, sondern nur Verluste bringen werden (→ BFH vom 19.2.1997 – BStBl II S. 399).

Immaterielle Wirtschaftsgüter

→ R 31a Abs. 3 Satz 3 und 4

Nutzungsrechte/Nutzungsvorteile

Die bloße Nutzung eines **fremden** Wirtschaftsguts zu betrieblichen Zwecken kann nicht eingelegt werden; dies gilt auch für unentgeltlich **erworbene** dingliche oder obligatorische Nutzungsrechte (→ BFH vom 26.10.1987 – BStBl 1988 II S. 348 und vom 20.9.1990 – BStBl 1991 II S. 82).

Verdeckte Einlage eines Geschäfts- oder Firmenwerts, der bei Veräußerung eines Einzelunternehmens an eine GmbH unentgeltlich übergeht

→ BFH vom 24.3.1987 (BStBl II S. 705)

§ 4 EStG
R 14 (2–4)   H 14 (1–4)

→ H 31a Geschäfts- und Firmenwert/Praxiswert

Vorbehaltsnießbrauch
In den Fällen der Einräumung eines Vorbehaltsnießbrauchs liegt hinsichtlich des Nießbrauchsrechts im Ergebnis keine Einlage vor (→ BFH vom 16.12.1988 – BStBl 1989 II S. 763).
→ Entnahme durch Einräumung eines Vorbehaltsnießbrauchs
→ H 14 (2 – 4) Vorbehaltsnießbrauch.
→ Betriebsausgaben eines Nießbrauchers → H 18 Nießbrauch.

R 14 (2)   Entnahmen, Ausscheiden aus dem Betrieb

S 2135   (2) ¹Ein Wirtschaftsgut wird entnommen, wenn es aus dem betrieblichen oder beruflichen in den privaten oder einen anderen betriebs- oder berufsfremden Bereich übergeht. ²Dagegen liegt keine Entnahme vor, wenn ein Wirtschaftsgut von einem Betrieb in einen anderen Betrieb oder Betriebsteil derselben oder einer anderen Einkunftsart überführt wird **und** eine spätere einkommensteuerliche Erfassung der im Buchwert des Wirtschaftsguts enthaltenen stillen Reserven gewährleistet ist. ³In diesen Fällen ist es jedoch nicht zu beanstanden, wenn der Steuerpflichtige *eine vor dem 1.1.1999 erfolgte* Überführung des Wirtschaftsguts wie eine Entnahme behandelt. ⁴Eine Entnahme liegt auch nicht vor in Fällen einer Strukturänderung eines Betriebs mit der Folge, daß die Einkünfte aus dem Betrieb einer anderen Einkunftsart zuzurechnen sind (z. B. wenn ein land- und forstwirtschaftlicher Betrieb wegen Überschreitens der Grenzen des § 13 Abs. 1 Nr. 1 EStG zu einem Gewerbebetrieb wird oder wenn eine freiberufliche Praxis durch Übergang im Sinne des § 7 Abs. 1 EStDV auf nicht qualifizierte Rechtsnachfolger zu einem Gewerbebetrieb wird).

R 14 (3)   Entnahmehandlung

(3) ¹Eine Entnahme erfordert regelmäßig eine Entnahmehandlung, die von einem Entnahmewillen getragen wird. ²Wirtschaftsgüter, die zur Zeit der Aufnahme in das Betriebsvermögen zulässigerweise zum Betriebsvermögen gerechnet worden sind, bleiben daher grundsätzlich so lange Betriebsvermögen, bis sie durch eine eindeutige, unmißverständliche – ausdrückliche oder schlüssige – → Entnahmehandlung des Steuerpflichtigen Privatvermögen werden. ³Bei buchführenden Steuerpflichtigen bietet die Buchung einen wesentlichen Anhalt, ob und wann ein Wirtschaftsgut entnommen worden ist. ⁴Eine Entnahme liegt auch ohne Entnahmeerklärung oder Entnahmebuchung vor, wenn der Steuerpflichtige die bisherige betriebliche oder berufliche Nutzung eines Wirtschaftsguts auf Dauer so ändert, daß es seine Beziehung zum Betrieb verliert und dadurch zu notwendigem Privatvermögen wird. ⁵Eine **Nutzungsänderung,** durch die das Wirtschaftsgut zwar seinen Charakter als notwendiges Betriebsvermögen verliert, jedoch nicht zu notwendigem Privatvermögen wird, ist ohne eindeutige Entnahmeerklärung des Steuerpflichtigen keine Entnahme des Wirtschaftsguts; das gilt auch bei Gewinnermittlung nach § 4 Abs. 3 und nach § 13a EStG (§ 4 Abs. 1 Satz 4 EStG) sowie bei Vollschätzung.

R 14 (4)   Gegenstand einer Entnahme

(4) Gegenstand einer Entnahme können alle Wirtschaftsgüter sein, die zum notwendigen oder gewillkürten Betriebsvermögen gehören, also auch immaterielle (Einzel-)Wirtschaftsgüter, z. B. ein Verlagswert, sowie Nutzungen und Leistungen, auch wenn sie in der Bilanz nicht angesetzt werden können.

H 14 (2–4)   **Hinweise**

Altenteilerwohnung
→ R 13 Abs. 4, letzter Satz

Einbringung von Betriebsvermögen in eine Betriebs-Kapitalgesellschaft
Entnahme → BMF vom 22.1.1985 (BStBl I S. 97), BFH vom 16.4.1991 (BStBl II S. 832)

§ 4 EStG
H 14 (2-4)

Entnahmegewinn bei Nutzungsentnahme
- Grundstücke oder Grundstücksteile → BFH vom 11.11.1988 (BStBl 1989 II S. 872).
- Betrieblicher Pkw bei Unfall auf Privatfahrt → BFH vom 24.5.1989 (BStBl 1990 II S. 8); → R 18 Abs. 1 Satz 3 bis 5.
- → Gewinnrealisierung

Entnahmegewinn beim Besitzgesellschafter
Die Übernahme eines Anteils am Stammkapital einer Betriebs-GmbH durch die Ehefrau des Besitzgesellschafters im Zuge einer Kapitalerhöhung führt jedenfalls dann nicht zu einem Entnahmegewinn des Besitzgesellschafters, wenn dieser sein Recht auf quotenmäßige Teilhabe an der Kapitalerhöhung ausschöpft (Abgrenzung zum BFH-Urteil vom 16.4.1991, BStBl II S. 832) → FG Münster vom 22.3.1995 – EFG 1995 S. 794).

Entnahmehandlung
Für die Eindeutigkeit einer Entnahmehandlung ist ein Verhalten des Steuerpflichtigen erforderlich, durch das die Verknüpfung des Wirtschaftsgutes mit dem Betriebsvermögen unmißverständlich gelöst wird. Es bedarf nicht stets einer buchmäßigen Darstellung der Entnahme. Es kann auch ein anderes schlüssiges Verhalten genügen, durch das die Verbindung des Wirtschaftsguts zum Betrieb gelöst wird (→ BFH vom 9.8.1989 – BStBl 1990 II S. 128). Der Tatbestand der Entnahme ist auch erfüllt, wenn dem Steuerpflichtigen die an die Entnahme geknüpften Rechtsfolgen, insbesondere die Gewinnverwirklichung, nicht bewußt werden (→ BFH vom 31.1.1985 – BStBl II S. 395).
- → Personengesellschaften
- → Schenkung

Erbauseinandersetzung und vorweggenommene Erbfolge
→ BMF vom 11.1.1993 (BStBl I S. 62) und vom 13.1.1993 (BStBl I S. 80)

Anhang 10

Geschäfts- oder Firmenwert
Ein Geschäfts- oder Firmenwert kann nicht wie andere Einzelwirtschaftsgüter für sich entnommen werden, da er nur im Rahmen eines lebenden Betriebs, Teilbetriebs oder Mitunternehmeranteils übertragen werden kann (→ BFH vom 24.11.1982 – BStBl 1983 II S. 113).
- → Verlagswert

Gewinnrealisierung
Steuerpflichtiger Entnahmegewinn ist der gesamte Unterschiedsbetrag zwischen dem Entnahmewert (§ 6 Abs. 1 Nr. 4 EStG) und dem Buchwert des entnommenen Wirtschaftsguts im Zeitpunkt der Entnahme. Das gilt auch dann, wenn das Wirtschaftsgut vor der Entnahme auch privat genutzt und die private Nutzung als Entnahme behandelt worden ist (→ BFH vom 24.9.1959 – BStBl III S. 466; → Entnahmegewinn, → Nutzungsentnahme). Zur Feststellung des Entnahmewerts von Nutzungen und Leistungen können die für die Bewertung von Sachbezügen entwickelten Grundsätze herangezogen werden (→ BFH vom 22.7.1988 – BStBl II S. 995).

Gewinnverwendung zur Verlustdeckung der Schwester-KG ist Entnahme (→ BFH vom 26.1.1995 – BStBl II S. 589):

Ist in den Gesellschaftsverträgen zweier Personengesellschaften, an denen dieselben Personen zu gleichen Teilen beteiligt sind, vereinbart, daß bei Entstehung eines Verlusts in der einen Gesellschaft diese Gesellschaft (Verlustgesellschaft) Anspruch auf Deckung des Verlusts aus dem Gewinn der anderen Gesellschaft (Gewinngesellschaft) hat, dann ist nicht ernsthaft zweifelhaft, daß die Verlustdeckung als Gewinnverwendung (Entnahme) durch die Gesellschafter der Gewinngesellschaft und nicht als Betriebsausgabe dieser Gesellschaft anzusehen ist.

Grundstücke oder Grundstücksteile
- **Anteilige Entnahme** des Grund und Bodens liegt vor, wenn auf einem Betriebsgrundstück ein Gebäude errichtet wird, das teilweise Privatvermögen ist (→ BFH vom 24.11.1982 – BStBl 1983 II S. 365).

- **Betriebsgrundstück** – auf einem bisher unbebauten Betriebsgrundstück wird ein zum Privatvermögen gehörendes Gebäude errichtet; der Grund und Boden wird durch die Bebauung entnommen (Nutzungsänderung, → BFH vom 27.1.1977 – BStBl II S. 388, vom 11.3.1980 – BStBl II S. 740 und vom 18.11.1986 – BStBl 1987 II S. 261).
- **Nutzung für eigene Wohnzwecke** – bisher zum Betriebsvermögen gerechnete Grundstücke oder Grundstücksteile werden nicht nur vorübergehend für eigene Wohnzwecke genutzt oder Dritten unentgeltlich zu Wohnzwecken überlassen (→ BFH vom 23.1.1991 – BStBl II S. 519).
- **Personengesellschaft** – Entsprechendes gilt, wenn ein zum Betriebsvermögen einer Personengesellschaft gehörendes Grundstück durch einen oder mehrere Gesellschafter mit Zustimmung der Gesellschaft für private Wohnzwecke des oder der Gesellschafter bebaut wird (→ BFH vom 30.6.1987 – BStBl 1988 II S. 418).
- **Entnahme eines landwirtschaftlichen Grundstücks durch geduldete Nutzungsänderung**

  Landwirtschaftlich genutzte Grundstücke verlieren ohne eindeutige Entnahmehandlung oder einen entsprechenden Rechtsvorgang nicht ihre Eigenschaft als notwendiges Betriebsvermögen. Duldet der Eigentümer die Nutzung eines betrieblichen (landwirtschaftlichen) Grundstücks zu privaten Zwecken (Bau einer Garage) eines Dritten, so setzt eine Entnahme auf Grund einer nicht nur vorübergehenden Nutzungsänderung voraus, daß der Nutzende eine gesicherte Rechtsposition erwirbt, nach der ihm die Nutzungsbefugnis nicht ohne weiteres und gegen seinen Willen entzogen werden kann. Ob diese Änderung der Verhältnisse nach dem Willen der Beteiligten dauerhaft sein soll, bedarf der Bestätigung durch weitere äußere Merkmale oder einer eindeutigen Erklärung des Steuerpflichtigen. Dies ist um so mehr geboten, als bei Gewinnermittlung nach Durchschnittssätzen eine auf dauernde Nutzungsänderung gerichtete Willensäußerung nicht durch einen Buchungsvorgang deutlich gemacht werden kann (→ BFH vom 26.1.1995 – BStBl II S. 427).

Incentive-Reisen
→ BMF vom 14.10.1996 – BStBl I S. 1192

Keine Entnahme des Grundstücks oder Grundstücksteils liegt ohne Hinzutreten weiterer Umstände in folgenden Fällen vor:
- **Erklärung von Einkünften aus Vermietung und Verpachtung,** ohne daß der Steuerpflichtige die naheliegenden steuerrechtlichen Folgerungen aus einer Entnahme zieht, wie Gewinnrealisierung nach § 6 Abs. 1 EStG, unabhängig davon, ob innerhalb oder außerhalb der Buchführung (→ BFH vom 9.8.1989 – BStBl 1990 II S. 128).
- **Erbbaurecht** – Belastung eines Grundstücks mit einem entgeltlich eingeräumten Erbbaurecht (→ BFH vom 10.12.1992 – BStBl 1993 II S. 342).
- **Gebäudeabriß,** wenn die betriebliche Nutzung der Freifläche möglich ist (→ BFH vom 6.11.1991 – BStBl 1993 II S. 391).
- Im **Hinzuerwerb** eines im Privatvermögen verbleibenden Miteigentumsanteils an einem Grundstück im Wege der Erbfolge liegt keine Entnahme des zum gewillkürten Betriebsvermögen gehörenden Anteils (→ BFH vom 8.3.1990 – BStBl 1994 II S. 559).
- **Landwirtschaftlich genutzte Grundstücke** – keine ertragreiche Bewirtschaftung mehr möglich (→ BFH vom 12.11.1992 – BStBl 1993 II S. 430).
- **Nießbrauch** – ein Grundstück, das zum Sonderbetriebsvermögen des Gesellschafters einer GbR gehört, wird durch die Bestellung eines Nießbrauchs am Gesellschaftsanteil und am Grundstück grundsätzlich nicht entnommen (→ BFH vom 1.3.1994 – BStBl 1995 II S. 241).
- **Nutzung** – nur vorübergehende Nutzung zu eigenen Wohnzwecken (→ BFH vom 17.1.1974 – BStBl II S. 240).
- **Nutzungsrecht** – Belastung eines Grundstücks mit der Einräumung eines unentgeltlichen Nutzungsrechts und anschließende Anmietung vom Nutzungsberechtigten durch den Grundstückseigentümer (→ BFH vom 11.11.1988 – BStBl 1989 II S. 872).

- **Übergang** von Wirtschaftsgütern von einem Betrieb oder Betriebsteil in das Sonderbetriebsvermögen bei einer Personengesellschaft, an der der Steuerpflichtige beteiligt ist (→ BFH vom 7.4.1992 – BStBl 1993 II S. 21):

> Fremdvermietete Grundstücke, die dem Gesellschafter einer KG gehören, können in der Gesamtbilanz der Mitunternehmerschaft auch dann als gewillkürtes Sonderbetriebsvermögen ausgewiesen werden, wenn sie nicht mit Grundpfandrechten zur Sicherung von Darlehensverbindlichkeiten der KG belastet sind. Dies gilt jedenfalls dann, wenn die Grundstücke schon vor Gründung der KG in dem Einzelunternehmen des Gesellschafters als gewillkürtes Betriebsvermögen behandelt worden sind.
>
> Fremdvermietete Grundstücke sind nicht notwendiges Privatvermögen; sie können daher in einem Einzelunternehmen zu gewillkürtem Betriebsvermögen gemacht werden. Sie stellen ebenso wie Wertpapiere oder unbebaute Grundstücke Vermögenswerte dar, die als Vermögensanlage der finanziellen Absicherung des Betriebs dienen und seine Ertragsfähigkeit steigern können. Auch Mietwohngrundstücke im Eigentum eines Gesellschafters können geeignet und bestimmt sein, als gewillkürtes Sonderbetriebsvermögen den betrieblichen Zwecken der Personengesellschaft zu dienen. Zum einen besteht die Möglichkeit, den Grundbesitz des Gesellschafters zur Sicherung betrieblicher Kredite einzusetzen, zum anderen können die Mieterträge ggf. dazu verwendet werden, der Gesellschaft zusätzliche Mittel für betriebliche Zwecke zuzuführen. Im Urteilsfall ist der Grundbesitz des Gesellschafters zwar unstreitig nicht für betriebliche Zwecke der KG genutzt worden. Gleichwohl ist er objektiv geeignet, künftig für derartige Zwecke eingesetzt zu werden. Das genügt, um die Behandlung des Grundbesitzes als gewillkürtes (Sonder-)Betriebsvermögen zu rechtfertigen.
>
> Im Urteilsfall kam hinzu, daß die Mietwohngrundstücke schon vor der Gründung der KG im Einzelunternehmen des Gesellschafters als gewillkürtes Betriebsvermögen bilanziert worden sind. Der Gesellschafter hat nach Verpachtung seines Einzelunternehmens an die KG sein unternehmerisches Engagement lediglich in anderer Form fortgesetzt. In einem solchen Fall kann es dem Grundstückseigentümer nicht verwehrt sein, ein Grundstück, das nicht zum notwendigen Privatvermögen gehört, weiterhin im Sonderbetriebsvermögen zu führen.

Nutzungsänderung
Bisher betrieblich genutzte und seitdem ungenutzte (freie) Grundstücksflächen, deren spätere betriebliche Nutzung möglich bleibt, verbleiben ohne eine von einem Entnahmewillen getragene Entnahmehandlung im Betriebsvermögen (→ BFH vom 6.11.1991 – BStBl 1993 II S. 391).

Nutzungsentnahme
- Grundstücke oder Grundstücksteile → BFH vom 11.11.1988 (BStBl 1989 II S. 872).
- Betrieblicher Pkw bei Unfall auf Privatfahrt → BFH vom 24.5.1989 (BStBl 1990 II S. 8); → R 18 Abs. 1 Satz 3 bis 5.

> Die Nutzung des dem Betriebsvermögen angehörenden PKW auf einer Privatfahrt einschließlich eines dadurch ausgelösten Unfalls ist als eine Nutzungsentnahme im Sinne des § 4 Abs. 1 Satz 2 EStG zu beurteilen. Nach dem Klammerzusatz zu dieser Vorschrift sind u. a. Nutzungen von Wirtschaftsgütern des Betriebsvermögens für außerbetriebliche Zwecke als Entnahmen zu behandeln. Die Entnahmehandlung ist darin zu sehen, daß der PKW des Betriebsvermögens willentlich und wissentlich zu privaten Zwecken genutzt wurde. Darauf, ob der Unfall gewollt war oder nicht, kommt es steuerrechtlich nicht an (→ BFH vom 24.5.1989 – BStBl 1990 II S. 8).

Personengesellschaften
- → BMF vom 20.12.1977 zur Besteuerung der Mitunternehmer von Personengesellschaften (BStBl 1978 I S. 8) Tzn. 21 bis 80. *Anhang 18*
- Wird ein Wirtschaftsgut aus dem Gesamthandsvermögen einer Personengesellschaft mit Zustimmung aller Gesellschafter derart entnommen, daß es Eigentum nur eines Gesellschafters wird, so wird der Entnahmegewinn allen Gesellschaftern zugerechnet, falls die stillen Reserven dem begünstigten Gesellschafter geschenkt worden sind (→ BFH vom 28.9.1995 – BStBl 1996 II S. 276).

§ 4 EStG
H 14 (2–4)

- Gewährt eine Personengesellschaft einem Gesellschafter ein Darlehen ohne betriebliche Veranlassung, so gehört dieses Darlehen privatrechtlich weiter zum Gesamthandsvermögen. Da das Darlehen steuerlich nicht zum Betriebsvermögen gehört, ist es als Entnahme zu behandeln, die allen Gesellschaftern anteilig unter Minderung ihrer Kapitalkonten zuzurechnen ist (→ BFH vom 9.5.1996 – BStBl II S. 642). Eine Entnahme und kein Darlehen liegt auch vor, wenn neben dem festen Kapitalkonto lediglich ein weiteres Konto zur Erfassung von Gewinnen, Einlagen und Entnahmen der Gesellschafter geführt wird, auf dem auch Verluste verbucht werden (→ BFH vom 27.6.1996 – BStBl 1997 II S. 36).

Private Pkw-Nutzung
Anhang 12
- Ertragsteuerliche Erfassung der Nutzung eines betrieblichen Kraftfahrzeugs zu Privatfahrten, zu Fahrten zwischen Wohnung und Betriebsstätte sowie zu Familienheimfahrten nach § 4 Abs. 5 Satz 1 Nr. 6 und § 6 Abs. 1 Nr. 4 Sätze 2 und 3 EStG (→ BMF vom 12.5.1997 – BStBl I S. 562).
- Zerstörung eines betrieblichen Kraftfahrzeugs anläßlich einer Privatfahrt → BFH vom 24.5.1989 (BStBl 1990 II S. 8) und R 18 Abs. 1 Satz 3 bis 5.

Schenkung
- Bei der schenkweisen Übertragung eines Wirtschaftsguts fehlt es an einer → Entnahmehandlung, wenn der Steuerpflichtige wirtschaftlicher Eigentümer bleibt (→ BFH vom 5.5.1983 – BStBl II S. 631).
- → Entnahme bei Personengesellschaften

Selbstgenutztes Wohneigentum im VZ 1986, das zulässigerweise als Betriebsvermögen behandelt worden ist
→ Übergangsregelungen des § 52 Abs. 15 und 21 EStG sowie → BMF vom 12.11.1986 (BStBl I S. 528), vom 4.6.1997 – BStBl I S. 630) und vom 13.1.1998 (BStBl I S. 129).

Überführung eines Wirtschaftsguts aus einem Gewerbebetrieb in einen Betrieb der Land- und Forstwirtschaft oder der selbständigen Arbeit des Steuerpflichtigen keine Entnahme, auch wenn die Versteuerung der stillen Reserven bei der Gewerbesteuer dadurch nicht sichergestellt ist (→ BFH vom 14.6.1988 – BStBl 1989 II S. 187).

Überführung von Wirtschaftsgütern in eine ausländische Betriebsstätte, deren Einkünfte durch ein Doppelbesteuerungsabkommen freigestellt sind → BMF vom 12.2.1990 (BStBl I S. 72).

Veräußerung eines Wirtschaftsguts aus dem Gesamthandsvermögen einer Personengesellschaft an einen Gesellschafter

→ H 41a (Veräußerung aus dem Gesellschaftsvermögen)

Verlagswert
Entnahme als Einzelwirtschaftsgut möglich (→ BFH vom 24.11.1982 – BStBl 1983 II S. 113).
→ Geschäfts- oder Firmenwert

Vorbehaltsnießbrauch
Wird ein Wirtschaftsgut aus außerbetrieblichen Gründen einem Dritten unter Vorbehalt des Nießbrauchs unentgeltlich übereignet und das Wirtschaftsgut auf Grund des Nießbrauchsrechts weiterhin betrieblich genutzt, so wird das Wirtschaftsgut insgesamt entnommen, nicht nur ein um den Wert des Nießbrauchs geminderter Teil des Wirtschaftguts (→ BFH vom 28.2.1974 – BStBl II S. 481, vom 2.8.1983 – BStBl II S. 735 und vom 8.12.1983 – BStBl 1984 II S. 202).

→ Entnahmegewinn
→ Nutzungsentnahme

Wettbewerbsverbot
Wird der Gesellschafter einer Personengesellschaft oder der Gesellschafter-Geschäftsführer ihrer Komplementär-GmbH im Handelszweig der Personengesellschaft tätig, kann dadurch ein Schadensersatzanspruch der Gesellschaft wegen Verstoßes gegen das Wettbewerbsverbot entstehen. Verzichten die anderen Gesellschafter ohne betriebliche Veranlassung auf die Geltendmachung des Anspruchs, liegt eine Entnahme der Forderung vor. Ein Schadenser-

satzanspruch entsteht allerdings nicht, wenn die anderen Gesellschafter mit der Tätigkeit des Gesellschafters ausdrücklich oder stillschweigend einverstanden waren; zu einer Entnahme kommt es dann nicht (→ BFH vom 23.3.1995 – BStBl II S. 637).

Ist im Gesellschaftsvertrag einer GmbH ein Wettbewerbsverbot i.S. des § 112 HGB vereinbart, so läßt die Einwilligung aller Gesellschafter die Wettbewerbshandlung erlaubt sein. Die Einwilligung setzt keinen Beschluß der Gesellschafterversammlung voraus (→ BFH vom 24.3.1998 – BFH/NV S. 157a).

Wochenendhaus

Wird ein Wochenendhaus auf einem Betriebsgrundstück errichtet, werden Grund und Boden und das Wochenendhaus erst dann notwendiges Privatvermögen und damit entnommen, wenn die Absicht der künftigen Verwendung des Wochenendhauses zu eigenen Wohnzwecken in Erklärungen oder in einem eindeutigen Verhalten des Steuerpflichtigen zum Ausdruck kommt (→ BFH vom 29.4.1970 – BStBl II S. 754).

15. Bilanzberichtigung und Bilanzänderung   R 15

Bilanzberichtigung

(1) ¹Ist ein Ansatz in der Bilanz unrichtig, so kann der Steuerpflichtige nach § 4 Abs. 2 Satz 1 EStG den Fehler durch eine entsprechende Mitteilung an das Finanzamt berichtigen (**Bilanzberichtigung**). ²Ein Ansatz in der Bilanz ist unrichtig, wenn er unzulässig ist, d.h., wenn er gegen zwingende Vorschriften des Einkommensteuerrechts oder des Handelsrechts oder gegen die einkommensteuerrechtlich zu beachtenden handelsrechtlichen Grundsätze ordnungsmäßiger Buchführung verstößt. ³Soweit eine Bilanzberichtigung nicht möglich ist, ist der falsche Bilanzansatz grundsätzlich in der Schlußbilanz des ersten Jahres, dessen Veranlagung geändert werden kann, erfolgswirksam richtigzustellen.

Bilanzänderung

(2) ¹Wenn steuerrechtlich, in den Fällen des § 5 EStG auch handelsrechtlich, verschiedene Ansätze für die Bewertung eines Wirtschaftsguts zulässig sind und der Steuerpflichtige demgemäß zwischen mehreren Wertansätzen wählen kann, so trifft er bei der Einreichung der Steuererklärung an das Finanzamt seine Entscheidung. ²Eine Änderung dieser Entscheidung zugunsten eines anderen zulässigen Ansatzes ist eine **Bilanzänderung**. ³Sie ist nach § 4 Abs. 2 Satz 2 EStG nur mit → Zustimmung des Finanzamts zulässig. ⁴Der Antrag muß vor Bestandskraft der Veranlagung beim Finanzamt gestellt werden. ⁵Steht die Veranlagung unter dem Vorbehalt der Nachprüfung (§ 164 Abs. 1 AO), ist der Antrag zulässig, solange der Vorbehalt wirksam ist. ⁶Der Antrag auf Bilanzänderung muß wirtschaftlich begründet sein.

(3) ¹Als Bilanzansatz im Sinne der Absätze 1 und 2 gilt der Wertansatz für jedes einzelne bewertungsfähige Wirtschaftsgut. ²Auf die Zusammenfassung in der Bilanz kommt es nicht an.

Hinweise   H 15

Änderung einer Bilanz, die einer bestandskräftigen Veranlagung zugrunde liegt, ist auch dann nicht möglich, wenn die Bilanz einen Verlust ausweist (→ BFH vom 25.4.1990 – BStBl II S. 905).

Berichtigung einer Bilanz, die einer bestandskräftigen Veranlagung zugrunde liegt

– ist nur insoweit möglich, als die Veranlagung nach den Vorschriften der Abgabenordnung, insbesondere nach § 173 oder § 164 Abs. 1 AO, noch geändert werden kann oder die Bilanzberichtigung sich auf die Höhe der veranlagten Steuer nicht auswirken würde (→ BFH vom 27.3.1962 – BStBl III S. 273).

– Die Berichtigung eines unrichtigen Bilanzansatzes in einer **Anfangsbilanz** ist nicht zulässig, wenn diese Bilanz der Veranlagung eines früheren Jahres als **Schlußbilanz** zugrunde gelegen hat, die nach den Vorschriften der AO nicht mehr geändert werden

§ 4 EStG
H 15

kann, oder wenn der sich bei einer Änderung dieser Veranlagung ergebende höhere Steueranspruch wegen Ablaufs der Festsetzungsfrist erloschen wäre (→ BFH vom 29.11.1965 – BStBl 1966 III S. 142). Unter Durchbrechung des Bilanzenzusammenhangs kann eine Berichtigung der Anfangsbilanz des ersten Jahres, bei dessen Veranlagung sich die Berichtigung auswirken kann, ausnahmsweise in Betracht kommen, wenn ein Steuerpflichtiger zur Erlangung beachtlicher ungerechtfertigter Steuervorteile bewußt einen Aktivposten zu hoch oder einen Passivposten zu niedrig angesetzt hat, ohne daß die Möglichkeit besteht, die Veranlagung des Jahres zu ändern, bei der sich der unrichtige Bilanzansatz ausgewirkt hat (→ BFH vom 3.7.1956 – BStBl III S. 250).

– Bilanzberichtigende Einbuchung bei unterlassener Bilanzierung eines Wirtschaftsguts des notwendigen Betriebsvermögens **mit dem Wert, mit dem das Wirtschaftsgut bei von Anfang an richtiger Bilanzierung zu Buche stehen würde** (→ BFH vom 12.10.1977 – BStBl 1978 II S. 191).

– Erfolgsneutrale Ausbuchung bei unterlassener Erfassung einer **Entnahme** (→ BFH vom 21.10.1976 – BStBl 1977 II S. 148).

– Bei einer **Personengesellschaft** ist eine **fehlerhafte Gewinnverteilung** in der ersten noch änderbaren Schlußbilanz erfolgswirksam richtigzustellen (→ Fehlerkorrektur, → BFH vom 11.2.1988 – BStBl II S. 825).

– Ausbuchung eines zu Unrecht bilanzierten Wirtschaftsguts des **Privatvermögens** mit dem Buchwert (→ BFH vom 26.2.1976 – BStBl II S. 378).

– Eine beim **Tausch** unterbliebene Ausbuchung des hingetauschten Wirtschaftsguts und Einbuchung einer Forderung auf Lieferung des eingetauschten Wirtschaftsguts ist in der ersten noch änderbaren Schlußbilanz erfolgswirksam nachzuholen (→ BFH vom 14.12.1982 – BStBl 1983 II S. 303).

– Eine **Verbindlichkeit**, die gewinnwirksam zu Unrecht passiviert worden ist, ist grundsätzlich gewinnerhöhend aufzulösen (→ BFH vom 22.1.1985 – BStBl II S. 308) und eine Verbindlichkeit, deren gewinnmindernde Passivierung der Steuerpflichtige nicht bewußt rechtswidrig oder willkürlich unterlassen hat, ist gewinnmindernd einzustellen (→ BFH vom 2.5.1984 – BStBl II S. 695). Dies gilt auch dann, wenn der Betrieb inzwischen unentgeltlich, also unter Fortführung der Buchwerte, auf einen anderen übertragen wurde (→ BFH vom 9.6.1964 – BStBl 1965 III S. 48) oder wenn der Betrieb zulässigerweise zum Buchwert in eine Personengesellschaft eingebracht wurde (→ BFH vom 8.12.1988 – BStBl 1989 II S. 407).

Besonderheiten bei Land- und Forstwirten mit einem vom Kalenderjahr abweichenden Wirtschaftsjahr bei der Ausübung gesetzlich eingeräumter Bewertungswahlrechte → BFH vom 19.2.1976 (BStBl II S. 417) und vom 6.12.1990 (BStBl 1991 II S. 356).

Bilanzänderung

– **Antragstellung** vor Bestandskraft der Veranlagung (→ BFH vom 19.5.1987 – BStBl II S. 848).

– Eine Bilanzänderung darf sich nur auf die **Bewertung** von Wirtschaftsgütern des Betriebsvermögens beziehen. Das sind insbesondere Fälle der Änderung eines Bilanzansatzes im Rahmen eines Bewertungswahlrechts, der nachträglichen Ausübung einer Bewertungsfreiheit oder des nachträglichen Verzichts auf deren Ausübung. Keine Bilanzänderung liegt vor bei Maßnahmen, die dazu dienen sollen, nach Ablauf des Geschäftsjahres Betriebsvorgänge wieder rückgängig zu machen. Hierbei handelt es sich vielmehr um steuerlich nicht anzuerkennende rückwirkende Sachverhaltsgestaltungen (→ BFH vom 9.4.1981 – BStBl II S. 620).

– → Verlust

Bilanzberichtigung

– **Absetzung für Abnutzung:** Sind in den Vorjahren im Hinblick auf eine zu niedrige Bemessungsgrundlage zu wenig AfA geltend gemacht worden, kann die letzte Anfangsbilanz gewinnneutral berichtigt werden, indem der richtige höhere Anfangswert gekürzt um die tatsächlich vorgenommenen Absetzungsbeträge in die Bilanz eingestellt wird (→ BFH vom 29.10.1991 – BStBl 1992 II S. 512, 516). → H 44 (Unterlassene oder überhöhte AfA).

– **Nach Änderung der höchstrichterlichen Rechtsprechung:** Erfolgswirksame Bilanzberichtigung nach unrechtmäßiger Aktivierung sofort abzuziehender Betriebsausgaben (→ BFH vom 12.11.1992 – BStBl 1993 II S. 392).

Fehlerkorrektur, wenn zwischenzeitlich keine Gewinnfeststellung durchgeführt wurde → BFH vom 28.1.1992 (BStBl II S. 881).

Nachträgliche Auflösung der negativen Kapitalkonten eines Kommanditisten aufgrund des Bilanzenzusammenhangs → BFH vom 10.12.1991 (BStBl 1992 II S. 650).

Richtigstellung eines unrichtigen Bilanzansatzes

Ein unrichtiger Bilanzansatz ist in der ersten Schlußbilanz richtigzustellen, in der dies unter Beachtung der für den Eintritt der Bestandskraft und der Verjährung maßgebenden Vorschriften möglich ist, und zwar grundsätzlich erfolgswirksam. Anzusetzen ist der Wert, mit dem das Wirtschaftsgut bei von vornherein zutreffender bilanzieller Behandlung – also bei Beachtung sämtlicher Gewinnermittlungsvorschriften – in dieser Bilanz erscheinen würde (→ BFH vom 10.12.1997 – BStBl 1998 II S. 377). Die Korrektur eines fehlerhaften Bilanzansatzes setzt voraus, daß noch ein Bilanzierungsfehler vorliegt (→ BFH vom 11.2.1998 – BStBl II S. 503).

Rücklage nach § 6b EStG

Nachträgliche Bildung einer Rücklage nach § 6b EStG ist nur im Wege der Bilanzänderung möglich, und zwar auch dann, wenn die Reinvestitionsfrist bereits abgelaufen oder wenn bereits ein finanzgerichtliches Verfahren anhängig ist (→ BFH vom 7.3.1996 – BStBl II S. 568).

Verlust

Änderung einer Bilanz, die einer bestandskräftigen Veranlagung zugrunde liegt, auch dann nicht möglich, wenn die Bilanz einen Verlust ausweist (→ BFH vom 25.4.1990 – BStBl II S. 905).

Zustimmung des Finanzamts

– Einer beantragten Bilanzänderung ist im allgemeinen dann zuzustimmen, wenn sich die tatsächlichen Grundlagen, von denen der Steuerpflichtige bei der Ausübung eines Wahlrechts ausgegangen ist, nach Einreichung der Bilanz erheblich verändert haben. Das kann auch im finanzgerichtlichen Verfahren der Fall sein oder wenn der Steuerpflichtige mittels des Antrags auf Bilanzänderung auf die Berichtigung von Bilanzansätzen durch das Finanzamt, z. B. im Rahmen einer Betriebsprüfung reagiert (→ BFH vom 7.3.1996 – BStBl II S. 568).

– Keine Zustimmung des Finanzamts zu einer wegen einer anderweitigen Ausübung eines Wahlrechts beantragten Bilanzänderung wegen gewerbesteuerlicher Zwecke, wenn Bilanz bereits bestandskräftiger Einkommensteuer-Veranlagung zugrunde gelegen hat (→ BFH vom 9.8.1989 – BStBl 1990 II S. 195);

– zu einer Bilanzänderung wegen eines allein für Gewerbesteuerzwecke neu ausgeübten Bilanzierungswahlrechts kann abgelehnt werden, sofern die (Sonder-)Bilanz der bereits bestandskräftigen Gewinnfeststellung zugrunde gelegen hat (→ BFH vom 21.1.1992 – BStBl II S. 958).

16. Einnahmenüberschußrechnung

Anwendungsbereich

(1) ¹Der Steuerpflichtige kann nach § 4 Abs. 3 EStG als Gewinn den Überschuß der Betriebseinnahmen über die Betriebsausgaben ansetzen, wenn er auf Grund gesetzlicher Vorschriften (→ R 12 Abs. 1 und 2) nicht verpflichtet ist, Bücher zu führen und regelmäßig Abschlüsse zu machen, er dies auch nicht freiwillig tut, und sein Gewinn nicht nach Durchschnittssätzen (§ 13a EStG) zu ermitteln ist. ²Die Buchführung wegen der Eigenschaft des Betriebs als Testbetrieb für den Agrarbericht oder als Betrieb des EG-Informationsnetzes landwirtschaftlicher Buchführungen und die Auflagenbuchführung entsprechend den Richt-

§ 4 EStG
R 16 (1, 2)   H 16 (1)

linien des Bundesministeriums für Ernährung, Landwirtschaft und Forsten schließen die Gewinnermittlung nach § 4 Abs. 3 EStG nicht aus. ³Der Gewinn eines Steuerpflichtigen ist nach den für diese Gewinnermittlungsart maßgebenden Grundsätzen zu ermitteln, wenn der Betrieb zwar die Voraussetzungen für die Gewinnermittlung nach § 13a EStG erfüllt, aber ein Antrag nach § 13a Abs. 2 Nr. 2 EStG gestellt worden ist.

H 16 (1)   Hinweise

Gewinnermittlungsarten

– Gewinnermittlung durch Betriebsvermögensvergleich

  → R 12 Abs. 1 und 2

– Gewinnermittlung nach Durchschnittssätzen

  → R 127 Abs. 2 und R 130a

Gewinnschätzung nach den Grundsätzen des § 4 Abs. 3 EStG

→ H 12 (Gewinnschätzung)

→ H 13 (15) Kontokorrentschulden

Unternehmensrückgabe

Anhang 5   Zur Unternehmensrückgabe nach dem Vermögensgesetz im Beitrittsgebiet bei Gewinnermittlung nach § 4 Abs. 3 EStG → BMF vom 10.5.1994 (BStBl I S. 286), Tzn. 88 und 89

Wahl der Gewinnermittlungsart

– Die Entscheidung eines Steuerpflichtigen, seinen Gewinn durch Einnahmenüberschußrechnung nach § 4 Abs. 3 EStG zu ermitteln, muß sich nach außen dokumentiert haben. Das Sammeln z. B. der maßgebenden Einnahmebelege reicht hierfür aus (→ BFH vom 13.10.1989 – BStBl 1990 II S. 287).

– Zeichnet ein nicht buchführungspflichtiger Steuerpflichtiger nur Einnahmen und Ausgaben auf, so kann er nicht verlangen, daß seiner Besteuerung ein nach § 4 Abs. 1 EStG geschätzter Gewinn zugrunde gelegt wird. Durch den Verzicht auf die Aufstellung einer Eröffnungsbilanz und auf die Einrichtung einer den jeweiligen Stand des Vermögens darstellenden Buchführung hat er die Gewinnermittlung durch Einnahmenüberschußrechnung nach § 4 Abs. 3 EStG gewählt (→ BFH vom 2.3.1978 – BStBl II S. 431).

– Die Wahl der Gewinnermittlung durch Einnahmenüberschußrechnung nach § 4 Abs. 3 EStG kann nicht unterstellt werden, wenn der Steuerpflichtige bestreitet, betriebliche Einkünfte erzielt zu haben (→ BFH vom 8.3.1989 – BStBl II S. 714).

R 16 (2)   Zeitliche Erfassung von Betriebseinnahmen und -ausgaben

(2) ¹Bei der Gewinnermittlung nach § 4 Abs. 3 EStG sind die Betriebseinnahmen in dem Wirtschaftsjahr anzusetzen, in dem sie dem Steuerpflichtigen zugeflossen sind, und die Betriebsausgaben in dem Wirtschaftsjahr abzusetzen, in dem sie geleistet worden sind (§ 11 EStG). ²Das gilt auch für Vorschüsse, Teil- und Abschlagszahlungen. ³Hat ein Steuerpflichtiger Gelder in fremdem Namen und für fremde Rechnung verausgabt, ohne daß er entsprechende Gelder vereinnahmt, so kann er in dem Wirtschaftsjahr, in dem er nicht mehr mit einer Erstattung der verausgabten Gelder rechnen kann, eine Betriebsausgabe in Höhe des nicht erstatteten Betrags absetzen. ⁴Soweit der nicht erstattete Betrag in einem späteren Wirtschaftsjahr erstattet wird, ist er als Betriebseinnahme zu erfassen.

Hinweise

Darlehen
Geldbeträge, die dem Betrieb durch die Aufnahme von Darlehen zugeflossen sind, stellen keine Betriebseinnahmen und Geldbeträge, die zur Tilgung von Darlehen geleistet werden, keine Betriebsausgaben dar (→ BFH vom 8.10.1969 – BStBl 1970 II S. 44).

Darlehnsverluste und der **Verlust von Beteiligungen an Kapitalgesellschaften** können nur dann wie Betriebsausgaben abgesetzt werden, wenn besondere Umstände ihre ausschließliche Zugehörigkeit zur betrieblichen Sphäre ergeben (→ BFH vom 2.9.1971 – BStBl 1972 II S. 334, vom 11.3.1976 – BStBl II S. 380 und vom 23.11.1978 – BStBl 1979 II S. 109). Für den Zeitpunkt und den Umfang einer etwaigen Berücksichtigung derartiger Verluste ist maßgeblich, wann und in welcher Höhe die für das Darlehen oder die Beteiligung aufgewendeten Mittel endgültig verlorengegangen sind (→ BFH vom 23.11.1978 – BStBl 1979 II S. 109).

Diebstahl
Ein durch Diebstahl eingetretener Geldverlust führt nur dann zu einer Betriebsausgabe, wenn der betriebliche Zusammenhang anhand konkreter und objektiv greifbarer Anhaltspunkte festgestellt ist (→ BFH vom 28.11.1991 – BStBl 1992 II S. 343).

Fremdwährungsdarlehen
Die Mehrausgaben, die sich bei der Tilgung eines Fremdwährungsdarlehens nach einer Kurssteigerung der ausländischen Währung ergeben, sind im Zeitpunkt der Zahlung als Betriebsausgabe, umgerechnet in Deutsche Mark, abzuziehen; wird infolge eines Kursrückgangs der ausländischen Währung ein geringerer als der ursprünglich zugeflossene Betrag zurückgezahlt, ist der Unterschiedsbetrag, umgerechnet in Deutsche Mark, im Zeitpunkt der Zahlung als Betriebseinnahme zu erfassen (→ BFH vom 15.11.1990 – BStBl 1991 II S. 228).

Sacheinnahmen sind wie Geldeingänge in dem Zeitpunkt als Betriebseinnahme zu erfassen, in dem der Sachwert zufließt (→ BFH vom 12.3.1992 – BStBl 1993 II S. 36).

Tauschvorgänge in der Einnahmenüberschußrechnung nach § 4 Abs. 3 EStG; Erfassung der Zu- und Abgänge von Sachgütern → BFH vom 17.4.1986 (BStBl II S. 607).

Vereinnahmte Umsatzsteuerbeträge
→ H 86 (Gewinnermittlung nach § 4 Abs. 3 EStG und Ermittlung des Überschusses der Einnahmen über die Werbungskosten)

Vorschußweise gezahlte Honorare sind auch dann zugeflossen, wenn im Zeitpunkt der Veranlagung feststeht, daß sie teilweise zurückzuzahlen sind; das „Behaltendürfen" ist nicht Merkmal des Zuflusses (BFH vom 29.4.1982 – BStBl II S. 593 und vom 13.10.1989 – BStBl 1990 II S. 287).

Zahngold
Ausgaben eines **Zahnarztes** mit Gewinnermittlung nach § 4 Abs. 3 EStG für **Zahngold** (→ H 13 (1)) bilden auch dann Betriebsausgaben, wenn der angeschaffte Goldvorrat den Verbrauch für einige Jahre deckt (→ BFH vom 12.7.1990 – BStBl 1991 II S. 13 und vom 12.3.1992 – BStBl 1993 II S. 36); Indiz dafür ist der Verbrauch der Vorräte innerhalb eines Zeitraums von maximal sieben Jahren oder der Nachweis, daß bei Anschaffung mit einem Verbrauch innerhalb dieses Zeitraums zu rechnen war (→ BFH vom 26.5.1994 – BStBl II S. 750).

Zinsaufwendungen für einen Kontokorrentkredit
→ *H13 (15) Kontokorrentschulden*

Zufluß von Betriebseinnahmen
- Zufluß von Provisionszahlungen → *H 116 (Provisionen)*
- **Zufluß von Zahlungen des Auftraggebers an ein Versorgungswerk** als Betriebseinnahmen des Auftragnehmers im Zeitpunkt des Eingangs beim Versorgungswerk (→ BFH vom 1.10.1993 – BStBl 1994 II S. 179).
- **Veräußerungserlös** – der Erlös aus dem Verkauf eines Wirtschaftsgutes ist stets im Jahr des Zuflusses anzusetzen (→ BFH vom 16.2.1995 – BStBl II S. 635).

§ 4 EStG
R 16 (3, 4)   H 16 (3, 4)

R 16 (3) Abnutzbare und nicht abnutzbare Anlagegüter

(3) ¹Zu den Betriebseinnahmen gehören auch die Einnahmen aus der Veräußerung von abnutzbaren und nicht abnutzbaren Anlagegütern sowie vereinnahmte Umsatzsteuerbeträge. ²Die Anschaffungs- oder Herstellungskosten für Anlagegüter, die der Abnutzung unterliegen, z. B. Einrichtungsgegenstände, Maschinen oder der Praxiswert der freien Berufe dürfen nur im Wege der AfA auf die Nutzungsdauer des Wirtschaftsguts verteilt werden, sofern nicht die Voraussetzungen des § 6 Abs. 2 EStG vorliegen. ³Neben den Vorschriften über die AfA und die Absetzung für Substanzverringerung gelten auch die Regelungen über erhöhte Absetzungen und über Sonderabschreibungen. ⁴Die Anschaffungs- oder Herstellungskosten oder der an deren Stelle tretende Wert sind bei nicht abnutzbaren Wirtschaftsgütern des Anlagevermögens, z. B. Grund und Boden, Genossenschaftsanteile, Wald einschließlich Erstaufforstung, erst zum Zeitpunkt ihrer Veräußerung oder Entnahme als Betriebsausgaben abzuziehen, soweit die Aufwendungen vor dem 1.1.1971 nicht bereits zum Zeitpunkt der Zahlung abgesetzt worden sind.

H 16 (3)   **Hinweise**

Behandlung von **Aufwendungen für Vieh** bei Land- und Forstwirten → R 125a.

Unterlassene AfA
Soweit Anschaffungs- oder Herstellungskosten für abnutzbare Wirtschaftsgüter des Anlagevermögens bis zur Veräußerung noch nicht im Wege der AfA berücksichtigt worden sind, sind sie grundsätzlich (Besonderheit: → R 16 Abs. 5) im Wirtschaftsjahr der Veräußerung als Betriebsausgaben abzusetzen, soweit die AfA nicht willkürlich unterlassen worden sind (→ BFH vom 7.10.1971 – BStBl 1972 II S. 271).

R 16 (4) Leibrenten

(4) ¹Erwirbt ein Steuerpflichtiger mit Gewinnermittlung nach § 4 Abs. 3 EStG ein Wirtschaftsgut des **Anlagevermögens** gegen eine Leibrente, so ergeben sich die Anschaffungskosten für dieses Wirtschaftsgut aus dem Barwert der Leibrentenverpflichtung. ²Die einzelnen Rentenzahlungen sind in Höhe ihres Zinsanteils Betriebsausgaben. ³Der Zinsanteil ergibt sich aus dem Unterschiedsbetrag zwischen den Rentenzahlungen einerseits und dem jährlichen Rückgang des Barwerts der Leibrentenverpflichtung andererseits. ⁴Aus Vereinfachungsgründen ist es nicht zu beanstanden, wenn die einzelnen Rentenzahlungen in voller Höhe mit dem Barwert der ursprünglichen Rentenverpflichtung verrechnet werden; sobald die Summe der Rentenzahlungen diesen Wert übersteigt, sind die darüber hinausgehenden Rentenzahlungen in vollem Umfang als Betriebsausgabe abzusetzen. ⁵Bei vorzeitigem Fortfall der Rentenverpflichtung ist der Betrag als Betriebseinnahme anzusetzen, der nach Abzug aller bis zum Fortfall geleisteten Rentenzahlungen von dem ursprünglichen Barwert verbleibt. ⁶Erwirbt ein Steuerpflichtiger mit Gewinnermittlung nach § 4 Abs. 3 EStG Wirtschaftsgüter des **Umlaufvermögens** gegen eine Leibrente, so stellen die Rentenzahlungen zum Zeitpunkt ihrer Verausgabung in voller Höhe Betriebsausgaben dar. ⁷Der Fortfall einer solchen Leibrentenverpflichtung führt nicht zu einer Betriebseinnahme.

H 16 (4)   **Hinweise**

Fortfall der Rentenverpflichtung
Fällt die zur Anschaffung von Wirtschaftsgütern des Anlagevermögens eingegangene Rentenverpflichtung fort, z. B. bei Tod des Rentenberechtigten, so liegt eine Betriebseinnahme in Höhe des Barwertes vor, den die Rentenverpflichtung im Augenblick ihres Fortfalls hatte (→ BFH vom 31.8.1972 – BStBl 1973 II S. 51).

Nachträgliche Erhöhung der Rente

Die infolge einer Wertsicherungsklausel nachträglich eingetretene Erhöhung einer Rente ist in vollem Umfang beim Betriebsausgabenabzug im Zeitpunkt der jeweiligen Zahlung zu berücksichtigen (→ BFH vom 23.2.1984 – BStBl II S. 516 und vom 23.5.1991 – BStBl II S. 796).

Raten   R 16 (5)

(5) ¹Veräußert der Steuerpflichtige Wirtschaftsgüter des Anlagevermögens gegen einen in Raten zu zahlenden Kaufpreis oder gegen eine Veräußerungsrente, so kann er abweichend von Abs. 3 Satz 4 in jedem Wirtschaftsjahr einen Teilbetrag der noch nicht als Betriebsausgaben berücksichtigten Anschaffungs- oder Herstellungskosten in Höhe der in demselben Wirtschaftsjahr zufließenden Kaufpreisraten oder Rentenzahlungen als Betriebsausgaben absetzen. ²Wird die Kaufpreisforderung uneinbringlich, so ist der noch nicht abgesetzte Betrag in dem Wirtschaftsjahr als Betriebsausgabe zu berücksichtigen, in dem der Verlust eintritt.

Kein gewillkürtes Betriebsvermögen   R 16 (6)

– unbesetzt –

Hinweise   H 16 (6)

„Geduldetes" gewillkürtes Betriebsvermögen

Bei der Gewinnermittlung nach § 4 Abs. 3 EStG kommt gewillkürtes Betriebsvermögen nur in den Fällen des Wechsels der Gewinnermittlungsart und der Nutzungsänderung in Betracht (→ § 4 Abs. 1 Satz 3 und 4 EStG, → R 14 Abs. 3 Satz 5, → BFH vom 13.3.1964 – BStBl III S. 455).

Betriebsveräußerung oder -aufgabe   R 16 (7)

(7) ¹Veräußert ein Steuerpflichtiger, der den Gewinn nach § 4 Abs. 3 EStG ermittelt, den Betrieb, so ist der Steuerpflichtige so zu behandeln, als wäre er im Augenblick der Veräußerung zunächst zur Gewinnermittlung durch Betriebsvermögensvergleich nach § 4 Abs. 1 EStG übergegangen (→ Wechsel der Gewinnermittlungsart). ²Dies gilt auch bei der Veräußerung eines Teilbetriebs oder eines Mitunternehmeranteils und bei der Aufgabe eines Betriebs sowie in den Fällen der Einbringung.

Hinweise   H 16 (7)

Aufgabe- oder Veräußerungsbilanz

Keine Verpflichtung zur Aufstellung einer Aufgabe- oder Veräußerungsbilanz (→ BFH vom 3.7.1991 – BStBl II S. 802, 805).

Fehlende Schlußbilanz

Ist auf den Zeitpunkt der Betriebsveräußerung eine Schlußbilanz nicht erstellt worden, und hat dies nicht zur Erlangung ungerechtfertigter Steuervorteile geführt, sind in späteren Jahren gezahlte Betriebssteuern und andere Aufwendungen, die durch den veräußerten oder aufgegebenen Betrieb veranlaßt sind, nachträgliche Betriebsausgaben (→ BFH vom 13.5.1980 – BStBl II S. 692).

Nachträgliche Betriebsausgaben
→ H 171 (Nachträgliche Betriebsausgaben/Werbungskosten)

§ 4 EStG
R 17   H 16 (7), 17

Tod eines Gesellschafters
Hat eine Personengesellschaft ihren Gewinn nach § 4 Abs. 3 EStG ermittelt, ist sie zur Feststellung der für die Berechnung des Veräußerungsgewinns erforderlichen Buchwerte im Fall der Übernahme aller Wirtschaftsgüter der Personengesellschaft durch die verbleibenden Gesellschafter bei Ableben eines Gesellschafters so zu behandeln, als wäre sie im Augenblick des Todes des Gesellschafters zur Gewinnermittlung nach § 4 Abs. 1 EStG übergegangen. Der Übergangsgewinn ist anteilig dem verstorbenen Gesellschafter zuzurechnen, auch wenn er im wesentlichen auf der Zurechnung auf die anderen Gesellschafter übergehender Honorarforderungen beruht (→ BFH vom 13.11.1997 – BStBl 1998 II S. 290).

Übergangsgewinn
Die wegen des Übergangs von der Einnahmenüberschußrechnung zur Gewinnermittlung durch Bestandsvergleich erforderlichen Hinzurechnungen und Abrechnungen sind nicht bei dem Veräußerungsgewinn, sondern bei dem laufenden Gewinn des Wirtschaftsjahrs vorzunehmen, in dem die Veräußerung stattfindet (→ BFH vom 23.11.1961 – BStBl 1962 III S. 199); die dem Gewinn hinzuzurechnenden Beträge können nicht auf drei Jahre verteilt werden (→ BFH vom 3.8.1967 – BStBl III S. 755).

Siehe auch FG Baden-Württemberg vom 18.6.1997 – EFG 1997 S. 1507.

Wechsel der Gewinnermittlungsart
→ R 17

R 17   17. Wechsel der Gewinnermittlungsart

S 2146 **Wechsel zum Betriebsvermögensvergleich**

(1) ¹Neben den Fällen des Übergangs von der Gewinnermittlung nach § 4 Abs. 3 EStG zur Gewinnermittlung nach § 4 Abs. 1 oder § 5 EStG ist eine → Gewinnberichtigung auch erforderlich, wenn nach einer Einnahmenüberschußrechnung im folgenden Jahr der Gewinn nach den Grundsätzen des § 4 Abs. 1 EStG geschätzt oder nach § 13a Abs. 3 bis 7 EStG ermittelt wird. ²Wenn der Gewinn eines Steuerpflichtigen, der bisher durch Einnahmenüberschußrechnung ermittelt wurde, durch Schätzung nach den Grundsätzen des § 4 Abs. 1 EStG festgestellt wird, ist die Gewinnberichtigung grundsätzlich in dem Jahr der Schätzung vorzunehmen. ³Die Gewinnberichtigung kommt deshalb beim Übergang zum Betriebsvermögensvergleich nicht in Betracht, wenn der Gewinn bereits in den Vorjahren griffweise oder nach dem Soll- oder Ist-Umsatz anhand von Richtsätzen geschätzt worden ist. ⁴Bei dem Übergang zur Gewinnermittlung durch Betriebsvermögensvergleich kann zur Vermeidung von Härten auf Antrag des Steuerpflichtigen der Übergangsgewinn (Saldo aus Zu- und Abrechnungen) gleichmäßig entweder auf das Jahr des Übergangs und das folgende Jahr oder auf das Jahr des Übergangs und die beiden folgenden Jahre **verteilt** werden. ⁵Wird der Betrieb vorher veräußert oder aufgegeben, so erhöhen die noch nicht berücksichtigten Beträge den laufenden Gewinn des letzten Wirtschaftsjahrs.⁶Zum Anlagevermögen gehörende nicht abnutzbare Wirtschaftsgüter sind mit dem Wert nach § 4 Abs. 3 Satz 5 EStG anzusetzen.

Wechsel zur Einnahmenüberschußrechnung

(2) Beim Übergang von der Gewinnermittlung durch Betriebsvermögensvergleich (§ 4 Abs. 1 oder § 5 EStG) zur Gewinnermittlung nach § 4 Abs. 3 EStG sind die durch den Wechsel der Gewinnermittlungsart bedingten Hinzurechnungen und Abrechnungen im ersten Jahr nach dem Übergang zur Gewinnermittlung nach § 4 Abs. 3 EStG vorzunehmen.

H 17   **Hinweise**

Ansatz- oder Bewertungswahlrechte gelten beim Übergang zum Betriebsvermögensvergleich nach § 4 Abs. 1 oder § 5 EStG als nicht ausgeübt (→ BFH zu § 13a EStG vom 14.4.1988 – BStBl II S. 672).

§ 4 EStG
H 17

Bewertung von Wirtschaftsgütern
Die einzelnen Wirtschaftsgüter sind beim Übergang zum Betriebsvermögensvergleich nach § 4 Abs. 1 oder § 5 EStG mit den Werten anzusetzen, mit denen sie zu Buch stehen würden, wenn von Anfang an der Gewinn durch Betriebsvermögensvergleich ermittelt worden wäre (→ BFH vom 23.11.1961 – BStBl 1962 III S. 199).

Gewinnberichtigungen beim Wechsel der Gewinnermittlungsart
– **Wechsel zum Betriebsvermögensvergleich**
   Der Übergang von der Gewinnermittlung nach § 4 Abs. 3 EStG zur Gewinnermittlung nach § 4 Abs. 1 oder § 5 EStG erfordert, daß Betriebsvorgänge, die bisher nicht berücksichtigt worden sind, beim ersten Betriebsvermögensvergleich berücksichtigt werden (→ BFH vom 28.5.1968 – BStBl II S. 650 und vom 24.1.1985 – BStBl II S. 255).
– **Wechsel zur Einnahmenüberschußrechnung**
   Soweit sich die Betriebsvorgänge, die den durch den Wechsel der Gewinnermittlungsart bedingten Korrekturen entsprechen, noch nicht im ersten Jahr nach dem Übergang zur Gewinnermittlung nach § 4 Abs. 3 EStG ausgewirkt haben, können die Korrekturen auf Antrag grundsätzlich in dem Jahr vorgenommen werden, in dem sich die Betriebsvorgänge auswirken (→ BFH vom 17.1.1963 – BStBl III S. 228).
– Der Übergang von der Gewinnermittlungsart nach § 4 Abs. 3 EStG zu der nach § 4 Abs. 1 EStG ist nur dann beachtlich, wenn zu Beginn des Wirtschaftsjahres eine Eröffnungsbilanz erstellt wird und Bestandskonten eingerichtet werden (→ FG Baden-Württemberg, Außensenate Freiburg vom 25.6.1998 – EFG S. 1502 – Rev. – BFH IV B 111/98).

Gewinnschätzung bei Einnahmenüberschußrechnung
→ H 12 (Gewinnschätzung)

Hilfswert (für nicht entgeltlich erworbene immaterielle Wirtschaftsgüter) nach § 31 Abs. 1 Nr. 1 Satz 1 DMBilG ist nicht zu berücksichtigen.

Land- und Forstwirtschaft
– Bewertung von Vieh in der Übergangsbilanz → H 125 (Übergang zur Buchführung)
– Bewertung von Vieh nach dem Übergang von der Gewinnermittlung nach Durchschnittssätzen → R 125a Satz 1 Nr. 4
– Wird zugleich mit dem Übergang von der Einnahmenüberschußrechnung zum Betriebsvermögensvergleich ein landwirtschaftlicher Betrieb infolge Strukturwandels zum Gewerbebetrieb, ist die Gewinnberichtigung bei den Einkünften aus Gewerbebetrieb vorzunehmen; es liegen keine nachträglichen Einkünfte aus Land- und Forstwirtschaft vor (→ BFH vom 1.7.1981 – BStBl II S. 780).
– Wechsel der Gewinnermittlung allgemein → R 127 Abs. 6

Sonderverlustkonto aus Rückstellungsbildung nach § 17 Abs. 4 DMBilG ist zu berücksichtigen.

Übersicht über die Berichtigung des Gewinns bei Wechsel der Gewinnermittlungsart
→ Anlage 1

Anlage 1

Unterbliebene Gewinnkorrekturen
Eine bei einem früheren Übergang vom Betriebsvermögensvergleich zur Einnahmenüberschußrechnung oder umgekehrt zu Unrecht unterbliebene Gewinnkorrektur darf bei der aus Anlaß eines erneuten Wechsels in der Gewinnermittlungsart erforderlich gewordenen Gewinnkorrektur nicht berücksichtigt werden, soweit der Fehler nicht mehr berichtigt werden kann (→ BFH vom 23.7.1970 – BStBl II S. 745).

Wird ein Betrieb unentgeltlich auf einen Dritten übertragen, so sind Hinzurechnungen und Abrechnungen, die infolge des Übergangs zu einer anderen Gewinnermittlungsart oder infolge Schätzung des Gewinns bei dem Rechtsvorgänger zu Recht nicht berücksichtigt worden sind, in der Weise bei dem Erwerber zu berücksichtigen, in der sie ohne die unentgeltliche Übertragung des Betriebs bei dem Rechtsvorgänger zu berücksichtigen gewesen wären (→ BFH vom 1.4.1971 – BStBl II S. 526 und vom 7.12.1971 – BStBl 1972 II S. 338).

Verteilung des Übergangsgewinns

Beim Übergang von der Gewinnermittlung durch Betriebsvermögensvergleich (§ 4 Abs. 1 oder § 5 EStG) zur Gewinnermittlung nach § 4 Abs. 3 EStG kommt eine Verteilung des Übergangsgewinns im allgemeinen nicht in Betracht (→ BFH vom 3.10.1961 – BStBl III S. 565).

R 18

18. Betriebseinnahmen und -ausgaben

S 2143
S 2144

Betriebseinnahmen und -ausgaben bei gemischtgenutzten Wirtschaftsgütern

(1) ¹Gehört ein Wirtschaftsgut zum Betriebsvermögen, so sind Aufwendungen einschließlich Absetzungen für Abnutzung, soweit sie der privaten Nutzung des Wirtschaftsguts zuzurechnen sind, keine Betriebsausgaben. ²Gehört ein Wirtschaftsgut zum Privatvermögen, so sind die Aufwendungen einschließlich Absetzungen für Abnutzung, die durch die betriebliche **Nutzung** des Wirtschaftsguts entstehen, Betriebsausgaben. ³Wird ein Wirtschaftsgut des Betriebsvermögens während seiner Nutzung zu privaten Zwecken des Steuerpflichtigen zerstört, so tritt bezüglich der stillen Reserven, die sich bis zu seiner Zerstörung gebildet haben, keine Gewinnrealisierung ein. ⁴In Höhe des Restbuchwerts liegt eine Nutzungsentnahme vor. ⁵Eine Schadensersatzforderung für das während der privaten Nutzung zerstörte Wirtschaftsgut ist als → Betriebseinnahme zu erfassen, wenn und soweit sie über den Restbuchwert hinausgeht.

Betriebseinnahmen und -ausgaben bei Grundstücken

(2) ¹Entgelte aus eigenbetrieblich genutzten Grundstücken oder Grundstücksteilen, z. B. Einnahmen aus der Vermietung von Sälen in Gastwirtschaften, sind → Betriebseinnahmen. ²Das gleiche gilt für alle Entgelte, die für die Nutzung von Grundstücken oder Grundstücksteilen erzielt werden, die zum gewillkürten Betriebsvermögen gehören, sowie für den → Mietwert der Wohnung des Steuerpflichtigen, solange sie auf Grund der Übergangsregelung des § 52 Abs. 15 EStG zum Betriebsvermögen gehört. ³Aufwendungen für Grundstücke oder Grundstücksteile, die zum Betriebsvermögen gehören, sind stets Betriebsausgaben. ⁴Aufwendungen für einen Grundstücksteil, der eigenbetrieblich genutzt wird, sind vorbehaltlich des § 4 Abs. 5 Satz 1 Nr. 6b EStG auch dann Betriebsausgaben, wenn der Grundstücksteil wegen seines untergeordneten Wertes (→ § 8 EStDV, R 13 Abs. 8) nicht als Betriebsvermögen behandelt wird.

Bewirtungen

(3) Der Vorteil aus einer Bewirtung im Sinne des § 4 Abs. 5 Satz 1 Nr. 2 EStG ist aus Vereinfachungsgründen beim bewirteten Steuerpflichtigen nicht als Betriebseinnahme zu erfassen.

H 18

Hinweise

Abgrenzung der Betriebsausgaben von den nicht abziehbaren Kosten der Lebensführung
→ R 117 ff.

Auflösung des Mietvertrags

Aufwendungen für vorzeitige Auflösung des Mietvertrags über eine Wohnung sind Betriebsausgaben bei ausschließlich betrieblich veranlaßter Verlegung des Lebensmittelpunkts (→ BFH vom 1.12.1993 – BStBl 1994 II S. 323).

Umzugskosten können als Betriebsausgaben anerkannt werden, wenn von einem nahezu ausschließlich beruflich veranlaßten Umzug auszugehen ist. Der beruflichen Veranlassung des Umzugs folgt der Abzug solcher Kosten, die – jeweils einzeln betrachtet – nahezu ausschließlich beruflich sind. Als beruflich veranlaßt wurden bisher höchstrichterlich die Beförderungskosten, die Kosten der Wohnungsbeschaffung und pauschale Umzugsnebenkosten anerkannt. Entscheidend für den Betriebsausgabenabzug ist, worin das auslösende Moment für die Zahlung liegt. Es steht außer Streit, daß die Entschädigung an

§ 4 EStG
H 18

den Vermieter zu zahlen war, weil der Mieter aus ausschließlich beruflichen Gründen die Wohnung nicht mehr bewohnen konnte und daher den Mietvertrag vorzeitig auflöste. Die im Streitfall gezahlte Mietausfallentschädigung ist daher ausschließlich durch den Arbeitsplatzwechsel bedingt. Prozeßkosten teilen als Folgekosten das steuerliche Schicksal des Streitgegenstandes des Rechtsstreits. Die im Zusammenhang mit der Auflösung des Mietvertrags stehenden Prozeßkosten sind folglich auch steuerlich abzugsfähig.

Beiträge und Spenden an den Bund der Steuerzahler
Beiträge und andere Zahlungen an das Präsidium des Bundes der Steuerzahler e. V. und seine Landesverbände können nicht als Betriebsausgaben (Werbungskosten) anerkannt werden. Es handelt sich um Aufwendungen für die Lebensführung im Sinne des § 12 Nr. 1 EStG (vgl. auch EFG 1994 S. 1036). In diesem Zusammenhang wird darauf hingewiesen, daß eine Berücksichtigung dieser Aufwendungen nach § 10b EStG nicht in Betracht kommt (→ OFD Frankfurt vom 20. 3. 1995, ESt-Kartei Hessen § 4 Fach 5 Karte 1).

Betriebseinnahmen
- Begriff → BFH vom 22.7.1988 (BStBl II S. 995)
- Der geldwerte Vorteil aus der Teilnahme an einer vom Geschäftspartner organisierten Fachtagung, die den üblichen Rahmen geschäftlicher Gespräche überschreitet, ist Betriebseinnahme (→ BFH vom 26.9.1995 – BStBl 1996 II S. 273).
- *Druckbeihilfen (→ BFH vom 3.7.1997 – BStBl 1998 II S. 244)*

Drittaufwand
→ BMF vom 5.11.1996 (BStBl I S. 1257)   Anhang 12

Eigenaufwand für ein fremdes Wirtschaftsgut
→ BMF vom 5.11.1996 (BStBl I S. 1257)   Anhang 12

Eigenprovisionen
Provisionen, die ein Versicherungsvertreter vom Versicherungsunternehmen für den Abschluß eigener privater Versicherungen (z. B. Lebensversicherungen für sich oder seine Ehefrau) in gleicher Weise erhält wie für die Vermittlung von Versicherungsabschlüssen mit Dritten (sog. Eigenprovisionen), sind Betriebseinnahmen (→ BFH vom 27.5.1998 – BStBl II S. 619).

Empfängerbenennung
Ist sowohl streitig, ob der Höhe nach Betriebsausgaben vorliegen, als auch, ob die fehlende Benennung des Zahlungsempfängers dem Abzug entgegensteht, ist zunächst die Höhe der Betriebsausgaben zu ermitteln oder ggf. zu schätzen (§ 162 AO). Sodann ist zu prüfen, ob und inwieweit die fehlende Benennung des Empfängers dem Abzug entgegensteht. Die bei Anwendung des § 160 AO zu treffende Ermessensentscheidung kann eine unterlassene Schätzung nicht ersetzen (→ BFH vom 24.6.1997 – FR 1998 S. 74).

Entschädigungen
Neben Förderzinsen zum Abbau von Bodenschätzen gezahlte Entschädigungen für entgangene/entgehende Einnahmen sind Betriebseinnahmen, wenn die Flächen im Betriebsvermögen bleiben (→ BFH vom 15.3.1994 – BStBl II S. 840).

Gemischtgenutzte Wirtschaftsgüter
- Werden nicht zum Betriebsvermögen gehörende Wirtschaftsgüter auch betrieblich genutzt, so können Aufwendungen einschließlich der AfA, die durch die betriebliche Nutzung entstehen, als Betriebsausgaben abgesetzt werden, wenn die betriebliche Nutzung nicht nur von untergeordneter Bedeutung ist und der betriebliche Nutzungsanteil sich leicht und einwandfrei anhand von Unterlagen nach objektiven, nachprüfbaren Merkmalen – ggf. im Wege der Schätzung – von den nicht abziehbaren Kosten der Lebenshaltung trennen läßt (→ BFH vom 13.3.1964 – BStBl III S. 455).
- Zu Fahrtkosten bei Geschäftsreisen → R 23 Abs. 2

Incentive-Reisen
→ BMF vom 14.10.1996 (BStBl I S. 1192)

Maklerprovisionen, die im Zusammenhang mit dem Abschluß eines Mietvertrags gezahlt wurden, stellen laufende Betriebsausgaben dar (→ BFH vom 19.6.1997 – BStBl II S. 808).

Mietwert einer selbstgenutzten Wohnung als Betriebseinnahme
→ BMF vom 12.11.1986 (BStBl I S. 528).

Nachträgliche Betriebsausgaben
→ *H 171 (Nachträgliche Betriebsausgaben/Werbungskosten)*

Nebenräume
Entscheidet sich ein Steuerpflichtiger, betrieblich oder beruflich genutzte Nebenräume in die Kostenberechnung einzubeziehen, so sind die Kosten nach dem Verhältnis des gesamten betrieblich oder beruflich genutzten Bereichs (= betrieblich oder beruflich genutzte Haupt- und Nebenräume) zu der Gesamtfläche (= Haupt- und Nebenräume) aufzuteilen (→ BFH vom 21.2.1990 – BStBl II S. 578 und vom 5.9.1990 – BStBl 1991 II S. 389).

Nießbrauch
– Aufwendungen des Steuerpflichtigen im Zusammenhang mit dem betrieblich genutzten Grundstück oder Grundstücksteil sind Betriebsausgaben; hierzu gehören auch die abschreibbaren Anschaffungs- oder Herstellungskosten, die der Steuerpflichtige selbst getragen hat (→ BFH vom 16.12.1988 – BStBl 1989 II S. 763 und vom 20.9.1989 – BStBl 1990 II S. 368).

– Der Vermächtnisnießbraucher ist nicht berechtigt, AfA auf Anschaffungs- oder Herstellungskosten des Erblassers in Anspruch zu nehmen (→ BFH vom 28.9.1995 – BStBl 1996 II S. 440).

Preisgelder als Betriebseinnahmen
→ BMF vom 5.9.1996 (BStBl I S. 1150)

Schadensersatz als Betriebseinnahme
Bei Schadensersatzleistungen eines Steuerberaters oder seines Haftpflichtversicherers wegen vermeidbar zuviel entrichteter Steuern kommt es entscheidend darauf an, ob die Entrichtung der Steuer zu einer Betriebsausgabe führt oder in die außerbetriebliche Sphäre fällt. Schadensersatz wegen einer zu hohen Einkommensteuerfestsetzung ist daher beim Mandanten keine Betriebseinnahme. Schadensersatz wegen einer zu hohen Körperschaftsteuerfestsetzung ist beim Mandanten Betriebseinnahme (→ BFH vom 18.6.1998 – BStBl II S. 621).

Schätzung von Betriebsausgaben
Von tatsächlich geleisteten Betriebsausgaben kann grundsätzlich nur ausgegangen werden, wenn deren betriebliche Veranlassung und Höhe nachgewiesen ist. Gelingt dieser Nachweis der Höhe nach nicht, obwohl offensichtlich Ausgaben angefallen sein müssen, sind die nicht feststellbaren Besteuerungsgrundlagen zu schätzen (§ 162 Abs. 2 Satz 2 AO). Die Schätzung muß insgesamt in sich schlüssig, wirtschaftlich vernünftig und möglich sein. Eine grobe, griffweise Schätzung kann diesen Anforderungen nur genügen, wenn keinerlei Möglichkeiten zur näheren Präzisierung der Schätzungsmethode, wie z. B. durch Anlehnung an die Richtsatzsammlung oder anhand von Erfahrungswerten der Finanzverwaltung bezüglich bestimmten Aufwandes, besteht. Die geltend gemachten Betriebsausgaben sind um angemessene Unsicherheitsabschläge zu kürzen. Nach der Schätzung ist zu prüfen, ob und inwieweit die fehlende Benennung der Zahlungsempfänger gemäß § 160 AO dem Abzug der geschätzten Ausgaben entgegensteht (→ BFH vom 24.6.1997 – BStBl 1998 II S. 51).

Schuldzinsen
– *Schuldzinsen sind Betriebsausgaben, wenn sie mit Fremdmitteln in wirtschaftlichem Zusammenhang stehen, mit denen betrieblich veranlaßte Aufwendungen finanziert werden (→ BFH vom 8.12.1997 – BStBl 1998 II S. 193).*

→ H 13 (15) Betriebsschuld
- Schuldzinsen aus der Finanzierung von
- Pflichtteilsverbindlichkeiten
- Vermächtnisschulden
- Erbersatzverbindlichkeiten
- Zugewinnausgleichsschulden
- Abfindungsschulden nach der Höfeordnung
- Abfindungsschulden im Zusammenhang mit der Vererbung eines Anteils an einer Personengesellschaft im Wege der qualifizierten Nachfolgeklausel oder im Wege der qualifizierten Eintrittsklausel

dürfen nicht als Betriebsausgaben oder Werbungskosten abgezogen werden (→ BMF vom 11.8.1994 – BStBl I S. 603). Anhang 10

Zu der Frage, ob Schuldzinsen als Drittaufwand abzugsfähig sind, ist unter dem Az. IV R 75/78 gegen das Urteil des FG Münster vom 13.8.1997 (→ EFG 1998 S. 270) im Revisionsverfahren beim BFH anhängig.

Sonderbetriebseinnahmen und -ausgaben
Erträge und Aufwendungen des Gesellschafters einer in § 15 Abs. 1 Satz 1 Nr. 2 EStG genannten Personengesellschaft, die durch seine Beteiligung an der Gesellschaft veranlaßt sind, sind bei ihm als Sonderbetriebseinnahmen oder -ausgaben zu erfassen und müssen auch Eingang in die einheitliche Gewinnfeststellung finden. Von Sonderbetriebsausgaben, die den Gewinnanteil des Gesellschafters mindern, sind die Betriebsausgaben abzugrenzen, die nur den Gewinn des eigenen Gewerbebetriebs des Gesellschafters mindern, z. B. eigene Rechts- und Beratungskosten (→ BFH vom 18.5.1995 – BStBl 1996 II S. 295).

Sponsoring
→ BMF vom **18.2.1998** (BStBl I S. **212**) Anhang 12

Unentgeltliche Übertragung eines Grundstücks oder Grundstücksteils an eine betriebsfremde Person unter Vorbehalt eines Nutzungsrechts für betriebliche Zwecke

Aufwendungen des Steuerpflichtigen im Zusammenhang mit dem betrieblich genutzten Grundstück oder Grundstücksteil sind Betriebsausgaben (→ BFH vom 26.10.1987 – BStBl 1988 II S. 348); hierzu gehören auch die abschreibbaren Anschaffungs- oder Herstellungskosten, die der Steuerpflichtige selbst getragen hat (→ BFH vom 16.12.1988 – BStBl 1989 II S. 763 und vom 20.9.1989 – BStBl 1990 II S. 368); Bemessungsgrundlage für die künftige Abschreibung ist der Entnahmewert (Teilwert/Buchwert → R 43 Abs. 6, R 44 Abs. 12; → BFH vom 20.9.1989 – BStBl 1990 II S. 368).

Veräußerung eines zum Betriebsvermögen gehörenden auch privat genutzten Wirtschaftsguts

Wird ein zum Betriebsvermögen gehörendes Wirtschaftsgut, das teilweise privat genutzt worden ist, veräußert, so ist der gesamte Veräußerungserlös Betriebseinnahme (→ BFH vom 24.9.1959 – BStBl III S. 466).

Vorweggenommene Betriebsausgaben sind abziehbar bei ausreichend bestimmbarem Zusammenhang zwischen den Aufwendungen und der Einkunftsart, → BFH vom 15.4.1992 (BStBl II S. 819).

Bei den Einkünften aus Gewerbebetrieb zählen zu den Betriebsausgaben grundsätzlich alle Aufwendungen, die objektiv mit dem Betrieb zusammenhängen und subjektiv dem Betrieb zu dienen bestimmt sind.

Sind bereits vor der Betriebseröffnung Aufwendungen angefallen, so sind sie als vorab entstandene Betriebsausgaben abziehbar, wenn ein ausreichend bestimmter Zusammenhang zwischen den Aufwendungen und der Einkunftsart besteht, in deren Rahmen der Abzug begehrt wird. Ein solcher Abzug kommt von dem Zeitpunkt an in Betracht, in dem sich anhand objektiver Umstände feststellen läßt, daß der Entschluß, Einkünfte einer bestimmten Einkunftsart zu erzielen, endgültig gefaßt worden ist.

Aufwendungen können selbst dann abziehbar sein, wenn es entgegen den Planungen des Steuerpflichtigen nicht zu den erstrebten Einnahmen kommt, sofern nur eine erkennbare Beziehung zu den angestrebten Einnahmen besteht. Hiernach können auch die Kosten für Reisen zur Besichtigung eines zum Verkauf angebotenen Betriebs als vorab entstandene Betriebsausgaben abziehbar sein. Insoweit gilt hier das gleiche wie für den Werbungskostenabzug von Reiseaufwendungen, die einem Steuerpflichtigen auf der Suche nach einem zum Kauf geeigneten Einfamilienhaus entstehen.

Der Abzug von (vorab entstandenen) Betriebsausgaben setzt allerdings voraus, daß deren Entstehung und ihre betriebliche Veranlassung nachgewiesen werden können. Lassen sich die Tatsachen, aus denen sich die Entstehung und der betriebliche Zusammenhang der Aufwendungen ergibt, nicht feststellen, so geht das zu Lasten des Steuerpflichtigen.

Vorfälligkeitsentschädigung

Leistet ein Unternehmer in zeitlichem Zusammenhang mit der Betriebsveräußerung an den Gläubiger eines betrieblichen Darlehens eine Vorfälligkeitsentschädigung, handelt es sich dabei um eine Betriebsausgabe, die den laufenden Gewinn mindert.

Wahlkampfkosten

Wahlkampfkosten eines Bewerbers um ein ehrenamtliches Stadtratsmandat, aus dem Einkünfte im Sinne des § 18 Abs. 1 Nr. 3 EStG bezogen werden, können als Betriebsausgaben abzugsfähig sein (→ BFH vom 25.1.1996 – BStBl II S. 431).

WIR-Prämie

WIR-Prämie rechnet als Einkommensteuererstattung weder zu den (Sonder-)Betriebseinnahmen noch zu den (Sonder-)Betriebsausgaben (→ BFH vom 24.1.1996 – BStBl II S. 441).

Zertifizierungsaufwendungen

Absetzbarkeit von Zertifizierungsaufwendungen nach ISO 9001 bis 9003

BMF vom 22.1.1998 (DB S. 344)

Im Einvernehmen mit den obersten Finanzbehörden der Länder gilt zur Frage der steuerlichen Absetzbarkeit von Zertifizierungsaufwendungen nach ISO 9001 bsis 9003 folgendes:

ISO 9000 ff. ist ein System zur Sicherung, Verbesserung und Zertifizierung des Qualitätsmanagements eines Unternehmens. Es dient der lückenlosen Qualitätskontrolle zu Beginn, während und am Ende eines Produktions- oder Dienstleistungsprozesses, trägt zur Steigerung der Effizienz des Unternehmens durch Standardisierung und Vereinfachung der betrieblichen Abläufe (unternehmensbezogene Qualität des Personals, optimales Zeitmanagement, bestmögliche Organisation) sowie zur Entwicklung neuer Dienstleistungen bei. Darüber hinaus kann sich das Unternehmen einer externen unabhängigen Prüfung unterziehen mit dem Ziel eines Zertifikats, womit das eingerichtete Qualitätsmanagementsystem nach außen dokumentiert werden kann. Die Zertifizierungsaufwendungen dienen daher auch der Steigerung des Geschäfts- und Firmenwerts, denn ein Unternehmen mit Zertifikat hat einen höheren Wert als ein Unternehmen ohne ein solches Zertifikat.

Zu beurteilen sind also zum einen die Aufwendungen für die Einführung des Qualitätsmanagements sowie zum anderen die Aufwendungen für die Teilnahme des Unternehmens an dem nachfolgenden Zertifizierungsverfahren. Zu den Einführungsaufwendungen zählen hauptsächlich die Schulungskosten für die Arbeitnehmer des Unternehmens. Die eigentlichen Zertifizierungskosten, also die Aufwendungen, die zusätzlich zu den Kosten der Einführung des Qualitätsmanagementsystems anfallen, setzen sich zusammen aus den Kosten der sog. Erstprüfung sowie denjenigen der regelmäßigen Nachprüfungen. Die Erstprüfung ist i.d.R. auf einen Zeitraum von drei Jahren begrenzt, die Nachprüfungen erfolgen in regelmäßigen Abständen. Darüber hinaus fallen auch nach erfolgter Einführung des Qualitätsmanagementsystems weitere Kosten an, und zwar Personalkosten für die Anpassung der Arbeitsabläufe an die Erfordernisse der ISO 9001 bis 9003. Dabei kann es sich sowohl um interne als auch externe Kosten für Dienstleistungen durch Dritte handeln, wie z. B. durch Unternehmensberater, durch Schulungen und fachliche Beratungen (sog.

Audits), durch technische Überwachungsvereine und durch weitere Analyse- und Beratungsleistungen.

Bei den genannten Aufwendungen handelt es sich grundsätzlich um **Betriebsausgaben**, die im Zeitpunkt ihres Entstehens sofort abgezogen werden dürfen. Anschaffungs- oder Herstellungskosten eines firmenwertähnlichen immateriellen Wirtschaftsguts „Qualitätssicherung" o.ä. liegen nicht vor. Der für das Unternehmen durch die Zertifizierung entstandene Vorteil geht zwar als wertbildender Faktor in den Geschäfts- oder Firmenwert mit ein, ist nach der allgemeinen Verkehrsanschauung jedoch keiner besonderen Bewertung zugänglich. Einer solchen Bewertung zugänglich wären nur Rechte und rechtsähnliche Zustände, nicht jedoch – wie im vorliegenden Fall – bloße Chancen und Erwartungen, wie sie z. B. auch an Werbemaßnahmen geknüpft werden. Die Qualität bestimmter betriebsinterner Arbeits- oder Produktionsabläufe stellt keinen greifbaren, gegenüber dem Geschäfts- oder Firmenwert abgrenzbaren Einzelwert dar, für den ein gedachter Erwerber des ganzen Unternehmens im Rahmen des Gesamtkaufpreises ein gesondertes Entgelt zahlen würde. Treten Zertifizierungsaufwendungen im direkten, konkreten Zusammenhang mit der Anschaffung oder Herstellung betrieblicher Wirtschaftsgüter auf, sind die Aufwendungen nach Maßgabe des § 255 Abs. 1 und 2 HGB i.V. mit R 32a und 33 EStR und dem BFH-Beschluß vom 4.7.1990 (BStBl II 1990 S. 830 = DB 1990 S. 1897) als **Herstellungskosten oder als Anschaffungsnebenkosten** dieser betrieblichen Wirtschaftsgüter zu behandeln.

Zuschüsse (zweckgebundene Fördermittel)
Öffentlich-rechtliche Zuschüsse für die Umsetzung neuzeitlicher Technologien zählen zu den steuerpflichtigen Betriebseinnahmen (→ BFH vom 6.2.1996 – BFH/NV 1997 S. 474).

19. Rechtsverhältnisse zwischen Angehörigen

Arbeitsverhältnisse zwischen Ehegatten

(1) Arbeitsverhältnisse zwischen Ehegatten können steuerrechtlich nur anerkannt werden, wenn sie ernsthaft vereinbart und entsprechend der Vereinbarung tatsächlich durchgeführt **werden**.

Arbeitsverhältnisse mit Personengesellschaften

(2) ¹Für die einkommensteuerrechtliche Beurteilung des Arbeitsverhältnisses eines Ehegatten mit einer Personengesellschaft, die von dem anderen Ehegatten auf Grund seiner wirtschaftlichen Machtstellung beherrscht wird, z. B. in der Regel bei einer Beteiligung zu mehr als 50 v. H., gelten die Grundsätze für die steuerliche Anerkennung von Ehegattenarbeitsverhältnissen im allgemeinen entsprechend (→ Besonderheiten bei → Personengesellschaften). ²Beherrscht der Mitunternehmer-Ehegatte die Personengesellschaft nicht, so kann allgemein davon ausgegangen werden, daß der mitarbeitende Ehegatte in der Gesellschaft die gleiche Stellung wie ein fremder Arbeitnehmer hat und das Arbeitsverhältnis deshalb steuerrechtlich anzuerkennen ist.

Arbeitsverhältnisse zwischen Eltern und Kindern

(3) ¹Für die bürgerlich-rechtliche Wirksamkeit eines Arbeits- oder Ausbildungsvertrags mit einem minderjährigen Kind ist die Bestellung eines Ergänzungspflegers nicht erforderlich. ²→ Arbeitsverhältnisse mit Kindern unter 14 Jahren verstoßen jedoch gegen das Jugendarbeitsschutzgesetz; sie sind im allgemeinen nichtig und können deshalb auch steuerrechtlich nicht anerkannt werden. ³Die Gewährung freier Wohnung und Verpflegung kann als Teil der Arbeitsvergütung zu behandeln sein, wenn die Leistungen auf arbeitsvertraglichen Vereinbarungen beruhen. ⁴Bei einem voll im Betrieb mitarbeitenden Kind muß die Summe aus Barentlohnung und Sachleistung die sozialversicherungsrechtliche Freigrenze überschreiten, wobei eine Mindestbarentlohnung von monatlich 200 DM Voraussetzung für die steuer**recht**liche Anerkennung des Arbeitsverhältnisses ist.

§ 4 EStG
H 19

Hinweise

Arbeitsverhältnis mit Kindern
- → *Ausbildungs- oder Fortbildungsaufwendungen*
- → *Aushilfstätigkeiten von Kindern*
- Beruht die Mitarbeit von Kindern im elterlichen Betrieb auf einem Ausbildungs- oder Arbeitsverhältnis, so gelten für dessen steuerrechtliche Anerkennung den Ehegatten-Arbeitsverhältnissen entsprechende Grundsätze (→ BFH vom **10.3.1988 – BStBl II S. 877 und vom 29.10.1997 – BStBl 1998 II S. 149**).
- Ein steuerrechtlich anzuerkennendes Arbeitsverhältnis bei Hilfeleistungen von Kindern im elterlichen Betrieb liegt nicht vor bei geringfügigen oder typischerweise privaten Verrichtungen (→ BFH vom 9.12.1993 – BStBl 1994 II S. 298); → gelegentliche Hilfeleistung.

„Arbeitsverträge" über Hilfeleistungen der Kinder im elterlichen Betrieb (z. B.: Arztpraxis) sind steuerrechtlich nicht anzuerkennen, wenn sie wegen ihrer Geringfügigkeit oder Eigenart üblicherweise nicht auf arbeitsvertraglicher Grundlage erbracht werden.

Im Streitfall oblag der Tochter die Verpflichtung, an Tagen, an denen die Praxis geöffnet war, innerhalb der Mittagspause (13.30 Uhr–15.00 Uhr) und in der ersten Stunde nach Praxisschluß (18.00 Uhr–19.00 Uhr) den Telefondienst zu versehen. Eine solche Verpflichtung kommt als Gegenleistung eines mit einem Dritten zu begründenden Arbeitsverhältnisses nicht in Betracht. Die Entgegennahme von eingehenden Telefonanrufen in der Zeit, in der die Praxis geschlossen war, nahm nur geringe Zeit in Anspruch und füllte die Arbeitszeit bei weitem nicht aus. Zudem war der Telefondienst in der Familienwohnung zu verrichten und verlangte kein ständiges Wachen neben dem Telefongerät, sondern gestattete es der Tochter, sich – wie auch sonst – in der Wohnung frei zu bewegen und ihren privaten Interessen nachzugehen.

Für ein steuerlich anzuerkennendes Arbeitsverhältnis sprach im Urteilsfall auch nicht die der Tochter obliegende Verpflichtung, jeweils samstags für 2 Stunden die Praxiswäsche zu waschen und zu bügeln. Ein Arzt würde für die Durchführung solcher geringfügiger Arbeiten keinen Arbeitnehmer beschäftigen (→ BFH vom 9.12.1993 – BStBl II S. 298).

- → *Unterhalt*

Arbeitsverhältnisse zwischen Ehegatten
- *Betriebliche Altersversorgung, Direktversicherung*
  - → H 26 Arbeitnehmer-Ehegatten
- Der steuerrechtlichen Anerkennung eines Arbeitsverhältnisses steht entgegen:
  = *Arbeitnehmer-Ehegatte hebt monatlich vom betrieblichen Bankkonto des Arbeitgeber-Ehegatten einen größeren Geldbetrag ab und teilt diesen selbst auf in das benötigte Haushaltsgeld und den ihm zustehenden monatlichen Arbeitslohn (→ BFH vom 20.4.1989 – BStBl II S. 655).*
  = *Fehlen einer Vereinbarung über die Höhe des Arbeitslohns (→ BFH vom 8.3.1962 – BStBl III S. 218).*
  = *Langzeitige Nichtauszahlung des vereinbarten Arbeitslohns zum üblichen Zahlungszeitpunkt; statt dessen z. B. jährliche Einmalzahlung (→ BFH vom 14.10.1981 – BStBl 1982 II S. 119). Das gilt auch dann, wenn das Arbeitsverhältnis bereits seit mehreren Jahren ordnungsgemäß durchgeführt wurde und im Veranlagungsjahr Lohnsteuer und Sozialabgaben abgeführt wurden (→ BFH vom 25.7.1991 – BStBl II S. 842).*
  = *Wechselseitige Verpflichtung zur Arbeitsleistung; ein Arbeitsvertrag ist nicht durchführbar, wenn sich Ehegatten, die beide einen Betrieb unterhalten, wechselseitig verpflichten, mit ihrer vollen Arbeitskraft jeweils im Betrieb des anderen tätig zu sein. Wechselseitige Teilzeitarbeitsverträge können jedoch anerkannt werden, wenn die Vertragsgestaltungen insgesamt einem → Fremdvergleich standhalten (→ BFH vom 12.10.1988 – BStBl 1989 II S. 354).*
- Der steuerrechtlichen Anerkennung eines Arbeitsverhältnisses kann entgegenstehen:

§ 4 EStG
H 19

- = Arbeitslohnzahlung in Form von Schecks, die der Arbeitnehmer-Ehegatte regelmäßig auf das private Konto des Arbeitgeber-Ehegatten einzahlt (→ BFH vom 28.2.1990 – BStBl II S. 548).
- = Überweisung des Arbeitsentgelts des Arbeitnehmer-Ehegatten auf ein Konto des Arbeitgeber-Ehegatten, über das dem Arbeitnehmer-Ehegatten nur ein Mitverfügungsrecht zusteht (BFH vom 24.3.1983 – BStBl II S. 663), oder auf ein Bankkonto des Gesellschafterehegatten, über das dem Arbeitnehmer-Ehegatten nur ein Mitverfügungsrecht zusteht (BFH vom 20.10.1983 – BStBl 1984 II S. 298).
- – Gewährt ein Ehegatte dem anderen Ehegatten ein refinanziertes Darlehen und ist der Ehegatten-Darlehensvertrag steuerlich **nicht** anzuerkennen, so können die Zinsen des **Refinanzierungsdarlehens** weder als Betriebsausgaben des Darlehensnehmer-Ehegatten noch als Werbungskosten des Darlehensgeber-Ehegatten abgezogen werden (→ FG Münster vom 13.8.1997 – EFG 1998 S. 270 – Rev. – BFH IV R 66/97).
- – Der steuerrechtlichen Anerkennung eines Arbeitsverhältnisses steht nicht entgegen:
  - = Darlehensgewährung des Arbeitnehmer-Ehegatten an den Arbeitgeber-Ehegatten in Höhe des Arbeitsentgelts ohne rechtliche Verpflichtung, nachdem dieses in die Verfügungsmacht des Arbeitnehmer-Ehegatten gelangt ist. Das gilt auch, wenn der Arbeitnehmer-Ehegatte jeweils im Fälligkeitszeitpunkt über den an ihn ausgezahlten Nettoarbeitslohn ausdrücklich dadurch verfügt, daß er den Auszahlungsanspruch in eine Darlehensforderung umwandelt (→ BFH vom 17.7.1984 – BStBl 1986 II S. 48). Werden dagegen Arbeits- und Darlehensvereinbarungen von Ehegatten in einer Weise miteinander verknüpft, daß das Arbeitsentgelt ganz oder teilweise bereits als Darlehen behandelt wird, bevor es in die Verfügungsmacht des Arbeitnehmer-Ehegatten gelangt ist, so ist zur Anerkennung des Arbeitsverhältnisses erforderlich, daß auch der Darlehensvertrag wie ein unter Fremden üblicher Vertrag mit eindeutigen Zins- und Rückzahlungsvereinbarungen abgeschlossen und durchgeführt wird (→ BFH vom 23.4.1975 – BStBl II S. 579).
  - = Schenkung – Laufende Überweisung des Arbeitsentgelts auf ein Sparbuch des Arbeitnehmer-Ehegatten, von dem dieser ohne zeitlichen Zusammenhang mit den Lohnzahlungen größere Beträge abhebt und dem Arbeitgeber-Ehegatten schenkt (→ BFH vom 4.11.1986 – BStBl 1987 II S. 336).
  - = Teilüberweisung des Arbeitsentgelts als vermögenswirksame Leistungen nach dem Vermögensbildungsgesetz auf Verlangen des Arbeitnehmer-Ehegatten auf ein Konto des Arbeitgeber-Ehegatten oder auf ein gemeinschaftliches Konto beider Ehegatten (→ BFH vom 19.9.1975 – BStBl 1976 II S. 81).
  - = Überweisung des Arbeitsentgelts auf ein Bankkonto des Arbeitnehmer-Ehegatten, für das der Arbeitgeber-Ehegatte unbeschränkte Verfügungsvollmacht besitzt (→ BFH vom 16.1.1974 – BStBl II S. 294).
  - = Vereinbartes Arbeitsentgelt ist unüblich niedrig, es sei denn, das Arbeitsentgelt ist so niedrig bemessen, daß es nicht mehr als Gegenleistung für eine begrenzte Tätigkeit des Arbeitnehmer-Ehegatten angesehen werden kann, weil ein rechtsgeschäftlicher Bindungswille fehlt (→ BFH vom 22.3.1990 – BStBl II S. 776).
    → Gehaltsumwandlung, -verzicht
  - = Zahlung des Arbeitsentgelts auf ein „Oder-Konto" bei im übrigen ernsthaft vereinbarten und tatsächlich durchgeführten Ehegatten-Arbeitsverhältnissen (BVerfG vom 7.11.1995 – BStBl 1996 II S. 34).
- – Direktversicherung
  → H 26 Arbeitnehmer-Ehegatten.
- – Gehaltsumwandlung, -verzicht
  Begnügt sich der Arbeitnehmer-Ehegatte mit unangemessen niedrigen Aktivbezügen, ist die Dienstleistung in einen entgeltlichen und einen unentgeltlichen Teil zu zerlegen. Betrieblich veranlaßt ist nur der entgeltliche Teil. Verzichtet der Arbeitnehmer-Ehegatte ganz auf sein Arbeitsentgelt, ist von einer in vollem Umfang privat veranlaßten familiären Mitarbeit auszugehen. Entsprechendes gilt, wenn ein Arbeitnehmer-Ehegatte ohne entsprechende Absicherung seines Anspruchs zugunsten eines erst viele

§ 4 EStG
H 19

- Jahre später fällig werdenden Ruhegehalts auf seine Aktivbezüge verzichtet (→ BFH vom 25.7.1995 – BStBl 1996 II S. 153).
- → BMF vom 9.1.1986 (BStBl I S. 7).
- Rückstellungen für Pensionsverpflichtungen
  = Bei einer Pensionszusage an den Arbeitnehmer-Ehegatten, die an die Stelle einer fehlenden Anwartschaft aus der gesetzlichen Rentenversicherung getreten ist, können sich die Rückstellungsbeträge grundsätzlich nicht gewinnmindernd auswirken, soweit die Aufwendungen die wirtschaftliche Funktion der Arbeitnehmerbeiträge haben. Fiktive Arbeitgeberbeiträge in der Zeit zwischen dem Beginn des steuerrechtlich anerkannten Arbeitsverhältnisses und der Erteilung der Pensionszusage können nicht als Betriebsausgaben berücksichtigt werden (→ BFH vom 14.7.1989 – BStBl II S. 969).
  = → H 41 (10).
- Rückwirkung
  Rückwirkende Vereinbarungen sind steuerrechtlich nicht anzuerkennen (BFH vom 29.11.1988 – BStBl 1989 II S. 281).
- Sonderzuwendungen
  wie z. B. Weihnachts- und Urlaubsgelder, Sonderzulagen, Tantiemen, können dann als Betriebsausgaben abgezogen werden, wenn sie vor Beginn des Leistungsaustauschs klar und eindeutig vereinbart worden sind und auch einem → Fremdvergleich standhalten (→ BFH vom 26.2.1988 – BStBl II S. 606 und vom 10.3.1988 – BStBl II S. 877).
- Unterarbeitsverhältnis
  Ist ein Arbeitnehmer wegen anderer beruflicher Verpflichtungen nicht in der Lage, ein Aufgabengebiet in vollem Umfang selbst zu betreuen, kommt ein Ehegatten-Unterarbeitsverhältnis hierüber jedenfalls dann nicht in Betracht, wenn solche Tätigkeiten sonst ehrenamtlich von Dritten unentgeltlich übernommen werden (→ BFH vom 22.11.1996 – BStBl 1997 II S. 187).
- Zukunftssicherung
  Voraussetzungen für die Anerkennung von Maßnahmen zur Zukunftssicherung bei Ehegatten-Arbeitsverhältnissen → H 41 Abs. 10 und H 26 (Arbeitnehmer-Ehegatten).

Ausbildungs- oder Fortbildungsaufwendungen für Kinder sind in der Regel nicht abziehbare Lebenshaltungskosten. Aufwendungen für die Fortbildung von im Betrieb mitarbeitenden Kindern (z. B. für den Besuch einer Meisterfachschule) sind Betriebsausgaben, wenn die hierzu getroffenen Vereinbarungen klar und eindeutig sind und nach Inhalt und Durchführung dem unter Fremden Üblichen entsprechen, insbesondere auch Bindungsfristen und Rückzahlungsklauseln enthalten (→ BFH vom 14.12.1990 – BStBl 1991 II S. 305). **Dagegen sind Aufwendungen für den Meisterlehrgang eines nicht im Betrieb mitarbeitenden Kindes nicht allein deshalb Betriebsausgaben, weil sie eine spätere Unternehmensnachfolge vorbereiten sollen** (→ BFH vom 29.10.1997 – BStBl 1998 II S. 149).

Aushilfstätigkeiten von Kindern
Bei Verträgen über Aushilfstätigkeiten von Kindern ist der → Fremdvergleich im Einzelfall vorzunehmen (→ BFH vom **9.12.1993** – BStBl **1994** II S. **298**).

Darlehensverhältnisse zwischen Angehörigen

Anhang 2
- → BMF vom 1.12.1992 (BStBl I S. 729) und vom 25.5.1993 (BStBl I S. 410).
- → *Personengesellschaften; – Abtretung*
- → *Personengesellschaften; – Darlehen*
- **Schenkungsbegründetes Darlehen** – Geht dem Darlehen eines minderjährigen Kindes an einen Elternteil eine Schenkung des anderen Elternteils voraus, und liegt diesen Rechtsgeschäften ein Gesamtplan der Eltern zur Schaffung von steuerlich abziehbaren Aufwendungen zugrunde (= sachliche Abhängigkeit), so kann hierin auch bei zeitlicher Unabhängigkeit zwischen Schenkung und Darlehen ein Mißbrauch von Gestaltungsmöglichkeiten des Rechts (§ 42 AO) liegen (→ BFH vom 26.3.1996 – BStBl II S. 443).
- → *Sicherung des Darlehensanspruchs*
- *Verknüpfung von Arbeits- und Darlehensvereinbarungen zwischen Ehegatten*

→ *Arbeitsverhältnisse zwischen Ehegatten,* – *Der steuerrechtlichen Anerkennung eines Arbeits- oder Dienstverhältnisses steht nicht entgegen,* = *Darlehensgewährung*

Eheschließung
Mehrere Jahre vor der Ehe abgeschlossene ernsthafte Arbeitsverträge zwischen den Ehegatten sind steuerrechtlich in der Regel auch nach der Eheschließung anzuerkennen, wenn sich mit der Eheschließung in der Tätigkeit des im Betrieb beschäftigten Ehegatten nichts ändert und auch die Auszahlung des Arbeitsentgelts vor und nach der Heirat in gleicher Weise vollzogen wird (→ *BFH vom 21.10.1966 – BStBl 1967 III S. 22*).

Erbfolgeregelungen
- *Ertragsteuerliche Behandlung der Erbengemeinschaft und ihrer Auseinandersetzung* → *BMF vom 11.1.1993 (BStBl I S. 62)*, — Anhang 10
- *Ertragsteuerliche Behandlung der vorweggenommenen Erbfolge* → *BMF vom 13.1.1993 (BStBl I S. 80)*,
- *Einkommensteuerrechtliche Behandlung von wiederkehrenden Leistungen im Zusammenhang mit der Übertragung von Privat- oder Betriebsvermögen* → *BMF vom 23.12.1996 (BStBl I S. 1508)*.

Fremdvergleich
- Angehörigen steht es frei, ihre Rechtsverhältnisse untereinander so zu gestalten, daß sie steuerlich möglichst günstig sind. Die steuerrechtliche Anerkennung des Vereinbarten setzt voraus, daß die Verträge zivilrechtlich wirksam zustande gekommen sind, inhaltlich dem zwischen Fremden Üblichen entsprechen und so auch durchgeführt werden. Maßgebend für die Beurteilung ist die Gesamtheit der objektiven Gegebenheiten. Dabei kann einzelnen dieser Beweisanzeichen je nach Lage des Falles im Rahmen der Gesamtbetrachtung eine unterschiedliche Bedeutung zukommen. Dementsprechend schließt nicht jede Abweichung vom Üblichen notwendigerweise die steuerrechtliche Anerkennung des Vertragsverhältnisses aus. An den Nachweis, daß es sich um ein ernsthaftes Vertragsverhältnis handelt, sind um so strengere Anforderungen zu stellen, je mehr die Umstände auf eine private Veranlassung des Rechtsverhältnisses hindeuten (→ *BFH vom 28.1.1997 – BStBl II S. 655*).
- → H 41 (10)
- *Personengesellschaft* – Entsprechendes gilt für die Verträge einer Personengesellschaft, die von nahen Angehörigen des anderen Vertragspartners beherrscht wird. Hierbei kommt es auf den rechtlichen und wirtschaftlichen Gehalt des jeweiligen Geschäfts und nicht auf die Bezeichnung durch die Vertragsparteien an (→ *BFH vom 9.5.1996 – BStBl II S. 642*). Schließt eine Personengesellschaft aufeinander abgestimmte Arbeitsverträge mit den Angehörigen ihrer Gesellschafter, bei denen keiner der Gesellschafter als allein beherrschend angesehen werden kann, ist der Fremdvergleich bei jedem einzelnen Arbeitsvertrag durchzuführen (→ *BFH vom 20.10.1983 – BStBl 1984 II S. 298*).
- → *Personengesellschaften; – Abtretung*
- → *Personengesellschaften; – Darlehen*
- → *Umdeutung*
- *Umfang*
    = Der Fremdvergleich ist nur einheitlich für den gesamten Vertrag anzustellen. Das Herauslösen einzelner Vertragsteile, wie z. B. einzelner Tätigkeiten aus einem Arbeitsvertrag, ist nicht möglich. Der Vertrag kann auch nicht mit Blick auf diese Vertragsteile teilweise steuerrechtlich anerkannt werden, wenn der Vertrag im übrigen dem Fremdvergleich nicht standhält (→ *BFH vom 9.12.1993 – BStBl 1994 II S. 298*).
    = → *Mehrere Verträge*

§ 4 EStG
H 19

Gelegentliche Hilfeleistung
Arbeitsverträge über gelegentliche Hilfeleistungen durch Angehörige sind steuer**recht**lich nicht anzuerkennen, weil sie zwischen fremden Personen nicht vereinbart worden wären (→ BFH vom *9.12.1993* – BStBl *1994* II S. *298*).

Gesellschaftsverträge zwischen Angehörigen
→ R 138a

→ Umdeutung

Gewinnanteile aus geschenkter typisch stiller Beteiligung *sind* keine Betriebsausgaben, wenn *eine* Verlustbeteiligung ausgeschlossen *ist* (→ BFH vom 21.10.1992 – BStBl 1993 II S. 289).

→ *R 138a (2)*, → *H 138a (2)*

Mehrere Verträge
Bei der Prüfung, ob die Leistungsbeziehungen zwischen nahen Angehörigen dem → Fremdvergleich standhalten, sind mehrere zeitlich und sachlich zusammenhängende Verträge nicht isoliert, sondern in ihrer Gesamtheit zu würdigen (→ BFH vom 13.12.1995 – BStBl 1996 II S. 180).

Miet- und Pachtverträge zwischen Angehörigen
- → R 162a, H 162a (Steuerliche Anerkennung)
- → *Sonstige Rechtsverhältnisse zwischen Angehörigen*

Minderjährige Kinder
- *Ergänzungspfleger* – Bei Verträgen zwischen Eltern und minderjährigen Kindern, die nicht Arbeitsverträge sind (→ R 19 Abs. 3), ist ein Ergänzungspfleger zu bestellen, damit die Vereinbarungen bürgerlich-rechtlich wirksam zustande kommen und so eine klare Trennung bei der Verwaltung des Kindesvermögens und des elterlichen Vermögens gewährleistet ist (→ BFH vom 23.4.1992 – BStBl II S. 1024 *und BMF vom 24.7.1998 – BStBl I S. 914 Tz. 4 – 5*).

  Anhang 23

- *Schwebend unwirksame Verträge, Insichgeschäfte – Die klaren und ernsthaft gewollten Vereinbarungen (→ Fremdvergleich) müssen zu Beginn des maßgeblichen Rechtsverhältnisses oder bei Änderung des Verhältnisses für die Zukunft getroffen werden. Ein Insichgeschäft i.m Sinne des § 181 BGB ist solange – schwebend – unwirksam, bis die Wirksamkeit z. B. durch Bestellung eines Ergänzungspflegers oder mit Erreichen der Volljährigkeit eines minderjährigen Kindes nachgeholt wird. Die nachträgliche Genehmigung des Rechtsgeschäftes hat zivilrechtlich zur Folge, daß die schwebende Unwirksamkeit des Vertrages rückwirkend entfällt (§ 108 Abs. 3, § 184 Abs. 1 BGB). Steuerrechtlich entfaltet sie jedoch keine Rückwirkung. Das gilt selbst dann, wenn die Beteiligten das wirtschaftliche Ergebnis dieses Rechtsgeschäftes eintreten und bestehen lassen, es sei denn, die steuerrechtliche Rückwirkung ist ausdrücklich gesetzlich zugelassen (§ 41 Abs. 1 AO). Erst von dem Zeitpunkt an, zu dem die schwebende Unwirksamkeit entfallen ist, sind auch die steuerlichen Folgen zu ziehen (BFH-Urteil vom 31.10.1989 – BStBl 1992 II S. 506).*

Nichteheliche Lebensgemeinschaften
Die für die steuerrechtliche Beurteilung von Verträgen zwischen **Ehegatten** geltenden Grundsätze können nicht auf Verträge zwischen Partner einer nichtehelichen Lebensgemeinschaft übertragen werden (→ BFH vom 14.4.1988 – BStBl II S. 670).

Personengesellschaften
- *Abtretung – Tritt der Gesellschafter einer Personengesellschaft ihm gegen die Gesellschaft zustehende Darlehensansprüche zur Ablösung von Pflichtteilsansprüchen an einen Angehörigen ab, der die Beträge der Gesellschaft weiterhin als Darlehen beläßt, so sind die an den neuen Darlehensgläubiger gezahlten Darlehenszinsen Betriebsausgaben der Personengesellschaft. Der Betriebsausgabenabzug kann nicht vom Ergebnis eines → Fremdvergleichs hinsichtlich der Darlehensbedingungen abhängig gemacht werden, wenn der Abtretende die Gesellschaft nicht beherrscht (→ BFH 15.12.1988 – BStBl 1989 II S. 500).*

§ 4 EStG
H 19

- → *Arbeitsverhältnisse zwischen Ehegatten; – Der steuerrechtlichen Anerkennung eines Arbeitsverhältnisses steht entgegen; = Überweisung des Arbeitsentgelts*
- → *Darlehensverhältnisse zwischen Angehörigen*
- → *Fremdvergleich*
- **Vermögen einer Personengesellschaft** kann nicht als Vermögen des Gesellschafterehegatten angesehen werden. Deshalb liegt ein Vermögenszugang beim Arbeitnehmer-Ehegatten auch dann vor, wenn *das Arbeitsentgelt* auf ein gemeinschaftliches Konto der Ehegatten überwiesen wird, über das jeder Ehegatte ohne Mitwirkung des anderen verfügen kann (→ BFH vom 24.3.1983 – BStBl II S. 663).
- Keine betriebliche Veranlassung bei Vergabe eines zinslosen und ungesicherten Darlehens durch eine Personengesellschaft an ihren Gesellschafter. Die Frage der betrieblichen Veranlassung der Geldhingabe ist auf der Grundlage eines Fremdvergleichs zu beurteilen (→ BFH vom 9.5.1996 – BStBl II S. 642). Wird neben dem (festen) Kapitalkonto lediglich ein weiteres Konto zur Erfassung von Gewinnen, Einlagen und Entnahmen der Gesellschafter geführt, handelt es sich nicht um ein Darlehenskonto, wenn auf dem Konto auch Verluste verbucht werden (→ BFH vom 27.6.1996 – BStBl 1997 II S. 36).
- → *Sicherung des Darlehensanspruchs*
- Unterbeteiligung von Kindern an einer vermögensverwaltenden Personengesellschaft → H 164

Rechtsfolgen bei fehlender Anerkennung

- Ist ein **Arbeitsverhältnis** steuerrechtlich nicht anzuerkennen, so sind Lohnzahlungen einschließlich einbehaltener und abgeführter Lohn- und Kirchensteuerbeträge, für den mitarbeitenden Ehegatten einbehaltene und abgeführte Sozialversicherungsbeiträge (Arbeitgeber- und Arbeitnehmeranteil) und vermögenswirksame Leistungen, die der Arbeitgeber-Ehegatte nach dem Vermögensbildungsgesetz erbringt, nicht als Betriebsausgaben abziehbar (→ BFH vom 8.2.1983 – BStBl II S. 496 und vom 10.4.1990 – BStBl II S. 741).
- *Zinsen aus einem ertragsteuerlich nicht anzuerkennenden Darlehen unter nahen Angehörigen sind keine Betriebsausgaben; beim Empfänger sind sie keine Einkünfte aus Kapitalvermögen (→ BFH vom 2.8.1994 – BStBl 1995 II S. 264).*

Scheidungsklausel
Erwirbt ein Ehegatte (A) mit vom anderen Ehegatten (B) geschenkten Mitteln ein Grundstück, welches für betriebliche Zwecke an B vermietet wird, begründet weder die Schenkung der Mittel, die Vereinbarung zwischen den Ehegatten für den Fall der Beendigung des Güterstandes auf andere Weise als den Tod, das erworbene Grundstück auf den anderen Ehegatten zu übertragen (sog. Scheidungsklausel), noch die B eingeräumte Möglichkeit zu seinen Gunsten oder zugunsten eines Dritten eine Auflassungsvormerkung in das Grundbuch eintragen zu lassen, wirtschaftliches Eigentum des B (→ BFH vom 4.2.1998 – BStBl II S. 542).

Schenkung

- → *Arbeitsverhältnisse zwischen Ehegatten; – Der steuerrechtlichen Anerkennung eines Arbeitsverhältnisses steht nicht entgegen; = Schenkung*
- → *Darlehensverhältnisse zwischen Angehörigen; – Schenkungsbegründetes Darlehen*

Sicherung des Darlehensanspruchs

- *Bei einem Darlehen einer Personengesellschaft an ihren Gesellschafter kann nicht ein künftiger Gewinnanteil des Gesellschafters als Sicherheit angesehen werden. Unüblich ist auch die Unverzinslichkeit eines Darlehens (→ BFH vom 9.5.1996 – BStBl II S. 642).*
- *Die fehlende verkehrsübliche Sicherung des Darlehensanspruchs wird bei langfristigen Darlehen zwischen nahen Angehörigen als Indiz für die außerbetriebliche Veranlassung des Darlehens gewertet, wobei als langfristig jedenfalls Darlehen mit einer Laufzeit von mehr als vier Jahren angesehen werden (→ BFH vom 9.5.1996 – BStBl II S. 642). Eine langfristige Darlehensvereinbarung zwischen Eltern und Kindern kann trotz teilweise fehlender Sicherheiten steuerrechtlich anerkannt werden, wenn die Kin-*

der bei Darlehensabschluß bereits volljährig sind, nicht mehr im Haushalt der Eltern leben und wirtschaftlich von den Eltern unabhängig sind (→ BFH vom 18.12.1990 – BStBl 1991 II S. 911).

Sonstige Rechtsverhältnisse zwischen Angehörigen
- Für die einkommensteuerrechtliche Beurteilung von Miet- und Pachtverträgen, Darlehensverträgen und ähnlichen Verträgen sind die Grundsätze zur steuerlichen Anerkennung von Ehegatten-Arbeitsverhältnissen entsprechend anzuwenden (→ BFH vom 28.1.1997 – BStBl II S. 655).
- → *Fremdvergleich*

Umdeutung
Die steuerliche Beurteilung muß von dem ausgehen, was die Steuerpflichtigen rechtsgültig vereinbart haben, und zwar auch dann, wenn die Vereinbarung aus privater Veranlassung von dem abweicht, was unter fremden Dritten üblich ist. Haben die Beteiligten einen Gesellschaftsvertrag über eine Unterbeteiligung abgeschlossen, und kann der Gesellschaftsvertrag wegen der nicht fremdüblichen Ausgestaltung zu Lasten der Unterbeteiligung steuerlich nicht anerkannt werden, kann an die Stelle des wirksam abgeschlossenen Gesellschaftsvertrags für die steuerliche Beurteilung nicht ein tatsächlich nicht existenter Vertrag über ein partiarisches Darlehen gesetzt werden (→ BFH vom 6.7.1995 – BStBl 1996 II S. 269).

Unterhalt
Beschränkt sich der Steuerpflichtige darauf, dem mitarbeitenden Kind Unterhalt zu gewähren (Beköstigung, Bekleidung, Unterkunft und Taschengeld), so liegen steuerlich nicht abziehbare Lebenshaltungskosten vor (→ BFH vom 19.8.1971 – BStBl 1972 II S. 172).

Wirtschaftsüberlassungsvertrag
Die Grundsätze über die einkommensteuerrechtliche Behandlung von wiederkehrenden Leistungen im Zusammenhang mit der Übertragung von Privat- oder Betriebsvermögen gelten auch für Wirtschaftsüberlassungsverträge (→ BMF vom 23.12.1996 – BStBl I S. 1508, Rn. 8).

Anhang 10

→ H 42 (Wirtschaftsüberlassungsvertrag)

Wohnungsüberlassung an geschiedenen oder dauernd getrennt lebenden Ehegatten
→ H 86b (Unterhaltsleistungen)
→ H 162a *(Vermietung an Unterhaltsberechtigte)*

R 20

20. Abziehbare Steuern

Zeitliche Erfassung
(1) Abziehbare Steuern (z. B. Kraftfahrzeugsteuer für Betriebsfahrzeuge), die für einen Zeitraum erhoben werden, der vom Wirtschaftsjahr abweicht, dürfen nur so weit den Gewinn eines Wirtschaftsjahres mindern, wie der Erhebungszeitraum in das Wirtschaftsjahr fällt (→ zeitliche Erfassung der Gewerbesteuer).

Gewerbesteuer
(2) ¹Bei der Gewerbesteuer sind nicht nur die rückständigen Vorauszahlungen als Schuld in der Schlußbilanz zu berücksichtigen, sondern es ist entsprechend den Grundsätzen ordnungsmäßiger Buchführung auch für eine sich ergebende Abschlußzahlung eine Rückstellung in die Schlußbilanz einzustellen. ²Zur Errechnung der Rückstellung kann die Gewerbesteuer mit schätzungsweise fünf Sechsteln des Betrags der Gewerbesteuer angesetzt werden, der sich ohne Berücksichtigung der Gewerbesteuer als Betriebsausgabe ergeben würde. ³Diese Grundsätze gelten entsprechend für die Behandlung etwaiger Erstattungsansprüche an Gewerbesteuer.

Abziehbare Mehrsteuern

(3) ¹Führen die Änderungen von Veranlagungen zu abziehbaren → Mehrsteuern (z. B. Gewerbesteuer), so gilt das Folgende:
1. ¹Die → Mehrsteuern können zu Lasten des Wirtschaftsjahrs gebucht werden, in dem der Steuerpflichtige mit der Nachforderung rechnen kann. ²Erhält der Steuerpflichtige nach Einreichung der Bilanz Kenntnis davon, daß sich die Höhe der → Mehrsteuern ändert, so kann der für die Mehrsteuern eingestellte Schuldposten nicht mehr durch eine Bilanzänderung berichtigt werden.
2. ¹Die → Mehrsteuern können auf Antrag des Steuerpflichtigen auch zu Lasten der Wirtschaftsjahre gebucht werden, zu denen sie wirtschaftlich gehören. ²Werden auf Grund einer Betriebsprüfung Mehr- oder Mindersteuern für mehrere Jahre oder für verschiedene Steuerarten festgesetzt, so kann der Antrag nur einheitlich gestellt werden. ³Hinterzogene Steuern sind grundsätzlich zu Lasten dieser Wirtschaftsjahre zu berücksichtigen. ⁴Voraussetzung für die Berücksichtigung der → Mehrsteuern in den Wirtschaftsjahren, zu denen sie wirtschaftlich gehören, ist jedoch, daß eine Änderung der Veranlagungen, z. B. nach § 173 oder § 164 Abs. 2 AO, für die betreffenden Veranlagungszeiträume möglich ist.
3. Bei der Gewinnermittlung nach § 4 Abs. 3 EStG sind die abziehbaren → Mehrsteuern stets im Jahr der Verausgabung zu berücksichtigen.

²Die vorstehenden Grundsätze gelten sinngemäß bei der Erstattung von Steuern, die als Betriebsausgaben abgesetzt worden sind.

Hinweise

Änderung von bestandskräftigen Veranlagungen
Mehrbeträge an abziehbaren Steuern, die sich durch eine Betriebsprüfung ergeben haben, sind für sich allein keine neuen Tatsachen im Sinne des § 173 Abs. 1 Nr. 2 AO, die eine Änderung der bestandskräftigen Veranlagungen der Jahre rechtfertigen würden, zu denen die → Mehrsteuern wirtschaftlich gehören (→ BFH vom 10.8.1961 – BStBl III S. 534).

Gewerbesteuerrückstellung
Vermindert sich der Gewinn eines Wirtschaftsjahrs, weil das Betriebsvermögen der Schlußbilanz des Vorjahres heraufgesetzt und deshalb die Gewerbesteuerrückstellung erhöht worden ist, so ist eine zunächst zutreffend gebildete Gewerbesteuerrückstellung des Wirtschaftsjahrs entsprechend herabzusetzen (→ BFH vom 10.12.1970 – BStBl 1971 II S. 199).

Mehrsteuern
Ändern sich die Mehrsteuern bis zur Bestandskraft der Veranlagungen, so sind die Änderungen bei diesen Veranlagungen zu berücksichtigen (BFH vom 19.12.1961 – BStBl 1962 III S. 64).

Rückstellung für künftige Steuernachforderungen
Die Behauptung des Steuerpflichtigen, daß erfahrungsgemäß bei einer Betriebsprüfung mit Steuernachforderungen zu rechnen ist, rechtfertigt nicht die Bildung einer Rückstellung (→ BFH vom 13.1.1966 – BStBl III S. 189).

Zeitliche Erfassung der Gewerbesteuer
Gewerbetreibende, die ihren Gewinn nach § 5 EStG ermitteln, dürfen die Gewerbesteuer für den Erhebungszeitraum, der am Ende eines vom Kalenderjahr abweichenden Wirtschaftsjahr noch läuft, in voller Höhe zu Lasten des Gewinns dieses Wirtschaftsjahrs verrechnen. Das gilt auch für den Teil der Gewerbesteuer, der auf das Gewerbekapital entfällt (→ BFH vom 24.1.1961 – BStBl III S. 185).

§ 4 EStG
R 21 (1)   H 21 (1)

R 21   **21. Geschenke, Bewirtung, andere die Lebensführung berührende Betriebsausgaben**

R 21 (1)   **Allgemeines**

S 2145   (1) ¹Durch § 4 Abs. 5 Satz 1 Nr. 1 bis 7 in Verbindung mit Abs. 7 EStG wird der Abzug von betrieblich veranlaßten Aufwendungen, die die Lebensführung des Steuerpflichtigen oder anderer Personen berühren, eingeschränkt. ²Vor Anwendung dieser Vorschriften ist stets zu prüfen, ob die als Betriebsausgaben geltend gemachten Aufwendungen z. B. für Repräsentation, Bewirtung und Unterhaltung von Geschäftsfreunden, Reisen, Kraftfahrzeughaltung bereits zu den nicht abziehbaren Kosten der Lebensführung im Sinne des § 12 Nr. 1 EStG gehören (→ Abgrenzung der Betriebsausgaben von den Lebenshaltungskosten). ³Die nach § 4 Abs. 5 und 7 EStG nicht abziehbaren Betriebsausgaben sind keine Entnahmen im Sinne des § 4 Abs. 1 Satz 2 EStG.

H 21 (1)   **Hinweise**

Abgrenzung der Betriebsausgaben von den Lebenshaltungskosten
→ R 117 ff.

Ferienwohnung
Mehraufwendungen für Verpflegung und Reisekosten im Zusammenhang mit einem mehrwöchigen Aufenthalt in der eigenen, sonst gewerblich genutzten Ferienwohnung sind nur dann Betriebsausgaben, wenn der Aufenthalt während der normalen Arbeitszeit vollständig mit Arbeiten für die Wohnung ausgefüllt war (→ BFH vom 25.11.1993 – BStBl 1994 II S. 350).

Nach ständiger Rechtsprechung des BFH führen Aufwendungen für das Wohnen grundsätzlich zu den typischen Kosten der Lebensführung im Sinne des § 12 Nr. 1 Satz 2 EStG. Das gilt erst recht für die Nutzung einer Ferienwohnung in einem typischen Feriengebiet. Dementsprechend stellen auch die Fahrtkosten zur Ferienwohnung sowie die Aufwendungen für die Verpflegung während des Ferienaufenthalts typische Kosten der Lebensführung dar.

Ausnahmsweise können Aufwendungen für eine Wohnung jedoch in besonderen Fällen betrieblich oder beruflich veranlaßt sein; sie müssen dann ausschließlich für betriebliche oder berufliche Zwecke genutzt worden sein. Das gilt insbesondere für ein Arbeitszimmer innerhalb einer Wohnung, wenn dieses Zimmer so gut wie ausschließlich für betriebliche oder berufliche Zwecke verwendet wird und seine Benutzung als Wohnraum so gut wie ausgeschlossen ist. Ob das anzunehmen ist oder nicht, hängt von den Umständen des Einzelfalles ab. Das muß entsprechend auch für die Kosten einer Reise zu dieser Wohnung gelten. Erfahrungsgemäß wird eine Ferienwohnung auch für Zwecke der privaten Lebensführung benutzt. Um diesen Erfahrungssatz zu widerlegen, ist substantiiert unter Beweisantritt darzulegen, daß der Aufenthalt an den Werktagen vollständig mit Arbeiten für die Wohnung ausgefüllt war.

Häusliches Arbeitszimmer
Anhang 12   → BMF vom **16.6.1998** (BStBl I S. **863**).

→ Steuerfestsetzungen sind hinsichtlich der Abziehbarkeit von Aufwendungen für ein häusliches Arbeitszimmer (§ 4 Abs. 5 Nr. 6b EStG, ggf. i.V.m. § 9 Abs. 5 EStG vorläufig vorzunehmen (→ BFH vom 10.12.1998 – BStBl I S. 1498).

Segel- oder Motoryachten
Segel- oder Motoryachten als „schwimmendes Konferenzzimmer" → BFH vom 3.2.1993 (BStBl II S. 367).

Sozialeinrichtungen
§ 4 Abs. 5 EStG ist nach seinem Sinn und Zweck nicht auf Aufwendungen für betriebliche Sozialeinrichtungen anwendbar (→ BFH vom 30.7.1980 – BStBl 1981 II S. 58).

Veräußerung von Wirtschaftsgütern im Sinne des § 4 Abs. 5 EStG

Zur Berechnung des Veräußerungsgewinns ist als Buchwert der Wert anzusetzen, der sich unter Berücksichtigung der Absetzungen ergibt, die nicht abziehbare Aufwendungen im Sinne des § 4 Abs. 5 oder 7 EStG waren (→ BFH vom 12.12.1973 – BStBl 1974 II S. 207).

Geschenke   R 21 (2)

(2) ¹Nach § 4 Abs. 5 Satz 1 Nr. 1 EStG dürfen Aufwendungen für betrieblich veranlaßte Geschenke (→ Geschenk) an natürliche Personen, die nicht Arbeitnehmer des Steuerpflichtigen sind, oder an juristische Personen grundsätzlich nicht abgezogen werden. ²Personen, die zu dem Steuerpflichtigen auf Grund eines Werkvertrags oder eines Handelsvertretervertrags in ständiger Geschäftsbeziehung stehen, sind den Arbeitnehmern des Steuerpflichtigen **nicht** gleichgestellt. ³Entstehen die Aufwendungen für ein Geschenk in einem anderen Wirtschaftsjahr als dem, in dem der Gegenstand geschenkt wird, und haben sich die Aufwendungen in dem Wirtschaftsjahr, in dem sie gemacht wurden, gewinnmindernd ausgewirkt, so ist, wenn ein Abzug nach § 4 Abs. 5 Satz 1 Nr. 1 EStG ausgeschlossen ist, im Wirtschaftsjahr der Schenkung eine entsprechende Gewinnerhöhung vorzunehmen. ⁴Das Abzugsverbot greift nicht, wenn die zugewendeten Wirtschaftsgüter beim Empfänger ausschließlich betrieblich genutzt werden können.

(3) ¹Zu den Anschaffungs- oder Herstellungskosten eines Geschenks zählen auch die   R 21 (3)
Kosten einer Kennzeichnung des Geschenks als Werbeträger sowie die Umsatzsteuer (→ § 9b EStG), wenn der Abzug als Vorsteuer ausgeschlossen ist; Verpackungs- und Versandkosten gehören nicht dazu. ²Übersteigen die Anschaffungs- oder Herstellungskosten eines Geschenks an einen Empfänger oder, wenn an einen Empfänger im Wirtschaftsjahr mehrere Geschenke gegeben werden, die Anschaffungs- oder Herstellungskosten aller Geschenke an diesen Empfänger den Betrag von 75 DM, so entfällt der Abzug in vollem Umfang.

(4) ¹Ein → Geschenk setzt eine **unentgeltliche Zuwendung** an einen Dritten voraus. ²Die   R 21 (4)
Unentgeltlichkeit ist nicht gegeben, wenn die Zuwendung als Entgelt für eine bestimmte Gegenleistung des Empfängers anzusehen ist. ³Sie wird jedoch nicht schon dadurch ausgeschlossen, daß mit der Zuwendung der Zweck verfolgt wird, Geschäftsbeziehungen zu sichern oder zu verbessern oder für ein Erzeugnis zu werben. ⁴Ein Geschenk im Sinne des § 4 Abs. 5 Satz 1 Nr. 1 EStG ist danach regelmäßig anzunehmen, wenn ein Steuerpflichtiger einem Geschäftsfreund oder dessen Beauftragten ohne rechtliche Verpflichtung und ohne zeitlichen oder sonstigen unmittelbaren Zusammenhang mit einer Leistung des Empfängers eine Bar- oder Sachzuwendung gibt. ⁵Keine Geschenke sind beispielsweise

1. Kränze und Blumen bei Beerdigungen,
2. Spargeschenkgutscheine der Kreditinstitute und darauf beruhende Gutschriften auf dem Sparkonto anläßlich der Eröffnung des Sparkontos oder weitere Einzahlungen,
3. Preise anläßlich eines Preisausschreibens oder einer Auslobung.

⁶Zu den Geschenken im Sinne des § 4 Abs. 5 Satz 1 Nr. 1 EStG rechnen ebenfalls nicht die Bewirtung, die damit verbundene Unterhaltung und die Beherbergung von Personen aus geschäftlichem Anlaß; → Absätze **5** ff.)

Hinweise   H 21 (2–4)

Geschenk

Ob eine Vermögenszuwendung unentgeltlich als Geschenk oder entgeltlich gemacht wird, entscheidet nach bürgerlichem Recht die hierüber zwischen den Beteiligten getroffene Vereinbarung. Ein Geschenk liegt nur vor, wenn beide Seiten über die Unentgeltlichkeit einig sind. Daher liegt schon dann kein Geschenk vor, wenn eine Seite von der Entgeltlichkeit der Zuwendung ausgeht (→ BFH vom 23.6.1993 – BStBl II S. 806).

Selbständige Tätigkeit eines Angestellten

Übt ein Angestellter unter Mithilfe anderer Angestellter desselben Arbeitgebers auch eine selbständige Tätigkeit aus, so handelt es sich bei diesen Mitarbeitern nicht um Arbeitnehmer des Angestellten und zugleich selbständig Tätigen (→ BFH vom 8.11.1984 – BStBl 1985 II S. 286).

Zugaben

Anhang 12

Zugaben im Sinne der ZugabeVO, die im geschäftlichen Verkehr neben einer Ware oder Leistung gewährt werden, sind keine Geschenke (→ BMF vom 8.5.1995).

R 21 (5) Bewirtung und Bewirtungsaufwendungen

(5) ¹Eine → **Bewirtung** im Sinne des § 4 Abs. 5 Satz 1 Nr. 2 EStG liegt vor, wenn Personen beköstigt werden. ²Dies ist stets dann der Fall, wenn die Darreichung von Speisen und/oder Getränken eindeutig im Vordergrund steht. ³**Bewirtungsaufwendungen** sind Aufwendungen für den Verzehr von Speisen, Getränken und sonstigen Genußmitteln. ⁴Dazu können auch Aufwendungen gehören, die zwangsläufig im Zusammenhang mit der Bewirtung anfallen, wenn sie im Rahmen des insgesamt geforderten Preises von untergeordneter Bedeutung sind, wie z. B. Trinkgelder und Garderobengebühren. ⁵Die Beurteilung der Art der Aufwendungen richtet sich grundsätzlich nach der Hauptleistung. ⁶Werden dem bewirtenden Steuerpflichtigen die Bewirtungsaufwendungen im Rahmen eines Entgelts ersetzt (z. B. bei einer Seminargebühr oder einem Beförderungsentgelt), unterliegen diese Aufwendungen nicht der in § 4 Abs. 5 Satz 1 Nr. 2 EStG festgelegten Kürzung. ⁷Dies gilt nur, wenn die Bewirtung in den Leistungsaustausch einbezogen ist.

⁸Keine Bewirtung liegt vor bei

1. Gewährung von Aufmerksamkeiten in geringem Umfang (wie Kaffee, Tee, Gebäck) z. B. anläßlich betrieblicher Besprechungen, wenn es sich hierbei um eine übliche Geste der Höflichkeit handelt; die Höhe der Aufwendungen ist dabei nicht ausschlaggebend,
2. Produkt-/Warenverkostungen z. B. im Herstellungsbetrieb, beim Kunden, beim (Zwischen-)Händler, bei Messeveranstaltungen; hier besteht ein unmittelbarer Zusammenhang mit dem Verkauf der Produkte oder Waren. Voraussetzung für den unbeschränkten Abzug ist, daß nur das zu veräußernde Produkt und ggf. Aufmerksamkeiten (z. B. Brot anläßlich einer Weinprobe) gereicht werden. ²Diese Aufwendungen können als Werbeaufwand unbeschränkt als Betriebsausgaben ***abgezogen*** werden . ³Entsprechendes gilt, wenn ein Dritter mit der Durchführung der Produkt-/Warenverkostung beauftragt war.

⁹Solche Aufwendungen können unbegrenzt als Betriebsausgaben abgezogen werden.

R 21 (6) Betrieblicher und geschäftlicher Anlaß

Anhang 12

(6) ¹Betrieblich veranlaßte Aufwendungen für die Bewirtung von Personen können geschäftlich oder nicht geschäftlich (→ Absatz 7) bedingt sein. ²Ein geschäftlicher Anlaß besteht insbesondere bei der Bewirtung von Personen, zu denen schon Geschäftsbeziehungen bestehen oder zu denen sie angebahnt werden sollen. ³Auch die Bewirtung von Besuchern des Betriebs z. B. im Rahmen der Öffentlichkeitsarbeit ist geschäftlich veranlaßt. ⁴Bei geschäftlichem Anlaß sind die Bewirtungsaufwendungen nach § 4 Abs. 5 Satz 1 Nr. 2 Satz 1 EStG nicht zum Abzug zugelassen, soweit sie 80 v. H. der angemessenen und nachgewiesenen Aufwendungen übersteigen. ⁵Hierbei sind zunächst folgende Kosten auszuscheiden:

1. Teile der Bewirtungskosten, die privat veranlaßt sind (→ Aufteilung von Bewirtungsaufwendungen);
2. Teile der Bewirtungsaufwendungen, die nach allgemeiner Verkehrsauffassung als unangemessen anzusehen sind (→ Angemessenheit),
3. Bewirtungsaufwendungen, deren Höhe und betriebliche Veranlassung nicht nachgewiesen sind (→ Abs. 8);
4. Bewirtungsaufwendungen, die wegen Verletzung der besonderen Aufzeichnungspflichten nicht abgezogen werden können (→ § 4 Abs. 7 EStG, R 22);
5. Aufwendungen, die nach ihrer Art keine Bewirtungsaufwendungen sind (z. B. Kosten für eine Musikkapelle anläßlich einer Informations- oder Werbeveranstaltung und

andere Nebenkosten), es sei denn, sie sind von untergeordneter Bedeutung (z. B. Trinkgelder – → Absatz 5); solche Aufwendungen sind in vollem Umfang abziehbar, wenn die übrigen Voraussetzungen vorliegen. [6]Von den verbleibenden Aufwendungen dürfen nur 80 v. H. den Gewinn mindern. [7]Die Abzugsbegrenzung gilt bei der Bewirtung von Personen aus geschäftlichem Anlaß auch für den Teil der Aufwendungen, der auf den an der Bewirtung teilnehmenden Steuerpflichtigen oder dessen Arbeitnehmer entfällt. [8]Aufwendungen für die Bewirtung von Personen aus geschäftlichem Anlaß **in der Wohnung des Steuerpflichtigen** gehören regelmäßig nicht zu den Betriebsausgaben, sondern zu den Kosten der Lebensführung (§ 12 Nr. 1 EStG). [9]Bei Bewirtungen in einer betriebseigenen Kantine wird aus Vereinfachungsgründen zugelassen, daß die Aufwendungen nur aus den Sachkosten der verabreichten Speisen und Getränke sowie den Personalkosten ermittelt werden; es ist nicht zu beanstanden, wenn – im Wirtschaftsjahr einheitlich – je Bewirtung ein Betrag von 30 DM angesetzt wird, wenn dieser Ansatz nicht zu einer offenbar unzutreffenden Besteuerung führt. [10]Unter dem Begriff "betriebseigene Kantine" sind alle betriebsinternen Einrichtungen zu verstehen, die es den Arbeitnehmern des Unternehmens ermöglichen, Speisen und Getränke einzunehmen, und die für fremde Dritte nicht ohne weiteres zugänglich sind. [11]Auf die Bezeichnung der Einrichtung kommt es nicht an; zu Kantinen können deshalb auch Einrichtungen gehören, die im Betrieb als „Casino" oder „Restaurant" bezeichnet werden.

(7) [1]Nicht geschäftlich, sondern allgemein betrieblich veranlaßt ist ausschließlich die Bewirtung von Arbeitnehmern des bewirtenden Unternehmens. [2]Geschäftlich veranlaßt ist danach die Bewirtung von Arbeitnehmern von gesellschaftsrechtlich verbundenen Unternehmen (z. B. Mutter- oder Tochterunternehmen) und mit ihnen vergleichbaren Personen. [3]Nur in dem Maße, wie die Aufwendungen auf die nicht geschäftlich veranlaßte Bewirtung von Arbeitnehmern des bewirtenden Unternehmens entfallen, können sie unbegrenzt abgezogen werden. [4]Bei Betriebsfesten ist die Bewirtung von Angehörigen oder von Personen, die zu ihrer Gestaltung beitragen, unschädlich.

Nachweis

(8) [1]Der Nachweis der Höhe und der betrieblichen Veranlassung der Aufwendungen durch schriftliche Angaben zu Ort, Tag, Teilnehmer und Anlaß der Bewirtung sowie Höhe der Aufwendungen ist gesetzliches Tatbestandsmerkmal für den Abzug der Bewirtungsaufwendungen als Betriebsausgaben. [2]Bei Bewirtung in einer Gaststätte genügen neben der beizufügenden Rechnung Angaben zu dem Anlaß und den Teilnehmern der Bewirtung; auch hierbei handelt es sich um ein gesetzliches Tatbestandsmerkmal für den Abzug der Bewirtungsaufwendungen als Betriebsausgaben. [3]Aus der Rechnung müssen sich Name und Anschrift der Gaststätte sowie der Tag der Bewirtung ergeben. [4]Die Rechnung muß auch den Namen des bewirtenden Steuerpflichtigen enthalten; dies gilt nicht, wenn der Gesamtbetrag der Rechnung 200 DM nicht übersteigt. [5]Die schriftlichen Angaben können auf der Rechnung oder getrennt gemacht werden. [6]Erfolgen die Angaben getrennt von der Rechnung, müssen das Schriftstück über die Angaben und die Rechnung grundsätzlich zusammengefügt werden. [7]Ausnahmsweise genügt es, den Zusammenhang dadurch darzustellen, daß auf der Rechnung und dem Schriftstück über die Angaben Gegenseitigkeitshinweise angebracht werden, so daß Rechnung und Schriftstück jederzeit zusammengefügt werden können. [8]Die Rechnung muß den Anforderungen des § 14 UStG genügen und maschinell erstellt und registriert sein. [9]Die in Anspruch genommenen Leistungen sind nach Art, Umfang, Entgelt und Tag der Bewirtung in der Rechnung gesondert zu bezeichnen; die für den Vorsteuerabzug ausreichende Angabe "Speisen und Getränke" und die Angabe der für die Bewirtung in Rechnung gestellten Gesamtsumme sind für den Betriebsausgabenabzug nicht ausreichend.

(9) [1]Zur Bezeichnung der Teilnehmer der Bewirtung ist grundsätzlich die Angabe ihres Namens erforderlich. [2]Auf die Angabe der Namen kann jedoch verzichtet werden, wenn ihre Feststellung dem Steuerpflichtigen nicht zugemutet werden kann. [3]Das ist z. B. bei Bewirtungen anläßlich von Betriebsbesichtigungen durch eine größere Personenzahl und bei vergleichbaren Anlässen der Fall. [4]In diesen Fällen sind die Zahl der Teilnehmer der Bewirtung sowie eine die Personengruppe kennzeichnende Sammelbezeichnung anzugeben. [5]Die Angaben über den Anlaß der Bewirtung müssen den Zusammenhang mit einem geschäftlichen Vorgang oder einer Geschäftsbeziehung erkennen lassen.

§ 4 EStG

Hinweise

Angemessenheit
Die Angemessenheit ist vor allem nach den jeweiligen Branchenverhältnissen zu beurteilen (→ BFH vom 14.4.1988 – BStBl II S. 771); → Abs. 12, → H 21 (12).

Anlaß der Bewirtung
Angaben wie „Arbeitsgespräch", „Infogespräch" oder „Hintergrundgespräch" als Anlaß der Bewirtung sind nicht ausreichend (→ BFH vom 15.1.1998 – BStBl II S. 263).

Aufteilung von Bewirtungsaufwendungen in einen betrieblichen und einen privaten Teil → BFH vom 14.4.1988 (BStBl II S. 771).

Bewirtung im Sinne des § 4 Abs. 5 Satz 1 Nr. 2 EStG liegt nur vor, wenn die Darreichung von Speisen und/oder Getränken eindeutig im Vordergrund steht (→ BFH vom 16.2.1990 – BStBl II S. 575). Nicht Bewirtungsaufwendungen sind daher Aufwendungen für die Darbietung anderer Leistungen (wie insbesondere Varieté, Striptease und ähnliches), wenn der insgesamt geforderte Preis in einem offensichtlichen Mißverhältnis zum Wert der verzehrten Speisen und/oder Getränke steht (→ BFH vom 16.2.1990 – BStBl II S. 575); solche Aufwendungen sind insgesamt nach § 4 Abs. 5 Satz 1 Nr. 7 EStG zu beurteilen (→ Absatz 12) und ggf. aufzuteilen. Die nach Aufteilung auf eine Bewirtung entfallenden Aufwendungen unterliegen sodann der Abzugsbegrenzung des § 4 Abs. 5 Satz 1 Nr. 2 EStG.

Bewirtung mehrerer Personen
Werden mehrere Personen bewirtet, so müssen grundsätzlich die Namen aller Teilnehmer der Bewirtung, ggf. auch des Steuerpflichtigen und seiner Arbeitnehmer angegeben werden (→ BFH vom 25.2.1988 – BStBl II S. 581).

Bewirtung von Personen aus geschäftlichem Anlaß
- Keine Betriebseinnahme → R 18 Abs. 3
- Anhang 12 — Steuerliche Anerkennung der Aufwendungen als Betriebsausgaben nach R 21 Abs. 6 → BMF vom 21.11.1994 (BStBl I S. 855).

Journalisten
Journalisten können die nach § 4 Abs. 5 Satz 1 Nr. 2 Satz 1 EStG geforderten Angaben zu Teilnehmern und Anlaß einer Bewirtung in der Regel nicht unter Berufung auf das Pressegeheimnis verweigern (→ BFH vom 15.1.1998 – BStBl II S. 263).

Nachholung von Angaben
Die zum Nachweis von Bewirtungsaufwendungen erforderlichen schriftlichen Angaben müssen zeitnah gemacht werden (→ BFH vom 25.3.1988 – BStBl II S. 655). Die Namensangabe darf vom Rechnungsaussteller auf der Rechnung oder durch eine sie ergänzende Urkunde nachgeholt werden (→ BFH vom 27.6.1990 – BStBl II S. 903 und vom 2.10.1990 – BStBl 1991 II S. 174).

Die Frage, ob die unterbliebene Angabe des Bewirtenden im amtlich vorgeschriebenen Bewirtungsvordruck gem. § 4 Abs. 5 Nr. 2 Satz 2 EStG auch noch **nachträglich** im Rechtsbehelfsverfahren vorgelegt werden kann, ist dem Großen Senat zur Entscheidung vorgelegt worden (→ BFH vom 2.10.1997 – BFH/NV 1998 S. 128).

Name des bewirtenden Steuerpflichtigen
Angabe ist Voraussetzung für den Nachweis der betrieblichen Veranlassung (→ BFH vom 13.7.1994 – BStBl II S. 894).

- Wird der **Zahlungsempfänger nicht** genau **benannt**, ist kein Betriebsausgabenabzug möglich; dies gilt auch für Zwecke der Gewerbesteuer. Auch wenn der – nicht benannte – Empfänger nachweislich nicht gewerbesteuerpflichtig ist, kann die an ihn geleistete Zahlung bei Ermittlung des Gewerbeertrags nicht abgezogen werden, wenn der Betriebsausgabenabzug bei der Ermittlung des einkommensteuerpflichtigen Gewinns zu versagen ist (→ BFH vom 15.3.1995 – BStBl 1996 II S. 51).

Unterschrift

Das zum Nachweis der betrieblichen Veranlassung der Bewirtung vom Steuerpflichtigen erstellte Schriftstück ist von diesem zu unterschreiben (→ BFH vom 15.1.1998 – BStBl II S. 263).

Unvollständige Angaben

Sind die Angaben lückenhaft, so können die Aufwendungen auch dann nicht abgezogen werden, wenn der Steuerpflichtige ihre Höhe und betriebliche Veranlassung in anderer Weise nachweist oder glaubhaft macht (→ BFH vom 30.1.1986 – BStBl II S. 488).

Gästehäuser   R 21 (10)

(10) ¹Nach § 4 Abs. 5 Satz 1 Nr. 3 EStG können Aufwendungen für Einrichtungen, die der Bewirtung oder Beherbergung von Geschäftsfreunden dienen (Gästehäuser) und sich außerhalb des Orts des Betriebs des Steuerpflichtigen befinden, nicht abgezogen werden. ²Dagegen können Aufwendungen für Gästehäuser am Ort des Betriebs oder für die Unterbringung von Geschäftsfreunden in fremden Beherbergungsbetrieben, soweit sie ihrer Höhe nach angemessen sind (→ Absatz 12), als Betriebsausgaben berücksichtigt werden. ³Als „Betrieb" gelten in diesem Sinne auch Zweigniederlassungen und Betriebsstätten mit einer gewissen Selbständigkeit, die üblicherweise von Geschäftsfreunden besucht werden.

(11) ¹Zu den nicht abziehbaren Aufwendungen für Gästehäuser im Sinne des § 4 Abs. 5 Satz 1 Nr. 3 EStG gehören sämtliche mit dem Gästehaus im Zusammenhang stehenden Ausgaben einschließlich der Absetzung für Abnutzung. ²Wird die Beherbergung und Bewirtung von Geschäftsfreunden in einem Gästehaus außerhalb des Orts des Betriebs gegen Entgelt vorgenommen, und erfordert das Gästehaus einen ständigen Zuschuß, so ist dieser Zuschuß nach § 4 Abs. 5 Satz 1 Nr. 3 EStG nicht abziehbar.   R 21 (11)

Hinweise   H 21 (10–11)

Ferienhausüberlassung an Arbeitnehmer
Aufwendungen des Arbeitgebers für seinen Arbeitnehmern unentgeltlich zur Verfügung gestellte Ferienhäuser sind unbegrenzt als Betriebsausgaben abziehbar und zwar auch dann, wenn die Ferienhäuser im Ausland belegen sind (→ BFH vom 9.4.1997 – BStBl II S. 539).

Ort des Betriebs im Sinne des § 4 Abs. 5 Satz 1 Nr. 3 EStG ist regelmäßig die politische Gemeinde (→ BFH vom 9.4.1968 – BStBl II S. 603).

Angemessenheit von Aufwendungen   R 21 (12)

(12) Als die Lebensführung berührende Aufwendungen, die auf ihre → Angemessenheit zu prüfen sind, kommen insbesondere in Betracht
1. die Kosten der Übernachtung anläßlich einer Geschäftsreise,
2. die Aufwendungen für die Unterhaltung und Beherbergung von Geschäftsfreunden, soweit der Abzug dieser Aufwendungen nicht schon nach den Absätzen 1, 10 und 11 ausgeschlossen ist,
3. die Aufwendungen für die Unterhaltung von Personenkraftwagen (→ Kraftfahrzeug) und für die Nutzung eines Flugzeugs,
4. die Aufwendungen für die Ausstattung der Geschäftsräume, z. B. der Chefzimmer und Sitzungsräume.

§ 4 EStG
R 22 H 21 (12)

H 21 (12) **Hinweise**

Angemessenheit

Bei der Prüfung der Angemessenheit von Aufwendungen nach § 4 Abs. 5 Satz 1 Nr. 7 EStG ist darauf abzustellen, ob ein ordentlicher und gewissenhafter Unternehmer angesichts der erwarteten Vorteile die Aufwendungen ebenfalls auf sich genommen hätte. Neben der Größe des Unternehmens, der Höhe des längerfristigen Umsatzes und des Gewinns sind vor allem die Bedeutung des Repräsentationsaufwands für den Geschäftserfolg und seine Üblichkeit in vergleichbaren Betrieben als Beurteilungskriterien heranzuziehen (→ BFH vom 20.8.1986 – BStBl II S. 904, vom 26.1.1988 – BStBl II S. 629 und vom 14.4.1988 – BStBl II S. 771).

Hubschrauber

Bei der Angemessenheitsprüfung ist darauf abzustellen, ob ein ordentlicher und gewissenhafter Unternehmer einen Hubschrauber angesichts der erwarteten Vorteile und Kosten ebenfalls als Transportmittel eingesetzt hätte. Dies ist von Fall zu Fall neu zu entscheiden. Sollte sich dabei ergeben, daß die Kosten des Hubschraubers dessen Nutzen deutlich übersteigen, so ist ein Teil der Hubschrauberkosten nicht als Betriebsausgaben abziehbar (→ BFH vom 27.2.1985 – BStBl II S. 458).

Kraftfahrzeug

Die Anschaffungskosten eines als „unangemessen" anzusehenden Kraftfahrzeugs fallen als solche nicht unmittelbar unter das Abzugsverbot. Bei Zugehörigkeit des Fahrzeugs zum Betriebsvermögen sind sie vielmehr in vollem Umfang zu aktivieren. Zu den unter das Abzugsverbot des § 4 Abs. 5 Satz 1 Nr. 7 EStG fallenden Kraftfahrzeugaufwendungen gehört jedoch vor allem die AfA nach § 7 Abs. 1 EStG. Diese kann nur insoweit als Betriebsausgabe abgezogen werden, als sie auf den als „angemessen" anzusehenden Teil der Anschaffungskosten entfällt. Die übrigen Betriebskosten (Kfz-Steuer und Versicherung, Kraftstoff, Instandsetzungs-, Wartungs- und Pflegekosten, Garagenmiete usw.) werden in der Regel nicht als „unangemessen" im Sinne des § 4 Abs. 5 Satz 1 Nr. 7 EStG anzusehen sein, da diese Aufwendungen auch für ein „angemessenes" Fahrzeug angefallen wären (→ BFH vom 8.10.1987 – BStBl II S. 853).

R 22 **22. Besondere Aufzeichnung**

S 2162 (1) ¹Das Erfordernis der besonderen Aufzeichnung ist erfüllt, wenn für jede der in § 4 Abs. 7 EStG bezeichneten Gruppen von Aufwendungen ein besonderes Konto oder eine besondere Spalte geführt wird. ²Es ist aber auch ausreichend, wenn für diese Aufwendungen zusammengenommen **ein** Konto oder **eine** Spalte geführt wird. ³In diesem Fall muß sich aus jeder Buchung oder Aufzeichnung die Art der Aufwendung ergeben. ⁴Das gilt auch dann, wenn verschiedene Aufwendungen bei einem Anlaß zusammentreffen, z. B. wenn im Rahmen einer Bewirtung von Personen aus geschäftlichem Anlaß Geschenke gegeben werden. ⁵Werden getrennte Konten für Aufwendungen für die Bewirtung von Personen aus geschäftlichem Anlaß und für Aufwendungen für die Bewirtung von Personen aus sonstigen betrieblichem Anlaß geführt, und hat sich der Steuerpflichtige bei der rechtlichen Würdigung der Zuordnung der jeweiligen Aufwendungen geirrt und sie versehentlich auf dem falschen Bewirtungskosten-Konto gebucht, handelt es sich dabei nicht um einen Verstoß gegen die besondere Aufzeichnungspflicht nach § 4 Abs. 7 EStG. ⁶In diesem Fall kann die Buchung berichtigt werden.

(2) ¹Bei den Aufwendungen für Geschenke muß der Name des Empfängers aus der Buchung oder dem Buchungsbeleg zu ersehen sein. ²Aufwendungen für Geschenke gleicher Art können in einer Buchung zusammengefaßt werden (Sammelbuchung), wenn

1. die Namen der Empfänger der Geschenke aus einem Buchungsbeleg ersichtlich sind oder

2. im Hinblick auf die Art des zugewendeten Gegenstandes, z. B. Taschenkalender, Kugelschreiber und dgl., und wegen des geringen Werts des einzelnen Geschenks die Vermutung besteht, daß die Freigrenze von 75 DM bei dem einzelnen Empfänger im Wirt-

schaftsjahr nicht überschritten wird; eine Angabe der Namen der Empfänger ist in diesem Fall nicht erforderlich.

Hinweise

Besondere Aufzeichnung

- Die Pflicht zur besonderen Aufzeichnung ist erfüllt, wenn diese Aufwendungen fortlaufend, zeitnah und bei Gewinnermittlung durch Betriebsvermögensvergleich auf besonderen Konten im Rahmen der Buchführung gebucht oder bei Gewinnermittlung nach § 4 Abs. 3 EStG von Anfang an getrennt von den sonstigen Betriebsausgaben einzeln aufgezeichnet werden (→ BFH vom 22.1.1988 – BStBl II S. 535).
- Statistische Zusammenstellungen oder die geordnete Sammlung von Belegen genügen nur dann, wenn zusätzlich die Summe der Aufwendungen periodisch und zeitnah auf einem besonderen Konto eingetragen wird oder vergleichbare Aufzeichnungen geführt werden (→ BFH vom 26.2.1988 – BStBl II S. 613).
- Eine Aufzeichnung auf besondere Konten liegt nicht vor, wenn die bezeichneten Aufwendungen auf Konten gebucht werden, auf denen auch nicht besonders aufzeichnungspflichtige Aufwendungen gebucht sind (→ BFH vom 10.1.1974 – BStBl II S. 211 und vom 19.8.1980 – BStBl II S. 745).

Verpflegungsmehraufwendungen

Nach § 4 Abs. 5 Satz 1 Nr. 5 EStG dürfen Mehraufwendungen für Verpflegung nur in Höhe der gesetzlich vorgeschriebenen Pauschbeträge als Betriebsausgaben abgezogen werden. Eine gesonderte Aufzeichnung der Verpflegungsmehraufwendungen als Betriebsausgaben ist daher nicht erforderlich (→ BMF vom 24.9.1997 – BStBl I S. 898).

Besondere Aufzeichnung von Betriebsausgaben nach § 4 Abs. 7 EStG im Hinblick auf die Berücksichtigung von Pauschbeträgen für Mehraufwendungen für Verpflegung

BMF vom 24.9.1997 (BStBl I S. 898)

Im Einvernehmen mit den obersten Finanzbehörden der Länder wird zur Frage, ob Mehraufwendungen für Verpflegung nach § 4 Abs. 5 Satz 1 Nr. 5 EStG in der Fassung des Jahressteuergesetzes 1996 vom 11.10.1995 (BStBl I S. 1250) nur dann als Betriebsausgaben abgezogen werden können, wenn sie nach § 4 Abs. 7 EStG einzeln und getrennt von den sonstigen Betriebsausgaben aufgezeichnet worden sind, wie folgt Stellung genommen:

Nach § 4 Abs. 5 Satz 1 Nr. 5 EStG in der Fassung des Jahressteuergesetzes 1996 dürfen Mehraufwendungen für Verpflegung nur noch in Höhe der gesetzlich vorgeschriebenen Pauschbeträge als Betriebsausgaben abgezogen werden. Mit dem Wegfall der Möglichkeit des Einzelnachweises ist auch eine gesonderte Aufzeichnung der Verpflegungsmehraufwendungen als Betriebsausgaben nicht mehr erforderlich.

Für die Anwendung der Pauschalregelung des § 4 Abs. 5 Satz 1 Nr. 5 EStG ist es im Vorgriff auf eine vorgesehene Änderung des § 4 Abs. 7 EStG nicht zu beanstanden, wenn Mehraufwendungen für Verpflegung nicht mehr gesondert aufgezeichnet werden.

→ **Änderungen im steuerlichen Reisekostenrecht** durch das Jahressteuergesetz 1997:
→ BMF vom 26.5.1997 (BStBl I S. 612).

Verstoß gegen die besondere Aufzeichnungspflicht

Ein Verstoß gegen die besondere Aufzeichnungspflicht nach § 4 Abs. 7 EStG hat zur Folge, daß die nicht besonders aufgezeichneten Aufwendungen nicht abgezogen werden können (→ BFH vom 22.1.1988 – BStBl II S. 535).

R 23 23. Kilometer-Pauschbetrag, nicht abziehbare Fahrtkosten, Reisekosten und Aufwendungen für doppelte Haushaltsführung

S 2145 **Aufwendungen für Fahrten zwischen Wohnung und Betrieb**

(1) ¹Fahrten zwischen Wohnung und Betrieb sind die Fahrten bei Beginn und nach Beendigung der betrieblichen oder beruflichen Tätigkeit. ²Hierzu gehören auch die Familienheimfahrten anläßlich betrieblich veranlaßter doppelter Haushaltsführung nach Ablauf der Zweijahresfrist im Sinne des § 4 Abs. 5 Satz 1 Nr. 6a EStG. ³Die Regelungen des Abschnitts 42 LStR sind entsprechend anzuwenden. ⁴Werden an einem Tag aus betrieblichen oder beruflichen Gründen mehrere Fahrten zwischen Wohnung und Betrieb durchgeführt, so dürfen die Aufwendungen für jede Fahrt, *soweit es sich nicht um Fahrten eines Behinderten im Sinne des § 9 Abs. 2 EStG handelt,* nur mit dem Kilometer-Pauschbetrag berücksichtigt werden. ⁵Etwaige Mehraufwendungen, die anläßlich einer Fahrt zwischen Wohnung und Betrieb durch die Erledigung privater Angelegenheiten entstehen, sind der privaten Nutzung zuzuordnen. ⁶Von den Fahrten zwischen Wohnung und Betrieb sind die Fahrten zwischen → Betriebsstätten zu unterscheiden. ⁷Unter → Betriebsstätte ist im Zusammenhang mit Geschäftsreisen (Abs. **2**), anders als in § 12 AO, die (von der Wohnung getrennte) → Betriebsstätte zu verstehen. ⁸Das ist der Ort, an dem oder von dem aus die betrieblichen Leistungen erbracht werden. ⁹Die Betriebsstätte eines See- und Hafenlotsen ist danach nicht das häusliche Arbeitszimmer, sondern das Lotsrevier oder die Lotsenstation. ¹⁰Abschnitt 38 Abs. 5 LStR ist entsprechend anzuwenden.

Reisekosten

(2) ¹Die Abschnitte 37 bis 40 LStR sind sinngemäß anzuwenden. ²***Der Ansatz pauschaler Kilometersätze** ist nur für private Beförderungsmittel **zulässig.***

Aufwendungen wegen doppelter Haushaltsführung

(3) ¹Gründet ein Steuerpflichtiger aus betrieblichen Gründen einen doppelten Haushalt, sind die notwendigen Mehraufwendungen, die aus Anlaß der doppelten Haushaltsführung entstehen, Betriebsausgaben im Sinne des § 4 Abs. 4 EStG. ²Dabei sind die Abzugsbeschränkungen des § 4 Abs. 5 Satz 1 Nr. 6 und 6a EStG in Verbindung mit § 9 Abs. 1 Satz 3 Nr. 5 EStG zu beachten. ³Abschnitt 43 LStR ist entsprechend anzuwenden.

H 23 Hinweise

Abzug von Aufwendungen für Fahrten zwischen Wohnung und Arbeitsstätte und von Mehraufwendungen wegen doppelter Haushaltsführung bei Arbeitnehmern als Werbungskosten → A 42 und 43 LStR.

Behinderte

– Auch bei Steuerpflichtigen, die zu dem in § 9 Abs. 2 EStG bezeichneten Personenkreis gehören (bestimmte Behinderte), kann grundsätzlich nur eine Hin- und Rückfahrt für jeden Arbeitstag berücksichtigt werden (→ BFH vom 2.4.1976 – BStBl II S. 452).
– Nachweis der Behinderung → § 65 EStDV, H 194 (Allgemeines und Nachweise).

Betriebsstätte

– Eine **abgrenzbare Fläche oder Räumlichkeit** und eine hierauf bezogene **eigene Verfügungsmacht des Steuerpflichtigen** ist für die Annahme einer Betriebsstätte nicht erforderlich (→ BFH vom 19.9.1990 – BStBl 1991 II S. 97, 208 und vom 18.9.1991 – BStBl 1992 II S. 90).
– **des Ausbeiners auf Schlachthöfen** ist der Schlachthof (→ BFH vom 19.9.1990 – BStBl 1991 II S. 97).
– **des Jahrmarkthändlers** ist der jeweilige Marktstand (→ BFH vom 18.9.1991 – BStBl 1992 II S. 90).
– **des selbständigen Schornsteinfegers** ist der Kehrbezirk (→ BFH vom 19.9.1990 – BStBl 1991 II S. 208).

§ 4 EStG
H 23

- **Keine Betriebsstätte im eigenen Wohnhaus**
  = **Betrieblich genutzte Räume,** die mit dem Wohnteil eine nicht trennbare bauliche Einheit bilden, verändern den Gesamtcharakter des Gebäudes als Wohnhaus nicht (→ BFH vom 16.2.1994 – BStBl II S. 468):

  > Räumlichkeiten, die – wie üblicherweise ein häusliches Arbeitszimmer – nur einen Teil der Wohnung oder eines Wohnhauses bilden, verdanken – ungeachtet ihrer Lage und Beschaffenheit im Einzelfall – ihre Qualifikation als „häusliches Arbeitszimmer" der Zugehörigkeit zum Wohnhaus oder zur Wohnung des Steuerpflichtigen und damit zu dessen privaten Bereich. Das Eingebundensein in die Privatsphäre wird durch die betriebliche Nutzung eines Raumes in aller Regel nicht gelöst. Vielmehr erscheint die Wohnung als Ausgangs- und Endpunkt der täglichen Fahrten unabhängig davon, welchen Raum der Steuerpflichtige jeweils unmittelbar vor oder nach der Fahrt aufsucht. Die Fahrten sind daher nicht als „innerbetrieblich" anzusehen.

  = **Empore in einem Wohnhaus** ist mangels räumlicher Trennung vom privaten Wohnbereich keine Betriebsstätte (→ BFH vom 6.2.1992 – BStBl II S. 528).

Fahrten zwischen Betriebsstätten
Die Aufwendungen für Fahrten zwischen → Betriebsstätten können in vollem Umfang als Betriebsausgaben abgezogen werden, und zwar regelmäßig auch dann, wenn sich eine der → Betriebsstätten am Hauptwohnsitz des Unternehmers befindet (→ BFH vom 31.5.1978 – BStBl II S. 564, vom 29.3.1979 – BStBl II S. 700 und vom 13.7.1989 – BStBl 1990 II S. 23).

Fahrten zwischen Wohnung und Betriebsstätten
- Fahrten zwischen Wohnung und Betrieb liegen vor, wenn die auswärtige → Betriebsstätte als Mittelpunkt der beruflichen Tätigkeit täglich oder fast täglich angefahren wird und der Betriebsstätte am Hauptwohnsitz nur untergeordnete Bedeutung beizumessen ist, oder wenn sich zwar in der Wohnung eine weitere Betriebsstätte befindet, dieser Teil der Wohnung von der übrigen Wohnung aber baulich nicht getrennt ist und keine in sich geschlossene Einheit bildet (→ BFH vom 15.7.1986 – BStBl II S. 744 und vom 6.2.1992 – BStBl S. 528) oder wenn sich in der Wohnung nur ein häusliches Arbeitszimmer befindet (→ BFH vom 7.12.1988 – BStBl 1989 II S. 421).
- → BMF vom 12.5.1997 (BStBl I S. 562) Rn. 12   Anhang 12

Fahrten zwischen Wohnung und ständig wechselnden Betriebsstätten
Begrenzter Betriebsausgabenabzug gilt für Fahrten zwischen Wohnung und zwei oder drei regelmäßigen Betriebsstätten, nicht aber für Fahrten zwischen Wohnung und ständig wechselnden Betriebsstätten (→ BFH vom 19.9.1990 – BStBl 1991 II S. 97).

Gesamtaufwendungen für das Kraftfahrzeug
Zu den Gesamtaufwendungen für das Kraftfahrzeug, die bei Führung eines Fahrtenbuches als Berechnungsgrundlage für die Ermittlung der nicht abziehbaren Fahrtkosten dienen, gehören nicht die Sonderabschreibungen für das Kraftfahrzeug (→ BFH vom 25.3.1988 – BStBl II S. 655).

Miterledigung betrieblicher Angelegenheiten
Werden anläßlich einer Fahrt zwischen Wohnung und Betrieb oder umgekehrt andere betriebliche oder berufliche Angelegenheiten miterledigt, so können die dadurch bedingten Mehraufwendungen in voller Höhe als Betriebsausgaben abgezogen werden (→ BFH vom 17.2.1977 – BStBl II S. 543).

Nutzung betrieblicher Kraftfahrzeuge zu Fahrten zwischen Wohnung und Betriebsstätte oder zu Familienheimfahrten
→ BMF vom 12.5.1997 (BStBl I S. 562)   Anhang 12
- **Berechnungsbeispiele:**
  a) Ein Unternehmer nutzt sein betriebliches Kraftfahrzeug mit einem inländischen Listenpreis in Höhe von 80.000 DM an 20 Tagen im Monat für Fahrten zwischen Wohnung und Betriebsstätte, einfache Entfernung 18 Kilometer.

§ 4 EStG
H 23

Inländischer Listenpreis		80.000 DM
Nicht als Betriebsausgaben abziehbarer Teil der Fahrtkosten:		
0,03 % von 80.000 DM je Kalendermonat je Entfernungskilometer =		24,– DM
./. Kilometerpauschbetrag 0,70 DM × 20 Tage je Entfernungskilometer		14,– DM
		10,– DM
Hinzurechnung je Kalendermonat	10,– DM × 18 km =	180 DM

b) Ein Unternehmer wohnt in A. Sein Betrieb liegt im 350 Kilometer entfernten B. Dort hat er eine Zweitwohnung. Der Unternehmer nutzt sein betriebliches Kraftfahrzeug mit einem inländischen Listenpreis in Höhe von 80.000 DM auch für Familienheimfahrten. Der nicht als Betriebsausgaben abziehbare Teil der auf solche Fahrten entfallenden Aufwendungen ist wie folgt zu berechnen:

Inländischer Listenpreis		80.000 DM
0,002 % von 80.000 DM je Entfernungskilometer =		1,60 DM
./. Kilometerpauschbetrag 0,70 DM		0,70 DM
		0,90 DM
Hinzurechnung je Familienheimfahrt	0,90 DM × 350 km =	315 DM

Zur steuerlichen Behandlung der **Überlassung eines betrieblichen Kraftfahrzeugs** an Arbeitnehmer:

– A 31 Abs. 7 und 7a LStR[1]);

– Tz. 20–37 des Arbeitgeber-Merkblatts 1.1.1996 (BStBl 1995 I S. 719),

– BMF vom 28.5.1996 (BStBl I S. 654): Steuerliche Behandlung der Überlassung eines betrieblichen Kraftfahrzeugs an Arbeitnehmer[1]),

– BMF vom 11.11.1996 (IV B 6 – S 2334 – 292/96): Steuerliche Behandlung der Privatnutzung eines nach dem **„Zwei-Vertrags-Modell"** geleasten Kfz[2]),

– Zur **umsatzsteuerlichen Behandlung** → BMF vom 11.3.1997 (BStBl I S. 324)[3]),

– **Keine Anerkennung eines Fahrtenbuchs**, wenn die Eintragungen zum Reisezweck unvollständig sind. Die Anforderungen an ein ordnungsgemäßes Fahrtenbuch, das der Berechnung des Privatanteils von Kfz-Kosten zugrundegelegt werden kann, sind nicht erfüllt, wenn die Eintragungen des Steuerpflichtigen zum Reisezweck der einzelnen betrieblichen Fahrten unvollständig sind. Das Vorhandensein **weiterer** Fahrzeuge, die für eine private Benutzung zur Verfügung stehen, läßt sich nicht ohne weiteres als Indiz für einen erhöhten beruflichen Nutzungsanteil des vorwiegend betrieblich genutzten Fahrzeugs heranziehen (→ FG Thüringen vom 12.3.1997 – II 279/96 – rkr.). Das Urteil erging zwar noch nicht zur 1 %-Regelung, die seit 1996 im betrieblichen Bereich anzuwenden ist. Die Voraussetzungen der Anerkennung eines Fahrtenbuches werden jedoch im Rahmen der Neuregelung unmittelbar Anwendung finden. Das Urteil zeigt, daß die Finanzgerichte gewillt sind, den restriktiven Formalanforderungen der Finanzverwaltung zu folgen. Für Unternehmer, die sich zur Führung eines Fahrtenbuches entschlossen haben, folgt daraus, daß sich der dadurch in Kauf genommene Formalaufwand nur bei genauer Beachtung der von der Finanzverwaltung gesetzten Anforderungen lohnen wird.

– Die sich aus einem **formell nicht ordnungsgemäßen Fahrtenbuch** ergebenden Kilometerangaben für Dienstfahrten können der Besteuerung zugrundegelegt werden, wenn sich das Gericht beispielsweise in der mündlichen Verhandlung von der inhaltlichen Richtigkeit der Angaben überzeugen kann. Bei einem Außendienstmitarbeiter, der den Betriebssitz des Arbeitgebers nur 4–5 mal jährlich für eine Woche aufsucht, ist der Betriebssitz nicht **Arbeitsstätte** nach § 9 Abs. 1 Nr. 4 EStG (→ FG Saarland vom 13.10.1997 – INF 2/1998 S. IV).

---

[1]) Lohnsteuer-Handausgabe 1999.
[2]) Lohnsteuer-Handausgabe 1999 (S. 185).
[3]) Umsatzsteuer-Handausgabe.

– Unter dem Az. III R 59/98 ist beim BFH im Revisionsverfahren gegen das Urteil des FG Münster vom 1.10.1998 zu der Frage anhängig, ob der Ansatz der privaten Kfz-Nutzung auch ohne Fahrtenbuch nicht nach der 1 %-Regelung, sondern mit 50 % der entstandenen Kosten abzugsfähig ist.

Pauschbeträge für Verpflegungsmehraufwendungen und Übernachtungskosten bei Auslandsgeschäftsreisen

→ BMF vom **28.11.1997** (BStBl I S. **985**), *vom 3.6.1998 (BStBl I S. 626) und vom 10.9.1998 (BStBl I S. 1195)* Anhang 20

→ ab 1.3.1999: BMF vom 28.1.1999 (BStBl I S. 216)

24. Abzugsverbot für Sanktionen sowie für Zuwendungen im Sinne des § 4 Abs. 5 Satz 1 Nr. 10 EStG   R 24

Abzugsverbot   S 2145

(1) ¹Geldbußen, Ordnungsgelder und Verwarnungsgelder, die von einem Gericht oder einer Behörde in der Bundesrepublik Deutschland oder von Organen der Europäischen Gemeinschaften festgesetzt werden, dürfen nach § 4 Abs. 5 Satz 1 Nr. 8 Satz 1 EStG den Gewinn auch dann nicht mindern, wenn sie betrieblich veranlaßt sind. ²Dasselbe gilt für Leistungen zur Erfüllung von Auflagen oder Weisungen, die in einem berufsgerichtlichen Verfahren erteilt werden, soweit die Auflagen oder Weisungen nicht lediglich der Wiedergutmachung des durch die Tat verursachten Schadens dienen (§ 4 Abs. 5 Satz 1 Nr. 8 Satz 2 EStG). ³Dagegen gilt das Abzugsverbot nicht für Nebenfolgen vermögensrechtlicher Art, z. B. die Abführung des Mehrerlöses nach § 8 des Wirtschaftsstrafgesetzes, den Verfall nach § 29a OWiG und die Einziehung nach § 22 OWiG.

Geldbußen

(2) ¹Zu den Geldbußen rechnen alle Sanktionen, die nach dem Recht der Bundesrepublik Deutschland so bezeichnet sind, insbesondere Geldbußen nach dem Ordnungswidrigkeitenrecht einschließlich der nach § 30 OWiG vorgesehenen Geldbußen gegen juristische Personen oder Personenvereinigungen, Geldbußen nach den berufsgerichtlichen Gesetzen des Bundes oder der Länder, z. B. der Bundesrechtsanwaltsordnung, der Bundesnotarordnung, der Patentanwaltsordnung, der Wirtschaftsprüferordnung oder dem Steuerberatungsgesetz sowie Geldbußen nach den Disziplinargesetzen des Bundes oder der Länder. ²Geldbußen, die von Organen der Europäischen Gemeinschaften festgesetzt werden, sind Geldbußen nach den Artikeln 85, 86, 87 Abs. 2 des EWG-Vertrags in Verbindung mit Artikel 15 Abs. 2 der Verordnung Nr. 17 des Rates vom 6.2.1962 und nach den Artikeln 47, 58, 59, 64 bis 66 des Vertrags über die Gründung der Europäischen Gemeinschaft für Kohle und Stahl. ³Betrieblich veranlaßte Geldbußen, die von Gerichten oder Behörden anderer Staaten festgesetzt werden, fallen nicht unter das Abzugsverbot (→ Ausländisches Gericht).

Einschränkung des Abzugsverbotes für Geldbußen

(3) ¹*Das* Abzugsverbot für Geldbußen, die von Gerichten oder Behörden *in der Bundesrepublik Deutschland* oder von Organen der Europäischen Gemeinschaften verhängt werden, *gilt uneingeschränkt für den* Teil, der die rechtswidrige und verwerfbare Handlung ahndet. ²*Für den Teil, der den rechtswidrig erlangten wirtschaftlichen Vorteil abschöpft, gelten die folgenden Grundsätze.* ³*Wurde* bei der Festsetzung der Geldbuße auch *der* rechtswidrig erlangte Vermögensvorteil abgeschöpft, so gilt das Abzugsverbot für die Geldbuße nur dann uneingeschränkt, wenn bei der Berechnung des Vermögensvorteils die darauf entfallende ertragsteuerliche Belastung – ggf. im Wege der Schätzung – berücksichtigt worden ist. ⁴Macht der Steuerpflichtige durch geeignete Unterlagen glaubhaft, daß diese ertragsteuerliche Belastung nicht berücksichtigt und *der* gesamte rechtswidrig erlangte Vermögensvorteil abgeschöpft *wurde,* so darf der auf die Abschöpfung entfallende Teil der Geldbuße als Betriebsausgabe abgezogen werden.

Ordnungsgelder

(4) Ordnungsgelder sind die nach dem Recht der Bundesrepublik Deutschland so bezeichneten Unrechtsfolgen, die namentlich in den Verfahrensordnungen oder in verfahrensrechtlichen Vorschriften anderer Gesetze vorgesehen sind, z. B. das Ordnungsgeld gegen einen Zeugen wegen Verletzung seiner Pflicht zum Erscheinen und das Ordnungsgeld **nach § 890 ZPO** wegen Verstoßes gegen ein**e nach einem Vollstreckungstitel (z. B. Urteil) bestehende Verpflichtung, eine Handlung zu unterlassen oder die Vornahme einer Handlung zu dulden.**

Verwarnungsgelder

(5) Verwarnungsgelder sind die in § 56 OWiG so bezeichneten geldlichen Einbußen, die dem Betroffenen aus Anlaß einer geringfügigen Ordnungswidrigkeit, z. B. wegen falschen Parkens, mit seinem Einverständnis auferlegt werden, um der Verwarnung Nachdruck zu verleihen.

Zuwendungen im Sinne des § 4 Abs. 5 Satz 1 Nr. 10 EStG

(6) ¹Zuwendungen im Sinne des § 4 Abs. 5 Satz 1 Nr. 10 EStG dürfen nicht als Betriebsausgaben abgezogen werden, wenn der Zuwendende oder der Empfänger wegen Vorteilsgewährung, Vorteilsannahme, Bestechung, Bestechlichkeit (§§ 331 bis 33**5** StGB; § 48 Wehrstrafgesetzbuch i.V.m. den §§ 331, 332, 335 StGB; ***Artikel 7 Abs. 2 Nr. 10 des Vierten Strafrechtsänderungsgesetzes i.V.m.** § 333 Abs. 1, 3, § 334 Abs. 1, 3 StGB;* § 108e StGB) oder Bestechung **und Bestechlichkeit im geschäftlichen Verkehr (§§ 299, 300 StGB)** verurteilt worden ist, ein Strafverfahren wegen **einer solchen Straftat** nach den §§ 153 ff. StPO eingestellt worden ist oder **wegen einer Ordnungswidrigkeit** ein**e Geldbuße** verhängt wurde. ²Ist der Betriebsausgabenabzug zugelassen worden, und erhält die Finanzverwaltung nachträglich Kenntnis von einer Verurteilung oder Einstellung des Verfahrens gem. den §§ 153 ff. StPO oder der Verhängung einer **Geldbuße**, so ist der Steuerbescheid nach § 175 Abs. 1 Satz 1 Nr. 2 AO zu ändern.

Hinweise

Abzugsverbot für Geldstrafen, die in einem anderen Staat festgesetzt werden → R 120

Ausländisches Gericht

Von ausländischem Gericht verhängte Geldstrafe kann bei Widerspruch zu wesentlichen Grundsätzen der deutschen Rechtsordnung Betriebsausgabe sein (→ BFH vom 31.7.1991 – BStBl 1992 II S. 85).

Leistungen zur Erfüllung von Auflagen und Weisungen

Hinsichtlich des Abzugsverbots von Leistungen zur Erfüllung von Auflagen und Weisungen, die in einem berufsgerichtlichen Verfahren erteilt werden, → H 120 (Leistungen zur Erfüllung von Auflagen und Weisungen).

Verfahrenskosten

Bei betrieblich veranlaßten Sanktionen sind die mit diesen zusammenhängenden Verfahrenskosten, insbesondere Gerichts- und Anwaltsgebühren, auch dann abziehbare Betriebsausgaben, wenn die Sanktion selbst nach § 4 Abs. 5 Satz 1 Nr. 8 EStG vom Abzug ausgeschlossen ist (→ BFH vom 19.2.1982 – BStBl II S. 467).

Wirtschaftlicher Vorteil

Es kann dahingestellt bleiben, ob das Tatbestandsmerkmal des wirtschaftlichen Vorteils im Sinne des § 4 Abs. 5 Nr. 8 Satz 4 EStG in jeder Hinsicht dem wirtschaftlichen Vorteil im Sinne des § 17 Abs. 4 OWIG entspricht. Es umfaßt jedenfalls nicht den Mehrerlös im Sinne des § 38 Abs. 4 GWB (→ FG Baden-Württemberg vom 24.4.1997 – EFG 1997 S. 1300 – Rev. – BFH I R 64/97).

§ 4a
Gewinnermittlungszeitraum, Wirtschaftsjahr

(1) ¹Bei Land- und Forstwirten und bei Gewerbetreibenden ist der Gewinn nach dem Wirtschaftsjahr zu ermitteln. ²Wirtschaftsjahr ist
1. bei Land- und Forstwirten der Zeitraum vom 1. Juli bis zum 30. Juni. ²Durch Rechtsverordnung kann für einzelne Gruppen von Land- und Forstwirten ein anderer Zeitraum bestimmt werden, wenn das aus wirtschaftlichen Gründen erforderlich ist;
2. bei Gewerbetreibenden, deren Firma im Handelsregister eingetragen ist, der Zeitraum, für den sie regelmäßig Abschlüsse machen. ²Die Umstellung des Wirtschaftsjahrs auf einen vom Kalenderjahr abweichenden Zeitraum ist steuerlich nur wirksam, wenn sie im Einvernehmen mit dem Finanzamt vorgenommen wird;
3. bei anderen Gewerbetreibenden das Kalenderjahr. ²Sind sie gleichzeitig buchführende Land- und Forstwirte, so können sie mit Zustimmung des Finanzamts den nach Nummer 1 maßgebenden Zeitraum als Wirtschaftsjahr für den Gewerbebetrieb bestimmen, wenn sie für den Gewerbebetrieb Bücher führen und für diesen Zeitraum regelmäßig Abschlüsse machen.

(2) ¹Bei Land- und Forstwirten und bei Gewerbetreibenden, deren Wirtschaftsjahr vom Kalenderjahr abweicht, ist der Gewinn aus Land- und Forstwirtschaft oder aus Gewerbebetrieb bei der Ermittlung des Einkommens in folgender Weise zu berücksichtigen:
1. ¹Bei Land- und Forstwirten ist der Gewinn des Wirtschaftsjahrs auf das Kalenderjahr, in dem das Wirtschaftsjahr beginnt, und auf das Kalenderjahr, in dem das Wirtschaftsjahr endet, entsprechend dem zeitlichen Anteil aufzuteilen. ²Bei der Aufteilung sind Veräußerungsgewinne im Sinne des § 14 auszuscheiden und dem Gewinn des Kalenderjahrs hinzuzurechnen, in dem sie entstanden sind;
2. bei Gewerbetreibenden gilt der Gewinn des Wirtschaftsjahrs als in dem Kalenderjahr bezogen, in dem das Wirtschaftsjahr endet.

§ 8b
Wirtschaftsjahr

¹Das Wirtschaftsjahr umfaßt einen Zeitraum von zwölf Monaten. ²Es darf einen Zeitraum von weniger als zwölf Monaten umfassen, wenn
1. ein Betrieb eröffnet, erworben, aufgegeben oder veräußert wird oder
2. ein Steuerpflichtiger von regelmäßigen Abschlüssen auf einen bestimmten Tag zu regelmäßigen Abschlüssen auf einen anderen bestimmten Tag übergeht. ²Bei Umstellung eines Wirtschaftsjahrs, das mit dem Kalenderjahr übereinstimmt, auf ein vom Kalenderjahr abweichendes Wirtschaftsjahr und bei Umstellung eines vom Kalenderjahr abweichenden Wirtschaftsjahrs auf ein anderes vom Kalenderjahr abweichendes Wirtschaftsjahr gilt dies nur, wenn die Umstellung im Einvernehmen mit dem Finanzamt vorgenommen wird.

§ 8c[1])
Wirtschaftsjahr bei Land- und Forstwirten

(1) ¹Als Wirtschaftsjahr im Sinne des § 4 a Abs. 1 Nr. 1 des Gesetzes können Betriebe mit
1. einem Futterbauanteil von 80 vom Hundert und mehr der Fläche der landwirtschaftlichen Nutzung den Zeitraum vom 1. Mai bis 30. April,
2. reiner Forstwirtschaft den Zeitraum vom 1. Oktober bis 30. September,
3. reinem Weinbau den Zeitraum vom 1. September bis 31. August

---

[1]) Zur Anwendung → § 84 Abs. 2 EStDV.

§ 4a EStG § 8c EStDV
R 25 H 25

bestimmen. ²Ein Betrieb der in Satz 1 bezeichneten Art liegt auch dann vor, wenn daneben in geringem Umfang noch eine andere land- und forstwirtschaftliche Nutzung vorhanden ist. ³Soweit die Oberfinanzdirektionen vor dem 1. Januar 1955 ein anderes als die in § 4a Abs. 1 Nr. 1 des Gesetzes oder in Satz 1 bezeichneten Wirtschaftsjahre festgesetzt haben, kann dieser andere Zeitraum als Wirtschaftsjahr bestimmt werden; dies gilt nicht für den Weinbau.

(2) ¹Gartenbaubetriebe, Obstbaubetriebe, Baumschulbetriebe und reine Forstbetriebe können auch das Kalenderjahr als Wirtschaftsjahr bestimmen. ²Stellt ein Land- und Forstwirt von einem vom Kalenderjahr abweichenden Wirtschaftsjahr auf ein mit dem Kalenderjahr übereinstimmendes Wirtschaftsjahr um, verlängert sich das letzte vom Kalenderjahr abweichende Wirtschaftsjahr um den Zeitraum bis zum Beginn des ersten mit dem Kalenderjahr übereinstimmenden Wirtschaftsjahr; ein Rumpfwirtschaftsjahr ist nicht zu bilden. ³Stellt ein Land- und Forstwirt das Wirtschaftsjahr für einen Betrieb mit reinem Weinbau auf ein Wirtschaftsjahr im Sinne des Absatzes 1 Satz 1 Nr. 3 um, gilt Satz 2 entsprechend.

(3) Buchführende Land- und Forstwirte im Sinne des § 4a Abs. 1 Nr. 3 Satz 2 des Gesetzes sind Land- und Forstwirte, die auf Grund einer gesetzlichen Verpflichtung oder ohne eine solche Verpflichtung Bücher führen und regelmäßig Abschlüsse machen.

R 25 **25. Gewinnermittlung bei einem vom Kalenderjahr abweichenden Wirtschaftsjahr**

S 2115 **Umstellung des Wirtschaftsjahrs**

(1) ¹Eine Umstellung des Wirtschaftsjahrs liegt nicht vor, wenn ein Steuerpflichtiger, der Inhaber eines Betriebs ist, einen weiteren Betrieb erwirbt und für diesen Betrieb ein anderes Wirtschaftsjahr als der Rechtsvorgänger wählt. ²Werden mehrere bisher getrennt geführte Betriebe eines Steuerpflichtigen zu einem Betrieb zusammengefaßt, und führt der Steuerpflichtige das abweichende Wirtschaftsjahr für einen der Betriebe fort, liegt keine zustimmungsbedürftige Umstellung des Wirtschaftsjahrs vor.

Zustimmung des Finanzamts zum abweichenden Wirtschaftsjahr

(2) ¹Das Wahlrecht zur Bestimmung des Wirtschaftsjahrs kann durch die Erstellung des Jahresabschlusses oder außerhalb des Veranlagungsverfahrens ausgeübt werden. ²Bei Umstellung des Wirtschaftsjahrs nach § 4a Abs. 1 Nr. 3 EStG ist dem Antrag zu entsprechen, wenn der Steuerpflichtige Bücher führt, in denen die Betriebseinnahmen und die Betriebsausgaben für den land- und forstwirtschaftlichen Betrieb und für den Gewerbebetrieb getrennt aufgezeichnet werden, und der Steuerpflichtige für beide Betriebe getrennte Abschlüsse fertigt. ³Die Geldkonten brauchen nicht getrennt geführt zu werden.

Abweichendes Wirtschaftsjahr bei Betriebsverpachtung

(3) Sind die Einkünfte aus der Verpachtung eines gewerblichen Betriebs Einkünfte aus Gewerbebetrieb (→ R 139 Abs. 5), so kann der Verpächter ein abweichendes Wirtschaftsjahr beibehalten, wenn die Voraussetzungen des § 4a Abs. 1 Nr. 2 oder Nr. 3 Satz 2 EStG weiterhin erfüllt sind.

Gewinnschätzung bei abweichendem Wirtschaftsjahr

(4) Wird bei einem abweichenden Wirtschaftsjahr der Gewinn geschätzt, so ist die Schätzung nach dem abweichenden Wirtschaftsjahr vorzunehmen.

H 25 **Hinweise**

Antrag auf Umstellung des Wirtschaftsjahrs außerhalb des Veranlagungsverfahrens

Über einen außerhalb des Veranlagungsverfahrens gestellten Antrag auf Erteilung der Zustimmung zur Umstellung des Wirtschaftsjahrs hat das Finanzamt durch besonderen Bescheid zu entscheiden (→ BFH vom 24.1.1963 – BStBl III S. 142).

§ 4a EStG
H 25

Betriebsaufspaltung

Wählt eine im Wege der Betriebsaufspaltung entstandene Betriebsgesellschaft ein vom Kalenderjahr abweichendes Wirtschaftsjahr, so ist dies keine zustimmungsbedürftige Umstellung (→ BFH vom 27.9.1979 – BStBl 1980 II S. 94).

Gesellschafterwechsel oder Ausscheiden einzelner Gesellschafter berühren nicht den Bestand der Personengesellschaft mit der Folge, daß kein Wechsel des Wirtschaftsjahrs vorliegt (→ BFH vom 14.9.1978 – BStBl 1979 II S. 159).

Gewinnschätzung

→ H 12

Rumpfwirtschaftsjahr

Bei der Umstellung des Wirtschaftsjahrs darf nur ein Rumpfwirtschaftsjahr entstehen (→ BFH vom 7.2.1969 – BStBl II S. 337).

Ein Rumpfwirtschaftsjahr entsteht, wenn
- während eines Wirtschaftsjahrs ein Betrieb unentgeltlich übertragen wird (→ BFH vom 23.8.1979 – BStBl 1980 II S. 8),
- ein Einzelunternehmen durch die Aufnahme von Gesellschaftern in eine Personengesellschaft umgewandelt wird oder ein Gesellschafter aus einer zweigliedrigen Personengesellschaft ausscheidet und der Betrieb als Einzelunternehmen fortgeführt wird (→ BFH vom 10.2.1989 – BStBl II S. 519).

Kein Rumpfwirtschaftsjahr entsteht, wenn
- ein Land- und Forstwirt von einem vom Kalenderjahr abweichenden Wirtschaftsjahr auf ein mit dem Kalenderjahr übereinstimmendes Wirtschaftsjahr umstellt (→ § 8c Abs. 2 EStDV),
- ein Gesellschafterwechsel oder ein Ausscheiden einzelner Gesellschafter das Bestehen der Personengesellschaft nicht berührt (→ BFH vom 14.9.1978 – BStBl 1979 II S. 159).

Steuerpause/mißbräuchliche Gestaltung

Wählt eine Personenobergesellschaft, die selbst keine aktive Wirtschaftstätigkeit ausübt, ihr Wirtschaftsjahr in der Weise, daß dieses kurze Zeit vor dem Wirtschaftsjahr der Personenuntergesellschaft endet, so liegt hierin eine mißbräuchliche Gestaltung, da die Gewinne der Untergesellschaft nicht im laufenden Veranlagungszeitraum, sondern einen Veranlagungszeitraum später steuerlich erfaßt werden und hierdurch eine einjährige „Steuerpause" eintritt (→ BFH vom 18.12.1991 – BStBl 1992 II S. 486). Die Erlangung einer "Steuerpause" oder anderer steuerlicher Vorteile ist kein betrieblicher Grund, der die Zustimmung des Finanzamts zur Umstellung des Wirtschaftsjahrs rechtfertigt (→ BFH vom 24.4.1980 – BStBl 1981 II S. 50 und vom 15.6.1983 – BStBl II S. 672).

Umwandlung

- In der Umwandlung oder Einbringung eines Einzelunternehmens in eine neu gegründete Personengesellschaft liegt eine Neueröffnung eines Betriebes. Der Zeitpunkt der Umwandlung oder Einbringung ist das Ende des Wirtschaftsjahres des bisherigen Einzelunternehmens und der Beginn des ersten Wirtschaftsjahres der neugegründeten Personengesellschaft (→ BFH vom 26.5.1994 – BStBl II S. 891).
- Wird ein bisher als Personengesellschaft geführter Betrieb nach Ausscheiden der Mitgesellschafter als Einzelunternehmen fortgeführt, liegt darin die Eröffnung eines neuen Betriebes mit der Folge, daß das Wirtschaftsjahr der Personengesellschaft im Zeitpunkt der Umwandlung endet und das erste Wirtschaftsjahr des Einzelunternehmens beginnt (→ BFH vom 10.2.1989 – BStBl II S. 519).

Verpachtung eines Betriebs der Land- und Forstwirtschaft

Sind die Einkünfte aus der Verpachtung eines Betriebs der Land- und Forstwirtschaft als Einkünfte aus Land- und Forstwirtschaft zu behandeln, so ist für die Ermittlung des Gewinns weiterhin das nach § 4a Abs. 1 Nr. 1 EStG oder § 8c EStDV in Betracht kommende abweichende Wirtschaftsjahr maßgebend (→ BFH vom 11.3.1965 – BStBl III S. 286).

§§ 4a, 4b EStG
R 26 H 25

Wirtschaftsjahr bei Land- und Forstwirten

Das Wirtschaftsjahr bei Land- und Forstwirten richtet sich nach der Art der Bewirtschaftung. Eine unschädliche andere land- oder forstwirtschaftliche Nutzung in geringem Umfang im Sinne des § 8c Abs. 1 Satz 2 EStDV liegt nur vor, wenn der Vergleichswert der anderen land- oder forstwirtschaftlichen Nutzung etwa 10 v. H. des Wertes der gesamten land- und forstwirtschaftlichen Nutzungen nicht übersteigt (→ BFH vom 3.12.1987 – BStBl 1988 II S. 269).

Zustimmungsbedürftige Umstellung des Wirtschaftsjahrs

– Die Zustimmung ist nur dann zu erteilen, wenn der Steuerpflichtige gewichtige, in der Organisation des Betriebs gelegene Gründe für die Umstellung des Wirtschaftsjahrs anführen kann; es ist jedoch nicht erforderlich, daß die Umstellung des Wirtschaftsjahrs betriebsnotwendig ist (→ BFH vom 9.1.1974 – BStBl II S. 238).

– Die Umstellung des Wirtschaftsjahres eines im Wege der Gesamtrechtsnachfolge auf Erben übergegangenen Unternehmens auf einen vom Kalenderjahr abweichenden Zeitraum bedarf der Zustimmung des Finanzamtes (→ BFH vom 22.8.1968 – BStBl 1969 II S. 34).

– Wird die Umstellung des Wirtschaftsjahrs wegen Inventurschwierigkeiten begehrt, kann die Zustimmung zur Umstellung des Wirtschaftsjahrs zu versagen sein, wenn die Buchführung nicht ordnungsmäßig ist und auch nicht sichergestellt ist, daß durch die Umstellung des Wirtschaftsjahrs die Mängel der Buchführung beseitigt werden (→ BFH vom 9.11.1966 – BStBl 1967 III S. 111).

– Will ein Pächter sein Wirtschaftsjahr auf das vom Kalenderjahr abweichende Pachtjahr umstellen, weil dieses in mehrfacher Beziehung für die Abrechnung mit dem Verpächter maßgebend ist, ist die Zustimmung im allgemeinen zu erteilen (→ BFH vom 8.10.1969 – BStBl 1970 II S. 85).

EStG
S 2144a

§ 4b
Direktversicherung

¹Der Versicherungsanspruch aus einer Direktversicherung, die von einem Steuerpflichtigen aus betrieblichem Anlaß abgeschlossen wird, ist dem Betriebsvermögen des Steuerpflichtigen nicht zuzurechnen, soweit am Schluß des Wirtschaftsjahrs hinsichtlich der Leistungen des Versicherers die Person, auf deren Leben die Lebensversicherung abgeschlossen ist, oder ihre Hinterbliebenen bezugsberechtigt sind. ²Das gilt auch, wenn der Steuerpflichtige die Ansprüche aus dem Versicherungsvertrag abgetreten oder beliehen hat, sofern er sich der bezugsberechtigten Person gegenüber schriftlich verpflichtet, sie bei Eintritt des Versicherungsfalls so zu stellen, als ob die Abtretung oder Beleihung nicht erfolgt wäre.

R 26
26. Direktversicherung

S 2144a
Begriff

(1) ¹Eine Direktversicherung ist eine Lebensversicherung auf das Leben des Arbeitnehmers, die durch den Arbeitgeber abgeschlossen worden ist und bei der der Arbeitnehmer oder seine Hinterbliebenen hinsichtlich der Leistungen des Versicherers ganz oder teilweise bezugsberechtigt sind (→ § 1 Abs. 2 Satz 1 BetrAVG). ²Dasselbe gilt für eine Lebensversicherung auf das Leben des Arbeitnehmers, die nach Abschluß durch den Arbeitnehmer vom Arbeitgeber übernommen worden ist. ³Dagegen liegt begrifflich keine Direktversicherung vor, wenn der Arbeitgeber für den Ehegatten eines verstorbenen früheren Arbeitnehmers eine Lebensversicherung abschließt. ⁴Als Versorgungsleistungen können Leistungen der Alters-, Invaliditäts- oder Hinterbliebenenversorgung in Betracht kommen. ⁵Es ist gleichgül-

§ 4b EStG
H 26 R 26

tig, ob es sich um Kapitalversicherungen – einschließlich Risikoversicherungen –, Rentenversicherungen oder fondsgebundene Lebensversicherungen handelt und welche → Laufzeit vereinbart wird. ⁶Unfallversicherungen sind keine Lebensversicherungen, auch wenn bei Unfall mit Todesfolge eine Leistung vorgesehen ist. ⁷Dagegen gehören Unfallzusatzversicherungen und Berufsunfähigkeitszusatzversicherungen, die im Zusammenhang mit Lebensversicherungen abgeschlossen werden, sowie selbständige Berufsunfähigkeitsversicherungen und Unfallversicherungen mit Prämienrückgewähr, bei denen der Arbeitnehmer Anspruch auf die Prämienrückgewähr hat, zu den Direktversicherungen.

(2) ¹Die Bezugsberechtigung des Arbeitnehmers oder seiner Hinterbliebenen muß vom Versicherungsnehmer (Arbeitgeber) der Versicherungsgesellschaft gegenüber erklärt werden (§ 166 VVG). ²Die Bezugsberechtigung kann widerruflich oder unwiderruflich sein; bei widerruflicher Bezugsberechtigung sind die Bedingungen eines Widerrufs steuerlich unbeachtlich. ³Unbeachtlich ist auch, ob die Anwartschaft des Arbeitnehmers arbeitsrechtlich bereits unverfallbar ist.

Behandlung bei der Gewinnermittlung

(3) ¹Die Beiträge zu Direktversicherungen sind sofort abziehbare Betriebsausgaben. ²Eine Aktivierung der Ansprüche aus der Direktversicherung kommt beim Arbeitgeber vorbehaltlich Satz 5 erst in Betracht, wenn eine der in § 4b EStG genannten Voraussetzungen weggefallen ist, z. B. wenn der Arbeitgeber von einem Widerrufsrecht Gebrauch gemacht hat. ³In diesen Fällen ist der Anspruch grundsätzlich mit dem geschäftsplanmäßigen Deckungskapital der Versicherungsgesellschaft zu aktivieren zuzüglich eines etwa vorhandenen Guthabens aus Beitragsrückerstattungen (→ R 41 Abs. 24); soweit die Berechnung des Deckungskapitals nicht zum Geschäftsplan gehört, tritt an die Stelle des geschäftsplanmäßigen Deckungskapitals der nach § 176 Abs. 3 VVG berechnete Zeitwert. ⁴Die Sätze 1 bis 3 gelten auch für Versicherungen gegen Einmalprämie; bei diesen Versicherungen kommt eine Aktivierung auch nicht unter dem Gesichtspunkt der Rechnungsabgrenzung in Betracht, da sie keinen Aufwand für eine „bestimmte Zeit" (§ 5 Abs. 5 Satz 1 Nr. 1 EStG) darstellen. ⁵Sind der Arbeitnehmer oder seine Hinterbliebenen nur für bestimmte Versicherungsfälle oder nur hinsichtlich eines Teils der Versicherungsleistungen bezugsberechtigt, so sind die Ansprüche aus der Direktversicherung insoweit zu aktivieren, als der Arbeitgeber bezugsberechtigt ist.

(4) ¹Die Verpflichtungserklärung des Arbeitgebers nach § 4b Satz 2 EStG muß an dem Bilanzstichtag schriftlich vorliegen, an dem die Ansprüche aus dem Versicherungsvertrag ganz oder zum Teil abgetreten oder beliehen sind. ²Liegt diese Erklärung nicht vor, so sind die Ansprüche aus dem Versicherungsvertrag dem Arbeitgeber zuzurechnen.

Sonderfälle

(5) Die Absätze 1 bis 4 gelten entsprechend für Personen, die nicht Arbeitnehmer sind, für die jedoch aus Anlaß ihrer Tätigkeit für das Unternehmen Direktversicherungen abgeschlossen worden sind (§ 17 Abs. 1 Satz 2 BetrAVG), z. B. Handelsvertreter und Zwischenmeister.

Hinweise   H 26

Abgrenzung der Direktversicherung von einem Sparvertrag

Ist das für eine Versicherung typische Todesfallwagnis und bereits bei Vertragsabschluß das Rentenwagnis ausgeschlossen, so liegt ein atypischer Sparvertrag und keine begünstigte Direktversicherung vor (→ BFH vom 9.11.1990 – BStBl 1991 II S. 189 und A 129 Abs. 3a Satz 2 und 3 LStR).

Aktivierung

Die Aktivierungspflicht des Bezugrechts auf Gewinnanteile für den Arbeitgeber ist von der steuerlichen Berücksichtigung dieser Beträge beim Arbeitnehmer in den Fällen der Arbeitslohnrückzahlung als negative Einnahmen unabhängig (→ BMF vom 9.2.1993 – BStBl I S. 248).

§§ 4b, 4c EStG
H 26

Arbeitnehmer-Ehegatten

Grundsatz
- Zur steuerlichen Behandlung von Aufwendungen für die betriebliche Altersversorgung des mitarbeitenden Ehegatten → BMF vom 4.9.1984 (BStBl I S. 495) und vom 9.1.1986 (BStBl I S. 7). Die Aufwendungen sind nur als Betriebsausgaben anzuerkennen, soweit sie einem Fremdvergleich standhalten.

Überversorgung
- Eine Direktversicherung ist der Höhe nach nur insoweit anzuerkennen, als sie nicht zu einer Überversorgung führt; dies gilt auch dann, wenn im Rahmen eines steuerlich anerkannten Ehegatten-Arbeitsverhältnisses angemessener Barlohn in Beiträge für eine Direktversicherung umgewandelt wird (→ BFH vom 16.5.1995 – BStBl II S. 873). Zur Angemessenheit der Höhe der Altersversorgung → BMF vom 4.9.1984 (BStBl I S. 495)

Beleihung von Versicherungsansprüchen
Vorauszahlungen auf die Versicherungsleistung (sog. Policendarlehen) stehen einer Beleihung des Versicherungsanspruchs gleich (→ BFH vom 19.12.1973 – BStBl 1974 II S. 237).

Gesellschafter-Geschäftsführer
Der ertragsteuerlichen Anerkennung einer zugunsten des beherrschenden Gesellschafter-Geschäftsführers einer Kapitalgesellschaft abgeschlossenen Direktversicherung steht nicht entgegen, daß als vertraglicher Fälligkeitstermin für die Erlebensleistung das 65. Lebensjahr des Begünstigten vereinbart wird.

Konzerngesellschaft
→ A 129 Abs. 3 Satz 3 LStR

Laufzeit
Kapitalversicherungen mit einer Vertragsdauer von weniger als fünf Jahren sind grundsätzlich nicht nach § 40b EStG begünstigt → A 129 Abs. 3a Satz 4 und 5 LStR

Mindesttodesfallschutz
→ BMF vom 6.12.1996 (BStBl I S. 1438)

Mindestvertragsdauer im Sinne des § 10 Abs. 1 Nr. 2 Buchstabe b EStG
→ BMF vom 12.12.1995 (BStBl I S. 805)

EStG
S 2144b

§ 4c
Zuwendungen an Pensionskassen

(1) ¹Zuwendungen an eine Pensionskasse dürfen von dem Unternehmen, das die Zuwendungen leistet (Trägerunternehmen), als Betriebsausgaben abgezogen werden, soweit sie auf einer in der Satzung oder im Geschäftsplan der Kasse festgelegten Verpflichtung oder auf einer Anordnung der Versicherungsaufsichtsbehörde beruhen oder der Abdeckung von Fehlbeträgen bei der Kasse dienen. ²Soweit die allgemeinen Versicherungsbedingungen und die fachlichen Geschäftsunterlagen im Sinne des § 5 Abs. 3 Nr. 2 Halbsatz 2 des Versicherungsaufsichtsgesetzes nicht zum Geschäftsplan gehören, gelten diese als Teil des Geschäftsplans.

(2) Zuwendungen im Sinne des Absatzes 1 dürfen als Betriebsausgaben nicht abgezogen werden, soweit die Leistungen der Kasse, wenn sie vom Trägerunternehmen unmittelbar erbracht würden, bei diesem nicht betrieblich veranlaßt wären.

27. Zuwendungen an Pensionskassen

R 27

Pensionskassen

S 2144b

(1) Als Pensionskassen sind sowohl rechtsfähige Versorgungseinrichtungen im Sinne des → § 1 Abs. 3 Satz 1 BetrAVG als auch rechtlich unselbständige Zusatzversorgungseinrichtungen des öffentlichen Dienstes im Sinne des → § 18 BetrAVG anzusehen, die den Leistungsberechtigten (Arbeitnehmer und Personen im Sinne des → § 17 Abs. 1 Satz 2 BetrAVG sowie deren Hinterbliebene) auf ihre Leistungen einen Rechtsanspruch gewähren.

Zuwendungen

(2) ¹Der Betriebsausgabenabzug kommt sowohl für laufende als auch für einmalige Zuwendungen in Betracht. ²Zuwendungen an eine Pensionskasse sind auch abziehbar, wenn die Kasse ihren Sitz oder ihre Geschäftsleitung im Ausland hat.

(3) ¹Zuwendungen zur Abdeckung von Fehlbeträgen sind auch dann abziehbar, wenn sie nicht auf einer entsprechenden Anordnung der Versicherungsaufsichtsbehörde beruhen. ²Für die Frage, ob und in welcher Höhe ein Fehlbetrag vorliegt, ist das Vermögen der Kasse nach den handelsrechtlichen Grundsätzen ordnungsmäßiger Buchführung unter Berücksichtigung des von der Versicherungsaufsichtsbehörde genehmigten Geschäftsplans bzw. der in § 4c Abs. 1 Satz 2 EStG genannten Unterlagen anzusetzen. ³Für Pensionskassen mit Sitz oder Geschäftsleitung im Ausland sind die für inländische Pensionskassen geltenden Grundsätze anzuwenden.

(4) ¹Zuwendungen an die Kasse dürfen als Betriebsausgaben nicht abgezogen werden, soweit die Leistungen der Kasse, wenn sie vom Trägerunternehmen unmittelbar erbracht würden, bei diesem nicht betrieblich veranlaßt wären. ²Nicht betrieblich veranlaßt sind z. B. Leistungen der Kasse an den Inhaber (Unternehmer, Mitunternehmer) des Trägerunternehmens oder seine Angehörigen. ³Für Angehörige gilt das Verbot nicht, soweit die Zuwendungen im Rahmen eines steuerlich anzuerkennenden Arbeitsverhältnisses gemacht werden (→ R 19). ⁴Die allgemeinen Gewinnermittlungsgrundsätze bleiben durch § 4c Abs. 2 EStG unberührt; auch bei nicht unter das Abzugsverbot fallenden Zuwendungen ist daher zu prüfen, ob sie nach allgemeinen Bilanzierungsgrundsätzen zu aktivieren sind, z. B. bei Zuwendungen, die eine Gesellschaft für ein Tochterunternehmen erbringt.

(5) ¹Für Zuwendungen, die vom Trägerunternehmen nach dem Bilanzstichtag geleistet werden, ist bereits zum Bilanzstichtag ein Passivposten zu bilden, sofern zu diesem Zeitpunkt eine entsprechende Verpflichtung besteht (Bestimmung in der Satzung oder im Geschäftsplan der Kasse, Anordnung der Aufsichtsbehörde). ²Werden Fehlbeträge von der Kasse abgedeckt, ohne daß hierzu eine Verpflichtung des Trägerunternehmens besteht, so kann in sinngemäßer Anwendung des § 4d Abs. 2 EStG zum Bilanzstichtag eine Rückstellung gebildet werden, wenn innerhalb eines Monats nach Aufstellung oder Feststellung der Bilanz des Trägerunternehmens die Zuwendung geleistet oder die Abdeckung des Fehlbetrags verbindlich zugesagt wird.

Hinweise

Zuführungen eines Trägerunternehmens an Pensionskassen

BMF vom 6.2.1996

IV B 2 – S 2144 b – 1/96
IV B 6 – S 2373 – 52/95

Es ist nach der steuerlichen Behandlung von Zuführungen eines Trägerunternehmens an Pensionskassen im Hinblick auf neue Solvabilitätsanforderungen gefragt worden. Die steuerliche Behandlung derartiger Kapitalzuführungen ist aus bilanzsteuerrechtlicher und lohnsteuerrechtlicher Sicht mit den obersten Finanzbehörden der Länder mit folgendem Ergebnis erörtert worden.

a) Behandlung beim Trägerunternehmen

Kapitalzuführungen eines Trägerunternehmens an eine Pensionskasse sind unter den Voraussetzungen des § 4c EStG als Betriebsausgaben abzugsfähig. Danach muß es sich um Zuwendungen handeln, die auf der Satzung oder dem Geschäftsplan der Pensionskasse oder auf einer Anordnung der Versicherungsaufsichtsbehörde beruhen. Nicht abzugsfähig sind danach Kapitalzuführungen, wenn damit ein Rückforderungsanspruch des Trägerunternehmens verbunden ist.

Die vorgenannten Grundsätze gelten auch, soweit die Zuwendungen ihre Ursache in § 53c VAG haben. Dabei gilt die nach § 53c Abs. 2 VAG zu erlassende Kapitalausstattungs-Verordnung als Anordnung der Aufsichtsbehörde. Die Grundsätze dieser Verordnung sind auch auf Zuwendungen anzuwenden, die bereits vor ihrem Inkrafttreten geleistet worden sind.

b) Lohnsteuerliche Behandlung

Kapitalzuführungen des Arbeitgebers an eine Pensionskasse werden lohnsteuerlich so behandelt, als ob sie der Arbeitnehmer geleistet und der Arbeitgeber einen entsprechend höheren Arbeitslohn gezahlt hätte. Dementsprechend ist grundsätzlich jede Zuwendung an eine Pensionskasse als Arbeitslohn zu erfassen. Dies gilt auch, soweit die Zuwendungen auf § 53c VAG beruhen. Nicht zum Arbeitslohn gehören aber Kapitalzuführungen, die gegen Einräumung eines Rückforderungsanspruchs geleistet werden. In diesem Fall kann nur ein Verzicht auf den Rückforderungsanspruch als Arbeitslohn gewertet werden.

Zusatzversorgungseinrichtung

Eine nicht rechtsfähige Zusatzversorgungseinrichtung des öffentlichen Dienstes ist eine Pensionskasse im Sinne von § 4c EStG (→ BFH vom 22.9.1995 – BStBl 1996 II S. 136).

EStG

S 2144c

§ 4d
Zuwendungen an Unterstützungskassen

(1) ¹Zuwendungen an eine Unterstützungskasse dürfen von dem Unternehmen, das die Zuwendungen leistet (Trägerunternehmen), als Betriebsausgaben abgezogen werden, soweit die Leistungen der Kasse, wenn sie vom Trägerunternehmen unmittelbar erbracht würden, bei diesem betrieblich veranlaßt wären und sie die folgenden Beträge nicht übersteigen:

1. bei Unterstützungskassen, die lebenslänglich laufende Leistungen gewähren:
   a) das Deckungskapital für die laufenden Leistungen nach der dem Gesetz als Anlage 1 beigefügten Tabelle. ²Leistungsempfänger ist jeder ehemalige Arbeitnehmer des Trägerunternehmens, der von der Unterstützungskasse Leistungen erhält; soweit die Kasse Hinterbliebenenversorgung gewährt, ist Leistungsempfänger der Hinterbliebene eines ehemaligen Arbeitnehmers des Trägerunternehmens, der von der Kasse Leistungen erhält. ³Dem ehemaligen Arbeitnehmer stehen andere Personen gleich, denen Leistungen der Alters-, Invaliditäts- oder Hinterbliebenenversorgung aus Anlaß ihrer ehemaligen Tätigkeit für das Trägerunternehmen zugesagt worden sind;
   b) in jedem Wirtschaftsjahr für jeden Leistungsanwärter,
      aa) wenn die Kasse nur Invaliditätsversorgung oder nur Hinterbliebenenversorgung gewährt, jeweils 6 vom Hundert,
      bb) wenn die Kasse Altersversorgung mit oder ohne Einschluß von Invaliditätsversorgung oder Hinterbliebenenversorgung gewährt, 25 vom Hundert
      der jährlichen Versorgungsleistungen, die der Leistungsanwärter oder, wenn nur Hinterbliebenenversorgung gewährt wird, dessen Hinterbliebene nach den Verhältnissen am Schluß des Wirtschaftsjahrs der Zuwendung im letzten Zeitpunkt der Anwartschaft, spätestens im Zeitpunkt der Vollendung des 65. Lebensjahrs erhalten können. ²Leistungsanwärter ist jeder Arbeitnehmer oder ehemalige

§ 4d EStG

Arbeitnehmer des Trägerunternehmens, der von der Unterstützungskasse schriftlich zugesagte Leistungen erhalten kann und am Schluß des Wirtschaftsjahrs, in dem die Zuwendung erfolgt, das 30. Lebensjahr vollendet hat; soweit die Kasse nur Hinterbliebenenversorgung gewährt, gilt als Leistungsanwärter jeder Arbeitnehmer oder ehemalige Arbeitnehmer des Trägerunternehmens, der am Schluß des Wirtschaftsjahrs, in dem die Zuwendung erfolgt, das 30. Lebensjahr vollendet hat und dessen Hinterbliebene die Hinterbliebenenversorgung erhalten können. ³Das Trägerunternehmen kann bei der Berechnung nach Satz 1 statt des dort maßgebenden Betrags den Durchschnittsbetrag der von der Kasse im Wirtschaftsjahr an Leistungsempfänger im Sinne des Buchstabens a Satz 2 gewährten Leistungen zugrunde legen. ⁴In diesem Fall sind Leistungsanwärter im Sinne des Satzes 2 nur die Arbeitnehmer oder ehemaligen Arbeitnehmer des Trägerunternehmens, die am Schluß des Wirtschaftsjahrs, in dem die Zuwendung erfolgt, das 50. Lebensjahr vollendet haben. ⁵Dem Arbeitnehmer oder ehemaligen Arbeitnehmer als Leistungsanwärter stehen andere Personen gleich, denen schriftlich Leistungen der Alters-, Invaliditäts- oder Hinterbliebenenversorgung aus Anlaß ihrer Tätigkeit für das Trägerunternehmen zugesagt worden sind;

c) den Betrag des Beitrags, den die Kasse an einen Versicherer zahlt, soweit sich die Mittel für ihre Versorgungsleistungen, die der Leistungsanwärter oder Leistungsempfänger nach den Verhältnissen am Schluß des Wirtschaftsjahrs der Zuwendung erhalten kann, durch Abschluß einer Versicherung verschafft. ²Bei Versicherungen für einen Leistungsanwärter ist der Abzug des Beitrags nur zulässig, wenn der Leistungsanwärter die in Buchstabe b Satz 2 und 5 genannten Voraussetzungen erfüllt, die Versicherung für die Dauer bis zu dem Zeitpunkt abgeschlossen ist, für den erstmals Leistungen der Altersversorgung vorgesehen sind, mindestens jedoch bis zu dem Zeitpunkt, an dem der Leistungsanwärter das 55. Lebensjahr vollendet hat, und während dieser Zeit jährlich Beiträge gezahlt werden, die der Höhe nach gleichbleiben oder steigen. ³Das gleiche gilt für Leistungsanwärter, die das 30. Lebensjahr noch nicht vollendet haben, für Leistungen der Invaliditäts- oder Hinterbliebenenversorgung, für Leistungen der Altersversorgung unter der Voraussetzung, daß die Leistungsanwartschaft bereits unverfallbar ist. ⁴Ein Abzug ist ausgeschlossen, wenn die Ansprüche aus der Versicherung der Sicherung eines Darlehens dienen. ⁵Liegen die Voraussetzungen der Sätze 1 bis 4 vor, sind die Zuwendungen nach den Buchstaben a und b in dem Verhältnis zu vermindern, in dem die Leistungen der Kasse durch die Versicherung gedeckt sind;

d) den Betrag, den die Kasse einem Leistungsanwärter im Sinne des Buchstabens b Satz 2 und 5 vor Eintritt des Versorgungsfalls als Abfindung für künftige Versorgungsleistungen gewährt oder den sie an einen anderen Versorgungsträger zahlt, der eine ihr obliegende Versorgungsverpflichtung übernommen hat.

²Zuwendungen dürfen nicht als Betriebsausgaben abgezogen werden, wenn das Vermögen der Kasse ohne Berücksichtigung künftiger Versorgungsleistungen am Schluß des Wirtschaftsjahrs das zulässige Kassenvermögen übersteigt. ³Bei der Ermittlung des Vermögens der Kasse ist am Schluß des Wirtschaftsjahrs vorhandener Grundbesitz mit 200 vom Hundert der Einheitswerte anzusetzen, die zu dem Feststellungszeitpunkt maßgebend sind, der dem Schluß des Wirtschaftsjahrs folgt; Ansprüche aus einer Versicherung sind mit dem Wert des geschäftsplanmäßigen Deckungskapitals zuzüglich der Guthaben aus Beitragsrückerstattung am Schluß des Wirtschaftsjahrs anzusetzen, und das übrige Vermögen ist mit dem gemeinen Wert am Schluß des Wirtschaftsjahrs zu bewerten. ⁴Zulässiges Kassenvermögen ist die Summe aus dem Deckungskapital für alle am Schluß des Wirtschaftsjahrs laufenden Leistungen nach der dem Gesetz als Anlage 1 beigefügten Tabelle für Leistungsempfänger im Sinne des Satzes 1 Buchstabe a und dem Achtfachen der nach Satz 1 Buchstabe b abzugsfähigen Zuwendungen. ⁵Soweit sich die Kasse die Mittel für ihre Leistungen durch Abschluß einer Versicherung verschafft, ist, wenn die Voraussetzungen für den Abzug des Beitrags nach Satz 1 Buchstabe c erfüllt sind, zulässiges Kassenvermögen der Wert des geschäftsplanmäßigen Deckungskapitals aus der Versicherung am Schluß des Wirtschaftsjahrs; in diesem Fall ist das zulässige Kassenvermögen nach Satz 4 in dem Verhältnis zu vermindern, in dem die Leistungen der Kasse durch die Versicherung gedeckt sind. ⁶Soweit die Berechnung des Deckungskapitals nicht zum Geschäftsplan gehört, tritt an die Stelle

§ 4d EStG

des geschäftsplanmäßigen Deckungskapitals der nach § 176 Abs. 3 des Gesetzes über den Versicherungsvertrag berechnete Zeitwert, beim zulässigen Kassenvermögen ohne Berücksichtigung des Guthabens aus Beitragsrückerstattung. ⁷Gewährt eine Unterstützungskasse an Stelle von lebenslänglich laufenden Leistungen eine einmalige Kapitalleistung, so gelten 10 vom Hundert der Kapitalleistung als Jahresbetrag einer lebenslänglich laufenden Leistung;

2. bei Kassen, die keine lebenslänglich laufenden Leistungen gewähren, für jedes Wirtschaftsjahr 0,2 vom Hundert der Lohn- und Gehaltssumme des Trägerunternehmens, mindestens jedoch den Betrag der von der Kasse in einem Wirtschaftsjahr erbrachten Leistungen, soweit dieser Betrag höher ist als die in den vorangegangenen fünf Wirtschaftsjahren vorgenommenen Zuwendungen abzüglich der in dem gleichen Zeitraum erbrachten Leistungen. ²Diese Zuwendungen dürfen nicht als Betriebsausgaben abgezogen werden, wenn das Vermögen der Kasse am Schluß des Wirtschaftsjahrs das zulässige Kassenvermögen übersteigt. ³Als zulässiges Kassenvermögen kann 1 vom Hundert der durchschnittlichen Lohn- und Gehaltssumme der letzten drei Jahre angesetzt werden. ⁴Hat die Kasse bereits 10 Wirtschaftsjahre bestanden, darf das zulässige Kassenvermögen zusätzlich die Summe der in den letzten 10 Wirtschaftsjahren gewährten Leistungen nicht übersteigen. ⁵Für die Bewertung des Vermögens der Kasse gilt Nummer 1 Satz 3 entsprechend. ⁶Bei der Berechnung der Lohn- und Gehaltssumme des Trägerunternehmens sind Löhne und Gehälter von Personen, die von der Kasse keine nicht lebenslänglich laufenden Leistungen erhalten können, auszuscheiden.

²Gewährt eine Kasse lebenslänglich laufende und nicht lebenslänglich laufende Leistungen, so gilt Satz 1 Nr. 1 und 2 nebeneinander. ³Leistet ein Trägerunternehmen Zuwendungen an mehrere Unterstützungskassen, so sind diese Kassen bei der Anwendung der Nummern 1 und 2 als Einheit zu behandeln.

(2) ¹Zuwendungen im Sinne des Absatzes 1 sind von dem Trägerunternehmen in dem Wirtschaftsjahr als Betriebsausgaben abzuziehen, in dem sie geleistet werden. ²Zuwendungen, die bis zum Ablauf eines Monats nach Aufstellung oder Feststellung der Bilanz des Trägerunternehmens für den Schluß eines Wirtschaftsjahrs geleistet werden, können von dem Trägerunternehmen noch für das abgelaufene Wirtschaftsjahr durch eine Rückstellung gewinnmindernd berücksichtigt werden. ³Übersteigen die in einem Wirtschaftsjahr geleisteten Zuwendungen die nach Absatz 1 abzugsfähigen Beträge, so können die übersteigenden Beträge im Wege der Rechnungsabgrenzung auf die folgenden drei Wirtschaftsjahre vorgetragen und im Rahmen der für diese Wirtschaftsjahre abzugsfähigen Beträge als Betriebsausgaben behandelt werden. ⁴§ 5 Abs. 1 Satz 2 ist nicht anzuwenden.

(3) (weggefallen)

§ 4d EStG

Anlage 1 zum Einkommensteuergesetz (zu § 4d Abs. 1 EStG)

Tabelle für die Errechnung des Deckungskapitals für lebenslänglich laufende Leistungen von Unterstützungskassen

Erreichtes Alter des Leistungsempfängers (Jahre)	Die Jahresbeiträge der laufenden Leistungen sind zu vervielfachen bei Leistungen	
	an männliche Leistungsempfänger mit	an weibliche Leistungsempfänger mit
(1)	(2)	(3)
bis 26	11	17
27 bis 29	12	17
30	13	17
31 bis 35	13	16
36 bis 39	14	16
40 bis 46	14	15
47 und 48	14	14
49 bis 52	13	14
53 bis 56	13	13
57 und 58	13	12
59 und 60	12	12
61 bis 63	12	11
64	11	11
65 bis 67	11	10
68 bis 71	10	9
72 bis 74	9	8
75 bis 77	8	7
78	8	6
79 bis 81	7	6
82 bis 84	6	5
85 bis 87	5	4
88	4	4
89 und 90	4	3
91 bis 93	3	3
94	3	2
95 und älter	2	2

27a. Zuwendungen an Unterstützungskassen

R 27a

Unterstützungskasse

(1) [1]Für die Höhe der abziehbaren Zuwendungen an die → Unterstützungskasse kommt es nicht darauf an, ob die Kasse von der Körperschaftsteuer befreit ist oder nicht. [2]Wegen der Zuwendungen an Unterstützungskassen bei Bildung von Pensionsrückstellungen für die gleichen Versorgungsleistungen an denselben Empfängerkreis → R 41 Abs. 15.

Hinweise

Unterstützungskasse

Eine Unterstützungskasse ist eine rechtsfähige Versorgungseinrichtung, die auf ihre Leistungen keinen Rechtsanspruch gewährt (→ BFH vom 5.11.1992 – BStBl 1993 II S. 185, → § 1 Abs. 4 BetrAVG).

§ 4d EStG

Zuwendungen
Zuwendungen im Sinne des § 4d EStG sind Vermögensübertragungen, die die Unterstützungskasse einseitig bereichern und nicht auf einem Leistungsaustausch beruhen. Es ist unerheblich, ob die Zuwendung auf einer Verpflichtung des Trägerunternehmens beruht oder freiwillig erfolgt (→ BFH vom 5.11.1992 – BStBl 1993 II S. 185).

R 27a (2) **Leistungsarten**

(2) ¹Bei den von der Kasse aus Anlaß einer Tätigkeit für das Trägerunternehmen erbrachten Leistungen muß es sich um Leistungen der Alters-, Invaliditäts- oder Hinterbliebenenversorgung oder um Leistungen bei Arbeitslosigkeit oder zur Hilfe in sonstigen Notlagen handeln. ²Der Bezug von Leistungen der Altersversorgung setzt mindestens die Vollendung des 60. Lebensjahrs voraus; nur in berufsspezifischen Ausnahmefällen kann eine niedrigere Altersgrenze zwischen 55 und 60 in Betracht kommen. ³Für andere als die vorgenannten Leistungen sind Zuwendungen im Sinne von § 4d EStG durch das Trägerunternehmen mit steuerlicher Wirkung nicht möglich. ⁴Zu den lebenslänglich laufenden Leistungen gehören alle laufenden (wiederkehrenden) Leistungen, soweit sie nicht von vornherein nur für eine bestimmte Anzahl von Jahren oder bis zu einem bestimmten Lebensalter des Leistungsberechtigten vorgesehen sind. ⁵Vorbehalte, nach denen Leistungen an den überlebenden Ehegatten bei einer Wiederverheiratung oder Invaliditätsrenten bei einer Wiederaufnahme einer Arbeitstätigkeit wegfallen, berühren die Eigenschaft der Renten als lebenslänglich laufende Leistung nicht. ⁶Dasselbe gilt, wenn eine Invaliditätsrente bei Erreichen einer bestimmten Altersgrenze von einer Altersrente der Unterstützungskasse abgelöst wird. ⁷Keine lebenslänglich laufenden Leistungen sind z. B. Überbrückungszahlungen für eine bestimmte Zeit, Waisenrenten, abgekürzte Invaliditätsrenten und zeitlich von vornherein begrenzte Leistungen an den überlebenden Ehegatten.

H 27a (2)

Hinweise

Lebenslänglich laufende Leistungen
Auch einmalige Kapitalleistungen einer Unterstützungskasse in geringem Umfang sind als lebenslänglich laufende Leistungen im Sinne von § 4d EStG anzusehen (→ BFH vom 15.6.1994 – BStBl 1995 II S. 21).

R 27a (3) **Zuwendungen zum Deckungskapital**

(3) ¹Das Deckungskapital für die bereits laufenden Leistungen (§ 4d Abs. 1 Nr. 1 Buchstabe a EStG) kann der Kasse sofort bei Beginn der Leistungen oder, solange der Leistungsempfänger lebt, in einem späteren Wirtschaftsjahr in einem Betrag oder verteilt auf mehrere Wirtschaftsjahre zugewendet werden. ²Mithin kann

1. das Deckungskapital für eine Rente an einen früheren Arbeitnehmer in dem Zeitraum, in dem der frühere Arbeitnehmer Leistungsempfänger ist, und

2. das Deckungskapital für eine Rente an den überlebenden Ehegatten in dem Zeitraum, in dem dieser Leistungsempfänger ist,

zugewendet werden. ³Das Deckungskapital für die Rente an den überlebenden Ehegatten kann selbst dann ungeschmälert zugewendet werden, wenn das Deckungskapital für die Rente an den früheren Arbeitnehmer bereits voll zugewendet war. ⁴Auf die Anrechnung des im Deckungskapital für die Rente an den früheren Arbeitnehmer enthaltenen Anteils für die Anwartschaft auf Rente an den überlebenden Ehegatten wird aus Praktikabilitätsgründen verzichtet. ⁵Das für die Zuwendungen maßgebende Deckungskapital ist jeweils nach dem erreichten Alter des Leistungsempfängers zu Beginn der Leistungen oder zum Zeitpunkt der Leistungserhöhung und nach der Höhe der Jahresbeträge dieser Leistungen zu berechnen; das Alter des Leistungsberechtigten ist nach dem bürgerlichen Recht (§ 187 Abs. 2 Satz 2, § 188 Abs. 2 BGB) zu bestimmen. ⁶Bei den am 1.1.1975 bereits laufenden Leistungen ist für

§ 4d EStG
H 27a (3) R 27a (3, 4)

die Bemessung weiterer Zuwendungen auf das Deckungskapital von der als Anlage 1 dem Einkommensteuergesetz beigefügten Tabelle und von dem Lebensalter auszugehen, das der Berechtigte am 1.1.1975 erreicht hat; auf das so ermittelte Deckungskapital sind die früheren Zuwendungen zum Deckungskapital anzurechnen. [7]Läßt sich in den Fällen, in denen ein Trägerunternehmen die nach dem Zuwendungsgesetz (ZuwG) vom 26.3.1952 (BGBl. I S. 206) höchstzulässigen Jahreszuwendungen nicht ausgeschöpft und die Zuwendungen nicht nach den im ZuwG aufgeführten Kategorien gegliedert hat, nicht mehr feststellen, welcher Teil dieser Zuwendungen auf das Deckungskapital vorgenommen wurde, kann das Trägerunternehmen die Gliederung der früheren Zuwendungen nach eigener Entscheidung vornehmen.

Hinweise

H 27a (3)

Berechnungsbeispiel für die Zuwendung zum Deckungskapital

Deckungskapital zum 31.12.01 für die in 01 beginnenden laufenden Leistungen von jährlich 1.000 DM an die männlichen Leistungsempfänger

A (63 Jahre): 12 × 1.000 DM =   12.000 DM
B (58 Jahre): 13 × 1.000 DM =   13.000 DM
                                     25.000 DM
Der Kasse werden hiervon 01 nur   10.000 DM
zugewendet.

Im Wirtschaftsjahr 02 oder in späteren Wirtschaftsjahren können der Kasse für die Leistungen an diese Empfänger nach § 4d Abs. 1 Nr. 1 Buchstabe a EStG insgesamt 25.000 DM – 10.000 DM = 15.000 DM zugewendet werden.

Zuwendungen zum Reservepolster

R 27a (4)

(4) [1]Für die Ermittlung der Höhe der zulässigen Zuwendungen zum Reservepolster nach § 4d Abs. 1 Nr. 1 Buchstabe b EStG besteht für Wirtschaftsjahre, die nach dem 31.12.1991 beginnen, ein Wahlrecht. [2]Das Trägerunternehmen kann entweder von den jährlichen Versorgungsleistungen ausgehen, welche die jeweils begünstigten Leistungsanwärter im letzten Zeitpunkt der Anwartschaft, spätestens im Zeitpunkt der Vollendung des 65. Lebensjahrs, nach dem Leistungsplan der Kasse erhalten können (Grundsatzregelung). [3]Statt dessen kann auch vom Durchschnittsbetrag der von der Kasse im Wirtschaftsjahr tatsächlich gewährten lebenslänglich laufenden Leistungen ausgegangen werden (Sonderregelung). [4]Das Trägerunternehmen hat in dem Wirtschaftsjahr, ab dem dieses Wahlrecht besteht bzw. in dem erstmals Leistungen über eine Unterstützungskasse zugesagt werden, zu entscheiden, ob die Ermittlung der Höhe der Zuwendungen zum Reservepolster nach der Grundsatzregelung oder der Sonderregelung erfolgen soll. [5]An die getroffene Wahl ist es grundsätzlich fünf Wirtschaftsjahre lang gebunden, wobei diese Bindungswirkung frühestens ab dem Wirtschaftsjahr gilt, das nach dem 31.12.1993 beginnt. [6]Die für das Wirtschaftsjahr zulässigen Zuwendungen zum Reservepolster ergeben sich, wenn auf den jeweils ermittelten Betrag die nach § 4d Abs. 1 Nr. 1 Buchstabe b Satz 1 EStG maßgebenden Vomhundertsätze angewandt werden; im Fall der Sonderregelung ist das Ergebnis mit der Anzahl der berücksichtigungsfähigen Leistungsanwärter zu vervielfältigen. [7]Wird die Zuwendungshöhe nach der Grundsatzregelung berechnet, sind die dem einzelnen Leistungsanwärter jeweils schriftlich zugesagten erreichbaren Leistungen nach den Verhältnissen am Ende des Wirtschaftsjahrs der Kasse maßgebend. [8]Änderungen, die erst nach dem Bilanzstichtag wirksam werden, sind nur zu berücksichtigen, wenn sie am Bilanzstichtag bereits feststehen. [9]Die Leistungen sind jeweils bezogen auf die einzelnen zulässigen Zuwendungssätze getrennt zu erfassen, wobei im Falle des § 4d Abs. 1 Nr. 1 Buchstabe b Satz 1 Doppelbuchstabe aa EStG jeweils gesondert die Leistungen der Invaliditätsversorgung bzw. Hinterbliebenenversorgung und im Falle des Doppelbuchstabens bb die Leistungen der Altersversorgung zu berücksichtigen sind. [10]Wird die Zuwendungshöhe nach der Sonderregelung berechnet, so ist vom Durchschnittsbetrag der von der Kasse in ihrem Wirtschaftsjahr tatsächlich gewährten lebenslänglich laufenden Leistungen auszugehen. [11]Zur Vereinfachung kann statt einer genaueren Berechnung als Durchschnittsbetrag der Betrag angenommen werden, der sich ergibt, wenn die Summe der

§ 4d EStG
R 27a (4)   H 27a (4)

im Wirtschaftsjahr der Kasse tatsächlich gezahlten lebenslänglich laufenden Leistungen durch die Zahl der am Ende ihres Wirtschaftsjahrs vorhandenen berücksichtigungsfähigen Leistungsempfänger geteilt wird. [12]Auf diesen Durchschnittsbetrag sind die Zuwendungssätze von jeweils 25 v. H., 12 v. H. oder 6 v. H. anzuwenden.

H 27a (4)   Hinweise

Ermittlungszeitpunkt für die Höhe der Zuwendungen an eine Unterstützungskasse → BMF vom 7.1.1994 (BStBl I S. 18).

Ermittlungszeitpunkt für die Höhe der Zuwendungen an eine Unterstützungskasse
BMF vom 7.1.1994 (BStBl I S. 18)

Zuwendungen eines Trägerunternehmens an eine Unterstützungskasse sind grundsätzlich in dem Wirtschaftsjahr als Betriebsausgaben abzuziehen, in dem sie geleistet werden. In welchem Umfang die Zuwendungen nach § 4d EStG als Betriebsausgaben abgezogen werden dürfen, richtet sich nach den Verhältnissen am Schluß des Wirtschaftsjahres der Kasse, für das die Zuwendung erfolgt. Zu diesem Stichtag ist die Anzahl der nach dem geltenden Leistungsplan der Kasse begünstigten Leistungsempfänger bzw. Leistungsanwärter und die Höhe der den Leistungsempfängern gezahlten laufenden Leistungen bzw. die Höhe der von den Leistungsanwärtern erreichbaren Anwartschaften zu ermitteln. Diese Werte sind Grundlage für die Ermittlung der Höhe des Deckungskapitals und des sog. Reservepolsters nach § 4d Abs. 1 Nr. 1 Buchstaben a und b EStG und des zulässigen Kassenvermögens auf den Schluß des Wirtschaftsjahres der Kasse.

Nach dem Ergebnis der Erörterung mit den obersten Finanzbehörden der Länder wird es nicht beanstandet, wenn unter sinngemäßer Anwendung der Grundsätze des § 241 Abs. 3 HGB die Anzahl der nach dem geltenden Leistungsplan der Kasse begünstigten Leistungsempfänger bzw. Leistungsanwärter und die Höhe der den Leistungsempfängern gezahlten laufenden Leistungen bzw. die Höhe der von den Leistungsanwärtern erreichbaren Anwartschaften nicht zum Schluß des Wirtschaftsjahres der Kasse ermittelt wird, sondern zu einem Stichtag, der höchstens drei Monate vor dem Schluß des Wirtschaftsjahres der Kasse liegt (Ermittlungsstichtag). Die Ermittlung hat für den Schluß des Wirtschaftsjahres der Kasse zu erfolgen. Dabei sind alle am Ermittlungsstichtag feststehenden Umstände zu berücksichtigen, soweit sie für die Berechnung des Deckungskapitals und des Reservepolsters sowie des zulässigen Kassenvermögens von Bedeutung sind. So ist z. B. ein Leistungsanwärter, der nach dem Ermittlungsstichtag, aber vor dem Schluß des Wirtschaftsjahres der Kasse das 30. Lebensjahr vollendet, bereits zu berücksichtigen. Gleiches gilt, wenn z. B. am Ermittlungsstichtag feststeht, daß ein geänderter Leistungsplan vor dem Schluß des Wirtschaftsjahres der Kasse in Kraft tritt.

Dieses Verfahren ist nur zulässig, wenn

a) der Ermittlungsstichtag höchstens drei Monate vor dem Bilanzstichtag des Trägerunternehmens liegt;
b) die Unterstützungskasse mindestens 100 Begünstigte hat;
c) die Ermittlung der Zuwendungen zum Reservepolster nach § 4d Abs. 1 Nr. 1 Buchstabe b Satz 1 EStG erfolgt.

Soweit nach dem Ermittlungsstichtag und vor dem Schluß des Wirtschaftsjahres der Kasse außergewöhnliche Veränderungen des Kreises der Begünstigten eintreten oder eine Änderung des Leistungsplanes beschlossen wird, sind die zum Ermittlungsstichtag ermittelten Zuwendungen den Veränderungen anzupassen.

Die Berechnung der Höhe der Zuwendungen für Vorstandsmitglieder und Geschäftsführer von Kapitalgesellschaften richtet sich dagegen ausschließlich nach den Verhältnissen am Schluß des Wirtschaftsjahres der Kasse, für das die Zuwendungen erfolgen.

Es bestehen keine Bedenken, nach den vorstehenden Grundsätzen auch bei der Prüfung des zulässigen Vermögens nach § 5 Abs. 1 Nr. 3 Buchstabe e KStG zu verfahren. Bei Gruppenunterstützungskassen ist dies jedoch nur möglich, wenn alle Trägerunternehmen diese Grundsätze auf einen einheitlichen Stichtag hin anwenden.

Näherungsverfahren

Zur Berücksichtigung von Renten aus der gesetzlichen Rentenversicherung → BMF vom 31.10.1996 (BStBl I S. 1195) und vom 30.12.1997 (BStBl I S. 1024)[1])

Leistungsanwärter

R 27a (5)

(5) ¹Der Kreis der Leistungsanwärter umfaßt grundsätzlich alle Arbeitnehmer und ehemaligen Arbeitnehmer des Trägerunternehmens, die von der Unterstützungskasse schriftlich zugesagte Leistungen erhalten können, soweit sie nicht bereits Empfänger lebenslänglich laufender Leistungen sind. ²Bei Zusagen von Hinterbliebenenversorgung ohne Altersversorgung gilt die Person als Leistungsanwärter, bei deren Ableben die Hinterbliebenenversorgung einsetzt; hierbei ist nicht zu prüfen, ob Angehörige vorhanden sind, die Anspruch auf eine Versorgung haben. ³Angehörige des Unternehmers oder von Mitunternehmern des Trägerunternehmens dürfen nur als Leistungsanwärter berücksichtigt werden, soweit ein steuerlich anzuerkennendes Arbeitsverhältnis (→ R 19) vorliegt. ⁴Personen, die mit einer unverfallbaren Anwartschaft aus dem Trägerunternehmen ausgeschieden sind, gehören unter den vorstehenden Voraussetzungen zu den Leistungsanwärtern, solange die Kasse mit einer späteren Inanspruchnahme zu rechnen hat; sofern der Kasse nicht bereits vorher bekannt ist, daß Leistungen nicht zu gewähren sind, braucht bei diesen Personen die Frage, ob die Kasse mit einer Inanspruchnahme zu rechnen hat, erst nach Erreichen der Altersgrenze geprüft zu werden. ⁵Personen, bei denen bis zum Ablauf des auf das Erreichen der Altersgrenze folgenden Wirtschaftsjahrs nicht feststeht, daß die Kasse mit einer Inanspruchnahme zu rechnen hat, gehören vom Ende dieses Wirtschaftsjahrs an nicht mehr zu den Leistungsanwärtern.

Rückgedeckte Unterstützungskasse

R 27a (6)

Allgemeines

(6) ¹Soweit die Unterstützungskasse die einem Leistungsempfänger oder einem Leistungsanwärter zugesagten Leistungen ganz oder teilweise durch den Abschluß einer Versicherung abgesichert hat, liegt eine rückgedeckte Unterstützungskasse vor. ²Ist der Betriebsausgabenabzug nach § 4d Abs. 1 Nr. 1 Buchstabe c EStG ausgeschlossen, so können die Zuwendungen im Rahmen des § 4d Abs. 1 Nr. 1 Buchstabe a und b EStG abgezogen werden.

Zuwendungen für Leistungsempfänger

R 27a (7)

(7) ¹Werden die zugesagten Leistungen erst nach Eintritt des Versorgungsfalls rückgedeckt, so können hierfür Einmalprämien mit steuerlicher Wirkung zugewendet werden. ²§ 4d Abs. 1 Nr. 1 Buchstabe c Satz 2 bis 4 EStG ist nicht anzuwenden.

Zuwendungen für Leistungsanwärter

R 27a (8)

(8) ¹Das Trägerunternehmen kann den für den einzelnen Leistungsanwärter an die Kasse zugewendeten Betrag der Versicherungsprämie nur als Betriebsausgaben geltend machen, wenn die Unterstützungskasse laufende Prämien zu entrichten hat. ²Dies ist bei Zusagen einer Altersversorgung der Fall, wenn es sich um eine Versicherung handelt, bei der in jedem Jahr zwischen Vertragsabschluß und Zeitpunkt, für den erstmals Leistungen der Altersversorgung vorgesehen sind, Prämien zu zahlen sind. ³Der Zeitpunkt, für den erstmals Leistungen der Altersversorgung vorgesehen sind, darf nicht vor Vollendung des 55. Lebensjahrs des begünstigten Leistungsanwärters liegen. ⁴Werden Leistungen der Invaliditäts- oder Hinterbliebenenversorgung rückversichert, so muß die abgeschlossene Versicherung eine Mindestlaufzeit bis zu dem Zeitpunkt haben, an dem der Leistungsanwärter sein 55. Lebensjahr vollendet. ⁵Eine Versicherung mit kürzerer Laufzeit ist nur begünstigt, wenn feststeht, daß im Anschluß an die Laufzeit des Versicherungsvertrags eine Zusage auf Altersversorgung besteht; ist diese rückgedeckt, müssen die Voraussetzungen der Sätze 2 und 3 erfüllt sein. ⁶Der Abzug der Zuwendungen als Betriebsausgabe ist in dem Wirtschaftsjahr ausgeschlossen, in dem die Kasse zu irgendeinem Zeitpunkt die Ansprüche aus der Versicherung zur Sicherung eines Darlehens verwendet. ⁷Soweit einem Leistungsanwärter vor Vollendung des 30. Lebensjahrs Zusagen mit vertraglicher Unverfallbarkeit gewährt werden, können hierfür

---

[1]) Anm.: BMF vom 30.10.1996 (BStBl I S. 1195) ist letztmals zum Ende des letzten vor dem 1.7.1998 endenden Wirtschaftsjahres anzuwenden → BMF vom 31.12.1997 (BStBl I S. 1024) – Tz. 19.

§ 4d EStG
R 27a (8–11)   H 27a (10, 11)

laufende Prämien als Zuwendungen nur berücksichtigt werden, wenn die Bestimmungen der vertraglichen Unverfallbarkeit mindestens den Berechnungsvorschriften des § 2 Abs. 1 BetrAVG entsprechen.

R 27a (9) Kürzung der als Betriebsausgabe abzugsfähigen Prämien

(9) ¹Laufende Prämien sind bezogen auf die notwendige und vereinbarte Versicherungssumme nur begünstigt, wenn sie der Höhe nach entweder gleich bleiben oder steigen. ²Eine gleichbleibende Prämie liegt in diesen Fällen auch vor, wenn die von der Unterstützungskasse jährlich zu zahlende Prämie mit Gewinngutschriften aus dem Versicherungsvertrag verrechnet wird. ³In diesen Fällen kann der Kasse nur der verbleibende Restbetrag steuerbegünstigt zugewendet werden. ⁴Entsprechendes gilt, wenn die Gewinngutschriften durch die Kasse nicht mit fälligen Prämien verrechnet werden und auch nicht zur Erhöhung der Rückdeckungsquote hinsichtlich der bestehenden Zusage verwendet werden.

R 27a (10) Nachweispflicht

(10) Das Trägerunternehmen hat die Voraussetzungen des § 4d Abs. 1 Nr. 1 Buchstabe c EStG im Jahr der Zuwendung nachzuweisen.

H 27a (10)   **Hinweise**

Zu Zweifelsfragen bei Zuwendungen an rückgedeckte Unterstützungskassen → BMF vom 28.11.1996 – BStBl I S. 1435).

R 27a (11) Zuwendungen für nicht lebenslänglich laufende Leistungen

– unbesetzt –

H 27a (11)   **Hinweise**

Beispiel

Lohn- und Gehaltssumme des Trägerunternehmens im Wirtschaftsjahr 01	1.000.000 DM
Die Zuwendung beträgt 01	1.000 DM
und liegt damit unter der möglichen Zuwendung von 0,2 v. H. von 1.000.000 DM = 2.000 DM.	
Lohn- und Gehaltssumme 02 bis 05 je	1.200.000 DM
Zuwendungen 02 bis 05 je 0,2 v. H. von 1.200.000 DM, zusammen	9.600 DM
Kassenleistungen 01 bis 05 zusammen	4.000 DM
Lohn- und Gehaltssumme 06	1.500.000 DM
Tatsächliche Kassenleistungen 06	12.000 DM
In 06 können der Kasse statt der normalen Zuwendung von 0,2 v. H. von 1.500.000 DM = 3.000 DM zugewendet werden:	
– die tatsächlichen Kassenleistungen 06 von	12.000 DM
– abzüglich der aus den vorangegangenen 5 Wirtschaftsjahren noch nicht durch Leistungen aufgezehrten Zuwendungen (10.600 DM – 4.000 DM =)	6.600 DM
	5.400 DM

§ 4d EStG

Lohn- und Gehaltssumme

R 27a (12)

(12) ¹Zur Lohn- und Gehaltssumme im Sinne des § 4d Abs. 1 Nr. 2 EStG gehören alle Arbeitslöhne im Sinne des § 19 Abs. 1 Nr. 1 EStG, soweit sie nicht von der Einkommensteuer befreit sind. ²Zuschläge für Mehrarbeit und für Sonntags-, Feiertags- und Nachtarbeit gehören zur Lohn- und Gehaltssumme, auch soweit sie steuerbefreit sind. ³Wegen der Vergütungen an Personen, die nicht Arbeitnehmer sind, → Absatz 15.

Kassenvermögen der Unterstützungskasse

R 27a (13)

(13) ¹Zuwendungen an eine Unterstützungskasse sind beim Trägerunternehmen nur abziehbar, soweit am Schluß des Wirtschaftsjahrs der Kasse das tatsächliche Kassenvermögen nicht höher ist als das zulässige Kassenvermögen (§ 4d Abs. 1 Nr. 1 Satz 2 bis 4 und Nr. 2 Satz 2 EStG). ²Weicht das Wirtschaftsjahr der Kasse von dem des Trägerunternehmens ab, so ist für die Frage, ob das tatsächliche Kassenvermögen das zulässige Kassenvermögen übersteigt, das Wirtschaftsjahr der Kasse maßgebend, das vor dem Ende des Wirtschaftsjahrs des Trägerunternehmens endet. ³Bei Kassen, die sowohl lebenslänglich laufende als auch nicht lebenslänglich laufende Leistungen gewähren, ist sowohl das tatsächliche als auch das zulässige Kassenvermögen für beide Gruppen von Leistungen gemeinsam festzustellen.

Hinweise

H 27a (13)

Beispiel

Tatsächliches Kassenvermögen einer Unterstützungskasse mit lebenslänglich laufenden und nicht lebenslänglich laufenden Leistungen am 31.12.02 vor der Zuwendung für 02 720.000 DM.

Die Kasse zahlt an bereits laufenden jährlichen Altersrenten seit 01 an 14 Berechtigte insgesamt 33.600 DM, d.h. durchschnittlich 2.400 DM.

Das Deckungskapital hierfür betrug bei Beginn der Leistungen im Jahr 01 340.000 DM, zum 31.12.02 336.000 DM (340.000 DM voll zugewendet).

Am 1.1.02 kommen 3 laufende Leistungen mit je 2.400 DM Jahresrente hinzu (Alter der männlichen Berechtigten 65 Jahre).

Die Kasse hat daneben insgesamt 80 Leistungsanwärter. Diesen ist nach den Verhältnissen zum 31.12.02 eine Jahresrente von je 2.400 DM zugesagt. 10 Leistungsanwärter haben am 31.12.02 das 30. Lebensjahr noch nicht vollendet. 10 Leistungsanwärter haben zu diesem Zeitpunkt das 50. Lebensjahr vollendet. Die Lohn- und Gehaltssumme des Trägerunternehmens beträgt in allen Jahren je 1.500.000 DM.

Der Kasse können 02 folgende Beträge zugewendet werden:

a) Das Deckungskapital für die neu hinzugekommenen laufenden
Leistungen in Höhe von $11 \times 2.400 \text{ DM} \times 3 =$ .... 79.200 DM

b) Zuwendungen zum Reservepolster für lebenslänglich laufende
Leistungen:

    aa) Nach dem Grundsatz:

        2.400 DM, hiervon 25 v. H. (§ 4d Abs. 1 Nr. 1 Buchstabe b
Doppelbuchstabe bb EStG) = 600 DM, vervielfältigt mit der
Zahl der berücksichtigungsfähigen Leistungsanwärter:
$600 \text{ DM} \times 70 =$ .... 42.000 DM

    bb) Nach der Sonderregelung:

        Durchschnitt der laufenden Leistungen 02:

        $33.600 \text{ DM} + (3 \times 2.400 \text{ DM}) =$
40.800 DM : 17 Empfänger = 2.400 DM,

        hiervon 25 v. H. (§ 4d Abs. 1 Nr. 1 Buchstabe b Doppelbuchstabe
bb EStG) = 600 DM, vervielfältigt mit der Zahl der berücksichtigungsfähigen Leistungsanwärter: $600 \text{ DM} \times 10 =$ .... 6.000 DM

§ 4d EStG
R 27a (14, 15)   H 27a (13, 14)

    c)   Zuwendungen für nicht lebenslänglich laufende
         Leistungen: 0,2 v. H. von 1.500.000 DM = ... 3.000 DM

Der Zuwendungsumfang beträgt unter Berücksichtigung von
b) aa) 124.200 DM

und unter Berücksichtigung von
b) bb) 88.200 DM.

Zulässiges Kassenvermögen am 31.12.02:

Deckungskapital für die laufenden Leistungen	
(336.000 DM + 79.200 DM =)	415.200 DM
Reservepolster für lebenslänglich laufende Leistungen	
– nach b) aa) 42.000 DM × 8 = ...	336.000 DM
– nach b) bb) 6.000 DM × 8 = ...	48.000 DM
Reservepolster für nicht lebenslänglich laufende Leistungen	
(1 v. H. von 1.500.000 DM =)	15.000 DM

Das tatsächliche Kassenvermögen von bisher 720.000 DM würde nach der Zuwendung von 124.200 DM – b) aa) – insgesamt 844.200 DM betragen und damit das zulässige Kassenvermögen von (415.200 DM + 336.000 DM + 15.000 DM) 766.200 DM um 78.000 DM übersteigen. Es sind deshalb nicht 124.200 DM, sondern nur (124.200 DM – 78.000 DM) 46.200 DM der Zuwendungen als Betriebsausgaben abziehbar. Unter Berücksichtigung des Zuwendungsumfangs unter b) bb) beträgt das zulässige Kassenvermögen nur (415.200 DM + 48.000 DM + 15.000 DM) 478.200 DM. In diesem Fall kann die Zuwendung in 02 nicht als Betriebsausgabe abgezogen werden.

R 27a (14)   **Sonderfälle**

(14) ¹Bei Konzern- und Gruppenkassen ist die Bemessungsgrundlage für die Zuwendungen zum Reservepolster für jedes Trägerunternehmen gesondert nach den bei diesen Unternehmen vorliegenden Tatbeständen zu errechnen. ²Die auf das einzelne Trägerunternehmen entfallenden Teile des tatsächlichen und zulässigen Kassenvermögens sind ebenfalls jeweils getrennt festzustellen.

H 27a (14)   **Hinweise**

Zuwendungen an mehrere Kassen

Leistet ein Trägerunternehmen Zuwendungen an mehrere Unterstützungskassen, so sind diese Kassen bei der Ermittlung der Höhe der steuerbegünstigten Zuwendungen im Sinne von § 4d EStG als Einheit zu behandeln (→ § 4d Abs. 1 Satz 3 EStG). Soweit danach der Betriebsausgabenabzug nach § 4d Abs. 1 Satz 3 EStG beschränkt ist, gilt dies auch für den Fall, daß bei getrennter Betrachtung infolge der Unterdotierung einer oder mehrerer Kassen der Abzug nicht beschränkt wäre. Daran ändert sich selbst dann nichts, wenn sich der durch die Kassen begünstigte Kreis der Arbeitnehmer nicht überschneidet (→ BFH vom 8.11.1989 – BStBl 1990 II S. 210).

R 27a (15)   (15) ¹Bei der Berechnung der Zuwendungen können neben den Arbeitnehmern auch Personen berücksichtigt werden, die nicht Arbeitnehmer sind, z. B. Handelsvertreter, wenn ihnen nach der Satzung der Unterstützungskasse Leistungen aus Anlaß ihrer Tätigkeit für ein Trägerunternehmen zugesagt worden sind (§ 17 Abs. 1 Satz 2 BetrAVG). ²Die Provisionszahlungen oder sonstigen Entgelte an diese Personen sind zur Lohn- und Gehaltssumme im Sinne des § 4d Abs. 1 Nr. 2 EStG zu rechnen.

§ 5
Gewinn bei Vollkaufleuten und bei bestimmten anderen Gewerbetreibenden

(1) ¹Bei Gewerbetreibenden, die auf Grund gesetzlicher Vorschriften verpflichtet sind, Bücher zu führen und regelmäßig Abschlüsse zu machen, oder die ohne eine solche Verpflichtung Bücher führen und regelmäßig Abschlüsse machen, ist für den Schluß des Wirtschaftsjahrs das Betriebsvermögen anzusetzen (§ 4 Abs. 1 Satz 1), das nach den handelsrechtlichen Grundsätzen ordnungsmäßiger Buchführung auszuweisen ist. ²Steuerrechtliche Wahlrechte bei der Gewinnermittlung sind in Übereinstimmung mit der handelsrechtlichen Jahresbilanz auszuüben.

(2) Für immaterielle Wirtschaftsgüter des Anlagevermögens ist ein Aktivposten nur anzusetzen, wenn sie entgeltlich erworben wurden.

(3) ¹Rückstellungen wegen Verletzung fremder Patent-, Urheber- oder ähnlicher Schutzrechte dürfen erst gebildet werden, wenn

1. der Rechtsinhaber Ansprüche wegen der Rechtsverletzung geltend gemacht hat oder
2. mit einer Inanspruchnahme wegen der Rechtsverletzung ernsthaft zu rechnen ist.

²Eine nach Satz 1 Nr. 2 gebildete Rückstellung ist spätestens in der Bilanz des dritten auf ihre erstmalige Bildung folgenden Wirtschaftsjahrs gewinnerhöhend aufzulösen, wenn Ansprüche nicht geltend gemacht worden sind.

(4) Rückstellungen für die Verpflichtung zu einer Zuwendung anläßlich eines Dienstjubiläums dürfen nur gebildet werden, wenn das Dienstverhältnis mindestens zehn Jahre bestanden hat, das Dienstjubiläum das Bestehen eines Dienstverhältnisses von mindestens 15 Jahren voraussetzt und die Zusage schriftlich erteilt ist. ¹)

(4a) Rückstellungen für drohende Verluste aus schwebenden Geschäften dürfen nicht gebildet werden. ²)

³)

(5) ¹Als Rechnungsabgrenzungsposten sind nur anzusetzen

1. auf der Aktivseite Ausgaben vor dem Abschlußstichtag, soweit sie Aufwand für eine bestimmte Zeit nach diesem Tag darstellen;
2. auf der Passivseite Einnahmen vor dem Abschlußstichtag, soweit sie Ertrag für eine bestimmte Zeit nach diesem Tag darstellen.

²Auf der Aktivseite sind ferner anzusetzen

1. als Aufwand berücksichtigte Zölle und Verbrauchsteuern, soweit sie auf am Abschlußstichtag auszuweisende Wirtschaftsgüter des Vorratsvermögens entfallen,
2. als Aufwand berücksichtigte Umsatzsteuer auf am Abschlußstichtag auszuweisende Anzahlungen.

---

¹) Anm.: Durch das Steuerentlastungsgesetz 1999/2000/2002 wurden ab VZ 1999 in Absatz 4 die Worte „und die Zusage schriftlich erteilt ist" durch die Worte „, die Zusage schriftlich erteilt ist und soweit der Zuwendungsberechtigte seine Anwartschaft nach dem 31. Dezember 1992 erwirbt." ersetzt.
²) Anm.: → § 52 Abs. 6a EStG.
³) Anm.: Durch das Steuerentlastungsgesetz 1999/2000/2002 wurde ab VZ 1999 ein neuer Absatz 4b eingefügt:
„(4b) Rückstellungen für Aufwendungen, die Anschaffungs- oder Herstellungskosten für ein Wirtschaftsgut sind, dürfen nicht gebildet werden. Rückstellungen für die Verpflichtung zur schadlosen Verwertung radioaktiver Reststoffe sowie ausgebauter oder abgebauter radioaktiver Anlagenteile dürfen nicht gebildet werden, soweit Aufwendungen im Zusammenhang mit der Bearbeitung oder Verarbeitung von Kernbrennstoffen stehen, die aus der Aufarbeitung bestrahlter Kernbrennstoffe gewonnen worden sind und keine radioaktiven Abfälle darstellen."
Zur Anwendung gilt:
Soweit Rückstellungen für Aufwendungen, die Anschaffungs- oder Herstellungskosten für ein Wirtschaftsgut sind, in der Vergangenheit gebildet worden sind, sind sie in dem ersten Veranlagungszeitraum, dessen Veranlagung noch nicht bestandskräftig ist, in vollem Umfang aufzulösen (→ § 52 Abs. 14 in der Fassung des Steuerentlastungsgesetzes 1999/2000/2002).

§ 5 EStG
R 28 H 28

(6) Die Vorschriften über die Entnahmen und die Einlagen, über die Zulässigkeit der Bilanzänderung, über die Betriebsausgaben, über die Bewertung und über die Absetzung für Abnutzung oder Substanzverringerung sind zu befolgen.

R 28

28.

– unbesetzt –

H 28

Hinweise

AO-Anwendungserlaß zu § 140 vom 24.9.1987 (BStBl I S. 664) und AO-Kartei, § 140 Karte 1.

Betriebsvermögensvergleich für gewerbliche Betriebe
→ R 12 Abs. 2

Bodengewinnbesteuerung
→ H 236 (Abschreibung auf den niedrigeren Teilwert, Bodengewinnbesteuerung, Personenhandelsgesellschaften)

Buchführungspflicht einer Personenhandelsgesellschaft für ihr gesamtes Betriebsvermögen (→ R 13 Abs. 2) einschließlich etwaigen Sonderbetriebsvermögens der Gesellschafter ergibt sich aus § 141 AO (→ BFH vom 23.10.1990 – BStBl 1991 II S. 401 und vom 11.3.1992 – BStBl II S. 797).

> Nach § 238 HGB besteht für Kommanditgesellschaften, die auf Grund von § 6 Abs. 1 HGB Kaufleute sind, Buchführungspflicht. Diese Verpflichtung gilt nach § 140 AO auch für die Besteuerung. Nach handelsrechtlichen Vorschriften ist diese Verpflichtung bei Personengesellschaften allerdings nur für ihr Gesamthandsvermögen vorgesehen, nicht aber für das im Eigentum der Gesellschafter stehende etwaige Sonderbetriebsvermögen. Für das gesamte Vermögen der Mitunternehmerschaft ergibt sich eine Buchführungspflicht jedoch aus § 141 AO. Nach dieser Vorschrift sind Unternehmer verpflichtet, Bücher zu führen und regelmäßige Abschlüsse zu machen, wenn sie bestimmte Grenzen an Umsatz, Betriebsvermögen oder Gewinn überschreiten. Dabei muß das gesamte Betriebsvermögen der Mitunternehmerschaft berücksichtigt werden, weil es dem Betriebsvermögen der Personengesellschaft gleichsteht. Das folgt daraus, daß der Mitunternehmer mit seinem Sonderbetriebsvermögen regelmäßig keinen eigenen Betrieb unterhält und deshalb auch nicht als Unternehmer im Sinne von § 141 AO angesehen werden kann.

Gesetzliche Vorschriften

Anhang 7 für die Buchführung und den Jahresabschluß im Sinne des § 5 Abs. 1 Satz 1 EStG sind die handelsrechtlichen Vorschriften (§§ 238, 240, 242, 264, 336, 340a und 341a HGB) und die Vorschriften des § 141 AO. Nicht darunter fallen Vorschriften, die nur die Führung bestimmter Geschäftsbücher vorschreiben, aber keine Abschlüsse verlangen.

Gewinnermittlung für Sonderbetriebsvermögen der Gesellschafter einer gewerblich tätigen Personenhandelsgesellschaft (→ R 13 Abs. 2) richtet sich ebenfalls nach § 5 EStG (→ BFH vom 11.3.1992 – BStBl II S. 797); sie erfolgt in der Weise, daß die Steuerbilanz der Gesellschaft mit den Ergebnissen etwaiger Ergänzungsbilanzen und den Sonderbilanzen der Gesellschafter zusammengefaßt wird.

Handelsregister

– **Eintragung im Handelsregister** ist für Annahme eines Gewerbebetriebs allein nicht entscheidend (→ BFH vom 29.1.1952 – BStBl III S. 99 und vom 14.2.1956 – BStBl III S. 103).

– **Personengesellschaft** – Ist eine Personengesellschaft in das Handelsregister eingetragen, so besteht die Vermutung, daß gewerbliche Einkünfte vorliegen (→ BFH vom 6.10.1977 – BStBl 1978 II S. 54). Diese Vermutung kann durch den Nachweis widerlegt werden, daß die Personengesellschaft eindeutig kein Handelsgewerbe betreibt (→ BFH vom 19.3.1981 – BStBl II S. 527).

- **Saatzuchtbetrieb** – Inhaber eines Saatzuchtbetriebs erzielt auch dann Einkünfte aus Land- und Forstwirtschaft, wenn seine Firma im Handelsregister eingetragen ist.

Passivierung von Druckbeihilfen
→ BMF vom 27.4.1998 (BStBl I S. 368).

29. Ordnungsmäßige Buchführung

Kreditgeschäfte und ihre periodenweise Erfassung

(1) ¹Bei Kreditgeschäften sind die Entstehung der Forderungen und Schulden und ihre Tilgung grundsätzlich als getrennte Geschäftsvorfälle zu behandeln. ²Bei einer doppelten Buchführung ist für Kreditgeschäfte in der Regel ein → Kontokorrentkonto, unterteilt nach Schuldnern und Gläubigern, zu führen. ³Es ist jedoch nicht zu beanstanden, wenn Waren- und Kostenrechnungen, die innerhalb von acht Tagen nach Rechnungseingang oder innerhalb der ihrem gewöhnlichen Durchlauf durch den Betrieb entsprechenden Zeit beglichen werden, kontokorrentmäßig nicht erfaßt werden. ⁴Werden bei der Erstellung der Buchführung die Geschäftsvorfälle nicht laufend, sondern nur periodenweise gebucht, ist es nicht zu beanstanden, wenn die Erfassung der Kreditgeschäfte eines Monats im Grundbuch bis zum Ablauf des folgenden Monats erfolgt, sofern durch organisatorische Vorkehrungen sichergestellt ist, daß Buchführungsunterlagen bis zu ihrer Erfassung im Grundbuch nicht verlorengehen, z. B. durch laufende Numerierung der eingehenden und ausgehenden Rechnungen oder durch ihre Ablage in besonderen Mappen oder Ordnern. ⁵Neben der Erfassung der Kreditgeschäfte in einem Grundbuch müssen die unbaren Geschäftsvorfälle, aufgegliedert nach Geschäftspartnern, kontenmäßig dargestellt werden. Dies kann durch Führung besonderer Personenkonten oder durch eine geordnete Ablage der nicht ausgeglichenen Rechnungen (Offene-Posten-Buchhaltung) erfüllt werden. ⁵Ist die Zahl der Kreditgeschäfte verhältnismäßig gering, so gelten hinsichtlich ihrer Erfassung die folgenden Erleichterungen:

a) Besteht kein laufender unbarer Geschäftsverkehr mit Geschäftspartnern, so müssen für jeden Bilanzstichtag über die an diesem Stichtag bestehenden Forderungen und Schulden Personenübersichten aufgestellt werden.

b) Einzelhändler und Handwerker können Krediteinkäufe und Kreditverkäufe kleineren Umfangs vereinfacht buchen. ²Es genügt, wenn sie die Wareneinkäufe auf Kredit im Wareneingangsbuch in einer besonderen Spalte als Kreditgeschäfte kennzeichnen und den Tag der Begleichung der Rechnung vermerken. ³Bei Kreditverkäufen reicht es aus, wenn sie einschließlich der Zahlung in einer Kladde festgehalten werden, die als Teil der Buchführung aufzubewahren ist. ⁵Außerdem müssen in beiden Fällen für jeden Bilanzstichtag Personenübersichten aufgestellt werden.

Mängel der Buchführung

(2) ¹Enthält die Buchführung **formelle** Mängel, so ist ihre Ordnungsmäßigkeit nicht zu beanstanden, wenn das sachliche Ergebnis der Buchführung dadurch nicht beeinflußt wird und die Mängel kein erheblicher Verstoß gegen die Anforderungen an die → zeit**gerechte** Erfassung der Geschäftsvorfälle, die besonderen Anforderungen bei Kreditgeschäften, die Aufbewahrungsfristen sowie die Besonderheiten bei der Buchführung auf Datenträgern sind. ²Enthält die Buchführung **materielle** Mängel, z. B. wenn Geschäftsvorfälle nicht oder falsch gebucht sind, so wird ihre Ordnungsmäßigkeit dadurch nicht berührt, wenn es sich dabei um unwesentliche Mängel handelt, z. B. wenn nur unbedeutende Vorgänge nicht oder falsch dargestellt sind. ³Die Fehler sind dann zu berichtigen, oder das Buchführungsergebnis ist durch eine Zuschätzung richtigzustellen. ⁴Bei schwerwiegenden materiellen Mängeln gilt R 12 Abs. 2 Satz 2.

Hinweise

Allgemeines

Bei der Gewinnermittlung nach § 5 EStG sind – soweit sich aus den Steuergesetzen nichts anderes ergibt – die handelsrechtlichen Rechnungslegungsvorschriften sowie die Vorschriften der §§ 140 bis 148, 154 AO zu beachten. Handelsrechtliche Rechnungslegungsvorschriften im Sinne des Satzes 1 sind die Vorschriften des Ersten Abschnitts, für Kapitalgesellschaften außerdem die des Zweiten Abschnitts des Dritten Buchs des HGB. Entsprechen die Buchführung und die Aufzeichnungen des Steuerpflichtigen diesen Vorschriften, so sind sie der Besteuerung zugrunde zu legen, soweit nach den Umständen des Einzelfalles kein Anlaß ist, ihre sachliche Richtigkeit zu beanstanden (§ 158 AO).

Aufbewahrungsfristen

- → § 147 AO (Ordnungsvorschriften für die Aufbewahrung von Unterlagen)
- → BMF vom 25.10.1977 (BStBl I S. 487)
- Haben Rechnungen usw. Buchfunktion, z. B. bei der Offene-Posten-Buchhaltung, so sind sie so lange wie Bücher aufzubewahren (§ 146 Abs. 5 i.V.m. § 147 Abs. 3 AO).
- Eine Aufbewahrung der Registrierkassenstreifen, Kassenzettel, Bons und dergleichen ist im Einzelfall nicht erforderlich, wenn der Zweck der Aufbewahrung in anderer Weise gesichert und die Gewähr der Vollständigkeit der von Registrierkassenstreifen usw. übertragenen Aufzeichnungen nach den tatsächlichen Verhältnissen gegeben ist (→ BFH vom 12.5.1966 – BStBl III S. 371). Zum Verzicht auf die Aufbewahrung von Kassenstreifen bei Einsatz von Registrierkassen → BMF vom 9.1.1996 (BStBl I S. 34):

Verzicht auf die Aufbewahrung von Kassenstreifen bei Einsatz elektronischer Registrierkassen

BMF vom 9.1.1996 (BStBl I S. 34)

Nach R 29 Abs. 7 Satz 4 EStR 1993 ist eine Aufbewahrung von Registrierkassenstreifen, Kassenzetteln, Bons und dergleichen (Kassenbeleg) im Einzelfall nicht erforderlich, wenn der Zweck der Aufbewahrung in anderer Weise gesichert und die Gewähr der Vollständigkeit der vom Kassenbeleg übertragenen Aufzeichnungen nach den tatsächlichen Verhältnissen gegeben ist. Nach Satz 5 der Richtlinienregelung sind die vorgenannten Voraussetzungen hinsichtlich der Registrierkassenstreifen regelmäßig erfüllt, wenn Tagesendsummenbons aufbewahrt werden, die die Gewähr der Vollständigkeit bieten und den Namen des Geschäfts, das Datum und die Tagesendsumme enthalten.

Unter Bezugnahme auf das Ergebnis der Erörterungen mit den obersten Finanzbehörden der Länder gilt dazu folgendes:

Beim Einsatz elektronischer Registrierkassen kann im Regelfall davon ausgegangen werden, daß die „Gewähr der Vollständigkeit" im Sinne des R 29 Abs. 7 Satz 4 EStR 1993 dann gegeben ist, wenn die nachstehend genannten Unterlagen aufbewahrt werden. In diesem Fall kann auch bei elektronischen Registrierkassensystemen auf die Aufbewahrung von Kassenstreifen, soweit nicht nachstehend aufgeführt, verzichtet werden.

1. Nach § 147 Abs. 1 Nr. 1 AO sind die zur Kasse gehörenden Organisationsunterlagen, insbesondere die Bedienungsanleitung, die Programmieranleitung, die Programmabrufe nach jeder Änderung (u. a. der Artikelpreise), Protokolle über die Einrichtung von Verkäufer-, Kellner- und Trainingsspeichern u. ä. sowie alle weiteren Anweisungen zur Kassenprogrammierung (z. B. Anweisungen zum maschinellen Ausdrucken von Proforma-Rechnungen oder zum Unterdrücken von Daten und Speicherinhalten) aufzubewahren.

2. Nach § 147 Abs. 1 Nr. 3 AO sind die gem. R 21 Abs. 7 Sätze 12 und 13 EStR 1993 mit Hilfe von Registrierkassen erstellten Rechnungen aufzubewahren.

3. Nach § 147 Abs. 1 Nr. 4 AO sind die Tagesendsummenbons mit Ausdruck des Nullstellenzählers (fortlaufende sog. „Z-Nummer" zur Überprüfung der Vollständigkeit der Kassenberichte), der Stornobuchungen (sog. Managerstornos und Nach-Stornobuchungen), Retouren, Entnahmen sowie der Zahlungswege (bar, Scheck, Kredit) und alle weiteren im Rahmen des Tagesabschlusses abgerufenen Ausdrucke der

EDV-Registrierkasse (z. B. betriebswirtschaftliche Auswertungen, Ausdrucke der Trainingsspeicher, Kellnerberichte, Spartenberichte) im Belegzusammenhang mit dem Tagesendsummenbon aufzubewahren.
Darüber hinaus ist die Vollständigkeit der Tagesendsummenbons durch organisatorische oder durch programmierte Kontrollen sicherzustellen.

Aufzeichnungspflichten
Besondere Aufzeichnungspflichten nach § 4 Abs. 7 EStG → R 22.

Bargeschäfte
Grundsätze ordnungsmäßiger Buchführung; Verbuchung von Bargeschäften im Einzelhandel → BMF vom 14.12.1994 (BStBl 1995 I S. 7).

Anhang 7

Beitrittsgebiet
- Für Unternehmen im Anwendungsgebiet des DMBilG sind außerdem dessen handelsrechtliche Ansatz- und Bewertungsvorschriften von Bedeutung, soweit § 50 Abs. 2 und das DMBilG keine steuerlichen Sondervorschriften enthalten.
- Unrichtige Bilanz- und Wertansätze sind ggf. nach § 36 DMBilG richtigzustellen.

Belegablage
Anforderungen an eine geordnete und übersichtliche Belegablage → Erlasse der obersten Finanzbehörden der Länder über die Offene-Posten-Buchhaltung vom 10.6.1963 (BStBl II S. 89, 93), BFH vom 16.9.1964 (BStBl III S. 654) und vom 23.9.1966 (BStBl 1967 III S. 23).

Beweiskraft der Buchführung
→ AO-Anwendungserlaß zu § 158 vom 24.9.1987 (BStBl I S. 664) und AO-Kartei, § 158 Karte 1.

Buchungsberichtigung bei irrtümlich falsch gebuchten Bewirtungsaufwendungen → R 22 Abs. 1 Satz 5 und 6.

Freie Berufe
Die Angehörigen der freien Berufe, die ihren Gewinn nach § 4 Abs. 1 EStG auf Grund ordnungsmäßiger Buchführung ermitteln, müssen bei der Buchung der Geschäftsvorfälle die allgemeinen Regeln der kaufmännischen Buchführung befolgen (→ BFH vom 18.2.1966 – BStBl III S. 496).

Gesellschafterwechsel
Eine Personengesellschaft ist nicht verpflichtet, auf den Stichtag eines Gesellschafterwechsels eine Zwischenbilanz aufzustellen (→ BFH vom 9.12.1976 – BStBl 1977 II S. 241).

Grundbuchaufzeichnungen
Die Funktion der Grundbuchaufzeichnungen kann auf Dauer auch durch eine geordnete und übersichtliche Belegablage erfüllt werden (§ 239 Abs. 4 HGB; § 146 Abs. 5 AO).

Anhang 7

Grundsätze ordnungsmäßiger Buchführung (GoB)
- Eine Buchführung ist ordnungsmäßig, wenn die für die kaufmännische Buchführung erforderlichen Bücher geführt werden, die Bücher förmlich in Ordnung sind und der Inhalt sachlich richtig ist (→ BFH vom 24.6.1997 – BStBl 1998 II S. 51).
- Grundsätze ordnungsmäßiger DV-gestützter Buchführungssysteme (GoBS) → BMF vom 7.11.1995 – BStBl I S. 738.

Anhang 7

- Bei Aufstellung der Bilanz sind alle wertaufhellenden Umstände zu berücksichtigen, die für die Verhältnisse am Bilanzstichtag von Bedeutung sind. Ein bestimmtes Buchführungssystem ist nicht vorgeschrieben; allerdings muß bei Kaufleuten, soweit sie nicht Minderkaufleute im Sinne des § 4 HGB sind, die Buchführung den Grundsätzen der doppelten Buchführung entsprechen (§ 242 Abs. 3 HGB). Im übrigen muß die Buchführung so beschaffen sein, daß sie einem sachverständigen Dritten innerhalb angemessener Zeit einen Überblick über die Geschäftsvorfälle und über die Vermögenslage des Unternehmens vermitteln kann. Die Geschäftsvorfälle müssen sich in ihrer Entstehung und

Anhang 7

§ 5 EStG
R 30   H 29

Abwicklung verfolgen lassen (§ 238 Abs. 1 HGB; → auch BFH vom 18.2.1966 – BStBl III S. 496 und vom 23.9.1966 – BStBl 1967 III S. 23).

Anhang 7 — Verbuchung von Bargeschäften im Einzelhandel → BMF vom 14.12.1994 (BStBl 1995 I S. 7).

— → Zeitgerechte Erfassung

Inventurunterlagen

Vorlage der Inventurunterlagen → BFH vom 25.3.1966 (BStBl III S. 487).

Eine Buchführung ist nicht ordnungsgemäß, wenn die Inventurunterlagen verlorengegangen sind. Eine Buchführung ist aber als ordnungsmäßig anzuerkennen, wenn diese Unterlagen spätestens bis zum Abschluß des finanzgerichtlichen Verfahrens vorgelegt werden.

Jahresabschluß

Der Jahresabschluß muß „innerhalb der einem ordnungsmäßigen Geschäftsgang entsprechenden Zeit" (§ 243 Abs. 3 HGB) aufgestellt werden (→ BFH vom 6.12.1983 – BStBl 1984 II S. 227); bei Kapitalgesellschaften gilt § 264 Abs. 1 HGB; bei Versicherungsunternehmen gilt § 341a Abs. 1 HGB.

Kontokorrentkonto

Eine Buchführung ohne Kontokorrentkonto kann ordnungsmäßig sein, wenn die Honorarforderungen der Zeitfolge nach in einem Hilfsbuch erfaßt sind und wenn der Steuerpflichtige oder ein sachverständiger Dritter daraus in angemessener Zeit einen Überblick über die Außenstände gewinnen kann (→ BFH vom 18.2.1966 – BStBl III S. 496).

Mikrofilmaufnahmen

Verwendung zur Erfüllung gesetzlicher Aufbewahrungspflichten → BMF vom 1.2.1984 (BStBl I S. 155).

Personenübersichten

Wo ein laufender unbarer Geschäftsverkehr mit Geschäftsfreunden, der im Interesse der erforderlichen Übersicht die Führung eines kontenmäßig gegliederten Geschäftsfreundebuches sachlich notwendig macht, nicht gegeben ist, genügt es, wenn die unbaren Geschäftsvorfälle in Tagebüchern zeitfolgemäßig aufgezeichnet und im Kontokorrentbuch lediglich die am Bilanzstichtag bestehenden Forderungen und Schulden ausgewiesen werden (→ BFH vom 23.2.1951 – BStBl III S. 75).

Zeitgerechte Erfassung

Anhang 7   Die Eintragungen in den Geschäftsbüchern und die sonst erforderlichen Aufzeichnungen müssen vollständig, richtig, zeitgerecht und geordnet vorgenommen werden (§ 239 Abs. 2 HGB). Die zeitgerechte Erfassung der Geschäftsvorfälle erfordert – mit Ausnahme des baren Zahlungsverkehrs – keine tägliche Aufzeichnung. Es muß jedoch ein zeitlicher Zusammenhang zwischen den Vorgängen und ihrer buchmäßigen Erfassung bestehen (→ BFH vom 25.3.1992 – BStBl II S. 1010).

R 30   **30. Bestandsaufnahme des Vorratsvermögens**

S 2160   **Inventur**

(1) ¹Die → Inventur für den Bilanzstichtag braucht nicht am Bilanzstichtag vorgenommen zu werden. ²Sie muß aber **zeitnah** – in der Regel innerhalb einer Frist von **zehn Tagen** vor oder nach dem Bilanzstichtag – durchgeführt werden. ³Dabei muß sichergestellt sein, daß die Bestandsveränderungen zwischen dem Bilanzstichtag und dem Tag der Bestandsaufnahme anhand von Belegen oder Aufzeichnungen ordnungsgemäß berücksichtigt werden. ⁴Können die Bestände aus besonderen, insbesondere klimatischen Gründen nicht zeitnah, sondern erst in einem größeren Zeitabstand vom Bilanzstichtag aufgenommen werden, so sind an die Belege und Aufzeichnungen über die zwischenzeitlichen Bestandsveränderungen strenge Anforderungen zu stellen.

Zeitverschobene Inventur

(2) ¹Nach § 241 Abs. 3 HGB kann die jährliche körperliche Bestandsaufnahme ganz oder teilweise innerhalb der letzten drei Monate vor oder der ersten zwei Monate nach dem Bilanzstichtag durchgeführt werden. ²Der dabei festgestellte Bestand ist nach Art und Menge in einem besonderen Inventar zu verzeichnen, das auch auf Grund einer → permanenten Inventur erstellt werden kann. ³Der in dem besonderen Inventar erfaßte Bestand ist auf den Tag der Bestandsaufnahme (Inventurstichtag) nach allgemeinen Grundsätzen zu bewerten. ⁴Der sich danach ergebende Gesamtwert des Bestands ist dann wertmäßig auf den Bilanzstichtag fortzuschreiben oder zurückzurechnen. ⁵Der Bestand braucht in diesem Fall auf den Bilanzstichtag nicht nach Art und Menge festgestellt zu werden; es genügt die Feststellung des Gesamtwerts des Bestands auf den Bilanzstichtag. ⁶Die Bestandsveränderungen zwischen dem Inventurstichtag und dem Bilanzstichtag brauchen ebenfalls nicht nach Art und Menge aufgezeichnet zu werden. ⁷Sie müssen nur wertmäßig erfaßt werden. ⁸Das Verfahren zur wertmäßigen Fortschreibung oder Rückrechnung des Gesamtwerts des Bestands am Inventurstichtag auf den Bilanzstichtag muß den Grundsätzen ordnungsmäßiger Buchführung entsprechen. ⁹Die Fortschreibung des Warenbestands kann dabei nach der folgenden Formel vorgenommen werden, wenn die Zusammensetzung des Warenbestands am Bilanzstichtag von der des Warenbestands am Inventurstichtag nicht wesentlich abweicht: Wert des Warenbestands am Bilanzstichtag = Wert des Warenbestands am Inventurstichtag zuzüglich Wareneingang abzüglich Wareneinsatz (Umsatz abzüglich des durchschnittlichen Rohgewinns). ¹⁰Voraussetzung für die Inanspruchnahme von steuerlichen Vergünstigungen, für die es auf die Zusammensetzung der Bestände am Bilanzstichtag ankommt, wie z. B. bei der Bewertung nach § 6 Abs. 1 Nr. 2a EStG oder bei dem Bewertungsabschlag für bestimmte Importwaren nach § 80 EStDV, ist jedoch, daß die tatsächlichen Bestände dieser Wirtschaftsgüter am Bilanzstichtag durch körperliche Bestandsaufnahme oder durch → permanente Inventur nachgewiesen werden.

Nichtanwendbarkeit der permanenten und der zeitverschobenen Inventur

(3) Eine → permanente oder eine zeitverschobene Inventur ist nicht zulässig
1. für Bestände, bei denen durch Schwund, Verdunsten, Verderb, leichte Zerbrechlichkeit oder ähnliche Vorgänge ins Gewicht fallende unkontrollierbare Abgänge eintreten, es sei denn, daß diese Abgänge auf Grund von Erfahrungssätzen schätzungsweise annähernd zutreffend berücksichtigt werden können;
2. für Wirtschaftsgüter, die – abgestellt auf die Verhältnisse des jeweiligen Betriebs – besonders wertvoll sind.

Fehlerhafte Bestandsaufnahme

(4) ¹Fehlt eine körperliche Bestandsaufnahme, oder enthält das Inventar in formeller oder materieller Hinsicht nicht nur unwesentliche Mängel, so ist die Buchführung nicht als ordnungsmäßig anzusehen. ²R 29 Abs. 2 gilt entsprechend.

Anwendungsbereich

(5) Die Absätze 1 bis 4 gelten entsprechend für Steuerpflichtige, die nach § 141 Abs. 1 AO verpflichtet sind, Bücher zu führen und auf Grund jährlicher Bestandsaufnahme regelmäßig Abschlüsse zu machen, oder die freiwillig Bücher führen und regelmäßig Abschlüsse machen.

Hinweise

Inventur

- Nach § 240 Abs. 2, § 242 Abs. 1 und 2 HGB haben Kaufleute für den Schluß eines jeden Geschäftsjahrs ein Inventar, eine Bilanz und eine Gewinn- und Verlustrechnung aufzustellen. Das Inventar, in dem die einzelnen Vermögensgegenstände nach Art, Menge und unter Angabe ihres Werts genau zu verzeichnen sind (→ BFH vom 23.6.1971 – BStBl II S. 709), ist auf Grund einer **körperlichen Bestandsaufnahme** (Inventur) zu erstellen.
- Inventurerleichterungen → § 241 Abs. 1 HGB, → R 36 Abs. 4 (Gruppenbewertung) → H 36 (Festwert).
- → Permanente Inventur

§ 5 EStG
R 31 H 30

Permanente Inventur

Anhang 7

Auf Grund des § 241 Abs. 2 HGB kann das Inventar für den Bilanzstichtag auch ganz oder teilweise auf Grund einer **permanenten Inventur** erstellt werden. Der Bestand für den Bilanzstichtag kann in diesem Fall nach Art und Menge anhand von Lagerbüchern (Lagerkarteien) festgestellt werden, wenn die folgenden Voraussetzungen erfüllt sind:

1. In den Lagerbüchern und Lagerkarteien müssen alle Bestände und alle Zugänge und Abgänge einzeln nach Tag, Art und Menge (Stückzahl, Gewicht oder Kubikinhalt) eingetragen werden. Alle Eintragungen müssen belegmäßig nachgewiesen werden.
2. In jedem Wirtschaftsjahr muß mindestens einmal durch körperliche Bestandsaufnahme geprüft werden, ob das Vorratsvermögen, das in den Lagerbüchern oder Lagerkarteien ausgewiesen wird, mit den tatsächlich vorhandenen Beständen übereinstimmt (→ BFH vom 11.11.1966 – BStBl 1967 III S. 113). Die Prüfung braucht nicht gleichzeitig für alle Bestände vorgenommen zu werden. Sie darf sich aber nicht nur auf Stichproben oder die Verprobung eines repräsentativen Querschnitts beschränken; die Regelung in § 241 Abs. 1 HGB bleibt unberührt. Die Lagerbücher und Lagerkarteien sind nach dem Ergebnis der Prüfung zu berichtigen. Der Tag der körperlichen Bestandsaufnahme ist in den Lagerbüchern oder Lagerkarteien zu vermerken.
3. Über die Durchführung und das Ergebnis der körperlichen Bestandsaufnahme sind Aufzeichnungen (Protokolle) anzufertigen, die unter Angabe des Zeitpunkts der Aufnahme von den aufnehmenden Personen zu unterzeichnen sind. Die Aufzeichnungen sind wie Handelsbücher zehn Jahre aufzubewahren.

Zeitliche Erfassung von Waren

Gekaufte Waren gehören wirtschaftlich zum Vermögen des Kaufmanns, sobald er die Verfügungsmacht in Gestalt des unmittelbaren oder mittelbaren Besitzes an ihr erlangt hat. Dies ist bei „schwimmender" Ware erst nach Erhalt des Konossements oder des Auslieferungsscheins der Fall (→ BFH vom 3.8.1988 – BStBl 1989 II S. 21).

R 31   **31. Bestandsmäßige Erfassung des beweglichen Anlagevermögens**

S 2160   **Allgemeines**

Anhang 7

(1) ¹Nach § 240 Abs. 2 HGB, §§ 140 und 141 AO besteht die Verpflichtung, für jeden Bilanzstichtag auch ein Verzeichnis der Gegenstände des beweglichen Anlagevermögens aufzustellen (**Bestandsverzeichnis**). ²In das Bestandsverzeichnis müssen sämtliche beweglichen Gegenstände des Anlagevermögens, auch wenn sie bereits in voller Höhe abgeschrieben sind, aufgenommen werden. ³Ausnahmen gelten für geringwertige Wirtschaftsgüter (§ 6 Abs. 2 EStG) und für die mit einem → Festwert angesetzten Wirtschaftsgüter (→ Absatz 3). ⁴Das Bestandsverzeichnis muß

1. die genaue Bezeichnung des Gegenstandes und
2. seinen Bilanzwert am Bilanzstichtag

enthalten. ⁵Das Bestandsverzeichnis ist auf Grund einer jährlichen körperlichen Bestandsaufnahme aufzustellen; R 30 Abs. 1 bis 3 gilt sinngemäß.

Zusammenfassen mehrerer Gegenstände

(2) ¹Gegenstände, die eine geschlossene Anlage bilden, können statt in ihren einzelnen Teilen als **Gesamtanlage** in das Bestandsverzeichnis eingetragen werden, z. B. die einzelnen Teile eines Hochofens einschließlich Zubehör, die einzelnen Teile einer Breitbandstraße einschließlich Zubehör, die Überlandleitungen einschließlich der Masten usw. eines Elektrizitätswerks, die entsprechenden Anlagen von Gas- und Wasserwerken sowie die Wasser-, Gas- und sonstigen Rohrleitungen innerhalb eines Fabrikationsbetriebs. ²Voraussetzung ist, daß die Absetzungen für Abnutzung auf die Gesamtanlage einheitlich vorgenommen werden. ³Gegenstände der gleichen Art können unter Angabe der Stückzahl im Bestandsverzeichnis zusammengefaßt werden, wenn sie in demselben Wirtschaftsjahr angeschafft sind, die gleiche Nutzungsdauer und die gleichen Anschaffungskosten haben und nach der gleichen Methode abgeschrieben werden.

§ 5 EStG
R 31

Verzicht auf Erfassung

(3) ¹Geringwertige Anlagegüter im Sinne des § 6 Abs. 2 EStG, die im Jahr der Anschaffung oder Herstellung in voller Höhe abgeschrieben worden sind, brauchen nicht in das Bestandsverzeichnis aufgenommen zu werden, wenn ihre Anschaffungs- oder Herstellungskosten, vermindert um einen darin enthaltenen Vorsteuerbetrag (§ 9b Abs. 1 EStG), nicht mehr als 100 DM betragen haben oder auf einem besonderen Konto gebucht oder bei ihrer Anschaffung oder Herstellung in einem besonderen Verzeichnis erfaßt worden sind. ²Gegenstände des beweglichen Anlagevermögens, für die zulässigerweise ein → Festwert angesetzt wird, brauchen ebenfalls nicht in das Bestandsverzeichnis aufgenommen zu werden.

Bestandsaufnahme und Wertanpassung bei Festwerten

(4) ¹Für Gegenstände des beweglichen Anlagevermögens, die zulässigerweise mit einem → Festwert angesetzt worden sind (→ Absatz 3 letzter Satz), ist **im Regelfall an jedem dritten,** spätestens aber an jedem fünften Bilanzstichtag, eine körperliche Bestandsaufnahme vorzunehmen. ²Übersteigt der für diesen Bilanzstichtag ermittelte Wert den bisherigen Festwert um mehr als 10 v. H., so ist der ermittelte Wert als neuer Festwert maßgebend. ³Der bisherige Festwert ist so lange um die Anschaffungs- und Herstellungskosten der im Festwert erfaßten und nach dem Bilanzstichtag des vorangegangenen Wirtschaftsjahrs angeschafften oder hergestellten Wirtschaftsgüter aufzustocken, bis der neue Festwert erreicht ist. ⁴Ist der ermittelte Wert niedriger als der bisherige Festwert, so kann der Steuerpflichtige den ermittelten Wert als neuen Festwert ansetzen. ⁵Übersteigt der ermittelte Wert den bisherigen Festwert um nicht mehr als 10 v. H., so kann der bisherige Festwert beibehalten werden.

Keine Inventur bei fortlaufendem Bestandsverzeichnis

(5) ¹Der Steuerpflichtige braucht die jährliche körperliche Bestandsaufnahme (→ Absatz 1) für steuerliche Zwecke nicht durchzuführen, wenn er jeden Zugang und jeden Abgang laufend in das Bestandsverzeichnis einträgt und die am Bilanzstichtag vorhandenen Gegenstände des beweglichen Anlagevermögens auf Grund des fortlaufend geführten Bestandsverzeichnisses ermittelt werden können; in diesem Fall müssen aus dem Bestandsverzeichnis außer den in Absatz 1 bezeichneten Angaben noch ersichtlich sein:

1. der Tag der Anschaffung oder Herstellung des Gegenstandes,
2. die Höhe der Anschaffungs- oder Herstellungskosten oder, wenn die Anschaffung oder Herstellung vor dem 21.6.1948¹) oder im → Beitrittsgebiet²) vor dem 1.7.1990 erfolgt ist, die Werte der DM-Eröffnungsbilanz,
3. der Tag des Abgangs.

²Wird das Bestandsverzeichnis in der Form einer **Anlagekartei** geführt, so ist der Bilanzansatz aus der Summe der einzelnen Bilanzwerte (→ Absatz 1 Nr. 2) der Anlagekartei nachzuweisen. ³Ist das Bestandsverzeichnis nach den einzelnen Zugangsjahren und Abschreibungssätzen gruppenweise geordnet, so kann auf die Angabe des Bilanzwerts am Bilanzstichtag für den einzelnen Gegenstand (→ Absatz 1 Nr. 2) verzichtet werden, wenn für jede Gruppe in besonderen Zusammenstellungen die Entwicklung der Bilanzwerte unter Angabe der Werte der Abgänge und des Betrags der AfA summenmäßig festgehalten wird. ⁴Die in Absatz 1 Nr. 1 und unter den Nummern 1 bis 3 bezeichneten Angaben müssen auch in diesem Fall für den einzelnen Gegenstand aus dem Bestandsverzeichnis ersichtlich sein. ⁵Die Sachkonten der Geschäftsbuchhaltung können als Bestandsverzeichnis gelten, wenn sie die in Absatz 1 und unter den Nummern 1 bis 3 bezeichneten Angaben enthalten und wenn durch diese Angaben die Übersichtlichkeit der Konten nicht beeinträchtigt wird.

Erleichterungen

(6) Das Finanzamt kann unter Abweichung von den Absätzen 1 bis 5 für einzelne Fälle Erleichterungen bewilligen.

---

¹) Für Berlin-West: 1.4.1949; für das Saarland: 6.7.1959.
²) Das in Artikel 3 des Einigungsvertrags genannte Gebiet → Einigungsvertragsgesetz vom 23.9.1990, BGBl. II S. 885, 890.

§ 5 EStG
R 31a H 31

H 31 Hinweise

Beitrittsgebiet

- R 31 Abs. 3 Satz 1 gilt entsprechend, wenn in dem steuerlichen Jahresabschluß nach § 53 DMBilG zum 31.12.1990 die Bewertungsfreiheit für Wirtschaftsgüter in Anspruch genommen worden ist, die in der DM-Eröffnungsbilanz zulässigerweise mit einem Wert bis zu 800 DM eingestellt wurden.
- Die Werte der DM-Eröffnungsbilanz gelten als Anschaffungs- oder Herstellungskosten bei Unternehmen, die im Anwendungsbereich des DMBilG bis 30.6.1991 durch Gründung, Umwandlung, Verschmelzung, Spaltung oder Entflechtung entstanden sind und nach § 1 Abs. 5 Satz 1 DMBilG zum 1.7.1990 als entstanden angesehen werden sowie für bewegliches Anlagevermögen, das bis 30.6.1991 übertragen und in der DM-Eröffnungsbilanz des Unternehmens nach § 4 Abs. 3 DMBilG berücksichtigt worden ist.

Festwert

- → H 36
- Kein Zugang von Wirtschaftsgütern des Anlagevermögens, deren Nutzungsdauer zwölf Monate nicht übersteigt (kurzlebige Wirtschaftsgüter) zum Festwert (→ BFH vom 26.8.1993 – BStBl 1994 II S. 232).

Anhang 6
- Ansatzvoraussetzungen und Bemessung → BMF vom 8.3.1993 (BStBl I S. 276)

Fehlende Bestandsaufnahme

Ein materieller Mangel der Buchführung kann auch vorliegen, wenn die körperliche Bestandsaufnahme nach R 31 Abs. 1 fehlt oder unvollständig ist, es sei denn, daß eine körperliche Bestandsaufnahme nach R 31 Abs. 5 nicht erforderlich ist (→ BFH vom 14.12.1966 – BStBl 1967 III S. 247).

Fehlendes Bestandsverzeichnis

Fehlt das Bestandsverzeichnis oder ist es unvollständig, so kann darin ein materieller Mangel der Buchführung liegen (→ BFH vom 14.12.1966 – BStBl 1967 III S. 247).

R 31a 31a. Immaterielle Wirtschaftsgüter

Allgemeines

S 2134 a
(1) ¹Als → immaterielle (unkörperliche) Wirtschaftsgüter kommen in Betracht: Rechte, rechtsähnliche Werte und sonstige Vorteile. ²Trivialprogramme sind abnutzbare bewegliche und selbständig nutzbare Wirtschaftsgüter. ³Computerprogramme, deren Anschaffungskosten nicht mehr als 800 DM betragen, sind stets als Trivialprogramme zu behandeln. ⁴→ Keine immateriellen Wirtschaftsgüter sind die nicht selbständig bewertbaren geschäftswertbildenden Faktoren.

Entgeltlicher Erwerb

(2) ¹Für → immaterielle Wirtschaftsgüter des Anlagevermögens ist ein Aktivposten nur anzusetzen, wenn sie entgeltlich erworben (§ 5 Abs. 2 EStG) oder in das Betriebsvermögen eingelegt (→ R 14 Abs. 1) wurden. ²Ein → immaterielles Wirtschaftsgut ist entgeltlich erworben worden, wenn es durch einen Hoheitsakt oder ein Rechtsgeschäft gegen Hingabe einer bestimmten Gegenleistung übergegangen oder eingeräumt worden ist. ³Es ist nicht erforderlich, daß das Wirtschaftsgut bereits vor Abschluß des Rechtsgeschäfts bestanden hat; es kann auch erst durch den Abschluß des Rechtsgeschäfts entstehen, z. B. bei entgeltlich erworbenen Belieferungsrechten. ⁴Ein entgeltlicher Erwerb eines → immateriellen Wirtschaftsguts liegt auch bei der Hingabe eines sog. verlorenen Zuschusses vor, wenn der Zuschußgeber von dem Zuschußempfänger eine bestimmte Gegenleistung erhält oder eine solche nach den Umständen zu erwarten ist oder wenn der Zuschußgeber durch die Zuschußhingabe einen besonderen Vorteil erlangt, der nur für ihn wirksam ist.

Kein Aktivierungsverbot

(3) ¹Das Aktivierungsverbot des § 5 Abs. 2 EStG wird nicht wirksam, wenn ein beim Rechtsvorgänger aktiviertes → immaterielles Wirtschaftsgut des Anlagevermögens im Rahmen der unentgeltlichen Übertragung eines Betriebs, Teilbetriebs oder Mitunternehmeranteils auf einen anderen übergeht (→ Geschäftswert/Praxiswert). ²In diesem Fall hat der Erwerber dieses immaterielle Wirtschaftsgut mit dem Betrag zu aktivieren, mit dem es beim Rechtsvorgänger aktiviert war (§ 7 Abs. 1 EStDV). ³Das Aktivierungsverbot findet auch dann keine Anwendung, wenn ein → immaterielles Wirtschaftsgut des Anlagevermögens eingelegt wird. ⁴Legt ein Steuerpflichtiger ein → immaterielles Wirtschaftsgut des Anlagevermögens in seinen Betrieb ein, so ist es mit dem nach § 6 Abs. 1 Nr. 5 EStG maßgebenden Wert zu aktivieren. ⁵Ein → immaterielles Wirtschaftsgut des Anlagevermögens, das aus betrieblichem Anlaß aus einem Betrieb unentgeltlich in den Betrieb eines anderen Steuerpflichtigen übertragen worden ist, ist bei dem Erwerber nach § 7 Abs. 2 EStDV mit dem gemeinen Wert anzusetzen.

Hinweise

Belieferungsrechte aus Abonnentenverträgen

Gelegentlich eines Erwerbs von Belieferungsrechten aus Abonnentenverträgen entstandene Aufwendungen begründen noch nicht den entgeltlichen Erwerb eines immateriellen Wirtschaftsguts (→ BFH vom 3.8.1993 – BStBl 1994 II S. 444).

Sie dürfen sowohl handels- als auch steuerrechtlich nur als immaterielle Wirtschaftsgüter aktiviert werden, wenn sie entgeltlich erworben worden sind. Dabei muß sich das Entgelt auf den Vorgang des Erwerbs als solchen beziehen und nach den Vorstellungen beider Vertragsteile die Gegenleistung für die erlangten Vorteile darstellen. Das immaterielle Wirtschaftsgut muß Gegenstand eines gegenseitigen Vertrages sein, bei dem Leistung und Gegenleistung nach kaufmännischen Gesichtspunkten gegeneinander abgewogen werden und bei dem die Leistung der einen Vertragspartei in der Übertragung des Wirtschaftsgutes besteht. Es genügt nicht, daß gelegentlich des Erwerbs des immateriellen Wirtschaftsguts irgendwelche Aufwendungen entstanden sind.

Bierlieferungsverträge – verlorene Zuschüsse

Steuerliche Behandlung verlorener Zuschüsse in Verbindung mit Bierlieferungsrechten

BMF vom 11.7.1995 – IV B 2 – S 2134 a – 2/95

Zur Frage nach der steuerlichen Behandlung verlorener Zuschüsse in Verbindung mit Bierlieferungsverträgen nehme ich im Einvernehmen mit den obersten Finanzbehörden der Länder nachfolgend Stellung.

Gewährt der Bierlieferant in Verbindung mit dem Bierlieferungsvertrag einen verlorenen Zuschuß, so erwirbt er damit entgeltlich ein immaterielles Wirtschaftsgut, nämlich ein Bierlieferungsrecht. Das Bierlieferungsrecht ist beim Lieferanten und Zuschußgeber mit den Anschaffungskosten zu aktivieren (§ 5 Abs. 2 EStG) und über die Laufzeit des Vertrags abzuschreiben (§ 7 Abs. 1 EStG). Die Anschaffungskosten des Bierlieferungsrechts bemessen sich nach der Höhe des hingegebenen Zuschusses (§ 6 Abs. 1 Nr. 1 EStG). Der Zuschuß stellt nach alledem keine vorweggenommene Rückvergütung dar. Er kann nicht sofort als Betriebsausgabe abgezogen werden.

Beim Empfänger stellt der Zuschuß eine Betriebseinnahme dar, die den einkommensteuerlichen Gewinn erhöht. Der Zuschuß bezieht sich auf die Laufzeit des Bierlieferungsvertrags. Soweit er auf die Zeit nach dem Abschlußstichtag entfällt, sind die Einnahmen passiv abzugrenzen (§ 5 Abs. 5 Satz 1 Nr. 2 EStG).

Bilanzierungshilfe nach § 31 DMBilG

Handelsrechtlich ist es zulässig, nicht entgeltlich erworbene immaterielle Vermögensgegenstände des Anlagevermögens einschließlich eines originären → Geschäfts- oder Firmenwerts in der DM-Eröffnungsbilanz auf den 1.7.1990 zu aktivieren, um eine Gewinnrücklage bilden zu können (Bilanzierungshilfe nach § 31 Abs. 1 Nr. 1 Satz 1 und 2 DMBilG). In der steuer-

§ 5 EStG
H 31a

lichen DM-Eröffnungsbilanz darf die Bilanzierungshilfe insoweit als Aktivposten angesetzt werden, als sie auf selbständig bewertbare → immaterielle Wirtschaftsgüter (→ R 31 a Abs. 1) entfällt. Der originäre → Geschäfts- oder Firmenwert darf in der Steuerbilanz im Rahmen der Bilanzierungshilfe nicht berücksichtigt werden (→ § 50 Abs. 2 Satz 2 DMBilG).

Drittaufwand
Anhang 12 → BMF vom 5.11.1996 (BStBl I S. 1257).

Erbbaurecht als grundstücksgleiches Recht im Sinne des BGB, Vermögensgegenstand im Sinne des Handelsrechts und Wirtschaftsgut im Sinne des Steuerrechts; grundsätzlich beim Anlagevermögen auszuweisen → BFH vom 4.6.1991 (BStBl 1992 II S. 70).

Gartenanlage
Die zu einem Wohngebäude gehörende Gartenanlage ist ein selbständiges Wirtschaftsgut, das sowohl von dem Grund und Boden als auch von dem Gebäude zu trennen ist (→ BFH vom 30.1.1996 – BStBl II S. 25).

Geschäfts- und Firmenwert/Praxiswert
Anhang 10
- Firmenwert bei vorweggenommener Erbfolge → BMF vom 13.1.1993 (BStBl I S. 80).
- Geschäfts- **oder Firmen**wert bei Änderung der Unternehmensform (→ Umwandlung) → BMF vom **25.3.1998** (BStBl I S. **268**), Tz. **03.07, 03.08 und 11.19**.
- Geschäfts- oder Firmenwert, der bei Veräußerung eines Einzelunternehmens an eine GmbH unentgeltlich übergeht, kann Gegenstand einer verdeckten Einlage sein (→ BFH vom 24.3.1987 – BStBl II S. 705).
- Unterscheidung zwischen Geschäftswert und Praxiswert → BFH vom 13.3.1991 (BStBl II S. 595).
- Unterscheidung zwischen (selbständigen) immateriellen Einzelwirtschaftsgütern und (unselbständigen) geschäftswertbildenden Faktoren → BFH vom 7.11.1985 (BStBl 1986 II S. 176) und vom 30.3.1994 (BStBl II S. 903).
- → Bilanzierungshilfe nach § 31 DMBilG
- Bei der Aufteilung eines Unternehmens in Teilbetriebe geht der Geschäftswert nicht notwendigerweise unter (→ BFH vom 27.3.1996 – BStBl II S. 576)
- → H 32

Gewinnermittlung nach § 4 Abs. 1 oder Abs. 3 EStG
R 31a gilt bei der Gewinnermittlung nach § 4 Abs. 1 und 3 EStG sinngemäß (→ § 141 Abs. 1 Satz 2 AO, BFH vom 8.11.1979 – BStBl 1980 II S. 146).

Güterfernverkehrskonzessionen
- Keine AfA von entgeltlich erworbenen Güterfernverkehrskonzessionen (→ BFH vom 4.12.1991 – BStBl 1992 II S. 383 und vom 22.1.1992 – BStBl II S. 529).
- Zur Abschreibung auf den niedrigeren Teilwert → BMF vom 12.3.1996 – BStBl I S. 372.

→ zu H 35a (Güterfernverkehrsgenehmigungen – Teilwertabschreibung) abgedruckt.

→ Immaterielle Wirtschaftsgüter des Anlagevermögens
Unentgeltliche Übertragung zwischen Schwestergesellschaften führt zur verdeckten Gewinnausschüttung an die Muttergesellschaft und anschließende verdeckte Einlage in die begünstigte Schwestergesellschaft (→ BFH vom 20.8.1986 – BStBl 1987 II S. 455).

Immaterielle Wirtschaftsgüter sind u.a.
- Belieferungsrechte, Optionsrechte, Konzessionen (→ BFH vom 10.8.1989 – BStBl 1990 II S. 15),
- **Bodenschätze** → H 13 (1),
- **Computerprogramme** (→ BFH vom 3.7.1987 – BStBl II S. 728, S. 787 und vom 28.7.1994 – BStBl II S. 873) siehe aber → Keine immateriellen Wirtschaftsgüter,
- in echter Auftragsproduktion hergestellte Filme sind immaterielle Wirtschaftsgüter des Umlaufvermögens (→ BFH vom 20.9.1995 – BStBl 1997 II S. 320),

§ 5 EStG
H 31a

- **Lizenzen,** ungeschützte Erfindungen, Gebrauchsmuster, Fabrikationsverfahren, Knowhow, Tonträger in der Schallplattenindustrie (→ BFH vom 28.5.1979 – BStBl II S. 734),
- → **Nutzungsrechte** an einem Gebäude (→ R 42 Abs. 5),
- **Patente,** Markenrechte, Urheberrechte, Verlagsrechte (→ BFH vom 24.11.1982 – BStBl 1983 II S. 113),
- **Spielerlaubnis nach Maßgabe des Lizenzspielerstatuts des Deutschen Fußballbundes** (→ BFH vom 26.8.1992 – BStBl II S. 977).

Die einzelnen Wirtschaftsgüter sind **abnutzbar,** wenn ihre Nutzung zeitlich begrenzt ist. Ansonsten handelt es sich um nicht abnutzbare, immerwährende Rechte (→ BFH vom 28.5.1998 – BStBl II S. 775).

Keine immateriellen Wirtschaftsgüter, sondern materielle (körperliche) und zugleich abnutzbare bewegliche Wirtschaftsgüter sind, wenn sie nicht unter anderen rechtlichen Gesichtspunkten, z. B. als Kundenkartei oder Verlagsarchiv, als immaterielle Wirtschaftsgüter anzusehen sind, **Computerprogramme** (→ Immaterielle Wirtschaftsgüter), die keine Befehlsstruktur enthalten, sondern nur Bestände von Daten, die allgemein bekannt und jedermann zugänglich sind, z. B. mit Zahlen und Buchstaben (→ BFH vom 5.2.1988 – BStBl II S. 737 und vom 2.9.1988 – BStBl 1989 II S. 160).

Kein entgeltlicher Erwerb liegt u. a. vor bei
- Aufwendungen, die nicht Entgelt für den Erwerb eines Wirtschaftsguts von einem Dritten, sondern nur Arbeitsaufwand oder sonstiger Aufwand, z. B. Honorar für Dienstleistungen, für einen im Betrieb selbst geschaffenen Wert oder Vorteil sind (→ BFH vom 26.2.1975 – BStBl II S. 443).
- **Aufwendungen, die lediglich einen Beitrag zu den Kosten einer vom Steuerpflichtigen mitbenutzten Einrichtung bilden,** z. B. Beiträge zum Ausbau einer öffentlichen Straße oder zum Bau einer städtischen Kläranlage; diese Aufwendungen gehören zu den nicht aktivierbaren Aufwendungen für einen selbstgeschaffenen Nutzungsvorteil (→ BFH vom 26.2.1980 – BStBl II S. 687 und vom 25.8.1982 – BStBl 1983 II S. 38),
- **selbstgeschaffenen** → **immateriellen Wirtschaftsgütern,** z. B. Patente (→ BFH vom 8.11.1979 – BStBl 1980 II S. 146).

Kundenstamm ist beim Erwerb eines Unternehmens in der Regel kein selbständig bewertbares → immaterielles Wirtschaftsgut, sondern ein geschäftswertbildender Faktor (→ BFH vom 16.9.1970 – BStBl 1971 II S. 175 und vom 25.11.1981 – BStBl 1982 II S. 189).

Nutzungsrechte, die durch Baumaßnahmen des Nutzungsberechtigten entstanden sind   Anhang 12
- → R 42 Abs. 5
- → H 13 (7) Eigenaufwand für ein fremdes Wirtschaftsgut
- → H 41b (Nutzungsrecht)

- Drittaufwand → BMF vom 5.11.1996 (BStBl I S. 1257)   Anhang 12

Leitungsanlagen
Leitungsanlagen als selbständige Wirtschaftsgüter innerhalb der Versorgungsanlage; steuerliche Behandlung der Aufwendungen für die Erweiterung, Verstärkung und aktivierungspflichtige Erneuerung eines Leitungsnetzes → BMF vom 30.5.1997 (BStBl I S. 567)

Pensionszusagen
Ansprüche aus Pensionszusagen nach dem BetrAVG können nicht aktiviert werden (→ BFH vom 14.12.1988 – BStBl 1989 II S. 323).

Schwebende Arbeitsverträge mit im Unternehmen tätigen Arbeitnehmern sind keine → immateriellen Wirtschaftsgüter, sondern nicht selbständig bewertbare geschäftswertbildende Faktoren (→ BFH vom 7.11.1985 – BStBl 1986 II S. 176).

Umbauten oder Einbauten des Mieters sind als Herstellungskosten eines materiellen Wirtschaftsguts zu aktivieren, wenn sie unmittelbar besonderen Zwecken dienen und in diesem Sinne in einem von der eigentlichen Gebäudenutzung verschiedenen Funktionszusammenhang stehen (→ BFH vom 26.2.1975 – BStBl II S. 443 und BMF vom 15.1.1976 – BStBl I S. 66).

§ 5 EStG
R 31b H 31a, b

Umwandlung
Zum Ansatz immaterieller Wirtschaftsgüter einschließlich Geschäfts- oder Firmenwert bei Änderung der Unternehmensform (Umwandlung) → BMF vom 25.3.1998 (BStBl I S. 268), Tz. 03.07, 03.08 und 11.19.

„Vertreterrecht"
Löst ein Handelsvertreter durch Vereinbarung mit dem Geschäftsherrn den Ausgleichsanspruch (§ 89b HGB) seines Vorgängers in einer bestimmten Höhe ab, erwirbt er damit entgeltlich ein immaterielles Wirtschaftsgut „Vertreterrecht" (→ BFH vom 18.1.1989 – BStBl II S. 549).

Warenzeichen (Marke)
Ein entgeltlich erworbenes Warenzeichen (Marke) ist dem Grunde nach ein abnutzbares Wirtschaftsgut (→ BMF vom 27.2.1998 – BStBl I S. 252).

R 31b   **31b. Rechnungsabgrenzungen**

Transitorische Posten

S 2134b   (1) ¹Nach § 5 Abs. 5 Satz 1 EStG ist die Rechnungsabgrenzung auf die sog. transitorischen Posten beschränkt. ²Es kommen danach für die Rechnungsabgrenzung in der Regel nur Ausgaben und Einnahmen in Betracht, die vor dem Abschlußstichtag angefallen, aber erst der Zeit nach dem Abschlußstichtag zuzurechnen sind.

Bestimmte Zeit nach dem Abschlußstichtag

(2) Die Bildung eines Rechnungsabgrenzungspostens ist nur zulässig, soweit die vor dem Abschlußstichtag angefallenen Ausgaben oder Einnahmen Aufwand oder Ertrag für eine → bestimmte Zeit nach dem Abschlußstichtag darstellen.

(3) ¹**Antizipative Posten** (Ausgaben oder Einnahmen nach dem Bilanzstichtag, die Aufwand oder Ertrag für einen Zeitraum vor diesem Tag darstellen), dürfen in die Rechnungsabgrenzungsposten nur in den Fällen des § 5 Abs. 5 Satz 2 EStG ausgewiesen werden. ²Soweit sich aus den ihnen zugrundeliegenden Geschäftsvorfällen bereits Forderungen oder Verbindlichkeiten ergeben haben, sind sie als solche zu bilanzieren.

H 31b   **Hinweise**

Abschlußgebühren
Abschlußgebühren können eine (Gegen-)leistung darstellen, die dem jeweiligen Bausparvertrag als Entgelt für den eigentlichen Vertragsabschluß zuzuordnen sind, sie wirken sich unmittelbar mit ihrer Vereinnahmung erfolgswirksam aus und sind bilanziell nicht passiv abzugrenzen (BFH vom 11.2.1998 – BStBl II S. 381)

Ausbeuteverträge
Vorausgezahlte Ausbeuteentgelte für Bodenschätze, mit deren Abbau vor dem Bilanzstichtag bereits begonnen wurde, sind in einen Rechnungsabgrenzungsposten einzustellen, der über die jährlich genau festzustellende Fördermenge aufzulösen ist; ist mit dem Abbau vor dem Bilanzstichtag noch nicht begonnen worden, ist das vorausgezahlte Entgelt als Anzahlung zu behandeln (→ BFH vom 25.10.1994 – BStBl 1995 II S. 312).

**Bestimmte Zeit nach dem Abschlußstichtag
liegt vor**
– wenn die abzugrenzenden Ausgaben und Einnahmen für einen bestimmten nach dem Kalenderjahr bemessenen Zeitraum bezahlt oder vereinnahmt werden, z. B. monatliche, vierteljährliche, halbjährliche **Mietvorauszahlungen** oder Zahlung der Miete im voraus für einen Messestand für eine zeitlich feststehende Messe (→ BFH vom 9.12.1993 – BStBl 1995 II S. 202);

- bei **Übernahme von Erschließungskosten und Kanalanschlußgebühren** durch den **Erbbauberechtigten** (→ BFH vom 17.4.1985 – BStBl II S. 617).
- bei → **Ausbeuteverträgen**;
- bei zeitlich nicht begrenzten Dauerleistungen, wenn sich rechnerisch ein **Mindestzeitraum** bestimmen läßt (→ BFH vom 9.12.1993 – BStBl 1995 II S. 202, BMF vom 15.3.1995 – BStBl I S. 183).

liegt nicht vor

- wenn sich der Zeitraum nur durch **Schätzung** ermitteln läßt (→ BFH vom 3.11.1982 – BStBl 1983 II S. 132),
- bei planmäßiger oder betriebsgewöhnlicher **Nutzungsdauer** eines abnutzbaren Sachanlageguts (→ BFH vom 22.1.1992 – BStBl II S. 488).

Bildung von Rechnungsabgrenzungsposten (§ 5 Abs. 5 Satz 1 EStG); Voraussetzungen der „bestimmten Zeit"

BMF vom 15.3.1995 (BStBl I S. 183)

Nach dem Urteil des BFH vom 9.12.1993 (BStBl II 1995 S. 202) sind Einnahmen vor dem Abschlußstichtag für eine zeitlich nicht befristete Dauerleistung bereits dann passiv abzugrenzen (§ 5 Abs. 5 Satz 1 Nr. 2 EStG), wenn sie rechnerisch Ertrag für einen bestimmten Mindestzeitraum nach diesem Tag darstellen. Nach dem Ergebnis der Erörterung mit den obersten Finanzbehörden der Länder sind die Grundsätze dieser Entscheidung in allen noch offenen Fällen anzuwenden, in denen es bei zeitlich nicht befristeten Dauerleistungen für die Bildung eines aktiven oder passiven Rechnungsabgrenzungspostens auf die Voraussetzungen der bestimmten Zeit ankommt. Das entgegenstehende BMF-Schreiben vom 12.10.1982 (BStBl I S. 810) ist nicht mehr zu befolgen. Es ist aber nicht zu beanstanden, wenn bei Verträgen, die vor dem 1.5.1995 abgeschlossen werden, an der bisherigen steuerrechtlichen Behandlung der Nutzungsentgelte festgehalten wird; dies gilt auch für Fälle, in denen die Nutzungsentgelte als Entschädigung i. S. des § 24 Nr. 1 EStG behandelt werden.

Ertragszuschüsse

Für Ertragszuschüsse ist ggf. ein passiver Rechnungsabgrenzungsposten zu bilden (→ BFH vom 5.4.1984 – BStBl II S. 552 sowie BMF vom 2.9.1985 – BStBl I S. 568).

Rechnungsabgrenzungsposten für öffentliche Zuschüsse; hier: BFH-Urteil vom 5.4.1984 – BStBl II S. 552 –

BMF vom 2.9.1985 (BStBl I S. 568)

Unter Bezugnahme auf das Ergebnis der Besprechung mit den obersten Finanzbehörden der Länder wird zu der Frage, welche Bedeutung das BFH-Urteil vom 5.4.1984 (BStBl II S. 552) und die Stellungnahme HFA 1/1984 des Hauptfachausschusses des Instituts der Wirtschaftsprüfer (Wpg 1984 S. 612) auf die ertragsteuerrechtliche Behandlung von Investitionszuschüssen (Abschn. 34 EStR) haben, wie folgt Stellung genommen.

Mit Urteil vom 5. April 1984 (BStBl II S. 552) hat der Bundesfinanzhof zur Rechnungsabgrenzung bei Ertragszuschüssen Stellung genommen. Für die ertragsteuerrechtliche Behandlung von Investitionszuschüssen hat das Urteil des Bundesfinanzhofs keine Bedeutung. Für die Beurteilung von Investitionszuschüssen gilt weiterhin die Regelung in Abschnitt 34 EStR. Danach hat der Steuerpflichtige ein Wahlrecht, wonach er entweder die Zuschüsse als Betriebseinnahmen und die Anschaffungs- oder Herstellungskosten in voller Höhe ansetzt, oder die Anlagegüter, für die die Zuschüsse gewährt worden sind, nur mit den Anschaffungs- oder Herstellungskosten bewertet, die er selbst, also ohne Berücksichtigung der Zuschüsse, aufgewendet hat. Wird im Falle der Aktivierung des bezuschußten Wirtschaftsguts mit den ungekürzten Anschaffungs- oder Herstellungskosten entsprechend der Stellungnahme HFA 1/1984 des Instituts der Wirtschaftsprüfer (Wpg 1984 S. 612) ein Sonderposten als Wertberichtigung zu den Anschaffungskosten gebildet, so hat die Auflösung dieses Postens entsprechend der tatsächlichen Abschreibung des bezuschußten Wirtschaftsguts zu erfolgen. Dabei sind auch erhöhte Absetzungen und Sonderabschreibungen zu berücksichtigen.

Flächenstillegungsprämie
Rechnungsabgrenzungsposten → H 128 (Flächenstillegungsprämie)

Finanzierungskosten
→ H 37 (Damnum, Konditionen, Umschuldung, Vermittlungsprovision, Zinsfestschreibung)

Forfaitierung von Forderungen aus Leasing-Verträgen
→ BMF vom 9.1.1996 (BStBl I S. 9) und → BFH vom 24.7.1996 (BStBl 1997 II S. 122)

Garantiegebühr
Wegen vereinnahmter Garantiegebühr gebildeter passiver Rechnungsabgrenzungsposten ist während der Garantiezeit insoweit aufzulösen, als die Vergütung auf den bereits abgelaufenen Garantiezeitraum entfällt (→ BFH vom 23.3.1995 – BStBl II S. 772).

Gewinnermittlung nach § 4 Abs. 1 EStG
R 31b gilt bei der Gewinnermittlung nach § 4 Abs. 1 EStG sinngemäß (→ § 141 Abs. 1 Satz 2 AO, BFH vom 20.11.1980 – BStBl 1981 II S. 398).

Honorare
Für vorausgezahlte Honorare ist ein passiver Rechnungsabgrenzungsposten zu bilden. Der Gewinn aus Verträgen über mehrmonatigen Unterricht zur Vorbereitung auf ein Berufsexamen wird zeitanteilig und nicht erst mit Abschluß der Schulung realisiert (→ BFH vom 10.9.1998 – BStBl II 1999 S. 21).

Immobilien-Leasingvertrag mit degressiven Leasingraten beim Leasingnehmer
Bilanzsteuerrechtliche Beurteilung → BFH vom 12.8.1982 (BStBl II S. 696).

Investitionszuschüsse
– Soweit Zuschüsse zu Anschaffungs- oder Herstellungskosten eines Wirtschaftsgutes geleistet werden, sind sie nicht passiv abzugrenzen (→ BFH vom 22.1.1992 – BStBl II S. 488).
– → R 34

Maklerprovision
Für Maklerprovisionen im Zusammenhang mit dem Abschluß eines Mietvertrages kann kein aktiver Rechnungsabgrenzungsposten gebildet werden (→ BFH vom 19.6.1997 – BStBl II S. 808).

Öffentlich-rechtliche Verpflichtungen
Die Bildung passiver Rechnungsabgrenzungsposten ist nicht auf Fälle beschränkt, in denen Vorleistungen im Rahmen eines gegenseitigen Vertrags erbracht werden (→ BFH vom 26.6.1979 – BStBl II S. 625). Sie kann auch in Fällen geboten sein, in denen die gegenseitigen Verpflichtungen ihre Grundlage im öffentlichen Recht (→ BFH vom 17.9.1987 – BStBl 1988 II S. 327) haben.

Urlaubsgeld bei abweichendem Wirtschaftsjahr
Es hängt von den Vereinbarungen der Vertragspartner ab, ob Urlaubsgeld, das bei einem abweichenden Wirtschaftsjahr vor dem Bilanzstichtag für das gesamte Urlaubjahr bezahlt wird, anteilig aktiv abzugrenzen ist (→ BFH vom 6.4.1993 – BStBl II S. 709).

Wirtschaftserschwernisse in der Landwirtschaft
→ H 131

§ 5 EStG
H 31b, 31c (1)   R 31c (1)

Zeitbezogene Gegenleistung

Der Vorleistung des einen Vertragsteils muß eine zeitbezogene Gegenleistung des Vertragspartners gegenüberstehen (→ BFH vom 11.7.1973 – BStBl II S. 840 und vom 4.3.1976 – BStBl 1977 II S. 380) und der Zeitraum, auf den sich die Vorleistung des einen Vertragsteils bezieht, muß bestimmt sein (→ BFH vom 7.3.1973 – BStBl II S. 565).

31c. Rückstellungen

R 31c

Allgemeines

R 31c (1)

(1) Nach den handelsrechtlichen Grundsätzen ordnungsmäßiger Buchführung sind Rückstellungen zu bilden für

1. ungewisse Verbindlichkeiten und für drohende Verluste aus schwebenden Geschäften (§ 249 Abs. 1 Satz 1 HGB),
2. im Geschäftsjahr unterlassene Aufwendungen für Instandhaltung, die im folgenden Geschäftsjahr innerhalb von drei Monaten, oder für Abraumbeseitigung, die im folgenden Geschäftsjahr nachgeholt werden (§ 249 Abs. 1 Satz 2 Nr. 1 HGB), und
3. Gewährleistungen, die ohne rechtliche Verpflichtung erbracht werden (§ 249 Abs. 1 Satz 2 Nr. 2 HGB),

soweit steuerliche Sondervorschriften, z. B. § 5 Abs. 3, 4, **4a** und 6, § 6a EStG und § 50 Abs. 2 Satz 4 und 5 DMBilG, dem nicht entgegenstehen und eine betriebliche Veranlassung besteht.

S 2137

Anhang 7

Hinweise

H 31c (1)

Anschaffungs- und Herstellungskosten

Für künftige Anschaffungs- und Herstellungskosten kann keine Rückstellung gebildet werden (→ BFH vom 23.3.1995 – BStBl II S. 772).

→ siehe auch BFH vom 19.8.1998 (BStBl 1999 II S. 18).

Bewertung von Rückstellungen

→ R 38.

Handelsrechtliches Passivierungswahlrecht

Besteht handelsrechtlich ein Wahlrecht zur Bildung einer Rückstellung (§ 249 Abs. 1 Satz 3 und Abs. 2 HGB), darf die Rückstellung steuerrechtlich nicht gebildet werden (→ BFH vom 25.8.1989 – BStBl II S. 893).

Gewinnermittlung nach § 4 Abs. 1 EStG

Die Grundsätze über Rückstellungen gelten sinngemäß bei Gewinnermittlung nach § 4 Abs. 1 EStG (→ 141 Abs. 1 Satz 2 AO und BFH vom 20.11.1980 – BStBl 1981 II S. 398).

Lohnfortzahlungen im Krankheitsfall

Eine Rückstellung ist weder wegen Erfüllungsüberschusses noch wegen Verpflichtungsüberschusses zulässig (→ FG Köln vom 23.9.1996 – EFG 1997 S. 10).

Rückabwicklung

Ist am Bilanzstichtag mit der Ausübung des Rücktrittsrechts von einem Kaufvertrag zu rechnen, darf für die Verpflichtung zur Rückzahlung des Kaufpreises keine Rückstellung gebildet werden (→ BMF vom 2.6.1997 – BStBl I S. 611).

§ 5 EStG
R 31c (2, 3)   H 31c (1, 3)

Rückzahlungsverpflichtung
Ist die Verpflichtung abhängig vom Umfang künftiger Erlöse, ist eine Rückstellung hierfür nicht zulässig (→ BMF vom 27.4.1998 – BStBl I S. 368).
→ H 37 (Haftungslose Darlehen)

R 31c (2)   Ungewisse Verbindlichkeiten

Grundsätze

(2) Eine Rückstellung für ungewisse Verbindlichkeiten darf nur gebildet werden, wenn
1. es sich um eine Verbindlichkeit gegenüber einem Dritten oder eine öffentlich-rechtliche Verpflichtung handelt,
2. die Verpflichtung vor dem Bilanzstichtag verursacht ist und
3. mit einer Inanspruchnahme aus einer nach ihrer Entstehung oder Höhe ungewissen Verbindlichkeit ernsthaft zu rechnen ist.

R 31c (3)   Rechtliches Entstehen

(3) ¹Die Bildung einer Rückstellung für ungewisse Verbindlichkeiten setzt – als Abgrenzung zur → Aufwandsrückstellung – eine Verpflichtung gegenüber einem anderen voraus. ²Auch öffentlich-rechtliche Verpflichtungen können Grundlage für eine Rückstellung sein; zur Abgrenzung von nicht zulässigen reinen Aufwandsrückstellungen ist jedoch Voraussetzung, daß die Verpflichtung hinreichend konkretisiert ist, d.h., es muß regelmäßig ein inhaltlich bestimmtes Handeln durch Gesetz oder Verwaltungsakt innerhalb eines bestimmten Zeitraums vorgeschrieben und an die Verletzung der Verpflichtung müssen Sanktionen geknüpft sein.

H 31c (3)   **Hinweise**

> **Abfallentsorgung**
> Die gesetzliche Verpflichtung zur Abfallentsorgung rechtfertigt ohne weitere Konkretisierung nicht die Bildung einer Rückstellung wegen des künftigen Aufwandes zur Entsorgung bereits angefallener Abfälle (→ FG Münster vom 10.11.1995 – EFG 1996 S. 424 – Rev. – BFH I R 6/96).
>
> **Abrechnungsverpflichtung**
> Für die sich aus § 14 VOB/B ergebende Verpflichtung zur Abrechnung gegenüber dem Besteller ist eine Rückstellung zu bilden (→ BFH vom 25.2.1986 – BStBl II S. 788); entsprechendes gilt für die Abrechnungsverpflichtung nach den allgemeinen Bedingungen für die Gasversorgung/Elektrizitätsversorgung (→ BFH vom 18.1.1995 – BStBl II S. 742).
>
> **Aufwandsrückstellungen**
> können in der Steuerbilanz nicht gebildet werden (→ BFH vom 8.10.1987 – BStBl 1988 II S. 57 und vom 12.12.1991 – BStBl 1992 II S. 600); Ausnahmen → R 31c Abs. 11.
>
> **Druckbeihilfen**
> Beihilfen, die einem Verlag von Autoren für die Veröffentlichung mit der Maßgabe gewährt werden, daß sie bei Erreichen eines bestimmten Buchabsatzes zurückzugewähren sind, erhöhen den Gewinn des Verlags im Zeitpunkt der Veröffentlichung. Für die Rückzahlungsverpflichtung ist eine Rückstellung wegen ungewisser Verbindlichkeiten zu bilden. Gleiches gilt für Druckbeihilfen eines Dritten (→ BFH vom 3.7.1997 – BStBl 1998 II S. 244; BMF vom 27.4.1989 – BStBl I S. 368).
>
> **Kontokorrentverhältnis bei fehlender Kreditinanspruchnahme**
> Es ist keine Rückstellung zulässig, da kein Erfüllungsrückstand bestanden hat (→ FG Niedersachsen vom 4.3.1997 – EFG 1997 S. 1100 – Rev. – BFH I R 62/97).

Pfandrückstellungen

Für die Verpflichtung zur Rückgabe von Pfandgeld sind Rückstellungen zu bilden; deren Höhe richtet sich nach den Umständen des Einzelfalls (→ BMF vom 11.7.1995 – BStBl I S. 363).

Öffentliche Leitsätze

Allgemeine öffentliche Leitsätze, z. B. die Verpflichtung der Wohnungsbauunternehmen, im Interesse der Volkswirtschaft die errichteten Wohnungen zu erhalten, rechtfertigen keine Rückstellung (→ BFH vom 26.5.1976 – BStBl II S. 622).

Rückstellung für hinterzogene Steuern

Eine Rückstellung für hinterzogene Steuern ist erstmals in dem Jahr zu bilden, in dem eine hinreichende Konkretisierung der Nachzahlungsverpflichtung – z. B. durch eine Außenprüfung oder eine Steuerfahndungsprüfung – eingetreten ist (→ FG Düsseldorf vom 18.4.1995 – EFG 1995 S. 962 – Rev. – BFH I R 73/95).

Rückstellungen für öffentlich-rechtliche Verpflichtungen sind u. a. zulässig für:

- Verpflichtung zur **Aufstellung der Jahresabschlüsse** (→ BFH vom 20.3.1980 – BStBl II S. 297).
- Verpflichtung zur **Buchung laufender Geschäftsvorfälle** des Vorjahres (→ BFH vom 25.3.1992 – BStBl II S. 1010).
- Gesetzliche Verpflichtung zur **Prüfung der Jahresabschlüsse,** zur **Veröffentlichung des Jahresabschlusses** im Bundesanzeiger, **zur Erstellung des Geschäftsberichts** und zur **Erstellung** der die Betriebssteuern des abgelaufenen Jahres betreffenden **Steuererklärungen** (→ BFH vom 23.7.1980 – BStBl 1981 II S. 62, 63).
- Verpflichtung zur Erstellung der Erklärung zur Feststellung des **Einheitswerts des Betriebsvermögens,** wenn die Feststellung ausschließlich zur Ermittlung der Gewerbekapitalsteuer und nicht für Vermögensteuerzwecke erfolgt (→ BFH vom 24.11.1983 – BStBl 1984 II S. 301).

Rückstellungen für öffentlich-rechtliche Verpflichtungen sind u. a. nicht zulässig für:

- Verpflichtung zur Durchführung der Hauptversammlung (→ BFH vom 23.7.1980 – BStBl 1981 II S. 62).
- Künftige Betriebsprüfungskosten, solange es an einer Prüfungsanordnung fehlt (→ BFH vom 24.8.1972 – BStBl 1973 II S. 55).
- Künftige Beitragszahlungen an den Pensionssicherungsverein (→ BFH vom 6.12.1995 – BStBl 1996 II S. 406).
- die Verpflichtung zur Erstellung der Einkommensteuererklärung und der Erklärung zur gesonderten und einheitlichen Feststellung des Gewinns einer Personengesellschaft (→ BFH vom 24.11.1983 – BStBl 1984 II S. 301).

Wesentlichkeit

Ob für eine Verpflichtung, z. B. eine Abrechnungsverpflichtung, unter dem Gesichtspunkt der Wesentlichkeit eine Rückstellung zu bilden ist, ist nicht nach dem Aufwand für das einzelne Vertragsverhältnis zu beurteilen, sondern nach der Bedeutung der Verpflichtung für das Unternehmen (→ BFH vom 18.1.1995 – BStBl II S. 742).

Wirtschaftliche Verursachung

(4) ¹Rückstellungen für ungewisse Verbindlichkeiten sind erstmals im Jahresabschluß des Wirtschaftsjahrs zu bilden, in dem sie wirtschaftlich verursacht sind. ²Die Annahme einer wirtschaftlichen Verursachung setzt voraus, daß der Tatbestand, an den das Gesetz oder der Vertrag die Verpflichtung knüpft, im wesentlichen verwirklicht ist. ³Die Erfüllung der Verpflichtung darf nicht nur an Vergangenes anknüpfen, sondern muß auch Vergangenes abgelten.

Hinweise

Ausgleichsanspruch Handelsvertreter
Eine Rückstellung für die Verpflichtung zur Zahlung eines Ausgleichs an einen Handelsvertreter nach § 89b HGB ist vor Beendigung des Vertragsverhältnisses nicht zulässig, da wesentliche Voraussetzung für einen solchen Ausgleich ist, daß dem Unternehmer aus der früheren Tätigkeit des Vertreters mit hoher Wahrscheinlichkeit noch nach Beendigung des Vertragsverhältnisses erhebliche Vorteile erwachsen (→ BFH vom 20.1.1983 – BStBl II S. 375).

Garantierückstellungen
Garantierückstellungen, mit denen das Risiko künftigen Aufwands durch kostenlose Nacharbeiten oder durch Ersatzlieferungen oder aus Minderungen oder Schadenersatzleistungen wegen Nichterfüllung auf Grund gesetzlicher oder vertraglicher Gewährleistungen erfaßt werden soll, können bei Vorliegen der entsprechenden Voraussetzungen als Einzelrückstellungen für die bis zum Tag der Bilanzaufstellung bekanntgewordenen einzelnen Garantiefälle oder als Pauschalrückstellung gebildet werden. Für die Bildung von Pauschalrückstellungen ist Voraussetzung, daß der Kaufmann auf Grund der Erfahrungen in der Vergangenheit mit einer gewissen Wahrscheinlichkeit mit Garantieinanspruchnahmen rechnen muß oder daß sich aus der branchenmäßigen Erfahrung und der individuellen Gestaltung des Betriebs die Wahrscheinlichkeit ergibt, Garantieleistungen erbringen zu müssen (→ BFH vom 30.6.1983 – BStBl 1984 II S. 263).

Gewinnabhängige Verpflichtungen
Bei Verpflichtungen, die eng mit der künftigen Gewinnsituation des Unternehmens verknüpft sind, ist eine Rückstellung erst in den Jahren zulässig, in denen die Gewinne entstehen, aus denen die Verbindlichkeiten zu tilgen sind (→ BFH vom 30.3.1993 – BStBl II S. 502).

Jubiläumsrückstellung
Zu den Voraussetzungen für die Bildung einer Rückstellung für Jubiläumszuwendungen → BMF vom 29.10.1993 (BStBl I S. 898).

> Zur Frage, ob im Rahmen der Bewertung der Jubiläumsrückstellung in der Steuerbilanz auch der vom Arbeitgeber zu tragende hälftige **Beitrag zu den gesetzlichen Sozialabgaben** einzubeziehen ist, hat das BMF wie folgt Stellung genommen:
>
> Nach dem BMF-Schreiben vom 29.10.1993 (BStBl I S. 898) ist eine Jubiläumszuwendung jede Einmalzuwendung in Geld oder Geldeswert an den Arbeitnehmer anläßlich eines Dienstjubiläums, die dieser neben laufendem Arbeitslohn und anderen sonstigen Bezügen erhält. Danach könnte zweifelhaft sein, ob Aufwendungen, die der Arbeitgeber anläßlich eines Dienstjubiläums nicht an den Arbeitnehmer, sondern an einen Dritten zu leisten hat, Bestandteil der Zuwendungen an den Arbeitnehmer sind. Soweit der Arbeitgeber wegen einer Jubiläumszuwendung an den Arbeitnehmer verpflichtet ist, Arbeitgeber-Anteile der gesetzlichen Sozialabgaben an den jeweiligen Träger der sozialen Sicherungssysteme abzuführen (z. B. Beiträge zur gesetzlichen Rentenversicherung nach § 168 Abs. 1 i. V. mit § 173 SGB VI), ist auslösendes Moment der Beitragsverpflichtung die Zuwendung an den Arbeitnehmer. Künftige Leistungen der sozialen Sicherungssysteme an den Arbeitnehmer werden (auch) aufgrund dieser Arbeitgeber-Leistungen erbracht. Bei der hier zu beurteilenden Sachlage ist es gerechtfertigt, den vom Arbeitgeber zu leistenden hälftigen Beitrag zu den gesetzlichen Sozialversicherungssystemen als Teil der Jubiläumszuwendung anzusehen und im Rahmen der Bewertung der Rückstellung zu berücksichtigen (→ BMF vom 13.11.1997 – IV B 2 – S 2137 – 174/97).

Nachbetreuungsleistungen
Für künftige Nachbetreuungsleistungen an Hör- und Sehhilfen können keine Rückstellungen gebildet werden (→ BFH vom 10.12.1992 – BStBl 1994 II S. 158 und BMF vom 7.2.1994 – BStBl I S. 140).

Prozeßkosten
Bei am Bilanzstichtag noch nicht anhängigen Verfahren/Instanzen fehlt es grundsätzlich an der wirtschaftlichen Verursachung (→ BFH vom 6.12.1995 – BStBl 1996 II S. 406).

Künftige Prozeßkosten für ein am Bilanzstichtag noch nicht anhängiges Berufungsverfahren oder Revisionsverfahren können grundsätzlich nicht zurückgestellt werden. Prozeßzinsen, die für die Dauer eines am Bilanzstichtag noch nicht anhängigen Rechtsmittelverfahrens künftig entstehen können, können zu diesem Stichtag ebenfalls noch nicht zurückgestellt werden.

Urlaubsverpflichtungen
Rückständige Urlaubsverpflichtungen sind in Höhe des Urlaubsentgelts zu passivieren, das der Arbeitgeber hätte aufwenden müssen, wenn er seine Zahlungsverpflichtung bereits am Bilanzstichtag erfüllt hätte (→ BFH vom 6.12.1995 – BStBl 1996 II S. 406).

Zinszahlung
Eine Verpflichtung zur Zinszahlung ist am Bilanzstichtag nur insoweit wirtschaftlich verursacht, als damit eine Zeitspanne vor dem Bilanzstichtag abgegolten wird (→ BFH vom 6.12.1995 – BStBl 1996 II S. 406).

Wahrscheinlichkeit der Inanspruchnahme   R 31c (5)

(5) ¹Rückstellungen für ungewisse Verbindlichkeiten setzen in tatsächlicher Hinsicht voraus, daß die Verbindlichkeiten, die den Rückstellungen zugrunde liegen, bis zum Bilanzstichtag entstanden sind oder aus Sicht am Bilanzstichtag mit einiger Wahrscheinlichkeit entstehen werden und der Steuerpflichtige spätestens bei Bilanzaufstellung ernsthaft damit rechnen muß, hieraus in Anspruch genommen zu werden. ²Die Wahrscheinlichkeit der Inanspruchnahme ist auf Grund objektiver, am Bilanzstichtag vorliegender und spätestens bei Aufstellung der Bilanz erkennbarer Tatsachen aus der Sicht eines sorgfältigen und gewissenhaften Kaufmanns zu beurteilen; es müssen mehr Gründe für als gegen die Inanspruchnahme sprechen.

Hinweise   H 31c (5)

Einseitige Verbindlichkeiten
Bei einseitigen Verbindlichkeiten ist die Wahrscheinlichkeit der Inanspruchnahme erst gegeben, wenn der Gläubiger die sich aus ihnen ergebende (mögliche) Berechtigung kennt. Dies gilt auch für öffentlich-rechtliche Verbindlichkeiten (→ BFH vom 19.10.1993 – BStBl II S. 891).

Entdeckung
Die Wahrscheinlichkeit der Inanspruchnahme ist gegeben, wenn die anspruchsbegründenden Tatsachen bis zum Tag der Bilanzaufstellung entdeckt sind (→ BFH vom 2.10.1992 – BStBl 1993 II S. 153).

Hinterzogene Steuern
– Veranlagte Steuern → R 20 Abs. 3 Nr. 2
– Hinterzogene Lohnsteuer ist vom Arbeitgeber in dem Zeitpunkt zurückzustellen, in dem er mit seiner Haftungsinanspruchnahme ernsthaft rechnen muß (→ BFH vom 16.2.1996 – BStBl II S. 592)

Leistungen auf Grund eines Sozialplans   R 31c (6)

(6) ¹Rückstellungen für Leistungen auf Grund eines Sozialplans nach den §§ 111, 112 des Betriebsverfassungsgesetzes sind im allgemeinen ab dem Zeitpunkt zulässig, in dem der Unternehmer den Betriebsrat über die geplante Betriebsänderung nach § 111 Satz 1 des Betriebsverfassungsgesetzes unterrichtet hat. ²Die Voraussetzungen für die Bildung einer Rückstellung liegen am Bilanzstichtag auch vor, wenn der Betriebsrat erst nach dem Bilanz-

§ 5 EStG
R 31c (6–10)   H 31c (9, 10)

stichtag, aber vor der Aufstellung oder Feststellung der Bilanz unterrichtet wird und der Unternehmer sich bereits vor dem Bilanzstichtag zur Betriebsänderung entschlossen oder schon vor dem Bilanzstichtag eine wirtschaftliche Notwendigkeit bestanden hat, eine zur Aufstellung eines Sozialplans verpflichtende Maßnahme durchzuführen. ³Soweit vorzeitig betriebliche Pensionsleistungen bei alsbaldigem Ausscheiden infolge der Betriebsänderung erbracht werden, richtet sich die Rückstellungsbildung ausschließlich nach § 6a EStG. ⁴Die vorstehenden Grundsätze gelten sinngemäß für Leistungen, die auf Grund einer auf Tarifvertrag oder Betriebsvereinbarung beruhenden vergleichbaren Vereinbarung zu erbringen sind.

R 31c (7)   Patent-, Urheber- oder ähnliche Schutzrechte

(7) ¹Rückstellungen wegen Benutzung einer offengelegten, aber noch nicht patentgeschützten Erfindung sind nur unter den Voraussetzungen zulässig, die nach § 5 Abs. 3 EStG für Rückstellungen wegen Verletzung eines Patentrechts gelten. ²Das Auflösungsgebot in § 5 Abs. 3 EStG bezieht sich auf alle Rückstellungsbeträge, die wegen der Verletzung ein und desselben Schutzrechts passiviert worden sind. ³Hat der Steuerpflichtige nach der erstmaligen Bildung der Rückstellung das Schutzrecht weiterhin verletzt und deshalb die Rückstellung in den folgenden Wirtschaftsjahren erhöht, beginnt für die Zuführungsbeträge keine neue Frist. ⁴Nach Ablauf der Dreijahresfrist sind weitere Rückstellungen wegen Verletzung desselben Schutzrechts nicht zulässig, solange Ansprüche nicht geltend gemacht worden sind.

R 31c (8)   Schwebende Geschäfte

(8) *¹Verpflichtungen aus schwebenden Geschäften werden nicht passiviert, es sei denn, das Gleichgewicht von Leistung und Gegenleistung ist durch Erfüllungsrückstände gestört. ²Die wirtschaftliche Verursachung der Verpflichtung richtet sich nach → Absatz 4.*

R 31c (9)   Erfüllungsrückstand

(9) ¹Erfüllungsrückstände des Vermieters liegen z. B. vor, wenn sich die allgemeine Pflicht zur Erhaltung der vermieteten Sache in der Notwendigkeit einzelner Erhaltungsmaßnahmen konkretisiert hat und der Vermieter die Maßnahmen unterläßt. ²Wegen des auch hier zu beachtenden Tatbestandes der wirtschaftlichen Verursachung → Absatz 4.

H 31c (9)   **Hinweise**

Erfüllungsrückstand

Ein Erfüllungsrückstand liegt insbesondere vor, wenn der Schuldner einer Verpflichtung nicht nachgekommen ist, die er im abgelaufenen Wirtschaftsjahr hätte erfüllen müssen (→ BFH vom 3.12.1991 – BStBl 1993 II S. 89)

R 31c (10)   Drohverlust

– unbesetzt –

H 31c (10)   **Hinweise**

Aktivierbare Gegenleistung

Die Frage, ob die im Rahmen des schwebenden Geschäfts zu erbringenden Leistungen und Gegenleistungen als ausgeglichen anzusehen sind, hängt nicht davon ab, ob die Gegenleistung zu einem aktivierbaren Wirtschaftsgut führt (→ BFH vom 3.2.1993 – BStBl II S. 441).

Arbeits-/Tarifverträge

Eine tarifvertragliche Verdienstsicherung für ältere Arbeitnehmer rechtfertigt auch im Umsetzungsfall regelmäßig keine Rückstellung wegen drohender Verluste aus schwebenden Geschäften (→ BFH vom 16.12.1987 – BStBl 1988 II S. 338). Gleiches gilt für künftige Verpflichtungen zur Lohnfortzahlung im Fall der Arbeitsunfähigkeit wegen Krankheit (→ BFH vom 7.6.1988 – BStBl II S. 886).

Ausbildungsverhältnisse

Eine Rückstellung für Ausbildungsverhältnisse darf selbst dann nicht gebildet werden, wenn mehr Personen ausgebildet werden als für das Unternehmen notwendig (→ BFH vom 3.2.1993 – BStBl II S. 441).

Beschaffung von Wirtschaftsgütern

Eine Rückstellung für drohende Verluste aus Beschaffungsgeschäften ist zu bilden, wenn die Kaufpreisschuld für das noch nicht erhaltene Wirtschaftsgut höher ist als dessen Teilwert am Bilanzstichtag (→ BFH vom 3.7.1956 – BStBl III S. 248).

Drohverlustrückstellung – Übergangsregelung

Wegfall der steuerlichen Anerkennung von Rückstellungen für drohende Verluste aus schwebenden Geschäften; Übergangsregelung für bisher zulässigerweise gebildete Rückstellungen

BMF vom 23.12.1997 (BStBl I S. 1021)

Nach § 5 Abs. 4a in Verbindung mit § 52 Abs. 6a EStG in der Fassung des Gesetzes zur Fortsetzung der Unternehmensteuerreform vom 29. Oktober 1997 (BGBl. I S. 2590, BStBl I S. 928) dürfen Rückstellungen für drohende Verluste aus schwebenden Geschäften letztmals für das Wirtschaftsjahr gebildet werden, das vor dem 1. Januar 1997 endet.

In diesem Zusammenhang bestimmt § 52 Abs. 6a Satz 2 EStG, daß Rückstellungen für drohende Verluste aus schwebenden Geschäften, die am Schluß des letzten vor dem 1. Januar 1997 endenden Wirtschaftsjahrs zulässigerweise gebildet worden sind, in den Schlußbilanzen des ersten nach dem 31. Dezember 1996 endenden Wirtschaftsjahrs und der fünf folgenden Wirtschaftsjahre (Auflösungszeitraum) mit mindestens 25 v. H. im ersten und jeweils mindestens 15 v. H. im zweiten bis sechsten Wirtschaftsjahr gewinnerhöhend aufzulösen sind.

Nach dem Ergebnis einer Erörterung mit den obersten Finanzbehörden der Länder gilt zur Anwendung dieser Übergangsregelung folgendes:

In den Fällen, in denen während des Auflösungszeitraums bei einem am Schluß des letzten vor dem 1. Januar 1997 endenden Wirtschaftsjahrs schwebenden Geschäft sich der drohende Verlust vermindert oder sich der Verlust infolge der Abwicklung des schwebenden Geschäfts realisiert, ist der Rückstellungsbetrag insoweit in vollem Umfang gewinnerhöhend aufzulösen. Der sich nach der Übergangsregelung in der Steuerbilanz für den Schluß der jeweiligen Wirtschaftsjahrs während des Auflösungszeitraums für das einzelne schwebende Geschäft ergebende (Rest-) Rückstellungsbetrag darf nicht höher sein als die für dieses schwebende Geschäft in der Handelsbilanz zu demselben Stichtag zulässigerweise ausgewiesene Rückstellung (vgl. auch R 41 Abs. 20 Satz 2 EStR 1996).

Beispiel:

Am 31. Dezember 1996 (Bilanzstichtag) sind für die Geschäfte A und B jeweils 200 DM und für das Geschäft C 5.400 DM Rückstellungen für drohende Verluste aus schwebenden Geschäften (= 5.800 DM) ausgewiesen. Das Geschäft A wird in 1997 abgewickelt. Beim Geschäft B reduziert sich der drohende Verlust in 1998 um 100; es wird 2003 abgewickelt. Das Geschäft C wird ebenfalls 2003 abgewickelt, die Höhe des drohenden Verlustes erhöht sich in 1997 auf 5.420 DM.

– Die jährlichen Auflösungsbeträge nach § 52 Abs. 6a Satz 2 EStG betragen für A und B jeweils 25 v. H. bzw. 15 v. H. von 200 DM, das sind 50 DM bzw. 30 DM, und für C 25 v. H. bzw. 15 v. H. von 5.400 DM, das sind 1.350 DM bzw. 810 DM.

- Der nach der jeweiligen Berücksichtigung dieser Auflösungsbeträge notwendige Abgleich mit dem Ausweis in der Handelsbilanz hat für A die volle Auflösung der Rückstellung in 1997 zur Folge. Für B ergibt sich in 1998 ein weiterer Auflösungsbetrag von 20 (150–30 = 120; 120–20 [Differenz zum Ausweis in der Handelsbilanz] = 100). Der erhöhte Rückstellungsausweis für C in der Handelsbilanz ab 1997 ist für den Ausweis in der Steuerbilanz ohne Auswirkung.
- Die Auflösung der Rückstellungsbeträge stellt sich demnach wie folgt dar:

	A		B		C	
	HB	StB	HB	StB	HB	StB
31.12.1996	200	200	200	200	5.400	5.400
31.12.1997	0	0	200	150	5.420	4.050
31.12.1998	0	0	100	100	5.420	3.240
31.12.1999	0	0	100	70	5.420	2.430
31.12.2000	0	0	100	40	5.420	1.620
31.12.2001	0	0	100	10	5.420	810
31.12.2002	0	0	100	0	5.420	0

Ist für eine nach § 52 Abs. 6a EStG aufzulösende Rückstellung auf der Aktivseite der Steuerbilanz ein Sonderverlustkonto im Sinn von § 17 Abs. 4a DMBilG ausgewiesen, so ist dieses entsprechend der Auflösung der Rückstellung abzuschreiben.

Miet- und Pachtverträge
Rückstellungen für drohende Verluste aus Miet- und Pachtverträgen lassen sich grundsätzlich nicht damit begründen, daß der Kapitalmarktzins oder der Miet- und Pachtzins nachhaltig gesunken ist (→ BFH vom 25.2.1986 – BStBl II S. 465).

Verpflichtungsüberhang
Eine Drohverlustrückstellung ist zu bilden, wenn die eigene Verbindlichkeit aus dem schwebenden Geschäft den Wert der Gegenleistung aus dem Geschäft übersteigt (→ BFH vom 19.7.1983 – BStBl 1984 II S. 56).

Vertragsangebot
Die Rückstellung ist bereits für das Wirtschaftsjahr zu bilden, in dem ein bindendes Vertragsangebot abgegeben worden ist und sicher mit der Vertragsannahme gerechnet werden kann. Davon kann nicht schon deshalb ausgegangen werden, weil der Abschluß für den Anbieter ungünstig ist (→ BFH vom 16.11.1982 – BStBl 1983 II S. 361).

Voraussehbare Verluste
Der Bildung einer Rückstellung steht nicht entgegen, daß ein Verlust bei Abschluß des Vertrags voraussehbar war (→ BFH vom 19.7.1983 – BStBl 1984 II S. 56).

R 31c (11) Instandhaltung und Abraumbeseitigung

(11) [1]Die nach den Grundsätzen des § 249 Abs. 1 Satz 2 Nr. 1 HGB gebildete Rückstellung ist auch in der Steuerbilanz anzusetzen. [2]Das gleiche gilt für die Bildung von Rückstellungen für unterlassene Aufwendungen für Abraumbeseitigungen, die im folgenden Wirtschaftsjahr nachgeholt werden. [3]Bei unterlassener Instandhaltung muß es sich um Erhaltungsarbeiten handeln, die bis zum Bilanzstichtag bereits erforderlich gewesen wären, aber erst nach dem Bilanzstichtag durchgeführt werden. [4]Soweit nach § 249 Abs. 1 Satz 3 HGB Rückstellungen auch für unterlassene Instandhaltungsaufwendungen zugelassen werden, die nach Ablauf der 3-Monats-Frist bis zum Ende des Wirtschaftsjahrs nachgeholt werden dürfen (handelsrechtliches Passivierungswahlrecht), sind sie steuerrechtlich nicht zulässig. [5]Rückstellungen

für Abraumbeseitigungen auf Grund rechtlicher Verpflichtungen sind nach § 249 Abs. 1 Satz 1 HGB (ungewisse Verbindlichkeit) zu bilden.

Hinweise

Turnusmäßige Erhaltungsarbeiten

Bei Erhaltungsarbeiten, die erfahrungsgemäß in ungefähr gleichem Umfang und in gleichen Zeitabständen anfallen und turnusgemäß durchgeführt werden, liegt in der Regel keine unterlassene Instandhaltung vor (→ BFH vom 15.2.1955 – BStBl III S. 172).

Kulanzleistungen

(12) Rückstellungen nach § 249 Abs. 1 Satz 2 Nr. 2 HGB für Gewährleistungen, die ohne rechtliche Verpflichtungen erbracht werden, sind nur zulässig, wenn sich der Kaufmann den Gewährleistungen aus geschäftlichen Erwägungen nicht entziehen kann.

Anhang 7

Hinweise

Garantierückstellungen

→ H 31c (4)

Geschäftliche Erwägungen

Geschäftliche Erwägungen sind anzunehmen, wenn am Bilanzstichtag unter Berücksichtigung des pflichtgemäßen Ermessens des vorsichtigen Kaufmanns damit zu rechnen ist, daß Kulanzleistungen auch in Zukunft bewilligt werden müssen (→ BFH vom 6.4.1965 – BStBl III S. 383).

Auflösung von Rückstellungen

(13) Rückstellungen sind aufzulösen, soweit die Gründe hierfür entfallen (→ auch § 249 Abs. 3 Satz 2 HGB).

Anhang 7

Hinweise

Auflösung

Rückstellungen sind auch dann aufzulösen, wenn

- nach dem Bilanzstichtag, aber vor der Bilanzerstellung Umstände bekannt werden, aus denen sich ergibt, daß mit einer Inanspruchnahme nicht mehr zu rechnen ist (→ BFH vom 17.1.1973 – BStBl II S. 320);
- die Verbindlichkeit trotz weiterbestehender rechtlicher Verpflichtung keine wirtschaftliche Belastung mehr darstellt (→ BFH vom 22.11.1988 – BStBl 1989 II S. 359).

Erfolgsneutrale Auflösung

Eine Rückstellung ist erfolgsneutral aufzulösen, wenn der Wegfall der Voraussetzungen für ihre Bildung und Beibehaltung auf Umständen beruht, die als Einlage im Sinne des § 4 Abs. 1 Satz 3 EStG zu beurteilen sind (→ BFH vom 12.4.1989 – BStBl II S. 612).

Schadensersatz
Eine Rückstellung wegen einer gerichtsanhängigen Schadensersatzverpflichtung ist erst gewinnerhöhend aufzulösen, wenn über die Verpflichtung endgültig und rechtskräftig ablehnend entschieden ist (→ BFH vom 27.11.1997 – BStBl 1998 II S. 375).

Verhandlungen
Wird am Bilanzstichtag über den Wegfall einer Verpflichtung verhandelt, so rechtfertigt dies die Auflösung einer gebildeten Rückstellung grundsätzlich nicht (→ BFH vom 17.11.1987 – BStBl 1988 II S. 430).

EStG
[1)]

§ 5a
Gewinnermittlung bei Handelsschiffen im internationalen Verkehr

(1) [1]Anstelle der Ermittlung des Gewinns nach § 4 Abs. 1 oder § 5 ist bei einem Gewerbebetrieb mit Geschäftsleitung im Inland der Gewinn, soweit er auf den Betrieb von Handelsschiffen im internationalen Verkehr entfällt, auf unwiderruflichen Antrag des Steuerpflichtigen nach der in seinem Betrieb geführten Tonnage zu ermitteln, wenn die Bereederung dieser Handelsschiffe im Inland durchgeführt wird. [2]Der im Wirtschaftsjahr erzielte Gewinn beträgt pro Tag des Betriebs für jedes im internationalen Verkehr betriebene Handelsschiff für jeweils volle 100 Nettotonnen (Nettoraumzahl)

DM 1,80 bei einer Tonnage bis zu 1.000 Nettotonnen,

DM 1,35 für die 1.000 Nettotonnen übersteigende Tonnage bis zu 10.000 Nettotonnen,

DM 0,90 für die 10.000 Nettotonnen übersteigende Tonnage bis zu 25.000 Nettotonnen,

DM 0,45 für die 25.000 Nettotonnen übersteigende Tonnage.

(2) [1]Handelsschiffe werden im internationalen Verkehr betrieben, wenn eigene oder gecharterte Seeschiffe, die im Wirtschaftsjahr überwiegend in einem inländischen Seeschiffsregister eingetragen sind, in diesem Wirtschaftsjahr überwiegend zur Beförderung von Personen oder Gütern im Verkehr mit oder zwischen ausländischen Häfen, innerhalb eines ausländischen Hafens oder zwischen einem ausländischen Hafen und der Hohen See eingesetzt werden. [2]Zum Betrieb von Handelsschiffen im internationalen Verkehr gehören auch ihre Vercharterung, wenn sie vom Vercharterer ausgerüstet worden sind, und die unmittelbar mit ihrem Einsatz oder ihrer Vercharterung zusammenhängenden Neben- und Hilfsgeschäfte einschließlich der Veräußerung der Handelsschiffe und der unmittelbar ihrem Betrieb dienenden Wirtschaftsgüter. [3]Der Einsatz und die Vercharterung von gecharterten Handelsschiffen gilt nur dann als Betrieb von Handelsschiffen im internationalen Verkehr, wenn gleichzeitig eigene oder ausgerüstete Handelsschiffe im internationalen Verkehr betrieben werden. [4]Sind gecharterte Handelsschiffe nicht in einem inländischen Seeschiffsregister eingetragen, gilt Satz 3 unter der weiteren Voraussetzung, daß im Wirtschaftsjahr die Nettotonnage der gecharterten Handelsschiffe das Dreifache der nach den Sätzen 1 und 2 im internationalen Verkehr betriebenen Handelsschiffe nicht übersteigt; für die Berechnung der Nettotonnage sind jeweils die Nettotonnen pro Schiff mit der Anzahl der Betriebstage nach Absatz 1 zu vervielfältigen. [5]Dem Betrieb von Handelsschiffen im internationalen Verkehr ist gleichgestellt, wenn Seeschiffe, die im Wirtschaftsjahr überwiegend in einem inländischen Seeschiffsregister eingetragen sind, in diesem Wirtschaftsjahr überwiegend außerhalb der deutschen Hoheitsgewässer zum Schleppen, Bergen oder zur

---

1) § 5a Abs. 1 bis 3, 4a bis 6 ist erstmals für das Wirtschaftsjahr anzuwenden, das nach dem 31. Dezember 1998 endet. § 5a Abs. 4 ist erstmals für das letzte Wirtschaftsjahr anzuwenden, das vor dem 1. Januar 1999 endet. Für Gewerbebetriebe, in denen der Steuerpflichtige vor dem 1. Januar 1999 bereits Einkünfte aus dem Betrieb von Handelsschiffen im internationalen Verkehr erzielt hat, kann der Antrag nach § 5a Abs. 3 Satz 1 auf Anwendung der Gewinnermittlung nach § 5a Abs. 1 in dem Wirtschaftsjahr, das nach Inkrafttreten des Artikels 6 des Gesetzes vom 9. September 1998 (BGBl. I S. 2860) beginnt, oder in einem der beiden folgenden Wirtschaftsjahre gestellt werden (Erstjahr).
→ § 52 Abs. 6b in der Fassung des Seeschiffahrtsanpassungsgesetzes.

Aufsuchung von Bodenschätzen oder zur Vermessung von Energielagerstätten unter dem Meeresboden eingesetzt werden; die Sätze 2 bis 4 sind sinngemäß anzuwenden.

(3) ¹Der Antrag auf Anwendung der Gewinnermittlung nach Absatz 1 kann mit Wirkung ab dem jeweiligen Wirtschaftsjahr bis zum Ende des zweiten Wirtschaftsjahres gestellt werden, das auf das Wirtschaftsjahr folgt, in dem der Steuerpflichtige durch den Gewerbebetrieb erstmals Einkünfte aus dem Betrieb von Handelsschiffen im internationalen Verkehr erzielt (Erstjahr). ²Danach kann ein Antrag in dem Wirtschaftsjahr gestellt werden, das jeweils nach Ablauf eines Zeitraums von zehn Jahren, vom Beginn des Erstjahres gerechnet, endet. ³Der Steuerpflichtige ist an die Gewinnermittlung nach Absatz 1 vom Beginn des Wirtschaftsjahres an, in dem er den Antrag stellt, zehn Jahre gebunden. ⁴Nach Ablauf dieses Zeitraums kann er den Antrag mit Wirkung für den Beginn jedes folgenden Wirtschaftsjahres bis zum Ende dieses Jahres unwiderruflich zurücknehmen. ⁵An die Gewinnermittlung nach allgemeinen Vorschriften ist der Steuerpflichtige ab dem Beginn des Wirtschaftsjahres, in dem er den Antrag zurücknimmt, zehn Jahre gebunden.

(4) ¹Zum Schluß des Wirtschaftsjahres, das der erstmaligen Anwendung des Absatzes 1 vorangeht (Übergangsjahr), ist für jedes Wirtschaftsgut, das unmittelbar dem Betrieb von Handelsschiffen im internationalen Verkehr dient, der Unterschiedsbetrag zwischen Buchwert und Teilwert in ein besonderes Verzeichnis aufzunehmen. ²Der Unterschiedsbetrag ist gesondert und bei Gesellschaften im Sinne des § 15 Abs. 1 Satz 1 Nr. 2 einheitlich festzustellen. ³Der Unterschiedsbetrag nach Satz 1 ist dem Gewinn spätestens hinzuzurechnen:

a) in den dem letzten Jahr der Anwendung des Absatzes 1 folgenden fünf Wirtschaftsjahren jeweils in Höhe von mindestens einem Fünftel,

b) in dem Jahr, in dem das Wirtschaftsgut aus dem Betriebsvermögen ausscheidet oder in dem es nicht mehr unmittelbar dem Betrieb von Handelsschiffen im internationalen Verkehr dient; scheidet ein im internationalen Verkehr betriebenes Handelsschiff aus dem Betriebsvermögen aus oder dient es nicht mehr unmittelbar dem Betrieb von Handelsschiffen im internationalen Verkehr, tritt für die Anwendung des ersten Halbsatzes ein anderes im internationalen Verkehr betriebenes Handelsschiff an dessen Stelle, wenn es innerhalb der folgenden zwei Wirtschaftsjahre vom Steuerpflichtigen angeschafft oder hergestellt wird.

⁴Die Sätze 1 bis 3 sind entsprechend anzuwenden, wenn der Steuerpflichtige Wirtschaftsgüter des Betriebsvermögens dem Betrieb von Handelsschiffen im internationalen Verkehr zuführt.

(4a) ¹Bei Gesellschaften im Sinne des § 15 Abs. 1 Satz 1 Nr. 2 tritt für die Zwecke dieser Vorschrift an die Stelle des Steuerpflichtigen die Gesellschaft. ²Der nach Absatz 1 ermittelte Gewinn ist den Gesellschaftern entsprechend ihrem Anteil am Gesellschaftsvermögen zuzurechnen. ³Vergütungen im Sinne des § 15 Abs. 1 Satz 1 Nr. 2 und Satz 2 sind hinzuzurechnen.

(5) ¹Gewinne nach Absatz 1 umfassen auch Einkünfte nach § 16. ²§§ 32c, 34 und 34c Abs. 1 bis 3 sind nicht anzuwenden. ³Rücklagen nach §§ 6b und 7g sind beim Übergang zur Gewinnermittlung nach Absatz 1 dem Gewinn im Erstjahr hinzuzurechnen. ¹⁾

(6) In der Bilanz zum Schluß des Wirtschaftsjahres, in dem Absatz 1 letztmalig angewendet wird, ist für jedes Wirtschaftsgut, das unmittelbar dem Betrieb von Handelsschiffen im internationalen Verkehr dient, der Teilwert anzusetzen.

---

¹) Anm.: Durch das Steuerentlastungsgesetz 1999/2000/2002 wurde in Absatz 5 Satz 3 die Angabe „§§ 6b und 7g" durch die Angabe „§§ 6b, 6d und 7g" ersetzt.
Absatz 5 Satz 2 in der Fassung des Gesetzes vom 24.3.1999 (BGBl. I S. 402) ist erstmals in dem Wirtschaftsjahr anzuwenden, das nach dem 31.12.1998 endet (→ § 52 Abs. 15 in der Fassung des Steuerentlastungsgesetzes 1999/2000/2002).

§ 6
Bewertung

(1) Für die Bewertung der einzelnen Wirtschaftsgüter, die nach § 4 Abs. 1 oder nach § 5 als Betriebsvermögen anzusetzen sind, gilt das Folgende:

1. ¹Wirtschaftsgüter des Anlagevermögens, die der Abnutzung unterliegen, sind mit den Anschaffungs- oder Herstellungskosten, vermindert um die Absetzungen für Abnutzung nach § 7, anzusetzen. ²Ist der Teilwert niedriger, so kann dieser angesetzt werden. ³Teilwert ist der Betrag, den ein Erwerber des ganzen Betriebs im Rahmen des Gesamtkaufpreises für das einzelne Wirtschaftsgut ansetzen würde; dabei ist davon auszugehen, daß der Erwerber den Betrieb fortführt. ⁴Bei Wirtschaftsgütern, die bereits am Schluß des vorangegangenen Wirtschaftsjahrs zum Anlagevermögen des Steuerpflichtigen gehört haben, kann der Steuerpflichtige in den folgenden Wirtschaftsjahren den Teilwert auch dann ansetzen, wenn er höher ist als der letzte Bilanzansatz; es dürfen jedoch höchstens die Anschaffungs- oder Herstellungskosten oder der nach Nummer 5 oder 6 an deren Stelle tretende Wert, vermindert um die Absetzungen für Abnutzung nach § 7, angesetzt werden.

2. ¹Andere als die in Nummer 1 bezeichneten Wirtschaftsgüter des Betriebs (Grund und Boden, Beteiligungen, Umlaufvermögen) sind mit den Anschaffungs- oder Herstellungskosten anzusetzen. ²Statt der Anschaffungs- oder Herstellungskosten kann der niedrigere Teilwert (Nummer 1 Satz 3) angesetzt werden. ³Bei Wirtschaftsgütern, die bereits am Schluß des vorangegangenen Wirtschaftsjahrs zum Betriebsvermögen gehört haben, kann der Steuerpflichtige in den folgenden Wirtschaftsjahren den Teilwert auch dann ansetzen, wenn er höher ist als der letzte Bilanzansatz; es dürfen jedoch höchstens die Anschaffungs- oder Herstellungskosten oder der nach Nummer 5 oder 6 an deren Stelle tretende Wert angesetzt werden. ⁴Bei land- und forstwirtschaftlichen Betrieben ist auch der Ansatz des höheren Teilwerts zulässig, wenn das den Grundsätzen ordnungsmäßiger Buchführung entspricht.

---

¹) Anm.: Durch das Steuerentlastungsgesetz 1999/2000/2002 wurde Absatz 1 Nummer 1 wie folgt geändert:
    a) Die Sätze 1 und 2 werden wie folgt gefaßt:
    „¹Wirtschaftsgüter des Anlagevermögens, die der Abnutzung unterliegen, sind mit den Anschaffungs- oder Herstellungskosten oder dem an deren Stelle tretenden Wert, vermindert um die Absetzungen für Abnutzung, erhöhte Absetzungen, Sonderabschreibungen, Abzüge nach § 6b und ähnliche Abzüge, anzusetzen. ²Ist der Teilwert auf Grund einer voraussichtlich dauernden Wertminderung niedriger, so kann dieser angesetzt werden."
    b) Satz 4 wird wie folgt gefaßt:
    „Wirtschaftsgüter, die bereits am Schluß des vorangegangenen Wirtschaftsjahrs zum Anlagevermögen des Steuerpflichtigen gehört haben, sind in den folgenden Wirtschaftsjahren gemäß Satz 1 anzusetzen, es sei denn, der Steuerpflichtige weist nach, daß ein niedrigerer Teilwert nach Satz 2 angesetzt werden kann."
    Zur Anwendung → § 52 Abs. 16 in der Fassung des Steuerentlastungsgesetzes 1999/2000/2002.

²) Hinweis auf § 52 Abs. 7 EStG.

³) Anm.: Durch das Steuerentlastungsgesetz 1999/2000/2002 wurde Absatz 1 Nummer 2 wie folgt gefaßt:
    „2. Andere als die in Nummer 1 bezeichneten Wirtschaftsgüter des Betriebs (Grund und Boden, Beteiligungen, Umlaufvermögen) sind mit den Anschaffungs- oder Herstellungskosten oder dem an deren Stelle tretenden Wert, vermindert um Abzüge nach § 6b und ähnliche Abzüge, anzusetzen. Ist der Teilwert (Nummer 1 Satz 3) auf Grund einer voraussichtlich dauernden Wertminderung niedriger, so kann dieser angesetzt werden. Nummer 1 Satz 4 gilt entsprechend."
    Zur Anwendung → § 52 Abs. 16 in der Fassung des Steuerentlastungsgesetzes 1999/2000/2002.

2a. ¹Steuerpflichtige, die den Gewinn nach § 5 ermitteln, können für den Wertansatz gleichartiger Wirtschaftsgüter des Vorratsvermögens unterstellen, daß die zuletzt angeschafften oder hergestellten Wirtschaftsgüter zuerst verbraucht oder veräußert worden sind, soweit dies den handelsrechtlichen Grundsätzen ordnungsmäßiger Buchführung entspricht, und kein Bewertungsabschlag nach § 51 Abs. 1 Nr. 2 Buchstabe m vorgenommen wird. ²Der Vorratsbestand am Schluß des Wirtschaftsjahrs, das der erstmaligen Anwendung der Bewertung nach Satz 1 vorangeht, gilt mit seinem Bilanzansatz als erster Zugang des neuen Wirtschaftsjahrs. ³Auf einen im Bilanzansatz berücksichtigten Bewertungsabschlag nach § 51 Abs. 1 Nr. 2 Buchstabe m ist Satz 2 dieser Vorschrift entsprechend anzuwenden. ⁴Von der Verbrauchs- oder Veräußerungsfolge nach Satz 1 kann in den folgenden Wirtschaftsjahren nur mit Zustimmung des Finanzamts abgewichen werden. ¹⁾

3. Verbindlichkeiten sind unter sinngemäßer Anwendung der Vorschriften der Nummer 2 anzusetzen. ²⁾ ³⁾

S 2175

S 2177

4. ¹Entnahmen des Steuerpflichtigen für sich, für seinen Haushalt oder für andere betriebsfremde Zwecke sind mit dem Teilwert anzusetzen. ²Die private Nutzung eines Kraftfahrzeugs ist für jeden Kalendermonat mit 1 vom Hundert des inländischen Listenpreises im Zeitpunkt der Erstzulassung zuzüglich der Kosten für Sonderausstattungen einschließlich der Umsatzsteuer anzusetzen. ³Die private Nutzung kann abwei-

---

¹⁾ Anm.: Durch das Steuerentlastungsgesetz 1999/2000/2002 wurde in Absatz 1 Nr. 2a in Satz 1 die Angabe „ , und kein Bewertungsabschlag nach § 51 Abs. 1 Nr. 2 Buchstabe m vorgenommen wird" gestrichen und Satz 3 aufgehoben.
Zur Anwendung → § 52 Abs. 16 in der Fassung des Steuerentlastungsgesetzes 1999/2000/2002.

²⁾ Anm.: Durch das Steuerentlastungsgesetz 1999/2000/2002 wurde Absatz 1 Nummer 3 wie folgt gefaßt:
„3. Verbindlichkeiten sind unter sinngemäßer Anwendung der Vorschriften der Nummer 2 anzusetzen und mit einem Zinssatz von 5,5 vom Hundert abzuzinsen. Ausgenommen von der Abzinsung sind Verbindlichkeiten, deren Laufzeit am Bilanzstichtag weniger als 12 Monate beträgt, und Verbindlichkeiten, die verzinslich sind oder auf einer Anzahlung oder Vorausleistung beruhen."
Absatz 1 Nummer 3 in der Fassung des Gesetzes vom 24.3.1999 (BGBl. I S. 402) ist auch für Verbindlichkeiten, die bereits zum Ende eines vor dem 1.1.1999 endenden Wirtschaftsjahrs angesetzt worden sind, anzuwenden (→ § 52 Abs. 16 in der Fassung des Steuerentlastungsgesetzes 1999/2000/2002).

³⁾ Anm.: Durch das Steuerentlastungsgesetz 1999/2000/2002 wurde in Absatz 1 nach Nummer 3 folgende Nummer 3a eingefügt:
„3a. Rückstellungen sind höchstens insbesondere unter Berücksichtigung folgender Grundsätze anzusetzen:
   a) bei Rückstellungen für gleichartige Verpflichtungen ist auf der Grundlage der Erfahrungen in der Vergangenheit aus der Abwicklung solcher Verpflichtungen die Wahrscheinlichkeit zu berücksichtigen, daß der Steuerpflichtige nur zu einem Teil der Summe dieser Verpflichtungen in Anspruch genommen wird;
   b) Rückstellungen für Sachleistungsverpflichtungen sind mit den Einzelkosten und den angemessenen Teilen der notwendigen Gemeinkosten zu bewerten;
   c) künftige Vorteile, die mit der Erfüllung der Verpflichtung voraussichtlich verbunden sein werden, sind, soweit sie nicht als Forderung zu aktivieren sind, bei ihrer Bewertung wertmindernd zu berücksichtigen;
   d) Rückstellungen für Verpflichtungen, für deren Entstehen im wirtschaftlichen Sinne der laufende Betrieb ursächlich ist, sind zeitanteilig in gleichen Raten anzusammeln. Rückstellungen für die Verpflichtung, ein Kernkraftwerk stillzulegen, sind ab dem Zeitpunkt der erstmaligen Nutzung bis zum Zeitpunkt, in dem mit der Stillegung begonnen werden muß, zeitanteilig in gleichen Raten anzusammeln; steht der Zeitpunkt der Stillegung nicht fest, beträgt der Zeitraum der Ansammlung 25 Jahre; und
   e) Rückstellungen für Verpflichtungen sind mit einem Zinssatz von 5,5 vom Hundert abzuzinsen; Nummer 3 Satz 2 ist entsprechend anzuwenden. Für die Abzinsung von Rückstellungen für Sachleistungsverpflichtungen ist der Zeitraum bis zum Beginn der Erfüllung maßgebend. Für die Abzinsung von Rückstellungen für die Verpflichtung, ein Kernkraftwerk stillzulegen, ist der sich aus Buchstabe d Satz 2 ergebende Zeitraum maßgebend."
Zur Anwendung → § 52 Abs. 16 in der Fassung des Steuerentlastungsgesetzes 1999/2000/2002.

§ 6 EStG

[1)] chend von Satz 2 mit den auf die Privatfahrten entfallenden Aufwendungen angesetzt werden, wenn die für das Kraftfahrzeug insgesamt entstehenden Aufwendungen durch Belege und das Verhältnis der privaten zu den übrigen Fahrten durch ein ordnungsgemäßes Fahrtenbuch nachgewiesen werden. ⁴Wird ein Wirtschaftsgut unmittelbar nach seiner Entnahme einer nach § 5 Abs. 1 Nr. 9 des Körperschaftsteuergesetzes von der Körperschaftsteuer befreiten Körperschaft, Personenvereinigung oder Vermögensmasse oder einer juristischen Person des öffentlichen Rechts zur Verwendung für steuerbegünstigte Zwecke im Sinne des § 10b Abs. 1 Satz 1 unentgeltlich überlassen, so kann die Entnahme mit dem Buchwert angesetzt werden. ⁵Satz 4 gilt nicht für die Entnahme von Nutzungen und Leistungen.

S 2178   5. ¹Einlagen sind mit dem Teilwert für den Zeitpunkt der Zuführung anzusetzen; sie sind jedoch höchstens mit den Anschaffungs- oder Herstellungskosten anzusetzen, wenn das zugeführte Wirtschaftsgut

     a) innerhalb der letzten drei Jahre vor dem Zeitpunkt der Zuführung angeschafft oder hergestellt worden ist oder

[²)]   b) ein Anteil an einer Kapitalgesellschaft ist und der Steuerpflichtige an der Gesellschaft im Sinne des § 17 Abs. 1 beteiligt ist; § 17 Abs. 2 Satz 3 gilt entsprechend.

²Ist die Einlage ein abnutzbares Wirtschaftsgut, so sind die Anschaffungs- oder Herstellungskosten um Absetzungen für Abnutzung zu kürzen, die auf den Zeitraum zwischen der Anschaffung oder Herstellung des Wirtschaftsguts und der Einlage entfallen. ³Ist die Einlage ein Wirtschaftsgut, das vor der Zuführung aus einem Betriebsvermögen des Steuerpflichtigen entnommen worden ist, so tritt an die Stelle der Anschaffungs- oder Herstellungskosten der Wert, mit dem die Entnahme angesetzt worden ist, und an die Stelle des Zeitpunkts der Anschaffung oder Herstellung der Zeitpunkt der Entnahme.

S 2179   6. Bei Eröffnung eines Betriebs ist Nummer 5 entsprechend anzuwenden.

S 2179   7. Bei entgeltlichem Erwerb eines Betriebs sind die Wirtschaftsgüter mit dem Teilwert, höchstens jedoch mit den Anschaffungs- oder Herstellungskosten anzusetzen.

S 2180   (2) ¹Die Anschaffungs- oder Herstellungskosten oder der nach Absatz 1 Nr. 5 oder 6 an deren Stelle tretende Wert von abnutzbaren beweglichen Wirtschaftsgütern des Anlagevermögens, die einer selbständigen Nutzung fähig sind, können im Wirtschaftsjahr der Anschaffung, Herstellung oder Einlage des Wirtschaftsguts oder der Eröffnung des Betriebs in voller Höhe als Betriebsausgaben abgesetzt werden, wenn die Anschaffungs- oder Herstellungskosten, vermindert um einen darin enthaltenen Vorsteuerbetrag (§ 9b Abs. 1), oder der nach Absatz 1 Nr. 5 oder 6 an deren Stelle tretende Wert für das einzelne Wirtschaftsgut 800 Deutsche Mark nicht übersteigen. ²Ein Wirtschaftsgut ist einer selbständigen Nutzung nicht fähig, wenn es nach seiner betrieblichen Zweckbestimmung nur zusammen mit anderen Wirtschaftsgütern des Anlagevermögens genutzt werden kann und die in den Nutzungszusammenhang eingefügten Wirtschaftsgüter technisch aufeinander abgestimmt sind. ³Das gilt auch, wenn das Wirtschaftsgut aus dem betrieblichen Nutzungszusammenhang gelöst und in einen anderen betrieblichen Nutzungszusammenhang eingefügt werden kann. ⁴Satz 1 ist nur bei Wirtschaftsgütern anzuwenden, die unter Angabe des Tages der Anschaffung, Herstellung oder Einlage des Wirtschaftsguts oder der Eröffnung des Betriebs und der Anschaffungs- oder Herstellungskosten oder des nach Absatz 1 Nr. 5 oder 6 an deren Stelle tretenden Werts in einem besonderen, laufend zu führenden Verzeichnis aufgeführt sind. ⁵Das Verzeichnis braucht nicht geführt zu werden, wenn diese

[³)] Angaben aus der Buchführung ersichtlich sind.

---

1) Zur Anwendung → § 52 Abs. 7 Satz 2 EStG.
2) Zur Anwendung → § 52 Abs. 7 Satz 3 EStG.
3) Anm.: Durch das Steuerentlastungsgesetz 1999/2000/2002 wurden nach Absatz 2 die folgenden Absätze 3 bis 7 angefügt:
    „(3) Wird ein Betrieb, ein Teilbetrieb oder der Anteil eines Mitunternehmers an einem Betrieb unentgeltlich übertragen, so sind bei der Ermittlung des Gewinns des bisherigen Betriebsinhabers (Mitunternehmers) die Wirtschaftsgüter mit den Werten anzusetzen, die sich nach den Vorschriften über die Gewinnermittlung ergeben. Der Rechtsnachfolger ist an diese Werte gebunden.
    (4) Wird ein einzelnes Wirtschaftsgut außer in den Fällen der Einlage (§ 4 Abs. 1 Satz 5) unentgeltlich in das Betriebsvermögen eines anderen Steuerpflichtigen übertragen, gilt sein

§ 7
EStDV
[1)]
S 2179

Unentgeltliche Übertragung eines Betriebs, eines Teilbetriebs, eines Mitunternehmeranteils oder einzelner Wirtschaftsgüter, die zu einem Betriebsvermögen gehören

(1) ¹Wird ein Betrieb, ein Teilbetrieb oder der Anteil eines Mitunternehmers an einem Betrieb unentgeltlich übertragen, so sind bei der Ermittlung des Gewinns des bisherigen Betriebsinhabers (Mitunternehmers) die Wirtschaftsgüter mit den Werten anzusetzen, die sich nach den Vorschriften über die Gewinnermittlung ergeben. ²Der Rechtsnachfolger ist an diese Werte gebunden.

(2) Werden aus betrieblichem Anlaß einzelne Wirtschaftsgüter aus einem Betriebsvermögen unentgeltlich in das Betriebsvermögen eines anderen Steuerpflichtigen übertragen, so gilt für den Erwerber der Betrag als Anschaffungskosten, den er für das einzelne Wirtschaftsgut im Zeitpunkt des Erwerbs hätte aufwenden müssen.

(3) Im Fall des § 4 Abs. 3 des Gesetzes sind bei der Bemessung der Absetzungen für Abnutzung oder Substanzverringerung durch den Rechtsnachfolger (Absatz 1) oder Erwerber (Absatz 2) die sich bei Anwendung der Absätze 1 und 2 ergebenden Werte als Anschaffungskosten zugrunde zu legen.

gemeiner Wert für das aufnehmende Betriebsvermögen als Anschaffungskosten.
(5) Wird ein einzelnes Wirtschaftsgut von einem Betriebsvermögen in ein anderes Betriebsvermögen desselben Steuerpflichtigen überführt, ist bei der Überführung der Wert anzusetzen, der sich nach den Vorschriften über die Gewinnermittlung ergibt, sofern die Besteuerung der stillen Reserven sichergestellt ist. Satz 1 gilt auch für die Überführung aus einem eigenen Betriebsvermögen des Steuerpflichtigen in dessen Sonderbetriebsvermögen bei einer Mitunternehmerschaft und umgekehrt sowie für die Überführung zwischen verschiedenen Sonderbetriebsvermögen desselben Steuerpflichtigen bei verschiedenen Mitunternehmerschaften. Satz 1 gilt dagegen nicht bei der Übertragung eines Wirtschaftsguts aus einem Betriebsvermögen des Mitunternehmers in das Gesamthandsvermögen einer Mitunternehmerschaft und umgekehrt, bei der Übertragung eines Wirtschaftsguts aus dem Gesamthandsvermögen einer Mitunternehmerschaft in das Sonderbetriebsvermögen bei derselben Mitunternehmerschaft und umgekehrt sowie bei der Übertragung zwischen den jeweiligen Sonderbetriebsvermögen verschiedener Mitunternehmer derselben Mitunternehmerschaft; in diesen Fällen ist bei der Übertragung der Teilwert anzusetzen.
(6) Wird ein einzelnes Wirtschaftsgut im Wege des Tausches übertragen, bemessen sich die Anschaffungskosten nach dem gemeinen Wert des hingegebenen Wirtschaftsguts. Erfolgt die Übertragung im Wege der verdeckten Einlage, erhöhen sich die Anschaffungskosten der Beteiligung an der Kapitalgesellschaft um den Teilwert des eingelegten Wirtschaftsguts. In den Fällen des Absatzes 1 Nr. 5 Satz 1 Buchstabe a erhöhen sich die Anschaffungskosten im Sinne des Satzes 2 um den Einlagewert des Wirtschaftsguts.
(7) Im Fall des § 4 Abs. 3 sind bei der Bemessung der Absetzungen für Abnutzung oder Substanzverringerung die sich bei Anwendung der Absätze 3 bis 6 ergebenden Werte als Anschaffungskosten zugrunde zu legen."
Absatz 3 wurde mit Wirkung ab VZ 1999 angefügt; Absatz 4, 5 und 6 Satz 1 ist erstmals auf den Erwerb von Wirtschaftsgütern anzuwenden, bei denen der Erwerb auf Grund eines nach dem 31.12.1998 rechtswirksam abgeschlossenen obligatorischen Vertrags oder gleichstehenden Rechtsakts erfolgt. § 6 Abs. 6 Satz 2 und 3 ist erstmals für Einlagen anzuwenden, die nach dem 31.12.1998 vorgenommen werden (Zur Anwendung → § 52 Abs. 16 in der Fassung des Steuerentlastungsgesetzes 1999/2000/2002).

1) Anm.: Durch das Steuerentlastungsgesetz 1999/2000/2002 wurde § 7 aufgehoben. § 7 der Einkommensteuer-Durchführungsverordnung 1997 in der Fassung der Bekanntmachung vom 18.6.1997 (BGBl. I S. 1558) ist letztmals für das Wirtschaftsjahr anzuwenden, das vor dem 1.1.1999 endet (→ § 84 Abs. 1a EStDV in der Fassung des Steuerentlastungsgesetzes 1999/2000/2002).

EStDV

§ 8
Eigenbetrieblich genutzte Grundstücke von untergeordnetem Wert

(zu § 4 EStG abgedruckt)

§ 8a

(weggefallen)

§ 8b
Wirtschaftsjahr

(zu § 4 a EStG abgedruckt)

§ 8c
Wirtschaftsjahr bei Land- und Forstwirten

(zu § 4 a EStG abgedruckt)

§ 9a
Anschaffung, Herstellung

(zu § 6 b EStG abgedruckt)

§§ 10 bis 11d

(zu § 7 EStG abgedruckt)

R 32 **32. Anlagevermögen und Umlaufvermögen**

S 2172
S 2173

(1) ¹Zum → **Anlagevermögen** gehören die Wirtschaftsgüter, die bestimmt sind, dauernd dem Betrieb zu dienen. ²Ob ein Wirtschaftsgut zum Anlagevermögen gehört, ergibt sich aus dessen Zweckbestimmung, nicht aus seiner Bilanzierung. ³Ist die Zweckbestimmung nicht eindeutig feststellbar, kann die Bilanzierung Anhaltspunkt für die Zuordnung zum Anlagevermögen sein. ⁴Zum Anlagevermögen können immaterielle Wirtschaftsgüter, Sachanlagen und Finanzanlagen gehören. ⁵Zum abnutzbaren Anlagevermögen gehören insbesondere die auf Dauer dem Betrieb gewidmeten Gebäude, technischen Anlagen und Maschinen sowie die Betriebs- und Geschäftsausstattung. ⁶Zum nichtabnutzbaren Anlagevermögen gehören insbesondere Grund und Boden, Beteiligungen und andere Finanzanlagen, wenn sie dazu bestimmt sind, dauernd dem Betrieb zu dienen. ⁷Ein Wirtschaftsgut des Anlagevermögens, dessen Veräußerung beabsichtigt ist, bleibt so lange Anlagevermögen, wie sich seine bisherige Nutzung nicht ändert, auch wenn bereits vorbereitende Maßnahmen zu seiner Veräußerung getroffen worden sind. ⁸Bei Grundstücken des Anlagevermögens, die bis zu ihrer Veräußerung unverändert genutzt werden, ändert somit selbst eine zum Zwecke der Veräuße-

rung vorgenommene Parzellierung des Grund und Bodens oder Aufteilung des Gebäudes in Eigentumswohnungen nicht die Zugehörigkeit zum Anlagevermögen.

(2) Zum → **Umlaufvermögen** gehören die Wirtschaftsgüter, die zur Veräußerung, Verarbeitung oder zum Verbrauch angeschafft oder hergestellt worden sind, insbesondere Roh-, Hilfs- und Betriebsstoffe, Erzeugnisse und Waren, Kassenbestände.

Hinweise

Anlagevermögen
Begriff → § 247 Abs. 2 HGB — Anhang 7
Umfang → Gliederungsschema in § 266 Abs. 2 HGB — Anhang 7

Filme
In echter Auftragsproduktion hergestellte Filme sind immaterielle Wirtschaftsgüter des Umlaufvermögens (→ BFH vom 20.9.1995 – BStBl 1997 II S. 320).

Geschäfts- und Firmenwert
Zur bilanzsteuerlichen Behandlung des Geschäfts- und Firmenwerts und sogenannter firmenwertähnlicher Wirtschaftsgüter → BMF vom 20.11.1986 (BStBl I S. 532). — Anhang 6
→ H 31a

Gewerblicher Grundstückshandel
Grundstücke eines gewerblichen Grundstückshändlers gehören grundsätzlich zum Umlaufvermögen, es sei denn, sie sind ausnahmsweise eindeutig zur Vermögensanlage bestimmt (→ BFH vom 17.3.1981 – BStBl II S. 522).

Leergut bei Getränkeindustrie ist Anlagevermögen (→ BMF vom 11.7.1995 – BStBl I S. 363).

Musterhäuser rechnen zum Anlagevermögen (→ BFH vom 31.3.1977 – BStBl II S. 684).

Praxiswert
„Sozietätspraxiswert" ist wie der Wert einer erworbenen Einzelpraxis ein abnutzbares immaterielles Wirtschaftsgut (Änderung der Rechtsprechung); allerdings ist die Nutzungsdauer des „Sozietätspraxiswerts" wegen der Beteiligung und der weiteren Mitwirkung des bisherigen Praxisinhabers doppelt so lang (6 bis 10 Jahre) wie die Nutzungsdauer des Wertes einer erworbenen Einzelpraxis (3 bis 5 Jahre) → BFH vom 24.2.1994 (BStBl II S. 590) und BMF vom 15.1.1995 (BStBl I S. 14). — Anhang 6

Auch bei einer **Umqualifizierung** zum Gewerbebetrieb ist ein bei Gründung einer Sozietät aufgedeckter Praxiswert in entsprechender Anwendung von BFH vom 24.2.1994 (BStBl II S. 590) ein abnutzbares Wirtschaftsgut, dessen betriebsgewöhnliche Nutzungsdauer typisierend auf 6 bis 10 Jahre zu schätzen ist (→ BFH vom 15.5.1997 – HFR 1997 S. 817).

Rohstoff
Zum Begriff des Rohstoffs und seiner Zuordnung zum Umlauf-(Vorrats-)vermögen → BFH vom 2.12.1987 (BStBl 1988 II S. 502).

Nach dem Urteil des BFH handelt es sich um Schriftmetalle einer Druckerei, die dem Umlaufvermögen als Rohstoffe zuzuordnen seien. Rohstoffe seien sie deswegen, weil sie den Hauptstoff für die Herstellung der Druck- und Prägeformen abgäben. Es sei unerheblich, daß die Schriftmetalle auch größtenteils im Betrieb aus Druck- und Prägeformen wiedergewonnen und in den Schmelzprozessen wieder in einen für die Prägung brauchbaren Zustand gebracht wurden. Handelsrechtlich wurde ein Ausweis selbst gewonnener Rohstoffe zumindest für zulässig gehalten. Gleiches muß nach Auffassung des BFH auch für Rohstoffe gelten, die wiedergewonnen und durch Bearbeitungsmaßnahmen (hier unter Zugabe ausgefallener Legierungsbestandteile) auf den Qualitätsstand erworbener Rohstoffe gebracht werden. Derartige Bearbeitungsmaßnahmen lägen noch außerhalb des

§ 6 EStG
R 32a H 32, 32a

Herstellungsvorgangs der Druck- und Prägeformen. Eine Beschränkung des Rohstoffbegriffs auf Hauptstoffe für die Produktion von Fertigerzeugnissen sei indessen weder im Gesetz gefordert noch sachlich geboten. Auch bereits auf Lager befindliche und für die Herstellung von Sachanlagegütern vorgesehene Hauptstoffe seien Rohstoffe, solange sie noch auf „Vorrat" lägen, weil sie noch nicht in den Herstellungsprozeß der Sachanlage eingegangen seien.

Tiere in land- und forstwirtschaftlich tätigen Betrieben

Anhang 6   Bewertung → BMF vom 22.2.1995 (BStBl I S. 179) und vom 3.6.1996 (BStBl I S. 654)

Umlaufvermögen

Anhang 7   Umfang → Gliederungsschema in § 266 Abs. 2 HGB

Vorführ- und Dienstwagen rechnen zum Anlagevermögen (→ BFH vom 17.11.1981 – BStBl 1982 II S. 344).

Anhang 6   → BMF vom 15.6.1982 (BStBl I S. 589)

Zwischenerwerber (Altschuldenhilfe-Gesetz)

Zur Zuordnung der erworbenen Wohngebäude zum Anlage- bzw. Umlaufvermögen → MdF Brandenburg vom 17.7.1996 (BStBl I S. 1119).

R 32a

32a. Anschaffungskosten

S 2171   Wird ein Wirtschaftsgut gegen Übernahme einer → Rentenverpflichtung erworben, kann der als → Anschaffungskosten zu behandelnde Barwert der Rente abweichend von den §§ 12 ff. BewG auch nach versicherungsmathematischen Grundsätzen berechnet werden.

H 32a

Hinweise

Anschaffungskosten

Anhang 7   Begriff und Umfang → § 255 Abs. 1 HGB

Ausländische Währung

Bei einem Anschaffungsgeschäft in ausländischer Währung ist der Wechselkurs im Anschaffungszeitpunkt für die Berechnung der Anschaffungskosten maßgebend (→ BFH vom 16.12.1977 – BStBl 1978 II S. 233).

Beteiligung an Kapitalgesellschaft

→ R 140 Abs. 5, H 140 (5)

Disagio

Vom Erwerber dem Veräußerer erstattetes Disagio gehört zu den Anschaffungskosten (→ BFH vom 17.2.1981 – BStBl II S. 466).

Einlagenrückgewähr

→ Rückzahlung aus Kapitalherabsetzung
→ EK 04-Ausschüttung

EK 04-Ausschüttung

EK 04-Ausschüttung verringert wie eine → Rückzahlung aus Kapitalherabsetzung die Anschaffungskosten der Beteiligung an Kapitalgesellschaft
→ BMF vom 9.1.1987 (BStBl I S. 171)

§ 6 EStG
H 32a

→ BFH vom 16.3.1994 (BStBl II S. 527) und vom 19.7.1994 (BStBl 1995 II S. 362)
→ H 140 (5) Rückzahlung aus Kapitalherabsetzung

Erbauseinandersetzung und vorweggenommene Erbfolge
- Anschaffungskosten bei Erbauseinandersetzung und vorweggenommener Erbfolge → BMF vom 11.1.1993 (BStBl I S. 62) und vom 13.1.1993 (BStBl I S. 80). *Anhang 10*
- Abfindungszahlungen infolge eines gerichtlichen Vergleichs an angebliche Miterben unterliegen den steuerlichen Regeln über die Erbauseinandersetzung (→ BFH vom 14.3.1996 – BStBl II S. 310).

Erbbaurecht
- Zu den Anschaffungskosten des Wirtschaftsguts „Erbbaurecht" gehören auch einmalige Aufwendungen wie Grunderwerbsteuer, Maklerprovision, Notar- und Gerichtsgebühren (→ BFH vom 4.6.1991 – BStBl 1992 II S. 70) und vorausgezahlte oder in einem Einmalbetrag gezahlte Erbbauzinsen (→ BMF vom 10.12.1996 – BStBl I S. 1440).
- Beim Erwerb eines „bebauten" Erbbaurechts entfallen die gesamten Anschaffungskosten auf das Gebäude, wenn der Erwerber dem bisherigen Erbbauberechtigten nachweislich ein Entgelt nur für den Gebäudeanteil gezahlt hat, während er gegenüber dem Erbbauverpflichteten (Grundstückseigentümer) nur zur Zahlung des laufenden Erbbauzinses verpflichtet ist (→ BFH vom 15.11.1994 – BStBl 1995 II S. 374).

Flächenbeiträge nach § 58 BauGB als nachträgliche Anschaffungskosten (→ BFH vom 6.7.1989 – BStBl 1990 II S. 126).

Gemeinkosten gehören nicht zu den Anschaffungskosten (→ BFH vom 13.4.1988 – BStBl II S. 892).

Grunderwerbsteuer
- Aussetzungszinsen für Grunderwerbsteuer gehören nicht zu den Anschaffungskosten (→ BFH vom 25.7.1995 – BStBl II S. 835).
- Säumniszuschläge zur Grunderwerbsteuer rechnen zu den Anschaffungskosten des Grundstücks (→ BFH vom 14.1.1992 – BStBl II S. 464).

Mitunternehmeranteil
- Für den Erwerber stellen die Aufwendungen zum Erwerb des Anteils einschließlich eines negativen Kapitalkontos Anschaffungskosten dar; ggf. sind sie oder Teile davon als Ausgleichsposten in der Ergänzungsbilanz des Erwerbers zu berücksichtigen (→ BFH vom 21.4.1994 – BStBl II S. 745).
- *Ist die Abfindung eines ausscheidenden Gesellschafters geringer als sein Kapitalkonto, sind in der Steuerbilanz in Höhe der Differenz die Buchwerte der bilanzierten Wirtschaftsgüter abzustocken. Buchwerte für Bargeld und Guthaben bei Geldinstituten können infolge des Nominalwertprinzips nicht abgestockt werden. Ist der Differenzbetrag höher als die möglichen Abstockungen, so muß im übrigen ein passiver Ausgleichsposten gebildet werden, der mit künftigen Verlusten zu verrechnen und spätestens bei Beendigung der Beteiligung gewinnerhöhend aufzulösen ist. (→ BFH vom 12.12.1996 – BStBl 1998 II S. 180)*

Nebenkosten gehören zu den Anschaffungskosten, soweit sie dem Wirtschaftsgut einzeln zugeordnet werden können (→ BFH vom 13.10.1983 – BStBl 1984 II S. 101). *Sie können nur dann aktiviert werden, wenn auch die Anschaffungs(haupt)kosten aktiviert werden können (→ BFH vom 19.6.1997 – BStBl II S. 808).*

Preisnachlaß oder Rabatt
Anschaffungskostenminderung durch Gewährung von Preisnachlaß oder Rabatt (→ BFH vom 22.4.1988 – BStBl II S. 901).

Renovierungskosten, die der Veräußerer der Wohnung im Kaufvertrag in Rechnung stellt, sind Bestandteil des Kaufpreises und deshalb Anschaffungskosten des Erwerbers (→ BFH vom 17.12.1996 – BStBl 1997 II S. 348).

§ 6 EStG
H 32a

Rentenverpflichtung
Der Barwert einer übernommenen Rentenverpflichtung ist grundsätzlich nach den §§ 12 ff. BewG zu ermitteln (→ BFH vom 31.1.1980 – BStBl II S. 491).

→ siehe aber R 32a

Rückzahlung aus Kapitalherabsetzung
Rückzahlung aus Kapitalherabsetzung verringert die Anschaffungskosten der Beteiligung an Kapitalgesellschaft, soweit Rückzahlung nicht zu den Einnahmen im Sinne des § 20 Abs. 1 Nr. 2 EStG rechnet.

→ BMF vom 9.1.1987 (BStBl I S. 171)

→ BFH vom 29.6.1995 (BStBl II S. 722)

> Der BFH hält an seiner Rechtsprechung fest, nach der eine Rückzahlung bereits vor dem handelsrechtlichen Wirksamwerden der beschlossenen Kapitalherabsetzung als solche und nicht als verdeckte Gewinnausschüttung zu behandeln ist, wenn die Beteiligten im Zeitpunkt der Zahlung alles unternommen haben, was zum handelsrechtlichen Wirksamwerden erforderlich ist, und wenn Gläubigerinteressen nicht berührt sind.

→ H 140 (5)

Schuldübernahmen rechnen zu den Anschaffungskosten (→ BFH vom 31.5.1972 – BStBl II S. 696 und vom 2.10.1984 – BStBl 1985 II S. 320).

Anhang 10 → Erbauseinandersetzung und vorweggenommene Erbfolge

→ BMF vom 7.8.1992 (BStBl I S. 522)

Skonto
Anschaffungskostenminderung durch Skonto erst im Zeitpunkt der Inanspruchnahme (→ BFH von 27.2.1991 – BStBl II S. 456).

Tausch
– Bei einem Tausch von Wirtschaftsgütern bemessen sich die Anschaffungskosten grundsätzlich nach dem gemeinen Wert der hingegebenen Wirtschaftsgüter (→ BFH vom 14.6.1967 – BStBl III S. 574 und vom 25.1.1984 – BStBl II S. 422).
– *Zur Anwendung des Tauschgutachtens beim Tausch von Anteilen an Kapitalgesellschaften → BMF vom 9.2.1998 (BStBl I S. 163)*

Vorsteuerbeträge
Zur Behandlung von Vorsteuerbeträgen, die nach dem UStG nicht abgezogen werden können, als Anschaffungskosten → § 9b Abs. 1 EStG.

Waren
Werden die Anschaffungskosten von Waren nach dem Verkaufswertverfahren durch retrograde Berechnung in der Weise ermittelt, daß von den ausgezeichneten Preisen die kalkulierte Handelsspanne abgezogen wird, ist dieses Verfahren nicht zu beanstanden; bei am Bilanzstichtag erst herabgesetzten Preisen darf jedoch nicht von der ursprünglich kalkulierten Handelsspanne, sondern nur von dem verbleibenden Verkaufsaufschlag ausgegangen werden (→ BFH vom 27.10.1983 – BStBl 1984 II S. 35).

Wohnrechtsablösung durch Miterben führt zu nachträglichen Anschaffungskosten (→ BFH vom 28.11.1991 – BStBl 1992 II S. 381 und vom 3.6.1992 – BStBl 1993 II S. 98).

Zertifizierungsaufwendungen
→ BMF vom 22.1.1998 (DB 1998 S. 344); abgedruckt zu H 18 (Zertifizierungsaufwendungen)

Zwangsversteigerung
Anschaffungskosten bei Erwerb in Zwangsversteigerung → BFH vom 11.11.1987 (BStBl 1988 II S. 424):

Zu den Anschaffungskosten gehören auch die nicht ausgebotenen nachrangigen Grundpfandrechte des Ersteigerers, soweit ihr Wert durch den Verkehrswert des Grundstücks gedeckt ist.

33. Herstellungskosten

(1) In die → **Herstellungskosten** eines Wirtschaftsguts sind auch angemessene Teile der notwendigen **Materialgemeinkosten** und **Fertigungsgemeinkosten** (→ Absatz 2) sowie der **Wertverzehr von Anlagevermögen**, soweit er durch die Herstellung des Wirtschaftsguts veranlaßt ist (→ Absatz 3) einzubeziehen.

S 2171a
Anhang 7

(2) ¹Zu den **Materialgemeinkosten und den Fertigungsgemeinkosten** gehören u.a. auch die Aufwendungen für folgende Kostenstellen:

Lagerhaltung, Transport und Prüfung des Fertigungsmaterials,

Vorbereitung und Kontrolle der Fertigung,

Werkzeuglager,

Betriebsleitung, Raumkosten, Sachversicherungen,

Unfallstationen und Unfallverhütungseinrichtungen der Fertigungsstätten,

Lohnbüro, soweit in ihm die Löhne und Gehälter der in der Fertigung tätigen Arbeitnehmer abgerechnet werden.

(3) ¹Als **Wertverzehr** des **Anlagevermögens**, soweit er der Fertigung der Erzeugnisse gedient hat, ist grundsätzlich der Betrag anzusetzen, der bei der Bilanzierung des Anlagevermögens als AfA berücksichtigt ist. ²Es ist nicht zu beanstanden, wenn der Steuerpflichtige, der bei der Bilanzierung des beweglichen Anlagevermögens die AfA in fallenden Jahresbeträgen (§ 7 Abs. 2 EStG) vorgenommen hat, bei der Berechnung der Herstellungskosten der Erzeugnisse die AfA in gleichen Jahresbeträgen (§ 7 Abs. 1 Satz 1 und 2 EStG) berücksichtigt. ³In diesem Fall muß der Steuerpflichtige jedoch dieses Absetzungsverfahren auch dann bei der Berechnung der Herstellungskosten beibehalten, wenn gegen Ende der Nutzungsdauer die Absetzungen in fallenden Jahresbeträgen niedriger sind als die Absetzungen in gleichen Jahresbeträgen. ⁴Der Wertverzehr des der Fertigung dienenden Anlagevermögens ist bei der Berechnung der Herstellungskosten der Erzeugnisse auch dann in Höhe der sich nach den Anschaffungs- oder Herstellungskosten des Anlagevermögens ergebenden AfA in gleichen Jahresbeträgen zu berücksichtigen, wenn der Steuerpflichtige Bewertungsfreiheiten, Sonderabschreibungen oder erhöhte Absetzungen in Anspruch genommen und diese nicht in die Herstellungskosten der Erzeugnisse einbezogen hat. ⁵**Teilwertabschreibungen** auf das Anlagevermögen im Sinne des § 6 Abs. 1 Nr. 1 Satz 2 EStG sind bei der Berechnung der Herstellungskosten der Erzeugnisse nicht zu berücksichtigen.

(4) ¹Das **handelsrechtliche** → **Bewertungswahlrecht** für Kosten der allgemeinen Verwaltung und Aufwendungen für soziale Einrichtungen des Betriebs, für freiwillige soziale Leistungen und für betriebliche Altersversorgung sowie für → Zinsen für Fremdkapital gilt auch für die Steuerbilanz; Voraussetzung für die Berücksichtigung als Teil der Herstellungskosten ist, daß in der Handelsbilanz entsprechend verfahren wird. ²Zu den Kosten für die allgemeine Verwaltung gehören u.a. die Aufwendungen für Geschäftsleitung, Einkauf und Wareneingang, Betriebsrat, Personalbüro, Nachrichtenwesen, Ausbildungswesen, Rechnungswesen – z. B. Buchführung, Betriebsabrechnung, Statistik und Kalkulation –, Feuerwehr, Werkschutz sowie allgemeine Fürsorge einschließlich Betriebskrankenkasse. ³Zu den Aufwendungen für soziale Einrichtungen gehören z. B. Aufwendungen für Kantine einschließlich der Essenszuschüsse sowie für Freizeitgestaltung der Arbeitnehmer. ⁴Freiwillige soziale Leistungen sind nur Aufwendungen, die nicht arbeitsvertraglich oder tarifvertraglich vereinbart worden sind; hierzu können z. B. Jubiläumsgeschenke, Wohnungs- und andere freiwillige Beihilfen, Weihnachtszuwendungen oder Aufwendungen für die Beteiligung der Arbeitnehmer am Ergebnis des Unternehmens gehören. ⁵Aufwendungen für die betriebliche Altersversorgung sind Beiträge zu Direktversicherungen, Zuwendungen an Pensions- und Unterstützungskassen sowie Zuführungen zu Pensionsrückstellungen.

(5) ¹Die **Steuern** vom **Einkommen** und die **Vermögensteuer** gehören nicht zu den steuerlich abziehbaren Betriebsausgaben und damit auch nicht zu den Herstellungskosten. ²Hin-

sichtlich der **Gewerbesteuer** hat der Steuerpflichtige, soweit sie auf den Gewerbeertrag entfällt, ein **Wahlrecht,** ob er sie den Herstellungskosten zurechnen will. ³Soweit die Gewerbesteuer auf das der Fertigung dienende Gewerbekapital entfällt, ist sie bei der Ermittlung der Herstellungskosten zu berücksichtigen. ⁴Die **Umsatzsteuer** gehört zu den Vertriebskosten, die die Herstellungskosten nicht berühren.

(6) ¹Wird ein Betrieb infolge teilweiser Stillegung oder mangelnder Aufträge nicht voll ausgenutzt, so sind die dadurch verursachten Kosten bei der Berechnung der Herstellungskosten nicht zu berücksichtigen. ²Der niedrigere Teilwert kann statt der Herstellungskosten nur dann angesetzt werden, wenn glaubhaft gemacht wird, daß ein Käufer des Betriebs weniger als den üblichen Aufwand für die Herstellung der Erzeugnisse bezahlen würde.

(7) Bei am Bilanzstichtag noch nicht fertiggestellten Wirtschaftsgütern (→ halbfertige Arbeiten) ist es für die Aktivierung der Herstellungskosten unerheblich, ob die bis zum Bilanzstichtag angefallenen Aufwendungen bereits zur Entstehung eines als Einzelheit greifbaren Wirtschaftsguts geführt haben.

H 33 **Hinweise**

Abraumvorrat
Kosten der Schaffung eines Abraumvorrats bei der Mineralgewinnung sind Herstellungskosten (→ BFH vom 23.11.1978 – BStBl 1979 II S. 143).

Ausnutzung von Produktionsanlagen
Die nicht volle Ausnutzung von Produktionsanlagen führt nicht zu einer Minderung der in die Herstellungskosten einzubeziehenden Fertigungsgemeinkosten, wenn sich die Schwankung in der Kapazitätsausnutzung aus der Art der Produktion, wie z. B. der Zuckerfabrik als Folge der Abhängigkeit von natürlichen Verhältnissen, ergibt (→ BFH vom 15.2.1966 – BStBl III S. 468).

→ R 33 Abs. 6

Beitrittsgebiet
Anhang 5   Wiederherstellungs-/Wiederbeschaffungskosten zum 1.7.1990 → BMF vom 21.7.1994 (BStBl I S. 599) und vom 15.1.1995 (BStBl I S. 14).

Bewertungswahlrecht
Handelsrechtliches Bewertungswahlrecht führt steuerlich zum Ansatz des höchsten nach Handels- und Steuerrecht zulässigen Werts, soweit nicht auch steuerrechtlich ein inhaltsgleiches Wahlrecht besteht (→ BFH vom 21.10.1993 – BStBl 1994 II S. 176).

Geldbeschaffungskosten gehören nicht zu den Herstellungskosten (→ BFH vom 24.5.1968 – BStBl II S. 574).

Halbfertige Arbeiten
Bei Wirtschaftsgütern, die am Bilanzstichtag noch nicht fertiggestellt sind, mit deren Herstellung aber bereits begonnen worden ist, sind die bis zum Bilanzstichtag angefallenen Herstellungskosten zu aktivieren, soweit nicht von ihrer Einbeziehung abgesehen werden kann (→ BFH vom 23.11.1978 – BStBl 1979 II S. 143).

Herstellungskosten
Anhang 7   Begriff und Umfang → § 255 Abs. 2 HGB sowie BFH vom 4.7.1990 (BStBl II S. 830).

Kalkulatorische Kosten
Kalkulatorische Kosten sind nicht tatsächlich entstanden und rechnen deshalb **nicht** zu den Herstellungskosten. Das gilt z. B. für:

– **Zinsen für Eigenkapital** (→ BFH vom 30.6.1955 – BStBl III S. 238)
– **Wert der eigenen Arbeitsleistung** (fiktiver Unternehmerlohn des Einzelunternehmers → BFH vom 10.5.1995 – BStBl II S. 713); nicht dagegen Tätigkeitsvergütung im Sinne des § 15 Abs. 1 Satz 1 Nr. 2 EStG, die dem Gesellschafter von der Gesellschaft im Zusammen-

hang mit der Herstellung eines Wirtschaftsguts gewährt wird (→ BFH vom 8.2.1996 – BStBl II S. 427) → H 33a.

Leitungsanlagen
→ H 31a

Planungskosten für Gebäude als Teil der Herstellungskosten (→ BFH vom 11.3.1976 – BStBl II S. 614).

Vorsteuerbeträge
Zur Behandlung von Vorsteuerbeträgen, die nach dem UStG nicht abgezogen werden können, als Herstellungskosten → § 9b Abs. 1 EStG.

Zertifizierungsaufwendungen
→ BMF vom 22.1.1998 (DB 1998 S. 344); abgedruckt zu H 18 (Zertifizierungsaufwendungen)

Zinsen für Fremdkapital
→ § 255 Abs. 3 HGB sowie R 33 Abs. 4

Anhang 7

33a. Aufwendungen im Zusammenhang mit einem Grundstück

R 33a

¹Entstehen dem Steuerpflichtigen Aufwendungen für die Anlage eines Kinderspielplatzes im Zusammenhang mit der Errichtung eines Wohngebäudes, liegen nur dann Herstellungskosten des Gebäudes vor, wenn die Gemeinde als Eigentümerin den Kinderspielplatz angelegt und dafür Beiträge von den Grundstückseigentümern erhoben hat. ²In allen anderen Fällen (Errichtung des Spielplatzes auf einem Grundstück des Steuerpflichtigen oder als gemeinsamer Spielplatz mit anderen Hauseigentümern) entsteht durch die Aufwendungen ein selbständig zu bewertendes Wirtschaftsgut, dessen Nutzungsdauer im allgemeinen mit zehn Jahren angenommen werden kann.

S 2171a

Hinweise

H 33a

Abgrenzung der Herstellungskosten vom Erhaltungsaufwand bei Gebäuden
→ R 157 und → BMF vom 16.12.1996 (BStBl I S. 1442)

Anhang 23

Abgrenzung der selbständigen von den unselbständigen Gebäudeteilen
→ R 13 Abs. 5

Abbruchkosten
Wird ein Gebäude oder ein Gebäudeteil abgerissen, so sind für die steuerrechtliche Behandlung folgende Fälle zu unterscheiden:
1. Der Steuerpflichtige hatte das Gebäude auf einem ihm bereits gehörenden Grundstück errichtet,
2. der Steuerpflichtige hat das Gebäude in der Absicht erworben, es als Gebäude zu nutzen (Erwerb ohne Abbruchabsicht),
3. der Steuerpflichtige hat das Gebäude zum Zweck des Abbruchs erworben (Erwerb mit Abbruchabsicht),
4. der Steuerpflichtige plant den Abbruch eines zum Privatvermögen gehörenden Gebäudes und die Errichtung eines zum Betriebsvermögen gehörenden Gebäudes (Einlage mit Abbruchabsicht).

In den Fällen der Nummern 1 und 2 sind im Jahr des Abbruchs die Abbruchkosten und der Restbuchwert des abgebrochenen Gebäudes sofort abziehbare Betriebsausgaben (zu Nr. 1 → BFH vom 21.6.1963 – BStBl III S. 477 und vom 28.3.1973 – BStBl II S. 678, zu Nr. 2 → BFH vom 12.6.1978 – BStBl II S. 620). Dies gilt auch bei einem in Teilabbruchabsicht erworbenen Gebäude für die Teile, deren Abbruch nicht geplant war. Die darauf entfallenden Abbruchkosten und der anteilige Restbuchwert sind ggf. im Wege der Schätzung zu ermitteln (→ BFH vom 15.10.1996 – BStBl 1997 II S. 325).

Im Fall der Nummer 3 gilt folgendes:

a) War das Gebäude technisch oder wirtschaftlich nicht verbraucht, so gehören sein Buchwert und die Abbruchkosten, wenn der Abbruch des Gebäudes mit der Herstellung eines neuen Wirtschaftsguts in einem engen wirtschaftlichen Zusammenhang steht, zu den Herstellungskosten dieses Wirtschaftsguts, sonst zu den Anschaffungskosten des Grund und Bodens (→ BFH vom 4.12.1984 – BStBl 1985 II S. 208). Müssen bei einem in Teilabbruchabsicht erworbenen Gebäude umfangreichere Teile als geplant abgerissen werden, gehören die Abbruchkosten und der Restwert des abgerissenen Gebäudes insoweit zu den Herstellungskosten des neuen Gebäudes, als sie auf Gebäudeteile entfallen, die bei Durchführung des im Erwerbszeitpunkt geplanten Umbaus ohnehin hätten entfernt werden sollen. Dieser Anteil ist ggf. im Wege der Schätzung zu ermitteln (→ BFH vom 15.10.1996 – BStBl 1997 II S. 325).

b) War das Gebäude im Zeitpunkt des Erwerbs objektiv wertlos, so entfällt der volle Anschaffungspreis auf den Grund und Boden (→ BFH vom 15.2.1989 – BStBl II S. 604); für die Abbruchkosten gilt Buchstabe a entsprechend.

Wird mit dem Abbruch eines Gebäudes innerhalb von drei Jahren nach dem Erwerb begonnen, so spricht der Beweis des ersten Anscheins dafür, daß der Erwerber das Gebäude in der Absicht erworben hat, es abzureißen. Der Steuerpflichtige kann diesen Anscheinsbeweis durch den Gegenbeweis entkräften, z.B. daß es zu dem Abbruch erst aufgrund eines ungewöhnlichen Geschehensablaufs gekommen ist. Damit ist nicht ausgeschlossen, daß in besonders gelagerten Fällen, z.B. bei großen Arrondierungskäufen, auch bei einem Zeitraum von mehr als drei Jahren zwischen Erwerb und Beginn des Abbruchs der Beweis des ersten Anscheins für einen Erwerb in Abbruchabsicht spricht (→ BFH vom 12.6.1978 – BStBl II S. 620). Für den Beginn der Dreijahresfrist ist in der Regel der Abschluß des obligatorischen Rechtsgeschäfts maßgebend (→ BFH vom 6.2.1979 – BStBl II S. 509).

Im Fall der Nummer 4 gehören der Wert des abgebrochenen Gebäudes und die Abbruchkosten zu den Herstellungskosten des neu zu errichtenden Gebäudes; der Einlagewert des Gebäudes ist nicht schon deshalb mit 0 DM anzusetzen, weil sein Abbruch beabsichtigt ist (→ BFH vom 9.2.1983 – BStBl II S. 451).

Gebäude und Gebäudeteile

Begriff → R 42 Abs. 5 und 6.

Zu den Herstellungskosten eines Gebäudes rechnen u.a.:

Ablöse- und Abstandzahlungen

– **Entschädigungszahlungen an Mieter oder Pächter** für vorzeitige Räumung eines Grundstücks zur Errichtung eines Gebäudes → BFH vom 9.2.1983 (BStBl II S. 451)

– Aufwendungen für die Ablösung der **Verpflichtung zur Errichtung von Stellplätzen** → BFH vom 8.3.1984 (BStBl II S. 702)

Anschaffungsnaher Aufwand

→ R 157 Abs. 4

→ H 157

Baumaterial aus Enttrümmerung

→ BFH vom 5.12.1963 (BStBl 1964 III S. 299)

Bauplanungskosten: auch vergebliche Planungskosten, wenn der Steuerpflichtige die ursprüngliche Planung zwar nicht verwirklicht, später aber ein die beabsichtigten Zwecke erfüllendes Gebäude erstellt

→ BFH vom 29.11.1983 (BStBl 1984 II S. 303, 306)

Kosten zur **Beseitigung von Baumängeln**

– **Prozeßkosten** → BFH vom 1.12.1987 (BStBl 1988 II S. 431)

– bei **mangelhaften Bauleistungen** → BFH vom 31.3.1992 (BStBl II S. 805)

- **Abtragung unselbständiger Gebäudeteile** während der Bauphase → BFH vom 30.8.1994 (BStBl 1995 II S. 306)

→ H 44 (AfaA)

Aufwendungen für **Einbauten als unselbständige Gebäudeteile**
→ BFH vom 26.11.1973 (BStBl 1974 II S. 132)

Aufwendungen für **Einfriedungen und Außenanlagen als unselbständige Gebäudeteile**
- **lebende Umzäunung** → BFH vom 30.6.1966 (BStBl III S. 541)
- **Maschendrahtzaun** → BFH vom 15.12.1977 (BStBl 1978 II S. 210)

Aufwendungen für übliche **Erdarbeiten**
- **Hangabtragung** → BFH vom 27.1.1994 (BStBl II S. 512)
- **Freimachen** des Geländes von **Buschwerk und Bäumen** → BFH vom 26.8.1994 1995 II S. 71)

Fahrtkosten zur Baustelle in tatsächlicher Höhe
→ BFH vom 10.5.1995 (BStBl II S. 713)

Hausanschlußkosten
- für **Anlagen zur Ableitung von Abwässern**
  → BFH vom 24.11.1967 (BStBl 1968 II S. 178)
- für Anschlüsse **an Versorgungsnetze (Strom, Gas, Wasser, Wärme)**
  → BFH vom 15.1.1965 (BStBl III S. 226)

Aufwendungen für abgehängte Kassettendecken mit integrierter Beleuchtungsanlage in Büroräumen
→ BFH vom 8.10.1987 (BStBl 1988 II S. 440)

Aufwendungen für die **Spüle** und den – nach der regionalen Verkehrsauffassung erforderlichen – **Kochherd**
→ BFH vom 13.3.1990 (BStBl II S. 514)

Tätigkeitsvergütung im Sinne des § 15 Abs. 1 Satz 1 Nr. 2 EStG, die dem Gesellschafter von der Gesellschaft im Zusammenhang mit der Herstellung eines Gebäudes gewährt wird
→ BFH vom 8.2.1996 (BStBl II S. 427)

→ H 33 (Kalkulatorische Kosten)

Nicht zu den Herstellungskosten eines Gebäudes rechnen u. a.:
Wert der eigenen **Arbeitsleistung**
→ BFH vom 10.5.1995 (BStBl II S. 713)
→ H 33 (Kalkulatorische Kosten)

Beiträge für Bauzeitversicherung
→ BFH vom 25.2.1976 (BStBl 1980 II S. 294)

Aufwendungen für Einfriedungen und Außenanlagen als unbewegliche Wirtschaftsgüter, die keine Gebäude oder Gebäudeteile sind
→ BFH vom 1.7.1983 (BStBl II S. 686)

Aufwendungen für Gartenanlagen
→ BFH vom 30.1.1996 (BStBl 1997 II S. 25)

Aufwendungen für Waschmaschinen, und zwar auch dann, wenn sie auf einem Zementsockel angeschraubt sind und den Mietern gegen Entgelt zur Verfügung stehen
→ BFH vom 30.10.1970 (BStBl 1971 II S. 95).

§ 6 EStG
R 34   H 33a

Weder Herstellungskosten des Gebäudes noch Erhaltungsaufwand, sondern Anschaffungskosten des Grund und Bodens sind u.a.:

Erschließungs-, Straßenanlieger- und andere auf das Grundstückseigentum bezogene, kommunale Beiträge und Beiträge für sonstige Anlagen außerhalb des Grundstücks
- **Ansiedlungsbeitrag**
  → BFH vom 9.12.1965 (BStBl 1966 III S. 191)
- Erschließungsbeitrag des **Erbbauberechtigten**
  → BFH vom 22.2.1967 (BStBl III S. 417)
- erstmalige **Erschließungsbeiträge, und zwar auch dann, wenn hierfür wegen geänderter Berechnungsgrundlagen Beiträge nachgefordert werden;** bei **Ersetzung** oder **Modernisierung** vorhandener Erschließungseinrichtungen nur dann, wenn das Grundstück durch die Maßnahme in seiner Substanz oder in seinem Wesen geändert wird
  (→ BFH vom 22.3.1994 − BStBl II S. 842 **und vom 3.7.1997 − BStBl II S. 811**).
- Beiträge für **Zweit- oder Zusatzerschließung**, wenn sich der Wert des Grundstücks aufgrund einer Erweiterung der Nutzbarkeit oder einer günstigeren Lage erhöht (→ BFH vom 12.1.1995 − BStBl II S. 632, vom 7.11.1995 − BStBl 1996 II S. 89 und S. 190 und vom 19.12.1995 − BStBl 1996 II S. 134).

R 34   34. Zuschüsse für Anlagegüter

Begriff des Zuschusses

S 2171
S 2171a

(1) ¹Ein Zuschuß ist ein Vermögensvorteil, den ein Zuschußgeber zur Förderung eines – zumindest auch – in seinem Interesse liegenden Zwecks dem Zuschußempfänger zuwendet. ²Fehlt ein Eigeninteresse des Leistenden, liegt kein Zuschuß vor. ³In der Regel wird ein Zuschuß auch nicht vorliegen, wenn ein unmittelbarer wirtschaftlicher Zusammenhang mit einer Leistung des Zuschußempfängers feststellbar ist.

Wahlrecht

S 2143
S 2172

(2) ¹Werden Anlagegüter mit Zuschüssen aus öffentlichen oder privaten Mitteln angeschafft oder hergestellt, so hat der Steuerpflichtige ein → Wahlrecht. ²Er kann die Zuschüsse als Betriebseinnahmen ansetzen; in diesem Fall werden die Anschaffungs- oder Herstellungskosten der betreffenden Wirtschaftsgüter durch die Zuschüsse nicht berührt. ³Er kann die Zuschüsse aber auch erfolgsneutral behandeln; in diesem Fall dürfen die Anlagegüter, für die die Zuschüsse gewährt worden sind, nur mit den Anschaffungs- oder Herstellungskosten bewertet werden, die der Steuerpflichtige **selbst**, also ohne Berücksichtigung der Zuschüsse **aufgewendet** hat. ⁴Voraussetzung für die erfolgsneutrale Behandlung der Zuschüsse ist, daß in der handelsrechtlichen Jahresbilanz entsprechend verfahren wird. ⁵Soweit in einem folgenden Wirtschaftsjahr bei einem Wirtschaftsgut in der handelsrechtlichen Jahresbilanz eine nach Satz 3 vorgenommene Bewertung durch eine Zuschreibung rückgängig gemacht wird, erhöht der Betrag der Zuschreibung den Buchwert des Wirtschaftsguts.

Nachträglich gewährte Zuschüsse

(3) ¹Werden Zuschüsse, die erfolgsneutral behandelt werden, erst nach der Anschaffung oder Herstellung von Anlagegütern gewährt, so sind sie **nachträglich** von den gebuchten Anschaffungs- oder Herstellungskosten abzusetzen. ²Ebenso ist zu verfahren, wenn die Anlagen mit Hilfe eines **Darlehens** angeschafft oder hergestellt worden sind und der nachträglich gewährte Zuschuß auf dieses Darlehen verrechnet oder zur Tilgung des Darlehens verwendet wird.

Im voraus gewährte Zuschüsse

(4) ¹Werden Zuschüsse gewährt, die erfolgsneutral behandelt werden sollen, wird aber das Anlagegut ganz oder teilweise erst in einem auf die Gewährung des Zuschusses folgenden Wirtschaftsjahr angeschafft oder hergestellt, so kann in Höhe der – noch – nicht verwendeten Zuschußbeträge eine steuerfreie **Rücklage** gebildet werden, die im Wirtschaftsjahr der

§ 6 EStG
H 34   R 34, 35 (1)

Anschaffung oder Herstellung auf das Anlagegut zu übertragen ist. ²Für die Bildung der Rücklage ist Voraussetzung, daß in der handelsrechtlichen Jahresbilanz ein entsprechender Passivposten in mindestens gleicher Höhe ausgewiesen wird.

Hinweise

H 34

Betriebsunterbrechungsversicherung
Leistungen der Betriebsunterbrechungsversicherung sind keine Zuschüsse
→ BFH vom 29.4.1982 (BStBl II S. 591)
→ H 35 (1) Entschädigung

Geld- oder Bauleistungen
Geld- oder Bauleistungen des Mieters zur Erstellung eines Gebäudes sind keine Zuschüsse, sondern ein zusätzliches Nutzungsentgelt für die Gebrauchsüberlassung des Grundstücks (→ BFH vom 28.10.1980 – BStBl 1981 II S. 161).

Investitionszulagen sind keine Zuschüsse.
→ § 10 InvZulG

Anhang 14

Mieterzuschüsse
→ R 163 Abs. 3

Nachträglich gewährte Zuschüsse
Zur AfA → R 43 Abs. 4

Öffentliche Zuschüsse unter Auflage
→ H 163 (Zuschüsse)

Rechnungsabgrenzungsposten
→ H 31b (Investitionszuschüsse)

Verlorene Zuschüsse
von Mineralölgesellschaften an Tankstelleninhaber → BFH vom 16.5.1957 (BStBl III S. 342).

im Zusammenhang mit Bierlieferungsrechten → H 31a (Bierlieferungsverträge)

Wahlrecht
Das Wahlrecht, Investitionszuschüsse aus öffentlichen Mitteln nicht als Betriebseinnahmen zu erfassen, sondern von den Anschaffungs- bzw. Herstellungskosten des bezuschußten Wirtschaftsguts abzusetzen (→ R 34 Abs. 2), ist rechtens (→ BFH vom 19.7.1995 – BStBl 1996 II S. 28). Mit der Bildung von Wertberichtigungsposten nach der KHBV übt ein Krankenhausträger das Wahlrecht im Sinne einer Minderung der Anschaffungs- oder Herstellungskosten der mit Fördermitteln angeschafften oder hergestellten Anlagegüter aus (→ BFH vom 26.11.1996 – BStBl 1997 II S. 390).

WIR-Prämie
Die Prämie ist kein Zuschuß (→ BFH vom 24.1.1996 – BStBl II S. 441).

35. Übertragung stiller Reserven bei Ersatzbeschaffung

R 35

Allgemeines

R 35 (1)

(1) ¹Die Gewinnverwirklichung durch Aufdeckung stiller Reserven kann in bestimmten Fällen der Ersatzbeschaffung vermieden werden. ²Voraussetzung ist, daß

S 2138

1. ein Wirtschaftsgut des Anlage- oder Umlaufvermögens infolge höherer Gewalt oder infolge oder zur Vermeidung eines behördlichen Eingriffs gegen → Entschädigung aus dem Betriebsvermögen ausscheidet,

§ 6 EStG
R 35 (1, 2) H 35 (1, 2)

2. innerhalb einer bestimmten Frist ein funktionsgleiches Wirtschaftsgut (Ersatzwirtschaftsgut) angeschafft oder hergestellt wird, auf dessen Anschaffungs- oder Herstellungskosten die aufgedeckten stillen Reserven übertragen werden, und
3. in dem handelsrechtlichen Jahresabschluß entsprechend verfahren wird.

H 35 (1) Hinweise

Aufdeckung stiller Reserven

Das Unterlassen der Aufdeckung stiller Reserven in bestimmten Fällen der Ersatzbeschaffung ist aus einer einschränkenden Auslegung des Realisationsgrundsatzes herzuleiten; es gibt keinen durchgängigen Gewinnrealisierungszwang für sämtliche Veräußerungsvorgänge (→ BFH vom 14.11.1990 – BStBl 1991 II S. 222).

Einlage

Die Einlage eines Wirtschaftsguts in das Betriebsvermögen ist keine Ersatzbeschaffung (→ BFH vom 11.12.1984 – BStBl 1985 II S. 250).

Entnahme

Eine Gewinnverwirklichung kann nicht durch Ersatzbeschaffung vermieden werden, wenn ein Wirtschaftsgut durch Entnahme aus dem Betriebsvermögen ausscheidet (→ BFH vom 24.5.1973 – BStBl II S. 582).

Entschädigung

– Eine Entschädigung im Sinne von R 35 Abs. 1 liegt nur vor, soweit sie für das aus dem Betriebsvermögen ausgeschiedene Wirtschaftsgut als solches und nicht für Schäden gezahlt worden ist, die die Folge des Ausscheidens aus dem Betriebsvermögen sind (z. B. Entschädigungen für künftige Nachteile beim Wiederaufbau, Ertragswertentschädigung für die Beeinträchtigung des verbleibenden Betriebs); ausnahmsweise können auch Zinsen in die Entschädigung im Sinne von R 35 Abs. 1 einzubeziehen sein (→ BFH vom 29.4.1982 – BStBl II S. 568).

– Leistungen einer Betriebsunterbrechungsversicherung, soweit diese die Mehrkosten für die beschleunigte Wiederbeschaffung eines durch Brand zerstörten Wirtschaftsguts übernimmt, sind Entschädigungen im Sinne von R 35 Abs. 1 (→ BFH vom 9.12.1982 – BStBl 1983 II S. 371).

– Es ist nicht schädlich, wenn die Entschädigung für das ausgeschiedene Wirtschaftsgut in einem Sachwert besteht, der Privatvermögen wird (→ BFH vom 19.12.1972 – BStBl 1973 II S. 297).

R 35 (2) Höhere Gewalt – behördlicher Eingriff

(2) ¹Höhere Gewalt liegt vor, wenn das Wirtschaftsgut infolge von Elementarereignissen wie z. B. Brand, Sturm oder Überschwemmung sowie durch Diebstahl, nicht aber infolge eines Verkehrsunfalls ausscheidet. ²Fälle eines behördlichen Eingriffs sind z. B. Maßnahmen zur Enteignung oder Inspruchnahme für Verteidigungszwecke.

H 35 (2) Hinweise

Behördlicher Eingriff
ist zu **bejahen**
– bei Enteignung (→ BFH vom 14.11.1990 – BStBl 1991 II S. 222)
– bei behördlichen Bauverboten (→ BFH vom 17.10.1961 – BStBl III S. 566 und vom 6.5.1971 – BStBl II S. 664)

- bei behördlich angeordneter Betriebsunterbrechung (→ BFH vom 8.10.1975 – BStBl 1976 II S. 186)

ist zu **verneinen**
- bei Ausübung eines Wiederkaufsrechts durch die Gemeinde (→ BFH vom 21.2.1978 – BStBl II S. 428)
- bei Aufstellung eines Bebauungsplans, der die bisherige Nutzung des Grundstücks wegen Bestandsschutzes unberührt läßt, selbst wenn dadurch eine sinnvolle Betriebserweiterung oder -umstellung ausgeschlossen wird; bei Veräußerungen zur Durchführung erforderlicher Maßnahmen zur Strukturanpassung kann aber eine Gewinnverwirklichung unter den Voraussetzungen der §§ 6b, 6c EStG vermieden werden (→ BFH vom 14.11.1990 – BStBl 1991 II S. 222)
- bei Veräußerung infolge einer wirtschaftlichen Zwangslage, selbst wenn die Unterlassung der Veräußerung unter Berücksichtigung aller Umstände eine wirtschaftliche Fehlmaßnahme gewesen wäre (→ BFH vom 20.8.1964 – BStBl III S. 504)
- bei Tausch von Grundstücken oder Veräußerung eines Grundstücks und Erwerb eines Ersatzgrundstücks, wenn lediglich ein gewisses öffentliches Interesse an den Maßnahmen besteht (→ BFH vom 29.3.1979 – BStBl II S. 412).

Höhere Gewalt

ist zu **bejahen**
- bei Abriß eines Gebäudes wegen erheblicher, kurze Zeit nach der Fertigstellung auftretender Baumängel (→ BFH vom 18.9.1987 – BStBl 1988 II S. 330)

ist zu **verneinen**
- bei Unbrauchbarwerden einer Maschine infolge eines Material- oder Konstruktionsfehlers oder eines Bedienungsfehlers (→ BFH vom 15.5.1975 – BStBl II S. 692).

Übertragung aufgedeckter stiller Reserven

R 35 (3)

(3) ¹Bei einem ausgeschiedenen Betriebsgrundstück mit aufstehendem Gebäude können beim Grund und Boden und beim Gebäude aufgedeckte stille Reserven jeweils auf neu angeschafften Grund und Boden oder auf ein neu angeschafftes oder hergestelltes Gebäude übertragen werden. ²Soweit eine Übertragung der bei dem Grund und Boden aufgedeckten stillen Reserven auf die Anschaffungskosten des erworbenen Grund und Bodens nicht möglich ist, können die stillen Reserven auf die Anschaffungs- oder Herstellungskosten des Gebäudes übertragen werden. ³Entsprechendes gilt für die bei dem Gebäude aufgedeckten stillen Reserven. ⁴Wird bei einem Wirtschaftsgut in dem handelsrechtlichen Jahresabschluß eines Wirtschaftsjahres, das dem Wirtschaftsjahr der Übertragung von aufgedeckten stillen Reserven folgt, die Übertragung durch eine Zuschreibung rückgängig gemacht, erhöht der Betrag der Zuschreibung den Buchwert des Wirtschaftsguts.

Hinweise

Buchwert
Wegen des Begriffs Buchwert → R 41a Abs. 6.

Mehrentschädigung
Scheidet ein Wirtschaftsgut gegen Barzahlung und gegen Erhalt eines Ersatzwirtschaftsguts aus dem Betriebsvermögen aus oder wird die für das Ausscheiden eines Wirtschaftsguts erhaltene Entschädigung nicht in voller Höhe zur Beschaffung eines Ersatzwirtschaftsguts verwendet, so dürfen die aufgedeckten stillen Reserven nur anteilig auf das Ersatzwirtschaftsgut übertragen werden (→ BFH vom 3.9.1957 – BStBl III S. 386).

Beispiel:
Letzter Buchwert des ausgeschiedenen Wirtschaftsguts	30.000 DM
Entschädigung oder Gegenleistung für das ausgeschiedene Wirtschaftsgut (Wert des Ersatzwirtschaftsguts zuzüglich der erhaltenen Barzahlung)	50.000 DM
Aufgedeckte stille Reserven	20.000 DM
Anschaffungs- oder Herstellungskosten des Ersatzwirtschaftsguts	40.000 DM
Zu übertragende stille Reserven anteilig $\frac{20.000 \times 40.000}{50.000} =$	16.000 DM
Das Ersatzwirtschaftsgut wird angesetzt mit (40.000 DM – 16.000 DM =)	24.000 DM
Steuerpflichtiger Gewinn in Höhe der nicht übertragbaren stillen Reserven (20.000 DM – 16.000 DM =)	4.000 DM

Teilwertabschreibung

Eine Teilwertabschreibung auf das Ersatzwirtschaftsgut ist nur möglich, wenn der nach der Übertragung der stillen Reserven verbleibende Betrag höher ist als der Teilwert (→ BFH vom 5.2.1981 – BStBl II S. 432).

Übertragung aufgedeckter stiller Reserven

Die zu übertragenden stillen Reserven bemessen sich auch dann nach dem Unterschied zwischen der Entschädigung und dem Buchwert des ausgeschiedenen Wirtschaftsguts, wenn die Entschädigung höher ist als der Teilwert (→ BFH vom 9.12.1982 – BStBl 1983 II S. 371).

Vorherige Anschaffung

Die Gewinnverwirklichung wegen eines behördlichen Eingriffs kann auch vermieden werden, wenn das Ersatzwirtschaftsgut vor dem Eingriff angeschafft oder hergestellt wurde (→ BFH vom 22.9.1959 – BStBl 1961 III S. 1).

R 35 (4) Rücklage für Ersatzbeschaffung

(4) [1]Soweit am Schluß des Wirtschaftsjahrs, in dem das Wirtschaftsgut aus dem Betriebsvermögen ausgeschieden ist, noch keine Ersatzbeschaffung vorgenommen wurde, kann in Höhe der aufgedeckten stillen Reserven eine steuerfreie Rücklage gebildet werden, wenn zu diesem Zeitpunkt eine Ersatzbeschaffung ernstlich geplant und zu erwarten ist. [2]Die Nachholung der Rücklage für Ersatzbeschaffung in einem späteren Wirtschaftsjahr ist nicht zulässig. [3]Eine Rücklage, die auf Grund des Ausscheidens eines beweglichen Wirtschaftsguts gebildet wurde, ist am Schluß des ersten auf ihre Bildung folgenden Wirtschaftsjahrs gewinnerhöhend aufzulösen, wenn bis dahin ein Ersatzwirtschaftsgut weder angeschafft oder hergestellt noch bestellt worden ist. [4]Die Frist von einem Jahr verdoppelt sich bei einer Rücklage, die auf Grund des Ausscheidens eines Grundstücks oder Gebäudes gebildet wurde. [5]Die Frist von einem oder zwei Jahren kann im Einzelfall angemessen verlängert werden, wenn der Steuerpflichtige glaubhaft macht, daß die Ersatzbeschaffung noch ernstlich geplant und zu erwarten ist, aber aus besonderen Gründen noch nicht durchgeführt werden konnte. [6]Im Zeitpunkt der Ersatzbeschaffung ist die Rücklage durch Übertragung auf die Anschaffungs- oder Herstellungskosten des Ersatzwirtschaftsguts aufzulösen. [7]Absatz 3 gilt entsprechend.

Hinweise

Betriebsaufgabe/Betriebsveräußerung

Wegen der Besteuerung eines Gewinns aus der Auflösung einer Rücklage für Ersatzbeschaffung anläßlich der Veräußerung oder Aufgabe eines Betriebs → H 139 Abs. 9 (Rücklage).

Gewinnermittlung nach § 4 Abs. 3 EStG

(5) ¹Die vorstehenden Grundsätze gelten bei Gewinnermittlung durch Einnahmenüberschußrechnung sinngemäß. ²Ist die Entschädigungsleistung höher als der im Zeitpunkt des Ausscheidens noch nicht abgesetzte Teil der Anschaffungs- oder Herstellungskosten, so kann der darüber hinausgehende Betrag im Wirtschaftsjahr der Ersatzbeschaffung von den Anschaffungs- oder Herstellungskosten des Ersatzwirtschaftsguts sofort voll abgesetzt werden. ³Fließt die Entschädigungsleistung nicht in dem Wirtschaftsjahr zu, in dem der Schaden entstanden ist, so ist es aus Billigkeitsgründen nicht zu beanstanden, wenn der Steuerpflichtige den noch nicht abgesetzten Betrag der Anschaffungs- oder Herstellungskosten des ausgeschiedenen Wirtschaftsguts in dem Wirtschaftsjahr berücksichtigt, in dem die Entschädigung geleistet wird. ⁴Wird der Schaden nicht in dem Wirtschaftsjahr beseitigt, in dem er eingetreten ist oder in dem die Entschädigung gezahlt wird, so ist es aus Billigkeitsgründen auch nicht zu beanstanden, wenn sowohl der noch nicht abgesetzte Betrag der Anschaffungs- oder Herstellungskosten des ausgeschiedenen Wirtschaftsguts als auch die Entschädigungsleistung erst in dem Wirtschaftsjahr berücksichtigt werden, in dem der Schaden beseitigt wird. ⁵Voraussetzung ist, daß die Anschaffung oder Herstellung eines Ersatzwirtschaftsguts am Schluß des Wirtschaftsjahrs, in dem der Schadensfall eingetreten ist, ernstlich geplant und zu erwarten ist und das Ersatzwirtschaftsgut bei beweglichen Gegenständen bis zum Schluß des ersten, bei Grundstücken oder Gebäuden bis zum Schluß des zweiten Wirtschaftsjahrs, das auf das Wirtschaftsjahr des Eintritts des Schadensfalls folgt, angeschafft oder hergestellt oder bestellt worden ist. ⁶Absatz 4 Satz 4 gilt entsprechend.

Gewinnermittlung nach Durchschnittssätzen und bei Gewinnschätzung

(6) ¹Wird der Gewinn nach Durchschnittssätzen gemäß § 13a EStG ermittelt oder nach Reingewinnsätzen geschätzt, so sind das zwangsweise Ausscheiden von Wirtschaftsgütern und die damit zusammenhängenden Entschädigungsleistungen auf Antrag nicht zu berücksichtigen, wenn eine Ersatzbeschaffung zeitnah vorgenommen wird; die Fristen in Absatz 4 Satz 3 bis 5 gelten entsprechend. ²Bei Schätzung des Gewinns unter Anwendung von Rohgewinn- oder Halbreingewinnrichtsätzen sind auf Antrag die Entschädigungsleistungen dem Gewinn nicht hinzuzurechnen und der noch nicht abgesetzte oder als noch nicht abgesetzt geltende Betrag der Anschaffungs- oder Herstellungskosten des ausgeschiedenen Wirtschaftsguts vom Gewinn nicht zu kürzen; die Billigkeitsregelung in Absatz 5 Satz 3 bis 5 kann hierbei in Anspruch genommen werden.

Beschädigung

(7) ¹Erhält der Steuerpflichtige für ein Wirtschaftsgut, das infolge höherer Gewalt oder eines behördlichen Eingriffs beschädigt worden ist, eine Entschädigung, so kann in Höhe der Entschädigung eine Rücklage gebildet werden, wenn das Wirtschaftsgut erst in einem späteren Wirtschaftsjahr repariert wird. ²Die Rücklage ist im Zeitpunkt der Reparatur in voller Höhe aufzulösen. ³Ist die Reparatur am Ende des zweiten auf die Bildung der Rücklage folgenden Wirtschaftsjahrs noch nicht erfolgt, so ist die Rücklage zu diesem Zeitpunkt aufzulösen. ⁴Absatz 1 Satz 2 Nummer 3 und Absatz 4 Satz 5 gelten entsprechend.

Hinweise

Beispiel für den Fall der Beschädigung

Beschädigung des Wirtschaftsguts im Jahr 01, Versicherungsleistung auf Grund der Beschädigung im Jahr 01 50.000 DM; Schadensbeseitigung im Jahr 02, Reparaturaufwand 49.000 DM.

Rücklage für Ersatzbeschaffung im Jahr 01 (Entschädigung 50.000 DM)	50.000 DM
Reparaturaufwand im Jahr 02	49.000 DM
Erfolgswirksame Rücklagenauflösung im Jahr 02 in voller Höhe	50.000 DM
Steuerpflichtiger Gewinn	1.000 DM

Wegen der **Gewinne, die bei der Veräußerung bestimmter Anlagegüter entstanden und nach § 6b oder § 6c EStG begünstigt sind,** → auch R 41a bis 41d.

§ 6 EStG
R 35a   H 35a

R 35a

35a. Teilwert

S 2171b

¹Der Teilwert kann nur im Wege der → Schätzung nach den Verhältnissen des Einzelfalls ermittelt werden. ²Zur Ermittlung des niedrigeren Teilwerts bestehen → Teilwertvermutungen. ³Die Teilwertvermutung kann widerlegt werden. ⁴Sie ist widerlegt, wenn der Steuerpflichtige anhand konkreter Tatsachen und Umstände darlegt und nachweist, daß die Anschaffung oder Herstellung eines bestimmten Wirtschaftsguts von Anfang an eine Fehlmaßnahme war, oder daß zwischen dem Zeitpunkt der Anschaffung oder Herstellung und dem maßgeblichen Bilanzstichtag Umstände eingetreten sind, die die Anschaffung oder Herstellung des Wirtschaftsguts nachträglich zur Fehlmaßnahme werden lassen. ⁵Die Teilwertvermutung ist auch widerlegt, wenn der Nachweis erbracht wird, daß die Wiederbeschaffungskosten am Bilanzstichtag niedriger als der vermutete Teilwert sind. ⁶Der Nachweis erfordert es, daß die behaupteten Tatsachen objektiv feststellbar sind.

H 35a

Hinweise

Abbruchabsicht

Bei der Ermittlung des Teilwerts eines Gebäudes ist die Abbruchabsicht nicht zu berücksichtigen (→ BFH vom 7.12.1978 – BStBl 1979 II S. 729).

Beteiligung

Zur Bestimmung des Teilwerts einer Beteiligung → BFH vom 7.11.1990 (BStBl 1991 II S. 342).

Beteiligungen
Eigene Anteile an einer Kapitalgesellschaft (GmbH-Beteiligung) können nur eingeschränkt auf den niedrigeren Teilwert abgeschrieben werden (→ BFH vom 6.12.1995 – BStBl II 1998 S. 781).

Darlehensforderung gegenüber Betriebsangehörigen
Bestimmung des Teilwerts bei unverzinslichen und niedrig verzinslichen Darlehensforderungen → BMF vom 17.1.1990 (BStBl I S. 71) und vom 5.6.1990 (BStBl I S. 239).

Einlage

Teilwert bei Einlage im Zusammenhang mit einer Betriebseröffnung

→ H 39 (Teilwert)

→ BFH vom 10.7.1991 (BStBl II S. 840):

Teilwert ist im Falle der Einlage im Zusammenhang mit der Eröffnung des Betriebs der gemeine Wert. Die Begriffsbestimmung des Teilwerts in § 6 Abs. 1 Nr. 1 Satz 3 EStG ist auf die Bewertung von Wirtschaftsgütern in einem laufenden Betrieb zugeschnitten. Bei der Bewertung von Wirtschaftsgütern im Zeitpunkt der Eröffnung des Betriebs ist die Definition entsprechend zu modifizieren. Teilwert ist dann der Preis, den ein fremder Dritter für die Beschaffung des Wirtschaftsguts aufgewendet hätte, wenn er an Stelle des Steuerpflichtigen den Betrieb eröffnet und fortgeführt haben würde. Das sind die Beschaffungskosten, die in der Regel mit dem Marktpreis (das ist gemeiner Wert) übereinstimmen (→ BFH vom 7.12. 1978 – BStBl 1979 II S. 729).

Ersatzteile im Kfz-Handel

→ BFH vom 24.2.1994 (BStBl II S. 514):

Grundsätzlich sind Wirtschaftsgüter des Umlaufvermögens, zu denen auch die Ersatzteilvorräte gehören, mit den tatsächlichen Anschaffungs- oder Herstellungskosten anzusetzen; statt der Anschaffungs- oder Herstellungskosten kann der niedrigere Teilwert angesetzt werden (§ 6 Abs. 1 Nr. 2 EStG). Bei Kaufleuten, die den Gewinn nach den handelsrechtlichen Grundsätzen ordnungsmäßiger Buchführung ermitteln, muß der niedrigere Teilwert angesetzt werden (§ 5 Abs. 1 EStG, § 253 Abs. 3 Sätze 1 und 2 HGB).

Der Teilwert von zum Absatz bestimmten Waren und sonstigen Vorräten hängt nicht nur von ihren Wiederbeschaffungskosten, sondern auch von ihrem voraussichtlichen Veräußerungserlös ab. Deckt dieser Preis nicht mehr die Selbstkosten der Waren zuzüglich eines durchschnittlichen Unternehmergewinns, so sind die Anschaffungskosten um den Fehlbetrag zu mindern. Bei Waren und sonstigen Vorräten spricht jedoch nach ständiger Rechtsprechung des BFH zunächst eine Vermutung dafür, daß ihr Teilwert im Zeitpunkt der Anschaffung den Anschaffungskosten, später den Wiederbeschaffungskosten entspricht. Sind die Wiederbeschaffungskosten der Waren nicht gesunken, ist deshalb zu vermuten, daß der Teilwert nicht niedriger als die ursprünglichen Anschaffungskosten ist. Begehrt der Steuerpflichtige den Ansatz des niedrigeren Teilwerts, muß er diese Vermutung entkräften, indem er Umstände darlegt und ggf. beweist, die die behauptete Wertminderung belegen. Er trägt die Feststellungslast für die steuermindernden Tatsachen. Das hat zur Folge, daß eine Bemessung des Teilwerts unter den Anschaffungs- oder Herstellungskosten nicht möglich ist, wenn die von ihm behaupteten Tatsachen nicht feststellbar sind.

Fehlmaßnahme

Eine Fehlmaßnahme liegt unabhängig von der Ertragslage des Betriebs vor, wenn der wirtschaftliche Nutzen der Anschaffung oder Herstellung eines Wirtschaftsguts bei objektiver Betrachtung deutlich hinter dem für den Erwerb oder die Herstellung getätigten Aufwand zurückbleibt und demgemäß dieser Aufwand so unwirtschaftlich war, daß er von einem gedachten Erwerber des gesamten Betriebs im Kaufpreis nicht honoriert würde (→ BFH vom 20.5.1988 – BStBl 1989 II S. 269).

Güterfernverkehrsgenehmigungen

Steuerliche Behandlung entgeltlich erworbener Güterfernverkehrsgenehmigungen; Teilwertabschreibung → BMF vom 12.3.1996 (BStBl I S. 372)

Investitionszuschüsse mindern grundsätzlich nicht den Teilwert der bezuschußten Wirtschaftsgüter (→ BFH vom 19.7.1995 – BStBl 1996 II S. 28).

Lagervorräte – Wertberichtigung unter dem Gesichtspunkt der Gängigkeit

Es ist die Frage gestellt worden, ob eine Wertberichtigung auf weiterhin benötigte und brauchbare Lagervorräte (Ersatzteile) auf Grund der langen Lagerdauer zulässig ist. In Übereinstimmung mit dem Bundesministerium der Finanzen und den obersten Finanzbehörden der Länder wird hierzu die Auffassung vertreten, daß Lagervorräte einer Wertberichtigung allein unter dem Gesichtspunkt der geringen Umschlagshäufigkeit nicht zugänglich sind, da den Vorräten unter Teilwertgesichtspunkten kein geringerer Wert beizumessen ist. Eine Wertberichtigung kann danach grundsätzlich nur auf andere, den Teilwert mindernde Umstände wie z. B. technische Überalterung, Beschädigungen u. ä. gestützt werden (→ OFD Frankfurt am Main vom 17.7.1997 – DB 1997 S. 1795).

Pauschalwertberichtigung bei Kreditinstituten

→ BMF vom 10.1.1994 (BStBl I S. 98)
→ BMF vom 9.5.1995 – IV B 2 – S 2174 – 13/95
→ BMF vom 26.11.1996 (BStBl I S. 1438).

Anhang 6

Retrograde Wertermittlung

Bei der retrograden Ermittlung des Teilwerts von Wirtschaftsgütern können nach dem Bilanzstichtag entstehende Selbstkosten nur insoweit berücksichtigt werden, als auch ein gedachter Erwerber sie berechtigterweise geltend machen könnte (→ BFH vom 9.11.1994 – BStBl 1995 II S. 336).

Schätzung

Im Rahmen der Schätzung des Teilwerts gelten die Wiederbeschaffungskosten als Ober- und der Einzelveräußerungspreis als Untergrenze (→ BFH vom 25.8.1983 – BStBl 1984 II S. 33):

Entnimmt ein Steuerpflichtiger eine zum Betriebsvermögen gehörende Eigentumswohnung, so liegt steuerrechtlich die Entnahme zweier Wirtschaftsgüter vor (Grund- und Bodenanteil und Gebäudeanteil). Dies schließt die **Anwendung des Vergleichsverfahrens zur Ermittlung des Teilwerts aus.** Der Teilwert des Grund- und Bodenanteils und der Teilwert des Gebäudeanteils sind vielmehr **getrennt** zu ermitteln. Für die Wertermittlung ist das **Sachwertverfahren** heranzuziehen (→ FG Düsseldorf vom 12.6.1997 – EFG 1997 S. 1302 – Nichtzulassungsbeschwerde eingelegt – BFH XI B 116/97).

Teilwertbegriff

Der Teilwert ist ein ausschließlich objektiver Wert, der von der Marktlage am Bilanzstichtag bestimmt wird; es ist unerheblich, ob die Zusammensetzung und Nutzbarkeit eines Wirtschaftsguts von besonderen Kenntnissen und Fertigkeiten des Betriebsinhabers abhängt (→ BFH vom 31.1.1991 – BStBl II S. 627).

Teilwertvermutungen

Zur Ermittlung des niedrigeren Teilwerts gelten folgende Teilwertvermutungen:

1. Im Zeitpunkt des Erwerbs oder der Fertigstellung eines Wirtschaftsguts entspricht der Teilwert den Anschaffungs- oder Herstellungskosten (→ BFH vom 13.4.1988 – BStBl II S. 892; nicht ohne weiteres anwendbar bei Erwerb eines Unternehmens oder Mitunternehmeranteils → BFH vom 6.7.1995 – BStBl II S. 831).
2. Bei nicht abnutzbaren Wirtschaftsgütern des Anlagevermögens entspricht der Teilwert auch zu späteren, dem Zeitpunkt der Anschaffung oder Herstellung nachfolgenden Bewertungsstichtagen den Anschaffungs- oder Herstellungskosten (→ BFH vom 21.7.1982 – BStBl II S. 758).
3. Bei abnutzbaren Wirtschaftsgütern des Anlagevermögens entspricht der Teilwert zu späteren, dem Zeitpunkt der Anschaffung oder Herstellung nachfolgenden Bewertungsstichtagen den um die lineare AfA verminderten Anschaffungs- oder Herstellungskosten (→ BFH vom 30.11.1988 – BStBl 1989 II S. 183).
4. Bei Wirtschaftsgütern des Umlaufvermögens entspricht der Teilwert grundsätzlich den Wiederbeschaffungskosten. Der Teilwert von zum Absatz bestimmten Waren hängt jedoch auch von deren voraussichtlichem Veräußerungserlös (Börsen- oder Marktpreis) ab (→ BFH vom 27.10.1983 – BStBl 1984 II S. 35).

Unrentabler Betrieb

Zur Abschreibung auf den niedrigeren Teilwert bei unrentablem Betrieb → BFH vom 1.3.1994 (BStBl II S. 569) und vom 20.9.1989 (BStBl 1990 II S. 206):

Keine Vermutung eines niedrigeren Teilwerts von einzelnen Wirtschaftsgütern des Betriebsvermögens wegen eines durch ungünstige Geschäftsaussichten verminderten Kaufpreises für das Gesamtunternehmen (→ BFH vom 6.7.1995 – BFHE 178 S. 176).

→ H 35a (Beteiligung)

Vorzugspreise einer Gemeinde

Bei der Ermittlung des Teilwerts eines Grundstücks sind Vorzugspreise, die eine Gemeinde Erwerbern vergleichbarer Grundstücke aus ansiedlungspolitischen Gründen einräumt, nur zu berücksichtigen, wenn die Gemeinde dadurch nachhaltig, über längere Zeit und mit in etwa gleichbleibenden Beträgen in das Marktgeschehen eingreift, so daß zum Bilanzstichtag auch andere Eigentümer ihre Grundstücke nicht teurer verkaufen können (→ BFH vom 8.9.1994 – BStBl 1995 II S. 309).

Wertaufholungsgebot

Kein Wertaufholungsgebot für eine auf den Teilwert abgeschriebene Forderung (→ BFH vom 12.10.1995 – BStBl 1996 II S. 402).

Zeitpunkt der Teilwertabschreibung

Eine Teilwertabschreibung kann nur zum Bilanzstichtag und nicht auf einen beliebigen Tag zwischen zwei Bilanzstichtagen vorgenommen werden (BFH vom 5.2.1981, BStBl II S. 432).

36. Bewertung des Vorratsvermögens

Niedrigerer Teilwert

(1) ¹Wirtschaftsgüter des Vorratsvermögens, insbesondere Roh-, Hilfs- und Betriebsstoffe, unfertige und fertige Erzeugnisse sowie Waren, sind nach § 6 Abs. 1 Nr. 2 EStG mit ihren Anschaffungs- oder Herstellungskosten (→ R 32a und 33) anzusetzen. ²Ist der Teilwert (→ R 35a) am Bilanzstichtag niedriger, so kann dieser angesetzt werden. ³Steuerpflichtige, die den Gewinn nach § 5 EStG ermitteln, müssen nach den handelsrechtlichen Grundsätzen (Niederstwertprinzip) den niedrigeren Teilwert ansetzen. ⁴Sie können jedoch Wirtschaftsgüter des Vorratsvermögens, die keinen Börsen- oder Marktpreis haben, mit den Anschaffungs- oder Herstellungskosten oder mit einem zwischen diesen Kosten und dem niedrigeren Teilwert liegenden Wert ansetzen, wenn und soweit bei vorsichtiger Beurteilung aller Umstände damit gerechnet werden kann, daß bei einer späteren Veräußerung der angesetzte Wert zuzüglich der Veräußerungskosten zu erlösen ist. ⁵Steuerpflichtige, die den Gewinn nach § 4 Abs. 1 EStG ermitteln, sind nach § 6 Abs. 1 Nr. 2 EStG berechtigt, ihr Umlaufvermögen mit den Anschaffungs- oder Herstellungskosten auch dann anzusetzen, wenn der Teilwert der Wirtschaftsgüter erheblich und voraussichtlich dauernd unter die Anschaffungs- oder Herstellungskosten gesunken ist.

(2) ¹Der Teilwert von Wirtschaftsgütern des Vorratsvermögens, deren Einkaufspreis am Bilanzstichtag unter die Anschaffungskosten gesunken ist, deckt sich in der Regel mit deren Wiederbeschaffungskosten am Bilanzstichtag, und zwar auch dann, wenn mit einem entsprechenden Rückgang der Verkaufspreise nicht gerechnet zu werden braucht. ²Bei der Bestimmung des Teilwerts von nicht zum Absatz bestimmten Vorräten (z. B. → Ärztemuster) kommt es nicht darauf an, welcher Einzelveräußerungspreis für das jeweilige Wirtschaftsgut erzielt werden könnte. ³Sind Wirtschaftsgüter des Vorratsvermögens, die zum Absatz bestimmt sind, durch Lagerung, Änderung des modischen Geschmacks oder aus anderen Gründen im Wert gemindert, so ist als niedrigerer Teilwert der Betrag anzusetzen, der von dem voraussichtlich erzielbaren Veräußerungserlös nach Abzug des durchschnittlichen Unternehmergewinns und des nach dem Bilanzstichtag noch anfallenden betrieblichen Aufwands verbleibt. ⁴Im Regelfall kann davon ausgegangen werden, daß der Teilwert dem Betrag entspricht, der sich nach Kürzung des erzielbaren Verkaufserlöses um den durchschnittlichen Rohgewinnaufschlag ergibt. ⁵Der Rohgewinnaufschlag kann in einem Vomhundertsatz (Rohgewinnaufschlagssatz) ausgedrückt und dadurch ermittelt werden, daß der betriebliche Aufwand und der durchschnittliche Unternehmergewinn dem Jahresabschluß entnommen und zum Wareneinsatz in Beziehung gesetzt werden. ⁶Der Teilwert ist in diesem Fall nach folgender Formel zu ermitteln:

$$X = \frac{Z}{(1 + Y)};$$

dabei sind: X der zu suchende Teilwert
Y der Rohgewinnaufschlagsatz (in v. H.)
Z der Verkaufserlös.

⁷Hiernach ergibt sich z. B. bei einem Verkaufserlös von 100 DM und einem Rohgewinnaufschlagsatz von 150 v. H. ein Teilwert von 40 DM. ⁸Macht ein Steuerpflichtiger für Wertminderungen eine Teilwertabschreibung geltend, so muß er die Wertminderung nachweisen. ⁹Dazu muß er Unterlagen vorlegen, die aus den Verhältnissen seines Betriebs gewonnen sind und die eine sachgemäße Schätzung des Teilwerts ermöglichen. ¹⁰In der Regel sind die tatsächlich erzielten Verkaufspreise für die im Wert geminderten Wirtschaftsgüter in der Weise und in einer so großen Anzahl von Fällen nachzuweisen, daß sich daraus ein repräsentativer Querschnitt für die zu bewertenden Wirtschaftsgüter ergibt und allgemeine Schlußfolgerungen gezogen werden können. ¹¹Bei Wirtschaftsgütern des Vorratsvermögens, für die ein Börsen- oder Marktpreis besteht, darf dieser nicht überschritten werden, es sei denn, daß der objektive Wert der Wirtschaftsgüter höher ist oder nur vorübergehende, völlig außergewöhnliche Umstände den Börsen- oder Marktpreis beeinflußt haben; der Wertansatz darf jedoch die Anschaffungs- oder Herstellungskosten nicht übersteigen.

Einzelbewertung

(3) ¹Die Wirtschaftsgüter des Vorratsvermögens sind grundsätzlich **einzeln** zu bewerten. ²Enthält das Vorratsvermögen am Bilanzstichtag Wirtschaftsgüter, die im Verkehr nach Maß,

§ 6 EStG
R 36 H 36

Zahl oder Gewicht bestimmt werden (vertretbare Wirtschaftsgüter) und bei denen die Anschaffungs- oder Herstellungskosten wegen Schwankungen der Einstandspreise im Laufe des Wirtschaftsjahrs im einzelnen nicht mehr einwandfrei feststellbar sind, so ist der Wert dieser Wirtschaftsgüter zu **schätzen**. ³In diesen Fällen stellt die **Durchschnittsbewertung** (Bewertung nach dem gewogenen Mittel der im Laufe des Wirtschaftsjahrs erworbenen und gegebenenfalls zu Beginn des Wirtschaftsjahrs vorhandenen Wirtschaftsgüter) ein zweckentsprechendes Schätzungsverfahren dar.

Gruppenbewertung

(4) ¹Zur Erleichterung der Inventur und der Bewertung können gleichartige Wirtschaftsgüter des Vorratsvermögens jeweils zu einer **Gruppe** zusammengefaßt und mit dem gewogenen Durchschnittswert angesetzt werden. ²Die Gruppenbildung und → Gruppenbewertung darf nicht gegen die Grundsätze ordnungsmäßiger Buchführung verstoßen. ³Gleichartige Wirtschaftsgüter brauchen für die Zusammenfassung zu einer Gruppe (→ R 36a Abs. 3) nicht gleichwertig zu sein. ⁴Es muß jedoch für sie ein Durchschnittswert bekannt sein. ⁵Das ist der Fall, wenn bei der Bewertung der gleichartigen Wirtschaftsgüter ein ohne weiteres feststellbarer, nach den Erfahrungen der betreffenden Branche sachgemäßer Durchschnittswert verwendet wird. ⁶Macht der Steuerpflichtige glaubhaft, daß in seinem Betrieb in der Regel die zuletzt beschafften Wirtschaftsgüter zuerst verbraucht oder veräußert werden – das kann sich z. B. aus der Art der Lagerung ergeben –, so kann diese Tatsache bei der Ermittlung der Anschaffungs- oder Herstellungskosten berücksichtigt werden. ⁷Zur Bewertung nach unterstelltem Verbrauchsfolgeverfahren → R 36a.

H 36 Hinweise

Ärztemuster

Ein als unverkäuflich gekennzeichnetes Ärztemuster ist grundsätzlich mit den Herstellungskosten zu aktivieren (→ BFH vom 30.1.1980 – BStBl II S. 327).

Bewertung von stark im Preis schwankenden Waren

→ BFH vom 17.7.1956 (BStBl III S. 379):

> Der niedrigste Markt- oder Börsenpreis aus einer Zeitspanne von 4 bis 6 Wochen vor und nach dem Bilanzstichtag kann bei starken Preisschwankungen angesetzt werden.

Ersatzteile im Kfz-Handel

→ H 35a

Festwert

Anhang 7 Begriff und Zulässigkeit → § 240 Abs. 3 i.V.m. § 256 Satz 2 HGB

Anhang 6 Ansatzvoraussetzungen und Bemessung → BMF vom 8.3.1993 (BStBl I S. 276).

Bestandsaufnahme und Wertanpassung → R 31 Abs. 4 Satz 2 bis 5

→ H 31

Der Festwert darf nur der Erleichterung der Inventur und der Bewertung, nicht jedoch dem Ausgleich von Preisschwankungen, insbesondere Preissteigerungen, dienen (→ BFH vom 1.3.1955 – BStBl III S. 144 und vom 3.3.1955 – BStBl III S. 222).

Gruppenbewertung

Anhang 7 → § 240 Abs. 4 i.V.m. § 256 Satz 2 HGB

Schwebende Geschäfte

Waren, deren Marktpreis am Bilanzstichtag gegenüber den Anschaffungskosten nachhaltig allgemein rückläufig ist, dürfen auch dann mit dem Marktpreis angesetzt werden, wenn Waren dieser Art am Bilanzstichtag bereits fest verkauft sind, der Kaufvertrag aber noch von keiner Seite erfüllt ist (→ BFH vom 29.7.1965 – BStBl III S. 648).

Warenvorräte

Der Teilwert von zum Absatz bestimmten Waren hängt nicht nur von ihren Wiederbeschaffungskosten, sondern auch von ihrem voraussichtlichen Veräußerungserlös ab. Deckt dieser Preis nicht mehr die Selbstkosten zuzüglich eines durchschnittlichen Unternehmergewinns, so sind die Anschaffungskosten um den Fehlbetrag zu vermindern (→ BFH vom 27.10.1983 – BStBl 1984 II S. 35).

Wertlosigkeit

Wirtschaftsgüter, die wertlos oder so gut wie wertlos sind, dürfen auch von Steuerpflichtigen, die den Gewinn nach § 4 Abs. 1 EStG ermitteln, nicht mit den Anschaffungs- oder Herstellungskosten ausgewiesen werden (→ BFH vom 1.12.1950 – BStBl 1951 III S. 10).

36a. Bewertung nach unterstellten Verbrauchs- und Veräußerungsfolgen

Allgemeines

(1) Andere Bewertungsverfahren mit unterstellter Verbrauchs- oder Veräußerungsfolge als die in § 6 Abs. 1 Nr. 2a EStG genannte Lifo-Methode sind nicht zulässig.

Grundsätze ordnungsmäßiger Buchführung

(2) ¹Die Lifo-Methode muß den handelsrechtlichen Grundsätzen ordnungsmäßiger Buchführung entsprechen. ²Das bedeutet nicht, daß die Lifo-Methode mit der tatsächlichen Verbrauchs- oder Veräußerungsfolge übereinstimmen muß; sie darf jedoch, wie z. B. bei leicht verderblichen Waren, nicht völlig unvereinbar mit dem betrieblichen Geschehensablauf sein. ³Die Lifo-Methode muß nicht auf das gesamte Vorratsvermögen angewandt werden. ⁴Sie darf auch bei der Bewertung der Materialbestandteile unfertiger oder fertiger Erzeugnisse angewandt werden, wenn der Materialbestandteil dieser Wirtschaftsgüter in der Buchführung getrennt erfaßt wird und dies handelsrechtlichen Grundsätzen ordnungsmäßiger Buchführung entspricht.

Gruppenbildung

(3) ¹Für die Anwendung der Lifo-Methode können gleichartige Wirtschaftsgüter zu Gruppen zusammengefaßt werden. ²Zur Beurteilung der Gleichartigkeit sind die kaufmännischen Gepflogenheiten, insbesondere die marktübliche Einteilung in Produktklassen unter Beachtung der Unternehmensstruktur, und die allgemeine Verkehrsanschauung heranzuziehen. ³Wirtschaftsgüter mit erheblichen Qualitätsunterschieden sind nicht gleichartig. ⁴Erhebliche Preisunterschiede sind Anzeichen für Qualitätsunterschiede.

Methoden der Lifo-Bewertung

(4) ¹Die Bewertung nach der Lifo-Methode kann sowohl durch permanente Lifo als auch durch Perioden-Lifo erfolgen. ²Die permanente Lifo setzt eine laufende mengen- und wertmäßige Erfassung aller Zu- und Abgänge voraus. ³Bei der Perioden-Lifo wird der Bestand lediglich zum Ende des Wirtschaftsjahrs bewertet. ⁴Dabei können Mehrbestände mit dem Anfangsbestand zu einem neuen Gesamtbestand zusammengefaßt oder als besondere Posten (Layer) ausgewiesen werden. ⁵Bei der Wertermittlung für die Mehrbestände ist von den Anschaffungs- oder Herstellungskosten der ersten Lagerzugänge des Wirtschaftsjahrs oder von den durchschnittlichen Anschaffungs- oder Herstellungskosten aller Zugänge des Wirtschaftsjahrs auszugehen. ⁶Minderbestände sind beginnend beim letzten Layer zu kürzen.

Wechsel der Bewertungsmethoden

(5) ¹Von der Lifo-Methode kann in den folgenden Wirtschaftsjahren nur mit Zustimmung des Finanzamts abgewichen werden (§ 6 Abs. 1 Nr. 2a Satz 4 EStG). ²Der Wechsel der Methodenwahl bei Anwendung der Lifo-Methode (→ Absatz 4) bedarf nicht der Zustimmung des Finanzamts. ³Der Grundsatz der → Bewertungsstetigkeit ist jedoch zu beachten.

Niedrigerer Teilwert

(6) ¹Das Niederstwertprinzip ist zu beachten (§ 6 Abs. 1 Nr. 2 Satz 2 EStG). ²Dabei ist der Teilwert der zu einer Gruppe zusammengefaßten Wirtschaftsgüter mit dem Wertansatz, der

§ 6 EStG
R 36a, 37   H 36a, 37

sich nach Anwendung der Lifo-Methode ergibt, zu vergleichen. ³Hat der Steuerpflichtige Layer gebildet (→ Absatz 4), so ist der Wertansatz des einzelnen Layer mit dem Teilwert zu vergleichen und gegebenenfalls gesondert auf den niedrigeren Teilwert abzuschreiben.

Übergang zur Lifo-Methode

(7) ¹Der beim Übergang zur Lifo-Methode vorhandene Warenbestand ist mit dem steuerrechtlich zulässigen Wertansatz fortzuführen, den der Steuerpflichtige in der Handelsbilanz des Wirtschaftsjahrs gewählt hat, das dem Wirtschaftsjahr des Übergangs zur Lifo-Methode vorangeht (Ausgangswert). ²Danach ist der Importwarenabschlag (→ § 80 EStDV) des Wirtschaftsjahrs, das der erstmaligen Anwendung der Lifo-Methode vorangeht, bei der Bewertung des Ausgangswerts für die Lifo-Methode abzuziehen.

H 36a

Hinweise

Bewertungsstetigkeit

Anhang 7   → § 252 Abs. 1 Nr. 6 HGB

Lifo-Bewertung in der Weinwirtschaft → BMF vom 28.3.1990 (BStBl I S. 148)

Lifo-Bewertungsmethode (§ 256 HGB, § 6 Abs. 1 Nr. 2a EStG); Anwendung des Verfahrens auf Fleisch → BMF vom 2.5.1997 (DB 1997 S. 1251)

R 37

37. Bewertung von Verbindlichkeiten

– unbesetzt –

H 37

Hinweise

Altkreditverbindlichkeiten bei Rangrücktritt mit Besserungsscheinvereinbarung gemäß §§ 16 Abs. 3 und 36 Abs. 3 Satz 3 DMBilG → FinMin NW vom 1.7.1997 (ESt-Kartei NW § 6 (1) Nr. 3–7 EStG Nr. 9)

Anschaffungskosten

Anhang 7   Als Anschaffungskosten einer Verbindlichkeit gilt der Nennwert (Rückzahlungsbetrag) der Verbindlichkeit (→ § 253 Abs. 1 Satz 2 HGB und BFH vom 4.5.1977 – BStBl II S. 802).

Ein Kreditinstitut darf die mit an Sicherheit grenzender Wahrscheinlichkeit nicht mehr geltend gemachten Sparguthaben nicht mehr passivieren (→ BFH vom 27.3.1996 – BStBl II S. 470).

Bearbeitungsgebühren

Gebühren, die ein Schuldner an ein Kreditinstitut für die Übernahme einer Bürgschaft zu zahlen hat, sind auf die Zeit, für die sich das Kreditinstitut vertraglich verbürgt hat, aktiv abzugrenzen (→ BFH vom 19.1.1978 – BStBl II S. 262).

Damnum

Darlehensschulden, bei denen der dem Schuldner zugeflossene Betrag (Ausgabebetrag) niedriger als der Rückzahlungsbetrag ist, sind mit dem Rückzahlungsbetrag anzusetzen; der Unterschiedsbetrag (Agio, Disagio, Damnum, Abschluß-, Bearbeitungs- oder Verwaltungsgebühren) ist als Rechnungsabgrenzungsposten auf die Laufzeit des Darlehens zu verteilen (→ BFH vom 19.1.1978 – BStBl II S. 262).

§ 6 EStG
H 37

Filmkredit
Ein Filmkredit, der aus den **Verwertungserlösen** des geförderten Films zu tilgen ist, ist mit einem geringeren als dem vereinbarten Rückzahlungsbetrag zu bewerten, soweit eine Rückzahlung mit an Sicherheit grenzender Wahrscheinlichkeit entfällt. Der handels- und steuerrechtliche Grundsatz, daß Kredite, die nur aus künftigen Reingewinnen zu tilgen sind, nicht zu passivieren sind, läßt sich nicht auf Kredite übertragen, die aus künftigen Verwertungserlösen zu tilgen sind (→ BFH vom 20. 9. 1995 – BStBl 1997 II S. 320).

Fremdwährungsverbindlichkeiten
Schulden in ausländischer Währung (Fremdwährungs- oder Valutaverbindlichkeiten) sind auch dann mit dem Kurswert im Zeitpunkt der Aufnahme der Verbindlichkeit anzusetzen, wenn der Kurs der ausländischen Währung gesunken ist. Der höhere Teilwert der Schuld kann – bei Gewinnermittlung nach § 5 EStG muß – angesetzt werden, wenn der Kurs der ausländischen Währung gestiegen ist (→ BFH vom 15.11.1990 – BStBl 1991 II S. 228).

Geldleistungsverpflichtung – Abzinsung
Der BFH hat mit Urteil vom 7.10.1997 (BStBl. II 1998 S. 331) entschieden, daß eine Rückstellung für drohende Verluste aus einem schwebenden Mietverhältnis zu bilden ist, wenn der künftigen Verpflichtung zur Zahlung von Mietzins für die Anmietung von Räumen ein mit null DM zu bewertender Nutzungsanspruch gegenübersteht, weil die angemieteten Räume für das Unternehmen ohne wirtschaftlichen Wert sind. Die Rückstellung sei nicht abzuzinsen. Nach dem Ergebnis einer Erörterung mit den obersten Finanzbehörden der Länder sind die im Urteil aufgestellten Grundsätze zur Frage der Abzinsung der Rückstellung über den entschiedenen Einzelfall hinaus nicht anzuwenden. Bei der Verpflichtung zur Zahlung von Mietzins handelt es sich um eine Geldleistungsverpflichtung, die nach den Grundsätzen von R 38 Abs. 2 EStR 1996 wirtschaftlich gesehen einen Zinsanteil enthält und die deshalb nach § 253 Abs. 1 Satz 2 Halbsatz zwei HGB abzuzinsen ist (→ BMF vom 17.8.1998 – IV B 2 – S 2175 – 3/98).

Haftungslose Darlehen
Kredite, die nur aus künftigen Erlösen oder Reingewinn zu tilgen sind, sind nicht zu passivieren (→ BMF vom 8.5.1978 – BStBl I S. 203, BFH vom 20.9.1995 – BStBl 1997 II S. 320, BMF vom 28.4.1997 – BStBl I S. 398); *für Druckbeihilfen* → *BMF vom 27.4.1998 – BStBl I S. 368).*

Passivierung von Krediten, die aus künftigen Erlösen zu tilgen sind
BMF vom 28.4.1997 (BStBl I S. 398)

Der BFH hat mit Urteil vom 20. September 1995 (BStBl 1997 II S. 320) u. a. entschieden, daß ein Kredit, der vom Empfänger der Kreditmittel aus dessen künftigen Erlösen getilgt werden soll, zu passivieren ist. Wegen der Unsicherheit, ob und in welchem Umfang mit künftigen Erlösen gerechnet werden kann, sei die Verbindlichkeit mit einem geringeren als dem vereinbarten Rückzahlungsbetrag zu bewerten. Der Abschlag hänge vom wahrscheinlichen Umfang der Rückzahlung ab.

Demgegenüber ist die Finanzverwaltung in Tz. 3 und 4 des BMF-Schreibens vom 8. Mai 1978 (BStBl I S. 203) der Auffassung, daß in derartigen Fällen eine Verbindlichkeit beim Schuldner nur dann angesetzt werden darf, wenn nicht nur dessen künftige Erlöse wirtschaftlich belastet sind, sondern auch dessen bereits vorhandenes übriges Vermögen. Darf eine Verbindlichkeit nicht angesetzt werden, sind die Kreditmittel nicht als Anschaffungskosten eines Wirtschaftsguts anzusehen.

In Abstimmung mit den obersten Finanzbehörden der Länder ist an dieser Auffassung festzuhalten. Die Grundsätze des BFH-Urteils vom 20. September 1995 sind über den entschiedenen Einzelfall hinaus nicht anzuwenden.

Konditionen
Eine Verbesserung der allgemeinen Kreditbedingungen seit der Darlehensaufnahme rechtfertigt es nicht, einen bei der Kreditaufnahme aktivierten Rechnungsabgrenzungsposten niedriger anzusetzen (→ BFH vom 20.11.1969 – BStBl 1970 II S. 209).

Rangrücktritt

Die Vereinbarung eines sog. Rangrücktritts rechtfertigt nicht die gewinnerhöhende Auflösung der Verbindlichkeit (→ BFH vom 30.3.1993 – BStBl II S. 502).

Rentenverpflichtungen

Anhang 7
- Rentenverpflichtungen sind – vorbehaltlich → R 41 – mit dem Barwert anzusetzen (→ § 253 Abs. 1 Satz 2 HGB und BFH vom 31.1.1980 – BStBl II S.).
- Ergibt sich bei einer betrieblichen Versorgungsrente aus dem Inhalt der Versorgungszusage, daß eine rechtliche Abhängigkeit zwischen den Pensionszahlungen und der Erzielung von Gewinnen aus dem Betrieb nicht gegeben ist, so kann die Passivierung der Rentenverpflichtung nicht mit der Begründung versagt werden, die Rentenzahlungen belasteten die Gewinne späterer Jahre (→ BFH vom 7.4.1994 – BStBl II S. 740).

Umschuldung

Im Falle einer Umschuldung ist der bisherige Rechnungsabgrenzungsposten nur dann in voller Höhe aufzulösen, wenn die abgegrenzten Beträge in keinem wirtschaftlichen Zusammenhang mit dem neuen oder veränderten Darlehen stehen (→ BFH vom 13.3.1974 – BStBl II S. 359).

Verjährung

Eine Verbindlichkeit ist gewinnerhöhend auszubuchen, wenn anzunehmen ist, daß sich der Schuldner auf deren Verjährung beruft (→ BFH vom 9.2.1993 – BStBl II S. 543).

Vermittlungsprovision

Aufwendungen, die dem Darlehensnehmer im Zusammenhang mit der Darlehensaufnahme durch Zahlungen an Dritte entstehen, z. B. Vermittlungsprovisionen, sind Betriebsausgaben des Jahres, in dem sie anfallen (→ BFH vom 4.5.1977 – BStBl II S. 802).

Zahlungsunfähigkeit

Der Umstand, daß der Schuldner bei Fälligkeit der Verpflichtung zahlungsunfähig ist, rechtfertigt allein keine gewinnerhöhende Ausbuchung der Verbindlichkeit (→ BFH vom 9.2.1993 – BStBl II S. 747).

Zinsfestschreibung

Ist der Zinsfestschreibungszeitraum kürzer als die Darlehenslaufzeit, so ist der Rechnungsabgrenzungsposten für ein Disagio, Damnum, etc. auf diesen Zeitraum zu verteilen (→ BFH vom 21.4.1988 – BStBl 1989 II S. 722).

R 38   38. Bewertung von Rückstellungen

Ansammlung

S 2175

(1) ¹In den Fällen, in denen der laufende Betrieb des Unternehmens ursächlich für die Entstehung der Verpflichtung ist, ist der Rückstellungsbetrag ohne Berücksichtigung einer Abzinsung durch jährliche Zuführungsraten in den Wirtschaftsjahren anzusammeln. ²Dies ist insbesondere der Fall bei Verpflichtungen zur Rekultivierung, zum Auffüllen abgebauter Hohlräume, zur Entfernung oder Erneuerung von Betriebsanlagen oder im Zusammenhang mit schadstoffbelasteten Wirtschaftsgütern. ³In diesen Fällen ist die Summe der in früheren Wirtschaftsjahren angesammelten Rückstellungsraten am Bilanzstichtag auf das Preisniveau dieses Stichtags anzuheben. ⁴Der Aufstockungsbetrag ist der Rückstellung in einem Einmalbetrag zuzuführen; eine gleichmäßige Verteilung auf die einzelnen Jahre bis zur Erfüllung der Verbindlichkeit kommt insoweit nicht in Betracht.

Abzinsung

Anhang 7

(2) ¹Enthält eine unverzinsliche Geldleistungsverpflichtung wirtschaftlich gesehen einen Zinsanteil, ist dies bei der Rückstellungsbildung zu berücksichtigen (→ § 253 Abs. 1 HGB). ²Dies kann in der Weise erfolgen, daß entweder die Rückstellung den geschätzten Erfüllungsbetrag der Leistung wiedergibt und der Zinsbetrag aktiv abgegrenzt wird oder der

Rückstellungsbetrag zunächst mit dem Barwert angesetzt und dann im Zeitablauf auf den Erfüllungsbetrag erhöht wird. ³Es ist nicht zu beanstanden, wenn ein Zinssatz von mindestens 5,5 v. H. zugrunde gelegt wird. ⁴Ein Zinsanteil ist wirtschaftlich gesehen in einer unverzinslichen Geldleistungsverpflichtung enthalten, wenn unterstellt werden kann, daß bei einer sofortigen Begleichung der Verpflichtung ein geringerer Geldaufwand erforderlich wäre als bei der zukünftigen Tilgung der Verpflichtung.

Verluste aus schwebenden Geschäften[1])

(3) ¹Bei drohenden Verlusten aus schwebenden Geschäften ist eine Rückstellung in Höhe des Teils der eigenen Verpflichtungen zu bilden, der den Wert der Gegenleistung übersteigt (Verpflichtungsüberschuß); bei Dauerschuldverhältnissen sind ausschließlich die zukünftigen Ansprüche und Verpflichtungen gegenüberzustellen. ²Bei der Ermittlung des Verpflichtungsüberschusses kann in Ausnahmefällen die Zusammenfassung mehrerer Geschäfte als wirtschaftliche Einheit in Betracht kommen.

Hinweise   H 38

Abbruchverpflichtung
Der Rückstellungsbetrag für eine bestehende Abbruchverpflichtung eines Gebäudes ist bis zum Abbruchzeitpunkt zeitanteilig in gleichen Raten (lineare Verteilung) anzusammeln (→ BFH vom 19.2.1975 – BStBl II S. 480).

Auflösung von Drohverlustrückstellungen
→ BMF vom 23.12.1997 (BStBl I S. 1021)

→ abgedruckt zu H 31c (10) Drohverlustrückstellung – Übergangsregelung.

Bewertungsgrundsätze für ungewisse Verbindlichkeiten
Rückstellungen sind nach § 6 Abs. 1 Nr. 3 EStG mit den Anschaffungskosten oder mit dem höheren Teilwert anzusetzen. Dies ist der Betrag, der bei vernünftiger kaufmännischer Beurteilung notwendig ist, um die Verpflichtung nach den Verhältnissen am Bilanzstichtag zu erfüllen (→ § 253 Abs. 1 Satz 2 HGB und BFH vom 17.2.1993 – BStBl II S. 437).

Anhang 7

Bürgschaft
Die Anerkennung der Bildung einer Rückstellung wegen Inanspruchnahme aus Bürgschaften kann nicht von der Benennung des Darlehensgläubigers abhängig gemacht werden (→ BFH vom 15.10.1998 – DB 1998 S. 311).

Gewährleistungsverpflichtung
Wird die Gewährleistungsverpflichtung eines Autoherstellers durch Erteilung einer Gutschrift für die verwendeten Ersatzteile erfüllt, ist für die Rückstellung der Händler-Nettopreis dieser Teile maßgebend (→ BFH vom 13.11.1991 – BStBl 1992 II S. 519).

Gratifikationen
Bei der Rückstellung für die Verpflichtung zur Gewährung einer Gratifikation ist die Fluktuation mindernd zu berücksichtigen. Die Verpflichtung ist auch abzuzinsen (→ BFH vom 7.7.1983 – BStBl II S. 753).

Jahresabschlußkosten/Betriebssteuererklärungen
Bei der Bemessung der Rückstellungen für Jahresabschlußkosten und für Kosten der Erstellung von Betriebssteuererklärungen ist zu unterscheiden, ob der Steuerpflichtige einen Dritten mit den Abschlußarbeiten oder der Anfertigung der Erklärungen beauftragt oder ob er diese Arbeiten durch seine Arbeitnehmer ausführen läßt. Wird ein Dritter beauftragt, so ist für die Höhe der Rückstellung das anfallende Honorar maßgebend (sog. externe Kosten). Werden die Arbeiten von eigenen Arbeitnehmern ausgeführt, so ist die Rückstellung mit den dadurch veranlaßten betrieblichen Aufwendungen (sog. interne Kosten) zu bewerten; dazu

---

[1]) Für Wirtschaftsjahre, die nach dem 31.12.1996 enden, sind § 5 Abs. 4a und § 52 Abs. 6a EStG zu beachten.

gehören nur die internen Einzelkosten, nicht jedoch die internen Gemeinkosten. Obergrenze für die anzusetzenden internen Kosten ist der Betrag, der für die gleiche Leistung an Dritte zu bezahlen wäre (→ BFH vom 24.11.1983 – BStBl 1984 II S. 301).

Jubiläumsrückstellung

Anhang 6
Wegen der Grundsätze bei der Bewertung der Jubiläumsrückstellung → BMF vom 29.10.1993 (BStBl I S. 898).

Pachterneuerungsverpflichtung

Der Rückstellungsbetrag wegen einer bestehenden, spätestens bis zum Ende der Pachtzeit fällig werdenden Pachterneuerungsverpflichtung ist unter Berücksichtigung des jährlichen Wertverzehrs des zu erneuernden Wirtschaftsguts auf der Basis der Wiederbeschaffungskosten zum jeweiligen Bilanzstichtag anzusammeln (→ BFH vom 3.12.1991 – BStBl 1993 II S. 89).

Preisänderungen

Für die Bewertung von Rückstellungen sind die Preisverhältnisse am Bilanzstichtag maßgebend; Preissteigerungen, die bis zum Erfüllungstag noch erwartet werden, dürfen nicht berücksichtigt werden (→ BFH vom 7.10.1982 – BStBl 1983 II S. 104).

Rückgriffsansprüche

(Unbestrittene) Rückgriffsansprüche sind bei der Bewertung von Rückstellungen zu berücksichtigen, wenn sie nicht als eigenständige Forderung zu aktivieren sind und derart in einem unmittelbaren Zusammenhang mit der drohenden Inanspruchnahme stehen, daß sie dieser wenigstens teilweise spiegelbildlich entsprechen, sie in rechtlich verbindlicher Weise der Entstehung oder Erfüllung der Verbindlichkeit zwangsläufig nachfolgen und sie vollwertig sind (→ BFH vom 17.2.1993 – BStBl II S. 437 und vom 3.8.1993 – BStBl 1994 II S. 444).

Rückstellung für herzustellende Betriebsvorrichtung

Für die Verpflichtung zum Einbau eines Fettabscheiders kann der Steuerpflichtige keine Rückstellung bilden, wenn die zukünftigen Aufwendungen dafür Herstellungskosten für ein selbständig bewertbares Wirtschaftsgut (Betriebsvorrichtung) darstellen (→ BFH vom 19.8.1998 – DB 1998 S. 2445).

Sachwertschuld

Die Verpflichtung zu einer Leistung, die nicht in Geld besteht (Sachwertschuld), ist nach dem Geldwert der Aufwendungen zu bewerten, die zur Bewirkung der Leistung erforderlich sind. Dies sind die Gesamtkosten (Vollkosten = Einzel- und notwendige Gemeinkosten) ohne kalkulatorische Kosten (→ BFH vom 25.2.1986 – BStBl II S. 788).

Sparprämien

Rückstellungen für die Leistung einer Sparprämie bei Ablauf eines Sparvertrags sind über die Laufzeit des Sparvertrages anzusammeln und abzuzinsen (→ BFH vom 15.7.1998 – BStBl II S. 728).

Umweltschutzmaßnahmen

Für die Umrüstung einer Anlage auf niedrigere Emissionswerte, die auf Grund einer Anordnung des Gewerbeaufsichtsamts erforderlich wird, kann eine Rückstellung für Umweltschutzmaßnahmen nicht gebildet werden, solange die für die Maßnahme gesetzte Frist noch nicht abgelaufen ist (→ FG Rheinland-Pfalz vom 18.2.1997 – EFG 1997 S. 1101 – Rev. – BFH I R 45/97).

Urlaubsverpflichtung

Bei der Ermittlung der Höhe der rückständigen Urlaubsverpflichtung sind das Bruttoarbeitsentgelt, die Arbeitgeberanteile zur Sozialversicherung, das Urlaubsgeld und andere lohnabhängige Nebenkosten zu berücksichtigen. Nicht zu berücksichtigen sind jährlich vereinbarte Sondervergütungen (z. B. Weihnachtsgeld, Tantiemen oder Zuführungen zu Pensions- und Jubiläumsrückstellungen) sowie Gehaltssteigerungen nach dem Bilanzstichtag (→ BFH vom 6.12.1995 – BStBl 1996 II S. 406).

Verwendung von Wirtschaftsgütern

Können Wirtschaftsgüter, z. B. Roh-, Hilfs- und Betriebsstoffe oder unfertige Erzeugnisse, die bereits am Bilanzstichtag vorhanden waren, bei der Erfüllung von Sachleistungsverpflichtungen verwendet werden, so sind sie mit ihren Buchwerten zu berücksichtigen (→ BFH vom 26.6.1975 – BStBl II S. 700).

Weihnachtsgeld

In einer Rückstellung für zu zahlendes Weihnachtsgeld bei abweichendem Wirtschaftsjahr kann nur der Teil der Vergütung berücksichtigt werden, der bei zeitproportionaler Aufteilung des Weihnachtsgeldes auf die Zeit vom Beginn des Kalenderjahrs bis zum Bilanzstichtag entfällt (→ BFH vom 26.6.1980 – BStBl II S. 506).

39. Bewertung von Entnahmen und Einlagen   R 39

¹Bei **Einlage** eines abnutzbaren Wirtschaftsguts innerhalb von drei Jahren nach der Anschaffung oder Herstellung sind die Anschaffungs- oder Herstellungskosten um AfA nach § 7 EStG, erhöhte Absetzungen sowie etwaige Sonderabschreibungen zu kürzen, die auf den Zeitraum zwischen der Anschaffung oder der Herstellung des Wirtschaftsguts und der Einlage entfallen. ²In diesen Fällen sind die Anschaffungs- oder Herstellungskosten auch dann um die AfA nach § 7 EStG zu kürzen, wenn das Wirtschaftsgut nach einer Nutzung außerhalb der Einkunftsarten eingelegt wird.

S 2177
S 2178

Hinweise   H 39

Bausparvertrag

Einlage eines nicht zugeteilten Bausparvertrags ins Betriebsvermögen höchstens mit den gezahlten Bauspareinlagen einschließlich der aufgelaufenen Guthabenzinsen und der Abschlußgebühren (→ BFH vom 13.1.1994 – BStBl II S. 454).

Buchwertprivileg bei Betriebsaufgabe
→ *R 139 Abs. 2*

Eigentumswohnung

Entnimmt ein Steuerpflichtiger eine zum Betriebsvermögen gehörende Eigentumswohnung, so liegt steuerrechtlich die Entnahme zweier Wirtschaftsgüter vor (Grund- und Bodenanteil und Gebäudeanteil). Dies schließt die Anwendung des Vergleichsverfahrens zur Ermittlung des Teilwerts aus. Der Teilwert des Grund- und Bodenanteils und der Teilwert des Gebäudeanteils sind vielmehr getrennt zu ermitteln. Für die Wertermittlung ist das Sachwertverfahren heranzuziehen (→ FG Düsseldorf vom 12.6.1997 – EFG 1997 S. 1302 – Nichtzulassungsbeschwerde eingelegt – BFH XI B 116/97).

Einlage einer wertgeminderten wesentlichen Beteiligung
→ R 140 Abs. 8, H 140 (8)

Forderungsverzicht eines Gesellschafters auf seine nicht mehr vollwertige Forderung gegenüber der Kapitalgesellschaft führt dort zu einer **Einlage** in Höhe des Teilwerts der Forderung. Dies gilt auch dann, wenn die entsprechende Verbindlichkeit auf abziehbare Aufwendungen zurückgeht. Der Verzicht des Gesellschafters führt bei ihm zum Zufluß des noch werthaltigen Teils der Forderung (→ BFH vom 9.6.1997 – HFR 1997 S. 839).

Geringwertiges Wirtschaftsgut

Sind bei Einlage innerhalb von drei Jahren nach der Anschaffung oder Herstellung die Anschaffungs- oder Herstellungskosten während der Zugehörigkeit des Wirtschaftsguts zum Privatvermögen nach § 9 Abs. 1 Nr. 7 Satz 2 EStG in voller Höhe als Werbungskosten abgesetzt worden, beträgt der Einlagewert 0 DM (→ BFH vom 27.1.1994 – BStBl II S. 638).

Nutzungen

Die Entnahme von Nutzungen ist mit den tatsächlichen Selbstkosten des Steuerpflichtigen zu bewerten (→ BFH vom 24.5.1989 – BStBl 1990 II S. 8):

Nach § 6 Abs. 1 Nr. 4 EStG gilt das Gebot, die Entnahme mit dem Teilwert zu bewerten, nur für Wirtschaftsgüter, die nach § 4 Abs. 1 oder nach § 5 EStG als Betriebsvermögen anzusetzen sind. Nach ständiger Rechtsprechung des BFH muß es sich dabei um bilanzierungsfähige Wirtschaftsgüter handeln. Dies ergibt sich sowohl aus dem Wortlaut des § 6 Abs. 1 Satz 1 EStG als auch aus der Verwendung des Teilwertbegriffes. Die Definition des Teilwerts in § 6 Abs. 1 Nr. 1 Satz 3 EStG bezieht sich nur auf bilanzierungsfähige Wirtschaftsgüter.

Die Rechtsprechung hat die bezüglich der Bewertung von Nutzungsentnahmen bestehende Gesetzeslücke durch den Ansatz der tatsächlichen Selbstkosten geschlossen (vgl. BStBl 1988 II S. 348, unter C. I. 1. b. bb, m. w. N.). Sie entspricht dem Sinn der Regelung. Die Bewertung der Entnahme mit dem Teilwert findet ihre Rechtfertigung darin, daß die in dem Buchwert des Wirtschaftsguts ruhenden stillen Reserven in das Privatvermögen überführt werden. Stille Reserven können sich nur in bilanzierungsfähigen Wirtschaftsgütern ansammeln. Durch die private Nutzung solcher Wirtschaftsgüter mögen zwar stille Reserven vernichtet werden können. Sie werden jedoch auch dann nicht in das Privatvermögen überführt. Damit fehlt es bezüglich der vernichteten stillen Reserven an der Verwirklichung eines unter § 4 Abs. 1 Satz 2 EStG fallenden Tatbestandes. Dies ist der Grund, weshalb stille Reserven bei der Bewertung einer Nutzungsentnahme außer Betracht bleiben müssen. Die durch § 4 Abs. 1 Satz 1 EStG vorgesehene Korrektur findet nur in Höhe der durch die Nutzungsentnahme bewirkten Minderung des buchmäßigen Betriebsvermögens statt. Dies sind die Selbstkosten.

Private Kraftfahrzeugnutzung

Anhang 12 → BMF vom 12.5.1997 (BStBl I S. 562).

Teilwert

Bei Einlagen im Zusammenhang mit einer Betriebseröffnung entspricht der Teilwert grundsätzlich dem gemeinen Wert der eingelegten Wirtschaftsgüter (→ BFH vom 10.7.1991 – BStBl II S. 840). Ein geschenktes Wirtschaftsgut ist auch dann mit dem Teilwert ins Betriebsvermögen des Beschenkten einzulegen, wenn der Schenker das eingelegte Wirtschaftsgut innerhalb der letzten drei Jahre vor der Einlage angeschafft, hergestellt oder entnommen hat (→ BFH vom 14.7.1993 – BStBl 1994 II S. 15).

Übertragung eines Kommanditanteils unter dem Buchwert des Anteils

Annahme einer Einlage in Höhe der Differenz zwischen fortzuführendem Buchwert und fehlendem oder niedrigerem Erwerbspreis bei privat veranlaßter unentgeltlicher oder teilentgeltlicher Übertragung eines Kommanditanteils unter dem Buchwert des Anteils (→ BFH vom 7.2.1995 – BStBl II S. 770).

Verdeckte Einlage

Die Bewertung der verdeckten Einlage einer wesentlichen Beteiligung bei der aufnehmenden Kapitalgesellschaft erfolgt vor dem Veranlagungszeitraum 1992 höchstens mit den Anschaffungskosten (BFH vom 11.2.1998 – BStBl II S. 691). Ab dem Veranlagungszeitraum 1992 ist die verdeckt eingelegte wesentliche Beteiligung bei der aufnehmenden Kapitalgesellschaft dagegen stets mit dem Teilwert anzusetzen (BMF vom 2.11.1998 – BStBl I S. 1227).

40. Bewertungsfreiheit für geringwertige Wirtschaftsgüter

S 2180

(1) ¹Die Frage, ob ein Wirtschaftsgut des Anlagevermögens selbständig nutzungsfähig ist, stellt sich regelmäßig für solche Wirtschaftsgüter, die in einem Betrieb zusammen mit anderen Wirtschaftsgütern genutzt werden. ²Für die Entscheidung in dieser Frage ist maßgeblich auf die betriebliche Zweckbestimmung des Wirtschaftsguts abzustellen. ³Hiernach ist ein

§ 6 EStG
R 40

Wirtschaftsgut des Anlagevermögens einer selbständigen Nutzung nicht fähig, wenn folgende Voraussetzungen kumulativ vorliegen:

1. Das Wirtschaftsgut kann nach seiner betrieblichen Zweckbestimmung nur zusammen mit anderen Wirtschaftsgütern des Anlagevermögens genutzt werden,
2. das Wirtschaftsgut ist mit den anderen Wirtschaftsgütern des Anlagevermögens in einen ausschließlichen betrieblichen Nutzungszusammenhang eingefügt, d.h., es tritt mit den in den Nutzungszusammenhang eingefügten anderen Wirtschaftsgütern des Anlagevermögens nach außen als einheitliches Ganzes in Erscheinung, wobei für die Bestimmung dieses Merkmals im Einzelfall die Festigkeit der Verbindung, ihre technische Gestaltung und ihre Dauer von Bedeutung sein können,
3. das Wirtschaftsgut ist mit den anderen Wirtschaftsgütern des Anlagevermögens technisch abgestimmt.

[4]Dagegen bleiben Wirtschaftsgüter, die zwar in einen betrieblichen Nutzungszusammenhang mit anderen Wirtschaftsgütern eingefügt und technisch aufeinander abgestimmt sind, dennoch selbständig nutzungsfähig, wenn sie nach ihrer betrieblichen Zweckbestimmung auch ohne die anderen Wirtschaftsgüter im Betrieb genutzt werden können (Müllbehälter eines Müllabfuhrunternehmens). [5]Auch Wirtschaftsgüter, die nach ihrer betrieblichen Zweckbestimmung nur mit anderen Wirtschaftsgütern genutzt werden können, sind selbständig nutzungsfähig, wenn sie nicht in einen Nutzungszusammenhang eingefügt sind, so daß die zusammen nutzbaren Wirtschaftsgüter des Betriebs nach außen nicht als ein einheitliches Ganzes in Erscheinung treten (Bestecke, Schallplatten, Tonbandkassetten, Trivialprogramme, Videokassetten). [6]Selbständig nutzungsfähig sind ferner Wirtschaftsgüter, die nach ihrer betrieblichen Zweckbestimmung nur zusammen mit anderen Wirtschaftsgütern genutzt werden können, technisch mit diesen Wirtschaftsgütern aber nicht abgestimmt sind (Paletten, Einrichtungsgegenstände).

(2) [1]Die Angaben nach § 6 Abs. 2 Satz 4 EStG sind aus der Buchführung ersichtlich, wenn sie sich aus einem besonderen Konto für geringwertige Wirtschaftsgüter oder aus dem Bestandsverzeichnis nach R 31 ergeben. [2]Sie sind nicht erforderlich für geringwertige Wirtschaftsgüter, deren Anschaffungs- oder Herstellungskosten, vermindert um einen darin enthaltenen Vorsteuerbetrag (§ 9b Abs. 1 EStG), nicht mehr als 100 DM betragen haben.

(3) [1]Die Bewertungsfreiheit für geringwertige Anlagegüter können auch Steuerpflichtige in Anspruch nehmen, die den Gewinn nach § 4 Abs. 3 EStG ermitteln, wenn sie ein Verzeichnis nach § 6 Abs. 2 Satz 4 EStG führen. [2]Absatz 2 Satz 2 gilt entsprechend.

(4) [1]Die gesamten Aufwendungen für ein Wirtschaftsgut, für das ein Steuerpflichtiger die Bewertungsfreiheit in Anspruch nimmt, müssen im Jahr der Anschaffung oder Herstellung in voller Höhe abgesetzt werden. [2]Dies gilt auch für Tiere des Anlagevermögens, bei denen AfA nach § 7 EStG nur bis zur Höhe des Schlachtwerts zulässig wären. [3]Es ist nicht zulässig, im Jahr der Anschaffung oder Herstellung nur einen Teil der Aufwendungen abzusetzen und den Restbetrag auf die betriebsgewöhnliche Nutzungsdauer zu verteilen. [4]Stellt ein Steuerpflichtiger ein selbständig bewertungsfähiges und selbständig nutzungsfähiges Wirtschaftsgut aus erworbenen Wirtschaftsgütern her, so kann er die Bewertungsfreiheit für das Wirtschaftsgut erst in dem Wirtschaftsjahr in Anspruch nehmen, in dem das Wirtschaftsgut fertiggestellt worden ist.

(5) Bei der Beurteilung der Frage, ob die Anschaffungs- oder Herstellungskosten für das einzelne Wirtschaftsgut 800 DM nicht übersteigen, ist,

1. wenn von den Anschaffungs- oder Herstellungskosten des Wirtschaftsguts ein Betrag nach § 6b oder § 6c EStG abgesetzt worden ist, von den nach § 6b Abs. 6 EStG maßgebenden
2. wenn das Wirtschaftsgut mit einem erfolgsneutral behandelten Zuschuß aus öffentlichen oder privaten Mitteln nach R 34 angeschafft oder hergestellt worden ist, von den um den Zuschuß gekürzten
3. und wenn von den Anschaffungs- oder Herstellungskosten des Wirtschaftsguts ein Betrag nach R 35 abgesetzt worden ist, von den um diesen Betrag gekürzten

Anschaffungs- oder Herstellungskosten auszugehen.

§ 6 EStG
H 40

H 40 Hinweise

Zur **Einlage** von geringwertigen Wirtschaftsgütern, für die die Bewertungsfreiheit bereits während der Zugehörigkeit zum Privatvermögen in Anspruch genommen wurde → H 39 (Geringwertiges Wirtschaftsgut).

Nachholung

Hat der Steuerpflichtige von der Bewertungsfreiheit im Jahr der Anschaffung oder Herstellung keinen Gebrauch gemacht, so kann er sie in einem späteren Jahr nicht nachholen (→ BFH vom 17.3.1982 – BStBl II S. 545).

Private Mitbenutzung

Hat ein Steuerpflichtiger die Anschaffungs- oder Herstellungskosten eines geringwertigen Wirtschaftsguts im Jahr der Anschaffung oder Herstellung in voller Höhe als Betriebsausgaben abgesetzt, so muß er den Teil der Aufwendungen, der dem privaten Nutzungsanteil entspricht, während der Nutzungszeit des Wirtschaftsguts dem Gewinn jeweils in dem Umfang hinzurechnen, der der tatsächlichen Nutzung in jedem Wirtschaftsjahr entspricht (→ BFH vom 13.3.1964 – BStBl III S. 455).

Zum Unterschied der **selbständigen Bewertbarkeit** eines Wirtschaftsguts von dessen **selbständiger Nutzungsfähigkeit** als Voraussetzung für ein geringwertiges Wirtschaftsgut → BFH vom 28.9.1990 (BStBl 1991 II S. 361).

ABC: Beispiele für selbständig nutzungsfähige Wirtschaftsgüter

- Autotelefon; Mit der Entscheidung, ein Autotelefon stelle auch nach seiner Verbindung mit einem PKW ein selbständig bewertbares Wirtschaftsgut dar, weicht das FG nicht von dem Urteil des BFH vom 28.9.1990 – BStBl 1991 II S. 187 ab (→ BFH vom 20.2.1997 – BStBl S. 360)

- Bestecke in Gaststätten, Hotels, Kantinen (→ BFH vom 19.11.1953 – BStBl 1954 III S. 18)
- Bibliothek eines Rechtsanwalts (→ BFH vom 17.5.1968 – BStBl II S. 566)
- Bücher einer Leih- oder Fachbücherei (→ BFH vom 8.12.1967 – BStBl 1968 II S. 149)
- Computer-Software, wenn es sich um Standard-Anwender-Software mit Anschaffungskosten von nicht mehr als 800 DM oder um Trivialprogramme handelt (→ BMF vom 20.1.1992 – DB 1992 S. 450). → Trivialprogramme
- Einrichtungsgegenstände in Läden, Werkstätten, Büros, Hotels, Gaststätten u.ä. – auch als Erstausstattung und in einheitlichem Stil (→ BFH vom 29.7.1966 – BStBl 1967 III S. 61)
- Fässer/Flaschen (→ BFH vom 1.7.1981 – BStBl 1982 II S. 246)
- Fernsehgeräte, die an Hotelbetriebe als Zimmerausstattung vermietet werden (→ FG München vom 25.10.1985 – V 212/82 F – BB 1986 S. 435)
- Frisierstuhl (→ FG Berlin vom 30.10.1989 – EFG 1990 S. 285 – rkr.)
- Gemälde, abnutzbar (→ BFH vom 23.4.1965 – BStBl III S. 382)
- Grundausstattung einer Kfz-Werkstatt mit Spezialwerkzeugen (→ BFH vom 17.5.1968 – BStBl II S. 571)
- Instrumentarium eines Arztes, auch als Grundausstattung (→ BFH vom 17.5.1968 – BStBl II S. 566)
- Kisten (→ BFH vom 1.7.1981 – BStBl 1982 II S. 246)
- Lampen als selbständige Wirtschaftsgüter (Steh-, Tisch- und Hängelampen; → BFH vom 17.5.1968 – BStBl II S. 567)
- Leergut (→ BFH vom 1.7.1981 – BStBl 1982 II S. 246)
- Legehennen in eiererzeugenden Betrieben
- Legehennen in eiererzeugenden Betrieben (→ BFH vom 30.4.1985 – BFH/NV S. 36)
- Leitungsanlagen (→ BMF vom 30.5.1997 – BStBl I S. 567)

§ 6 EStG
H 40

- Möbel in Hotels und Gaststätten, auch als Erstausstattung (→ BFH vom 17.5.1968 – BStBl II S. 566)
- Müllbehälter eines Müllabfuhrunternehmens, auch Systemmüllbehälter
- Musterbücher und -kollektionen im Tapeten- und Buchhandel (→ BFH vom 25.11.1965 – BStBl 1966 III S. 86)
- Paletten zum Transport und zur Lagerung von Waren (→ BFH vom 9.12.1977 – BStBl 1978 II S. 322 und vom 25.8.1989 – BStBl 1990 II S. 82)
- Regale, die aus genormten Stahlregalteilen zusammengesetzt und nach ihrer betrieblichen Zweckbestimmung in der Regel auf Dauer in dieser Zusammensetzung genutzt werden (→ BFH vom 26.7.1979 – BStBl 1980 II S. 176)
- Ruhebänke als Werbeträger
  (→ FG Niedersachsen vom 5.3.1983 – EFG 1984 S. 20)
- Schallplatten
  (→ BFH vom 10.2.1995 – BFH/NV 1995 S. 927; zu Disketten und Magnetbändern S. 928)
- einzelne, miteinander nicht fest verbundene Teile einer **Schreibtischkombination** (→ BFH vom 21.7.1998 – BStBl II S. 789)
- Schriftenminima in einem Druckereibetrieb (→ BFH vom 18.11.1975 – BStBl 1976 II S. 214).
- Spezialbeleuchtungsanlagen in einem Schaufenster (→ BFH vom 5.3.1974 – BStBl II S. 353)
- Spinnkannen einer Weberei (→ BFH vom 9.12.1977 – BStBl 1978 II S. 322)
- Straßenleuchten (→ BFH vom 28.3.1973 – BStBl 1974 II S. 2)
- Tonbandkassetten
  (→ BFH vom 10.2.1995 – BFH/NV 1995 S. 927; zu Disketten und Magnetbändern S. 928)
- Transportkästen in einer Weberei zum Transport von Garnen (→ BFH vom 17.5.1968 – BStBl II S. 568)
- Trivialprogramme (→ R 31a Abs. 1)
- Videokassetten
  (→ BFH vom 10.2.1995 – BFH/NV 1995 S. 927; zu Disketten und Magnetbändern S. 928)
- Wäsche in Hotels (→ BFH vom 17.5.1968 – BStBl II S. 566).
- Zähler (Wasser-, Gas- und Elektrizitätszähler) eines Versorgungsunternehmens

ABC: Beispiele für nicht selbständig nutzungsfähige Wirtschaftsgüter
- **Beleuchtungsanlage als Lichtband zur Beleuchtung in Fabrikräumen und Werkhallen (→ BFH vom 5.10.1956 – BStBl III S. 376) oder zur Beleuchtung einzelner Stockwerke eines Wohnhauses (→ BFH vom 5.3.1974 – BStBl II S. 353)**
- Bestuhlung in Kinos und Theatern (→ BFH vom 5.10.1966 – BStBl III S. 686).
- Bohrer in Verbindung mit Werkzeugmaschinen (→ Maschinenwerkzeuge)
- Computerzubehör (Rechner, Drucker, Maus) (→ FG München – EFG 1993 S. 214)
- Drehbank mit als Antrieb eingebautem Elektromotor (→ BFH vom 14.12.1966 – BStBl 1967 III S. 247)
- Drehstähle in Verbindung mit Werkzeugmaschinen (→ Maschinenwerkzeuge)
- Elektromotor zum Einzelantrieb einer Maschine, einer Drehbank oder eines Webstuhls (→ BFH vom 16.12.1958 – BStBl 1959 III S. 77)
- Ersatzteile für Maschinen usw. (→ BFH vom 17.5.1968 – BStBl II S. 568)
- Formen (→ BFH vom 9.3.1967 – BStBl III S. 283)
- Formplatten (→ BFH vom 30.3.1967 – BStBl III S. 302)

§§ 6, 6a EStG
H 40

- Fräser in Verbindung mit Werkzeugmaschinen (→ Maschinenwerkzeuge)
- Gerüst- und Schalungsteile sowie Schalungstafeln, die genormt und technisch aufeinander abgestimmt sind (→ BFH vom 29.7.1966 – BStBl 1967 III S. 151)
- Kühlkanäle (→ BFH vom 17.4.1985 – BStBl 1988 II S. 126)
- Leuchtstoffröhren (→ Beleuchtungsanlage)
- Lichtbänder (→ Beleuchtungsanlage)
- Lithographien (→ BFH vom 15.3.1991 – BStBl II S. 682)
- Maschinenwerkzeuge und -verschleißteile (→ BFH vom 6.10.1995 – BStBl 1996 II S. 166)
- Pflanzen von Dauerkulturen (→ BFH vom 30.11.1978 – BStBl 1979 II S. 281)

Zu Fragen der AfA bei Dauerkulturen, Zuordnung zu den beweglichen Wirtschaftsgütern und Zeitpunkt der Fertigstellung → H 44 (Fertigstellung)

- Rebstock (→ BFH vom 30.11.1978 – BStBl 1979 II S. 281)
- Regalteile (→ BFH vom 20.11.1970 – BStBl 1971 II S. 155[1]); zu Regalen aus genormten Stahlregalteilen → Beispiele für selbständig nutzungsfähige Wirtschaftsgüter)
- Sägeblätter in Diamantsägen und -gattern (→ BFH vom 19.10.1972 – BStBl 1973 II S. 53)
- Stanzwerkzeuge in Verbindung mit Werkzeugmaschinen (→ Maschinenwerkzeuge)
- Webstuhlmotor (→ Elektromotor)
- Werkzeuge (→ Maschinenwerkzeuge)
(→ BFH vom 6.10.1995 – BStBl 1996 II S. 166)

EStG
S 2176

§ 6a
Pensionsrückstellung

(1) Für eine Pensionsverpflichtung darf eine Rückstellung (Pensionsrückstellung) nur gebildet werden, wenn und soweit

1. der Pensionsberechtigte einen Rechtsanspruch auf einmalige oder laufende Pensionsleistungen hat,
2. die Pensionszusage keine Pensionsleistungen in Abhängigkeit von künftigen gewinnabhängigen Bezügen vorsieht und keinen Vorbehalt enthält, daß die Pensionsanwartschaft oder die Pensionsleistung gemindert oder entzogen werden kann, oder ein solcher Vorbehalt sich nur auf Tatbestände erstreckt, bei deren Vorliegen nach allgemeinen Rechtsgrundsätzen unter Beachtung billigen Ermessens eine Minderung oder ein Entzug der Pensionsanwartschaft oder der Pensionsleistung zulässig ist, und
3. die Pensionszusage schriftlich erteilt ist.

(2) Eine Pensionsrückstellung darf erstmals gebildet werden

1. vor Eintritt des Versorgungsfalls für das Wirtschaftsjahr, in dem die Pensionszusage erteilt wird, frühestens jedoch für das Wirtschaftsjahr, bis zu dessen Mitte der Pensionsberechtigte das 30. Lebensjahr vollendet,
2. nach Eintritt des Versorgungsfalls für das Wirtschaftsjahr, in dem der Versorgungsfall eintritt.

(3) [1]Eine Pensionsrückstellung darf höchstens mit dem Teilwert der Pensionsverpflichtung angesetzt werden. [2]Als Teilwert einer Pensionsverpflichtung gilt

1. [1]vor Beendigung des Dienstverhältnisses des Pensionsberechtigten der Barwert der künftigen Pensionsleistungen am Schluß des Wirtschaftsjahrs abzüglich des sich auf denselben Zeitpunkt ergebenden Barwerts betragsmäßig gleichbleibender Jahresbeträge. [2]Die Jahresbeträge sind so zu bemessen, daß am Beginn des Wirtschaftsjahrs, in dem das Dienstverhältnis begonnen hat, ihr Barwert gleich dem Barwert der künftigen Pensionsleistungen ist; die künftigen Pensionsleistungen sind dabei mit dem Betrag anzusetzen, der sich nach den Verhältnissen am Bilanzstichtag ergibt. [3]Es sind die Jah-

---
[1]) Anm.: → auch BStBl 1980 II S. 176 und BFH/NV 1996 S. 592.

resbeträge zugrunde zu legen, die vom Beginn des Wirtschaftsjahrs, in dem das Dienstverhältnis begonnen hat, bis zu dem in der Pensionszusage vorgesehenen Zeitpunkt des Eintritts des Versorgungsfalls rechnungsmäßig aufzubringen sind. ⁴Erhöhungen oder Verminderungen der Pensionsleistungen nach dem Schluß des Wirtschaftsjahrs, die hinsichtlich des Zeitpunkts ihres Wirksamwerdens oder ihres Umfangs ungewiß sind, sind bei der Berechnung des Barwerts der künftigen Pensionsleistungen und der Jahresbeträge erst zu berücksichtigen, wenn sie eingetreten sind. ⁵Wird die Pensionszusage erst nach dem Beginn des Dienstverhältnisses erteilt, so ist die Zwischenzeit für die Berechnung der Jahresbeträge nur insoweit als Wartezeit zu behandeln, als sie in der Pensionszusage als solche bestimmt ist. ⁶Hat das Dienstverhältnis schon vor der Vollendung des 30. Lebensjahrs des Pensionsberechtigten bestanden, so gilt es als zu Beginn des Wirtschaftsjahrs begonnen, bis zu dessen Mitte der Pensionsberechtigte das 30. Lebensjahr vollendet;

2. nach Beendigung des Dienstverhältnisses des Pensionsberechtigten unter Aufrechterhaltung seiner Pensionsanwartschaft oder nach Eintritt des Versorgungsfalls der Barwert der künftigen Pensionsleistungen am Schluß des Wirtschaftsjahrs; Nummer 1 Satz 4 gilt sinngemäß.

³Bei der Berechnung des Teilwerts der Pensionsverpflichtung sind ein Rechnungszinsfuß von 6 vom Hundert und die anerkannten Regeln der Versicherungsmathematik anzuwenden.

(4) ¹Eine Pensionsrückstellung darf in einem Wirtschaftsjahr höchstens um den Unterschied zwischen dem Teilwert der Pensionsverpflichtung am Schluß des Wirtschaftsjahrs und am Schluß des vorangegangenen Wirtschaftsjahrs erhöht werden. ²*Soweit der Unterschiedsbetrag auf der erstmaligen Anwendung neuer oder geänderter biometrischer Rechnungsgrundlagen beruht, kann er nur auf mindestens drei Wirtschaftsjahre gleichmäßig verteilt der Pensionsrückstellung zugeführt werden; entsprechendes gilt beim Wechsel auf andere biometrische Rechnungsgrundlagen.* ³In dem Wirtschaftsjahr, in dem mit der Bildung einer Pensionsrückstellung frühestens begonnen werden darf (Erstjahr), darf die Rückstellung bis zur Höhe des Teilwerts der Pensionsverpflichtung am Schluß des Wirtschaftsjahrs gebildet werden; diese Rückstellung kann auf das Erstjahr und die beiden folgenden Wirtschaftsjahre gleichmäßig verteilt werden. ⁴Erhöht sich in einem Wirtschaftsjahr gegenüber dem vorangegangenen Wirtschaftsjahr der Barwert der künftigen Pensionsleistungen um mehr als 25 vom Hundert, so kann die für dieses Wirtschaftsjahr zulässige Erhöhung der Pensionsrückstellung auf dieses Wirtschaftsjahr und die beiden folgenden Wirtschaftsjahre gleichmäßig verteilt werden. ⁵Am Schluß des Wirtschaftsjahrs, in dem das Dienstverhältnis des Pensionsberechtigten unter Aufrechterhaltung seiner Pensionsanwartschaft endet oder der Versorgungsfall eintritt, darf die Pensionsrückstellung stets bis zur Höhe des Teilwerts der Pensionsverpflichtung gebildet werden; die für dieses Wirtschaftsjahr zulässige Erhöhung der Pensionsrückstellung kann auf dieses Wirtschaftsjahr und die beiden folgenden Wirtschaftsjahre gleichmäßig verteilt werden. ⁶*Satz 2 gilt in den Fällen der Sätze 2 bis 5 entsprechend.*

(5) Die Absätze 3 und 4 gelten entsprechend, wenn der Pensionsberechtigte zu dem Pensionsverpflichteten in einem anderen Rechtsverhältnis als einem Dienstverhältnis steht.

41. Rückstellungen für Pensionsverpflichtungen

Zulässigkeit von Pensionsrückstellungen

(1) ¹Nach § 249 HGB müssen für unmittelbare Pensionszusagen Rückstellungen in der Handelsbilanz gebildet werden. ²Entsprechend dem Grundsatz der Maßgeblichkeit der Handelsbilanz hat die handelsrechtliche Passivierungspflicht die Passivierungspflicht für Pensionszusagen in der Steuerbilanz zur Folge, wenn die Voraussetzungen des § 6a Abs. 1 Nr. 1 bis 3 EStG vorliegen. ³Für laufende Pensionen und Anwartschaften auf Pensionen, die vor dem 1.1.1987 rechtsverbindlich zugesagt worden sind (Altzusagen), gilt nach Artikel 28 des Einführungsgesetzes zum HGB in der durch Gesetz vom 19.12.1985 (BGBl. I S. 2355, BStBl 1986 I S. 94) geänderten Fassung weiterhin das handels- und steuerrechtliche Passivierungs-

---
¹) Anm.: Zur Anwendung → § 52 Abs. 7a EStG.

wahlrecht; insoweit sind die Anweisungen in Abschnitt 41 EStR 1984 mit Ausnahme des Absatzes 24 Satz 5 und 6 weiter anzuwenden. ⁴Für die Frage, wann eine Pension oder eine Anwartschaft auf eine Pension rechtsverbindlich zugesagt worden ist, ist die erstmalige, zu einem Rechtsanspruch führende arbeitsrechtliche Verpflichtungserklärung maßgebend. ⁵Für Pensionsverpflichtungen, für die der Berechtigte einen Rechtsanspruch auf Grund einer unmittelbaren Zusage nach dem 31.12.1986 erworben hat (→ Neuzusagen), gelten die folgenden Absätze.

H 41 (1) Hinweise

Neuzusagen

Wegen weiterer Einzelfragen zur betrieblichen Altersversorgung auf Grund durch das Bilanzrichtlinien-Gesetz geänderten handelsrechtlichen Vorschriften → BMF vom 13.3.1987 (BStBl I S. 365).

Leistungen der betrieblichen Altersversorgung; Zusagen auf Leistungen bei schweren Erkrankungen

BMF vom 9.9.1996 (IV B 2 – S 2176 – 68/96)

Es ist gefragt worden, ob eine Zusage des Arbeitgebers, seinen Arbeitnehmern bei schweren Erkrankungen Leistungen zu erbringen, bilanzsteuerrechtlich nach den Grundsätzen zu beurteilen sind, die für Zusagen auf betriebliche Altersversorgung gelten. Nach dem Ergebnis einer Erörterung mit den obersten Finanzbehörden der Länder teile ich hierzu folgendes mit:

Unternehmen, die ihren Arbeitnehmern Leistungen der Alters-, Hinterbliebenen- oder Invaliditätsversorgung im Sinne von § 1 Betriebsrentengesetz zusagen, haben hierfür unter den Voraussetzungen des § 6a EStG in Verbindung mit R 41 Abs. 1 EStR 1993¹) Pensionsrückstellungen zu bilden. Verpflichtet sich das Unternehmen darüber hinaus, Leistungen bei schwerer Erkrankung des Arbeitnehmers zu erbringen, so liegt insoweit keine Leistung der betrieblichen Altersversorgung im Sinne von § 1 Betriebsrentengesetz vor; der Ausweis einer Pensionsrückstellung nach § 6a EStG scheidet daher aus.

Für eine derartige (Zusatz-)Verpflichtung kann das Unternehmen in der Steuerbilanz auch eine andere Rückstellung nicht bilden. Es kann dahinstehen, ob das Unternehmen wegen der Zusage, Leistungen bei schwerer Erkrankung zu erbringen, gegenüber den Arbeitnehmern, die ihre Arbeitsleistung erbracht haben, in Erfüllungsrückstand gerät oder nicht. Sollte im Einzelfall ein Erfüllungsrückstand bestehen, würde insoweit eine ähnliche Verpflichtung im Sinne des Artikels 28 Abs. 1 Satz 2 EGHGB vorliegen. Für eine solche Verpflichtung besteht nach dieser Vorschrift handelsrechtlich ein Passivierungswahlrecht und damit steuerrechtlich ein Passivierungsverbot.

Schließt das Unternehmen für eine derartige (Zusatz-)Verpflichtung eine Rückdeckungsversicherung ab, so richtet sich deren bilanzsteuerrechtliche Behandlung nach den Grundsätzen von R 41 Abs. 26 EStR 1993²).

Bei **Vorbehalt der jederzeitigen Abfindung** der Zusage ist eine Pensionsrückstellung unzulässig (→ BFH vom 10.11.1998).

R 41 (2) Rechtsverbindliche Verpflichtung

(2) ¹Eine rechtsverbindliche Pensionsverpflichtung ist z. B. gegeben, wenn sie auf Einzelvertrag, Gesamtzusage (Pensionsordnung), Betriebsvereinbarung, Tarifvertrag oder Besoldungsordnung beruht. ²Bei Pensionsverpflichtungen, die nicht auf Einzelvertrag beruhen, ist eine besondere Verpflichtungserklärung gegenüber dem einzelnen Berechtigten nicht erforderlich. ³Ob eine rechtsverbindliche Pensionsverpflichtung vorliegt, ist nach arbeitsrechtli-

---
¹) Anm.: R 41 Abs. 1 EStR 1998.
²) Anm.: R 41 Abs. 24 EStR 1998.

chen Grundsätzen zu beurteilen. ⁴Für ausländische Arbeitnehmer sind Pensionsrückstellungen unter den gleichen Voraussetzungen zu bilden wie für inländische Arbeitnehmer. ⁵Für die Zulässigkeit einer Pensionsrückstellung ist es unerheblich, ob die Pensionsanwartschaft des Berechtigten arbeitsrechtlich bereits unverfallbar ist.

Schädlicher Vorbehalt

(3) ¹Ein schädlicher Vorbehalt im Sinne des § 6a Abs. 1 Nr. 2 EStG liegt vor, wenn der Arbeitgeber die Pensionszusage nach freiem Belieben, d.h. nach seinen eigenen Interessen ohne Berücksichtigung der Interessen des Pensionsberechtigten widerrufen kann. ²Ein Widerruf nach freiem Belieben ist nach dem Urteil des Bundesarbeitsgerichts (BAG) vom 14.12.1956 (BStBl 1959 I S. 258) gegenüber einem noch aktiven Arbeitnehmer im allgemeinen zulässig, wenn die Pensionszusage eine der folgenden Formeln

„freiwillig und ohne Rechtsanspruch",

„jederzeitiger Widerruf vorbehalten",

„ein Rechtsanspruch auf die Leistungen besteht nicht",

„die Leistungen sind unverbindlich"

oder ähnliche Formulierungen enthält, sofern nicht besondere Umstände eine andere Auslegung rechtfertigen. ³Solche besonderen Umstände liegen nicht schon dann vor, wenn das Unternehmen in der Vergangenheit tatsächlich Pensionszahlungen geleistet oder eine Rückdeckungsversicherung abgeschlossen hat oder Dritten gegenüber eine Verpflichtung zur Zahlung von Pensionen eingegangen ist oder wenn die unter den oben bezeichneten Vorbehalten gegebene Pensionszusage die weitere Bestimmung enthält, daß der Widerruf nur nach „billigem Ermessen" ausgeübt werden darf oder daß im Fall eines Widerrufs die gebildeten Rückstellungen dem Versorgungszweck zu erhalten sind. ⁴Vorbehalte der oben bezeichneten Art in einer Pensionszusage schließen danach die Bildung von Rückstellungen für Pensionsanwartschaften aus. ⁵Befindet sich der Arbeitnehmer bereits im Ruhestand oder steht er unmittelbar davor, so ist der Widerruf von Pensionszusagen, die unter den oben bezeichneten Vorbehalten erteilt worden sind, nach dem BAG-Urteil vom 14.12.1956 nicht mehr nach freiem Belieben, sondern nur noch nach billigem Ermessen (→ Absatz 4) zulässig. ⁶Enthält eine Pensionszusage die oben bezeichneten allgemeinen Widerrufsvorbehalte, so ist die Rückstellungsbildung vorzunehmen, sobald der Arbeitnehmer in den Ruhestand tritt; dies gilt auch hinsichtlich einer etwa zugesagten Hinterbliebenenversorgung. ⁷Sieht die Pensionszusage vor, daß die Pensionsverpflichtung bei Eintritt des Versorgungsfalls auf eine außerbetriebliche Versorgungseinrichtung übertragen wird, ist eine Rückstellung nicht zulässig. ⁸Entsprechendes gilt, wenn das Unternehmen nach der Pensionszusage berechtigt ist, die Pensionsverpflichtung vor Eintritt des Versorgungsfalls auf eine außerbetriebliche Versorgungseinrichtung zu übertragen, die keinen Rechtsanspruch gewährt; in einem solchen Fall ist eine Rückstellung erst zulässig, wenn der Versorgungsfall eingetreten ist, ohne daß eine Übertragung vorgenommen wurde.

Unschädlicher Vorbehalt

(4) ¹Ein unschädlicher Vorbehalt im Sinne des § 6a Abs. 1 Nr. 2 EStG liegt vor, wenn der Arbeitgeber den Widerruf der Pensionszusage bei geänderten Verhältnissen nur nach billigem Ermessen (§ 315 BGB), d.h. unter verständiger Abwägung der berechtigten Interessen des Pensionsberechtigten einerseits und des Unternehmens andererseits aussprechen kann. ²Das gilt in der Regel für die Vorbehalte, die eine Anpassung der zugesagten Pensionen an nicht voraussehbare künftige Entwicklungen oder Ereignisse, insbesondere bei einer wesentlichen Verschlechterung der wirtschaftlichen Lage des Unternehmens, einer wesentlichen Änderung der Sozialversicherungsverhältnisse oder der Vorschriften über die steuerliche Behandlung der Pensionsverpflichtungen oder bei einer Treupflichtverletzung des Arbeitnehmers vorsehen. ³Danach sind z. B. die folgenden Vorbehalte als unschädlich anzusehen:

1. als allgemeiner Vorbehalt:

    „Die Firma behält sich vor, die Leistungen zu kürzen oder einzustellen, wenn die bei Erteilung der Pensionszusage maßgebenden Verhältnisse sich nachhaltig so wesentlich geändert haben, daß der Firma die Aufrechterhaltung der zugesagten Leistungen auch unter objektiver Beachtung der Belange des Pensionsberechtigten nicht mehr zugemutet werden kann";

2. als spezielle Vorbehalte:

„Die Firma behält sich vor, die zugesagten Leistungen zu kürzen oder einzustellen, wenn

    a) die wirtschaftliche Lage des Unternehmens sich nachhaltig so wesentlich verschlechtert hat, daß ihm eine Aufrechterhaltung der zugesagten Leistungen nicht mehr zugemutet werden kann, oder

    b) der Personenkreis, die Beiträge, die Leistungen oder das Pensionierungsalter bei der gesetzlichen Sozialversicherung oder anderen Versorgungseinrichtungen mit Rechtsanspruch sich wesentlich ändern, oder

    c) die rechtliche, insbesondere die steuerrechtliche Behandlung der Aufwendungen, die zur planmäßigen Finanzierung der Versorgungsleistungen von der Firma gemacht werden oder gemacht worden sind, sich so wesentlich ändert, daß der Firma die Aufrechterhaltung der zugesagten Leistungen nicht mehr zugemutet werden kann, oder

    d) der Pensionsberechtigte Handlungen begeht, die in grober Weise gegen Treu und Glauben verstoßen oder zu einer fristlosen Entlassung berechtigen würden",

oder inhaltlich ähnliche Formulierungen. ⁴Hat der Arbeitnehmer die Möglichkeit, anstelle einer bisher zugesagten Altersversorgung eine Erhöhung seiner laufenden Bezüge zu verlangen, so liegt hierin kein schädlicher Vorbehalt. ⁵Entsprechendes gilt, wenn der Arbeitgeber bei Ausscheiden des Arbeitnehmers Anwartschaften abfinden kann.

R 41 (5) Vorbehalt (Sonderfälle)

(5) ¹In besonderen Vorbehalten werden oft bestimmte wirtschaftliche Tatbestände bezeichnet, bei deren Eintritt die zugesagten Pensionsleistungen gekürzt oder eingestellt werden können. ²Es wird z. B. vereinbart, daß die Pensionen gekürzt oder eingestellt werden können, wenn der Umsatz, der Gewinn oder das Kapital eine bestimmte Grenze unterschreiten oder wenn mehrere Verlustjahre vorliegen oder wenn die Pensionsleistungen einen bestimmten Vomhundertsatz der Lohn- und Gehaltssumme überschreiten. ³Diese Vorbehalte sind nur dann als unschädlich anzusehen, wenn sie in dem Sinne ergänzt werden, es müsse bei den bezeichneten Tatbeständen eine so erhebliche und nachhaltige Beeinträchtigung der Wirtschaftslage des Unternehmens vorliegen, daß es dem Unternehmen nicht mehr zumutbar ist, die Pensionszusage aufrechtzuerhalten, oder daß es aus unternehmerischer Verantwortung geboten erscheint, die Versorgungsleistungen einzuschränken oder einzustellen.

R 41 (6)

(6) ¹Der Vorbehalt, daß der Pensionsanspruch erlischt, wenn das Unternehmen veräußert wird oder aus anderen Gründen ein Wechsel des Unternehmers eintritt (sog. Inhaberklausel), ist steuerlich schädlich. ²Entsprechendes gilt für Vorbehalte oder Vereinbarungen, nach denen die Haftung aus einer Pensionszusage auf das Betriebsvermögen beschränkt wird, es sei denn, es gilt eine gesetzliche Haftungsbeschränkung für alle Verpflichtungen gleichermaßen, wie z. B. bei Kapitalgesellschaften.

H 41 (6)   Hinweise

Gewichtung des Widerrufsvorbehalts

Bei der Beurteilung, ob ein schädlicher oder unschädlicher Vorbehalt vorliegt, ist ein strenger Maßstab anzulegen (→ BFH vom 6.10.1967 – BStBl 1968 II S. 90).

R 41 (7) Schriftform

(7) ¹Für die nach § 6a Abs. 1 Nr. 3 EStG vorgeschriebene Schriftform kommt jede schriftliche Festlegung in Betracht, aus der sich der Pensionsanspruch nach Art und Höhe ergibt, z. B. Einzelvertrag, Gesamtzusage (Pensionsordnung), Betriebsvereinbarung, Tarifvertrag, Gerichtsurteil. ²Bei Gesamtzusagen ist eine schriftliche Bekanntmachung in geeigneter Form nachzuweisen, z. B. durch ein Protokoll über den Aushang im Betrieb. ³Die Schriftform muß am Bilanzstichtag vorliegen. ⁴Für Pensionsverpflichtungen, die auf betrieblicher Übung oder

§ 6a EStG
H 41 (7, 9, 10)   R 41 (7–10)

auf dem → Grundsatz der Gleichbehandlung beruhen, kann wegen der fehlenden Schriftform keine Rückstellung gebildet werden; dies gilt auch dann, wenn arbeitsrechtlich (→ § 1 Abs. 1 Satz 4 BetrAVG) eine unverfallbare Anwartschaft besteht, es sei denn, dem Arbeitnehmer ist beim Ausscheiden eine schriftliche Auskunft nach § 2 Abs. 6 BetrAVG erteilt worden. ⁵Pensionsrückstellungen müssen insoweit vorgenommen werden, als sich die Versorgungsleistungen aus der schriftlichen Festlegung dem Grunde und der Höhe nach ergeben. ⁶Zahlungsbelege allein stellen keine solche Festlegung dar.

Hinweise   H 41 (7)

Grundsatz der Gleichbehandlung
Die wegen arbeitsrechtlicher Entscheidungen notwendige Ergänzung einer bestehenden Witwenversorgung um eine Witwerversorgung ist erst wirksam, wenn die Ergänzung schriftlich vorgenommen wurde.

– unbesetzt –   R 41 (8)

Beherrschende Gesellschafter-Geschäftsführer von Kapitalgesellschaften   R 41 (9)
(9) ¹Für die Bildung von Pensionrückstellungen für beherrschende Gesellschafter-Geschäftsführer von Kapitalgesellschaften ist zu unterstellen, daß die Jahresbeträge nach § 6a Abs. 3 Nr. 1 Satz 3 EStG vom Beginn des Dienstverhältnisses, frühestens vom Alter 30, bis zur vertraglich vorgesehenen Altersgrenze, mindestens jedoch bis zum Alter 65, aufzubringen sind. ²Als Beginn des Dienstverhältnisses gilt der Eintritt in das Unternehmen als Arbeitnehmer. ³Das gilt auch dann, wenn der Geschäftsführer die Pensionszusage erst nach Erlangung der beherrschenden Stellung erhalten hat. ⁴Absatz 12 Sätze 1, 3 bis 6, 8, 10 und 12 bis 14 ist nicht anzuwenden. ⁵Für anerkannte Schwerbehinderte kann eine vertragliche Altersgrenze von mindestens 60 Jahren zugrunde gelegt werden.

Hinweise   H 41 (9)

Vorgezogene Altersgrenze
Eine vertraglich vorgesehene Altersgrenze von weniger als 65 Jahren kann für die Berechnung der Pensionsrückstellung nur dann zugrunde gelegt werden, wenn besondere Umstände nachgewiesen werden, die ein niedrigeres Pensionsalter rechtfertigen (→ BFH vom 23.1.1991 – BStBl II S. 379).

Ehegatten-Arbeitsverhältnisse   R 41 (10)
– unbesetzt –

Hinweise   H 41 (10)

Arbeitnehmer-Ehegatten
Pensionszusagen zwischen Ehegatten, die im Rahmen von steuerlich anzuerkennenden Arbeitsverhältnissen (→ R 19) erteilt werden, sind auch steuerlich zu beachten und berechtigen zur Bildung von Pensionsrückstellungen (→ BVerfG vom 22.7.1970 – BStBl II S. 652).

§ 6a EStG
R 41 (11) H 41 (10)

Anerkennungsgrundsätze

An den Nachweis der Ernsthaftigkeit von Pensionszusagen an → Arbeitnehmer-Ehegatten sind mit Rücksicht auf die besonderen persönlichen Beziehungen der Vertragspartner strenge Anforderungen zu stellen. Es ist insbesondere zu prüfen, ob die Pensionszusage nach den Umständen des Einzelfalls dem Grunde und der Höhe nach angemessen ist (→ BFH vom 14.7.1989 – BStBl II S. 969). Für Pensionszusagen, die im Rahmen eines steuerlich anzuerkennenden Arbeitsverhältnisses dem → Arbeitnehmer-Ehegatten gegeben werden, sind Pensionsrückstellungen zu bilden, wenn

1. eine ernstlich gewollte, klar und eindeutig vereinbarte Verpflichtung vorliegt,
2. die Zusage dem Grunde nach angemessen ist und
3. der Arbeitgeber-Ehegatte auch tatsächlich mit der Inanspruchnahme aus der gegebenen Pensionszusage rechnen muß.

(→ BMF vom 4.9.1984 – BStBl I S. 495 und vom 9.1.1986 – BStBl I S. 7).

Fremdvergleich

ist auch bei Zusagen an mitarbeitenden Ehegatten eines Gesellschafters einer Familienpersonengesellschaft maßgebend (→ BFH vom 25.7.1995 – BStBl 1996 II S. 153).

Nur-Pension

Eine Pensionsrückstellung darf nicht gebildet werden, wenn nach dem Arbeitsvertrag außer der Pension kein laufender Arbeitslohn zu zahlen ist (→ BFH vom 25.7.1995 – BStBl 1996 II S. 153).

Rückdeckungsversicherung

Prämienzahlungen für eine Rückdeckungsversicherung einer Pensionszusage an den Arbeitnehmer-Ehegatten können als Betriebsausgaben behandelt werden, wenn auch die Pensionszusage als rückstellungsfähig anerkannt werden kann (→ BMF vom 4.9.1984 – BStBl I S. 495).

Verpflichtungsumfang

Für die Bildung der Pensionsrückstellung bei Pensionszusagen zwischen Ehegatten in Einzelunternehmen kommt nur eine Zusage auf Alters-, Invaliden- und Waisenrente in Betracht (→ BMF vom 4.9.1984 – BStBl I S. 495).

Witwen-Witwerversorgung

Eine Zusage auf Witwen- oder Witwerversorgung ist im Rahmen von Ehegatten-Pensionszusagen in Einzelunternehmen nicht rückstellungsfähig, da hier bei Eintritt des Versorgungsfalls Anspruch und Verpflichtung in einer Person zusammenfallen (→ BMF vom 4.9.1984 – BStBl I S. 495); dies gilt auch dann, wenn in der Zusage vereinbart ist, daß sie durch eine mögliche Eheschließung oder Betriebsveräußerung nicht berührt wird.

R 41 (11) Höhe der Pensionsrückstellung

(11) ¹Als Beginn des Dienstverhältnisses ist ein früherer Zeitpunkt als der tatsächliche Dienstantritt zugrunde zu legen (sog. Vordienstzeiten), **wenn auf** Grund gesetzlicher Vorschriften Zeiten außerhalb des Dienstverhältnisses als Zeiten der Betriebszugehörigkeit gelten, z. B. § 8 Abs. 3 des Soldatenversorgungsgesetzes, § 6 Abs. 2 des Arbeitsplatzschutzgesetzes. ²Ergibt sich durch die Anrechnung von Vordienstzeiten ein fiktiver Dienstbeginn, der vor der Vollendung des 30. Lebensjahrs des Berechtigten liegt, so gilt das Dienstverhältnis als zu Beginn des Wirtschaftsjahrs begonnen, bis zu dessen Mitte der Berechtigte das 30. Lebensjahr vollendet (→ § 6a Abs. 3 Nr. 1 letzter Satz EStG).

Hinweise

Tatsächlicher Dienstantritt

Als Beginn des Dienstverhältnisses ist grundsätzlich der tatsächliche Dienstantritt im Rahmen des bestehenden Dienstverhältnisses anzusehen (→ BFH vom 25.5.1988 – BStBl II S. 720); das Dienstverhältnis wird nicht unterbrochen, wenn der Steuerpflichtige auf Grund gesetzlicher Vorschriften in die Pflichten des Dienstverhältnisses eintritt (z. B. § 613a BGB).

Betriebsübergang

Für die Anwendung des § 613a BGB ist entscheidend, ob das im Zeitpunkt des Betriebsübergangs bestehende Dienstverhältnis als Arbeitsverhältnis anzusehen ist (→ BFH vom 10.8.1994 – BStBl 1995 II S. 250).[1]

Vordienstzeiten
Zur Berücksichtigung von vertraglichen Vordienstzeiten → BMF vom 22.12.1997 (BStBl I S. 1020):

Abweichend von R 41 Abs. 11 Satz 1 EStR sind Vordienstzeiten bei der Bewertung der Pensionsrückstellung grundsätzlich nicht zu berücksichtigen (→ BFH vom 9.4.1997 – BStBl II S. 799 und BMF vom 22.12.1997 – BStBl I S. 1020):

Bildung von Pensionsrückstellungen; Berücksichtigung von Vordienstzeiten
BMF vom 22.12.1997 (BStBl I S. 1020)

Erteilt ein Arbeitgeber seinem Arbeitnehmer im Rahmen eines bestehenden Dienstverhältnisses eine Pensionszusage, so hat er bei der Bewertung der Pensionsrückstellung als Beginn des Dienstverhältnisses des Pensionsberechtigten u.a. dann einen früheren Zeitpunkt als den tatsächlichen Diensteintritt im bestehenden Dienstverhältnis zugrunde zu legen, wenn dieser Arbeitnehmer Zeiten in einem früheren Dienstverhältnis bei diesem Arbeitgeber zurückgelegt hat – sog. Vordienstzeiten – (vgl. R 41 Abs. 11 Satz 1 EStR 1996). Der BFH hat im Urteil vom 9. April 1997 (BStBl II S. 799) hiervon abweichend entschieden, daß Vordienstzeiten bei der Rückstellungsbewertung nicht zu berücksichtigen sind, wenn

– dieses frühere Dienstverhältnis endgültig beendet worden ist,
– aus ihm keine unverfallbaren Anwartschaften erwachsen sind und
– die Anrechnung der Vordienstzeiten nicht vertraglich vereinbart worden ist.

Nach dem Ergebnis einer Erörterung mit den obersten Finanzbehörden der Länder sind die Grundsätze dieses BFH-Urteils über den entschiedenen Einzelfall hinaus nur anzuwenden, wenn der Arbeitnehmer nach dem 31.12.1997 in das Unternehmen des Arbeitgebers zurückkehrt und ein neues Dienstverhältnis beginnt.

Hat in einem solchen Fall der Arbeitnehmer von dem Arbeitgeber, bei dem er vor der Rückkehr zum jetzigen Arbeitgeber beschäftigt war, eine Pensionszusage erhalten, die der jetzige Arbeitgeber übernimmt, sind die Grundsätze von R 41 Abs. 13 EStR 1996 und H 41 Abs. 13 EStH 1996 anzuwenden. Dabei ist für die Ermittlung des Teilwerts der Zeitpunkt maßgebend, in dem das bestehende Dienstverhältnis beginnt.

Beginnt das bestehende Dienstverhältnis nach dem 31.12.1997 und bestand bei Rückkehr eine unverfallbare Anwartschaft aufgrund einer Pensionszusage aus dem früheren Dienstverhältnis mit dem Arbeitgeber, ist die Pensionsrückstellung unter sinngemäßer Anwendung der Grundsätze von R 41 Abs. 13 EStR 1996 und H 41 Abs. 13 EStH 1996[2] zu bewerten. Dabei gilt der Teilwert dieser unverfallbaren Anwartschaft als übernommener Vermögenswert im Sinne dieser Richtlinienregelung.

Beginnt das bestehende Dienstverhältnis zu einem früheren Zeitpunkt, sind die in R 41 Abs. 11 Satz 1 EStR 1996 festgelegten Grundsätze auch künftig weiterhin anzuwenden.

---

[1] Satz 1 ist nur anzuwenden, wenn das Dienstverhältnis vor dem 1.1.1998 begonnen hat (→ BMF vom 22.12.1997 – BStBl I S. 1020).
[2] Anm.: entspricht H 41 (13) EStH 1998.

§ 6a EStG
R 41 (12)   H 41 (12)

R 41 (12) (12) ¹Bei der Ermittlung des Teilwerts der Pensionsanwartschaft ist das vertraglich vereinbarte Pensionsalter zugrunde zu legen (Grundsatz). ²Der Steuerpflichtige kann für alle oder für einzelne Pensionsverpflichtungen von einem höheren Pensionsalter ausgehen, sofern mit einer Beschäftigung des Arbeitnehmers bis zu diesem Alter gerechnet werden kann (**erstes Wahlrecht**). ³Bei der Ermittlung des Teilwerts der Pensionsanwartschaft nach § 6a Abs. 3 EStG kann mit Rücksicht auf § 6 BetrAVG anstelle des vertraglichen Pensionsalters nach Satz 1 für alle oder für einzelne Pensionsverpflichtungen als Zeitpunkt des Eintritts des Versorgungsfalls der Zeitpunkt der frühestmöglichen Inanspruchnahme der vorzeitigen Altersrente aus der gesetzlichen Rentenversicherung angenommen werden (***zweites Wahlrecht***). ⁴Voraussetzung für die Ausübung des zweiten Wahlrechts ist, daß in der Pensionszusage festgelegt ist, in welcher Höhe Versorgungsleistungen von diesem Zeitpunkt an gewährt werden. ⁵Bei der Ausübung des zweiten Wahlrechts braucht nicht geprüft zu werden, ob ein Arbeitnehmer die sozialversicherungsrechtlichen Voraussetzungen für die vorzeitige Inanspruchnahme der Altersrente erfüllen wird. ⁶Der Ausübung des zweiten Wahlrechts steht die Beibehaltung des Pensionsalters von 65 Jahren für die Errechnung der unverfallbaren Versorgungsanwartschaften nach § 2 Abs. 1 BetrAVG nicht entgegen. ⁷Das erste Wahlrecht ist in der Bilanz des Wirtschaftsjahrs auszuüben, in dem mit der Bildung der Pensionsrückstellung begonnen wird. ⁸Das zweite Wahlrecht ist in der Bilanz des Wirtschaftsjahrs auszuüben, in dem die Festlegung nach Satz 4 getroffen worden ist. ⁹Hat der Steuerpflichtige das zweite Wahlrecht ausgeübt und ändert sich danach der Zeitpunkt der frühestmöglichen Inanspruchnahme der vorzeitigen Altersrente aus der gesetzlichen Rentenversicherung (z. B. ***durch*** Beendigung des Arbeitsverhältnisses), so ist die Änderung zum Ende des betreffenden Wirtschaftsjahrs zu berücksichtigen; ist in diesem Wirtschaftsjahr die Festlegung nach Satz 4 für den neuen Zeitpunkt nicht getroffen worden, so ist das vertragliche Pensionsalter nach Satz 1 bei der Ermittlung des Teilwerts der Pensionsanwartschaft zugrunde zu legen. ¹⁰Die jeweils getroffene Wahl gilt auch für später zugesagte Erhöhungen der Pensionsleistungen. ¹¹Der Rückstellungsbildung kann nur die Pensionsleistung zugrunde gelegt werden, die zusagegemäß bis zu dem Pensionsalter erreichbar ist, für das sich der Steuerpflichtige bei Ausübung der Wahlrechte entscheidet. ¹²Setzt der Arbeitnehmer nach Erreichen dieses Alters seine Tätigkeit fort und erhöht sich dadurch sein Ruhegehaltsanspruch, so ist der Rückstellung in dem betreffenden Wirtschaftsjahr der Unterschiedsbetrag zwischen der nach den vorstehenden Sätzen höchstzulässigen Rückstellung (Soll-Rückstellung) und dem versicherungsmathematischen Barwert der um den Erhöhungsbetrag vermehrten Pensionsleistungen zuzuführen. ¹³***Hat der Steuerpflichtige bei der Ermittlung des Teilwerts einer Pensionsanwartschaft bereits bisher vom zweiten Wahlrecht Gebrauch gemacht, ist er bei einer Änderung des frühestmöglichen Pensionsalters auf Grund einer gesetzlichen Neuregelung auch künftig an diese Entscheidung gebunden; Satz 4 ist zu beachten. ¹⁴Für die sich wegen der Änderung des frühestmöglichen Pensionsalters ergebende Änderung der Teilwerte der Pensionsanwartschaft gilt das Nachholverbot, das sich aus § 6a Abs. 4 EStG herleitet, nicht.*** ¹⁵Liegen die in Satz 4 genannten Voraussetzungen für die ***Anwendung*** des zweiten Wahlrechts ***am Bilanzstichtag nicht vor, so ist das vertragliche Pensionsalter nach Satz 1 bei der Ermittlung des Teilwerts der Pensionsanwartschaft zugrunde zu legen.***

H 41 (12)

Hinweise

Betriebliche Teilrenten
→ BMF vom 25.4.1995 (BStBl I S. 250)

Pensionsrückstellungen für betriebliche Teilrenten

BMF vom 25.4.1995 (BStBl I S. 250)

Verpflichtet sich ein Arbeitgeber gegenüber einem Arbeitnehmer, ihm nach Eintritt des Versorgungsfalls Leistungen der Altersversorgung zu erbringen, so kann der Arbeitgeber unter den Voraussetzungen des § 6a EStG für diese Verpflichtung (Pensionsverpflichtung) eine Pensionsrückstellung bilden. Der Versorgungsfall ist eingetreten, wenn der Arbeitnehmer mit Beendigung des Dienstverhältnisses in den Ruhestand tritt.

Aufgrund des zum 1.1.1992 in Kraft getretenen § 42 Abs. 1 Sozialgesetzbuch (Sechstes Buch) kann ein Arbeitnehmer eine Altersrente aus der gesetzlichen Rentenversicherung in voller Höhe (Vollrente) oder als Teilrente in Anspruch nehmen.

Nimmt der Arbeitnehmer die gesetzliche Teilrente in Anspruch, so scheidet er nicht aus dem bestehenden Dienstverhältnis aus, sondern er schränkt seine Erwerbstätigkeit bei herabgesetztem Arbeitsentgelt lediglich ein. Mit Bezug der gesetzlichen Teilrente hat der Arbeitnehmer, dem betriebliche Leistungen der Altersversorgung zugesagt sind, keinen gesetzlichen Anspruch gegenüber dem Arbeitgeber, ihm gleichzeitig auch eine betriebliche Teilrente zu zahlen, es sei denn, der Arbeitgeber hat ihm eine entsprechende Zusage gegeben.

Für den Ausweis einer Pensionsverpflichtung nach § 6a EStG, die auch Ansprüche auf betriebliche Teilrenten einschließt, ist nach dem Ergebnis der Erörterung mit den obersten Finanzbehörden der Länder folgendes zu beachten:

1. Ein Anspruch auf betriebliche Teilrente liegt nur vor, soweit
   a) auf einer betrieblichen Zusage beruhende Teilrentenleistungen gleichzeitig mit auf der gesetzlichen Rentenversicherung beruhenden Teilrentenleistungen beansprucht werden können und
   b) dem Begünstigten von dem Zeitpunkt an, von dem an er Teilrentenleistungen aus der gesetzlichen Rentenversicherung erhalten kann, ein Teilzeitarbeitsplatz zugesichert ist.
2. Die Zusage einer betrieblichen Teilrente hat auf die Bewertung der Pensionsverpflichtung grundsätzlich keine Auswirkung. Wird eine Pensionsverpflichtung nicht auf den Zeitpunkt der frühestmöglichen Inanspruchnahme im Sinne von R 41 Abs. 13 Satz 3 EStR 1993 bewertet, gilt der Versorgungsfall als eingetreten, wenn der Berechtigte Leistungen der betrieblichen Teilrente im Sinne der Nummer 1 in Anspruch nimmt. Die Pensionsverpflichtung ist ab diesem Zeitpunkt nach § 6a Abs. 3 Nr. 2 EStG zu bewerten.

Zweites Wahlrecht
Auswirkungen des Rentenreformgesetzes 1999 vom 16.12.1997 (BGBl. I S. 2998) → BMF vom 29.12.1997 (BStBl I S. 1023).

Arbeitgeberwechsel R 41 (13)

(13) Übernimmt ein Steuerpflichtiger in einem Wirtschaftsjahr eine Pensionsverpflichtung gegenüber einem Arbeitnehmer, der bisher in einem anderen Unternehmen tätig gewesen ist, unter gleichzeitiger Übernahme von Vermögenswerten, so ist bei der Ermittlung des Teilwerts der Verpflichtung der Jahresbetrag im Sinne des § 6a Abs. 3 Nr. 1 EStG so zu bemessen, daß zu Beginn des Wirtschaftsjahrs der Übernahme der Barwert der Jahresbeträge zusammen mit den übernommenen Vermögenswerten gleich dem Barwert der künftigen Pensionsleistungen ist; dabei darf sich kein negativer Jahresbetrag ergeben.

Hinweise H 41 (13)

Beispiel:
1. Im Wirtschaftsjahr 01 übernimmt ein Steuerpflichtiger von einem anderen Unternehmen die Pensionsverpflichtung gegenüber einem Arbeitnehmer unter gleichzeitiger Übernahme von Vermögenswerten in Höhe von 25.000 DM. Die Pensionszusage umfaßt Anwartschaft auf Invaliden- und Altersrente (Pensionsalter 65 Jahre) von 10.000 DM jährlich und Anwartschaft auf Witwenrente in Höhe von 60 v. H. der Invaliden- und Altersrente. Der Arbeitnehmer ist am Beginn des Wirtschaftsjahrs der Übernahme, d.h. am 1.1.01, 45 Jahre alt.
2. Zum 1.1.01 beträgt der Barwert der Anwartschaft des 45 Jahre alten Arbeitnehmers für die Jahresrente „1" nach den „Richttafeln" – Männer – von Dr. Klaus Heubeck 4,5296 (Zinsfuß 6 v. H.). Für die zugesagte Rente von 10.000 DM jährlich beträgt somit der Anwartschaftsbarwert

   $4,5296 \times 10.000\,\text{DM} = 45.296\,\text{DM}.$

§ 6a EStG
R 41 (14)   H 41 (13)

Durch die übernommenen Vermögenswerte in Höhe von 25.000 DM ist also der Teil der Anwartschaft gedeckt, der einer Rente von 25.000 DM: 4,5296 = 5.519 DM jährlich entspricht. Dieser Teil der Anwartschaft wird für Bilanzstichtage nach dem Zeitpunkt der Übernahme entsprechend dem jeweils erreichten Alter in Höhe des Barwerts angesetzt.

Für den restlichen Teil der Anwartschaft, der einer Rente von

10.000 DM − 5.519 DM = 4.481 DM jährlich

entspricht, ist für die Bilanzstichtage nach dem Zeitpunkt der Übernahme der Teilwert zu ermitteln; hierbei ist der Beginn des Wirtschaftsjahrs der Übernahme (1.1.01) der Zeitpunkt des Diensteintritts zur Bestimmung des Jahresbetrags nach § 6a Abs. 3 Nr. 1 EStG.

3. Aus diesen beiden Komponenten ergibt sich die steuerlich höchstzulässige Rückstellung nach den o.a. „Richttafeln" von Dr. Klaus Heubeck zum 31.12.01 wie folgt:

   a) Barwert für den durch die übernommenen Vermögenswerte gedeckten Teil der Anwartschaft (erreichtes Alter = 46 Jahre)

   $4{,}7546 \times 5.519 \text{ DM} =$ 26.241 DM

   b) Teilwert für den restlichen Teil der Anwartschaft
   (Diensteintrittsalter = 45 Jahre,
   erreichtes Alter = 46 Jahre)

   $0{,}374 \times 4.481 \text{ DM} =$ 1.676 DM
                                                                 27.917 DM

4. Zum 31.12.02 betragen die entsprechenden Werte:

   a) Barwert für 5.519 DM jährliche Rente
   (erreichtes Alter = 47 Jahre)

   $4{,}9902 \times 5.519 \text{ DM} =$ 27.541 DM

   b) Teilwert für 4.481 DM jährliche Rente
   (Diensteintrittsalter = 45 Jahre, erreichtes Alter = 47 Jahre)

   $0{,}766 \times 4.481 \text{ DM} =$ 3.432 DM
                                                                 30.973 DM

5. Im Jahre 03 wird die zugesagte Alters- und Invalidenrente auf 12.000 DM jährlich erhöht. Zum 31.12.03 ist der Teilwert wie folgt zu berechnen:

   a) Barwert für 5.519 DM jährliche Rente
   (erreichtes Alter = 48 Jahre)

   $5{,}2364 \times 5.519 \text{ DM} =$ 28.900 DM

   b) Teilwert für
   12.000 DM − 5.519 DM = 6.481 DM jährliche
   Rente (Diensteintrittsalter = 45 Jahre, erreichtes Alter = 48 Jahre)

   $1{,}175 \times 6.481 \text{ DM} =$ 7.615 DM
                                                                 36.515 DM

R 41 (14)   Berücksichtigung von Sozialversicherungsrenten

(14) Sieht die Pensionszusage vor, daß die Höhe der betrieblichen Rente in bestimmter Weise von der Höhe der Sozialversicherungsrente abhängt, so darf die Pensionsrückstellung in diesen Fällen nur auf der Grundlage der von dem Unternehmen nach Berücksichtigung der Sozialversicherungsrenten tatsächlich noch selbst zu zahlenden Beträge berechnet werden.

Hinweise

Näherungsverfahren

Zur Berücksichtigung von Renten aus der gesetzlichen Rentenversicherung → BMF vom 10.12.1990 (BStBl I S. 868), vom 31.10.1996 (BStBl I S. 1195) und vom 30.12.1997 (BStBl I S. 1024).

→ BMF vom 8.2.1999 (BStBl I S. 212)

Berücksichtigung von Renten aus der gesetzlichen Rentenversicherung bei der Bewertung von Pensionsverpflichtungen und bei der Ermittlung der als Betriebsausgaben abzugsfähigen Zuwendungen an Unterstützungskassen; Änderungen aufgrund des Gesetzes zu Korrekturen in der Sozialversicherung und zur Sicherung der Arbeitnehmerrechte vom 19. Dezember 1998 (BGBl. I S. 3843)

BMF vom 8.2.1999 (BStBl I S. 212)

Die Auswirkungen des Rentenreformgesetzes 1999 (RRG 1999 vom 16. Dezember 1997, BGBl. I S. 2998) auf das Näherungsverfahren zur Berücksichtigung von Renten aus der gesetzlichen Rentenversicherung bei der Bewertung von Pensionsverpflichtungen und bei der Ermittlung der als Betriebsausgaben abzugsfähigen Zuwendungen an Unterstützungskassen sind im BMF-Schreiben vom 30. Dezember 1997 (BStBl I S. 1024) dargestellt worden. Das Gesetz zu Korrekturen in der Sozialversicherung und zur Sicherung der Arbeitnehmerrechte vom 19. Dezember 1998 (a.a.O.) verschiebt das Inkrafttreten verschiedener Änderungen des Rentenreformgesetzes 1999 auf den 1. Januar 2001, soweit nicht bis zu diesem Zeitpunkt durch ein weiteres Gesetz etwas anderes geregelt ist, und sieht u. a. für die Altersrente für Schwerbehinderte ab dem 1. Januar 2001 eine Neuregelung vor, soweit nicht bis zu diesem Zeitpunkt durch ein weiteres Gesetz etwas anderes geregelt ist.

Nach dem Ergebnis einer Erörterung mit den obersten Finanzbehörden der Länder ist aufgrund des Gesetzes zu Korrekturen in der Sozialversicherung und zur Sicherung der Arbeitnehmerrechte die im BMF-Schreiben vom 30. Dezember 1997 (a.a.O.) unter Rdnr. 4, Buchstabe d) für die Altersrente für Schwerbehinderte geltende Tabelle künftig in folgender Fassung zu berücksichtigen:

„d) für Schwerbehinderte gilt das Pensionsalter 60 mit den folgenden Zugangsfaktoren:

Geburtstagsjahrgang	Pensionsalter	Kürzung der Altersrente	Zugangsfaktor
bis 1940	60	0,0 v. H.	1.000
1941	60	1,8 v. H.	0,982
1942	60	5,4 v. H.	0,946
1943	60	9,0 v. H.	0,910
ab 1944	60	10,8 v. H.	0,892

Die in Rdnr. 13 vorgenommene Festlegung des Demographiefaktors in Höhe von 1 bis zur Veröffentlichung des ab 1. Juli 1999 gültigen aktuellen Rentenwerts ist noch bis zur Veröffentlichung des ab dem 1. Juli 2001 gültigen aktuellen Rentenwerts beizubehalten, soweit nicht bis zu diesem Zeitpunkt durch ein weiteres Gesetz etwas anderes geregelt ist.

Zusätzliche Auswirkungen auf das Näherungsverfahren ergeben sich durch das Gesetz zu Korrekturen in der Sozialversicherung und zur Sicherung der Arbeitnehmerrechte nicht.

Die dargestellten Änderungen des Näherungsverfahrens können erstmals zum Ende des Wirtschaftsjahrs angewendet werden, das nach dem 29. Dezember 1998, dem Tag nach der Verkündung des Gesetzes zu Korrekturen in der Sozialversicherung und zur Sicherung der Arbeitnehmerrechte im BGBl. I, endet. Sie sind spätestens im ersten Wirtschaftsjahr anzuwenden, das nach dem 30. Juni 1999 endet.

§ 6a EStG
R 41 (15–17)   H 41 (15, 17)

R 41 (15) Doppelfinanzierung

(15) ¹Wenn die gleichen Versorgungsleistungen an denselben Empfängerkreis sowohl über eine Pensions- oder Unterstützungskasse als auch über Pensionsrückstellungen finanziert werden sollen, ist die Bildung einer Pensionsrückstellung nicht zulässig. ²Eine schädliche Überschneidung liegt dagegen nicht vor, wenn es sich um verschiedene Versorgungsleistungen handelt, z. B. bei der Finanzierung der Invaliditätsrenten über Pensions- oder Unterstützungskassen und der Altersrenten über Pensionsrückstellungen oder der Finanzierung rechtsverbindlich zugesagter Leistungen über Rückstellungen und darüber hinausgehender freiwilliger Leistungen über eine Unterstützungskasse.

H 41 (15)   **Hinweise**

Überschneidung

Die Bildung von Pensionsrückstellungen und Zuwendungen an Pensions- und Unterstützungskassen schließen sich gegenseitig aus → BFH vom 12.1.1958 – BStBl III S. 186).

R 41 (16) Handelsvertreter

(16) ¹Sagt der Unternehmer dem selbständigen Handelsvertreter eine Pension zu, so muß sich der Handelsvertreter die versprochene Versorgung nach § 89 b Abs. 1 Nr. 3 HGB auf seinen Ausgleichsanspruch anrechnen lassen. ²Die Pensionsverpflichtung des Unternehmers wird also durch die Ausgleichsverpflichtung nicht gemindert, es sei denn, es ist etwas anderes vereinbart.

R 41 (17) Stichtagsprinzip

(17) ¹Für die Bildung der Pensionsrückstellung sind die Verhältnisse am Bilanzstichtag maßgebend. ²Änderungen der Bemessungsgrundlagen, die erst nach dem Bilanzstichtag wirksam werden, sind zu berücksichtigen, wenn sie am Bilanzstichtag bereits feststehen. ³Danach sind Erhöhungen von Anwartschaften und laufenden Renten, die nach dem Bilanzstichtag eintreten, in die Rückstellungsberechnung zum Bilanzstichtag einzubeziehen, wenn sowohl ihr Ausmaß als auch der Zeitpunkt ihres Eintritts am Bilanzstichtag feststehen. ⁴Wird die Höhe der Pension z. B. von Bezugsgrößen der gesetzlichen Rentenversicherungen beeinflußt, so sind künftige Änderungen dieser Bezugsgrößen, die am Bilanzstichtag bereits feststehen, z. B. die ab 1.1. des Folgejahrs geltende Beitragsbemessungsgrenze, bei der Berechnung der Pensionsrückstellung zum Bilanzstichtag zu berücksichtigen. ⁵Die für das Folgejahr geltenden Bezugsgrößen stehen in dem Zeitpunkt fest, in dem die jeweilige Sozialversicherungs-Rechengrößenverordnung im Bundesgesetzblatt verkündet wird.

H 41 (17)   **Hinweise**

Gewinnabhängige Gehaltsbestandteile

Pensionszusagen in Abhängigkeit von gewinnabhängigen Gehaltsbestandteilen → BMF vom 31.10.1996 (BStBl I S. 1256):

**Bildung von Pensionsrückstellungen;
Pensionszusagen in Abhängigkeit von gewinnabhängigen Gehaltsbestandteilen**

BMF vom 31.10.1996 (BStBl I S. 1256)

Der BFH hat mit Urteil vom 9.11.1995 (BStBl 1996 II S. 589) entschieden, daß bei der Bewertung einer Pensionsverpflichtung auch freiwillig gezahlte gewinnabhängige Gehaltsbestandteile einzubeziehen sind, wenn die Pensionszusage selbst keinen schädlichen Vorbehalt im Sinne von § 6a Abs. 1 Nr. 2 EStG enthält. Nach Auffassung des Gerichts kommt es nur darauf an, daß der Versorgungsanspruch vorbehaltlos besteht; die für seine Bemessung maßgeblichen Bezüge könnten schwanken oder künftig fortfallen. Hierzu weise ich im Einvernehmen mit den obersten Finanzbehörden der Länder auf folgendes hin:

Durch eine Änderung des § 6a EStG im Rahmen des Jahressteuergesetzes 1997 soll sichergestellt werden, daß eine Pensionsrückstellung nicht gebildet werden darf, soweit die Pensionszusage Leistungen in Abhängigkeit von künftigen gewinnabhängigen Bezügen vorsieht. Die Gesetzesänderung soll erstmals für das Wirtschaftsjahr wirksam werden, das nach dem 29.11.1996 endet.

Mehrjährige Gehaltssteigerung (Beispiel):
Ein Arbeitnehmer hat eine Pensionszusage in Höhe von 10 v. H. des letzten vor Eintritt des Versorgungsfalls bezogenen Gehalts. Am 10.12.01 wird rechtsverbindlich vereinbart, daß sich das derzeitige Gehalt von 3.000 DM mit Wirkung vom 1.4.02 auf 3.150 DM und mit Wirkung vom 1.2.03 auf 3.250 DM erhöht. Die dadurch vereinbarten Erhöhungen des Pensionsanspruchs von 15 DM monatlich zum 1.4.02 und von 10 DM monatlich zum 1.2.03 sind bereits bei der Rückstellungsberechnung zum 31.12.01 zu berücksichtigen.

Steigerungen der Versorgungsansprüche
Fest zugesagte prozentuale Rentenerhöhungen sind bei der Bewertung der Pensionsrückstellung zu berücksichtigen (→ BFH vom 17.5.1995 – BStBl 1996 II S. 423); entsprechendes gilt für zugesagte prozentuale Steigerungen der Rentenanwartschaft (→ BFH vom 25.10.1995 – BStBl 1996 II S. 403).

Mögliche künftige Rentenanpassungen nach § 16 BetrAVG sind nicht rückstellungsfähig (→ BFH vom 6.12.1995 – BStBl 1996 II S. 406).

Überversorgung
Soweit eine Zusage zu einer überhöhten Versorgung führen würde, bleibt sie bei der Rückstellungsbewertung unberücksichtigt (→ BFH vom 17.5.1995 – BStBl 1996 II S. 420; dies gilt insbesondere bei Zusagen auf eine sog. „Nur-Pension" → H 41 (10).

Inventurerleichterung
(18) ¹Die Pensionsverpflichtungen sind grundsätzlich auf Grund einer körperlichen Bestandsaufnahme (Feststellung der pensionsberechtigten Personen und der Höhe ihrer Pensionsansprüche) für den Bilanzstichtag zu ermitteln. ²In Anwendung von § 241 Abs. 3 HGB kann der für die Berechnung der Pensionsrückstellungen maßgebende Personenstand auch auf einen Tag (Inventurstichtag) innerhalb von drei Monaten vor oder zwei Monaten nach dem Bilanzstichtag aufgenommen werden, wenn sichergestellt ist, daß die Pensionsverpflichtungen für den Bilanzstichtag ordnungsgemäß bewertet werden können. ³Es ist nicht zu beanstanden, wenn im Fall der Vorverlegung der Bestandsaufnahme bei der Berechnung der Pensionsrückstellungen wie folgt verfahren wird:

1. Die für den Inventurstichtag festgestellten Pensionsverpflichtungen sind bei der Berechnung der Pensionsrückstellungen für den Bilanzstichtag mit ihrem Wert vom Bilanzstichtag anzusetzen.
2. ¹Aus Vereinfachungsgründen können bei der Berechnung der Pensionsrückstellungen für den Bilanzstichtag die folgenden Veränderungen der Pensionsverpflichtungen, die in der Zeit vom Inventurstichtag bis zum Bilanzstichtag eintreten, unberücksichtigt bleiben:
    a) Veränderungen, die auf biologischen Ursachen, z. B. Tod, Invalidisierung, beruhen;
    b) Veränderungen durch normale Zu- oder Abgänge von pensionsberechtigten Personen oder durch Übergang in eine andere Gehalts- oder Pensionsgruppe, z. B. Beförderung. Außergewöhnliche Veränderungen, z. B. Stillegung oder Eröffnung eines Teilbetriebs, bei Massenentlassungen oder bei einer wesentlichen Erweiterung des Kreises der pensionsberechtigten Personen, sind bei der Rückstellungsberechnung für den Bilanzstichtag zu berücksichtigen.

²Allgemeine Leistungsänderungen für eine Gruppe von Verpflichtungen, die nicht unter Buchstabe a oder b fallen, sind bei der Rückstellungsberechnung für den Bilanzstichtag

§ 6a EStG
R 41 (18–20)   H 41 (19, 20)

mindestens näherungsweise zu berücksichtigen; für den folgenden Bilanzstichtag ist der sich dann ergebende tatsächliche Wert anzusetzen.

3. Soweit Veränderungen der Pensionsverpflichtungen nach Nummer 2 bei der Berechnung der Rückstellungen für den Bilanzstichtag unberücksichtigt bleiben, sind sie zum nächsten Bilanzstichtag bis zur steuerlich zulässigen Höhe zu berücksichtigen.

4. Werden werterhöhende Umstände, die nach Nummer 2 bei der Berechnung der Rückstellungen für den Bilanzstichtag unberücksichtigt bleiben können, dennoch in die Rückstellungsberechnung einbezogen, so sind bei der Rückstellungsberechnung auch wertmindernde Umstände, die nach Nummer 2 außer Betracht bleiben können, zu berücksichtigen.

5. [1]Die Nummern 2 bis 4 gelten nicht, wenn bei einem Steuerpflichtigen am Inventurstichtag nicht mehr als 20 Pensionsberechtigte vorhanden sind. [2]Sie gelten ferner nicht für Vorstandsmitglieder und Geschäftsführer von Kapitalgesellschaften.

R 41 (19) Ausscheiden eines Anwärters

(19) [1]Die Rückstellung für Pensionsverpflichtungen gegenüber einer Person, die mit einer unverfallbaren Versorgungsanwartschaft ausgeschieden ist, ist beizubehalten, solange das Unternehmen mit einer späteren Inanspruchnahme zu rechnen hat. [2]Sofern dem Unternehmen nicht bereits vorher bekannt ist, daß Leistungen nicht zu gewähren sind, braucht die Frage, ob mit einer Inanspruchnahme zu rechnen ist, erst nach Erreichen der vertraglich vereinbarten Altersgrenze geprüft zu werden. [3]Steht bis zum Ende des Wirtschaftsjahrs, das auf das Wirtschaftsjahr des Erreichens der Altersgrenze folgt, die spätere Inanspruchnahme nicht fest, so ist die Rückstellung zu diesem Zeitpunkt aufzulösen.

H 41 (19) Hinweise

Ablösung der Rente

Bei der Bewertung einer Pensionsverpflichtung kann eine Ablösungsvereinbarung erst berücksichtigt werden, wenn sie feststeht (→ BFH vom 7.4.1994 – BStBl II S. 740).

R 41 (20) Zuführung zur Pensionsrückstellung

Anhang 7

(20) [1]Nach § 249 HGB in Verbindung mit § 6a Abs. 4 EStG muß in einem Wirtschaftsjahr der Rückstellung der Unterschiedsbetrag zwischen dem Teilwert am Schluß des Wirtschaftsjahrs und dem Teilwert am Schluß des vorangegangenen Wirtschaftsjahrs zugeführt werden. [2]Die Höhe der Pensionsrückstellung in der Steuerbilanz darf nach dem Grundsatz der Maßgeblichkeit den zulässigen Ansatz in der Handelsbilanz nicht überschreiten. [3]Überschreitet die steuerliche Zuführung in einem Wirtschaftsjahr die in der Handelsbilanz vorgenommene Zuführung, so ist sie nur zu berücksichtigen, soweit in der Steuerbilanz keine höhere Rückstellung ausgewiesen wird als die in der Handelsbilanz berücksichtigte Rückstellung. [4]Ist in der Handelsbilanz für eine Pensionsverpflichtung zulässigerweise eine Rückstellung gebildet worden, die niedriger ist als der Teilwert nach § 6a EStG, so ist in der Steuerbilanz wegen des Nachholverbots der Unterschiedsbetrag in dem Wirtschaftsjahr nachzuholen, in dem das Dienstverhältnis unter Aufrechterhaltung der Pensionsanwartschaft endet oder in dem der Versorgungsfall eintritt.

H 41 (20) Hinweise

Nachholverbot

Ist eine Rückstellung nicht gebildet worden, weil ihr die BFH-Rechtsprechung entgegenstand, so führt die Aufgabe dieser Rechtsprechung nicht dazu, daß für die Zeit bis zur Aufgabe dieser Rechtsprechung das Nachholverbot des § 6a Abs. 4 EStG gilt. Die Rückstellung kann spätestens in dem Jahr, in dem die Rechtsprechung aufgegeben wird, in vollem Umfang nachgeholt werden (→ BFH vom 7.4.1994 – BStBl II S. 740).

– unbesetzt –

Hinweise

Richttafeln 1998
→ BMF vom 31.12.1998 (BStBl I S. 1528)

Bewertung von Pensionsrückstellungen; Übergang auf die „Richttafeln 1998" von Prof. Klaus Heubeck

BMF vom 31.12.1998 (BStBl I S. 1528)

Bei der Bewertung von Pensionsrückstellungen sind u. a. die anerkannten Regeln der Versicherungsmathematik anzuwenden (vgl. § 6a Abs. 3 Satz 3 EStG). Wurden in diesem Zusammenhang bisher die „Richttafeln 1983" von Prof. Klaus Heubeck verwendet, so ist zu beachten, daß diese Anfang November 1998 durch die „Richttafeln 1998" abgelöst worden sind.

Unter Bezugnahme auf das Ergebnis einer Erörterung mit den obersten Finanzbehörden der Länder werden die „Richttafeln 1998" von Prof. Klaus Neubeck als mit den anerkannten versicherungsmathematischen Grundsätzen im Sinne von § 6a EStG übereinstimmend anerkannt.

Nach § 52 Abs. 7a Satz 2 EStG in der Fassung des Steueränderungsgesetzes 1998 (BGBl. I S. 3816) sind die „Richttafeln 1998" erstmals für die Bewertung von Pensionsrückstellungen in der Steuerbilanz für das Wirtschaftsjahr anzuwenden, das nach dem 31. Dezember 1998 endet; der sich dabei ergebende Unterschiedsbetrag im Sinne von § 6a Abs. 4 Satz 2 EStG in der Fassung des Steueränderungsgesetzes 1998 (a.a.O.) ist gleichmäßig auf drei Wirtschaftsjahre zu verteilen.

Auflösung der Pensionsrückstellung

(22) [1]Auflösungen oder Teilauflösungen in der Steuerbilanz sind nur insoweit zulässig, als sich die Höhe der Pensionsverpflichtung gemindert hat (→ auch § 249 Abs. 3 Satz 2 HGB). [2]Ist die Rückstellung ganz oder teilweise aufgelöst worden, ohne daß sich die Pensionsverpflichtung entsprechend geändert hat, so ist die Steuerbilanz insoweit unrichtig. [3]Dieser Fehler ist im Wege der Bilanzberichtigung (→ R 15) zu korrigieren. [4]Dabei ist die Rückstellung in Höhe des Betrags anzusetzen, der nicht hätte aufgelöst werden dürfen, höchstens jedoch mit dem Teilwert der Pensionsverpflichtung.

Anhang 7

(23) [1]Nach dem Zeitpunkt des vertraglich vorgesehenen Eintritts des Versorgungsfalls ist die Pensionsrückstellung in jedem Wirtschaftsjahr in Höhe des Unterschiedsbetrags zwischen dem versicherungsmathematischen Barwert der künftigen Pensionsleistungen am Schluß des Wirtschaftsjahrs und am Schluß des vorangegangenen Wirtschaftsjahrs gewinnerhöhend aufzulösen; die laufenden Pensionsleistungen sind dabei als Betriebsausgaben abzusetzen. [2]Eine Pensionsrückstellung ist auch dann aufzulösen, wenn der Pensionsberechtigte nach dem Zeitpunkt des vertraglich vorgesehenen Eintritts des Versorgungsfalls noch weiter gegen Entgelt tätig bleibt („technischer Rentner"), es sei denn, daß bereits die Bildung der Rückstellung auf die Zeit bis zu dem voraussichtlichen Ende der Beschäftigung des Arbeitnehmers verteilt worden ist (→ Absatz 12). [3]Ist für ein Wirtschaftsjahr, das nach dem Zeitpunkt des vertraglich vorgesehenen Eintritts des Versorgungsfalls endet, die am Schluß des vorangegangenen Wirtschaftsjahrs ausgewiesene Rückstellung niedriger als der versicherungsmathematische Barwert der künftigen Pensionsleistungen am Schluß des Wirtschaftsjahrs, so darf die Rückstellung erst von dem Wirtschaftsjahr ab aufgelöst werden, in dem der Barwert der künftigen Pensionsleistungen am Schluß des Wirtschaftsjahrs niedriger ist als der am Schluß des vorangegangenen Wirtschaftsjahrs ausgewiesene Betrag der Rückstellung. [4]In dem Wirtschaftsjahr, in dem eine bereits laufende Pensionsleistung herabgesetzt wird oder eine Hinterbliebenenrente beginnt, darf eine bisher ausgewiesene Rückstellung, die höher ist als der Barwert, nur bis zur Höhe dieses Barwerts aufgelöst werden.

§ 6a EStG
R 41 (24) H 41 (24)

R 41 (24) Rückdeckungsversicherung

Anhang 7

(24) ¹Hat ein Unternehmen eine betriebliche Pensionsverpflichtung durch Abschluß eines Versicherungsvertrags rückgedeckt, so sind der Versicherungsanspruch (Rückdeckungsanspruch) und die Pensionsverpflichtung (Pensionsrückstellung) in der Steuerbilanz getrennt zu bilanzieren (→ § 246 Abs. 2 HGB). ²Der Rückdeckungsanspruch ist grundsätzlich mit dem geschäftsplanmäßigen Deckungskapital der Versicherungsgesellschaft zuzüglich eines etwa vorhandenen Guthabens aus Beitragsrückerstattungen (sog. Überschußbeteiligung) zu aktivieren; soweit die Berechnung des Deckungskapitals nicht zum Geschäftsplan gehört, tritt an die Stelle des geschäftsplanmäßigen Deckungskapitals der Zeitwert nach § 176 VVG. ³Eine aufschiebend bedingte Abtretung des Rückdeckungsanspruchs an den pensionsberechtigten Arbeitnehmer für den Fall, daß der Pensionsanspruch durch bestimmte Ereignisse gefährdet wird, z. B. bei einem Konkurs des Unternehmens, wird – soweit er nicht im Insolvenzfall nach § 9 Abs. 2 BetrAVG auf den Träger der Insolvenzsicherung übergeht – erst wirksam, wenn die Bedingung eintritt (§ 158 Abs. 1 BGB). ⁴Die Rückdeckungsversicherung behält deshalb bis zum Eintritt der Bedingung ihren bisherigen Charakter bei. ⁵Wird durch Eintritt der Bedingung die Abtretung an den Arbeitnehmer wirksam, so wird die bisherige Rückdeckungsversicherung zu einer Direktversicherung.

H 41 (24) Hinweise

Rückkaufswert

- Der Anspruch gegen die Versicherung kann nur dann mit dem niedrigeren Rückkaufswert angesetzt werden, wenn am Bilanzstichtag ernsthaft mit der Auflösung des Versicherungsvertrags zu rechnen ist (→ BFH vom 5.6.1962 – BStBl III S. 416).

- Wegen einer Vereinfachungsregelung bei der Aktivierung des Rückdeckungsanspruchs → die gleichlautenden Erlasse der obersten Finanzbehörden der Länder im BStBl 1963 II S. 47.¹)

Rückdeckung von Pensionsverpflichtungen

Steuerrechtliche Behandlung der Rückdeckung von Pensionsverpflichtungen Rückdeckung von Pensionsrückstellungen

BMF vom 15.9.1995 (IV B 2 – S 2176 – 54/95)

Zu Fragen nach der steuerrechtlichen Behandlung einer Rückdeckung von Pensionsverpflichtungen nehme ich im Einvernehmen mit den obersten Finanzbehörden der Länder wie folgt Stellung:

Unternehmen haben für die eingegangene Pensionsverpflichtung unter den Voraussetzungen des § 6a EStG Rückstellung zu bilden. Eine mögliche Rückdeckung der Pensionsverpflichtung hat auf diese Passivierung keinen Einfluß (vgl. R 41 Abs. 26 Satz 1 EStR 1993)²). Die bilanzsteuerrechtliche Behandlung der Rückdeckung richtet sich nach den für die jeweiligen Rückdeckungsart geltenden allgemeinen steuerlichen Vorschriften. Danach sind in den Fällen, in denen das Unternehmen die Verpflichtung durch den Erwerb von Fonds-Anteilen absichert, die erworbenen Anteile nach den Grundsätzen des § 6 Abs. 1 Nr. 2 EStG zu bewerten.

Bestellt das Unternehmen zugunsten der Arbeitnehmer, die eine Direktzusage erhalten haben, an den Anteilsscheinen vertragliche Pfandrechte, so führt dies nach den in Abschnitt 129 Abs. 4 Satz 2 Nr. 4 LStR enthaltenen Grundsätzen nicht zu einem Zufluß von Arbeitslohn.

---

¹) Anm.: Gleichlautende Erlasse vom 22.2.1963.
²) Anm.: R 41 Abs. 24 Satz 1 EStR 1998.

Zuwendungen an rückgedeckte Unterstützungskassen – Fondsgebundene Lebensversicherung als Rückdeckungsversicherung

BMF vom 11.12.1998 – DB 1998 S. 25

Eine dem Grund nach rückgedeckte Unterstützungskasse i. S. von § 4d Abs. 1 Satz 1 Nr. 1 Buchst. c EStG liegt vor, wenn die von der Unterstützungskasse in Aussicht gestellten Leistungen über eine fondsgebundene Lebensversicherung rückgedeckt werden. Voraussetzung hierfür ist aber nach Auffassung der obersten Finanzbehörden des Bundes und der Länder, daß für den Zeitpunkt der Fälligkeit, d. h. auch für den Erlebensfall, eine garantierte Versicherungsleistung vereinbart ist.

Maßgebend sind die Verhältnisse am Bilanzstichtag. Zu diesem Zeitpunkt ist jeweils zu entscheiden, ob und in welchem Umfang die Versicherungsleistung nach den mit dem Versicherungsunternehmen abgeschlossenen Verträgen garantiert ist. Soweit danach die in Aussicht gestellten Versorgungsleistungen der Unterstützungskasse höher sind als die garantierte Versicherungsleistung, liegt nur eine partiell rückgedeckte Unterstützungskasse vor.

Dafür kommt es für die Anwendbarkeit des § 4d Abs. 1 Satz 1 Nr. 1 Buchst. c EStG ausschließlich auf die Rechtsbeziehungen zwischen der Unterstützungskasse und der (Rückdeckungs-)Versicherungsgesellschaft an.

Garantierte Versicherungsleistungen im vorgenannten Sinn und damit eine rückgedeckte Unterstützungskasse i. S. von § 4d Abs. 1 Satz 1 Nr. 1 Buchst. c EStG liegen deshalb nur vor, wenn die Versicherungsgesellschaft, mit der die Unterstützungskasse den (Rückdeckungs-)Versicherungsvertrag abgeschlossen hat, gegenüber der Kasse die Garantie übernimmt.

EStG

§ 6b[1])
Gewinn aus der Veräußerung bestimmter Anlagegüter

S 2139 [2])

(1) ¹Steuerpflichtige, die

Grund und Boden,

Aufwuchs auf oder Anlagen im Grund und Boden mit dem dazugehörigen Grund und Boden, wenn der Aufwuchs oder die Anlagen zu einem land- und forstwirtschaftlichen Betriebsvermögen gehören,

Gebäude,

abnutzbare bewegliche Wirtschaftsgüter mit einer betriebsgewöhnlichen Nutzungsdauer von mindestens 25 Jahren,

Schiffe,

Anteile an Kapitalgesellschaften oder

im Zusammenhang mit einer Betriebsumstellung lebendes Inventar land- und forstwirtschaftlicher Betriebe

veräußern, können im Wirtschaftsjahr der Veräußerung von den Anschaffungs- oder Herstellungskosten der in Satz 2 bezeichneten Wirtschaftsgüter, die im Wirtschaftsjahr der Veräußerung oder im vorangegangenen Wirtschaftsjahr angeschafft oder hergestellt worden sind, einen Betrag bis zur Höhe von 50 vom Hundert des bei der Veräußerung entstandenen Gewinns abziehen; bei Veräußerung von Grund und Boden, Gebäuden, Aufwuchs auf oder Anlagen im Grund und Boden kann ein Betrag bis zur vollen Höhe des bei der Veräußerung entstandenen Gewinns abgezogen werden; letzteres gilt auch bei der Veräußerung von Anteilen an Kapitalgesellschaften durch Unternehmensbeteiligungsgesellschaften im Sinne des Satzes 2 Nr. 5. ²Der Abzug ist zulässig bei den Anschaffungs- oder Herstellungskosten von

---

[1]) Anm.: Durch das Steuerentlastungsgesetz 1999/2000/2002 wurde die Überschrift wie folgt gefaßt: „Übertragung stiller Reserven bei der Veräußerung bestimmter Anlagegüter". Zur Anwendung → § 52 Abs. 18 in der Fassung des Steuerentlastungsgesetzes 1999/2000/2002: „(18) § 6b in der Fassung des Gesetzes vom 24.3.1999 (BGBl. I S. 402) ist erstmals auf Veräußerungen anzuwenden, die nach dem 31. Dezember 1998 vorgenommen werden. Für Veräußerungen, die vor diesem Zeitpunkt vorgenommen worden sind, ist § 6b in der im Veräußerungszeitpunkt geltenden Fassung weiter anzuwenden."

[2]) Anm.: Durch das Steuerentlastungsgesetz 1999/2000/2002 wurde Absatz 1 wie folgt gefaßt:
„(1) Steuerpflichtige, die
Grund und Boden,
Aufwuchs auf Grund und Boden mit dem dazugehörigen Grund und Boden, wenn der Aufwuchs zu einem land- und forstwirtschaftlichen Betriebsvermögen gehört, oder
Gebäude
veräußern, können im Wirtschaftsjahr der Veräußerung von den Anschaffungs- oder Herstellungskosten der in Satz 2 bezeichneten Wirtschaftsgüter, die im Wirtschaftsjahr der Veräußerung oder im vorangegangenen Wirtschaftsjahr angeschafft oder hergestellt worden sind, einen Betrag bis zur Höhe des bei der Veräußerung entstandenen Gewinns abziehen. Der Abzug ist zulässig bei den Anschaffungs- oder Herstellungskosten von
1. Grund und Boden,
   soweit der Gewinn bei der Veräußerung von Grund und Boden entstanden ist,
2. Aufwuchs auf Grund und Boden mit dem dazugehörigen Grund und Boden, wenn der zu einem land- und forstwirtschaftlichen Betriebsvermögen gehört,
   soweit der Gewinn bei der Veräußerung von Grund und Boden oder der Veräußerung von Aufwuchs auf Grund und Boden mit dem dazugehörigen Grund und Boden entstanden ist, oder
3. Gebäuden,
   soweit der Gewinn bei der Veräußerung von Grund und Boden, von Aufwuchs auf Grund und Boden mit dem dazugehörigen Grund und Boden oder Gebäuden entstanden ist.
Der Anschaffung oder Herstellung von Gebäuden steht ihre Erweiterung, ihr Ausbau oder ihr Umbau gleich. Der Abzug ist in diesem Fall nur von dem Aufwand für die Erweiterung, den Ausbau oder den Umbau der Gebäude zulässig."
Zur Anwendung → § 52 Abs. 18 in der Fassung des Steuerentlastungsgesetzes 1999/2000/2002.

§ 6b EStG

1. abnutzbaren beweglichen Wirtschaftsgütern,
2. Grund und Boden,
   soweit der Gewinn bei der Veräußerung von Grund und Boden entstanden ist,
3. Aufwuchs auf oder Anlagen im Grund und Boden mit dem dazugehörigen Grund und Boden, wenn der Aufwuchs oder die Anlagen zu einem land- und forstwirtschaftlichen Betriebsvermögen gehören,
   soweit der Gewinn bei der Veräußerung von Grund und Boden oder der Veräußerung von Aufwuchs auf oder Anlagen im Grund und Boden mit dem dazugehörigen Grund und Boden entstanden ist,
4. Gebäuden,
   soweit der Gewinn bei der Veräußerung von Grund und Boden, von Aufwuchs auf oder Anlagen im Grund und Boden mit dem dazugehörigen Grund und Boden, von Gebäuden oder von Anteilen an Kapitalgesellschaften entstanden ist, oder
5. ¹Anteilen an Kapitalgesellschaften, die eine Unternehmensbeteiligungsgesellschaft ¹⁾ angeschafft hat, die nach dem Gesetz anerkannt ist, soweit der Gewinn bei der Veräu-

---

¹⁾ § 6b Abs. 1 Satz 2 Nr. 5 ist auf Gewinne, die bei der Veräußerung von Anteilen an Kapitalgesellschaften in Wirtschaftsjahren entstehen, die nach dem 31. Dezember 1995 beginnen und vor dem 1. Januar 1999 enden, in der folgenden Fassung mit der Maßgabe anzuwenden, daß abweichend von § 6b Abs. 1 Satz 1 ein Betrag bis zur vollen Höhe des bei der Veräußerung entstandenen Gewinns abgezogen werden kann:
„5. Anteilen an Kapitalgesellschaften,
   a) die eine Unternehmensbeteiligungsgesellschaft angeschafft hat, die nach dem Gesetz über Unternehmensbeteiligungsgesellschaften anerkannt ist, *soweit der Gewinn bei der Veräußerung von Anteilen an Kapitalgesellschaften entstanden ist. ²Für Unternehmensbeteiligungsgesellschaften im Sinne von § 25 Abs. 1 des Gesetzes über Unternehmensbeteiligungsgesellschaften haben der Widerruf der Anerkennung und der Verzicht auf die Anerkennung Wirkung für die Vergangenheit, wenn nicht Aktien der Unternehmensbeteiligungsgesellschaft öffentlich angeboten worden sind; entsprechendes gilt, wenn eine solche Gesellschaft nach § 25 Abs. 3 des Gesetzes über Unternehmensbeteiligungsgesellschaften die Anerkennung als Unternehmensbeteiligungsgesellschaft verliert. ³Für offene Unternehmensbeteiligungsgesellschaften im Sinne des § 1a Abs. 1 Satz 1 des Gesetzes über Unternehmensbeteiligungsgesellschaften haben der Widerruf der Anerkennung und der Verzicht auf die Anerkennung innerhalb der in § 7 Abs. 1 Satz 1 des Gesetzes über Unternehmensbeteiligungsgesellschaften genannten Frist Wirkung für die Vergangenheit. ⁴Bescheide über die Anerkennung, die Rücknahme oder den Widerruf der Anerkennung und über die Feststellung, ob Aktien der Unternehmensbeteiligungsgesellschaft im Sinne des § 25 Abs. 1 des Gesetzes über Unternehmensbeteiligungsgesellschaften öffentlich angeboten worden sind, sind Grundlagenbescheide im Sinne der Abgabenordnung; die Bekanntmachung der Aberkennung der Eigenschaft als Unternehmensbeteiligungsgesellschaft nach § 25 Abs. 3 des Gesetzes über Unternehmensbeteiligungsgesellschaften steht einem Grundlagenbescheid gleich;*
   b) soweit sie durch Erhöhung des Kapitals dieser Gesellschaften angeschafft werden, wenn die Gesellschaften ihren Sitz und ihre Geschäftsleitung im Fördergebiet nach § 1 Abs. 2 des Fördergebietsgesetzes haben und im Zeitpunkt des Erwerbs der Beteiligungen jeweils nicht mehr als 250 Arbeitnehmer in einem gegenwärtigen Dienstverhältnis beschäftigen, die Arbeitslohn, Kurzarbeitergeld oder Schlechtwettergeld beziehen; entsprechendes gilt, wenn die Anteile durch Neugründung von Kapitalgesellschaften angeschafft werden;
   c) soweit sie durch Erhöhung des Kapitals dieser Gesellschaften angeschafft werden, wenn die Satzung oder der Gesellschaftsvertrag dieser Gesellschaften (Beteiligungsgesellschaften) als Unternehmensgegenstand ausschließlich
      aa) den Erwerb von Anteilen an Kapitalgesellschaften, die durch Erhöhung ihres Kapitals entstehen;
      bb) den Erwerb von Mitunternehmeranteilen (§ 15 Abs. 1 Satz 1 Nr. 2), die durch Einlagen der Kapitalgesellschaften entstehen;
      cc) die Verwaltung und die Veräußerung der in Doppelbuchstaben aa und bb genannten Anteile oder
      dd) die Beteiligung als stiller Gesellschafter an Unternehmen
   bestimmt, die genannten Kapitalgesellschaften, Personengesellschaften oder Unternehmen ihren Sitz und ihre Geschäftsleitung im Fördergebiet nach § 1 Abs. 2 des Fördergebietsgesetzes haben und im Zeitpunkt des Erwerbs der Anteile, Mitunternehmeranteile oder stillen Beteiligungen nicht mehr als 250 Arbeitnehmer in einem gegenwärtigen Dienstverhältnis

ßerung von Anteilen an Kapitalgesellschaften entstanden ist. *²Für Unternehmensbeteiligungsgesellschaften im Sinne des § 25 Abs. 1 des Gesetzes über Unternehmensbeteiligungsgesellschaften haben der Widerruf der Anerkennung und der Verzicht auf die Anerkennung Wirkung für die Vergangenheit, wenn nicht Aktien der Unternehmensbeteiligungsgesellschaft öffentlich angeboten worden sind; entsprechendes gilt, wenn eine solche Gesellschaft nach § 25 Abs. 3 des Gesetzes über Unternehmensbeteiligungsgesellschaften die Anerkennung als Unternehmensbeteiligungsgesellschaft verliert. ³Für offene Unternehmensbeteiligungsgesellschaften im Sinne des § 1a Abs. 1 Satz 1 des Gesetzes über Unternehmensbeteiligungsgesellschaften haben der Widerruf der Anerkennung und der Verzicht auf die Anerkennung innerhalb der in § 7 Abs. 1 Satz 1 des Gesetzes über Unternehmensbeteiligungsgesellschaften genannten Frist Wirkung für die Vergangenheit. ⁴Bescheide über die Anerkennung, die Rücknahme oder den Widerruf der Anerkennung und über die Feststellung, ob Aktien der Unternehmensbeteiligungsgesellschaft im Sinne des § 25 Abs. 1 des Gesetzes über Unternehmensbeteiligungsgesellschaften öffentlich angeboten worden sind, sind Grundlagenbescheide im Sinne der Abgabenordnung; die Bekanntmachung der Aberkennung der Eigenschaft als Unternehmensbeteiligungsgesellschaft nach § 25 Abs. 3 des Gesetzes über Unternehmensbeteiligungsgesellschaften steht einem Grundlagenbescheid gleich.*

(2) ¹Gewinn im Sinne des Absatzes 1 Satz 1 ist der Betrag, um den der Veräußerungspreis nach Abzug der Veräußerungskosten den Buchwert übersteigt, mit dem das veräußerte Wirtschaftsgut im Zeitpunkt der Veräußerung anzusetzen gewesen wäre. ²Buchwert ist der Wert, mit dem ein Wirtschaftsgut nach § 6 anzusetzen ist.

(3) ¹Soweit Steuerpflichtige den Abzug nach Absatz 1 nicht vorgenommen haben, können sie im Wirtschaftsjahr der Veräußerung eine den steuerlichen Gewinn mindernde Rücklage bilden. ²Bis zur Höhe dieser Rücklage können sie von den Anschaffungs- oder Herstellungskosten der in Absatz 1 Satz 2 bezeichneten Wirtschaftsgüter, die in den folgenden vier Wirtschaftsjahren angeschafft oder hergestellt worden sind, im Wirtschaftsjahr ihrer Anschaffung oder Herstellung einen Betrag abziehen; bei dem Abzug gelten die Einschränkungen des Absatzes 1 Satz 2 Nr. 2 bis 5 sowie Absatz 1 Sätze 3 und 4 entsprechend. ³Die Frist von vier Jahren verlängert sich bei neu hergestellten Gebäuden auf sechs Jahre, wenn mit ihrer Herstellung vor dem Schluß des vierten auf die Bildung der Rücklage folgenden Wirtschaftsjahrs begonnen worden ist. ⁴Die Rücklage ist in Höhe des abgezogenen

> beschäftigen, die Arbeitslohn, Kurzarbeitergeld oder Schlechtwettergeld beziehen. Spätestens drei Monate nach dem Erwerb der Anteile an der Beteiligungsgesellschaft muß jeweils die Summe der Anschaffungskosten aller von der Gesellschaft gehaltenen Anteile an Kapitalgesellschaften und Personengesellschaften zuzüglich der von ihr als stiller Beteiligter geleisteten Einlagen mindestens 90 vom Hundert ihres Eigenkapitals umfassen. Entsprechendes gilt, wenn die Anteile durch Neugründung einer Beteiligungsgesellschaft angeschafft werden."

Ist in den Fällen des Satzes 1 eine Rücklage nach § 6b Abs. 3 Satz 1 von mehr als 50 vom Hundert des bei der Veräußerung entstandenen Gewinns gebildet worden, so ist ein Abzug nach § 6b Abs. 1 Satz 2 Nr. 1 und 4 ausgeschlossen; ist der Steuerpflichtige keine Unternehmensbeteiligungsgesellschaft im Sinne des Satzes 1 Buchstabe a, kann der Abzug abweichend von § 6b Abs. 3 Satz 2 von den Anschaffungskosten der in Satz 1 Buchstabe b und c genannten Anteile an Kapitalgesellschaften erfolgen, die in den folgenden zwei Wirtschaftsjahren angeschafft worden sind; sie ist spätestens am Schluß des zweiten auf ihre Bildung folgenden Wirtschaftsjahrs gewinnerhöhend aufzulösen. ***§ 6b Abs. 1 Satz 2 Nr. 5 und Abs. 4 Satz 1 Nr. 2 ist erstmals auf Veräußerungen anzuwenden, die nach dem Inkrafttreten des Artikels 7 des Dritten Finanzmarktförderungsgesetzes*** (Hinweis: nach dem 31. März 1998) ***vorgenommen werden*** (→ § 52 Abs. 8 EStG).

Anm.: Zur Anwendung „auf Veräußerungen, die nach dem 31.12.1998 vorgenommen wurden → § 52 Abs. 18 in der Fassung des Steuerentlastungsgesetzes 1999/2000/2002.

¹) Anm.: Durch das Steuerentlastungsgesetz 1999/2000/2002 wurde Absatz 3 Satz 2 wie folgt gefaßt: „²Bis zur Höhe dieser Rücklage können sie von den Anschaffungs- oder Herstellungskosten der in Absatz 1 Satz 2 bezeichneten Wirtschaftsgüter, die in den folgenden vier Wirtschaftsjahren angeschafft oder hergestellt worden sind, im Wirtschaftsjahr ihrer Anschaffung oder Herstellung einen Betrag unter Berücksichtigung der Einschränkungen des Absatzes 1 Satz 2 bis 4 abziehen."
Zur Anwendung → § 52 Abs. 18 in der Fassung des Steuerentlastungsgesetzes 1999/2000/2002.

§ 6b EStG

Betrags gewinnerhöhend aufzulösen. ⁵Ist eine Rücklage am Schluß des vierten auf ihre Bildung folgenden Wirtschaftsjahrs noch vorhanden, so ist sie in diesem Zeitpunkt gewinnerhöhend aufzulösen, soweit nicht ein Abzug von den Herstellungskosten von Gebäuden in Betracht kommt, mit deren Herstellung bis zu diesem Zeitpunkt begonnen worden ist; ist die Rücklage am Schluß des sechsten auf ihre Bildung folgenden Wirtschaftsjahrs noch vorhanden, so ist sie in diesem Zeitpunkt gewinnerhöhend aufzulösen.

(4) ¹Voraussetzung für die Anwendung der Absätze 1 und 3 ist, daß
1. der Steuerpflichtige den Gewinn nach § 4 Abs. 1 oder § 5 ermittelt,
2. die veräußerten Wirtschaftsgüter im Zeitpunkt der Veräußerung mindestens sechs Jahre ununterbrochen zum Anlagevermögen einer inländischen Betriebsstätte gehört haben; die Frist von sechs Jahren *verkürzt sich für Anteile an Kapitalgesellschaften, die von Unternehmensbeteiligungsgesellschaften im Sinne des Absatzes 1 Satz 2 Nr. 5 veräußert werden, auf ein Jahr und* entfällt für lebendes Inventar land- und forstwirtschaftlicher Betriebe, [1]
3. die angeschafften oder hergestellten Wirtschaftsgüter zum Anlagevermögen einer inländischen Betriebsstätte gehören, [2]
4. der bei der Veräußerung entstandene Gewinn bei der Ermittlung des im Inland steuerpflichtigen Gewinns nicht außer Ansatz bleibt und
5. der Abzug nach Absatz 1 und die Bildung und Auflösung der Rücklage nach Absatz 3 in der Buchführung verfolgt werden können.

²Der Abzug nach den Absätzen 1 und 3 ist bei Wirtschaftsgütern, die zu einem land- und forstwirtschaftlichen Betrieb gehören oder der selbständigen Arbeit dienen, nicht zulässig, wenn der Gewinn bei der Veräußerung von Wirtschaftsgütern eines Gewerbebetriebs entstanden ist.

(5) An die Stelle der Anschaffungs- oder Herstellungskosten im Sinne des Absatzes 1 tritt in den Fällen, in denen das Wirtschaftsgut im Wirtschaftsjahr vor der Veräußerung angeschafft oder hergestellt worden ist, der Buchwert am Schluß des Wirtschaftsjahrs der Anschaffung oder Herstellung.

(6) ¹Ist ein Betrag nach Absatz 1 oder 3 abgezogen worden, so tritt für die Absetzungen für Abnutzung oder Substanzverringerung oder in den Fällen des § 6 Abs. 2 im Wirtschaftsjahr des Abzugs der verbleibende Betrag an die Stelle der Anschaffungs- oder Herstellungskosten. ²In den Fällen des § 7 Abs. 4 Satz 1 und Abs. 5 sind die um den Abzugsbetrag nach Absatz 1 oder 3 geminderten Anschaffungs- oder Herstellungskosten maßgebend.

(7) Soweit eine nach Absatz 3 Satz 1 gebildete Rücklage gewinnerhöhend aufgelöst wird, ohne daß ein entsprechender Betrag nach Absatz 3 abgezogen wird, ist der Gewinn des Wirtschaftsjahrs, in dem die Rücklage aufgelöst wird, für jedes volle Wirtschaftsjahr, in dem die Rücklage bestanden hat, um 6 vom Hundert des aufgelösten Rücklagenbetrags zu erhöhen.

(8) ¹Werden Wirtschaftsgüter im Sinne des Absatzes 1 zum Zweck der Vorbereitung oder Durchführung von städtebaulichen Sanierungs- oder Entwicklungsmaßnahmen an einen der in Satz 3 bezeichneten Erwerber übertragen, sind die Absätze 1 bis 7 mit der Maßgabe anzuwenden, daß
1. die Fristen des Absatzes 3 Satz 2, 3 und 5 sich jeweils um drei Jahre verlängern und
2. an die Stelle der in Absatz 4 Nr. 2 bezeichneten Frist von sechs Jahren eine Frist von zwei Jahren tritt.

---

[1] Anm.: Durch das Steuerentlastungsgesetz 1999/2000/2002 wurden in Absatz 4 Satz 1 Nummer 2 das Semikolon durch ein Komma ersetzt und der zweite Halbsatz aufgehoben.
  Zur Anwendung → § 52 Abs. 18 in der Fassung des Steuerentlastungsgesetzes 1999/2000/2002.

[2] Anm.: Durch das Steuerentlastungsgesetz 1999/2000/2002 wurde Absatz 4 Satz 1 Nummer 3 wie folgt geändert:
  „3. die angeschafften oder hergestellten Wirtschaftsgüter zum Anlagevermögen einer inländischen Betriebsstätte eines Betriebs des Steuerpflichtigen gehören,"
  Zur Anwendung → § 52 Abs. 18 in der Fassung des Steuerentlastungsgesetzes 1999/2000/2002.

§ 6b EStG § 9a EStDV
R 41a

¹) ²Satz 1 Nr. 1 gilt nicht für den Abzug von den Anschaffungs- oder Herstellungskosten von Anteilen an Kapitalgesellschaften oder Schiffen. ³Erwerber im Sinne des Satzes 1 sind Gebietskörperschaften, Gemeindeverbände, Verbände im Sinne des § 166 Abs. 4 des Baugesetzbuchs, Planungsverbände nach § 205 des Baugesetzbuchs, Sanierungsträger nach § 157 des Baugesetzbuchs, Entwicklungsträger nach § 167 des Baugesetzbuchs sowie Erwerber, die städtebauliche Sanierungsmaßnahmen als Eigentümer selbst durchführen (§ 147 Abs. 2 und § 148 Abs. 1 Baugesetzbuch).

²) (9) Absatz 8 ist nur anzuwenden, wenn die nach Landesrecht zuständige Behörde bescheinigt, daß die Übertragung der Wirtschaftsgüter zum Zweck der Vorbereitung oder Durchführung von städtebaulichen Sanierungs- oder Entwicklungsmaßnahmen an einen

³) der in Absatz 8 Satz 3 bezeichneten Erwerber erfolgt ist.

EStDV

§ 9a

Anschaffung, Herstellung

Jahr der Anschaffung ist das Jahr der Lieferung, Jahr der Herstellung ist das Jahr der Fertigstellung.

R 41a **41a. Ermittlung des Gewinns aus der Veräußerung bestimmter Anlagegüter im Sinne des § 6b EStG**

S 2139 **Begünstigte Wirtschaftsgüter**

(1) ¹Ist ein neues Wirtschaftsgut unter Verwendung von gebrauchten Wirtschaftsgütern hergestellt worden, ist die Nutzungsdauer maßgebend, die für das neue abnutzbare bewegliche Wirtschaftsgut bei der Bemessung der AfA zugrunde gelegt worden ist. ²Wird die Lebensdauer eines Wirtschaftsguts durch nachträglichen aktivierungspflichtigen Aufwand verlängert, ohne daß dadurch bei wirtschaftlicher Betrachtung ein neues Wirtschaftsgut entstanden ist, so ist für die Feststellung der betriebsgewöhnlichen Nutzungsdauer des Wirtschaftsguts der Zeitraum maßgebend, der bei der Bemessung der AfA für das Wirtschaftsgut insgesamt zugrunde gelegt worden ist.

(2) ¹Schiffe im Sinne von § 6b EStG sind:

1. die in der Schiffsregisterordnung angesprochenen Wasserfahrzeuge, wie

    a) Kauffahrteischiffe und andere zur Seefahrt bestimmte Schiffe (Seeschiffe), sofern sie zu einer inländischen Betriebsstätte gehören, unabhängig davon, welche Flagge sie führen,

    b) folgende zur Schiffahrt auf Flüssen und sonstigen Binnengewässern bestimmte Schiffe (Binnenschiffe):

---

1) Anm.: Durch das Steuerentlastungsgesetz 1999/2000/2002 wurde Absatz 8 Satz 2 aufgehoben.
    Zur Anwendung → § 52 Abs. 18 in der Fassung des Steuerentlastungsgesetzes 1999/2000/2002.

2) Anm.: Durch das Steuerentlastungsgesetz 1999/2000/2002 wurde in Absatz 9 die Angabe „Absatz 8 Satz 3" durch die Angabe „Absatz 8 Satz 2" ersetzt.
    Zur Anwendung → § 52 Abs. 18 in der Fassung des Steuerentlastungsgesetzes 1999/2000/2002.

3) Anm.: Durch das Steuerentlastungsgesetz 1999/2000/2002 wurde nach Absatz 9 folgender Absatz 10 angefügt:
    „(10) Bei Personengesellschaften und Gemeinschaften tritt an die Stelle des Steuerpflichtigen die Gesellschaft oder die Gemeinschaft, soweit Wirtschaftsgüter zum Gesamthandsvermögen der Gesellschaft oder Gemeinschaft gehören."
    Zur Anwendung → § 52 Abs. 18 in der Fassung des Steuerentlastungsgesetzes 1999/2000/2002.

- Schiffe, die zur Beförderung von Gütern bestimmt sind, wenn ihre größte Tragfähigkeit mindestens 10 Tonnen beträgt,
- Schiffe, die nicht zur Beförderung von Gütern bestimmt sind, wenn ihre Wasserverdrängung bei größter Eintauchung mindestens 5 m³ beträgt,
- Schlepper, Tankschiffe und Schubboote,
2. Eisbrecher, Hebeschiffe, Kabelschiffe, schwimmende Getreideheber, Schwimmkräne, Baggerprähme und dgl.

²Zubehör und Ausrüstungsgegenstände sind begünstigt, wenn sie in dem Bilanzansatz „Schiff" enthalten sind.

(3) Die Begriffsbestimmung „Anteile an Kapitalgesellschaften" richtet sich nach der Regelung in § 17 Abs. 1 Satz 3 EStG.

Betriebsumstellung

(4) ¹Eine Betriebsumstellung liegt nur bei einer wesentlichen Änderung der landwirtschaftlichen Betriebsorganisation vor. ²Die Umstellung innerhalb derselben Viehart (z. B. von süddeutschem Hochleistungsmilchvieh auf norddeutsches Hochleistungsmilchvieh) ist keine Betriebsumstellung.

Begriff der Veräußerung

(5) ¹Es ist ohne Bedeutung, ob der Unternehmer das Wirtschaftsgut freiwillig veräußert oder ob die Veräußerung unter Zwang erfolgt, z. B. infolge oder zur Vermeidung eines behördlichen Eingriffs oder im Wege einer Zwangsversteigerung. ²Die Veräußerung setzt den Übergang eines Wirtschaftsguts von einer Person auf eine andere voraus. ³Auch der Tausch von Wirtschaftsgütern ist eine Veräußerung. ⁴Die Überführung von Wirtschaftsgütern aus einem Betrieb in einen anderen Betrieb des Steuerpflichtigen und die Überführung von Wirtschaftsgütern aus dem Betriebsvermögen in das Privatvermögen sowie das Ausscheiden von Wirtschaftsgütern infolge höherer Gewalt sind keine Veräußerungen.

Buchwert

(6) ¹Buchwert ist der Wert, der sich für das Wirtschaftsgut im Zeitpunkt seiner Veräußerung ergeben würde, wenn für diesen Zeitpunkt eine Bilanz aufzustellen wäre. ²Das bedeutet, daß bei abnutzbaren Anlagegütern auch noch AfA nach § 7 EStG, erhöhte Absetzungen sowie etwaige Sonderabschreibungen für den Zeitraum vom letzten Bilanzstichtag bis zum Veräußerungszeitpunkt vorgenommen werden können.

Hinweise

Auflösung und Abwicklung
Der Untergang der Anteile im Fall der Auflösung und Abwicklung einer Kapitalgesellschaft ist keine Veräußerung (→ BFH vom 6.12.1972 – BStBl 1973 II S. 291).

Aufwuchs auf Grund und Boden
- Begriff
  Aufwuchs auf dem Grund und Boden sind die Pflanzen, die auf dem Grund und Boden gewachsen und noch darin verwurzelt sind (→ BFH vom 7.5.1987 – BStBl II S. 670).
- Veräußerungsvorgänge
  Die Anwendung des § 6b EStG ist auch dann möglich, wenn Aufwuchs auf oder Anlagen im Grund und Boden und der dazugehörige Grund und Boden in engem sachlichen (wirtschaftlichen) und zeitlichen Zusammenhang an zwei verschiedene Erwerber veräußert werden und die Veräußerungen auf einem einheitlichen Veräußerungsentschluß beruhen (→ BFH vom 7.5.1987 – BStBl II S. 670).

Betriebsgewöhnliche Nutzungsdauer
Maßgebend für die Feststellung, ob die betriebsgewöhnliche Nutzungsdauer eines Wirtschaftsguts 25 Jahre oder mehr beträgt, ist die Nutzungsdauer, die bei der Bemessung der AfA für das Wirtschaftsgut im Betrieb des Steuerpflichtigen zulässigerweise zugrunde gelegt worden ist (→ BFH vom 19.5.1976 – BStBl 1977 II S. 60).

§ 6b EStG
H 41a

Bei einem in gebrauchten Zustand erworbenen Wirtschaftsgut kommt es auf die betriebsgewöhnliche Nutzungsdauer an, die der Betrieb bei der Berechnung der AfA für das im gebrauchten Zustand gekaufte Wirtschaftsgut noch zugrunde gelegt hat (→ BFH vom 19.5.1976 – BStBl 1977 II S. 60).

Betriebsumstellung
Eine Betriebsumstellung ist z. B.
- die Umstellung auf viehlose Wirtschaft oder Umstellung von Milchwirtschaft auf Schweinemast (→ BFH vom 15.2.1990 – BStBl 1991 II S. 11),
- eine Betriebsverpachtung ohne Aufgabeerklärung (→ BFH vom 27.2.1997 – BStBl II S. 512).

Entnahme
Erwirbt der Steuerpflichtige für die Hingabe eines Wirtschaftsguts ein Wirtschaftsgut des Privatvermögens oder wird er dafür von einer privaten Schuld befreit, so liegt eine nach § 6b EStG nicht begünstigte Entnahme vor (→ BFH vom 23.6.1981 – BStBl 1982 II S. 18); siehe aber → Tausch.

Grund und Boden
Der Begriff „Grund und Boden" umfaßt nur den „nackten" Grund und Boden → BFH vom 24.8.1989 (BStBl II S. 1016).

Nicht begünstigte Wirtschaftsgüter
Zum Grund und Boden rechnen nicht
- Gebäude,
- Bodenschätze, soweit sie als Wirtschaftsgut bereits entstanden sind,
- grundstücksgleiche Rechte,
- Be- und Entwässerungsanlagen,
- stehendes Holz,
- Obst- und Baumschulanlagen,
- Korbweidenkulturen,
- Rebanlagen,
- Spargelanlagen,
- Feldinventar,
- Rechte, den Grund und Boden zu nutzen (→ BFH vom 24.8.1989 – BStBl II S. 1016).

Schiffe
Keine begünstigten Schiffe sind die bei der Abwrackung eines Schiffes gewonnenen Einzelteile (→ BFH vom 13.2.1979 – BStBl II S. 409).

Tausch
Bei tauschweiser Hingabe eines betrieblichen Wirtschaftsguts setzt die Inanspruchnahme des § 6b EStG voraus, daß der Anspruch auf das eingetauschte Wirtschaftsgut (zunächst) Betriebsvermögen wird (→ BFH vom 29.6.1995 – BStBl 1996 II S. 60); siehe aber → Entnahme.

Umlegungs- und Flurbereinigungsverfahren
Zwischen Grundstücken, die in ein Umlegungs- oder Flurbereinigungsverfahren eingebracht werden und den daraus im Zuteilungswege erlangten Grundstücken besteht Identität, soweit die eingebrachten und erlangten Grundstücke wertgleich sind; eine Gewinnrealisierung nach Tauschgrundsätzen tritt insoweit nicht ein (→ BFH vom 13.3.1986 – BStBl II S. 711).

Veräußerung
Veräußerung ist die entgeltliche Übertragung des wirtschaftlichen Eigentums an einem Wirtschaftsgut (→ BFH vom 27.8.1992 – BStBl 1993 II S. 225).

§ 6b EStG
H 41a R 41b

Veräußerung aus dem Gesellschaftsvermögen

Veräußert eine Personengesellschaft ein Wirtschaftsgut aus dem Gesellschaftsvermögen an einen Gesellschafter zu Bedingungen, die bei entgeltlichen Veräußerungen zwischen Fremden üblich sind, und wird das Wirtschaftsgut bei dem Erwerber Privatvermögen, so ist der dabei realisierte Gewinn insgesamt, d. h. auch soweit der Erwerber als Gesellschafter am Vermögen der veräußernden Personengesellschaft beteiligt ist, ein begünstigungsfähiger Veräußerungsgewinn (→ BFH vom 10.7.1980 – BStBl 1981 II S. 84).

Zeitpunkt des Übergangs des wirtschaftlichen Eigentums

Das wirtschaftliche Eigentum ist in dem Zeitpunkt übertragen, in dem die Verfügungsmacht (Herrschaftsgewalt) auf den Erwerber übergeht. In diesem Zeitpunkt scheidet das Wirtschaftsgut bestandsmäßig aus dem Betriebsvermögen des veräußernden Steuerpflichtigen aus und darf dementsprechend (auch handelsrechtlich) nicht mehr bilanziert werden (→ BFH vom 27.2.1986 – BStBl II S. 552).

→ H 13 (1) Gewinnrealisierung bei Rücktrittsrecht

41b. Übertragung aufgedeckter stiller Reserven und Rücklagenbildung nach § 6 b EStG

R 41b

Abzug des begünstigten Gewinns

(1) ¹Voraussetzung für den Abzug des begünstigten Gewinns von den Anschaffungs- oder Herstellungskosten eines Wirtschaftsguts nach § 6b Abs. 1 oder Abs. 3 EStG ist, daß in der handelsrechtlichen Jahresbilanz entsprechend verfahren wird. ²Soweit der Abzug in einem der folgenden Wirtschaftsjahre in der handelsrechtlichen Jahresbilanz durch eine Zuschreibung rückgängig gemacht wird, erhöht sich der Betrag der Zuschreibung den Buchwert des Wirtschaftsguts (→ § 5 Abs. 1 Satz 2 EStG). ³Nach § 6b Abs. 1 EStG kann der Abzug nur in dem Wirtschaftsjahr vorgenommen werden, in dem der begünstigte Gewinn entstanden ist (Veräußerungsjahr). ⁴Ist das Wirtschaftsgut in diesem Wirtschaftsjahr angeschafft oder hergestellt worden, so ist der Abzug von den gesamten in diesem Wirtschaftsjahr angefallenen Anschaffungs- oder Herstellungskosten vorzunehmen. ⁵Dies gilt unabhängig davon, ob das Wirtschaftsgut vor oder nach der Veräußerung angeschafft oder hergestellt worden ist. ⁶Ist das Wirtschaftsgut in dem Wirtschaftsjahr angeschafft oder hergestellt worden, das dem Veräußerungsjahr vorangegangen ist, so ist der Abzug nach § 6 b Abs. 1 EStG von dem Buchwert nach § 6b Abs. 5 EStG vorzunehmen. ⁷Sind im Veräußerungsjahr noch nachträgliche Anschaffungs- oder Herstellungskosten angefallen, so ist der Abzug von dem um diese Kosten erhöhten Buchwert vorzunehmen. ⁸Nach § 6b Abs. 3 EStG kann der Abzug nur in dem Wirtschaftsjahr vorgenommen werden, in dem das Wirtschaftsgut angeschafft oder hergestellt worden ist. ⁹Der Abzug ist von den gesamten in diesem Wirtschaftsjahr angefallenen Anschaffungs- oder Herstellungskosten des Wirtschaftsguts vorzunehmen. ¹⁰Bei nachträglichen Herstellungskosten, die durch die Erweiterung, den Ausbau oder den Umbau eines Gebäudes oder Schiffes entstehen, ist der Abzug nach § 6b Abs. 1 oder 3 EStG unabhängig vom Zeitpunkt der ursprünglichen Anschaffung oder Herstellung dieser Wirtschaftsgüter zulässig.

S 2139

Rücklagenbildung

(2) ¹Voraussetzung für die Bildung der Rücklage in der Steuerbilanz ist, daß ein entsprechender Passivposten in der Handelsbilanz ausgewiesen wird (→ § 5 Abs. 1 Satz 2 EStG). ²Soweit Steuerpflichtige keine Handelsbilanz aufstellen und dazu auch nicht verpflichtet sind, brauchen sie die Rücklage nur in der Steuerbilanz auszuweisen, z. B. Land- und Forstwirte sowie Gesellschafter einer Personengesellschaft, wenn Wirtschaftsgüter veräußert worden sind, die zum Sonderbetriebsvermögen gehören.

(3) ¹Rücklagen nach § 6b Abs. 3 EStG können in der Bilanz in einem Posten zusammengefaßt werden. ²In der Buchführung muß aber im einzelnen nachgewiesen werden, bei welchen Wirtschaftsgütern der in die Rücklage eingestellte Gewinn entstanden und auf welche Wirtschaftsgüter er übertragen oder wann die Rücklage gewinnerhöhend aufgelöst worden ist.

Rücklagenauflösung

(4) Wird der Gewinn des Steuerpflichtigen in einem Wirtschaftsjahr, das in den nach § 6b Abs. 3 EStG maßgebenden Zeitraum fällt, geschätzt, weil keine Bilanz aufgestellt wurde, so ist die Rücklage in diesem Wirtschaftsjahr gewinnerhöhend aufzulösen und ein Betrag in Höhe der Rücklage im Rahmen der Gewinnschätzung zu berücksichtigen.

Gewinnzuschlag

(5) ¹Der → Gewinnzuschlag nach § 6b Abs. 7 EStG ist in den Fällen vorzunehmen, in denen ein Abzug von den Anschaffungs- oder Herstellungskosten begünstigter Wirtschaftsgüter nicht oder nur teilweise vorgenommen worden ist und die Rücklage oder der nach Abzug verbleibende Rücklagenbetrag aufgelöst wird. ²Ein Gewinnzuschlag ist demnach auch vorzunehmen, soweit die Auflösung einer Rücklage vor Ablauf der in § 6b Abs. 3 EStG genannten Fristen erfolgt (vorzeitige Auflösung der Rücklage). ³Für Rücklagen, die auf Grund von Veräußerungen, die vor dem 1.1.1990 erfolgt sind, gebildet wurden, ist die Anweisung in Abschnitt 41b Abs. 6 EStR 1987 weiter anzuwenden.

Übertragungsmöglichkeiten

(6) ¹Ein Steuerpflichtiger kann den begünstigten Gewinn, der in einem als Einzelunternehmen geführten Betrieb entstanden ist, vorbehaltlich der Regelung in § 6b Abs. 4 Satz 2 EStG auf Wirtschaftsgüter übertragen, die

1. zu demselben oder einem anderen als Einzelunternehmen geführten Betrieb des Steuerpflichtigen gehören oder
2. zum Betriebsvermögen einer Personengesellschaft gehören, an der der Steuerpflichtige als Mitunternehmer beteiligt ist, soweit die Wirtschaftsgüter dem Steuerpflichtigen als Mitunternehmer zuzurechnen sind.

²Ein Steuerpflichtiger kann den auf ihn entfallenden begünstigten Gewinn aus der Veräußerung eines Wirtschaftsguts, das ganz oder zu Bruchteilen in seinem Eigentum steht, aber dem Betrieb einer Personengesellschaft dient, an der er beteiligt ist, vorbehaltlich der Regelung in § 6b Abs. 4 Satz 2 EStG übertragen. ³Wegen der Rücklage bei Betriebsveräußerung oder -aufgabe → Absatz 10.

(7) ¹Der begünstigte Gewinn aus der Veräußerung eines Wirtschaftsguts, das zum Gesellschaftsvermögen (Gesamthandsvermögen) einer Personengesellschaft gehört, kann übertragen werden

1. auf Wirtschaftsgüter, die zum Gesellschaftsvermögen der Personengesellschaft gehören; dabei darf der begünstigte Gewinn von allen Mitunternehmern nur einheitlich übertragen werden,
2. auf Wirtschaftsgüter, die zum Sonderbetriebsvermögen eines Mitunternehmers der Personengesellschaft gehören, aus deren Betriebsvermögen das veräußerte Wirtschaftsgut ausgeschieden ist, soweit der begünstigte Gewinn anteilig auf diesen Mitunternehmer entfällt,
3. vorbehaltlich der Regelung in § 6b Abs. 4 Satz 2 EStG auf Wirtschaftsgüter, die zum Betriebsvermögen eines anderen als Einzelunternehmen geführten Betriebs eines Mitunternehmers gehören, soweit der begünstigte Gewinn anteilig auf diesen Mitunternehmer entfällt,
4. vorbehaltlich der Regelung in § 6b Abs. 4 Satz 2 EStG auf Wirtschaftsgüter, die zum Gesellschaftsvermögen einer anderen Personengesellschaft oder zum Sonderbetriebsvermögen des Mitunternehmers bei einer anderen Personengesellschaft gehören, soweit diese Wirtschaftsgüter dem Mitunternehmer der Gesellschaft, aus deren Betriebsvermögen das veräußerte Wirtschaftsgut ausgeschieden ist, zuzurechnen sind und soweit der begünstigte Gewinn anteilig auf diesen Mitunternehmer entfällt.

(8) ¹Wird der begünstigte Gewinn, der bei der Veräußerung eines Wirtschaftsguts entstanden ist, bei den Anschaffungs- oder Herstellungskosten eines Wirtschaftsguts eines anderen Betriebs des Steuerpflichtigen berücksichtigt, so ist er erfolgsneutral dem Kapitalkonto der für den veräußernden Betrieb aufzustellenden Bilanz hinzuzurechnen. ²Gleichzeitig ist ein Betrag in Höhe des begünstigten Gewinns von den Anschaffungs- oder Herstellungskosten der in dem anderen Betrieb angeschafften oder hergestellten Wirtschaftsgüter erfolgsneutral (zu Lasten des Kapitalkontos) abzusetzen. ³Eine nach § 6b Abs. 3 EStG gebildete Rücklage kann auf einen anderen Betrieb erst in dem Wirtschaftsjahr übertragen werden, in dem der

Abzug von den Anschaffungs- oder Herstellungskosten bei Wirtschaftsgütern des anderen Betriebs vorgenommen wird.

Rücklage bei Änderung der Unternehmensform

(9) ¹Bei der Umwandlung eines Einzelunternehmens in eine Personengesellschaft kann der bisherige Einzelunternehmer eine von ihm gebildete Rücklage in einer Ergänzungsbilanz weiterführen. ²Wird eine Personengesellschaft in ein Einzelunternehmen umgewandelt, so kann der den Betrieb fortführende Gesellschafter eine Rücklage der Gesellschaft insoweit weiterführen, als sie (anteilig) auf ihn entfällt. ³Bei der Realteilung einer Personengesellschaft unter Fortführung entsprechender Einzelunternehmen kann die Rücklage anteilig in den Einzelunternehmen fortgeführt werden.

Rücklage bei Betriebsveräußerung

(10) ¹Veräußert ein Steuerpflichtiger seinen Betrieb, zu dessen Betriebsvermögen eine Rücklage im Sinne des § 6b Abs. 3 EStG gehört, oder bildet er eine solche Rücklage anläßlich der Betriebsveräußerung, so kann er die Rücklage noch für die Zeit weiterführen, für die sie ohne Veräußerung des Betriebs zulässig gewesen wäre. ²Voraussetzung hierfür ist, daß der Steuerpflichtige die Absicht erkennen läßt, mit den Vermögenswerten, die er bei der Veräußerung erlöst hat, einen Betrieb weiterzuführen, und daß er die bezeichneten Vermögenswerte sowie die Rücklage buch- und bestandsmäßig weiter nachweist. ³Wegen der Übertragungsmöglichkeit → Absatz 7. ⁴Wird eine Rücklage, die nicht anläßlich der Betriebsveräußerung gebildet worden ist, weitergeführt, so kann für den Veräußerungsgewinn der Freibetrag nach § 16 Abs. 4 EStG und der ermäßigte Steuersatz des § 34 Abs. 1 EStG nur in Anspruch genommen werden, wenn die Rücklage keine stillen Reserven enthält, die bei der Veräußerung einer wesentlichen Grundlage des Betriebs aufgedeckt worden sind. ⁵Liegen die Voraussetzungen für die Weiterführung der Rücklage nicht oder nicht mehr vor, so ist sie gewinnerhöhend aufzulösen. ⁶Wird eine Rücklage allerdings im Rahmen einer Betriebsveräußerung aufgelöst, so gehört der dabei entfallende Gewinn zum Veräußerungsgewinn. ⁷Diese Grundsätze gelten bei der Veräußerung eines Mitunternehmeranteils, bei der Auflösung einer Personengesellschaft und bei der Aufgabe eines Betriebs entsprechend.

Wechsel der Gewinnermittlungsart

(11) ¹Geht ein Steuerpflichtiger während des Zeitraums, für den eine nach § 6b Abs. 3 EStG gebildete Rücklage fortgeführt werden kann, von der Gewinnermittlung nach § 4 Abs. 1 oder § 5 EStG zur Gewinnermittlung nach § 4 Abs. 3 EStG oder nach Durchschnittssätzen (§ 13a EStG) über, so gelten für die Fortführung und die Übertragungsmöglichkeiten dieser Rücklage die Vorschriften des § 6c EStG. ²Ist die Rücklage nach § 6b Abs. 3 aus Anlaß der Veräußerung solcher Wirtschaftsgüter gebildet worden, die nicht nach § 6c EStG begünstigt sind, so ist die hierauf entfallende Rücklage im Wirtschaftsjahr der Änderung der Gewinnermittlungsart gewinnerhöhend aufzulösen. ³Geht der Steuerpflichtige von der Gewinnermittlung nach § 4 Abs. 3 EStG oder nach Durchschnittssätzen (§ 13a EStG) zur Gewinnermittlung nach § 4 Abs. 1 oder § 5 EStG über und sind im Zeitpunkt des Wechsels der Gewinnermittlungsart nach § 6c EStG begünstigte Gewinne noch nicht aufzulösen, so ist in Höhe der noch nicht übertragenen Gewinne eine Rücklage in der Übergangsbilanz auszuweisen. ⁴Für die weitere Behandlung dieser Rücklage gelten die Vorschriften des § 6b EStG.

Hinweise

Abzug bei Miteigentum

Ist der Steuerpflichtige am Bilanzstichtag nur noch zu einem Bruchteil Miteigentümer des während des Wirtschaftsjahrs angeschafften Wirtschaftsguts, so ist der Abzug nur von den Anschaffungs- oder Herstellungskosten des dem Steuerpflichtigen verbleibenden Bruchteils vorzunehmen (→ BFH vom 28.1.1981 – BStBl II S. 430).

Anschaffungszeitpunkt

Gehen Besitz, Nutzen und Lasten eines Wirtschaftsguts erst zum ersten Tag des folgenden Wirtschaftsjahrs über, so ist das Wirtschaftsgut erst in diesem Wirtschaftsjahr angeschafft (→ BFH vom 7.11.1991 – BStBl 1992 II S. 398).

§ 6b EStG
H 41b

Bilanzänderung
→ H 15 (Rücklage nach § 6b EStG)

Die nachträgliche Bildung einer Rücklage nach § 6b EStG ist nur im Wege der Bilanzänderung möglich; dies gilt auch dann, wenn die Reinvestitionsfrist bereits abgelaufen ist (→ BFH vom 22.9.1994 – BStBl 1995 II S. 367).

Einlage
Die Einlage eines Wirtschaftsguts in das Betriebsvermögen ist keine Anschaffung im Sinne des § 6b EStG (→ BFH vom 11.12.1984 – BStBl 1985 II S. 250).

Gewinnzuschlag
Die Rücklage hat auch dann während des ganzen Wirtschaftsjahrs bestanden, wenn sie buchungstechnisch bereits während des laufenden Wirtschaftsjahrs aufgelöst worden ist (→ BFH vom 26.10.1989 – BStBl 1990 II S. 290).

Beispiel zur Berechnung des Gewinnzuschlags
Ein Steuerpflichtiger, dessen Wirtschaftsjahr mit dem Kalenderjahr übereinstimmt, veräußert am 1.2.01 ein Wirtschaftsgut. Der nach § 6b EStG begünstigte Gewinn beträgt 400.000 DM. Der Steuerpflichtige bildet in der Bilanz des Jahres 01 eine Rücklage in Höhe von 400.000 DM, die er auch in den Bilanzen der Jahre 02 und 03 ausweist. Am 1.10.04 erwirbt er ein begünstigtes Wirtschaftsgut, dessen Anschaffungskosten 300.000 DM betragen. Der Steuerpflichtige nimmt einen gewinnmindernden Abzug von 300.000 DM vor und löst die gesamte Rücklage gewinnerhöhend auf.

Der Gewinn aus der Auflösung der Rücklage beträgt 400.000 DM – davon werden 300.000 DM nach § 6b Abs. 3 Satz 4 EStG und 100.000 DM nach § 6b Abs. 3 Satz 5 EStG aufgelöst. Bemessungsgrundlage für den Gewinnzuschlag sind 100.000 DM. Die Rücklage hat in den Wirtschaftsjahren 01 bis 04 bestanden. Der Gewinnzuschlag ist für jedes volle Wirtschaftsjahr des Bestehens der Rücklage vorzunehmen; das sind die Wirtschaftsjahre 02 bis 04, denn im Wirtschaftsjahr 04 kann die Auflösung der Rücklage erst zum Bilanzabschluß und nicht bereits zum Zeitpunkt der Wiederanlage erfolgen.

Der Gewinnzuschlag beträgt 3 6 6 v. H. von 100.000 DM = 18.000 DM.

Herstellungsbeginn
Der für die Verlängerung der Auflösungsfrist nach § 6b Abs. 3 Satz 3 EStG maßgebende Herstellungsbeginn kann die Einreichung des Bauantrags sein (→ BFH vom 15.10.1981 – BStBl 1982 II S. 63).

Ein vor Einreichung des Bauantrags durchgeführter Gebäudeabbruch zum Zweck der Errichtung eines Neubaus kann als Beginn der Herstellung in Betracht kommen (→ BFH vom 12.6.1978 – BStBl II S. 620).

Nutzungsrecht
– Die Errichtung eines Gebäudes auf dem Grundstück des Ehegatten unter Vereinbarung eines Aufwendungsersatzanspruches nach § 951 Abs. 1 BGB führt zur Entstehung eines Nutzungsrechtes, das wie ein materielles Wirtschaftsgut (Gebäude) zu aktivieren ist. Die Übertragung stiller Reserven im Sinne des § 6b Abs. 1 oder Abs. 3 Satz 2 EStG auf das durch eine solche Baumaßnahme geschaffene Nutzungsrecht ist zulässig (→ BMF vom 3.5.1985 – BStBl I S. 188, BFH vom 10.4.1997 – BStBl II S. 718):

> Trägt ein Ehegatte vereinbarungsgemäß alle Aufwendungen für die Errichtung eines Gebäudes auf dem Grund und Boden des anderen Ehegatten und ist zwischen den Eheleuten festgelegt, daß der andere Ehegatte das ihm zuwachsende Eigentum an dem Gebäude ausgleichen muß, kann der den Bau finanzierende Ehegatte seine Aufwendungen wie ein materielles Wirtschaftsgut aktivieren. Dem steht nicht entgegen, daß das Gebäude im Betrieb beider Ehegatten genutzt wird.

– → H 13 (7) Eigenaufwand für ein fremdes Wirtschaftsgut.

Realgemeinde

Mitglieder einer Realgemeinde können Gewinne aus der Veräußerung bestimmter Anlagegüter, die ihnen unmittelbar zuzurechnen sind, auch auf solche nach § 6b EStG begünstigte Wirtschaftsgüter übertragen, die sie im Rahmen ihrer Einzelbetriebe angeschafft oder hergestellt haben (→ BFH vom 28.4.1988 – BStBl II S. 885).

Rücklage bei Betriebsveräußerung

Gewinne aus der Auflösung von Rücklagen, die nicht im Rahmen eines Gewinns aus einer Betriebsveräußerung oder -aufgabe angefallen sind, sind nicht tarifbegünstigt (→ BFH vom 4.2.1982 – BStBl II S. 348).

Rücklagenauflösung

Voraussetzung für die Übertragung der Rücklage ist, daß das Gebäude bis zum Schluß des sechsten Wirtschaftsjahrs nach Bildung der Rücklage fertiggestellt wird. Die Rücklage kann in diesem Fall zum Ende des vierten auf die Bildung folgenden Wirtschaftsjahrs nur noch in der Höhe der noch zu erwartenden Herstellungskosten für das Gebäude beibehalten werden (→ BFH vom 26.10.1989 – BStBl 1990 II S. 290).

Rücklagenbildung

Die Rücklage ist in der Bilanz des Wirtschaftsjahrs zu bilden, in dem der Veräußerungsgewinn entstanden ist; es handelt sich um die Ausübung eines Bilanzierungswahlrechts (→ BFH vom 30.3.1989 – BStBl II S. 560).

Wird der Gewinn vom Finanzamt geschätzt, weil der Steuerpflichtige keine Bilanz erstellt hat, ist die Bildung der Rücklage nicht zulässig (→ BFH vom 24.1.1990 – BStBl II S. 426).

Bei Mitunternehmern ist die Entscheidung, ob die Voraussetzungen für die Bildung einer Rücklage vorliegen, im Gewinnfeststellungsverfahren zu treffen (→ BFH vom 25.7.1979 – BStBl 1980 II S. 43).

Übertragung auf Einzelunternehmer

Der Steuerpflichtige kann den auf ihn entfallenden begünstigten Gewinn aus der Veräußerung eines dem Betrieb einer Personengesellschaft dienenden Wirtschaftsguts auf Wirtschaftsgüter seines Einzelunternehmens übertragen (→ BFH vom 28.1.1981 – BStBl II S. 430).

41c. Sechsjahresfrist im Sinne des § 6b Abs. 4 Nr. 2 EStG R 41c

(1) ¹Zur Frage der Zugehörigkeit eines Wirtschaftsguts zum Anlagevermögen → R 32. ²Wirtschaftsgüter, die sechs Jahre zum Betriebsvermögen des Steuerpflichtigen gehört haben, können in der Regel als Anlagevermögen angesehen werden, es sei denn, daß besondere Gründe vorhanden sind, die einer Zurechnung zum Anlagevermögen entgegenstehen. ³Bei einer Veräußerung nach dem 31.12.1990 sind Zeiten, in denen das Wirtschaftsgut zu einer Betriebsstätte des Steuerpflichtigen im Beitrittsgebiet gehört hat, bei der Sechsjahresfrist zu berücksichtigen. ⁴Hat der Steuerpflichtige mehrere inländische Betriebsstätten oder Betriebe, deren Einkünfte zu verschiedenen Einkunftsarten gehören, so ist die Sechsjahresfrist auch dann gewahrt, wenn das veräußerte Wirtschaftsgut innerhalb der letzten sechs Jahre zum Betriebsvermögen verschiedener Betriebe oder Betriebsstätten des Steuerpflichtigen gehörte.

(2) Ist ein neues Wirtschaftsgut unter Verwendung von gebrauchten Wirtschaftsgütern hergestellt worden, ist die Voraussetzung des § 6b Abs. 4 Nr. 2 EStG nur erfüllt, wenn seit der Fertigstellung dieses Wirtschaftsguts sechs Jahre vergangen sind und das Wirtschaftsgut seit dieser Zeit ununterbrochen zum Anlagevermögen einer inländischen Betriebsstätte des veräußernden Steuerpflichtigen gehört hat.

(3) ¹Die Dauer der Zugehörigkeit eines Wirtschaftsguts zum Betriebsvermögen wird durch nachträgliche Herstellungskosten nicht berührt. ²Das gilt auch dann, wenn es sich bei den nachträglichen Herstellungskosten um Aufwendungen für einen Ausbau, einen Umbau oder eine Erweiterung eines Gebäudes oder Schiffes handelt. ³Entstehen dagegen durch Baumaßnahmen selbständige Gebäudeteile, so gilt Absatz 2 entsprechend.

(4) ¹Sind Anteile an einer Kapitalgesellschaft durch Kapitalerhöhung aus Gesellschaftsmitteln entstanden, so ist der Besitzzeit dieser (neuen) Anteilsrechte die Besitzzeit der (alten) Anteilsrechte hinzuzurechnen, auf die die (neuen) Anteilsrechte entfallen sind. ²Der Besitzzeit von Bezugsrechten ist die Besitzzeit der (alten) Anteilsrechte hinzuzurechnen, von denen sie abgespalten sind. ³Anteilsrechte, die bei einer Kapitalerhöhung gegen Leistung einer Einlage erworben worden sind, können jedoch nicht – auch nicht teilweise – als mit den aus den alten Anteilsrechten abgespaltenen Bezugsrechten wirtschaftlich identisch angesehen werden. ⁴Sie erfüllen deshalb nur dann die Voraussetzung des § 6b Abs. 4 Nr. 2 EStG, wenn sie selbst mindestens sechs Jahre ununterbrochen zum Anlagevermögen einer inländischen Betriebsstätte des Steuerpflichtigen gehört haben.

(5) ¹Bei einem Wirtschaftsgut, das an Stelle eines infolge höherer Gewalt oder infolge oder zur Vermeidung eines behördlichen Eingriffs aus dem Betriebsvermögen ausgeschiedenen Wirtschaftsguts angeschafft oder hergestellt worden ist (Ersatzwirtschaftsgut im Sinne von R 35 Abs. 1 Satz 2 Nr. 2), ist die Sechsjahresfrist erfüllt, wenn das zwangsweise ausgeschiedene Wirtschaftsgut und das Ersatzwirtschaftsgut zusammen sechs Jahre zum Anlagevermögen des Steuerpflichtigen gehört haben. ²Entsprechendes gilt bei der Veräußerung von Wirtschaftsgütern, die auf Grund eines funktionsgleichen Tausches erworben worden sind.

(6) Werden beim Übergang eines Betriebs oder Teilbetriebs die Buchwerte fortgeführt, so ist für die Berechnung der Sechsjahresfrist des § 6b Abs. 4 Nr. 2 EStG die Besitzzeit des Rechtsvorgängers der Besitzzeit des Rechtsnachfolgers hinzuzurechnen.

H 41c Hinweise

Beitrittsgebiet
Zur Ermittlung der Vorbesitzzeit bei Veräußerung land- und forstwirtschaftlich genutzten Grund und Bodens im Beitrittsgebiet → BMF vom 11.11.1994 (BStBl I S. 854).

Erbauseinandersetzung/vorweggenommene Erbfolge
Wegen der Besitzzeitanrechnung im Falle der Erbauseinandersetzung und der vorweggenommenen Erbfolge → BMF vom 11.1.1993 (BStBl I S. 62) und vom 13.1.1993 (BStBl I S. 80).

Anhang 10

Fälle des Umwandlungssteuerrechts
Werden beim Übergang eines Betriebs oder Teilbetriebs die Buchwerte fortgeführt (z. B. bei der unentgeltlichen Übertragung eines Betriebs – § 7 Abs. 1 EStDV –, bei der Einbringung eines Einzelunternehmens oder des Unternehmens einer Personengesellschaft in eine Kapitalgesellschaft – → BFH vom 26.2.1992 – BStBl II S. 988 –, bei der Verschmelzung von Kapitalgesellschaften, Genossenschaften oder Versicherungsvereinen auf Gegenseitigkeit), so ist für die Berechnung der Sechsjahresfrist des § 6b Abs. 4 Nr. 2 EStG die Besitzzeit des Rechtsvorgängers der Besitzzeit des Rechtsnachfolgers hinzuzurechnen. Gleiches gilt bei der unentgeltlichen Übertragung eines Wirtschaftsguts des Sonderbetriebsvermögens in das Sonderbetriebsvermögen eines anderen Gesellschafters zu Buchwerten (→ BFH vom 24.3.1992 – BStBl 1993 II S. 93).

Gesellschaftsvermögen einer Personengesellschaft
Bei der Veräußerung von Wirtschaftsgütern, die zum Gesellschaftsvermögen einer Personengesellschaft gehören, ist die Sechsjahresfrist nicht gewahrt, soweit die Wirtschaftsgüter infolge einer entgeltlichen Änderung der personellen Zusammensetzung oder der Beteiligungsverhältnisse der Personengesellschaft anteilig Gegenstand entgeltlicher Veräußerungs- und Anschaffungsgeschäfte der Gesellschafter waren, es sei denn, daß auf Grund einer Sonderregelung, z. B. § 24 UmwStG, eine Besitzzeitanrechnung Platz greift (→ BFH vom 10.7.1980 – BStBl 1981 II S. 84 und 90).

Tauschvorgänge
– Anteilstausch
  Bei der Veräußerung von Wirtschaftsgütern, die auf Grund eines funktionsgleichen Tausches (→ BFH vom 16.12.1958 – BStBl 1959 III S. 30) erworben worden sind, gilt → R 41c Abs. 5 entsprechend.

§§ 6b, 6c EStG
H 41c

– Baulandumlegungen
→ H 41a (Umlegungs- und Flurbereinigungsverfahren)

Vorbesitzzeit
– bei Veräußerung **land- und forstwirtschaftlichen Grund und Bodens im Beitrittsgebiet** → BMF vom 11.11.1994 (BStBl I S. 854)
– bei **Veräußerungsgewinn nach § 13 Abs. 3 Satz 10 KStG** → BMF vom 7.1.1994 (BStBl I S. 17)

§ 6c
Gewinn aus der Veräußerung von Grund und Boden, Gebäuden sowie von Aufwuchs auf oder Anlagen im Grund und Boden bei der Ermittlung des Gewinns nach § 4 Abs. 3 oder nach Durchschnittssätzen

EStG
[1]

(1) § 6b mit Ausnahme des § 6b Abs. 4 Nr. 1 ist mit der folgenden Maßgabe entsprechend anzuwenden, wenn der Gewinn nach § 4 Abs. 3 oder die Einkünfte aus Land- und Forstwirtschaft nach Durchschnittssätzen ermittelt werden:

S 2139a

1. Der Abzug nach § 6b Abs. 1 und 3 ist nur zulässig, soweit der Gewinn entstanden ist bei der Veräußerung von

   Grund und Boden,

   Gebäuden oder

   Aufwuchs auf oder Anlagen im Grund und Boden mit dem dazugehörigen Grund und Boden, wenn der Aufwuchs oder die Anlagen zu einem land- und forstwirtschaftlichen Betriebsvermögen gehören.

2. Soweit nach § 6b Abs. 3 eine Rücklage gebildet werden kann, ist ihre Bildung als Betriebsausgabe (Abzug) und ihre Auflösung als Betriebseinnahme (Zuschlag) zu behandeln; der Zeitraum zwischen Abzug und Zuschlag gilt als Zeitraum, in dem die Rücklage bestanden hat.

(2) ¹Voraussetzung für die Anwendung des Absatzes 1 ist, daß die Wirtschaftsgüter, bei denen ein Abzug von den Anschaffungs- oder Herstellungskosten oder von dem Wert nach § 6b Abs. 5 vorgenommen worden ist, in besondere, laufend zu führende Verzeichnisse aufgenommen werden. ²In den Verzeichnissen sind der Tag der Anschaffung oder Herstel-

---

[1]) Anm.: Durch das Steuerentlastungsgesetz 1999/2000/2002 wurde § 6c neu gefaßt:

„§ 6c
Übertragung stiller Reserven bei der Veräußerung bestimmter Anlagegüter bei der Ermittlung des Gewinns nach § 4 Abs. 3 oder nach Durchschnittssätzen
(1) § 6b mit Ausnahme des § 6b Abs. 4 Nr. 1 ist entsprechend anzuwenden, wenn der Gewinn nach § 4 Abs. 3 oder die Einkünfte aus Land- und Forstwirtschaft nach Durchschnittssätzen ermittelt werden. Soweit nach § 6b Abs. 3 eine Rücklage gebildet werden kann, ist ihre Bildung als Betriebsausgabe (Abzug) und ihre Auflösung als Betriebseinnahme (Zuschlag) zu behandeln; der Zeitraum zwischen Abzug und Zuschlag gilt als Zeitraum, in dem die Rücklage bestanden hat.
(2) Voraussetzung für die Anwendung des Absatzes 1 ist, daß die Wirtschaftsgüter, bei denen ein Abzug von den Anschaffungs- oder Herstellungskosten oder von dem Wert nach § 6b Abs. 5 vorgenommen worden ist, in besondere, laufend zu führende Verzeichnisse aufgenommen werden. In den Verzeichnissen sind der Tag der Anschaffung oder Herstellung, die Anschaffungs- oder Herstellungskosten, der Abzug nach § 6b Abs. 1 und 3 in Verbindung mit Absatz 1, die Absetzungen für Abnutzung, die Abschreibungen sowie die Beträge nachzuweisen, die nach § 6b Abs. 3 in Verbindung mit Absatz 1 als Betriebsausgaben (Abzug) oder Betriebseinnahmen (Zuschlag) behandelt worden sind."
§ 6c in der Fassung des Gesetzes vom 24.3.1999 (BGBl. I S. 402) ist erstmals auf Veräußerungen anzuwenden, die nach dem 31.12.1998 vorgenommen werden. Für Veräußerungen, die vor diesem Zeitpunkt vorgenommen worden sind, ist § 6c in der im Veräußerungszeitpunkt geltenden Fassung weiter anzuwenden (→ § 52 Abs. 19 in der Fassung des Steuerentlastungsgesetzes 1999/2000/2002).

§ 6c EStG
R 41d   H 41d

lung, die Anschaffungs- oder Herstellungskosten, der Abzug nach § 6b Abs. 1 und 3 in Verbindung mit Absatz 1, die Absetzungen für Abnutzung, die Abschreibungen sowie die Beträge nachzuweisen, die nach § 6b Abs. 3 in Verbindung mit Absatz 1 Nr. 2 als Betriebsausgaben (Abzug) oder Betriebseinnahmen (Zuschlag) behandelt worden sind.

R 41d   **41d. Gewinn aus der Veräußerung von Gebäuden sowie von Aufwuchs auf oder Anlagen im Grund und Boden bei der Ermittlung des Gewinns nach § 4 Abs. 3 EStG oder nach Durchschnittssätzen**

S 2139a   (1) ¹Für die Ermittlung des nach § 6c EStG begünstigten Gewinns gilt § 6b Abs. 2 EStG entsprechend. ²Danach ist bei der Veräußerung eines nach § 6c EStG begünstigten Wirtschaftsguts ohne Rücksicht auf den Zeitpunkt des Zufließens des Veräußerungspreises als Gewinn der Betrag begünstigt, um den der Veräußerungspreis nach Abzug der Veräußerungskosten die Aufwendungen für das veräußerte Wirtschaftsgut übersteigt, die bis zu seiner Veräußerung noch nicht als Betriebsausgaben abgesetzt worden sind. ³Der Veräußerungspreis ist also in voller Höhe im Veräußerungszeitpunkt als Betriebseinnahme zu behandeln, auch wenn er nicht gleichzeitig zufließt. ⁴Der (früher oder später) tatsächlich zufließende Veräußerungserlös bleibt außer Betracht, wird also nicht als Betriebseinnahme angesetzt. ⁵Ein nach § 6c EStG in Verbindung mit § 6b Abs. 1 Satz 1 EStG vorgenommener Abzug von den Anschaffungs- oder Herstellungskosten begünstigter Investitionen ist als Betriebsausgabe zu behandeln. ⁶Soweit der Steuerpflichtige im Jahr der Veräußerung keinen Abzug in Höhe des begünstigten Gewinns von den Anschaffungs- und Herstellungskosten der im Veräußerungsjahr durchgeführten begünstigten Neuinvestitionen und auch keinen Abzug von dem Betrag nach § 6b Abs. 5 EStG der im Vorjahr angeschafften oder hergestellten begünstigten Wirtschaftsgüter vornimmt, kann er im Jahr der Veräußerung eine fiktive Betriebsausgabe absetzen. ⁷Diese Betriebsausgabe ist innerhalb des Zeitraums, in dem bei einem buchführenden Steuerpflichtigen eine nach § 6b Abs. 3 EStG gebildete Rücklage auf Neuinvestitionen übertragen werden kann (Übertragungsfrist), durch fiktive Betriebseinnahmen in Höhe der Beträge auszugleichen, die nach § 6c EStG in Verbindung mit § 6b Abs. 3 EStG von den Anschaffungs- oder Herstellungskosten begünstigter Investitionen abgezogen und als Betriebsausgabe behandelt werden. ⁸In Höhe des am Ende der Übertragungsfrist verbleibenden Betrags ist eine (sich in vollem Umfang gewinnerhöhend auswirkende) Betriebseinnahme anzusetzen.

(2) ¹Wird der Gewinn vom Finanzamt geschätzt, ist der Abzug nicht zulässig. ²Wird der Gewinn des Steuerpflichtigen in einem Wirtschaftsjahr, das in den nach § 6b Abs. 3 EStG maßgebenden Zeitraum fällt, geschätzt, so ist ein Zuschlag in Höhe des ursprünglichen Abzugsbetrags vorzunehmen; § 6b Abs. 7 EStG ist zu beachten.

H 41d   **Hinweise**

Berechnungsbeispiel

Ein Steuerpflichtiger, der den Gewinn nach § 4 Abs. 3 EStG ermittelt, hat ein Werkstattgebäude für 15.000 DM veräußert, auf das im Veräußerungszeitpunkt noch insgesamt 3.000 DM AfA hätten vorgenommen werden können. Die Veräußerungskosten betragen 1.000 DM. Der Steuerpflichtige will für den bei der Veräußerung erzielten Gewinn § 6c EStG in Anspruch nehmen. Er schafft im Veräußerungsjahr für 4.000 DM und in den beiden folgenden Wirtschaftsjahren für 1.000 DM und 2.000 DM Maschinen an.

Der Veräußerungserlös gilt ohne Rücksicht darauf, wann er tatsächlich zufließt, als im Veräußerungsjahr vereinnahmt. Entsprechend gelten die Veräußerungskosten als im Veräußerungsjahr verausgabt. Die Veräußerung des Werkstattgebäudes führt deshalb zu einem nach § 6c EStG begünstigten Gewinn von 15.000 DM (Veräußerungserlös) – 3.000 DM („Restbuchwert") – 1.000 DM (Veräußerungskosten) = 11.000 DM. Da der Steuerpflichtige im Veräußerungsjahr von den Anschaffungs- oder Herstellungskosten der in diesem Jahr vorgenommenen Neuinvestitionen einen Abzug von 4.000 DM vornimmt, liegt in Höhe dieser 4.000 DM eine Betriebsausgabe vor, so daß sich von dem Gewinn aus der Veräußerung des Gebäudes nur noch ein Betrag von (11.000 – 4.000) = 7.000 DM auswirkt. In Höhe dieser 7.000 DM kann der Steuerpflichtige im Veräußerungsjahr noch eine fiktive Betriebsausgabe absetzen und damit den bei der Veräußerung entstandenen Gewinn neutralisieren.

In dem auf die Veräußerung folgenden Wirtschaftsjahr nimmt er von den Anschaffungs- oder Herstellungskosten der Neuinvestitionen einen Abzug von 1.000 DM vor, der als Betriebsausgabe zu behandeln ist. Er hat infolgedessen eine fiktive Betriebseinnahme von 1.000 DM anzusetzen, um den Vorgang zu neutralisieren.

Im zweiten auf die Veräußerung folgenden Wirtschaftsjahr nimmt er von den Anschaffungs- oder Herstellungskosten der Neuinvestitionen einen Abzug von 2.000 DM vor, der als Betriebsausgabe zu behandeln ist. Er hat deshalb in diesem Wirtschaftsjahr eine fiktive Betriebseinnahme von 2.000 DM anzusetzen, um den Vorgang zu neutralisieren.

Durch die beiden fiktiven Betriebseinnahmen von 1.000 DM und 2.000 DM ist die fiktive Betriebsausgabe im Jahr der Veräußerung von 7.000 DM bis auf einen Betrag von 4.000 DM ausgeglichen. In Höhe dieses Betrags hat der Steuerpflichtige spätestens im vierten auf die Veräußerung folgenden Wirtschaftsjahr eine weitere (sich in vollem Umfang gewinnerhöhend auswirkende) fiktive Betriebseinnahme anzusetzen, wenn er nicht bis zum Schluß des vierten auf die Veräußerung folgenden Wirtschaftsjahrs mit der Herstellung eines neuen Gebäudes begonnen hat.

Soweit der Steuerpflichtige einen Abzug von den Anschaffungs- oder Herstellungskosten angeschaffter oder hergestellter Wirtschaftsgüter vorgenommen hat, kann er von dem Wirtschaftsgut keine AfA, erhöhte Absetzungen oder Sonderabschreibungen mehr vornehmen.

Wechsel der Gewinnermittlungsart

Zur Behandlung eines nach §§ 6b, 6c EStG begünstigten Gewinns bei Wechsel der Gewinnermittlung → R 41 b Abs. 11.

§ 6d[1])
Befristete Rücklage bei Erwerb von Betrieben, deren Fortbestand gefährdet ist

(1) ¹Steuerpflichtige, die auf Grund eines nach dem 30. September 1982 rechtswirksam abgeschlossenen obligatorischen Vertrags oder gleichstehenden Rechtsakts vor dem 1. Januar 1987 Kapitalanlagen im Sinne des Absatzes 2 vornehmen, können im Wirtschaftsjahr der Kapitalanlage eine den Gewinn mindernde Rücklage bilden. ²Die Rücklage darf 30 vom Hundert der Anschaffungskosten der Kapitalanlage nicht übersteigen. ³Wird nach Absatz 3 Nr. 1 Buchstabe e bescheinigt, daß die Umsatzerlöse oder die an deren Stelle tretende Bezugsgröße des Unternehmens weniger als 50 Millionen Deutsche Mark betragen haben, darf die Rücklage bis zur Höhe von 40 vom Hundert der Anschaffungskosten der Kapitalanlage gebildet werden.

(2) Kapitalanlagen im Sinne des Absatzes 1 sind

1. der Erwerb eines im Inland belegenen Betriebs oder Teilbetriebs oder einer im Inland belegenen Betriebsstätte,
2. der Erwerb eines Mitunternehmeranteils (§ 15 Abs. 1 Satz 1 Nr. 2) an einem Betrieb im Sinne der Nummer 1 mit Ausnahme von Mitunternehmeranteilen, die gegen Einlagen erworben werden,
3. der Erwerb von zum Anlagevermögen gehörenden Anteilen an einer Kapitalgesellschaft mit Sitz und Geschäftsleitung im Inland mit Ausnahme von Anteilen, die durch Erhöhung des Kapitals der Gesellschaft gegen Einlagen erworben werden.

(3) Die Rücklage darf nur gebildet werden, wenn die folgenden Voraussetzungen erfüllt sind:
1. ¹Der Steuerpflichtige weist durch eine Bescheinigung nach, daß

---

[1]) § 6d wurde durch das EuroEG geändert (Euroumrechnungsrücklage); erstmals für das Wirtschaftsjahr anzuwenden, das nach dem 31.12.1998 endet → § 52 Abs. 8a EStG in der Fassung des EuroEG.

a) im Wirtschaftsjahr des Erwerbs der Kapitalanlage der Betrieb, Teilbetrieb oder die Betriebsstätte stillgelegt oder von der Stillegung bedroht war,

b) die Kapitalanlage geeignet war, den Fortbestand des Betriebs, Teilbetriebs oder der Betriebsstätte zu sichern,

c) die Kapitalanlage geeignet war, bestehende Dauerarbeitsplätze, die für die Wirtschaftsregion und für den jeweiligen Arbeitsmarkt von besonderem Gewicht sind, nachhaltig zu sichern,

d) die Kapitalanlage für die Wettbewerbsverhältnisse unbedenklich ist und

e) die Umsatzerlöse in seinem Unternehmen in dem Wirtschaftsjahr, das vor dem Erwerb der Kapitalanlage endete, weniger als 200 Millionen Deutsche Mark betragen haben.
²Ist das Unternehmen ein abhängiges oder herrschendes Unternehmen im Sinne des § 17 des Aktiengesetzes oder ein Konzernunternehmen im Sinne des § 18 des Aktiengesetzes, so sind die Umsatzerlöse aller herrschenden und abhängigen Unternehmen oder die Umsatzerlöse aller Konzernunternehmen zusammenzurechnen; Umsatzerlöse aus Lieferungen und Leistungen zwischen diesen Unternehmen (Innenumsatzerlöse) dürfen abgezogen werden. An die Stelle der Umsatzerlöse treten bei Kreditinstituten und Bausparkassen die Bilanzsumme, bei Versicherungsunternehmen die Prämieneinnahmen; die Bilanzsumme darf um diejenigen Ansätze gemindert werden, die für Beteiligungen an im Sinne des Satzes 2 verbundenen Unternehmen ausgewiesen sind.

²Die Bescheinigung wird von der obersten Wirtschaftsbehörde im Einvernehmen mit der obersten Finanzbehörde des Landes erteilt, das für die Besteuerung des Erwerbers nach dem Einkommen und Ertrag zuständig ist.

2. Der Steuerpflichtige ermittelt den Gewinn nach § 4 Abs. 1 oder § 5.

3. In der handelsrechtlichen Jahresbilanz ist ein Passivposten in mindestens gleicher Höhe ausgewiesen.

4. Die Bildung der Rücklage und ihre Auflösung nach Absatz 4 müssen in der Buchführung verfolgt werden können.

(4) ¹Die Rücklage ist spätestens vom sechsten auf ihre Bildung folgenden Wirtschaftsjahr an mit jährlich mindestens einem Fünftel gewinnerhöhend aufzulösen. ²Die Rücklage ist vorzeitig aufzulösen, wenn

1. der Betrieb, Teilbetrieb oder die Betriebsstätte stillgelegt oder die Kapitalanlage veräußert oder entnommen wird; wird die Kapitalanlage zum Teil veräußert oder entnommen, ist die Rücklage im Verhältnis des Anteils der veräußerten oder entnommenen Kapitalanlage zur gesamten Kapitalanlage vorzeitig gewinnerhöhend aufzulösen,

2. bei Kapitalanlagen im Sinne des Absatzes 2 Nr. 3 die Beteiligung mit dem niedrigeren Teilwert angesetzt wird; in diesen Fällen ist die Rücklage in Höhe des Anteils vorzeitig gewinnerhöhend aufzulösen, der dem Unterschied zwischen dem Wert, mit dem die Kapitalanlage bisher angesetzt war, und dem niedrigeren Teilwert entspricht.

Hinweise

Bescheinigungsverfahren
Zu Fragen der Anwendungskriterien → BMF vom 2.8.1983 (BStBl I S. 390).

Betriebsgrundlagen, wesentliche
Der Rücklage können auch wesentliche Betriebsgrundlagen zugrunde gelegt werden, die im Eigentum Dritter standen und nur zur Nutzung überlassen waren (→ BFH vom 29.7.1992 – BStBl 1993 II S. 180).

§ 7
Absetzung für Abnutzung oder Substanzverringerung

(1) ¹Bei Wirtschaftsgütern, deren Verwendung oder Nutzung durch den Steuerpflichtigen zur Erzielung von Einkünften sich erfahrungsgemäß auf einen Zeitraum von mehr als einem Jahr erstreckt, ist jeweils für das Jahr der Anschaffungs- oder Herstellungskosten abzusetzen, der bei gleichmäßiger Verteilung dieser Kosten auf die Gesamtdauer der Verwendung oder Nutzung auf ein Jahr entfällt (Absetzung für Abnutzung in gleichen Jahresbeträgen). ²Die Absetzung bemißt sich hierbei nach der betriebsgewöhnlichen Nutzungsdauer des Wirtschaftsguts. ³Als betriebsgewöhnliche Nutzungsdauer des Geschäfts- oder Firmenwerts eines Gewerbebetriebs oder eines Betriebs der Land- und Forstwirtschaft gilt ein Zeitraum von 15 Jahren. ⁴Bei beweglichen Wirtschaftsgütern des Anlagevermögens, bei denen es wirtschaftlich begründet ist, die Absetzung für Abnutzung nach Maßgabe der Leistung des Wirtschaftsguts vorzunehmen, kann der Steuerpflichtige dieses Verfahren statt der Absetzung für Abnutzung in gleichen Jahresbeträgen anwenden, wenn er den auf das einzelne Jahr entfallenden Umfang der Leistung nachweist. ⁵Absetzungen für außergewöhnliche technische oder wirtschaftliche Abnutzung sind zulässig.

(2) ¹Bei beweglichen Wirtschaftsgütern des Anlagevermögens kann der Steuerpflichtige statt der Absetzung für Abnutzung in gleichen Jahresbeträgen die Absetzung für Abnutzung in fallenden Jahresbeträgen bemessen. ²Die Absetzung für Abnutzung in fallenden Jahresbeträgen kann nach einem unveränderlichen Hundertsatz vom jeweiligen Buchwert (Restwert) vorgenommen werden; der dabei anzuwendende Hundertsatz darf höchstens das Dreifache des bei der Absetzung für Abnutzung in gleichen Jahresbeträgen in Betracht kommenden Hundertsatzes betragen und 30 vom Hundert nicht übersteigen. ³§ 7a Abs. 8 gilt entsprechend. ⁴Bei Wirtschaftsgütern, bei denen die Absetzung für Abnutzung in fallenden Jahresbeträgen bemessen wird, sind Absetzungen für außergewöhnliche technische oder wirtschaftliche Abnutzung nicht zulässig.

(3) ¹Der Übergang von der Absetzung für Abnutzung in fallenden Jahresbeträgen zur Absetzung für Abnutzung in gleichen Jahresbeträgen ist zulässig. ²In diesem Fall bemißt sich die Absetzung für Abnutzung vom Zeitpunkt des Übergangs an nach dem dann noch vorhandenen Restwert und der Restnutzungsdauer des einzelnen Wirtschaftsguts. ³Der Übergang von der Absetzung für Abnutzung in gleichen Jahresbeträgen zur Absetzung für Abnutzung in fallenden Jahresbeträgen ist nicht zulässig.

(4) ¹Bei Gebäuden sind abweichend von Absatz 1 als Absetzung für Abnutzung die folgenden Beträge bis zur vollen Absetzung abzuziehen:
1. bei Gebäuden, soweit sie zu einem Betriebsvermögen gehören und nicht Wohnzwecken dienen und für die der Bauantrag nach dem 31. März 1985 gestellt worden ist, jährlich 4 vom Hundert,
2. bei Gebäuden, soweit sie die Voraussetzungen der Nummer 1 nicht erfüllen und die
    a) nach dem 31. Dezember 1924 fertiggestellt worden sind, jährlich 2 vom Hundert,
    b) vor dem 1. Januar 1925 fertiggestellt worden sind, jährlich 2,5 vom Hundert

---

1) Anm.: Durch das Steuerentlastungsgesetz 1999/2000/2002 wurde Absatz 1 wie folgt geändert:
  – nach Satz 3 wird folgender Satz eingefügt:
  „Bei Wirtschaftsgütern, die nach einer Verwendung zur Erzielung von Einkünften im Sinne des § 2 Abs. 1 Nr. 4 bis 7 in ein Betriebsvermögen eingelegt worden sind, mindern sich die Anschaffungs- oder Herstellungskosten um die Absetzungen für Abnutzung oder Substanzverringerung, Sonderabschreibungen oder erhöhte Absetzungen, die bis zum Zeitpunkt der Einlage vorgenommen worden sind."
  – der neue Satz 6 wird wie folgt gefaßt:
  „Absetzungen für außergewöhnliche technische oder wirtschaftliche Abnutzung sind zulässig; soweit der Grund hierfür in späteren Wirtschaftsjahren entfällt, ist in den Fällen der Gewinnermittlung nach § 4 Abs. 1 oder nach § 5 eine entsprechende Zuschreibung vorzunehmen."
  Absatz 1 Satz 4 in der Fassung des Gesetzes vom 24.3.1999 (BGBl. I S. 402) ist erstmals für Einlagen anzuwenden, die nach dem 31.12.1998 vorgenommen werden. Absatz 1 Satz 6 in der Fassung des Gesetzes vom 24.3.1999 (BGBl. I S. 402) ist erstmals für das nach dem 31.12.1998 endende Wirtschaftsjahr anzuwenden.
  → § 52 Abs. 21 in der Fassung des Steuerentlastungsgesetzes 1999/2000/2002.

der Anschaffungs- oder Herstellungskosten. ²Beträgt die tatsächliche Nutzungsdauer eines Gebäudes in den Fällen der Nummer 1 weniger als 25 Jahre, in den Fällen der Nummer 2 Buchstabe a weniger als 50 Jahre, in den Fällen der Nummer 2 Buchstabe b weniger als 40 Jahre, so können an Stelle der Absetzungen nach Satz 1 die der tatsächlichen Nutzungsdauer entsprechenden Absetzungen für Abnutzung vorgenommen werden. ³Absatz 1 letzter Satz bleibt unberührt. ⁴Bei Gebäuden im Sinne der Nummer 2 rechtfertigt die für Gebäude im Sinne der Nummer 1 geltende Regelung weder die Anwendung des Absatzes 1 letzter Satz noch den Ansatz des niedrigeren Teilwerts (§ 6 Abs. 1 Nr. 1 Satz 2¹).

(5) ¹Bei im Inland belegenen Gebäuden, die vom Steuerpflichtigen hergestellt oder bis zum Ende des Jahres der Fertigstellung angeschafft worden sind, können abweichend von Absatz 4 als Absetzung für Abnutzung die folgenden Beträge abgezogen werden:

1. bei Gebäuden im Sinne des Absatzes 4 Satz 1 Nr. 1, die vom Steuerpflichtigen auf Grund eines vor dem 1. Januar 1994 gestellten Bauantrags hergestellt oder auf Grund eines vor diesem Zeitpunkt rechtswirksam abgeschlossenen obligatorischen Vertrags angeschafft worden sind,

   im Jahr der Fertigstellung
   und in den folgenden 3 Jahren   jeweils 10 vom Hundert,
   in den darauffolgenden 3 Jahren   jeweils 5 vom Hundert,
   in den darauffolgenden 18 Jahren   jeweils 2,5 vom Hundert,

2. bei Gebäuden im Sinne des Absatzes 4 Satz 1 Nr. 2, die vom Steuerpflichtigen auf Grund eines vor dem 1. Januar 1995 gestellten Bauantrags hergestellt oder auf Grund eines vor diesem Zeitpunkt rechtswirksam abgeschlossenen obligatorischen Vertrags angeschafft worden sind,

   im Jahr der Fertigstellung
   und in den folgenden 7 Jahren   jeweils 5 vom Hundert,
   in den darauffolgenden 6 Jahren   jeweils 2,5 vom Hundert,
   in den darauffolgenden 36 Jahren   jeweils 1,25 vom Hundert,

3. bei Gebäuden im Sinne des Absatzes 4 Satz 1 Nr. 2, soweit sie Wohnzwecken dienen, die vom Steuerpflichtigen

   a) auf Grund eines nach dem 28. Februar 1989 und vor dem 1. Januar 1996 gestellten Bauantrags hergestellt oder nach dem 28. Februar 1989 auf Grund eines nach dem 28. Februar 1989 und vor dem 1. Januar 1996 rechtswirksam abgeschlossenen obligatorischen Vertrags angeschafft worden sind,

   – im Jahr der Fertigstellung
   und in den folgenden 3 Jahren   jeweils 7 vom Hundert,
   – in den darauffolgenden 6 Jahren   jeweils 5 vom Hundert,
   – in den darauffolgenden 6 Jahren   jeweils 2 vom Hundert,
   – in den darauffolgenden 24 Jahren   jeweils 1,25 vom Hundert,

   b) auf Grund eines nach dem 31. Dezember 1995 gestellten Bauantrags hergestellt oder auf Grund eines nach diesem Zeitpunkt rechtswirksam abgeschlossenen obligatorischen Vertrags angeschafft worden sind,

   – im Jahr der Fertigstellung
   und in den folgenden 7 Jahren   jeweils 5 vom Hundert,
   – in den darauffolgenden 6 Jahren   jeweils 2,5 vom Hundert,
   – in den darauffolgenden 36 Jahren   jeweils 1,25 vom Hundert

der Anschaffungs- oder Herstellungskosten. ²Im Fall der Anschaffung kann Satz 1 nur angewendet werden, wenn der Hersteller für das veräußerte Gebäude weder Absetzungen für Abnutzung nach Satz 1 vorgenommen noch erhöhte Absetzungen oder Sonderabschreibungen in Anspruch genommen hat.

(5a) Die Absätze 4 und 5 sind auf Gebäudeteile, die selbständige unbewegliche Wirtschaftsgüter sind, sowie auf Eigentumswohnungen und auf im Teileigentum stehende Räume entsprechend anzuwenden.

---

1) Anm.: Durch das Steuerentlastungsgesetz 1999/2000/2002 wurde in Absatz 4 Satz 1 der Punkt durch ein Semikolon ersetzt und folgender Teilsatz eingefügt:
„Absatz 1 Satz 4 gilt entsprechend."
Zur Anwendung → § 52 Abs. 21 in der Fassung des Steuerentlastungsgesetzes 1999/2000/2002.

(6) Bei Bergbauunternehmen, Steinbrüchen und anderen Betrieben, die einen Verbrauch der Substanz mit sich bringen, ist Absatz 1 entsprechend anzuwenden; dabei sind Absetzungen nach Maßgabe des Substanzverzehrs zulässig (Absetzung für Substanzverringerung).

§ 10
Absetzung für Abnutzung im Fall des § 4 Abs. 3 des Gesetzes

(1) ¹Bei nicht in dem in Artikel 3 des Einigungsvertrages genannten Gebiet belegenen Gebäuden, die bereits am 21. Juni 1948 zum Betriebsvermögen gehört haben, sind im Fall des § 4 Abs. 3 des Gesetzes für die Bemessung der Absetzung für Abnutzung als Anschaffungs- oder Herstellungskosten höchstens die Werte zugrunde zu legen, die sich bei sinngemäßer Anwendung des § 16 Abs. 1 des D-Markbilanzgesetzes in der im Bundesgesetzblatt Teil III, Gliederungsnummer 4140–1, veröffentlichten bereinigten Fassung ergeben würden. ²In dem Teil des Landes Berlin, in dem das Grundgesetz bereits vor dem 3. Oktober 1990 galt, tritt an die Stelle des 21. Juni 1948 der 1. April 1949.

(2) Für Gebäude, die zum Betriebsvermögen eines Betriebs oder einer Betriebsstätte im Saarland gehören, gilt Absatz 1 mit der Maßgabe, daß an die Stelle des 21. Juni 1948 der 6. Juli 1959 sowie an die Stelle des § 16 Abs. 1 des D-Markbilanzgesetzes der § 8 Abs. 1 und der § 11 des D-Markbilanzgesetzes für das Saarland in der im Bundesgesetzblatt Teil III, Gliederungsnummer 4140–2, veröffentlichten bereinigten Fassung treten.

§ 10a
Bemessung der Absetzungen für Abnutzung oder Substanzverringerung bei nicht zu einem Betriebsvermögen gehörenden Wirtschaftsgütern, die der Steuerpflichtige vor dem 21. Juni 1948 angeschafft oder hergestellt hat

(1) ¹Bei nicht zu einem Betriebsvermögen gehörenden, nicht in dem in Artikel 3 des Einigungsvertrages genannten Gebiet belegenen Gebäuden, die der Steuerpflichtige vor dem 21. Juni 1948 angeschafft oder hergestellt hat, sind für die Bemessung der Absetzungen für Abnutzung oder Substanzverringerung als Anschaffungs- oder Herstellungskosten der am 21. Juni 1948 maßgebende Einheitswert des Grundstücks, soweit er auf das Gebäude entfällt, zuzüglich der nach dem 20. Juni 1948 aufgewendeten Herstellungskosten zugrunde zu legen. ²In Reichsmark festgesetzte Einheitswerte sind im Verhältnis von einer Reichsmark zu einer Deutschen Mark umzurechnen.

(2) In dem Teil des Landes Berlin, in dem das Grundgesetz bereits vor dem 3. Oktober 1990 galt, ist Absatz 1 mit der Maßgabe anzuwenden, daß an die Stelle des 21. Juni 1948 der 1. April 1949 und an die Stelle des 20. Juni 1948 der 31. März 1949 treten.

(3) ¹Im Saarland ist Absatz 1 mit der Maßgabe anzuwenden, daß an die Stelle des am 21. Juni 1948 maßgebenden Einheitswerts der letzte in Reichsmark festgesetzte Einheitswert und an die Stelle des 20. Juni 1948 der 19. November 1947 treten. ²Soweit nach Satz 1 für die Bemessung der Absetzungen für Abnutzung oder Substanzverringerung von Frankenwerten auszugehen ist, sind diese nach dem amtlichen Umrechnungskurs am 6. Juli 1959 in Deutsche Mark umzurechnen.

§§ 11 bis 11b

– weggefallen –

§ 11c
Absetzung für Abnutzung bei Gebäuden

S 2196

(1) ¹Nutzungsdauer eines Gebäudes im Sinne des § 7 Abs. 4 Satz 2 des Gesetzes ist der Zeitraum, in dem ein Gebäude voraussichtlich seiner Zweckbestimmung entsprechend genutzt werden kann. ²Der Zeitraum der Nutzungsdauer beginnt

1. bei Gebäuden, die der Steuerpflichtige vor dem 21. Juni 1948 angeschafft oder hergestellt hat,

    mit dem 21. Juni 1948,

2. bei Gebäuden, die der Steuerpflichtige nach dem 20. Juni 1948 hergestellt hat,

    mit dem Zeitpunkt der Fertigstellung,

3. bei Gebäuden, die der Steuerpflichtige nach dem 20. Juni 1948 angeschafft hat,

    mit dem Zeitpunkt der Anschaffung.

³Für im Land Berlin belegene Gebäude treten an die Stelle des 20. Juni 1948 jeweils der 31. März 1949 und an die Stelle des 21. Juni 1948 jeweils der 1. April 1949. ⁴Für im Saarland belegene Gebäude treten an die Stelle des 20. Juni 1948 jeweils der 19. November 1947 und an die Stelle des 21. Juni 1948 jeweils der 20. November 1947; soweit im Saarland belegene Gebäude zu einem Betriebsvermögen gehören, treten an die Stelle des 20. Juni 1948 jeweils der 5. Juli 1959 und an die Stelle des 21. Juni 1948 jeweils der 6. Juli 1959.

(2) ¹Hat der Steuerpflichtige nach § 7 Abs. 4 Satz 3 des Gesetzes bei einem Gebäude eine Absetzung für außergewöhnliche technische oder wirtschaftliche Abnutzung vorgenommen, so bemessen sich die Absetzungen für Abnutzung von dem folgenden Wirtschaftsjahr oder Kalenderjahr an nach den Anschaffungs- oder Herstellungskosten des Gebäudes abzüglich des Betrags der Absetzung für außergewöhnliche technische oder wirtschaftliche Abnutzung. ²Entsprechendes gilt, wenn der Steuerpflichtige ein zu einem Betriebsvermögen gehörendes Gebäude nach § 6 Abs. 1 Nr. 1 Satz 2 des Gesetzes mit dem niedrigeren Teilwert angesetzt hat.

§ 11d
Absetzung für Abnutzung oder Substanzverringerung bei nicht zu einem Betriebsvermögen gehörenden Wirtschaftsgütern, die der Steuerpflichtige unentgeltlich erworben hat

S 2190

(1) ¹Bei den nicht zu einem Betriebsvermögen gehörenden Wirtschaftsgütern, die der Steuerpflichtige unentgeltlich erworben hat, bemessen sich die Absetzungen für Abnutzung nach den Anschaffungs- oder Herstellungskosten des Rechtsvorgängers oder dem Wert, der beim Rechtsvorgänger an deren Stelle getreten ist oder treten würde, wenn dieser noch Eigentümer wäre, zuzüglich der vom Rechtsnachfolger aufgewendeten Herstellungskosten und nach dem Hundertsatz, der für den Rechtsvorgänger maßgebend sein würde, wenn er noch Eigentümer des Wirtschaftsguts wäre. ²Absetzungen für Abnutzung durch den Rechtsnachfolger sind nur zulässig, soweit die vom Rechtsvorgänger und vom Rechtsnachfolger zusammen vorgenommenen Absetzungen für Abnutzung, erhöhten Absetzungen und Abschreibungen bei dem Wirtschaftsgut noch nicht zur vollen Absetzung geführt haben. ³Die Sätze 1 und 2 gelten für die Absetzung für Substanzverringerung und für erhöhte Absetzungen entsprechend.

(2) Bei Bodenschätzen, die der Steuerpflichtige auf einem ihm gehörenden Grundstück entdeckt hat, sind Absetzungen für Substanzverringerung nicht zulässig.

42. Abnutzbare Wirtschaftsgüter

Allgemeines

(1) AfA ist vorzunehmen für
1. bewegliche Wirtschaftsgüter (§ 7 Abs. 1 Sätze 1, 2, 4 und 5 sowie Abs. 2 EStG),
2. immaterielle Wirtschaftsgüter (§ 7 Abs. 1 Sätze 1 bis 3 und 5 EStG),
3. → unbewegliche Wirtschaftsgüter, die keine Gebäude oder Gebäudeteile sind (§ 7 Abs. 1 Sätze 1, 2 und 5 EStG), und
4. Gebäude und Gebäudeteile (§ 7 Abs. 4, 5 und 5a EStG),

die zur Erzielung von Einkünften verwendet werden und einer → wirtschaftlichen oder technischen Abnutzung unterliegen.

→ Bewegliche Wirtschaftsgüter

(2) ¹Bewegliche Wirtschaftsgüter können nur Sachen (§ 90 BGB), Tiere (§ 90a BGB) und Scheinbestandteile (§ 95 BGB) sein. ²Schiffe sind auch dann bewegliche Wirtschaftsgüter, wenn sie im Schiffsregister eingetragen sind.

(3) ¹→ Betriebsvorrichtungen sind selbständige Wirtschaftsgüter, weil sie nicht in einem einheitlichen Nutzungs- und Funktionszusammenhang mit dem Gebäude stehen. ²Sie gehören auch dann zu den beweglichen Wirtschaftsgütern, wenn sie wesentliche Bestandteile eines Grundstücks sind.

(4) ¹→ Scheinbestandteile entstehen, wenn bewegliche Wirtschaftsgüter zu einem vorübergehenden Zweck in ein Gebäude eingefügt werden. ²Einbauten zu vorübergehenden Zwecken sind auch
1. die vom Steuerpflichtigen für seine eigenen Zwecke vorübergehend eingefügten Anlagen,
2. die vom Vermieter oder Verpächter zur Erfüllung besonderer Bedürfnisse des Mieters oder Pächters eingefügten Anlagen, deren Nutzungsdauer nicht länger als die Laufzeit des Vertragsverhältnisses ist.

→ Gebäude und → Gebäudeteile

(5) ¹Für den Begriff des Gebäudes sind die Abgrenzungsmerkmale des Bewertungsrechts maßgebend. ²Ein Gebäude ist ein Bauwerk auf eigenem oder fremdem Grund und Boden, das Menschen oder Sachen durch räumliche Umschließung Schutz gegen äußere Einflüsse gewährt, den Aufenthalt von Menschen gestattet, fest mit dem Grund und Boden verbunden, von einiger Beständigkeit und standfest ist. ³Wie ein Gebäude ist auch ein → Nutzungsrecht zu behandeln, das durch Baumaßnahmen des Nutzungsberechtigten an einem Gebäude entstanden und wie ein materielles Wirtschaftsgut mit den Herstellungskosten zu aktivieren ist; hierzu gehören auch Nutzungsrechte, die vom Miteigentümer mit Zustimmung der anderen Miteigentümer durch Errichtung eines Gebäudes in seinem Namen und für eigene Rechnung geschaffen werden oder die durch Bauten auf fremdem Grund und Boden entstehen. ⁴Satz 3 gilt für Nutzungsrechte im Privatvermögen sinngemäß.

(6) Zu den selbständigen unbeweglichen Wirtschaftsgütern im Sinne des § 7 Abs. 5a EStG gehören insbesondere **Mietereinbauten und -umbauten, die keine Scheinbestandteile oder Betriebsvorrichtungen sind,** Ladeneinbauten und ähnliche Einbauten (→ R 13 Abs. 3 Nr. 3) sowie sonstige selbständige Gebäudeteile im Sinne des → R 13 Abs. 3 Nr. 5.

Hinweise

Anschaffungsnaher Aufwand bei teilentgeltlichem Erwerb eines Gebäudes; Anwendung des BFH-Urteils vom 9.5.1995 – IX R 5/93 – (BStBl 1996 II S. 588)

BMF vom 5.11.1996 (BStBl I S. 1258)

Der BFH hat mit Urteil vom 9.5.1995 (BStBl 1996 II S. 588) entschieden, daß bei teilentgeltlichem Erwerb eines Gebäudes anschaffungsnaher Herstellungsaufwand auch vorliegen

§ 7 EStG
H 42

kann, soweit die Instandsetzungs- und Modernisierungsaufwendungen in Zusammenhang mit dem unentgeltlich erworbenen Teil stehen.

Nach dem Ergebnis der Erörterung mit den obersten Finanzbehörden der Länder sind die Grundsätze dieses Urteils nicht über den entschiedenen Einzelfall hinaus anzuwenden. Bei teilentgeltlichem Erwerb eines Gebäudes kann wie bisher anschaffungsnaher Herstellungsaufwand nur im Verhältnis zum entgeltlichen Teil des Erwerbsvorgangs vorliegen.

Betriebsvorrichtungen

– Zur Abgrenzung von den Betriebsgrundstücken sind die allgemeinen Grundsätze des Bewertungsrechts anzuwenden → § 68 Abs. 2 Nr. 2, § 99 Abs. 1 Nr. 1 BewG; gleichlautende Erlasse der obersten Finanzbehörden der Länder vom 31.3.1992 (BStBl I S. 342):

– Vorrichtungen, mit denen das Gewerbe unmittelbar betrieben wird (→ BFH vom 14.8.1958 – BStBl III S. 400).

– Nicht ausreichend ist, wenn eine Anlage für einen Gewerbebetrieb lediglich nützlich oder notwendig oder sogar gewerbepolizeilich vorgeschrieben ist (→ BFH vom 15.2.1980 – BStBl II S. 409 und vom 11.12.1987 – BStBl 1988 II S. 300).

– Beispiele für Betriebsvorrichtungen:

  – Abladevorrichtungen,
  – Autoaufzüge in Parkhäusern,
  – Bäder, die in Kur- oder Krankenhäusern Heilzwecken dienen (→ BFH vom 12.8.1982 – BStBl II S. 782),
  – Baustellencontainer zur Verwendung auf wechselnden Einsatzstellen (→ BFH vom 18.6.1986 – BStBl II S. 787),
  – Bedienungsvorrichtungen,
  – Befeuchtungs- und Lüftungsanlagen, soweit sie unmittelbar und ausschließlich einem Betriebsvorgang dienen, z. B. zur Möbellagerung (→ BFH vom 7.3.1974 – BStBl II S. 429),
  – Förderbänder,
  – Hofbefestigungen, die speziell auf einen Betrieb ausgerichtet sind (→ BFH vom 19.2.1974 – BStBl 1975 II S. 20 und vom 30.4.1976 – BStBl II S. 527),
  – Klimaanlagen in Chemiefaser- und Tabakfabriken,
  – Kühleinrichtungen, die einen nur kurzfristigen Aufenthalt von Menschen ermöglichen (→ BFH vom 30.1.1991 – BStBl II S. 618),
  – Lastenaufzüge (→ BFH vom 7.10.1977 – BStBl 1978 II S. 186),
  – Schallschutzeinrichtungen nur ausnahmsweise, wenn infolge starken Lärms ohne sie der reibungslose Betriebsablauf in Frage gestellt wäre (→ BFH vom 23.3.1990 – BStBl II S. 751),
  – Schaukästen (→ BFH vom 17.3.1955 – BStBl III S. 141),
  – Schutz- und Sicherungsvorrichtungen,
  – Schwimmbecken sowie Zusatzeinrichtungen in Hallen- und Freibädern (→ BFH vom 16.10.1980 – BStBl 1981 II S. 228), nicht hingegen in Hotelbetrieben (→ BFH vom 11.12.1991 – BStBl 1992 II S. 278),
  – Verkaufsautomaten.

Bewegliche Wirtschaftsgüter

Immaterielle Wirtschaftsgüter (→ R 31a Abs. 1) gehören nicht zu den beweglichen Wirtschaftsgütern (→ BFH vom 22.5.1979 – BStBl II S. 634).

Drittaufwand

Anhang 12 → BMF vom 5.11.1996 (BStBl I S. 1257)

Eigenaufwand für ein fremdes Wirtschaftsgut

Anhang 12 → BMF vom 5.11.1996 (BStBl I S. 1257)
→ R 42 Abs. 5 Satz 3 und 4

Gebäude

- Ein Container ist ein Gebäude, wenn er nach seiner individuellen Zweckbestimmung für eine dauernde Nutzung an einem Ort aufgestellt ist und seine Beständigkeit durch die ihm zugedachte Ortsfestigkeit auch im äußeren Erscheinungsbild deutlich wird (→ BFH vom 23.9.1988 – BStBl 1989 II S. 113).
- Ein sog. Baustellencontainer ist kein Gebäude, da es an der Ortsfestigkeit fehlt (→ BFH vom 18.6.1986 – BStBl II S. 787).
- Bürocontainer, die auf festen Fundamenten ruhen, sind Gebäude (→ BFH vom 25.4.1996 – BStBl II S. 613).

Gebäudeteile

Gebäudeteile sind selbständige Wirtschaftsgüter und deshalb gesondert abzuschreiben, wenn sie mit dem Gebäude nicht in einem einheitlichen Nutzungs- und Funktionszusammenhang stehen (→ BFH vom 26.11.1973 – BStBl 1974 II S. 132).
→ R 13 Abs. 4

Wird ein teilweise selbstgenutztes, teilweise vermietetes Wohngebäude durch einen Anbau erweitert, so entsteht selbst dann kein neues Wirtschaftsgut, wenn sich durch Schaffung von zwei zusätzlichen Wohnungen die vermietete Fläche verdoppelt hat (→ FG Baden-Württemberg, Außensenate Freiburg, vom 9.8.1995 – EFG 1995 S. 1008).

Geschäfts-/Firmenwert

Zur Abschreibung des Geschäfts-/Firmenwerts → BMF vom 20.11.1986 (BStBl I S. 532). *Anhang 6*

Mietereinbauten

Mieterein- und -umbauten als unbewegliche Wirtschaftsgüter, die keine Gebäude oder Gebäudeteile sind → BMF vom 15.1.1976 (BStBl I S. 66). *Zur Höhe der AfA bei Mietereinbauten → H 44*

Nießbrauch und andere Nutzungsrechte

Zur Abschreibung bei Bestellung eines Nießbrauchs oder eines anderen Nutzungsrechts bei Einkünften aus Vermietung und Verpachtung → BMF vom 24.7.1998 (BStBl I S. 914) *Anhang 23*
Berücksichtigung von Aufwendungen bei der unentgeltlichen Nutzungsüberlassung von Gebäuden oder Gebäudeteilen (Eigen- und Drittaufwand) → BMF vom 5.11.1996 (BStBl I S. 1257) *Anhang 12*
→ R 42 Abs. 5 Satz 3 und 4

Praxiswert

Zur Abschreibung des Praxiswerts → BMF vom 15.1.1995 (BStBl I S. 14).

Scheinbestandteile

Eine Einfügung zu einem vorübergehenden Zweck ist anzunehmen, wenn die Nutzungsdauer der eingefügten beweglichen Wirtschaftsgüter länger als die Nutzungsdauer ist, für die sie eingebaut werden, die eingefügten beweglichen Wirtschaftsgüter auch nach ihrem Ausbau noch einen beachtlichen Wiederverwendungswert repräsentieren und nach den Umständen, insbesondere nach Art und Zweck der Verbindung, damit gerechnet werden kann, daß sie später wieder entfernt werden (→ BFH vom 24.11.1970 – BStBl 1971 II S. 157 und vom 4.12.1970 – BStBl 1971 II S. 165).

Unbewegliche Wirtschaftsgüter, die keine Gebäude oder Gebäudeteile sind

- Außenanlagen wie Einfriedungen bei Betriebsgrundstücken (→ BFH vom 2.6.1971 – BStBl II S. 673);
- Hof- und Platzbefestigungen, Straßenzufahrten und Umzäunungen bei Betriebsgrundstücken (→ BFH vom 1.7.1983 – BStBl II S. 686 und vom 10.10.1990 – BStBl 1991 II S. 59), wenn sie nicht ausnahmsweise Betriebsvorrichtungen sind (→ BFH vom 30.4.1976 – BStBl II S. 527), nicht aber Umzäunungen bei Wohngebäuden, wenn sie in einem einheitlichen Nutzungs- und Funktionszusammenhang mit dem Gebäude stehen (→ BFH vom 30.6.1966 – BStBl III S. 541 und vom 15.12.1977 – BStBl 1978 II S. 210 sowie R 157 Abs. 5 Satz 1).

Warenzeichen (Marke)
Ein entgeltlich erworbenes Warenzeichen (Marke) ist dem Grunde nach ein abnutzbares Wirtschaftsgut (→ BMF vom 27.2.1998 – BStBl I S. 252).

Wirtschaftliche oder technische Abnutzung
- Ständig in Gebrauch befindliche Möbelstücke unterliegen einer technischen Abnutzung, auch wenn die Gegenstände schon 100 Jahre alt sind und im Wert steigen (→ BFH vom 31.1.1986 – BStBl II S. 355).
- Gemälde eines anerkannten Meisters sind keine abnutzbaren Wirtschaftsgüter (→ BFH vom 2.12.1977 – BStBl 1978 II S. 164).
- Sammlungs- und Anschauungsobjekte sind keine abnutzbaren Wirtschaftsgüter (→ BFH vom 9.8.1989 – BStBl 1990 II S. 50).

Wirtschaftsüberlassungsvertrag
Bei Überlassung der Nutzung eines landwirtschaftlichen Betriebs im Rahmen eines sog. Wirtschaftsüberlassungsvertrags steht dem Eigentümer und Nutzungsverpflichteten die AfA für die in seinem Eigentum verbliebenen Wirtschaftsgüter auch weiterhin zu (→ BFH vom 23.1.1992 – BStBl 1993 II S. 327 und BMF vom 29.4.1993 – BStBl I S. 337).

42a. Wirtschaftsgebäude, Mietwohnneubauten und andere Gebäude

→ Wohnzwecke
(1) ^{1}Ein Gebäude dient Wohnzwecken, wenn es dazu bestimmt und geeignet ist, Menschen auf Dauer Aufenthalt und Unterkunft zu ermöglichen. ^{2}Wohnzwecken dienen Wohnungen, die aus besonderen betrieblichen Gründen an Betriebsangehörige überlassen werden, z. B. Wohnungen für den Hausmeister, für das Fachpersonal, für Angehörige der Betriebsfeuerwehr und für andere Personen, auch wenn diese aus betrieblichen Gründen unmittelbar im Werksgelände ständig einsatzbereit sein müssen. ^{3}Gebäude dienen nicht Wohnzwecken, soweit sie zur vorübergehenden Beherbergung von Personen bestimmt sind, wie z. B. Ferienwohnungen **sowie Gemeinschaftsunterkünfte, in denen einzelne Plätze z. B. für ausländische Flüchtlinge zur Verfügung gestellt werden**.

(2) Zu den Räumen, die Wohnzwecken dienen, gehören z. B.
1. die Wohn- und Schlafräume, Küchen und Nebenräume einer Wohnung,
2. die zur räumlichen Ausstattung einer Wohnung gehörenden Räume, wie Bodenräume, Waschküchen, Kellerräume, Trockenräume, Speicherräume, Vorplätze, Bade- und Duschräume, Fahrrad- und Kinderwagenräume usw., gleichgültig, ob sie zur Benutzung durch den einzelnen oder zur gemeinsamen Benutzung durch alle Hausbewohner bestimmt sind, und
3. die zu einem Wohngebäude gehörenden Garagen.

(3) ^{1}Räume, die sowohl Wohnzwecken als auch gewerblichen oder beruflichen Zwecken dienen, sind, je nachdem, welchem Zweck sie überwiegend dienen, entweder ganz den Wohnzwecken oder ganz den gewerblichen oder beruflichen Zwecken dienenden Räumen zuzurechnen. ^{2}Das häusliche Arbeitszimmer des Mieters ist zur Vereinfachung den Wohnzwecken dienenden Räumen zuzurechnen.

→ Bauantrag
(4) ^{1}Unter Bauantrag ist das Schreiben zu verstehen, mit dem die landesrechtlich vorgesehene Genehmigung für den beabsichtigten Bau angestrebt wird. ^{2}Zeitpunkt der Beantragung einer Baugenehmigung ist der Zeitpunkt, zu dem der Bauantrag bei der nach Landesrecht zuständigen Behörde gestellt wird; maßgebend ist regelmäßig der Eingangsstempel dieser Behörde. ^{3}Das gilt auch dann, wenn die Bauplanung nach Beantragung der Baugenehmigung geändert wird, ohne daß ein neuer Bauantrag erforderlich ist. ^{4}Ist ein Bauantrag abgelehnt worden und die Baugenehmigung erst auf Grund eines neuen Antrags erteilt worden, so ist Zeitpunkt der Antragstellung der Eingang des neuen Bauantrags bei der zuständigen Behörde. ^{5}Bei baugenehmigungsfreien **Bauvorhaben**, für die Bauunterlagen einzureichen sind, ist der Zeitpunkt maßgebend, zu dem die Bauunterlagen eingereicht werden. ^{6}**Bei**

baugenehmigungsfreien Bauvorhaben, für die keine Bauunterlagen einzureichen sind, tritt an die Stelle des Bauantrags der Beginn der Herstellung.

(5) ¹Die degressive AfA nach § 7 Abs. 5 Satz 1 Nr. 1, Nr. 2 und Nr. 3 Buchstabe a EStG ist in den Fällen der Herstellung eines Gebäudes nur zulässig, wenn der Bauantrag vor dem 1.1.1994 bzw. 1.1.1995 bzw. 1.1.1996 gestellt worden ist. ²In diesen Fällen ist es unerheblich, wer den Bauantrag gestellt hat. ³Ist der Bauantrag für ein Gebäude vor dem maßgeblichen Zeitpunkt gestellt worden, kann der Erwerber eines unbebauten Grundstücks oder eines teilfertigen Gebäudes, der das Gebäude aufgrund des gestellten Bauantrags fertigstellt, die degressive AfA deshalb auch dann vornehmen, wenn er das unbebaute Grundstück oder das teilfertige Gebäude nach dem maßgeblichen Zeitpunkt erworben hat. ⁴Das gilt auch, wenn der Bauantrag vor dem maßgeblichen Zeitpunkt von einer Personengesellschaft oder einer Gemeinschaft gestellt worden ist und nach dem maßgeblichen Zeitpunkt, aber bevor das Gebäude fertiggestellt ist, weitere Personen der Gesellschaft oder Gemeinschaft beitreten.

→ **Obligatorischer Vertrag**

(6) Ein obligatorischer Vertrag über den Erwerb eines Grundstücks (Kaufvertrag oder Kaufanwartschaftsvertrag) ist zu dem Zeitpunkt rechtswirksam abgeschlossen, zu dem er notariell beurkundet ist.

Hinweise

Bauantrag

Anträge, die die Finanzierung des geplanten Baus betreffen, sowie sog. Bauvoranfragen bei der Baugenehmigungsbehörde sind nicht als Bauanträge anzusehen, weil sie nicht die Erlangung der Baugenehmigung, sondern nur die Klärung von Vorfragen zum Ziel haben (→ BFH vom 28.3.1966 – BStBl III S. 454 und vom 7.3.1980 – BStBl II S. 411).

Wird die Bauplanung nach Beantragung der Baugenehmigung so grundlegend geändert, daß ein neuer Bauantrag gestellt werden muß, so ist Zeitpunkt der Antragstellung der Eingang des neuen Bauantrags bei der zuständigen Behörde (→ BFH vom 28.9.1982 – BStBl 1983 II S. 146).

Die Bauanzeige steht einem Bauantrag gleich (→ BFH vom 18.4.1990 – BStBl II S. 754).

Obligatorischer Vertrag

Ein obligatorischer Vertrag gilt auch dann in dem Zeitpunkt der notariellen Beurkundung als rechtswirksam abgeschlossen, wenn der Vertrag erst nach Eintritt einer aufschiebenden Bedingung oder nach Ablauf einer Frist wirksam werden soll oder noch einer Genehmigung bedarf; bei einem Vertragsabschluß durch einen Vertreter ohne Vertretungsmacht gilt der obligatorische Vertrag im Zeitpunkt der Abgabe der Genehmigungserklärung durch den Vertretenen als rechtswirksam abgeschlossen (→ BFH vom 2.2.1982 – BStBl II S. 390).

Wohnzwecke

– Altenheime, Kurheime und Sanatorien dienen nicht Wohnzwecken, wenn die Überlassung von Wohnräumen von den damit verbundenen Dienstleistungen überlagert wird (→ BFH vom 6.3.1992 – BStBl II S. 1044 und vom 14.10.1993 – BStBl 1994 II S. 427).

– Das häusliche Arbeitszimmer eines Arbeitnehmers im eigenen Haus dient nicht Wohnzwecken (→ BFH vom 30.6.1995 – BStBl II S. 598).

---

43. Bemessungsgrundlage für die AfA

Entgeltlicher Erwerb und Herstellung

(1) ¹Bemessungsgrundlage für die AfA sind grundsätzlich die → Anschaffungs- oder Herstellungskosten des Wirtschaftsguts oder der an deren Stelle tretende Wert, z. B. § 7a Abs. 9 und § 7b Abs. 1 Satz 2 EStG; §§ 7, 10 und 10a EStDV. ²Wird ein teilfertiges Gebäude erwor-

ben und fertiggestellt, gehören zu den Herstellungskosten die Anschaffungskosten des teilfertigen Gebäudes und die Herstellungskosten zur Fertigstellung des Gebäudes.

→ Fertigstellung von Teilen eines Gebäudes zu verschiedenen Zeitpunkten

(2) Wird bei der Errichtung eines zur unterschiedlichen Nutzung bestimmten Gebäudes zunächst ein zum Betriebsvermögen gehörender Gebäudeteil und danach ein zum Privatvermögen gehörender Gebäudeteil fertiggestellt, so hat der Steuerpflichtige ein Wahlrecht, ob er vorerst in die AfA-Bemessungsgrundlage des fertiggestellten Gebäudeteils die Herstellungskosten des noch nicht fertiggestellten Gebäudeteils einbezieht oder ob er hierauf verzichtet.

Unentgeltlicher Erwerb

(3) Bei unentgeltlich erworbenen Wirtschaftsgütern sind die §§ 7 und 11d EStDV sowohl im Fall der Gesamtrechtsnachfolge als auch im Fall der Einzelrechtsnachfolge anzuwenden.

Zuschüsse, Übertragung stiller Reserven bei Ersatzbeschaffung

(4) ¹Ist dem Steuerpflichtigen im Jahr der Anschaffung oder Herstellung eines Wirtschaftsguts für dieses Wirtschaftsgut ein Zuschuß bewilligt worden, den er nach R 34 erfolgsneutral behandelt, oder hat er einen Abzug nach § 6b Abs. 1 oder 3 EStG oder nach R 35 vorgenommen, so ist die AfA von den um den Zuschuß oder Abzugsbetrag geminderten Anschaffungs- oder Herstellungskosten zu bemessen. ²Ist dem Steuerpflichtigen der Zuschuß in einem auf das Jahr der Anschaffung oder Herstellung folgenden Wirtschaftsjahr bewilligt worden oder hat er den Abzug zulässigerweise in einem auf das Jahr der Anschaffung oder Herstellung des Wirtschaftsguts folgenden Wirtschaftsjahr vorgenommen, so bemißt sich die weitere AfA in den Fällen des § 7 Abs. 4 Satz 1 und Abs. 5 EStG ebenfalls nach den um den Zuschuß- oder Abzugsbetrag geminderten Anschaffungs- oder Herstellungskosten, in allen anderen Fällen nach dem um den Zuschuß- oder Abzugsbetrag geminderten Buchwert oder Restwert des Wirtschaftsguts.

→ Nachträgliche Herstellungskosten

(5) Sind nachträgliche Herstellungsarbeiten an einem Wirtschaftsgut so umfassend, daß hierdurch ein anderes Wirtschaftsgut entsteht, so ist die weitere AfA nach der Summe aus dem Buchwert oder Restwert des bisherigen Wirtschaftsguts und nach den nachträglichen Herstellungskosten zu bemessen. ²Aus Vereinfachungsgründen kann der Steuerpflichtige bei unbeweglichen Wirtschaftsgütern von der Herstellung eines anderen Wirtschaftsguts ausgehen, wenn der im zeitlichen und sachlichen Zusammenhang mit der Herstellung des Wirtschaftsguts angefallene Bauaufwand zuzüglich des Werts der Eigenleistung nach überschlägiger Berechnung den Verkehrswert des bisherigen Wirtschaftsguts übersteigt.¹⁾

Einlage, → Entnahme, Nutzungsänderung und Übergang zur Buchführung

(6) ¹Bei Wirtschaftsgütern, die der Steuerpflichtige aus dem Privatvermögen in ein Betriebsvermögen übergeführt hat, ist die weitere AfA nach dem nach § 6 Abs. 1 Nr. 5 EStG maßgebenden Wert zu bemessen. ²Bei Wirtschaftsgütern, die der Steuerpflichtige aus einem Betriebsvermögen in das Privatvermögen übergeführt hat, ist die weitere AfA nach dem Teilwert (§ 6 Abs. 1 Nr. 4 EStG) oder gemeinen Wert (§ 16 Abs. 3 Satz **4** EStG) zu bemessen, mit dem das Wirtschaftsgut bei der Überführung steuerlich erfaßt worden ist. ³Dagegen bleiben die Anschaffungs- oder Herstellungskosten oder der an deren Stelle tretende Wert des Wirtschaftsguts für die weitere AfA als Bemessungsgrundlage maßgebend, wenn

---

¹) Anm.: Nach R 43 Abs. 5 Satz 2 EStR 1996 kann bei **Baumaßnahmen an einem unbeweglichen Wirtschaftsgut** statt von nachträglichen Herstellungsarbeiten von der Herstellung eines anderen Wirtschaftsguts ausgegangen werden, wenn der im zeitlichen und sachlichen Zusammenhang mit der Herstellung des Wirtschaftsguts angefallene Bauaufwand zuzüglich des Werts der Eigenleistung nach überschlägiger Berechnung den Verkehrswert des bisherigen Wirtschaftsguts übersteigt. Dieses **Wahlrecht** steht nach einem Erlaß der Finanzbehörde Berlin vom 31.8.1998 (III D 22 – S 1988 – 1/97) auch einem Erwerber des sanierten Gebäudes zu. Es ist für das Wahlrecht ohne Bedeutung, ob die **Modernisierungs- und Sanierungsmaßnahmen** an einem Gebäude vom Veräußerer oder vom Erwerber durchgeführt werden und wie hoch der Anteil des Veräußerers und des Erwerbers an den gesamten Bauaufwendungen ist.

1. a) ein Gebäude nach vorhergehender Nutzung zu eigenen Wohnzwecken oder zu fremden Wohnzwecken auf Grund unentgeltlicher Überlassung zur Erzielung von Einkünften im Sinne des § 21 EStG oder
   b) ein bewegliches Wirtschaftsgut nach einer Nutzung außerhalb der Einkunftsarten zur Erzielung von Einkünften im Sinne des § 2 Abs. 1 Nr. 4 bis 7 EStG
   verwendet wird oder
2. ein Wirtschaftsgut nach vorhergehender Gewinnermittlung durch Schätzung oder nach Durchschnittssätzen (§ 13a EStG) bilanziert wird.

Hinweise

Anschaffungskosten

Bei Anschaffung eines bebauten Grundstücks ist der Kaufpreis nach dem Verhältnis der Verkehrswerte oder Teilwerte auf den Grund und Boden und auf das Gebäude aufzuteilen (→ BFH vom 21.1.1971 – BStBl II S. 682 und vom 19.12.1972 – BStBl 1973 II S. 295).

Kürzung der Anschaffungskosten eines Gebäudes mit mehreren Wohnungen, von denen eine wohnrechtsbelastet ist → BFH vom 7.6.1994 (BStBl II S. 927). Zur Berechnung → BMF vom 31.12.1994 (BStBl I S. 887) – Tz. 55.

Anhang 27

Das gilt auch bei der Anschaffung von Eigentumswohnungen; dabei rechtfertigt die eingeschränkte Nutzungs- und Verfügungsmöglichkeit des Wohnungseigentümers hinsichtlich seines Bodenanteils keinen niedrigeren Wertansatz des Bodenanteils (→ BFH vom 15.1.1985 – BStBl II S. 252).

Aufwendungen für Baumaßnahmen, mit denen der Verkäufer einer Eigentumswohnung oder eine seiner Firmen zeitgleich mit dem Abschluß des Kaufvertrags beauftragt wird, gehören zu den Anschaffungskosten der Eigentumswohnung (→ BFH vom 17.12.1996 – BStBl 1997 II S. 348).

Bei Erwerb einer Eigentumswohnung gehört der im Kaufpreis enthaltene Anteil für das in der Instandhaltungsrückstellung angesammelte Guthaben nicht zu den Anschaffungskosten der Eigentumswohnung (→ BFH vom 9.10.1991 – BStBl 1992 II S. 152).

Die Anschaffungs- oder Herstellungskosten sind zur Berechnung der AfA zu mindern
- bei Schiffen um den Schrottwert (→ BFH vom 22.7.1971 – BStBl II S. 800) und
- bei Milchkühen um den Schlachtwert (→ BFH vom 1.10.1992 – BStBl 1993 II S. 284).

Beitrittsgebiet

Bemessungsgrundlage nach den Wiederherstellungs-/Wiederbeschaffungskosten zum 1.7.1990 → BMF vom 21.7.1994 (BStBl I S. 599) und vom 15.1.1995 (BStBl I S. 14).

Anhang 5

Dachgeschoß

Baumaßnahmen an einem Dachgeschoß → BMF vom 10.7.1996 (BStBl I S. 689).

Entnahme eines Wirtschaftsguts

Bei der Überführung eines Wirtschaftsguts in das Privatvermögen ist die AfA auch dann nach dem Wert zu bemessen, mit dem das Wirtschaftsgut steuerlich erfaßt worden ist, wenn er falsch ermittelt worden ist (→ BMF vom 30.10.1992 – BStBl I S. 651). Die AfA ist nach den ursprünglichen Anschaffungs- oder Herstellungskosten zu bemessen, wenn bei einer vorangegangenen Überführung eines Wirtschaftsguts in das Privatvermögen der Entnahmegewinn kraft gesetzlicher Regelung außer Ansatz geblieben ist (→ BFH vom 3.5.1994 – BStBl II S. 749).

Fertigstellung von Teilen eines Gebäudes zu verschiedenen Zeitpunkten

Bei der Errichtung eines zur unterschiedlichen Nutzung bestimmten Gebäudes sind die Herstellungskosten des noch nicht fertiggestellten selbständigen Gebäudeteils in die AfA-Bemessungsgrundlage des bereits fertiggestellten Gebäudeteils einzubeziehen (→ BFH vom 9.8.1989 – BStBl 1991 II S. 132). Vgl. aber das Wahlrecht nach → R 43 Abs. 2.

§ 7 EStG
R 44 H 43

Nachträgliche Anschaffungs- oder Herstellungskosten

Anhang 23   Begriff → R 157 und → BMF vom 16.12.1996 (BStBl I S. 1442)

Sind für ein Wirtschaftsgut nachträgliche Anschaffungs- oder Herstellungskosten aufgewendet worden, ohne daß hierdurch ein anderes Wirtschaftsgut entstanden ist, so bemißt sich die weitere AfA

- in den Fällen des § 7 Abs. 4 Satz 1 und Abs. 5 EStG nach der bisherigen Bemessungsgrundlage zuzüglich der nachträglichen Anschaffungs- oder Herstellungskosten (→ BFH vom 20.2.1975 – BStBl II S. 412 und vom 20.1.1987 – BStBl II S. 491),
- in den Fällen des § 7 Abs. 1, Abs. 2 und Abs. 4 Satz 2 EStG nach dem Buchwert oder Restwert zuzüglich der nachträglichen Anschaffungs- oder Herstellungskosten (→ BFH vom 25.11.1970 – BStBl 1971 II S. 142).

Keine nachträglichen Herstellungskosten, sondern Herstellungskosten für ein anderes Wirtschaftsgut entstehen, wenn das bisherige Wirtschaftsgut im Wesen geändert und so tiefgreifend umgestaltet oder in einem solchen Ausmaß erweitert wird, daß die eingefügten neuen Teile der Gesamtsache das Gepräge geben und die verwendeten Altteile bedeutungs- und wertmäßig untergeordnet erscheinen. Das kann z. B. der Fall sein bei

- einem mit dem Gebäude verschachtelten Anbau (→ BFH vom 9.8.1974 – BStBl 1975 II S. 342 und vom 18.8.1977 – BStBl 1978 II S. 46),
- Umbau einer einfachen Scheune in eine Pferdeklinik (→ BFH vom 26.1.1978 – BStBl II S. 280),
- Umbau eines alten Gasthofs in eine moderne Gastwirtschaft (→ BFH vom 26.1.1978 – BStBl II S. 363),
- Umbau einer Hochdruck-Rotationsmaschine zu einer Flachdruck-(Offset)maschine (→ BFH vom 6.12.1991 – BStBl 1992 II S. 452),
- Umgestaltung von Pflanztischen in ein automatisches Tischbewässerungssystem (→ BFH vom 28.9.1990 – BStBl 1991 II S. 361),
- Umbau einer Mühle zu einem Wohnhaus (→ BFH vom 31.3.1992 – BStBl II S. 808).

Zur Höhe der AfA bei Entstehen eines anderen Wirtschaftsgutes → R 44 Abs. 11. Die degressive AfA nach § 7 Abs. 5 EStG ist nur zulässig, wenn das andere Wirtschaftsgut ein Neubau ist (→ R 44 Abs. 11 Satz 5, H 44 – Neubau).

Zur Abgrenzung nachträglicher Herstellungskosten von Herstellungskosten für ein anderes Wirtschaftsgut bei Baumaßnahmen an einem Dachgeschoß → BMF vom 10.7.1996 (BStBl I S. 689).

Vorweggenommene Erbfolge, Erbauseinandersetzung

Anhang 10 – Ertragsteuerliche Behandlung der Erbengemeinschaft und ihrer Auseinandersetzung → BMF vom 11.1.1993 (BStBl I S. 62);

Anhang 10 – Ertragsteuerliche Behandlung der vorweggenommenen Erbfolge → BMF vom 13.1.1993 (BStBl I S. 80);

Anhang 10 – Einkommensteuerrechtliche Behandlung von wiederkehrenden Leistungen im Zusammenhang mit der Übertragung von Privat- oder Betriebsvermögen → BMF vom 23.12.1996 (BStBl I S. 1508).

→ Anwendungsregelung bei Vermögensübertragungen gegen wiederkehrende Leistungen auf bestimmte Zeit (sog. Mindestzeitrente oder verlängerte Leibrente/dauernde Last → BMF vom 31.12.1997 (BStBl 1998 I S. 21)

R 44   **44. Höhe der AfA**

S 2190 **Beginn der AfA**

(1) [1]AfA ist vorzunehmen, sobald ein Wirtschaftsgut angeschafft oder hergestellt ist. [2]Ein Wirtschaftsgut ist im Zeitpunkt seiner → Lieferung angeschafft. [3]Ist Gegenstand eines Kaufvertrags über ein Wirtschaftsgut auch dessen Montage durch den Verkäufer, so ist das Wirtschaftsgut erst mit der Beendigung der Montage geliefert. [4]Wird die Montage durch den Steuerpflichtigen oder in dessen Auftrag durch einen Dritten durchgeführt, so ist das Wirt-

schaftsgut bereits bei Übergang der wirtschaftlichen Verfügungsmacht an den Steuerpflichtigen geliefert; das zur Investitionszulage ergangene BFH-Urteil vom 2.9.1988 (BStBl II S. 1009) ist ertragsteuerrechtlich nicht anzuwenden. ⁵Ein Wirtschaftsgut ist zum Zeitpunkt seiner → Fertigstellung hergestellt.

AfA im Jahr der Anschaffung oder Herstellung

(2) ¹Bei Wirtschaftsgütern, die im Laufe eines Jahres angeschafft oder hergestellt werden, kann für das Jahr der Anschaffung oder Herstellung grundsätzlich nur der → Teil des auf ein Jahr entfallenden AfA-Betrags abgesetzt werden, der dem Zeitraum zwischen der Anschaffung oder Herstellung des Wirtschaftsguts und dem Ende des Jahres entspricht. ²Dieser Zeitraum vermindert sich um den Teil des Jahres, in dem das Wirtschaftsgut nicht zur Erzielung von Einkünften verwendet wird. ³Bei beweglichen Wirtschaftsgütern des Anlagevermögens ist es jedoch aus Vereinfachungsgründen nicht zu beanstanden, wenn für die in der ersten Hälfte eines Wirtschaftsjahrs angeschafften oder hergestellten Wirtschaftsgüter der für das gesamte Wirtschaftsjahr in Betracht kommende AfA-Betrag und für die in der zweiten Hälfte des Wirtschaftsjahrs angeschafften oder hergestellten Wirtschaftsgüter die Hälfte des für das gesamte Wirtschaftsjahr in Betracht kommenden AfA-Betrags abgesetzt wird. ⁴Diese Vereinfachungsregelung ist bei beweglichen Wirtschaftsgütern, die im Laufe eines Rumpfwirtschaftsjahrs angeschafft oder hergestellt werden, entsprechend anzuwenden. ⁵Dabei kommt als AfA-Betrag für das gesamte Rumpfwirtschaftsjahr nur der Teil des auf ein volles Wirtschaftsjahr entfallenden AfA-Betrags in Betracht, der dem Anteil des Rumpfwirtschaftsjahrs an einem vollen Wirtschaftsjahr entspricht. ⁶Bei Wirtschaftsgütern, die im Laufe eines Wirtschaftsjahrs oder Rumpfwirtschaftsjahrs in das Betriebsvermögen eingelegt werden, gilt Satz 1 entsprechend; die Sätze 3 bis 5 sind entsprechend anzuwenden, wenn bei den Wirtschaftsgütern vor der Einlage eine AfA nicht zulässig war.

Bemessung der AfA nach der → Nutzungsdauer

(3) ¹Die AfA ist grundsätzlich so zu bemessen, daß die Anschaffungs- oder Herstellungskosten nach Ablauf der betriebsgewöhnlichen Nutzungsdauer des Wirtschaftsguts voll abgesetzt sind. ²Bei einem Gebäude gilt Satz 1 nur, wenn die technischen oder wirtschaftlichen Umstände dafür sprechen, daß die tatsächliche Nutzungsdauer eines Wirtschaftsgebäudes (§ 7 Abs. 4 Satz 1 Nr. 1 EStG) weniger als 25 Jahre bzw. eines anderen Gebäudes weniger als 50 Jahre (bei vor dem 1.1.1925 fertiggestellten Gebäuden weniger als 40 Jahre) beträgt. ³Satz 2 gilt entsprechend bei Nutzungsrechten, die durch Baumaßnahmen des Nutzungsberechtigten entstanden sind (→ R 42 Abs. 5 Sätze 3 und 4) **und bei Mietereinbauten und -umbauten, die keine Scheinbestandteile oder Betriebsvorrichtungen sind.**

Bemessung der linearen AfA bei Gebäuden nach typisierten Vomhundertsätzen

(4) ¹In anderen als den in Absatz 3 Sätze 2 und 3 bezeichneten Fällen sind die in § 7 Abs. 4 Satz 1 EStG genannten AfA-Sätze maßgebend. ²Die Anwendung niedrigerer AfA-Sätze ist ausgeschlossen. ³Die AfA ist bis zur vollen Absetzung der Anschaffungs- oder Herstellungskosten vorzunehmen.

Wahl der AfA-Methode

(5) ¹Bei beweglichen Wirtschaftsgütern des Anlagevermögens kann der Steuerpflichtige die AfA entweder in gleichen Jahresbeträgen (§ 7 Abs. 1 Sätze 1 und 2 EStG) oder in fallenden Jahresbeträgen (§ 7 Abs. 2 EStG) bemessen. ²AfA nach Maßgabe der Leistung (§ 7 Abs. 1 Satz 4 EStG) kann nur bei beweglichen Wirtschaftsgütern des Anlagevermögens vorgenommen werden, deren Leistung in der Regel erheblich schwankt und deren Verschleiß dementsprechend wesentliche Unterschiede aufweist. ³Voraussetzung für AfA nach Maßgabe der Leistung ist, daß der auf das einzelne Wirtschaftsjahr entfallende Umfang der Leistung nachgewiesen wird. ⁴Der Nachweis kann z. B. bei einer Spezialmaschine durch ein die Anzahl der Arbeitsvorgänge registrierendes Zählwerk oder bei einem Kraftfahrzeug durch den Kilometerzähler geführt werden.

(6) ¹Die degressive AfA nach § 7 Abs. 5 EStG ist nur mit den in dieser Vorschrift vorgeschriebenen Staffelsätzen zulässig. ²Besteht ein Gebäude aus sonstigen selbständigen Gebäudeteilen (→ R 13 Abs. 3 Nr. 5), sind für die einzelnen Gebäudeteile unterschiedliche AfA-Methoden und AfA-Sätze zulässig.

(7) Ist ein Wirtschaftsgut mehreren Beteiligten (Gesamthands- oder Bruchteilseigentum) zuzurechnen, so können sie ein Wahlrecht zur Bemessung der AfA nur einheitlich ausüben.

S 2196 → **Wechsel der AfA-Methode bei Gebäuden**

(8) ¹Ein Wechsel der AfA-Methode ist bei Gebäuden vorzunehmen, wenn
1. ein Gebäude in einem auf das Jahr der Anschaffung oder Herstellung folgenden Jahr die Voraussetzungen des § 7 Abs. 4 Satz 1 Nr. 1 EStG erstmals erfüllt oder
2. ein Gebäude in einem auf das Jahr der Anschaffung oder Herstellung folgenden Jahr die Voraussetzungen des § 7 Abs. 4 Satz 1 Nr. 1 EStG nicht mehr erfüllt oder
3. ein nach § 7 Abs. 5 Satz 1 Nr. 3 EStG abgeschriebener Mietwohnneubau nicht mehr Wohnzwecken dient.

²In den Fällen der Nummer 1 ist die weitere AfA nach § 7 Abs. 4 Satz 1 Nr. 1 EStG, in den Fällen der Nummern 2 und 3 ist die weitere AfA nach § 7 Abs. 4 Satz 1 Nr. 2 Buchstabe a EStG zu bemessen.

S 2190 **Ende der AfA**

(9) ¹Bei Wirtschaftsgütern, die im Laufe eines Wirtschaftsjahrs oder Rumpfwirtschaftsjahrs veräußert oder aus dem Betriebsvermögen entnommen werden oder nicht mehr zur Erzielung von Einkünften im Sinne des § 2 Abs. 1 Nr. 4 bis 7 EStG dienen, kann für dieses Jahr nur der Teil des auf ein Jahr entfallenden AfA-Betrags abgesetzt werden, der dem Zeitraum zwischen dem Beginn des Jahrs und der Veräußerung, Entnahme oder Nutzungsänderung entspricht. ²Das gilt entsprechend, wenn im Laufe eines Jahrs ein Wirtschaftsgebäude künftig Wohnzwecken dient oder ein nach § 7 Abs. 5 Satz 1 Nr. 3 EStG abgeschriebener Mietwohnneubau künftig nicht mehr Wohnzwecken dient.

→ **Unterlassene oder überhöhte AfA**

(10) Unterlassene oder überhöhte AfA ist grundsätzlich in der Weise zu korrigieren, daß die noch nicht abgesetzten Anschaffungs- oder Herstellungskosten (Buchwert) des Wirtschaftsguts, in den Fällen des § 7 Abs. 4 Satz 1 EStG der Anschaffungs- oder Herstellungskosten des Gebäudes, nach der bisher angewandten Absetzungsmethode verteilt werden.

AfA nach nachträglichen Anschaffungs- oder Herstellungskosten

(11) ¹Bei nachträglichen Herstellungskosten für Wirtschaftsgüter, die nach § 7 Abs. 1 oder Abs. 2 oder Abs. 4 Satz 2 EStG abgeschrieben werden, ist die Restnutzungsdauer unter Berücksichtigung des Zustands des Wirtschaftsguts im Zeitpunkt der Beendigung der nachträglichen Herstellungsarbeiten neu zu schätzen (→ Beispiele 1 bis 3). ²In den Fällen des § 7 Abs. 4 Satz 2 EStG ist es aus Vereinfachungsgründen nicht zu beanstanden, wenn die weitere AfA nach dem bisher angewandten Vomhundertsatz bemessen wird. ³Bei der Bemessung der AfA für das Jahr der Entstehung von nachträglichen Anschaffungs- und Herstellungskosten sind diese so zu berücksichtigen, als wären sie zu Beginn des Jahres aufgewendet worden. ⁴Ist durch die nachträglichen Herstellungsarbeiten ein anderes Wirtschaftsgut entstanden (→ R 43 Abs. 5), so ist die weitere AfA nach § 7 Abs. 1 oder Abs. 2 oder Abs. 4 Satz 2 EStG und der voraussichtlichen Nutzungsdauer des anderen Wirtschaftsguts oder nach § 7 Abs. 4 Satz 1 EStG zu bemessen. ⁵Die degressive AfA nach § 7 Abs. 5 EStG ist nur zulässig, wenn das andere Wirtschaftsgut ein Neubau ist.

AfA nach Einlage, Entnahme oder Nutzungsänderung oder nach Übergang zur Buchführung

(12) ¹Nach einer Einlage, Entnahme oder Nutzungsänderung eines Wirtschaftsguts oder nach Übergang zur Buchführung (→ R 43 Abs. 6) ist die weitere AfA wie folgt vorzunehmen:
1. Hat sich die AfA-Bemessungsgrundlage für das Wirtschaftsgut geändert (→ R 43 Abs. 6 Sätze 1 und 2), ist die weitere AfA nach § 7 Abs. 1 oder Abs. 2 oder Abs. 4 Satz 2 EStG und der tatsächlichen künftigen Nutzungsdauer oder nach § 7 Abs. 4 Satz 1 EStG zu bemessen.
2. ¹Bleiben die Anschaffungs- und Herstellungskosten des Wirtschaftsguts als Bemessungsgrundlage der AfA maßgebend (→ R 43 Abs. 6 Satz 3), so ist die weitere AfA grundsätzlich nach dem ursprünglich angewandten Absetzungsverfahren zu bemessen. ²Die AfA kann nur noch bis zu dem Betrag abgezogen werden, der von der Bemessungsgrundlage nach Abzug von AfA, erhöhten Absetzungen und Sonderabschreibungen verbleibt (→ AfA-Volumen). ³Ist für das Wirtschaftsgut noch nie AfA vorgenommen worden, so ist die AfA nach § 7 Abs. 1 oder Abs. 2 oder Abs. 4 Satz 2 EStG und der tatsächlichen gesamten Nutzungsdauer oder nach § 7 Abs. 4 Satz 1 oder Abs. 5 EStG zu bemes-

sen. [4]Nach dem Übergang zur Buchführung oder zur Einkünfteerzielung kann die AfA nur noch bis zu dem Betrag abgezogen werden, der von der Bemessungsgrundlage nach Abzug der Beträge verbleibt, die entsprechend der gewählten AfA-Methode auf den Zeitraum vor dem Übergang entfallen (→ Beispiel 4).

[2]Besteht ein Gebäude aus mehreren selbständigen Gebäudeteilen und wird der Nutzungsumfang eines Gebäudeteils infolge einer Nutzungsänderung des Gebäudes ausgedehnt, so bemißt sich die weitere AfA von der neuen Bemessungsgrundlage insoweit nach § 7 Abs. 4 EStG. [3]Das Wahlrecht nach Satz 1 Nr. 2 Sätze 3 und 4 bleibt unberührt (→ Beispiel 5).

Absetzungen für außergewöhnliche technische oder wirtschaftliche Abnutzung bei Gebäuden

(13) [1]Absetzungen für außergewöhnliche technische oder wirtschaftliche Abnutzung (→ AfaA) sind nach dem Wortlaut des Gesetzes nur bei Gebäuden zulässig, bei denen die AfA nach § 7 Abs. 4 EStG bemessen wird. [2]AfaA sind jedoch auch bei Gebäuden nicht zu beanstanden, bei denen AfA nach § 7 Abs. 5 EStG vorgenommen wird.

Hinweise

H 44

AfaA

Wird ein im Privatvermögen gehaltenes Fahrzeug eines selbständig Tätigen bei einer beruflich veranlaßten Fahrt infolge eines Unfalls beschädigt und nicht repariert, so richtet sich die Höhe der AfaA nach § 7 Abs. 1 Satz 5 EStG nach den Anschaffungskosten abzüglich der (normalen) AfA, die der Steuerpflichtige hätte in Anspruch nehmen können, wenn er das Fahrzeug im Betriebsvermögen gehalten hätte (→ BFH vom 24.11.1994 – BStBl 1995 II S. 318).

AfaA sind grundsätzlich im Jahr des Schadenseintritts, spätestens jedoch im Jahr der Entdeckung des Schadens vorzunehmen (→ BFH vom 1.12.1992 – BStBl 1994 II S. 11 und 12). **Dies gilt unabhängig von evtl. Ersatzansprüchen gegen eine Versicherung (→ BFH vom 13.3.1998 – BStBl II S. 443).**

Eine AfaA setzt voraus, daß die wirtschaftliche Nutzbarkeit eines Wirtschaftsguts durch außergewöhnliche Umstände gesunken ist (→ BFH vom 8.7.1980 – BStBl II S. 743).

Baumängel vor Fertigstellung eines Gebäudes rechtfertigen keine AfaA (→ BFH vom 31.3.1992 – BStBl II S. 805); auch wenn infolge dieser Baumängel noch in der Bauphase unselbständige Gebäudeteile wieder abgetragen werden (→ BFH vom 30.8.1994 – BStBl 1995 II S. 306); dies gilt auch, wenn die Baumängel erst nach der Fertigstellung entdeckt werden (→ BFH vom 27.1.1993 – BStBl II S. 702).

Eine AfaA ist vorzunehmen, wenn

- ein Gebäude durch Abbruch, Brand oder ähnliche Ereignisse aus dem Betriebsvermögen ausgeschieden ist (→ BFH vom 7.5.1969 – BStBl II S. 464),
- bei einem Umbau bestimmte Teile eines Gebäudes ohne vorherige Abbruchabsicht entfernt werden (→ BFH vom 15.10.1996 – BStBl 1997 II S. 325) oder
- ein Gebäude abgebrochen wird (→ H 33a Abbruchkosten).

Eine AfaA ist nicht vorzunehmen, wenn ein zum Privatvermögen gehörendes objektiv technisch oder wirtschaftlich noch nicht verbrauchtes Gebäude abgerissen wird, um ein unbebautes Grundstück veräußern zu können (→ BFH vom 6.3.1979 – BStBl II S. 551), oder wenn es in der Absicht eines grundlegenden Umbaus erworben wird (→ BFH vom 4.12.1984 – BStBl 1985 II S. 208 und 20.4.1993 – BStBl II S. 504).

AfA-Volumen
Übergang
- von der Schätzung zur Buchführung → BFH vom 5.12.1985 (BStBl 1986 II S. 390),
- von der Gewinnermittlung nach Durchschnittssätzen zur Buchführung → BFH vom 12.12.1985 (BStBl 1986 II S. 392), vom 17.3.1988 (BStBl II S. 770) und vom 10.12.1992 (BStBl 1993 II S. 344).

§ 7 EStG
H 44

Umwidmung eines Wirtschaftsguts in den Bereich der Einkünfteerzielung → BFH vom 14.2.1989 (BStBl II S. 922).

Beispiele

1. Degressive AfA nach § 7 Abs. 2 EStG bei nachträglichen Herstellungskosten

    Für ein im Jahre 01 angeschafftes bewegliches Wirtschaftsgut mit einer betriebsgewöhnlichen Nutzungsdauer von 12 Jahren, für das degressive AfA von ($8^1/_3$ v. H. × 3 =) 25 v. H. vorgenommen worden ist, werden im Jahre 06 nachträgliche Herstellungskosten aufgewendet. Danach beträgt die neu geschätzte Restnutzungsdauer 8 Jahre.

Restwert Ende 05	4.100 DM
nachträgliche Herstellungskosten 06	+ 3.900 DM
Bemessungsgrundlage ab 06	8.000 DM

    Die degressive AfA im Jahre 06 beträgt (12,5 v. H. × 3, höchstens jedoch) 30 v. H. von 8.000 DM.

2. Lineare AfA nach § 7 Abs. 4 Satz 1 Nr. 2 EStG bei nachträglichen Herstellungskosten

    Ein zu Beginn des Jahres 01 angeschafftes Gebäude, für das lineare AfA nach § 7 Abs. 4 Satz 1 Nr. 2 EStG vorgenommen worden ist, wird im Jahre 24 erweitert. Die Restnutzungsdauer beträgt danach noch mindestens 50 Jahre.

Anschaffungskosten im Jahr 01	200.000 DM
AfA in den Jahren 01 bis 23:	
23 × 2 v. H. = 92.000 DM	
nachträgliche Herstellungskosten im Jahr 24	+ 100.000 DM
Bemessungsgrundlage ab Jahr 24	300.000 DM

    Vom Jahr 24 bis zur vollen Absetzung des Betrags von 208.000 DM (Restwert 108.000 DM zuzüglich nachträglicher Herstellungskosten 100.000 DM) beträgt die AfA jährlich 2 v. H. von 300.000 DM = 6.000 DM.

3. Degressive AfA nach § 7 Abs. 5 EStG bei nachträglichen Herstellungskosten

    Ein im Jahr 01 fertiggestelltes Gebäude, für das degressive AfA nach § 7 Abs. 5 Satz 1 Nr. 1 EStG vorgenommen worden ist, wird im Jahr 06 erweitert.

Herstellungskosten im Jahr 01	200.000 DM
AfA in den Jahren 01 bis 04:	
4 × 10 v. H. = 80.000 DM	
AfA im Jahr 05:	
1 × 5 v. H. = 10.000 DM	
nachträgliche Herstellungskosten im Jahr 06	+ 80.000 DM
Bemessungsgrundlage ab Jahr 06	280.000 DM

    In den Jahren 06 und 07 beträgt die AfA je 5 v. H. = 14.000 DM; in den Jahren 08 bis 25 beträgt die AfA je 2,5 v. H. = 7.000 DM.

4. AfA-Verbrauch bei Umwidmung eines Gebäudes zur Einkünfteerzielung

    Eine im Jahr 01 fertiggestellte und am 1.12.01 erworbene Eigentumswohnung wird vom Dezember 01 bis Februar 03 vom Steuerpflichtigen selbst bewohnt und ab März 03 vermietet.

    Der Steuerpflichtige hat ab dem Jahr 03 die Wahl zwischen der linearen AfA nach § 7 Abs. 4 Satz 1 EStG (Fall 1) und der degressiven AfA nach § 7 Abs. 5 Satz 1 Nr. 3 EStG (Fall 2).

		Fall 1		Fall 2
Anschaffungskosten im Jahr 01				
AfA-Verbrauch		300.000 DM		300.000 DM
im Jahr 01	$^1/_{12}$ von 2 v. H.	500 DM	7 v. H.	21.000 DM
im Jahr 02	2 v. H.	6.000 DM	7 v. H.	21.000 DM
im Jahr 03	$^2/_{12}$ von 2 v. H.	1.000 DM	$^2/_{12}$ von 7 v. H.	3.500 DM
insgesamt		7.500 DM		45.500 DM
verbleibendes AfA-Volumen		292.500 DM		

	Fall 1	Fall 2
AfA ab Übergang zur Einkünfteerzielung		
im Jahr 03 $^{10}/_{12}$ von 2 v. H.	5.000 DM	$^{10}/_{12}$ von 7 v. H. 17.500 DM
ab Jahr 04 je 2 v. H.	6.000 DM	
im Jahr 04		7 v. H. 21.000 DM
im Jahr 05 bis 10		je 5 v. H. 15.000 DM
im Jahr 11 bis 16		je 2 v. H. 6.000 DM
ab Jahr 17		je 1,25 v. H. 3.900 DM

5. **AfA bei Änderung des Nutzungsumfangs eines Gebäudeteils**

    Von den gesamten Herstellungskosten in Höhe von 600.000 DM eines zum Betriebsvermögen gehörenden Gebäudes, das je zur Hälfte eigenbetrieblichen Zwecken und fremden Wohnzwecken dient, entfallen je 300.000 DM auf die beiden selbständigen Gebäudeteile. Der eigenbetrieblich genutzte Gebäudeteil wird nach § 7 Abs. 5 Satz 1 Nr. 1 EStG degressiv, der zu fremden Wohnzwecken genutzte Gebäudeteil nach § 7 Abs. 4 Satz 1 Nr. 2 EStG linear abgeschrieben. Die jährliche AfA beträgt

    a) für den eigenbetrieblich genutzten Gebäudeteil

    10 v. H. von 300.000 DM = 30.000 DM,

    b) für den zu fremden Wohnzwecken genutzten Gebäudeteil

    2 v. H. von 300.000 DM = 6.000 DM.

    Vom Beginn des 3. Jahres an wird die eigenbetriebliche Nutzung auf ein Drittel des bisher zu Wohnzwecken genutzten Gebäudeteils ausgedehnt. Von diesem Zeitpunkt an beträgt die AfA-Bemessungsgrundlage für den eigenbetrieblich genutzten Gebäudeteil 400.000 DM, für den zu fremden Wohnzwecken genutzten Gebäudeteil 200.000 DM. Für den nunmehr eigenbetrieblich genutzten Teil des bisher zu fremden Wohnzwecken genutzten Gebäudeteils ist die lineare AfA künftig mit dem höheren AfA-Satz des § 7 Abs. 4 Satz 1 Nr. 1 EStG vorzunehmen. Die AfA beträgt somit im 3. Jahr

    a) für den eigenbetrieblich genutzten Gebäudeteil

    10 v. H. von 300.000 DM = 30.000 DM,
    + 4 v. H. von 100.000 DM = 4.000 DM,

    b) für den zu fremden Wohnzwecken genutzten Gebäudeteil

    2 v. H. von 200.000 DM = 4.000 DM.

Entnahme eines Gebäudes

Für ein Gebäude, das **im** Jahr der Fertigstellung aus dem Betriebsvermögen entnommen worden ist, kann die degressive AfA nach § 7 Abs. 5 EStG nicht mehr vorgenommen werden, wenn für das Gebäude bereits während der Zugehörigkeit zum Betriebsvermögen degressive AfA in Anspruch genommen worden ist (→ BFH vom 2.7.1992 – BStBl II S. 909).

Für ein Gebäude, das **nach** dem Jahr der Fertigstellung unter Aufdeckung der stillen Reserven entnommen worden ist, kann die degressive AfA nach § 7 Abs. 5 EStG nicht mehr vorgenommen werden (→ BFH vom 8.11.1994 – BStBl 1995 II S. 170).

Fertigstellung

Ein Wirtschaftsgut ist fertiggestellt, sobald es seiner Zweckbestimmung entsprechend genutzt werden kann (→ BFH vom 20.2.1975 – BStBl II S. 412, vom 11.3.1975 – BStBl II S. 659 und vom 21.7.1989 – BStBl II S. 906).

Die bestimmungsgemäße Nutzbarkeit einer Dauerkultur beginnt mit ihrer Ertragsreife (→ BMF vom 17.9.1990 – BStBl I S. 420).

Ein Gebäude ist fertiggestellt, wenn die wesentlichen Bauarbeiten abgeschlossen sind und der Bau so weit errichtet ist, daß der Bezug der Wohnungen zumutbar ist oder daß das Gebäude für den Betrieb in all seinen wesentlichen Bereichen nutzbar ist (→ BFH vom 11.3.1975 – BStBl II S. 659 und vom 21.7.1989 – BStBl II S. 906).

Ein Gebäude ist nicht fertiggestellt, wenn Türen, Böden und der Innenputz noch fehlen (→ BFH vom 21.7.1989 – BStBl II S. 906).

Auf die Höhe der noch ausstehenden Herstellungskosten im Verhältnis zu den gesamten Herstellungskosten des Gebäudes kommt es nicht an (→ BFH vom 16.12.1988 – BStBl 1989 II S. 203).

§ 7 EStG

Gebäudeteile, die auf Grund ihrer unterschiedlichen Funktion selbständige Wirtschaftsgüter sind, sind fertiggestellt, sobald diese Teile bestimmungsgemäß nutzbar sind (→ BFH vom 9.8.1989 – BStBl 1991 II S. 132).

Gebrauchstiere sind bei der ersten Ingebrauchnahme fertiggestellt (→ BMF vom 22.2.1995 – BStBl I S. 179 – Tz. 8).

Lieferung

Ein Wirtschaftsgut ist geliefert, wenn der Erwerber nach dem Willen der Vertragsparteien darüber wirtschaftlich verfügen kann; das ist in der Regel der Fall, wenn Eigenbesitz, Gefahr, Nutzen und Lasten auf den Erwerber übergehen (→ BFH vom 28.4.1977 – BStBl II S. 553).

Liegt der Zeitpunkt des Übergangs eines Wirtschaftsguts auf den Erwerber im Schnittpunkt von zwei Zeiträumen, so ist das Wirtschaftsgut mit Beginn des zweiten Zeitraums geliefert (→ BFH vom 7.11.1991 – BStBl 1992 II S. 398).

Anhang 14 Wirtschaftlicher Übergang bei Leasing- und Mietkauf-Verträgen → BMF vom 28.8.1991 (BStBl I S. 768) – Tz. 13.

Mietereinbauten

– *Bei Mietereinbauten und -umbauten, die keine Scheinbestandteile oder Betriebsvorrichtungen sind, bestimmt sich die AfA abweichend von Nr. 10 des BMF-Schreibens vom 15.1.1976 (BStBl I S. 66) nach den für Gebäuden geltenden Grundsätzen → BFH vom 15.10.1996 (BStBl 1997 II S 553).*

– Zur Nutzungsdauer von Ladeneinbauten, Schaufensteranlagen und Gaststätteneinbauten → BMF vom 30.5.1996 (BStBl I S. 643).

Miteigentum

Benutzt in einem den zusammenveranlagten Ehegatten als Miteigentümer gehörenden Gebäude einer der Ehegatten aus beruflichen Gründen ein Arbeitszimmer, so ist die auf diesen Raum entfallende AfA nach § 7 Abs. 4 EStG grundsätzlich ohne Rücksicht auf den Miteigentumsanteil des anderen Ehegatten bei den Einkünften des den Raum nutzenden Ehegatten als Werbungskosten abzuziehen (→ BFH vom 12.2.1988 – BStBl II S. 764).

Wird ein im Miteigentum stehendes Gebäude von einem Miteigentümer ganz oder teilweise ohne Entgelt betrieblich genutzt, kann er die auf den betrieblich genutzten Gebäudeteil entfallende AfA jedoch nur insoweit als Betriebsausgaben abziehen, als er die Anschaffungs- oder Herstellungskosten des Gebäudes getragen hat (→ BFH vom 30.1.1995 – BStBl II S. 281, vom 9.11.1995 – BStBl 1996 II S. 192 und vom 23.11.1995 – BStBl 1996 II S. 193).

Nachträgliche Anschaffungs- oder Herstellungskosten

Werden nachträgliche Anschaffungs- oder Herstellungskosten für Wirtschaftsgüter aufgewendet, die nach § 7 Abs. 1 oder Abs. 2 oder Abs. 4 Satz 2 EStG abgeschrieben werden, so bemißt sich die AfA vom Jahr der Entstehung der nachträglichen Anschaffungs- oder Herstellungskosten an nach der Restnutzungsdauer (→ BFH vom 25.11.1970 – BStBl 1971 II S. 142).

Werden nachträgliche Anschaffungs- oder Herstellungskosten für Gebäude aufgewendet, die nach § 7 Abs. 4 Satz 1 oder Abs. 5 EStG abgeschrieben werden, so ist der für das Gebäude geltende Vomhundertsatz anzuwenden (→ BFH vom 20.2.1975 – BStBl II S. 412 und vom 20.1.1987 – BStBl II S. 491).

Wird in den Fällen des § 7 Abs. 4 Satz 1 EStG auf diese Weise die volle Absetzung innerhalb der tatsächlichen Nutzungsdauer nicht erreicht, so kann die AfA vom Zeitpunkt der Beendigung der nachträglichen Herstellungsarbeiten an nach der Restnutzungsdauer des Gebäudes bemessen werden (→ BFH vom 7.6.1977 – BStBl II S. 606).

Neubau

Die AfA nach § 7 Abs. 5 EStG kann nur bei Neubauten in Anspruch genommen werden. Bei Umbauten, Ausbauten und Modernisierungsmaßnahmen liegt ein Neubau nicht bereits dann vor, wenn sich dadurch die Zweckbestimmung des Gebäudes ändert. Er entsteht nur, wenn die eingefügten Neubauteile dem Gesamtgebäude das Gepräge geben, so daß es in bautechnischer Hinsicht neu ist. Das ist insbesondere der Fall, wenn verbrauchte Teile ersetzt werden, die für die Nutzungsdauer des Gebäudes bestimmend sind, wie z. B. Fundamente, tragende Außen- und Innenwände, Geschoßdecken und die Dachkonstruktion (→ BFH vom 28.6.1977 – BStBl II S. 725 und vom 31.3.1992 – BStBl II S. 808).

Bei Anbauten liegt ein Neubau vor, wenn
- dadurch selbständige Wirtschaftsgüter im Sinne von R 13 geschaffen werden oder
- sie mit dem bestehenden Gebäude verschachtelt sind und die Neubauteile dem Gesamtgebäude das Gepräge geben; hierfür sind regelmäßig die Größen- und Wertverhältnisse der Alt- und Neubauteile maßgebend (→ BFH vom 9.8.1974 – BStBl 1975 II S. 342 und vom 18.8.1977 – BStBl 1978 II S. 46).

Für Eigentumswohnungen, die durch die rechtliche Umwandlung eines bestehenden Gebäudes geschaffen werden, kann keine AfA nach § 7 Abs. 5 EStG in Anspruch genommen werden (→ BFH vom 24.11.1992 – BStBl 1993 II S. 188).

Für neu geschaffene Wohnungen, die in einem einheitlichen Nutzungs- und Funktionszusammenhang mit einer bereits vorhandenen Wohnung stehen, kann keine AfA nach § 7 Abs. 5 EStG in Anspruch genommen werden (→ BFH vom 7.7.1998, BStBl II S. 625).

Zur degressiven AfA nach § 7 Abs. 5 EStG bei Baumaßnahmen an einem Dachgeschoß → BMF vom 10.7.1996 (BStBl I S. 689).

Nutzungsdauer

Anschaffungs- oder Herstellungskosten eines Wirtschaftsguts sind nur dann nach § 7 EStG zu verteilen, wenn die Nutzungsdauer des Wirtschaftsguts zwölf Monate (Jahreszeitraum im Sinne eines Zeitraums von 365 Tagen) übersteigt (→ BFH vom 26.8.1993 – BStBl 1994 II S. 232).

Die Nutzungsdauer eines Wirtschaftsguts entspricht regelmäßig dem Zeitraum, in dem es sich technisch abnutzt. Eine kürzere wirtschaftliche Nutzungsdauer liegt nicht vor, wenn das Wirtschaftsgut zwar nicht mehr entsprechend der ursprünglichen Zweckbestimmung rentabel nutzbar ist, aber noch einen erheblichen Verkaufswert hat (→ BFH vom 19.11.1997 – BStBl 1998 II S. 59).

Zur Nutzungsdauer des Geschäfts- und Firmenwerts, des Praxiswerts und sogenannter firmenwertähnlicher Wirtschaftsgüter → BMF vom 20.11.1986 (BStBl I S. 532) und BMF vom 15.1.1995 (BStBl I S. 14). → H 31a, H 32.

Begriff der Nutzungsdauer eines Gebäudes → § 11c Abs. 1 EStDV

Die Absicht, ein zunächst noch genutztes Gebäude abzubrechen oder zu veräußern, rechtfertigt es nicht, eine kürzere Nutzungsdauer des Gebäudes zugrunde zu legen (→ BFH vom 15.12.1981 – BStBl 1982 II S. 385).

Eine Verkürzung der Nutzungsdauer kann erst angenommen werden, wenn die Gebäudeabbruchvorbereitungen soweit gediehen sind, daß die weitere Nutzung in der bisherigen oder einer anderen Weise so gut wie ausgeschlossen ist (→ BFH vom 8.7.1980 – BStBl II S. 743).

Die der tatsächlichen Nutzungsdauer entsprechende AfA kann erst vorgenommen werden, wenn der Zeitpunkt der Nutzungsbeendigung des Gebäudes feststeht, z. B. weil sich der Steuerpflichtige verpflichtet hat, das Gebäude zu einem bestimmten Zeitpunkt abzubrechen (→ BFH vom 22.8.1984 – BStBl 1985 II S. 126).

Nutzungsdauer für Ladeneinbauten, Schaufensteranlagen und Gaststätteneinbauten → BMF vom 30.5.1996 (BStBl I S. 643):

AfA-Tabellen;
Nutzungsdauer für Ladeneinbauten, Schaufensteranlagen und Gaststätteneinbauten
BMF vom 30.5.1996 (BStBl I S. 643)

Unter Bezugnahme auf das Ergebnis der Erörterungen mit den obersten Finanzbehörden der Länder gilt für die Bemessung der betriebsgewöhnlichen Nutzungsdauer für Ladeneinbauten, Schaufensteranlagen, Gaststätteneinbauten u. ä. folgendes:

Absetzungen für Abnutzung für die in R 13 Abs. 3 Nr. 3 Einkommensteuer-Richtlinien[1]) genannten Wirtschaftsgüter (insbesondere Ladeneinbauten, Schaufensteranlagen, Gaststätteneinbauten), die nach dem 31.12.1994 angeschafft oder hergestellt wurden, sind, sofern keine abweichenden Einzelregelungen in den AfA-Tabellen getroffen wurden, nach einer betriebsgewöhnlichen Nutzungsdauer von sieben Jahren (AfA-Satz 14 v. H.) zu bemessen. Dies gilt vorbehaltlich einer kürzeren Gesamtmietdauer auch, wenn diese Wirtschaftsgüter Mietereinbauten sind.

---
[1]) Anm.: → R 13 Abs. 3 Nr. 3 EStR 1998

> Es ist im Rahmen steuerlicher Außenprüfungen im allgemeinen nicht zu beanstanden, wenn für die o. a. Wirtschaftsgüter, die vor dem 1.1.1995 angeschafft oder hergestellt worden sind, die Absetzungen für Abnutzung wie bisher nach einem voraussichtlichen Zeitraum von fünf bis zehn Jahren bemessen werden.
>
> Dieses Schreiben tritt an die Stelle meines Schreibens vom 5.10.1994 – IV A 8 – S 1551 – 98/94 – (BStBl I 1994 S. 771).
>
> Zur Nutzungsdauer von **Personalcomputern, Peripheriegeräten und Software** (§§ 7, 9 EStG) → BFH vom 8.11.1996 – BFH/NV 1997 S. 288.
>
> – Für die Bestimmung der betriebsgewöhnlichen Nutzungsdauer eines **PC** sind die amtlichen AfA-Tabellen (allgemein verwendbare Anlagegüter Teil D V) anzuwenden, die von einem Zeitraum von fünf Jahren ausgehen. Wird vom Steuerpflichtigen ein kürzerer Abschreibungszeitraum beansprucht, so muß er besondere, objektiv nachprüfbare Gründe dafür vortragen, z. B. daß die von ihm verwendete, beruflich veranlaßte Software auf dem PC nicht mehr oder nur noch unter erschwerten Bedingungen einsetzbar ist (→ FG Niedersachsen vom 14.3.1997 – EFG S. 954).
>
> – Neufassung der AfA-Tabelle für allgemein verwendbare Anlagegüter; nach den lfd. Nrn. 6.13.3.2. bzw. 6.13.3.3. dieser Tabelle beträgt die gewöhnliche Nutzungsdauer für Workstations, Personalcomputer, Notebooks u. ä. sowie für Peripheriegeräte grundsätzlich **vier** – und nicht wie bisher fünf – Jahre. Diese Tabelle gilt für alle Anlagegüter, die **nach dem 30.6.1997** angeschafft oder hergestellt worden sind (→ BMF vom 18.4.1997 – BStBl I S. 376).
>
> **Nutzungsdauer bei PKW und Kombifahrzeugen**
> → BMF vom 3.12.1992 (BStBl I S. 734)
> → BMF vom 28.5.1993 (BStBl I S. 483)

Teil des auf ein Jahr entfallenden AfA-Betrags

Abweichend von R 44 Abs. 2 Satz 1 ist die AfA nach § 7 Abs. 5 EStG im Jahr der Anschaffung oder Herstellung eines Gebäudes in Höhe des vollen Jahresbetrags abzuziehen (→ BFH vom 19.2.1974 – BStBl II S. 704; → aber R 44 Abs. 2 Satz 2).

Bei Veräußerung eines Gebäudes kann die degressive AfA nach § 7 Abs. 5 EStG nur zeitanteilig abgezogen werden (→ BFH vom 18.8.1977 – BStBl II S. 835).

Unterlassene oder überhöhte AfA

Ist AfA nach § 7 Abs. 1 oder Abs. 2 oder Abs. 4 Satz 2 EStG unterblieben, so kann sie in der Weise nachgeholt werden, daß die noch nicht abgesetzten Anschaffungs- oder Herstellungskosten (Buchwert) entsprechend der bei dem Wirtschaftsgut angewandten Absetzungsmethode auf die noch verbleibende Restnutzungsdauer verteilt werden (→ BFH vom 21.2.1967 – BStBl III S. 386 und vom 3.7.1980 – BStBl 1981 II S. 255).

Ist AfA nach § 7 Abs. 4 Satz 1 EStG überhöht vorgenommen worden oder unterblieben und hat sich die tatsächliche Nutzungsdauer des Gebäudes nicht geändert, so sind weiterhin die gesetzlich vorgeschriebenen Vomhundertsätze anzusetzen, so daß sich ein anderer Abschreibungszeitraum als von 25, 40 oder 50 Jahren ergibt (→ BFH vom 3.7.1984 – BStBl II S. 709, vom 20.1.1987 – BStBl II S. 491 und vom 11.12.1987 – BStBl 1988 II S. 335).

Ist AfA nach § 7 Abs. 5 EStG überhöht vorgenommen worden, so ist die weitere AfA während des verbleibenden Abschreibungszeitraums weiterhin von den ungekürzten Anschaffungs- oder Herstellungskosten vorzunehmen (→ BFH vom 4.5.1993 – BStBl II S. 661).

AfA, die unterblieben ist, um dadurch unberechtigte Steuervorteile zu erlangen, darf nicht nachgeholt werden (→ BFH vom 3.7.1980 – BStBl 1981 II S. 255 und vom 20.1.1987 – BStBl II S. 491).

Wechsel der AfA-Methode bei Gebäuden

Der Wechsel zwischen den Absetzungsverfahren nach § 7 Abs. 5 EStG sowie zwischen den Absetzungsverfahren nach § 7 Abs. 4 EStG und § 7 Abs. 5 EStG ist unzulässig (→ BFH vom 10.3.1987 – BStBl II S. 618).

Ein Übergang von den erhöhten Absetzungen nach § 7b EStG zu der degressiven AfA nach § 7 Abs. 5 EStG ist unzulässig (→ BFH vom 17.2.1976 – BStBl II S. 414).

44a. Absetzung für Substanzverringerung

¹Absetzungen für Substanzverringerung (AfS) sind beim unentgeltlichen Erwerb eines → Bodenschatzes nur zulässig, soweit der Rechtsvorgänger Anschaffungskosten für ein Wirtschaftsgut aufgewendet hat. ²AfS sind vorzunehmen, sobald mit dem Abbau des Bodenschatzes begonnen wird. ³Sie berechnen sich nach dem Verhältnis der im Wirtschaftsjahr geförderten Menge des Bodenschatzes zur gesamten geschätzten Abbaumenge. ⁴AfS, die unterblieben sind, um dadurch unberechtigte Steuervorteile zu erlangen, dürfen nicht nachgeholt werden.

Hinweise

Bodenschatz
- *Ertragsteuerliche Behandlung von im Eigentum des Grundeigentümers stehenden Bodenschätzen* → BMF vom 7.10.1998 (BStBl I S. 1221)
- Bei Bodenschätzen, die ein Steuerpflichtiger auf einem ihm gehörenden Grundstück im Privatvermögen entdeckt und in sein (Sonder-) Betriebsvermögen einlegt, sind AfS nicht zulässig (Abweichung von BFH vom 1.7.1987 – BStBl II S. 865; Abgrenzung zu BFH vom 26.11.1993 – BStBl 1994 II S. 293) (→ BFH vom 19.7.1994 – BStBl II S. 846).

Unterbliebene AfS
Unterbliebene AfS kann in der Weise nachgeholt werden, daß sie in gleichen Beträgen auf die restliche Nutzungsdauer verteilt wird (→ BFH vom 21.2.1967 – BStBl III S. 460).

§ 7a
Gemeinsame Vorschriften für erhöhte Absetzungen und Sonderabschreibungen

(1) ¹Werden in dem Zeitraum, in dem bei einem Wirtschaftsgut erhöhte Absetzungen oder Sonderabschreibungen in Anspruch genommen werden können (Begünstigungszeitraum), nachträgliche Herstellungskosten aufgewendet, so bemessen sich vom Jahr der Entstehung der nachträglichen Herstellungskosten an bis zum Ende des Begünstigungszeitraums die Absetzungen für Abnutzung, erhöhten Absetzungen und Sonderabschreibungen nach den um die nachträglichen Herstellungskosten erhöhten Anschaffungs- oder Herstellungskosten. ²Entsprechendes gilt für nachträgliche Anschaffungskosten. ³Werden im Begünstigungszeitraum die Anschaffungs- oder Herstellungskosten eines Wirtschaftsguts nachträglich gemindert, so bemessen sich vom Jahr der Minderung an bis zum Ende des Begünstigungszeitraums die Absetzungen für Abnutzung, erhöhten Absetzungen und Sonderabschreibungen nach den geminderten Anschaffungs- oder Herstellungskosten.

(2) ¹Können bei einem Wirtschaftsgut erhöhte Absetzungen oder Sonderabschreibungen bereits für Anzahlungen auf Anschaffungskosten oder für Teilherstellungskosten in Anspruch genommen werden, so sind die Vorschriften über erhöhte Absetzungen und Sonderabschreibungen mit der Maßgabe anzuwenden, daß an die Stelle der Anschaffungs- oder Herstellungskosten die Anzahlungen auf Anschaffungskosten oder die Teilherstellungskosten und an die Stelle des Jahres der Anschaffung oder Herstellung das Jahr der Anzahlung oder Teilherstellung treten. ²Nach Anschaffung oder Herstellung des Wirtschaftsguts sind erhöhte Absetzungen oder Sonderabschreibungen nur zulässig, soweit sie nicht bereits für Anzahlungen auf Anschaffungskosten oder für Teilherstellungskosten in Anspruch genommen worden sind. ³Anzahlungen auf Anschaffungskosten sind im Zeitpunkt der tatsächlichen Zahlung aufgewendet. ⁴Werden Anzahlungen auf Anschaffungskosten durch Hingabe eines Wechsels geleistet, so sind sie in dem Zeitpunkt aufgewendet, in dem dem Lieferanten durch Diskontierung oder Einlösung des Wechsels das Geld tatsächlich zufließt. ⁵Entsprechendes gilt, wenn an Stelle von Geld ein Scheck hingegeben wird.

(3) Bei Wirtschaftsgütern, bei denen erhöhte Absetzungen in Anspruch genommen werden, müssen in jedem Jahr des Begünstigungszeitraums mindestens Absetzungen in Höhe der Absetzungen für Abnutzung nach § 7 Abs. 1 oder 4 berücksichtigt werden.

(4) Bei Wirtschaftsgütern, bei denen Sonderabschreibungen in Anspruch genommen werden, sind die Absetzungen für Abnutzung nach § 7 Abs. 1 oder 4 vorzunehmen.

(5) Liegen bei einem Wirtschaftsgut die Voraussetzungen für die Inanspruchnahme von erhöhten Absetzungen oder Sonderabschreibungen auf Grund mehrerer Vorschriften vor, so dürfen erhöhte Absetzungen oder Sonderabschreibungen nur auf Grund einer dieser Vorschriften in Anspruch genommen werden.

(6) Erhöhte Absetzungen oder Sonderabschreibungen sind bei der Prüfung, ob die in § 141 Abs. 1 Nr. 4 und 5 der Abgabenordnung bezeichneten Buchführungsgrenzen überschritten sind, nicht zu berücksichtigen.

(7) ¹Ist ein Wirtschaftsgut mehreren Beteiligten zuzurechnen und sind die Voraussetzungen für erhöhte Absetzungen oder Sonderabschreibungen nur bei einzelnen Beteiligten erfüllt, so dürfen die erhöhten Absetzungen und Sonderabschreibungen nur anteilig für diese Beteiligten vorgenommen werden. ²Die erhöhten Absetzungen oder Sonderabschreibungen dürfen von den Beteiligten, bei denen die Voraussetzungen dafür erfüllt sind, nur einheitlich vorgenommen werden.

(8) ¹Erhöhte Absetzungen oder Sonderabschreibungen sind bei Wirtschaftsgütern, die zu einem Betriebsvermögen gehören, nur zulässig, wenn sie in ein besonderes, laufend zu führendes Verzeichnis aufgenommen werden, das den Tag der Anschaffung oder Herstellung, die Anschaffungs- oder Herstellungskosten, die betriebsgewöhnliche Nutzungsdauer und die Höhe der jährlichen Absetzungen für Abnutzung, erhöhten Absetzungen und Sonderabschreibungen enthält. ²Das Verzeichnis braucht nicht geführt zu werden, wenn diese Angaben aus der Buchführung ersichtlich sind.

(9) Sind für ein Wirtschaftsgut Sonderabschreibungen vorgenommen worden, so bemessen sich nach Ablauf des maßgebenden Begünstigungszeitraums die Absetzungen für Abnutzung bei Gebäuden und bei Wirtschaftsgütern im Sinne des § 7 Abs. 5a nach dem Restwert und dem nach § 7 Abs. 4 unter Berücksichtigung der Restnutzungsdauer maßgebenden Vomhundertsatz, bei anderen Wirtschaftsgütern nach dem Restwert und der Restnutzungsdauer.

45. Gemeinsame Vorschriften für erhöhte Absetzungen und Sonderabschreibungen

Allgemeines

(1) ¹Die Vorschriften des § 7a EStG sind auch auf alle erhöhten Absetzungen und Sonderabschreibungen anzuwenden, die ihre Rechtsgrundlage nicht im Einkommensteuergesetz haben. ²§ 7a EStG ist nur dann nicht anzuwenden, wenn oder soweit dies in der jeweiligen Vorschrift über die erhöhten Absetzungen oder Sonderabschreibungen ausdrücklich bestimmt ist. ³Keine Anwendung findet § 7a EStG bei den Steuervergünstigungen, die nicht in Form von erhöhten Absetzungen oder Sonderabschreibungen gewährt werden, z. B. bei der Bewertungsfreiheit nach § 6 Abs. 2 EStG und bei Rücklagen nach § 3 ZRFG, es sei denn, die entsprechende Anwendung einzelner Regelungen des § 7a EStG ist bei diesen Regelungen ausdrücklich bestimmt.

Begünstigungszeitraum

(2) ¹Der Begünstigungszeitraum im Sinne des § 7a Abs. 1 Satz 1 EStG umfaßt die in der jeweiligen Vorschrift bestimmte Anzahl von Jahren. ²Er verkürzt sich bei den Sonderabschreibungen nach § 4 Abs. 3 FördG und bei den erhöhten Absetzungen auf die Jahre, in denen die insgesamt zulässigen Sonderabschreibungen oder erhöhten Absetzungen tatsächlich vorgenommen worden sind. ³Der Begünstigungszeitraum bei Anzahlungen auf Anschaffungskosten und für Teilherstellungskosten endet mit Ablauf des Jahres, das dem Jahr der Anschaffung oder Herstellung oder der Beendigung nachträglicher Herstellungsarbeiten vorangeht.

---

¹) Anm.: Zur Anwendung → § 52 Abs. 10 EStG.

⁴Im Jahr der Anschaffung oder Herstellung beginnt ein neuer Begünstigungszeitraum für die Anschaffungs- oder Herstellungskosten.

Nachträgliche Anschaffungs- oder Herstellungskosten im Begünstigungszeitraum

(3) ¹Nachträgliche Anschaffungs- oder Herstellungskosten im Sinne des § 7a Abs. 1 Sätze 1 und 2 EStG sind im Jahr ihrer Entstehung so zu berücksichtigen, als wären sie zu Beginn des Jahres aufgewendet worden (→ Beispiel 1). ²§ 7a Abs. 1 EStG ist nicht anzuwenden, wenn nachträgliche Herstellungskosten selbständig abgeschrieben werden, z. B. nach den §§ 7h oder 7i EStG oder nach § 4 Abs. 3 FördG, oder wenn nachträgliche Herstellungsarbeiten so umfassend sind, daß hierdurch ein anderes Wirtschaftsgut entsteht (→ R 43 Abs. 5).

Minderung der Anschaffungs- oder Herstellungskosten im Begünstigungszeitraum

(4) ¹Nachträgliche Minderungen der Anschaffungs- oder Herstellungskosten im Sinne des § 7a Abs. 1 Satz 3 EStG sind im Jahr der Minderung so zu berücksichtigen, als wäre die Minderung zu Beginn des Jahres eingetreten. ²Zuschüsse mindern die Bemessungsgrundlage im Jahr der Bewilligung des Zuschusses (→ Beispiel 2). ³Wird ein Zuschuß zurückgezahlt, so ist der Rückforderungsbetrag im Jahr des Entstehens der Rückforderungsverpflichtung der bisherigen Bemessungsgrundlage für die AfA, für die erhöhten Absetzungen und für die Sonderabschreibungen hinzuzurechnen und so zu berücksichtigen, als wäre der Betrag zu Beginn des Jahres zurückgefordert worden (→ Beispiel 3). ⁴Die Sätze 2 und 3 gelten sowohl bei Gewinnermittlung durch Betriebsvermögensvergleich als auch bei Ermittlung der Einkünfte durch Überschuß der Betriebseinnahmen über die Betriebsausgaben und der Einnahmen über die Werbungskosten.

Anzahlungen auf Anschaffungskosten

(5) ¹→ Anzahlungen auf Anschaffungskosten sind Zahlungen, die nach dem rechtswirksamen Abschluß des obligatorischen Vertrags (→ R 42a Abs. 6) und vor der Lieferung eines Wirtschaftsguts auf die endgültigen Anschaffungskosten geleistet werden, soweit sie diese nicht übersteigen. ²Ohne Bedeutung ist, ob die Zahlungen verzinst werden oder zu einer Kaufpreisminderung führen. ³Anzahlungen auf die Anschaffungskosten eines bebauten Grundstücks sind jeweils nach dem voraussichtlichen Verhältnis der Verkehrswerte oder Teilwerte auf den Grund und Boden und das Gebäude aufzuteilen. ⁴Keine Anzahlungen sind → willkürlich geleistete Zahlungen. ⁵Zahlungen können auch dann willkürlich sein, wenn sie vertraglich vereinbart sind. ⁶Eine Zahlung gilt nicht als willkürlich, wenn das Wirtschaftsgut spätestens im folgenden Jahr geliefert wird. ⁷Bei Erwerb eines Gebäudes ist die Willkürlichkeit von Zahlungen auch nicht anzunehmen, soweit **im Jahr der Zahlung oder im folgenden Kalenderjahr voraussichtlich eine Gegenleistung erbracht wird, die die Anforderung eines Teilbetrags nach § 3 Abs. 2 MaBV rechtfertigen würde.** ⁸Über die Teilbeträge nach § 3 Abs. 2 MaBV hinausgehende Zahlungen können auch dann willkürlich sein, wenn der Bauträger Sicherheit nach § 7 MaBV geleistet hat. ⁹Soweit die Zahlungen **willkürlich sind, sind sie in dem Jahr als Anzahlung zu berücksichtigen, das dem Jahr vorausgeht, in dem die Anforderung eines entsprechenden Teilbetrags nach § 3 Abs. 2 MaBV voraussichtlich gerechtfertigt wäre.** ¹⁰Keine Anzahlungen sind auch Zahlungen auf ein Treuhand- oder Notaranderkonto sowie Zahlungen, die im Interesse des Steuerpflichtigen einem Konto gutgeschrieben werden, über das der Zahlungsempfänger nicht frei verfügen kann. ¹¹Keine Anzahlungen sind deshalb Zahlungen, die der Steuerpflichtige unter der Bedingung geleistet hat, daß das Konto des Zahlungsempfängers zugunsten des Steuerpflichtigen gesperrt ist. ¹²Die Anerkennung einer Zahlung als Anzahlung wird jedoch nicht ausgeschlossen, wenn der Steuerpflichtige bedingungslos gezahlt und der Zahlungsempfänger über den Zahlungsbetrag verfügt hat, indem er seine Kaufpreisforderung abgetreten oder das Konto verpfändet hat, z. B. um eine Bankbürgschaft zugunsten des Steuerpflichtigen zu erhalten. ¹³Dabei ist es ohne Bedeutung, ob die Abtretung oder Verpfändung vor oder nach dem Zeitpunkt der Zahlung wirksam geworden ist.

Teilherstellungskosten

(6) ¹Zu den → Teilherstellungskosten eines Gebäudes gehören auch die Aufwendungen für das bis zum Ende des Wirtschaftsjahrs auf der Baustelle angelieferte, aber noch nicht verbaute Baumaterial. ²Unerheblich ist, ob in dem Wirtschaftsjahr bereits Zahlungen für Teilherstellungskosten geleistet sind. ³Auch bei Teilzahlungen an einen Unternehmer, der beauftragt ist, ein Bauobjekt als Generalunternehmer zu einem Festpreis herzustellen, bemessen sich die AfA, erhöhten Absetzungen und Sonderabschreibungen nur nach den tatsächlich

§ 7a EStG
R 45   H 45

entstandenen Teilherstellungskosten. ⁴Soweit sich die Zahlungen am Baufortschritt ausrichten, können sie aus Vereinfachungsgründen als Anhaltspunkt für die Höhe der entstandenen Teilherstellungskosten dienen.

Kumulationsverbot

(7) Das Kumulationsverbot nach § 7a Abs. 5 EStG bezieht sich nicht auf die Fälle, in denen nachträgliche Anschaffungs- oder Herstellungskosten Gegenstand einer eigenen Abschreibungsvergünstigung sind und sowohl für das Wirtschaftsgut in seinem ursprünglichen Zustand als auch für die nachträglichen Anschaffungs- oder Herstellungskosten Abschreibungsvergünstigungen auf Grund verschiedener Vorschriften in Betracht kommen.

Verlustklausel

(8) ¹Die Verlustklausel des § 7a Abs. 6 EStG 1979 ist im Rahmen der Übergangsregelung zu § 15a EStG (§ 52 Abs. 12 und 19 EStG) weiter anzuwenden, und zwar wegen der Betriebsbezogenheit der Verlustklausel auf das gesamte Betriebsergebnis. ²Im Rahmen dieser Übergangsregelung ist die Verlustklausel bei allen erhöhten Absetzungen und Sonderabschreibungen anzuwenden, die für zu einem Betriebsvermögen gehörende Wirtschaftsgüter in Anspruch genommen werden, soweit die Anwendung der Verlustklausel nicht ausdrücklich eingeschränkt oder ausgeschlossen worden ist.

AfA bei Gebäuden nach Ablauf des Begünstigungszeitraums

Anhang 11

(9) ¹Bei Gebäuden, für die Sonderabschreibungen nach § 58 Abs. 1 EStG, nach § 3 ZRFG, nach den §§ 3 und 4 FördG oder nach § 76 EStDV oder erhöhte Absetzungen nach § 14 Abs. 1 oder § 14 Abs. 4 oder § 14d Abs. 1 Nr. 2 oder § 15 Abs. 2 Satz 2 BerlinFG oder nach § 14a BerlinFG 1976 in der Fassung der Bekanntmachung vom 18.2.1976 (BGBl. I S. 353, BStBl I S. 102) und den vorherigen Fassungen dieser Vorschrift vorgenommen worden sind, ist die lineare AfA in Anlehnung an § 7 Abs. 4 Satz 1 EStG nach einem um den Begünstigungszeitraum verminderten Abschreibungszeitraum von 25 Jahren, 40 Jahren oder 50 Jahren zu bemessen (→ Beispiel 4). ²In den Fällen des § 76 EStDV ist die Restwertabschreibung höchstens nach dem um den Begünstigungszeitraum verminderten Abschreibungszeitraum von 30 Jahren (§ 76 Abs. 4 Satz 3 EStDV) zu bemessen. ³Die Regelung nach Satz 1 gilt nicht, wenn der Restwert nach Ablauf eines Begünstigungszeitraums den Anschaffungs- oder Herstellungskosten des Gebäudes oder den an deren Stelle tretenden Wert hinzuzurechnen ist (z. B. § 7b Abs. 2 Satz 3, § 7c Abs. 5 Satz 1 EStG, § 82a Abs. 1 Satz 2 EStDV) oder nach einem festen Vomhundertsatz abzuschreiben ist (z. B. § 7b Abs. 1 Satz 2 EStG).

AfA bei anderen Wirtschaftsgütern nach Ablauf des Begünstigungszeitraums

(10) ¹Die Restnutzungsdauer des Wirtschaftsguts ist bei Beginn der Restwertabschreibung neu zu schätzen. ²Es ist jedoch nicht zu beanstanden, wenn für die weitere Bemessung der AfA die um den Begünstigungszeitraum verminderte ursprüngliche Nutzungsdauer des Wirtschaftsguts als Restnutzungsdauer zugrunde gelegt wird.

H 45   Hinweise

Anzahlungen auf Anschaffungskosten

a) Begriff

Vorleistungen, die in Erfüllung eines zu einem späteren Zeitpunkt noch zu vollziehenden Anschaffungsgeschäfts erbracht werden (→ BFH vom 2.6.1978 – BStBl II S. 475 und vom 21.11.1980 – BStBl 1981 II S. 179).

Keine Anzahlungen auf Anschaffungskosten sind Zahlungen gelegentlich eines Anschaffungsgeschäfts, durch die eine Tilgung der Kaufpreisschuld nicht eintritt (→ BFH vom 4.3.1983 – BStBl II S. 509).

Eine Wechselhingabe kann nicht als in Erfüllung eines Anschaffungsgeschäfts erbracht angesehen werden, wenn sie für den Empfänger keinen wirtschaftlichen Wert hat (→ BFH vom 28.11.1980 – BStBl 1981 II S. 286).

Nach § 3 Abs. 2 MaBV in der bis zum 31.5.1997 geltenden Fassung (BGBl. 1990 I S. 2479) sind zu leisten:

§ 7a EStG
H 45

- 30 v. H. der Vertragssumme in den Fällen, in denen Eigentum an einem Grundstück übertragen werden soll, oder 20 v. H. der Vertragssumme in den Fällen, in denen ein Erbbaurecht bestellt oder übertragen werden soll, nach Beginn der Erdarbeiten,
- vom restlichen Teil der Vertragssumme

  40 v. H. nach Rohbaufertigstellung,

  25 v. H. nach Fertigstellung der Rohinstallation einschließlich Innenputz, ausgenommen Beiputzarbeiten,

  15 v. H. nach Fertigstellung der Schreiner- und Glaserarbeiten, ausgenommen Türblätter,

  15 v. H. nach Bezugsfertigkeit und Zug um Zug gegen Besitzübergabe,

  5 v. H. nach vollständiger Fertigstellung.

  Zum Inhalt und zur Anwendung von § 3 Abs. 2 MaBV in der ab 1.6.1997 geltenden Fassung (BGBl. 1997 I S. 272) → BMF vom 10.12.1997 (BStBl I S. 1019). Anhang 11

b) **Zeitpunkt**

Anzahlungen sind nicht schon im Zeitpunkt der Diskontierung des Wechsels aufgewendet, wenn der Diskonterlös für die Laufzeit des Wechsels auf einem Festgeldkonto angelegt wird und der Diskontnehmer während der Laufzeit des Wechsels nicht über den Wechselgegenwert verfügen kann (→ BFH vom 30.10.1986 – BStBl 1987 II S. 137).

Zeitpunkt der Anzahlung ist grundsätzlich der Zeitpunkt, in dem der Schuldner seiner Bank den Überweisungsauftrag erteilt hat (→ BFH vom 22.5.1987 – BStBl II S. 673).

Beispiele

1. Nachträgliche Anschaffungs- oder Herstellungskosten

   An einem im April 01 angeschafften beweglichen Wirtschaftsgut mit einer betriebsgewöhnlichen Nutzungsdauer von 10 Jahren, für das im Jahr 01 die nach § 7g EStG zulässigen Sonderabschreibungen von 20 v. H. und die lineare AfA in Anspruch genommen worden sind, werden nachträgliche Herstellungsarbeiten vorgenommen und im Jahr 05 beendet. Die nachträglichen Herstellungskosten entstehen im Dezember 04 und im Januar 05.

Anschaffungskosten		10.000 DM
Abschreibungen 01 bis 03:		
a) 3 × 10 v. H. von 10.000 DM		– 3.000 DM
b) 20 v. H. von 10.000 DM		– 2.000 DM
Buchwert 31.12.03		5.000 DM
nachträgliche Herstellungskosten 04		+ 1.800 DM
		6.800 DM
Abschreibungen 04:		
a) 10 v. H. von 11.800 DM		– 1.180 DM
b) 20 v. H. von 11.800 DM	2.360 DM	
abzüglich bisherige Sonderabschreibungen	2.000 DM	– 360 DM
Buchwert 31.12.04		5.260 DM
nachträgliche Herstellungskosten 05		+ 200 DM
		5.460 DM
Abschreibungen 05:		
a) 10 v. H. von 12.000 DM		– 1.200 DM
b) 20 v. H. von 12.000 DM	2.400 DM	
abzüglich bisherige Sonderabschreibungen	2.360 DM	– 40 DM
Restwert 31.12.05		4.220 DM

2. Minderung der Anschaffungs- oder Herstellungskosten

   An einem Gebäude werden im Jahr 01 Baumaßnahmen im Sinne des § 7i EStG durchgeführt. Im Februar 03 wird ein Zuschuß bewilligt.

§ 7a EStG
H 45

Herstellungskosten	100.000 DM
Erhöhte Absetzungen 01 bis 02: 2 × 10 v. H. von 100.000 DM	− 20.000 DM
Buchwert 31.12.02	80.000 DM
Zuschuß 03	− 40.000 DM
	40.000 DM
Erhöhte Absetzungen 03 bis 08: 6 × 10 v. H. von 60.000 DM =	− 36.000 DM
Erhöhte Absetzungen 09 (Rest)	− 4.000 DM
Buchwert 31.12.09	0 DM

3. **Rückforderung eines Zuschusses**
   Sachverhalt wie in Beispiel 2 mit der Ergänzung, daß der Zuschuß im Jahr 04 zurückgefordert wird.

Herstellungskosten	100.000 DM
Erhöhte Absetzungen 01 bis 02: 2 × 10 v. H. von 100.000 DM	− 20.000 DM
Buchwert 31.12.02	80.000 DM
Zuschuß 03	− 40.000 DM
	40.000 DM
Erhöhte Absetzungen 03: 10 v. H. von 60.000 DM	− 6.000 DM
Buchwert 31.12.03	34.000 DM
Rückforderung Zuschuß 04	+ 40.000 DM
	74.000 DM
Erhöhte Absetzungen 04 bis 10: 7 × 10 v. H. von 100.000 DM	− 70.000 DM
Restwert 31.12.10	4.000 DM

4. **AfA bei Gebäuden nach Ablauf des Begünstigungszeitraums**
   Für ein im Januar 01 hergestelltes Wirtschaftsgebäude sind in den Jahren 01 bis 03 die nach § 4 FördG zulässigen Sonderabschreibungen vorgenommen worden. Nach Ablauf des Begünstigungszeitraums am 31.12.05 beträgt die restliche Abschreibungsdauer des Gebäudes noch 20 Jahre.

Herstellungskosten	500.000 DM
Abschreibungen 01 bis 03: AfA 3 × 4 v. H. = 12 v. H. =	− 60.000 DM
Sonderabschreibungen 50 v. H. =	− 250.000 DM
Abschreibungen 04 und 05 AfA 2 × 4 v. H. = 8 v. H. =	− 40.000 DM
Restwert 31.12.05 = Bemessungsgrundlage ab 06	150.000 DM

Vom Jahr 06 an beträgt die AfA jeweils 5 v. H. = 7.500 DM jährlich.

Mehrere Beteiligte

Sind Wirtschaftsgüter mehreren Beteiligten zuzurechnen, so können erhöhte Absetzungen und Sonderabschreibungen grundsätzlich nur einheitlich von allen Beteiligten in Anspruch genommen werden (→ BFH vom 7.8.1986 – BStBl II S. 910).

→ R 164 Abs. 1 Satz 3

Teilherstellungskosten

Teilherstellungskosten sind die Aufwendungen, die bis zum Ende des Wirtschaftsjahrs durch den Verbrauch von Gütern und die Inanspruchnahme von Diensten für die Herstellung eines Wirtschaftsguts entstanden sind (→ BFH vom 15.11.1985 – BStBl 1986 II S. 367).

Anzahlungen auf Teilherstellungskosten sind nicht begünstigt (→ BFH vom 10.3.1982 – BStBl II S. 426).

Verzeichnis

Das nach § 7a Abs. 8 EStG erforderliche Verzeichnis braucht erst im Zeitpunkt der Inanspruchnahme der erhöhten Absetzungen oder Sonderabschreibungen erstellt zu werden (→ BFH vom 9.8.1984 – BStBl 1985 II S. 47).

Willkürlich geleistete Zahlungen

Willkürlich geleistete Zahlungen sind keine Anzahlungen (→ BFH vom 3.2.1987 – BStBl II S. 492).

46. – 51.

– unbesetzt –

§ 7b[1])
Erhöhte Absetzungen für Einfamilienhäuser, Zweifamilienhäuser und Eigentumswohnungen

(1) ¹Bei im Inland belegenen Einfamilienhäusern, Zweifamilienhäusern und Eigentumswohnungen, die zu mehr als 66 ²/₃ vom Hundert Wohnzwecken dienen und die vor dem 1. Januar 1987 hergestellt oder angeschafft worden sind, kann abweichend von § 7 Abs. 4 und 5 der Bauherr im Jahr der Fertigstellung und in den sieben folgenden Jahren jeweils bis zu 5 vom Hundert der Herstellungskosten oder ein Erwerber im Jahr der Anschaffung und in den sieben folgenden Jahren jeweils bis zu 5 vom Hundert der Anschaffungskosten absetzen. ²Nach Ablauf dieser acht Jahre sind als Absetzung für Abnutzung bis zur vollen Absetzung jährlich 2,5 vom Hundert des Restwerts abzuziehen; § 7 Abs. 4 Satz 2 gilt entsprechend. ³Übersteigen die Herstellungskosten oder die Anschaffungskosten bei einem Einfamilienhaus oder einer Eigentumswohnung 200.000 Deutsche Mark, bei einem Zweifamilienhaus 250.000 Deutsche Mark, bei einem Anteil an einem dieser Gebäude oder einer Eigentumswohnung den entsprechenden Teil von 200.000 Deutsche Mark oder von 250.000 Deutsche Mark, so ist auf den übersteigenden Teil der Herstellungskosten oder der Anschaffungskosten § 7 Abs. 4 anzuwenden. ⁴Satz 1 ist nicht anzuwenden, wenn der Steuerpflichtige das Einfamilienhaus, Zweifamilienhaus, die Eigentumswohnung oder einen Anteil an einem dieser Gebäude oder an einer Eigentumswohnung

1. von seinem Ehegatten anschafft und bei den Ehegatten die Voraussetzungen des § 26 Abs. 1 vorliegen;
2. anschafft und im zeitlichen Zusammenhang mit der Anschaffung an den Veräußerer ein Einfamilienhaus, Zweifamilienhaus oder eine Eigentumswohnung oder einen Anteil an einem dieser Gebäude oder an einer Eigentumswohnung veräußert; das gilt auch, wenn das veräußerte Gebäude, die veräußerte Eigentumswohnung oder der veräußerte Anteil dem Ehegatten des Steuerpflichtigen zuzurechnen war und bei den Ehegatten im Zeitpunkt der Anschaffung und im Zeitpunkt der Veräußerung die Voraussetzungen des § 26 Abs. 1 vorliegen;
3. nach einer früheren Veräußerung durch ihn wieder anschafft; das gilt auch, wenn das Gebäude, die Eigentumswohnung oder der Anteil im Zeitpunkt der früheren Veräußerung dem Ehegatten des Steuerpflichtigen zuzurechnen war und bei den Ehegatten die Voraussetzungen des § 26 Abs. 1 vorliegen.

(2) ¹Absatz 1 gilt entsprechend für Herstellungskosten, die für Ausbauten und Erweiterungen an einem Einfamilienhaus, Zweifamilienhaus oder an einer Eigentumswohnung

---

[1]) Beachte besondere Anwendungsregeln aus Anlaß der Herstellung der Einheit Deutschlands (→ § 57 EStG).

§ 7b EStG

aufgewendet worden sind und der Ausbau oder die Erweiterung vor dem 1. Januar 1987 fertiggestellt worden ist, wenn das Einfamilienhaus, Zweifamilienhaus oder die Eigentumswohnung vor dem 1. Januar 1964 fertiggestellt und nicht nach dem 31. Dezember 1976 angeschafft worden ist. ²Weitere Voraussetzung ist, daß das Gebäude oder die Eigentumswohnung im Inland belegen ist und die ausgebauten oder neu hergestellten Gebäudeteile zu mehr als 80 vom Hundert Wohnzwecken dienen. ³Nach Ablauf des Zeitraums, in dem nach Satz 1 erhöhte Absetzungen vorgenommen werden können, ist der Restwert den Anschaffungs- oder Herstellungskosten des Gebäudes oder dem an deren Stelle tretenden Wert hinzuzurechnen; die weiteren Absetzungen für Abnutzung sind einheitlich für das gesamte Gebäude nach dem sich hiernach ergebenden Betrag und dem für das Gebäude maßgebenden Hundertsatz zu bemessen.

(3) ¹Der Bauherr kann erhöhte Absetzungen, die er im Jahr der Fertigstellung und in den zwei folgenden Jahren nicht ausgenutzt hat, bis zum Ende des dritten auf das Jahr der Fertigstellung folgenden Jahres nachholen. ²Nachträgliche Herstellungskosten, die bis zum Ende des dritten auf das Jahr der Fertigstellung folgenden Jahres entstehen, können abweichend von § 7a Abs. 1 vom Jahr ihrer Entstehung an so behandelt werden, als wären sie bereits im ersten Jahr des Begünstigungszeitraums entstanden. ³Die Sätze 1 und 2 gelten für den Erwerber eines Einfamilienhauses, eines Zweifamilienhauses oder einer Eigentumswohnung und bei Ausbauten und Erweiterungen im Sinne des Absatzes 2 entsprechend.

(4) ¹Zum Gebäude gehörende Garagen sind ohne Rücksicht auf ihre tatsächliche Nutzung als Wohnzwecken dienend zu behandeln, soweit in ihnen nicht mehr als ein Personenkraftwagen für jede in dem Gebäude befindliche Wohnung untergestellt werden kann. ²Räume für die Unterstellung weiterer Kraftwagen sind stets als nicht Wohnzwecken dienend zu behandeln.

(5) ¹Erhöhte Absetzungen nach den Absätzen 1 und 2 kann der Steuerpflichtige nur für ein Einfamilienhaus oder für ein Zweifamilienhaus oder für eine Eigentumswohnung oder für den Ausbau oder die Erweiterung eines Einfamilienhauses, eines Zweifamilienhauses oder einer Eigentumswohnung in Anspruch nehmen. ²Ehegatten, bei denen die Voraussetzungen des § 26 Abs. 1 vorliegen, können erhöhte Absetzungen nach den Absätzen 1 und 2 für insgesamt zwei der in Satz 1 bezeichneten Gebäude, Eigentumswohnungen, Ausbauten oder Erweiterungen in Anspruch nehmen. ³Den erhöhten Absetzungen nach den Absätzen 1 und 2 stehen die erhöhten Absetzungen nach § 7b in der jeweiligen Fassung ab Inkrafttreten des Gesetzes vom 16. Juni 1964 (BGBl. I S. 353) und nach § 15 Abs. 1 bis 4 des Berlinförderungsgesetzes in der Fassung des Gesetzes vom 11. Juli 1977 (BGBl. I S. 1213) gleich. ⁴Ist das Einfamilienhaus, das Zweifamilienhaus oder die Eigentumswohnung (Erstobjekt) dem Steuerpflichtigen nicht bis zum Ablauf des Begünstigungszeitraums zuzurechnen, so kann der Steuerpflichtige abweichend von den Sätzen 1 bis 3 erhöhte Absetzungen bei einem weiteren Einfamilienhaus, Zweifamilienhaus oder einer weiteren Eigentumswohnung im Sinne des Absatzes 1 Satz 1 (Folgeobjekt) in Anspruch nehmen, wenn er das Folgeobjekt innerhalb eines Zeitraums von zwei Jahren vor und drei Jahren nach Ablauf des Veranlagungszeitraums, in dem ihm das Erstobjekt letztmals zugerechnet worden ist, anschafft oder herstellt; entsprechendes gilt bei einem Ausbau oder einer Erweiterung eines Einfamilienhauses, Zweifamilienhauses oder einer Eigentumswohnung. ⁵Im Fall des Satzes 4 ist der Begünstigungszeitraum für das Folgeobjekt um die Anzahl der Veranlagungszeiträume zu kürzen, in denen das Erstobjekt dem Steuerpflichtigen zugerechnet worden ist; hat der Steuerpflichtige das Folgeobjekt in einem Veranlagungszeitraum, in dem ihm das Erstobjekt noch zuzurechnen ist, hergestellt oder angeschafft oder einen Ausbau oder eine Erweiterung vorgenommen, so beginnt der Begünstigungszeitraum für das Folgeobjekt abweichend von Absatz 1 mit Ablauf des Veranlagungszeitraums, in dem das Erstobjekt dem Steuerpflichtigen letztmals zugerechnet worden ist.

(6) ¹Ist ein Einfamilienhaus, ein Zweifamilienhaus oder eine Eigentumswohnung mehreren Steuerpflichtigen zuzurechnen, so ist Absatz 5 mit der Maßgabe anzuwenden, daß der Anteil des Steuerpflichtigen an einem dieser Gebäude oder an einer Eigentumswohnung, einem Einfamilienhaus, einem Zweifamilienhaus oder einer Eigentumswohnung gleichsteht; entsprechendes gilt bei dem Ausbau oder der Erweiterung von Einfamilienhäusern, Zweifamilienhäusern oder Eigentumswohnungen, die mehreren Steuerpflichtigen zuzurechnen sind. ²Satz 1 ist nicht anzuwenden, wenn ein Einfamilienhaus, ein Zweifamilienhaus oder eine Eigentumswohnung ausschließlich dem Steuerpflichtigen und seinem Ehegatten zuzurechnen ist und bei den Ehegatten die Voraussetzungen des § 26 Abs. 1 vorliegen.

(7) Der Bauherr von Kaufeigenheimen, Trägerkleinsiedlungen und Kaufeigentumswohnungen kann abweichend von Absatz 5 für alle von ihm vor dem 1. Januar 1987 erstellten Kaufeigenheime, Trägerkleinsiedlungen und Kaufeigentumswohnungen im Jahr der Fertigstellung und im folgenden Jahr erhöhte Absetzungen bis zu jeweils 5 vom Hundert vornehmen.

(8) Führt eine nach § 7c begünstigte Baumaßnahme dazu, daß das bisher begünstigte Objekt kein Einfamilienhaus, Zweifamilienhaus und keine Eigentumswohnung mehr ist, kann der Steuerpflichtige die erhöhten Absetzungen nach den Absätzen 1 und 2 bei Vorliegen der übrigen Voraussetzungen für den restlichen Begünstigungszeitraum unter Einbeziehung der Herstellungskosten für die Baumaßnahme nach § 7c in Anspruch nehmen, soweit er diese Herstellungskosten nicht in die Bemessungsgrundlage nach § 7c einbezogen hat.

§ 15

Erhöhte Absetzungen für Einfamilienhäuser, Zweifamilienhäuser und Eigentumswohnungen

(1) Bauherr ist, wer auf eigene Rechnung und Gefahr ein Gebäude baut oder bauen läßt.

(2) In den Fällen des § 7b des Gesetzes in den vor Inkrafttreten des Gesetzes vom 22. Dezember 1981 (BGBl. I S. 1523) geltenden Fassungen und des § 54 des Gesetzes in der Fassung der Bekanntmachung vom 24. Januar 1984 (BGBl. I S. 113) ist § 15 der Einkommensteuer-Durchführungsverordnung 1979 (BGBl. 1980 I S. 1801), geändert durch die Verordnung vom 11. Juni 1981 (BGBl. I S. 526), weiter anzuwenden.

52. Anwendungsbereich

Soweit § 7b EStG weiter anzuwenden ist, gelten die Anweisungen in den Abschnitten 52 bis 63 EStR 1987 sowie 64 und 65 EStR 1990 weiter.

Hinweise

Zeitlicher Anwendungsbereich

→ Anhang 27

53. – 75.

– unbesetzt –

§ 7c[1])
Erhöhte Absetzungen für Baumaßnahmen an Gebäuden zur Schaffung neuer Mietwohnungen

S 2197a
(1) Bei Wohnungen im Sinne des Absatzes 2, die durch Baumaßnahmen an Gebäuden im Inland hergestellt worden sind, können abweichend von § 7 Abs. 4 und 5 im Jahr der Fertigstellung und in den folgenden vier Jahren Absetzungen jeweils bis zu 20 vom Hundert der Bemessungsgrundlage vorgenommen werden.

(2) Begünstigt sind Wohnungen,

1. für die der Bauantrag nach dem 2. Oktober 1989 gestellt worden ist oder, falls ein Bauantrag nicht erforderlich ist, mit deren Herstellung nach diesem Zeitpunkt begonnen worden ist,
2. die vor dem 1. Januar 1996 fertiggestellt worden sind und
3. für die keine Mittel aus öffentlichen Haushalten unmittelbar oder mittelbar gewährt werden.

(3) [1]Bemessungsgrundlage sind die Aufwendungen, die dem Steuerpflichtigen durch die Baumaßnahme entstanden sind, höchstens jedoch 60.000 Deutsche Mark je Wohnung. [2]Sind durch die Baumaßnahmen Gebäudeteile hergestellt worden, die selbständige unbewegliche Wirtschaftsgüter sind, gilt für die Herstellungskosten, für die keine Absetzungen nach Absatz 1 vorgenommen werden, § 7 Abs. 4; § 7b Abs. 8 bleibt unberührt.

(4) Die erhöhten Absetzungen können nur in Anspruch genommen werden, wenn die Wohnung vom Zeitpunkt der Fertigstellung bis zum Ende des Begünstigungszeitraums fremden Wohnzwecken dient.

(5) [1]Nach Ablauf des Begünstigungszeitraums ist ein Restwert den Anschaffungs- oder Herstellungskosten des Gebäudes oder dem an deren Stelle tretenden Wert hinzuzurechnen; die weiteren Absetzungen für Abnutzung sind einheitlich für das gesamte Gebäude nach dem sich hiernach ergebenden Betrag und dem für das Gebäude maßgebenden Hundertsatz zu bemessen. [2]Satz 1 ist auf Gebäudeteile, die selbständige unbewegliche Wirtschaftsgüter sind, und auf Eigentumswohnungen entsprechend anzuwenden.

R 76

76. Erhöhte Absetzungen für Baumaßnahmen an Gebäuden zur Schaffung neuer Mietwohnungen

– unbesetzt –

H 76

Hinweise

Zur Anwendung → BMF vom 17.2.1992 (BStBl I S. 115).

---

[1]) Beachte besondere Anwendungsregeln aus Anlaß der Herstellung der Einheit Deutschlands (→ § 57 EStG).

§ 7d[1])
Erhöhte Absetzungen für Wirtschaftsgüter, die dem Umweltschutz dienen

(1) ¹Bei abnutzbaren beweglichen und unbeweglichen Wirtschaftsgütern des Anlagevermögens, bei denen die Voraussetzungen des Absatzes 2 vorliegen und die nach dem 31. Dezember 1974 und vor dem 1. Januar 1991 angeschafft oder hergestellt worden sind, können abweichend von § 7 im Wirtschaftsjahr der Anschaffung oder Herstellung bis zu 60 vom Hundert und in den folgenden Wirtschaftsjahren bis zur vollen Absetzung jeweils bis zu 10 vom Hundert der Anschaffungs- oder Herstellungskosten abgesetzt werden. ²Nicht in Anspruch genommene erhöhte Absetzungen können nachgeholt werden. ³Nachträgliche Anschaffungs- oder Herstellungskosten, die vor dem 1. Januar 1991 entstanden sind, können abweichend von § 7a Abs. 1 so behandelt werden, als wären sie im Wirtschaftsjahr der Anschaffung oder Herstellung entstanden.

(2) Die erhöhten Absetzungen nach Absatz 1 können nur in Anspruch genommen werden, wenn
1. die Wirtschaftsgüter in einem im Inland belegenen Betrieb des Steuerpflichtigen unmittelbar und zu mehr als 70 vom Hundert dem Umweltschutz dienen und
2. die von der Landesregierung bestimmte Stelle bescheinigt, daß
    a) die Wirtschaftsgüter zu dem in Nummer 1 bezeichneten Zweck bestimmt und geeignet sind und
    b) die Anschaffung oder Herstellung der Wirtschaftsgüter im öffentlichen Interesse erforderlich ist.

(3) ¹Die Wirtschaftsgüter dienen dem Umweltschutz, wenn sie dazu verwendet werden,
1. a) den Anfall von Abwasser oder
   b) Schädigungen durch Abwasser oder
   c) Verunreinigungen der Gewässer durch andere Stoffe als Abwasser oder
   d) Verunreinigungen der Luft oder
   e) Lärm oder Erschütterungen
   zu verhindern, zu beseitigen oder zu verringern oder
2. Abfälle nach den Grundsätzen des Abfallbeseitigungsgesetzes zu beseitigen.

²Die Anwendung des Satzes 1 ist nicht dadurch ausgeschlossen, daß die Wirtschaftsgüter zugleich für Zwecke des innerbetrieblichen Umweltschutzes verwendet werden.

(4) ¹Die Absätze 1 bis 3 sind auf nach dem 31. Dezember 1974 und vor dem 1. Januar 1991 entstehende nachträgliche Herstellungskosten bei Wirtschaftsgütern, die dem Umweltschutz dienen und die vor dem 1. Januar 1975 angeschafft oder hergestellt worden sind, mit der Maßgabe entsprechend anzuwenden, daß im Wirtschaftsjahr der Fertigstellung der nachträglichen Herstellungsarbeiten erhöhte Absetzungen bis zur vollen Höhe der nachträglichen Herstellungskosten vorgenommen werden können. ²Das gleiche gilt, wenn bei Wirtschaftsgütern, die nicht dem Umweltschutz dienen, nachträgliche Herstellungskosten nach dem 31. Dezember 1974 und vor dem 1. Januar 1991 dadurch entstehen, daß ausschließlich aus Gründen des Umweltschutzes Veränderungen vorgenommen werden.

(5) ¹Die erhöhten Absetzungen nach Absatz 1 können bereits für Anzahlungen auf Anschaffungskosten und für Teilherstellungskosten in Anspruch genommen werden. ²§ 7a Abs. 2 ist mit der Maßgabe anzuwenden, daß die Summe der erhöhten Absetzungen 60 vom Hundert der bis zum Ende des jeweiligen Wirtschaftsjahrs insgesamt aufgewendeten Anzahlungen oder Teilherstellungskosten nicht übersteigen darf. ³Satz 1 gilt in den Fällen des Absatzes 4 sinngemäß.

(6) Die erhöhten Absetzungen nach den Absätzen 1 bis 5 werden unter der Bedingung gewährt, daß die Voraussetzung des Absatzes 2 Nr. 1
1. in den Fällen des Absatzes 1 mindestens fünf Jahre nach der Anschaffung oder Herstellung der Wirtschaftsgüter,

---
[1]) Beachte besondere Anwendungsregeln aus Anlaß der Herstellung der Einheit Deutschlands (→ § 57 EStG).

2. in den Fällen des Absatzes 4 Satz 1 mindestens fünf Jahre nach Beendigung der nachträglichen Herstellungsarbeiten

erfüllt wird.

(7) ¹Steuerpflichtige, die nach dem 31. Dezember 1974 und vor dem 1. Januar 1991 durch Hingabe eines Zuschusses zur Finanzierung der Anschaffungs- oder Herstellungskosten von abnutzbaren Wirtschaftsgütern im Sinne des Absatzes 2 ein Recht auf Mitbenutzung dieser Wirtschaftsgüter erwerben, können bei diesem Recht abweichend von § 7 erhöhte Absetzungen nach Maßgabe des Absatzes 1 oder 4 Satz 1 vornehmen. ²Die erhöhten Absetzungen können nur in Anspruch genommen werden, wenn der Empfänger

1. den Zuschuß unverzüglich und unmittelbar zur Finanzierung der Anschaffung oder Herstellung der Wirtschaftsgüter oder der nachträglichen Herstellungsarbeiten bei den Wirtschaftsgütern verwendet und
2. dem Steuerpflichtigen bestätigt, daß die Voraussetzung der Nummer 1 vorliegt und daß für die Wirtschaftsgüter oder die nachträglichen Herstellungsarbeiten eine Bescheinigung nach Absatz 2 Nr. 2 erteilt ist.

³Absatz 6 gilt sinngemäß.

(8) ¹Die erhöhten Absetzungen nach den Absätzen 1 bis 7 können nicht für Wirtschaftsgüter in Anspruch genommen werden, die in Betrieben oder Betriebsstätten verwendet werden, die in den letzten zwei Jahren vor dem Beginn des Kalenderjahrs, in dem das Wirtschaftsgut angeschafft oder hergestellt worden ist, errichtet worden sind. ²Die Verlagerung von Betrieben oder Betriebsstätten gilt nicht als Errichtung im Sinne des Satzes 1, wenn die in Absatz 2 Nr. 2 bezeichnete Behörde bestätigt, daß die Verlagerung im öffentlichen Interesse aus Gründen des Umweltschutzes erforderlich ist.

77. Weitergeltung der Anordnungen zu § 7d EStG

R 77 EStR 1993 ist weiter anzuwenden.

78.

– unbesetzt –

§ 7e

(weggefallen)

78a. – 81.

– unbesetzt –

§ 7f[1])
Bewertungsfreiheit für abnutzbare Wirtschaftsgüter des Anlagevermögens privater Krankenhäuser

(1) Steuerpflichtige, die im Inland ein privates Krankenhaus betreiben, können unter den Voraussetzungen des Absatzes 2 bei abnutzbaren Wirtschaftsgütern des Anlagevermögens, die dem Betrieb dieses Krankenhauses dienen, im Jahr der Anschaffung oder Herstellung und in den vier folgenden Jahren Sonderabschreibungen vornehmen, und zwar

1. bei beweglichen Wirtschaftsgütern des Anlagevermögens bis zur Höhe von insgesamt 50 vom Hundert,
2. bei unbeweglichen Wirtschaftsgütern des Anlagevermögens bis zur Höhe von insgesamt 30 vom Hundert

der Anschaffungs- oder Herstellungskosten.

(2) Die Abschreibungen nach Absatz 1 können nur in Anspruch genommen werden, wenn bei dem privaten Krankenhaus im Jahr der Anschaffung oder Herstellung der Wirtschaftsgüter und im Jahr der Inanspruchnahme der Abschreibungen die in § 67 Abs. 1 oder 2 der Abgabenordnung bezeichneten Voraussetzungen erfüllt sind.

(3) Die Abschreibungen nach Absatz 1 können bereits für Anzahlungen auf Anschaffungskosten und für Teilherstellungskosten in Anspruch genommen werden.

(4) ¹Die Abschreibungen nach den Absätzen 1 und 3 können nur für Wirtschaftsgüter in Anspruch genommen werden, die der Steuerpflichtige vor dem 1. Januar 1996 bestellt oder herzustellen begonnen hat. ²Als Beginn der Herstellung gilt bei Baumaßnahmen, für die eine Baugenehmigung erforderlich ist, der Zeitpunkt, in dem der Bauantrag gestellt worden ist.

---

82. Bewertungsfreiheit für abnutzbare Wirtschaftsgüter des Anlagevermögens privater Krankenhäuser

(1) ¹Der Begriff des Krankenhauses bestimmt sich nach § 2 Nr. 1 KHG. ²Eine Einrichtung ist als → Krankenhaus anzusehen, soweit sie als Krankenhaus in den Krankenhausbedarfsplan aufgenommen ist oder soweit in ihr auf Grund eines Vertrags mit einem Sozialleistungsträger oder einem sonstigen öffentlich-rechtlichen Kostenträger ausschließlich zum Zweck stationärer oder teilstationärer medizinischer Behandlung ärztliche Leistungen, Pflege, Verpflegung, Unterkunft, Nebenleistungen, z. B. die Versorgung mit Arzneimitteln, Heilmitteln oder Hilfsmitteln, und gegebenenfalls sonstige Leistungen, z. B. nichtärztliche psychotherapeutische oder sozialtherapeutische Leistungen, soziale Betreuung und Beratung der Patienten, erbracht werden. ³Ein Hochschulkrankenhaus ist stets als Krankenhaus anzusehen.

(2) ¹Soweit ein Fall nach Absatz 1 nicht vorliegt, sind die Voraussetzungen für das Vorliegen eines Krankenhauses im Einzelfall zu prüfen. ²Danach ist die Einrichtung ein Krankenhaus, wenn sie folgende Merkmale erfüllt:

1. Die ärztliche und die pflegerische Hilfeleistung nach Absatz 1 müssen in der Einrichtung gegenüber den zu versorgenden Personen planmäßig und regelmäßig erbracht werden, dem einzelnen Patienten gewidmet sein und die Versorgung in der Einrichtung wesentlich mitbestimmen.
2. ¹Die Einrichtung darf nur Patienten und deren Begleitpersonen offenstehen. ²Begleitperson ist eine nicht in der Einrichtung beschäftigte Person, die im Einzelfall an der Versorgung des Patienten – in der Regel durch pflegerische Hilfeleistung – beteiligt ist und deren Unterbringung in der Einrichtung für die Erbringung von Leistungen im Sinne der Begriffsbestimmung des § 2 Nr. 1 KHG (Behandlung) oder für den Behandlungserfolg medizinisch notwendig oder medizinisch zweckmäßig ist; davon ist stets auszugehen bei Kindern bis zu 14 Jahren und bei Schwerbehinderten.

---

[1]) Beachte besondere Anwendungsregeln aus Anlaß der Herstellung der Einheit Deutschlands (→ § 57 EStG).

§ 7f EStG
R 82   H 82

3. Mit der Aufnahme in die Einrichtung muß die Lebensweise der aufgenommenen Patienten und Begleitpersonen den medizinisch begründeten Verhaltensregeln unterworfen sein.
4. ¹Ein → wesentlicher Teil der Gesamtleistung der Einrichtung muß auf stationäre oder teilstationäre Leistungen im Sinne der Begriffsbestimmung des § 2 Nr. 1 KHG entfallen. ²Dabei ist auf das Verhältnis der Entgelte abzustellen. ³Teilstationäre Leistungen liegen vor, soweit die in die Einrichtung aufgenommenen Patienten dort zur Behandlung nicht ständig, sondern z. B. nur während des Tages für mehrere Stunden, während der Nacht oder an Wochenenden untergebracht und gegebenenfalls verpflegt werden.
5. ¹Die Einrichtung muß zur stationären oder teilstationären Behandlung der Personen, die nach der Zweckbestimmung der Einrichtung in ihr versorgt werden sollen, geeignet sein. ²Sie muß auf die dazu notwendige Betreuung durch jederzeit rufbereite Ärzte und qualifiziertes Pflegepersonal eingerichtet sein und über die dazu notwendige medizinischtechnische Ausstattung verfügen.

³Treffen die genannten Voraussetzungen nur auf einen Teil der Einrichtung zu, ist die Einrichtung insoweit als Krankenhaus anzusehen, wenn dieser Teil räumlich oder nach seiner Versorgungsaufgabe als Einheit, z. B. als Abteilung oder besondere Einrichtung, abgrenzbar ist.

(3) Zu den Krankenhäusern gehören unter den genannten Voraussetzungen z. B. auch:
1. Krankenhäuser, die nur Kranke bestimmter Krankheitsarten oder bestimmter Altersstufen aufnehmen (Fach- oder Sonderkrankenhäuser),
2. Anstalten, in denen unheilbar Erkrankte untergebracht sind, die der ständigen ärztlichen Beaufsichtigung bedürfen,
3. Krankenhäuser, in denen ärztliche Hilfeleistung durch niedergelassene Ärzte erbracht wird (Belegkrankenhäuser),
4. Säuglingsheime, in denen nur kranke Kinder aufgenommen werden und die unter verantwortlicher ärztlicher Leitung stehen,
5. Entbindungsheime, die unter verantwortlicher ärztlicher Leitung stehen,
6. Diagnosekliniken,
7. Einrichtungen zur Erbringung teilstationärer Leistungen, z. B. Tages-, Nacht- und Wochenendkliniken,
8. Kurkrankenhäuser,
9. Vorsorge- und Rehabilitationseinrichtungen.

(4) Nicht zu den Krankenhäusern gehören z. B. Alten- und Pflegeheime sowie Einrichtungen, in denen nur ambulante Leistungen erbracht werden, z. B. Röntgeninstitute.

(5) ¹Die Sonderabschreibungen können nur für Wirtschaftsgüter in Anspruch genommen werden, die der Steuerpflichtige vor dem 1.1.1996 bestellt oder herzustellen begonnen hat. ²Als Beginn der Herstellung gilt bei Baumaßnahmen, für die eine Baugenehmigung erforderlich ist, der Zeitpunkt, in dem der Bauantrag (→ R 42a Abs. 4 und 5) gestellt worden ist. ³Tritt ein Steuerpflichtiger in den Vertrag über die Anschaffung eines Wirtschaftsguts ein, so ist als Zeitpunkt der Bestellung nicht der Zeitpunkt der Bestellung durch den Dritten, sondern der Zeitpunkt des Vertragseintritts durch den Steuerpflichtigen maßgebend. ⁴Stellt ein Steuerpflichtiger ein Wirtschaftsgut fertig, mit dessen Herstellung ein Dritter begonnen hat, so ist als Herstellungsbeginn nicht der Zeitpunkt des Herstellungsbeginns durch den Dritten, sondern der Zeitpunkt maßgebend, in dem der Steuerpflichtige mit der Fertigstellung des Wirtschaftsguts beginnt. ⁵Das gilt auch dann, wenn das Wirtschaftsgut auf Grund einer Baugenehmigung fertiggestellt wird, die der Dritte beantragt hat.

H 82   Hinweise

Krankenhaus

Krankenhäuser im Sinne des § 2 Nr. 1 KHG in der Fassung der Bekanntmachung vom 10.4.1991 (BGBl. I S. 886) sind Einrichtungen, in denen durch ärztliche und pflegerische Hilfeleistung Krankheiten, Leiden oder Körperschäden festgestellt, geheilt oder gelindert werden sollen oder Geburtshilfe geleistet wird und in denen die zu versorgenden Personen untergebracht und verpflegt werden können (→ BFH vom 2.3.1989 – BStBl II S. 506).

Wesentlicher Teil der Gesamtleistung
Die Sonderabschreibungen können bei zum Anlagevermögen eines Krankenhauses gehörenden Wirtschaftsgütern in vollem Umfang in Anspruch genommen werden, wenn ein wesentlicher Teil (mindestens ¹/₃) der Gesamtleistung des Unternehmens auf stationäre oder teilstationäre Leistungen entfällt (→ BFH vom 29.6.1994 – BStBl II 1995 S. 249 und BMF vom 24.3.1995 – BStBl I S. 248).

§ 7g[1]
Sonderabschreibungen und Ansparabschreibungen zur Förderung kleiner und mittlerer Betriebe

(1) Bei neuen beweglichen Wirtschaftsgütern des Anlagevermögens können unter den Voraussetzungen des Absatzes 2 im Jahr der Anschaffung oder Herstellung und in den vier folgenden Jahren neben den Absetzungen für Abnutzung nach § 7 Abs. 1 oder 2 Sonderabschreibungen bis zu insgesamt 20 vom Hundert der Anschaffungs- oder Herstellungskosten in Anspruch genommen werden.

(2) ¹Die Sonderabschreibungen nach Absatz 1 können nur in Anspruch genommen werden, wenn
1. a) das Betriebsvermögen des Gewerbebetriebs oder des der selbständigen Arbeit dienenden Betriebs, zu dessen Anlagevermögen das Wirtschaftsgut gehört, zum Schluß des der Anschaffung oder Herstellung des Wirtschaftsguts vorangehenden Wirtschaftsjahrs nicht mehr als 400.000 Deutsche Mark beträgt; diese Voraussetzung gilt bei Betrieben, die den Gewinn nach § 4 Abs. 3 ermitteln, als erfüllt.
    b) der Einheitswert des Betriebs der Land- und Forstwirtschaft, zu dessen Anlagevermögen das Wirtschaftsgut gehört, im Zeitpunkt der Anschaffung oder Herstellung des Wirtschaftsguts nicht mehr als 240.000 Deutsche Mark beträgt und [2]
2. das Wirtschaftsgut
    a) mindestens ein Jahr nach seiner Anschaffung oder Herstellung in einer inländischen Betriebsstätte dieses Betriebs verbleibt und
    b) im Jahr der Inanspruchnahme von Sonderabschreibungen im Betrieb des Steuerpflichtigen ausschließlich oder fast ausschließlich betrieblich genutzt wird.

(3) ¹Steuerpflichtige können für die künftige Anschaffung oder Herstellung eines Wirtschaftsguts im Sinne des Absatzes 1 eine den Gewinn mindernde Rücklage bilden (Ansparabschreibung). ²Die Rücklage darf 50 vom Hundert der Anschaffungs- oder Herstellungskosten des begünstigten Wirtschaftsguts nicht überschreiten, das der Steuerpflichtige voraussichtlich bis zum Ende des zweiten auf die Bildung der Rücklage folgenden Wirtschaftsjahrs anschaffen oder herstellen wird. ³Eine Rücklage darf nur gebildet werden, wenn
1. der Steuerpflichtige den Gewinn nach § 4 Abs. 1 oder § 5 ermittelt;
2. der Betrieb am Schluß des Wirtschaftsjahrs, das dem Wirtschaftsjahr der Bildung der Rücklage vorangeht, das in Absatz 2 genannte Größenmerkmal erfüllt;

---

[1]) Beachte besondere Anwendungsregeln aus Anlaß der Herstellung der Einheit Deutschlands (→ § 57 EStG).
[2]) Anm.: Durch das Steuerentlastungsgesetz 1999/2000/2002 wurden in Absatz 2 Nummer 1 Buchstabe b das Wort „und" durch ein Semikolon und am Ende der Nummer 2 der Punkt durch das Wort „und" ersetzt und die folgende Nummer 3 angefügt:
„3. für die Anschaffung oder Herstellung eine Rücklage nach Absatz 3 bis 7 gebildet worden ist."
Zur Anwendung → § 52 Abs. 23 in der Fassung des Steuerentlastungsgesetzes 1999/2000/2002: „§ 7g Abs. 2 Nr. 3 ist erstmals bei Wirtschaftsgütern anzuwenden, die nach dem 31. Dezember 2000 angeschafft oder hergestellt werden."

3. die Bildung und Auflösung der Rücklage in der Buchführung verfolgt werden können und

4. der Steuerpflichtige keine Rücklagen nach § 3 Abs. 1 und 2a des Zonenrandförderungsgesetzes vom 5. August 1971 (BGBl. I S. 1237), zuletzt geändert durch Artikel 5 des Gesetzes vom 24. Juni 1991 (BGBl. I S. 1322) ausweist.

⁴Eine Rücklage kann auch gebildet werden, wenn dadurch ein Verlust entsteht oder sich erhöht. ⁵Die am Bilanzstichtag insgesamt nach Satz 1 gebildeten Rücklagen dürfen je Betrieb des Steuerpflichtigen den Betrag von 300.000 Deutsche Mark nicht übersteigen.

(4) ¹Sobald für das begünstigte Wirtschaftsgut Abschreibungen vorgenommen werden dürfen, ist die Rücklage in Höhe von 50 vom Hundert der Anschaffungs- oder Herstellungskosten gewinnerhöhend aufzulösen. ²Ist eine Rücklage am Ende des zweiten auf ihre Bildung folgenden Wirtschaftsjahrs noch vorhanden, so ist sie zu diesem Zeitpunkt gewinnerhöhend aufzulösen.

(5) Soweit die Auflösung einer Rücklage nicht auf Absatz 4 Satz 1 beruht, ist der Gewinn des Wirtschaftsjahrs, in dem die Rücklage aufgelöst wird, für jedes volle Wirtschaftsjahr, in dem die Rücklage bestanden hat, um 6 vom Hundert des aufgelösten Rücklagenbetrags zu erhöhen.

(6) Ermittelt der Steuerpflichtige den Gewinn nach § 4 Abs. 3, so sind die Absätze 3 bis 5 mit Ausnahme von Absatz 3 Nr. 1 mit der Maßgabe entsprechend anzuwenden, daß die Bildung der Rücklage als Betriebsausgabe (Abzug) und ihre Auflösung als Betriebseinnahme (Zuschlag) zu behandeln ist; der Zeitraum zwischen Abzug und Zuschlag gilt als Zeitraum, in dem die Rücklage bestanden hat.

(7) Wird eine Rücklage von einem Existenzgründer im Wirtschaftsjahr der Betriebseröffnung und den fünf folgenden Wirtschaftsjahren (Gründungszeitraum) gebildet, sind die Absätze 3 bis 6 mit der Maßgabe anzuwenden, daß

1. das begünstigte Wirtschaftsgut vom Steuerpflichtigen voraussichtlich bis zum Ende des fünften auf die Bildung der Rücklage folgenden Wirtschaftsjahrs angeschafft oder hergestellt wird;

2. der Höchstbetrag in Absatz 3 Satz 5 für im Gründungszeitraum gebildete Rücklagen 600.000 Deutsche Mark beträgt und

3. die Rücklage spätestens am Ende des fünften auf ihre Bildung folgenden Wirtschaftsjahres gewinnerhöhend aufzulösen ist;

bei diesen Rücklagen findet Absatz 5 keine Anwendung. ²Existenzgründer im Sinne des Satzes 1 ist

1. eine natürliche Person, die innerhalb der letzten fünf Jahre vor dem Wirtschaftsjahr der Betriebseröffnung weder an einer Kapitalgesellschaft unmittelbar oder mittelbar zu mehr als einem Zehntel beteiligt gewesen ist noch Einkünfte im Sinne des § 2 Abs. 1 Nr. 1 bis 3 erzielt hat;

2. eine Gesellschaft im Sinne des § 15 Abs. 1 Satz 1 Nr. 2, bei der alle Mitunternehmer die Voraussetzungen der Nummer 1 erfüllen. ²Ist Mitunternehmer eine Gesellschaft im Sinne des § 15 Abs. 1 Satz 1 Nr. 2, gilt Satz 1 für alle an dieser unmittelbar oder mittelbar beteiligten Gesellschafter entsprechend; oder

3. eine Kapitalgesellschaft im Sinne des § 1 Abs. 1 Nr. 1 des Körperschaftsteuergesetzes, an der nur natürliche Personen beteiligt sind, die die Voraussetzungen der Nummer 1 erfüllen.

³Die Übernahme eines Betriebs im Wege der vorweggenommenen Erbfolge gilt nicht als Existenzgründung; entsprechendes gilt bei einer Betriebsübernahme im Wege der Auseinandersetzung einer Erbengemeinschaft unmittelbar nach dem Erbfall.

82a. Ansparabschreibungen

– unbesetzt –

Hinweise

Existenzgründer

Die Vorschrift des § 7g Abs. 7 EStG steht unter dem Vorbehalt der Genehmigung durch die Europäische Kommission → BMF vom 2.1.1997 (BStBl I S. 102).

Zu Zweifelsfragen bei der Anwendung des § 7g Abs. 3 bis 6 EStG → BMF vom 12.12.1996 (BStBl I S. 1441):

Zweifelsfragen zur Anwendung des § 7g Abs. 3 bis 6 EStG (Ansparrücklage)
BMF vom 12.12.1996 (BStBl I S. 1441)

Durch das Standortsicherungsgesetz vom 13.9.1993 (BStBl I S. 774) wurde für kleine und mittlere Betriebe die Möglichkeit eingeführt, gewinnmindernde Rücklagen (Ansparrücklagen) zu bilden, um die Finanzierung künftiger Investitionen im Bereich der beweglichen Wirtschaftsgüter des Anlagevermögens zu erleichtern. Die Regelung ist erstmals für Wirtschaftsjahre anzuwenden, die nach dem 31.12.1994 beginnen (vgl. § 52 Abs. 12b EStG in der Fassung des Standortsicherungsgesetzes, BStBl 1993 I S. 774, 779). Unter Bezugnahme auf das Ergebnis der Erörterung mit den obersten Finanzbehörden der Länder nehme ich hier zu nachfolgenden Zweifelsfragen bei der Anwendung des § 7g Abs. 3 bis 6 EStG wie folgt Stellung:

1. **Größenmerkmale eines Betriebs bei Neugründung**

   Nach § 7g Abs. 3 Satz 3 Nr. 2 EStG darf eine Ansparrücklage u. a. nur gebildet werden, wenn der Betrieb des Steuerpflichtigen, in dem die Rücklage gebildet werden soll, am Schluß des vorangegangenen Wirtschaftsjahrs die in § 7g Absatz 2 EStG genannten Größenmerkmale erfüllt. Wird die Rücklage im Wirtschaftsjahr der Betriebseröffnung gebildet, sind die Verhältnisse zu Beginn dieses Wirtschaftsjahrs maßgebend. Ein Betrieb ist erst eröffnet, wenn die wesentlichen Grundlagen des Betriebs vorhanden sind (vgl. BFH-Urteil vom 10.7.1991, BStBl II S. 840).

2. **Nachweis der Größenmerkmale**

   § 7g Abs. 3 Satz 3 Nr. 2 EStG verweist auf die Größenmerkmale des § 7g Abs. 2 EStG. Nicht erforderlich ist, daß die dort genannten Obergrenzen in einem Einheitswertbescheid festgestellt oder in einem Gewerbesteuermeßbescheid ermittelt worden sind; es reicht aus, wenn sie nach den für die Einheitswertfeststellung bzw. die Ermittlung des Gewerbekapitals maßgebenden Grundsätzen berechnet werden.

3. **Nachweis der geplanten Investitionen**

   Nach § 7g Abs. 3 bis 6 EStG kann für jede begünstigte Investition eine Rücklage gebildet werden. Eine Rücklagenbildung ist unabhängig davon zulässig, ob das später tatsächlich angeschaffte oder hergestellte Wirtschaftsgut die in § 7g Abs. 2 Satz 1 Nr. 2 EStG genannten Voraussetzungen erfüllen wird; auch die beabsichtigte Anschaffung oder Herstellung eines geringwertigen Wirtschaftsguts berechtigt zur Bildung einer Rücklage.

   Die Investitionsabsicht ist jeweils glaubhaft zu machen. Hierzu muß weder ein Investitionsplan vorgelegt noch eine feste Bestellung eines bestimmten Wirtschaftsguts nachgewiesen werden. Es reicht aus, wenn das Wirtschaftsgut, das angeschafft oder hergestellt werden soll, seiner Funktion nach benannt und der beabsichtigte Investitionszeitpunkt sowie die Höhe der voraussichtlichen Anschaffungs- oder Herstellungskosten angegeben werden; § 9b EStG ist zu beachten.

4. **Wechselwirkung mit Rücklagen nach dem ZRFG**

   Weist der Steuerpflichtige Rücklagen nach dem ZRFG aus, ist die Bildung einer Rücklage nach § 7g Abs. 3 EStG nicht zulässig (vgl. § 7g Abs. 3 Satz 3 Nr. 4 EStG). Dies gilt auch dann, wenn eine Rücklage nach dem ZRFG für andere Investitionen gebildet worden ist.

5. **Rücklagenhöchstbetrag**

   Nach § 7g Abs. 3 Satz 5 EStG darf die Summe der im Betrieb des Steuerpflichtigen gebildeten Rücklagen am jeweiligen Bilanzstichtag den Betrag von 300.000 DM nicht übersteigen. Dieser Höchstbetrag ist erstmals für Wirtschaftsjahre anzuwenden, die nach dem 31.12.1994 beginnen (vgl. § 52 Abs. 11 EStG in der Fassung des Jahressteuergesetzes 1996, BStBl 1995 I S. 438, 458).

6. **Verwendung der Rücklage**

Sind die beabsichtigte Investition und die später tatsächlich durchgeführte Investition nicht gleichartig, ist die Rücklage nach § 7g Abs. 4 Satz 2 in Verbindung mit Abs. 5 EStG aufzulösen. Es ist daher nicht zulässig, die für eine bestimmte künftige Investition gebildete Rücklage ganz oder teilweise für eine Investition anderer Art zu verwenden. Das bei Bildung der Rücklage benannte Wirtschaftsgut und das später tatsächlich angeschaffte oder hergestellte Wirtschaftsgut müssen zumindest funktionsgleich sein. Dies ist z. B. der Fall, wenn der Steuerpflichtige anstelle der geplanten Anschaffung eines Pkw der Marke A einen Pkw der Marke B erwirbt. Dagegen ist die Funktionsgleichheit zu verneinen, wenn z. B. anstelle der geplanten Anschaffung eines Pkw ein Lkw erworben wird.

7. **Auflösung der Rücklage bei Sonderabschreibungen auf Anzahlungen oder Teilherstellungskosten**

Nach § 7g Abs. 4 Satz 1 EStG ist die Rücklage in Höhe von 50 v. H. der Anschaffungs- oder Herstellungskosten gewinnerhöhend aufzulösen, sobald für das begünstigte Wirtschaftsgut Abschreibungen vorgenommen werden dürfen. Welche Absetzungen für Abnutzung, erhöhten Absetzungen oder Sonderabschreibungen tatsächlich in Anspruch genommen werden, ist unerheblich. Können auf Anzahlungen oder Teilherstellungskosten bereits Sonderabschreibungen in Anspruch genommen werden, so ist die Rücklage bereits in dem Wirtschaftsjahr, in dem die Anzahlungen geleistet werden oder die Teilherstellungskosten anfallen, in Höhe von 50 v. H. der Anzahlungen oder Teilherstellungskosten gewinnerhöhend aufzulösen.

8. **Gewinnzuschlag**

Ein Gewinnzuschlag ist nach § 7g Abs. 5 EStG vorzunehmen, soweit die Auflösung der Rücklage nicht auf § 7g Abs. 4 Satz 1 EStG beruht. Dies ist auch der Fall, wenn die Besteuerungsgrundlagen in einem der Bildung der Rücklage folgenden Wirtschaftsjahr geschätzt werden müssen. Der Umstand, daß im Zeitpunkt der Anschaffung oder Herstellung des begünstigten Wirtschaftsguts die Voraussetzungen für die Sonderabschreibung nach § 7g Abs. 1 EStG nicht vorliegen, löst einen Gewinnzuschlag nicht aus.

9. **Betriebsveräußerung oder -aufgabe**

Bei einer Betriebsveräußerung oder -aufgabe sind die gebildeten Rücklagen gewinnerhöhend aufzulösen; § 7g Abs. 5 EStG ist zu beachten. Der dabei entstehende Gewinn rechnet zum Veräußerungsgewinn, soweit die Rücklagen im Zeitpunkt der Betriebsveräußerung oder -aufgabe nicht nach § 7g Abs. 4 Satz 2 gewinnerhöhend aufzulösen gewesen wären.

83. Sonderabschreibungen zur Förderung kleiner und mittlerer Betriebe

Betriebsvermögen und Einheitswert

(1) ¹Zur Ermittlung des Betriebsvermögens (→ R 13) des Gewerbebetriebs oder des der selbständigen Arbeit dienenden Betriebs sind alle in der Steuerbilanz ausgewiesenen Positionen mit ihren Steuerbilanzwerten zu berücksichtigen. ²Das gilt auch für Grundstücke. ³Bei Wirtschaftsgütern, die im Wirtschaftsjahr der Betriebseröffnung angeschafft oder hergestellt werden, ist das Betriebsvermögen zu Beginn dieses Wirtschaftsjahrs maßgebend. ⁴Ein Betrieb ist erst eröffnet, wenn die wesentlichen Grundlagen des Betriebs vorhanden sind. ⁵Bei Wirtschaftsgütern, die vor dem Wirtschaftsjahr der Betriebseröffnung angeschafft oder hergestellt werden, gilt die Voraussetzung des § 7g Abs. 2 Nr. 1 Buchstabe a EStG als erfüllt.

(2) ¹Wird für einen Betrieb der Land- und Forstwirtschaft ein zweiter Einheitswert festgestellt, der auch den auf das Ausland entfallenden Teil des Betriebs umfaßt (§ 19 Abs. 2 Satz 1 BewG), so ist dieser Einheitswert maßgebend. ²Einheitswert im Zeitpunkt der Anschaffung

oder Herstellung des Wirtschaftsguts ist der Einheitswert, der auf den letzten Feststellungszeitpunkt (Hauptfeststellungs-, Fortschreibungs- oder Nachfeststellungszeitpunkt) vor der Anschaffung oder Herstellung festzustellen war. ³Wird ein Wirtschaftsgut vor dem Zeitpunkt angeschafft oder hergestellt, zu dem erstmals ein Einheitswert festzustellen ist (§ 23 Abs. 1 Nr. 1 in Verbindung mit Abs. 2 Satz 2 BewG), so ist der Einheitswert maßgebend, der auf den der Anschaffung oder Herstellung folgenden Feststellungszeitpunkt festgestellt wird.

(3) ¹Ist ein Steuerpflichtiger Inhaber mehrerer Betriebe, so ist für jeden Betrieb gesondert zu prüfen, ob die Grenzen des § 7g Abs. 2 Nr. 1 EStG überschritten werden. ²Bei Personengesellschaften, bei denen die Gesellschafter als Mitunternehmer anzusehen sind, sind **das Betriebsvermögen bzw. der Einheitswert** der Personengesellschaft maßgebend. ³Das gilt auch, wenn die Sonderabschreibungen bei Wirtschaftsgütern in Anspruch genommen werden, die zum Sonderbetriebsvermögen eines Mitunternehmers der Personengesellschaft gehören. ⁴Im Fall der Organschaft ist für Organträger und Organgesellschaft, im Fall der → Betriebsaufspaltung ist für das Besitzunternehmen und das Betriebsunternehmen jeweils gesondert zu entscheiden, ob die nach § 7g Abs. 2 Nr. 1 EStG maßgebenden Höchstgrenzen überschritten sind.

(4) ¹Stellt sich **bei einem Gewerbebetrieb oder einem der selbständigen Arbeit dienenden Betrieb** nachträglich heraus, daß das Betriebsvermögen 400.000 DM überschreitet, kommt eine rückwirkende Versagung der Sonderabschreibungen durch Änderung des Steuerbescheids unter den Voraussetzungen der §§ 164, 165 und 172 ff. AO in Betracht. ²Stellt sich bei einem Betrieb der Land- und Forstwirtschaft nachträglich durch eine geänderte Feststellung des Einheitswerts heraus, daß der Einheitswert 240.000 DM überschreitet, sind die Sonderabschreibungen durch Änderung des Steuerbescheids nach § 175 Abs. 1 Satz 1 Nr. 1 AO rückwirkend zu versagen.³Wird ein Betriebsvermögen von mehr als 400.000 DM oder ein festgestellter Einheitswert von mehr als 240.000 DM nachträglich auf einen Betrag herabgesetzt, der die genannten Höchstgrenzen nicht überschreitet, und wird dadurch dem Steuerpflichtigen rückwirkend das Wahlrecht für die Inanspruchnahme der Sonderabschreibungen eröffnet, ist insoweit einem Antrag auf Bilanzänderung im Sinne des § 4 Abs. 2 Satz 2 EStG zuzustimmen.

Neue Wirtschaftsgüter

(5) ¹Ein Wirtschaftsgut ist für den Steuerpflichtigen ein → neues Wirtschaftsgut, wenn er es im ungebrauchten Zustand erworben hat und beim Hersteller die Voraussetzungen vorliegen, die für Annahme eines neuen Wirtschaftsguts bei der Selbstherstellung erforderlich sind (fabrikneu). ²Ein Wirtschaftsgut, das der Steuerpflichtige selbst hergestellt hat, ist stets als neu anzusehen, wenn der Teilwert der bei der Herstellung verwendeten gebrauchten Wirtschaftsgüter 10 v. H. des Teilwerts des hergestellten Wirtschaftsguts nicht übersteigt oder bei der Herstellung eine neue Idee verwirklicht wird. ³Neuwertige Bauteile gelten nicht als gebrauchte Wirtschaftsgüter im Sinne der in Satz 2 genannten 10-v. H.-Regelung, wenn sie vom Hersteller neben gleichartigen neuen Bauteilen in einem Produktionsprozeß wiederverwendet werden und der Verkaufspreis des hergestellten Wirtschaftsguts unabhängig vom Anteil der zur Herstellung verwendeten neuen und neuwertigen Bauteile ist. ⁴Neuwertig sind gebrauchte Bauteile, die dem Standard neuer Bauteile entsprechen oder verschleißfrei sind, und die nach Fertigstellung des Wirtschaftsguts nicht von neuen Bauteilen unterschieden werden können. ⁵Ein Wirtschaftsgut ist für den Erwerber neu, wenn es der Veräußerer im neuen Zustand zum Zweck der Veräußerung angeschafft oder hergestellt und bis zur Veräußerung nicht genutzt hat. ⁶Dasselbe gilt, wenn das Wirtschaftsgut beim Veräußerer zum Anlagevermögen gehört hat, aber noch nicht betriebsbereit war. ⁷Die Erprobung durch den Hersteller zur Prüfung der Funktionsfähigkeit des Wirtschaftsguts ist unschädlich, wenn sie über das notwendige Maß nicht hinausgeht. ⁸Bei Erwerb eines Kraftfahrzeugs ist die Zulassung auf den Namen des Veräußerers oder die Überführung des Kraftfahrzeugs zu einem neuen Standort alleine unschädlich.

Verbleibensvoraussetzung

(6) ¹Ein Wirtschaftsgut verbleibt mindestens ein Jahr in einer inländischen Betriebsstätte des begünstigten Betriebs, wenn während dieses Zeitraums eine dauerhafte räumliche Beziehung zu einer solchen Betriebsstätte bestehen bleibt. ²Die → Verbleibensvoraussetzung ist grundsätzlich nicht erfüllt, wenn der Steuerpflichtige ein Wirtschaftsgut vor Ablauf des einjährigen Verbleibenszeitraums veräußert, vermietet oder verpachtet oder in einen anderen Betrieb, in eine ausländische Betriebsstätte, in das Umlaufvermögen oder in das Pri-

vatvermögen überführt. ³Wirtschaftsgüter, die der Steuerpflichtige einem Dritten zur Nutzung überläßt, verbleiben jedoch in seiner Betriebsstätte, wenn die Nutzungsüberlassung nicht länger als drei Monate dauert (z. B. Mietwagen) oder im Rahmen einer Betriebsaufspaltung oder eines Dienstverhältnisses erfolgt. ⁴Die Veräußerung, die unentgeltliche Übertragung (§ 7 Abs. 1 EStDV), der Erbübergang, der Vermögensübergang im Sinne des Umwandlungssteuergesetzes, die Vermietung oder die Verpachtung des begünstigten Betriebs ist unschädlich, wenn der begünstigte Betrieb bis zum Ende des Verbleibenszeitraums in der Hand des neuen Eigentümers oder des Mieters oder Pächters als selbständiger Betrieb bestehen bleibt. ⁵Bei Wirtschaftsgütern, die ihrer Art nach nicht dazu bestimmt und geeignet sind, durch den Steuerpflichtigen im räumlich abgegrenzten Bereich seiner Betriebsstätte eingesetzt zu werden, z. B. bei Transportmitteln und Baugeräten, gelten bei der Auslegung der Verbleibensvoraussetzung die → Verwaltungsanweisungen zu § 2 Nr. 2 InvZulG mit der Maßgabe, daß an die Stelle des Fördergebiets das Inland tritt. ⁶Wird bei einem Wirtschaftsgut, für das Sonderabschreibungen in Anspruch genommen worden sind, die Verbleibensvoraussetzung nicht erfüllt, so sind die Sonderabschreibungen durch Änderung des Steuerbescheids nach § 175 Abs. 1 Satz 1 Nr. 2 AO rückwirkend zu versagen.

Umfang der betrieblichen Nutzung

(7) Ein Wirtschaftsgut wird ausschließlich oder fast ausschließlich betrieblich genutzt, wenn es der Steuerpflichtige zu nicht mehr als 10 v. H. privat nutzt.

Bemessungsgrundlage für die degressive AfA

(8) Ist neben den Sonderabschreibungen die degressive AfA nach § 7 Abs. 2 EStG in Anspruch genommen worden, so mindern die Sonderabschreibungen und die degressive AfA den jeweiligen Buchwert des Wirtschaftsguts und damit die Bemessungsgrundlage für die degressive AfA in den darauffolgenden Jahren des Begünstigungszeitraums.

H 83 **Hinweise**

Betriebsaufspaltung
Bei der Prüfung der Größenmerkmale des § 7g Abs. 2 EStG sind das Besitz- und das Betriebsunternehmen getrennt zu beurteilen (→ BFH vom 17.7.1991 – BStBl 1992 II S. 246).

Bilanzänderung
→ R 15 Abs. 2

Nachweispflicht
Schon im Jahr der Bildung einer **Rücklage nach § 7g** Abs. 3–6 EStG (Ansparabschreibung) ist **für jede geplante Investition Zeitpunkt, Art und Umfang** zu benennen. Diese Nachweispflicht gilt sowohl im Veranlagungs- als auch im Vorauszahlungsverfahren (→ OFD Köln vom 15.2.1996 – S 2183b – 2 – St 112).

Neues Wirtschaftsgut
a) 10-v. H.-Regelung

Ein Wirtschaftsgut ist neu, wenn der Teilwert der bei der Herstellung verwendeten gebrauchten Wirtschaftsgüter 10 v. H. des Teilwerts des hergestellten Wirtschaftsguts nicht übersteigt (→ BFH vom 4.8.1983 – BStBl 1984 II S. 631, vom 28.9.1990 – BStBl 1991 II S. 361 und vom 6.12.1991 – BStBl 1992 II S. 452).

Ein Wirtschaftsgut ist auch dann noch neu, wenn der Teilwert der im unmittelbaren zeitlichen und sachlichen Zusammenhang mit seiner Anschaffung eingebauten gebrauchten Wirtschaftsgüter 10 v. H. des Teilwerts des einheitlichen Wirtschaftsguts nicht übersteigt (→ BFH vom 4.12.1981 – BStBl 1984 II S. 630).

b) Neue Idee

Ein bewegliches Wirtschaftsgut ist auch neu, wenn bei der Herstellung eine neue Idee verwirklicht wird und dadurch ein andersartiges Wirtschaftsgut entsteht, das dem

§ 7g EStG
H 83

Betrieb im Wettbewerb hilft, z. B. aus gebrauchten Containern hergestellte Bau-, Werkzeug- und Maschinenbuden (→ BFH vom 12.6.1975 – BStBl 1976 II S. 96).

Nicht um die Verwirklichung einer neuen Idee handelt es sich z. B.

- bei einem aus dem Vorderteil und dem Hinterteil zweier gebrauchter Schiffe zusammengesetzten Schiff (→ BFH vom 8.2.1980 – BStBl II S. 341),
- bei einem aus einem gebrauchten Lkw hergestellten anderen Fahrzeug (→ BFH vom 4.8.1983 – BStBl 1984 II S. 631) und
- bei einer durch Umrüstung einer unbrauchbar gewordenen Hochdruck-Rotationsmaschine hergestellten, zum Offset-Druck geeigneten Druckmaschine (→ BFH vom 6.12.1991 – BStBl 1992 II S. 452).

c) Nutzung vor Erwerb

Wird ein fabrikneues Wirtschaftsgut zunächst mietweise genutzt und später vom Mieter unter Anrechnung der gezahlten Miete gekauft, so ist das Wirtschaftsgut im Zeitpunkt des Kaufs nicht neu (→ BFH vom 24.5.1968 – BStBl II S. 571).

Etwas anderes gilt, wenn Kaufabsicht und vorherige Erprobung Vertragsbestandteil sind und die Mietdauer die für eine Erprobung angemessene Zeit nicht übersteigt (→ BFH vom 16.1.1986 – BStBl II S. 467).

Ein Wirtschaftsgut ist nicht neu, wenn es vor dem Erwerb zu Vorführzwecken verwendet worden ist (→ BFH vom 13.3.1979 – BStBl II S. 287).

d) Tiere

Tiere sind im unmittelbaren Anschluß an ihre Fertigstellung neue Wirtschaftsgüter (→ BMF vom 28.8.1991 – BStBl I S. 768 – Tz. 18 und 35).

Anhang 14

e) Veralten

Auch technisch veraltete und beim Veräußerer lange gelagerte Wirtschaftsgüter können neue Wirtschaftsgüter sein (→ BFH vom 11.12.1970 – BStBl 1971 II S. 198).

Verbleibensvoraussetzung

Das vorzeitige Ausscheiden von Wirtschaftsgütern aus dem begünstigten Betrieb ist unschädlich, wenn es auf einem nicht vom Willen des Stpfl. abhängigen Ereignis beruht, z. B. infolge

- Ablaufs der Nutzungsdauer (→ BFH vom 9.3.1967 – BStBl III S. 238),
- eines Umtauschs wegen Mangelhaftigkeit gegen ein anderes Wirtschaftsgut gleicher oder besserer Qualität (→ BFH vom 8.3.1968 – BStBl II S. 430),
- wirtschaftlichen Verbrauchs (→ BFH vom 15.10.1976 – BStBl 1977 II S. 59) oder
- höherer Gewalt wie Brand, Diebstahl oder Unfall oder infolge eines Totalschadens (→ BFH vom 9.3.1967 – BStBl II S. 238).

Das vorzeitige Ausscheiden ist schädlich bei

- Veräußerung infolge einer durch Brand veranlaßten Betriebsumstellung (→ BFH vom 2.5.1980 – BStBl II S. 758),
- Verkauf durch den Konkursverwalter (→ BFH vom 14.10.1977 – BStBl 1978 II S. 204) oder
- Überführung in das Privatvermögen als Folge der Beendigung einer Betriebsaufspaltung (→ BFH vom 10.8.1967 – BStBl III S. 750).

Bei einer Nutzungsüberlassung im Rahmen einer Betriebsaufspaltung ist die Verbleibensvoraussetzung nicht erfüllt, wenn die Betriebsaufspaltung lediglich auf Grund tatsächlicher Beherrschung besteht, sondern nur, wenn das Besitz- und das Betriebsunternehmen auch betriebsvermögensmäßig miteinander verbunden sind (→ BFH vom 26.3.1993 – BStBl II S. 723 **und BMF vom 20.9.1993 – BStBl I S. 803**).

Verwaltungsanweisungen zu § 2 Nr. 2 InvZulG

Anhang 14

→ BMF vom 28.8.1991 (BStBl I S. 768) Tz. 48 bis 50

→ BMF vom 31.3.1992 (BStBl I S. 236) Nr. 6 und 7

→ BMF vom 30.12.1994 (BStBl 1995 I S. 18) Tz. 1 bis 3

→ BMF vom 12.2.1996 (BStBl I S. 111):

Zweifelsfragen zu den Änderungen des Investitionszulagengesetzes 1993 durch Artikel 18 des JStG 1996

→ BMF vom 18.11.1996 (BStBl I S. 1460):

Zugehörigkeit zum Anlagevermögen bei Milchkühen, die wegen einer Krankheit veräußert werden (§ 2 Satz 1 Nr. 1 InvZulG)

→ BMF vom 19.12.1997 (BStBl 1998 I S. 139):

Investitionszulage nach § 5 Abs. 2 und 3 InvZulG 1996 bei Investitionsabschluß vor Eintragung in die Handwerksrolle oder das Verzeichnis handwerksähnlicher Betriebe; Anwendung des BFH-Urteils vom 12.11.1996 (BStBl 1998 II S. 29)

→ BMF vom 13.5.1998 (BStBl I S. 623):

Gewährung von Investitionszulagen nach dem Investitionszulagengesetz 1996 und 1999 an ausländische Körperschaften

→ BMF vom 24.8.1998 (BStBl I S. 1114):

Investitionszulage nach § 3 InvZulG für Modernisierungsmaßnahmen an Mietwohngebäuden sowie Mietwohnungsneubau im innerörtlichen Bereich.

EStG

§ 7h
Erhöhte Absetzungen bei Gebäuden in Sanierungsgebieten und städtebaulichen Entwicklungsbereichen

S 2198a

(1) ¹Bei einem im Inland belegenen Gebäude in einem förmlich festgelegten Sanierungsgebiet oder städtebaulichen Entwicklungsbereich kann der Steuerpflichtige abweichend von § 7 Abs. 4 und 5 jeweils bis zu 10 vom Hundert der Herstellungskosten für Modernisierungs- und Instandsetzungsmaßnahmen im Sinne des § 177 des Baugesetzbuchs im Jahr der Herstellung und in den folgenden neun Jahren absetzen. ²Satz 1 ist entsprechend anzuwenden auf Herstellungskosten für Maßnahmen, die der Erhaltung, Erneuerung und funktionsgerechten Verwendung eines Gebäudes im Sinne des Satzes 1 dienen, das wegen seiner geschichtlichen, künstlerischen oder städtebaulichen Bedeutung erhalten bleiben soll, und zu deren Durchführung sich der Eigentümer neben bestimmten Modernisierungsmaßnahmen gegenüber der Gemeinde verpflichtet hat. ³Der Steuerpflichtige kann die erhöhten Absetzungen im Jahr des Abschlusses der Maßnahme und in den folgenden neun Jahren auch für Anschaffungskosten in Anspruch nehmen, die auf Maßnahmen im Sinne der Sätze 1 und 2 entfallen, soweit diese nach dem rechtswirksamen Abschluß eines obligatorischen Erwerbsvertrags oder eines gleichstehenden Rechtsakts durchgeführt worden sind. ⁴Die erhöhten Absetzungen können nur in Anspruch genommen werden, soweit die Herstellungs- oder Anschaffungskosten durch Zuschüsse aus Sanierungs- oder Entwicklungsförderungsmitteln nicht gedeckt sind. ⁵Nach Ablauf des Begünstigungszeitraums ist ein Restwert den Herstellungs- oder Anschaffungskosten des Gebäudes oder dem an deren Stelle tretenden Wert hinzuzurechnen; die weiteren Absetzungen für Abnutzung sind einheitlich für das gesamte Gebäude nach dem sich hiernach ergebenden Betrag und dem für das Gebäude maßgebenden Hundertsatz zu bemessen.

(2) ¹Der Steuerpflichtige kann die erhöhten Absetzungen nur in Anspruch nehmen, wenn er durch eine Bescheinigung der zuständigen Gemeindebehörde die Voraussetzungen des Absatzes 1 für das Gebäude und die Maßnahmen nachweist. ²Sind ihm Zuschüsse aus Sanierungs- oder Entwicklungsförderungsmitteln gewährt worden, so hat die Bescheinigung auch deren Höhe zu enthalten; werden ihm solche Zuschüsse nach Ausstellung der Bescheinigung gewährt, so ist diese entsprechend zu ändern.

(3) Die Absätze 1 und 2 sind auf Gebäudeteile, die selbständige unbewegliche Wirtschaftsgüter sind, sowie auf Eigentumswohnungen und auf im Teileigentum stehende Räume entsprechend anzuwenden.

83a. Erhöhte Absetzungen nach § 7h EStG von Aufwendungen für bestimmte Maßnahmen an Gebäuden in Sanierungsgebieten und städtebaulichen Entwicklungsbereichen

(1) Den Miteigentümern eines Gebäudes stehen erhöhte Absetzungen nach § 7h EStG grundsätzlich im Verhältnis ihrer Eigentumsanteile zu; auf R 164 wird hingewiesen.

(2) Wird ein Gebäude, bei dem erhöhte Absetzungen nach § 7h EStG vorgenommen werden, aus dem Betriebsvermögen in das Privatvermögen oder umgekehrt übergeführt, so ist eine sich dabei ergebende Erhöhung oder Minderung der Bemessungsgrundlage dem Teil des Gebäudes zuzuordnen, für den keine erhöhten Absetzungen nach § 7h EStG gewährt werden.

(3) ¹Werden erhöhte Absetzungen nach § 7h EStG in Anspruch genommen, so braucht aus Vereinfachungsgründen das Vorliegen der Voraussetzungen nur für den VZ geprüft zu werden, in dem die begünstigten Baumaßnahmen fertiggestellt worden sind. ²Die Nachholung versehentlich unterlassener erhöhter Absetzungen nach § 7h EStG ist nicht möglich.

(4) ¹Die zuständige Gemeindebehörde hat zu prüfen,
1. ob das Gebäude in einem förmlich festgelegten Sanierungsgebiet oder städtebaulichen Entwicklungsbereich belegen ist,
2. ob Modernisierungs- und Instandsetzungsmaßnahmen im Sinne des § 177 BauGB oder andere Maßnahmen im Sinne des § 7h Abs. 1 Satz 2 EStG durchgeführt worden sind,
3. in welcher Höhe Aufwendungen, die die vorstehenden Voraussetzungen erfüllen, angefallen sind,
4. inwieweit Zuschüsse aus öffentlichen Mitteln durch eine der für Sanierungsgebiete oder städtebaulichen Entwicklungsbereiche zuständigen Behörde bewilligt worden sind oder nach Ausstellung der Bescheinigung bewilligt werden (Änderung der Bescheinigung).

²Die Bescheinigung unterliegt weder in rechtlicher noch in tatsächlicher Hinsicht der Nachprüfung durch die Finanzbehörden. ³Es handelt sich hierbei um einen Verwaltungsakt in Form eines Grundlagenbescheides, an den die Finanzbehörden im Rahmen des gesetzlich vorgegebenen Umfangs gebunden sind (§ 175 Abs. 1 S. 1 Nr. 1 AO). ⁴Ist jedoch offensichtlich, daß die Bescheinigung für Maßnahmen erteilt worden ist, bei denen die Voraussetzungen nicht vorliegen, hat die Finanzbehörde ein Remonstrationsrecht, d.h. sie kann die Gemeindebehörde zur Überprüfung veranlassen sowie um Rücknahme oder Änderung der Bescheinigung nach Maßgabe des § 48 Abs. 1 VwVfG bitten. ⁵Die Gemeindebehörde ist verpflichtet, dem Finanzamt die Rücknahme oder Änderung der Bescheinigung mitzuteilen (§ 4 Mitteilungsverordnung).

(5) Die Finanzbehörden haben zu prüfen,
1. ob die vorgelegte Bescheinigung von der zuständigen Gemeindebehörde ausgestellt worden ist,
2. ob die bescheinigten Aufwendungen steuerrechtlich dem Gebäude im Sinne des § 7h Abs. 1 EStG zuzuordnen sind,
3. ob die bescheinigten Aufwendungen zu den Herstellungskosten oder den nach § 7h Abs. 1 Satz 3 EStG begünstigten Anschaffungskosten, zu den sofort abziehbaren Betriebsausgaben oder Werbungskosten, insbesondere zum Erhaltungsaufwand, oder zu den nicht abziehbaren Ausgaben gehören,
4. ob weitere Zuschüsse für die bescheinigten Aufwendungen gezahlt werden oder worden sind,
5. ob die Aufwendungen bei einer Einkunftsart oder bei einem zu eigenen Wohnzwecken genutzten Gebäude wie Sonderausgaben (→ § 10f EStG) berücksichtigt werden können,
6. in welchem VZ die erhöhten Absetzungen, die Verteilung von Erhaltungsaufwand (→ § 11a EStG) oder der Abzug wie Sonderausgaben (→ § 10f EStG) erstmals in Anspruch genommen werden können.

(6) ¹Eine begünstigte Maßnahme im Sinne des § 7h Abs. 1 Satz 1 EStG liegt auch vor, wenn die Modernisierungs- und Instandhaltungsmaßnahmen auf Grund einer konkreten vertraglichen Vereinbarung zwischen Eigentümer und Gemeinde durchgeführt werden. ²Die Prüfungs- und Bescheinigungspflicht im Sinne des Abs. 4 besteht auch in diesen Fällen.

³Baumaßnahmen, die ohne konkrete vertragliche Vereinbarung auf freiwilliger Grundlage durchgeführt werden, sind von dem Begünstigungstatbestand des § 7h Abs. 1 Satz 1 EStG nicht erfaßt.

7h H Hinweise

Bescheinigungsrichtlinien für die erhöhten Absetzungen nach § 7h EStG

Das BMF-Schreiben vom 16.12.1997, IV B 3 – S 2198a – 17/97, enthält die nunmehr mit den obersten Finanzbehörden der Länder abgestimmten Bescheinigungsrichtlinien zur Anwendung der §§ 7h, 10f und 11a EStG. Diese werden nicht im BStBl I veröffentlicht, sondern in den einzelnen Ländern (ggf. mit kleinen Abweichungen) durch Erlaß in Kraft gesetzt. Die Veröffentlichung erfolgt in den entsprechenden Ministerialblättern.

Bindungswirkung der Bescheinigung

Die Bescheinigung nach § 7h EStG ist auch bindend, wenn sie nicht die Feststellung enthält, daß das Gebäude in einem förmlich festgelegten Sanierungsgebiet oder städtebaulichen Entwicklungsbereich liegt, sich jedoch aus den Umständen ergibt, daß die Gemeindebehörde alle von ihr zu beurteilenden Voraussetzungen des § 7h EStG geprüft und als erfüllt angesehen hat. Das Remonstrationsrecht der Finanzbehörden (→ R 83a Abs. 4 Satz 4) bleibt unberührt (→ BFH vom 17.12.1996 – BStBl 1997 II S. 398).

EStG

§ 7i
Erhöhte Absetzungen bei Baudenkmalen

S 2198b

(1) ¹Bei einem im Inland belegenen Gebäude, das nach den jeweiligen landesrechtlichen Vorschriften ein Baudenkmal ist, kann der Steuerpflichtige abweichend von § 7 Abs. 4 und 5 jeweils bis zu 10 vom Hundert der Herstellungskosten für Baumaßnahmen, die nach Art und Umfang zur Erhaltung des Gebäudes als Baudenkmal oder zu seiner sinnvollen Nutzung erforderlich sind, im Jahr der Herstellung und in den folgenden neun Jahren absetzen. ²Eine sinnvolle Nutzung ist nur anzunehmen, wenn das Gebäude in der Weise genutzt wird, daß die Erhaltung der schützenswerten Substanz des Gebäudes auf die Dauer gewährleistet ist. ³Bei einem im Inland belegenen Gebäudeteil, das nach den jeweiligen landesrechtlichen Vorschriften ein Baudenkmal ist, sind die Sätze 1 und 2 entsprechend anzuwenden. ⁴Bei einem im Inland belegenen Gebäude oder Gebäudeteil, das für sich allein nicht die Voraussetzungen für ein Baudenkmal erfüllt, aber Teil einer Gebäudegruppe oder Gesamtanlage ist, die nach den jeweiligen landesrechtlichen Vorschriften als Einheit geschützt ist, kann der Steuerpflichtige die erhöhten Absetzungen von den Herstellungskosten für Baumaßnahmen vornehmen, die nach Art und Umfang zur Erhaltung des schützenswerten äußeren Erscheinungsbildes der Gebäudegruppe oder Gesamtanlage erforderlich sind. ⁵Der Steuerpflichtige kann die erhöhten Absetzungen im Jahr des Abschlusses der Baumaßnahme und in den folgenden neun Jahren auch für Anschaffungskosten in Anspruch nehmen, die auf Baumaßnahmen im Sinne der Sätze 1 bis 4 entfallen, soweit diese nach dem rechtswirksamen Abschluß eines obligatorischen Erwerbsvertrags oder eines gleichstehenden Rechtsakts durchgeführt worden sind. ⁶Die Baumaßnahmen müssen in Abstimmung mit der in Absatz 2 bezeichneten Stelle durchgeführt worden sein. ⁷Die erhöhten Absetzungen können nur in Anspruch genommen werden, soweit die Herstellungs- oder Anschaffungskosten nicht durch Zuschüsse aus öffentlichen Kassen gedeckt sind. ⁸§ 7h Abs. 1 Satz 5 ist entsprechend anzuwenden.

(2) ¹Der Steuerpflichtige kann die erhöhten Absetzungen nur in Anspruch nehmen, wenn er durch eine Bescheinigung der nach Landesrecht zuständigen oder von der Landesregierung bestimmten Stelle die Voraussetzungen des Absatzes 1 für das Gebäude oder Gebäudeteil und für die Erforderlichkeit der Aufwendungen nachweist. ²Hat eine der für Denkmalschutz oder Denkmalpflege zuständigen Behörden ihm Zuschüsse gewährt, so hat die Bescheinigung auch deren Höhe zu enthalten; werden ihm solche Zuschüsse nach Ausstellung der Bescheinigung gewährt, so ist diese entsprechend zu ändern.

(3) § 7h Abs. 3 ist entsprechend anzuwenden.

83b. Erhöhte Absetzungen nach § 7i EStG von Aufwendungen für bestimmte Baumaßnahmen an Baudenkmalen

R 83b

(1) R 83a Abs. 1 bis 3 gilt entsprechend.

(2) ¹Die nach Landesrecht zuständige Denkmalbehörde hat zu prüfen und zu bescheinigen,
1. ob das Gebäude oder der Gebäudeteil nach den landesrechtlichen Vorschriften ein Baudenkmal ist,
2. ob die Baumaßnahmen nach Art und Umfang
   a) zur Erhaltung des Gebäudes oder Gebäudeteils als Baudenkmal oder zu seiner sinnvollen Nutzung,
   b) bei einem Gebäude, das Teil einer geschützten Gesamtanlage oder Gebäudegruppe ist, zur Erhaltung des schützenswerten äußeren Erscheinungsbildes der Gesamtanlage oder Gebäudegruppe
   erforderlich waren,
3. ob die Arbeiten vor Beginn und bei Planungsänderungen vor Beginn der geänderten Vorhaben mit der Bescheinigungsbehörde abgestimmt waren,
4. in welcher Höhe Aufwendungen, die die vorstehenden Voraussetzungen erfüllen, angefallen sind,
5. ob und in welcher Höhe Zuschüsse aus öffentlichen Mitteln durch eine der für den Denkmalschutz oder Denkmalpflege zuständigen Behörden bewilligt worden sind oder nach Ausstellung der Bescheinigung bewilligt werden (Änderung der Bescheinigung).

²R 83a Abs. 4 Satz 2 bis 5 gilt entsprechend.

(3) ¹Die Finanzbehörden haben zu prüfen,
1. ob die vorgelegte Bescheinigung von der nach Landesrecht zuständigen oder der von den Landesregierungen bestimmten Behörde ausgestellt worden ist,
2. ob die bescheinigten Aufwendungen zu den Herstellungskosten oder den nach § 7i Abs. 1 Satz 5 EStG begünstigten Anschaffungskosten, zu den sofort abziehbaren Betriebsausgaben oder Werbungskosten, insbesondere zum Erhaltungsaufwand, oder zu den nicht abziehbaren Ausgaben gehören,
3. ob die bescheinigten Aufwendungen steuerrechtlich dem Gebäude oder Gebäudeteil im Sinne des § 7i Abs. 1 EStG zuzurechnen sind,
4. ob weitere Zuschüsse für die bescheinigten Aufwendungen gezahlt werden oder worden sind,
5. ob die Aufwendungen bei einer Einkunftsart oder bei einem zu eigenen Wohnzwecken genutzten Gebäude wie Sonderausgaben (→ § 10f EStG) berücksichtigt werden können,
6. in welchem VZ die erhöhten Absetzungen, die Verteilung von Erhaltungsaufwand (→ § 11b EStG) oder der Abzug wie Sonderausgaben (→ § 10f EStG) erstmals in Anspruch genommen werden können.

²Fällt die Eigenschaft als Baudenkmal innerhalb des Begünstigungszeitraums weg, so können die erhöhten Absetzungen nicht weiter in Anspruch genommen werden.

Hinweise

H 83b

Bindungswirkung der Bescheinigung

– Sind die bescheinigten Aufwendungen steuerrechtlich den (nachträglichen) Herstellungskosten eines selbständigen, vom Baudenkmal getrennten Wirtschaftsguts (z. B. den Außenanlagen, dem Grund und Boden, einer getrennt vom Baudenkmal errichteten Tiefgarage) zuzurechnen, sind die Finanzbehörden nicht an die Bescheinigung gebunden (→ BFH vom 15.10.1996 – BStBl 1997 II S. 176).

– Sind die bescheinigten Aufwendungen den nachträglichen Herstellungskosten des Baudenkmals zuzurechnen, sind die Finanzbehörden an die Bescheinigung auch dann gebunden, wenn diese unzutreffend ist. Das Remonstrationsrecht der Finanzbehörden (→ R 83b Abs. 2 Satz 2) bleibt unberührt (→ BFH vom 5.11.1996 – BStBl 1997 II S. 244).

Teilherstellungskosten
sind nicht nach § 7i EStG begünstigt → BFH vom 27.6.1995 (BStBl 1996 II S. 215).

Veräußerung
Im Jahr der Veräußerung des Baudenkmals kann der Steuerpflichtige die erhöhten Absetzungen mit dem vollen Jahresbetrag in Anspruch nehmen (→ BFH vom 18.6.1996 – BStBl II S. 645).

Vornahme der erhöhten Absetzungen im Jahr der Veräußerung
Der Steuerpflichtige kann die erhöhte AfA im Jahr der Veräußerung des Baudenkmals mit dem vollen Jahresbetrag von bis zu 10 v. H. in Anspruch nehmen (→ BFH vom 18.6.1996 – BStBl II S. 645).

EStG

§ 7k[1])
Erhöhte Absetzungen für Wohnungen mit Sozialbindung

(1) ¹Bei Wohnungen im Sinne des Absatzes 2 können abweichend von § 7 Abs. 4 und 5 im Jahr der Fertigstellung und in den folgenden vier Jahren jeweils bis zu 10 vom Hundert und in den folgenden fünf Jahren jeweils bis zu 7 vom Hundert der Herstellungskosten oder Anschaffungskosten abgesetzt werden. ²Im Fall der Anschaffung ist Satz 1 nur anzuwenden, wenn der Hersteller für die veräußerte Wohnung weder Absetzungen für Abnutzung nach § 7 Abs. 5 vorgenommen noch erhöhte Absetzungen oder Sonderabschreibungen in Anspruch genommen hat. ³Nach Ablauf dieser zehn Jahre sind als Absetzungen für Abnutzung bis zur vollen Absetzung jährlich 3 ¹/₃ vom Hundert des Restwerts abzuziehen; § 7 Abs. 4 Satz 2 gilt entsprechend.

(2) Begünstigt sind Wohnungen im Inland,

1. a) für die der Bauantrag nach dem 28. Februar 1989 gestellt worden ist und die vom Steuerpflichtigen hergestellt worden sind oder
   b) die vom Steuerpflichtigen nach dem 28. Februar 1989 auf Grund eines nach diesem Zeitpunkt rechtswirksam abgeschlossenen obligatorischen Vertrags bis zum Ende des Jahres der Fertigstellung angeschafft worden sind,
2. die vor dem 1. Januar 1996 fertiggestellt worden sind,
3. für die keine Mittel aus öffentlichen Haushalten unmittelbar oder mittelbar gewährt werden,
4. die im Jahr der Anschaffung oder Herstellung und in den folgenden neun Jahren (Verwendungszeitraum) dem Steuerpflichtigen zu fremden Wohnzwecken dienen und
5. für die der Steuerpflichtige für jedes Jahr des Verwendungszeitraums, in dem er die Wohnungen vermietet hat, durch eine Bescheinigung nachweist, daß die Voraussetzungen des Absatzes 3 vorliegen.

(3) ¹Die Bescheinigung nach Absatz 2 Nr. 5 ist von der nach § 3 des Wohnungsbindungsgesetzes zuständigen Stelle, im Saarland von der durch die Landesregierung bestimmten Stelle (zuständige Stelle), nach Ablauf des jeweiligen Jahres des Begünstigungszeitraums für Wohnungen zu erteilen,

1. a) die der Steuerpflichtige nur an Personen vermietet hat, für die
      aa) eine Bescheinigung über die Wohnberechtigung nach § 5 des Wohnungsbindungsgesetzes, im Saarland eine Mieteranerkennung, daß die Voraussetzungen des § 14 des Wohnungsbaugesetzes für das Saarland erfüllt sind, ausgestellt worden ist, oder

---

[1]) Beachte besondere Anwendungsregeln aus Anlaß der Herstellung der Einheit Deutschlands (→ § 57 EStG).

bb) eine Bescheinigung ausgestellt worden ist, daß sie die Voraussetzungen des § 88a Abs. 1 Buchstabe b des Zweiten Wohnungsbaugesetzes, im Saarland des § 51b Abs. 1 Buchstabe b des Wohnungsbaugesetzes für das Saarland, erfüllen,

und wenn die Größe der Wohnung die in dieser Bescheinigung angegebene Größe nicht übersteigt, oder

b) für die der Steuerpflichtige keinen Mieter im Sinne des Buchstabens a gefunden hat und für die ihm die zuständige Stelle nicht innerhalb von sechs Wochen nach seiner Anforderung einen solchen Mieter nachgewiesen hat,

und

2. bei denen die Höchstmiete nicht überschritten worden ist. Die Landesregierungen werden ermächtigt, die Höchstmiete in Anlehnung an die Beträge nach § 72 Abs. 3 des Zweiten Wohnungsbaugesetzes, im Saarland unter Berücksichtigung der Besonderheiten des Wohnungsbaugesetzes für das Saarland, durch Rechtsverordnung festzusetzen. In der Rechtsverordnung ist eine Erhöhung der Mieten in Anlehnung an die Erhöhung der Mieten im öffentlich geförderten sozialen Wohnungsbau zuzulassen. § 4 des Gesetzes zur Regelung der Miethöhe bleibt unberührt.

²Bei Wohnungen, für die der Bauantrag nach dem 31. Dezember 1992 gestellt worden ist und die vom Steuerpflichtigen hergestellt worden sind oder die vom Steuerpflichtigen auf Grund eines nach dem 31. Dezember 1992 rechtswirksam abgeschlossenen obligatorischen Vertrags angeschafft worden sind, gilt Satz 1 Nr. 1 Buchstabe a mit der Maßgabe, daß der Steuerpflichtige die Wohnungen nur an Personen vermietet hat, die im Jahr der Fertigstellung zu ihm in einem Dienstverhältnis gestanden haben, und ist Satz 1 Nr. 1 Buchstabe b nicht anzuwenden.

83c. Erhöhte Absetzungen für Wohnungen mit Sozialbindung R 83c

– unbesetzt –

Hinweise H 83c

Zur Anwendung → BMF vom 17.2.1992 (BStBl I S. 115).

4. Überschuß der Einnahmen über die Werbungskosten

§ 8
Einnahmen EStG

(1) Einnahmen sind alle Güter, die in Geld oder Geldeswert bestehen und dem Steuerpflichtigen im Rahmen einer der Einkunftsarten des § 2 Abs. 1 Satz 1 Nr. 4 bis 7 zufließen.

(2) ¹Einnahmen, die nicht in Geld bestehen (Wohnung, Kost, Waren, Dienstleistungen und sonstige Sachbezüge), sind mit den um übliche Preisnachlässe geminderten üblichen Endpreisen am Abgabeort anzusetzen. ²Für die private Nutzung eines betrieblichen Kraftfahrzeugs zu privaten Fahrten gilt § 6 Abs. 1 Nr. 4 Satz 2 entsprechend. ³Kann das Kraftfahrzeug auch für Fahrten zwischen Wohnung und Arbeitsstätte genutzt werden, erhöht sich der Wert in Satz 2 für jeden Kalendermonat um 0,03 vom Hundert des Listenpreises im Sinne des § 6 Abs. 1 Nr. 4 Satz 2 für jeden Kilometer der Entfernung zwischen Wohnung und Arbeitsstätte. ⁴Der Wert nach den Sätzen 2 und 3 kann mit dem auf die private Nutzung und die Nutzung zu Fahrten zwischen Wohnung und Arbeitsstätte entfallenden Teil der gesamten Kraftfahrzeugaufwendungen angesetzt werden, wenn die durch das Kraftfahr-

S 2202
S 2332

S 2334

zeug insgesamt entstehenden Aufwendungen durch Belege und das Verhältnis der privaten Fahrten und der Fahrten zwischen Wohnung und Arbeitsstätte zu den übrigen Fahrten durch ein ordnungsgemäßes Fahrtenbuch nachgewiesen werden. ⁵Die Nutzung des Kraftfahrzeugs zu einer Familienheimfahrt im Rahmen einer doppelten Haushaltsführung ist mit 0,002 vom Hundert des Listenpreises im Sinne des § 6 Abs. 1 Nr. 4 Satz 2 für jeden Kilometer der Entfernung zwischen dem Ort des eigenen Hausstandes und dem Beschäftigungsort anzusetzen; dies gilt nicht, wenn für diese Fahrt ein Abzug von Werbungskosten nach § 9 Abs. 1 Satz 3 Nr. 5 Satz 3 und 4 in Betracht käme; Satz 4 ist sinngemäß anzuwenden. ⁶Bei Arbeitnehmern, für deren Sachbezüge durch Rechtsverordnung nach § 17 Abs. 1 Nr. 3 des Vierten Buches Sozialgesetzbuch Werte bestimmt worden sind, sind diese Werte maßgebend. ⁷Die Werte nach Satz 6 sind auch bei Steuerpflichtigen anzusetzen, die nicht der gesetzlichen Rentenversicherungspflicht unterliegen, wenn sie für deren Sachbezüge nicht offensichtlich unzutreffend sind. ⁸Die oberste Finanzbehörde eines Landes kann mit Zustimmung des Bundesministeriums der Finanzen für weitere Sachbezüge der Arbeitnehmer Durchschnittswerte festsetzen. ⁹Sachbezüge, die nach Satz 1 zu bewerten sind, bleiben außer Ansatz, wenn die sich nach Anrechnung der vom Steuerpflichtigen gezahlten Entgelte ergebenden Vorteile insgesamt 50 Deutsche Mark im Kalendermonat nicht übersteigen.

(3) ¹Erhält ein Arbeitnehmer auf Grund seines Dienstverhältnisses Waren oder Dienstleistungen, die vom Arbeitgeber nicht überwiegend für den Bedarf seiner Arbeitnehmer hergestellt, vertrieben oder erbracht werden und deren Bezug nicht nach § 40 pauschal versteuert wird, so gelten als deren Werte abweichend von Absatz 2 die um vier vom Hundert geminderten Endpreise, zu denen der Arbeitgeber oder der dem Abgabeort nächstansässige Abnehmer die Waren oder Dienstleistungen fremden Letztverbrauchern im allgemeinen Geschäftsverkehr anbietet. ²Die sich nach Abzug der vom Arbeitnehmer gezahlten Entgelte ergebenden Vorteile sind steuerfrei, soweit sie aus dem Dienstverhältnis insgesamt 2.400 Deutsche Mark im Kalenderjahr nicht übersteigen.

§ 9
Werbungskosten

(1) ¹Werbungskosten sind Aufwendungen zur Erwerbung, Sicherung und Erhaltung der Einnahmen. ²Sie sind bei der Einkunftsart abzuziehen, bei der sie erwachsen sind. ³Werbungskosten sind auch

1. Schuldzinsen und auf besonderen Verpflichtungsgründen beruhende Renten und dauernde Lasten, soweit sie mit einer Einkunftsart in wirtschaftlichem Zusammenhang stehen. ²Bei Leibrenten kann nur der Anteil abgezogen werden, der sich aus der in § 22 Nr. 1 Satz 3 Buchstabe a aufgeführten Tabelle ergibt; in den Fällen des § 22 Nr. 1 Satz 3 Buchstabe a letzter Satz kann nur der Anteil, der nach der in dieser Vorschrift vorgesehenen Rechtsverordnung zu ermitteln ist, abgezogen werden;

2. Steuern vom Grundbesitz, sonstige öffentliche Abgaben und Versicherungsbeiträge, soweit solche Ausgaben sich auf Gebäude oder auf Gegenstände beziehen, die dem Steuerpflichtigen zur Einnahmeerzielung dienen;

3. Beiträge zu Berufsständen und sonstigen Berufsverbänden, deren Zweck nicht auf einen wirtschaftlichen Geschäftsbetrieb gerichtet ist;

4. Aufwendungen des Arbeitnehmers für Fahrten zwischen Wohnung und Arbeitsstätte. ²Fährt der Arbeitnehmer an einem Arbeitstag mehrmals zwischen Wohnung und Arbeitsstätte hin und her, so sind die zusätzlichen Fahrten nur zu berücksichtigen, soweit sie durch einen zusätzlichen Arbeitseinsatz außerhalb der regelmäßigen Arbeitszeit oder durch eine Arbeitszeitunterbrechung von mindestens vier Stunden veranlaßt sind. ³Hat ein Arbeitnehmer mehrere Wohnungen, so sind die Fahrten von oder zu einer Wohnung, die nicht der Arbeitsstätte am nächsten liegt, nur zu berücksichtigen, wenn sie den Mittelpunkt der Lebensinteressen des Arbeitnehmers bildet und nicht nur gelegentlich aufgesucht wird. ⁴Bei Fahrten mit einem eigenen oder zur Nutzung überlassenen Kraftfahrzeug sind die Aufwendungen mit den folgenden Pauschbeträgen anzusetzen:

a) bei Benutzung eines
Kraftwagens   0,70 Deutsche Mark,
b) bei Benutzung eines Motorrads
oder Motorrollers   0,33 Deutsche Mark

für jeden Kilometer der Entfernung zwischen Wohnung und Arbeitsstätte; für die Bestimmung der Entfernung ist die kürzeste benutzbare Straßenverbindung maßgebend;

5. notwendige Mehraufwendungen, die einem Arbeitnehmer wegen einer aus beruflichem Anlaß begründeten doppelten Haushaltsführung entstehen. ²Eine doppelte Haushaltsführung liegt vor, wenn der Arbeitnehmer außerhalb des Ortes, in dem er einen eigenen Hausstand unterhält, beschäftigt ist und auch am Beschäftigungsort wohnt. ³Der Abzug der Aufwendungen ist bei einer Beschäftigung am selben Ort auf insgesamt zwei Jahre begrenzt. ⁴Aufwendungen für Fahrten vom Beschäftigungsort zum Ort des eigenen Hausstands und zurück (Familienheimfahrten) können jeweils nur für eine Familienheimfahrt wöchentlich als Werbungskosten abgezogen werden. ⁵Bei Familienheimfahrten mit einem eigenen oder zur Nutzung überlassenen Kraftfahrzeug ist je Kilometer der Entfernung zwischen dem Ort des eigenen Hausstands und dem Beschäftigungsort Nummer 4 Satz 4 entsprechend anzuwenden; Aufwendungen für Familienheimfahrten mit einem dem Steuerpflichtigen im Rahmen einer Einkunftsart überlassenen Kraftfahrzeug werden nicht berücksichtigt.   S 2352

6. Aufwendungen für Arbeitsmittel, zum Beispiel für Werkzeuge und typische Berufskleidung. ²Nummer 7 bleibt unberührt;   S 2354

7. Absetzungen für Abnutzung und für Substanzverringerung und erhöhte Absetzungen. ²§ 6 Abs. 2 Satz 1 bis 3 ist in Fällen der Anschaffung oder Herstellung von Wirtschaftsgütern entsprechend anzuwenden.

(2) ¹Anstelle der Pauschbeträge nach Absatz 1 Satz 3 Nr. 4 Satz 4 können

1. Behinderte, deren Grad der Behinderung mindestens 70 beträgt,
2. Behinderte, deren Grad der Behinderung weniger als 70, aber mindestens 50 beträgt und die in ihrer Bewegungsfähigkeit im Straßenverkehr erheblich beeinträchtigt sind,

für Fahrten zwischen Wohnung und Arbeitsstätte und für Familienheimfahrten die tatsächlichen Aufwendungen ansetzen. ²Die Voraussetzungen der Nummern 1 und 2 sind durch amtliche Unterlagen nachzuweisen.

(3) Absatz 1 Satz 3 Nr. 4 und 5 und Absatz 2 gelten bei den Einkunftsarten im Sinne des § 2 Abs. 1 Satz 1 Nr. 5 bis 7 entsprechend.

(4) (weggefallen)

(5) § 4 Abs. 5 Satz 1 Nr. 1 bis 5, 6b bis 8a, 10 und Abs. 6 gilt sinngemäß.   ¹)

---

84. Aufwendungen für Fahrten bei Einkünften aus Vermietung und Verpachtung   R 84

¹Die Tätigkeit eines Steuerpflichtigen zur Erzielung von Einkünften aus Vermietung und Verpachtung besteht im wesentlichen in der Verwaltung seines Grundbesitzes. ²Bei nicht umfangreichem Grundbesitz erfordert diese Verwaltung in der Regel keine besonderen Einrichtungen, z. B. Büro, sondern erfolgt von der Wohnung des Steuerpflichtigen aus. ³Regelmäßige Tätigkeitsstätte ist dann die Wohnung des Steuerpflichtigen. ⁴Gelegentliche Fahrten zu dem vermieteten Grundstück sind in solchen Fällen keine Fahrten zwischen Wohnung und regelmäßiger Tätigkeitsstätte, auf die § 9 Abs. 3 EStG anzuwenden wäre. ⁵Aufwendungen für derartige gelegentliche Fahrten sind Werbungskosten im Sinne des § 9 Abs. 1 Satz 1 EStG.

---

1) Anm.: Durch das Steuerentlastungsgesetz 1999/2000/2002 wurde Absatz 5 wie folgt gefaßt:
„(5) § 4 Abs. 4a, 5 Satz 1 Nr. 1 bis 5, 6b bis 8a, 10 und Abs. 6 gilt sinngemäß."

§§ 9, 9a EStG
H 84

H 84   **Hinweise**

Computer, Peripheriegeräte, Software als Werbungskosten
- OFD Berlin vom 7.5.1997 (DB 1997 S. 1741).
- OFD Bremen vom 16.7.1997 (DB 1997 S. 1594) – Fragebogen zur steuerlichen Auswirkung.

Promotion
→ H 103 (Promotion)

EStG [1]

§ 9a[1]
Pauschbeträge für Werbungskosten

S 2214   ¹Für Werbungskosten sind bei der Ermittlung der Einkünfte folgende Pauschbeträge abzuziehen,
1. wenn nicht höhere Werbungskosten nachgewiesen werden:

S 2346
   a) von den Einnahmen aus nichtselbständiger Arbeit:
   ein Arbeitnehmer-Pauschbetrag von 2.000 Deutsche Mark;
   b) von den Einnahmen aus Kapitalvermögen:
   ein Pauschbetrag von 100 Deutsche Mark;
   bei Ehegatten, die nach den §§ 26, 26b zusammen veranlagt werden, erhöht sich dieser Pauschbetrag auf insgesamt 200 Deutsche Mark;
   c) von den Einnahmen im Sinne des § 22 Nr. 1 und 1a:
   ein Pauschbetrag von insgesamt 200 Deutsche Mark;
2. wenn der Steuerpflichtige bei Gebäuden, soweit sie Wohnzwecken dienen, die Werbungskosten pauschal ermittelt:

   von den Einnahmen aus Vermietung und Verpachtung:

   ein Pauschbetrag von 42 Deutsche Mark pro Quadratmeter Wohnfläche. ²Neben dem Pauschbetrag können die nach § 9 Abs. 1 Satz 3 Nr. 1 abziehbaren Schuldzinsen, die Absetzungen für Abnutzung und für Substanzverringerung, erhöhte Absetzungen und Sonderabschreibungen abgezogen werden. ³Der Steuerpflichtige kann für den folgenden Veranlagungszeitraum die tatsächlichen Werbungskosten abziehen. ⁴In diesem Fall ist eine erneute Anwendung des Werbungskosten-Pauschbetrags erst nach Ablauf der vier folgenden Veranlagungszeiträume zulässig. ⁵Für Zeiträume, in denen das Gebäude nicht Wohnzwecken oder der Erzielung von Einkünften aus Vermietung und Verpachtung dient, ist der Pauschbetrag nicht abzuziehen. ⁶Sind mehrere Steuerpflichtige Eigentümer des Gebäudes und sind sie an den Einkünften aus Vermietung und Verpachtung beteiligt, können sie das Wahlrecht nur einheitlich ausüben. ⁷Die vorstehenden Sätze sind auf Gebäudeteile, die selbständige unbewegliche Wirtschaftsgüter sind, sowie auf Eigentumswohnungen entsprechend anzuwenden.

---

[1] Anm.: Durch das Steuerentlastungsgesetz 1999/2000/2002 wurde ab VZ 1999 § 9a wie folgt gefaßt:
„§ 9a
Pauschbeträge für Werbungskosten
Für Werbungskosten sind bei der Ermittlung der Einkünfte die folgenden Pauschbeträge abzuziehen, wenn nicht höhere Werbungskosten nachgewiesen werden:
1. von den Einnahmen aus nichtselbständiger Arbeit: ein Arbeitnehmer-Pauschbetrag von 2 000 Deutsche Mark;
2. von den Einnahmen aus Kapitalvermögen: ein Pauschbetrag von 100 Deutsche Mark; bei Ehegatten, die nach den §§ 26, 26b zusammen veranlagt werden, erhöht sich dieser Pauschbetrag auf insgesamt 200 Deutsche Mark;
3. von den Einnahmen im Sinne des § 22 Nr. 1 und 1a: ein Pauschbetrag von insgesamt 200 Deutsche Mark.

Der Arbeitnehmer-Pauschbetrag darf nur bis zur Höhe der um den Versorgungs-Freibetrag (§ 19 Abs. 2) geminderten Einnahmen, die Pauschbeträge nach den Nummern 2 und 3 dürfen nur bis zur Höhe der Einnahmen abgezogen werden."

²Der Arbeitnehmer-Pauschbetrag darf nur bis zur Höhe der um den Versorgungs-Freibetrag (§ 19 Abs. 2) geminderten Einnahmen, die Pauschbeträge nach Satz 1 Nr. 1 Buchstaben b und c dürfen nur bis zur Höhe der Einnahmen abgezogen werden.

85. Pauschbeträge für Werbungskosten   R 85

(1) ¹Der in § 9a Satz 1 Nr. 1 Buchstabe b EStG bezeichnete Pauschbetrag von 200 DM steht den Ehegatten im Fall ihrer Zusammenveranlagung gemeinsam zu. ²Die Ehegatten können daher in diesem Fall entweder nur den Pauschbetrag von 200 DM oder nachgewiesene höhere Werbungskosten geltend machen. ³Es ist nicht zulässig, daß einer der Ehegatten den halben Pauschbetrag und der andere Ehegatte Werbungskosten in nachgewiesener Höhe abzieht. ⁴Der Pauschbetrag kann auch dann voll in Anspruch genommen werden, wenn nur einer der Ehegatten Einnahmen aus Kapitalvermögen bezogen hat. ⁵Haben beide Ehegatten Einnahmen aus Kapitalvermögen und sind die Einkünfte jedes Ehegatten gesondert zu ermitteln, z. B. für Zwecke des § 24a EStG, so können die Ehegatten den ihnen zustehenden Pauschbetrag beliebig unter sich aufteilen. ⁶Für jeden Ehegatten darf jedoch höchstens ein Teilbetrag in Höhe seiner Einnahmen berücksichtigt werden.

(2) Die Pauschbeträge für Werbungskosten sind nicht zu ermäßigen, wenn die unbeschränkte Steuerpflicht lediglich während eines Teils des Kalenderjahrs bestanden hat.

S 2214

Hinweise   H 85

Arbeitnehmer-Pauschbetrag
→ A 48 LStR¹)

- Das BVerfG hat durch Beschluß vom 10.4.1997 – 2 BvL 77/92 (→ HFR 1997 S. 603) entschieden, daß der Arbeitnehmer-Pauschbetrag mit dem **Gleichheitsgrundsatz** vereinbar ist.
- **Arbeitnehmer-Pauschbetrag – Aufteilung**
- Der Pauschbetrag ist **anteilmäßig** bei einer zugeflossenen Entschädigung (§§ 24, 34 EStG) in Abzug zu bringen und nicht nur bei den laufenden Einnahmen (→ FG Brandenburg vom 18.9.1996 – EFG 1997 S. 163).
  Zu der Frage, ob der Arbeitnehmer-Pauschbetrag (tatsächliche Werbungskosten im Streitfall nicht angefallen) bei Bezug von laufendem Arbeitslohn und einer Entschädigung im Verhältnis der jeweiligen steuerpflichtigen Einnahmen zu den Gesamteinnahmen aufzuteilen ist, ist ein Revisionsverfahren beim BFH unter dem Az. XI R 33/97 (→ FG Sachsen vom 27.2.1997 – EFG 1997 S. 795) anhängig.
- Revisionsverfahren (Az. IV R 63/97) gegen das Urteil des FG Köln vom 12.3.1997 (→ EFG 1997 S. 797) zur Aufteilung des Pauschbetrages bei gleichzeitigem Bezug von laufendem Arbeitslohn und einer Entschädigung. Nach Auffassung des Gerichts stehen laufende und außerordentliche Einnahmen gleichrangig nebeneinander.

Beschränkt Steuerpflichtige
Anwendungsverbot → § 50 Abs. 1 Satz 5 EStG

Einnahmen aus derselben Einkunftsart
Die Pauschbeträge können nur einmal abgezogen werden (→ BFH vom 3.4.1959 – BStBl III S. 220).

Pauschbeträge für bestimmte Berufsgruppen
Neben dem Arbeitnehmer-Pauschbetrag abzugsfähige Beträge → A 47 LStR.

Pauschbetrag bei Vermietung und Verpachtung
→ BMF vom 23.9.1997 (BStBl I S. 895).

Anhang 23

---
¹) Anm.: LStR 48 (1999).

4a. Umsatzsteuerrechtlicher Vorsteuerabzug

EStG § 9b

S 2170 (1) ¹Der Vorsteuerbetrag nach § 15 des Umsatzsteuergesetzes gehört, soweit er bei der Umsatzsteuer abgezogen werden kann, nicht zu den Anschaffungs- oder Herstellungskosten des Wirtschaftsguts, auf dessen Anschaffung oder Herstellung er entfällt. ²Der Teil des Vorsteuerbetrags, der nicht abgezogen werden kann, braucht den Anschaffungs- oder Herstellungskosten des Wirtschaftsguts, auf dessen Anschaffung oder Herstellung der Vorsteuerbetrag entfällt, nicht zugerechnet zu werden,

1. wenn er 25 vom Hundert des Vorsteuerbetrags und 500 Deutsche Mark nicht übersteigt, oder
2. wenn die zum Ausschluß vom Vorsteuerabzug führenden Umsätze nicht mehr als 3 vom Hundert des Gesamtumsatzes betragen.

(2) Wird der Vorsteuerabzug nach § 15a des Umsatzsteuergesetzes berichtigt, so sind die Mehrbeträge als Betriebseinnahmen oder Einnahmen, die Minderbeträge als Betriebsausgaben oder Werbungskosten zu behandeln; die Anschaffungs- oder Herstellungskosten bleiben unberührt.

R 86 ### 86. Auswirkungen der Umsatzsteuer auf die Einkommensteuer

S 2170 (1) ¹Soweit ein Vorsteuerbetrag nach § 15 UStG umsatzsteuerrechtlich nicht abgezogen werden darf, ist er den Anschaffungs- oder Herstellungskosten des zugehörigen Wirtschaftsguts zuzurechnen. ²Diese Zurechnung gilt sowohl für Wirtschaftsgüter des Anlagevermögens als auch für Wirtschaftsgüter des Umlaufvermögens. ³In die Herstellungskosten sind die auf den Materialeinsatz und die Gemeinkosten entfallenden nicht abziehbaren Vorsteuerbeträge einzubeziehen.

(2) ¹Die Vereinfachungsregelung des § 9b Abs. 1 Satz 2 EStG bezieht sich jeweils auf den umsatzsteuerrechtlich nicht abziehbaren Teil des Vorsteuerbetrags **eines** Wirtschaftsguts. ²Bei mehreren gleichartigen Wirtschaftsgütern, die im Stück gehandelt werden, kommt die 500-DM-Grenze jeweils für den auf **ein** Stück entfallenden nicht abziehbaren Teil des Vorsteuerbetrags in Betracht. ³Bei Wirtschaftsgütern, die nicht im Stück, sondern mengenmäßig gehandelt werden, z. B. Flüssigkeiten oder Schüttgüter, ist als ein Wirtschaftsgut die jeweilige handelsübliche Rechnungseinheit wie Liter, Hektoliter, Tonne usw. anzunehmen. ⁴§ 9b Abs. 1 Satz 2 EStG setzt voraus, daß ein Vorsteuerbetrag umsatzsteuerrechtlich zum Teil abziehbar und zum Teil nicht abziehbar ist; die Vereinfachungsregelung gilt deshalb nicht für ein Wirtschaftsgut, bei dem der Vorsteuerbetrag umsatzsteuerrechtlich in voller Höhe nicht abziehbar ist.

(3) ¹Für die Anwendung des § 9b Abs. 1 Satz 2 EStG ist die umsatzsteuerrechtlich vorgenommene Aufteilung eines Vorsteuerbetrags in einen abziehbaren und einen nicht abziehbaren Teil maßgebend. ²Wird die umsatzsteuerrechtliche Aufteilung mit Wirkung für die Vergangenheit **geändert**, so muß auch die Zurechnung des nicht abziehbaren Teils eines Vorsteuerbetrags zu den Anschaffungs- oder Herstellungskosten des zugehörigen Wirtschaftsguts entsprechend berichtigt werden. ³Es ist jedoch zur Vereinfachung nicht zu beanstanden, wenn in diesem Fall die sich durch die Änderung der Aufteilung der Vorsteuerbeträge ergebenden Mehr- oder Minderbeträge an nicht abziehbarer Vorsteuer sofort als Ertrag oder Aufwand verrechnet und die Anschaffungs- oder Herstellungskosten der zugehörigen Wirtschaftsgüter nicht mehr berichtigt werden, sofern die Änderung der Aufteilung der Vorsteuerbeträge nur zu einer Erhöhung oder Verminderung der nicht abziehbaren Vorsteuerbeträge um nicht mehr als 25 v. H. führt und der auf ein Wirtschaftsgut entfallende Mehr- oder Minderbetrag an nicht abziehbarer Vorsteuer nicht mehr als 500 DM beträgt.

(4) ¹Für die Frage, ob bei den **geringwertigen Anlagegütern** im Sinne des § 6 Abs. 2 EStG die Grenze von 800 DM überschritten ist, ist stets von den Anschaffungs- oder Herstellungs-

§ 9b EStG
H 86   R 86

kosten abzüglich eines darin enthaltenen Vorsteuerbetrags, also von dem reinen Warenpreis ohne Vorsteuer (Nettowert), auszugehen. ²Ob der Vorsteuerbetrag umsatzsteuerrechtlich abziehbar ist, spielt in diesem Fall keine Rolle. ³Dagegen sind für die Bemessung der Freigrenze für Geschenke von 75 DM nach § 4 Abs. 5 Satz 1 Nr. 1 EStG die Anschaffungs- oder Herstellungskosten einschließlich eines umsatzsteuerrechtlich nicht abziehbaren Vorsteuerbetrags maßgebend.

Hinweise

H 86

Gewinnermittlung nach § 4 Abs. 3 EStG und Ermittlung des Überschusses der Einnahmen über die Werbungskosten

Die vereinnahmten Umsatzsteuerbeträge (für den Umsatz geschuldete Umsatzsteuer und vom Finanzamt erstattete Vorsteuer) gehören im Zeitpunkt ihrer Vereinnahmung zu den Betriebseinnahmen oder Einnahmen, die verausgabten Umsatzsteuerbeträge (gezahlte Vorsteuer und an das Finanzamt abgeführte Umsatzsteuerbeträge) im Zeitpunkt ihrer Verausgabung zu den Betriebsausgaben oder Werbungskosten, es sei denn, daß die Vorsteuerbeträge nach R 86 Abs. 1 bis 3 den Anschaffungs- oder Herstellungskosten des zugehörigen Wirtschaftsguts zuzurechnen sind und diese nicht sofort abziehbar sind (BFH vom 29.6.1982 – BStBl II S. 755). § 4 Abs. 3 Satz 2 EStG findet insoweit keine Anwendung (BFH vom 19.2.1975 – BStBl II S. 441). Hierbei spielt es keine Rolle, ob der Steuerpflichtige zum Vorsteuerabzug berechtigt ist und ob er seine Umsätze nach den allgemeinen umsatzsteuerrechtlichen Vorschriften versteuert oder ob die Umsatzsteuer nach § 19 Abs. 1 UStG nicht erhoben wird.

Nicht abziehbare Vorsteuerbeträge sind auch bei **irrtümlicher Erstattung** Herstellungskosten des Wirtschaftsguts (→ BFH vom 4.6.1991 – BStBl II S. 759).

Bei umsatzsteuerlich fehlgeschlagener **Option** führt die Rückzahlung der Vorsteuererstattung nicht zu Werbungskosten bei den Einkünften aus Vermietung und Verpachtung (→ BFH vom 13.11.1986 – BStBl 1987 II S. 374).

Zur einkommensteuerlichen Behandlung der auf Grund der **Veräußerung eines Wirtschaftsguts** nach § 15 a UStG (Berichtigung des Vorsteuerabzugs) zurückgezahlten Vorsteuerbeträge → BMF vom 23.8.1993 (BStBl I S. 698):

Einkommensteuerliche Behandlung der auf Grund der Veräußerung eines Wirtschaftsguts nach § 15a UStG zurückgezahlten Vorsteuerbeträge

BMF vom 23.8.1993 (BStBl I S. 698)

Mit Urteil vom 8.12.1992 (BStBl 1993 II S. 656) hat der BFH im Anschluß an das Urteil vom 17.3.1992 (BStBl 1993 II S. 17) entschieden, daß an das Finanzamt zurückgezahlte Vorsteuerbeträge auch dann als Werbungskosten nach § 9b Abs. 2 EStG abgezogen werden dürfen, wenn der Vorsteuerabzug aufgrund der Veräußerung eines Wirtschaftsguts des Privatvermögens berichtigt worden ist. Die zurückgezahlten Vorsteuerbeträge seien zwar – ebenso wie bei der Veräußerung eines Wirtschaftsguts des Betriebsvermögens (BFH-Urteil vom 26.3.1992 – BStBl II S. 1038) – Veräußerungskosten. Sie dürften aber gleichwohl aufgrund des eindeutigen Wortlauts des § 9b Abs. 2 EStG als Werbungskosten abgezogen werden.

Die Grundsätze dieser Entscheidungen sind in allen noch offenen Veranlagungsfällen anzuwenden. Die entgegenstehenden Verwaltungsregelungen in Abschnitt 86 Abs. 6 der Einkommensteuer-Richtlinien (EStR) und das BMF-Schreiben vom 1.12.1993 (BStBl 1993 I S. 10) gelten nicht weiter.

Zum umsatzsteuerlichen **Vorsteuerabzug** → § 15 UStG und A 191–213 UStR.

5. Sonderausgaben

EStG

§ 10

(1) Sonderausgaben sind die folgenden Aufwendungen, wenn sie weder Betriebsausgaben noch Werbungskosten sind:

1. ¹Unterhaltsleistungen an den geschiedenen oder dauernd getrennt lebenden unbeschränkt einkommensteuerpflichtigen Ehegatten, wenn der Geber dies mit Zustimmung des Empfängers beantragt, bis zu 27.000 Deutsche Mark im Kalenderjahr. ²Der Antrag kann jeweils nur für ein Kalenderjahr gestellt und nicht zurückgenommen werden. ³Die Zustimmung ist mit Ausnahme der nach § 894 Abs. 1 der Zivilprozeßordnung als erteilt geltenden bis auf Widerruf wirksam. ⁴Der Widerruf ist vor Beginn des Kalenderjahrs, für das die Zustimmung erstmals nicht gelten soll, gegenüber dem Finanzamt zu erklären. ⁵Die Sätze 1 bis 4 gelten für Fälle der Nichtigkeit oder der Aufhebung der Ehe entsprechend;

1a. ¹auf besonderen Verpflichtungsgründen beruhende Renten und dauernde Lasten, die nicht mit Einkünften in wirtschaftlichem Zusammenhang stehen, die bei der Veranlagung außer Betracht bleiben. ²Bei Leibrenten kann nur der Anteil abgezogen werden, der sich aus der in § 22 Nr. 1 Satz 3 Buchstabe a aufgeführten Tabelle ergibt; in den Fällen des § 22 Nr. 1 Satz 3 Buchstabe a letzter Satz kann nur der Anteil, der nach der in dieser Vorschrift vorgesehenen Rechtsverordnung zu ermitteln ist, abgezogen werden;

2. a) Beiträge zu Kranken-, Pflege-, Unfall- und Haftpflichtversicherungen, zu den gesetzlichen Rentenversicherungen und an die Bundesanstalt für Arbeit;

   b) Beiträge zu den folgenden Versicherungen auf den Erlebens- oder Todesfall:

      aa) Risikoversicherungen, die nur für den Todesfall eine Leistung vorsehen,

      bb) Rentenversicherungen ohne Kapitalwahlrecht,

      cc) Rentenversicherungen mit Kapitalwahlrecht gegen laufende Beitragsleistung, wenn das Kapitalwahlrecht nicht vor Ablauf von 12 Jahren seit Vertragsabschluß ausgeübt werden kann,

      dd) Kapitalversicherungen gegen laufende Beitragsleistung mit Sparanteil, wenn der Vertrag für die Dauer von mindestens 12 Jahren abgeschlossen worden ist.

   ²Bei Steuerpflichtigen, die am 31. Dezember 1990 einen Wohnsitz oder ihren gewöhnlichen Aufenthalt in dem in Artikel 3 des Einigungsvertrages genannten Gebiet und vor dem 1. Januar 1991 keinen Wohnsitz oder gewöhnlichen Aufenthalt im bisherigen Geltungsbereich dieses Gesetzes hatten, gilt bis 31. Dezember 1996 folgendes:

   ³Hat der Steuerpflichtige zur Zeit des Vertragsabschlusses das 47. Lebensjahr vollendet, verkürzt sich bei laufender Beitragsleistung die Mindestvertragsdauer von 12 Jahren um die Zahl der angefangenen Lebensjahre, um die er älter als 47 Jahre ist, höchstens jedoch auf 6 Jahre.

   ⁴Fondsgebundene Lebensversicherungen sind ausgeschlossen. ⁵Ausgeschlossen sind auch Versicherungen auf den Erlebens- oder Todesfall, bei denen der Steuerpflichtige Ansprüche aus einem von einer anderen Person abgeschlossenen Vertrag entgeltlich erworben hat, es sei denn, es werden aus anderen Rechtsverhältnissen entstandene Abfindungs- und Ausgleichsansprüche arbeitsrechtlicher, erbrechtlicher oder familienrechtlicher Art durch Übertragung von Ansprüchen aus Lebensversicherungsverträgen erfüllt;

   c) Beiträge zu einer zusätzlichen freiwilligen Pflegeversicherung;

3. (weggefallen);

4. gezahlte Kirchensteuer;

5. Zinsen nach den §§ 233a, 234 und 237 der Abgabenordnung;¹⁾

---

¹⁾ Anm.: Durch das Steuerentlastungsgesetz 1999/2000/2002 wurde Absatz 1 Nummer 5 mit Wirkung ab VZ 1999 aufgehoben.

§ 10 EStG

6. Steuerberatungskosten;
7. Aufwendungen des Steuerpflichtigen für seine Berufsausbildung oder seine Weiterbildung in einem nicht ausgeübten Beruf bis zu 1.800 Deutsche Mark im Kalenderjahr. ²Dieser Betrag erhöht sich auf 2.400 Deutsche Mark, wenn der Steuerpflichtige wegen der Ausbildung oder Weiterbildung außerhalb des Orts untergebracht ist, in dem er einen eigenen Hausstand unterhält. ³Die Sätze 1 und 2 gelten entsprechend, wenn dem Steuerpflichtigen Aufwendungen für eine Berufsausbildung oder Weiterbildung seines Ehegatten erwachsen und die Ehegatten die Voraussetzungen des § 26 Abs. 1 Satz 1 erfüllen; in diesem Fall können die Beträge von 1.800 Deutsche Mark und 2.400 Deutsche Mark für den in der Berufsausbildung oder Weiterbildung befindlichen Ehegatten insgesamt nur einmal abgezogen werden. ⁴Zu den Aufwendungen für eine Berufsausbildung oder Weiterbildung gehören nicht Aufwendungen für den Lebensunterhalt, es sei denn, daß es sich um Mehraufwendungen handelt, die durch eine auswärtige Unterbringung im Sinne des Satzes 2 entstehen. ⁵Bei Aufwendungen für ein häusliches Arbeitszimmer, für Fahrten zwischen Wohnung und Ausbildungs- oder Weiterbildungsort und wegen doppelter Haushaltsführung sowie bei Mehraufwand für Verpflegung gelten § 4 Abs. 5 Satz 1 Nr. 6b, § 9 Abs. 1 Satz 3 Nr. 4 und 5 und Abs. 2 sowie § 4 Abs. 5 Satz 1 Nr. 5 sinngemäß;
8. Aufwendungen des Steuerpflichtigen, soweit sie nicht in unmittelbarem wirtschaftlichen Zusammenhang mit steuerfreien Einnahmen stehen, bis zu 18.000 Deutsche Mark im Kalenderjahr für hauswirtschaftliche Beschäftigungsverhältnisse, wenn auf Grund der Beschäftigungsverhältnisse Pflichtbeiträge zur inländischen gesetzlichen Rentenversicherung entrichtet werden. ²Leben zwei Alleinstehende in einem Haushalt zusammen, können sie den Höchstbetrag insgesamt nur einmal in Anspruch nehmen. ³Für jeden vollen Kalendermonat, in dem die Voraussetzungen nach Satz 1 nicht vorgelegen haben, ermäßigt sich der Höchstbetrag nach Satz 1 um ein Zwölftel;¹⁾
9. 30 vom Hundert des Entgelts, das der Steuerpflichtige für ein Kind, für das er einen Kinderfreibetrag oder Kindergeld erhält, für den Besuch einer gemäß Artikel 7 Abs. 4 des Grundgesetzes staatlich genehmigten oder nach Landesrecht erlaubten Ersatzschule sowie einer nach Landesrecht anerkannten allgemeinbildenden Ergänzungsschule entrichtet mit Ausnahme des Entgelts für Beherbergung, Betreuung und Verpflegung.

(2) ¹Voraussetzung für den Abzug der in Absatz 1 Nr. 2 bezeichneten Beträge (Vorsorgeaufwendungen) ist, daß sie

1. nicht in unmittelbarem wirtschaftlichen Zusammenhang mit steuerfreien Einnahmen stehen,
2. a) an Versicherungsunternehmen, die ihren Sitz oder ihre Geschäftsleitung in einem Mitgliedstaat der Europäischen Gemeinschaften haben und das Versicherungsgeschäft im Inland betreiben dürfen, und Versicherungsunternehmen, denen die Erlaubnis zum Geschäftsbetrieb im Inland erteilt ist, oder
   b) (weggefallen)
   c) an einen Sozialversicherungsträger
   geleistet werden und
3. nicht vermögenswirksame Leistungen darstellen, für die Anspruch auf eine Arbeitnehmer-Sparzulage nach § 13 des Fünften Vermögensbildungsgesetzes besteht.

²Als Sonderausgaben können Beiträge zu Versicherungen im Sinne des Absatzes 1 Nr. 2 Buchstabe b Doppelbuchstaben bb, cc und dd nicht abgezogen werden, wenn die Ansprüche aus Versicherungsverträgen während deren Dauer im Erlebensfall der Tilgung oder

---

¹⁾ Anm.: Durch das Steuerentlastungsgesetz 1999/2000/2002 wurde Absatz 1 Nummer 8 Satz 1 mit Wirkung ab 1999 wie folgt gefaßt:
„Aufwendungen des Steuerpflichtigen, soweit sie nicht in unmittelbarem wirtschaftlichen Zusammenhang mit steuerfreien Einnahmen stehen, bis zu 18.000 Deutsche Mark im Kalenderjahr für hauswirtschaftliche Beschäftigungsverhältnisse, wenn auf Grund der Beschäftigungsverhältnisse Pflichtbeiträge zur inländischen gesetzlichen Rentenversicherung entrichtet werden und es sich nicht um eine geringfügige Beschäftigung im Sinne des § 8 Abs. 1 Nr. 1 des Vierten Buches Sozialgesetzbuch handelt."

Sicherung eines Darlehens dienen, dessen Finanzierungskosten Betriebsausgaben oder Werbungskosten sind, es sei denn,

a) das Darlehen dient unmittelbar und ausschließlich der Finanzierung von Anschaffungs- oder Herstellungskosten eines Wirtschaftsguts, das dauernd zur Erzielung von Einkünften bestimmt und keine Forderung ist, und die ganz oder zum Teil zur Tilgung oder Sicherung verwendeten Ansprüche aus Versicherungsverträgen übersteigen nicht die mit dem Darlehen finanzierten Anschaffungs- oder Herstellungskosten; dabei ist es unbeachtlich, wenn diese Voraussetzungen bei Darlehen oder bei zur Tilgung oder Sicherung verwendeten Ansprüchen aus Versicherungsverträgen jeweils insgesamt für einen Teilbetrag bis zu 5.000 DM nicht erfüllt sind,

b) es handelt sich um eine Direktversicherung oder

c) die Ansprüche aus Versicherungsverträgen dienen insgesamt nicht länger als drei Jahre der Sicherung betrieblich veranlaßter Darlehen; in diesen Fällen können die Versicherungsbeiträge in den Veranlagungszeiträumen nicht als Sonderausgaben abgezogen werden, in denen die Ansprüche aus Versicherungsverträgen der Sicherung des Darlehens dienen.

(3) Für Vorsorgeaufwendungen gelten je Kalenderjahr folgende Höchstbeträge:

1. ein Grundhöchstbetrag von .... 2.610 Deutsche Mark,
   im Fall der Zusammenveranlagung
   von Ehegatten von .... 5.220 Deutsche Mark;

2. ein Vorwegabzug von .... 6.000 Deutsche Mark,
   im Fall der Zusammenveranlagung
   von Ehegatten von .... 12.000 Deutsche Mark.

   ²Diese Beträge sind zu kürzen um 16 vom Hundert der Summe der Einnahmen

   a) aus nichtselbständiger Arbeit im Sinne des § 19 ohne Versorgungsbezüge im Sinne des § 19 Abs. 2, wenn für die Zukunftssicherung des Steuerpflichtigen Leistungen im Sinne des § 3 Nr. 62 erbracht werden oder der Steuerpflichtige zum Personenkreis des § 10c Abs. 3 Nr. 1 oder 2 gehört, und

   b) aus der Ausübung eines Mandats im Sinne des § 22 Nr. 4;

3. für Beiträge nach Absatz 1 Nr. 2 Buchstabe c ein zusätzlicher Höchstbetrag von 360 Deutsche Mark für Steuerpflichtige, die nach dem 31. Dezember 1957 geboren sind;

4. Vorsorgeaufwendungen, die die nach den Nummern 1 bis 3 abziehbaren Beträge übersteigen, können zur Hälfte, höchstens bis zu 50 vom Hundert des Grundhöchstbetrags abgezogen werden (hälftiger Höchstbetrag).

(4) (weggefallen)

(5) ¹Nach Maßgabe einer Rechtsverordnung ist eine Nachversteuerung durchzuführen

1. bei Versicherungen im Sinne des Absatzes 1 Nr. 2 Buchstabe b Doppelbuchstaben bb, cc und dd, wenn die Voraussetzungen für den Sonderausgabenabzug nach Absatz 2 Satz 2 nicht erfüllt sind;

2. bei Rentenversicherungen gegen Einmalbeitrag (Absatz 1 Nr. 2 Buchstabe b Doppelbuchstabe bb), wenn vor Ablauf der Vertragsdauer, außer im Schadensfall oder bei Erbringung der vertragsmäßigen Rentenleistung, Einmalbeiträge ganz oder zum Teil zurückgezahlt werden.

EStDV

S 2220

§ 29
Anzeigepflichten bei Versicherungsverträgen

(1) ¹Der Sicherungsnehmer hat nach amtlich vorgeschriebenem Muster dem für die Veranlagung des Versicherungsnehmers nach dem Einkommen zuständigen Finanzamt, bei einem Versicherungsnehmer, der im Inland weder einen Wohnsitz noch seinen gewöhnlichen Aufenthalt hat, dem für die Veranlagung des Sicherungsnehmers zuständigen Finanzamt (§§ 19, 20 der Abgabenordnung) unverzüglich die Fälle anzuzeigen, in denen Ansprüche aus Versicherungsverträgen nach dem 13. Februar 1992 zur Tilgung oder Sicherung von Darlehen ein-

gesetzt werden. ²Satz 1 gilt entsprechend für das Versicherungsunternehmen, wenn der Sicherungsnehmer Wohnsitz, Sitz oder Geschäftsleitung im Ausland hat. Werden Ansprüche aus Versicherungsverträgen von Personen, die im Inland einen Wohnsitz oder ihren gewöhnlichen Aufenthalt haben (§ 1 Abs. 1 des Gesetzes), zur Tilgung oder Sicherung von Darlehen eingesetzt, sind die Sätze 1 und 2 nur anzuwenden, wenn die Darlehen den Betrag von 50.000 Deutsche Mark übersteigen.

(2) Das Versicherungsunternehmen hat dem für seine Veranlagung zuständigen Finanzamt (§ 20 Abgabenordnung) unverzüglich die Fälle anzuzeigen, in denen bei vor dem 1. Januar 1975 abgeschlossenen Versicherungsverträgen gegen Einmalbeitrag, soweit dieser nach dem 31. Dezember 1966 geleistet worden ist, sowie bei nach dem 31. Dezember 1974 abgeschlossenen Rentenversicherungsverträgen ohne Kapitalwahlrecht gegen Einmalbeitrag (§ 10 Abs. 5 Nr. 2 des Gesetzes) vor Ablauf der Vertragsdauer

1. die Versicherungssumme ganz oder zum Teil ausgezahlt wird, ohne daß der Schadensfall eingetreten ist oder in der Rentenversicherung die vertragsmäßige Rentenleistung erbracht wird, oder
2. der Einmalbeitrag ganz oder zum Teil zurückgezahlt wird.

(3) (weggefallen)

(4) Der Steuerpflichtige hat dem für seine Veranlagung zuständigen Finanzamt (§ 19 Abgabenordnung) die Abtretung und die Beleihung (Absätze 1 und 2) unverzüglich anzuzeigen.

§ 30

Nachversteuerung bei Versicherungsverträgen

(1) ¹Wird bei vor dem 1. Januar 1975 abgeschlossenen Versicherungsverträgen gegen Einmalbeitrag, soweit dieser nach dem 31. Dezember 1966 geleistet worden ist, oder bei nach dem 31. Dezember 1974 abgeschlossenen Rentenversicherungsverträgen ohne Kapitalwahlrecht gegen Einmalbeitrag (§ 10 Abs. 5 Nr. 2 des Gesetzes) vor Ablauf der Vertragsdauer

1. die Versicherungssumme ausgezahlt, ohne daß der Schadensfall eingetreten ist oder in der Rentenversicherung die vertragsmäßige Rentenleistung erbracht wird, oder
2. der Einmalbeitrag zurückgezahlt,

so ist eine Nachversteuerung für den Veranlagungszeitraum durchzuführen, in dem einer dieser Tatbestände verwirklicht ist. ²Zu diesem Zweck ist die Steuer zu berechnen, die festzusetzen gewesen wäre, wenn der Steuerpflichtige den Einmalbeitrag nicht geleistet hätte. ³Der Unterschiedsbetrag zwischen dieser und der festgesetzten Steuer ist als Nachsteuer zu erheben.

(2) Eine Nachversteuerung ist entsprechend Absatz 1 auch durchzuführen, wenn der Sonderausgabenabzug von Beiträgen zu Lebensversicherungen nach § 10 Abs. 2 des Gesetzes zu versagen ist.

§§ 31 bis 44

– weggefallen –

86a. Sonderausgaben (Allgemeines)

Bei Ehegatten, die nach § 26b EStG zusammen zur Einkommensteuer veranlagt werden, kommt es für den Abzug von Sonderausgaben nicht darauf an, ob sie der Ehemann oder die Ehefrau geleistet hat.

Hinweise

Abzugsberechtigte Person

Es können nur Aufwendungen abgezogen werden, die auf einer eigenen Verpflichtung des Steuerpflichtigen beruhen und von ihm selbst entrichtet worden sind (→ BFH vom 8.3.1995 – BStBl II S. 637).

Abzugshöhe

Aufwendungen können nur in der Höhe als Sonderausgaben abgezogen werden, in der sie erstattete oder gutgeschriebene Beträge der gleichen Art, z. B. erstattete Kirchensteuer, rückvergütete Versicherungsbeiträge, übersteigen (→ BFH vom 22.11.1974 – BStBl 1975 II S. 350).

Abzugszeitpunkt

Aufwendungen sind für das Kalenderjahr als Sonderausgaben abzuziehen, in dem sie geleistet worden sind (§ 11 Abs. 2 EStG). Dies gilt auch dann, wenn sie der Steuerpflichtige mit Darlehnsmitteln bestritten hat (→ BFH vom 10.12.1971 – BStBl 1972 II S. 250 und vom 15.3.1974 – BStBl II S. 513).

Dividenden, Überschuß- oder Gewinnanteile bei Versicherungen/Versicherungsvereinen auf Gegenseitigkeit

→ H 88 (Beitragsminderungen)

Erstattete Aufwendungen

→ Abzugshöhe

Sozialversicherungsbeiträge, Erstattung von

Werden Sozialversicherungsbeiträge mangels Versicherungspflicht zurückgezahlt, fällt für den Sonderausgabenabzug ein Tatbestandsmerkmal mit Wirkung für die Vergangenheit fort (§ 175 Abs. 1 Satz 1 Nr. 2 AO). Ist im Jahr der Erstattung an den Steuerpflichtigen eine Kompensation mit gleichartigen Aufwendungen nicht möglich, ist der Sonderausgabenabzug des Jahres der Verausgabung um die – ggf. zeitanteilig anzusetzende – nachträgliche Erstattung zu mindern. Ein bereits bestandskräftiger Bescheid ist nach § 175 Abs. 1 Satz 1 Nr. 2 AO zu ändern (→ BFH vom 28.5.1998 – BFHE 186 S. 521).

Schuldzinsenabzug

Der Gesetzgeber ist aufgrund Verfassungsrechts nicht verpflichtet, die Abziehbarkeit privat veranlaßter Schuldzinsen im Rahmen der Einkommensteuer wiedereinzuführen (→ BFH vom 29.7.1998 – BFHE 186, 555).

Das im Einkommensteuerrecht bestehende Abzugsverbot privater Schuldzinsen verstößt nicht gegen Art. 3 Abs. 1 GG. Der Beschluß des Großen Senats des BFH vom 4.7.1990 (BStBl II S. 817) ermöglicht Stpfl. mit Gewinneinkünften keinen weitgehenden Abzug privater Schuldzinsen (→ FG Köln vom 26.1.1995 – EFG 1995 S. 826 – Rev. – BFH IX R 84/95).

Willkürlich gezahlte Kirchensteuer

→ H 101

Zukunftssicherungsleistungen

Beiträge des Arbeitgebers für die Zukunftssicherung des Arbeitnehmers können als Sonderausgaben des Arbeitnehmers abgezogen werden, es sei denn, daß der Arbeitgeber die Lohnsteuer für diese Beiträge pauschal berechnet und übernommen hat (→ BFH vom 28.3.1958 – BStBl III S. 266 und 267 und **BMF vom 9.2.1993 – BStBl I S. 248 – Tz. 3**).

86b. Unterhaltsleistungen an den geschiedenen oder dauernd getrennt lebenden Ehegatten

R 86b

(1) Der Antrag nach § 10 Abs. 1 Nr. 1 EStG kann auf einen Teilbetrag der Unterhaltsleistungen beschränkt werden.

(2) Die Zustimmung wirkt auch dann bis auf Widerruf, wenn sie im Rahmen eines Vergleichs erteilt wird.

(3) Übersteigen die Unterhaltsleistungen den Betrag von 27.000 DM pro Empfänger oder wird der Antrag auf Sonderausgabenabzug auf einen niedrigeren Betrag beschränkt, so kann der nicht als Sonderausgaben abziehbare Teil der Unterhaltsleistungen auch nicht als außergewöhnliche Belastung berücksichtigt werden.

(4) Leistet jemand Unterhalt an mehrere Empfänger, so sind die Unterhaltsleistungen an jeden bis zu einem Betrag von 27.000 DM abziehbar.

Hinweise

H 86b

Allgemeines
Ein Einkommensteuerbescheid ist nach § 175 Abs. 1 Satz 1 Nr. 2 AO zu ändern, wenn nach Eintritt der Bestandskraft sowohl die Zustimmung erteilt als auch der Antrag nach § 10 Abs. 1 Nr. 1 Satz 1 EStG gestellt werden (→ BFH vom 12.7.1989 – BStBl II S. 957).

Antragmuster für Unterhaltsleistungen an den geschiedenen oder dauernd getrennt lebenden Ehegatten
Anlage U → anzufordern beim zuständigen Finanzamt.

Erbe
Unterhaltsleistungen, die der Erbe nach § 1586b BGB an den geschiedenen Ehegatten des Erblassers zu erbringen hat, sind nicht als Sonderausgaben abzugsfähig (→ BFH vom 12.11.1997 – BStBl 1998 II S. 148).

Nicht unbeschränkt einkommensteuerpflichtiger Empfänger
Ist der Empfänger nicht unbeschränkt einkommensteuerpflichtig, kann ein Abzug der Unterhaltsleistungen bei Vorliegen der Voraussetzungen des § 1a Abs. 1 Nr. 1 EStG oder auf Grund eines DBA in Betracht kommen. Nach dem Stand vom 1.1.1997 gibt es entsprechende Regelungen in den DBA mit Dänemark (BStBl 1996 I S. 1219, 1225), Kanada (BStBl 1982 I S. 752, 762) und den USA (BStBl 1991 I S. 94, 108).

Unterhaltsleistungen
Es ist unerheblich, ob die Unterhaltsleistungen freiwillig oder auf Grund gesetzlicher Unterhaltspflicht erbracht werden. Auch als Unterhalt erbrachte Sachleistungen sind zu berücksichtigen. Bei unentgeltlicher Überlassung einer eigenen Wohnung sind Unterhaltsleistungen nur in Höhe der durch die Nutzung verursachten, vom Geber getragenen Aufwendungen anzuerkennen wie z. B. Grundsteuer, Kosten von Heizung, elektrischem Strom, Wasser, Abwasser- und Müllbeseitigung, nicht jedoch Schuldzinsen und andere Finanzierungskosten, Erhaltungsaufwand, AfA, Feuerversicherungsbeiträge.

Ferner ist ohne Bedeutung, ob es sich um laufende oder einmalige Leistungen handelt.

Zur Wohnungsüberlassung an den geschiedenen oder dauernd getrennt lebenden Ehegatten bei Abschluß eines Mietvertrages → H 162a *(Vermietung an Unterhaltsberechtigte)*

Nach den Regelungen des § 11 Abs. 2 EStG kann ein Steuerpflichtiger dann, wenn das **Sozialamt** für ihn die geschuldeten Unterhaltsleistungen **in Vorleistung erbringt,** den Sonderausgabenabzug erst in dem VZ geltend machen, in dem er seinerseits den auf das Sozialamt übergegangenen Anspruch erfüllt (→ FG Saarland vom 18.12.1996 – EFG 1997 S. 657).

§ 10 EStG
R 87   H 86b, 87

Zustimmung

Die Finanzbehörden sind nicht verpflichtet zu prüfen, ob die Verweigerung der Zustimmung rechtsmißbräuchlich ist (→ BFH vom 25.7.1990 – BStBl II S. 1022).

Der **Widerruf** der Zustimmung muß vor Beginn des Kalenderjahrs, für den er wirksam werden soll, erklärt werden. Im Fall der rechtskräftigen Verurteilung zur Erteilung der Zustimmung (§ 894 Abs. 1 ZPO; → BFH vom 25.10.1988 – BStBl 1989 II S. 192) wirkt sie nur für das Kalenderjahr, das Gegenstand des Rechtsstreits war.

R 87

87. Renten und dauernde Lasten

S 2221

(1) Renten und → dauernde Lasten, die mit steuerbefreiten Einkünften, z. B. auf Grund eines Doppelbesteuerungsabkommens, in wirtschaftlichem Zusammenhang stehen, können nicht als Sonderausgaben abgezogen werden.

(2) ¹Renten und dauernde Lasten, die freiwillig oder auf Grund einer freiwillig begründeten Rechtspflicht geleistet werden, sind grundsätzlich nicht als Sonderausgaben abziehbar. ²Das gilt auch für Zuwendungen an eine gegenüber dem Steuerpflichtigen oder seinem Ehegatten gesetzlich unterhaltsberechtigte Person oder an deren Ehegatten (§ 12 Nr. 2 EStG). ³**Wegen der Behandlung wiederkehrender Leistungen im Sinne der Sätze 1 und 2, die im Zusammenhang mit einer Vermögensübertragung stehen,** → **R 123.**

H 87

Hinweise

Abgrenzung Rente/Dauernde Last

Anhang 10

Einkommensteuerrechtliche Behandlung von wiederkehrenden Leistungen im Zusammenhang mit der Übertragung von Privat- oder Betriebsvermögen → BMF vom 23.12.1996 (BStBl I S. 1508)

und vom 31.12.1997 (BStBl 1998 I S. 21) betr. Anwendungsregelung bei Vermögensübertragung gegen wiederkehrende Leistungen auf bestimmte Zeit (sog. Mindestzeitrente oder verlängerte Leibrente/dauernde Last).

Ablösung

– **einer Versorgungsrente**

Einmalige oder kurzfristige Zahlungen zur Ablösung sind in der Regel keine Renten (→ BFH vom 23.4.1958 – BStBl III S. 277).

– **einer dauernden Last**

Bei einmaligen oder kurzfristigen Zahlungen zur Ablösung einer dauernden Last entfällt die für die Abziehbarkeit gesetzlich geforderte Form, so daß der Ablösungsbetrag nicht als Sonderausgabe abgezogen werden kann (→ BFH vom 23.4.1958 – BStBl III S. 277 und vom 26.5.1971 – BStBl II S. 655).

– **eines Nießbrauchs** *oder eines anderen Nutzungsrechts*

Anhang 10
Anhang 23

→ BMF vom 23.12.1996 (BStBl I S. 1508) Tz. 9 und 10 **und vom 24.7.1998 (BStBl I S. 914) Tz. 55 – 67**

Altenteilsleistung

Der Wert unbarer Altenteilsleistungen ist nach § 1 Abs. 1 der SachBezVO in der für den jeweiligen VZ geltenden Fassung zu schätzen (→ BFH vom 18.12.1990 – BStBl 1991 II S. 354).

→ Wohnungsrecht

Beihilfen zu Studienkosten

Beihilfen oder Zuschüsse zu Studienkosten sind in der Regel keine Renten (→ BFH vom 24.1.1952 – BStBl III S. 48); der Verpflichtete kann sie nicht als Sonderausgaben abziehen.

Dauernde Last

- Dauernde Lasten sind wiederkehrende, nach Zahl oder Wert abänderbare Aufwendungen, die ein Steuerpflichtiger in Geld oder Sachwerten für längere Zeit einem anderen gegenüber auf Grund einer rechtlichen Verpflichtung zu erbringen hat (→ BFH vom 4.4.1989 – BStBl II S. 779).
- Zur Abänderbarkeit → BMF vom 23.12.1996 (BStBl I S. 1508) Tz. 36 – 39   Anhang 10

und vom 31.12.1997 (BStBl 1998 I S. 21) betr. Anwendungsregelung bei Vermögensübertragung gegen wiederkehrende Leistungen auf bestimmte Zeit (sog. Mindestzeitrente oder verlängerte Leibrente/dauernde Last).

Wird ein ertragloses Grundstück (mit aufstehendem Rohbau) im Wege der vorweggenommenen Erbfolge übertragen, sind im Zusammenhang hiermit vereinbarte **Unterhaltszahlungen,** die wiederkehrend auf die Lebenszeit des Übergebers zu leisten sind, nicht als Sonderausgaben (Rente oder dauernde Last) abziehbar (→ BFH vom 27.8.1997 – BStBl II S. 813).

Erbbauzinsen

Erbbauzinsen, die im Zusammenhang mit der Selbstnutzung einer Wohnung im eigenen Haus anfallen, können nicht als dauernde Last abgezogen werden (→ BFH vom 24.10.1990 – BStBl 1991 II S. 175).

Erbschaftsteuer

Bei Renten, Nießbrauchsrechten und sonstigen wiederkehrenden Leistungen, für die der Erwerber bei der Erbschaftsteuer die jährliche Versteuerung nach § 23 des ErbStG beantragt hat, ist die Jahreserbschaftsteuer als dauernde Last nach § 10 Abs. 1 Nr. 1a EStG abziehbar (→ BFH vom 23.2.1994 – BStBl II S. 690).

Erhaltungs-/Instandhaltungsaufwendungen

→ BMF vom 23.12.1996 (BStBl I S. 1508) Tz. 34   Anhang 10

Leibrente

→ R 167

Mietwert

→ Wohnungsrecht

Sozialversicherungsbeiträge, Erstattung von → H 86a

Vermögensübergabe gegen Versorgungsleistungen

→ BMF vom 23.12.1996 (BStBl I S. 1508)   Anhang 10

und vom 31.12.1997 (BStBl 1998 I S. 21) betr. Anwendungsregelung bei Vermögensübertragung gegen wiederkehrende Leistungen auf bestimmte Zeit (sog. Mindestzeitrente oder verlängerte Leibrente/dauernde Last).

Bei der Vermögensübergabe gegen Versorgungsleistungen sind die Nachtragsvereinbarungen, die einer anderen Bedarfslage des Berechtigten Rechnung tragen, als dauernde Last anzusetzen. Im Austausch gegen ein bei Vermögensübergabe vorbehaltenes Wohnrecht nachträglich vereinbarte zusätzliche Versorgungsleistungen können als dauernde Lasten berücksichtigt werden, auch wenn ihr Wert den Mietwert der ursprünglich der Vermögensübergeberin zugewiesenen Wohnung übersteigt (→ BFH vom 27.8.1996 – BStBl 1997 II S. 47).

- Ob die in einem Hofübergabevertrag vorgesehene Leibrentenvereinbarung durch einen zivilrechtlichen gültigen Änderungsvertrag mit Wirkung für die Zukunft in eine dauernde Last umgewandelt werden kann, ist in einem Revisionsverfahren zu entscheiden (→ BFH XR 135/98).

Versorgungsausgleich

Zur Behandlung von Aufwendungen im Rahmen des ehelichen Versorgungsausgleichs als dauernde Last → BMF vom 20.7.1981 (BStBl I S. 567).   Anhang 25

§ 10 EStG
R 87a H 87, 87a

Vorweggenommene Erbfolge

Anhang 10

Zur ertragsteuerlichen Behandlung der vorweggenommenen Erbfolge → BMF vom 13.1.1993 (BStBl I S. 80) und vom 23.12.1996 (BStBl I S. 1508)

und vom 31.12.1997 (BStBl 1998 I S. 21) betr. Anwendungsregelung bei Vermögensübertragung gegen wiederkehrende Leistungen auf bestimmte Zeit (sog. Mindestzeitrente oder verlängerte Leibrente/dauernde Last).

Wird ein ertragloses Grundstück (mit aufstehendem Rohbau) im Wege der vorweggenommenen Erbfolge übertragen, sind im Zusammenhang hiermit vereinbarte **Unterhaltszahlungen,** die wiederkehrend auf die Lebenszeit des Übergebers zu leisten sind, nicht als Sonderausgaben (Rente oder dauernde Last) abziehbar (→ BFH vom 27.8.1997 – BStBl II S. 813).

Wiederkehrende Leistungen

Anhang 10

Einkommensteuerrechtliche Behandlung von wiederkehrenden Leistungen im Zusammenhang mit der Übertragung von Privat- oder Betriebsvermögen → BMF vom 23.12.1996 (BStBl I S. 1508)

und vom 31.12.1997 (BStBl 1998 I S. 21) betr. Anwendungsregelung bei Vermögensübertragung gegen wiederkehrende Leistungen auf bestimmte Zeit (sog. Mindestzeitrente oder verlängerte Leibrente/dauernde Last).

Wohnungsrecht

– Ein Abzug des Mietwerts als dauernde Last kommt mangels Aufwendungen nicht in Betracht, wenn sich der Übergeber eines land- und forstwirtschaftlichen Betriebs anläßlich der Vermögensübergabe gegen Versorgungsleistungen ein Wohnungsrecht an einer Wohnung des übergebenen Vermögens vorbehalten und der Übernehmer den **Wegfall der Nutzungswertbesteuerung** beantragt hat (→ BFH vom 26.7.1995 – BStBl II S. 836).

– Bei **Fortführung der Nutzungswertbesteuerung** bestimmt sich die Höhe des Abzugs nach dem bei der Gewinnermittlung angesetzten Nutzungswert (→ BFH vom 26.7.1995 – BStBl 1996 II S. 157).

Anhang 10

– → BMF vom 23.12.1996 (BStBl I S. 1508) Tz. 33

Zuschüsse zu Studienkosten

→ Beihilfen

R 87a

87a. Vorsorgeaufwendungen (Allgemeines)

S 2221

– unbesetzt –

H 87a

Hinweise

Ausländische Versicherungsunternehmen

Anhang 24

Verzeichnis der ausländischen Versicherungsunternehmen, denen die Erlaubnis zum Betrieb eines nach § 10 Abs. 1 Nr. 2 EStG begünstigten Versicherungszweigs im Inland erteilt ist → Anhang 32.

Nichtabziehbare Vorsorgeaufwendungen

Vorsorgeaufwendungen, die mit steuerfreien Einnahmen in unmittelbarem wirtschaftlichen Zusammenhang stehen, sind nicht abziehbar.

Beispiele:

1. Gesetzliche Arbeitnehmeranteile zur Sozialversicherung, die auf steuerfreien Arbeitslohn entfallen (→ BFH vom 27.3.1981 – BStBl II S. 530), z. B. auf Grund einer Freistellung nach einem DBA oder dem Auslandstätigkeitserlaß vom 31.10.1983 (BStBl I S. 470);

2. Aufwendungen aus Mitteln, die nach ihrer Zweckbestimmung zur Leistung der Vorsorgeaufwendungen dienen, wie
   a) steuerfreie Zuschüsse zur Krankenversicherung der Rentner, z. B. nach § 106 SGB VI (→ R 6 Nr. 14);
   b) Sonderleistungen, die Wehrpflichtige oder Zivildienstleistende unter bestimmten Voraussetzungen zum Ersatz für Beiträge zu einer Krankenversicherung, Unfallversicherung oder Haftpflichtversicherung erhalten (§ 7 USG, § 78 Abs. 1 Nr. 2 ZDG). Beiträge zu Versicherungen, die mit dem Führen und Halten von Kraftfahrzeugen zusammenhängen, z. B. Kraftfahrzeug-Haftpflichtversicherung, Kraftfahrzeug-Insassenunfallversicherung, werden nach § 7 Abs. 2 Nr. 4 USG nicht ersetzt;
   c) Beiträge zur Alters- und Hinterbliebenenversorgung, die Wehrpflichtigen und Zivildienstleistenden erstattet werden (§ 14a und 14b Arbeitsplatzschutzgesetz, § 78 Abs. 1 Nr. 1 ZDG);
   d) steuerfreie Beträge, die Land- und Forstwirte nach dem Gesetz über die Alterssicherung der Landwirte zur Entlastung von Vorsorgeaufwendungen im Sinne des § 10 Abs. 1 Nr. 2 Buchstabe a EStG erhalten.

88. Versicherungsbeiträge

R 88

(1) ¹Kapitalbildende Lebensversicherungen im Sinne des § 10 Abs. 1 Nr. 2 Buchst. b und des § 20 Abs. 1 Nr. 6 EStG, die nach dem 31.3.1996 abgeschlossen worden sind, sind solche Versicherungen, bei denen der Todesfallschutz während der gesamten Laufzeit des Versicherungsvertrages mindestens 60 v. H. der Summe der nach dem Versicherungsvertrag für die gesamte Vertragsdauer zu zahlenden Beiträge beträgt; sind weitere Risiken mitversichert, bleiben nur die Beitragsanteile für Berufsunfähigkeit und Pflege außer Betracht. ²Den Nachweis für die Einhaltung des Mindesttodesfallschutzes hat der Steuerpflichtige bei Abschluß des Versicherungsvertrages und bei Beitragsänderungen durch gesonderten Ausweis des Versicherers zu erbringen. ³Sätze 1 und 2 gelten auch für fondsgebundene Lebensversicherungen im Sinne des § 20 Abs. 1 Nr. 6 Satz 4 EStG sowie für nach dem 31.12.1996 abgeschlossene Direktversicherungen.

S 2221

(2) ¹Wird ein Kraftfahrzeug teils für berufliche und teils für private Zwecke benutzt, so kann der Steuerpflichtige den Teil seiner **Aufwendungen für die Kfz-Haftpflichtversicherung,** der dem Anteil der privaten Nutzung entspricht, im Rahmen des § 10 EStG als Sonderausgaben abziehen. ²Werden für Fahrten zwischen Wohnung und Arbeitsstätte oder Familienheimfahrten mit eigenem Kraftfahrzeug Pauschbeträge nach § 9 Abs. 1 Satz 3 Nr. 4 EStG als Werbungskosten abgezogen, so können die Aufwendungen für die Kfz-Haftpflichtversicherung zur Vereinfachung in voller Höhe als Sonderausgaben anerkannt werden.

Hinweise

H 88

Abzugsberechtigte Person
Sonderausgaben kann derjenige geltend machen, der sie als Versicherungsnehmer aufgewendet hat (→ BFH vom 8.3.1995 – BStBl II S. 637).
Es ist ohne Bedeutung, wer der Versicherte ist oder wem die Versicherungssumme oder eine andere Leistung später zufließt (→ BFH vom 20.11.1952 – BStBl 1953 III S. 36).

→ Versicherungsbeiträge

→ Zukunftssicherungsleistungen

Abzugsbeschränkung der Vorsorgeaufwendungen (§ 10 Abs. 3 EStG)
Ein **Ruhenlassen** außergerichtlicher Rechtsbehelfsverfahren (§ 363 Abs. 2 AO) wegen behaupteter Verfassungswidrigkeit des § 10 Abs. 3 EStG kommt nicht mehr in Betracht (→ BMF vom 18.12.1997 – BStBl I S. 1015).

→ Vorläufigkeitserklärung hinsichtlich der Abzugsbeschränkung.

Ausfertigungsgebühr

→ Versicherungsbeiträge

Aussteuerversicherung

→ Lebensversicherung

Beitragsminderungen

Dividenden, Überschußanteile oder Gewinnanteile, die bei Versicherungen auf den Erlebens- oder Todesfall von dem Versicherer ausgezahlt oder gutgeschrieben werden, mindern im Jahr der Auszahlung oder Gutschrift die als Sonderausgaben abziehbaren Beiträge (→ BFH vom 20. und 27.2.1970 – BStBl II S. 314 und 422). Das gilt nicht, soweit die Dividenden, *Überschußanteile oder Gewinnanteile* zur Abkürzung der Versicherungsdauer oder der Dauer der Beitragszahlung oder zur Erhöhung der Versicherungssumme (Summenzuwachs) verwendet werden oder nach § 20 Abs. 1 Nr. 6 EStG zu den Einkünften aus Kapitalvermögen gehören. Der Erhöhung der Versicherungssumme steht die verzinsliche Ansammlung der Dividenden, *Überschußanteile oder Gewinnanteile* gleich, wenn sie nach den Vertragsbestimmungen erst bei Fälligkeit der Hauptversicherungssumme ausgezahlt werden.

Beitragszahlungsdauer

Eine laufende Beitragsleistung liegt vor, wenn die Beitragszahlungsdauer der Laufzeit des Versicherungsvertrages entspricht. Es ist nicht zu beanstanden, wenn die Dauer der Beitragsleistung kürzer ist als die Vertragsdauer. Die laufende Beitragsleistung darf jedoch wirtschaftlich nicht einem Einmalbeitrag gleichkommen. Dies ist dann nicht der Fall, wenn nach dem Vertrag eine laufende Beitragsleistung für mindestens fünf Jahre ab dem Zeitpunkt des Vertragsabschlusses vereinbart ist. Der Zeitpunkt des Vertragsabschlusses entspricht regelmäßig dem Datum der Ausstellung des Versicherungsscheins. Es bestehen keine Bedenken, daß als Zeitpunkt des Vertragsabschlusses der im Versicherungsschein bezeichnete Tag des Versicherungsbeginns gilt, wenn innerhalb von drei Monaten nach diesem Tag der Versicherungsschein ausgestellt ist und die erste Prämie gezahlt wird; ist die Frist von drei Monaten überschritten, so berechnen sich die Beitragszahlungsdauer und die Mindestvertragsdauer vom Zeitpunkt der Zahlung der ersten Prämie an (→ BMF vom 20.7.1990 – BStBl I S. 324 und vom 7.2.1991 – BStBl I S. 214).

Berufsunfähigkeitsversicherung

→ Lebensversicherung

Dividenden

→ Beitragsminderungen

Dread-Disease-Versicherung

→ Lebensversicherung

Einmalbeitrag

→ BMF vom 20.7.1990 (BStBl I S. 324)

Erbschaftsteuerversicherung

→ Lebensversicherung

Gewinnanteile

→ Beitragsminderungen

Hausratversicherung

Beiträge sind keine Sonderausgaben.

Kapitalbildende Lebensversicherung

→ BMF vom 6.12.1996 (BStBl I S. 1438)

Kapitalwahlrecht

Die Ausübung des Kapitalwahlrechts vor Ablauf von 12 Jahren seit Vertragsabschluß muß vertraglich ausgeschlossen sein. Bei Versicherungen, deren vereinbarte Rentenzahlungen

§ 10 EStG
H 88

12 Jahre nach Vertragsabschluß beginnen, bestehen jedoch keine Bedenken, wenn nach dem Vertrag das Kapitalwahlrecht frühestens 5 Monate vor Beginn der Rentenzahlungen ausgeübt werden kann (→ BMF vom 26.7.1996 – BStBl I S. 1120). Für vor dem 1.10.1996 abgeschlossene Verträge ist Abschnitt 88 Abs. 1 Satz 4 EStR 1987 weiter anzuwenden.

Kaskoversicherung
Beiträge sind keine Sonderausgaben.

Krankentagegeldversicherung
Zu den Krankenversicherungen gehört auch die Krankentagegeldversicherung (→ BFH vom 22.5.1969 – BStBl II S. 489).

Krankenversicherungsbeiträge

→ Zusatzbeitrag zur Finanzierung von Instandhaltungskosten der Krankenhäuser (Notopfer Krankenhaus)

Laufende Beitragsleistung im Sinne des § 10 Abs. 1 Nr. 2 Buchstabe b Doppelbuchstaben cc und dd EStG
→ Beitragszahlungsdauer

Lebensversicherung
1. Als Sonderausgaben können nur Beiträge zu den im Gesetz genannten Versicherungen abgezogen werden.
2. Versicherungen auf den Erlebens- oder Todesfall sind auch:
   – Pensions-, Sterbe- und Versorgungskassen;
   – Aussteuer-, Berufsunfähigkeits- und Erbschaftsteuerversicherungen
   – Versicherungen mit vorgezogener Leistung bei bestimmten schweren Erkrankungen, sog. Dread-Disease-Versicherungen (→ BMF vom 12.9.1997 – BStBl I S. 825)
3. Beiträge zu Lebensversicherungen mit Teilleistungen vor dem Erlebensfall vor Ablauf der Mindestvertragsdauer von zwölf Jahren sind auch nicht teilweise als Sonderausgaben abziehbar (→ BFH vom 27.10.1987 – BStBl 1988 II S. 132).
4. Einsatz von Lebensversicherungen zur Tilgung oder Sicherung von Darlehen → BMF vom 19.5.1993 (BStBl I S. 406), vom 14.6.1993 (BStBl I S. 484), vom 2.11.1993 (BStBl I S. 901), vom 6.5.1994 (BStBl I S. 311), vom 22.7.1994 (BStBl I S. 509), vom 26.9.1994 (BStBl I S. 749) und vom 27.7.1995 (BStBl I S. 371).
5. Einkommensteuerrechtliche Behandlung von Lebensversicherungen nach Inkrafttreten des Dritten Durchführungsgesetzes/EWG zum VAG vom 21. Juli 1994 (BGBl. I S. 1630). Abgrenzung zwischen kapitalbildenden Lebensversicherungen und Sparverträgen → BMF vom 6.3.1996 (BStBl I S. 124).
6. Finanzierungen unter Einsatz von Lebensversicherungsansprüchen nach dem Steueränderungsgesetz 1992; Auszahlung von Darlehensmitteln auf Treuhandkonten von Banken → BMF vom 2.5.1996 – IV B 2 – S 2134 – 3/96 II (DStR 1996 S. 785 und OFD Köln vom 15.7.1996 – S 2252 A – St 1213 – ESt-Kartei NW § 10 EStG – Fach 2 Nr. 1001).

→ H 13 (1) Lebensversicherungen; Zuordnung zum Betriebs- oder Privatvermögen.

Loss-of-Licence-Versicherung
Beiträge zur Berufsunfähigkeitsversicherung eines Flugzeugführers sind regelmäßig Sonderausgaben, keine Werbungskosten (→ BFH vom 13.4.1976 – BStBl II S. 599).

Mindesttodesfallschutz
→ BMF vom 6.12.1996 (BStBl I S. 1438)

Mindestvertragsdauer
→ BMF vom 7.2.1991 (BStBl I S. 214)

→ abgedruckt zu H 88 (Beitragszahlungsdauer)

→ Lebensversicherungen

§ 10 EStG

Pensionskasse
→ Lebensversicherung

Pflegekrankenversicherung
Beiträge sind Sonderausgaben.

Pflegerentenversicherung
Beiträge sind Sonderausgaben.

Policendarlehen
→ Lebensversicherung Tz. 4.

Rechtsschutzversicherung
Beiträge sind keine Sonderausgaben.

> **Rechtsschutzversicherung**
> Aufwendungen für eine kombinierte Rechtsschutzversicherung als Werbungskosten bzw. Kosten der privaten Lebensführung → BMF vom 23.7.1998 – IV B 6 – S 2354 – 33/98 – DB 1998 S. 1590).

Rückdatierung des Versicherungsbeginns
→ Beitragszahlungsdauer

Sachversicherung
Beiträge sind keine Sonderausgaben.

Sterbekasse
→ Lebensversicherung

Todesfallschutz
→ BMF vom 6.12.1996 (BStBl I S. 1438)

Überschußanteile
→ Beitragsminderungen

> **Unfallversicherung**
> Einkommen-(lohn-)steuerrechtliche Behandlung von freiwilligen Unfallversicherungen der Arbeitnehmer → BMF vom 18.2.1997 – BStBl I S. 278).

Versicherungsbeiträge
Berücksichtigungsfähig sind auch die Ausfertigungsgebühr und die Versicherungsteuer (→ BFH vom 1.2.1957 – BStBl III S. 103).

Versicherungsbeiträge beim ehelichen Versorgungsausgleich
Anhang 25 → BMF vom 20.7.1981 (BStBl I S. 567)

Versicherungsteuer
→ Versicherungsbeiträge

Versorgungsbeiträge Selbständiger
Beiträge, für die eine gesetzliche Leistungspflicht besteht, stellen, auch soweit sie auf die sog. „alte Last" entfallen, regelmäßig keine Betriebsausgaben dar, wenn sie gleichzeitig der eigenen Versorgung oder der Versorgung der Angehörigen dienen (→ BFH vom 13.4.1972 – BStBl II S. 728 und 730).
Sie können in diesem Fall als Sonderausgaben im Rahmen des § 10 EStG abgezogen werden.

Versorgungskasse
→ Lebensversicherung
→ Versorgungsbeiträge Selbständiger

Vertragsdauer
→ Mindestvertragsdauer

Vertragseintritt
Wer in den Lebensversicherungsvertrag eines anderen eintritt, kann nur die nach seinem Eintritt fällig werdenden Beiträge als Sonderausgaben abziehen; der Eintritt gilt nicht als neuer Vertragsabschluß (→ BFH vom 9.5.1974 – BStBl II S. 633). In Fällen des entgeltlichen Erwerbs von Ansprüchen nach dem 31.12.1996 siehe aber § 10 Abs. 1 Nr. 2 Buchst. b Satz 5 EStG.

Vorläufigkeitserklärung hinsichtlich der Abzugsbeschränkung von Vorsorgeaufwendungen (§ 10 Abs. 3) EStG
Hat das Finanzamt die Steuerfestsetzung im Hinblick auf anhängige Verfassungsbeschwerden hinsichtlich der beschränkten Abzugsfähigkeit der Aufwendungen gemäß § 165 Abs. 1 AO für vorläufig erklärt, erstreckt sich die Vorläufigkeit nicht auf die Frage, ob der Stpfl. zum Abzug von Sonderausgaben **mit oder ohne Kürzung des Vorwegabzugs** berechtigt ist (→ BFH vom 27.11.1996 – BStBl 1997 II S. 791).

Zukunftssicherungsleistungen
→ H 86a (Zukunftssicherungsleistungen)

Zusatzbeitrag zur Finanzierung von Instandhaltungskosten der Krankenhäuser (Notopfer Krankenhaus)
Die Zusatzbeiträge der Mitglieder der gesetzlichen Krankenkassen gehören zu den Beiträgen zu Krankenversicherungen im Sinne des § 10 Abs. 1 Nr. 2 Buchstabe a EStG und sind im Rahmen der Höchstbeträge nach § 10 Abs. 3 EStG als Sonderausgaben abzuziehen (→ BMF vom 30.1.1998 – BStBl I S. 162).

Zuzahlungen zur Abkürzung der Vertragslaufzeit bei gleichbleibender Versicherungssumme
→ BMF vom 20.7.1990 (BStBl I S. 324)

89. Nachversteuerung von Versicherungsbeiträgen

¹Bei einer Nachversteuerung nach § 30 EStDV wird der Steuerbescheid des Kalenderjahrs, in dem die Versicherungsbeiträge (Einmalbeitrag und laufende Beitragsleistung) als Sonderausgabe berücksichtigt worden sind, nicht berichtigt. ²Es ist lediglich festzustellen, welche Steuer für das jeweilige Kalenderjahr festzusetzen gewesen wäre, wenn der Steuerpflichtige die Versicherungsbeiträge (Einmalbeitrag und laufende Beitragsleistung) nicht geleistet hätte. ³Der Unterschiedsbetrag zwischen dieser Steuer und der seinerzeit festgesetzten Steuer ist als Nachsteuer für das Kalenderjahr zu erheben, in dem **das steuerschädliche Ereignis** eingetreten ist.

Hinweise

Nachsteuer
Bei Berechnung der Nachsteuer können in den Jahren, in denen sich Versicherungsbeiträge als Sonderausgaben steuermindernd ausgewirkt haben, bisher nicht geltend gemachte Vorsorgeaufwendungen entsprechend § 177 Abs. 1 AO nachgeschoben werden (→ BFH vom 1.6.1994 – BStBl II S. 849).

Veräußerung von Ansprüchen aus Lebensversicherungen
führt weder zu einer Nachversteuerung der als Sonderausgaben abgezogenen Versicherungsbeiträge noch zur Besteuerung eines etwaigen Überschusses des Veräußerungserlöses über die eingezahlten Versicherungsbeiträge (→ BMF vom 12.9.1997 – BStBl I S. 825).

§ 10 EStG
R 90–101   H 101

R 90–93   90. – 93.

                                  – unbesetzt –

R 94   94. Nachversteuerung von Bausparbeiträgen

Soweit § 10 Abs. 5 Nr. 3 EStG weiter anzuwenden ist *(→ § 52 Abs. 12 Satz 7 EStG)*, gelten die Anweisungen in R 92 und 94 EStR 1993 und R 109a EStR 1990 weiter.

R 95–100   95. – 100.

                                  – unbesetzt –

R 101   101. Kirchensteuern

S 2221 (1) ¹Beiträge der Mitglieder von Religionsgemeinschaften, die mindestens in einem Land als Körperschaft des öffentlichen Rechts anerkannt sind, aber während des ganzen Kalenderjahrs keine Kirchensteuer erheben, können wie Kirchensteuern abgezogen werden. ²Voraussetzung ist, daß der Steuerpflichtige über die geleisteten Beiträge eine Empfangsbestätigung der Religionsgemeinschaft vorlegt. ³Der Abzug ist bis zur Höhe der Kirchensteuer zulässig, die in dem betreffenden Land unter Berücksichtigung der Kinderermäßigung von den als Körperschaften des öffentlichen Rechts anerkannten Religionsgemeinschaften erhoben wird. ⁴Bei unterschiedlichen Kirchensteuersätzen ist der höchste Steuersatz maßgebend. ⁵Die Sätze 1 bis 4 sind nicht anzuwenden, wenn der Steuerpflichtige gleichzeitig als Mitglied einer öffentlich-rechtlichen Religionsgemeinschaft zur Zahlung von Kirchensteuer verpflichtet ist.

(2) Der Abzug freiwilliger Beiträge richtet sich vorbehaltlich des Absatzes 1 nach § 10b EStG.

H 101   Hinweise

Kirchengemeinden im Ausland
Beiträge an Kirchengemeinden im Ausland sind nicht nach § 10 Abs. 1 Nr. 4 EStG abzugsfähig → Erlaß des FinMin NW vom 23.11.1983 – S 2223 – 1043 V B 2 (ESt-Kartei NW § 10b EStG Nr. 7).

→ H 111 (Beiträge an Kirchengemeinden im Ausland)

Kirchensteuern im Sinne des § 10 Abs. 1 Nr. 4 EStG
Sie sind Geldleistungen, die von den als Körperschaften des öffentlichen Rechts anerkannten Religionsgemeinschaften von ihren Mitgliedern auf Grund gesetzlicher Vorschriften erhoben werden. Die Kirchensteuer wird in der Regel als Zuschlagsteuer zur Einkommen- bzw. Lohnsteuer erhoben. Kirchensteuern können aber nach Maßgabe der Gesetze auch erhoben werden als Kirchensteuern vom Einkommen, vom Vermögen, vom Grundbesitz und als Kirchgeld. **Keine** Kirchensteuern sind freiwillige Beiträge, die an öffentlich-rechtliche Religionsgemeinschaften oder andere religiöse Gemeinschaften entrichtet werden.

Ohne Kirchenzugehörigkeit geleistete Zahlung
Wird dem Steuerpflichtigen gezahlte Kirchensteuer in einem späteren VZ teilweise erstattet, weil er der Kirche nicht angehört hat, kann er bei der Veranlagung für das Jahr der Zahlung

nur die Differenz zwischen gezahlter und erstatteter Kirchensteuer als Sonderausgaben abziehen (→ BFH vom 26.6.1996 – BStBl II S. 646), *entsprechend ist zu verfahren, wenn bei Kirchenaustritt einem Antrag auf Kirchensteuerkappung für die Zeit der Kirchenzugehörigkeit entsprochen wird und die Erstattung wegen des Kirchenaustritts nicht mit Kirchensteuerzahlungen verrechnet werden kann.*

Entsprechend ist zu verfahren, wenn bei Kirchensteueraustritt einem Antrag auf Kirchensteuerkappung für die Zeit der Kirchensteuerzugehörigkeit entsprochen wird und die Erstattung wegen des Kirchenaustritts nicht mit Kirchensteuerzahlungen verrechnet werden kann. Bei bestandskräftigen Bescheiden ist eine Änderung nach § 175 AO möglich (→ BFH vom 28.5.1998).

Versehentlich festgesetzte Kirchensteuern
Kirchensteuer-Vorauszahlungen, die versehentlich für einen aus der Kirche ausgetretenen Steuerpflichtigen (nach bereits erfolgter Herabsetzung auf 0 DM) wieder festgesetzt werden, sind nicht als Sonderausgaben abziehbar (→ BFH vom 22.11.1974 – BStBl 1975 II S. 350).

Willkürliche Zahlungen
Kirchensteuern sind grundsätzlich in dem Veranlagungszeitraum als Sonderausgabe abzugsfähig, in dem sie tatsächlich entrichtet wurden, soweit es sich nicht um willkürliche, die voraussichtliche Steuerschuld weit übersteigende Zahlungen handelt (→ BFH vom 25.1.1963 – BStBl III S. 141).

102. Steuerberatungskosten

¹Ist eine einwandfreie Zuordnung der Steuerberatungskosten zu Betriebsausgaben, Werbungskosten und Sonderausgaben nicht möglich, müssen die Kosten im Schätzungswege aufgeteilt werden. ²Betragen die Steuerberatungskosten im Kalenderjahr insgesamt nicht mehr als 1.000 DM, ist der Aufteilung des Steuerpflichtigen zu folgen. ³Der Betrag von 1.000 DM gilt auch bei Ehegatten, die nach § 26b EStG zusammen zur Einkommensteuer veranlagt werden.

Hinweise

Beiträge zu Lohnsteuerhilfevereinen gehören zu den Steuerberatungskosten (→ BFH vom 12.7.1989 – BStBl II S. 967).
Fahrtkosten zum Steuerberater gehören zu den Steuerberatungskosten (→ BFH vom 12.7.1989 – BStBl II S. 967).
Steuerberatungskosten im Sinne des § 10 Abs. 1 Nr. 6 EStG sind nur Aufwendungen, die in sachlichem Zusammenhang mit dem Besteuerungsverfahren stehen, also auch solche, die durch abgabenrechtliche Rechtsbehelfe und Rechtsmittel erwachsen (→ BFH vom 20.9.1989 – BStBl 1990 II S. 20).

Steuerfachliteratur
Aufwendungen gehören zu den Steuerberatungskosten (→ BFH vom 23.5.1989 – BStBl II S. 865).

Steuerstrafverfahren
Aufwendungen für die Verteidigung in einem Steuerstrafverfahren sind keine Steuerberatungskosten (→ BFH vom 20.9.1989 – BStBl 1990 II S. 20).
Unfallkosten auf der Fahrt zum Steuerberater gehören zu den Steuerberatungskosten (→ BFH vom 12.7.1989 – BStBl II S. 967).

Zuordnung der Steuerberatungskosten zu den Betriebsausgaben/Werbungskosten und Sonderausgaben

Steuerberatungskosten sind, soweit sie sich auf die Ermittlung der Einkünfte beziehen, Betriebsausgaben/Werbungskosten und, soweit sie das Ausfüllen der Steuererklärung oder Beratung in Tarif- und Veranlagungsfragen betreffen, Kosten der Lebensführung, die als Sonderausgaben abziehbar sind (→ BFH vom 12.7.1989 – BStBl II S. 967).

Zur Frage, ob die Kosten einer Zivilklage auf Zustimmung der früheren Ehefrau zum sog. **Realsplitting** als Steuerberatungskosten abziehbar sind, ist beim BFH ein Revisionsverfahren anhängig (→ XI R 86/95).

R 103
103. Aufwendungen für die Berufsausbildung oder die Weiterbildung in einem nicht ausgeübten Beruf

S 2221

¹Erhält der Steuerpflichtige zur unmittelbaren Förderung seiner Aus- oder Weiterbildung steuerfreie Bezüge, mit denen Aufwendungen im Sinne des § 10 Abs. 1 Nr. 7 EStG abgegolten werden, entfällt insoweit der Sonderausgabenabzug. ²Das gilt auch dann, wenn die zweckgebundenen steuerfreien Bezüge erst nach Ablauf des betreffenden Kalenderjahrs gezahlt werden. ³Zur Vereinfachung ist eine Kürzung der für den Sonderausgabenabzug in Betracht kommenden Aufwendungen nur dann vorzunehmen, wenn die steuerfreien Bezüge ausschließlich zur Bestreitung der in § 10 Abs. 1 Nr. 7 EStG bezeichneten Aufwendungen bestimmt sind, z. B. Leistungen für Fortbildungsmaßnahmen nach § 45 AFG oder Leistungen für Lern- und Arbeitsmittel nach § 4 der Verordnung über Zusatzleistungen in Härtefällen nach dem BAföG. ⁴Gelten die steuerfreien Bezüge dagegen ausschließlich oder teilweise Aufwendungen für den Lebensunterhalt ab – ausgenommen solche für auswärtige Unterbringung –, z. B. Berufsausbildungsbeihilfen nach § 40 AFG, Unterhaltsgeld nach § 44 AFG, Leistungen nach den §§ 12 und 13 BAföG, sind die als Sonderausgaben geltend gemachten Berufsausbildungs- und Weiterbildungsaufwendungen nicht zu kürzen.

H 103
Hinweise

Abendkurse
→ Berufsausbildung

Abzugsverbot
Das Aufteilungs- und Abzugsverbot des § 12 Nr. 1 Satz 2 EStG gilt nicht bei der Aufteilung von Aufwendungen, die einerseits den Einkünften als Betriebsausgaben/Werbungskosten und andererseits den Sonderausgaben zuzuordnen sind (→ BFH vom 22.6.1990 – BStBl II S. 901).

Aufbaustudium
→ Studium

Aufwendungen im Sinne des § 10 Abs. 1 Nr. 7 EStG sind Aufwendungen für

– **Arbeitsmittel**

Schafft ein Steuerpflichtiger für Zwecke seiner Berufsausbildung oder Weiterbildung in einem nicht ausgeübten Beruf abnutzbare Wirtschaftsgüter von mehrjähriger Nutzungsdauer an, so sind im Rahmen des § 10 Abs. 1 Nr. 7 EStG nur die auf die Nutzungsdauer verteilten Anschaffungskosten als Sonderausgaben abziehbar (→ BFH vom 7.5.1993 – BStBl II S. 676).

→ BFH vom 28.9.1984 (BStBl 1985 II S. 87)

→ BFH vom 14.2.1992 (BStBl II S. 961)

Die Anschaffungs- oder Herstellungskosten von Arbeitsmitteln einschließlich der Umsatzsteuer können im Jahr ihrer Verausgabung in voller Höhe als Sonderausgaben

§ 10 EStG
H 103

abgesetzt werden, wenn sie ausschließlich der Umsatzsteuer für das einzelne Arbeitsmittel 800 DM nicht übersteigen.
- **häusliches Arbeitszimmer**
    - → **BMF vom 16.6.1998 (BStBl I S. 863)** | Anhang 12
- **Fachliteratur**
    - → BFH vom 28.11.1980 (BStBl 1981 II S. 309)
    - → BFH vom 28.9.1984 (BStBl 1985 II S. 87)
- **Fahrten zwischen Wohnung und Aus-/Weiterbildungsort**
    - → BFH vom 28.11.1980 (BStBl 1981 II S. 309)
    - → BFH vom 28.9.1984 (BStBl 1985 II S. 87)
    - → BFH vom 14.2.1992 (BStBl II S. 961)
    - wegen der Höhe der Aufwendungen bei Benutzung eines Kraftfahrzeugs oder Fahrrads
    - → A 38 Abs. 1 und 2 LStR
- **Lehrgangs-, Schul- und Studiengebühren**
    - → BFH vom 9.3.1979 (BStBl II S. 337)
    - → BFH vom 28.11.1980 (BStBl 1981 II S. 309)
    - → BFH vom 28.9.1984 (BStBl 1985 II S. 94)
    - → BFH vom 6.3.1992 (BStBl II S. 661)
- **Mehraufwand für Verpflegung**
    - → BFH vom 3.12.1974 (BStBl 1975 II S. 356)
    - → wegen der Höhe → A 39 Abs. 2 LStR
- **Mehraufwand wegen doppelter Haushaltsführung**
    - → A 43 LStR

Ausbildungsdarlehen
→ H 86a (Abzugszeitpunkt)
→ Tilgung
→ Zinsen
→ Zuschlag bei Darlehensrückzahlung

Ausbildungsdienstverhältnis
Aufwendungen für die Berufsausbildung sind Werbungskosten, wenn die Berufsausbildung Gegenstand des Dienstverhältnisses ist (→ BFH vom 28.9.1984 – BStBl 1985 II S. 87 und 89).
→ A 34 Abs. 2 und 3 LStR

Auswärtige Unterbringung
Der Begriff der auswärtigen Unterbringung setzt lediglich voraus, daß der Steuerpflichtige eine außerhalb des Ausbildungsorts belegene Wohnung besitzt, die er – abgesehen von seiner Ausbildungszeit – regelmäßig nutzt; auf die Dauer der auswärtigen Unterbringung kommt es nicht an (→ BFH vom 20.3.1992 – BStBl II S. 1033).

Beruf
Der angestrebte Beruf muß nicht innerhalb bestimmter bildungspolitischer Zielvorstellungen des Gesetzgebers liegen (→ BFH vom 18.12.1987 – BStBl 1988 II S. 494).

Berufsausbildung
Eine Berufsausbildung im Sinne von § 10 Abs. 1 Nr.7 EStG erfordert, daß eine nachhaltige berufsmäßige Ausübung der erlernten Fähigkeiten zur Erzielung von Einkünften angestrebt wird (→ BFH vom 22.9.1995 – BStBl 1996 II S. 8).
→ Ausbildungsdienstverhältnis
→ R 180

Keine Berufsausbildung liegt vor bei Gelegenheitsarbeit, auch nicht bei Ferien- und Freizeitjobs (→ BFH vom 22.9.1995 – BStBl 1996 II S. 8) sowie bei Ausbildung zu einer verbotenen,

§ 10 EStG
H 103

strafbaren oder verfassungswidrigen Tätigkeit (→ BFH vom 18.12.1987 – BStBl 1988 II S. 494).

- Aufwendungen eines **arbeitslosen Steuerpflichtigen** für seine berufliche Fortbildung stehen dann mit den angestrebten Einnahmen aus nichtselbständiger Arbeit in einem hinreichend klaren Zusammenhang und sind als vorab entstandene Werbungskosten im Sinne des § 9 Abs. 1 EStG und nicht etwa in beschränktem Umfang als Sonderausgaben im Sinne des § 10 Abs. 1 Nr. 7 Satz 1, 2. Alternative EStG abziehbar, wenn feststeht, daß der Steuerpflichtige eine Anstellung anstrebt und dem Arbeitsmarkt – ggf. erst nach Abschluß einer konkreten Weiterbildungsmaßnahme – tatsächlich uneingeschränkt zur Verfügung steht (→ BFH vom 18.4.1996 – BStBl II S. 482).
- Die Aufwendungen für einen **Meisterlehrgang** können auch dann vorab entstandene Werbungskosten bezüglich der späteren nichtselbständigen Berufstätigkeit als Meister sein, wenn der Steuerpflichtige vor Lehrgangsbeginn vorübergehend in einem anderen Beruf tätig und nach Abschluß des Lehrgangs kurzfristig arbeitslos gewesen ist (→ BFH vom 18.4.1996 – BStBl II S. 529).
- Eine ausgebildete Krankenschwester, die in einem Krankenhaus als Pflegedienstleiterin tätig war und ein Hochschulstudium der Sozialökonomie im Fachbereich Gesundheitspflege aufnimmt, hat Aufwendungen im Rahmen einer Fortbildungsmaßnahme (→ FG Nürnberg vom 4.3.1998 – VI R 61/98 – Rev. – BFH VI R 61/98).

→ Umschulung
→ Studium

Berufsausbildungskosten

Regelmäßig nur solche Aufwendungen, die in der erkennbaren Absicht gemacht worden sind, auf Grund der erlangten Ausbildung eine Erwerbstätigkeit auszuüben (→ BFH vom 22.9.1995 – BStBl 1996 II S. 8).

Einzelfälle für Aufwendungen der Berufsausbildung:

- Aufwendungen eines Chemielaboranten für den Besuch der Ingenieur-Fachschule mit dem Ziel, graduierter Chemieingenieur zu werden (→ BFH vom 10.12.1971 – BStBl 1972 II S. 254);
- Aufwendungen eines Hochbauingenieurs, der an einer Hochschule Architektur studiert, selbst wenn er bereits vorher mit den Tätigkeiten eines Architekten befaßt war (→ BFH vom 24.7.1973 – BStBl II S. 817);
- Aufwendungen eines Kaufmannsgehilfen für den Besuch einer Höheren Wirtschaftsfachschule, um graduierter Betriebswirt zu werden (→ BFH vom 29.5.1974 – BStBl II S. 636);
- Aufwendungen für ein Studium an einer Pädagogischen Hochschule (→ BFH vom 3.12.1974 – BStBl 1975 II S. 446 und vom 18.2.1977 – BStBl II S. 390);
- Aufwendungen für ein berufsintegrierendes Erststudium an einer Fachhochschule mit dem Ziel, den Hochschulgrad eines Diplom-Betriebswirtes (FH) zu erwerben (→ BFH vom 28.9.1984 – BStBl 1985 II S. 94);
- Aufwendungen einer Praxishilfe für die Teilnahme an einem Lehrgang, der für die Erlangung der Erlaubnis zur Ausübung einer Tätigkeit als „Masseur(in)" gesetzlich vorgeschrieben ist (→ BFH vom 6.3.1992 – BStBl II S. 661);
- Aufwendungen für einen Fremdsprachenkurs können Berufsausbildungskosten sein (→ BFH vom 24.4.1992 – BStBl II S. 666).
- Aufwendungen eines Diplom-Verwaltungswirts (FH) für ein Studium der Sozialwissenschaften (→ BFH vom 17.4.1996 – BStBl II S. 444);
- Aufwendungen eines Kommunalbeamten (Dipl.-Verwaltungswirt, FH) für ein Studium der Rechtswissenschaft (→ BFH vom 17.4.1996 – BStBl II S. 446);
- Aufwendungen eines Finanzbeamten (Dipl.-Finanzwirt, FH) für ein Studium der Rechtswissenschaft oder der Betriebswirtschaftslehre (→ BFH vom 17.4.1996 – BStBl II S. 448 und 445);

Berufswechsel
→ Berufsausbildung

Darlehen
→ Tilgung

Ergänzungsstudium
→ Studium

Erststudium
→ Studium

Ferien- und Freizeitjob
Keine Berufsausbildung (→ BFH vom 5.8.1977 – BStBl II S. 834).

Fort- und Weiterbildung
→ A 34 Abs. 2 und 3 LStR

Führerschein
Aufwendungen für den Erwerb des Führerscheins der Klasse III sind grundsätzlich als Kosten für die Allgemeinbildung nicht als Sonderausgaben abziehbar (→ BFH vom 5.8.1977 – BStBl II S. 834).
Ausnahmen:
- Abzug als Sonderausgaben, wenn der Steuerpflichtige bereits einen entsprechenden Beruf hat, ihn aber zur Zeit nicht ausübt. Die Kosten des Erwerbs eines Führerscheins sind demnach unter dem Gesichtspunkt der Weiterbildung nur abzugsfähig, wenn sie mit dem nicht ausgeübten Beruf in unmittelbarem Zusammenhang stehen. Der Erwerb eines Führerscheins wird deshalb nur in besonders gelagerten Ausnahmefällen als Weiterbildung im Sinne des Gesetzes anzusehen sein, z. B. wenn ein Steuerpflichtiger, der früher den Beruf eines angestellten PKW-Fahrers ausgeübt hat, die Fahrerlaubnis für einen Kraftomnibus zur Verwendung in seinem späteren Berufsleben anstrebt.
- Abzug als Betriebsausgaben/Werbungskosten, wenn der Führerschein ausschließlich oder überwiegend aus betrieblichen/beruflichen Gründen, z. B. Taxi- oder LKW-Fahrer, erworben wird (→ BFH vom 8.4.1964 – BStBl III S. 431 und vom 20.2.1969 – BStBl II S. 433).

Gelegenheitsarbeit
Keine Berufsausbildung.

Habilitation
Aufwendungen eines wissenschaftlichen Assistenten an einer Hochschule für seine Habilitation sind Werbungskosten im Sinne von § 9 EStG (→ BFH vom 7.8.1967 – BStBl III S. 778).

Klassenfahrt
Aufwendungen eines Berufsschülers für eine im Rahmen eines Ausbildungsdienstverhältnisses als verbindliche Schulveranstaltung durchgeführte Klassenfahrt sind in der Regel Werbungskosten (→ BFH vom 7.2.1992 – BStBl II S. 531).

Promotion
Kosten zur Erlangung der Doktorwürde sind Ausbildungskosten, und zwar auch dann, wenn die Prüfung erst nach Eintritt in das Berufsleben abgelegt wird (→ BFH vom 7.8.1967 – BStBl III S. 777, 779 und 789 und vom 10.12.1971 – BStBl 1972 II S. 251) oder es sich um eine Zweitpromotion handelt (→ BFH vom 2.3.1978 – BStBl II S. 431), es sei denn, das Promotionsstudium ist Gegenstand eines Dienstverhältnisses (→ BFH vom 7.8.1987 – BStBl II S. 780, vom 27.3.1991 – BStBl II S. 637 und vom 9.10.1992 – BStBl 1993 II S. 115).

- Ein Promotionsdienstverhältnis mit der Folge des Abzugs der Kosten als Werbungskosten liegt vor, wenn Gegenstand der Dienstleistung ausschließlich eine Forschungstätigkeit ist, die in vollem Umfang auch Gegenstand der Promotionsarbeit ist (→ FG Baden-Württemberg, Außensenate Freiburg, vom 9.11.1994 – EFG 1995 S. 433).
- Aufwendungen, die gleichzeitig und ununterscheidbar sowohl mit einer **Erwerbstätigkeit** als auch mit einem **Promotionsvorhaben** zusammenhängen, sind insgesamt

> als Werbungskosten abziehbar. Für den Vorrang des Werbungskostenabzugs vor dem Abzug von Berufsausbildungskosten als Sonderausgaben spricht bereits die in § 2 Abs. 2 und Abs. 4 EStG angeordnete Reihenfolge für die Ermittlung des zu versteuernden Einkommens. Dieser Vorrang wird bestätigt durch § 10 Abs. 1 Satz 1 EStG. Ist ein Aufwand in dem Sinne doppelt oder gemischt veranlaßt, als er den Tatbestand sowohl des § 9 Abs. 1 EStG (§ 4 Abs. 4 EStG) als auch einer der Nummern des § 10 Abs. 1 EStG erfüllt, wird der Vorrang des Werbungskostenabzugs (Betriebsausgabenabzugs) nicht dadurch beseitigt, daß der BFH § 12 Nr. 1 EStG dahin verstanden hat, daß Sonderausgaben vom Aufteilungsverbot und Abzugsverbot des § 12 Nr. 1 EStG ausgenommen sind (→ BFH vom 18.4.1996 – BFH/NV 1996 S. 740).

Sprachkurse
Aufwendungen für Sprachkurse sind Sonderausgaben, wenn der Sprachkurs der Ausbildung für einen bestimmten Beruf (z. B. Dolmetscher) oder der Weiterbildung in einem nicht ausgeübten Beruf und nicht dem Erlernen einer fremden Sprache im allgemeinen privaten Interesse dient.

Staatsprüfung
Kosten im Hinblick auf die erste Staatsprüfung sind Ausbildungs-, im Hinblick auf die zweite Staatsprüfung Fortbildungskosten, → Studium.

Studiendarlehen
→ Tilgung
→ Zinsen

Studienreisen
→ R 117a

Studium
Aufwendungen für ein **Aufbaustudium** können Werbungskosten sein (→ BFH vom 14.2.1992 – BStBl II S. 556).
Aufwendungen für ein **Erststudium** an einer Universität, Hochschule oder Fachhochschule sind → Berufsausbildungskosten im Sinne des § 10 Abs. 1 Nr. 7 EStG (→ BFH vom 14.2.1992 – BStBl II S. 556 und vom 17.4.1996 – BStBl II S. 450);
Ausnahme → Ausbildungsdienstverhältnis.
Aufwendungen für ein **Zweitstudium** können *grundsätzlich nur dann* Werbungskosten *oder Betriebsausgaben* sein, wenn das Erststudium zu einem Berufsabschluß geführt hat und es sich bei dem Zweitstudium um ein Aufbaustudium handelt, durch das die durch das Erststudium erworbenen Kenntnisse ergänzt und vertieft werden, und das nicht den Wechsel in eine andere Berufsart eröffnet:
– → BFH vom 14.2.1992 (BStBl II S. 556) – Hochschulstudium in den bisherigen Unterrichtsfächern zur Erlangung der Befähigung zum Lehramt der Sekundarstufe II bei vorhandener Befähigung zum Lehramt der Sekundarstufe I;
– → BFH vom 14.2.1992 (BStBl II S. 961) – Hochschulstudium eines hauptamtlichen B-Schein-Kirchenmusikers zur Erlangung des A-Scheins;
– → BFH vom 14.2.1992 (BStBl II S. 962) – Hochschulstudium eines Grund- und Hauptschullehrers zur Vorbereitung auf die zweite Dienstprüfung für das Lehramt an Realschulen in den bisherigen Unterrichtsfächern;
– → BFH vom 8.5.1992 (BStBl II S. 965) – Hochschulstudium der Zahnmedizin eines approbierten Humanmediziners mit dem Ziel, Mund-Kiefer-Gesichts-Chirurg zu werden;
– → BFH vom 24.4.1992 (BStBl II S. 963) – Erwerb der Erlaubnis für Berufsflugzeugführer 2. Klasse eines Flugingenieurs mit dem Ziel Copilot;

> Der Erwerb der Erlaubnis für Berufsflugzeugführer stellt für einen einfachen **Werkspiloten** eine Fortbildungsmaßnahme dar (→ FG Düsseldorf vom 12.6.1997 – EFG S. 1304).

– → BFH vom 10.7.1992 (BStBl II S. 966) – Hochschulstudium eines Diplom-Ingenieurs zur Erlangung der Berufsbezeichnung „Diplom-Wirtschaftsingenieur";

– → BFH vom 18.4.1996 (BStBl II S. 449) – Studium zum Tonmeister nach einem vorhergehenden Studium der Musiktheorie mit dem Ziel, Schallplattenproduzent zu werden.

Aufwendungen für ein Zweitstudium können aber auch dann Fort- oder Weiterbildungskosten sein, wenn der Wechsel in eine vollständig andere Berufssparte ermöglicht wird. Entscheidend ist, welche Vorstellungen der Steuerpflichtige mit dem Zweitstudium verwirklichen will. Das Finanzamt kann zunächst vorläufig veranlagen (→ BFH vom 19.6.1997 – BStBl 1998 II S. 239).

Tilgung
Aufwendungen zur Tilgung von Ausbildungs-/Studiendarlehen gehören nicht zu den abziehbaren Aufwendungen für die Berufsausbildung (→ BFH vom 15.3.1974 – BStBl II S. 513).

Umschulung
Die berufliche Umschulung, die zu einer anderen beruflichen Tätigkeit befähigen soll, ist → Berufsausbildung (→ BFH vom 6.3.1992 – BStBl II S. 661).

Weiterbildung
→ A 34 Abs. 2 und 3 LStR

Weiterbildung in einem nicht ausgeübten Beruf
Aufwendungen können Sonderausgaben sein, wenn sie nicht vorweggenommene Betriebsausgaben oder Werbungskosten darstellen (→ BFH vom 24.8.1962 – BStBl III S. 467).

Zinsen
Zinsen für ein Ausbildungsdarlehen gehören zu den abziehbaren Aufwendungen, auch wenn sie nach Abschluß der Berufsausbildung gezahlt werden.

Zuschlag bei Darlehensrückzahlung
Ist ein Ausbildungsdarlehen nebst Zuschlag zurückzuzahlen, sind die Aufwendungen für den Zuschlag Ausbildungs- und keine Werbungskosten, wenn damit nachträglich die im Zusammenhang mit der Ausbildung gewährten Vorteile abgegolten werden sollen und wenn der Zuschlag nicht weitaus überwiegend als Druckmittel zur Einhaltung der vorvertraglichen Verpflichtung zur Eingehung eines langfristigen Arbeitsverhältnisses dienen soll (→ BFH vom 28.2.1992 – BStBl II S. 834).

103a. Hauswirtschaftliches Beschäftigungsverhältnis

[1]Das hauswirtschaftliche Beschäftigungsverhältnis muß unmittelbar zwischen dem Steuerpflichtigen und der Haushaltshilfe bestehen. [2]Der Sonderausgabenabzug setzt hauswirtschaftliche Tätigkeiten im Haushalt des Steuerpflichtigen voraus. [3]Auf Grund des jeweiligen Beschäftigungsverhältnisses müssen Pflichtbeiträge zur gesetzlichen Rentenversicherung entrichtet werden. [4]Keine Pflichtbeiträge in diesem Sinne sind Arbeitgeberbeiträge für Bezieher von Altersrente und vergleichbare Personen (§ 172 Abs. 1 SGB VI).

Hinweise

Nichteheliche Lebensgemeinschaft
Zu der Rechtsfrage, ob ein hauswirtschaftliches Beschäftigungsverhältnis im Sinne des § 10 Abs. 1 Nr. 8 EStG mit der im gleichen Haushalt lebenden nichtehelichen Lebensgefährtin steuerlich anzuerkennen ist, ist unter dem Az. XI R 120/96 ein Revisionsverfahren beim BFH anhängig.

§ 10 EStG
R 104 H 104

R 104

104. Schulgeld

Schulgeldzahlungen für den Besuch deutscher Schulen im Ausland fallen nicht unter § 10 Abs. 1 Nr. 9 EStG, weil deutsche Schulen im Ausland weder nach Artikel 7 Abs. 4 GG staatlich genehmigte noch nach Landesrecht erlaubte Ersatzschulen noch nach Landesrecht anerkannte allgemeinbildende Ergänzungsschulen sind.

H 104

Hinweise

Ergänzungsschulen

Schulgeld für den Besuch einer allgemeinbildenden Ergänzungsschule ist als Sonderausgabe nur abziehbar, wenn die Schule nach Landesschulrecht als allgemeinbildende Ergänzungsschule förmlich anerkannt ist (→ BFH vom 11.6.1997 – BStBl II S. 621).

Ersatzschulen

Schulgeld für den Besuch einer Ersatzschule ist als Sonderausgabe nur abziehbar, wenn die Schule tatsächlich als Ersatzschule genehmigt worden oder nach Landesrecht erlaubt ist (→ BFH vom 11.6.1997 – BStBl II S. 615).

Nachweis

Die Voraussetzungen für den Schulgeldabzug (u.a. die Höhe des Entgelts, etwaige darin enthaltene Beträge für Beherbergung, Betreuung und Verpflegung sowie für den Bescheid über die Genehmigung, Erlaubnis, bzw. Anerkennung der Schule) sind vom Steuerpflichtigen nachzuweisen oder glaubhaft zu machen (§ 90 AO).

Schulen im Ausland

Die Anerkennung der Kultusministerkonferenz (KMK) bezieht sich ausschließlich auf die Abschlüsse einzelner Schulen als deutsche Abschlüsse, nicht jedoch darauf, daß die Schulen als solche den nach (inländischem) Landesrecht erlaubten Ersatzschulen oder nach (inländischem) Landesrecht anerkannten allgemeinbildenden Ergänzungsschulen gleichgestellt sind. Schulgeldzahlungen für den Besuch von Schulen im Ausland sind nicht nach § 10 Abs. 1 Nr. 9 EStG als Sonderausgabe abziehbar (→ BFH vom 11.6.1997 – BStBl II S. 617).

Spendenabzug

Zum Spendenabzug von Leistungen der Eltern an gemeinnützige Schulvereine – Schulen in freier Trägerschaft → BMF vom 4.1.1991 (BStBl 1992 I S. 266):

**Spendenabzug für Elternleistungen
an gemeinnützige Schulvereine und Schulen in ihrer Trägerschaft**

BMF vom 4.1.1991 (BStBl 1992 I S. 266)

Bei der einkommensteuerrechtlichen Behandlung der Beiträge und sonstigen Zuwendungen an gemeinnützige Schulvereine (Schulen in freier Trägerschaft) im Rahmen des Spendenabzugs ist ab Veranlagungszeitraum 1989 von folgenden Grundsätzen auszugehen:

1. Die Zuwendungen (Beiträge, Spenden, Patengelder) von Personen, die selbst keine Kinder in der Schule haben (fördernde Personen), sind nach § 10b EStG als Spenden zu berücksichtigen, weil in diesen Fällen regelmäßig die Verknüpfung der Zuwendung mit einer konkreten Gegenleistung des Vereins nicht besteht. Werden jedoch „Elternbeiträge" von nahen Angehörigen der Kinder (z. B. Großeltern) erbracht, so gelten die Regelungen in Tz. 2 entsprechend.

2. Bei Personen, deren Kinder die Schule besuchen, ist eine Aufteilung der Elternbeiträge in einen steuerlich abziehbaren Spendenanteil und in ein nicht als Spende abziehbares Leistungsentgelt nicht möglich (Urteil des BFH vom 25.8.1987 – BStBl II S. 850). Hiernach können Eltern, deren Kinder die Schule eines gemeinnützigen Schulvereins (Schulträgers), z. B. eine Waldorfschule, besuchen, nicht zur Deckung von Schulko-

sten ihrer Kinder steuerwirksam spenden. Dies gilt auch dann, wenn ein sozial gestaffeltes Schulgeld oder ein Schulgeld aufgrund einer Selbsteinschätzung der Eltern erhoben wird. Diese Beträge können erstmals für den Veranlagungszeitraum 1991 nach Maßgabe des § 10 Abs. 1 Nr. 9 EStG als Sonderausgaben berücksichtigt werden.

Als Spenden kommen somit nur freiwillige Leistungen der Eltern in Betracht, die über den Elternbeitrag hinausgehen (z. B. Übernahme von Patenschaften, Einzelspenden für besondere Veranstaltungen oder Anschaffungen außerhalb des normalen Betriebs der Schule). Hierzu gehören auch Zuwendungen für die Lehrerausbildung, z. B. auf einer Hochschule oder für Schulbaukosten (oder andere Investitionen), wenn hierfür allgemein zu Spenden aufgerufen wird; Zuwendungen der Eltern im Rahmen einer allgemeinen Kostenumlage sind deshalb nicht begünstigt.

Außerdem muß sichergestellt sein, daß die festgesetzten Elternbeiträge zusammen mit etwaigen staatlichen Zuschüssen und Zuwendungen der fördernden Mitglieder die voraussichtlichen Kosten des normalen Betriebs der Schule decken. Zu den Kosten des normalen Schulbetriebs zählen insbesondere folgende Aufwendungen:

- laufende Sachkosten, z. B. Kosten für Lehrmittel, Versicherungen, Instandhaltung, Zinsen,

- laufende personelle Kosten, z. B. Lehrergehälter, Gehälter für sonstige Mitarbeiter, Versorgungsbezüge, Aufwendungen zur Lehrerfortbildung,

- nutzungsbezogene Aufwendungen, z. B. Mieten, Erbbauzins, Absetzungen für Abnutzung,

- Kosten für Klassenfahrten, Exkursionen und ähnliche übliche Veranstaltungen (falls sie von der Schule getragen werden).

Setzt der Schulträger die Elternbeiträge so niedrig fest, daß der normale Betrieb der Schule z. B. nur durch Zuwendungen der Eltern an einen Förderverein aufrechterhalten werden kann, die dieser satzungsgemäß an den Schulverein abzuführen hat, so handelt es sich wirtschaftlich betrachtet auch bei diesen Zuwendungen um ein Leistungsentgelt, für das die Spendenbegünstigung nicht in Betracht kommt. Deshalb können Gestaltungen steuerlich nicht anerkannt werden, nach denen der von den Eltern zu leistende Beitrag formal in einen an den Schulverein zu entrichtenden Elternbeitrag (Leistungsentgelt) und in einen als Spende bezeichneten und an den Förderverein zu zahlenden Betrag aufgespalten wird.

Die steuerliche Abziehbarkeit etwaiger über den Elternbeitrag hinausgehender freiwilliger und unentgeltlicher Zuwendungen hängt nicht von der Zwischenschaltung eines Fördervereins ab. Entscheidend für die steuerliche Anerkennung spendenbegünstigter Zuwendungen ist, daß es sich hierbei wirtschaftlich nicht um Schulgeldzahlungen – gleich in welcher Form –, sondern um freiwillige Leistungen der Eltern ohne Entgeltcharakter handelt.

Die vorstehenden Grundsätze gelten bei anderen Bildungseinrichtungen, z. B. Kindergärten, entsprechend.

Verfassungsmäßigkeit

Unter dem Az. XR 68/98 ist beim BFH ein Revisionsverfahren gegen das Urteil des FG Niedersachsen vom 11.3.1998 (→ EFG 1998 S. 1316) anhängig, in dem eine verfassungswidrige Ungleichbehandlung der schulbedingten Aufwendungen für öffentliche Schulen nicht angenommen wird.

105.

– unbesetzt –

§§ 10, 10a EStG

R 106

106. Kürzung des Vorwegabzugs

S 2221

Zur Bemessungsgrundlage für die Kürzung des Vorwegabzugs im Sinne des § 10 Abs. 3 Nr. 2 EStG gehören weder steuerfreier Arbeitslohn noch steuerfreie Lohnersatzleistungen, selbst wenn für sie Sozialversicherungsbeiträge zu entrichten sind.

H 106

Hinweise

Kürzung des Vorwegabzugs

Bei ohne Dienstbezüge beurlaubten Beamten, deren Arbeitgeber einen **Versorgungszuschlag** zahlt, ist der Vorwegabzug um 16 vom Hundert des gesamten steuerpflichtigen Arbeitslohns einschließlich des vom Arbeitgeber an den Dienstherrn gezahlten Versorgungszuschlags zu kürzen (→ BMF vom 15.7.1994 – BStBl I S. 528):

Kürzung des Vorwegabzugs bei Ehegatten

Bei zusammenveranlagten Ehegatten, die beide nichtselbständig tätig sind, ist der Kürzungsbetrag des zusätzlichen Vorwegabzugs für Beiträge nach § 10 Abs. 1 Nr. 2 EStG getrennt in der Weise zu ermitteln, daß die für jeden Ehegatten maßgebliche Beitragsbemessungsgrenze anzusetzen ist (→ BFH vom 12.10.1994 – BStBl 1995 II S. 119, siehe auch → BFH vom 4.3.1998 – HFR 1999 S. 14).

R 107–109

107. – 109.

– unbesetzt –

R 109a

109a. Nachversteuerung für Versicherungsbeiträge und Bausparbeiträge bei Ehegatten im Fall ihrer getrennten Veranlagung

S 2221

– unbesetzt –

H 109a

Hinweise

Sind die Ehegatten in einem dem VZ 1990 vorangegangenen Kalenderjahr nach § 26a EStG in der für das betreffende Kalenderjahr geltenden Fassung getrennt veranlagt worden und waren in ihren zusammengerechneten Sonderausgaben mit Ausnahme des Abzugs für den steuerbegünstigten nicht entnommenen Gewinn und des Verlustabzugs Versicherungsbeiträge und Bausparbeiträge enthalten, für die eine Nachversteuerung durchzuführen ist, so ist nach Abschnitt 109a EStR 1990 zu verfahren.

EStG

§ 10a

(weggefallen)

R 110

110.

– unbesetzt –

§ 10b
Steuerbegünstigte Zwecke

EStG

(1) ¹Ausgaben zur Förderung mildtätiger, kirchlicher, religiöser, wissenschaftlicher und der als besonders förderungswürdig anerkannten gemeinnützigen Zwecke sind bis zur Höhe von insgesamt 5 vom Hundert des Gesamtbetrags der Einkünfte oder 2 vom Tausend der Summe der gesamten Umsätze und der im Kalenderjahr aufgewendeten Löhne und Gehälter als Sonderausgaben abzugsfähig. ²Für wissenschaftliche, mildtätige und als besonders förderungswürdig anerkannte kulturelle Zwecke erhöht sich der Vomhundertsatz von 5 um weitere 5 vom Hundert. ³Überschreitet eine Einzelzuwendung von mindestens 50.000 Deutsche Mark zur Förderung wissenschaftlicher, mildtätiger oder als besonders förderungswürdig anerkannte Höchstsätze, ist sie im Rahmen der Höchstsätze im Veranlagungszeitraum der Zuwendung, in den zwei vorangegangenen und in den fünf folgenden Veranlagungszeiträumen abzuziehen. § 10d gilt entsprechend. ¹)

(2) ¹Mitgliedsbeiträge und Spenden an politische Parteien im Sinne des § 2 des Parteiengesetzes sind bis zur Höhe von insgesamt 3.000 Deutsche Mark und im Fall der Zusammenveranlagung von Ehegatten bis zur Höhe von insgesamt 6.000 Deutsche Mark im Kalenderjahr abzugsfähig. ²Sie können nur insoweit als Sonderausgaben abgezogen werden, als für sie nicht eine Steuerermäßigung nach § 34g gewährt worden ist.

(3) ¹Als Ausgabe im Sinne dieser Vorschrift gilt auch die Zuwendung von Wirtschaftsgütern mit Ausnahme von Nutzungen und Leistungen. ²Ist das Wirtschaftsgut unmittelbar vor seiner Zuwendung einem Betriebsvermögen entnommen worden, so darf bei der Ermittlung der Ausgabenhöhe der bei der Entnahme angesetzte Wert nicht überschritten werden. ³In allen übrigen Fällen bestimmt sich die Höhe der Ausgabe nach dem gemeinen Wert des zugewendeten Wirtschaftsguts. ⁴Aufwendungen zugunsten einer zum Empfang steuerlich abzugsfähiger Zuwendungen berechtigten Körperschaft sind nur abzugsfähig, wenn ein Anspruch auf die Erstattung der Aufwendungen durch Vertrag oder Satzung eingeräumt und auf die Erstattung verzichtet worden ist. ⁵Der Anspruch darf nicht unter der Bedingung des Verzichts eingeräumt worden sein.

(4) ¹Der Steuerpflichtige darf auf die Richtigkeit der Bestätigung über Spenden und Mitgliedsbeiträge vertrauen, es sei denn, daß er die Bestätigung durch unlautere Mittel oder falsche Angaben erwirkt hat oder daß ihm die Unrichtigkeit der Bestätigung bekannt oder infolge grober Fahrlässigkeit nicht bekannt war. ²Wer vorsätzlich oder grob fahrlässig eine unrichtige Bestätigung ausstellt oder wer veranlaßt, daß Zuwendungen nicht zu den in der Bestätigung angegebenen steuerbegünstigten Zwecken verwendet werden, haftet für die entgangene Steuer. ³Diese ist mit 40 vom Hundert des zugewendeten Betrags anzusetzen.

§ 48

Förderung mildtätiger, kirchlicher, religiöser, wissenschaftlicher und der als besonders förderungswürdig anerkannten gemeinnützigen Zwecke

EStDV

(1) Für die Begriffe gemeinnützige, mildtätige, kirchliche, religiöse und wissenschaftliche Zwecke im Sinne des § 10b des Gesetzes gelten die §§ 51 bis 68 der Abgabenordnung.

(2) Gemeinnützige Zwecke der in Absatz 1 bezeichneten Art müssen außerdem durch allgemeine Verwaltungsvorschrift der Bundesregierung, die der Zustimmung des Bundesrates bedarf, allgemein als besonders förderungswürdig anerkannt worden sein.

---

¹) Anm.: Durch das Steuerentlastungsgesetz 1999/2000/2002 wurde Absaz 1 Satz 3 mit Wirkung ab VZ 1999 wie folgt gefaßt:
„Überschreitet eine Einzelzuwendung von mindestens 50.000 Deutsche Mark zur Förderung wissenschaftlicher, mildtätiger oder als besonders förderungswürdig anerkannter kultureller Zwecke diese Höchstsätze, ist sie im Rahmen der Höchstsätze im Veranlagungszeitraum der Zuwendung, im vorangegangenen und in den fünf folgenden Veranlagungszeiträumen abzuziehen."

(3) ¹Zuwendungen für die in den Absätzen 1 und 2 bezeichneten Zwecke sind nur dann abzugsfähig, wenn
1. der Empfänger der Zuwendungen eine juristische Person des öffentlichen Rechts oder eine öffentliche Dienststelle (z. B. Universität, Forschungsinstitut) ist und bestätigt, daß der zugewendete Betrag zu einem der in Absatz 1 oder Absatz 2 bezeichneten Zwecke verwendet wird, oder
2. der Empfänger der Zuwendungen eine in § 5 Abs. 1 Nr. 9 des Körperschaftsteuergesetzes bezeichnete Körperschaft, Personenvereinigung oder Vermögensmasse ist und bestätigt, daß sie den zugewendeten Betrag nur für ihre satzungsmäßigen Zwecke verwendet. ²In Fällen der Durchlaufspende für Zwecke, die im Ausland verwirklicht werden, ist das Bundesministerium, in dessen Aufgabenbereich der jeweilige Zweck fällt, zur Spendenannahme verpflichtet.

(4) Die Bundesregierung kann mit Zustimmung des Bundesrates durch allgemeine Verwaltungsvorschrift Ausgaben im Sinne des § 10b des Gesetzes als steuerbegünstigt auch anerkennen, wenn die Voraussetzungen des Absatzes 2 oder des Absatzes 3 nicht gegeben sind.

§ 49

– weggefallen –

§ 50
Überleitungsvorschrift zum Spendenabzug

(1) Soweit gemeinnützige Zwecke vor dem 1. Juli 1951¹) als besonders förderungswürdig anerkannt worden sind, bleiben die Anerkennungen aufrechterhalten.

(2) Soweit Zweck und Form von Zuwendungen vor dem 1. Juli 1951¹) als steuerbegünstigt anerkannt worden sind, bleiben die Anerkennungen aufrechterhalten.

R 111   **111. Ausgaben zur Förderung mildtätiger, kirchlicher, religiöser und wissenschaftlicher Zwecke und der als besonders förderungswürdig anerkannten gemeinnützigen Zwecke m Sinne des § 10b Abs. 1 EStG**

Begünstigte Ausgaben

(1) ¹Die allgemein als besonders förderungswürdig anerkannten gemeinnützigen Zwecke sind in der → Anlage 7 abschließend aufgeführt. ²Mitgliedsbeiträge, sonstige Mitgliedsumlagen und Aufnahmegebühren sind nur abziehbar, wenn die diese Beträge erhebende Einrichtung ausschließlich Zwecke verfolgt, die sie selbst zum unmittelbaren Empfang steuerbegünstigter Zuwendungen berechtigt. ³Spenden, die mit der Auflage geleistet werden, sie an eine bestimmte natürliche Person weiterzugeben, sind nicht abziehbar. ⁴Spenden können nur dann abgezogen werden, wenn der Spender endgültig wirtschaftlich belastet ist. ⁵Bei Sachspenden aus einem Betriebsvermögen darf zuzüglich zu dem Entnahmewert im Sinne des § 6 Abs. 1 Nr. 4 EStG auch die bei der Entnahme der Sache angefallene Umsatzsteuer abgezogen werden.

Anerkennungen nach § 48 Abs. 4 EStDV

(2) ¹Auf Grund der Ermächtigungsvorschrift des § 48 Abs. 4 EStDV werden Zuwendungen an folgende Organisationen als steuerbegünstigt anerkannt:

---

¹) Im Land Berlin: 22. August 1951.

§ 10b EStG
R 111

1. Deutscher Alpenverein e.V., München,
2. Arbeitsgemeinschaft Deutsches Schleswig e.V., Flensburg,
3. Deutsche Olympische Gesellschaft e. V., Frankfurt a.M.,
4. Gesellschaft für den Zivilschutz in Berlin e.V., Berlin,
5. Deutscher Aero-Club e. V., Frankfurt a.M.,
6. Bund für Umwelt und Naturschutz Deutschland e.V. (BUND), Bonn,
7. Naturschutzbund Deutschland (NABU) e.V., Bundesgeschäftsstelle Bonn/Kornwestheim,
8. Gesellschaft der Freunde der Berliner Philharmonie e.V., Berlin-Halensee,
9. Weißer Ring – Gemeinnütziger Verein zur Unterstützung von Kriminalitätsopfern und zur Verhütung von Straftaten e.V., Mainz,
10. Arbeitsgemeinschaft Staat und Gesellschaft e.V., Tübingen,
11. Deutscher Verein für öffentliche und private Fürsorge e.V., Frankfurt a.M.,
12. Vereinigung Deutscher Gewässerschutz e. V., Geschäftsleitung Bonn,
13. Kulturkreis der Deutschen Wirtschaft im Bundesverband der Deutschen Industrie e.V., Köln,
14. Deutscher Heimatbund e.V., Bonn,[1)]
15. Deutscher Naturkundeverein e.V., Stuttgart,
16. Deutscher Naturschutzring e.V., Bonn,
17. Deutsche Gesellschaft für Photographie e.V., Köln,
18. Bundesvereinigung Deutscher Blas- und Volksmusikverbände e.V., Stuttgart,
19. Verband deutscher Gebirgs- und Wandervereine e.V., Stuttgart,
20. Deutsche Gesellschaft für Volkskunde e.V., Marburg,
21. Greenpeace e.V., Hamburg,
22. Naturschutzpark e.V., Bispingen-Niederhaverbeck,
23. Internationales Design Zentrum Berlin e.V., Berlin, *bis einschließlich 31.12.1998*
24. Deutsche Gartenbau-Gesellschaft (DGG) e.V., Bonn,
25. Südschleswigscher Verein e. V., Flensburg,
26. Familienbund der Deutschen Katholiken e.V. – Bundesgeschäftsführung –, Bonn,
27. Deutscher Familienverband e.V., Bonn,
28. Deutscher Schutzverband gegen Wirtschaftskriminalität e.V., Frankfurt a. M.,
29. Deutscher Sängerbund e.V., Sitz Stuttgart, Bundesgeschäftsstelle Köln,
30. Pro Honore, Verein für Treu und Glauben im Geschäftsleben e.V., Hamburg,
31. Verband der Reservisten der Deutschen Bundeswehr e.V., Bonn,
32. Weserbund e.V., Bremen,
33. Deutscher Rat für Landespflege, Bonn,
34. Kulturstiftung der Länder, Berlin,
35. Deutscher Sportbund e.V., Frankfurt a.M., und die Landessportbünde,
36. Stiftung Deutsche Sporthilfe, Frankfurt a.M.,
37. Deutscher Kanal- und Schiffahrtsverein Rhein-Main-Donau e.V., Nürnberg,
38. Deutscher Allgemeiner Sängerbund e.V., Frankfurt a.M.,
39. Touristenverein "Die Naturfreunde", Bundesgruppe Deutschland e.V., Stuttgart,
40. Senior Experten Service (SES), Bonn,
41. Bayerische Einigung e.V., München,
42. Schutzgemeinschaft Deutscher Wald – Bundesverband e.V., Bonn,
43. Verband Deutscher Konzertchöre e.V., Neuss,
44. Arbeitsgemeinschaft für Umweltfragen e.V., Bonn,

[1)] *jetzt: Bund Heimat und Umwelt in Deutschland e.V. (BHU)*

45. Stiftung Naturschutz Hamburg und Stiftung zum Schutze gefährdeter Pflanzen, Hamburg,
46. Deutscher Literaturfonds e.V., Darmstadt,
47. Verein der Freunde der Nationalgalerie, Berlin,
48. Kunstfonds e.V., Bonn,
49. Gesellschaft der Freunde von Bayreuth e.V., Bayreuth,
50. Stiftung Ostdeutsche Galerie, Regensburg,
51. Rat für Formgebung/Deutscher Design-Rat, Frankfurt a.M., **bis einschließlich 31.12. 1998,**
52. Stiftung „Wald in Not", Mainz,
53. Verein zum Schutz der Bergwelt e.V., München,
54. Verein zur Förderung des Israel-Museums in Jerusalem e.V., Berlin,
55. Bischöfliches Hilfswerk MISEREOR e.V., Aachen,
56. ROBIN WOOD – Gewaltfreie Aktionsgemeinschaft für Natur und Umwelt e.V. –, Bremen,
57. Deutsche Stiftung Denkmalschutz, Bonn,
58. Deutsche Welthungerhilfe e.V., Bonn,
59. Deutsche Bundesstiftung Umwelt (DBU), Osnabrück,
60. Deutsche Nationalstiftung, Weimar,
61. **Stiftung Arbeit und Umwelt der IG-Chemie-Papier-Keramik, Hannover.**

[2]Die Berechtigung zum Empfang steuerbegünstigter Zuwendungen erstreckt sich nicht auf etwaige Untergliederungen der in Satz 1 aufgeführten Körperschaften und Einrichtungen, auch wenn sie selbst als gemeinnützig anerkannt sind. [3]Spenden, die einer nach § 48 Abs. 4 EStDV anerkannten Körperschaft zur Weiterleitung an eine gemeinnützige Untergliederung oder einen gemeinnützigen nachgeordneten Verein zugewendet werden, sind abziehbar. [4]Mitgliedsbeiträge, sonstige Mitgliedsumlagen und Aufnahmegebühren, die nicht der anerkannten Körperschaft selbst zustehen, sondern zur Weiterleitung an eine Untergliederung oder einen nachgeordneten Verein entgegengenommen werden, sind nicht begünstigt.

Durchlaufspenden

(3) [1]Juristische Personen des öffentlichen Rechts, die Gebietskörperschaften sind, und ihre Dienststellen sowie kirchliche juristische Personen des öffentlichen Rechts können ihnen zugewendete Spenden – nicht aber Mitgliedsbeiträge, sonstige Mitgliedsumlagen und Aufnahmegebühren – an eine steuerbegünstigte Körperschaft weiterleiten (→ Durchlaufspendenverfahren). [2]Dies gilt entgegen den Ausführungen im BFH-Urteil vom 12.9.1990 (BStBl 1991 II S. 258) auch dann, wenn die Spenden der Durchlaufstelle zur Weitergabe an eine Körperschaft zugewendet werden, die selbst zum unmittelbaren Empfang steuerlich abziehbarer Spenden berechtigt ist. [3]Die Durchlaufstelle muß die tatsächliche Verfügungsmacht über die Spendenmittel erhalten. [4]Dies geschieht in der Regel (anders insbesondere bei → Sachspenden) durch Verbuchung auf deren Konto. [5]Die Durchlaufstelle muß die Vereinnahmung der Spenden und ihre Verwendung (Weiterleitung) getrennt und unter Beachtung der haushaltsrechtlichen Vorschriften nachweisen. [6]Vor der Weiterleitung der Spenden muß sie prüfen, ob die begünstigte Körperschaft als gemeinnützig anerkannt und ob die Verwendung der Spenden für die steuerbegünstigten Zwecke sichergestellt ist. [7]Die Spendenbestätigung darf nur von der Durchlaufstelle ausgestellt werden.

Nachweis der Spenden

Anlage 4 (4) [1]Anlage 4 enthält ein Muster für die Gestaltung der nach § 48 Abs. 3 EStDV erforderlichen Bestätigung des Empfängers der Zuwendungen (→ Spendenbestätigung). [2]Die Spendenbestätigung muß grundsätzlich von mindestens einer durch Satzung oder Auftrag zur Entgegennahme von Zahlungen berechtigten Person unterschrieben sein.

Maschinell erstellte Spendenbestätigung

(5) [1]Als Nachweis reicht eine maschinell erstellte Spendenbestätigung ohne eigenhändige Unterschrift einer zeichnungsberechtigten Person aus, wenn das zuständige Finanzamt dies

der Empfängerkörperschaft nach Prüfung des angewandten Verfahrens genehmigt hat. ²Das Finanzamt darf die Genehmigung nur erteilen, wenn
1. die Spendenbestätigungen dem Muster in Anlage 4 entsprechen,
2. auf der Spendenbestätigung zusätzlich die Angaben über die Verfügung aufgedruckt sind, mit der der Nachweis durch maschinell erstellte Spendenbestätigungen ohne eigenhändige Unterschrift genehmigt worden ist (Finanzamt, Datum und Aktenzeichen der Verfügung),
3. eine rechtsverbindliche Unterschrift beim Druckvorgang als Faksimile eingeblendet wird,
4. die Formulare für die Spendenbestätigungen von der Körperschaft unter Verschluß gehalten werden,
5. das Verfahren gegen unbefugten Eingriff gesichert ist,
6. das Buchen der Zahlungen und das Erstellen der Spendenbestätigungen verbunden sind und die Summen abgestimmt werden können und
7. Aufbau und Ablauf des bei der Spendenbestätigung angewandten maschinellen Verfahrens und deren Ergebnisse für die Finanzbehörden innerhalb angemessener Zeit prüfbar sind (§ 145 AO); dies setzt eine Dokumentation voraus, die den Anforderungen der Grundsätze ordnungsmäßiger **DV-gestützter Buchführungssysteme** genügt.

³Soweit diese Voraussetzungen noch nicht geprüft werden konnten, ist ihre Erfüllung bei der Genehmigung des Verfahrens zur Auflage zu machen.

Vereinfachter Spendennachweis

(6) ¹Für den Nachweis gilt der **Bareinzahlungsbeleg oder die Buchungsbestätigung (z. B. Kontoauszug oder Lastschrifteinzugsbeleg)** eines Kreditinstituts, wenn
1. die Zuwendung zur Linderung der Not in Katastrophenfällen innerhalb eines von den obersten Finanzbehörden der Länder im Benehmen mit dem Bundesministerium der Finanzen zu bestimmenden Zeitraums auf ein für den Katastrophenfall eingerichtetes Sonderkonto einer juristischen Person des öffentlichen Rechts, einer öffentlichen Dienststelle oder eines Spitzenverbandes der freien Wohlfahrtspflege einschließlich seiner Mitgliedsorganisationen eingezahlt worden ist **oder**
2. die Zuwendung den Betrag von 100 DM nicht übersteigt **und**
    a) der Empfänger eine juristische Person des öffentlichen Rechts, eine öffentliche Dienststelle, eine Religionsgemeinschaft, ein Spitzenverband der freien Wohlfahrtspflege einschließlich seiner Mitgliedsorganisationen, der Deutsche Sportbund einschließlich der Landessportbünde oder die Stiftung Deutsche Sporthilfe ist **oder**
    b) der Empfänger eine andere steuerbegünstigte Körperschaft ist, die steuerlich wirksame Spendenbe**stätigungen** ausstellen darf, und der steuerbegünstigte Zweck, für den die Zuwendung verwendet wird, und die Angaben über die Freistellung der Körperschaft von der Körperschaftsteuer nach § 5 Abs. 1 Nr. 9 KStG auf dem vom Empfänger hergestellten Einzahlungsbeleg[1]) aufgedruckt sind.

²*Aus der Buchungsbestätigung müssen Name und Kontonummer des Auftraggebers und Empfängers, der Betrag sowie der Buchungstag ersichtlich sein.* ³*In den Fällen der Nummer 2b hat der Spender zusätzlich die Durchschrift des Überweisungsbelegs vorzulegen; im Fall des Lastschriftverfahrens muß die Buchungsbestätigung Angaben über den steuerbegünstigten Zweck, für den die Zuwendung verwendet wird, und über die Steuerbegünstigung der Körperschaft enthalten.*

Prüfungen

(7) ¹Ist der Empfänger einer Spende eine inländische juristische Person des öffentlichen Rechts, eine inländische öffentliche Dienststelle oder ein Spitzenverband der freien Wohlfahrtspflege einschließlich seiner Mitgliedsorganisationen, und geht aus der Spendenbestätigung der Verwendungszweck der Spenden hervor, so kann im allgemeinen davon ausgegangen werden, daß die Spenden für steuerbegünstigte Zwecke verwendet werden. ²Das gilt auch dann, wenn der Verwendungszweck im Ausland verwirklicht wird.

―――――
[1]) Anm.: richtig „Überweisungsbeleg".

Hinweise

Allgemeines
Der BFH hat mit Urteil vom 24.11.1993 (→ BStBl 1994 II S. 683) verfassungsrechtliche Zweifel hinsichtlich § 48 Abs. 2 EStDV geäußert. Bis zur Neuregelung des Spendenrechts gelten die bisherigen Regelungen weiter (→ BMF vom 17.8.1994 – BStBl I S. 710).

Auflagen
Zahlungen an eine steuerbegünstigte Körperschaft zur Erfüllung einer Auflage nach § 153a StPO oder § 56b StGB sind nicht als Spende abziehbar (→ BFH vom 19.12.1990 – BStBl 1991 II S. 234).

Aufwandsspenden
„Aufwandsspenden" an gemeinnützige Körperschaften

FinMin NW vom 22.1.1996 (ESt-Kartei NW – § 10b EStG Nr. 14)

S 2223 – 1008 – VB 2
S 2223 – 1097 – VB 2

Für die Anerkennung sog. Aufwandsspenden an gemeinnützige Körperschaften gilt – abweichend von meinem Erlaß vom 3.1.1986 (ESt NW § 10b EStG 8)[1] – folgendes:

Bei einem Verzicht auf Vergütungs- oder Aufwendungsersatzansprüche gegen gemeinnützige Körperschaften, die nicht zum unmittelbaren Empfang steuerbegünstigter Spenden berechtigt sind, ist eine Spende in Höhe des Vergütungs- oder Aufwendungsersatzanspruchs steuerlich anzuerkennen, wenn

1. das Vereinsmitglied bzw. der Spender auf einen rechtswirksam entstandenen Vergütungs- oder Aufwendungsersatzanspruch gegen die gemeinnützige Körperschaft bedingungslos verzichtet und

2. der Verein bei Teilnahme am Listenverfahren den entsprechenden Betrag auf das Sonderkonto „Listenverfahren" umbucht und an die Durchlaufstelle überweist oder das Vereinsmitglied bzw. der Spender sich einen rechtswirksam entstandenen Vergütungs- oder Aufwendungsersatzanspruch nicht auszahlen läßt, sondern verfügt, daß der Betrag, auf den er einen Anspruch hat, auf das für Spenden eingerichtete Sonderkonto des Vereins eingezahlt wird oder – sofern der Verein nicht am Listenverfahren teilnimmt – ein Geldbetrag in entsprechender Höhe auf Weisung des Anspruchsberechtigten unmittelbar durch einen Vereinsverantwortlichen bei der Durchlaufstelle als Spende eingezahlt wird.

Ein Anspruch auf Vergütung oder Aufwandsentschädigung kann sich aus der Satzung, aber auch aus Vertrag, regelmäßig einem Dienstvertrag, ergeben. Der Austausch von Leistung und Gegenleistung muß allerdings – wie bei gegenseitigen Verträgen üblich – im zeitlichen Zusammenhang, d. h., der bedingungslose Verzicht auf den Vergütungs- oder Aufwandsentschädigungsanspruch muß zeitnah, also in unmittelbarem Anschluß an die Arbeitsleistung, erfolgen.

Dieser Erlaß ergeht im Einvernehmen mit dem Bundesministerium der Finanzen und den obersten Finanzbehörden der anderen Länder.

– **Aufwandsspenden** an einen Verein durch **Verzicht** auf einen Erstattungsanspruch für Fahrtkosten sind steuerlich **nicht** anzuerkennen, wenn weder der Erstattungsanspruch eindeutig belegbar ist noch ein zweifelsfreier Verzicht darauf nachgewiesen werden kann (→ FG Baden-Württemberg vom 26.2.1997 – 2 K 218/95).

– **Aufwendungsersatz mit vorher vom selben Vereinsmitglied im Wege einer „Durchlaufspende" geleisteten Mitteln**

   Ein Sportverein verstößt nicht gegen das Mittelverwendungsverbot des § 55 Abs. 1 Nr. 1 AO, soweit er in Erfüllung eines Anspruchs nachgewiesenen, angemessenen Aufwand eines Mitglieds für den Verein ersetzt. Dies gilt auch dann, wenn das Mitglied unmittelbar vor der Erfüllung des Anspruchs eine Durchlaufspende in derselben

---
[1] Anm.: Entspricht BMF vom 3.1.1986 (BStBl I S. 52); abgedruckt unter H 111 (Listenverfahren).

Höhe geleistet hat. Die Gemeinnützigkeit ist nicht wegen bloßer Bedenken hinsichtlich des Spendenabzugs zu versagen. Eine Körperschaft (im Streitfall: Sportverein) darf – ohne ihre Gemeinnützigkeit zu verlieren – aus ihren Mitteln in angemessenem Umfang Aufwendungen ersetzen, die einem Mitglied bei Fahrten mit dem eigenen Pkw zur Erfüllung des Satzungszwecks entstanden sind. Voraussetzung ist, daß der Aufwand nachgewiesen ist, dem Mitglied ein Ersatzanspruch gegen die Körperschaft zusteht und der Ersatz der Höhe nach angemessen ist. Ein Aufwendungsersatz, der dem steuerlich anzuerkennenden Pauschbetrag für Dienstreisen entspricht, ist als angemessen anzusehen (→ BFH vom 3.12.1996 – I R 67/95).

Ausland

Empfänger steuerbegünstigter Zuwendungen können nur **inländische** Körperschaften sein (→ BFH vom 11.11.1966 – BStBl 1967 III S. 116).

Beiträge an Kirchengemeinden im Ausland

Beiträge an Kirchengemeinden im Ausland

FinMin NW vom 23.11.1983 (ESt-Kartei NW § 10b EStG Nr. 7)

In den deutschsprachigen kirchlichen Auslandsgemeinden werden vielfach Kirchensteuern im eigentlichen Sinne nicht erhoben, da die Gemeinden in ihrem Gastland nicht als öffentlich-rechtliche Körperschaft anerkannt sind oder ihnen das Recht, öffentliche Abgaben zu erheben, nicht verliehen worden ist. Diese Auslandsgemeinden sind daher zur Bestreitung ihrer Unkosten auf freiwillige Beiträge angewiesen. Den Gemeinden gehören neben den im Gastland ansässigen Mitgliedern auch deutsche Staatsangehörige an, deren Einkommen steuerlich in Deutschland erfaßt wird. Der Kreis dieser Personen setzt sich vornehmlich aus den im Auslandsdienst tätigen Angehörigen des Auswärtigen Amtes und den von deutschen Unternehmen in das Ausland entsandten Angestellten zusammen.

Zur Frage der steuerlichen Behandlung der freiwilligen Zuwendungen an die ausländischen Kirchengemeinden ist folgendes zu bemerken:

Kirchensteuern im Sinn des § 10 Abs. 1 Nr. 4 EStG sind Geldleistungen, die von den als Körperschaften des öffentlichen Rechts anerkannten Religionsgesellschaften von ihren Mitgliedern aufgrund gesetzlicher Bestimmungen erhoben werden. Als Körperschaften des öffentlichen Rechts in diesem Sinne sind jedoch nur solche Körperschaften anzusehen, die ihre öffentlich-rechtliche Eigenschaft aus deutschem Recht herleiten. Auch für den Abzug freiwilliger Leistungen an Religionsgesellschaften als Spenden im Sinn des § 10b EStG ist Voraussetzung, daß es sich bei dem Empfänger um eine inländische Körperschaft des öffentlichen Rechts handelt (§ 48 Abs. 3 Nr. 1 EStDV). Zuwendungen, die im Ausland tätige Beamte oder Angestellte deutscher Unternehmen an kirchliche Gemeinden des Gastlandes entrichten, können deshalb nach geltendem Recht bei der inländischen Besteuerung weder als Kirchensteuern noch als Spenden abgezogen werden, und zwar auch dann nicht, wenn die betreffende Kirchengemeinde nach ausländischem Recht eine Körperschaft des öffentlichen Rechts ist.

In den in Betracht kommenden Fällen können jedoch die Stpfl. den für die ausländischen Kirchengemeinden bestimmten freiwilligen Beitrag im Rahmen des § 10b EStG einer inländischen Stelle der betreffenden Religionsgesellschaft mit der Auflage zuwenden, ihn für die Auslandsgemeinde zu verwenden. Da die Transferierung der Beiträge aus dem Ausland an die inländische Stelle und die Rücküberweisung an die ausländische Kirchengemeinde zu Zeitverlusten führen und erhebliche Unkosten verursachen würde, bestehen auch keine Bedenken dagegen, daß die von der Evangelischen Kirche in Deutschland zu ihren Auslandsgemeinden entsandten Pfarrer ermächtigt werden, die für die Auslandstätigkeit der Evangelischen Kirche in Deutschland bestimmten Beträge (Spenden) in Empfang zu nehmen. Die Pfarrer stellen in diesen Fällen den Gebern im Namen des Kirchlichen Außenamtes der Evangelischen Kirche in Deutschland Spendenbescheinigungen nach dem Muster in Anlage 8 der EStR (Anlage 4 LStR) aus.

Dieser Erlaß ergeht im Einvernehmen mit dem Bundesminister der Finanzen und den obersten Finanzbehörden der anderen Länder.

§ 10b EStG
H 111

Bund der Steuerzahler

Beiträge und andere Zahlungen können nicht nach § 10b EStG berücksichtigt werden.
→ H 18 (Beiträge und Spenden an den Bund der Steuerzahler)

Wird die **Körperschaftsteuerbefreiung** des Empfängers einer Durchlaufspende **rückgängig** gemacht und steht fest, daß der Empfänger nicht gemeinnützig war, kann die frühere körperschaftsteuerliche Beurteilung des Empfängers durch das Finanzamt nach den Grundsätzen von Treu und Glauben einer Änderung des Einkommensteuerbescheids entgegenstehen (→ BFH vom 11.6.1997 – HFR 1997 S. 818).

Durchlaufspendenverfahren

Anlage 7   Gemeinnützige Körperschaften, die satzungsgemäß Zwecke fördern, die in Anlage 7 mit dem Hinweis „wenn der Empfänger der Zuwendung eine juristische Person des öffentlichen Rechts oder eine öffentliche Dienststelle ist" aufgeführt sind, sind nicht zum unmittelbaren Empfang steuerbegünstigter Spenden berechtigt (z. B. Sport-, Kultur-, Heimat-, Naturschutzvereine). Sie können aber mittelbar steuerbegünstigte Spenden erhalten, indem die Spenden an eine inländische Gebietskörperschaft oder eine ihrer Dienststellen mit der Auflage geleistet werden, sie weiterzuleiten.

Für den Abzug von Sachspenden ist erforderlich, daß der Durchlaufstelle das Eigentum an der Sache verschafft wird. Bei Eigentumserwerb durch Einigung und Übergabeersatz (§§ 930, 931 BGB) ist die körperliche Übergabe der Sache an die Durchlaufstelle nicht erforderlich; es sind aber eindeutige Gestaltungsformen zu wählen, die die tatsächliche Verfügungsfreiheit der Durchlaufstelle über die Sache sicherstellen und eine Überprüfung des Ersterwerbs der Durchlaufstelle und des Zweiterwerbs der begünstigten gemeinnützigen Körperschaft ermöglichen.

Zur Vereinfachung der formellen Abwicklung der Durchlaufspenden ist das → Listenverfahren zugelassen worden.

Elternleistungen an gemeinnützige Schulvereine (Schulen in freier Trägerschaft)

Als Spenden kommen nur freiwillige Leistungen der Eltern in Betracht, die über den festgesetzten Elternbeitrag hinausgehen (→ BMF vom 4.1.1991 – BStBl 1992 I S. 266).

→ Abgedruckt zu H 104 (Spendenabzug)

→ § 10 Abs. 1 Nr. 9 EStG

Gebrauchte Kleidung als Sachspende (Abziehbarkeit und Wertermittlung)

Bei gebrauchter Kleidung stellt sich die Frage, ob sie überhaupt noch einen gemeinen Wert (Marktwert) hat. Wird ein solcher geltend gemacht, sind die für eine Schätzung maßgeblichen Faktoren wie Neupreis, Zeitraum zwischen Anschaffung und Weggabe und der tatsächliche Erhaltungszustand durch den Steuerpflichtigen nachzuweisen (→ BFH vom 23.5.1989 – BStBl II S. 879).

→ Sachspenden

Leistungsaustausch

Als Spenden oder Mitgliedsbeiträge bezeichnete Ausgaben, die bei wirtschaftlicher Betrachtung das Entgelt für eine Leistung der empfangenden Körperschaft darstellen, sind nicht nach § 10b EStG abziehbar (→ BFH vom 1.4.1960 – BStBl III S. 231):

Zulassung des sog. Listenverfahrens bei Durchlaufspenden an gemeinnützige Körperschaften

BMF vom 3.1.1986 (BStBl I S. 52)

Unter Bezugnahme auf das Ergebnis der Erörterungen mit den obersten Finanzbehörden der Länder gilt für die formelle Behandlung von Spenden an gemeinnützige Körperschaften im sog. Listenverfahren folgendes:

Spenden an gemeinnützige Körperschaften, die nicht zum unmittelbaren Empfang steuerbegünstigter Spenden berechtigt sind (z. B. Sportvereine, Kulturvereine, Heimatvereine,

Naturschutzvereine), sind grundsätzlich nur dann steuerlich abziehbar, wenn sie vom Spender an eine juristische Person des öffentlichen Rechts oder eine öffentliche Dienststelle (sog. Durchlaufstelle) gezahlt und von dieser an die begünstigte Körperschaft weitergeleitet werden. Sie können aber auch dann steuerlich abziehbar sein, wenn bei ihrer Zuwendung das folgende Verfahren angewendet wird:

1. Die Spenden werden auf ein Sammelkonto gezahlt, das von der Körperschaft oder von einem beauftragten Mitglied der Körperschaft eingerichtet ist.

   Das Konto muß von dem übrigen Vermögen der Körperschaft getrennt sein und so geführt werden, daß ein sachverständiger Dritter die darüber abgewickelten Vorgänge hinsichtlich der Identität der Spender, der vom jeweiligen Spender geleisteten Spenden und des Zeitpunkts der Spendenzahlung ohne Schwierigkeiten und in angemessener Zeit prüfen kann.

2. Die angesammelten Beträge werden vom Kontoinhaber (Treuhänder) in Vertretung der Spender von Zeit zu Zeit in einer Summe an die Durchlaufstelle überwiesen. Gleichzeitig wird der Durchlaufstelle eine Liste übersandt, in der die einzelnen Spenden mit dem Namen und der Anschrift des Spenders aufgeführt sind.

3. Bei der Durchlaufstelle wird beantragt,
   - den Betrag an die genannte gemeinnützige Körperschaft[1]) weiterzuleiten und
   - den aus der beigefügten Liste ersichtlichen einzelnen Spendern entsprechende Spendenbestätigungen auszustellen.

4. Die Durchlaufstelle prüft, ob die begünstigte Körperschaft nach § 5 Abs. 1 Nr. 9 KStG von der Körperschaftsteuer befreit und ob die Verwendung der Spenden für steuerbegünstigte Zwecke sichergestellt ist. Danach leitet sie die Spendenbeträge weiter und stellt den Spendern entsprechende Spendenbestätigungen aus. Zeitpunkt der Spendenzahlung ist der Zeitpunkt des Eingangs bei der Durchlaufstelle.

Die Durchlaufstelle muß auch bei der Anwendung des Listenverfahrens die tatsächliche Verfügungsmacht über die Spendenmittel erhalten. Sie muß die Vereinnahmung der Spenden und ihre Verwendung (Weiterleitung) getrennt und unter Beachtung der haushaltsrechtlichen Vorschriften nachweisen.

Das Listenverfahren ist nur bei Geldspenden, nicht hingegen bei Sachspenden zulässig. Der Verzicht auf Vergütungs- oder Aufwandsentschädigungsansprüche gegen gemeinnützige Körperschaften, die nicht zum unmittelbaren Empfang steuerbegünstigter Spenden berechtigt sind, ist keine Spende.

Mitgliederbeiträge, Mitgliederumlagen, Aufnahmegebühren und andere Leistungen, auf die die Körperschaft einen Anspruch hat, können nicht über eine Durchlaufstelle gezahlt werden. Sie sind deshalb auch bei der Anwendung des Listenverfahrens steuerlich nicht abziehbar. Dies bedeutet, daß sie nicht auf das für Spenden eingerichtete Sammelkonto der Körperschaft gezahlt werden dürfen. Die Körperschaft hat in der Spendenliste zu versichern, daß in den überwiesenen Beträgen und in der übersandten Liste keine Mitgliederbeiträge, Mitgliederumlagen, Aufnahmegebühren und andere Leistungen enthalten sind, auf die der Verein einen Anspruch hat. Die Durchlaufstelle hat darauf zu achten, daß die Körperschaft diese Versicherung abgegeben hat und daß in den überwiesenen Beträgen und in der übersandten Liste keine dem Verein geschuldeten Zahlungen enthalten sind.

Listenverfahren

Spenden werden auf ein Sonderkonto der nicht zum unmittelbaren Empfang steuerbegünstigter Spenden berechtigten Körperschaft eingezahlt und von dort von Zeit zu Zeit an eine Durchlaufstelle überwiesen. Diese stellt anhand einer mitgesandten Liste die Spendenbestätigungen aus und überweist das Geld an die Körperschaft zurück (→ BMF vom 3.1.1986 – BStBl I S. 52).

Sachspenden

Aus der Spendenbestätigung müssen der Wert und die genaue Bezeichnung der gespendeten Sache im Sinne des § 10b Abs. 3 EStG ersichtlich sein (→ BFH vom 22.10.1971 – BStBl 1972 II S. 55).

---

[1]) Anm.: → BFH vom 12.9.1990 (BStBl 1991 II S. 258).
     Abweichend dazu → H 111 (Aufwandsspenden).

§ 10b EStG
H 111

Anlage 4 **Spendenbestätigung (§ 48 Abs. 3 EStDV)**

Die Spendenbestätigung ist eine unverzichtbare sachliche Voraussetzung für den Spendenabzug. Die Bestätigung hat jedoch nur den Zweck einer Beweiserleichterung hinsichtlich der Verwendung der Spende und ist nicht bindend; entscheidend ist die tatsächliche Verwendung der Spende (→ BFH vom 23.5.1989 – BStBl II S. 879). Eine Spendenbestätigung wird vom Finanzamt nicht als Nachweis für den Spendenabzug anerkannt, wenn das Datum des Steuerbescheides/Freistellungsbescheides länger als 5 Jahre bzw. das Datum der vorläufigen Bescheinigung länger als 3 Jahre seit Ausstellung der Bestätigung zurückliegt; dies gilt auch bei Durchlaufspenden (→ BMF vom 15.12.1994 – BStBl I S. 884). Eine Aufteilung von Spenden in abziehbare und nichtabziehbare Teile je nach satzungsgemäßer und nichtsatzungsgemäßer anteiliger Verwendung der Spende ist unzulässig (→ BFH vom 7.11.1990 – BStBl 1991 II S. 547).

Spendenbestätigungen bei Zuwendungen an unmittelbar spendenempfangsberechtigte steuerbegünstigte Körperschaften und bei Durchlaufspenden;
Datum des Bescheids bzw. der Bescheinigung über die Steuerbegünstigung der Empfängerkörperschaft nach § 5 Abs. 1 Nr. 9 KStG

BMF vom 15.12.1994 (BStBl I S. 884)

1 Anlage[1])

Der Abzug von Spenden an steuerbegünstigte Körperschaften i. S. von § 5 Abs. 1 Nr. 9 KStG ist nur zuzulassen, wenn die Steuerbegünstigung der Körperschaft zeitnah überprüft worden ist. Dies gilt unabhängig davon, ob Spenden unmittelbar oder im Durchlaufspendenverfahren an eine steuerbegünstigte Körperschaft geleistet werden. Um dies sicherzustellen, ist unter Bezugnahme auf das Ergebnis der Erörterungen mit den obersten Finanzbehörden der Länder wie folgt zu verfahren:

1. **Zuwendungen an unmittelbar spendenempfangsberechtigte steuerbegünstigte Körperschaften i. S. des § 5 Abs. 1 Nr. 9 KStG**

    Spendenbestätigungen, in denen das angegebene Datum des Steuerbescheids (in der Regel Körperschaftsteuerfreistellungsbescheid) länger als fünf Jahre bzw. das Datum der vorläufigen Bescheinigung länger als drei Jahre seit dem Tag der Ausstellung der Spendenbestätigung zurückliegt, können grundsätzlich nicht mehr als ausreichender Nachweis für den Spendenabzug anerkannt werden.

    Sie können im Hinblick auf die Vertrauensschutzregelung des § 10b Abs. 4 Satz 1 EStG (§ 9 Abs. 3 Satz 1 KStG, § 9 Nr. 5 Satz 5 GewStG) **letztmalig** noch bei der Veranlagung für das Kalenderjahr, für das sie vorgelegt worden sind, berücksichtigt werden. In diesem Fall ist der Steuerpflichtige gleichzeitig darauf hinzuweisen, daß künftig Spendenbestätigungen steuerbegünstigter Körperschaften nur noch dann als ausreichender Spendennachweis anerkannt werden, wenn das in der Spendenbestätigung angegebene Datum des Steuerbescheids nicht länger als fünf Jahre bzw. das Datum der vorläufigen Bescheinigung nicht länger als drei Jahre seit dem Tag der Ausstellung der Spendenbestätigung zurückliegt. Eine letztmalige Anerkennung der Spendenbestätigungen im vorstehenden Sinne aus Vertrauensschutzgründen kommt nicht in Betracht, wenn das Finanzamt Spendenbestätigungen mit längere Zeit zurückliegendem Datum eines Steuerbescheids oder einer vorläufigen Bescheinigung bereits in der Vergangenheit beanstandet und den Steuerpflichtigen entsprechend unterrichtet hatte.

    Diese Regelungen gelten für vereinfachten Spendennachweis nach R 111 Abs. 6 Satz 1 Nr. 2 b sowie Satz 4 1993 entsprechend.

    Das Finanzamt des Spenders hat das Finanzamt des Spendenempfängers darüber zu unterrichten, daß von der Empfängerkörperschaft Spendenbestätigungen erteilt worden sind, die nicht den Anforderungen für einen ausreichenden Spendennachweis genügen.

    Die vorstehenden Regelungen sind auf Spendenbestätigungen anzuwenden, die nach dem 31.12.1992 ausgestellt werden.

---

[1]) Anm.: → Abgedruckt als Anlage 4 (zu R 111 Abs. 4 EStR 1998).

2. Durchlaufspenden an juristische Personen des öffentlichen Rechts oder öffentliche Dienststellen

Wird die Zuwendung an eine juristische Person des öffentlichen Rechts oder an eine öffentliche Dienststelle entsprechend den Angaben des Spenders an eine Körperschaft, Personenvereinigung oder Vermögensmasse (Empfängerkörperschaft) weitergeleitet, darf die Durchlaufstelle keine Spendenbestätigung ausstellen, wenn das Datum des Steuerbescheids, mit dem die Empfängerkörperschaft nach § 5 Abs. 1 Nr. 9 KStG von der Körperschaftsteuer befreit ist, länger als fünf Jahre bzw. das Datum der vorläufigen Bescheinigung länger als drei Jahre seit dem Tag der Ausstellung der Spendenbestätigung zurückliegt. Eine gleichwohl ausgestellte Spendenbestätigung kann vom Finanzamt nicht als ausreichender Nachweis für den Spendenabzug anerkannt werden.

Die vorstehende Regelung ist auf Spenden anzuwenden, die nach dem 31.3.1995 bei der Durchlaufstelle eingehen. Sie gilt auch bei Anwendung des Listenverfahrens als Ergänzung zu Nr. 4 des BMF-Schreibens vom 3.1.1986 (BStBl I S. 52).

Muster der Anlage 4 zu R 111 Abs. 4 EStR 1993 (BStBl I 1994 Sondernummer 1 S. 183) und die Muster 1 der Anlage 4 zu Abschnitt 61 Abs. 4 LStR 1993 (BStBl I 1992 Sondernummer 3 S. 198) werden durch anliegendes Muster für die Gestaltung der nach § 48 Abs. 3 EStDV erforderlichen Spendenbestätigung ersetzt.

Dieses Schreiben tritt an die Stelle des BMF-Schreibens vom 22.3.1993 (BStBl I S. 298).

Sponsoring
→ BMF vom **18.2.1998** (BStBl I S. **212**)

Anhang 12

Unentgeltlichkeit
→ Leistungsaustausch

Vermächtniszuwendungen
Aufwendungen des Erben zur Erfüllung von Vermächtniszuwendungen an gemeinnützige Einrichtungen sind weder beim Erben (→ BFH vom 22.9.1993 – BStBl II S. 874) noch beim Erblasser (→ BFH vom 23.10.1996 – BStBl 1997 II S. 239) als Spenden nach § 10b Abs. 1 EStG abziehbar.

---

112. Mitgliedsbeiträge und Spenden an politische Parteien   R 112

(1) ¹*Beiträge und Spenden an politische Parteien sind nur dann abziehbar, wenn die Partei bei Zufluß der Zuwendung als politische Partei im Sinne des § 2 PartG anzusehen ist.* ²*Der Steuerpflichtige hat dem Finanzamt durch eine besondere Spendenbestätigung der politischen Partei nachzuweisen, daß die Voraussetzungen für den Abzug der Spende erfüllt sind.* ³*Die Spendenbestätigung muß grundsätzlich von mindestens einer durch Satzung oder Auftrag zur Entgegennahme von Zahlungen berechtigten Person unterschrieben sein und eine Erklärung darüber enthalten, daß die Partei den ihr zugewendeten Betrag nur für ihre satzungsmäßigen Zwecke verwendet.* ⁴*Als Nachweis für die Zahlung von Mitgliedsbeiträgen genügt die Vorlage von Bareinzahlungsbelegen, Buchungsbestätigungen (z. B. Kontoauszug oder Lastschrifteinzugsbeleg) oder Beitragsquittungen.* ⁵*R 111 Abs. 5 und 6 gilt entsprechend.*

S 2223

(2) ¹*Mitgliedsbeiträge und Spenden an politische Parteien können auch dann als Sonderausgaben abgezogen werden, wenn sie sich nicht nach § 34g EStG auswirken.* ²*Ein Wahlrecht zwischen dem Abzug der Zuwendungen von der Steuer nach § 34g EStG und dem Sonderausgabenabzug nach § 10b Abs. 2 EStG besteht nicht.*

H 112 Hinweise

Muster für Spendenbestätigung
Anlage 5   → Anlage 5

Parteiengesetz
→ BGBl 1994 I S. 150

zuletzt geändert durch das Siebte Gesetz zur Änderung des Parteiengesetzes vom 17.2.1999

Sachspenden
Aus der Spendenbestätigung müssen der Wert und die genaue Bezeichnung der gespendeten Sache im Sinne des § 10b Abs. 3 EStG ersichtlich sein (→ BFH vom 22.10.1971 – BStBl 1972 II S. 55).

R 113   113. Begrenzung des Abzugs der Ausgaben für steuerbegünstigte Zwecke

Alternativgrenze

S 2223   (1) ¹Zu den gesamten Umsätzen im Sinne des § 10b Abs. 1 Satz 1 EStG gehören außer den steuerbaren Umsätzen im Sinne des § 1 UStG auch → nicht steuerbare Umsätze. ²Bei den Ausgaben für wissenschaftliche, mildtätige und als besonders förderungswürdig anerkannte kulturelle Zwecke wird der Satz von 2 v.T. nicht erhöht. ³Dieser Satz wird, wenn der Steuerpflichtige Mitunternehmer einer Personengesellschaft ist, von dem Teil der Summe der gesamten Umsätze und der im Kalenderjahr aufgewendeten Löhne und Gehälter der Personengesellschaft berechnet, der dem Anteil des Steuerpflichtigen am Gewinn der Gesellschaft entspricht.

Großspendenregelung

(2) ¹Als Einzelzuwendung im Sinne des § 10b Abs. 1 Satz 3 EStG ist grundsätzlich jeder einzelne Abfluß einer Zahlung oder die Zuwendung eines Wirtschaftsguts anzusehen. ²Eine Einzelzuwendung liegt aber auch dann vor, wenn mehrere Zahlungen oder die Abgabe mehrerer Wirtschaftsgüter in einem Veranlagungszeitraum an denselben Empfänger auf einer einheitlichen Spendenentscheidung des Steuerpflichtigen beruhen. ³§ 10b Abs. 1 Satz 3 EStG ist auch anzuwenden, wenn eine Spende von mindestens 50.000 DM an eine juristische Person des öffentlichen Rechts oder eine öffentliche Dienststelle geleistet und von dieser auflagegemäß in Teilbeträgen von jeweils weniger als 50.000 DM an verschiedene steuerbegünstigte Körperschaften weitergeleitet wird. ⁴Bei einer von einer Personengesellschaft geleisteten Einzelzuwendung ist erforderlich, daß auf den einzelnen Gesellschafter ein Spendenanteil von mindestens 50.000 DM entfällt.

H 113 Hinweise

Abzugssatz, erhöhter
Erhöhter Abzugssatz für Zuwendungen an kirchliche öffentlich-rechtliche Körperschaften und Einrichtungen zugunsten mildtätiger Zwecke oder zur Förderung der Denkmalpflege
→ BMF vom 24.1.1994 (BStBl I S. 139).

Begrenzung des Spendenabzugs bei Spenden an kirchliche Organisationen zur Förderung wissenschaftlicher, mildtätiger und als besonders förderungswürdig anerkannter kultureller Zwecke

BMF vom 24.1.1994 (BStBl I S. 139)

Unter Bezugnahme auf das Ergebnis der Erörterungen mit den obersten Finanzbehörden der Länder gilt für die Anwendung des erhöhten Abzugssatzes von 10 v. H. nach § 10b Abs. 1 Satz 2 EStG für Zuwendungen an kirchliche öffentlich-rechtliche Körperschaften und Einrichtungen folgendes:

Der erhöhte Abzugssatz findet nur Anwendung, wenn der Empfänger diese Zuwendung zur Förderung mildtätiger Zwecke oder zur Förderung der Denkmalpflege (Nr. 4 Buchst. c der Anlage 7 der EStR) verwendet. Er gilt nicht, wenn die kirchliche öffentlich-rechtliche Körperschaft oder Einrichtung die Zuwendung zur Förderung wissenschaftlicher oder sonstiger als besonders förderungswürdig anerkannter kultureller Zwecke verwendet (BFH vom 18.11.1966 – BStBl 1967 III S. 365). Der Bereich der mildtätigen Zwecke und der Denkmalpflege muß in den Aufzeichnungen von der tatsächlichen Geschäftsführung von den anderen Zwecken der kirchlichen öffentlich-rechtlichen Körperschaft oder Einrichtung abgegrenzt sein. Bei Zuwendungen zur Förderung der Denkmalpflege findet auch die Großspendenregelung nach § 10b Abs. 1 Satz 3 EStG Anwendung.

Ein erhöhter Spendenabzug ist bei Zuwendung an kirchliche Einrichtungen zu wissenschaftlichen Zwecken auch dann zulässig, wenn ihr Empfänger eine Kirche oder deren Untergliederung ist; gegen BMF vom 21.1.1994 – BStBl I S. 139 (→ FG Rheinland-Pfalz vom 26.6.1996 – EFG 1996 S. 1216).

Höchstbetrag in Organschaftsfällen
→ A 42 Abs. 5 KStR

Kreditinstitute
Die Gewährung von Krediten und das Inkasso von Schecks und Wechsel erhöht die „Summe der gesamten Umsätze". Die Erhöhung bemißt sich jedoch nicht nach den Kreditsummen, Schecksummen und Wechselsummen, Bemessungsgrundlage sind vielmehr die Entgelte, die der Steuerpflichtige für die Kreditgewährungen und den Einzug der Schecks und Wechsel erhält. Beim Rediskontgeschäft erhöhen die Rediskontbeträge die „Summe der gesamten Umsätze" (→ BFH vom 4.12.1996 – BStBl 1997 II S. 327).

Umsätze
Zur „Summe der gesamten Umsätze" gehören die steuerpflichtigen und die steuerfreien (→ BFH vom 4.12.1996 – BStBl 1997 II S. 327) sowie die nicht steuerbaren Umsätze (→ R 113 Abs. 1 Satz 1). Ihre Bemessung richtet sich nach den Vorschriften des Umsatzsteuerrechts (→ BFH vom 4.12.1996 – BStBl 1997 II S. 327).

§ 10c
Sonderausgaben-Pauschbetrag, Vorsorgepauschale

(1) Für Sonderausgaben nach § 10 Abs. 1 Nr. 1, 1a, 4 bis 9 und nach § 10b wird ein Pauschbetrag von 108 Deutsche Mark abgezogen (Sonderausgaben-Pauschbetrag), wenn der Steuerpflichtige nicht höhere Aufwendungen nachweist.[1)]

(2) [1]Hat der Steuerpflichtige Arbeitslohn bezogen, so wird für Vorsorgeaufwendungen (§ 10 Abs. 1 Nr. 2) eine Vorsorgepauschale abgezogen, wenn der Steuerpflichtige nicht Aufwendungen nachweist, die zu einem höheren Abzug führen. [2]Die Vorsorgepauschale beträgt 20 vom Hundert des Arbeitslohns, jedoch

---

[1)] Anm.: Durch das Steuerentlastungsgesetz 1999/2000/2002 wurde mit Wirkung ab VZ 1999 in Absatz 1 die Angabe „§ 10 Abs. 1 Nr. 1, 1a, 4 bis 9" durch die Angabe „§ 10 Abs. 1 Nr. 1, 1a, 4, 6 bis 9" ersetzt.

§ 10c EStG
R 114

1. höchstens 6.000 Deutsche Mark abzüglich 16 vom Hundert des Arbeitslohns zuzüglich
2. höchstens 2.610 Deutsche Mark, soweit der Teilbetrag nach Nummer 1 überschritten wird, zuzüglich
3. höchstens die Hälfte bis zu 1.305 Deutsche Mark, soweit die Teilbeträge nach den Nummern 1 und 2 überschritten werden.

³Die Vorsorgepauschale ist auf den nächsten durch 54 ohne Rest teilbaren vollen Deutsche-Mark-Betrag abzurunden, wenn sie nicht bereits durch 54 ohne Rest teilbar ist. ⁴Arbeitslohn im Sinne der Sätze 1 und 2 ist der um den Versorgungs-Freibetrag (§ 19 Abs. 2) und den Altersentlastungsbetrag (§ 24a) verminderte Arbeitslohn.

(3) Für Arbeitnehmer, die während des ganzen oder eines Teils des Kalenderjahrs

1. in der gesetzlichen Rentenversicherung versicherungsfrei oder auf Antrag des Arbeitgebers von der Versicherungspflicht befreit waren und denen für den Fall ihres Ausscheidens aus der Beschäftigung auf Grund des Beschäftigungsverhältnisses eine lebenslängliche Versorgung oder an deren Stelle eine Abfindung zusteht oder die in der gesetzlichen Rentenversicherung nachzuversichern sind oder
2. nicht der gesetzlichen Rentenversicherungspflicht unterliegen, eine Berufstätigkeit ausgeübt und im Zusammenhang damit auf Grund vertraglicher Vereinbarungen Anwartschaftsrechte auf eine Altersversorgung ganz oder teilweise ohne eigene Beitragsleistung erworben haben oder
3. Versorgungsbezüge im Sinne des § 19 Abs. 2 Nr. 1 erhalten haben oder
4. Altersrente aus der gesetzlichen Rentenversicherung erhalten haben,

beträgt die Vorsorgepauschale 20 vom Hundert des Arbeitslohns, jedoch höchstens 2.214 Deutsche Mark.

(4) ¹Im Fall der Zusammenveranlagung von Ehegatten zur Einkommensteuer sind

1. die Deutsche-Mark-Beträge nach Absatz 1, 2 Satz 2 Nr. 1 bis 3 und Absatz 3 zu verdoppeln und
2. Absatz 2 Satz 4 auf den Arbeitslohn jedes Ehegatten gesondert anzuwenden.

²Wenn beide Ehegatten Arbeitslohn bezogen haben und ein Ehegatte zum Personenkreis des Absatzes 3 gehört, ist die höhere Vorsorgepauschale abzuziehen, die sich ergibt, wenn entweder die Deutsche-Mark-Beträge nach Absatz 2 Satz 2 Nr. 1 bis 3 verdoppelt und der sich für den Ehegatten im Sinne des Absatzes 3 nach Absatz 2 Satz 2 erster Halbsatz ergebende Betrag auf 2.214 Deutsche Mark begrenzt werden oder der Arbeitslohn des nicht unter Absatz 3 fallenden Ehegatten außer Betracht bleibt. ³Satz 1 Nr. 1 gilt auch, wenn die tarifliche Einkommensteuer nach § 32a Abs. 6 zu ermitteln ist.

R 114   114. Berechnung der Vorsorgepauschale bei Ehegatten

Bemessungsgrundlage

S 2224
S 2362
(1) ¹Bei Ehegatten, die beide Arbeitslohn bezogen haben, ist die Bemessungsgrundlage der Vorsorgepauschale jeweils gesondert zu ermitteln. ²Bei der Zusammenveranlagung von Ehegatten ist die gemeinsame Bemessungsgrundlage maßgebend, die sich aus der Addition der Einzelbemessungsgrundlagen ergibt.

Berechnung der ungekürzten oder gekürzten Vorsorgepauschale

(2) ¹Bei der Zusammenveranlagung von Ehegatten, die beide Arbeitslohn bezogen haben, ist die Vorsorgepauschale nach der gemeinsamen Bemessungsgrundlage zu ermitteln. ²Gehören beide Ehegatten nicht zu dem Personenkreis des § 10c Abs. 3 EStG, gelten für die Ermittlung der ungekürzten Vorsorgepauschale die Vorschriften des § 10c Abs. 2 Satz 2 und 3 EStG unter Verdoppelung der Höchstbeträge nach § 10c Abs. 4 Satz 1 EStG. ³Gehören beide Ehegatten zu dem Personenkreis des § 10c Abs. 3 EStG, gelten für die Ermittlung der gekürzten Vorsorgepauschale die Vorschriften des § 10c Abs. 3 EStG unter Verdoppelung des Höchstbetrags nach § 10c Abs. 4 Satz 1 EStG, abgerundet nach § 10c Abs. 2 Satz 3 EStG.

§ 10c EStG
H 114 **R 114**

Berechnung der Vorsorgepauschale in Mischfällen

(3) ¹Bei der Zusammenveranlagung von Ehegatten, die beide Arbeitslohn bezogen haben und von denen nur einer zu dem Personenkreis des § 10c Abs. 3 EStG gehört (Mischfall), ist die Vorsorgepauschale nach § 10c Abs. 4 Satz 2 EStG zu ermitteln. ²Auf Grund der Einzelbemessungsgrundlagen sind für jeden Ehegatten die Ausgangsbeträge für die Vorsorgepauschale (20 v. H. der jeweiligen Bemessungsgrundlage) zu berechnen. ³Diese Ausgangsbeträge unterliegen alternativ den Höchstbetragsbegrenzungen des § 10c Abs. 2 oder Abs. 3 EStG, wobei für die Anwendung des § 10c Abs. 2 EStG der Ausgangsbetrag für den Ehegatten, der zum Personenkreis des § 10c Abs. 3 EStG gehört, höchstens mit 2.214 DM anzusetzen ist und für die Anwendung des § 10c Abs. 3 EStG der Ausgangsbetrag für den anderen Ehegatten außer Ansatz bleibt. ⁴Der sich nach diesen Alternativen ergebende höhere Betrag, abgerundet auf den nächsten durch 54 ohne Rest teilbaren vollen DM-Betrag, ist die Vorsorgepauschale.

Hinweise
H 114

Steuerfreie Einnahmen, auch die nach einem DBA steuerfrei gestellten Bezüge, gehören nicht zur Bemessungsgrundlage der Vorsorgepauschale (→ BFH vom 18.3.1983 – BStBl II S. 475).

Beispiel zur Berechnung der ungekürzten Vorsorgepauschale
Zusammenzuveranlagende Ehegatten

Ehemann: rentenversicherungspflichtig, 63 Jahre alt, Arbeitslohn 60.000 DM, darin enthalten Versorgungsbezüge im Sinne des § 19 Abs. 2 Nr. 2 EStG (Werkspension) 10.000 DM

Ehefrau: rentenversicherungspflichtig, 60 Jahre alt, Arbeitslohn 18.000 DM

1. Ermittlung der Bemessungsgrundlage für die Vorsorgepauschale:

	Ehemann DM	Ehefrau DM
Arbeitslohn	60.000	18.000
abzüglich Versorgungsfreibetrag 40 v. H. von 10.000 DM (Höchstbetrag von 6.000 DM nicht überschritten) =	– 4.000	
verminderter Arbeitslohn	56.000	18.000
gemeinsame Bemessungsgrundlage	**74.000**	

2. Berechnung der Vorsorgepauschale: 20 v. H. der gemeinsamen Bemessungsgrundlage von 74.000 DM = 14.800
   a) höchstens 12.000
   abzüglich 16 v. H. der gemeinsamen Bemessungsgrundlage von 74.000 DM (aber kein Negativergebnis) – 11.840   160
   b) 14.800
   abzüglich – 160
   14.640
   Höchstbetrag
   (2 × 2.610 DM =) 5.220
   der niedrigere Betrag ist anzusetzen: 5.220
   c) 14.800
   abzüglich
   (160 DM + 5.220 DM =) – 5.380
   9.420
   zur Hälfte 4.710
   Höchstbetrag
   (2 × 1.305 DM =) 2.610
   der niedrigere Betrag ist anzusetzen: 2.610
   insgesamt: 7.990

§ 10c EStG
H 114

	Ehemann DM	Ehefrau DM
Abrundung auf den nächsten durch 54 ohne Rest teilbaren Betrag ergibt die Vorsorgepauschale:		**7.938**

Beispiel zur Berechnung der gekürzten Vorsorgepauschale
Zusammenzuveranlagende Ehegatten
Ehemann: 68 Jahre alt, Arbeitslohn aus einer aktiven Tätigkeit 4.000 DM, Bezug von Altersrente aus der gesetzlichen Rentenversicherung
Ehefrau: 57 Jahre alt, Beamtenbezüge 50.000 DM

1. Ermittlung der Bemessungsgrundlage für die Vorsorgepauschale:
   Arbeitslohn   4.000   50.000
   abzüglich Altersentlastungsbetrag 40 v. H.
   von 4.000 DM (Höchstbetrag nicht überschritten) =   − 1.600
   verminderter Arbeitslohn   2.400   50.000
   gemeinsame Bemessungsgrundlage   52.400
2. Berechnung der Vorsorgepauschale:
   20 v. H. der gemeinsamen Bemessungsgrundlage
   von 52.400 DM =   10.480
   Höchstbetrag (2 × 2.214 DM =)   4.428
   der niedrigere Betrag ist anzusetzen: 4.428
   Abrundung auf den nächsten durch 54 ohne
   Rest teilbaren Betrag ergibt die Vorsorgepauschale: **4.428**

Beispiel zur Berechnung der Vorsorgepauschale in Mischfällen
Zusammenzuveranlagende Ehegatten
Ehemann: Beamter, Arbeitslohn 40.000 DM
Ehefrau: rentenversicherungspflichtige Angestellte, Arbeitslohn 30.000 DM

1. Bemessungsgrundlagen
   für den Ehemann   **40.000 DM**
   für die Ehefrau   **30.000 DM**
   gemeinsame Bemessungsgrundlage   **70.000 DM**
2. Berechnung der Vorsorgepauschale
   – erste Alternative
   a) Ermittlung der Ausgangsbeträge
      Ausgangsbetrag für den Ehemann:
      20 v. H. der Bemessungsgrundlage
      von 40.000 DM =   8.000 DM
      Höchstbetrag, weil Person im Sinne des
      § 10 Abs. 3 EStG: 2.214 DM
      der niedrigere Betrag ist anzusetzen: 2.214 DM
      Ausgangsbetrag für die Ehefrau:
      20 v. H. der Bemessungsgrundlage von
      30.000 DM (ohne Höchstbetrag) =   6.000 DM
      Summe der Ausgangsbeträge   **8.214 DM**
   b) Höchstbetragsbegrenzung
      aa)   12.000 DM
         abzüglich 16 v. H. der gemeinsamen
         Bemessungsgrundlage von 70.000 DM
         (aber kein Negativergebnis)   11.200 DM   800 DM
      bb)   8.214 DM
         abzüglich   −   800 DM
                                                                                               7.414 DM
      Höchstbetrag 2 × 2.610 DM =   5.220 DM
      der niedrigere Betrag
      ist anzusetzen: 5.220 DM

§§ 10c, 10d EStG

H 114

	Ehemann DM	Ehefrau DM
cc)	8.214 DM	
abzüglich (800 DM + 5.220 DM =)	– 6.020 DM	
	2.194 DM	
zur Hälfte =	1.097 DM	
Höchstbetrag 2 × 1.305 DM =	2.610 DM	
der niedrigere Betrag ist anzusetzen:		1.097 DM
Summe		7.117 DM
– zweite Alternative		
a) Ausgangsbetrag für den Ehegatten, der zum Personenkreis des § 10c Abs. 3 EStG gehört: 20 v. H. der Bemessungsgrundlage von 40.000 DM =	8.000 DM	
b) Höchstbetrag (2 × 2.214 DM =)	4.428 DM	
der niedrigere Betrag ist anzusetzen:		4.428 DM
– Vergleich der Alternativen		
Anzusetzen ist das Ergebnis der Alternative, die zu einem höheren Betrag geführt hat:		7.117 DM
Abrundung auf den nächsten durch 54 ohne Rest teilbaren Betrag ergibt die Vorsorgepauschale:		7.074 DM

§ 10d
Verlustabzug[1])[2])

EStG

S 2225

[3])

(1) ¹Verluste, die bei der Ermittlung des Gesamtbetrags der Einkünfte nicht ausgeglichen werden, sind bis zu einem Betrag von insgesamt 10 Millionen Deutsche Mark wie Sonder-

---

[1]) Beachte besondere Anwendungsregeln aus Anlaß der Herstellung der Einheit Deutschlands (→ § 57 EStG).
[2]) Zur Anwendung → § 52 Abs. 13 EStG.
[3]) Anm.: Durch das Steuerentlastungsgesetz 1999/2000/2002 wurde § 10d wie folgt gefaßt:

„§ 10d
Verlustabzug
(1) Negative Einkünfte, die bei der Ermittlung des Gesamtbetrags der Einkünfte nicht ausgeglichen werden, sind bis zu einem Betrag von 2 Millionen Deutsche Mark vom Gesamtbetrag der Einkünfte des unmittelbar vorangegangenen Veranlagungszeitraums vorrangig vor Sonderausgaben, außergewöhnlichen Belastungen und sonstigen Abzugsbeträgen abzuziehen (Verlustrücktrag). Die negativen Einkünfte sind zunächst jeweils von den positiven Einkünften derselben Einkunftsart abzuziehen, die nach der Anwendung des § 2 Abs. 3 verbleiben. Soweit in diesem Veranlagungszeitraum durch einen Ausgleich nach § 2 Abs. 3 Satz 3 oder einen Abzug nach Absatz 2 Satz 3 die dort genannten Beträge nicht ausgeschöpft sind, mindern die nach der Anwendung des Satzes 2 verbleibenden negativen Einkünfte die positiven Einkünfte aus anderen Einkunftsarten bis zu einem Betrag von 100.000 Deutsche Mark, darüber hinaus bis zur Hälfte des 100.000 Deutsche Mark übersteigenden Teils der Summe der positiven Einkünfte aus anderen Einkunftsarten. Bei Ehegatten, die nach den §§ 26, 26b zusammen veranlagt werden, gilt § 2 Abs. 3 Satz 6 bis 8 sinngemäß, soweit in diesem Veranlagungszeitraum durch einen Ausgleich nach § 2 Abs. 3 Satz 6 und 7 oder einen Abzug nach Absatz 2 Satz 4 die dort genannten Beträge nicht ausgeschöpft sind. Ist für den unmittelbar vorangegangenen Veranlagungszeitraum bereits ein Steuerbescheid erlassen worden, so ist er insoweit zu ändern, als der Verlustrücktrag zu gewähren oder zu berichtigen ist. Das gilt auch dann, wenn der Steuerbescheid unanfechtbar geworden ist; die Festsetzungsfrist endet insoweit nicht, bevor die Festsetzungsfrist für den Veranlagungszeitraum abgelaufen ist, in dem die negativen Einkünfte nicht ausgeglichen werden. Auf Antrag des Steuerpflichtigen ist ganz oder teilweise von der Anwendung des Satzes 1

ausgaben vom Gesamtbetrag der Einkünfte des zweiten dem Veranlagungszeitraum vorangegangenen Veranlagungszeitraums abzuziehen; soweit ein Abzug danach nicht möglich ist, sind sie wie Sonderausgaben vom Gesamtbetrag der Einkünfte des ersten dem Veranlagungszeitraum vorangegangenen Veranlagungszeitraums abzuziehen. ²Sind für die vorangegangenen Veranlagungszeiträume bereits Steuerbescheide erlassen worden, so sind sie insoweit zu ändern, als der Verlustabzug zu gewähren oder zu berichtigen ist. ³Das gilt auch dann, wenn die Steuerbescheide unanfechtbar geworden sind; die Verjährungsfristen enden insoweit nicht, bevor die Verjährungsfrist für den Veranlagungszeitraum abgelaufen ist, in dem Verluste nicht ausgeglichen werden. ⁴Auf Antrag des Steuerpflichtigen ist ganz oder teilweise von der Anwendung des Satzes 1 abzusehen. ⁵Im Antrag ist die Höhe des abzuziehenden Verlusts und der Veranlagungszeitraum anzugeben, in dem der Verlust abgezogen werden soll.

(2) ¹Nicht ausgeglichene Verluste, die nicht nach Absatz 1 abgezogen worden sind, sind in den folgenden Veranlagungszeiträumen wie Sonderausgaben vom Gesamtbetrag der Einkünfte abzuziehen. ²Der Abzug ist nur insoweit zulässig, als die Verluste nicht nach Absatz 1 abgezogen worden sind und in den vorangegangenen Veranlagungszeiträumen nicht nach Satz 1 abgezogen werden konnten (verbleibender Verlustabzug).

(3) ¹Der am Schluß eines Veranlagungszeitraums verbleibende Verlustabzug ist gesondert festzustellen. ²Verbleibender Verlustabzug ist der bei der Ermittlung des Gesamtbetrags der Einkünfte nicht ausgeglichene Verlust, vermindert um den nach Absatz 1 abgezogenen und die nach Absatz 2 abziehbaren Beträge und vermehrt um den auf den Schluß des vorangegangenen Veranlagungszeitraums festgestellten verbleibenden Verlustabzug. ³Zuständig für die Feststellung ist das für die Besteuerung des Einkommens zuständige

abzusehen. Im Antrag ist die Höhe des Verlustrücktrags anzugeben.
(2) Nicht ausgeglichene negative Einkünfte, die nicht nach Absatz 1 abgezogen worden sind, sind in den folgenden Veranlagungszeiträumen vom Gesamtbetrag der Einkünfte vorrangig vor Sonderausgaben, außergewöhnlichen Belastungen und sonstigen Abzugsbeträgen abzuziehen (Verlustvortrag). In jedem folgenden Veranlagungszeitraum sind die negativen Einkünfte zunächst jeweils von den positiven Einkünften derselben Einkunftsart abzuziehen, die nach der Anwendung des § 2 Abs. 3 verbleiben. Soweit in diesem Veranlagungszeitraum durch einen Ausgleich nach § 2 Abs. 3 die dort genannten Beträge nicht ausgeschöpft sind, mindern die nach der Anwendung des Satzes 2 verbleibenden negativen Einkünfte die positiven Einkünfte aus anderen Einkunftsarten bis zu einem Betrag von 100.000 Deutsche Mark, darüber hinaus bis zur Hälfte des 100.000 Deutsche Mark übersteigenden Teils der Summe der positiven Einkünfte aus anderen Einkunftsarten. Bei Ehegatten, die nach den §§ 26, 26b zusammen veranlagt werden, gilt § 2 Abs. 3 Satz 6 bis 8 sinngemäß, soweit in diesem Veranlagungszeitraum durch einen Ausgleich nach § 2 Abs. 3 Satz 6 und 7 die dort genannten Beträge nicht ausgeschöpft sind. Der Abzug ist nur insoweit zulässig, als die Verluste nicht nach Absatz 1 abgezogen worden sind und in den vorangegangenen Veranlagungszeiträumen nicht nach den Sätzen 1 bis 4 abgezogen werden konnten.
(3) Für die Anwendung von Absatz 1 Satz 1 und 3 sowie Absatz 2 Satz 3 gilt § 2 Abs. 3 Satz 4 und 5 sinngemäß.
(4) Der am Schluß eines Veranlagungszeitraums verbleibende Verlustvortrag ist getrennt nach Einkunftsarten gesondert festzustellen. Verbleibender Verlustvortrag sind die bei der Ermittlung des Gesamtbetrags der Einkünfte nicht ausgeglichenen negativen Einkünfte, vermindert um die nach Absatz 1 abgezogenen und die nach Absatz 2 abziehbaren Beträge und vermehrt um den auf den Schluß des vorangegangenen Veranlagungszeitraums festgestellten verbleibenden Verlustvortrag. Zuständig für die Feststellung ist das für die Besteuerung zuständige Finanzamt. Feststellungsbescheide sind zu erlassen, aufzuheben oder zu ändern, soweit sich die nach Satz 2 zu berücksichtigenden Beträge ändern und deshalb der entsprechende Steuerbescheid zu erlassen, aufzuheben oder zu ändern ist. Satz 4 ist entsprechend anzuwenden, wenn der Erlaß, die Aufhebung oder die Änderung des Steuerbescheids mangels steuerlicher Auswirkungen unterbleibt."
Zur Anwendung → § 52 Abs. 25 in der Fassung des Steuerentlastungsgesetzes 1999/2000/2002: „(25) Auf den am Schluß des Veranlagungszeitraums 1998 festgestellten verbleibenden Verlustabzug ist § 10d in der Fassung des Gesetzes vom 16. April 1997 (BGBl. I S. 821) anzuwenden. § 10d Abs. 1 ist ab dem Veranlagungszeitraum 2001 mit der Maßgabe anzuwenden, daß an die Stelle des Betrags von 2 Millionen Deutsche Mark der Betrag von 1 Million Deutsche Mark tritt."

§ 10d EStG
R 115

Finanzamt. ⁴Feststellungsbescheide sind zu erlassen, aufzuheben oder zu ändern, soweit sich die nach Satz 2 zu berücksichtigenden Beträge ändern und deshalb der entsprechende Steuerbescheid zu erlassen, aufzuheben oder zu ändern ist. ⁵Satz 4 ist entsprechend anzuwenden, wenn der Erlaß, die Aufhebung oder die Änderung des Steuerbescheids mangels steuerlicher Auswirkung unterbleibt.

115. Verlustabzug

R 115

Ermittlung des Verlustabzugs

(1) ¹Der nach § 10d EStG abziehbare Betrag entspricht dem negativen Gesamtbetrag der Einkünfte. ²Steuerfreie Einnahmen sind bei der Ermittlung des Gesamtbetrags der Einkünfte nicht zu berücksichtigen.

S 2225

Vornahme des Verlustabzugs

(2) ¹Übersteigt die Summe der abzugsfähigen Sonderausgaben und der sonstigen vom Gesamtbetrag der Einkünfte abzuziehenden Beträge den Gesamtbetrag der Einkünfte, so ist der Abzug in der Reihenfolge vorzunehmen, die für den Steuerpflichtigen am günstigsten ist. ²Danach ist der Verlustabzug in der Regel zuletzt zu berücksichtigen.

Begrenzung des Verlustrücktrags

(3) ¹Die Begrenzung auf 10 Millionen DM bezieht sich auf den einzelnen **Steuerpflichtigen**, der den Verlust erlitten hat; dies gilt auch für zusammenveranlagte **Ehegatten** (§ 62d Abs. 2 Satz 2 EStDV). ²Bei **Personengesellschaften** und **Personengemeinschaften** ist diese Grenze auf jeden Beteiligten anzuwenden. ³Über die Frage, welcher Anteil am Verlust der Personengesellschaft oder Personengemeinschaft auf den einzelnen Beteiligten entfällt, ist im Bescheid über die gesonderte und einheitliche Feststellung zu entscheiden. ⁴Inwieweit dieser anteilige Verlust beim einzelnen Beteiligten nach § 10d EStG abziehbar ist, ist im Rahmen der Einkommensteuerveranlagung zu beurteilen. ⁵In **Organschaftsfällen** mit Ergebnisabführung (§ 14 KStG) bezieht sich die Grenze auf den Organträger. ⁶Sie ist bei diesem auf die Summe der Ergebnisse aller Mitglieder des Organkreises anzuwenden. ⁷Ist der Organträger eine Personengesellschaft, ist Satz 2 zu beachten.

Wahlrecht

(4) ¹Der Antrag nach § 10d Abs. 1 Satz 4 EStG kann bis zur Bestandskraft des auf Grund des Verlustrücktrags geänderten Steuerbescheids an das nach § 19 AO zuständige Finanzamt gestellt werden. ²*Das Wahlrecht steht auch dem Erben für die Verluste des Erblassers zu, die beim Erblasser nicht ausgeglichen werden können und nicht im Wege des Verlustrücktrags berücksichtigt werden sollen und beim Erben im Veranlagungszeitraum des Erbfalls nicht ausgeglichen werden können.*

Übertragung der Verlustabzugsberechtigung

(5) ¹Der → Verlustabzug kann grundsätzlich nur von dem Steuerpflichtigen geltend gemacht werden, der den Verlust erlitten hat. ²Deshalb kann die Verlustabzugsberechtigung nicht durch Rechtsgeschäft übertragen werden.

Verfahren

(6) ¹Soll bei einem Arbeitnehmer ein Verlustabzug berücksichtigt werden, muß er dies beantragen, es sei denn, daß er bereits aus anderen Gründen zur Einkommensteuer veranlagt wird. ²Erfolgt für einen VZ keine Veranlagung, so kann der in diesem VZ berücksichtigungsfähige Verlustabzug nicht in einem anderen VZ geltend gemacht werden, es sei denn, der Arbeitnehmer hat nach § 10d Abs. 1 Satz 4 EStG auf den Verlustrücktrag verzichtet.

Änderung des Verlustabzugs

(7) ¹Die Steuerbescheide für die dem Verlustjahr vorangegangenen VZ **sind** vorbehaltlich eines Antrags nach § 10d Abs. 1 Satz 4 EStG nach § 10d Abs. 1 Satz 2 EStG zu ändern, wenn

369

sich bei der Ermittlung des Gesamtbetrags der Einkünfte für das Verlustjahr Änderungen ergeben, die zu einem höheren oder niedrigeren Verlustrücktrag führen. ²Auch in diesen Fällen gilt die Verjährungsregelung des § 10d Abs. 1 Satz 3 Halbsatz 2 EStG. ³Wirkt sich die Änderung eines Verlustrücktrags oder -vortrags auf den **Verlustabzug aus, der am Schluß eines Veranlagungszeitraums verbleibt, so sind die betroffenen Feststellungsbescheide im Sinne des § 10d Abs. 3 EStG nach § 10d Abs. 3 Satz 4 EStG zu ändern.** ⁴Die bestandskräftige Feststellung eines verbleibenden Verlustabzugs kann nur nach § 10d Abs. 3 Satz 4 und 5 EStG geändert werden, wenn der Steuerbescheid, der die in die Feststellung eingeflossenen geänderten Verlustkomponenten enthält, nach den Änderungsvorschriften der AO zumindest dem Grunde nach noch geändert werden könnte.

Zusammenveranlagung von Ehegatten

(8) ¹Bei der Berechnung des verbleibenden Verlustabzugs ist zunächst ein Ausgleich mit den anderen Einkünften des Ehegatten vorzunehmen, der den Verlust erlitten hat. ²Verbleibt bei ihm ein negativer Betrag, ist dieser bei der **Ermittlung des Gesamtbetrags der Einkünfte** gegebenenfalls mit dem positiven Betrag des anderen Ehegatten auszugleichen. ³Ist der Gesamtbetrag der Einkünfte negativ und wird er nach § 10d Abs. 1 Satz 1 EStG nicht oder nicht in vollem Umfang zurückgetragen, so ist der nicht zurückgetragene Betrag als verbleibender Verlustabzug gesondert festzustellen. ⁴Dabei ist der Verlustabzug bei den Ehegatten im Verhältnis ihrer Anteile am Gesamtbetrag der Einkünfte aufzuteilen, die sich ohne Verlustausgleich mit dem anderen Ehegatten ergeben würden. ⁵Ergibt sich danach bei einem Ehegatten ein anteiliger positiver Gesamtbetrag der Einkünfte, ist für ihn kein anteiliger Verlustabzug festzustellen (→ Verlustabzug bei Zusammenveranlagung von Ehegatten). ⁶Eine Verlustausgleichsbegrenzung bei Einkünften im Sinne der §§ 2a Abs. 1 und 15 Abs. 4 EStG ist zu beachten. ⁷Ist für einen VZ für beide Ehegatten jeweils ein verbleibender Verlustabzug gesondert festgestellt worden und kann dieser im darauffolgenden VZ nur teilweise nach § 10d Abs. 2 Satz 1 EStG abgezogen werden, ist der für diesen VZ gesondert festzustellende verbleibende Verlustabzug im Verhältnis zu dem zuletzt für jeden Ehegatten gesondert festgestellten verbleibenden Verlustabzug aufzuteilen und gesondert festzustellen.

Hinweise

Änderung von Steuerbescheiden infolge Verlustabzug

1. Erneute Ausübung des Wahlrechts der Veranlagungsart

   Ehegatten können das Wahlrecht der Veranlagungsart (z. B. getrennte Veranlagung) grundsätzlich bis zur Unanfechtbarkeit eines Berichtigungs- oder Änderungsbescheids ausüben und die einmal getroffene Wahl innerhalb dieser Frist frei widerrufen (→ BFH vom 27.9.1988 – BStBl 1989 II S. 229).

2. Rechtsfehlerkompensation

   Mit der Gewährung des Verlustrücktrags ist insoweit eine **Durchbrechung der Bestandskraft** des für das Rücktragsjahr ergangenen Steuerbescheids verbunden, als – ausgehend von der bisherigen Steuerfestsetzung und der dafür ermittelten Besteuerungsgrundlagen – die Steuerschuld durch die Berücksichtigung des Verlustabzugs gemindert würde. Innerhalb dieses punktuellen Korrekturspielraums sind zugunsten und zuungunsten des Steuerpflichtigen **Rechtsfehler** im Sinne des § 177 AO zu berichtigen (→ BFH vom 27.9.1988 – BStBl 1989 II S. 225).

Verlustabzug

– **bei festgestellten negativen Einkünften des Jahres 1990** aus dem Beitrittsgebiet oder aus den alten Bundesländern bei unbeschränkter Steuerpflicht im jeweils anderen Gebiet zur Vermeidung doppelter Verlustberücksichtigung → BMF vom 13.5.1992 (BStBl I S. 336).

– **bei Zusammenveranlagung von Ehegatten**

   Beispiele zur Zurechnung von Verlustabzügen in besonderen Fällen:

§ 10d EStG
H 115

1. Fall

Ehemann (65 Jahre)	Einkünfte aus Land- und Forstwirtschaft	25.000 DM
Ehefrau (60 Jahre)	Einkünfte aus Gewerbebetrieb	– 30.000 DM

	Ehemann	Ehefrau
Summe der Einkünfte	25.000 DM	– 30.000 DM
Altersentlastungsbetrag (40 % von 25.000 DM höchstens)	3.720 DM	
Freibetrag nach § 13 Abs. 3 EStG	4.000 DM	
Gesamtbetrag der Einkünfte		– 12.720 DM

Bei getrennter Ermittlung des Gesamtbetrags der Einkünfte ergibt sich für
den Ehemann: 17.280 DM
die Ehefrau: – 30.000 DM
Der Verlustabzug von 12.720 DM entfällt in voller Höhe auf die Ehefrau.

2. Fall

Ehemann (65 Jahre)	Einkünfte aus Gewerbebetrieb	25.000 DM
	ausländische Einkünfte aus Vermietung im Sinne des § 2a Abs. 1 EStG	5.000 DM
Ehefrau (60 Jahre)	Einkünfte aus Gewerbebetrieb	– 30.000 DM
	ausländische Einkünfte aus Vermietung im Sinne des § 2a Abs. 1 EStG	– 7.000 DM

	Ehemann	Ehefrau
Summe der Einkünfte (unter Berücksichtigung des Verlustausgleichs nach § 2a EStG i.H.v. 5.000 DM)	25.000 DM	– 30.000 DM
Altersentlastungsbetrag (40 % von 25.000 DM höchstens)	3.720 DM	
Gesamtbetrag der Einkünfte		– 8.720 DM

Bei getrennter Ermittlung des Gesamtbetrags der Einkünfte ergibt sich unter Berücksichtigung des Verlustausgleichs gemäß § 2a Abs.1 EStG für
den Ehemann: 21.280 DM
die Ehefrau: – 30.000 DM
Der Verlustabzug von 8.720 DM entfällt in voller Höhe auf die Ehefrau.

– **im Erbfall**

Der Erbe tritt bürgerlich-rechtlich (§ 1922 BGB) und dem folgend einkommensteuerrechtlich in die Rechtsstellung des Erblassers ein. In der Person des Erblassers entstandene Verluste sind deshalb, soweit sie bei diesem nicht ausgeglichen werden können und auch nicht im Wege des Verlustrücktrags abgezogen werden, im VZ des Erbfalls bei der Ermittlung des Gesamtbetrags der Einkünfte des Erben mit dessen Einkünften auszugleichen (→ BFH vom 17.5.1972 – BStBl II S. 621).
Soweit der Verlustausgleich nicht möglich ist, sind die Verluste beim Erben im Wege des Verlustabzugs zu berücksichtigen (→ BFH vom 22.6.1962 – BStBl III S. 386).
Sind mehrere Erben vorhanden, sind die Verluste des Erblassers nach dem Verhältnis der Erbteile bei den einzelnen Erben auszugleichen oder abzuziehen (→ BFH vom 10.4.1973 – BStBl II S. 679).
Schlägt ein Erbe die Erbschaft aus, steht das Recht des Erblassers zum Verlustabzug dem Erben zu, der an die Stelle des ausschlagenden Erben tritt (§ 1953 Abs. 2 BGB).
B e i s p i e l e zur Berücksichtigung des Verlustabzugs beim Erben *(im 1. und 2. Fall hat der Erbe weder für den Erblasser noch für sich selbst einen Antrag nach § 10d Abs. 1 Satz 4 EStG gestellt)*:

1. Fall

Nicht ausgeglichener Verlust des im Jahr 03
verstorbenen Steuerpflichtigen A
(Erblasser) im VZ 03 .... 200.000 DM

§ 10d EStG
H 115

Im Wege des Verlustrücktrags werden beim Erblasser vom Gesamtbetrag der Einkünfte der VZ 01 und 02 abgezogen		– 50.000 DM
Beim Erben zu berücksichtigende Verluste des Erblassers mithin insgesamt		150.000 DM
Hiervon werden		
a)	bei der Ermittlung des Gesamtbetrags der Einkünfte des VZ 03 ausgeglichen	– 60.000 DM
b)	im Wege des Verlustrücktrags in den VZ 01 und 02 abgezogen	– 20.000 DM
Beim Erben in den folgenden VZ im Wege des Verlustvortrags zu berücksichtigen insgesamt (verbleibender Verlustabzug)		70.000 DM

2. Fall

Nicht ausgeglichener Verlust des im Jahre 03 verstorbenen Steuerpflichtigen A (Erblasser) im VZ 03		25 Mio. DM
Im Wege des Verlustrücktrags werden beim Erblasser vom Gesamtbetrag der Einkünfte der VZ 01 und 02 abgezogen (Höchstbetrag)		– 10 Mio. DM
Beim Erben zu berücksichtigende Verluste des Erblassers mithin insgesamt		15 Mio. DM
Hiervon werden		
a)	bei Ermittlung des Gesamtbetrags der Einkünfte des VZ 03 ausgeglichen	– 4 Mio. DM
b)	im Wege des Verlustrücktrags in den VZ 01 und 02 abgezogen (Höchstbetrag)	– 10 Mio. DM
Beim Erben in den folgenden VZ im Wege des Verlustvortrags zu berücksichtigen insgesamt (verbleibender Verlustabzug)		1 Mio. DM

3. Fall

Nicht ausgeglichener Verlust des Steuerpflichtigen B im VZ 03	150.000 DM
Hiervon wurden im Wege des Verlustrücktrags in den VZ 01 und 02 abgezogen	– 30.000 DM
Im Wege des Verlustvortrags in den folgenden VZ zu berücksichtigen mithin insgesamt	120.000 DM
Der Steuerpflichtige B verstirbt im Jahr 04. Bei seiner Veranlagung für den VZ 04 werden im Wege des Verlustvortrags abgezogen	– 40.000 DM
Beim Erben im VZ des Erbfalls und in den folgenden VZ im Wege des Verlustvortrags zu berücksichtigen insgesamt (verbleibender Verlustabzug)	80.000 DM

– **Konkursverfahren**

Verluste, die der Steuerpflichtige vor und während des Konkursverfahrens erlitten hat, sind in vollem Umfang ausgleichsfähig und nach § 10 d EStG abzugsfähig (→ BFH vom 4.9.1969 – BStBl II S. 726).

Ausnahme: Keine Abzugsberechtigung des Erben, wenn er wegen Durchführung des **Nachlaßkonkurses** nur beschränkt haftet und der Verlust nicht von ihm, sondern von den Gläubigern getragen wird (→ BFH vom 17.2.1961 – BStBl III S. 230).

- **Umfang und Bindungswirkung der Feststellung des verbleibenden Verlustabzugs**

    OFD Frankfurt am Main vom 4.9.1997 (S 2225 A – 9 – St II 22)

    Folgende Fragen von grundsätzlicher Bedeutung sind von den Referatsleitern des Bundes und der Länder erörtert worden:

    Frage 1: Ist eine Feststellung des verbleibenden Verlustabzugs (§ 10d Abs. 3 EStG) auch dann vorzunehmen, wenn der in einem Jahr entstandene Verlust durch einen einmaligen Verlustrücktrag bereits vollständig verbraucht wird („negativer" Feststellungsbescheid)?

    Frage 2: Ist der Feststellungsbescheid nach § 10d Abs. 3 EStG auch Grundlagenbescheid für den Steuerbescheid des Verlustrücktragjahres?

    Die Erörterungen führten zu folgenden Ergebnissen:

    Zu Frage 1: Nach § 10d Abs. 3 Satz 1 EStG ist der am Schluß eines VZ verbleibende Verlustabzug gesondert festzustellen. Verbleibender Verlustabzug ist nach § 10d Abs. 3 Satz 2 EStG der bei der Ermittlung des Gesamtbetrags der Einkünfte nicht ausgeglichene Verlust, vermindert um die nach § 10d Abs. 1 EStG abgezogenen und die nach § 10d Abs. 2 abziehbaren Beträge und vermehrt um den auf den Schluß des vorangegangenen Veranlagungszeitraums festgestellten verbleibenden Verlustabzug. Daraus ergibt sich, daß ein verbleibender Verlustabzug auch dann (und zwar auf null DM) festzustellen ist, wenn in einem Verlustjahr die nicht ausgeglichene Verlust in vollem Umfang zurückgetragen wird („negativer" Feststellungsbescheid). Für eine (negative) Feststellung in diesen Fällen sprechen auch Rechtssicherheitsgründe.

    Zu Frage 2: Das Feststellungsverfahren für den verbleibenden Verlustabzug ist durch das Steuerreformgesetz 1990 vom 25.7.1988 im Zusammenhang mit dem Wegfall der zeitlichen Beschränkung für den Verlustabzug eingeführt worden. Dadurch sollten Rechtsstreitigkeiten über die Höhe des für die Zukunft verbleibenden Verlustabzugs begrenzt und eine für den Steuerpflichtigen und die Verwaltung bindende Entscheidung über den zukünftig verbleibenden Verlustabzug zeitnah getroffen werden. Der Feststellungsbescheid nach § 10d Abs. 3 EStG ist demzufolge in die Zukunft gerichtet.

    Daraus folgt, daß im Feststellungsverfahren nach § 10d Abs. 3 EStG nur über die Höhe eines der ESt-Festsetzung zugrundeliegenden, dort nicht ausgeglichenen und in den folgenden Veranlagungszeiträumen abziehbaren Verlusts (§ 10d Abs. 2 EStG) bindend entschieden wird. Der Feststellungsbescheid nach § 10d Abs. 3 EStG ist aber kein Grundlagenbescheid für den Steuerbescheid eines Verlustrücktragjahres (§ 10d Abs. 1 EStG). In Fällen eines Verlustrücktrags wird daher über die Höhe des Verlusts erst im Veranlagungsverfahren des Verlustabzugsjahres bindend entschieden. Insoweit gilt die Rechtslage weiter, die bis zur Einführung der Feststellung des verbleibenden Verlustabzugs bestand (vgl. BFH-Urteil vom 26.6.1996, BStBl 1997 II S. 179). Umgekehrt ist ein Feststellungsbescheid zu erlassen, aufzuheben oder zu ändern, wenn sich der Verlustrücktrag ändert und der Steuerbescheid für das Rücktragsjahr – zumindest dem Grund nach zu erlassen, aufzuheben oder zu ändern ist (§ 10d Abs. 3 Sätze 4 und 5 EStG; R 115 Abs. 7 Satz 4 EStR 1996).

    - **Verlustabzug nach § 10d EStG in Verbindung mit § 57 Abs. 4 EStG**

        Beim Verlustabzug nach § 10d EStG wird allgemein die für den Stpfl. günstigere Methode, d. h. der Abzug des Verlusts nach den übrigen Sonderausgaben und außergewöhnlichen Belastungen, zugrunde gelegt. Nach dem Urteil des FG des Landes Brandenburg vom 27.7.1995 (EFG 1995 S. 966) gilt dies auch beim Verlustrücktrag nach § 57 Abs. 4 in Verbindung mit § 10d EStG.

        Gegen dieses Urteil wurde im Einvernehmen mit den obersten Finanzbehörden des Bundes und der anderen Länder keine Revision eingelegt.

Verlustrückübertragung und Progressionsvorbehalt

Hat sich der Progressionsvorbehalt für Lohnersatzleistungen im Bezugsjahr wegen anderweitiger negativer Einkünfte nicht ausgewirkt, ist er im Fall des Verlustrücktrags im Jahr des Verlustabzugs zu berücksichtigen (→ FG München vom 17.9.1997 – EFG 1998 S. 37).

EStG
S 2225a

Anhang 27

§ 10e[1])[2])
Steuerbegünstigung der zu eigenen Wohnzwecken genutzten Wohnung im eigenen Haus

(1) ¹Der Steuerpflichtige kann von den Herstellungskosten einer Wohnung in einem im Inland belegenen eigenen Haus oder einer im Inland belegenen eigenen Eigentumswohnung zuzüglich der Hälfte der Anschaffungskosten für den dazugehörenden Grund und Boden (Bemessungsgrundlage) im Jahr der Fertigstellung und in den drei folgenden Jahren jeweils bis zu 6 vom Hundert, höchstens jeweils 19.800 Deutsche Mark, und in den vier darauffolgenden Jahren jeweils bis zu 5 vom Hundert, höchstens jeweils 16.500 Deutsche Mark, wie Sonderausgaben abziehen. ²Voraussetzung ist, daß der Steuerpflichtige die Wohnung hergestellt und in dem jeweiligen Jahr des Zeitraums nach Satz 1 (Abzugszeitraum) zu eigenen Wohnzwecken genutzt hat und die Wohnung keine Ferienwohnung oder Wochenendwohnung ist. ³Eine Nutzung zu eigenen Wohnzwecken liegt auch vor, wenn Teile einer zu eigenen Wohnzwecken genutzten Wohnung unentgeltlich zu Wohnzwecken überlassen werden. ⁴Hat der Steuerpflichtige die Wohnung angeschafft, so sind die Sätze 1 bis 3 mit der Maßgabe anzuwenden, daß an die Stelle des Jahres der Fertigstellung das Jahr der Anschaffung und an die Stelle der Herstellungskosten die Anschaffungskosten treten; hat der Steuerpflichtige die Wohnung nicht bis zum Ende des zweiten auf das Jahr der Fertigstellung folgenden Jahres angeschafft, kann er von der Bemessungsgrundlage im Jahr der Anschaffung und in den drei folgenden Jahren höchstens jeweils 9.000 Deutsche Mark und in den vier darauffolgenden Jahren höchstens jeweils 7.500 Deutsche Mark abziehen. ⁵§ 6b Abs. 6 gilt sinngemäß. ⁶Bei einem Anteil an der zu eigenen Wohnzwecken genutzten Wohnung kann der Steuerpflichtige den entsprechenden Teil der Abzugsbeträge nach Satz 1 wie Sonderausgaben abziehen. ⁷Werden Teile der Wohnung nicht zu eigenen Wohnzwecken genutzt, ist die Bemessungsgrundlage um den auf den nicht zu eigenen Wohnzwecken entfallenden Teil zu kürzen. ⁸Satz 4 ist nicht anzuwenden, wenn der Steuerpflichtige die Wohnung oder einen Anteil daran von seinem Ehegatten anschafft und bei den Ehegatten die Voraussetzungen des § 26 Abs. 1 vorliegen.

(2) Absatz 1 gilt entsprechend für Herstellungskosten zu eigenen Wohnzwecken genutzter Ausbauten und Erweiterungen an einer im Inland belegenen, zu eigenen Wohnzwecken genutzten Wohnung.

(3) ¹Der Steuerpflichtige kann die Abzugsbeträge nach den Absätzen 1 und 2, die er in einem Jahr des Abzugszeitraums nicht ausgenutzt hat, bis zum Ende des Abzugszeitraums abziehen. ²Nachträgliche Herstellungskosten oder Anschaffungskosten, die bis zum Ende des Abzugszeitraums entstehen, können vom Jahr ihrer Entstehung an für die Veranlagungszeiträume, in denen der Steuerpflichtige Abzugsbeträge nach den Absätzen 1 und 2 hätte abziehen können, so behandelt werden, als wären sie zu Beginn des Abzugszeitraums entstanden.

(4) ¹Die Abzugsbeträge nach den Absätzen 1 und 2 kann der Steuerpflichtige nur für eine Wohnung oder für einen Ausbau oder eine Erweiterung abziehen. ²Ehegatten, bei denen die Voraussetzungen des § 26 Abs. 1 vorliegen, können die Abzugsbeträge nach den Absätzen 1 und 2 für insgesamt zwei der in Satz 1 bezeichneten Objekte abziehen, jedoch nicht gleichzeitig für zwei in räumlichem Zusammenhang belegene Objekte, wenn bei den Ehegatten im Zeitpunkt der Herstellung oder Anschaffung der Objekte die Voraussetzungen des § 26 Abs. 1 vorliegen. ³Den Abzugsbeträgen stehen die erhöhten Absetzungen nach § 7b in der jeweiligen Fassung ab Inkrafttreten des Gesetzes vom 16. Juni 1964 (BGBl. I S. 353) und nach § 15 Abs. 1 bis 4 des Berlinförderungsgesetzes in der jeweiligen Fassung ab Inkrafttreten des Gesetzes vom 11. Juli 1977 (BGBl. I S. 1213) gleich. ⁴Nutzt der Steuerpflichtige die Wohnung im eigenen Haus oder die Eigentumswohnung (Erstobjekt) nicht bis zum Ablauf des Abzugszeitraums zu eigenen Wohnzwecken und kann er deshalb die Abzugsbeträge nach den Absätzen 1 und 2 nicht mehr in Anspruch nehmen, so kann er die Abzugsbeträge nach Absatz 1 bei einer weiteren Wohnung im Sinne des Absatzes 1 Satz 1 (Folgeobjekt) in Anspruch nehmen, wenn er das Folgeobjekt innerhalb von zwei Jahren vor und drei Jahren nach Ablauf des Veranlagungszeitraums, in dem er das Erstobjekt

---

1) Zur Anwendung → § 52 Abs. 14 EStG.
2) Beachte besondere Anwendungsregeln aus Anlaß der Herstellung der Einheit Deutschlands (→ § 57 EStG).

letztmals zu eigenen Wohnzwecken genutzt hat, anschafft oder herstellt; entsprechendes gilt bei einem Ausbau oder einer Erweiterung einer Wohnung. ⁵Im Fall des Satzes 4 ist der Abzugszeitraum für das Folgeobjekt um die Anzahl der Veranlagungszeiträume zu kürzen, in denen der Steuerpflichtige für das Erstobjekt die Abzugsbeträge nach den Absätzen 1 und 2 hätte abziehen können; hat der Steuerpflichtige das Folgeobjekt in einem Veranlagungszeitraum, in dem er das Erstobjekt noch zu eigenen Wohnzwecken genutzt hat, hergestellt oder angeschafft oder ausgebaut oder erweitert, so beginnt der Abzugszeitraum für das Folgeobjekt mit Ablauf des Veranlagungszeitraums, in dem der Steuerpflichtige das Erstobjekt letztmals zu eigenen Wohnzwecken genutzt hat. ⁶Für das Folgeobjekt sind die Vomhundertsätze der vom Erstobjekt verbliebenen Jahre maßgebend. ⁷Dem Erstobjekt im Sinne des Satzes 4 steht ein Erstobjekt im Sinne des § 7b Abs. 5 Satz 4 sowie des § 15 Abs. 1 und des § 15b Abs. 1 des Berlinförderungsgesetzes gleich. ⁸Ist für den Steuerpflichtigen Objektverbrauch nach den Sätzen 1 bis 3 eingetreten, kann er die Abzugsbeträge nach den Absätzen 1 und 2 für ein weiteres, in dem in Artikel 3 des Einigungsvertrages genannten Gebiet belegenes Objekt abziehen, wenn der Steuerpflichtige oder dessen Ehegatte, bei denen die Voraussetzungen des § 26 Abs. 1 vorliegen, in dem in Artikel 3 des Einigungsvertrages genannten Gebiet zugezogen ist und

1. seinen ausschließlichen Wohnsitz in diesem Gebiet zu Beginn des Veranlagungszeitraums hat oder ihn im Laufe des Veranlagungszeitraums begründet oder
2. bei mehrfachem Wohnsitz einen Wohnsitz in diesem Gebiet hat und sich dort überwiegend aufhält.

⁹Voraussetzung für die Anwendung des Satzes 8 ist, daß die Wohnung im eigenen Haus oder die Eigentumswohnung vor dem 1. Januar 1995 hergestellt oder angeschafft oder der Ausbau oder die Erweiterung vor diesem Zeitpunkt fertiggestellt worden ist. ¹⁰Die Sätze 2 und 4 bis 6 sind für in Satz 8 bezeichnete Objekte sinngemäß anzuwenden.

(5) ¹Sind mehrere Steuerpflichtige Eigentümer einer zu eigenen Wohnzwecken genutzten Wohnung, so ist Absatz 4 mit der Maßgabe anzuwenden, daß der Anteil des Steuerpflichtigen an der Wohnung einer Wohnung gleichsteht; entsprechendes gilt bei dem Ausbau oder bei der Erweiterung einer zu eigenen Wohnzwecken genutzten Wohnung. ²Satz 1 ist nicht anzuwenden, wenn Eigentümer der Wohnung der Steuerpflichtige und sein Ehegatte sind und bei den Ehegatten die Voraussetzungen des § 26 Abs. 1 vorliegen. ³Erwirbt im Fall des Satzes 2 ein Ehegatte infolge Erbfalls einen Miteigentumsanteil an der Wohnung hinzu, so kann er die auf diesen Anteil entfallenden Abzugsbeträge nach den Absätzen 1 und 2 weiter in der bisherigen Höhe abziehen; entsprechendes gilt, wenn im Fall des Satzes 2 während des Abzugszeitraums die Voraussetzungen des § 26 Abs. 1 wegfallen und ein Ehegatte den Anteil des anderen Ehegatten an der Wohnung erwirbt.

(5a) ¹Die Abzugsbeträge nach den Absätzen 1 und 2 können nur für die Veranlagungszeiträume in Anspruch genommen werden, in denen der Gesamtbetrag der Einkünfte 120.000 Deutsche Mark, bei nach § 26b zusammenveranlagten Ehegatten 240.000 Deutsche Mark nicht übersteigt. ²Eine Nachholung von Abzugsbeträgen nach Absatz 3 Satz 1 ist nur für Veranlagungszeiträume möglich, in denen die in Satz 1 genannten Voraussetzungen vorgelegen haben; entsprechendes gilt für nachträgliche Herstellungskosten oder Anschaffungskosten im Sinne des Absatzes 3 Satz 2.

(6) ¹Aufwendungen des Steuerpflichtigen, die bis zum Beginn der erstmaligen Nutzung einer Wohnung im Sinne des Absatzes 1 zu eigenen Wohnzwecken entstehen, unmittelbar mit der Herstellung oder Anschaffung des Gebäudes oder der Eigentumswohnung oder der Anschaffung des dazugehörenden Grund und Bodens zusammenhängen, nicht zu den Herstellungskosten oder Anschaffungskosten der Wohnung oder zu den Anschaffungskosten des Grund und Bodens gehören und die im Fall der Vermietung oder Verpachtung der Wohnung als Werbungskosten abgezogen werden könnten, können wie Sonderausgaben abgezogen werden. ²Wird eine Wohnung bis zum Beginn der erstmaligen Nutzung zu eigenen Wohnzwecken vermietet oder zu eigenen beruflichen oder eigenen betrieblichen Zwecken genutzt und sind die Aufwendungen Werbungskosten oder Betriebsausgaben, können sie nicht wie Sonderausgaben abgezogen werden. ³Aufwendungen nach Satz 1, die Erhaltungsaufwand sind und im Zusammenhang mit der Anschaffung des Gebäudes oder der Eigentumswohnung stehen, können insgesamt nur bis zu 15 vom Hundert der Anschaffungskosten des Gebäudes oder der Eigentumswohnung, höchstens bis zu 15 vom Hundert von 150.000 Deutsche Mark, abgezogen werden. ⁴Die Sätze 1 und 2 gelten entsprechend bei Ausbauten und Erweiterungen an einer zu Wohnzwecken genutzten Wohnung.

§ 10e EStG
R 115a H 115a

(6a) ¹Nimmt der Steuerpflichtige Abzugsbeträge für ein Objekt nach den Absätzen 1 oder 2 in Anspruch oder ist er auf Grund des Absatzes 5a zur Inanspruchnahme von Abzugsbeträgen für ein solches Objekt nicht berechtigt, so kann er die mit diesem Objekt in wirtschaftlichem Zusammenhang stehenden Schuldzinsen, die für die Zeit der Nutzung zu eigenen Wohnzwecken entstehen, im Jahr der Herstellung oder Anschaffung und in den beiden folgenden Kalenderjahren bis zur Höhe von jeweils 12.000 Deutsche Mark wie Sonderausgaben abziehen, wenn er das Objekt vor dem 1. Januar 1995 fertiggestellt oder vor diesem Zeitpunkt bis zum Ende des Jahres der Fertigstellung angeschafft hat. ²Soweit der Schuldzinsenabzug nach Satz 1 nicht in vollem Umfang im Jahr der Herstellung oder Anschaffung in Anspruch genommen werden kann, kann er in dem dritten auf das Jahr der Herstellung oder Anschaffung folgenden Kalenderjahr nachgeholt werden. ³Absatz 1 Satz 6 gilt sinngemäß.

(7) ¹Sind mehrere Steuerpflichtige Eigentümer einer zu eigenen Wohnzwecken genutzten Wohnung, so können die Abzugsbeträge nach den Absätzen 1 und 2 und die Aufwendungen nach den Absätzen 6 und 6a gesondert und einheitlich festgestellt werden. ²Die für die gesonderte Feststellung von Einkünften nach § 180 Abs. 1 Nr. 2 Buchstabe a der Abgabenordnung geltenden Vorschriften sind entsprechend anzuwenden.

R 115a
115a. Steuerbegünstigung der zu eigenen Wohnzwecken genutzten Wohnung im eigenen Haus
– unbesetzt –

H 115a
Hinweise

Grundstückserwerb durch Partner einer nicht ehelichen Lebensgemeinschaft
Erwirbt der Miteigentümer eines mit einem Einfamilienhaus bebauten, eigengenutzten Grundstücks entgeltlich den Miteigentumsanteil der bisherigen Lebensgefährtin im Jahr nach dem Grundstückserwerb hinzu, kann er die Grundförderung nach § 10e EStG nur für einen der Miteigentumsanteile in Anspruch nehmen, es sei denn, er ist von vornherein wirtschaftlicher Alleineigentümer des Grundstücks. Der eine Partner kann an dem ihm nicht gehörenden Anteil wirtschaftliches Eigentum nur dann erlangen, wenn ihm ein aufgrund eindeutiger, im voraus getroffener und tatsächlich durchgeführter Vereinbarungen Substanz und Ertrag des gemeinsam erworbenen Hauses für dessen voraussichtliche Nutzungsdauer zustehen. Nur dann käme in Betracht, daß dieser Partner die wirtschaftliche Verfügungsmacht und Sachherrschaft innehat. Die Tatsache, daß ein Partner den gesamten Eigenkapitalanteil aufgebracht hat und die Finanzierung auf seine Einkommensverhältnisse abgestellt ist, schließt den anderen Partner nicht von der Einwirkung auf seinen Miteigentumsanteil aus (→ BFH vom 10.7.1996 – BStBl 1998 II S. 111).

Grundstücksschenkung, mittelbar
Der Erwerber eines eigengenutzten Einfamilienhauses hat keinen Anspruch auf Wohneigentumsförderung nach §10e EStG, wenn ihm der Kaufpreis in der Weise geschenkt wird, daß der Schenker den geschuldeten Kaufpreis auf das im Kaufvertrag angegebene **Notaranderkonto** überweist (→ BFH vom 29.7.1998 – XR 54/97 –).

Neuregelung der steuerrechtlichen Förderung des selbstgenutzten Wohneigentums (Wohneigentumsförderungsgesetz)
1. Übergangsregelung nach § 52 Abs. 15 und 21 EStG bei Wohnungen im Betriebsvermögen
   → BMF vom 12.11.1986 (BStBl I S. 528)
2. Übergangsregelung nach § 52 Abs. 21 EStG bei Wohnungen im Privatvermögen
   → BMF vom 19.9.1986 (BStBl I S. 480)

§ 10e EStG
H 115a

Steuerbegünstigung der zu eigenen Wohnzwecken genutzten Wohnung im eigenen Haus nach § 10e EStG Anhang 27

→ BMF vom 31.12.1994 (BStBl I S. 887)

- **Wohnung (Rz. 8 und 9)**

  Ein 13 m² großes Appartement in einem Studentenwohnheim mit Gemeinschaftsteeküche ist keine Wohnung im Sinne des § 10e EStG (→ BFH vom 2.4.1997 – BStBl II S. 611).

  Renoviert ein Steuerpflichtiger ein als Einfamilienhaus bewertetes Gebäude, das im Erdgeschoß und im Obergeschoß jeweils Wohnräume einschließlich Küche und Bad enthält, und schließt die Räume im Erdgeschoß sowie im Obergeschoß durch den Einbau von Türen zum Treppenhaus hin ab, wird **keine neue Wohnung** im Sinne von § 10e Abs. 1 Satz 2 EStG hergestellt (→ BFH vom 11.9.1996 – BStBl 1998 II S. 94).

  Als Wohneigentum im Grundbuch eingetragene Räumlichkeiten sind nur dann als „Eigentumswohnung" im Sinne des § 10e EStG begünstigt, wenn sie die steuerrechtlichen Merkmale des Wohnungsbegriffs, insbesondere zur baulichen Abgeschlossenheit und zum eigenen Zugang, erfüllen (→ BFH vom 27.10.1998 – BStBl II 1999 II S. 91).

- **Ausbauten und Erweiterungen (Rz. 10)**

  Ein Ausbau durch Umbau von nicht mehr zu Wohnzwecken geeigneten Räumen (→ Rz. 10 Satz 4) liegt nur vor, wenn die Räume objektiv nicht mehr bewohnbar sind (→ BFH vom 15.11.1995 – BStBl 1998 II S. 92).

  Das BFH-Urteil vom 8.3.1995 (BStBl 1996 II S. 352), wonach Ausbauten und Erweiterungen nur begünstigt sind, wenn durch die Baumaßnahmen nach § 44 Abs. 1 Nr. 1 II. BV voll auf die Wohnfläche anzurechnender Wohnraum entsteht, ist auf die Fälle des § 10e Abs. 2 EStG nicht anwendbar; die nachträgliche Erstellung einer Garage ist daher weiterhin begünstigt (→ Rz. 10 Satz 8). Bei der Eigenheimzulage sind die Grundsätze des Urteils aber anzuwenden (→ BMF vom 15.7.1996 – BStBl I S. 692). Anhang 4

- **Bauten ohne Baugenehmigung**

  Wohnungen, Ausbauten oder Erweiterungen, die entgegen den baurechtlichen Vorschriften ohne Genehmigung errichtet wurden, sind nicht nach § 10e EStG begünstigt (→ BFH vom 31.5.1995 – BStBl 1995 II S. 875).

  Beim BFH ist unter dem Az. X R 84/97 ein Revisionsverfahren wegen der Frage anhängig, ob eine erst nachträglich beantragte und erteilte Baugenehmigung zur rückwirkenden Inanspruchnahme der Steuervergünstigung des § 10e EStG berechtigt (→ FG Niedersachsen vom 17.4.1997 – EFG 1997 S. 1111).

- **Ferien- und Wochenendwohnung (Rz. 20)**

  Keine Steuerbegünstigung nach § 10e EStG für Wohnungen in einem Sondernutzungsgebiet im Sinne von § 10 BauNVO ohne baurechtliche Genehmigung der Dauernutzung, auch wenn die Wohnung die einzige Wohnung des Steuerpflichtigen ist (→ BFH vom 31.5.1995 – BStBl II S. 720).

  Steuervergünstigung nach § 10e Abs. 1 EStG für eine Eigentumswohnung, die in einem Kurgebiet liegt und zum dauernden Wohnen geeignet ist (→ FG Rheinland-Pfalz vom 29.6.1995 – EFG 1995 S. 1017 – Rev. – BFH X R 110/95);

- **Herstellungs- und Anschaffungskosten (Rz. 37–43)**

  Es gilt der allgemeine Herstellungs- oder Anschaffungskostenbegriff (→ R 32a bis 33a). Abweichend zu Rz. 38 gehören zur Bemessungsgrundlage nach § 10e Abs. 1 EStG auch die Aufwendungen für ein Schwimmbad (→ BFH vom 14.2.1996 – BStBl II S. 362).

  - Beginn der **Herstellung von Wohnungen im Sinne der Anwendungsvorschrift des § 52 Abs. 14 zu § 10e EStG**

    Die Rechtsprechung des BFH zu § 4b InvZulG zum **Herstellungsbeginn von Gebäuden** ist, weil § 10e EStG eine Förderungsnorm ist, in vollem Umfang auf die Anwendungsvorschrift des § 52 Abs. 14 EStG zu § 10e EStG übertragbar. Beginn der Herstellung ist daher jede Handlung, durch die der Bauherr für sich bindend und unwiderruflich den Bau oder wesentliche Gewerke in Auftrag gibt; hierzu zählen jedenfalls die Erteilung eines spezifizierten Bauauftrags oder der Abschluß

§ 10e EStG
H 115a

eines Bauvertrags mit einem Generalunternehmer (→ FG Niedersachsen vom 14.9.1995 – EFG 1996 S. 141 – Rev. – BFH X R 153/95).

– Die Anschaffungskosten eines an das Wohngebäude angrenzenden, nachträglich hinzu erworbenen **Wiesengrundstücks** sind nicht in die Bemessungsgrundlage nach § 10e Abs. 1 EStG einzubeziehen (→ BFH vom 20.8.1997 – BStBl 1998 II S. 17).

– **Nachholung von Abzugsbeträgen nach § 10e Abs. 3 EStG (Rz. 67–69)**
  – Abzugsbeträge nach § 10e Abs. 1 und 2 EStG sind auch insoweit nicht ausgenutzt, als sie zwar geltend gemacht, jedoch unter Berücksichtigung einer Steuerermäßigung nach § 34f Abs. 2 EStG nicht erforderlich waren, um eine Steuerfreistellung zu erreichen (→ BFH vom 25.1.1995 – BStBl II S. 586).
  – Hat der Steuerpflichtige einen Zuschlag zum Kindergeld nach § 11a BKGG erhalten, ist der Nachholungsbetrag um den Betrag zu kürzen, welcher den durch den Kindergeldzuschlag ersetzten Kinderfreibeträgen entspricht (→ BFH vom 14.2.1996 – BStBl II S. 364).

– **Nachträgliche Herstellungs- oder Anschaffungskosten (Rz. 70 und 71)**
  Instandsetzungsaufwendungen für eine unentgeltlich erworbene Wohnung sind weder nach § 10e Abs. 1 EStG noch als nachträgliche Herstellungs- oder Anschaffungskosten nach § 10e Abs. 3 EStG begünstigt (→ BFH vom 15.11.1995 – BStBl 1996 II S. 356).

– **Vorkostenabzug (Rz. 83–103)**
  – Abbruchkosten eines geerbten Hauses sowie dessen Restwert sind nicht nach § 10e Abs. 6 EStG abzugsfähig (→ BFH vom 6.12.1995 – BStBl 1996 II S. 358).
  – Im Zusammenhang mit der Herstellung einer Wohnung auf fremdem Grund und Boden stehende Finanzierungskosten sind auch bei Anschaffung der Wohnung nicht als Vorkosten abziehbar (→ BFH vom 20.9.1995 – BStBl 1996 II S. 186).
  – Kein Abzug von Erhaltungsaufwendungen als Vorkosten, soweit deren Erstattung bereits feststeht (→ BFH vom 28.2.1996 – BStBl II S. 566).
  – Der Vorkostenabzug nach § 10e Abs. 6 EStG für die Veranlagungszeiträume 1994 und früher ist neben der Anwendung des Eigenheimzulagengesetzes zulässig (→ BMF vom 17.5.1996 – BStBl I S. 622).
  – **Kosten für Heizöl, das nach dem Bezug der Wohnung verbraucht wird, sowie im voraus bezahlte Müllabfuhrgebühren sind nicht als Vorkosten nach § 10e Abs. 6 EStG abziehbar** (→ **BFH vom 27.8.1997 – BStBl 1998 II S. 18**).

– Ob die durch einen Konkurs des Bauträgers entstandenen vergeblichen Aufwendungen für den Erwerb des Eigenheims abziehbare Vorkosten sind, ist Gegenstand des Revisionsverfahrens gegen das Urteil des FG Sachsen vom 17.9.1997 – Rev. – BFH XR 87/88).

Anhang 27 **Eigenheimzulage**

– → Eigenheimzulagengesetz (EigZulG)

– Zweifelsfragen zum Eigenheimzulagengesetz und zum Vorkostenabzug bei einer nach dem Eigenheimzulagengesetz begünstigten Wohnung (§ 10i EStG) → BMF vom 10.2.1998 (BStBl I S. **190**)

Objektverbrauch
Erwirbt ein Miteigentümer bis zum Ende des VZ, in dem der Abzugszeitraum für den ursprünglichen Anteil beginnt, einen oder mehrere Miteigentumsanteile hinzu, stellen ursprünglicher und hinzuerworbener Miteigentumsanteil ein einheitliches Objekt dar (→ BMF vom 31.12.1994 – BStBl I S. 887, Tz. 32 und BFH vom 9.11.1994 – BStBl 1995 II S. 258).

Anhang 27

§ 10f
Steuerbegünstigung für zu eigenen Wohnzwecken genutzte Baudenkmale und Gebäude in Sanierungsgebieten und städtebaulichen Entwicklungsbereichen

EStG

(1) ¹Der Steuerpflichtige kann Aufwendungen an einem eigenen Gebäude im Kalenderjahr des Abschlusses der Baumaßnahme und in den neun folgenden Kalenderjahren jeweils bis zu 10 vom Hundert wie Sonderausgaben abziehen, wenn die Voraussetzungen des § 7h oder des § 7i vorliegen. ²Dies gilt nur, soweit er das Gebäude in dem jeweiligen Kalenderjahr zu eigenen Wohnzwecken nutzt und die Aufwendungen nicht in die Bemessungsgrundlage nach § 10e oder dem Eigenheimzulagengesetz einbezogen hat. ³Für Zeiträume, für die der Steuerpflichtige erhöhte Absetzungen von Aufwendungen nach § 7h oder § 7i abgezogen hat, kann er für diese Aufwendungen keine Abzugsbeträge nach Satz 1 in Anspruch nehmen. ⁴Eine Nutzung zu eigenen Wohnzwecken liegt auch vor, wenn Teile einer zu eigenen Wohnzwecken genutzten Wohnung unentgeltlich zu Wohnzwecken überlassen werden.

S 2225c
Anhang 27

(2) ¹Der Steuerpflichtige kann Erhaltungsaufwand, der an einem eigenen Gebäude entsteht und nicht zu den Betriebsausgaben oder Werbungskosten gehört, im Kalenderjahr des Abschlusses der Maßnahme und in den neun folgenden Kalenderjahren jeweils bis zu 10 vom Hundert wie Sonderausgaben abziehen, wenn die Voraussetzungen des § 11a Abs. 1 in Verbindung mit § 7h Abs. 2 oder des § 11b Satz 1 oder 2 in Verbindung mit § 7i Abs. 1 Satz 2 und Abs. 2 vorliegen. ²Dies gilt nur, soweit der Steuerpflichtige das Gebäude in dem jeweiligen Kalenderjahr zu eigenen Wohnzwecken nutzt und diese Aufwendungen nicht nach § 10e Abs. 6 oder § 10i abgezogen hat. ³Soweit der Steuerpflichtige das Gebäude während des Verteilungszeitraums zur Einkunftserzielung nutzt, ist der noch nicht berücksichtigte Teil des Erhaltungsaufwands im Jahr des Übergangs zur Einkunftserzielung wie Sonderausgaben abzuziehen. ⁴Absatz 1 Satz 4 ist entsprechend anzuwenden.

(3) ¹Die Abzugsbeträge nach den Absätzen 1 und 2 kann der Steuerpflichtige nur bei einem Gebäude in Anspruch nehmen. ²Ehegatten, bei denen die Voraussetzungen des § 26 Abs. 1 vorliegen, können die Abzugsbeträge nach den Absätzen 1 und 2 bei insgesamt zwei Gebäuden abziehen. ³Gebäuden im Sinne der Absätze 1 und 2 stehen Gebäude gleich, für die Abzugsbeträge nach § 52 Abs. 21 Satz 6 in Verbindung mit § 51 Abs. 1 Nr. 2 Buchstabe x oder Buchstabe y des Einkommensteuergesetzes 1987 in der Fassung der Bekanntmachung vom 27. Februar 1987 (BGBl. I S. 657) in Anspruch genommen worden sind; entsprechendes gilt für Abzugsbeträge nach § 52 Abs. 21 Satz 7.

(4) ¹Sind mehrere Steuerpflichtige Eigentümer eines Gebäudes, so ist Absatz 3 mit der Maßgabe anzuwenden, daß der Anteil des Steuerpflichtigen an einem solchen Gebäude dem Gebäude gleichsteht. ²Erwirbt ein Miteigentümer, der für seinen Anteil bereits Abzugsbeträge nach Absatz 1 oder Absatz 2 abgezogen hat, einen Anteil an demselben Gebäude hinzu, kann er für danach von ihm durchgeführte Maßnahmen im Sinne der Absätze 1 oder 2 auch die Abzugsbeträge nach den Absätzen 1 und 2 in Anspruch nehmen, die auf den hinzuerworbenen Anteil entfallen. ³§ 10e Abs. 5 Satz 2 und 3 sowie Abs. 7 ist sinngemäß anzuwenden.

(5) Die Absätze 1 bis 4 sind auf Gebäudeteile, die selbständige unbewegliche Wirtschaftsgüter sind, und auf Eigentumswohnungen entsprechend anzuwenden.

115b. Steuerbegünstigung für zu eigenen Wohnzwecken genutzte Baudenkmale und Gebäude in Sanierungsgebieten und städtebaulichen Entwicklungsbereichen

R 115b

R 83a und 83b gelten entsprechend.

§§ 10f, 10g EStG
10f H

10f H Hinweise

Bescheinigungsrichtlinien

Das BMF-Schreiben vom 16.12.1997, IV B 3 – S 2198a – 17/97 enthält die nunmehr mit den obersten Finanzbehörden der Länder abgestimmten Bescheinigungsrichtlinien zur Anwendung der §§ 7h, 10f und 11a EStG. Diese werden nicht im BStBl I veröffentlicht, sondern in den einzelnen Ländern (ggf. mit kleinen Abweichungen) durch Erlaß in Kraft gesetzt. Die Veröffentlichung erfolgt in den entsprechenden Ministerialblättern.

EStG

§ 10g[1]
Steuerbegünstigung für schutzwürdige Kulturgüter, die weder zur Einkunftserzielung noch zu eigenen Wohnzwecken genutzt werden

Anhang 27

(1) ¹Der Steuerpflichtige kann Aufwendungen für Herstellungs- und Erhaltungsmaßnahmen an eigenen schutzwürdigen Kulturgütern im Inland, soweit sie öffentliche oder private Zuwendungen oder etwaige aus diesen Kulturgütern erzielte Einnahmen übersteigen, im Kalenderjahr des Abschlusses der Maßnahme und in den neun folgenden Kalenderjahren jeweils bis zu 10 vom Hundert wie Sonderausgaben abziehen. ²Kulturgüter im Sinne des Satzes 1 sind

1. Gebäude oder Gebäudeteile, die nach den jeweiligen landesrechtlichen Vorschriften ein Baudenkmal sind,
2. Gebäude oder Gebäudeteile, die für sich allein nicht die Voraussetzungen für ein Baudenkmal erfüllen, aber Teil einer nach den jeweiligen landesrechtlichen Vorschriften als Einheit geschützten Gebäudegruppe oder Gesamtanlage sind,
3. gärtnerische, bauliche und sonstige Anlagen, die keine Gebäude oder Gebäudeteile und nach den jeweiligen landesrechtlichen Vorschriften unter Schutz gestellt sind,
4. Mobiliar, Kunstgegenstände, Kunstsammlungen, wissenschaftliche Sammlungen, Bibliotheken oder Archive, die sich seit mindestens 20 Jahren im Besitz der Familie des Steuerpflichtigen befinden oder in das Verzeichnis national wertvollen Kulturgutes oder das Verzeichnis national wertvoller Archive eingetragen sind und deren Erhaltung wegen ihrer Bedeutung für Kunst, Geschichte oder Wissenschaft im öffentlichen Interesse liegt,

wenn sie in einem den Verhältnissen entsprechenden Umfang der wissenschaftlichen Forschung oder der Öffentlichkeit zugänglich gemacht werden, es sei denn, dem Zugang stehen zwingende Gründe des Denkmal- oder Archivschutzes entgegen. ³Die Maßnahmen müssen nach Maßgabe der geltenden Bestimmungen der Denkmal- und Archivpflege erforderlich und in Abstimmung mit der in Absatz 3 genannten Stelle durchgeführt worden sein; bei Aufwendungen für Herstellungs- und Erhaltungsmaßnahmen an Kulturgütern im Sinne des Satzes 2 Nr. 1 und 2 ist § 7i Abs. 1 Satz 1 bis 4 sinngemäß anzuwenden.

(2) ¹Die Abzugsbeträge nach Absatz 1 Satz 1 kann der Steuerpflichtige nur in Anspruch nehmen, soweit er die schutzwürdigen Kulturgüter im jeweiligen Kalenderjahr weder zur Erzielung von Einkünften im Sinne des § 2 noch Gebäude oder Gebäudeteile zu eigenen Wohnzwecken nutzt und die Aufwendungen nicht nach § 10e Abs. 6, § 10h Satz 3 oder § 10i abgezogen hat. ²Für Zeiträume, für die der Steuerpflichtige von Aufwendungen Absetzungen für Abnutzung, erhöhte Absetzungen, Sonderabschreibungen oder Beträge nach § 10e Abs. 1 bis 5, den §§ 10f, 10h, 15b des Berlinförderungsgesetzes oder § 7 des Fördergebietsgesetzes abgezogen hat, kann er für diese Aufwendungen keine Abzugsbeträge nach Absatz 1 Satz 1 in Anspruch nehmen; entsprechendes gilt, wenn der Steuerpflichtige für Aufwendungen die Eigenheimzulage nach dem Eigenheimzulagengesetz in Anspruch genommen hat. ³Soweit die Kulturgüter während des Zeitraums nach Absatz 1 Satz 1 zur Einkunftserzielung genutzt werden, ist der noch nicht berücksichtigte Teil der Aufwendun-

---

[1] Zur Anwendung → § 52 Abs. 14a EStG.

§ 10g EStG
R 115c

gen, die auf Erhaltungsarbeiten entfallen, im Jahr des Übergangs zur Einkunftserzielung wie Sonderausgaben abzuziehen.

(3) ¹Der Steuerpflichtige kann den Abzug vornehmen, wenn er durch eine Bescheinigung der nach Landesrecht zuständigen oder von der Landesregierung bestimmten Stelle die Voraussetzungen des Absatzes 1 für das Kulturgut und für die Erforderlichkeit der Aufwendungen nachweist. ²Hat eine der für Denkmal- oder Archivpflege zuständigen Behörden ihm Zuschüsse gewährt, so hat die Bescheinigung auch deren Höhe zu enthalten; werden ihm solche Zuschüsse nach Ausstellung der Bescheinigung gewährt, so ist diese entsprechend zu ändern.

(4) ¹Die Absätze 1 bis 3 sind auf Gebäudeteile, die selbständige unbewegliche Wirtschaftsgüter sind, sowie auf Eigentumswohnungen und im Teileigentum stehende Räume entsprechend anzuwenden. ²§ 10e Abs. 7 gilt sinngemäß.

115c. Steuerbegünstigung für schutzwürdige Kulturgüter, die weder zur Einkunftserzielung noch zu eigenen Wohnzwecken genutzt werden

R 115c

S 2225d

(1) ¹Die Bescheinigungsbehörde hat zu prüfen,
1. ob die Maßnahmen
   a) an einem Kulturgut im Sinne des § 10g Abs. 1 Satz 2 EStG durchgeführt worden sind,
   b) erforderlich waren,
   c) in Abstimmung mit der zuständigen Stelle durchgeführt worden sind,
2. in welcher Höhe Aufwendungen, die die vorstehenden Voraussetzungen erfüllen, angefallen sind,
3. inwieweit Zuschüsse aus öffentlichen Mitteln durch eine der für Denkmal- oder Archivpflege zuständigen Behörden bewilligt worden sind oder nach Ausstellung der Bescheinigung bewilligt werden (Änderung der Bescheinigung).

²R 83a Abs. 4 Satz 2 bis 5 gilt entsprechend.

(2) Die Finanzbehörden haben zu prüfen,
1. ob die vorgelegte Bescheinigung von der nach Landesrecht zuständigen oder der von der Landesregierung bestimmten Behörde ausgestellt worden ist,
2. ob die bescheinigte Maßnahme an einem Kulturgut durchgeführt worden ist, das im Eigentum des Steuerpflichtigen steht,
3. ob das Kulturgut im jeweiligen Kalenderjahr weder zur Erzielung von Einkünften im Sinne des § 2 EStG genutzt worden ist noch Gebäude oder Gebäudeteile zu eigenen Wohnzwecken genutzt und die Aufwendungen nicht nach § 10e Abs. 6 oder § 10h Satz 3 EStG abgezogen worden sind,
4. inwieweit die Aufwendungen etwaige aus dem Kulturgut erzielte Einnahmen übersteigen,
5. ob die bescheinigten Aufwendungen steuerrechtlich dem Kulturgut im Sinne des § 10g EStG zuzuordnen und keine Anschaffungskosten sind,
6. ob weitere Zuschüsse für die bescheinigten Aufwendungen gezahlt werden oder worden sind,
7. in welchem Veranlagungszeitraum die Steuerbegünstigung erstmals in Anspruch genommen werden kann.

§§ 10h, 10i EStG
10h H

EStG

§ 10h[1]
Steuerbegünstigung der unentgeltlich zu Wohnzwecken überlassenen Wohnung im eigenen Haus

Anhang 27

[1]Der Steuerpflichtige kann von den Aufwendungen, die ihm durch Baumaßnahmen zur Herstellung einer Wohnung entstanden sind, im Jahr der Fertigstellung und in den drei folgenden Jahren jeweils bis zu 6 vom Hundert, höchstens jeweils 19.800 Deutsche Mark, und in den vier darauffolgenden Jahren jeweils bis zu 5 vom Hundert, höchstens jeweils 16.500 Deutsche Mark, wie Sonderausgaben abziehen. [2]Voraussetzung ist, daß

1. der Steuerpflichtige nach dem 30. September 1991 den Bauantrag gestellt oder mit der Herstellung begonnen hat,
2. die Baumaßnahmen an einem Gebäude im Inland durchgeführt worden sind, in dem der Steuerpflichtige im jeweiligen Jahr des Zeitraums nach Satz 1 eine eigene Wohnung zu eigenen Wohnzwecken nutzt,
3. die Wohnung keine Ferienwohnung oder Wochenendwohnung ist,
4. der Steuerpflichtige die Wohnung insgesamt im jeweiligen Jahr des Zeitraums nach Satz 1 voll unentgeltlich an einen Angehörigen im Sinne des § 15 Abs. 1 Nr. 3 und 4 der Abgabenordnung auf Dauer zu Wohnzwecken überlassen hat und
5. der Steuerpflichtige die Aufwendungen nicht in die Bemessungsgrundlage nach §§ 10e, 10f Abs. 1, §§ 10g, 52 Abs. 21 Satz 6 oder nach § 7 des Fördergebietsgesetzes einbezogen hat.

[3]§ 10e Abs. 1 Sätze 5 und 6, Absätze 3, 5a, 6 und 7 gelten sinngemäß.

10h H

Hinweise

Die Herstellung zusätzlichen Wohnraums ist nicht gemäß § 10h EStG begünstigt, wenn eine bereits vorhandene Wohnung lediglich erweitert wird (→ FG Rheinland-Pfalz vom 14.9.1995 – EFG 1996 S. 21).

EStG

§ 10i[2]
Vorkostenabzug bei einer nach dem Eigenheimzulagengesetz begünstigten Wohnung

(1) [1]Der Steuerpflichtige kann nachstehende Vorkosten wie Sonderausgaben abziehen:

Anhang 27

1. eine Pauschale von 3.500 Deutsche Mark im Jahr der Fertigstellung oder Anschaffung, wenn er für die Wohnung im Jahr der Herstellung oder Anschaffung oder in einem der zwei folgenden Jahre eine Eigenheimzulage nach dem Eigenheimzulagengesetz in Anspruch nimmt, und

---

[1] § 10h ist letztmals anzuwenden, wenn der Steuerpflichtige vor dem 1. Januar 1996 mit der Herstellung begonnen hat. Zur Anwendung → § 52 Abs. 14b EStG.
[2] Zur Anwendung → § 52 Abs. 14c EStG.
Anm.: Zur Anwendung → § 52 Abs. 29 in der Fassung des Steuerentlastungsgesetzes 1999/2000/2002:
„(29) § 10i in der Fassung der Bekanntmachung vom 16. April 1997 (BGBl. I S. 821) ist letztmals anzuwenden, wenn der Steuerpflichtige im Fall der Herstellung vor dem 1. Januar 1999 mit der Herstellung des Objekts begonnen hat oder im Fall der Anschaffung das Objekt auf Grund eines vor dem 1. Januar 1999 rechtswirksam abgeschlossenen obligatorischen Vertrags oder gleichstehenden Rechtsakts angeschafft hat. Als Beginn der Herstellung gilt bei Objekten, für die eine Baugenehmigung erforderlich ist, der Zeitpunkt, in dem der Bauantrag gestellt wird; bei baugenehmigungsfreien Objekten, für die Bauunterlagen einzureichen sind, der Zeitpunkt, in dem die Bauunterlagen eingereicht werden."

2. Erhaltungsaufwendungen bis zu 22.500 Deutsche Mark, die
   a) bis zum Beginn der erstmaligen Nutzung einer Wohnung zu eigenen Wohnzwecken entstanden sind oder
   b) bis zum Ablauf des auf das Jahr der Anschaffung folgenden Kalenderjahres entstanden sind, wenn der Steuerpflichtige eine von ihm bisher als Mieter genutzte Wohnung anschafft.

²Die Erhaltungsaufwendungen nach Nummer 2 müssen unmittelbar mit der Herstellung oder Anschaffung des Gebäudes oder der Eigentumswohnung zusammenhängen, dürfen nicht zu den Herstellungskosten oder Anschaffungskosten der Wohnung oder zu den Anschaffungskosten des Grund und Bodens gehören und müßten im Fall der Vermietung und Verpachtung der Wohnung als Werbungskosten abgezogen werden können. ³Wird eine Wohnung bis zum Beginn der erstmaligen Nutzung zu eigenen Wohnzwecken vermietet oder zu eigenen beruflichen oder eigenen betrieblichen Zwecken genutzt und sind die Erhaltungsaufwendungen Werbungskosten oder Betriebsausgaben, können sie nicht wie Sonderausgaben abgezogen werden. ⁴Bei einem Anteil an der zu eigenen Wohnzwecken genutzten Wohnung kann der Steuerpflichtige den entsprechenden Teil der Abzugsbeträge nach Satz 1 wie Sonderausgaben abziehen. ⁵Die vorstehenden Sätze gelten entsprechend bei Ausbauten und Erweiterungen an einer zu eigenen Wohnzwecken genutzten Wohnung.

(2) ¹Sind mehrere Steuerpflichtige Eigentümer einer zu eigenen Wohnzwecken genutzten Wohnung, können die Aufwendungen nach Absatz 1 gesondert und einheitlich festgestellt werden. ²Die für die gesonderte Feststellung von Einkünften nach § 180 Abs. 1 Nr. 2 Buchstabe a der Abgabenordnung geltenden Vorschriften sind entsprechend anzuwenden.

115d. Vorkostenabzug bei einer nach dem Eigenheimzulagengesetz begünstigten Wohnung

– unbesetzt –

Hinweise

Vorkostenabzug bei einer nach dem EigZulG begünstigten Wohnung für VZ 1994 und früher nach § 10e Abs. 6 EStG → BMF vom 17.5.1996 (BStBl I S. 622).

---

6. Vereinnahmung und Verausgabung

§ 11

(1) ¹Einnahmen sind innerhalb des Kalenderjahrs bezogen, in dem sie dem Steuerpflichtigen zugeflossen sind. ²Regelmäßig wiederkehrende Einnahmen, die dem Steuerpflichtigen kurze Zeit vor Beginn oder kurze Zeit nach Beendigung des Kalenderjahrs, zu dem sie wirtschaftlich gehören, zugeflossen sind, gelten als in diesem Kalenderjahr bezogen. ³Für Einnahmen aus nichtselbständiger Arbeit gilt § 38a Abs. 1 Sätze 2 und 3. ⁴Die Vorschriften über die Gewinnermittlung (§ 4 Abs. 1, § 5) bleiben unberührt.

(2) ¹Ausgaben sind für das Kalenderjahr abzusetzen, in dem sie geleistet worden sind. ²Für regelmäßig wiederkehrende Ausgaben gilt Absatz 1 Satz 2 entsprechend. ³Die Vorschriften über die Gewinnermittlung (§ 4 Abs. 1, § 5) bleiben unberührt.

---

1) Anm.: Durch das Steuerentlastungsgesetz 1999/2000/2002 wurde Absatz 1 Satz 3 folgende Angabe angefügt:
„und § 40 Abs. 3 Satz 2."

116. Zufluß von Einnahmen und Abfluß von Ausgaben

R 116

S 2226

– unbesetzt –

H 116

Hinweise

Allgemeines

Zufluß von Einnahmen erst mit der Erlangung der wirtschaftlichen Verfügungsmacht über ein in Geld oder Geldeswert bestehendes Wirtschaftsgut (→ BFH vom 21.11.1989 – BStBl 1990 II S. 310 und vom 8.10.1991 – BStBl 1992 II S. 174). **Verfügungsmacht** wird in der Regel erlangt im Zeitpunkt des Eintritts des Leistungserfolges oder der Möglichkeit, den Leistungserfolg herbeizuführen (→ BFH vom 21.11.1989 – BStBl 1990 II S. 310). Sie muß nicht endgültig erlangt sein (→ BFH vom 13.10.1989 – BStBl 1990 II S. 287).

Kurze Zeit bei regelmäßig wiederkehrenden Einnahmen ist in der Regel ein Zeitraum bis zu zehn Tagen (→ BFH vom 24.7.1986 – BStBl 1987 II S. 16).

Für den **Abfluß von Ausgaben** gelten diese Grundsätze entsprechend.

Arbeitslohn

→ § 38a Abs. 1 Sätze 2 und 3 EStG, A 104a LStR

Arzthonorar

Die Honorare fließen dem Arzt grundsätzlich erst mit Überweisung seines Anteils durch die kassenärztliche Vereinigung zu (→ BFH vom 20.2.1964 – BStBl III S. 329).

Die Einnahmen von der **kassenärztlichen Vereinigung** stellen regelmäßig wiederkehrende Einnahmen dar (→ BFH vom 6.7.1995 – BStBl 1996 II S. 266):

> Rechnet eine Kassenzahnärztliche Vereinigung die Resthonorare der Zahnärzte für ein Quartal jeweils zum Ende des nächsten Quartals ab und zahlt sie diese anschließend entsprechend aus, ist die Anfang Januar des folgenden Jahres für das dritte Quartal eines Kalenderjahrs erbrachte Abschlußzahlung als regelmäßig wiederkehrende Einnahme dem abgelaufenen Kalenderjahr zuzurechnen.

Honorare von Privatpatienten, die ein Arzt durch eine privatärztliche **Verrechnungsstelle** einziehen läßt, sind dem Arzt bereits mit dem Eingang bei dieser Stelle zugeflossen, da die Leistung an einen Bevollmächtigten ausreicht.

Aufrechnung

Die Aufrechnung mit einer fälligen Gegenforderung stellt eine Leistung im Sinne des § 11 Abs. 2 EStG dar (→ BFH vom 19.4.1977 – BStBl II S. 601).

Belegschaftsaktien

Zufluß des Vorteils beim Arbeitnehmer im Zeitpunkt des Erwerbs, auch wenn er sich verpflichtet hat, die Aktien für eine bestimmte Zeit nicht weiterzuveräußern (→ BFH vom 16.11.1984 – BStBl 1985 II S. 136 und vom 7.4.1989 – BStBl II S. 608)

Bundesschatzbriefe Typ B

Anhang 28

Zuflußzeitpunkt → BMF vom 26.10.1992 (BStBl I S. 693) – Tz. 3.

Bei Erträgen aus Bundesschatzbriefen Typ B, die vor dem 1.1.1989 erworben wurden, kann die jährliche Besteuerung gewählt werden (→ BMF vom 30.10.1989 – BStBl I S. 428).

Erbbauzinsen

Die erhaltenen Erbbauzinsen sind nach § 11 Abs. 1 EStG im Jahr des Zuflusses als Einnahmen aus Vermietung und Verpachtung (§ 21 EStG) zu erfassen.

Es ist unerheblich, ob die Erbbauzinsen in Form regelmäßig wiederkehrender Leistungen oder als Voraus- oder Einmalzahlung erbracht werden. Auf Antrag kann die Zahlung des gesamten Entgelts in einem Kalenderjahr auf die (verbleibende) Laufzeit des Erbbaurechts verteilt werden, längstens jedoch auf 10 Jahre. Die vorstehenden Regelungen sind in allen noch offenen Fällen anzuwenden. Soweit die Anwendung dieser Regelungen zu einer Verschärfung der Besteuerung gegenüber der bisher geltenden Verwaltungspraxis führt, sind sie nicht anzuwenden, wenn der Erbbaurechtsvertrag oder der auf Übertragung eines Erbbaurechts gerichtete Vertrag vor dem 1.1.1997 rechtswirksam abgeschlossen worden ist. (→ BMF vom 10.12.1996 – BStBl I S. 1440). *Anhang 23*

Damnum

1. Bei **vereinbarungsgemäßer** Einbehaltung eines Damnums bei Auszahlung eines Tilgungsdarlehens ist im Zeitpunkt der Kapitalauszahlung ein Abfluß anzunehmen (→ BFH vom 10.3.1970 – BStBl II S. 453). Bei ratenweiser Auszahlung des Darlehens kommt eine entsprechende Aufteilung des Damnums nur in Betracht, wenn keine Vereinbarung der Vertragsparteien über den Abflußzeitpunkt des Damnums vorliegt (→ BFH vom 26.6.1975 – BStBl II S. 880).

2. Soweit für ein Damnum ein **Tilgungsstreckungsdarlehen** aufgenommen wird, fließt das Damnum mit den Tilgungsraten des Tilgungsstreckungsdarlehens ab (→ BFH vom 26.11.1974 – BStBl 1975 II S. 330).

3. Ein Damnum, das ein Darlehnsschuldner vor Auszahlung eines aufgenommenen Darlehens zahlt, ist im VZ seiner Leistung als Werbungskosten abziehbar, es sei denn, daß die Vorauszahlung des Damnums von keinen sinnvollen wirtschaftlichen Erwägungen getragen wird (→ BFH vom 3.2.1987 – BStBl II S. 492). Ist ein Damnum nicht mehr als drei Monate vor Auszahlung der Darlehensvaluta oder einer ins Gewicht fallenden Teilauszahlung des Darlehens geleistet worden, kann davon ausgegangen werden, daß ein wirtschaftlich vernünftiger Grund besteht (→ BMF vom 31.8.1990 – BStBl I S. 366 – Tz. 3.3.4). Dies gilt auch für die Anwendung des § 10e Abs. 6 EStG (→ BMF vom 31.12.1994 – BStBl I S. 887). *Anhang 23 Anhang 27*

Forderungsübergang

Zufluß beim Steuerpflichtigen, wenn der Betrag beim neuen Gläubiger eingeht (→ BFH vom 16 3.1993 – BStBl II S. 507).

Forderungsverzicht eines Gesellschafters

Forderungsverzicht eines Gesellschafters auf seine nicht mehr vollwertige Forderung gegenüber der Kapitalgesellschaft führt dort zu einer Einlage in Höhe des Teilwertes der Forderung. Der Verzicht des Gesellschafters führt bei ihm zum Zufluß des noch werthaltigen Teils der Forderung (→ BFH vom 9.6.1997 – HFR 1997 S. 839).

Gesamtgläubiger

Stehen mehreren Steuerpflichtigen als Gesamtgläubigern Einnahmen zu und vereinbaren sie mit dem Schuldner, daß dieser nur an einen bestimmten Gesamtgläubiger leisten soll, so tritt bei jedem der Gesamtgläubiger anteilsmäßig ein Zufluß in dem Zeitpunkt ein, in dem die Einnahmen bei dem bestimmten Gesamtgläubiger eingehen (→ BFH vom 10.12.1985 – BStBl 1986 II S. 342).

Gewinnausschüttung

→ H 154 (Zuflußzeitpunkt bei Gewinnausschüttungen)

Kapitalerträge

Zufluß → BMF vom 26.10.1992 (BStBl I S. 693) *Anhang 28*

Leasing-Sonderzahlung

Verwendet ein Arbeitnehmer einen geleasten Pkw für berufliche Zwecke und macht er dafür die tatsächlichen Kosten geltend, so gehört eine bei Leasingbeginn zu erbringende Sonderzahlung in Höhe der anteiligen beruflichen Nutzung des Pkw zu den sofort abziehbaren Werbungskosten; es handelt sich bei ihr nicht um Anschaffungskosten des obligatorischen Nutzungsrechts an dem Pkw, die nur in Form von Absetzungen für Abnutzung als Werbungskosten berücksichtigt werden könnten (→ BFH vom 5.5.1994 – BStBl II S. 643).

Notaranderkonto

Die Zahlung auf ein Treuhandkonto führt nur dann zu einem Abfluß i. S. von § 11 Abs. 2 Satz 1 EStG, wenn das Konto einem anderen als dem Zahlenden als Treugeber i. S. des § 39 Abs. 2 Nr. 1 Satz 2 AO zuzurechnen ist. Im Fall eines zur Abwicklung eines Grundstückskaufvertrags eingerichteten Notaranderkontos bestimmt sich die Person des Treugebers nach der zwischen den Vertragsparteien getroffenen Hinterlegungsvereinbarung. Soweit darin keine ausdrückliche Regelung getroffen worden ist, ist – jedenfalls bis zum Zeitpunkt der Auszahlungsreife – der Käufer als Treugeber anzusehen (FG Niedersachsen vom 6.8.1997 – EFG S. 1432).

Nutzungsrechte

Räumt der Arbeitgeber dem Arbeitnehmer im Hinblick auf das Dienstverhältnis unentgeltlich ein Nutzungsrecht an einer Wohnung ein, so fließt dem Arbeitnehmer der geldwerte Vorteil nicht im Zeitpunkt der Bestellung des Nutzungsrechts in Höhe des kapitalisierten Wertes, sondern fortlaufend in Höhe des jeweiligen Nutzungswertes der Wohnung zu (→ BFH vom 26.5.1993 – BStBl II S. 686).

Provisionen

Bei Gewinnermittlung nach § 4 Abs. 3 EStG sind Provisionen auch dann zugeflossen, wenn sie auf einem Kautionskonto zur Sicherung von Gegenforderungen des Versicherungsunternehmens gutgeschrieben werden (→ BFH vom 24.3.1993 – BStBl II S. 499). **Dagegen sind Beträge, die von dem Versicherungsunternehmen einem für den Vertreter gebildeten Stornoreservekonto gutgeschrieben werden, nicht zugeflossen, wenn die Beträge im Zeitpunkt der Gutschrift nicht fällig waren und das Guthaben nicht verzinst wird (→ BFH vom 12.11.1997 – BStBl 1998 II S. 252).**

Auch wenn feststeht, daß erhaltene Provisionsvorschüsse in späteren Jahren zurückzuzahlen sind, ändert dies bei der Gewinnermittlung nach § 4 Abs. 3 EStG nichts daran, daß zunächst Zufluß anzunehmen ist (→ BFH vom 13.10.1989 – BStBl 1990 II S. 287).

Rentenzahlungen, nachträgliche

Dem Erben nachträglich zugeflossene Rentenzahlungen sind auch bei Verwendung zur Erfüllung von Vermächtnissen nachträgliche Einkünfte und werden ihm zugerechnet (→ BFH vom 24.1.1996 – BStBl II S. 287).

Scheck, Scheckkarte

1. Zufluß grundsätzlich mit Entgegennahme; sofortige Bankeinlösung darf jedoch nicht durch zivilrechtliche Vereinbarung eingeschränkt sein (→ BFH vom 30.10.1980 – BStBl 1981 II S. 305).
2. Abfluß grundsätzlich mit Hingabe, mit Ausnahme von Anzahlungen für den Bereich der erhöhten Absetzungen und Sonderabschreibungen (→ § 7a Abs. 2 Satz 5 EStG).
3. Abfluß bei Scheckübermittlung: Übergabe an Post bzw. Einwurf in den Briefkasten des Zahlungsempfängers ausreichend (→ BFH vom 24.9.1985 – BStBl 1986 II S. 284).

Rechtsfrage: Zu der Frage, ob der Zufluß von Scheckbeträgen bereits mit Hingabe der Schecks oder erst mit deren Einlösung bei einem wegen Verstoßes gegen §§ 134, 138 BGB nichtigen Rechtsgeschäft (hier: Bestechungsgelder als sonstige Einkünfte gem. § 22 Nr. 3 EStG) gegeben ist, ist gegen das Urteil des FG Baden-Württemberg vom 15. 1. 1997 (EFG 1997 S. 875 im Revisionsverfahren beim BFH anhängig (→ Az. IX R 97/97).

Stille Gesellschaft

Für den Zufluß der Gewinnanteile eines typisch stillen Gesellschafters **gilt** § 11 **EStG; für Zwecke des Kapitalertragsteuerabzugs ist** § 44 Abs. 3 EStG maßgeblich (→ BFH vom 28.11.1990 – BStBl 1991 II S. 313).

Überweisung

Abfluß im Zeitpunkt des Eingangs des Überweisungsauftrags bei der Überweisungsbank, wenn das Konto die nötige Deckung aufweist oder ein entsprechender Kreditrahmen vorhanden ist; andernfalls im Zeitpunkt der Lastschrift (→ BFH vom 6.3.1997 – BStBl II S. 509).

Verrechnung
→ Aufrechnung

Versicherungsprovisionen – Zuflußzeitpunkt bei Gutschrift auf Stornoreservekonto
Einem Versicherungsvertreter, der seinen Gewinn nach § 4 Abs. 3 EStG ermittelt, sind Beträge, die von dem Versicherungsunternehmen einem für ihn gebildeten Stornoreservekonto gutgeschrieben werden, nicht zugeflossen, wenn die Beträge im Zeitpunkt der Gutschrift nicht fällig waren und das Guthaben nicht verzinst wird (→ Abgrenzung zu BFH vom 24.3.1993 BStBl II S. 499) (→ BFH vom 12.11.1997 – BStBl 1998 II S. 252).

Vorauszahlung von Werbungskosten
Abfluß nur, wenn für die Vorauszahlung ein vernünftiger wirtschaftlicher Grund vorliegt (→ BFH vom 11.8.1987 – BStBl 1989 II S. 702).

Wechsel
Zufluß mit Einlösung oder Diskontierung des zahlungshalber hingegebenen Wechsels (→ BFH vom 5.5.1971 – BStBl II S. 624). Entsprechendes gilt für den Abfluß.

Werbungskosten bei sonstigen Einkünften
→ H 168a
→ H 169

Zinsen
Zufluß → BMF vom 26.10.1992 – BStBl I S. 693

Beim **beherrschenden Gesellschafter** einer Kapitalgesellschaft gelten die Zinsen aus kapitalersetzenden Darlehen so lange nicht als zugeflossen, als der Gesellschaft ein Leistungsverweigerungsrecht zusteht (→ BFH vom 16.11.1993 – BStBl 1994 II S. 632).

Keine **Zuflußfiktion bei Angehörigenverträgen**
Für eine solche Fiktion bietet der Gedanke der Abgrenzung zwischen familiären und betrieblich oder beruflich bedingten Leistungen keine Grundlage. Nach der ständigen Rechtsprechung des BFH, nach der ein Arbeitsvertrag zwischen nahen Angehörigen steuerlich nicht anerkannt werden kann, wenn das vereinbarte Entgelt nicht fristgerecht ausgezahlt wird, ist es im Ergebnis nur konsequent, hier ebenfalls auf diese Fiktion zu verzichten und einen Zufluß nicht anzunehmen (→ FG Köln vom 22.11.1994 – EFG 1995 S. 419).

§ 11a
Sonderbehandlung von Erhaltungsaufwand bei Gebäuden in Sanierungsgebieten und städtebaulichen Entwicklungsbereichen

(1) ¹Der Steuerpflichtige kann durch Zuschüsse aus Sanierungs- oder Entwicklungsförderungsmitteln nicht gedeckten Erhaltungsaufwand für Maßnahmen im Sinne des § 177 des Baugesetzbuchs an einem im Inland belegenen Gebäude in einem förmlich festgelegten Sanierungsgebiet oder städtebaulichen Entwicklungsbereich auf zwei bis fünf Jahre gleichmäßig verteilen. ²Satz 1 ist entsprechend anzuwenden auf durch Zuschüsse aus Sanierungs- oder Entwicklungsförderungsmitteln nicht gedeckten Erhaltungsaufwand für Maßnahmen, die der Erhaltung, Erneuerung und funktionsgerechten Verwendung eines Gebäudes im Sinne des Satzes 1 dienen, das wegen seiner geschichtlichen, künstlerischen oder städtebaulichen Bedeutung erhalten bleiben soll, und zu deren Durchführung sich der Eigentümer neben bestimmten Modernisierungsmaßnahmen gegenüber der Gemeinde verpflichtet hat.

(2) ¹Wird das Gebäude während des Verteilungszeitraums veräußert, ist der noch nicht berücksichtigte Teil des Erhaltungsaufwands im Jahr der Veräußerung als Betriebsausgaben oder Werbungskosten abzusetzen. ²Das gleiche gilt, wenn ein nicht zu einem Betriebs-

vermögen gehörendes Gebäude in ein Betriebsvermögen eingebracht oder wenn ein Gebäude aus dem Betriebsvermögen entnommen oder wenn ein Gebäude nicht mehr zur Einkunftserzielung genutzt wird.

(3) Steht das Gebäude im Eigentum mehrerer Personen, ist der in Absatz 1 bezeichnete Erhaltungsaufwand von allen Eigentümern auf den gleichen Zeitraum zu verteilen.

(4) § 7h Abs. 2 und 3 ist entsprechend anzuwenden.

116a. Sonderbehandlung von Erhaltungsaufwand bei Gebäuden in Sanierungsgebieten und städtebaulichen Entwicklungsbereichen

R 83a gilt entsprechend.

Hinweise

Bescheinigungsrichtlinien

Das BMF-Schreiben vom 16.12.1997, IV B 3 – S 2198a – 17/97 enthält die nunmehr mit den obersten Finanzbehörden der Länder abgestimmten Bescheinigungsrichtlinien zur Anwendung der §§ 7h, 10f und 11a EStG. Diese werden nicht im BStBl I veröffentlicht, sondern in den einzelnen Ländern (ggf. mit kleinen Abweichungen) durch Erlaß in Kraft gesetzt. Die Veröffentlichung erfolgt in den entsprechenden Ministerialblättern.

§ 11b
Sonderbehandlung von Erhaltungsaufwand bei Baudenkmalen

¹Der Steuerpflichtige kann durch Zuschüsse aus öffentlichen Kassen nicht gedeckten Erhaltungsaufwand für ein im Inland belegenes Gebäude oder Gebäudeteil, das nach den jeweiligen landesrechtlichen Vorschriften ein Baudenkmal ist, auf zwei bis fünf Jahre gleichmäßig verteilen, soweit die Aufwendungen nach Art und Umfang zur Erhaltung des Gebäudes oder Gebäudeteils als Baudenkmal oder zu seiner sinnvollen Nutzung erforderlich und die Maßnahmen in Abstimmung mit der in § 7i Abs. 2 bezeichneten Stelle vorgenommen worden sind. ²Durch Zuschüsse aus öffentlichen Kassen nicht gedeckten Erhaltungsaufwand für ein im Inland belegenes Gebäude oder Gebäudeteil, das für sich allein nicht die Voraussetzungen für ein Baudenkmal erfüllt, aber Teil einer Gebäudegruppe oder Gesamtanlage ist, die nach den jeweiligen landesrechtlichen Vorschriften als Einheit geschützt ist, kann der Steuerpflichtige auf zwei bis fünf Jahre gleichmäßig verteilen, soweit die Aufwendungen nach Art und Umfang zur Erhaltung des schützenswerten äußeren Erscheinungsbildes der Gebäudegruppe oder Gesamtanlage erforderlich und die Maßnahmen in Abstimmung mit der in § 7i Abs. 2 bezeichneten Stelle vorgenommen worden sind. ³§ 7h Abs. 3 und § 7i Abs. 1 Satz 2 und Abs. 2 sowie § 11a Abs. 2 und 3 sind entsprechend anzuwenden.

116b. Sonderbehandlung von Erhaltungsaufwand bei Baudenkmalen

R 83b gilt entsprechend.

7. Nicht abzugsfähige Ausgaben

§ 12

Soweit in § 10 Abs. 1 Nr. 1, 2, 4 bis 9, § 10b und §§ 33 bis 33c nichts anderes bestimmt ist, dürfen weder bei den einzelnen Einkunftsarten noch vom Gesamtbetrag der Einkünfte abgezogen werden [1]

1. die für den Haushalt des Steuerpflichtigen und für den Unterhalt seiner Familienangehörigen aufgewendeten Beträge. Dazu gehören auch die Aufwendungen für die Lebensführung, die die wirtschaftliche oder gesellschaftliche Stellung des Steuerpflichtigen mit sich bringt, auch wenn sie zur Förderung des Berufs oder der Tätigkeit des Steuerpflichtigen erfolgen;
2. freiwillige Zuwendungen, Zuwendungen auf Grund einer freiwillig begründeten Rechtspflicht und Zuwendungen an eine gegenüber dem Steuerpflichtigen oder seinem Ehegatten gesetzlich unterhaltsberechtigte Person oder deren Ehegatten, auch wenn diese Zuwendungen auf einer besonderen Vereinbarung beruhen;
3. die Steuern vom Einkommen und sonstige Personensteuern sowie die Umsatzsteuer für den Eigenverbrauch und für Lieferungen oder sonstige Leistungen, die Entnahmen sind; das gilt auch für die auf diese Steuern entfallenden Nebenleistungen; [2]
4. in einem Strafverfahren festgesetzte Geldstrafen, sonstige Rechtsfolgen vermögensrechtlicher Art, bei denen der Strafcharakter überwiegt, und Leistungen zur Erfüllung von Auflagen oder Weisungen, soweit die Auflagen oder Weisungen nicht lediglich der Wiedergutmachung des durch die Tat verursachten Schadens dienen.

---

117. Abgrenzung der Kosten der Lebensführung von den Betriebsausgaben und Werbungskosten

¹Besteht bei Aufwendungen nach § 12 Nr. 1 EStG ein Zusammenhang mit der gewerblichen oder beruflichen Tätigkeit des Steuerpflichtigen (gemischte Aufwendungen), sind sie insoweit als Betriebsausgaben oder Werbungskosten abziehbar, als sie betrieblich oder beruflich veranlaßt sind und sich dieser Teil nach objektiven Merkmalen und Unterlagen von den Ausgaben, die der privaten Lebensführung gedient haben, leicht und einwandfrei trennen läßt, es sei denn, daß dieser Teil von untergeordneter Bedeutung ist. ²Der Teil der Aufwendungen, der als Betriebsausgaben oder Werbungskosten zu berücksichtigen ist, kann ggf. geschätzt werden. ³Läßt sich eine Trennung der Aufwendungen nicht leicht und einwandfrei durchführen oder ist nur schwer erkennbar, ob sie mehr dem Beruf oder mehr der privaten Lebensführung gedient haben, so gehört der gesamte Betrag nach § 12 Nr. 1 EStG zu den nichtabzugsfähigen Ausgaben.

Hinweise

Arbeitsessen mit Fachkollegen
- Die Aufwendungen sind keine Werbungskosten (→ BFH vom 8.11.1984 – BStBl 1985 II S. 286).

---

[1] Anm.: Durch das Steuerentlastungsgesetz 1999/2000/2002 wurde im Einleitungssatz die Angabe „Soweit in § 10 Abs. 1 Nr. 1, 2, 4 bis 9, § 10b" durch die Angabe „Soweit in § 10 Abs. 1 Nr. 1, 2, 4, 6 bis 9, § 10b" ersetzt.

[2] Anm.: Durch das Steuerentlastungsgesetz 1999/2000/2002 wurde Nummer 3 wie folgt gefaßt:
„3. die Steuern vom Einkommen und sonstige Personensteuern sowie die Umsatzsteuer für Umsätze, die Entnahmen sind, und die Vorsteuerbeträge auf Aufwendungen, für die das Abzugsverbot der Nummer 1 oder des § 4 Abs. 5 Satz 1 Nr. 1 bis 5, 7 oder Abs. 7 gilt; das gilt auch für die auf diese Steuern entfallenden Nebenleistungen;".

§ 12 EStG
H 117

- Anläßlich einer Betriebsfeier im Zusammenhang mit dem **75. Geburtstag des Firmengründers** entstandene Aufwendungen einer KG sind auch dann nicht als Betriebsausgaben abzuziehen, wenn bei einer solchen Gelegenheit die Übernahme der Geschäftsführung der Öffentlichkeit nahegebracht und die Verbindung zu den Geschäftsfreunden, Berufskollegen sowie von Vertretern von Politik und Wirtschaft aufgenommen oder vertieft wersen soll. Eine andere rechtliche Wertung kann möglicherweise eingreifen, wenn auslösende Momente für eine solche Veranstaltung nicht die Ehrung des Jubilars ist (→ BFH vom 27.2.1997 – HFR 1997 S. 821).
- Aufwendungen für sog. **Jahresessen** gehören zu den typischen Repräsentationsaufwendungen im Sinne des § 12 Nr. 1 Satz 2 EStG (→ FG München vom 24.4.1995 – EFG 1996 S. 93).
- → Karnevalsveranstaltungen

Aufteilungs- und Abzugsverbot
→ BFH vom 19.10.1970 – BStBl 1971 II S. 17 und 21

Das Aufteilungs- und Abzugsverbot des § 12 Nr. 1 Satz 2 EStG gilt nicht bei der Aufteilung von Aufwendungen, die einerseits den steuerbaren Einkünften als Betriebsausgaben/Werbungskosten und andererseits den Sonderausgaben zuzuordnen sind (→ BFH vom 22.6.1990 – BStBl II S. 901).

Ausbildungs- und Fortbildungsaufwendungen für Kinder
Aufwendungen der Eltern für die Ausbildung oder die berufliche Fortbildung ihrer Kinder gehören grundsätzlich zu den nicht abziehbaren Lebenshaltungskosten (→ BFH vom 29.10.1997 – BStBl 1998 II S. 149)

→ H 19 Ausbildungs- und Fortbildungsaufwendungen

Ausnahme:

→ § 10 Abs. 1 Nr. 9 EStG

Bewirtungskosten
→ § 4 Abs. 5 Satz 1 Nr. 2 EStG

→ R 21 Abs. 5 bis 9

Aufwendungen für die Bewirtung von Geschäftsfreunden in der Wohnung des Steuerpflichtigen sind in vollem Umfang Kosten der Lebensführung (→ R 21 Abs. 6 Satz 8). Das gleiche gilt für Aufwendungen des Steuerpflichtigen für die Bewirtung von Geschäftsfreunden anläßlich seines Geburtstages in einer Gaststätte (→ BFH vom 12.12.1991 – BStBl 1992 II S. 524).

Aufwendungen eines Arbeitnehmers für ein Arbeitsessen mit Fachkollegen sind keine Werbungskosten (→ BFH vom 24.5.1973 – BStBl II S. 634).

→ Karnevalsveranstaltungen

→ Arbeitsessen mit Fachkollegen

Brille
→ Medizinisch-technische Hilfsmittel und Geräte

Bücher
Aufwendungen eines Publizisten für Bücher allgemeinbildenden Inhalts sind Kosten der Lebensführung (→ BFH vom 21.5.1992 – BStBl II S. 1015).

Computer
Die Anschaffung eines Computers ist regelmäßig dem privaten Lebensbereich zuzurechnen. Eine Anerkennung als Werbungskosten kommt nur in Betracht, wenn feststeht, daß der Computer weitaus überwiegend beruflich verwendet wird und eine private Mitbenutzung von untergeordneter Bedeutung ist (→ BFH vom 15.1.1993 – BStBl II S. 348).

Einbürgerungskosten
Aufwendungen für die Einbürgerung sind Kosten der Lebensführung (→ BFH vom 18.5.1984 – BStBl II S. 588).

Geschenke an Geschäftsfreunde

→ § 4 Abs. 5 Satz 1 Nr. 1 EStG

→ R 21 Abs. 2 bis 4

Gesellschaftliche Veranstaltungen, z. B. des Berufs-, Fach- oder Wirtschaftsverbandes oder der Gewerkschaft:

Aufwendungen sind stets Kosten der Lebensführung, und zwar auch dann, wenn die gesellschaftlichen Veranstaltungen im Zusammenhang mit einer rein fachlichen oder beruflichen Tagung oder Sitzung standen (→ BFH vom 1.8.1968 – BStBl II S. 713).

→ Karnevalsveranstaltungen

→ Kulturelle Veranstaltungen

Hörapparat

→ Medizinisch-technische Hilfsmittel und Geräte

Karnevalsveranstaltungen

Aufwendungen für die Einladung von Geschäftspartnern zu Karnevalsveranstaltungen sind Lebenshaltungskosten (→ BFH vom 29.3.1994 – BStBl II S. 843).

Kinderbetreuungskosten

Weder Betriebsausgaben noch Werbungskosten, selbst wenn sie wegen der Erwerbstätigkeit der Eltern aufgewendet werden (→ BVerfG vom 11.10.1977 – BStBl 1978 II S. 174 und BFH vom 9.11.1982 – BStBl 1983 II S. 297).

Kleidung und Schuhe

Als Kosten der Lebensführung nicht abziehbar, selbst wenn der Steuerpflichtige sie ausschließlich bei der Berufsausübung trägt (→ BFH vom 18.4.1991 – BStBl II S. 751).

Ausnahme: typische Berufskleidung (→ A 20 und 44 Abs. 1 LStR)

Körperpflegemittel, Kosmetika

Als Kosten der Lebensführung nicht abziehbar (→ BFH vom 6.7.1989 – BStBl 1990 II S. 49).

Kontoführungsgebühren

Pauschale Kontoführungsgebühren sind nach dem Verhältnis beruflich und privat veranlaßter Kontenbewegungen aufzuteilen (→ BFH vom 9.5.1984 – BStBl II S. 560).

Konzertflügel einer Musiklehrerin

Kann ein Arbeitsmittel im Sinne des § 9 Abs. 1 Nr. 6 EStG sein (→ BFH vom 21.10.1988 – BStBl 1989 II S. 356).

Kulturelle Veranstaltungen

Aufwendungen für den Besuch sind regelmäßig keine Werbungskosten, auch wenn dabei berufliche Interessen berührt werden (→ BFH vom 8.2.1971 – BStBl II S. 368 betr. Musiklehrerin).

Kunstwerke

Aufwendungen für Kunstwerke zur Ausschmückung eines Arbeits- oder Dienstzimmers sind Kosten der Lebensführung (→ BFH vom 12.3.1993 – BStBl II S. 506).

Medizinisch-technische Hilfsmittel und Geräte

Aufwendungen für technische Hilfsmittel zur Behebung körperlicher Mängel können als reine Kosten der Lebensführung nicht abgezogen werden, auch wenn die Behebung des Mangels im beruflichen Interesse liegt.

→ BFH vom 8.4.1954 (BStBl III S. 174) – Hörapparat

→ BFH vom 28.9.1990 (BStBl 1991 II S. 27) – Bifokalbrille

→ BFH vom 23.10.1992 (BStBl 1993 II S. 193) – Sehbrille

Nachschlagewerk

1. Allgemeines Nachschlagewerk eines Lehrers ist regelmäßig dem privaten Lebensbereich zuzuordnen (→ BFH vom 29.4.1977 – BStBl II S. 716).

§ 12 EStG
R 117a   H 117, 117a

2. Allgemeines englisches Nachschlagewerk eines Englischlehrers kann Arbeitsmittel im Sinne des § 9 Abs. 1 Nr. 6 EStG sein (→ BFH vom 16.10.1981 – BStBl 1982 II S. 67).

Promotionskosten
→ H 103 (Promotion)

Sponsoring
Anhang 12 → BMF vom **18.2.1998** (BStBl I S. **212**)

Strafverfahren
→ H 120 (Kosten des Strafverfahrens)

Tageszeitung
Aufwendungen für den Bezug regionaler wie überregionaler Tageszeitungen gehören zu den unter § 12 Nr. 1 Satz 2 EStG fallenden Lebenshaltungskosten (→ BFH vom 7.9.1989 – BStBl 1990 II S. 19).

Telefonanschluß in einer Wohnung
Grund- und Gesprächsgebühren sind Betriebsausgaben oder Werbungskosten, soweit sie auf die beruflich geführten Gespräche entfallen. Der berufliche Anteil ist aus dem – ggf. geschätzten – Verhältnis der beruflich und der privat geführten Gespräche zu ermitteln (→ BFH vom 21.11.1980 – BStBl 1981 II S. 131). Zur Aufteilung der Gebühren → BMF vom 11.6.1990 (BStBl I S. 290).

Tonbandgerät eines Richters
Aufwendungen für ein Tonbandgerät sind regelmäßig Kosten der Lebensführung (→ BFH vom 29.1.1971 – BStBl II S. 327).

Videorecorder eines Lehrers
Aufwendungen für einen Videorecorder sind regelmäßig Kosten der Lebensführung (→ BFH vom 27.9.1991 – BStBl 1992 II S. 195).

Aufwendungen zur Verkürzung eines ausländischen Wehrdienstes → Aufwendungen der Lebensführung (→ BFH vom 20.12.1985 – BStBl 1986 II S. 459).

R 117a

117a. Studienreisen, Fachkongresse

S 2227   ¹Aufwendungen für eine Studienreise oder den Besuch eines Fachkongresses sind Betriebsausgaben/Werbungskosten, wenn die Reise oder Teilnahme an dem Kongreß so gut wie ausschließlich betrieblich/beruflich veranlaßt ist. ²Eine betriebliche/ berufliche Veranlassung ist anzunehmen, wenn objektiv ein Zusammenhang mit dem Betrieb/Beruf besteht und subjektiv die Aufwendungen zur Förderung des Betriebs/Berufs gemacht werden. ³Die Befriedigung privater Interessen muß nach dem Anlaß der Reise, dem vorgesehenen Programm und der tatsächlichen Durchführung nahezu ausgeschlossen sein. ⁴Die Entscheidung, ob betriebs-/berufsbedingte Aufwendungen vorliegen, ist nach Würdigung aller Umstände und Merkmale des Einzelfalls zu treffen.

H 117a

Hinweise

Abgrenzungsmerkmale
Für *betriebs-/berufsbedingte Aufwendungen können z. B. folgende Merkmale sprechen:*
- *ein homogener Teilnehmerkreis*
- *eine straffe und lehrgangsmäßige Organisation*
- *ein Programm, das auf die betrieblichen/beruflichen Bedürfnisse und Gegebenheiten der Teilnehmer zugeschnitten ist*

392

- *(bei Arbeitnehmern) die Gewährung von Dienstbefreiung oder Sonderurlaub*
- *(bei Arbeitnehmern) Zuschüsse des Arbeitgebers*

Gegen *betriebs-/berufsbedingte Aufwendungen können z. B. folgende Merkmale sprechen:*
- *der Besuch bevorzugter Ziele des Tourismus*
- *häufiger Ortswechsel*
- *bei kürzeren Veranstaltungen die Einbeziehung vieler Sonn- und Feiertage, die zur freien Verfügung stehen*
- *die Mitnahme des Ehegatten oder anderer naher Angehöriger*
- *die Verbindung mit einem Privataufenthalt*
- *die Reise in den heimischen Kulturkreis*
- *entspannende oder kostspielige Beförderung, z. B. Schiffsreise*

Die Merkmale können von Fall zu Fall unterschiedliches Gewicht haben (→ *BFH vom 27.11.1978 – BStBl 1979 II S. 213*).

Ärztefortbildung

Teilnahme ist nicht ganz überwiegend beruflich veranlaßt, wenn der Lehrgang nach Programm und Durchführung in nicht unerheblichem Maße die Verfolgung privater Erlebnis- und Erholungsinteressen zuläßt.
- Reise in den heimischen Kulturkreis
  → BFH vom 23.1.1997 (BStBl II S. 357)
- Sportmedizin
  → BFH vom 19.10.1989 (BStBl 1990 II S. 134)
  → BFH vom 15.3.1990 (BStBl II S. 736)

  Aufwendungen eines Arztes für einen Lehrgang zum Erwerb der Bezeichnung „**Sportmedizin**" sind nicht abzugsfähig, wenn der Lehrgang in der Skihauptsaison in einem bekannten Wintersportort stattfindet und dabei der Wintersport in nicht unbedeutendem Umfang, so wie es üblicherweise auch bei anderen Besuchern des Ortes als Freizeitsport geschah, betrieben wurde. Im Streitfall schloß der Lehrgang im praktischen Teil sowohl den alpinen Skilauf wie den Skilanglauf ein. Unerheblich war, daß die Skipraxis nach der Weiterbildungsverordnung der Landesärztekammer erforderlich war (→ BFH vom 12.9.1995 – BStBl 1996 II S. 158).
- Wintersportort
  → BFH vom 4.8.1977 (BStBl II S. 829)

Allgemeinbildende Reise

Dient die Reise der allgemeinen Information über die geographischen, wirtschaftlichen und sonstigen Besonderheiten des besuchten Landes oder der allgemeinen wirtschaftlichen Bildung der Teilnehmer, liegt keine so gut wie ausschließlich betriebliche/berufliche Veranlassung vor.

- → *BFH vom 27.11.1978 (BStBl 1979 II S. 213) – Grundsatzbeschluß zu Auslandsgruppenreisen*
- → *BFH vom 23.10.1981 (BStBl 1982 II S. 69) – Reise eines Geographielehrers*
- → *BFH vom 15.12.1982 (BStBl 1983 II S. 409) – Gruppenreise von Gewerbetreibenden ins Ausland*
- → *BFH vom 27.3.1991 (BStBl II S. 575) – Gruppenreise eines Hochschulgeographen ins Ausland*
- → *BFH vom 22.1.1993 (BStBl II S. 612) – von Justizbehörden unterstützte und geförderte Gruppenreise von Richtern und Staatsanwälten*
- → *BFH vom 25.3.1993 (BStBl II S. 559) – Teilnahme an einer Gruppenreise mit Schwerpunkt auf allgemeintouristischen Zwecken und nachträgliche Verwertung der Reiseeindrücke*
- → *BFH vom 30.4.1993 (BStBl II S. 674) – Teilnahme an einer Bildungsgruppenreise mit zugewiesenen unwesentlichen Aufgaben der Reiseorganisation*

§ 12 EStG
H 117a

→ **BFH vom 21.8.1995 (BStBl 1996 II S. 10) – Reise einer Englischlehrerin, Verfolgung allgemeintouristischer Zwecke neben einem Ausflug am Wochenende auch an mehreren Arbeitstagen**

→ Aufwendungen für eine zweiwöchige Florida-Gruppenreise von Englischlehrern, denen dafür Dienstbefreiung gewährt worden ist, sind insgesamt keine Werbungskosten, wenn zwar einige Tage mit beruflich veranlaßten Veranstaltungen ausgelastet, aber vier volle Werktage und ein Wochenende allein touristischen Zwecken gewidmet waren. Für Englischlehrer aus den neuen Bundesländern, die in der DDR ihre Ausbildung erhalten hatten, gelten insoweit keine Besonderheiten (→ FG Mecklenburg-Vorpommern vom 27.6. 1995 – EFG 1995 S. 1049).

→ Auslandsgruppenreisen zu Informationszwecken – Auslandsreise einer Lehrerin

→ Aufwendungen einer Englischlehrerin für einen während des Schuljahres abgehaltenen **Lehrerfachkurs in England** mit pädagogischem, methodischem, didaktischem und landeskundlichem Inhalt sind nicht als Werbungskosten abziehbar, wenn dabei private Unternehmungen eine nicht unbedeutende Rolle spielen (→ BFH vom 31.1.1997 – BFH/NV 1997 S. 647).

→ Die **Indienreise einer evangelischen Pastorin,** die sich auf mehrere touristisch interessante Orte mit Besichtigung von Sehenswürdigkeiten erstreckt, führt trotz eines Reisekostenzuschusses und teilweiser Arbeitsbefreiung selbst dann nicht zu Werbungskosten, wenn die Reise nach den Vorstellungen der Pastorin nicht touristischen Zwecken dient, sondern dazu, das Leben der christlichen Minderheiten in Indien kennenzulernen und diese Erkenntnisse in die Gemeindearbeit in Deutschland einzubringen (→ BFH vom 21.10.1996 – BFH/NV 1997 S. 469).

Betriebliche/berufliche Reise
Aufwendungen einer Kunstmalerin für eine Reise in ein beliebtes Urlaubsgebiet sind als Betriebsausgaben abziehbar, wenn sie die Reise unternommen hat, um am Ziel der Reise wegen des dort vorhandenen landschaftlichen oder kulturellen Umfelds in einer ihrem besonderen Malstil entsprechenden Arbeitsweise tätig zu werden, und private Motive für die Reise ausscheiden (→ BFH vom 16.10.1986 – BStBl 1987 II S. 208).

Einzelaufwendungen
Ist eine Reise insgesamt nicht betrieblich/beruflich veranlaßt, können einzelne *zusätzliche* Aufwendungen gleichwohl Betriebsausgaben oder Werbungskosten sein. Voraussetzung dafür ist, daß sie von den übrigen Reisekosten sicher und leicht abgrenzbar und ausschließlich betrieblich/beruflich veranlaßt sind. Die Kosten sind nicht abziehbar, wenn sie auch entstanden wären, wenn der Steuerpflichtige den betrieblich/beruflich veranlaßten Reiseteil nicht durchgeführt hätte. Bei den zusätzlichen Aufwendungen kann es sich z. B. um Kursgebühren, Eintrittsgelder, Fahrtkosten, zusätzliche Übernachtungskosten und Mehraufwendungen für Verpflegung handeln. Die zusätzlichen Übernachtungskosten sowie die Mehraufwendungen für Verpflegung können mit den für Geschäfts-/Dienstreisen geltenden Pauschbeträgen (→ A 39 und A 40 LStR) angesetzt werden.

→ *BFH vom 27.11.1978 (BStBl 1979 II S. 213) – Grundsatzbeschluß zu Auslandsgruppenreisen*

→ *BFH vom 18.10.1990 (BStBl 1991 II S. 92) – zusätzliche Aufwendungen für Materialsammlung zu einem Fremdsprachen-Schulbuch*

→ *BFH vom 23.4.1992 (BStBl II S. 898) – Fortbildungsveranstaltung und vorangehender Urlaubsaufenthalt*

Fachkongresse
– Ausland

Bei Fachkongressen im Ausland können Zweifel an der betrieblichen/beruflichen Veranlassung insbesondere dann bestehen, wenn die Veranstaltungen an beliebten Erholungsorten stattfinden. Der Ort einer Fachtagung ist jedoch von geringer Bedeutung, wenn es sich um eine Tagung internationalen Gepräges mit Beteiligung ausländischer Teilnehmer und Dozenten handelt (→ BFH vom 16.1.1974 – BStBl II S. 291), es sei denn, den Teilnehmern wird durch die Gestaltung der Tagung gezielt die Möglichkeit eröffnet, die Freizeitangebote dieses Ortes zu nutzen, z. B. durch eine außergewöhnlich lange

§ 12 EStG
H 117a

Mittagspause (→ BFH vom 5.9.1990 – BStBl II S. 1059) oder durch einen hohen Freizeitanteil (→ BFH vom 9.8.1996 – BStBl 1997 II S. 97).

– **Konkreter Nutzen für den Betrieb**

Die Teilnahme an einem Fachkongreß kann betrieblich veranlaßt sein, wenn sie nachweislich für den Betrieb von Nutzen ist.

- → *BFH vom 23.11.1988 (BStBl 1989 II S. 405) – Teilnahme eines Buchhändlers an Tagung der Gesellschaft für Tiefenpsychologie*
- → *BFH vom 13.12.1984 (BStBl 1985 II S. 325) – aktive Teilnahme eines Gewerbetreibenden an einem Fachkongreß*

– **Nachweis der Teilnahme**

Bei betrieblicher/beruflicher Veranlassung sind Aufwendungen für die Teilnahme an einem Kongreß nur abziehbar, wenn feststeht, daß der Steuerpflichtige an den Veranstaltungen teilgenommen hat (→ BFH vom 4.8.1977 – BStBl II S. 829). An den Nachweis der Teilnahme sind strenge Anforderungen zu stellen; der Nachweis muß sich auf jede Einzelveranstaltung beziehen, braucht jedoch nicht in jedem Fall durch Anwesenheitstestat geführt zu werden (→ BFH vom 13.2.1980 – BStBl II S. 386).

– **Schiffsreise**

Wird ein Kongreß mit einer Reise verbunden, z. B. sog. schwimmende Kongresse, ist dies in der Regel ein Beweisanzeichen für eine private Mitveranlassung von nicht nur untergeordneter Bedeutung (→ BFH vom 14.7.1988 – BStBl 1989 II S. 19).

– → *Vortragstätigkeit*

Incentive-Reisen

→ BMF vom 14.10.1996 – BStBl I S. 1192

Klassenfahrt eines Berufsschülers

Aufwendungen sind regelmäßig Werbungskosten bei den aus dem Ausbildungsverhältnis erzielten Einnahmen aus nichtselbständiger Arbeit (→ BFH vom 7.2.1992 – BStBl II S. 531).

Psychologisches Seminar

Aufwendungen eines Industriekaufmanns für die Teilnahme an psychologischen Seminaren können nur dann Werbungskosten und keine Aufwendungen für die Lebensführung sein, wenn in den Seminaren primär auf den konkreten Beruf zugeschnittene psychologische Kenntnisse vermittelt werden und der Teilnehmerkreis des Seminars entsprechend homogen zusammengesetzt ist. Dies gilt auch dann, wenn der Arbeitgeber für die Teilnahme an den Seminaren bezahlten Bildungsurlaub gewährt hat (→ BFH vom 6.3.1995 – BStBl II S. 393).

Schulskileiter-Lizenz

Aufwendungen für die Lehrgangsteilnahme können nur bei in der Schule im Fach Sport eingesetzten Lehrerinnen und Lehrern unter eng begrenzten Voraussetzungen als Werbungskosten anerkannt werden (→ BFH vom 26.8.1988 – BStBl 1989 II S. 91).

Scientology-Fortbildungskurse

- Bei dem „Effizienztraining" bzw. „Individualtraining zur Verbesserung innerer Organisationsabläufe" läßt sich nicht ausschließen, daß Lehrinhalte der sog. „Scientology-Kirche" vermittelt werden, die wegen ihrer religiös-philosophischen Bezüge die Lebensführung berühren, auch wenn es sich bei der „Scientology-Kirche" nicht um eine Religions- oder Weltanschauungsgemeinschaft handelt (→ FG Hamburg vom 4.10.1995 – EFG 1996 S. 136).
- Die Vorlage von Lehrmaterialien in englischer Sprache führt nicht zur Abziehbarkeit geltend gemachter Aufwendungen für das von einer Organisation der Church of Scientology durchgeführte „Executive Training and Councelling Program, the L's" (→ FG Baden-Württemberg vom 20.3.1997 – EFG 1997 S. 1098).

Selbsterfahrungsseminar

Die Aufwendungen eines Sozialpädagogen für die Teilnahme an mehrwöchigen Seminaren für Interaktions- und Kommunikationstraining des Zentrums für Selbsterfahrung und

Selbstentwicklung „Weißer Lotus Salzburg" (Österreich) sind keine Werbungskosten
(→ FG Niedersachsen vom 4.6.1998 – EFG 1998 S. 1510).

Sprachkurse im und Studienreisen ins Ausland
Bei Studienreisen ins Ausland kann gegen die betriebliche/berufliche Veranlassung sprechen, wenn Anlagen und Einrichtungen gleicher Art im Inland oder im näherliegenden Ausland hätten besucht werden können. Das gleiche gilt für Sprachkurse im Ausland, wenn die Durchführung der Veranstaltung im Inland den gleichen Erfolg hätte haben können (→ BFH vom 31.7.1980 – BStBl II S. 746 und vom 22.7.1993 – BStBl II S. 787).

Ein von deutschen und spanischen öffentlichen Institutionen geförderter **Sprachenkurs für deutsche Spanischlehrer in Granada** ist nur insoweit ausschließlich berufsbezogen, als die Unterrichtsstunden sich auf das Auffrischen, Vertiefen und Erweitern der Spanischkenntnisse erstrecken. Wenn sich der Unterricht mit politischen, wirtschaftlichen, geographischen und kulturellen Themen Spaniens befaßt und Ausflüge und Besichtigungen durchgeführt werden, sind die Aufwendungen nicht abziehbar (→ BFH vom 8.11.1996 – HFR 1997 S. 661).

Vortragstätigkeit
Das Halten eines Vortrags ist für sich genommen nicht geeignet, die Teilnahme an einem Fachkongreß als unmittelbar beruflich veranlaßt anzusehen; eine zusätzliche Dolmetscherfunktion führt zu keiner anderen Beurteilung (→ BFH vom 23.1.1997 – BStBl II S. 357).

R 118–119   **118. – 119.**

– unbesetzt –

R 120   **120. Geldstrafen und ähnliche Rechtsnachteile**

S 2227   Aufwendungen im Sinne des § 12 Nr. 4 EStG können auch dann nicht abgezogen werden, wenn die Geldstrafen und ähnlichen Rechtsnachteile außerhalb des Geltungsbereichs des Gesetzes verhängt, angeordnet oder festgesetzt werden, es sei denn, sie widersprechen wesentlichen Grundsätzen der deutschen Rechtsordnung (ordre public).

H 120   **Hinweise**

Abführung von Mehrerlösen
→ R 24

Agentenlohn
→ Rechtsfolgen vermögensrechtlicher Art

Bestechungsgelder
→ Rechtsfolgen vermögensrechtlicher Art

Einziehung von Gegenständen
In den Fällen der Anordnung gem. § 74 Abs. 2 Nr. 1 oder § 76a StGB überwiegt der Strafcharakter. Es ist unerheblich, ob die Anordnung neben der Hauptstrafe oder nachträglich nach § 76 StGB oder unter den Voraussetzungen des § 76a StGB selbständig erfolgt ist.

Geldbußen
→ R 24

Kosten des Strafverfahrens/der Strafverteidigung

a) Die dem Strafverfahren zugrundeliegende Tat wurde in Ausübung der betrieblichen oder beruflichen Tätigkeit begangen: Kosten sind Betriebsausgaben oder Werbungskosten, da sie weder Strafe noch strafähnliche Rechtsfolge sind (→ BFH vom 19.2.1982 – BStBl II S. 467).

b) Die dem Strafverfahren zugrundeliegende Tat beruht auf privaten Gründen oder ist sowohl privat als auch betrieblich (beruflich) veranlaßt:

Aufwendungen sind nicht abziehbare Kosten der Lebensführung. Das gilt auch für Kosten eines Wiederaufnahmeverfahrens nach strafrechtlicher Verurteilung mit disziplinarrechtlichen Folgen (→ BFH vom 13.12.1994 – BStBl 1995 II S. 457).

Bei Strafverteidigungskosten im Fall eines Freispruches oder Verteidigungskosten in einem Bußgeld- oder Ordnungsgeldverfahren im Fall einer förmlichen Einstellung ist § 33 EStG zu prüfen (→ BFH vom 15.11.1957 – BStBl 1958 III S. 105).

Leistungen zur Erfüllung von Auflagen oder Weisungen sind nicht abziehbar
- bei Strafaussetzung zur Bewährung
- bei Verwarnung mit dem Strafvorbehalt, einen Geldbetrag zugunsten einer gemeinnützigen Einrichtung oder der Staatskasse zu zahlen oder sonst gemeinnützige Leistungen zu erbringen (§ 56b Abs. 2 Nr. 2 und 3, § 59a Abs. 2 StGB)
- bei Einstellung des Verfahrens (§ 153a Abs. 1 Satz 1 Nr. 2 und 3 StPO) nach dem Jugendgerichtsgesetz und im Gnadenverfahren

Ordnungsgelder
→ R 24

Rechtsfolgen vermögensrechtlicher Art
1. mit überwiegendem Strafcharakter
   - Einziehung von Gegenständen, die – neben der Hauptstrafe oder nachträglich nach § 76 StGB oder unter den Voraussetzungen des § 76a StGB selbständig – in den Fällen des § 74 Abs. 2 Nr. 1 oder § 76a StGB angeordnet oder festgesetzt worden ist.
2. ohne Strafcharakter
   - Verfall von Gegenständen **und Verfall von Tatentgelten** (§ 73 StGB) dien**en** in erster Linie dem Ausgleich von rechtswidrig erlangten Vermögensvorteilen *(→ **BGH vom 1.3.1995 – NJW S. 2235)**.*

Strafverfahren
→ Kosten des Strafverfahrens

Strafverteidigungskosten
→ Kosten des Strafverfahrens

Tatentgelte
→ Rechtsfolgen vermögensrechtlicher Art

Verfall von Gegenständen
→ Rechtsfolgen vermögensrechtlicher Art

Verfall von Tatentgelten
→ Rechtsfolgen vermögensrechtlicher Art

Verwarnungsgelder
→ R 24

---

121. Nichtabziehbare Steuern und Nebenleistungen

– unbesetzt –

§ 12 EStG
R 122, 123   H 121, 123

H 121

Hinweise

Nebenleistungen

1. Nicht abziehbar:
   - Hinterziehungszinsen (§ 235 AO)
   - Säumniszuschläge (§ 240 AO)
   - Verspätungszuschläge (§ 152 AO)
   - Zwangsgelder (§ 329 AO)
2. Als Sonderausgaben (§ 10 Abs. 1 Nr. 5 EStG) abziehbar:
   - Aussetzungszinsen (§ 237 AO)
   - Nachforderungszinsen (§ 233a AO)
   - Stundungszinsen (§ 234 AO)

Personensteuern

- Einkommensteuer, einschl. ausländische Steuern vom Einkommen, soweit nicht § 34c Abs. 2 EStG anzuwenden ist.
- Erbschaftsteuer
- Kapitalertragsteuer
- Kirchensteuer
- Lohnsteuer
- Solidaritätszuschlag
- Vermögensteuer

R 122

S 2223
S 2227

122. Spenden

¹Spenden gehören auch dann zu den Kosten der Lebensführung, wenn sie durch betriebliche Erwägungen mit veranlaßt werden. ²Der Steuerpflichtige kann sie nur im Rahmen der → §§ 10b, 34g EStG abziehen.

R 123   **Wiederkehrende Leistungen**

Wiederkehrende Leistungen im Zusammenhang mit einer Vermögensübertragung sind entweder als Sonderausgaben abziehbare Versorgungsleistungen (Rente oder dauernde Last), nicht abziehbare Unterhaltsleistungen nach § 12 Nr. 2 EStG oder Entgelt bzw. Teilentgelt im Rahmen eines Anschaffungsgeschäftes (→ Abgrenzung zwischen Unterhalts- und Versorgungsleistungen).

H 123

Hinweise

Abgrenzung zwischen Unterhalts- und Versorgungsleistungen

Anhang 10   Einkommensteuerrechtliche Behandlung von wiederkehrenden Leistungen im Zusammenhang mit der Übertragung von Privat- oder Betriebsvermögen → BMF vom 23.12.1996 (BStBl I S. 1508)

Anhang 10   und BMF vom 31.12.1997 (BStBl 1998 I S. 21) betr. der Anwendungsregelung bei Vermögensübertragung gegen wiederkehrende Leistungen auf bestimmte Zeit (sog. Mindestzeitrente oder verlängerte Leibrente/dauernde Last).

Gesetzlich unterhaltsberechtigt

sind alle Personen, die nach bürgerlichem Recht gegen den Steuerpflichtigen oder seinen Ehegatten einen gesetzlichen Unterhaltsanspruch haben können. Es kommt nicht darauf an, ob nach den persönlichen Verhältnissen der Beteiligten ein solcher Anspruch tatsächlich besteht (→ BFH vom 8.9.1961 – BStBl III S. 535 und vom 31.10.1973 – BStBl 1974 II S. 86).

Leibrente

→ R 167

Renten und dauernde Lasten, die freiwillig oder auf Grund einer freiwillig begründeten Rechtspflicht geleistet werden

→ R 87 Abs. 2

Unterhaltsleistungen

- an den geschiedenen oder dauernd getrennt lebenden Ehegatten fallen unter das Abzugsverbot des § 12 Nr. 2 EStG.
- die den Rahmen der gesetzlichen Unterhaltspflicht übersteigen, fallen unter das Abzugsverbot des § 12 Nr. 2 EStG (→ BFH vom 10.4.1953 – BStBl III S. 157).

Ausnahmen:

→ § 10 Abs. 1 Nr. 1 EStG
→ § 33a Abs. 1 EStG

Wert der Gegenleistung bestimmt sich in der Regel nach dem Betrag, den ein fremder Erwerber als Kaufpreis zugestehen würde (→ BFH vom 23.1.1964 – BStBl III S. 422 und vom 30.11.1967 – BStBl 1968 II S. 263).

8. Die einzelnen Einkunftsarten

a) Land- und Forstwirtschaft (§ 2 Abs. 1 Satz 1 Nr. 1)

§ 13
Einkünfte aus Land- und Forstwirtschaft

(1) Einkünfte aus Land- und Forstwirtschaft sind

1. Einkünfte aus dem Betrieb von Landwirtschaft, Forstwirtschaft, Weinbau, Gartenbau, Obstbau, Gemüsebau, Baumschulen und aus allen Betrieben, die Pflanzen und Pflanzenteile mit Hilfe der Naturkräfte gewinnen. ²Zu diesen Einkünften gehören auch die Einkünfte aus der Tierzucht und Tierhaltung, wenn im Wirtschaftsjahr

für die ersten 20 Hektar	nicht mehr als 10 Vieheinheiten,
für die nächsten 10 Hektar	nicht mehr als 7 Vieheinheiten,
für die nächsten 10 Hektar	nicht mehr als 3 Vieheinheiten,
und für die weitere Fläche	nicht mehr als 1,5 Vieheinheiten,

je Hektar der vom Inhaber des Betriebs regelmäßig landwirtschaftlich genutzten Fläche erzeugt oder gehalten werden. ³Die Tierbestände sind nach dem Futterbedarf in Vieheinheiten umzurechnen. ⁴§ 51 Abs. 2 bis 5 des Bewertungsgesetzes ist anzuwenden. ⁵Die Einkünfte aus Tierzucht und Tierhaltung einer Gesellschaft, bei der die Gesellschafter als Unternehmer (Mitunternehmer) anzusehen sind, gehören zu den Einkünften im Sinne des Satzes 1, wenn die Voraussetzungen des § 51a des Bewertungsgesetzes erfüllt sind und andere Einkünfte der Gesellschafter aus dieser Gesellschaft zu den Einkünften aus Land- und Forstwirtschaft gehören;

1. *(– Gesetz zur Anpassung steuerlicher Vorschriften der Land- und Forstwirtschaft –) Einkünfte aus dem Betrieb von Landwirtschaft, Forstwirtschaft, Weinbau, Gartenbau, Obstbau, Gemüsebau, Baumschulen und aus allen Betrieben, die Pflanzen und Pflanzenteile mit Hilfe der Naturkräfte gewinnen. ²Zu diesen Einkünften gehören auch die Einkünfte aus der Tierzucht und Tierhaltung, wenn im Wirtschaftsjahr* ¹⁾

---

¹) § 13 Abs. 1 Nr. 1 Satz 2 EStG in der Fassung des Gesetzes zur Anpassung steuerlicher Vorschriften der Land- und Forstwirtschaft ist erstmals für Wirtschaftsjahre anzuwenden, die nach dem 30.6.1998 beginnen (→ § 52 Abs. 15a).

§ 13 EStG

für die ersten 20 Hektar	nicht mehr als 10 Vieheinheiten,
für die nächsten 10 Hektar	nicht mehr als 7 Vieheinheiten,
für die nächsten 20 Hektar	nicht mehr als 6 Vieheinheiten,
für die nächsten 50 Hektar	nicht mehr als 3 Vieheinheiten,
und für die weitere Fläche	nicht mehr als 1,5 Vieheinheiten,

je Hektar der vom Inhaber des Betriebs regelmäßig landwirtschaftlich genutzten Fläche erzeugt oder gehalten werden. ³Die Tierbestände sind nach dem Futterbedarf in Vieheinheiten umzurechnen. ⁴§ 51 Abs. 2 bis 5 des Bewertungsgesetzes ist anzuwenden. ⁵Die Einkünfte aus Tierzucht und Tierhaltung einer Gesellschaft, bei der die Gesellschafter als Unternehmer (Mitunternehmer) anzusehen sind, gehören zu den Einkünften im Sinne des Satzes 1, wenn die Voraussetzungen des § 51a des Bewertungsgesetzes erfüllt sind und andere Einkünfte der Gesellschafter aus dieser Gesellschaft zu den Einkünften aus Land- und Forstwirtschaft gehören;

S 2235   2. Einkünfte aus sonstiger land- und forstwirtschaftlicher Nutzung (§ 62 Bewertungsgesetz);

S 2236   3. Einkünfte aus Jagd, wenn diese mit dem Betrieb einer Landwirtschaft oder einer Forstwirtschaft im Zusammenhang steht;

4. Einkünfte von Hauberg-, Wald-, Forst- und Laubgenossenschaften und ähnlichen Realgemeinden im Sinne des § 3 Abs. 2 des Körperschaftsteuergesetzes.

(2) Zu den Einkünften im Sinne des Absatzes 1 gehören auch

S 2236   1. Einkünfte aus einem land- und forstwirtschaftlichen Nebenbetrieb. ²Als Nebenbetrieb gilt ein Betrieb, der dem land- und forstwirtschaftlichen Hauptbetrieb zu dienen bestimmt ist;

¹)
²)   2. der Nutzungswert der Wohnung des Steuerpflichtigen, wenn die Wohnung die bei Betrieben gleicher Art übliche Größe nicht überschreitet;

3. die Produktionsaufgaberente nach dem Gesetz zur Förderung der Einstellung der landwirtschaftlichen Erwerbstätigkeit.

S 2238   (3) ¹Die Einkünfte aus Land- und Forstwirtschaft werden bei der Ermittlung des Gesamtbetrags der Einkünfte nur berücksichtigt, soweit sie den Betrag von 2.000 Deutsche Mark übersteigen. ²Satz 1 ist nur anzuwenden, wenn das Einkommen ohne Berücksichtigung des Freibetrags nach Satz 1 50.000 Deutsche Mark nicht übersteigt. ³Im Fall der Zusammenveranlagung von Ehegatten verdoppeln sich die Beträge der Sätze 1 und 2.

---

¹) Zur Anwendung → § 52 Abs. 15 EStG.
²) Anm.: Durch das Steuerentlastungsgesetz 1999/2000/2002 wurde Absatz 2 Nummer 2 ab VZ 1999 wie folgt gefaßt:
„2. der Nutzungswert der Wohnung des Steuerpflichtigen, wenn die Wohnung die bei Betrieben gleicher Art übliche Größe nicht überschreitet und das Gebäude oder der Gebäudeteil nach den jeweiligen landesrechtlichen Vorschriften ein Baudenkmal ist."
³) Anm.: Durch das Steuerentlastungsgesetz 1999/2000/2002 wurde Absatz 3 mit Wirkung ab VZ 1999 wie folgt gefaßt:
„(3) Die Einkünfte aus Land- und Forstwirtschaft werden bei der Ermittlung des Gesamtbetrags der Einkünfte nur berücksichtigt, soweit sie den Betrag von 1.300 Deutsche Mark übersteigen. Satz 1 ist nur anzuwenden, wenn die Summe der Einkünfte 60.000 Deutsche Mark nicht übersteigt. Im Falle der Zusammenveranlagung von Ehegatten verdoppeln sich die Beträge der Sätze 1 und 2."

§ 51 EStDV § 13 EStG

(4) ¹Werden einzelne Wirtschaftsgüter eines land- und forstwirtschaftlichen Betriebs auf einen der gemeinschaftlichen Tierhaltung dienenden Betrieb im Sinne des § 34 Abs. 6a des Bewertungsgesetzes einer Erwerbs- und Wirtschaftsgenossenschaft oder eines Vereins gegen Gewährung von Mitgliedsrechten übertragen, so ist die auf den dabei entstehenden Gewinn entfallende Einkommensteuer auf Antrag in jährlichen Teilbeträgen zu entrichten. ²Der einzelne Teilbetrag muß mindestens ein Fünftel dieser Steuer betragen.

(5) § 15 Abs. 1 Satz 1 Nr. 2 und Abs. 2 Satz 2 und 3 und § 15a sind entsprechend anzuwenden.

§ 51

Ermittlung der Einkünfte bei forstwirtschaftlichen Betrieben

EStDV

S 2232

(1) Bei forstwirtschaftlichen Betrieben, die nicht zur Buchführung verpflichtet sind und den Gewinn nicht nach § 4 Abs. 1 des Gesetzes ermittelt, kann zur Abgeltung der Betriebsausgaben auf Antrag ein Pauschsatz von 65 vom Hundert der Einnahmen aus der Holznutzung abgezogen werden.

(2) Der Pauschsatz zur Abgeltung der Betriebsausgaben beträgt 40 vom Hundert, soweit das Holz auf dem Stamm verkauft wird.

(3) Durch die Anwendung der Pauschsätze der Absätze 1 und 2 sind die Betriebsausgaben im Wirtschaftsjahr der Holznutzung einschließlich der Wiederaufforstungskosten unabhängig von dem Wirtschaftsjahr ihrer Entstehung abgegolten.

(4) Diese Regelung gilt nicht für die Ermittlung des Gewinns aus Waldverkäufen.

---

¹) Anm.: Durch das Steuerentlastungsgesetz 1999/2000/2002 wurden mit Wirkung ab VZ 1999 nach Absatz 3 die folgenden Absätze 4 und 5 eingefügt:
„(4) Absatz 2 Nr. 2 findet nur Anwendung, sofern im Veranlagungszeitraum 1986 bei einem Steuerpflichtigen für die von ihm zu eigenen Wohnzwecken oder zu Wohnzwecken des Altenteilers genutzte Wohnung die Voraussetzungen für die Anwendung des § 13 Abs. 2 Nr. 2 des Einkommensteuergesetzes in der Fassung der Bekanntmachung vom 16. April 1997 (BGBl. I S. 821) vorlagen. Der Steuerpflichtige kann für einen Veranlagungszeitraum nach dem Veranlagungszeitraum 1998 unwiderruflich beantragen, daß Absatz 2 Nr. 2 ab diesem Veranlagungszeitraum nicht mehr angewendet wird. § 52 Abs. 21 Satz 4 und 6 des Einkommensteuergesetzes in der Fassung der Bekanntmachung vom 16. April 1997 (BGBl. I S. 821) ist entsprechend anzuwenden. Im Fall des Satzes 2 gelten die Wohnung des Steuerpflichtigen und die Altenteilerwohnung sowie der dazugehörende Grund und Boden zu dem Zeitpunkt als entnommen, bis zu dem Absatz 2 Nr. 2 letztmals angewendet wird. Der Entnahmegewinn bleibt außer Ansatz. Werden
1. die Wohnung und der dazugehörende Grund und Boden entnommen oder veräußert, bevor sie nach Satz 4 als entnommen gelten, oder
2. eine vor dem 1. Januar 1987 einem Dritten entgeltlich zur Nutzung überlassene Wohnung und der dazugehörende Grund und Boden für eigene Wohnzwecke oder für Wohnzwecke eines Altenteilers entnommen,

bleibt der Entnahme- oder Veräußerungsgewinn ebenfalls außer Ansatz; Nummer 2 ist nur anzuwenden, soweit nicht Wohnungen vorhanden sind, die Wohnzwecken des Eigentümers des Betriebs oder Wohnzwecken eines Altenteilers dienen und die unter Satz 4 oder unter Nummer 1 fallen.

(5) Wird Grund und Boden dadurch entnommen, daß auf diesem Grund und Boden die Wohnung des Steuerpflichtigen oder eine Altenteilerwohnung errichtet wird, bleibt der Entnahmegewinn außer Ansatz; der Steuerpflichtige kann die Regelung nur für eine zu eigenen Wohnzwecken genutzte Wohnung und für eine Altenteilerwohnung in Anspruch nehmen."

²) Anm.: Durch das Steuerentlastungsgesetz 1999/2000/2002 wurden mit Wirkung ab VZ 1999 die bisherigen Absätze 4 und 5 die Absätze 6 und 7.

124. Freibetrag für Land- und Forstwirte

R 124

S 2238   ¹Sind mehrere Personen an dem Betrieb beteiligt (Gesellschaft, Gemeinschaft), so steht der Freibetrag jedem der Beteiligten zu. ²§ 13 Abs. 3 EStG gilt auch für nachträgliche Einkünfte aus Land- und Forstwirtschaft. ³Der Freibetrag wird auch einem Steuerpflichtigen ungeschmälert gewährt, der einen Betrieb der Land- und Forstwirtschaft im Laufe eines VZ übernommen hat oder veräußert bzw. aufgibt.

H 124

Hinweise

Zusammenveranlagung

Alle Einkünfte aus Land- und Forstwirtschaft sind vor Berücksichtigung des Freibetrags nach § 13 Abs. 3 EStG zusammenzurechnen (→ BFH vom 25.2.1988 – BStBl II S. 827).

R 124a

124a. Abgrenzung der gewerblichen und landwirtschaftlichen Tierzucht und Tierhaltung

Feststellung der Tierbestände

S 2234   (1) ¹Bei der Feststellung der Tierbestände ist von den regelmäßig und nachhaltig im Wirtschaftsjahr **erzeugten** und den **im Durchschnitt** des Wirtschaftsjahres gehaltenen Tieren auszugehen. ²Als erzeugt gelten Tiere, deren Zugehörigkeit zum Betrieb sich auf eine Mastperiode oder auf einen Zeitraum von weniger als einem Jahr beschränkt und die danach verkauft oder verbraucht werden. ³Die übrigen Tiere sind mit dem **Durchschnittsbestand** des Wirtschaftsjahres zu erfassen. ⁴Abweichend von den Sätzen 2 und 3 ist bei Mastrindern mit einer Mastdauer von weniger als einem Jahr, bei Kälbern und Jungvieh, bei Schafen unter einem Jahr und bei Damtieren unter einem Jahr stets vom Jahresdurchschnittsbestand auszugehen. ⁵Der ermittelte Tierbestand ist zum Zwecke der Abgrenzung der landwirtschaftlichen Tierzucht und Tierhaltung von der gewerblichen in Vieheinheiten (VE) umzurechnen, wobei folgender Umrechnungsschlüssel maßgebend ist:

1. Für Tiere, die nach dem **Durchschnittsbestand** zu erfassen sind:

    Alpakas: .... 0,08 VE
    Damtiere:
    Damtiere unter 1 Jahr .... 0,04 VE
    Damtiere 1 Jahr und älter .... 0,08 VE
    Geflügel:
    Legehennen (einschließlich einer normalen
    Aufzucht zur Ergänzung des Bestandes) .... 0,02 VE
    Legehennen aus zugekauften Junghennen .... 0,0183 VE
    Zuchtputen, -enten, -gänse .... 0,04 VE
    Kaninchen:
    Zucht- und Angorakaninchen .... 0,025 VE
    Lamas: .... 0,10 VE
    Pferde:
    Pferde unter drei Jahren und Kleinpferde .... 0,70 VE
    Pferde drei Jahre und älter .... 1,10 VE
    Rindvieh:
    Kälber und Jungvieh unter 1 Jahr
    (einschließlich Mastkälber, Starterkälber und Fresser) .... 0,30 VE
    Jungvieh 1 bis 2 Jahre alt .... 0,70 VE
    Färsen (älter als 2 Jahre) .... 1,00 VE

§ 13 EStG
R 124a

Masttiere (Mastdauer weniger als 1 Jahr)	1,00	VE
Kühe (einschließlich Mutter- und Ammenkühe mit den dazugehörigen Saugkälbern)	1,00	VE
Zuchtbullen, Zugochsen	1,20	VE

Schafe:

Schafe unter 1 Jahr (einschließlich Mastlämmer)	0,05	VE
Schafe 1 Jahr und älter	0,10	VE

Schweine:

Zuchtschweine (einschließlich Jungzuchtschweine über etwa 90 kg)	0,33	VE

Strauße:

Zuchttiere 14 Monate und älter	0,32	VE
Jungtiere/Masttiere unter 14 Monate	0,25	VE
Ziegen:	0,08	VE

2. Für Tiere, die nach ihrer **Erzeugung** zu erfassen sind:

Geflügel:

Jungmasthühner	
(bis zu 6 Durchgänge je Jahr – schwere Tiere)	0,0017 VE
(mehr als 6 Durchgänge je Jahr – leichte Tiere)	0,0013 VE
Junghennen	0,0017 VE
Mastenten	0,0033 VE
Mastputen	
aus selbsterzeugten Jungputen	0,0067 VE
aus zugekauften Jungputen	0,0050 VE
Jungputen (bis etwa 8 Wochen)	0,0017 VE
Mastgänse	0,0067 VE

Kaninchen:

Mastkaninchen	0,0025 VE

Rindvieh:

Masttiere (Mastdauer 1 Jahr und mehr)	1,00	VE

Schweine:

Leichte Ferkel (bis etwa 12 kg)	0,01	VE
Ferkel (über etwa 12 bis etwa 20 kg)	0,02	VE
Schwere Ferkel (über etwa 20 bis etwa 30 kg)	0,04	VE
Läufer (über etwa 30 bis etwa 45 kg)	0,06	VE
Schwere Läufer (über etwa 45 bis etwa 60 kg)	0,08	VE
Mastschweine	0,16	VE
Jungzuchtschweine bis etwa 90 kg	0,12	VE

Wenn Schweine aus zugekauften Tieren erzeugt werden, ist dies bei der Umrechnung in VE entsprechend zu berücksichtigen:

Beispiel:

Mastschweine aus zugekauften Läufern
0,16 VE – 0,06 VE = 0,10 VE

Zuordnung

(2) [1]Übersteigt die Zahl der Vieheinheiten nachhaltig den für die maßgebende Fläche angegebenen Höchstsatz, so gehört der darüber hinausgehende Tierbestand zur gewerblichen Tierzucht und Tierhaltung. [2]Es kann jedoch ein Zweig des Tierbestandes immer nur im ganzen zur landwirtschaftlichen oder gewerblichen Tierzucht und Tierhaltung gehören. [3]Hat ein Betrieb einen Tierbestand mit mehreren Zweigen, so richtet sich deren Zuordnung nach

§ 13 EStG
R 124a, 125   H 124a

ihrer Flächenabhängigkeit. ⁴Der gewerblichen Tierzucht und Tierhaltung sind zunächst die weniger flächenabhängigen Zweige des Tierbestandes zuzurechnen. ⁵Weniger flächenabhängig ist die Erzeugung und Haltung von Schweinen und Geflügel, mehr flächenabhängig die Erzeugung und Haltung von Pferden, Rindvieh und Schafen. ⁶Innerhalb der beiden Gruppen der weniger oder mehr flächenabhängigen Tierarten ist jeweils zuerst der → Zweig der gewerblichen Tierzucht und Tierhaltung zuzurechnen, der die größere Zahl von VE hat. ⁷Für die Frage, ab wann eine *landwirtschaftliche* oder eine gewerbliche Tierzucht und Tierhaltung vorliegt, ist R 135 Abs. 2 entsprechend anzuwenden.

Regelmäßig landwirtschaftlich genutzte Fläche (→ § 51 Abs. 1 BewG)

(3) Dazu gehören:
- die selbstbewirtschafteten eigenen Flächen
- die selbstbewirtschafteten zugepachteten Flächen
- Flächen, die auf Grund öffentlicher Förderungsprogramme, z. B. Flächenstillegungsprogramme, Grünbracheprogramme, FELEG, stillgelegt werden.

Nicht dazu gehören:
- Abbauland
- forstwirtschaftlich genutzte Flächen
- Geringstland
- Unland
- weinbaulich genutzte Flächen.

Mit der Hälfte sind zu berücksichtigen:
- Obstbaulich genutzte Flächen, die so angelegt sind, daß eine regelmäßige landwirtschaftliche Unternutzung stattfindet.

Mit einem Viertel sind zu berücksichtigen:
- Almen
- Hutungen.

Gemeinschaftliche Tierhaltung

(4) Die vorstehenden Grundsätze der Absätze 1 und 2 sind bei gemeinschaftlicher Tierhaltung entsprechend anzuwenden

H 124a   **Hinweise**

Zweige des Tierbestandes bei jeder Tierart

→ § 51 Abs. 3 BewG (als Zweig gilt bei jeder Tierart für sich):
- Zugvieh
- Zuchtvieh
- Mastvieh
- übriges Nutzvieh

Zuchtvieh gilt nur dann als eigener Zweig, wenn die erzeugten Jungtiere überwiegend zum Verkauf bestimmt sind, andernfalls ist es dem Zweig zuzurechnen, dessen Zucht und Haltung es überwiegend dient.

R 125   **125. Bewertung von land- und forstwirtschaftlichem Betriebsvermögen**

¹Zur Erleichterung der Bewertung von Vieh können die Tiere nach Tierarten und Altersklassen jeweils zu einer Gruppe zusammengefaßt und mit dem gewogenen Durchschnittswert

Anhang 6, 7   angesetzt werden (§ 240 Abs. 4 HGB). ²Hierbei kann der Steuerpflichtige die von der Finanzverwaltung nach einheitlichen Grundsätzen ermittelten Durchschnittswerte ansetzen.

Hinweise

Bewertung von Pflanzenbeständen in Baumschulen

→ BMF vom 9.1.1991 – BStBl I S. 133 – und vom 29.2.1996 – BStBl I S. 162 sowie vom 21.3.1997 (BStBl I S. 369).

Der Baumschulerlaß beinhaltet eine Schätzung der gemäß § 6 Abs. 1 Satz 1 EStG maßgeblichen Anschaffungs- und Herstellungskosten der Pflanzenbestände, gegen deren Anwendung im Hinblick auf die erheblichen Schwierigkeiten bei der Feststellung der tatsächlichen Anschaffungs- und Herstellungskosten keine Bedenken bestehen. Allerdings ergibt sich aus dem subsidiären Charakter einer Schätzung, daß es dem Steuerpflichtigen unbenommen bleibt, die tatsächlichen Kosten zu ermitteln und zu bilanzieren. Diese Möglichkeit besteht ungeachtet der Tatsache, daß in die Ermittlung der betriebsindividuellen Anschaffungs- und Herstellungskosten häufig wiederum geschätzte Werte eingehen. Für einjährige Kulturen wie etwa das Feldinventar kann aus Vereinfachungsgründen auf eine Bilanzierung verzichtet werden (vgl. BFH-Rechtsprechung; BMF-Erlaß vom 15.12.1981). Ob die Kulturzeit mehr als ein Jahr beträgt, hängt nicht von der Aufzucht durch den Steuerpflichtigen, sondern von der gesamten üblichen Kulturzeit der jeweiligen Pflanze ab. Wollte man auf die Kulturzeit im Betrieb des Steuerpflichtigen abstellen, würde der mit dem Verzicht auf eine Aktivierung einjähriger Kulturen verfolgte Vereinfachungszweck durch die entstehenden Abgrenzungs- und Nachweisfragen in sein Gegenteil verkehrt (→ BFH vom 23.4.1998 – HRF 1999 S. 12).

Bewertung von Tieren

→ BMF vom 22.2.1995 – BStBl I S. 179

– → BFH vom 6.8.1998 (BStBl 1999 II S. 14)
– → BMF vom 3. 6. 1996 (BStBl I S. 654) zur Neubewertung von Tieren

Bewertungswahlrecht

Das einmal in Anspruch genommene Wahlrecht bindet den Landwirt grundsätzlich auch für die Zukunft (→ BFH vom 14.4.1988 – BStBl II S. 672 und vom 17.3.1988 – BStBl II S. 770).

Entnahmen

Entnimmt der Steuerpflichtige Vieh aus dem landwirtschaftlichen Betrieb, so ist als Entnahmewert nicht der Durchschnittswert, sondern der Teilwert im Sinne des § 6 Abs. 1 Nr. 4 EStG maßgebend (→ BFH vom 21.11.1952 – BStBl 1953 III S. 12).

Übergang zur Buchführung

– Bei Übergang zur Buchführung haben Land- und Forstwirte ein Wahlrecht, ob sie das Vieh in der Übergangsbilanz nach § 6 Abs. 1 EStG mit einzeln ermittelten Anschaffungs-/Herstellungskosten oder mit Durchschnittswerten bewerten, wenn bis zum Zeitpunkt des Übergangs zur Buchführung der Gewinn nach Durchschnittssätzen auf Grund des § 13a EStG ermittelt (→ BFH vom 1.10.1992 – BStBl 1993 II S. 284) oder geschätzt worden ist (→ BFH vom 4.6.1992 – BStBl 1993 II S. 276).
– Wechselt der Steuerpflichtige zur Gewinnermittlung nach § 4 Abs. 1 EStG, nachdem er von der Gewinnermittlung nach § 13a EStG zur Gewinnermittlung nach § 4 Abs. 3 EStG übergegangen war, ist bei der Bewertung der Tiere die Bewertungsmethode zugrunde zu legen, die beim Wechsel der Gewinnermittlung zu § 4 Abs. 3 EStG angewandt wurde (→ BFH vom 16.6.1994 – BStBl II S. 932).

125a. Bewertung von Vieh bei Gewinnermittlung nach § 4 Abs. 3 EStG

Die für buchführende Land- und Forstwirte zugelassene Gruppenbewertung kann sinngemäß unter folgenden Voraussetzungen auch bei der Gewinnermittlung nach § 4 Abs. 3 EStG in Anspruch genommen werden:

1. ¹Handelt es sich bei den Tieren um Anlagevermögen, dann sind laufende Verzeichnisse über diese Tiere im Rahmen der Aufzeichnungen nach § 4 Abs. 3 EStG in jedem Fall zu führen. ²Die Anschaffungs- oder Herstellungskosten müssen sich aus dem Verzeichnis ergeben.
2. Für diese Fälle kann der Landwirt statt der einzeln ermittelten Anschaffungs- oder Herstellungskosten die Durchschnittswerte ansetzen, und zwar in gleichem Umfang und unter den gleichen Voraussetzungen wie ein Landwirt, der den Gewinn nach § 4 Abs. 1 EStG ermittelt.
3. Soweit die Tiere Umlaufvermögen sind, besteht keine Aufzeichnungspflicht.
4. Beim Übergang von der Gewinnermittlung nach § 13a EStG zur Gewinnermittlung nach § 4 Abs. 3 EStG sind nach Wahl des Steuerpflichtigen die Tiere des Umlaufvermögens mit einzeln ermittelten Anschaffungs- oder Herstellungskosten oder mit Durchschnittswerten gewinnmindernd abzusetzen.

H 125a

Hinweise

Gewinnermittlungsart, mehrfacher Wechsel
→ H 125 (Übergang zur Buchführung)

Gewinnverteilung bei Neubewertung von Tieren
→ BMF vom 3.6.1996 (BStBl I S. 654)

R 126

126. Rechtsverhältnisse zwischen Angehörigen in einem landwirtschaftlichen Betrieb

S 2230

– unbesetzt –

H 126

Hinweise

Alleinunternehmerschaft
Hat ein Ehegatte sein Nutzungsrecht an seinen eigenen Grundstücken dem anderen Ehegatten auf Grund eines nachgewiesenen Nutzungsüberlassungsvertrags überlassen, kann dies die Alleinunternehmerschaft des anderen Ehegatten begründen (→ BFH vom 14.8.1986 – BStBl 1987 II S. 20).

Arbeitsverhältnisse zwischen Angehörigen
→ R 19

Familiengesellschaften/Gesellschaften bürgerlichen Rechts zwischen Eltern und Kindern
Auch auf dem Gebiet der Land- und Forstwirtschaft grundsätzlich anzuerkennen (→ BFH vom 29.5.1956 – BStBl 1956 III S. 246). → R 138a ist entsprechend anzuwenden.

Gütergemeinschaft
→ H 13 (12)

Mitunternehmerschaft ohne vorliegende Vereinbarungen über ein Gesellschaftsverhältnis
Zu bejahen, wenn entweder der land- und forstwirtschaftliche Grundbesitz den Ehegatten gemeinsam gehört oder jedem Ehegatten ein erheblicher Teil des Grundbesitzes (= mehr als 20 v. H. des Einheitswerts des Betriebs) zu Alleineigentum oder zu Miteigentum gehört und wenn die Ehegatten in der Landwirtschaft gemeinsam arbeiten (→ BFH vom 30.6.1983 – BStBl II S. 636 und vom 14.8.1986 – BStBl 1987 II S. 17). Dies gilt nicht bei Überlassung eines

für Zwecke einer Baumschule genutzten Grundstücks (→ BFH vom 14.8.1986 – BStBl 1987 II S. 23).

Zu verneinen, wenn einem Ehegatten Grund und Boden und dem anderen das Inventar gehört (→ BFH vom 26.11.1992 – BStBl 1993 II S. 395), wenn der eine Ehegatte lediglich auf der familiären Grundlage der ehelichen Lebensgemeinschaft Flächen des anderen Ehegatten mitbewirtschaftet (→ BFH vom 2.2.1989 – BStBl II S. 504), oder wenn einem Ehegatten nur die Hofstelle oder ein Anteil daran übertragen wird (→ BFH vom 27.1.1994 – BStBl II S. 462).

Ebenfalls zu verneinen, wenn einem Ehegatten Grund und Boden gehört, während der andere als Käufer landwirtschaftlicher Flächen und Maschinen und als Inhaber von Geschäftskonten auftritt (→ BFH vom 26.5.1994 – BFH/NV 1995 S. 114).

Nutzungsüberlassungsvertrag zwischen Ehegatten
→ Alleinunternehmerschaft

Rechtsverhältnisse zwischen Angehörigen
→ R 19

Sonderbetriebsvermögen
bei ehelicher Gütergemeinschaft
→ H 13 (12)

Wirtschaftsüberlassungsvertrag
Ein Wirtschaftsüberlassungsvertrag kann auch vorliegen, wenn Nutzung einer anderen Person als dem künftigen Hoferben überlassen wird (→ BFH vom 26.11.1992 – BStBl 1993 II S. 395).

---

127. Ermittlung des Gewinns aus Land- und Forstwirtschaft

Gewinnschätzung
(1) ¹Bei Land- und Forstwirten, die zur Buchführung verpflichtet sind, aber keine ordnungsmäßigen Bücher führen, ist der Gewinn im Einzelfall zu schätzen. ²Land- und Forstwirte, die weder zur Buchführung verpflichtet sind, noch die Voraussetzungen des § 13a Abs. 1 Nr. 2 und 3 EStG erfüllen, können den Gewinn entweder nach § 4 Abs. 1 EStG oder nach § 4 Abs. 3 EStG ermitteln. ³Haben sie keine Bücher im Sinne des § 4 Abs. 1 EStG geführt und auch die Betriebseinnahmen und Betriebsausgaben im Sinne des § 4 Abs. 3 EStG nicht aufgezeichnet, so ist der Gewinn nach den Grundsätzen des § 4 Abs. 1 EStG zu schätzen. ⁴Richtsätze, die von den Finanzbehörden aufgestellt werden, können dabei als Anhalt dienen.

Gewinnermittlung nach Durchschnittssätzen
(2) ¹Ist eine Mitteilung nach § 13a Abs. 1 Satz 2 EStG über den Wegfall der Voraussetzungen des § 13a Abs. 1 Satz 1 EStG ergangen und liegen die Voraussetzungen für die Gewinnermittlung nach Durchschnittssätzen bis zum Beginn des auf die Bekanntgabe der Mitteilung folgenden Wirtschaftsjahrs wieder vor, hat die Finanzbehörde die Rechtswirkungen dieser Mitteilung zu beseitigen; § 13a EStG ist weiterhin anzuwenden.

Gewinnermittlung auf Grund eines Antrags im Sinne des § 13a Abs. 2 EStG
(3) ¹Ein Land- und Forstwirt, der seinen Gewinn auf Antrag nach § 13a Abs. 2 EStG für vier aufeinanderfolgende Wirtschaftsjahre nach § 4 Abs. 1 oder 3 EStG ermittelt, ist damit vorübergehend aus der Gewinnermittlung nach Durchschnittssätzen ausgeschieden. ²Dabei ist folgendes zu beachten:
1. Wird innerhalb des Vierjahreszeitraums eine der Buchführungsgrenzen des § 141 Abs. 1 AO überschritten, so ist der Land- und Forstwirt, der den Gewinn
    a) durch Betriebsvermögensvergleich ermittelt, darauf hinzuweisen, daß die Verpflichtung zur Buchführung nach Ablauf des Vierjahreszeitraums fortbesteht,

b) durch Vergleich der Betriebseinnahmen mit den Betriebsausgaben ermittelt, rechtzeitig vor Beginn des nächstfolgenden Wirtschaftsjahrs auf den Beginn der Buchführungspflicht hinzuweisen.

2. ¹Werden innerhalb des Vierjahreszeitraums die Voraussetzungen des § 13a Abs. 1 Satz 1 Nr. 2 und/oder 3 EStG nicht mehr erfüllt, so verbleibt es für den Vierjahreszeitraum bei der gewählten Gewinnermittlungsart. ²Der Land- und Forstwirt ist rechtzeitig vor Ablauf des Vierjahreszeitraums darauf hinzuweisen, daß der Gewinn nicht mehr nach Durchschnittssätzen zu ermitteln ist.

3. Nach Ablauf des Vierjahreszeitraums ist der Gewinn wieder nach Durchschnittssätzen zu ermitteln, wenn die Voraussetzungen des § 13a Abs. 1 Satz 1 EStG
   a) erfüllt sind und der Land- und Forstwirt von der Möglichkeit der erneuten Ausübung des Wahlrechts (§ 13a Abs. 2 EStG) keinen Gebrauch macht,
   b) nicht mehr erfüllt sind, der Land- und Forstwirt aber noch nicht zur Buchführung aufgefordert oder darauf hingewiesen worden ist, daß der Gewinn nicht mehr nach Durchschnittssätzen zu ermitteln ist.

³Werden nicht mindestens für das erste der vier Jahre Bücher geführt oder Betriebseinnahmen und Betriebsausgaben aufgezeichnet, so ist der Gewinn nach § 13a EStG zu ermitteln. ⁴Werden diese Unterlagen für das zweite, dritte oder vierte Jahr nicht erstellt, so ist der Gewinn insoweit nach § 162 AO zu schätzen. ⁵Diese Schätzung hat jeweils nach den für die beantragte Gewinnermittlungsart geltenden Grundsätzen zu erfolgen.

Gewinnermittlung bei Wahlrecht

(4) ¹Bei einem Land- und Forstwirt, der weder buchführungspflichtig ist noch die Voraussetzungen des § 13a Abs. 1 Satz 1 EStG erfüllt und dessen Gewinn nach § 4 Abs. 1 oder 3 EStG ermittelt wird, ist der Gewinn bereits ab dem folgenden Wirtschaftsjahr nach Durchschnittssätzen zu ermitteln, wenn zu diesem Zeitpunkt die Voraussetzungen des § 13a Abs. 1 Satz 1 EStG wieder erfüllt sind; § 141 Abs. 2 Satz 2 AO ist nur bei wegfallender Buchführungspflicht anzuwenden. ²Einer Mitteilung der Finanzbehörde bedarf es nicht. ³Satz 1 ist nicht anzuwenden, wenn der Land- und Forstwirt auf Grund eines Antrags nach § 13a Abs. 2 EStG seinen Gewinn gem. § 4 Abs. 1 oder 3 EStG ermittelt.

Betriebsübernahme/Betriebsverpachtung

(5) ¹Bei Übernahme eines Betriebs im ganzen zur Bewirtschaftung als Eigentümer oder Nutzungsberechtigter geht die auf Grund eines Antrags nach § 13a Abs. 2 begründete Verpflichtung zur Führung von Büchern und sonstigen Aufzeichnungen nicht auf den übernehmenden Land- und Forstwirt über. ²Wird ein land- und forstwirtschaftlicher Betrieb, für den der Gewinn nach Durchschnittssätzen zu ermitteln ist, im ganzen verpachtet und führt die Verpachtung nicht zu einer Betriebsaufgabe, so liegen die Voraussetzungen zur weiteren Ermittlung des Gewinns nach Durchschnittssätzen beim Verpächter nicht mehr vor. ³Die Änderung der bisherigen Gewinnermittlungsart beim Verpächter setzt aber eine Mitteilung der Finanzbehörde über den Wegfall der Voraussetzungen des § 13a Abs. 1 Satz 1 EStG voraus. ⁴Solange der Gewinn beim Verpächter nach Durchschnittssätzen zu ermitteln ist, sind vereinnahmte Pachtzinsen (nach Abzug der darauf entfallenden Betriebsausgaben) dem nach § 13a Abs. 3 bis 7 (nicht Absatz 8) EStG ermittelten Gewinn hinzuzurechnen.

Wechsel der Gewinnermittlungsart

(6) ¹Geht ein Land- und Forstwirt zur Gewinnermittlung durch Betriebsvermögensvergleich über, so ist für die Aufstellung der Übergangsbilanz nach den Grundsätzen in R 17 zu verfahren. ²Bei einem Wechsel der Gewinnermittlung ist zu beachten, daß die Gewinnermittlung nach § 13a Abs. 3 bis 7 EStG in diesem Zusammenhang der nach § 4 Abs. 1 EStG gleichzustellen ist. ³Beim Übergang von der Gewinnermittlung nach § 13a Abs. 3 bis 7 EStG zur Gewinnermittlung durch Betriebsvermögensvergleich sind die in die Übergangsbilanz einzustellenden Buchwerte der abnutzbaren Anlagegüter zu schätzen. ⁴Dazu sind die Anschaffungs- oder Herstellungskosten beweglicher Anlagegüter um die üblichen Absetzungen zu mindern, die den amtlichen AfA-Tabellen zu entnehmen sind ⁵Die besonderen betrieblichen Verhältnisse sind auch dann unbeachtlich, wenn für diesen Zeitraum amtliche AfA-Tabellen nicht zur Verfügung gestanden haben (→ BFH vom 10.12.1992 – BStBl 1993 II S. 344). ⁶Maßgebend für die Ermittlung des Übergangsgewinns ist die Verfahrensweise im Wirtschaftsjahr vor dem Wechsel der Gewinnermittlungsart.

Hinweise

Anbauverzeichnis

→ § 142 AO

Antrag nach § 13a Abs. 2 EStG

Ob ein derartiger Antrag gestellt wurde, ist notfalls durch Auslegung zu ermitteln. Ein wirksamer Antrag liegt vor, wenn eine auf das Wirtschaftsjahr abgestellte vollständige Gewinnermittlung vorgelegt wird (→ BFH vom 4.6.1992 – BStBl 1993 II S. 125 und vom 18.3.1993 – BStBl II S. 549).

Kein wirksamer Antrag liegt vor, wenn eine vom Wirtschaftsjahr abweichende Gewinnermittlung für das Kalenderjahr vorgelegt wird (→ BFH vom 28.1.1988 – BStBl II S. 532).

Bodenschätze

→ H 13 (1)

Anhang 6

Buchführungspflicht

→ § 141 Abs. 1 Nr. 1, 3, 5 und Abs. 2 AO

Die Finanzverwaltung hat den Steuerpflichtigen auf den Beginn der Buchführungspflicht hinzuweisen. Die Bekanntgabe soll mindestens einen Monat vor Beginn der Buchführungspflicht erfolgen, → Nr. 5 des AO-Anwendungserlasses zu § 141 vom 24.9.1987 (BStBl I S. 664).

Buchführungspflicht im Fall der Betriebsübernahme

→ § 141 Abs. 3 AO

→ R 127 Abs. 5

Dauerkulturen

→ H 44 (Fertigstellung)

Entschädigungen für die Inanspruchnahme von land- und forstwirtschaftlichem Grundbesitz für den Bau und Betrieb von Hochspannungsleitungen

OFD Düsseldorf vom 21.2.1996 (ESt-Kartei NW §§ 13, 13a EStG Fach 6 Nr. 1)

S 2132a A – St 1111

– Auszug –

FELEG-Ausgleichsgeld

Steuerliche Behandlung des nach FELEG gezahlten Ausgleichsgeldes → OFD Cottbus vom 9.11.1997 (→ FR 1998 S. 78).

...

II. **Rechtslage bei nach dem 30.4.1995 abgeschlossenen Verträgen**

Entschädigungen für die Inanspruchnahme von land- und forstwirtschaftlichem Grundbesitz für den Bau und Betrieb von Hochspannungsleitungen sind aufzuteilen in:

– Entschädigungen für Wertminderung des Grund und Bodens,
– Entschädigungen für Wirtschaftserschwernisse und
– Nutzungsentgelte für die Duldungsleistung.

Die ertragsteuerliche Behandlung der einzelnen Leistungen stellt sich wie folgt dar:

– Die Entschädigungen für die Wertminderung des Grund und Bodens sind Betriebseinnahmen (EStG-Kartei, §§ 13, 13a, Fach 6 Nr. 1);
– die Entschädigungen für Wirtschaftserschwernisse sind ebenfalls Betriebseinnahmen; die Bildung eines passiven Rechnungsabgrenzungspostens ist nicht zugelassen (EStG-Kartei, §§ 13, 13a, Fach 6 Nr. 10, I);

- auch Nutzungsentgelte für Duldungsleistungen sind Betriebseinnahmen; ein passiver Rechnungsabgrenzungsposten ist aber zu bilden (EStG-Kartei, § 5, Fach 5 Nr. 1).

Feldinventar

Bilanzielle Behandlung von Feldinventar, stehender Ernte und der selbstgewonnenen, nicht zum Verkauf bestimmten Vorräte bei Land- und Forstwirten in den neuen Bundesländern

Sächsisches Staatsministerium der Finanzen vom 29.9.1997

32b – S 2133 – 8/32 – 53898

Unter Bezugnahme auf die Erörterung mit den obersten Finanzbehörden des Bundes und der neuen Länder gelten für die Bewertung von Feldinventar, stehender Ernte und selbstgewonnener, nicht zum Verkauf bestimmter Vorräte bei Land- und Forstwirten in Sachsen folgende Grundsätze:

1. Aktivierungswahlrecht

Nach R 131 Abs. 2 Satz 3 EStR 1996 kann der Steuerpflichtige bei landwirtschaftlichen Betrieben mit jährlicher Fruchtfolge von einer Aktivierung des Feldinventars und der stehenden Ernte absehen.

Das Aktivierungswahlrecht steht Steuerpflichtigen zu, soweit sie aus einem land- und forstwirtschaftlichen Betrieb Einkünfte i. S. des § 13 EStG erzielen; ferner Kapitalgesellschaften, Erwerbs- und Wirtschaftsgenossenschaften, wenn der Betrieb auf Land- und Forstwirtschaft beschränkt ist oder den land- und forstwirtschaftliche Betrieb als organisatorisch verselbständigter Betriebsteil (Teilbetrieb) geführt wird. Dies gilt entsprechend für Personengesellschaften, die Gewerbebetrieb kraft Rechtsform sind.

Demgegenüber sind die selbsterzeugten Vorräte immer zu aktivieren.

2. Bewertungswahlrecht

a) Feldinventar und stehende Ernte

Für die Bewertung von Feldinventar und stehender Ernte können anstelle der Einzelherstellungskosten aus Vereinfachungsgründen als Durchschnittswerte die Standardherstellungskosten des BML-Jahresabschlusses angesetzt werden.

Die Standardherstellungskosten können erstmals in der für das abweichende Wirtschaftsjahr 1993/1994 aufzustellenden Schlußbilanz bzw. bei einem Wirtschaftsjahr, das dem Kalenderjahr entspricht, in der Schlußbilanz auf den 31.12.1993 angesetzt werden. Wurden bislang andere Durchschnittswerte (z. B. die niedersächsischen Durchschnittswerte) angesetzt, so ist spätestens in der Schlußbilanz für das Wirtschaftsjahr 1996/1997 bzw. auf den 31.12.1997 auf die Standardherstellungskosten überzugehen.

b) Selbstgewonnene, nicht zum Verkauf bestimmte Vorräte

Für selbstgewonnene Vorräte, die nicht zum Verkauf bestimmt sind, können die niedersächsischen Durchschnittswerte angesetzt werden. Wurden bislang andere Durchschnittswerte (z. B. Werte der OFD Stuttgart) angesetzt, so ist spätestens in der Schlußbilanz für das Wirtschaftsjahr 1996/1997 bzw. auf den 31.12.1997 auf die niedersächsischen Durchschnittswerte überzugehen.

3. Ausübung der Wahlrechte

Steuerpflichtigen in den neuen Ländern stand das Aktivierungswahlrecht mit Inkrafttreten des A 131 Abs. 2 Satz 3 EStR 1990 (jetzt R 131 Abs. 2 Satz 3 EStR 1996) ab dem 1.1.1991 zu.

Sie übten es in der ersten nach dem 31.12.1990 aufgestellten Schlußbilanz durch Nichtaktivierung oder durch Aktivierung – aus.

Mit der Aktivierung in der ersten nach dem 31.12.1990 aufgestellten Schlußbilanz hat der Steuerpflichtige auch sein Bewertungswahlrecht (Entscheidung zwischen Einzelherstellungskosten und Durchschnittswerten) ausgeübt.

Der Steuerpflichtige ist an die einmal ausgeübte Wahl in späteren Bilanzen entsprechend dem Grundsatz der Bewertungsstetigkeit gebunden. Er darf seine Wahlrechte insbesondere bei einem Strukturwandel des Unternehmens erneut ausüben. Ein solcher Strukturwandel wird bei der Umstrukturierung landwirtschaftlicher Produktionsgenossenschaften bzw. ihrer Nachfolgeunternehmen häufig anzunehmen sein, kann jedoch nicht generell unterstellt werden.

Flächenstillegungsprämien
Der Anspruch auf die volle Flächenstillegungsprämie ist mit Bekanntgabe des Bewilligungsbescheides entstanden, der über die Teilnahme an dem 5jährigen Programm entscheidet. Bei der Gewinnermittlung nach § 4 Abs. 1 EStG ist dieser Anspruch daher zu aktivieren und nach § 5 Abs. 5 Satz 1 Nr. 2 EStG passivisch abzugrenzen. Dabei ist der Rechnungsabgrenzungsposten in den Wirtschaftsjahren zeitanteilig aufzulösen, in denen die Erträge wegen der fehlenden Ernte ausfallen.

Bei Gewinnermittlung nach § 4 Abs. 3 EStG ist die Stillegungsprämie jeweils im Wirtschaftsjahr des Zuflusses erfolgswirksam zu erfassen.

Bei Gewinnermittlung nach § 13a EStG ist die Stillegungsprämie mit dem Ansatz des Grundbetrags nach § 13a Abs. 4 EStG abgegolten (→ Bayerisches Staatsministerium der Finanzen vom 14.9.1989 – 31 a – S 2230 – 96/17 – 55022 – ESt-Kartei By § 13 EStG Karte 10. 7 und ESt-Kartei NW §§ 13, 13a EStG Fach 6 Nr. 8).

Schätzung des Gewinns bei Land- und Forstwirten, deren Gewinn nicht nach Durchschnittssätzen zu ermitteln ist

→ OFD Düsseldorf vom 18.3.1996 – S 2230 A – St 1111 – ESt-Kartei NW § 13, 13a EStG Fach 10 Nr. 1000.

Vorschußzahlungen für Winterraps

Ertragsteuerliche Behandlung von Vorschußzahlungen für Winterraps
BMF vom 23.12.1993 (BStBl 1994 I S. 17)

Zur Frage nach der ertragsteuerlichen Behandlung von Vorschußzahlungen für Winterraps aufgrund der Verordnung (EWG) Nr. 1765/92 des Rates vom 30.6.1992 Abl.-Nr. L 181/12 in Verbindung mit der Verordnung (EWG) Nr. 3368/92 der Kommission vom 24.11.1992 vertrete ich im Einvernehmen mit den obersten Finanzbehörden der Länder folgende Auffassung:

Nach Artikel 11 Abs. 2 der Verordnung (EWG) Nr. 1765/92 des Rates vom 30.6.1992, durch die die Verordnung (EWG) Nr. 3766/91 vom 12.12.1991 aufgehoben wurde, sind Erzeuger, die eine Ölsaatenausgleichszahlung beantragen, berechtigt, eine Vorschußzahlung zu beanspruchen. Nach Artikel 11 Abs. 3 der genannten Verordnung (EWG) des Rates müssen die Erzeuger die Saat zu dem für die jeweilige Region festgelegten Termin ausgesät und einen detaillierten Anbauplan vorgelegt haben, um den Anspruch auf Vorschuß zu erhalten. Sobald festgestellt ist, daß ein solcher Anspruch besteht, wird der Vorschuß ausgezahlt. Der Vorschuß dient dazu, Erlösausfälle der Ernte des dem Jahr der Antragstellung folgenden Wirtschaftsjahrs auszugleichen. Für die steuerliche Gewinnermittlung der Land- und Forstwirte ist demnach wie folgt zu verfahren:

a) Gewinnermittlung durch Betriebsvermögensvergleich gemäß § 4 Abs. 1 EStG

   Ist durch Bescheid der zuständigen Behörde festgestellt, daß der Anspruch auf den Vorschuß besteht, ist eine entsprechende Forderung zu aktivieren. Im Wirtschaftsjahr der Entstehung des Anspruchs ist gemäß § 5 Abs. 5 Satz 1 Nr. 2 EStG ein passiver Rechnungsabgrenzungsposten zu bilden, der in dem auf das Jahr der Antragstellung folgenden Wirtschaftsjahr gewinnerhöhend aufzulösen ist.

b) Gewinnermittlung durch Einnahmenüberschußrechnung nach § 4 Abs. 3 EStG

   Der Vorschuß ist im Zeitpunkt des Zuflusses als Betriebseinnahme zu erfassen.

c) Gewinnermittlung nach Durchschnittssätzen gemäß § 13a EStG

   Die steuerliche Erfassung des Vorschusses ist mit dem Grundbetrag abgegolten.

Neugründung

Bei der Neugründung eines land- und forstwirtschaftlichen Betriebs bestimmt sich die Zulässigkeit der Gewinnermittlung nach Durchschnittssätzen ausschließlich nach § 13a Abs. 1 Satz 1 EStG. Als Neugründung sind auch anzusehen:

- die Übernahme eines land- und forstwirtschaftlichen Betriebs im ganzen zur Bewirtschaftung als Eigentümer oder Nutzungsberechtigter (→ BFH vom 26.6.1986 – BStBl II S. 741) und

- die Einbringung eines land- und forstwirtschaftlichen Betriebs in eine neu gegründete Personengesellschaft (→ BFH vom 26.5.1994 – BStBl II S. 891).

In diesen Fällen bedarf es keiner Mitteilung nach § 13a Abs. 1 Satz 2 EStG.

Wechsel der Gewinnermittlungsart

→ R 17

Anlage 1 → Anlage 1

Winzersekt

Zur steuerlichen Behandlung der Herstellung und des Vertriebs von Sekt durch Weinbaubetriebe → BMF vom 18.11.1996 (BStBl I S. 1434).

Wirtschaftswert

→ R 130a Abs. 1 und 2

Wohnungen im land- und forstwirtschaftlichen Betriebsvermögen, die unter § 52 Abs. 15 EStG fallen

→ BMF vom 12.11.1986 (BStBl I S. 528), vom 4.6.1997 (BStBl I S. 630) und vom 13.1.1998 (BStBl I S. 129).

---

128. Buchführung bei Gartenbaubetrieben, Saatzuchtbetrieben, Baumschulen und ähnlichen Betrieben

S 2132a
S 2133
S 2163

¹Auch bei Gartenbaubetrieben, Saatzuchtbetrieben, Baumschulen und ähnlichen Betrieben ist ein Anbauverzeichnis zu führen (§ 142 AO). ²Ist einer dieser Betriebe ein Gewerbebetrieb im Sinne des § 15 EStG, so ist § 142 AO nicht unmittelbar anwendbar. ³Dennoch hat der Steuerpflichtige Bücher zu führen, die inhaltlich diesem Erfordernis entsprechen. ⁴Andernfalls ist die Buchführung nicht so gestaltet, daß sie die zuverlässige Aufzeichnung aller Geschäftsvorfälle und des Vermögens ermöglicht und gewährleistet.

128a. Minderung der Anschaffungs- oder Herstellungskosten eines Waldes

Werden bei der Ermittlung der Einkünfte aus Land- und Forstwirtschaft die Betriebsausgaben nach § 51 EStDV oder § 4 Forstschäden-Ausgleichsgesetz mit einem Pauschbetrag abgezogen, so ist damit auch die nach → R 212 Abs. 1 zulässige Minderung der Anschaffungs- oder Herstellungskosten eines Waldes abgegolten.

129.–130.

– unbesetzt –

§ 13a EStG

§ 13a
Ermittlung des Gewinns aus Land- und Forstwirtschaft nach Durchschnittssätzen

EStG
¹)
S 2149

(1) ¹Der Gewinn ist für einen Betrieb der Land- und Forstwirtschaft nach den Absätzen 3 bis 8 zu ermitteln, wenn

---

¹) Anm.: Durch das Steuerentlastungsgesetz 1999/2000/2002 wurde § 13a wie folgt gefaßt:

„§ 13a
Ermittlung des Gewinns aus Land- und Forstwirtschaft nach Durchschnittssätzen
(1) Der Gewinn ist für einen Betrieb der Land- und Forstwirtschaft nach den Absätzen 3 bis 6 zu ermitteln, wenn
1. der Steuerpflichtige nicht auf Grund gesetzlicher Vorschriften verpflichtet ist, Bücher zu führen und regelmäßige Abschlüsse zu machen, und
2. die selbstbewirtschaftete Fläche der landwirtschaftlichen Nutzung (§ 34 Abs. 2 Nr. 1 Buchstabe a Bewertungsgesetz) ohne Sonderkulturen (§ 52 Bewertungsgesetz) nicht 20 Hektar überschreitet und
3. die Tierbestände insgesamt 50 Vieheinheiten (Anlage 1 zum Bewertungsgesetz) nicht übersteigen und
4. der Wert der selbstbewirtschafteten Sondernutzungen nach Absatz 5 nicht mehr als 2.000 Deutsche Mark je Sondernutzung beträgt.

Der Gewinn ist letztmalig für das Wirtschaftsjahr nach Durchschnittssätzen zu ermitteln, das nach Bekanntgabe der Mitteilung endet, durch die die Finanzbehörde auf den Beginn der Buchführungspflicht (§ 141 Abs. 2 Abgabenordnung) oder den Wegfall einer anderen Voraussetzung des Satzes 1 hingewiesen hat.
(2) Auf Antrag des Steuerpflichtigen ist für einen Betrieb im Sinne des Absatzes 1 der Gewinn für vier aufeinanderfolgende Wirtschaftsjahre durch Betriebsvermögensvergleich oder durch Vergleich der Betriebseinnahmen mit den Betriebsausgaben zu ermitteln. Der Antrag ist bis zur Abgabe der Steuererklärung, jedoch spätestens zwölf Monate nach Ablauf des ersten Wirtschaftsjahrs, auf das er sich bezieht, schriftlich zu stellen. Er kann innerhalb dieser Frist zurückgenommen werden
(3) Durchschnittssatzgewinn ist die Summe aus
1. dem Grundbetrag (Absatz 4),
2. den Zuschlägen für Sondernutzungen (Absatz 5),
3. den nach Absatz 6 gesondert zu ermittelnden Gewinnen,
4. den vereinnahmten Miet- und Pachtzinsen.

Abzusetzen sind verausgabte Pachtzinsen und diejenigen Schuldzinsen und dauernden Lasten, die Betriebsausgaben sind. Die abzusetzenden Beträge dürfen insgesamt nicht zu einem Verlust führen.
(4) Die Höhe des Grundbetrags richtet sich bei der landwirtschaftlichen Nutzung ohne Sonderkulturen nach dem Hektarwert (§ 40 Abs. 1 Satz 3 Bewertungsgesetz) der selbstbewirtschafteten Fläche. Je Hektar der landwirtschaftlichen Nutzung sind anzusetzen

1. bei einem Hektarwert bis 300 Deutsche Mark   400 Deutsche Mark,
2. bei einem Hektarwert über 300 Deutsche Mark
   bis 500 Deutsche Mark   600 Deutsche Mark,
3. bei einem Hektarwert über 500 Deutsche Mark
   bis 1.000 Deutsche Mark   700 Deutsche Mark,
4. bei einem Hektarwert über 1.000 Deutsche Mark
   bis 1.500 Deutsche Mark   800 Deutsche Mark,
5. bei einem Hektarwert über 1.500 Deutsche Mark
   bis 2.000 Deutsche Mark   900 Deutsche Mark,
6. bei einem Hektarwert über 2.000 Deutsche Mark   1.000 Deutsche Mark.

(5) Als Sondernutzungen gelten die in § 34 Abs. 2 Nr. 1 Buchstabe b bis e des Bewertungsgesetzes genannten Nutzungen, die in § 34 Abs. 2 Nr. 2 des Bewertungsgesetzes genannten Wirtschaftsgüter, die Nebenbetriebe (§ 34 Abs. 2 Nr. 3 Bewertungsgesetz) und die Sonderkulturen (§ 52 Bewertungsgesetz). Die Werte der Sondernutzungen sind aus den jeweils zuletzt festgestellten Einheitswerten oder den nach § 125 des Bewertungsgesetzes ermittelten Ersatzwirtschaftswerten abzuleiten. Bei Sondernutzungen, deren Werte jeweils 500 Deutsche Mark übersteigen, ist für jede Sondernutzung ein Zuschlag von 1.000 Deutsche Mark zu machen. Satz 3 ist bei der forstwirtschaftlichen Nutzung nicht anzuwenden.
(6) In den Durchschnittssatzgewinn sind über die nach den Absätzen 4 und 5 zu ermittelnden Beträge hinaus auch Gewinne, soweit sie insgesamt 3.000 Deutsche Mark übersteigen, einzubeziehen aus

413

§ 13a EStG

1. der Steuerpflichtige nicht auf Grund gesetzlicher Vorschriften verpflichtet ist, Bücher zu führen und regelmäßig Abschlüsse zu machen, und
2. der Ausgangswert nach Absatz 4 mehr als 0 Deutsche Mark, jedoch nicht mehr als 32.000 Deutsche Mark beträgt, und
3. die Tierbestände drei Vieheinheiten je Hektar regelmäßig landwirtschaftlich genutzter Fläche oder insgesamt 30 Vieheinheiten nicht übersteigen; bei einem Anteil an den Tierbeständen von mehr als 75 vom Hundert Schweine und Geflügel erhöht sich die Grenze für die ersten 15 Hektar auf vier Vieheinheiten je Hektar.

²Der Gewinn ist letztmalig für das Wirtschaftsjahr nach Durchschnittssätzen zu ermitteln, das nach Bekanntgabe der Mitteilung endet, durch die die Finanzbehörde auf den Beginn der Buchführungspflicht (§ 141 Abs. 2 Abgabenordnung) oder den Wegfall einer anderen Voraussetzung des Satzes 1 hingewiesen hat.

(2) ¹Auf Antrag des Steuerpflichtigen ist für einen Betrieb im Sinne des Absatzes 1 der Gewinn für vier aufeinanderfolgende Wirtschaftsjahre

1. durch Betriebsvermögensvergleich zu ermitteln, wenn für das erste dieser Wirtschaftsjahre Bücher geführt werden und ein Abschluß gemacht wird,
2. durch Vergleich der Betriebseinnahmen mit den Betriebsausgaben zu ermitteln, wenn für das erste dieser Wirtschaftsjahre keine Bücher geführt werden und kein Abschluß gemacht wird, aber die Betriebseinnahmen und Betriebsausgaben aufgezeichnet werden; für das zweite bis vierte Wirtschaftsjahr bleibt § 141 der Abgabenordnung unberührt.

²Der Antrag ist bis zur Abgabe der Steuererklärung, jedoch spätestens 12 Monate nach Ablauf des ersten Wirtschaftsjahrs, auf das er sich bezieht, schriftlich zu stellen. ³Er kann innerhalb dieser Frist zurückgenommen werden.

(3) ¹Durchschnittssatzgewinn ist die Summe aus

1. dem Grundbetrag (Absatz 4),
2. dem Wert der Arbeitsleistung des Betriebsinhabers und seiner im Betrieb beschäftigten Angehörigen (Absatz 5),
3. den vereinnahmten Pachtzinsen (Absatz 6 Satz 2),
4. dem Nutzungswert der Wohnung des Betriebsinhabers (Absatz 7),
5. den nach Absatz 8 gesondert zu ermittelnden Gewinnen.

²Abzusetzen sind verausgabte Pachtzinsen (Absatz 6 Satz 1, Absatz 7 Satz 2) und diejenigen Schuldzinsen, die Betriebsausgaben sind, sowie dauernde Lasten, die Betriebsausgaben sind und die bei der Einheitsbewertung nicht berücksichtigt sind.

(4) ¹Als Grundbetrag ist

a) bei einem Ausgangswert bis 25.000 Deutsche Mark der sechste Teil,
b) bei einem Ausgangswert über 25.000 Deutsche Mark der fünfte Teil

> 1. der forstwirtschaftlichen Nutzung,
> 2. der Veräußerung oder Entnahme von Grund und Boden und Gebäuden sowie der im Zusammenhang mit einer Betriebsumstellung stehenden Veräußerung oder Entnahme von Wirtschaftsgütern des übrigen Anlagevermögens,
> 3. Dienstleistungen und vergleichbaren Tätigkeiten, sofern diese dem Bereich der Land- und Forstwirtschaft zugerechnet und nicht für andere Betriebe der Land- und Forstwirtschaft erbracht werden,
> 4. der Auflösung von Rücklagen nach § 6c und von Rücklagen für Ersatzbeschaffung.
>
> Bei der Ermittlung der Gewinne nach den Nummern 1 und 2 ist § 4 Abs. 3 entsprechend anzuwenden. Der Gewinn aus den in Nummer 3 genannten Tätigkeiten beträgt 35 vom Hundert der Einnahmen."
>
> Zur Anwendung → § 52 Abs. 31 in der Fassung des Steuerentlastungsgesetzes 1999/2000/2002:
>
> „(31) § 13a in der Fassung der Bekanntmachung vom 16. April 1997 (BGBl. I S. 821) ist letztmals für das Wirtschaftsjahr anzuwenden, das vor dem 31. Dezember 1999 endet. § 13a in der Fassung des Gesetzes vom 24.3.1999 (BGBl. I S. 402) ist erstmals für das Wirtschaftsjahr anzuwenden, das nach dem 30. Dezember 1999 endet."

²) Zur Anwendung → § 52 Abs. 15 EStG.
³) Beachte besondere Anwendungsregelungen aus Anlaß der Herstellung der Einheit Deutschlands (→ § 57 Abs. 3 EStG).

des Ausgangswerts anzusetzen. ²Dieser ist nach den folgenden Nummern 1 bis 5 zu ermitteln:

1. ¹Ausgangswert ist der im maßgebenden Einheitswert des Betriebs der Land- und Forstwirtschaft ausgewiesene Vergleichswert der landwirtschaftlichen Nutzung einschließlich der dazugehörenden Abschläge und Zuschläge nach § 41 des Bewertungsgesetzes, jedoch ohne Sonderkulturen. ²Zum Ausgangswert gehören ferner die im maßgebenden Einheitswert des Betriebs der Land- und Forstwirtschaft ausgewiesenen Hektarwerte des Geringstlandes und die Vergleichswerte der Sonderkulturen, der weinbaulichen Nutzung, der gärtnerischen Nutzung und der sonstigen land- und forstwirtschaftlichen Nutzung einschließlich der zu diesen Nutzungen oder Nutzungsteilen gehörenden Abschläge und Zuschläge nach § 41 des Bewertungsgesetzes sowie die Einzelertragswerte der Nebenbetriebe und des Abbaulandes, wenn die für diese Nutzungen, Nutzungsteile und sonstigen Wirtschaftsgüter nach den Vorschriften des Bewertungsgesetzes ermittelten Werte zuzüglich oder abzüglich des sich nach Nummer 4 ergebenden Werts insgesamt 2.000 Deutsche Mark nicht übersteigen. ³Maßgebend ist grundsätzlich der Einheitswert, der auf den letzten Feststellungszeitpunkt festgestellt worden ist, der vor dem Beginn des Wirtschaftsjahrs liegt oder mit dem Beginn des Wirtschaftsjahrs zusammenfällt, für das der Gewinn zu ermitteln ist. ⁴Sind bei einer Fortschreibung oder Nachfeststellung die Umstände, die zu der Fortschreibung oder Nachfeststellung geführt haben, bereits vor oder mit Beginn des Wirtschaftsjahrs eingetreten, in das der Fortschreibungs- oder Nachfeststellungszeitpunkt fällt, so ist der fortgeschriebene oder nachfestgestellte Einheitswert bereits für die Gewinnermittlung dieses Wirtschaftsjahrs maßgebend. ⁵§ 175 Nr. 1, § 182 Abs. 1 und § 351 Abs. 2 der Abgabenordnung sind anzuwenden. ⁶Hat ein Zugang oder Abgang von Flächen der landwirtschaftlichen Nutzung sowie von Flächen und Wirtschaftsgütern der in Satz 2 bezeichneten Art eines Betriebs wegen der Fortschreibungsgrenzen des § 22 des Bewertungsgesetzes nicht zu einer Fortschreibung des Einheitswerts geführt, so ist der Ausgangswert um die auf diese Flächen und Wirtschaftsgüter entfallenden Wertanteile zu vermehren oder zu vermindern.

2. ¹Beim Pächter ist der Vergleichswert der landwirtschaftlichen Nutzung des eigenen Betriebs um den Vergleichswert der landwirtschaftlichen Nutzung für die zugepachteten landwirtschaftlichen Flächen zu erhöhen. ²Besteht für die zugepachteten landwirtschaftlichen Flächen kein besonderer Vergleichswert, so ist die Erhöhung nach dem Hektarwert zu errechnen, der bei der Einheitsbewertung für den eigenen Betrieb beim Vergleichswert der landwirtschaftlichen Nutzung zugrunde gelegt worden ist.

3. Beim Verpächter ist der Vergleichswert der landwirtschaftlichen Nutzung um den Wertanteil zu vermindern, der auf die verpachteten landwirtschaftlichen Flächen entfällt.

4. Werden Flächen mit Sonderkulturen, weinbaulicher Nutzung, gärtnerischer Nutzung, sonstiger land- und forstwirtschaftlicher Nutzung sowie Nebenbetriebe, Abbauland oder Geringstland zugepachtet oder verpachtet, so sind deren Werte oder deren nach entsprechender Anwendung der Nummern 2 und 3 ermittelte Werte den Werten der in Nummer 1 Satz 2 genannten Nutzungen, Nutzungsteile oder sonstigen Wirtschaftsgüter im Fall der Zupachtung hinzuzurechnen oder im Fall der Verpachtung von ihnen abzuziehen.

5. ¹Landwirtschaftlich genutzte Flächen sowie Flächen und Wirtschaftsgüter der in Nummer 4 bezeichneten Art eines Betriebs, die bei der Einheitsbewertung nach § 69 des Bewertungsgesetzes dem Grundvermögen zugerechnet und mit dem gemeinen Wert bewertet worden sind, sind mit dem Wert anzusetzen, der sich nach den Vorschriften über die Bewertung des land- und forstwirtschaftlichen Vermögens ergeben würde. ²Dieser Wert ist nach dem Hektarwert zu errechnen, der bei der Einheitsbewertung für den eigenen Betrieb beim Vergleichswert der jeweiligen Nutzung zugrunde gelegt worden ist oder zugrunde zu legen wäre.

(5) Der Wert der Arbeitsleistung ist nach den folgenden Nummern 1 bis 5 zu ermitteln:

1. Der Wert der Arbeitsleistung beträgt für

---

[1]) Beachte besondere Anwendungsregelungen aus Anlaß der Herstellung der Einheit Deutschlands (→ § 57 Abs. 3 EStG).

a) die körperliche Mitarbeit des Betriebsinhabers und der im Betrieb beschäftigten Angehörigen (§ 15 Abgabenordnung) bei einem Ausgangswert nach Absatz 4

    aa) bis 8.000 Deutsche Mark   je 8.000 Deutsche Mark,

    bb) über 8.000 Deutsche Mark
          bis 12.000 Deutsche Mark

                                                        je 10.000 Deutsche Mark,

    cc) über 12.000 Deutsche Mark
         bis 25.000 Deutsche Mark

                                                          je 12.000 Deutsche Mark,

    dd) über 25.000 Deutsche Mark

                                                          je 14.000 Deutsche Mark,

b) die Leitung des Betriebs 5 vom Hundert des Ausgangswerts nach Absatz 4.

2. ¹Die Arbeitsleistung von Angehörigen unter 15 und über 65 Jahren bleibt außer Betracht. ²Bei Angehörigen, die zu Beginn des Wirtschaftsjahrs das 15., nicht aber das 18. Lebensjahr vollendet haben, ist der Wert der Arbeitsleistung mit der Hälfte des in Nummer 1 Buchstabe a genannten Betrags anzusetzen.

3. ¹Sind die in den Nummern 1 und 2 bezeichneten Personen nicht voll im Betrieb beschäftigt, so ist ein der körperlichen Mitarbeit entsprechender Teil des nach Nummer 1 Buchstabe a und Nummer 2 maßgebenden Werts der Arbeitsleistung anzusetzen. ²Satz 1 gilt entsprechend bei Minderung der Erwerbsfähigkeit. ³Für Angehörige, mit denen Arbeitsverträge abgeschlossen sind, unterbleibt der Ansatz des Werts der Arbeitsleistung.

4. Der Wert der körperlichen Mitarbeit der Person, die den Haushalt führt, vermindert sich für jede im Haushalt voll beköstigte und untergebrachte Person um 20 vom Hundert.

5. ¹Der Wert der Arbeitsleistung des Betriebsinhabers und der Angehörigen kann höchstens für die nach Art und Größe des Betriebs angemessene Zahl von Vollarbeitskräften angesetzt werden. ²Entgeltlich beschäftigte Vollarbeitskräfte sind entsprechend der Dauer ihrer Beschäftigung auf die angemessene Zahl der Arbeitskräfte anzurechnen. ³Je Hektar dürfen höchstens 0,07 Vollarbeitskräfte berücksichtigt werden.

(6) ¹Pachtzinsen sind abziehbar, soweit sie den auf die zugepachteten Flächen nach Absatz 4 Satz 2 Nr. 2 und 4 entfallenden Grundbetrag nicht übersteigen. ²Eingenommene Pachtzinsen sind anzusetzen, wenn sie zu den Einkünften aus Land- und Forstwirtschaft gehören.

(7)¹) ¹Der Nutzungswert der Wohnung des Betriebsinhabers ist mit einem Achtzehntel des im Einheitswert besonders ausgewiesenen Wohnungswerts anzusetzen. ²Im Fall der Zupachtung eines Wohngebäudes können die hierauf entfallenden Pachtzinsen bis zur Höhe von einem Achtzehntel des Wohnungswerts abgezogen werden.

(8) In den Durchschnittssatzgewinn nach den Absätzen 4 bis 7 sind auch Gewinne, soweit sie insgesamt 3.000 Deutsche Mark übersteigen, einzubeziehen aus

1. Sonderkulturen, weinbaulicher Nutzung, gärtnerischer Nutzung, sonstiger land- und forstwirtschaftlicher Nutzung, Nebenbetrieben, Abbauland sowie Geringstland, wenn die hierfür nach den Vorschriften des Bewertungsgesetzes ermittelten Werte zuzüglich oder abzüglich der sich nach Absatz 4 Nr. 4 ergebenden Werte 2.000 Deutsche Mark übersteigen,

2. forstwirtschaftlicher Nutzung,

3. Betriebsvorgängen, die bei der Feststellung des Ausgangswerts nach Absatz 4 nicht berücksichtigt worden sind,

4. der Veräußerung oder Entnahme von Grund und Boden; hierbei sind § 4 Abs. 3 sowie § 55 entsprechend anzuwenden.

---

¹⁾ Zur Anwendung → § 52 Abs. 15 EStG.
²⁾ Beachte besondere Anwendungsregelungen aus Anlaß der Herstellung der Einheit Deutschlands (→ § 57 Abs. 3 EStG).

§ 52 EStDV § 13a EStG
R 130a

§ 52 EStDV
Erhöhte Absetzungen nach § 7b des Gesetzes bei Land- und Forstwirten, deren Gewinn nach Durchschnittssätzen ermittelt wird

S 2197

Die erhöhten Absetzungen nach § 7b des Gesetzes sind auch bei der Berechnung des Gewinns nach § 13a des Gesetzes zulässig.

130a. Ermittlung des Gewinns aus Land- und Forstwirtschaft nach Durchschnittssätzen

R 130a

Ermittlung des Grundbetrags auf der Basis von Einheitswerten (§ 13a Abs. 4 EStG)

S 2149

(1) ¹Ist die Fortschreibung oder Nachfeststellung eines Einheitswerts auf einen Zeitpunkt erfolgt, der nach dem Beginn des Wirtschaftsjahrs liegt, so ist dieser Einheitswert für die Gewinnermittlung des Wirtschaftsjahrs grundsätzlich nur dann maßgebend, wenn alle Umstände, die zur Fortschreibung oder Nachfeststellung des Einheitswerts geführt haben, bereits vor oder mit Beginn des Wirtschaftsjahrs eingetreten sind. ²Ist für einen anderen Nutzungsberechtigten als den Eigentümer, z. B. Pächter, für bestimmte intensiv genutzte Flächen nach § 48a BewG (Sonderkultur Spargel, gärtnerische Nutzungsteile Gemüse-, Blumen- und Zierpflanzenbau sowie Baumschulen und Saatzucht) ein selbständiger Einheitswert festgestellt, so ist dem Nutzungsberechtigten auch der auf diese Flächen entfallende Vergleichswert der landwirtschaftlichen Nutzung des Verpächters zuzurechnen. ³Die in § 13a Abs. 4 Nr. 2 bis 4 EStG für den Pächter getroffene Regelung ist in den Fällen einer unentgeltlichen Überlassung von land- und forstwirtschaftlich genutzten Flächen entsprechend anzuwenden. ⁴Bei Pachtung eines Betriebs sind die im maßgebenden Einheitswert ausgewiesenen Vergleichswerte der einzelnen Nutzungen und Nutzungsteile einschließlich der dazugehörenden Abschläge und Zuschläge nach § 41 BewG, die Hektarwerte des Geringstlandes sowie die Einzelertragswerte der Nebenbetriebe und des Abbaulandes beim Pächter anzusetzen. ⁵Werden **ausschließlich zugepachtete Flächen bewirtschaftet,** gilt folgendes:

1. Besteht für eine der wesentlichen Flächen ein eigener Vergleichswert, so kann aus Vereinfachungsgründen der Hektarwert dieser Fläche auch für die übrigen Flächen der gleichen Nutzung zugrunde gelegt werden.
2. Liegen für mehrere zugepachtete Flächen eigene Vergleichswerte vor, so ist bei der Ermittlung des Ausgangswerts für die Flächen ohne eigenen Vergleichswert der Hektarwert der größten, den Betrieb prägenden Fläche maßgebend.
3. Besteht für keine der zugepachteten Flächen ein eigener Vergleichswert, so ist der für die Berechnung des Ausgangswerts anzusetzende Hektarwert in Anlehnung an den für den Verpächter maßgebenden Hektarwert der zugepachteten wesentlichen Fläche zu ermitteln.

⁶In den Fällen des Satzes 5 ist gegebenenfalls auch ein Abschlag oder Zuschlag nach § 41 BewG zu berücksichtigen. ⁷Werden **außer den Eigentumsflächen auch zugepachtete Flächen bewirtschaftet,** so sind sie beim Pächter mit dem Vergleichswert zu berücksichtigen, mit dem sie im Einheitswert des Verpächters enthalten sind; besteht für die zugepachteten Flächen kein eigener Vergleichswert oder sind sie bei der Einheitsbewertung nach § 69 BewG dem Grundvermögen zugerechnet und mit dem gemeinen Wert bewertet, so ist deren Wert nach dem Hektarwert zu errechnen, der bei der Einheitsbewertung für den eigenen Betrieb beim Vergleichswert der entsprechenden Nutzung zugrunde gelegt worden ist oder zugrunde zu legen wäre.

Ermittlung des Grundbetrags auf der Basis von Ersatzwirtschafts- werten (§ 13a Abs. 4 EStG)

(2) ¹Bei der Ermittlung des Grundbetrags ist in dem in Artikel 3 des Einigungsvertrags genannten Gebiet (Beitrittsgebiet) gemäß § 57 Abs. 3 EStG vom Ersatzwirtschaftswert nach § 125 BewG auszugehen. ²Für die Gewinnermittlung nach § 13a EStG gilt folgendes:

1. ¹**Ausgangswert** ist der im maßgebenden Grundsteuermeßbescheid ausgewiesene Ersatzvergleichswert der landwirtschaftlichen Nutzung ohne Sonderkulturen. ²Zum Ausgangswert gehören ferner die im maßgebenden Grundsteuermeßbescheid ausgewiesenen Hektarwerte des Geringstlandes und die Ersatzvergleichswerte der Sonderkulturen, der weinbaulichen Nutzung, der gärtnerischen Nutzung und der sonstigen land- und forstwirtschaftlichen Nutzung sowie die Einzelertragswerte der Nebenbetriebe und des Abbaulandes, wenn die für diese Nutzungen, Nutzungsteile und sonstigen Wirtschaftsgüter nach den Vorschriften des § 125 BewG ermittelten Werte insgesamt 2.000 DM nicht übersteigen.
2. Maßgebend ist grundsätzlich der im Rahmen der Grundsteuermeßbetragsveranlagung ermittelte **Ersatzwirtschaftswert**, der auf den letzten Veranlagungszeitpunkt ermittelt worden ist, der vor dem Beginn des Wirtschaftsjahrs liegt oder mit dem Beginn des Wirtschaftsjahrs zusammenfällt, für das der Gewinn zu ermitteln ist.
3. Sind bei einer **Neuveranlagung** (§ 17 GrStG) oder bei einer **Nachveranlagung** (§ 18 GrStG) die Umstände, die zu der Neuveranlagung oder Nachveranlagung geführt haben, bereits vor oder mit Beginn des Wirtschaftsjahrs eingetreten, in das der jeweilige Veranlagungszeitpunkt fällt, so ist der im Rahmen der Neuveranlagung oder Nachveranlagung ermittelte Ersatzwirtschaftswert bereits für die Gewinnermittlung dieses Wirtschaftsjahrs maßgebend.
4. Hat ein **Zugang oder Abgang von Flächen** der landwirtschaftlichen Nutzung und der in § 13a Abs. 4 Nr. 1 Satz 2 EStG aufgeführten Nutzungen, Nutzungsteile und Wirtschaftsgüter wegen der Fortschreibungsgrenzen des § 22 BewG nicht zu einer Neuveranlagung des Grundsteuermeßbetrags geführt, so ist der jeweilige Ersatzvergleichswert um die auf die entsprechenden Flächen entfallenden Wertanteile zu vermehren oder zu vermindern.
5. Ist die Neuveranlagung oder Nachveranlagung eines Grundsteuermeßbetrags auf einen **Zeitpunkt** erfolgt, der nach dem Beginn des Wirtschaftsjahrs liegt, so ist der dabei ermittelte Ersatzwirtschaftswert für die Gewinnermittlung des Wirtschaftsjahrs grundsätzlich nur dann maßgebend, wenn alle Umstände, die zur Neuveranlagung oder Nachveranlagung geführt haben, bereits vor oder mit Beginn des Wirtschaftsjahrs eingetreten sind.
6. **Flächen** der landwirtschaftlichen Nutzung, der weinbaulichen Nutzung, der gärtnerischen Nutzung, der sonstigen land- und forstwirtschaftlichen Nutzung und Flächen, die zu einem Nebenbetrieb gehören, sowie Flächen des Abbaulandes oder Geringstlandes, die bei der Einheitsbewertung nach § 69 BewG dem Grundvermögen zugerechnet worden sind, sind mit dem Wert anzusetzen, der sich nach den Vorschriften des § 125 BewG ergeben würde.

Mehrere Betriebsleiter (§ 13a Abs. 5 Nr. 1 Buchstabe b EStG)

(3) Für die Leitung des Betriebs sind auch dann nur 5 v. H. des Ausgangswerts anzusetzen, wenn sie von mehreren Personen wahrgenommen wird.

Nebenerwerb (§ 13a Abs. 5 Nr. 3 EStG)

(4) ¹Aus Vereinfachungsgründen kann für die körperliche Mitarbeit des Betriebsinhabers mit steuerlich anzuerkennender außerlandwirtschaftlicher Ganztagstätigkeit (Nebenerwerb) bei Betrieben mit einem Ausgangswert nach § 13a Abs. 4 EStG

bis 15.000 DM	0,2 Vollarbeitskraft (VAK)
über 15.000 DM bis 32.000 DM	0,3 Vollarbeitskraft (VAK)

angesetzt werden. ²Voraussetzung ist, daß bei diesem Betrieb weder eine Sondernutzung im Sinne des § 13a Abs. 8 Nr. 1 EStG noch eine verstärkte Tierhaltung, die durch einen Zuschlag nach § 41 BewG zu erfassen wäre, vorliegt.

Wert der Arbeitsleistung bei Geringstland und Sondernutzungen (§ 13a Abs. 5 Nr. 5 EStG)

(5) ¹Für die Bemessung der Größe des Betriebs bleiben Flächen des Geringstlandes außer Betracht, da diese nur gelegentlich und extensiv genutzt werden. ²Die Höchstgrenze von 0,07 VAK je Hektar bezieht sich auch auf die in § 13a Abs. 4 Nr. 1 Satz 2 EStG genannten Nutzungen und Nutzungsteile.

§ 13a EStG
H 130a R 130a

Pachtzinsen, Schuldzinsen und dauernde Lasten (§ 13a Abs. 6 EStG)

(6) ¹Im vollen Umfang können Schuldzinsen, soweit sie Betriebsausgaben sind, sowie dauernde Lasten, die Betriebsausgaben sind und nicht bereits in der Einheitsbewertung berücksichtigt wurden, abgezogen werden. ²Pachtzinsen, Schuldzinsen und dauernde Lasten, die auf Betriebszweige und -vorgänge im Sinne des § 13a Abs. 8 EStG entfallen, sind als Betriebsausgaben bei dem nach § 13a Abs. 8 EStG zu ermittelnden Gewinn zu berücksichtigen.

Nutzungswert der Wohnung (§ 13a Abs. 7 EStG)

(7) ¹Bis zur letztmaligen Anwendung ist der Nutzungswert der Wohnung des Betriebsinhabers mit einem Achtzehntel des im Einheitswert besonders ausgewiesenen Wohnungswerts anzusetzen. ²In dem vom Kalenderjahr abweichenden Wirtschaftsjahr, in dem die Nutzungswertbesteuerung wegfällt, ist der Nutzungswert der Wohnung anteilig zu berechnen.

Gewinnzuschläge (§ 13a Abs. 8 EStG)

(8) ¹Soweit bei der Einheitsbewertung bestimmte Betriebszweige und -vorgänge, z. B. verstärkte Tierhaltung oder Tabakbau, mit dem Vergleichswert der in Betracht kommenden Nutzung abgegolten sind, können sie nicht mehr gesondert nach § 13a Abs. 8 Nr. 3 EStG erfaßt werden. ²Das gilt auch dann, wenn ein Zuschlag zum Vergleichswert nach § 41 BewG wegen Nichterreichens der in dieser Vorschrift genannten Wertgrenzen oder der Fortschreibungsgrenzen nach § 22 BewG nicht gemacht werden kann. ³Der Freibetrag von 3.000 DM ist nur zu berücksichtigen, soweit die Summe der Gewinne nach § 13a Abs. 8 EStG positiv ist. ⁴Er kann nicht zu einem Verlust führen oder einen Verlust ändern. ⁵Ist die Summe der Gewinne nach § 13a Abs. 8 EStG negativ, so ist ein Ausgleich mit dem Durchschnittssatzgewinn nach § 13a Abs. 3 bis 7 EStG vorzunehmen. ⁶R 127 Abs. 1 gilt entsprechend.

Rumpfwirtschaftsjahr/Verlängertes Wirtschaftsjahr

(9) ¹Ist der Gewinn nach § 13a EStG für ein Rumpfwirtschaftsjahr zu ermitteln, so sind der Grundbetrag, der Wert der Arbeitsleistung und der Nutzungswert der Wohnung nur anteilig anzusetzen. ²Dies gilt entsprechend, wenn sich das bisherige Wirtschaftsjahr bei Umstellung des Wirtschaftsjahrs nach § 8c Abs. 2 Satz 2 oder 3 EStDV verlängert.

Hinweise   H 130a

Altenteilerwohnung

R 130a Abs. 7 gilt entsprechend.

→ § 52 Abs. 15 EStG

→ BFH vom 28.7.1983 (BStBl 1984 II S. 97)

→ BFH vom 26.7.1995 (BStBl 1996 II S. 157):

In der Land- und Forstwirtschaft ist der Nutzungswert der Altenteilerwohnung auch bei dinglich gesichertem Wohnungsrecht bei den Einkünften aus Land- und Forstwirtschaft des Altenteilsverpflichteten anzusetzen, dem der Hof unentgeltlich übergeben worden ist. Voraussetzung für die Anwendung von § 13a EStG ist, daß für den Betrieb der Land- und Forstwirtschaft ein Einheitswert festgestellt werden kann. Diese Voraussetzung ist für einen Betrieb, dessen **Flächen größtenteils im Ausland belegen sind** und der mit seinen inländischen Einkünften beschränkt steuerpflichtig ist, nicht gegeben (→ FG Niedersachsen vom 16.1.1996 – EFG 1996 S. 366).

Anwendungsbereich

→ R 127 Abs. 2 bis 4

Arbeitslosigkeit

Ist ein Nebenerwerbslandwirt hinsichtlich seiner außerlandwirtschaftlichen Tätigkeit arbeitslos, so ist dies für sich allein kein Grund für die Erhöhung oder Ermäßigung des Werts der Arbeitsleistung (→ BFH vom 18.1.1990 – BStBl II S. 372).

§ 13a EStG
H 130a

Arbeitsvertrag

Zur Anerkennung von Arbeitsverträgen → R 19

Ausbildungsvertrag

Der Wert der Arbeitsleistung von auszubildenden Kindern für ihre körperliche Mitarbeit ist anteilig entsprechend der Differenz zur tariflichen Vergütung anzusetzen, wenn die vereinbarte Ausbildungsvergütung nicht die tariflich festgelegte Höhe erreicht (→ BFH vom 22.3.1990 – BStBl II S. 776).

→ R 19 Abs. 3

Eigenerzeugnisse

Sind im Grundbetragsbereich (§ 13a Abs. 4 bis 7 EStG) bereits erfaßte Eigenerzeugnisse im Bereich der nach § 13a Abs. 8 EStG gesondert zu ermittelnden Gewinne verbraucht worden, so sind sie dort mit dem Marktpreis als Betriebsausgabe abzusetzen (→ BFH vom 14.4.1988 – BStBl II S. 774).

Entnahme

→ Veräußerung

> → H 14 (2–4) Entnahme von Grundstücken oder Grundstücksteilen – Entnahme eines landwirtschaftlichen Grundstücks durch geduldete Nutzungsänderung.

Flächenstillegungsprämie

→ H 128

Forderungsausfall

Der Ausfall einer Forderung aus der Veräußerung von Umlaufvermögen kann bei Gewinnermittlung nach § 13a EStG nicht gewinnmindernd berücksichtigt werden (→ BFH vom 27.8.1992 – BStBl 1993 II S. 336).

Gewinnermittlung

Bei Gewinnen nach § 13a Abs. 8 Nr. 1 bis 3 EStG kann der Steuerpflichtige wählen, ob diese nach den Grundsätzen des § 4 Abs. 1 oder des § 4 Abs. 3 EStG ermittelt werden (→ BFH vom 14.4.1988 – BStBl II S. 774). *Der Übergang zur Erfassung der Durchschnittssatzgewinne im Bereich der Sondergewinne nach § 13a Abs. 8 EStG bedingt keinen Wechsel der Gewinnermittlungsart, der eine der Regelung des § 13a Abs. 1 Satz 2 EStG entsprechende Mitteilungspflicht begründet (→ BFH vom 27.11.1997 – BStBl 1998 II S. 145).*

> **Gewinnermittlung aus Land- und Forstwirtschaft nach Durchschnittssätzen (§ 13a EStG)**
> → OFD Düsseldorf vom 22.3.1996 – S 2149 A – St 1111 (ESt-Kartei NW – §§ 13, 13a EStG – Fach 7 Nr. 1000)

Haushaltsführende Person

Die Kürzung des Werts der Arbeitsleistung der haushaltsführenden Person für im Haushalt voll beköstigte und untergebrachte Personen nach § 13a Abs. 5 Nr. 4 EStG erfolgt einschließlich der im Betrieb beschäftigten Arbeitnehmer (→ BFH vom 6.2.1986 – BStBl II S. 457).

Körperliche Mitarbeit

Entfällt die körperliche Mitarbeit ganz oder teilweise auf Nutzungen, Nutzungsteile, sonstige Wirtschaftsgüter und Betriebsvorgänge, die bei der Ermittlung des Ausgangswerts nach § 13a Abs. 4 EStG nicht anzusetzen sind, ist der Wert der Arbeitsleistung um den darauf entfallenden Anteil zu kürzen (→ BFH vom 14.4.1988 – BStBl II S. 774).

→ R 130a Abs. 4

Liebhaberei

Ein Landwirt mit Gewinnermittlung nach Durchschnittssätzen kann nicht geltend machen, sein Betrieb sei ein einkommensteuerrechtlich nicht erheblicher landwirtschaftlicher Liebhabereibetrieb.

→ BFH vom 24.7.1986 (BStBl II S. 808)

§ 13a EStG
H 130a

→ BFH vom 1.12.1988 (BStBl 1989 II S. 234)

Die Verluste aus einer **Pferdezucht** wurden als Liebhaberei und nicht als Einkünfte aus Land- und Forstwirtschaft beurteilt (→ FG Kassel vom 10.12.1996). Gegen das Urteil wurde Revision eingelegt (→ BFH IV R 27/97).
Allgemeines zur Liebhaberei → H 3

Milchaufgabevergütung, Milchquotenleasing, Anlieferungsreferenzmenge
In der Regel durch den Ansatz des Grundbetrags im Sinne des § 13a Abs. 4 EStG abgegolten.
→ BMF vom 15.4.1991 (BStBl I S. 497)
→ BMF vom 2.2.1995 (BStBl I S. 148)

Nebenbetriebe – Land- und forstwirtschaftliche
– bei Direktvermarktung → BMF vom 3.6.1997 (BStBl I S. 629).

Nutzungswert der Wohnung des Betriebsinhabers
→ BMF vom 12.11.1986 (BStBl I S. 528) zu § 52 Abs. 15 EStG (Übergangsregelung)
→ R 130a Abs. 7

Schuldzinsen
→ R 130a Abs. 6

Veräußerung
Die Veräußerung bzw. Entnahme des gesamten Mastviehbestandes ist nicht gesondert als außerordentlicher Betriebsvorgang im Sinne von § 13a Abs. 8 Nr. 3 EStG zu erfassen; sie ist durch den Ansatz des Grundbetrags abgegolten (→ BFH vom 18.4.1991 – BStBl II S. 833).

Wechsel der Gewinnermittlungsart
Bei einem durch eine Schätzung der nach § 13a Abs. 8 EStG anzusetzenden Gewinne bedingten Wechsel der Gewinnermittlungsart → R 17.

Wirtschaftserschwernisse
a) alte Bundesländer
   Erfassung im Zuschlagsbereich des § 13a Abs. 8 Nr. 3 EStG, falls die vertragliche Vereinbarung nach dem 31.12.1990 geschlossen worden ist.
   → BMF vom 5.3.1992 (BStBl I S. 187)
   Falls die vertragliche Vereinbarung bis zum 31.12.1992 geschlossen worden ist, ist aus Billigkeitsgründen eine Verteilung der Entschädigung im Rahmen der Berücksichtigung gem. § 13a Abs. 8 Nr. 3 EStG in gleich hohen Jahresbeträgen bis zu einem Zeitraum von 20 Jahren möglich.

b) Beitrittsgebiet
   Entschädigungen für Wirtschaftserschwernisse sind durch den Ansatz des Grundbetrags im Sinne des § 13a Abs. 4 EStG abgegolten.
   → BMF vom 9.2.1993 (BStBl I S. 241)

§ 14
Veräußerung des Betriebs

¹Zu den Einkünften aus Land- und Forstwirtschaft gehören auch Gewinne, die bei der Veräußerung eines land- oder forstwirtschaftlichen Betriebs oder Teilbetriebs oder eines Anteils an einem land- und forstwirtschaftlichen Betriebsvermögen erzielt werden. ²§ 16 Abs. 1 Nr. 1 letzter Halbsatz und Abs. 2 bis 4 gilt mit der Maßgabe entsprechend, daß der Freibetrag nach § 16 Abs. 4 nicht zu gewähren ist, wenn der Freibetrag nach § 14a Abs. 1 gewährt wird.

---

131. Wechsel im Besitz von Betrieben, Teilbetrieben und Betriebsteilen

Veräußerungsgewinn

(1) ¹Entschädigungen, die bei der Veräußerung eines Betriebs oder Teilbetriebs im Veräußerungspreis enthalten sind, sind – vorbehaltlich des Absatzes 2 – bei der Ermittlung des steuerpflichtigen Veräußerungsgewinns zugrunde zu legen. ²Die vertragliche Bezeichnung der einzelnen Teile des Veräußerungspreises ist nicht immer für ihre steuerliche Behandlung entscheidend. ³Eine Vergütung, die neben dem Kaufpreis für den Grund und Boden für einen optimalen Bodenzustand („Geil und Gare") gezahlt wird, ist z. B. Teil der Vergütung für den Grund und Boden. ⁴Auch Land- und Forstwirte, deren Gewinne nach Durchschnittssätzen (§ 13a EStG) zu ermitteln sind, haben den bei der Veräußerung oder Aufgabe des land- und forstwirtschaftlichen Betriebs (Teilbetriebs) sich ergebenden Veräußerungsgewinn im Sinne des § 14 EStG zu versteuern. ⁵Bei dem fiktiven Bestandsvergleich (§ 4 Abs. 1 EStG), der für die Berechnung des Veräußerungsgewinns (§ 14 Satz 1 EStG) eines nichtbuchführenden Landwirts vorzunehmen ist, ist davon auszugehen, daß von Bewertungswahlrechten, z. B. für Vieh, geringwertige Anlagegüter und Feldinventar, kein Gebrauch gemacht wurde.

Feldinventar, stehende Ernte

(2) ¹Besondere Anlagen auf oder im Grund und Boden, die zum beweglichen Anlagevermögen oder zum Umlaufvermögen gehören, sind grundsätzlich als eigene Wirtschaftsgüter zu behandeln. ²Das gilt auch für das Feldinventar und die stehende Ernte. ³Bei landwirtschaftlichen Betrieben mit jährlicher Fruchtfolge kann jedoch von einer Aktivierung des Feldinventars und der stehenden Ernte abgesehen werden, da der Wert dieser Wirtschaftsgüter zu Beginn und am Ende eines jeden Wirtschaftsjahrs in der Regel annähernd gleich ist. ⁴*Der Grundsatz der → Bewertungsstetigkeit ist hierbei zu beachten.* ⁵Eine Entschädigung, die bei der Veräußerung oder Aufgabe eines Betriebs oder eines Teilbetriebs für diese Wirtschaftsgüter gezahlt wird, ist in voller Höhe in den Veräußerungserlös einzubeziehen. ⁶Beim Übernehmer gehört sie zu den abzugsfähigen Betriebsausgaben des laufenden Wirtschaftsjahrs. ⁷Der Pächter eines Betriebs mit jährlicher Fruchtfolge kann von der Vereinfachungsregelung, die Kosten der jährlichen eigenen Feldbestellung nicht zu aktivieren, nur dann Gebrauch machen, wenn er auch die vom Verpächter übernommenen Feldbestände nicht aktivieren muß und sich für diese Möglichkeit entscheidet. ⁸Aktiviert er die Kosten des übernommenen Feldinventars, dann muß er diese Aktivierung durch die Aktivierung der jährlich anfallenden Kosten für den Anbau der Feldbestände bis zum Pachtende fortführen und grundsätzlich in gleicher Höhe eine Rückgabeverpflichtung passivieren, wenn er die Verpflichtung übernommen hat, bei Pachtende Feldbestände von gleichem Realwert zurückzuerstatten. ⁹Die Fortführung des Aktivpostens „Feldinventar" gilt entsprechend auch für den Fall, daß ein Käufer oder Pächter eines Betriebs das Feldinventar gegen Zahlung einer Entschädigung übernimmt und von der Vereinfachungsregelung keinen Gebrauch macht. ¹⁰Der Verpächter eines land- und forstwirtschaftlichen Betriebs, der auf die Aktivierung des Feldinventars und der stehenden Ernte nach Satz 3 sowie der selbst geschaffenen Vorräte verzichtet hat, kann im Fall der → eisernen Verpachtung seines Betriebs von einer Aktivierung

---

1) Anm.: Durch das Steuerentlastungsgesetz 1999/2000/2002 wurde Satz 2 mit Wirkung ab VZ 1999 wie folgt gefaßt:
„§ 16 gilt entsprechend mit der Maßgabe, daß der Freibetrag nach § 16 Abs. 4 nicht zu gewähren ist, wenn der Freibetrag nach § 14a Abs. 1 gewährt wird."

der auf Rückgabe dieser Wirtschaftsgüter gerichteten Sachwertforderung absehen. ¹¹Die Verpachtung führt insoweit zu keiner Gewinnrealisierung.

Teilbetrieb

(3) ¹Die Veräußerung eines land- und forstwirtschaftlichen → Teilbetriebs liegt vor, wenn ein organisatorisch mit einer gewissen Selbständigkeit ausgestatteter Teil eines Betriebs der Land- und Forstwirtschaft veräußert wird. ²Der veräußerte Teilbetrieb muß im **wesentlichen** die Möglichkeit bieten, künftig als selbständiger Betrieb geführt werden zu können, auch wenn dies noch einzelne Ergänzungen oder Änderungen bedingen sollte.

Veräußerung forstwirtschaftlicher Betriebe, Teilbetriebe oder einzelner forstwirtschaftlicher Grundstücksflächen

(4) Hinsichtlich des Verkaufserlöses, der auf das stehende Holz entfällt, gilt das Folgende:

1. ¹Gewinne, die bei der **Veräußerung** oder Aufgabe **eines** forstwirtschaftlichen **Betriebs oder Teilbetriebs** für das stehende Holz erzielt werden, sind nach § 14 EStG zu versteuern. ²Veräußerungsgewinn ist hierbei der Betrag, um den der Veräußerungspreis nach Abzug der Veräußerungskosten den Wert des Betriebsvermögens übersteigt, der nach § 4 Abs. 1 EStG für den Zeitpunkt der Veräußerung ermittelt wird. ³Ist kein Bestandsvergleich für das stehende Holz vorgenommen worden und hat der Veräußerer den forstwirtschaftlichen Betrieb oder Teilbetrieb schon am 21.6.1948¹) besessen, so ist der Gewinn aus der Veräußerung des stehenden Holzes so zu ermitteln, daß dem auf das stehende Holz entfallenden Veräußerungspreis der Betrag gegenübergestellt wird, mit dem das stehende Holz in dem für den 21.6.1948²) maßgebenden Einheitswert des forstwirtschaftlichen Betriebs oder Teilbetriebs enthalten war. ⁴Hat der Veräußerer den forstwirtschaftlichen Betrieb oder Teilbetrieb nach dem 20.6.1948²) erworben, so sind bei der Ermittlung des Veräußerungsgewinns die steuerlich noch nicht berücksichtigten Anschaffungs- oder Erstaufforstungskosten für das stehende Holz dem auf das stehende Holz entfallenden Veräußerungserlös gegenüberzustellen. ⁵Bei Veräußerungen im Beitrittsgebiet ist der Buchwert zum 1.7.1990 in den Fällen, in denen kein Bestandsvergleich für das stehende Holz vorgenommen wurde, gemäß § 52 Abs. 1 DMBilG unter Anwendung der Richtlinien für die Ermittlung und Prüfung des Verkehrswertes von Waldflächen und für Nebenentschädigungen (Waldwertermittlungs-Richtlinien 1991 – WaldR91 – BAnZ 100a vom 5.6.1991) zu ermitteln. ⁶Der Veräußerungsgewinn ist mit den Steuersätzen des § 34 Abs. 1 EStG zu versteuern.

2. ¹Die auf das stehende Holz entfallenden Einnahmen aus der **Veräußerung einzelner forstwirtschaftlicher Grundstücksflächen**, die keinen forstwirtschaftlichen → Teilbetrieb bilden, gehören zu den laufenden Einnahmen des Wirtschaftsjahrs. ²Für die Ermittlung des Gewinns gelten die Grundsätze des § 4 Abs. 1 EStG. ³Ist kein Bestandsvergleich für das stehende Holz vorgenommen worden, so ist Nummer 1 Satz 3 bis 5 entsprechend anzuwenden. ⁴Eine Tarifermäßigung nach § 34 EStG kommt nicht in Betracht. ⁵Der Gewinn aus der Veräußerung kann nach § 34b EStG versteuert werden.

Freibetrag

(5) Die Gewährung des Freibetrags nach § 14 Satz 2 i.V.m. § 16 Abs. 4 EStG ist ausgeschlossen, wenn dem Steuerpflichtigen für eine Veräußerung oder Aufgabe, die nach dem 31.12.1995 erfolgt ist, ein Freibetrag nach § 14 Satz 2, § 16 Abs. 4 oder § 18 Abs. 3 EStG bereits gewährt worden ist.

Hinweise

Betriebsverkleinerung

Eine Verkleinerung eines land- und forstwirtschaftlichen Betriebs führt nicht zu einer Betriebsaufgabe (→ BFH vom 12.11.1992 – BStBl 1993 II S. 430).

---

1) Im Saarland: 20.11.1947.
2) Im Saarland: 19.11.1947.

§ 14 EStG
H 131

Bewertungsstetigkeit
→ § 252 Abs. 1 Nr. 6 HGB

Einkommensgrenze
Bei Ermittlung der nach § 14a Abs. 4 Satz 2 Nr. 2 EStG maßgebenden Einkommensgrenze wird das Einkommen des dem Veranlagungszeitraum der Veräußerung oder Entnahme vorangegangenen Veranlagungszeitraums nicht um andere zuvor zur Abfindung weichender Erben gewährte Freibeträge erhöht (→ BFH vom 18.6.1998 – HFR 1998 S. 982).

Eiserne Verpachtung
Verpachtung mit der Verpflichtung für den Pächter, das übernommene Inventar nach §§ 582 ff. BGB in gleicher Art und Güte bzw. mit gleichem Wert bei Beendigung der Pacht zurückzugeben.

Körperschaft des öffentlichen Rechts als Erbin
Setzt ein Steuerpflichtiger eine Körperschaft des öffentlichen Rechts zur Erbin seines land- und forstwirtschaftlichen Betriebes ein, so führt das im Zeitpunkt des Todes zu einer Betriebsaufgabe in der Person des Erblassers (→ BFH vom 19.2.1998 – BStBl II S. 509).

Milchquote
Veräußert ein Landwirt seinen Grünlandbetrieb samt landwirtschaftlichen Nutzflächen und Milchreferenzmenge, sind die dafür gezahlten Entgelte dem Pauschalwert für den Grund und Boden gegenüberzustellen. Nur in diesem Rahmen wird die Verlustausschlußklausel des § 55 Abs. 6 EStG wirksam (→ BFH vom 5. 3. 1998 – HFR S. 739).

Parzellenweise Verpachtung
→ H 139 (5)

Rückverpachtung
Eine Betriebsveräußerung liegt auch vor, wenn alle wesentlichen Grundlagen eines Betriebs veräußert und sogleich an den Veräußerer zurückverpachtet werden (→ BFH vom 28.3.1985 – BStBl II S. 508).

Teilbetrieb
→ R 131 Abs. 3 und 4 sowie R 139 Abs. 3
Beispiele:
- Forstbetrieb bei einem Betrieb der Land- und Forstwirtschaft; bei Veräußerung einer größeren Teilfläche ist eigener Betriebsplan und eigene Betriebsabrechnung für die Teilfläche nicht erforderlich (→ BFH vom 17.1.1991 – BStBl II S. 566).
- Vorwerk eines Gutes
- Sägewerk eines Forstbetriebs

Überschuldungsbetrag
Bei der Ermittlung des Gewinns aus der Aufgabe eines buchmäßig überschuldeten Betriebs mindert der Überschuldungsbetrag nicht den Aufgabegewinn (→ BFH vom 7.3.1996 – BStBl II S. 415).

Verpachtung
Verpächter hat Wahlrecht zwischen Betriebsaufgabe und Fortführung des Betriebs (→ BFH vom 15.10.1987 – BStBl 1988 II S. 260 und vom 28.11.1991 – BStBl 1992 II S. 521).

Wirtschaftserschwernisse
→ BMF vom 5.3.1992 (BStBl 1992 I S. 187):
1. Gewinnermittlung nach § 4 Abs. 1 EStG
    - Vertragsabschluß vor dem 1.1.1993
        Schuldposten Wirtschaftserschwernisse in der Bilanz ist aus Billigkeitsgründen in gleichen Jahresbeträgen, längstens innerhalb von 20 Jahren, aufzulösen.

- Vertragsabschluß nach dem 31.12.1992
  Passiver Rechnungsabgrenzungsposten, Rückstellung oder anderer Schuldposten in der Bilanz ist nicht zulässig.
2. Gewinnermittlung nach § 4 Abs. 3 EStG
  - Vertragsabschluß vor dem 1.1.1993
    Eine Verteilung vom Zeitpunkt des Zuflusses auf längstens 20 Jahre wird aus Billigkeitsgründen zugelassen.
  - Vertragsabschluß nach dem 31.12.1992
    Entschädigung ist bei Zufluß in voller Höhe als Betriebseinnahme zu erfassen.
3. Gewinnermittlung nach § 13a EStG
  → H 130a (Wirtschaftserschwernisse)
  → H 31b (Wirtschaftserschwernisse)

Wohnungen
Einbeziehung von Wohnungen in den Veräußerungsgewinn → BMF vom 12.11.1986 (BStBl 1986 I S. 528).

132. Durch behördlichen Zwang veranlaßte Veräußerungen   R 132

¹Gesetze und Verordnungen, die die Deckung des Landbedarfs der öffentlichen Hand regeln, bestimmen zum Teil, daß Geschäfte und Verhandlungen, die der Durchführung der Landbeschaffung und der Landentschädigung dienen, von allen Gebühren und Steuern des Bundes, der Länder und der sonstigen öffentlichen Körperschaften befreit sind. ²Die Befreiung erstreckt sich nicht auf die Einkommensteuer für Gewinne aus diesen Rechtsgeschäften.

S 2239

Hinweise   H 132

Übertragung von stillen Reserven
→ R 35

133.   R 133

– unbesetzt –

§ 14a[1])
Vergünstigungen bei der Veräußerung bestimmter land- und forstwirtschaftlicher Betriebe

(1) ¹Veräußert ein Steuerpflichtiger nach dem 30. Juni 1970 und vor dem 1. Januar 2001 seinen land- und forstwirtschaftlichen Betrieb im ganzen, so wird auf Antrag der Veräußerungsgewinn (§ 16 Abs. 2) nur insoweit zur Einkommensteuer herangezogen, als er den Betrag von 150.000 Deutsche Mark übersteigt, wenn

1. der für den Zeitpunkt der Veräußerung maßgebende Wirtschaftswert (§ 46 Bewertungsgesetz) des Betriebs 40.000 Deutsche Mark nicht übersteigt,
2. die Einkünfte des Steuerpflichtigen im Sinne des § 2 Abs. 1 Satz 1 Nr. 2 bis 7 in den dem Veranlagungszeitraum der Veräußerung vorangegangenen beiden Veranlagungszeit-

S 2239a

---
¹) Zur Anwendung → § 52 Abs. 17 EStG.

§ 14a EStG

räumen jeweils den Betrag von 35.000 Deutsche Mark nicht überstiegen haben. ²Bei Ehegatten, die nicht dauernd getrennt leben, gilt Satz 1 mit der Maßgabe, daß die Einkünfte beider Ehegatten zusammen jeweils 70.000 Deutsche Mark nicht überstiegen haben.

³Ist im Zeitpunkt der Veräußerung ein nach Nummer 1 maßgebender Wirtschaftswert nicht festgestellt oder sind bis zu diesem Zeitpunkt die Voraussetzungen für eine Wertfortschreibung erfüllt, so ist der Wert maßgebend, der sich für den Zeitpunkt der Veräußerung als Wirtschaftswert ergeben würde.

(2) ¹Der Anwendung des Absatzes 1 und des § 34 Abs. 1 steht nicht entgegen, wenn die zum land- und forstwirtschaftlichen Vermögen gehörenden Gebäude mit dem dazugehörigen Grund und Boden nicht mitveräußert werden. ²In diesem Fall gelten die Gebäude mit dem dazugehörigen Grund und Boden als entnommen. ³Der Freibetrag kommt auch dann in Betracht, wenn zum Betrieb ein forstwirtschaftlicher Teilbetrieb gehört und dieser nicht mitveräußert, sondern als eigenständiger Betrieb vom Steuerpflichtigen fortgeführt wird. ⁴In diesem Falle ermäßigt sich der Freibetrag auf den Teil, der dem Verhältnis des tatsächlich entstandenen Veräußerungsgewinns zu dem bei einer Veräußerung des ganzen land- und forstwirtschaftlichen Betriebs erzielbaren Veräußerungsgewinns entspricht.

(3) ¹Als Veräußerung gilt auch die Aufgabe des Betriebs, wenn

1. die Voraussetzungen des Absatzes 1 erfüllt sind und
2. der Steuerpflichtige seinen land- und forstwirtschaftlichen Betrieb zum Zweck der Strukturverbesserung abgegeben hat und dies durch eine Bescheinigung der nach Landesrecht zuständigen Stelle nachweist.

¹⁾ ¹§ 16 Abs. 3 Satz 3 und 4 gilt entsprechend.

²⁾ (4) ¹Veräußert oder entnimmt ein Steuerpflichtiger nach dem 31. Dezember 1979 und vor dem 1. Januar 2001 Teile des zu einem land- und forstwirtschaftlichen Betrieb gehörenden Grund und Bodens, so wird der bei der Veräußerung oder der Entnahme entstehende Gewinn auf Antrag nur insoweit zur Einkommensteuer herangezogen, als er den Betrag von 120.000 Deutsche Mark übersteigt. ²Satz 1 ist nur anzuwenden, wenn

1. der Veräußerungspreis nach Abzug der Veräußerungskosten oder der Grund und Boden innerhalb von 12 Monaten nach der Veräußerung oder Entnahme in sachlichem Zusammenhang mit der Hoferbfolge oder Hofübernahme zur Abfindung weichender Erben verwendet wird und
2. das Einkommen des Steuerpflichtigen ohne Berücksichtigung des Gewinns aus der Veräußerung oder Entnahme und des Freibetrags in dem dem Veranlagungszeitraum der Veräußerung oder Entnahme vorangegangenen Veranlagungszeitraum den Betrag von 35.000 Deutsche Mark nicht überstiegen hat; bei Ehegatten, die nach den §§ 26, 26b zusammen veranlagt werden, erhöht sich der Betrag von 35.000 Deutsche Mark auf 70.000 Deutsche Mark.

³Übersteigt das Einkommen den Betrag von 35.000 Deutsche Mark, so vermindert sich der Betrag von 120.000 Deutsche Mark nach Satz 1 für jede angefangenen 500 Deutsche Mark des übersteigenden Einkommens um 20.000 Deutsche Mark; bei Ehegatten, die nach den §§ 26, 26b zusammen veranlagt werden und deren Einkommen den Betrag von 70.000 Deutsche Mark übersteigt, vermindert sich der Betrag von 120.000 Deutsche Mark nach Satz 1 für jede angefangenen 1.000 Deutsche Mark des übersteigenden Einkommens um 20.000 Deutsche Mark. ⁴Werden mehrere weichende Erben abgefunden, so kann der Freibetrag mehrmals, jedoch insgesamt nur einmal je weichender Erbe geltend gemacht werden, auch wenn die Abfindung in mehreren Schritten oder durch mehrere Inhaber des Betriebs vorgenommen wird. ⁵Weichender Erbe ist, wer gesetzlicher Erbe eines Inhabers eines land- und forstwirtschaftlichen Betriebs ist oder bei gesetzlicher Erbfolge wäre, aber nicht zur Übernahme des Betriebs berufen ist; eine Stellung als Mitunternehmer des Betriebs bis zur Auseinandersetzung steht einer Behandlung als weichender Erbe nicht entgegen, wenn sich die Erben innerhalb von zwei Jahren nach dem Erbfall auseinandersetzen. ⁶Ist ein zur

---

1) Anm.: Durch das Steuerentlastungsgesetz 1999/2000/2002 wurden in Absatz 3 Satz 2 mit Wirkung ab VZ 1999 die Worte „Satz 3 und 4" durch die Worte „Satz 4 und 5" ersetzt.
2) Anm.: Durch das Steuerentlastungsgesetz 1999/2000/2002 wurde mit Wirkung ab VZ 1999 in Absatz 4 Satz 1 die Jahreszahl „2001" durch die Jahreszahl „2006" ersetzt.

Übernahme des Betriebs berufener Miterbe noch minderjährig, beginnt die Frist von zwei Jahren mit Eintritt der Volljährigkeit.

(5) ¹Veräußert ein Steuerpflichtiger nach dem 31. Dezember 1985 und vor dem 1. Januar 2001 Teile des zu einem land- und forstwirtschaftlichen Betrieb gehörenden Grund und Bodens, so wird der bei der Veräußerung entstehende Gewinn auf Antrag nur insoweit zur Einkommensteuer herangezogen, als er den Betrag von 90.000 Deutsche Mark übersteigt, wenn

1. der Steuerpflichtige den Veräußerungspreis nach Abzug der Veräußerungskosten zur Tilgung von Schulden verwendet, die zu dem land- und forstwirtschaftlichen Betrieb gehören und vor dem 1. Juli 1985 bestanden haben, und
2. die Voraussetzungen des Absatzes 4 Satz 2 Nr. 2 erfüllt sind.

²Übersteigt das Einkommen den Betrag von 35.000 Deutsche Mark, so vermindert sich der Betrag von 90.000 Deutsche Mark nach Satz 1 für jede angefangenen 500 Deutsche Mark des übersteigenden Einkommens um 15.000 Deutsche Mark; bei Ehegatten, die nach den §§ 26, 26b zusammen veranlagt werden und bei denen das Einkommen den Betrag von 70.000 Deutsche Mark übersteigt, vermindert sich der Betrag von 90.000 Deutsche Mark nach Satz 1 für jede angefangenen 1.000 Deutsche Mark des übersteigenden Einkommens um 15.000 Deutsche Mark. ³Der Freibetrag von höchstens 90.000 Deutsche Mark wird für alle Veräußerungen im Sinne des Satzes 1 insgesamt nur einmal gewährt.

(6) Verwendet der Steuerpflichtige den Veräußerungspreis oder entnimmt er den Grund und Boden nur zum Teil zu den in den Absätzen 4 und 5 angegebenen Zwecken, so ist nur der entsprechende Teil des Gewinns aus der Veräußerung oder Entnahme steuerfrei.

(7) Auf die Freibeträge nach Absatz 4 in dieser Fassung sind die Freibeträge, die nach Absatz 4 in den vor dem 1. Januar 1986 geltenden Fassungen gewährt worden sind, anzurechnen.

133a. Freibetrag bei Betriebsveräußerung im ganzen (§ 14a Abs. 1 bis 3 EStG)

Freibetrag

(1) ¹Der Freibetrag nach § 14a Abs. 1 bis 3 EStG ist objektbezogen; *er unterliegt nicht der personenbezogenen Begrenzung des § 16 Abs. 4 EStG*. ²Veräußert ein Land- und Forstwirt mehrere Betriebe, so kann demzufolge der Freibetrag mehrmals in Betracht kommen. ³Das gilt auch dann, wenn die Veräußerung der Betriebe in einem Veranlagungszeitraum erfolgt. ⁴Wurde der veräußerte land- und forstwirtschaftliche Betrieb in der Rechtsform einer Personengesellschaft oder von einer Gemeinschaft geführt, so steht der Freibetrag allen Gesellschaftern oder Gemeinschaftern gemeinsam nur einmal zu. ⁵Dasselbe gilt, wenn alle Gesellschafter oder Gemeinschafter gleichzeitig ihre Anteile veräußern.

Gesonderte und einheitliche Feststellung

(2) ¹Ist der Gewinn aus einem land- und forstwirtschaftlichen Betrieb gesondert und einheitlich festzustellen, so sind die Voraussetzungen für die Gewährung des Freibetrags nach § 14a Abs. 1 EStG mit Ausnahme der Voraussetzung nach § 14a Abs. 1 Nr. 2 EStG (Begrenzung der nicht land- und forstwirtschaftlichen Einkünfte des Steuerpflichtigen) im Rahmen des gesonderten und einheitlichen Gewinnfeststellungsverfahrens zu prüfen. ²Ob die Voraussetzung des § 14a Abs. 1 Nr. 2 EStG vorliegt, ist bei der Veranlagung des Steuerpflichtigen zur Einkommensteuer zu entscheiden. ³Die Voraussetzung des § 14a Abs. 3 Nr. 2 EStG ist im Rahmen des gesonderten und einheitlichen Gewinnfeststellungsverfahrens zu prüfen.

§ 14a EStG
R 133b H 133a

H 133a Hinweise

Einkünfte bei Ehegatten

Bei Ehegatten, die nicht dauernd getrennt leben, sind die Einkünfte für Zwecke des § 14a Abs. 1 Nr. 2 EStG auch dann zusammmenzurechen, wenn ein Ehegatte die getrennte Veranlagung nach § 26a EStG oder die besondere Veranlagung nach § 26c EStG wählt.

Teilbetrieb im Sinne des § 14a Abs. 2 EStG

→ R 131 Abs. 3

Veräußerungsgewinn

Der Veräußerungsgewinn im Sinne des § 14a Abs. 1 bis 3 EStG ist dem Gewinn des Kalenderjahres hinzuzurechnen, in dem er entstanden ist. In Höhe des Freibetrages nach § 14a Abs. 1 bis 3 EStG ist ein erzielter Veräußerungsgewinn sachlich steuerfrei (→ BFH vom 16.12.1975 – BStBl 1976 II S. 360).

R 133b 133b. Freibetrag für die Abfindung weichender Erben (§ 14a Abs. 4, 6 und 7 EStG)

Vorweggenommene Erbfolge

(1) ¹Eine Abfindung weichender Erben liegt auch dann vor, wenn in sachlichem Zusammenhang mit der Übertragung des land- und forstwirtschaftlichen Betriebs im Wege der vorweggenommenen Erbfolge begünstigte Leistungen an den weichenden Erben erbracht werden. ²Die Beteiligten müssen davon ausgehen, daß der Zuwendungsempfänger den Betrieb nicht übernehmen wird und sich die Zuwendung auf seine Abfindungsansprüche anrechnen lassen muß (→ BFH vom 4.3.1993 – BStBl II S. 788); eine bloße Absichtsbekundung der Beteiligten reicht allerdings nicht aus, wenn die sonstigen Umstände (z. B. Berufsausbildung oder ausgeübter Beruf der künftigen Erben) gegen die Angaben der Beteiligten sprechen. ³Wird der Abgefundene später Erbe oder Hofübernehmer oder bleibt der Betrieb nicht bestehen, ist der begünstigende Einkommensteuerbescheid gemäß § 175 Abs. 1 Nr. 2 AO zu ändern. ⁴Ein bereits gewährter Freibetrag ist aus Billigkeitsgründen nicht rückgängig zu machen, wenn nachträglich eingetretene zwingende Umstände die vorgesehene Handhabung unmöglich gemacht haben, z. B. Tod oder schwere und bleibende Erkrankung des vorgesehenen Hofnachfolgers.

Abfindung durch mehrere Personen bzw. bei mehreren Betrieben

(2) ¹Finden mehrere Personen wegen desselben land- und forstwirtschaftlichen Betriebs weichende Erben ab, ist der Freibetrag bis zur Höhe von 120.000 DM je weichender Erbe anteilig zu gewähren. ²Es ergibt sich kein mehrfacher Anspruch auf die Gewährung eines Freibetrags nach § 14a Abs. 4 EStG, wenn ein Steuerpflichtiger Inhaber mehrerer land- und forstwirtschaftlicher Betriebe ist. ³Im übrigen kann der Freibetrag in Höhe von 120.000 DM auch bei Ehegattenmitunternehmerschaften oder wenn der künftige Erblasser Inhaber mehrerer Betriebe ist, nur insgesamt einmal für jeden weichenden Erben gewährt werden. ⁴Wird ein weichender Erbe in mehreren Schritten und/oder von mehreren Personen abgefunden, so sind auf Grund von Abfindungen für ihn bereits gewährte Freibeträge anzurechnen. ⁵Finden mehrere Steuerpflichtige nacheinander, z. B. Hofübergeber und später auch der Hofübernehmer, einen weichenden Erben ab, so kann zunächst der Steuerpflichtige, der als erster einen begünstigten Gewinn erzielt, den Freibetrag bis zur vollen Höhe in Anspruch nehmen. ⁶Finden Mitunternehmer gleichzeitig denselben weichenden Erben ab und ist ihnen der Veräußerungs- oder Entnahmegewinn zuzurechnen, so ist ihnen der Freibetrag im gleichen Verhältnis zuzurechnen wie der Veräußerungs- oder Entnahmegewinn.

Freibeträge vor dem 1.1.1986

(3) ¹Für die nach § 14a Abs. 7 EStG erforderliche Anrechnung von Freibeträgen, die auf Grund der vor dem 1.1.1986 geltenden Gesetzesfassungen gewährt wurden, sind diese auf die einzelnen weichenden Erben aufzuteilen, wenn die Gewährung des (Alt-)Freibetrags auf einer Abfindung mehrerer weichender Erben beruhte. ²Dabei ist das Verhältnis der dem

§ 14a EStG
H 133b   R 133b

weichenden Erben zugewendeten Abfindung zur Gesamtabfindung aus dem einheitlichen Abfindungsvorgang maßgebend.

Veräußerung mehrerer Wirtschaftsgüter
(4) Werden in einem Rechtsgeschäft mehrere Wirtschaftsgüter veräußert, z. B. ein bebautes Grundstück oder eine Forstfläche, so ist nur der auf den Grund und Boden entfallende Gewinn begünstigt bzw. bei der Ermittlung der Einkommensgrenze nicht zu berücksichtigen.

Hinweise   H 133b

Berechnung des Freibetrags nach § 14a Abs. 5 EStG
→ das Berechnungsschema ist auf der folgenden Seite abgedruckt.

Betriebsaufgabe/-veräußerung
§ 14a Abs. 4 EStG ist nicht anwendbar, wenn der land- und forstwirtschaftliche Betrieb nicht übergeben oder vererbt, sondern aufgegeben oder veräußert wird (→ BFH vom 21.3.1985 – BStBl II S. 614).

Betriebsübergabe im ganzen unter gleichzeitiger Abfindung weichender Erben
Der Freibetrag zur Abfindung weichender Erben nach § 14a Abs. 4 EStG ist auch zu gewähren, wenn der Betrieb gleichzeitig im Wege vorweggenommener Erbfolge auf den Hofnachfolger übertragen wird, der die Buchwerte nach § 7 Abs. 1 EStDV fortführt.

Eine unentgeltliche Übertragung eines Betriebs im Sinne des § 7 Abs. 1 EStDV liegt nur vor, wenn das wirtschaftliche Eigentum an allen wesentlichen Betriebsgrundlagen in einem einheitlichen Vorgang und unter Aufrechterhaltung des geschäftlichen Organismus auf einen Erwerber übertragen wird. Der Senat hält an seiner Rechtsprechung fest, wonach die Zurückbehaltung von 12 v. H. der landwirtschaftlichen Flächen in Form von geringwertigem Weideland unschädlich ist, die Zurückbehaltung von rd. 18 oder 20 oder 40 v. H. der landwirtschaftlichen Flächen aber die Buchwertfortführung ausschließt. Diese Rechtsprechung findet aber keine Anwendung auf eine Entnahme in zeitlichem Zusammenhang mit einer Betriebsübertragung im Wege vorweggenommener Erbfolge.

Im Streitfall blieb offen, ob die Zurückbehaltung landwirtschaftlicher Flächen bei der Hofübergabe zum Zwecke späterer Abfindung weichender Erben durch den Übergeber einer unentgeltlichen Betriebsübertragung entgegensteht (→ BFH vom 9.5.1996 – BStBl II S. 476).

Einkommensgrenze
Bei Ermittlung der nach § 14a Abs. 4 Satz 2 Nr. 2 EStG maßgebenden Einkommensgrenze wird das Einkommen nicht um andere zuvor zur Abfindung weichender Erben gewährte Freibeträge erhöht (→ BFH vom 18.6.1998 – BStBl II S. 623).

Erbauseinandersetzung
→ BMF vom 11.1.1993 (BStBl I S. 62, insbesondere Tz. 86 ff.)   Anhang 10

Erbe, weichender
§ 14a Abs. 4 EStG ist auch anwendbar, wenn der Ehegatte des Steuerpflichtigen abgefunden wird (→ BFH vom 18.6.1998 – BStBl II S. 621).

Erbfolge, vorweggenommene
– → BMF vom 13.1.1993 (BStBl I S. 80, insbesondere Tz. 42 ff.)   Anhang 10
– Die Inanspruchnahme des Freibetrags nach § 14a Abs. 4 EStG ist neben der Anwendung des § 7 Abs. 1 EStDV möglich (→ BFH vom 9.5.1996 – BStBl II S. 476).

§ 14a EStG
R 133c H 133b

Freibetrag

Der Freibetrag wird auch gewährt, wenn Grund und Boden nicht dem weichenden Erben, sondern einem Dritten übereignet und der Wert auf die Erbansprüche des weichenden Erben angerechnet wird (→ BFH vom 26.11.1987 – BStBl 1988 II S. 490). Leistungen zur Abfindung weichender Erben sind auch insoweit begünstigt, als sie den Betrag übersteigen, der den weichenden Erben nach der HöfeO zusteht (→ BFH vom 22.9.1994 – BStBl 1995 II S. 371).

Der Freibetrag zur Abfindung weichender Erben kann auch für die Abfindung des Ehegatten des Steuerpflichtigen gewährt werden (→ BFH vom 18. 6. 1998 – HFR 1998 S. 983).

Fristbeginn (§ 14a Abs. 4 Nr. 1 EStG)

Unter Veräußerung ist die Veräußerung im bürgerlich-rechtlichen Sinne – also Eintragung des Eigentumsübergangs im Grundbuch – zu verstehen (→ BFH vom 24.7.1980 – BStBl 1981 II S. 124).

Nachabfindungsanspruch

Die Erfüllung der Ansprüche ist nicht nach § 14a Abs. 4 EStG begünstigt, da der sachliche Zusammenhang der Hofübergabe fehlt (→ BFH vom 5.11.1998 – BStBl 1999 II S. 57).

R 133c   133c. Freibetrag für Schuldentilgung (§ 14a Abs. 5 EStG)

Freibetrag

(1) ¹Der Freibetrag ist personenbezogen. ²Er kann daher jedem Steuerpflichtigen unabhängig von der Zahl der ihm gehörenden land- und forstwirtschaftlichen Betriebe nur einmal gewährt werden. ³Sind an einem Betrieb (Mitunternehmerschaft) mehrere Steuerpflichtige beteiligt, so hat jeder Beteiligte einen eigenen Anspruch auf einen Freibetrag. ⁴In diesen Fällen ist darauf zu achten, welcher der Mitunternehmer den begünstigten Veräußerungsgewinn in welchem Umfang verwirklicht. ⁵Der Hoferbe oder Rechtsnachfolger im Sinne des § 7 Abs. 1 EStDV hat unabhängig von der Höhe des dem Rechtsvorgänger bereits gewährten Freibetrags einen eigenen Anspruch auf die Gewährung eines vollen Freibetrags nach § 14a Abs. 5 EStG.

Begünstigte Schulden

(2) ¹Die getilgte Schuld muß am 30.6.1985 bereits eine betriebliche Schuld gewesen sein und im Zeitpunkt der begünstigten Verwendung des Veräußerungserlöses noch als betriebliche Schuld bestehen. ²Ist eine zuvor private Schuld nach dem 30.6.1985 in eine betriebliche Schuld umgewandelt worden, so ist eine Tilgung dieser Schuld nicht begünstigt. ³Bei einer Kontokorrentschuld ist der niedrigste Schuldenstand seit dem 30.6.1985 bis zum Tag der begünstigten Verwendung des Veräußerungserlöses maßgebend. ⁴War die Kontokorrentschuld zu irgendeinem Zeitpunkt nach dem 30.6.1985 in vollem Umfang getilgt, so kommt sie nicht mehr für die Gewährung eines Freibetrags nach § 14a Abs. 5 EStG in Betracht.

Tilgung der Schuld

(3) ¹Ein zeitlicher Zusammenhang zwischen der Veräußerung des Grund und Bodens und der Schuldentilgung braucht nicht zu bestehen. ²Allerdings muß der Veräußerungserlös unmittelbar zur betrieblichen Schuldentilgung verwendet werden, so daß es schädlich ist, wenn der Steuerpflichtige mit dem Veräußerungserlös z. B. zunächst eine private Schuld tilgt. ³Schädlich ist es ebenfalls, wenn der Steuerpflichtige mit dem Veräußerungserlös zunächst andere Wirtschaftsgüter, z. B. Maschinen, Wertpapiere, erwirbt und die betriebliche Schuld erst mit dem Erlös aus der Veräußerung dieser Wirtschaftsgüter tilgt. ⁴Unschädlich ist es dagegen, wenn der Steuerpflichtige den Veräußerungserlös zunächst bei einer Bank, z. B. als Festgeld, anlegt, sofern die begünstigte betriebliche Schuld im Veräußerungszeitpunkt noch nicht getilgt werden kann. ⁵Ist bei der Veranlagung für den VZ der Veräußerung von Grund und Boden noch nicht bekannt, ob und in welchem Umfang der Veräußerungserlös zur begünstigten Schuldentilgung verwendet wird, so ist der Steuer- oder Feststellungsbescheid insoweit vorläufig nach § 165 AO zu erteilen. ⁶§ 14a Abs. 5 EStG ist nicht anwendbar, wenn

der Gewinn aus der Veräußerung des Grund und Bodens in einen Veräußerungs- oder Aufgabegewinn nach § 14 oder § 14a Abs. 1 bis 3 EStG einzubeziehen ist.

Veräußerung mehrerer Wirtschaftsgüter
(4) Bei Veräußerung von mehreren Wirtschaftsgütern, z. B. Grund und Boden mit Gebäude, stehendem Holz oder Feldinventar, in einem einheitlichen Veräußerungsvorgang ist nur der auf den Grund und Boden entfallende Gewinn begünstigt bzw. bei der Ermittlung der Einkommensgrenze nicht zu berücksichtigen.

Hinweise

Schuldumwandlung

Die Inanspruchnahme des Freibetrages nach § 14a Abs. 5 EStG ist auch bei Umwandlung einer Kontokorrentschuld in ein langfristiges Darlehen möglich. (→ BFH vom 9.11.1995 – BStBl 1996 II S. 217)

b) Gewerbebetrieb (§ 2 Abs. 1 Satz 1 Nr. 2)

§ 15
Einkünfte aus Gewerbebetrieb

(1) ¹Einkünfte aus Gewerbebetrieb sind
1. Einkünfte aus gewerblichen Unternehmen. Dazu gehören auch Einkünfte aus gewerblicher Bodenbewirtschaftung, z. B. aus Bergbauunternehmen und aus Betrieben zur Gewinnung von Torf, Steinen und Erden, soweit sie nicht land- oder forstwirtschaftliche Nebenbetriebe sind;
2. die Gewinnanteile der Gesellschafter einer Offenen Handelsgesellschaft, einer Kommanditgesellschaft und einer anderen Gesellschaft, bei der der Gesellschafter als Unternehmer (Mitunternehmer) des Betriebs anzusehen ist, und die Vergütungen, die der Gesellschafter von der Gesellschaft für seine Tätigkeit im Dienst der Gesellschaft oder für die Hingabe von Darlehen oder für die Überlassung von Wirtschaftsgütern bezogen hat. Der mittelbar über eine oder mehrere Personengesellschaften beteiligte Gesellschafter steht dem unmittelbar beteiligten Gesellschafter gleich; er ist als Mitunternehmer des Betriebs der Gesellschaft anzusehen, an der er mittelbar beteiligt ist, wenn er und die Personengesellschaften, die seine Beteiligung vermitteln, jeweils als Mitunternehmer der Betriebe der Personengesellschaften anzusehen sind, an denen sie unmittelbar beteiligt sind;
3. die Gewinnanteile der persönlich haftenden Gesellschafter einer Kommanditgesellschaft auf Aktien, soweit sie nicht auf Anteile am Grundkapital entfallen, und die Vergütungen, die der persönlich haftende Gesellschafter von der Gesellschaft für seine Tätigkeit im Dienst der Gesellschaft oder für die Hingabe von Darlehen oder für die Überlassung von Wirtschaftsgütern bezogen hat.

²Satz 1 Nr. 2 und 3 gilt auch für Vergütungen, die als nachträgliche Einkünfte (§ 24 Nr. 2) bezogen werden.²⁾

(2) ¹Eine selbständige nachhaltige Betätigung, die mit der Absicht, Gewinn zu erzielen, unternommen wird und sich als Beteiligung am allgemeinen wirtschaftlichen Verkehr darstellt, ist Gewerbebetrieb, wenn die Betätigung weder als Ausübung von Land- und Forst-

---

1) Zur Anwendung → § 52 Abs. 18 EStG.
2) Anm.: Durch das Steuerentlastungsgesetz 1999/2000/2002 wurde dem Absatz 1 mit Wirkung ab dem VZ 1999 folgender neuer Satz angefügt:
„§ 13 Abs. 5 gilt entsprechend, sofern das Grundstück im Veranlagungszeitraum 1986 zu einem gewerblichen Betriebsvermögen gehört hat."

wirtschaft noch als Ausübung eines freien Berufs noch als eine andere selbständige Arbeit anzusehen ist. ²Eine durch die Betätigung verursachte Minderung der Steuern vom Einkommen ist kein Gewinn im Sinne des Satzes 1. ³Ein Gewerbebetrieb liegt, wenn seine Voraussetzungen im übrigen gegeben sind, auch dann vor, wenn die Gewinnerzielungsabsicht nur ein Nebenzweck ist.

(3) Als Gewerbebetrieb gilt in vollem Umfang die mit Einkünfteerzielungsabsicht unternommene Tätigkeit

1. einer Offenen Handelsgesellschaft, einer Kommanditgesellschaft oder einer anderen Personengesellschaft, wenn die Gesellschaft auch eine Tätigkeit im Sinne des Absatzes 1 Satz 1 Nr. 1 ausübt,

2. einer Personengesellschaft, die keine Tätigkeit im Sinne des Absatzes 1 Satz 1 Nr. 1 ausübt und bei der ausschließlich eine oder mehrere Kapitalgesellschaften persönlich haftende Gesellschafter sind und nur diese oder Personen, die nicht Gesellschafter sind, zur Geschäftsführung befugt sind (gewerblich geprägte Personengesellschaft). Ist eine gewerblich geprägte Personengesellschaft als persönlich haftender Gesellschafter an einer anderen Personengesellschaft beteiligt, so steht für die Beurteilung, ob die Tätigkeit dieser Personengesellschaft als Gewerbebetrieb gilt, die gewerblich geprägte Personengesellschaft einer Kapitalgesellschaft gleich.

S 2119 (4) ¹Verluste aus gewerblicher Tierzucht oder gewerblicher Tierhaltung dürfen weder mit anderen Einkünften aus Gewerbebetrieb noch mit Einkünften aus anderen Einkunftsarten ausgeglichen werden; sie dürfen auch nicht nach § 10d abgezogen werden. ²Die Verluste mindern jedoch nach Maßgabe des § 10d die Gewinne, die der Steuerpflichtige in vorangegangenen und in späteren Wirtschaftsjahren aus gewerblicher Tierzucht oder gewerblicher Tierhaltung erzielt hat oder erzielt.¹)

R 134   **134. Selbständigkeit**

Versicherungsvertreter

S 2240 (1) ¹Versicherungsvertreter, die Versicherungsverträge selbst vermitteln (sog. Spezialagenten), sind in vollem Umfang als selbständig anzusehen. ²Das gilt auch dann, wenn sie neben Provisionsbezügen ein mäßiges festes Gehalt bekommen. ³Soweit ein Spezialagent nebenbei auch Verwaltungsaufgaben und die Einziehung von Prämien oder Beiträgen übernommen hat, sind die Einnahmen daraus als Entgelte für selbständige Nebentätigkeit zu behandeln. ⁴Es ist dabei unerheblich, ob sich z. B. Inkassoprovisionen auf Versicherungen beziehen, die der Spezialagent selbst geworben hat, oder auf andere Versicherungen. ⁵Versicherungsvertreter, die mit einem eigenen Büro für einen bestimmten Bezirk sowohl den Bestand zu verwalten als auch neue Geschäfte abzuschließen haben und im wesentlichen auf Provisionsbasis arbeiten, sind in der Regel Gewerbetreibende.

Hausgewerbetreibende und Heimarbeiter

(2) ¹Hausgewerbetreibende sind im Gegensatz zu Heimarbeitern, deren Tätigkeit als nichtselbständige Arbeit anzusehen ist, selbständige Gewerbetreibende. ²Die Begriffe des → Hausgewerbetreibenden und des → Heimarbeiters sind im HAG bestimmt. ³Wie bei

---

¹) Anm.: Durch das Steuerentlastungsgesetz 1999/2000/2002 wurde mit Wirkung ab dem VZ 1999
– Absatz 4 Satz 2 wie folgt gefaßt:
„²Die Verluste mindern jedoch nach Maßgabe des § 10d die Gewinne, die der Steuerpflichtige in dem unmittelbar vorangegangenen und in den folgenden Wirtschaftsjahren aus gewerblicher Tierzucht oder gewerblicher Tierhaltung erzielt hat oder erzielt."
– folgender Satz dem Absatz 4 angefügt:
„³Die Sätze 1 und 2 gelten entsprechend für Verluste aus Termingeschäften, durch die der Steuerpflichtige einen Differenzausgleich oder einen durch den Wert einer veränderlichen Bezugsgröße bestimmten Geldbetrag oder Vorteil erlangt, soweit die Geschäfte nicht zum gewöhnlichen Geschäftsbetrieb bei Kreditinstituten, Finanzdienstleistungsinstituten und Finanzunternehmen im Sinne des Gesetzes über das Kreditwesen gehören oder soweit sie nicht der Absicherung von Geschäften des gewöhnlichen Geschäftsbetriebs dienen."

Heimarbeitern ist die Tätigkeit der nach § 1 Abs. 2 Buchstabe a HAG gleichgestellten Personen, „die in der Regel allein oder mit ihren Familienangehörigen in eigener Wohnung oder selbstgewählter Betriebsstätte eine sich in regelmäßigen Arbeitsvorgängen wiederholende Arbeit im Auftrag eines anderen gegen Entgelt ausüben, ohne daß ihre Tätigkeit als gewerblich anzusehen oder daß der Auftraggeber ein Gewerbetreibender oder Zwischenmeister ist", als nichtselbständige Arbeit anzusehen. [4]Dagegen sind die nach § 1 Abs. 2 Buchstaben b bis d HAG gleichgestellten Personen wie Hausgewerbetreibende selbständige Gewerbetreibende. [5]Über die Gleichstellung mit Hausgewerbetreibenden entscheiden nach dem HAG die von den zuständigen Arbeitsbehörden errichteten Heimarbeitsausschüsse. [6]Für die Unterscheidung von Hausgewerbetreibenden und Heimarbeitern ist von dem Gesamtbild des einzelnen Falles auszugehen. [7]Heimarbeiter ist nicht, wer fremde Hilfskräfte beschäftigt oder die Gefahr des Unternehmens, insbesondere auch wegen wertvoller Betriebsmittel, trägt. [8]Auch eine größere Anzahl von Auftraggebern und ein größeres Betriebsvermögen können die Eigenschaft als Hausgewerbetreibender begründen. [9]Die Tatsache der Zahlung von Sozialversicherungsbeiträgen durch den Auftraggeber ist für die Frage, ob ein Gewerbebetrieb vorliegt, ohne Bedeutung.[1])

Hinweise

Allgemeines
Voraussetzung für die Annahme eines Gewerbebetriebes ist die Selbständigkeit der Tätigkeit, d.h., die Tätigkeit muß auf eigene Rechnung (Unternehmerrisiko) und auf eigene Verantwortung (Unternehmerinitiative) ausgeübt werden (→ BFH vom 27.9.1988 – BStBl 1989 II S. 414).

Freie Mitarbeit
Vertraglich vereinbarte freie Mitarbeit kann Arbeitsverhältnis begründen (→ BFH vom 24.7.1992 – BStBl 1993 II S. 155).

Generalagent
Bei den sog. Generalagenten kommt eine Aufteilung der Tätigkeit in eine selbständige und in eine nichtselbständige Tätigkeit im allgemeinen nicht in Betracht. Im allgemeinen ist der Generalagent ein Gewerbetreibender, wenn er das Risiko seiner Tätigkeit trägt, ein Büro mit eigenen Angestellten unterhält, trotz der bestehenden Weisungsgebundenheit in der Gestaltung seines Büros und seiner Zeiteinteilung weitgehend frei ist, der Erfolg seiner Tätigkeit nicht unerheblich von seiner Tüchtigkeit und Initiative abhängt und ihn die Beteiligten selbst als Handelsvertreter und nicht als Arbeitnehmer bezeichnen (→ BFH vom 3.10.1961 – BStBl III S. 567). Dies gilt auch für Generalagenten eines Krankenversicherungsunternehmens (→ BFH vom 13.4.1967 – BStBl III S. 398).

Gesamtbeurteilung
Für die Frage, ob ein Steuerpflichtiger selbständig oder nichtselbständig tätig ist, kommt es nicht allein auf die vertragliche Bezeichnung, die Art der Tätigkeit oder die Form der Entlohnung an. Entscheidend ist das Gesamtbild der Verhältnisse. Es müssen die für und gegen die Selbständigkeit sprechenden Umstände gegeneinander abgewogen werden; die gewichtigeren Merkmale sind dann für die Gesamtbeurteilung maßgebend (→ BFH vom 12.10.1989 – BStBl 1990 II S. 64 und vom 18.1.1991 – BStBl II S. 409).

Handelsvertreter ist auch dann selbständig tätig, wenn Betriebsvermögen nur in geringem Umfang vorhanden ist (→ BFH vom 31.10.1974 – BStBl 1975 II S. 115 und Beschluß des BVerfG vom 25.10.1977 – BStBl 1978 II S. 125).

Hausgewerbetreibender ist, „wer in eigener Arbeitsstätte (eigener Wohnung oder Betriebsstätte) mit nicht mehr als zwei fremden Hilfskräften oder Heimarbeitern im Auftrag von Gewerbetreibenden oder Zwischenmeistern Waren herstellt, bearbeitet oder verpackt, wobei er selbst wesentlich am Stück mitarbeitet, jedoch die Verwertung der Arbeitsergebnisse dem unmittelbar oder mittelbar auftraggebenden Gewerbetreibenden überläßt. Beschafft der Hausgewerbetreibende die Roh- und Hilfsstoffe selbst oder arbeitet er vorüber-

---

[1]) Anm: → RFH vom 14.9.1938 (RStBl S. 1141).

gehend unmittelbar für den Absatzmarkt, so wird hierdurch seine Eigenschaft als Hausgewerbetreibender nicht beeinträchtigt" (→ § 2 Abs. 2 HAG).

Heimarbeiter ist, „wer in selbstgewählter Arbeitsstätte (eigener Wohnung oder selbstgewählter Betriebsstätte) allein oder mit seinen Familienangehörigen im Auftrag von Gewerbetreibenden oder Zwischenmeistern erwerbsmäßig arbeitet, jedoch die Verwertung der Arbeitsergebnisse dem unmittelbar oder mittelbar auftraggebenden Gewerbetreibenden überläßt. Beschafft der Heimarbeiter die Roh- und Hilfsstoffe selbst, so wird hierdurch seine Eigenschaft als Heimarbeiter nicht beeinträchtigt" (→ § 2 Abs. 1 HAG).

Natürliche Personen

Natürliche Personen können z.T. selbständig, z.T. nichtselbständig tätig sein (→ BFH vom 3.7.1991 – BStBl II S. 802).

Nebentätigkeit

Behandlung von Einnahmen eines selbständigen Gewerbetreibenden aus einer Nebentätigkeit → H 146 sowie A 68 LStR.

Reisevertreter

Bei einem Reisevertreter ist im allgemeinen Selbständigkeit anzunehmen, wenn er die typische Tätigkeit eines Handelsvertreters im Sinne des § 84 HGB ausübt, d.h. Geschäfte für ein anderes Unternehmen vermittelt oder abschließt und ein geschäftliches Risiko trägt. Nichtselbständigkeit ist jedoch gegeben, wenn der Reisevertreter in das Unternehmen seines Auftraggebers derart eingegliedert ist, daß er dessen Weisungen zu folgen verpflichtet ist. Ob eine derartige Unterordnung unter den geschäftlichen Willen des Auftraggebers vorliegt, richtet sich nach der von dem Reisevertreter tatsächlich ausgeübten Tätigkeit und der Stellung gegenüber seinem Auftraggeber (→ BFH vom 16.1.1952 – BStBl III S. 79). Der Annahme der Nichtselbständigkeit steht nicht ohne weiteres entgegen, daß die Entlohnung nach dem Erfolg der Tätigkeit vorgenommen wird. Hinsichtlich der Bewegungsfreiheit eines Vertreters kommt es bei der Abwägung, ob sie für eine Selbständigkeit oder Nichtselbständigkeit spricht, darauf an, ob das Maß der Bewegungsfreiheit auf der eigenen Machtvollkommenheit des Vertreters beruht oder Ausfluß des Willens des Geschäftsherrn ist (→ BFH vom 7.12.1961 – BStBl 1962 III S. 149).

Selbständigkeit

– von **Bauhandwerkern** bei nebenberuflicher **„Schwarzarbeit"** → BFH vom 21.3.1975 (BStBl II S. 513),

– eines früheren **Berufssportlers,** der wiederholt entgeltlich bei industriellen Werbeveranstaltungen mitwirkt → BFH vom 3.11.1982 (BStBl 1983 II S. 182),

– der Bezirksstellenleiter der Lotto- und Totounternehmen → BFH vom 4.7.1968 (BStBl II S. 718),

– eines **Gesellschafter-Geschäftsführers** einer Baubetreuungs-GmbH, der neben dieser Tätigkeit als Makler und Finanzierungsvermittler tätig ist → BFH vom 8.3.1989 (BStBl II S. 572),

– von **Künstlern** und verwandten Berufen → BMF vom 5.10.1990 (BStBl I S. 638) und BFH vom 30.5.1996 (BStBl II S. 493),

---

Steuerabzug vom Arbeitslohn bei unbeschränkt einkommensteuer-(lohnsteuer-)pflichtigen Künstlern und verwandten Berufen

BMF vom 5.10.1990 (BStBl I S. 638)

IV B 6 – S 2332 – 73/90

– Auszug –

Anlg.: – 1 –

Unter Bezugnahme auf das Ergebnis der Erörterung mit den obersten Finanzbehörden der Länder gilt bei Künstlern und verwandten Berufen, soweit sie eine unmittelbare Vertragsbeziehung zum Arbeitgeber/Auftraggeber begründen, zur Abgrenzung zwischen selbständiger Tätigkeit und nichtselbständiger Arbeit sowie für den Steuerabzug bei Annahme einer nichtselbständigen Arbeit folgendes:

1 **Abgrenzung zwischen selbständiger Tätigkeit und nichtselbständiger Arbeit**
Für die Annahme einer nichtselbständigen Arbeit sind die in § 1 LStDV aufgestellten Merkmale maßgebend. Danach liegt eine nichtselbständige Arbeit vor, wenn die tätige Person in der Betätigung ihres geschäftlichen Willens unter der Leitung eines Arbeitgebers steht oder in den geschäftlichen Organismus des Arbeitgebers eingegliedert und dessen Weisungen zu folgen verpflichtet ist. Dagegen ist nicht Arbeitnehmer, wer Lieferungen und sonstige Leistungen innerhalb der von ihm selbständig ausgeübten gewerblichen und beruflichen Tätigkeit im Inland gegen Entgelt ausführt, soweit es sich um die Entgelte für diese Lieferungen und sonstigen Leistungen handelt. Im übrigen kommt es bei der Abgrenzung zwischen selbständiger Tätigkeit und nichtselbständiger Arbeit nicht so sehr auf die formelle vertragliche Gestaltung, z. B. auf die Bezeichnung als freies Mitarbeiterverhältnis, als vielmehr auf die Durchführung der getroffenen Vereinbarung an (BFH-Urteil vom 29.9.1967 – BStBl 1968 II S. 84). Dies führt bei künstlerischen und verwandten Berufen im allgemeinen zu folgenden Ergebnissen:

1.1 **Tätigkeit bei Theaterunternehmen**

1.1.1 **Spielzeitverpflichtete Künstler**
Künstler und Angehörige von verwandten Berufen, die auf Spielzeit- oder Teilspielzeitvertrag angestellt sind, sind in den Theaterbetrieb eingegliedert und damit nichtselbständig. Dabei spielt es keine Rolle, ob der Künstler gleichzeitig eine Gastspielverpflichtung bei einem anderen Unternehmen eingegangen ist.

1.1.2 **Gastspielverpflichtete Künstler**
Bei gastspielverpflichteten Künstlern und Angehörigen von verwandten Berufen erstreckt sich der Vertrag in der Regel auf eine bestimmte Anzahl von Aufführungen.

Für die Annahme einer nichtselbständigen Tätigkeit kommt es darauf an, ob das Gastspieltheater während der Dauer des Vertrages im wesentlichen über die Arbeitskraft des Gastkünstlers verfügt (BFH-Urteil vom 24.5.1973 – BStBl II S. 636). Dies hängt von dem Maß der Einbindung in den Theaterbetrieb (nicht in das Ensemble) ab. Ob ein Künstler allein (Solokünstler) oder in einer Gruppe (z. B. Chor) auftritt und welchen künstlerischen Rang er hat, spielt für die Abgrenzung keine entscheidende Rolle. Auch kommt es nicht darauf an, wie das für die Veranlagung des Künstlers zuständige Finanzamt eine vergleichbare Tätigkeit des Künstlers bei Hörfunk und Fernsehen bewertet und ob es hierfür eine entsprechende Bescheinigung erteilt hat. Im einzelnen gilt deshalb:

Gastspielverpflichtete Regisseure, Choreographen, Bühnenbildner und Kostümbildner sind selbständig. Gastspielverpflichtete Dirigenten üben dagegen eine nichtselbständige Tätigkeit aus; sie sind ausnahmsweise selbständig, wenn sie nur für kurze Zeit einspringen.

Gastspielverpflichtete Schauspieler, Sänger, Tänzer und andere Künstler sind in den Theaterbetrieb eingegliedert und deshalb nichtselbständig, wenn sie eine Rolle in einer Aufführung übernehmen und gleichzeitig eine Probenverpflichtung zur Einarbeitung in die Rolle oder eine künstlerische Konzeption eingehen. Stell- oder Verständigungsproben reichen nicht aus. Voraussetzung ist außerdem, daß die Probenverpflichtung tatsächlich erfüllt wird. Die Zahl der Aufführungen ist nicht entscheidend.

Aushilfen für Chor und Orchester sind selbständig, wenn sie nur für kurze Zeit einspringen.

Gastspielverpflichtete Künstler einschließlich der Instrumentalsolisten sind selbständig, wenn sie an einer konzertanten Opernaufführung, einem Oratorium, Liederabend oder dergleichen mitwirken.

1.2 **Tätigkeit bei Kulturorchestern**
Sämtliche gastspielverpflichteten (vgl. Tz. 1.1.2 Abs. 1) Künstler, z. B. Dirigenten, Vokal- und Instrumentalsolisten, sind stets und ohne Rücksicht auf die Art und An-

zahl der Aufführungen selbständig. Orchesteraushilfen sind ebenfalls selbständig, wenn sie nur für kurze Zeit einspringen.

1.3 **Tätigkeit bei Hörfunk und Fernsehen**
Für die neben dem ständigen Personal beschäftigten Künstler und Angehörigen von verwandten Berufen, die in der Regel auf Grund von Honorarverträgen tätig werden und im allgemeinen als freie Mitarbeiter bezeichnet werden, gilt vorbehaltlich der Tz. 1.4 folgendes:

1.3.1 Die freien Mitarbeiter sind grundsätzlich nichtselbständig.

1.3.2 Im allgemeinen sind nur die folgenden Gruppen von freien Mitarbeitern selbständig, soweit sie nur für einzelne Produktionen (z. B. ein Fernsehspiel, eine Unterhaltungssendung oder einen aktuellen Beitrag) tätig werden ("Negativkatalog"):

Architekten	Interviewpartner
Arrangeure	Journalisten
Artisten[1]	Kommentatoren
Autoren	Komponisten
Berichterstatter	Korrespondenten
Bildhauer	Kostümbildner
Bühnenbildner	Kunstmaler
Choreographen	Lektoren
Chorleiter[2]	Moderatoren[4]
Darsteller[3]	musikalische Leiter[2]
Dirigenten[2]	Quizmaster
Diskussionsleiter	Realisatoren[4]
Dolmetscher	Regisseure
Fachberater	Solisten (Gesang, Musik, Tanz)[1]
Fotografen	Schriftsteller
Gesprächsteilnehmer	Übersetzer
Grafiker	

1.3.3 Eine von vornherein auf Dauer angelegte Tätigkeit eines freien Mitarbeiters ist nichtselbständig, auch wenn für sie mehrere Honorarverträge abgeschlossen werden.

Beispiele:

a) Ein Journalist reist in das Land X, um in mehreren Beiträgen über kulturelle Ereignisse zu berichten. Eine Rundfunkanstalt verpflichtet sich vor Reiseantritt, diese Beiträge abzunehmen.
Die Tätigkeit ist nichtselbständig, weil sie von vornherein auf Dauer angelegt ist und die Berichte auf Grund einer vorher eingegangenen Gesamtverpflichtung geliefert werden. Dies gilt auch, wenn diese Beiträge einzeln abgerechnet werden.

b) Ein Journalist wird von einer Rundfunkanstalt für kulturpolitische Sendungen um Beiträge gebeten. Die Beiträge liefert er auf Grund von jeweils einzeln abgeschlossenen Vereinbarungen.
Die Tätigkeit ist selbständig, weil sie nicht von vornherein auf Dauer angelegt ist.

1.3.4 Wird der freie Mitarbeiter für denselben Auftraggeber in mehreren zusammenhängenden Leistungsbereichen tätig, von denen der eine als selbständig und der andere als nichtselbständig zu beurteilen ist, ist die gesamte Tätigkeit einheitlich als selbständige oder als nichtselbständige Tätigkeit zu behandeln. Die Einordnung

---

[1] Die als Gast außerhalb eines Ensembles oder einer Gruppe eine Sololeistung erbringen.
[2] Soweit sie als Gast mitwirken oder Träger des Chores/Klangkörpers oder Arbeitgeber der Mitglieder des Chores/Klangkörpers sind.
[3] Die als Gast in einer Sendung mit Live-Charakter mitwirken.
[4] Wenn der eigenschöpferische Teil der Leistung überwiegt.

dieser Mischtätigkeit richtet sich nach der überwiegenden Tätigkeit, die sich aus dem Gesamterscheinungsbild ergibt. Für die Frage des Überwiegens kann auch auf die Höhe des aufgeteilten Honorars abgestellt werden.

1.3.5 Übernimmt ein nichtselbständiger Mitarbeiter für seinen Arbeitgeber zusätzliche Aufgaben, die nicht zu den Nebenpflichten aus seiner Haupttätigkeit gehören, so ist nach den allgemeinen Abgrenzungskriterien zu prüfen, ob die Nebentätigkeit selbständig oder nichtselbständig ausgeübt wird (siehe Abschn. 68 LStR und BFH-Urteil vom 25.11.1971 – BStBl 1972 II S. 212).

1.3.6 Gehört ein freier Mitarbeiter nicht zu einer der im Negativkatalog (Tz. 1.3.2) genannten Berufsgruppen, so kann auf Grund besonderer Verhältnisse des Einzelfalls die Tätigkeit gleichwohl selbständig sein. Das Wohnsitzfinanzamt erteilt dem Steuerpflichtigen nach eingehender Prüfung ggf. eine Bescheinigung nach beiliegendem Muster. Die Bescheinigung bezieht sich auf die Tätigkeit des freien Mitarbeiters für einen bestimmten Auftraggeber. Das Finanzamt hat seine Entscheidung grundsätzlich mit dem Betriebsstättenfinanzamt des Auftraggebers abzustimmen.

1.3.7 Gehört ein freier Mitarbeiter zu einer der in Tz. 1.3.2 genannten Berufsgruppen, so kann er auf Grund besonderer Verhältnisse des Einzelfalls gleichwohl nichtselbständig sein.

1.3.8 Aushilfen für Chor und Orchester sind selbständig, wenn sie nur für kurze Zeit einspringen.

1.4 **Tätigkeit bei Film- und Fernsehfilmproduzenten (Eigen- und Auftragsproduktion) einschl. Synchronisierung**

Filmautoren, Filmkomponisten und Fachberater sind im allgemeinen nicht in den Organismus des Unternehmens eingegliedert, so daß ihre Tätigkeit in der Regel selbständig ist. Schauspieler, Regisseure, Kameraleute, Regieassistenten und sonstige Mitarbeiter in der Film- und Fernsehproduktion sind dagegen im allgemeinen nichtselbständig (BFH-Urteil vom 6.10.1971 – BStBl 1972 II S. 88). Das gilt auch für Mitarbeiter bei der Herstellung von Werbefilmen.

Synchronsprecher sind in der Regel selbständig (BFH-Urteil vom 12.10.1978 – BStBl 1981 II S. 706). Das gilt nicht nur für Lippensynchronsprecher, sondern auch für Synchronsprecher für besondere Filme (z. B. Kultur-, Lehr- und Werbefilme), bei denen der in eine andere Sprache zu übertragende Begleittext zu sprechen ist. Diese Grundsätze gelten für Synchronregisseure entsprechend.

1.5 **Wiederholungshonorare**[1)]
Wiederholungshonorare sind der Einkunftsart zuzuordnen, zu welcher das Ersthonorar gehört hat. Dies gilt auch dann, wenn das Wiederholungshonorar nicht vom Schuldner des Ersthonorars gezahlt wird. Ist das Ersthonorar im Rahmen der Einkünfte aus nichtselbständiger Arbeit zugeflossen und wird das Wiederholungshonorar durch einen Dritten gezahlt, so ist ein Lohnsteuerabzug nicht vorzunehmen.

2 **Steuerabzug vom Arbeitslohn**

...

Dieses Schreiben tritt an die Stelle der BMF-Schreiben vom 27.6.1975 – IV B 6 – S 2365 – 8/75 – (BStBl I S. 923), vom 20.7.1976 – IV B 6 – S 2367 – 22/76 –, vom 22.6.1977 – IV B 6 – S 2367 – 10/77 – und vom 23.9.1981 – IV B 6 – S 2367 – 13/81 –.

[1)] Anm.: → BFH vom 6.3.1995 (BStBl II S. 471).

§ 15 EStG
H 134

Anlage

Finanzamt ....
Steuernummer ....

Bescheinigung

Herrn/Frau .... geb. am ....
wohnhaft ....
wird bescheinigt, daß er/sie hier unter der Steuernummer ....
zur Einkommensteuer veranlagt wird.
Aufgrund des/der vorgelegten Vertrages/Verträge,
Prod.-Nr. .... vom ....
der zwischen ihm/ihr und
....
über die Tätigkeit als ....
geschlossen wurde, werden die Honorareinnahmen unter dem Vorbehalt des jederzeitigen Widerrufs als
Einkünfte aus selbständiger Arbeit i. S. des § 18 EStG*)
Einkünfte aus Gewerbebetrieb i. S. des § 15 EStG*)
behandelt.
Die Unternehmereigenschaft im Sinne des Umsatzsteuergesetzes ist gegeben. Die Regelung des § 19 Abs. 1 UStG wird – nicht*) – in Anspruch genommen.

Im Auftrag

_____
*) Nichtzutreffendes bitte streichen.

Bei der Frage, ob eine gastspielverpflichtete Opernsängerin in den Theaterbetrieb eingegliedert und deshalb nichtselbständig oder selbständig tätig ist, ist nicht einseitig auf die Verpflichtung zur Teilnahme an Proben abzustellen (Abgrenzung zum BMF-Schreiben vom 5.10.1990, BStBl I S. 638); → BFH vom 30.5.1996 (BStBl II S. 493).

Zur Anwendung dieses Urteils gilt nach dem Erlaß des FinMin NW vom 19.3.1997 (S 2367 – 1 – V B 3) folgendes:

Unter Berücksichtigung der Erfahrungen aus der Praxis sowohl der Theaterunternehmen als auch der Finanzbehörden sind die Merkmale der Abgrenzung zwischen selbständiger Tätigkeit und nichtselbständiger Arbeit bei Künstlern und verwandten Berufen im sog. „Künstlererlaß" zusammengefaßt worden.

Nach Tz. 1.1.2 des Künstlererlasses sind gastspielverpflichtete Schauspieler, Sänger, Tänzer und andere Künstler in den Theaterbetrieb eingegliedert und deshalb nichtselbständig, wenn sie eine Rolle oder eine künstlerische Konzeption eingehen.

Der Künstlererlaß geht vom Gesamtbild des einzelnen Vertragsverhältnisses aus. Er bündelt und verdichtet die Merkmale der Nichtselbständigkeit und deren Bedeutung zu einem Gesamtbild der Nichtselbständigkeit, das in besonderem Maße in der Probenverpflichtung seinen Ausdruck findet; er verlangt deshalb auch ausdrücklich, daß die Probenverpflichtung tatsächlich erfüllt wird, und läßt Stell- oder Verständigungsproben allein für die Nichtselbständigkeit nicht ausreichen. Er vereinfacht dadurch die Einordnung für Arbeitgeber und Finanzämter in zwingend gebotenem Umfang.

In der Praxis kommt der Probenverpflichtung und ihrer Erfüllung bei der Abwägung der für und gegen die Nichtselbständigkeit sprechenden Merkmale für die Annahme der Nichtselbständigkeit besondere Bedeutung zu.

Das BMF-Schreiben vom 5.10.1990 ist deshalb weiter anzuwenden (→ ESt-Kartei NW, § 19 EStG Fach 1 Nr. 5).

- eines **Rundfunkermittlers** bei im wesentlichen selbst bestimmtem Umfang der Tätigkeit und bei weitgehend von der Eigeninitiative abhängiger Höhe der Einnahmen → BFH vom 14.12.1978 (BStBl 1979 II S. 188),

§ 15 EStG
H 134, 134a **R 134a**

- eines **Spitzensportlers** bei öffentlich deutlich sichtbarer Benutzung bestimmter marktgängiger Erzeugnisse ohne Eingliederung in eine Werbeorganisation → BFH vom 19.11.1985 (BStBl 1986 II S. 424).

Versicherungsvertreter
Selbständige Versicherungsvertreter üben auch dann eine gewerbliche Tätigkeit aus, wenn sie nur für ein einziges Versicherungsunternehmen tätig sein dürfen (→ BFH vom 26.10.1977 – BStBl 1978 II S. 137). → Generalagent

134a. Nachhaltigkeit   R 134a

– unbesetzt –   S 2240

Hinweise   H 134a

Einmalige Handlung
Eine einmalige Handlung stellt keine nachhaltige Betätigung dar, wenn sie nicht weitere Tätigkeiten des Steuerpflichtigen (zumindest Dulden, Unterlassen) auslöst (→ BFH vom 14.11.1963 – BStBl 1964 III S. 139).
→ Wiederholungsabsicht

Mehrzahl selbständiger Handlungen
Nachhaltig sind auch Einzeltätigkeiten, die Teil einer in organisatorischer, technischer und finanzieller Hinsicht aufeinander abgestimmten Gesamttätigkeit sind (→ BFH vom 21.8.1985 – BStBl 1986 II S. 88).

Nachhaltigkeit – Einzelfälle
- bei Bankgeschäften eines **Bankangestellten** in fortgesetzter Untreue zu Lasten der Bank → BFH vom 3.7.1991 (BStBl II S. 802),
- bei **gewerblichem Grundstückshandel** → BFH vom 11.4.1989 (BStBl II S. 621),
- liegt auch vor, wenn sich der Verkäufer mehrerer Grundstücke zunächst um Einzelverkäufe bemüht, die Grundstücke dann aber in nur **einem** einzigen **Veräußerungsgeschäft** an nur einen Käufer verkauft → BFH vom 12.7.1991 (BStBl 1992 II S. 143),
- *liegt vor, wenn es nach einem spontan geborenen Gedanken („Zufallserfindung") weiterer Tätigkeiten bedarf, um eine Erfindung bis zur Verwertungsreife zu fördern (→ BFH vom 18.6.1998 – BStBl II S. 567).*
  → *H 149 (Planmäßige Erfindertätigkeit)*
- bei Erwerb eines Wirtschaftsguts **zum Zwecke** der späteren **Veräußerung** → BFH vom 28.4.1977 (BStBl II S. 728) und vom 8.7.1982 (BStBl II S. 700).

Wertpapiere
Wiederholungsabsicht beim An- und Verkauf festverzinslicher Wertpapiere → BFH vom 31.7.1990 (BStBl 1991 II S. 66) und vom 6.3.1991 (BStBl II S. 631).

Wiederholungsabsicht
Eine Tätigkeit ist nachhaltig, wenn sie auf Wiederholung angelegt ist. Da die Wiederholungsabsicht eine innere Tatsache ist, kommt den tatsächlichen Umständen besondere Bedeutung zu. Das Merkmal der Nachhaltigkeit ist daher bei einer Mehrzahl von gleichartigen Handlungen im Regelfall zu bejahen (→ BFH vom 23.10.1987 – BStBl 1988 II S. 293 und vom 12.7.1991 – BStBl 1992 II S. 143). Bei **erkennbarer** Wiederholungsabsicht kann bereits eine einmalige Handlung den Beginn einer fortgesetzten Tätigkeit begründen (→ BFH vom 31.7.1990 – BStBl 1991 II S. 66).

§ 15 EStG
R 134b H 134a, 134b

Zeitdauer
Die Zeitdauer einer Tätigkeit allein läßt nicht auf die Nachhaltigkeit schließen (→ BFH vom 21.8.1985 – BStBl 1986 II S. 88).

R 134b   **134b. Gewinnerzielungsabsicht**

S 2240   – unbesetzt –

H 134b   **Hinweise**

Abgrenzung der Gewinnerzielungsabsicht zur Liebhaberei
- Bei einem nebenberuflich betriebenen **Computer-Software-Handel** mangelt es auch bei einem Totalverlust nicht stets an der Gewinnerzielungsabsicht (→ FG Düsseldorf vom 19.1.1995 – EFG 1995 S. 618),
- bei einem **Erfinder** → BFH vom 14.3.1985 (BStBl II S. 424),
- bei Vermietung einer **Ferienwohnung** → BFH vom 5.5.1988 (BStBl II S. 778),
- beim Betrieb eines **Gästehauses** → BFH vom 13.12.1984 (BStBl 1985 II S. 455),
- bei einem unverändert fortgeführten regelmäßig Verluste bringenden **Großhandelsunternehmen** → BFH vom 19.11.1985 (BStBl 1986 II S. 289),
- bei Vercharterung eines **Motorbootes** → BFH vom 28.8.1987 (BStBl 1988 II S. 10),

  Eine gewerbliche Yachtvercharterung kann dann nicht vorliegen, wenn die zu verchartende Motoryacht mangels Hochseetüchtigkeit seit Jahren ungenutzt im Hafen liegt und Aktivitäten zur Behebung der Mängel nicht entfaltet werden (→ FG Rheinland-Pfalz vom 28.5.1997 – 1 K 2618/94).

- *bei einem hauptberuflich tätigen* Rechtsanwalt → **BFH vom 22.4.1998 (BStBl II S. 663),**
- bei Betrieb einer **Reitschule** → BFH vom 15.11.1984 (BStBl 1985 II S. 205),
- bei einem **Schriftsteller** → BFH vom 23.5.1985 (BStBl II S. 515),

  Einem Schriftsteller, der über einen längeren Zeitraum aus seiner Tätigkeit Verluste erzielt, fehlt die Gewinnerzielungsabsicht, wenn nach den gegebenen tatsächlichen Verhältnissen keine Aussicht besteht, daß er jemals ein positives Gesamtergebnis erzielen wird.

- bei Betrieb eines **Trabrennstalls** → BFH vom 19.7.1990 (BStBl 1991 II S. 333),
- bei Vermietung eines **Wohnmobils**
  → FG Baden-Württemberg vom 6.11.1997 (DStRE 1998 S. 346).

Anlaufverluste
Verluste der Anlaufzeit sind steuerlich nicht zu berücksichtigen, wenn die Tätigkeit von Anfang an erkennbar ungeeignet ist, auf Dauer einen Gewinn zu erbringen (→ BFH vom 23.5.1985 – BStBl II S. 515 und vom 28.8.1987 – BStBl 1988 II S. 10).

Betriebszweige
Wird sowohl eine Landwirtschaft als auch eine Forstwirtschaft betrieben, ist die Frage der Gewinnerzielungsabsicht getrennt nach **Betriebszweigen** zu beurteilen (→ BFH vom 13.12.1990 – BStBl 1991 II S. 452).

Beweisanzeichen
- **Betriebsführung**
  Beweisanzeichen für das Vorliegen einer Gewinnerzielungsabsicht ist eine Betriebsführung, bei der der Betrieb nach seiner Wesensart und der Art seiner Bewirtschaftung auf die Dauer gesehen dazu geeignet und bestimmt ist, mit Gewinn zu arbeiten. Dies erfor-

dert eine in die Zukunft gerichtete langfristige Beurteilung, wofür die Verhältnisse eines bereits abgelaufenen Zeitraums wichtige Anhaltspunkte bieten können (→ BFH vom 5.5.1988 – BStBl II S. 778).

– **Verlustperioden**
Bei längeren Verlustperioden muß für das Fehlen einer Gewinnerzielungsabsicht aus weiteren Beweisanzeichen die Feststellung möglich sein, daß der Steuerpflichtige die Tätigkeit nur aus den im Bereich seiner Lebensführung liegenden persönlichen Gründen und Neigungen ausübt (→ BFH vom 19.11.1985 – BStBl 1986 II S. 289).

Personengesellschaft
– gewerblich geprägte Personengesellschaft
→ R 138 Abs. 6
– umfassend gewerbliche Personengesellschaft
→ H 138 (5) Gewinnerzielungsabsicht

Persönliche Gründe
Im Lebensführungsbereich liegende persönliche Gründe für die Fortführung einer verlustbringenden Tätigkeit können sich aus der Befriedigung persönlicher Neigungen oder der Erlangung wirtschaftlicher Vorteile außerhalb der Einkommensphäre ergeben (→ BFH vom 19.11.1985 – BStBl 1986 II S. 289).

Selbstkostendeckung
Ohne Gewinnerzielungsabsicht handelt, wer Einnahmen nur erzielt, um seine Selbstkosten zu decken (→ BFH vom 22.8.1984 – BStBl 1985 II S. 61).

Totalgewinn
Gewinnerzielungsabsicht ist das Streben nach Betriebsvermögensmehrung in Gestalt eines Totalgewinns. Dabei ist unter dem Begriff „Totalgewinn" das positive Gesamtergebnis des Betriebs von der Gründung bis zur Veräußerung, Aufgabe oder Liquidation zu verstehen. Es kommt auf die Absicht der Gewinnerzielung an, nicht darauf, ob ein Gewinn tatsächlich erzielt worden ist (→ BFH vom 25.6.1984 – BStBl II S. 751). *Der Aufgabegewinn wird durch Gegenüberstellung des Aufgabe-Anfangsvermögens und des Aufgabe-Endvermögens ermittelt. Da Verbindlichkeiten im Anfangs- und Endvermögen jeweils – mangels stiller Reserven – mit denselben Werten enthalten sind, wirken sie sich auf die Höhe des Aufgabegewinns nicht aus (BFH vom 17.6.1998 – BStBl II S. 727).*

Treu und Glauben
Folgt das Finanzamt der Darstellung des Steuerpflichtigen, wonach eine Gewinnerzielungsabsicht vorliegt, kann dieser seine Darstellung nicht ohne triftigen Grund als von Anfang an falsch bezeichnen; ein solches Verhalten würde gegen die Grundsätze von Treu und Glauben verstoßen (→ BFH vom 10.10.1985 – BStBl 1986 II S. 68).

Verlustzuweisung durch Inanspruchnahme von Bewertungsfreiheiten
Die Vermutung der fehlenden Gewinnerzielungsabsicht gilt auch für eine KG, die ihren Kommanditisten auf Grund der Bewertungsfreiheit des § 6 Abs. 2 EStG Verluste zuweist (→ BFH vom 10.9.1991 – BStBl 1992 II S. 328).

Verlustzuweisungsgesellschaft
Bei einer Personengesellschaft, die nach Art ihrer Betriebsführung keinen Totalgewinn erreichen kann und deren Tätigkeit nach der Gestaltung des Gesellschaftsvertrags und seiner tatsächlichen Durchführung allein darauf angelegt ist, ihren Gesellschaftern Steuervorteile dergestalt zu vermitteln, daß durch Verlustzuweisungen andere Einkünfte nicht und die Verlustanteile letztlich nur in Form buchmäßiger Veräußerungsgewinne versteuert werden müssen, liegt der Grund für die Fortführung der verlustbringenden Tätigkeit allein im Lebensführungsbereich der Gesellschafter.[1] Bei derartigen sog. Verlustzuweisungsgesellschaften ist zu vermuten, daß sie zunächst keine Gewinnerzielungsabsicht haben. Bei ihnen liegt in der Regel eine Gewinnerzielungsabsicht erst von dem Zeitpunkt an vor, in dem nach

---

[1] Anm: → BFH vom 25.6.1984 (BStBl II S. 751); zur Abgrenzung → BMF vom 23.7.1992 (BStBl I S. 434); Anhang 23.

dem Urteil eines ordentlichen Kaufmanns ein Totalgewinn wahrscheinlich erzielt werden kann. (→ BFH vom 12.12.1995 – BStBl 1996 II S. 219).

Vorläufige Steuerfestsetzung
In Zweifelsfällen ist die Veranlagung gem. § 165 AO vorläufig durchzuführen (→ BFH vom 25.10.1989 – BStBl 1990 II S. 278).

Wegfall des negativen Kapitalkontos
Der Gewinn aus dem Wegfall eines negativen Kapitalkontos – z. B. anläßlich des Ausscheidens des Gesellschafters oder der Aufgabe des Betriebes (→ BFH vom 10.11.1980 – BStBl 1981 II S. 164) ist kein Gewinn aus einer Betriebsvermögensmehrung, sondern die rechtlich notwendige Folge aus früheren Verlustverrechnungen, die nachträglich zu korrigieren sind, wenn eine Verlusthaftung mit künftigen Gewinnanteilen entfällt (→ BFH vom 25.6.1984 – BStBl II S. 751).

Zeitliche Begrenzung der Beteiligung
Die zeitliche Begrenzung der Beteiligung kann eine fehlende Gewinnerwartung bedingen → BFH vom 10.11.1977 (BStBl 1978 II S. 15).

R 134c 134c. Beteiligung am allgemeinen wirtschaftlichen Verkehr

S 2240

– unbesetzt –

H 134c Hinweise

Allgemeines
Eine Beteiligung am wirtschaftlichen Verkehr liegt vor, wenn ein Steuerpflichtiger mit Gewinnerzielungsabsicht nachhaltig am Leistungs- oder Güteraustausch teilnimmt. Damit werden solche Tätigkeiten aus dem gewerblichen Bereich ausgeklammert, die zwar von einer Gewinnerzielungsabsicht getragen werden, aber nicht auf einen Leistungs- oder Güteraustausch gerichtet sind, z. B. Bettelei. Die Teilnahme am allgemeinen Wirtschaftsverkehr erfordert, daß die Tätigkeit des Steuerpflichtigen nach außen hin in Erscheinung tritt, er sich mit ihr an eine – wenn auch begrenzte – Allgemeinheit wendet und damit seinen Willen zu erkennen gibt, ein Gewerbe zu betreiben (→ BFH vom 9.7.1986 – BStBl II S. 851).

Einschaltung Dritter
- Der Steuerpflichtige muß nicht in eigener Person am allgemeinen Wirtschaftsverkehr teilnehmen. Es reicht aus, daß eine derartige Teilnahme für seine Rechnung ausgeübt wird (→ BFH vom 31.7.1990 – BStBl 1991 II S. 66).
- Eine Beteiligung am allgemeinen wirtschaftlichen Verkehr kann auch dann gegeben sein, wenn der Steuerpflichtige nur ein Geschäft mit einem Dritten tätigt, sich dieser aber in Wirklichkeit und nach außen erkennbar nach Bestimmung des Steuerpflichtigen an den allgemeinen Markt wendet (→ BFH vom 13.12.1995 – BStBl 1996 II S. 232).

Kundenkreis
Eine Beteiligung am allgemeinen wirtschaftlichen Verkehr kann auch bei einer Tätigkeit für nur einen bestimmten Vertragspartner vorliegen (→ BFH vom 9.7.1986 – BStBl II S. 851 und vom 12.7.1991 – BStBl 1992 II S. 143).

Wettbewerbsausschluß
Die Beteiligung am allgemeinen wirtschaftlichen Verkehr kann auch dann bestehen, wenn der Wettbewerb der Gewerbetreibenden untereinander ausgeschlossen ist (→ BFH vom 13.12.1963 – BStBl 1964 III S. 99).

135. Abgrenzung des Gewerbebetriebs von der Land- und Forstwirtschaft

Allgemeine Grundsätze

(1) ¹Land- und Forstwirtschaft ist die planmäßige Nutzung der natürlichen Kräfte des Bodens zur Erzeugung von Pflanzen und Tieren sowie die Verwertung der dadurch selbstgewonnenen Erzeugnisse. ²Als Boden im Sinne des Satzes 1 gelten auch Substrate und Wasser. ³Ob eine land- und forstwirtschaftliche Tätigkeit vorliegt, ist jeweils nach dem Gesamtbild der Verhältnisse zu entscheiden. ⁴Liegt eine teils gewerbliche und teils land- und forstwirtschaftliche Betätigung vor, so sind beide Betriebe selbst dann getrennt zu beurteilen, wenn eine zufällige, vorübergehende wirtschaftliche Verbindung zwischen ihnen besteht, die ohne Nachteil für diese Betriebe gelöst werden kann. ⁵Nur eine über dieses Maß hinausgehende wirtschaftliche Beziehung zwischen beiden Betrieben, d.h. eine planmäßig im Interesse des Hauptbetriebs gewollte Verbindung, kann eine einheitliche Beurteilung verschiedenartiger Betätigungen rechtfertigen. ⁶Sie führt zur Annahme eines einheitlichen land- und forstwirtschaftlichen Betriebs, wenn die Land- und Forstwirtschaft dem Unternehmen das Gepräge verleiht, und zur Annahme eines einheitlichen Gewerbebetriebs, wenn das Gewerbe im Vordergrund steht und die land- und forstwirtschaftliche Betätigung nur die untergeordnete Bedeutung einer Hilfstätigkeit hat.¹⁾ ⁷Bei in Mitunternehmerschaft (→ R 138) geführten Betrieben ist § 15 Abs. 3 Nr. 1 EStG anzuwenden; Tätigkeiten, die die Voraussetzungen der folgenden Vereinfachungsregelungen erfüllen, gelten dabei als land- und forstwirtschaftlich. ⁸Bei der Ermittlung der in den folgenden Absätzen aufgeführten Umsatzgrenzen ist von den Betriebseinnahmen (ohne Umsatzsteuer) auszugehen.

Strukturwandel

(2) ¹Bei einem Strukturwandel vom land- und forstwirtschaftlichen Betrieb zum Gewerbebetrieb beginnt der Gewerbebetrieb in dem Zeitpunkt, in dem die Tätigkeit des land- und forstwirtschaftlichen Betriebs dauerhaft umstrukturiert wird. ²Hiervon ist z.B. auszugehen, wenn dem bisherigen Charakter des Betriebs nicht mehr entsprechende Investitionen vorgenommen, vertragliche Verpflichtungen eingegangen oder Wirtschaftsgüter angeschafft werden, die jeweils dauerhaft dazu führen, daß die in den folgenden Absätzen genannten Grenzen erheblich überschritten werden. ³In allen übrigen Fällen liegt nach Ablauf eines Zeitraums von drei Jahren ein Gewerbebetrieb vor. ⁴Der Dreijahreszeitraum ist objektbezogen und beginnt beim Wechsel des Betriebsinhabers nicht neu. ⁵Die vorstehenden Grundsätze gelten für den Strukturwandel vom Gewerbebetrieb zum land- und forstwirtschaftlichen Betrieb entsprechend.

Nebenbetrieb

(3) ¹Ein Nebenbetrieb der Land- und Forstwirtschaft liegt vor, wenn

1. überwiegend im eigenen Hauptbetrieb erzeugte Rohstoffe be- oder verarbeitet werden und die dabei gewonnenen Erzeugnisse überwiegend für den Verkauf bestimmt sind oder

2. ein Land- und Forstwirt Umsätze aus der Übernahme von Rohstoffen (z.B. organische Abfälle) erzielt, diese be- oder verarbeitet und die dabei gewonnenen Erzeugnisse nahezu ausschließlich im eigenen Betrieb der Land- und Forstwirtschaft verwendet

und

die Erzeugnisse im Rahmen einer ersten Stufe der Be- oder Verarbeitung, die noch dem land- und forstwirtschaftlichen Bereich zuzuordnen ist, hergestellt werden. ²Die Regelung gilt aus Vereinfachungsgründen auch für Produkte der zweiten (gewerblichen) Verarbeitungsstufe, wenn diese zur Angebotsabrundung im Rahmen der Direktvermarktung eigener land- und forstwirtschaftlicher Produkte abgegeben werden und der Umsatz daraus nicht mehr als 20.000 DM im Wirtschaftsjahr beträgt. ³Nebenbetriebe sind auch Substanzbetriebe (Abbauland im Sinne des § 43 BewG), z.B. Sandgruben, Kiesgruben, Torfstiche, wenn die gewonnene Substanz überwiegend im eigenen land- und forstwirtschaftlichen Betrieb verwendet wird. ⁴Der Absatz von Eigenerzeugnissen über einen eigenständigen Einzel- oder Großhandelsbetrieb (Absatz 6), die Ausführung von Dienstleistungen (Absätze 7, 9 und 10) und die Ausführung von besonderen Leistungen (Abs. 8) sind kein Nebenbetrieb.

---

¹) Anm.: → BFH vom 23.1.1992 (BStBl II S. 651).

Unmittelbare Verwertung organischer Abfälle

(4) ¹Sofern die Entsorgung organischer Abfälle (z. B. Klärschlamm) im selbstbewirtschafteten land- und forstwirtschaftlichen Betrieb nicht im Rahmen eines Nebenbetriebs im Sinne des Absatzes 3 geschieht, ist sie nur dann der Land- und Forstwirtschaft zuzurechnen, wenn dabei die in Absatz 1 Satz 1 genannten Voraussetzungen im Vordergrund stehen. ²Das Einsammeln, Abfahren und Sortieren organischer Abfälle, das mit der Ausbringung auf Flächen oder der Verfütterung an Tierbestände des selbstbewirtschafteten land- und forstwirtschaftlichen Betriebs in unmittelbarem sachlichem Zusammenhang steht, ist land- und forstwirtschaftliche Tätigkeit. ³Andernfalls gelten Absätze 9 und 10.

Zukauf fremder Erzeugnisse

(5) ¹Fremde Erzeugnisse sind nicht solche Erzeugnisse, die im Rahmen des Erzeugungsprozesses im eigenen Betrieb verwendet werden (z. B. Saatgut, Jungpflanzen oder Jungtiere). ²Als fremde Erzeugnisse gelten solche für die Weiterveräußerung zugekauften betriebstypischen Erzeugnisse, die nicht im eigenen Betrieb im Wege des Erzeugungsprozesses bearbeitet werden, und die nach der Verkehrsauffassung noch als land- und forstwirtschaftliche Produkte zu qualifizieren sind. ³Dazu gehören auch Handelswaren zur Vervollständigung einer für die Art der Erzeugungsbetriebs üblichen Produktpalette, wie z. B. Töpfe und Erden in einer Gärtnerei, sofern der hieraus erzielte Umsatz 10 v. H. des Gesamtumsatzes nicht übersteigt. ⁴Beträgt der Zukauf fremder Erzeugnisse im Sinne der Sätze 2 und 3, aus Vereinfachungsgründen gemessen an deren Einkaufswert, insgesamt bis zu 30 v. H. des Umsatzes, so ist grundsätzlich ein Betrieb der Land- und Forstwirtschaft anzuerkennen. ⁵Die vorstehende Vereinfachungsregelung findet nur Anwendung, wenn der Umsatzanteil, der auf die Veräußerung der Fremderzeugnisse entfällt, nicht erkennbar überwiegt.

Handelsgeschäft

(6) ¹Werden selbstgewonnene land- und forstwirtschaftliche Erzeugnisse – ohne Be- und Verarbeitung in einem Nebenbetrieb – über ein eigenständiges Handelsgeschäft, z. B. Einzelhandelsbetrieb, Ladengeschäft, Großhandelsbetrieb, abgesetzt, so ist zu prüfen, ob Erzeugerbetrieb und Handelsgeschäft einen einheitlichen Betrieb oder zwei selbständige Betriebe darstellen. ²Erzeugerbetrieb und Handelsgeschäft bilden einen einheitlichen Betrieb, wenn

1. die eigenen Erzeugnisse des Betriebs zu mehr als 40 v. H. über das Handelsgeschäft abgesetzt werden

   oder

2. die eigenen Erzeugnisse des Betriebs zwar nicht zu mehr als 40 v. H. über das Handelsgeschäft abgesetzt werden, der Wert des Zukaufs fremder Erzeugnisse aber 30 v. H. des Umsatzes des Handelsgeschäfts nicht übersteigt.

³Für die Zuordnung zur Land- und Forstwirtschaft oder zum Gewerbe gelten die Grenzen des Absatzes 5. ⁴Ein Handelsgeschäft ist selbständiger Gewerbebetrieb, wenn

1. die eigenen Erzeugnisse des Betriebs der Land- und Forstwirtschaft zu nicht mehr als 40 v. H. über das Handelsgeschäft abgesetzt werden, der Wert des Zukaufs fremder Erzeugnisse aber 30 v. H. des Umsatzes des Handelsgeschäftes übersteigt

   oder

2. die eigenen Erzeugnisse des Betriebs der Land- und Forstwirtschaft zu mehr als 40 v. H. über das Handelsgeschäft abgesetzt werden, diese jedoch im Verhältnis zur gesamten Absatzmenge des Handelsgeschäftes nur von untergeordneter Bedeutung sind; in diesem Fall ist für die Annahme von zwei selbständigen Betrieben ferner Voraussetzung, daß die Betriebsführung des Erzeugerbetriebs von dem Handelsgeschäft unabhängig ist und beide Betriebe auch nach der Verkehrsauffassung als zwei selbständige Betriebe nach außen auftreten.

⁵Bei Abgabe eigener Erzeugnisse des Betriebs der Land- und Forstwirtschaft an das Handelsgeschäft sind diese mit dem Abgabepreis des Erzeugerbetriebs an Wiederverkäufer anzusetzen.

Absatz eigener Erzeugnisse in Verbindung mit Dienstleistungen

(7) ¹Bei Dienstleistungen (z. B. Grabpflege, Gartengestaltung) im Zusammenhang mit dem Absatz eigener land- und forstwirtschaftlicher Erzeugnisse handelt es sich grundsätzlich um eine gewerbliche Tätigkeit. ²Soweit im Zusammenhang mit diesen Dienstleistungen

die Umsätze aus selbstgewonnenen land- und forstwirtschaftlichen Erzeugnissen überwiegen und der Umsatz aus diesen Dienstleistungen 50 v. H. des Gesamtumsatzes des Betriebs nicht übersteigt, können diese Dienstleistungen aus Vereinfachungsgründen der Land- und Forstwirtschaft zugerechnet werden. ³Liegt eine gewerbliche Tätigkeit vor, ist zu prüfen, ob Erzeugerbetrieb und Dienstleistungsbetrieb einen einheitlichen Betrieb oder zwei selbständige Betriebe darstellen. ⁴Von einem einheitlichen Gewerbebetrieb ist auszugehen, wenn der Umsatz aus Dienstleistungen mehr als 50 v. H. des Gesamtumsatzes beträgt.

Absatz selbsterzeugter Getränke in Verbindung mit besonderen Leistungen

(8) ¹Der Ausschank von selbsterzeugten Getränken, z. B. Wein, stellt keine Dienstleistung im Sinne des Absatzes 7 Satz 1, sondern lediglich eine Form der Vermarktung dar. ²Werden daneben jedoch auch Speisen und zugekaufte Getränke verabreicht, z. B. in einer Besen- oder Straußwirtschaft, liegt insoweit eine besondere Leistung und damit grundsätzlich eine gewerbliche Tätigkeit vor. ³Übersteigt der Umsatz aus diesen Leistungen jedoch nicht 50 v. H. des Umsatzes der Besen- oder Straußwirtschaft und nicht 100.000 DM im Wirtschaftsjahr, sind die besonderen Leistungen aus Vereinfachungsgründen der Land- und Forstwirtschaft zuzurechnen. ⁴Absatz 7 Sätze 3 und 4 gilt entsprechend.

Verwendung von Wirtschaftsgütern außerhalb des Betriebs

(9) ¹Wenn ein Land- und Forstwirt Wirtschaftsgüter außerbetrieblich verwendet, die er eigens zu diesem Zweck angeschafft hat, liegt ohne weiteres von Anfang an ein Gewerbebetrieb vor. ²Verwendet ein Land- und Forstwirt Wirtschaftsgüter auch außerhalb seines Betriebs, indem er sie Dritten entgeltlich überläßt oder mit ihnen für Dritte Dienstleistungen verrichtet, so stellt diese Betätigung entweder eine land- und forstwirtschaftliche oder eine gewerbliche Tätigkeit dar. ³Die Frage, ob eine gewerbliche Tätigkeit vorliegt, ist aus Vereinfachungsgründen nicht zu prüfen, wenn die Wirtschaftsgüter neben der eigenbetrieblichen Nutzung ausschließlich für andere Betriebe der Land- und Forstwirtschaft verwendet werden und die Umsätze daraus nicht mehr als ein Drittel des Gesamtumsatzes und nicht mehr als 100.000 DM im Wirtschaftsjahr betragen. ⁴Diese Regelung gilt auch bei Nutzungsüberlassungen oder Dienstleistungen, die nicht für andere Betriebe der Land- und Forstwirtschaft erbracht werden, unter der zusätzlichen Voraussetzung, daß die Umsätze daraus insgesamt nicht mehr als 20.000 DM im Wirtschaftsjahr betragen. ⁵Als andere Betriebe der Land- und Forstwirtschaft im Sinne des Satzes 3 gelten auch Körperschaften, Vermögensmassen und Personenvereinigungen sowie deren Teilbetriebe, sofern sich deren Betätigung auf die Land- und Forstwirtschaft beschränkt. ⁶Die Vereinfachungsregelungen der Sätze 3 bis 5 finden bei Wirtschaftsgütern, die Neben-betrieben zuzurechnen sind, und bei der Beherbergung von Fremden keine Anwendung.

Land- und forstwirtschaftliche Dienstleistungen

(10) ¹Sofern ein Land- und Forstwirt Dienstleistungen ohne Verwendung von Wirtschaftsgütern seines Betriebs verrichtet, stellt diese Betätigung entweder eine land- und forstwirtschaftliche oder eine gewerbliche Tätigkeit dar. ²Die Frage, ob eine gewerbliche Tätigkeit vorliegt, ist aus Vereinfachungsgründen nicht zu prüfen, wenn

1. die Dienstleistungen für andere Betriebe der Land- und Forstwirtschaft erbracht werden und
2. es sich um typisch land- und forstwirtschaftliche Tätigkeiten handelt, und
3. die Umsätze daraus nicht mehr als ein Drittel des Gesamtumsatzes und nicht mehr als 100.000 DM im Wirtschaftsjahr betragen.

³Diese Regelung gilt auch für typisch land- und forstwirtschaftliche Tätigkeiten, die nicht für andere Betriebe der Land- und Forstwirtschaft erbracht werden, wenn die Umsätze nach Satz 2 Nummer 3 insgesamt nicht mehr als 20.000 DM im Wirtschaftsjahr betragen. ⁴Absatz 9 Satz 5 gilt entsprechend. ⁵Die Vereinfachungsregelungen nach den Sätzen 2 und 3 können nicht in Anspruch genommen werden, soweit die Betragsgrenzen der Sätze 3 und 4 des Absatzes 9 bereits ausgeschöpft wurden.

Energieerzeugung

(11) ¹Bei der Erzeugung von Energie, z. B. durch Wind-, Solar- oder Wasserkraft, handelt es sich nicht um die planmäßige Nutzung der natürlichen Kräfte des Bodens im Sinne des Absatzes 1 Satz 1. ²Ein Nebenbetrieb der Land- und Forstwirtschaft ist nicht anzunehmen,

weil keine Be- und Verarbeitung von Rohstoffen und damit auch nicht eine nahezu ausschließliche Verwendung der dabei gewonnenen Erzeugnisse im eigenen Betrieb der Land- und Forstwirtschaft erfolgt. ³Sind Energieerzeugungsanlagen an ein Versorgungsnetz angeschlossen, sind sie einem gewerblichen Betrieb zuzuordnen, wenn die Erzeugung für den eigenen Betrieb nicht überwiegt. ⁴Die Erzeugung von Biogas ist keine Energieerzeugung im Sinne des Satzes 1; sie kann unter den Voraussetzungen des Absatzes 3 einen Nebenbetrieb darstellen.

Beherbergung von Fremden

(12) ¹Die Abgrenzung des Gewerbebetriebs gegenüber der Land- und Forstwirtschaft richtet sich bei der Beherbergung von Fremden nach den Grundsätzen von R 137. ²Aus Vereinfachungsgründen ist keine gewerbliche Tätigkeit anzunehmen, wenn weniger als vier Zimmer oder weniger als sechs Betten zur Beherbergung von Fremden bereitgehalten werden und keine Hauptmahlzeit gewährt wird.

Hinweise

Baumschulen

R 135 Abs. 5 gilt auch für Baumschulbetriebe. In solchen Betrieben ist die Aufzucht von sog. Kostpflanzen üblich. Kostpflanzen sind Pflanzen, die der Baumschulbetrieb aus selbst gestelltem Samen oder selbst gestellten Pflanzen in fremden Betrieben aufziehen läßt. Kostpflanzen sind eigene (nicht fremde) Erzeugnisse, wenn die in Kost gegebenen Sämereien oder Pflanzen in der Verfügungsgewalt des Kostgebers (des Baumschulbetriebs) bleiben und der Kostnehmer (der Betrieb, der die Aufzucht durchführt) die Rücklieferungsverpflichtung gegenüber dem Kostgeber hat. Dabei kommt es nicht darauf an, daß der Kostgeber die hingegebenen Pflanzen im eigenen land- oder forstwirtschaftlichen Betrieb erzeugt hat (→ BFH vom 16.12.1976 – BStBl 1977 II S. 272).

Brüterei

Die Unterhaltung einer Brüterei, in der Küken aus Bruteiern gewonnen und als Eintagsküken weiterveräußert werden, stellt einen Gewerbebetrieb dar, nicht aber eine gewerbliche Tierzucht oder Tierhaltung im Sinne des § 15 Abs. 4 EStG 1990 (→ BFH vom 14.9.1989 – BStBl 1990 II S. 152).

Grundstücksverkäufe

Zur Frage, unter welchen Voraussetzungen Grundstücksverkäufe eines Landwirts Hilfsgeschäfte eines land- und forstwirtschaftlichen Betriebs und nicht Gegenstand eines selbständigen gewerblichen Unternehmens sind → BFH vom 28.6.1984 (BStBl II S. 798).

Hundezucht

Die Aufzucht und Veräußerung von Hunden ist gewerbliche Tierzucht und Tierhaltung (→ BFH vom 30.9.1980 – BStBl 1981 II S. 210).

Reitpferde

Die Entscheidung, ob die mit der Unterhaltung eines Pensionsstalles und der Erteilung von Reitunterricht verbundene Haltung oder Zucht von Pferden einen Gewerbebetrieb oder einen Betrieb der Land- und Forstwirtschaft darstellt, ist nach den Umständen des Einzelfalles zu treffen. Die Pensionsreitpferdehaltung rechnet auch dann zur landwirtschaftlichen Tierhaltung im Sinne des § 13 Abs. 1 Nr. 1 Satz 2 EStG, wenn den Pferdeeinstellern Reitanlagen einschließlich Reithalle zur Verfügung gestellt werden (→ BFH vom 23.9.1988 – BStBl 1989 II S. 111). Die Vermietung von Pferden zu Reitzwecken ist bei vorhandener flächenmäßiger Futtergrundlage als landwirtschaftlich anzusehen, wenn keine weiteren ins Gewicht fallenden Leistungen erbracht werden, die nicht der Landwirtschaft zuzurechnen sind (→ BFH vom 24.1.1989 – BStBl II S. 416).

Schloßbesichtigung

Gewinne aus Schloßbesichtigung gehören zu den Einkünften aus Gewerbebetrieb (→ BFH vom 7.8.1979 – BStBl 1980 II S. 633).

Tierzucht, gewerbliche
Zur Frage der Abgrenzung der landwirtschaftlichen Tierzucht und Tierhaltung (§ 13 Abs. 1 Nr. 1 EStG) von der **gewerblichen** Tierzucht und Tierhaltung → R 124a.

Winzersekt
→ BMF vom 18.11.1996 (BStBl I S. 1434)

136. Abgrenzung des Gewerbebetriebs von der selbständigen Arbeit

– unbesetzt –

S 2240
S 2245

Hinweise

Allgemeines
Die für einen Gewerbebetrieb geltenden positiven Voraussetzungen
- Selbständigkeit (→ R 134),
- Nachhaltigkeit (→ H 134a),
- Gewinnerzielungsabsicht (→ H 134b),
- Beteiligung am allgemeinen wirtschaftlichen Verkehr (→ H 134c)

gelten auch für die selbständige Arbeit. Erfordert die Ausübung eines in § 18 Abs. 1 Nr. 1 EStG genannten Berufes eine gesetzlich vorgeschriebene Berufsausbildung, so übt nur derjenige, der auf Grund dieser Berufsausbildung berechtigt ist, die betreffende Berufsbezeichnung zu führen, diesen Beruf aus (→ BFH vom 1.10.1986 – BStBl 1987 II S. 116).

Abgrenzung selbständige Arbeit/Gewerbebetrieb

a) **Beispiele für selbständige Arbeit**

EDV-Berater übt nur im Bereich der Systemtechnik – nicht bei Entwicklung – ingenieurähnliche Tätigkeit aus (→ BFH vom 7.12.1989 – BStBl 1990 II S. 337 und vom 7.11.1991 – BStBl 1993 II S. 324),

Hebamme (→ RFH vom 5.1.1938 – RStBl S. 429),

Heilmasseur (→ BFH vom 24.1.1985 – BStBl II S. 676),

Industrie-Designer; auch im Bereich zwischen Kunst und Gewerbe kann gewerblicher Verwendungszweck eine künstlerische Tätigkeit nicht ausschließen (→ BFH vom 14.12.1976 – BStBl 1977 II S. 474),

Insolvenzverwalter; Wirtschaftsprüfer/Steuerberater ist als Insolvenzverwalter freiberuflich tätig, wenn diese Tätigkeit isoliert als eine sonstige selbständige Tätigkeit anzusehen ist (→ BFH vom 11.8.1994 – BStBl II S. 936),

Kfz-Sachverständiger, dessen Gutachtertätigkeit mathematisch-technische Kenntnisse voraussetzt, wie sie üblicherweise nur durch eine Berufsausbildung als Ingenieur erlangt werden (→ BFH vom 10.11.1988 – BStBl 1989 II S. 198),

Kindererholungsheim; der Betrieb eines Kindererholungsheims kann ausnahmsweise eine freiberufliche Tätigkeit darstellen, wenn die Kinder in erster Linie zum Zweck einer planmäßigen körperlichen, geistigen und sittlichen Erziehung auswärts untergebracht sind und die freiberufliche Tätigkeit der Gesamtleistung des Heimes das Gepräge gibt (→ BFH vom 9.4.1975 – BStBl II S. 610),

Kompaßkompensierer auf Seeschiffen (→ BFH vom 14.11.1957 – BStBl 1958 III S. 3),

Kunsthandwerker, der von ihm selbst entworfene Gegenstände herstellt (→ BFH vom 26.9.1968 – BStBl 1969 II S. 70); handwerkliche und künstlerische Tätigkeit können nebeneinander vorliegen (→ BFH vom 11.7.1991 – BStBl II S. 889),

Modeschöpfer; beratende Tätigkeit eines im übrigen als Künstler anerkannten Modeschöpfers kann künstlerisch sein (→ BFH vom 2.10.1968 – BStBl 1969 II S. 138),

§ 15 EStG
H 136

Patentberichterstatter mit wertender Tätigkeit (→ BFH vom 2.12.1970 – BStBl 1971 II S. 233),

Prozeßagent (→ RFH vom 7.12.1938 – RStBl 1939 S. 215),

Schiffseichaufnehmer (→ BFH vom 5.11.1970 – BStBl 1971 II S. 319),

Synchronsprecher, der bei der Synchronisierung ausländischer Spielfilme mitwirkt (→ BFH vom 3.8.1978 – BStBl 1979 II S. 131 und vom 12.10.1978 – BStBl 1981 II S. 706),

Tanz- und Unterhaltungsorchester, wenn es einen bestimmten Qualitätsstandard erreicht (→ BFH vom 19.8.1982 – BStBl 1983 II S. 7),

Werbung; Tätigkeit eines Künstlers im Bereich der Werbung kann künstlerisch sein, wenn sie als eigenschöpferische Leistung zu werten ist (→ BFH vom 11.7.1991 – BStBl 1992 II S. 353),

Zahnpraktiker (→ BFH vom 19.10.1965 – BStBl III S. 692),

Zwangsverwalter; die Tätigkeit fällt in der Regel unter § 18 Abs. 1 Nr. 3 EStG. Die Tätigkeit ist gewerblich, wenn er gewerblich tätige Verwaltungsgesellschaften als Erfüllungsgehilfen einschaltet (→ BFH vom 23.5.1984 – BStBl II S. 823).

b) Beispiele für Gewerbebetrieb

Anlageberater/Finanzanalyst (→ BFH vom 2.9.1988 – BStBl 1989 II S. 24),

Ärztepropagandist (→ BFH vom 27.4.1961 – BStBl III S. 315),

Apotheken-Inventurbüro (→ BFH vom 15.6.1965 – BStBl III S. 556),

Apothekenrezeptabrechner (→ BFH vom 28.3.1974 – BStBl II S. 515),

Architekt, der bei Ausübung einer beratenden Tätigkeit an der Vermittlung von Geschäftsabschlüssen mittelbar beteiligt ist (→ BFH vom 14.6.1984 – BStBl 1985 II S. 15),

Artist (→ BFH vom 16.3.1951 – BStBl III S. 97),

Baubetreuer (Bauberater), die sich lediglich mit der wirtschaftlichen (finanziellen) Betreuung von Bauvorhaben befassen (→ BFH vom 29.5.1973 – BStBl 1974 II S. 447 und vom 30.5.1973 – BStBl II S. 668),

Bauleiter (→ BFH vom 22.1.1988 – BStBl II S. 497),

Belasting-adviseur-NL (→ BMF vom 4.5.1998, IV B 4 – S 2246 – 2/98 II, DStR 1998 S. 1054),

Beratungsstellenleiter eines Lohnsteuerhilfevereins (→ BFH vom 10.12.1987 – BStBl 1988 II S. 273),

Berufssportler (→ BFH vom 22.1.1964 – BStBl III S. 207),

Bezirksschornsteinfegermeister (→ BFH vom 13.11.1996 – BStBl 1997 II S. 295),

Bodybuilding-Studio, wenn unterrichtende Tätigkeit nur die Anfangsphase der Kurse prägt und im übrigen den Kunden Trainingsgeräte zur freien Verfügung stehen (→ BFH vom 18.4.1996 – BStBl II S. 573)

Buchmacher (→ RFH vom 22.2.1939 – RStBl S. 576),

Bühnenvermittler (→ BFH vom 15.4.1970 – BStBl II S. 517),

Detektiv (→ RFH vom 15.7.1942 – RStBl S. 989),

Dispacheur (→ BFH vom 26.11.1992 – BStBl 1993 II S. 235),

EDV-Berater im Bereich der Anwendersoftwareentwicklung übt keine ingenieurähnliche Tätigkeit aus (→ BFH vom 7.12.1989 – BStBl 1990 II S. 337 und vom 7.11.1991 – BStBl 1993 II S. 324); Gewerbetreibender ist auch ein EDV-Berater, der die Benutzer eines Softwareproduktes vor, bei und nach dem erstmaligen Einsatz betreut (→ BFH vom 24.8.1995 – BStBl II S. 888),

zur Frage, ob es Grundrechtssätzen widerspricht, die Tätigkeit eines selbständigen EDV-Beraters ohne eine dem beratenden Betriebswirt vergleichbare Ausbildung als gewerbliche Tätigkeit zu behandeln → beim BVerfG anhängiges Verfahren 2 BvR 2251/96 (Vorinstanz: BFH vom 26.9.1996 – BFH/NV 1997 S. 192).

Erbensucher (→ BFH vom 24.2.1965 – BStBl III S. 263),

Fahrschule, wenn der Inhaber nicht die Fahrlehrererlaubnis besitzt (→ BFH vom 4.10.1966 – BStBl III S. 685),

§ 15 EStG
H 136

Finanz- und Kreditberater (→ BFH vom 13.4.1988 – BStBl II S. 666),

Fitness-Studio; keine unterrichtende Tätigkeit, wenn Kunden im wesentlichen in Gerätebedienung eingewiesen und Training in Einzelfällen überwacht wird (→ BFH vom 13.1.1994 – BStBl II S. 362),

Fotograf, *der Werbeaufnahmen macht; Werbeaufnahmen macht auch, wer für Zeitschriften Objekte auswählt und zum Zweck der Ablichtung arrangiert, um die von ihm oder einem anderen Fotografen dann hergestellten Aufnahmen zu veröffentlichen* (→ *BFH vom 19.2.1998 – BStBl II S. 441),*

Fotomodell (→ BFH vom 8.6.1967 – BStBl III S. 618),

Gutachter auf dem Gebiet der Schätzung von Einrichtungsgegenständen und Kunstwerken (→ BFH vom 22.6.1971 – BStBl II S. 749),

Havariesachverständige (→ BFH vom 22.6.1965 – BStBl III S. 593),

Heileurhythmist (→ BFH vom 21.6.1990 – BStBl II S. 804),

Hellseher (→ BFH vom 30.3.1976 – BStBl II S. 464),

Hersteller künstlicher Menschenaugen (→ BFH vom 25.7.1968 – BStBl II S. 662),

Industriepropagandisten (→ RFH vom 25.3.1938 – RStBl S. 733), Ingenieure als **Werber für Lieferfirmen** (→ RFH vom 30.8.1939 – RStBl 1940 S. 14),

Inventurbüro (→ BFH vom 28.11.1968 – BStBl 1969 II S. 164),

Kfz-Sachverständige ohne Ingenieurexamen, dessen Tätigkeit keine mathematisch-technischen Kenntnisse wie die eines Ingenieurs voraussetzt (→ BFH vom 9.7.1992 – BStBl 1993 II S. 100),

Klavierstimmer (→ BFH vom 22.3.1990 – BStBl II S. 643),

Konstrukteur, der überwiegend Bewehrungspläne fertigt (→ BFH vom 5.10.1989 – BStBl 1990 II S. 73),

Krankenpflegehelfer (→ BFH vom 26.8.1993 – BStBl II S. 887),

Kükensortierer (→ BFH vom 16.8.1955 – BStBl III S. 295),

Künstleragenten (→ BFH vom 18.4.1972 – BStBl II S. 624),

Makler (→ RFH vom 1.6.1938 – RStBl S. 842),

Marktforschungsberater (→ BFH vom 27.2.1992 – BStBl II S. 826),

Masseur, der lediglich oder überwiegend kosmetische oder Schönheitsmassagen durchführt (→ BFH vom 26.11.1970 – BStBl 1971 II S. 249),

Medizinische Bademeister, wenn er nicht auch zur Feststellung des Krankheitsbefunds tätig wird oder persönliche Heilbehandlungen am Körper des Patienten, z. B. Unterwassermassage, vornimmt (→ BFH vom 26.11.1970 – BStBl 1971 II S. 249),

Medizinischer Fußpfleger (→ BFH vom 7.7.1976 – BStBl II S. 621),

Pharmaberater (-referent) übt, wirtschaftlich vergleichbar einem Handelsvertreter, eine kaufmännische und damit gewerbliche Tätigkeit aus (→ FG Düsseldorf vom 30.5.1996 – EFG 1996 S. 989),

Probenehmer für Erze, Metalle und Hüttenerzeugnisse (→ BFH vom 14.11.1972 – BStBl 1973 II S. 183),

Rechtsbeistand, der mit Genehmigung des Landgerichtspräsidenten Auszüge aus Gerichtsakten für Versicherungsgesellschaften fertigt (→ BFH vom 18.3.1970 – BStBl II S. 455),

Rezeptabrechner für Apotheken (→ BFH vom 28.3.1974 – BStBl II S. 515),

Rundfunkermittler, der im Auftrag einer Rundfunkanstalt Schwarzhörer aufspürt (→ BFH vom 27.6.1978 – BStBl 1979 II S. 53 und vom 14.12.1978 – BStBl 1979 II S. 188),

Rundfunksprecher entfaltet in der Regel keine künstlerische Tätigkeit (→ BFH vom 20.6.1962 – BStBl III S. 385 und vom 24.10.1963 – BStBl III S. 589),

Schadensregulierer im Auftrag einer Versicherungsgesellschaft (→ BFH vom 29.8.1961 – BStBl III S. 505),

Schiffssachverständiger, wenn er überwiegend reine Schadensgutachten (im Unterschied zu Gutachten über Schadens- und Unfallursachen) erstellt (→ BFH vom 21.3.1996 – BStBl II S. 518),

Schönheitskönigin, die ihren Titel durch entgeltliche, öffentliche Auftritte verwertet, erzielt hierdurch Einkünfte aus Gewerbebetrieb. Zu ihren Betriebseinnahmen gehören auch Preise, die ihr als Siegerin bei weiteren Schönheitskonkurrenzen verliehen werden (→ FG Rheinland-Pfalz vom 19.7.1995 – EFG 1996 S. 52),

Spielberater; ein international tätiger Berater von Berufsfußballspielern ist typischerweise nicht freiberuflich, sondern gewerblich tätig (→ BFH vom 26.11.1998 – StEd 1999 S. 71),

Systemanalytiker
Zur Frage, ob es Grundrechtssätzen widerspricht, die Tätigkeit eines Systemanalytikers als gewerbliche Tätigkeit zu qualifizieren → beim BVerfG anhängiges Verfahren 2 BvR 1313/93 (Vorinstanz: BFH vom 9.2.1993, BFH/NV 1994 S. 536),

Treuhänderische Tätigkeit eines Rechtsanwaltes für Bauherrengemeinschaften (→ BFH vom 1.2.1990 – BStBl II S. 534),

Vereidigter Kursmakler (→ BFH vom 13.9.1955 – BStBl III S. 325),

Versicherungsberater *(→ BFH vom 16.10.1997 – BStBl 1998 II S. 139).*

Versicherungsvertreter, selbständiger; übt auch dann eine gewerbliche Tätigkeit aus, wenn er nur für ein einziges Versicherungsunternehmen tätig sein darf (→ BFH vom 26.10.1977 – BStBl 1978 II S. 137),

Versteigerer (→ BFH vom 24.1.1957 – BStBl III S. 106),

Vortragswerber (→ BFH vom 5.7.1956 – BStBl III S. 255),

Werbeberater (→ BFH vom 16.1.1974 – BStBl II S. 293),

Wirtschaftswissenschaftler, der sich auf ein eng begrenztes Tätigkeitsgebiet, z. B. die Aufnahme und Bewertung von Warenbeständen in einem bestimmten Wirtschaftszweig, spezialisiert und diese Tätigkeit im wesentlichen von zahlreichen Hilfskräften in einem unternehmensartig organisierten Großbüro ausführen läßt (→ BFH vom 28.11.1968 – BStBl 1969 II S. 164),

Zolldeklarant (→ BFH vom 21.9.1989 – BStBl 1990 II S. 153).

Abgrenzung selbständige/nichtselbständige Arbeit
→ R 134
→ A 67 LStR

Ähnliche Berufe
– Ob ein ähnlicher Beruf vorliegt, ist durch Vergleich mit einem bestimmten Katalogberuf festzustellen (→ BFH vom 5.7.1973 – BStBl II S. 730).

– Ein Beruf ist einem der Katalogberufe ähnlich, wenn er in wesentlichen Punkten mit ihm verglichen werden kann. Dazu gehören die Vergleichbarkeit der **Ausbildung** und der beruflichen **Tätigkeit** (→ BFH vom 12.10.1989 – BStBl 1990 II S. 64).

– Verfügt der Steuerpflichtige nicht über einen entsprechenden Studienabschluß **(Autodidakt),** muß er eine vergleichbare Tiefe und Breite seiner Vorbildung nachweisen. Da der Nachweis durch Teilnahme an Kursen oder Selbststudium auch den Erfolg der autodidaktischen Ausbildung mitumfaßt, ist dieser Beweis regelmäßig schwer zu erbringen (→ BFH vom 14.3.1991 – BStBl II S. 769). Der Autodidakt kann aber ausnahmsweise den Nachweis der erforderlichen theoretischen Kenntnisse anhand eigener praktischer Arbeiten erbringen. Hierbei ist erforderlich, daß seine Tätigkeit besonders anspruchsvoll ist und nicht nur der Tiefe, sondern auch der Breite nach zumindest das Wissen des Kernbereichs eines Fachstudiums voraussetzt und den Schwerpunkt seiner Arbeit bildet (→ BFH vom 9.7.1992 – BStBl II 1993 S. 100).

– Der Nachweis **ingenieurähnlicher Tätigkeiten** kann nicht durch die Tätigkeit erbracht werden, die auch anhand von Formelsammlungen und praktischen Erfahrungen ausgeübt werden kann (→ BFH vom 11.7.1991 – BStBl II S. 878). Demgegenüber werden an die Breite der Tätigkeit geringere Anforderungen gestellt (→ BFH vom 14.3.1991 – BStBl II S. 769). Dies gilt nicht für die dem **beratenden Betriebswirt** ähnlichen Berufe; bei diesen muß sich die Beratungstätigkeit wenigstens auf einen betrieblichen Hauptbereich der Betriebswirtschaft beziehen (→ BFH vom 12.10.1989 – BStBl II 1990 S. 64).

§ 15 EStG
H 136

- Ein **Hochbautechniker** mit den einem Architekten vergleichbaren theoretischen Kenntnissen übt auch in den Veranlagungszeiträumen eine architektenähnliche Tätigkeit aus, in denen er lediglich als Bauleiter tätig wird (→ BFH vom 12.10.1989 – BStBl II 1990 S. 64).
- Ist für die Ausübung des Katalogberufes eine **staatliche Zulassung** erforderlich, kann die ohne staatliche Zulassung entfaltete Tätigkeit nicht ähnlich sein (→ BFH vom 9.10.1986 – BStBl II 1987 S. 124).

Erbauseinandersetzung
→ BMF vom 11.1.1993 (BStBl I S. 62)   Anhang 10

Erbfolge, vorweggenommene
→ BMF vom 13.1.1993 (BStBl I S. 80)   Anhang 10

Gemischte Tätigkeit
- Wird neben einer freiberuflichen eine gewerbliche Tätigkeit ausgeübt, sind die beiden Tätigkeiten steuerlich getrennt zu behandeln, wenn eine Trennung nach der Verkehrsauffassung ohne besondere Schwierigkeit möglich ist. Eine getrennte Behandlung wird insbesondere in Betracht kommen können, wenn eine getrennte Buchführung für die beiden Tätigkeiten vorhanden ist; soweit erforderlich, können die Besteuerungsgrundlagen auch im Schätzungswege festgestellt werden (→ BFH vom 16.2.1961 – BStBl III S. 210, vom 25.10.1963 – BStBl III S. 595, vom 12.11.1964 – BStBl 1965 III S. 90, vom 11.5.1976 – BStBl II S. 641). Die getrennte Behandlung ist auch dann zulässig, wenn in einem Beruf freiberufliche und gewerbliche Merkmale zusammentreffen und ein enger sachlicher und wirtschaftlicher Zusammenhang zwischen den Tätigkeitsarten besteht, also eine sog. gemischte Tätigkeit vorliegt (→ BFH vom 3.10.1985 – BStBl 1986 II S. 213). Sind bei einer gemischten Tätigkeit die beiden Tätigkeitsmerkmale miteinander verflochten und bedingen sie sich gegenseitig unlösbar, so muß der gesamte Betrieb als einheitlicher angesehen werden (→ BFH vom 13.5.1966 – BStBl III S. 489, vom 15.12.1971 – BStBl 1972 II S. 291 und vom 9.8.1983 – BStBl 1984 II S. 129). Dies ist insbesondere dann der Fall, wenn sich die freiberufliche Tätigkeit lediglich als Ausfluß einer gewerblichen Betätigung darstellt oder wenn ein einheitlicher Erfolg geschuldet wird und in der dafür erforderlichen gewerblichen Tätigkeit auch freiberufliche Leistungen enthalten sind (→ BFH vom 12.11.1964 – BStBl 1965 III S. 90, vom 13.5.1966 – BStBl III S. 489 und vom 15.12.1971 – BStBl 1972 II S. 291). In diesem Fall ist unter Würdigung aller Umstände zu entscheiden, ob nach dem Gesamtbild die gemischte Tätigkeit insgesamt als freiberuflich oder als gewerblich zu behandeln ist (→ BFH vom 7.3.1974 – BStBl II S. 383). Der Ankauf und Verkauf von Waren ist grundsätzlich der freiberuflichen Tätigkeit derart wesensfremd, daß er zur Gewerblichkeit der einheitlichen Gesamtbetätigung (→ H 138 Abs. 5) führt (→ BFH vom 24.4.1997 – BStBl II S. 567).
- Werden von **Architekten** in Verbindung mit gewerblichen Grundstücksverkäufen Architektenaufträge jeweils in getrennten Verträgen vereinbart und durchgeführt, so liegen zwei getrennte Tätigkeiten vor (→ BFH vom 23.10.1975 – BStBl 1976 II S. 152).
- Ist ein **Steuerberater** für eine Bauherrengemeinschaft als Treuhänder tätig, so können einzelne für die Treugeber erbrachte Leistungen, die zu den typischerweise von Steuerberatern ausgeübten Tätigkeiten gehören, als freiberuflich gewertet werden, wenn sie von den gewerblichen Treuhänderleistungen abgrenzbar sind (→ BFH vom 21.4.1994 – BStBl II S. 650). Eine getrennte steuerliche Behandlung ist jedoch nicht möglich, wenn ein Steuerberater, der einem Vertriebsunternehmen Interessenten an den Eigentumswohnungen nachweist oder Verträge über den Erwerb vermittelt, Abnehmer in bezug auf die Eigentumswohnungen steuerlich berät; die von dem Vertriebsunternehmen durch Pauschalhonorar mitvergütete Beratung ist Teil der einheitlichen gewerblichen Betätigung (→ BFH vom 9.8.1983 – BStBl 1984 II S. 129).
- Einnahmen aus dem Verkauf von Kontaktlinsen, Pflegemitteln durch **Augenärzte**, Artikeln zur Mundhygiene bzw. Mundpflege durch **Zahnärzte** oder Tierarzneimitteln durch **Tierärzte** gehören zu den Einnahmen aus Gewerbebetrieb (→ BMF vom 14.5.1997 – BStBl I S. 566).[1]

---

[1] Anm.: Abdruck → H 138 (5) (Ärztliche Gemeinschaftspraxen).

Gesellschaft

– Schließen sich Angehörige eines freien Berufs zu einer Personengesellschaft zusammen, haben die Gesellschafter nur dann freiberufliche Einkünfte, wenn alle Gesellschafter, ggf. auch die Kommanditisten, die Merkmale eines freien Berufs erfüllen. Kein Gesellschafter darf nur kapitalmäßig beteiligt sein oder Tätigkeiten ausüben, die keine freiberuflichen sind (→ BFH vom 11.6.1985 – BStBl II S. 584 und vom 9.10.1986 – BStBl 1987 II S. 124). Beratende Bauingenieure können im Rahmen einer GbR, auch wenn sie nur in geringem Umfang tätig werden, eigenverantwortlich tätig sein (→ BFH vom 20.4.1989 – BStBl II S. 727). Eine an einer KG als Mitunternehmerin beteiligte GmbH ist selbst dann eine berufsfremde Person, wenn ihre sämtlichen Gesellschafter und ihr Geschäftsführer Angehörige eines freien Berufs sind (→ BFH vom 17.1.1980 – BStBl II S. 336).

– Üben Personengesellschaften auch nur zum Teil eine gewerbliche Tätigkeit aus, so ist ihr gesamter Betrieb als gewerblich zu behandeln → R 138 (5).[1]) Zur steuerrechtlichen Behandlung des Verkaufs von Kontaktlinsen nebst Pflegemitteln, von Mundhygieneartikeln sowie von Tierarzneimitteln durch ärztliche Gemeinschaftspraxen → BMF vom 14.5.1997 (BStBl S. 566).[2]) **Zur steuerrechtlichen Anerkennung der Ausgliederung der gewerblichen Tätigkeit auf eine personenidentische Gesellschaft (Schwestergesellschaft) → auch BFH vom 19.2.1998 (BStBl II S. 603).**

Gewinnerzielungsabsicht

Bei der in die Zukunft gerichteten und langfristigen Beurteilung, ob ein betrieblicher Totalgewinn erstrebt wird, ist zu berücksichtigen, daß sich z. B. bei Künstlern und Schriftstellern positive Einkünfte vielfach erst nach einer längeren Anlaufzeit erzielen lassen (→ BFH vom 23.5.1985 – BStBl II S. 515); im übrigen → H 134b und zu Erfindern H 149.

Heilberufe

– Betreibt ein Arzt ein **Krankenhaus**, so liegt eine freiberufliche Tätigkeit vor, wenn es ein notwendiges Hilfsmittel für die ärztliche Tätigkeit darstellt und aus dem Krankenhaus ein besonderer Gewinn nicht angestrebt wird (→ RFH vom 15.3.1939 – RStBl S. 853). Entsprechendes gilt hinsichtlich einer von einem Arzt oder von einem Heilpraktiker, Physiotherapeuten (Krankengymnasten), Heilmasseur betriebenen **medizinischen Badeanstalt** (→ BFH vom 26.11.1970 – BStBl II 1971 S. 249). Ist dagegen eine von einem Arzt betriebene Klinik, ein Kurheim oder Sanatorium ein gewerblicher Betrieb, so gehören auch seine im Rahmen dieses Betriebes erzielten Einnahmen aus ärztlichen Leistungen zu den Einnahmen aus Gewerbebetrieb (→ BFH vom 12.11.1964 – BStBl III 1965 S. 90). Das gilt entsprechend, wenn der Betrieb einer medizinischen Badeanstalt als Gewerbebetrieb anzusehen ist.

– Schließen sich Ärzte zu einer in der Rechtsform einer GbR betriebenen **Laborgemeinschaft** zusammen, die lediglich kostendeckend Leistungen für die beteiligten Ärzte erbringt, so gehört die Tätigkeit des Gemeinschaftslabors zu den Hilfstätigkeiten der ärztlichen Tätigkeit; die von den Ärzten für Laborleistungen vereinnahmten Honorare sind Einnahmen aus selbständiger Arbeit, es sei denn, daß nach den Umständen des Einzelfalles unter Einbeziehung der auf den Arzt entfallenden Tätigkeit der Laborgemeinschaft insgesamt gewerbliche Tätigkeit anzunehmen ist (→ BFH vom 22.12.1993 – BStBl 1994 II S. 352); siehe auch → Mithilfe anderer Personen.

– Ein Arzt, der aus seiner mit behördlicher Erlaubnis geführten Abgabestelle für Arzneien **(sog. ärztliche Hausapotheke)** gegen Entgelt Medikamente an Patienten abgibt, wird außer bei der Abgabe im Zusammenhang mit dem sog. Praxisbedarf, einer Notfallbehandlung oder der stationären Aufnahme gewerblich tätig (→ BFH vom 26.5.1977 – BStBl II S. 879). Das gleiche gilt für Tierärzte bei der Abgabe von Medikamenten oder Impfstoffen gegen Entgelt (→ BFH vom 1.2.1979 – BStBl II S. 574 und vom 27.7.1978 – BStBl II S. 686). Der **Verkauf** von Kontaktlinsen nebst Pflegemitteln und von Mundhygieneartikeln ist ebenfalls gewerbliche Tätigkeit (→ BMF vom 14.5.1997 – BStBl I S. 566).[2])

– Ein **Heilmasseur** ist dagegen auch insoweit freiberuflich tätig, als er Fangopackungen ohne Massage verabreicht (→ BFH vom 24.1.1985 – BStBl II S. 676).

---

[1]) Anm.: → BFH vom 25.6.1996 (BStBl 1997 II S. 202).
[2]) Anm.: Abdruck → H 138 (5) (Ärztliche Gemeinschaftspraxen).

§ 15 EStG
H 136

Künstlerische Tätigkeit

- Eine künstlerische Tätigkeit liegt vor, wenn die Arbeiten nach ihrem Gesamtbild **eigenschöpferisch** sind und über eine hinreichende Beherrschung der Technik hinaus eine bestimmte **künstlerische Gestaltungshöhe** erreichen (→ BFH vom 11.7.1991 – BStBl I S. 353). Dabei ist nicht jedes einzelne von dem Künstler geschaffene Werk für sich, sondern die gesamte von ihm im VZ ausgeübte Tätigkeit zu würdigen (→ BFH vom 11.7.1960 – BStBl III S. 453).

- Auch das BVerfG sieht das Wesentliche der künstlerischen Betätigung in der freien schöpferischen Gestaltung, in der Eindrücke, Erfahrungen und Erlebnisse des Künstlers durch das Medium einer bestimmten Formensprache zu unmittelbarer Anschauung gebracht werden (Entscheidungen vom 24.2.1971, BVerfGE 30, 173, 188 f.; vom 17.7.1984, BVerfGE 67, 213). Für die insoweit zu treffende Entscheidung ist der allgemeinen Verkehrsauffassung besonderes Gewicht beizulegen (→ BFH vom 14.8.1980 – BStBl 1981 II S. 21). Zur Frage, ob das Kriterium der künstlischen Gestaltungshöhe zur Abgrenzung von Kunst und Nichtkunst i. S. d. § 18 Abs. 1 mit Art. 5 Abs. 3 GG vereinbar ist → BFH vom 23.9.1998 – XI R 71/97.

- Im übrigen ist aber bei der Entscheidung der Frage, ob ein bisher freiberuflich Tätiger Gewerbetreibender wird, nicht auf die möglicherweise besonders gelagerten Umstände eines einzelnen VZ abzustellen, sondern zu prüfen, ob die **allgemeine Tendenz** zur Entwicklung eines Gewerbebetriebes hingeht (→ BFH vom 24.7.1969 – BStBl II 1970 S. 86).

- Da die künstlerische Tätigkeit in besonderem Maße **persönlichkeitsbezogen** ist, kann sie als solche nur anerkannt werden, wenn der Künstler auf sämtliche zur Herstellung eines Kunstwerks erforderlichen Tätigkeiten den entscheidenden gestaltenden Einfluß ausübt (→ BFH vom 2.12.1980 – BStBl II 1981 S. 170).

- Zum Verfahren bei Vorliegen einander widersprechender **Gutachten** (→ BFH vom 11.7.1991 – BStBl II S. 889).

- Die Tätigkeit des Entwerfens von Motiven, die auf spezielle farbige Klebefolien übertragen und mittels dieser Folien auf Kraftfahrzeuge geklebt werden, damit diese sich individuell von anderen Kraftfahrzeugen abheben, ist eine gewerbliche und keine selbständig ausgeübte künstlerische Tätigkeit (→ FG Hamburg vom 8.6.1995 – EFG 1995 S. 1020).

- Einnahmen eines populären Schauspielers aus der Mitwirkung bei der Herstellung von Werbefotografien sind auch dann den Einkünften aus Gewerbebetrieb zuzurechnen, wenn dieser über die Erfüllung seiner vertraglichen Verpflichtung als Fotomodell hinaus, die Gestaltung der Werbeaufnahmen selbst tatsächlich künstlerisch beeinflussen konnte. Darauf, ob die Werbefotografien als solche den Rang von Kunstwerken beanspruchen können, kommt es in diesem Zusammenhang nicht an (→ BFH vom 15.10.1998 – IV R 1/97).

Mithilfe anderer Personen

Die Beschäftigung von fachlich vorgebildeten Mitarbeitern steht der Annahme einer freiberuflichen Tätigkeit nicht entgegen, wenn der Berufsträger auf Grund eigener Fachkenntnisse **leitend** tätig wird und auch hinsichtlich der für den Beruf typischen Tätigkeit **eigenverantwortlich** mitwirkt (→ BFH vom 1.2.1990 – BStBl II S. 507); im Fall eines Schulleiters genügt es, daß er eigenständig in den Unterricht anderer Lehrkräfte eingreift, indem er die Unterrichtsveranstaltungen mitgestaltet und ihnen damit den **Stempel seiner Persönlichkeit** gibt (→ BFH vom 23.1.1986 – BStBl II S. 398). Die leitende und eigenverantwortliche Tätigkeit des Berufsträgers muß sich auf die **Gesamttätigkeit** seiner Berufspraxis erstrecken; es genügt somit nicht, wenn sich die auf persönlichen Fachkenntnissen beruhende Leitung und eigene Verantwortung auf einen Teil der Berufstätigkeit beschränkt (→ BFH vom 5.12.1968 – BStBl 1969 II S. 165). Freiberufliche Arbeit leistet der Berufsträger nur, wenn die Ausführung jedes einzelnen ihm erteilten Auftrags ihm und nicht dem fachlichen Mitarbeiter, den Hilfskräften, den technischen Hilfsmitteln oder dem Unternehmen als ganzem zuzurechnen ist, wobei in einfachen Fällen eine fachliche Überprüfung der Arbeitsleistung des Mitarbeiters genügt (→ BFH vom 1.2.1990 – BStBl II S. 507). Danach ist z. B. in den folgenden Fällen eine **gewerbliche Tätigkeit** anzunehmen:

1. Ein Steuerpflichtiger unterhält ein **Übersetzungsbüro,** ohne daß er selbst über Kenntnisse in den Sprachen verfügt, auf die sich die Übersetzungstätigkeit erstreckt.
2. Ein **Architekt** befaßt sich vorwiegend mit der Beschaffung von Aufträgen und läßt die fachliche Arbeit durch Mitarbeiter ausführen.
3. Ein **Ingenieur** beschäftigt fachlich vorgebildete Arbeitskräfte und übt mit deren Hilfe eine Beratungstätigkeit auf mehreren Fachgebieten aus, die er nicht beherrscht oder nicht leitend bearbeitet (→ BFH vom 11.9.1968 – BStBl II S. 820).
4. Ein Steuerpflichtiger betreibt eine **Fahrschule,** besitzt jedoch nicht die Fahrlehrererlaubnis (→ BFH vom 4.10.1966 – BStBl III S. 685).
5. Ein Steuerpflichtiger ist Inhaber einer **Privatschule** und beschäftigt eine Anzahl von Lehrkräften, ohne durch eigenen Unterricht sowie durch das Mitgestalten des von anderen Lehrkräften erteilten Unterrichts eine überwiegend eigenverantwortliche Unterrichtstätigkeit auszuüben (→ BFH vom 6.11.1969 – BStBl 1970 II S. 214 und vom 13.12.1973 – BStBl 1974 II S. 213); das gleiche gilt für **Reitunterricht** auf einem Reiterhof → BFH vom 16.11.1978 (BStBl 1979 II S. 246).
6. Ein **Facharzt für Laboratoriumsmedizin** hat nicht ausreichend Zeit für die persönliche Mitwirkung am einzelnen Untersuchungsauftrag (→ BFH vom 21.3.1995 – BStBl II S. 732).
7. Ein **Krankenpfleger** überläßt Pflegeleistungen weitgehend seinen Mitarbeitern (→ BFH vom 5.6.1997 – BStBl II S. 681).

Der Berufsträger darf weder die Leitung noch die Verantwortlichkeit einem Geschäftsführer oder Vertreter übertragen. Eine leitende und eigenverantwortliche Tätigkeit ist jedoch dann noch gegeben, wenn ein Berufsträger nur **vorübergehend,** z. B. während einer Erkrankung, eines Urlaubs oder der Zugehörigkeit zu einer gesetzgebenden Körperschaft oder der Mitarbeit in einer Standesorganisation, seine Berufstätigkeit nicht selbst ausüben kann.

Rechts- und wirtschaftsberatende Berufe

Zu der freien Berufstätigkeit eines Wirtschaftsprüfers, vereidigten Buchprüfers, Steuerberaters, Steuerbevollmächtigten usw. können auch die Prüfungen der laufenden Eintragungen in den Geschäftsbüchern, die Prüfung der Inventur, die Durchführung des Hauptabschlusses und die Aufstellung der Steuererklärungen gehören. Die Bücherführung für andere Personen, z. B. durch einen Steuerberater oder einen Steuerbevollmächtigten, ist ebenfalls grundsätzlich eine freiberufliche Tätigkeit (→ RFH vom 8.3.1939 – RStBl S. 577 und BFH vom 12.9.1951 – BStBl III S. 197). Ein Steuerberater, der den Vertriebsunternehmen oder Initiatoren von Bauherren-Modellen Interessenten am Erwerb von Eigentumswohnungen nachweist oder der entsprechende Verträge vermittelt, ist insoweit nicht freiberuflich tätig (→ BFH vom 9.8.1983 – BStBl 1984 II S. 129). Das Gleiche gilt für die treuhänderische Tätigkeit eines Rechtsanwaltes für Bauherrengemeinschaften (→ BFH vom 1.2.1990 – BStBl II S. 534).

Schriftstellerische Tätigkeit

Ein Schriftsteller muß für die Öffentlichkeit schreiben und es muß sich um den Ausdruck eigener Gedanken handeln, mögen sich diese auch auf rein tatsächliche Vorgänge beziehen. Es ist nicht erforderlich, daß das Geschriebene einen wissenschaftlichen oder künstlerischen Inhalt hat. Der Schriftsteller braucht weder Dichter noch Künstler noch Gelehrter zu sein (→ BFH vom 14.5.1958 – BStBl III S. 316).

Sonstige selbständige Arbeit

Nimmt die sonstige selbständige Tätigkeit einen Umfang an, der die ständige Beschäftigung mehrerer Angestellter oder die Einschaltung von Subunternehmern erforderlich macht, und werden den genannten Personen nicht nur untergeordnete, insbesondere vorbereitende oder mechanische Aufgaben übertragen, liegt eine gewerbliche Tätigkeit vor. Auch wenn nur Hilfskräfte beschäftigt werden, die ausschließlich untergeordnete Arbeiten erledigen, kann deren Umfang den gewerblichen Charakter begründen (→ BFH vom 23.5.1984 – BStBl II S. 823). Danach üben z. B. Hausverwalter, die eine größere Zahl von Gebäuden verwalten und sich zur Erledigung ihrer Arbeiten ständig mehrerer Hilfskräfte bedienen, und Zwangsverwalter, die zur Erfüllung ihrer Aufgaben gewerblich tätige Verwaltungsgesellschaften als Erfüllungsgehilfen einschalten, in der Regel eine gewerbliche Tätigkeit aus (→ BFH vom 13.5.1966 – BStBl III S. 489).

Unterrichtende und erzieherische Tätigkeit

Der Betrieb einer **Unterrichtsanstalt** ist dann als Ausübung eines freien Berufs anzusehen, wenn der Inhaber über entsprechende Fachkenntnisse verfügt und den Betrieb der Schule eigenverantwortlich leitet (→ Mithilfe anderer Personen). Für eine spezifisch individuelle Leistung, wie es die Lehrtätigkeit ist, gelten dabei **besonders enge Maßstäbe** (→ BFH vom 1.4.1982 – BStBl II S. 589).

Ein der Schule angeschlossenes **Internat** rechnet zur freiberuflichen Tätigkeit, wenn das Internat ein notwendiges Hilfsmittel für die Schule ist und das Internat keine besondere Gewinnquelle neben der Schule bildet (→ BFH vom 30.6.1964 – BStBl III S. 630). Für die Behandlung der beiden Betriebe als gemischte Tätigkeit und ihre getrennte steuerliche Behandlung → Gemischte Tätigkeit. Eine freiberufliche erzieherische Tätigkeit kann ohne Ablegung einer fachlichen Prüfung ausgeübt werden (→ BFH vom 25.4.1974 – BStBl II S. 642).

Der Betrieb eines **Fitneß-Studios** stellt keine unterrichtende Tätigkeit dar, wenn sich die persönliche Betreuung der Kunden im wesentlichen auf die Einweisung in die Handhabung der Geräte und die Überwachung des Trainings in Einzelfällen beschränkt (→ BFH vom 13.1.1994 – BStBl II S. 362). Dies gilt auch bei einem **Bodybuilding-Studio**, wenn die unterrichtende Tätigkeit nur die Anfangsphase der Kurse prägt und im übrigen den Kunden Trainingsgeräte zur freien Verfügung stehen (→ BFH vom 18.4.1996 – BStBl II S. 573).

Der Betrieb einer **Tanzschule** durch eine GbR ist gewerblich, wenn diese auch einen Getränkeverkauf mit Gewinnerzielungsabsicht betreibt (→ BFH vom 18.5.1995 – BStBl II S. 718).

Eine freiberufliche **erzieherische Tätigkeit** kann ohne Ablegung einer fachlichen Prüfung ausgeübt werden (→ BFH vom 25.4.1974 – BStBl II S. 642). Eine **Beratungstätigkeit**, die auf Lösung von Problemen in einem bestimmten Teilbereich zwischenmenschlicher Beziehungen gerichtet ist, ist nicht erzieherisch; Voraussetzung jeder erzieherischen Tätigkeit im Sinne des § 18 Abs. 1 Nr. 1 EStG ist, daß die ganze Persönlichkeit geformt wird (→ BFH vom 11.6.1997 – BStBl II S. 687).

Verpachtung nach Erbfall

Das Ableben eines Freiberuflers führt weder zu einer Betriebsaufgabe noch geht das der freiberuflichen Tätigkeit dienende Betriebsvermögen durch den Erbfall in das Privatvermögen der Erben über (→ BFH vom 14.12.1993 – BStBl 1994 II S. 922). Die vorübergehende Verpachtung einer freiberuflichen Praxis durch den Erben oder Vermächtnisnehmer führt dann nicht zur Betriebsaufgabe, wenn er im Begriff ist, die für die beabsichtigte Praxisfortführung erforderliche freiberufliche Qualifikation zu erlangen (→ BFH vom 12.3.1992 – BStBl 1993 II S. 36).

Wissenschaftliche Tätigkeit

Wissenschaftlich tätig wird nicht nur, wer schöpferische oder forschende Arbeit leistet – reine Wissenschaft –, sondern auch, wer das aus der Forschung hervorgegangene Wissen und Erkennen auf konkrete Vorgänge anwendet – angewandte Wissenschaft. Keine wissenschaftliche Tätigkeit liegt vor, wenn sie im wesentlichen in einer praxisorientierten Beratung besteht (→ BFH vom 27.2.1992 – BStBl II S. 826).

---

137. Abgrenzung des Gewerbebetriebs von der Vermögensverwaltung

Allgemeines

(1) ¹Die bloße Verwaltung eigenen Vermögens ist regelmäßig keine gewerbliche Tätigkeit. ²Vermögensverwaltung liegt vor, wenn sich die Betätigung noch als Nutzung von Vermögen im Sinne einer Fruchtziehung aus zu erhaltenden Substanzwerten darstellt und die Ausnutzung substantieller Vermögenswerte durch Umschichtung nicht entscheidend in den Vordergrund tritt. ³Ein Gewerbebetrieb liegt dagegen vor, wenn eine selbständige nachhaltige Betätigung mit Gewinnabsicht unternommen wird, sich als Beteiligung am allgemeinen wirtschaftlichen Verkehr darstellt und über den Rahmen einer Vermögensverwaltung hinausgeht. ⁴Die Verpachtung eines Gewerbebetriebs ist grundsätzlich nicht als Gewerbebetrieb anzusehen.

§ 15 EStG
H 137 (1)

H 137 (1) **Hinweise**

Beginn der Betriebsverpachtung
Verfahren → BFH vom 13.11.1963 (BStBl 1964 III S. 124)
→ Oberste Finanzbehörden der Länder (BStBl 1965 II S. 4 ff.)
→ R 139 Abs. 5

Darlehen
Es liegt ein Gewerbebetrieb und nicht private Vermögensverwaltung vor, wenn ein Privatmann unter Einschaltung einer spezialisierten Maklerfirma in einer Vielzahl von Fällen an einen bestimmten Markt Darlehen vergibt und sich hierzu auch refinanziert (→ FG Köln vom 4.7.1995 – EFG 1995 S. 1019).

Einkunftsermittlung
Anhang 23 Bei im Betriebsvermögen gehaltenen Beteiligungen an vermögensverwaltenden Personengesellschaften → BMF vom 29.4.1994 (BStBl I S. 282) und vom 27.12.1996 (BStBl I S. 1521).

Gewerblicher Grundstückshandel

– Zu den Voraussetzungen für einen gewerblichen Grundstückshandel
  → BFH vom 14.11.1995 (BFH/NV 1996 S. 466):

  Für die gewerbliche Prägung einer Tätigkeit ist nicht so sehr die Beschaffenheit als vielmehr die Zahl der Verkäufe ausschlaggebend.

  Der Fünf-Jahres-Zeitraum stellt als objektives Beweisanzeichen – neben der Objektzahl – keine absolute Grenze dar. Die mit zunehmender Zeitdauer sich verringernde Indizwirkung ist dann gegebenenfalls durch zusätzliche Anhaltspunkte für einen gewerblichen Grundstückshandel zu ergänzen. Derartige Umstände können insbesondere in einer höheren Zahl nach Ablauf dieses Zeitraums planmäßig veräußerter Objekte oder in einer hauptberuflichen Tätigkeit im Baubereich gesehen werden. Dazu gehören nicht nur Berufe des Baugewerbes selbst, sondern auch die dem Baugewerbe nahestehenden Berufe.

  Im Rahmen eines von einer Mitunternehmerschaft ausgeübten gewerblichen Grundstückshandels müssen sich die übrigen Gesellschafter die Branchenkenntnisse und Geschäftsbeziehungen auch nur eines Gesellschafters als Vertretungsorgan zurechnen lassen.

  Als ein gegen eine bereits beim Erwerb vorliegende zumindest bedingte Weiterveräußerungsabsicht sprechender objektiver Umstand ist eine vom Weiterveräußerer selbst vorgenommene langfristige Vermietung anzusehen, weil dadurch die Nutzung von Grundbesitz im Sinne einer bloßen Fruchtziehung aus zu erhaltenden Substanzwerten in den Vordergrund tritt.

Anhang 13 – Zur **Abgrenzung** zwischen privater Vermögensverwaltung und gewerblichem Grundstückshandel → BMF vom 20.12.1990 (BStBl I S. 884),

– Dem Großen Senat wurde folgende Rechtsfrage zur Entscheidung vorgelegt:
  Ist die Errichtung von Wohnobjekten (im Streitfall Eigentumswohnungen) in zumindest bedingter Veräußerungsabsicht und die hiermit in sachlichem sowie zeitlichem Zusammenhang stehende Veräußerung dieser Objekte unabhängig von ihrer Zahl eine gewerbliche Tätigkeit, weil diese „dem Bild eines Bauunternehmers/Bauträgers entspricht"? (→ BFH vom 29.10.1997 – BStBl 1998 II S. 332; Az: GrS 1/98).

– die Veräußerung von **Anteilen an Grundstücksgesellschaften** ist in die Drei-Objekt-Grenze miteinzubeziehen (→ BFH vom 7.3.1996 – BStBl II S. 369),

– bei Veräußerung im Rahmen von **Bauherrenmodellen** (→ BFH vom 12.9.1995 – BStBl II S. 839),

  Die Grundsätze, die für die Abgrenzung zwischen gewerblichem Grundstückshandel und privater Vermögensanlage maßgebend sind (zusammenfassend Beschluß vom 3.7.1995, BStBl II S. 617), gelten auch dann, wenn ein Stpfl. Wohneinheiten im Rahmen von **Bauherrenmodellen** erwirbt und veräußert.

§ 15 EStG
H 137 (1)

- Einbeziehung von Objekten, die von vornherein zum Verkauf an eine **bestimmte Person** vorgesehen sind → BFH vom 28.10.1993 (BStBl 1994 II S. 463),

  Bei der Beantwortung der Frage, ob die „Drei-Objekt-Grenze" überschritten ist, sind auch solche Objekte zu berücksichtigen, die von vornherein zum Verkauf an eine bestimmte Person bestimmt waren, sofern sie sonst anderweitig veräußert worden wären. Für den Bereich des gewerblichen Grundstückshandels hat es der BFH genügen lassen, daß die Verkaufsabsicht nur einem kleinen Kreis von Personen – unter Umständen auch nur einer einzigen Person – bekannt wird und der Verkäufer damit rechnet, die Verkaufsabsicht werde sich herumsprechen. Demgemäß ist auch der Verkauf von Wohnungen an Bekannte als Teilnahme am allgemeinen wirtschaftlichen Verkehr angesehen worden. Ist Gegenstand eines Gewerbebetriebs der Ankauf und Verkauf von Vermögensgegenständen, so ist es nicht erforderlich, daß jeder einzelne Vermögensgegenstand einer Mehrzahl von Personen angeboten wird. Demgemäß hat der BFH auch eine Wohnung, die von vornherein für den ursprünglichen Eigentümer vorgesehen war, in die gewerbliche Tätigkeit einbezogen.

- bei **Beteiligung** an einer Personengesellschaft, die die Drei-Objekt-Grenze nicht überschreitet → BFH vom 20.11.1990 (BStBl 1991 II S. 345),

- bei Veräußerung nur **eines Grundstücks** an nahestehenden Dritten mit anschließender Verwertung durch den Dritten (→ BFH vom 13.12.1995 – BStBl 1996 II S. 232),

- bei Bebauung und zeitnaher Veräußerung nur zweier Grundstücke mit **gewerblichen Großobjekten** (→ BFH vom 24.1.1996 – BStBl II S. 303),

  Erwirbt jemand zwei Grundstücke, errichtet er hierauf in Verkaufsabsicht jeweils ein Supermarktgebäude und veräußert er diese Grundstücke in zeitlichem Zusammenhang mit der Bebauung, unterhält er einen Gewerbebetrieb. Die zu Wohneinheiten entwickelte „Drei-Objekt-Grenze" (BFH vom 3.7.1995, BStBl II S. 617) schließt diese Annahme nicht aus.

- Durch den An- und Verkauf eines **Großobjektes** mit 568 Wohnungen, 100 Garagen und weiteren gewerblich bzw. freiberuflich genutzten Mieteinheiten, bei dem es sich grundbuchmäßig um ein Grundstück handelt und das rund fünfeinhalb Jahre nach dem Erwerb veräußert wird, begründet eine Grundstücks-GbR nach Ansicht des FG Berlin (Urteil vom 9.9.1996 – EFG 1997 S. 533) noch keinen Gewerbebetrieb, wenn keine weiteren Beweisanzeichen für gewerbliches Handeln vorliegen.

- *bei Veräußerung eines parzellierten Grundstücks in einem einzigen rechtsgeschäftlichen Vorgang an eine nahestehende GmbH, die anschließend die Grundstücke einzeln weiterverkauft → BFH vom 17.6.1998 (BStBl II S. 667),*

- bei Veräußerung von **Miteigentumsanteilen** an einem Grundstück → BFH vom 7.12.1995 (BStBl 1996 II S. 367),

  Erwirbt jemand ein Grundstück, das er noch am selben Tag den von einer Bauträgergesellschaft zu benennenden Personen zum Kauf anbietet, und erwerben die zwölf von der Bauträgergesellschaft benannten Personen (Bauherren) das Grundstück später zu unterschiedlichen Bruchteilen, so handelt es sich um gewerblichen Grundstückshandel.

- **Nachhaltigkeit und Mißbrauch** von rechtlichen Gestaltungsmöglichkeiten bei Grundstücksgeschäften → BFH vom 12.7.1991 (BStBl 1992 II S. 143),

- zum **Objektbegriff** im Sinne der Drei-Objekt-Grenze → BFH vom 11.3.1992 (BStBl II S. 1007),

- Grundstücksgeschäfte einer **Personengesellschaft** können einem Gesellschafter, der auch eigene Grundstücke veräußert, in der Weise zugerechnet werden, daß unter Einbeziehung dieser Veräußerungen ein gewerblicher Grundstückshandel des Gesellschafters besteht (→ BFH vom 3.7.1995 – BStBl II S. 617),

- bei Beurteilung der Tätigkeiten ansonsten vermögensverwaltender Personengesellschaften/-gemeinschaften sind die Aktivitäten von **personenidentischen Personengesellschaften/-gemeinschaften** zu berücksichtigen (→ BFH vom 7.3.1996 – BStBl II S. 369),

§ 15 EStG
R 137 (2) H 137 (1, 2)

Erwerben und veräußern mehrere Personen Grundbesitz teils in der Form von Bruchteilsgemeinschaften, teils in Form vermögensverwaltender Personengesellschaften, so können in die steuerrechtliche Gesamtbeurteilung der Tätigkeit der einzelnen Gemeinschaften oder Gesellschaften die Aktivitäten der jeweils anderen Gemeinschaften oder Gesellschaften jedenfalls dann miteinbezogen werden, wenn alle Gemeinschafter oder Gesellschafter identisch sind. Bei Beantwortung der Frage, ob die „Drei-Objekt-Grenze" überschritten ist, sind die Veräußerungen von Anteilen an Grundstücksgesellschaften miteinzubeziehen.

- auf die Drei-Objekt-Grenze sind Grundstücke, die im Wege der **Realteilung** oder **der gegenständlichen Teilauseinandersetzung** einer vermögensverwaltenden Personengesellschaft oder Bruchteilsgemeinschaft zu Alleineigentum übertragen werden, auch dann nicht anzurechnen, wenn von den Gesellschaftern oder Gemeinschaftern Schulden der Gesellschaft bzw. Gemeinschaft übernommen werden (→ BFH vom 9.5.1996 – BStBl II S. 599),
- **der Erwerb eines Grundstücks, dessen anschließende Bebauung mit einem** Sechsfamilienhaus **und die hiermit in sachlichem und zeitlichem Zusammenhang stehende Veräußerung führen zu Einkünften aus Gewerbebetrieb** (→ BFH vom 14.1.1998 – BStBl II S. 346),
- Zuordnung eines Einfamilienhauses zum Betriebsvermögen eines gewerblichen Grundstückshandels bei **vorübergehender Selbstnutzung** → BFH vom 23.1.1991 (BStBl II S. 519),
- **zeitliche Grenzen** → BFH vom 18.9.1991 (BStBl 1992 II S. 135).

Teilbetrieb

Die Verpachtung eines Teilbetriebs führt nicht zu Einkünften aus Vermietung und Verpachtung, wenn sie im Rahmen des gesamten Betriebs vorgenommen wird (→ BFH vom 5.10.1976 – BStBl 1977 II S. 42).

R 137 (2) **Vermietung und Verpachtung von Grundvermögen**

(2) ¹Ein Gewerbebetrieb ist in der Regel gegeben bei der Vermietung von Ausstellungsräumen, Messeständen und bei der ständig wechselnden kurzfristigen Vermietung von Sälen, z. B. für Konzerte.¹⁾ ²Die Beherbergung in Gaststätten ist stets ein Gewerbebetrieb.

H 137 (2) **Hinweise**

Arbeiterwohnheim

Der Betrieb eines Arbeiterwohnheims ist im allgemeinen als Gewerbebetrieb zu beurteilen (→ BFH vom 18.1.1973 – BStBl II S. 561).

Architekten/Bauunternehmer

Die Errichtung von Häusern durch Architekten oder Bauunternehmer zum Zweck späterer Vermietung stellt keine gewerbliche Tätigkeit dar, auch wenn sie in großem Umfang erfolgt und erhebliche Fremdmittel eingesetzt werden (→ BFH vom 12.3.1964 – BStBl III S. 364).

Campingplatz

Der Inhaber eines Campingplatzes ist gewerblich tätig, wenn er über die Vermietung der einzelnen Plätze für das Aufstellen von Zelten und Wohnwagen hinaus wesentliche Nebenleistungen erbringt, wie die Zurverfügungstellung sanitärer Anlagen und ihrer Reinigung, die Trinkwasserversorgung, die Stromversorgung für die Gesamtanlage und die einzelnen Standplätze, Abwässer- und Müllbeseitigung, Instandhaltung, Pflege und Überwachung des Platzes (→ BFH vom 6.10.1982 – BStBl 1983 II S. 80). Das gilt auch, wenn die Benutzer überwiegend sog. Dauercamper sind (→ BFH vom 27.1.1983 – BStBl II S. 426).

---

¹⁾ Anm.: → BFH vom 25.10.1988 (BStBl 1989 II S. 291).

Ferienwohnung

Bei Vermietung einer Ferienwohnung ist ein Gewerbebetrieb gegeben, wenn sämtliche der folgenden Voraussetzungen vorliegen:
1. Die Wohnung muß für die Führung eines Haushalts voll eingerichtet sein, z. B. Möblierung, Wäsche und Geschirr enthalten. Sie muß in einem reinen Feriengebiet im Verband mit einer Vielzahl gleichartig genutzter Wohnungen liegen, die eine einheitliche Wohnanlage bilden;
2. die Werbung für die kurzfristige Vermietung der Wohnung an laufend wechselnde Mieter und die Verwaltung der Wohnung müssen von einer für die einheitliche Wohnanlage bestehenden Feriendienstorganisation durchgeführt werden;
3. die Wohnung muß jederzeit zur Vermietung bereitgehalten werden, und es muß nach Art der Rezeption eines Hotels laufend Personal anwesend sein, das mit den Feriengästen Mietverträge abschließt und abwickelt und dafür sorgt, daß die Wohnung in einem Ausstattungs-, Erhaltungs- und Reinigungszustand ist und bleibt, der die sofortige Vermietung zuläßt (→ BFH vom 25.6.1976 – BStBl II S. 728).[1]

Ein Gewerbebetrieb ist auch anzunehmen, wenn eine hotelmäßige Nutzung der Ferienwohnung vorliegt oder die Vermietung nach Art einer Fremdenpension erfolgt. Ausschlaggebend ist, ob wegen der Häufigkeit des Gästewechsels oder im Hinblick auf zusätzlich zur Nutzungsüberlassung erbrachte Leistungen, z. B. Bereitstellung von Wäsche und Mobiliar, Reinigung der Räume, Übernahme sozialer Betreuung, eine Unternehmensorganisation erforderlich ist, wie sie auch in Fremdenpensionen vorkommt (→ BFH vom 28.6.1984 – BStBl 1985 II S. 211).

→ H 13 (7)

Fremdenpension

Die Beherbergung in Fremdenpensionen ist stets ein Gewerbebetrieb (→ BFH vom 11.7.1984 – BStBl II S. 722).

Gewerblicher Charakter der Vermietungstätigkeit

Um der Tätigkeit der Vermögensverwaltung gewerblichen Charakter zu verleihen, müssen besondere Umstände hinzutreten. Diese können darin bestehen, daß die Verwaltung des Grundbesitzes infolge des ständigen und schnellen Wechsels der Mieter eine Tätigkeit erfordert, die über das bei langfristigen Vermietungen übliche Maß hinausgeht, oder daß der Vermieter zugleich Leistungen erbringt, die eine bloße Vermietungstätigkeit überschreiten. Das entscheidende Merkmal liegt also darin, daß die bloße Vermögensnutzung hinter der Bereitstellung einer einheitlichen gewerblichen Organisation zurücktritt (→ BFH vom 21.8.1990 – BStBl 1991 II S. 126).

Tennisplätze

Ein Gewerbebetrieb ist in der Regel bei der Vermietung von Tennisplätzen gegeben (→ BFH vom 25.10.1988 – BStBl 1989 II S. 291).

Umfangreicher Grundbesitz

Die Vermietung und Verpachtung von Grundvermögen stellt auch dann eine bloße Vermögensverwaltung dar, wenn der vermietete Grundbesitz sehr umfangreich ist und der Verkehr mit vielen Mietern erhebliche Verwaltungsarbeit erforderlich macht (→ BFH vom 21.8.1990 – BStBl 1991 II S. 126) oder die vermieteten Räume gewerblichen Zwecken dienen (→ BFH vom 17.1.1961 – BStBl III S. 233).

Untervermietung

Die Untervermietung von kleinen Flächen (Läden, Ständen) stellt keine gewerbliche Betätigung dar, wenn keine besonderen Umstände hinzutreten (→ BFH vom 18.3.1964 – BStBl III S. 367).

Vermietung möblierter Zimmer

Die Vermietung, auch Untervermietung, möblierter Zimmer ist keine gewerbliche Tätigkeit. An dieser Beurteilung ändert sich auch dann nichts, wenn außer der Nutzungsüberlassung

---

[1] Anm.: Bestätigt durch BFH vom 19.1.1990 (BStBl II S. 383).

§ 15 EStG
R 137 (3, 4)   H 137 (2-4)

als Nebenleistung die Reinigung der Räume, die Gestellung des Frühstücks und dergleichen besonders erbracht werden. Eine gewerbliche Tätigkeit ist jedoch bei der Überlassung von Wohnraum gegeben, wenn die Nutzung des Vermögens hinter der Bereitstellung einer dem Beherbergungsbetrieb vergleichbaren Organisation zurücktritt (→ BFH vom 11.7.1984 – BStBl II S. 722).

Vermögensverwaltende Personengesellschaften

Anhang 23   Einkunftsermittlung bei im Betriebsvermögen gehaltenen Beteiligungen an vermögensverwaltenden Personengesellschaften → BMF vom 29.4.1994 (BStBl I S. 282) und vom 27.12.1996 (BStBl I S. 1521).

R 137 (3)   Vermietung beweglicher Gegenstände

(3) ¹Die Vermietung beweglicher Gegenstände (z. B. PKW, Wohnmobile, Boote) führt grundsätzlich zu sonstigen Einkünften im Sinne des § 22 Nr. 3 EStG oder bei Sachinbegriffen zu Einkünften im Sinne des § 21 Abs. 1 Nr. 2 EStG. ²Eine gewerbliche Tätigkeit liegt vor, wenn im Zusammenhang mit der Vermietung ins Gewicht fallende Sonderleistungen erbracht werden oder der Umfang der Tätigkeit eine unternehmerische Organisation erfordert.

H 137 (3)   Hinweis

Zur Frage der Zuordnung von Einkünften
- aus der Vermietung von **Flugzeugen**
  - → FG Münster vom 6.12.1995 (EFG 1996 S. 428 – Rev. – BFH X R 47/96)
  - → FG Münster vom 28.6.1996 (EFG 1996 S. 1095 – Rev. – BFH X R 122/97)
- aus der Vermietung eines **Wohnmobils**
  - → BFH vom 12.11.1997 (BStBl 1998 II S. 774)

R 137 (4)   Betriebsaufspaltung – Allgemeines

– unbesetzt –

H 137 (4)   Hinweise

Allgemeines

Eine Betriebsaufspaltung liegt vor, wenn ein Unternehmen (Besitzunternehmen) eine wesentliche Betriebsgrundlage an eine gewerblich tätige Personen- oder Kapitalgesellschaft (Betriebsunternehmen) zur Nutzung überläßt (sachliche Verflechtung) und eine Person oder mehrere Personen zusammen (Personengruppe) sowohl das Besitzunternehmen als auch das Betriebsunternehmen in dem Sinne beherrschen, daß sie in der Lage sind, in beiden Unternehmen einen einheitlichen geschäftlichen Betätigungswillen durchzusetzen (personelle Verflechtung). Liegen die Voraussetzungen einer personellen und sachlichen Verflechtung vor, ist die Vermietung oder Verpachtung keine Vermögensverwaltung mehr, sondern eine gewerbliche Vermietung oder Verpachtung. Das Besitzunternehmen ist Gewerbebetrieb (→ BFH vom 12.11.1985 – BStBl 1986 II S. 296).

Errichtet ein Einzelunternehmer mit seiner Ehefrau durch Bargründung eine GmbH und wird anschließend zwischen der GmbH und dem Einzelunternehmen eine echte Betriebsaufspaltung begründet, so sind stille Reserven aus dem Einzelunternehmen jedenfalls nicht deshalb aufzudecken, weil die Ehefrau an dem Einzelunternehmen nicht beteiligt ist und sie ihre Geschäftsanteile an der GmbH in ihrem Privatvermögen hält (→ BFH vom 12.5.1993 – BFHE 171, 282).

Darlehen

Gewähren bei einer Betriebsaufspaltung die Gesellschafter der Betriebs-GmbH bei deren Gründung ein Darlehen, dessen Laufzeit an die Dauer ihrer Beteiligung an der GmbH gebunden ist, so gehört dieses Darlehen zu ihrem notwendigen Sonderbetriebsvermögen II bei der Besitzgesellschaft (→ BFH vom 10.11.1994 – BStBl 1995 II S. 452).

Lizenzeinnahmen aus Patentüberlassungen

Lizenzeinnahmen aus der Überlassung von Patenten im Rahmen einer bestehenden Betriebsaufspaltung können auch dann zu gewerblichen Einkünften des Besitzunternehmens führen, wenn die Patente nicht wesentliche Betriebsgrundlagen der Betriebsgesellschaft bilden (→ BFH vom 23.9.1998 – DStR 1998 S. 2005).

Mitunternehmerische Betriebsaufspaltung

Das Rechtsinstitut der Betriebsaufspaltung hat Vorrang vor den Rechtsfolgen aus § 15 Abs. 1 Satz 1 Nr. 2 EStG (→ BFH vom 23.4.1996 – BStBl 1998 II S. 325).

→ *BMF vom 28.4.1998 (BStBl I S. 583) mit Übergangsregelung* Anhang 18

Nur-Besitzgesellschafter

Die gewerbliche Tätigkeit des Besitzunternehmens umfaßt auch die Anteile und Einkünfte der Personen, die nur am Besitzunternehmen beteiligt sind (→ BFH vom 2.8.1972 – BStBl II S. 796).

Sonderbetriebsvermögen

– Verpachtet eine OHG das gesamte Betriebsvermögen an eine Betriebs-GmbH und wird dabei auch das Betriebsgrundstück, das einigen Gesellschaftern der OHG gehört, von dieser an die GmbH vermietet, so gehören die Einkünfte aus der Vermietung des Grundstückes zum gewerblichen Steuerbilanzgewinn der OHG, wenn das Grundstück Sonderbetriebsvermögen geblieben ist (→ BFH vom 15.5.1975 – BStBl II S. 781). Haben die Gesellschafter der Besitz-OHG keinen beherrschenden Einfluß auf die Beschlüsse der Grundstücksgemeinschaft, z. B. weil sie nicht zu mehr als 50% beteiligt sind und daher zivilrechtlich nur ein Vetorecht haben, gehört das Grundstück nicht zum Sonderbetriebsvermögen der Besitz-OHG (→ BFH vom 1.10.1996 – BStBl 1997 II S. 530).

– Wird von einem Gesellschafter des Besitzunternehmens ein Anteil an der Betriebs-GmbH gegen Leistung einer Einlage übertragen, die niedriger ist als der Wert des übernommenen Anteils, liegt eine Entnahme in Höhe der Differenz zwischen dem Wert des übernommenen Anteils und der geleisteten Einlage vor (→ BFH vom 16.4.1991 – BStBl II S. 832).

Umfassend gewerbliche Besitzpersonengesellschaft

Die Überlassung von Wirtschaftsgütern an ein Betriebsunternehmen hat zur Folge, daß sämtliche Einkünfte der im übrigen nicht gewerblich tätigen Besitzpersonengesellschaft solche aus Gewerbebetrieb sind (→ BFH vom 13.11.1997 – BStBl 1998 II S. 254).

Wohnungseigentümergemeinschaft

Eine Wohnungseigentümergemeinschaft im Sinne des § 10 WEG erzielt regelmäßig gewerbliche Einkünfte als Besitzunternehmen, wenn die einzelnen Wohnungen aufgrund einer Gebrauchsregelung (§ 15 WEG) an eine personenidentische Betriebs-GmbH vermietet werden (→ BFH vom 10.4.1997 – BStBl II S. 569).

Betriebsaufspaltung – Sachliche Verflechtung

– unbesetzt –

Hinweise

Eigentum des Besitzunternehmens

Eine sachliche Verflechtung ist auch dann gegeben, wenn verpachtete wesentliche Betriebsgrundlagen nicht im Eigentum des Besitzunternehmens stehen (→ BFH vom 12.10.1988 – BStBl 1989 II S. 152).

Leihe

Auch eine leihweise Überlassung wesentlicher Betriebsgrundlagen kann eine Betriebsaufspaltung begründen (→ BFH vom 24.4.1991 – BStBl II S. 713).

Wesentliche Betriebsgrundlage
- **des Betriebsunternehmens**

    Die sachlichen Voraussetzungen einer Betriebsaufspaltung liegen auch dann vor, wenn das überlassene Wirtschaftsgut bei dem Betriebsunternehmen nur eine der wesentlichen Betriebsgrundlagen darstellt (→ BFH vom 21.5.1974 – BStBl II S. 613).

- **Betriebszweck/-führung**

    Wesentliche Grundlagen eines Betriebs sind Wirtschaftsgüter vor allem des Anlagevermögens, die zur Erreichung des Betriebszwecks erforderlich sind und ein besonderes wirtschaftliches Gewicht für die Betriebsführung bei der Betriebsgesellschaft haben (→ BFH vom 26.1.1989 – BStBl II S. 455 und vom 24.8.1989 – BStBl II S. 1014).

- **Büro-/Verwaltungsgebäude**

    Ein ausschließlich zu büro- oder verwaltungsmäßiger Nutzung vermietetes Bürogebäude bildet grundsätzlich keine wesentliche Betriebsgrundlage. Im Einzelfall ist aber zu prüfen, ob ein Bürogebäude auf Grund der besonderen Lage, des baulichen Zuschnitts auf die Bedürfnisse des Betriebsunternehmens oder, weil das Betriebsunternehmen aus anderen innerbetrieblichen Gründen ohne ein Grundstück dieser Art den Betrieb nicht fortführen könnte, eine wesentliche Betriebsgrundlage darstellt (→ BFH vom 2.4.1997 – BStBl II S. 565).

- **Ersetzbarkeit**

    Ein Grundstück ist auch dann eine wesentliche Betriebsgrundlage, wenn das Betriebsunternehmen jederzeit am Markt ein für seine Belange gleichwertiges Grundstück mieten oder kaufen kann (→ BFH vom 26.5.1993 – BStBl II S. 718).

- **Fabrikationsgrundstücke**

    Grundstücke, die der Fabrikation dienen, gehören regelmäßig zu den wesentlichen Betriebsgrundlagen im Rahmen einer Betriebsaufspaltung (→ BFH vom 12.9.1991 – BStBl 1992 II S. 347 und vom 26.3.1992 – BStBl II S. 830).

- **Lagerhalle**

    Vermietet der Alleingesellschafter eines in der Rechtsform einer GmbH betriebenen Fernmeldeanlagenbauunternehmens dieser ein Hallengrundstück, das die GmbH für Lager- und Bürozwecke nutzt, wird hierdurch mangels sachlicher Verflechtung keine Betriebsaufspaltung begründet, da die GmbH aufgrund der Art ihrer Tätigkeit räumlich nicht an die Lage des Grundstücks gebunden und aufgrund der Art der Nutzung als Lager- und Bürohalle auch funktionell nicht auf das Grundstück angewiesen ist (→ FG Hessen vom 25.7.1996 – EFG 1997 S. 741 – Rev. – BFH III R 96/96).

- **Wirtschaftliche Bedeutung**

    Ein Grundstück ist nur dann keine wesentliche Betriebsgrundlage, wenn es für das Betriebsunternehmen lediglich von geringer wirtschaftlicher Bedeutung ist (→ BFH vom 4.11.1992 – BStBl 1993 II S. 245).

- **stille Reserven**

    Ein Wirtschaftsgut ist nicht allein deshalb als wesentliche Betriebsgrundlage im Rahmen einer Betriebsaufspaltung anzusehen, weil in ihm erhebliche stille Reserven ruhen (→ BFH vom 24.8.1989 – BStBl II S. 1014).

    → *aber H 139 (8) Stille Reserven*

- **immaterielle Wirtschaftsgüter**
  Für die Begründung einer Betriebsaufspaltung ist ausreichend, wenn dem Betriebsunternehmen immaterielle Wirtschaftsgüter, z. B. der Firmenname oder Erfindungen, überlassen werden, die den Gesellschaftern des Besitzunternehmens gehören (→ BFH vom 11.8.1966 – BStBl III S. 601 und vom 6.11.1991 – BStBl 1992 II S. 415).
- **Serienfabrikate**
  Bei beweglichen Wirtschaftsgütern zählen auch Serienfabrikate zu den wesentlichen Betriebsgrundlagen (→ BFH vom 24.8.1989 – BStBl II S. 1014).
- **Systemhalle**
  Eine sogenannte Systemhalle kann wesentliche Betriebsgrundlage sein, wenn sie auf die Bedürfnisse der Betriebsgesellschaft zugeschnitten ist (→ BFH vom 5.9.1991 – BStBl 1992 II S. 349).
- **Werkhalle**
  Verpachtet eine aus Ehegatten bestehende GbR eine Werkhalle mit Büro- und Sozialräumen an eine beteiligungsidentische GmbH zum Betrieb einer Maschinenfabrik, so stellt die Halle grundsätzlich eine wesentliche Betriebsgrundlage im Rahmen einer Betriebsaufspaltung dar. Dies gilt selbst dann, wenn die Halle ohne weiteres von einem anderen Unternehmen eines anderen Wirtschaftszweiges genutzt werden und die GmbH die Maschinenfabrik in einer anderen Halle betreiben könnte (FG Baden-Württemberg, Freiburg, vom 6.3.1996 – EFG 1997 S. 56).

Betriebsaufspaltung – Personelle Verflechtung

– unbesetzt –

Hinweise

Allgemeines
Eine personelle Verflechtung liegt vor, wenn die hinter beiden Unternehmen stehenden Personen einen einheitlichen geschäftlichen Betätigungswillen haben (→ BFH vom 8.11.1971 – BStBl 1972 II S. 63).

Beherrschungsidentität
Ein einheitlicher geschäftlicher Betätigungswille setzt nicht voraus, daß an beiden Unternehmen die gleichen Beteiligungen derselben Personen bestehen (→ BFH vom 8.11.1971 – BStBl 1972 II S. 63). Es genügt, daß die Personen, die das Besitzunternehmen tatsächlich beherrschen, in der Lage sind, auch in dem Betriebsunternehmen ihren Willen durchzusetzen (→ BFH vom 8.11.1971 – BStBl 1972 II S. 63, vom 3.11.1972 – BStBl 1973 II S. 447 und vom 23.11.1972 – BStBl 1973 II S. 247).

In den Fällen, in denen sämtliche Anteile des Betriebsunternehmens einem einzigen Gesellschafter-Geschäftsführer gehören, kommt es darauf an, ob dieser seinen Willen auch in dem Besitzunternehmen durchsetzen kann (→ BFH vom 5.2.1981 – BStBl II S. 376 und vom 11.11.1982 – BStBl 1983 II S. 299).

Betriebs-AG
Im Verhältnis zu einer Betriebsgesellschaft in der Rechtsform der AG kommt es darauf an, ob sich auf Grund der Befugnis, die Mitglieder der geschäftsführenden Organe der Betriebsgesellschaft zu bestellen und abzuberufen, in der Betriebsgesellschaft auf Dauer nur ein geschäftlicher Betätigungswille entfalten kann, der vom Vertrauen der das Besitzunternehmen beherrschenden Person getragen ist und demgemäß mit deren geschäftlichen Betätigungswillen grundsätzlich übereinstimmt (→ BFH vom 28.1.1982 – BStBl II S. 479).

Einstimmigkeit

Eine personelle Verflechtung liegt nicht vor, wenn die mehrheitlich an Betriebs- und Besitzgesellschaft beteiligten Gesellschafter im Gesellschaftsvertrag der Besitzgesellschaft vereinbart haben, daß Gesellschafterbeschlüsse einstimmig gefaßt werden müssen (→ BFH vom 9.11.1983 – BStBl 1984 II S. 212; dazu BMF vom 29.3.1985 – BStBl I S. 121 und BFH vom 29.10.1987 – BStBl 1989 II S. 96; dazu BMF vom 23.1.1989 – BStBl I S. 39). Ist Einstimmigkeit nur bezüglich der Geschäfte „außerhalb des täglichen Lebens" vereinbart, wird die personelle Verflechtung dadurch nicht ausgeschlossen (→ BFH vom 21.8.1996 – BStBl 1997 II S. 44).

**Betriebsaufspaltung;
hier: Bedeutung des BFH-Urteils vom 9.11.1983 – I R 174/79 – BStBl 1984 II S. 212 –
Erfordernis der Einstimmigkeit**

BMF vom 29.3.1985 (BStBl I S. 121)

IV B 2 – S 2241 – 22/85

Unter Bezugnahme auf das Ergebnis der Erörterung in der Sitzung ESt II/85 – zu TOP 18 – nehme ich zur Bedeutung des BFH-Urteils vom 9.11.1983 (BStBl 1984 II S. 212) wie folgt Stellung:

1. Nach dem Beschluß des Großen Senats des Bundesfinanzhofs vom 8.11.1971 (BStBl 1972 II S. 63) sind die personellen Voraussetzungen der Betriebsaufspaltung erfüllt, wenn die Person oder die Personen, die das Besitzunternehmen tatsächlich beherrschen, in der Lage sind, auch in der Betriebsgesellschaft ihren Willen durchzusetzen. Dazu hat der IV. Senat des Bundesfinanzhofs im Urteil vom 2.8.1972 (BStBl II S. 796) entschieden, daß nicht auf eine „klassische" Beherrschung im Rechtssinne des Handelsrechts, sondern auf die nach den tatsächlichen Verhältnissen bei beiden Unternehmen vorhandene Möglichkeit, einen einheitlichen Willen faktisch durchzusetzen, abzustellen ist. Danach steht ein möglicher Stimmrechtsausschluß wegen Interessenkollision der Annahme einer Betriebsaufspaltung nicht entgegen, wenn tatsächlich Interessenkonflikte nicht aufgetreten sind. Eine davon abweichende rechtliche Beurteilung wäre mit dem Beschluß des Großen Senats vom 8.11.1971 (a.a.O.) unvereinbar, da sie entgegen diesem Beschluß dazu führen würde, daß Betriebsaufspaltung nur noch angenommen werden könnte, wenn am Besitzunternehmen und am Betriebsunternehmen dieselben Personen und nur diese beteiligt sind (vgl. auch L. Schmidt, Finanzrundschau 1984 S. 122).

2. Aus dem Urteil vom 9.11.1983 (a.a.O.) kann auch nicht gefolgert werden, daß eine im Gesellschaftsvertrag vereinbarte oder sich aus dem Gesetz (vgl. § 709 Abs. 1 BGB) ergebende Einstimmigkeit als Voraussetzung für Gesellschafterbeschlüsse in allen Fällen der Annahme einer Betriebsaufspaltung entgegensteht. Im Urteil wird ausgeführt, es hätten keine Anhaltspunkte dafür vorgelegen, daß die nicht am Betriebsunternehmen beteiligte Mitinhaberin des Besitzunternehmens die Ausübung ihres Stimmrechts mit den das Betriebsunternehmen beherrschenden Gesellschaftern abgestimmt oder daß sie in anderer Weise ihre Gesellschafterstellung im Interesse dieser Gesellschafter ausgeübt habe. Daraus ist zu folgern, daß auch bei Stimmrechtsgleichheit der am Betriebsunternehmen beteiligten und der am Betriebsunternehmen nicht beteiligten Gesellschafter des Besitzunternehmens die personellen Voraussetzungen der Betriebsaufspaltung im allgemeinen erfüllt sind, wenn es den das Betriebsunternehmen beherrschenden Gesellschaftern möglich ist, ihren unternehmerischen Willen im Besitzunternehmen tatsächlich zu verwirklichen.

Bedeutung der Einstimmigkeitsabrede beim Besitzunternehmen für die personelle Verflechtung im Rahmen einer Betriebsaufspaltung (Anwendung des BFH-Urteils vom 29.10.1987 – BStBl 1989 II S. 96)

BMF vom 23.1.1989 (BStBl I S. 39)

IV B 2 – S 2241 – 1/89

Der Bundesfinanzhof hat mit Urteil vom 29.10.1987 (BStBl 1989 II S. 96) unter Hinweis auf das BFH-Urteil vom 9.11.1983 (BStBl 1984 II S. 212) entschieden, daß die personellen Voraussetzungen einer Betriebsaufspaltung nicht gegeben sind, wenn der Alleingesellschafter einer Betriebsgesellschaft (GmbH) an der Besitzgesellschaft (Grundstücksgemeinschaft) zu zwei Dritteln beteiligt ist, aber die Gemeinschafter in bezug auf die Rechtsgeschäfte mit der GmbH Einstimmigkeit vereinbart haben. Auf die Frage, ob es dem Alleingesellschafter der Betriebsgesellschaft möglich war, seinen unternehmerischen Willen im Besitzunternehmen t a t s ä c h l i c h zu verwirklichen, ist der BFH nicht eingegangen.

Es stellt sich die Frage, inwieweit die in dem BFH-Urteil vom 29.10.1987 (a. a. O.) aufgestellten Rechtsgrundsätze zur Bedeutung der Einstimmigkeitsabrede beim Besitzunternehmen für die personelle Verflechtung im Rahmen einer Betriebsaufspaltung allgemein anzuwenden sind. Hierzu wird unter Bezugnahme auf das Ergebnis der Erörterung mit den obersten Finanzbehörden der Länder wie folgt Stellung genommen:

Auch nach Ergehen der nunmehrigen Entscheidung des BFH ist an der Auffassung unter Nr. 2 des BMF-Schreibens vom 29.3.1985 (BStBl 1985 I S. 121) festzuhalten. Danach steht die Einstimmigkeit als Voraussetzung für Gesellschafter- oder Gemeinschafterbeschlüsse des Besitzunternehmens der Annahme einer Betriebsaufspaltung dann nicht entgegen, wenn es den das Betriebsunternehmen beherrschenden Gesellschaftern möglich ist, ihren unternehmerischen Willen im Besitzunternehmen trotz der Einstimmigkeitsabrede t a t - s ä c h l i c h zu verwirklichen.

Faktische Beherrschung

Die Fähigkeit der das Besitzunternehmen beherrschenden Personen, ihren geschäftlichen Betätigungswillen in dem Betriebsunternehmen durchzusetzen, erfordert nicht notwendig einen bestimmten Anteilsbesitz an dem Betriebsunternehmen; sie kann ausnahmsweise auch auf Grund einer durch die Besonderheiten des Einzelfalls bedingten tatsächlichen Machtstellung in dem Betriebsunternehmen gegeben sein (→ BFH vom 16.6.1982 – BStBl II S. 662). Faktische Beherrschung ist anzunehmen, wenn der Alleininhaber des Besitzunternehmens und alleinige Geschäftsführer der Betriebs-GmbH auf Grund tatsächlicher Machtstellung jederzeit in der Lage ist, die Stimmenmehrheit in der Betriebs-GmbH zu erlangen (→ BFH vom 29.1.1997 – BStBl II S. 437).

Keine faktische Beherrschung ist anzunehmen

– bei einer auf Lebenszeit eingeräumten Geschäftsführerstellung in dem Betriebsunternehmen für den Besitzunternehmer (→ BFH vom 26.7.1984 – BStBl II S. 714 und vom 26.10.1988 – BStBl 1989 II S. 155),

– bei Beteiligung nicht völlig fachunkundiger Gesellschafter an der Betriebsgesellschaft (→ BFH vom 9.9.1986 – BStBl 1987 II S. 28 und vom 12.10.1988 – BStBl 1989 II S. 152),

– bei einem größeren Darlehnsanspruch gegen die Betriebs-GmbH, wenn der Gläubiger nicht vollständig die Geschäftsführung an sich zieht (→ BFH vom 1.12.1989 – BStBl 1990 II S. 500).

Gütergemeinschaft

Gehören sowohl das Betriebsgrundstück als auch die Mehrheit der Anteile an der Betriebsgesellschaft zum Gesamtgut einer ehelichen Gütergemeinschaft, so sind die Voraussetzungen der personellen Verflechtung erfüllt (→ BFH vom 26.11.1992 – BStBl 1993 II S. 876).

Interessengegensätze

Ein einheitlicher geschäftlicher Betätigungswille ist nicht anzunehmen, wenn nachgewiesen wird, daß zwischen den an dem Besitzunternehmen und dem Betriebsunternehmen beteiligten Personen tatsächlich Interessengegensätze aufgetreten sind (→ BFH vom 15.5.1975 – BStBl II S. 781).

Konkurs der Betriebsgesellschaft
Die Eröffnung des Konkursverfahrens über das Vermögen der Betriebsgesellschaft führt zur Beendigung der personellen Verflechtung und zur Betriebsaufgabe des Besitzunternehmens, wenn nicht das laufende Konkursverfahren mit anschließender Fortsetzung der Betriebsgesellschaft aufgehoben oder eingestellt wird (→ BFH vom 6.3.1997 – BStBl II S. 460)

Mehrheit der Stimmrechte
Für die Durchsetzung eines einheitlichen geschäftlichen Betätigungswillens in einem Unternehmen ist in der Regel der Besitz der Mehrheit der Stimmrechte erforderlich (→ BFH vom 28.11.1979 – BStBl 1980 II S. 162 und vom 18.2.1986 – BStBl II S. 611); siehe aber → Einstimmigkeit und → Faktische Beherrschung.

Mittelbare Beteiligung
Den maßgeblichen Einfluß auf das Betriebsunternehmen kann einem Gesellschafter auch eine mittelbare Beteiligung gewähren (→ BFH vom 14.8.1974 – BStBl 1975 II S. 112, vom 23.7.1981 – BStBl 1982 II S. 60 und vom 22.1.1988 – BStBl II S. 537).

Personengruppentheorie
Für die Beherrschung von Besitz- und Betriebsunternehmen reicht es aus, wenn an beiden Unternehmen mehrere Personen beteiligt sind, die zusammen beide Unternehmen beherrschen. Dies gilt auch für Familienangehörige (→ BFH vom 28.5.1991 – BStBl II S. 801).

Stimmrechtsausschluß
– **Allgemeines**
Sind an der Besitzgesellschaft neben den die Betriebsgesellschaft beherrschenden Personen weitere Gesellschafter oder Bruchteilseigentümer beteiligt, so können die auch an der Betriebsgesellschaft beteiligten Personen an der Ausübung des Stimmrechts in der Besitzgesellschaft bei einem Rechtsgeschäft mit der Betriebsgesellschaft ausgeschlossen sein. Eine tatsächliche Beherrschung der Besitzgesellschaft ist dann nicht möglich (→ BFH vom 9.11.1983 – BStBl 1984 II S. 212).

– **tatsächliche Handhabung**
Eine personelle Verflechtung liegt nicht vor, wenn ein Gesellschafter des Besitzunternehmens von der Ausübung des Stimmrechts in dem Besitzunternehmen bei der Vornahme von Rechtsgeschäften des Besitzunternehmens mit dem Betriebsunternehmen ausgeschlossen ist. Entscheidend ist dabei die tatsächliche Handhabung (→ BFH vom 12.11.1985 – BStBl 1986 II S. 296).

– **bei Betriebskapitalgesellschaft**
Für die Frage der personellen Verflechtung ist allerdings nicht ausschlaggebend, ob der beherrschende Gesellschafter der Betriebskapitalgesellschaft bei Beschlüssen über Geschäfte mit dem Besitzunternehmen vom ihm zustehenden Stimmrecht ausgeschlossen ist. Sofern nämlich diese Rechtsgeschäfte zur laufenden Geschäftsführung der GmbH gehören, besteht kein Anlaß, hierüber einen Beschluß der Gesellschafterversammlung herbeizuführen (→ BFH vom 26.01.1989 – BStBl II S. 455).

Testamentsvollstrecker
Der einheitliche geschäftliche Betätigungswille der hinter Besitz- und Betriebsunternehmen stehenden Personen kann nicht durch einen Testamentsvollstrecker ersetzt werden (→ BFH vom 13.12.1984 – BStBl 1985 II S. 657).

R 137 (7) Betriebsaufspaltung – Zusammenrechnung von Ehegattenanteilen

– unbesetzt –

Hinweise

H 137 (7)

Allgemeines
Eine Zusammenrechnung von Ehegattenanteilen kommt grundsätzlich nicht in Betracht, es sei denn, daß zusätzlich zur ehelichen Lebensgemeinschaft ausnahmsweise Beweisanzeichen vorliegen, die für gleichgerichtete wirtschaftliche Interessen der Ehegatten sprechen (→ Beschluß des BVerfG vom 12.3.1985 – BStBl II S. 475, BMF vom 18.11.1986 – BStBl I S. 537).

Wiesbadener Modell
Ist an dem Besitzunternehmen der eine Ehegatte und an dem Betriebsunternehmen der andere Ehegatte beteiligt, liegt eine Betriebsaufspaltung nicht vor (→ BFH vom 30.7.1985 – BStBl 1986 II S. 359 und vom 9.9.1986 – BStBl 1987 II S. 28).

→ *H 19 (Scheidungsklausel)*

Betriebsaufspaltung – Zusammenrechnung der Anteile von Eltern und Kindern

R 137 (8)

(8) ¹Hinsichtlich der Zusammenrechnung der Anteile von **Eltern und minderjährigen Kindern** gilt folgendes: ²Eine personelle Verflechtung liegt vor, wenn einem Elternteil oder beiden Elternteilen und einem minderjährigen Kind an beiden Unternehmen jeweils zusammen die Mehrheit der Stimmrechte zuzurechnen sind. ³Ist beiden Elternteilen an einem Unternehmen zusammen die Mehrheit der Stimmrechte zuzurechnen und halten sie nur zusammen mit dem minderjährigen Kind am anderen Unternehmen die Mehrheit der Stimmrechte, liegt, wenn das Vermögenssorgerecht beiden Elternteilen zusteht, grundsätzlich ebenfalls eine personelle Verflechtung vor. ⁴Hält nur ein Elternteil an dem einen Unternehmen die Mehrheit der Stimmrechte und hält er zusammen mit dem minderjährigen Kind die Mehrheit der Stimmrechte an dem anderen Unternehmen, so liegt grundsätzlich keine personelle Verflechtung vor; auch in diesem Fall kann aber eine personelle Verflechtung anzunehmen sein, wenn das Vermögenssorgerecht allein beim beteiligten Elternteil liegt oder wenn das Vermögenssorgerecht bei beiden Elternteilen liegt und zusätzlich zur ehelichen Lebensgemeinschaft gleichgerichtete wirtschaftliche Interessen der Ehegatten vorliegen. ⁵Ist nur einem Elternteil an dem einen Unternehmen die Mehrheit der Stimmrechte zuzurechnen und halten an dem anderen Unternehmen beide Elternteile zusammen mit dem minderjährigen Kind die Mehrheit der Stimmrechte, liegt grundsätzlich keine personelle Verflechtung vor, es sei denn, die Elternanteile können zusammengerechnet werden und das Vermögenssorgerecht steht beiden Elternteilen zu.

Hinweise

H 137 (8)

Wegfall der personellen Verflechtung durch Eintritt der Volljährigkeit
→ R 139 Abs. 2 Satz 3 ff.

Wertpapiergeschäfte

R 137 (9)

– unbesetzt –

Hinweise

H 137 (9)

An- und Verkauf von Wertpapieren
– Ob der An- und Verkauf von Wertpapieren als Vermögensverwaltung oder als eine gewerbliche Tätigkeit anzusehen ist, hängt, wenn eine selbständige und nachhaltige, mit Gewinnerzielungsabsicht betriebene Tätigkeit vorliegt, entscheidend davon ab, ob

die Tätigkeit sich auch als Beteiligung am allgemeinen wirtschaftlichen Verkehr darstellt. Der fortgesetzte An- und Verkauf von Wertpapieren reicht für sich allein, auch wenn er einen erheblichen Umfang annimmt und sich über einen längeren Zeitraum erstreckt, zur Annahme eines Gewerbebetriebs nicht aus, solange er sich in den gewöhnlichen Formen, wie sie bei Privatleuten die Regel bilden, abspielt, d.h. in der Erteilung von Aufträgen an eine Bank oder einen Bankier (→ BFH vom 19.2.1997 – BStBl II S. 399).

- Der Rahmen einer privaten Vermögensverwaltung wird unabhängig vom Umfang der Beteiligung überschritten, wenn die Wertpapiere nicht nur auf eigene Rechnung, sondern untrennbar damit verbunden in erheblichem Umfang auch für fremde Rechnung erworben und wieder veräußert werden, zur Durchführung der Geschäfte mehrere Banken eingeschaltet werden, die Wertpapiergeschäfte mit Krediten finanziert werden, aus den Geschäften für fremde Rechnung Gewinne erzielt werden sollen und alle Geschäfte eine umfangreiche Tätigkeit erfordern (→ BFH vom 4.3.1980 – BStBl II S. 389).

- Ein Steuerpflichtiger, der über Jahre hinweg fremdfinanzierte Aktienpakete im Wert von mehreren Millionen DM kurzfristig umschlägt, unterhält stets einen gewerblichen Wertpapierhandel (→ FG Münster vom 8.6.1995 – EFG 1995 S. 1018).

Devisentermingeschäfte/Optionsgeschäfte
Die für Wertpapiergeschäfte maßgebenden Grundsätze für die Abgrenzung zwischen gewerblicher Tätigkeit und privater Vermögensverwaltung gelten auch bei Devisen- und Edelmetall-Termingeschäften in der Art von offenen oder verdeckten Differenzgeschäften (→ BFH vom 6.12.1983 – BStBl 1984 II S. 132). Dies gilt ebenso für Optionsgeschäfte (→ BFH vom 19.2.1997 – BStBl II S. 399),

→ H 154 (Options- und Finanztermingeschäfte)

Kapitalanlage mit Einfluß auf die Geschäftsführung
Zur Annahme eines die Gewerblichkeit begründenden besonderen Umstandes reicht es nicht aus, wenn mit dem Ankauf von Wertpapieren eine Dauerkapitalanlage mit bestimmendem Einfluß auf die Geschäftsführung einer Kapitalgesellschaft gesucht und erreicht wird (→ BFH vom 4.3.1980 – BStBl II S. 389).

Pfandbriefe
Auch der An- und Verkauf von Pfandbriefen unter gezielter Ausnutzung eines sog. „grauen" Markts kann eine gewerbliche Tätigkeit begründen (→ BFH vom 2.4.1971 – BStBl II S. 620).

Vermögensverwaltung
Zur einkommensteuerrechtlichen Behandlung im Bereich der Vermögensverwaltung → BMF vom 10.11.1994 (BStBl I S. 816).

Wertpapiergeschäfte eines Bankiers
Betreibt ein Bankier Wertpapiergeschäfte, die üblicherweise in den Bereich seiner Bank fallen, die aber auch im Rahmen einer privaten Vermögensverwaltung getätigt werden können, so sind diese dem betrieblichen Bereich zuzuordnen, wenn sie der Bankier in der Weise abwickelt, daß er häufig wiederkehrend dem Betrieb Mittel entnimmt, Kauf und Verkauf über die Bank abschließt und die Erlöse alsbald wieder dem Betrieb zuführt (→ BFH vom 19.1.1977 – BStBl II S. 287).

138. Mitunternehmerschaft

Allgemeines

– unbesetzt –

Hinweise

Allgemeines

Mitunternehmer im Sinne des § 15 Abs. 1 Satz 1 Nr. 2 EStG ist, wer zivilrechtlich Gesellschafter einer Personengesellschaft ist und eine gewisse unternehmerische Initiative entfalten kann sowie unternehmerisches Risiko trägt. Beide Merkmale können jedoch im Einzelfall mehr oder weniger ausgeprägt sein (→ BFH vom 25.6.1984 – BStBl II S. 751 und vom 15.7.1986 – BStBl II S. 896).

→ Mitunternehmerinitiative
→ Mitunternehmerrisiko
→ Gesellschafter

Angestellter Komplementär

Der persönlich haftende Gesellschafter einer KG ist auch dann Mitunternehmer, wenn er keine Kapitaleinlage erbracht hat und im Innenverhältnis (zu dem Kommanditisten) wie ein Angestellter behandelt und von der Haftung freigestellt wird (→ BFH vom 11.6.1985 – BStBl 1987 II S. 33 und vom 14.8.1986 – BStBl 1987 II S. 60).

Erbengemeinschaft

Eine **Erbengemeinschaft** kann nicht Gesellschafterin einer werbenden Personengesellschaft sein. Jedem Miterben steht deshalb ein seinem Erbteil entsprechender Gesellschaftsanteil zu (→ BFH vom 1.3.1994 – BStBl 1995 II S. 241).

Europäische wirtschaftliche Interessenvereinigung (EWIV)

Die EWIV unterliegt nach § 1 des Gesetzes zur Ausführung der EWG-Verordnung über die Europäische wirtschaftliche Interessenvereinigung (EWIV-Ausführungsgesetz vom 14.4.1988 – BGBl. I S. 514) den für eine OHG geltenden Rechtsvorschriften. Dies gilt auch für das Steuerrecht.

Familiengesellschaft

→ H 138a (1 – 3)

Gesellschafter

- Ob ein Gesellschafter Mitunternehmer ist, beurteilt sich für alle Personengesellschaften nach gleichen Maßstäben (→ BFH vom 29.4.1981 – BStBl II S. 663 und vom 25.6.1981 – BStBl II S. 779). In Ausnahmefällen reicht auch eine einem Gesellschafter einer Personengesellschaft wirtschaftlich vergleichbare Stellung aus, z. B. als Beteiligter an einer Erben-, Güter- oder Bruchteilsgemeinschaft, als Beteiligter einer „fehlerhaften Gesellschaft" im Sinne des Zivilrechts oder als Unterbeteiligter (→ BFH vom 25.6.1984 – BStBl II S. 751). Auch Gesellschafter einer OHG oder KG erzielen nur dann Einkünfte aus Gewerbebetrieb, wenn sie Mitunternehmer des gewerblichen Unternehmens sind (→ BFH vom 8.2.1979 – BStBl II S. 405).
- → Verdeckte Mitunternehmerschaft

Gesellschafterausschluß bei Scheidung

→ Wirtschaftliches Eigentum

Innengesellschaft

Im Fall einer GbR, die als reine Innengesellschaft **ausgestaltet** ist, rechtfertigt die Übernahme eines erheblichen unternehmerischen Risikos bereits das Bestehen einer Mitunternehmerschaft (→ BFH vom 19.2.1981 – BStBl II S. 602, vom 28.10.1981 – BStBl 1982 II S. 186 und vom 9.10.1986 – BStBl 1987 II S. 124).

Komplementär-GmbH

Die Komplementär-GmbH ist auch dann Mitunternehmerin, wenn sie am Gesellschaftskapital nicht beteiligt ist (→ BFH vom 11.12.1986 – BStBl 1987 II S. 553)

Miterben

Anhang 10

Gehört zum Nachlaß ein Gewerbebetrieb, sind die Miterben Mitunternehmer (→ BFH vom 5.7.1990 – BStBl II S. 837 sowie → BMF vom 11.1.1993 BStB II S. 62). Zur Erbengemeinschaft als Gesellschafter → Erbengemeinschaft.

Mitunternehmererlaß

Anhang 18

- → BMF vom 20.12.1977 (BStBl 1978 I S. 8)
- *Zur Anwendung des Mitunternehmererlasses auf sog. „kleine" Arbeitsgemeinschaften* → *BMF vom 27.1.1998 (BStBl I S. 251)*

Mitunternehmerinitiative

Mitunternehmerinitiative bedeutet vor allem Teilhabe an den unternehmerischen Entscheidungen, wie sie Gesellschaftern oder diesen vergleichbaren Personen als Geschäftsführern, Prokuristen oder anderen leitenden Angestellten obliegen. Ausreichend ist schon die Möglichkeit zur Ausübung von Gesellschafterrechten, die wenigstens den Stimm-, Kontroll- und Widerspruchsrechten angenähert sind, die einem Kommanditisten nach dem HGB zustehen oder die den gesellschaftsrechtlichen Kontrollrechten nach § 716 Abs. 1 BGB entsprechen (→ BFH vom 25.6.1984 – BStBl II S. 751, S. 769). Ein Kommanditist ist beispielsweise dann mangels Mitunternehmerinitiative kein Mitunternehmer, wenn sowohl sein Stimmrecht als auch sein Widerspruchsrecht durch Gesellschaftsvertrag faktisch ausgeschlossen sind (→ BFH vom 11.10.1988 – BStBl 1989 II S. 762).

Mitunternehmerrisiko

Mitunternehmerrisiko trägt im Regelfall, wer am Gewinn und Verlust des Unternehmens und an den stillen Reserven einschließlich eines etwaigen Geschäftswerts beteiligt ist (→ BFH vom 25.6.1984 – BStBl II S. 751). Je nach den Umständen des Einzelfalls können jedoch auch andere Gesichtspunkte, z. B. eine besonders ausgeprägte unternehmerische Initiative, verbunden mit einem bedeutsamen Beitrag zur Kapitalausstattung des Unternehmens in den Vordergrund treten (→ BFH vom 27.2.1980 – BStBl 1981 II S. 210). Eine Vereinbarung über die Beteiligung an den stillen Reserven ist nicht ausschlaggebend, wenn die stillen Reserven für den Gesellschafter keine wesentliche wirtschaftliche Bedeutung haben (→ BFH vom 5.6.1986 – BStBl II S. 802). Eine Beteiligung am unternehmerischen Risiko liegt bei beschränkt haftenden Gesellschaftern von Personenhandelsgesellschaften, insbesondere bei Kommanditisten, und bei atypisch stillen Gesellschaftern nicht vor, wenn wegen der rechtlichen oder tatsächlichen Befristung ihrer gesellschaftlichen Beteiligung eine Teilhabe an der von der Gesellschaft beabsichtigten Betriebsvermögensmehrung in Form eines entnahmefähigen laufenden Gewinns oder eines die Einlage übersteigenden Abfindungsguthabens oder eines Gewinns aus der Veräußerung des Gesellschaftsanteils nicht zu erwarten ist (→ BFH vom 25.6.1984 – BStBl II S. 751). Die zeitliche Befristung und die fehlende Gewinnerwartung können sich aus den Umständen des Einzelfalls ergeben (→ BFH vom 10.11.1977 – BStBl 1978 II S. 15).

Nachversteuerung des negativen Kapitalkontos

Der Betrag des beim Ausscheiden aus der Gesellschaft oder bei Auflösung der Gesellschaft zu versteuernden negativen Kapitalkontos (→ BFH vom 10.11.1980 – BStBl 1981 II S. 164) ist kein Gewinn aus einer Betriebsvermögensmehrung. Der beim Wegfall eines negativen Kapitalkontos des Kommanditisten zu erfassende Gewinn erlaubt es deshalb nicht, die Teilnahme an einer Betriebsvermögensmehrung im Sinne einer Beteiligung am unternehmerischen Risiko als gegeben anzusehen (→ BFH vom 25.6.1984 – BStBl II S. 751). Bei der Feststellung der Gewinnerzielungsabsicht als einer inneren Tatsache kommt der Darstellung der Steuerpflichtigen besondere Bedeutung zu. Hat sich das Finanzamt von der Richtigkeit der Darstellung überzeugen lassen, kann sie der Steuerpflichtige nicht ohne triftigen Grund als von Anfang an falsch bezeichnen, um dadurch weitere Steuervorteile zu erlangen; ein solches Verhalten würde gegen die Gebote von Treu und Glauben verstoßen (→ BFH vom 10.10.1985 – BStBl 1986 II S. 68).

Nießbrauch

Bei Bestellung eines Nießbrauchs am Gesellschaftsanteil bleibt der Nießbrauchsverpflichtete Mitunternehmer (→ BFH vom 1.3.1994 – BStBl 1995 II S. 241).

Organgesellschaft
Einer Mitunternehmereigenschaft der Komplementär-GmbH steht nicht entgegen, daß sie Organ des Kommanditisten ist (→ BFH vom 10.11.1983 – BStBl 1984 II S. 150).

Partnerschaftsgesellschaft
Zur zivilrechtlichen Rechtsform der Partnerschaftsgesellschaft → Partnerschaftsgesellschaftsgesetz (PartGG) vom 25.7.1994 (BGBl. I S. 1744).

Stiller Gesellschafter
Bei einem stillen Gesellschafter ohne Unternehmerinitiative kommt der vermögensrechtlichen Stellung besondere Bedeutung zu (→ BFH vom 25.6.1981 – BStBl 1982 II S. 59). Um als Mitunternehmer angesehen werden zu können, muß ein solcher stiller Gesellschafter einen Anspruch auf Beteiligung am tatsächlichen Zuwachs des Gesellschaftsvermögens unter Einschluß der stillen Reserven und eines Geschäftswerts haben (→ BFH vom 27.5.1993 – BStBl 1994 II S. 700). Ohne eine Beteiligung an den stillen Reserven kann ein stiller Gesellschafter dann Mitunternehmer sein, wenn der Unternehmer ihm abweichend von der handelsrechtlichen Regelung ermöglicht, wie ein Unternehmer auf das Schicksal des Unternehmens Einfluß zu nehmen (→ BFH vom 28.1.1982 – BStBl II S. 389). Beteiligt sich der beherrschende Gesellschafter und alleinige Geschäftsführer einer GmbH an dieser auch noch als stiller Gesellschafter mit einer erheblichen Vermögenseinlage unter Vereinbarung einer hohen Gewinnbeteiligung sowie der Verpflichtung, die Belange bestimmter Geschäftspartner persönlich wahrzunehmen, so handelt es sich um eine atypisch stille Gesellschaft – Mitunternehmerschaft – (→ BFH vom 15.12.1992 – BStBl 1994 II S. 702). Gesamthandsvermögen braucht nicht vorhanden zu sein (→ BFH vom 8.7.1982 – BStBl II S. 700).

Testamentsvollstreckung
Ein Kommanditist, dessen Kommanditanteil durch Testamentsvollstreckung treuhänderisch verwaltet wird und dessen Gewinnanteile an einen Unterbevollmächtigten herauszugeben sind, ist dennoch Mitunternehmer (→ BFH vom 16.5.1995 – BStBl II S. 714).

Treugeber
Bei einem Treuhandverhältnis, dessen Gegenstand die Mitgliedschaft in einer Personengesellschaft ist, müssen die die Mitunternehmerstellung kennzeichnenden Merkmale in der Person des Treugebers vorliegen (→ BFH vom 21.4.1988 – BStBl 1989 II S. 722).

Verdeckte Mitunternehmerschaft
– Mitunternehmer kann auch sein, wer nicht als → Gesellschafter, sondern z. B. als Arbeitnehmer oder Darlehensgeber bezeichnet ist, wenn die Vertragsbeziehung als Gesellschaftsverhältnis anzusehen ist (→ BFH vom 11.12.1980 – BStBl 1981 II S. 310). Allerdings sind die zwischen den Beteiligten bestehenden Rechtsbeziehungen bei der Beurteilung der Gesellschaftereigenschaft sowohl zivil- als auch steuerrechtlich nicht allein nach deren formaler Bezeichnung zu würdigen, sondern nach den von ihnen gewollten Rechtswirkungen und der sich danach ergebenden zutreffenden rechtlichen Einordnung (→ BFH vom 13.7.1993 – BStBl 1994 II S. 282).

– Eine Mitunternehmerschaft setzt ein zivilrechtliches Gesellschaftsverhältnis oder ausnahmsweise ein wirtschaftlich vergleichbares Gemeinschaftsverhältnis voraus. Eine Mitunternehmerschaft liegt danach auch vor, wenn mehrere Personen durch gemeinsame Ausübung der Unternehmerinitiative und gemeinsame Übernahme des Unternehmerrisikos auf einen bestimmten Zweck hin tatsächlich zusammenarbeiten. Erforderlich für ein stillschweigend begründetes Gesellschaftsverhältnis ist auch ein entsprechender Verpflichtungswille (→ BFH vom 1.8.1996 – BStBl 1997 II S. 272). Mitunternehmerinitiative und -risiko dürfen nicht lediglich auf einzelne Schuldverhältnisse zurückzuführen sein. Die Bündelung von Risiken aus derartigen Austauschverhältnissen unter Vereinbarung angemessener und leistungsbezogener Entgelte begründet noch kein gesellschaftsrechtliches Risiko (→ BFH vom 13.7.1993 – BStBl 1994 II S. 282). Tatsächliche Einflußmöglichkeiten allein genügen allerdings nicht (→ BFH vom 2.9.1985 – BStBl 1986 II S. 10).

– Das Vorliegen einer verdeckten Mitunternehmerschaft zwischen nahen Angehörigen darf nicht unter Heranziehung eines Fremdvergleichs beurteilt werden (→ BFH vom 8.11.1995 – BStBl 1996 II S. 133).

§ 15 EStG
R 138 (2) H 138 (1, 2)

Die Voraussetzungen, nach denen Gesellschaftsverträge zwischen Eheleuten nur dann der Besteuerung zugrunde gelegt werden können, wenn sie rechtswirksam zustande gekommen sind, einem Fremdvergleich standhalten und tatsächlich vollzogen werden, beziehen sich nur auf die Verträge, die die Eheleute nach außen hin wie Fremde abgeschlossen und zum Gegenstand ihrer Rechtsbeziehungen gemacht haben. Im Rahmen einer verdeckten Mitunternehmerschaft haben diese Voraussetzungen keine Bedeutung.

– Der Geschäftsführer der Komplementär-GmbH ist nicht schon auf Grund des bloßen Abschlusses des Geschäftsführervertrages mit der GmbH als verdeckter Mitunternehmer der KG anzusehen (→ BFH vom 1.8.1996 – BStBl 1997 II S. 272). Der alleinige Gesellschafter-Geschäftsführer der Komplementär-GmbH ist verdeckter Mitunternehmer der Familien-GmbH & Co. KG, wenn er für die Geschäftsführung unangemessene gewinnabhängige Bezüge erhält und sich – wie bisher als Einzelunternehmer – als Herr des Unternehmens verhält (→ BFH vom 21.9.1995 – BStBl 1996 II S. 66).

– Die Gesamtbezüge sind unangemessen, wenn der Geschäftsführer neben einem üblichen Festgehalt eine ungewöhnlich hohe Gewinnbeteiligung erhält, die stets den überwiegenden Teil des Gewinns abschöpft (→ BFH vom 8.11.1995 – BStBl 1996 II S. 133).

Vermietung zwischen Schwester-Personengesellschaften
Wirtschaftsgüter, die eine gewerblich tätige oder gewerblich geprägte Personengesellschaft an eine ganz oder teilweise personenidentische Personengesellschaft (Schwestergesellschaft) vermietet, gehören zum Betriebsvermögen der vermietenden Personengesellschaft und nicht zum Sonderbetriebsvermögen bei der nutzenden Personengesellschaft. Dies gilt auch, wenn leistende Gesellschaft eine gewerblich geprägte atypisch stille Gesellschaft ist (BFH vom 26.11.1996 – BStBl 1998 II S. 328; (→ BMF vom 28.4.1998 – BStBl I S. 583 mit Übergangsregelung).

Anhang 18

Wirtschaftliches Eigentum
Ist in einem Gesellschaftsvertrag vereinbart, daß die Ehefrau im Scheidungsfall aus der Gesellschaft ausgeschlossen werden kann und ihr Ehemann an ihre Stelle tritt, ist der Kommanditanteil der Ehefrau dem Ehemann gemäß § 39 Abs. 2 Nr. 1 Satz 1 AO zuzurechnen (→ BFH vom 26.6.1990 – BStBl 1994 II S. 645).

R 138 (2) **Mehrstöckige Personengesellschaft**

(2) ¹§ 15 Abs. 1 Satz 1 Nr. 2 EStG ist auch bei mehrstöckigen Personengesellschaften anzuwenden, wenn eine ununterbrochene Mitunternehmerkette besteht. ²Vergütungen der Untergesellschaft an einen Gesellschafter der Obergesellschaft für Tätigkeiten im Dienste der Untergesellschaft mindern daher den steuerlichen Gewinn der Untergesellschaft nicht; überläßt ein Gesellschafter der Obergesellschaft der Untergesellschaft z. B. ein Grundstück für deren betriebliche Zwecke, ist das Grundstück notwendiges Sonderbetriebsvermögen der Untergesellschaft.

H 138 (2) **Hinweise**

Unterbeteiligung
Tätigkeitsvergütungen einer OHG an atypisch still Unterbeteiligte eines Gesellschafters gehören nach § 15 Abs. 1 Satz 1 Nr. 2 Satz 2 EStG zu den Einkünften aus Gewerbebetrieb (→ BFH vom 2.10.1997 – BStBl 1998 II S. 137).

Gewinnverteilung

– unbesetzt –

Hinweise

Abfindungen

Abfindungen, die der bei einer KG angestellte Kommanditist aus Anlaß der Auflösung seines Dienstverhältnisses bezogen hat, gehören zu den Sondervergütungen i. S. d. § 15 Abs. 1 Nr. 2 EStG. Sie sind nicht nach § 3 Nr. 9 EStG steuerbefreit (→ BFH vom 23.4.1996 – BStBl II S. 515).

Witwenpensionen

Es ist nicht ernstlich zweifelhaft, daß Witwenpensionen nach § 15 Abs. 1 Satz 2 EStG auch dann zu den Sondervergütungen im Sinne von § 15 Abs. 1 Satz 1 Nr. 2 EStG gehören, wenn

- die Witwe des Gesellschafters nicht Gesellschafterin der die Bezüge gewährenden Gesellschaft war oder ist und
- die Witwe nicht Erbin ihres verstorbenen Ehemanns geworden ist.

(→ BFH vom 25.1.1994 – BStBl II S. 455)

Abweichung des Steuerbilanzgewinns vom Handelsbilanzgewinn

Der zwischen Gesellschaftern einer Personengesellschaft vereinbarte Gewinnverteilungsschlüssel bezieht sich grundsätzlich auf den Handelsbilanzgewinn. Weicht dieser vom Steuerbilanzgewinn deshalb ab, weil er durch die Auflösung von Bilanzierungshilfen geringer ist als der Steuerbilanzgewinn, müssen bei der Anwendung des Gewinnverteilungsschlüssels auf den Steuerbilanzgewinn Korrekturen hinsichtlich der Gesellschafter angebracht werden, die bei der Bildung der Bilanzierungshilfe an dem Unternehmen noch nicht beteiligt waren (→ BFH vom 22.5.1990 – BStBl II S. 965).

Außerbetrieblich veranlaßter Gewinn- und Verlustverteilungsschlüssel

Eine außerbetrieblich veranlaßte Änderung des Gewinn- und Verlustverteilungsschlüssels bei einer Personengesellschaft, d.h. eine Änderung, die ihre Erklärung nicht in den Verhältnissen der Gesellschaft findet, ist ertragsteuerlich unbeachtlich (→ BFH vom 23.8.1990 – BStBl 1991 II S. 172).

GmbH-Beteiligung

Bei Beteiligung einer Personenhandelsgesellschaft an einer Kapitalgesellschaft gehören die Gewinnausschüttung ebenso wie die anzurechnende Körperschaftsteuer, Kapitalertragsteuer und Solidaritätszuschlag zu den Einkünften aus Gewerbebetrieb im Sinne von § 15 Abs. 1 Satz 1 Nr. 2 EStG. Das Anrechnungsguthaben steht den Gesellschaftern (Mitunternehmern) zu. Maßgebend für die Verteilung ist der allgemeine Gewinnverteilungsschlüssel. Der Körperschaftsteuer-Anrechnungsanspruch ist im Sonderbetriebsvermögen des einzelnen Gesellschafters (Mitunternehmers) zu erfassen (→ BFH vom 22.11.1995 – BStBl 1996 II S. 531).

Mehrgewinne eines ausgeschiedenen Gesellschafters auf Grund späterer Betriebsprüfung

Mehrgewinne, die sich für den ausgeschiedenen Gesellschafter auf Grund einer späteren Betriebsprüfung ergeben, sind ihm nach dem vereinbarten Gewinnverteilungsschlüssel zuzurechnen, sofern die Gesellschaft eine Einheitsbilanz erstellt. Die Zurechnung wird nicht durch die Höhe der Abfindung begrenzt. Kann für ein sich danach ergebendes positives Kapitalkonto keine nachträgliche Abfindung erlangt werden, erleidet der Ausgeschiedene einen Veräußerungsverlust (→ BFH vom 24.10.1996 – BStBl 1997 II S. 241).

Nachträgliche Erhöhung des Kapitalkontos eines ausgeschiedenen Kommanditisten
Scheidet ein Kommanditist nach Auffüllung seines negativen Kapitalkontos ohne Abfindung aus der KG aus, ergibt sich aber auf Grund einer späteren Betriebsprüfung ein positives Kapitalkonto, so entsteht für die verbliebenen Gesellschafter in diesem Umfang kein Anwachsungsgewinn. Der Betrag ist von ihnen für Abstockungen auf ihre Anteile an den Wirtschaftsgütern der Gesellschaft zu verwenden (→ BFH vom 24.10.1996 – BStBl 1997 II S. 241).

Rückwirkende Änderung
Eine rückwirkende Änderung der Gewinnverteilung während eines Wirtschaftsjahrs hat keinen Einfluß auf die Zurechnung des bis dahin entstandenen Gewinns oder Verlusts (→ BFH vom 7.7.1983 – BStBl 1984 II S. 53).

Tod eines Gesellschafters
Ein bei Ableben eines Gesellschafters und Übernahme aller Wirtschaftsgüter der Personengesellschaft durch die verbliebenden Gesellschafter nach R 16 Abs. 7 EStR zu ermittelnder Übergangsgewinn ist anteilig dem verstorbenen Gesellschafter zuzurechnen, auch wenn er im wesentlichen auf der Zurechnung auf die anderen Gesellschafter übergehender Honorarforderungen beruht (→ BFH vom 13.11.1997 – BStBl 1998 II S. 290).

Vorabanteile
Wird bei einer KG im Zusammenhang mit einer Erhöhung des Kommanditkapitals der gesellschaftsvertragliche Gewinn- und Verlustverteilungsschlüssel dahin geändert, daß künftige Gewinne oder Verluste in begrenztem Umfang nur auf die Kommanditisten verteilt werden, die weitere Kommanditeinlagen erbringen, oder daß diese Kommanditisten „Vorabanteile" von künftigen Gewinnen oder Verlusten erhalten, so ist der neue Gewinn- und Verlustverteilungsschlüssel im allgemeinen auch der einkommensteuerrechtlichen Gewinn- und Verlustverteilung zugrunde zu legen (→ BFH vom 7.7.1983 – BStBl 1984 II S. 53 und vom 17.3.1987 – BStBl II S. 558).

R 138 (4) Einkommensteuerliche Behandlung des persönlich haftenden Gesellschafters einer Kommanditgesellschaft auf Aktien

– unbesetzt –

Hinweise

Allgemeines
Der persönlich haftende Gesellschafter einer Kommanditgesellschaft auf Aktien (KGaA) ist nach § 15 Abs. 1 Nr. 3 EStG wie ein Gewerbetreibender zu behandeln. Der von ihm im Rahmen der KGaA erzielte anteilige Gewinn ist ihm einkommensteuerrechtlich unmittelbar zuzurechnen (→ BFH vom 21.6.1989 – BStBl II S. 881).

Ausschüttungen
Ausschüttungen auf die Kommanditaktien sind im Zeitpunkt des Zuflusses als Einnahmen aus Kapitalvermögen zu erfassen (→ BFH vom 21.6.1989 – BStBl II S. 881).

Gewinnermittlungsart
Der Gewinnanteil des persönlich haftenden Gesellschafters einer KGaA einschließlich seiner Sondervergütungen, Sonderbetriebseinnahmen und Sonderbetriebsausgaben ist durch Betriebsvermögensvergleich zu ermitteln (→ BFH vom 21.6.1989 – BStBl II S. 881).

Sonderbetriebsvermögen
Der persönlich haftende Gesellschafter kann wie ein Mitunternehmer (§ 15 Abs. 1 Satz 1 Nr. 2 EStG) Sonderbetriebsvermögen haben. Die ihm gehörenden Kommanditaktien sind weder Betriebsvermögen noch Sonderbetriebsvermögen (→ BFH vom 21.6.1989 – BStBl II S. 881).

Wirtschaftsjahr

Das Wirtschaftsjahr stimmt mit dem Wirtschaftsjahr der KGaA überein (→ BFH vom 21.6.1989 – BStBl II S. 881).

Umfassend gewerbliche Personengesellschaft

(5) ¹Personengesellschaften im Sinne des § 15 Abs. 3 Nr. 1 EStG sind außer der OHG und der KG diejenigen sonstigen Gesellschaften, bei denen die Gesellschafter als Unternehmer (Mitunternehmer) des Gewerbebetriebs anzusehen sind. ²Auch die Partenreederei und die → Unterbeteiligungsgesellschaft sind Personengesellschaften im Sinne des § 15 Abs. 3 Nr. 1 EStG. ³Die eheliche Gütergemeinschaft ist nicht umfassend gewerblich tätig im Sinne des § 15 Abs. 3 Nr. 1 EStG. ⁴Eine land- und forstwirtschaftlich, freiberuflich oder vermögensverwaltend tätige Personengesellschaft, zu deren Gesamthandsvermögen eine → Beteiligung an einer gewerblich tätigen Personengesellschaft gehört, bezieht in vollem Umfang gewerbliche Einkünfte.

Hinweise

Abfärbetheorie

Bezeichnung der Umqualifizierung freiberuflicher Einkünfte in gewerbliche Einkünfte nach § 15 Abs. 3 Nr. 1 EStG.
→ Einheitliche Gesamtbetätigung

Ärztliche Gemeinschaftspraxen

→ BMF vom 14.5.1997 (BStBl I S. 566) **und BFH vom 19.2.1998 (BStBl II S. 603)**

Steuerrechtliche Behandlung des Verkaufs von Kontaktlinsen nebst Pflegemitteln, von Mundhygieneartikeln sowie von Tierarzneimitteln durch ärztliche Gemeinschaftspraxen

BMF vom 14.5.1997 (BStBl I S. 566)

IV B 4 – S 2246 – 23/97

Die selbständig ausgeübte Tätigkeit als Arzt ist eine freiberufliche Tätigkeit im Sinne des § 18 Abs. 1 Nr. 1 EStG. Zu der Frage, ob Einnahmen einer ärztlichen Gemeinschaftspraxis aus der Anpassung und dem Verkauf von Kontaktlinsen, aus dem Verkauf von Pflegemitteln bei Augenärzten, Artikeln zur Mundhygiene bzw. Mundpflege bei Zahnärzten oder Tierarzneimitteln bei Tierärzten zu den Einnahmen aus der freiberuflichen Tätigkeit gehören, wird unter Bezugnahme auf das Ergebnis der Erörterungen mit den obersten Finanzbehörden der Länder wie folgt Stellung genommen:

1. Die Honorare, die ein Augenarzt für das Anpassen von Kontaktlinsen nach einer augenärztlichen Untersuchung erhält, sind den Einnahmen aus der freiberuflichen Tätigkeit zuzuordnen.
2. Der Verkauf von Kontaktlinsen, Pflegemitteln durch Augenärzte, Artikeln zur Mundhygiene bzw. Mundpflege durch Zahnärzte oder Tierarzneimitteln durch Tierärzte ist keine Ausübung der Heilkunde. Die Einnahmen des Arztes hieraus sind deshalb als Einnahmen aus Gewerbebetrieb (§ 15 EStG) zu behandeln.
3. Erzielt eine ärztliche Gemeinschaftspraxis auch Einnahmen aus einer gewerblichen Tätigkeit, gelten die Einkünfte der ärztlichen Gemeinschaftspraxis in vollem Umfang als Einkünfte aus Gewerbebetrieb (sog. Abfärberegelung: § 15 Abs. 3 Nr. 1 EStG). Der Verkauf der in Nr. 2 bezeichneten Gegenstände durch eine ärztliche Gemeinschaftspraxis führt also dazu, daß auch die Einnahmen aus der ärztlichen Tätigkeit als Einnahmen aus Gewerbebetrieb zu behandeln sind.

4. Wird die Beschaffung und der Verkauf der in Nr. 2 bezeichneten Gegenstände jedoch durch eine andere Gesellschaft des bürgerlichen Rechts vorgenommen, tritt die Folge einer Abfärbung nicht ein, und zwar selbst dann nicht, wenn ganz oder teilweise die gleichen Personen an der ärztlichen Gemeinschaftspraxis und der Gesellschaft bürgerlichen Rechts beteiligt sind (BFH vom 8.12.1994 – BStBl 1996 II S. 264). Die Abfärberegelung ist nämlich auch auf die ansonsten freiberuflich tätige ärztliche Gemeinschaftspraxis dann nicht anzuwenden, wenn die Beteiligung an der gewerblich tätigen Gesellschaft von einem, mehreren oder allen Gesellschaftern der ärztlichen Gemeinschaftspraxis persönlich oder von einer Schwestergesellschaft der ärztlichen Gemeinschaftspraxis gehalten wird (vgl. BMF vom 13.5.1996 – BStBl I S. 621).

Die Tätigkeit der gewerblichen Gesellschaft bürgerlichen Rechts muß sich eindeutig von der Tätigkeit der ärztlichen Gemeinschaftspraxis abgrenzen lassen. Dies setzt voraus:

a) Der Gesellschaftsvertrag muß so gestaltet sein, daß die Gesellschaft wirtschaftlich, organisatorisch und finanziell von der ärztlichen Gemeinschaftspraxis unabhängig ist.

b) Es sind getrennte Aufzeichnungen oder Bücher zu führen, besondere Bank- und Kassenkonten einzurichten sowie eigene Rechnungsformulare zu verwenden.

c) Die in Nr. 2 bezeichneten Gegenstände sind getrennt vom Betriebsvermögen der ärztlichen Gemeinschaftspraxis zu lagern. Überwiegend im Zusammenhang mit der Abgabe der in Nr. 2 bezeichneten Gegenstände genutzte Wirtschaftsgüter gehören zum Betriebsvermögen der gewerblichen Gesellschaft bürgerlichen Rechts.

5. Überläßt die ärztliche Gemeinschaftspraxis der gewerblichen Gesellschaft bürgerlichen Rechts für deren Zwecke Personal, Räume oder Einrichtungen usw. gegen Aufwendungsersatz, führt dies bei der ärztlichen Gemeinschaftspraxis mangels Gewinnerzielungsabsicht nicht zu Einkünften aus Gewerbebetrieb. Kann die Höhe dieser Aufwendungen nicht nach dem Verursacherprinzip ermittelt werden, ist es nicht zu beanstanden, wenn sie entsprechend dem Verhältnis der Umsätze beider Gesellschaften zueinander oder nach einem entsprechenden Schlüssel geschätzt werden und der geschätzte Betrag der ärztlichen Gemeinschaftspraxis erstattet wird. Die ärztliche Gemeinschaftspraxis hat einen Aufwendungsersatz durch die Gesellschaft bürgerlichen Rechts im Rahmen ihrer Einkünfte aus selbständiger Arbeit zu erfassen.

Dieses Schreiben tritt an die Stelle des BMF-Schreibens vom 19.10.1984 (BStBl I S. 588).

Atypisch stille Gesellschaft

Übt der Inhaber einer Steuerberatungspraxis neben seiner freiberuflichen auch eine gewerbliche Tätigkeit aus, und ist an seinem Unternehmen ein Steuerberater atypisch still beteiligt, so sind gemäß § 15 Abs. 3 Nr. 1 EStG sämtliche Einkünfte der Mitunternehmerschaft gewerblich (→ BFH vom 10.8.1994 – BStBl 1995 II S. 171).

Beteiligung an einer gewerblich tätigen Personengesellschaft

→ BMF vom 13.5.1996 (BStBl I S. 621)

Betriebsaufspaltung

→ *H 137 (4) Umfassend gewerbliche Besitzpersonengesellschaft*

Einheitliche Gesamtbetätigung

– Eine Umqualifizierung nach § 15 Abs. 3 Nr. 1 EStG kommt nicht in Betracht, wenn eine gemischte Tätigkeit als einheitliche Gesamtbetätigung anzusehen ist. Eine solche Tätigkeit muß vielmehr unabhängig von der „Abfärbetheorie" danach qualifiziert werden, welche Tätigkeit der Gesamtbetätigung das Gepräge gibt (→ BFH vom 24.4.1997 – BStBl II S. 567).

– → H 136 Gemischte Tätigkeit

Erbengemeinschaft

Die Erbengemeinschaft ist nicht umfassend gewerblich tätig im Sinne des § 15 Abs. 3 Nr. 1 EStG (→ BFH vom 23.10.1986 – BStBl 1987 II S. 120).

Gewinnerzielungsabsicht

Wegen der Einheitlichkeit des Gewerbebetriebs einer Personengesellschaft sind deren gemischte Tätigkeiten zunächst insgesamt als gewerblich einzuordnen. Erst dann ist für jeden selbständigen Tätigkeitsbereich die Gewinnerzielungsabsicht zu prüfen (→ BFH vom 25.6.1996 – BStBl 1997 II S. 202).

GbR

Die GbR, bei der die Gesellschafter als Mitunternehmer des Betriebs anzusehen sind, ist umfassend gewerblich tätig (→ BFH vom 11.5.1989 – BStBl II S. 797).

Gewerblich geprägte Personengesellschaft

(6) ¹Eine gewerblich geprägte Personengesellschaft liegt nicht vor, wenn ein nicht persönlich haftender Gesellschafter zur Geschäftsführung befugt ist. ²Dies gilt unabhängig davon, ob der zur Geschäftsführung befugte Gesellschafter eine natürliche Person oder eine Kapitalgesellschaft ist. ³Eine gewerbliche Prägung ist selbst dann nicht gegeben, wenn der beschränkt haftende Gesellschafter neben dem persönlich haftenden Gesellschafter zur Geschäftsführung befugt ist. ⁴Bei der Frage, ob eine gewerblich geprägte Personengesellschaft Einkünfteerzielungsabsicht hat, sind nach den Regeln zur Ermittlung gewerblicher Gewinne Veräußerungsgewinne in die Prognose über den Totalgewinn einzubeziehen.

Hinweise

Atypisch stille Gesellschaft
Die atypisch stille Gesellschaft kann als solche im Sinne von § 15 Abs. 3 Nr. 2 EStG durch den tätigen Gesellschafter gewerblich geprägt sein (→ BFH vom 26.11.1996 – BStBl 1998 II S. 328).

Geschäftsführung
Bei einer GmbH & Co. KG, deren alleinige Geschäftsführerin die Komplementär-GmbH ist, ist der zur Führung der Geschäfte der GmbH berufene Kommanditist nicht wegen dieser Geschäftsführungsbefugnis auch als zur Führung der Geschäfte der KG berufen anzusehen (→ BFH vom 23.5.1996 – BStBl II S. 523).

Schein-KG
Als gewerblich geprägte Personengesellschaft kommt auch die sog. Schein KG in Betracht (→ BFH vom 11.12.1986 – BStBl 1987 II S. 553). Bei dieser handelt es sich um eine Personengesellschaft, die ins Handelsregister eingetragen ist, obwohl sie von ihrer Tätigkeit (Vermögensverwaltung) her weder nach § 1 HGB noch nach § 2 HGB Kaufmann ist.

Vermietung zwischen Schwester-Personengesellschaften
→ *H 138 (1)*

Vermögensverwaltende GbR
Eine vermögensverwaltende GbR, die nicht als → Schein-KG in das Handelsregister eingetragen ist, kann allein durch das Hinzutreten einer GmbH die gewerbliche Prägung nicht erlangen, es sei denn, die rechtsgeschäftliche Haftung der außer der Kapitalgesellschaft an der GbR beteiligten Gesellschafter ist allgemein und im Außenverhältnis erkennbar auf ihre Einlage beschränkt (→ BFH vom 11.12.1986 – BStBl 1987 II S. 553).

§ 15 EStG
R 138a (1, 2)   H 138a (1)

R 138a **138a. Steuerliche Anerkennung von Familiengesellschaften**

R 138a (1)   Grundsätze

– unbesetzt –

H 138a (1)   Hinweise

Allgemeines

Die Anerkennung einer OHG, KG, GbR oder atypisch stillen Gesellschaft setzt voraus, daß eine Mitunternehmerschaft vorliegt, der Gesellschaftsvertrag zivilrechtlich wirksam ist und auch verwirklicht wird und daß die tatsächliche Gestaltung der Dinge mit ihrer formellen Gestaltung übereinstimmt, insbesondere die aufgenommenen Familienangehörigen auch volle Gesellschafterrechte genießen (→ BFH vom 8.8.1979 – BStBl II S. 768 und vom 3.5.1979 – BStBl II S. 515). Einer OHG oder einer KG kann die steuerliche Anerkennung nicht lediglich mit der Begründung versagt werden, daß außerbetriebliche, z. B. steuerliche und familienrechtliche Gesichtspunkte den Abschluß des Gesellschaftsvertrags veranlaßt haben (→ BFH vom 22.8.1951 – BStBl 1951 III S. 181).

Buchwertabfindung

Ein Kommanditist, der vom persönlich haftenden Gesellschafter ohne weiteres zum Buchwert aus der Gesellschaft ausgeschlossen werden kann, ist nicht Mitunternehmer (→ BFH vom 29.4.1981 – BStBl II S. 663). Entsprechendes gilt, wenn die für den Fall des jederzeit möglichen Ausschlusses vereinbarte Abfindung nicht auch die **Beteiligung am Firmenwert** umfaßt (→ BFH vom 15.10.1981 – BStBl 1982 II S. 342).

Gütergemeinschaft

Die eheliche Gütergemeinschaft ist ein den in § 15 Abs. 1 **Satz 1** Nr. 2 EStG genannten Gesellschaftsverhältnissen vergleichbares Gemeinschaftsverhältnis und kann damit eine Mitunternehmerschaft begründen (→ BFH vom 16.2.1995 – BStBl II S. 592).

→ H 13 (12)

Rückübertragungsverpflichtung

Werden Kommanditanteile schenkweise mit der Maßgabe übertragen, daß der Schenker ihre Rückübertragung jederzeit ohne Angabe von Gründen einseitig veranlassen kann, ist der Beschenkte nicht als Mitunternehmer anzusehen (→ BFH vom 16.5.1989 – BStBl II S. 877).

Tatsächliche Gewinnaufteilung

Der Gewinn aus einer Familienpersonengesellschaft ist einem bisher als Alleininhaber tätig gewesenen Gesellschafter zuzurechnen, wenn der Gewinn tatsächlich nicht aufgeteilt, sondern diesem Gesellschafter allein belassen worden ist (→ BFH vom 6.11.1964 – BStBl 1965 III S. 52).

R 138a (2)   Schenkweise begründete Beteiligungen von Kindern

(2) ¹Behält ein Elternteil sich bei der unentgeltlichen Einräumung einer → Unterbeteiligung an einem Anteil an einer Personengesellschaft das Recht vor, jederzeit eine unentgeltliche Rückübertragung der Anteile von dem Kind zu verlangen, so wird keine Einkunftsquelle auf das Kind übertragen. ²Gleiches gilt bei schenkweiser Übertragung eines Gesellschaftsanteils mit Rückübertragungsverpflichtung.[1]

---

[1] Anm.: → BFH vom 16.5.1989 (BStBl II S. 877).

Hinweise

Allgemeines

Schenkweise von ihren Eltern in eine KG aufgenommene Kinder können nur Mitunternehmer sein, wenn ihnen wenigstens annäherungsweise diejenigen Rechte eingeräumt sind, die einem Kommanditisten nach dem HGB zukommen. Maßstab ist das nach dem HGB für den Kommanditisten vorgesehene Regelstatut (→ BFH vom 24.7.1986 – BStBl 1987 II S. 54). Dazu gehören auch die gesetzlichen Regelungen, die im Gesellschaftsvertrag abbedungen werden können (→ BMF vom 5.10.1989 – BStBl I S. 378). Entsprechendes gilt für am Gesellschaftsanteil der Eltern unterbeteiligte Kinder (→ BFH vom 24.7.1986 – BStBl 1987 II S. 54). Sie sind nicht Mitunternehmer, wenn ihre Rechtsstellung nach dem Gesamtbild zugunsten der Eltern in einer Weise beschränkt ist, wie dies in Gesellschaftsverträgen zwischen Fremden nicht üblich ist (→ BFH vom 8.2.1979 – BStBl II S. 405 und vom 3.5.1979 – BStBl II S. 515). Die schenkweise begründete Rechtsstellung der Kinder entspricht in diesen Fällen ihrem wirtschaftlichen Gehalt nach häufig dem Versprechen einer erst künftigen Kapitalübertragung (→ BFH vom 8.2.1979 – BStBl II S. 405 und vom 3.5.1979 – BStBl II S. 515). Die Gewinngutschriften auf die Unterbeteiligung sind deshalb bei dem Elternteil keine Sonderbetriebsausgaben, sondern nichtabzugfähige Zuwendungen im Sinne des § 12 EStG (→ BFH vom 18.7.1974 – BStBl II S. 740). Der schenkweisen Aufnahme steht gleich, wenn den Kindern die Mittel für die Kommanditeinlage darlehensweise unter Bedingungen zur Verfügung gestellt werden, die unter Fremden nicht üblich sind (→ BFH vom 5.7.1979 – BStBl II S. 670). Sind die in eine Gesellschaft im Wege der Schenkung aufgenommenen Kinder nach den vorstehenden Grundsätzen nicht als Mitunternehmer anzusehen, können ihnen die vertraglichen Gewinnanteile nicht als eigene Einkünfte aus Gewerbebetrieb zugerechnet werden. In Höhe dieser Gewinnanteile liegt regelmäßig eine nach § 12 EStG unbeachtliche Einkommensverwendung der Eltern vor (→ BFH vom 22.1.1970 – BStBl II S. 416).

Alter des Kindes

Bei der Würdigung des Gesamtbildes in Grenzfällen kann für die Anerkennung als Mitunternehmer sprechen, daß die Vertragsgestaltung den objektiven Umständen nach darauf abgestellt ist, die Kinder oder Enkel an das Unternehmen heranzuführen, um dessen Fortbestand zu sichern (→ BFH vom 6.4.1979 – BStBl II S. 620). Dies ist nicht der Fall, wenn die Kinder wegen ihres Alters nicht die für eine Heranführung an das Unternehmen erforderliche Reife besitzen (→ BFH vom 5.7.1979 – BStBl II S. 670).

Befristete Gesellschafterstellung

Ist die Gesellschafterstellung eines Kindes von vornherein nur befristet etwa auf die Zeit, in der das Kind vermutlich unterhaltsbedürftig ist und eine persönliche Aktivität als Gesellschafter noch nicht entfalten wird, kann eine Mitunternehmerschaft nicht anerkannt werden (→ BFH vom 29.1.1976 – BStBl II S. 324). Dagegen kann eine Mitunternehmerschaft minderjähriger Kinder, die als Kommanditisten einer Familien-KG im Schenkungswege beteiligt wurden, nicht schon deshalb verneint werden, weil der Vater nach dem Gesellschaftsvertrag berechtigt ist, die Gesellschafterstellung eines Kindes zum Ende des Jahres der Erreichung der Volljährigkeit zu kündigen (→ BFH vom 23.6.1976 – BStBl II S. 678).

Kündigung

Die Mitunternehmerstellung eines minderjährigen Kommanditisten kann durch das dem Komplementär eingeräumte Kündigungsrecht beeinträchtigt werden (→ BMF vom 5.10.1989 – BStBl I S. 378).

→ Befristete Gesellschafterstellung

Anhang 18

Rückfallklausel

Eine Rückfallklausel, nach der die Unterbeteiligung ersatzlos an den Vater zurückfällt, wenn das Kind vor dem Vater stirbt und keine leiblichen ehelichen Abkömmlinge hinterläßt, steht der steuerrechtlichen Anerkennung der Unterbeteiligung nicht entgegen (→ BFH vom 27.1.1994 – BStBl II S. 635).

Umdeutung in Darlehnsgewährung

Ein zivilrechtlich wirksam abgeschlossener, aber steuerlich nicht anerkannter Gesellschaftsvertrag kann für die steuerliche Beurteilung nicht in einen Darlehensvertrag umgedeutet werden (→ BFH vom 6.7.1995 – BStBl 1996 II S. 269).

§ 15 EStG
R 138a (3)   H 138a (2, 3)

Unterbeteiligung
Eine Unterbeteiligung am OHG-Anteil des Vaters mit Ausschluß der Unterbeteiligten von stillen Reserven und Firmenwert im Falle der Kündigung durch den Vater sowie Einschränkung der Gewinnentnahme- und Kontrollrechte der Unterbeteiligten kann steuerlich nicht anerkannt werden (→ BFH vom 6.7.1995 – BStBl 1996 II S. 269).

Verfügungsbeschränkungen
Behalten sich die Eltern die Verwaltung der Kommanditbeteiligungen der Kinder vor, sind die Kinder nicht Mitunternehmer (→ BFH vom 25.6.1981 – BStBl II S. 779). Überlassen Eltern ihren minderjährigen Kindern Anteile am Betriebsvermögen einer von ihnen gebildeten Personengesellschaft unter der Auflage, daß die Kinder über die auf ihre Anteile entfallenden Gewinnanteile nur in dem von den Eltern gebilligten Umfang verfügen dürfen, so liegt eine zur Gewinnverteilung auch auf die Kinder führende Mitunternehmerschaft nicht vor (→ BFH vom 4.8.1971 – BStBl 1972 II S. 10). Wird ein nicht mitarbeitendes Kind ohne Einlage als Gesellschafter aufgenommen, so ist es in der Regel im Jahr der Aufnahme kein Mitunternehmer, wenn es sich nur verpflichtet, einen Teil seines künftigen Gewinnanteils zur Bildung eines Kapitalanteils stehenzulassen (→ BFH vom 1.2.1973 – BStBl II S. 221). Das gilt auch, wenn das Kind zwar zu einer Bareinlage verpflichtet sein soll, diese aber nur aus einem von den Eltern gewährten und aus dem ersten Gewinnanteil des Kindes wieder getilgten Darlehen leistet (→ BFH vom 1.2.1973 – BStBl II S. 526).

Vormundschaftsgerichtliche Genehmigung
Beteiligt ein Steuerpflichtiger sein durch einen Pfleger vertretenes minderjähriges Kind an seinem Unternehmen, hängt die steuerliche Anerkennung des Vertrags auch dann, wenn die Beteiligten nach dem Vertrag gehandelt haben, von der vormundschaftsgerichtlichen Genehmigung ab, die nicht als stillschweigend erteilt angesehen werden kann (→ BFH vom 4.7.1968 – BStBl II S. 671). Die zivilrechtliche Rückwirkung der vormundschaftsgerichtlichen Genehmigung eines Vertrags über den Erwerb eines Anteils an einer Personengesellschaft durch einen Minderjährigen kann steuerlich nicht berücksichtigt werden, wenn die vormundschaftsgerichtliche Genehmigung nicht unverzüglich nach Abschluß des Gesellschaftsvertrags beantragt und in angemessener Frist erteilt wird (→ BFH vom 5.3.1981 – BStBl II S. 435).

R 138a (3)   **Gewinnverteilung bei Familiengesellschaften**

(3) ¹Unabhängig von der Anerkennung der Familiengesellschaft als solcher ist zu prüfen, ob auch die von der Gesellschaft vorgenommene Gewinnverteilung steuerlich zu übernehmen ist. ²Steht die Gewinnverteilung in offensichtlichem Mißverhältnis zu den Leistungen der Gesellschafter, so kann ein Mißbrauch im Sinne des § 42 AO vorliegen.

H 138a (3)   **Hinweise**

Allgemeines
Beteiligt ein Steuerpflichtiger nicht im Betrieb mitarbeitende nahe Familienangehörige in der Weise als Kommanditisten oder atypisch stille Gesellschafter an einem Betrieb, daß er ihnen Gesellschaftsanteile **schenkweise** überträgt, so kann mit steuerlicher Wirkung eine Gewinnverteilung nur anerkannt werden, die auf längere Sicht zu einer auch unter Berücksichtigung der gesellschaftsrechtlichen Beteiligung der Mitunternehmer angemessenen Verzinsung des tatsächlichen (gemeinen) Wertes der Gesellschaftsanteile führt (→ BFH vom 29.5.1972 – BStBl 1973 II S. 5). Die Gewinnverteilung wird im allgemeinen dann nicht zu beanstanden sein, wenn der vereinbarte Gewinnverteilungsschlüssel eine durchschnittliche Rendite von nicht mehr als 15 v. H. des tatsächlichen Wertes der Beteiligung ergibt (→ BFH vom 24.7.1986 – BStBl 1987 II S. 54). Ist eine Gewinnverteilung nach den vorstehenden Grundsätzen unangemessen, so ist die Besteuerung so vorzunehmen, als ob eine angemessene Gewinnverteilung getroffen worden wäre (→ BFH vom 29.3.1973 – BStBl II S. 650) d.h., Gewinnanteile, die die angemessene Begrenzung übersteigen, sind dann den anderen

Gesellschaftern zuzurechnen, sofern nicht auch bei ihnen Begrenzungen zu beachten sind (→ BFH vom 29.5.1972 – BStBl 1973 II S. 5). Bei der Beantwortung der Frage, ob eine Gewinnverteilung angemessen ist, ist in der Regel von der durchschnittlichen Rendite eines Zeitraums von fünf Jahren auszugehen. Außerdem sind alle im Zeitpunkt des Vertragsabschlusses bekannten Tatsachen und die sich aus ihnen für die Zukunft ergebenden wahrscheinlichen Entwicklungen zu berücksichtigen (BFH vom 29.5.1972 – BStBl 1973 II S. 5).

Beteiligung an den stillen Reserven
Ist vertraglich bestimmt, daß der Gesellschafter nicht oder unter bestimmten Voraussetzungen nicht an den stillen Reserven beteiligt sein soll, so ist ein Abschlag zu machen; das gilt auch, wenn der Gesellschafter in der Verfügung über seinen Anteil oder in der Befugnis, Gewinn zu entnehmen, beschränkt ist (→ BFH vom 29.3.1973 – BStBl II S. 489).

Buchwertabfindung
Behält sich ein Elternteil anläßlich der unentgeltlichen Übertragung eines Gesellschaftsanteils auf die Kinder das Recht vor, das Gesellschaftsverhältnis zu kündigen, das Unternehmen allein fortzuführen und die Kinder mit dem Buchwert ihres festen Kapitalanteils abzufinden, so ist bei Prüfung der Angemessenheit des vereinbarten Gewinnverteilungsschlüssels von dem Buchwert des übertragenen Gesellschaftsanteils auszugehen (→ BFH vom 13.3.1980 – BStBl II S. 437).

Eigene Mittel
Sind die Geschäftsanteile ganz oder teilweise mit eigenen Mitteln von den aufgenommenen Familienangehörigen erworben worden, bildet die unter Fremden übliche Gestaltung den Maßstab für die Prüfung, ob die Gewinnverteilung angemessen ist (→ BFH vom 4.6.1973 – BStBl II S. 866).

Entnahmegewinn bei Schenkung
→ H 14 (2–4) Entnahme bei Personengesellschaften

Veränderung der Gewinnverteilung
Eine als angemessen anzusehende Gewinnverteilung bleibt grundsätzlich so lange bestehen, bis eine wesentliche Veränderung der Verhältnisse dergestalt eintritt, daß auch bei einer Mitunternehmerschaft zwischen fremden Personen die Gewinnverteilung geändert würde (→ BFH vom 29.5.1972 – BStBl 1973 II S. 5).

Verfügungsbeschränkungen
→ Beteiligung an den stillen Reserven

Typisch stille Gesellschaft

– unbesetzt –

Hinweise

Allgemeines
Kommanditisten, die nicht als Mitunternehmer anzuerkennen sind, können im Innenverhältnis unter Umständen die Stellung von typischen stillen Gesellschaftern erlangt haben (→ BFH vom 29.4.1981 – BStBl II S. 663). Beteiligt ein Steuerpflichtiger nahe Angehörige an seinem Unternehmen als stille Gesellschafter, so kann diese Beteiligung steuerlich nur anerkannt werden, wenn die Gesellschaftsverträge klar vereinbart, bürgerlichrechtlich wirksam und ernstlich gewollt sind, tatsächlich durchgeführt werden, wirtschaftlich zu einer Änderung der bisherigen Verhältnisse führen und die Verträge keine Bedingungen enthalten, unter denen fremde Dritte Kapital als stille Einlage nicht zur Verfügung stellen würden (→ BFH vom 8.3.1984 – BStBl II S. 623 und vom 31.5.1989 – BStBl 1990 II S. 10).

§ 15 EStG
R 138 (5)   H 138a (4, 5)

Auszahlung/Gutschrift von Gewinnanteilen
Ein Vertrag über eine stille Gesellschaft zwischen Familienangehörigen ist nur dann durchgeführt, wenn die Gewinnanteile entweder ausbezahlt werden oder im Falle einer Gutschrift eindeutig bis zur Auszahlung jederzeit abrufbar gutgeschrieben bleiben (→ BFH vom 18.10.1989 – BStBl 1990 II S. 68).

Verlustbeteiligung
Anhang 2
Ist ein schenkweise still beteiligtes minderjähriges Kind nicht am Verlust der Gesellschaft beteiligt, kann eine stille Beteiligung steuerlich nicht anerkannt werden (→ BFH vom 21.10.1992 – BStBl 1993 II S. 289); zu Angehörigen → BMF vom 1.12.1992 (BStBl I S. 729).

Vormundschaftsgerichtliche Genehmigung
Beteiligt ein Steuerpflichtiger sein durch einen Pfleger vertretenes minderjähriges Kind an seinem Unternehmen und ist das Kind auch am Verlust beteiligt, so hängt die steuerliche Anerkennung des Vertrags auch dann, wenn die Beteiligten nach dem Vertrag gehandelt haben, von der vormundschaftsgerichtlichen Genehmigung ab, die nicht als stillschweigend erteilt angesehen werden kann (→ BFH vom 4.7.1968 – BStBl II S. 671).

R 138a (5)   **Gewinnbeteiligung bei typisch stiller Beteiligung**

– unbesetzt –

H 138a (5)   **Hinweise**

Allgemeines
Die Höhe der Gewinnbeteiligung wird bei typischer stiller Beteiligung steuerlich nur zugrunde gelegt, soweit sie wirtschaftlich angemessen ist (→ BFH vom 13.12.1963 – BStBl 1964 III S. 156).

Eigene Mittel
– Stammt die Kapitalbeteiligung des stillen Gesellschafters nicht aus der Schenkung des Unternehmers, sondern wird sie aus eigenen Mitteln des stillen Gesellschafters geleistet, ist in der Regel eine Gewinnverteilungsabrede angemessen, die im Zeitpunkt der Vereinbarung bei vernünftiger kaufmännischer Beurteilung eine durchschnittliche Rendite von 25 v. H. der → Einlage erwarten läßt, wenn der Beschenkte nicht am Verlust beteiligt ist (→ BFH vom 14.2.1973 – BStBl II S. 395).
– Ist der stille Gesellschafter auch am Verlust beteiligt, ist in der Regel ein Satz von bis zu 35 v. H. der → Einlage noch angemessen (→ BFH vom 16.12.1981 – BStBl 1982 II S. 387).

Einlage
Der tatsächliche Wert einer typischen stillen Beteiligung ist regelmäßig gleich ihrem Nennwert (→ BFH vom 29.3.1973 – BStBl II S. 650).

Schenkweise eingeräumte stille Beteiligung
Stammt die Kapitalbeteiligung des stillen Gesellschafters in vollem Umfang aus einer Schenkung des Unternehmers, so ist in der Regel eine Gewinnverteilungsabrede angemessen, die im Zeitpunkt der Vereinbarung bei vernünftiger kaufmännischer Beurteilung eine durchschnittliche Rendite von 15 v. H. der Einlage erwarten läßt, wenn der Beschenkte am Gewinn und Verlust beteiligt ist; ist eine Beteiligung am Verlust ausgeschlossen, ist bei einem steuerlich anerkannten stillen Gesellschaftsverhältnis in der Regel ein Satz von 12 v. H. der → Einlage angemessen (→ BFH vom 29.3.1973 – BStBl II S. 650).

Anhang 2   – → BMF vom 1.12.1992 (BStBl I S. 729) Rn. 12

138b.

– unbesetzt –

R 138b

138c. Verluste aus gewerblicher Tierzucht

R 138c

Betreibt ein Steuerpflichtiger gewerbliche Tierzucht oder Tierhaltung in mehreren selbständigen Betrieben, so kann der in einem Betrieb erzielte Gewinn aus gewerblicher Tierzucht oder Tierhaltung mit dem in einem anderen Betrieb des Steuerpflichtigen erzielten Verlust aus gewerblicher Tierzucht oder Tierhaltung bis zum Betrag von 0 DM verrechnet werden.

S 2119

Hinweise

H 138c

Abschreibungs- oder Buchverluste

Von § 15 Abs. 4 EStG werden alle Verluste aus gewerblicher Tierzucht oder gewerblicher Tierhaltung erfaßt, nicht nur Abschreibungs- oder Buchverluste (→ BFH vom 5.2.1981 – BStBl II S. 359).

Brüterei

Die Unterhaltung einer Brüterei durch einen Gewerbetreibenden stellt keine gewerbliche Tierzucht oder Tierhaltung dar (→ BFH vom 14.9.1989 – BStBl 1990 II S. 152).

Ehegatten

Bei der Zusammenveranlagung von Ehegatten sind Verluste aus gewerblicher Tierzucht oder Tierhaltung des einen Ehegatten mit Gewinnen des anderen Ehegatten aus gewerblicher Tierzucht oder Tierhaltung auszugleichen (→ BFH vom 6.7.1989 – BStBl II S. 787).

Gemischte Betriebe

Wird in einem einheitlichen Betrieb neben gewerblicher Tierzucht oder gewerblicher Tierhaltung noch eine andere gewerbliche Tätigkeit ausgeübt, so darf der Verlust aus der gewerblichen Tierzucht oder Tierhaltung nicht mit einem Gewinn aus der anderen gewerblichen Tätigkeit verrechnet werden (→ BFH vom 21.9.1995 – BStBl 1996 II S. 85).

Gewerbliche Tierzucht oder gewerbliche Tierhaltung

ist jede Tierzucht oder Tierhaltung, der nach den Vorschriften des § 13 Abs. 1 EStG in Verbindung mit §§ 51 und 51a BewG keine ausreichenden landwirtschaftlichen Nutzflächen als Futtergrundlage zur Verfügung stehen (→ BFH vom 12.8.1982 – BStBl 1983 II S. 36; → R 124a).

Landwirtschaftliche Tätigkeit

Wird neben einer Tierzucht oder Tierhaltung, die für sich gesehen als landwirtschaftliche Tätigkeit einzuordnen wäre, eine gewerbliche Tätigkeit ausgeübt, ist § 15 Abs. 4 EStG nicht anzuwenden. Das gilt auch, wenn die Tierzucht oder Tierhaltung im Rahmen einer Personengesellschaft erfolgt, deren Einkünfte zu den Einkünften aus Gewerbebetrieb gehören, oder sich die Tierzucht oder Tierhaltung als Nebenbetrieb der gewerblichen Tätigkeit darstellt (→ BFH vom 1.2.1990 – BStBl 1991 II S. 625).

Nichtausgeglichene Verluste

Nichtausgeglichene Verluste aus gewerblicher Tierzucht oder Tierhaltung i. S. d. § 15 Abs. 4 EStG sind gesondert festzustellen (→ FG Münster vom 2.5.1995 – EFG 1995 S. 973).

Pelztierzucht

§ 15 Abs. 4 EStG gilt auch für Verluste aus gewerblicher Pelztierzucht (→ BFH vom 29.10.1987 – BStBl 1988 II S. 264).

Personengesellschaft
→ Landwirtschaftliche Tätigkeit

Viehmastbetrieb
Betreibt ein Viehhändler neben einer Großschlächterei in erheblichem Umfang auch eine Viehmast, ohne die für eine landwirtschaftliche Betätigung erforderliche Futtergrundlage zu haben, sind die aus der Tierhaltung resultierenden Verluste gem. § 15 Abs. 4 EStG nicht ausgleichs- und nicht abzugsfähig (→ BFH vom 21.9.1995 – BStBl 1996 II S. 85).

EStG

§ 15a[1])
Verluste bei beschränkter Haftung

(1) ¹Der einem Kommanditisten zuzurechnende Anteil am Verlust der Kommanditgesellschaft darf weder mit anderen Einkünften aus Gewerbebetrieb noch mit Einkünften aus anderen Einkunftsarten ausgeglichen werden, soweit ein negatives Kapitalkonto des Kommanditisten entsteht oder sich erhöht; er darf insoweit auch nicht nach § 10d abgezogen werden. ²Haftet der Kommanditist am Bilanzstichtag den Gläubigern der Gesellschaft auf Grund des § 171 Abs. 1 des Handelsgesetzbuchs, so können abweichend von Satz 1 Verluste des Kommanditisten bis zur Höhe des Betrags, um den die im Handelsregister eingetragene Einlage des Kommanditisten seine geleistete Einlage übersteigt, auch ausgeglichen oder abgezogen werden, soweit durch den Verlust ein negatives Kapitalkonto entsteht oder sich erhöht. ³Satz 2 ist nur anzuwenden, wenn derjenige, dem der Anteil zuzurechnen ist, im Handelsregister eingetragen ist, das Bestehen der Haftung nachgewiesen wird und eine Vermögensminderung auf Grund der Haftung nicht durch Vertrag ausgeschlossen oder nach Art und Weise des Geschäftsbetriebs unwahrscheinlich ist.

(2) Soweit der Verlust nach Absatz 1 nicht ausgeglichen oder abgezogen werden darf, mindert er die Gewinne, die dem Kommanditisten in späteren Wirtschaftsjahren aus seiner Beteiligung an der Kommanditgesellschaft zuzurechnen sind.

(3) ¹Soweit ein negatives Kapitalkonto des Kommanditisten durch Entnahmen entsteht oder sich erhöht (Einlageminderung) und soweit nicht auf Grund der Entnahmen eine nach Absatz 1 Satz 2 zu berücksichtigende Haftung besteht oder entsteht, ist dem Kommanditisten der Betrag der Einlageminderung als Gewinn zuzurechnen. ²Der nach Satz 1 zuzurechnende Betrag darf den Betrag der Anteile am Verlust der Kommanditgesellschaft nicht übersteigen, der im Wirtschaftsjahr der Einlageminderung und in den zehn vorangegangenen Wirtschaftsjahren ausgleichs- oder abzugsfähig gewesen ist. ³Wird der Haftungsbetrag im Sinne des Absatzes 1 Satz 2 gemindert (Haftungsminderung) und sind im Wirtschaftsjahr der Haftungsminderung und den zehn vorangegangenen Wirtschaftsjahren Verluste nach Absatz 1 Satz 2 ausgleichs- oder abzugsfähig gewesen, so ist dem Kommanditisten der Betrag der Haftungsminderung, vermindert um auf Grund der Haftung tatsächlich geleistete Beträge, als Gewinn zuzurechnen; Satz 2 gilt sinngemäß. ⁴Die nach den Sätzen 1 bis 3 zuzurechnenden Beträge mindern die Gewinne, die dem Kommanditisten im Wirtschaftsjahr der Zurechnung oder in späteren Wirtschaftsjahren aus seiner Beteiligung an der Kommanditgesellschaft zuzurechnen sind.

(4) ¹Der nach Absatz 1 nicht ausgleichs- oder abzugsfähige Verlust eines Kommanditisten, vermindert um die nach Absatz 2 abzuziehenden und vermehrt um die nach Absatz 3 hinzuzurechnenden Beträge (verrechenbarer Verlust), ist jährlich gesondert festzustellen. ²Dabei ist von dem verrechenbaren Verlust des vorangegangenen Wirtschaftsjahrs auszugehen. ³Zuständig für den Erlaß des Feststellungsbescheids ist das für die gesonderte Feststellung des Gewinns und Verlustes der Gesellschaft zuständige Finanzamt. ⁴Der Feststellungsbescheid kann nur insoweit angegriffen werden, als der verrechenbare Verlust gegenüber dem verrechenbaren Verlust des vorangegangenen Wirtschaftsjahrs sich verändert hat. ⁵Die gesonderten Feststellungen nach Satz 1 können mit der gesonderten und einheitlichen Feststellung der einkommensteuerpflichtigen und körperschaftsteuerpflichti-

---

[1]) Zur Anwendung → § 52 Abs. 19 EStG.

gen Einkünfte verbunden werden. ⁶In diesen Fällen sind die gesonderten Feststellungen des verrechenbaren Verlustes einheitlich durchzuführen.

(5) Absatz 1 Satz 1, Absatz 2, Absatz 3 Satz 1, 2 und 4 sowie Absatz 4 gelten sinngemäß für andere Unternehmer, soweit deren Haftung der eines Kommanditisten vergleichbar ist, insbesondere für

1. stille Gesellschafter einer stillen Gesellschaft im Sinne des § 230 des Handelsgesetzbuchs, bei der der stille Gesellschafter als Unternehmer (Mitunternehmer) anzusehen ist,
2. Gesellschafter einer Gesellschaft im Sinne des Bürgerlichen Gesetzbuchs, bei der der Gesellschafter als Unternehmer (Mitunternehmer) anzusehen ist, soweit die Inanspruchnahme des Gesellschafters für Schulden in Zusammenhang mit dem Betrieb durch Vertrag ausgeschlossen oder nach Art und Weise des Geschäftsbetriebs unwahrscheinlich ist,
3. Gesellschafter einer ausländischen Personengesellschaft, bei der der Gesellschafter als Unternehmer (Mitunternehmer) anzusehen ist, soweit die Haftung des Gesellschafters für Schulden in Zusammenhang mit dem Betrieb der eines Kommanditisten oder eines stillen Gesellschafters entspricht oder soweit die Inanspruchnahme des Gesellschafters für Schulden in Zusammenhang mit dem Betrieb durch Vertrag ausgeschlossen oder nach Art und Weise des Geschäftsbetriebs unwahrscheinlich ist,
4. Unternehmer, soweit Verbindlichkeiten nur in Abhängigkeit von Erlösen oder Gewinnen aus der Nutzung, Veräußerung oder sonstigen Verwertung von Wirtschaftsgütern zu tilgen sind,
5. Mitreeder einer Reederei im Sinne des § 489 des Handelsgesetzbuchs, bei der der Mitreeder als Unternehmer (Mitunternehmer) anzusehen ist, wenn die persönliche Haftung des Mitreeders für die Verbindlichkeiten der Reederei ganz oder teilweise ausgeschlossen oder soweit die Inanspruchnahme des Mitreeders für Verbindlichkeiten der Reederei nach Art und Weise des Geschäftsbetriebs unwahrscheinlich ist.

138d. Verluste bei beschränkter Haftung

R 138d

Verrechenbare Verluste bei Rechtsformwechsel

(1) ¹Im Fall der Umwandlung der KG in eine OHG, GbR oder ein Einzelunternehmen können verrechenbare Verluste über den Wortlaut des § 15a Abs. 2 EStG hinaus mit späteren Gewinnen aus dem in neuer Rechtsform fortgeführten Unternehmen verrechnet werden. ²Findet der Wechsel aus der KG in eine der genannten Rechtsformen innerhalb des Wirtschaftsjahres statt, so ist § 15a EStG für das gesamte Wirtschaftsjahr nicht anzuwenden. ³Bei dem umgekehrten Fall des Rechtsformwechsels in eine KG gilt § 15a EStG für das gesamte Wirtschaftsjahr.

S 2241a

Sonderbetriebsvermögen

(2) Verluste, die der Gesellschafter im Bereich seines Sonderbetriebsvermögens erleidet, sind nicht unbeschränkt ausgleichs- und abzugsfähig, wenn sich das Sonderbetriebsvermögen im Gesamthandseigentum einer Gesellschaft, z. B. einer Gesellschaft bürgerlichen Rechts, befindet, bei der für die Verluste der Gesellschafter ihrerseits § 15a EStG gilt.

Außenhaftung des Kommanditisten nach § 15a Abs. 1 Sätze 2 und 3 EStG

(3) ¹Der erweiterte Verlustausgleich oder -abzug im Jahr der Entstehung des Verlustes bei der KG setzt u.a. voraus, daß derjenige, dem der Anteil zuzurechnen ist und der deshalb den Verlustanteil bei seiner persönlichen Steuerveranlagung ausgleichen oder abziehen will, am Bilanzstichtag namentlich im Handelsregister eingetragen ist. ²Die Anmeldung zur Eintragung im Handelsregister reicht nicht aus. ³Dies gilt auch, wenn die Eintragung z. B. wegen Überlastung des Handelsregistergerichts oder wegen firmenrechtlicher Bedenken des Gerichts noch nicht vollzogen ist. ⁴Bei Treuhandverhältnissen im Sinne des § 39 AO und bei Unterbeteiligungen, die ein beschränkt haftender Unternehmer einem Dritten an seinem Gesellschaftsanteil einräumt, reicht für den erweiterten Verlustausgleich oder -abzug die Eintragung des Treuhänders oder des Hauptbeteiligten im Handelsregister nicht aus. ⁵Der

§ 15a EStG
R 138d   H 138d

erweiterte Verlustausgleich nach § 15a Abs. 1 Satz 2 und 3 EStG kommt nicht in Betracht, wenn sich die Haftung des Kommanditisten aus § 176 HGB ergibt. ⁶Nach der Konzeption des § 15a EStG kann der Kommanditist Verluste insgesamt maximal bis zur Höhe seiner Einlage zuzüglich einer etwaigen überschießenden Außenhaftung nach § 171 Abs. 1 HGB steuerlich geltend machen. ⁷Daher darf auch bei einer über mehrere Bilanzstichtage bestehenden Haftung das Verlustausgleichsvolumen nach § 15a Abs. 1 Satz 2 und 3 EStG insgesamt nur einmal in Anspruch genommen werden. ⁸Die spätere haftungsbeendende Einlageleistung schafft kein zusätzliches Verlustausgleichspotential. ⁹Das Verlustausgleichspotential nach § 15a Abs. 1 Satz 2 und 3 EStG darf auch dann nur einmal in Anspruch genommen werden, wenn die Außenhaftung des Kommanditisten auf Grund von Entnahmen nach § 172 Abs. 4 Satz 2 HGB wieder auflebt.

Verrechenbare Verluste im Veräußerungs- bzw. Liquidationsfall

(4) ¹Bezugsgröße der Steuerbefreiung des § 16 Abs. 4 EStG ist der Veräußerungsgewinn nach der Minderung um die noch zu verrechnenden Verluste. ²Soweit ein Kommanditist sein negatives Kapitalkonto durch nachträgliche Einlagen wieder ausgleicht, trägt er die für ihn gemäß § 15a Abs. 4 EStG festgestellten verrechenbaren Verluste spätestens bei der Liquidation der Gesellschaft bzw. der gänzlichen Veräußerung des Mitunternehmeranteils auch wirtschaftlich. ³Deshalb können verrechenbare Verluste, die nach Abzug von einem etwaigen Veräußerungsgewinn verbleiben, im Zeitpunkt der gänzlichen Veräußerung des Mitunternehmeranteils bzw. der Betriebsaufgabe bis zu Höhe der nachträglichen Einlagen als ausgleichs- oder abzugsfähige Verluste behandelt werden.

Ausländische Verluste

(5) ¹Auf den Anteil am Verlust aus einer ausländischen Betriebsstätte ist § 15a EStG anzuwenden,

Anhang 8   a)   wenn kein Abkommen zur Vermeidung der Doppelbesteuerung besteht, soweit der Verlust nach § 2a Abs. 1 und 2 EStG zu berücksichtigen ist,

b)   wenn ein Abkommen zur Vermeidung der Doppelbesteuerung besteht und

   aa)   ein Antrag nach § 2a Abs. 3 EStG gestellt worden ist,

   bb)   ein Antrag nach § 2a Abs. 3 EStG nicht gestellt worden ist, aber der Verlust nach § 2a Abs. 1 und 2 EStG im Rahmen des § 32b EStG zu berücksichtigen ist.

²Die vorstehenden Grundsätze gelten sowohl für die ausländische Betriebsstätte einer inländischen Personengesellschaft als auch für ausländischen Personengesellschaften unter den Voraussetzungen des § 15a Abs. 5 Nr. 3 EStG.

Verlustzurechnung nach § 52 Abs. 19 Satz 5 EStG beim Ausscheiden von Kommanditisten

(6) ¹In Höhe der nach § 52 Abs. 19 EStG als Gewinn zuzurechnenden Beträge sind bei den anderen Mitunternehmern unter Berücksichtigung der für die Zurechnung von Verlusten geltenden Grundsätze nach Maßgabe des Einzelfalls Verlustanteile anzusetzen (§ 52 Abs. 19 Satz 5 EStG). ²Das bedeutet, daß im Fall der Auflösung der Gesellschaft diese Verlustanteile ausschließlich bei den unbeschränkt haftenden Mitunternehmern anzusetzen sind. ³In den Fällen des Ausscheidens von Mitgesellschaftern ohne Auflösung der Gesellschaft sind bei den Mitunternehmern, auf die der Anteil des Ausscheidenden übergeht, in Höhe der in dem Anteil enthaltenden und auf sie übergehenden stillen Reserven Anschaffungskosten zu aktivieren. ⁴In Höhe des Teilbetrags des negativen Kapitalkontos, der die stillen Reserven einschließlich des Firmenwerts übersteigt, sind bei den Mitunternehmern, auf die der Anteil übergeht, Verlustanteile anzusetzen. ⁵Soweit die übernehmenden Mitunternehmer beschränkt haften, ist bei ihnen die Beschränkung des Verlustausgleichs nach § 15a EStG zu beachten.

H 138d   **Hinweise**

Allgemeines

Die Frage der Zurechnung von Einkünften wird durch die Regelung des § 15a Abs. 1 bis 4 EStG nicht berührt. Verlustanteile, die der Kommanditist nach § 15a Abs. 1 Satz 1 EStG nicht ausgleichen oder abziehen darf, werden diesem nach Maßgabe der vom BFH für die Zurechnung von Einkünften entwickelten Grundsätze zugerechnet (→ BFH vom 10.11.1980 – BStBl 1981 II S. 164, vom 19.3.1981 – BStBl II S. 570, vom 26.3.1981 – BStBl II S. 572, vom 5.5.1981 – BStBl II S. 574, vom 26.5.1981 – BStBl II S. 668 und 795 und vom 22.1.1985 – BStBl 1986 II S. 136). Daher mindern diese Verlustanteile auch die Gewinne, die dem Kommanditisten in späteren Wirtschaftsjahren aus seiner Beteiligung an der Kommanditgesellschaft zuzurechnen sind.

Anwendungsbereich
§ 15a EStG gilt für sämtliche Kommanditgesellschaften, nicht nur für Verlustzuweisungsgesellschaften (→ BFH vom 9.5.1996 – BStBl II S. 474).

Auflösung des negativen Kapitalkontos
– Beim Wegfall eines durch Verlustzurechnung entstandenen negativen Kapitalkontos eines Kommanditisten ergibt sich in Höhe dieses negativen Kapitalkontos ein steuerpflichtiger Gewinn des Kommanditisten. Dieser Gewinn entsteht zu dem Zeitpunkt, in dem der Betrieb der KG veräußert oder aufgegeben wird. Soweit jedoch schon früher feststeht, daß ein Ausgleich des negativen Kapitalkontos des Kommanditisten mit künftigen Gewinnanteilen nicht mehr in Betracht kommt, ist dieser Zeitpunkt maßgebend (→ BFH vom 10.11.1980 – BStBl 1981 II S. 164). Ist das negative Kapitalkonto des Kommanditisten zu Unrecht nicht aufgelöst worden und die Veranlagung bestandskräftig, kann die Auflösung im Folgejahr nachgeholt werden (→ BFH vom 10.12.1991 – BStBl 1992 II S. 650).
– Die Besteuerung des Veräußerungsgewinns aus der Auflösung eines negativen Kapitalkontos ist sachlich unbillig, wenn dieses durch Verluste entstanden ist, für die die Möglichkeit des Verlustabzugs nach § 10d EStG nicht genutzt werden konnte (→ BFH vom 26.10.1994 – BStBl 1995 II S. 297), oder durch Verluste aus gewerblicher Tierzucht entstanden ist, die sich wegen § 15 Abs. 4 EStG nicht ausgewirkt haben (→ BFH vom 25.1.1996 – BStBl II S. 289).
– Auch bei vorzeitigen Fortfall des negativen Kapitalkontos kann eine überschießende Außenhaftung des Kommanditisten nicht gewinnmindernd berücksichtigt werden (→ BFH vom 26.9.1996 – BStBl 1997 II S. 277).

Beteiligungskonto/Forderungskonto
Zur Abgrenzung zwischen Beteiligungskonto und Forderungskonto → BMF vom 30.5.1997 (BStBl I S. 627). Anhang 22

Bürgschaft
– *Die Übernahme einer Bürgschaft für Schulden der KG führt beim Kommanditisten jedenfalls dann nicht zu einem erweiterten Verlustausgleich nach § 15a Abs. 1 Satz 2 EStG, wenn sie nicht kapitalersetzenden Charakter hat (→ BFH vom 13.11.1997 – BStBl 1998 II S. 109).*
– Eine Gewinnzurechnung auf Grund des Wegfalls des negativen Kapitalkontos ist nicht vorzunehmen, wenn der ausscheidende Kommanditist damit rechnen muß, daß er aus einer Bürgschaft für die KG in Anspruch genommen wird (→ BFH vom 12.7.1990 – BStBl 1991 II S. 64).

Kapitalersetzende Darlehen
Zur Behandlung kapitalersetzender Darlehen → BMF vom 30.5.1997 (BStBl I S. 627). Anhang 22

Kapitalkonto
Zum Umfang des Kapitalkontos im Sinne des § 15a Abs. 1 Satz 1 EStG → BMF vom 30.5.1997 (BStBl I S. 627). Anhang 22

Nachträgliche Einlagen
Nachträgliche Einlagen lassen festgestellte verrechenbare Verluste früherer Veranlagungszeiträume unberührt; sie bewirken jedoch den Ausgleich laufender Verluste trotz negativen Kapitalkontos im Wirtschaftsjahr der Einlage (→ BFH vom 14.12.1995 – BStBl 1996 II S. 226).

§ 15a EStG
H 138d

Saldierung von Ergebnissen aus dem Gesellschaftsvermögen mit Ergebnissen aus dem Sonderbetriebsvermögen

Keine Saldierung von Gewinnen und Verlusten aus dem Gesellschaftsvermögen mit Gewinnen und Verlusten aus dem Sonderbetriebsvermögen (→ BMF vom 15.12.1993 – BStBl I S. 976).

Anhang 22

Ist das Darlehen eines Kommanditisten in der Handels- und Steuerbilanz der KG als Fremdkapital auszuweisen, so gehören die als Sonderbetriebseinnahmen zu erfassenden (angemessenen) Zinsen – sofern sie nicht als Gewinnvoraus geschuldet werden – nicht zu den Gewinnen, die dem Kommanditisten nach § 15a Abs. 2 EStG aus seiner Beteiligung an der KG zuzurechnen sind; sog. Saldierungsverbot (→ BFH vom 13.10.1998 – DStR 1999 S. 16).

Stille Reserven

Bei Anwendung des § 15a EStG sind vorhandene stille Reserven nicht zu berücksichtigen (→ BFH vom 9.5.1996 – BStBl II S. 474).

Übernahme des negativen Kapitalkontos

In Veräußerungsfällen findet § 52 Abs. 19 EStG keine Anwendung (→ BFH vom 21.4.1994 – BStBl II S. 745). Die Übernahme eines negativen Kapitalkontos führt beim eintretenden Kommanditisten auch dann nicht zu einem sofort ausgleichs- oder abzugsfähigen Verlust, wenn es nicht durch stille Reserven im Betriebsvermögen gedeckt ist (→ BFH vom 14.6.1994 – BStBl 1995 II S. 246). Für den Erwerber stellen die gesamten Aufwendungen zum Erwerb des Anteils einschließlich des negativen Kapitalkontos Anschaffungskosten dar (→ BFH vom 21.4.1994 – BStBl II S. 745). Dies gilt auch, wenn der Kommanditanteil an einen Mitgesellschafter veräußert wird (→ BFH vom 21.4.1994 – BStBl II S. 745).

Unwahrscheinlichkeit der Inanspruchnahme bei Gesellschaften mit Einkünften aus Vermietung und Verpachtung

→ BMF vom 30.6.1994 (BStBl I S. 355)

Veräußerungsgewinn

Im Veräußerungs- bzw. Liquidationsfall noch verbliebene verrechenbare Verluste mindern einen etwaigen Veräußerungs- bzw. Aufgabegewinn (→ BFH vom 26.1.1995 – BStBl II S. 467).

Verfassungsmäßigkeit

Es bestehen keine ernsthaften Zweifel an der Verfassungsmäßigkeit des § 15a EStG (→ BFH vom 19.5.1987 – BStBl 1988 II S. 5 und vom 9.5.1996 – BStBl II S. 474).

Verlustausgleich

Der erweiterte Verlustausgleich kommt bei Kommanditisten von Altbetrieben auch in Betracht, wenn ihnen vor 1985 ausgleichsfähige Verluste zugerechnet worden sind, die zu einem negativen Kapitalkonto in Höhe ihres Haftungsbetrags geführt haben (→ BFH vom 26.8.1993 – BStBl 1994 II S. 627).

Verrechenbare Werbungskostenüberschüsse

→ H 161

Vertraglicher Haftungsausschluß bei Gesellschaftern mit Einkünften aus Vermietung und Verpachtung

Trotz vertraglichem Haftungsausschluß liegt keine Haftungsbeschränkung nach § 15a Abs. 5 Nr. 2 EStG vor, wenn ein Teil der Gesellschafter für die Verbindlichkeiten der GbR bürgt und die übrigen Gesellschafter die bürgenden Gesellschafter intern von der Inanspruchnahme aus der Bürgschaft freistellen (→ BFH vom 25.7.1995 – BStBl 1996 II S. 128).

§ 16
Veräußerung des Betriebs

(1) Zu den Einkünften aus Gewerbebetrieb gehören auch Gewinne, die erzielt werden bei der Veräußerung
1. ¹des ganzen Gewerbebetriebs oder eines Teilbetriebs. ²Als Teilbetrieb gilt auch die das gesamte Nennkapital umfassende Beteiligung an einer Kapitalgesellschaft; im Fall der Auflösung der Kapitalgesellschaft ist § 17 Abs. 4 Satz 3 sinngemäß anzuwenden; S 2242
2. des Anteils eines Gesellschafters, der als Unternehmer (Mitunternehmer) des Betriebs anzusehen ist (§ 15 Abs. 1 Satz 1 Nr. 2); S 2243
3. des Anteils eines persönlich haftenden Gesellschafters einer Kommanditgesellschaft auf Aktien (§ 15 Abs. 1 Satz 1 Nr. 3). S 2243

(2) ¹Veräußerungsgewinn im Sinne des Absatzes 1 ist der Betrag, um den der Veräußerungspreis nach Abzug der Veräußerungskosten den Wert des Betriebsvermögens (Absatz 1 Nr. 1) oder den Wert des Anteils am Betriebsvermögen (Absatz 1 Nr. 2 und 3) übersteigt. ²Der Wert des Betriebsvermögens oder des Anteils ist für den Zeitpunkt der Veräußerung nach § 4 Abs. 1 oder nach § 5 zu ermitteln. ³Soweit auf der Seite des Veräußerers und auf der Seite des Erwerbers dieselben Personen Unternehmer oder Mitunternehmer sind, gilt der Gewinn insoweit jedoch als laufender Gewinn. S 2242

(3) ¹Als Veräußerung gilt auch die Aufgabe des Gewerbebetriebs.¹⁾ ²Soweit einzelne dem Betrieb gewidmete Wirtschaftsgüter im Rahmen der Aufgabe des Betriebs veräußert werden und soweit auf der Seite des Veräußerers und auf der Seite des Erwerbers dieselben Personen Unternehmer oder Mitunternehmer sind, gilt der Gewinn aus der Aufgabe des Gewerbebetriebs als laufender Gewinn. ³Werden die einzelnen dem Betrieb gewidmeten Wirtschaftsgüter im Rahmen der Aufgabe des Betriebs veräußert, so sind die Veräußerungspreise anzusetzen. ⁴Werden die Wirtschaftsgüter nicht veräußert, so ist der gemeine Wert im Zeitpunkt der Aufgabe anzusetzen. ⁵Bei Aufgabe eines Gewerbebetriebs, an dem mehrere Personen beteiligt waren, ist für jeden einzelnen Beteiligten der gemeine Wert der Wirtschaftsgüter anzusetzen, die er bei der Auseinandersetzung erhalten hat.

(4) ¹Hat der Steuerpflichtige das 55. Lebensjahr vollendet oder ist er im sozialversicherungsrechtlichen Sinne dauernd berufsunfähig, so wird der Veräußerungsgewinn auf Antrag zur Einkommensteuer nur herangezogen, soweit er 60.000 Deutsche Mark übersteigt. ²Der Freibetrag ist dem Steuerpflichtigen nur einmal zu gewähren. ³Er ermäßigt sich um den Betrag, um den der Veräußerungsgewinn 300.000 Deutsche Mark übersteigt. ²⁾

---

139. Veräußerung des gewerblichen Betriebs

Betriebsveräußerung im ganzen

(1) ¹Eine Veräußerung des ganzen Gewerbebetriebs liegt vor, wenn der Betrieb mit seinen wesentlichen Grundlagen gegen Entgelt in der Weise auf einen Erwerber übertragen wird, daß der Betrieb als geschäftlicher Organismus fortgeführt werden kann. ²Nicht erforderlich ist, daß der Erwerber den Betrieb tatsächlich fortführt. S 2242

---

¹⁾ Anm.: Durch das Steuerentlastungsgesetz 1999/2000/2002 wurde Absatz 3 Satz 1 wie folgt gefaßt:
„¹Als Veräußerung gilt auch die Aufgabe des Gewerbebetriebs sowie eines Anteils im Sinne des Absatzes 1 Nr. 2 oder Nr. 3.",
sowie nach Absatz 3 Satz 1 folgender Satz eingefügt:
„²Die Realteilung einer Mitunternehmerschaft gilt als Aufgabe eines Anteils im Sinne des Absatzes 1 Nr. 2, wenn die bisherigen Mitunternehmer bei der Realteilung weder einen Teilbetrieb noch einen Mitunternehmeranteil, sondern nur einzelne Wirtschaftsgüter erhalten; soweit die Realteilung auf die Übertragung von Teilbetrieben oder Mitunternehmeranteilen gerichtet ist, ist § 6 Abs. 3 entsprechend anzuwenden."
Die geänderte Fassung ist erstmals auf Veräußerungen und Realteilungen anzuwenden, die nach dem 31.12.1998 erfolgen.
²⁾ Zur Anwendung → § 52 Abs. 19a EStG.

§ 16 EStG
R 139 (2)   H 139 (1)

H 139 (1) Hinweise

Aufgabe der bisherigen Tätigkeit
- Voraussetzung einer Betriebsveräußerung ist, daß der Veräußerer die mit dem veräußerten Betriebsvermögen verbundene Tätigkeit aufgibt (→ BFH vom 12.6.1996 – BStBl II S. 527).
- Die gelegentliche Vermittlung von Verträgen durch einen aus dem aktiven Erwerbsleben ausgeschiedenen Versicherungsvertreter kann sich in finanzieller, wirtschaftlicher und organisatorischer Hinsicht grundlegend von dem Gewerbebetrieb, den er als Versicherungsbezirksdirektor unterhalten hat, unterscheiden und steht in diesem Fall einer Betriebsveräußerung nicht entgegen (→ BFH vom 18.12.1996 – BStBl 1997 II S. 573).

Betriebsfortführung
Werden nicht der Betriebsorganismus, sondern nur wichtige Betriebsmittel übertragen, während der Steuerpflichtige das Unternehmen in derselben oder in einer veränderten Form fortführt, so liegt keine Betriebsveräußerung vor (→ BFH vom 3.10.1984 – BStBl 1985 II S. 131).

Fehlende gewerbliche Tätigkeit
Eine Betriebsveräußerung kann auch dann vorliegen, wenn der Veräußerer mit den veräußerten wesentlichen Betriebsgrundlagen die eigentliche Geschäftstätigkeit noch nicht ausgeübt hat (→ BFH vom 7.11.1991 – BStBl 1992 II S. 380).

Gewinnermittlung
Hält der Veräußerer Wirtschaftsgüter, die nicht zu den wesentlichen Betriebsgrundlagen gehören, zurück, um sie später bei sich bietender Gelegenheit zu veräußern, so ist eine Gewinnermittlung auf Grund Betriebsvermögensvergleichs hinsichtlich dieser Wirtschaftsgüter nach der Betriebsveräußerung nicht möglich (→ BFH vom 22.2.1978 – BStBl II S. 430).

Maßgeblicher Zeitpunkt
Für die Entscheidung, ob eine Betriebsveräußerung im ganzen vorliegt, ist auf den Zeitpunkt abzustellen, in dem das wirtschaftliche Eigentum an den veräußerten Wirtschaftsgütern übertragen wird (→ BFH vom 3.10.1984 – BStBl 1985 II S. 245).

Personengesellschaft
Bei einer Personengesellschaft ist es nicht erforderlich, daß die Gesellschafter gleichzeitig mit der Betriebsveräußerung die Auflösung beschließen (→ BFH vom 4.2.1982 – BStBl II S. 348).

Verdeckte Einlage
Zur verdeckten Einlage bei Verkauf eines Betriebes an eine Kapitalgesellschaft → BFH vom 24.3.1987 (BStBl II S. 705) und vom 1.7.1992 (BStBl 1993 II S. 131).

Zurückbehaltene Wirtschaftsgüter
Die Annahme einer Betriebsveräußerung im ganzen wird nicht dadurch ausgeschlossen, daß der Veräußerer Wirtschaftsgüter, die nicht zu den wesentlichen Betriebsgrundlagen gehören, zurückbehält (→ BFH vom 26.5.1993 – BStBl II S. 710). Das gilt auch, wenn einzelne, nicht zu den wesentlichen Betriebsgrundlagen gehörende Wirtschaftsgüter in zeitlichem Zusammenhang mit der Veräußerung in das Privatvermögen überführt oder anderen betriebsfremden Zwecken zugeführt werden (→ BFH vom 24.3.1987 – BStBl II S. 705 und vom 29.10.1987 – BStBl 1988 II S. 374).

R 139 (2) Betriebsaufgabe im ganzen

(2) ¹Eine Betriebsaufgabe erfordert eine Willensentscheidung oder Handlung des Steuerpflichtigen, die darauf gerichtet ist, den Betrieb als selbständigen Organismus nicht mehr in seiner bisherigen Form bestehen zu lassen. ²Der Begriff der Betriebsaufgabe erfordert nicht, daß der bisherige Unternehmer künftig keine unternehmerische Tätigkeit mehr ausübt. ³Liegt eine Betriebsaufgabe deshalb vor, weil bei einer Betriebsaufspaltung die personelle

Verflechtung durch Eintritt der Volljährigkeit bisher minderjähriger Kinder wegfällt, wird dem Steuerpflichtigen auf Antrag aus Billigkeitsgründen das Wahlrecht zur Fortsetzung der gewerblichen Tätigkeit im Rahmen einer Betriebsverpachtung (Absatz 5) auch dann eingeräumt, wenn nicht alle wesentlichen Betriebsgrundlagen an das Betriebsunternehmen verpachtet sind. ⁴Wird danach die Betriebsverpachtung nicht als Betriebsaufgabe behandelt, können in diesen Fällen weiterhin die auf einen Betrieb bezogenen Steuervergünstigungen (z. B. Übertragung stiller Reserven nach den §§ 6b und 6c EStG, erhöhte Absetzungen und Sonderabschreibungen) gewährt werden. ⁵Eine Betriebsaufgabe liegt auch vor, wenn die Voraussetzungen für eine gewerblich geprägte Personengesellschaft wegfallen. ⁶Ist Gegenstand der Verpachtung ein Betrieb im ganzen, gilt Absatz 5 entsprechend. *⁷Im Rahmen einer Betriebsaufgabe kann auch das Buchwertprivileg nach § 6 Abs. 1 Nr. 4 Satz 4 EStG in Anspruch genommen werden.*

Hinweise

Allgemeines

Die Aufgabe eines Gewerbebetriebs im ganzen ist anzunehmen, wenn alle wesentlichen Betriebsgrundlagen innerhalb kurzer Zeit (→ Zeitraum für die Betriebsaufgabe) und damit in einem einheitlichen Vorgang – nicht nach und nach – entweder in das Privatvermögen übergeführt oder an verschiedene Erwerber veräußert oder teilweise veräußert und teilweise in das Privatvermögen übergeführt werden und damit der Betrieb als selbständiger Organismus des Wirtschaftslebens zu bestehen aufhört (→ BFH vom 24.6.1976 – BStBl II S. 670, vom 29.10.1981 – BStBl 1982 II S. 381 und vom 18.12.1990 – BStBl 1991 II S. 512). Eine Betriebsaufgabe liegt nicht vor, wenn die Wirtschaftsgüter nach und nach im Laufe mehrerer Wirtschaftsjahre an Dritte veräußert werden oder in das Privatvermögen überführt werden (→ BFH vom 10.9.1957 – BStBl III S. 414).

Die Einstellung der gewerblichen Tätigkeit eines Unternehmers ist nur dann als Betriebsaufgabe i. S. von § 16 Abs. 3 EStG zu beurteilen, wenn sich entweder aus den äußerlich erkennbaren Umständen eindeutig ergibt, daß der Betrieb endgültig aufgegeben werden soll oder der Unternehmer eine eindeutige Erklärung dieses Inhalts gegenüber dem Finanzamt abgibt; Anschluß an BFH vom 28.9.1995 – BStBl 1996 II S. 276 (→ BFH vom 16.12.1997 – BStBl 1998 II S. 379)

- → Betriebsunterbrechung
- → Betriebsverlegung
- → Strukturwandel

Beendigung einer Betriebsaufspaltung

Entfallen die tatbestandlichen Voraussetzungen einer Betriebsaufspaltung z. B. durch Wegfall der personellen Verflechtung zwischen Besitzunternehmen und Betriebs-GmbH, so ist dieser Vorgang in der Regel als Betriebsaufgabe des Besitzunternehmens zu beurteilen mit der Folge, daß die im Betriebsvermögen des früheren Besitzunternehmens enthaltenen stillen Reserven aufzulösen sind (→ BFH vom 13.12.1983 – BStBl 1984 II S. 474 und vom 15.12.1988 – BStBl 1989 II S. 363); aber → R 139 Abs. 2 Satz 3 ff.
Die Beendigung einer Betriebsaufspaltung führt nicht zur Betriebsaufgabe bei der Besitzpersonengesellschaft, wenn auch die Voraussetzungen einer Betriebsverpachtung vorlagen (→ BMF vom 17.10.1994 – BStBl I S. 771 und BFH vom 23.4.1996 – BStBl 1998 II S. 325).

→ H 137 (6) Konkurs der Betriebsgesellschaft

Betriebsunterbrechung

- *Eine Betriebsunterbrechung kann durch Ruhenlassen der gewerblichen Tätigkeit oder durch eine Betriebsverpachtung verwirklicht werden (→ BFH vom 17.4.1997 – BStBl 1998 II S. 388).*
- *(→ R/H 139 (5) Betriebsverpachtung)*
- Eine Betriebsunterbrechung, die nicht als Betriebsaufgabe anzusehen ist und deshalb auch nicht zur Aufdeckung der stillen Reserven führt, liegt vor, wenn bei Einstellung der werbenden Tätigkeit die Absicht vorhanden und die Verwirklichung der Absicht nach

den äußerlich erkennbaren Umständen wahrscheinlich ist, den Betrieb in gleichartiger oder ähnlicher Weise wieder aufzunehmen, so daß der stillgelegte und der eröffnete Betrieb als identisch anzusehen sind (→ BFH vom 17.10.1991 – BStBl 1992 II S. 392). Dies ist nicht der Fall, wenn nach Einstellung der werbenden Tätigkeit keine wesentlichen Betriebsgrundlagen mehr vorhanden sind, die einem später identitätswahrend fortgeführten Betrieb dienen könnten (→ BFH vom 26.2.1997 – BStBl II S. 561).

– Betreibt ein Unternehmen, das zuvor auf dem Gebiet des Bauwesens, des Grundstückshandels und der Grundstücksverwaltung tätig war, nur noch Grundstücksverwaltung, ist hierin regelmäßig eine bloße Betriebsunterbrechung zu sehen, solange gegenüber dem Finanzamt nicht die Betriebsaufgabe erklärt wird und die zurückbehaltenen Wirtschaftsgüter jederzeit die Wiederaufnahme des Betriebes erlauben (→ BFH vom 28.9.1995 – BStBl 1996 II S. 276).

– → Eröffnung eines neuen Betriebs

Betriebsverlegung

– Keine Betriebsaufgabe, sondern eine Betriebsverlegung liegt vor, wenn der alte und der neue Betrieb bei wirtschaftlicher Betrachtung und unter Berücksichtigung der Verkehrsauffassung wirtschaftlich identisch sind (→ BFH vom 24.6.1976 – BStBl II S. 670 und vom 3.10.1984 – BStBl 1985 II S. 131), wovon regelmäßig auszugehen ist, wenn die wesentlichen Betriebsgrundlagen in den neuen Betrieb überführt werden (→ BFH vom 24.6.1976 – BStBl II S. 672).

– bei einem Bezirkshändler (→ BFH vom 9.10.1996 – BStBl 1997 II S. 236).

Überträgt ein Bezirkshändler, der Produkte eines Unternehmens über Beraterinnen im sog. Heimvorführungs-Vertriebssystem verkauft, die Rechte aus seinen Verträgen mit den Beraterinnen entgeltlich auf einen Dritten und erwirbt er gleichzeitig die Rechtspositionen aus den Verträgen eines anderen Bezirkshändlers mit dessen Beraterinnen, um in Fortführung seines bisherigen Bezirkshändlervertrags die Produkte des Unternehmens an einem anderen Ort zu vertreiben, so liegt weder eine Betriebsveräußerung noch eine Betriebsaufgabe vor.

Eröffnung eines neuen Betriebs

Eine Betriebsaufgabe kann auch dann gegeben sein, wenn der Steuerpflichtige einen neuen Betrieb – *auch der gleichen Branche* – beginnt, sofern der bisher geführte betriebliche Organismus aufhört zu bestehen *und sich der neue Betrieb in finanzieller, wirtschaftlicher und organisatorischer Hinsicht von dem bisherigen Betrieb unterscheidet (→ BFH vom 18.12.1996 – BStBl 1997 II S. 573).*

→ Betriebsunterbrechung

→ Betriebsverlegung

Gemeiner Wert

– → § 9 BewG

– Als gemeiner Wert eines Grundstücks in einem Sanierungsgebiet ist der Wert anzusetzen, der nach § 23 Abs. 2 Städtebauförderungsgesetz (jetzt § 153 Abs. 1 BauGB) Werterhöhungen unberücksichtigt läßt, die lediglich durch die Aussicht auf Sanierung, durch ihre Vorbereitung oder ihre Durchführung eingetreten sind, ohne daß der Steuerpflichtige diese Wertsteigerungen durch eigene Aufwendungen zulässigerweise bewirkt hat – sog. Eingangswert – (→ BFH vom 29.8.1996 – BStBl 1997 II S. 317).

– → *H 139 (10) Nachträgliche Änderung des Veräußerungspreises oder des gemeinen Werts*

Gewerblicher Grundstückshandel
Die entgeltliche Bestellung von Erbbaurechten an (allen) zugehörigen Grundstücken führt nicht zur Aufgabe eines gewerblichen Grundstückshandels, sondern stellt lediglich einen Geschäftsvorfall des weiter bestehenden gewerblichen Grundstückshandels dar (→ BFH vom 22.4.1998 – BStBl II S. 665).

Handelsvertreter

Eine Betriebsaufgabe liegt nicht vor, wenn ein Handelsvertreter seine bisherigen Vertretungen beendet, um anschließend eine andere Vertretung zu übernehmen; dies gilt auch für den Fall der erstmaligen Übernahme einer Generalvertretung (→ BFH vom 19.4.1966 – BStBl III S. 459).

Körperschaft als Erbin

Erbt eine Körperschaft Betriebsvermögen einer natürlichen Person, ist grundsätzlich § 7 Abs. 1 EStDV anwendbar. Dies gilt auch, wenn Erbin eine Körperschaft des öffentlichen Rechts ist, die den übergehenden Betrieb als steuerpflichtigen Betrieb gewerblicher Art i.S. von § 1 Abs. 1 Nr. 6, § 4 Abs. 1 KStG fortführt (→ BFH vom 19.2.1998 – BStBl II S. 509). Für Betriebe der Land- und Forstwirtschaft → aber H 131 (Körperschaft des öffentlichen Rechts als Erbin).

Konkursverfahren

Der Gewerbebetrieb einer Personengesellschaft wird regelmäßig nicht schon mit der Eröffnung des Konkursverfahrens über das Gesellschaftsvermögen aufgegeben (BFH vom 19.1.1993 – BStBl II S. 594).

Landwirtschaft

Eine Betriebsaufgabe liegt regelmäßig nicht vor, wenn ein Landwirt seinen auf eigenen Flächen betriebenen Hof an seinen Sohn verpachtet und er diesem zugleich das lebende und tote Inventar schenkt (→ BFH vom 18.4.1991 – BStBl II S. 833).

Liebhaberei

Der Übergang von einem Gewerbebetrieb zu einem einkommensteuerlich unbeachtlichen Liebhabereibetrieb stellt grundsätzlich keine Betriebsaufgabe dar, es sei denn, der Steuerpflichtige erklärt selbst die Betriebsaufgabe (→ BFH vom 29.10.1981 – BStBl 1982 II S. 381). Auf den Zeitpunkt des Übergangs zur Liebhaberei ist für jedes Wirtschaftsgut des Anlagevermögens der Unterschiedsbetrag zwischen dem gemeinen Wert und dem Wert, der nach § 4 Abs. 1 oder nach § 5 EStG anzusetzen wäre, gesondert und bei mehreren Beteiligten einheitlich festzustellen (→ § 8 der Verordnung zu § 180 Abs. 2 AO vom 19.12.1986 – BStBl 1987 I S. 2).

Realteilung einer Personengesellschaft

– Zur Berechnung des Spitzenausgleichs bei Leistung von Abfindungszahlungen, zur Tarifbegünstigung des Spitzenausgleichs sowie zur einheitlichen Wahlrechtsausübung → BFH vom 1.12.1992 (BStBl 1994 II S. 607) und → BMF vom 11.8.1994 (BStBl I S. 601).

**Realteilung von Personengesellschaften;
Anwendung des BFH-Urteils
vom 1. Dezember 1992 – VIII R 57/90 – (BStBl 1994 II S. 607)**

BMF vom 11.8.1994 (BStBl I S. 601)

IV B 2 – S 2242 – 32/94

Die Realteilung einer Personengesellschaft ist ertragsteuerrechtlich ebenso zu behandeln wie die in Tzn. 10 bis 22 des BMF-Schreibens vom 11.1.1993 (BStBl I S. 62) geregelte Erbauseinandersetzung über Betriebsvermögen.

Mit Urteil vom 1.12.1992 – VIII R 57/90 – (BStBl 1994 II S. 607) hat der BFH zur Realteilung einer Personengesellschaft mit Buchwertfortführung und sog. Spitzenausgleich Rechtsgrundsätze aufgestellt, die teilweise von den Regelungen des BMF-Schreibens abweichen. Zur Frage der Anwendung der Grundsätze des Urteils nehme ich unter Bezugnahme auf das Ergebnis der Erörterungen mit den obersten Finanzbehörden der Länder wie folgt Stellung:

1. **Ermittlung des Veräußerungsgewinns bei Realteilung einer Personengesellschaft mit Abfindungszahlung (Spitzenausgleich)**

   Das BMF-Schreiben zur Erbauseinandersetzung vom 11.1.1993 (BStBl I S. 62) geht in Tz. 16 bei der Realteilung eines Nachlasses mit Betriebsvermögen gegen Spitzenausgleich davon aus, daß der Übernehmer von Betriebsvermögen nicht entgeltlich erwirbt, soweit die Erbquote reicht. Soweit für den Mehrerwerb jedoch eine Abfindung gezahlt wird, liegt nach dem BMF-Schreiben eine entgeltliche Übertragung von Betriebsvermögen vor. Zur Ermittlung des Veräußerungsgewinns aus der Abfindungszahlung wird diese dem Teil des Kapitalkontos gegenübergestellt, der dem Verhältnis der Abfindung zum Wert des übernommenen Betriebsvermögens entspricht (anteilige Gegenrechnung der Buchwerte). Diese Berechnungsweise, durch die die Ausführungen in Abschnitt 139 Abs. 8 Satz 7 EStR 1990 überholt sind, ergibt sich aus dem Beschluß des BFH zur Erbauseinandersetzung vom 5.7.1990 (BStBl 1990 II S. 837).

Für die Erbauseinandersetzung über Betriebsvermögen und die Realteilung von Personengesellschaften gelten insoweit einheitliche Grundsätze. Daher ist auch im Rahmen der Realteilung einer Personengesellschaft zur Ermittlung des Gewinns aus der Abfindungszahlung eine anteilige Gegenrechnung der Buchwerte vorzunehmen. Soweit dem BFH-Urteil vom 1.12.1992 – VIII R 57/90 – (a. a. O.) hierzu etwas anderes zu entnehmen ist, sind die Urteilsgrundsätze nicht über den entschiedenen Einzelfall hinaus anzuwenden.

2. **Tarifbegünstigung des Spitzenausgleichs bei der Realteilung einer Personengesellschaft**

Nach Tzn. 21 und 22 des BMF-Schreibens zur Erbauseinandersetzung (a. a. O.) sind die Vergünstigungen der §§ 16, 34 EStG auf den Spitzenausgleich anzuwenden, wenn es sich bei dem im Rahmen der Erbauseinandersetzung zugeteilten Vermögen nicht um einzelne Wirtschaftsgüter, sondern um Betriebe oder Teilbetriebe handelt.

Für die Erbauseinandersetzung über Betriebsvermögen und die Realteilung von Personengesellschaften gelten insoweit einheitliche Grundsätze. Deshalb ist auch im Rahmen der Realteilung einer Personengesellschaft die Anwendung der Vergünstigungen der §§ 16, 34 EStG auf den Spitzenausgleich nur dann zu versagen, wenn im Rahmen der Realteilung lediglich einzelne Wirtschaftsgüter zugeteilt werden. Die Grundsätze des BFH-Urteils vom 1.12.1992 – VIII R 57/90 – (a. a. O.), wonach der Spitzenausgleich bei einer Realteilung mit Buchwertfortführung in keinem Fall nach §§ 16, 34 EStG tarifbegünstigt ist, sind nicht über den entschiedenen Einzelfall hinaus anzuwenden.

3. **Einheitliche Wahlrechtsausübung bei der Realteilung einer Personengesellschaft**

Nach Tz. 12 des BMF-Schreibens zur Erbauseinandersetzung (a. a. O.) muß das Wahlrecht, die Realteilung als Betriebsaufgabe (§ 16 Abs. 3 EStG) zu behandeln oder die Buchwerte fortzuführen, wenn die bei der Realteilung erworbenen Wirtschaftsgüter in ein anderes Betriebsvermögen überführt werden, von den Miterben einheitlich in der Schlußbilanz der Miterbengemeinschaft ausgeübt werden.

Dieser Grundsatz gilt auch für die Realteilung einer Personengesellschaft außerhalb einer Erbauseinandersetzung. Den Grundsatz der einheitlichen Ausübung eines Bewertungswahlrechts durch mehrere Beteiligte hat der BFH z. B. auch bei der Inanspruchnahme von erhöhten Absetzungen und Sonderabschreibungen anerkannt (vgl. BFH-Urteil vom 7.8.1986 – BStBl II S. 910 –). Die Grundsätze des BFH-Urteils vom 1.12.1992 – VIII R 57/90 – (a. a. O.), wonach das Wahlrecht nicht von allen Gesellschaftern einheitlich ausgeübt werden muß, sind nicht über den entschiedenen Einzelfall hinaus anzuwenden.

– Eine Realteilung zu Buchwerten kann auch bei Übertragung der wesentlichen Betriebsgrundlagen aus dem Sonderbetriebsvermögen der Gesellschafter in deren Betriebsvermögen und anschließender Verpachtung an den ehemaligen Mitgesellschafter angenommen werden (→ BFH vom 23.3.1995 BStBl II S. 700).

– Bei Realteilung mit Buchwertfortführung sind Ergänzungsbilanzen aufzulösen. Die Kapitalkonten der Gesellschafter sind unter Berücksichtigung von Auf- und Abstockungen in den Ergänzungsbilanzen erfolgsneutral an die Summe der Buchwerte der jeweils übernommenen Wirtschaftsgüter anzupassen (→ BFH vom 18.5.1995 – BStBl 1996 II S. 70).

Strukturwandel

Eine Betriebsaufgabe liegt nicht vor, wenn der Betrieb als selbständiger Organismus in dem der inländischen Besteuerung unterliegenden Gebiet weitergeführt wird und die Einkünfte des Steuerpflichtigen aus dem Betrieb lediglich infolge Strukturwandels rechtlich anders eingeordnet werden, weil z. B. ein bisher als gewerblich behandelter Betrieb infolge Einschränkung des Zukaufs oder Erweiterung des Eigenanbaues zu einem land- und forstwirtschaftlichen Betrieb wird (→ BFH vom 10.2.1972 – BStBl II S. 455 und vom 26.4.1979 – BStBl II S. 732).

Zeitraum für die Betriebsaufgabe
Der Begriff „kurzer Zeitraum" (→ Allgemeines) darf nicht zu eng aufgefaßt werden; maßgebender Gesichtspunkt ist, ob man die Aufgabehandlungen wirtschaftlich noch als einen einheitlichen Vorgang werten kann (→ BFH vom 16.9.1966 – BStBl 1967 III S. 70 und vom 8.9.1976 – BStBl 1977 II S. 66). Die Betriebsaufgabe beginnt mit vom Aufgabeentschluß getragenen Handlungen, die objektiv auf die Auflösung des Betriebs als selbständiger Organismus des Wirtschaftslebens gerichtet sind (→ BFH vom 5.7.1984 – BStBl II S. 711). Der Zeitraum für die Betriebsaufgabe endet mit der Veräußerung der letzten wesentlichen Betriebsgrundlage bzw. mit deren Überführung in das Privatvermögen. Es ist nicht auf den Zeitpunkt abzustellen, in dem die stillen Reserven des Betriebs im wesentlichen oder nahezu vollständig aufgedeckt worden sind (→ BFH vom 26.5.1993 – BStBl II S. 710). Der Abwicklungszeitraum kann nicht dadurch abgekürzt werden, daß Wirtschaftsgüter, die bei Aufgabe des Betriebs nicht veräußert worden sind, formell in das Privatvermögen übergeführt werden, um sie anschließend privat zu veräußern. In solchen Fällen setzt der Steuerpflichtige in der Regel seine unternehmerische Tätigkeit fort (→ BFH vom 16.9.1966 – BStBl 1967 III S. 70).

Zwangsweise Betriebsaufgabe
Der Annahme einer Betriebsaufgabe steht nicht entgegen, daß der Steuerpflichtige zur Einstellung des Gewerbebetriebs gezwungen wird; auch Ereignisse, die von außen auf den Betrieb einwirken, können zu einer Betriebsaufgabe führen (→ BFH vom 3.7.1991 – BStBl II S. 802).

Teilbetriebsveräußerung und Teilbetriebsaufgabe
(3) ¹Ein Teilbetrieb ist ein mit einer gewissen Selbständigkeit ausgestatteter, organisch geschlossener Teil des Gesamtbetriebs, der für sich betrachtet alle Merkmale eines Betriebs im Sinne des Einkommensteuergesetzes aufweist und für sich lebensfähig ist.[1] ²Eine völlig selbständige Organisation mit eigener Buchführung ist nicht erforderlich. ³Für die Annahme einer Teilbetriebsveräußerung genügt nicht die Möglichkeit einer technischen Aufteilung des Betriebs. ⁴Notwendig ist die Eigenständigkeit des Teils. ⁵Ein Steuerpflichtiger kann deshalb bestimmte abgegrenzte Tätigkeitsgebiete nicht durch eine organisatorische Verselbständigung und durch gesonderten Vermögens- und Ergebnisausweis zu einem Teilbetrieb machen. ⁶Die Veräußerung der Beteiligung an einer Kapitalgesellschaft, die das gesamte Nennkapital der Gesellschaft umfaßt, gilt als Veräußerung eines Teilbetriebes (§ 16 Abs. 1 Nr. 1 zweiter Halbsatz EStG), wenn die gesamte Beteiligung an der Kapitalgesellschaft zum Betriebsvermögen eines einzelnen Steuerpflichtigen oder einer Personengesellschaft gehört und die gesamte Beteiligung im Laufe eines Wirtschaftsjahrs veräußert wird. ⁷§ 16 Abs. 1 Nr. 1 zweiter Halbsatz EStG ist auf den Gewinn aus der Veräußerung einer Beteiligung, die das gesamte Nennkapital einer Kapitalgesellschaft umfaßt, auch dann anwendbar, wenn die Beteiligung im Eigentum eines oder mehrerer Mitunternehmer derselben Personengesellschaft stand und steuerlich zum Betriebsvermögen der Personengesellschaft gehörte. ⁸§ 16 Abs. 1 Nr. 1 zweiter Halbsatz EStG ist nicht anwendbar, wenn die Beteiligung an der Kapitalgesellschaft teilweise auch zum Privatvermögen des Steuerpflichtigen gehört.

Hinweise

Auflösung stiller Reserven
Werden bei der Einstellung eines Teilbetriebs Wirtschaftsgüter von nicht untergeordneter Bedeutung, in denen erhebliche stille Reserven enthalten sind, als Betriebsvermögen in

---

[1]) Anm.: → BFH vom 1.2.1989 (BStBl II S. 458).

einen anderen Teilbetrieb desselben Steuerpflichtigen übernommen und dürfen deshalb die stillen Reserven nicht aufgelöst werden, so liegt keine Betriebsaufgabe im Sinne des § 16 Abs. 3 EStG vor (→ BFH vom 28.10.1964 – BStBl 1965 III S. 88 und vom 30.10.1974 – BStBl 1975 II S. 232). Eine Teilbetriebsveräußerung oder -aufgabe liegt ebenfalls nicht vor, wenn bei der Einstellung der Produktion eines Zweigwerks nicht alle wesentlichen stillen Reserven – vor allem die in den Grundstücken enthaltenen – aufgelöst werden (→ BFH vom 26.9.1968 – BStBl 1969 II S. 69). Die Zurückbehaltung eines Wirtschaftsguts steht einer steuerbegünstigten Teilbetriebsveräußerung in der Regel schon dann entgegen, wenn in dem zurückbehaltenen Wirtschaftsgut erhebliche stille Reserven vorhanden sind (→ BFH vom 26.4.1979 – BStBl II S. 557). Dies gilt auch dann, wenn das zurückbehaltene Wirtschaftsgut überwiegend von einem noch verbleibenden Restbetrieb genutzt wird (→ BFH vom 13.2.1996 – BStBl II S. 409). Eine Teilbetriebsveräußerung oder -aufgabe liegt ferner nicht vor, wenn wesentliche Betriebsgrundlagen, auch wenn sie keine erheblichen stillen Reserven enthalten, in den Hauptbetrieb verbracht werden (→ BFH vom 19.1.1983 – BStBl II S. 312).

Beendigung der betrieblichen Tätigkeit
Eine Teilbetriebsveräußerung erfordert nicht, daß der Veräußerer seine gewerblichen Tätigkeiten in vollem Umfang beendet. Es ist ausreichend, wenn er die gewerbliche Tätigkeit aufgibt, die sich auf die veräußerten wesentlichen Betriebsgrundlagen bezieht (→ BFH vom 9.8.1989 – BStBl II S. 973). Das Auswechseln der Produktionsmittel unter Fortführung des Tätigkeitsgebiets stellt jedoch keine Teilbetriebsveräußerung dar (→ BFH vom 3.10.1984 – BStBl 1985 II S. 245).

Brauerei
Bei einer Brauerei ist eine von ihr betriebene Gastwirtschaft ein selbständiger Teilbetrieb (→ BFH vom 3.8.1966 – BStBl 1967 III S. 47).

Entnahme einer Beteiligung
Die Entnahme einer Beteiligung an einer Kapitalgesellschaft, die das gesamte Nennkapital umfaßt, ist als Aufgabe eines Teilbetriebs (→ Teilbetriebsaufgabe) anzusehen; das gilt auch für die Entnahme aus dem Gesellschaftsvermögen einer Personenhandelsgesellschaft (→ BFH vom 24.6.1982 – BStBl II S. 751).

Fahrschule
Bei der Veräußerung einer Niederlassung einer Fahrschule kann es sich um die Veräußerung eines Teilbetriebs handeln (→ BFH vom 24.8.1989 – BStBl 1990 II S. 55).

Fertigungsbetrieb
Bei einem Fertigungsbetrieb mit mehreren Produktionszweigen liegen in der Regel keine selbständigen Teilbetriebe vor, wenn für die einzelnen Produktionen wesentliche Maschinen nur für alle Produktionsabteilungen zur Verfügung stehen (→ BFH vom 8.9.1971 – BStBl 1972 II S. 118).

Filialen und Zweigniederlassungen
Teilbetriebe können insbesondere Filialen und Zweigniederlassungen sein. Werden Zweigniederlassungen oder Filialen eines Unternehmens veräußert, so ist die Annahme einer Teilbetriebsveräußerung nicht deshalb ausgeschlossen, weil das Unternehmen im übrigen andernorts weiterhin eine gleichartige gewerbliche Tätigkeit ausübt; erforderlich für die Annahme einer Teilbetriebsveräußerung ist aber, daß das Unternehmen mit der Veräußerung des entsprechenden Betriebsteils einen eigenständigen Kundenkreis aufgibt (→ BFH vom 24.8.1989 – BStBl 1990 II S. 55). Eine Einzelhandelsfiliale ist nur dann Teilbetrieb, wenn dem dort beschäftigten leitenden Personal eine Mitwirkung beim Wareneinkauf und bei der Preisgestaltung dieser Filiale eingeräumt ist (→ BFH vom 12.9.1979 – BStBl 1980 II S. 51).

Gaststätten
Räumlich getrennte Gaststätten sind in der Regel Teilbetriebe (→ BFH vom 18.6.1998 – BStBl II S. 735).
→ *Brauerei*

§ 16 EStG
H 139 (3)

Güternah- und Güterfernverkehr

Betreibt ein Steuerpflichtiger im Rahmen seines Unternehmens den Güternah- und den Güterfernverkehr oder z. B. ein Reisebüro und die Personenbeförderung mit Omnibussen, so liegen zwei Teilbetriebe nur dann vor, wenn beide Tätigkeitsarten nicht nur als Geschäftszweige des einheitlichen Unternehmens betrieben werden, sondern auch innerhalb dieses einheitlichen Unternehmens mit einer gewissen Selbständigkeit ausgestattet sind (→ BFH vom 20.2.1974 – BStBl II S. 357 und vom 27.6.1978 – BStBl II S. 672).

Grundstücksverwaltung

Eine Grundstücksverwaltung bildet im Rahmen eines Gewerbebetriebs nur dann einen Teilbetrieb, wenn sie als solche ausnahmsweise auch außerhalb des Gewerbebetriebes gewerblichen Charakter hätte (→ BFH vom 24.4.1969 – BStBl II S. 397).

Handelsvertreter

Ein Teilbetrieb kann auch dann vorliegen, wenn der Unternehmensbereich statt von einem Angestellten von einem selbständigen Handelsvertreter geleitet wird (→ BFH vom 2.8.1978 – BStBl 1979 II S. 15).

Maßgeblicher Zeitpunkt

Ob eine Summe von Wirtschaftsgütern einen Teilbetrieb darstellt, ist nach den tatsächlichen Verhältnissen im Zeitpunkt der Veräußerung zu entscheiden. Dies gilt auch dann, wenn die Wirtschaftsgüter die Eigenschaft als Teile eines Teilbetriebs erst durch die Zerstörung einer wesentlichen Betriebsgrundlage verloren haben (→ BFH vom 16.7.1970 – BStBl II S. 738).

Schiffe

Die Veräußerung eines Schiffes stellt lediglich dann eine Teilbetriebsveräußerung dar, wenn das Schiff die wesentliche Grundlage eines selbständigen Zweigunternehmens bildet und das Zweigunternehmen dabei im ganzen veräußert wird (→ BFH vom 13.1.1966 – BStBl III S. 168).

Sonderbetriebsvermögen

Ein Grundstück, das dem Betrieb einer Personengesellschaft dient, ist nicht schon deshalb ein Teilbetrieb, weil es im Sondereigentum eines Gesellschafters steht (→ BFH vom 12.4.1967 – BStBl III S. 419 und vom 5.4.1979 BStBl II S. 554).

Spediteur

Verkauft ein Spediteur, der auch mit eigenen Fernlastzügen das Frachtgeschäft betreibt, seine Fernlastzüge an verschiedene Erwerber und betreut er in der Folgezeit seine bisherigen Kunden über die Spedition unter Einschaltung fremder Frachtführer weiter, so liegt weder eine Teilbetriebsveräußerung noch eine Teilbetriebsaufgabe vor (→ BFH vom 22.11.1988 – BStBl 1989 II S. 357).

Tankstellen

Die einzelnen Tankstellen eines Kraftstoff-Großhandelsunternehmens bilden nicht schon deshalb Teilbetriebe, weil sie von Pächtern betrieben werden (BFH vom 13.2.1980 – BStBl II S. 498).

Teilbetriebe im Aufbau

Die §§ 16 und 34 EStG sind auch auf im Aufbau befindliche Teilbetriebe anzuwenden, die ihre werbende Tätigkeit noch nicht aufgenommen haben. Ein im Aufbau befindlicher Teilbetrieb liegt erst dann vor, wenn die wesentlichen Betriebsgrundlagen bereits vorhanden sind und bei zielgerechter Weiterverfolgung des Aufbauplans ein selbständig lebensfähiger Organismus zu erwarten ist (→ BFH vom 1.2.1989 – BStBl II S. 458).

Teilbetriebsaufgabe

Die Grundsätze über die Veräußerung eines Teilbetriebs gelten für die Aufgabe eines Teilbetriebs entsprechend (→ BFH vom 15.7.1986 – BStBl II S. 896). Die Aufgabe eines Teilbetriebs setzt voraus, daß die Abwicklung ein wirtschaftlich einheitlicher Vorgang ist (→ BFH vom 16.9.1966 – BStBl 1967 III S. 70 und vom 8.9.1976 – BStBl 1977 II S. 66). Eine Teilbetriebsaufgabe ist nicht anzunehmen, wenn ein bisher als gewerblicher Teilbetrieb geführter land- und forstwirtschaftlicher Besitz aus dem gewerblichen Betriebsvermögen ausgegliedert und als selbständiger Betrieb der Land- und Forstwirtschaft geführt wird, sofern die einkommensteuerliche Erfassung der stillen Reserven gewährleistet ist (→ BFH vom 9.12.1986 – BStBl 1987 II S. 342).

→ Auflösung stiller Reserven

Vermietung von Ferienwohnungen
Ein Steuerpflichtiger, der ein Hotel betreibt und außerdem in einem Appartementhaus Ferienwohnungen vermietet, kann mit der Vermietungstätigkeit die Voraussetzungen eines Teilbetriebs erfüllen (→ BFH vom 23.11.1988 – BStBl 1989 II S. 376).

Wohnungsbauunternehmen
Bei einem Wohnungsbauunternehmen, dem Wohnungen in mehreren Städten gehören, und das hiervon seinen in einer Stadt belegenen Grundbesitz veräußert, liegt auch dann nicht die Veräußerung eines Teilbetriebs vor, wenn für den veräußerten Grundbesitz ein hauptamtlicher Verwalter bestellt ist (→ BFH vom 27.3.1969 – BStBl II S. 464).

Zurückbehaltene Wirtschaftsgüter
→ Auflösung stiller Reserven

R 139 (4) Veräußerung und Aufgabe eines Mitunternehmeranteils

(4) Veräußert ein Mitunternehmer Teile seiner Beteiligung, ist der Tatbestand des § 16 Abs. 1 Nr. 2 EStG erfüllt.

H 139 (4) Hinweise

Abfindung unter Buchwert
Bleibt beim Ausscheiden eines Gesellschafters die Abfindung hinter dem Buchwert seines Mitunternehmeranteils zurück, wird ein Gewinn von den verbleibenden Gesellschaftern jedenfalls dann nicht erzielt, wenn das Geschäft in vollem Umfang entgeltlich erfolgt ist (→ BFH vom 12.12.1996 – BStBl 1998 II S. 180).

Aufgabe eines Mitunternehmeranteils
Die Grundsätze über die Veräußerung eines Mitunternehmeranteils gelten für die Aufgabe eines Mitunternehmeranteils entsprechend (→ BFH vom 15.7.1986 – BStBl II S. 896).

Erbauseinandersetzung
- Zur Veräußerung bzw. Aufgabe eines Mitunternehmeranteils im Zusammenhang mit einer Erbauseinandersetzung → BMF vom 11.1.1993 (BStBl I S. 62). (Anhang 10)
- Abfindungszahlungen infolge eines gerichtlichen Vergleichs an angebliche Miterben unterliegen den steuerlichen Regeln über die Erbauseinandersetzung (→ BFH vom 14.3.1996 – BStBl II S. 310).
- Überläßt der Testamentserbe der das Testament anfechtenden Person, die zugleich als Pflichtteilsberechtigte in Betracht kommt, zur Vermeidung weiterer Streitigkeiten Wirtschaftsgüter aus dem Nachlaß, so ist der Empfänger steuerlich wie ein Erbe zu behandeln (→ BFH vom 13.2.1997 – BStBl II S. 535).

Ermittlung des Veräußerungsgewinns
- Scheidet ein Gesellschafter durch Veräußerung seiner (gesamten) Beteiligung aus einer Personenhandelsgesellschaft aus, ist der Veräußerungsgewinn oder -verlust der Unterschied zwischen dem Veräußerungspreis und dem Buchwert seiner Beteiligung (→ BFH vom 27.5.1981 – BStBl 1982 II S. 211).
- Wird der Bruchteil eines Mitunternehmeranteils veräußert, den der Veräußerer nach und nach zu unterschiedlichen Anschaffungskosten erworben hat, ist der Buchwert des ver-

äußerten Teilgesellschaftsanteils im Wege einer Durchschnittsbewertung zu ermitteln (→ BFH vom 13.2.1997 – BStBl II S. 535).

Gesellschafterforderungen
Bleibt eine Forderung des Gesellschafters gegenüber der Gesellschaft nach seinem Ausscheiden bestehen, ist der gemeine Wert dieser Forderung bei der Ermittlung des Veräußerungsgewinns wie ein Veräußerungserlös zu behandeln. Verzichtet der Gesellschafter beim Ausscheiden auf die Forderung, ergibt sich keine Gewinnauswirkung (→ BFH vom 12.12.1996 – BStBl 1998 II S. 180).

Gesellschaftsrechtliche Befugnisse
Der Verzicht auf die Ausübung gesellschaftsrechtlicher Befugnisse ist keine Veräußerung eines Mitunternehmeranteils (→ BFH vom 6.11.1991 – BStBl 1992 II S. 335).

Nachträgliche Erhöhung des Kapitalkontos eines ausgeschiedenen Kommanditisten
→ H 138 (3)

Sonderbetriebsvermögen
- Die §§ 16, 34 EStG finden bei der Veräußerung *oder Aufgabe* eines Mitunternehmeranteils keine Anwendung, wenn gleichzeitig *wesentliche Betriebsgrundlagen* des Sonderbetriebsvermögens zum Buchwert in *ein anderes Betriebs- oder Sonderbetriebsvermögen* des Mitunternehmers übergeführt werden (→ BFH vom 19.3.1991 – BStBl II S. 635 *und vom 2.10.1997 – BStBl 1998 II S. 104*).
- Eine nach §§ 16, 34 EStG begünstigte Aufgabe eines Mitunternehmeranteils insgesamt liegt auch vor, wenn anläßlich der unentgeltlichen Übertragung eines Mitunternehmeranteils ein Wirtschaftsgut des Sonderbetriebsvermögens, das zu den wesentlichen Betriebsgrundlagen gehört, zurückbehalten und in das Privatvermögen überführt wird; zum Mitunternehmeranteil zählt neben dem Anteil am Vermögen der Gesellschaft auch etwaiges Sonderbetriebsvermögen (→ BFH vom 31.8.1995 – BStBl II S. 890).
- → *R 13 Abs. 2 und H 13 (2)*

Tausch von Mitunternehmeranteilen
Der Tausch von Mitunternehmeranteilen führt grundsätzlich zur Gewinnrealisierung (→ BFH vom 8.7.1992 – BStBl II S. 946).

Tod eines Gesellschafters
Die Übernahme aller Wirtschaftsgüter einer Personengesellschaft durch die verbleibenden Gesellschafter bei Ableben eines Gesellschafters führt zur Veräußerung eines Mitunternehmeranteils. Ein nach R 16 Abs. 7 EStR zu ermittelnder Übergangsgewinn ist anteilig dem verstorbenen Gesellschafter zuzurechnen, auch wenn er im wesentlichen auf der Zurechnung auf die anderen Gesellschafter übergehender Honorarforderungen beruht (→ BFH vom 13.11.1997 – BStBl 1998 II S. 290).

Betriebsverpachtung im ganzen

(5) ¹*Hat der Steuerpflichtige die wesentlichen Betriebsgrundlagen im ganzen verpachtet und besteht für ihn oder seinen Rechtsnachfolger objektiv die Möglichkeit, den Betrieb später fortzuführen, kann er gleichwohl die Betriebsaufgabe erklären (→ Verpächterwahlrecht).* ²*Da es sich bei der Einstellung der werbenden Tätigkeit nach § 16 Abs. 3 EStG grundsätzlich um eine Betriebsaufgabe handelt, sind die Voraussetzungen für die Ausübung des Wahlrechts eng auszulegen.* ³*Die Voraussetzungen für eine Betriebsverpachtung im ganzen müssen nicht nur zu Beginn der Verpachtung, sondern während der gesamten Dauer des Pachtverhältnisses vorliegen.* ⁴*Der Verpachtung eines Betriebs im ganzen steht die Verpachtung eines Teilbetriebs gleich.* ⁵*Für die gegenüber dem Finanzamt abzugebende Erklärung zur Aufgabe des Betriebs anläßlich der Verpachtung ist keine bestimmte Form vorgeschrieben.* ⁶*Gibt ein Steuerpflichtiger, der seinen Gewerbebetrieb im ganzen verpachtet hat, keine eindeutige Aufgabeerklärung ab, führt er die Einkünfte aus der Verpachtung in seiner Einkommensteuererklärung jedoch unter den Einkünften aus Vermietung und Verpachtung*

auf, so gilt dies grundsätzlich nicht als Aufgabeerklärung. ⁷Das Finanzamt soll jedoch in einem solchen Fall durch Rückfrage bei dem Steuerpflichtigen klären, ob er den Betrieb als aufgegeben oder auch während der Verpachtung als fortbestehend ansehen will. ⁸Gibt der Steuerpflichtige innerhalb der ihm gesetzten Frist keine eindeutige Aufgabeerklärung ab, ist von einer Fortführung des bisherigen Betriebs auszugehen mit der Folge, daß die Pachteinnahmen als Gewinn aus Gewerbebetrieb zu erfassen sind. ⁹Teilt der Steuerpflichtige mit, daß er den Betrieb als aufgegeben ansieht, so ist die Abgabe der Einkommensteuererklärung, in der die Einkünfte aus der Verpachtung als Einkünfte aus Vermietung und Verpachtung aufgeführt sind, als Aufgabeerklärung anzusehen. ¹⁰Die Aufgabe des Betriebs ist für den vom Steuerpflichtigen gewählten Zeitpunkt anzuerkennen, wenn die Aufgabeerklärung spätestens drei Monate nach diesem Zeitpunkt abgegeben wird; wird die Aufgabeerklärung erst nach Ablauf dieser Frist abgegeben, so gilt der Betrieb erst im Zeitpunkt des Eingangs dieser Erklärung beim Finanzamt als aufgegeben. ¹¹Da die Steuererklärung durchweg nicht innerhalb von drei Monaten nach dem Zeitpunkt beim Finanzamt eingeht, von dem an die Einkünfte aus der Verpachtung als Einkünfte aus Vermietung und Verpachtung erklärt werden, gilt der Betrieb in der Regel im Zeitpunkt des Eingangs der Steuererklärung beim Finanzamt als aufgegeben.

H 139 (5)

Hinweise

Abgrenzung Betriebsverpachtung/Betriebsaufgabe

- Das dem Verpächter gewährte Wahlrecht, ob er ohne Realisierung der stillen Reserven weiter Unternehmer bleiben oder ob er die stillen Reserven realisieren und in Zukunft privater Verpächter sein will, besteht nur dann, wenn eine Betriebsverpachtung und nicht eine Vermietung einzelner Wirtschaftsgüter des Betriebsvermögens vorliegt. Eine Betriebsverpachtung erfordert die Überlassung der wesentlichen Betriebsgrundlagen, so daß bei wirtschaftlicher Betrachtung das bisherige Unternehmen in seinen wesentlichen Grundlagen zur Fortsetzung des Betriebs übergeben wird und deshalb der Verpächter oder sein Rechtsnachfolger bei Beendigung des Vertrags den Betrieb wieder aufnehmen und fortsetzen könnte (→ BFH vom 14.12.1993 – BStBl 1994 II S. 922 **und vom 17.4.1997 – BStBl 1998 II S. 388**).
- **der Abschluß eines Pachtvertrags und die mangelnde Erklärung des Steuerpflichtigen, den Betrieb aufzugeben, verhindern nicht die Betriebsaufgabe, wenn der Betrieb nach den tatsächlichen Umständen eindeutig endgültig aufgegeben wird. Dies gilt auch, wenn der Steuerpflichtige von einer Betriebsfortführung ausgeht und Einkünfte aus Gewerbebetrieb erklärt** (→ BFH vom 3.6.1997 – BStBl II 1998 S. 373 **und vom 16.12.1997 – BStBl 1998 II S. 379**).
- → Eigenbewirtschaftung

Betriebsüberlassungsvertrag

Ein unentgeltlicher Betriebsüberlassungsvertrag steht einem Pachtvertrag gleich (→ BFH vom 7.8.1979 – BStBl 1980 II S. 181).

Drei-Monats-Frist

Die Vereinfachungsregelung in R 139 Abs. 5 Satz 7 kann nicht angewandt werden, wenn erhebliche Wertsteigerungen des Betriebsvermögens zwischen dem gewählten Aufgabezeitpunkt und dem Eingang der Aufgabeerklärung beim Finanzamt eingetreten sind (→ BFH vom 27.2.1985 – BStBl II S. 456).

Eigenbewirtschaftung

Eine Betriebsverpachtung setzt voraus, daß der Betrieb zuvor vom Verpächter oder im Fall des unentgeltlichen Erwerbs von seinem Rechtsvorgänger selbst bewirtschaftet worden ist (→ BFH vom 20.4.1989 – BStBl II S. 863 und BMF vom 23.11.1990 – BStBl I S. 770).

Form und Inhalt der Betriebsaufgabeerklärung

Zu Form und Inhalt der Betriebsaufgabeerklärung → ergänzend BFH vom 15.10.1987 (BStBl 1988 II S. 257, 260).

Gaststättenverpachtung
Eine gewerbliche Gaststättenverpachtung wird nicht bereits deshalb zum „Gaststättenhandel", weil innerhalb von fünf Jahren mehr als drei der verpachteten Gaststätten verkauft werden; für die verbleibenden Teilbetriebe erlischt das Verpächterwahlrecht nicht (→ BFH vom 18.6.1998 – BStBl II S. 735).

Gemeinsames Eigentum von Pächter und Verpächter an wesentlichen Betriebsgrundlagen

Die Fortführung eines Betriebes im Wege der Betriebsverpachtung ist grundsätzlich nicht möglich, wenn wesentliche Betriebsgegenstände von einem Miteigentümer an einen anderen Miteigentümer verpachtet werden und der Betrieb vor der Verpachtung vom Verpächter und Pächter gemeinsam (z. B. in der Rechtsform einer GbR) geführt worden ist (→ BFH vom 22.5.1990 – BStBl II S. 780).

Geschäftswert

– **originärer Geschäftswert**

Wegen der Behandlung des originären Geschäftswerts bei Betriebsaufgabe durch Verpachtung und spätere Veräußerung des verpachteten Unternehmens → BFH vom 14.2.1978 (BStBl 1979 II S. 99) sowie BMF vom 15.8.1984 (BStBl I S. 461).

Originärer Geschäftswert bei der Betriebsaufgabe durch Verpachtung und späterer Veräußerung des verpachteten Unternehmens

BMF vom 15.8.1984 (BStBl I S. 461)

IV B 2 – S 2242 – 10/83

Mit Urteil vom 19.1.1982 (BStBl II 1982 S. 456) hat der Bundesfinanzhof seine Entscheidung vom 14.2.1978 (BStBl II 1979 S. 99) bestätigt, daß bei der Ermittlung des Aufgabegewinns nach erklärter Betriebsaufgabe anläßlich der Verpachtung des Gewerbebetriebs ein originärer Geschäftswert nicht anzusetzen sei. Nach dem Ergebnis der Erörterung mit den obersten Finanzbehörden der Länder wird an der gegenteiligen Auffassung (vgl. BMF-Schreiben vom 21.12.1978, BStBl 1979 I S. 116, und die entsprechenden Erlasse der obersten Finanzbehörden der Länder) nicht mehr festgehalten. Auf Leitsatz 2 des BFH-Urteils vom 14.2.1978 (a. a. O.), wonach bei Veräußerung des verpachteten Unternehmens und Erzielung eines Erlöses für den Geschäftswert dieser Erlös eine gewerbliche Einnahme ist, wird hingewiesen.

– **derivativer Geschäftswert**

Wegen der Behandlung des derivativen Geschäftswerts nach erklärter Betriebsaufgabe im Rahmen der Verpachtung eines Gewerbebetriebs → BFH vom 4.4.1989 (BStBl II S. 606).

Mitunternehmer

Die Fortführung eines Betriebs im Wege der Verpachtung ist auch dann möglich, wenn ein Gesellschafter bei der Beendigung einer gewerblich tätigen Personengesellschaft wesentliche Betriebsgegenstände behält und an einen früheren Mitgesellschafter verpachtet (→ BFH vom 14.12.1978 – BStBl 1979 II S. 300).

Parzellenweise Verpachtung

Die parzellenweise Verpachtung der Grundstücke eines land- und forstwirtschaftlichen Betriebs steht der Annahme einer Betriebsverpachtung nicht grundsätzlich entgegen (→ BFH vom 28.11.1991 – BStBl 1992 II S. 521).

Personengesellschaft
Das Verpächterwahlrecht kann bei Personengesellschaften nur einheitlich ausgeübt werden (→ BFH vom 17.4.1997 – BStBl 1998 II S. 388).

Produktionsunternehmen
Wird bei Verpachtung eines Produktionsunternehmens der gesamte, umfangreiche Maschinenpark veräußert, hat unbeschadet einer möglichen kurzfristigen Wiederbeschaff-

barkeit einzelner Produktionsmaschinen der Verpächter jedenfalls eine wesentliche Betriebsgrundlage nicht zur Nutzung überlassen, so daß die übrigen Wirtschaftsgüter zwangsweise entnommen werden und eine Betriebsaufgabe vorliegt (→ *BFH vom 17.4.1997 – BStBl 1998 II S. 388*).

Realteilung

Die Betriebsverpachtungsgrundsätze sind auch nach einer Realteilung anwendbar (→ BFH vom 23.3.1995 – BStBl II S. 700).

Rechtsnachfolger

Im Fall des unentgeltlichen Erwerbs eines verpachteten Betriebs hat der Rechtsnachfolger des Verpächters das Wahlrecht, das erworbene Betriebsvermögen während der Verpachtung fortzuführen (→ BFH vom 17.10.1991 – BStBl 1992 II S. 392).

Umgestaltung wesentlicher Betriebsgrundlagen

Werden anläßlich der Verpachtung eines Gewerbebetriebs die wesentlichen Betriebsgrundlagen so umgestaltet, daß sie nicht mehr in der bisherigen Form genutzt werden können, entfällt grundsätzlich die Möglichkeit, das Betriebsvermögen fortzuführen; damit entfällt auch die Möglichkeit der Betriebsverpachtung (→ BFH vom 15.10.1987 – BStBl 1988 II S. 257, 260).

Verpächterwahlrecht

Zweifelsfragen im Zusammenhang mit der Ausübung des Verpächterwahlrechts → BMF vom 17.10.1994 (BStBl I S. 771).

Wesentliche Betriebsgrundlagen

Wesentliche Betriebsgrundlagen sind jedenfalls die Wirtschaftsgüter, die zur Erreichung des Betriebszwecks erforderlich sind und denen ein besonderes wirtschaftliches Gewicht für die Betriebsführung zukommt (→ BFH vom 17.4.1997 – BStBl 1998 II S. 388).

→ *Produktionsunternehmen*

R 139 (6) Unentgeltliche Betriebsübertragung

(6) Bei der unentgeltlichen Übertragung des Betriebs werden die stillen Reserven im Betriebsvermögen gemäß § 7 Abs. 1 EStDV nicht aufgedeckt.

H 139 (6) Hinweise

Betriebsaufgabe

Werden nicht die wesentlichen Grundlagen eines Betriebs oder Teilbetriebs, sondern nur Teile des Betriebsvermögens unentgeltlich übertragen, während der andere Teil der Wirtschaftsgüter in das Privatvermögen übernommen wird, so liegt eine Betriebsaufgabe vor. Der tariflich begünstigte Veräußerungsgewinn ist in diesem Fall der Unterschiedsbetrag zwischen den Buchwerten und den gemeinen Werten sowohl der unentgeltlich übertragenen als auch der in das Privatvermögen übernommenen Wirtschaftsgüter, vermindert um etwaige Veräußerungskosten (→ BFH vom 27.7.1961 – BStBl III S. 514).

Erbauseinandersetzung

Zur Annahme einer unentgeltlichen Betriebsübertragung mit der Folge der Anwendung des § 7 Abs. 1 EStDV im Zusammenhang mit einer Erbauseinandersetzung → BMF vom 11.1.1993 (BStBl I S. 62).

Körperschaft als Erbin

→ H 139 (2)

Nießbrauch
Unentgeltlichkeit liegt auch vor, wenn sich der Übertragende den Nießbrauch an dem Betrieb vorbehält (→ BMF vom 13.1.1993 – BStBl I S. 80 – Tz. 24 i.V.m. Tz. 10). *Anhang 10*

Übertragung der wesentlichen Betriebsgrundlagen
Für die unentgeltliche Übertragung eines Betriebs oder Teilbetriebs ist Voraussetzung, daß mindestens die wesentlichen Grundlagen des Betriebs oder Teilbetriebs unentgeltlich übertragen worden sind (→ BFH vom 7.8.1979 – BStBl 1980 II S. 181). Die wesentlichen Betriebsgrundlagen müssen durch einen einheitlichen Übertragungsakt auf den Erwerber übergeführt werden; eine in mehrere, zeitlich aufeinanderfolgende Einzelakte aufgespaltene Gesamtübertragung kann nur dann als einheitlicher Übertragungsakt angesehen werden, wenn sie auf einem einheitlichen Willensentschluß beruht und zwischen den einzelnen Übertragungsvorgängen ein zeitlicher und sachlicher Zusammenhang besteht (→ BFH vom 12.4.1989 – BStBl II S. 653).

Unentgeltliche Übertragung eines Kommanditanteils
Überträgt ein Vater einen Kommanditanteil unentgeltlich auf seine Kinder und wird der Anteil alsbald von den Kindern an Dritte veräußert, kann in der Person des Vaters ein Aufgabegewinn entstehen (→ BFH vom 15.7.1986 – BStBl II S. 896).

Verdeckte Einlage
Keine unentgeltliche Betriebsübertragung liegt bei verdeckter Einlage eines Einzelunternehmens in eine GmbH vor (→ BFH vom 18.12.1990 – BStBl 1991 II S. 512).

Vorweggenommene Erbfolge
Zur Betriebsübertragung im Rahmen der vorweggenommenen Erbfolge → BMF vom 13.1.1993 – BStBl I S. 80) *Anhang 10*

Zurückbehaltene Wirtschaftsgüter
Werden die wesentlichen Grundlagen eines Betriebs, eines Teilbetriebs oder eines Anteils am Betrieb einer Personengesellschaft unentgeltlich übertragen und behält der Steuerpflichtige Wirtschaftsgüter zurück, die innerhalb eines kurzen Zeitraums veräußert oder in das Privatvermögen übergeführt werden, so ist die teilweise Aufdeckung der stillen Reserven nicht steuerbegünstigt (→ BFH vom 19.2.1981 – BStBl II S. 566).

→ Betriebsaufgabe

Teilentgeltliche Betriebsübertragung
– unbesetzt –

Hinweise

Veräußerungsgewinn
Bei der teilentgeltlichen Veräußerung eines Betriebs, Teilbetriebs, Mitunternehmeranteils oder des Anteils eines persönlich haftenden Gesellschafters einer Kommanditgesellschaft auf Aktien ist der Vorgang nicht in ein voll entgeltliches und ein voll unentgeltliches Geschäft aufzuteilen. Der Veräußerungsgewinn im Sinne des § 16 Abs. 2 EStG ist vielmehr durch Gegenüberstellung des Entgelts und des Wertes des Betriebsvermögens oder des Wertes des Anteils am Betriebsvermögen zu ermitteln (→ BFH vom 10.7.1986 – BStBl II S. 811 sowie BMF vom 13.1.1993 – BStBl I S. 80). *Anhang 10*

Negatives Kapitalkonto
Bei einer teilentgeltlichen Betriebsübertragung im Wege der vorweggenommenen Erbfolge ist der Veräußerungsgewinn auch dann gemäß § 16 Abs. 2 EStG zu ermitteln, wenn das Kapitalkonto negativ ist (→ BMF vom 13.1.1993 – BStBl I S. 80 sowie BFH vom 16.12.1992 – BStBl 1993 II S. 436). *Anhang 10*

R 139 (8) Begriff der wesentlichen Betriebsgrundlage

– unbesetzt –

H 139 (8) Hinweise

Abgrenzung zur Betriebsaufspaltung/Betriebsverpachtung
Der Begriff der „wesentlichen Betriebsgrundlage" ist im Rahmen des § 16 EStG anders auszulegen als im Rahmen der übrigen Vorschriften und Rechtsinstitute, in denen er eine Rolle spielt, z. B. Betriebsverpachtung, Betriebsaufspaltung. Zu den wesentlichen Grundlagen eines Betriebs gehören im Zusammenhang mit einer Betriebsveräußerung oder -aufgabe in der Regel auch solche Wirtschaftsgüter, die funktional gesehen für den Betrieb, Teilbetrieb oder Mitunternehmeranteil nicht erforderlich sind, in denen aber erhebliche stille Reserven gebunden sind (→ BFH vom 2.10.1997 – BStBl 1998 II S. 104).

Grundstücke
Bei einem Möbelhändler ist z. B. das Grundstück, in dem sich die Ausstellungs- und Lagerräume befinden, die wesentliche Betriebsgrundlage (→ BFH vom 4.11.1965 – BStBl 1966 III S. 49 und vom 7.8.1990 – BStBl 1991 II S. 336). Das gleiche gilt für ein Grundstück, das zum Zweck des Betriebs einer Bäckerei und Konditorei sowie eines Cafe-Restaurants und Hotels besonders gestaltet ist (→ BFH vom 7.8.1979 – BStBl 1980 II S. 181).

Immaterielle Wirtschaftsgüter
Wesentliche Betriebsgrundlagen können auch immaterielle Wirtschaftsgüter sein (→ BFH vom 9.10.1996 – BStBl 1997 II S. 236).

Land- und Forstwirtschaft
– Zum Umfang der wesentlichen Grundlagen eines land- und forstwirtschaftlichen Betriebs → BFH vom 28.3.1985 (BStBl II S. 508),
– lebendes und totes Inventar als wesentliche Betriebsgrundlage
  = bei Eigenbetrieb → BFH vom 18.4.1991 (BStBl II S. 833),
  = bei Pachtbetrieb → BFH vom 26.10.1989 (BStBl 1990 II S. 373).

Maschinen und Einrichtungsgegenstände
Maschinen und Einrichtungsgegenstände rechnen zu den wesentlichen Betriebsgrundlagen, soweit sie für die Fortführung des Betriebs unentbehrlich oder nicht jederzeit ersetzbar sind (→ BFH vom 19.1.1983 – BStBl II S. 312).

Produktionsunternehmen
Bei einem Produktionsunternehmen gehören zu den wesentlichen Betriebsgrundlagen die für die Produktion bestimmten und auf die Produktion abgestellten Betriebsgrundstücke und Betriebsvorrichtungen (→ BFH vom 12.9.1991 – BStBl 1992 II S. 347).

Umlaufvermögen
Wirtschaftsgüter des Umlaufvermögens, die ihrem Zweck nach zur Veräußerung oder zum Verbrauch bestimmt sind, bilden allein regelmäßig nicht die wesentliche Grundlage eines Betriebs. Nach den Umständen des Einzelfalles können Waren bei bestimmten Betrieben jedoch zu den wesentlichen Grundlagen des Betriebs gehören (→ BFH vom 24.6.1976 – BStBl II S. 672).

R 139 (9) Abgrenzung des Veräußerungs- bzw. Aufgabegewinns vom laufenden Gewinn

– unbesetzt –

Hinweise

Abwicklungsgewinne
Gewinne, die während und nach der Aufgabe eines Betriebs aus normalen Geschäften und ihrer Abwicklung anfallen, gehören nicht zu dem begünstigten Aufgabegewinn (→ BFH vom 25.6.1970 – BStBl II S. 719).

Aufgabegewinn bei Veräußerung von Wirtschaftsgütern
Bei gleichzeitiger Veräußerung von Wirtschaftsgütern im Rahmen einer Betriebsaufgabe entsteht der Aufgabegewinn mit Übertragung des wirtschaftlichen Eigentums an den Wirtschaftsgütern (→ BFH vom 17.10.1991 – BStBl 1992 II S. 392).

Betriebseinbringung
- Der Gewinn aus einer zeitlich und wirtschaftlich mit der **Einbringung** eines Betriebs, Teilbetriebs oder Mitunternehmeranteils in eine Kapitalgesellschaft zusammenhängenden Entnahme ist auch dann nach § 20 Abs. 5 UmwStG in Verbindung mit § 34 EStG tarifbegünstigt, wenn die Kapitalgesellschaft das eingebrachte Betriebsvermögen mit dem **Buchwert** ansetzt (→ BFH vom 25.9.1991 – BStBl 1992 II S. 406).

- Geht anläßlich der Einbringung eines Mitunternehmeranteils in eine Kapitalgesellschaft nach § 20 UmwStG bisheriges Sonderbetriebsvermögen eines Gesellschafters in dessen Privatvermögen über, so ist das **Sonderbetriebsvermögen** mit dem gemeinen Wert nach § 16 Abs. 3 Satz 4 EStG anzusetzen und durch Vergleich mit dessen Buchwert der sich ergebende Veräußerungsgewinn zu ermitteln (→ BFH vom 28.4.1988 – BStBl II S. 829).

- Bei Einbringung eines Betriebs zu Buchwerten in eine Personengesellschaft ist der Gewinn aus der Überführung eines nicht zu den wesentlichen Betriebsgrundlagen gehörenden Wirtschaftsguts in das Privatvermögen kein begünstigter Veräußerungsgewinn (→ BFH vom 29.10.1987 – BStBl 1988 II S. 374).

- Wird ein Betrieb, Teilbetrieb oder Mitunternehmeranteil teilweise auf Rechnung des Einbringenden, teilweise auf Rechnung eines Dritten, der dafür dem Einbringenden ein Entgelt zahlt (Zuzahlung), in eine Personengesellschaft eingebracht, so handelt es sich bei dem durch die Zuzahlung realisierten Gewinn um einen Gewinn aus der Veräußerung ideeller Anteile an den Wirtschaftsgütern des Einbringenden. Dieser Gewinn kann nicht durch die Erstellung einer negativen Ergänzungsbilanz des Einbringenden neutralisiert werden. Der durch die Zuzahlung realisierte Gewinn ist nur im Falle eines Mitunternehmeranteils tarifbegünstigt (→ BFH vom 8.12.1994 – BStBl 1995 II S. 599).

Gaststättenverpachtung
Eine gewerbliche Gaststättenverpachtung wird nicht bereits deshalb zum „Gaststättenhandel", weil innerhalb von fünf Jahren mehr als drei der verpachteten Gaststätten verkauft werden; die Veräußerung jeder Gaststätte stellt daher eine Teilbetriebsveräußerung dar (→ BFH vom 18.6.1998 – BStBl II S. 735).

Gewerblicher Grundstückshandel
Der Gewinn aus gewerblichem Grundstückshandel gehört zu dem laufenden Gewinn aus normalen Geschäften, auch wenn der gesamte Grundstücksbestand (Umlaufvermögen) in einem einheitlichen Vorgang veräußert wird (→ BFH vom 25.1.1995 – BStBl II S. 388).

Handelsvertreter
Zum laufenden Gewinn gehören der Ausgleichsanspruch des selbständigen Handelsvertreters nach § 89b HGB (→ BFH vom 5.12.1968 – BStBl 1969 II S. 196) sowie die Ausgleichszahlungen an Kommissionsagenten in entsprechender Anwendung des § 89b HGB (→ BFH vom 19.2.1987 – BStBl II S. 570). Dies gilt auch, wenn der Anspruch auf Ausgleichsleistung durch den Tod des Handelsvertreters entstanden ist und der Erbe den Betrieb aufgibt (→ BFH vom 9.2.1983 – BStBl II S. 271). Zahlungen des nachfolgenden Handelsvertreters an seinen Vorgänger sind als laufender Gewinn zu behandeln (→ BFH vom 25.7.1990 – BStBl 1991 II S. 218).

Importwarenabschlag

Hat der Steuerpflichtige im Zeitpunkt der Betriebsaufgabe bereits sämtliche Warenvorräte veräußert, auf die er in der letzten, vor der Betriebsaufgabe erstellten Bilanz einen Importwarenabschlag nach § 80 EStDV vorgenommen hatte, so rechnet der auf der Auflösung des Importwarenabschlags beruhende Gewinn nicht zum tarifbegünstigten Aufgabegewinn (→ BFH vom 7.4.1989 – BStBl II S. 874).

Mitunternehmeranteil

Veräußert der Gesellschafter einer Personengesellschaft seinen Mitunternehmeranteil an einen Mitgesellschafter und entnimmt er im Einverständnis mit dem Erwerber und den Mitgesellschaftern vor der Übertragung des Gesellschaftsanteils bestimmte Wirtschaftsgüter des Gesellschaftsvermögens, so gehört der daraus entstehende Entnahmegewinn zum begünstigten Veräußerungsgewinn (→ BFH vom 24.8.1989 – BStBl 1990 II S. 132).

Negatives Betriebsvermögen

Bei der Ermittlung des Gewinns aus der Aufgabe eines buchmäßig überschuldeten Betriebs mindert der Überschuldungsbetrag nicht den Aufgabegewinn (→ BFH vom 7.3.1996 – BStBl II S. 415).

Personengesellschaft

- Hat eine Personengesellschaft ihren Betrieb veräußert, so ist der Anteil eines Gesellschafters am Veräußerungsgewinn auch dann tarifbegünstigt, wenn ein anderer Gesellschafter **§ 6b EStG** in Anspruch genommen hat (→ BFH vom 30.3.1989 – BStBl II S. 558).
- Hinsichtlich der **Übertragung** von Teilen der **Festkapitalkonten** verschiedener Gesellschafter einer Personenhandelsgesellschaft auf einen neu eintretenden Gesellschafter bei gleichzeitiger Übertragung von Anteilen an den Sonderkonten → BFH vom 27.5.1981 (BStBl 1982 II S. 211).

Räumungsverkauf

Der Gewinn aus einem Räumungsverkauf gehört nicht zu dem begünstigten Aufgabegewinn (→ BFH vom 29.11.1988 – BStBl 1989 II S. 602).

Rekultivierungsrückstellung

Wird eine vom Betriebserwerber nicht übernommene Rekultivierungsrückstellung nach der Betriebsveräußerung aufgelöst, handelt es sich um ein auf den Veranlagungszeitraum der Betriebsveräußerung rückwirkendes Ereignis (→ FG Münster vom 4.10.1994 – EFG 1995 S. 439).

Rücklage

Zum Veräußerungsgewinn gehören auch Gewinne, die sich bei der Veräußerung eines Betriebs aus der Auflösung von steuerfreien Rücklagen, z.B. Rücklage für Ersatzbeschaffung, Rücklage nach § 6b EStG, ergeben (→ BFH vom 25.6.1975 – BStBl II S. 848 und vom 17.10.1991 – BStBl 1992 II S. 392). Die spätere Auflösung einer anläßlich der Betriebsveräußerung gebildeten Rücklage nach § 6b EStG ist jedoch kein Veräußerungsgewinn (→ BFH vom 4.2.1982 – BStBl II S. 348).

Rückstellung

Der Gewinn aus der Auflösung einer Rückstellung ist nicht zum Veräußerungsgewinn zu rechnen, wenn die Auflösung der Rückstellung und die Betriebsveräußerung in keinem rechtlichen oder ursächlichen, sondern lediglich in einem gewissen zeitlichen Zusammenhang miteinander stehen (→ BFH vom 15.11.1979 – BStBl 1980 II S. 150).

Sachwertabfindung

- Werden zur Tilgung einer Abfindungsschuld gegenüber einem ausgeschiedenen Mitunternehmer Wirtschaftsgüter veräußert, ist der dabei entstehende Gewinn als laufender Gewinn zu behandeln (→ BFH vom 28.11.1989 – BStBl 1990 II S. 561).
- Die für die Sachwertabfindung geltenden Grundsätze sind auch anzuwenden, wenn die ausscheidenden Gesellschafter einer Personengesellschaft durch Abtretung einer noch

nicht realisierten Forderung aus einem Grundstückskaufvertrag abgefunden werden (→ BFH vom 23.11.1995 – BStBl 1996 II S. 194).

Selbsterzeugte Waren
Gewinne aus der Veräußerung von selbsterzeugten Waren an Handelsvertreter, die bisher den Verkauf der Erzeugnisse an Einzelhändler nur vermittelt haben, können zum begünstigten Aufgabegewinn gehören (→ BFH vom 1.12.1988 – BStBl 1989 II S. 368).

Teilbetriebsveräußerung
Wird im zeitlichen Zusammenhang mit einer Teilbetriebsveräußerung ein wirtschaftlich nicht dem Teilbetrieb dienender Grundstücksteil in das Privatvermögen übergeführt, so gehört der bei diesem Entnahmevorgang verwirklichte Gewinn nicht zu dem Veräußerungsgewinn nach § 16 EStG (→ BFH vom 18.4.1973 – BStBl II S. 700).

Umlaufvermögen
Gewinne aus der Veräußerung von Umlaufvermögen gehören zum Aufgabegewinn, wenn die Veräußerung nicht den Charakter einer normalen gewerblichen Tätigkeit hat, sondern die Waren z. B. an frühere Lieferanten veräußert werden (→ BFH vom 2.7.1981 – BStBl II S. 798).

Verbindlichkeiten
Der Erlaß einer Verbindlichkeit, die bei Betriebsaufgabe oder -veräußerung im Betriebsvermögen verbleibt, erhöht den Gewinn im Sinne des § 16 EStG. Wird die Verbindlichkeit nachträglich erlassen, so ist dieser Gewinn rückwirkend zu erhöhen (→ BFH vom 6.3.1997 – BStBl II S. 509).

Versicherungsleistungen
Entschließt sich der Unternehmer nach einem Brandschaden wegen der Betriebszerstörung zur Betriebsaufgabe, gehört der Gewinn aus der Realisierung der stillen Reserven, der dadurch entsteht, daß die auf die Anlagegüter entfallenden Versicherungsleistungen die Buchwerte übersteigen, zum Aufgabegewinn (→ BFH vom 11.3.1982 – BStBl II S. 707).

Veräußerungspreis

– unbesetzt –

Hinweise

Forderungsausfall
Scheidet ein Kommanditist aus einer KG aus und bleibt sein bisheriges Gesellschafterdarlehen bestehen, so ist, wenn diese Forderung später wertlos wird, sein Veräußerungs- bzw. Aufgabegewinn mit steuerlicher Wirkung für die Vergangenheit gemindert (→ BFH vom 14.12.1994 – BStBl 1995 II S. 465).

Nachträgliche Änderungen des Veräußerungspreises *oder des gemeinen Werts*
- *Ein später auftretender* **Altlastenverdacht** *mindert nicht den gemeinen Wert eines Grundstücks im Zeitpunkt der Aufgabe (→ BFH vom 1.4.1998 – BStBl II S. 569).*
- Die **Herabsetzung des Kaufpreises** für einen Betrieb aufgrund von Einwendungen des Käufers gegen die Rechtswirksamkeit des Kaufvertrages ist ein rückwirkendes Ereignis, das zur Änderung des Steuerbescheides führt, dem der nach dem ursprünglich vereinbarten Kaufpreis ermittelte Veräußerungsgewinn zugrunde liegt (→ BFH vom 23.6.1988 – BStBl 1989 II S. 41).
- Die Zahlung von Schadensersatzleistungen für betriebliche Schäden nach Betriebsaufgabe beeinflußt die Höhe des Aufgabegewinns, weil sie ein rückwirkendes Ereignis auf den Zeitpunkt der Betriebsaufgabe darstellt (→ BFH vom 10.2.1994 – BStBl II S. 564).

- Die spätere vergleichsweise Festlegung eines strittigen Veräußerungspreises ist auf den Zeitpunkt der Realisierung des Veräußerungsgewinns zurückzubeziehen (→ BFH vom 26.7.1984 – BStBl II S. 786).
- Wird die gestundete Kaufpreisforderung für die Veräußerung eines Gewerbebetriebs in einem späteren Veranlagungszeitraum ganz oder teilweise uneinbringlich, so stellt dies ein Ereignis mit steuerlicher Rückwirkung auf den Zeitpunkt der Veräußerung dar (→ BFH vom 19.7.1993 – BStBl II S. 897).
- Hält der Erwerber eines Gewerbebetriebs seine Zusage, den Veräußerer von der Haftung für alle vom Erwerber übernommenen Betriebsschulden freizustellen, nicht ein und wird der Veräußerer deshalb in einem späteren Veranlagungszeitraum aus einem als Sicherheit für diese Betriebsschulden bestellten Grundpfandrecht in Anspruch genommen, so liegt ein Ereignis mit steuerlicher Rückwirkung auf den Zeitpunkt der Veräußerung vor (→ BFH vom 19.7.1993 – BStBl II S. 894).

Schuldenübernahme durch Erwerber
Teil des Veräußerungspreises ist auch eine Verpflichtung des Erwerbers, den Veräußerer von einer privaten Schuld gegenüber einem Dritten oder von einer betrieblichen, zu Recht nicht bilanzierten Schuld, z. B. einer betrieblichen Versorgungsverpflichtung, durch befreiende Schuldübernahme oder durch Schuldbeitritt mit befreiender Wirkung, im Innenverhältnis freizustellen. Gleiches gilt für die Verpflichtung zur Freistellung von einer dinglichen Last, die ihrem Rechtsinhalt nach einer rein schuldrechtlichen Verpflichtung gleichwertig ist, z. B. Übernahme einer Nießbrauchslast (→ BFH vom 12.1.1983 – BStBl II S. 595).

Betriebsveräußerung gegen wiederkehrende Bezüge

(11) [1]Veräußert ein Steuerpflichtiger seinen Betrieb gegen eine Leibrente, so hat er ein Wahlrecht. [2]Er kann den bei der Veräußerung entstandenen Gewinn sofort versteuern. [3]In diesem Fall ist § 16 EStG anzuwenden. [4]Veräußerungsgewinn ist der Unterschiedsbetrag zwischen dem nach den Vorschriften des BewG ermittelten Barwert der Rente, vermindert um etwaige Veräußerungskosten des Steuerpflichtigen, und dem Buchwert des steuerlichen Kapitalkontos im Zeitpunkt der Veräußerung des Betriebs. [5]Die in den Rentenzahlungen enthaltenen Ertragsanteile sind sonstige Einkünfte im Sinne des § 22 Nr. 1 Satz 3 Buchstabe a EStG. [6]Der Steuerpflichtige kann statt dessen die Rentenzahlungen als nachträgliche Betriebseinnahmen im Sinne des § 15 in Verbindung mit § 24 Nr. 2 EStG behandeln. [7]In diesem Fall entsteht ein Gewinn, wenn die Rentenzahlungen das steuerliche Kapitalkonto des Veräußerers zuzüglich etwaiger Veräußerungskosten des Veräußerers übersteigen. [8]Die Sätze 1 bis 7 gelten sinngemäß, wenn ein Betrieb gegen einen festen Barpreis und eine Leibrente veräußert wird; das Wahlrecht bezieht sich jedoch nicht auf den durch den festen Barpreis realisierten Teil des Veräußerungsgewinns. [9]Bei der Ermittlung des Barwerts der wiederkehrenden Bezüge ist von einem Zinssatz von 5,5 v. H. auszugehen, wenn nicht vertraglich ein anderer Satz vereinbart ist.

Hinweise

Betriebsveräußerung gegen wiederkehrende Bezüge und festes Entgelt
Wird ein Betrieb gegen wiederkehrende Bezüge und ein festes Entgelt veräußert, besteht das Wahlrecht hinsichtlich der wiederkehrenden Bezüge auch dann, wenn sie von dritter Seite erbracht werden (→ BFH vom 7.11.1991 – BStBl 1992 II S. 457).

Freibetrag
Der Freibetrag des § 16 Abs. 4 EStG und der ermäßigte Steuersatz nach § 34 Abs. 1 EStG sind nicht zu gewähren, wenn bei der Veräußerung gegen wiederkehrende Bezüge die Zahlungen beim Veräußerer als laufende nachträgliche Einkünfte aus Gewerbebetrieb im Sinne des § 15 i.V.m. § 24 Nr. 2 EStG behandelt werden (→ BFH vom 21.12.1988 – BStBl 1989 II S. 409). Wird ein Betrieb gegen festen Kaufpreis und Leibrente veräußert, so ist für die Ermittlung des Freibetrags nach § 16 Abs. 4 EStG nicht allein auf den durch den festen Barpreis

realisierten Veräußerungsgewinn abzustellen, sondern auch der Kapitalwert der Rente als Teil des Veräußerungspreises zu berücksichtigen (→ BFH vom 17.8.1967 – BStBl 1968 II S. 75). Der Freibetrag kann jedoch höchstens in Höhe des durch den festen Kaufpreis realisierten Teil des Veräußerungsgewinns gewährt werden (→ BFH vom 21.12.1988 – BStBl 1989 II S. 409).

Kaufpreisstundung
Eine gestundete Kaufpreisforderung ist bei der Ermittlung des Veräußerungsgewinns mit dem gemeinen Wert anzusetzen (→ BFH vom 19.1.1978 – BStBl II S. 295).

Ratenzahlungen
Veräußert ein Steuerpflichtiger seinen Betrieb gegen einen in Raten zu zahlenden Kaufpreis, so sind die Grundsätze des R 139 Abs. 11 Sätze 1 bis 8 mit der Maßgabe anzuwenden, daß an die Stelle des nach den Vorschriften des Bewertungsgesetzes ermittelten Barwerts der Rente der Barwert der Raten tritt, wenn die Raten während eines mehr als zehn Jahre dauernden Zeitraums zu zahlen sind und die Ratenvereinbarung sowie die sonstige Ausgestaltung des Vertrags eindeutig die Absicht des Veräußerers zum Ausdruck bringen, sich eine Versorgung zu verschaffen (→ BFH vom 23.1.1964 – BStBl III S. 239 und vom 12.6.1968 – BStBl II S. 653).

Zeitrente
Das Wahlrecht zwischen einer tarifbegünstigten Sofortbesteuerung eines Veräußerungsgewinns und einer nicht tarifbegünstigten Besteuerung nachträglicher Einkünfte aus Gewerbebetrieb besteht auch beim Veräußerung gegen eine Zeitrente mit einer langen, nicht mehr überschaubaren Laufzeit, wenn sie auch mit dem Nebenzweck vereinbart ist, dem Veräußerer langfristig eine etwaige zusätzliche Versorgung zu schaffen (→ BFH vom 26.7.1984 – BStBl II S. 829).

Veräußerungskosten
(12) Als Veräußerungskosten im Sinne des § 16 Abs. 2 EStG können nur solche Aufwendungen geltend gemacht werden, die in unmittelbarer sachlicher Beziehung zu dem Veräußerungsgeschäft stehen, z. B. Notariatskosten, Maklerprovisionen, Verkehrsteuern.

Hinweise

Gewerbesteuer
Die aus der Veräußerung einer Beteiligung an einer Kapitalgesellschaft im Sinne des § 16 Abs. 1 Nr. 1 EStG entstehende gewerbesteuerliche Mehrbelastung gehört nicht zu den Veräußerungskosten (→ BFH vom 27.10.1977 – BStBl 1978 II S. 100).

Umsatzsteuer
Zur Behandlung der Umsatzsteuer als Teil der Veräußerungskosten → BFH vom 17.1.1989 (BStBl II S. 563).

Veräußerungskosten
Veräußerungskosten mindern auch dann den Veräußerungsgewinn, wenn sie in einem VZ vor der Veräußerung entstanden sind (→ BFH vom 6.10.1993 – BStBl 1994 II S. 287).

Zeitlicher Zusammenhang
Der zeitliche Zusammenhang mit der Betriebsveräußerung bewirkt nicht, daß Aufwendungen zur Beendigung von Schuldverhältnissen, die bisher dem laufenden Betrieb dienten, z. B. Abfindungen an einen Pächter für die vorzeitige Aufgabe des Pachtrechts oder Ausbuchung eines aktivierten Disagios für ein anläßlich der Betriebsaufgabe vorfristig zurückgezahltes Darlehen, den Veräußerungsgewinn mindern (→ BFH vom 6.5.1982 – BStBl II S. 691 und vom 12.7.1984 – BStBl II S. 713).

§ 16 EStG
R 139 (13, 14)   H 139 (14)

R 139 (13)   Gewährung des Freibetrags

(13) ¹Über die Gewährung des Freibetrags wird bei der Veranlagung zur Einkommensteuer entschieden. ²Dies gilt auch im Falle der Veräußerung eines Mitunternehmeranteils; in diesem Fall ist im Verfahren zur gesonderten und einheitlichen Gewinnfeststellung nur die Höhe des auf den Gesellschafter entfallenden Veräußerungsgewinns festzustellen. ³Veräußert eine Personengesellschaft, bei der die Gesellschafter als Mitunternehmer anzusehen sind, ihren ganzen Gewerbebetrieb, so steht den einzelnen Mitunternehmern für ihren Anteil am Veräußerungsgewinn nach Maßgabe ihrer persönlichen Verhältnisse der Freibetrag in voller Höhe zu. ⁴Der Freibetrag ist dem Steuerpflichtigen nur einmal zu gewähren; nicht verbrauchte Teile des Freibetrags können nicht bei einer anderen Veräußerung in Anspruch genommen werden. ⁵*Die Gewährung des Freibetrags nach § 16 Abs. 4 EStG ist ausgeschlossen, wenn dem Steuerpflichtigen für eine Veräußerung oder Aufgabe, die nach dem 31.12.1995 erfolgt ist, ein Freibetrag nach § 14 Satz 2, § 16 Abs. 4 oder § 18 Abs. 3 EStG bereits gewährt worden ist.* ⁶Wird der zum Betriebsvermögen eines Einzelunternehmers gehörende Mitunternehmeranteil im Zusammenhang mit der Veräußerung des Einzelunternehmens veräußert, so ist die Anwendbarkeit des § 16 Abs. 4 EStG für beide Vorgänge getrennt zu prüfen. ⁷Gegebenenfalls hat der Steuerpflichtige ein Wahlrecht; er kann den Abzug des Freibetrags entweder bei der Veräußerung des Einzelunternehmens oder bei der Veräußerung des Mitunternehmeranteils beantragen. ⁸In den Fällen des § 16 Abs. 2 Satz 3 und Abs. 3 Satz 2 EStG ist für den Teil des Veräußerungsgewinns, der nicht als laufender Gewinn gilt, der volle Freibetrag zu gewähren; der Veräußerungsgewinn, der als laufender Gewinn gilt, ist bei der Kürzung des Freibetrags nach § 16 Abs. 4 Satz 3 EStG nicht zu berücksichtigen.

R 139 (14)

(14) ¹Zum Nachweis der dauernden Berufsunfähigkeit reicht die Vorlage eines Bescheides des Rentenversicherungsträgers aus, wonach die Berufsunfähigkeit oder Erwerbsunfähigkeit im Sinne der gesetzlichen Rentenversicherung vorliegt. ²Im übrigen können auch amtsärztliche Bescheinigungen den Nachweis erbringen.

H 139 (14)

Hinweise

Berufsunfähigkeit im sozialversicherungsrechtlichen Sinne

Berufsunfähig sind Versicherte, deren Erwerbsfähigkeit wegen Krankheit oder Behinderung auf weniger als die Hälfte derjenigen von körperlich, geistig und seelisch gesunden Versicherten mit ähnlicher Ausbildung und gleichwertigen Kenntnissen und Fähigkeiten gesunken ist. (→ § 43 Abs. 2 SGB VI).

Erbfolge

Wird ein im Erbwege übergegangener Betrieb von dem Erben aufgegeben, müssen die Voraussetzungen für die Gewährung des Freibetrags nach § 16 Abs. 4 EStG in der Person des Erben erfüllt sein (→ BFH vom 19.5.1981 – BStBl II S. 665).

Sachliche Steuerbefreiung

Die Vorschrift des § 16 Abs. 4 EStG enthält keine tarifliche Regelung, sondern eine sachliche Steuerbefreiung (→ BFH vom 16.12.1975 – BStBl 1976 II S. 360 und vom 8.5.1991 – BStBl 1992 II S. 437).

Tod

Es ist nicht möglich, den Tod eines Steuerpflichtigen als „dauernde Berufsunfähigkeit" zu werten (→ BFH vom 29.4.1982 – BStBl 1985 II S. 204).

§ 17
Veräußerung von Anteilen an Kapitalgesellschaften bei wesentlicher Beteiligung

(1) ¹Zu den Einkünften aus Gewerbebetrieb gehört auch der Gewinn aus der Veräußerung von Anteilen an einer Kapitalgesellschaft, wenn der Veräußerer innerhalb der letzten fünf Jahre am Kapital der Gesellschaft wesentlich beteiligt war. ²Die verdeckte Einlage von Anteilen an einer Kapitalgesellschaft in eine Kapitalgesellschaft steht der Veräußerung der Anteile gleich. ³Anteile an einer Kapitalgesellschaft sind Aktien, Anteile an einer Gesellschaft mit beschränkter Haftung, Kuxe, Genußscheine oder ähnliche Beteiligungen und Anwartschaften auf solche Beteiligungen. ⁴Eine wesentliche Beteiligung ist gegeben, wenn der Veräußerer an der Gesellschaft zu mehr als einem Viertel unmittelbar oder mittelbar beteiligt war.[1]) ⁵Hat der Veräußerer den veräußerten Anteil innerhalb der letzten fünf Jahre vor der Veräußerung unentgeltlich erworben, so gilt Satz 1 entsprechend, wenn der Veräußerer zwar nicht selbst, aber der Rechtsvorgänger oder, sofern der Anteil nacheinander unentgeltlich übertragen worden ist, einer der Rechtsvorgänger innerhalb der letzten fünf Jahre wesentlich beteiligt war.

(2) ¹Veräußerungsgewinn im Sinne des Absatzes 1 ist der Betrag, um den der Veräußerungspreis nach Abzug der Veräußerungskosten die Anschaffungskosten übersteigt. ²In den Fällen des Absatzes 1 Satz 2 tritt an die Stelle des Veräußerungspreises der Anteile ihr gemeiner Wert. ³Hat der Veräußerer den veräußerten Anteil unentgeltlich erworben, so sind als Anschaffungskosten des Anteils die Anschaffungskosten des Rechtsvorgängers maßgebend, der den Anteil zuletzt entgeltlich erworben hat. ⁴Ein Veräußerungsverlust ist nur zu berücksichtigen, wenn der Veräußerer, bei jeweils unentgeltlichem Erwerb seine Rechtsvorgänger,

a) die wesentliche Beteiligung im Rahmen der Gründung der Kapitalgesellschaft entgeltlich erworben hat oder

b) die Anteile mehr als fünf Jahre vor der Veräußerung entgeltlich erworben hat und der Veräußerer oder im Fall des unentgeltlichen Erwerbs einer seiner Rechtsvorgänger während dieses Zeitraums wesentlich am Kapital der Gesellschaft beteiligt war.[2])

(3) ¹Der Veräußerungsgewinn wird zur Einkommensteuer nur herangezogen, soweit er den Teil von 20.000 Deutsche Mark übersteigt, der dem veräußerten Anteil an der Kapitalgesellschaft entspricht. ²Der Freibetrag ermäßigt sich um den Betrag, um den der Veräußerungsgewinn den Teil von 80.000 Deutsche Mark übersteigt, der dem veräußerten Anteil an der Kapitalgesellschaft entspricht.

(4) ¹Die Absätze 1 bis 3 sind entsprechend anzuwenden, wenn eine Kapitalgesellschaft aufgelöst wird oder wenn ihr Kapital herabgesetzt und zurückgezahlt wird oder wenn Eigenkapital im Sinne des § 30 Abs. 2 Nr. 4 des Körperschaftsteuergesetzes ausgeschüttet oder zurückgezahlt wird. ²In diesen Fällen ist als Veräußerungspreis der gemeine Wert des dem Steuerpflichtigen zugeteilten oder zurückgezahlten Vermögens der Kapitalgesellschaft anzusehen. ³Satz 1 gilt nicht, soweit die Bezüge nach § 20 Abs. 1 Nr. 1 oder 2 zu den Einnahmen aus Kapitalvermögen gehören.

---

[1]) Anm.: Durch das Steuerentlastungsgesetz 1999/2000/2002 wurde Absatz 1 Satz 4 mit Wirkung ab dem VZ 1999 wie folgt gefaßt:
„Eine wesentliche Beteiligung ist gegeben, wenn der Veräußerer an der Gesellschaft zu mindestens 10 vom Hundert unmittelbar oder mittelbar beteiligt war."

[2]) Anm.: Durch das Steuerentlastungsgesetz 1999/2000/2002 wurde Absatz 2 Satz 4 mit Wirkung ab dem VZ 1999 wie folgt gefaßt:
„Ein Veräußerungsverlust ist nicht zu berücksichtigen, soweit er auf Anteile entfällt,
a) die der Steuerpflichtige innerhalb der letzten fünf Jahre unentgeltlich erworben hatte. Dies gilt nicht, soweit der Rechtsvorgänger anstelle des Steuerpflichtigen den Veräußerungsverlust hätte geltend machen können.
b) die entgeltlich erworben worden sind und nicht innerhalb der gesamten letzten fünf Jahre zu einer wesentlichen Beteiligung des Steuerpflichtigen gehört haben. Dies gilt nicht für innerhalb der letzten fünf Jahre erworbene Anteile, deren Erwerb zur Begründung einer wesentlichen Beteiligung des Steuerpflichtigen geführt hat oder die nach Begründung der wesentlichen Beteiligung erworben worden sind."

EStDV

§ 53

Anschaffungskosten bestimmter Anteile an Kapitalgesellschaften

¹*Bei Anteilen an einer Kapitalgesellschaft, die vor dem 21. Juni 1948 erworben worden sind, sind als Anschaffungskosten im Sinne des § 17 Abs. 2 des Gesetzes die endgültigen Höchstwerte zugrunde zu legen, mit denen die Anteile in eine steuerliche Eröffnungsbilanz in Deutscher Mark auf den 21. Juni 1948 hätten eingestellt werden können; bei Anteilen, die am 21. Juni 1948 als Auslandsvermögen beschlagnahmt waren, ist bei Veräußerung vor der Rückgabe der Veräußerungserlös und bei Veräußerung nach der Rückgabe der Wert im Zeitpunkt der Rückgabe als Anschaffungskosten maßgebend.* ²*Im Land Berlin tritt an die Stelle des 21. Juni 1948 jeweils der 1. April 1949; im Saarland tritt an die Stelle des 21. Juni 1948 für die in § 43 Abs. 1 Ziff. 1 des Gesetzes über die Einführung des deutschen Rechts auf dem Gebiete der Steuern, Zölle und Finanzmonopole im Saarland vom 30. Juni 1959 (BGBl. I S. 339) bezeichneten Personen jeweils der 6. Juli 1959.*

§ 54

Übersendung von Urkunden durch die Notare¹)

(1) Die Notare übersenden dem in § 20 der Abgabenordnung bezeichneten Finanzamt eine beglaubigte Abschrift aller aufgrund gesetzlicher Vorschrift aufgenommenen oder beglaubigten Urkunden, die die Gründung, Kapitalerhöhung oder -herabsetzung, Umwandlung oder Auflösung von Kapitalgesellschaften oder die Verfügung über Anteile an Kapitalgesellschaften zum Gegenstand haben.

(2) Die Abschrift ist binnen zwei Wochen, von der Aufnahme oder Beglaubigung der Urkunde ab gerechnet, einzureichen. Sie soll mit der Steuernummer gekennzeichnet sein, mit dem die Kapitalgesellschaft bei dem Finanzamt geführt wird. Die Absendung der Urkunde ist auf der zurückbehaltenen Urschrift der Urkunde bzw. auf einer zurückbehaltenen Abschrift zu vermerken.

(3) Den Beteiligten dürfen die Urschrift, eine Ausfertigung oder beglaubigte Abschrift der Urkunde erst ausgehändigt werden, wenn die Abschrift der Urkunde an das Finanzamt abgesandt ist.

R 140 **140. Veräußerung von Anteilen an einer Kapitalgesellschaft**

R 140 (1) **Abgrenzung des Anwendungsbereichs gegenüber anderen Vorschriften**

S 2244 (1) ¹§ 17 EStG gilt nicht für die Veräußerung von Anteilen an einer Kapitalgesellschaft, die zu einem Betriebsvermögen gehören. ²In diesem Fall ist die Veräußerung ein Betriebsvorgang. ³Der Gewinn ist nach § 4 oder § 5 EStG zu ermitteln.

H 140 (1) **Hinweise**

Veräußerungsverlust
Hat ein zur Anrechnung von Körperschaftsteuer berechtigter Steuerpflichtiger einen Anteil an einer unbeschränkt steuerpflichtigen Kapitalgesellschaft von einem nichtanrechnungsberechtigten Anteilseigner erworben, ist zu prüfen, ob der Berücksichtigung eines etwaigen späteren Veräußerungsverlustes § 50c EStG entgegensteht → R 227d.

---

¹) Anm.: Zum Umfang der Mitteilungspflicht der Notare nach § 54 EStDV → BMF vom 14.3.1997 (DStR 1997 S. 822).

Wesentliche Beteiligung

(2) ¹Eine wesentliche Beteiligung im Sinne des § 17 Abs. 1 Satz 4 EStG liegt vor, wenn der Steuerpflichtige nominell zu mehr als ein Viertel am Nennkapital der Kapitalgesellschaft beteiligt ist. ²Im Betriebsvermögen gehaltene Anteile zählen bei der Ermittlung der Beteiligungshöhe mit.

Hinweise

Ähnliche Beteiligungen
Die Einlage eines stillen Gesellschafters ist selbst dann keine „ähnliche Beteiligung" im Sinne von § 17 Abs. 1 EStG, wenn sie kapitalersetzenden Charakter hat (→ BFH vom 28.5.1997 – BStBl II S. 724).

Durchgangserwerb
Ein Anteil, der bereits vor seinem Erwerb an einen Dritten abgetreten wird, erhöht die Beteiligung (→ BFH vom 16.5.1995 – BStBl II S. 870).

Die Vorausverfügung über ein Vollrecht durch einen Nichtberechtigten im Sinne von § 185 Abs. 2 Satz 1 BGB führt sowohl zivil- als auch steuerrechtlich zu einem zur Begründung einer wesentlichen Beteiligung ausreichenden Durchgangserwerb für eine sog. juristische Sekunde.

Eigene Anteile
Werden von der **Kapitalgesellschaft eigene Anteile** gehalten, ist bei der Entscheidung, ob ein Steuerpflichtiger im Sinne des § 17 Abs. 1 Satz 4 EStG wesentlich beteiligt ist, von dem um die eigenen Anteile der Kapitalgesellschaft verminderten Nennkapital auszugehen (→ BFH vom 24.9.1970 – BStBl 1971 II S. 89).

Einbringungsgeborene Anteile
Zur steuerlichen Behandlung von Gewinnen aus der Veräußerung von einbringungsgeborenen Anteilen → § 21 UmwStG; → BMF vom 16.6. 1978 (BStBl I S. 235, Tz. 59).

Gesamthandsvermögen
Bei Veräußerung einer wesentlichen **Beteiligung, die sich im Vermögen einer Gemeinschaft zur gesamten Hand,** z. B. Gesellschaft bürgerlichen Rechts, Erbengemeinschaft, befindet, ist für die Frage, ob eine wesentliche Beteiligung vorliegt, nicht auf die Gemeinschaft als solche, sondern auf die einzelnen Mitglieder der Gemeinschaft abzustellen, da die Beteiligung nach § 39 Abs. 2 Nr. 2 AO den einzelnen Mitgliedern der Gesamthandsgemeinschaft zuzurechnen ist (→ BFH vom 7.4.1976 – BStBl II S. 557 sowie BMF vom 11.1.1993 – BStBl I S. 62 – Tz. 28).

Kapitalersetzende Maßnahmen
Kapitalersetzende Maßnahmen erhöhen den Anteil nicht (→ BFH vom 19.5.1992 – BStBl II S. 902).

Kurzfristige Beteiligung
Eine wesentliche Beteiligung im Sinne des § 17 Abs. 1 Satz 4 EStG liegt bereits dann vor, wenn der Veräußerer oder bei unentgeltlichem Erwerb sein Rechtsvorgänger innerhalb des maßgebenden Fünfjahreszeitraums nur **kurzfristig** zu mehr als einem Viertel unmittelbar oder mittelbar an der Gesellschaft beteiligt war (→ BFH vom 5.10.1976 – BStBl 1977 II S. 198). Auch Anteile, die der Steuerpflichtige noch am Tage des **unentgeltlichen Erwerbs** veräußert, zählen mit (→ BFH vom 7.7.1992 – BStBl 1993 II S. 331).

Maßgeblicher Zeitpunkt der wesentlichen Beteiligung
§ 17 EStG setzt nicht voraus, daß der Gesellschafter bis zur Veräußerung der Beteiligung wesentlich am Kapital der Gesellschaft beteiligt bleibt. Die Steuerverhaftung tritt auch hinsichtlich solcher Anteile ein, die der Gesellschafter in einem Zeitpunkt erwirbt, in dem er nicht mehr wesentlich beteiligt war; es genügt, daß er einmal während des 5-Jahreszeitraums wesentlich beteiligt war (→ BFH vom 24.4.1997 – BFH/NV 1998 S. 700).

§ 17 EStG
R 140 (3)   H 140 (2, 3)

Mißbrauch

- Eine wesentliche Beteiligung im Sinne des § 17 Abs. 1 Satz 4 EStG kann auch dann vorliegen, wenn der Veräußerer zwar formal nicht zu mehr als einem Viertel an der Kapitalgesellschaft beteiligt war, die Gestaltung der Beteiligungsverhältnisse jedoch **einen Mißbrauch der Gestaltungsmöglichkeiten im Sinne des § 42 AO darstellt** (→ BFH vom 27.1.1977 – BStBl II S. 754).
- Anteilsrotation→ *BMF vom 3.2.1998 (BStBl I S. 207)*

Mittelbare Beteiligung

- Besteht **neben einer unmittelbaren eine mittelbare Beteiligung** an der Gesellschaft, liegt eine wesentliche Beteiligung im Sinne des § 17 Abs. 1 Satz 4 EStG vor, wenn die Zusammenrechnung eine Beteiligung von mehr als einem Viertel ergibt, unabhängig davon, ob der Steuerpflichtige die die mittelbare Beteiligung vermittelnde Kapitalgesellschaft beherrscht oder nicht (→ BFH vom 28.6.1978 – BStBl II S. 590 und vom 12.6.1980 – BStBl II S. 646).
- Der Gesellschafter einer Kapitalgesellschaft ist auch dann wesentlich Beteiligter im Sinne des § 17 Abs. 1 Satz 4 EStG, wenn sich die Anteilsquote von mehr als einem Viertel erst durch – anteilige – Hinzurechnung von **Beteiligungen an der Kapitalgesellschaft** ergibt, **welche unmittelbar oder mittelbar von einer Personenhandelsgesellschaft gehalten werden,** an welcher der Gesellschafter der Kapitalgesellschaft als Mitunternehmer beteiligt ist (→ BFH vom 10.2.1982 – BStBl II S. 392).

Nominelle Beteiligung
Die Wesentlichkeit einer Beteiligung im Sinne des § 17 Abs. 1 EStG ist bei einer GmbH aus den Geschäftsanteilen zu berechnen. Dies gilt auch, wenn in der GmbH-Satzung die Stimmrechte oder die Verteilung des Gewinns und des Liquidationserlöses abweichend von §§ 29, 72 GmbHG geregelt sind (→ BFH vom 25.11.1997 – BStBl 1998 II S. 257).

Rückwirkende Schenkung

Entsteht durch den **Erwerb weiterer Anteile** eine wesentliche Beteiligung, so kann diese nicht dadurch beseitigt werden, daß die erworbenen Anteile rückwirkend verschenkt werden (→ BFH vom 18.9.1984 – BStBl 1985 II S. 55).

Unentgeltlicher Hinzuerwerb

Eine nicht wesentliche Beteiligung wird nicht dadurch insgesamt zu einer wesentlichen Beteiligung, daß der Steuerpflichtige einzelne Geschäftsanteile davon unentgeltlich von einem wesentlich Beteiligten erworben hat (→ BFH vom 29.7.1997 – BStBl II S. 727).

R 140 (3)   **Unentgeltlicher Erwerb von Anteilen oder Anwartschaften**

(3) Überläßt der wesentlich beteiligte Anteilseigner einem Dritten unentgeltlich das Bezugsrecht aus einer Kapitalerhöhung (Anwartschaft im Sinne des § 17 Abs. 1 Satz 3 EStG), sind die vom Dritten erworbenen Anteile teilweise nach § 17 Abs. 1 Satz 5 EStG steuerverhaftet (→ Unentgeltlicher Anwartschaftserwerb).

H 140 (3)   **Hinweise**

Unentgeltlicher Anwartschaftserwerb
Beispiel:
Alleingesellschafter A hat seine GmbH-Anteile für 80 TDM erworben. Der gemeine Wert der Anteile beträgt 400 TDM. Die GmbH erhöht ihr Stammkapital von 100 TDM auf 120 TDM. A ermöglicht seinem Sohn S, die neu ausgegebenen Anteile von nominal 20 TDM gegen Bareinlage von 50 TDM zu erwerben. Die neuen Anteile des S haben einen gemeinen Wert von 20 TDM : 120 TDM × (400 TDM + 50 TDM) = 75 TDM und sind zu (75 TDM − 50 TDM) : 75 TDM = 33,33 % unentgeltlich und zu 66,67 % entgeltlich erworben worden. Auf den unentgeltlich erworbenen Teil ist § 17 Abs 1 Sätze 1 und 5 EStG anzuwenden. Auf diesen

Teil entfallen Anschaffungskosten des Rechtsvorgängers A im Sinne des § 17 Abs. 2 Satz 3 EStG in Höhe von 80 TDM × 25 TDM : 400 TDM = 5 TDM. Die verbleibenden Anschaffungskosten des A sind entsprechend auf 75 TDM zu kürzen (→ BFH vom 6.12.1968 – BStBl 1969 II S. 105 und das zu § 17 EStG, § 21 UmwStG ergangene Urteil des BFH vom 10.11.1992 – BStBl 1994 II S. 222).

Veräußerung

(4) Das sog. Tauschgutachten des BFH vom 16.12.1958 (BStBl 1959 III S. 30) kann auch angewandt werden, wenn eine im Privatvermögen gehaltene wesentliche Beteiligung gegen eine wesentliche Beteiligung an einer anderen Kapitalgesellschaft getauscht wird (→ Veräußerung), die ebenfalls Privatvermögen wird.

Hinweise

Allgemeines

Veräußerung im Sinne des § 17 Abs. 1 EStG ist die entgeltliche Übertragung des rechtlichen oder zumindest des wirtschaftlichen Eigentums an einer wesentlichen Beteiligung auf einen anderen Rechtsträger (→ BFH vom 10.3.1988 – BStBl II S. 832).

Ausländische Kapitalgesellschaft

§ 17 EStG gilt auch für die Veräußerung von Anteilen an einer ausländischen Kapitalgesellschaft, wenn die ausländische Gesellschaft mit einer deutschen AG oder GmbH vergleichbar ist. Als Auflösung im Sinne des § 17 Abs. 4 EStG ist die Umwandlung einer ausländischen Kapitalgesellschaft in eine Personengesellschaft anzusehen, wenn das maßgebende ausländische Recht in der Umwandlung eine Auflösung sieht (→ BFH vom 22.2.1989 – BStBl II S. 794).

Beendigung der unbeschränkten Steuerpflicht

Nach § 6 AStG ist auf Anteile an einer inländischen Kapitalgesellschaft § 17 EStG auch ohne Veräußerung der Anteile anzuwenden, wenn bei einer natürlichen Person, die insgesamt mindestens 10 Jahre unbeschränkt steuerpflichtig war, die unbeschränkte Steuerpflicht durch Aufgabe des Wohnsitzes oder gewöhnlichen Aufenthalts endet, sofern in diesem Zeitpunkt auch die anderen Voraussetzungen des § 17 EStG erfüllt sind (→ BMF vom 2.12.1994 – BStBl I Sondernummer 1/1995 Tz. 6).

Bezugsrechte

- Veräußert ein im Sinne des § 17 Abs. 1 Satz 4 EStG wesentlich Beteiligter ihm auf Grund seiner Anteile zustehende **Bezugsrechte auf weitere Beteiligungsrechte,** liegt auch insoweit eine Veräußerung im Sinne des § 17 Abs. 1 Satz 1 EStG vor (→ BFH vom 20.2.1975 – BStBl II S. 505).
- Wird das **Stammkapital** einer GmbH **erhöht** und das Bezugsrecht einem Nichtgesellschafter gegen Zahlung eines Ausgleichs für die auf den neuen Geschäftsanteil übergehenden stillen Reserven eingeräumt, kann dies die Veräußerung eines Anteils an einer GmbH (Anwartschaft auf eine solche Beteiligung) sein. Wird dieser Ausgleich in Form eines Agios in die GmbH eingezahlt und in engem zeitlichem Zusammenhang damit wieder an die Altgesellschafter ausgezahlt, kann ein Rechtsmißbrauch (§ 42 AO) vorliegen. Die Zahlung an die Altgesellschafter ist dann als Entgelt für die Einräumung des Bezugsrechts zu behandeln (→ BFH vom 13.10.1992 – BStBl 1993 II S. 477).

Rücktrittsvereinbarung

Eine vor Kaufpreiszahlung geschlossene Rücktrittsvereinbarung ist als Ereignis mit steuerlicher Rückwirkung auf den Zeitpunkt der Veräußerung der wesentlichen Beteiligung zurückzubeziehen (→ BFH vom 21.12.1993 – BStBl 1994 II S. 648).

Tausch
- Wird eine im Privatvermögen gehaltene wesentliche Beteiligung im Sinne des § 17 EStG gegen eine nicht wesentliche Beteiligung an einer anderen Kapitalgesellschaft, die ebenfalls Privatvermögen wird, **getauscht**, so erfüllt dieser Vorgang grundsätzlich den Tatbestand einer Veräußerung im Sinne des § 17 EStG (→ BFH vom 7.7.1992 – BStBl 1993 II S. 331).
- Gewinnrealisierung beim Tausch von Anteilen an Kapitalgesellschaften → BMF vom 9.2.1998 (BStBl I S. 163)

Teilentgeltliche Übertragung
Die Übertragung von Anteilen an einer Kapitalgesellschaft bei wesentlicher Beteiligung im Wege einer gemischten Schenkung ist nach dem Verhältnis der tatsächlichen Gegenleistung zum Verkehrswert der übertragenen Anteile in eine voll entgeltliche Anteilsübertragung (Veräußerung im Sinne des § 17 Abs. 1 Satz 1 und Abs. 2 Satz 1 EStG) und eine voll unentgeltliche Anteilsübertragung (im Sinne des § 17 Abs. 1 Satz 5 und Abs. 2 Satz 3 EStG) aufzuteilen (→ BFH vom 17.7.1980 – BStBl 1981 II S. 11).

Vereinbarungstreuhand
Der Verlust aus der entgeltlichen Übertragung einer wesentlichen Beteiligung im Wege einer Vereinbarungstreuhand ist steuerrechtlich nur zu berücksichtigen, wenn die Beteiligung nach der Vereinbarung künftig fremdnützig für den Treugeber gehalten werden soll und die tatsächliche Durchführung der Vereinbarung vom Veräußerer nachgewiesen wird. Bei der Prüfung, ob ein Treuhandverhältnis tatsächlich gegeben ist, ist ein strenger Maßstab anzulegen.(→ BFH vom 15.7.1997 – BStBl 1998 II S. 152)

Wertloser Anteil
Als Veräußerung kann auch die Übertragung eines **wertlosen GmbH-Anteils** angesehen werden (→ BFH vom 5.3.1991 – BStBl II S. 630 und vom 18.8.1992 – BStBl 1993 II S. 34).

Anschaffungskosten der Anteile
(5) ¹Eine Kapitalerhöhung aus Gesellschaftsmitteln erhöht die Anschaffungskosten der Beteiligung nicht. ²Die Anschaffungskosten sind nach dem Verhältnis der Nennbeträge auf die vor der Kapitalerhöhung erworbenen Anteile und die neuen Anteile zu verteilen (→ § 3 Kapitalerhöhungssteuergesetz).

Hinweise

Allgemeines
→ R 32a

Bürgschaft
Hat der Gesellschafter eine Bürgschaft für eine Verbindlichkeit der Gesellschaft übernommen und wird er daraus in Anspruch genommen, ohne eine gleichwertige Rückgriffsforderung gegen die Gesellschaft zu erwerben, entstehen dem Gesellschafter nachträgliche Anschaffungskosten in Gestalt verdeckter Einlagen, wenn die Übernahme der Bürgschaft ihre Ursache im Gesellschaftsverhältnis hat. Dies ist z. B. der Fall, wenn im Zeitpunkt der Übernahme der Bürgschaft die Inanspruchnahme und die Uneinbringlichkeit der Rückgriffsforderung so wahrscheinlich waren, daß ein Nichtgesellschafter die Bürgschaft nicht übernommen hätte. Auch eine Zahlung für die Freistellung von einer Bürgschaftsverpflichtung kann unter Umständen zu den Anschaffungskosten der Beteiligung gehören (→ BFH vom 2.10.1984 – BStBl 1985 II S. 320). *Die Bürgschaftsverpflichtung eines zahlungsunfähigen Gesellschafters erhöht nicht die Anschaffungskosten seiner Beteiligung (→ BFH vom 8.4.1998 – BStBl II S. 660).*

Hat der Gesellschafter einer GmbH, die persönlich haftende Gesellschafterin einer KG ist, eine Bürgschaft für Verbindlichkeiten der KG übernommen, an der seine Ehefrau als alleinige Kommanditistin beteiligt ist, so können Zahlungen aufgrund dieser Bürgschaft bei der Ermittlung des Auflösungsverlusts grundsätzlich nicht als nachträgliche Anschaffungskosten der Beteiligung i. S. von § 17 Abs. 2 Satz 1 EStG berücksichtigt werden (→ BFH vom 17.12.1996 – BStBl 1997 II S. 290).

Bei Auflösung einer GmbH nach Ablehnung der Eröffnung des Konkursverfahrens mangels Masse und Löschung im Handelsregister gehört zum gewerblichen Verlust im Sinne des § 17 Abs. 4 EStG neben dem Verlust in Höhe der Beteiligung auch der Verlust eines vom Gesellschafter der GmbH gewährten Darlehens mit Eigenkapitalcharakter, das seine Ursache im Gesellschaftsverhältnis hat (Beteiligungserwerb und Darlehensgewährung Teile eines einheitlichen Vorgangs). Der Verlust des Gesellschafterdarlehens führt zu nachträglichen Anschaffungskosten der Beteiligung (→ BFH vom 16.4.1991 – BFH/NV 1992 S. 94 m. w. N.).

EK 04-Ausschüttung
→ H 32a

Kapitalersetzende Darlehen
Zur Berücksichtigung kapitalersetzender Darlehen als nachträgliche Anschaffungskosten → BMF vom 14.4.1994 (BStBl I S. 257).

**Steuerliche Behandlung von Darlehen, die ein wesentlich beteiligter Gesellschafter einer GmbH gewährt (§ 17 EStG);
hier: Anwendung des BFH-Urteils vom 7.7.1992 (BStBl 1993 II S. 333)**

BMF vom 14.4.1994 (BStBl I S. 257)

IV B 2 – S 2244 – 29/94

Mit Urteil vom 7.7.1992 (BStBl 1993 II S. 333) hat der BFH entschieden, daß ein Gesellschafter, der ein Darlehen einer GmbH gewährt, an der er zu mehr als einem Viertel beteiligt ist, den Verlust der Darlehensforderung im Rahmen der Liquidation der Gesellschaft unter bestimmten Voraussetzungen als nachträgliche Anschaffungskosten der Beteiligung gemäß § 17 Abs. 2 EStG berücksichtigen darf, wenn das Darlehen kapitalersetzenden Charakter hatte. Ein Darlehen kann nach Auffassung des BFH kapitalersetzenden Charakter dadurch erlangen, daß der Gesellschafter das Darlehen nicht abzieht, obwohl absehbar ist, daß seine Rückzahlung aufgrund der finanziellen Situation der Gesellschaft gefährdet ist. In welcher Höhe ein späterer Wertverlust der Darlehensforderung zu nachträglichen Anschaffungskosten der Beteiligung führe, hänge davon ab, welchen Wert das Darlehen gehabt habe, als es kapitalersetzend geworden sei. Dabei sei im allgemeinen vom Nennwert auszugehen, wenn der Gesellschafter über die Entwicklung des Unternehmens unterrichtet sei und von vornherein keine Anzeichen dafür sprächen, daß er beabsichtigte, das Darlehen abzuziehen.

Unter Bezugnahme auf das Ergebnis der Erörterungen mit den obersten Finanzbehörden der Länder nehme ich zur Anwendung der Rechtsgrundsätze des o. g. BFH-Urteils wie folgt Stellung:

Dem Hinweis des BFH, bei Annahme eines kapitalersetzenden Darlehens seien die nachträglichen Anschaffungskosten auf eine Beteiligung i. S. des § 17 EStG im allgemeinen mit dem Nennwert des Darlehens anzusetzen, kann nicht gefolgt werden.

Die durch die Krise der Gesellschaft bewirkte Gefährdung des Darlehens mindert dessen Wert denknotwendigerweise bereits in dem Zeitpunkt, in dem der Gesellschafter von der Krise Kenntnis erlangt. Ein fremder Dritter mit dem Informationsstand des Gesellschafters würde die Forderung – wenn überhaupt – nur mit einem erheblichen Abschlag vom Nennwert kaufen. Zu einer Wertminderung führt auch die Ungewißheit, ob und mit welcher Verzögerung der Gesellschafter das Darlehen tatsächlich abziehen kann. Voraussetzung für die Annahme eines kapitalersetzenden Darlehens ist, daß der Gesellschafter das Kapital in der Gesellschaft beläßt, obwohl er auf die Gesellschaftskrise reagieren, d. h. seinen noch nicht fälligen Kredit kündigen kann. Soweit das Darlehen gemäß der vom BFH angesprochenen Vorschrift des § 609 Abs. 2 BGB mit einer Frist von (regelmäßig) drei Monaten gekündigt werden kann, droht bis zur Fälligkeit ein weiterer Wertverfall durch das Fortwirken der Krise. Die vom BFH angeführte Möglichkeit der Kündigung aus wichtigem Grund nach § 242 BGB ist erst bei einer wesentlichen Verschlechterung der Vermögenslage – und damit der Bonität der Forderung – möglich. Im übrigen kann auch mit einer außerordentlichen Kündigung eine sofortige Rückzahlung des Darlehens noch nicht erreicht werden. Bis zur tatsächlichen Rückzahlung ist eine fortschreitende Verschlechterung der Bonität der Forderung aufgrund der – häufig in einer Kettenreaktion erfolgenden – Kündigung anderer Gläubiger nicht zu vermeiden.

In den durch das Urteil des BFH vom 7.7.1992 erfaßten Fällen erweist sich der Ansatz nachträglicher Anschaffungskosten auf eine Beteiligung i. S. des § 17 EStG mit dem Nennwert des kapitalersetzenden Darlehens im Regelfall als nicht gerechtfertigt. Vielmehr ist eine Prüfung im Einzelfall notwendig, welcher Wert dem Darlehen in dem Zeitpunkt, in dem es kapitalersetzend wurde, konkret zukommt. Dabei kann dieser Wert im Einzelfall auch 0 DM betragen. Bei der Wertfeststellung trägt nach den allgemeinen Grundsätzen der Steuerpflichtige, der nachträgliche Anschaffungskosten auf eine Beteiligung i. S. des § 17 EStG zu seinen Gunsten geltend macht, die Feststellungslast.

Beläßt der beherrschende Gesellschafter der GmbH in der Krise ein Darlehen, das er ihr bereits vor dem Erwerb seiner Gesellschaftsanteile gegeben hatte, so erhöhen sich die Anschaffungskosten seiner Beteiligung um den Nennwert der Darlehensforderung (→ FG Düsseldorf vom 10.10.1995 – EFG 1996 S. 436 – Rev. – BFH VIII R 6/96).

Die Frage, ob bei einem Alleingesellschafter einer GmbH Gesellschafterdarlehen, die durch „Stehenlassen" kapitalersetzenden Charakter erlangt haben, mit dem Nennwert oder wegen des Wertverlusts mit einem niedrigeren Wert als Anschaffungskosten i. S. von § 17 EStG anzusetzen sind, ist derzeit beim BFH unter dem Az. VIII R 79/96 anhängig.

Krisendarlehen

Fällt ein wesentlich beteiligter Gesellschafter mit Darlehen aus, die von vornherein auf eine Krisenfinanzierung hin angelegt sind oder von denen dieses aufgrund der besonderen Umstände des Falles anzunehmen ist, sind die Anschaffungskosten der Beteiligung um den Nennwert der Darlehen zu erhöhen. Fällt der Gesellschafter mit anderen vor der Krise gewährten Darlehen aus, die er in der Krise stehenließ, obwohl er sie hätte abziehen können, sind die Anschaffungskosten der Beteiligung um den Wert des Darlehens zu erhöhen, den es im Zeitpunkt des Eintritts der Krise hatte (Abgrenzung zum BFH-Urteil vom 7.7.1992 – BStBl 1993 II S. 333); → BFH vom 24.4.1997 (BFH/NV 1998 S. 102).

Rückbeziehung von Anschaffungskosten

Fallen nach der Veräußerung der Beteiligung noch Aufwendungen an, die nachträgliche Anschaffungskosten der Beteiligung sind, so sind sie nach § 175 Abs. 1 Satz 1 Nr. 2 AO zu dem Veräußerungszeitpunkt zu berücksichtigen (→ BFH vom 2.10.1984 – BStBl 1985 II S. 428).

Wehrt ein Gesellschafter-Geschäftsführer einer GmbH, der keinen Anstellungsvertrag und keinen Lohnanspruch hat, Zahlungs- oder Haftungsansprüche der GmbH durch Zahlungen an die GmbH ab, so sind diese Zahlungen nachträgliche Anschaffungskosten seines Anteils an der GmbH (→ FG Baden-Württemberg, Stuttgart, vom 11.5.1995 – EFG 1995 S. 1024).

Rückzahlung aus Kapitalherabsetzung

Setzt die Körperschaft ihr Nennkapital zum Zweck der Kapitalrückzahlung herab (§ 222 AktG, § 58 GmbHG), so mindern die Rückzahlungsbeträge, soweit sie nicht Einnahmen im Sinne des § 20 Abs. 1 Nr. 2 EStG sind, nachträglich die Anschaffungskosten der Anteile (→ BFH vom 29.6.1995 – BStBl II S. 725). Nimmt die Körperschaft Ausschüttungen vor, sind diese als Kapitalrückzahlung zu behandeln, soweit für sie Eigenkapital im Sinne des § 30 Abs. 2 Nr. 4 KStG als verwendet gilt (→ BFH vom 19.7.1994 – BStBl 1995 II S. 362).

→ H 32a

Verdeckte Einlage

– Zu den Anschaffungskosten im Sinne des § 17 Abs. 2 Satz 1 EStG gehören neben dem Anschaffungspreis der Anteile auch **weitere in bezug auf die Anteile getätigte Aufwendungen,** wenn sie durch das Gesellschaftsverhältnis veranlaßt und weder Werbungskosten noch Veräußerungskosten sind, wie z. B. Aufwendungen, die als verdeckte Einlagen zur Werterhöhung der Anteile beigetragen haben (→ BFH vom 12.2.1980 – BStBl II S. 494).

– → *H 39 (Verdeckte Einlage)*

Wahlrecht bei teilweiser Veräußerung

Wird die Beteiligung nicht insgesamt veräußert und wurden die **Anteile zu verschiedenen Zeitpunkten und zu verschiedenen Preisen erworben,** kann der Steuerpflichtige bestimmen, welche Anteile oder Teile davon er veräußert. Für die Ermittlung des Veräußerungsgewinns (-verlustes) sind die tatsächlichen Anschaffungskosten dieser Anteile maßgebend (→ BFH vom 10.10.1978 – BStBl 1979 II S. 77).

Zuzug aus dem Ausland

Ist die wesentliche Beteiligung vor der Begründung der unbeschränkten Steuerpflicht erworben worden, ist bei der Ermittlung der Anschaffungskosten nicht von dem Wert der Anteile zum Zuzugszeitpunkt, sondern von den historischen Anschaffungskosten auszugehen (→ BFH vom 19.3.1996 – BStBl II S. 312).

Veräußerungskosten   R 140 (6)

(6) Als Veräußerungskosten im Sinne des § 17 Abs. 2 EStG können nur solche Aufwendungen geltend gemacht werden, die in unmittelbarer Beziehung zu dem einzelnen Veräußerungsgeschäft stehen.

Hinweise   H 140 (6)

Fehlgeschlagene Veräußerung
Die Kosten der fehlgeschlagenen Veräußerung einer wesentlichen Beteiligung können weder als Veräußerungskosten nach § 17 EStG noch als Werbungskosten bei den Einkünften aus Kapitalvermögen berücksichtigt werden (→ BFH vom 17.4.1997 – BStBl 1998 II S. 102).

Veräußerungsgewinn   R 140 (7)

(7) ¹Für eine in Fremdwährung angeschaffte oder veräußerte wesentliche Beteiligung sind die Anschaffungskosten, der Veräußerungspreis und die Veräußerungskosten jeweils im Zeitpunkt ihrer Entstehung aus der Fremdwährung in Deutsche Mark umzurechnen. ²Wird eine wesentliche Beteiligung im Sinne des § 17 EStG gegen eine Leibrente oder gegen einen in Raten zu zahlenden Kaufpreis veräußert, gilt R 139 Abs. 11 entsprechend.

Hinweise   H 140 (7)

Aktien als Veräußerungsentgelt
Wird eine wesentliche Beteiligung im Sinne des § 17 EStG veräußert und erhält der Veräußerer als Entgelt börsengängige Aktien, so bestimmt sich der Veräußerungspreis im Sinne des § 17 EStG nach dem Kurswert der erlangten Aktien im Zeitpunkt der Veräußerung. Das gilt auch dann, wenn der Veräußerer der wesentlichen Beteiligung sich persönlich verpflichtet

hat, die erlangten Aktien fünf Jahre nicht zu veräußern (→ BFH vom 17.10.1974 – BStBl 1975 II S. 58).

Auflösung und Kapitalherabsetzung
- **Abgrenzung** zwischen Gewinnanteilen und nach § 17 Abs. 4 in Verbindung mit Abs. 1 bis 3 EStG **zu besteuernden Gewinnen** → § 41 KStG und A 95 KStR.
- Wegen des **Zeitpunkts der Gewinnverwirklichung** in den Fällen der Auflösung von Kapitalgesellschaften → BFH vom 3.6.1993 (BStBl 1994 II S. 162).
- Rückzahlung aus Kapitalherabsetzung → H 32a, H 140 (5)

Kapitalerhöhung
Erwirbt ein Anteilseigner, nachdem der Umfang seiner Beteiligung auf 25 v. H. gesunken ist, bei einer Kapitalerhöhung weitere Geschäftsanteile hinzu, ohne daß sich der v. H.-Satz seiner Beteiligung ändert, dann ist auch der auf diese Anteile entfallende Veräußerungsgewinn gemäß § 17 EStG zu erfassen (→ BFH vom 10.11.1992 – BStBl 1994 II S. 222).

Nimmt ein Steuerpflichtiger an einer Kapitalerhöhung teil und veräußert er anschließend die gesamte, im Privatvermögen gehaltene wesentliche Beteiligung, ist ein dadurch erhöhter Veräußerungsverlust anzuerkennen, wenn der Steuerpflichtige eine derartige Abwicklungsmaßnahme getroffen hat, um die gesamte wesentliche Beteiligung überhaupt veräußern zu können und um seinen Ruf als Kaufmann zu wahren; Abgrenzung zu BMF vom 24.8.1994 – BStBl I S. 711 (→ BFH vom 29.6.1995 – BStBl II S. 722).

Rückkaufsrecht
Die Vereinbarung eines Rückkaufrechts steht der Annahme eines Veräußerungsgeschäfts nicht entgegen. Zum Veräußerungspreis gehört auch der wirtschaftliche Vorteil eines Rückkaufsrechts mit wertmäßig beschränktem Abfindungsanspruch (→ BFH vom 7.3.1995 – BStBl II S. 693).

Stichtagsbewertung
Der Veräußerungsgewinn im Sinne des § 17 Abs. 2 EStG entsteht im Zeitpunkt der Veräußerung. Bei der Ermittlung des Veräußerungsgewinns ist für alle beeinflussenden Faktoren eine Stichtagsbewertung auf den Zeitpunkt der Veräußerung vorzunehmen. Das Zuflußprinzip des § 11 EStG gilt insoweit nicht (→ BFH vom 12.2.1980 – BStBl II S. 494).

Wettbewerbsverbot
Wird im Zusammenhang mit der Veräußerung einer wesentlichen Beteiligung an einer Kapitalgesellschaft ein Wettbewerbsverbot mit eigener wirtschaftlicher Bedeutung vereinbart, gehört die Entschädigung für das Wettbewerbsverbot nicht zu dem Veräußerungspreis im Sinne des § 17 Abs. 2 EStG (→ BFH vom 21.9.1982 – BStBl 1983 II S. 289).

R 140 (8) **Einlage einer wertgeminderten wesentlichen Beteiligung**

(8) Aus Gründen sachlicher Billigkeit ist in Fällen, in denen eine wesentliche Beteiligung aus einem Privatvermögen in ein Betriebsvermögen eingelegt wird und der Teilwert der Beteiligung im Zeitpunkt der Einlage unter die Anschaffungskosten gesunken ist, der Unterschiedsbetrag zwischen den Anschaffungskosten und dem niedrigeren Teilwert im Zeitpunkt der Einlage festzuhalten und im Zeitpunkt des Ausscheidens der Beteiligung aus dem Betriebsvermögen für Zwecke der Einkommensteuer gewinnmindernd zu berücksichtigen.

Hinweise

Einlage einer wertgeminderten wesentlichen Beteiligung
Entgegen dem BFH-Urteil vom 25.7.1995 (BStBl 1996 II S. 684) ist bei Einlage einer wertgeminderten wesentlichen Beteiligung weiterhin nach R 140 Abs. 8 zu verfahren (→ BMF vom 5.12.1996 – BStBl I S. 1500).

Veräußerungsverlust

R 140 (9)

(9) ¹Hat der Veräußerer im Rahmen der Gründung der Kapitalgesellschaft eine wesentliche Beteiligung erworben, ist ein Verlust aus der Veräußerung später hinzuerworbener Anteile nur unter den Voraussetzungen des § 17 Abs. 2 Satz 4 Buchstabe b EStG zu berücksichtigen, und zwar auch dann, wenn es sich bei den hinzuerworbenen Anteilen um eine wesentliche Beteiligung handelt. ²Im Rahmen einer Kapitalerhöhung erworbene Anteile zählen auch dann nicht zu den nach § 17 Abs. 2 Satz 4 Buchstabe a EStG erworbenen Anteilen, wenn es sich um wesentliche Beteiligungen handelt; Verluste aus der Veräußerung solcher Anteile sind somit nur unter den Voraussetzungen des § 17 Abs. 2 Satz 4 Buchstabe b EStG zu berücksichtigen.

Hinweise

H 140 (9)

Veräußerung nach Gründung erworbener Anteile
Beispiel:
A erwirbt bei Gründung einer GmbH am 1.7.1996 eine 50%ige Beteiligung zum Nennwert (= Anschaffungskosten) von 100.000,- DM. Am 1.7.1997 erwirbt er einen weiteren Anteil von 30%. Die Anschaffungskosten betragen 90.000,- DM. Am 30.12.1998 veräußert A alle Anteile zu einem Preis von 80.000,- DM.

Beteiligung	Nennwert	Anschaffungskosten	Veräußerungspreis	Verlust
50 % (1996)	100.000 DM	100.000 DM	50.000 DM	50.000 DM
30 % (1997)	60.000 DM	90.000 DM	30.000 DM	60.000 DM
Summe				
80 %	160.000 DM	190.000 DM	80.000 DM	110.000 DM

Der Veräußerungsverlust ist nur in Höhe von 50.000 DM zu berücksichtigen, weil er insoweit auf die bei Gründung erworbenen Anteile entfällt. Der weitere Veräußerungsverlust von 60.000 DM ist steuerlich nicht zu berücksichtigen, weil A diese Anteile nicht mehr als fünf Jahre gehalten hat (§ 17 Abs. 2 Satz 4 Buchstabe b EStG); eine Verlustberücksichtigung nach § 17 Abs. 2 Satz 4 Buchstabe a EStG ist insoweit nicht möglich, weil der Verlust nicht aus der Veräußerung einer Beteiligung stammt, die im Rahmen der Gründung einer Kapitalgesellschaft erworben worden ist.

141.

R 141

– unbesetzt –

---

c) Selbständige Arbeit (§ 2 Abs. 1 Satz 1 Nr. 3)

S 2245

§ 18

EStG

(1) Einkünfte aus selbständiger Arbeit sind
1. ¹Einkünfte aus freiberuflicher Tätigkeit. ²Zu der freiberuflichen Tätigkeit gehören die selbständig ausgeübte wissenschaftliche, künstlerische, schriftstellerische, unterrichtende oder erzieherische Tätigkeit, die selbständige Berufstätigkeit der Ärzte, Zahnärzte, Tierärzte, Rechtsanwälte, Notare, Patentanwälte, Vermessungsingenieure, Ingenieure, Architekten, Handelschemiker, Wirtschaftsprüfer, Steuerberater, beratenden Volks- und Betriebswirte, vereidigten Buchprüfer (vereidigten Bücherrevisoren), Steu-

S 2246

§ 18 EStG
R 142 H 142

erbevollmächtigten, Heilpraktiker, Dentisten, Krankengymnasten, Journalisten, Bildberichterstatter, Dolmetscher, Übersetzer, Lotsen und ähnlicher Berufe. ³Ein Angehöriger eines freien Berufs im Sinne der Sätze 1 und 2 ist auch dann freiberuflich tätig, wenn er sich der Mithilfe fachlich vorgebildeter Arbeitskräfte bedient; Voraussetzung ist, daß er auf Grund eigener Fachkenntnisse leitend und eigenverantwortlich tätig wird. ⁴Eine Vertretung im Fall vorübergehender Verhinderung steht der Annahme einer leitenden und eigenverantwortlichen Tätigkeit nicht entgegen;

S 2247 2. Einkünfte der Einnehmer einer staatlichen Lotterie, wenn sie nicht Einkünfte aus Gewerbebetrieb sind;

S 2248 3. Einkünfte aus sonstiger selbständiger Arbeit, z. B. Vergütungen für die Vollstreckung von Testamenten, für Vermögensverwaltung und für die Tätigkeit als Aufsichtsratsmitglied.

(2) Einkünfte nach Absatz 1 sind auch dann steuerpflichtig, wenn es sich nur um eine vorübergehende Tätigkeit handelt.

S 2249 (3) ¹Zu den Einkünften aus selbständiger Arbeit gehört auch der Gewinn, der bei der Veräußerung des Vermögens oder eines selbständigen Teils des Vermögens oder eines Anteils am Vermögen erzielt wird, das der selbständigen Arbeit dient. ²§ 16 Abs. 1 Nr. 1 letzter Halbsatz und Abs. 2 bis 4 gilt entsprechend.

(4) § 15 Abs. 1 Satz 1 Nr. 2 und Abs. 2 Satz 2 und 3 und § 15a sind entsprechend anzuwenden.¹⁾

R 142 **142. Aufzeichnungspflicht und Buchführungspflicht von Angehörigen der freien Berufe**

S 2132b
S 2142b – unbesetzt –
S 2165

H 142 **Hinweise**

Aufzeichnungspflicht

Eine Aufzeichnungspflicht von Angehörigen der freien Berufe kann sich z. B. ergeben aus:
– § 6 Abs. 2 EStG bei GWG,
– § 6c EStG bei Gewinnen aus der Veräußerung bestimmter Anlagegüter,
– § 7a Abs. 8 EStG bei erhöhten Absetzungen und Sonderabschreibungen,
– § 7g Abs. 3 Nr. 3 i.V.m. Abs. 6 EStG bei Ansparabschreibungen,
– § 41 EStG, Aufzeichnungspflichten beim Lohnsteuerabzug,
– § 22 UStG.

Buchführung

Werden freiwillig Bücher geführt und regelmäßig Abschlüsse gemacht, ist der Gewinn nach § 4 Abs. 1 EStG zu ermitteln. Ein nicht buchführungspflichtiger Steuerpflichtiger, der nur Aufzeichnungen über Einnahmen und Ausgaben fertigt, kann nicht verlangen, daß sein Gewinn nach § 4 Abs. 1 EStG ermittelt wird (→ BFH vom 2.3.1978 – BStBl II S. 431). Zur Gewinnermittlung → R 12 bis R 18.

---

¹⁾ Anm.: Durch das Steuerentlastungsgesetz 1999/2000/2002 wurde Absatz 4 mit Wirkung ab dem VZ 1999 wie folgt gefaßt:
„(4) ¹§ 13 Abs. 5 gilt entsprechend, sofern das Grundstück im Veranlagungszeitraum 1986 zu einem der selbständigen Arbeit dienenden Betriebsvermögen gehört hat. ²§ 15 Abs. 1 Satz 1 Nr. 2 und Abs. 2 Satz 2 und 3 und § 15a sind entsprechend anzuwenden."

143. Betriebsvermögen

– unbesetzt –

Hinweise

Betriebsausgabenpauschale

Betriebsausgabenpauschale bei hauptberuflicher selbständiger, schriftstellerischer oder journalistischer Tätigkeit, aus wissenschaftlicher, künstlerischer und schriftstellerischer Nebentätigkeit sowie aus nebenamtlicher Lehr- und Prüfungstätigkeit:

Es ist nicht zu beanstanden, wenn bei der Ermittlung der vorbezeichneten Einkünfte die Betriebsausgaben wie folgt pauschaliert werden:

a) bei hauptberuflicher selbständiger schriftstellerischer oder journalistischer Tätigkeit auf 30 v. H. der Betriebseinnahmen aus dieser Tätigkeit, höchstens jedoch 4.800 DM jährlich,

b) bei wissenschaftlicher, künstlerischer oder schriftstellerischer Nebentätigkeit (auch Vortrags- oder nebenberufliche Lehr- und Prüfungstätigkeit), soweit es sich nicht um eine Tätigkeit im Sinne des § 3 Nr. 26 EStG handelt, auf 25 v. H. der Betriebseinnahmen aus dieser Tätigkeit, höchstens jedoch 1.200 DM jährlich. Der Höchstbetrag von 1.200 DM kann für alle Nebentätigkeiten, die unter die Vereinfachungsregelung fallen, nur einmal gewährt werden.

Es bleibt den Steuerpflichtigen unbenommen, etwaige höhere Betriebsausgaben nachzuweisen.

(→ BMF vom 21.1.1994 – BStBl I S. 112).

Betriebsvermögen

Ein Wirtschaftsgut kann nur dann zum freiberuflichen Betriebsvermögen gehören, wenn zwischen dem Betrieb oder Beruf und dem Wirtschaftsgut eine objektive Beziehung besteht; das Wirtschaftsgut muß bestimmt und geeignet sein, dem Betrieb zu dienen bzw. ihn zu fördern. Wirtschaftsgüter, die der freiberuflichen Tätigkeit wesensfremd sind und bei denen eine sachliche Beziehung zum Betrieb fehlt, sind kein Betriebsvermögen (→ BFH vom 14.11.1985 – BStBl 1986 II S. 182). Der Umfang des Betriebsvermögens wird durch die Erfordernisse des Berufs begrenzt; selbst ein bilanzierender Angehöriger der freien Berufe kann nicht in demselben Umfang gewillkürtes Betriebsvermögen bilden wie ein Gewerbetreibender → Geldgeschäfte (BFH vom 24.8.1989 – BStBl 1990 II S. 17).

Bürgschaft

Bürgschaftsaufwendungen eines Freiberuflers können ausnahmsweise Betriebsausgaben darstellen, wenn ein Zusammenhang mit anderen Einkünften ausscheidet und nachgewiesen wird, daß die Bürgschaftszusage ausschließlich aus betrieblichen Gründen erteilt wurde (→ BFH vom 24.8.1989 – BStBl 1990 II S. 17).

Geldgeschäfte

Geldgeschäfte sind bei Angehörigen der freien Berufe in der Regel nicht betrieblich veranlaßt, weil sie nicht dem Berufsbild eines freien Berufes entsprechen. Nur in Ausnahmefällen kann die Eingehung von Geldgeschäften als Hilfstätigkeit zur freiberuflichen Tätigkeit anzusehen sein.

1. Betriebliche Veranlassung kann z. B. vorliegen bei:
   + Darlehnsgewährung eines Steuerberaters zur Rettung von Honorarforderungen (→ BFH vom 22.4.1980 – BStBl II S. 571),
   + Beteiligung eines Baustatikers an einer Wohnungsbau-AG (→ BFH vom 23.11.1978 – BStBl 1979 II S. 109),
   + Beteiligung eines Architekten an einer Bauträgergesellschaft, sofern dies unerläßliche Voraussetzung für die freiberufliche Tätigkeit ist (→ BFH vom 14.1.1982 – BStBl II S. 345),
   + → Bürgschaft.

2. Betriebliche Veranlassung liegt z. B. nicht vor, wenn:
- ein Rechtsanwalt, Notar oder Steuerberater ein Geldgeschäft tätigt, um einen Mandanten neu zu gewinnen oder zu erhalten (→ BFH vom 22.1.1981 – BStBl II S. 564),
- sich ein Steuerberater zusammen mit einem Mandanten auf dessen Veranlassung an einer Kapitalgesellschaft beteiligt, deren Unternehmensgegenstand der freiberuflichen Betätigung wesensfremd ist, und der Beteiligung wirtschaftliches Eigengewicht beizumessen ist (→ BFH vom 23.5.1985 – BStBl II S. 517),
- ein Rechtsanwalt als Versicherungsnehmer und Versicherungsempfänger im Erlebensfall eine Lebensversicherung auf sein Leben oder das seines Sozius abschließt (→ BFH vom 21.5.1987 – BStBl II S. 710).

Leibrente
Eine Leibrente als Gegenleistung für anwaltliche Betreuung ist den Einkünften aus freiberuflicher Tätigkeit zuzurechnen (→ BFH vom 26.3.1987 – BStBl II S. 597).

R 144

144. Beiträge der Ärzte zu Versorgungseinrichtungen und zum Fürsorgefonds der Ärztekammern

S 2245

– unbesetzt –

H 144

Hinweise

Versorgungskasse
Besondere Zuschläge für einen Fürsorgefonds sind Betriebsausgaben, wenn die berufstätigen Ärzte keinerlei Rechte auf Leistungen aus dem Fürsorgefonds haben. Beiträge an die berufsständische Versorgungskasse zur Erlangung einer späteren Altersversorgung oder anderer Versorgungsansprüche sind Sonderausgaben (→ BFH vom 13.4.1972 – BStBl II S. 728). Wegen der Behandlung als Sonderausgaben → H 88.

R 145

145.

– unbesetzt –

R 146

146. Abgrenzung der selbständigen Arbeit gegenüber der nichtselbständigen Arbeit

¹Die Betriebsärzte, die Knappschaftsärzte, die nicht voll beschäftigten Hilfsärzte bei den Gesundheitsämtern, die Vertragsärzte und die Vertragstierärzte der Bundeswehr, die Vertrauensärzte der Deutsche Bahn AG und andere Vertragsärzte in ähnlichen Fällen üben in der Regel neben der bezeichneten vertraglichen Tätigkeit eine eigene Praxis aus. ²Die Vergütungen aus dem Vertragsverhältnis gehören deshalb regelmäßig zu den Einkünften aus selbständiger Arbeit. ³Das gleiche gilt, wenn die bezeichneten Ärzte keine eigene Praxis ausüben, es sei denn, daß besondere Umstände vorliegen, die für die Annahme einer nichtselbständigen Tätigkeit sprechen.

Hinweise

Allgemein

→ R 134 (Selbständigkeit)

→ A 67 LStR (Arbeitnehmer)

→ A 68 LStR (Nebentätigkeit und Aushilfstätigkeit)

Beispiele für selbständige Nebentätigkeit

– Beamter als Vortragender an einer Hochschule, Volkshochschule, Verwaltungsakademie oder bei Vortragsreihen ohne festen Lehrplan,

– Landwirt als amtlich bestellter Viehwieger,

– Rechtsanwalt als Honorarprofessor ohne Lehrauftrag.

Die Einkünfte aus einer solchen Tätigkeit gehören in der Regel zu den Einkünften aus selbständiger Arbeit im Sinne des § 18 Abs. 1 Nr. 1 EStG (→ BFH vom 4.10.1984 – BStBl 1985 II S. 51).

Lehrtätigkeit

Die nebenberufliche Lehrtätigkeit von Handwerksmeistern an Berufs- und Meisterschulen ist in der Regel als Ausübung eines freien Berufs anzusehen, wenn sich die Lehrtätigkeit ohne besondere Schwierigkeit von der Haupttätigkeit trennen läßt.

Prüfungstätigkeit

Als Nebentätigkeit in der Regel als Ausübung eines freien Berufs anzusehen (→ BFH vom 14.3. und 2.4.1958 – BStBl III S. 255, 293).

147. Veräußerungsgewinn nach § 18 Abs. 3 EStG

Allgemeines

(1) ^{1}Bei einer → Veräußerung oder Aufgabe im Sinne des § 18 Abs. 3 EStG gelten die Ausführungen in R 139 entsprechend. ^{2}Im Fall der → Veräußerung einer freiberuflichen Praxis gegen eine Leibrente kann der Steuerpflichtige zwischen der sofortigen Versteuerung des Veräußerungsgewinns und einer Versteuerung der laufenden Rentenbezüge wählen → R 139 Abs. 11.

Einbringung

(2) Bei Einbringung einer freiberuflichen Praxis in eine Personengesellschaft ist § 24 UmwStG anzuwenden.

Aufgabe

(3) Eine Aufgabe einer selbständigen Tätigkeit ist dann anzunehmen, wenn sie der betreffende Steuerpflichtige mit dem Entschluß einstellt, die Tätigkeit weder fortzusetzen noch das dazugehörende Vermögen an Dritte zu übertragen.

Freibetrag

(4) Die Gewährung des Freibetrags nach § 18 Abs. 3 i.V.m. § 16 Abs. 4 EStG ist ausgeschlossen, wenn dem Steuerpflichtigen für eine Veräußerung oder Aufgabe, die nach dem 31.12.1995 erfolgt ist, ein Freibetrag nach § 14 Satz 2, § 16 Abs. 4 oder § 18 Abs. 3 EStG bereits gewährt worden ist.

Hinweise

Einbringungsgewinn

- Ausgleichszahlung für die Einbringung einer Anwaltspraxis in eine Sozietät ist dann nicht steuerbegünstigt, wenn nicht alle stille Reserven der Praxis aufgedeckt werden (→ BFH vom 5.4.1984 – BStBl II S. 518).

- Bei einer Einbringung nach § 24 UmwStG besteht die Möglichkeit des Teilwertansatzes und der steuerbegünstigten Auflösung sämtlicher stiller Reserven auch dann, wenn der Einbringende und die aufnehmende Gesellschaft ihren Gewinn nach § 4 Abs. 3 EStG ermitteln. Die steuerliche Begünstigung des Einbringungsgewinns setzt voraus, daß der → Einbringungsgewinn auf der Grundlage einer → Einbringungs- und einer Eröffnungsbilanz ermittelt worden ist (→ BFH vom 5.4.1984 – BStBl II S. 518); siehe auch R 16 Abs. 7 Satz 2.

Gesellschaftereintritt in bestehende freiberufliche Sozietät

§ 24 UmwStG umfaßt auch die Aufnahme weiterer Gesellschafter (→ BFH vom 23.5.1985 – BStBl II S. 695).

Veräußerung

1. **Einzelunternehmen**

   a) Veräußerung im Sinne des § 18 Abs. 3 EStG

   Eine Veräußerung im Sinne des § 18 Abs. 3 EStG liegt vor, wenn die für die Ausübung wesentlichen wirtschaftlichen Grundlagen, insbesondere die immateriellen Wirtschaftsgüter wie Mandantenstamm und Praxiswert, entgeltlich auf einen anderen übertragen werden. Die freiberufliche Tätigkeit in dem bisherigen örtlichen Wirkungskreis muß wenigstens für eine gewisse Zeit eingestellt werden. Unschädlich ist es, wenn der Veräußerer nach der Veräußerung frühere Mandanten auf Rechnung und im Namen des Erwerbers berät oder eine nichtselbständige Tätigkeit in der Praxis des Erwerbers ausübt (→ BFH vom 18.5.1994 – BStBl II S. 925). Ebenfalls unschädlich ist auch die Fortführung einer freiberuflichen Tätigkeit in geringem Umfang, wenn die darauf entfallenden Umsätze in den letzten drei Jahren weniger als 10 v. H. der gesamten Einnahmen ausmachten (→ BFH vom 7.11.1991 – BStBl 1992 II S. 457 und vom 29.10.1992 – BStBl 1993 II S. 182).

   Die Frage, ob die entgeltliche Aufnahme eines Sozius in eine Einzelpraxis als Veräußerung i. S. d. § 18 Abs. 3 EStG zu beurteilen ist, wurde dem Großen Senat des BFH (Az: GrS 2/98) zur Entscheidung vorgelegt (→ BFH vom 22.4.1998 – BStBl II S. 475).

   b) Keine Veräußerung im Sinne des § 18 Abs. 3 EStG

   Eine Veräußerung im Sinne des § 18 Abs. 3 EStG liegt nicht vor, wenn

   - ein Steuerberater von seiner einheitlichen Praxis den Teil veräußert, der lediglich in der Erledigung von Buchführungsarbeiten bestanden hat (→ BFH vom 14.5.1970 – BStBl II S. 566),

   - ein Steuerbevollmächtigter, der am selben Ort in einem einheitlichen örtlichen Wirkungskreis, jedoch in organisatorisch getrennten Büros, eine landwirtschaftliche Buchstelle und eine Steuerpraxis für Gewerbetreibende betreibt, die Steuerpraxis für Gewerbetreibende veräußert (→ BFH vom 27.4.1978 – BStBl II S. 562)

   - ein unheilbar erkrankter Ingenieur aus diesem Grunde sein technisches Spezialwissen und seine Berufserfahrung entgeltlich auf seinen einzigen Kunden überträgt (→ BFH vom 26.4.1995 – BStBl 1996 II S. 4).

2. **Personengesellschaften**

   Veräußert ein Freiberufler einen **„Teil"** seines Mitunternehmeranteils an einer freiberuflich tätigen Personengesellschaft, findet § 18 Abs. 3 EStG Anwendung. In diesem Fall ist die Einstellung der freiberuflichen Tätigkeit im bisherigen Wirkungskreis wenigstens für eine gewisse Zeit keine Voraussetzung für die Anwendung des § 18 Abs. 3 EStG (→ BFH vom 14.9.1994 – BStBl 1995 II S. 407). Wird der **gesamte Mitunternehmeranteil** an einer freiberuflich tätigen Personengesellschaft veräußert, muß die Tätigkeit im bisherigen Wirkungskreis dagegen für eine gewisse Zeit eingestellt werden (→ BFH vom 23.1.1997 – BStBl II S. 498).

3. **Teilbetrieb**
Keine Teilbetriebsveräußerung bei Veräußerung der „Großtierpraxis" und Rückbehalt der „Kleintierpraxis" (→ BFH vom 29.10.1992 – BStBl 1993 II S. 182).

4. **Tod des Praxisinhabers**
Es ist nicht möglich, den Tod eines Steuerpflichtigen als „dauernde Berufsunfähigkeit" zu werten (→ BFH vom 29.4.1982 – BStBl 1985 II S. 204).

Verpachtung
Beim Tod des Freiberuflers führt die vorübergehende Verpachtung einer freiberuflichen Praxis durch den Erben oder Vermächtnisnehmer bei fehlender Betriebsaufgabeerklärung nicht zur Betriebsaufgabe, wenn der Rechtsnachfolger in Begriff ist, die für die beabsichtigte Praxisfortführung erforderliche freiberufliche Qualifikation zu erlangen (→ BFH vom 12.3.1992 – BStBl 1993 II S. 36).

148.

– unbesetzt –

R 148

149. Einkommensteuerrechtliche Behandlung der Erfinder

R 149

¹Planmäßige Erfindertätigkeit ist in der Regel freie Berufstätigkeit im Sinne des § 18 Abs. 1 Nr. 1 EStG,¹) soweit die Erfindertätigkeit nicht im Rahmen eines Betriebs der Land- und Forstwirtschaft oder eines Gewerbebetriebs ausgeübt wird. ²Wird die Erfindertätigkeit im Rahmen eines Arbeitsverhältnisses ausgeübt, dann ist der Arbeitnehmer als freier Erfinder zu behandeln, soweit er die Erfindung außerhalb seines Arbeitsverhältnisses verwertet. ³Eine Verwertung außerhalb des Arbeitsverhältnisses ist auch anzunehmen, wenn ein Arbeitnehmer eine frei gewordene Diensterfindung seinem Arbeitgeber zur Auswertung überläßt, sofern der Verzicht des Arbeitgebers nicht als Verstoß gegen § 42 AO anzusehen ist.

Hinweise

H 149

Gewinnerzielungsabsicht
Verluste über einen längeren Zeitraum sind für sich allein noch kein ausreichendes Beweisanzeichen für fehlende Gewinnerzielungsabsicht (→ BFH vom 14.3.1985 – BStBl II S. 424).

Patentveräußerung gegen Leibrente
a) durch **Erben** des Erfinders:
Veräußert der Erbe die vom Erblasser als freiberuflichem Erfinder entwickelten Patente gegen Leibrente, so ist die Rente, sobald sie den Buchwert der Patente übersteigt, als laufende Betriebseinnahme und nicht als private Veräußerungsrente nur mit dem Ertragsanteil zu versteuern, es sei denn, daß die Patente durch eindeutige Entnahme vor der Veräußerung in das Privatvermögen überführt worden waren (→ BFH vom 7.10.1965 – BStBl III S. 666).
b) bei anschließender Wohnsitzverlegung ins **Ausland**:
Laufende Rentenzahlungen können als nachträglich erzielte Einkünfte aus selbständiger Arbeit im Inland steuerpflichtig sein (→ BFH vom 28.3.1984 – BStBl II S. 664).

---
¹) Anm.: → BFH vom 19.2.1967 (BStBl III S. 310) und vom 14.3.1985 (BStBl II S. 424).

Planmäßige Erfindertätigkeit
Keine „Zufallserfindung", sondern eine planmäßige (nachhaltige) Erfindertätigkeit liegt vor, wenn es nach einem spontan geborenen Gedanken weiterer Tätigkeiten bedarf, um die Erfindung bis zur Verwertungsreife zu fördern (→ BFH vom 18.6.1998 – BStBl II S. 567).

---

d) Nichtselbständige Arbeit (§ 2 Abs. 1 Satz 1 Nr. 4)

EStG

§ 19

S 2203

(1) ¹Zu den Einkünften aus nichtselbständiger Arbeit gehören

S 2330–
S 2345

1. Gehälter, Löhne, Gratifikationen, Tantiemen und andere Bezüge und Vorteile, die für eine Beschäftigung im öffentlichen oder privaten Dienst gewährt werden;
2. Wartegelder, Ruhegelder, Witwen- und Waisengelder und andere Bezüge und Vorteile aus früheren Dienstleistungen.

²Es ist gleichgültig, ob es sich um laufende oder um einmalige Bezüge handelt und ob ein Rechtsanspruch auf sie besteht.

S 2345

(2) ¹Von Versorgungsbezügen bleibt ein Betrag in Höhe von 40 vom Hundert dieser Bezüge, höchstens jedoch insgesamt ein Betrag von 6.000 Deutsche Mark im Veranlagungszeitraum, steuerfrei (Versorgungs-Freibetrag). ²Versorgungsbezüge sind Bezüge und Vorteile aus früheren Dienstleistungen, die

1. als Ruhegehalt, Witwen- oder Waisengeld, Unterhaltsbeitrag oder als gleichartiger Bezug
   a) auf Grund beamtenrechtlicher oder entsprechender gesetzlicher Vorschriften,
   b) nach beamtenrechtlichen Grundsätzen von Körperschaften, Anstalten oder Stiftungen des öffentlichen Rechts oder öffentlich-rechtlichen Verbänden von Körperschaften

   oder

2. in anderen Fällen wegen Erreichens einer Altersgrenze, Berufsunfähigkeit, Erwerbsunfähigkeit oder als Hinterbliebenenbezüge gewährt werden; Bezüge, die wegen Erreichens einer Altersgrenze gewährt werden, gelten erst dann als Versorgungsbezüge, wenn der Steuerpflichtige das 62. Lebensjahr oder, wenn er Schwerbehinderter ist, das 60. Lebensjahr vollendet hat.

R 150

150. Allgemeines zu den Einkünften aus nichtselbständiger Arbeit

S 2203

Die Anordnungen, die in den Vorschriften über den Steuerabzug vom Arbeitslohn (Lohnsteuer) und in den dazu ergangenen Lohnsteuer-Richtlinien über die Ermittlung der Einkünfte aus nichtselbständiger Arbeit enthalten sind, gelten entsprechend auch für die Veranlagung zur Einkommensteuer.¹)

R 151–152

151.–152.

– unbesetzt –

---

¹) Anm.: → Lohnsteuer-Handausgabe.

§ 19a
Überlassung von Vermögensbeteiligungen an Arbeitnehmer

(1) ¹Erhält ein Arbeitnehmer im Rahmen eines gegenwärtigen Dienstverhältnisses unentgeltlich oder verbilligt Sachbezüge in Form von Kapitalbeteiligungen oder Darlehnsforderungen (Vermögensbeteiligungen) nach Absatz 3, so ist der Vorteil steuerfrei, soweit er nicht höher als der halbe Wert der Vermögensbeteiligung (Absatz 8) ist und insgesamt 300 Deutsche Mark im Kalenderjahr nicht übersteigt. ²Voraussetzung ist die Vereinbarung, daß Vermögensbeteiligungen im Sinne des Absatzes 3 Nr. 1 bis 6 unverzüglich nach ihrer Überlassung bis zum Ablauf einer Frist von sechs Jahren (Sperrfrist) festgelegt werden und über Vermögensbeteiligungen im Sinne des Absatzes 3 bis zum Ablauf der Sperrfrist nicht durch Rückzahlung, Abtretung, Beleihung oder in anderer Weise verfügt wird.

(2) ¹Die Sperrfrist beginnt am 1. Januar des Kalenderjahrs, in dem der Arbeitnehmer die Vermögensbeteiligung erhalten hat. ²Wird vor Ablauf der Sperrfrist über eine Vermögensbeteiligung verfügt oder die Festlegung einer Vermögensbeteiligung aufgehoben, so ist eine Nachversteuerung durchzuführen. ³Für die nachzufordernde Lohnsteuer haftet der Arbeitgeber oder das Kreditinstitut bis zu der sich aus der Rechtsverordnung nach Absatz 9 Nr. 4 ergebenden Höhe, wenn die in der Rechtsverordnung nach Absatz 9 Nr. 2 bestimmten Anzeigepflichten verletzt werden. ⁴Die Nachversteuerung unterbleibt, wenn die Sperrfrist nicht eingehalten wird, weil der Arbeitnehmer das Umtausch- oder Abfindungsangebot eines Wertpapier-Emittenten angenommen hat, weil Wertpapiere dem Aussteller nach Auslosung oder Kündigung durch den Aussteller zur Einlösung vorgelegt worden sind oder weil die Vermögensbeteiligung im Sinne des Absatzes 3 ohne Mitwirkung des Arbeitnehmers wertlos geworden ist. ⁵Eine vorzeitige Verfügung oder Aufhebung der Festlegung ist unschädlich, wenn

1. der Arbeitnehmer oder sein von ihm nicht dauernd getrennt lebender Ehegatte nach Erhalt der Vermögensbeteiligung gestorben oder völlig erwerbsunfähig geworden ist oder

2. der Arbeitnehmer nach Erhalt der Vermögensbeteiligung, aber vor der vorzeitigen Verfügung oder der vorzeitigen Aufhebung der Festlegung geheiratet hat und im Zeitpunkt der vorzeitigen Verfügung oder der vorzeitigen Aufhebung der Festlegung mindestens zwei Jahre seit Beginn der Sperrfrist vergangen sind oder

3. der Arbeitnehmer nach Erhalt der Vermögensbeteiligung arbeitslos geworden ist und die Arbeitslosigkeit mindestens ein Jahr lang ununterbrochen bestanden hat und im Zeitpunkt der vorzeitigen Verfügung oder der vorzeitigen Aufhebung der Festlegung noch besteht oder

4. (weggefallen)

5. der Arbeitnehmer nach Erhalt der Vermögensbeteiligung unter Aufgabe der nichtselbständigen Arbeit eine Erwerbstätigkeit, die nach § 138 Abs. 1 der Abgabenordnung der Gemeinde mitzuteilen ist, aufgenommen hat oder

6. Vermögensbeteiligungen im Sinne des Absatzes 3 Nr. 1 bis 6, die auf Grund eines Sparvertrags über Wertpapiere oder andere Vermögensbeteiligungen im Sinne des § 4 Abs. 1 des Fünften Vermögensbildungsgesetzes erworben worden sind, vor Ablauf der Sperrfrist unter Wiederverwendung des Erlöses zum Erwerb von Vermögensbeteiligungen im Sinne des Absatzes 3 Nr. 1 bis 6 veräußert werden; § 4 Abs. 4 Nr. 6 des Fünften Vermögensbildungsgesetzes ist entsprechend anzuwenden.

(3) Vermögensbeteiligungen sind

1. Aktien, die vom Arbeitgeber ausgegeben werden oder an einer deutschen Börse zum amtlichen Handel oder zum geregelten Markt zugelassen oder in den Freiverkehr einbezogen sind,

2. Wandelschuldverschreibungen, die vom Arbeitgeber ausgegeben werden oder an einer deutschen Börse zum amtlichen Handel oder zum geregelten Markt zugelassen oder in den Freiverkehr einbezogen sind, sowie Gewinnschuldverschreibungen, die vom Arbeitgeber ausgegeben werden, wenn im Fall von Namensschuldverschreibungen des Arbeitgebers auf dessen Kosten die Ansprüche des Arbeitnehmers aus der Schuldverschreibung durch ein Kreditinstitut verbürgt oder durch ein Versicherungs-

§ 19a EStG

unternehmen privatrechtlich gesichert sind und das Kreditinstitut oder Versicherungsunternehmen im Geltungsbereich dieses Gesetzes zum Geschäftsbetrieb befugt ist,

3. Genußscheine, die vom Arbeitgeber als Wertpapiere ausgegeben werden oder an einer deutschen Börse zum amtlichen Handel oder zum geregelten Markt zugelassen oder in den Freiverkehr einbezogen sind und von Unternehmen mit Sitz und Geschäftsleitung im Geltungsbereich dieses Gesetzes, die keine Kreditinstitute sind, ausgegeben werden, wenn mit den Genußscheinen das Recht am Gewinn eines Unternehmens verbunden ist und der Arbeitnehmer nicht als Mitunternehmer im Sinne des § 15 Abs. 1 Satz 1 Nr. 2 anzusehen ist,

4. Anteilscheine an einem Wertpapier-Sondervermögen, die von Kapitalanlagegesellschaften im Sinne des Gesetzes über Kapitalanlagegesellschaften ausgegeben werden, wenn nach dem Rechenschaftsbericht für das vorletzte Geschäftsjahr vor dem Jahr des Erhalts des Anteilscheins der Wert der Aktien in diesem Wertpapier-Sondervermögen 70 vom Hundert des Werts der in diesem Sondervermögen befindlichen Wertpapiere nicht unterschreitet; für neu aufgelegte Wertpapier-Sondervermögen ist für das erste und zweite Geschäftsjahr der erste Rechenschaftsbericht oder der erste Halbjahresbericht nach Auflegung des Sondervermögens maßgebend,

5. Anteilscheine an einem Beteiligungs-Sondervermögen, die von Kapitalanlagegesellschaften im Sinne des Gesetzes über Kapitalanlagegesellschaften ausgegeben werden, wenn nach dem Rechenschaftsbericht für das vorletzte Geschäftsjahr vor dem Jahr des Erhalts des Anteilscheins der Wert der Aktien und der stillen Beteiligungen in diesem Beteiligungs-Sondervermögen 70 vom Hundert des Werts der in diesem Sondervermögen befindlichen Wertpapiere und stillen Beteiligungen nicht unterschreitet; für neu aufgelegte Beteiligungs-Sondervermögen ist für das erste und zweite Geschäftsjahr der erste Rechenschaftsbericht oder der erste Halbjahresbericht nach Auflegung des Sondervermögens maßgebend,

6. Anteilscheine an einem ausländischen Recht unterstehenden Vermögen aus Wertpapieren, wenn die Anteilscheine nach dem Auslandinvestment-Gesetz im Wege des öffentlichen Anbietens, der öffentlichen Werbung oder in ähnlicher Weise vertrieben werden dürfen und nach dem gemäß § 4 Abs. 1 Nr. 1 oder § 15b *Abs. 1* Satz 1 des Auslandinvestment-Gesetzes veröffentlichten Rechenschaftsbericht für das vorletzte Geschäftsjahr vor dem Jahr des Erhalts des Anteilscheins der Wert der Aktien in diesem Vermögen 70 vom Hundert des Werts der in diesem Vermögen befindlichen Wertpapiere nicht unterschreitet; beim Erwerb verbriefter EG-Investmentanteile gemäß § 15 des Auslandinvestment-Gesetzes ist für neu aufgelegte Vermögen aus Wertpapieren für das erste und zweite Geschäftsjahr der erste Rechenschaftsbericht oder der erste Halbjahresbericht nach Auflegung des Vermögens maßgebend,

7. Geschäftsguthaben bei einer Genossenschaft mit Sitz und Geschäftsleitung im Geltungsbereich dieses Gesetzes, wenn die Genossenschaft das Unternehmen des Arbeitgebers oder ein Kreditinstitut oder eine Bau- oder Wohnungsgenossenschaft im Sinne des § 2 Abs. 1 Nr. 2 des Wohnungsbau-Prämiengesetzes ist, die zum Zeitpunkt der Begründung oder des Erwerbs des Geschäftsguthabens seit mindestens drei Jahren im Genossenschaftsregister ohne wesentliche Änderung ihres Unternehmensgegenstandes eingetragen und nicht aufgelöst ist oder Sitz und Geschäftsleitung in dem in Artikel 3 des Einigungsvertrages genannten Gebiet hat und dort entweder am 1. Juli 1990 als Arbeiterwohnungsbaugenossenschaft, Gemeinnützige Wohnungsbaugenossenschaft oder sonstige Wohnungsbaugenossenschaft bestanden oder einen nicht unwesentlichen Teil von Wohnungen aus dem Bestand einer solchen Bau- oder Wohnungsgenossenschaft erworben hat,

8. Stammeinlagen oder Geschäftsanteile an einer Gesellschaft mit beschränkter Haftung mit Sitz und Geschäftsleitung im Geltungsbereich dieses Gesetzes, wenn die Gesellschaft das Unternehmen des Arbeitgebers ist,

9. Beteiligungen als stiller Gesellschafter im Sinne des § 230 des Handelsgesetzbuchs am Unternehmen des Arbeitgebers mit Sitz und Geschäftsleitung im Geltungsbereich dieses Gesetzes, wenn der Arbeitnehmer nicht als Mitunternehmer im Sinne des § 15 Abs. 1 Satz 1 Nr. 2 anzusehen ist,

10. Darlehnsforderungen gegen den Arbeitgeber, wenn auf dessen Kosten die Ansprüche des Arbeitnehmers aus dem Darlehnsvertrag durch ein Kreditinstitut verbürgt oder

durch ein Versicherungsunternehmen privatrechtlich gesichert sind und das Kreditinstitut oder Versicherungsunternehmen im Geltungsbereich dieses Gesetzes zum Geschäftsbetrieb befugt ist,

11. Genußrechte am Unternehmen des Arbeitgebers mit Sitz und Geschäftsleitung im Geltungsbereich dieses Gesetzes, wenn damit das Recht am Gewinn dieses Unternehmens verbunden ist, der Arbeitnehmer nicht als Mitunternehmer im Sinne des § 15 Abs. 1 Satz 1 Nr. 2 anzusehen ist und über die Genußrechte keine Genußscheine nach Nummer 3 ausgegeben werden.

(3a) ¹Aktien, Wandelschuldverschreibungen, Gewinnschuldverschreibungen oder Genußscheine eines Unternehmens, das im Sinne des § 18 Abs. 1 des Aktiengesetzes als herrschendes Unternehmen mit dem Unternehmen des Arbeitgebers verbunden ist, stehen Aktien, Gewinnschuldverschreibungen oder Genußscheinen gleich, die vom Arbeitgeber ausgegeben werden. ²Ein Geschäftsguthaben bei einer Genossenschaft mit Sitz und Geschäftsleitung im Geltungsbereich dieses Gesetzes, die im Sinne des § 18 Abs. 1 des Aktiengesetzes als herrschendes Unternehmen mit dem Unternehmen des Arbeitgebers verbunden ist, steht einem Geschäftsguthaben bei einer Genossenschaft, die das Unternehmen des Arbeitgebers ist, gleich. ³Eine Stammeinlage oder ein Geschäftsanteil an einer Gesellschaft mit beschränkter Haftung mit Sitz und Geschäftsleitung im Geltungsbereich dieses Gesetzes, die im Sinne des § 18 Abs. 1 des Aktiengesetzes als herrschendes Unternehmen mit dem Unternehmen des Arbeitgebers verbunden ist, stehen einer Stammeinlage oder einem Geschäftsanteil an einer Gesellschaft, die das Unternehmen des Arbeitgebers ist, gleich. ⁴Eine Beteiligung als stiller Gesellschafter an einem Unternehmen mit Sitz und Geschäftsleitung im Geltungsbereich dieses Gesetzes, das im Sinne des § 18 Abs. 1 des Aktiengesetzes als herrschendes Unternehmen mit dem Unternehmen des Arbeitgebers verbunden ist oder das auf Grund eines Vertrags mit dem Arbeitgeber an dessen Unternehmen gesellschaftsrechtlich beteiligt ist, steht einer Beteiligung als stiller Gesellschafter am Unternehmen des Arbeitgebers gleich. ⁵Eine Darlehensforderung gegen ein Unternehmen mit Sitz und Geschäftsleitung im Geltungsbereich dieses Gesetzes, das im Sinne des § 18 Abs. 1 des Aktiengesetzes als herrschendes Unternehmen mit dem Unternehmen des Arbeitgebers verbunden ist, oder ein Genußrecht an einem solchen Unternehmen stehen einer Darlehensforderung gegen den Arbeitgeber oder einem Genußrecht am Unternehmen des Arbeitgebers gleich.

(4) Die Überlassung von Gewinnschuldverschreibungen im Sinne des Absatzes 3 Nr. 2, in denen neben der gewinnabhängigen Verzinsung eine gewinnunabhängige Mindestverzinsung zugesagt ist, ist nach Absatz 1 begünstigt, wenn

1. der Aussteller in der Gewinnschuldverschreibung erklärt, die gewinnunabhängige Mindestverzinsung werde im Regelfall die Hälfte der Gesamtverzinsung nicht überschreiten, oder

2. die gewinnunabhängige Mindestverzinsung zum Zeitpunkt der Ausgabe der Gewinnschuldverschreibung die Hälfte der Emissionsrendite festverzinslicher Wertpapiere nicht überschreitet, die in den Monatsberichten der Deutschen Bundesbank für den viertletzten Kalendermonat ausgewiesen wird, der dem Kalendermonat der Ausgabe vorausgeht.

(5) Die Überlassung von Genußscheinen im Sinne des Absatzes 3 Nr. 3 und von Genußrechten im Sinne des Absatzes 3 Nr. 11 ist nach Absatz 1 begünstigt, wenn eine Rückzahlung zum Nennwert nicht zugesagt ist; ist neben dem Recht am Gewinn eine gewinnunabhängige Mindestverzinsung zugesagt, gilt Absatz 4 entsprechend.

(6) Der Überlassung von Vermögensbeteiligungen nach Absatz 3 Nr. 3, 9 bis 11 bei einer Genossenschaft mit Sitz und Geschäftsleitung im Geltungsbereich dieses Gesetzes stehen § 19 und eine Festsetzung durch Statut nach § 20 des Gesetzes betreffend die Erwerbs- und Wirtschaftsgenossenschaften nicht entgegen.

(7) Werden Darlehnsforderungen nach Absatz 3 Nr. 10 in Tarifverträgen vereinbart, so kann der Arbeitgeber sich hiervon befreien, wenn er dem Arbeitnehmer anstelle der Darlehnsforderung eine andere gleichwertige Vermögensbeteiligung nach Absatz 3 zuwendet; sofern der Arbeitnehmer dies verlangt, sind dabei mindestens zwei verschiedene Formen der Vermögensbeteiligung nach Absatz 3 Nr. 1 bis 9 und 11, von denen mindestens eine keine Vermögensbeteiligung am Unternehmen des Arbeitgebers ist, zur Auswahl anzubieten.

(8) ¹Als Wert der Vermögensbeteiligung ist der gemeine Wert anzusetzen. ²Werden einem Arbeitnehmer Vermögensbeteiligungen im Sinne des Absatzes 3 Nr. 1 bis 3 überlassen, die am Tag der Beschlußfassung über die Überlassung an einer deutschen Börse zum amtlichen Handel zugelassen sind, so werden diese mit dem niedrigsten an diesem Tag für sie im amtlichen Handel notierten Kurs angesetzt, wenn am Tag der Überlassung nicht mehr als neun Monate seit dem Tag der Beschlußfassung über die Überlassung vergangen sind. ³Liegt am Tag der Beschlußfassung über die Überlassung eine Notierung nicht vor, so werden diese Vermögensbeteiligungen mit dem letzten innerhalb von 30 Tagen vor diesem Tag im amtlichen Handel notierten Kurs angesetzt. ⁴Die Sätze 2 und 3 gelten entsprechend für Vermögensbeteiligungen im Sinne des Absatzes 3 Nr. 1 bis 3, die zum geregelten Markt zugelassen oder in den geregelten Freiverkehr einbezogen sind. ⁵Sind am Tag der Überlassung von Vermögensbeteiligungen im Sinne des Absatzes 3 Nr. 1 bis 3 mehr als neun Monate seit dem Tag der Beschlußfassung über die Überlassung vergangen, so tritt an die Stelle des Tages der Beschlußfassung über die Überlassung im Sinne der Sätze 2 bis 4 der Tag der Überlassung. ⁶Der Wert von Vermögensbeteiligungen im Sinne des Absatzes 3 Nr. 4 bis 6 wird mit dem Ausgabepreis am Tag der Überlassung angesetzt. ⁷Der Wert von Vermögensbeteiligungen im Sinne des Absatzes 3 Nr. 7, 9, 10 und 11 wird mit dem Nennbetrag angesetzt, wenn nicht besondere Umstände einen höheren oder niedrigeren Wert begründen. ⁸Vermögensbeteiligungen im Sinne des Absatzes 3 Nr. 8 sind mit dem Wert anzusetzen, der vor dem Tag der Überlassung zuletzt nach § 11 Abs. 2 Satz 2 des Bewertungsgesetzes festzustellen ist oder war.

(9) Durch Rechtsverordnung können Vorschriften erlassen werden über

1. die Festlegung der Vermögensbeteiligungen nach Absatz 3 Nr. 1 bis 6 und die Art der Festlegung,
2. die Begründung von Aufzeichnungs- und Anzeigepflichten zum Zweck der Sicherung der Nachversteuerung,
3. die vorläufige Nachversteuerung im Laufe des Kalenderjahrs einer schädlichen Verfügung oder Aufhebung der Festlegung mit einem Pauschsteuersatz,
4. das Verfahren bei der abschließenden Nachversteuerung nach Ablauf des Kalenderjahrs einer schädlichen Verfügung oder Aufhebung der Festlegung.

e) Kapitalvermögen (§ 2 Abs. 1 Satz 1 Nr. 5)

EStG

§ 20

(1) Zu den Einkünften aus Kapitalvermögen gehören

1. Gewinnanteile (Dividenden), Ausbeuten und sonstige Bezüge aus Aktien, Kuxen, Genußrechten, mit denen das Recht am Gewinn und Liquidationserlös einer Kapitalgesellschaft verbunden ist, aus Anteilen an Gesellschaften mit beschränkter Haftung, an Erwerbs- und Wirtschaftsgenossenschaften sowie an bergbautreibenden Vereinigungen, die die Rechte einer juristischen Person haben. ²Zu den sonstigen Bezügen gehören auch verdeckte Gewinnausschüttungen. ³Die Bezüge gehören nicht zu den Einnahmen, soweit sie aus Ausschüttungen einer unbeschränkt steuerpflichtigen Körperschaft stammen, für die Eigenkapital im Sinne des § 30 Abs. 2 Nr. 4 des Körperschaftsteuergesetzes als verwendet gilt;

2. Bezüge, die auf Grund einer Kapitalherabsetzung oder nach der Auflösung unbeschränkt steuerpflichtiger Körperschaften oder Personenvereinigungen im Sinne der Nummer 1 anfallen, soweit bei diesen für Ausschüttungen verwendbares Eigenkapital im Sinne des § 29 des Körperschaftsteuergesetzes als verwendet gilt und die Bezüge nicht zu den Einnahmen im Sinne der Nummer 1 gehören. ²Nummer 1 Satz 3 gilt entsprechend;

3. die nach § 36 Abs. 2 Nr. 3 anzurechnende oder nach den §§ 36b bis 36e dieses Gesetzes oder nach § 52 des Körperschaftsteuergesetzes zu vergütende Körperschaftsteuer. ²Die anzurechnende oder zu vergütende Körperschaftsteuer gilt außer in den Fällen des § 36e dieses Gesetzes und des § 52 des Körperschaftsteuergesetzes als zusammen mit

den Einnahmen im Sinne der Nummern 1 oder 2 oder des Absatzes 2 Nr. 2 Buchstabe a bezogen;

4. Einnahmen aus der Beteiligung an einem Handelsgewerbe als stiller Gesellschafter und aus partiarischen Darlehen, es sei denn, daß der Gesellschafter oder Darlehnsgeber als Mitunternehmer anzusehen ist. ²Auf Anteile des stillen Gesellschafters am Verlust des Betriebs ist § 15a sinngemäß anzuwenden;
5. Zinsen aus Hypotheken und Grundschulden und Renten aus Rentenschulden. ²Bei Tilgungshypotheken und Tilgungsgrundschulden ist nur der Teil der Zahlungen anzusetzen, der als Zins auf den jeweiligen Kapitalrest entfällt;
6. außerrechnungsmäßige und rechnungsmäßige Zinsen aus den Sparanteilen, die in den Beiträgen zu Versicherungen auf den Erlebens- oder Todesfall enthalten sind. ²Dies gilt nicht für Zinsen aus Versicherungen im Sinne des § 10 Abs. 1 Nr. 2 Buchstabe b, die mit Beiträgen verrechnet oder im Versicherungsfall oder im Fall des Rückkaufs des Vertrags nach Ablauf von *zwölf* Jahren seit dem Vertragsabschluß ausgezahlt werden. ³Satz 2 gilt nicht in den Fällen des § 10 Abs. 1 Nr. 2 Buchstabe b Satz 5. ⁴Satz 2 gilt in den Fällen des § 10 Abs. 2 Satz 2 nur, wenn die Voraussetzungen für den Sonderausgabenabzug nach § 10 Abs. 2 Satz 2 Buchstabe a oder b erfüllt sind oder soweit bei Versicherungsverträgen Zinsen in Veranlagungszeiträumen gutgeschrieben werden, in denen Beiträge nach § 10 Abs. 2 Satz 2 Buchstabe c abgezogen werden können. ⁵Die Sätze 1 bis 4 sind auf Kapitalerträge aus fondsgebundenen Lebensversicherungen entsprechend anzuwenden;
7. Erträge aus sonstigen Kapitalforderungen jeder Art, wenn die Rückzahlung des Kapitalvermögens oder ein Entgelt für die Überlassung des Kapitalvermögens zur Nutzung zugesagt oder gewährt worden ist, auch wenn die Höhe des Entgelts von einem ungewissen Ereignis abhängt. ²Dies gilt unabhängig von der Bezeichnung und der zivilrechtlichen Ausgestaltung der Kapitalanlage;
8. Diskontbeträge von Wechseln und Anweisungen einschließlich der Schatzwechsel.

(2) ¹Zu den Einkünften aus Kapitalvermögen gehören auch
1. besondere Entgelte oder Vorteile, die neben den in den Absätzen 1 und 2 bezeichneten Einnahmen oder an deren Stelle gewährt werden;
2. Einnahmen aus der Veräußerung
   a) von Dividendenscheinen und sonstigen Ansprüchen durch den Inhaber des Stammrechts, wenn die dazugehörigen Aktien oder sonstigen Anteile nicht mitveräußert werden. ²Diese Besteuerung tritt an die Stelle der Besteuerung nach Absatz 1;
   b) von Zinsscheinen und Zinsforderungen durch den Inhaber oder ehemaligen Inhaber der Schuldverschreibung, wenn die dazugehörigen Schuldverschreibungen nicht mitveräußert werden. ²Entsprechendes gilt für die Einlösung von Zinsscheinen und Zinsforderungen durch den ehemaligen Inhaber der Schuldverschreibung;
3. Einnahmen aus der Veräußerung von Zinsscheinen und Zinsforderungen, wenn die dazugehörigen Schuldverschreibungen mitveräußert werden und das Entgelt für die auf den Zeitraum bis zur Veräußerung der Schuldverschreibung entfallenden Zinsen des laufenden Zinszahlungszeitraums (Stückzinsen) besonders in Rechnung gestellt ist;
4. Einnahmen aus der Veräußerung oder Abtretung von
   a) abgezinsten oder aufgezinsten Schuldverschreibungen, Schuldbuchforderungen und sonstigen Kapitalforderungen durch den ersten und jeden weiteren Erwerber,
   b) Schuldverschreibungen, Schuldbuchforderungen und sonstigen Kapitalforderungen ohne Zinsscheine und Zinsforderungen oder von Zinsscheinen und Zinsforderungen ohne Schuldverschreibungen, Schuldbuchforderungen und sonstige Kapitalforderungen durch den zweiten und jeden weiteren Erwerber zu einem abgezinsten oder aufgezinsten Preis,
   c) Schuldverschreibungen, Schuldbuchforderungen und sonstigen Kapitalforderungen mit Zinsscheinen oder Zinsforderungen, wenn Stückzinsen nicht besonders in Rechnung gestellt werden oder bei denen die Höhe der Erträge von einem ungewissen Ereignis abhängt,

§ 20 EStG
R 153

d) Schuldverschreibungen, Schuldbuchforderungen und sonstigen Kapitalforderungen mit Zinsscheinen oder Zinsforderungen, bei denen Kapitalerträge in unterschiedlicher Höhe oder für unterschiedlich lange Zeiträume gezahlt werden,

soweit sie der rechnerisch auf die Besitzzeit entfallenden Emissionsrendite entsprechen. ²Weist der Steuerpflichtige die Emissionsrendite nicht nach, gilt der Unterschied zwischen dem Entgelt für den Erwerb und den Einnahmen aus der Veräußerung, Abtretung oder Einlösung der Wertpapiere und Kapitalforderungen als Kapitalertrag. ³Die Besteuerung der Zinsen und Stückzinsen nach Absatz 1 Nr. 7 und Satz 1 Nr. 3 bleibt unberührt; die danach der Einkommensteuer unterliegenden, dem Veräußerer bereits zugeflossenen Kapitalerträge aus den Wertpapieren und Kapitalforderungen sind bei der Besteuerung nach der Emissionsrendite abzuziehen. ⁴Die Sätze 1 bis 3 gelten für die Einlösung der Wertpapiere und Kapitalforderungen bei deren Endfälligkeit durch den zweiten und jeden weiteren Erwerber entsprechend. ⁵Die Sätze 1 bis 4 sind nicht auf Zinsen aus Gewinnobligationen und Genußrechten im Sinne des § 43 Abs. 1 Nr. 2 anzuwenden.

(2a)¹Einkünfte aus Kapitalvermögen im Sinne des Absatzes 1 Nr. 1 bis 3 erzielt der Anteilseigner. ²Anteilseigner ist derjenige, dem nach § 39 der Abgabenordnung die Anteile an dem Kapitalvermögen im Sinne des Absatzes 1 Nr. 1 im Zeitpunkt des Gewinnverteilungsbeschlusses zuzurechnen sind. ³Sind einem Nießbraucher oder Pfandgläubiger die Einnahmen im Sinne des Absatzes 1 Nr. 1 oder 2 zuzurechnen, gilt er als Anteilseigner.

(3) Soweit Einkünfte der in den Absätzen 1 und 2 bezeichneten Art zu den Einkünften aus Land- und Forstwirtschaft, aus Gewerbebetrieb, aus selbständiger Arbeit oder aus Vermietung und Verpachtung gehören, sind sie diesen Einkünften zuzurechnen.

S 2216
S 2210

(4) ¹Bei der Ermittlung der Einkünfte aus Kapitalvermögen ist nach Abzug der Werbungskosten ein Betrag von 6.000¹) Deutsche Mark abzuziehen (Sparer-Freibetrag). ²Ehegatten, die zusammen veranlagt werden, wird ein gemeinsamer Sparer-Freibetrag von 12.000¹) Deutsche Mark gewährt. ³Der gemeinsame Sparer-Freibetrag ist bei der Einkunftsermittlung bei jedem Ehegatten je zur Hälfte abzuziehen; sind die um die Werbungskosten geminderten Kapitalerträge eines Ehegatten niedriger als 6.000 Deutsche Mark, so ist der anteilige Sparer-Freibetrag insoweit, als er die um die Werbungskosten geminderten Kapitalerträge dieses Ehegatten übersteigt, beim anderen Ehegatten abzuziehen. ⁴Der Sparer-Freibetrag und der gemeinsame Sparer-Freibetrag dürfen nicht höher sein als die um die Werbungskosten einschließlich einer abzuziehenden ausländischen Steuer geminderten Kapitalerträge.

R 153

153. Werbungskosten bei Einkünften aus Kapitalvermögen

S 2210

(1) ¹Aufwendungen sind, auch wenn sie gleichzeitig der Sicherung und Erhaltung des Kapitalstamms dienen, insoweit als Werbungskosten anzuerkennen, als sie zum Erwerb, Sicherung und Erhaltung von Kapitaleinnahmen dienen. ²Aufwendungen, die auf Vermögen entfallen, das nicht zur Erzielung von Kapitaleinkünften angelegt ist oder bei dem Kapitalerträge nicht mehr zu erwarten sind, können nicht als Werbungskosten anerkannt werden.

(2) ¹Nach den allgemeinen Grundsätzen können u.a. Bankspesen für die Depotverwaltung, Gebühren, Fachliteratur, Reisekosten zur Hauptversammlung, Verfahrensauslagen, Rechtsanwaltskosten und sonstige außergerichtliche Kosten nach § 59 des Wertpapierbereinigungsgesetzes als Werbungskosten anerkannt werden. ²Wie Werbungskosten sind auch die nach § 34c Abs. 2 oder 3 EStG abzuziehenden ausländischen Steuern zu berücksichtigen.

---

¹) Anm.: Durch das Steuerentlastungsgesetz 1999/2000/2002 wurde der Betrag von „6.000" durch den Betrag „3.000" und der Betrag „12.000" durch den Betrag „6.000" ersetzt. Die geänderte Fassung ist erstmals für den VZ 2000 anzuwenden.

§ 20 EStG
H 153

Hinweise   H 153

Abschlußgebühr

Abschlußgebühren für einen Bausparvertrag können Werbungskosten bei den Einkünften aus Kapitalvermögen sein, wenn der Abschluß des Bausparvertrags in keinem engen zeitlichen und wirtschaftlichen Zusammenhang mit der Verwirklichung eines Bauvorhabens steht und wenn auf Dauer gesehen ein Überschuß aus Zinsgutschriften erwartet werden kann (→ BFH vom 24.7.1990 – BStBl II S. 975).

Anschaffungs- und Veräußerungskosten

Anschaffungskosten und Anschaffungsnebenkosten sowie die durch die Veräußerung von Wirtschaftsgütern veranlaßten Veräußerungskosten gehören nicht zu den Werbungskosten (→ BFH vom 25.1.1957 – BStBl III S. 75, vom 15.9.1961 – BStBl III S. 547 und vom 27.6.1989 – BStBl II S. 934).

→ *H 140 (6) Fehlgeschlagene Veräußerung*

Schuldzinsen

- Schuldzinsen, die für einen zum Erwerb von **Wertpapieren** aufgenommenen Kredit gezahlt werden, sind dann keine Werbungskosten, wenn bei der Anschaffung oder dem Halten der Kapitalanlage nicht die Absicht zur Erzielung von Überschüssen, sondern die Absicht zur Realisierung von Wertsteigerungen der Kapitalanlage im Vordergrund steht oder auf Dauer gesehen ein Überschuß der Einnahmen über die Ausgaben nicht erwartet werden kann (→ BFH vom 21.7.1981 – BStBl 1982 II S. 36, 37, 40 und vom 23.3.1982 – BStBl II S. 463). Bei der Beurteilung ist grundsätzlich auf jede einzelne Kapitalanlage abzustellen; die nach den einzelnen Kapitalanlagen getrennte Erfassung von Einnahmen und Werbungskosten macht regelmäßig eine Aufteilung der Schuldzinsen erforderlich (→ BFH vom 24.3.1992 – BStBl 1993 II S. 18).
- Schuldzinsen für mit Kredit erworbene **Wirtschaftsgüter** können nach der Umwidmung des Darlehens (ggf. nur anteilig) Werbungskosten bei den Einkünften aus Kapitalvermögen sein (→ BFH vom 1.10.1996 – BStBl 1997 II S. 424, 454 und vom 24.4.1997 – BStBl II S. 682).
- Wegen des Abzugs von Schuldzinsen für einen Kredit zum Erwerb einer **wesentlichen Beteiligung** im Sinne des § 17 EStG → BFH vom 8.10.1985 (BStBl 1986 II S. 596). Nach dem Konkurs oder der Liquidation einer Kapitalgesellschaft anfallende Schuldzinsen eines Gesellschafters können nicht als nachträgliche Werbungskosten abgesetzt werden (→ BFH vom 28.5.1997 – BStBl II S. 724).
- Soweit eine Kapitalforderung durch Rückzahlungen des Schuldners getilgt worden ist, können die Schuldzinsen, die durch einen **Refinanzierungskredit** verursacht werden, grundsätzlich nicht mehr als Werbungskosten berücksichtigt werden (→ BFH vom 1.10.1996 – BStBl 1997 II S. 424).

Stiller Gesellschafter

Ein an einer GmbH typisch still beteiligter Gesellschafter kann seinen Anteil an dem laufenden Verlust der GmbH nur dann als Werbungskosten abziehen, wenn der Verlustanteil im Jahresabschluß der GmbH festgestellt oder vom Finanzamt geschätzt und von der Kapitaleinlage des stillen Gesellschafters abgebucht worden ist (→ BFH vom 28.5.1997 – BStBl II S. 724).

Verwalterentgelt

Das von Wertsteigerungen des Vermögens abhängige Verwalterentgelt ist nicht als Werbungskosten abziehbar (→ BFH vom 15.12.1987 – BStBl 1989 II S. 16).

Zahlungen eines GmbH-Gesellschafters an Mitgesellschafter

Zahlungen eines GmbH-Gesellschafters an einen Mitgesellschafter, um seine (mangels Bestellung eines gemeinsamen Bevollmächtigten) ruhenden Gesellschaftsrechte (ausgenommen das Gewinnbezugsrecht) reaktivieren und damit auf die Geschäftsführung und das Ausschüttungsverhalten der GmbH Einfluß nehmen sowie zur Sicherung und Erhaltung der Beteiligung beitragen zu können, sind (wie laufende Verwaltungskosten) Werbungskosten bei den Einkünften aus Kapitalvermögen. Dies gilt auch dann, wenn der Mitgesellschafter gleichzeitig seine Gesellschaftsrechte (ausgenommen das Gewinnbezugsrecht) für die Dauer von fünf Jahren zur treuhänderischen Wahrnehmung dem Gesellschafter übertragen hat (→ BFH vom 28.9.1993 – BFH/NV 1994 S. 618).

Zusammenhang mit Kapitaleinnahmen
Bei der Ermittlung von Einkünften aus Kapitalvermögen sind grundsätzlich nur solche Aufwendungen als Werbungskosten anzusehen, die mit den einzelnen Einnahmen unmittelbar zusammenhängen (→ BFH vom 28.8.1952 – BStBl III S. 265). Ein unmittelbarer Zusammenhang mit den Kapitaleinnahmen ist bei Aufwendungen für die einzelne Kapitalanlage und bei Aufwendungen für die Gesamtheit der Kapitalanlagen (allgemeine Verwaltungskosten) insoweit gegeben, als sie zur Erwerbung, Sicherung und Erhaltung der Kapitaleinnahmen dienen.[1])

154. Einnahmen aus Kapitalvermögen

(1) [1]Zu den Einnahmen aus Kapitalvermögen gehören auch Bezüge, die auf Grund einer Kapitalherabsetzung oder nach der Auflösung unbeschränkt steuerpflichtiger Körperschaften oder Personenvereinigungen anfallen, soweit bei diesen Ausschüttungen verwendbares Eigenkapital im Sinne des § 29 KStG als verwendet gilt (§ 20 Abs. 1 Nr. 2 Satz 1 EStG). [2]Dagegen gehören Ausschüttungen einer unbeschränkt steuerpflichtigen Kapitalgesellschaft nicht zu den Einnahmen, soweit sie aus Einlagen der Anteilseigner stammen, die das Eigenkapital in nach dem 31.12.1976 abgelaufenen Wirtschaftsjahren erhöht haben (§ 20 Abs. 1 Nr. 1 Satz 3 EStG). [3]Ob und inwieweit solche Ausschüttungen vorliegen, ergibt sich aus der Dividendenbescheinigung der ausschüttenden Körperschaft oder des beauftragten Kreditinstituts (→ §§ 44 und 45 KStG).

(2) [1]Bei der Veranlagung sind die anzurechnende Kapitalertragsteuer und die anzurechnende Körperschaftsteuer bei derselben Einkunftsart und in demselben VZ anzusetzen, in dem die der Anrechnung zugrunde liegenden Einnahmen zu erfassen sind (→ BFH vom 26.6.1991 – BStBl II S. 877). [2]Das gleiche gilt hinsichtlich der Kapitalertragsteuer, die nach § 44b EStG zu erstatten ist oder erstattet worden ist, und der Körperschaftsteuer, die nach den §§ 36b bis 36d EStG zu vergüten ist oder vergütet worden ist. [3]*Der Ansatz der anzurechnenden Körperschaftsteuer als Einnahme ist von der Vorlage der Steuerbescheinigung abhängig (→ R 213g Abs. 2 Satz 2 und 3).*

(3) [1]Zu den Einnahmen aus Kapitalvermögen rechnen nach § 20 Abs. 1 Nr. 6 EStG die außerrechnungsmäßigen und rechnungsmäßigen Zinsen aus den Sparanteilen, die in den Beiträgen zu Versicherungen auf den Erlebens- oder Todesfall enthalten sind. [2]Zu den Einnahmen aus Kapitalvermögen gehören stets Zinsen aus

1. Kapitalversicherungen gegen Einmalbeitrag,
2. Rentenversicherungen mit Kapitalwahlrecht gegen Einmalbeitrag,
3. Rentenversicherungen mit Kapitalwahlrecht gegen laufende Beitragsleistung, bei denen das Kapitalwahlrecht vor Ablauf von 12 Jahren nach Vertragsabschluß ausgeübt werden kann,
4. Kapitalversicherungen gegen laufende Beitragsleistung, wenn der Vertrag nicht für die Dauer von mindestens 12 Jahren abgeschlossen ist,
5. Versicherungen im Sinne des § 10 Abs. 1 Nr. 2 Buchstabe b EStG in den Fällen des § 10 Abs. 2 Satz 2 EStG, wenn die Voraussetzungen für den Sonderausgabenabzug nicht erfüllt sind.

[3]Zinsen aus Versicherungen im Sinne des § 10 Abs. 1 Nr. 2 Buchstabe b EStG rechnen grundsätzlich nicht zu den steuerpflichtigen Einnahmen, wenn die Voraussetzungen für den Sonderausgabenabzug erfüllt sind. [4]Die Zinsen gehören bei diesen Verträgen jedoch zu den Einnahmen aus Kapitalvermögen, soweit sie

---

[1]) Anm.: → OFH vom 26.3.1947 (MinBlFin 1949/50 S. 323).

a) zu dem laufenden Vertrag oder
b) im Fall des Rückkaufs des Vertrags vor Ablauf von 12 Jahren nach Vertragsabschluß mit dem Rückkaufwert

ausgezahlt werden. ⁵Die Höhe der steuerpflichtigen Kapitalerträge ist von dem Versicherer zu ermitteln.

Hinweise H 154

Anderkonten
Zur Frage der Zurechnung von Kapitalerträgen aus noch nicht abgeschlossenen Anderkonten → BMF vom 6.6.1995.

Anhang 16

Berechnung des steuerpflichtigen Ertrags nach der Marktrendite bei Anlageinstrumenten in Fremdwährung
→ BMF vom 24.10.1995

Anhang 16

Bond-Stripping
→ BMF vom 3.9.1997 (DB 1997 S. 1951)

Anhang 28

Darlehensvereinbarungen zwischen Angehörigen
Wegen der steuerrechtlichen Anerkennung von Darlehensvereinbarungen zwischen Angehörigen wird auf H 19 hingewiesen.

Einlagenrückgewähr
Rückgewähr von Einlagen durch eine unbeschränkt steuerpflichtige Körperschaft; bilanzsteuerrechtliche Behandlung beim Empfänger → BMF vom 9.1.1987 (BStBl I S. 171).

Rückgewähr von Einlagen durch eine unbeschränkt steuerpflichtige Körperschaft; hier: Bilanzsteuerrechtliche Behandlung beim Empfänger

BMF vom 9.1.1987 (BStBl I S. 171)

IV B 2 – S 2143 – 24/86

Bezüge aus Anteilen an einer unbeschränkt steuerpflichtigen Körperschaft gehören nach § 20 Abs. 1 Nr. 1 und 2 EStG nicht zu den Einnahmen aus Kapitalvermögen, soweit sie

– aus Ausschüttungen oder aus einer Kapitalherabsetzung stammen, für die Eigenkapital im Sinne des § 30 Abs. 2 Nr. 4 KStG als verwendet gilt, oder

– auf Grund einer Kapitalherabsetzung anfallen und die Kapitalrückzahlung aus dem übrigen Eigenkapital im Sinne des § 29 Abs. 2 KStG geleistet wird.

Gehören die Anteile an der unbeschränkt steuerpflichtigen Körperschaft zu einem Betriebsvermögen, sind die gesamten Bezüge in den Betriebsvermögensvergleich einzubeziehen. Zu der Frage, welche Auswirkungen sich in diesen Fällen bei der Einkommensbesteuerung des Empfängers ergeben, wird unter Bezugnahme auf das Ergebnis der Erörterung mit den obersten Finanzbehörden der Länder wie folgt Stellung genommen:

Setzt die Körperschaft ihr Nennkapital zum Zweck der Kapitalrückzahlung herab (§ 222 AktG, § 58 GmbHG), so mindern die Rückzahlungsbeträge, soweit sie nicht Einnahmen im Sinne des § 20 Abs. 1 Nr. 2 EStG sind, nachträglich die Anschaffungskosten der Anteile. Nimmt die Körperschaft Ausschüttungen vor, sind diese als Kapitalrückzahlung zu behandeln, soweit für sie Eigenkapital im Sinne des § 30 Abs. 2 Nr. 4 KStG als verwendet gilt.

Die Bezüge sind insoweit vom Buchwert der Anteile abzusetzen; der Teilwert der Anteile ist dabei ohne Bedeutung. Bezüge der genannten Art, die den Buchwert der Anteile übersteigen, sind gewinnerhöhende Betriebseinnahmen.

Das BMF-Schreiben vom 29.2.1980 – IV B 2 – S 2143 – 3/80 – (BStBl I S. 134) wird durch dieses Schreiben ersetzt.

Der aus dem EK 04 stammende Gewinnanteil ist beim Gesellschafter gemäß § 20 Abs. 1 Nr. 1 Satz 3 EStG als nicht steuerbare Einnahme zu behandeln. Im Bereich der Gewinneinkünfte ist der Buchwert der Beteiligung um die aus dem EK 04 finanzierte Ausschüttung zu verringern (→ BFH vom 7.11.1990 – BStBl 1991 II S. 177).

Zu den Einkünften aus Kapitalvermögen gehören Ausschüttungen, für die Eigenkapital im Sinne des § 30 Abs. 2 Nr. 4 KStG (EK 04) als verwendet gilt, auch dann nicht, wenn der Steuerpflichtige an der ausschüttenden Körperschaft gemäß § 17 EStG wesentlich beteiligt ist. Ob Ausschüttungen in diesem Sinne vorliegen, bestimmt sich nach dem gemäß § 47 KStG im vEK-Bescheid gesondert festgestellten Teilbetrag des verwendbaren Eigenkapitals der Körperschaft. Der Teil der Ausschüttung einer Körperschaft, für den EK 04 als verwendet gilt, führt zu einer Minderung der Anschaffungskosten der wesentlichen Beteiligung (→ BFH vom 19.7.1994 – BStBl 1995 II S. 362); → aber § 17 Abs. 4 EStG.

Ferienwohnung

Überläßt eine AG satzungsgemäß ihren Aktionären Ferienwohnungen zur zeitlich vorübergehenden Nutzung nach Maßgabe eines Wohnberechtigungspunktesystems, so erzielt der Aktionär mit der Nutzung Kapitalerträge (→ BFH vom 16.12.1992 – BStBl 1993 II S. 399).

Festverzinsliche Anleihen und Schuldverschreibungen mit Vorschaltkupons

Anhang 28 → BMF vom 29.5.1995 (BStBl I S. 283)

Freianteile

– Zu den Einkünften aus Kapitalvermögen nach § 20 Abs. 2 Nr. 1 EStG gehören auch Freiaktien und sonstige Freianteile. Es ist für die Steuerpflicht der Freianteile ohne Bedeutung, ob durch ihre Ausgabe eine früher vorgenommene Kapitalzusammenlegung ganz oder teilweise rückgängig gemacht werden sollte (→ BFH vom 24.6.1957 – BStBl III S. 400 und vom 17.9.1957 – BStBl III S. 401).

– Erhöht eine Kapitalgesellschaft (Aktiengesellschaft, Kommanditgesellschaft auf Aktien, Gesellschaft mit beschränkter Haftung) das Nennkapital aus Gesellschaftsmitteln nach den Vorschriften des Aktiengesetzes (§§ 207 bis 220 AktG) bzw. den Vorschriften des GmbH-Gesetzes (§§ 57c bis 57o GmbHG), so unterliegt der Erwerb der neuen Anteilsrechte nicht der Einkommensteuer. Das gleiche gilt beim Erwerb von Anteilsrechten an einer ausländischen Gesellschaft, wenn die in § 7 des Gesetzes über steuerrechtliche Maßnahmen bei Erhöhung des Nennkapitals aus Gesellschaftsmitteln in der Fassung vom 10.10.1967 (BGBl. I S. 977, BStBl I S. 367), zuletzt geändert durch Gesetz vom 22.12.1983 (BGBl. I S. 1592, BStBl 1984 I S. 23), geforderten Voraussetzungen vorliegen.

Investmentfonds

Zur steuerlichen Erfassung der im Kalenderjahr... zugeflossenen Erträge aus Anteilen an **inländischen** Investmentfonds:

... 1994 ...: → BStBl 1995 I S. 679;
... 1995 ...: → BStBl 1996 I S. 1236;
... 1996 ...: → BStBl 1997 I S. 810;
... 1997 ...: → BStBl 1998 I S. 1393;
... 1998 ...: bei Redaktionsschluß noch nicht veröffentlicht.

Zur steuerlichen Erfassung der im Kalenderjahr... zugeflossenen Erträge aus **ausländischen** Investmentanteilen:

... 1993 ...: → BStBl 1996 I S. 215, 1136;
... 1994 ...: → BStBl 1996 I S. 463, 1310, 1446;
... 1995 ...: → BStBl 1997 I S. 195, 1998 I S. 22, 588, 965;
... 1996 ...: → BStBl 1998 I S. 1046;
... 1997 f..: bei Redaktionsschluß noch nicht veröffentlicht.

Kapitalanlagemodelle
Zur Frage, ob und in welchem Umfang aus verschiedenen Kapitalanlagemodellen Einkünfte aus Kapitalvermögen im Sinne des § 20 Abs. 1 Nr. 7 und Abs. 2 EStG erzielt werden → BMF vom 30.4.1993 (BStBl I S. 343).

Anhang 16

Kurzläufer
Zur Anwendung des BMF-Schreibens vom 24.11.1986 (BStBl I S. 539) auf sog. Kurzläufer → OFD Düsseldorf vom 6.5.1996.

Anhang 16

Nießbrauch
Wegen der steuerlichen Erfassung der Einnahmen aus einem Nießbrauch am Kapitalvermögen → BFH vom 14.12.1976 (BStBl 1977 II S. 115) und vom 28.1.1992 (BStBl II S. 605) sowie BMF vom 23.11.1983 (BStBl I S. 508).

Nullkupon-Anleihen und andere Kapitalanlageformen
Wegen der Ermittlung des einkommensteuerpflichtigen Kapitalertrags nach der Emissionsrendite bei zu einem Privatvermögen gehörenden Nullkupon-Anleihen → BMF vom 24.1.1985 (BStBl I S. 77) und vom 1.3.1991 (BStBl I S. 422), wegen der einkommensteuerlichen Behandlung von Emissionsdisagio, Emissionsdiskont und umlaufbedingtem Unterschiedsbetrag zwischen Marktpreis und höherem Nennwert bei festverzinslichen Wertpapieren sowie bei unverzinslichen Schatzanweisungen, die zu einem Privatvermögen gehören, → BMF vom 24.11.1986 (BStBl I S. 539).

Anhang 16

Options- und Finanztermingeschäfte
Einkommensteuerrechtliche Behandlung von Options- und Finanztermingeschäften an der Deutschen Terminbörse (DTB)[1]) und von anderen als Optionsscheine bezeichneten Finanzinstrumenten im Bereich der privaten Vermögensverwaltung → BMF vom 10.11.1994 (BStBl I S. 816).

Anhang 16

Partiarisches Darlehen
Zur steuerlichen Behandlung von Einnahmen aus partiarischen Darlehen nach den deutschen Doppelbesteuerungsabkommen → BMF vom 16.11.1987 (BStBl I S. 740).

Anhang 16

Rückgängigmachung einer Gewinnausschüttung
Die Gewinnausschüttung einer Kapitalgesellschaft bleibt bei dem Gesellschafter auch dann eine Einnahme aus Kapitalvermögen, wenn der Gewinnverteilungsbeschluß auf Grund eines Rückforderungsanspruchs der Gesellschaft rückgängig gemacht werden kann oder aufgehoben wird (→ BFH vom 1.3.1977 – BStBl II S. 545).

Scheinrenditen/Schneeballsystem
→ BFH vom 20.12.1994 (BStBl 1995 II S. 262)
→ BFH vom 22.7.1997 (BStBl II S. 755, 761, 767)

Schenkung unter Auflage
Wird ein geschenkter Geldbetrag entsprechend der Auflage des Schenkers vom Beschenkten angelegt, erzielt dieser hieraus auch dann Einkünfte aus Kapitalvermögen, wenn er die Erträge entsprechend einer weiteren Auflage weiterzuleiten hat (→ BFH vom 26.11.1997 – BStBl 1998 II S. 190).

Schuldverschreibungen des Entschädigungsfonds nach dem Entschädigungs- und Ausgleichsleistungsgesetz
→ *BMF vom 9.10.1998 (BStBl I S. 1226)*

Anhang 16

Stiller Gesellschafter
Zu den Einnahmen aus Kapitalvermögen gehören auch alle Vorteile, die ein typischer stiller Gesellschafter als Gegenleistung für die Überlassung der Einlage erhält, z. B. Bezüge auf Grund von Wertsicherungsklauseln oder von Kursgarantien, ein Damnum und ein Aufgeld.

---

[1]) Anm.: Jetzt Eurex Deutschland (EuTB).

Dazu gehört auch ein im Fall der Veräußerung der stillen Beteiligung über den Betrag der Einlage hinaus erzielter Mehrerlös, soweit dieser auf einen Anteil am Gewinn eines bereits abgelaufenen Wirtschaftsjahrs entfällt (→ BFH vom 11.2.1981 – BStBl II S. 465) oder soweit er ein anders bemessenes Entgelt für die Überlassung der Einlage darstellt (→ BFH vom 14.2.1984 – BStBl II S. 580). § 20 Abs. 1 Nr. 4 EStG ist auf Gewinnanteile aus typischen Unterbeteiligungen entsprechend anzuwenden (→ BFH vom 28.11.1990 – BStBl 1991 II S. 313).

Stückzinsen

Werden festverzinsliche Wertpapiere im Laufe eines Zinszahlungszeitraums mit dem laufenden Zinsschein veräußert, so hat der Erwerber dem Veräußerer in der Regel den Zinsbetrag zu vergüten, der auf die Zeit seit dem Beginn des laufenden Zinszahlungszeitraums bis zur Veräußerung entfällt. Diese Zinsen heißen „Stückzinsen". Sie werden nach dem Zinsfuß, mit dem das Wertpapier zu verzinsen ist, besonders berechnet und vergütet. Für die Behandlung der Stückzinsen bei Privatpersonen gilt nach § 20 Abs. 2 EStG folgendes:

1. Der Veräußerer hat die besonders in Rechnung gestellten und vereinnahmten Stückzinsen als Einkünfte aus Kapitalvermögen zu versteuern; Zinsen aus im Erbgang unentgeltlich erworbenen festverzinslichen Wertpapieren sind auch insoweit, als sie auf den Zeitraum bis zum Tode des Erblassers entfallen, dem Erben zuzurechnen (→ BFH vom 11.8.1971 – BStBl 1972 II S. 55).

2. Beim Erwerber der Wertpapiere sind die von ihm entrichteten Stückzinsen im VZ des Abflusses negative Einnahmen aus Kapitalvermögen.

Diese Regelung gilt nur, wenn Wertpapiere veräußert werden, bei denen Stückzinsen besonders zu berechnen sind und tatsächlich berechnet werden. Ein Steuerpflichtiger, der Wertpapiere erwirbt, bei denen sich der erwartete Ertrag im Kurswert der Wertpapiere ausdrückt (z. B. Aktien), darf nicht den Mehrpreis als Werbungskosten absetzen, den er wegen der erwarteten Dividende entrichtet hat.

Anhang 28 Wegen der Berücksichtigung von gezahlten Stückzinsen bei Personenverschiedenheit von Käufer und Depotinhaber → BMF vom 15.3.1994 (BStBl I S. 230).

Unverzinsliche Kaufpreisraten
Ein Zinsanteil ist auch in unverzinslichen Forderungen enthalten, deren Laufzeit mehr als ein Jahr beträgt und die zu einem bestimmten Zeitpunkt fällig werden (→ BFH vom 21.10.1980 – BStBl 1981 II S. 160). Dies gilt auch dann, wenn die Vertragsparteien eine Verzinsung ausdrücklich ausgeschlossen haben (→ BFH vom 25.6.1974 – BStBl 1975 II S. 431).

Veräußerung von Ansprüchen aus Lebensversicherungen

führt nicht zur Besteuerung eines etwaigen Überschusses des Veräußerungserlöses über die eingezahlten Versicherungsbeiträge (→ BMF vom 12.9.1997 – BStBl I S. 825).

Zinsen auf Einlagen der Arbeitnehmer von Kreditinstituten
→ BMF vom 2.3.1990 (BStBl I S. 141)

Zinsen aus Lebensversicherungen

Anhang 16 Wegen der steuerlichen Behandlung der rechnungsmäßigen und außerrechnungsmäßigen Zinsen aus Lebensversicherungen → BMF vom 31.8.1979 (BStBl I S. 592), vom 13.11.1985 (BStBl I S. 661), vom 19.5.1993 (BStBl I S. 406), vom 2.11.1993 (BStBl I S. 901) und vom 26.9.1994 (BStBl I S. 749).

Zuflußzeitpunkt bei Gewinnausschüttungen

1. Grundsatz

Einnahmen aus Kapitalvermögen sind zugeflossen, sobald der Steuerpflichtige über sie wirtschaftlich verfügen kann (→ BFH vom 8.10.1991 – BStBl 1992 II S. 174).

Dem beherrschenden oder sonst verfügungsberechtigten Gesellschafter sind Gewinnanteile aus der Beteiligung an einer Kapitalgesellschaft regelmäßig schon zugeflossen, wenn sie ihm z. B. auf einem Verrechnungskonto der Kapitalgesellschaft gutgeschrieben worden sind (→ BFH vom 11.7.1973 – BStBl II S. 806) oder fällig geworden sind und der Schuldner leistungsfähig ist (→ BFH vom 14.2.1984 – BStBl II S. 480). Von einem Zufluß ist auch dann auszugehen, wenn der Gesellschafter aus eigenem Interesse seine Gewinnanteile in der Gesellschaft beläßt (→ BFH vom 14.2.1984 – BStBl II S. 480).

2. **Alleingesellschafter**

Ausschüttungen an den Alleingesellschafter einer Kapitalgesellschaft sind diesem in der Regel auch dann im Zeitpunkt der Beschlußfassung über die Gewinnverwendung zugeflossen, wenn sie später ausgezahlt oder gutgeschrieben werden (→ BFH vom 30.4.1974 – BStBl II S. 541).

3. **Verschiebung des Auszahlungstags**

Zur Frage des Zeitpunkts des Zuflusses bei Verschiebung des Auszahlungstags, wenn eine Kapitalgesellschaft von mehreren Personen gemeinsam beherrscht wird oder die Satzung Bestimmungen über Gewinnabhebungen oder Auszahlungen zu einem späteren Zeitpunkt als dem Gewinnverteilungsbeschluß enthält, → BFH vom 21.10.1981 (BStBl 1982 II S. 139).

Zurechnung von Zinszahlungen für minderjährige Kinder

Zinszahlungen aufgrund von Ansprüchen minderjähriger Kinder sind den Eltern zuzurechnen, wenn der Darlehensnehmer die Zinsen durch einen Barscheck bezahlt, der auf den Namen der Mutter ausgestellt ist, dieser übergeben wird und wenn der Barscheck auch Zinszahlungen an die Mutter umfaßt (→ FG Baden-Württemberg, Stuttgart, vom 9.2.1995 – EFG S. 803).

Zwischengewinne
→ § 39 Abs. 1a Satz 2 KAGG
→ § 17 Abs. 2a, 3 AuslInvestmG

155.

– unbesetzt –

156. Sparer-Freibetrag

(1) ¹Der einem Ehegatten zustehende, aber durch von ihm bezogene Kapitaleinkünfte nicht ausgefüllte anteilige Sparer-Freibetrag ist im Fall der Zusammenveranlagung bei dem anderen Ehegatten zu berücksichtigen. ²Der Sparer-Freibetrag darf bei den Einkünften aus Kapitalvermögen nicht zu negativen Einkünften führen oder diese erhöhen. ³Der gemeinsame Sparer-Freibetrag von 12.000 DM ist zusammenveranlagten Ehegatten auch dann zu gewähren, wenn nur ein Ehegatte positive Einkünfte aus Kapitalvermögen in dieser Höhe erzielt hat, die Ehegatten insgesamt aber einen Verlust aus Kapitalvermögen erlitten haben.¹⁾

(2) Vor Abzug des Sparer-Freibetrags sind die Werbungskosten, gegebenenfalls ein Werbungskosten-Pauschbetrag (§ 9a Satz 1 Nr. 1 Buchstabe b EStG) zu berücksichtigen.

f) Vermietung und Verpachtung (§ 2 Abs. 1 Satz 1 Nr. 6)

§ 21

(1) ¹Einkünfte aus Vermietung und Verpachtung sind
1. Einkünfte aus Vermietung und Verpachtung von unbeweglichem Vermögen, insbesondere von Grundstücken, Gebäuden, Gebäudeteilen, Schiffen, die in ein Schiffsregister eingetragen sind, und Rechten, die den Vorschriften des bürgerlichen Rechts über Grundstücke unterliegen (z. B. Erbbaurecht, Mineralgewinnungsrecht);

---
¹⁾ Anm.: → BFH vom 26.2.1985 (BStBl II S. 547).

§ 21 EStG   § 82a EStDV

2. Einkünfte aus Vermietung und Verpachtung von Sachinbegriffen, insbesondere von beweglichem Betriebsvermögen;
3. Einkünfte aus zeitlich begrenzter Überlassung von Rechten, insbesondere von schriftstellerischen, künstlerischen und gewerblichen Urheberrechten, von gewerblichen Erfahrungen und von Gerechtigkeiten und Gefällen;
4. Einkünfte aus der Veräußerung von Miet- und Pachtzinsforderungen, auch dann, wenn die Einkünfte im Veräußerungspreis von Grundstücken enthalten sind und die Miet- oder Pachtzinsen sich auf einen Zeitraum beziehen, in dem der Veräußerer noch Besitzer war.

S 2253b ²§ 15a ist sinngemäß anzuwenden.
¹)

(2) ¹Zu den Einkünften aus Vermietung und Verpachtung gehört auch der Nutzungswert der Wohnung im eigenen Haus oder der Nutzungswert einer dem Steuerpflichtigen ganz oder teilweise unentgeltlich überlassenen Wohnung einschließlich der zugehörigen sonstigen Räume und Gärten. ²Beträgt das Entgelt für die Überlassung einer Wohnung zu Wohnzwecken weniger als 50 vom Hundert der ortsüblichen Marktmiete, so ist die Nutzungsüberlassung in einen entgeltlichen und einen unentgeltlichen Teil aufzuteilen.

(3) Einkünfte der in den Absätzen 1 und 2 bezeichneten Art sind Einkünften aus anderen Einkunftsarten zuzurechnen, soweit sie zu diesen gehören.

EStDV

S 2198

§ 82a²)

Erhöhte Absetzungen von Herstellungskosten und Sonderbehandlung von Erhaltungsaufwand für bestimmte Anlagen und Einrichtungen bei Gebäuden

(1) ¹Der Steuerpflichtige kann von den Herstellungskosten
1. *für Maßnahmen, die für den Anschluß eines im Inland belegenen Gebäudes an eine Fernwärmeversorgung einschließlich der Anbindung an das Heizsystem erforderlich sind, wenn die Fernwärmeversorgung überwiegend aus Anlagen der Kraft-Wärme-Kopplung, zur Verbrennung von Müll oder zur Verwertung von Abwärme gespeist wird,*
2. *für den Einbau von Wärmepumpenanlagen, Solaranlagen und Anlagen zur Wärmerückgewinnung in einem im Inland belegenen Gebäude einschließlich der Anbindung an das Heizsystem,*
3. *für die Errichtung von Windkraftanlagen, wenn die mit diesen Anlagen erzeugte Energie überwiegend entweder unmittelbar oder durch Verrechnung mit Elektrizitätsbezügen des Steuerpflichtigen von einem Elektrizitätsversorgungsunternehmen zur Versorgung eines im Inland belegenen Gebäudes des Steuerpflichtigen verwendet wird, einschließlich der Anbindung an das Versorgungssystem des Gebäudes,*
4. *für die Errichtung von Anlagen zur Gewinnung von Gas, das aus pflanzlichen oder tierischen Abfallstoffen durch Gärung unter Sauerstoffabschluß entsteht, wenn dieses Gas zur Beheizung eines im Inland belegenen Gebäudes des Steuerpflichtigen oder zur Warmwasserbereitung in einem solchen Gebäude des Steuerpflichtigen verwendet wird, einschließlich der Anbindung an das Versorgungssystem des Gebäudes,*
5. *für den Einbau einer Warmwasseranlage zur Versorgung von mehr als einer Zapfstelle und einer zentralen Heizungsanlage oder bei einer zentralen Heizungs- und Warmwasseranlage für den Einbau eines Heizkessels, eines Brenners, einer zentralen Steuerungseinrichtung, einer Wärmeabgabeeinrichtung und eine Änderung der Abgasanlage in einem im Inland belegenen Gebäude oder in einer im Inland belegenen Eigentumswohnung, wenn mit der Maßnahme nicht vor Ablauf von zehn Jahren seit Fertigstellung dieses Gebäudes begonnen worden ist,*

an Stelle der nach § 7 Abs. 4 oder 5 oder § 7 b des Gesetzes zu bemessenden Absetzungen für Abnutzung im Jahr der Herstellung und in den folgenden neun Jahren jeweils bis zu 10 vom Hundert absetzen. ²Nach Ablauf dieser zehn Jahre ist ein etwa noch vorhandener

---
¹) Zur Anwendung → § 52 Abs. 21 EStDV.
²) Zur Anwendung → § 84 Abs. 4 EStDV.

Restwert den Anschaffungs- oder Herstellungskosten des Gebäudes oder dem an deren Stelle tretenden Wert hinzuzurechnen; die weiteren Absetzungen für Abnutzung sind einheitlich für das gesamte Gebäude nach dem sich hiernach ergebenden Betrag und dem für das Gebäude maßgebenden Hundertsatz zu bemessen. ³Voraussetzung für die Inanspruchnahme der erhöhten Absetzungen ist, daß das Gebäude in den Fällen der Nummer 1 vor dem 1. Juli 1983 fertiggestellt worden ist; die Voraussetzung entfällt, wenn der Anschluß nicht schon im Zusammenhang mit der Errichtung des Gebäudes möglich war.

(2) Die erhöhten Absetzungen können nicht vorgenommen werden, wenn für dieselbe Maßnahme eine Investitionszulage gewährt wird.

(3) ¹Sind die Aufwendungen für eine Maßnahme im Sinne des Absatzes 1 Erhaltungsaufwand und entstehen sie bei einer zu eigenen Wohnzwecken genutzten Wohnung im eigenen Haus, deren Nutzungswert nicht mehr besteuert wird, und liegen in den Fällen des Absatzes 1 Nr. 1 die Voraussetzungen des Absatzes 1 Satz 3 vor, können die Aufwendungen wie Sonderausgaben abgezogen werden; sie sind auf das Jahr, in dem die Arbeiten abgeschlossen worden sind, und die neun folgenden Jahre gleichmäßig zu verteilen. ²Entsprechendes gilt bei Aufwendungen zur Anschaffung neuer Einzelöfen für eine Wohnung, wenn keine zentrale Heizungsanlage vorhanden ist und die Wohnung seit mindestens zehn Jahren fertiggestellt ist. ³§ 82b Abs. 2 und 3 gilt entsprechend.

§ 82b¹)
Behandlung größeren Erhaltungsaufwands bei Wohngebäuden

S 2211

(1) ¹Der Steuerpflichtige kann größere Aufwendungen für die Erhaltung von Gebäuden, die im Zeitpunkt der Leistung des Erhaltungsaufwands nicht zu einem Betriebsvermögen gehören und überwiegend Wohnzwecken dienen, abweichend von § 11 Abs. 2 des Gesetzes auf zwei bis fünf Jahre gleichmäßig verteilen. ²Ein Gebäude dient überwiegend Wohnzwecken, wenn die Grundfläche der Wohnzwecken dienenden Räume des Gebäudes mehr als die Hälfte der gesamten Nutzfläche beträgt. ³Für die Zurechnung der Garagen zu den Wohnzwecken dienenden Räumen gilt § 7b Abs. 4 des Gesetzes entsprechende.

(2) ¹Wird das Gebäude während des Verteilungszeitraums veräußert, ist der noch nicht berücksichtigte Teil des Erhaltungsaufwands im Jahr der Veräußerung als Werbungskosten abzusetzen. ²Das gleiche gilt, wenn ein Gebäude in ein Betriebsvermögen eingebracht oder nicht mehr zur Einkunftserzielung genutzt wird.

(3) Steht das Gebäude im Eigentum mehrerer Personen, so ist der in Absatz 1 bezeichnete Erhaltungsaufwand von allen Eigentümern auf den gleichen Zeitraum zu verteilen.

§ 82g²)
Erhöhte Absetzungen von Herstellungskosten für bestimmte Baumaßnahmen

S 2198a

¹Der Steuerpflichtige kann von den durch Zuschüsse aus Sanierungs- oder Entwicklungsförderungsmitteln nicht gedeckten Herstellungskosten für Modernisierungs- und Instandsetzungsmaßnahmen im Sinne des § 177 des Baugesetzbuchs sowie für Maßnahmen, die der Erhaltung, Erneuerung und funktionsgerechten Verwendung eines Gebäudes dienen, das wegen seiner geschichtlichen, künstlerischen oder städtebaulichen Bedeutung erhalten bleiben soll, und zu deren Durchführung sich der Eigentümer neben bestimmten Modernisierungsmaßnahmen gegenüber der Gemeinde verpflichtet hat, die für Gebäude in einem förmlich festgelegten Sanierungsgebiet oder städtebaulichen Entwicklungsbereich aufgewendet worden sind, an Stelle der nach § 7 Abs. 4 oder 5 oder § 7b des Gesetzes zu bemessenden Absetzungen für Abnutzung im Jahr der Herstellung und in den neun folgenden Jahren

---

¹) Anm.: Durch das Steuerentlastungsgesetz 1999/2000/2002 aufgehoben. § 82b in der abgedruckten Fassung ist letztmals auf Erhaltungsaufwand anzuwenden, der vor dem 1.1.1999 entstanden ist.
²) Zur Anwendung → § 84 Abs. 6 EStDV.

jeweils bis zu 10 vom Hundert absetzen. ²§ 82a Abs. 1 Satz 2 gilt entsprechend. ³Satz 1 ist anzuwenden, wenn der Steuerpflichtige eine Bescheinigung der zuständigen Gemeindebehörde vorlegt, daß er Baumaßnahmen im Sinne des Satzes 1 durchgeführt hat; sind ihm Zuschüsse aus Sanierungs- oder Entwicklungsförderungsmitteln gewährt worden, so hat die Bescheinigung auch deren Höhe zu enthalten.

§ 82h[1])

– weggefallen –

§ 82i[2])

Erhöhte Absetzungen von Herstellungskosten bei Baudenkmälern

(1) ¹Bei einem Gebäude, das nach den jeweiligen landesrechtlichen Vorschriften ein Baudenkmal ist, kann der Steuerpflichtige von den Herstellungskosten für Baumaßnahmen, die nach Art und Umfang zur Erhaltung des Gebäudes als Baudenkmal und zu seiner sinnvollen Nutzung erforderlich sind und die nach Abstimmung mit der in Absatz 2 bezeichneten Stelle durchgeführt worden sind, an Stelle der nach § 7 Abs. 4 des Gesetzes zu bemessenden Absetzungen für Abnutzung im Jahr der Herstellung und in den neun folgenden Jahren jeweils bis zu 10 vom Hundert absetzen. ²Eine sinnvolle Nutzung ist nur anzunehmen, wenn das Gebäude in der Weise genutzt wird, daß die Erhaltung der schützenswerten Substanz des Gebäudes auf die Dauer gewährleistet ist. ³Bei einem Gebäudeteil, der nach den jeweiligen landesrechtlichen Vorschriften ein Baudenkmal ist, sind die Sätze 1 und 2 entsprechend anzuwenden. ⁴Bei einem Gebäude, das für sich allein nicht die Voraussetzungen für ein Baudenkmal erfüllt, aber Teil einer Gebäudegruppe oder Gesamtanlage ist, die nach den jeweiligen landesrechtlichen Vorschriften als Einheit geschützt ist, können die erhöhten Absetzungen von den Herstellungskosten der Gebäudeteile und Maßnahmen vorgenommen werden, die nach Art und Umfang zur Erhaltung des schützenswerten Erscheinungsbildes der Gruppe oder Anlage erforderlich sind. ⁵§ 82a Abs. 1 Satz 2 gilt entsprechend.

(2) Die erhöhten Absetzungen können nur in Anspruch genommen werden, wenn der Steuerpflichtige die Voraussetzungen des Absatzes 1 für das Gebäude oder den Gebäudeteil und für die Erforderlichkeit der Herstellungskosten durch eine Bescheinigung der nach Landesrecht zuständigen oder von der Landesregierung bestimmten Stelle nachweist.

---

157. Erhaltungsaufwand und Herstellungsaufwand

(1) ¹Aufwendungen für die Erneuerung von bereits vorhandenen Teilen, Einrichtungen oder Anlagen sind regelmäßig → Erhaltungsaufwand. Zum → Erhaltungsaufwand gehören z.B Aufwendungen für den Einbau meßtechnischer Anlagen zur verbrauchsabhängigen Abrechnung von Heiz- und Wasserkosten oder für den Einbau einer privaten Breitbandanlage und einmalige Gebühren für den Anschluß privater Breitbandanlagen an das öffentliche Breitbandnetz bei bestehenden Gebäuden.

(2) ¹Bei Verteilung größerer Aufwendungen nach § 82b EStDV kann für die in dem jeweiligen VZ geleisteten Aufwendungen ein besonderer Verteilungszeitraum gebildet werden. ²Wird das Eigentum an einem Wohngebäude unentgeltlich auf einen anderen übertragen, so kann der Rechtsnachfolger größeren Erhaltungsaufwand noch in dem von seinem Rechtsvorgänger gewählten restlichen Verteilungszeitraum geltend machen. ³Dabei ist der Teil des Erhaltungsaufwands, der auf den VZ des Eigentumswechsels entfällt, entsprechend der Besitzdauer auf den Rechtsvorgänger und den Rechtsnachfolger aufzuteilen. ⁴In den Fällen der §§ 11a und 11b EStG sind die Sätze 1 bis 3 entsprechend anzuwenden.

---

1) Zur Anwendung → § 84 Abs. 7 EStDV.
2) Zur Anwendung → § 84 Abs. 8 EStDV.

§ 21 EStG
R 157

(3) ¹Nach der Fertigstellung des Gebäudes ist → Herstellungsaufwand anzunehmen, wenn Aufwendungen durch den Verbrauch von Gütern und die Inanspruchnahme von Diensten für die Erweiterung oder für die über den ursprünglichen Zustand hinausgehende wesentliche Verbesserung eines Gebäudes entstehen (→ § 255 Abs. 2 Satz 1 HGB). ²Betragen die Aufwendungen nach Fertigstellung eines Gebäudes für die einzelne Baumaßnahme nicht mehr als 4.000 DM (Rechnungsbetrag ohne Umsatzsteuer) je Gebäude, so ist auf Antrag dieser Aufwand stets als Erhaltungsaufwand zu behandeln. ³Auf Aufwendungen, die der endgültigen Fertigstellung eines neu errichteten Gebäudes dienen, ist die Vereinfachungsregelung jedoch nicht anzuwenden. — Anhang 7

(4) ¹Herstellungskosten als Folge einer über den ursprünglichen Zustand hinausgehenden wesentlichen Verbesserung können vorliegen, wenn in zeitlicher Nähe zur Anschaffung – in der Regel innerhalb von drei Jahren – im Verhältnis zum Kaufpreis hohe Reparatur- oder Modernisierungsaufwendungen anfallen (→ **anschaffungsnaher Herstellungsaufwand**). ²Ob anschaffungsnaher Herstellungsaufwand vorliegt, ist für die ersten drei Jahre nach Anschaffung des Gebäudes in der Regel nicht zu prüfen, wenn die Aufwendungen für Instandsetzung (Rechnungsbetrag ohne Umsatzsteuer) in diesem Zeitraum insgesamt 15 v. H. der Anschaffungskosten des Gebäudes nicht übersteigen. ³Bei Gebäuden, die auf Grund eines vor dem 1.1.1994 rechtswirksam abgeschlossenen obligatorischen Vertrags oder gleichstehenden Rechtsakts angeschafft worden sind, gilt ein Vomhundertsatz von 20. ⁴Veranlagungen sind vorläufig durchzuführen (§ 165 Abs. 1 AO), solange in diesem Zeitraum die Instandsetzungsaufwendungen 15 v. H. bzw. 20 v. H. der Anschaffungskosten des Gebäudes nicht übersteigen. ⁵Bei der Ermittlung des Betrags der anschaffungsnahen Aufwendungen bleiben die Kosten für Erweiterungen im Sinne des § 255 Abs. 2 Satz 1 HGB außer Betracht. ⁶Laufender Erhaltungsaufwand, der jährlich üblicherweise anfällt, kann auch bei neu erworbenen Gebäuden sofort als Werbungskosten abgezogen werden. ⁷Das gleiche gilt für Aufwendungen zur Beseitigung versteckter Mängel. ⁸Bei Instandsetzungsarbeiten, die erst nach Ablauf von drei Jahren seit der Anschaffung durchgeführt werden, ist im allgemeinen ein Zusammenhang mit der Anschaffung des Gebäudes nicht mehr anzunehmen. ⁹Bei teilentgeltlichem Erwerb des Gebäudes kann anschaffungsnaher Herstellungsaufwand nur im Verhältnis zum entgeltlichen Teil des Erwerbsvorgangs gegeben sein¹). ¹⁰Vorstehende Grundsätze gelten auch für anschaffungsnahe Aufwendungen auf Gartenanlagen und ähnliches; dabei ist Absatz 5 Satz 5 und 6 zu beachten. — Anhang 7

(5) ¹→ Kosten für die gärtnerische Gestaltung der Grundstücksfläche bei einem Wohngebäude gehören nur zu den Herstellungskosten des Gebäudes, soweit diese Kosten für das Anpflanzen von Hecken, Büschen und Bäumen an den Grundstücksgrenzen („lebende Umzäunung") entstanden sind. ²Im übrigen bildet die bepflanzte Gartenanlage ein selbständiges Wirtschaftsgut. ³Bei Gartenanlagen, die die Mieter mitbenutzen dürfen, und bei Vorgärten sind die Herstellungskosten der gärtnerischen Anlage gleichmäßig auf deren regelmäßig 10 Jahre betragende Nutzungsdauer zu verteilen. ⁴Aufwendungen für die Instandhaltung der Gartenanlagen können sofort abgezogen werden. ⁵Absatz 3 Satz 2 ist sinngemäß anzuwenden. ⁶Soweit Aufwendungen für den Nutzgarten des Eigentümers und für Gartenanlagen, die die Mieter nicht nutzen dürfen, entstehen, gehören sie zu den nach § 12 Nr. 1 EStG nicht abziehbaren Kosten (grundsätzlich Aufteilung nach der Zahl der zur Nutzung befugten Mietparteien). ⁷§ 21 Abs. 2 EStG, wonach im Rahmen der Übergangsregelung nach § 52 Abs. 21 Satz 2 EStG der Nutzungswert der Wohnung einschließlich der zugehörigen sonstigen Räume und Gärten zu den Einkünften aus Vermietung und Verpachtung gehört, bleibt unberührt. ⁸Auf die in Nutzgärten befindlichen Anlagen sind die allgemeinen Grundsätze anzuwenden.

(6) Die Merkmale zur Abgrenzung von Erhaltungs- und Herstellungsaufwand bei Gebäuden gelten bei selbständigen Gebäudeteilen (→ hierzu R 13 Abs. 4 und Abs. 5) entsprechend.

(7) ¹Werden Teile der Wohnung oder des Gebäudes zu eigenen Wohnzwecken genutzt, ohne daß ein Nutzungswert anzusetzen ist, sind die Herstellungs- und Anschaffungskosten sowie die Erhaltungsaufwendungen um den Teil der Aufwendungen zu kürzen, der nach objektiven Merkmalen und Unterlagen leicht und einwandfrei dem selbstgenutzten Teil zugeordnet werden kann. ²Soweit sich die Aufwendungen nicht eindeutig zuordnen lassen,

---

¹) Anm.: Entgegen BFH vom 9.5.1995 (BStBl 1996 II S. 588); → BMF vom 5.11.1996 (BStBl I S. 1258).

sind sie um den Teil, der auf eigene Wohnzwecke entfällt, nach dem Verhältnis der Nutzflächen zu kürzen.

H 157

Hinweise

Abgrenzung zwischen Erhaltungs- und Herstellungsaufwendungen

Anhang 23 bei Instandsetzung und Modernisierung von Gebäuden → BMF vom 16.12.1996 (BStBl I S.1442).

Anschaffungsnaher *Herstellungs*aufwand

- Zum anschaffungsnahen Aufwand → BFH vom 9.5.1995 (BStBl 1996 II S. 632),
- Kein Erhaltungsaufwand bei anschaffungsnahen Schönheitsreparaturen im Rahmen einer umfassenden Renovierung (→ BFH vom 30.7.1991 – BStBl 1992 II S. 28),
- Anschaffungsnaher Aufwand auch bei Instandsetzungsarbeiten nach Ablauf von drei Jahren nach Gebäudeerwerb, wenn die behobenen Mängel bereits im Erwerbszeitpunkt gegeben waren und wegen ihres Gewichts den Kaufpreis gemindert haben (→ BFH vom 30.7.1991 – BStBl 1992 II S. 30),
- Keine Begrenzung des anschaffungsnahen Aufwandes auf Kaufpreisminderung wegen baulicher Mängel (→ BFH vom 22.2.1973 – BStBl II S. 483),
- Bei Erwerb von unterschiedlich genutztem Gebäude ist zur Abgrenzung von Erhaltungsaufwand zu anschaffungsnahem Aufwand auf das Gesamtgebäude abzustellen (→ BFH vom 30.7.1991 – BStBl 1992 II S. 940),
- Anschaffungsnaher Aufwand bei teilentgeltlichem Erwerb (→ R 157 Abs. 4 Satz 9 und BMF vom 5.11.1996 – BStBl I S. 1258),

Anschaffungsnaher Aufwand bei teilentgeltlichem Erwerb eines Gebäudes; Anwendung des BFH-Urteils vom 9.5.1995 – IX R 5/93 – (BStBl 1996 II S. 588)

BMF vom 5.11.1996 (BStBl I S. 1258)

IV B 3 – S 2211 – 78/95

Der BFH hat mit Urteil vom 9.5.1995 (BStBl 1996 II S. 588) entschieden, daß bei teilentgeltlichem Erwerb eines Gebäudes anschaffungsnaher Herstellungsaufwand auch vorliegen kann, soweit die Instandsetzungs- und Modernisierungsaufwendungen in Zusammenhang mit dem unentgeltlich erworbenen Teil stehen.

Nach dem Ergebnis der Erörterung mit den obersten Finanzbehörden der Länder sind die Grundsätze dieses Urteils nicht über den entschiedenen Einzelfall hinaus anzuwenden. Bei teilentgeltlichem Erwerb eines Gebäudes kann wie bisher anschaffungsnaher Herstellungsaufwand nur im Verhältnis zum entgeltlichen Teil des Erwerbsvorgangs vorliegen.

- *Kein anschaffungsnaher Aufwand bei unentgeltlichem Erwerb sowohl im Wege der Gesamtrechtsnachfolge (→ BFH vom 17.6.1997 – BStBl II S. 802) als auch im Wege der Einzelrechtsnachfolge (→ BFH vom 28.4.1998 – BStBl S. 515).*

Erhaltungsaufwand

Anhang 23
- Bei Instandsetzung und Modernisierung von Gebäuden → BMF vom 16.12.1996 (BStBl I S. 1442).
- Anschluß an Kanalisation als Ersatz für Sickergrube oder eigene Kläranlage und sog. Ergänzungsbeiträge zur Modernisierung des Abwassernetzes (→ BFH vom 13.9.1984 – BStBl 1985 II S. 49 und vom 4.11.1986 – BStBl 1987 II S. 333).
- Beiträge für die Zweit- oder Zusatzerschließung eines Grundstücks durch eine weitere Straße, es sei denn, der Wert des Grundstücks wird auf Grund einer Erweiterung der Nutzbarkeit oder einer günstigeren Lage erhöht (→ BFH vom 12.1.1995 – BStBl II S. 632, vom 7.11.1995 – BStBl 1996 II S. 89 und S. 190 und vom 19.12.1995 – BStBl 1996 II S. 134).

§ 21 EStG
H 157 R 158–160

- Sogenannte Ergänzungsbeiträge für die Ersetzung und die Modernisierung vorhandener Erschließungseinrichtungen, es sei denn, das Grundstück wird ausnahmsweise in seiner Substanz oder seinem Wesen verändert (→ BFH vom 2.5.1990 – BStBl 1991 II S. 448).
- Aufwendungen für den Ersatz eines vorhandenen Anschlusses an das Wasser-, Strom-, Gas- oder Fernwärmenetz.
- nachträgliche Straßenbaukostenbeiträge eines bereits durch eine Straße erschlossenen Grundstücks, die eine Gemeinde für die bauliche Veränderung des Straßenbelags und der Gehwege zur Schaffung einer verkehrsberuhigten Zone erhebt, es sei denn, das Grundstück wird durch diese Maßnahme ausnahmsweise in seiner Substanz oder seinem Wesen verändert (→ BFH vom 22.3.1994 – BStBl II S. 842).
- Aufwendungen für den erstmaligen Anschluß an das Erdgasnetz im Zusammenhang mit der Umstellung einer bereits vorhandenen Heizungsanlage.
- Wird eine Dachterrasse mit einem Glasdach überdacht, liegt Erhaltungsaufwand vor, wenn die Glasdachkonstruktion nahezu ausschließlich der Verhinderung des Eindringens von Regenwasser in eine Penthouse-Wohnung und die unter der Terrasse liegenden Wohnungen eines Mehrfamilienhauses dient (FG Baden-Württemberg, Stuttgart, vom 23.11.1994 – EFG 1995 S. 612).

Herstellungsaufwand nach Fertigstellung
- → BMF vom 16.12.1996 (BStBl I S. 1442).   Anhang 23
- Zu den Besonderheiten bei Teileigentum → BFH vom 19.9.1995 (BStBl 1996 II S. 131).

Kosten für die gärtnerische Gestaltung
- Die zu einem Wohngebäude gehörende Gartenanlage ist ein selbständiges Wirtschaftsgut (→ BFH vom 30.1.1996 – BStBl 1997 II S. 25). Dagegen gehören die Aufwendungen für (lebende) Umzäunungen zu den Herstellungskosten des Gebäudes (→ BFH vom 30.6.1966 – BStBl III S. 541 und vom 15.12.1977 – BStBl 1978 II S. 210).
- Kosten der Gartenunterhaltung sind auch im Rahmen der Nutzungswertbesteuerung als Werbungskosten abziehbar, soweit sie nach der Zweiten Berechnungsverordnung (→ BStBl 1990 I S. 735, Anlage 3, Tz. 10) umlagefähig wären (→ BFH vom 30.1.1996 – BStBl 1997 II S. 23; zur Höhe des → Nutzungswerts H 162).

Verteilung des Erhaltungsaufwands nach § 82b EStDV
- Keine Übertragung des Anteils eines Jahres auf anderes Jahr (→ BFH vom 26.10.1977 – BStBl 1978 II S. 367).
- Verteilung von verbliebenem Erhaltungsaufwand, den das Finanzamt im Entstehungsjahr als Herstellungsaufwand behandelt hat, auf Folgejahre; keine Berücksichtigung des Anteils der Aufwendungen, die auf das Entstehungsjahr entfallen; Korrektur der AfA-Bemessungsgrundlage für Folgejahre (→ BFH vom 27.10.1992 – BStBl 1993 II S. 591).
- Ausübung des Wahlrechts nach § 82b EStDV auch nach Eintritt der Festsetzungsverjährung für das Aufwandsentstehungsjahr; kein Abzug von Aufwendungen, die auf Veranlagungszeiträume entfallen, für die Festsetzungsverjährung eingetreten ist (→ BFH vom 24.11.1992 – BStBl 1993 II S. 593).
- Ausübung des Wahlrechts nach § 82b EStDV auch nach bestandskräftiger Steuerfestsetzung für das Aufwandsentstehungsjahr; kein Abzug von Aufwendungen, die auf bestandskräftig veranlagten Zeitraum entfallen (→ BFH vom 27.10.1992 – BStBl 1993 II S. 589).

158. – 160.

– unbesetzt –

§ 21 EStG
R 161 H 161

R 161   **161. Sonderfälle von Einnahmen und Werbungskosten**

(1) ¹Werden Teile einer selbstgenutzten Eigentumswohnung, eines selbstgenutzten Einfamilienhauses oder insgesamt selbstgenutzten anderen Hauses, für das ein Nutzungswert nicht zu versteuern ist, vorübergehend vermietet und übersteigen die Einnahmen hieraus nicht 1.000 DM im VZ, kann im Einverständnis mit dem Steuerpflichtigen aus Vereinfachungsgründen von der Besteuerung der Einkünfte abgesehen werden. ²Satz 1 ist bei vorübergehender Untervermietung von Teilen einer angemieteten Wohnung, die im übrigen selbstgenutzt wird, entsprechend anzuwenden.

(2) Zinsen, die Beteiligte einer Wohnungseigentümergemeinschaft aus der Anlage der Instandhaltungsrücklage erzielen, gehören zu den Einkünften aus Kapitalvermögen.

(3) Die Berücksichtigung von Werbungskosten aus Vermietung und Verpachtung kommt auch dann in Betracht, wenn aus dem Objekt im VZ noch keine Einnahmen erzielt werden, z. B. bei einem vorübergehend leerstehenden Gebäude¹).

H 161   **Hinweise**

Bauherrenmodell

Anhang 23
- Zur Abgrenzung zwischen Werbungskosten, Anschaffungskosten und Herstellungskosten → BMF vom 31.8.1990 (BStBl I S. 366).
- → Immobilienfonds, geschlossene
- Schuldzinsen, die auf die Zeit zwischen Kündigung und Auseinandersetzung im Zusammenhang mit der Beteiligung an einer Bauherrengemeinschaft entfallen, sind Werbungskosten, selbst wenn Einnahmen noch nicht erzielt worden sind (→ BFH vom 4.3.1997 – BStBl II S. 610).

Einkünfteerzielungsabsicht

Anhang 23
- Keine Berücksichtigung von Werbungskostenüberschüssen bei fehlender Einkunftserzielungsabsicht (→ BMF vom 23.7.1992 – BStBl I S. 434).
- Die Grundsätze der sog. Liebhaberei sind nicht anzuwenden bei Selbstnutzung einer und Vermietung der anderen Wohnung bei einem Zweifamilienhaus (→ BFH vom 8.11.1993 – BStBl 1995 II S. 102).
- Bei Erwerb einer Immobilie ist regelmäßig von fehlender Einkünfteerzielungsabsicht auszugehen, wenn dem Erwerber gegen Entgelt die Vermittlung des Verkaufs der Immobilie noch innerhalb der Phase planmäßiger Werbungskostenüberschüsse zugesagt wird (→ BFH vom 14.2.1995 – BStBl II S. 462). Auch ein bei Erwerb einer Immobilie vom Veräußerer oder einem abgegebenes Rückkaufangebot oder eine Verkaufsgarantie sind Beweisanzeichen für fehlende Einkünfteerzielungsabsicht (→ BFH vom 14.9.1994 – BStBl 1995 II S. 116). Voraussetzung ist, daß der Erwerber das Angebot oder die Garantie bei Abschluß der Verträge kennt. Diese Kenntnis ist im Zweifel vom Finanzamt darzulegen und zu beweisen (→ BFH vom 24.1.1995 – BStBl II S. 460). Ein Rückverkaufsrecht an einer Eigentumswohnung schließt die Einkünfteerzielungsabsicht nicht aus, wenn feststeht, daß der Erwerber von dem Recht nur Gebrauch machen will, falls äußere Umstände ihn dazu zwingen (→ BFH vom 22.4.1997 – BStBl II S. 650).
- Einkunftserzielungsabsicht bei → Ferienwohnungen.
- **Bei der Prüfung, ob eine Einkünfteerzielungsabsicht gegeben ist, sind bei der Ermittlung des Totalüberschusses Sonderabschreibungen und erhöhte Absetzungen nicht aus den Werbungskosten auszusondern (→ BMF vom 4.11.1998 – BStBl I S. 1444).**
- Die langjährige Renovierung einer leerstehenden Wohnung in Eigenarbeit steht der Anerkennung von vorweggenommenen Werbungskosten nicht entgegen, wenn sich aus den objektiven Umständen des Falles der endgültige Entschluß zur Erzielung von Einkünften aus Vermietung und Verpachtung ableiten läßt (→ FG Münster vom 3.4.1995 – EFG 1995 S. 804).

---

¹) Anm.: → BFH vom 1.12.1950 (BStBl 1951 III S. 137).

§ 21 EStG
H 161

- Aufwendungen für eine leerstehende Wohnung sind nur dann als vorab entstandene Werbungskosten abziehbar, wenn der Entschluß zur Einkünfteerzielung objektiv erkennbar endgültig gefaßt ist (→ FG Münster vom 29.8.1995 – EFG 1996 S. 263). Die unter dem Az. IX B 187/95 eingelegte Nichtzulassungsbeschwerde wurde vom BFH als unzulässig verworfen (nv.).
- Sofern nicht ausnahmsweise besondere Umstände gegen das Vorliegen einer Überschußerzielungsabsicht sprechen (z. B. bei Ferienwohnungen, bei Mietkaufmodellen oder bei Bauherrenmodellen mit Rückkaufangebot oder Verkaufsgarantie), ist bei einer auf Dauer angelegten Vermietungstätigkeit grundsätzlich davon auszugehen, daß der Steuerpflichtige beabsichtigt, letztlich einen Einnahmeüberschuß zu erwirtschaften (→ BFH vom 30.9.1997 – BStBl 1998 II S. 771).

Einnahmen
- Zahlungen, die wegen übermäßiger Beanspruchung, vertragswidriger Vernachlässigung oder Vorenthaltung einer Miet- oder Pachtsache geleistet werden (→ BFH vom 22.4.1966 – BStBl III S. 395, vom 29.11.1968 – BStBl 1969 II S. 184 und vom 5.5.1971 – BStBl II S. 624).
- Guthabenzinsen aus Bausparvertrag, die in einem engen zeitlichen Zusammenhang mit einem der Einkunftserzielung dienenden Grundstück stehen, sind ebenso wie entsprechende Schuldzinsen bei dieser Einkunftsart zu berücksichtigen (→ BFH vom 9.11.1982 – BStBl 1983 II S. 172 sowie BMF vom 28.2.1990 – BStBl I S. 124).
- Abstandszahlungen eines Mietinteressenten an Vermieter für Entlassung aus Vormietvertrag (→ BFH vom 21.8.1990 – BStBl 1991 II S. 76).
- Überlassung eines bisher gemeinsam bewohnten Einfamilienhauses – auf Grund einer Unterhaltsvereinbarung – an geschiedenen Ehegatten führt nicht zu Einnahmen aus Vermietung und Verpachtung (→ BFH vom 17.3.1992 – BStBl II S. 1009).
- Erstattung von als Werbungskosten abgezogenen Finanzierungskosten durch den Darlehensgläubiger oder einen Dritten, z. B. den Grundstückserwerber im Rahmen des Kaufpreises (→ BFH vom 22.9.1994 – BStBl 1995 II S. 118).
- Nach Wegfall der Nutzungswertbesteuerung von Dritten erstattete Finanzierungskosten, die als Werbungskosten abgezogen worden waren (→ BFH vom 28.3.1995 – BStBl II S. 704).

Erbbaurecht
- Vom Erbbauberechtigten neben Erbbauzins gezahlte Erschließungsbeiträge fließen dem Erbbauverpflichteten erst bei Realisierung des Wertzuwachses zu (→ BFH vom 21.11.1989 – BStBl 1990 II S. 310). Der Erbbauberechtigte kann die von ihm gezahlten Erschließungskosten nur verteilt über die Laufzeit des Erbbaurechtes als Werbungskosten abziehen (→ BMF vom 16.12.1991 – BStBl I S. 1011).
- Vom Erbbauberechtigten in einem Betrag gezahlte Erbbauzinsen sind Anschaffungskosten des Erbbaurechts. Beim Erbbauverpflichteten stellen sie im Jahr des Zuflusses Einnahmen aus Vermietung und Verpachtung dar, die längstens auf zehn Jahre verteilt zu versteuern sind (→ BMF vom 10.12.1996 – BStBl I S. 1440). Anhang 23

Ferienwohnung
- Zum Abzug von Aufwendungen bei Ferienwohnungen, die sowohl durch die Vermietung als auch durch die Eigennutzung verursacht sind → BMF vom 4.5.1994 (BStBl I S. 285). Anhang 23
- Leerstandszeiten sind der Eigennutzung nicht nur zuzurechnen, wenn der Steuerpflichtige die Wohnung selbst vermietet (→ BFH vom 15.10.1996 – BStBl 1997 II S. 496), sondern auch, wenn er einen Vermittler einschaltet und in der Lage bleibt, die Zeiträume der Vermietung und der Eigennutzung zu bestimmen (→ BFH vom 12.9.1995 – BStBl 1996 II S. 355).
- Zur Einkunftserzielungsabsicht bei einer zeitweise selbstgenutzten Ferienwohnung, wenn in einem überschaubaren Zeitraum aus der Vermietung kein Gesamtüberschuß der Einnahmen über die Werbungskosten erzielt werden kann → BFH vom 13.8.1996 (BStBl 1997 II S. 42).

§ 21 EStG
H 161

- Aufwendungen für eine Ferienwohnung sind zeitanteilig aufzuteilen, wenn sie sowohl durch die Vermietung als auch durch die Selbstnutzung veranlaßt sind. Dabei gehören Leerstandszeiten zur Selbstnutzung, sofern der Stpfl. jeweils selbst darüber entscheiden kann, ob er die Ferienwohnung vermietet oder selbst nutzt (Anschluß an BFH-Rechtsprechung). Soweit der BMF-Erlaß vom 4.5.1994, BStBl I S. 285 zugunsten des Stpfl. von diesen Grundsätzen abweicht, sind die Gerichte an ihn nicht gebunden (→ FG Münster vom 12.10.1995 – EFG 1996 S. 262).
- Bei der Vermietung von zwei nebeneinander liegenden Ferienwohnungen (Doppelhaus) sind die Grundsätze zur Aufteilung der Werbungskosten bei einer teilweisen Vermietung, teilweiser Selbstnutzung und teilweisen Leerstandszeiten (BFH vom 25.6.1991, BStBl 1992 II S. 24; vom 30.7.1991, BStBl 1992 II S. 24) nur in bezug auf eine der beiden Wohnungen anzuwenden. Für die zweite Ferienwohnung sind grundsätzlich die gesamten Aufwendungen in voller Höhe Werbungskosten (→ FG Münster vom 30.11.1995 – EFG 1996 S. 470).
- Bei einer teilweise selbstgenutzten und im übrigen fremdvermieteten Ferienwohnung sind die Leerstandszeiten u. U. auch dann nicht der Eigennutzung zuzurechnen, wenn der Stpfl. die Vermietung einem ihm nicht nahestehenden Vermittler übertragen hat, eine Eigennutzung vertraglich aber nicht ausgeschlossen ist (→ FG Hessen vom 6.12.1995 – EFG 1996 S. 806).
- Wenn der Stpfl. an demselben Ort mehr als eine Ferienwohnung hat und nur eine dieser Ferienwohnungen für eigene Wohnzwecke nutzt, die andere aber vermietet, dann sind die Kosten der Leerstandszeiten der vermieteten Ferienwohnung Werbungskosten bei den Einkünften aus Vermietung und Verpachtung. Steuerliche Liebhaberei wird nur in Ausnahmefällen vorliegen (→ FG Hamburg vom 11.12.1995 – EFG 1996 S. 469).
- Leerstandszeiten einer zur Vermietung an Feriengäste bereitgehaltenen Wohnung sind nicht der Eigennutzung zuzurechnen, wenn sich die Ferienwohnung im selben Gebäude wie die Privatwohnung des Steuerpflichtigen befindet und eine Eigennutzung der Ferienwohnung aufgrund dieses Umstandes erfahrungsgemäß nicht anzunehmen ist. Für die Zeiten des Leerstands der Ferienwohnung ist in solchen Fällen weder ein fiktiver Mietwert anzusetzen noch eine anteilige Kürzung der Werbungskosten vorzunehmen (→ FG Niedersachsen vom 20.8.1996 – EFG 1997 S. 286 – Rev. – BFH IX R 69/96).
- Wird eine Ferienwohnung ganzjährig zur Vermietung bereitgehalten und kommt eine Eigennutzung nicht in Betracht, so sind die Werbungskosten wegen der Leerstandzeiten nicht zeitanteilig zu kürzen (→ FG Niedersachsen vom 20.1.1998 – EFG 1998 S. 1461 – Rev. – BFH IX R 37/98).
- Wird ein Ferienhaus ausschließlich zur Vermietung bereitgehalten und tatsächlich nicht selbst genutzt, kann die Zeit des Leerstehens auch bei einer Vermietung in eigener Regie nicht als Selbstnutzung gelten. Eine entsprechende Kürzung der Werbungskosten kommt nicht in Betracht (→ FG Münster vom 28.4.1998 – EFG 1998 S. 1460 – Rev. – BFH IX R 38/98).

Immobilienfonds, geschlossene

Anhang 23
Zur Abgrenzung zwischen Werbungskosten, Anschaffungskosten und Herstellungskosten → BMF vom 31.8.1990 (BStBl I S. 366) und vom 1.3.1995 (BStBl I S. 167).

| Nießbrauch und andere Nutzungsrechte

Anhang 23
Zur einkommensteuerrechtlichen Behandlung des Nießbrauchs und anderer Nutzungsrechte bei Einkünften aus Vermietung und Verpachtung → BMF vom 24.7.1998 (BStBl I S. 914)

Sinngemäße Anwendung des § 15a EStG

- Zur Haftung und zur Unwahrscheinlichkeit der Inanspruchnahme eines Gesellschafters einer Gesellschaft bürgerlichen Rechts mit Einkünften aus Vermietung und Verpachtung → BMF vom 30.6.1994 (BStBl I S. 355).

Anhang 23

- Bei der Ermittlung des Ausgangswertes für die Höhe der verrechenbaren Werbungskostenüberschüsse gemäß § 15a Abs. 4 Satz 1 i.V.m. § 21 Abs. 1 Satz 2 EStG der Gesellschafter einer KG mit positiven Einkünften aus Kapitalvermögen und negativen Einkünften aus Vermietung und Verpachtung sind die Einkünfte aus Kapitalvermögen einzubeziehen (→ BFH vom 15.10.1996 – BStBl 1997 II S. 250).

Treuhandverhältnisse

– Zur Zurechnung von Einkünften aus Vermietung und Verpachtung bei Treuhandverhältnissen → BMF vom 1.9.1994 (BStBl I S. 604),
– Zur sinngemäßen Anwendung von § 15a Abs. 5 Nr. 2 EStG bei Treuhandverhältnissen → BFH vom 25.7.1995 (BStBl 1996 II S. 128).

Werbungskosten

– Die Abbruch- und Aufräumkosten für ein Gebäude, das ein Steuerpflichtiger zunächst zur Erzielung von Vermietungseinkünften nutzt, das dann aber wirtschaftlich und technisch verbraucht ist, sind auch dann als (nachträgliche) Werbungskosten abziehbar, wenn das Grundstück in Zukunft nicht mehr zur Einkunftserzielung, sondern vom Eigentümer selber genutzt wird (→ BFH vom 31.3.1998 – BFH/NV 1998 S. 1212).
– Nach Wohnungseigentumsgesetz an Verwalter gezahlte Beiträge zur Instandhaltungsrücklage sind erst bei Verausgabung dieser für Erhaltungsmaßnahmen als Werbungskosten abziehbar (→ BFH vom 26.1.1988 – BStBl II S. 577).
– Schuldzinsen für ein durch eine Hypothek auf einem weiteren Grundstück gesichertes Darlehen sind bei dem Grundstück zu berücksichtigen, für das das Darlehen verwendet wurde (→ BFH vom 15.1.1980 – BStBl II S. 348).
– Finanzierungsaufwand bei unbebautem Grundstück, wenn ein wirtschaftlicher Zusammenhang mit späterer Bebauung und Vermietung und Verpachtung besteht (→ BFH vom 8.2.1983 – BStBl II S. 554).
– Bei Finanzierungskosten für Bauerwartungsland, wenn bei Anschaffung des Grundstücks konkrete Bauabsicht besteht und diese nachhaltig zu verwirklichen versucht wird und damit zu rechnen ist, daß das Grundstück in absehbarer Zeit bebaut werden darf (→ BFH vom 4.6.1991 – BStBl II S. 761).
– Als dauernde Last zu beurteilende wiederkehrende Leistungen zum Erwerb eines zum Vermieten bestimmten Grundstücks führen nur in Höhe des in ihnen enthaltenen Zinsanteils zu sofort abziehbaren Werbungskosten; in Höhe des Barwerts der dauernden Last liegen Anschaffungskosten vor, die, soweit der Barwert auf das Gebäude entfällt, in Form von AfA als Werbungskosten abziehbar sind (→ BFH vom 9.2.1994 – BStBl 1995 II S. 47),
– Aussetzungszinsen für Grunderwerbsteuer, die zu den Anschaffungs- oder Herstellungskosten eines zur Erzielung von Mieteinkünften dienenden Gebäudes gehört (→ BFH vom 25.7.1995 – BStBl II S. 835).
– Zur Anwendung des **Werbungskosten-Pauschbetrags** nach § 9a Satz 1 Nr. 2 EStG bei den Einkünften aus Vermietung und Verpachtung → BMF vom 23.9.1997 (BStBl I S. 895).
– Hat der Steuerpflichtige ein zur Erzielung aus Vermietung und Verpachtung bestimmtes Gebäude geplant, aber nicht errichtet, und muß er deshalb an den Architekten ein gesondertes Honorar für Bauüberwachung und Objektbetreuung zahlen, ohne daß der Architekt solche Leistungen tatsächlich erbracht hat, gehören diese Aufwendungen nicht zu den Herstellungskosten eines später errichteten anderen Gebäudes, sondern sind als Werbungskosten abziehbar (→ BFH vom 8.9.1998 – BStBl 1999 II S. 20).
– Unterläßt es der Steuerpflichtige, einen ursprünglich für allgemeine betriebliche Zwecke aufgenommenen Kredit nach der Aufgabe seines Betriebes mit Hilfe der Veräußerung des früheren Betriebsgrundstücks zu tilgen, um dieses nunmehr vermögensverwaltend zu vermieten, so sind die Schuldzinsen für die in sein Privatvermögen übergegangene Verbindlichkeit als Werbungskosten bei seinen Einkünften aus Vermietung und Verpachtung abziehbar; Abweichung BFH-Urteil vom 21.11.1989 – BStBl 1990 II S. 213 (→ BFH vom 19.8.1998 – DStR 1998 S. 2003).
– Finanziert der Steuerpflichtige die Errichtung eines Gebäudes, das nicht nur dem Erzielen von Einkünften aus Vermietung und Verpachtung, sondern auch der (nicht-

steuerbaren) Selbstnutzung dient, mit Eigenmitteln und Darlehen, kann er die Darlehenszinsen insoweit als Werbungskosten bei den Einkünften aus Vermietung und Verpachtung abziehen, als er das Darlehen (tatsächlich) zur Herstellung des der Einkünfteerzielung dienenden Gebäudeteils verwendet.

Der Werbungskostenabzug setzt zunächst voraus, daß die Herstellungskosten dem ein eigenständiges Wirtschaftsgut bildenden Gebäudeteil gesondert zugeordnet werden. Dabei sind die ausschließlich auf diesen entfallenden Kosten gesondert auszuweisen. Die das Gesamtgebäude betreffenden Kosten sind anteilig zuzuordnen; das gleiche gilt, wenn der Steuerpflichtige die Kosten der Errichtung des gesamten Gebäudes einheitlich abgerechnet hat.

Des weiteren ist erforderlich, daß die dem ein eigenständiges Wirtschaftsgut bildenden Gebäudeteil zugeordneten Herstellungskosten tatsächlich nur mit dem Darlehen gezahlt worden sind, dessen Zinsen als Werbungskosten geltend gemacht werden. Dies ist z. B. dann der Fall, wenn die Zahlungen (auch Abschlagzahlungen) zu Lasten eines Kontos geleistet worden sind, dessen Guthaben nur aus Darlehensmitteln besteht (→ BFH vom 27.10.1998 – IX R 44/95, IX R 29/96, IX R 19/96).

Keine Werbungskosten

- Aufwendungen für Gebäude, dessen Erträge einem anderen als dem Eigentümer zuzurechnen sind, auch wenn in absehbarer Zeit mit anderweitiger Zurechnung zu rechnen ist (→ BFH vom 30.7.1985 – BStBl 1986 II S. 327).
- Entschädigungszahlungen an Darlehnsgläubiger für vorzeitige Darlehnsrückzahlung im Zusammenhang mit der Veräußerung eines Mietwohngrundstücks sind grundsätzlich nicht als Werbungskosten abziehbar (→ BFH vom 23.1.1990 – BStBl II S. 464). Ausnahme: Zwischen Vorfälligkeitsentschädigung und Vermietungseinkünften aus einem neu erworbenen Objekt besteht ein wirtschaftlicher Zusammenhang (→ BFH vom 23.4.1996 – BStBl II S. 595).
- Aufwendungen zur Schadensbeseitigung, zu denen sich der Verkäufer im Kaufvertrag über sein Mietwohngrundstück verpflichtet hat (→ BFH vom 23.1.1990 – BStBl II S. 465).
- Vom Erwerber dem Veräußerer erstattetes Disagio gehört zu den Anschaffungskosten (→ BFH vom 17.2.1981 – BStBl II S. 466).
- Die Beteiligung des geschiedenen Ehegatten an Grundstückserträgen aufgrund eines Scheidungsfolgevergleichs zur Regelung des Zugewinnausgleichs führt nicht zu Werbungskosten aus Vermietung und Verpachtung (→ BFH vom 8.12.1992 – BStBl 1993 II S. 434).
- Das Veruntreuen von Geldbeträgen durch einen Miteigentümer führt nicht zu Werbungskosten des anderen Miteigentümers (→ BFH vom 20.12.1994 – BStBl 1995 II S. 534).
- Aufwendungen für die geplante Veräußerung eines Grundstücks, auch wenn das Grundstück tatsächlich weiterhin vermietet wird (→ BFH vom 19.12.1995 – BStBl 1996 II S. 198).
- Im voraus oder in einem Einmalbetrag gezahlte Erbbauzinsen gehören zu den Anschaffungskosten des Erbbaurechts (→ BMF vom 10.12.1996 – BStBl I S. 1440).
- Nimmt der Steuerpflichtige ein Darlehen auf, um Grundschulden, die er als Sicherheit für fremde Schulden bestellt hat, abzulösen, so sind die für dieses Darlehen aufgewendeten Zinsen und Kreditkosten nicht als Werbungskosten bei seinen Einkünften aus Vermietung und Verpachtung abziehbar (→ BFH vom 29.7.1997 – BStBl II S. 772).
- **Hat der Steuerpflichtige seine Absicht, eine angeschaffte oder hergestellte Wohnung selbst zu beziehen, aufgegeben und sich zu deren Vermietung entschlossen, sind die auf die Zeit der Eigennutzungsabsicht entfallenden Aufwendungen weder Werbungskosten noch Vorkosten (→ BFH vom 23.7.1997 – BStBl 1998 II S. 15).**
- Aufwendungen für die im Treppenhaus eines vermieteten Mehrfamilienhauses vom Vermieter aufgehängten Bilder stellen keine Werbungskosten bei den Einkünften aus Vermietung und Verpachtung dar (→ FG Schleswig-Holstein vom 22.3.1995 – EFG 1995 S. 880).

- Besteht an einer Wohnung eines Mietwohngrundstücks ein Wohnrecht, kann der Eigentümer die Aufwendungen (einschl. AfA) für dieses Grundstück insoweit nicht als Werbungskosten bei seinen Einkünften aus Vermietung und Verpachtung abziehen, als sie nach dem Verhältnis der jeweiligen Nutzflächen auf die mit dem Wohnrecht belastete Wohnung entfallen (→ BFH vom 22.2.1994 – BFH/NV S. 709).
- Es ist nicht ernstlich zweifelhaft, daß die Aufwendungen für ein unbebautes Grundstück vom Abzug als vorweggenommene Werbungskosten ausgeschlossen sind, wenn zwar wiederholt Anträge auf Verlängerung der Baugenehmigung gestellt wurden, aber nicht substantiiert konkrete Verhandlungen über die Bebauung des 15 Jahre zuvor angeschafften Grundstücks dargetan werden (→ Baden-Württemberg, Stuttgart, vom 15.4.1995 – EFG 1995 S. 880).
- Von der Gemeinde (wenn auch erst nach Jahren) aufgrund einer Satzungsänderung vom Grundstückseigentümer nachgeforderte Erschließungsbeiträge sind nachträgliche Anschaffungskosten für den Grund und Boden, wenn die Gemeinde lediglich den Berechnungsmaßstab geändert hat, die Beitragspflicht als solche ihren Grund aber nach wie vor in einer erstmaligen Erschließungsmaßnahme hat (→ BFH vom 3.7.1997 – BStBl II S. 811).

Keine nachträglichen Werbungskosten

Schuldzinsen, die nach Zwangsversteigerung eines zuvor vermieteten Grundstücks entstehen, weil der Versteigerungserlös nicht zur Tilgung des ursprünglichen Kredits ausreicht (→ BFH vom 12.11.1991 – BStBl 1992 II S. 289).

Verrechenbare Werbungskostenüberschüsse

Bei der Ermittlung des Ausgangswertes für die Höhe der verrechenbaren Werbungskostenüberschüsse gemäß § 15a Abs. 4 Satz 1 i.V.m. § 21 Abs. 1 Satz 2 EStG der Gesellschafter einer KG mit positiven Einkünften aus Kapitalvermögen und negativen Einkünften aus Vermietung und Verpachtung sind die Einkünfte aus Kapitalvermögen einzubeziehen (→ BFH vom 15.10.1996 – BStBl 1997 II S. 250).

162. Ermittlung des Nutzungswerts der Wohnung im eigenen Haus und einer unentgeltlich oder verbilligt überlassenen Wohnung[1])

(1) ¹Ein Nutzungswert nach § 21 Abs. 2 Satz 1 EStG ist nur zu ermitteln, wenn
1. im VZ 1986 bei dem Steuerpflichtigen die Voraussetzungen für die Ermittlung des Nutzungswerts als Überschuß des Mietwerts über die Werbungskosten vorgelegen haben,
2. die Voraussetzungen auch in dem jeweiligen VZ, wenn auch nur für kurze Zeit, vorliegen und
3. kein Antrag auf Wegfall der Nutzungswertbesteuerung gestellt worden ist (§ 52 Abs. 21 Sätze 2 und 3 EStG);

auf das BMF-Schreiben vom 19.9.1986 (BStBl I S. 480) sowie auf R 164b wird hingewiesen. ²In den Fällen, in denen bei Fortbestehen der Nutzungswertbesteuerung § 21a Abs. 1 Satz 2 EStG anzuwenden wäre, ist auch im Rahmen der Übergangsregelung nach § 52 Abs. 21 Satz 2 EStG eine Nutzungswertbesteuerung als Überschuß des Mietwerts über die Werbungskosten nicht zulässig.

(2) ¹Wird der Nutzungswert der Wohnung im eigenen Haus als Überschuß des Mietwerts über die Werbungskosten ermittelt, so ist der Mietwert in sinngemäßer Anwendung des § 8 Abs. 2 EStG zu schätzen. ²Er ist mit der ortsüblichen mittleren Miete für Wohnungen vergleichbarer Art, Lage und Ausstattung anzusetzen. ³Der Nutzungswert der Wohnung in einem besonders aufwendig gestalteten oder ausgestatteten eigenen Haus ist nach den Grundsätzen der → Kostenmiete zu ermitteln, wenn auf Grund bestimmter Gestaltungs- oder Ausstattungsmerkmale offensichtlich ist, daß die Wohnung nicht zum Zwecke der Vermietung errichtet und in der Regel auch tatsächlich nicht vermietet wird.

---

[1]) R 162 Abs. 1 bis 4 ist nur auf solche Wohnungen anzuwenden, die in dem Teil der Bundesrepublik Deutschland belegen sind, in dem das Grundgesetz vor dem 3.10.1990 gegolten hat.

(3) Für die Ermittlung des Nutzungswerts einer Wohnung in einem im Ausland belegenen eigenen Wohngrundstück gelten die Absätze 1 und 2 entsprechend.

(4) ¹Die Absätze 1 bis 3 gelten entsprechend für die Ermittlung des Nutzungswerts einer ohne gesicherte Rechtsposition überlassenen Wohnung. ²Eine Wohnung ist ohne gesicherte Rechtsposition überlassen, wenn der Eigentümer dem Nutzenden den Gebrauch der Wohnung jederzeit entziehen kann.

(5) ¹In den Fällen des § 21 Abs. 2 Satz 2 EStG kann die ortsübliche Marktmiete entsprechend den Grundsätzen der Ermittlung des Nutzungswerts der Wohnung im eigenen Haus festgestellt werden; auf Absatz 2 wird hingewiesen. ²Beträgt das Entgelt für die Überlassung einer Wohnung zu Wohnzwecken, d.h. die Kaltmiete zuzüglich der gezahlten Umlagen, mindestens 50 v. H. der ortsüblichen Miete einschließlich 50 v. H. der umlagefähigen Kosten, so können die auf diese Wohnung entfallenden Werbungskosten in vollem Umfang abgezogen werden. ³Beträgt das Entgelt weniger als 50 v. H. der ortsüblichen Miete einschließlich 50 v. H. der umlagefähigen Kosten, können die Aufwendungen nur in dem Verhältnis als Werbungskosten abgezogen werden, wie die Überlassung entgeltlich erfolgt ist.

H 162   **Hinweise**

Ferienwohnung
→ H 161

Kostenmiete
Ermittlung des Nutzungswerts anhand der Kostenmiete, wenn
- bei Selbstnutzung beider Wohnungen eines Zweifamilienhauses die Wohnfläche mindestens einer Wohnung 250 qm übersteigt (→ BFH vom 21.2.1995 – BStBl II S. 381) oder
- *eine Schwimmhalle mit einer Beckenoberfläche von mehr als 50 qm vorhanden ist (BFH vom 16.12.1997 – BStBl 1998 II S. 342) oder*
- besonders gewichtige Ausstattungs- und Gestaltungsmerkmale für persönliches Wohnbedürfnis des Wohnungsinhabers vorliegen (→ BFH vom 22.10.1993 – BStBl 1995 II S. 98; BMF vom 20.2.1995 – BStBl I S.150).

Für die Frage, ob die Wohnfläche 250 qm übersteigt, sind Hobby- und Fitneßräume im Kellergeschoß mit ihrer vollen Grundfläche anzusetzen, wenn sie offensichtlich als Wohnräume ausgebaut sind, andernfalls nur mit der hälftigen Grundfläche. Balkone, Loggien, Dachgärten oder gedeckte Freisitze sind stets mit der Hälfte ihrer Grundfläche zu berücksichtigen. Die Wohnfläche ist nicht nach § 44 Abs. 3 der II. BV zu kürzen (→ BFH vom 9.9.1997 – BStBl II S. 818).

Die Schätzung der Kostenmiete anhand eines bestimmten v. H.-Satzes der Anschaffungs- und Herstellungskosten ist nicht zu beanstanden, soweit die nach der II. BV ermittelte Kostenmiete nicht überschritten wird. Die Anschaffungs- und Herstellungskosten sind hierbei nicht um nach § 7i EStG begünstigte Aufwendungen zu kürzen (BFH vom 31.3.1998 – BStBl II S. 386).

Nutzungswert
- Vergleichs- und Schätzungsmaßstab sind bei Grundstücken mit mehr als einer Wohnung regelmäßig die aus Fremdvermietung erzielten Mieteinnahmen; entsprechen diese Mieten nicht der Marktmiete, so ist für die Nutzungswertermittlung von der Marktmiete auszugehen (→ BFH vom 13.12.1983 – BStBl 1984 II S. 368).
- Bei öffentlich geförderten Wohnungen ist von der tatsächlich gezahlten Miete auch dann auszugehen, wenn diese über der preisrechtlich zulässigen Miete liegt (→ BFH vom 15.5.1973 – BStBl II S. 814).
- Ansatz des Nutzungswerts, unabhängig von der tatsächlichen Nutzung, für den gesamten Zeitraum, in dem das Grundstück zur Eigennutzung zur Verfügung steht (→ BFH vom 22.1.1980 – BStBl II S. 447 und vom 24.9.1985 – BStBl 1986 II S. 287).
- Ansatz des Nutzungswerts auch bei Nutzung der Wohnung im Rahmen einer doppelten Haushaltsführung (→ BFH vom 6.12.1994 – BStBl 1995 II S. 322).

- Kein Ansatz eines Nutzungswerts für wesentliche Erweiterungen einer selbstgenutzten Wohnung (→ BFH vom 5.8.1992 – BStBl 1993 II S. 30 und vom 14.2.1995 – BStBl II S. 412) oder bei Umbau der beiden Wohnungen eines Zweifamilienhauses zu einer neuen, eigengenutzten Wohnung (→ BFH vom 13.8.1996 – BStBl 1997 II S. 43).
- Der Antrag, den Nutzungswert der selbstgenutzten Wohnung nicht mehr zu besteuern, ist mit Zugang beim Finanzamt unwiderruflich (→ BFH vom 17.1.1995 – BStBl II S. 410) und vom 15.10.1996 – BStBl 1997 II S. 178).
- Bezieht der Steuerpflichtige statt der im VZ 1986 selbstgenutzten Wohnung im eigenen Zweifamilienhaus in einem späteren VZ die andere Wohnung, entfällt die Fortführung der Nutzungswertbesteuerung (→ BFH vom 14.2.1995 – BStBl II S. 535).
- Erhöhung der geschätzten Grundmiete um die entsprechenden umlagefähigen Kosten der Gartenunterhaltung, wenn diese als Werbungskosten abgezogen werden (→ BFH vom 30.1.1996 – BStBl 1997 II S. 23)

Verbilligt überlassene Wohnung
Beträgt das vereinbarte Entgelt für die Überlassung einer Wohnung zu Wohnzwecken weniger als 50 v. H. der ortsüblichen Marktmiete, so ist die Nutzungsüberlassung gemäß § 21 Abs. 2 Satz 2 EStG selbst dann in einen entgeltlichen und einen unentgeltlichen Teil aufzuteilen, wenn die Wohnung einem fremden Dritten überlassen wird und der Steuerpflichtige aus vertraglichen oder tatsächlichen Gründen gehindert ist, das vereinbarte Entgelt zu erhöhen (→ BFH vom 28.1.1997 – BStBl II S. 605).

Wegfall der Nutzungswertbesteuerung
Letztmaliger Abzug von Erhaltungsaufwendungen als Werbungskosten im Veranlagungszeitraum 1998 auf Grund des Wegfalls der Nutzungswertbesteuerung → BMF vom 10.11.1998 (BStBl I S. 1418).

Werbungskosten
Aufwendungen für den Umbau und die Modernisierung einer zeitweilig geräumten Wohnung, die unter die sog. große Übergangsregelung nach § 52 Abs. 21 Satz 2 EStG fällt, können als vorab entstandene Werbungskosten abziehbar sein, wenn der Steuerpflichtige beabsichtigt, nach Fertigstellung der Wohnung insoweit weiterhin Einkünfte aus Vermietung und Verpachtung zu erzielen (→ BFH vom 13.8.1996 – BStBl II S. 652).

162a. Miet- und Pachtverträge zwischen Angehörigen und Partnern einer nichtehelichen Lebensgemeinschaft

[1]Voraussetzung für die steuerliche Anerkennung von Miet- und Pachtverträgen zwischen Angehörigen, insbesondere Ehegatten sowie Eltern und Kindern, ist, daß das Mietverhältnis nach Inhalt und Durchführung der zwischen Fremden üblichen Gestaltung entspricht; auf R 19 wird hingewiesen. [2]Erforderlich ist außerdem, daß der Angehörige als Mieter einen eigenen Haushalt führt und den Mietzins aus eigenen Mitteln entrichten kann. [3]Die für die steuerliche Beurteilung von Verträgen zwischen Ehegatten geltenden Grundsätze können nicht auf Verträge zwischen Partnern einer nichtehelichen Lebensgemeinschaft übertragen werden[1]), es sei denn, daß der Vertrag die gemeinsam genutzte Wohnung betrifft.

Hinweise

Fremdvergleich
Verträge unter Angehörigen sind steuerlich nur dann anzuerkennen, wenn sie bürgerlich-rechtlich wirksam geschlossen sind und die Gestaltung und Durchführung des Vereinbarten dem zwischen Fremden Üblichen entspricht (sog. Fremdvergleich). Maßgeblich für die Beurteilung ist die Gesamtheit der objektiven Gegebenheiten. Dabei schließt nicht jede Abwei-

---

[1]) Anm.: → BFH vom 14.4.1988 (BStBl II S. 670).

chung vom Üblichen notwendigerweise die steuerliche Anerkennung aus. Voraussetzung ist aber, daß die Hauptpflichten der Mietvertragsparteien wie Überlassen einer konkret bestimmten Mietsache und Höhe der zu entrichtenden Miete stets klar und eindeutig vereinbart sowie entsprechend dem Vereinbarten durchgeführt werden. Diese Anforderungen sind auch an nachträgliche Vertragsänderungen zu stellen (→ BFH vom 20.10.1997 – BStBl 1998 II S. 106).

Die steuerliche Anerkennung des Mietverhältnisses ist danach **nicht allein dadurch ausgeschlossen**, daß

– die Mieterin, nachdem der Vermieter sein Konto aufgelöst hat, die Miete wie mündlich vereinbart vorschüssig bar bezahlt (→ BFH vom 7.5.1996 – BStBl 1997 II S. 196).
– keine schriftliche Vereinbarung hinsichtlich der Nebenkosten getroffen worden ist und z. B. der Umfang der auf die Wohnung entfallenden Nebenkosten unter Berücksichtigung der sonstigen Pflichten unbedeutend ist (→ BFH vom 21.10.1997 – BStBl 1998 II S. 108 und vom 17.2.1998 – BStBl II S. 349).

Das Mietverhältnis ist jedoch steuerlich z. B. **nicht anzuerkennen**,

– wenn die Mietzahlungen entgegen der vertraglichen Vereinbarung nicht regelmäßig, sondern in einem späteren Jahr in einem Betrag gezahlt werden (→ BFH vom 19.6.1991 – BStBl 1992 II S. 75).
– wenn nicht feststeht, daß die gezahlte Miete tatsächlich endgültig aus dem Vermögen des Mieters in das des Vermieters gelangt. Ein Beweisanzeichen dafür kann sich insbesondere daraus ergeben, daß der Mieter wirtschaftlich nicht oder nur schwer in der Lage ist, die Miete aufzubringen (→ BFH vom 28.1.1997 – BStBl II S. 655).
– eine Einliegerwohnung zur Betreuung eines Kleinkindes an die Eltern vermietet wird, die am selben Ort weiterhin über eine größere Wohnung verfügen (→ BFH vom 14.1.1992 – BStBl II S. 549).
– wenn die vereinbarte Miete unter der ortsüblichen liegt und deshalb auf Dauer gesehen keine Einnahmeüberschüsse erwartet werden können (→ FG Münster vom 17.1.1996 – EFG 1996 S. 978).

Nichteheliche Lebensgemeinschaft
Keine einkommensteuerliche Anerkennung eines Mietverhältnisses zwischen Partnern einer nichtehelichen Lebensgemeinschaft über eine gemeinsam bewohnte Wohnung (→ BFH vom 30.1.1996 – BStBl II S. 359).

Sicherungsnießbrauch
Die gleichzeitige Vereinbarung eines Nießbrauchs und eines Mietvertrages steht der steuerlichen Anerkennung des Mietverhältnisses jedenfalls dann nicht entgegen, wenn das dingliche Nutzungsrecht lediglich zur Sicherung des Mietverhältnisses vereinbart und nicht tatsächlich ausgeübt wird (→ BFH vom 3.2.1998 – BStBl II S. 539).

Vermietung an Unterhaltsberechtigte
Der Mietvertrag mit einem volljährigen unterhaltsberechtigten unverheirateten Kind ist rechtsmißbräuchlich nach § 42 AO, wenn das Kind die Mietzahlungen aus von den Eltern geleisteten Unterhaltszahlungen erbringt. Denn die Eltern können nach § 1612 Abs. 2 Satz 1 BGB die Art der Unterhaltsgewährung bestimmen und neben einer Teilrente in Geld eine Wohnung außerhalb des Elternhauses bereitstellen (→ BFH vom 23.2.1988 – BStBl II S. 604). Rechtsmißbräuchlich ist auch, wenn das Kind die Miete aus einer einmaligen Geldschenkung der Eltern bestreitet, die überschlägig nach den voraussichtlichen Mietzahlungen während der üblichen Studienzeit bemessen ist. Die Eltern erfüllen hier mit der Geldschenkung den Unterhaltsanspruch im voraus (→ BFH vom 28.3.1995 – BStBl 1996 II S. 59 und BMF vom 22.1.1996 – BStBl 1996 I S. 37). Bestreitet das Kind hingegen seinen Lebensunterhalt und damit die Miete aus Erträgen des von den Eltern geschenkten Kapitals, liegt in dem Abschluß des Mietvertrags zwischen Eltern und Kind kein Gestaltungsmißbrauch im Sinne des § 42 AO (→ BFH vom 23.2.1994 – BStBl II S. 694).

Ist der Unterhaltsverpflichtete nicht frei in der Art der Unterhaltsgewährung, sondern ist er verpflichtet, den Unterhalt in Form einer Geldrente zu gewähren, sind die Unterhaltszahlungen einerseits und die Erfüllung der mietvertraglichen Verpflichtungen andererseits steuerrechtlich voneinander zu trennen. Nicht rechtsmißbräuchlich ist daher ein Mietverhältnis mit

- der unterhaltsberechtigten Mutter (→ BFH vom 19.12.1995 – BStBl 1997 II S. 52)
- der volljährigen Tochter und deren Ehemann (→ BFH vom 28.1.1997 – BStBl II S. 599)
- dem geschiedenen oder dauernd getrennt lebenden Ehegatten, wenn die Miete mit dem geschuldeten Barunterhalt verrechnet wird (→ BFH vom 16.1.1996 – BStBl II S. 214); zur Wohnungsüberlassung auf Grund einer Unterhaltsvereinbarung vgl. aber → H 86b (Unterhaltsleistungen) und → H 161 (Einnahmen).

Vorbehaltsnießbrauch
Ist das mit dem Vorbehaltsnießbrauch belastete Grundstück vermietet, erzielt der Nießbraucher Einkünfte aus Vermietung und Verpachtung. Dies gilt auch, wenn der Nießbraucher das Grundstück dem Grundstückseigentümer entgeltlich zur Nutzung überläßt (→ BMF vom 24.7.1998 – BStBl I S. 914, Rdnr. 41).

Anhang 23

Wechselseitige Vermietung
Keine einkommensteuerliche Berücksichtigung, wenn planmäßig in etwa gleichwertige Wohnungen von Angehörigen angeschafft bzw. in Wohnungseigentum umgewandelt werden, um sie sogleich wieder dem anderen zu vermieten. Überträgt dagegen der Alleineigentümer von zwei Eigentumswohnungen einem nahen Angehörigen nicht die an diesen vermietete, sondern die von ihm selbstgenutzte Wohnung, stellt das gleichzeitig für diese Wohnung abgeschlossene Mietverhältnis mit dem nahen Angehörigen keinen Gestaltungsmißbrauch im Sinne des § 42 AO dar (→ BFH vom 12.9.1995 – BStBl 1996 II S. 158).

163. Behandlung von Zuschüssen

R 163

(1) ¹Zuschüsse zur Finanzierung von Baumaßnahmen aus öffentlichen oder privaten Mitteln, die keine Mieterzuschüsse sind (z. B. Zuschuß einer Flughafengesellschaft für den Einbau von Lärmschutzfenstern), gehören grundsätzlich nicht zu den Einnahmen aus Vermietung und Verpachtung. ²Handelt es sich bei den bezuschußten Aufwendungen um Herstellungskosten, sind ab dem Jahr der Bewilligung die AfA, die erhöhten Absetzungen oder die Sonderabschreibungen nach den um den Zuschuß verminderten Herstellungskosten zu bemessen; → R 43 Abs. 4 Satz 2 und R 45 Abs. 4. ³Das gilt auch bei Zufluß des Zuschusses in mehreren Jahren. ⁴Wird der Zuschuß zurückgezahlt, sind vom Jahr des Entstehens der Rückzahlungsverpflichtung an die AfA oder die erhöhten Absetzungen oder die Sonderabschreibungen von der um den Rückzahlungsbetrag erhöhten Bemessungsgrundlage vorzunehmen. ⁵Handelt es sich bei den bezuschußten Aufwendungen um Erhaltungsaufwendungen oder Schuldzinsen, sind diese nur vermindert um den Zuschuß als Werbungskosten abziehbar. ⁶Fällt die Zahlung des Zuschusses und der Abzug als Werbungskosten nicht in einen VZ, rechnet der Zuschuß im Jahr der Zahlung zu den Einnahmen aus Vermietung und Verpachtung. ⁷Wählt der Steuerpflichtige eine gleichmäßige Verteilung nach §§ 11a, 11b EStG oder § 82b EStDV, mindern die gezahlten Zuschüsse im Jahr des Zuflusses die zu verteilenden Erhaltungsaufwendungen. ⁸Der verbleibende Betrag ist gleichmäßig auf den verbleibenden Abzugszeitraum zu verteilen. ⁹Soweit der Zuschuß die noch nicht berücksichtigten Erhaltungsaufwendungen übersteigt oder wird er erst nach Ablauf des Verteilungszeitraums gezahlt, rechnet der Zuschuß zu den Einnahmen aus Vermietung und Verpachtung. ¹⁰Hat der Steuerpflichtige die Zuschüsse zurückgezahlt, sind sie im Jahr der Rückzahlung als Werbungskosten abzuziehen.

S 2205

(2) ¹Abweichend von Absatz 1 handelt es sich bei Zuschüssen, die keine Mieterzuschüsse sind, im Kalenderjahr des Zuflusses um Einnahmen aus Vermietung und Verpachtung, wenn sie eine Gegenleistung für die Gebrauchsüberlassung des Grundstücks darstellen (z. B. Zuschuß als Gegenleistung für eine Mietpreisbindung oder Nutzung durch einen bestimmten Personenkreis). ²Werden in diesen Fällen Zuschüsse zu Herstellungskosten in Form eines Einmalbetrages geleistet, können sie auf Antrag auf die Jahre des Bindungszeitraums, höchstens jedoch auf 10 Jahre verteilt werden. ³Absatz 3 Satz 4 und 5 gilt entsprechend.

(3) ¹Vereinbaren die Parteien eines Mietverhältnisses eine Beteiligung des Mieters an den Kosten der Herstellung des Gebäudes oder der Mieträume oder läßt der Mieter die Mieträume auf seine Kosten wieder herrichten und einigt er sich mit dem Vermieter, daß die Kosten ganz oder teilweise verrechnet werden, so entsteht dem Mieter ein Rückzahlungsan-

spruch, der in der Regel durch Anrechnung des vom Mieter aufgewandten Betrags (Mieterzuschuß) auf den Mietzins wie eine Mietvorauszahlung befriedigt wird. ²Mieterzuschüsse sind in dem VZ als Mieteinnahmen anzusetzen, in dem sie zufließen. ³Sie können aber zur Vermeidung von Härten auf Antrag zunächst als zinslose Darlehen angesehen und so behandelt werden, als ob sie dem Vermieter erst im Laufe der Jahre zufließen würden, in denen er sie durch Vereinnahmung der herabgesetzten Miete tilgt. ⁴Als vereinnahmte Miete ist dabei jeweils die tatsächlich gezahlte Miete zuzüglich des anteiligen Vorauszahlungsbetrags anzusetzen. ⁵Satz 3 und Satz 4 gelten nur für die vereinnahmte Nettomiete, nicht für vereinnahmte Umsatzsteuerbeträge. ⁶Haben die Parteien ausnahmsweise nicht vereinbart, daß die Kosten des Mieters auf den Mietzins angerechnet werden, können die Zuschüsse auf Antrag auf die voraussichtliche Dauer des Mietverhältnisses, längstens auf einen Zeitraum von zehn Jahren, gleichmäßig verteilt werden. ⁷Die AfA nach § 7 EStG und die erhöhten Absetzungen oder Sonderabschreibungen sind von den gesamten Herstellungskosten (eigene Aufwendungen des Vermieters zuzüglich Mieterzuschüsse) zu **berechnen**. ⁸Hat ein Mieter Kosten getragen, die als Erhaltungsaufwand zu behandeln sind, so sind aus **Vereinfachungsgründen** nur die eigenen Kosten des Vermieters als Werbungskosten zu berücksichtigen. ⁹Bei Inanspruchnahme des Werbungskosten-Pauschbetrags nach § 9a Satz 1 Nr. 2 EStG hat der Vermieter den vom Mieter getragenen Erhaltungsaufwand als Einnahme anzusetzen, soweit es sich nicht um Schönheitsreparaturen oder sonstigen kleineren Reparaturaufwand handelt, der typischerweise vom Mieter getragen wird. ¹⁰Wird ein Gebäude während des Verteilungszeitraums veräußert, in ein Betriebsvermögen eingebracht oder nicht mehr zur Erzielung von Einkünften im Sinne des § 2 Abs. 1 Nr. 4 bis 7 EStG genutzt, ist der noch nicht als Mieteinnahme berücksichtigte Teil der Mietvorauszahlung in dem betreffenden VZ als Einnahme bei den Einkünften aus Vermietung und Verpachtung anzusetzen. ¹¹In Veräußerungsfällen erhöhen sich seine Mieteinnahmen insoweit nicht, als unberücksichtigte Zuschußteile durch entsprechende Minderung des Kaufpreises und Übernahme der Verpflichtung gegenüber den Mietern auf den Käufer übergegangen sind[1].

(4) Entfallen Zuschüsse auf eine Wohnung, für die nach § 52 Abs. 21 Satz 1 oder 3 EStG ein Nutzungswert nicht mehr anzusetzen ist, gilt folgendes:

1. Handelt es sich bei den bezuschußten Aufwendungen um Herstellungs- oder Anschaffungskosten, für die der Steuerpflichtige die Steuerbegünstigung nach § 10e oder § 52 Abs. 21 Satz 6 oder § 10f Abs. 1, § 10h EStG oder § 7 FördG oder die Eigenheimzulage in Anspruch nimmt, gilt Absatz 1 Satz 2 bis 4 entsprechend.

2. Handelt es sich bei den bezuschußten Aufwendungen um Erhaltungsaufwand, für der Steuerpflichtige die Steuerbegünstigung nach § 52 Abs. 21 Satz 6, § 10f Abs. 2 EStG oder § 7 FördG in Anspruch nimmt, gilt Absatz 1 Satz 5 und 10 entsprechend.

H 163 Hinweise

Zuschüsse

– Zuschüsse, die eine Gemeinde für die Durchführung bestimmter Maßnahmen, die der Erhaltung, Erneuerung und funktionsgerechten Verwendung des Gebäudes dienen, unabhängig von der Nutzung des Gebäudes gewährt, mindern die Herstellungskosten und sind nicht als Einnahmen aus Vermietung und Verpachtung zu behandeln. Die Herstellungskosten sind auch dann um einen Zuschuß zu kürzen, wenn der Steuerpflichtige im Vorjahr einen Zuschuß als Einnahme behandelt hatte (→ BFH vom 26.3.1991 – BStBl 1992 II S. 999).

– Gemeindezuschuß zum Bau einer Tiefgarage ohne Vereinbarung einer Mietpreisbindung oder Nutzung durch bestimmte Personen mindert die Herstellungskosten. Die mit dem Zuschuß verbundene Verpflichtung, die Tiefgarage der Öffentlichkeit gegen Entgelt zur Verfügung zu stellen, ist keine Gegenleistung des Empfängers (→ BFH vom 23.3.1995 – BStBl II S. 702).

---

[1] Anm.: → BFH vom 28.6.1977 (BStBl 1978 II S. 91).

164. Miteigentum und Gesamthand

R 164

(1) ¹Die Einnahmen und Werbungskosten sind den Miteigentümern grundsätzlich nach dem Verhältnis der nach bürgerlichem Recht anzusetzenden Anteile zuzurechnen. ²Haben die Miteigentümer abweichende Vereinbarungen getroffen, sind diese maßgebend, wenn sie bürgerlich-rechtlich wirksam sind und hierfür wirtschaftlich vernünftige Gründe vorliegen, die grundstücksbezogen sind. ³AfA oder erhöhte Absetzungen und Sonderabschreibungen können nur demjenigen Miteigentümer zugerechnet werden, der die Anschaffungs- oder Herstellungskosten getragen hat¹).

(2) ¹Wird einem Miteigentümer eine Wohnung oder werden ihm andere als Wohnzwecken dienende Räume entgeltlich von der Gemeinschaft oder einem oder mehreren Miteigentümern überlassen, so ist eine Vermietung einkommensteuerrechtlich anzuerkennen, soweit die entgeltliche Überlassung den ideellen Miteigentumsanteil des Miteigentümers übersteigt. ²Auch das Mietverhältnis einer Personengesellschaft mit ihrem Gesellschafter ist einkommensteuerrechtlich nur anzuerkennen, so-weit die entgeltliche Überlassung seinen Gesellschaftsanteil übersteigt. ³Sätze 1 und 2 gelten sinngemäß, wenn nicht der Miteigentümer oder Gesellschafter, sondern dessen Ehegatte eine Wohnung zu Wohnzwecken mietet.

Hinweise

H 164

Abweichende Zurechnung

Treffen Angehörige als Miteigentümer eine vom zivilrechtlichen Beteiligungsverhältnis abweichende Vereinbarung über die Verteilung der Einnahmen und Ausgaben, ist diese steuerrechtlich nur beachtlich, wenn sie in Gestaltung und Durchführung dem zwischen fremden Dritten Üblichen entspricht; Korrekturmöglichkeit einer unzutreffenden Verteilung im gerichtlichen Verfahren auch dann noch, wenn Gesamtüberschuß bestandskräftig festgestellt ist, weil lediglich die Verteilung des festgestellten Überschusses angefochten wurde (→ BFH vom 31.3.1992 – BStBl II S. 890).

Die familienrechtliche Unterhaltspflicht eines Miteigentümers gegenüber anderen Miteigentümern ist für die einkommensteuerrechtliche Zuordnung der Einkünfte unbeachtlich (→ BFH vom 22.3.1994 – BFH/NV 1995 S. 16).

Beispiele zur Überlassung an Miteigentümer

Beispiel 1:

A, B und C sind zu je ⅓ Miteigentümer eines Dreifamilienhauses mit einer Gesamtwohnfläche von 240 m². Von den Wohnungen, die gleich groß und gleich viel wert sind, hat die Gemeinschaft zwei Wohnungen an Fremde vermietet und eine an A.

A nutzt die Wohnung, die seinem Miteigentumsanteil entspricht, auf Grund eigenen Rechts. Als Einkünfte aus Vermietung und Verpachtung sind daher nur die Einnahmen aus den beiden an Fremde vermieteten Wohnungen abzüglich der auf diese Wohnungen anteilig entfallenden Werbungskosten zu erfassen. Die auf der Ebene der Gemeinschaft ermittelten Einkünfte sind B und C je zur Hälfte zuzurechnen. A erzielt keine Einkünfte aus Vermietung und Verpachtung (§ 52 Abs. 21 Satz 1 EStG). Wenn er die Voraussetzungen erfüllt, kann er für die von ihm zu eigenen Wohnzwecken genutzte eigene Wohnung Beträge im Sinne der §§ 10e, 10f und 52 Abs. 21 Satz 6 EStG und § 7 FördG abziehen oder Eigenheimzulage beanspruchen.

Beispiel 2:

Wie Beispiel 1. Die an A vermietete Wohnung ist jedoch 120 m², die beiden an die Fremden vermieteten Wohnungen sind je 60 m² groß. Das Wertverhältnis der Wohnungen entspricht der jeweiligen m²-Zahl.

A nutzt 80 m² der Wohnung aufgrund eigenen Rechts (⅓ von 240 m²). Der Mietvertrag der Gemeinschaft mit A ist zu ⅓ (120 m² – 80 m²) anzuerkennen. Einkünfteermittlung und Verteilung wie vorstehend. Wenn A die Voraussetzungen erfüllt, kann er für die von ihm zu eigenen Wohnzwecken genutzte Wohnung – soweit er sie auf Grund eigenen Rechts nutzt

---

¹) Anm.: → BFH vom 7.10.1986 (BStBl 1987 II S. 322).

§ 21 EStG
R 164a   H 164, 164a

Anhang 27

(⁸⁰/₁₂₀ der Wohnung) – Beträge im Sinne der §§ 10e, 10f und 52 Abs. 21 Satz 6 EStG und § 7 FördG abziehen oder Eigenheimzulage beanspruchen; zur Höhe → BMF vom 31.12.1994 – BStBl I S. 887 Tz. 62.

Unterbeteiligung an einer Personengesellschaft
Ein Unterbeteiligter an einer Personengesellschaft erzielt dann keine Einkünfte aus Vermietung und Verpachtung, wenn er nicht nach außen als Vermieter in Erscheinung tritt und der Hauptbeteiligte ihn nur auf schuldrechtlicher Grundlage am Einnahmeüberschuß und am Auseinandersetzungsguthaben beteiligt sowie ihm nur in bestimmten Gesellschaftsangelegenheiten Mitwirkungsrechte einräumt (→ BFH vom 17.12.1996 – BStBl 1997 II S. 406).

Verfahren bei der Geltendmachung von negativen Einkünften aus der Beteiligung an Verlustzuweisungsgesellschaften und vergleichbaren Modellen

Anhang 23

→ BMF vom 13.7.1992 (BStBl I S. 404) und vom 28.6.1994 (BStBl I S. 420).

R 164a

S 2253

164a. Substanzausbeuterecht

– unbesetzt –

H 164a

Hinweise

Abgrenzung Pacht-/Kaufvertrag
– Ein Kaufvertrag über die im Boden befindlichen Mineralien oder sonstigen Bestandteile kann grundsätzlich nur angenommen werden, wenn der Grund und Boden mitveräußert wird oder die einmalige Lieferung einer fest begrenzten Menge von Bodenbestandteilen Gegenstand des Vertrages ist (→ BFH vom 19.7.1994 – BStBl II S. 846).
– Einnahmen aus Vermietung und Verpachtung sind:
  – Entgelte für die Ausbeute von Bodenschätzen (→ BFH vom 21.7.1993 – BStBl 1994 II S. 231);
  – Entgelt für die Überlassung eines Grundstücks, wenn dieses zwar bürgerlich-rechtlich übereignet wird, die Vertragsparteien aber die Rückübertragung nach Beendigung der Ausbeute vereinbaren (→ BFH vom 5.10.1973 – BStBl 1974 II S. 130); dies gilt auch bei zusätzlicher Vereinbarung einer Steuerklausel, wenn keine rechtzeitige Offenbarung der Zusatzvereinbarung erfolgt (→ BFH vom 24.11.1992 – BStBl 1993 II S. 296);
  – Entgelt aus dem Verkauf eines bodenschatzführenden Grundstücks, wenn die Auslegung der Bestimmungen des Kaufvertrags ergibt oder aus außerhalb des Vertrags liegenden Umständen zu ersehen ist, daß die Vertragsparteien keine dauerhafte Eigentumsübertragung, sondern eine zeitlich begrenzte Überlassung zur Substanzausbeute anstreben (→ BFH vom 21.7.1993 – BStBl 1994 II S. 231).

Entschädigungen
Neben Förderzinsen zum Abbau von Bodenschätzen gezahlte Entschädigungen für entgangene/entgehende Einnahmen sind keine Einnahmen aus Vermietung und Verpachtung, sondern Betriebseinnahmen, wenn die Flächen im Betriebsvermögen bleiben (→ BFH vom 15.3.1994 – BStBl II S. 840).

| **Wertminderung des Grund und Bodens**
Wird die Substanz bislang land- und forstwirtschaftlich genutzten Grund und Bodens durch den Abbau eines Bodenvorkommens zerstört oder wesentlich beeinträchtigt, so steht die Verlustausschlußklausel des § 55 Abs. 6 EStG der Berücksichtigung der Wertminderung als Werbungskosten bei den Einkünften aus Vermietung und Verpachtung entgegen (→ BFH vom 16.10.1997 – BStBl 1998 II S. 185).

§ 21a[1])
Pauschalierung des Nutzungswerts der selbstgenutzten Wohnung im eigenen Haus

(1) ¹Bei einer Wohnung im eigenen Einfamilienhaus im Sinne des § 75 Abs. 5 des Bewertungsgesetzes wird der Nutzungswert (§ 21 Abs. 2) auf Grund des Einheitswerts des Grundstücks ermittelt. ²Satz 1 gilt auch bei einer Wohnung in einem eigenen Haus, das kein Einfamilienhaus ist. ³Satz 2 ist nicht anzuwenden, wenn der Steuerpflichtige in dem eigenen Haus mindestens eine Wohnung oder eine anderen als Wohnzwecken dienende Einheit von Räumen

1. zur dauernden Nutzung vermietet hat oder
2. innerhalb von sechs Monaten nach Fertigstellung oder Anschaffung des Hauses, nach Beendigung einer Vermietung oder nach Beendigung der Selbstnutzung zur dauernden Nutzung vermietet oder
3. zu gewerblichen oder beruflichen Zwecken selbst nutzt oder zu diesen Zwecken unentgeltlich überläßt und der zu gewerblichen oder beruflichen Zwecken genutzte Teil des Hauses mindestens 33¹/₃ vom Hundert der gesamten Nutzfläche des Hauses beträgt.

⁴Als Grundbetrag für den Nutzungswert ist 1 vom Hundert des maßgebenden Einheitswerts des Grundstücks anzusetzen. ⁵Liegen die Voraussetzungen der Sätze 1 und 2 nicht während des ganzen Kalenderjahrs vor, so ist nur der Teil des Grundbetrags anzusetzen, der auf die vollen Kalendermonate entfällt, in denen diese Voraussetzungen vorliegen.

(2) ¹Maßgebend ist der Einheitswert für den letzten Feststellungszeitpunkt (Hauptfeststellungs-, Fortschreibungs- oder Nachfeststellungszeitpunkt), der vor dem Beginn des Kalenderjahrs liegt oder mit dem Beginn des Kalenderjahrs zusammenfällt, für das der Nutzungswert zu ermitteln ist. ²Ist das Einfamilienhaus oder das andere Haus erst innerhalb des Kalenderjahrs fertiggestellt worden, für das der Nutzungswert zu ermitteln ist, so ist der Einheitswert maßgebend, der zuerst für das Einfamilienhaus oder das andere Haus festgestellt wird.

(3) Von dem Grundbetrag dürfen nur abgesetzt werden:

1. die mit der Nutzung des Grundstücks zu Wohnzwecken in wirtschaftlichem Zusammenhang stehenden Schuldzinsen bis zur Höhe des Grundbetrags;
2. erhöhte Absetzungen, die bei dem Einfamilienhaus oder dem anderen Haus in Anspruch genommen werden, nach Abzug der Schuldzinsen im Sinne der Nummer 1; Absetzungen für Abnutzung nach § 7 Abs. 5 dürfen von dem Grundbetrag nicht abgesetzt werden.

(4) ¹Bei einem Haus im Sinne des Absatzes 1, für das der Antrag auf Baugenehmigung nach dem 30. September 1982 gestellt worden ist und das vom Steuerpflichtigen vor dem 1. Januar 1987 hergestellt oder angeschafft worden ist, können die mit der Nutzung des Grundstücks zu Wohnzwecken in wirtschaftlichem Zusammenhang stehenden Schuldzinsen im Jahr der Herstellung oder Anschaffung und in den beiden folgenden Kalenderjahren über die Höhe des Grundbetrags hinaus bis zur Höhe von jeweils 10.000 Deutsche Mark von dem nach Absatz 3 Nr. 1 gekürzten Grundbetrag abgesetzt werden. ²Soweit der Schuldzinsenabzug nach Satz 1 nicht in vollem Umfang im Erstjahr in Anspruch genommen werden kann, kann er in dem dritten auf das Jahr der Herstellung oder Anschaffung folgenden Kalenderjahr nachgeholt werden. ³Voraussetzung für die Anwendung des Satzes 1 im Falle der Anschaffung ist, daß der Steuerpflichtige das Haus bis zum Ende des Jahres der Fertigstellung angeschafft hat. ⁴Die Sätze 1 bis 3 gelten entsprechend bei einem Haus, für das der Bauantrag vor dem 1. Oktober 1982 gestellt und bei dem mit den Bauarbeiten nach dem 30. September 1982 begonnen worden ist. ⁵Satz 1 gilt entsprechend für Schuldzinsen, die mit den Herstellungskosten für Ausbauten und Erweiterungen an einem Haus im Sinne des Absatzes 1 in wirtschaftlichem Zusammenhang stehen, wenn mit den Arbeiten für den Ausbau oder die Erweiterung nach dem 30. September 1982 begonnen worden ist und der Ausbau oder die Erweiterung vor dem 1. Januar 1987 fertiggestellt worden ist. ⁶An die Stelle des Antrags auf Baugenehmigung tritt die Bauanzeige, wenn diese baurechtlich aus-

---

[1]) Zur Anwendung → § 52 Abs. 21 EStG.

reicht. ⁷Satz 5 ist nicht anzuwenden, wenn bei einem Haus im Sinne des Absatzes 1 Schuldzinsen nach Satz 1 oder 5 abgezogen worden sind.

(5) ¹Dient das Grundstück teilweise eigenen gewerblichen oder beruflichen Zwecken oder wird das Grundstück teilweise zu diesen Zwecken unentgeltlich überlassen und liegen die Voraussetzungen des Absatzes 1 Satz 3 Nr. 3 nicht vor, so vermindert sich der maßgebende Einheitswert um den Teil, der bei einer Aufteilung nach dem Verhältnis der Nutzflächen auf den gewerblich oder beruflich genutzten Teil des Grundstücks entfällt. ²Dasselbe gilt, wenn Teile des Einfamilienhauses oder Teile einer Wohnung in einem anderen Haus vermietet sind und die Einnahmen hieraus das Dreifache des anteilig auf die vermieteten Teile entfallenden Grundbetrags, mindestens aber 1.000 Deutsche Mark im Kalenderjahr, übersteigen.

(6) Die Absätze 1 bis 5 sind nicht anzuwenden, wenn die gesamte Fläche des Grundstücks größer als das Zwanzigfache der bebauten Grundfläche ist; in diesem Fall ist jedoch mindestens der Nutzungswert anzusetzen, der sich nach den Absätzen 1 bis 5 ergeben würde, wenn die gesamte Fläche des Grundstücks nicht größer als das Zwanzigfache der bebauten Grundfläche wäre.

(7) ¹Absatz 1 Satz 2 ist nicht bei einem Gebäude anzuwenden,

1. bei dem der Antrag auf Baugenehmigung vor dem 30. Juli 1981 gestellt worden ist oder das in Erwerbsfällen auf Grund eines vor dem 30. Juli 1981 rechtswirksam abgeschlossenen obligatorischen Vertrags oder sonstigen Rechtsakts erworben worden ist oder
2. das nach dem 29. Juli 1981 im Wege der Erbfolge erworben worden ist, wenn bei dem Rechtsvorgänger für dieses Gebäude die Voraussetzungen der Nummer 1 vorlagen.

²An die Stelle des Antrags auf Baugenehmigung tritt die Bestellung, wenn diese nachweislich vor der Stellung des Antrags auf Baugenehmigung erfolgte. ³Im Fall der Anschaffung von Kaufeigenheimen oder Trägerkleinsiedlungen, für die der Antrag auf Baugenehmigung nach dem 31. Dezember 1979 und vor dem 30. Juli 1981 gestellt worden ist, ist Absatz 1 Satz 2 nicht anzuwenden, wenn die Gebäude vor dem 1. Juli 1983 angeschafft worden sind. ⁴Im Fall des Umbaus eines Einfamilienhauses zu einer anderen Gebäudeart ist Absatz 1 Satz 2 nicht anzuwenden, wenn vor dem 30. Juli 1981 mit den Umbauarbeiten begonnen oder der für den Umbau erforderliche Antrag auf Baugenehmigung gestellt worden ist. ⁵An die Stelle des Antrags auf Baugenehmigung tritt die Bauanzeige, wenn diese baurechtlich ausreicht.

R 164b   **164b. Anwendungsbereich**

S 2254   Soweit § 21a EStG weiter anzuwenden ist, gelten die Anweisungen in Abschnitt 164b EStR 1990 weiter.

g) Sonstige Einkünfte (§ 2 Abs. 1 Satz 1 Nr. 7)

EStG   **§ 22**
S 2206   **Arten der sonstigen Einkünfte**
S 2212
S 2218
S 2255   Sonstige Einkünfte sind

1. ¹Einkünfte aus wiederkehrenden Bezügen, soweit sie nicht zu den in § 2 Abs. 1 Nr. 1 bis 6 bezeichneten Einkunftsarten gehören. ²Werden die Bezüge freiwillig oder auf Grund einer freiwillig begründeten Rechtspflicht oder einer gesetzlich unterhaltsberechtigten Person gewährt, so sind sie nicht dem Empfänger zuzurechnen, wenn der Geber unbeschränkt einkommensteuerpflichtig oder unbeschränkt körperschaftsteuerpflichtig ist; dem Empfänger sind dagegen zuzurechnen

    a) Bezüge, die von einer unbeschränkt steuerpflichtigen, von der Körperschaftsteuer befreiten Körperschaft, Personenvereinigung oder Vermögensmasse außerhalb der Erfüllung steuerbegünstigter Zwecke im Sinne der §§ 52 bis 54 der Abgabenordnung gewährt werden, und

§ 22 EStG

b) Bezüge im Sinne des § 1 der Verordnung über die Steuerbegünstigung von Stiftungen, die an die Stelle von Familienfideikommissen getreten sind, in der im Bundesgesetzblatt Teil III, Gliederungsnummer 611-4-3, veröffentlichten bereinigten Fassung.

³Zu den in Satz 1 bezeichneten Einkünften gehören auch

a) Leibrenten insoweit, als in den einzelnen Bezügen Einkünfte aus Erträgen des Rentenrechts enthalten sind. Als Ertrag des Rentenrechts gilt für die gesamte Dauer des Rentenbezugs der Unterschied zwischen dem Jahresbetrag der Rente und dem Betrag, der sich bei gleichmäßiger Verteilung des Kapitalwerts der Rente auf ihre voraussichtliche Laufzeit ergibt; dabei ist der Kapitalwert nach dieser Laufzeit zu berechnen. Der Ertrag des Rentenrechts (Ertragsanteil) ist aus der nachstehenden Tabelle zu entnehmen:

Bei Beginn der Rente vollendetes Lebensjahr des Rentenberechtigten	Ertragsanteil in v. H.	Bei Beginn der Rente vollendetes Lebensjahr des Rentenberechtigten	Ertragsanteil in v. H.
0 bis 3	73	55	38
4 bis 5	72	56	37
6 bis 8	71	57	36
9 bis 11	70	58	35
12 bis 13	69	59	34
14 bis 15	68	60	32
16 bis 17	67	61	31
18 bis 19	66	62	30
20 bis 21	65	63	29
22 bis 23	64	64	28
24 bis 25	63	65	27
26 bis 27	62	66	26
28	61	67	25
29 bis 30	60	68	23
31	59	69	22
32 bis 33	58	70	21
34	57	71	20
35	56	72	19
36 bis 37	55	73	18
38	54	74	17
39	53	75	16
40	52	76	15
41 bis 42	51	77	14
43	50	78	13
44	49	79	12
45	48	80 bis 81	11
46	47	82	10
47	46	83	9
48	45	84 bis 85	8
49	44	86 bis 87	7
50	43	88	6
51	42	89 bis 91	5
52	41	92 bis 93	4
53	40	94 bis 96	3
54	39	ab 97	2

Die Ermittlung des Ertrags aus Leibrenten, die vor dem 1. Januar 1955 zu laufen begonnen haben, und aus Renten, deren Dauer von der Lebenszeit mehrerer Personen oder einer anderen Person als des Rentenberechtigten abhängt, sowie aus Leibrenten, die auf eine bestimmte Zeit beschränkt sind, wird durch eine Rechtsverordnung bestimmt;

b) Einkünfte aus Zuschüssen und sonstigen Vorteilen, die als wiederkehrende Bezüge gewährt werden;

1a. Einkünfte aus Unterhaltsleistungen, soweit sie nach § 10 Abs. 1 Nr. 1 vom Geber abgezogen werden können;

S 2256 2. Einkünfte aus Spekulationsgeschäften im Sinne des § 23;¹);

S 2257 3. ¹Einkünfte aus Leistungen, soweit sie weder zu anderen Einkunftsarten (§ 2 Abs. 1 Nr. 1 bis 6) noch zu den Einkünften im Sinne der Nummern 1, 1a, 2 oder 4 gehören, z. B. Einkünfte aus gelegentlichen Vermittlungen und aus der Vermietung beweglicher Gegenstände. ²Solche Einkünfte sind nicht einkommensteuerpflichtig, wenn sie weniger als 500 Deutsche Mark im Kalenderjahr betragen haben. ³Übersteigen die Werbungskosten die Einnahmen, so darf der übersteigende Betrag bei Ermittlung des Einkommens nicht ausgeglichen werden; er darf auch nicht nach § 10d abgezogen werden;²)

S 2257a 4. ¹Entschädigungen, Amtszulagen, Zuschüsse zu Kranken- und Pflegeversicherungsbeiträgen, Übergangsgelder, Überbrückungsgelder, Sterbegelder, Versorgungsabfindungen, Versorgungsbezüge, die auf Grund des Abgeordnetengesetzes oder des Europaabgeordnetengesetzes, sowie vergleichbare Bezüge, die auf Grund der entsprechenden Gesetze der Länder gezahlt werden. ²Werden zur Abgeltung des durch das Mandat veranlaßten Aufwandes Aufwandsentschädigungen gezahlt, so dürfen die durch das Mandat veranlaßten Aufwendungen nicht als Werbungskosten abgezogen werden. ³Wahlkampfkosten zur Erlangung eines Mandats im Bundestag, im Europäischen Parlament oder im Parlament eines Landes dürfen nicht als Werbungskosten abgezogen werden. ⁴Es gelten entsprechend

a) für Nachversicherungsbeiträge auf Grund gesetzlicher Verpflichtung nach den Abgeordnetengesetzen im Sinne des Satzes 1 und für Zuschüsse zu Kranken- und Pflegeversicherungsbeiträgen § 3 Nr. 62,

b) für Versorgungsbezüge § 19 Abs. 2; beim Zusammentreffen mit Versorgungsbezügen im Sinne von § 19 Abs. 2 Satz 2 bleibt jedoch insgesamt höchstens ein Betrag von 6.000 Deutsche Mark im Veranlagungszeitraum steuerfrei,

c) für das Übergangsgeld, das in einer Summe gezahlt wird, und für die Versorgungsabfindung § 34 Abs. 3.

EStDV

§ 55

S 2255 *Ermittlung des Ertrags aus Leibrenten in besonderen Fällen*

(1) ¹Der Ertrag des Rentenrechts ist in den folgenden Fällen auf Grund der in § 22 Nr. 1 Satz 3 Buchstabe a des Gesetzes aufgeführten Tabelle zu ermitteln:

1. bei Leibrenten, die vor dem 1. Januar 1955 zu laufen begonnen haben. ²Dabei ist das vor dem 1. Januar 1955 vollendete Lebensjahr des Rentenberechtigten maßgebend;

---

¹) Anm.: Durch das Steuerentlastungsgesetz 1999/2000/2002 wurde § 22 Nr. 2 mit Wirkung ab dem VZ 1999 wie folgt gefaßt:
„2. Einkünfte aus privaten Veräußerungsgeschäften im Sinne des § 23;"
²) Anm.: Durch das Steuerentlastungsgesetz 1999/2000/2002 wurde in § 22 Nr. 3 mit Wirkung ab dem VZ 1999 das Semikolon am Ende durch einen Punkt ersetzt und folgender Satz angefügt:
„⁴Die Verluste mindern jedoch nach Maßgabe des § 10d die Einkünfte, die der Steuerpflichtige in dem unmittelbar vorangegangenen Veranlagungszeitraum oder in den folgenden Veranlagungszeiträumen aus Leistungen im Sinne des Satzes 1 erzielt hat oder erzielt;".

2. bei Leibrenten, deren Dauer von der Lebenszeit einer anderen Person als des Rentenberechtigten abhängt. ²Dabei ist das bei Beginn der Rente, im Fall der Nummer 1 das vor dem 1. Januar 1955 vollendete Lebensjahr dieser Person maßgebend;
3. bei Leibrenten, deren Dauer von der Lebenszeit mehrerer Personen abhängt. ²Dabei ist das bei Beginn der Rente, im Fall der Nummer 1 das vor dem 1. Januar 1955 vollendete Lebensjahr der ältesten Person maßgebend, wenn das Rentenrecht mit dem Tod des zuerst Sterbenden erlischt, und das Lebensjahr der jüngsten Person, wenn das Rentenrecht mit dem Tod des zuletzt Sterbenden erlischt.

(2) ¹Der Ertrag aus Leibrenten, die auf eine bestimmte Zeit beschränkt sind (abgekürzte Leibrenten), ist nach der Lebenserwartung unter Berücksichtigung der zeitlichen Begrenzung zu ermitteln. ²Der Ertragsanteil ist aus der nachstehenden Tabelle zu entnehmen. ³Absatz 1 ist entsprechend anzuwenden.

Beschränkung der Laufzeit der Rente auf ... Jahre ab Beginn des Rentenbezugs (ab 1. Januar 1955, falls die Rente vor diesem Zeitpunkt zu laufen begonnen hat)	Der Ertragsanteil beträgt vorbehaltlich der Spalte 3 ... v. H.	Der Ertragsanteil ist der Tabelle in § 22 Nr. 1 Satz 3 Buchstabe a des Gesetzes zu entnehmen, wenn der Rentenberechtigte zu Beginn des Rentenbezugs (vor dem 1. Januar 1955, falls die Rente vor diesem Zeitpunkt zu laufen begonnen hat) das ... te Lebensjahr vollendet hatte
1	2	3
1	0	entfällt
2	2	entfällt
3	4	94
4	7	88
5	9	84
6	11	82
7	13	79
8	15	77
9	17	75
10	19	73
11	21	71
12	23	69
13	25	68
14	26	67
15	28	65
16	29	64
17	31	62
18	32	61
19	34	60
20	35	59
21	36	58
22	38	56
23	39	55
24	40	54
25	41	53
26	43	51
27	44	50
28	45	49
29	46	48
30	47	47
31	48	46
32	49	45
33	50	44
34–35	51	43

Beschränkung der Laufzeit der Rente auf ... Jahre ab Beginn des Rentenbezugs (ab 1. Januar 1955, falls die Rente vor diesem Zeitpunkt zu laufen begonnen hat)	Der Ertragsanteil beträgt vorbehaltlich der Spalte 3 ... v. H.	Der Ertragsanteil ist der Tabelle in § 22 Nr. 1 Satz 3 Buchstabe a des Gesetzes zu entnehmen, wenn der Rentenberechtigte zu Beginn des Rentenbezugs (vor dem 1. Januar 1955, falls die Rente vor diesem Zeitpunkt zu laufen begonnen hat) das ... te Lebensjahr vollendet hatte
1	2	3
36	52	41
37	53	40
38	54	39
39–40	55	38
41	56	36
42	57	35
43–44	58	34
45	59	32
46–47	60	31
48–49	61	29
50–51	62	28
52–53	63	26
54	64	24
55–57	65	22
58–59	66	20
60–62	67	18
63–64	68	16
65–67	69	14
68–71	70	12
72–76	71	9
77–83	72	6
84–108	73	4
mehr als 108	Der Ertragsanteil ist immer der Tabelle in § 22 Nr. 1 Satz 3 Buchstabe a des Gesetzes zu entnehmen.	

165. Besteuerung von wiederkehrenden Bezügen mit Ausnahme der Leibrenten

(1) [1]→ Wiederkehrende Bezüge sind als sonstige Einkünfte nach § 22 Nr. 1 Satz 1 EStG zu erfassen, wenn sie nicht zu anderen Einkunftsarten gehören und soweit sie sich bei wirtschaftlicher Betrachtung nicht als Kapitalrückzahlungen, z. B. Kaufpreisraten, darstellen. [2]→ Wiederkehrende Bezüge setzen voraus, daß sie auf einem einheitlichen Entschluß oder einem einheitlichen Rechtsgrund beruhen und mit einer gewissen Regelmäßigkeit wiederkehren. [3]Sie brauchen jedoch nicht stets in derselben Höhe geleistet zu werden. [4]Deshalb können Studienzuschüsse, die für einige Jahre gewährt werden, wiederkehrende Bezüge sein; → R 166.

(2) [1]Wiederkehrende Zuschüsse und sonstige Vorteile (→ H 166 – Unterhaltszahlungen) sind entsprechend der Regelung in § 12 Nr. 2 EStG und § 22 Abs. 1 Satz 2 EStG entweder vom Geber oder vom Empfänger zu versteuern. [2]Soweit die Bezüge nicht auf Grund des § 3 EStG steuerfrei bleiben, sind sie vom Empfänger als wiederkehrende Bezüge zu versteuern, wenn sie der unbeschränkt steuerpflichtige Geber als Betriebsausgaben oder Werbungskosten abziehen kann.[1])

---

[1]) Anm.: → BFH vom 27.11.1959 (BStBl 1960 III S. 65).

§ 22 EStG
H 165

Hinweise

Vermögensübertragung

Einkommensteuerrechtliche Behandlung von wiederkehrenden Bezügen im Zusammenhang mit der Übertragung von Privat- oder Betriebsvermögen → BMF vom 23.12.1996 (BStBl I S. 1508)

Anhang 10

Wiederkehrende Bezüge

sind auch:

- Rentenzahlungen, die als Abfindung für einen Erb- und Pflichtteilsverzicht geleistet werden (→ BFH vom 7.4.1992 – BStBl II S. 809),
- Schadensersatzrenten, die aufgrund des § 844 Abs. 2 BGB für den Verlust von Unterhaltsansprüchen gewährt werden (→ BFH vom 19.10.1978 – BStBl 1979 II S. 133 und BMF vom 8.11.1995 – BStBl I S. 705),

Steuerbarkeit von Schadensersatzrenten
BFH-Urteil vom 25.10.1994 (BStBl 1995 II S. 121)

BMF vom 8.11.1995 (BStBl I S. 705)

IV B 3 – S 2255 – 22/95

Nach dem o. a. BFH-Urteil unterliegen Schadensersatzrenten nur in *den* Fällen der Einkommensteuer, in denen Ersatz für andere, bereits steuerbare Einkünfte geleistet wird. Danach sind Schadensersatzrenten zum Ausgleich vermehrter Bedürfnisse nach § 843 Abs. 1 2. Alt. BGB, die bei Verletzung höchstpersönlicher Güter im Bereich der privaten Vermögenssphäre geleistet werden (sog. Mehrbedarfsrenten), weder als Leibrenten, noch als sonstige wiederkehrende Bezüge nach § 22 Nr. 1 EStG steuerbar, obwohl sie ihrer äußeren Form nach wiederkehrende Leistungen sind.

Unter Bezugnahme auf das Ergebnis der Erörterungen mit den obersten Finanzbehörden der Länder sind die Grundsätze des o. a. BFH-Urteils auch auf die Zahlung von Schmerzensgeldrenten nach § 847 BGB anzuwenden. Ebenso wie die Mehrbedarfsrente ist die Schmerzensgeldrente Ersatz für den durch die Verletzung höchstpersönlicher Güter eingetretenen Schaden. Der Geschädigte soll durch das Schmerzensgeld in die Lage versetzt werden, sich Erleichterungen und Annehmlichkeiten an Stelle derer zu verschaffen, deren Genuß ihm durch die Verletzung unmöglich gemacht wurde. Die Schmerzensgeldrente erhöht die wirtschaftliche Leistungsfähigkeit des Empfängers demnach ebensowenig wie die lediglich zum Ausgleich für verletzungsbedingt entstandene zusätzliche Bedürfnisse gezahlten Ersatzleistungen nach § 843 Abs. 1 2. Alt. BGB.

In den einzelnen Rentenleistungen einer Schmerzensgeldrente ist auch kein steuerpflichtiger Zinsanteil enthalten. Der Schmerzensgeldanspruch wird anders als der Anspruch auf Mehrbedarfsrente regelmäßig kapitalisiert. Wird die Schmerzensgeldleistung ausnahmsweise in Form einer Rente erbracht, sollen hierdurch insbesondere dauernde Nachteile ausgeglichen werden, deren zukünftige Entwicklung noch nicht absehbar ist. Treten künftig weitere, bisher noch nicht erkenn- und voraussehbare Leiden auf, ist eine Anpassung der Rente nach den konkreten Umständen des Einzelfalls möglich. Insoweit kann ebenso wie bei den Mehrbedarfsrenten i. S. des § 843 BGB jede einzelne Zahlung als Schadensersatzleistung angesehen werden.

Dagegen ist an der Auffassung festzuhalten, daß Schadensersatzrenten, die auf der Rechtsgrundlage der §§ 844 Abs. 2, 845 BGB für den Verlust von Unterhaltsansprüchen oder von gesetzlich geschuldeten Diensten gezahlt werden, mit ihrem vollen Betrag nach § 22 Nr. 1 Satz 1 EStG zu besteuern sind (BFH-Urteil vom 10.10.1978, BStBl 1979 II S. 133). Schadensersatzleistungen nach §§ 844 Abs. 2, 845 BGB erhöhen die wirtschaftliche Leistungsfähigkeit des Empfängers, da sie ausschließlich dazu dienen, die durch das Schadensereignis entfallene wirtschaftliche Absicherung des Empfängers wiederherzustellen. Es bleibt in diesen Fällen bei dem für Unterhaltsrenten in § 22 Nr. 1 Satz 2 EStG bestimmten Korrespondenzprinzip, wonach wiederkehrende Bezüge beim Verpflichteten und beim Empfänger einheitlich zu beurteilen sind.

§ 22 EStG
R 166   H 165, 166

Diese Regelung ist in allen noch offenen Fällen anzuwenden.

- Zeitrenten, die unentgeltlich erworben sind (→ BFH vom 10.10.1963 – BStBl III S. 584 und vom 25.11.1980 – BStBl 1981 II S. 358);
- im Rahmen eines Versicherungsvertrages gegen Einmalzahlung an den Versicherungsnehmer neben Rentenzahlungen zusätzlich jährlich ausgekehrte Überschußanteile (→ FG Niedersachsen vom 16.4.1996 – EFG 1996 S. 978);

sind nicht:

- Bezüge, die sich zwar wiederholen, bei denen aber die einzelne Leistung jeweils von einer neuen Entschlußfassung oder Vereinbarung abhängig ist (→ BFH vom 20.7.1971 – BStBl 1972 II S. 170),
- Schadensersatzrenten zum Ausgleich vermehrter Bedürfnisse; sog. Mehrbedarfsrenten nach § 843 Abs. 1, 2. Alternative BGB (→ BFH vom 25.10.1994 – BStBl 1995 II S. 121 und BMF vom 8.11.1995 – BStBl I S. 705)[1];
- Schmerzensgeldrenten nach § 847 BGB (→ BMF vom 8.11.1995 – BStBl I S. 705).
- wiederkehrende Leistungen in schwankender Höhe, die ein pflichtteilsberechtigter Erbe aufgrund letztwilliger Verfügung des Erblassers vom Erben unter Anrechnung auf seinen Pflichtteil für die Dauer von 15 Jahren erhält; sie sind mit ihrem Zinsanteil steuerbar (→ BFH vom 26.11.1992 – BStBl 1993 II S. 298).

Vorweggenommene Erbfolge

Anhang 10
- → BMF vom 23.12.1996 (BStBl I S. 1508) und vom 31.12.1997 (BStBl 1998 I S. 21).
- Ein gesamtberechtigter Ehegatte versteuert ihm zufließende Altenteilsleistungen anläßlich einer vorweggenommenen Erbfolge im Regelfall auch dann nach § 22 Nr. 1 Satz 1 EStG, wenn er nicht Eigentümer des übergebenen Vermögens war. Der Abzugsbetrag nach § 24a EStG und der Pauschbetrag nach § 9a Satz 1 Nr. 3 EStG kann jedem Ehegatten gewährt werden, wenn er Einkünfte aus wiederkehrenden Bezügen hat (→ BFH vom 22.9.1993 – BStBl 1994 II S. 107).

166. Wiederkehrende Bezüge bei ausländischen Studenten und Schülern
R 166

[1]Unterhalts-, Schul- und Studiengelder, die freiwillig oder auf Grund einer freiwillig begründeten Rechtspflicht oder an gesetzlich unterhaltsberechtigte Personen gewährt werden, unterliegen der Einkommensteuer, wenn der Geber nicht unbeschränkt steuerpflichtig ist (→ § 22 Nr. 1 Satz 2 EStG). [2]Erhalten jedoch ausländische Studenten oder Schüler, die im Inland wohnen oder sich dort aufhalten und die eine deutsche Hochschule oder andere Lehranstalt besuchen, oder ausländische Praktikanten von ihnen im Ausland ansässigen Angehörigen Unterhalts-, Schul- oder Studiengelder, so sind diese Bezüge – soweit sie nicht bereits auf Grund eines Doppelbesteuerungsabkommens von der inländischen Besteuerung ausgenommen sind – aus Billigkeitsgründen nicht zur Einkommensteuer heranzuziehen, wenn die Empfänger nur zu Zwecken ihrer Ausbildung oder Fortbildung im Inland wohnen oder sich dort aufhalten und auf die Bezüge überwiegend angewiesen sind.

H 166   **Hinweise**

Unterhaltszahlungen
Unterhaltszahlungen, die von einem beschränkt steuerpflichtigen Geber geleistet werden, sind auch dann Einkünfte aus wiederkehrenden Bezügen, wenn sie aus inländischen Einkünften geleistet werden (→ BFH vom 27.9.1973 – BStBl 1974 II S. 101).

---

[1] Anm.: Abdruck siehe oben.

167. Besteuerung von Leibrenten

Altersrente zunächst als Teilrente

(1) Wird eine Rente wegen Alters zunächst als Teilrente in Anspruch genommen, so ist der Rentenbetrag, um den sich die Teilrente bei Inanspruchnahme der Vollrente erhöht, als selbständige Leibrente zu behandeln.

Leibrente aus Billigkeitsgründen

(2) Beruhen laufende Leistungen aus berufsständischen Fürsorge- und Versorgungseinrichtungen zwar nicht von vornherein auf einem Anspruch, kann aber der Empfänger schon nach kurzer Laufzeit mit dem fortlaufenden Bezug rechnen, so sind sie, sofern sie nicht zu einer anderen Einkunftsart gehören, aus Billigkeitsgründen von Anfang an als Rente im Sinne des § 22 Nr. 1 Satz 3 Buchstabe a EStG anzusehen.

Erhöhung der Rente

(3) [1]Bei einer Erhöhung der Rente ist, falls auch das Rentenrecht eine zusätzliche Werterhöhung erfährt, der Erhöhungsbetrag als selbständige Rente anzusehen, für die der Ertragsanteil vom Zeitpunkt der Erhöhung an gesondert zu ermitteln ist; dabei ist unerheblich, ob die Erhöhung von vornherein vereinbart war oder erst im Laufe des Rentenbezugs vereinbart wird. [2]Eine neue Rente ist jedoch nicht anzunehmen, soweit die Erhöhung in zeitlichem Zusammenhang mit einer vorangegangenen Herabsetzung steht oder wenn die Rente lediglich den gestiegenen Lebenshaltungskosten angepaßt wird (Wertsicherungsklausel).

Herabsetzung der Rente

(4) [1]Wird die Rente herabgesetzt, so sind die folgenden Fälle zu unterscheiden:
1. [1]Wird von vornherein eine spätere Herabsetzung vereinbart, so ist zunächst der Ertragsanteil des Grundbetrags der Rente zu ermitteln, d.h. des Betrags, auf den die Rente später ermäßigt wird. [2]Diesen Ertragsanteil muß der Berechtigte während der gesamten Laufzeit versteuern, da er den Grundbetrag bis zu seinem Tod erhält. [3]Außerdem hat er bis zum Zeitpunkt der Herabsetzung den Ertragsanteil des über den Grundbetrag hinausgehenden Rententeils zu versteuern. [4]Dieser Teil der Rente ist eine abgekürzte Leibrente (§ 55 Abs. 2 EStDV), die längstens bis zum Zeitpunkt der Herabsetzung läuft.
2. Wird die Herabsetzung während des Rentenbezugs vereinbart und sofort wirksam, so bleibt der Hundertsatz des Ertragsanteils unverändert.
3. [1]Wird die Herabsetzung während des Rentenbezugs mit der Maßgabe vereinbart, daß sie erst zu einem späteren Zeitpunkt wirksam wird, so bleibt der Hundertsatz des Ertragsanteils bis zum Zeitpunkt der Vereinbarung unverändert. [2]Von diesem Zeitpunkt an ist Nummer 1 entsprechend anzuwenden. [3]Dabei sind jedoch das zu Beginn des Rentenbezugs vollendete Lebensjahr des Rentenberechtigten und insoweit, als die Rente eine abgekürzte Leibrente (§ 55 Abs. 2 EStDV) ist, die beschränkte Laufzeit ab Beginn des Rentenbezugs zugrunde zu legen.

Besonderheit bei der Ermittlung des Ertragsanteils

(5) Setzt der Beginn des Rentenbezugs die Vollendung eines bestimmten Lebensjahrs der Person voraus, von deren Lebenszeit die Dauer der Rente abhängt, und wird die Rente schon vom Beginn des Monats an gewährt, in dem die Person das bestimmte Lebensjahr vollendet hat, so ist dieses Lebensjahr bei der Ermittlung des Ertragsanteils nach § 22 Nr. 1 Satz 3 Buchstabe a EStG zugrunde zu legen.

Abrundung der Laufzeit abgekürzter Leibrenten

(6) Bemißt sich bei einer abgekürzten Leibrente die beschränkte Laufzeit nicht auf volle Jahre, so ist bei Anwendung der in § 55 Abs. 2 EStDV aufgeführten Tabelle die Laufzeit aus Vereinfachungsgründen auf volle Jahre abzurunden.

Besonderheiten bei Renten wegen Berufsunfähigkeit und Renten wegen Erwerbsunfähigkeit

(7) [1]Für die Bemessung der Laufzeit der als abgekürzte Leibrenten zu behandelnden Renten wegen Berufsunfähigkeit und Renten wegen Erwerbsunfähigkeit ist grundsätzlich davon auszugehen, daß die Umwandlung in die Altersrente mit Vollendung des 65. Lebens-

jahrs erfolgt. ²Legt der Bezieher einer Rente wegen Berufs- oder Erwerbsunfähigkeit jedoch schlüssig dar, daß eine Umwandlung vor der Vollendung des 65. Lebensjahrs erfolgen wird, ist auf Antrag, bei Vorliegen der versicherungsrechtlichen Voraussetzungen, hinsichtlich der Bemessung des Ertragsanteils auf den früheren Umwandlungszeitpunkt abzustellen; einer nach § 165 AO vorläufigen Steuerfestsetzung bedarf es insoweit nicht. ³Wird eine Rente wegen Berufs- oder Erwerbsunfähigkeit vor Vollendung des 65. Lebensjahrs in eine vorzeitige Altersrente umgewandelt, ist in allen noch offenen Fällen die Laufzeit bis zum Umwandlungszeitpunkt maßgebend.

Besonderheiten bei Witwen- und Witwerrenten

(8) ¹Für die Ermittlung des Ertragsanteils der stets als abgekürzte Leibrenten zu behandelnden Kleinen Witwen- oder Witwerrente ist davon auszugehen, daß die Rente mit der Vollendung des 45. Lebensjahrs in eine lebenslängliche Große Witwen- oder Witwerrente umgewandelt wird. ²Eine Große Witwen- oder Witwerrente, die der unter 45 Jahre alte Berechtigte bezieht, weil er ein waisenrentenberechtigtes Kind erzieht, ist als abgekürzte Leibrente nach § 55 Abs. 2 EStDV zu versteuern, wenn das waisenrentenberechtigte Kind volljährig wird, bevor der Steuerpflichtige das 45. Lebensjahr vollendet hat. ³Anschließend wird bis zur Vollendung des 45. Lebensjahrs die Kleine Witwen- oder Witwerrente gezahlt, die wiederum gesondert als abgekürzte Leibrente zu besteuern ist.

Besonderheiten bei Witwen- oder Witwerrenten nach dem vorletzten Ehegatten

(9) ¹Der Ertragsanteil einer Witwen- oder Witwerrente nach dem vorletzten Ehegatten bestimmt sich nach dem vollendeten Lebensalter bei Beginn der Witwen- oder Witwerrente; bei abgekürzten Leibrenten muß zudem die Beschränkung auf die bestimmte Laufzeit berücksichtigt werden. ²Dabei sind die rentenfreien Zeiten in der Weise zu berücksichtigen, daß für die Bemessung des Ertragsanteils der Witwen- oder Witwerrente nach dem vorletzten Ehegatten dem vollendeten Lebensalter bei Beginn der Witwen- oder Witwerrente die rentenfreien Zeiten zugerechnet werden und gegebenenfalls die bestimmte Laufzeit entsprechend gemindert wird; aus Gründen der Praktikabilität sind jedoch nur volle Kalenderjahre zu berücksichtigen.

Hinweise

Allgemeines

Der **Begriff der Leibrente** im Sinne des § 22 Nr. 1 Satz 3 Buchstabe a EStG ist ein vom bürgerlichen Recht (§§ 759 ff. BGB) abweichender steuerrechtlicher Begriff. Er setzt gleichbleibende Bezüge voraus, die für die Dauer der Lebenszeit einer Bezugsperson gezahlt werden. Sie sind insoweit steuerbar, als darin Einkünfte aus den Erträgen des Rentenrechts enthalten sind (→ BFH vom 15.7.1991 – BStBl 1992 II S. 78).

Eine Leibrente kann vorliegen, wenn die **Bemessungsgrundlage für die Bezüge** keinen oder nur unbedeutenden Schwankungen unterliegt. Veränderungen in der absoluten Höhe, die sich deswegen ergeben, weil die Bezüge aus gleichmäßigen Sachleistungen bestehen, stehen der Annahme einer Leibrente nicht entgegen.

Ist die Höhe einer **Rente von mehreren selbständigen Voraussetzungen abhängig,** so kann einkommensteuerrechtlich eine lebenslängliche Leibrente erst ab dem Zeitpunkt angenommen werden, in dem die Voraussetzung für eine fortlaufende Gewährung der Rente in gleichmäßiger Höhe bis zum Lebensende des Berechtigten erstmals vorliegt. Wird die Rente schon vor diesem Zeitpunkt zeitlich begrenzt nach einer anderen Voraussetzung oder in geringerer Höhe voraussetzungslos gewährt, so ist sie als abgekürzte Leibrente zu behandeln.

Beginn der Rente

Unter Beginn der Rente (Kopfleiste der in § 22 Nr. 1 Satz 3 Buchstabe a EStG aufgeführten Tabelle) ist bei Renten auf Grund privater Versicherungsverträge oder aus den gesetzlichen Rentenversicherungen der Zeitpunkt zu verstehen, von dem an versicherungsrechtlich die Rente zu laufen beginnt; auch bei Rentennachzahlungen ist unter „Beginn der Rente" der Zeitpunkt zu verstehen, in dem der Rentenanspruch entstanden ist. Auf den Zeitpunkt des Rentenantrags oder der Zahlung kommt es nicht an (→ BFH vom 6.4.1976 – BStBl II S. 452).

Die Verjährung einzelner Rentenansprüche hat auf den „Beginn der Rente" keinen Einfluß (→ BFH vom 30.9.1980 – BStBl 1981 II S. 155).

Bezüge aus einer ehemaligen Tätigkeit

Bezüge, die nach § 24 Nr. 2 EStG zu den Einkünften aus Land- und Forstwirtschaft, Gewerbebetrieb oder selbständiger Arbeit rechnen oder die Arbeitslohn sind, sind keine Leibrenten im Sinne des § 22 Nr. 1 Satz 3 Buchstabe a EStG; hierzu gehören z. B. betriebliche Versorgungsrenten aus einer ehemaligen Tätigkeit im Sinne des § 24 Nr. 2 EStG (→ BFH vom 10.10.1963 – BStBl III S. 592).

Bundesbahn-Versicherungsanstalt/Bahnversicherungsanstalt

Die von der Bundesbahn-(Bahn-)Versicherungsanstalt gezahlten Zusatzrenten sind mit ihrem Ertragsanteil steuerbare Leibrenten (→ BFH vom 24.7.1996 – BStBl II S. 650).

Erhöhung der Rente

Eine neue Rente ist nicht anzunehmen, soweit Renten aus den gesetzlichen Rentenversicherungen bei Veränderungen des aktuellen Rentenwerts angepaßt werden (→ BFH vom 10.10.1969 – BStBl 1970 II S. 9).

Ertragsanteil einer Leibrente

Bei der Ermittlung des Ertragsanteils einer lebenslänglichen Leibrente ist – vorbehaltlich des § 55 Abs. 1 Nr. 1 EStDV – von dem bei Beginn der Rente vollendeten Lebensjahr auszugehen (Kopfleiste der in § 22 Nr. 1 Satz 3 Buchstabe a EStG aufgeführten Tabelle).

Ist die Dauer einer Leibrente **von der Lebenszeit mehrerer Personen abhängig,** so ist der Ertragsanteil nach § 55 Abs. 1 Nr. 3 EStDV zu ermitteln. Das gilt auch, wenn die Rente mehreren Personen, z. B. Ehegatten, gemeinsam mit der Maßgabe zusteht, daß sie beim Ableben des zuerst Sterbenden herabgesetzt wird. In diesem Fall ist bei der Ermittlung des Grundbetrags der Rente, d.h. des Betrags, auf den sie später ermäßigt wird, das Lebensjahr der jüngsten Person zugrunde zu legen. Für den Ertragsanteil des über den Grundbetrag hinausgehenden Rententeils ist das Lebensjahr der ältesten Person maßgebend.

Beispiel:

Einem Ehepaar wird ab 1.1.1998 gemeinsam eine lebenslängliche Rente von 24.000 DM jährlich mit der Maßgabe gewährt, daß sie beim Ableben des zuerst Sterbenden auf 15.000 DM jährlich ermäßigt wird. Der Ehemann ist zu Beginn des Rentenbezugs 55, die Ehefrau 50 Jahre alt.

Es sind zu versteuern

a) bis zum Tod des zuletzt Sterbenden der Ertragsanteil des Sockelbetrags von 15.000 DM. Dabei ist nach § 55 Abs. 1 Nr. 3 EStDV das Lebensalter der jüngsten Person, mithin der Ehefrau, zugrunde zu legen. Der Ertragsanteil beträgt

 für 1998: 43 v. H. von 15.000 DM = 6.450 DM

 (§ 22 Nr. 1 Satz 3 Buchstabe a EStG);

b) außerdem bis zum Tod des zuerst Sterbenden der Ertragsanteil des über den Sockelbetrag hinausgehenden Rententeils von 9.000 DM. Dabei ist nach § 55 Abs. 1 Nr. 3 EStDV das Lebensalter der ältesten Person, mithin des Ehemanns, zugrunde zu legen. Der Ertragsanteil beträgt

 für 1998: 38 v. H. von 9.000 DM = 3.420 DM

 (§ 22 Nr. 1 Satz 3 Buchstabe a EStG).

Der jährliche Ertragsanteil beläuft sich somit für die Jahre ab 1998 auf (6.450 DM + 3.420 DM =) 9.870 DM.

Steht die Rente nur einer Person zu, z. B. dem Ehemann, und erhält eine andere Person, z. B. die Ehefrau, nur für den Fall eine Rente, daß sie die erste Person überlebt, so liegen zwei Renten vor, von denen die letzte aufschiebend bedingt ist, z. B. die Hinterbliebenenrente aus den gesetzlichen Rentenversicherungen der Arbeiter und der Angestellten. Der Ertragsanteil für diese Rente ist erst von dem Zeitpunkt an zu versteuern, in dem die Bedingung eintritt.

Herabsetzung der Rente

Beispiele:

1. **Die spätere Herabsetzung wird von vornherein vereinbart.**

   A gewährt dem B ab 1.1.1998 eine lebenslängliche Rente von 8.000 DM jährlich mit der Maßgabe, daß sie nach Ablauf von acht Jahren auf 5.000 DM jährlich ermäßigt wird. B ist zu Beginn des Rentenbezugs 50 Jahre alt.

   B hat zu versteuern

   a) während der gesamten Dauer des Rentenbezugs – nach Abzug von Werbungskosten – den Ertragsanteil des Grundbetrags. Der Ertragsanteil beträgt nach der in § 22 Nr. 1 Satz 3 Buchstabe a EStG aufgeführten Tabelle

   ab 1998: 43 v. H. von 5.000 DM = 2.150 DM;

   b) außerdem in den ersten acht Jahren den Ertragsanteil des über den Grundbetrag hinausgehenden Rententeils von 3.000 DM. Dieser Teil der Rente ist eine abgekürzte Leibrente mit einer beschränkten Laufzeit von acht Jahren; der Ertragsanteil beträgt nach der in § 55 Abs. 2 EStDV aufgeführten Tabelle 15 v. H. von 3.000 DM = 450 DM.

   Der jährliche Ertragsanteil beläuft sich somit für die Jahre 1998 bis 2005 auf (2.150 DM + 450 DM =) 2.600 DM.

2. Die spätere Herabsetzung wird erst während des Rentenbezugs vereinbart.

   A gewährt dem B ab 1.1.1996 eine lebenslängliche Rente von jährlich 9.000 DM. Am 1.1.1998 wird vereinbart, daß die Rente vom 1.1.2002 an auf jährlich 6.000 DM herabgesetzt wird. B ist zu Beginn des Rentenbezugs 50 Jahre alt. In den Jahren 1996 und 1997 beträgt der Ertragsanteil 43 v. H. von 9.000 DM = 3.870 DM (§ 22 Nr. 1 Satz 3 Buchstabe a EStG).

   Ab 1.1.1998 hat B zu versteuern

   a) während der gesamten weiteren Laufzeit des Rentenbezugs den Ertragsanteil des Sockelbetrags der Rente von 6.000 DM. Der Ertragsanteil beträgt unter Zugrundelegung des Lebensalters zu Beginn des Rentenbezugs nach der in § 22 Nr. 1 Satz 3 Buchstabe a EStG aufgeführten Tabelle

   ab 1998: 43 v. H. von 6.000 DM = 2.580 DM;

   b) außerdem bis zum 31.12.2001 den Ertragsanteil des über den Sockelbetrag hinausgehenden Rententeils von 3.000 DM. Dieser Teil der Rente ist eine abgekürzte Leibrente mit einer beschränkten Laufzeit von sechs Jahren; der Ertragsanteil beträgt nach der in § 55 Abs. 2 EStDV aufgeführten Tabelle 11 v. H. von 3.000 DM = 330 DM.

   Der jährliche Ertragsanteil beläuft sich somit für die Jahre 1998 bis 2001 auf (2.580 DM + 330 DM =) 2.910 DM.

Kapitalabfindung

Wird eine unter § 22 Nr. 1 Satz 3 Buchstabe a EStG fallende Leibrente durch eine Kapitalabfindung abgelöst, so unterliegt diese nicht der Einkommensteuer (→ BFH vom 23.4.1958 – BStBl III S. 277).

Leibrente

Begriff → Allgemeines

Eine grundsätzlich auf Lebensdauer einer Person zu entrichtende Rente bleibt eine Leibrente auch dann, wenn sie unter bestimmten Voraussetzungen, z. B. Wiederverheiratung, früher endet (→ BFH vom 5.12.1980 – BStBl 1981 II S. 265).

Leibrenten im Sinne des § 22 Nr. 1 Satz 3 Buchstabe a EStG sind insbesondere die **lebenslänglichen Renten** wie z. B. Altersrenten aus den gesetzlichen Rentenversicherungen der Arbeiter und der Angestellten, aus der knappschaftlichen Rentenversicherung und nach dem Gesetz über eine Altershilfe für Landwirte sowie lebenslängliche Renten aus betrieblichen Pensionskassen, sofern diese nicht ausnahmsweise Arbeitslohn sind.

Auch **unentgeltlich erworbene Leibrenten** fallen unter § 22 Nr. 1 Satz 3 Buchstabe a EStG. Das gilt dann, wenn der Empfänger sie aus Anlaß des unentgeltlichen Übergangs eines gewerblichen Betriebs erworben hat, da diese Bezüge ebenfalls Renten im Sinne des § 22 Nr. 1 Satz 3 Buchstabe a EStG sind (→ BFH vom 30.11.1967 – BStBl 1968 II S. 263).

Durch die Einräumung eines **lebenslänglichen Wohnrechts** und die Versorgung mit elektrischem Strom und Heizung wird eine Leibrente nicht begründet (→ BFH vom 2.12.1966 – BStBl 1967 III S. 243 und vom 12.9.1969 – BStBl II S. 706).

Aus dem Erfordernis der Gleichmäßigkeit ergibt sich, daß eine Leibrente ferner nicht gegeben ist, wenn die Bezüge **von einer wesentlich schwankenden Größe abhängen**, z. B. vom Umsatz oder Gewinn eines Unternehmens; das gilt auch dann, wenn die Bezüge sich nach einem festen Vomhundertsatz oder einem bestimmten Verteilungsschlüssel bemessen (→ BFH vom 10.10.1963 – BStBl III S. 592, vom 27.5.1964 – BStBl III S. 475 und vom 25.11.1966 – BStBl 1967 III S. 178).

Erhält ein Arbeitnehmer das ihm von seinem Arbeitgeber zugesagte Ruhegeld nur deshalb in ungekürzter Höhe, weil er bei Beginn der Ruhegeldzahlungen dem Arbeitgeber die von diesem geleisteten Beiträge zu einer von der gesetzlichen Rentenversicherung befreienden Lebensversicherung zurückgezahlt hat, hat sich der Arbeitnehmer mit dieser Einmalzahlung aus eigenem Vermögen in die Pensionsregelung seines Arbeitgebers eingekauft. Die vom Arbeitgeber gezahlten Versorgungsbezüge sind insoweit Leibrenten i. S. des § 22 Nr. 1 Satz 3 Buchst. a EStG und kein nach § 19 Abs. 1 Nr. 2 EStG steuerbares Ruhegeld, als sie als Ertrag des vom Arbeitnehmer aus seinem Vermögen hingegebenen Kapitals zu beurteilen sind (→ BFH vom 21.10.1996 – BStBl 1997 II S. 127).

Leibrente, abgekürzt

- **Abgekürzte Leibrenten sind** Leibrenten, die auf eine bestimmte Zeit beschränkt sind und deren Ertragsanteil nach § 55 Abs. 2 EStDV bestimmt wird. Ist das Rentenrecht ohne Gegenleistung begründet worden (z. B. bei Vermächtnisrenten, nicht aber bei Waisenrenten aus Versicherungen), so muß – vorbehaltlich R 167 Abs. 3 – die zeitliche Befristung, vom Beginn der Rente an gerechnet, regelmäßig einen Zeitraum von mindestens zehn Jahren umfassen; siehe aber auch → Renten wegen Berufs- oder Erwerbsunfähigkeit. Hierzu und hinsichtlich des Unterschieds von Zeitrenten und abgekürzten Leibrenten → BFH vom 7.8.1959 (BStBl III S. 463).
- **Abgekürzte Leibrenten erlöschen,** wenn die Person, von deren Lebenszeit sie abhängen, vor Ablauf der zeitlichen Begrenzung stirbt. Überlebt die Person die zeitliche Begrenzung, so endet die abgekürzte Leibrente mit ihrem Zeitablauf.

Leistungen nach den Versorgungsordnungen der bewaffneten Organe der ehemaligen DDR sowie der an ihre Stelle getretenen Leistungen und weitere Fragen zur Besteuerung von Renten aufgrund von DDR-Regelungen

→ BMF vom 26.5.1993 (BStBl I S. 411)

→ BMF vom 25.7.1997 (BStBl I S. 728)

Pensionen

Die Versorgungsbezüge ehemaliger Bediensteter der koordinierten Organisationen (Europäische Organisation für Astronomische Forschung in der Südlichen Hemisphäre – ESO –, Europarat, Nordatlantikvertragsorganisation – NATO –, Organisation für wirtschaftliche Zusammenarbeit und Entwicklung – OECD –, Westeuropäische Union – WEU – und Europäisches Zentrum für mittelfristige Wettervorhersage – EZMW –) sowie der Europäischen Patentorganisation (EPO) setzen sich in bestimmten Fällen aus Ruhegehaltszahlungen im Sinne des § 19 Abs. 1 und 2 und Leibrenten im Sinne des § 22 Nr. 1 Satz 3 Buchstabe a EStG zusammen. Einzelheiten hierzu, insbesondere zur Aufteilung → BMF vom 3.8.1998 (BStBl I S. 1042).

Renten wegen Berufs- oder Erwerbsunfähigkeit

Renten wegen verminderter Erwerbsfähigkeit, insbesondere Renten wegen Berufs- oder Erwerbsunfähigkeit, der gesetzlichen Rentenversicherung sind stets als abgekürzte Leibrenten anzusehen. Auf eine Mindestdauer des Rentenbezugs kommt es nicht an (→ BFH vom 22.1.1991 – BStBl II S. 686).

Wird eine Berufsunfähigkeitsrente gemäß einer im Abstand von einigen Jahren turnusmäßig durchgeführten Gesundheitsprüfung jeweils befristet verlängert, handelt es sich um eine einheitliche, abgekürzte Leibrente, die mit Eintritt des Versicherungsfalles beginnt und deren Ertragsanteil für jeden Veranlagungszeitraum neu unter Zugrundelegung der jeweiligen Dauer der Verlängerung zu bestimmen ist (→ FG Niedersachsen vom 28.4.1997 – EFG 1997 S. 1186).

Schuldzinsen

Schuldzinsen für einen Kredit zur Nachentrichtung freiwilliger Beiträge zur Angestelltenversicherung sind bei den sonstigen Einkünften in Gestalt wiederkehrender Bezüge in voller Höhe als Werbungskosten abziehbar (→ BFH vom 21.7.1981 – BStBl 1982 II S. 41).

Sozialzuschlag

Der im Beitrittsgebiet gezahlte Sozialzuschlag (→ Gesetz zur Zahlung eines Sozialzuschlags zu Renten im Beitrittsgebiet, Artikel 40 Rentenüberleitungsgesetz) bleibt nach § 3 Nr. 11 EStG steuerfrei.

Überschußbeteiligung

Zur einkommensteuerrechtlichen Behandlung der Überschußbeteiligung bei fälligen privaten Rentenversicherungen → BMF vom 26.11.1998 (BStBl I S. 1508):

Es ist gefragt worden, wie Überschußbeteiligungen bei fälligen privaten Rentenversicherungen einkommensteuerrechtlich zu behandeln sind. Unter Bezugnahme auf das Ergebnis der Erörterungen mit den obersten Finanzbehörden der Länder gilt hierzu folgendes:

Entsprechend der bisherigen langjährigen Übung ist die gesamte Rente aus der privaten Rentenversicherung (einschließlich des Überschußanteils) auch weiterhin mit dem Ertragsanteil nach § 22 Nr. 1 Satz 3 Buchstabe a EStG zur Einkommensteuer heranzuziehen. Eine Aufteilung in garantierte Rente und Überschußbeteiligung ist nicht vorzunehmen. Dem steht nicht entgegen, daß der Überschußanteil je nach Ertragslage des Versicherers und Lebenserwartung der Versicherten schwanken kann.

Eine volle Erfassung des Überschußanteils – etwa als wiederkehrender Bezug im Sinne des § 22 Nr. 1 Satz 1 EStG – bei gleichzeitiger Erfassung der garantierten Rente mit dem Ertragsanteil nach § 22 Nr. 1 Satz 3 Buchstabe a EStG würde bezogen auf die Gesamtleistung zu einer Überbesteuerung führen. Die garantierte Rente, die aus versicherungsaufsichtsrechtlichen Gründen auf der Basis eines Zinssatzes von derzeit lediglich 4 v. H. berechnet ist, wird mit einem Ertragsanteilssatz herangezogen, der auf der Basis eines Zinssatzes von 5,5 v. H. berechnet ist. Bei einer vollen Heranziehung des Überschußanteils unterläge deshalb insgesamt auch ein Teil der Kapitalrückzahlung der Besteuerung. Mit der Anwendung eines durchschnittlichen Zinssatzes von 5,5 v. H. bei der Ermittlung des Ertragsanteils wird der Ertrag der Rente typisierend erfaßt, unabhängig vom tatsächlichen Ertrag im Einzelfall.

Unterhaltsverträge

Unterhaltsverträge zwischen geschiedenen oder dauernd getrennt lebenden Ehegatten sind für die Frage, ob eine Leibrente vorliegt oder nicht, nur von Bedeutung, wenn der Unterhaltsverpflichtete nicht unbeschränkt einkommensteuerpflichtig ist (§ 22 Nr. 1 Satz 2 EStG). In der Regel wird kein einheitliches Rentenrecht begründet, weil diese Verträge im allgemeinen mindestens stillschweigend den Vorbehalt der Leistungsfähigkeit des Gebers und des Unterhaltsbedürfnisses des Empfängers enthalten. Daher ist regelmäßig nicht von einer Leibrente, sondern von einem in vollem Umfang steuerpflichtigen wiederkehrenden Bezug auszugehen, es sei denn, auf die Änderungsmöglichkeit nach § 323 ZPO ist ausdrücklich verzichtet worden (→ BFH vom 27.9.1973 – BStBl 1974 II S. 103 und die dort angeführte weitere Rechtsprechung sowie BFH vom 1.8.1975 – BStBl II S. 881).

Vermögensübertragung

Einkommensteuerrechtliche Behandlung von wiederkehrenden Bezügen im Zusammenhang mit der Übertragung von Privat- oder Betriebsvermögen → BMF vom 23.12.1996 (BStBl I S. 1508)

Versorgungs- und Versicherungsrenten aus einer Zusatzversorgung

Von der Versorgungsanstalt des Bundes und der Länder (VBL) und vergleichbaren Zusatzversorgungseinrichtungen geleistete Versorgungsrenten und Versicherungsrenten für Versicherte und Hinterbliebene stellen grundsätzlich lebenslängliche Leibrenten dar. Werden sie neben einer Berufs- oder Erwerbsunfähigkeitsrente gezahlt, sind sie ebenfalls als abgekürzte Leibrenten zu behandeln (→ BFH vom 4.10.1990 – BStBl 1991 II S. 89).

Waisenrente

Eine Waisenrente wegen körperlicher, geistiger oder seelischer Behinderung des Kindes wird längstens bis zur Vollendung seines 27. Lebensjahres geleistet (§ 48 Abs. 4 Nr. 2b SGB VI); es ist davon auszugehen, daß der Berechtigte bis zu diesem Zeitpunkt für das Kind sorgt.

Werbungskosten

Einkommensteuerrechtliche Behandlung von Beratungs-, Prozeß- und ähnlichen Kosten im Zusammenhang mit Rentenansprüchen → BMF vom 20.11.1997 (BStBl 1998 I S. 126).

Einkommensteuerrechtliche Behandlung von Beratungs-, Prozeß- und ähnlichen Kosten im Zusammenhang mit Rentenansprüchen

BMF vom 20.11.1997 (BStBl 1998 I S. 126)

IV B 5 – S 2255 – 356/97

Es ist gefragt worden, ob Rechtsberatungs- und Prozeßkosten, an Versicherungsberater gezahlte Honorare und ähnliche Aufwendungen, die im Zusammenhang mit Ansprüchen aus der gesetzlichen Rentenversicherung oder aus privaten Rentenversicherungen sowie aus der betrieblichen Altersversorgung stehen, als Werbungskosten abzuziehen sind. Unter Bezugnahme auf das Ergebnis der Erörterungen mit den obersten Finanzbehörden der Länder wird dazu wie folgt Stellung genommen:

Ein Abzug von Aufwendungen als Werbungskosten nach § 9 Abs. 1 EStG setzt stets voraus, daß die Aufwendungen wirtschaftlich mit der Erzielung von Einkünften in Zusammenhang stehen; es muß ausgeschlossen sein, daß sie der Vermögensbildung dienen.

Unter dieser Voraussetzung sind die bezeichneten Aufwendungen als Werbungskosten anzuerkennen, gleichgültig, ob sie während des Bezugs der Rentenleistungen oder schon vorher erwachsen. Sie sind bei der Einkunftsart abzuziehen, zu der die Einkünfte aus den betreffenden Leistungen gehören, und zwar Aufwendungen im Zusammenhang mit Ansprüchen aus der gesetzlichen Rentenversicherung auch dann, wenn sie während einer rentenversicherungspflichtigen Tätigkeit erwachsen.

Die Voraussetzung eines wirtschaftlichen Zusammenhangs mit der Erzielung von Einkünften ist bei Aufwendungen im Zusammenhang mit Ansprüchen aus einer privaten Rentenversicherung mit Kapitalwahlrecht oder Kündigungsrecht – deren Ausübung der späteren Erzielung von Einkünften entgegenstehen würde – nicht gegeben. Bei privaten Rentenversicherungen, die ausschließlich ein Risiko absichern, wie auch Erwerbs- und Berufsunfähigkeitsversicherungen, ist stets vom Vorliegen dieser Voraussetzung auszugehen, weil eine Vermögensbildung ausgeschlossen ist.

Der Abzug ist ggf. in voller Höhe möglich. Dies gilt auch, wenn die Rentenleistungen nur teilweise zur Einkommensteuer herangezogen werden (BFH-Urteile vom 23. Januar 1991, BStBl 1991 II S. 398, 399, und vom 21. Juli 1981, BStBl 1982 II S. 41, 43). Stehen die Aufwendungen jedoch außer mit Rentenansprüchen auch mit anderen Ansprüchen (z. B. auf Leistungen aus einer Krankenversicherung) im Zusammenhang, so dienen sie insoweit nicht der Erzielung von Einkünften, sondern der Lebensführung (§ 12 Nr. 1 EStG). In solchen Fällen können die Aufwendungen nur anteilig als Werbungskosten abgezogen werden.

Wertsicherungsklausel

Die Vereinbarung von Wertsicherungsklauseln oder sogenannten Währungsklauseln, die nur der Anpassung der Kaufkraft an geänderte Verhältnisse dienen sollen, schließen die Annahme einer Leibrente nicht aus (→ BFH vom 2.12.1966 – BStBl 1967 III S. 179 und vom 11.8.1967 – BStBl III S. 699). Unter diesem Gesichtspunkt liegt eine Leibrente auch dann vor, wenn ihre Höhe jeweils von der für Sozialversicherungsrenten maßgebenden Bemessungsgrundlage abhängt (→ BFH vom 30.11.1967 – BStBl 1968 II S. 262). Ist auf die wertgesicherte Leibrente eine andere – wenn auch in unterschiedlicher Weise – wertgesicherte Leibrente anzurechnen, so hat die Differenz zwischen beiden Renten ebenfalls Leibrentencharakter (→ BFH vom 5.12.1980 – BStBl 1981 II S. 265).

Witwen- und Witwerrente

– **Große Witwen- und Witwerrente**

Die sog. Große Witwen- und Witwerrente (§ 46 Abs. 2 SGB VI) wird geleistet,

1. solange der Berechtigte mindestens ein Kind erzieht, das das 18. Lebensjahr noch nicht vollendet hat, oder für ein Kind sorgt, das wegen körperlicher, geistiger oder seelischer Behinderung außerstande ist, sich selbst zu unterhalten (§ 46 Abs. 2 Nr. 1 SGB VI) oder
2. wenn der Berechtigte das 45. Lebensjahr bereits vollendet hat (§ 46 Abs. 2 Nr. 2 SGB VI) oder
3. solange der Berechtigte berufs- oder erwerbsunfähig ist (§ 46 Abs. 2 Nr. 3 SGB VI).

Hat der Berechtigte das 45. Lebensjahr vollendet und erhält er infolgedessen die Große Witwen- und Witwerrente, so ist deren Ertragsanteil nach § 22 Nr. 1 Satz 3 Buchstabe a EStG zu ermitteln. Eine Große Witwen- und Witwerrente, die der unter 45 Jahre alte Berechtigte nach unterschiedlichen Vorschriften voraussichtlich auf Lebenszeit bezieht, stellt ebenfalls stets eine lebenslängliche Leibrente dar (→ BFH vom 8.3.1989 – BStBl II S. 551).

– **Kleine Witwen- und Witwerrente**

Die Kleine Witwen- und Witwerrente wird nach dem Tod des versicherten Ehemanns seiner Witwe oder nach dem Tod der versicherten Ehefrau ihrem Witwer gewährt, wenn der versicherte Ehegatte die allgemeine Wartezeit erfüllt hat (§ 46 Abs. 1 SGB VI). Ihr Ertragsanteil ist nach § 55 Abs. 2 EStDV zu ermitteln.

Witwen- und Witwerrente nach dem vorletzten Ehegatten

Der Anspruch auf Witwen- und Witwerrente entfällt mit Ablauf des Monats der Wiederheirat. Durch Auflösung der den Wegfall verursachenden Ehe lebt der Rentenanspruch wieder auf (§ 46 Abs. 3 SGB VI). Lebt eine wegen Wiederheirat des Berechtigten weggefallene Witwen- oder Witwerrente wegen Auflösung oder Nichtigkeitserklärung der neuen Ehe wieder auf (§ 46 Abs. 3 SGB VI), so handelt es sich nicht um eine neue Leibrente im Sinne des § 22 Nr. 1 Satz 3 Buchstabe a EStG (→ BFH vom 12.7.1989 – BStBl II S. 1012).

Zeitrente

Zeitrenten sind, da sie unabhängig von der Lebensdauer einer Person stets für eine feste Zeitdauer gezahlt werden, wiederkehrende Bezüge im Sinne des § 22 Nr. 1 EStG.

---

168. Renten nach § 2 Abs. 2 der 32. DV zum Umstellungsgesetz (UGDV)

Beträge, die nach § 2 Abs. 2 der 32. UGDV[1]) in Verbindung mit § 1 der Anordnung der Versicherungsaufsichtsbehörden über die Zahlung von Todesfall- und Invaliditätsversicherungssummen vom 15.11.1949[2]) unter der Bezeichnung „Renten" gezahlt werden, gehören nicht zu den wiederkehrenden Bezügen im Sinne des § 22 Nr. 1 EStG und sind deshalb nicht einkommensteuerpflichtig.

168a. Besteuerung von Leistungen im Sinne des § 22 Nr. 3 EStG

Haben beide zusammenveranlagten Ehegatten Einkünfte im Sinne des § 22 Nr. 3 EStG bezogen, so ist bei jedem Ehegatten die in dieser Vorschrift bezeichnete Freigrenze – höchstens jedoch bis zur Höhe seiner Einkünfte im Sinne des § 22 Nr. 3 EStG – zu berücksichtigen.

---

[1]) StuZBl 1949 S. 327.
[2]) Veröffentlichungen des Zonenamtes des Reichsaufsichtsamtes für das Versicherungswesen in Abw. 1949 S. 118.

§ 22 EStG
H 168a

Hinweise

H 168a

Leistungen

Leistung im Sinne des § 22 Nr. 3 EStG ist jedes Tun, Dulden oder Unterlassen, das Gegenstand eines entgeltlichen Vertrags sein kann und um des Entgelts willen erbracht wird, sofern es sich nicht um Veräußerungsvorgänge oder veräußerungsähnliche Vorgänge im privaten Bereich handelt, bei denen ein Entgelt dafür erbracht wird, daß ein Vermögenswert in seiner Substanz endgültig aufgegeben wird (→ BFH vom 28.11.1984 – BStBl 1985 II S. 264).

Eine Leistung im Sinne des § 22 Nr. 3 EStG liegt auch dann vor, wenn für eine Tätigkeit, die Gegenstand eines entgeltlichen Vertrags sein kann, nachträglich ein Entgelt gezahlt und vom Leistenden als angemessene Gegenleistung für die von ihm erbrachte Tätigkeit angenommen wird (→ BFH vom 21.9.1982 – BStBl 1983 II S. 201).

Leistungen im Sinne des § 22 Nr. 3 EStG sind:

– Bindungsentgelt, das beim Wertpapieroptionsgeschäft dem Optionsgeber gezahlt wird (→ BFH vom 28.11.1984 – BStBl 1985 II S. 264 und vom 28.11.1990 – BStBl 1991 II S. 300),
– Einmalige Bürgschaftsprovision (→ BFH vom 22.1.1965 – BStBl III S. 313),
– Entgelt für ein freiwilliges Einsammeln und Verwerten leerer Flaschen (→ BFH vom 6.6.1973 – BStBl II S. 727),
– Entgelt für eine Beschränkung der Grundstücksnutzung (→ BFH vom 9.4.1965 – BStBl III S. 361 und vom 26.8.1975 – BStBl 1976 II S. 62),
– Entgelt für die Einräumung eines Vorkaufsrechts (→ BFH vom 30.8.1966 – BStBl 1967 III S. 69 und vom 10.12.1985 – BStBl 1986 II S. 340); bei späterer Anrechnung des Entgelts auf den Kaufpreis entfällt der Tatbestand des § 22 Nr. 3 EStG rückwirkend nach § 175 Abs. 1 Satz 1 Nr. 2 AO (→ BFH vom 10.8.1994 – BStBl 1995 II S. 57),
– Entgelt für den Verzicht auf Einhaltung des gesetzlich vorgeschriebenen Grenzabstands eines auf dem Nachbargrundstück errichteten Gebäudes (→ BFH vom 5.8.1976 – BStBl 1977 II S. 26),
– Entgelt für die Abgabe eines zeitlich befristeten Kaufangebots über ein Grundstück (→ BFH vom 26.4.1977 – BStBl II S. 631),
– Entgelt für den Verzicht des Inhabers eines eingetragenen Warenzeichens auf seine Abwehrrechte (→ BFH vom 25.9.1979 – BStBl 1980 II S. 114),
– Entgelt für ein vertraglich vereinbartes umfassendes Wettbewerbsverbot (→ BFH vom 12.6.1996 – BStBl II S. 516),
– Entgelt für eine Vereinbarung, das Bauvorhaben des Zahlenden zu dulden (→ BFH vom 26.10.1982 – BStBl 1983 II S. 404),
– Entgelt für den Verzicht eines Grundstückseigentümers, ihm – möglicherweise – zustehende Abwehrrechte gegen ein Bauvorhaben auf dem Nachbargrundstück geltend zu machen (→ FG Baden-Württemberg, Stuttgart, vom 31.3.1995 – EFG 1997 S. 1022 – Rev. – BFH VIII R 35/97),
– Engelt für die regelmäßige Mitnahme eines Arbeitskollegen auf der Fahrt zwischen Wohnung und Arbeitsstätte (→ BFH vom 15.3.1994 – BStBl II S. 516),
– Honorare eines Probanden für wissenschaftliche Untersuchungen (→ FG Rheinland-Pfalz vom 19.3.1996 – EFG 1996 S. 979),
– Vergütungen für die Rücknahme des Widerspruchs gegen den Bau und Betrieb eines Kraftwerks (→ BFH vom 12.11.1985 – BStBl 1986 II S. 890),
– Entgelt für die Vermietung nur eines Wohnmobils an wechselnde Mieter (→ BFH vom 12.11.1997 – BStBl 1998 II S. 774).
– *Entgelt für die Duldung der Nutzung von Teileigentum zum Betrieb eines Spielsalons an einen benachbarten Wohnungseigentümer (→ BFH vom 21.11.1997 – BStBl 1998 II S. 133),*
– *Eigenprovisionen, wenn sie aus einmaligem Anlaß und für die Vermittlung von Eigenverträgen gezahlt werden (→ BFH vom 27.5.1998 – BStBl II S. 619).*

§ 22 EStG
R 168b   H 168a, 168b

Keine Leistungen im Sinne des § 22 Nr. 3 EStG sind:

- Abfindungen an den Mieter einer Wohnung, soweit er sie für vermögenswerte Einschränkungen seiner Mietposition erhält (→ BFH vom 5.8.1976 – BStBl 1977 II S. 27),
- Einkünfte aus privaten Devisentermingeschäften (→ BFH vom 8.12.1981 – BStBl 1982 II S. 618, vom 6.12.1983 – BStBl 1984 II S. 132 und vom 25.8.1987 – BStBl 1988 II S. 248),
- Entgeltliche Abtretungen von Rückkaufsrechten an Grundstücken (→ BFH vom 14.11.1978 – BStBl 1979 II S. 298),
- Entschädigung für eine faktische Bausperre (→ BFH vom 12.9.1985 – BStBl 1986 II S. 252),
- Gewinne aus Errichtung und Veräußerung von Kaufeigenheimen, auch wenn die Eigenheime bereits vor Errichtung verkauft worden sind (→ BFH vom 1.12.1989 – BStBl 1990 II S. 1054),
- Streikunterstützungen (→ BFH vom 24.10.1990 – BStBl 1991 II S. 337),
- Verzicht auf ein testamentarisch vermachtes obligatorisches Wohnrecht gegen Entgelt im privaten Bereich (→ BFH vom 9.8.1990 – BStBl II S. 1026).
- Vereinbarung wertmindernder Beschränkung des Grundstückseigentums gegen Entgelt zur Vermeidung eines ansonsten zulässigen Enteignungsverfahrens (→ BFH vom 17.5.1995 – BStBl II S. 640).

Optionskombinationen

Bei einer Optionskombination ist jedes Optionsgeschäft für sich zu beurteilen. Aufwendungen für ein fehlgeschlagenes Optionsgeschäft können nicht als Werbungskosten von den Einnahmen aus einem anderen Optionsgeschäft abgezogen werden (→ BFH vom 28.11.1990 – BStBl 1991 II S. 300 und BMF vom 10.11.1994 – BStBl I S. 816).

Anhang 16

Werbungskosten

Werbungskosten sind bei den Einkünften aus einmaligen (sonstigen) Leistungen auch dann im Jahre des Zuflusses der Einnahme abziehbar, wenn sie vor diesem Jahr angefallen sind oder nach diesem Jahr mit Sicherheit anfallen werden. Entstehen künftig Werbungskosten, die im Zuflußjahr noch nicht sicher vorhersehbar waren, ist die Veranlagung des Zuflußjahres gemäß § 175 Abs. 1 Satz 1 Nr. 2 AO zu ändern (→ BFH vom 3.6.1992 – BStBl II S. 1017).

R 168b   **168b. Besteuerung von Bezügen im Sinne des § 22 Nr. 4 EStG**

S 2257a   ¹§ 22 Nr. 4 EStG umfaßt nur solche Leistungen, die auf Grund des Abgeordnetengesetzes, des Europaabgeordnetengesetzes oder der entsprechenden Gesetze der Länder gewährt werden. ²Leistungen, die außerhalb dieser Gesetze erbracht werden, z. B. Zahlungen der Fraktionen, unterliegen hingegen den allgemeinen Grundsätzen steuerlicher Beurteilung. ³Gesondert gezahlte Tage- oder Sitzungsgelder gehören zu den steuerfreien Aufwandsentschädigungen.

H 168b   **Hinweise**

Werbungskosten

Der Erhalt einer Aufwandsentschädigung zur Abgeltung von durch das Mandat veranlaßten Aufwendungen schließt nach § 22 Nr. 4 Satz 2 EStG den Abzug jeglicher mandatsbedingter Aufwendungen, auch von Sonderbeiträgen an eine Partei, als Werbungskosten aus (→ BFH vom 29.3.1983 – BStBl II S. 601, vom 3.12.1987 – BStBl 1988 II S. 266, vom 8.12.1987 – BStBl 1988 II S. 433 und vom 23.1.1991 – BStBl II S. 396).

Kosten eines erfolglosen Wahlkampfes dürfen nach § 22 Nr. 4 Satz 3 EStG nicht als Werbungskosten abgezogen werden (→ BFH vom 8.12.1987 – BStBl 1988 II S. 435).

§ 23[1] EStG

§ 23[1]
Spekulationsgeschäfte

S 2256

(1) [1]Spekulationsgeschäfte (§ 22 Nr. 2) sind

---

[1]) Anm.: Durch das Steuerentlastungsgesetz 1999/2000/2002 wurde § 23 wie folgt gefaßt:

„§ 23
Private Veräußerungsgeschäfte
(1) [1]Private Veräußerungsgeschäfte (§ 22 Nr. 2) sind
1. Veräußerungsgeschäfte bei Grundstücken und Rechten, die den Vorschriften des bürgerlichen Rechts über Grundstücke unterliegen (z. B. Erbbaurecht, Mineralgewinnungsrecht), bei denen der Zeitraum zwischen Anschaffung und Veräußerung nicht mehr als zehn Jahre beträgt. [2]Ein innerhalb dieses Zeitraums fertiggestelltes Gebäude ist einzubeziehen. [3]Ausgenommen sind Wirtschaftsgüter, die im Zeitraum zwischen Anschaffung oder Fertigstellung und Veräußerung ausschließlich zu eigenen Wohnzwecken oder im Jahr der Veräußerung und in den beiden vorangegangenen Jahren zu eigenen Wohnzwecken genutzt wurden;
2. Veräußerungsgeschäfte bei anderen Wirtschaftsgütern, insbesondere bei Wertpapieren, bei denen der Zeitraum zwischen Anschaffung und Veräußerung nicht mehr als ein Jahr beträgt;
3. Veräußerungsgeschäfte, bei denen die Veräußerung der Wirtschaftsgüter früher erfolgt als der Erwerb;
4. Termingeschäfte, durch die der Steuerpflichtige einen Differenzausgleich oder einen durch den Wert einer veränderlichen Bezugsgröße bestimmten Geldbetrag oder Vorteil erlangt, sofern der Zeitraum zwischen Erwerb und Beendigung des Rechts auf einen Differenzausgleich, Geldbetrag oder Vorteil nicht mehr als ein Jahr beträgt. [2]Zertifikate, die Aktien vertreten, und Optionsscheine gelten als Termingeschäfte im Sinne des Satzes 1.

[2]Als Anschaffung gilt auch die Überführung eines Wirtschaftsguts in das Privatvermögen des Steuerpflichtigen durch Entnahme oder Betriebsaufgabe sowie der Antrag nach § 21 Abs. 2 Satz 1 Nr. 1 des Umwandlungssteuergesetzes. [3]Bei unentgeltlichem Erwerb ist dem Einzelrechtsnachfolger für Zwecke dieser Vorschrift die Anschaffung, die Überführung des Wirtschaftsguts in das Privatvermögen, der Antrag nach § 21 Abs. 2 Satz 1 Nr. 1 des Umwandlungssteuergesetzes oder der Erwerb eines Rechts aus Termingeschäften durch den Rechtsvorgänger zuzurechnen. [4]Die Anschaffung oder Veräußerung einer unmittelbaren oder mittelbaren Beteiligung an einer Personengesellschaft gilt als Anschaffung oder Veräußerung der anteiligen Wirtschaftsgüter.

(2) [1]Einkünfte aus privaten Veräußerungsgeschäften der in Absatz 1 bezeichneten Art sind den Einkünften aus anderen Einkunftsarten zuzurechnen, soweit sie zu diesen gehören. [2]§ 17 ist nicht anzuwenden, wenn die Voraussetzungen des Absatzes 1 Nr. 2 vorliegen.

(3) [1]Gewinn oder Verlust aus Veräußerungsgeschäften nach Absatz 1 Satz 1 Nr. 1 bis 3 ist der Unterschied zwischen Veräußerungspreis einerseits und den Anschaffungs- oder Herstellungskosten und den Werbungskosten andererseits. [2]In den Fällen des Absatzes 1 Satz 2 tritt an die Stelle der Anschaffungs- oder Herstellungskosten der nach den §§ 6 Abs. 1 Nr. 4, 16 Abs. 3 oder nach den §§ 20, 21 des Umwandlungssteuergesetzes anzusetzende Wert. [3]Die Anschaffungs- oder Herstellungskosten mindern sich um Absetzungen für Abnutzung, erhöhte Absetzungen und Sonderabschreibungen, soweit sie bei der Ermittlung der Einkünfte im Sinne des § 2 Abs. 1 Satz 1 Nr. 4 bis 6 abgezogen worden sind. [4]Gewinn oder Verlust bei einem Termingeschäft nach Absatz 1 Satz 1 Nr. 4 ist der Differenzausgleich oder der durch den Wert einer veränderlichen Bezugsgröße bestimmte Geldbetrag oder Vorteil abzüglich der Werbungskosten. [5]Gewinne bleiben steuerfrei, wenn der aus den privaten Veräußerungsgeschäften erzielte Gesamtgewinn im Kalenderjahr weniger als 1.000 Deutsche Mark betragen hat. [6]Verluste dürfen nur bis zur Höhe des Gewinns, den der Steuerpflichtige im gleichen Kalenderjahr aus privaten Veräußerungsgeschäften erzielt hat, ausgeglichen werden, sie dürfen nicht nach §10d abgezogen werden. [7]Die Verluste mindern jedoch nach Maßgabe des § 10d die Einkünfte, die der Steuerpflichtige in dem unmittelbar vorangegangenen Veranlagungszeitraum oder in den folgenden Veranlagungszeiträumen aus privaten Veräußerungsgeschäften nach Absatz 1 erzielt hat oder erzielt."

§ 23 Abs. 1 Satz 1 Nr. 1 bis 3 ist auf Veräußerungsgeschäfte anzuwenden, bei denen die Veräußerung auf einem nach dem 31. Dezember 1998 rechtswirksam abgeschlossenen obligatorischen Vertrag oder gleichstehenden Rechtsakt beruht. § 23 Abs. 1 Satz 1 Nr. 4 ist auf Termingeschäfte anzuwenden, bei denen der Erwerb des Rechts auf einen Differenzausgleich, Geldbetrag oder Vorteil nach dem 31. Dezember 1998 erfolgt.

§ 23 EStG
R 169

1. Veräußerungsgeschäfte, bei denen der Zeitraum zwischen Anschaffung und Veräußerung beträgt:

   a) bei Grundstücken und Rechten, die den Vorschriften des bürgerlichen Rechts über Grundstücke unterliegen (z.B. Erbbaurecht, Mineralgewinnungsrecht), nicht mehr als zwei Jahre,

   b) bei anderen Wirtschaftsgütern, insbesondere bei Wertpapieren, nicht mehr als sechs Monate;

2. Veräußerungsgeschäfte, bei denen die Veräußerung der Wirtschaftsgüter früher erfolgt als der Erwerb.

²Die Anschaffung oder Veräußerung einer unmittelbaren oder mittelbaren Beteiligung an einer Personengesellschaft gilt auch für Zwecke dieser Vorschrift als Anschaffung oder Veräußerung der anteiligen Wirtschaftsgüter.

(2) ¹Spekulationsgeschäfte liegen nicht vor, wenn Wirtschaftsgüter veräußert werden, deren Wert bei Einkünften im Sinne des § 2 Abs. 1 Nr. 1 bis 6 anzusetzen ist. ²§ 17 ist nicht anzuwenden, wenn die Voraussetzungen des Absatzes 1 Nr. 1 Buchstabe b vorliegen. ³Bei der Veräußerung von Anteilscheinen an Geldmarkt-, Wertpapier-, Beteiligungs- und Grundstücks-Sondervermögen sowie von ausländischen Investmentanteilen gilt Satz 1 nur, soweit im Veräußerungspreis ein Zwischengewinn enthalten ist.

(3) ¹Gewinn oder Verlust aus Spekulationsgeschäften ist der Unterschied zwischen dem Veräußerungspreis einerseits und den Anschaffungs- oder Herstellungskosten und den Werbungskosten andererseits. ²Die Anschaffungs- oder Herstellungskosten mindern sich um Absetzungen für Abnutzung, erhöhte Absetzungen und Sonderabschreibungen, soweit sie bei der Ermittlung der Einkünfte im Sinne des § 2 Abs. 1 Satz 1 Nr. 4 bis 6 abgezogen worden sind. ³Gewinne aus Spekulationsgeschäften bleiben steuerfrei, wenn der aus Spekulationsgeschäften erzielte Gesamtgewinn im Kalenderjahr weniger als 1.000 Deutsche Mark betragen hat. ⁴Verluste aus Spekulationsgeschäften dürfen nur bis zur Höhe des Spekulationsgewinns, den der Steuerpflichtige im gleichen Kalenderjahr erzielt hat, ausgeglichen werden; sie dürfen nicht nach § 10d abgezogen werden.

R 169

169. Spekulationsgeschäfte

S 2256

(1) Für die Berechnung der Spekulationsfrist im Sinne des § 23 EStG ist grundsätzlich das der → Anschaffung oder → Veräußerung zugrundeliegende obligatorische Geschäft maßgebend.

(2) ¹Die Anschaffungs- oder Herstellungskosten des Veräußerers sind nicht um die AfA nach § 7 EStG oder erhöhte Absetzungen und Sonderabschreibungen zu kürzen. ²Bei Veräußerungsgeschäften, bei denen der Steuerpflichtige das Wirtschaftsgut nach dem 31.7.1995 angeschafft und veräußert hat, mindern sich die Anschaffungs- oder Herstellungskosten um die AfA nach § 7 EStG oder erhöhte Absetzungen und Sonderabschreibungen, soweit sie bei der Ermittlung der Einkünfte im Sinne des § 2 Abs. 1 Satz 1 Nr. 4 bis 6 EStG abgezogen worden sind. ³Die Anschaffungs- oder Herstellungskosten sind nicht um die Abzugsbeträge nach den §§ 10e, 10f, 10g und 10h EStG oder § 7 FördG und die Eigenheimzulage zu kürzen. ⁴Bei der Ermittlung des Spekulationsgewinns im Fall der Veräußerung eines vermieteten Gebäudes können die Schuldzinsen, die auf den Zeitraum zwischen der Beendigung der Nutzung zur Erzielung von Einkünften aus Vermietung oder Verpachtung und der Veräußerung entfallen, als → Werbungskosten abgezogen werden.

(3) Haben beide zusammenveranlagten Ehegatten Spekulationsgewinne erzielt, so steht jedem Ehegatten die Freigrenze im Sinne des § 23 Abs. 4 EStG – höchstens jedoch bis zur Höhe seines Gesamtgewinns aus Spekulationsgeschäften – zu.

Hinweise

Anschaffung

Zu Anschaffungen im Rahmen der vorweggenommenen Erbfolge und bei Erbauseinandersetzung → BMF vom 13.1.1993 (BStBl I S. 80) und vom 11.1.1993 (BStBl I S. 62).

Anhang 10

Anschaffung ist
- der Erwerb eines Ersatzgrundstücks im Zusammenhang mit einer drohenden Enteignung, soweit hierdurch auch nicht unmittelbar betroffene Grundstücksteile ersetzt werden (→ BFH vom 7.12.1976 – BStBl 1977 II S. 209)
- bei Zuteilung eines Grundstücks gegen Zuzahlung eines Geldbetrages im Rahmen eines Umlegungsverfahrens nur insoweit gegeben, als die Zuzahlung für eine den Sollanspruch (§ 56 Abs. 1 Satz 1 BauGB) nicht unwesentlich übersteigende Mehrzuteilung zu leisten ist (→ BFH vom 29.3.1995 – BFHE 177, 418).
- *die Abgabe eines Meistgebots in einer Zwangsversteigerung (→ BFH vom 27.8.1997 – BStBl 1998 II S. 135).*
- *der Erwerb auf Grund eines Ergänzungsvertrags, wenn damit erstmalig ein Anspruch auf Übertragung eines Miteigentumsanteils rechtswirksam entsteht (→ BFH vom 17.12.1997 – BStBl 1998 II S. 343)*

Keine Anschaffung ist
- der unentgeltliche Erwerb eines Wirtschaftsguts, z.B. durch Erbschaft, Vermächtnis oder Schenkung (→ BFH vom 4.7.1950 – BStBl 1951 III S. 237, vom 22.9.1987 – BStBl 1988 II S. 250 und vom 12.7.1988 – BStBl II S. 942, → Spekulationsfrist). Wird ein Grundstück nach der Anschaffung unentgeltlich im Wege der Schenkung auf einen Dritten übertragen und veräußert dieser das Grundstück innerhalb der Spekulationsfrist, so kann hierin jedoch ein Mißbrauch von Gestaltungsmöglichkeiten des Rechts (§ 42 AO) liegen. Bei der Bemessung des vom Veräußerer zu versteuernden Spekulationsgewinns sind in diesem Fall die Anschaffungskosten des Schenkers zugrunde zu legen (→ BFH vom 12.7.1988 – BStBl II S. 942).
- der Erwerb kraft Gesetzes oder eines aufgrund gesetzlicher Vorschriften ergangenen Hoheitsaktes (→ BFH vom 19.4.1977 – BStBl II S. 712).
- der Erwerb eines Ersatzgrundstücks, das der Steuerpflichtige für ein enteignetes Grundstück aufgrund eines gesetzlich begründeten Anspruchs erhalten hat (→ BFH vom 5.5.1961 – BStBl III S. 385). Wegen der Berechnung der Spekulationsfrist in diesen Fällen → Spekulationsfrist.
- die Überführung eines Wirtschaftsgutes vom Betriebsvermögen in das Privatvermögen (→ BFH vom 23.4.1965 – BStBl III S. 477).
- die Rückübertragung von enteignetem Grundbesitz oder dessen Rückgabe nach Aufhebung der staatlichen Verwaltung aufgrund des Gesetzes zur Regelung offener Vermögensfragen vom 23.9.1990 in der Fassung der Bekanntmachung vom 3.8.1992 (→ VermG – BGBl. I S. 1446, § 52 Abs. 2 Satz 2 D-Markbilanzgesetz in der Fassung vom 18.4.1991 – DMBilG – BGBl. I S. 713); → hierzu auch BMF vom 11.1.1993 – BStBl I S. 18.

Anhang 5

- der Erwerb von bundeseigenen Mauer- und Grenzgrundstücken durch den ehemaligen Eigentümer oder dessen Rechtsnachfolger (§ 2 Abs. 2 des Gesetzes über den Verkauf von Mauer- und Grenzgrundstücken an die früheren Eigentümer – Mauergrundstücksgesetz – vom 15.7.1996 – BGBl. I S. 980, BStBl I S. 1120).

Devisentermingeschäfte

Einkünfte aus privaten Devisentermingeschäften sind keine Einkünfte aus Spekulationsgeschäften (→ BFH vom 25.8.1987 – BStBl 1988 II S. 248).

Festgelder

Werden Fremdwährungsfestgelder innerhalb von sechs Monaten angelegt und wieder aufgelöst, unterliegt der in der Zwischenzeit erzielte Währungskursgewinn als Spekulationsgewinn der Einkommensteuer (→ FG München vom 18.7.1996 – EFG 1997 S. 343 – Rev. – BFH X R 166/96).

Identisches Wirtschaftsgut
→ Sammeldepot

Veräußert ein Steuerpflichtiger ein von ihm errichtetes Hausgrundstück, dessen Grund und Boden er vor mehr als zwei Jahren angeschafft hat, so liegt kein Spekulationsgeschäft vor, auch wenn die Frist zwischen der Fertigstellung des Hauses und der Veräußerung des Hausgrundstücks nicht mehr als zwei Jahre beträgt (→ BFH vom 12.12.1956 – BStBl 1957 III S. 51).

Stellt ein Steuerpflichtiger ein Gebäude her und veräußert er es zusammen mit dem zuvor erworbenen Grund und Boden oder einem grundstücksgleichen Recht innerhalb von zwei Jahren nach dessen Anschaffung, so liegt ein Spekulationsgeschäft nur hinsichtlich des Grund und Bodens oder des Rechts vor. In bezug auf das Gebäude fehlt es an der erforderlichen Anschaffung (→ BFH vom 30.11.1976 – BStBl 1977 II S. 384).

Nach der Anschaffung vorgenommene Herstellungsmaßnahmen schließen die Annahme eines Spekulationsgeschäfts nur aus, wenn dadurch das angeschaffte Wirtschaftsgut bei wirtschaftlicher Betrachtung in ein anderes umgewandelt wird. *Eine Umgestaltung in diesem Sinne ist bei Ausbau eines Dachbodens im absoluten Rohzustand zu einer Dachgeschoßwohnung gegeben (→ BFH vom 27.8.1997 – BStBl 1998 II S. 135).* Keine Umgestaltung ist in diesem Sinne die Fertigstellung eines im Zeitpunkt der Anschaffung im Rohbau befindlichen Einfamilienhauses (→ BFH vom 29.3.1989 – BStBl II S. 652).

Ein Spekulationsgeschäft ist auch anzunehmen, wenn ein unbebautes Grundstück parzelliert und eine Parzelle innerhalb der Spekulationsfrist veräußert wird (→ BFH vom 19.7.1983 – BStBl 1984 II S. 26).

Options- und Finanztermingeschäfte

Einkommensteuerrechtliche Behandlung von Options- und Finanztermingeschäften an der Deutschen Terminbörse (DTB)[1]) und von anderen als Optionsscheine bezeichneten Finanzinstrumente im Bereich der privaten Vermögensverwaltung (→ BMF vom 10.11.1994 – BStBl I S. 816).

Der Verkauf von Inhaber-Optionsscheinen (DAX Bull Warrants der Dresdner Bank) kann unter den Voraussetzungen des § 23 EStG zu Einkünften aus Spekulationsgeschäften führen. Es handelt sich nicht um Einkünfte aus privaten Devisentermingeschäften (→ FG Münster vom 14.3.1995 – EFG 1995 S. 885).

Sammeldepot

Bei sammelverwahrten Wertpapieren ist dem Identitätserfordernis genügt, wenn die angeschafften und veräußerten Wertpapiere der Art und Stückzahl nach identisch sind. Bei der Veräußerung ist die Spekulationsfrist des § 23 Abs. 1 Satz 1 Nr. 1 Buchstabe b EStG nur gewahrt, wenn der Art und der Stückzahl nach ausgeschlossen werden kann, daß die veräußerten Wertpapiere außerhalb dieser Frist erworben wurden. Soweit Spekulationsgeschäfte vorliegen, sind die Anschaffungskosten nach Durchschnittswerten zu ermitteln (→ BFH vom 24.11.1993 – BStBl 1994 II S. 591).

Spekulationsabsicht

Für das Entstehen der Steuerpflicht ist es unerheblich, ob der Steuerpflichtige in spekulativer Absicht gehandelt hat (→ Beschluß des BVerfG vom 9.7.1969 – BStBl 1970 II S. 156 und BFH vom 29.8.1969 – BStBl II S. 705).

Es ist in der Regel für das Vorliegen eines Spekulationsgeschäfts auch ohne Bedeutung, ob die Veräußerung unter Zwang geschehen ist. Ausnahmsweise kann eine Veräußerung, die wegen unmittelbar bevorstehender, also nicht nur wegen künftig drohender Enteignung vorgenommen wird, nicht unter § 23 EStG fallen, wenn sie wegen alsbaldiger Anschaffung eines Ersatzwirtschaftsguts nicht zu einer Gewinnverwirklichung führt (→ BFH vom 29.6.1962 – BStBl III S. 387 und vom 16.1.1973 – BStBl II S. 445).

Spekulationsfrist
→ Sammeldepot

---

[1]) Anm.: Jetzt Eurex Deutschland (EuTB).

Bei Veräußerung eines im Wege der Gesamtrechtsnachfolge erworbenen Wirtschaftsguts ist bei der Berechnung der Spekulationsfrist von dem Zeitpunkt des entgeltlichen Erwerbs durch den Rechtsvorgänger auszugehen (→ BFH vom 12.7.1988 – BStBl II S. 942).

Erhält ein Steuerpflichtiger für ein enteignetes Grundstück aufgrund eines gesetzlich begründeten Anpruchs ein Ersatzgrundstück, ist für die Berechnung der Spekulationsfrist nicht der Tag der Anschaffung des Ersatzlandes, sondern der Zeitpunkt maßgebend, zu dem das enteignete Grundstück erworben wurde (→ BFH vom 5.5.1961 – BStBl III S. 385).

Veräußerung

Als Veräußerung im Sinne des § 23 Abs. 1 EStG ist anzusehen
- unter besonderen Umständen auch der Zeitpunkt der Abgabe eines bindenden Angebots (→ BFH vom 23.9.1966 – BStBl 1967 III S. 73, vom 7.8.1970 – BStBl II S. 806 und vom 19.10.1971 – BStBl 1972 II S. 452);
- ein bürgerlich-rechtlich wirksamer, beide Vertragsparteien bindender Vorvertrag (→ BFH vom 13.12.1983 – BStBl 1984 II S. 311);
- unter den Voraussetzungen des § 41 Abs. 1 AO ein unvollständig beurkundeter und deswegen nach den §§ 313 Satz 1 BGB, 125 HGB formunwirksamer Kaufvertrag (→ BFH vom 15.12.1993 – BStBl 1994 II S. 687).

Keine Veräußerung ist
- die Überführung eines Wirtschaftsguts vom Privatvermögen in das Betriebsvermögen (→ BFH vom 23.4.1965 – BStBl III S. 477).

Veräußerungspreis

Wird infolge von Meinungsverschiedenheiten über die Formgültigkeit des innerhalb der Spekulationsfrist abgeschlossenen Grundstückskaufvertrages der Kaufpreis erhöht, kann der erhöhte Kaufpreis auch dann Veräußerungspreis im Sinne von § 23 Abs. 3 Satz 1 EStG sein, wenn die Erhöhung nach Ablauf der Spekulationsfrist vereinbart und beurkundet wird (→ BFH vom 15.12.1993 – BStBl 1994 II S. 687).

Werbungskosten

Durch ein Spekulationsgeschäft veranlaßte Werbungskosten sind nach § 23 Abs. 3 EStG – abweichend vom Abflußprinzip des § 11 Abs. 2 EStG – in dem Kalenderjahr zu berücksichtigen, in dem der Verkaufserlös zufließt (→ BFH vom 17.7.1991 – BStBl II S. 916). Fließt der Verkaufserlös in mehreren Veranlagungszeiträumen zu, sind sämtliche Werbungskosten zunächst mit dem im ersten Zuflußjahr erhaltenen Teilerlös und ein etwa verbleibender Werbungskostenüberschuß mit den in den Folgejahren erhaltenen Teilerlösen zu verrechnen (→ BFH vom 3.6.1992 – BStBl II S. 1017).

Wird ein unbebautes Grundstück innerhalb von zwei Jahren seit der Anschaffung wieder veräußert, können Planungsaufwendungen (Baugenehmigungsgebühren, Architektenhonorare) als Werbungskosten im Rahmen des Spekulationsgewinns abziehbar sein, wenn von Anfang an Veräußerungsabsicht (mit dem Ziel der Baureifmachung des Grundstücks) bestanden hat (→ BFH vom 12.12.1996 – BStBl 1997 II S. 603).

Wiederkehrende Leistungen

Einkommensteuerrechtliche Behandlung von wiederkehrenden Leistungen im Zusammenhang mit der Übertragung von Privatvermögen → BMF vom 23.12.1996 (BStBl I S. 1508) Tz. 48.

Anhang 10

h) Gemeinsame Vorschriften

EStG
S 2258

§ 24
Zu den Einkünften im Sinne des § 2 Abs. 1 gehören auch

1. Entschädigungen, die gewährt worden sind
   a) als Ersatz für entgangene oder entgehende Einnahmen oder
   b) für die Aufgabe oder Nichtausübung einer Tätigkeit, für die Aufgabe einer Gewinnbeteiligung oder einer Anwartschaft auf eine solche;
   c) als Ausgleichszahlungen an Handelsvertreter nach § 89b des Handelsgesetzbuchs;
2. Einkünfte aus einer ehemaligen Tätigkeit im Sinne des § 2 Abs. 1 Nr. 1 bis 4 oder aus einem früheren Rechtsverhältnis im Sinne des § 2 Abs. 1 Nr. 5 bis 7, und zwar auch dann, wenn sie dem Steuerpflichtigen als Rechtsnachfolger zufließen;
3. Nutzungsvergütungen für die Inanspruchnahme von Grundstücken für öffentliche Zwecke sowie Zinsen auf solche Nutzungsvergütungen und auf Entschädigungen, die mit der Inanspruchnahme von Grundstücken für öffentliche Zwecke zusammenhängen.

R 170

170. Begriff der Entschädigung im Sinne des § 24 Nr. 1 EStG

S 2258

Der Entschädigungsbegriff des § 24 Nr. 1 EStG setzt in seiner zu Buchstabe a und b gleichmäßig geltenden Bedeutung voraus, daß der Steuerpflichtige infolge einer Beeinträchtigung der durch die einzelne Vorschrift geschützten Güter einen finanziellen Schaden erlitten hat und die Zahlung unmittelbar dazu bestimmt ist, diesen Schaden auszugleichen.

H 170

Hinweise

Abfindungen wegen Auflösung des Dienstverhältnisses
→ A 9 LStR

Abzugsfähige Aufwendungen
Bei der Ermittlung der Entschädigung im Sinne des § 24 Nr. 1 EStG sind von den Bruttoentschädigungen nur die damit in unmittelbarem Zusammenhang stehenden Betriebsausgaben oder Werbungskosten abzuziehen (→ BFH vom 26.1.1984 – BStBl II S. 347).

Allgemeines
§ 24 EStG schafft keinen neuen Besteuerungstatbestand, sondern weist die in ihm genannten Einnahmen nur der Einkunftsart zu, zu der die entgangenen oder künftig entgehenden Einnahmen gehört hätten, wenn sie erzielt worden wären. Kann die Entschädigung keiner bestimmten Einkunftsart zugeordnet werden, entfällt die Anwendbarkeit der Vorschrift (→ BFH vom 22.4.1982 – BStBl II S. 496, vom 21.9.1982 – BStBl 1983 II S. 289 und vom 18.9.1986 – BStBl 1987 II S. 25).

Anhang 5
Wegen einer anstelle der Rückübertragung von enteignetem Grundbesitz gezahlten Entschädigung nach dem Gesetz zur Regelung offener Vermögensfragen vom 23.9.1990 in der Fassung vom 3.8.1992 → BMF vom 11.1.1993 (BStBl I S. 18).

Ausgleichszahlungen an Handelsvertreter
Ausgleichszahlungen an Handelsvertreter nach § 89b HGB gehören auch dann zu den Entschädigungen im Sinne des § 24 Nr. 1 Buchstabe c EStG, wenn sie zeitlich mit der Aufgabe der gewerblichen Tätigkeit zusammenfallen (→ BFH vom 5.12.1968 – BStBl 1969 II S. 196).

Ausgleichszahlungen an einen Kommissionsagenten sind in sinngemäßer Anwendung des § 89b HGB wie Ausgleichszahlungen an Handelsvertreter zu behandeln (→ BFH vom 24.1.1974 – BStBl II S. 295 und vom 19.2.1987 – BStBl II S. 570).

Ausgleichszahlungen im Sinne des § 89 HGB gehören nicht zu den Entschädigungen nach § 24 Nr. 1 Buchstabe c EStG, wenn ein Nachfolgevertreter aufgrund eines selbständigen Vertrags mit seinem Vorgänger dessen Handelsvertretung oder Teile davon entgeltlich erwirbt. Ein selbständiger Vertrag liegt aber nicht vor, wenn der Nachfolger es übernimmt, die vertretenen Firmen von Ausgleichsansprüchen freizustellen (→ BFH vom 31.5.1972 – BStBl II S. 899 und vom 25.7.1990 – BStBl 1991 II S. 218).

Entschädigung im Sinne des § 24 Nr. 1 Buchstabe a EStG

Die Entschädigung im Sinne des § 24 Nr. 1 Buchstabe a EStG muß als Ersatz für unmittelbar entgangene oder entgehende konkrete Einnahmen gezahlt werden (→ BFH vom 9.7.1992 – BStBl 1993 II S. 27).

Für den Begriff der Entschädigung nach § 24 Nr. 1 Buchstabe a EStG ist nicht entscheidend, ob das zur Entschädigung führende Ereignis ohne oder gegen den Willen des Steuerpflichtigen eingetreten ist. Eine Entschädigung im Sinne des § 24 Nr. 1 Buchstabe a EStG kann vielmehr auch vorliegen, wenn der Steuerpflichtige bei dem zum Einnahmeausfall führenden Ereignis selbst mitgewirkt hat. Ist dies der Fall, muß der Steuerpflichtige bei Aufgabe seiner Rechte aber unter erheblichem wirtschaftlichen, rechtlichen oder tatsächlichen Druck gehandelt haben; keinesfalls darf er das schadenstiftende Ereignis aus eigenem Antrieb herbeigeführt haben. Der Begriff des Entgehens schließt freiwilliges Mitwirken oder gar die Verwirklichung eines eigenen Strebens aus (→ BFH vom 20.7.1978 – BStBl 1979 II S. 9, vom 16.4.1980 – BStBl II S. 393 und vom 9.7.1992 – BStBl 1993 II S. 27).

Die an die Stelle der Einnahmen tretende Ersatzleistung nach § 24 Nr. 1 Buchstabe a EStG muß auf einer **neuen** Rechts- oder Billigkeitsgrundlage beruhen. Zahlungen, die zur Erfüllung eines Anspruchs geleistet werden, sind keine Entschädigungen im Sinne des § 24 Nr. 1 Buchstabe a EStG, wenn die vertragliche Grundlage bestehen geblieben ist und sich nur die Zahlungsmodalität geändert hat (→ BFH vom 17.3.1978 – BStBl II S. 375 und vom 20.10.1978 – BStBl 1979 II S. 176).

Entschädigungen nach § 24 Nr. 1 Buchstabe a EStG sind:
- Abfindung wegen Auflösung eines Dienstverhältnisses, wenn Arbeitgeber die Beendigung veranlaßt hat (→ BFH vom 20.10.1978 – BStBl 1979 II S. 176 und vom 22.1.1988 – BStBl II S. 525);
- Abstandszahlungen eines Mietinteressenten für die Entlassung aus einem Vormietvertrag (→ BFH vom 21.8.1990 – BStBl 1991 II S. 76);
- Aufwandsersatz, soweit er über den Ersatz von Aufwendungen hinaus auch den Ersatz von ausgefallenen steuerbaren Einnahmen bezweckt (→ BFH vom 26.2.1988 – BStBl II S. 615).

Entschädigungen nach § 24 Nr. 1 Buchstabe a EStG sind nicht:
- Abfindung, die bei Abschluß oder während des Arbeitsverhältnisses für den Verlust späterer Pensionsansprüche infolge Kündigung vereinbart wird (→ BFH vom 27.2.1991 – BStBl II S. 703);
- Abfindungen zur Ablösung eines Versorgungsanspruchs des Gesellschafter-Geschäftsführers bei fortbestehendem Arbeitsverhältnis (→ BFH vom 7.3.1995 – BFH/NV 1995 S. 961);
- Entgelt für den Verzicht auf ein testamentarisch vermachtes obligatorisches Wohnrecht (→ BFH vom 9.8.1990 – BStBl II S. 1026);
- Pensionsabfindung, wenn der Arbeitnehmer nach Eheschließung zur Herstellung der ehelichen Lebensgemeinschaft gekündigt hat (→ BFH vom 21.6.1990 – BStBl II S. 1020);
- Prozeß- und Verzugszinsen (→ BFH vom 25.10.1994 – BStBl 1995 II S. 121);
- Streikunterstützungen (→ BFH vom 24.10.1990 – BStBl 1991 II S. 337);
- Übergangsgeld bei zeitlich befristetem Dienstverhältnis (→ BFH vom 18.9.1991 – BStBl 1992 II S. 34);
- Zahlungen einer Vertragspartei, die diese wegen einer Vertragsstörung im Rahmen des Erfüllungsinteresses leistet, und zwar einschließlich der Zahlungen für den entgangenen Gewinn im Sinne des § 252 BGB. Dies gilt unabhängig davon, ob der Steuerpflichtige das Erfüllungsinteresse im Rahmen des bestehenden und verletzten Vertrags durchsetzt oder zur Abgeltung seiner vertraglichen Ansprüche einer ergänzenden vertrag-

lichen Regelung in Form eines Vergleichs zustimmt (→ BFH vom 27.7.1978 – BStBl 1979 II S. 66, 69, 71, vom 3.7.1986 – BStBl II S. 806, vom 18.9.1986 – BStBl 1987 II S. 25 und vom 5.10.1989 – BStBl 1990 II S. 155);

– Zahlungen für das Überspannen von Grundstücken mit Hochspannungsfreileitungen (→ BFH vom 19.4.1994 – BStBl II S. 640).

Entschädigungen im Sinne des § 24 Nr. 1 Buchstabe b EStG

§ 24 Nr. 1 Buchstabe b EStG erfaßt Entschädigungen, die als Gegenleistung für den Verzicht auf eine mögliche Einkunftserzielung gezahlt werden. Eine Entschädigung im Sinne des § 24 Nr. 1 Buchstabe b EStG liegt auch vor, wenn die Tätigkeit mit Willen oder mit Zustimmung des Arbeitnehmers aufgegeben wird. Der Ersatzanspruch muß nicht auf einer neuen Rechts- oder Billigkeitsgrundlage beruhen. Die Entschädigung für die Nichtausübung einer Tätigkeit kann auch als Hauptleistungspflicht vereinbart werden (→ BFH vom 12.6.1996 – BStBl II S. 516).

Entschädigungen nach § 24 Nr. 1 Buchstabe b EStG sind:

– Abfindungszahlungen, wenn der Steuerpflichtige von einem ihm tarifvertraglich eingeräumten Optionsrecht, gegen Abfindung aus dem Arbeitsverhältnis auszuscheiden, Gebrauch macht (→ BFH vom 8.8.1986 – BStBl 1987 II S. 106).

– Entgelt für ein im Arbeitsvertrag vereinbartes Wettbewerbsverbot (→ BFH vom 13.2.1987 – BStBl II S. 386 und vom 16.3.1993 – BStBl II S. 497).

– Entgelte für ein umfassendes Wettbewerbsverbot, die im Zusammenhang mit der Beendigung eines Arbeitsverhältnisses vereinbart worden sind (→ BFH vom 12.6.1996 – BStBl II S. 516).

Ermäßigter Steuersatz nach § 34 Abs. 1 Satz 1 EStG

Wegen der Frage, unter welchen Voraussetzungen Entschädigungen im Sinne des § 24 Nr. 1 EStG dem ermäßigten Steuersatz nach § 34 Abs. 1 Satz 1 EStG unterliegen → R 199.

Inanspruchnahme von Grundstücken für öffentliche Zwecke im Sinne des § 24 Nr. 3 EStG

Eine „Inanspruchnahme von Grundstücken für öffentliche Zwecke" im Sinne des § 24 Nr. 3 EStG setzt voraus, daß sich ein öffentlich-rechtlicher Funktionsträger das Grundstück unter Einsatz oder Androhung von Hoheitsmitteln (etwa eines Enteignungsverfahrens) beschafft. Die aufgrund eines Zwangsversteigerungsverfahrens von der öffentlichen Hand als Ersteherin gezahlten sog. Bargebotszinsen stellen keine „Zinsen auf Entschädigungen" im Sinne des § 24 Nr. 3 EStG dar. (→ BFH vom 28.4.1998 – BStBl II S. 560).

171. Nachträgliche Einkünfte

(1) ¹Einkünfte aus einer ehemaligen Tätigkeit liegen vor, wenn sie in wirtschaftlichem Zusammenhang mit der ehemaligen Tätigkeit stehen, insbesondere ein Entgelt für die im Rahmen der ehemaligen Tätigkeit erbrachten Leistungen darstellen. ²Bezahlt ein Mitunternehmer nach Auflösung der Gesellschaft aus seinem Vermögen betrieblich begründete Schulden eines anderen Gesellschafters, so hat er einen nachträglichen gewerblichen Verlust, soweit er seine Ausgleichsforderung nicht verwirklichen kann.

(2) § 24 Nr. 2 EStG ist auch anzuwenden, wenn die nachträglichen Einkünfte einem Rechtsnachfolger zufließen.

Hinweise

Ermittlung der nachträglichen Einkünfte

Nach der Betriebsveräußerung oder Betriebsaufgabe anfallende nachträgliche Einkünfte sind in sinngemäßer Anwendung der Vorschriften des § 4 Abs. 3 EStG zu ermitteln (→ BFH vom 22.2.1978 – BStBl II S. 430).

§ 24 EStG
H 171

Nachträgliche Einnahmen sind:
- Ratenweise gezahltes Auseinandersetzungsguthaben in Höhe des Unterschiedsbetrags zwischen Nennbetrag und Auszahlungsbetrag der Rate, wenn ein aus einer Personengesellschaft ausgeschiedener Gesellschafter verlangen darf, daß alljährlich die Rate nach dem jeweiligen Preis eines Sachwertes bemessen wird (→ BFH vom 16.7.1964 – BStBl III S. 622);
- Versorgungsrenten, die auf früherer gewerblicher oder freiberuflicher Tätigkeit des Steuerpflichtigen oder seines Rechtsvorgängers beruhen (→ BFH vom 10.10.1963 – BStBl III S. 592);
- Gewinn, der sich bei Wegfall des Grundes für eine im Rahmen der Aufgabe einer gewerblichen Tätigkeit gebildete Rücklage ergibt (→ BFH vom 24.10.1979 – BStBl 1980 II S. 186).

Nachträgliche *Betriebsausgaben/Werbungskosten*
sind:
- Betriebssteuern, wenn bei Gewinnermittlung nach § 4 Abs. 3 EStG auf den Zeitpunkt der Betriebsaufgabe keine Schlußbilanz erstellt wurde, und dies nicht zur Erlangung ungerechtfertigter Steuervorteile geschah (→ BFH vom 13.5.1980 – BStBl II S. 692);
- Schuldzinsen für Verbindlichkeiten, die bis zur Vollbeendigung eines Gewerbebetriebs trotz Verwertung des Aktivvermögens nicht abgedeckt werden, auch wenn die Verbindlichkeiten durch Grundpfandrechte an einem privaten Grundstück gesichert sind oder eine Umschuldung durchgeführt worden ist (→ BFH vom 11.12.1980 – BStBl 1981 II S. 460, 461 und 462);
- Schuldzinsen für **während des Bestehens des Betriebs entstandene** und bei Betriebsveräußerung zurückbehaltene Verbindlichkeiten, soweit der Veräußerungserlös und der Verwertungserlös aus zurückbehaltenen Aktivwerten nicht zur Schuldentilgung ausreicht; darüber hinaus Schuldzinsen auch dann noch und so lange, als der Schuldentilgung Auszahlungshindernisse hinsichtlich des Veräußerungserlöses, Verwertungshindernisse hinsichtlich der zurückbehaltenen Aktivwerte oder Rückzahlungshindernisse hinsichtlich der früheren Betriebsschulden entgegenstehen (→ BFH vom 19.1.1982 – BStBl II S. 321**,** vom 27.11.1984 – BStBl 1985 II S. 323 **und vom 12.11.1997 – BStBl 1998 II S. 144**); bei Personengesellschaften → H 13 (15) Betriebsaufgabe oder -veräußerung im ganzen.

sind nicht:
- Schuldzinsen, soweit es der Steuerpflichtige bei Aufgabe eines Gewerbebetriebes unterläßt, vorhandene Aktiva zur Tilgung der Schulden einzusetzen (→ BFH vom 11.12.1980 – BStBl 1981 II S. 463 und vom 21.11.1989 – BStBl 1990 II S. 213); bei Personengesellschaften → H 13 (**15**) Betriebs*aufgabe* oder -veräußerung im ganzen;
- Schuldzinsen für vom übertragenden Gesellschafter bei Veräußerung eines Gesellschaftsanteils mit befreiender Wirkung gegenüber der Gesellschaft und dem eintretenden Gesellschafter übernommene Gesellschaftsschulden (→ BFH vom 28.1.1981 – BStBl II S. 464);
- Schuldzinsen, die auf die Zeit nach Beendigung der Nutzung zur Erzielung von Einkünften aus Vermietung und Verpachtung entfallen (→ BFH vom 21.12.1982 – BStBl 1983 II S. 373);
- Schuldzinsen, die noch nach der Zwangsversteigerung eines zuvor vermieteten Gebäudes entstehen, weil der Veräußerungserlös nicht zur Tilgung der ursprünglichen Kredite ausreicht (→ BFH vom 12.11.1991 – BStBl 1992 II S. 289);
- Schuldzinsen, die auf Zeit nach Veräußerung einer im Privatvermögen gehaltenen wesentlichen Beteiligung im Sinne des § 17 EStG entfallen (→ BFH vom 9.8.1983 – BStBl 1984 II S. 29).
- *Schuldzinsen für Verbindlichkeiten, die nicht während des Bestehens des Betriebs entstanden, sondern Folge der Aufgabe oder Veräußerung des Betriebs sind* (→ *BFH vom 12.11.1997 – BStBl 1998 II S. 144).*

§§ 24, 24a EStG
R 171a H 171, 171a

Rechtsnachfolger
- Der Begriff des Rechtsnachfolgers umfaßt sowohl den bürgerlich-rechtlichen Einzel- oder Gesamtrechtsnachfolger als auch denjenigen, dem z. B. aufgrund eines von einem Gewerbetreibenden abgeschlossenen Vertrags zugunsten Dritter (§ 328 BGB) Einnahmen zufließen, die auf der gewerblichen Betätigung beruhen (→ BFH vom 25.3.1976 – BStBl II S. 487).
- Fließen nachträgliche Einkünfte dem Rechtsnachfolger zu, so sind sie nach den in seiner Person liegenden Besteuerungsmerkmalen zu versteuern (→ BFH vom 29.7.1960 – BStBl III S. 404).
- Nachträglich zugeflossene Rentenzahlungen werden dem Erben auch dann als nachträgliche Einkünfte zugerechnet, wenn sie vom Testamentsvollstrecker zur Erfüllung von Vermächtnissen verwendet werden (→ BFH vom 24.1.1996 – BStBl II S. 287).

EStG

§ 24a
Altersentlastungsbetrag

S 2265

¹Altersentlastungsbetrag ist ein Betrag von 40 vom Hundert des Arbeitslohns und der positiven Summe der Einkünfte, die nicht solche aus nichtselbständiger Arbeit sind, höchstens jedoch insgesamt ein Betrag von 3.720 Deutsche Mark im Kalenderjahr. ²Versorgungsbezüge im Sinne des § 19 Abs. 2, Einkünfte aus Leibrenten im Sinne des § 22 Nr. 1 Satz 3 Buchstabe a und Einkünfte im Sinne des § 22 Nr. 4 Satz 4 Buchstabe b bleiben bei der Bemessung des Betrags außer Betracht. ³Der Altersentlastungsbetrag wird einem Steuerpflichtigen gewährt, der vor dem Beginn des Kalenderjahrs, in dem er sein Einkommen bezogen hat, das 64. Lebensjahr vollendet hatte. ⁴Im Fall der Zusammenveranlagung von Ehegatten zur Einkommensteuer sind die Sätze 1 bis 3 für jeden Ehegatten gesondert anzuwenden.

R 171a

171a. Altersentlastungsbetrag

Allgemeines

S 2265

(1) ¹Bei der Berechnung des Altersentlastungsbetrags sind Einkünfte aus Land- und Forstwirtschaft nicht um den Freibetrag nach § 13 Abs. 3 EStG zu kürzen. ²Sind in den Einkünften neben Leibrenten auch andere wiederkehrende Bezüge im Sinne des § 22 Nr. 1 EStG enthalten, so ist der Werbungskosten-Pauschbetrag nach § 9a Satz 1 Nr. 1 Buchstabe c EStG stets vom Ertragsanteil der Leibrenten abzuziehen, soweit er diesen nicht übersteigt. ³Der Altersentlastungsbetrag ist auf den nächsten vollen DM-Betrag aufzurunden.

Berechnung bei Anwendung anderer Vorschriften

(2) Ist der Altersentlastungsbetrag außer vom Arbeitslohn noch von weiteren Einkünften zu berechnen und muß er für die Anwendung weiterer Vorschriften, z. B. § 10c Abs. 2 Satz 4 EStG, von bestimmten Beträgen abgezogen werden, so ist davon auszugehen, daß er zunächst vom Arbeitslohn berechnet worden ist.

H 171a

Hinweise

Altersentlastungsbetrag bei Ehegatten

Im Fall der Zusammenveranlagung von Ehegatten ist der Altersentlastungsbetrag jedem Ehegatten, der die altersmäßigen Voraussetzungen erfüllt, nach Maßgabe der von ihm bezogenen Einkünfte zu gewähren (→ BFH vom 22.9.1993 – BStBl 1994 II S. 107).

§ 24a EStG
H 171a

Berechnung des Altersentlastungsbetrags
Der Altersentlastungsbetrag ist von der Summe der Einkünfte zur Ermittlung des Gesamtbetrags der Einkünfte abzuziehen (→ R 3).

Beispiel:
Ein 65jähriger Steuerpflichtiger hat im Kalenderjahr 1999 bezogen:

Arbeitslohn	28.000 DM
darin enthalten:	
Versorgungsbezüge in Höhe von	12.000 DM
Einkünfte aus Kapitalvermögen	1.000 DM
Einkünfte aus Vermietung und Verpachtung	− 3.000 DM

Der Altersentlastungsbetrag beträgt 40 v. H. des Arbeitslohns (28.000 DM − 12.000 DM = 16.000 DM), das sind 6.400 DM, höchstens jedoch 3.720 DM. Die Einkünfte aus Kapitalvermögen und aus Vermietung und Verpachtung werden für die Berechnung des Altersentlastungsbetrags nicht berücksichtigt, weil ihre Summe negativ ist (− 3.000 DM + 1.000 DM = − 2.000 DM).

Vollendung des 64. Lebensjahres
Ein Lebensjahr wird mit Ablauf des Tages vollendet, der dem Tag der Wiederkehr des Geburtstages vorangeht (§ 108 Abs. 1 AO, § 187 Abs. 2 Satz 2, § 188 Abs. 2 BGB). Demnach können Steuerpflichtige für das Kalenderjahr 1998 den Altersentlastungsbetrag erhalten, wenn sie vor dem 2.1.1934 geboren sind.

III. Veranlagung

EStG

§ 25
Veranlagungszeitraum, Steuererklärungspflicht

(1) Die Einkommensteuer wird nach Ablauf des Kalenderjahrs (Veranlagungszeitraum) nach dem Einkommen veranlagt, das der Steuerpflichtige in diesem Veranlagungszeitraum bezogen hat, soweit nicht nach § 46 eine Veranlagung unterbleibt.

(2) (weggefallen)

(3) ¹Der Steuerpflichtige hat für den abgelaufenen Veranlagungszeitraum eine Einkommensteuererklärung abzugeben. ²Ehegatten haben für den Fall der Zusammenveranlagung (§ 26b) eine gemeinsame Einkommensteuererklärung abzugeben. ³Wählt einer der Ehegatten die getrennte Veranlagung (§ 26a) oder wählen beide Ehegatten die besondere Veranlagung für den Veranlagungszeitraum der Eheschließung (§ 26c), hat jeder der Ehegatten eine Einkommensteuererklärung abzugeben. ⁴Der Steuerpflichtige hat die Einkommensteuererklärung eigenhändig zu unterschreiben. ⁵Eine gemeinsame Einkommensteuererklärung ist von beiden Ehegatten eigenhändig zu unterschreiben.

EStDV

§ 56[1])[2])[3])
Steuererklärungspflicht

¹Unbeschränkt Steuerpflichtige haben eine jährliche Einkommensteuererklärung für das abgelaufene Kalenderjahr (Veranlagungszeitraum) in den folgenden Fällen abzugeben:

1. Ehegatten, bei denen im Veranlagungszeitraum die Voraussetzungen des § 26 Abs. 1 des Gesetzes vorgelegen haben und von denen keiner die getrennte Veranlagung nach § 26a des Gesetzes oder die besondere Veranlagung nach § 26c des Gesetzes wählt,

   a) wenn keiner der Ehegatten Einkünfte aus nichtselbständiger Arbeit, von denen ein Steuerabzug vorgenommen worden ist, bezogen und der Gesamtbetrag der Einkünfte mehr als **24.947**[4]) Deutsche Mark betragen hat,

   b) wenn mindestens einer der Ehegatten Einkünfte aus nichtselbständiger Arbeit, von denen ein Steuerabzug vorgenommen worden ist, bezogen hat und eine Veranlagung nach § 46 Abs. 2 Nr. 1 bis 7 des Gesetzes in Betracht kommt,

[5])

2. Personen, bei denen im Veranlagungszeitraum die Voraussetzungen des § 26 Abs. 1 des Gesetzes nicht vorgelegen haben,

   a) wenn der Gesamtbetrag der Einkünfte mehr als **12.473**[4]) Deutsche Mark betragen hat und darin keine Einkünfte aus nichtselbständiger Arbeit, von denen ein Steuerabzug vorgenommen worden ist, enthalten sind,

   b) wenn in dem Gesamtbetrag der Einkünfte Einkünfte aus nichtselbständiger Arbeit, von denen ein Steuerabzug vorgenommen worden ist, enthalten sind und eine Ver-

---

[1]) Zur Anwendung für VZ 1999 → § 84 Abs. 3a Nr. 2 EStDV.
[2]) Anm.: → Gleichlautende Erlasse der obersten Finanzbehörden der Länder über Steuererklärungsfristen vom 4.1.1999 (BStBl I S. 152).
[3]) Anm.: Grundsätze für die Verwendung von Steuererklärungsvordrucken → BMF vom 14.11.1996 (BStBl I S. 1411).
[4]) Anm.: Durch das Steuerentlastungsgesetz 1999/2000/2002 wurde für den VZ 1999
   – in Nummer 1 Buchstabe a der Betrag „24.407 Deutsche Mark" durch den Betrag „26.351 Deutsche Mark" ersetzt.
   – in Nummer 2 Buchstabe a der Betrag „12.203 Deutsche Mark" durch den Betrag „13.175 Deutsche Mark" ersetzt.
   Zur Anwendung ab VZ 2000 → § 84 Abs. 3a EStDV i.d.F. des Steuerentlastungsgesetzes 1999/2000/2002.
[5]) Anm.: Durch das Gesetz zur Neuregelung der geringfügigen Beschäftigungsverhältnisse wurde in Satz 1 Nr. 1 und Nr. 2 nach Buchstabe b jeweils folgender Buchstabe c eingefügt:
   „c) wenn eine Veranlagung nach § 46 Abs. 2a des Gesetzes in Betracht kommt;"

anlagung nach § 46 Abs. 2 Nr. 1 bis 6 und 7 Buchstabe b des Gesetzes in Betracht kommt.   [1]
²Eine Steuererklärung ist außerdem abzugeben, wenn zum Schluß des vorangegangenen Veranlagungszeitraums ein verbleibender Verlustabzug festgestellt worden ist.

§§ 57 bis 59

– weggefallen –

§ 60
Unterlagen zur Steuererklärung

(1) ¹Wird der Gewinn nach § 4 Abs. 1 oder § 5 des Gesetzes ermittelt, so ist der Steuererklärung eine Abschrift der Bilanz, die auf dem Zahlenwerk der Buchführung beruht, im Fall der Eröffnung des Betriebs auch eine Abschrift der Eröffnungsbilanz, beizufügen. ²Werden Bücher geführt, die den Grundsätzen der doppelten Buchführung entsprechen, ist eine Gewinn- und Verlustrechnung beizufügen.   [2]

(2) ¹Enthält die Bilanz Ansätze oder Beträge, die den steuerlichen Vorschriften nicht entsprechen, so sind diese Ansätze oder Beträge durch Zusätze oder Anmerkungen den steuerlichen Vorschriften anzupassen. ²Der Steuerpflichtige kann auch eine den steuerlichen Vorschriften entsprechende Bilanz (Steuerbilanz) beifügen.

(3) Liegt ein Anhang, ein Lagebericht oder ein Prüfungsbericht vor, so ist eine Abschrift der Steuererklärung beizufügen.   [3]

172. Verfahren bei der getrennten Veranlagung von Ehegatten nach § 26a EStG

¹Hat ein Ehegatte nach § 26 Abs. 2 Satz 1 EStG die getrennte Veranlagung gewählt, so ist für jeden Ehegatten eine Veranlagung durchzuführen, auch wenn sich jeweils eine Steuerschuld von 0 DM (Freiveranlagung) ergibt. ²Der bei einer Zusammenveranlagung der Ehegatten in Betracht kommende Betrag der außergewöhnlichen Belastungen ist grundsätzlich von dem Finanzamt zu ermitteln, das für die Veranlagung des Ehemannes zuständig ist.

Hinweise

Härteregelung
Die Härteregelung des § 46 Abs. 3 und 5 EStG gilt auch bei Arbeitnehmern, die nach § 25 EStG zu veranlagen sind (→ BFH vom 10. 1. 1992 – BStBl II S. 720).

---

1) Anm.: Durch das Gesetz zur Neuregelung der geringfügigen Beschäftigungsverhältnisse wurde in Satz 1 Nr. 1 und Nr. 2 nach Buchstabe b jeweils folgender Buchstabe c eingefügt:
„c) wenn eine Veranlagung nach § 46 Abs. 2a des Gesetzes in Betracht kommt;"
2) Durch das Seeschiffahrtsanpassungsgesetz wurde Absatz 1 Satz 1 ab VZ 1999 geändert.
Anm.: „Wird der Gewinn nach § 4 Abs. 1, § 5 oder § 5a des Gesetzes ermittelt, so ist der Steuererklärung eine Abschrift der Bilanz, die auf dem Zahlenwerk der Buchführung beruht, im Fall der Eröffnung des Betriebs auch eine Abschrift der Eröffnungsbilanz beizufügen."
3) Durch das Seeschiffahrtsanpassungsgesetz wurde dem Absatz 3 ab VZ 1999 ein neuer Satz 2 angefügt.
Anm.: „Bei der Gewinnermittlung nach § 5a des Gesetzes ist das besondere Verzeichnis nach § 5a Abs. 4 des Gesetzes der Steuererklärung beizufügen."

173.

– unbesetzt –

§ 26
Veranlagung von Ehegatten

(1) ¹Ehegatten, die beide unbeschränkt einkommensteuerpflichtig im Sinne des § 1 Abs. 1 oder 2 oder des § 1a sind und nicht dauernd getrennt leben und bei denen diese Voraussetzungen zu Beginn des Veranlagungszeitraums vorgelegen haben oder im Laufe des Veranlagungszeitraums eingetreten sind, können zwischen getrennter Veranlagung (§ 26a) und Zusammenveranlagung (§ 26b) wählen; für den Veranlagungszeitraum der Eheschließung können sie statt dessen die besondere Veranlagung nach § 26c wählen. ²Eine Ehe, die im Laufe des Veranlagungszeitraums aufgelöst worden ist, bleibt für die Anwendung des Satzes 1 unberücksichtigt, wenn einer der Ehegatten in demselben Veranlagungszeitraum wieder geheiratet hat und bei ihm und dem neuen Ehegatten die Voraussetzungen des Satzes 1 ebenfalls vorliegen. ³Satz 2 gilt nicht, wenn eine Ehe durch Tod aufgelöst worden ist und die Ehegatten der neuen Ehe die besondere Veranlagung nach § 26c wählen.

(2) ¹Ehegatten werden getrennt veranlagt, wenn einer der Ehegatten getrennte Veranlagung wählt. ²Ehegatten werden zusammen veranlagt oder – für den Veranlagungszeitraum der Eheschließung – nach § 26c veranlagt, wenn beide Ehegatten die betreffende Veranlagungsart wählen. ³Die zur Ausübung der Wahl erforderlichen Erklärungen sind beim Finanzamt schriftlich oder zu Protokoll abzugeben.

(3) Werden die nach Absatz 2 erforderlichen Erklärungen nicht abgegeben, so wird unterstellt, daß die Ehegatten die Zusammenveranlagung wählen.

174. Voraussetzungen für die Anwendung des § 26 EStG

Nicht dauernd getrennt lebend

(1) ¹Bei der Frage, ob Ehegatten als dauernd getrennt lebend anzusehen sind, wird einer auf Dauer herbeigeführten räumlichen Trennung regelmäßig eine besondere Bedeutung zukommen. ²Die eheliche Lebens- und Wirtschaftsgemeinschaft ist jedoch im allgemeinen nicht aufgehoben, wenn sich die Ehegatten nur vorübergehend räumlich trennen, z. B. bei einem beruflich bedingten Auslandsaufenthalt eines der Ehegatten. ³Sogar in Fällen, in denen die Ehegatten infolge zwingender äußerer Umstände für eine nicht absehbare Zeit räumlich voneinander getrennt leben müssen, z. B. infolge Krankheit oder Verbüßung einer Freiheitsstrafe, kann die eheliche Lebens- und Wirtschaftsgemeinschaft noch weiterbestehen, wenn die Ehegatten die erkennbare Absicht haben, die eheliche Verbindung in dem noch möglichen Rahmen aufrechtzuerhalten und nach dem Wegfall der Hindernisse die volle eheliche Gemeinschaft wiederherzustellen. ⁴Ehegatten, von denen einer vermißt ist, sind im allgemeinen nicht als dauernd getrennt lebend anzusehen.

Veranlagungswahlrecht in Sonderfällen

(2) ¹War der Steuerpflichtige im Laufe des VZ zweimal verheiratet und haben jeweils die Voraussetzungen des § 26 Abs. 1 Satz 1 EStG vorgelegen, so besteht ein Veranlagungswahlrecht für die aufgelöste Ehe nur, wenn die Auflösung durch Tod erfolgt ist und die Ehegatten der nachfolgenden Ehe die besondere Veranlagung nach § 26c EStG wählen (§ 26 Abs. 1 Satz 2 und 3 EStG). ²Sind die Voraussetzungen des § 26 Abs. 1 Satz 1 EStG für die letzte Ehe nicht erfüllt, so besteht für die aufgelöste Ehe ein Veranlagungswahlrecht nur dann nicht, wenn der andere Ehegatte dieser Ehe im VZ ebenfalls wieder geheiratet hat und bei ihm und seinem neuen Ehegatten die Voraussetzungen des § 26 Abs. 1 Satz 1 EStG vorliegen (§ 26 Abs. 1 Satz 2 EStG).

Wahl der getrennten Veranlagung oder Zusammenveranlagung

(3) ¹Widerruft ein Ehegatte im Zuge der Veranlagung die von ihm oder von beiden Ehegatten abgegebene Erklärung über die Wahl der getrennten Veranlagung, ist die bestandskräf-

tige Veranlagung des anderen Ehegatten nach § 175 Abs. 1 Satz 1 Nr. 2 AO aufzuheben, da die Vorschriften des § 26 Abs. 1 EStG hinsichtlich der Besteuerung beider Ehegatten nur einheitlich angewendet werden können. ²Haben beide Ehegatten eine Erklärung über die Wahl der getrennten Veranlagung abgegeben, so müssen beide Ehegatten ihre Erklärung widerrufen. ³Hat nur einer der Ehegatten eine Erklärung abgegeben, so ist der Widerruf dieses Ehegatten nur wirksam, wenn der andere Ehegatte nicht widerspricht. ⁴Der einseitige Antrag eines Ehegatten auf getrennte Veranlagung ist rechtsunwirksam, wenn dieser Ehegatte im VZ keine positiven oder negativen Einkünfte erzielt hat oder wenn seine positiven Einkünfte so gering sind, daß weder eine Einkommensteuer festzusetzen ist noch die Einkünfte einem Steuerabzug zu unterwerfen waren, und zwar selbst dann, wenn dem anderen Ehegatten eine Steuerstraftat zur Last gelegt wird.

Wahl der besonderen Veranlagung für den VZ der Eheschließung

(4) ¹Die besondere Veranlagung für den VZ der Eheschließung (§ 26c EStG) setzt voraus, daß beide Ehegatten eine ausdrückliche Erklärung über die Wahl dieser Veranlagungsart abgeben. ²Geschieht das nicht, so werden die Ehegatten zusammen veranlagt, falls nicht einer der Ehegatten die getrennte Veranlagung wählt (§ 26 Abs. 3 EStG). ³Absatz 3 Satz 2 gilt entsprechend. ⁴Ist im Fall der besonderen Veranlagung nach § 26c EStG die Veranlagung eines der Ehegatten bereits bestandskräftig und wird im Zuge der Veranlagung des anderen Ehegatten von diesem die Wahl widerrufen, so sind, falls dieser Ehegatte die getrennte Veranlagung wählt, die Ehegatten getrennt zu veranlagen oder, falls keine Erklärung über die Wahl der getrennten Veranlagung abgegeben wird, zusammen zu veranlagen (§ 26 Abs. 3 EStG); die bestandskräftige Veranlagung des einen Ehegatten ist nach § 175 Abs. 1 Satz 1 Nr. 2 AO aufzuheben.

Zurechnung gemeinsamer Einkünfte

(5) Gemeinsame Einkünfte der Ehegatten, z. B. aus einer Gesamthandsgesellschaft oder Gesamthandsgemeinschaft sind jedem Ehegatten, falls keine andere Aufteilung in Betracht kommt, zur Hälfte zuzurechnen.

Hinweise

Allgemeines

Welche Personen **Ehegatten** im Sinne des § 26 Abs. 1 Satz 1 EStG sind, bestimmt sich **nach bürgerlichem Recht** (→ BFH vom 21.6.1957 – BStBl III S. 300). **Bei Ausländern** sind die materiell-rechtlichen Voraussetzungen für jeden Beteiligten nach den Gesetzen des Staates zu beurteilen, dem er angehört. Die Anwendung eines ausländischen Gesetzes ist jedoch ausgeschlossen, wenn sie gegen die guten Sitten oder den Zweck eines deutschen Gesetzes verstoßen würde (→ BFH vom 6.12.1985 – BStBl 1986 II S. 390). Haben ausländische Staatsangehörige, von denen einer außerdem die deutsche Staatsangehörigkeit besitzt, im Inland eine Ehe geschlossen, die zwar nach dem gemeinsamen Heimatrecht, nicht aber nach deutschem Recht gültig ist, so handelt es sich nicht um Ehegatten im Sinne des § 26 Abs. 1 Satz 1 EStG (→ BFH vom 17.4.1998 – BStBl II S. 473). Eine Ehe ist bei **Scheidung oder Aufhebung** nach § 1564 BGB, § 29 Ehegesetz erst mit Rechtskraft des Urteils aufgelöst; diese Regelung ist auch für das Einkommensteuerrecht maßgebend (→ BFH vom 9.3.1973 – BStBl II S. 487). Wird eine Ehe **für nichtig erklärt** (§ 23 Ehegesetz), so ist sie einkommensteuerrechtlich bis zur Rechtskraft der Nichtigerklärung wie eine gültige Ehe zu behandeln. Ein Steuerpflichtiger, dessen Ehegatte **verschollen oder vermißt** ist, gilt als verheiratet. Bei Kriegsgefangenen oder Verschollenen kann in der Regel ferner davon ausgegangen werden, daß sie vor Eintritt der Kriegsgefangenschaft oder Verschollenheit einen Wohnsitz im Inland gehabt haben (→ BFH vom 3.3.1978 – BStBl II S. 372). Wird ein verschollener Ehegatte **für tot erklärt**, so gilt der Steuerpflichtige vom Tag der Rechtskraft des Todeserklärungsbeschlusses an als verwitwet (→ § 49 AO, BFH vom 24.8.1956 – BStBl III S. 310).

Ehegatte im Ausland

→ § 1a Abs. 1 Nr. 2 EStG

Getrenntleben

Ein dauerndes Getrenntleben ist anzunehmen, wenn die zum Wesen der Ehe gehörende Lebens- und Wirtschaftsgemeinschaft nach dem Gesamtbild der Verhältnisse auf die Dauer nicht mehr besteht. Dabei ist unter Lebensgemeinschaft die räumliche, persönliche und geistige Gemeinschaft der Ehegatten, unter Wirtschaftsgemeinschaft die gemeinsame Erledigung der die Ehegatten gemeinsam berührenden wirtschaftlichen Fragen ihres Zusammenlebens zu verstehen (→ BFH vom 15.6.1973 – BStBl II S. 640).

In der Regel sind die Angaben der Ehegatten, sie lebten nicht dauernd getrennt, anzuerkennen, es sei denn, daß die äußeren Umstände das Bestehen einer ehelichen Lebens- und Wirtschaftsgemeinschaft fraglich erscheinen lassen (→ BFH vom 5.10.1966 – BStBl 1967 III S. 84 und 110). In einem Scheidungsverfahren zum Getrenntleben getroffene Feststellungen (§ 1565 BGB) sind für die steuerliche Beurteilung nicht unbedingt bindend (→ BFH vom 13.12.1985 – BStBl 1986 II S. 486).

Wahl der getrennten Veranlagung oder Zusammenveranlagung

Die Ehegatten sind nach § 26 a EStG getrennt zu veranlagen, wenn einer der Ehegatten die getrennte Veranlagung wählt (§ 26 Abs. 2 Satz 1 EStG). Die zur Ausübung der Wahl erforderliche Erklärung kann grundsätzlich noch im Rechtsbehelfsverfahren mit Ausnahme des Revisionsverfahrens und, soweit es nach den Vorschriften der Abgabenordnung zulässig ist, im Rahmen der Änderung von Steuerbescheiden abgegeben oder widerrufen werden (→ BFH vom 28.8.1981 – BStBl 1982 II S. 156 und vom 27.9.1988 – BStBl 1989 II S. 225 und 229). Ein Widerruf der einmal getroffenen Wahl kann jedoch nach den Grundsätzen von Treu und Glauben unzulässig sein (→ BFH vom 8.3.1973 – BStBl II S. 625). Auf die Ausübung des Wahlrechts nach § 26 Abs. 1 Satz 1 EStG findet die Anfechtungsbeschränkung des § 351 Abs. 1 AO keine Anwendung (→ BFH vom 25.6.1993 – BStBl II S. 824). Die erneute Ausübung des Wahlrechts bei Erlaß eines Einkommensteueränderungsbescheids wird gegenstandslos, wenn der Änderungsbescheid wieder aufgehoben wird (→ BFH vom 24.5.1991 – BStBl 1992 II S. 123). Das Wahlrecht wird nicht eingeschränkt, wenn der die getrennte Veranlagung wählende Ehegatte die Antragsfrist nach § 46 Abs. 2 Nr. 8 Satz 2 EStG versäumt hat und der andere Ehegatte von Amts wegen zu veranlagen war (→ BFH vom 30.11.1990 – BStBl 1991 II S. 451). Ist im Fall der getrennten Veranlagung die Veranlagung eines der Ehegatten bereits bestandskräftig und wird im Zuge der anderen Veranlagung die von einem der Ehegatten oder beiden Ehegatten abgegebene Erklärung über die Wahl der getrennten Veranlagung widerrufen, so ist eine Zusammenveranlagung durchzuführen (→ BFH vom 17.5.1977 – BStBl II S. 605 und vom 18.11.1977 – BStBl 1978 II S. 215) oder, wenn die Voraussetzungen vorliegen, die besondere Veranlagung nach § 26c EStG. Stellt ein einkunftsloser Ehegatte einen Antrag auf getrennte Veranlagung, so ist dieser selbst dann unbeachtlich, wenn dem anderen Ehegatten eine Steuerstraftat zur Last gelegt wird. Im Fall eines solchen Antrags sind die Ehegatten nach § 26 Abs. 3 EStG zusammen zu veranlagen, wenn der andere Ehegatte dies beantragt hat (→ BFH vom 10.1.1992 – BStBl II S. 297). Die Wahl der Veranlagungsart ist auch nach dem Tod eines Ehegatten für das Jahr des Todes möglich, wobei an die Stelle des Verstorbenen dessen Erben treten. Falls die zur Wahl erforderlichen Erklärungen nicht abgegeben werden, wird nach § 26 Abs. 3 EStG unterstellt, daß eine Zusammenveranlagung gewählt wird (→ BFH vom 13.11.1979 – BStBl 1980 II S. 188 und vom 24.4.1986 – BStBl II S. 545).

Ist für Eheleute bestandskräftig eine Zusammenveranlagung durchgeführt worden und ist nunmehr der betreffende Steuerbescheid wegen eines Verlustrücktrags zu ändern, so kann grundsätzlich jeder Ehegatte sein Veranlagungswahlrecht neu ausüben und für das Rücktragsjahr eine getrennte Veranlagung verlangen. Einer geänderten Wahl der Veranlagungsart steht nicht entgegen, daß die allgemeine Festsetzungsfrist für das Rücktragsjahr bereits abgelaufen ist (→ FG Nürnberg vom 13.12.1995 – EFG 1996 S. 710). Gegen das Urteil wurde Revision eingelegt (Az. des BFH: XI R 31/96).

§ 26a
Getrennte Veranlagung von Ehegatten

EStG
S 2263

(1) ¹Bei getrennter Veranlagung von Ehegatten in den in § 26 bezeichneten Fällen sind jedem Ehegatten die von ihm bezogenen Einkünfte zuzurechnen. ²Einkünfte eines Ehegatten sind nicht allein deshalb zum Teil dem anderen Ehegatten zuzurechnen, weil dieser bei der Erzielung der Einkünfte mitgewirkt hat.

(2) ¹Sonderausgaben nach § 10 Abs. 1 Nr. 8 und außergewöhnliche Belastungen (§§ 33 bis 33c) werden in Höhe des bei einer Zusammenveranlagung der Ehegatten in Betracht kommenden Betrags bei beiden Veranlagungen jeweils zur Hälfte abgezogen, wenn die Ehegatten nicht gemeinsam eine andere Aufteilung beantragen. ²Die nach § 33b Abs. 5 übertragbaren Pauschbeträge stehen den Ehegatten insgesamt nur einmal zu; sie werden jedem Ehegatten zur Hälfte gewährt. ³Die nach § 34f zu gewährende Steuerermäßigung steht den Ehegatten in dem Verhältnis zu, in dem sie erhöhte Absetzungen nach § 7b oder Abzugsbeträge nach § 10e Abs. 1 bis 5 oder nach § 15b des Berlinförderungsgesetzes in Anspruch nehmen.

(3) Die Anwendung der §§ 10a und 10d für den Fall des Übergangs von der getrennten Veranlagung zur Zusammenveranlagung und von der Zusammenveranlagung zur getrennten Veranlagung, wenn bei beiden Ehegatten nicht entnommene Gewinne oder nicht ausgeglichene Verluste vorliegen, wird durch Rechtsverordnung geregelt.

---

§ 61
Antrag auf anderweitige Verteilung der außergewöhnlichen Belastungen im Fall des § 26a des Gesetzes

EStDV
S 2263

¹*Der Antrag auf anderweitige Verteilung der als außergewöhnliche Belastungen vom Gesamtbetrag der Einkünfte abzuziehenden Beträge (§ 26a Abs. 2 des Gesetzes) kann nur von beiden Ehegatten gemeinsam gestellt werden.* ²*Kann der Antrag nicht gemeinsam gestellt werden, weil einer der Ehegatten dazu aus zwingenden Gründen nicht in der Lage ist, so kann das Finanzamt den Antrag des anderen Ehegatten als genügend ansehen.*

§§ 62 bis 62c
– weggefallen –

§ 62d
Anwendung des § 10d des Gesetzes bei der Veranlagung von Ehegatten

S 2263

(1) ¹Im Fall der getrennten Veranlagung von Ehegatten (§ 26a des Gesetzes) kann der Steuerpflichtige den Verlustabzug nach § 10d des Gesetzes auch für Verluste derjenigen Veranlagungszeiträume geltend machen, in denen die Ehegatten nach § 26b des Gesetzes zusammen oder nach § 26c des Gesetzes besonders veranlagt worden sind. ²Der Verlustabzug kann in diesem Fall nur für Verluste geltend gemacht werden, die der getrennt veranlagte Ehegatte erlitten hat.

(2) ¹Im Fall der Zusammenveranlagung von Ehegatten (§ 26b des Gesetzes) kann der Steuerpflichtige den Verlustabzug nach § 10d des Gesetzes auch für Verluste derjenigen Veranlagungszeiträume geltend machen, in denen die Ehegatten nach § 26a des Gesetzes getrennt oder nach § 26c des Gesetzes besonders veranlagt worden sind. ²Liegen bei beiden Ehegatten nicht ausgeglichene Verluste vor, so ist der Verlustabzug bei jedem Ehegatten bis zur Höchstgrenze im Sinne des § 10d Abs. 1 Satz 1 des Gesetzes vorzunehmen.

S 2263

§ 26a EStG
R 174a H 174a

R 174a

174a. Getrennte Veranlagung von Ehegatten nach § 26a EStG

Sonderausgaben

S 2263 (1) Im Fall der getrennten Veranlagung werden die als Sonderausgaben (§§ 10 und 10b EStG) abzuziehenden Beträge bei dem Ehegatten berücksichtigt, der sie geleistet hat (→ R 86a).

Außergewöhnliche Belastungen

(2) ¹Die als außergewöhnliche Belastungen (§§ 33 bis 33c EStG) abzuziehenden Beträge werden zunächst für die Ehegatten einheitlich nach den für die Zusammenveranlagung geltenden Grundsätzen ermittelt. ²Die einheitlich ermittelten Beträge werden grundsätzlich je zur Hälfte oder in einem gemeinsam beantragten anderen Aufteilungsverhältnis bei der Veranlagung jedes Ehegatten abgezogen. ³Abweichend hiervon ist jedoch der nach § 33b Abs. 5 EStG auf die Ehegatten zu übertragende Behinderten- oder Hinterbliebenen-Pauschbetrag stets bei jedem Ehegatten zur Hälfte anzusetzen (§ 26a Abs. 2 EStG). ⁴Der Antrag auf anderweitige Aufteilung (§ 26a Abs. 2 Satz 1 EStG, § 61 EStDV) kann noch im Rechtsbehelfsverfahren mit Ausnahme des Revisionsverfahrens und, soweit es nach den Vorschriften der Abgabenordnung zulässig ist, im Rahmen der Änderung von Steuerbescheiden gestellt, geändert oder widerrufen werden; für den Widerruf genügt die Erklärung eines der Ehegatten. ⁵Im übrigen gilt R 174 Abs. 3 Satz 1 entsprechend.

H 174a

Hinweise

Abzüge nach den §§ 10e, 10f, 10g, 10h, 10i und 52 Abs. 21 Sätze 4 bis 7 EStG sowie § 7 FördG und § 15b BerlinFG

Anhang 11

Die wie Sonderausgaben abzuziehenden Beträge nach den §§ 10e, 10f, 10g, 10h, 10i und 52 Abs. 21 Sätze 4 bis 7 EStG sowie § 7 FördG und § 15b BerlinFG stehen dem Ehegatten zu, der Eigentümer des Gebäudes ist. Sind Ehegatten Miteigentümer, so stehen ihnen diese Beträge im Verhältnis ihrer Eigentumsanteile zu. Nutzt im Fall des Satzes 2 ein Ehegatte ein Arbeitszimmer in der Wohnung, so ist § 10e Abs. 1 Satz 6 EStG bei der Ermittlung seines Abzugsbetrags anzuwenden, wenn die Ehegatten getrennt veranlagt werden.

Beispiel:

Die Ehegatten A und B sind zu je ½ Eigentümer eines Einfamilienhauses, dessen Herstellungskosten einschließlich hälftiger Anschaffungskosten für den Grund und Boden 1995 400.000 DM betragen haben. A nutzt in diesem Haus ein Arbeitszimmer, im übrigen wird das Haus von A und B gemeinsam bewohnt. Die vollen Herstellungskosten einschließlich der hälftigen Anschaffungskosten des Grund und Bodens, die auf das Arbeitszimmer entfallen, betragen 80.000 DM.

Die Ehegatten können bei einer getrennten Veranlagung für VZ 1997 als Miteigentümer folgende Abzugsbeträge nach § 10e Abs. 1 EStG in Anspruch nehmen:

Ehegatte A:

Bemessungsgrundlage des Eigentumsanteils	200.000 DM
abzüglich volle Bemessungsgrundlage des Arbeitszimmers (§ 10e Abs. 1 Satz 7 EStG)	− 80.000 DM
Bemessungsgrundlage nach § 10e Abs. 1 Sätze 1 und 6 EStG	120.000 DM
Abzugsbetrag nach § 10e EStG	7.200 DM

Ehegatte B:

Bemessungsgrundlage des Eigentumsanteils	200.000 DM
Bemessungsgrundlage nach § 10e Abs. 1 Sätze 1 und 6 EStG	165.000 DM
Abzugsbetrag nach § 10e EStG	9.900 DM

§ 62d EStDV §§ 26a, 26b EStG
H 174a

Ehelicher Güterstand

Beitrittsgebiet

Folgen aus der Änderung des ehelichen Güterrechts im Beitrittsgebiet → BMF vom 15.9.1992 (BStBl I S. 542) und vom 21.12.1992 (BStBl 1993 I S. 107).

Gütergemeinschaft

- Zur Frage der einkommensteuerrechtlichen Wirkung des Güterstands der allgemeinen Gütergemeinschaft zwischen Ehegatten → BFH-Gutachten vom 18.2.1959 (BStBl III S. 263),
- Gewerbebetrieb als Gesamtgut der in Gütergemeinschaft lebenden Ehegatten → H 138a (1) Gütergemeinschaft,
- Kein Gesellschaftsverhältnis, wenn die persönliche Arbeitsleistung eines Ehegatten in den Vordergrund tritt und im Betrieb kein nennenswertes ins Gesamtgut fallendes Kapital eingesetzt wird (→ BFH vom 20.3.1980 – BStBl II S. 634),
- Übertragung einer im gemeinsamen Ehegatteneigentum stehenden forstwirtschaftlich genutzten Fläche in das Alleineigentum eines Ehegatten → H 13 (12) Gütergemeinschaft,
- Ist die einkommensteuerrechtliche Auswirkung der Gütergemeinschaft zwischen Ehegatten streitig, ist hierüber im Verfahren der gesonderten und einheitlichen Feststellung (§§ 179, 180 AO) zu befinden (→ BFH vom 23.6.1971 – BStBl II S. 730).

Zugewinngemeinschaft

Jeder Ehegatte bezieht – wie bei der Gütertrennung – die Nutzungen seines Vermögens selbst (→ §§ 1363 ff. BGB).

Steuerermäßigung nach § 34f EStG

Die Steuerermäßigung erhalten die Ehegatten insgesamt nur einmal. Sie ist nach dem Verhältnis aufzuteilen, in dem die Ehegatten für das betreffende Objekt die erhöhten Absetzungen nach § 7b EStG oder nach § 15 BerlinFG, die Abzugsbeträge nach § 10e Abs. 1 bis 5 EStG oder nach § 15b BerlinFG oder die den erhöhten Absetzungen nach § 7b EStG oder nach § 15 BerlinFG entsprechenden Beträge nach § 52 Abs. 21 Satz 4 EStG in Anspruch nehmen.

Verlustabzug (§ 10d EStG)

→ § 62d Abs. 1 EStDV

§ 26b
Zusammenveranlagung von Ehegatten

EStG
S 2264

Bei der Zusammenveranlagung von Ehegatten werden die Einkünfte, die die Ehegatten erzielt haben, zusammengerechnet, den Ehegatten gemeinsam zugerechnet und, soweit nichts anderes vorgeschrieben ist, die Ehegatten sodann gemeinsam als Steuerpflichtiger behandelt.

§ 62d
Anwendung des § 10d des Gesetzes bei der Veranlagung von Ehegatten

EStDV
S 2263

(zu § 26a EStG abgedruckt)

174b. Zusammenveranlagung von Ehegatten nach § 26b EStG

Gesonderte Ermittlung der Einkünfte

(1) ¹Die Zusammenveranlagung nach § 26b EStG führt zwar zu einer Zusammenrechnung, nicht aber zu einer einheitlichen Ermittlung der Einkünfte der Ehegatten. ²Wegen des Verlustabzugs nach § 10d EStG wird auf § 62d Abs. 2 EStDV und R 115 Abs. 8 hingewiesen.

Feststellung gemeinsamer Einkünfte

(2) Gemeinsame Einkünfte zusammenzuveranlagender Ehegatten sind grundsätzlich gesondert und einheitlich festzustellen (§ 180 Abs. 1 Nr. 2 Buchstabe a und § 179 Abs. 2 AO), sofern es sich nicht um Fälle geringer Bedeutung handelt (§ 180 Abs. 3 AO).

Hinweise

Feststellung gemeinsamer Einkünfte

Bei Ehegatten ist eine gesonderte und einheitliche Feststellung von Einkünften jedenfalls dann durchzuführen, wenn ein für die Besteuerung erhebliches Merkmal streitig ist, so auch, wenn zweifelhaft ist, ob Einkünfte vorliegen, an denen ggf. die Eheleute beteiligt sind (→ BFH vom 17.5.1995 – BStBl II S. 640). Dies ist nicht erforderlich bei Fällen von geringer Bedeutung. Solche Fälle sind beispielsweise bei Mieteinkünften von zusammen zu veranlagenden Ehegatten (→ BFH vom 20.1.1976 – BStBl II S. 305) und bei dem gemeinschaftlich erzielten Gewinn von zusammen zu veranlagenden Landwirts-Ehegatten (→ BFH vom 4.7.1985 – BStBl II S. 576) gegeben, wenn die Einkünfte verhältnismäßig einfach zu ermitteln sind und die Aufteilung feststeht.

Gesonderte Ermittlung der Einkünfte

Bei der Zusammenveranlagung nach § 26b EStG sind ebenso wie bei der getrennten Veranlagung nach § 26a EStG für jeden Ehegatten die von ihm bezogenen Einkünfte gesondert zu ermitteln (→ BFH vom 25.2.1988 – BStBl II S. 827).

§ 26c
Besondere Veranlagung für den Veranlagungszeitraum der Eheschließung

(1) ¹Bei besonderer Veranlagung für den Veranlagungszeitraum der Eheschließung werden Ehegatten so behandelt, als ob sie diese Ehe nicht geschlossen hätten. ²§ 12 Nr. 2 und § 33c Abs. 2 bleiben unberührt. ³§ 26a Abs. 1 gilt sinngemäß.

(2) Bei der besonderen Veranlagung ist das Verfahren nach § 32a Abs. 5 anzuwenden, wenn der zu veranlagende Ehegatte zu Beginn des Veranlagungszeitraums verwitwet war und bei ihm die Voraussetzungen des § 32a Abs. 6 Nr. 1 vorgelegen hatten.

(3) Für die Anwendung des § 32 Abs. 7 bleiben Kinder unberücksichtigt, wenn das Kindschaftsverhältnis (§ 32 Abs. 1) in Beziehung zu beiden Ehegatten erst nach der Eheschließung begründet wird.

174c. Besondere Veranlagung für den Veranlagungszeitraum der Eheschließung nach § 26c EStG

– unbesetzt –

Hinweise

Folgen der besonderen Veranlagung

Das Abzugsverbot für **Zuwendungen** an eine gegenüber dem Steuerpflichtigen oder seinem Ehegatten gesetzlich unterhaltsberechtigte Person oder deren Ehegatten, z. B. Zuwendungen des Ehemannes an die Mutter seiner Ehefrau (→ R 123), gilt auch bei der besonderen Veranlagung (§ 26c Abs. 1 Satz 2, § 12 Nr. 2 EStG). **Kinderbetreuungskosten** können für das Heiratsjahr nach den Grundsätzen für Alleinstehende (§ 33c Abs. 1 und 2 EStG) nur bis zum Tag der Eheschließung, danach lediglich nach den für Ehegatten geltenden Grundsätzen (§ 33c Abs. 5 EStG) abgezogen werden (§ 26c Abs. 1 Satz 2 EStG). Für den **Haushaltsfreibetrag** bleiben nach § 26c Abs. 3 EStG Kinder unberücksichtigt, die nach der Eheschließung ehelich geboren, von beiden Ehegatten angenommen oder ein Pflegekind beider Ehegatten werden. Der Inanspruchnahme des Haushaltsfreibetrags steht es jedoch nicht entgegen, wenn ein nichteheliches Kind durch nachfolgende Ehe legitimiert wird (§ 1719 BGB) oder wenn ein Kindschaftsverhältnis nur zu einem Ehegatten erst nach der Eheschließung begründet wird, z. B. durch Annahme als Kind.

Veranlagungswahlrecht bei Wiederheirat im Veranlagungszeitraum
→ R 174 Abs. 2 Satz 1

§ 27

(weggefallen)

§ 28
Besteuerung bei fortgesetzter Gütergemeinschaft

Bei fortgesetzter Gütergemeinschaft gelten Einkünfte, die in das Gesamtgut fallen, als Einkünfte des überlebenden Ehegatten, wenn dieser unbeschränkt steuerpflichtig ist.

§§ 29 bis 30

(weggefallen)

IV. Tarif

EStG
S 2280

§ 31
Familienleistungsausgleich

¹Die steuerliche Freistellung eines Einkommensbetrags in Höhe des Existenzminimums eines Kindes wird durch den Kinderfreibetrag nach § 32 oder durch Kindergeld nach dem X. Abschnitt bewirkt. ²Soweit das Kindergeld dafür nicht erforderlich ist, dient es der Förderung der Familie. ³Im laufenden Kalenderjahr wird Kindergeld als Steuervergütung monatlich gezahlt. ⁴Wird die gebotene steuerliche Freistellung durch das Kindergeld nicht in vollem Umfang bewirkt, ist bei der Veranlagung zur Einkommensteuer der Kinderfreibetrag abzuziehen. ⁵In diesen Fällen sind das Kindergeld oder vergleichbare Leistungen nach § 36 Abs. 2 zu verrechnen, auch soweit sie dem Steuerpflichtigen im Wege eines zivilrechtlichen Ausgleichs zustehen. ⁶Wird nach ausländischem Recht ein höheres Kindergeld als nach § 66 gezahlt, so beschränkt sich die Verrechnung auf die Höhe des inländischen Kindergeldes.

R 175
S 2282

175. Familienleistungsausgleich

– unbesetzt –

H 175

Hinweise

Familienleistungsausgleich
→ *BMF vom 9.3.1998 (BStBl I S. 347) Rdnr. 5–9.*
Die in **Rdnr.** 8 genannten zwischenstaatlichen Abkommen sind abgedruckt

- **Abkommen zwischen der Bundesrepublik Deutschland und dem Königreich Marokko über Kindergeld**
  vom 25.3.1981 (BGBl. 1995 II S. 634 ff.) in der Fassung des Zusatzabkommens vom 22.11.1991 (BGBl. 1995 II S. 640), beide in Kraft getreten am 1.8.1996 (BGBl. II S. 1455)

- **Abkommen zwischen der Bundesrepublik Deutschland und der Schweizerischen Eidgenossenschaft über Soziale Sicherheit**
  vom 25.2.1964 (BGBl. 1965 II S. 1293 ff.) in Kraft getreten am 1.5.1966 (BGBl. II S. 253) in der Fassung des Zweiten Zusatzabkommens vom 2.3.1989 (BGBl. II S. 892) in Kraft getreten am 1.4.1990 (BGBl. II S. 199)

- **Abkommen zwischen der Bundesrepublik Deutschland und der Republik Türkei über Soziale Sicherheit**
  vom 30.4.1964 (BGBl. 1965 II S. 1169 ff.) in Kraft getreten am 1.11.1965 (BGBl. II S. 1588) in der Fassung des Zusatzabkommens vom 2.11.1984 zur Änderung des Abkommens (BGBl. 1986 II S. 1040 ff.) in Kraft getreten am 1.4.1987 (BGBl. II S. 188)

- **Abkommen zwischen der Bundesrepublik Deutschland und der Tunesischen Republik**
  vom 20.9.1991 (BGBl. 1995 II S. 642 ff.) in Kraft getreten am 1.8.1996 (BGBl. II S. 2522)

- **Abkommen zwischen der Bundesrepublik Deutschland und der Sozialistischen Föderativen Republik Jugoslawien über Soziale Sicherheit**
  vom 12.10.1968 (BGBl. 1969 II S. 1437) in Kraft getreten am 1.9.1969 (BGBl. II S. 1568) in der Fassung des Änderungsabkommens vom 30.9.1974 (BGBl. 1975 II S. 389) in Kraft getreten am 1.1.1975 (BGBl. II S. 916)

Nachweis der Höhe des gezahlten Kindergeldes
→ *R 244 Abs. 4*
→ *DA-FamEStG 68.4 (BStBl 1998 I S. 460)*[1])

---

[1]) Anm.: Abdruck → H 244 (Bescheinigung über ausgezahltes Kindergeld).

§ 32
Kinder, Kinderfreibetrag, Haushaltsfreibetrag

EStG
S 2282

(1) ¹Kinder sind
1. im ersten Grad mit dem Steuerpflichtigen verwandte Kinder,
2. Pflegekinder (Personen, mit denen der Steuerpflichtige durch ein familienähnliches, auf längere Dauer berechnetes Band verbunden ist, sofern er sie in seinen Haushalt aufgenommen hat und das Obhuts- und Pflegeverhältnis zu den Eltern nicht mehr besteht und der Steuerpflichtige sie mindestens zu einem nicht unwesentlichen Teil auf seine Kosten unterhält).

(2) ¹Besteht bei einem angenommenen Kind das Kindschaftsverhältnis zu den leiblichen Eltern weiter, ist es vorrangig als angenommenes Kind zu berücksichtigen. ²Ist ein im ersten Grad mit dem Steuerpflichtigen verwandtes Kind zugleich ein Pflegekind, ist es vorrangig als Pflegekind zu berücksichtigen.

(3) Ein Kind wird in dem Kalendermonat, in dem es lebend geboren wurde, und in jedem folgenden Kalendermonat, zu dessen Beginn es das 18. Lebensjahr noch nicht vollendet hat, berücksichtigt.

(4) ¹Ein Kind, das das 18. Lebensjahr vollendet hat, wird berücksichtigt, wenn es
1. noch nicht das 21. Lebensjahr vollendet hat, arbeitslos ist und der Arbeitsvermittlung im Inland zur Verfügung steht oder
2. noch nicht das 27. Lebensjahr vollendet hat und
   a) für einen Beruf ausgebildet wird oder
   b) sich in einer Übergangszeit zwischen zwei Ausbildungsabschnitten von höchstens vier Monaten befindet oder
   c) eine Berufsausbildung mangels Ausbildungsplatzes nicht beginnen oder fortsetzen kann oder
   c) ein freiwilliges soziales Jahr im Sinne des Gesetzes zur Förderung eines freiwilligen sozialen Jahres oder ein freiwilliges ökologisches Jahr im Sinne des Gesetzes zur Förderung eines freiwilligen ökologischen Jahres leistet oder
3. wegen körperlicher, geistiger oder seelischer Behinderung außerstande ist, sich selbst zu unterhalten.

²Nach Satz 1 Nr. 1 und 2 wird ein Kind nur berücksichtigt, wenn es Einkünfte und Bezüge, die zur Bestreitung des Unterhalts oder der Berufsausbildung bestimmt oder geeignet sind, von nicht mehr als 12.360²) Deutsche Mark im Kalenderjahr hat; dieser Betrag ist zu kürzen, soweit es nach den Verhältnissen im Wohnsitzstaat des Kindes notwendig und angemessen ist. ³Bezüge, die für besondere Ausbildungszwecke bestimmt sind, bleiben hierbei außer Ansatz; entsprechendes gilt für Einkünfte, soweit sie für solche Zwecke verwendet werden. ⁴Für die Umrechnung ausländischer Einkünfte und Bezüge in Deutsche Mark ist der Mittelkurs der jeweils anderen Währung maßgeblich, der an der Frankfurter Devisenbörse für Ende September des Jahres vor dem Veranlagungszeitraum amtlich festgestellt ist. ⁵Wird diese Währung an der Frankfurter Devisenbörse nicht amtlich notiert, so ist der Wechselkurs maßgeblich, der sich zu demselben Termin aus dem dem Internationalen Währungsfonds gemeldeten repräsentativen Kurs der anderen Währung und der Deutschen Mark ergibt. ⁶Für jeden Kalendermonat, in dem die Voraussetzungen für eine Berücksichtigung nach Satz 1 Nr. 1 oder 2 nicht vorliegen, ermäßigt sich der Betrag nach Satz 2 um ein Zwölftel. ⁷Einkünfte und Bezüge des Kindes, die auf diese Kalendermonate entfallen, bleiben außer Ansatz. ⁸Ein Verzicht auf Teile der zustehenden Einkünfte und Bezüge steht der Anwendung der Sätze 2 und 6 nicht entgegen.

¹)

(5) ¹In den Fällen des Absatzes 4 Satz 1 Nr. 1 oder Nr. 2 Buchstabe a wird ein Kind,
1. das den gesetzlichen Grundwehrdienst oder Zivildienst geleistet hat, für einen der Dauer dieses Dienstes entsprechenden Zeitraum, höchstens für die Dauer des inländischen gesetzlichen Grundwehrdienstes oder Zivildienstes, oder

---

¹) Durch das Steuerentlastungsgesetz 1999 ab 1.1.1999 geändert.
²) Anm.: Durch das Steuerentlastungsgesetz 1999 wird in § 32 Abs. 4 Satz 2 mit Wirkung ab VZ 1999 die Zahl „12 000" durch die Zahl „13 020" ersetzt.

2. das sich freiwillig für eine Dauer von nicht mehr als drei Jahren zum Wehrdienst oder zum Polizeivollzugsdienst, der an Stelle des gesetzlichen Grundwehr- oder Zivildienstes geleistet wird, verpflichtet hat, für einen der Dauer dieses Dienstes entsprechenden Zeitraum, höchstens für die Dauer des inländischen gesetzlichen Grundwehrdienstes, bei anerkannten Kriegsdienstverweigerern für die Dauer des inländischen gesetzlichen Zivildienstes, oder

3. das eine vom gesetzlichen Grundwehrdienst oder Zivildienst befreiende Tätigkeit als Entwicklungshelfer im Sinne des § 1 Abs. 1 des Entwicklungshelfer-Gesetzes ausgeübt hat, für einen der Dauer dieser Tätigkeit entsprechenden Zeitraum, höchstens für die Dauer des inländischen gesetzlichen Grundwehrdienstes, bei anerkannten Kriegsdienstverweigerern für die Dauer des inländischen gesetzlichen Zivildienstes,

über das 21. oder 27. Lebensjahr hinaus berücksichtigt. ²Wird der gesetzliche Grundwehrdienst oder Zivildienst in einem Mitgliedstaat der Europäischen Union oder einem Staat, auf den das Abkommen über den Europäischen Wirtschaftsraum Anwendung findet, geleistet, so ist die Dauer dieses Dienstes maßgebend. ³Absatz 4 Satz 2 bis 8 gilt entsprechend. ⁴Dem gesetzlichen Grundwehrdienst oder Zivildienst steht der entsprechende Dienst, der in dem in Artikel 3 des Einigungsvertrages genannten Gebiet geleistet worden ist, gleich.

(6) ¹Für jedes zu berücksichtigende Kind des Steuerpflichtigen wird ein Kinderfreibetrag von 288 Deutsche Mark für jeden Kalendermonat, in dem die Voraussetzungen vorgelegen haben, bei der Veranlagung zur Einkommensteuer vom Einkommen abgezogen. ²Bei Ehegatten, die nach den §§ 26, 26b zusammen zur Einkommensteuer veranlagt werden, wird ein Kinderfreibetrag von 576 Deutsche Mark monatlich abgezogen, wenn das Kind zu beiden Ehegatten in einem Kindschaftsverhältnis steht. ³Ein Kinderfreibetrag von 576 Deutsche Mark monatlich wird auch abgezogen, wenn

1. der andere Elternteil verstorben oder nicht unbeschränkt einkommensteuerpflichtig ist oder

2. der Steuerpflichtige allein das Kind angenommen hat oder das Kind nur zu ihm in einem Pflegekindschaftsverhältnis steht.

⁴Für ein nicht nach § 1 Abs. 1 oder 2 unbeschränkt einkommensteuerpflichtiges Kind kann ein Kinderfreibetrag nur abgezogen werden, soweit er nach den Verhältnissen seines Wohnsitzstaates notwendig und angemessen ist. ⁵Abweichend von Satz 1 wird bei einem unbeschränkt einkommensteuerpflichtigen Elternpaar, bei dem die Voraussetzungen des § 26 Abs. 1 Satz 1 nicht vorliegen, auf Antrag eines Elternteils der Kinderfreibetrag des anderen Elternteils auf ihn übertragen, wenn er, nicht jedoch der andere Elternteil, seiner Unterhaltspflicht gegenüber dem Kind für das Kalenderjahr im wesentlichen nachkommt. ⁶Der Kinderfreibetrag kann auf Antrag auch auf einen Stiefelternteil oder Großeltern übertragen werden, wenn sie das Kind in ihren Haushalt aufgenommen haben; dies kann auch mit Zustimmung des berechtigten Elternteils geschehen, die nur für künftige Kalenderjahre widerrufen werden kann.

(7) ¹)¹Ein Haushaltsfreibetrag von 5.616 Deutsche Mark wird bei einem Steuerpflichtigen, für den das Splitting-Verfahren (§ 32a Abs. 5 und 6) nicht anzuwenden ist und der auch nicht als Ehegatte (§ 26 Abs. 1) getrennt zur Einkommensteuer zu veranlagen ist, vom Einkommen abgezogen, wenn er einen Kinderfreibetrag oder Kindergeld für mindestens ein Kind erhält, das in seiner Wohnung im Inland gemeldet ist. ²Kinder, die bei beiden Elternteilen oder einem Elternteil und einem Großelternteil mit Wohnung im Inland gemeldet sind, werden dem Elternteil oder Großelternteil zugeordnet, in dessen Wohnung sie im Kalenderjahr zuerst gemeldet waren, im übrigen der Mutter oder mit deren Zustimmung dem Vater oder dem Großelternteil; dieses Wahlrecht kann für mehrere Kinder nur einheitlich ausgeübt werden. ³In Fällen, in denen ein Kind nur gleichzeitig beim Vater und einem Großelternteil gemeldet ist, steht das Wahlrecht dem Vater zu. ⁴Als Wohnung im Inland im

---

¹) Anm.: § 32 Abs. 7 seit der Fassung der Bekanntmachung der Neufassung des Einkommensteuergesetzes vom 15.4.1986 (BGBl. I S. 441), einschließlich aller nachfolgenden Fassungen, ist mit Art. 6 Abs. 1 und Abs. 2 des Grundgesetzes unvereinbar, soweit sie die in ehelicher Gemeinschaft lebenden, unbeschränkt steuerpflichtigen Eltern von der Gewährung des Haushaltsfreibetrags ausschließen.
Der Gesetzgeber ist verpflichtet, spätestens mit Wirkung zum 1.1.2002 eine Neuregelung zu treffen. Bis zu diesem Zeitpunkt bleiben die bisherigen Regelungen weiter anwendbar (→ BVerfG vom 10.11.1998 – NJW 1999 S. 557).

Sinne der Sätze 1 und 2 gilt auch die Wohnung eines Elternteils oder Großelternteils, der nach § 1 Abs. 2 unbeschränkt einkommensteuerpflichtig ist. ⁵Die Zustimmung nach Satz 2 oder 3 kann nur für künftige Kalenderjahre widerrufen werden.

176. Im ersten Grad mit dem Steuerpflichtigen verwandte Kinder

– unbesetzt –

Hinweise

Annahme als Kind
Die Annahme als Kind wird vom Vormundschaftsgericht ausgesprochen (§ 1752 Abs. 1, § 1768 Abs. 1 BGB) und erst durch die Zustellung des betreffenden Beschlusses rechtswirksam.

Verwandtschaft im ersten Grad
Kinder, die im ersten Grad mit dem Steuerpflichtigen verwandt sind (§ 32 Abs. 1 Nr. 1 EStG), sind eheliche Kinder einschließlich angenommener Kinder, für ehelich erklärte und nichteheliche Kinder. Mit der Annahme eines minderjährigen Kindes erlischt das Verwandtschaftsverhältnis zu seinen Eltern, bei Annahme des Kindes des Ehegatten nur das Verwandtschaftsverhältnis zum anderen Elternteil (§ 1755 BGB).

177. Pflegekinder

Pflegekindschaftsverhältnis
(1) ¹Ein Pflegekindschaftsverhältnis (§ 32 Abs. 1 Nr. 2 EStG) setzt voraus, daß das Kind im Haushalt der Pflegeeltern sein Zuhause hat und diese zu dem Kind in einer familienähnlichen, auf längere Dauer angelegten Beziehung wie zu einem eigenen Kind stehen *z. B.*, *wenn der Steuerpflichtige ein Kind im Rahmen von Hilfe zur Erziehung in Vollzeitpflege (§§ 27, 33 SGB VIII) oder von Eingliederungshilfe (§ 35a Abs. 1 Satz 2 Nr. 3 SGB VIII) in seinen Haushalt aufnimmt, sofern das Pflegeverhältnis auf Dauer angelegt ist*. ²Hieran fehlt es, wenn ein Kind von vornherein nur für eine begrenzte Zeit im Haushalt des Steuerpflichtigen Aufnahme findet. ³Kinder, die mit dem Ziel der Annahme vom Steuerpflichtigen in Pflege genommen werden (§ 1744 BGB), sind regelmäßig Pflegekinder. ⁴Keine Pflegekinder sind Kostkinder. ⁵Hat der Steuerpflichtige mehr als sechs Kinder in seinem Haushalt aufgenommen, so spricht eine Vermutung dafür, daß es sich um Kostkinder handelt.

Kein Obhuts- und Pflegeverhältnis zu den leiblichen Eltern
(2) ¹Voraussetzung für ein Pflegekindschaftsverhältnis zum Steuerpflichtigen ist, daß das Obhuts- und Pflegeverhältnis zu den leiblichen Eltern nicht mehr besteht, d.h. die familiären Bindungen zu diesen auf Dauer aufgegeben sind. ²*Gelegentliche Besuchskontakte allein stehen dem nicht entgegen.*

Altersunterschied
(3) ¹Ein Altersunterschied wie zwischen Eltern und Kindern braucht nicht unbedingt zu bestehen. ²Dies gilt auch, wenn das zu betreuende Geschwister von Kind an wegen Behinderung pflegebedürftig war und das betreuende Geschwister die Stelle der Eltern, z. B. nach deren Tod, einnimmt. ³Ist das zu betreuende Geschwister dagegen erst im Erwachsenenalter pflegebedürftig geworden, so wird im allgemeinen ein dem Eltern-Kind-Verhältnis ähnliches Pflegeverhältnis nicht mehr begründet werden können.

Unterhalt auf Kosten des Steuerpflichtigen
(4) ¹Die Pflegeperson muß das Kind zu einem nicht unwesentlichen Teil auf ihre eigenen Kosten unterhalten. ²Diese Voraussetzung kann als erfüllt angesehen werden, wenn das Pfle-

gegeld (Grundbetrag und/oder Erziehungsbeitrag) und/oder andere Mittel, die der Steuerpflichtige für den Unterhalt einschließlich der Erziehung des Kindes erhält, insgesamt das in Betracht kommende Pflegegeld (Grundbetrag und/oder Erziehungsbeitrag) des zuständigen Jugendamts (§ 39 Abs. 2 SGB VIII – Kinder- und Jugendhilfe –) nicht übersteigen. ³Auch bei einem höheren Entgelt kann die Voraussetzung nach Satz 1 jedoch im Regelfall als erfüllt angesehen werden, wenn der eigene Kostenbeitrag des Steuerpflichtigen im Jahresdurchschnitt mindestens 250 DM monatlich beträgt. ⁴Für die Prüfung dieses Kostenbetrags ist es unerheblich, inwieweit dieser aus dem Kindergeld oder entsprechenden Leistungen (§ 65 EStG) bestritten werden kann. ⁵Eigene Einkünfte und zur Bestreitung des Unterhalts bestimmte oder geeignete Bezüge des Kindes (→ R 180e) mindern die Unterhaltsbelastung des Steuerpflichtigen und werden gegebenenfalls bei der Bemessung des Pflegegeldes (Grundbetrag und/oder Erziehungsbeitrag) berücksichtigt. ⁶Sie können außer acht gelassen werden, sofern sie die Zahlung von Pflegegeld (Grundbetrag und/oder Erziehungsbeitrag) nicht ausschließen. ⁷Im Zweifel erteilt das Jugendamt Auskunft, ob wegen der Höhe solcher Einkünfte und Bezüge ein Anspruch auf Pflegegeld (Grundbetrag und/oder Erziehungsbeitrag) besteht.

Hinweise

Kostenpflege

Erhält der Steuerpflichtige von den Eltern des Kindes ein höheres Entgelt als den in Betracht kommenden Pflegegeldsatz des zuständigen Jugendamts, so ist die Voraussetzung, daß der Steuerpflichtige das Kind mindestens zu einem nicht unwesentlichen Teil auf seine Kosten unterhält, nicht erfüllt, wenn durch das Entgelt die Unterhaltskosten des Kindes abgedeckt werden **und** der Steuerpflichtige für die Unterbringung und seine Betreuungsdienste nach marktwirtschaftlichen Gesichtspunkten entlohnt wird (Kostenpflege → BFH vom 12.6.1991 – BStBl 1992 II S. 20).

Obhuts- und Pflegeverhältnis

– Ein Pflegekindschaftsverhältnis kann auch zu jüngeren Geschwistern, z. B. Waisen, gegeben sein (→ BFH vom 5.8.1977 – BStBl II S. 832).

– Ein Pflegekindschaftsverhältnis kann nicht anerkannt werden, wenn der Steuerpflichtige nicht nur mit dem Kind, sondern auch mit einem Elternteil des Kindes in häuslicher Gemeinschaft lebt, und zwar selbst dann nicht, wenn der Elternteil durch eine Schul- oder Berufsausbildung in der Obhut und Pflege des Kindes beeinträchtigt ist (→ BFH vom 9.3.1989 – BStBl II S. 680).

– Ein zwischen einem alleinerziehenden Elternteil und seinem Kind im Kleinkindalter begründetes Obhuts- und Pflegeverhältnis wird durch die vorübergehende Abwesenheit des Elternteils nicht unterbrochen (→ BFH vom 12.6.1991 – BStBl 1992 II S. 20).

– In der Regel kann angenommen werden, daß ein Obhuts- und Pflegeverhältnis zwischen einem alleinerziehenden Elternteil und seinem bei Pflegeeltern lebenden, noch nicht schulpflichtigen Kind nicht mehr besteht, wenn der Elternteil mindestens ein Jahr lang keine für die Wahrung des Obhuts- und Pflegeverhältnisses ausreichenden Kontakte zu dem Kind hat (→ BFH vom 20.1.1995 – BStBl II S. 582).

– Haben nach Aufnahme durch die Pflegeeltern noch schulpflichtige Kinder über zwei Jahre und länger keine ausreichenden Kontakte zu ihren leiblichen Eltern mehr, so reicht dies in der Regel aus, einen Abbruch des Obhuts- und Pflegeverhältnisses zwischen den Kindern und ihren leiblichen Eltern anzunehmen (→ BFH vom 7.9.1995 – BStBl 1996 II S. 63).

178. Allgemeines zur Berücksichtigung von Kindern

¹Ein Kind wird vom Beginn des Monats an, in dem die Anspruchsvoraussetzungen erfüllt sind, berücksichtigt. ²Entsprechend endet die Berücksichtigung mit Ablauf des Monats, in dem die Anspruchsvoraussetzungen wegfallen (Monatsprinzip).

Hinweise

Berechnung des Lebensalters des Kindes
Für die Berechnung gilt § 187 Abs. 2 Satz 2 in Verbindung mit § 188 Abs. 2 BGB.
Beispiel:
Ein am **1.2.1980** geborenes Kind hat das 18. Lebensjahr mit Ablauf des **31.1.1998**, also zu Beginn des **Monats Februar 1998** vollendet. Es kann deshalb **ab** dies**em Monat** nicht mehr nach § 32 Abs. 3 EStG berücksichtigt werden.

Berücksichtigung in Sonderfällen
Die Berücksichtigung eines Kindes wird nicht dadurch ausgeschlossen, daß
1. das Kind verheiratet ist,
2. das Kind nicht zum Haushalt des Steuerpflichtigen gehört, ausgenommen Pflegekinder (→ R 177 Abs. 1) oder
3. ein unter 18 Jahre altes Kind eigene Einkünfte oder Bezüge hat.

Zur Berücksichtigung von Stief- und Enkelkindern → R 239

Lebend geborenes Kind
Für die Frage, ob ein Kind lebend geboren wurde (§ 32 Abs. 3 EStG), ist im Zweifel das Geburtenregister maßgebend.

179. Kinder, die arbeitslos sind

¹Arbeitslos sind Kinder, die vorübergehend nicht in einem Beschäftigungsverhältnis stehen oder nur eine **weniger als 15 Stunden wöchentlich umfassende** Beschäftigung ausüben **und eine versicherungspflichtige, mindestens 15 Stunden wöchentlich umfassende** Beschäftigung suchen (§ 118 SGB III). ²**Die Suche setzt eigene Bemühungen des Kindes voraus, um seine Beschäftigungslosigkeit zu beenden; zudem hat es den Vermittlungsbemühungen des Arbeitsamtes zur Verfügung zu stehen (→ § 119 SGB III).**

Hinweise

Arbeitslosigkeit
→ DA-FamEStG 63.3.1 (BStBl **1998** I S. **409**)

DA 63.3.1 Kinder ohne Arbeitsplatz

(1) ¹Ein noch nicht 21 Jahre altes Kind kann nach § 32 Abs. 4 Nr. 1 EStG berücksichtigt werden, wenn es der Arbeitsvermittlung im Inland zur Verfügung steht. ²Diese Voraussetzung dürfte in der Regel nur bei einem Kind vorliegen, das einen Wohnsitz oder seinen gewöhnlichen Aufenthalt im Inland hat.

(2) ¹Ein Kind mit Wohnsitz im grenznahen Gebiet eines EU-Staates kann berücksichtigt werden, wenn es in Deutschland persönliche, schulische oder berufliche Bindungen eingegangen ist, die als Voraussetzungen für eine berufliche Eingliederung im Inland anzusehen sind. ²Allein der Wohnsitz oder die Beschäftigung eines Elternteils im Inland genügen dafür nicht. ³Ob ein im Ausland lebendes Kind danach der Arbeitsvermittlung zur Verfügung steht, ist von der Abteilung Arbeitsvermittlung und Arbeitsberatung des Arbeitsamtes zu beurteilen. ⁴Ein Kind, das in einem anderen EWR-Staat arbeitslos gemeldet ist, kann berücksichtigt werden, wenn es der Arbeitsvermittlung des anderen EWR-Staates zur Verfügung steht. ⁵DA 72.2 ist zu beachten.

(3) ¹Arbeitslos i. S. v. § 32 Abs. 4 Nr. 1 EStG ist ein Kind, das die Voraussetzungen der §§ 118 ff. SGB III erfüllt. ²Durch die Reform der Arbeitsförderung (das AFG wurde durch das SGB III ersetzt) sind die Voraussetzungen erweitert worden. ³Arbeitslos ist nach § 118 Abs. 1 SGB III, wer beschäftigungslos ist und eine arbeitslosenversicherungspflichtige,

mindestens 15 Stunden in der Woche umfassende Beschäftigung sucht, wobei die Suche gemäß § 119 Abs. 1 SGB III nicht nur voraussetzt, daß man den Vermittlungsbemühungen des Arbeitsamtes zur Verfügung steht, sondern auch eigene Bemühungen unternimmt und diese ggf. dem Arbeitsamt nachweist. [4]Die Arbeitslos-Meldung muß nach § 122 SGB III persönlich erfolgen, wobei als Anfangszeitpunkt für den Kindergeld-Anspruch grundsätzlich derjenige Zeitpunkt maßgeblich ist, zu dem das Kind bei der zuständigen Arbeitsvermittlung ein Bewerberangebot abgegeben hat und ihr zur Verfügung steht. [5]Gibt das Kind selbst oder der Berechtigte vorläufig ein schriftliches oder telefonisches Bewerberangebot ab – ggf. auch gegenüber der Familienkasse oder der Berufsberatung –, kann dies für den Beginn des Kindergeld-Anspruchs anerkannt werden, wenn das Kind unverzüglich danach bei der Arbeitsvermittlung persönlich vorspricht und keine Zweifel an seiner Arbeitslosigkeit und Verfügbarkeit von Anfang an bestehen. [6]Das Vorliegen der Voraussetzungen ist durch eine Bestätigung des Arbeitsamtes nachzuweisen.

(4) [1]Hat das Kind eine angebotene zumutbare Arbeit abgelehnt und sind die Voraussetzungen erfüllt, unter denen im Falle des Bezuges von Arbeitslosengeld oder Arbeitslosenhilfe gem. § 144 SGB III eine Sperrzeit eintreten würde, so schließt dies allein den Anspruch auf Kindergeld noch nicht aus. [2]Das gilt selbst dann, wenn das Kind wiederholt Anlaß für den Eintritt einer Sperrzeit gegeben hat und der Anspruch auf Arbeitslosengeld oder Arbeitslosenhilfe deshalb erlöschen würde. [3]Die Verfügbarkeit ist jedoch nicht mehr anzunehmen, wenn aus der Ablehnung des Arbeitsangebotes geschlossen werden muß, daß das Kind nicht arbeitsbereit ist. [4]Hierbei kommt es auf alle Umstände des Einzelfalles an.

(5) Leistet ein Kind ein Praktikum ab, weil es derzeit das für die Aufnahme der Ausbildung geforderte Mindestalter noch nicht erreicht hat, steht dies einer Berücksichtigung nach § 32 Abs. 4 Nr. 1 EStG nicht entgegen.

(6) [1]Eine Berücksichtigung ist auch dann möglich, wenn das arbeitslose Kind wegen Erkrankung oder eines Beschäftigungsverbotes nach §§ 3, 6 Mutterschutzgesetz (MuSchG) daran gehindert ist, sich der Arbeitsvermittlung zur Verfügung zu stellen. [2]Steht das Kind der Arbeitsvermittlung jedoch wegen der Inanspruchnahme von Erziehungsurlaub nicht zur Verfügung, besteht während dieser Zeit kein Anspruch auf Kindergeld.

(7) [1]Eine Berücksichtigung während einer Erkrankung bzw. während eines Beschäftigungsverbotes setzt voraus, daß die Erkrankung bzw. das Beschäftigungsverbot durch eine ärztliche Bescheinigung nachgewiesen wird. [2]Außerdem muß das Kind glaubhaft erklären, sich unmittelbar nach Wegfall der Hinderungsgründe der Arbeitsvermittlung zur Verfügung zu stellen. [3]Geschieht dies nicht, ist die Festsetzung ab dem Monat, der dem Monat folgt, in dem die Hinderungsgründe wegfallen, nach § 70 Abs. 2 EStG aufzuheben.

180. Kinder, die für einen Beruf ausgebildet werden

Berufsausbildung allgemein

(1) [1]Als Berufsausbildung ist die Ausbildung für einen künftigen Beruf anzusehen, z. B. die Ausbildung für einen handwerklichen, kaufmännischen, technischen oder wissenschaftlichen Beruf sowie die Ausbildung in der Hauswirtschaft auf Grund eines Berufsausbildungsvertrags oder an einer Lehranstalt, z. B. Haushaltsschule, Berufsfachschule. [2]Die Berufsausbildung soll die für die Ausübung eines Berufs notwendigen fachlichen Fertigkeiten und Kenntnisse in einem geordneten Ausbildungsgang vermitteln (→ § 1 Abs. 2 Berufsbildungsgesetz). [3]Eine **Berufsausbildung** ist nur anzunehmen, wenn sie die Zeit und Arbeitskraft des Kindes überwiegend in Anspruch nimmt. [4]Außer der tatsächlichen Ausbildungszeit ist dabei auch der Zeitaufwand für den Weg von und zur Ausbildungsstätte sowie für die notwendigen häuslichen Vor- und Nacharbeiten zu berücksichtigen. [5]Der Besuch von Abend- oder Tageskursen von nur kurzer Dauer täglich kann nicht als Berufsausbildung angesehen werden. [6]Zur Berufsausbildung zählen auch Unterbrechungszeiten wegen Erkrankung oder Mutterschaft.

Abschluß der Berufsausbildung

(2) ¹Die Berufsausbildung ist abgeschlossen, wenn das Kind einen Ausbildungsstand erreicht hat, der es zur Berufsausübung befähigt, oder wenn einem schwerbehinderten Kind eine seinen Fähigkeiten angemessene Beschäftigung möglich ist. ²In Handwerksberufen wird die Berufsausbildung mit bestandener Gesellenprüfung, in anderen Lehrberufen mit der Gehilfenprüfung, abgeschlossen. ³In akademischen Berufen wird die Berufsausbildung regelmäßig mit der Ablegung des – ersten – Staatsexamens oder einer entsprechenden Abschlußprüfung abgeschlossen, es sei denn, daß sich ein ergänzendes Studium, ein Zweitstudium oder ein nach der maßgebenden Ausbildungs- oder Prüfungsordnung vorgeschriebenes Dienstverhältnis oder Praktikum anschließt.

Erneute Berufsausbildung

(3) ¹Der Abschluß einer Berufsausbildung schließt nicht aus, daß das Kind später erneut in eine Berufsausbildung eintritt. ²Dies kann eine weiterführende Ausbildung, z. B. der Besuch einer Fach- oder Meisterschule, oder eine Ausbildung für einen gehobeneren oder einen andersartigen Beruf sein.

Berufsausbildung schwerbehinderter Kinder

(4) ¹Ein **schwerbehindertes** Kind befindet sich auch dann in der Berufsausbildung, wenn es durch gezielte Maßnahmen auf eine – wenn auch einfache – Erwerbstätigkeit vorbereitet wird, die nicht spezifische Fähigkeiten oder Fertigkeiten erfordert. ²Unter diesem Gesichtspunkt kann z. B. auch der Besuch einer Behindertenschule, einer Heimsonderschule oder das Arbeitstraining in einer Anlernwerkstatt oder Werkstatt für Behinderte eine Berufsausbildung darstellen. ³Eine Bescheinigung der besuchten Einrichtung kann einen Anhaltspunkt für die Beurteilung geben.

Hinweise

Abend- oder Tageskurse von kurzer Dauer
→ DA-FamEStG **63.3.2.5** (BStBl **1998** I S. **414**)

DA 63.3.2.5 Umfang der Inanspruchnahme durch die Ausbildung

(1) ¹Eine Ausbildung im Sinne des EStG liegt nur dann vor, wenn sie die Zeit und Arbeitskraft des Kindes überwiegend in Anspruch nimmt. ²Ist nicht nach den Umständen offenkundig, daß eine Bildungsmaßnahme die Zeit und Arbeitskraft des Kindes überwiegend in Anspruch nimmt, ist sie nur dann Ausbildung, wenn hierfür mehr als 30 Wochenstunden benötigt werden. ³Eine Ausbildung ist danach zu berücksichtigen, wenn die tatsächliche Unterrichts- bzw. Ausbildungszeit zuzüglich eines Zeitzuschlages von gleicher Dauer für häusliche Vor- und Nacharbeit sowie des Zeitaufwandes für den Weg von und zur Ausbildungsstätte 30 Stunden wöchentlich übersteigt. ⁴Das gilt auch für den Besuch einer Abendschule, selbst wenn das Bildungsangebot darauf ausgerichtet ist, neben dem Besuch der Abendschule eine mehr als kurzzeitige Beschäftigung zu ermöglichen. ⁵Hinsichtlich der Wegezeiten ist grundsätzlich von den Angaben des Berechtigten bzw. des Kindes auszugehen. ⁶Wird jedoch behauptet, daß der Zeitaufwand für die einfache Wegstrecke zur Ausbildungsstätte eine Stunde übersteigt oder ergeben sich sonst Zweifel an dem behaupteten Zeitaufwand, ist der bei Benutzung öffentlicher Verkehrsmittel erforderliche Zeitaufwand durch Anfrage bei den betreffenden Verkehrsunternehmen festzustellen und zugrunde zu legen.

(2) ¹Bei vollimmatrikulierten Studierenden ist grundsätzlich davon auszugehen, daß sie ihre Zeit und Arbeitskraft überwiegend auf das Studium verwenden. ²Das gleiche gilt für Schüler an allgemeinbildenden und berufsbildenden Schulen sowie für Auszubildende in einer Ausbildung nach dem BBiG bzw. der HwO, die sich in einer regulären Vollzeit-Ausbildung befinden. ³Bzgl. der Teilnahme an einem Fernunterricht vgl. DA 63.3.2.4 Abs. 1 Satz 4; bzgl. der Inanspruchnahme durch ein Au-pair-Verhältnis DA 63.3.2.3 Abs. 5.

Beginn und Ende der Berufsausbildung
→ DA-FamEStG **63.3.2.6** (BStBl **1998** I S. **414**)

DA 63.3.2.6 Beginn, Ende und Unterbrechung der Ausbildung

(1) ¹Die Schulausbildung beginnt mit dem Eintritt in die Schule und der Teilnahme am Unterricht. ²Sie endet allgemein mit Ablauf des Schuljahres. ³Für allgemeinbildende Schulen ist das Ende des Schuljahres in den meisten Bundesländern auf den 31. Juli festgesetzt. ⁴Dies gilt regelmäßig auch für berufsbildende oder berufliche Schulen (Fach- und Berufsfachschulen). ⁵Kinder, die eine solche Schule besuchen, sind daher ohne Rücksicht darauf, ob sie die Abschlußprüfung (z. B. das Abitur) bereits zu einem früheren Zeitpunkt abgelegt haben, auch im letzten Jahr des Schulbesuchs bis zum Ende des Schuljahres zu berücksichtigen, es sei denn, das Kind nimmt vor diesen Zeitpunkt eine nicht nur vorübergehende Erwerbstätigkeit auf oder wird zum gesetzlichen Wehr- oder Zivildienst einberufen.

(2) ¹Sofern das offizielle Ende des Schuljahres an Gymnasien wegen der Neugestaltung der gymnasialen Oberstufe und der damit verbundenen Verlegung der Prüfungstermine oder aus sonstigen Gründen auf einen anderen Zeitpunkt festgelegt ist, endet das jeweilige Schuljahr zu dem abweichend festgelegten Termin. ²Das gleiche gilt für Abweichungen des Schuljahres an berufsbildenden oder anderen Schulen von der Regel.

(3) ¹Zeiten, in denen ein Kind den gesetzlichen Wehr- oder Zivildienst ableistet, können nicht berücksichtigt werden. ²Der Wehrdienst beginnt immer am Ersten eines Monats, auch wenn der Dienst erst später (am ersten Werktag) angetreten wird. ³Der Zivildienst beginnt dagegen erst an dem Tag, an dem der Dienst aufgenommen wird, so daß das Kind ggf. in diesem Monat noch berücksichtigt werden kann. ⁴Nimmt ein Kind bereits vor dem offiziellen Ende des Wehr- oder Zivildienstes unter Freistellung von dem Dienst eine Ausbildung auf, so kann es ab dem Monat, in dem die Ausbildung begonnen wird, berücksichtigt werden.

(4) ¹Die Berufsausbildung ist abgeschlossen, wenn das Kind einen Ausbildungsstand erreicht hat, der es zur Berufsausübung befähigt oder wenn einem schwerbehinderten Kind eine seine Fähigkeiten angemessene Beschäftigung möglich ist. ²In Handwerksberufen wird die Berufsausbildung mit bestandener Gesellenprüfung, in anderen Lehrberufen mit der Gehilfenprüfung abgeschlossen. ³In akademischen Berufen wird die Berufsausbildung regelmäßig mit der Ablegung des – ersten – Staatsexamens oder einer entsprechenden Abschlußprüfung abgeschlossen, es sei denn, daß sich ein ergänzendes Studium, ein Zweitstudium oder ein nach der maßgebenden Ausbildungs- oder Prüfungsordnung vorgeschriebenes Dienstverhältnis oder Praktikum anschließt.

(5) ¹Besteht der Auszubildende die vorgeschriebene Abschlußprüfung vor Ablauf der vertragsmäßigen Ausbildungszeit, endet das Ausbildungsverhältnis bereits mit Bestehen der Abschlußprüfung (§ 14 Abs. 2 BBiG), d. h., zu dem Zeitpunkt, in dem der Auszubildende offiziell von dem Prüfungsergebnis schriftlich unterrichtet wird. ²Dies gilt grundsätzlich auch für Berufe, in denen die Ausübung von einer staatlichen Erlaubnis oder Anerkennung abhängig ist. ³Ein solcher Auszubildender kann für den Kindergeld-Anspruch ungeachtet der vertragsmäßigen Ausbildungszeit nur bis zum Ablauf desjenigen Monats berücksichtigt werden, in dem er Kenntnis vom Bestehen der Abschlußprüfung erlangt hat. ⁴Besteht ein Auszubildender die Abschlußprüfung nicht, so verlängert sich das Ausbildungsverhältnis auf sein Verlangen bis zur nächstmöglichen Wiederholungsprüfung, höchstens jedoch um ein Jahr (§ 14 Abs. 3 BBiG).

(5) ¹Legt der Auszubildende die Prüfung oder die Wiederholungsprüfung erst nach Ablauf der vertraglichen Ausbildungszeit ab und wird das Ausbildungsverhältnis zwischen dem Ausbildungsbetrieb und dem Auszubildenden lediglich mündlich verlängert, wird regelmäßig vom Fortbestehen des Ausbildungsverhältnisses auszugehen sein, weil die Wirksamkeit eines Berufsausbildungsvertrages nicht davon abhängig ist, daß der wesentliche Inhalt schriftlich niedergelegt ist. ²Der Vertrag kann formlos, also auch mündlich, abgeschlossen werden (BAG, Urteil vom 22. Februar 1972, BAGE 24, 133). ³Eine Verlängerung des Ausbildungsvertrages liegt jedoch dann nicht vor, wenn dem Kind nach Ablauf der ursprünglich vereinbarten Ausbildungszeit bereits Arbeitsentgelt gezahlt wird.

(6) ¹Endet das Berufsausbildungsverhältnis durch Konkurs des Ausbildungsbetriebes, ist zu prüfen, ob die sich daran anschließenden Maßnahmen noch der Berufsausbildung zugeordnet werden können. ²Lassen die zuständigen Kammern das Kind ohne Nachweis eines Anschluß-Ausbildungsverhältnisses zur Prüfung zu und besucht es bis zur Abschlußprüfung die Berufsschule, so kann weiterhin vom Vorliegen einer Berufsausbildung

ausgegangen werden. ³Trifft dies nicht zu, ist eine Berücksichtigung nur unter den Voraussetzungen des § 32 Abs. 4 Nr. 1 oder Nr. 2 Buchstabe c EStG möglich.

(7) ¹Die Dauer der Berufsausbildungen nach dem Krankenpflegegesetz und dem Hebammengesetz ist auf ein Jahr bzw. drei Jahre festgesetzt, und zwar unabhängig vom Zeitpunkt der Abschlußprüfung. ²In diesen Fällen ist die gesetzlich vorgeschriebene Ausbildungsdauer auch dann zugrunde zu legen, wenn die Abschlußprüfung tatsächlich früher abgelegt, die Ausbildungsvergütung aber bis zum Ende der Vertragsdauer gezahlt wird.

(8) ¹Die Berufsausbildung als Beamtenanwärter endet mit Ablauf des Vorbereitungsdienstes, vgl. aber § 22 Abs. 3 BRRG, § 32 Abs. 2 Satz 2 BBG. ²Wird die Laufbahnprüfung im Einzelfall erst nach Ablauf des regelmäßigen Vorbereitungsdienstes abgelegt, so endet die Berufsausbildung erst mit diesem Zeitpunkt bzw. mit Ablauf des verlängerten Vorbereitungsdienstes.

(9) Wird ein in Ausbildung stehendes Kind in Untersuchungs- oder Strafhaft genommen, tritt eine Unterbrechung der Ausbildung ein, es sei denn, die Ausbildung wird während der Haft fortgesetzt.

(10) ¹Zur Hochschulausbildung gehört auch die Ablegung des Examens. ²Das Examen ist abgelegt, wenn der Prüfungsteilnehmer offiziell von dem Prüfungsergebnis schriftlich unterrichtet wird. ³Verzögert sich die Unterrichtung über das Prüfungsergebnis in unangemessener Weise, ist als Beendigung der Hochschulausbildung der Zeitpunkt der Ableistung des letzten Prüfungsteiles zugrunde zu legen. ⁴Im allgemeinen kann davon ausgegangen werden, daß für das Hochschulexamen mindestens drei Monate benötigt werden. ⁵Nach Ablauf von drei Monaten seit Beendigung des Vorlesungsbetriebes des letzten Studiensemesters (vor der Exmatrikulation oder Beurlaubung zum Zwecke der Ablegung der Prüfung) kann das betreffende Kind nur dann weiter für den Kindergeld-Anspruch berücksichtigt werden, wenn der Berechtigte eine Bescheinigung des Prüfungsamtes über die Meldung zum Examen und den voraussichtlichen Prüfungstermin vorlegt.

(11) ¹Für die Berücksichtigung von Prüfungszeiten ist es nicht erforderlich, daß das Kind weiterhin immatrikuliert ist. ²Muß eine Prüfung wiederholt werden, so ist – wie auch bei der Regelung nach dem BBiG – die erneute Vorbereitungszeit als Hochschulausbildung anzusehen. ³Das Kind muß sich jedoch nachweislich für den auf die nicht bestandene Prüfung folgenden Prüfungstermin, zu dem es erstmals wieder zur Prüfung zugelassen werden kann, gemeldet haben. ⁴Eine längere Vorbereitungszeit nach nicht bestandener Prüfung zählt nur dann zur Hochschulausbildung, wenn sich das Kind nachweislich auf Anraten der Prüfungskommission erst zu einem späteren als dem nächstfolgenden Prüfungstermin meldet.

(12) ¹Wird das Studium abgebrochen, gilt die Ausbildung mit Ablauf des Monats als beendet, in dem die Abbruchentscheidung von dem Studierenden tatsächlich vollzogen wird, spätestens jedoch mit Ablauf des Monats, in dem die Exmatrikulation erfolgt. ²Diese ist durch eine Exmatrikulationsbescheinigung nachzuweisen.

(13) ¹Die Ausbildung zum Arzt endet nach der Approbationsordnung für Ärzte mit Abschluß der 18-monatigen Tätigkeit als Arzt im Praktikum. ²Die anschließende Erteilung der Approbation erfolgt nicht mehr im Rahmen der ärztlichen Ausbildung; die Zeit zwischen Ende der ärztlichen Ausbildung und der Erteilung der Approbation ist daher keine Ausbildung im Sinne des EStG.

Berufsbildungsgesetz
Gesetz vom 14.8.1969 (BGBl. I S. 1112), zuletzt geändert durch Artikel **35 der Verordnung** vom **21.9.1997** (BGBl. I S. **2390**).

Praktikum
Zur Berufsausbildung gehört auch ein nach der maßgebenden Ausbildungs- oder Prüfungsordnung vorgeschriebenes Praktikum → DA-FamEStG 63.3.2.3 (BStBl 1998 I S. 412).

Rechtsprechung zur Berufsausbildung
– **Abbruch der Berufsausbildung**

Keine Berufsausbildung, wenn das Kind nach Abbruch einer kaufmännischen Lehre im elterlichen Betrieb im Außendienst beschäftigt wird (→ BFH vom 8.11.1972 – BStBl 1973 II S. 141).

- **Aufstiegsbeamte**
  Vorbereitung eines Aufstiegsbeamten auf die Laufbahnprüfung ist keine Berufsausbildung (→ BFH vom 2.7.1993 – BStBl II S. 870).
- **Ausbildung im Rahmen eines Dienstverhältnisses**
  Keine Berufsausbildung, wenn sich die Ausbildung im Rahmen eines den vollen Lebensunterhalt sicherstellenden Dienstverhältnisses vollzieht, z. B. Ausbildung eines Zeitsoldaten zum Offizier (→ BFH vom 2.7.1993 – BStBl II S. 871); Abkommandierung eines Zeitsoldaten zum Studium an eine Bundeswehr-Hochschule (→ BFH vom 2.7.1993 – BStBl 1994 II S. 102).
- **Berufsausübung**
  In Berufsausbildung befindet sich nicht, wer – wenn auch zur Vorbereitung auf ein weiteres Berufsziel – einen Beruf ausübt, der von anderen unter denselben Bedingungen als Dauerberuf ausgeübt wird (→ BFH vom 11.10.1984 – BStBl 1985 II S. 91).
- **Einweisung in die Aufgaben des künftigen Betriebsinhabers**
  Keine Berufsausbildung, wenn das Kind nach Abschluß seiner kaufmännischen Ausbildung in die Aufgaben eines künftigen Betriebsinhabers im elterlichen Betrieb eingewiesen wird (→ BFH vom 2.8.1968 – BStBl II S. 777).
- **Fachschulbesuch im Rahmen einer Erwerbstätigkeit**
  Keine Berufsausbildung, wenn das Kind im Rahmen einer den vollen Lebensunterhalt sicherstellenden Erwerbstätigkeit eine Fachschule unter Fortzahlung der tariflichen Bezüge als Bergmann besucht (→ BFH vom 2.7.1993 – BStBl 1994 II S. 101).
- **Ferienzeit**
  Die Ferienzeit zwischen zwei Ausbildungsabschnitten gehört zur Berufsausbildung, nicht aber die Übergangszeit zwischen dem Abschluß der Berufsausbildung und dem Berufsantritt sowie die Probezeit bei erstmaligem Berufsantritt (→ BFH vom 31.1.1964 – BStBl III S. 300).

Schulbesuch
Zur Berufsausbildung gehört auch der Besuch von Allgemeinwissen vermittelnden Schulen (→ BFH vom 10.2.1961 – BStBl III S. 160) und von Fachschulen und Hochschulen (→ DA-FamEStG 63.3.2 (BStBl 1998 I S. 410).

Unterbrechungszeiten
→ DA-FamEStG 63.3.2.6[1]) und 63.3.2.7 (BStBl 1998 I S. 414 und 416, korrigiert in BStBl 1998 I S. 1126)

DA 63.3.2.7 Unterbrechung der Ausbildung infolge Erkrankung oder Mutterschaft

(1) [1]Muß ein Kind seine Ausbildung wegen Erkrankung unterbrechen oder erkrankt es während der Übergangszeit, ist es für die Dauer der Krankheit weiter zu berücksichtigen, wenn und solange es die Ausbildung zum frühestmöglichen Zeitpunkt fortsetzen will. [2]Eine unverzügliche Fortsetzung der Ausbildung wird im allgemeinen dann als wahrscheinlich angesehen werden können, wenn nach den näheren Umständen des Einzelfalles, insbesondere nach Art und Schwere der Erkrankung davon ausgegangen werden kann, daß die Ausbildung innerhalb eines Zeitraums von sechs Monaten fortgesetzt werden wird. [3]Bei einer Erkrankung von mehr als sechs Monaten hat die Familienkasse nach Vorlage eines ärztlichen Attestes zu entscheiden, ob das Kind noch berücksichtigt werden kann. [4]Eine Unterbrechung im vorstehenden Sinne liegt nicht vor, wenn und solange die rechtliche Bindung zur Ausbildungsstätte bzw. zum Ausbilder, insbesondere bei Ausbildungsverträgen nach dem BBiG, während der Erkrankung fortbesteht, vgl. aber Abs. 4. [5]Könnte eine Ausbildung unabhängig vom Gesundheitszustand des Kindes nicht fortgesetzt werden, z. B. mangels Ausbildungsplatzes, ist eine Berücksichtigung wegen Erkrankung nicht möglich.

Beispiel:
Ein Abiturient erkrankt im Juli für die Dauer von vier Monaten. Eine Bewerbung um einen Ausbildungsplatz in der angestrebten Studienrichtung für das Wintersemester

---
[1]) Anm.: Abdruck → H 180 (Beginn und Ende der Berufsausbildung).

hätte keine Aussicht auf Erfolg gehabt. Eine Unterbrechung der Ausbildung infolge Erkrankung liegt hier nicht vor, so daß der Ausbildungswillige für die Dauer der Erkrankung nicht als Kind in Berufsausbildung, ggf. aber als ausbildungswilliges Kind berücksichtigt werden kann, s. DA 63.3.4 Abs. 6.

(2) ¹Ein Studierender ist während einer Unterbrechung seines Studiums zu berücksichtigen, wenn er wegen Erkrankung beurlaubt oder von der Belegpflicht befreit ist und dies der Familienkasse unter Vorlage einer ärztlichen Bescheinigung nachgewiesen wird. ²Die Berücksichtigung erfolgt für das betreffende Studiensemester einschließlich der Semesterferien, in dem der Studierende durch Krankheit gehindert ist, seinem Studium nachzugehen. ³Endet die Erkrankung vor Ablauf des Semesters und wird das Studium erst im darauffolgenden Semester fortgesetzt, kann die Zeit vom Ende der Erkrankung bis zum Semesterbeginn als Übergangszeit anerkannt werden. ⁴Zur Berechnung der Übergangszeit siehe DA 63.3.3 Abs. 1.

(3) ¹Der Berechtigte muß der Familienkasse den Willen des Kindes, die Ausbildung zum frühestmöglichen Zeitpunkt fortzusetzen, glaubhaft machen. ²Bei der Prüfung, wann unter Berücksichtigung der Erkrankung die Ausbildung voraussichtlich fortgesetzt werden kann, ist grundsätzlich ein ärztliches Attest zu verlangen. ³Kann nach dessen Feststellungen die Ausbildung nicht in absehbarer Zeit fortgesetzt werden, ist zu prüfen, ob das Kind wegen einer Behinderung nach § 32 Abs. 4 Nr. 3 EStG berücksichtigt werden kann.

(4) ¹Zur Berufsausbildung zählen auch Unterbrechungszeiten wegen Erkrankung oder Mutterschaft, nicht dagegen Unterbrechungszeiten wegen Kindesbetreuung. ²Bei einer Unterbrechung der Ausbildung bzw. Beurlaubung vom Studium wegen Schwangerschaft ist die werdende Mutter während der Schutzfristen nach §§ 3 Abs. 2 und 6 Abs. 1 MuSchG und der Zeiten außerhalb der Schutzfristen, in denen bei Fortführung der Ausbildung bzw. des Studiums nach ärztlichem Zeugnis Leben oder Gesundheit von Mutter oder Kind gefährdet wären (§ 3 Abs. 1 MuSchG), zu berücksichtigen. ³Wenn eine betriebliche Ausbildung um die Dauer des Erziehungsurlaubs verlängert wird, kann das Kind jedoch während der Verlängerungszeit berücksichtigt werden. ⁴Eine Studierende ist bei Beurlaubung wegen Schwangerschaft für die Dauer des Semesters zu berücksichtigen, in dem die Entbindung zu erwarten ist, längstens bis zum Ablauf des Monats, in dem die Schutzfrist des § 6 Abs. 1 MuSchG endet. ⁵Wird das Studium jedoch in dem darauffolgenden Semester fortgesetzt, ist die Zeit vom Ende der Schutzfrist bis zum Semesterbeginn als Übergangszeit anzuerkennen. ⁶Zur Berechnung siehe DA 63.3.3 Abs. 1.

180a. Kinder, die sich in einer Übergangszeit von höchstens vier Monaten zwischen zwei Ausbildungsabschnitten befinden

Übergangszeiten, wenn sie im zeitlichen Rahmen von vier Monaten liegen, sind auch Zwangspausen vor und nach der Ableistung des gesetzlichen Wehr- bzw. Zivildienstes, einer vom Wehr- bzw. Zivildienst befreienden Tätigkeit als Entwicklungshelfer oder als Dienstleistender im Ausland nach § 14b Zivildienstgesetz sowie vor und nach der Ableistung eines freiwilligen sozialen oder ökologischen Jahres und nach Zeiten einer Erkrankung, einer Behinderung oder eines Beschäftigungsverbotes nach dem Mutterschutzgesetz.

Hinweise

Berechnung der Übergangszeit nach § 32 Abs. 4 Satz 1 Nr. 2 Buchst. b EStG
- Es reicht aus, wenn der nächste Ausbildungsabschnitt in dem Monat nach Ablauf des vierten vollen Kalendermonats, in dem sich das Kind nicht in Ausbildung befunden hat, beginnt.

  Beispiel:
  Der erste Ausbildungsabschnitt endet im Monat Juli. Der zweite Ausbildungsabschnitt muß spätestens im Dezember beginnen.

§ 32 EStG
R 180b, 180c   H 180a, 180b

- Die Vier-Monats-Frist gilt für jede Übergangszeit zwischen zwei Ausbildungsabschnitten.

Gesetzlicher Wehrdienst

Darunter ist auch ein freiwilliger Wehrdienst bis zu drei Jahren zu verstehen → BSG vom 26.7.1977 – Entscheidungen des Bundessozialgerichts Band 44 S. 197.

R 180b

180b. Kinder, die mangels Ausbildungsplatz ihre Berufsausbildung nicht beginnen oder fortsetzen können

Allgemeines

(1) ¹Grundsätzlich ist jeder Ausbildungswunsch des Kindes anzuerkennen, es sei denn, daß seine Verwirklichung wegen der persönlichen Verhältnisse des Kindes ausgeschlossen erscheint. ²Dies gilt auch dann, wenn das Kind bereits eine abgeschlossene Ausbildung in einem anderen Beruf besitzt. ³Das Finanzamt kann verlangen, daß der Steuerpflichtige die ernsthaften Bemühungen des Kindes um einen Ausbildungsplatz durch geeignete Unterlagen nachweist oder zumindest glaubhaft macht.

Ausbildungsplätze

(2) Ausbildungsplätze sind neben betrieblichen und überbetrieblichen insbesondere solche an Fach- und Hochschulen sowie Stellen, an denen eine in der Ausbildungs- oder Prüfungsordnung vorgeschriebene praktische Tätigkeit abzuleisten ist.

→ Ernsthafte Bemühungen um einen Ausbildungsplatz

(3) ¹Für die Berücksichtigung eines Kindes ohne Ausbildungsplatz ist Voraussetzung, daß es dem Kind trotz ernsthafter Bemühungen nicht gelungen ist, seine Berufsausbildung (→ R 180 Abs. 1) zu beginnen oder fortzusetzen. ²Als Nachweis der ernsthaften Bemühungen kommen z. B. Bescheinigungen des Arbeitsamtes über die Meldung des Kindes als Bewerber um eine berufliche Ausbildungsstelle, Unterlagen über eine Bewerbung bei der Zentralen Vergabestelle von Studienplätzen, Bewerbungsschreiben unmittelbar an Ausbildungsstellen sowie deren Zwischennachricht oder Ablehnung in Betracht.

(4) ¹Die Berücksichtigung eines Kindes ohne Ausbildungsplatz ist ausgeschlossen, wenn es sich wegen Kindesbetreuung nicht um einen Ausbildungsplatz bemüht. ²Eine Berücksichtigung ist dagegen möglich, wenn das Kind infolge Erkrankung oder wegen eines Beschäftigungsverbots nach den §§ 3 und 6 Mutterschutzgesetz daran gehindert ist, seine Berufsausbildung zu beginnen oder fortzusetzen.

H 180b

Hinweise

Ernsthafte Bemühungen um einen Ausbildungsplatz

Die Vermutung, daß das Kind keine weitere Berufsausbildung anstrebt, kann durch Nachweis eines sicheren Ausbildungsplatzes für das folgende Kalenderjahr widerlegt werden (→ BFH vom 7.8.1992 – BStBl 1993 II S. 103).

R 180c

180c. Kinder, die ein freiwilliges soziales oder ökologisches Jahr leisten

S 2282

¹Der Nachweis über die Leistung des freiwilligen sozialen oder ökologischen Jahres ist durch eine Bescheinigung des Trägers zu erbringen. ²Das freiwillige soziale Jahr und das freiwillige ökologische Jahr können auch im europäischen Ausland abgeleistet werden, wenn der Träger seinen Hauptsitz im Inland hat.

Hinweise

Europäisches Ausland
Hierunter ist Europa im geographischen Sinne zu verstehen, d.h. von Rußland und der Türkei ist nur der europäische Teil zu berücksichtigen.

Freiwilliges ökologisches Jahr
Das freiwillige ökologische Jahr nach dem → Gesetz zur Förderung eines freiwilligen ökologischen Jahres wird zwischen der Vollendung des 16. und des 27. Lebensjahres bis zur Dauer von zwölf zusammenhängenden Monaten geleistet. Die Mindestdauer der Verpflichtung beträgt sechs Monate. Die mehrmalige Ableistung eines freiwilligen ökologischen Jahres und die Ableistung sowohl eines freiwilligen ökologischen Jahres als auch eines freiwilligen sozialen Jahres ist nicht zulässig.

Freiwilliges soziales Jahr
Das freiwillige soziale Jahr im Sinne des → Gesetzes zur Förderung eines freiwilligen sozialen Jahres wird in der Regel bis zur Vollendung des 27. Lebensjahrs für die Dauer von zwölf zusammenhängenden Monaten abgeleistet. Das Kind muß sich für mindestens sechs Monate verpflichtet haben.

Gesetz zur Förderung eines freiwilligen ökologischen Jahres
Gesetz vom 17.12.1993 (BGBl. I S. 2118 – BStBl 1994 I S. 19) *zuletzt geändert durch Artikel 19 des Gesetzes vom 24.3.1997 (BGBl. I S. 594)*

Gesetz zur Förderung eines freiwilligen sozialen Jahres
Gesetz vom 17.8.1964 (BGBl. I S. 640 – BStBl I S. 534), zuletzt geändert durch *Artikel 18 des Gesetzes vom 24.3.1997 (BGBl. I S. 594)*

Träger des freiwilligen ökologischen Jahres
Die Träger des freiwilligen ökologischen Jahres werden von der zuständigen Landesbehörde zugelassen. Sie müssen ihren Hauptsitz im Inland haben.

Träger des freiwilligen sozialen Jahres
Als Träger des freiwilligen sozialen Jahres sind zugelassen:
- die in der Bundesarbeitsgemeinschaft der freien Wohlfahrtspflege zusammengeschlossenen Verbände und ihre Untergliederungen,
- die Kirchen,
- die Gebietskörperschaften sowie nach Bestimmung der Länder sonstige Körperschaften des öffentlichen Rechts.

Die zuständige Landesbehörde kann weitere Träger des freiwilligen sozialen Jahres zulassen.

180d. Kinder, die wegen körperlicher, geistiger oder seelischer Behinderung außerstande sind, sich selbst zu unterhalten

Behinderte Kinder
(1) ¹Als Kinder, die wegen körperlicher, geistiger oder seelischer Behinderung außerstande sind, sich selbst zu unterhalten, kommen nur Kinder in Betracht, die schwerbehindert oder Schwerbehinderten gleichgestellt sind (§§ 1, 2 SchwbG). ²Ein Kind, das wegen seiner Behinderung außerstande ist, sich selbst zu unterhalten, kann bei Vorliegen der sonstigen Voraussetzungen über das 27. Lebensjahr hinaus ohne altersmäßige Begrenzung berücksichtigt werden.

→ Nachweis der Behinderung
(2) ¹Der Nachweis der Schwerbehinderung ist grundsätzlich durch einen Ausweis nach § 4 Abs. 5 SchwbG oder durch eine Bescheinigung der für die Durchführung des Bundesver-

§ 32 EStG
R 180d   H 180d

sorgungsgesetzes zuständigen Behörde zu führen, der Nachweis der Gleichstellung durch einen Gleichstellungsbescheid des Arbeitsamtes. ²Von der Vorlage eines Schwerbehindertenausweises kann ausnahmsweise dann abgesehen werden, wenn im Einzelfall, insbesondere bei seelischen Erkrankungen, die begründete Befürchtung besteht, daß sich das Verfahren zur Erlangung dieses Ausweises nachteilig auf den Gesundheitszustand und die weitere ärztliche Behandlung des Kindes auswirken könnte und aussagekräftige Gutachten vorgelegt werden. ³Für Kinder, die wegen ihrer Behinderung bereits länger als ein Jahr in einer Kranken- oder Pflegeanstalt untergebracht sind, genügt eine Bestätigung des für die Anstalt zuständigen Arztes, daß das Kind behindert und wegen seiner Behinderung außerstande ist, sich selbst zu unterhalten; die Bescheinigung ist nach spätestens fünf Jahren zu erneuern.

→ **Außerstande sein, sich selbst zu unterhalten**

(3) ¹Ob das Kind wegen seiner Behinderung außerstande ist, sich selbst zu unterhalten, ist nach den Gesamtumständen des Einzelfalls zu beurteilen. ²Dabei kommt es nicht nur auf die Unfähigkeit des Kindes an, durch eigene Erwerbstätigkeit seinen Lebensunterhalt zu bestreiten, sondern auch darauf, ob dem Kind hierfür andere Einkünfte oder Bezüge zur Verfügung stehen. ³R 180e und 190 Abs. 5 gelten entsprechend. ⁴Zu den eigenen Einkünften und Bezügen des Kindes gehören auch Unterhaltsleistungen seines Ehegatten oder früheren Ehegatten. ⁵Auch eigenes Vermögen des Kindes, das für seinen Lebensunterhalt eingesetzt werden kann, muß berücksichtigt werden, sofern es nicht geringfügig ist; R 190 Abs. 3 gilt entsprechend. ⁶Bezieht das Kind weder Einkünfte aus einer eigenen Erwerbstätigkeit noch Lohnersatzleistungen, kann grundsätzlich von der Unfähigkeit zur Ausübung einer Erwerbstätigkeit ausgegangen werden. ⁷Dies gilt jedoch nicht, wenn nicht die Behinderung, sondern offensichtlich andere Gründe, z. B. die Arbeitsmarktlage, ursächlich dafür sind, daß das Kind eine eigene Erwerbstätigkeit nicht ausüben kann. ⁸Ein über 27 Jahre altes Kind, das wegen seiner Behinderung noch in Schul- oder Berufsausbildung steht, ist in jedem Fall als unfähig zur Ausübung einer Erwerbstätigkeit anzusehen.

Unschädliche Einkünfte und Bezüge des behinderten Kindes

(4) ¹Hat das Kind Einkünfte aus eigener Erwerbstätigkeit und/oder andere Einkünfte oder Bezüge, die zur Bestreitung seines Lebensunterhalts bestimmt oder geeignet sind, von zusammen nicht mehr als **12.360** DM im Kalenderjahr, kann regelmäßig davon ausgegangen werden, daß das Kind außerstande ist, sich selbst zu unterhalten. ²Dieser Betrag erhöht sich um den maßgeblichen Behinderten-Pauschbetrag, soweit das Kind keine besonderen Leistungen für einen behinderungsbedingten Mehrbedarf erhält. ³Dem Steuerpflichtigen bleibt es unbenommen, glaubhaft zu machen, daß der Unterhaltsbedarf des Kindes auch durch höhere Einkünfte und Bezüge nicht gedeckt ist. ⁴Behinderungsbedingter Mehrbedarf ist dabei zu berücksichtigen, soweit das Kind hierfür nicht besondere Leistungen erhält, z. B. Pflegegeld (Grundbetrag und/oder Erziehungsbeitrag), Blindengeld. ⁵Ist ein Kind in einem Heim untergebracht, bemißt sich sein Unterhaltsbedarf nach den im Zusammenhang mit der Unterbringung anfallenden Kosten (einschließlich Taschengeld, Sonderzuwendungen usw.).

H 180d   **Hinweise**

Außerstande sein, sich selbst zu unterhalten

Für die Beurteilung, ob ein behindertes Kind außerstande ist, sich selbst zu unterhalten, sind **Sozialhilfeleistungen** z. B. Eingliederungshilfen bei vollständiger Abdeckung des notwendigen Lebensunterhalts, als eigene Bezüge des Kindes anzusetzen, soweit von einer Rückforderung bei dem gesetzlich unterhaltspflichtigen Steuerpflichtigen abgesehen wurde (→ BFH vom 14.6.1996 – BStBl 1997 II S. 173). ***Zum notwendigen Lebensbedarf können persönliche Betreuungsleistungen der Eltern rechnen → BMF vom 9.3.1998 (BStBl I S. 347) Rdnr. 20.***

Für die Ermittlung der eigenen Einkünfte und Bezüge gelten R 180e, R 190 Abs. 5 und H 190 (Anrechnung eigener Einkünfte und Bezüge) entsprechend.

Zu der Frage, ob § 32 Abs. 4 Satz 2 EStG auf behinderte Kinder anzuwenden ist und ob dann Erwerbsunfähigkeitsrenten oder andere Renten aus der gesetzlichen Rentenversicherung als eigene Einkünfte und Bezüge des behinderten Kindes im Sinne dieser Vorschrift anzusehen sind, wenn der Sozialhilfeträger sie auf sich übergeleitet hat, sind mehrere Revisionsverfahren anhängig (BFH-Az.: VI R 183/97; VI R 52/98).

Eintritt der Behinderung
Ein behindertes Kind kann nur berücksichtigt werden, wenn seine Behinderung vor Vollendung des 27. Lebensjahres eingetreten ist (→ BMF vom 9.3.1998 – BStBl I S. 347, Rdnr. 20)

Nachweis der Behinderung
→ H 194 (Allgemeines und Nachweise)

180e. Einkünfte und Bezüge des Kindes

Einkünfte

(1) [1]Als Einkünfte sind solche im Sinne des § 2 Abs. 1 EStG zu verstehen. [2]Sie sind stets in vollem Umfang zu berücksichtigen, also auch soweit sie zur Bestreitung des Unterhalts nicht zur Verfügung stehen oder die Verfügungsbefugnis beschränkt ist, z.B: einbehaltene Sozialversicherungsbeträge bzw. Leistungen im Sinne des VermBG.

Bezüge

(2) [1]Bezüge sind alle Einnahmen in Geld oder Geldeswert, die nicht im Rahmen der einkommensteuerrechtlichen Einkunftsermittlung erfaßt werden. [2]Zu den anzusetzenden Bezügen gehören insbesondere:
1. steuerfreie Gewinne nach den §§ 14, 14a Abs. 1 bis 3, § 16 Abs. 4, § 17 Abs. 3 und § 18 Abs. 3 EStG,
2. die nach § 19 Abs. 2, § 20 Abs. 4 EStG[1]) steuerfrei bleibenden Einkünfte,
3. die den Ertragsanteil nach § 22 Nr. 1 Satz 3 Buchstabe a EStG übersteigenden Teile von Leibrenten,
4. *Einkünfte und Leistungen, soweit sie dem Progressionsvorbehalt unterliegen (→ R 185),*
5. Renten nach § 3 Nr. 1 Buchstabe a EStG, Bezüge nach § 3 Nr. 3, 6, 9, 10, 27 EStG und nach § 3b EStG, Bezüge nach § 3 Nr. 44 EStG, soweit sie zur Bestreitung des Lebensunterhalts dienen, sowie Bezüge nach § 3 Nr. 5 und 11 EStG mit Ausnahme der Heilfürsorge und der steuerfreien Beihilfen in Krankheits-, Geburts- und Todesfällen im Sinne der Beihilfevorschriften des Bundes und der Länder,
6. Sonderabschreibungen sowie erhöhte Absetzungen, soweit sie die höchstmöglichen Absetzungen für Abnutzung nach § 7 EStG übersteigen,
7. pauschal besteuerte Bezüge nach § 40a EStG.

[3]Die nach § 19 Abs. 2 EStG und § 20 Abs. 4 EStG steuerfrei bleibenden Einnahmen sind erstmals für den VZ 1997 bei der Feststellung der anzusetzenden Bezüge heranzuziehen.

Hinweise

Beispiel für die Anrechnung
→ H 190 (Anrechnung eigener Einkünfte und Bezüge)

Bezüge für besondere Ausbildungszwecke
→ BMF vom **9.3.1998** (BStBl I S. **347**) *Rdnr.* 19

Höhe der anzurechnenden Bezüge
→ R 190 Abs. 5

---

[1]) Anm.: Zur Frage, ob der Sparer-Freibetrag zu den anzusetzenden Bezügen gehört → FG Düsseldorf vom 27.10.1995 – EFG 1996 S. 59 – Rev. – BFH X R 8/96.

§ 32 EStG
R 180f   H 180e, 180f

Nicht anrechenbare eigene Bezüge
→ H 190 (Anrechnung eigener Einkünfte und Bezüge)
Verhältnisse im Wohnsitzstaat
Die nach § 32 Abs. 4 Satz 2, 2. Halbsatz EStG maßgeblichen Beträge sind auf der Grundlage der Ländergruppeneinteilung zu ermitteln

Anhang 2   → BMF vom 27.2.1996 (BStBl I S. 115).

Zeitanteilige Anrechnung
→ H 192a (Allgemeines)

R 180f

180f. Verlängerungstatbestände bei arbeitslosen Kindern und Kindern in Berufsausbildung

Gleichgestellte Dienste

¹Dem gesetzlichen Grundwehrdienst (→ § 5 Wehrpflichtgesetz) ist der **Grenzschutzdienst** auf Grund der Grenzschutzdienstpflicht (→ § 49 Bundesgrenzschutzgesetz) sowie der Polizeivollzugsdienst von nicht mehr als drei Jahren gleichgestellt. ²Der vom gesetzlichen Grundwehrdienst oder Zivildienst befreienden Tätigkeit als Entwicklungshelfer (→ § 1 Abs. 1 Entwicklungshelfer-Gesetz) steht **die Dienstleistung nach § 14b ZDG** (andere Dienste im Ausland) gleich, die für einen nach § 14b Abs. 3 ZDG vom Bundesministerium für Familie, Senioren, Frauen und Jugend anerkannten Träger erbracht wird und zwei Monate länger dauert als der Zivildienst, der sonst erbracht werden müßte.

H 180f

Hinweise

Bundesgrenzschutzgesetz
Neuregelungsgesetz vom 19.10.1994 (BGBl. I S. 2978) *zuletzt geändert durch Artikel 3 des Gesetzes vom 7.7.1997 (BGBl. I S. 1650)*

Dienste im Ausland
Gesetzlicher Grundwehrdienst oder → gesetzlicher Zivildienst ist auch ein entsprechender Dienst im Ausland, wenn er auf Grund einer gesetzlichen Dienstpflicht geleistet wird (→ BFH vom 29.4.1960 – BStBl III S. 268).

Entwicklungshelfer-Gesetz
Gesetz vom 18.6.1969 (BGBl. I S. 549), zuletzt geändert durch *Artikel 24 des* Gesetz*es* vom **16.12.1997** (BGBl. I S. **2998**).

Freiwilliger Wehrdienst
Freiwilliger Wehrdienst, der an Stelle des gesetzlichen Grundwehrdienstes abgeleistet wird, ist der auf Grund freiwilliger Verpflichtung in der Bundeswehr als Soldat auf Zeit für höchstens drei Jahre geleistete Wehrdienst (§ 7 → Wehrpflichtgesetz).

Gesetzlicher Zivildienst
Der gesetzliche Zivildienst ist der Zivildienst von anerkannten Kriegsdienstverweigerern (→ Zivildienstgesetz).

Tätigkeit als Entwicklungshelfer
Eine Tätigkeit als Entwicklungshelfer ist die Tätigkeit in Entwicklungsländern ohne Erwerbsabsicht, die nach Vollendung des 18. Lebensjahres und auf Grund einer Verpflichtung für zweieinhalb Jahre gegenüber einem anerkannten Träger des Entwicklungsdienstes von einem Deutschen ausgeübt wird; der Vorbereitungsdienst gehört nicht dazu (→ Entwicklungshelfer-Gesetz). Als Träger des Entwicklungsdienstes sind anerkannt:

a) Deutscher Entwicklungsdienst, Gemeinnützige Gesellschaft mbH (DED), Bonn-Bad Godesberg,
b) Arbeitsgemeinschaft für Entwicklungshilfe e.V. (AGEH), Köln,
c) Dienste in Übersee e.V. (DÜ), Stuttgart,
d) Eirene, Internationaler Christlicher Friedensdienst e.V., Königswinter,
e) Weltfriedensdienst e.V., Berlin.

Wehrpflichtgesetz
Wehrpflichtgesetz in der Fassung der Bekanntmachung vom 15.12.1995 (BGBl. I S. 1756) *zuletzt geändert durch Artikel 6 des Gesetzes vom 25.3.1997 (BGBl. I S. 726).*

Zivildienstgesetz
Gesetz in der Fassung der Bekanntmachung vom 28.9.1994 (BGBl. I S. 2811), zuletzt geändert durch *Artikel 29 der Verordnung vom 21.9.1997 (BGBl. I S. 2390).*

181. Höhe des Kinderfreibetrags in Sonderfällen

R 181

Einem Steuerpflichtigen, der den vollen Kinderfreibetrag erhält, weil der andere Elternteil verstorben ist (§ 32 Abs. 6 Satz 3 EStG), werden Steuerpflichtige in Fällen gleichgestellt, in denen
1. der Wohnsitz oder gewöhnliche Aufenthalt des anderen Elternteils nicht zu ermitteln ist
   oder
2. der Vater des Kindes amtlich nicht feststellbar ist.

181a. Übertragung des Kinderfreibetrags

R 181a

Barunterhaltsverpflichtung

(1) ¹Bei dauernd getrennt lebenden oder geschiedenen Ehegatten sowie bei Eltern eines nichtehelichen Kindes ist der Elternteil, in dessen Obhut das Kind sich nicht befindet, grundsätzlich zur Leistung von Barunterhalt verpflichtet. ²Wenn die Höhe nicht durch gerichtliche Entscheidung, Verpflichtungserklärung, Vergleich oder anderweitig durch Vertrag festgelegt ist, können dafür die von den Oberlandesgerichten als Leitlinien aufgestellten Unterhaltstabellen, z. B. „Düsseldorfer Tabelle", einen Anhalt geben.

Der Unterhaltsverpflichtung im wesentlichen nachkommen

(2) ¹Ein Elternteil kommt seiner Barunterhaltsverpflichtung gegenüber dem Kind im wesentlichen nach, wenn er sie mindestens zu 75 v. H. erfüllt. ²Der Elternteil, in dessen Obhut das Kind sich befindet, erfüllt seine Unterhaltsverpflichtung in der Regel durch die Pflege und Erziehung des Kindes (§ 1606 Abs. 3 BGB).

Maßgebender Verpflichtungszeitraum

(3) ¹Hat aus Gründen, die in der Person des Kindes liegen, oder wegen des Todes des Elternteils die Unterhaltsverpflichtung nicht während des ganzen Kalenderjahrs bestanden, so ist für die Frage, inwieweit sie erfüllt worden ist, nur auf den Verpflichtungszeitraum abzustellen. ²Im übrigen kommt es nicht darauf an, ob die unbeschränkte Steuerpflicht des Kindes oder der Eltern während des ganzen Kalenderjahrs bestanden hat (→ Beispiele).

Verfahren

(4) ¹Wird die Übertragung des dem anderen Elternteil zustehenden Kinderfreibetrags beantragt, weil dieser seiner Unterhaltsverpflichtung gegenüber dem Kind für das Kalenderjahr nicht im wesentlichen nachgekommen ist, so muß der Antragsteller die Voraussetzungen dafür darlegen. ²In Zweifelsfällen ist dem anderen Elternteil Gelegenheit zu geben, sich zum Sachverhalt zu äußern (§ 91 AO). ³Wird der Kinderfreibetrag bei einer Veranlagung auf den Steuerpflichtigen übertragen, so teilt das Finanzamt dies dem für den anderen Elternteil

zuständigen Finanzamt mit. ⁴Ist der andere Elternteil bereits veranlagt, so ist die Änderung der Steuerfestsetzung, sofern sie nicht nach § 164 Abs. 2 Satz 1 oder § 165 Abs. 2 AO vorgenommen werden kann, nach § 175 Abs. 1 Satz 1 Nr. 2 AO durchzuführen. ⁵Beantragt der andere Elternteil eine Herabsetzung der gegen ihn festgesetzten Steuer mit der Begründung, die Voraussetzungen für die Übertragung des Kinderfreibetrages auf den Steuerpflichtigen lägen nicht vor, so ist der Steuerpflichtige unter den Voraussetzungen des § 174 Abs. 4 und 5 AO zu dem Verfahren hinzuzuziehen. ⁶Obsiegt der andere Elternteil, so kommt die Änderung der Steuerfestsetzung beim Steuerpflichtigen nach § 174 Abs. 4 AO in Betracht. ⁷Dem Finanzamt des Steuerpflichtigen ist zu diesem Zweck die getroffene Entscheidung mitzuteilen.

Übertragung im Lohnsteuerabzugsverfahren

(5) ¹Die Übertragung des Kinderfreibetrags und die davon abhängigen Änderungen bei den übrigen kindbedingten Steuerentlastungen können nach § 39 Abs. 3a EStG unter bestimmten Voraussetzungen bereits für die Durchführung des Lohnsteuerabzugs berücksichtigt werden (→ A 109 Abs. 8 Satz 2 ff. LStR). ²Absatz 4 ist entsprechend anzuwenden.

H 181a   **Hinweise**

Beurteilungszeitraum
Bei der Beurteilung der Frage, ob ein Elternteil seiner Unterhaltsverpflichtung gegenüber einem Kind nachgekommen ist, ist nicht auf den Zeitpunkt abzustellen, in dem der Unterhalt gezahlt worden ist, sondern auf den Zeitraum, für den der Unterhalt bestimmt ist (→ BFH vom 11.12.1992 – BStBl 1993 II S. 397).

Beispiele zu R 181a Abs. 3
A. Das Kind beendet im Juni seine Berufsausbildung und steht ab September in einem Arbeitsverhältnis. Seitdem kann es sich selbst unterhalten. Der zum Barunterhalt verpflichtete Elternteil ist seiner Verpflichtung nur für die Zeit bis einschließlich Juni nachgekommen. Er hat seine für 8 Monate bestehende Unterhaltsverpflichtung für 6 Monate, also zu 75 v. H. erfüllt.

B. Der Elternteil, der bisher seiner Unterhaltsverpflichtung durch Pflege und Erziehung des Kindes voll nachgekommen ist, verzieht im August ins Ausland und leistet von da an keinen Unterhalt mehr. Er hat seine Unterhaltsverpflichtung, bezogen auf das Kalenderjahr, nicht mindestens zu 75 v. H. erfüllt.

Düsseldorfer Tabelle
→ Anhang 9

Fehlende Unterhaltsverpflichtung
Ist ein Elternteil nicht zur Leistung von Unterhalt verpflichtet, so kann der ihm zustehende Kinderfreibetrag nicht auf den anderen Elternteil übertragen werden (→ BFH vom 25.7.1997 – BStBl 1998 II S. 329)

Freistellung von der Unterhaltsverpflichtung
Stellt ein Elternteil den anderen Elternteil von der Unterhaltsverpflichtung gegenüber einem gemeinsamen Kind gegen ein Entgelt frei, das den geschätzten Unterhaltsansprüchen des Kindes entspricht, so behält der freigestellte Elternteil den Anspruch auf den (halben) Kinderfreibetrag (→ BFH vom 25.1.1996 – BStBl 1997 II S. 21).

Konkrete Unterhaltsverpflichtung
Kommt ein Elternteil seiner konkret-individuellen Unterhaltsverpflichtung nach, so ist vom Halbteilungsgrundsatz auch dann nicht abzuweichen, wenn diese Verpflichtung im Verhältnis zum Unterhaltsbedarf des Kindes oder zur Unterhaltszahlung des anderen Elternteils gering ist (→ BFH vom 25.7.1997 – BStBl 1998 II S. 433).

Das gilt auch in Fällen, in denen sich eine nur geringe Unterhaltsverpflichtung aus einem Urteil eines Gerichts der ehemaligen Deutschen Demokratischen Republik ergibt (→ BFH vom 25.7.1997 – BStBl 1998 II S. 435).

Steuerrechtliche Folgewirkungen der Übertragung

Infolge der Übertragung des Kinderfreibetrags auf einen Stiefelternteil oder die Großeltern können sich bei den kindbedingten Steuerentlastungen, die vom Erhalt des Kinderfreibetrags abhängen, Änderungen ergeben. Solche Folgeänderungen können eintreten beim Haushaltsfreibetrag (§ 32 Abs. 7 EStG), beim Hundertsatz der zumutbaren Belastung (§ 33 Abs. 3 EStG), bei den Ausbildungsfreibeträgen (§ 33a Abs. 2 EStG) und bei der Übertragung des dem Kind zustehenden Behinderten- oder Hinterbliebenen-Pauschbetrags (§ 33b Abs. 5 EStG).

182. Haushaltsfreibetrag, Zuordnung von Kindern

Haushaltsfreibetrag im Lohnsteuerabzugsverfahren, Pflichtveranlagung

¹Der Haushaltsfreibetrag, der dem Vater auf Grund der anderweitigen Zuordnung eines Kindes zusteht, kann bereits für die Durchführung des Lohnsteuerabzugs berücksichtigt werden (→ A 109 Abs. 4 LStR). ²Geschieht dies, so sind ebenso wie in Fällen, in denen der Vater den Haushaltsfreibetrag bei einer Veranlagung beantragt, stets beide Elternteile zur Einkommensteuer zu veranlagen (§ 46 Abs. 2 Nr. 4a Buchstabe c EStG). ³*Satz 1 gilt entsprechend, wenn der Haushaltsfreibetrag einem Großelternteil zusteht.*

Hinweise

Abzug mit Zuordnung

Ist ein Kind unbeschränkt einkommensteuerpflichtiger Eltern bei beiden Elternteilen gemeldet, so wird es, wenn beide Elternteile die Voraussetzungen für einen Haushaltsfreibetrag erfüllen, einem Elternteil zugeordnet (§ 32 Abs. 7 Satz 2 EStG). Zwei Fallgruppen sind zu unterscheiden:

a) Das Kind war zu Beginn des Kalenderjahrs oder zu dem anderen maßgebenden Stichtag, z. B. Geburt, Zuzug aus dem Ausland, nur bei einem Elternteil und erst später auch oder ausschließlich bei dem anderen Elternteil gemeldet:

Das Kind wird stets dem Elternteil zugeordnet, bei dem es zuerst gemeldet war (→ BFH vom 17.9.1982 – BStBl 1983 II S. 9).

b) Das Kind war zu Beginn des Kalenderjahrs oder zu dem anderen maßgebenden Stichtag bei beiden Elternteilen gemeldet:

Das Kind wird der Mutter zugeordnet, mit ihrer Zustimmung dem Vater.

Zuzuordnen ist auch in Fällen, in denen mehrere gemeinsame Kinder im Kalenderjahr – nacheinander oder gleichzeitig – in den Wohnungen beider Elternteile gemeldet sind, die Kinderfreibeträge aber nicht für alle Kinder übertragen werden.

Beispiel:

Beide Kinder geschiedener Eltern wohnen zunächst in der Wohnung der Mutter und sind dort gemeldet. Am 1. April zieht ein Kind (erstes Kind) in die Wohnung des Vaters um und wird entsprechend angemeldet. Der Vater zahlt Barunterhalt für das zweite Kind während des ganzen Kalenderjahrs und für das erste Kind bis einschließlich März. Ab 1. April trägt er für das erste Kind allein den vollen Unterhalt. Da nur der Vater seiner Unterhaltsverpflichtung gegenüber dem ersten Kind im wesentlichen nachkommt, wird der Kinderfreibetrag der Mutter antragsgemäß auf ihn übertragen. Die Mutter behält ihren Kinderfreibetrag für das zweite Kind.

Auf Grund der Zuordnungsregelung verbleibt der Haushaltsfreibetrag bei der Mutter. Für den Vater ist der Haushaltsfreibetrag ausgeschlossen.

§§ 32, 32a EStG
R 183   H 182

Abzug ohne Zuordnung

Einer Zuordnung bedarf es, obwohl das Kind bei beiden Elternteilen gemeldet ist, aber nicht, wenn

a) für einen Elternteil das Splitting-Verfahren (§ 32a Abs. 5 oder 6 EStG) oder die getrennte Veranlagung zur Einkommensteuer in Betracht kommt oder

b) die Kinderfreibeträge für alle gemeinsamen Kinder von einem Elternteil auf den anderen Elternteil übertragen werden.

Beispiele:

A. Das Kind geschiedener Eltern wohnt zunächst in der Wohnung der Mutter und ist dort gemeldet. Am 1. April zieht es in die Wohnung des Vaters um und wird entsprechend angemeldet. Der Vater hat bis einschließlich März für das Kind Barunterhalt geleistet und trägt seit April allein den vollen Unterhalt. Da nur der Vater seiner Unterhaltsverpflichtung gegenüber dem Kind im wesentlichen nachkommt, wird der Kinderfreibetrag der Mutter antragsgemäß auf ihn übertragen.

Der Haushaltsfreibetrag wird beim Vater ohne Zuordnung abgezogen.

B. Beide Kinder geschiedener Eltern sind sowohl in der Wohnung des Vaters als auch in der Wohnung der Mutter gemeldet. Nur der Vater erfüllt seine Unterhaltsverpflichtung. Die Kinderfreibeträge der Mutter werden antragsgemäß auf den Vater übertragen.

Der Haushaltsfreibetrag wird beim Vater ohne Zuordnung abgezogen.

Meldung des Kindes

Für die Fragen, in wessen Wohnung das Kind gemeldet war oder ob eine gemeinsame Wohnung der Eltern vorliegt, sind allein die Verhältnisse maßgebend, wie sie sich aus dem Melderegister ergeben. Dabei ist es gleichgültig, ob es sich um eine Meldung mit Haupt- oder Nebenwohnung handelt. Darauf, wo sich das Kind oder die Elternteile tatsächlich aufgehalten haben, kommt es nicht an (→ BFH vom 27.7.1984 – BStBl 1985 II S. 8). Eine Meldung des Kindes bei beiden Elternteilen kann sowohl in der gemeinsamen Wohnung als auch in getrennten Wohnungen der Elternteile gegeben sein. Eine nach Ablauf des VZ vorgenommene nachträgliche An- oder Ummeldung kann nicht berücksichtigt werden (→ BFH vom 1.12.1995 – BStBl 1996 II S. 91).

R 183   183.

– unbesetzt –

EStG   § 32a
S 2283   **Einkommensteuertarif**

[1]) **(1)** ¹Die tarifliche Einkommensteuer bemißt sich nach dem zu versteuernden Einkommen. ²Sie beträgt vorbehaltlich der §§ 32b, 34, 34b und 34c jeweils in Deutsche Mark für zu versteuernde Einkommen

---

[1]) Durch das Steuerentlastungsgesetz 1999 wurde Absatz 1 ab VZ 1999 geändert.

Anm.: „(1) Die tarifliche Einkommensteuer bemißt sich nach dem zu versteuernden Einkommen. Sie beträgt vorbehaltlich der §§ 32b, 34, 34b und 34c jeweils in Deutsche Mark für zu versteuernde Einkommen

1. bis 13.067 Deutsche Mark (Grundfreibetrag):
   0;
2. von 13.068 Deutsche Mark bis 17 063 Deutsche Mark:
   $(350{,}35 \cdot y_1 + 2.390) \cdot y_1$;
3. von 17.064 Deutsche Mark bis 66.365 Deutsche Mark:
   $(101{,}31 \cdot y_2 + 2.670) \cdot y_2 + 1.011$;
4. von 66.366 Deutsche Mark bis 120.041 Deutsche Mark:
   $(151{,}93 \cdot z + 3.669) \cdot z + 16.637$;

§ 32a EStG

1. bis 12.365 Deutsche Mark (Grundfreibetrag):
   0;
2. von 12.366 Deutsche Mark bis 58.643 Deutsche Mark:
   (91,19 y + 2.590) y;
3. von 58.644 Deutsche Mark bis 120.041 Deutsche Mark:
   (151,91 z + 3.434) z + 13.938;
4. von 120.042 Deutsche Mark an:
   0,53 x − 22.843.

[3]„y" ist ein Zehntausendstel des 12.312 Deutsche Mark übersteigenden Teils des abgerundeten zu versteuernden Einkommens. [4]„z" ist ein Zehntausendstel des 58.590 Deutsche Mark übersteigenden Teils des abgerundeten zu versteuernden Einkommens. [5]„x" ist das abgerundete zu versteuernde Einkommen.

(2) Das zu versteuernde Einkommen ist auf den nächsten durch 54 ohne Rest teilbaren vollen Deutsche-Mark-Betrag abzurunden, wenn es nicht bereits durch 54 ohne Rest teilbar ist.

(3) [1]Die zur Berechnung der tariflichen Einkommensteuer erforderlichen Rechenschritte sind in der Reihenfolge auszuführen, die sich nach dem Horner-Schema ergibt. [2]Dabei sind die sich aus den Multiplikationen ergebenden Zwischenergebnisse für jeden weiteren Rechenschritt mit drei Dezimalstellen anzusetzen; die nachfolgenden Dezimalstellen sind fortzulassen. [3]Der sich ergebende Steuerbetrag ist auf den nächsten vollen Deutsche-Mark-Betrag abzurunden.

(4) Für zu versteuernde Einkommen bis 120.041 Deutsche Mark ergibt sich die nach den Absätzen 1 bis 3 berechnete tarifliche Einkommensteuer aus der diesem Gesetz beigefügten Anlage 4 (Einkommensteuer-Grundtabelle). *Tabellen*

(5) [1]Bei Ehegatten, die nach den §§ 26, 26b zusammen zur Einkommensteuer veranlagt werden, beträgt die tarifliche Einkommensteuer vorbehaltlich der §§ 32b, 34 und 34b das Zweifache des Steuerbetrags, der sich für die Hälfte ihres gemeinsam zu versteuernden Einkommens nach den Absätzen 1 bis 3 ergibt (Splitting-Verfahren).[2]) [2]Für zu versteuernde Einkommen bis 240.083 Deutsche Mark ergibt sich die nach Satz 1 berechnete tarifliche Einkommensteuer aus der diesem Gesetz beigefügten Anlage 4a (Einkommensteuer-Splittingtabelle). *Tabellen*

(6) [1]Das Verfahren nach Absatz 5 ist auch anzuwenden zur Berechnung der tariflichen Einkommensteuer für das zu versteuernde Einkommen

1. bei einem verwitweten Steuerpflichtigen für den Veranlagungszeitraum, der dem Kalenderjahr folgt, in dem der Ehegatte verstorben ist, wenn der Steuerpflichtige und sein verstorbener Ehegatte im Zeitpunkt seines Todes die Voraussetzungen des § 26 Abs. 1 Satz 1 erfüllt haben,
2. bei einem Steuerpflichtigen, dessen Ehe in dem Kalenderjahr, in dem er sein Einkommen bezogen hat, aufgelöst worden ist, wenn in diesem Kalenderjahr
   a) der Steuerpflichtige und sein bisheriger Ehegatte die Voraussetzungen des § 26 Abs. 1 Satz 1 erfüllt haben,
   b) der bisherige Ehegatte wieder geheiratet hat und
   c) der bisherige Ehegatte und dessen neuer Ehegatte ebenfalls die Voraussetzungen des § 26 Abs. 1 Satz 1 erfüllen.

---

5. von 120.042 Deutsche Mark an:
   0,53 x − 22.886.

„y1" ist ein Zehntausendstel des 13.014 Deutsche Mark übersteigenden Teils des abgerundeten zu versteuernden Einkommens. „y2"; ist ein Zehntausendstel des 17.010 Deutsche Mark übersteigenden Teils des abgerundeten zu versteuernden Einkommens. „z" ist ein Zehntausendstel des 66.312 Deutsche Mark übersteigenden Teils des abgerundeten zu versteuernden Einkommens. „x" ist das abgerundete zu versteuernde Einkommen."

[2]) Anm.: Durch das Steuerentlastungsgesetz 1999/2000/2002 wurde Absatz 5 Satz 1 mit Wirkung ab dem VZ 1999 wie folgt gefaßt:
„Bei Ehegatten, die nach den §§ 26, 26b zusammen zur Einkommensteuer veranlagt werden, beträgt die tarifliche Einkommensteuer vorbehaltlich der §§ 32b, 34, 34b und 34c das Zweifache des Steuerbetrags, der sich für die Hälfte ihres gemeinsam zu versteuernden Einkommens nach den Absätzen 1 bis 3 ergibt (Splitting-Verfahren)."

§ 32a EStG
R 184, 184a   H 184a

Dies gilt nicht, wenn eine Ehe durch Tod aufgelöst worden ist und die Ehegatten der neuen Ehe die besondere Veranlagung nach § 26c wählen.
²Voraussetzung für die Anwendung des Satzes 1 ist, daß der Steuerpflichtige nicht nach den §§ 26, 26a getrennt zur Einkommensteuer veranlagt wird.

Anlage 4 zum Einkommensteuergesetz
(zu § 52a Abs. 22c EStG)

---

¹) **Einkommensteuer-Grundtabelle 1998**

(abgedruckt im Tabellenteil)

Anlage 4a zum Einkommensteuergesetz
(zu § 52a Abs. 22d EStG)

---

²) **Einkommensteuer-Splittingtabelle 1998**

(abgedruckt im Tabellenteil)

R 184   **184.**

– unbesetzt –

R 184a   **R 184a. Splitting-Verfahren bei verwitweten Personen**
(§ 32a Abs. 6 Nr. 1 EStG)

– unbesetzt –

H 184a   **Hinweise**

Auflösung einer Ehe
Ist eine Ehe, die der Steuerpflichtige im VZ des Todes des früheren Ehegatten geschlossen hat, im selben VZ wieder aufgelöst worden, so ist er für den folgenden VZ auch dann wieder nach § 32a Abs. 6 Nr. 1 EStG als Verwitweter zu behandeln, wenn die Ehe in anderer Weise als durch Tod aufgelöst worden ist (→ BFH vom 9. 6. 1965 – BStBl III S. 590).

Dauerndes Getrenntleben im Todeszeitpunkt
Die Einkommensteuer eines verwitweten Steuerpflichtigen ist in dem VZ, der dem VZ des Todes folgt, nur dann nach der Splittingtabelle festzusetzen, wenn er und sein verstorbener

---

1) Die für den VZ 1999 geltende Einkommensteuer-Grundtabelle entspricht der Anlage 2 zum EStG (BStBl 1999 I S. 82 ff.)
2) Die für den VZ 1999 geltende Einkommensteuer-Splittingtabelle entspricht der Anlage zum EStG (BStBl 1999 I S. 99 ff.)

§§ 32a, 32b EStG
H 184a, 184b R 184b

Ehegatte im Zeitpunkt des Todes nicht dauernd getrennt gelebt haben (BFH vom 27.02.1998 – BStBl II S. 350)

Todeserklärung eines verschollenen Ehegatten
→ H 174 (Allgemeines)

Wiederheirat
Geht der verwitwete Steuerpflichtige im VZ, der dem VZ des Todes des früheren Ehegatten folgt, eine neue Ehe ein, so findet § 32a Abs. 6 Nr. 1 EStG nur dann Anwendung, wenn für die neue Ehe die besondere Veranlagung nach § 26c EStG gewählt worden ist oder die Voraussetzungen des § 26 Abs. 1 EStG nicht vorgelegen haben.

184b. Splitting-Verfahren bei Personen, deren Ehe im Veranlagungszeitraum aufgelöst worden ist (§ 32a Abs. 6 Nr. 2 EStG)
R 184b

– unbesetzt –

Hinweise
H 184b

Auflösung der Ehe außer durch Tod und Wiederheirat eines Ehegatten
Ist eine Ehe, für die die Voraussetzungen des § 26 Abs. 1 EStG vorgelegen haben, im VZ durch Aufhebung oder Scheidung aufgelöst worden und ist der Steuerpflichtige im selben VZ eine neue Ehe eingegangen, für die die Voraussetzungen des § 26 Abs. 1 Satz 1 EStG ebenfalls vorliegen, so kann nach § 26 Abs. 1 Satz 2 EStG für die aufgelöste Ehe das Wahlrecht zwischen getrennter Veranlagung (§ 26a EStG) und Zusammenveranlagung (§ 26b EStG) nicht ausgeübt werden. Der andere Ehegatte, der nicht wieder geheiratet hat, ist mit dem von ihm bezogenen Einkommen nach dem Splitting-Verfahren zu besteuern (§ 32a Abs. 6 Nr. 2 EStG). Der Auflösung einer Ehe durch Aufhebung oder Scheidung steht die Nichtigerklärung einer Ehe gleich (→ H 174 – Allgemeines).

Wiederheirat des anderen Ehegatten
Ist eine Ehe, für die die Voraussetzungen des § 26 Abs. 1 EStG vorgelegen haben, im VZ durch Tod eines Ehegatten aufgelöst worden und hat der überlebende Ehegatte noch im selben VZ eine neue Ehe geschlossen, für die die Voraussetzungen des § 26 Abs. 1 Satz 1 EStG ebenfalls vorliegen, so kann für die aufgelöste Ehe das Wahlrecht zwischen getrennter Veranlagung (§ 26a EStG) und Zusammenveranlagung (§ 26b EStG) nur dann ausgeübt werden, wenn für die neue Ehe die besondere Veranlagung nach § 26c EStG gewählt worden ist (§ 26 Abs. 1 Satz 2 und 3 EStG). Ist dies nicht geschehen, so ist für das zu versteuernde Einkommen des **verstorbenen Ehegatten** das Splitting-Verfahren anzuwenden (§ 32a Abs. 6 Nr. 2 EStG).

§ 32b
Progressionsvorbehalt
EStG

(1) Hat ein zeitweise oder während des gesamten Veranlagungszeitraumes unbeschränkt Steuerpflichtiger oder ein beschränkt Steuerpflichtiger, auf den § 50 Abs. 5 Satz 4 Nr. 2 Anwendung findet,
S 2295

1. a) Arbeitslosengeld, Teilarbeitslosengeld, Kurzarbeitergeld, Winterausfallgeld, Konkursausfallgeld oder Insolvenzgeld, Arbeitslosenhilfe, Übergangsgeld, Altersübergangsgeld-Ausgleichsbetrag, Unterhaltsgeld als Zuschuß, Eingliederungshilfe [¹]

---

1) Dank des EGInsOÄndG wurde Absatz 1 ab VZ 1999 geändert.
 Anm.: In § 32b Abs. 1 Nr. 1 Buchstabe a wurden die Worte „Konkursausfallgeld oder" mit Wirkung ab dem VZ 1999 durch das EGInsOÄndG gestrichen.

§ 32b EStG

und Überbrückungsgeld nach dem Dritten Buch Sozialgesetzbuch oder dem Arbeitsförderungsgesetz, das aus dem Europäischen Sozialfonds finanzierte Unterhaltsgeld und die aus Landesmitteln ergänzten Leistungen aus dem Europäischen Sozialfonds zur Aufstockung des Überbrückungsgeldes nach dem Dritten Buch Sozialgesetzbuch oder dem Arbeitsförderungsgesetz,

b) Krankengeld, Mutterschaftsgeld, Verletztengeld, Übergangsgeld oder vergleichbare Lohnersatzleistungen nach dem Fünften, Sechsten oder Siebten Buch Sozialgesetzbuch, dem Gesetz über die Krankenversicherung der Landwirte oder dem Zweiten Gesetz über die Krankenversicherung der Landwirte,

c) Mutterschaftsgeld, Zuschuß zum Mutterschaftsgeld, die Sonderunterstützung nach dem Mutterschutzgesetz sowie den Zuschuß nach § 4a Mutterschutzverordnung oder einer entsprechenden Landesregelung,

d) Arbeitslosenbeihilfe oder Arbeitslosenhilfe nach dem Soldatenversorgungsgesetz,

e) Entschädigungen für Verdienstausfall nach dem Bundes-Seuchengesetz,

f) Versorgungskrankengeld oder Übergangsgeld nach dem Bundesversorgungsgesetz,

g) *Aufstockungsbeträge nach dem Altersteilzeitgesetz oder Zuschläge auf Grund des § 6 Abs. 2 des Bundesbesoldungsgesetzes,*

h) Verdienstausfallentschädigung nach dem Unterhaltssicherungsgesetz,

i) Vorruhestandsgeld nach der Verordnung über die Gewährung von Vorruhestandsgeld vom 8. Februar 1990 (GBl. I Nr. 7 S. 42), die nach Anlage II Kapitel VIII Sachgebiet E Abschnitt III Nr. 5 des Einigungsvertrags vom 31. August 1990 in Verbindung mit Artikel 1 des Gesetzes vom 23. September 1990 (BGBl. 1990 II S. 885, 1209) mit Änderungen und Maßgaben fortgilt,

oder

2. ausländische Einkünfte, die im Veranlagungszeitraum nicht der deutschen Einkommensteuer unterlegen haben; dies gilt nur für Fälle der zeitweisen unbeschränkten Steuerpflicht einschließlich der in § 2 Abs. 7 Satz 3 geregelten Fälle,

3. Einkünfte, die nach einem Abkommen zur Vermeidung der Doppelbesteuerung oder einem sonstigen zwischenstaatlichen Übereinkommen unter dem Vorbehalt der Einbeziehung bei der Berechnung der Einkommensteuer steuerfrei sind, oder bei Anwendung von § 1 Abs. 3 oder § 1a oder § 50 Abs. 5 Satz 4 Nr. 2 im Veranlagungszeitraum nicht der deutschen Einkommensteuer unterliegende Einkünfte, wenn deren Summe positiv ist,

[1]) bezogen, so ist auf das nach § 32a Abs. 1 zu versteuernde Einkommen ein besonderer Steuersatz anzuwenden.

(2) Der besondere Steuersatz nach Absatz 1 ist der Steuersatz, der sich ergibt, wenn bei der Berechnung der Einkommensteuer das nach § 32a Abs. 1 zu versteuernde Einkommen vermehrt oder vermindert wird um

1. im Fall des Absatzes 1 Nr. 1 die Summe der Leistungen nach Abzug des Arbeitnehmer-Pauschbetrags (§ 9a Satz 1 Nr. 1 Buchstabe a)[2]), soweit er nicht bei der Ermittlung der Einkünfte aus nichtselbständiger Arbeit abziehbar ist;

2. im Fall des Absatzes 1 Nr. 2 und 3 die dort bezeichneten Einkünfte, ausgenommen die darin enthaltenen außerordentlichen Einkünfte.

---

[1]) Anm.: Durch das Steuerentlastungsgesetz 1999/2000/2002 wurde mit Wirkung ab dem VZ 1999 nach Absatz 1 folgender Absatz 1a eingefügt:

„(1a) Als unmittelbar von einem unbeschränkt Steuerpflichtigen bezogene ausländische Einkünfte im Sinne des Absatzes 1 Nr. 3 gelten auch die ausländischen Einkünfte, die eine Organgesellschaft im Sinne des § 14 oder § 17 des Körperschaftsteuergesetzes bezogen hat und die nach einem Abkommen zur Vermeidung der Doppelbesteuerung steuerfrei sind, in dem Verhältnis, in dem dem unbeschränkt Steuerpflichtigen das Einkommen der Organgesellschaft bezogen auf das gesamte Einkommen der Organgesellschaft im Veranlagungszeitraum zugerechnet wird."

[2]) Anm.: Durch das Steuerentlastungsgesetz 1999/2000/2002 wurde die Angabe „(§ 9a Satz 1 Nr. 1 Buchstabe a)" mit Wirkung ab dem VZ 1999 durch die Angabe „(§ 9a Satz 1 Nr. 1)" ersetzt.

§ 32b EStG
R 185

(3) ¹Die Träger der Sozialleistungen im Sinne des Absatzes 1 Nr. 1 haben bei Einstellung der Leistung oder spätestens am Ende des jeweiligen Kalenderjahrs dem Empfänger die Dauer des Leistungszeitraums sowie Art und Höhe der während des Kalenderjahrs gezahlten Leistungen zu bescheinigen. ²In der Bescheinigung ist der Empfänger auf die steuerliche Behandlung dieser Leistungen und seine Steuererklärungspflicht hinzuweisen.

185. Progressionsvorbehalt

R 185

Allgemeines

S 2295

(1) ¹Lohn- oder Einkommensersatzleistungen der gesetzlichen Krankenkassen unterliegen auch insoweit dem Progressionsvorbehalt nach § 32b Abs. 1 Nr. 1 Buchstabe b EStG, als sie freiwillig Versicherten gewährt werden. ²Leistungen nach der Berufskrankheitenverordnung sowie das Krankentagegeld aus einer privaten Krankenversicherung gehören nicht zu den Lohn- oder Einkommensersatzleistungen, die dem Progressionsvorbehalt unterliegen.

(2) ¹In den Progressionsvorbehalt sind die Lohn- und Einkommensersatzleistungen mit den Beträgen einzubeziehen, die als Leistungsbeträge nach den einschlägigen Leistungsgesetzen festgestellt werden. ²Kürzungen dieser Leistungsbeträge, die sich im Fall der Abtretung oder durch den Abzug von Versichertenanteilen an den Beiträgen zur Rentenversicherung, Arbeitslosenversicherung und ggf. zur Kranken- und Pflegeversicherung ergeben, bleiben unberücksichtigt. ³Der bei der Ermittlung der Einkünfte aus nichtselbständiger Arbeit nicht ausgeschöpfte Arbeitnehmer-Pauschbetrag ist auch von Einkommensersatzleistungen abzuziehen.

Rückzahlung von Lohn- oder Einkommensersatzleistungen

(3) ¹Werden die in § 32b Abs. 1 Nr. 1 EStG bezeichneten Lohn- oder Einkommensersatzleistungen zurückgezahlt, so sind sie von den im selben Kalenderjahr bezogenen Leistungsbeträgen abzusetzen, unabhängig davon, ob die zurückgezahlten Beträge im Jahr ihres Bezugs dem Progressionsvorbehalt unterlegen haben. ²Ergibt sich durch die Absetzung ein negativer Betrag, weil die Rückzahlungen höher sind als die im selben Jahr empfangenen Beträge oder weil den zurückgezahlten keine empfangenen Beträge gegenüberstehen, so ist auch der negative Betrag bei der Ermittlung des besonderen Steuersatzes nach § 32b EStG zu berücksichtigen (negativer Progressionsvorbehalt). ³Aus Vereinfachungsgründen bestehen keine Bedenken, zurückgezahlte Beträge dem Kalenderjahr zuzurechnen, in dem der Rückforderungsbescheid ausgestellt worden ist. ⁴Beantragt der Steuerpflichtige, die zurückgezahlten Beträge dem Kalenderjahr zuzurechnen, in dem sie tatsächlich abgeflossen sind, hat er den Zeitpunkt des tatsächlichen Abflusses anhand von Unterlagen, z. B. Aufhebungs-/Erstattungsbescheide oder Zahlungsbelege, nachzuweisen oder glaubhaft zu machen.

Rückwirkender Wegfall von Lohn- oder Einkommensersatzleistungen

(4) ¹Fällt wegen der rückwirkenden Zubilligung einer Rente der Anspruch auf Krankengeld rückwirkend ganz oder teilweise weg, ist dies steuerlich wie folgt zu behandeln:

1. *¹Soweit der Krankenkasse ein Erstattungsanspruch nach § 103 SGB X gegenüber dem Rentenversicherungsträger zusteht, ist das bisher gezahlte Krankengeld als Rentenzahlung anzusehen und als Leibrente nach § 22 Nr. 1 Satz 3 Buchstabe a EStG mit dem Ertragsanteil der Besteuerung zu unterwerfen. ²Das Krankengeld unterliegt insoweit nicht dem Progressionsvorbehalt nach § 32b EStG.*

2. *¹Gezahlte und die Rentenleistung übersteigende Krankengeldbeträge im Sinne des § 50 Abs. 1 Satz 2 SGB V sind als Krankengeld nach § 3 Nr. 1 Buchstabe a EStG steuerfrei; § 32b EStG ist anzuwenden. ²Entsprechendes gilt für das Krankengeld, das vom Empfänger infolge rückwirkender Zubilligung einer Rente aus einer ausländischen gesetzlichen Rentenversicherung nach § 50 Abs. 1 Satz 3 SGB V an die Krankenkasse zurückzuzahlen ist.*

3. *Soweit die nachträgliche Feststellung des Rentenanspruchs auf Zeiträume zurückwirkt, für die Steuerbescheide bereits ergangen sind, sind diese Steuerbescheide nach § 175 Abs. 1 Satz 1 Nr. 2 AO zu ändern.*

§ 32b EStG
R 185   H 185

²Nummern 1 bis 3 gelten sinngemäß, soweit wegen der rückwirkenden Zubilligung einer Rente der Bundesanstalt für Arbeit gegenüber dem Rentenversicherungsträger ein Anspruch auf Erstattung der nach dem SGB III oder dem Arbeitsförderungsgesetz gezahlten Leistungen zusteht.

Fehlende Lohn- oder Einkommensersatzleistungen

(5) ¹Hat ein Arbeitnehmer trotz Arbeitslosigkeit kein Arbeitslosengeld oder keine Arbeitslosenhilfe erhalten, weil ein entsprechender Antrag abgelehnt worden ist, so kann dies durch die Vorlage des Ablehnungsbescheids nachgewiesen werden; hat der Arbeitnehmer keinen Antrag gestellt, so kann dies durch die Vorlage der vom Arbeitgeber nach § 312 SGB III ausgestellten Arbeitsbescheinigung im Original belegt werden. ²Kann ein Arbeitnehmer weder durch geeignete Unterlagen nachweisen noch in sonstiger Weise glaubhaft machen, daß er keine Lohn- oder Einkommensersatzleistungen erhalten hat, kann das Finanzamt bei dem für den Arbeitnehmer zuständigen Arbeitsamt (§ 327 SGB III) eine Bescheinigung darüber anfordern (Negativbescheinigung).

H 185   **Hinweise**

Allgemeines

Ist für Einkünfte nach § 32b Abs. 1 EStG der Progressionsvorbehalt zu beachten, ist wie folgt zu verfahren:

1. Ermittlung des nach § 32a Abs. 1 EStG zu versteuernden Einkommens (zvE)
2. Dem zvE werden für die Berechnung des besonderen Steuersatzes die Lohn- **oder Einkommens**ersatzleistungen (§ 32b Abs. 1 Nr. 1 EStG) und die auf Grund von Doppelbesteuerungsabkommen steuerfreien Einkünfte (§ 32b Abs. 1 Nr. 3 EStG) sowie die unter § 32b Abs. 1 Nr. 2 EStG fallenden Einkünfte im Jahr ihrer Entstehung hinzugerechnet oder von ihm abgezogen. Der sich danach ergebende besondere Steuersatz ist auf das nach § 32a Abs. 1 EStG zvE anzuwenden.

Beispiele:

Fall	A	B
zu versteuerndes Einkommen (§ 2 Abs. 5 EStG)	40.000 DM	40.000 DM
Fall A Arbeitslosengeld oder	10.000 DM	
Fall B zurückgezahltes Arbeitslosengeld		2.000 DM
Für die Berechnung des Steuersatzes maßgebendes zu versteuerndes Einkommen	50.000 DM	38.000 DM
Abrundung auf den Eingangsbetrag der Tabellenstufe	49.896 DM	37.908 DM
Steuer nach der Splittingtabelle	6.836 DM	3.520 DM
durchschnittlicher Steuersatz (bezogen auf 49.896 DM oder 37.908 DM)	13,7004 %	9,2856 %
Die Anwendung des durchschnittlichen Steuersatzes auf das – auf den Eingangsbetrag der Tabellenstufe abgerundete – zu versteuernde Einkommen (39.960 DM) ergibt als Steuer	5.474 DM	3.710 DM

§§ 32b, 32c EStG
H 185

Ein nach dem bis 1995 geltenden Recht zu berücksichtigender Verlustabzug (§ 10d EStG) ist ab VZ 1996 bei der Ermittlung des besonderen Steuersatzes nach § 32b Abs. 1 Nr. 1 EStG nicht mehr zu berücksichtigen.

Anwendung auf Lohnersatzleistungen
Der Progressionsvorbehalt für Lohnersatzleistungen ist verfassungsgemäß (→ Kammerbeschluß des BVerfG vom 3.5.1995 – BStBl II S. 758).

Anwendung bei Steuerpflichtigen mit Einkünften aus nichtselbständiger Arbeit
→ R 217

Ausländische Einkünfte
Die Höhe ist nach dem deutschen Steuerrecht zu ermitteln (→ BFH vom 22.5.1991 – BStBl 1992 II S. 94).

Ausländische Verluste
1. Durch ausländische Verluste kann der Steuersatz auf Null sinken (→ BFH vom 25.5.1970 – BStBl II S. 660).
2. Ausländische Verluste im Sinne des § 2a EStG werden nur nach Maßgabe des § 2a EStG berücksichtigt (→ BFH vom 17.10.1990 – BStBl 1991 II S. 136).

Steuerfreiheit einer Leibrente
Ist eine Leibrente sowohl nach einem DBA als auch nach § 3 Nr. 6 EStG steuerfrei, unterliegt sie nicht dem Progressionsvorbehalt (→ BFH vom 22.1.1997 – BStBl II S. 358).

§ 32c
Tarifbegrenzung bei gewerblichen Einkünften

EStG
S 2283a

(1) Sind in dem zu versteuernden Einkommen gewerbliche Einkünfte im Sinne des Absatzes 2 enthalten, deren Anteil am zu versteuernden Einkommen mindestens 100.278[1])

[1]) Anm.: Durch das Steuerentlastungsgesetz 1999/2000/2002 wurden für den VZ 1999
 – in Absatz 1 der Betrag von „100.278" durch den Betrag von „93.744" ersetzt
 – Absatz 2 wie folgt gefaßt:
„(2) ¹Gewerbliche Einkünfte im Sinne dieser Vorschrift sind vorbehaltlich des Satzes 2 Gewinne oder Gewinnanteile, die nach § 7 oder § 8 Nr. 4 des Gewerbesteuergesetzes der Gewerbesteuer unterliegen. ²Ausgenommen sind:
1. Gewinne und Gewinnanteile, die nach § 9 Nr. 1 Satz 2 und 3, Nr. 2a, 3, 5, 7 und 8 des Gewerbesteuergesetzes zu kürzen sind. ²Das gilt auch für Gewinne aus Anteilen an einer Kapitalgesellschaft, die im Rahmen einer Organschaft im Sinne des § 2 Abs. 2 Satz 2 und 3 des Gewerbesteuergesetzes Betriebsstätte des Organträgers ist, soweit die Gewinne oder Gewinnanteile bei der Ermittlung des Gewinns des Organträgers angesetzt worden sind;
2. Einkommen oder Einkommensteile, die im Rahmen einer körperschaftsteuerlichen Organschaft im Sinne der §§ 14 und 17 des Körperschaftsteuergesetzes dem Organträger zugerechnet werden;
3. Kürzungsbeträge nach § 9 Nr. 2 des Gewerbesteuergesetzes, soweit sie auf Anteile am Gewinn einer ausländischen Betriebsstätte entfallen;
4. Gewinne, die einer Steuerermäßigung nach § 34 unterliegen."
 – in Absatz 4 Satz 2 die Beträge „100.224 Deutsche Mark" jeweils durch die Beträge „93.690 Deutsche Mark" und die Angabe „47 vom Hundert" durch die Angabe „45 vom Hundert" ersetzt.
Zur Anwendung ab dem VZ 2000 → § 52 Abs. 44 und 45 EStG i.d.F. des Steuerentlastungsgesetzes 1999/2000/2002.

627

§ 32c EStG
R 185a

Deutsche Mark beträgt, ist von der tariflichen Einkommensteuer ein Entlastungsbetrag nach Absatz 4 abzuziehen.

¹) (2) ¹Gewerbliche Einkünfte im Sinne dieser Vorschrift sind vorbehaltlich des Satzes 2 Gewinne oder Gewinnanteile, die nach § 7 oder § 8 Nr. 4 des Gewerbesteuergesetzes der Gewerbesteuer unterliegen. ²Ausgenommen sind Gewinne und Gewinnanteile, die nach § 9 Nr. 1 Satz 2 und 3, Nr. 2a, 3, 5, 7 und 8 des Gewerbesteuergesetzes zu kürzen sind; ausgenommen sind auch Kürzungsbeträge nach § 9 Nr. 2 des Gewerbesteuergesetzes, soweit sie auf Anteile am Gewinn einer ausländischen Betriebsstätte entfallen, sowie Gewinne, die einer Steuerermäßigung nach § 34 unterliegen.

(3) ¹Der auf gewerbliche Einkünfte entfallende Anteil am zu versteuernden Einkommen (gewerblicher Anteil) bemißt sich nach dem Verhältnis der gewerblichen Einkünfte nach Absatz 2 zur Summe der Einkünfte. ²Übersteigen die gewerblichen Einkünfte nach Absatz 2 die Summe der Einkünfte, ist der Entlastungsbetrag nach Absatz 4 auf der Grundlage des gesamten zu versteuernden Einkommens zu ermitteln. ³Der gewerbliche Anteil ist auf den nächsten durch 54 ohne Rest teilbaren vollen Deutsche-Mark-Betrag abzurunden, wenn er nicht bereits durch 54 ohne Rest teilbar ist.

(4) ¹Zur Ermittlung des Entlastungsbetrags wird zunächst für den abgerundeten gewerblichen Anteil die Einkommensteuer nach § 32a berechnet. ²Von diesem Steuerbetrag sind die Einkommensteuer, die nach § 32a auf ein zu versteuerndes Einkommen in Höhe von 100.224¹) Deutsche Mark entfällt, sowie 47¹) vom Hundert des abgerundeten gewerblichen Anteils, soweit er 100.224¹) Deutsche Mark übersteigt, abzuziehen. ³Der sich hieraus ergebende Entlastungsbetrag ist auf volle Deutsche Mark aufzurunden.

(5) ¹Bei Ehegatten, die zusammen zur Einkommensteuer veranlagt werden, beträgt der Entlastungsbetrag das Zweifache des Entlastungsbetrags, der sich für die Hälfte ihres gemeinsam zu versteuernden Einkommens nach den Absätzen 1 bis 4 ergibt. ²Die Ehegatten sind bei der Verhältnisrechnung nach Absatz 3 gemeinsam als Steuerpflichtiger zu behandeln. ³Satz 1 gilt entsprechend bei Steuerpflichtigen, deren Einkommensteuer nach § 32a Abs. 6 zu ermitteln ist.

R 185a

S 2283a

185a. Tarifbegrenzung bei gewerblichen Einkünften

(1) ¹Tarifbegünstigte gewerbliche Einkünfte sind gewerbliche Gewinne oder Gewinnanteile, die dem Grunde nach gewerbesteuerpflichtig sind und die bei der Ermittlung des

---

¹) Anm.: Durch das Steuerentlastungsgesetz 1999/2000/2002 wurden für den VZ 1999
- in Absatz 1 der Betrag von „100.278" durch den Betrag von „93.744" ersetzt
- Absatz 2 wie folgt gefaßt:
„(2) ¹Gewerbliche Einkünfte im Sinne dieser Vorschrift sind vorbehaltlich des Satzes 2 Gewinne oder Gewinnanteile, die nach § 7 oder § 8 Nr. 4 des Gewerbesteuergesetzes der Gewerbesteuer unterliegen. ²Ausgenommen sind:
1. Gewinne und Gewinnanteile, die nach § 9 Nr. 1 Satz 2 und 3, Nr. 2a, 3, 5, 7 und 8 des Gewerbesteuergesetzes zu kürzen sind. ²Das gilt auch für Gewinne aus Anteilen an einer Kapitalgesellschaft, die im Rahmen einer Organschaft im Sinne des § 2 Abs. 2 Satz 2 und 3 des Gewerbesteuergesetzes Betriebsstätte des Organträgers ist, soweit die Gewinne oder Gewinnanteile bei der Ermittlung des Gewinns des Organträgers angesetzt worden sind;
2. Einkommen oder Einkommensteile, die im Rahmen einer körperschaftsteuerlichen Organschaft im Sinne der §§ 14 und 17 des Körperschaftsteuergesetzes dem Organträger zugerechnet werden;
3. Kürzungsbeträge nach § 9 Nr. 2 des Gewerbesteuergesetzes, soweit sie auf Anteile am Gewinn einer ausländischen Betriebsstätte entfallen;
4. Gewinne, die einer Steuerermäßigung nach § 34 unterliegen."
- in Absatz 4 Satz 2 die Beträge „100.224 Deutsche Mark" jeweils durch die Beträge „93.690 Deutsche Mark" und die Angabe „47 vom Hundert" durch die Angabe „45 vom Hundert" ersetzt.
Zur Anwendung ab dem VZ 2000 → § 52 Abs. 44 und 45 EStG i.d.F. des Steuerentlastungsgesetzes 1999/2000/2002.

§ 32c EStG
H 185a R 185a

Gewerbeertrags nicht nach § 9 Nr. 1 Satz 2 und 3, Nr. 2a, 3, 5, 7 und 8 GewStG sowie bei Gewinnen aus ausländischen Betriebsstätten nach § 9 Nr. 2 GewStG zu kürzen sind. ²Liegen bei einem Steuerpflichtigen tarifbegünstigte gewerbliche Einkünfte aus mehreren Gewerbebetrieben oder aus mehreren gewerblichen Beteiligungen vor, sind tarifbegünstigte Gewinne mit Verlusten innerhalb der begünstigten Einkünfte zu verrechnen. ³Nur ein danach verbleibender Gewinn bei den tarifbegünstigten Einkünften führt zu einer Tarifbegrenzung.

(2) Der Tarifbegrenzung nach § 32c EStG unterliegen nur solche tarifbegünstigten Einkünfte, die bei Anwendung des § 15a EStG bei der jeweiligen Einkommensteuerveranlagung angesetzt werden dürfen.

(3) In den Fällen der Betriebsverpachtung im ganzen (→ R 139 Abs. 5) kommt die Tarifbegrenzung nach § 32c EStG nicht in Betracht.

(4) In Fällen der gesonderten sowie der gesonderten und einheitlichen Feststellung der Einkünfte aus Gewerbebetrieb sind auch die tarifbegünstigten gewerblichen Einkünfte gesondert festzustellen; das gilt auch für Verluste.

Hinweise

H 185a

Beispiel 1

Ein Lediger hat begünstigte gewerbliche Einkünfte in Höhe von 250.000 DM und einen Verlust aus den Einkünften aus Vermietung und Verpachtung in Höhe von 20.000 DM. Sein zu versteuerndes Einkommen beträgt 200.016 DM.

Der Entlastungsbetrag ermittelt sich wie folgt:

Einkommensteuer (Grundtabelle) für 100.224 DM =	30.869 DM
47 % von (200.016 DM ./. 100.224 DM =) 99.792 DM	46.902 DM
festzusetzende Einkommensteuer	77.771 DM
Tarifliche Einkommensteuer ohne Tarifermäßigung	83.165 DM
Entlastungsbetrag	5.394 DM

Beispiel 2

	Lediger Fall 1 DM	Ehegatten Fall 2 DM	Ehegatten Fall 3 DM
Begünstigte gewerbliche Einkünfte	154.000	308.000	200.000
Summe der Einkünfte	220.000	440.000	440.000
zu versteuerndes Einkommen	200.016	400.032	400.032
gewerblicher Anteil am zu versteuernden Einkommen:	$\frac{154.000 \times 200.016}{220.000}$ $= 140.011$	$\frac{308.000 \times 400.032}{440.000 \times 2}$ $= 140.011$	$\frac{200.000 \times 400.032}{440.000 \times 2}$ $= 90.916$
abgerundet auf 54faches	139.968	139.968	90.882
tarifliche Einkommensteuer auf den gewerblichen Teil (Grundtabelle)	51.340	51.340	26.611

§ 32c EStG
H 185a

	Lediger Fall 1 DM	Ehegatten Fall 2 DM	Ehegatten Fall 3 DM
Einkommensteuer nach Tarifbegrenzung für gewerblichen Anteil: tarifliche Einkommensteuer für 100.224 DM	30.869	30.869	Die Berechnung der Tarifbegrenzung und des Entlastungsbetrags entfällt, da der Anteil der begünstigten Einkünfte nicht mindestens 100.278 DM beträgt.
zuzüglich 47 % der Differenz zwischen gewerblichem Anteil und 100.224: 47 % von (139.968 DM ./. 100.224 DM) =	18.679	18.679	
Einkommensteuer nach Tarifbegrenzung	49.548	49.548	
Entlastungsbetrag	51.340 ./. 49.548 = 1.792	(51.340 ./. 49.548) × 2 = 3.584	
Entlastungsbetrag	Tarifliche Einkommensteuer auf 200.016 = 83.165 ./. 1.792	Tarifliche Einkommensteuer auf 400.032 = 166.330 ./. 3.584	Tarifliche Einkommensteuer auf 400.032 = 166.330 ./. 0
festzusetzende Einkommensteuer	81.373	162.746	166.330

Tarifbegrenzung bei gewerblichen Einkünften nach § 32c EStG

OFD Köln vom 8.7.1997 (FR 1997 S. 702)

S 2294 – 3 – St 112

Bei Personengesellschaften bitte ich, im Rahmen der Tarifbegrenzung nach § 32c EStG gewerbesteuerliche Kürzungsbeträge im Zusammenhang mit Gewinnen im Gesamthandsbereich nach dem Beteiligungsverhältnis und im Zusammenhang mit Gewinnen im Sonderbetriebsvermögen nur bei dem jeweiligen Gesellschafter zu berücksichtigen.

Beispiel 1

An der AB-OHG sind A und B zu gleichen Teilen beteiligt. Der Gewinn der OHG beträgt im Jahr 1995 120.000 DM. Die OHG ist an der X-GmbH beteiligt. Die GmbH schüttete für das Jahr 1995 Gewinne (steuerpflichtige Einnahmen) in Höhe von 100.000 DM an die OHG aus. Diese Gewinne sind im Gesamtgewinn i. H. v. 120.000 DM enthalten.

Lösung

Der Gesamtgewinn der OHG beträgt 120.000 DM. Davon entfällt auf A und auf B ein Gewinnanteil i. H. v. jeweils 60.000 DM. Die gem. § 32c Abs. 1 i. V. m. Abs. 2 Satz 2 EStG tarifbegünstigten Einkünfte betragen für A und B jeweils 10.000 DM, weil der Kürzungsbetrag i. H. v. 100.000 DM im Zusammenhang mit Gewinnen des Gesamthandsbereichs steht und infolgedessen entsprechend dem Beteiligungsverhältnis (50 : 50) bei den Gesellschaftern zu berücksichtigen ist.

Beispiel 2

Die Beteiligung an der X-GmbH hält Gesellschafter A in seinem Sonderbetriebsvermögen.

Lösung
Der Gesamtgewinn der OHG beträgt 120.000 DM. Davon entfällt auf A ein Gewinnanteil i. H. v. 110.000 DM und auf B ein Gewinnanteil i. H. v. 10.000 DM. Die gem. § 32c Abs. 1 i. V. m. Abs. 2 Satz 2 EStG tarifbegünstigten Einkünfte betragen für A und B jeweils 10.000 DM, weil der Kürzungsbetrag i. H. v. 100.000 DM im Zusammenhang mit Gewinnen aus dem Sonderbereich des A steht und infolgedessen nur bei Gesellschafter A zu berücksichtigen ist.

Für den bei der Umwandlung einer Kapitalgesellschaft in eine Personengesellschaft entstehenden Übernahmegewinn im Sinne des § 4 Abs. 4 UmwStG 1995 kann die Tarifbegrenzung nach § 32c EStG nicht gewährt werden (→ FG Münster vom 9.12.1997 – EFG 1998 S. 1083 – Rev. – BFH VIII R 17/98).

Im Falle einer gewerbesteuerlichen Organschaft ist für die im Gewerbeertrag des Organträgers enthaltenen Gewinnausschüttungen der Organgesellschaft die Tarifbegrenzung gemäß § 32c EStG zu gewähren (→ FG Münster vom 8.1.1998 – EFG 1998 S. 768 – Rev. – BFH VIII R 18/98).

§ 33
Außergewöhnliche Belastungen

(1) Erwachsen einem Steuerpflichtigen zwangsläufig größere Aufwendungen als der überwiegenden Mehrzahl der Steuerpflichtigen gleicher Einkommensverhältnisse, gleicher Vermögensverhältnisse und gleichen Familienstands (außergewöhnliche Belastung), so wird auf Antrag die Einkommensteuer dadurch ermäßigt, daß der Teil der Aufwendungen, der die dem Steuerpflichtigen zumutbare Belastung (Absatz 3) übersteigt, vom Gesamtbetrag der Einkünfte abgezogen wird.

(2) ¹Aufwendungen erwachsen dem Steuerpflichtigen zwangsläufig, wenn er sich ihnen aus rechtlichen, tatsächlichen oder sittlichen Gründen nicht entziehen kann und soweit die Aufwendungen den Umständen nach notwendig sind und einen angemessenen Betrag nicht übersteigen. ²Aufwendungen, die zu den Betriebsausgaben, Werbungskosten oder Sonderausgaben gehören, bleiben dabei außer Betracht; das gilt für Aufwendungen im Sinne des § 10 Abs. 1 Nr. 7 bis 9 nur insoweit, als sie als Sonderausgaben abgezogen werden können. ³Aufwendungen, die durch Diätverpflegung entstehen, können nicht als außergewöhnliche Belastung berücksichtigt werden.

(3) ¹Die zumutbare Belastung beträgt

bei einem Gesamtbetrag der Einkünfte	bis 30.000 DM	über 30.000 DM bis 100.000 DM	über 100.000 DM
1. bei Steuerpflichtigen, die keine Kinder haben und bei denen die Einkommensteuer			
a) nach § 32a Abs. 1,	5	6	7
b) nach § 32a Abs. 5 oder 6 (Splitting-Verfahren) zu berechnen ist;	4	5	6
2. bei Steuerpflichtigen mit			
a) einem Kind oder zwei Kindern,	2	3	4
b) drei oder mehr Kindern	1	1	2
	vom Hundert des Gesamtbetrags der Einkünfte.		

²Als Kinder des Steuerpflichtigen zählen die, für die er einen Kinderfreibetrag oder Kindergeld erhält.

EStDV

§ 64

S 2284

Mitwirkung der Gesundheitsbehörden beim Nachweis des Gesundheitszustandes für steuerliche Zwecke

Die zuständigen Gesundheitsbehörden haben auf Verlangen des Steuerpflichtigen die für steuerliche Zwecke erforderlichen Gesundheitszeugnisse, Gutachten oder Bescheinigungen auszustellen.

R 186

186. Außergewöhnliche Belastungen allgemeiner Art

S 2284

¹§ 33 EStG setzt eine Belastung des Steuerpflichtigen auf Grund außergewöhnlicher und dem Grunde und der Höhe nach zwangsläufiger Aufwendungen voraus. ²Der Steuerpflichtige ist belastet, wenn ein Ereignis in seiner persönlichen Lebenssphäre ihn zu Ausgaben zwingt, die er selbst endgültig zu tragen hat. ³Die Belastung tritt mit der Verausgabung ein. ⁴Zwangsläufigkeit dem Grunde nach wird in der Regel auf Aufwendungen des Steuerpflichtigen für sich selbst oder für Angehörige im Sinne des § 15 AO beschränkt sein. ⁵Aufwendungen für andere Personen können diese Voraussetzung nur ausnahmsweise erfüllen (sittliche Pflicht).

R 187

187. Aufwendungen für existentiell notwendige Gegenstände

Aufwendungen zur Wiederbeschaffung oder Schadensbeseitigung können im Rahmen des Notwendigen und Angemessenen unter folgenden Voraussetzungen als außergewöhnliche Belastung berücksichtigt werden:

1. Sie müssen einen existentiell notwendigen Gegenstand betreffen – dies sind Wohnung, Hausrat und Kleidung, nicht aber z. B. ein PKW, eine Garage oder Außenanlagen.
2. Der Verlust oder die Beschädigung muß durch ein unabwendbares Ereignis wie Brand, Hochwasser, Kriegseinwirkung, Vertreibung, politische Verfolgung verursacht sein.
3. Dem Steuerpflichtigen müssen tatsächlich finanzielle Aufwendungen entstanden sein; ein bloßer Schadenseintritt reicht zur Annahme von Aufwendungen nicht aus.
4. Die Aufwendungen müssen ihrer Höhe nach notwendig und angemessen sein und werden nicht berücksichtigt, soweit sie den Wert des Gegenstandes im Vergleich zu vorher nicht übersteigen.
5. Nur der endgültig verlorene Aufwand kann berücksichtigt werden, d.h. die Aufwendungen sind um einen etwa nach Schadenseintritt noch vorhandenen Restwert zu kürzen.
6. Der Steuerpflichtige muß glaubhaft darlegen, daß er den Schaden nicht verschuldet hat und daß realisierbare Ersatzansprüche gegen Dritte nicht bestehen.
7. Ein Abzug scheidet aus, sofern der Steuerpflichtige zumutbare Schutzmaßnahmen unterlassen oder eine allgemein zugängliche und übliche Versicherungsmöglichkeit nicht wahrgenommen hat.
8. Das schädigende Ereignis darf nicht länger als drei Jahre zurückliegen, bei Baumaßnahmen muß mit der Wiederherstellung oder Schadensbeseitigung innerhalb von drei Jahren nach dem schädigenden Ereignis begonnen worden sein.

188. Aufwendungen wegen Pflegebedürftigkeit

Voraussetzungen und Nachweis

(1) ¹Pflegebedürftig ist, wer die Voraussetzungen des § 14 SGB XI erfüllt. ²Der Nachweis ist durch eine Bescheinigung der Versicherer (§ 18 SGB XI, § 6 Allgemeine Versicherungsbedingungen für die private Pflegeversicherung) oder nach § 65 Abs. 2 EStDV zu führen.

Eigene Pflegeaufwendungen

(2) ¹Zu den Aufwendungen infolge Pflegebedürftigkeit zählen sowohl Kosten für die Beschäftigung einer ambulanten Pflegekraft als auch Aufwendungen zur Unterbringung in einem Heim. ²Wird bei einer Heimunterbringung wegen Pflegebedürftigkeit der private Haushalt aufgelöst, ist die → Haushaltsersparnis mit einem Betrag von 33 DM/Tag (1.000 DM/Monat, 12.000 DM/Jahr) anzusetzen. ³Nimmt der Steuerpflichtige wegen seiner pflegebedingten Aufwendungen den Abzug nach § 33 EStG in Anspruch, so sind die Gesamtkosten um den auf hauswirtschaftliche Dienstleistungen entfallenden Anteil zu kürzen, der zur Vereinfachung in Höhe des Abzugsbetrags nach § 33a Abs. 3 EStG anzusetzen ist.

Konkurrenz zu § 33a Abs. 3 EStG

(3) Nimmt der Steuerpflichtige wegen seiner behinderungsbedingten Aufwendungen *einen* Pauschbetrag nach § 33b Abs. 3 EStG in Anspruch, kann er daneben

- bei Heimunterbringung *zusätzlich* den Abzugsbetrag für Heimbewohner nach § 33a Abs. 3 Satz 2 Nr. 2 EStG *oder*

bei ambulanter Pflege, wenn in den Aufwendungen solche für hauswirtschaftliche Dienstleistungen enthalten sind, den Abzug wegen der Beschäftigung einer Hilfe im Haushalt nach § 33a Abs. 3 Satz 1 Nr. 2 EStG

geltend machen.

Konkurrenz zu § 33b EStG

(4) ¹Die Inanspruchnahme des Pauschbetrags von 7.200 DM nach § 33b Abs. 3 EStG schließt die Berücksichtigung pflegebedingter Aufwendungen im Rahmen des § 33 EStG aus. ²Dies gilt auch dann, wenn es sich um das pflegebedürftige Kind eines Steuerpflichtigen handelt und der Steuerpflichtige den Pauschbetrag auf sich hat übertragen lassen.

Pflegeaufwendungen für Dritte

(5) Hat der pflegebedürftige Dritte im Hinblick auf sein Alter oder eine etwaige Bedürftigkeit dem Steuerpflichtigen Vermögenswerte zugewendet, z. B. ein Hausgrundstück, so kommt ein Abzug der Pflegeaufwendungen nur in der Höhe in Betracht, wie die Aufwendungen den Wert des hingegebenen Vermögens übersteigen.[1]

189. Aufwendungen wegen Krankheit, Behinderung und Tod

Nachweis

(1) Der Nachweis der Zwangsläufigkeit, Notwendigkeit und Angemessenheit von Aufwendungen im Krankheitsfall ist zu führen

- durch Verordnung eines **Arztes** oder **Heilpraktikers** für Arznei-, Heil- und Hilfsmittel (→ §§ 2, 23, 31 bis 33 SGB V); bei einer andauernden Erkrankung mit anhaltendem Verbrauch bestimmter Arznei-, Heil- und Hilfsmittel reicht die einmalige Vorlage einer Verordnung;
- durch **amtsärztliches** Attest **vor** Kauf oder Behandlung
- für Bade- und Heilkuren; bei Vorsorgekuren muß auch die Gefahr einer durch die Kur abzuwendenden Krankheit, bei Klimakuren der medizinisch angezeigte Kurort und die voraussichtliche Kurdauer bescheinigt werden;
    - für psychotherapeutische Behandlungen;

---

[1] Anm.: → BFH vom 12.11.1996 (BStBl 1997 II S. 387).

- für den Krankheitswert einer Legasthenie oder einer anderen Behinderung eines Kindes, der die auswärtige Unterbringung für eine medizinische Behandlung erfordert;
- für die Notwendigkeit der Betreuung alter oder hilfloser Steuerpflichtiger durch eine Begleitperson;
- für medizinische Hilfsmittel, die als allgemeine Gebrauchsgegenstände des täglichen Lebens anzusehen sind → § 33 Abs. 1 SGB V;
- für wissenschaftlich nicht anerkannte Behandlungsmethoden, wie Frisch- und Trockenzellenbehandlungen, Sauerstoff-, Chelat- und Eigenbluttherapie;

dem amtsärztlichen Attest stehen ärztliche Bescheinigungen eines Medizinischen Dienstes der Krankenversicherung (MDK, → § 275 SGB V) gleich; bei Pflichtversicherten die Bescheinigung der Versicherungsanstalt, bei öffentlich Bediensteten die Bescheinigung von Beihilfestellen in Behörden, wenn offensichtlich die Notwendigkeit der Kur im Rahmen der Bewilligung von Zuschüssen oder Beihilfen anerkannt worden ist;

- durch Attest des behandelnden Krankenhausarztes für Aufwendungen für Besuchsfahrten zu in einem Krankenhaus für längere Zeit liegenden Ehegatten oder Kind des Steuerpflichtigen, wenn das Attest bestätigt, daß gerade der Besuch des Steuerpflichtigen zur Linderung oder Heilung einer bestimmten Krankheit entscheidend beitragen kann.[1]

Privatschulbesuch

(2) [1]Ist ein Kind ausschließlich wegen einer Behinderung im Interesse einer angemessenen Berufsausbildung auf den Besuch einer Privatschule (Sonderschule oder allgemeine Schule in privater Trägerschaft) mit individueller Förderung angewiesen, weil eine geeignete öffentliche Schule oder eine den schulgeldfreien Besuch ermöglichende geeignete Privatschule nicht zur Verfügung steht oder nicht in zumutbarer Weise erreichbar ist, so ist das Schulgeld dem Grunde nach als außergewöhnliche Belastung nach § 33 EStG – neben einem auf den Steuerpflichtigen übertragbaren Behinderten-Pauschbetrag – zu berücksichtigen. [2]Der Nachweis, daß der Besuch der Privatschule erforderlich ist, muß durch eine Bestätigung der zuständigen obersten Landeskulturbehörde oder der von ihr bestimmten Stelle geführt werden.

Kur

(3) [1]Kosten für Kuren im Ausland sind in der Regel nur bis zur Höhe der Aufwendungen anzuerkennen, die in einem dem Heilzweck entsprechenden inländischen Kurort entstehen würden. [2]Verpflegungsmehraufwendungen anläßlich einer Kur können nur in tatsächlicher Höhe nach Abzug der Haushaltsersparnis von $1/5$ der Aufwendungen berücksichtigt werden.

Aufwendungen Behinderter für Verkehrsmittel

(4) Macht ein gehbehinderter Steuerpflichtiger neben den Aufwendungen für Privatfahrten mit dem eigenen Pkw auch solche für andere Verkehrsmittel (z. B. für Taxis) geltend, so ist die als noch angemessen anzusehende jährliche Fahrleistung von 3.000 km (beim GdB von mindestens 80 oder GdB von mindestens 70 und Merkzeichen G) – bzw. von 15.000 km (bei Merkzeichen aG, Bl oder H) – entsprechend zu kürzen.

Hinweise

Adoption

Aufwendungen im Zusammenhang mit einer Adoption sind nicht zwangsläufig (→ BFH vom 13.3.1987 – BStBl II S. 495 und vom 20.3.1987 – BStBl II S. 596).

Asbestverseuchung
→ Formaldehydschaden

---

[1] Anm.: → BFH vom 2.3.1984 (BStBl II S. 484).

Asyl

Die Anerkennung als Asylberechtigter läßt nicht ohne weiteres auf ein unabwendbares Ereignis für den Verlust von Hausrat und Kleidung schließen (→ BFH vom 26.4.1991 – BStBl II S. 755).

Auflagen

Aufwendungen zur Erfüllung von Auflagen und Weisungen sind bei einer Einstellung des Strafverfahrens nach § 153a Abs. 2 StPO nicht als außergewöhnliche Belastung zu berücksichtigen (→ BFH vom 19.12.1995 – BStBl 1996 II S. 197).

→ H 186–189 (Strafverteidigungskosten)

Aussiedlung und Übersiedlung

Bei Übersiedlung aus der ehemaligen DDR und Berlin (Ost) bzw. Spätaussiedlung aus den übrigen Ostblockstaaten wurde bis zum 31.12.1989 ein unabwendbares Ereignis unterstellt. Bei Übersiedlung bzw. Aussiedlung nach diesem Zeitpunkt können die Aufwendungen für die Wiederbeschaffung von Hausrat und Kleidung nicht mehr als außergewöhnliche Belastung anerkannt werden, es sei denn, es wird im Einzelfall ein unabwendbares Ereignis glaubhaft gemacht (→ BMF vom 25.4.1990 – BStBl I S. 222).

Außergewöhnlich

Außergewöhnlich sind Aufwendungen, die in den besonderen Verhältnissen des einzelnen Steuerpflichtigen oder einer kleinen „Minderheit" von Steuerpflichtigen begründet sind (→ BFH vom 5.12.1968 – BStBl 1969 II S. 260, BFH vom 22.8.1980 – BStBl 1981 II S. 25 und vom 19.5.1995 – BStBl II S. 774).

Aussteuer

Aufwendungen für die Aussteuer einer heiratenden Tochter sind regelmäßig nicht als zwangsläufig anzusehen, weil sie grundsätzlich in den Vermögensbereich gehören; dies gilt auch, wenn die Eltern ihrer Verpflichtung, dem Kind eine Berufsausbildung zuteil werden zu lassen, nicht nachgekommen sind (→ BFH vom 3.6.1987 – BStBl II S. 779).

Auswärtige Unterbringung

Aufwendungen von Eltern für die auswärtige Unterbringung eines Kindes mit Lese- und Rechtschreibschwäche sind außergewöhnliche Belastungen, wenn die Lese- und Rechtschreibschwäche Krankheitswert hat und die auswärtige Unterbringung für eine medizinische Behandlung erforderlich ist (→ BFH vom 18.4.1990 – BStBl II S. 962 – ablehnend – und vom 26.6.1992 – BStBl 1993 II S. 278); ebenso bei einem an Asthma erkrankten Kind in einem Schulinternat, wenn der Aufenthalt aus klimatischen Gründen zur Heilung oder Linderung der Krankheit nachweislich unabdingbar notwendig ist und der Schulbesuch nur anläßlich dieser Heilbehandlung gleichsam nebenbei und nachrangig erfolgt (→ BFH vom 26.6.1992 – BStBl 1993 II S. 212).[1]

Bedarfsgegenstände

Werden Gegenstände der Lebensführung, die – wie Mobiliar und Bettwäsche – der Abnutzung unterliegen, wegen der Allergie-Erkrankung eines Familienmitglieds vorzeitig durch Neuanschaffung ersetzt, können die Anschaffungskosten hierfür nicht als außergewöhnliche Belastung berücksichtigt werden (→ BFH vom 29.11.1991 – BStBl 1992 II S. 290).

Behindertengerechte Ausstattung

Mehraufwendungen wegen der behindertengerechten Gestaltung eines für den eigenen Wohnbedarf errichteten Hauses können nur dann außergewöhnliche Belastungen sein, wenn sich solche Aufwendungen ausnahmsweise anhand eindeutiger und objektiver, von ungewissen zukünftigen Ereignissen unabhängiger Kriterien von den Aufwendungen unterscheiden lassen, durch die der Steuerpflichtige seinen Wohnbedürfnissen Rechnung trägt, und wenn ausgeschlossen ist, daß die durch diese Aufwendungen geschaffenen Einrichtungen jemals wertbildende Faktoren für das Haus darstellen können; wenn also eindeutig „verlorener Aufwand" vorliegt. Die Ausstattung eines Einfamilienhauses mit einem Fahrstuhl und eine behindertengerechte Bauausführung (wie der Einbau breiter Türen, eines großen

---

[1] Anm.: Bestätigt durch BFH vom 17.4.1997 (BStBl II S. 752).

Bades etc.) führen daher grundsätzlich nicht zu außergewöhnlichen Belastungen. Dies gilt auch dann, wenn die Umgestaltung erst später vorgenommen wurde und das Gebäude bereits vor Eintritt der Behinderung von dem Steuerpflichtigen als Familienwohnung genutzt worden ist. Demgegenüber können Aufwendungen für medizinische Hilfsmittel im engeren Sinne, z. B. für einen Treppenschräglift, außergewöhnliche Belastungen darstellen (→ BFH vom 10.10.1996 – BStBl 1997 II S. 491 und vom 6.2.1997 – BStBl II S. 607).

Bestattungskosten
sind Nachlaßverbindlichkeiten und beim Erben daher nur insoweit eine außergewöhnliche Belastung, als sie den Wert des Nachlasses übersteigen. Das gleiche gilt, wenn der Steuerpflichtige als Erbe die Bestattungskosten für seinen verstorbenen Ehegatten trägt und die Ehegatten im Todesjahr oder im vorangegangenen Kalenderjahr beide unbeschränkt einkommensteuerpflichtig waren und nicht dauernd getrennt gelebt haben (→ BFH vom 8.9.1961 – BStBl 1962 III S. 31 und vom 23.11.1967 – BStBl 1968 II S. 259). Leistungen aus einer Lebensversicherung, die dem Steuerpflichtigen anläßlich des Todes eines nahen Angehörigen außerhalb des Nachlasses zufließen, sind auf die als außergewöhnliche Belastung anzuerkennenden Kosten anzurechnen (→ BFH vom 22.2.1996 – BStBl II S. 413).

Bewirtung von Trauergästen
Die Aufwendungen sind in der Regel keine außergewöhnliche Belastung (→ BFH vom 17.9.1987 – BStBl 1988 II S. 130).

Betriebsausgaben, Werbungskosten, Sonderausgaben
Bei der Beurteilung bleiben grundsätzlich Aufwendungen außer Betracht, die zu den Betriebsausgaben, Werbungskosten oder Sonderausgaben gehören, auch wenn sie sich steuerlich tatsächlich nicht ausgewirkt haben (→ BFH vom 29.11.1991 – BStBl 1992 II S. 290 und 293). Ausnahmen: § 10 Abs. 1 Nr. 7 bis 9 EStG → § 33 Abs. 2 EStG.

Betrug
Durch Betrug veranlaßte vergebliche Zahlungen für einen Grundstückskauf sind nicht zwangsläufig (→ BFH vom 19.5.1995 – BStBl II S. 774).

Darlehen
Auch wenn die Ausgaben über Darlehen finanziert werden, tritt die Belastung bereits im Zeitpunkt der Verausgabung ein (→ BFH vom 10.6.1988 – BStBl II S. 814).

Darlehnstilgung nach dem Bundesausbildungsförderungsgesetz
Die Rückzahlung eines Darlehens nach dem Bundesausbildungsförderungsgesetz ist keine außergewöhnliche Belastung i. S. d. § 33 Abs. 1 EStG (→ FG Münster vom 11.6.1996 – EFG 1996 S. 1224).

Diätverpflegung
Aufwendungen, die durch Diätverpflegung entstehen, sind von der Berücksichtigung als außergewöhnliche Belastung auch dann ausgeschlossen, wenn die Diätverpflegung an die Stelle einer sonst erforderlichen medikamentösen Behandlung tritt (→ BFH vom 27.9.1991 – BStBl 1992 II S. 110).

Eltern-Kind-Verhältnis
Aufwendungen des nichtsorgeberechtigten Elternteils zur Kontaktpflege sind nicht außergewöhnlich (→ BFH vom 28.3.1996 – BStBl 1997 II S. 54).

Ersatz von dritter Seite
Ersatz und Unterstützungen von dritter Seite zum Ausgleich der Belastung sind von den berücksichtigungsfähigen Aufwendungen abzusetzen, es sei denn, die vertragsgemäße Erstattung führt zu steuerpflichtigen Einnahmen beim Steuerpflichtigen (→ BFH vom 14.3.1975 – BStBl II S. 632 und vom 6.5.1994 – BStBl 1995 II S. 104). Die Ersatzleistungen sind auch dann abzusetzen, wenn sie erst in einem späteren Kalenderjahr gezahlt werden, der Steuerpflichtige aber bereits in dem Kalenderjahr, in dem die Belastung eingetreten ist, mit der Zahlung rechnen konnte (→ BFH vom 21.8.1974 – BStBl 1975 II S. 14). Werden Ersatzansprüche gegen Dritte nicht geltend gemacht, entfällt die Zwangsläufigkeit, wobei die Zumut-

barkeit Umfang und Intensität der erforderlichen Rechtsverfolgung bestimmt (→ BFH vom 20.9.1991 – BStBl 1992 II S. 137 **und vom 18.6.1997 – BStBl II S. 805**). Die Geltendmachung der Aufwendungen nach § 33 EStG ist ferner ausgeschlossen, wenn der Steuerpflichtige eine allgemein zugängliche und übliche Versicherungsmöglichkeit nicht wahrgenommen hat (→ BFH vom 6.5.1994 – BStBl 1995 II S. 104).

– **Sterbegeldversicherungen**

Soweit die Leistungen auf die eigentlichen Bestattungskosten entfallen, sind sie abzusetzen (→ BFH vom 19.10.1990 – BStBl 1991 II S. 140).

– **Krankenhaustagegeldversicherungen**

Bis zur Höhe der durch einen Krankenhausaufenthalt verursachten Kosten sind die Leistungen abzusetzen, nicht aber Leistungen aus einer Krankentagegeldversicherung (→ BFH vom 22.10.1971 – BStBl 1972 II S. 177).

Fahrtkosten Behinderter

Kraftfahrzeugkosten bei Behinderten können im Rahmen der Angemessenheit neben den Pauschbeträgen nur wie folgt berücksichtigt werden (→ BMF vom 29.4.1996 – BStBl I S. 446):

1. **Bei geh- und stehbehinderten Steuerpflichtigen (GdB von mindestens 80 oder GdB von mindestens 70 und Merkzeichen G):**

   Aufwendungen für durch die Behinderung veranlaßte unvermeidbare Fahrten sind als außergewöhnliche Belastung anzuerkennen, soweit sie nachgewiesen oder glaubhaft gemacht werden und angemessen sind.

   Aus Vereinfachungsgründen kann im allgemeinen ein Aufwand für Fahrten bis zu 3.000 km im Jahr als angemessen angesehen werden.

2. **Bei außergewöhnlich gehbehinderten Steuerpflichtigen (Merkzeichen aG), Blinden (Merkzeichen Bl) und Hilflosen (Merkzeichen H):**

   In den Grenzen der Angemessenheit dürfen nicht nur die Aufwendungen für durch die Behinderung veranlaßte unvermeidbare Fahrten, sondern auch für Freizeit-, Erholungs- und Besuchsfahrten abgezogen werden. Die tatsächliche Fahrleistung ist nachzuweisen oder glaubhaft zu machen. Eine Fahrleistung von mehr als 15.000 km im Jahr liegt in aller Regel nicht mehr im Rahmen des Angemessenen (→ BFH vom 2.10.1992 – BStBl 1993 II S. 286).

3. Ein höherer Aufwand als 0,52 DM/km gilt als unangemessen und darf deshalb im Rahmen des § 33 EStG nicht berücksichtigt werden.

Die Kosten können auch berücksichtigt werden, wenn sie nicht beim Behinderten selbst, sondern bei einem Steuerpflichtigen entstanden sind, auf den der Behinderten-Pauschbetrag nach § 33b Abs. 5 EStG übertragen worden ist; das gilt jedoch nur für solche Fahrten, an denen der Behinderte selbst teilgenommen hat (→ BFH vom 1.8.1975 – BStBl II S. 825).

Familienheimfahrten

Aufwendungen verheirateter Wehrpflichtiger für Familienheimfahrten können nicht als außergewöhnliche Belastung berücksichtigt werden (→ BFH vom 5.12.1969 – BStBl 1970 II S. 210).

Fehlbelegungsabgabe

Mit dem Beschluß vom 26.3.1996 – 2 BvR 1810/95 – hat die 1. Kammer des Zweiten Senats des BVerfG die Verfassungsbeschwerde gegen ein Urteil des Hessischen Finanzgerichts nicht zur Entscheidung angenommen, durch welches das Gericht festgestellt hatte, die Fehlbelegungsabgabe erfülle nicht die nach § 10b EStG an eine Spende zu stellenden Anforderungen und stelle auch keine außergewöhnliche Belastung i. S. d. § 33 EStG dar.

Formaldehydschaden

Zur Behandlung von Aufwendungen zur Vermeidung oder Behebung gesundheitlicher Schäden durch Formaldehyd- und Holzschutzmittelausgasungen sowie Asbestfasern als außergewöhnliche Belastungen → OFD Saarbrücken vom 18.7.1997 (StEd 1997 S. 596)

Freiwillige Ablösungen
von laufenden Kosten für die Anstaltsunterbringung eines pflegebedürftigen Kindes sind nicht zwangsläufig (→ BFH vom 14.11.1980 – BStBl 1981 II S. 130).

Gegenwert
Die Erlangung eines Gegenwerts schließt insoweit die Belastung des Steuerpflichtigen aus. Einen Gegenwert erhält der Steuerpflichtige, wenn der betreffende Gegenstand oder die bestellte Leistung eine gewisse Marktfähigkeit besitzen, die in einem bestimmten Verkehrswert zum Ausdruck kommt (→ BFH vom 4.3.1983 – BStBl II S. 378 und vom 29.11.1991 – BStBl 1992 II S. 290). Bei der Beseitigung eingetretener Schäden an einem Vermögensgegenstand, der für den Steuerpflichtigen von existenziell wichtiger Bedeutung ist, ergibt sich ein Gegenwert nur hinsichtlich von Wertverbesserungen, nicht jedoch hinsichtlich des verlorenen Aufwandes (→ BFH vom 6.5.1994 – BStBl 1995 II S. 104).

Haushaltsersparnis
Wird bei einer Heimunterbringung wegen Pflegebedürftigkeit der private Haushalt aufgelöst, können nur die über die üblichen Kosten der Unterhaltung eines Haushalts hinausgehenden Aufwendungen als außergewöhnliche Belastung berücksichtigt werden (→ BFH vom 22.8.1980 – BStBl 1981 II S. 23 und vom 29.9.1989 – BStBl 1990 II S. 418). Kosten der Unterbringung in einem Krankenhaus können regelmäßig ohne Kürzung um eine Haushaltsersparnis als außergewöhnliche Belastung anerkannt werden.

Haushaltsgeräte
Aufwendungen für die Anschaffung von Haushaltsgeräten, z. B. einer Waschmaschine, sind selbst dann nicht zwangsläufig, wenn das Gerät einem nahen Angehörigen wegen Krankheit zugewendet wird (→ BFH vom 28.4.1978 – BStBl II S. 456).

Holzschutzmittelschaden
→ Formaldehydschaden

Kapitalabfindung von Unterhaltsansprüchen
Der Abzug einer vergleichsweise vereinbarten Kapitalabfindung zur Abgeltung sämtlicher möglicherweise in der Vergangenheit entstandener und künftiger Unterhaltsansprüche eines geschiedenen Ehegatten scheidet in aller Regel wegen fehlender Zwangsläufigkeit aus (→ BFH vom 26.2.1998, BStBl II S. 605).

Krankenhaustagegeldversicherung
Die Leistungen sind von den berücksichtigungsfähigen Aufwendungen abzusetzen (→ BFH vom 22.10.1971 – BStBl 1972 II S. 177).

Krankentagegeldversicherung
Die Leistungen sind – im Gegensatz zu Leistungen aus einer Krankenhaustagegeldversicherung – kein Ersatz für Krankenhauskosten (→ BFH vom 22.10.1971 – BStBl 1972 II S. 177).

Krankenversicherungsbeiträge
Da Krankenversicherungsbeiträge ihrer Art nach Sonderausgaben sind, können sie auch bei an sich beihilfeberechtigten Angehörigen des öffentlichen Dienstes nicht als außergewöhnliche Belastung berücksichtigt werden, wenn der Steuerpflichtige wegen seines von Kindheit an bestehenden Leidens keine Aufnahme in eine private Krankenversicherung gefunden hat (→ BFH vom 29.11.1991 – BStBl 1992 II S. 293).

Krankheit, Tod, Unfall, Unwetter, Erdbeben
sind Ereignisse, die für den Steuerpflichtigen selbst und seine Angehörigen im Sinne des § 15 AO in der Regel zu zwangsläufigen Aufwendungen führen (→ BFH vom 8. und 18.11.1977 – BStBl 1978 II S. 147, vom 17.4.1980 – BStBl II S. 639 und vom 24.7.1987 – BStBl II S. 715).

Krankheitskosten für Unterhaltsberechtigte
Für einen Unterhaltsberechtigten aufgewendete Krankheitskosten können beim Unterhaltspflichtigen insoweit als außergewöhnliche Belastung anerkannt werden, als der Unterhalts-

berechtigte nicht in der Lage ist, die Krankheitskosten selbst zu tragen (→ BFH vom 11.7.1990 – BStBl 1991 II S. 62).

Künstliche Befruchtung
Aufwendungen für eine künstliche Befruchtung, die einem Ehepaar zu einem gemeinsamen Kind verhelfen soll, das wegen Empfängnisunfähigkeit der Ehefrau sonst von ihrem Ehemann nicht gezeugt werden könnte (homologe künstliche Befruchtung), können außergewöhnliche Belastungen sein (→ BFH vom 18.6.1997 – BStBl II S. 805).

Kur
Kosten für eine Kurreise können als außergewöhnliche Belastung nur berücksichtigt werden, wenn sie zur Heilung oder Linderung einer Krankheit nachweislich notwendig ist und eine andere Behandlung nicht oder kaum erfolgversprechend erscheint (→ BFH vom 12.6.1991 – BStBl II S. 763).

- **Nachweis**
 Von dem Erfordernis eines vor Kurantritt ausgestellten amtsärztlichen oder vergleichbaren Zeugnisses kann ausnahmsweise abgesehen werden, wenn feststeht, daß eine gesetzliche Krankenkasse die Notwendigkeitsprüfung vorgenommen und positiv beschieden hat. Davon kann in der Regel ausgegangen werden, wenn die Krankenkasse einen Zuschuß zu den Kurkosten für Unterkunft und Verpflegung gewährt hat (BFH vom 30.6.1995 – BStBl II S. 614). Der Zuschuß einer Krankenversicherung zu Arzt-, Arznei- und Kurmittelkosten ersetzt den Nachweis der Kurbedürftigkeit nicht.

 Die Notwendigkeit der Überprüfung und Befürwortung einer Kurmaßnahme durch den medizinischen Dienst der Krankenversicherung entfällt in den Fällen, in denen eine solche Prüfung nach Entscheidung der Spitzenverbände der Krankenkassen nach Indikation und Personenkreis nicht nötig erscheint. Nicht erstattete Aufwendungen des Steuerpflichtigen für solche Kuraufwendungen sind als außergewöhnliche Belastung anzuerkennen (→ FG Rheinland-Pfalz vom 12.9.1996 – DStRE 1997 S. 674).

- **Kinderkuren**
 Bei Heilkuren von Kindern ist es zusätzlich erforderlich, daß das Kind während der Kur in einem Kinderheim untergebracht ist, es sei denn, aus der vor dem Kurantritt erteilten amtsärztlichen Bescheinigung ergibt sich, daß und warum der Kurerfolg bei einer Unterbringung außerhalb eines Kinderheimes gewährleistet ist (→ BFH vom 12.6.1991 – BStBl II S. 763 *und vom 2.4.1998 – BStBl II S. 613*).

- **Erholungsurlaub/Abgrenzung zur Kur**
 Im Regelfall ist zur Abgrenzung einer Kur vom Erholungsurlaub ärztliche Überwachung zu fordern. Gegen die Annahme einer Heilkur kann auch die Unterbringung in einem Hotel oder Privatquartier anstatt in einem Sanatorium und die Vermittlung durch ein Reisebüro sprechen (→ BFH vom 12.6.1991 – BStBl II S. 763).

- **ärztliche Überwachung**
 Der Steuerpflichtige muß sich am Kurort grundsätzlich in ärztliche Behandlung begeben. Eine Klimakur kann unter besonderen Umständen zwangsläufig sein, selbst wenn ihre Durchführung nicht unter ärztlicher Kontrolle steht (→ BFH vom 12.6.1991 – BStBl II S. 763), z. B. bei Neurodermitis oder Psoriasis (Schuppenflechte), wenn sie medizinisch notwendig ist.

- **Fahrtkosten**
 Als Fahrtkosten zum Kurort sind grundsätzlich die Kosten der öffentlichen Verkehrsmittel anzusetzen (→ BFH vom 12.6.1991 – BStBl II S. 763). Die eigenen Kfz-Kosten können nur ausnahmsweise berücksichtigt werden, wenn besondere persönliche Verhältnisse dies erfordern (→ BFH vom 30.6.1967 – BStBl III S. 655).
 Aufwendungen für Besuchsfahrten zu in Kur befindlichen Angehörigen sind keine außergewöhnliche Belastung (→ BFH vom 16.5.1975 – BStBl II S. 536).

- **Nachkur**
 Nachkuren in einem typischen Erholungsort sind allgemein nicht außergewöhnlich, auch wenn sie ärztlich verordnet sind; erst recht nicht, wenn die Nachkur nicht unter einer

ständigen ärztlichen Aufsicht in einer besonderen Kranken- oder Genesungsanstalt durchgeführt wird (→ BFH vom 4.10.1968 – BStBl 1969 II S. 179).

- **Begleitperson**

  Die Berücksichtigung von Kosten einer Begleitperson während einer medizinisch indizierten Kur als außergewöhnliche Belastung setzt grundsätzlich voraus, daß die krankheits- oder altersbedingte Notwendigkeit der Begleitung durch ein vor Reiseantritt eingeholtes amtsärztliches Gutachten oder eine andere, diesem gleichzustellende Bescheinigung nachgewiesen wird (→ BFH vom 17.12.1997 – BStBl 1998 II S. 298).

Medizinische Fachliteratur

Aufwendungen eines Steuerpflichtigen für medizinische Fachliteratur sind auch dann nicht als außergewöhnliche Belastungen zu berücksichtigen, wenn die Literatur dazu dient, die Entscheidung für eine bestimmte Therapie oder für die Behandlung durch einen bestimmten Arzt zu treffen (→ BFH vom 6.4.1990 – BStBl II S. 958, BFH vom 24.10.1995 – BStBl 1996 II S. 88).

Mittagsheimfahrt

Aufwendungen für Mittagsheimfahrten stellen keine außergewöhnliche Belastung dar, auch wenn die Fahrten wegen des Gesundheitszustands oder einer Behinderung des Steuerpflichtigen angebracht oder erforderlich sind (→ BFH vom 4.7.1975 – BStBl II S. 738).

Pflege Dritter

Pflegeaufwendungen, die dem Steuerpflichtigen infolge der Pflegebedürftigkeit einer Person erwachsen, der gegenüber der Steuerpflichtige aus rechtlichen, tatsächlichen oder sittlichen Gründen zum Unterhalt verpflichtet ist (z. B. seine Eltern oder Kinder), können als außergewöhnliche Belastungen abgezogen werden, wenn der Steuerpflichtige den Pflegepauschbetrag nach § 33b Abs. 6 EStG nicht in Anspruch nimmt. Eine Berücksichtigung dieser Aufwendungen nach § 33a Abs. 1 EStG kommt nicht in Betracht (→ BFH vom 28.2.1964 – BStBl III S. 270, vom 24.4.1964 – BStBl III S. 363, vom 11.2.1965 – BStBl III S. 407 und vom 19.2.1965 – BStBl III S. 284).

- **Fahrtkosten**

  Aufwendungen für Fahrten, um einen kranken Angehörigen, der im eigenen Haushalt lebt, zu betreuen und zu versorgen, können unter besonderen Umständen außergewöhnliche Belastungen sein. Die Fahrten dürfen nicht lediglich der allgemeinen Pflege verwandtschaftlicher Beziehungen dienen (→ BFH vom 6.4.1990 – BStBl II S. 958 und vom 22.10.1996 – BStBl 1997 II S. 558).

- **Übertragung des gesamten sicheren Vermögens**

  → R 188 Abs. 5

  Aufwendungen für die Unterbringung und Pflege eines bedürftigen Angehörigen sind nicht als außergewöhnliche Belastung zu berücksichtigen, soweit der Steuerpflichtige von dem Angehörigen dessen gesamtes sicheres Vermögen in einem Zeitpunkt übernommen hat, als dieser sich bereits im Rentenalter befand (→ BFH vom 12.11.1996 – BStBl 1997 II S. 387).

- **Zwangsläufigkeit**

  Aufwendungen, die durch die persönliche Pflege eines nahen Angehörigen entstehen, sind nur dann außergewöhnliche Belastungen, wenn die Übernahme der Pflege unter Berücksichtigung der näheren Umstände des Einzelfalls aus rechtlichen oder sittlichen Gründen im Sinne des § 33 Abs. 2 EStG zwangsläufig ist. Allein das Bestehen eines nahen Verwandtschaftsverhältnisses reicht für die Anwendung des § 33 EStG nicht aus. Bei der erforderlichen Gesamtbewertung der Umstände des Einzelfalls sind u.a. der Umfang der erforderlichen Pflegeleistungen und die Höhe der für den Steuerpflichtigen entstehenden Aufwendungen zu berücksichtigen (→ BFH vom 22.10.1996 – BStBl 1997 II S. 558).

Privatschule

Aufwendungen für den Schulbesuch eines Kindes werden durch die Vorschriften des Familienleistungsausgleichs und § 33a Abs. 2 EStG abgegolten und können daher grundsätzlich nur dann außergewöhnliche Belastungen sein, wenn es sich bei diesen Aufwendungen um unmittelbare Krankheitskosten handelt (→ BFH vom 17.4.1997 – BStBl II S. 752).

→ Auswärtige Unterbringung

Prozeßkostenübernahme für Unterhaltsberechtigte
Übernehmen die Eltern die Kosten für einen Zivilprozeß ihres volljährigen Sohnes wegen Schadensersatz aus ärztlicher Fehlbehandlung, so liegen keine außergewöhnlichen Belastungen der Eltern vor (→ BFH vom 18.6.1997 – BFH/NV 1997 S. 755).

Rechtliche Pflicht
Zahlungen in Erfüllung rechtsgeschäftlicher Verpflichtungen erwachsen regelmäßig nicht zwangsläufig. Unter rechtliche Gründe im Sinne von § 33 Abs. 2 EStG fallen danach nur solche rechtlichen Verpflichtungen, die der Steuerpflichtige nicht selbst gesetzt hat.

Zwangsläufigkeit aus rechtlichen Gründen ist bei Aufwendungen des Erben zur Erfüllung von Nachlaßverbindlichkeiten regelmäßig nicht anzuerkennen, weil der Erbe die Möglichkeit hat, den Verbindlichkeiten durch Ausschlagen der Erbschaft auszuweichen (→ BFH vom 24.7.1987 – BStBl II S. 715).

→ **Kapitalabfindung von Unterhaltsansprüchen**

Regreßzahlungen
Regreßzahlungen des Vaters eines nichtehelichen Kindes gem. § 1615b BGB für vom Ehemann der Mutter des Kindes (Scheinvater) gewährten Unterhalt sind nicht als außergewöhnliche Belastung abzugsfähig, wenn in den VZ der Unterhaltsgewährung durch den Scheinvater für das Kind ein Anspruch auf Kindergeld oder ein Anspruch auf einen Kinderfreibetrag bestand (→ FG Baden-Württemberg, Freiburg, vom 16.2.1995 – EFG 1995 S. 892).

Reisekosten für Teilnahme an Bestattung
Die Kosten für die Teilnahme an der Bestattung eines nahen Angehörigen – auch wenn diese hoch sind – sind nicht als außergewöhnliche Belastung im Sinne von § 33 EStG zu berücksichtigen (→ BFH vom 17.6.1994 – BStBl II S. 754).

Schadensersatzleistungen
können zwangsläufig sein, wenn der Steuerpflichtige bei der Schädigung nicht vorsätzlich oder leichtfertig gehandelt hat (→ BFH vom 3.6.1982 – BStBl II S. 749).

Scheidung
Die unmittelbaren und unvermeidbaren Kosten des Scheidungsprozesses einschließlich der Scheidungsfolgeregelungen sind als zwangsläufig erwachsen anzusehen. Hierzu gehören insbesondere Kosten, die entstehen

– durch die Regelung der elterlichen Sorge über ein gemeinschaftliches Kind und des persönlichen Verkehrs des nicht sorgeberechtigten Elternteils,

– durch die Entscheidung über die Unterhaltspflicht gegenüber Kindern und dem Ehegatten und durch die Regelung des Versorgungsausgleichs, der güterrechtlichen Verhältnisse sowie der Rechtsverhältnisse an der Ehewohnung und am Hausrat.

Zu berücksichtigen sind auch Scheidungskosten, die der Steuerpflichtige auf Grund einer vom Gericht übernommenen Vereinbarung der Ehegatten zahlt, nicht jedoch die Kosten, die der Steuerpflichtige abweichend von der gerichtlichen Entscheidung übernimmt (→ BFH vom 21.2.1992 – BStBl II S. 795).

Schuldzinsen
Schuldzinsen und andere mit einem Kredit in Zusammenhang stehende Aufwendungen können nur dann eine außergewöhnliche Belastung bilden, wenn die Schuldaufnahme durch Ausgaben veranlaßt ist, die ihrerseits eine außergewöhnliche Belastung darstellen (→ BFH vom 29.7.1997 – BStBl II S. 772).

Sittliche Pflicht

Aus sittlichen Gründen erwachsen Aufwendungen zwangsläufig, wenn das Unterlassen der Aufwendungen Sanktionen im sittlich-moralischen Bereich oder auf gesellschaftlicher Ebene zur Folge hätte. Bei der Entscheidung ist auf alle Umstände des Einzelfalls, insbesondere die persönlichen Beziehungen zwischen den Beteiligten, ihre Einkommens- und Vermögensverhältnisse sowie die konkrete Lebenssituation, bei der Übernahme einer Schuld auch auf den Inhalt des Schuldverhältnisses abzustellen (→ BFH vom 24.7.1987 – BStBl II S. 715).

Eine die Zwangsläufigkeit von Aufwendungen begründende sittliche Pflicht ist nur dann zu bejahen, wenn diese so unabdingbar auftritt, daß sie ähnlich einer Rechtspflicht von außen her als eine Forderung oder zumindest Erwartung der Gesellschaft derart auf den Steuerpflichtigen einwirkt, daß ihre Erfüllung als eine selbstverständliche Handlung erwartet und die Mißachtung dieser Erwartung als moralisch anstößig empfunden wird (→ BFH vom 27.10.1989 – BStBl 1990 II S. 294).

Die allgemeine sittliche Pflicht, in Not geratenen Menschen zu helfen, kann allein die Zwangsläufigkeit nicht begründen (→ BFH vom 8.4.1954 – BStBl III S. 188).

Zwangsläufigkeit kann vorliegen, wenn der Sohn der Erblasserin als Alleinerbe Nachlaßverbindlichkeiten erfüllt, die auf existentiellen Bedürfnissen seiner in Armut verstorbenen Mutter unmittelbar vor oder im Zusammenhang mit deren Tod beruhen (→ BFH vom 24.7.1987 – BStBl II S. 715).

Spielsucht

Aufwendungen zur Bekämpfung einer Spielsucht sind außergewöhnliche Belastungen, wenn sie medizinisch indiziert sind. Zum Nachweis der medizinischen Notwendigkeit einer Teilnahme an Gruppentreffen suchtgefährdeter Menschen ist grundsätzlich die Vorlage eines vor Beginn der Maßnahme ausgestellten amtsärztlichen oder vertrauensärztlichen Zeugnisses erforderlich (→ BFH vom 21.7.1998 – III R 25/97).

Sport

Aufwendungen für die Ausübung eines Sports sind keine außergewöhnlichen Belastungen, es sei denn, er wird nach genauer Einzelverordnung und unter ärztlicher Verantwortung oder einer entsprechend zugelassenen Person zur Heilung oder Linderung einer Krankheit oder eines Gebrechens ausgeübt; die Erforderlichkeit ist durch eine im vorhinein ausgestellte amts- oder vertrauensärztliche Bescheinigung nachzuweisen (→ BFH vom 14.8.1997 – BStBl II S. 732).

Sterilisation

Aufwendungen für die Wiederherstellung der Zeugungsfähigkeit nach einer selbst veranlaßten Sterilisation sind keine außergewöhnliche Belastung, da es an der Zwangsläufigkeit für diese Aufwendungen fehlt (→ FG Köln vom 1.12.1994 – EFG 1995 S. 718).

Strafverteidigungskosten

bei Einstellung des Strafverfahrens nach § 153a StPO sind keine außergewöhnliche Belastung (→ BFH vom 19.12.1995 – BStBl 1996 II S. 197).

Studienplatz

Prozeßkosten der Eltern zur Erlangung eines Studienplatzes für ihr Kind in einem Numerusclausus-Fach sind nicht nach § 33 EStG abziehbar; sie stellen vielmehr Berufsausbildungskosten im Sinne des § 33a Abs. 2 EStG dar (→ BFH vom 9.11.1984 – BStBl 1985 II S. 135).

Toupet

Aufwendungen für ein Haarteil (sog. Toupet) können nur dann als außergewöhnliche Belastung anerkannt werden, wenn eine krankheitsbedingte Notwendigkeit der Anschaffung durch ein vor dem Kauf ausgestelltes Attest eines Amts- oder Vertrauensarztes nachgewiesen wird und der Steuerpflichtige vor der Geltendmachung der Aufwendungen als außergewöhnliche Belastung ihre Erstattung ohne Erfolg bei seiner Krankenkasse oder Beihilfestelle schriftlich geltend gemacht hat (→ FG Baden-Württemberg, Freiburg, vom 4.9.1998 – EFG 1998 S. 1589).

Trauerkleidung

Ausgaben für Trauerkleidung sind in der Regel keine außergewöhnliche Belastung (→ BFH vom 12.8.1966 – BStBl 1967 III S. 364).

Trinkgelder

Trinkgelder, die im Zusammenhang mit einer ärztlich angeordneten Behandlung hingegeben werden, sind nicht als außergewöhnliche Belastung im Sinne des § 33 EStG zu berücksichtigen (→ BMF vom 24.4.1997 – BStBl I S. 561).

Trunksucht

Aufwendungen, die einem Steuerpflichtigen durch den Besuch einer Gruppe der Anonymen Alkoholiker entstehen, sind als außergewöhnliche Belastung zu berücksichtigen, wenn die Teilnahme an den Gruppentreffen als therapeutische Maßnahme zur Heilung von Trunksucht medizinisch indiziert ist. Der Nachweis dieser Voraussetzungen ist durch ein vor Beginn der Therapie ausgestelltes amtsärztliches Zeugnis zu erbringen, das auch die voraussichtliche Dauer der empfohlenen Teilnahme an der Gruppentherapie enthält (→ BFH vom 13.2.1987 – BStBl II S. 427).

Umschulungskosten

Kosten für eine Zweitausbildung sind dann nicht berücksichtigungsfähig, wenn die Erstausbildung nicht endgültig ihren wirtschaftlichen Wert verloren hat (→ BFH vom 28.8.1997 – BStBl 1998 II S. 183).

Umzug

Umzugskosten sind unabhängig von der Art der Wohnungskündigung durch den Mieter oder Vermieter in der Regel nicht außergewöhnlich (→ BFH vom 28.2.1975 – BStBl II S. 482 und vom 23.6.1978 – BStBl II S. 526).

Unterhaltsverpflichtung

→ *Kapitalabfindung von Unterhaltsansprüchen*

→ Pflege Dritter

Urlaubsreise

Aufwendungen für die Wiederbeschaffung von Kleidungsstücken, die dem Steuerpflichtigen auf einer Urlaubsreise entwendet wurden, können regelmäßig nicht als außergewöhnliche Belastung angesehen werden, weil üblicherweise ein notwendiger Mindestbestand an Kleidung noch vorhanden ist (→ BFH vom 3.9.1976 – BStBl II S. 712).

Verausgabung

Beträge, die zur Bestreitung künftiger Ausgaben angesammelt werden, sind keine Aufwendungen im Sinne des § 33 EStG. Eine außergewöhnliche Belastung kann erst im Zeitpunkt der späteren Verausgabung der angesammelten Beträge eintreten (→ BFH vom 2.12.1954 – BStBl 1955 III S. 43). § 11 Abs. 2 EStG ist insoweit anwendbar, als der Steuerpflichtige durch die Ausgaben endgültig belastet ist (→ BFH vom 30.7.1982 – BStBl II S. 744).

→ Darlehen

Vermögensebene

Auch Kosten zur Beseitigung von Schäden an einem Vermögensgegenstand können Aufwendungen im Sinne von § 33 EStG sein, wenn der Vermögensgegenstand für den Steuerpflichtigen von existenziell wichtiger Bedeutung ist. Eine Berücksichtigung nach § 33 EStG scheidet aus, wenn Anhaltspunkte für ein Verschulden des Steuerpflichtigen erkennbar oder Ersatzansprüche gegen Dritte gegeben sind oder wenn der Steuerpflichtige eine allgemein zugängliche und übliche Versicherungsmöglichkeit nicht wahrgenommen hat (→ BFH vom 6.5.1994 – BStBl 1995 II S. 104).

→ R 187

Verschulden

Ein eigenes (ursächliches) Verschulden des Steuerpflichtigen schließt die Berücksichtigung von Aufwendungen zur Wiederherstellung von Vermögensgegenständen nach § 33 EStG aus (→ BFH vom 6.5.1994 – BStBl 1995 II S. 104).

→ Vermögensebene

Versicherung

Eine Berücksichtigung von Aufwendungen zur Wiederherstellung von Vermögensgegenständen nach § 33 EStG scheidet aus, wenn der Steuerpflichtige eine allgemein zugängliche und übliche Versicherungsmöglichkeit nicht wahrgenommen hat (→ BFH vom 6.5.1994 – BStBl 1995 II S. 104).

→ Ersatz von dritter Seite
→ Vermögensebene
→ Bestattungskosten

Vormund

Vergütungen minderjähriger Erben für einen zum Zwecke der Vermögenssorge bestellten Vormund und einen Gegenvormund sowie für einen zum Zwecke der Erbauseinandersetzung bestellten Ergänzungspfleger sind jedenfalls dann keine außergewöhnlichen Belastungen, wenn das ererbte Vermögen so groß ist, daß die Bezahlung der Vergütungen ohne existentielle Gefährdung der Minderjährigen möglich ist (→ FG Hessen vom 28.4.1997 – EFG 1997 S. 1396 – Rev. – BFH III R 39/97).

Zinsen

Zinsen für ein Darlehen können ebenfalls zu den außergewöhnlichen Belastungen zählen, soweit die Darlehensaufnahme selbst zwangsläufig erfolgt ist (→ BFH vom 6.4.1990 – BStBl II S. 958); sie sind im Jahr der Verausgabung abzuziehen.

Zivilprozeß

Kosten anderer Zivilprozesse als Scheidungsprozesse erwachsen regelmäßig nicht zwangsläufig, unabhängig davon, ob der Steuerpflichtige Kläger oder Beklagter ist (→ BFH vom 18.7.1986 – BStBl II S. 745). Die Übernahme eines Prozeßkostenrisikos kann unter engen Voraussetzungen als zwangsläufig anzusehen sein, wenn ein Rechtsstreit einen für den Steuerpflichtigen existentiell wichtigen Bereich berührt (→ BFH vom 9.5.1996 – BStBl II S. 596).

EStG

S 2285

§ 33a
Außergewöhnliche Belastung in besonderen Fällen

(1) ¹Erwachsen einem Steuerpflichtigen Aufwendungen für den Unterhalt und eine etwaige Berufsausbildung einer dem Steuerpflichtigen oder seinem Ehegatten gegenüber gesetzlich unterhaltsberechtigten Person, so wird auf Antrag die Einkommensteuer dadurch ermäßigt, daß die Aufwendungen bis zu 12.000¹) Deutsche Mark im Kalenderjahr vom Gesamtbetrag der Einkünfte abgezogen werden. ²Der gesetzlich unterhaltsberechtigten Person gleichgestellt ist eine Person, soweit bei ihr zum Unterhalt bestimmte inländische öffentliche Mittel mit Rücksicht auf die Unterhaltsleistungen des Steuerpflichtigen gekürzt werden. ³Voraussetzung ist, daß weder der Steuerpflichtige noch eine andere Person Anspruch auf einen Kinderfreibetrag oder auf Kindergeld für die unterhaltene Person hat und die unterhaltene Person kein oder nur ein geringes Vermögen besitzt. ⁴Hat die unterhaltene Person andere Einkünfte oder Bezüge, die zur Bestreitung des Unterhalts bestimmt oder geeignet sind, so vermindert sich der Betrag von 12.000¹) Deutsche Mark um den Betrag, um den diese Einkünfte und Bezüge den Betrag von 1.200 Deutsche Mark im Kalenderjahr übersteigen, sowie um die von der unterhaltenen Person als Ausbildungs-

---

¹) Anm.: Durch das Steuerentlastungsgesetz 1999/2000/2002 wurde in Absatz 1 Satz 1 und 4 für den VZ 1999 jeweils die Zahl „12.000" durch die Zahl „13.020" ersetzt. Zur Anwendung ab dem VZ 2000 → § 52 Abs. 46 EStG i.d.F. des Steuerentlastungsgesetzes 1999/2000/2002.

§ 33a EStG

hilfe aus öffentlichen Mitteln oder von Förderungseinrichtungen, die hierfür öffentliche Mittel erhalten, bezogenen Zuschüsse. ⁵Ist die unterhaltene Person nicht unbeschränkt einkommensteuerpflichtig, so können die Aufwendungen nur abgezogen werden, soweit sie nach den Verhältnissen des Wohnsitzstaates der unterhaltenen Person notwendig und angemessen sind, höchstens jedoch der Betrag, der sich nach den Sätzen 1 bis 4 ergibt; ob der Steuerpflichtige zum Unterhalt gesetzlich verpflichtet ist, ist nach inländischen Maßstäben zu beurteilen. ⁶Werden die Aufwendungen für eine unterhaltene Person von mehreren Steuerpflichtigen getragen, so wird bei jedem der Teil des sich hiernach ergebenden Betrags abgezogen, der seinem Anteil am Gesamtbetrag der Leistungen entspricht.

(2) ¹Erwachsen einem Steuerpflichtigen Aufwendungen für die Berufsausbildung eines Kindes, für das er einen Kinderfreibetrag oder Kindergeld erhält, so wird auf Antrag vom Gesamtbetrag der Einkünfte je Kalenderjahr ein Ausbildungsfreibetrag wie folgt abgezogen: S 2288

1. für ein Kind, das das 18. Lebensjahr noch nicht vollendet hat, in Höhe von 1.800 Deutsche Mark, wenn das Kind auswärtig untergebracht ist;
2. für ein Kind, das das 18. Lebensjahr vollendet hat, in Höhe von 2.400 Deutsche Mark. ²Dieser Betrag erhöht sich auf 4.200 Deutsche Mark, wenn das Kind auswärtig untergebracht ist.

²Die Ausbildungsfreibeträge vermindern sich jeweils um die eigenen Einkünfte und Bezüge des Kindes, die zur Bestreitung seines Unterhalts oder seiner Berufsausbildung bestimmt oder geeignet sind, soweit diese 3.600 Deutsche Mark im Kalenderjahr übersteigen, sowie um die von dem Kind als Ausbildungshilfe aus öffentlichen Mitteln oder von Förderungseinrichtungen, die hierfür öffentliche Mittel erhalten, bezogenen Zuschüsse. ³Für ein nicht unbeschränkt einkommensteuerpflichtiges Kind mindern sich die vorstehenden Beträge nach Maßgabe des Absatzes 1 Satz 5. ⁴Erfüllen mehrere Steuerpflichtige für dasselbe Kind die Voraussetzungen für einen Ausbildungsfreibetrag, so kann dieser insgesamt nur einmal abgezogen werden. ⁵Steht das Kind zu zwei Steuerpflichtigen, die zusammen die Voraussetzungen des § 26 Abs. 1 Satz 1 nicht erfüllen, in einem Kindschaftsverhältnis, so erhält jeder die Hälfte des Abzugsbetrags nach den Sätzen 1 bis 3. ⁶Steht das Kind zu mehr als zwei Steuerpflichtigen in einem Kindschaftsverhältnis, so erhält ein Elternpaar zusammen die Hälfte des Abzugsbetrags. ⁷Liegen im Fall des Satzes 6 bei einem Elternpaar die Voraussetzungen des § 26 Abs. 1 Satz 1 nicht vor, so erhält jeder Elternteil ein Viertel des Abzugsbetrags. ⁸Auf gemeinsamen Antrag eines Elternpaares, bei dem die Voraussetzungen des § 26 Abs. 1 Satz 1 nicht vorliegen, kann in den Fällen der Sätze 5 bis 7 bei der Veranlagung zur Einkommensteuer der einem Elternteil zustehende Anteil am Abzugsbetrag auf den anderen Elternteil übertragen werden.

(3) ¹Erwachsen einem Steuerpflichtigen Aufwendungen durch die Beschäftigung einer Hilfe im Haushalt, so können sie bis zu den folgenden Höchstbeträgen vom Gesamtbetrag der Einkünfte abgezogen werden: S 2285a

1. 1.200 Deutsche Mark im Kalenderjahr, wenn
   a) der Steuerpflichtige oder sein nicht dauernd getrennt lebender Ehegatte das 60. Lebensjahr vollendet hat oder
   b) wegen Krankheit des Steuerpflichtigen oder seines nicht dauernd getrennt lebenden Ehegatten oder eines zu seinem Haushalt gehörigen Kindes im Sinne des § 32 Abs. 1 oder 6 Satz 6 oder einer anderen zu seinem Haushalt gehörigen unterhaltenen Person, für die eine Ermäßigung nach Absatz 1 gewährt wird, die Beschäftigung einer Hilfe im Haushalt erforderlich ist,
2. 1.800 Deutsche Mark im Kalenderjahr, wenn eine der in Nummer 1 Buchstabe b genannten Personen hilflos im Sinne des § 33b oder schwer behindert ist.

²Erwachsen einem Steuerpflichtigen wegen der Unterbringung in einem Heim oder zur dauernden Pflege Aufwendungen, die Kosten für Dienstleistungen enthalten, die mit denen einer Hilfe im Haushalt vergleichbar sind, so können sie bis zu den folgenden Höchstbeträgen vom Gesamtbetrag der Einkünfte abgezogen werden:

1. 1.200 Deutsche Mark, wenn der Steuerpflichtige oder sein nicht dauernd getrennt lebender Ehegatte in einem Heim untergebracht ist, ohne pflegebedürftig zu sein,
2. 1.800 Deutsche Mark, wenn die Unterbringung zur dauernden Pflege erfolgt.

§ 33a EStG
R 190

³Die jeweiligen Höchstbeträge der Sätze 1 und 2 können auch bei Ehegatten, bei denen die Voraussetzungen des § 26 Abs. 1 vorliegen, insgesamt nur einmal abgezogen werden, es sei denn, die Ehegatten sind wegen Pflegebedürftigkeit eines der Ehegatten an einer gemeinsamen Haushaltsführung gehindert.

(4) ¹Für jeden vollen Kalendermonat, in dem die in den Absätzen 1 bis 3 bezeichneten Voraussetzungen nicht vorgelegen haben, ermäßigen sich die dort bezeichneten Beträge um je ein Zwölftel. ²Eigene Einkünfte und Bezüge der unterhaltenen Person oder des Kindes, die auf diese Kalendermonate entfallen, vermindern die nach Satz 1 ermäßigten Höchstbeträge und Freibeträge nicht. ³Als Ausbildungshilfe bezogene Zuschüsse mindern nur die zeitanteiligen Höchstbeträge und Freibeträge der Kalendermonate, für die die Zuschüsse bestimmt sind.

(5) In den Fällen des Absatzes 1 Satz 1 und der Absätze 2 und 3 kann wegen der in diesen Vorschriften bezeichneten Aufwendungen der Steuerpflichtige eine Steuerermäßigung nach § 33 nicht in Anspruch nehmen.

R 190 **190. Aufwendungen für den Unterhalt und eine etwaige Berufsausbildung**

S 2285 **Gesetzlich unterhaltsberechtigte Person**

(1) ¹Gesetzlich unterhaltsberechtigt sind Personen, denen gegenüber der Steuerpflichtige nach den Vorschriften des BGB unterhaltsverpflichtet ist. ²Dies sind insbesondere die in den §§ 1601, 1606, 1608 BGB genannten Personen (Ehegatte und in gerader Linie verwandte Angehörige wie z. B. Kinder, Enkel und Eltern). ³Die Tatsache, daß der Steuerpflichtige nur nachrangig verpflichtet ist, steht dem Abzug tatsächlich geleisteter Unterhaltsaufwendungen nicht entgegen. ⁴Eine gesetzliche Unterhaltspflicht besteht grundsätzlich dann, wenn der Berechtigte außerstande ist, sich selbst zu unterhalten. ⁵Das ist auch gegeben, wenn die eigenen Mittel des Berechtigten zum Lebensunterhalt nicht ausreichen (§ 1602 BGB). ⁶Eine gesetzliche Unterhaltspflicht kann sich zudem aus den Folgen einer Trennung oder Scheidung von Ehegatten ergeben (§§ 1361, 1569 BGB). ⁷Gesetzlich unterhaltsverpflichtet ist auch der Vater des nichtehelichen Kindes gegenüber dessen Mutter für die in § 1615l BGB genannte Dauer (→ Unterhaltsanspruch der Mutter des nichtehelichen Kindes). ⁸Ab dem 1. Juli 1998 kann auch der Vater eines nichtehelichen Kindes einen entsprechenden Unterhaltsanspruch gegen die Mutter haben, wenn er das Kind betreut (§ 1615l Abs. 5 BGB). ⁹Gehört die unterhaltsberechtigte Person zum Haushalt des Steuerpflichtigen, so kann regelmäßig davon ausgegangen werden, daß ihm dafür Unterhaltsaufwendungen in Höhe des maßgeblichen Höchstbetrags erwachsen.

Gleichgestellte Personen

(2) ¹Den gesetzlich unterhaltsberechtigten Personen stehen Personen gleich, bei denen die öffentliche Hand ihre Leistungen (z. B. Arbeitslosenhilfe nach § 137 Abs. 2a AFG, Sozialhilfe nach § 122 Satz 1 BSHG) im Hinblick auf Unterhaltsleistungen des Steuerpflichtigen gekürzt hat, etwa bei eheähnlichen Gemeinschaften. ²Die Unterhaltsleistungen sind jedoch auf den Betrag begrenzt, um den der Anspruch auf die öffentliche Leistung gekürzt wurde (→ Unterhalt für gesetzlich unterhaltsberechtigten Personen gleichgestellte Personen). ³Hat die unterhaltene Person für das betreffende Jahr keinen Antrag auf öffentliche Mittel gestellt, so hat der Steuerpflichtige durch eine Bescheinigung der zuständigen Stelle nachzuweisen, um welchen Betrag die öffentlichen Mittel bei entsprechender Antragstellung auf Grund seiner Unterhaltszahlungen gekürzt worden wären.

Nur ein geringes Vermögen

(3) ¹Die zu unterhaltende Person muß zunächst ihre Arbeitskraft und ihr eigenes Vermögen, wenn es nicht geringfügig ist, einsetzen und verwerten. ²Als geringfügig kann in der Regel ein Vermögen bis zu einem gemeinen Wert (Verkehrswert) von 30.000 DM angesehen werden. ³Dabei bleiben außer Betracht:

1. *Vermögensgegenstände, deren Veräußerung offensichtlich eine Verschleuderung bedeuten würde,*
2. *Vermögensgegenstände, die einen besonderen persönlichen Wert, z. B. Erinnerungswert, für den Unterhaltsempfänger haben oder zu seinem Hausrat gehören, und*

3. ein angemessenes Hausgrundstück, wenn der Unterhaltsempfänger das Hausgrundstück allein oder zusammen mit Angehörigen, denen es nach seinem Tode weiter als Wohnung dienen soll, ganz oder teilweise bewohnt. Zur Frage der Angemessenheit eines Hausgrundstücks im übrigen → § 88 Abs. 2 Nr. 7 BSHG.

Opfergrenze, Ländergruppeneinteilung

(4) ¹*Die → Opfergrenze ist unabhängig davon zu beachten, ob die unterhaltene Person im Inland oder im Ausland lebt.* ²Die nach § 33a Abs. 1 Satz 5 EStG maßgeblichen Beträge sind anhand der → Ländergruppeneinteilung zu ermitteln.

Einkünfte und Bezüge

(5) ¹Hinsichtlich der Ermittlung der Einkünfte und Bezüge gilt R 180e entsprechend. ²Bei der Feststellung der anzurechnenden Bezüge einschließlich der Ausbildungshilfen aus öffentlichen Mitteln sind aus Vereinfachungsgründen insgesamt 360 DM im Kalenderjahr abzuziehen, wenn nicht höhere Aufwendungen, die im Zusammenhang mit dem Zufluß der entsprechenden Einnahmen stehen, nachgewiesen oder glaubhaft gemacht werden. ³Ein solcher Zusammenhang ist z. B. bei Kosten eines Rechtsstreits zur Erlangung der Bezüge und bei Kontoführungskosten gegeben, nicht jedoch bei Fahrkosten, die Wehrdienstleistenden durch Fahrten mit dem eigenen Kraftfahrzeug zwischen Stationierungs- und Wohnort entstehen. ⁴Bezüge im Ausland, die – wenn sie im Inland anfielen – Einkünfte wären, sind wie inländische Einkünfte zu ermitteln.

Hinweise

H 190

Allgemeines zum Abzug von Unterhaltsaufwendungen

Abziehbare Aufwendungen im Sinne des § 33a Abs. 1 Satz 1 EStG sind solche für den typischen Unterhalt, d.h. die üblichen für den laufenden Lebensunterhalt bestimmten Leistungen, sowie Aufwendungen für eine Berufsausbildung. Dazu können auch gelegentliche oder einmalige Leistungen gehören. Diese dürfen aber regelmäßig nicht als Unterhaltsleistungen für Vormonate und auch nicht zur Deckung des Unterhaltsbedarfs für das Folgejahr berücksichtigt werden (→ BFH vom 13.2.1987 – BStBl II S. 341). Den Aufwendungen für den typischen Unterhalt sind auch Krankenversicherungsbeiträge, deren Zahlung der Steuerpflichtige übernommen hat, zuzurechnen (→ BFH vom 31.10.1973 – BStBl 1974 II S. 86). Eine Kapitalabfindung, mit der eine Unterhaltsverpflichtung abgelöst wird, kann nur im Rahmen des § 33a Abs. 1 EStG berücksichtigt werden (→ BFH vom 2.12.1960 – BStBl 1961 III S. 76 und vom 22.1.1971 – BStBl II S. 325).

Abgrenzung zu § 33 EStG

Erwachsen dem Steuerpflichtigen außer Aufwendungen für den typischen Unterhalt und eine Berufsausbildung Aufwendungen für einen besonderen Unterhaltsbedarf der unterhaltenen Person, z. B. Krankheitskosten, so kommt dafür eine Steuerermäßigung nach § 33 EStG in Betracht (→ BFH vom 22.7.1988 – BStBl II S. 830; → BMF vom 26.2.1999 – BStBl I S. . . .). Anhang 3
Zur Berücksichtigung von Aufwendungen wegen Pflegebedürftigkeit → R 188, von Aufwendungen im Krankheits- oder Sterbefall → R 189 und von Aufwendungen für die Wiederbeschaffung von Hausrat oder Kleidung → R 187.

Anrechnung eigener Einkünfte und Bezüge

– **Eigene Einkünfte**

→ R 180e Abs. 1

– **Eigene Bezüge**

Bezüge sind alle Einnahmen in Geld oder Geldeswert, die nicht im Rahmen der einkommensteuerrechtlichen Einkunftsermittlung erfaßt werden, also nichtbesteuerbare sowie durch besondere Vorschriften, z. B. § 3 EStG, für steuerfrei erklärte Einnahmen, sowie nach §§ 40, 40a EStG pauschal versteuerter Arbeitslohn (→ BFH vom 6.4.1990 – BStBl II S. 885); *nicht darunter fällt aber der nach § 40 Abs. 2 Satz 2 EStG pauschal versteuerte Werbungskostenersatz (→ DA-FamEStG 63.4.2.3 Absatz 3 Nr. 2 – BStBl 1998 I S. 429).* Anrechenbar sind nur solche Bezüge, die zur Bestreitung des Unterhalts bestimmt oder

§ 33a EStG
H 190

geeignet sind. Zu den anrechenbaren Bezügen gehören neben den in R 180e Abs. 2 genannten insbesondere

a) ausgezahlte Arbeitnehmer-Sparzulage nach dem VermBG,

b) Unterhaltsbeiträge des Sozialamts, soweit dieses von einer Rückforderung bei gesetzlich unterhaltsverpflichteten Steuerpflichtigen abgesehen hat (→ BFH vom 2.8.1974 – BStBl 1975 II S. 139),

c) der Wehrsold, die Sachbezüge, das Weihnachtsgeld und das Entlassungsgeld von Wehrpflichtigen (→ BFH vom 31.7.1981 – BStBl II S. 805 und vom 26.4.1991 – BStBl II S. 716). Zu der Frage, welchem Zeitraum das Entlassungsgeld zuzurechnen ist, → H 192a (Allgemeines),

d) weitere Leistungen → DA-FamEStG 63.4.2.3 Abs. 2 (BStBl 1998 I S. *428)*

DA 63.4.2.3 Bezüge

(1) . . .

(2) ¹Zu den Bezügen gehören insbesondere

1. Ausgezahlte Lohnersatzleistungen, wie z. B. Arbeitslosengeld, Arbeitslosenhilfe, Krankengeld, Mutterschaftsgeld für die Zeit bis zur Entbindung, Verletztengeld aus der gesetzlichen Unfallversicherung;

2. Renten aus der gesetzlichen Unfallversicherung;

3. Bei den Renten aus einer gesetzlichen Rentenversicherung und nach dem Gesetz über Alterssicherung der Landwirte der über den Ertragsanteil hinaus gehende Rentenbetrag;

4. Die im Rahmen der Einkünfte-Ermittlung bis zur Höhe des Sparer-Freibetrags oder des Versorgungs-Freibetrags steuerfrei bleibenden Einnahmen.

5. Zuschüsse eines Trägers der gesetzlichen Rentenversicherung zu den Aufwendungen eines Rentners für seine Kranken- und Pflegeversicherung;

6. Leistungen nach dem Bundesversorgungsgesetz (BVG) mit Ausnahme der Leistungen, die zur Abdeckung des durch den Körperschaden verursachten Mehrbedarfs (z. B. Grundrente, Schwerstbeschädigtenzulage, Pflegezulage) dienen (siehe Abs. 3);

7. Renten nach dem Gesetz über die Errichtung einer Stiftung „Hilfswerk für behinderte Kinder" (Contergaschäden), soweit sie den Betrag übersteigen, der im Fall einer Versorgungsberechtigung nach dem BVG als Grundrente zu zahlen wäre;

8. Leistungen nach § 51 des Bundes-Seuchengesetzes (Impfschadenrente), die in entsprechender Anwendung der Vorschriften des BVG zustehen, soweit sie im Fall einer Versorgungsberechtigung nach dem BVG als Einnahmen anzusehen wären;

9. ¹Schadensersatzleistungen wegen Körper- oder Gesundheitsschäden mit Ausnahme von Schmerzensgeld. ²Ist nach einer Schädigung eine Pauschale zur Abgeltung aller Schäden einschließlich Schmerzensgeld gezahlt worden, so hat der Berechtigte die Höhe des Schmerzensgeldanteils nachzuweisen. ³Andere Schadensersatzleistungen sind als Bezüge anzurechnen, sofern nicht der Berechtigte nachweist, daß sie zum Ausgleich eines Mehrbedarfs verwendet wurden und daher zur Bestreitung des Unterhalts oder der Berufsausbildung nicht zur Verfügung standen.

10. ¹Leistungen zur Sicherstellung des Unterhalts nach Maßgabe des Bundessozialhilfegesetzes (z. B. Hilfe zum Lebensunterhalt, Eingliederungshilfe) oder des Achten Buches Sozialgesetzbuch – Kinder- und Jugendhilfe – (Unterkunft in sozialpädagogischen begleiteten Wohnformen, § 13 Abs. 3; Unterbringung zur Erfüllung der Schulpflicht, § 21 Satz 2; Hilfen für junge Volljährige, § 41 Abs. 2 i. V. m. § 39), soweit von einer Rückforderung bei gesetzlich Unterhaltsverpflichteten abgesehen worden ist, vgl. DA 63.3.6.3 Abs. 4 und 5. ²Hilfe zum Lebensunterhalt gilt jedoch dann nicht als Bezug, wenn das Kindergeld nach § 74 Abs. 1 Satz 4 EStG an das Sozialamt abgezweigt wird, dieses einen Erstattungsanspruch nach § 74 Abs. 5 EStG geltend macht oder – zur Vereinfachung – das Kindergeld auf seine Leistung anrechnet.

11. Sachbezüge und Taschengeld im Rahmen von Au-pair-Verhältnissen im Ausland, soweit es sich nicht um ein verdecktes Hausangestellten-Verhältnis handelt;

12. Entlassungsgeld von Wehrdienst- und Zivildienstleistenden; es ist in vollem Umfang dem der Entlassung folgenden Kalendermonat zuzurechnen;

13. Verdienstausfallentschädigung nach § 13 Abs. 1 Unterhaltssicherungsgesetz;
14. Ausgezahlte Arbeitnehmer-Sparzulage nach § 13 Vermögensbildungsgesetz;
15. die nach § 3b EStG steuerfreien Zuschläge für Sonntags-, Feiertags- oder Nachtarbeit;
16. Unterhaltsleistungen des geschiedenen oder dauernd getrennt lebenden Ehegatten eines Kindes, sofern das Kind der Berücksichtigung dieser Unterhaltsleistungen als Sonderausgaben des früheren Ehegatten nicht zugestimmt hat;
17. Unterhaltsleistungen des Ehegatten eines verheirateten Kindes (grundsätzlich in Höhe der Hälfte des Nettoeinkommens dieses Ehegatten, wobei diesem mindestens das steuerliche Existenzminimum von derzeit 12.360,– DM [bis 1997: 12.000,– DM] verbleiben muß); (BFH BStBl 1986 II S. 840). Siehe DA 63.4.2.5.
18. Wohngeld nach dem Wohngeldgesetz und dem Wohngeldsondergesetz.

²Vgl. im übrigen R 180e EStR 1996 sowie DA 63.4.2.6.

(3)–(5) . . .

– **Nicht anrechenbare eigene Bezüge**

Nicht anzurechnen sind Bezüge, die der unterhaltenen Person zweckgebunden wegen eines nach Art und Höhe über das Übliche hinausgehenden besonderen und außergewöhnlichen Bedarfs zufließen (→ BFH vom 22.7.1988 – BStBl II S. 830 und S. 939).

Zu den nicht anrechenbaren eigenen Bezügen gehören insbesondere

a) die nach § 3 Nr. 12, 13 und 26 EStG steuerfreien Einnahmen sowie der nach § 40 **Abs. 2 Satz 2 EStG pauschal versteuerte Werbungskostenersatz (→ DA-FamEStG 63.4.2.3 Absatz 3 Nr. 2 – BStBl 1998 I S. 429)**,

b) Leistungen aus einer Pflegeversicherung (§ 3 Nr. 1 Buchstabe a EStG), die im Rahmen der Sozialhilfe geleisteten Beträge für Krankenhilfe (§ 37 BSHG), häusliche Pflege (§ 69 Abs. 2 BSHG) und Mehrbedarf einschließlich Mehrbedarfszuschlag (§ 23 Abs. 1 Nr. 1 BSHG) sowie die Sozialhilfeleistungen im Rahmen der Altenhilfe nach § 75 Abs. 2 Nr. 3 BSHG, z. B. sogenannte Telefonhilfe (→ BFH vom 22.7.1988 – BStBl II S. 830 und S. 939),

c) die Eingliederungshilfe im Sinne des § 40 Abs. 1 BSHG; dies gilt nicht, soweit von einer Rückforderung bei dem gesetzlich unterhaltspflichtigen Steuerpflichtigen abgesehen wurde (→ BFH vom 14.6.1996 – BStBl 1997 II S. 173). Bei Heimunterbringung gilt dies nur für die Leistungen, die über den üblichen Lebensunterhalt hinaus gewährt werden,

d) Erziehungsgeld nach dem BErzGG (→ BFH vom 24.11.1994 – BStBl 1995 II S. 527),

e) Leistungen nach § 3 Nr. 69 EStG und dem Gesetz über die humanitäre Hilfe für durch Blutprodukte HIV-infizierte Personen (HIV-Hilfegesetz-HIVAG) vom 24.7.1995; → BMF vom 27.12.1994 (BStBl I S. 886)

f) weitere Leistungen → DA-FamEStG 63.4.2.3 Abs. 3 (→ BStBl 1998 I S. **429)**

DA 63.4.2.3 Bezüge

(1)–(2) . . .

(3) Nicht zu den Bezügen zählen insbesondere

1. Die nach § 3 Nr. 12 (aus einer Bundeskasse oder Landeskasse gezahlte Bezüge, die als Aufwandsentschädigung festgesetzt sind und als Aufwandsentschädigung im Haushaltsplan ausgewiesen werden), Nr. 13 (die aus öffentlichen Kassen gezahlten Reisekostenvergütungen, Umzugskostenvergütungen und Trennungsgelder) und Nr. 26 EStG (Aufwandsentschädigungen für nebenberufliche Tätigkeiten) steuerfreien Einnahmen.
2. Die nach § 3 Nr. 16, Nr. 31, Nr. 32, Nr. 34 EStG steuerfrei ersetzten Werbungskosten und der nach § 40 Abs. 2 Satz 2 EStG pauschal versteuerte Werbungskostenersatz.
3. Unterhaltsleistungen der Eltern und freiwillige Leistungen der Personen, bei denen das Kind berücksichtigt werden kann.
4. Erziehungsgeld nach dem BErzGG (BFH vom 24.11.1994 – BStBl 1995 II S. 527) oder landesrechtlichen Vorschriften.

5. Mutterschaftsgeld für die Zeit nach der Entbindung, soweit es auf das Erziehungsgeld angerechnet worden ist.
6. Leistungen der Pflegeversicherung (§ 3 Nr. 1a EStG).
7. Die im Rahmen der Sozialhilfe geleisteten Beträge für Krankenhilfe (§ 37 BSHG).
8. Leistungen, die nach bundes- oder landesgesetzlichen Vorschriften gewährt werden, um einen Mehrbedarf zu decken, der durch einen Körperschaden verursacht ist (z. B. Pflegegeld bzw. -zulage aus der Unfallversicherung, nach § 35 BVG oder nach § 69 BSHG, Ersatz der Mehrkosten für den Kleider- und Wäscheverschleiß).
9. Die Grundrente und die Schwerstbeschädigtenrente nach dem BVG.

(4)–(5) . . .

– **Beispiel für die Anrechnung:**
Ein Steuerpflichtiger unterhält im Kalenderjahr seinen Vater. Dieser erhält Versorgungsbezüge im Sinne des § 19 Abs. 2 EStG von jährlich 4.800 DM und eine Leibrente von jährlich 6.000 DM, deren steuerlich zu erfassender Ertragsanteil 27 v. H. beträgt. Außerdem bezieht er im Kalenderjahr ein steuerfreies Wohngeld von 1.400 DM.

Ungekürzter Höchstbetrag			12.000 DM
Einkünfte des Vaters			
Versorgungsbezüge		4.800 DM	
Versorgungs-Freibetrag			
(40 v. H. von 4.800 DM =)	1.920 DM		
Arbeitnehmer-Pauschbetrag	2.000 DM	– 3.920 DM	
Einkünfte im Sinne des § 19 EStG		880 DM	880 DM
Leibrente		6.000 DM	
hiervon Ertragsanteil 27 v. H.		1.620 DM	
Werbungskosten-Pauschbetrag		– 200 DM	
Einkünfte im Sinne des § 22 EStG		1.420 DM	1.420 DM
Summe der Einkünfte			2.300 DM
Bezüge des Vaters			
Versorgungs-Freibetrag		1.920 DM	
Steuerlich nicht erfaßter Teil der Rente		4.380 DM	
Steuerfreies Wohngeld		1.400 DM	
		7.700 DM	
Kostenpauschale		– 360 DM	
Bezüge		7.340 DM	7.340 DM
Summe der Einkünfte und Bezüge des Vaters			9.640 DM
anrechnungsfreier Betrag			– 1.200 DM
anzurechnende Einkünfte und Bezüge		8.440 DM	– 8.440 DM
gekürzter Höchstbetrag			3.560 DM

Bedeutung des Anspruchs auf Kindergeld/Kinderfreibetrag
Hat der Steuerpflichtige oder ein anderer für die unterhaltene Person Anspruch auf Kindergeld/Kinderfreibetrag, so ist die Anwendung des § 33a Abs. 1 EStG auch dann ausgeschlossen, wenn das Kindergeld/der Kinderfreibetrag nicht beantragt wurde.

Geringes Vermögen
Nicht gering kann auch Vermögen sein, das keine anzurechnenden Einkünfte abwirft; Vermögen ist auch dann zu berücksichtigen, wenn es die unterhaltene Person für ihren künftigen Unterhalt benötigt (→ BFH vom 14.8.1997 – BStBl 1998 II S. 241).

Geschiedene oder dauernd getrennt lebende Ehegatten
Ein Abzug solcher Aufwendungen kommt nach § 33a Abs. 1 EStG nicht in Betracht, wenn hierfür der Sonderausgabenabzug nach § 10 Abs. 1 Nr. 1 EStG in Anspruch genommen wird (→ R 86b). Dies gilt auch, soweit die Unterhaltsaufwendungen den als Sonderausgaben abgezogenen Teil übersteigen. Sind für das Kalenderjahr der Trennung oder Scheidung die Vorschriften über die Ehegattenbesteuerung (§§ 26 bis 26b, § 32a Abs. 5 EStG) anzuwenden,

§ 33a EStG
H 190

dann können Aufwendungen für den Unterhalt des dauernd getrennt lebenden oder geschiedenen Ehegatten nicht nach § 33a Abs. 1 EStG abgezogen werden (→ BFH vom 31.5.1989 – BStBl II S. 658).

Heimunterbringung
→ Personen in einem Altenheim oder Altenwohnheim

Ländergruppeneinteilung
→ BMF vom 27.2.1996 (BStBl I S. 115)   Anhang 2

Leistungen des Steuerpflichtigen, die neben Unterhaltsleistungen aus einem anderen Rechtsgrund erbracht werden, als anrechenbare Einkünfte und Bezüge der unterhaltenen Person
→ BFH vom 17.10.1980 (BStBl 1981 II S. 158)

Opfergrenze
Unterhaltsleistungen dürfen im allgemeinen nur insoweit als außergewöhnliche Belastung anerkannt werden, als sie in einem angemessenen Verhältnis zum Nettoeinkommen des Leistenden stehen und diesem nach Abzug der Unterhaltsleistungen noch die angemessenen Mittel zur Bestreitung des Lebensbedarfs für sich sowie gegebenenfalls für seine Ehefrau und seine Kinder verbleiben – sog. Opfergrenze (→ BFH vom 4.4.1986 – BStBl II S. 852 und vom 27.9.1991 – BStBl 1992 II S. 35). Wegen der Berechnung der Opfergrenze → BMF vom   Anhang 2
15.9.1997 (BStBl I S. 826), Tz. 6.2. *Der Arbeitnehmer-Pauschbetrag ist auch dann anzusetzen, wenn der Steuerpflichtige keine Werbungskosten hatte (→ BFH vom 11.12.1997 – BStBl 1998 II S. 292).*

Personen in einem Altenheim oder Altenwohnheim
Zu den Aufwendungen für den typischen Unterhalt gehören grundsätzlich auch Kosten der Unterbringung in einem Altenheim oder Altenwohnheim (→ BFH vom 29.9.1989 – BStBl 1990 II S. 418).

Personen im Ausland
Unterhaltsaufwendungen für den nicht dauernd getrennt lebenden Ehegatten sind nur dann nach § 33a Abs. 1 EStG abziehbar, wenn der unterhaltene Ehegatte nicht unbeschränkt einkommensteuerpflichtig ist. Zur steuerlichen Behandlung von Unterhaltsaufwendungen für Personen im Ausland, insbesondere zur Höhe der nach § 33a Abs. 1 Satz 5 EStG notwendigen und angemessenen Aufwendungen, zur Aufteilung von Unterhaltsbeträgen, die einheitlich an mehrere Unterhaltsberechtigte geleistet werden, zur Anwendung des § 33a Abs. 4 EStG und zu den Anforderungen an den Nachweis und die Glaubhaftmachung → BMF vom 15.9.1997 (BStBl I S. 826), sowie zur Ländergruppeneinteilung → BMF vom 27.2.1996   Anhang 2
(BStBl. I S. 115).

Unterhalt durch mehrere Personen
→ § 33a Abs. 1 Satz 6 EStG

Unterhalt für gesetzlich unterhaltsberechtigten Personen gleichgestellte Personen
Beispiele
A. Der in eheähnlicher Gemeinschaft lebende Steuerpflichtige macht für den Zeitraum Januar bis Dezember Unterhaltsleistungen an seine Lebensgefährtin in Höhe von 8.400 DM als außergewöhnliche Belastung geltend. Bei dieser wird der Anspruch auf Arbeitslosenhilfe im Hinblick auf die Unterhaltsleistungen des Steuerpflichtigen um 4.000 DM auf 5.600 DM gekürzt.

Nach § 33a Abs. 1 Satz 2 EStG zu berücksichtigende Unterhaltsleistungen (Betrag, um den die Arbeitslosenhilfe gekürzt worden ist)		4.000 DM
Ungekürzter Höchstbetrag		12.000 DM
Bezüge der Lebensgefährtin		
Arbeitslosenhilfe	5.600 DM	
Kostenpauschale	– 360 DM	
Bezüge	5.240 DM	

651

§ 33a EStG
H 190

anrechnungsfreier Betrag	1.200 DM	
anzurechnende Bezüge	4.040 DM	4.040 DM
gekürzter Höchstbetrag		7.960 DM

Die Unterhaltsleistungen sind in Höhe von 4.000 DM abziehbar.

B. Der in eheähnlicher Gemeinschaft lebende Steuerpflichtige macht Unterhaltsleistungen an seine Lebensgefährtin in Höhe von 500 DM monatlich geltend. Diese hat Anspruch auf Sozialhilfe in Höhe von 900 DM monatlich, die mit Rücksicht auf das Einkommen des Steuerpflichtigen um 500 DM monatlich gekürzt wird.

Ungekürzter Höchstbetrag		12.000 DM
Bezüge der Lebensgefährtin		
Sozialhilfe 12 × (900 ./. 500 =) 400 DM	4.800 DM	
Kostenpauschale	− 360 DM	
Bezüge	4.440 DM	
anrechnungsfreier Betrag	1.200 DM	
anzurechnende Bezüge	3.240 DM	3.240 DM
gekürzter Höchstbetrag		8.760 DM

Die dem Grunde nach zu berücksichtigenden Unterhaltsleistungen in Höhe von 6.000 DM sind in voller Höhe abziehbar.

Unterhalt für mehrere Personen

Unterhält der Steuerpflichtige mehrere Personen, die einen gemeinsamen Haushalt führen, so ist der nach § 33a Abs. 1 EStG abziehbare Betrag grundsätzlich für jede unterhaltene Person getrennt zu ermitteln. Bei einheitlichem Unterhalt zusammenlebender unterhaltsberechtigter Personen, zu denen auch der Ehegatte und eigene Kinder gehören, ist der insgesamt nachgewiesene Zahlungsbetrag grundsätzlich unterschiedslos nach Köpfen aufzuteilen; gehören zu dem Personenkreis außer den eigenen Kindern andere minderjährige Personen, so sind die Zahlungen grundsätzlich im Verhältnis der für die unterhaltenen Personen maßgeblichen Höchstbeträge aufzuteilen (→ BFH vom 12.11.1993 – BStBl 1994 II S. 731 in Verbindung mit BFH vom 22.1.1993 – BStBl II S. 493 und vom 19.2.1993 – BStBl II S. 495). Handelt es sich bei den unterhaltenen Personen um in Haushaltsgemeinschaft lebende Ehegatten, z. B. Eltern, so sind die Einkünfte und Bezüge zunächst für jeden Ehegatten gesondert festzustellen und sodann zusammenzurechnen. Die zusammengerechneten Einkünfte und Bezüge sind um 2.400 DM (zweimal 1.200 DM) zu kürzen. Der verbleibende Betrag ist von der Summe der beiden Höchstbeträge abzuziehen (→ BFH vom 15.11.1991 – BStBl 1992 II S. 245).

Unterhaltsanspruch der Mutter des nichtehelichen Kindes

Auszug aus § 1615l BGB:

(1) Der Vater hat der Mutter für die Dauer von sechs Wochen vor und acht Wochen nach der Geburt des Kindes Unterhalt zu gewähren.

(2) Soweit die Mutter einer Erwerbstätigkeit nicht nachgeht, weil sie infolge der Schwangerschaft oder einer durch die Schwangerschaft oder die Entbindung verursachten Krankheit dazu außerstande ist, ist der Vater verpflichtet, ihr über die in Absatz 1 bezeichnete Zeit hinaus Unterhalt zu gewähren. Das gleiche gilt, soweit von der Mutter wegen der Pflege oder Erziehung des Kindes eine Erwerbstätigkeit nicht erwartet werden kann. Die Unterhaltspflicht beginnt frühestens vier Monate vor der Geburt; sie endet drei Jahre nach der Geburt, sofern es nicht insbesondere unter Berücksichtigung der Belange des Kindes grob unbillig wäre, einen Unterhaltsanspruch nach Ablauf dieser Frist zu versagen. *[Fassung des Satzes 3 bis 30.6.1998: Die Unterhaltspflicht beginnt frühestens vier Monate vor der Entbindung; sie endet spätestens drei Jahre nach der Entbindung.]*

191. Ausbildungsfreibeträge

Allgemeines

(1) ¹Den Ausbildungsfreibetrag kann nur erhalten, wer für das in Berufsausbildung befindliche Kind auch tatsächlich das Kindergeld/den Kinderfreibetrag erhält. ²Der Ausbildungsfreibetrag kommt daher für Kinder im Sinne des § 63 Abs. 1 EStG in Betracht.

(2) ¹Für die Inanspruchnahme eines Ausbildungsfreibetrags ist Voraussetzung, daß dem Steuerpflichtigen Aufwendungen für die Berufsausbildung des Kindes entstehen. ²Auf ihre Höhe kommt es nicht an. ³Unterhaltsaufwendungen für ein in Berufsausbildung befindliches Kind sind auch als Aufwendungen für seine Berufsausbildung anzusehen. ⁴Wegen des Begriffs der Berufsausbildung → R 180. *⁵Ein Ausbildungsfreibetrag kommt auch für Übergangszeiten von höchstens vier Monaten zwischen zwei Ausbildungsabschnitten im Sinne von § 32 Abs. 4 Satz 1 Nr. 2 Buchst. b EStG in Betracht; R 180a gilt entsprechend.*

Auswärtige Unterbringung

(3) ¹Eine auswärtige Unterbringung im Sinne des § 33a Abs. 2 Satz 1 Nr. 1 und Nr. 2 EStG liegt vor, wenn ein Kind außerhalb des Haushalts der Eltern wohnt. ²Dies ist nur anzunehmen, wenn für das Kind außerhalb des Haushalts der Eltern eine Wohnung ständig bereitgehalten und das Kind auch außerhalb des elterlichen Haushalts verpflegt wird. ³Seine Unterbringung muß darauf angelegt sein, die räumliche Selbständigkeit des Kindes während seiner ganzen Ausbildung, z. B. eines Studiums, oder eines bestimmten Ausbildungsabschnitts, z. B. eines Studiensemesters oder -trimesters, zu gewährleisten. ⁴Voraussetzung ist, daß die auswärtige Unterbringung auf eine gewisse Dauer angelegt ist. ⁵Auf die Gründe für die auswärtige Unterbringung kommt es nicht an.

Anrechnung eigener Einkünfte und Bezüge

(4) Für die Ermittlung der in § 33a Abs. 2 Satz 2 EStG bezeichneten eigenen Bezüge des Kindes gelten R 180e und R 190 Abs. 5 entsprechend.

Auslandskinder

(5) Ist das Kind nicht unbeschränkt einkommensteuerpflichtig (Auslandskind), so sind der maßgebende Ausbildungsfreibetrag und der anrechnungsfreie Betrag gegebenenfalls entsprechend der für die Kürzung der Beträge nach § 33a Abs. 1 EStG maßgebenden → Ländergruppeneinteilung zu ermäßigen.

Hinweise

Anrechnung eigener Einkünfte und Bezüge

Bei der Anrechnung sind auch solche Bezüge zu berücksichtigen, die zwar schon für das betreffende Kalenderjahr bewilligt worden sind, aber erst später gezahlt werden (→ BFH vom 21.8.1974 – BStBl 1975 II S. 14). Unterhaltsleistungen der Eltern sind keine anrechenbaren Bezüge des Kindes. Dagegen gehören Unterhaltsleistungen des Ehegatten des Kindes zu seinen anrechenbaren Bezügen (→ BFH vom 7.3.1986 – BStBl II S. 554); die Höhe der Unterhaltsleistungen ist gegebenenfalls im Schätzungswege zu ermitteln. Unerfüllte Unterhaltsansprüche des Kindes gegen seinen Ehegatten sind nicht zu berücksichtigen.

Aufteilung bei einem Elternpaar

Eine Aufteilung eines Ausbildungsfreibetrags ist vorzunehmen, wenn mehrere Steuerpflichtige sämtliche Voraussetzungen für seine Inanspruchnahme erfüllen. So können dauernd getrennt lebende oder geschiedene Ehegatten oder Eltern eines nichtehelichen Kindes jeweils nur die Hälfte des Ausbildungsfreibetrags erhalten. Eine andere Aufteilung ist nicht zulässig. Wird jedoch ein Kinderfreibetrag auf den anderen Elternteil übertragen (§ 32 Abs. 6 Satz 5 EStG), so kann dieser auch den Ausbildungsfreibetrag in vollem Umfang in Anspruch nehmen. Auch wenn der Kinderfreibetrag nicht übertragen wird, kann auf gemeinsamen Antrag der Eltern bei einer Veranlagung zur Einkommensteuer der einem Elternteil zustehende Ausbildungsfreibetrag auf den anderen Elternteil übertragen werden (§ 33a Abs. 2 Satz 8 EStG).

Aufwendungen für die Berufsausbildung

Aufwendungen des Steuerpflichtigen für die Ausbildung eines Kindes sind den Kalendermonaten zuzurechnen, die sie wirtschaftlich betreffen. Erstreckt sich das Studium einschließlich der unterrichts- und vorlesungsfreien Zeit über den ganzen VZ, so kann davon ausgegangen werden, daß beim Steuerpflichtigen in jedem Monat Aufwendungen anfallen (→ BFH vom 22.3.1996 – BStBl 1997 II S. 30). Ein Ausbildungsfreibetrag ist nicht zu gewähren, wenn das Kind die Aufwendungen aus eigenem Vermögen bestreitet; das ist auch der Fall, wenn ein Kapitalvermögen von den Eltern mit der Auflage geschenkt worden ist, den Lebensunterhalt und die Ausbildungskosten aus den anfallenden Zinsen zu tragen (→ BFH vom 23.2.1994 – BStBl II S. 694).

Ländergruppeneinteilung

Anhang 2   → BMF vom 27.2.1996 (BStBl I S. 115)

Nachweise

→ H 194

Rechtsprechung zur auswärtigen Unterbringung

– **Asthma**

Keine auswärtige Unterbringung des Kindes wegen Asthma (→ BFH vom 26.6.1992 – BStBl 1993 II S. 212).

– **Getrennte Haushalte eines Ehepaars**

Auswärtige Unterbringung liegt nur vor, wenn das Kind aus den Haushalten beider Elternteile ausgegliedert ist (→ BFH vom 5.2.1988 – BStBl II S. 579).

– **Großmutter**

Keine auswärtige Unterbringung, wenn ein minderjähriges Kind wochentags bei der in der Nähe wohnenden Großmutter untergebracht ist (→ BFH vom 6.11.1987 – BStBl 1988 II S. 138).

– **Haushalt des Kindes in Eigentumswohnung des Steuerpflichtigen**

Auswärtige Unterbringung liegt vor, wenn das Kind in einer Eigentumswohnung des Steuerpflichtigen einen selbständigen Haushalt führt (→ BFH vom 26.1.1994 – BStBl II S. 544 und vom 25.1.1995 – BStBl II S. 378). Ein Ausbildungsfreibetrag wegen auswärtiger Unterbringung ist ausgeschlossen, wenn eine Steuerermäßigung nach § 34f EStG wegen desselben Kindes gewährt wird (→ BMF vom 21.11.1994 – BStBl I S. 855).[1]

– **Haushalte mehrerer Elternpaare**

Auswärtige Unterbringung liegt nur vor, wenn das Kind aus den Haushalten aller Elternteile ausgegliedert ist (→ BFH vom 24.4.1986 – BStBl II S. 836).

– **Klassenfahrt**

Keine auswärtige Unterbringung, da es an der erforderlichen Dauer fehlt (→ BFH vom 5.11.1982 – BStBl 1983 II S. 109).

– **Legasthenie**

Keine auswärtige Unterbringung des Kindes wegen Legasthenie (Lese- und Rechtschreibschwäche) im medizinischen Sinne (→ BFH vom 26.6.1992 – BStBl 1993 II S. 278).

– **Praktikum**

Keine auswärtige Unterbringung bei Ableistung eines Praktikums außerhalb der Hochschule, wenn das Kind nur dazu vorübergehend auswärtig untergebracht ist (→ BFH vom 20.5.1994 – BStBl II S. 699).

– **Sprachkurs**

Keine auswärtige Unterbringung bei dreiwöchigem Sprachkurs (→ BFH vom 29.9.1989 – BStBl 1990 II S. 62).

– **Verheiratetes Kind**

Auswärtige Unterbringung liegt vor, wenn ein verheiratetes Kind mit seinem Ehegatten eine eigene Wohnung bezogen hat (→ BFH vom 8.2.1974 – BStBl II S. 299).

[1] Anm.: → H 213a.

§ 33a EStG
H 191, 192 R 192

Übergangszeiten von höchstens vier Monaten zwischen zwei Ausbildungsabschnitten
- → R 180a und H 180a
- Auch für die Zeit eines nach Beendigung des gesetzlichen Wehrdienstes und vor Beginn der weiteren Berufsausbildung verbrachten Urlaubs ist ein Ausbildungsfreibetrag möglich (→ BFH vom 18.12.1996 – BStBl 1997 II S. 430).

Zuschüsse
Zu den ohne anrechnungsfreien Betrag anzurechnenden Zuschüssen gehören z. B. die als Zuschuß gewährten Leistungen nach dem Bundesausbildungsförderungsgesetz, nach dem Arbeitsförderungsgesetz gewährte Berufsausbildungsbeihilfen und Ausbildungsgelder sowie Stipendien aus öffentlichen Mitteln.

192. Aufwendungen für eine Hilfe im Haushalt oder für vergleichbare Dienstleistungen (§ 33a Abs. 3 EStG)

R 192

(1) Kinder oder andere unterhaltene Personen im Sinne des § 33a Abs. 3 Satz 1 Nr. 2 EStG gehören zum Haushalt des Steuerpflichtigen, wenn sie bei einheitlicher Wirtschaftsführung unter Leitung des Steuerpflichtigen dessen Wohnung teilen oder sich mit seiner Einwilligung außerhalb seiner Wohnung zu anderen als Erwerbszwecken, insbesondere zur Erziehung, Ausbildung oder Erholung im Inland oder Ausland aufhalten.

S 2285

(2) Wird wegen Krankheit, Hilflosigkeit oder schwerer Behinderung einer zum Haushalt des Steuerpflichtigen gehörenden Person, die weder sein Ehegatte noch sein Kind ist, eine Hilfe im Haushalt beschäftigt, so sind die Aufwendungen im Rahmen der Höchstbeträge neben dem nach § 33a Abs. 1 EStG abziehbaren Betrag für den Unterhalt dieser Person zu berücksichtigen.

Hinweise

H 192

Angehörige
Bei Vorliegen eines ernsthaften Arbeits- oder Dienstverhältnisses wie unter Fremden kann auch die Beschäftigung einer nahestehenden Person als Hilfe im Haushalt anerkannt werden, sofern sie nicht zum Haushalt des Steuerpflichtigen gehört (→ BFH vom 6.10.1961 – BStBl III S. 549).

Haushaltszugehörigkeit
Aufwendungen für eine Lebenspartnerin und Mutter, die zusammen mit dem gemeinsamen Kind im Haushalt des Steuerpflichtigen lebt und vereinbarungsgemäß hauswirtschaftliche Tätigkeiten verrichtet, können nicht als Kosten für eine Hilfe im Haushalt geltend gemacht werden (→ BFH vom 6.11.1997 – BStBl *1998* II S. *187*).

Heim
Heime im Sinne des § 33a Abs. 3 Satz 2 EStG sind Altenheime, Altenwohnheime, Pflegeheime und gleichartige Einrichtungen (→ § 1 Heimgesetz – BGBl. 1990 I S. 763).

Hilfe im Haushalt
Eine Hilfe im Haushalt kann auch nur stundenweise im Haushalt beschäftigt und muß nicht im Rahmen eines Arbeitsverhältnisses tätig sein (→ BFH vom 19.1.1979 – BStBl II S. 326).
→ Unternehmen

Mehrfachgewährung
Der Höchstbetrag darf auch dann nur einmal abgezogen werden, wenn zwei Haushaltsangehörige schwer körperbehindert sind und deshalb zwei Hilfen im Haushalt beschäftigt werden (→ BFH vom 25.9.1992 – BStBl 1993 II S. 106).

§ 33a EStG
R 192a   H 192, 192a

Schwere Behinderung
Eine schwere Behinderung im Sinne des § 33a Abs. 3 Satz 1 Nr. 2 EStG liegt – entsprechend der Gradeinteilung in § 33b Abs. 3 EStG – vor, wenn der Grad der Behinderung mindestens 45 beträgt; zum Nachweis → § 65 EStDV.

Unternehmen
Auch Aufwendungen, die dem Steuerpflichtigen durch die Beauftragung eines Unternehmens mit häuslichen Arbeiten erwachsen, wie sie eine Hilfe im Haushalt verrichtet, können anerkannt werden (→ BFH vom 19.1.1979 – BStBl II S. 326).

Wäscherei
Eine Wäscherei, bei der der Steuerpflichtige seine Wäsche reinigen läßt, ist nicht im häuslichen Bereich wie eine Hilfe im Haushalt tätig (→ BFH vom 30.3.1982 – BStBl II S. 399).

R 192a

192a. Zeitanteilige Ermäßigung nach § 33a Abs. 4 EStG

S 2285 **Ansatz bei unterschiedlicher Höhe der Höchstbeträge oder Ausbildungsfreibeträge**

(1) Kommen für ein Kalenderjahr Höchstbeträge oder Ausbildungsfreibeträge von unterschiedlicher Höhe in Betracht, so ist für den Monat, in dem die geänderten Voraussetzungen eintreten, der höhere zeitanteilige Höchstbetrag oder Ausbildungsfreibetrag anzusetzen.

Aufteilung der eigenen Einkünfte und Bezüge

(2) ¹Der Jahresbetrag der eigenen Einkünfte und Bezüge ist für die Anwendung des § 33a Abs. 4 Satz 2 EStG wie folgt auf die Zeiten innerhalb und außerhalb des Unterhalts- oder Ausbildungszeitraums aufzuteilen:

1. Einkünfte aus nichtselbständiger Arbeit, sonstige Einkünfte sowie Bezüge nach dem Verhältnis der in den jeweiligen Zeiträumen zugeflossenen Einnahmen; die Grundsätze des § 11 Abs. 1 EStG gelten entsprechend; *Pauschbeträge nach § 9a EStG sind hierbei zeitanteilig anzusetzen;*
2. andere Einkünfte auf jeden Monat des Kalenderjahrs mit einem Zwölftel.

²Der Steuerpflichtige kann jedoch nachweisen, daß eine andere Aufteilung wirtschaftlich gerechtfertigt ist, wie es z. B. der Fall ist, wenn bei Einkünften aus selbständiger Arbeit die Tätigkeit erst im Laufe des Jahres aufgenommen wird oder wenn bei Einkünften aus nichtselbständiger Arbeit im Unterhalts- oder Ausbildungszeitraum höhere Werbungskosten angefallen sind als bei verhältnismäßiger Aufteilung darauf entfallen würden.

H 192a

Hinweise

Allgemeines
Der Höchstbetrag für den Abzug von Unterhaltsaufwendungen (§ 33a Abs. 1 EStG), die Ausbildungsfreibeträge (§ 33a Abs. 2 EStG), der Abzugsbetrag wegen zwangsläufiger Aufwendungen für die Beschäftigung einer Hilfe im Haushalt und für die Unterbringung in einem Heim oder zur dauernden Pflege (§ 33a Abs. 3 EStG) sowie die anrechnungsfreien Beträge nach § 33a Abs. 1 Satz 4 und Abs. 2 Satz 2 EStG ermäßigen sich für jeden vollen Kalendermonat, in dem die Voraussetzungen für die Anwendung der betreffenden Vorschrift nicht vorgelegen haben, um je ein Zwölftel (§ 33a Abs. 4 Satz 1 EStG). Erstreckt sich das Studium eines Kindes einschließlich der unterrichts- und vorlesungsfreien Zeit über den ganzen VZ, so kann davon ausgegangen werden, daß beim Steuerpflichtigen in jedem Monat Aufwendungen anfallen, so daß § 33a Abs. 4 Satz 1 EStG nicht zur Anwendung kommt (→ BFH vom 22.3.1996 – BStBl 1997 II S. 30). Eigene Einkünfte und Bezüge der unterhaltenen Person oder des in Berufsausbildung befindlichen Kindes sind nur anzurechnen, soweit sie auf den Unterhalts- oder Ausbildungszeitraum entfallen (§ 33a Abs. 4 Satz 2 EStG). Leisten Eltern Unterhalt an ihren Sohn nur während der Dauer seines Wehrdienstes, so unterbleibt die Anrech-

§ 33a EStG
H 192a

nung des Entlassungsgeldes nach § 9 des Wehrsoldgesetzes, da es auf die Zeit nach Beendigung des Grundwehrdienstes entfällt (→ BFH vom 26.4.1991 – BStBl II S. 716).

Beispiele für die Aufteilung eigener Einkünfte und Bezüge auf die Zeiten innerhalb und außerhalb des Unterhalts- oder Ausbildungszeitraums:

A. Der Steuerpflichtige unterhält seine alleinstehende im Inland lebende Mutter vom 15. April bis 15. September (Unterhaltszeitraum) mit insgesamt 3.600 DM. Die Mutter bezieht ganzjährig eine monatliche Rente von 400 DM (Ertragsanteil 25 v. H.). Außerdem hat sie im Kalenderjahr Einkünfte aus Vermietung und Verpachtung in Höhe von 2.100 DM.

Höchstbetrag für das Kalenderjahr 12.000 DM (§ 33a Abs. 1 EStG)
anteiliger Höchstbetrag für April bis September
($6/12$ von 12.000 DM =) .... 6.000 DM
Eigene Einkünfte der Mutter im Unterhaltszeitraum:
Einkünfte aus Leibrenten
  steuerpflichtiger Ertragsanteil
  25 v. H. von 4.800 DM = ... 1.200 DM
  abzüglich
  Werbungskosten-Pauschbetrag
  (§ 9a Satz 1 Nr. 1 Buchst. c EStG) .... – 200 DM
  Einkünfte .... 1.000 DM
  auf den Unterhaltszeitraum entfallen
  $6/12$ von 1.000 DM .... 500 DM
Einkünfte aus Vermietung
und Verpachtung .... 2.100 DM
auf den Unterhaltszeitraum entfallen .... $6/12$ 1.050 DM
Summe der Einkünfte im
Unterhaltszeitraum .... 1.550 DM
Eigene Bezüge der Mutter im Unterhaltszeitraum:
steuerlich nicht erfaßter
Teil der Rente .... 3.600 DM
abzüglich Kostenpauschale .... – 360 DM
verbleibende Bezüge 3.240 DM
auf den Unterhaltszeitraum entfallen
$6/12$ .... 1.620 DM
Summe der eigenen Einkünfte und
Bezüge im Unterhaltszeitraum .... 3.170 DM
abzüglich anteiliger anrechnungsfreier
Betrag ($6/12$ von 1.200 DM =) .... – 600 DM
anzurechnende Einkünfte und Bezüge .... 2.570 DM   – 2.570 DM
abzuziehender Betrag .... 3.430 DM

B. Ein Steuerpflichtiger unterhält sein Kind, das den gesetzlichen Grundwehrdienst geleistet hat, bis zum Abschluß der Berufsausbildung im November mit 11.000 DM. Das Kind ist auswärtig untergebracht und bezieht für die Zeit von Januar bis November eine private Ausbildungshilfe von insgesamt 1.100 DM. Der Verlängerungszeitraum nach § 32 Abs. 5 EStG endet im Februar.

  a) Für die Monate Januar und Februar erfolgt eine Berücksichtigung nach § 32 Abs. 5 EStG (Kindergeld oder Kinderfreibetrag).

  b) Für die Monate Januar und Februar besteht außerdem ein Anspruch auf Ausbildungsfreibetrag nach § 33a Abs. 2 EStG

    anteiliger Ausbildungsfreibetrag für Januar
    und Februar ($2/12$ von 4.200 DM =) .... 700 DM
    der anteilige Ausbildungszuschuß ist geringer als der an-
    teilige anrechnungsfreie Betrag ($2/12$ von 3.600 DM = 600 DM),
    deshalb abzuziehender Ausbildungsfreibetrag .... 700 DM

  c) Für die Monate März bis November kommt ein Anspruch auf Steuerermäßigung nach § 33a Abs. 1 EStG in Betracht

§ 33a EStG
H 192a

anteiliger Höchstbetrag für März bis November ($^9/_{12}$ von 12.000 DM =)			9.000 DM
anzurechnende Bezüge des Kindes als Bezug anzurechnender Ausbildungszuschuß für März bis November	900 DM		
abzüglich Kostenpauschale	− 360 DM		
verbleibende Bezüge	540 DM		
anteiliger anrechnungsfreier Betrag $^9/_{12}$ von 1.200 DM	− 900 DM		
anzurechnende Bezüge	0 DM	0 DM	
abzuziehender Betrag			9.000 DM

C. Ein über 18 Jahre altes Kind des Steuerpflichtigen, für das er Kindergeld/einen Kinderfreibetrag erhält, befindet sich bis zum **30**.9. in Berufsausbildung und ist auswärtig untergebracht. Dem Kind fließt im Kalenderjahr Arbeitslohn von 9.000 DM zu, davon 3.500 DM in den Ausbildungsmonaten. Die anfallenden Werbungskosten übersteigen nicht den Arbeitnehmer-Pauschbetrag. Außerdem bezieht das Kind für den Ausbildungszeitraum als Ausbildungshilfe einen Zuschuß aus öffentlichen Mitteln von 900 DM.

Ausbildungsfreibetrag für das Kalenderjahr 4.200 DM			
anteiliger Ausbildungsfreibetrag für Januar bis September ($^9/_{12}$ von 4.200 DM =)			3.150 DM
Arbeitslohn des Kindes in den Ausbildungsmonaten	3.500 DM		
abzüglich Arbeitnehmer-Pauschbetrag (zeitanteilig für 9 Monate)	− 1.500 DM		
Einkünfte aus nichtselbständiger Arbeit in den Ausbildungsmonaten	2.000 DM		
abzüglich anrechnungsfreier Betrag ($^9/_{12}$ von 3.600 DM =)	− 2.700 DM		
anzurechnende Einkünfte	0 DM		
Ausbildungszuschuß des Kindes für Januar bis September	900 DM		
abzüglich Kostenpauschale	− 360 DM		
anzurechnende Bezüge	540 DM	+ **540 DM**	
anzurechnende Einkünfte und Bezüge		− 540 DM	− 540 DM
abzuziehender Betrag			2.610 DM

Besonderheiten bei Zuschüssen

Als Ausbildungshilfe bezogene Zuschüsse jeglicher Art, z. B. Stipendien für ein Auslandsstudium aus öffentlichen oder aus privaten Mitteln, mindern die zeitanteiligen Höchstbeträge und Freibeträge nur für die Kalendermonate, für die die Zuschüsse bestimmt sind (§ 33a Abs. 4 Satz 3 EStG). Liegen bei der unterhaltenen Person oder dem in Berufsausbildung befindlichen Kind sowohl eigene Einkünfte und Bezüge als auch Zuschüsse vor, die als Ausbildungshilfe nur für einen Teil des Unterhalts- oder Ausbildungszeitraums bestimmt sind, dann sind zunächst die eigenen Einkünfte und Bezüge anzurechnen und sodann die Zuschüsse zeitanteilig entsprechend ihrer Zweckbestimmung.

Beispiel:

Ein über 18 Jahre altes Kind des Steuerpflichtigen befindet sich während des ganzen Kalenderjahrs in Berufsausbildung und ist auswärtig untergebracht. Ihm fließt in den Monaten Januar bis Juni Arbeitslohn von 6.800 DM zu, die Werbungskosten übersteigen nicht den Arbeitnehmer-Pauschbetrag. Für die Monate Juli bis Dezember bezieht es ein Auslandsstipendium aus öffentlichen Mitteln von 6.000 DM.

Ausbildungsfreibetrag für das Kalenderjahr	4.200 DM
Arbeitslohn	6.800 DM

abzüglich Arbeitnehmer-Pauschbetrag	− 2.000 DM	
Einkünfte aus nichtselbständiger Arbeit	4.800 DM	
anrechnungsfreier Betrag	− 3.600 DM	
anzurechnende Einkünfte	1.200 DM	− 1.200 DM
verminderter Ausbildungsfreibetrag		3.000 DM
anteiliger verminderter Ausbildungsfreibetrag für		
Januar bis Juni		1.500 DM
Juli bis Dezember	1.500 DM	
Ausbildungszuschuß (Auslandsstipendium)	6.000 DM	
abzüglich Kostenpauschale	− 360 DM	
anzurechnende Bezüge	5.640 DM − 5.640 DM	0 DM
abzuziehender Ausbildungsfreibetrag		1.500 DM

193.

– unbesetzt –

§ 33b
Pauschbeträge für Behinderte, Hinterbliebene und Pflegepersonen

(1) Wegen der außergewöhnlichen Belastungen, die einem Behinderten unmittelbar infolge seiner Behinderung erwachsen, kann er anstelle einer Steuerermäßigung nach § 33 einen Pauschbetrag nach Absatz 3 geltend machen (Behinderten-Pauschbetrag).

(2) Die Pauschbeträge erhalten

1. Behinderte, deren Grad der Behinderung auf mindestens 50 festgestellt ist;
2. Behinderte, deren Grad der Behinderung auf weniger als 50, aber mindestens auf 25 festgestellt ist, wenn
   a) dem Behinderten wegen seiner Behinderung nach gesetzlichen Vorschriften Renten oder andere laufende Bezüge zustehen, und zwar auch dann, wenn das Recht auf die Bezüge ruht oder der Anspruch auf die Bezüge durch Zahlung eines Kapitals abgefunden worden ist, oder
   b) die Behinderung zu einer dauernden Einbuße der körperlichen Beweglichkeit geführt hat oder auf einer typischen Berufskrankheit beruht.

(3) [1]Die Höhe des Pauschbetrags richtet sich nach dem dauernden Grad der Behinderung. [2]Als Pauschbeträge werden gewährt bei einem Grad der Behinderung

von 25 und 30	600 Deutsche Mark,
von 35 und 40	840 Deutsche Mark,
von 45 und 50	1.110 Deutsche Mark,
von 55 und 60	1.410 Deutsche Mark,
von 65 und 70	1.740 Deutsche Mark,
von 75 und 80	2.070 Deutsche Mark,
von 85 und 90	2.400 Deutsche Mark,
von 95 und 100	2.760 Deutsche Mark.

[3]Für Behinderte, die hilflos im Sinne des Absatzes 6 sind, und für Blinde erhöht sich der Pauschbetrag auf 7.200 Deutsche Mark.

(4) [1]Personen, denen laufende Hinterbliebenenbezüge bewilligt worden sind, erhalten auf Antrag einen Pauschbetrag von 720 Deutsche Mark (Hinterbliebenen-Pauschbetrag), wenn die Hinterbliebenenbezüge geleistet werden

§ 33b EStG § 65 EStDV

1. nach dem Bundesversorgungsgesetz oder einem anderen Gesetz, das die Vorschriften des Bundesversorgungsgesetzes über Hinterbliebenenbezüge für entsprechend anwendbar erklärt, oder
2. nach den Vorschriften über die gesetzliche Unfallversicherung oder
3. nach den beamtenrechtlichen Vorschriften an Hinterbliebene eines an den Folgen eines Dienstunfalls verstorbenen Beamten oder
4. nach den Vorschriften des Bundesentschädigungsgesetzes über die Entschädigung für Schäden an Leben, Körper oder Gesundheit.

²Der Pauschbetrag wird auch dann gewährt, wenn das Recht auf die Bezüge ruht oder der Anspruch auf die Bezüge durch Zahlung eines Kapitals abgefunden worden ist.

(5) ¹Steht der Behinderten-Pauschbetrag oder der Hinterbliebenen-Pauschbetrag einem Kind zu, für das der Steuerpflichtige einen Kinderfreibetrag oder Kindergeld erhält, so wird der Pauschbetrag auf Antrag auf den Steuerpflichtigen übertragen, wenn ihn das Kind nicht in Anspruch nimmt. ²Erhalten für das Kind mehrere Steuerpflichtige einen Kinderfreibetrag oder Kindergeld, so gilt für die Übertragung des Pauschbetrags § 33a Abs. 2 Satz 5 bis 7 sinngemäß. ³Abweichend hiervon kann auf gemeinsamen Antrag eines Elternpaares, bei dem die Voraussetzungen des § 26 Abs. 1 Satz 1 nicht vorliegen, bei einer Veranlagung zur Einkommensteuer der zu übertragende Pauschbetrag anders aufgeteilt werden; in diesem Fall kann eine Steuerermäßigung nach § 33 wegen der Aufwendungen, für die der Behinderten-Pauschbetrag gilt, nicht gewährt werden.

(6) ¹Wegen der außergewöhnlichen Belastungen, die einem Steuerpflichtigen durch die Pflege einer Person erwachsen, die nicht nur vorübergehend hilflos ist, kann er an Stelle einer Steuerermäßigung nach § 33 einen Pauschbetrag von 1.800 Deutsche Mark im Kalenderjahr geltend machen (Pflege-Pauschbetrag), wenn er dafür keine Einnahmen erhält. ²Hilflos im Sinne des Satzes 1 ist eine Person, wenn sie für eine Reihe von häufig und regelmäßig wiederkehrenden Verrichtungen zur Sicherung ihrer persönlichen Existenz im Ablauf eines jeden Tages fremder Hilfe dauernd bedarf. ³Diese Voraussetzungen sind auch erfüllt, wenn die Hilfe in Form einer Überwachung oder einer Anleitung zu den in Satz 2 genannten Verrichtungen erforderlich ist oder wenn die Hilfe zwar nicht dauernd geleistet werden muß, jedoch eine ständige Bereitschaft zur Hilfeleistung erforderlich ist. ⁴Voraussetzung ist, daß der Steuerpflichtige die Pflege im Inland entweder in seiner Wohnung oder in der Wohnung des Pflegebedürftigen persönlich durchführt. ⁵Wird ein Pflegebedürftiger von mehreren Steuerpflichtigen im Veranlagungszeitraum gepflegt, wird der Pauschbetrag nach der Zahl der Pflegepersonen, bei denen die Voraussetzungen der Sätze 1 bis 4 vorliegen, geteilt.

(7) Die Bundesregierung wird ermächtigt, durch Rechtsverordnung mit Zustimmung des Bundesrates zu bestimmen, wie nachzuweisen ist, daß die Voraussetzungen für die Inanspruchnahme der Pauschbeträge vorliegen.

EStDV

S 2286

§ 65
Nachweis der Behinderung

(1) Den Nachweis einer Behinderung hat der Steuerpflichtige zu erbringen:
1. Bei einer Behinderung, deren Grad auf mindestens 50 festgestellt ist, durch Vorlage eines Ausweises nach dem Schwerbehindertengesetz oder eines Bescheides der für die Durchführung des Bundesversorgungsgesetzes zuständigen Behörde,
2. bei einer Behinderung, deren Grad auf weniger als 50, aber mindestens 25 festgestellt ist,
   a) durch eine Bescheinigung der für die Durchführung des Bundesversorgungsgesetzes zuständigen Behörde auf Grund eines Feststellungsbescheides nach § 4 Abs. 1 des Schwerbehindertengesetzes, die eine Äußerung darüber enthält, ob die Behinderung zu einer dauernden Einbuße der körperlichen Beweglichkeit geführt hat oder auf einer typischen Berufskrankheit beruht, oder

---

¹) Zur Anwendung → § 52 Abs. 24 EStG.

b) wenn ihm wegen seiner Behinderung nach den gesetzlichen Vorschriften Renten oder andere laufende Bezüge zustehen, durch den Rentenbescheid oder den die anderen laufenden Bezüge nachweisenden Bescheid.

(2) Die gesundheitlichen Merkmale „blind" und „hilflos" hat der Steuerpflichtige durch einen Ausweis nach dem Schwerbehindertengesetz, der mit den Merkzeichen „Bl" oder „H" gekennzeichnet ist, oder durch einen Bescheid der für die Durchführung des Bundesversorgungsgesetzes zuständigen Behörde, der die entsprechenden Feststellungen enthält, nachzuweisen. Dem Merkzeichen „H" steht die Einstufung als Schwerstpflegebedürftiger in Pflegestufe III nach dem Elften Buch Sozialgesetzbuch, dem Bundessozialhilfegesetz oder diesen entsprechenden gesetzlichen Bestimmungen gleich; dies ist durch Vorlage des entsprechenden Bescheides nachzuweisen.

(3) Der Steuerpflichtige hat die Unterlagen nach den Absätzen 1 und 2 zusammen mit seiner Steuererklärung oder seinem Antrag auf Lohnsteuerermäßigung der Finanzbehörde vorzulegen.

(4) ¹Ist der Behinderte verstorben und kann sein Rechtsnachfolger die Unterlagen nach den Absätzen 1 und 2 nicht vorlegen, so genügt zum Nachweis eine gutachtliche Stellungnahme von seiten der für die Durchführung des Bundesversorgungsgesetzes zuständigen Behörde. ²Diese Stellungnahme hat die Finanzbehörde einzuholen.

194. Pauschbeträge für Behinderte, Hinterbliebene und Pflegepersonen R 194

(1) Behinderten-Pauschbetrag, Hinterbliebenen-Pauschbetrag und Pflege-Pauschbetrag können mehrfach gewährt werden, wenn mehrere Personen die Voraussetzungen erfüllen (z. B. Steuerpflichtiger, Ehegatte, Kind), oder wenn eine Person die Voraussetzungen für verschiedene Pauschbeträge erfüllt.

(2) Hat ein Kind Anspruch auf einen Behinderten-Pauschbetrag nach § 33b EStG, können andere Personen, auf die der Behinderten-Pauschbetrag nicht übertragen worden ist, wegen der behinderungsbedingten Aufwendungen keine Steuerermäßigung nach § 33 EStG in Anspruch nehmen.

(3) Eine Übertragung des Behinderten-Pauschbetrags eines nicht steuerpflichtigen Kindes ist nur zulässig, wenn der unbeschränkt Steuerpflichtige EU/EWR-Staatsangehöriger ist, die nicht der deutschen Einkommensteuer unterliegenden Einkünfte des Kindes nicht mehr als 12.000 DM im Kalenderjahr betragen (§ 1 Abs. 3 Satz 2, 2. Alternative EStG) und das Kind seinen Wohnsitz oder gewöhnlichen Aufenthalt im Hoheitsgebiet eines EU/EWR-Mitgliedsstaates hat. ¹)

(4) Ein Steuerpflichtiger führt die Pflege auch dann noch persönlich durch, wenn er sich zur Unterstützung zeitweise einer ambulanten Pflegekraft bedient.

(5) § 33b Abs. 6 Satz 5 EStG gilt auch, wenn nur ein Steuerpflichtiger den Pflege-Pauschbetrag tatsächlich in Anspruch nimmt.

(6) Der Pflege-Pauschbetrag nach § 33b Abs. 6 EStG kann neben dem nach § 33b Abs. 5 EStG vom Kind auf die Eltern übertragenen Pauschbetrag für Behinderte in Anspruch genommen werden.

(7) ¹Bei Beginn, Änderung oder Wegfall der Behinderung im Laufe eines Kalenderjahrs ist stets der Pauschbetrag nach dem höchsten Grad zu gewähren, der im Kalenderjahr festgestellt war. ²Eine Zwölftelung ist nicht vorzunehmen. ³Dies gilt auch für den Hinterbliebenen- und Pflege-Pauschbetrag.

Hinweise H 194

Allgemeines und Nachweis

Zur Behinderung im Sinne des § 33b EStG → § 3 des Schwerbehindertengesetzes (SchwbG), zur Hilflosigkeit → § 33b Abs. 6 EStG, zur Pflegebedürftigkeit → §§ 14, 15 SGB XI.

---

¹) Anm.: Ergänzung für den Nachweis der Behinderung von in Deutschland nicht steuerpflichtigen Kindern → BMF vom 8.8.1997 (BStBl I S. 1016; abgedruckt zu H 194).

§ 33b EStG
H 194

Der Nachweis für die Voraussetzungen eines Pauschbetrages ist gemäß § 65 EStDV zu führen.

An die für die Gewährung der Behinderten-Pauschbeträge und des Pflege-Pauschbetrags vorzulegenden Bescheinigungen, Ausweise oder Bescheide sind die Finanzbehörden gebunden (→ BFH vom 5.2.1988 – BStBl II S. 436). Bei den Nachweisen nach § 65 Abs. 1 Nr. 2 Buchstabe b EStDV kann es sich z. B. um Rentenbescheide des Versorgungsamtes oder eines Trägers der gesetzlichen Unfallversicherung oder bei Beamten, die Unfallruhegeld beziehen, um einen entsprechenden Bescheid ihrer Behörde handeln. Der Rentenbescheid eines Trägers der gesetzlichen Rentenversicherung der Arbeiter und Angestellten genügt nicht (→ BFH vom 25.4.1968 – BStBl II S. 606).

Verwaltungsakte, die die Voraussetzungen für die Inanspruchnahme der Pauschbeträge feststellen (→ § 65 EStDV), sind Grundlagenbescheide im Sinne des § 171 Abs. 10 und § 175 Abs. 1 Satz 1 Nr. 1 AO (→ BFH vom 5.2.1988 – BStBl II S. 436).

Auf Grund eines solchen Bescheides ist ggf. eine Änderung früherer Steuerfestsetzungen hinsichtlich der Anwendung des § 33b EStG nach § 175 Abs. 1 Satz 1 Nr. 1 AO unabhängig davon vorzunehmen, ob ein Antrag im Sinne des § 33b Abs. 1 EStG für den Besteuerungszeitraum dem Grunde nach bereits gestellt worden ist. Die Änderung ist für alle Kalenderjahre vorzunehmen, auf die sich der Grundlagenbescheid erstreckt.

Einen Pauschbetrag von 7.200 DM können Behinderte unabhängig vom Grad der Behinderung erhalten, in deren Ausweis das Merkmal „Bl" oder „H" eingetragen ist (→ § 4 Abs. 5 SchwbG).

Nachweis der Behinderung von in Deutschland nicht steuerpflichtigen Kindern bei Übertragung des Behinderten-Pauschbetrags nach § 33b Abs. 5 EStG

BMF vom 8.8.1997 (BStBl I S. 1016)

IV B 1 – S 2286 – 60/97

Im Einvernehmen mit den obersten Finanzbehörden der Länder gilt ab Veranlagungszeitraum 1996 in Ergänzung zu R 194 Abs. 3 EStR 1996 für den Nachweis der Behinderung von in Deutschland nicht steuerpflichtigen Kindern folgendes:

Das in einem EU/EWR-Mitgliedstaat ansässige behinderte Kind bzw. sein Erziehungsberechtigter kann sich an das zuständige Auslandsversorgungsamt wenden und im förmlichen Verfahren nach § 4 Abs. 1 SchwbG einen Antrag auf Feststellung über das Vorliegen einer Behinderung und den Grad der Behinderung stellen. Das Versorgungsamt wird den Antragsteller auffordern, ärztliche Befundberichte zu übersenden, wonach das Versorgungsamt den Grad der Behinderung bestimmen kann. Daraufhin wird dem Behinderten ein Feststellungsbescheid erteilt, der gegenüber dem deutschen Finanzamt, bei dem der steuerpflichtige Elternteil steuerlich geführt wird, als Nachweis dient.

Für jedes Land gibt es ein zuständiges Auslandsversorgungsamt. Die Zuständigkeit der Auslandsversorgungsämter ist durch die Auslandszuständigkeitsverordnung (AuslZuStV) vom 28.5.1991 (BGBl. I S. 1204) geregelt.

Berufskrankheit

Eine typische Berufskrankheit ist unter den gleichen Voraussetzungen anzunehmen, unter denen bei Versicherten auf eine Berufskrankheit im Sinne des § 9 Abs. 1 SGB VII in Verbindung mit der geltenden Berufskrankheitenverordnung zu schließen ist (→ BFH vom 14.1.1954 – BStBl III S. 86 und vom 26.3.1965 – BStBl III S. 358).

Fahrtkosten

Kraftfahrzeugkosten bei Behinderten können im Rahmen der Angemessenheit neben den Pauschbeträgen nach § 33 EStG berücksichtigt werden.

→ H 186–189 (Fahrtkosten Behinderter)

Führerscheinkosten

Führerscheinkosten für ein schwer geh- und stehbehindertes Kind können neben den Pauschbeträgen nach § 33 EStG berücksichtigt werden (→ BFH vom 26.3.1993 – BStBl II S. 749).

§ 33b EStG
H 194

Heilkur
Aufwendungen für eine Heilkur können nach § 33 EStG neben den Pauschbeträgen geltend gemacht werden (→ BFH vom 11.12.1987 – BStBl 1988 II S. 275).

→ R 189 Abs. 1 und 3
→ H 186–189 (Kur)

Hilfe im Haushalt
Die Höchstbeträge nach § 33a Abs. 3 EStG können neben den Pauschbeträgen nach § 33b EStG gewährt werden.

Hinterbliebenen-Pauschbetrag
Zu den Gesetzen, die das BVG für entsprechend anwendbar erklären (§ 33b Abs. 4 Nr. 1 EStG), gehören:
- das Soldatenversorgungsgesetz (→ § 80),
- das Zivildienstgesetz (→ § 47),
- das Häftlingshilfegesetz (→ §§ 4 und 5),
- das Gesetz über die Unterhaltsbeihilfe für Angehörige von Kriegsgefangenen (→ § 3),
- das Gesetz über den Bundesgrenzschutz (→ § 59 Abs. 1 in Verbindung mit dem Soldatenversorgungsgesetz),
- das Gesetz über das Zivilschutzkorps (→ § 46 in Verbindung mit dem Soldatenversorgungsgesetz),
- das Gesetz zur Regelung der Rechtsverhältnisse der unter Artikel 131 GG fallenden Personen (→ §§ 66, 66a),
- das Gesetz zur Einführung des Bundesversorgungsgesetzes im Saarland (→ § 5 Abs. 1),
- das Bundes-Seuchengesetz (→ § 51),
- das Gesetz über die Entschädigung für Opfer von Gewalttaten (→ § 1 Abs. 1).

Krankheitskosten
Außerordentliche, durch einen akuten Anlaß verursachte Krankheitskosten können nach § 33 EStG neben den Pauschbeträgen berücksichtigt werden, z. B. Kosten einer Operation, auch wenn diese mit dem Leiden zusammenhängt, das die Behinderung bewirkt oder erst verursacht hat (→ BFH vom 30.11.1966 – BStBl 1967 III S. 457).

Pflegebedürftigkeit
→ R 188

Pflegepauschbetrag
- Eine sittliche Verpflichtung zur Pflege ist anzuerkennen, wenn eine enge persönliche Beziehung zu der gepflegten Person besteht (→ BFH vom 29.8.1996 – BStBl 1997 II S. 199).
- *Der Pflegepauschbetrag nach § 33b Abs. 6 EStG ist nicht nach der Zahl der Personen aufzuteilen, welche bei ihrer Einkommensteuerveranlagung die Berücksichtigung eines Pflegepauschbetrages begehren, sondern nach der Zahl der Steuerpflichtigen, welche eine hilflose Person in ihrer Wohnung oder in der Wohnung des Pflegebedürftigen tatsächlich persönlich gepflegt haben (→ BFH vom 14.10.1997 – BStBl 1998 II S. 20).*

Ein Steuerpflichtiger kann den Pflege-Pauschbetrag auch dann in Anspruch nehmen, wenn die Pflegeperson ganzjährig in einem Heim untergebracht ist und nur an den Wochenenden in der Wohnung des Steuerpflichtigen betreut wird (→ FG München vom 14.2.1995 – EFG 1995 S. 722).

Schulgeld
Schulgeld für den Privatschulbesuch des behinderten Kindes → H 186–189 (Privatschule für behinderte Kinder) und R 189 Abs. 2.

EStG

S 2288a

§ 33c[1])
Kinderbetreuungskosten

(1) ¹Aufwendungen für Dienstleistungen zur Betreuung eines zum Haushalt eines Alleinstehenden gehörenden unbeschränkt einkommensteuerpflichtigen Kindes im Sinne des § 32 Abs. 1 oder 6 Satz 6, das zu Beginn des Kalenderjahrs das 16. Lebensjahr noch nicht vollendet hat, können als außergewöhnliche Belastungen abgezogen werden, wenn die Aufwendungen wegen

1. Erwerbstätigkeit oder
2. körperlicher, geistiger oder seelischer Behinderung oder
3. Krankheit

des Steuerpflichtigen erwachsen, jedoch nur soweit sie die zumutbare Belastung nach § 33 Abs. 3 übersteigen. ²Im Fall des Satzes 1 Nr. 3 muß die Krankheit innerhalb eines zusammenhängenden Zeitraums von mindestens drei Monaten bestanden haben. ³Satz 2 gilt nicht, wenn der Krankheitsfall unmittelbar im Anschluß an eine Erwerbstätigkeit eintritt. ⁴Die Aufwendungen können nur berücksichtigt werden, soweit sie den Umständen nach notwendig sind und einen angemessenen Betrag nicht übersteigen. ⁵Aufwendungen für Unterricht, die Vermittlung besonderer Fähigkeiten, sportliche und andere Freizeitbetätigungen werden nicht berücksichtigt.

(2) ¹Alleinstehend sind Unverheiratete sowie Verheiratete, die von ihrem Ehegatten dauernd getrennt leben. ²Als alleinstehend gelten auch Verheiratete, deren Ehegatte nicht unbeschränkt einkommensteuerpflichtig ist.

(3) ¹Der nach Absatz 1 abzuziehende Betrag darf bei Alleinstehenden mit einem Kind (Absatz 1 Satz 1) 4.000 Deutsche Mark im Kalenderjahr nicht übersteigen. ²Dieser Betrag erhöht sich für jedes weitere Kind um 2.000 Deutsche Mark. ³Für jeden vollen Kalendermonat, in dem die Voraussetzungen des Absatzes 1 nicht vorgelegen haben, ermäßigt sich der für das Kind in Betracht kommende Höchstbetrag oder Erhöhungsbetrag um ein Zwölftel. ⁴Gehörte das Kind gleichzeitig zum Haushalt von zwei Alleinstehenden, so ist bei jedem von ihnen der maßgebende Höchstbetrag oder Erhöhungsbetrag zur Hälfte anzusetzen.

(4) ¹Für Aufwendungen im Sinne des Absatzes 1 wird bei Alleinstehenden mit einem Kind (Absatz 1 Satz 1) mindestens ein Pauschbetrag von 480 Deutsche Mark im Kalenderjahr abgezogen. ²Der Pauschbetrag erhöht sich für jedes weitere Kind um 480 Deutsche Mark. ³Absatz 3 Sätze 3 und 4 gilt entsprechend.

(5) Bei Ehegatten, die beide unbeschränkt einkommensteuerpflichtig sind und nicht dauernd getrennt leben, gelten Absatz 1, Absatz 3 Satz 1 bis 3 und Absatz 4 entsprechend, soweit die Aufwendungen wegen

1. körperlicher, geistiger oder seelischer Behinderung oder
2. Krankheit

eines Ehegatten erwachsen, wenn der andere Ehegatte erwerbstätig oder ebenfalls krank oder behindert ist.

---

[1]) Anm.: § 33c Abs. 1 bis 4 ist seit seiner Einführung durch Art. 3 Nr. 19 des Steuerbereinigungsgesetzes 1985 vom 14.12.1984 (BGBl. I S. 1493) einschließlich aller nachfolgenden Fassungen mit Art. 6 Abs. 1 und Abs. 2 des Grundgesetzes unvereinbar, soweit er die in ehelicher Gemeinschaft lebenden, unbeschränkt steuerpflichtigen Eltern vom Abzug der Kinderbetreuungskosten wegen Erwerbstätigkeit ausschließt. Der Gesetzgeber ist verpflichtet, spätestens mit Wirkung zum 1.1.2000 eine Neuregelung zu treffen. Bis zu diesem Zeitpunkt bleiben die bisherigen Regelungen weiter anwendbar.
Soweit mit Wirkung zum 1.1.2000 noch keine Neuregelung in Kraft getreten ist, gilt § 33c des Einkommensteuergesetzes mit der Maßgabe weiter, daß ab diesem Zeitpunkt Kinderbetreuungskosten in Höhe der in § 33c Abs. 3 genannten Beträge – unabhängig von einer Erwerbstätigkeit und von konkreten Aufwendungen – bei der Ermittlung des zu versteuernden Einkommens bei allen Eltern, denen Kinderfreibeträge oder Kindergeld für das Kind zustehen, vom Einkommen im Sinne des § 2 Abs. 4 abgezogen werden (→ BVerfG vom 10.11.1998 – NJW 1999 S. 557).

195. Kinderbetreuungskosten

Allgemeines

(1) ¹Ein Abzug von Kinderbetreuungskosten ist nur auf Antrag möglich. ²Für die Beurteilung, ob der Steuerpflichtige alleinstehend ist, ist es unerheblich, ob er den Haushaltsfreibetrag erhält oder unter besonderen Umständen nach dem Splitting-Verfahren zu besteuern ist. ³War der Steuerpflichtige nicht während des ganzen Kalenderjahrs alleinstehend, z. B. weil er im Kalenderjahr geheiratet hat oder nach dem Tod seines Ehegatten, mit dem er zusammengelebt hat, zu den verwitweten Personen gehört, so gelten die Voraussetzungen für den Abzug von Kinderbetreuungskosten nach § 33c Abs. 1 EStG nur für die Zeit des Alleinstehens. ⁴Für die übrige Zeit können Kinderbetreuungskosten nur unter den eingeschränkten Voraussetzungen des § 33c Abs. 5 EStG für Ehegatten abgezogen werden.

S 2288a

Erwerbstätigkeit, Behinderung, Krankheit

(2) ¹Wird die Erwerbstätigkeit unterbrochen, z. B. durch Arbeitslosigkeit, so können auch die während der Zeit der Unterbrechung entstandenen Kinderbetreuungskosten berücksichtigt werden, längstens jedoch für einen zusammenhängenden Zeitraum von vier Monaten; *entsprechendes gilt auch für Urlaubszeiten.* ²Ein Steuerpflichtiger, der für einen Beruf ausgebildet wird, ist aus Billigkeitsgründen einem Erwerbstätigen gleichzustellen. ³Der Abzug von Kinderbetreuungskosten wegen Behinderung setzt keinen bestimmten Grad der Behinderung voraus. ⁴Daß die Kinderbetreuungskosten wegen Behinderung oder Krankheit erwachsen sind, hat der Steuerpflichtige glaubhaft zu machen. ⁵In Zweifelsfällen kann das Finanzamt eine ärztliche Bescheinigung verlangen. ⁶Eine Berücksichtigung von Kinderbetreuungskosten beiderseits erwerbstätiger Ehegatten (§ 33c Abs. 5 EStG) ist auch ausgeschlossen, wenn einer von ihnen oder beide krank oder behindert sind. ⁷Ist jedoch z. B. einer der erwerbstätigen Ehegatten teilzeitbeschäftigt und behindert, so können Kinderbetreuungskosten berücksichtigt werden, soweit sie sich auf die Zeit der Nichtbeschäftigung beziehen und die Betreuung nach ärztlicher Bescheinigung wegen der Behinderung erforderlich ist.

Haushaltszugehörigkeit des Kindes

(3) ¹Das Kind gehört zum Haushalt des Steuerpflichtigen, wenn es dort lebt oder mit seiner Einwilligung vorübergehend auswärts untergebracht ist. ²Auch in Fällen, in denen der Steuerpflichtige mit seinem Kind in der Wohnung seiner Eltern oder Schwiegereltern oder in Wohngemeinschaft mit anderen Personen lebt, ist die Haushaltszugehörigkeit des Kindes als gegeben anzusehen.

Kinderbetreuungskosten

(4) ¹Aufwendungen für Kinderbetreuung durch einen Angehörigen des Steuerpflichtigen können nur berücksichtigt werden, wenn den Leistungen klare und eindeutige Vereinbarungen zugrunde liegen. ²Eine Berücksichtigung ist auch möglich, wenn die Betreuungsperson mit dem Steuerpflichtigen und dem Kind in Haushaltsgemeinschaft lebt. ³Leistungen an eine Person, zu der das Kind in einem Kindschaftsverhältnis (§ 63 EStG) steht, können nicht als Betreuungskosten anerkannt werden. ⁴Wird ein einheitliches Entgelt sowohl für Betreuungsleistungen als auch für andere Leistungen gezahlt, so ist gegebenenfalls eine Aufteilung im Schätzungswege (§ 162 AO) vorzunehmen. ⁵Von einer Aufteilung ist abzusehen, wenn die Sachleistungen von untergeordneter Bedeutung sind. ⁶Von einer Prüfung der Notwendigkeit und Angemessenheit der Kinderbetreuungskosten (§ 33c Abs. 1 Satz 4 EStG) kann im allgemeinen abgesehen werden. ⁷Die Notwendigkeit ist jedoch in der Regel nicht gegeben, wenn der Steuerpflichtige mit dem anderen Elternteil des Kindes zusammenlebt und dieser nicht erwerbstätig ist; *dies gilt nicht, wenn lediglich der → Pauschbetrag nach § 33c Abs. 4 EStG geltend gemacht wird.* ⁸Die Angemessenheit kann z. B. bei Zahlungen an Angehörige zu prüfen sein. ⁹Bei auswärtiger Unterbringung eines Kindes, z. B. in einem Internat, können die dabei entstehenden Betreuungskosten neben dem Ausbildungsfreibetrag berücksichtigt werden. ¹⁰Kinderbetreuungskosten bleiben außer Betracht, soweit sie als Sonderausgaben (§ 10 Abs. 1 Nr. 8 EStG) abgezogen werden können (§ 33 Abs. 2 Satz 2 EStG).

Höchstbetrag

(5) ¹Der erhöhte Höchstbetrag für mehr als ein Kind gilt für die vom Steuerpflichtigen insgesamt aufgewendeten Kinderbetreuungskosten, d.h. ohne Rücksicht darauf, welches Kind

§ 33c EStG
R 195   H 195

sie betreffen. ²Der Umstand, daß im Kalenderjahr Kinderbetreuungskosten nicht regelmäßig geleistet worden sind oder das Kind im Laufe des Kalenderjahrs das 16. Lebensjahr vollendet hat, führt nicht zu einer zeitanteiligen Ermäßigung des Höchstbetrags. ³Hat der Steuerpflichtige mehr als ein Kind und liegen bei mindestens einem die in Absatz 3 genannten Voraussetzungen nur während eines Teils des Kalenderjahrs vor, sind für die zeitanteilige Ermäßigung ungeachtet der Geburtenfolge der Kinder der Höchstbetrag für das erste Kind und die Erhöhungsbeträge für weitere Kinder so anzusetzen, daß sich insgesamt der höchstmögliche Betrag ergibt. ⁴Kann im Fall der Zusammenveranlagung von Ehegatten jeder Ehegatte für die Zeit, in der er alleinstehend war, den Kinderbetreuungskostenabzug in Anspruch nehmen, so ist der Höchstbetrag für jeden Ehegatten gesondert zu ermitteln.

H 195   **Hinweise**

Allgemeines
Ob ein verheirateter Steuerpflichtiger von seinem Ehegatten dauernd getrennt lebt, ist nach R 174 Abs. 1 zu beurteilen.

Anrechnung der zumutbaren Belastung
Wegen der Anrechnung der zumutbaren Belastung in Fällen, in denen neben Kinderbetreuungskosten andere außergewöhnliche Belastungen im Sinne des § 33 EStG zu berücksichtigen sind, wird auf das nachstehende Berechnungsschema hingewiesen.
Berechnungsschema für den Abzug von Kinderbetreuungskosten und anderen außergewöhnlichen Belastungen

                                                         DM   DM   DM

1. Zu berücksichtigende
    Kinderbetreuungs-
    kosten (§ 33c EStG)   _____
2. Pauschbetrag (§ 33c Abs. 4 EStG)   –_____
3. verbleiben   _____
4. falls Nummer 3 nicht positiv:
    abzuziehender Betrag = Pauschbetrag
5. falls Nummer 3 positiv:
    zumutbare Belastung _____ DM;
    davon bei den Kinderbetreuungs-
    kosten abziehbar
    (höchstens Betrag von Nummer 3)   –_____
6. verbleiben   _____
7. Höchstbetrag für
    Kinderbetreuungskosten   _____
8. abzuziehender Betrag = der niedrigere
    Betrag der Nummern 6 und 7   _____
9. andere außergewöhnliche Belastungen
    (§ 33 EStG)   _____
10. zumutbare Belastung, soweit noch
    nicht auf die Kinderbetreuungskosten
    angerechnet   –_____
11. abzuziehender Betrag   _____
12. abzuziehender Gesamtbetrag
    Nummern 4 und 11 oder
    Nummern 8 und 11   _____

Berücksichtigung von Betreuungsaufwendungen für Auslandskinder
§ 33c EStG ist verfassungskonform dahin auszulegen, daß Betreuungsaufwendungen für ein nicht unbeschränkt einkommensteuerpflichtiges Kind unter den gleichen Voraussetzungen, einschließlich der Zugehörigkeit zum inländischen Haushalt des Steuerpflichtigen, zu

berücksichtigen sind wie für ein unbeschränkt einkommensteuerpflichtiges Kind (→ BFH vom 15.4.1992 – BStBl II S. 896). Bei Betreuungsaufwendungen für Auslandskinder richtet sich die Höhe des Abzugsbetrags nach der sog. → Ländergruppeneinteilung (→ BFH vom 15.4.1992 – BStBl II S. 896). Zur Anwendung bei Staatsangehörigen eines Mitgliedstaates der Europäischen Union oder eines Staates, auf den das Abkommen über den Europäischen Wirtschaftsraum anwendbar ist → § 1a Abs. 1 Nr. 4 EStG.

Ehegatten
Die steuerliche Nichtberücksichtigung von Kinderbetreuungskosten beiderseits erwerbstätiger Ehegatten mit einem Kind stellt keine verfassungswidrige Benachteiligung gegenüber Alleinstehenden dar, auch wenn die Kinderbetreuungskosten die Berufstätigkeit erst ermöglichen (→ BFH vom 5.12.1997 – BStBl 1998 II S. 211).[1]

Erwerbstätigkeit
Ein Steuerpflichtiger ist erwerbstätig, wenn er einer auf die Erzielung von Einkünften gerichteten Beschäftigung nachgeht (→ BFH vom 16.5.1975 – BStBl II S. 537).

Halbteilung des Höchstbetrags bei Alleinstehenden
Gehört ein Kind, das zu zwei Alleinstehenden in einem Kindschaftsverhältnis (§ 32 Abs. 1 EStG) steht, gleichzeitig zum Haushalt beider, so kommt nach § 33c Abs. 3 Satz 4 EStG auch dann bei jedem von ihnen die Hälfte oder die zeitanteilig ermäßigte Hälfte des Höchstbetrags oder der Erhöhungsbeträge in Betracht, wenn nur einer den Kinderbetreuungskostenabzug in Anspruch nehmen kann. Bestand die gleichzeitige Haushaltszugehörigkeit nicht während des ganzen Kalenderjahrs, ist der Teil des Höchstbetrags oder Erhöhungsbetrags zu halbieren, der auf die Monate entfällt, in denen das Kind gleichzeitig zum Haushalt beider Alleinstehenden gehörte. Die auf einen Elternteil entfallende Hälfte des Höchstbetrags oder Erhöhungsbetrags kann nicht auf den anderen Elternteil übertragen werden. Hat einer der Alleinstehenden noch ein weiteres Kind, für das der Abzug von Kinderbetreuungskosten in Betracht kommt, das aber zu dem anderen Alleinstehenden nicht in einem Kindschaftsverhältnis steht, so sind der Höchstbetrag und die Erhöhungsbeträge so anzusetzen, daß sich für jeden der höchstmögliche Betrag ergibt.

Beispiel:
Die in häuslicher Gemeinschaft lebenden X und Y haben ein gemeinsames nichteheliches Kind. Y hat außerdem ein Kind aus früherer Ehe, das ebenfalls in dem gemeinsamen Haushalt lebt. X und Y sind während des ganzen Kalenderjahrs erwerbstätig.

Die Höchstbeträge sind wie folgt zu ermitteln:

bei X: für das gemeinsame Kind .... $\frac{4.000\ DM}{2}$ .... = 2.000 DM
bei Y: für das Kind aus früherer Ehe .... = 4.000 DM
bei Y: für das gemeinsame Kind .... $\frac{2.000\ DM}{2}$ .... = 1.000 DM
                                                                                                 5.000 DM

Höchstbetragsbegrenzung
Beispiel:
Im April wird das zweite Kind der während des ganzen Kalenderjahrs erwerbstätigen Steuerpflichtigen geboren. Ihr erstes Kind scheidet im September aus ihrem Haushalt aus.
Der Höchstbetrag ist wie folgt zu ermitteln:

für das erste Kind .... $^9/_{12}$ von 4.000 DM = 3.000 DM
für das zweite Kind .... $^6/_{12}$ von 2.000 DM = 1.000 DM
                                                    $^3/_{12}$ von 4.000 DM = 1.000 DM
insgesamt .... = 5.000 DM

Kinderbetreuungskosten
→ BMF vom 10.5.1985 (BStBl I S.189)
Berücksichtigungsfähig sind

---
[1] Anm.: Überholt durch BVerfG vom 10.11.1998 (NJW 1999 S.557).

Ausgaben in Geld oder Geldeswert (Wohnung, Kost, Waren, sonstige Sachleistungen) für Dienstleistungen zur Betreuung eines Kindes einschließlich der Erstattungen an die Betreuungsperson (z. B. Fahrtkosten). **Betreuung** in diesem Sinne ist nur die behütende oder beaufsichtigende Betreuung, d.h., die persönliche Fürsorge für das Kind muß der Dienstleistung erkennbar zugrunde liegen. Anerkannt werden können danach z. B. Aufwendungen für

– die Unterbringung von Kindern in Kindergärten, Kindertagesstätten, Kinderhorten, Kinderheimen und Kinderkrippen sowie bei Tagesmüttern, Wochenmüttern und in Ganztagspflegestellen,

– die Beschäftigung von Kinderpflegerinnen, Erzieherinnen und Kinderschwestern,

– die Beschäftigung von Hausgehilfinnen oder Haushaltshilfen, soweit diese Kinder betreuen;

– die Beaufsichtigung des Kindes bei Erledigung seiner häuslichen **Schulaufgaben** (→ BFH vom 17.11.1978 – BStBl 1979 II S. 142).

Nicht berücksichtigungsfähig sind

– Aufwendungen für jede Art von **Unterricht** einschließlich Nachhilfeunterricht, für die Vermittlung besonderer Fähigkeiten, wie z. B. für Schreibmaschinen- und Stenographiekurse, Fahrschule, Tanzkurse, sowie für sportliche und andere Freizeitbeschäftigungen (→ § 33c Abs. 1 letzter Satz EStG),

– Aufwendungen für Sachleistungen, die neben der Betreuung erbracht werden, z. B. **Verpflegung des Kindes** in einer Kindertagesstätte (→ BFH vom 28.11.1986 – BStBl 1987 II S. 490),

– Nebenkosten, die nicht unmittelbar der Betreuung des Kindes dienen, z. B. **Fahrtkosten** des Kindes zur Betreuungsperson (→ BFH vom 29.8.1986 – BStBl 1987 II S. 167),

– Aufwendungen für eine **Lebenspartnerin und Mutter**, die zusammen mit dem gemeinsamen Kind im Haushalt des Steuerpflichtigen lebt (→ BFH vom 6.11.1997 – BStBl 1998 II S. 187).

Ländergruppeneinteilung

Anhang 2 → BMF vom 27.2.1996 (BStBl I S. 115)

Pauschbetrag

Die Gewährung eines Pauschbetrages für Kinderbetreuungskosten setzt nicht die Prüfung voraus, daß dem Steuerpflichtigen nach den Umständen notwendige und angemessene Aufwendungen für die Betreuung seines Kindes entstehen konnten. Der (dann hälftige) Pauschbetrag ist einem Alleinstehenden, der mit dem anderen Elternteil seines Kindes in einem Haushalt zusammenlebt, auch dann zu gewähren, wenn der andere Elternteil an der Betreuung des Kindes nicht durch eine Erwerbstätigkeit gehindert ist (→ BFH vom 5.6.1997 – BStBl 1998 II S. 12).

R 196   **196.**

– unbesetzt –

EStG   **§ 34[1])**
S 2290   **Außerordentliche Einkünfte**

(1) Sind in dem zu versteuernden Einkommen außerordentliche Einkünfte enthalten, so ist darauf entfallende Einkommensteuer nach einem ermäßigten Steuersatz zu bemessen.

---

[1]) Anm.: Durch das Steuerentlastungsgesetz 1999/2000/2002 wurde § 34 mit Wirkung ab dem VZ 1999 wie folgt gefaßt:

„§ 34
Außerordentliche Einkünfte
(1) ¹Sind in dem zu versteuernden Einkommen außerordentliche Einkünfte enthalten, so ist auf unwiderruflichen Antrag die auf alle im Veranlagungszeitraum bezogenen außeror-

§ 34 EStG
R 197

²Dieser beträgt für den Teil der außerordentlichen Einkünfte, der den Betrag von 15 Millionen Deutsche Mark nicht übersteigt, die Hälfte des durchschnittlichen Steuersatzes, der sich ergäbe, wenn die tarifliche Einkommensteuer nach dem gesamten zu versteuernden Einkommen zuzüglich der dem Progressionsvorbehalt unterliegenden Einkünfte zu bemessen wäre. ³In den Fällen, in denen nach dem 31. *Dezember 1997 mit zulässiger steuerlicher Rückwirkung eine Vermögensübertragung nach dem Umwandlungssteuergesetz erfolgt oder ein Veräußerungsgewinn im Sinne des Absatzes 2 Nr. 1 erzielt wird, gelten die außerordentlichen Einkünfte als nach dem 31. Juli 1997* erzielt. ⁴Auf das verbleibende zu versteuernde Einkommen ist vorbehaltlich des Absatzes 3 die Einkommensteuertabelle anzuwenden. ⁵Die Sätze 1 bis 4 gelten nicht, wenn der Steuerpflichtige auf die außerordentlichen Einkünfte ganz oder teilweise § 6b oder § 6c anwendet.

(2) Als außerordentliche Einkünfte im Sinne des Absatzes 1 kommen nur in Betracht

1. Veräußerungsgewinne im Sinne der §§ 14, 14a Abs. 1, §§ 16, 17 und 18 Abs. 3;
2. Entschädigungen im Sinne des § 24 Nr. 1;
3. Nutzungsvergütungen und Zinsen im Sinne des § 24 Nr. 3, soweit sie für einen Zeitraum von mehr als drei Jahren nachgezahlt werden.

(3) Die Einkommensteuer auf Einkünfte, die die Vergütung für eine mehrjährige Tätigkeit sind, beträgt das Dreifache des Unterschiedsbetrags zwischen der Einkommensteuer für das um diese Einkünfte verminderte zu versteuernde Einkommen (verbleibendes zu versteuerndes Einkommen) und der Einkommensteuer für das verbleibende zu versteuernde Einkommen zuzüglich eines Drittels dieser Einkünfte.

---

197. Umfang der steuerbegünstigten Einkünfte

R 197

S 2290

(1) ¹Die Sonderausgaben, die außergewöhnlichen Belastungen, der Haushaltsfreibetrag und die sonstigen vom Einkommen abzuziehenden Beträge sind zunächst bei den nicht nach § 34 EStG begünstigten Einkünften zu berücksichtigen. ²Sind in dem Einkommen Einkünfte aus Land- und Forstwirtschaft enthalten und bestehen diese zum Teil aus außerordentlichen Einkünften, die nach § 34 EStG ermäßigt zu besteuern sind, so ist hinsichtlich der Anwendung dieser Vorschrift der Freibetrag nach § 13 Abs. 3 EStG zunächst von den nicht nach § 34 EStG begünstigten Einkünften aus Land- und Forstwirtschaft abzuziehen.

(2) Tarifbegünstigte Veräußerungsgewinne im Sinne der §§ 14 und 14a Abs. 1, der §§ 16 und 18 Abs. 3 EStG liegen grundsätzlich nur vor, wenn die stillen Reserven in einem einheitlichen wirtschaftlichen Vorgang aufgedeckt werden.

(3) Erfüllen beide Ehegatten die Voraussetzungen der Tarifermäßigung des § 34 Abs. 1 EStG, ist die Betragsgrenze *in § 34 Abs. 1 Satz 2 EStG* im Falle der Zusammenveranlagung nach § 26 Abs. 1 EStG auf beide Ehegatten gemeinsam nur einmal anzuwenden.

---

dentlichen Einkünfte entfallende Einkommensteuer nach den Sätzen 2 bis 4 zu berechnen. ²Die für die außerordentlichen Einkünfte anzusetzende Einkommensteuer beträgt das Fünffache des Unterschiedsbetrags zwischen der Einkommensteuer für das um diese Einkünfte verminderte zu versteuernde Einkommen (verbleibendes zu versteuerndes Einkommen) und der Einkommensteuer für das verbleibende zu versteuernde Einkommen zuzüglich eines Fünftels dieser Einkünfte. ³Ist das verbleibende zu versteuernde Einkommen negativ und das zu versteuernde Einkommen positiv, so beträgt die Einkommensteuer das Fünffache der auf ein Fünftel des zu versteuernden Einkommens entfallenden Einkommensteuer. ⁴Die Sätze 1 bis 3 gelten nicht für außerordentliche Einkünfte im Sinne des Abs. 2 Nr. 1, wenn der Steuerpflichtige auf diese Einkünfte ganz oder teilweise § 6b oder § 6c anwendet.

(2) Als außerordentliche Einkünfte kommen nur in Betracht:
1. Veräußerungsgewinne im Sinne der §§ 14, 14a Abs. 1, 16, 17 und 18 Abs. 3;
2. Entschädigungen im Sinne des § 24 Nr. 1;
3. Nutzungsvergütungen und Zinsen im Sinne des § 24 Nr. 3, soweit sie für einen Zeitraum von mehr als drei Jahren nachgezahlt werden;
4. Vergütungen für mehrjährige Tätigkeiten;
5. Einkünfte aus außerordentlichen Holznutzungen im Sinne des § 34b Abs. 1 Nr. 1."

H 197

Hinweise

Begrenzung der Steuerermäßigung

Die Anwendung des § 34 EStG kann nicht auf Teile der außerordentlichen Einkünfte begrenzt werden (→ BFH vom 18.5.1994 – BStBl II S. 706).

Betriebsveräußerung

a) Gewerbebetrieb: → R 139
b) Betrieb der Land- und Forstwirtschaft:

Veräußert ein Land- und Forstwirt seinen Betrieb und pachtet er diesen unmittelbar nach der Veräußerung zurück, so ist auf den Veräußerungsgewinn § 34 Abs. 2 Nr. 1 EStG in Verbindung mit § 14 EStG anzuwenden (→ BFH vom 28.3.1985 – BStBl II S. 508).

Höhe der steuerbegünstigten Einkünfte

Die gesamten außerordentlichen Einkünfte im Sinne des § 34 EStG sind bis zum gesetzlichen Höchstbetrag im Rahmen des zu versteuernden Einkommens steuerbegünstigt, auch wenn sich bei der Einkunftsart, der die außerordentlichen Einkünfte zuzurechnen sind, niedrigere Einkünfte oder ein Verlust ergeben (→ BFH vom 26.1.1995 – BStBl II S. 467).

Veräußerungsgewinne

→ R 139

Entfällt der bei einer Betriebsaufgabe erzielte Veräußerungsgewinn auf mehr als einen VZ, so ist der jeweilige Teilbetrag des betreffenden VZ begünstigt (→ BFH vom 16.9.1966 – BStBl 1967 III S. 70).

R 198

198. Berechnung des ermäßigten Steuersatzes

S 2290

¹Für das gesamte zu versteuernde Einkommen im Sinne des § 32a Abs. 1 EStG – also einschließlich der außerordentlichen Einkünfte, soweit sie zur Einkommensteuer heranzuziehen sind – ist der Steuerbetrag nach der zu Grunde zu legenden Einkommensteuertabelle (Grund- oder Splittingtabelle) zu ermitteln. ²Maßgebend ist dabei das auf den Eingangsbetrag der betreffenden Tabellenstufe abgerundete gesamte zu versteuernde Einkommen. ³Aus dem Verhältnis der Tabellensteuer zu dem abgerundeten gesamten zu versteuernden Einkommen ergibt sich der durchschnittliche Steuersatz, der auf vier Dezimalstellen abzurunden ist. ⁴Die Hälfte dieses durchschnittlichen Steuersatzes ist der anzuwendende ermäßigte Steuersatz.

H 198

Hinweise

Berechnungsbeispiele

Beispiel 1

Berechnung der Einkommensteuer nach § 34 Abs. 1 EStG

Der Steuerpflichtige, der Einkünfte aus Gewerbebetrieb hat, und seine Ehefrau werden zusammen veranlagt. Im Zeitpunkt der Betriebsveräußerung hatte der Steuerpflichtige das 55. Lebensjahr vollendet. Es sind die folgenden Einkünfte und Sonderausgaben anzusetzen:

Einkünfte aus Gewerbebetrieb laufender Gewinn		45.000 DM
Veräußerungsgewinn (§ 16 EStG)	85.000 DM	
davon bleiben nach § 16 Abs. 4 EStG steuerfrei	– 60.000 DM	+ 25.000 DM
		70.000 DM
Einkünfte aus Vermietung und Verpachtung		+ 5.350 DM
Gesamtbetrag der Einkünfte		75.350 DM

§ 34 EStG
H 198

Sonderausgaben		– 3.200 DM
Einkommen		72.150 DM
zu versteuerndes Einkommen		72.150 DM

Das zu versteuernde Einkommen fällt nach der Einkommensteuertabelle (Splittingtabelle) in die Stufe von 72.144 DM bis 72.251 DM. Für das auf den Stufeneingangsbetrag von 72.144 DM abgerundete gesamte zu versteuernde Einkommen würde sich eine Einkommensteuer von 13.**336** DM ergeben. Sie entspricht einem durchschnittlichen Steuersatz von

$$\frac{13.336}{72.144} = \text{(abgerundet)} \ 18{,}\mathbf{4852} \ \text{v. H.}$$

Der ermäßigte Steuersatz beträgt mithin $\frac{18{,}4853}{2} = \mathbf{9{,}2426}$ **v. H.**

Die gesamte Einkommensteuer ist wie folgt zu berechnen:

a) Nach der Einkommensteuertabelle (Splittingtabelle)

zu versteuerndes Einkommen	72.150 DM	
abzüglich des steuerpflichtigen Teils des Veräußerungsgewinns	**– 25.000 DM**	
verbleiben	47.150 DM	
darauf entfallender Steuerbetrag	6.**048** DM	6.**048** DM

b) Mit dem ermäßigten Steuersatz

zu versteuerndes Einkommen	72.150 DM	
abzüglich des nach der Einkommensteuertabelle zu versteuernden Betrags	**– 47.150 DM**	
verbleiben (= mit dem ermäßigten Steuersatz zu versteuernder Teil des Veräußerungsgewinns)	25.000 DM	
darauf Steuer mit dem ermäßigten Steuersatz (9,**2426** v. H. von 25.000 DM =)		
– abgerundet –	2.3**10** DM	+ 2.310 DM
Einkommensteuer insgesamt		8.**358** DM

Beispiel 2
Berechnung der Einkommensteuer bei gleichzeitigem Vorliegen der Begünstigungen nach § 34 Abs. 1 und 3 EStG

Angaben wie im Berechnungsbeispiel 1, jedoch zusätzlich 50.000 DM Einkünfte aus Gewerbebetrieb, die die Vergütung für eine mehrjährige Tätigkeit sind:

Einkünfte aus Gewerbebetrieb		
laufender Gewinn		45.000 DM
Veräußerungsgewinn (§ 16 EStG)	85.000 DM	
davon bleiben nach § 16 Abs. 4 EStG steuerfrei	– 60.000 DM	+ 25.000 DM
Einkünfte, die die Vergütung für eine mehrjährige Tätigkeit sind		+ 50.000 DM
		120.000 DM
Einkünfte aus Vermietung und Verpachtung		+ 5.350 DM
Gesamtbetrag der Einkünfte		125.350 DM
Sonderausgaben		– 3.200 DM
Einkommen/zu versteuerndes Einkommen		122.150 DM

1. Steuerberechnung nach § 34 Abs. 3 EStG:

1.1 Ermittlung des Steuerbetrags ohne Einkünfte nach § 34 Abs. 3 EStG

§ 34 EStG
H 198

1.1.1
zu versteuerndes Einkommen		122.150 DM
abzüglich Einkünfte nach § 34 Abs. 3 EStG		50.000 DM
	72.150 DM	
darauf entfallender Steuerbetrag =	13.336 DM)	
(Stufeneingangsbetrag nach Tabelle	72.144 DM)	
abzüglich Einkünfte nach § 34 Abs. 1 EStG		– 25.000 DM
	47.150 DM	
darauf entfallender Steuerbetrag	6.048 DM	

1.1.2 Für das auf den Stufeneingangsbetrag von 72.144 DM abgerundete zu versteuernde Einkommen ohne Einkünfte nach § 34 Abs. 3 EStG würde sich eine Einkommensteuer von 13.**336** DM ergeben. Sie entspricht einem durchschnittlichen Steuersatz von

$\dfrac{13.336}{72.144}$ = (abgerundet) 18,**4852** v. H.

Der ermäßigte Steuersatz beträgt mithin $\dfrac{18,4853}{2}$ = 9,**2426** v. H.

mit dem ermäßigten Steuersatz
gemäß § 34 Abs. 1 EStG zu versteuern:
9,**2426** v. H. von 25.000 DM =   2.310 DM
zuzüglich Steuerbetrag von 47.150 DM
(= zu versteuerndes Einkommen ohne Einkünfte
nach § 34 Abs. 1 und 3 EStG) ....   **+ 6.048 DM**
Steuerbetrag ohne Einkünfte nach § 34
Abs. 3 EStG ....   8.**358** DM

1.2 **Ermittlung des Steuerbetrags mit ¹/₃ der Einkünfte nach § 34 Abs. 3 EStG**

zu versteuerndes Einkommen		122.150 DM
abzüglich Einkünfte nach § 34 Abs. 3 EStG		– 50.000 DM
zuzüglich ¹/₃ der Einkünfte nach § 34 Abs. 3 EStG		**+ 16.666 DM**
		88.816 DM
darauf entfallender Steuerbetrag	18.490 DM	
(Stufeneingangsbetrag nach Tabelle	88.776 DM)	
abzüglich Einkünfte nach § 34 Abs. 1 EStG		– 25.000 DM
		63.816 DM
darauf entfallender Steuerbetrag	10.822 DM	

Für das auf den Stufeneingangsbetrag von 88.776 DM abgerundete zu versteuernde Einkommen ohne die Einkünfte nach § 34 Abs. 3 EStG zuzüglich ¹/₃ der Einkünfte nach § 34 Abs. 3 EStG würde sich eine Einkommensteuer von 18.**490** DM ergeben. Sie entspricht einem durchschnittlichen Steuersatz von

$\dfrac{18.490}{88.776}$ = 20,**8277** v. H.

Der ermäßigte Steuersatz beträgt mithin $\dfrac{20,8277}{2}$ = 10,4**138** v. H.

mit dem ermäßigten Steuersatz zu versteuern:
10,4**138** v. H. von 25.000 DM = 2.6**03** DM
Ermäßigter Steuersatz nach § 34 Abs. 1 EStG
unter Berücksichtigung ¹/₃ der Einkünfte nach
§ 34 Abs. 3 EStG ....   2.6**03** DM
zuzüglich Steuerbetrag von 63.816 DM
(= zu versteuerndes Einkommen ohne Einkünfte
nach § 34 Abs. 1 und Abs. 3 EStG mit
¹/₃ der Einkünfte nach § 34 Abs. 3 EStG) ....   **+ 10.822 DM**
Steuerbetrag mit ¹/₃ der Einkünfte nach
§ 34 Abs. 3 EStG ....   13.425 **DM**

1.3 **Ermittlung des Steuerbetrags nach § 34 Abs. 3 EStG**

Steuerbetrag mit ¹/₃ der Einkünfte nach
§ 34 Abs. 3 EStG ....   13.**425** DM
abzüglich Steuerbetrag ohne Einkünfte nach
§ 34 Abs. 3 EStG (→ Nr. 1.1.2) ....   – 8.358 DM

Unterschiedsbetrag	5.067 DM
Multipliziert mit Faktor 3	15.201 DM
Steuerbetrag nach § 34 Abs. 3 EStG	**15.201 DM**

2. **Steuerberechnung nach § 34 Abs. 1 EStG:**

zu versteuerndes Einkommen	122.150 DM	
abzüglich Einkünfte nach § 34 Abs. 3 EStG	– 50.000 DM	
	72.150 DM	
Steuerbetrag von 72.150 DM		13.336 DM
zuzüglich Steuerbetrag nach § 34 Abs. 3 EStG (→ Nr. 1.3)		+ 15.201 DM
Summe		28.537 DM

Ermittlung des ermäßigten Steuersatzes:

$$\frac{28.537}{122.150} = \text{(abgerundet) } 23{,}3622 \text{ v. H.}$$

Der ermäßigte Steuersatz beträgt mithin $\frac{23{,}3622}{2} = 11{,}6811$ v. H.

mit dem ermäßigten Steuersatz zu versteuern:
11,6811 v. H. von 25.000 DM = 2.920 DM

Steuerbetrag nach § 34 Abs. 1 EStG	2.920 DM

3. **Berechnung der gesamten Einkommensteuer:**

nach der Einkommensteuertabelle (Splittingtabelle) → Nr. 1.1.1	6.048 DM
Steuer nach § 34 Abs. 1 EStG (→ Nr. 2)	2.920 DM
Steuer nach § 34 Abs. 3 EStG (→ Nr. 1.3)	**15.201 DM**
Einkommensteuer insgesamt	24.**169** DM

199. Anwendung des § 34 Abs. 1 Satz 1 EStG auf Entschädigungen im Sinne des § 24 Nr. 1 EStG sowie auf Nutzungsvergütungen und Zinsen im Sinne des § 24 Nr. 3 EStG

(1) Entschädigungen im Sinne des § 24 Nr. 1 EStG sind nach § 34 Abs. 1 Satz 1 EStG nur begünstigt, wenn es sich um → außerordentliche Einkünfte handelt; dabei kommt es nicht darauf an, im Rahmen welcher Einkunftsart sie angefallen sind.

(2) ¹Die Nachzahlung von → Nutzungsvergütungen und Zinsen im Sinne des § 34 Abs. 2 Nr. 3 EStG muß einen Zeitraum von mehr als 36 Monaten umfassen. ²Es genügt nicht, daß sie auf drei Kalenderjahre entfällt.

Hinweise

Aufteilung des Arbeitnehmer-Pauschbetrags bei Anwendung des § 34 Abs. 1 bis 3 EStG

OFD Karlsruhe vom 4.8.1995 (FR 1995 S. 674)

S 2290 A – St 221

Nach R 200 Abs. 4 EStR ist der Arbeitnehmer-Pauschbetrag zur Ermittlung der nach § 34 Abs. 3 EStG begünstigten Einkünfte im Verhältnis der begünstigten bzw. der nicht begünstigten Einnahmen zu den Gesamteinnahmen i. S. von § 19 EStG aufzuteilen, wenn die gesamten Werbungskosten niedriger sind als der Pauschbetrag. Auf Bundesebene wurde nunmehr beschlossen, den Arbeitnehmer-Pauschbetrag nach den Regelungen in R 200

§ 34 EStG
H 199

> Abs. 4 Satz 6 EStR auch in den Fällen des § 34 Abs. 1 und 2 EStG aufzuteilen (z. B. neben laufendem Arbeitslohn wird eine nach §§ 24, 34 EStG begünstigte Entschädigung gezahlt). Das Rechenprogramm wurde bereits an diese Beschlußlage angepaßt.
>
> Anderer Auffassung: FG Sachsen vom 27.2.1997 (EFG 1997 S. 795):
>
> Erzielt ein Steuerpflichtiger in einem Veranlagungszeitraum neben laufendem Arbeitslohn eine steuerbegünstigte Entschädigung wegen Auflösung des Dienstverhältnisses, ist der Arbeitnehmer-Pauschbetrag nicht im Verhältnis der laufenden zu den begünstigten Einkünften aufzuteilen, sondern in voller Höhe bei den nicht begünstigten Einkünften zu berücksichtigen. Gegen dieses Urteil ist ein Revisionsverfahren beim BFH (Az. XI R 33/97) anhängig.

Außerordentliche Einkünfte im Sinne des § 34 Abs. 1 EStG
- **Regelfall:**

    In der Regel nur solche Entschädigungen, die durch einen einmaligen größeren Betrag entgangene oder entgehende Einnahmen mehrerer Jahre abgelten (→ BFH vom 11.12.1970 – BStBl 1971 II S. 137, vom 12.3.1975 – BStBl II S. 485 und vom 21.11.1980 – BStBl 1981 II S. 214).

- **unter besonderen Umständen:**

    Entschädigungen, die an die Stelle von Einnahmen lediglich eines Jahres treten, z. B. wenn infolge des nachträglichen Zufließens eine Zusammenballung mit anderen steuerpflichtigen Einkünften eintritt (→ BFH vom 17.12.1959 – BStBl 1960 III S. 72). Steuerfreie Einkünfte nach § 3 Nr. 9 EStG sind bei der Beurteilung der Zusammenballung von Einkünften nach § 34 Abs. 1 und 2 EStG nicht zu berücksichtigen (→ BFH vom 2.9.1992 – BStBl 1993 II S. 52).

    → Entschädigung in zwei Kalenderjahren

- **stets:**

    nach Beendigung des Vertragsverhältnisses in einer Summe gezahlte Entschädigungen im Sinne des § 24 Nr. 1 Buchstabe c EStG *(→ **BFH vom 20.7.1988 – BStBl II S. 936**)*

Entschädigung im Sinne des § 24 Nr. 1 EStG
→ R 170

Abfindungszahlungen nach vorausgegangener freiwilliger Umwandlung zukünftiger Pensionsansprüche sind keine Entschädigung im Sinne des § 24 Nr. 1 EStG (→ BFH vom 9.7.1992 – BStBl 1993 II S. 27).

Nutzungsvergütungen im Sinne des § 24 Nr. 3 EStG
- Werden Nutzungsvergütungen oder Zinsen im Sinne des § 24 Nr. 3 EStG für einen Zeitraum von mehr als drei Jahren nachgezahlt, ist der gesamte Nachzahlungsbetrag nach § 34 Abs. 2 Nr. 3 in Verbindung mit Absatz 1 EStG begünstigt. Nicht begünstigt sind Nutzungsvergütungen, die in einem Einmalbetrag für einen drei Jahre übersteigenden Nutzungszeitraum gezahlt werden und von denen ein Teilbetrag auf einen Nachzahlungszeitraum von weniger als drei Jahren und die im übrigen auf den zukünftigen Nutzungszeitraum entfallen (→ BFH vom 19.4.1994 – BStBl II S. 640).
- *Die auf Grund eines Zwangsversteigerungsverfahrens von der öffentlichen Hand als Ersteherin gezahlten sog. Bargebotszinsen stellen keine „Zinsen auf Entschädigungen" im Sinne von § 24 Nr. 3 EStG dar* (→ BFH vom 28.4.1998 – BStBl II S. 560).

Vorabentschädigungen
Teilzahlungen, die ein Handelsvertreter entsprechend seinen abgeschlossenen Geschäften laufend vorweg auf seine künftige Wettbewerbsentschädigung (§ 90a HGB) und auf seinen künftigen Ausgleichsanspruch (§ 89b HGB) erhält, führen in den jeweiligen Veranlagungszeiträumen zu keiner Zusammenballung → außerordentlicher Einkünfte und lösen deshalb auch nicht den begünstigten Steuersatz nach § 34 Abs. 1 EStG aus (→ BFH vom 20.7.1988 – BStBl II S. 936).

Zinsen im Sinne des § 24 Nr. 3 EStG
→ Nutzungsvergütungen

Entschädigung in zwei Kalenderjahren

Außerordentliche Einkünfte im Sinne des § 34 Abs. 1 und Abs. 2 EStG sind (nur) gegeben, wenn die zu begünstigenden Einkünfte in einem VZ zu erfassen sind (→ BFH vom 21.3.1996 – BStBl II S. 416). Die Tarifvergünstigung nach § 34 Abs. 1 EStG kann aber unter besonderen Umständen ausnahmsweise auch dann in Betracht kommen, wenn die Entschädigung nicht in einem Kalenderjahr zufließt, sondern sich auf zwei Kalenderjahre verteilt; bei Land- und Forstwirten mit einem vom Kalenderjahr abweichenden Wirtschaftsjahr ist dabei die Aufteilungsvorschrift des § 4a Abs. 2 Nr. 1 Satz 1 EStG zu beachten (→ BFH vom 4.4.1968 – BStBl II S. 411). Voraussetzung ist jedoch stets, daß die Zahlung der Entschädigung von vornherein in einer Summe vorgesehen war und nur wegen ihrer ungewöhnlichen Höhe und der besonderen Verhältnisse des Zahlungspflichtigen auf zwei Jahre verteilt wurde oder wenn der Entschädigungsempfänger – bar aller Existenzmittel – dringend auf den baldigen Bezug einer Vorauszahlung angewiesen war (→ BFH vom 2.9.1992 – BStBl 1993 II S. 831).

Die Steuerbegünstigung einer Entlassungsentschädigung entfällt nicht rückwirkend, wenn der Arbeitgeber nachträglich einen weiteren Abfindungsbetrag zahlt, ohne hierzu aufgrund der ursprünglichen Entschädigungsvereinbarung verpflichtet zu sein (→ FG Münster vom 14.10.1997 – EFG 1998 S. 470 – Rev. – Az. des BFH: XI R 79/97).

Zusammenballung von Einkünften

Eine Entschädigung kann auch dann zu außerordentlichen Einkünften führen, wenn sie nur bis zum Jahresende (Ende des Veranlagungszeitraums) entgangene oder entgehende Einnahmen ersetzt, der Steuerpflichtige aber weitere Einkünfte aus nichtselbständiger Arbeit bezieht, die er bei Fortsetzung des bisherigen Arbeitsverhältnisses nicht bezogen hätte, so daß er insgesamt höhere Einkünfte hat als bei regulärem Verlauf des bisherigen Arbeitsverhältnisses; Fortführung der Rechtsprechung (→ BFH vom 16.7.1997 – BStBl II S. 753).

Eine Entschädigung ist nur dann tarifbegünstigt, wenn sie zu einer Zusammenballung von Einkünften innerhalb eines Veranlagungszeitraums führt. Übersteigt die anläßlich der Beendigung eines Arbeitsverhältnisses gezahlte Entschädigung die bis zum Ende des Veranlagungszeitraums entgehenden Einnahmen nicht und bezieht der Steuerpflichtige keine weiteren Einnahmen, die er bei Fortsetzung des Arbeitsverhältnisses nicht bezogen hätte, so ist das Merkmal der Zusammenballung von Einkünften nicht erfüllt; Bestätigung der Rechtsprechung (→ BFH vom 4.3.1998 – BStBl II S. 787).

→ *BMF vom 18.11.1997 (BStBl I S. 973)*

**Zusammenballung i. S. d. § 34 EStG,
wenn durch die Entschädigung nur Einnahmen eines Jahres abgegolten werden**

BMF vom 18.11.1997 (BStBl I S. 973)

IV B 1 – S 2290 – 72/97

Der Bundesfinanzhof hat mit der im Bundessteuerblatt veröffentlichten Entscheidung vom 16. Juli 1997 – XI R 13/97 – (BStBl II S. 753) in Fortführung seiner bisherigen Rechtsprechung zur Zusammenballung von Einkünften i. S. d. § 34 EStG bestätigt, daß eine Entschädigung auch dann zu außerordentlichen Einkünften führen kann, wenn sie nur bis zum Jahresende (Ende des Veranlagungszeitraums) entgangene oder entgehende Einnahmen ersetzt.

In Zusammenhang damit ist gefragt worden, ob das Merkmal der „Zusammenballung von Einkünften" als Voraussetzung für die Anwendung des § 34 Abs. 1 EStG auch dann erfüllt ist, wenn im Einzelfall Gehalt und Entschädigung im Jahr der Vertragsauflösung insgesamt den Betrag eines früheren Jahresgehalts nicht übersteigen. Unter Bezugnahme auf das Ergebnis der Erörterung mit den obersten Finanzbehörden der Länder wird dazu folgende Auffassung vertreten:

Die Frage einer Zusammenballung von Einkünften kann nicht allein anhand der objektiven Zahlen (z. B. betragsmäßiger Vergleich zwischen Einmalabfindung und entgehenden Einnahmen eines Kalenderjahres) beantwortet werden. Entscheidend sind vielmehr die

Gründe, die die Vertragsparteien zur Aufhebung des Dienstverhältnisses veranlaßt und die in der Auflösungsvereinbarung sowie bei den Modalitäten der Abfindung ihren Niederschlag gefunden haben. Damit kann bei einer Einmalabfindung grundsätzlich weiterhin nicht davon ausgegangen werden, daß sie lediglich die Einnahmen eines Kalenderjahres entschädigt, und zwar auch dann nicht, wenn sie der Höhe nach in etwa den entgangenen Einnahmen eines Kalenderjahres entspricht oder insgesamt den Betrag eines früheren Jahresgehalts nicht übersteigt.

→ *BMF vom 18.12.1998 (BStBl I S. 1512)*

Zweifelsfragen im Zusammenhang mit der ertragsteuerlichen Behandlung von Entlassungsentschädigungen

BMF vom 18.12.1998 (BStBl I S. 1512)

IV A 5 – S 2290 – 18/98

Inhaltsübersicht

	Rz.
I. Allgemeines	1–5
II. Lebenslängliche betriebliche Versorgungszusagen	6–9
1. Steuerliche Behandlung von Entlassungsentschädigungen bei Verzicht des Arbeitgebers auf die Kürzung einer lebenslänglichen Betriebsrente	7
2. Steuerliche Behandlung von Entlassungsentschädigungen bei vorgezogener lebenslänglicher Betriebsrente	8
3. Steuerliche Behandlung von Entlassungsentschädigungen bei Umwandlung eines (noch) verfallbaren Anspruchs auf lebenslängliche Betriebsrente in einen unverfallbaren Anspruch	9
III. Zusammenballung von Einkünften im Sinne des § 34 EStG	10–19
1. Zusammenballung von Einkünften in einem Veranlagungszeitraum (→ 1. Prüfung)	10
2. Zusammenballung von Einkünften unter Berücksichtigung der wegfallenden Einnahmen (→ 2. Prüfung)	11–19
2.1 Zusammenballung im Sinne des § 34 EStG, wenn durch die Entschädigung die bis zum Jahresende wegfallenden Einnahmen überschritten werden	11
2.2 Zusammenballung im Sinne des § 34 EStG, wenn durch die Entschädigung nur ein Betrag bis zur Höhe der bis zum Jahresende wegfallenden Einnahmen abgegolten wird	12–16
a) Regelung bis zum Veranlagungszeitraum 1998	12
b) Regelung für vor dem 4.3.1998 geschlossene Betriebsvereinbarungen/verabschiedete Vorruhestandsregelungen	13
c) Regelung ab dem Veranlagungszeitraum 1999	14–16
aa) Ermittlung der zu berücksichtigenden Einkünfte (mit Beispielen)	15
bb) Anwendung im Lohnsteuerabzugsverfahren	16
3. Zusätzliche Entschädigungsleistungen des Arbeitgebers	17–19
a) Weitere Nutzung des Dienstwagens und betrieblicher Einrichtungen	18
b) Weitere Nutzung der verbilligten Wohnung	19
IV. Planwidriger Zufluß in mehreren Veranlagungszeiträumen/Rückzahlung bereits empfangener Entschädigungen	20–23
1. Versehentlich zu niedrige Auszahlung der Entschädigung	22
2. Nachzahlung nach Rechtsstreit	23

V.	Vollzogene Änderung der Sozialgesetzgebung und der Rechtsprechung des Bundessozialgerichts	24–28
	1. Sperr- und Ruhenszeiten nach dem AFG	25–26
	2. Nachteilsausgleich wegen Rentenminderung	27–28
VI.	Vom Arbeitgeber freiwillig übernommene Rentenversicherungsbeiträge im Sinne des § 187a SGB VI	29–30
VII.	Anwendung	31

Unter Bezugnahme auf das Ergebnis der Erörterungen mit den obersten Finanzbehörden der Länder nehme ich zu Fragen im Zusammenhang mit der ertragsteuerlichen Behandlung von Entlassungsentschädigungen wie folgt Stellung:

I. Allgemeines

¹Scheidet ein Arbeitnehmer auf Veranlassung des Arbeitgebers vorzeitig aus einem Dienstverhältnis aus, so können ihm folgende Leistungen des Arbeitgebers zufließen, die wegen ihrer unterschiedlichen steuerlichen Auswirkung gegeneinander abzugrenzen sind: **1**

– normal zu besteuernder Arbeitslohn nach § 19 EStG, ggf. i. V. m. § 24 Nr. 2 EStG,

– steuerfreie Abfindungen nach § 3 Nr. 9 EStG (Rz. 2),

– steuerbegünstigte Entschädigungen nach § 24 Nr. 1 i. V. m. § 34 Abs. 1 und 2 EStG (Rz. 2, 3–5),

– steuerbegünstigte Leistungen für eine mehrjährige Tätigkeit im Sinne des § 34 EStG.

²Auch die Modifizierung betrieblicher Renten kann Gegenstand von Auflösungsvereinbarungen sein (→ Rz. 6 bis 9).

¹**Abfindungen** wegen einer vom Arbeitgeber veranlaßten oder gerichtlich ausgesprochenen Auflösung des Dienstverhältnisses sind bis zu bestimmten Höchstbeträgen nach § 3 Nr. 9 EStG steuerfrei. ²Der diese Höchstbeträge übersteigende Teil der Abfindung ist grundsätzlich ermäßigt zu besteuern, wenn er die Voraussetzungen einer **Entschädigung** nach § 24 Nr. 1 EStG i. V. m. § 34 Abs. 1 und 2 EStG erfüllt. **2**

¹Eine **Entschädigung** setzt voraus, daß an Stelle der bisher geschuldeten Leistung eine andere tritt. ²Diese andere Leistung muß auf einem anderen, eigenständigen Rechtsgrund beruhen. ³Ein solcher Rechtsgrund wird regelmäßig Bestandteil der Auflösungsvereinbarung sein; er kann aber auch bereits bei Abschluß des Dienstvertrags oder im Verlauf des Dienstverhältnisses für den Fall des vorzeitigen Ausscheidens vereinbart werden. ⁴Eine Leistung in Erfüllung eines bereits vor dem Ausscheiden begründeten Anspruchs des Empfängers ist keine Entschädigung, auch wenn dieser Anspruch in einer der geänderten Situation angepaßten Weise erfüllt wird (Modifizierung; siehe z. B. Rz. 6 bis 9). ⁵Der Entschädigungsanspruch darf – auch wenn er bereits früher vereinbart worden ist – erst als Folge einer vorzeitigen Beendigung des Dienstverhältnisses entstehen. **3**

¹Eine Entschädigung im Sinne des § 24 Nr. 1 Buchstabe a EStG, die aus Anlaß einer Entlassung aus dem Dienstverhältnis vereinbart wird (Entlassungsentschädigung), setzt den Verlust von Einnahmen voraus, mit denen der Arbeitnehmer rechnen konnte. ²Weder Abfindung noch Entschädigung sind Zahlungen des Arbeitgebers, die bereits erdiente Ansprüche abgelten, wie z. B. rückständiger Arbeitslohn, anteiliges Urlaubsgeld, Urlaubsabgeltung, Weihnachtsgeld, Gratifikationen, Tantiemen oder bei rückwirkender Beendigung des Dienstverhältnisses bis zum steuerlich anzuerkennenden Zeitpunkt der Auflösung noch zustehende Gehaltsansprüche. ³Das gilt auch für freiwillige Leistungen, wenn sie in gleicher Weise den verbleibenden Arbeitnehmern tatsächlich zugewendet werden. **4**

Leistet der Arbeitgeber, nachdem er bereits grundsätzlich steuerbegünstigte Entschädigungen für den Verlust des Arbeitsplatzes gezahlt hat, auf Grund besonderer Fürsorgeerwägungen für den Fall längerer Arbeitslosigkeit und nach Auslaufen des Arbeitslosengeldes weitere Zahlungen an den ausgeschiedenen Arbeitnehmer, können diese Zahlungen losgelöst von der ursprünglichen Entschädigung beurteilt werden (vgl. BFH-Beschluß vom 4.2.1998 – BFH/NV 1998 S. 1082). **5**

II. Lebenslängliche betriebliche Versorgungszusagen

6 ¹Lebenslängliche Bar- oder Sachleistungen sind als Einkünfte im Sinne des § 24 Nr. 2 EStG zu behandeln (vgl. BFH-Urteil vom 28.9.1967 – BStBl 1968 II S. 76). ²Sie sind keine außerordentlichen Einkünfte im Sinne des § 34 Abs. 2 EStG und damit für eine begünstigte Besteuerung der im übrigen gezahlten Entlassungsentschädigung im Sinne des § 24 Nr. 1 Buchstabe a EStG unschädlich (siehe die hauptsächlichen Anwendungsfälle in Rzn. 7 bis 9). ³Deshalb kommt die begünstigte Besteuerung auch dann in Betracht, wenn dem Arbeitnehmer im Rahmen der Ausscheidensvereinbarung erstmals lebenslang laufende Versorgungsbezüge zugesagt werden. ⁴Auch eine zu diesem Zeitpunkt erstmals eingeräumte lebenslängliche Sachleistung, wie z. B. ein verbilligtes oder unentgeltliches Wohnrecht, ist für die ermäßigte Besteuerung unschädlich.

1. Steuerliche Behandlung von Entlassungsentschädigungen bei Verzicht des Arbeitgebers auf die Kürzung einer lebenslänglichen Betriebsrente

7 Wird bei Beginn der Rente aus der gesetzlichen Rentenversicherung die lebenslängliche Betriebsrente ungekürzt gezahlt, so schließt dies die ermäßigte Besteuerung der Entlassungsentschädigung, die in einem Einmalbetrag gezahlt wird, nicht aus.

2. Steuerliche Behandlung von Entlassungsentschädigungen bei vorgezogener lebenslänglicher Betriebsrente

8 ¹Wird im Zusammenhang mit der Auflösung des Dienstverhältnisses neben einer Einmalzahlung eine (vorgezogene) lebenslängliche Betriebsrente bereits vor Beginn der Rente aus der gesetzlichen Rentenversicherung gezahlt, so schließt auch dies die ermäßigte Besteuerung der Entlassungsentschädigung nicht aus. ²Dabei ist es unerheblich, ob die vorgezogene Betriebsrente gekürzt, ungekürzt oder erhöht geleistet wird. ³In diesen Fällen ist die vorgezogene Betriebsrente nach § 24 Nr. 2 EStG zu erfassen.

3. Steuerliche Behandlung von Entlassungsentschädigungen bei Umwandlung eines (noch) verfallbaren Anspruchs auf lebenslängliche Betriebsrente in einen unverfallbaren Anspruch

9 Wird ein (noch) verfallbarer Anspruch auf lebenslängliche Betriebsrente im Zusammenhang mit der Auflösung eines Dienstverhältnisses in einen unverfallbaren Anspruch umgewandelt, so ist die Umwandlung des Anspruchs für die Anwendung des § 34 Abs. 1 EStG auf die Einmalzahlung unschädlich.

III. Zusammenballung von Einkünften im Sinne des § 34 EStG

10 **1. Zusammenballung von Einkünften in einem Veranlagungszeitraum (→ 1. Prüfung)**

¹Nach ständiger Rechtsprechung (→ BFH vom 16.3.1993 – BStBl II S. 497 m. w. N.) setzt die Anwendung der begünstigten Besteuerung nach § 34 Abs. 1 und 2 EStG u. a. voraus, daß die Entschädigungsleistungen zusammengeballt in einem Veranlagungszeitraum zufließen; der Zufluß mehrerer Teilbeträge in unterschiedlichen Veranlagungszeiträumen ist deshalb schädlich (→ BFH vom 21.3.1996 – BStBl II S. 416; → 1. Prüfung). ²An einer Zusammenballung fehlt es, wenn der Arbeitnehmer auf der Grundlage der im Zusammenhang mit der Auflösung des Dienstverhältnisses getroffenen Vereinbarungen neben einer Einmalzahlung noch andere Entschädigungsleistungen erhält, die sich über mehr als einen Veranlagungszeitraum erstrecken. ³Steuerfreie Einkünfte nach § 3 Nr. 9 EStG sind bei der Beurteilung des **Zuflusses in einem Veranlagungszeitraum** nicht zu berücksichtigen (→ BFH vom 2.9.1992 – BStBl 1993 II S. 52); das gleiche gilt für pauschal besteuerte Arbeitgeberleistungen.

2. Zusammenballung von Einkünften unter Berücksichtigung der wegfallenden Einnahmen (→ 2. Prüfung)

2.1 Zusammenballung im Sinne des § 34 EStG, wenn durch die Entschädigung die bis zum Jahresende wegfallenden Einnahmen überschritten werden

11 Übersteigt die anläßlich der Beendigung eines Arbeitsverhältnisses gezahlte Entschädigung die bis zum Ende des Veranlagungszeitraums entgehenden Einnahmen, die der Arbeitnehmer bei Fortsetzung des Arbeitsverhältnisses bezogen hätte, so ist das Merkmal der Zusammenballung von Einkünften stets erfüllt.

2.2 Zusammenballung im Sinne des § 34 EStG, wenn durch die Entschädigung nur ein Betrag bis zur Höhe der bis zum Jahresende wegfallenden Einnahmen abgegolten wird

a) Regelung bis zum Veranlagungszeitraum 1998

Die Beurteilung der Zusammenballung von Einkünften im Sinne des § 34 EStG in Fällen, in denen durch die Entschädigung nur ein Betrag bis zur Höhe der bis zum Jahresende wegfallenden Einnahmen abgegolten wird, richtet sich bis zum Veranlagungszeitraum 1998 einschließlich nach dem BMF-Schreiben vom 18.11.1997 (BStBl I S. 973) und den darauf beruhenden Erlassen der obersten Finanzbehörden der Länder.

12

b) Regelung für vor dem 4.3.1998 geschlossene Betriebsvereinbarungen/verabschiedete Vorruhestandsregelungen

Entlassungsvereinbarungen zwischen Arbeitnehmern und Arbeitgebern, die auf einer vor dem 4.3.1998 geschlossenen Betriebsvereinbarung oder vor dem 4.3.1998 verabschiedeten Vorruhestandsregelung für öffentlich Bedienstete beruhen, können weiterhin nach dem BMF-Schreiben vom 18.11.1997 (a.a.O.) behandelt werden.

13

c) Regelung ab dem Veranlagungszeitraum 1999

¹Für Entschädigungen, die ab dem Veranlagungszeitraum 1999 zufließen, ist die Zusammenballung im Sinne des § 34 EStG nach der BFH-Entscheidung vom 4.3.1998 (BStBl II S. 787) zu beurteilen (→ **2. Prüfung**). ²Übersteigt die anläßlich der Beendigung eines Dienstverhältnisses gezahlte Entschädigung die bis zum Ende des (Zufluß-)Veranlagungszeitraums entgehenden Einnahmen nicht und bezieht der Steuerpflichtige keine weiteren Einnahmen, die er bei Fortsetzung des Dienstverhältnisses nicht bezogen hätte, so ist das Merkmal der Zusammenballung von Einkünften nicht erfüllt.

14

aa) Ermittlung der zu berücksichtigenden Einkünfte (mit Beispielen)

¹Für die Beurteilung der Zusammenballung ist es ohne Bedeutung, ob die Entschädigung für den Einnahmeverlust mehrerer Jahre gewährt werden soll. ²Entscheidend ist vielmehr, ob es unter Einschluß der Entschädigung infolge der Beendigung des Dienstverhältnisses in dem jeweiligen Veranlagungszeitraum insgesamt zu einer über die normalen Verhältnisse hinausgehenden Zusammenballung von Einkünften kommt (→ BFH vom 4.3.1998 – BStBl II S. 787). ³Dagegen kommt es auf eine konkrete Progressionserhöhung nicht an (→ BFH vom 17.12.1982 – BStBl 1983 II S. 221, vom 21.3.1996 – BStBl II S. 416 und vom 4.3.1998 – a.a.O.). ⁴Auch die Zusammenballung mit anderen laufenden Einkünften des Steuerpflichtigen ist keine weitere Voraussetzung für die Anwendung des § 34 Abs. 1 EStG (→ BFH vom 13.11.1953 – BStBl 1954 III S. 13); dies gilt insbesondere in Fällen, in denen die Entschädigung die bis zum Jahresende entgehenden Einnahmen nur geringfügig übersteigt (siehe Rz. 11). ⁵Andererseits kommt § 34 Abs. 1 EStG unter dem Gesichtspunkt der Zusammenballung auch dann in Betracht, wenn im Jahr des Zuflusses der Entschädigung weitere Einkünfte erzielt werden, die der Steuerpflichtige nicht bezogen hätte, wenn das Dienstverhältnis ungestört fortgesetzt worden wäre und er dadurch mehr erhält, als er bei normalem Ablauf der Dinge erhalten hätte (vgl. BFH vom 4.3.1998 – a.a.O.). ⁶Bei Berechnung der Einkünfte, die der Steuerpflichtige bei Fortbestand des Vertragsverhältnisses im Veranlagungszeitraum bezogen hätte, ist auf die Einkünfte des Vorjahrs abzustellen (→ BFH vom 4.3.1998 – a.a.O.). ⁷Die erforderliche Vergleichsberechnung ist grundsätzlich anhand der jeweiligen Einkünfte des Steuerpflichtigen laut Steuerbescheid/Steuererklärung vorzunehmen (→ Beispiele 1 bis 5). ⁸Bei Einkünften im Sinne des § 19 EStG ist es nicht zu beanstanden, wenn die erforderliche Vergleichsrechnung statt dessen anhand der betreffenden Einnahmen aus nichtselbständiger Arbeit durchgeführt wird. ⁹Unbeschadet der Regelungen in Rz. 10 (Zusammenballung von Einkünften in einem Veranlagungszeitraum) sind bei einer solchen Vergleichsrechnung nach Maßgabe der Einnahmen auch Abfindungen im Sinne des § 3 Nr. 9 EStG, pauschal besteuerte Arbeitgeberleistungen und dem Progressionsvorbehalt unterliegende Lohnersatzleistungen einzubeziehen (→ Beispiel 5).

15

Beispiel 1:

Auflösung des Dienstverhältnisses im Jahr 02. Die Entschädigung im Jahr 02 beträgt 30.000 DM (im Beispielsfall aus Vereinfachungsgründen ohne Beträge im Sinne des § 3 Nr. 9 EStG).

Vergleich

- Jahr 01

Einkünfte im Sinne des § 19 EStG (100.000 DM ./. 2.000 DM)		98.000 DM
Einkünfte aus den übrigen Einkunftsarten		0 DM
Summe		98.000 DM

- Jahr 02

Einnahmen im Sinne des § 19 EStG aus bisherigem Dienstverhältnis	50.000 DM	
abzüglich anteiliger Arbeitnehmer-Pauschbetrag	770 DM	49.230 DM
Entschädigung	30.000 DM	
abzüglich anteiliger Arbeitnehmer-Pauschbetrag	460 DM	29.540 DM
Einnahmen im Sinne des § 19 EStG aus neuem Dienstverhältnis	50.000 DM	
abzüglich anteiliger Arbeitnehmer-Pauschbetrag	770 DM	49.230 DM
Summe		128.000 DM

Die Entschädigung (30.000 DM) übersteigt nicht den Betrag der entgehenden Einnahmen (50.000 DM). Der Steuerpflichtige hat aber aus dem alten und neuen Dienstverhältnis so hohe Einkünfte, daß es unter Einbeziehung der Entschädigung zu einer die bisherigen Einkünfte übersteigenden Zusammenballung von Einkünften und zur Anwendung des § 34 EStG kommt.

Beispiel 2:

Auflösung des Dienstverhältnisses im Jahr 02. Die Entschädigung im Jahr 02 beträgt 40.000 DM (im Beispielsfall aus Vereinfachungsgründen ohne Beträge im Sinne des § 3 Nr. 9 EStG).

Vergleich

- Jahr 01

Einkünfte im Sinne des § 19 EStG (100.000 DM ./. 2.000 DM)		98.000 DM
Einkünfte aus den übrigen Einkunftsarten (§ 18 EStG)		10.000 DM
Summe		108.000 DM

- Jahr 02

Einnahmen im Sinne des § 19 EStG aus bisherigem Dienstverhältnis	40.000 DM	
abzüglich anteiliger Arbeitnehmer-Pauschbetrag	1.000 DM	39.000 DM
Entschädigung	40.000 DM	
abzüglich anteiliger Arbeitnehmer-Pauschbetrag	1.000 DM	39.000 DM
Einkünfte aus freiberuflicher Tätigkeit (erhöht ab Ausscheiden)		50.000 DM
Summe		128.000 DM

Die Entschädigung (40.000 DM) übersteigt nicht den Betrag der entgehenden Einnahmen (60.000 DM). Der Steuerpflichtige hat aber aus dem alten Dienstverhältnis und der ab dem Ausscheiden verstärkten freiberuflichen Tätigkeit so hohe Einkünfte, daß es unter Einbeziehung der Entschädigung zu einer die bisherigen Einkünfte übersteigenden Zusammenballung von Einkünften und zur Anwendung des § 34 EStG kommt.

Beispiel 3:
Auflösung des Dienstverhältnisses im Jahr 02. Die Entschädigung im Jahr 02 beträgt 50.000 DM (im Beispielsfall aus Vereinfachungsgründen ohne Beträge im Sinne des § 3 Nr. 9 EStG).

Vergleich

- Jahr 01

Einkünfte im Sinne des § 19 EStG (100.000 DM ./. 2.000 DM)		98.000 DM
Einkünfte aus den übrigen Einkunftsarten		0 DM
Summe		**98.000 DM**

- Jahr 02

Einnahmen im Sinne des § 19 EStG aus bisherigem Dienstverhältnis	40.000 DM	
abzüglich ermittelter Werbungskosten von	2.100 DM	37.900 DM
Entschädigung (Werbungskosten: 0 DM)	50.000 DM	50.000 DM
vorgezogene Betriebsrente	12.000 DM	
abzüglich ermittelter Werbungskosten von	300 DM	11.700 DM
Summe		**99.600 DM**

Die Entschädigung (50.000 DM) übersteigt nicht den Betrag der entgehenden Einnahmen (60.000 DM). Der Steuerpflichtige hat aber aus dem alten Dienstverhältnis und aus der vorgezogenen Betriebsrente so hohe Einkünfte, daß es unter Einbeziehung der Entschädigung zu einer die bisherigen Einkünfte übersteigenden Zusammenballung von Einkünften und damit zur Anwendung des § 34 EStG kommt.

Beispiel 4:
Auflösung des Dienstverhältnisses im Jahr 02 (1998). Die Entschädigung im Jahr 02 beträgt 50.000 DM (davon sind 24.000 DM steuerfrei nach § 3 Nr. 9 EStG).

Vergleich

- Jahr 01

Einkünfte im Sinne des § 19 EStG (100.000 DM ./. 2.000 DM)		98.000 DM
Einkünfte aus den übrigen Einkunftsarten		0 DM
Summe		**98.000 DM**
Einnahmen im Sinne des § 19 EStG aus bisherigem Dienstverhältnis	40.000 DM	
abzüglich anteiliger Arbeitnehmer-Pauschbetrag	1.212 DM	38.788 DM
steuerpflichtiger Teil der Entschädigung	26.000 DM	
abzüglich anteiliger Arbeitnehmer-Pauschbetrag	788 DM	25.212 DM
Steuerfreie Abfindung im Sinne des § 3 Nr. 9 EStG		24.000 DM
Einnahmen im Sinne des § 20 EStG	1.200 DM	
abzüglich Werbungskosten und Sparer-Freibetrag	1.200 DM	0 DM
Summe		**88.000 DM**

Die Entschädigung einschließlich der steuerfreien Abfindung (50.000 DM) übersteigt nicht den Betrag der entgehenden Einnahmen (60.000 DM). Der Steuerpflichtige hat auch aus dem alten Dienstverhältnis und aus der Anlage der Entschädigung keine so hohen Einkünfte, daß es unter Einbeziehung der Entschädigung nicht zu einer die bisherigen Einkünfte übersteigenden Zusammenballung von Einkünften und damit nicht zur Anwendung des § 34 EStG kommen kann.

Beispiel 5:
Auflösung des Dienstverhältnisses im Jahr 02 (1998). Die Entschädigung im Jahr 02 beträgt 50.000 DM; eine Abfindung im Sinne des § 3 Nr. 9 EStG ist darin mit 24.000 DM enthalten.

Vergleich

– Jahr 01

Einkünfte im Sinne des § 19 EStG (100.000 DM ./. 2.000 DM)		98.000 DM
Einkünfte aus Vermietung und Verpachtung		15.000 DM
Einkünfte aus den übrigen Einkunftsarten		0 DM
Summe		**113.000 DM**

– Jahr 02

Einnahmen im Sinne des § 19 EStG aus bisherigem Dienstverhältnis	40.000 DM		
abzüglich ermittelter Werbungskosten	2.100 DM	37.900 DM	
Abfindung nach § 3 Nr. 9 EStG		24.000 DM	
Steuerpflichtige Entschädigung		26.000 DM	
pauschal besteuerte Zukunftssicherungsleistungen ab dem Ausscheiden		1.988 DM	
tatsächlich bezogenes Arbeitslosengeld		9.600 DM	
Zwischensumme		99.488 DM	9.488 DM
Einkünfte aus Vermietung und Verpachtung			5.000 DM
Summe			**104.488 DM**

Die Entschädigung (26.000 DM) übersteigt nicht den Betrag der entgehenden Einnahmen (60.000 DM). Der Steuerpflichtige hat aber aus dem alten Dienstverhältnis, aus der Abfindung, aus den pauschal besteuerten Zukunftssicherungsleistungen und dem tatsächlich bezogenen Arbeitslosengeld so hohe Einnahmen, daß es zu einer die bisherigen Einkünfte übersteigenden Zusammenballung und damit zur Anwendung des § 34 EStG kommt. Auf die Einkünfte aus Vermietung und Verpachtung kommt es daher nicht mehr an. Die Differenzen können z. B. durch eine Veräußerung im Jahr 02, durch höhere Reparaturaufwendungen oder durch ausfallende Mieten, nicht jedoch durch den Verlust des Arbeitsplatzes verursacht sein; für den Vergleich sind demnach aus dem Jahr 01 98.000 DM und aus dem Jahr 02 99.488 DM maßgebend.

bb) Anwendung im Lohnsteuerabzugsverfahren

16 ¹Im Lohnsteuerabzugsverfahren richtet sich die Anwendung des § 34 EStG nach § 39b Abs. 3 Satz 10 EStG. ²Dabei ist die Regelung nach Rz. 10 und 15 ebenfalls anzuwenden, wobei der Arbeitgeber auch solche Einnahmen (Einkünfte) berücksichtigen darf, die der Arbeitnehmer nach Beendigung des bestehenden Dienstverhältnisses erzielt. ³Kann der Arbeitgeber die erforderlichen Feststellungen nicht treffen, ist im Lohnsteuerabzugsverfahren die Besteuerung ohne Anwendung des § 39b Abs. 3 Satz 10 EStG durchzuführen. ⁴Die begünstigte Besteuerung kann dann ggf. erst im Veranlagungsverfahren (z. B. nach § 46 Abs. 2 Nr. 8 EStG) angewandt werden.

3. Zusätzliche Entschädigungsleistungen des Arbeitgebers

17 ¹Sehen Entlassungsvereinbarungen zusätzliche Leistungen des früheren Arbeitgebers vor, z. B. unentgeltliche Nutzung des Dienstwagens oder des Firmentelefons, ohne daß der ausgeschiedene Mitarbeiter noch zu einer Dienstleistung verpflichtet wäre, so kann es sich um eine Entschädigung handeln (→ Rz. 3, 4). ²Handelt es sich um eine Entschädigung, ist dies für die Anwendung des § 34 EStG schädlich, wenn die steuerpflichtige Gesamtentschädigung (Einmalbetrag zuzüglich zusätzlicher Entschädigungsleistungen) nicht in einem Kalenderjahr zufließt. ³Eine Entschädigung liegt in diesen Fällen u. a. nicht vor, wenn derartige zusätzliche Leistungen nicht nur bei vorzeitigem Ausscheiden, sondern auch in anderen Fällen, insbesondere bei altersbedingtem Ausscheiden, erbracht werden, z. B. Fortführung von Mietverhältnissen, von Arbeitgeberdarlehen, von Deputat-

lieferungen und von Sondertarifen, sowie Weitergewährung von Rabatten. ⁴Lebenslänglich zugesagte Geld- oder Sachleistungen sind stets nach § 24 Nr. 2 EStG zu behandeln.

a) Weitere Nutzung des Dienstwagens und betrieblicher Einrichtungen

¹Die weitere unentgeltliche oder teilentgeltliche (zeitlich befristete) Nutzung des Dienstwagens, der nicht in das Eigentum des Arbeitnehmers übergeht, oder betrieblicher Einrichtungen (z. B. Nutzung von Telefonen, Fax-Geräten, ganzer Büros) ist regelmäßig Teil der Entschädigung. ²In diesen Fällen wird dieser Teil des Entschädigungsanspruchs durch die weitere Nutzung in dem jeweiligen Kalenderjahr erfüllt. ³In diesen Fällen kann § 34 EStG nicht angewendet werden, wenn die Wirtschaftsgüter auch in einem anderen als dem Veranlagungszeitraum genutzt werden, in dem die übrige Entschädigung zufließt. ⁴Das gleiche gilt sinngemäß, wenn der frühere Arbeitgeber weiterhin die Kosten z. B. des Büropersonals trägt.

18

b) Weitere Nutzung der verbilligten Wohnung

Ist die weitere Nutzung einer Wohnung Bestandteil der Entschädigungsvereinbarung, so ist die Mietverbilligung nur dann für die Zusammenballung von Einkünften schädlich, wenn sie mietrechtlich frei vereinbar und dem Grunde nach geldwerter Vorteil aus dem früheren Dienstverhältnis ist und nicht auf die Lebenszeit des oder der Berechtigten abgeschlossen ist.

19

IV. Planwidriger Zufluß in mehreren Veranlagungszeiträumen/Rückzahlung bereits empfangener Entschädigungen

¹Die Anwendung der begünstigten Besteuerung nach § 34 Abs. 1 und 2 EStG setzt u. a. voraus, daß die Entschädigungsleistungen zusammengeballt, d. h. in einem Veranlagungszeitraum zufließen (→ Rz. 10). ²Das Interesse der Vertragsparteien ist daher regelmäßig auf den planmäßigen Zufluß in einem Veranlagungszeitraum gerichtet. ³Findet in den Fällen der nachstehenden Rz. 22 und 23 ein planwidriger Zufluß in mehreren Veranlagungszeiträumen statt, obwohl die Vereinbarungen eindeutig auf einen einmaligen Zufluß gerichtet waren, ist der Korrekturbetrag eines nachfolgenden Veranlagungszeitraums (VZ 02) auf Antrag des Steuerpflichtigen in den Veranlagungszeitraum (VZ 01) zurückzubeziehen, in dem die – grundsätzlich begünstigte – Hauptentschädigung zugeflossen ist. ⁴Stimmt das Finanzamt diesem Antrag zu (§ 163 AO), ist der Steuerbescheid (VZ 01) nach § 175 Abs. 1 Satz 1 Nr. 2 AO zu ändern, wobei die begünstigte Besteuerung auf die gesamte Entschädigungsleistung (Hauptentschädigung zzgl. Korrekturbetrag) anzuwenden ist. ⁵Wird der Antrag nicht gestellt und ist die Steuerfestsetzung für diesen Veranlagungszeitraum (VZ 02) bereits bestandskräftig, so ist der Bescheid (VZ 01) nach § 175 Abs. 1 Satz 1 Nr. 2 AO zu ändern und die begünstigte Steuerberechnung wegen fehlender Zusammenballung zu versagen.

20

¹Hat der Steuerpflichtige in einem nachfolgenden Veranlagungszeitraum (VZ 03) einen Teil der Einmalabfindung zurückzuzahlen, so ist die Rückzahlung als Korrekur der Einmalabfindung zu behandeln. ²Der tarifbegünstigte Betrag des Veranlagungszeitraums, in dem die Einmalabfindung zugeflossen ist (VZ 01), ist dementsprechend um den Rückzahlungsbetrag zu mindern. ³Ist die Steuerfestsetzung für diesen Veranlagungszeitraum (VZ 01) bereits bestandskräftig, so ist der Bescheid nach § 175 Abs. 1 Satz 1 Nr. 2 AO zu ändern.

21

1. Versehentlich zu niedrige Auszahlung der Entschädigung

¹Es kommt vor, daß eine Entschädigung an den ausscheidenden Arbeitnehmer versehentlich – z. B. auf Grund eines Rechenfehlers, nicht jedoch bei unzutreffender rechtlicher Würdigung – im Jahr des Ausscheidens zu niedrig ausgezahlt wird. ²Der Fehler wird im Laufe eines späteren Veranlagungszeitraums erkannt und der Differenzbetrag ausgezahlt.

22

2. Nachzahlung nach Rechtsstreit

¹Streiten sich Arbeitgeber und Arbeitnehmer vor Gericht über die Höhe der Entschädigung, zahlt der Arbeitgeber üblicherweise an den Arbeitnehmer im Jahr des Ausscheidens nur den von ihm (Arbeitgeber) für zutreffend gehaltenen Entschädigungsbetrag und leistet ggf. erst Jahre später auf Grund einer gerichtlichen Entscheidung oder eines Ver-

23

gleichs eine weitere Zahlung. ²Voraussetzung für die Anwendung der Billigkeitsregelung nach Rz. 20 ist in diesen Fällen, daß der ausgeschiedene Arbeitnehmer keinen Ersatzanspruch hinsichtlich einer aus der Nachzahlung resultierenden eventuellen ertragsteuerlichen Mehrbelastung gegenüber dem früheren Arbeitgeber hat.

V. Vollzogene Änderung der Sozialgesetzgebung und der Rechtsprechung des Bundessozialgerichts

24 ¹Durch Änderung der Sozialgesetzgebung bzw. der Rechtsprechung des Bundessozialgerichts ist in bestimmten Fällen im Nachhinein in bereits bestehende Entschädigungsvereinbarungen eingegriffen worden, welche die Beteiligten zu nachträglichen Korrekturen veranlaßt haben. ²In den Übergangsfällen der nachstehenden Rz. 25 und 27 und unter den übrigen Voraussetzungen des § 24 Nr. 1 i. V. m. § 34 EStG ist die begünstigte Besteuerung der Erstzahlung und der Nachzahlung durchzuführen. ³Rz. 20 Satz 3 (Rückbeziehung der Nachzahlung) gilt entsprechend.

1. Sperr- und Ruhenszeiten nach dem AFG

25 ¹Nach § 119 AFG in der bis zum 31.12.1997 geltenden Fassung konnte in bestimmten Fällen vor dem Bezug von Leistungen eine Sperrzeit von 12 Wochen in Betracht kommen. ²In der Vergangenheit wurden bei Kündigungen häufig durch die Arbeitsverwaltung keine Sperr- und Ruhenszeiten beim Bezug von Leistungen aus der gesetzlichen Arbeitslosenversicherung verhängt, wenn sich der Mitarbeiter nicht gegen die Kündigung gewandt hatte. ³Im Nichterheben einer Kündigungsschutzklage sah die Arbeitsverwaltung – der früheren Rechtsprechung des Bundessozialgerichts folgend – kein Mitwirken des Mitarbeiters an der Beendigung des Dienstverhältnisses.

26 ¹Auf Grund der Entscheidung des Bundessozialgerichts vom 9.11.1995 (BSGE, Bd. 77, S. 48) wurde diese Auffassung aufgegeben. ²Als unmittelbare Folge dieser Rechtsprechungsänderung haben Unternehmen bei bereits bestehenden Abfindungsvereinbarungen und bei Verhängung von Sperr- und Ruhenszeiten durch die Arbeitsämter Ausgleichszahlungen an frühere Mitarbeiter vorgenommen. ³Wurde eine solche Ausgleichszahlung **vor dem 1.4.1997** vereinbart, ist die Regelung aus Rz. 24 anzuwenden.

2. Nachteilsausgleich wegen Rentenminderung

27 ¹Nach dem „Gesetz zur Förderung eines gleitenden Übergangs in den Ruhestand" (Altersteilzeitgesetz) wurde bei vorzeitig ausgeschiedenen Mitarbeitern, die bis zum 14.2.1996 das 55. Lebensjahr noch nicht vollendet hatten und denen zu diesem Zeitpunkt gekündigt worden war, die Altersgrenze für die Rente aus der gesetzlichen Rentenversicherung vom 60. Lebensjahr stufenweise auf das 63. Lebensjahr angehoben. ²Wird die Rente ab dem 60. Lebensjahr beantragt, erfolgt ein Abschlag von 0,3 Prozent pro Monat (maximal 10,8 Prozent für drei Jahre) für die gesamte Laufzeit der gesetzlichen Altersrente.

28 ¹Für ausgeschiedene Mitarbeiter, die am **14.2.1996** das 55. Lebensjahr vollendet und eine Kündigung erhalten hatten, hat der Gesetzgeber einen gesetzlichen Vertrauensschutz geschaffen. ²Mitarbeiter, für die der gesetzliche Vertrauensschutz nicht gilt, d. h. **die zu dem o. g. Stichtag jünger als 55 Jahre** und gekündigt waren, haben vielfach eine Ausgleichszahlung des früheren Arbeitgebers erhalten, so daß die Regelung aus Rz. 24 Platz greift.

VI. Vom Arbeitgeber freiwillig übernommene Rentenversicherungsbeiträge im Sinne des § 187a SGB VI

29 ¹Durch eine Ergänzung des § 3 Nr. 28 EStG ist ab dem Kalenderjahr 1997 eine Steuerbefreiung eingeführt worden in Höhe der Hälfte der vom Arbeitgeber freiwillig übernommenen Rentenversicherungsbeiträge im Sinne des § 187a SGB VI, durch die Rentenminderungen bei vorzeitiger Inanspruchnahme der Altersrente gemildert oder vermieden werden können. ²Die Berechtigung zur Zahlung dieser Beiträge und damit die Steuerfreistellung setzen voraus, daß der Versicherte erklärt, eine solche Rente zu beanspruchen. ³Die Steuerfreistellung ist auf die Hälfte der insgesamt geleisteten zusätzlichen Rentenversicherungsbeiträge begrenzt, da auch Pflichtbeiträge des Arbeitgebers zur gesetzlichen Rentenversicherung nur in Höhe des halben Gesamtbetrags steuerfrei sind. ⁴Für den verbleibenden steuerpflichtigen Teil der Rentenversicherungsbeiträge gilt § 3 Nr. 9 EStG.

¹Die vom Arbeitgeber zusätzlich geleisteten Rentenversicherungsbeiträge nach § 187a SGB VI einschließlich darauf entfallender, ggf. vom Arbeitgeber getragener Steuerabzugsbeträge sind als Teil der Entschädigung im Sinne des § 24 Nr. 1 EStG, die im Zusammenhang mit der Auflösung eines Dienstverhältnisses geleistet wird, zu behandeln. ³Leistet der Arbeitgeber diese Beiträge in Teilbeträgen, ist dies für die Frage der Zusammenballung unbeachtlich. ⁴Die dem Arbeitnehmer darüber hinaus zugeflossene Entschädigung (Einmalbetrag) kann daher aus Billigkeitsgründen auf Antrag unter den übrigen Voraussetzungen begünstigt besteuert werden. 30

VII. Anwendung

Die vorstehenden Grundsätze sind – vorbehaltlich Rz. 12 bis 14 – in allen noch offenen Fällen anzuwenden. 31

Zusammentreffen von laufenden und einmaligen Entschädigungsleistungen

Verpflichtet sich der Arbeitgeber im Zusammenhang mit einer vorzeitigen Beendigung eines Arbeitsverhältnisses zum Ausgleich des niedrigeren Arbeitslosengeldes zu laufenden Zahlungen nach Beendigung des Arbeitsverhältnisses und gewährt er zugleich eine weitere Abfindung in Form einer Einmalzahlung, ist der den Freibetrag nach § 3 Nr. 9 EStG übersteigende Betrag der Einmalzahlung nicht nach § 34 Abs. 1 EStG ermäßigt zu besteuern (→ FG Düsseldorf vom 17.2.1998 – EFG 1998 S. 880 – Rev. – Az. des BFH: XI R 20/98).

200. Einkünfte aus der Vergütung für eine mehrjährige Tätigkeit (§ 34 Abs. 3 EStG)

R 200

Allgemeines

(1) ¹§ 34 Abs. 3 EStG ist grundsätzlich bei allen Einkunftsarten anwendbar. ²Die Vorschrift ist auch auf Nachzahlungen von Ruhegehaltsbezügen und von Renten im Sinne des § 22 Nr. 1 EStG anwendbar. ³Voraussetzung für die Anwendung ist, daß auf Grund der Einkunftsermittlungsvorschriften eine → Zusammenballung von Einkünften eintritt, die bei Einkünften aus nichtselbständiger Arbeit auf wirtschaftlich vernünftigen Gründen beruht und bei anderen Einkünften nicht dem vertragsgemäßen oder dem typischen Ablauf entspricht.

S 2290

Einkünfte aus nichtselbständiger Arbeit

(2) ¹Bei Einkünften aus nichtselbständiger Arbeit kommt es nicht darauf an, daß die Vergütung für eine abgrenzbare Sondertätigkeit gezahlt wird, daß auf sie ein Rechtsanspruch besteht oder daß sie eine zwangsläufige Zusammenballung von Einnahmen darstellt. ²Auf den steuerpflichtigen Teil von → Jubiläumszuwendungen, bei denen die Voraussetzungen des § 3 LStDV vorliegen, ist § 34 Abs. 3 EStG insoweit anzuwenden, als die Jubiläumszuwendungen eine mehr als 12 Monate dauernde Tätigkeit abgelten sollen.

Gewinneinkünfte

(3) ¹Die Tarifermäßigung ist auf Gewinneinkünfte nur anzuwenden, wenn diese die Vergütung für eine sich über mehr als 12 Monate erstreckende Sondertätigkeit sind, die von der übrigen Tätigkeit des Steuerpflichtigen abgrenzbar ist und nicht zum regelmäßigen Gewinnbetrieb gehört, oder wenn der Steuerpflichtige sich über mehr als 12 Monate ausschließlich der einen Sache gewidmet und die Vergütung dafür in einem Kalenderjahr erhalten hat. ²Bei Einkünften aus Land- und Forstwirtschaft, aus Gewerbebetrieb und aus selbständiger Arbeit kann eine → Zusammenballung von Einkünften grundsätzlich nur bei der Gewinnermittlung nach § 4 Abs. 3 EStG eintreten.

Ermittlung der Einkünfte

(4) ¹Bei der Ermittlung der dem § 34 Abs. 3 EStG unterliegenden Einkünfte können nur die im VZ des Zuflusses bei den außerordentlichen Einkünften angefallenen Betriebsausgaben oder Werbungskosten abgezogen werden. ²Handelt es sich sowohl bei den laufenden Einnahmen als auch bei den außerordentlichen Bezügen um Versorgungsbezüge im Sinne des

§ 19 Abs. 2 EStG, kann der im Kalenderjahr des Zuflusses in Betracht kommende → Versorgungs-Freibetrag nach § 19 Abs. 2 EStG nur einmal abgezogen werden[1]); er ist im Verhältnis der jeweiligen Einnahmen zu den Gesamteinnahmen aufzuteilen. ³Entsprechend ist bei anderen Einkunftsarten zu verfahren, bei denen ein im Rahmen der Einkünfteermittlung anzusetzender Freibetrag, z. B. Sparer-Freibetrag nach § 20 Abs. 4 EStG oder ein Werbungskosten-Pauschbetrag, abzuziehen ist. ⁴Werden außerordentliche Einkünfte aus nichtselbständiger Arbeit neben laufenden Einkünften dieser Art bezogen, ist bei den Einnahmen der Arbeitnehmer-Pauschbetrag insgesamt nur einmal abzuziehen, wenn insgesamt keine höheren Werbungskosten nachgewiesen werden. ⁵In anderen Fällen sind die auf die jeweiligen Einnahmen entfallenden tatsächlichen Werbungskosten bei diesen Einnahmen zu berücksichtigen. ⁶Sind die gesamten Werbungskosten nicht höher als der Arbeitnehmer-Pauschbetrag, ist er im Verhältnis der jeweiligen steuerpflichtigen Einnahmen zu den Gesamteinnahmen aufzuteilen.[2])

Steuerberechnung

(5) ¹Für Zwecke der Steuerberechnung ist zunächst für das Kalenderjahr, in dem die bezeichneten Einkünfte zugeflossen sind, die Einkommensteuerschuld zu ermitteln, die sich ergibt, wenn in das zu versteuernde Einkommen die Einkünfte im Sinne des § 34 Abs. 3 EStG nicht einbezogen werden. ²Sodann ist in einer Vergleichsberechnung die Einkommensteuer zu errechnen, die sich unter Einbeziehung eines Drittels der Einkünfte im Sinne dieser Vorschrift ergibt. ³Bei diesen Berechnungen sind dem Progressionsvorbehalt (§ 32b EStG) unterliegende Einkünfte zu berücksichtigen. ⁴Der Unterschiedsbetrag zwischen beiden Steuerbeträgen ist zu verdreifachen und der sich so ergebende Steuerbetrag der ohne die außerordentlichen Einkünfte ermittelten Einkommensteuer zuzurechnen. ⁵Durch die Anwendung des § 34 Abs. 3 EStG darf die sich bei einer Normalbesteuerung ergebende Einkommensteuerschuld nicht überschritten werden.

Konkurrenzregel

(6) ¹Handelt es sich bei den außerordentlichen Einkünften um solche aus Entschädigungen im Sinne des § 24 Nr. 1 EStG oder aus Nutzungsvergütungen und Zinsen im Sinne des § 24 Nr. 3 EStG, für die ebenfalls die Tarifermäßigung nach § 34 Abs. 1 in Verbindung mit § 34 Abs. 2 EStG anwendbar ist, ist die Einkommensteuer nach der für den Steuerpflichtigen günstigeren Tarifvorschrift zu berechnen. ²Diese ist für alle sowohl unter § 34 Abs. 1 EStG als auch unter § 34 Abs. 3 EStG fallenden außerordentlichen Einkünfte anzuwenden.

Hinweise

Arbeitslohn für mehrere Jahre

Die Anwendung des § 34 Abs. 3 EStG setzt nicht voraus, daß der Arbeitnehmer die Arbeitsleistung erbringt; es genügt, daß der Arbeitslohn für mehrere Jahre gezahlt worden ist (→ BFH vom 17.7.1970 – BStBl II S. 683).

Außerordentliche Einkünfte im Sinne des § 34 Abs. 3 EStG

1. § 34 Abs. 3 EStG ist z. B. anzuwenden, wenn
    - eine Lohnzahlung für eine Zeit, die vor dem Kalenderjahr liegt, deshalb nachträglich geleistet wird, weil der Arbeitgeber Lohnbeträge zu Unrecht einbehalten oder mangels flüssiger Mittel nicht in der festgelegten Höhe ausgezahlt hat (→ BFH vom 17.7.1970 – BStBl II S. 683),
    - der Arbeitgeber Prämien mehrerer Kalenderjahre für eine Versorgung oder für eine Unfallversicherung des Arbeitnehmers deshalb voraus- oder nachzahlt, weil er dadurch günstigere Prämiensätze erzielt oder weil die Zusammenfassung satzungsgemäßen Bestimmungen einer Versorgungseinrichtung entspricht,
    - dem Steuerpflichtigen Tantiemen für mehrere Jahre in einem Kalenderjahr zusammengeballt zufließen (→ BFH vom 11.6.1970 – BStBl II S. 639).

---

[1]) Anm.: → BFH vom 23.3.1974 (BStBl II S. 680).
[2]) Anm.: Gilt analog für die Aufteilung des Arbeitnehmer-Pauschbetrags bei Anwendung des § 34 Abs. 1 und 2 EStG; → H 199.

2. § 34 Abs. 3 EStG ist z. B. nicht anzuwenden, bei zwischen Arbeitgeber und Arbeitnehmer vereinbarten und regelmäßig ausgezahlten gewinnabhängigen Tantiemen, deren Höhe erst nach Ablauf des Wirtschaftsjahrs festgestellt werden kann; es handelt sich hierbei nicht um die Abgeltung einer mehrjährigen Tätigkeit (→ BFH vom 30.8.1966 – BStBl III S. 545).

3. § 34 Abs. 3 EStG kann in besonders gelagerten Ausnahmefällen anzuwenden sein, wenn die Vergütung für eine mehrjährige nichtselbständige Tätigkeit dem Steuerpflichtigen aus wirtschaftlich vernünftigen Gründen nicht in einem Kalenderjahr, sondern in zwei Kalenderjahren in Teilbeträgen zusammengeballt ausgezahlt wird (→ BFH vom 16.9.1966 – BStBl 1967 III S. 2).

→ Vergütung für eine mehrjährige Tätigkeit

Jubiläumszuwendungen

Zuwendungen, die ohne Rücksicht auf die Dauer der Betriebszugehörigkeit lediglich aus Anlaß eines Firmenjubiläums erfolgen, erfüllen die Voraussetzungen von R 200 Abs. 2 Satz 2 nicht (→ BFH vom 3.7.1987 – BStBl II S. 820).

Nachzahlung von Versorgungsbezügen

Die Vorschrift des § 34 Abs. 3 EStG ist anwendbar (→ BFH vom 28.2.1958 – BStBl III S. 169).

Progressionsvorbehalt

Bei der Ermittlung des Steuerbetrags sind dem Progressionsvorbehalt (§ 32b EStG) unterliegende Einkünfte zu beachten; die nach § 34 Abs. 3 EStG zu saldierenden Steuerbeträge sind in der Weise zu ermitteln, daß auf das verbleibende zu versteuernde Einkommen bzw. auf das verbleibende zu versteuernde Einkommen zuzüglich $^1/_3$ der Vergütung für mehrjährige Tätigkeit jeweils die allgemeinen Tarifvorschriften einschließlich § 32b Abs. 1 EStG Anwendung finden (→ BFH vom 18.5.1994 – BStBl II S. 845).

Steuerberechnung

Ein alleinstehender Arbeitnehmer erhält im Kalenderjahr 1998 eine Lohnnachzahlung von 92.000 DM, die wirtschaftlich auf mehrere vergangene Kalenderjahre entfällt. Ferner hat er laufende Einnahmen aus nichtselbständiger Arbeit von 70.000 DM. Die Werbungskosten übersteigen nicht den Arbeitnehmer-Pauschbetrag. Die abziehbaren Sonderausgaben und sonstigen Abzüge betragen 10.000 DM.

Von den Einkünften aus nichtselbständiger Arbeit entfallen auf laufende Einkünfte

$70.000\ \text{DM} - \dfrac{(70.000 \times 2.000)}{162.000}$	69.136 DM
außerordentliche Einkünfte	
$92.000\ \text{DM} - \dfrac{(70.000 \times 2.000)}{162.000}$	+ 90.864 DM
Einkünfte aus nichtselbständiger Arbeit	160.000 DM
Sonderausgaben und sonstige Abzüge	– 10.000 DM
zu versteuerndes Einkommen	150.000 DM
davon ab:	
außerordentliche Einkünfte	– 90.864 DM
	59.136 DM
zuzüglich $^1/_3$ der außerordentlichen Einkünfte	+ 30.288 DM
	89.424 DM
Einkommensteuer (Grundtabelle) aus 59.136 DM	= 14.123 DM
Einkommensteuer (Grundtabelle) aus 89.424 DM	= 25.971 DM
Unterschiedsbetrag	11.848 DM
Multipliziert mit Faktor 3	= 35.544 DM

zuzüglich Einkommensteuer auf
zu versteuerndes Einkommen
ohne Nachzahlung .... + 14.123 DM
Einkommensteuerschuld .... 49.6**67** DM
Dieser Betrag übersteigt nicht die Einkommensteuer, die sich ohne Anwendung des § 34 Abs. 3 EStG ergäbe (56.63**4** DM).

Tantiemen
→ außerordentliche Einkünfte im Sinne des § 34 Abs. 3 EStG

Verbesserungsvorschläge
Die einem Arbeitnehmer gewährte Prämie für einen Verbesserungsvorschlag stellt keine Entlohnung für eine mehrjährige Tätigkeit im Sinne des § 34 Abs. 3 EStG dar, wenn sie nicht nach dem Zeitaufwand des Arbeitnehmers, sondern ausschließlich nach der Kostenersparnis des Arbeitgebers in einem bestimmten künftigen Zeitraum berechnet wird (→ BFH vom 16.12.1996 – BStBl 1997 II S. 222).

Vergütung für eine mehrjährige Tätigkeit
– Der Begriff umfaßt jedes Entgelt, das für ein mehr als zwölfmonatiges Tun im Rahmen eines gegenseitigen Vertrags oder eines öffentlich-rechtlichen Dienst- oder Amtsverhältnisses geleistet wird, also auch Nach- oder Vorauszahlungen von Zinsen, Mieten und Pachten sowie solche Zahlungen im Rahmen von Dienst- und Werkverträgen, nicht aber das Entgelt, das für die Nichtausübung einer Tätigkeit geleistet wird (→ BFH vom 13.2.1987 – BStBl II S. 386).
– Die Anwendung der Vorschrift des § 34 Abs. 3 EStG ist nicht dadurch ausgeschlossen, daß die Vergütungen für eine mehr als zwölfmonatige Tätigkeit während eines Kalenderjahrs in mehreren Teilbeträgen gezahlt werden (→ BFH vom 11.6.1970 – BStBl II S. 639 und vom 30.7.1971 – BStBl II S. 802).

Versorgungsbezüge
→ Nachzahlung von Versorgungsbezügen

Zusammenballung von Einkünften
Eine Zusammenballung von Einkünften ist nicht anzunehmen, wenn die Vertragsparteien die Vergütung bereits durch ins Gewicht fallende Teilzahlungen auf mehrere Kalenderjahre verteilt haben (→ BFH vom 10.2.1972 – BStBl II S. 529).

201. – 203.

– unbesetzt –

EStG

§ 34a

(weggefallen)

§ 34b[1])
Steuersätze bei außerordentlichen Einkünften
aus Forstwirtschaft

(1) Wird ein Bestandsvergleich für das stehende Holz nicht vorgenommen, so sind die ermäßigten Steuersätze dieser Vorschrift auf Einkünfte aus den folgenden Holznutzungsarten anzuwenden:

1. Außerordentliche Holznutzungen. ²Das sind Nutzungen, die außerhalb des festgesetzten Nutzungssatzes (Absatz 4 Nr. 1) anfallen, wenn sie aus wirtschaftlichen Gründen erfolgt sind. ³Bei der Bemessung ist die außerordentliche Nutzung des laufenden Wirtschaftsjahrs um die in den letzten drei Wirtschaftsjahren eingesparten Nutzungen (nachgeholte Nutzungen) zu kürzen. ⁴Außerordentliche Nutzungen und nachgeholte Nutzungen liegen nur insoweit vor, als die um die Holznutzungen infolge höherer Gewalt (Nummer 2) verminderte Gesamtnutzung den Nutzungssatz übersteigt;

2. Holznutzungen infolge höherer Gewalt (Kalamitätsnutzungen). ²Das sind Nutzungen, die durch Eis-, Schnee-, Windbruch oder Windwurf, Erdbeben, Bergrutsch, Insektenfraß, Brand oder ein anderes Naturereignis, das in seinen Folgen den angeführten

---

[1]) Anm.: Durch das Steuerentlastungsgesetz 1999/2000/2002 wurde § 34b mit Wirkung ab dem VZ 1999 wie folgt gefaßt:

„§ 34b
Außerordentliche Einkünfte aus Forstwirtschaft
(1) Außerordentliche Einkünfte aus Forstwirtschaft sind:
1. Gewinne aus Land- und Forstwirtschaft, die aus außerordentlichen Holznutzungen entstanden sind. ²Das sind Nutzungen, die außerhalb des festgesetzten Nutzungssatzes (Absatz 4 Nr. 1) anfallen, wenn sie aus wirtschaftlichen Gründen erfolgt sind. ³Bei der Bemessung ist die außerordentliche Nutzung des laufenden Wirtschaftsjahrs um die in den letzten drei Wirtschaftsjahren eingesparten Nutzungen (nachgeholte Nutzungen) zu kürzen. ⁴Außerordentliche Nutzungen und nachgeholte Nutzungen liegen nur insoweit vor, als die um die Holznutzungen infolge höherer Gewalt (Nummer 2) verminderte Gesamtnutzung den Nutzungssatz übersteigt;
2. Gewinne aus Land- und Forstwirtschaft, die aus Holznutzungen infolge höherer Gewalt (Kalamitätsnutzungen) entstanden sind. ²Das sind Nutzungen, die durch Eis-, Schnee-, Windbruch oder Windwurf, Erdbeben, Bergrutsch, Insektenfraß, Brand oder ein anderes Naturereignis, das in seinen Folgen den angeführten Ereignissen gleichkommt, verursacht werden. ³Zu diesen rechnen nicht die Schäden, die in der Forstwirtschaft regelmäßig entstehen.
(2) Bei der Ermittlung der außerordentlichen Einkünfte aus Forstwirtschaft sind
1. die persönlichen und sachlichen Verwaltungskosten, Grundsteuer und Zwangsbeiträge, soweit sie zu den festen Betriebsausgaben gehören, bei den Einnahmen aus ordentlichen Holznutzungen und Holznutzungen infolge höherer Gewalt, die innerhalb des Nutzungssatzes (Absatz 4 Nr. 1) anfallen, zu berücksichtigen. ²Sie sind entsprechend der Höhe der Einnahmen aus den bezeichneten Holznutzungen auf diese zu verteilen;
2. die anderen Betriebsausgaben entsprechend der Höhe der Einnahmen aus allen Holznutzungsarten auf diese zu verteilen.
(3) Die Einkommensteuer bemißt sich bei Einkünften aus Kalamitätsnutzungen
1. soweit sie die Höhe eines jährlichen Nutzungssatzes (Absatz 4 Nr. 1) übersteigen, nach der Hälfte des durchschnittlichen Steuersatzes, der sich ergäbe, wenn die tarifliche Einkommensteuer nach dem gesamten zu versteuernden Einkommen zuzüglich der dem Progressionsvorbehalt unterliegenden Einkünfte zu bemessen wäre;
2. soweit sie den doppelten jährlichen Nutzungssatz übersteigen, nach dem halben Steuersatz der Nummer 1.
(4) Außerordentliche Einkünfte aus Forstwirtschaft sind nur unter den folgenden Voraussetzungen anzuerkennen:
1. Auf Grund eines amtlich anerkannten Betriebsgutachtens oder durch ein Betriebswerk muß periodisch für zehn Jahre ein Nutzungssatz festgesetzt sein. ²Dieser muß den Nutzungen entsprechen, die unter Berücksichtigung der vollen Ertragsfähigkeit des Waldes in Festmetern nachhaltig erzielbar sind;
2. die in einem Wirtschaftsjahr erzielten verschiedenen Nutzungen müssen mengenmäßig nachgewiesen werden;
3. Schäden infolge höherer Gewalt müssen unverzüglich nach Feststellung des Schadensfalls dem zuständigen Finanzamt mitgeteilt werden."

§ 34b EStG § 68 EStDV

Ereignissen gleichkommt, verursacht werden. ³Zu diesen rechnen nicht die Schäden, die in der Forstwirtschaft regelmäßig entstehen.

(2) Bei der Ermittlung der Einkünfte aus den einzelnen Holznutzungsarten sind
1. die persönlichen und sachlichen Verwaltungskosten, Grundsteuer und Zwangsbeiträge, soweit sie zu den festen Betriebsausgaben gehören, bei den Einnahmen aus ordentlichen Holznutzungen und Holznutzungen infolge höherer Gewalt, die innerhalb des Nutzungssatzes (Absatz 4 Nr. 1) anfallen, zu berücksichtigen. ²Sie sind entsprechend der Höhe der Einnahmen aus den bezeichneten Holznutzungen auf diese zu verteilen;
2. die anderen Betriebsausgaben entsprechend der Höhe der Einnahmen aus allen Holznutzungsarten auf diese zu verteilen.

(3) Die Einkommensteuer bemißt sich
1. bei Einkünften aus außerordentlichen Holznutzungen im Sinne des Absatzes 1 Nr. 1 nach dem Steuersatz des § 34 Abs. 1;
2. bei Einkünften aus nachgeholten Nutzungen im Sinne des Absatzes 1 Nr. 1 nach dem durchschnittlichen Steuersatz, der sich bei Anwendung der Einkommensteuertabelle auf das Einkommen[1]) ohne Berücksichtigung der Einkünfte aus außerordentlichen Holznutzungen, nachgeholten Nutzungen und Holznutzungen infolge höherer Gewalt ergibt, mindestens jedoch auf 10 vom Hundert der Einkünfte aus nachgeholten Nutzungen;
3. bei Einkünften aus Holznutzungen infolge höherer Gewalt im Sinne des Absatzes 1 Nr. 2,
    a) soweit sie im Rahmen des Nutzungssatzes (Absatz 4 Nr. 1) anfallen, nach dem Steuersatz der Nummer 1,
    b) soweit sie den Nutzungssatz übersteigen, nach dem halben Steuersatz der Nummer 1,
    c) soweit sie den doppelten Nutzungssatz übersteigen, nach einem Viertel des Steuersatzes der Nummer 1.

(4) Die Steuersätze des Absatzes 3 sind nur unter den folgenden Voraussetzungen anzuwenden:
1. ¹Auf Grund eines amtlich anerkannten Betriebsgutachtens oder durch ein Betriebswerk muß periodisch für zehn Jahre ein Nutzungssatz festgesetzt sein. ²Dieser muß den Nutzungen entsprechen, die unter Berücksichtigung der vollen jährlichen Ertragsfähigkeit des Waldes in Festmetern nachhaltig erzielbar sind;
2. die in einem Wirtschaftsjahr erzielten verschiedenen Nutzungen müssen mengenmäßig nachgewiesen werden;
3. Schäden infolge höherer Gewalt müssen unverzüglich nach Feststellung des Schadensfalls dem zuständigen Finanzamt mitgeteilt werden.

EStDV

S 2291

§ 68

Betriebsgutachten, Betriebswerk, Nutzungssatz

(1) ¹Das amtlich anerkannte Betriebsgutachten oder das Betriebswerk, das der erstmaligen Festsetzung des Nutzungssatzes zugrunde zu legen ist, muß vorbehaltlich des Absatzes 2 spätestens auf den Anfang des drittletzten Wirtschaftsjahrs aufgestellt worden sein, das dem Wirtschaftsjahr vorangegangen ist, in dem die nach § 34b des Gesetzes zu begünstigenden Holznutzungen angefallen sind. ²Der Zeitraum von zehn Wirtschaftsjahren, für den der Nutzungssatz maßgebend ist, beginnt mit dem Wirtschaftsjahr, auf dessen Anfang das Betriebsgutachten oder Betriebswerk aufgestellt worden ist.

(2) ¹Bei aussetzenden forstwirtschaftlichen Betrieben genügt es, wenn das Betriebsgutachten oder Betriebswerk auf den Anfang des Wirtschaftsjahrs aufgestellt wird, in dem die nach § 34b des Gesetzes zu begünstigenden Holznutzungen angefallen sind. ²Der Zeitraum von

---

[1]) Anm: Gemeint ist das zu versteuernde Einkommen.

zehn Jahren, für den der Nutzungssatz maßgebend ist, beginnt mit dem Wirtschaftsjahr, auf dessen Anfang das Betriebsgutachten oder Betriebswerk aufgestellt worden ist.

(3) ¹Ein Betriebsgutachten im Sinne des § 34b Abs. 4 Nr. 1 des Gesetzes ist amtlich anerkannt, wenn die Anerkennung von einer Behörde oder einer Körperschaft des öffentlichen Rechts des Landes, in dem der forstwirtschaftliche Betrieb belegen ist, ausgesprochen wird. ²Die Länder bestimmen, welche Behörden oder Körperschaften des öffentlichen Rechts diese Anerkennung auszusprechen haben.

204. Außerordentliche Holznutzungen

R 204

S 2291

¹Wirtschaftliche Gründe im Sinne des § 34b Abs. 1 Nr. 1 EStG sind volks- oder staatswirtschaftliche oder privatwirtschaftliche Gründe des Steuerpflichtigen. ²Eine Nutzung geschieht aus volks- oder staatswirtschaftlichen Gründen, wenn sie z. B. durch gesetzlichen oder behördlichen Zwang veranlaßt worden ist.¹⁾ ³Ein Zwang kann dabei schon angenommen werden, wenn der Steuerpflichtige nach den Umständen des Falles der Ansicht sein kann, daß er im Fall der Verweigerung des Verkaufs ein behördliches Enteignungsverfahren zu erwarten habe. ⁴Werden Waldgrundstücke enteignet oder unter dem Zwang einer drohenden Enteignung veräußert, handelt es sich bei dem mitveräußerten Holzbestand um eine Holznutzung aus wirtschaftlichen Gründen.

Hinweise

H 204

Außerordentliche Holznutzungen
→ § 34b Abs. 1 Nr. 1 EStG
Es ist unerheblich, ob sie in Nachhaltsbetrieben oder in aussetzenden Betrieben anfallen.
Sie können auch bei der Veräußerung von forstwirtschaftlichen Betrieben, Teilbetrieben oder einzelner forstwirtschaftlicher Grundstücksflächen vorliegen (→ R 131 Abs. 4).

Nutzungssatz
→ § 34b Abs. 4 Nr. 1 EStG
→ R 207

Privatwirtschaftliche Gründe
Eine Nutzung ist aus privatwirtschaftlichen Gründen erfolgt, wenn sie der Steuerpflichtige zur Erhaltung und Vermehrung seines Vermögens und nicht allein zur Erlangung steuerlicher Vorteile vornimmt. Dabei spielt es keine Rolle, ob sich Einkünfte im Sinne des EStG ergeben oder ob andere Vermögensbestandteile vorhanden sind (→ BFH vom 11.11.1993 – BStBl 1994 II S. 629).

205. Nachgeholte Nutzungen im Sinne des § 34b Abs. 1 Nr. 1 EStG

R 205

S 2291

(1) Nachgeholte Nutzungen sind mit Ausnahme der Holznutzungen infolge höherer Gewalt die in einem Wirtschaftsjahr über den Nutzungssatz hinausgehenden Nutzungen (Übernutzungen), um die die Nutzungen in den drei vorangegangenen Wirtschaftsjahren jeweils niedriger als der Nutzungssatz waren (eingesparte Nutzungen).

(2) Eingesparte Nutzungen können nur durch nachgeholte Nutzungen, niemals aber durch außerordentliche Holznutzungen und durch Holznutzungen infolge höherer Gewalt ausgeglichen werden (→ Beispiel A).

(3) Für die Berechnung der Übernutzung des laufenden Wirtschaftsjahrs gilt der Nutzungssatz des laufenden Jahres; für die Berechnung der eingesparten Nutzungen der letzten drei Jahre gilt der Nutzungssatz, der für diese drei Jahre jeweils maßgebend war (→ Beispiel B).

¹) Anm.: → RFH vom 23.8.1939 (RStBl S. 1056).

Eingesparte Nutzungen in Fällen des § 68 Abs. 2 EStDV

(4) ¹Bei der Ermittlung der eingesparten Nutzungen der letzten drei vorangegangenen Wirtschaftsjahre ist in den Fällen des § 68 Abs. 2 EStDV von dem erstmals aufgestellten Nutzungssatz, gekürzt um 10 v. H., auszugehen. ²Hat der Steuerpflichtige jedoch ein Betriebsgutachten oder Betriebswerk auf den Anfang des drittletzten Wirtschaftsjahrs aufgestellt, so ist bei der Ermittlung der eingesparten Nutzungen der nach diesem Betriebsgutachten oder Betriebswerk festgesetzte Nutzungssatz maßgebend.

Hinweise

H 205

Beispiele

A. Nutzungssatz .... 10.000 fm

    Gesamtnutzung des abgelaufenen Wirtschaftsjahrs .... 14.000 fm

    Gesamtnutzung in den drei vorangegangenen Wirtschaftsjahren:

    1. Wirtschaftsjahr .... 8.000 fm

    2. Wirtschaftsjahr .... 15.000 fm

    (die Übernutzung ist aus wirtschaftlichen Gründen erfolgt)

    3. Wirtschaftsjahr .... 7.000 fm.

Von den Übernutzungen des 2. Wirtschaftsjahrs waren auf **G**rund des § 34b Abs. 1 **Nr. 1** Satz **3** EStG 2.000 fm als nachgeholte Nutzungen zu versteuern. Die restlichen 3.000 fm waren als außerordentliche Holznutzungen zu begünstigen und können deshalb nicht mit den im 3. Wirtschaftsjahr eingesparten Nutzungen ausgeglichen werden. Es verbleiben demnach aus den letzten drei Wirtschaftsjahren an eingesparten Nutzungen 3.000 fm. Um diese 3.000 fm eingesparte Nutzungen ist die Übernutzung des laufenden Wirtschaftsjahrs von (Gesamtnutzung 14.000 fm – Nutzungssatz 10.000 fm =) 4.000 fm zu kürzen. Im laufenden Wirtschaftsjahr sind also 3.000 fm der Übernutzung als nachgeholte Nutzung und 1.000 fm als außerordentliche Holznutzung zu versteuern. Wegen der Berechnung beim Zusammentreffen der verschiedenen Holznutzungsarten → H 208 (Beispiele).

B. In den ersten beiden Wirtschaftsjahren betrug der Nutzungssatz 8.000 fm. Er wurde zu Beginn des 3. Wirtschaftsjahrs auf 10.000 fm neu festgesetzt.

Für die Berechnung der Übernutzung im 4. Wirtschaftsjahr und für die Berechnung der eingesparten Nutzung im 3. Wirtschaftsjahr gilt der Nutzungssatz von 10.000 fm. Für die Berechnung der eingesparten Nutzungen in den beiden ersten Wirtschaftsjahren gilt der Nutzungssatz von 8.000 fm.

---

206. Holznutzungen infolge höherer Gewalt (Kalamitätsnutzungen) im Sinne des § 34b Abs. 1 Nr. 1 EStG

S 2291

¹Ob eine Holznutzung infolge höherer Gewalt im Wirtschaftsjahr des Eintritts des Naturereignisses oder in einem späteren Wirtschaftsjahr erfolgt, ist ohne Bedeutung. ²Bei Waldbeständen, die infolge von Immissionsschäden der Schadensstufe 3 zuzuordnen sind, kann stets eine Kalamität angenommen werden. ³Bei Beständen der Schadensstufe 2 kann eine Kalamität nur im Einzelfall auf Grund eines forstwirtschaftlichen Gutachtens angenommen werden. ⁴Zu den begünstigten Holznutzungen infolge höherer Gewalt zählen nicht Schadensfälle von einzelnen Bäumen, z. B. Dürrhölzer, Schaden durch Blitzschlag, soweit sie sich im Rahmen der regelmäßigen natürlichen Abgänge halten.

Hinweise

Forstschäden-Ausgleichsgesetz
→ Gesetz zum Ausgleich von Auswirkungen besonderer Schadensereignisse in der Forstwirtschaft vom 26.8.1985 (BStBl I S. 592)

Höhere Gewalt
Außerordentliche Holznutzungen infolge gesetzlicher oder behördlicher Anordnungen gehören nicht zu den Holznutzungen infolge höherer Gewalt (→ RFH vom 23.8.1939 – RStBl S. 1056).

Kalamitätsfolgehiebe
Muß ein nach einem Naturereignis stehengebliebener Bestand nach forstwirtschaftlichen Grundsätzen eingeschlagen werden (sog. Kalamitätsfolgehiebe), so werden die daraus anfallenden Nutzungen steuerlich nur als Kalamitätsnutzungen begünstigt, wenn der Forstwirt sie nicht in die planmäßige Holznutzung der nächsten Jahre einbeziehen kann, insbesondere aber, wenn nicht hiebreife Bestände eingeschlagen werden müssen (→ BFH vom 11.4.1961 – BStBl III S. 276).

Rotfäule
Kann nur insoweit zu einer Holznutzung infolge höherer Gewalt führen, als sie einen Schaden verursacht, der die Summe der im forstwirtschaftlichen Betrieb des Steuerpflichtigen regelmäßig und üblich anfallenden Schäden mengenmäßig in erheblichem Umfang übersteigt (→ BFH vom 10.10.1963 – BStBl 1964 III S. 119).

→ Erlasse der obersten Finanzbehörden der Länder vom 15.6.1967 (BStBl II S. 197)

207. Nutzungssatz

¹Der Nutzungssatz im Sinne des § 34b Abs. 4 Nr. 1 EStG ist eine steuerliche Bemessungsgrundlage. ²Er muß den Nutzungen entsprechen, die unter Berücksichtigung der vollen jährlichen Ertragsfähigkeit des Waldes in Festmetern objektiv nachhaltig erzielbar sind. ³Maßgebend für die Bemessung des Nutzungssatzes sind nicht die Nutzungen, die nach dem Willen des Betriebsinhabers in einem Zeitraum von zehn Jahren erzielt werden sollen (subjektiver Hiebsatz), sondern die Nutzungen, die unter Berücksichtigung der vollen Ertragsfähigkeit nachhaltig erzielt werden können (objektive Nutzungsmöglichkeit). ⁴Aus diesem Grunde kann sich der Hiebsatz der Forsteinrichtung von dem Nutzungssatz unterscheiden.

Hinweise

Nutzungssatz
→ R 212 Abs. 2

208. Zusammentreffen der verschiedenen Holznutzungsarten

¹Auf den Gesamteinschlag eines Wirtschaftsjahrs sind zunächst die Holznutzungen infolge höherer Gewalt anzurechnen. ²Sind diese Holznutzungen größer als der über den Nutzungssatz hinausgehende Teil des Gesamteinschlags (die Übernutzung), so sind sie insoweit innerhalb des Nutzungssatzes angefallen; in diesem Fall entfallen nachgeholte Nutzungen und außerordentliche Holznutzungen (→ Beispiel A). ³Sind die Holznutzungen infolge höherer Gewalt geringer als die Übernutzung, so sind auf die noch verbleibende Übernutzung die eingesparten Nutzungen der letzten drei Jahre anzurechnen (→ R 205 Abs. 2 und 3); ein danach noch verbleibender Rest der Übernutzung ist insoweit außerordentliche Holznutzung, als die Übernutzung aus wirtschaftlichen Gründen erfolgt ist (→ Beispiel B).

Hinweise

Beispiele

A.

Nutzungssatz	10.000 fm
Gesamtnutzung	15.000 fm

(davon 7.000 fm infolge höherer Gewalt)

Die Holznutzungsarten sind wie folgt zu ermitteln:

Gesamtnutzung	15.000 fm
davon infolge höherer Gewalt	− 7.000 fm
ordentliche Holznutzung	8.000 fm

Die Holznutzungen infolge höherer Gewalt (7.000 fm) übersteigen den über den Nutzungssatz hinausgehenden Teil der Gesamtnutzung (5.000 fm) um 2.000 fm. Sie sind insoweit innerhalb des Nutzungssatzes angefallen.

B.

Nutzungssatz	10.000 fm
Gesamtnutzung	17.000 fm

(davon
- 2.000 fm infolge höherer Gewalt
- 1.000 fm aus wirtschaftlichen Gründen)

Gesamtnutzung in den drei vorangegangenen Wirtschaftsjahren:
1. Wirtschaftsjahr: 8.000 fm
2. Wirtschaftsjahr: 12.000 fm (davon 4.000 fm infolge höherer Gewalt)
3. Wirtschaftsjahr: 9.000 fm

Die Holznutzungsarten sind wie folgt zu ermitteln:

Gesamtnutzung	17.000 fm
davon infolge höherer Gewalt	− 2.000 fm
	15.000 fm
Nutzungssatz	− 10.000 fm
verbleibende Übernutzung	5.000 fm

eingesparte Nutzungen
- im 1. Wirtschaftsjahr 2.000 fm
- im 2. Wirtschaftsjahr − fm
- im 3. Wirtschaftsjahr 1.000 fm

nachgeholte Nutzungen 3.000 fm	− 3.000 fm
verbleiben	2.000 fm
davon außerordentliche Holznutzung	− 1.000 fm
verbleiben	1.000 fm

Die verbleibenden 1.000 fm sind nicht begünstigt, weil diese Nutzung nicht aus wirtschaftlichen Gründen erfolgt ist.

---

209. Berechnung der Einkünfte aus außerordentlichen Holznutzungen, nachgeholten Nutzungen und Holznutzungen infolge höherer Gewalt

(1) [1]Bei der Aufteilung der Erlöse aus den einzelnen Holznutzungsarten ist nicht von den Reinerlösen, sondern von den Roherlösen auszugehen. [2]Die Roherlöse aus den nachgeholten Nutzungen und den außerordentlichen Holznutzungen sind in der Regel mit dem Durchschnittsfestmeterpreis des Gesamteinschlags zu berechnen. [3]Weist der Steuerpflichtige nach, daß er die über den Nutzungssatz hinausgehende Holznutzung ausschließlich in der

Endnutzung geführt hat und hat er in der Buchführung eine einwandfreie Trennung von End- und Vornutzung nach Masse und Wert vorgenommen, so kann der Durchschnittsfestmeterpreis der Endnutzung unterstellt werden. ⁴Sind in dem Gesamteinschlag Holznutzungen infolge höherer Gewalt enthalten, so ist der Erlös aus diesen Holznutzungen vorher abzusetzen (→ Beispiele A und B).

(2) ¹Die Roherlöse der innerhalb des Nutzungssatzes anfallenden Holznutzungen sind um die persönlichen und sachlichen Verwaltungskosten, Grundsteuer und Zwangsbeiträge, soweit sie zu den festen Betriebsausgaben gehören, zu kürzen. ²Fallen innerhalb des Nutzungssatzes neben den ordentlichen Nutzungen auch Holznutzungen infolge höherer Gewalt an, so sind die bezeichneten Betriebsausgaben in dem Verhältnis aufzuteilen, in dem innerhalb des Nutzungssatzes die Roherlöse dieser beiden Nutzungen zueinander stehen. ³Bei Anwendung der Betriebsausgabenpauschale nach § 51 EStDV ist der Pauschsatz von den Einnahmen aus der jeweiligen Holznutzung abzuziehen.

(3) ¹Alle übrigen in Absatz 2 nicht bezeichneten Betriebsausgaben, auch die Zuführungen zur Rücklage nach § 3 Forstschäden-Ausgleichsgesetz, sind anteilmäßig auf die einzelnen Nutzungsarten aufzuteilen. ²Das gilt bei Holznutzungen infolge höherer Gewalt auch insoweit, als diese innerhalb und außerhalb des Nutzungssatzes anfallen (→ Beispiele C und D).

Hinweise

Beispiele
A.

		Roherlös	
		im ganzen	je fm
Nutzungssatz	4.000 fm		
Gesamteinschlag im Wirtschaftsjahr (ohne Holznutzung infolge höherer Gewalt)	6.000 fm	360.000 DM	60 DM

Demnach beträgt der Roherlös aus den über den Nutzungssatz hinausgehenden Holznutzungen:
(6.000 fm − 4.000 fm =) 2.000 fm × 60 DM = 120.000 DM.

B.
Die über den Nutzungssatz hinausgehende Holznutzung ist nachweisbar in der Endnutzung geführt; End- und Vornutzung sind nach Masse und Wert in den Büchern getrennt.

		Roherlös	
		im ganzen	je fm
Nutzungssatz	4.000 fm		
Gesamteinschlag im Wirtschaftsjahr (ohne Holznutzung infolge höherer Gewalt)	− 6.000 fm	360.000 DM	60 DM
Vornutzung	− 1.000 fm	− 30.000 DM	30 DM
Endnutzung	− 5.000 fm	330.000 DM	66 DM

Demnach beträgt der Roherlös aus den über den Nutzungssatz hinausgehenden Holznutzungen:
(6.000 fm − 4.000 fm =) 2.000 fm × 66 DM = 132.000 DM.

§ 34b EStG
H 209

C.

	Gesamt-betrag	davon entfallen auf		
		ordent-liche Holz-nutzun-gen	außer-ordent-liche Holz-nutzun-gen	Holznut-zungen infolge höherer Gewalt
	DM	DM	DM	DM	DM
Roherlös		150.000	100.000	30.000	20.000
Betriebsausgaben 70.000		– 70.000			
davon Betriebsausgaben im Sinne des § 34b Abs. 2 Nr. 1 EStG 25.000			– 25.000		
Die übrigen Betriebsausgaben (§ 34b Abs. 2 Nr. 2 EStG) in Höhe von .... 45.000 sind im Verhältnis 100.000 : 30.000 : 20.000 aufzuteilen			– 30.000	– 9.000	– 6.000
Gewinn		80.000	45.000	21.000	14.000

D.

	Gesamt-betrag	davon entfallen auf		
		ordent-liche Holz-nutzun-gen	Holznutzungen infolge höherer Gewalt, die	
			a) innerhalb des Nut-zungs-satzes anfallen	b) außerhalb des Nut-zungs-satzes anfallen
	DM	DM	DM	DM	DM
Roherlös		150.000	80.000	20.000	50.000
Betriebsausgaben 70.000		– 70.000			
davon Betriebsausgaben im Sinne des § 34b Abs. 2 Nr. 1 EStG .... 25.000 Sie sind aufzuteilen im Verhältnis 80.000 : 20.000			– 20.000	– 5.000	
Die übrigen Betriebsausgaben (§ 34b Abs. 2 Nr. 2 EStG) in Höhe von .... 45.000 sind aufzuteilen im Verhältnis 80.000 : 20.000 : 50.000			– 24.000	– 6.000	– 15.000
Gewinn		80.000	36.000	9.000	35.000

Feste Betriebsausgaben
1. Persönliche Verwaltungskosten
   Dazu gehören z. B. das Gehalt des ständig angestellten Försters und die Gehälter der Angestellten eines Verwaltungsbüros, soweit sie für den forstwirtschaftlichen Betrieb tätig sind.

2. Sachliche Verwaltungskosten

Dazu gehören z. B. Ausgaben für das Verwaltungsbüro (Licht, Heizung, Papier u.ä.).

Dazu gehören z. B. nicht Kultur- und Wegebaukosten.

210. Umfang der steuerbegünstigten Einkünfte

Treffen außerordentliche Einkünfte aus Forstwirtschaft im Sinne des § 34b EStG mit außerordentlichen Einkünften im Sinne des § 34 Abs. 2 EStG zusammen, die verschiedenen ermäßigten Steuersätzen unterliegen, und übersteigen diese Einkünfte das Einkommen, so ist R 197 Abs. 1 anzuwenden.

211. Höhe der Steuersätze

(1) ¹Für die Anwendung der ermäßigten Steuersätze des § 34b Abs. 3 Nr. 1 und 3 EStG gilt R 198 entsprechend. ²*Die betragsmäßige Begrenzung der Anwendung des halben Steuersatzes nach § 34 Abs. 1 Satz 2 EStG gilt nicht für die außerordentlichen Einkünfte aus Forstwirtschaft im Sinne des § 34b EStG.*

(2) ¹Bei vorzeitigen Holznutzungen infolge von Schäden durch militärische Übungen sind dieselben Steuersätze wie für Holznutzungen infolge höherer Gewalt anzuwenden. ²Ersatzleistungen für Schäden, die sich beseitigen lassen, z. B. Schäden an Wegen und Jungpflanzungen, sind nach R 35 zu behandeln.

212. Voraussetzungen für die Anwendung der Vergünstigungen des § 34b EStG

Bestandsvergleich/Minderung der Anschaffungskosten

(1) ¹Die Aktivierung der Anschaffungs- oder Herstellungskosten ist für sich allein noch kein Bestandsvergleich. ²Die Anschaffungs- oder Herstellungskosten eines Waldes müssen dann und in dem Maße zum Abzug zugelassen werden, als der Gewinn durch Abholzung oder Weiterverkauf des stehenden Holzes realisiert wird. ³Es muß sich dabei um wesentliche Teile des aktivierten Waldes handeln, nicht um das Herausschlagen einzelner Bäume, weil der Wald steuerlich nicht als die Summe einzelner Bäume, sondern als wirtschaftlich zusammenhängende Einheit anzusehen ist. ⁴Für Wirtschaftsjahre, die vor dem 1.1.1999 beginnen, können aus Vereinfachungsgründen die aktivierten Anschaffungs- oder Herstellungskosten jedes nach objektiven Kriterien abgrenzbaren Baumbestandes jährlich um 3 v. H. gemindert werden. ⁵Entsprechendes gilt bei der Ermittlung des Gewinns aus forstwirtschaftlichen Nutzungen nach § 4 Abs. 3 EStG, wenn die Anschaffungs- oder Herstellungskosten in das nach § 4 Abs. 3 Satz 5 EStG zu führende Verzeichnis aufzunehmen sind und noch nicht als Betriebsausgaben berücksichtigt wurden. ⁶Werden bei der Ermittlung der Einkünfte aus Land- und Forstwirtschaft die Betriebsausgaben nach § 51 EStDV in Höhe eines Pauschbetrages abgezogen, ist damit auch die genannte Minderung der Anschaffungs- oder Herstellungskosten um 3 v. H. abgegolten. ⁷*Wiederaufforstungskosten stellen – im Gegensatz zu aktivierungspflichtigen Anschaffungs- oder Erstaufforstungskosten – im allgemeinen sofort abzugsfähige Betriebsausgaben dar.*

Betriebsgutachten

(2) ¹*Die amtliche Anerkennung schließt eine Prüfung durch das Finanzamt nicht aus.* ²Aus Vereinfachungsgründen soll bei Betrieben mit weniger als 30 Hektar forstwirtschaftlich genutzter Fläche auf Festsetzung eines Nutzungssatzes durch ein amtlich anerkanntes Betriebsgutachten verzichtet werden. ³In diesen Fällen ist bei der Anwendung des § 34b EStG ein Nutzungssatz (→ R 207) von 4,5 fm ohne Rinde je Hektar zugrunde zu legen.

Nutzungsnachweis

(3) Für den Nutzungsnachweis nach § 34b Abs. 4 Nr. 2 EStG genügt es, die Holznutzungen infolge höherer Gewalt von den übrigen Nutzungen zu trennen.

Steuersätze

(4) ¹Für die Frage, mit welchen Steuersätzen des § 34b EStG die Holznutzungen zu versteuern sind, sind stets die Verhältnisse des Wirtschaftsjahrs maßgebend, in dem das Holz vom Grund und Boden getrennt wird, in dem es also Umlaufvermögen wird. ²Bei Holznutzungen infolge höherer Gewalt wird eine Trennung vom Grund und Boden und damit eine Aktivierungspflicht erst bejaht werden können, wenn das Holz aufbereitet ist. ³Von der Aktivierung eingeschlagenen und unverkauften Kalamitätsholzes kann nach § 4a des Forstschäden-Ausgleichsgesetzes ganz oder teilweise abgesehen werden.

Schätzung

(5) ¹Sind aus der Buchführung Merkmale, die für die Anwendung des § 34b EStG von Bedeutung sind, nicht klar ersichtlich, so sind diese im Wege der Schätzung zu ermitteln. ²Entsprechendes gilt bei nichtbuchführenden Land- und Forstwirten.

Unverzügliche Mitteilung

(6) Die Mitteilung über Schäden infolge höherer Gewalt darf nicht deshalb verzögert werden, weil der Schaden dem Umfang und der Höhe nach noch nicht feststeht.

Hinweise

Anschaffungs- und Herstellungskosten

Aktivierungspflichtig sind Waldanschaffungskosten und Erstaufforstungskosten (→ BFH vom 19.12.1962 – BStBl 1963 III S. 357).

Entstehen von Einkünften aus Forstwirtschaft

1. Gewinnermittlung nach § 4 Abs. 1 EStG:

    Entstehung grundsätzlich in dem Wirtschaftsjahr, in dem das Holz vom Grund und Boden getrennt wird. In diesem Zeitpunkt gehört das Holz – auch wenn es noch nicht aufbereitet ist – zum bewertungspflichtigen Umlaufvermögen und führt zu Einkünften (→ RFH vom 17.11.1943 – RStBl 1944 S. 50).

2. Gewinnermittlung nach § 4 Abs. 3 EStG:

    Entstehung in dem Wirtschaftsjahr, in dem die Holzerlöse vereinnahmt werden.

Kahlschlag

Wird ein erworbener Holzbestand durch Kahlschlag verringert, so mindern die anteiligen Anschaffungskosten den Erlös aus der Veräußerung des Holzes (→ BFH vom 10.11.1994 – BStBl 1995 II S. 779).

V. Steuerermäßigungen

1. Steuerermäßigung bei ausländischen Einkünften

§ 34c

(1) ¹Bei unbeschränkt Steuerpflichtigen, die mit ausländischen Einkünften in dem Staat, aus dem die Einkünfte stammen, zu einer der deutschen Einkommensteuer entsprechenden Steuer herangezogen werden, ist die festgesetzte und gezahlte und keinem Ermäßigungsanspruch mehr unterliegende ausländische Steuer auf die deutsche Einkommensteuer anzurechnen, die auf die Einkünfte aus diesem Staat entfällt. ²Die auf diese ausländischen Einkünfte entfallende deutsche Einkommensteuer ist in der Weise zu ermitteln, daß die sich bei der Veranlagung des zu versteuernden Einkommens – einschließlich der ausländischen Einkünfte – nach den §§ 32a, 32b, 32c, 34 und 34b ergebende deutsche Einkommensteuer im Verhältnis dieser ausländischen Einkünfte zur Summe der Einkünfte aufgeteilt wird. ³Die ausländischen Steuern sind nur insoweit anzurechnen, als sie auf die im Veranlagungszeitraum bezogenen Einkünfte entfallen.

(2) Statt der Anrechnung (Absatz 1) ist die ausländische Steuer auf Antrag bei der Ermittlung der Einkünfte abzuziehen.

(3) Bei unbeschränkt Steuerpflichtigen, bei denen eine ausländische Steuer vom Einkommen nach Absatz 1 nicht angerechnet werden kann, weil die Steuer nicht der deutschen Einkommensteuer entspricht oder nicht in dem Staat erhoben wird, aus dem die Einkünfte stammen, oder weil keine ausländischen Einkünfte vorliegen, ist die festgesetzte und gezahlte und keinem Ermäßigungsanspruch mehr unterliegende ausländische Steuer bei der Ermittlung der Einkünfte abzuziehen, soweit sie auf Einkünfte entfällt, die der deutschen Einkommensteuer unterliegen.[1]

(4) ¹Statt der Anrechnung oder des Abzugs einer ausländischen Steuer (Absätze 1 bis 3) ist bei unbeschränkt Steuerpflichtigen auf Antrag die auf ausländische Einkünfte aus dem Betrieb von Handelsschiffen im internationalen Verkehr entfallende Einkommensteuer nach der Hälfte des durchschnittlichen Steuersatzes zu bemessen, der sich ergäbe, wenn die tarifliche Einkommensteuer nach dem gesamten zu versteuernden Einkommen zuzüglich der dem Progressionsvorbehalt unterliegenden Einkünfte zu bemessen wäre, höchstens jedoch mit 23,5 vom Hundert. ²Handelsschiffe werden im internationalen Verkehr betrieben, wenn eigene oder gecharterte Handelsschiffe, die im Wirtschaftsjahr überwiegend in einem inländischen Seeschiffsregister eingetragen sind und die Flagge der Bundesrepublik Deutschland führen, in diesem Wirtschaftsjahr überwiegend zur Beförderung von Personen und Gütern im Verkehr mit oder zwischen ausländischen Häfen, innerhalb eines ausländischen Hafens oder zwischen einem ausländischen Hafen und der freien See eingesetzt werden. ³Zum Betrieb von Handelsschiffen im internationalen Verkehr gehören auch die Vercharterung von Handelsschiffen für die in Satz 2 bezeichneten Zwecke, wenn die Handelsschiffe vom Vercharterer ausgerüstet worden sind, die mit dem Betrieb und der Vercharterung von Handelsschiffen in unmittelbarem Zusammenhang stehenden Neben- und Hilfsgeschäfte sowie die Veräußerung von im internationalen Verkehr betriebenen Handelsschiffen. ⁴Als ausländische Einkünfte im Sinne des Satzes 1 gelten, wenn ein Gewerbebetrieb ausschließlich den Betrieb von Handelsschiffen im internationalen Verkehr zum Gegenstand hat, 80 vom Hundert des Gewinns dieses Gewerbebetriebs. ⁵Ist Gegenstand eines Gewerbebetriebs nicht ausschließlich der Betrieb von Handelsschiffen im internationalen Verkehr, so gelten 80 vom Hundert des Teils des Gewinns des Gewerbebetriebs, der auf den Betrieb von Handelsschiffen im internationalen Verkehr entfällt, als ausländische Einkünfte im Sinne des Satzes 1; in diesem Fall ist Voraussetzung für die Anwendung des Satzes 1, daß dieser Teil des Gewinns gesondert ermittelt wird. ⁶Die Sätze 1 und 3 bis 5 sind sinngemäß anzuwenden, wenn eigene oder gecharterte Schiffe, die im Wirtschaftsjahr überwiegend in einem inländischen Seeschiffsregister eingetragen sind und die Flagge der Bundesrepublik Deutschland führen, in diesem Wirtschaftsjahr überwiegend außerhalb der deutschen Hoheitsgewässer zur Aufsuchung von Bodenschätzen oder zur Vermessung von Energielagerstätten unter dem Meeresboden eingesetzt werden.

---

[1]) Zur Anwendung → § 52 Abs. 24b EStG in der Fassung des Seeschiffahrtsanpassungsgesetzes.

(5) Die obersten Finanzbehörden der Länder oder die von ihnen beauftragten Finanzbehörden können mit Zustimmung des Bundesministeriums der Finanzen die auf ausländische Einkünfte entfallende deutsche Einkommensteuer ganz oder zum Teil erlassen oder in einem Pauschbetrag festsetzen, wenn es aus volkswirtschaftlichen Gründen zweckmäßig ist oder die Anwendung des Absatzes 1 besonders schwierig ist.[1])[2])

(6) ¹Die Absätze 1 bis 3 sind vorbehaltlich der Sätze 2 und 3 nicht anzuwenden, wenn die Einkünfte aus einem ausländischen Staat stammen, mit dem ein Abkommen zur Vermeidung der Doppelbesteuerung besteht. ²Soweit in einem Abkommen zur Vermeidung der Doppelbesteuerung die Anrechnung einer ausländischen Steuer auf die deutsche Einkommensteuer vorgesehen ist, sind Absatz 1 Satz 2 und 3 und Absatz 2 entsprechend auf die nach dem Abkommen anzurechnende ausländische Steuer anzuwenden; bei nach dem Abkommen als gezahlt geltenden ausländischen Steuerbeträgen ist die Anwendung von Absatz 2 ausgeschlossen. ³Wird bei Einkünften aus einem ausländischen Staat, mit dem ein Abkommen zur Vermeidung der Doppelbesteuerung besteht, nach den Vorschriften dieses Abkommens die Doppelbesteuerung nicht beseitigt oder bezieht sich das Abkommen nicht auf eine Steuer vom Einkommen dieses Staates, so sind die Absätze 1 und 2 entsprechend anzuwenden.[3])

(7) Durch Rechtsverordnung können Vorschriften erlassen werden über
1. die Anrechnung ausländischer Steuern, wenn die ausländischen Einkünfte aus mehreren fremden Staaten stammen,
2. den Nachweis über die Höhe der festgesetzten und gezahlten ausländischen Steuern,
3. die Berücksichtigung ausländischer Steuern, die nachträglich erhoben oder zurückgezahlt werden.

EStDV

§ 68a
Einkünfte aus mehreren ausländischen Staaten

¹Die für die Einkünfte aus einem ausländischen Staat festgesetzte und gezahlte und keinem Ermäßigungsanspruch mehr unterliegende ausländische Steuer ist nur bis zur Höhe der deutschen Steuer anzurechnen, die auf die Einkünfte aus diesem ausländischen Staat entfällt. ²Stammen die Einkünfte aus mehreren ausländischen Staaten, so sind die Höchstbeträge der anrechenbaren ausländischen Steuern für jeden einzelnen ausländischen Staat gesondert zu berechnen.

§ 68b
Nachweis über die Höhe der ausländischen Einkünfte und Steuern

¹Der Steuerpflichtige hat den Nachweis über die Höhe der ausländischen Einkünfte und über die Festsetzung und Zahlung der ausländischen Steuern durch Vorlage entsprechender Urkunden (z. B. Steuerbescheid, Quittung über die Zahlung) zu führen. ²Sind diese Urkunden in einer fremden Sprache abgefaßt, so kann eine beglaubigte Übersetzung in die deutsche Sprache verlangt werden.

§ 68c und 69
– weggefallen –

---

1) Anm.: Pauschalierungserlaß → Anhang 19.
2) Anm.: Auslandstätigkeitserlaß vom 31.10.1983 (BStBl I S. 470) → LStH 125 (Auslandstätigkeitserlaß), Lohnsteuer-Handausgabe.
3) Zur Anwendung → § 52 Abs. 25 EStG.

212a. Ausländische Steuern

Umrechnung ausländischer Steuern

(1) ¹Die nach § 34c Abs. 1 und Abs. 6 EStG auf die deutsche Einkommensteuer anzurechnende oder nach § 34c Abs. 2, 3 und 6 EStG bei der Ermittlung der Einkünfte abzuziehende ausländische Steuer ist nach dem Kurs in Deutsche Mark umzurechnen, der für den Tag der Zahlung der ausländischen Steuer als amtlich festgesetzter Devisenkurs im Bundesanzeiger veröffentlicht worden ist. ²Zur Vereinfachung ist die Umrechnung auch zu den Umsatzsteuer-Umrechnungskursen zulässig, die monatlich im Bundessteuerblatt Teil I veröffentlicht werden.

Zu berücksichtigende ausländische Steuer

(2) ¹Entfällt eine zu berücksichtigende ausländische Steuer auf negative ausländische Einkünfte, die unter das Ausgleichsverbot des § 2a EStG fallen, oder auf die durch die spätere Verrechnung gekürzten positiven ausländischen Einkünfte, so ist sie im Rahmen des Höchstbetrags (→ R 212b) nach § 34c Abs. 1 EStG anzurechnen oder auf Antrag nach § 34c Abs. 2 EStG bei der Ermittlung der Einkünfte abzuziehen. ²Bei Abzug erhöhen sich die – im VZ nicht ausgleichsfähigen – negativen ausländischen Einkünfte.

Hinweise

Anrechnung ausländischer Steuern bei Bestehen von Doppelbesteuerungsabkommen
→ H 212d (Anrechnung)

Festsetzung ausländischer Steuern
Keine fehlende Festsetzung im Sinne des § 34c Abs. 1 EStG bei einer Anmeldungssteuer. Anrechnung solcher Steuern hängt von einer hinreichend klaren Bescheinigung des Anmeldenden über die Höhe der für den Steuerpflichtigen abgeführten Steuer ab (→ BFH vom 5.2.1992 – BStBl II S. 607).

Nichtanrechenbare ausländische Steuern
→ § 34c Abs. 3 EStG

Verzeichnis ausländischer Steuern, die der deutschen Einkommensteuer entsprechen
→ § 34c Abs. 1 EStG
→ Anlage 8; Entsprechung nicht aufgeführter ausländischer Steuern mit der deutschen Einkommensteuer wird erforderlichenfalls vom Bundesministerium der Finanzen festgestellt.

212b. Ermittlung des Höchstbetrags für die Steueranrechnung

¹Bei der Ermittlung des Höchstbetrags nach § 34c Abs. 1 Satz 2 EStG bleiben ausländische Einkünfte, die nach § 34c Abs. 5 EStG pauschal besteuert werden, und die Pauschsteuer außer Betracht; dies gilt nicht für Einkünfte, für die eine Tarifermäßigung nach § 34c Abs. 4 in Verbindung mit § 34 EStG gewährt wird. ²Die ausländischen Einkünfte sind für die deutsche Besteuerung unabhängig von der Einkunftsermittlung des ausländischen Staates nach den Vorschriften des deutschen Einkommensteuergesetzes zu ermitteln. ³Dabei sind alle Betriebsausgaben und Werbungskosten zu berücksichtigen, die mit den im Ausland erzielten Einnahmen in wirtschaftlichem Zusammenhang stehen. ⁴Der Sparer-Freibetrag wird insoweit abgezogen, als er auf die ausländischen Einkünfte (jeweils getrennt nach Staaten) entfällt. ⁵Bei zusammenveranlagten Ehegatten (→ § 26b EStG) ist für die Ermittlung des Höchstbetrags eine einheitliche Summe der Einkünfte zu bilden. ⁶Haben zusammenveranlagte Ehegatten ausländische Einkünfte aus demselben Staat bezogen, so sind für die nach § 68a EStDV für jeden einzelnen ausländischen Staat gesondert durchzuführende Höchstbetragsberechnung der anrechenbaren ausländischen Steuern die Einkünfte und anrechenbare Steuern der Ehegatten aus diesem Staat zusammenzurechnen.

§ 34c EStG
H 212b

Hinweise

Anrechnung (bei)

- **abweichender ausländischer Bemessungsgrundlage**
  Keinen Einfluß auf die Höchstbetragsberechnung, wenn Einkünfteidentität dem Grunde nach besteht (→ BFH vom 2.2.1994, Leitsatz 8 – BStBl II S. 727).
- **abweichender ausländischer Steuerperiode möglich** → BFH vom 4.6.1991 (BStBl 1992 II S. 187).
- **schweizerischer Steuern bei sog. Pränumerando-Besteuerung** mit Vergangenheitsbemessung → BFH vom 31.7.1991 (BStBl II S. 922).
- **schweizerischer Abzugssteuern bei Grenzgängern**
  § 34c EStG nicht einschlägig. Die Anrechnung erfolgt in diesen Fällen entsprechend § 36 EStG (→ Artikel 15a Abs. 3 DBA Schweiz).

Ermittlung des Höchstbetrags für die Steueranrechnung

Beispiel

Ein verheirateter, über 64 Jahre alter Steuerpflichtiger hat

Einkünfte aus Gewerbebetrieb	100.000 DM
andere Einkünfte	5.300 DM
Sonderausgaben und Freibeträge	4.320 DM

In den Einkünften aus Gewerbebetrieb sind Darlehnszinsen von einem ausländischen Schuldner im Betrag von 20.000 DM enthalten, für die im Ausland eine Einkommensteuer von 2.500 DM gezahlt werden mußte. Nach Abzug der hierauf entfallenden Betriebsausgaben einschließlich Refinanzierungskosten betragen die ausländischen Einkünfte 6.500 DM. Die auf die ausländischen Einkünfte entfallende anteilige deutsche Einkommensteuer ist wie folgt zu ermitteln:

Summe der Einkünfte (100.000 DM + 5.300 DM =)	105.300 DM
Altersentlastungsbetrag	− 3.720 DM
Gesamtbetrag der Einkünfte	101.580 DM
Sonderausgaben und Freibeträge	− 4.320 DM
zu versteuerndes Einkommen	97.260 DM
Einkommensteuer nach der Splittingtabelle **1998**	21.**198** DM

anteilige Steuer
= (21.**198** × 6.500) : 105.300
= **1.308,52** DM, aufgerundet .... **1.309** DM

Nur bis zu diesem Betrag kann die ausländische Steuer angerechnet werden.

Negative ausländische Einkünfte

Bei der Ermittlung des Höchstbetrags ist § 2a Abs. 1 und 2 EStG sowohl im Jahr des Entstehens von Verlusten als auch in den Jahren späterer Verrechnung zu beachten.

Pro-Staat-Begrenzung

Auch bei Bestehen eines DBA sind alle anrechnungsfähigen Steuern des jeweils anderen Staates zusammengefaßt anzurechnen, die auf die gesamte Einkünfte aus diesem Staat entfallen, bei denen die Doppelbesteuerung durch Steueranrechnung zu beheben ist.

Bei der Anwendung des § 34c Abs. 1 Satz 2 EStG sind auch solche aus dem Ausland stammenden Einkünfte einzubeziehen, die im Ausland keiner Besteuerung unterlegen haben.

→ BFH vom 20.12.1995 – BStBl 1996 II S. 261

212c. Antragsgebundener Abzug ausländischer Steuern

¹Das Antragsrecht auf Abzug ausländischer Steuern bei der Ermittlung der Einkünfte nach § 34c Abs. 2 EStG muß für die gesamten Einkünfte und Steuern aus demselben Staat einheitlich ausgeübt werden. ²Zusammenveranlagte Ehegatten müssen das Antragsrecht nach § 34c Abs. 2 EStG für ausländische Steuern auf Einkünfte aus demselben Staat nicht einheitlich ausüben. ³Werden Einkünfte gesondert festgestellt, ist über den Steuerabzug im Feststellungsverfahren zu entscheiden. ⁴Der Antrag ist grundsätzlich in der Feststellungserklärung zu stellen. ⁵In Fällen der gesonderten und einheitlichen Feststellung kann jeder Beteiligte einen Antrag stellen. ⁶Hat ein Steuerpflichtiger in einem VZ neben den festzustellenden Einkünften andere ausländische Einkünfte aus demselben Staat als Einzelperson und/oder als Beteiligter bezogen, so ist die Ausübung oder Nichtausübung des Antragsrechts in der zuerst beim zuständigen Finanzamt eingegangenen Feststellungs- oder Steuererklärung maßgebend. ⁷Bis zur Unanfechtbarkeit des in diesem Verfahren ergangenen Bescheids kann der Antrag nachgeholt oder zurückgenommen werden.

Hinweise

Nachträgliche Kenntnis eines gestellten Antrags

Erlangt ein Finanzamt von dem zuerst gestellten Antrag Kenntnis, nachdem es einen anderen Feststellungs- bzw. den Steuerbescheid erlassen hat, ist dieser nach § 173 AO wegen neuer Tatsache zu ändern.

Nachholung eines Antrags

Ausgenommen ist das Revisionsverfahren, da der Antrag als tatsächliches Vorbringen zu werten ist.

→ § 118 Abs. 2 FGO

→ BFH vom 3.5.1957 (BStBl III S. 227)

Die Nachholung eines Antrags ist auch möglich, soweit die Bestandskraft des Bescheids nach den §§ 164, 165 oder 172 ff. AO durchbrochen werden kann. Bei Nachholung eines Antrags ist ein anderer Feststellungsbescheid bzw. der Steuerbescheid nach § 175 Abs. 1 Nr. 2 AO anzupassen (rückwirkendes Ereignis).

Rücknahme eines Antrags

Die Hinweise zu → Nachholung eines Antrags gelten entsprechend.

212d. Bestehen von Doppelbesteuerungsabkommen

Sieht ein DBA die Anrechnung ausländischer Steuern vor, so kann dennoch auf Antrag der nach innerstaatlichem Recht wahlweise eingeräumte Abzug der ausländischen Steuern bei der Ermittlung der Einkünfte beansprucht werden.

Hinweise

Doppelbesteuerung
→ Stand der DBA

Anrechnung

Die nach einem DBA anzurechnende ausländische Steuer (§ 34c Abs. 6 Satz 2 EStG) ergibt sich grundsätzlich aus den Vorschriften des jeweiligen DBA. Nach diesen Vorschriften ist regelmäßig die in Übereinstimmung mit dem Abkommen erhobene und nicht zu erstattende ausländische Steuer anzurechnen. Bei Dividenden, Zinsen und Lizenzgebühren sind das

§ 34c EStG
R 212e, 212f   H 212d, 212e

hiernach die nach den vereinbarten Quellensteuersätzen erhobenen Quellensteuern, die der ausländische Staat als Quellenstaat auf diese Einkünfte erheben darf. Nur diese Steuern sind in Übereinstimmung mit dem jeweiligen Abkommen erhoben und nicht zu erstatten. Dies gilt auch dann, wenn eine darüber hinausgehende ausländische Steuer wegen Ablaufs der Erstattungsfrist im ausländischen Staat nicht mehr erstattet werden kann (→ BFH vom 15.3.1995 – BStBl II S. 580).

Anrechnung ausländischer Steuern bei Zinseinkünften unter Berücksichtigung von Stückzinsen

→ BMF vom 8.10.1996 (BStBl I S. 1190)

Avoir fiscal

→ BMF vom 25.3.1988 (BStBl I S. 136)

Nachweis über das Vorliegen der Voraussetzungen für die Anrechnung fiktiver Quellensteuern bei ausländischen Zinseinkünften nach Doppelbesteuerungsabkommen → BMF vom 12.5.1998 (BStBl I S. 554).

R 212e

212e. Zusammenrechnung der Einkünfte zusammenveranlagter Ehegatten bei der Steuerermäßigung nach § 34c Abs. 4 EStG

S 2293

Bei der Zusammenveranlagung ist die Steuerermäßigung auf den Saldo der von beiden Ehegatten erzielten Einkünfte im Sinne des § 34c Abs. 4 EStG anzuwenden.

H 212e

Hinweise

Anwendbarkeit des § 34c Abs. 4 EStG, wenn Handelsschiffahrt im internationalen Verkehr noch nicht oder nicht mehr betrieben wird

→ OFD Kiel vom 10.4.1997 (FR 1997 S. 743)

Ausgleich von Verlusten aus dem Betrieb von Handelsschiffen im internationalen Verkehr

Verluste aus dem Betrieb von Handelsschiffen im internationalen Verkehr im Sinne des § 34c Abs. 4 EStG sind vorrangig mit den Gewinnen aus dem Betrieb von Handelsschiffen im internationalen Verkehr auszugleichen (→ BFH vom 8.2.1995 – BStBl II S. 692).

Gesonderte Feststellung

Verluste nach § 34c Abs. 4 EStG sind gesondert festzustellen (→ BFH vom 8.2.1995 – BStBl II S. 692).

Steuerermäßigung für ausländische Einkünfte aus dem Betrieb von Handelsschiffen im internationalen Verkehr

→ BMF vom 5.4.1976 (BStBl I S. 261)

R 212f

212f.

– unbesetzt –

§ 34d
Ausländische Einkünfte

Ausländische Einkünfte im Sinne des § 34c Abs. 1 bis 5 sind
1. Einkünfte aus einer in einem ausländischen Staat betriebenen Land- und Forstwirtschaft (§§ 13 und 14) und Einkünfte der in den Nummern 3, 4, 6, 7 und 8 Buchstabe c genannten Art, soweit sie zu den Einkünften aus Land- und Forstwirtschaft gehören;
2. Einkünfte aus Gewerbebetrieb (§§ 15 und 16),
    a) die durch eine in einem ausländischen Staat belegene Betriebsstätte oder durch einen in einem ausländischen Staat tätigen ständigen Vertreter erzielt werden, und Einkünfte der in den Nummern 3, 4, 6, 7 und 8 Buchstabe c genannten Art, soweit sie zu den Einkünften aus Gewerbebetrieb gehören,
    b) die aus Bürgschafts- und Avalprovisionen erzielt werden, wenn der Schuldner Wohnsitz, Geschäftsleitung oder Sitz in einem ausländischen Staat hat, oder
    c) die durch den Betrieb eigener oder gecharterter Seeschiffe oder Luftfahrzeuge aus Beförderungen zwischen ausländischen oder von ausländischen zu inländischen Häfen erzielt werden, einschließlich der Einkünfte aus anderen mit solchen Beförderungen zusammenhängenden, sich auf das Ausland erstreckenden Beförderungsleistungen;
3. Einkünfte aus selbständiger Arbeit (§ 18), die in einem ausländischen Staat ausgeübt oder verwertet wird oder worden ist, und Einkünfte der in den Nummern 4, 6, 7 und 8 Buchstabe c genannten Art, soweit sie zu den Einkünften aus selbständiger Arbeit gehören;
4. Einkünfte aus der Veräußerung von
    a) Wirtschaftsgütern, die zum Anlagevermögen eines Betriebs gehören, wenn die Wirtschaftsgüter in einem ausländischen Staat belegen sind,
    b) Anteilen an Kapitalgesellschaften, wenn die Gesellschaft Geschäftsleitung oder Sitz in einem ausländischen Staat hat;
5. ¹Einkünfte aus nichtselbständiger Arbeit (§ 19), die in einem ausländischen Staat ausgeübt oder, ohne im Inland ausgeübt zu werden oder worden zu sein, in einem ausländischen Staat verwertet wird oder worden ist, und Einkünfte, die von ausländischen öffentlichen Kassen mit Rücksicht auf ein gegenwärtiges oder früheres Dienstverhältnis gewährt werden. ²Einkünfte, die von inländischen öffentlichen Kassen einschließlich der Kassen der Deutschen Bundesbahn und der Deutschen Bundesbank mit Rücksicht auf ein gegenwärtiges oder früheres Dienstverhältnis gewährt werden, gelten auch dann als inländische Einkünfte, wenn die Tätigkeit in einem ausländischen Staat ausgeübt wird oder worden ist;
6. Einkünfte aus Kapitalvermögen (§ 20), wenn der Schuldner Wohnsitz, Geschäftsleitung oder Sitz in einem ausländischen Staat hat oder das Kapitalvermögen durch ausländischen Grundbesitz gesichert ist;
7. Einkünfte aus Vermietung und Verpachtung (§ 21), soweit das unbewegliche Vermögen oder die Sachinbegriffe in einem ausländischen Staat belegen oder die Rechte zur Nutzung in einem ausländischen Staat überlassen worden sind;
8. sonstige Einkünfte im Sinne des § 22, wenn
    a) der zur Leistung der wiederkehrenden Bezüge Verpflichtete Wohnsitz, Geschäftsleitung oder Sitz in einem ausländischen Staat hat,
    b) bei Spekulationsgeschäften die veräußerten Wirtschaftsgüter in einem ausländischen Staat belegen sind,
    c) bei Einkünften aus Leistungen einschließlich der Einkünfte aus Leistungen im Sinne des § 49 Abs. 1 Nr. 9 der zur Vergütung der Leistung Verpflichtete Wohnsitz, Geschäftsleitung oder Sitz in einem ausländischen Staat hat.

212g. Nachträgliche Einkünfte aus Gewerbebetrieb

– unbesetzt –

Hinweise

Ausländische Einkünfte aus Gewerbebetrieb, die durch eine in einem ausländischen Staat belegene Betriebsstätte erzielt worden sind, liegen auch dann vor, wenn der Steuerpflichtige im Zeitpunkt der steuerlichen Erfassung dieser Einkünfte die Betriebsstätte nicht mehr unterhält. Voraussetzung ist, daß die betriebliche Leistung, die den nachträglichen Einkünften zugrunde liegt, von der ausländischen Betriebsstätte während der Zeit ihres Bestehens erbracht worden ist.

→ § 34d Nr. 2 Buchstabe a EStG

→ BFH vom 15.7.1964 (BStBl III S. 551)

→ BFH vom 12.10.1978 (BStBl 1979 II S. 64)

→ BFH vom 16.7.1969 (BStBl 1970 II S. 56); dieses Urteil ist nur im Sinne der vorzitierten Rechtsprechung zu verstehen.

2. Steuerermäßigung bei Einkünften aus Land- und Forstwirtschaft

§ 34e

(1) ¹Die tarifliche Einkommensteuer ermäßigt sich vorbehaltlich des Absatzes 2 um die Einkommensteuer, die auf den Gewinn des Veranlagungszeitraums aus einem land- und forstwirtschaftlichen Betrieb entfällt, höchstens jedoch um 2.000 Deutsche Mark, wenn der Gewinn des im Veranlagungszeitraum beginnenden Wirtschaftsjahrs weder geschätzt noch nach § 13a ermittelt worden ist und den Betrag von 50.000 Deutsche Mark nicht übersteigt. ²Beträgt der Gewinn mehr als 50.000 Deutsche Mark, so vermindert sich der Höchstbetrag für die Steuerermäßigung um 20 vom Hundert des Betrags, um den der Gewinn den Betrag von 50.000 Deutsche Mark übersteigt. ³Sind an einem solchen land- und forstwirtschaftlichen Betrieb mehrere Steuerpflichtige beteiligt, so ist der Höchstbetrag für die Steuerermäßigung auf die Beteiligten nach ihrem Beteiligungsverhältnis aufzuteilen. ⁴Die Anteile der Beteiligten an dem Höchstbetrag für die Steuerermäßigung sind gesondert festzustellen (§ 179 Abgabenordnung).

(2) ¹Die Steuerermäßigung darf beim Steuerpflichtigen nicht mehr als insgesamt 2.000¹⁾ Deutsche Mark betragen. ²Die auf den Gewinn des Veranlagungszeitraums nach Absatz 1 Satz 1 entfallende Einkommensteuer bemißt sich nach dem durchschnittlichen Steuersatz der tariflichen Einkommensteuer; dabei ist dieser Gewinn um den Teil des Freibetrags nach § 13 Abs. 3 zu kürzen, der dem Verhältnis des Gewinns zu den Einkünften des Steuer-

---

¹) Anm.: Durch das Steuerentlastungsgesetz 1999/2000/2002 wurde mit Wirkung ab dem VZ 1999
 – Absatz 1 wie folgt gefaßt: „(1) ¹Die tarifliche Einkommensteuer ermäßigt sich in den Veranlagungszeiträumen 1999 und 2000 vorbehaltlich des Absatzes 2 um die Einkommensteuer, die auf den Gewinn dieser Veranlagungszeiträume aus einem land- und forstwirtschaftlichen Betrieb entfällt, höchstens jedoch um 1.000 Deutsche Mark, wenn der Gewinn der in diesen Veranlagungszeiträumen beginnenden Wirtschaftsjahre weder geschätzt noch nach § 13 ermittelt worden ist und den Betrag von 40.000 Deutsche Mark nicht übersteigt. ²Beträgt der Gewinn mehr als 40.000 Deutsche Mark, so vermindert sich der Höchstbetrag für die Steuerermäßigung um 10 vom Hundert des Betrags, um den der Gewinn den Betrag von 40.000 Deutsche Mark übersteigt. ³Sind an einem solchen land- und forstwirtschaftlichen Betrieb mehrere Steuerpflichtige beteiligt, so ist der Höchstbetrag für die Steuerermäßigung auf die Beteiligten nach ihrem Beteiligungsverhältnis aufzuteilen. ⁴Die Anteile der Beteiligten an dem Höchstbetrag für die Steuerermäßigung sind gesondert festzustellen (§ 179 Abgabenordnung)."
 – der Betrag von „2.000" in Absatz 2 Satz 1 durch den Betrag „1.000" ersetzt.

pflichtigen aus Land- und Forstwirtschaft vor Abzug des Freibetrags entspricht. ³Werden Ehegatten nach den §§ 26, 26b zusammen veranlagt, wird die Steuerermäßigung jedem der Ehegatten gewährt, soweit sie Inhaber oder Mitinhaber verschiedener land- und forstwirtschaftlicher Betriebe im Sinne des Absatzes 1 Satz 1 sind.

213. Steuerermäßigung bei Einkünften aus Land- und Forstwirtschaft

Abweichendes Wirtschaftsjahr

(1) Bei abweichendem Wirtschaftsjahr wird die Steuerermäßigung für den Gewinn aus Land- und Forstwirtschaft dieses Betriebs im VZ (§ 4a Abs. 2 Nr. 1 EStG) unabhängig davon berücksichtigt, welche Gewinnermittlungsart in dem im VZ **endenden** Wirtschaftsjahr angewendet worden ist und wie hoch der Gewinn dieses Wirtschaftsjahrs ist.

Im VZ beginnendes Wirtschaftsjahr

(2) Beginnt in dem VZ kein Wirtschaftsjahr, z. B. wegen Betriebsaufgabe vor dem 1.7., so ist auf das in dem VZ endende Wirtschaftsjahr abzustellen.

Durchschnittlicher Steuersatz *und Berechnung der Steuerermäßigung*

(3) ¹Bei der Ermittlung des durchschnittlichen Steuersatzes ist das zu versteuernde Einkommen auf den Stufeneingangsbetrag der Tabellenstufe der maßgebenden Einkommensteuertabelle abzurunden. ²Der durchschnittliche Steuersatz ist auf zwei Dezimalstellen abzurunden. ³Er ist auf den um den Freibetrag nach § 13 Abs. 3 EStG geminderten Gewinn aus Land- und Forstwirtschaft des Betriebs anzuwenden, der die Voraussetzungen des § 34e Abs. 1 EStG erfüllt. *⁴Beim Ansatz des zu versteuernden Einkommens sind außerordentliche Einkünfte im Sinne der §§ 34, 34b EStG einzubeziehen; dem Progressionsvorbehalt nach § 32b EStG unterliegende steuerfreie Einkünfte sind dagegen nicht zu berücksichtigen.*

Aufteilung des Freibetrags nach § 13 Abs. 3 EStG

(4) ¹Ist der Steuerpflichtige oder sind die zusammenveranlagten Ehegatten Inhaber oder Mitinhaber mehrerer land- und forstwirtschaftlicher Betriebe, so ist der Freibetrag nach § 13 Abs. 3 EStG zur Berechnung der Steuerermäßigung nach Maßgabe des § 34e Abs. 2 Satz 2 EStG auf die Gewinne der einzelnen Betriebe aufzuteilen. ²Die nach § 34e Abs. 1 EStG begünstigten Gewinne sind jeweils um den Teil des Freibetrags nach § 13 Abs. 3 EStG zu kürzen, der dem Verhältnis jedes begünstigten Gewinns zu den gesamten Einkünften aus Land- und Forstwirtschaft entspricht. ³Eine Aufteilung des Freibetrags nach § 13 Abs. 3 EStG ist auch vorzunehmen, wenn der Steuerpflichtige neben begünstigten Gewinnen einen nicht zu berücksichtigenden Veräußerungsgewinn erzielt. ⁴Land- und forstwirtschaftliche Betriebe mit Verlusten bleiben bei dieser Verhältnisrechnung aus Vereinfachungsgründen unberücksichtigt.

Schätzung; pauschalierte Betriebsausgaben

(5) ¹Im Rahmen einer Gewinnermittlung nach § 4 Abs. 3 EStG können bestimmte Betriebsausgaben durch den Ansatz von Pauschbeträgen vor allem im Weinbau, aber auch im Obst-, Gemüse-, Tabak-, Hopfen- und Spargelbau berücksichtigt werden. ²Die pauschalierte Berücksichtigung von Betriebsausgaben stellt für die betroffenen Landwirte eine Aufzeichnungserleichterung dar, die keine Schätzung im Sinne des § 34e EStG ist.

Personenbezogener Höchstbetrag bei Ehegatten im Fall der Zusammenveranlagung

(6) ¹Sind beide Ehegatten an nur einem land- und forstwirtschaftlichen Betrieb im Sinne des § 34e Abs. 1 EStG zusammen mit 100 v. H. beteiligt, so ist die Steuerermäßigung auf den Höchstbetrag von 2.000 DM begrenzt. ²Sind beide Ehegatten Inhaber oder Mitinhaber von mehr als einem land- und forstwirtschaftlichen Betrieb mit begünstigten Gewinnen im Sinne des § 34e Abs. 1 EStG, so kann jeder Ehegatte die Steuerermäßigung bis zu dem für ihn maßgebenden Höchstbetrag in Anspruch nehmen. ³Der Höchstbetrag der Steuerermäßigung beträgt in diesem Fall 2.000 DM je Ehegatte. ⁴Der von einem Ehegatten als Inhaber oder Mit-

§ 34e EStG
R 213   H 213

inhaber eines land- und forstwirtschaftlichen Betriebs nicht ausgeschöpfte Teil der Steuerermäßigung kann nicht auf den anderen Ehegatten übertragen werden.

H 213 **Hinweise**

Allgemeines

Nach den BFH-Urteilen vom 23.2.1989 (BStBl II S. 709) und vom 7.9.1989 (BStBl II S. 975) kommt die Anwendung des § 34e EStG nur insoweit in Betracht, als z. B. bei lebenden Betrieben die Gewinne nach § 13a EStG einerseits und die Gewinne nach den allgemeinen Gewinnermittlungsvorschriften andererseits zu einer unterschiedlichen Belastung führen. Kommt dagegen eine Gewinnermittlung nach § 13a EStG unter keinen Umständen in Betracht, z. B. bei Verpachtung des ganzen Betriebes, bei Veräußerungsgewinnen nach den §§ 14, 14a Abs. 1 bis 3 EStG oder bei nachträglichen Einkünften im Sinne des § 24 Nr. 2 EStG, kann die Steuerermäßigung nach § 34e EStG nicht gewährt werden.

Kann unter Berücksichtigung dieser Grundsätze eine Steuerermäßigung in Betracht kommen, erfolgt die Prüfung der weiteren Voraussetzungen in zwei Stufen:

a) **Betriebsbezogene Gewinngrenze**

Zunächst ist in der betriebsbezogenen Stufe die Zulässigkeit der Steuerermäßigung für den Gewinn aus einem bestimmten land- und forstwirtschaftlichen Betrieb zu prüfen. Die Steuerermäßigung setzt voraus, daß der Gewinn des Betriebs in dem in dem betreffenden VZ beginnenden Wirtschaftsjahr weder geschätzt noch nach § 13a EStG ermittelt wurde und 50.000 DM bzw. 60.000 DM nicht übersteigt (→ Begünstigungsgrenze). Bei mehreren Beteiligten sind außerdem die betragsmäßigen Anteile am jeweiligen betriebsbezogenen Höchstbetrag von 2.000 DM festzustellen.

b) **Personenbezogene Berechnung der Steuerermäßigung**

In der personenbezogenen zweiten Stufe sind aber die für den Steuerpflichtigen in Betracht kommenden Gewinne oder Gewinnanteile aus Land- und Forstwirtschaft festzustellen und anschließend die Einkommensteuer, die anteilsmäßig auf diese Gewinne oder Gewinnanteile entfällt, um die zulässige Steuerermäßigung, höchstens um 2.000 DM, zu kürzen (→ Berechnung der Steuerermäßigung).

Aufteilung des Freibetrags nach § 13 Abs. 3 EStG

Beispiele:

Zusammenzuveranlagende Ehegatten haben im VZ folgende Einkünfte aus Land- und Forstwirtschaft erzielt:

Ehemann aus einem Einzelbetrieb
mit Gewinnermittlung nach § 4 Abs. 1 EStG .... 28.800 DM,
die unter die begünstigten Einkünfte im
Sinne des § 34e Abs. 1 EStG fallen.
Ehefrau als Mitinhaberin eines Betriebes
mit Gewinnermittlung nach § 13a EStG .... 7.200 DM,
Einkünfte aus Land- und Forstwirtschaft .... 36.000 DM.

Zur Berechnung der begünstigten Einkünfte im Sinne des § 34e EStG ist der Freibetrag nach § 13 Abs. 3 EStG im Verhältnis von 28.800 DM zu 36.000 DM (= 80:100) aufzuteilen. Danach ist der Gewinn des landwirtschaftlichen Betriebs des Ehemanns um 80 v. H. aus 4.000 DM = 3.200 DM zu kürzen. Der Berechnung der Steuerermäßigung sind die begünstigten land- und forstwirtschaftlichen Einkünfte mit (28.800 DM − 3.200 DM =) 25.600 DM zugrunde zu legen. Hat der Ehemann zusätzlich als Mitinhaber eines weiteren landwirtschaftlichen Betriebs einen Verlust von 3.000 DM im VZ erzielt, wird die Verhältnisrechnung im Beispiel und damit der Kürzungsbetrag der begünstigten Einkünfte davon nicht berührt.

Begünstigungsgrenze (50.000/60.000 DM)

Bei der Berechnung sind:
– Veräußerungsgewinne im Sinne der §§ 14, 14a Abs. 1 bis 3 EStG unberücksichtigt zu lassen (→ BFH vom 23.2.1989 – BStBl II S. 709);

- Gewinne aus der Veräußerung oder Entnahme nach § 14a Abs. 4 und 5 EStG, soweit sie steuerpflichtig sind, einzubeziehen;
- Übergangsgewinne, die beim Wechsel der Gewinnermittlungsart entstehen, anteilig dem Gewinn der Verteilungsjahre zuzurechnen (→ BFH vom 1.2.1990 – BStBl II S. 495).

Berechnung der Steuerermäßigung
Bei Feststellung der für den Steuerpflichtigen in Betracht kommenden Gewinne oder Gewinnanteile aus Land- und Forstwirtschaft sind Veräußerungsgewinne im Sinne der §§ 14, 14a Abs. 1 bis 3, §§ 16, 34 EStG unberücksichtigt zu lassen (→ BFH vom 23.2.1989 – BStBl II S. 709).

Beispiele:
Ein Landwirt bewirtschaftet einen landwirtschaftlichen Betrieb mit einem Ausgangswert (§ 13a Abs. 4 EStG) von 36.000 DM. Er ist nach einem Hinweis auf den Wegfall der Voraussetzungen des § 13a Abs. 1 Satz 1 EStG durch die Finanzbehörde deshalb ab 1.7.03 zur Gewinnermittlung nach § 4 Abs. 3 EStG übergegangen. Der Gewinn aus Land- und Forstwirtschaft beträgt

im Wirtschaftsjahr 02/03 nach § 13a EStG	22.000 DM
im Wirtschaftsjahr 03/04 nach § 4 Abs. 3 EStG	32.000 DM

Der Steuerpflichtige und seine Ehefrau werden zusammen veranlagt.
Bei der Veranlagung für den VZ 03 sind folgende Einkünfte und Abzugsbeträge anzusetzen:

Ehemann
Einkünfte aus Land- und Forstwirtschaft

anteiliger Gewinn 02/03	11.000 DM
anteiliger Gewinn 03/04	16.000 DM
insgesamt	27.000 DM
Einkünfte aus Kapitalvermögen	+ 2.000 DM
Ehefrau	
Einkünfte aus nichtselbständiger Arbeit	+ 17.000 DM
Summe der Einkünfte	46.000 DM
Freibetrag nach § 13 Abs. 3	− 4.000 DM
Gesamtbetrag der Einkünfte	42.000 DM
Sonderausgaben und Abzugsbeträge nach § 33a EStG	− 5.950 DM
zu versteuerndes Einkommen	36.050 DM
ESt nach der Splittingtabelle	4.994 DM
tarifliche ESt	4.994 DM

Das zu versteuernde Einkommen ist auf den Stufeneingangsbetrag der maßgebenden Einkommensteuertabelle von 35.964 DM abzurunden.
Der durchschnittliche Steuersatz beträgt
4.994/35.964 = (abgerundet) 13,88 v. H.
Die Steuerermäßigung wird für die begünstigten Einkünfte (§ 34e Abs. 1 EStG) im VZ 03 von (27.000 DM − 4.000 DM Freibetrag nach § 13 Abs. 3 EStG =) 23.000 DM gewährt.
Steuerermäßigung nach § 34e EStG:

13,88 v. H. von 23.000 DM =	3.192 DM
höchstens	2.000 DM

Mitunternehmerschaft
Bei Mitunternehmerschaften erfolgt die Aufteilung der Höchstbeträge der Steuerermäßigung des § 34e EStG nach dem vereinbarten Gewinnverteilungsschlüssel (§ 34e Abs. 1 Satz 2 EStG). Vorabgewinne und Ergebnisse aus dem Sonderbetriebsvermögen bleiben danach außer Betracht (→ BFH vom 8.12.1994 – BStBl 1995 II S. 376). Bei einem Gesellschafterwechsel im Feststellungszeitraum ist der Höchstbetrag nach § 34e EStG zeitanteilig nach dem Beteiligungsverhältnis aufzuteilen (→ BFH vom 14.3.1996 – BStBl II S. 469).

2a. Steuerermäßigung für Steuerpflichtige mit Kindern bei Inanspruchnahme erhöhter Absetzungen für Wohngebäude oder der Steuerbegünstigungen für eigengenutztes Wohneigentum

EStG
S 2293c

§ 34f[1])

(1) ¹Bei Steuerpflichtigen, die erhöhte Absetzungen nach § 7b oder nach § 15 des Berlinförderungsgesetzes in Anspruch nehmen, ermäßigt sich die tarifliche Einkommensteuer, vermindert um die sonstigen Steuerermäßigungen mit Ausnahme der §§ 34g und 35, auf Antrag um je 600 Deutsche Mark für das zweite und jedes weitere Kind des Steuerpflichtigen oder seines Ehegatten. ²Voraussetzung ist,

1. daß der Steuerpflichtige das Objekt, bei einem Zweifamilienhaus mindestens eine Wohnung, zu eigenen Wohnzwecken nutzt oder wegen des Wechsels des Arbeitsortes nicht zu eigenen Wohnzwecken nutzen kann und
2. daß es sich einschließlich des ersten Kindes um Kinder im Sinne des § 32 Abs. 1 bis 5 oder 6 Satz 6 handelt, die zum Haushalt des Steuerpflichtigen gehören oder in dem für die erhöhten Absetzungen maßgebenden Begünstigungszeitraum gehört haben, wenn diese Zugehörigkeit auf Dauer angelegt ist oder war.

(2) ¹Bei Steuerpflichtigen, die die Steuerbegünstigung nach § 10e Abs. 1 bis 5 oder nach § 15b des Berlinförderungsgesetzes in Anspruch nehmen, ermäßigt sich die tarifliche Einkommensteuer, vermindert um die sonstigen Steuerermäßigungen mit Ausnahme der §§ 34g und 35, auf Antrag um je 1.000 Deutsche Mark für jedes Kind des Steuerpflichtigen oder seines Ehegatten im Sinne des § 32 Abs. 1 bis 5 oder 6 Satz 6. ²Voraussetzung ist, daß das Kind zum Haushalt des Steuerpflichtigen gehört oder in dem für die Steuerbegünstigung maßgebenden Zeitraum gehört hat, wenn diese Zugehörigkeit auf Dauer angelegt ist oder war.

(3) ¹Bei Steuerpflichtigen, die die Steuerbegünstigung nach § 10e Abs. 1, 2, 4 und 5 in Anspruch nehmen, ermäßigt sich die tarifliche Einkommensteuer, vermindert um die sonstigen Steuerermäßigungen mit Ausnahme des § 35, auf Antrag um je 1.000 Deutsche Mark für jedes Kind des Steuerpflichtigen oder seines Ehegatten im Sinne des § 32 Abs. 1 bis 5 oder 6 Satz 6. ²Voraussetzung ist, daß das Kind zum Haushalt des Steuerpflichtigen gehört oder in dem für die Steuerbegünstigung maßgebenden Zeitraum gehört hat, wenn diese Zugehörigkeit auf Dauer angelegt ist oder war. ³Soweit sich der Betrag der Steuerermäßigung nach Satz 1 bei der Ermittlung der festzusetzenden Einkommensteuer nicht steuerentlastend auswirkt, ist er von der tariflichen Einkommensteuer der zwei vorangegangenen Veranlagungszeiträume abzuziehen. ⁴Steuerermäßigungen, die nach den Sätzen 1 und 3 nicht berücksichtigt werden können, können bis zum Ende des Abzugszeitraums im Sinne des § 10e und in den zwei folgenden Veranlagungszeiträumen abgezogen werden. ⁵Ist für einen Veranlagungszeitraum bereits ein Steuerbescheid erlassen worden, so ist er insoweit zu ändern, als die Steuerermäßigung nach den Sätzen 3 und 4 zu gewähren oder zu berichtigen ist; die Verjährungsfristen enden insoweit nicht, bevor die Verjährungsfrist für den Veranlagungszeitraum abgelaufen ist, für den die Steuerermäßigung nach Satz 1 beantragt worden ist.

(4) ¹Die Steuerermäßigungen nach den Absätzen 2 oder 3 kann der Steuerpflichtige insgesamt nur bis zur Höhe der Bemessungsgrundlage der Abzugsbeträge nach § 10e Abs. 1 oder 2 in Anspruch nehmen. ²Die Steuerermäßigung nach den Absätzen 1, 2 und 3 Satz 1 kann der Steuerpflichtige im Kalenderjahr nur für ein Objekt in Anspruch nehmen.

R 213a

213a. Steuerermäßigung nach § 34f EStG

Fälle des § 7b EStG

S 2293c

(1) Soweit § 34f Abs. 1 EStG weiter anzuwenden ist, gelten die Anweisungen in Abschnitt 213a Abs. 2 EStR 1990 weiter.

---

1) Zur Anwendung → § 52 Abs. 26 EStG.

Fälle des § 10e EStG

(2) ¹§ 34f Abs. 2 EStG setzt die Inanspruchnahme der Abzugsbeträge nach § 10e Abs. 1 bis 5 EStG oder § 15b BerlinFG voraus. ²§ 34f Abs. 3 EStG setzt die Inanspruchnahme der Abzugsbeträge nach § 10e Abs. 1, 2, 4 und 5 EStG voraus. ³Die Steuerermäßigung nach § 34f Abs. 2 und 3 EStG kann auch in Anspruch genommen werden, wenn im VZ der Abzugsbetrag nach § 10e Abs. 1 und 5 EStG oder § 15b BerlinFG wegen der Nachholungsmöglichkeit nach § 10e Abs. 3 Satz 1 EStG nicht geltend gemacht wird. ⁴In der Geltendmachung der Steuerermäßigung nach § 34f Abs. 2 und 3 EStG kommt in diesem Fall die Inanspruchnahme der Steuervergünstigung nach § 10e Abs. 1 bis 5 EStG oder § 15b BerlinFG zum Ausdruck. ⁵Die Steuerermäßigung nach § 34f Abs. 3 EStG kann in den VZ nicht gewährt werden, in denen der Steuerpflichtige wegen Überschreitens der Einkommensgrenzen nach § 10e Abs. 1 bis 5a EStG einen Abzugsbetrag nach § 10e Abs. 1 bis 5 EStG nicht in Anspruch nehmen kann. ⁶Dem Steuerpflichtigen steht nach § 34f Abs. 3 Satz 3 EStG ein Wahlrecht zu, auf welchen der beiden vorangegangenen VZ nicht ausgenutzte Ermäßigungsbeträge zurückgetragen werden sollen. ⁷Auf den Rücktrag kann aber nicht zugunsten des Vortrags verzichtet werden. ⁸Die unentgeltliche Überlassung einer Wohnung, auch an ein minderjähriges Kind, ist keine Nutzung zu eigenen Wohnzwecken im Sinne des § 34f Abs. 2 und 3 EStG. ¹⁾

Gemeinsame Regelungen

(3) ¹Ein Kind gehört zum Haushalt des Steuerpflichtigen, wenn es bei einheitlicher Wirtschaftsführung unter Leitung des Steuerpflichtigen dessen Wohnung teilt oder sich mit seiner Einwilligung vorübergehend außerhalb seiner Wohnung aufhält. ²Es reicht aus, wenn die Haushaltszugehörigkeit in einem früheren VZ innerhalb des für die erhöhten Absetzungen oder den Abzug wie Sonderausgaben maßgebenden Begünstigungszeitraums einmal vorgelegen hat und auf Dauer angelegt war. ³Der Angabe des Steuerpflichtigen, die Haushaltszugehörigkeit sei auf Dauer angelegt gewesen, kann in der Regel ohne nähere Prüfung gefolgt werden.

(4) ¹Die Steuerermäßigung kann, auch wenn in einem VZ die Voraussetzungen ausnahmsweise für mehrere Objekte gegeben sein sollten, stets jeweils nur für ein Objekt in Anspruch genommen werden (§ 34f Abs. 4 EStG). ²Der Ermäßigungsbetrag nach § 34f EStG wird auch dann in voller Höhe gewährt, wenn die Voraussetzungen nicht während des gesamten Kalenderjahrs vorgelegen haben. ³Er kann jedoch höchstens bis zur Höhe der tariflichen Einkommensteuer, vermindert um die sonstigen Steuerermäßigungen mit Ausnahme der §§ 34g, 35 EStG, bei Inanspruchnahme des § 34f Abs. 3 EStG mit Ausnahme des § 35 EStG, gewährt werden.

(5) ¹Ehegatten, bei denen die Voraussetzungen des § 26 Abs. 1 Satz 1 EStG vorliegen, können die Steuerermäßigung nach § 34f EStG im VZ insgesamt nur einmal in Anspruch nehmen. ²Dies gilt auch bei getrennter Veranlagung; in diesem Fall steht die Steuerermäßigung den Ehegatten in dem Verhältnis zu, in dem sie erhöhte Absetzungen nach § 7b EStG oder den Sonderausgabenabzug nach § 10e Abs. 1 bis 5 oder nach § 52 Abs. 21 Satz 4 EStG oder nach § 15b BerlinFG in Anspruch nehmen (§ 26a Abs. 2 Satz 3 EStG). ³Dagegen kann im Fall der → besonderen Veranlagung nach § 26c EStG jeder Ehegatte die Steuerermäßigung in Anspruch nehmen, wenn die Voraussetzungen dafür in seiner Person erfüllt sind.

(6) ¹Die Steuerermäßigung nach § 34f EStG wird auf Antrag berücksichtigt. ²Erhält der Steuerpflichtige wegen eines Kindes einen Kinderfreibetrag oder Kindergeld und ist dem Finanzamt die auf Dauer angelegte Haushaltszugehörigkeit des Kindes aus anderen Unterlagen bekannt, ist die Antragstellung zu unterstellen. ³Dies gilt nicht, wenn der Steuerpflichtige gleichzeitig für eine weitere Wohnung die Eigenheimzulage erhält. ⁴Ergibt sich das Merkmal der auf Dauer angelegten Haushaltszugehörigkeit nicht erkennbar aus der Steuererklärung, soll der Steuerpflichtige nach dem Vorliegen des Merkmals gefragt und gegebenenfalls die Antragstellung angeregt werden (§ 89 AO).

---

¹⁾ → BMF vom 21.11.1994 (BStBl I S. 855) und H 213a (Begünstigte Objekte).

§ 34f EStG
H 213a

H 213a   **Hinweise**

Fälle des § 10e EStG
Begünstigte Objekte

sind:

- ein außerhalb des Ortes des Familienwohnsitzes belegenes Appartement, das der Steuerpflichtige sowie ein dort studierendes Kind bewohnen (→ BFH vom 31.10.1991 – BStBl 1992 II S. 241 und BMF vom 21.11.1994 – BStBl I S. 855);

> **Steuerermäßigung nach § 34f EStG bei alleiniger Nutzung der nach § 10e EStG begünstigten Wohnung durch ein Kind**
>
> BMF vom 21.11.1994 (BStBl I S. 855)
>
> IV B 3 – S 2293 c – 16/94
>
> Der BFH hat mit Urteil vom 26.1.1994 (BStBl II S. 544) entschieden, daß dem Eigentümer einer Wohnung auch dann die Steuerbegünstigung nach § 10e EStG zusteht, wenn er diese nicht selbst bewohnt, sondern diese einem – einkommensteuerrechtlich zu berücksichtigenden – Kind zur alleinigen Nutzung überläßt. In diesem Fall stehe ihm unter den weiteren Voraussetzungen des § 33a Abs. 2 Nr. 2 EStG auch der erhöhte Ausbildungsfreibetrag wegen auswärtiger Unterbringung zu.
>
> Nach dem Ergebnis der Erörterungen mit den obersten Finanzbehörden der Länder kommt bei alleiniger Nutzung der nach § 10e EStG begünstigten Wohnung durch ein Kind die Steuerermäßigung nach § 34f EStG nicht in Betracht. Diese kann nur in Anspruch genommen werden, wenn die nach § 10e EStG begünstigte Wohnung Teil des Haushalts der Eltern ist, also von einem oder beiden Elternteilen mitbewohnt wird (vgl. dazu BFH-Urteil vom 31.10.1991, BStBl 1992 II S. 241).
>
> Die Steuerermäßigung nach § 34f EStG schließt demnach den Abzug eines Ausbildungsfreibetrags wegen auswärtiger Unterbringung nach § 33a Abs. 2 Nr. 1 oder Nr. 2 Satz 2 EStG aus.

sind nicht:

- eine Wohnung, die der Steuerpflichtige allein im Rahmen einer doppelten Haushaltsführung am Arbeitsort nutzt (→ BFH vom 14.3.1989 – BStBl II S. 829),
- eine Wohnung, in der ein Kind des Steuerpflichtigen am Studienort einen selbständigen Haushalt führt (→ BFH vom 25.1.1995 – BStBl II S. 378).

Besondere Veranlagung

Bei der besonderen Veranlagung nach § 26c EStG steht dem Steuerpflichtigen keine Steuerermäßigung nach § 34f Abs. 2 EStG für die im gemeinsamen Haushalt lebenden Kinder der Ehefrau zu (→ BFH vom 22.9.1993 – BStBl 1994 II S. 26).

Haushaltszugehörigkeit

Im Gegensatz zum Wegfall der Kindeigenschaft ist der Wegfall der Haushaltszugehörigkeit im Laufe des Begünstigungszeitraums für die weitere Inanspruchnahme der Steuerermäßigung nach § 34f EStG unschädlich (→ BFH vom 21.11.1989 – BStBl 1990 II S. 216).

Kinder

Kinder sind für die Anwendung des § 34f EStG beim Steuerpflichtigen nur zu berücksichtigen, wenn sie im jeweiligen VZ die Voraussetzungen des § 32 Abs. 1 bis 5 oder Abs. 6 Satz 6 EStG erfüllen (→ BFH vom 21.11.1989 – BStBl 1990 II S. 216). Dabei muß es sich jedoch nicht in jedem VZ des Begünstigungszeitraums um dieselben Kinder handeln. Auf die Inanspruchnahme des Kinderfreibetrags kommt es nicht an.

Beispiel:

Der Steuerpflichtige schafft 1991 ein von ihm ab Anschaffung selbstgenutztes Einfamilienhaus an, für das er ab 1991 die Abzugsbeträge nach § 10e Abs. 1 EStG in Anspruch nimmt. Ein über 18 Jahre altes Kind beendet im Jahre 1993 seine Ausbildung. Der Steuerpflichtige hat außerdem ein 1989 geborenes Kind. Das dritte Kind wird im Jahr 1994 geboren. 1993 und

§§ 34f, 34g EStG
H 213a, 213b   R 213b

1994 sind jeweils zwei Kinder nach § 34f Abs. 2 EStG zu berücksichtigen, so daß in beiden VZ jeweils 2.000 DM abgezogen werden können.

Zeitlicher Anwendungsbereich
Wegen der zeitlichen Voraussetzungen zur Anwendung des § 34f EStG → Anhang 34. Anhang 27

2b. Steuerermäßigung bei Mitgliedsbeiträgen und Spenden an politische Parteien und an unabhängige Wählervereinigungen

§ 34g   EStG

¹Die tarifliche Einkommensteuer, vermindert um die sonstigen Steuerermäßigungen, mit Ausnahme des § 34f Abs. 3 und § 35¹), ermäßigt sich bei Mitgliedsbeiträgen und Spenden an
1. politische Parteien im Sinne des § 2 des Parteiengesetzes und
2. Vereine ohne Parteicharakter, wenn
   a) der Zweck des Vereins ausschließlich darauf gerichtet ist, durch Teilnahme mit eigenen Wahlvorschlägen an Wahlen auf Bundes-, Landes- oder Kommunalebene bei der politischen Willensbildung mitzuwirken, und
   b) der Verein auf Bundes-, Landes- oder Kommunalebene bei der jeweils letzten Wahl wenigstens ein Mandat errungen oder der zuständigen Wahlbehörde oder dem zuständigen Wahlorgan angezeigt hat, daß er mit eigenen Wahlvorschlägen auf Bundes-, Landes- oder Kommunalebene an der jeweils nächsten Wahl teilnehmen will.

²Nimmt der Verein an der jeweils nächsten Wahl nicht teil, wird die Ermäßigung nur für die bis zum Wahltag an ihn geleisteten Beiträge und Spenden gewährt. ³Die Ermäßigung für Beiträge und Spenden an den Verein wird erst wieder gewährt, wenn er sich mit eigenen Wahlvorschlägen an einer Wahl beteiligt hat. ⁴Die Ermäßigung wird in diesem Falle nur für Beiträge und Spenden gewährt, die nach Beginn des Jahres, in dem die Wahl stattfindet, geleistet werden.

²Die Ermäßigung beträgt 50 vom Hundert der Ausgaben, höchstens jeweils 1.500 Deutsche Mark für Ausgaben nach den Nummern 1 und 2, im Falle der Zusammenveranlagung von Ehegatten höchstens jeweils 3.000 Deutsche Mark. ³§ 10b Abs. 3 und 4 gilt entsprechend.

213b.   R 213b

– unbesetzt –

Hinweise   H 213b

Nachweis von Zuwendungen an politische Parteien
→ H 112

Zuwendungen an unabhängige Wählervereinigungen
→ BMF vom 16.6.1989 (BStBl I S. 239):
Durch das Gesetz zur steuerlichen Begünstigung von Zuwendungen an unabhängige Wählervereinigungen vom 25. Juli 1988 (BStBl I S. 397) ist § 34g EStG ausgeweitet worden. Wie für Zuwendungen an politische Parteien wird nach § 34g Nr. 2 EStG auch für

---
¹) Anm.: Durch das Steuerentlastungsgesetz 1999/2000/2002 wurde die Angabe „und § 35" mit Wirkung ab dem VZ 1999 gestrichen.

§ 34g EStG
H 213b

Mitgliedsbeiträge und Spenden an unabhängige Wählervereinigungen, die bestimmte Voraussetzungen erfüllen, eine Tarifermäßigung von 50 v. H. der Ausgaben, höchstens 600 DM[1]) bzw. 1.200 DM[2]) im Falle der Zusammenveranlagung von Ehegatten, gewährt. Die Vorschrift gilt nach Artikel 4 Nr. 11c des Haushaltsbegleitgesetzes 1989 (BStBl I S. 19) rückwirkend ab 1984.

Unter Bezugnahme auf das Ergebnis der Erörterungen mit den obersten Finanzbehörden der Länder gilt für die Anwendung der Vorschrift folgendes:

1. Die Höchstbeträge von 600 DM[1]) und 1.200 DM[2]) im Fall der Zusammenveranlagung von Ehegatten gelten für Mitgliedsbeiträge und Spenden (Zuwendungen) an politische Parteien nach § 34g Nr. 1 EStG und für Zuwendungen an unabhängige Wählervereinigungen nach § 34g Nr. 2 EStG gesondert und nebeneinander.

    Als Ausgabe gilt auch die Zuwendung von Wirtschaftsgütern mit Ausnahme von Nutzungen und Leistungen. Zur Bewertung von Sachzuwendungen wird auf § 10b Abs. 3 EStG hingewiesen.

2. Die Tarifermäßigung nach § 34g Nr. 2 EStG wird nur für Mitgliedsbeiträge und Spenden an unabhängige Wählervereinigungen in der Rechtsform des eingetragenen oder des nichtrechtsfähigen Vereins gewährt. Ein Sonderausgabenabzug nach § 10b Abs. 2 EStG ist nicht möglich. Der Zweck einer unabhängigen Wählervereinigung ist auch dann als ausschließlich auf die in § 34g Nr. 2 Buchstabe a EStG genannten politischen Zwecke gerichtet anzusehen, wenn sie gesellige Veranstaltungen durchführt, die im Vergleich zu ihrer politischen Tätigkeit von untergeordneter Bedeutung sind, und wenn eine etwaige wirtschaftliche Betätigung ihre politische Tätigkeit nicht überwiegt. Ihr Zweck ist dagegen zum Beispiel nicht ausschließlich auf die politische Tätigkeit gerichtet, wenn sie neben dem politischen Zweck einen anderen Satzungszweck zum Beispiel gemeinnütziger oder wirtschaftlicher Art hat.

3. Die nach § 34g Nr. 2 Buchstabe b EStG ggf. erforderliche Anzeige gegenüber der zuständigen Wahlbehörde oder dem zuständigen Wahlorgan kann formlos in der Zeit vom ersten Tag nach der letzten Wahl bis zu dem Tag erfolgen, an dem die Anmeldefrist für die nächste Wahl abläuft. Die Anzeige kann der zuständigen Wahlbehörde oder dem zuständigen Wahlorgan bereits mehrere Jahre vor der nächsten Wahl zugehen. Sie muß ihr spätestens am Ende des Jahres vorliegen, für das eine Tarifermäßigung für Zuwendungen an die unabhängige Wählervereinigung beantragt wird. Spendenbestätigungen dürfen erst ausgestellt werden, wenn die Anzeige tatsächlich erfolgt ist.

4. Nach § 34g Satz 3 EStG wird die Steuerermäßigung für Beiträge und Spenden an eine unabhängige Wählervereinigung, die an der jeweils nächsten Wahl nicht teilgenommen hat, erst wieder gewährt, wenn sie sich mit eigenen Wahlvorschlägen an einer Wahl beteiligt hat. Diese einschränkende Regelung gilt nur für Beiträge und Spenden an unabhängige Wählervereinigungen, die der zuständigen Wahlbehörde vor einer früheren Wahl ihre Teilnahme angekündigt und sich dann entgegen dieser Mitteilung nicht an der Wahl beteiligt haben. Sie gilt nicht für unabhängige Wählervereinigungen, die sich an einer früheren Wahl zwar nicht beteiligt, eine Beteiligung an dieser Wahl aber auch nicht angezeigt haben.

    Beispiele:

    a) Der neugegründete Verein A teilt der zuständigen Wahlbehörde im Jahr 01 mit, daß er an der nächsten Kommunalwahl am 20.5.03 teilnehmen will. Er nimmt an dieser Wahl jedoch nicht teil, ebenso nicht an der folgenden Wahl im Jahr 08. Im Jahr 09 teilt er der Wahlbehörde mit, daß er an der nächsten Wahl am 5.4.13 teilnehmen will. An dieser Wahl nimmt er dann auch tatsächlich teil.

    Die Steuerermäßigung nach § 34g Nr. 2 EStG kann gewährt werden für Beiträge und Spenden, die in der Zeit vom 1.1.01 bis zum 20.5.03 und vom 1.1.13 bis zum 5.4.13 an den Verein geleistet worden sind. In der Zeit vom 21.5.03 bis zum 31.12.12 geleistete Beiträge und Spenden sind nicht begünstigt. Nach dem 5.4.13 geleistete Beiträge und Spenden sind begünstigt, wenn der Verein

---

[1]) Ab 1994 1.500 DM.
[2]) Ab 1994 3.000 DM.

bei der Wahl am 5.4.13 ein Mandat errungen hat oder noch im Jahr 13 anzeigt, daß er an der nächsten Wahl teilnehmen will.

b) Der Verein B ist in der Wahlperiode 1 mit einem Mandat im Stadtrat vertreten. An der Wahl für die Wahlperiode 2 am 15.10.05 nimmt er nicht teil. Er hatte eine Teilnahme auch nicht angekündigt. Am 20.11.05 teilt er der zuständigen Wahlbehörde mit, daß er an der Wahl für die Wahlperiode 3 am 9.9.10 teilnehmen will.

Die Steuerermäßigung kann für alle bis zum 9.9.10 an den Verein geleisteten Beiträge und Spenden gewährt werden. Nach diesem Termin geleistete Beiträge und Spenden sind nur begünstigt, wenn der Verein an der Wahl am 9.9.10 teilgenommen hat.

c) Der Verein C wird im Jahr 01 gegründet. An der nächsten Kommunalwahl am 10.2.03 nimmt er nicht teil. Er hatte eine Teilnahme an dieser Wahl auch nicht angekündigt. Am 11.2.03 teilt er der zuständigen Wahlbehörde mit, daß er an der nächsten Wahl am 15.3.08 teilnehmen will.

Die Steuerermäßigung kann für Beiträge und Spenden gewährt werden, die ab dem 1.1.03 an den Verein geleistet worden sind. Nach dem 15.3.08 geleistete Beiträge und Spenden sind nur begünstigt, wenn der Verein tatsächlich an der Wahl am 15.3.08 teilgenommen hat und entweder erfolgreich war (mindestens ein Mandat) oder bei erfolgloser Teilnahme der zuständigen Wahlbehörde mitteilt, daß er auch an der folgenden Wahl teilnehmen will.

5. Eine Teilnahme an einer Wahl liegt nur vor, wenn die Wähler die Möglichkeit haben, die Wählervereinigung zu wählen. Der Wahlvorschlag der Wählervereinigung muß also auf dem Stimmzettel enthalten sein.

6. Der Steuerpflichtige hat dem Finanzamt durch eine Spendenbestätigung der unabhängigen Wählervereinigung nachzuweisen, daß alle Voraussetzungen des § 34g EStG für die Gewährung der Tarifermäßigung erfüllt sind. Ein Muster für die Gestaltung der Spendenbestätigung ist diesem Schreiben als Anlage beigefügt. Anlage 6

213c. – 213d.   R 213c–213d

– unbesetzt –

---

3. Steuerermäßigung bei Belastung mit Erbschaftsteuer

§ 35[1])   EStG

[1]Sind bei der Ermittlung des Einkommens Einkünfte berücksichtigt worden, die im Veranlagungszeitraum oder in den vorangegangenen vier Veranlagungszeiträumen als Erwerb von Todes wegen der Erbschaftsteuer unterlegen haben, so wird auf Antrag die um sonstige Steuerermäßigungen gekürzte tarifliche Einkommensteuer, die auf diese Einkünfte anteilig entfällt, um den in Satz 2 bestimmten Hundertsatz ermäßigt. [2]Der Hundertsatz bemißt sich nach dem Verhältnis, in dem die festgesetzte Erbschaftsteuer zu dem Betrag steht, der sich ergibt, wenn dem erbschaftsteuerpflichtigen Erwerb (§ 10 Abs. 1 Erbschaftsteuergesetz) die Freibeträge nach den §§ 16 und 17 und der steuerfreie Betrag nach § 5 des Erbschaftsteuergesetzes hinzugerechnet werden. [3]Die Sätze 1 und 2 gelten nicht, soweit Erbschaftsteuer nach § 10 Abs. 1 Nr. 1 a abgezogen wird. S 2296

---

1) Anm.: Durch das Steuerentlastungsgesetz 1999/2000/2002 mit Wirkung ab dem VZ 1999 aufgehoben.

R 213e — 213e. Steuerermäßigung bei Belastung mit Erbschaftsteuer

– unbesetzt –

H 213e — Hinweise

Begünstigte Einkünfte

Zu den Einkünften im Sinne des § 35 Satz 1 EStG gehören insbesondere Veräußerungsgewinne im Sinne der §§ 14, 16, 17 und 18 Abs. 3 EStG sowie Forderungen aus einer betrieblichen Tätigkeit des Erblassers im Fall der Gewinnermittlung nach § 4 Abs. 3 EStG, die als nachträgliche Betriebseinnahmen den Erben zufließen, aber auch z. B. Einnahmen aus rückständigen Mietforderungen.

Werden bei der Veräußerung von Anteilen an einer GmbH bei wesentlicher Beteiligung auch Anteile veräußert, die im Veranlagungszeitraum der Veräußerung oder in den vorangegangenen vier Veranlagungszeiträumen der Erbschaftsteuer unterlegen haben, so ist die Steuerermäßigung gemäß § 35 EStG wegen Belastung mit Erbschaftsteuer auf die Einkommensteuer zu gewähren, die anteilig auf die mit Erbschaftsteuer belasteten Anteile entfällt (→ BFH vom 10.3.1988 – BStBl II S. 832).

Die Steuerermäßigung des § 35 EStG steht einem Erben (Vermächtnisnehmer, Pflichtteilsberechtigten) nur für die Einkünfte zu, die noch nicht bei dem Erblasser als Einkünfte erfaßt worden sind (z. B. stille Reserven, noch nicht zugeflossene Einnahmen) und dennoch als Wertbestandteil der erbschaftsteuerlichen Bereicherung der Erbschaftsteuer unterlegen haben (→ BFH vom 7.12.1990 – BStBl 1991 II S. 350).

Beispiel A:

Ein verstorbener Arzt vererbt **im Jahr 1994** Honorarforderungen in Höhe von 100.000 DM, die seiner Witwe als Alleinerbin im folgenden Kalenderjahr zufließen. Die Honorarforderungen sind Teil des erbschaftsteuerpflichtigen Erwerbs (§ 10 Abs. 1 ErbStG) von 500.000 DM. Bei der Veranlagung der Witwe zur Einkommensteuer beträgt die Summe der Einkünfte 150.000 DM, in der die Honorarforderungen enthalten sind. Das zu versteuernde Einkommen beträgt 140.000 DM.

1. Belastung mit Erbschaftsteuer

Erbschaftsteuerpflichtiger Erwerb	500.000 DM
zuzüglich:	
Freibetrag nach § 16 Abs. 1 Nr. 1 ErbStG	250.000 DM
Freibetrag nach § 17 Abs. 1 ErbStG	250.000 DM
Gesamterwerb	1.000.000 DM
Erbschaftsteuer nach Steuerklasse I:	
7,5 v. H. von 500.000 DM =	37.500 DM
Verhältnis der Erbschaftsteuer zum Gesamterwerb:	
37.500 : 1.000.000 =	3,75 v. H.

2. Belastung mit Einkommensteuer

Summe der Einkünfte	150.000 DM
zu versteuerndes Einkommen	140.000 DM
tarifliche Einkommensteuer	
nach § 32a Abs. 6 Nr. 1 EStG (Splittingtabelle)	36.096 DM
Von diesem Betrag entfallen auf die zugeflossenen Honorarforderungen anteilig:	
$\frac{100.000 \times 36.096}{150.000}$ = (abgerundet)	24.064 DM

3. Minderung der Einkommensteuer von .... 36.096 DM
   um 3,75 v. H. von 24.064 DM (abgerundet) .... − 902 DM

   35.194 DM

Beispiel B:
Zum Nachlaß gehört ein unbebautes Betriebsgrundstück, das beim Erwerb von Todes wegen mit einem Einheitswert von 100.000 DM + Zuschlag von 40 v. H. = 140.000 DM angesetzt worden ist. Das Grundstück wird im folgenden Jahr veräußert.

Der Buchwert des Grundstücks beträgt	150.000 DM
Veräußerungserlös	500.000 DM
Die auf den Veräußerungsgewinn von	350.000 DM

entfallende Einkommensteuer kann nicht ermäßigt werden, weil insoweit keine Belastung mit Erbschaftsteuer vorliegt.

Jährliche Versteuerung nach § 23 ErbStG
Bei Renten, Nießbrauchsrechten und sonstigen wiederkehrenden Leistungen, für die der Erwerber bei der Erbschaftsteuer die jährliche Versteuerung nach § 23 ErbStG beantragt hat, wird die Jahreserbschaftsteuer weiterhin als dauernde Last nach § 10 Abs. 1 Nr. 1a EStG abgezogen. Eine Ermäßigung der tariflichen Einkommensteuer kommt daher in diesen Fällen nicht in Betracht (§ 35 letzter Satz EStG).

Frühere Erbfälle
Hat der Steuerpflichtige eine durch frühere Erbfälle ausgelöste Erbschaftsteuer nur als Nachlaßverbindlichkeit getragen, kann die Einkommensteuer nicht nach § 35 EStG ermäßigt werden (→ BFH vom 31.3.1977 – BStBl II S. 609).

Urheberrecht
Die auf Einkünfte aus der Nutzung eines ererbten Urheberrechts entfallende Einkommensteuer kann auch dann nicht nach § 35 EStG gemildert werden, wenn der Ertragswert des Urheberrechts der Erbschaftsteuer unterlegen hat (→ BFH vom 21.12.1994 – BStBl 1995 II S. 321).

VI. Steuererhebung

1. Erhebung der Einkommensteuer

§ 36
Entstehung und Tilgung der Einkommensteuer

(1) Die Einkommensteuer entsteht, soweit in diesem Gesetz nichts anderes bestimmt ist, mit Ablauf des Veranlagungszeitraums.

[1]) (2) ¹Wurde das Einkommen in den Fällen des § 31 um den Kinderfreibetrag vermindert, so wird im entsprechenden Umfang das gezahlte Kindergeld der Einkommensteuer hinzugerechnet; § 11 Abs. 1 findet insoweit keine Anwendung. ²Auf die Einkommensteuer werden angerechnet:

1. die für den Veranlagungszeitraum entrichteten Einkommensteuer-Vorauszahlungen (§ 37);

2. die durch Steuerabzug erhobene Einkommensteuer, soweit sie auf die bei der Veranlagung erfaßten Einkünfte oder auf die nach § 8b Abs. 1 des Körperschaftsteuergesetzes bei der Ermittlung des Einkommens außer Ansatz bleibenden Bezüge entfällt und nicht die Erstattung beantragt oder durchgeführt worden ist. ²Die durch Steuerabzug erhobene Einkommensteuer wird nicht angerechnet, wenn die in § 45a Abs. 2 oder 3 bezeichnete Bescheinigung nicht vorgelegt worden ist;

3. die Körperschaftsteuer einer unbeschränkt körperschaftsteuerpflichtigen Körperschaft oder Personenvereinigung in Höhe von ³/₇ der Einnahmen im Sinne des § 20 Abs. 1 Nr. 1 oder 2, soweit diese nicht aus Ausschüttungen stammen, für die Eigenkapital im Sinne des § 30 Abs. 2 Nr. 1 des Körperschaftsteuergesetzes als verwendet gilt. ²Das gleiche gilt bei Einnahmen im Sinne des § 20 Abs. 2 Satz 1 Nr. 2 Buchstabe a, die aus der erstmaligen Veräußerung von Dividendenscheinen oder sonstigen Ansprüchen durch den Anteilseigner erzielt worden sind; in diesen Fällen beträgt die anrechenbare Körperschaftsteuer höchstens ³/₇ des Betrags, der auf die veräußerten Ansprüche ausgeschüttet wird. ³Die Anrechnung erfolgt unabhängig von der Entrichtung der Körperschaftsteuer. ⁴Die Körperschaftsteuer wird nicht angerechnet:

   a) in den Fällen des § 36a;

   b) wenn die in den §§ 44, 45 oder 46 des Körperschaftsteuergesetzes bezeichnete Bescheinigung nicht vorgelegt worden ist;

   c) wenn die Vergütung nach den §§ 36b, 36c oder 36d beantragt oder durchgeführt worden ist;

   d) wenn bei Einnahmen aus der Veräußerung von Dividendenscheinen oder sonstigen Ansprüchen durch den Anteilseigner die veräußerten Ansprüche erst nach Ablauf des Kalenderjahres fällig werden, das auf den Veranlagungszeitraum folgt;

   e) wenn die Einnahmen nach einem Abkommen zur Vermeidung der Doppelbesteuerung in dem anderen Vertragsstaat besteuert werden können;

   f) wenn die Einnahmen oder die anrechenbare Körperschaftsteuer bei der Veranlagung nicht erfaßt werden[2]);

   g) wenn sie auf Einnahmen aus Kapitalvermögen im Sinne des § 20 Abs. 1 Nr. 1 oder 2 entfällt, soweit diese nicht zur Festsetzung einer Einkommensteuer führen, weil ihnen damit zusammenhängende abziehbare Aufwendungen mit Ausnahme marktüblicher Kreditkosten gegenüberstehen, die bei dem Empfänger nicht der deutschen Besteuerung unterliegen.

(3) ¹Die Steuerbeträge nach Absatz 2 Nr. 2 und 3 sind jeweils auf volle Deutsche Mark aufzurunden. ²Bei den durch Steuerabzug erhobenen Steuern ist jeweils die Summe der Beträge einer einzelnen Abzugsteuer aufzurunden.

---

[1]) Anm.: Zur Hinzurechnung von Kindergeld → BMF vom 9.3.1998 (BStBl I S. 347).
[2]) Anm.: Vgl. insoweit auch BFH vom 27.3.1996 (BStBl II S. 473).

(4) ¹Wenn sich nach der Abrechnung ein Überschuß zuungunsten des Steuerpflichtigen ergibt, hat der Steuerpflichtige (Steuerschuldner) diesen Betrag, soweit er den fällig gewordenen, aber nicht entrichteten Einkommensteuer-Vorauszahlungen entspricht, sofort, im übrigen innerhalb eines Monats nach Bekanntgabe des Steuerbescheids zu entrichten (Abschlußzahlung). ²Wenn sich nach der Abrechnung ein Überschuß zugunsten des Steuerpflichtigen ergibt, wird dieser dem Steuerpflichtigen nach Bekanntgabe des Steuerbescheids ausgezahlt. ³Bei Ehegatten, die nach den §§ 26, 26b zusammen zur Einkommensteuer veranlagt worden sind, wirkt die Auszahlung an einen Ehegatten auch für und gegen den anderen Ehegatten.

213f. Anrechnung von Steuervorauszahlungen, von Steuerabzugsbeträgen und von Körperschaftsteuer

– unbesetzt –

Hinweise

Abtretung

Der Anspruch auf die Anrechnung von Steuerabzugsbeträgen und von Körperschaftsteuer kann nicht abgetreten werden. Abgetreten werden kann nur der Anspruch auf Erstattung von überzahlter Einkommensteuer, der sich durch den Anrechnungsbetrag ergibt. Der Erstattungsanspruch entsteht wie die zu veranlagende Einkommensteuer mit Ablauf des Veranlagungszeitraums. Die Abtretung wird erst wirksam, wenn sie der Gläubiger nach diesem Zeitpunkt der zuständigen Finanzbehörde anzeigt (§ 46 Abs. 2 AO).

Anrechnung

1. Änderungen

   Die Vorschriften über die Aufhebung oder Änderung von Steuerfestsetzungen können – auch wenn im Einkommensteuerbescheid die Steuerfestsetzung und die Anrechnung technisch zusammengefaßt sind – nicht auf die Anrechnung angewendet werden. Die Korrektur einer Anrechnungsverfügung richtet sich nach §§ 129 bis 131 AO. Zum Erlaß eines Abrechnungsbescheides → § 218 Abs. 2 AO.

   Eine Verfügung über die Anrechnung von Steuerabzugsbeträgen, Steuervorauszahlungen und anrechenbarer Körperschaftsteuer (Anrechnungsverfügung) ist ein Verwaltungsakt mit Bindungswirkung. Diese Bindungswirkung muß auch beim Erlaß eines Abrechnungsbescheids nach § 218 Abs. 2 AO beachtet werden. Deshalb kann im Rahmen eines Abrechnungsbescheides die Steueranrechnung zugunsten oder zuungunsten des Steuerpflichtigen nur dann geändert werden, wenn eine der Voraussetzungen der §§ 129–131 AO gegeben ist (→ BFH vom 15.4.1997 – BStBl 1997 II S. 787).

2. bei Veranlagung

   Die Anrechnung von Steuerabzugsbeträgen und von Körperschaftsteuer ist unzulässig, soweit die Erstattung oder Vergütung beantragt oder durchgeführt worden ist (§ 36 Abs. 2 Nr. 2, § 36 Abs. 2 Nr. 3 Satz 4 Buchstabe c EStG).

   Durch einen bestandskräftig abgelehnten Antrag auf Erstattung von Kapitalertragsteuer oder auf Vergütung von Körperschaftsteuer wird die Anrechnung von Kapitalertragsteuer oder Körperschaftsteuer bei der Veranlagung zur Einkommensteuer nicht ausgeschlossen.

3. Teil der Steuererhebung

   Die Anrechnung von Steuervorauszahlungen (§ 36 Abs. 2 Nr. 1 EStG), von erhobenen Steuerabzugsbeträgen (§ 36 Abs. 2 Nr. 2 EStG) und von Körperschaftsteuer (§ 36 Abs. 2 Nr. 3 EStG) auf die Einkommensteuer ist Teil der Steuererhebung (→ BFH vom 14.11.1984 – BStBl 1985 II S. 216).

§ 36 EStG
R 213g, 213h H 213g

213g. Zusammenhang zwischen der Besteuerung der Kapitalerträge und der Anrechnung von Kapitalertragsteuer oder von Körperschaftsteuer

R 213g

S 2298
S 2299b
S 2204

(1) ¹Die Anrechnung von Kapitalertragsteuer und Körperschaftsteuer setzt voraus, daß die der Anrechnung zugrunde liegenden Einnahmen bei der Veranlagung erfaßt werden; für die Anrechnung der Körperschaftsteuer ist zusätzlich deren Erfassung bei der Veranlagung Voraussetzung (§ 36 Abs. 2 Nr. 3 Satz 4 Buchstabe f EStG). ²Ob die Einnahmen im Rahmen der Einkünfte aus Kapitalvermögen anfallen oder bei einer anderen Einkunftsart, ist für die Anrechnung unerheblich.

(2) ¹Zu den Voraussetzungen für die Anrechnung von Körperschaftsteuer und Kapitalertragsteuer gehört auch, daß der Anteilseigner eine Steuerbescheinigung im Sinne der §§ 44, 45 oder 46 KStG bzw. die in § 45a Abs. 2 oder 3 EStG bezeichnete Bescheinigung im Original vorlegt. ²Hat er diese Bescheinigung bis zum Zeitpunkt der Veranlagung nicht vorgelegt, sind die Einnahmen im Sinne des § 20 Abs. 1 Nr. 1 oder 2 oder Abs. 2 Nr. 2 Buchstabe a EStG (einschließlich Kapitalertragsteuer) zu erfassen. ³Die hierauf entfallende Körperschaftsteuer ist in diesem Fall nicht als Einnahme anzusetzen und nicht auf die Einkommensteuer anzurechnen. ⁴Wird die Steuerbescheinigung später nachgereicht, ist die Steuerfestsetzung nach Maßgabe der Vorschriften über die Änderung von Steuerbescheiden in der Weise zu ändern, daß die anzurechnende Körperschaftsteuer als Einnahme erfaßt wird; die Körperschaftsteuer und die Kapitalertragsteuer sind auf die Einkommensteuer anzurechnen.

H 213g

Hinweise

Anrechnung in Fällen noch nicht gezahlter Dividenden

Eine Anrechnung kommt auch in Betracht, wenn der Anspruch bei der steuerlichen Gewinnermittlung als Betriebsvermögen anzusetzen ist (→ BFH vom 3.12.1980 – BStBl 1981 II S. 184).

Personengesellschaft

→ H 138 (3) GmbH-Beteiligung

213h. Anrechnung von Körperschaftsteuer bei Auslandsbeziehungen

R 213h

S 2299b

(1) ¹In den Fällen des Artikels 4 Abs. 3 des DBA (Schweiz) vom 11.8.1971, in denen der Anteilseigner in der Bundesrepublik Deutschland eine ständige Wohnstätte oder seinen gewöhnlichen Aufenthalt hat, aber in der Schweiz als ansässig gilt, steht der Bundesrepublik Deutschland – vom Kapitalertragsteuerabzug nach Abkommensrecht abgesehen – lediglich ein nachrangiges Besteuerungsrecht zu. ²Die Anrechnung von Körperschaftsteuer ist deshalb ausgeschlossen (§ 36 Abs. 2 Nr. 3 Satz 4 Buchstabe e EStG). ³Zur Vermeidung von Härten kann die Einkommensteuer, die auf Grund des nachrangigen Besteuerungsrechts erhoben wird, in sinngemäßer Anwendung der Grundsätze des § 2 Abs. 6 AStG begrenzt werden.

(2) ¹Bei erweiterter beschränkter Steuerpflicht ist die Körperschaftsteuer anzurechnen, wenn die Einnahmen, die zur Anrechnung berechtigen, im Inland bei der Veranlagung zur Einkommensteuer erfaßt werden und die für diese Einnahmen festzusetzende Einkommensteuer der Höhe nach nicht durch ein DBA begrenzt ist. ²Die nach § 50 Abs. 3 Satz 2 EStG festzusetzende Mindesteinkommensteuer darf die Steuerabzugsbeträge nicht unterschreiten (§ 2 Abs. 5 Satz 3 AStG). ³Soweit in den Fällen des Artikels 4 Abs. 4 des DBA (Schweiz) der Bundesrepublik Deutschland ein Besteuerungsrecht zusteht, ist die Anrechnung von Körperschaftsteuer ausgeschlossen (§ 36 Abs. 2 Nr. 3 Satz 4 Buchstabe e EStG). ⁴Die auf Grund des § 2 Abs. 1 und 5 AStG zusätzlich zu entrichtende deutsche Steuer wird nach Maßgabe des § 2 Abs. 6 AStG begrenzt.

Hinweise

Beschränkt steuerpflichtige Anteilseigner
→ § 50 Abs. 5 letzter Satz EStG

Zweitwohnsitz in anderem Staat
§ 36 Abs. 2 Nr. 3 Satz 4 Buchstabe e EStG schließt die Anrechnung von Körperschaftsteuer insbesondere für die Fälle aus, in denen ein unbeschränkt steuerpflichtiger Anteilseigner einen zweiten Wohnsitz in einem anderen Staat hat und das mit diesem Staat bestehende Abkommen zur Vermeidung der Doppelbesteuerung das Besteuerungsrecht – vom Kapitalertragsteuerabzug nach Abkommensrecht abgesehen – dem anderen Staat zuweist.

§ 36a
Ausschluß der Anrechnung von Körperschaftsteuer in Sonderfällen

(1) ¹Die Anrechnung von Körperschaftsteuer nach § 36 Abs. 2 Nr. 3 ist einem Anteilseigner mit beherrschendem Einfluß auf die ausschüttende Körperschaft oder Personenvereinigung zu versagen oder bei ihm rückgängig zu machen, soweit die anzurechnende Körperschaftsteuer nicht durch die ihr entsprechende gezahlte Körperschaftsteuer gedeckt ist und nach Beginn der Vollstreckung wegen dieser rückständigen Körperschaftsteuer anzunehmen ist, daß die vollständige Einziehung keinen Erfolg haben wird. ²Das gleiche gilt für einen wesentlich beteiligten Anteilseigner ohne beherrschenden Einfluß.

(2) ¹Absatz 1 ist nur anzuwenden, wenn der beherrschende Einfluß oder die wesentliche Beteiligung zu einem Zeitpunkt innerhalb der letzten drei Jahre vor dem Jahr der Ausschüttung bestanden hat. ²Ein Anteilseigner gilt als wesentlich beteiligt im Sinne des Absatzes 1, wenn er zu mehr als 25 vom Hundert unmittelbar oder mittelbar beteiligt war.

(3) Wird die Anrechnung rückgängig gemacht, so ist der Steuerbescheid zu ändern.

(4) Soweit die Körperschaftsteuer nachträglich gezahlt wird, ist bei dem Anteilseigner die Anrechnung durchzuführen und der Steuerbescheid zu ändern.

213i. Anteilseigner mit beherrschendem Einfluß

– unbesetzt –

Hinweise

Beherrschender Einfluß
Es ist von der Rechtsprechung zur steuerlichen Anerkennung rückwirkender Gehaltsvereinbarungen einer Kapitalgesellschaft mit ihrem Gesellschafter-Geschäftsführer auszugehen;
→ A 31 Abs. 5 KStR.

§ 36b
Vergütung von Körperschaftsteuer

(1) ¹Einem Anteilseigner, der Einnahmen im Sinne des § 20 Abs. 1 Nr. 1 oder 2 bezieht und im Zeitpunkt ihres Zufließens unbeschränkt einkommensteuerpflichtig ist, wird die anrechenbare Körperschaftsteuer auf Antrag vergütet, wenn anzunehmen ist, daß für ihn eine Veranlagung zur Einkommensteuer nicht in Betracht kommt oder ein Freistellungs-

auftrag im Sinne des § 44a Abs. 2 Satz 1 oder eine Bescheinigung im Sinne des § 44a Abs. 5 vorliegt. ²§ 36 Abs. 2 Nr. 3 Satz 1, 3 und 4 Buchstaben a und e ist entsprechend anzuwenden. ³Die für die Höhe der Vergütung erforderlichen Angaben sind durch die Bescheinigung eines inländischen Kreditinstituts im Sinne des § 44 Abs. 1 Satz 3 oder des § 45 Abs. 1 Satz 1 des Körperschaftsteuergesetzes oder einer inländischen Zweigniederlassung der in § 45 Abs. 1 Satz 3 des Körperschaftsteuergesetzes genannten Unternehmen nachzuweisen.

(2) ¹Der Anteilseigner hat durch eine Bescheinigung des für ihn zuständigen Wohnsitzfinanzamts nachzuweisen, daß er unbeschränkt einkommensteuerpflichtig ist und daß für ihn eine Veranlagung zur Einkommensteuer voraussichtlich nicht in Betracht kommt. ²Die Bescheinigung ist unter dem Vorbehalt des Widerrufs auszustellen. ³Ihre Geltungsdauer darf höchstens drei Jahre betragen; sie muß am Schluß eines Kalenderjahrs enden. ⁴Fordert das Finanzamt die Bescheinigung zurück oder erkennt der Anteilseigner, daß die Voraussetzungen für ihre Erteilung weggefallen sind, so hat der Anteilseigner dem Finanzamt die Bescheinigung zurückzugeben.

(3) ¹Für die Vergütung ist das Bundesamt für Finanzen zuständig. ²Der Antrag ist nach amtlich vorgeschriebenem Muster zu stellen und zu unterschreiben.

(4) ¹Die Antragsfrist endet am 31. Dezember des Jahres, das dem Kalenderjahr folgt, in dem die Einnahmen zugeflossen sind. ²Die Frist kann nicht verlängert werden.

(5) Die Vergütung ist ausgeschlossen,
1. wenn die Vergütung nach § 36d beantragt oder durchgeführt worden ist,
2. wenn die vorgeschriebenen Bescheinigungen nicht vorgelegt oder durch einen Hinweis nach § 45 Abs. 2 des Körperschaftsteuergesetzes gekennzeichnet worden sind.

213j. Vergütung von Körperschaftsteuer und Erstattung von Kapitalertragsteuer durch das Bundesamt für Finanzen nach den §§ 36b, 36c, 44b Abs. 1 EStG

(1) Liegen die Voraussetzungen für die Vergütung von Körperschaftsteuer und die Erstattung von Kapitalertragsteuer durch das Bundesamt für Finanzen nach den §§ 36b, 44b Abs. 1 EStG vor, so kann der Anteilseigner wählen, ob er die Vergütung und Erstattung im Rahmen
1. eines Einzelantrags (→ R 213k) oder
2. eines Sammelantragsverfahrens (→ R 213l)
beansprucht.

(2) Die Verfahren zur Vergütung von Körperschaftsteuer nach den §§ 36b und 36c EStG und zur Erstattung von Kapitalertragsteuer nach § 44b Abs. 1 EStG sind zu verbinden.

213k. Einzelantrag beim Bundesamt für Finanzen (§§ 36b, 44b Abs. 1 EStG)

(1) Voraussetzungen für die Vergütung/Erstattung:
1. Dem auf amtlichem Vordruck zu stellenden Antrag ist das Original
   – der vom zuständigen Wohnsitzfinanzamt ausgestellten Nichtveranlagungs-(NV-) Bescheinigung oder
   – des Freistellungsauftrags oder der Bescheinigung im Sinne des § 44a Abs. 5 Satz 2 EStG
   beizufügen.
2. ¹Der Anteilseigner weist die Höhe der anrechenbaren Körperschaftsteuer und Kapitalertragsteuer durch die Urschrift der Steuerbescheinigung oder durch eine als solche gekennzeichnete Ersatzbescheinigung eines inländischen Kreditinstituts nach (§ 44 Abs. 1 Satz 3 und Abs. 4, § 45 KStG; § 45a Abs. 3 EStG). ²Wegen der Steuerbescheinigung bei Ehegatten, bei denen die Voraussetzungen des § 26 Abs. 1 EStG vorliegen, → Abschnitt 99 Abs. 6 Satz 5 KStR.

3. ¹Die in Nummer 2 bezeichnete Steuerbescheinigung ist nicht durch einen Hinweis nach § 45 Abs. 2 KStG gekennzeichnet. ²Zu dieser Kennzeichnung ist das Kreditinstitut verpflichtet, wenn die Aktien oder die Anteilscheine an einem Sondervermögen im Sinne des Gesetzes über Kapitalanlagegesellschaften im Zeitpunkt des Zufließens der Kapitalerträge nicht bei dem Kreditinstitut in einem Wertpapierdepot verzeichnet waren, das auf den Namen des Anteilseigners lautet (§ 36b Abs. 5 Nr. 2 EStG, § 45 Abs. 2 KStG, §§ 39a, 49 KAGG). ³Die Kennzeichnung kommt insbesondere bei Aktien oder Anteilscheinen in Betracht, die der Inhaber selbst aufbewahrt, z. B. in einem Bankschließfach. ⁴Die Steuerbescheinigung ist auch zu kennzeichnen, wenn Ausschüttungen auf Anteile an einer GmbH von der Vorlage eines Dividendenscheins abhängig sind.

(2) ¹Eine NV-Bescheinigung ist nicht zu erteilen, wenn der Anteilseigner voraussichtlich von Amts wegen oder auf Antrag zur Einkommensteuer veranlagt wird. ²Das gilt auch, wenn die Veranlagung voraussichtlich nicht zur Festsetzung einer Steuer führt. ³Im Fall der Eheschließung hat der Anteilseigner eine vorher auf seinen Namen ausgestellte NV-Bescheinigung an das Finanzamt auch dann zurückzugeben, wenn die Geltungsdauer noch nicht abgelaufen ist. ⁴Das Finanzamt hat auf Antrag eine neue NV-Bescheinigung auszustellen, wenn anzunehmen ist, daß für den unbeschränkt steuerpflichtigen Anteilseigner und seinen Ehegatten auch nach der Eheschließung eine Veranlagung zur Einkommensteuer nicht in Betracht kommt; bei Veranlagung auf Antrag gilt Satz 1 entsprechend. ⁵Für Kapitalerträge, die nach einem Erbfall zugeflossen sind, berechtigt eine auf den Namen des Erblassers ausgestellte NV-Bescheinigung nicht zur Vergütung der Körperschaftsteuer und zur Erstattung der Kapitalertragsteuer an die Erben.

§ 36c
Vergütung von Körperschaftsteuer auf Grund von Sammelanträgen

(1) ¹Wird in den Fällen des § 36b Abs. 1 der Antrag auf Vergütung von Körperschaftsteuer in Vertretung des Anteilseigners durch ein inländisches Kreditinstitut oder durch eine inländische Zweigniederlassung der in § 45 Abs. 1 Satz 3 des Körperschaftsteuergesetzes genannten Unternehmen gestellt, so kann von der Übersendung der in § 36b Abs. 2 dieses Gesetzes und in § 44 Abs. 1 Satz 3 oder in § 45 des Körperschaftsteuergesetzes bezeichneten Bescheinigungen abgesehen werden, wenn das inländische Kreditinstitut oder die inländische Zweigniederlassung versichert,

1. daß eine Bescheinigung im Sinne des § 44 Abs. 1 Satz 3 oder des § 45 des Körperschaftsteuergesetzes nicht ausgestellt oder als ungültig gekennzeichnet oder nach den Angaben des Anteilseigners abhanden gekommen oder vernichtet ist,
2. daß die Aktie im Zeitpunkt des Zufließens der Einnahmen in einem auf den Namen des Anteilseigners lautenden Wertpapierdepot bei dem inländischen Kreditinstitut oder bei der inländischen Zweigniederlassung der in § 45 Abs. 1 Satz 3 des Körperschaftsteuergesetzes genannten Unternehmen verzeichnet war,
3. daß eine Bescheinigung im Sinne des § 36b Abs. 2 oder ein Freistellungsauftrag im Sinne des § 44a Abs. 2 Satz 1 oder eine Bescheinigung im Sinne des § 44a Abs. 5 vorliegt und
4. daß die Angaben in dem Antrag wahrheitsgemäß nach bestem Wissen und Gewissen gemacht worden sind.

²Über Anträge, in denen ein inländisches Kreditinstitut oder eine inländische Zweigniederlassung der in § 45 Abs. 1 Satz 3 des Körperschaftsteuergesetzes genannten Unternehmen versichert, daß die Bescheinigung als ungültig gekennzeichnet oder nach den Angaben des Anteilseigners abhanden gekommen oder vernichtet ist, haben die Kreditinstitute und Zweigniederlassungen Aufzeichnungen zu führen. ³Das Recht der Finanzbehörden zur Ermittlung des Sachverhalts bleibt unberührt.

(2) ¹Absatz 1 gilt entsprechend für Anträge, die
1. eine Kapitalgesellschaft in Vertretung ihrer Arbeitnehmer stellt, soweit es sich um Einnahmen aus Anteilen handelt, die den Arbeitnehmern von der Kapitalgesellschaft

überlassen worden sind und von ihr, einem inländischen Kreditinstitut oder einer inländischen Zweigniederlassung der in § 45 Abs. 1 Satz 3 des Körperschaftsteuergesetzes genannten Unternehmen verwahrt werden;

2. der von einer Kapitalgesellschaft bestellte Treuhänder in Vertretung der Arbeitnehmer dieser Kapitalgesellschaft stellt, soweit es sich um Einnahmen aus Anteilen handelt, die den Arbeitnehmern von der Kapitalgesellschaft überlassen worden sind und von dem Treuhänder, einem inländischen Kreditinstitut oder einer inländischen Zweigniederlassung der in § 45 Abs. 1 Satz 3 des Körperschaftsteuergesetzes genannten Unternehmen verwahrt werden;

3. eine Erwerbs- oder Wirtschaftsgenossenschaft in Vertretung ihrer Mitglieder stellt, soweit es sich um Einnahmen aus Anteilen an dieser Genossenschaft handelt.

²Den Arbeitnehmern im Sinne der Nummern 1 und 2 stehen Arbeitnehmer eines mit der Kapitalgesellschaft verbundenen Unternehmens (§ 15 Aktiengesetz) sowie frühere Arbeitnehmer der Kapitalgesellschaft oder eines mit ihr verbundenen Unternehmens gleich. ³Den von der Kapitalgesellschaft überlassenen Anteilen stehen Aktien gleich, die den Arbeitnehmern bei einer Kapitalerhöhung auf Grund ihres Bezugsrechts aus den von der Kapitalgesellschaft überlassenen Aktien zugeteilt worden sind oder die den Arbeitnehmern auf Grund einer Kapitalerhöhung aus Gesellschaftsmitteln gehören.

(3) ¹Erkennt der Vertreter des Anteilseigners vor Ablauf der Festsetzungsfrist im Sinne der §§ 169 bis 171 der Abgabenordnung, daß die Vergütung ganz oder teilweise zu Unrecht festgesetzt worden ist, so hat er dies dem Bundesamt für Finanzen anzuzeigen. ²Das Bundesamt für Finanzen hat die zu Unrecht gezahlte Vergütung von dem Anteilseigner zurückzufordern, für den sie festgesetzt worden ist. ³Der Vertreter des Anteilseigners haftet für die zurückzuzahlende Vergütung.

(4) ¹§ 36b Abs. 1 bis 4 und 5 Nr. 1 gilt entsprechend. ²Die Antragsfrist gilt als gewahrt, wenn der Anteilseigner die beantragende Stelle bis zu dem in § 36b Abs. 4 bezeichneten Zeitpunkt schriftlich mit der Antragstellung beauftragt hat.

(5) Die Vollmacht, den Antrag auf Vergütung von Körperschaftsteuer zu stellen, ermächtigt zum Empfang der Steuervergütung.

R 213l 213l. Sammelantrag beim Bundesamt für Finanzen (§§ 36c, 44b Abs. 1 EStG)

S 2299e
S 2410

(1) ¹Der Anteilseigner muß den Sammelantragsteller zu seiner Vertretung bevollmächtigt haben. ²Der Nachweis einer Vollmacht ist nur zu verlangen, wenn begründete Zweifel an der Vertretungsmacht bestehen. ³Abweichend von § 80 Abs. 1 Satz 2 AO ermächtigt bei einem Sammelantrag auf Vergütung von Körperschaftsteuer und Erstattung von Kapitalertragsteuer die für die Antragstellung erteilte Vollmacht auch zum Empfang der Steuervergütungen und -erstattungen.

(2) Die Anweisungen in R 213k Abs. 1 gelten für den Sammelantrag mit folgenden Abweichungen:

1. Beauftragt der Anteilseigner einen in § 36c EStG genannten Vertreter, einen Sammelantrag beim Bundesamt für Finanzen zu stellen, hat er dem Vertreter das Original der NV-Bescheinigung, des Freistellungsauftrags oder der Bescheinigung im Sinne des § 44a Abs. 5 Satz 2 EStG vorzulegen.

2. ¹In den Sammelantrag auf Vergütung von Körperschaftsteuer und Erstattung von Kapitalertragsteuer dürfen auch Einnahmen einbezogen werden, für die der Anteilseigner die Ausstellung einer Jahressteuerbescheinigung *im Sinne des Abschnitts 100 KStR beantragt hat, wenn der Vertreter des Anteilseigners versichert, daß eine Steuerbescheinigung über zu erstattende Kapitalertragsteuer und zu vergütende Körperschaftsteuer* nicht erteilt worden ist. ²Das gleiche gilt für Einnahmen, für die dem Anteilseigner eine Steuerbescheinigung ausgestellt worden ist, wenn der Vertreter des Anteilseigners versichert, daß die Bescheinigung als ungültig gekennzeichnet oder nach den Angaben des Anteilseigners abhanden gekommen oder vernichtet ist.

(3) ¹Sammelanträge sind entweder auf Listen oder auf maschinell verwertbaren Datenträgern an das Bundesamt für Finanzen zu richten. ²Für Sammelanträge auf maschinell verwert-

baren Datenträgern gelten die Bestimmungen der Sammelantrags-Datenträger-Verordnung (SaDV) vom 10.5.1995 (BGBl. I S. 684)[1]).

(4) [1]Für die Vergütung von Körperschaftsteuer bei Erträgen aus Investmentanteilen gilt § 36c Abs. 1 EStG entsprechend. [2]Für die Erstattung von Kapitalertragsteuer bei Kapitalerträgen im Sinne des § 43 Abs. 1 Nr. 2 EStG gilt § 36c Abs. 1 und § 36c Abs. 2 Nr. 1 und 2 EStG entsprechend.

Hinweise

Jahressteuerbescheinigung
Die Bescheinigung der Kapitalerträge richtet sich nach § 45a Abs. 2 EStG und BMF vom 17.7.1997 (BStBl I S. 727).

Anhang 28

§ 36d
Vergütung von Körperschaftsteuer in Sonderfällen

(1) [1]In den Fällen des § 36c Abs. 2 wird die anrechenbare Körperschaftsteuer an den dort bezeichneten Vertreter unabhängig davon vergütet, ob für den Anteilseigner eine Veranlagung in Betracht kommt und ob eine Bescheinigung im Sinne des § 36b Abs. 2 vorgelegt wird, wenn der Vertreter sich in einem Sammelantrag bereit erklärt hat, den Vergütungsbetrag für den Anteilseigner entgegenzunehmen. [2]Die Vergütung nach Satz 1 wird nur für Anteilseigner gewährt, deren Bezüge im Sinne des § 20 Abs. 1 Nr. 1 und 2 im Wirtschaftsjahr 100 Deutsche Mark nicht überstiegen haben.

(2) [1]Werden in den Fällen des § 36c Abs. 2 Satz 1 Nr. 1 oder 2 die Anteile von einem inländischen Kreditinstitut oder einer inländischen Zweigniederlassung der in § 45 Abs. 1 Satz 3 des Körperschaftsteuergesetzes genannten Unternehmen in einem Wertpapierdepot verwahrt, das auf den Namen des Anteilseigners lautet, setzt die Vergütung nach Absatz 1 zusätzlich voraus:

1. Das inländische Kreditinstitut oder die inländische Zweigniederlassung der in § 45 Abs. 1 Satz 3 des Körperschaftsteuergesetzes genannten Unternehmen hat die Überlassung der Anteile durch die Kapitalgesellschaft an den Anteilseigner kenntlich gemacht;
2. es handelt sich nicht um Aktien, die den Arbeitnehmern bei einer Kapitalerhöhung auf Grund ihres Bezugsrechts aus den von der Kapitalgesellschaft überlassenen Aktien zugeteilt worden sind oder die den Arbeitnehmern auf Grund einer Kapitalerhöhung aus Gesellschaftsmitteln gehören;
3. der Anteilseigner hat dem inländischen Kreditinstitut oder der inländischen Zweigniederlassung der in § 45 Abs. 1 Satz 3 des Körperschaftsteuergesetzes genannten Unternehmen für das Wertpapierdepot eine Bescheinigung im Sinne des § 36b Abs. 2 nicht vorgelegt und
4. die Kapitalgesellschaft versichert,
    a) daß die Bezüge aus den von ihr insgesamt überlassenen Anteilen bei keinem der Anteilseigner den Betrag von 100 Deutsche Mark überstiegen haben können und
    b) daß das inländische Kreditinstitut oder die inländische Zweigniederlassung der in § 45 Abs. 1 Satz 3 des Körperschaftsteuergesetzes genannten Unternehmen schriftlich erklärt hat, daß die in den Nummern 1 bis 3 bezeichneten Voraussetzungen erfüllt sind.

EStG
S 2299f

---

[1]) Anm.: → BStBl I S. 289.

§ 36d EStG
R 213m

²Ist die in Nummer 4 Buchstabe b bezeichnete Erklärung des inländischen Kreditinstituts oder der inländischen Zweigniederlassung der in § 45 Abs. 1 Satz 3 des Körperschaftsteuergesetzes genannten Unternehmen unrichtig, haften diese für die auf Grund der Erklärung zu Unrecht gewährten Steuervorteile.

(3) ¹Das Finanzamt kann einer unbeschränkt steuerpflichtigen Körperschaft auch in anderen als den in § 36c Abs. 2 bezeichneten Fällen gestatten, in Vertretung ihrer unbeschränkt steuerpflichtigen Anteilseigner einen Sammelantrag auf Vergütung von Körperschaftsteuer zu stellen,

1. wenn die Zahl der Anteilseigner, für die der Sammelantrag gestellt werden soll, besonders groß ist,

2. wenn die Körperschaft den Gewinn ohne Einschaltung eines inländischen Kreditinstituts oder einer inländischen Zweigniederlassung der in § 45 Abs. 1 Satz 3 des Körperschaftsteuergesetzes genannten Unternehmen an die Anteilseigner ausschüttet und

3. wenn im übrigen die Voraussetzungen des Absatzes 1 erfüllt sind.

²In diesen Fällen ist nicht erforderlich, daß die Anteile von einer der in § 36c bezeichneten Stellen verwahrt werden.

(4) ¹Für die Vergütung ist das Finanzamt zuständig, dem die Besteuerung des Einkommens des Vertreters obliegt. ²Das Finanzamt kann die Vergütung an Auflagen binden, die die steuerliche Erfassung der Kapitalerträge sichern sollen. ³Im übrigen ist § 36c sinngemäß anzuwenden.

R 213m

213m. Vergütung von Körperschaftsteuer und Erstattung von Kapitalertragsteuer durch das Finanzamt im vereinfachten Verfahren (§§ 36d, 44b Abs. 2 EStG)

S 2299f
S 2410

(1) R 213j Abs. 2 und R 213l Abs. 1, 2 und 4 gelten entsprechend.

(2) ¹Übersteigen die Kapitalerträge im Sinne des § 20 Abs. 1 Nr. 1 und 2 und des § 43 Abs. 1 Nr. 2 EStG des Anteilseigners/Gläubigers den Betrag von 100 DM im Wirtschaftsjahr der Zahlung, ist die Vergütung/Erstattung in dem vereinfachten Verfahren ausgeschlossen. ²In diesen Fällen kommt nur das Sammelantragsverfahren beim Bundesamt für Finanzen nach § 36c und § 44b Abs. 1 EStG unter den dort genannten Voraussetzungen in Betracht (→ R 213l).

(3) ¹Der Betrag von 100 DM bezieht sich bei Kapitalerträgen aus Belegschafts- und Genossenschaftsanteilen auf die dem Anteilseigner/Gläubiger im Wirtschaftsjahr der ausschüttenden Körperschaft zugeflossenen Kapitalerträge. ²Für die Frage, ob die Grenze von 100 DM überschritten ist, kommt es nur auf die Kapitalerträge an, die der Anteilseigner/Gläubiger von der Körperschaft bezogen hat, die den Sammelantrag stellt oder durch einen Treuhänder stellen läßt. ³Kapitalerträge, die dem Anteilseigner/Gläubiger von anderen Körperschaften zufließen, sind für die Ermittlung der 100-DM-Grenze nicht zu berücksichtigen.

(4) ¹Der Bescheid über die zu vergütende Körperschaftsteuer und zu erstattende Kapitalertragsteuer ist dem Sammelantragsteller bekanntzugeben. ²Die Bekanntgabe erfolgt mit Wirkung für und gegen alle vertretenen Anteilseigner/Gläubiger. ³Die Rechtsbehelfsbefugnis gegen den dem Sammelantragsteller bekanntgegebenen Bescheid steht diesem sowie den vertretenen Anteilseignern/Gläubigern zu.

(5) ¹War die Vergütung und Erstattung zu niedrig, ist dem Sammelantragsteller ein geänderter Bescheid zu erteilen. ²Der Bescheid über die Rückforderung zu Unrecht gezahlter Vergütungs- und Erstattungsbeträge ist nicht an den Sammelantragsteller, sondern an den vertretenen Anteilseigner/Gläubiger zu richten (§ 36d Abs. 4 Satz 3 in Verbindung mit § 36c Abs. 3 EStG).

§§ 36d–37 EStG
H 213m

Hinweise
H 213m

Aufrechnung

1. Gegen den Anspruch auf die zu vergütende Körperschaftsteuer und zu erstattende Kapitalertragsteuer kann das Finanzamt mit Steuerforderungen gegen die einzelnen Anteilseigner/Gläubiger, nicht dagegen mit Steuerforderungen gegen den Sammelantragsteller, aufrechnen.
2. Der Sammelantragsteller kann nicht mit der an ihn auszuzahlenden Körperschaftsteuer-Vergütung und Kapitalertragsteuer-Erstattung gegen die Ansprüche des Finanzamts auf Abführung der Kapitalertragsteuer aufrechnen, da die nach § 226 AO in Verbindung mit § 387 BGB erforderliche Aufrechnungslage nicht gegeben ist.
3. → BFH vom 3.5.1961 (BStBl III S. 296)

Form und Frist des Sammelantrags
- → § 36d Abs. 4 Satz 3 EStG
- → § 36c Abs. 4 EStG
- → § 36b Abs. 3 und 4 EStG

Haftung des Sammelantragstellers
- → § 36c Abs. 3 Satz 3 EStG
- → § 219 AO

Keine NV-Bescheinigung
Die Vorlage einer NV-Bescheinigung ist in dem vereinfachten Verfahren nach den §§ 36d, 44b Abs. 2 EStG nicht erforderlich.

Sammelantragsverfahren nach § 36d Abs. 3 EStG
Die Regelung ist in erster Linie für Aktiengesellschaften bestimmt, die durch Umwandlung aus einer früheren Erwerbs- oder Wirtschaftsgenossenschaft hervorgegangen sind. Die Zulassung zum Sammelantragsverfahren wird nicht dadurch ausgeschlossen, daß die ausschüttende Körperschaft den Gewinnanteil durch einen Überweisungsauftrag auszahlt.

Vertretungsmacht
- → R 213l Abs. 1 und 2

---

§ 36e
Vergütung des Körperschaftsteuer-Erhöhungsbetrags an beschränkt Einkommensteuerpflichtige

EStG
S 2299g

Für die Vergütung des Körperschaftsteuer-Erhöhungsbetrags an beschränkt Einkommensteuerpflichtige gilt § 52 des Körperschaftsteuergesetzes sinngemäß.

---

§ 37
Einkommensteuer-Vorauszahlung

EStG
S 2297

(1) ¹Der Steuerpflichtige hat am 10. März, 10. Juni, 10. September und 10. Dezember Vorauszahlungen auf die Einkommensteuer zu entrichten, die er für den laufenden Veranlagungszeitraum voraussichtlich schulden wird. ²Die Einkommensteuer-Vorauszahlung entsteht jeweils mit Beginn des Kalendervierteljahrs, in dem die Vorauszahlungen zu entrichten sind, oder, wenn die Steuerpflicht erst im Laufe des Kalendervierteljahrs begründet wird, mit Begründung der Steuerpflicht.

(2) ¹Die Oberfinanzdirektionen können für Steuerpflichtige, die überwiegend Einkünfte aus Land- und Forstwirtschaft erzielen, von Absatz 1 Satz 1 abweichende Vorauszahlungs-

zeitpunkte bestimmen. ²Das gleiche gilt für Steuerpflichtige, die überwiegend Einkünfte oder Einkunftsteile aus nichtselbständiger Arbeit erzielen, die der Lohnsteuer nicht unterliegen.

¹) (3) ¹Das Finanzamt setzt die Vorauszahlungen durch Vorauszahlungsbescheid fest. ²Die Vorauszahlungen bemessen sich grundsätzlich nach der Einkommensteuer, die sich nach Anrechnung der Steuerabzugsbeträge und der Körperschaftsteuer (§ 36 Abs. 2 Nr. 2 und 3) bei der letzten Veranlagung ergeben hat. ³Das Finanzamt kann bis zum Ablauf des auf den Veranlagungszeitraum folgenden 15. Kalendermonats die Vorauszahlungen an die Einkommensteuer anpassen, die sich für den Veranlagungszeitraum voraussichtlich ergeben wird; dieser Zeitraum verlängert sich auf 21 Monate, wenn die Einkünfte aus Land- und Forstwirtschaft bei der erstmaligen Steuerfestsetzung des anderen Einkünfte voraussichtlich überwiegen werden.²) ⁴Bei der Anwendung der Sätze 2 und 3 bleiben Aufwendungen im Sinne des § 10 Abs. 1 Nr. 1, 1a, 4 bis 9²), der §§ 10b, 33 und 33c sowie die abziehbaren Beträge nach § 33a, wenn die Aufwendungen und abziehbaren Beträge insgesamt 1.200 Deutsche Mark nicht übersteigen, außer Ansatz. ⁵Außer Ansatz bleiben bis zur Anschaffung oder Fertigstellung der Objekte im Sinne des § 10e Abs. 1 und 2 und § 10h auch die Aufwendungen, die nach § 10e Abs. 6 und § 10h Satz 3 wie Sonderausgaben abgezogen werden; Entsprechendes gilt auch für Aufwendungen, die nach § 10i für nach dem Eigenheimzulagengesetz begünstigte Objekte wie Sonderausgaben abgezogen werden. ⁶Negative Einkünfte aus der Vermietung oder Verpachtung eines Gebäudes im Sinne des § 21 Abs. 1 Satz 1 Nr. 1 werden bei der Festsetzung der Vorauszahlungen nur für Kalenderjahre berücksichtigt, die nach der Anschaffung oder Fertigstellung dieses Gebäudes beginnen. ⁷Wird ein Gebäude vor dem Kalenderjahr seiner Fertigstellung angeschafft, tritt an die Stelle der Anschaffung die Fertigstellung. ⁸Satz 6 gilt nicht für negative Einkünfte aus der Vermietung oder Verpachtung eines Gebäudes, für das erhöhte Absetzungen nach den §§ 14a, 14c oder 14d des Berlinförderungsgesetzes oder Sonderabschreibungen nach § 4 des Fördergebietsgesetzes in Anspruch genommen werden. ⁹Satz 6 gilt für negative Einkünfte aus der Vermietung oder Verpachtung eines anderen Vermögensgegenstandes im Sinne des § 21 Abs. 1 Satz 1 Nr. 1 bis 3 entsprechend mit der Maßgabe, daß an die Stelle der Anschaffung oder Fertigstellung die Aufnahme der Nutzung durch den Steuerpflichtigen tritt. ¹⁰In den Fällen des § 31, in denen die gebotene steuerliche Freistellung eines Einkommensbetrags in Höhe des Existenzminimums eines Kindes durch das Kindergeld nicht in vollem Umfang bewirkt wird, bleiben bei der Anwendung der Sätze 2 und 3 Kinderfreibeträge und zu verrechnendes Kindergeld außer Ansatz.

(4) ¹Bei einer nachträglichen Erhöhung der Vorauszahlungen ist die letzte Vorauszahlung für den Veranlagungszeitraum anzupassen. ²Der Erhöhungsbetrag ist innerhalb eines Monats nach Bekanntgabe des Vorauszahlungsbescheids zu entrichten.

(5) ¹Vorauszahlungen sind nur festzusetzen, wenn sie mindestens 400 Deutsche Mark im Kalenderjahr und mindestens 100 Deutsche Mark für einen Vorauszahlungszeitpunkt betragen. ²Festgesetzte Vorauszahlungen sind nur zu erhöhen, wenn sich der Erhöhungsbetrag im Fall des Absatzes 3 Satz 2 bis 4 für einen Vorauszahlungszeitpunkt auf mindestens 100 Deutsche Mark, im Fall des Absatzes 4 auf mindestens 5.000 Deutsche Mark beläuft.

R 213n 213n. Einkommensteuer-Vorauszahlung

S 2297 ¹Bei der getrennten Veranlagung von Ehegatten nach § 26a EStG ist für die Ermittlung der 1.200 DM-Grenze in § 37 Abs. 3 Satz 4 EStG die Summe der für beide Ehegatten in Betracht

---

1) Zur Anwendung → § 52 Abs. 28 EStG.
2) Anm.: Durch das Steuerentlastungsgesetz 1999/2000/2002 wurde in Absatz 3 mit Wirkung ab dem VZ 1999 nach Satz 3 folgender Satz eingefügt: „Wird der Gewinn durch Bestandsvergleich ermittelt, kommt eine Herabsetzung der Vorauszahlungen wegen der Änderungen durch das Steuerentlastungsgesetz 1999/2000/2002 vom 24.3.1999 (BGBl. I S. 402) nur dann in Betracht, wenn der Steuerpflichtige die Herabsetzung nach amtlich vorgeschriebenem Vordruck beantragt."
Im neuen Satz 5 wurde die Angabe „§ 10 Abs. 1 Nr. 1, 1a 4 bis 9" durch die Angabe „§ 10 Abs. 1 Nr. 1, 1a, 4, 6 bis 9" ersetzt.

kommenden Aufwendungen und abziehbaren Beträge zugrunde zu legen. ²§ 37 Abs. 3 Satz 8 EStG läßt zu, daß im Fall des § 4 FördG die bis zum Ablauf des Kalenderjahrs voraussichtlich entstehenden Teilherstellungskosten oder zu leistenden Anzahlungen auf Anschaffungskosten eines Gebäudes und daneben andere für dieses Gebäude bis zum Ablauf des Kalenderjahrs voraussichtlich entstehende Werbungskosten in die Festsetzung der Vorauszahlungen einbezogen werden.

Hinweise

Anpassung von Vorauszahlungen
Eine Anpassung ist auch dann noch möglich, wenn eine Einkommensteuererklärung für den abgelaufenen VZ bereits abgegeben worden ist (→ BFH vom 27.9.1976 – BStBl 1977 II S. 33).

Erhöhung von Vorauszahlungen
Im Fall der Erhöhung einer Vorauszahlung zum nächsten Vorauszahlungstermin des laufenden Kalenderjahrs gilt die Monatsfrist des § 37 Abs. 4 Satz 2 EStG nicht (→ BFH vom 22.8.1974 – BStBl 1975 II S. 15 und vom 25.6.1981 – BStBl 1982 II S. 105).

Verfahren bei der Geltendmachung von negativen Einkünften aus der Beteiligung an Verlustzuweisungsgesellschaften und vergleichbaren Modellen
→ BMF vom 13.7.1992 (BStBl I S. 404) und vom 28.6.1994 (BStBl I S. 420).

Anhang 23

§ 37a
Pauschalierung der Einkommensteuer durch Dritte

(1) ¹Das Finanzamt kann auf Antrag zulassen, daß das Unternehmen, das Sachprämien im Sinne des § 3 Nr. 38 gewährt, die Einkommensteuer für den Teil der Prämien, der nicht steuerfrei ist, pauschal erhebt. ²Bemessungsgrundlage der pauschalen Einkommensteuer ist der gesamte Wert der Prämien, die den im Inland ansässigen Steuerpflichtigen zufließen. ³Der Pauschsteuersatz beträgt 2 vom Hundert.

(2) ¹Auf die pauschale Einkommensteuer ist § 40 Abs. 3 sinngemäß anzuwenden. ²Das Unternehmen hat die Prämienempfänger von der Steuerübernahme zu unterrichten.

(3) ¹Über den Antrag entscheidet das Betriebsstättenfinanzamt des Unternehmens (§ 41a Abs. 1 Satz 1 Nr. 1). ²Hat das Unternehmen mehrere Betriebsstättenfinanzämter, so ist das Finanzamt der Betriebsstätte zuständig, in der die für die pauschale Besteuerung maßgebenden Prämien ermittelt werden. ³Die Genehmigung zur Pauschalierung wird mit Wirkung für die Zukunft erteilt und kann zeitlich befristet werden; sie erstreckt sich auf alle im Geltungszeitraum ausgeschütteten Prämien.

(4) Die pauschale Einkommensteuer gilt als Lohnsteuer und ist von dem Unternehmen in der Lohnsteuer-Anmeldung der Betriebsstätte im Sinne des Absatzes 3 anzumelden und spätestens am zehnten Tag nach Ablauf des für die Betriebsstätte maßgebenden Lohnsteuer-Anmeldungszeitraums an das Betriebsstättenfinanzamt abzuführen.

2. Steuerabzug vom Arbeitslohn (Lohnsteuer)

EStG
S 2360

§ 38
Erhebung der Lohnsteuer

(1) ¹Bei Einkünften aus nichtselbständiger Arbeit wird die Einkommensteuer durch Abzug vom Arbeitslohn erhoben (Lohnsteuer), soweit der Arbeitslohn von einem Arbeitgeber gezahlt wird, der

1. im Inland einen Wohnsitz, seinen gewöhnlichen Aufenthalt, seine Geschäftsleitung, seinen Sitz, eine Betriebsstätte oder einen ständigen Vertreter im Sinne der §§ 8 bis 13 der Abgabenordnung hat (inländischer Arbeitgeber) oder

2. einem Dritten (Entleiher) Arbeitnehmer gewerbsmäßig zur Arbeitsleistung im Inland überläßt, ohne inländischer Arbeitgeber zu sein (ausländischer Verleiher).

²Der Lohnsteuer unterliegt auch der im Rahmen des Dienstverhältnisses üblicherweise von einem Dritten für eine Arbeitsleistung gezahlte Arbeitslohn.

(2) ¹Der Arbeitnehmer ist Schuldner der Lohnsteuer. ²Die Lohnsteuer entsteht in dem Zeitpunkt, in dem der Arbeitslohn dem Arbeitnehmer zufließt.

(3) ¹Der Arbeitgeber hat die Lohnsteuer für Rechnung des Arbeitnehmers bei jeder Lohnzahlung vom Arbeitslohn einzubehalten. ²Bei juristischen Personen des öffentlichen Rechts hat die öffentliche Kasse, die den Arbeitslohn zahlt, die Pflichten des Arbeitgebers.

(4) ¹Wenn der vom Arbeitgeber geschuldete Barlohn zur Deckung der Lohnsteuer nicht ausreicht, hat der Arbeitnehmer dem Arbeitgeber den Fehlbetrag zur Verfügung zu stellen oder der Arbeitgeber einen entsprechenden Teil der anderen Bezüge des Arbeitnehmers zurückzubehalten. ²Soweit der Arbeitnehmer seiner Verpflichtung nicht nachkommt und der Arbeitgeber den Fehlbetrag nicht durch Zurückbehaltung von anderen Bezügen des Arbeitnehmers aufbringen kann, hat der Arbeitgeber dies dem Betriebsstättenfinanzamt (§ 41a Abs. 1 Satz 1 Nr. 1) anzuzeigen. ³Das Finanzamt hat die zuwenig erhobene Lohnsteuer vom Arbeitnehmer nachzufordern.

EStG
S 2360

§ 38a
Höhe der Lohnsteuer

(1) ¹Die Jahreslohnsteuer bemißt sich nach dem Arbeitslohn, den der Arbeitnehmer im Kalenderjahr bezieht (Jahresarbeitslohn). ²Laufender Arbeitslohn gilt in dem Kalenderjahr als bezogen, in dem der Lohnzahlungszeitraum endet; in den Fällen des § 39b Abs. 5 Satz 1 tritt der Lohnabrechnungszeitraum an die Stelle des Lohnzahlungszeitraums. ³Arbeitslohn, der nicht als laufender Arbeitslohn gezahlt wird (sonstige Bezüge), wird in dem Kalenderjahr bezogen, in dem er dem Arbeitnehmer zufließt.

(2) Die Jahreslohnsteuer wird nach dem Jahresarbeitslohn so bemessen, daß sie der Einkommensteuer entspricht, die der Arbeitnehmer schuldet, wenn er ausschließlich Einkünfte aus nichtselbständiger Arbeit erzielt.

(3) ¹Vom laufenden Arbeitslohn wird die Lohnsteuer jeweils mit dem auf den Lohnzahlungszeitraum fallenden Teilbetrag der Jahreslohnsteuer erhoben, die sich bei Umrechnung des laufenden Arbeitslohns auf einen Jahresarbeitslohn ergibt. ²Von sonstigen Bezügen wird die Lohnsteuer mit dem Betrag erhoben, der zusammen mit der Lohnsteuer für den laufenden Arbeitslohn des Kalenderjahrs und für etwa im Kalenderjahr bereits gezahlte sonstige Bezüge die voraussichtliche Jahreslohnsteuer ergibt.

(4) Bei der Ermittlung der Lohnsteuer werden die Besteuerungsgrundlagen des Einzelfalls durch die Einreihung der Arbeitnehmer in Steuerklassen (§ 38b), Aufstellung von entsprechenden Lohnsteuertabellen (§ 38c) und Ausstellung von entsprechenden Lohnsteuerkarten (§ 39) sowie Feststellung von Freibeträgen (§ 39a) berücksichtigt.

§ 38b
Lohnsteuerklassen

¹Für die Durchführung des Lohnsteuerabzugs werden unbeschränkt einkommensteuerpflichtige Arbeitnehmer in Steuerklassen eingereiht. ²Dabei gilt folgendes:
1. In die Steuerklasse I gehören Arbeitnehmer, die
   a) ledig sind,
   b) verheiratet, verwitwet oder geschieden sind und bei denen die Voraussetzungen für die Steuerklasse III oder IV nicht erfüllt sind;
2. in die Steuerklasse II gehören die unter Nummer 1 bezeichneten Arbeitnehmer, wenn bei ihnen der Haushaltsfreibetrag (§ 32 Abs. 7) zu berücksichtigen ist;
3. in die Steuerklasse III gehören Arbeitnehmer,
   a) die verheiratet sind, wenn beide Ehegatten unbeschränkt einkommensteuerpflichtig sind und nicht dauernd getrennt leben und
      aa) der Ehegatte des Arbeitnehmers keinen Arbeitslohn bezieht oder
      bb) der Ehegatte des Arbeitnehmers auf Antrag beider Ehegatten in die Steuerklasse V eingereiht wird,
   b) die verwitwet sind, wenn sie und ihr verstorbener Ehegatte im Zeitpunkt seines Todes unbeschränkt einkommensteuerpflichtig waren und in diesem Zeitpunkt nicht dauernd getrennt gelebt haben, für das Kalenderjahr, das dem Kalenderjahr folgt, in dem der Ehegatte verstorben ist,
   c) deren Ehe aufgelöst worden ist, wenn
      aa) im Kalenderjahr der Auflösung der Ehe beide Ehegatten unbeschränkt einkommensteuerpflichtig waren und nicht dauernd getrennt gelebt haben und
      bb) der andere Ehegatte wieder geheiratet hat, von seinem neuen Ehegatten nicht dauernd getrennt lebt und er und sein neuer Ehegatte unbeschränkt einkommensteuerpflichtig sind,
      für das Kalenderjahr, in dem die Ehe aufgelöst worden ist;
4. in die Steuerklasse IV gehören Arbeitnehmer, die verheiratet sind, wenn beide Ehegatten unbeschränkt einkommensteuerpflichtig sind und nicht dauernd getrennt leben und der Ehegatte des Arbeitnehmers ebenfalls Arbeitslohn bezieht;
5. in die Steuerklasse V gehören die unter Nummer 4 bezeichneten Arbeitnehmer, wenn der Ehegatte des Arbeitnehmers auf Antrag beider Ehegatten in die Steuerklasse III eingereiht wird;
6. die Steuerklasse VI gilt bei Arbeitnehmern, die nebeneinander von mehreren Arbeitgebern Arbeitslohn beziehen, für die Einbehaltung der Lohnsteuer vom Arbeitslohn aus dem zweiten und weiteren Dienstverhältnis.

³Als unbeschränkt einkommensteuerpflichtig im Sinne der Nummern 3 und 4 gelten nur Personen, die die Voraussetzungen des § 1 Abs. 1 oder 2 oder des § 1a erfüllen.

§ 38c
Lohnsteuertabellen

(1) ¹Das Bundesministerium der Finanzen hat auf der Grundlage der diesem Gesetz beigefügten Einkommensteuertabellen eine allgemeine Jahreslohnsteuertabelle für Jahresarbeitslöhne bis zu 120.000 Deutsche Mark aufzustellen und bekanntzumachen. ²In der allgemeinen Jahreslohnsteuertabelle sind die für die einzelnen Steuerklassen in Betracht kommenden Jahreslohnsteuerbeträge auszuweisen. ³Die Jahreslohnsteuerbeträge sind für die Steuerklassen I, II und IV aus der Einkommensteuer-Grundtabelle, für die Steuerklasse III aus der Einkommensteuer-Splittingtabelle abzuleiten. ⁴Die Jahreslohnsteuerbeträge für die Steuerklassen V und VI sind aus einer für diesen Zweck zusätzlich aufzustellenden Einkommensteuertabelle abzuleiten; in dieser Tabelle ist für die nach § 32a Abs. 2 abgerundeten Beträge des zu versteuernden Einkommens jeweils die Einkommensteuer auszuweisen, die sich aus dem Zweifachen des Unterschiedsbetrags zwischen dem Steuerbetrag für

das Einundvierteilfache und dem Steuerbetrag für das Dreiviertelfache des abgerundeten zu versteuernden Einkommens nach § 32a Abs. 1 ergibt; die auszuweisende Einkommensteuer beträgt jedoch mindestens 25,9 vom Hundert des abgerundeten zu versteuernden Einkommens; für den 63.342 Deutsche Mark übersteigenden Teil des abgerundeten zu versteuernden Einkommens beträgt die auszuweisende Einkommensteuer 53 vom Hundert. [5]Die in den Einkommensteuertabellen ausgewiesenen Beträge des zu versteuernden Einkommens sind in einen Jahresarbeitslohn umzurechnen durch Hinzurechnung

1. des Arbeitnehmer-Pauschbetrags (§ 9a Satz 1 Nr. 1 Buchstabe a)[2]) für die Steuerklassen I bis V,
2. des Sonderausgaben-Pauschbetrags (§ 10c Abs. 1) von 108 Deutsche Mark für die Steuerklassen I, II und IV und von 216 Deutsche Mark für die Steuerklasse III,
3. der Vorsorgepauschale (§ 10c Abs. 2 bis 4)
   a) für die Steuerklassen I, II und IV nach Maßgabe des § 10c Abs. 2,
   b) für die Steuerklasse III nach Maßgabe des § 10c Abs. 2 und Abs. 4 Nr. 1,
4. des Haushaltsfreibetrags (§ 32 Abs. 7) für die Steuerklasse II,
5. (weggefallen)
6. eines Rundungsbetrags von 2 Deutsche Mark für die Steuerklasse VI.

[6]Der allgemeinen Jahreslohnsteuertabelle ist eine dieser Vorschrift entsprechende Anleitung zur Ermittlung der Lohnsteuer für die 120.000 Deutsche Mark übersteigenden Jahresarbeitslöhne anzufügen.

(2) [1]Das Bundesministerium der Finanzen hat eine besondere Jahreslohnsteuertabelle für den Steuerabzug vom Arbeitslohn derjenigen Arbeitnehmer aufzustellen und bekanntzumachen, die zu dem Personenkreis des § 10c Abs. 3 gehören. [2]Für die Aufstellung dieser Jahreslohnsteuertabelle sind die Vorschriften des Absatzes 1 mit Ausnahme der Nummer 3 anzuwenden; die Vorsorgepauschale (§ 10c Abs. 2 bis 4) ist anzusetzen

1. für die Steuerklassen I, II und IV nach Maßgabe des § 10c Abs. 3,
2. für die Steuerklasse III nach Maßgabe des § 10c Abs. 3 und Abs. 4 Nr. 1.

(3) [1]Das Bundesministerium der Finanzen hat aus den nach den Absätzen 1 und 2 aufzustellenden Jahreslohnsteuertabellen jeweils eine Monatslohnsteuertabelle für Arbeitslöhne bis zu 10.000 Deutsche Mark, eine Wochenlohnsteuertabelle für Wochenarbeitslöhne bis zu 1.400 Deutsche Mark und eine Tageslohnsteuertabelle für Tagesarbeitslöhne bis zu 200 Deutsche Mark abzuleiten und bekanntzumachen. [2]Dabei sind die Anfangsbeträge der Arbeitslohnstufen und die Lohnsteuerbeträge für die Monatslohnsteuertabellen mit einem Zwölftel, für die Wochenlohnsteuertabellen mit $7/_{360}$ und für die Tageslohnsteuertabellen mit $1/_{360}$ der Jahresbeträge anzusetzen; Bruchteile eines Pfennigs bleiben jeweils außer Ansatz. [3]Absatz 1 letzter Satz ist sinngemäß anzuwenden.

EStG

§ 39
Lohnsteuerkarte

S 2363

(1) [1]Die Gemeinden haben den nach § 1 Abs. 1 unbeschränkt einkommensteuerpflichtigen Arbeitnehmern für jedes Kalenderjahr unentgeltlich eine Lohnsteuerkarte nach amtlich vorgeschriebenem Muster auszustellen und zu übermitteln. [2]Steht ein Arbeitnehmer nebeneinander bei mehreren Arbeitgebern in einem Dienstverhältnis, so hat die Gemeinde eine entsprechende Anzahl Lohnsteuerkarten unentgeltlich auszustellen und zu übermitteln. [3]Wenn eine Lohnsteuerkarte verlorengegangen, unbrauchbar geworden oder zerstört worden ist, hat die Gemeinde eine Ersatz-Lohnsteuerkarte auszustellen. [4]Hierfür kann die ausstellende Gemeinde von dem Arbeitnehmer eine Gebühr bis 10 Deutsche Mark erhe-

---

1) Durch das Steuerentlastungsgesetz 1999 wurde Absatz 1 Satz 4 ab VZ 1999 geändert.
   Anm.: Durch das Steuerentlastungsgesetz 1999 wird mit Wirkung ab VZ 1999 in § 38c Abs. 1 Satz 4 die Zahl „25,9" durch die Zahl „23,9" und der Betrag von „62.856 Deutsche Mark" durch den Betrag von „64.476 Deutsche Mark" ersetzt.
2) Anm.: Durch das Steuerentlastungsgesetz 1999/2000/2002 wurde in Absatz 1 Satz 5 Nr. 1 die Angabe „(§ 9a Satz 1 Nr. 1 Buchstabe a)" mit Wirkung ab dem VZ 1999 durch die Angabe „(§ 9a Satz 1 Nr. 1)" ersetzt.

ben; das Verwaltungskostengesetz ist anzuwenden. ⁵Die Gemeinde hat die Ausstellung einer Ersatz-Lohnsteuerkarte dem für den Arbeitnehmer örtlich zuständigen Finanzamt unverzüglich mitzuteilen.

(2) ¹Für die Ausstellung der Lohnsteuerkarte ist die Gemeinde örtlich zuständig, in deren Bezirk der Arbeitnehmer am 20. September des dem Kalenderjahr, für das die Lohnsteuerkarte gilt, vorangehenden Jahres oder erstmals nach diesem Stichtag seine Hauptwohnung oder in Ermangelung einer Wohnung seinen gewöhnlichen Aufenthalt hatte. ²Bei verheirateten Arbeitnehmern gilt als Hauptwohnung die Hauptwohnung der Familie oder in Ermangelung einer solchen die Hauptwohnung des älteren Ehegatten, wenn beide Ehegatten unbeschränkt einkommensteuerpflichtig sind und nicht dauernd getrennt leben.

(3) Die Gemeinde hat auf der Lohnsteuerkarte insbesondere einzutragen:
1. die Steuerklasse (§ 38b) in Buchstaben,
2. die Zahl der Kinderfreibeträge bei den Steuerklassen I bis IV, und zwar für jedes nach § 1 Abs. 1 unbeschränkt einkommensteuerpflichtige Kind im Sinne des § 32 Abs. 1 Nr. 1 und Abs. 3,
   a) den Zähler 0,5, wenn dem Arbeitnehmer der Kinderfreibetrag von 288 Deutsche Mark nach § 32 Abs. 6 Satz 1 zusteht, oder
   b) den Zähler 1, wenn dem Arbeitnehmer der Kinderfreibetrag von 576 Deutsche Mark zusteht, weil
      aa) die Voraussetzungen des § 32 Abs. 6 Satz 2 vorliegen oder
      bb) der andere Elternteil vor dem Beginn des Kalenderjahrs verstorben ist oder
      cc) der Arbeitnehmer allein das Kind angenommen hat.

²Für die Eintragung der Steuerklasse III ist das Finanzamt zuständig, wenn der Ehegatte des Arbeitnehmers nach § 1a Abs. 1 Nr. 2 als unbeschränkt einkommensteuerpflichtig zu behandeln ist.

(3a) ¹Soweit dem Arbeitnehmer Kinderfreibeträge nach § 32 Abs. 1 bis 6 von 288 oder 576 Deutsche Mark zustehen, die nicht nach Absatz 3 von der Gemeinde auf der Lohnsteuerkarte einzutragen sind, ist vorbehaltlich des § 39a Abs. 1 Nr. 6 die auf der Lohnsteuerkarte eingetragene Zahl der Kinderfreibeträge sowie im Fall des § 38b Nr. 2 die Steuerklasse vom Finanzamt auf Antrag zu ändern. ²Das Finanzamt kann auf nähere Angaben des Arbeitnehmers verzichten, wenn der Arbeitnehmer höchstens die auf seiner Lohnsteuerkarte für das vorangegangene Kalenderjahr eingetragene Zahl der Kinderfreibeträge beantragt und versichert, daß sich die maßgebenden Verhältnisse nicht wesentlich geändert haben. ³In den Fällen des § 32 Abs. 6 Satz 5 gelten die Sätze 1 und 2 nur, wenn nach den tatsächlichen Verhältnissen zu erwarten ist, daß die Voraussetzungen auch im Laufe des Kalenderjahrs bestehen bleiben. ⁴Der Antrag kann nur nach amtlich vorgeschriebenem Vordruck gestellt werden.

(3b) ¹Für die Eintragungen nach den Absätzen 3 und 3a sind die Verhältnisse zu Beginn des Kalenderjahrs maßgebend, für das die Lohnsteuerkarte gilt. ²Auf Antrag des Arbeitnehmers kann eine für ihn ungünstigere Steuerklasse oder Zahl der Kinderfreibeträge auf der Lohnsteuerkarte eingetragen werden. ³In den Fällen der Steuerklassen III und IV sind bei der Eintragung der Zahl der Kinderfreibeträge auch Kinder des Ehegatten zu berücksichtigen. ⁴Die Eintragungen sind die gesonderte Feststellung von Besteuerungsgrundlagen im Sinne des § 179 Abs. 1 der Abgabenordnung, die unter dem Vorbehalt der Nachprüfung steht. ⁵Den Eintragungen braucht eine Belehrung über den zulässigen Rechtsbehelf nicht beigefügt zu werden.

(4) ¹Der Arbeitnehmer ist verpflichtet, die Eintragung der Steuerklasse und der Zahl der Kinderfreibeträge auf der Lohnsteuerkarte umgehend ändern zu lassen, wenn die Eintragung auf der Lohnsteuerkarte von den Verhältnissen zu Beginn des Kalenderjahrs zugunsten des Arbeitnehmers abweicht; dies gilt nicht, wenn eine Änderung als Folge einer nach Absatz 3a Satz 3 durchgeführten Übertragung des Kinderfreibetrags in Betracht kommt. ²Die Änderung von Eintragungen im Sinne des Absatzes 3 ist bei der Gemeinde, die Änderung von Eintragungen im Sinne des Absatzes 3a beim Finanzamt zu beantragen. ³Kommt der Arbeitnehmer seiner Verpflichtung nicht nach, so hat die Gemeinde oder das Finanzamt die Eintragung von Amts wegen zu ändern; der Arbeitnehmer hat die Lohnsteuerkarte der Gemeinde oder dem Finanzamt auf Verlangen vorzulegen. ⁴Unterbleibt die Änderung der Eintragung, hat das Finanzamt zuwenig erhobene Lohnsteuer vom Arbeitnehmer nach-

§§ 39, 39a EStG

zufordern, wenn diese 20 Deutsche Mark übersteigt; hierzu hat die Gemeinde dem Finanzamt die Fälle mitzuteilen, in denen eine von ihr vorzunehmende Änderung unterblieben ist.

S 2364 (5) ¹Treten bei einem Arbeitnehmer im Laufe des Kalenderjahrs, für das die Lohnsteuerkarte gilt, die Voraussetzungen für eine ihm günstigere Steuerklasse oder höhere Zahl der Kinderfreibeträge ein, so kann der Arbeitnehmer bis zum 30. November bei der Gemeinde, in den Fällen des Absatzes 3a beim Finanzamt die Änderung der Eintragung beantragen. ²Die Änderung ist mit Wirkung von dem Tage an vorzunehmen, an dem erstmals die Voraussetzungen für die Änderung vorlagen. ³Ehegatten, die beide in einem Dienstverhältnis stehen, können im Laufe des Kalenderjahrs einmal, spätestens bis zum 30. November, bei der Gemeinde beantragen, die auf ihren Lohnsteuerkarten eingetragenen Steuerklassen in andere nach § 38b Satz 2 Nr. 3 in Betracht kommende Steuerklassen zu ändern. ⁴Die Gemeinde hat die Änderung mit Wirkung vom Beginn des auf die Antragstellung folgenden Kalendermonats an vorzunehmen.

S 2364 (5a) ¹Ist ein Arbeitnehmer, für den eine Lohnsteuerkarte ausgestellt worden ist, zu Beginn des Kalenderjahrs beschränkt einkommensteuerpflichtig oder im Laufe des Kalenderjahrs beschränkt einkommensteuerpflichtig geworden, hat er dies dem Finanzamt unter Vorlage der Lohnsteuerkarte unverzüglich anzuzeigen. ²Das Finanzamt hat die Lohnsteuerkarte vom Zeitpunkt des Eintritts der beschränkten Einkommensteuerpflicht an ungültig zu machen. ³Absatz 3b Satz 4 und 5 gilt sinngemäß. ⁴Unterbleibt die Anzeige, hat das Finanzamt zu wenig erhobene Lohnsteuer vom Arbeitnehmer nachzufordern, wenn diese 20 Deutsche Mark übersteigt.

S 2364 (6) ¹Die Gemeinden sind insoweit, als sie Lohnsteuerkarten auszustellen, Eintragungen auf den Lohnsteuerkarten vorzunehmen und zu ändern haben, örtliche Landesfinanzbehörden. ²Sie sind insoweit verpflichtet, den Anweisungen des örtlich zuständigen Finanzamts nachzukommen. ³Das Finanzamt kann erforderlichenfalls Verwaltungsakte, für die eine Gemeinde sachlich zuständig ist, selbst erlassen. ⁴Der Arbeitnehmer, der Arbeitgeber oder andere Personen dürfen die Eintragung auf der Lohnsteuerkarte nicht ändern oder ergänzen.

EStG
S 2365

§ 39a
Freibetrag beim Lohnsteuerabzug¹⁾

(1) Auf der Lohnsteuerkarte wird als vom Arbeitslohn abzuziehender Freibetrag die Summe der folgenden Beträge eingetragen:

1. Werbungskosten, die bei den Einkünften aus nichtselbständiger Arbeit anfallen, soweit sie den Arbeitnehmer-Pauschbetrag (§ 9a Satz 1 Nr. 1 Buchstabe a)²⁾ übersteigen,
2. Sonderausgaben im Sinne des § 10 Abs. 1 Nr. 1, 1a, 4 bis 9³⁾ und des § 10b, soweit sie den Sonderausgaben-Pauschbetrag von 108 Deutsche Mark übersteigen,
3. der Betrag, der nach den §§ 33, 33a, 33b Abs. 6 und § 33c wegen außergewöhnlicher Belastungen zu gewähren ist,
4. die Pauschbeträge für Behinderte und Hinterbliebene (§ 33b Abs. 1 bis 5),
5. die folgenden Beträge, wie sie nach § 37 Abs. 3 bei der Festsetzung von Einkommensteuer-Vorauszahlungen zu berücksichtigen sind:

---

¹⁾ Anm.: Durch das Gesetz zur Neuregelung der geringfügigen Beschäftigungsverhältnisse wurde die Überschrift mit Wirkung ab dem VZ 1999 wie folgt gefaßt: „Freibetrag und Freistellung beim Lohnsteuerabzug".
²⁾ Anm.: Durch das Steuerentlastungsgesetz 1999/2000/2002 wurde in Absatz 1 Nr. 1 die Angabe „(§ 9a Satz 1 Nr. 1 Buchstabe a)" mit Wirkung ab dem VZ 1999 durch die Angabe „(§ 9a Satz 1 Nr. 1)" ersetzt.
³⁾ Anm.: Durch das Steuerentlastungsgesetz 1999/2000/2002 wurde in Absatz 1 Nr. 2 die Angabe „§ 10 Abs. 1 Nr. 1, 1a, 4 bis 9" mit Wirkung ab dem VZ 1999 durch die Angabe „§ 10 Abs. 1 Nr. 1, 1a, 4, 6 bis 9" ersetzt.

§ 39a EStG

a) die Beträge, die nach § 10d Abs. 2, §§ 10e, 10f, 10g, 10h, 10i, 52 Abs. 21 Sätze 4 bis 7, nach § 15b des Berlinförderungsgesetzes oder nach § 7 des Fördergebietsgesetzes abgezogen werden können,

b) die negative Summe der Einkünfte im Sinne des § 2 Abs. 1 Satz 1 Nr. 1 bis 3, 6 und 7 und der negativen Einkünfte im Sinne des § 2 Abs. 1 Satz 1 Nr. 5,

c) das Vierfache der Steuerermäßigung nach § 34f,

6. der Kinderfreibetrag nach § 32 Abs. 6 für jedes Kind im Sinne des § 32 Abs. 1 bis 4, für das kein Anspruch auf Kindergeld besteht. ²Soweit für diese Kinder Kinderfreibeträge nach § 39 Abs. 3 auf der Lohnsteuerkarte eingetragen worden sind, ist die eingetragene Zahl der Kinderfreibeträge entsprechend zu vermindern.

(2) ¹Die Gemeinde hat nach Anweisung des Finanzamts die Pauschbeträge für Behinderte und Hinterbliebene bei der Ausstellung der Lohnsteuerkarten von Amts wegen einzutragen; dabei ist der Freibetrag durch Aufteilung in Monatsfreibeträge, erforderlichenfalls Wochen- und Tagesfreibeträge, jeweils auf das Kalenderjahr gleichmäßig zu verteilen. ²Der Arbeitnehmer kann beim Finanzamt die Eintragung des nach Absatz 1 insgesamt in Betracht kommenden Freibetrags beantragen. ³Der Antrag kann nur nach amtlich vorgeschriebenem Vordruck bis zum 30. November des Kalenderjahrs gestellt werden, für das die Lohnsteuerkarte gilt. ⁴Der Antrag ist hinsichtlich eines Freibetrags aus der Summe der nach Absatz 1 Nr. 1 bis 3 in Betracht kommenden Aufwendungen und Beträge unzulässig, wenn die Aufwendungen im Sinne des § 9, soweit sie den Arbeitnehmer-Pauschbetrag übersteigen, die Aufwendungen im Sinne des § 10 Abs. 1 Nr. 1, 1a, 4 bis 9¹), der §§ 10b, 33 und 33c sowie die abziehbaren Beträge nach den §§ 33a und 33b Abs. 6 insgesamt 1.200 Deutsche Mark nicht übersteigen. ⁵Das Finanzamt kann auf nähere Angaben des Arbeitnehmers verzichten, wenn der Arbeitnehmer höchstens den auf seiner Lohnsteuerkarte für das vorangegangene Kalenderjahr eingetragenen Freibetrag beantragt und versichert, daß sich die maßgebenden Verhältnisse nicht wesentlich geändert haben. ⁶Das Finanzamt hat den Freibetrag durch Aufteilung in Monatsfreibeträge, erforderlichenfalls Wochen- und Tagesfreibeträge, jeweils auf die der Antragstellung folgenden Monate des Kalenderjahrs gleichmäßig zu verteilen. ⁷Abweichend hiervon darf ein Freibetrag, der im Monat Januar eines Kalenderjahrs beantragt wird, mit Wirkung vom 1. Januar dieses Kalenderjahrs an eingetragen werden.

(3) ¹Für Ehegatten, die beide unbeschränkt einkommensteuerpflichtig sind und nicht dauernd getrennt leben, ist jeweils die Summe der nach Absatz 1 Nr. 2 bis 5 in Betracht kommenden Beträge gemeinsam zu ermitteln; der in Absatz 1 Nr. 2 genannte Betrag ist zu verdoppeln. ²Für die Anwendung des Absatzes 2 Satz 4 ist die Summe der für beide Ehegatten in Betracht kommenden Aufwendungen im Sinne des § 9, soweit sie jeweils den Arbeitnehmer-Pauschbetrag übersteigen, und der Aufwendungen im Sinne des § 10 Abs. 1 Nr. 1, 1a, 4 bis 9¹), der §§ 10b, 33 und 33c sowie der abziehbaren Beträge nach § 33a maßgebend. ³Die nach Satz 1 ermittelte Summe ist je zur Hälfte auf die Ehegatten aufzuteilen, wenn für jeden Ehegatten eine Lohnsteuerkarte ausgeschrieben worden ist und die Ehegatten keine andere Aufteilung beantragen. ⁴Für einen Arbeitnehmer, dessen Ehe in dem Kalenderjahr, für das die Lohnsteuerkarte gilt, aufgelöst worden ist und dessen bisheriger Ehegatte in demselben Kalenderjahr wieder geheiratet hat, sind die nach Absatz 1 in Betracht kommenden Beträge ausschließlich auf Grund der in seiner Person erfüllten Voraussetzungen zu ermitteln. ⁵Satz 1 zweiter Halbsatz ist auch anzuwenden, wenn die tarifliche Einkommensteuer nach § 32a Abs. 6 zu ermitteln ist.

(4) ¹Die Eintragung eines Freibetrags auf der Lohnsteuerkarte ist die gesonderte Feststellung einer Besteuerungsgrundlage im Sinne des § 179 Abs. 1 der Abgabenordnung, die unter dem Vorbehalt der Nachprüfung steht. ²Der Eintragung braucht eine Belehrung über den zulässigen Rechtsbehelf nicht beigefügt zu werden. ³Ein mit einer Belehrung über den zulässigen Rechtsbehelf versehener schriftlicher Bescheid ist jedoch zu erteilen, wenn dem Antrag des Arbeitnehmers nicht in vollem Umfang entsprochen wird. ⁴§ 153 Abs. 2 der Abgabenordnung ist nicht anzuwenden.

---

[1] Anm.: Durch das Steuerentlastungsgesetz 1999/2000/2002 wurde in Absatz 2 Satz 4 und Absatz 3 Satz 2 jeweils die Angabe „§ 10 Abs. 1 Nr. 1, 1a, 4 bis 9" mit Wirkung ab dem VZ 1999 durch die Angabe „§ 10 Abs. 1 Nr. 1, 1a, 4, 6 bis 9" ersetzt.

(5) Ist zuwenig Lohnsteuer erhoben worden, weil auf der Lohnsteuerkarte ein Freibetrag unzutreffend eingetragen worden ist, hat das Finanzamt den Fehlbetrag vom Arbeitnehmer nachzufordern, wenn er 20 Deutsche Mark übersteigt.[1)]

EStG
S 2366

§ 39b
Durchführung des Lohnsteuerabzugs für unbeschränkt einkommensteuerpflichtige Arbeitnehmer

(1) ¹Für die Durchführung des Lohnsteuerabzugs hat der unbeschränkt einkommensteuerpflichtige Arbeitnehmer seinem Arbeitgeber vor Beginn des Kalenderjahrs oder beim Eintritt in das Dienstverhältnis eine Lohnsteuerkarte vorzulegen. ²Der Arbeitgeber hat die Lohnsteuerkarte während des Dienstverhältnisses aufzubewahren. ³Er hat sie dem Arbeitnehmer während des Kalenderjahrs zur Vorlage beim Finanzamt oder bei der Gemeinde vorübergehend zu überlassen sowie innerhalb angemessener Frist nach Beendigung des Dienstverhältnisses herauszugeben. ⁴Der Arbeitgeber darf die auf der Lohnsteuerkarte eingetragenen Merkmale nur für die Einbehaltung der Lohnsteuer verwerten; er darf sie ohne Zustimmung des Arbeitnehmers nur offenbaren, soweit dies gesetzlich zugelassen ist.

S 2367

(2) ¹Für die Einbehaltung der Lohnsteuer vom laufenden Arbeitslohn hat der Arbeitgeber die Höhe des laufenden Arbeitslohns und den Lohnzahlungszeitraum festzustellen. ²Vom Arbeitslohn sind der auf den Lohnzahlungszeitraum entfallende Anteil des Versorgungs-Freibetrags (§ 19 Abs. 2) und der auf den Lohnzahlungszeitraum entfallende Anteil des Altersentlastungsbetrags (§ 24a) abzuziehen, wenn die Voraussetzungen für den Abzug dieser Beträge jeweils erfüllt sind. ³Außerdem hat der Arbeitgeber einen etwaigen Freibetrag nach Maßgabe der Eintragungen auf der Lohnsteuerkarte des Arbeitnehmers vom Arbeitslohn abzuziehen. ⁴Für den so gekürzten Arbeitslohn ist die Lohnsteuer aus der für den Lohnzahlungszeitraum geltenden allgemeinen Lohnsteuertabelle (§ 38c Abs. 1) oder aus der besonderen Lohnsteuertabelle (§ 38c Abs. 2) oder nach der diesen Lohnsteuertabellen angefügten Anleitung zu ermitteln; die besondere Lohnsteuertabelle ist anzuwenden, wenn der Arbeitnehmer in der gesetzlichen Rentenversicherung nicht versicherungspflichtig ist und zu dem in § 10c Abs. 3 bezeichneten Personenkreis gehört. ⁵Dabei ist die auf der Lohnsteuerkarte eingetragene Steuerklasse maßgebend. ⁶Die sich danach ergebende Lohnsteuer ist vom Arbeitslohn einzubehalten. ⁷Die Oberfinanzdirektion kann allgemein oder auf Antrag des Arbeitgebers ein Verfahren zulassen, durch das die Lohnsteuer unter den Voraussetzungen des § 42b Abs. 1 nach dem voraussichtlichen Jahresarbeitslohn ermittelt wird, wenn gewährleistet ist, daß die zutreffende Jahreslohnsteuer (§ 38a Abs. 2) nicht unterschritten wird.

S 2368

(3) ¹Für die Einbehaltung der Lohnsteuer von einem sonstigen Bezug hat der Arbeitgeber den voraussichtlichen Jahresarbeitslohn ohne den sonstigen Bezug festzustellen. ²Von dem voraussichtlichen Jahresarbeitslohn sind der Versorgungs-Freibetrag (§ 19 Abs. 2) und der Altersentlastungsbetrag (§ 24a), wenn die Voraussetzungen für den Abzug dieser Beträge jeweils erfüllt sind, sowie ein etwaiger Jahresfreibetrag nach Maßgabe der Eintragungen auf der Lohnsteuerkarte abzuziehen. ³Für den so gekürzten Jahresarbeitslohn (maßgebender Jahresarbeitslohn) ist die Lohnsteuer aus der allgemeinen Jahreslohnsteuertabelle (§ 38c Abs. 1) oder aus der besonderen Jahreslohnsteuertabelle (§ 38c Abs. 2) oder nach der diesen Jahreslohnsteuertabellen angefügten Anleitung zu ermitteln; die besondere Lohnsteuertabelle ist anzuwenden, wenn der Arbeitnehmer in der gesetzlichen Rentenversicherung nicht versicherungspflichtig ist und zu dem in § 10c Abs. 3 bezeichneten Personenkreis gehört. ⁴Dabei ist die auf der Lohnsteuerkarte eingetragene Steuerklasse maßgebend. ⁵Außerdem ist die Jahreslohnsteuer für den maßgebenden Jahresarbeitslohn unter Einbeziehung des sonstigen Bezugs zu ermitteln. ⁶Dabei ist der sonstige Bezug, soweit es sich nicht um einen sonstigen Bezug im Sinne des Satzes 9 handelt, um den Versorgungs-

---

[1)] Anm.: Durch das Gesetz zur Neuregelung der geringfügigen Beschäftigungsverhältnisse wurde mit Wirkung ab dem VZ 1999 folgender Absatz 6 angefügt:
„(6) ¹Auf Antrag des Arbeitnehmers bescheinigt das Finanzamt, daß der Arbeitgeber Arbeitslohn für eine geringfügige Beschäftigung nach § 3 Nr. 39 steuerfrei auszuzahlen hat. ²Absatz 2 Satz 3 und 7 sowie Absätze 4 und 5 gelten sinngemäß."

Freibetrag und den Altersentlastungsbetrag zu kürzen, wenn die Voraussetzungen für den Abzug dieser Beträge jeweils erfüllt sind und soweit sie nicht bei der Feststellung des maßgebenden Jahresarbeitslohns berücksichtigt worden sind. ⁷Der Unterschiedsbetrag zwischen den ermittelten Jahreslohnsteuerbeträgen ist die Lohnsteuer, die von dem sonstigen Bezug einzubehalten ist. ⁸Werden in einem Lohnzahlungszeitraum neben laufendem Arbeitslohn sonstige Bezüge von insgesamt nicht mehr als 300 Deutsche Mark gezahlt, so sind sie dem laufenden Arbeitslohn hinzuzurechnen. ⁹Die Lohnsteuer ist bei einem sonstigen Bezug im Sinne des § 34 Abs. 3 in der Weise zu ermäßigen, daß der sonstige Bezug bei der Anwendung des Satzes 5 mit einem Drittel anzusetzen und der Unterschiedsbetrag im Sinne des Satzes 7 zu verdreifachen ist. ¹⁰Von steuerpflichtigen Entschädigungen im Sinne des § 34 Abs. 1 und 2 Nr. 2 ist, soweit sie 15 Millionen Deutsche Mark im Kalenderjahr nicht übersteigen, die nach Satz 7 ermittelte Lohnsteuer zur Hälfte einzubehalten. ¹⁾ ²⁾

(4) Für Lohnzahlungszeiträume, für die Lohnsteuertabellen nicht aufgestellt sind, ergibt sich die Lohnsteuer aus den mit der Zahl der Kalendertage oder Wochen dieser Zeiträume vervielfachten Beträgen der Lohnsteuertagestabelle oder Lohnsteuerwochentabelle.

(5) ¹Wenn der Arbeitgeber für den Lohnzahlungszeitraum lediglich Abschlagszahlungen leistet und eine Lohnabrechnung für einen längeren Zeitraum (Lohnabrechnungszeitraum) vornimmt, kann er den Lohnabrechnungszeitraum als Lohnzahlungszeitraum behandeln und die Lohnsteuer abweichend von § 38 Abs. 3 bei der Lohnabrechnung einbehalten. ²Satz 1 gilt nicht, wenn der Lohnabrechnungszeitraum fünf Wochen übersteigt oder die Lohnabrechnung nicht innerhalb von drei Wochen nach dessen Ablauf erfolgt. ³Das Betriebsstättenfinanzamt kann anordnen, daß die Lohnsteuer von den Abschlagszahlungen einzubehalten ist, wenn die Erhebung der Lohnsteuer sonst nicht gesichert erscheint. ⁴Wenn wegen einer besonderen Entlohnungsart weder ein Lohnzahlungszeitraum noch ein Lohnabrechnungszeitraum festgestellt werden kann, gilt als Lohnzahlungszeitraum die Summe der tatsächlichen Arbeitstage oder Arbeitswochen.

(6) ¹Ist nach einem Abkommen zur Vermeidung der Doppelbesteuerung der von einem inländischen Arbeitgeber gezahlte Arbeitslohn von der Lohnsteuer freizustellen, so erteilt das Betriebsstättenfinanzamt auf Antrag des Arbeitnehmers oder des Arbeitgebers eine entsprechende Bescheinigung. ²Der Arbeitgeber hat diese Bescheinigung als Beleg zum Lohnkonto (§ 41 Abs. 1) aufzubewahren. ³⁾

§ 39c
Durchführung des Lohnsteuerabzugs ohne Lohnsteuerkarte

(1) ¹Solange der unbeschränkt einkommensteuerpflichtige Arbeitnehmer dem Arbeitgeber eine Lohnsteuerkarte schuldhaft nicht vorlegt oder die Rückgabe der ihm ausgehändigten Lohnsteuerkarte schuldhaft verzögert, hat der Arbeitgeber die Lohnsteuer nach der Steuerklasse VI zu ermitteln. ²Weist der Arbeitnehmer nach, daß er die Nichtvorlage oder verzögerte Rückgabe der Lohnsteuerkarte nicht zu vertreten hat, so hat der Arbeitgeber für die Lohnsteuerberechnung die ihm bekannten Familienverhältnisse des Arbeitnehmers zugrunde zu legen.

(2) ¹Der Arbeitgeber kann die Lohnsteuer von dem Arbeitslohn für den Monat Januar eines Kalenderjahrs abweichend von Absatz 1 auf Grund der Eintragungen auf der Lohn-

---

¹⁾ Anm.: Durch das Steuerentlastungsgesetz 1999/2000/2002 wurde Absatz 3 Satz 9 mit Wirkung ab dem VZ 1999 wie folgt gefaßt:
„⁹Die Lohnsteuer ist bei einem sonstigen Bezug im Sinne des § 34 Abs. 1 und Abs. 2 Nr. 2 und 4 in der Weise zu ermäßigen, daß der sonstige Bezug bei der Anwendung des Satzes 5 mit einem Fünftel anzusetzen und der Unterschiedsbetrag im Sinne des Satzes 7 zu verfünffachen ist."
Satz 10 wurde aufgehoben.
²⁾ Zur Anwendung → § 52 Abs. 28c EStG.
³⁾ Anm.: Durch das Gesetz zur Neuregelung der geringfügigen Beschäftigungsverhältnisse wurde mit Wirkung ab dem VZ 1999 nach Absatz 6 folgender Absatz 7 angefügt:
„(7) Arbeitslohn für eine geringfügige Beschäftigung darf der Arbeitgeber nach § 3 Nr. 39 nur steuerfrei auszahlen, wenn ihm eine Bescheinigung nach § 39a Abs. 6 vorliegt."

§§ 39c, 39d EStG

steuerkarte für das vorhergehende Kalenderjahr ermitteln, wenn der Arbeitnehmer eine Lohnsteuerkarte für das neue Kalenderjahr bis zur Lohnabrechnung nicht vorgelegt hat. ²Nach Vorlage der Lohnsteuerkarte ist die Lohnsteuerermittlung für den Monat Januar zu überprüfen und erforderlichenfalls zu ändern. ³Legt der Arbeitnehmer bis zum 31. März keine Lohnsteuerkarte vor, ist nachträglich Absatz 1 anzuwenden. ⁴Die zuwenig oder zuviel einbehaltene Lohnsteuer ist jeweils bei der nächsten Lohnabrechnung auszugleichen.

(3) ¹Für Arbeitnehmer, die nach § 1 Abs. 2 unbeschränkt einkommensteuerpflichtig sind, hat der Arbeitgeber die Lohnsteuer unabhängig von einer Lohnsteuerkarte zu ermitteln. ²Dabei ist die Steuerklasse maßgebend, die nach § 39 Abs. 3 bis 5 auf einer Lohnsteuerkarte des Arbeitnehmers einzutragen wäre. ³Auf Antrag des Arbeitnehmers erteilt das Betriebsstättenfinanzamt (§ 41a Abs. 1 Satz 1 Nr. 1) über die maßgebende Steuerklasse, die Zahl der Kinderfreibeträge und einen etwa in Betracht kommenden Freibetrag (§ 39a) eine Bescheinigung, für die die Vorschriften über die Eintragung auf der Lohnsteuerkarte sinngemäß anzuwenden sind.

(4) ¹Arbeitnehmer, die nach § 1 Abs. 3 als unbeschränkt einkommensteuerpflichtig behandelt werden, haben ihrem Arbeitgeber vor Beginn des Kalenderjahrs oder beim Eintritt in das Dienstverhältnis eine Bescheinigung vorzulegen. ²Die Bescheinigung wird auf Antrag des Arbeitnehmers vom Betriebsstättenfinanzamt (§ 41a Abs. 1 Satz 1 Nr. 1) des Arbeitgebers erteilt. ³In die Bescheinigung, für die die Vorschriften über die Eintragung auf der Lohnsteuerkarte sinngemäß anzuwenden sind, trägt das Finanzamt die maßgebende Steuerklasse, die Zahl der Kinderfreibeträge und einen etwa in Betracht kommenden Freibetrag (§ 39a) ein. ⁴Ist der Arbeitnehmer gleichzeitig bei mehreren inländischen Arbeitgebern tätig, ist für die Erteilung jeder weiteren Beschäftigung das Betriebsstättenfinanzamt zuständig, das die erste Bescheinigung ausgestellt hat. ⁵Bei Ehegatten, die beide Arbeitslohn von einem inländischen Arbeitgeber beziehen, ist für die Erteilung der Bescheinigungen das Betriebsstättenfinanzamt des älteren Ehegatten zuständig.¹⁾

§ 39d
Durchführung des Lohnsteuerabzugs für beschränkt einkommensteuerpflichtige Arbeitnehmer

(1) ¹Für die Durchführung des Lohnsteuerabzugs werden beschränkt einkommensteuerpflichtige Arbeitnehmer in die Steuerklasse I eingereiht. ²§ 38b Satz 2 Nr. 6 ist anzuwenden. ³Das Betriebsstättenfinanzamt (§ 41a Abs. 1 Satz 1 Nr. 1) erteilt auf Antrag des Arbeitnehmers über die maßgebende Steuerklasse eine Bescheinigung, für die die Vorschriften über die Eintragungen auf der Lohnsteuerkarte mit der Maßgabe sinngemäß anzuwenden sind, daß der Arbeitnehmer eine Änderung der Bescheinigung bis zum Ablauf des Kalenderjahrs, für das sie gilt, beim Finanzamt beantragen kann.²⁾

(2) ¹In die nach Absatz 1 zu erteilende Bescheinigung trägt das Finanzamt für einen Arbeitnehmer, bei dem § 50 Abs. 1 Satz 6 anzuwenden ist, auf Antrag folgendes ein:

1. Werbungskosten, die bei den Einkünften aus nichtselbständiger Arbeit anfallen (§ 9), soweit sie den Arbeitnehmer-Pauschbetrag (§ 9a Satz 1 Nr. 1 Buchstabe a)³⁾ übersteigen,
2. Sonderausgaben im Sinne des § 10 Abs. 1 Nr. 5 und des³⁾ § 10b, soweit sie den Sonderausgaben-Pauschbetrag (§ 10c Abs. 1) übersteigen, und die wie Sonderausgaben abziehbaren Beträge nach § 10e oder § 10i, jedoch erst nach Fertigstellung oder

---

¹⁾ Anm.: Durch das Gesetz zur Neuregelung der geringfügigen Beschäftigungsverhältnisse wurde mit Wirkung ab dem VZ 1999 nach Absatz 4 folgender Absatz 5 angefügt:
„(5) § 39a Abs. 6 und § 39b Abs. 7 sind anzuwenden."

²⁾ Anm.: Durch das Gesetz zur Neuregelung der geringfügigen Beschäftigungsverhältnisse wurde dem Absatz 1 mit Wirkung ab dem VZ 1999 folgender Satz angefügt:
„§ 39a Abs. 6 ist anzuwenden." sowie in Absatz 3 Satz 4 das Zitat „§ 39b Abs. 2 bis 6" durch das Zitat „§ 39b Abs. 2 bis 7" ersetzt.

³⁾ Anm.: Durch das Steuerentlastungsgesetz 1999/2000/2002 wurde in Absatz 2 Satz 1 Nr. 1 die Angabe „(§ 9a Satz 1 Nr. 1)" ersetzt sowie in Nummer 2 die Angabe „§ 10 Abs. 1 Nr. 5 und des" gestrichen.

Anschaffung des begünstigten Objekts oder nach Fertigstellung der begünstigten Maßnahme. ²Der Antrag kann nur nach amtlich vorgeschriebenem Vordruck bis zum Ablauf des Kalenderjahrs gestellt werden, für das die Bescheinigung gilt. ³Das Finanzamt hat die Summe der eingetragenen Beträge durch Aufteilung in Monatsfreibeträge, erforderlichenfalls Wochen- und Tagesfreibeträge, jeweils auf die voraussichtliche Dauer des Dienstverhältnisses im Kalenderjahr gleichmäßig zu verteilen. ⁴§ 39a Abs. 4 und 5 ist sinngemäß anzuwenden.

(3) ¹Der Arbeitnehmer hat die nach Absatz 1 erteilte Bescheinigung seinem Arbeitgeber vor Beginn des Kalenderjahrs oder beim Eintritt in das Dienstverhältnis vorzulegen. ²Der Arbeitgeber hat die Bescheinigung aufzubewahren. ³§ 39b Abs. 1 Satz 3 und 4 gilt sinngemäß. ⁴Der Arbeitgeber hat im übrigen den Lohnsteuerabzug nach Maßgabe des § 39b Abs. 2 bis 6¹), des § 39c Abs. 1 und 2 und des § 41c durchzuführen; dabei tritt die nach Absatz 1 erteilte Bescheinigung an die Stelle der Lohnsteuerkarte. ⁵Auf Verlangen des beschränkt einkommensteuerpflichtigen Arbeitnehmers hat der Arbeitgeber bei Beendigung des Dienstverhältnisses oder am Ende des Kalenderjahrs eine Lohnsteuerbescheinigung nach amtlich vorgeschriebenem Vordruck zu erteilen; dabei sind die Vorschriften des § 41b Abs. 1 Satz 2 bis 7 und Abs. 2 sinngemäß anzuwenden.

§ 40
Pauschalierung der Lohnsteuer in besonderen Fällen

(1) ¹Das Betriebsstättenfinanzamt (§ 41a Abs. 1 Satz 1 Nr. 1) kann auf Antrag des Arbeitgebers zulassen, daß die Lohnsteuer mit einem unter Berücksichtigung der Vorschriften des § 38a zu ermittelnden Pauschsteuersatz erhoben wird, soweit

1. von dem Arbeitgeber sonstige Bezüge in einer größeren Zahl von Fällen gewährt werden oder
2. in einer größeren Zahl von Fällen Lohnsteuer nachzuerheben ist, weil der Arbeitgeber die Lohnsteuer nicht vorschriftsmäßig einbehalten hat.

²Bei der Ermittlung des Pauschsteuersatzes ist zu berücksichtigen, daß die in Absatz 3 vorgeschriebene Übernahme der pauschalen Lohnsteuer durch den Arbeitgeber für den Arbeitnehmer eine in Geldeswert bestehende Einnahme im Sinne des § 8 Abs. 1 darstellt (Nettosteuersatz). ³Die Pauschalierung ist in den Fällen der Nummer 1 ausgeschlossen, soweit der Arbeitgeber einem Arbeitnehmer sonstige Bezüge von mehr als 2.000 Deutsche Mark im Kalenderjahr gewährt. ⁴Der Arbeitgeber hat dem Antrag eine Berechnung beizufügen, aus der sich der durchschnittliche Steuersatz unter Zugrundelegung der durchschnittlichen Jahresarbeitslöhne und der durchschnittlichen Jahreslohnsteuer in jeder Steuerklasse für diejenigen Arbeitnehmer ergibt, denen die Bezüge gewährt werden sollen oder gewährt worden sind.

(2) ¹Abweichend von Absatz 1 kann der Arbeitgeber die Lohnsteuer mit einem Pauschsteuersatz von 25 vom Hundert erheben, soweit er

1. arbeitstäglich Mahlzeiten im Betrieb an die Arbeitnehmer unentgeltlich oder verbilligt abgibt oder Barzuschüsse an ein anderes Unternehmen leistet, das arbeitstäglich Mahlzeiten an die Arbeitnehmer unentgeltlich oder verbilligt abgibt. ²Voraussetzung ist, daß die Mahlzeiten nicht als Lohnbestandteile vereinbart sind,
2. Arbeitslohn aus Anlaß von Betriebsveranstaltungen zahlt,
3. Erholungsbeihilfen gewährt, wenn diese zusammen mit Erholungsbeihilfen, die in demselben Kalenderjahr früher gewährt worden sind, 300 Deutsche Mark für den Arbeitnehmer, 200 Deutsche Mark für dessen Ehegatten und 100 Deutsche Mark für jedes Kind nicht übersteigen und der Arbeitgeber sicherstellt, daß die Beihilfen zu Erholungszwecken verwendet werden,

---

¹) Anm.: Durch das Gesetz zur Neuregelung der geringfügigen Beschäftigungsverhältnisse wurde dem Absatz 1 mit Wirkung ab dem VZ 1999 folgender Satz angefügt:
„⁴§ 39a Abs. 6 ist anzuwenden." sowie in Absatz 3 Satz 4 das Zitat „§ 39b Abs. 2 bis 6" durch das Zitat „§ 39b Abs. 2 bis 7" ersetzt.

§§ 40, 40a EStG

4. Vergütungen für Verpflegungsmehraufwendungen anläßlich einer Tätigkeit im Sinne des § 4 Abs. 5 Satz 1 Nr. 5 Satz 2 bis 4 zahlt, soweit diese die dort bezeichneten Pauschbeträge um nicht mehr als 100 vom Hundert übersteigen.

²Der Arbeitgeber kann die Lohnsteuer mit einem Pauschsteuersatz von 15 vom Hundert für Sachbezüge in Form der unentgeltlichen oder verbilligten Beförderung eines Arbeitnehmers zwischen Wohnung und Arbeitsstätte und für zusätzlich zum ohnehin geschuldeten Arbeitslohn geleistete Zuschüsse zu den Aufwendungen des Arbeitnehmers für Fahrten zwischen Wohnung und Arbeitsstätte erheben, soweit diese Bezüge den Betrag nicht übersteigen, den der Arbeitnehmer nach § 9 Abs. 1 Satz 3 Nr. 4 und Abs. 2 als Werbungskosten geltend machen könnte, wenn die Bezüge nicht pauschal besteuert würden. ³Die nach Satz 2 pauschal besteuerten Bezüge mindern die nach § 9 Abs. 1 Satz 3 Nr. 4 und Abs. 2 abziehbaren Werbungskosten; sie bleiben bei der Anwendung des § 40a Abs. 1 bis 4 außer Ansatz.

(3) ¹Der Arbeitgeber hat die pauschale Lohnsteuer zu übernehmen. ²Er ist Schuldner der pauschalen Lohnsteuer.¹) ³Der pauschal besteuerte Arbeitslohn und die pauschale Lohnsteuer bleiben bei einer Veranlagung zur Einkommensteuer und beim Lohnsteuer-Jahresausgleich außer Ansatz. ⁴Die pauschale Lohnsteuer ist weder auf die Einkommensteuer noch auf die Jahreslohnsteuer anzurechnen.

EStG
S 2372

§ 40a
Pauschalierung der Lohnsteuer für Teilzeitbeschäftigte

(1) ¹Der Arbeitgeber kann unter Verzicht auf die Vorlage einer Lohnsteuerkarte bei Arbeitnehmern, die nur kurzfristig beschäftigt werden, die Lohnsteuer mit einem Pauschsteuersatz von 25 vom Hundert des Arbeitslohns erheben. ²Eine kurzfristige Beschäftigung liegt vor, wenn der Arbeitnehmer bei dem Arbeitgeber gelegentlich, nicht regelmäßig wiederkehrend beschäftigt wird, die Dauer der Beschäftigung 18 zusammenhängende Arbeitstage nicht übersteigt und

1. der Arbeitslohn während der Beschäftigungsdauer 120 Deutsche Mark durchschnittlich je Arbeitstag nicht übersteigt oder
2. die Beschäftigung zu einem unvorhersehbaren Zeitpunkt sofort erforderlich wird.

(2) ¹Der Arbeitgeber kann unter Verzicht auf die Vorlage einer Lohnsteuerkarte bei Arbeitnehmern, die nur in geringem Umfang und gegen geringen Arbeitslohn beschäftigt werden, die Lohnsteuer mit einem Pauschsteuersatz von 20 vom Hundert des Arbeitslohns erheben. ²Eine Beschäftigung in geringem Umfang und gegen geringen Arbeitslohn liegt vor, wenn bei monatlicher Lohnzahlung die Beschäftigungsdauer 86 Stunden und der Arbeitslohn ein Siebtel der monatlichen Bezugsgröße im Sinne des § 18 Abs. 1 des Vierten Buches Sozialgesetzbuch nicht übersteigt; bei kürzeren Lohnzahlungszeiträumen darf wöchentlich die Beschäftigungsdauer 20 Stunden und der Arbeitslohn ein Dreißigstel der monatlichen Bezugsgröße nicht übersteigen.²)

(3) ¹Abweichend von den Absätzen 1 und 2 kann der Arbeitgeber unter Verzicht auf die Vorlage einer Lohnsteuerkarte bei Aushilfskräften, die in Betrieben der Land- und Forstwirtschaft im Sinne des § 13 Abs. 1 Nr. 1 bis 4 ausschließlich mit typisch land- oder forstwirtschaftlichen Arbeiten beschäftigt werden, die Lohnsteuer mit einem Pauschsteuersatz von 5 vom Hundert des Arbeitslohns erheben. ²Aushilfskräfte im Sinne dieser Vorschrift sind Personen, die für die Ausführung und für die Dauer von Arbeiten, die nicht ganzjährig anfallen, beschäftigt werden; eine Beschäftigung mit anderen land- und forstwirtschaftli-

---

¹) Anm.: Durch das Steuerentlastungsgesetz 1999/2000/2002 wurde in Absatz 3 Satz 2 der Punkt durch ein Semikolon ersetzt und folgender Halbsatz angefügt:
„auf den Arbeitnehmer abgewälzte pauschale Lohnsteuer gilt als zugeflossener Arbeitslohn und mindert nicht die Bemessungsgrundlage."
Die geänderte Fassung ist auf Arbeitslöhne anzuwenden, die ab dem 1.4.1999 zufließen.

²) Anm.: Durch das Gesetz zur Neuregelung der geringfügigen Beschäftigungsverhältnisse wurde Absatz 2 Satz 2 mit Wirkung ab dem VZ 1999 wie folgt gefaßt:
„Eine Beschäftigung in geringem Umfang und gegen geringen Arbeitslohn liegt vor, wenn bei monatlicher Lohnzahlung der Arbeitslohn 630 Deutsche Mark oder bei kürzeren Lohnzahlungszeiträumen wöchentlich 147 Deutsche Mark nicht übersteigt."

chen Arbeiten ist unschädlich, wenn deren Dauer 25 vom Hundert der Gesamtbeschäftigungsdauer nicht überschreitet. ³Aushilfskräfte sind nicht Arbeitnehmer, die zu den land- und forstwirtschaftlichen Fachkräften gehören oder die der Arbeitgeber mehr als 180 Tage im Kalenderjahr beschäftigt.

(4) Die Pauschalierungen nach den Absätzen 1 bis 3 sind unzulässig

1. bei Arbeitnehmern, deren Arbeitslohn während der Beschäftigungsdauer ein Zweihundertstel der monatlichen Bezugsgröße im Sinne des § 18 Abs. 1 des Vierten Buches Sozialgesetzbuch durchschnittlich je Arbeitsstunde übersteigt. ¹)

2. bei Arbeitnehmern, die für eine andere Beschäftigung von demselben Arbeitgeber Arbeitslohn beziehen, der nach den §§ 39b bis 39d dem Lohnsteuerabzug unterworfen wird.

(5) Auf die Pauschalierungen nach den Absätzen 1 bis 3 ist § 40 Abs. 3 anzuwenden.

§ 40b
Pauschalierung der Lohnsteuer bei bestimmten Zukunftssicherungsleistungen

(1) ¹Der Arbeitgeber kann die Lohnsteuer von den Beiträgen für eine Direktversicherung des Arbeitnehmers und von den Zuwendungen an eine Pensionskasse mit einem Pauschsteuersatz von 20 vom Hundert der Beiträge und Zuwendungen erheben. ²Die pauschale Erhebung der Lohnsteuer von Beiträgen für eine Direktversicherung ist nur zulässig, wenn die Versicherung nicht auf den Erlebensfall eines früheren als des 60. Lebensjahrs abgeschlossen und eine vorzeitige Kündigung des Versicherungsvertrags durch den Arbeitnehmer ausgeschlossen worden ist.

(2) ¹Absatz 1 gilt nicht, soweit die zu besteuernden Beiträge und Zuwendungen des Arbeitgebers für den Arbeitnehmer 3.408 Deutsche Mark im Kalenderjahr übersteigen oder nicht aus seinem ersten Dienstverhältnis bezogen werden. ²Sind mehrere Arbeitnehmer gemeinsam in einem Direktversicherungsvertrag oder in einer Pensionskasse versichert, so gilt als Beitrag oder Zuwendung für den einzelnen Arbeitnehmer der Teilbetrag, der sich bei einer Aufteilung der gesamten Beiträge oder der gesamten Zuwendungen durch die Zahl der begünstigten Arbeitnehmer ergibt, wenn dieser Teilbetrag 3.408 Deutsche Mark nicht übersteigt; hierbei sind Arbeitnehmer, für die Beiträge und Zuwendungen von mehr als 4.200 Deutsche Mark im Kalenderjahr geleistet werden, nicht einzubeziehen. ³Für Beiträge und Zuwendungen, die der Arbeitgeber für den Arbeitnehmer aus Anlaß der Beendigung des Dienstverhältnisses erbracht hat, vervielfältigt sich der Betrag von 3.408 Deutsche Mark mit der Anzahl der Kalenderjahre, in denen das Dienstverhältnis des Arbeitnehmers zu dem Arbeitgeber bestanden hat; in diesem Fall ist Satz 2 nicht anzuwenden. ⁴Der vervielfältigte Betrag vermindert sich um die nach Absatz 1 pauschal besteuerten Beiträge und Zuwendungen, die der Arbeitgeber in dem Kalenderjahr, in dem das Dienstverhältnis beendet wird, und in den sechs vorangegangenen Kalenderjahren erbracht hat.

(3) Von den Beiträgen für eine Unfallversicherung des Arbeitnehmers kann der Arbeitgeber die Lohnsteuer mit einem Pauschsteuersatz von 20 vom Hundert der Beiträge erheben, wenn mehrere Arbeitnehmer gemeinsam in einem Unfallversicherungsvertrag versichert sind und der Teilbetrag, der sich bei einer Aufteilung der gesamten Beiträge nach Abzug der Versicherungsteuer durch die Zahl der begünstigten Arbeitnehmer ergibt, 120 Deutsche Mark im Kalenderjahr nicht übersteigt.

(4) ¹§ 40 Abs. 3 ist anzuwenden. ²Die Anwendung des § 40 Abs. 1 Nr. 1 Satz 1 auf Bezüge im Sinne des Absatzes 1 Satz 1 und des Absatzes 3 ist ausgeschlossen.

---

¹) Anm.: Durch das Gesetz zur Neuregelung der geringfügigen Beschäftigungsverhältnisse wurde Absatz 4 Nr. 1 mit Wirkung ab dem VZ 1999 wie folgt gefaßt:
„1. bei Arbeitnehmern, deren Arbeitslohn während der Beschäftigungsdauer durchschnittlich je Arbeitsstunde 22 Deutsche Mark übersteigt,"

§ 41
Aufzeichnungspflichten beim Lohnsteuerabzug

(1) ¹Der Arbeitgeber hat am Ort der Betriebsstätte (Absatz 2) für jeden Arbeitnehmer und jedes Kalenderjahr ein Lohnkonto zu führen. ²In das Lohnkonto sind die für den Lohnsteuerabzug erforderlichen Merkmale aus der Lohnsteuerkarte oder aus einer entsprechenden Bescheinigung zu übernehmen.¹) ³Bei jeder Lohnzahlung für das Kalenderjahr, für das das Lohnkonto gilt, sind im Lohnkonto die Art und Höhe des gezahlten Arbeitslohns einschließlich der steuerfreien Bezüge sowie die einbehaltene oder übernommene Lohnsteuer einzutragen; an die Stelle der Lohnzahlung tritt in den Fällen des § 39b Abs. 5 Satz 1 die Lohnabrechnung. ⁴Ist die einbehaltene oder übernommene Lohnsteuer nach der besonderen Lohnsteuertabelle (§ 38c Abs. 2) ermittelt worden, so ist dies durch Eintragung des Großbuchstabens B zu vermerken. ⁵Ferner sind das Kurzarbeitergeld, das Schlechtwettergeld, das Winterausfallgeld, der Zuschuß zum Mutterschaftsgeld nach dem Mutterschutzgesetz, der Zuschuß nach § 4a Mutterschutzverordnung oder einer entsprechenden Landesregelung, die Entschädigungen für Verdienstausfall nach dem Bundes-Seuchengesetz, | die Aufstockungsbeträge nach dem Altersteilzeitgesetz *sowie die Zuschläge auf Grund des § 6 Abs. 2 des Bundesbesoldungsgesetzes* einzutragen. ⁶Ist während der Dauer des Dienstverhältnisses in anderen Fällen als in denen des Satzes 5 der Anspruch auf Arbeitslohn für mindestens fünf aufeinander folgende Arbeitstage im wesentlichen weggefallen, so ist dies jeweils durch Eintragung des Großbuchstabens U zu vermerken. ⁷Die Bundesregierung wird ermächtigt, durch Rechtsverordnung mit Zustimmung des Bundesrates vorzuschreiben, welche Einzelangaben im Lohnkonto aufzuzeichnen sind. ⁸Dabei können für Arbeitnehmer mit geringem Arbeitslohn und für die Fälle der §§ 40 bis 40b Aufzeichnungserleichterungen sowie für steuerfreie Bezüge Aufzeichnungen außerhalb des Lohnkontos zugelassen werden. ⁹Die Lohnkonten sind bis zum Ablauf des sechsten Kalenderjahrs, das auf die zuletzt eingetragene Lohnzahlung folgt, aufzubewahren.

(2) ¹Betriebsstätte ist der Betrieb oder Teil des Betriebs des Arbeitgebers, in dem der für die Durchführung des Lohnsteuerabzugs maßgebende Arbeitslohn ermittelt wird. ²Wird der maßgebende Arbeitslohn nicht in dem Betrieb oder einem Teil des Betriebs des Arbeitgebers oder nicht im Inland ermittelt, so gilt als Betriebsstätte der Mittelpunkt der geschäftlichen Leitung des Arbeitgebers im Inland; im Fall des § 38 Abs. 1 Satz 1 Nr. 2 gilt als Betriebsstätte der Ort im Inland, an dem die Arbeitsleistung ganz oder vorwiegend stattfindet. ³Als Betriebsstätte gilt auch der inländische Heimathafen deutscher Handelsschiffe, wenn die Reederei im Inland keine Niederlassung hat.

§ 41a
Anmeldung und Abführung der Lohnsteuer

(1) ¹Der Arbeitgeber hat spätestens am zehnten Tag nach Ablauf eines jeden Lohnsteuer-Anmeldungszeitraums

1. dem Finanzamt, in dessen Bezirk sich die Betriebsstätte (§ 41 Abs. 2) befindet (Betriebsstättenfinanzamt), eine Steuererklärung einzureichen, in der er die Summe der im Lohnsteuer-Anmeldungszeitraum einzubehaltenden und zu übernehmenden Lohnsteuer angibt (Lohnsteuer-Anmeldung),
2. die im Lohnsteuer-Anmeldungszeitraum insgesamt einbehaltene und übernommene Lohnsteuer an das Betriebsstättenfinanzamt abzuführen.

²Die Lohnsteuer-Anmeldung ist nach amtlich vorgeschriebenem Vordruck abzugeben und vom Arbeitgeber oder von einer zu seiner Vertretung berechtigten Person zu unterschreiben. ³Der Arbeitgeber wird von der Verpflichtung zur Abgabe weiterer Lohnsteuer-Anmeldungen befreit, wenn er Arbeitnehmer, für die nach § 41 ein Lohnkonto zu führen ist, nicht mehr beschäftigt und das dem Finanzamt mitteilt.

---

¹) Anm.: Durch das Gesetz zur Neuregelung der geringfügigen Beschäftigungsverhältnisse wurde Absatz 1 Satz 2 mit Wirkung ab dem VZ 1999 wie folgt gefaßt:
„In das Lohnkonto sind die für den Lohnsteuerabzug erforderlichen Merkmale aus der Lohnsteuerkarte, aus einer entsprechenden Bescheinigung oder aus der Bescheinigung nach § 39a Abs. 6 zu übernehmen."

(2) ¹Lohnsteuer-Anmeldungszeitraum ist grundsätzlich der Kalendermonat. ²Lohnsteuer-Anmeldungszeitraum ist das Kalendervierteljahr, wenn die abzuführende Lohnsteuer für das vorangegangene Kalenderjahr mehr als 1.600 Deutsche Mark, aber nicht mehr als 6.000 Deutsche Mark betragen hat; Lohnsteuer-Anmeldungszeitraum ist das Kalenderjahr, wenn die abzuführende Lohnsteuer für das vorangegangene Kalenderjahr nicht mehr als 1.600 Deutsche Mark betragen hat. ³Hat die Betriebsstätte nicht während des ganzen vorangegangenen Kalenderjahrs bestanden, so ist die für das vorangegangene Kalenderjahr abzuführende Lohnsteuer für die Feststellung des Lohnsteuer-Anmeldungszeitraums auf einen Jahresbetrag umzurechnen. ⁴Wenn die Betriebsstätte im vorangegangenen Kalenderjahr noch nicht bestanden hat, ist die auf einen Jahresbetrag umgerechnete für den ersten vollen Kalendermonat nach der Eröffnung der Betriebsstätte abzuführende Lohnsteuer maßgebend.

(3) ¹Die oberste Finanzbehörde des Landes kann bestimmen, daß die Lohnsteuer nicht dem Betriebsstättenfinanzamt, sondern einer anderen öffentlichen Kasse anzumelden und an diese abzuführen ist; die Kasse erhält insoweit die Stellung einer Landesfinanzbehörde. ²Das Betriebsstättenfinanzamt oder die zuständige andere öffentliche Kasse können anordnen, daß die Lohnsteuer abweichend von dem nach Absatz 1 maßgebenden Zeitpunkt anzumelden und abzuführen ist, wenn die Abführung der Lohnsteuer nicht gesichert erscheint.

(4) ... ¹⁾

§ 41b
Abschluß des Lohnsteuerabzugs

(1) ¹Bei Beendigung eines Dienstverhältnisses oder am Ende des Kalenderjahrs hat der Arbeitgeber das Lohnkonto des Arbeitnehmers abzuschließen. ²Der Arbeitgeber hat auf Grund der Eintragungen im Lohnkonto auf der Lohnsteuerkarte des Arbeitnehmers

1. die Dauer des Dienstverhältnisses während des Kalenderjahrs, für das die Lohnsteuerkarte gilt, sowie zusätzlich die Anzahl der nach § 41 Abs. 1 Satz 6 vermerkten Großbuchstaben U,
2. die Art und Höhe des gezahlten Arbeitslohns,
3. die einbehaltene Lohnsteuer sowie zusätzlich den Großbuchstaben B, wenn das Dienstverhältnis vor Ablauf des Kalenderjahrs endet und der Arbeitnehmer für einen abgelaufenen Lohnzahlungszeitraum oder Lohnabrechnungszeitraum des Kalenderjahrs nach der besonderen Lohnsteuertabelle (§ 38c Abs. 2) zu besteuern war,
4. das Kurzarbeitergeld, das Schlechtwettergeld, das Winterausfallgeld, den Zuschuß zum Mutterschaftsgeld nach dem Mutterschutzgesetz, die Entschädigungen für Verdienstausfall nach dem Bundes-Seuchengesetz, *die* Aufstockungsbeträge nach dem Altersteilzeitgesetz *sowie die Zuschläge auf Grund des § 6 Abs. 2 des Bundesbesoldungsgesetzes,*
5. die steuerfreien Arbeitgeberleistungen für Fahrten zwischen Wohnung und Arbeitsstätte,

---

¹⁾ Durch das Seeschiffahrtsanpassungsgesetz mit Wirkung für Lohnzahlungszeiträume nach dem 31.12.1998 neu angefügt.

Anm.: „(4) ¹Arbeitgeber, die eigene oder gecharterte Handelsschiffe betreiben, dürfen vom Gesamtbetrag der anzumeldenden und abzuführenden Lohnsteuer einen Betrag von 40 vom Hundert der Lohnsteuer der auf solchen Schiffen in einem zusammenhängenden Arbeitsverhältnis von mehr als 183 Tagen beschäftigten Besatzungsmitglieder abziehen und einbehalten. ²Die Handelsschiffe müssen in einem inländischen Seeschiffsregister eingetragen sein, die deutsche Flagge führen und zur Beförderung von Personen oder Gütern im Verkehr mit oder zwischen ausländischen Häfen, innerhalb eines ausländischen Hafens oder zwischen einem ausländischen Hafen und der Hohen See betrieben werden. ³Die Sätze 1 und 2 sind entsprechend anzuwenden, wenn Seeschiffe im Wirtschaftsjahr überwiegend außerhalb der deutschen Hoheitsgewässer zum Schleppen, Bergen oder zur Aufsuchung von Bodenschätzen oder zur Vermessung von Energielagerstätten unter dem Meeresboden eingesetzt werden. ⁴Ist für den Lohnsteuerabzug die Lohnsteuer nach der Steuerklasse V oder VI zu ermitteln, so bemißt sich der Betrag nach Satz 1 nach der Lohnsteuer der Steuerklasse I."

§§ 41b, 41c EStG

¹) 6. die pauschalbesteuerten Arbeitgeberleistungen für Fahrten zwischen Wohnung und Arbeitsstätte

zu bescheinigen (Lohnsteuerbescheinigung). ³Liegt dem Arbeitgeber eine Lohnsteuerkarte des Arbeitnehmers nicht vor, hat er die Lohnsteuerbescheinigung nach einem entsprechenden amtlich vorgeschriebenen Vordruck zu erteilen. ⁴Der Arbeitgeber hat dem Arbeitnehmer die Lohnsteuerbescheinigung auszuhändigen, wenn das Dienstverhältnis vor Ablauf des Kalenderjahrs beendet wird oder der Arbeitnehmer zur Einkommensteuer veranlagt wird. ⁵In den übrigen Fällen hat der Arbeitgeber die Lohnsteuerbescheinigung dem Betriebsstättenfinanzamt einzureichen.¹) ⁶Kann ein Arbeitgeber, der für die Lohnabrechnung ein maschinelles Verfahren anwendet, die Lohnsteuerbescheinigung nach Satz 2 nicht sofort bei Beendigung des Dienstverhältnisses ausschreiben, so hat er die Lohnsteuerkarte bis zur Ausschreibung der Lohnsteuerbescheinigung zurückzubehalten und dem Arbeitnehmer eine Bescheinigung über alle auf der Lohnsteuerkarte des Arbeitnehmers eingetragenen Merkmale auszuhändigen; in dieser Bescheinigung ist außerdem der Zeitpunkt einzutragen, zu dem das Dienstverhältnis beendet worden ist. ⁷In diesem Fall ist die Ausschreibung der Lohnsteuerbescheinigung innerhalb von acht Wochen nachzuholen.

(2) Absatz 1 gilt nicht für Arbeitnehmer, soweit sie Arbeitslohn bezogen haben, der nach den §§ 40 bis 40b pauschal besteuert worden ist.

EStG
S 2379

§ 41c
Änderung des Lohnsteuerabzugs

(1) Der Arbeitgeber ist berechtigt, bei der jeweils nächstfolgenden Lohnzahlung bisher erhobene Lohnsteuer zu erstatten oder noch nicht erhobene Lohnsteuer nachträglich einzubehalten,

1. wenn ihm der Arbeitnehmer eine Lohnsteuerkarte mit Eintragungen vorlegt, die auf einen Zeitpunkt vor Vorlage der Lohnsteuerkarte zurückwirken, oder

2. wenn er erkennt, daß er die Lohnsteuer bisher nicht vorschriftsmäßig einbehalten hat.²)

(2) ¹Die zu erstattende Lohnsteuer ist dem Betrag zu entnehmen, den der Arbeitgeber für seine Arbeitnehmer insgesamt an Lohnsteuer einbehalten oder übernommen hat. ²Wenn die zu erstattende Lohnsteuer aus dem Betrag nicht gedeckt werden kann, der insgesamt an Lohnsteuer einzubehalten oder zu übernehmen ist, wird der Fehlbetrag dem Arbeitgeber auf Antrag vom Betriebsstättenfinanzamt ersetzt.

(3) ¹Nach Ablauf des Kalenderjahrs oder, wenn das Dienstverhältnis vor Ablauf des Kalenderjahrs endet, nach Beendigung des Dienstverhältnisses, ist die Änderung des Lohnsteuerabzugs nur bis zur Ausschreibung der Lohnsteuerbescheinigung zulässig. ²Bei Änderung des Lohnsteuerabzugs nach Ablauf des Kalenderjahrs ist die nachträglich einzubehaltende Lohnsteuer nach dem Jahresarbeitslohn auf Grund der Jahreslohnsteuertabelle zu ermitteln. ³Eine Erstattung von Lohnsteuer ist nach Ablauf des Kalenderjahrs nur im Wege des Lohnsteuer-Jahresausgleichs nach § 42b zulässig.

(4) ¹Der Arbeitgeber hat die Fälle, in denen er von seiner Berechtigung zur nachträglichen Einbehaltung von Lohnsteuer nach Absatz 1 keinen Gebrauch macht oder die Lohnsteuer nicht nachträglich einbehalten werden kann, weil

---

¹) Anm.: Durch das Gesetz zur Neuregelung der geringfügigen Beschäftigungsverhältnisse wurde mit Wirkung ab dem VZ 1999
- in Absatz 1 Satz 2 nach Nummer 6 folgende Nummer angefügt:
    „7. steuerfreie Einnahmen im Sinne des § 3 Nr. 39"
- in Absatz 1 nach Satz 5 folgender neuer Satz eingefügt:
    „Ist Freistellung nach § 39 Abs. 7 auf besonderem Vordruck erteilt, so ist die Bescheinigung nach Satz 2 Nr. 1, 5 bis 7 auf diesem Vordruck einzutragen; die Sätze 4 und 5 sind nicht anzuwenden."

²) Anm.: Durch das Steuerentlastungsgesetz 1999/2000/2002 wurde in Absatz 1 Nr. 2 mit Wirkung ab dem VZ 1999 der Punkt durch ein Semikolon ersetzt und folgender Halbsatz angefügt:
    „dies gilt auch bei rückwirkender Gesetzesänderung."

1. Eintragungen auf der Lohnsteuerkarte eines Arbeitnehmers, die nach Beginn des Dienstverhältnisses vorgenommen worden sind, auf einen Zeitpunkt vor Beginn des Dienstverhältnisses zurückwirken,
2. der Arbeitnehmer vom Arbeitgeber Arbeitslohn nicht mehr bezieht oder
3. der Arbeitgeber nach Ablauf des Kalenderjahrs bereits die Lohnsteuerbescheinigung ausgeschrieben hat,

dem Betriebsstättenfinanzamt unverzüglich anzuzeigen. ²Das Finanzamt hat die zuwenig erhobene Lohnsteuer vom Arbeitnehmer nachzufordern, wenn der nachzufordernde Betrag 20 Deutsche Mark übersteigt. ³§ 42d bleibt unberührt.

§§ 42 und 42a

(weggefallen)

§ 42b
Lohnsteuer-Jahresausgleich durch den Arbeitgeber

(1) ¹Der Arbeitgeber ist berechtigt, seinen unbeschränkt einkommensteuerpflichtigen Arbeitnehmern, die während des abgelaufenen Kalenderjahrs (Ausgleichsjahr) ständig in einem Dienstverhältnis gestanden haben, die für das Ausgleichsjahr einbehaltene Lohnsteuer insoweit zu erstatten, als sie die auf den Jahresarbeitslohn entfallende Jahreslohnsteuer übersteigt (Lohnsteuer-Jahresausgleich). ²Er ist zur Durchführung des Lohnsteuer-Jahresausgleichs verpflichtet, wenn er am 31. Dezember des Ausgleichsjahrs mindestens zehn Arbeitnehmer beschäftigt. ³Voraussetzung für den Lohnsteuer-Jahresausgleich ist, daß dem Arbeitgeber die Lohnsteuerkarte des Arbeitnehmers mit den Lohnsteuerbescheinigungen aus etwaigen vorangegangenen Dienstverhältnissen vorliegt. ⁴Der Arbeitgeber darf den Lohnsteuer-Jahresausgleich nicht durchführen, wenn

1. der Arbeitnehmer es beantragt oder
2. der Arbeitnehmer für das Ausgleichsjahr oder für einen Teil des Ausgleichsjahrs nach den Steuerklassen V oder VI zu besteuern war oder
3. der Arbeitnehmer für einen Teil des Ausgleichsjahrs nach den Steuerklassen III oder IV zu besteuern war oder
4. der Arbeitnehmer im Ausgleichsjahr Kurzarbeitergeld, Schlechtwettergeld, Winterausfallgeld, Zuschuß zum Mutterschaftsgeld nach dem Mutterschutzgesetz, Zuschuß nach § 4a der Mutterschutzverordnung oder einer entsprechenden Landesregelung, Entschädigungen für Verdienstausfall nach dem Bundes-Seuchengesetz, Aufstockungsbeträge nach dem Altersteilzeitgesetz *oder Zuschläge auf Grund des § 6 Abs. 2 des Bundesbesoldungsgesetzes* bezogen hat oder
4a. die Anzahl der im Lohnkonto eingetragenen oder auf der Lohnsteuerkarte bescheinigten Großbuchstaben U mindestens eins beträgt oder
5. der Arbeitnehmer im Ausgleichsjahr nach der allgemeinen Lohnsteuertabelle (§ 38c Abs. 1) und nach der besonderen Lohnsteuertabelle (§ 38c Abs. 2) zu besteuern war oder
6. der Arbeitnehmer im Ausgleichsjahr ausländische Einkünfte aus nichtselbständiger Arbeit bezogen hat, die nach einem Abkommen zur Vermeidung der Doppelbesteuerung oder unter Progressionsvorbehalt nach § 34c Abs. 5 von der Lohnsteuer freigestellt waren.

(2) ¹Für den Lohnsteuer-Jahresausgleich hat der Arbeitgeber den Jahresarbeitslohn aus dem zu ihm bestehenden Dienstverhältnis und nach den Lohnsteuerbescheinigungen auf der Lohnsteuerkarte aus etwaigen vorangegangenen Dienstverhältnissen festzustellen. ²Dabei bleiben ermäßigt besteuerte Entschädigungen im Sinne des § 34 Abs. 1 und Abs. 2 Nr. 2 und Bezüge im Sinne des § 34 Abs. 3 außer Ansatz, wenn der Arbeitnehmer nicht

§§ 42b – 42d EStG

jeweils die Einbeziehung in den Lohnsteuer-Jahresausgleich beantragt.¹) ³Vom Jahresarbeitslohn sind der etwa in Betracht kommende Versorgungs-Freibetrag, der etwa in Betracht kommende Altersentlastungsbetrag und ein etwa auf der Lohnsteuerkarte eingetragener Freibetrag abzuziehen. ⁴Für den so geminderten Jahresarbeitslohn ist nach Maßgabe der auf der Lohnsteuerkarte zuletzt eingetragenen Steuerklasse die Jahreslohnsteuer aus der Jahreslohnsteuertabelle zu ermitteln, die für den Arbeitnehmer beim Lohnsteuerabzug maßgebend war. ⁵Den Betrag, um den die sich hiernach ergebende Jahreslohnsteuer die Lohnsteuer unterschreitet, die von dem zugrunde gelegten Jahresarbeitslohn insgesamt erhoben worden ist, hat der Arbeitgeber dem Arbeitnehmer zu erstatten. ⁶Bei der Ermittlung der insgesamt erhobenen Lohnsteuer ist die Lohnsteuer auszuscheiden, die von den nach Satz 2 außer Ansatz gebliebenen Bezügen einbehalten worden ist.

(3) ¹Der Arbeitgeber darf den Lohnsteuer-Jahresausgleich frühestens bei der Lohnabrechnung für den letzten im Ausgleichsjahr endenden Lohnzahlungszeitraum, spätestens bei der Lohnabrechnung für den letzten Lohnzahlungszeitraum, der im Monat März des dem Ausgleichsjahr folgenden Kalenderjahrs endet, durchführen. ²Die zu erstattende Lohnsteuer ist dem Betrag zu entnehmen, den der Arbeitgeber für seine Arbeitnehmer für den Lohnzahlungszeitraum insgesamt an Lohnsteuer erhoben hat. ³§ 41c Abs. 2 Satz 2 ist anzuwenden.

(4) ¹Der Arbeitgeber hat im Lohnkonto für das Ausgleichsjahr den Inhalt etwaiger Lohnsteuerbescheinigungen aus vorangegangenen Dienstverhältnissen des Arbeitnehmers einzutragen. ²Im Lohnkonto für das Ausgleichsjahr ist die im Lohnsteuer-Jahresausgleich erstattete Lohnsteuer gesondert einzutragen. ³Auf der Lohnsteuerkarte für das Ausgleichsjahr ist der sich nach Verrechnung der erhobenen Lohnsteuer mit der erstatteten Lohnsteuer ergebende Betrag als erhobene Lohnsteuer einzutragen.

EStG

§ 42c

(weggefallen)

EStG
S 2383

§ 42d
Haftung des Arbeitgebers und Haftung bei Arbeitnehmerüberlassung

(1) Der Arbeitgeber haftet
1. für die Lohnsteuer, die er einzubehalten und abzuführen hat,
2. für die Lohnsteuer, die er beim Lohnsteuer-Jahresausgleich zu Unrecht erstattet hat,
3. für die Einkommensteuer (Lohnsteuer), die auf Grund fehlerhafter Angaben im Lohnkonto oder in der Lohnsteuerbescheinigung verkürzt wird.

(2) Der Arbeitgeber haftet nicht,
1. soweit Lohnsteuer nach § 39 Abs. 4, § 39a Abs. 5 und in den vom Arbeitgeber angezeigten Fällen des § 38 Abs. 4 Satz 2 und des § 41c Abs. 4 nachzufordern ist,
2. soweit auf Grund der nach § 10 Abs. 5 erlassenen Rechtsverordnung eine Nachversteuerung durchzuführen ist,
3. soweit auf Grund des § 19a Abs. 2 Satz 2 eine Nachversteuerung in den vom Arbeitgeber oder Kreditinstitut angezeigten Fällen durchzuführen ist.

(3) ¹Soweit die Haftung des Arbeitgebers reicht, sind der Arbeitgeber und der Arbeitnehmer Gesamtschuldner. ²Das Betriebsstättenfinanzamt kann die Steuerschuld oder Haftungsschuld nach pflichtgemäßem Ermessen gegenüber jedem Gesamtschuldner geltend machen. ³Der Arbeitgeber kann auch dann in Anspruch genommen werden, wenn der

---

¹) Anm.: Durch das Steuerentlastungsgesetz 1999/2000/2002 wurde Absatz 2 Satz 2 mit Wirkung ab dem VZ 1999 wie folgt gefaßt:
„²Dabei bleiben Bezüge im Sinne des § 34 Abs. 1 und Abs. 2 Nr. 2 und 4 außer Ansatz, wenn der Arbeitnehmer nicht jeweils die Einbeziehung in den Lohnsteuer-Jahresausgleich beantragt."

Arbeitnehmer zur Einkommensteuer veranlagt wird. ⁴Der Arbeitnehmer kann im Rahmen der Gesamtschuldnerschaft nur in Anspruch genommen werden,

1. wenn der Arbeitgeber die Lohnsteuer nicht vorschriftsmäßig vom Arbeitslohn einbehalten hat,
2. wenn der Arbeitnehmer weiß, daß der Arbeitgeber die einbehaltene Lohnsteuer nicht vorschriftsmäßig angemeldet hat. ²Dies gilt nicht, wenn der Arbeitnehmer den Sachverhalt dem Finanzamt unverzüglich mitgeteilt hat.

(4) ¹Für die Inanspruchnahme des Arbeitgebers bedarf es keines Haftungsbescheids und keines Leistungsgebots, soweit der Arbeitgeber

1. die einzubehaltende Lohnsteuer angemeldet hat oder
2. nach Abschluß einer Lohnsteuer-Außenprüfung seine Zahlungsverpflichtung schriftlich anerkennt.

²Satz 1 gilt entsprechend für die Nachforderung zu übernehmender pauschaler Lohnsteuer.

(5) Von der Geltendmachung der Steuernachforderung oder Haftungsforderung ist abzusehen, wenn diese insgesamt 20 Deutsche Mark nicht übersteigt.

(6) ¹Soweit einem Dritten (Entleiher) Arbeitnehmer gewerbsmäßig zur Arbeitsleistung überlassen werden, haftet er mit Ausnahme der Fälle, in denen eine Arbeitnehmerüberlassung nach § 1 Abs. 3 des Arbeitnehmerüberlassungsgesetzes vorliegt, neben dem Arbeitgeber; dies gilt auch, wenn der in § 1 Abs. 2 des Arbeitnehmerüberlassungsgesetzes bestimmte Zeitraum überschritten ist. ²Der Entleiher haftet nicht, wenn der Überlassung eine Erlaubnis nach § 1 des Arbeitnehmerüberlassungsgesetzes zugrunde liegt und soweit er nachweist, daß er den in den §§ 28a bis 28c des Vierten Buches Sozialgesetzbuch vorgesehenen Meldepflichten sowie den nach § 51 Abs. 1 Nr. 2 Buchstabe d vorgesehenen Mitwirkungspflichten nachgekommen ist. ³Der Entleiher haftet ferner nicht, wenn er über das Vorliegen einer Arbeitnehmerüberlassung ohne Verschulden irrte. ⁴Die Haftung beschränkt sich auf die Lohnsteuer für die Zeit, für die ihm der Arbeitnehmer überlassen worden ist. ⁵Soweit die Haftung des Entleihers reicht, sind der Arbeitgeber, der Entleiher und der Arbeitnehmer Gesamtschuldner. ⁶Der Entleiher darf auf Zahlung nur in Anspruch genommen werden, soweit die Vollstreckung in das inländische bewegliche Vermögen des Arbeitgebers fehlgeschlagen ist oder keinen Erfolg verspricht; § 219 Satz 2 der Abgabenordnung ist entsprechend anzuwenden. ⁷Ist durch die Umstände der Arbeitnehmerüberlassung die Lohnsteuer schwer zu ermitteln, so ist die Haftungsschuld mit 15 vom Hundert des zwischen Verleiher und Entleiher vereinbarten Entgelts ohne Umsatzsteuer anzunehmen, solange der Entleiher nicht glaubhaft macht, daß die Lohnsteuer, für die er haftet, niedriger ist. ⁸Die Absätze 1 bis 5 sind entsprechend anzuwenden. ⁹Die Zuständigkeit des Finanzamts richtet sich nach dem Ort der Betriebsstätte des Verleihers.

(7) Soweit der Entleiher Arbeitgeber ist, haftet der Verleiher wie ein Entleiher nach Absatz 6.

(8) ¹Das Finanzamt kann hinsichtlich der Lohnsteuer der Leiharbeitnehmer anordnen, daß der Entleiher einen bestimmten Teil des mit dem Verleiher vereinbarten Entgelts einzubehalten und abzuführen hat, wenn dies zur Sicherung des Steueranspruchs notwendig ist; Absatz 6 Satz 4 ist anzuwenden. ²Der Verwaltungsakt kann auch mündlich erlassen werden. ³Die Höhe des einzubehaltenden und abzuführenden Teils des Entgelts bedarf keiner Begründung, wenn der in Absatz 6 Satz 7 genannte Vomhundertsatz nicht überschritten wird.

§ 42e
Anrufungsauskunft

Das Betriebsstättenfinanzamt hat auf Anfrage eines Beteiligten darüber Auskunft zu geben, ob und inwieweit im einzelnen Fall die Vorschriften über die Lohnsteuer anzuwenden sind.

EStG
S 2386

§ 42f
Lohnsteuer-Außenprüfung

(1) Für die Außenprüfung der Einbehaltung oder Übernahme und Abführung der Lohnsteuer ist das Betriebsstättenfinanzamt zuständig.

(2) ¹Für die Mitwirkungspflicht des Arbeitgebers bei der Außenprüfung gilt § 200 der Abgabenordnung. ²Darüber hinaus haben die Arbeitnehmer des Arbeitgebers dem mit der Prüfung Beauftragten jede gewünschte Auskunft über Art und Höhe ihrer Einnahmen zu geben und auf Verlangen die etwa in ihrem Besitz befindlichen Lohnsteuerkarten sowie die Belege über bereits entrichtete Lohnsteuer vorzulegen. ³Dies gilt auch für Personen, bei denen es streitig ist, ob sie Arbeitnehmer des Arbeitgebers sind oder waren.

3. Steuerabzug vom Kapitalertrag (Kapitalertragsteuer)

EStG
S 2400

§ 43
Kapitalerträge mit Steuerabzug

(1) ¹Bei den folgenden inländischen und in den Fällen der Nummer 7 Buchstabe a und Nummer 8 sowie Satz 2 auch ausländischen Kapitalerträgen wird die Einkommensteuer durch Abzug vom Kapitalertrag (Kapitalertragsteuer) erhoben:

1. Kapitalerträgen im Sinne des § 20 Abs. 1 Nr. 1 und 2 sowie Bezügen, die nach § 8 b Abs. 1 des Körperschaftsteuergesetzes bei der Ermittlung des Einkommens außer Ansatz bleiben;

2. Zinsen aus Teilschuldverschreibungen, bei denen neben der festen Verzinsung ein Recht auf Umtausch in Gesellschaftsanteile (Wandelanleihen) oder eine Zusatzverzinsung, die sich nach der Höhe der Gewinnausschüttungen des Schuldners richtet (Gewinnobligationen), eingeräumt ist, und Zinsen aus Genußrechten, die nicht in § 20 Abs. 1 Nr. 1 genannt sind. ²Zu den Gewinnobligationen gehören nicht solche Teilschuldverschreibungen, bei denen der Zinsfuß nur vorübergehend herabgesetzt und gleichzeitig eine von dem jeweiligen Gewinnergebnis des Unternehmens abhängige Zusatzverzinsung bis zur Höhe des ursprünglichen Zinsfußes festgelegt worden ist. ³Zu den Kapitalerträgen im Sinne des Satzes 1 gehören nicht die Bundesbankgenußrechte im Sinne des § 3 Abs. 1 des Gesetzes über die Liquidation der Deutschen Reichsbank und der Deutschen Golddiskontbank in der im Bundesgesetzblatt Teil III, Gliederungsnummer 7620–6, veröffentlichten bereinigten Fassung, zuletzt geändert durch das Gesetz vom 17. Dezember 1975 (BGBl. I S. 3123);

3. Einnahmen aus der Beteiligung an einem Handelsgewerbe als stiller Gesellschafter und Zinsen aus partiarischen Darlehen (§ 20 Abs. 1 Nr. 4);

4. Kapitalerträgen im Sinne des § 20 Abs. 1 Nr. 6. ²Der Steuerabzug vom Kapitalertrag ist in den Fällen des § 20 Abs. 1 Nr. 6 Satz 4 nur vorzunehmen, wenn das Versicherungsunternehmen auf Grund einer Mitteilung des Finanzamts weiß oder infolge der Verletzung eigener Anzeigeverpflichtung nicht weiß, daß die Kapitalerträge nach dieser Vorschrift zu den Einkünften aus Kapitalvermögen gehören;

5. (gegenstandslos)

S 2405

6. Einnahmen aus der Vergütung von Körperschaftsteuer nach § 36e dieses Gesetzes oder nach § 52 des Körperschaftsteuergesetzes. ²Der Steuerabzug wird nicht vorgenommen, wenn die Kapitalertragsteuer im Fall ihrer Einbehaltung nach § 44c Abs. 1 in voller Höhe an den Gläubiger zu erstatten wäre;

7. Kapitalerträgen im Sinne des § 20 Abs. 1 Nr. 7 außer bei Kapitalerträgen im Sinne der Nummer 2,

    a) wenn es sich um Zinsen aus Anleihen und Forderungen handelt, die in ein öffentliches Schuldbuch oder in ein ausländisches Register eingetragen oder über die Sammelurkunden im Sinne des § 9a des Depotgesetzes oder Teilschuldverschreibungen ausgegeben sind;

b) wenn der Schuldner der nicht in Buchstabe a genannten Kapitalerträge ein inländisches Kreditinstitut oder ein inländisches Finanzdienstleistungsinstitut im Sinne des Gesetzes über das Kreditwesen ist. ²Kreditinstitut in diesem Sinne ist auch die Kreditanstalt für Wiederaufbau, eine Bausparkasse, die Deutsche Postbank AG, die Deutsche Bundesbank bei Geschäften mit jedermann einschließlich ihrer Betriebsangehörigen im Sinne der §§ 22 und 25 des Gesetzes über die Deutsche Bundesbank und eine inländische Zweigstelle eines ausländischen Kreditinstituts oder eines ausländischen Finanzdienstleistungsinstituts im Sinne der §§ 53 und 53b des Gesetzes über das Kreditwesen, nicht aber eine ausländische Zweigstelle eines inländischen Kreditinstituts oder eines inländischen Finanzdienstleistungsinstituts. ³Die inländische Zweigstelle gilt an Stelle des ausländischen Kreditinstituts oder des ausländischen Finanzdienstleistungsinstituts als Schuldner der Kapitalerträge. ⁴Der Steuerabzug muß nicht vorgenommen werden,

 aa) wenn auch der Gläubiger der Kapitalerträge ein inländisches Kreditinstitut oder ein inländisches Finanzdienstleistungsinstitut im Sinne des Gesetzes über das Kreditwesen einschließlich der inländischen Zweigstelle eines ausländischen Kreditinstituts oder eines ausländischen Finanzdienstleistungsinstituts im Sinne der §§ 53 und 53b des Gesetzes über das Kreditwesen, eine Bausparkasse, die Deutsche Postbank AG, die Deutsche Bundesbank oder die Kreditanstalt für Wiederaufbau ist,

 bb) wenn es sich um Kapitalerträge aus Sichteinlagen handelt, für die kein höherer Zins oder Bonus als 1 vom Hundert gezahlt wird,

 cc) wenn es sich um Kapitalerträge aus Guthaben bei einer Bausparkasse auf Grund eines Bausparvertrages handelt und wenn für den Steuerpflichtigen im Kalenderjahr der Gutschrift oder im Kalenderjahr vor der Gutschrift dieser Kapitalerträge für Aufwendungen an die Bausparkasse eine Arbeitnehmer-Sparzulage oder eine Wohnungsbauprämie festgesetzt oder von der Bausparkasse ermittelt worden ist oder für die Guthaben kein höherer Zins oder Bonus als 1 vom Hundert gezahlt wird,

 dd) wenn die Kapitalerträge bei den einzelnen Guthaben im Kalenderjahr nur einmal gutgeschrieben werden und zwanzig Deutsche Mark nicht übersteigen;

8. Kapitalerträgen im Sinne des § 20 Abs. 2 Satz 1 Nr. 2 Buchstabe b und Nummern 3 und 4 außer bei Zinsen aus Wandelanleihen im Sinne der Nummer 2. ²Bei der Veräußerung von Kapitalforderungen im Sinne der Nummer 7 Buchstabe b gilt Nummer 7 Buchstabe b Doppelbuchstabe aa entsprechend.

²Dem Steuerabzug unterliegen auch Kapitalerträge im Sinne des § 20 Abs. 2 Satz 1 Nr. 1, die neben den in den Nummern 1 bis 8 bezeichneten Kapitalerträgen oder an deren Stelle gewährt werden.

(2) Der Steuerabzug ist nicht vorzunehmen, wenn Gläubiger und Schuldner der Kapitalerträge (Schuldner) oder die auszahlende Stelle im Zeitpunkt des Zufließens dieselbe Person sind.

(3) Kapitalerträge sind inländische, wenn der Schuldner Wohnsitz, Geschäftsleitung oder Sitz im Inland hat.

(4) Der Steuerabzug ist auch dann vorzunehmen, wenn die Kapitalerträge beim Gläubiger zu den Einkünften aus Land- und Forstwirtschaft, aus Gewerbebetrieb, aus selbständiger Arbeit oder aus Vermietung und Verpachtung gehören.

S 2402

§ 43a
Bemessung der Kapitalertragsteuer

EStG

S 2406

(1) Die Kapitalertragsteuer beträgt
1. in den Fällen des § 43 Abs. 1 Satz 1 Nr. 1 bis 4:

 25 vom Hundert des Kapitalertrags, wenn der Gläubiger die Kapitalertragsteuer trägt,

 33¹/₃ vom Hundert des tatsächlich ausgezahlten Betrags, wenn der Schuldner die Kapitalertragsteuer übernimmt;

2. in den Fällen des § 43 Abs. 1 Satz 1 Nr. 5:

   30 vom Hundert des Kapitalertrags, wenn der Gläubiger die Kapitalertragsteuer trägt,

   42,85 vom Hundert des tatsächlich ausgezahlten Betrags, wenn der Schuldner die Kapitalertragsteuer übernimmt;

3. in den Fällen des § 43 Abs. 1 Satz 1 Nr. 6:

   25 vom Hundert des Kapitalertrags;

4. in den Fällen des § 43 Abs. 1 Satz 1 Nr. 7 und 8 sowie Satz 2:

   30 vom Hundert des Kapitalertrags (Zinsabschlag), wenn der Gläubiger die Kapitalertragsteuer trägt,

   42,85 vom Hundert des tatsächlich ausgezahlten Betrags, wenn der Schuldner die Kapitalertragsteuer übernimmt;

   in den Fällen des § 44 Abs. 1 Satz 4 Nr. 1 Buchstabe a Doppelbuchstabe bb erhöhen sich der Vomhundertsatz von 30 auf 35 und der Vomhundertsatz von 42,85 auf 53,84.

(2) ¹Dem Steuerabzug unterliegen die vollen Kapitalerträge ohne jeden Abzug. ²In den Fällen des § 20 Abs. 2 Satz 1 Nr. 4 bemißt sich der Steuerabzug nach dem Unterschied zwischen dem Entgelt für den Erwerb und den Einnahmen aus der Veräußerung oder Einlösung der Wertpapiere und Kapitalforderungen, wenn sie von der die Kapitalerträge auszahlenden Stelle erworben oder veräußert und seitdem verwahrt oder verwaltet worden sind. ³Ist dies nicht der Fall, bemißt sich der Steuerabzug nach 30 vom Hundert der Einnahmen aus der Veräußerung oder Einlösung der Wertpapiere und Kapitalforderungen. ⁴Hat die auszahlende Stelle die Wertpapiere und Kapitalforderungen vor dem 1. Januar 1994 erworben oder veräußert und seitdem verwahrt oder verwaltet, kann sie den Steuerabzug nach 30 vom Hundert der Einnahmen aus der Veräußerung oder Einlösung der Wertpapiere und Kapitalforderungen bemessen. ⁵Sätze 3 und 4 gelten auch in den Fällen der Einlösung durch den Ersterwerber. ⁶Abweichend von den Sätzen 2 bis 5 bemißt sich der Steuerabzug bei Kapitalerträgen aus nicht für einen marktmäßigen Handel bestimmten schuldbuchfähigen Wertpapieren des Bundes und der Länder oder bei Kapitalerträgen im Sinne des § 43 Abs. 1 Satz 1 Nr. 7 Buchstabe b aus nicht in Inhaber- oder Orderschuldverschreibungen verbrieften Kapitalforderungen nach Satz 1.

(3) ¹Von Kapitalerträgen im Sinne des § 43 Abs. 1 Satz 1 Nr. 7 Buchstabe a und Nr. 8 sowie Satz 2 kann die auszahlende Stelle Stückzinsen, die ihr der Gläubiger im Kalenderjahr des Zuflusses der Kapitalerträge gezahlt hat, bis zur Höhe der Kapitalerträge abziehen. ²Dies gilt nicht in den Fällen des § 44 Abs. 1 Satz 4 Nr. 1 Buchstabe a Doppelbuchstabe bb.

(4) ¹Die Absätze 2 und 3 Satz 1 gelten entsprechend für die Bundesschuldenverwaltung oder eine Landesschuldenverwaltung als auszahlende Stelle, im Falle des Absatzes 3 Satz 1 jedoch nur, wenn die Wertpapiere oder Forderungen von einem Kreditinstitut oder einem Finanzdienstleistungsinstitut mit der Maßgabe der Verwahrung und Verwaltung durch die Schuldenverwaltung erworben worden sind. ²Das Kreditinstitut oder das Finanzdienstleistungsinstitut hat der Schuldenverwaltung zusammen mit den im Schuldbuch einzutragenden Wertpapieren und Forderungen den Erwerbszeitpunkt und den Betrag der gezahlten Stückzinsen sowie in Fällen des Absatzes 2 Satz 2 bis 5 den Erwerbspreis der für einen marktmäßigen Handel bestimmten schuldbuchfähigen Wertpapiere des Bundes oder der Länder und außerdem mitzuteilen, daß es diese Wertpapiere und Forderungen erworben oder veräußert und seitdem verwahrt oder verwaltet hat.

43a H   Hinweise

Bond-Stripping

Anhang 28   → BMF vom 3.9.1997 (DB 1997 S. 1951)

§ 44
Entrichtung der Kapitalertragsteuer in den Fällen des § 43 Abs. 1 Satz 1 Nr. 1 bis 5, 7 und 8 sowie Satz 2

(1) ¹Schuldner der Kapitalertragsteuer ist in den Fällen des § 43 Abs. 1 Satz 1 Nr. 1 bis 5, 7 und 8 sowie Satz 2 der Gläubiger der Kapitalerträge. ²Die Kapitalertragsteuer entsteht in dem Zeitpunkt, in dem die Kapitalerträge dem Gläubiger zufließen. ³In diesem Zeitpunkt haben in den Fällen des § 43 Abs. 1 Satz 1 Nr. 1 bis 5 der Schuldner der Kapitalerträge und in den Fällen des § 43 Abs. 1 Satz 1 Nr. 7 und 8 sowie Satz 2 die die Kapitalerträge auszahlende Stelle den Steuerabzug für Rechnung des Gläubigers der Kapitalerträge vorzunehmen. ⁴Die die Kapitalerträge auszahlende Stelle ist

1. in den Fällen des § 43 Abs. 1 Satz 1 Nr. 7 Buchstabe a und Nummer 8 sowie Satz 2
   a) das inländische Kreditinstitut oder das inländische Finanzdienstleistungsinstitut im Sinne des § 43 Abs. 1 Satz 1 Nr. 7 Buchstabe b,
      aa) das die Teilschuldverschreibungen, die Anteile an einer Sammelschuldbuchforderung, die Wertrechte oder die Zinsscheine verwahrt oder verwaltet und die Kapitalerträge auszahlt oder gutschreibt,
      bb) das die Kapitalerträge gegen Aushändigung der Zinsscheine oder der Teilschuldverschreibungen einem anderen als einem ausländischen Kreditinstitut oder einem ausländischen Finanzdienstleistungsinstitut auszahlt oder gutschreibt;
   b) der Schuldner der Kapitalerträge in den Fällen des Buchstaben a, wenn kein inländisches Kreditinstitut oder kein inländisches Finanzdienstleistungsinstitut die die Kapitalerträge auszahlende Stelle ist;
2. in den Fällen des § 43 Abs. 1 Satz 1 Nr. 7 Buchstabe b
   das inländische Kreditinstitut oder das inländische Finanzdienstleistungsinstitut, das die Kapitalerträge als Schuldner auszahlt oder gutschreibt.

⁵Die innerhalb eines Kalendermonats einbehaltene Steuer ist jeweils bis zum 10. des folgenden Monats an das Finanzamt abzuführen, das für die Besteuerung des Schuldners der Kapitalerträge oder der die Kapitalerträge auszahlenden Stelle nach dem Einkommen zuständig ist. ⁶Dabei sind die Kapitalertragsteuer und der Zinsabschlag, die zu demselben Zeitpunkt abzuführen sind, jeweils auf den nächsten vollen Deutsche-Mark-Betrag abzurunden. ⁷Wenn Kapitalerträge ganz oder teilweise nicht in Geld bestehen (§ 8 Abs. 2) und der in Geld geleistete Kapitalertrag nicht zur Deckung der Kapitalertragsteuer ausreicht, hat der Gläubiger der Kapitalerträge dem zum Steuerabzug Verpflichteten den Fehlbetrag zur Verfügung zu stellen. ⁸Soweit der Gläubiger seiner Verpflichtung nicht nachkommt, hat der zum Steuerabzug Verpflichtete dies dem für ihn zuständigen Betriebsstättenfinanzamt anzuzeigen. ⁹Das Finanzamt hat die zu wenig erhobene Kapitalertragsteuer vom Gläubiger der Kapitalerträge nachzufordern.

(2) ¹Gewinnanteile (Dividenden) und andere Kapitalerträge, deren Ausschüttung von einer Körperschaft beschlossen wird, fließen dem Gläubiger der Kapitalerträge an dem Tag zu (Absatz 1), der im Beschluß als Tag der Auszahlung bestimmt worden ist. ²Ist die Ausschüttung nur festgesetzt, ohne daß über den Zeitpunkt der Auszahlung ein Beschluß gefaßt worden ist, so gilt als Zeitpunkt des Zufließens der Tag nach der Beschlußfassung.

(3) ¹Ist bei Einnahmen aus der Beteiligung an einem Handelsgewerbe als stiller Gesellschafter in dem Beteiligungsvertrag über den Zeitpunkt der Ausschüttung keine Vereinbarung getroffen, so gilt der Kapitalertrag am Tag nach der Aufstellung der Bilanz oder einer sonstigen Feststellung des Gewinnanteils des stillen Gesellschafters, spätestens jedoch sechs Monate nach Ablauf des Wirtschaftsjahrs, für das der Kapitalertrag ausgeschüttet oder gutgeschrieben werden soll, als zugeflossen. ²Bei Zinsen aus partiarischen Darlehen gilt Satz 1 entsprechend.

(4) Haben Gläubiger und Schuldner der Kapitalerträge vor dem Zufließen ausdrücklich Stundung des Kapitalertrags vereinbart, weil der Schuldner vorübergehend zur Zahlung nicht in der Lage ist, so ist der Steuerabzug erst mit Ablauf der Stundungsfrist vorzunehmen.

(5) ¹Die Schuldner der Kapitalerträge oder die die Kapitalerträge auszahlenden Stellen haften für die Kapitalertragsteuer, die sie einzubehalten und abzuführen haben, es sei

denn, sie weisen nach, daß sie die ihnen auferlegten Pflichten weder vorsätzlich noch grob fahrlässig verletzt haben. ²Der Gläubiger der Kapitalerträge wird nur in Anspruch genommen,

1. wenn der Schuldner oder die die Kapitalerträge auszahlende Stelle die Kapitalerträge nicht vorschriftsmäßig gekürzt hat,
2. wenn der Gläubiger weiß, daß der Schuldner oder die die Kapitalerträge auszahlende Stelle die einbehaltene Kapitalertragsteuer nicht vorschriftsmäßig abgeführt hat, und dies dem Finanzamt nicht unverzüglich mitteilt oder
3. wenn das die Kapitalerträge auszahlende inländische Kreditinstitut oder das inländische Finanzdienstleistungsinstitut die Kapitalerträge zu Unrecht ohne Abzug der Kapitalertragsteuer ausgezahlt hat.

³Für die Inanspruchnahme des Schuldners der Kapitalerträge und der die Kapitalerträge auszahlenden Stelle bedarf es keines Haftungsbescheids, soweit der Schuldner oder die die Kapitalerträge auszahlende Stelle die einbehaltene Kapitalertragsteuer richtig angemeldet hat oder soweit sie ihre Zahlungsverpflichtungen gegenüber dem Finanzamt oder dem Prüfungsbeamten des Finanzamts schriftlich anerkennen.

§ 44a
Abstandnahme vom Steuerabzug

(1) Bei Kapitalerträgen im Sinne des § 43 Abs. 1 Satz 1 Nr. 3, 4, 7 und 8 sowie Satz 2, die einem unbeschränkt einkommensteuerpflichtigen Gläubiger zufließen, ist der Steuerabzug nicht vorzunehmen,

1. soweit die Kapitalerträge zusammen mit den Kapitalerträgen, für die die Kapitalertragsteuer nach § 44b zu erstatten oder die Körperschaftsteuer nach §§ 36b, 36c zu vergüten ist, einschließlich der Kapitalerträge im Sinne des § 20 Abs. 1 Nr. 3 den Sparer-Freibetrag nach § 20 Abs. 4 und den Werbungskosten-Pauschbetrag nach § 9a Satz 1 Nr. 1 Buchstabe b²⁾ nicht übersteigen,
2. wenn anzunehmen ist, daß für ihn eine Veranlagung zur Einkommensteuer nicht in Betracht kommt.

(2) ¹Voraussetzung für die Abstandnahme vom Steuerabzug nach Absatz 1 ist, daß dem nach § 44 Abs. 1 zum Steuerabzug Verpflichteten

1. in den Fällen des Absatzes 1 Nr. 1 ein Freistellungsauftrag des Gläubigers der Kapitalerträge nach amtlich vorgeschriebenem Vordruck oder
2. in den Fällen des Absatzes 1 Nr. 2 eine Nichtveranlagungs-Bescheinigung des für den Gläubiger zuständigen Wohnsitzfinanzamts

vorliegt. ²§ 36b Abs. 2 Sätze 2 bis 4 ist in den Fällen des Satzes 1 Nr. 2 entsprechend anzuwenden.

(3) Der nach § 44 Abs. 1 zum Steuerabzug Verpflichtete hat in seinen Unterlagen das Finanzamt, das die Bescheinigung erteilt hat, den Tag der Ausstellung der Bescheinigung und die in der Bescheinigung angegebene Steuer- und Listennummer zu vermerken sowie die Freistellungsaufträge aufzubewahren.

(4) ¹Ist der Gläubiger

1. eine von der Körperschaftsteuer befreite inländische Körperschaft, Personenvereinigung oder Vermögensmasse oder
2. eine inländische juristische Person des öffentlichen Rechts,

so ist der Steuerabzug bei Kapitalerträgen im Sinne des § 43 Abs. 1 Satz 1 Nr. 4, 7 und 8 sowie Satz 2 nicht vorzunehmen. ²Dies gilt auch, wenn es sich bei den Kapitalerträgen um

---

¹⁾ Anm.: Zur Anwendung des § 44a Abs. 1 Satz 1 Nr. 1 und Abs. 2 Satz 1 Nr. 1 auf Kapitalerträge, die nach dem 31.12.1999 zufließen → § 52 Abs. 55 EStG i.d.F. des Steuerentlastungsgesetzes 1999/2000/2002.

²⁾ Anm.: Durch das Steuerentlastungsgesetz 1999/2000/2002 wurde in Absatz 1 Nr. 1 die Angabe „§ 9a Satz 1 Nr. 1 Buchstabe b" mit Wirkung ab dem VZ 1999 durch die Angabe „§ 9a Satz 1 Nr. 2" ersetzt.

Gewinnanteile handelt, die der Gläubiger von einer von der Körperschaftsteuer befreiten Körperschaft bezieht. ³Voraussetzung ist, daß der Gläubiger dem Schuldner oder dem die Kapitalerträge auszahlenden inländischen Kreditinstitut oder inländischen Finanzdienstleistungsinstitut durch eine Bescheinigung des für seine Geschäftsleitung oder seinen Sitz zuständigen Finanzamts nachweist, daß er eine Körperschaft, Personenvereinigung oder Vermögensmasse im Sinne der Nummer 1 oder 2 ist. ⁴Absatz 3 und § 36b Abs. 2 Satz 2 bis 4 gelten entsprechend. ⁵Die in Satz 3 bezeichnete Bescheinigung wird nicht erteilt, wenn die Kapitalerträge in den Fällen des Satzes 1 Nr. 1 in einem wirtschaftlichen Geschäftsbetrieb anfallen, für den die Befreiung von der Körperschaftsteuer ausgeschlossen ist, oder wenn sie in den Fällen des Satzes 1 Nr. 2 in einem nicht von der Körperschaftsteuer befreiten Betrieb gewerblicher Art anfallen.

(5) ¹Bei Kapitalerträgen im Sinne des § 43 Abs. 1 Satz 1 Nr. 7 und 8 sowie Satz 2, die einem unbeschränkt oder beschränkt einkommensteuerpflichtigen Gläubiger zufließen, ist der Steuerabzug nicht vorzunehmen, wenn die Kapitalerträge Betriebseinnahmen des Gläubigers sind und die Kapitalertragsteuer und die anrechenbare Körperschaftsteuer bei ihm auf Grund der Art seiner Geschäfte auf Dauer höher wären als die gesamte festzusetzende Einkommensteuer oder Körperschaftsteuer. ²Dies ist durch eine Bescheinigung des für den Gläubiger zuständigen Finanzamts nachzuweisen. ³Die Bescheinigung ist unter dem Vorbehalt des Widerrufs auszustellen.

(6) ¹Voraussetzung für die Abstandnahme vom Steuerabzug nach den Absätzen 1, 4 und 5 bei Kapitalerträgen im Sinne des § 43 Abs. 1 Satz 1 Nr. 7 und 8 sowie Satz 2 ist, daß die Teilschuldverschreibungen, die Anteile an der Sammelschuldbuchforderung, die Wertrechte oder die Einlagen und Guthaben im Zeitpunkt des Zufließens der Einnahmen unter dem Namen des Gläubigers der Kapitalerträge bei der die Kapitalerträge auszahlenden Stelle verwahrt oder verwaltet werden. ²§ 45 Abs. 2 des Körperschaftsteuergesetzes gilt sinngemäß.

213o. Voraussetzungen für die Abstandnahme vom Kapitalertragsteuerabzug

(1) ¹Die Abstandnahme vom Steuerabzug ist nur zulässig bei Kapitalerträgen im Sinne des § 43 Abs. 1 Satz 1 Nr. 3, 4 und 7 sowie Satz 2 EStG. ²Vom Steuerabzug ist Abstand zu nehmen, wenn der Gläubiger der Kapitalerträge zum Zeitpunkt des Zufließens der Einnahmen unbeschränkt einkommensteuerpflichtig ist und entweder anzunehmen ist, daß für ihn eine Veranlagung zur Einkommensteuer nicht in Betracht kommt, oder ein Freistellungsauftrag oder eine Bescheinigung nach § 44a Abs. 5 EStG vorliegt. ³Daß eine Veranlagung nur auf Antrag durchzuführen ist oder voraussichtlich nicht zur Festsetzung einer Steuer führt, rechtfertigt nicht, vom Steuerabzug Abstand zu nehmen. ⁴In diesen Fällen kann die einbehaltene und abgeführte Kapitalertragsteuer im Wege der Veranlagung zur Einkommensteuer auf die Steuerschuld angerechnet werden. ⁵Die Voraussetzungen für die Abstandnahme vom Steuerabzug sind dem Schuldner oder dem die Kapitalerträge auszahlenden inländischen Kreditinstitut durch Erteilung eines Freistellungsauftrags oder durch eine Bescheinigung nachzuweisen, die das für den Gläubiger zuständige Wohnsitzfinanzamt auszustellen hat. ⁶Die Ausführungen in R 213k Nr. 1 gelten entsprechend.

(2) Für Kapitalerträge im Sinne des § 43 Abs. 1 Satz 1 Nr. 1 und 2 EStG kommt außer in den Fällen des § 44a Abs. 4 EStG die Abstandnahme vom Steuerabzug nicht in Betracht, da bei diesen Kapitalerträgen unbeschränkt einkommensteuerpflichtigen natürlichen Personen die einbehaltene und abgeführte Kapitalertragsteuer entweder bei der Veranlagung zur Einkommensteuer nach § 36 Abs. 2 Nr. 2 EStG angerechnet oder in einem einheitlichen Verfahren mit der Vergütung der anrechenbaren Körperschaftsteuer durch das Bundesamt für Finanzen erstattet wird; → R 213f bis 213l und 213p.

§§ 44a, 44b EStG
H 213o

H 213o   Hinweise

Ehegatten

Anhang 28
- Allgemeines zum Freistellungsauftrag → BMF vom 26.10.1992 (BStBl I S. 693 – Tz. 4.5)
- Freistellungsauftrag bei Eheschließung → BMF vom 23.12.1996 (BStBl 1997 I S. 101)
- Freistellungsauftrag nach dem Tod eines Ehegatten → BMF vom 6.5.1997 (BStBl I S. 561)

Freistellungsauftrag

Anhang 28   Muster des amtlich vorgeschriebenen Vordrucks → BMF vom 3.9.1992 (BStBl I S. 582).

Genossenschaften

Zinsabschlag ist bei einer eingetragenen Genossenschaft auch dann zu erheben, wenn die Kapitalertragsteuer und die anrechenbare Körperschaftsteuer auf Dauer höher wären als die gesamte festzusetzende Körperschaftsteuer, weil die Genossenschaft ihre Geschäftsüberschüsse an ihre Mitglieder rückvergütet (→ BFH vom 10.7.1996 – BStBl 1997 II S. 38).

| **Holdingunternehmen**
Der Zinsabschlag ist bei einem Holdingunternehmen, dessen Unternehmensgegenstand der Erwerb und die Veräußerung von Aktien und von anderen Vermögensbeteiligungen ist, auch dann vorzunehmen, wenn die Kapitalertragsteuer und die anrechenbare Körperschaftsteuer auf Dauer höher sind als die gesamte festzusetzende Körperschaftsteuer (→ BFH vom 27.8.1997 – BStBl II S. 817).

Konkurs

Im Konkursverfahren über das Vermögen einer Personengesellschaft kann dem Konkursverwalter keine NV-Bescheinigung erteilt werden (→ BFH vom 9.11.1994 – BStBl 1995 II S. 255). Der Zinsabschlag gemäß § 43 Abs. 1 EStG ist auch bei dem Gläubiger von Kapitalerträgen vorzunehmen, der in Konkurs gefallen ist und bei dem wegen hoher Verlustvorträge die Kapitalertragsteuer und die anrechenbare Körperschaftsteuer auf Dauer höher wären als die gesamte festzusetzende Einkommensteuer (sog. Überzahler). Eine solche Überzahlung beruht nicht auf Grund der „Art seiner Geschäfte" im Sinne von § 44a Abs. 5 EStG. Bei einem solchen Gläubiger von Kapitalerträgen kann deshalb auch nicht aus Gründen sachlicher Billigkeit vom Zinsabschlag abgesehen werden (BFH vom 20.12.1995 – BStBl 1996 II S. 308).

Verlustvortrag/Verfassungsmäßigkeit

Zinsabschlag ist auch dann zu erheben, wenn wegen hoher Verlustvorträge die Kapitalertragsteuer und die anrechenbare Körperschaftsteuer höher sind als die festzusetzende Einkommensteuer; § 44a Abs. 5 EStG ist verfassungsgemäß (→ BFH vom 20.12.1995 – BStBl 1996 II S. 199).

Zinsabschlag

Anhang 28   Einzelfragen zur Anwendung des Zinsabschlaggesetzes → BMF vom 26.10.1992 (BStBl I S. 693), vom 9.5.1994 (BStBl I S. 312) und vom 12.10.1994 (BStBl I S. 815), NV-Bescheinigungen und Freistellungsbescheide bei Körperschaften → BMF vom 27.11.1992 (BStBl I S. 772), Anwendung des Zinsabschlaggesetzes bei Personenzusammenschlüssen → BMF vom 18.12.1992 (BStBl 1993 I S. 58).

EStG
S 2410

§ 44b
Erstattung der Kapitalertragsteuer

(1) ¹Bei Kapitalerträgen im Sinne des § 43 Abs. 1 Satz 1 Nr. 1 und 2, die einem unbeschränkt einkommensteuerpflichtigen und in den Fällen des § 44a Abs. 5 auch einem beschränkt einkommensteuerpflichtigen Gläubiger zufließen, wird auf Antrag die einbehaltene und abgeführte Kapitalertragsteuer unter den Voraussetzungen des § 44a Abs. 1, 2 und 5 in dem dort bestimmten Umfang erstattet. ²Dem Antrag auf Erstattung ist außer dem

§ 44b EStG
R 213p

Freistellungsauftrag nach § 44a Abs. 2 Satz 1 Nr. 1, der Nichtveranlagungs-Bescheinigung nach § 44a Abs. 2 Satz 1 Nr. 2 oder der Bescheinigung nach § 44a Abs. 5 eine Steuerbescheinigung nach § 45a Abs. 3 beizufügen. ³§ 36b Abs. 3 bis 5 und § 36c gelten sinngemäß.

(2) ¹Ist der Gläubiger von Kapitalerträgen im Sinne des § 43 Abs. 1 Satz 1 Nr. 1 ein unbeschränkt einkommensteuerpflichtiger Anteilseigner und wird nach § 36d Körperschaftsteuer an den Vertreter des Gläubigers vergütet, so ist unabhängig vom Vorliegen der Voraussetzungen des Absatzes 1 auch die Kapitalertragsteuer an den Vertreter zu erstatten. ²Im übrigen ist § 36d sinngemäß anzuwenden.

(3) ¹Ist der Gläubiger von Kapitalerträgen im Sinne des § 43 Abs. 1 Satz 1 Nr. 2 ein unbeschränkt einkommensteuerpflichtiger Arbeitnehmer und beruhen die Kapitalerträge auf Teilschuldverschreibungen, die ihm von seinem gegenwärtigen oder früheren Arbeitgeber überlassen worden sind, so wird die Kapitalertragsteuer unabhängig vom Vorliegen der Voraussetzungen des Absatzes 1 an den Arbeitgeber oder an einen von ihm bestellten Treuhänder erstattet, wenn der Arbeitgeber oder Treuhänder in Vertretung des Gläubigers sich in einem Sammelantrag bereit erklärt hat, den Erstattungsbetrag für den Gläubiger entgegenzunehmen. ²Die Erstattung wird nur für Gläubiger gewährt, deren Kapitalerträge im Sinne des Satzes 1 allein oder, in den Fällen des Absatzes 2, zusammen mit den dort bezeichneten Kapitalerträgen im Wirtschaftsjahr 100 Deutsche Mark nicht überstiegen haben. ³§ 36d Abs. 4 gilt sinngemäß.

(4) ¹Ist Kapitalertragsteuer einbehalten und abgeführt worden, obwohl eine Verpflichtung hierzu nicht bestand, oder hat der Gläubiger im Fall des § 44a dem nach § 44 Abs. 1 zum Steuerabzug Verpflichteten den Freistellungsauftrag oder die Nichtveranlagungs-Bescheinigung oder die Bescheinigungen nach § 44a Abs. 4 oder 5 erst in einem Zeitpunkt vorgelegt, in dem die Kapitalertragsteuer bereits abgeführt war, so ist auf Antrag des nach § 44 Abs. 1 zum Steuerabzug Verpflichteten die Steueranmeldung (§ 45a Abs. 1) insoweit zu ändern; stattdessen kann der zum Steuerabzug Verpflichtete bei der folgenden Steueranmeldung die abzuführende Kapitalertragsteuer entsprechend kürzen. ²Erstattungsberechtigt ist der Antragsteller.

213p. Erstattung von Kapitalertragsteuer

R 213p

(1) Bei Kapitalerträgen im Sinne des § 43 Abs. 1 Satz 1 Nr. 1 und 2 EStG wird die Kapitalertragsteuer unter den in § 44b Abs. 1 EStG genannten Voraussetzungen zusammen mit der Vergütung der anrechenbaren Körperschaftsteuer in einem einheitlichen Verfahren durch das Bundesamt für Finanzen erstattet (→ R 213j bis 213l).

S 2410

(2) Bei geringen Kapitalerträgen wird die Kapitalertragsteuer nach § 44b Abs. 2 EStG in einem vereinfachten Verfahren erstattet, wenn Körperschaftsteuer nach § 36d EStG vergütet wird (→ R 213m).

(3) Das vereinfachte Verfahren ist nach § 44b Abs. 3 EStG auch bei Kapitalerträgen auf Teilschuldverschreibungen im Sinne des § 43 Abs. 1 Satz 1 Nr. 2 EStG zulässig, die einem unbeschränkt einkommensteuerpflichtigen Arbeitnehmer von seinem gegenwärtigen oder früheren Arbeitgeber überlassen worden sind.

(4) Wird gleichzeitig Erstattung von Kapitalertragsteuer nach § 44b Abs. 2 und 3 EStG beantragt, ist das vereinfachte Verfahren nur zulässig, wenn die Gesamtsumme der von dem Schuldner gezahlten Kapitalerträge den Betrag von 100 DM nicht übersteigt.

(5) In den Fällen der Absätze 2 bis 4 ist für die Erstattung von Kapitalertragsteuer das Finanzamt zuständig, dem die Besteuerung des Einkommens des Vertreters des Gläubigers der Kapitalerträge (Sammelantragsteller) obliegt (→ § 36d Abs. 4 EStG).

Hinweise

Erstattung des Zinsabschlags

Erstattung des Zinsabschlags von Erträgen einer juristischen Person des öffentlichen Rechts aus Kapital auf Treuhandkonten → BMF vom 1.3.1993 (BStBl I S. 276), Erstattung des einbehaltenen Zinsabschlags in Treuhandfällen bei Steuerausländern → BMF vom 18.1.1994 (BStBl I S. 139).

§ 44c
Erstattung von Kapitalertragsteuer an bestimmte Körperschaften, Personenvereinigungen und Vermögensmassen

(1) ¹Ist der Gläubiger
1. eine inländische Körperschaft, Personenvereinigung oder Vermögensmasse im Sinne des § 5 Abs. 1 Nr. 9 des Körperschaftsteuergesetzes oder
2. eine inländische Stiftung des öffentlichen Rechts, die ausschließlich und unmittelbar gemeinnützigen oder mildtätigen Zwecken dient, oder
3. eine inländische juristische Person des öffentlichen Rechts, die ausschließlich und unmittelbar kirchlichen Zwecken dient,

so erstattet das Bundesamt für Finanzen außer in den Fällen des § 44a Abs. 4 auf Antrag des Gläubigers die einbehaltene und abgeführte Kapitalertragsteuer. ²Voraussetzung ist, daß der Gläubiger dem Bundesamt für Finanzen durch eine Bescheinigung des für seine Geschäftsleitung oder seinen Sitz zuständigen Finanzamts nachweist, daß er eine Körperschaft, Personenvereinigung oder Vermögensmasse im Sinne des Satzes 1 ist. ³Die Geltungsdauer der Bescheinigung darf höchstens drei Jahre betragen; sie muß am Schluß eines Kalenderjahrs enden. ⁴Die Bescheinigung wird nicht erteilt, wenn die Kapitalerträge in den Fällen der Nummer 1 in einem wirtschaftlichen Geschäftsbetrieb anfallen, für den die Befreiung von der Körperschaftsteuer ausgeschlossen ist, oder wenn sie in den Fällen der Nummern 2 und 3 in einem nicht von der Körperschaftsteuer befreiten Betrieb gewerblicher Art anfallen. ⁵Dem Antrag ist außer der Bescheinigung nach Satz 2 eine Bescheinigung im Sinne des § 45a Abs. 2 oder 3 beizufügen.

(2) ¹Ist der Gläubiger
1. eine nach § 5 Abs. 1 mit Ausnahme der Nummer 9 des Körperschaftsteuergesetzes oder nach anderen Gesetzen von der Körperschaftsteuer befreite Körperschaft, Personenvereinigung oder Vermögensmasse oder
2. eine inländische juristische Person des öffentlichen Rechts, die nicht in Absatz 1 bezeichnet ist,

so erstattet das Bundesamt für Finanzen auf Antrag des Gläubigers die Hälfte der auf Kapitalerträge im Sinne des § 43 Abs. 1 Nr. 1 einbehaltenen und abgeführten Kapitalertragsteuer. ²Voraussetzung ist, daß der Gläubiger durch eine Bescheinigung des für seine Geschäftsleitung oder seinen Sitz zuständigen Finanzamts nachweist, daß er eine Körperschaft im Sinne des Satzes 1 ist. ³Absatz 1 Satz 3 bis 5 gilt entsprechend.

(3) ¹§ 36b Abs. 2 Satz 4, Abs. 3 Satz 2, Abs. 4 und § 36c sind sinngemäß anzuwenden. ²Das Bundesamt für Finanzen kann im Einzelfall die Frist auf Antrag des Gläubigers verlängern, wenn dieser verhindert ist, die Frist einzuhalten. ³Der Antrag auf Verlängerung ist vor Ablauf der Frist schriftlich zu stellen und zu begründen.

§ 44d
Bemessung der Kapitalertragsteuer bei bestimmten Kapitalgesellschaften

(1) ¹Auf Antrag wird die Kapitalertragsteuer für Kapitalerträge im Sinne des § 20 Abs. 1 Nr. 1 und des § 43 Abs. 1 Satz 1 Nr. 6, die einer Muttergesellschaft, die weder ihren Sitz

noch ihre Geschäftsleitung im Inland hat, aus Ausschüttungen einer unbeschränkt steuerpflichtigen Kapitalgesellschaft im Sinne des § 1 Abs. 1 Nr. 1 des Körperschaftsteuergesetzes oder aus der Vergütung von Körperschaftsteuer zufließen, nicht erhoben.

(2) ¹Muttergesellschaft im Sinne des Absatzes 1 ist eine Gesellschaft, die die in der Anlage 7 zu diesem Gesetz bezeichneten Voraussetzungen des Artikels 2 der Richtlinie Nr. 90/435/EWG des Rates vom 23. Juli 1990 (ABl. EG Nr. L 225 S. 6) erfüllt und die im Zeitpunkt der Entstehung der Kapitalertragsteuer gemäß § 44 Abs. 1 Satz 2 nachweislich mindestens zu einem Viertel unmittelbar am Nennkapital der unbeschränkt steuerpflichtigen Kapitalgesellschaft beteiligt ist. ²Weitere Voraussetzung ist, daß die Beteiligung nachweislich ununterbrochen zwölf Monate besteht. Wird dieser Beteiligungszeitraum nach dem Zeitpunkt der Entstehung der Kapitalertragsteuer gemäß § 44 Abs. 1 Satz 2 vollendet, ist die einbehaltene und abgeführte Kapitalertragsteuer nach § 50d Abs. 1 Satz 2 zu erstatten; das Freistellungsverfahren nach § 50d Abs. 3 ist ausgeschlossen.[1]

(3) Absatz 1 in Verbindung mit Absatz 2 gilt auch, wenn die Beteiligung der Muttergesellschaft am Nennkapital der unbeschränkt steuerpflichtigen Kapitalgesellschaft mindestens ein Zehntel beträgt, der Staat, in dem die Muttergesellschaft nach einem mit einem anderen Mitgliedstaat der Europäischen Gemeinschaften abgeschlossenen Abkommen zur Vermeidung der Doppelbesteuerung als ansässig gilt, dieser Gesellschaft für Gewinnausschüttungen der unbeschränkt steuerpflichtigen Kapitalgesellschaft eine Steuerbefreiung oder eine Anrechnung der deutschen Körperschaftsteuer auf die Steuer der Muttergesellschaft gewährt und seinerseits Gewinnausschüttungen an eine unbeschränkt steuerpflichtige Kapitalgesellschaft ab der gleichen Beteiligungshöhe von der Kapitalertragsteuer befreit.

(4) Absatz 1 in Verbindung mit Absatz 2 und Absatz 3 gilt auch für Ausschüttungen anderer unbeschränkt steuerpflichtiger Körperschaften, Personenvereinigungen und Vermögensmassen im Sinne des § 1 Abs. 1 des Körperschaftsteuergesetzes, wenn der Staat, in dem die Muttergesellschaft nach einem mit einem anderen Mitgliedstaat der Europäischen Gemeinschaften abgeschlossenen Abkommen zur Vermeidung der Doppelbesteuerung als ansässig gilt, dieser Gesellschaft für Gewinnausschüttungen der unbeschränkt steuerpflichtigen Körperschaft, Personenvereinigung oder Vermögensmasse im Sinne des § 1 Abs. 1 des Körperschaftsteuergesetzes eine Steuerbefreiung oder eine Anrechnung der deutschen Körperschaftsteuer auf die Steuer der Muttergesellschaft gewährt und seinerseits Gewinnausschüttungen an eine andere unbeschränkt steuerpflichtige Körperschaft, Personenvereinigung oder Vermögensmasse im Sinne des § 1 Abs. 1 des Körperschaftsteuergesetzes ab der gleichen Beteiligungshöhe von der Kapitalertragsteuer befreit.

Anlage 7 zum Einkommensteuergesetz
(zu § 44d EStG)

Gesellschaften im Sinne des Artikels 2 der Richtlinie Nr. 90/435/EWG des Rates vom 23. Juli 1990 (ABl. EG Nr. L 225 S. 6) über das gemeinsame Steuersystem der Mutter- und Tochtergesellschaften verschiedener Mitgliedstaaten, ergänzt durch die Akte über die Bedingungen des Beitritts der Republik Österreich, der Republik Finnland und des Königreichs Schweden und die Anpassung der die Europäische Union begründenden Verträge vom 24. Juni 1994 (BGBl. II S. 2031)

Gesellschaft im Sinne des Artikels 2 der genannten Richtlinie ist jede Gesellschaft, die
1. eine der aufgeführten Formen aufweist:
    - Gesellschaften belgischen Rechts mit der Bezeichnung:
        naamloze vennootschap/société anonyme, commenditaire vennootschap op aandelen/société en commandite par actions, besloten vennootschap met beperkte aans-

---

[1] Absatz 2 in der Fassung des Gesetzes zur Datenermittlung für den Verteilerschlüssel der Gemeindeanteile am Umsatzsteueraufkommen und zur Änderung steuerlicher Vorschriften ist auch für Veranlagungszeiträume vor 1998 anzuwenden → § 52 Abs. 29d EStG.

§ 44d EStG

        prakelijkheid/société privée responsabilité limitée sowie öffentlich-rechtliche Körperschaften, deren Tätigkeit unter das Privatrecht fällt;
   - Gesellschaften dänischen Rechts mit der Bezeichnung:
        aktieselskab, anpartsselskab;
   - Gesellschaften deutschen Rechts mit der Bezeichnung:
        Aktiengesellschaft, Kommanditgesellschaft auf Aktien, Gesellschaft mit beschränkter Haftung, bergrechtliche Gewerkschaft;
   - Gesellschaften finnischen Rechts mit der Bezeichnung:
        osakeyhtiö/aktiebolag, osuuskunta/andelslag, säästöpankki/sparbank and vakuutusyhtiö/försäkringsbolag;
   - Gesellschaften griechischen Rechts mit der Bezeichnung:
        Ανωνυμη Εταιρια;
   - Gesellschaften spanischen Rechts mit der Bezeichnung:
        sociedad anonima, sociedad comanditaria por acciones, sociedad de responsabilidad limitada sowie öffentlich-rechtliche Körperschaften, deren Tätigkeit unter das Privatrecht fällt;
   - Gesellschaften französischen Rechts mit der Bezeichnung:
        société anonyme, société en commandite par actions, société responsabilité limitée sowie die staatlichen Industrie- und Handelsbetriebe und -unternehmen;
   - Gesellschaften irischen Rechts mit der Bezeichnung:
        public companies limited by shares or by guarantee, private companies limited by shares or by guarantee, gemäß den Industrial and Provident Societies Acts eingetragene Einrichtungen oder gemäß den Building Societies Acts eingetragene „building societies";
   - Gesellschaften italienischen Rechts mit der Bezeichnung:
        societá per azioni, societá in accomandita per azioni, societá a responsabilitá limitata sowie die staatlichen und privaten Industrie- und Handelsunternehmen;
   - Gesellschaften luxemburgischen Rechts mit der Bezeichnung:
        société anonyme, société en commandite par actions, société responsabilité limitée;
   - Gesellschaften niederländischen Rechts mit der Bezeichnung:
        naamloze vennootschap, besloten vennootschap met beperkte aansprakelijkheid;
   - Gesellschaften österreichischen Rechts mit der Bezeichnung:
        Aktiengesellschaft, Gesellschaft mit beschränkter Haftung;
   - Gesellschaften portugiesischen Rechts in Form von Handelsgesellschaften, zivilrechtlichen Handelsgesellschaften oder Genossenschaften sowie die öffentlichen Unternehmen;
   - Gesellschaften schwedischen Rechts mit der Bezeichnung:
        aktiebolag, bankaktiebolag, försäkringsaktiebolag;
   - nach dem Recht des Vereinigten Königreichs gegründete Gesellschaften;
2. nach dem Steuerrecht eines Mitgliedstaats in bezug auf den steuerlichen Wohnsitz als in diesem Staat ansässig und auf Grund eines mit einem dritten Staat geschlossenen Doppelbesteuerungsabkommens in bezug auf den steuerlichen Wohnsitz nicht als außerhalb der Gemeinschaft ansässig betrachtet wird und
3. ohne Wahlmöglichkeit einer der nachstehenden Steuern
   - vennootschapsbelasting/impôt des sociétés in Belgien,
   - selskabsskat in Dänemark,
   - Körperschaftsteuer in Deutschland,
   - Yhteisöjen tulovero/inkomstskatten för samfund in Finnland,
   - φορος εισοδηματος νομιχων προωπων χερδοσχοπιχου χαραχτηρα in Griechenland,
   - impuesto sobre sociedades in Spanien,
   - impôt sur les sociétés in Frankreich,

- corporation tax in Irland,
- imposta sul reddito delle persone giuridiche in Italien,
- impôt sur le revenu des collectivités in Luxemburg,
- vennootschapsbelasting in den Niederlanden,
- Körperschaftsteuer in Österreich,
- imposto sobre o rendimento das pessoas colectivas in Portugal,
- Statlig inkomstskatt in Schweden,
- Corporation tax im Vereinigten Königreich

oder irgendeiner Steuer, die eine dieser Steuern ersetzt, unterliegt, ohne davon befreit zu sein.

213q. Bemessung der Kapitalertragsteuer bei bestimmten Kapitalgesellschaften

– unbesetzt –

Hinweise

Merkblatt zur Entlastung von deutscher Kapitalertragsteuer von Dividenden und bestimmten anderen Kapitalerträgen gemäß § 44d EStG, den DBA oder sonstigen zwischenstaatlichen Abkommen vom 1.3.1994 (BStBl I S. 203).

Zuständige Behörde

Zuständige Behörde für die Durchführung des Erstattungs- oder Freistellungsverfahrens ist das Bundesamt für Finanzen, 53221 Bonn.

§ 45
Ausschluß der Erstattung von Kapitalertragsteuer

¹In den Fällen, in denen die Dividende an einen anderen als an den Anteilseigner ausgezahlt wird, ist die Erstattung von Kapitalertragsteuer an den Zahlungsempfänger ausgeschlossen. ²Satz 1 gilt nicht für den Erwerber eines Dividendenscheins in den Fällen des § 20 Abs. 2 Satz 1 Nr. 2 Buchstabe a. ³In den Fällen des § 20 Abs. 2 Satz 1 Nr. 2 Buchstabe b ist die Erstattung von Kapitalertragsteuer an den Erwerber von Zinsscheinen nach § 37 Abs. 2 der Abgabenordnung ausgeschlossen.

§ 45a
Anmeldung und Bescheinigung der Kapitalertragsteuer in den Fällen des § 43 Abs. 1 Satz 1 Nr. 1 bis 5, 7 und 8 sowie Satz 2

(1) ¹Die Anmeldung der einbehaltenen Kapitalertragsteuer ist dem Finanzamt innerhalb der in § 44 Abs. 1 festgesetzten Frist nach amtlich vorgeschriebenem Vordruck einzureichen. ²Satz 1 gilt entsprechend, wenn ein Steuerabzug nicht oder nicht in voller Höhe vorzunehmen ist. ³Der Grund für die Nichtabführung ist anzugeben. ⁴Die Anmeldung ist mit der Versicherung zu versehen, daß die Angaben vollständig und richtig sind. ⁵Die Anmeldung ist von dem Schuldner, der auszahlenden Stelle oder einer vertretungsberechtigten Person zu unterschreiben.

§ 45a EStG
R 213r H 213r

Anhang 28

(2) ¹In den Fällen des § 43 Abs. 1 Satz 1 Nr. 1 bis 5 sind der Schuldner der Kapitalerträge und in den Fällen des § 43 Abs. 1 Satz 1 Nr. 7 und 8 sowie Satz 2 die die Kapitalerträge auszahlende Stelle vorbehaltlich der Absätze 3 und 4 verpflichtet, dem Gläubiger der Kapitalerträge auf Verlangen die folgenden Angaben nach amtlich vorgeschriebenem Muster zu bescheinigen:

1. den Namen und die Anschrift des Gläubigers;
2. die Art und Höhe der Kapitalerträge unabhängig von der Vornahme eines Steuerabzugs;
3. den Zahlungstag;
4. den Betrag der nach § 36 Abs. 2 Nr. 2 anrechenbaren Kapitalertragsteuer;¹⁾
5. das Finanzamt, an das die Steuer abgeführt worden ist.

²Bei Kapitalerträgen im Sinne des § 43 Abs. 1 Satz 1 Nr. 2 bis 5, 7 und 8 sowie Satz 2 ist außerdem die Zeit anzugeben, für welche die Kapitalerträge gezahlt worden sind. ³Die Bescheinigung braucht nicht unterschrieben zu werden, wenn sie in einem maschinellen Verfahren ausgedruckt worden ist und den Aussteller erkennen läßt. ⁴Ist die auszahlende Stelle nicht Schuldner der Kapitalerträge, hat sie zusätzlich den Namen und die Anschrift des Schuldners der Kapitalerträge anzugeben. ⁵§ 45 Abs. 2 und 3 des Körperschaftsteuergesetzes gilt sinngemäß.

(3) ¹Werden die Kapitalerträge für Rechnung des Schuldners durch ein inländisches Kreditinstitut oder ein inländisches Finanzdienstleistungsinstitut gezahlt, so hat an Stelle des Schuldners das Kreditinstitut oder das Finanzdienstleistungsinstitut die Bescheinigung zu erteilen. ²Aus der Bescheinigung des Kreditinstituts oder des Finanzdienstleistungsinstituts muß auch der Schuldner hervorgehen, für den die Kapitalerträge gezahlt werden; die Angabe des Finanzamts, an das die Kapitalertragsteuer abgeführt worden ist, kann unterbleiben.

(4) Eine Bescheinigung nach Absatz 2 oder Absatz 3 ist nicht zu erteilen, wenn in Vertretung des Gläubigers ein Antrag auf Erstattung der Kapitalertragsteuer nach § 44b Abs. 1 bis 3 gestellt worden ist oder gestellt wird.

(5) ¹Eine Bescheinigung, die den Absätzen 2 bis 4 nicht entspricht, hat der Aussteller zurückzufordern und durch eine berichtigte Bescheinigung zu ersetzen. ²Die berichtigte Bescheinigung ist als solche zu kennzeichnen. ³Wird die zurückgeforderte Bescheinigung nicht innerhalb eines Monats nach Zusendung der berichtigten Bescheinigung an den Aussteller zurückgegeben, hat der Aussteller das nach seinen Unterlagen für den Empfänger zuständige Finanzamt schriftlich zu benachrichtigen.

(6) ¹Der Aussteller einer Bescheinigung, die den Absätzen 2 bis 4 nicht entspricht, haftet für die auf Grund der Bescheinigung verkürzten Steuern oder zu Unrecht gewährten Steuervorteile. ²Ist die Bescheinigung nach Absatz 3 durch ein inländisches Kreditinstitut oder ein inländisches Finanzdienstleistungsinstitut auszustellen, so haftet der Schuldner auch, wenn er zum Zweck der Bescheinigung unrichtige Angaben macht. ³Der Aussteller haftet nicht

1. in den Fällen des Satzes 2,
2. wenn er die ihm nach Absatz 5 obliegenden Verpflichtungen erfüllt hat.

R 213r

213r.
– unbesetzt –

H 213r

Hinweise

Anhang 28 **Jahressteuerbescheinigung**
→ BMF vom 17.7.1997 (BStBl I S. 727)

¹⁾ Absatz 2 Satz 1 Nr. 4 wurde durch das ZerlKraftStÄndG ab VZ 1999 geändert.

§ 45b

(gegenstandslos)

EStG
S 2409a

§ 45c
Entrichtung der Kapitalertragsteuer in den Fällen des § 43 Abs. 1 Satz 1 Nr. 6

EStG
S 2407

¹In den Fällen des § 43 Abs. 1 Satz 1 Nr. 6 entsteht die Kapitalertragsteuer in dem Zeitpunkt, in dem die Körperschaftsteuer vergütet wird. ²In diesem Zeitpunkt hat das Bundesamt für Finanzen den Steuerabzug vom Kapitalertrag für Rechnung des Vergütungsberechtigten von der Körperschaftsteuer einzubehalten, die nach § 36e dieses Gesetzes oder nach § 52 des Körperschaftsteuergesetzes vergütet wird.

§ 45d
Mitteilungen an das Bundesamt für Finanzen

EStG

(1) ¹Wer nach § 44 Abs. 1 dieses Gesetzes und § 38b des Gesetzes über Kapitalanlagegesellschaften zum Steuerabzug verpflichtet ist, hat dem Bundesamt für Finanzen bis zum 31. Mai des Jahres, das auf das Jahr folgt, in dem die Kapitalerträge den Gläubigern zufließen, folgende Daten zu übermitteln:
1. Vor- und Zunamen sowie das Geburtsdatum der Person – gegebenenfalls auch des Ehegatten –, die den Freistellungsauftrag erteilt hat (Auftraggeber),
2. Anschrift des Auftraggebers,
3. Höhe des Betrags, bis zu dem auf Grund des Freistellungsauftrages vom Steuerabzug Abstand genommen und bei Dividenden und ähnlichen Kapitalerträgen die Erstattung von Kapitalertragsteuer und die Vergütung von Körperschaftsteuer beim Bundesamt für Finanzen beantragt werden sollte,
4. Namen und Anschrift des Empfängers des Freistellungsauftrags,

²Die Datenübermittlung hat nach amtlich vorgeschriebenem Datensatz auf amtlich vorgeschriebenen maschinell verwertbaren Datenträgern zu erfolgen. ³Im übrigen findet § 150 Abs. 6 der Abgabenordnung entsprechende Anwendung. ⁴Das Bundesamt für Finanzen kann auf Antrag eine Übermittlung nach amtlich vorgeschriebenem Vordruck zulassen, wenn eine Übermittlung nach Satz 2 eine unbillige Härte mit sich bringen würde.

(2) Die Mitteilungen dürfen ausschließlich zur Prüfung der rechtmäßigen Inanspruchnahme des Sparer-Freibetrages und des Pauschbetrages für Werbungskosten verwendet werden.

---

1) Anm.: Durch das Steuerentlastungsgesetz 1999/2000/2002 wurde § 45d mit Wirkung ab dem VZ 1999 wie folgt geändert:
– Absatz 1 Nr. 3 wurde wie folgt gefaßt:
„3. Höhe des Betrags, für den auf Grund des Freistellungsauftrages vom Steuerabzug Abstand genommen und bei Dividenden und ähnlichen Kapitalerträgen die Erstattung von Kapitalertragsteuer und die Vergütung von Körperschaftsteuer beim Bundesamt für Finanzen beantragt worden ist".
– Die Absätze 2 und 3 wurden wie folgt gefaßt:
„(2) Die Mitteilungen dürfen nur zur Durchführung eines Verwaltungsverfahrens oder eines gerichtlichen Verfahrens in Steuersachen oder eines Strafverfahrens wegen einer Steuerstraftat oder eines Bußgeldverfahrens wegen einer Steuerordnungswidrigkeit verwendet werden.
(3) ¹Abweichend von Absatz 2 darf das Bundesamt für Finanzen den Sozialleistungsträgern die Daten nach Absatz 1 mitteilen, soweit dies zur Überprüfung des bei der Sozialleistung zu berücksichtigenden Einkommens oder Vermögens erforderlich ist oder der Betroffene zustimmt. ²Für Zwecke des Satzes 1 ist das Bundesamt für Finanzen berechtigt, die ihm von den Sozialleistungsträgern übermittelten Daten mit den vorhandenen Daten nach Absatz 1 im Wege des automatisierten Datenabgleichs zu überprüfen und das Ergebnis den Sozialleistungsträgern mitzuteilen."

§ 45d EStG
45d H

¹) (3) Abweichend von Absatz 2 darf das Bundesamt für Finanzen die Anzahl der von einem Auftraggeber erteilten Freistellungsaufträge der Bundesanstalt für Arbeit auf deren Ersuchen zur Überprüfung des bei der Arbeitslosenhilfe zu berücksichtigenden Vermögens mitteilen.

45d H

Hinweise

Verfahrensrechtliche Fragen zu § 45d EStG

BMF vom 23.12.1996 (BStBl 1997 I S. 101)

IV B 4 – S 2404 – 46/96

Unter Bezugnahme auf das Ergebnis der Erörterungen mit den obersten Finanzbehörden der Länder gilt für Freistellungsaufträge und Mitteilungen an das Bundesamt für Finanzen nach § 45d EStG folgendes:

1. Wird im Laufe des Kalenderjahres ein dem jeweiligen Kreditinstitut bereits erteilter Freistellungsauftrag geändert, handelt es sich nur um **einen** Freistellungsauftrag im Sinne des § 45d Abs. 1 Nr. 3 EStG; mitzuteilen ist grundsätzlich die letzte Fassung des Freistellungsauftrags im Kalenderjahr. Wird der freizustellende Betrag herabgesetzt, muß das Kreditinstitut prüfen, inwieweit das bisherige Freistellungsvolumen bereits durch Abstandnahme vom Steuerabzug ausgeschöpft ist. Ein Unterschreiten des bereits freigestellten und ausgeschöpften Betrages ist nicht möglich; in diesem Fall ist der ausgeschöpfte Betrag mitzuteilen. Eine Erhöhung des freizustellenden Betrags darf ebenso wie die erstmalige Erteilung eines Freistellungsauftrags nur mit Wirkung für das Kalenderjahr, in dem der Auftrag geändert wird, und spätere Kalenderjahre erfolgen.

   Jede Änderung muß auf amtlich vorgeschriebenem Vordruck vorgenommen werden.

2. Ehegatten können ab dem Zeitpunkt ihrer Eheschließung nur gemeinsam Freistellungsaufträge erteilen. Haben sie vorher bereits einzeln Freistellungsaufträge erteilt, gilt für das Jahr der Eheschließung folgendes:

   a) Die Ehegatten können den gemeinsamen Freistellungsauftrag für die Zeit nach der Eheschließung erteilen. Dann darf er höchstens in Höhe des Unterschiedsbetrags erteilt werden, der sich zwischen dem Freistellungsvolumen, das den Ehegatten zusteht, und der Summe der Kapitalerträge, die bereits aufgrund der von den Ehegatten einzeln erteilten Freistellungsaufträge vom Steuerabzug freigestellt worden sind, ergibt. Alle Freistellungsaufträge sind nach § 45d EStG zu melden.

---

¹) Anm.: Durch das Steuerentlastungsgesetz 1999/2000/2002 wurde § 45d mit Wirkung ab dem VZ 1999 wie folgt geändert:
   – Absatz 1 Nr. 3 wurde wie folgt gefaßt:
   „3. Höhe des Betrags, für den auf Grund des Freistellungsauftrages vom Steuerabzug Abstand genommen und bei Dividenden und ähnlichen Kapitalerträgen die Erstattung von Kapitalertragsteuer und die Vergütung von Körperschaftsteuer beim Bundesamt für Finanzen beantragt worden ist".
   – Die Absätze 2 und 3 wurden wie folgt gefaßt:
   „(2) Die Mitteilungen dürfen nur zur Durchführung eines Verwaltungsverfahrens oder eines gerichtlichen Verfahrens in Steuersachen oder eines Strafverfahrens wegen einer Steuerstraftat oder eines Bußgeldverfahrens wegen einer Steuerordnungswidrigkeit verwendet werden.
   (3) ¹Abweichend von Absatz 2 darf das Bundesamt für Finanzen den Sozialleistungsträgern die Daten nach Absatz 1 mitteilen, soweit dies zur Überprüfung des bei der Sozialleistung zu berücksichtigenden Einkommens oder Vermögens erforderlich ist oder der Betroffene zustimmt. ²Für Zwecke des Satzes 1 ist das Bundesamt für Finanzen berechtigt, die ihm von den Sozialleistungsträgern übermittelten Daten mit den vorhandenen Daten nach Absatz 1 im Wege des automatisierten Datenabgleichs zu überprüfen und das Ergebnis den Sozialleistungsträgern mitzuteilen."

b) Statt dessen können die Ehegatten den gemeinsamen Freistellungsauftrag auch für den Veranlagungszeitraum der Eheschließung erteilen. In diesem Fall ist der Freistellungsauftrag mindestens in Höhe der Summe der Kapitalerträge, die bereits aufgrund der von den Ehegatten einzeln erteilten Freistellungsaufträge vom Steuerabzug freigestellt worden sind, zu erteilen. Die Summe der Kapitalerträge, die bereits aufgrund der einzeln erteilten Freistellungsaufträge vom Steuerabzug freigestellt worden sind, wird von der auszahlenden Stelle auf das Freistellungsvolumen des gemeinsamen Freistellungsauftrages angerechnet. Eine (rückwirkende) Erstattung bereits einbehaltenen Zinsabschlags aufgrund des gemeinsamen Freistellungsauftrags ist nicht möglich. Dem Bundesamt für Finanzen ist nur der gemeinsame Freistellungsauftrag nach § 45d EStG zu melden.

3. Das Datum der Erteilung des Freistellungsauftrags muß dem Bundesamt für Finanzen nicht mitgeteilt werden.

Diese Regelung tritt an die Stelle des BMF-Schreibens vom 1. Juli 1993 (BStBl I S. 526).

4. Veranlagung von Steuerpflichtigen mit steuerabzugspflichtigen Einkünften

§ 46[1])
Veranlagung bei Bezug von Einkünften aus nichtselbständiger Arbeit

EStG
S 2270

(1) (weggefallen)

(2) ¹Besteht das Einkommen ganz oder teilweise aus Einkünften aus nichtselbständiger Arbeit, von denen ein Steuerabzug vorgenommen worden ist, so wird eine Veranlagung nur durchgeführt,

1. wenn die Summe der einkommensteuerpflichtigen Einkünfte, die nicht dem Steuerabzug vom Arbeitslohn zu unterwerfen waren, vermindert um die darauf entfallenden Beträge nach § 13 Abs. 3 und § 24a, oder die Summe der Einkünfte und Leistungen, die dem Progressionsvorbehalt unterliegen, jeweils mehr als 800 Deutsche Mark beträgt;

2. wenn der Steuerpflichtige nebeneinander von mehreren Arbeitgebern Arbeitslohn bezogen hat;

3. wenn für einen Steuerpflichtigen, der zu dem Personenkreis des § 10c Abs. 3 gehört, die Lohnsteuer im Veranlagungszeitraum oder für einen Teil des Veranlagungszeitraums nach den Steuerklassen I bis IV der allgemeinen Lohnsteuertabelle (§ 38c Abs. 1) zu erheben war;

3a. wenn von Ehegatten, die nach den §§ 26, 26b zusammen zur Einkommensteuer zu veranlagen sind, beide Arbeitslohn bezogen haben und einer für den Veranlagungszeitraum oder einen Teil davon nach der Steuerklasse V oder VI besteuert worden ist;

4. wenn auf der Lohnsteuerkarte eines Steuerpflichtigen ein Freibetrag im Sinne des § 39a Abs. 1 Nr. 1 bis 3, 5 oder 6 eingetragen worden ist; dasselbe gilt für einen Steuerpflichtigen, der zum Personenkreis des § 1 Abs. 2 gehört, wenn diese Eintragungen auf einer Bescheinigung nach § 39c erfolgt sind;

4a. wenn bei einem Elternpaar, bei dem die Voraussetzungen des § 26 Abs. 1 Satz 1 nicht vorliegen
   a) (weggefallen)
   b) (weggefallen)
   c) im Fall des § 32 Abs. 7 Satz 2 auf Grund der Zustimmung der Mutter entweder auf der Lohnsteuerkarte des Vaters die Lohnsteuerklasse II bescheinigt worden ist oder der Vater den Haushaltsfreibetrag beantragt hat oder
   d) im Fall des § 33a Abs. 2 Satz 8 beide Elternteile die Übertragung des einem Elternteil zustehenden Anteils am abzuziehenden Ausbildungsfreibetrag auf den anderen Elternteil beantragen oder

---

¹) Zur Anwendung → § 52 Abs. 29b EStG.

e) im Fall des § 33b Abs. 5 Satz 3 beide Elternteile eine Aufteilung des Pauschbetrags für Behinderte oder des Pauschbetrags für Hinterbliebene in einem anderen Verhältnis als je zur Hälfte beantragen.

²Die Veranlagungspflicht besteht für jeden Elternteil, der Einkünfte aus nichtselbständiger Arbeit bezogen hat;

5. (weggefallen);[1]
6. wenn die Ehe des Arbeitnehmers im Veranlagungszeitraum durch Tod, Scheidung oder Aufhebung aufgelöst worden ist und er oder sein Ehegatte der aufgelösten Ehe im Veranlagungszeitraum wieder geheiratet hat;
7. wenn
   a) für einen unbeschränkt Steuerpflichtigen im Sinne des § 1 Abs. 1 auf der Lohnsteuerkarte ein Ehegatte im Sinne des § 1a Abs. 1 Nr. 2 berücksichtigt worden ist oder
   b) für einen Steuerpflichtigen, der zum Personenkreis des § 1 Abs. 3 oder des § 1a gehört, das Betriebsstättenfinanzamt eine Bescheinigung nach § 39c Abs. 4 erteilt hat; dieses Finanzamt ist dann auch für die Veranlagung zuständig;
8. wenn die Veranlagung beantragt wird, insbesondere zur Anrechnung von Lohnsteuer auf die Einkommensteuer. ²Der Antrag ist bis zum Ablauf des auf den Veranlagungszeitraum folgenden zweiten Kalenderjahrs durch Abgabe einer Einkommensteuererklärung zu stellen. ³Wird der Antrag zur Berücksichtigung von Verlustabzügen nach § 10d oder einer Steuerermäßigung nach § 34f Abs. 3 gestellt, ist er für den zweiten vorangegangenen Veranlagungszeitraum bis zum Ablauf des diesem folgenden vierten Kalenderjahrs und für den ersten vorangegangenen Veranlagungszeitraum bis zum Ablauf des diesem folgenden dritten Kalenderjahrs zu stellen.

(3) ¹In den Fällen des Absatzes 2 ist ein Betrag in Höhe der einkommensteuerpflichtigen Einkünfte, von denen der Steuerabzug vom Arbeitslohn nicht vorgenommen worden ist, vom Einkommen abzuziehen, wenn diese Einkünfte insgesamt nicht mehr als 800 Deutsche Mark betragen. ²Der Betrag nach Satz 1 vermindert sich um den Altersentlastungsbetrag, soweit dieser 40 vom Hundert des Arbeitslohns mit Ausnahme der Versorgungsbezüge im Sinne des § 19 Abs. 2 übersteigt, und um den nach § 13 Abs. 3 zu berücksichtigenden Betrag.

(4) ¹Kommt nach Absatz 2 eine Veranlagung zur Einkommensteuer nicht in Betracht, so gilt die Einkommensteuer, die auf die Einkünfte aus nichtselbständiger Arbeit entfällt, für den Steuerpflichtigen durch den Lohnsteuerabzug als abgegolten, soweit er nicht für zuwenig erhobene Lohnsteuer in Anspruch genommen werden kann. ²§ 42b bleibt unberührt.

(5) Durch Rechtsverordnung kann in den Fällen des Absatzes 2 Nr. 1, in denen die einkommensteuerpflichtigen Einkünfte, von denen der Steuerabzug vom Arbeitslohn nicht vorgenommen worden ist, den Betrag von 800 Deutsche Mark übersteigen, die Besteuerung so gemildert werden, daß auf die volle Besteuerung dieser Einkünfte stufenweise übergeleitet wird.

EStDV

S 2270

§ 70

Ausgleich von Härten in bestimmten Fällen

¹Betragen in den Fällen des § 46 Abs. 2 Nr. 1 bis 7 des Gesetzes die einkommensteuerpflichtigen Einkünfte, von denen der Steuerabzug vom Arbeitslohn nicht vorgenommen worden ist, insgesamt mehr als 800 Deutsche Mark, so ist vom Einkommen der Betrag abzuzie-

---

[1]) Anm.: Durch das Steuerentlastungsgesetz 1999/2000/2002 wurde mit Wirkung ab dem VZ 1999 folgende Nummer 5 eingefügt:
„5. wenn bei einem Steuerpflichtigen die Lohnsteuer für einen sonstigen Bezug im Sinne des § 34 Abs. 1 und Abs. 2 Nr. 2 und 4 nach § 39b Abs. 3 Satz 9 ermittelt wurde;".
[2]) Anm.: Durch das Gesetz zur Neuregelung der geringfügigen Beschäftigungsverhältnisse wurde mit Wirkung ab dem VZ 1999 folgender Absatz 2a eingefügt:
„(2a) Ist für den Steuerpflichtigen eine Bescheinigung nach § 39a Abs. 6 ausgestellt worden und ist die Summe seiner anderen Einkünfte positiv, so ist eine Veranlagung durchzuführen."

§ 70 EStDV § 46 EStG
H 217 R 214–217

hen, um den die bezeichneten Einkünfte, vermindert um den auf sie entfallenden Altersentlastungsbetrag (§ 24a des Gesetzes) und den nach § 13 Abs. 3 des Gesetzes zu berücksichtigenden Betrag, niedriger als 1.600 Deutsche Mark sind (Härteausgleichsbetrag). ²Der Härteausgleichsbetrag darf nicht höher sein als die nach Satz 1 verminderten Einkünfte.

214.   R 214

– unbesetzt –

215. Veranlagung nach § 46 Abs. 2 Nr. 2 EStG   R 215

§ 46 Abs. 2 Nr. 2 EStG gilt auch für die Fälle, in denen der Steuerpflichtige rechtlich in nur einem Dienstverhältnis steht, die Bezüge aber von verschiedenen öffentlichen Kassen ausgezahlt und gesondert nach Maßgabe der jeweiligen Lohnsteuerkarte dem Steuerabzug unterworfen worden sind.

S 2270

216.   R 216

– unbesetzt –

217. Veranlagung nach § 46 Abs. 2 Nr. 8 EStG   R 217

(1) Die Vorschrift des § 46 Abs. 2 Nr. 8 EStG ist nur anwendbar, wenn der Arbeitnehmer nicht bereits nach den Vorschriften des § 46 Abs. 2 Nr. 1 bis 7 EStG zu veranlagen ist.

S 2270

(2) Sollen ausländische Verluste, die nach einem DBA bei der Ermittlung des zu versteuernden Einkommens (§ 2 Abs. 5 EStG) außer Ansatz geblieben sind, zur Anwendung des negativen Progressionsvorbehalts berücksichtigt werden, so ist auf Antrag eine Veranlagung durchzuführen.

(3) ¹Hat ein Arbeitnehmer im Veranlagungszeitraum zeitweise nicht in einem Dienstverhältnis gestanden, so kann die Dauer der Nichtbeschäftigung z. B. durch eine entsprechende Bescheinigung des Arbeitsamts, wie einen Bewilligungsbescheid über das Arbeitslosengeld oder eine Bewilligung von Leistungen nach dem SGB III, belegt werden. ²Kann ein Arbeitnehmer Nichtbeschäftigungszeiten durch geeignete Unterlagen nicht nachweisen oder in sonstiger Weise glaubhaft machen, so ist dies kein Grund, die Antragsveranlagung nicht durchzuführen. ³Ob und in welcher Höhe außer dem auf der Lohnsteuerkarte bescheinigten Arbeitslohn weiterer Arbeitslohn zu berücksichtigen ist, hängt von dem im Einzelfall ermittelten Sachverhalt ab. ⁴Für dessen Beurteilung gelten die Grundsätze der freien Beweiswürdigung.

Hinweise   H 217

Abtretung/Verpfändung
– zur Abtretung bzw. Verpfändung des Erstattungsanspruchs → § 46 AO sowie Anwendungserlaß zu § 46
– zum Entstehen des Erstattungsanspruchs → § 38 AO i.V.m. § 36 Abs. 1 EStG

Pfändung des Erstattungsanspruchs aus der Antragsveranlagung
→ § 46 Abs. 6 AO sowie Anwendungserlaß zu § 46

Rechtswirksamer Antrag

- Ein Antrag auf Veranlagung zur Einkommensteuer ist nur dann rechtswirksam gestellt, wenn der amtlich vorgeschriebene Vordruck verwendet wird, dieser innerhalb der Ausschlußfrist des § 46 Abs. 2 Nr. 8 EStG beim Finanzamt eingeht und bis dahin auch vom Arbeitnehmer eigenhändig unterschrieben ist (→ BFH vom 10.10.1986 – BStBl 1987 II S. 77).
- Die Antragsfrist ist auch dann gewahrt, wenn der Antrag bei einem für die Veranlagung örtlich unzuständigen Finanzamt gestellt wird (→ BFH vom 10.7.1987 – BStBl II S. 827).
- Der Antrag muß so erschöpfend ausgefüllt sein, daß das Veranlagungsverfahren in Gang gesetzt werden kann; dazu sind mindestens die üblichen Personalangaben sowie Angaben über den Bruttojahresarbeitslohn und über die einbehaltene Lohnsteuer erforderlich (→ BFH vom 15.3.1974 – BStBl II S. 590).

Der Pfändungsgläubiger eines Einkommensteuererstattungsanspruchs ist nicht berechtigt, durch Abgabe einer von ihm selbst oder seinem Bevollmächtigten für den Vollstreckungsschuldner ausgefertigten und unterschriebenen Einkommensteuererklärung für diesen die Veranlagung zur Einkommensteuer i. S. d. § 46 Abs. 2 Nr. 8 Satz 1 und 2 EStG zu beantragen (→ BFH vom 18.8.1998 – VII R 114/97 – DStRE 1999 S. 16).

Wiedereinsetzung in den vorigen Stand bei Versäumung der Antragsfrist
→ § 110 AO

218. Härteausgleich

– unbesetzt –

Hinweise

Abhängigkeit der Veranlagung vom Härteausgleich
Eine Veranlagung ist unabhängig vom Härteausgleich nach § 46 Abs. 3 EStG durchzuführen, auch wenn dieser im Ergebnis zu einem Betrag unter 800 DM führt (→ BFH vom 2.12.1971 – BStBl 1972 II S. 278).

Allgemeines
Bestehen die einkommensteuerpflichtigen Einkünfte, die nicht der Lohnsteuer zu unterwerfen waren, sowohl aus positiven Einkünften als auch aus negativen Einkünften (Verlusten), so wird ein Härteausgleich nur gewährt, wenn die Summe dieser Einkünfte abzüglich der darauf entfallenden Beträge nach § 13 Abs. 3 und § 24a EStG einen positiven Einkunftsbetrag von nicht mehr als 800 DM bzw. 1.600 DM ergibt. Das gilt auch in den Fällen der Zusammenveranlagung von Ehegatten, in denen der eine Ehegatte positive und der andere Ehegatte negative Einkünfte, die nicht der Lohnsteuer zu unterwerfen waren, bezogen hat, und im Fall der Veranlagung nach § 46 Abs. 2 Nr. 4 EStG (→ BFH vom 24.4.1961 – BStBl III S. 310).

Beispiel:
Ein 65jähriger Arbeitnehmer, auf dessen Lohnsteuerkarte ein Freibetrag im Sinne des § 39a Abs. 1 Nr. 5 EStG eingetragen worden ist, hat neben seinen Einkünften aus nichtselbständiger Arbeit (Ruhegeld) folgende Einkünfte bezogen:

Gewinn aus Land- und Forstwirtschaft	4.500 DM
Verlust aus Vermietung und Verpachtung	–500 DM
positive Summe dieser Einkünfte	4.000 DM
Prüfung des Veranlagungsgrundes nach § 46 Abs. 2 Nr. 1 EStG:	
Summe der einkommensteuerpflichtigen Einkünfte, die nicht dem Steuerabzug vom Arbeitslohn unterlagen	4.000 DM

Abzug nach § 13 Abs. 3 EStG	2.000 DM	
Altersentlastungsbetrag nach § 24a EStG (40 v. H. aus 4.000 DM =)	1.600 DM	– 3.600 DM
		400 DM

Die Voraussetzungen nach § 46 Abs. 2 Nr. 1 EStG sind nicht gegeben; der Arbeitnehmer ist nach § 46 Abs. 2 Nr. 4 EStG zu veranlagen.

Härteausgleich nach § 46 Abs. 3 EStG:

Betrag der einkommensteuerpflichtigen (Neben-)Einkünfte	4.000 DM
Abzug nach § 13 Abs. 3 EStG	– 2.000 DM
Altersentlastungsbetrag nach § 24a EStG	– 1.600 DM
Vom Einkommen abziehbarer Betrag	400 DM

Anwendung der §§ 34, 34b, 34c, 34f und § 35 EStG
Würden Einkünfte, die nicht der Lohnsteuer zu unterwerfen waren, auf Grund eines Härteausgleichsbetrags in gleicher Höhe unversteuert bleiben, so ist für die Anwendung dieser Ermäßigungsvorschriften kein Raum (→ BFH vom 29.5.1963 – BStBl III S. 379 und vom 2.12.1971 – BStBl 1972 II S. 278).

Lohnersatzleistung
Der Härteausgleich nach § 46 Abs. 3 EStG ist nicht auf dem Progressionsvorbehalt unterliegende Lohnersatzleistungen anzuwenden (→ BFH vom 5.5.1994 – BStBl II S. 654).

Progressionsvorbehalt
→ *Lohnersatzleistung*

---

219. – 221.

– unbesetzt –

---

§ 47

(weggefallen)

VII.

(weggefallen)

§ 48

(weggefallen)

VIII. Besteuerung beschränkt Steuerpflichtiger

§ 49
Beschränkt steuerpflichtige Einkünfte

(1) Inländische Einkünfte im Sinne der beschränkten Einkommensteuerpflicht (§ 1 Abs. 4) sind

1. Einkünfte aus einer im Inland betriebenen Land- und Forstwirtschaft (§§ 13, 14);
2. Einkünfte aus Gewerbebetrieb (§§ 15 bis 17),
   a) für den im Inland eine Betriebsstätte unterhalten wird oder ein ständiger Vertreter bestellt ist,
   b) die durch den Betrieb eigener oder gecharterter Seeschiffe oder Luftfahrzeuge aus Beförderungen zwischen inländischen und von inländischen zu ausländischen Häfen erzielt werden, einschließlich der Einkünfte aus anderen mit solchen Beförderungen zusammenhängenden, sich auf das Inland erstreckenden Beförderungsleistungen,
   c) die von einem Unternehmen im Rahmen einer internationalen Betriebsgemeinschaft oder eines Pool-Abkommens, bei denen ein Unternehmen mit Sitz oder Geschäftsleitung im Inland die Beförderung durchführt, aus Beförderungen und Beförderungsleistungen nach Buchstabe b erzielt werden,
   d)¹⁾ die, soweit sie nicht zu den Einkünften im Sinne der Nummern 3 und 4 gehören, durch künstlerische, sportliche, artistische oder ähnliche Darbietungen im Inland oder durch deren Verwertung im Inland erzielt werden, einschließlich der Einkünfte aus anderen mit diesen Leistungen zusammenhängenden Leistungen, unabhängig davon, wem die Einnahmen zufließen, oder
   e) die unter den Voraussetzungen des § 17 erzielt werden, wenn es sich um Anteile an einer Kapitalgesellschaft handelt, die ihren Sitz oder ihre Geschäftsleitung im Inland hat, oder
   f) die, soweit sie nicht zu den Einkünften im Sinne des Buchstaben a gehören, durch Veräußerung von unbeweglichem Vermögen, Sachinbegriffen oder Rechten im Sinne der Nummer 6 erzielt werden. ²Als Einkünfte aus Gewerbebetrieb gelten auch die Einkünfte aus Tätigkeiten im Sinne dieses Buchstabens, die von einer Körperschaft ohne Sitz oder Geschäftsleitung im Inland erzielt werden, die einer inländischen Kapitalgesellschaft oder sonstigen juristischen Person des privaten Rechts, die nach den Vorschriften des Handelsgesetzbuchs zur Führung von Büchern verpflichtet ist, gleichsteht;
3. Einkünfte aus selbständiger Arbeit (§ 18), die im Inland ausgeübt oder verwertet wird oder worden ist;
4. Einkünfte aus nichtselbständiger Arbeit (§ 19), die im Inland ausgeübt oder verwertet wird oder worden ist, und Einkünfte, die aus inländischen öffentlichen Kassen einschließlich der Kassen des Bundeseisenbahnvermögens der Deutschen Bundesbahn und der Deutschen Bundesbank mit Rücksicht auf ein gegenwärtiges oder früheres Dienstverhältnis gewährt werden, ohne daß ein Zahlungsanspruch gegenüber der inländischen öffentlichen Kasse bestehen muß;
5. Einkünfte aus Kapitalvermögen im Sinne des
   a) § 20 Abs. 1 Nr. 1, 2, 4 und 6, wenn der Schuldner Wohnsitz, Geschäftsleitung oder Sitz im Inland hat oder wenn es sich in den Fällen des § 44 Abs. 1 Satz 4 Nr. 1 Buchstabe a Doppelbuchstabe bb um ausländische Erträge im Sinne der §§ 17 und 18 des Auslandinvestment-Gesetzes handelt; dies gilt auch für Erträge aus Wandel-

---

¹⁾ Anm.: Durch das Steuerentlastungsgesetz 1999/2000/2002 wurde Absatz 1 Nr. 2 Buchstabe d mit Wirkung ab dem VZ 1999 wie folgt gefaßt:
„d) die, soweit sie nicht zu den Einkünften im Sinne der Nummern 3 und 4 gehören, durch im Inland ausgeübte oder verwertete künstlerische, sportliche, artistische oder ähnliche Darbietungen erzielt werden, einschließlich der Einkünfte aus anderen mit diesen Leistungen zusammenhängenden Leistungen, unabhängig davon, wem die Einnahmen zufließen,".

anleihen und Gewinnobligationen; dies gilt außer in den Fällen des § 44 Abs. 1 Satz 4 Nr. 1 Buchstabe a Doppelbuchstabe bb dieses Gesetzes nicht in den Fällen des § 37a, des § 38b, des § 43a in Verbindung mit § 38b und des § 44 Satz 1 bis 3 des Gesetzes über Kapitalanlagegesellschaften;

a) *(– Drittes Finanzmarktförderungsgesetz –) § 20 Abs. 1 Nr. 1, 2, 4 und 6, wenn der Schuldner Wohnsitz, Geschäftsleitung oder Sitz im Inland hat oder wenn es sich in den Fällen des § 44 Abs. 1 Satz 4 Nr. 1 Buchstabe a Doppelbuchstabe bb um ausländische Erträge im Sinne der §§ 17 und 18 des Auslandinvestment-Gesetzes handelt; dies gilt auch für Erträge aus Wandelanleihen und Gewinnobligationen; dies gilt außer in den Fällen des § 44 Abs. 1 Satz 4 Nr. 1 Buchstabe a Doppelbuchstabe bb dieses Gesetzes nicht in den Fällen des § 37n, des § 38b sowie der §§ 43a, 43c, 44 Satz 1 bis 3, des § 50a und des § 50c in Verbindung mit § 38b des Gesetzes über Kapitalanlagegesellschaften;* [1]

b) § 20 Abs. 1 Nr. 3;

c) § 20 Abs. 1 Nr. 5 und 7, wenn

   aa) das Kapitalvermögen durch inländischen Grundbesitz, durch inländische Rechte, die den Vorschriften des bürgerlichen Rechts über Grundstücke unterliegen, oder durch Schiffe, die in ein inländisches Schiffsregister eingetragen sind, unmittelbar oder mittelbar gesichert ist. Ausgenommen sind Zinsen aus Anleihen und Forderungen, die in ein öffentliches Schuldbuch eingetragen oder über die Sammelurkunden im Sinne des § 9a des Depotgesetzes oder Teilschuldverschreibungen ausgegeben sind, oder

   bb) das Kapitalvermögen aus Genußrechten besteht, die nicht in § 20 Abs. 1 Nr. 1 genannt sind, oder

   cc) Kapitalerträge im Sinne des § 43 Abs. 1 Satz 1 Nr. 7 Buchstabe a und Nummer 8 sowie Satz 2 von einem Schuldner oder von einem inländischen Kreditinstitut oder einem inländischen Finanzdienstleistungsinstitut im Sinne des § 43 Abs. 1 Satz 1 Nr. 7 Buchstabe b gegen Aushändigung der Zinsscheine einem anderen als einem ausländischen Kreditinstitut oder einem ausländischen Finanzdienstleistungsinstitut ausgezahlt oder gutgeschrieben werden und die Teilschuldverschreibungen nicht von dem Schuldner, dem inländischen Kreditinstitut oder dem inländischen Finanzdienstleistungsinstitut verwahrt werden.

   ²§ 20 Abs. 2 gilt entsprechend;

6. Einkünfte aus Vermietung und Verpachtung (§ 21), wenn das unbewegliche Vermögen, die Sachinbegriffe oder Rechte im Inland belegen oder in ein inländisches öffentliches Buch oder Register eingetragen sind oder in einer inländischen Betriebsstätte oder in einer anderen Einrichtung verwertet werden;

7. sonstige Einkünfte im Sinne des § 22 Nr. 1, soweit sie dem Steuerabzug unterworfen werden;

8. sonstige Einkünfte im Sinne des § 22 Nr. 2, soweit es sich um Spekulationsgeschäfte mit inländischen Grundstücken, mit inländischen Rechten, die den Vorschriften des bürgerlichen Rechts über Grundstücke unterliegen, oder mit Anteilen an Kapitalgesellschaften mit Geschäftsleitung oder Sitz im Inland bei wesentlicher Beteiligung im Sinne des § 17 Abs. 1 Satz 4 handelt; § 23 Abs. 1 Satz 2 und Abs. 2 ist anzuwenden;[2]

8a. sonstige Einkünfte im Sinne des § 22 Nr. 4;

9. sonstige Einkünfte im Sinne des § 22 Nr. 3, auch wenn sie bei Anwendung dieser Vorschrift einer anderen Einkunftsart zuzurechnen wären, soweit es sich um Einkünfte aus der Nutzung beweglicher Sachen im Inland oder aus der Überlassung der Nutzung oder des Rechts auf Nutzung von gewerblichen, technischen, wissenschaftlichen und ähnlichen Erfahrungen, Kenntnissen und Fertigkeiten, z. B. Plänen, Mustern und Ver-

---

[1] Absatz 1 Nr. 5 Buchstabe a ist erstmals auf Kapitalerträge anzuwenden, die ab dem 1.4.1998 zufließen → § 52 Abs. 30 in der Fassung des Dritten Finanzmarktförderungsgesetzes.

[2] Anm.: Durch das Steuerentlastungsgesetz 1999/2000/2002 wurde in Absatz 1 Nr. 8 mit Wirkung ab dem VZ 1999 der letzte Halbsatz wie folgt gefaßt:
„§ 23 Abs. 1 SAtz 2 und 3 und Abs. 2 ist anzuwenden."

fahren, handelt, die im Inland genutzt werden oder worden sind; dies gilt nicht, soweit es sich um steuerpflichtige Einkünfte im Sinne der Nummern 1 bis 8 handelt.

(2) Im Ausland gegebene Besteuerungsmerkmale bleiben außer Betracht, soweit bei ihrer Berücksichtigung inländische Einkünfte im Sinne des Absatzes 1 nicht angenommen werden könnten.

(3) ¹Bei Schiffahrt- und Luftfahrtunternehmen sind die Einkünfte im Sinne des Absatzes 1 Nr. 2 Buchstabe b mit 5 vom Hundert der für diese Beförderungsleistungen vereinbarten Entgelte anzusetzen.

²Das gilt auch, wenn solche Einkünfte durch eine inländische Betriebsstätte oder einen inländischen ständigen Vertreter erzielt werden (Absatz 1 Nr. 2 Buchstabe a). ³Das gilt nicht in den Fällen des Absatzes 1 Nr. 2 Buchstabe c oder soweit das deutsche Besteuerungsrecht nach einem Abkommen zur Vermeidung der Doppelbesteuerung ohne Begrenzung des Steuersatzes aufrechterhalten bleibt.

(4) ¹Abweichend von Absatz 1 Nr. 2 sind Einkünfte steuerfrei, die ein beschränkt Steuerpflichtiger mit Wohnsitz oder gewöhnlichem Aufenthalt in einem ausländischen Staat durch den Betrieb eigener oder gecharterter Schiffe oder Luftfahrzeuge aus einem Unternehmen bezieht, dessen Geschäftsleitung sich in dem ausländischen Staat befindet. ²Voraussetzung für die Steuerbefreiung ist, daß dieser ausländische Staat Steuerpflichtigen mit Wohnsitz oder gewöhnlichem Aufenthalt im Geltungsbereich dieses Gesetzes eine entsprechende Steuerbefreiung für derartige Einkünfte gewährt und daß das Bundesministerium für Verkehr die Steuerbefreiung nach Satz 1 für verkehrspolitisch unbedenklich erklärt hat.

R 222 — 222. Beschränkte Steuerpflicht bei Einkünften aus Gewerbebetrieb

(1) ¹Einkünfte aus Gewerbebetrieb unterliegen nach § 49 Abs. 1 Nr. 2 Buchstabe a EStG auch dann der beschränkten Einkommensteuerpflicht, wenn im Inland keine Betriebsstätte unterhalten wird, sondern nur ein ständiger Vertreter für den Gewerbebetrieb bestellt ist (§ 13 AO). ²Ist der ständige Vertreter ein Kommissionär oder Makler, der Geschäftsbeziehungen für das ausländische Unternehmen im Rahmen seiner ordentlichen Geschäftstätigkeit unterhält, und ist die Besteuerung des ausländischen Unternehmens nicht durch ein DBA geregelt, so sind die Einkünfte des ausländischen Unternehmens insoweit nicht der Besteuerung zu unterwerfen. ³Das gilt auch, wenn der ständige Vertreter ein Handelsvertreter (§ 84 HGB) ist, der weder eine allgemeine Vollmacht zu Vertragsverhandlungen und Vertragsabschlüssen für das ausländische Unternehmen besitzt noch über ein Warenlager dieses Unternehmens verfügt, von dem er regelmäßig Bestellungen für das Unternehmen ausführt.

(2) ¹Auf Einkünfte, die ein beschränkt Steuerpflichtiger durch den Betrieb eigener oder gecharterter Schiffe oder Luftfahrzeuge aus einem Unternehmen bezieht, dessen Geschäftsleitung sich in einem ausländischen Staat befindet, sind die Sätze 2 und 3 des Absatzes 1 nicht anzuwenden. ²Einkünfte aus Gewerbebetrieb, die ein Unternehmen im Rahmen einer internationalen Betriebsgemeinschaft oder eines Pool-Abkommens erzielt, unterliegen nach § 49 Abs. 1 Nr. 2 Buchstabe c EStG der beschränkten Steuerpflicht auch, wenn das die Beförderung durchführende Unternehmen mit Sitz oder Geschäftsleitung im Inland nicht als ständiger Vertreter des ausländischen Beteiligten anzusehen ist.

(3) ¹Bei gewerblichen Einkünften, die durch künstlerische, sportliche, artistische oder ähnliche Darbietungen oder deren Verwertung im Inland erzielt werden, kommt es für die Begründung der beschränkten Steuerpflicht nicht darauf an, ob im Inland eine Betriebsstätte unterhalten wird oder ein ständiger Vertreter bestellt worden ist und ob die Einnahmen dem Darbietenden, dem die Darbietung Verwertenden oder einem Dritten zufließen. ²Darbietungen liegen vor, wenn etwas aufgeführt, gezeigt oder vorgeführt wird, z. B. Ausstellungen, Konzerte, Theateraufführungen, Shows, Turniere, Wettkämpfe. ³Zu den Leistungen, die mit den Darbietungen zusammenhängen, zählen z. B. technische Nebenleistungen, Bühnenbild, Beleuchtung, Tontechnik, Kostüme usw. und Vermittlungsleistungen, soweit sie Teil der Gesamtleistung sind.

(4) ¹Hat der Steuerpflichtige im Fall des § 49 Abs. 1 Nr. 2 Buchstabe e EStG wegen Verlegung des Wohnsitzes in das Ausland den Vermögenszuwachs der wesentlichen Beteiligung nach § 6 AStG versteuert, so ist dieser Vermögenszuwachs vom tatsächlich erzielten Veräußerungsgewinn abzusetzen (§ 6 Abs. 1 letzter Satz AStG). ²Ein sich dabei ergebender Verlust ist bei der Ermittlung des Gesamtbetrags der zu veranlagenden inländischen Einkünfte auszugleichen.

Hinweise

H 222

Beschränkt steuerpflichtige inländische Einkünfte aus Gewerbebetrieb bei Verpachtung liegen vor, solange der Verpächter für seinen Gewerbebetrieb im Inland einen ständigen Vertreter, gegebenenfalls den Pächter seines Betriebs, bestellt hat und während dieser Zeit weder eine Betriebsaufgabe erklärt noch den Betrieb veräußert (→ BFH vom 13.11.1963 – BStBl 1964 III S. 124 und vom 12.4.1978 – BStBl II S. 494).

Besteuerung beschränkt steuerpflichtiger Einkünfte nach § 49 Abs. 1 Nr. 2 Buchstabe d EStG

→ BMF vom 23.1.1996 (BStBl I S. 89). **Teilweise abweichend davon sind inländische Einkünfte im Sinne des 2. Halbsatzes von § 49 Abs. 1 Nr. 2 Buchstabe d EStG nur dann anzunehmen, wenn im Inland ausgeübte Darbietungen im Inland verwertet werden (→ BFH vom 17.12.1997 – BStBl 1998 II S. 440).** Anhang 21

Nachträgliche Einkünfte aus Gewerbebetrieb im Zusammenhang mit einer inländischen Betriebsstätte

→ H 212g sinngemäß.

Schiff- und Luftfahrt

Pauschalierung der Einkünfte → § 49 Abs. 3 EStG

Steuerfreiheit der Einkünfte bei Gegenseitigkeit mit ausländischem Staat → § 49 Abs. 4 EStG

→ BMF vom 2.1.1997 mit Verzeichnis der Staaten, die eine dem § 49 Abs. 4 EStG entsprechende Steuerbefreiung gewähren; Gegenseitigkeit wird erforderlichenfalls vom Bundesministerium der Finanzen festgestellt. Anhang 8

Ständiger Vertreter kann auch ein inländischer Gewerbebetreibender sein, der die Tätigkeit im Rahmen eines eigenen Gewerbebetriebs ausübt (→ BFH vom 28.6.1972 – BStBl II S. 785).

Zweifelsfragen zur Besteuerung der Einkünfte aus der Veräußerung von Grundstücken durch beschränkt Steuerpflichtige nach § 49 Abs. 1 Nr. 2 Buchstabe f EStG

→ BMF vom 15.12.1994 (BStBl I S. 883).

Zweifelsfragen zur Besteuerung der Einkünfte aus der Veräußerung von Grundstücken durch beschränkt Steuerpflichtige nach § 49 Abs. 1 Nr. 2 Buchst. f EStG

BMF vom 15.12.1994 (BStBl I S. 883)

IV B 4 – S 2300 – 18/94

Unter Bezugnahme auf das Ergebnis der Erörterungen mit den obersten Finanzbehörden der Länder nehme ich zu aufgetretenen Zweifelsfragen im Zusammenhang mit der durch Art. 1 des Mißbrauchsbekämpfungs- und Steuerbereinigungsgesetzes vom 21. Dezember 1993 (BStBl 1994 I S. 50) eingeführten Vorschrift des § 49 Abs. 1 Nr. 2 Buchst. f EStG wie folgt Stellung:

1 **Anwendungsbereich**

Satz 1 der Neuregelung erfaßt generell Veräußerungen einer inländischen Immobilie durch einen beschränkt Steuerpflichtigen im Rahmen eines Gewerbebetriebs. Dabei ist es gleichgültig, ob das Grundvermögen zu dem Betriebsvermögen eines schon bestehenden ausländischen Gewerbebetriebs gehört oder ob der Gewerbebetrieb erst durch den Handel mit Grundstücken entsteht. Satz 1 findet nicht nur auf natürliche

Personen, sondern auch auf juristische Personen Anwendung. Satz 2 fingiert bei ausländischen vermögensverwaltenden Kapitalgesellschaften (ebenso wie § 8 Abs. 2 KStG bei inländischen) die Gewerblichkeit kraft Rechtsform.

Für die Abgrenzung zwischen Vermögensverwaltung und gewerblichem Grundstückshandel bei natürlichen und juristischen Personen sind die Grundsätze des BMF-Schreibens vom 20. Dezember 1990 (BStBl I S. 884) entsprechend anzuwenden. Bei der Abgrenzung anhand der sog. „Drei-Objekt-Grenze" (Tz. 7 ff. des o. a. BMF-Schreibens) sind auch Grundstücksverkäufe im Ausland zu berücksichtigen. Da Körperschaften im Sinne des Satzes 2 stets gewerbliche Einkünfte erzielen, stellt sich hier die Abgrenzungsfrage zwischen privater Vermögensverwaltung und gewerblichem Grundstückshandel nicht.

Bei Beteiligung an einer vermögensverwaltenden Grundstücksgesellschaft oder -gemeinschaft fallen auch von der Gesellschaft/Gemeinschaft getätigte Grundstücksveräußerungen sowie Anteilsveräußerungen der Gesellschafter/Gemeinschafter unter die Neuregelung, wenn die in dem o. a. BMF-Schreiben genannten Voraussetzungen erfüllt sind (vgl. Tz. 15 und 16).

Ob die Einnahmen aus weiteren Leistungen (z. B. Erschließung, Baubetreuung), deren Erbringung der Veräußerer im Zusammenhang mit der Veräußerung der Immobilie vereinbart, unter die Neuregelung fallen, richtet sich danach, ob sie nach allgemeinen Grundsätzen (z. B. BMF-Schreiben vom 31. August 1990, BStBl I S. 366 f.) als Teil eines einheitlichen Veräußerungspreises anzusehen sind.

Besteuerungstatbestand sind lediglich Veräußerungen nach dem 31. Dezember 1993. Hierfür ist grundsätzlich das der Veräußerung zugrundeliegende obligatorische Geschäft maßgebend. Es ist unbeachtlich, wann die Immobilie erworben wurde. Auch der vor dem 1. Januar 1994 entstandene Wertzuwachs ist zu erfassen.

2 Ermittlung des Veräußerungsgewinns

Veräußerungsgewinn ist nach allgemeinen Grundsätzen der Betrag, um den der Veräußerungspreis nach Abzug der Veräußerungskosten die Anschaffungs- oder Herstellungskosten übersteigt.

2.1 In Fällen, in denen bei Steuerpflichtigen i. S. des § 49 Abs. 1 Nr. 2 Buchst. f Satz 1 EStG der Gewerbebetrieb durch den Grundstückshandel entsteht, bemißt sich der dem Veräußerungserlös gegenüberzustellende Wert des Grundbesitzes nach dem Betrag, der dem Grundbesitz nach den allgemeinen steuerlichen Vorschriften (z. B. § 6 Abs. 1 Nr. 5 EStG) bei Beginn des gewerblichen Grundstückshandels beizumessen ist (Tz. 27 des o. a. BMF-Schreibens vom 20. Dezember 1990). Der Betrag ist ggf. um eine nach der Einlage berücksichtigte AfA zu kürzen.

2.2 Bei Steuerpflichtigen i. S. des § 49 Abs. 1 Nr. 2 Buchst. f Satz 2 EStG, die Einkünfte aus Gewerbebetrieb kraft Gesetz erzielen, ist von den historischen Anschaffungs- oder Herstellungskosten für den Grundbesitz auszugehen. Hat der Gewerbebetrieb Einkünfte aus dem Grundbesitz erzielt, die nach § 49 Abs. 1 Nr. 6 EStG der Besteuerung unterlagen, und wurde dabei AfA berücksichtigt, sind die Anschaffungs- oder Herstellungskosten um diese AfA zu kürzen.

222a. Beschränkte Steuerpflicht bei Einkünften aus selbständiger Arbeit

S 2300 ¹Zur Ausübung einer selbständigen Tätigkeit gehört z. B. die inländische Vortragstätigkeit durch eine im Ausland ansässige Person. ²Eine Verwertung einer selbständigen Tätigkeit im Inland liegt z. B. vor, wenn ein beschränkt steuerpflichtiger Erfinder sein Patent einem inländischen Betrieb überläßt oder wenn ein beschränkt steuerpflichtiger Schriftsteller sein Urheberrecht an einem Werk auf ein inländisches Unternehmen überträgt.

Hinweise

H 222a

Ausüben setzt das persönliche Tätigwerden im Inland voraus (→ BFH vom 12.11.1986 – BStBl 1987 II S. 372).

Beschränkt steuerpflichtige inländische Einkünfte eines im Ausland ansässigen Textdichters

→ BFH vom 28.2.1973 (BStBl II S. 660)

→ BFH vom 20.7.1988 (BStBl 1989 II S. 87)

---

223. Bedeutung der Besteuerungsmerkmale im Ausland bei beschränkter Steuerpflicht

R 223

(1) ¹Nach § 49 Abs. 2 EStG sind bei der Feststellung, ob inländische Einkünfte im Sinne der beschränkten Steuerpflicht vorliegen, die im Ausland gegebenen Besteuerungsmerkmale insoweit außer Betracht zu lassen, als bei ihrer Berücksichtigung steuerpflichtige inländische Einkünfte nicht angenommen werden könnten (isolierende Betrachtungsweise). ²Danach unterliegen z. B. Einkünfte, die unter den Voraussetzungen des § 17 EStG aus der Veräußerung des Anteils an einer Kapitalgesellschaft mit Sitz oder Geschäftsleitung im Inland erzielt werden, auch dann der beschränkten Steuerpflicht (§ 49 Abs. 1 Nr. 2 Buchstabe e EStG), wenn der Anteil in einem ausländischen Betriebsvermögen gehalten wird.

S 2300

(2) Vergütungen für die Überlassung der Nutzung oder des Rechts auf Nutzung von gewerblichem Know-how, die weder Betriebseinnahmen eines inländischen Betriebs sind noch zu den Einkünften im Sinne des § 49 Abs. 1 Nr. 1 bis 8 EStG gehören, sind als sonstige Einkünfte im Sinne des § 49 Abs. 1 Nr. 9 EStG beschränkt steuerpflichtig.

(3) ¹Wird für verschiedenartige Leistungen eine einheitliche Vergütung gewährt, z. B. für Leistungen im Sinne des § 49 Abs. 1 Nr. 3 oder 9 EStG, so ist die Vergütung nach dem Verhältnis der einzelnen Leistungen aufzuteilen. ²Ist eine Trennung nicht ohne besondere Schwierigkeit möglich, so kann die Gesamtvergütung zur Vereinfachung den sonstigen Einkünften im Sinne des § 49 Abs. 1 Nr. 9 EStG zugeordnet werden.

223a. Verlustabzug im Rahmen der beschränkten Steuerpflicht

R 223a

¹Macht ein beschränkt steuerpflichtiger Staatsangehöriger eines Mitgliedstaates der Europäischen Union (EU) oder eines Staates, auf den das Abkommen über den Europäischen Wirtschaftsraum (EWR) anwendbar ist, einen Verlustabzug nach § 10d EStG geltend und ergeben sich die Verluste aus Unterlagen, die in einem anderen Mitgliedstaat der EU oder des EWR aufbewahrt werden, so ist zur EG-vertragskonformen Auslegung des § 50 Abs. 1 Satz 3 EStG von einer rückwirkenden Bewilligung einer Aufbewahrungserleichterung auszugehen. ²Die Aufbewahrung der Unterlagen in einem anderen EU/EWR-Mitgliedstaat führt in diesem Fall nicht zur Versagung des Verlustabzuges. ³Der beschränkt Steuerpflichtige muß aber klar und eindeutig die von ihm geltend gemachten Verluste nach dem im fraglichen Wirtschaftsjahr einschlägigen deutschen Recht über die Berechnung der Einkünfte belegen.

§ 50
Sondervorschriften für beschränkt Steuerpflichtige

(1) ¹Beschränkt Steuerpflichtige dürfen Betriebsausgaben (§ 4 Abs. 4 bis 8) oder Werbungskosten (§ 9) nur insoweit abziehen, als sie mit inländischen Einkünften in wirtschaftlichem Zusammenhang stehen. ²§ 10 Abs. 1 Nr. 5 ist anzuwenden. ³§ 10d ist nur anzuwenden, wenn Verluste in wirtschaftlichem Zusammenhang mit inländischen Einkünften stehen und sich aus Unterlagen ergeben, die im Inland aufbewahrt werden. ⁴§ 34 ist nur insoweit anzuwenden, als er sich auf Gewinne aus der Veräußerung eines land- und forstwirtschaftlichen Betriebs (§ 14), eines Gewerbebetriebs (§ 16), einer wesentlichen Beteiligung (§ 17) oder auf Veräußerungsgewinne im Sinne des § 18 Abs. 3 bezieht. ⁵Die übrigen Vorschriften der §§ 10 und 34 und die §§ 9a, 10c, 16 Abs. 4, § 20 Abs. 4, §§ 24a, 32, 32a Abs. 6, §§ 32d, 33, 33a, 33b und 33c sind nicht anzuwenden. ⁶Abweichend von Satz 5 sind bei beschränkt steuerpflichtigen Arbeitnehmern, die Einkünfte aus nichtselbständiger Arbeit im Sinne des § 49 Abs. 1 Nr. 4 beziehen, § 9a Satz 1 Nr. 1 Buchstabe a, § 10c Abs. 1 mit der Möglichkeit, die tatsächlichen Aufwendungen im Sinne des § 10 Abs. 1 Nr. 5 und des § 10b nachzuweisen, sowie § 10c Abs. 2 und 3 ohne Möglichkeit, die tatsächlichen Aufwendungen nachzuweisen, anzuwenden. ⁷Die Jahres- und Monatsbeträge der Pauschalen nach § 9a Satz 1 Nr. 1 Buchstabe a und § 10c Abs. 1 bis 3 ermäßigen sich zeitanteilig, wenn Einkünfte im Sinne des § 49 Abs. 1 Nr. 4 nicht während eines vollen Kalenderjahrs oder Kalendermonats zugeflossen sind.

(2) ¹Bei Einkünften, die dem Steuerabzug unterliegen, und bei Einkünften im Sinne des § 20 Abs. 1 Nr. 5 und 7 ist für beschränkt Steuerpflichtige ein Ausgleich mit Verlusten aus anderen Einkunftsarten nicht zulässig. ²Einkünfte im Sinne des Satzes 1 dürfen bei einem Verlustabzug (§ 10d) nicht berücksichtigt werden.

(3) ¹Die Einkommensteuer bemißt sich bei beschränkt Steuerpflichtigen, die veranlagt werden, nach § 32a Abs. 1. ²Die Einkommensteuer beträgt mindestens 25 vom Hundert des Einkommens; dies gilt nicht in den Fällen des Absatzes 1 Satz 6.

(4) (weggefallen)

(5) ¹Die Einkommensteuer für Einkünfte, die dem Steuerabzug vom Arbeitslohn oder vom Kapitalertrag oder dem Steuerabzug auf Grund des § 50a unterliegen, gilt bei beschränkt Steuerpflichtigen durch den Steuerabzug als abgegolten. ²§ 36 Abs. 2 Satz 2 Nr. 3 ist nicht anzuwenden. ³Die Sätze 1 und 2 gelten nicht, wenn die Einkünfte Betriebseinnahmen eines inländischen Betriebes sind. ⁴Satz 1 gilt nicht,

1. nachträglich festgestellt wird, daß die Voraussetzungen der unbeschränkten Einkommensteuerpflicht im Sinne des § 1 Abs. 2 oder 3 oder des § 1a nicht vorgelegen haben; § 39 Abs. 5a ist sinngemäß anzuwenden;

2. ein beschränkt steuerpflichtiger Arbeitnehmer, der Einkünfte aus nichtselbständiger Arbeit im Sinne des § 49 Abs. 1 Nr. 4 bezieht und Staatsangehöriger eines Mitgliedstaats der Europäischen Union oder eines Staates ist, auf den das Abkommen über den Europäischen Wirtschaftsraum Anwendung findet, und im Hoheitsgebiet eines dieser Staaten seinen Wohnsitz oder gewöhnlichen Aufenthalt hat, eine Veranlagung zur Einkommensteuer beantragt. ²In diesem Fall wird eine Veranlagung durch das Betriebsstättenfinanzamt, das die Bescheinigung nach § 39d Abs. 1 Satz 3 erteilt hat, nach § 46 Abs. 2 Satz 1 Nr. 8 durchgeführt. ³Bei mehreren Betriebsstättenfinanzämtern ist das Betriebsstättenfinanzamt zuständig, in dessen Bezirk der Arbeitnehmer zuletzt beschäftigt war. ⁴Bei Arbeitnehmern mit Steuerklasse VI ist das Betriebsstättenfinanz-

---

1) Anm.: Durch das Steuerentlastungsgesetz 1999/2000/2002 wurde mit Wirkung ab dem VZ 1999 Absatz 1 Satz 2 aufgehoben und die bisherigen Sätze 5 bis 7 wie folgt gefaßt:
„⁴Die übrigen Vorschriften des § 34 und die §§ 9a, 10, 10c, 20 Abs. 4, §§ 24a, 32, 32a Abs. 6, §§ 33, 33a, 33b und 33c sind nicht anzuwenden. ⁵Abweichend von Satz 4 sind bei beschränkt steuerpflichtigen Arbeitnehmern, die Einkünfte aus nichtselbständiger Arbeit im Sinne des § 49 Abs. 1 Nr. 4 beziehen, § 9a Satz 1 Nr. 1, § 10c Abs. 1 mit der Möglichkeit, die tatsächlichen Aufwendungen im Sinne des § 10b nachzuweisen, sowie § 10c Abs. 2 und 3 ohne Möglichkeit, die tatsächlichen Aufwendungen nachzuweisen, anzuwenden. ⁶Die Jahres- und Monatsbeträge der Pauschalen nach § 9a Satz 1 Nr. 1 und § 10c Abs. 1 bis 3 ermäßigen sich zeitanteilig, wenn Einkünfte im Sinne des § 49 Abs. 1 Nr. 4 nicht während eines vollen Kalenderjahrs oder Kalendermonats zugeflossen sind."

amt zuständig, in dessen Bezirk der Arbeitnehmer zuletzt unter Anwendung der Steuerklasse I beschäftigt war. ⁵Absatz 1 Satz 7 ist nicht anzuwenden. Einkünfte, die dem Steuerabzug vom Kapitalertrag oder dem Steuerabzug auf Grund des § 50a unterliegen, werden nur im Rahmen des § 32b berücksichtigt; oder

3. ein beschränkt Steuerpflichtiger, dessen Einnahmen dem Steuerabzug nach § 50a Abs. 4 Nr. 1 oder 2 unterliegen, die völlige oder teilweise Erstattung der einbehaltenen und abgeführten Steuer beantragt. Die Erstattung setzt voraus, daß die mit diesen Einnahmen in unmittelbarem wirtschaftlichem Zusammenhang stehenden Betriebsausgaben oder Werbungskosten höher sind als die Hälfte der Einnahmen. Die Steuer wird erstattet, soweit sie 50 v. H. des Unterschiedsbetrags zwischen den Einnahmen und mit diesen in unmittelbarem wirtschaftlichem Zusammenhang stehenden Betriebsausgaben oder Werbungskosten übersteigt, im Falle einer Veranlagungsreihe erst nach deren Abschluß. Der Antrag ist bis zum Ablauf des Kalenderjahrs, das dem Kalenderjahr des Zuflusses der Vergütung folgt, nach amtlich vorgeschriebenem Muster beim Bundesamt für Finanzen zu stellen und zu unterschreiben; die Bescheinigung nach § 50a Abs. 5 Satz 7 ist beizufügen. Über den Inhalt des Erstattungsantrags und den Erstattungsbetrag kann das Bundesamt für Finanzen dem Wohnsitzstaat des beschränkt Steuerpflichtigen Auskunft geben. Abweichend von § 117 Abs. 4 der Abgabenordnung ist eine Anhörung des Beteiligten nicht erforderlich. Mit dem Erstattungsantrag gilt die Zustimmung zur Auskunft an den Wohnsitzstaat als erteilt. Das Bundesamt für Finanzen erläßt über den Steuererstattungsbetrag einen Steuerbescheid.

(6) § 34c Abs. 1 bis 3 ist bei Einkünften aus Land- und Forstwirtschaft, Gewerbebetrieb oder selbständiger Arbeit, für die im Inland ein Betrieb unterhalten wird, entsprechend anzuwenden, soweit darin nicht Einkünfte aus einem ausländischen Staat enthalten sind, mit denen der beschränkt Steuerpflichtige dort in einem der unbeschränkten Steuerpflicht ähnlichen Umfang zu einer Steuer vom Einkommen herangezogen wird.

(7) Die obersten Finanzbehörden der Länder oder die von ihnen beauftragten Finanzbehörden können mit Zustimmung des Bundesministeriums der Finanzen die Einkommensteuer bei beschränkt Steuerpflichtigen ganz oder zum Teil erlassen oder in einem Pauschbetrag festsetzen, wenn es aus volkswirtschaftlichen Gründen zweckmäßig ist oder eine gesonderte Berechnung der Einkünfte besonders schwierig ist.

§ 73

– weggefallen –

224. Bemessungsgrundlage für die Einkommensteuer und Steuerermäßigung für ausländische Steuern

¹§ 50 Abs. 6 EStG ist auch im Verhältnis zu Staaten anzuwenden, mit denen DBA bestehen. ²In dem Verzeichnis ausländischer Steuern, die der deutschen Einkommensteuer entsprechen (Anlage 8), sind die Steuern dieser Staaten jedoch nicht aufgeführt. ³Es ist in diesem Fall davon auszugehen, daß Ertragsteuern, für welche die Abkommen gelten, der deutschen Einkommensteuer entsprechen. ⁴Sollten sich im Einzelfall Zweifel ergeben, so wird das Bundesministerium der Finanzen feststellen, ob die ausländische Steuer der deutschen Einkommensteuer entspricht. ⁵Bei der Ermittlung des Höchstbetrags für Zwecke der Steueranrechnung (→ R 212d) sind in die Summe der Einkünfte nur die Einkünfte einzubeziehen, die im Wege der Veranlagung besteuert werden. ⁶Der Mindeststeuersatz des § 50 Abs. 3 Satz 2 EStG kann als Folge der Steueranrechnung unterschritten werden.

Hinweise

Allgemeines

Die Vorschrift des § 50 Abs. 3 Satz 2 EStG ist eine Tarifvorschrift zur Ergänzung des § 32a Abs. 1 EStG.

Anwendung des § 50 Abs. 5 Satz 4 Nr. 2 EStG

→ BMF vom 30.12.1996 (BStBl I S. 1506)

Anwendung des § 50 Abs. 6 EStG

→ R 212a bis 212d gelten entsprechend.

Ausländische Kulturvereinigungen

→ H 227c

Steuererstattungsantrag nach § 50 Abs. 5 Satz 4 Nr. 3 EStG

Amtliches Muster → BMF vom 19.12.1996 (BStBl I S. 1500).

Unterschreitung des Mindeststeuersatzes

Der Mindeststeuersatz von 25 v. H. kann nach Maßgabe des § 50 Abs. 1 EStG unter den Voraussetzungen des § 34 Abs. 2 Nr. 1 EStG und des § 34b EStG unterschritten werden (→ BFH vom 5.7.1967 – BStBl III S. 654).

→ R 198 und R 211

Übergang von der beschränkten zur unbeschränkten Steuerpflicht und umgekehrt

→ § 2 Abs. 7 Satz 3 EStG

225. – 227.

– unbesetzt –

§ 50a
Steuerabzug bei beschränkt Steuerpflichtigen

(1) Bei beschränkt steuerpflichtigen Mitgliedern des Aufsichtsrats (Verwaltungsrats) von inländischen Aktiengesellschaften, Kommanditgesellschaften auf Aktien, Berggewerkschaften, Gesellschaften mit beschränkter Haftung und sonstigen Kapitalgesellschaften, Genossenschaften und Personenvereinigungen des privaten und des öffentlichen Rechts, bei denen die Gesellschafter nicht als Unternehmer (Mitunternehmer) anzusehen sind, unterliegen die Vergütungen jeder Art, die ihnen von den genannten Unternehmungen für die Überwachung der Geschäftsführung gewährt werden (Aufsichtsratsvergütungen), dem Steuerabzug (Aufsichtsratsteuer).

(2) Die Aufsichtsratsteuer beträgt 30 vom Hundert der Aufsichtsratsvergütungen.

(3) ¹Dem Steuerabzug unterliegt der volle Betrag der Aufsichtsratsvergütung ohne jeden Abzug. ²Werden Reisekosten (Tagegelder und Fahrtauslagen) besonders gewährt, so gehören sie zu den Aufsichtsratsvergütungen nur insoweit, als sie die tatsächlichen Auslagen übersteigen.

(4) ¹Die Einkommensteuer wird bei beschränkt Steuerpflichtigen im Wege des Steuerabzugs erhoben

§ 50a EStG

1. bei Einkünften, die durch künstlerische, sportliche, artistische oder ähnliche Darbietungen im Inland oder durch deren Verwertung im Inland erzielt werden, einschließlich der Einkünfte aus anderen mit diesen Leistungen zusammenhängenden Leistungen, unabhängig davon, wem die Einnahmen zufließen (§ 49 Abs. 1 Nr. 2 Buchstabe d),[¹)]

2. bei Einkünften aus der Ausübung oder Verwertung einer Tätigkeit als Künstler, Berufssportler, Schriftsteller, Journalist oder Bildberichterstatter einschließlich solcher Tätigkeiten für den Rundfunk oder Fernsehfunk (§ 49 Abs. 1 Nr. 2 bis 4), es sei denn, es handelt sich um Einkünfte aus nichtselbständiger Arbeit, die dem Steuerabzug vom Arbeitslohn nach § 38 Abs. 1 Satz 1 Nr. 1 unterliegen,

3. bei Einkünften, die aus Vergütungen für die Nutzung beweglicher Sachen oder für die Überlassung der Nutzung oder des Rechts auf Nutzung von Rechten, insbesondere von Urheberrechten und gewerblichen Schutzrechten, von gewerblichen, technischen, wissenschaftlichen und ähnlichen Erfahrungen, Kenntnissen und Fertigkeiten, z. B. Plänen, Mustern und Verfahren, herrühren (§ 49 Abs. 1 Nr. 2, 3, 6 und 9).

²Der Steuerabzug beträgt 25 vom Hundert der Einnahmen. ³Dem Steuerabzug unterliegt der volle Betrag der Einnahmen einschließlich der Beträge im Sinne des § 3 Nr. 13 und 16. ⁴Abzüge, z. B. für Betriebsausgaben, Werbungskosten, Sonderausgaben und Steuern, sind nicht zulässig.

(5) ¹Die Steuer entsteht in dem Zeitpunkt, in dem die Aufsichtsratsvergütungen (Absatz 1) oder die Vergütungen (Absatz 4) dem Gläubiger der Aufsichtsratsvergütungen oder der Vergütungen zufließen. ²In diesem Zeitpunkt hat der Schuldner der Aufsichtsratsvergütungen oder der Vergütungen den Steuerabzug für Rechnung des beschränkt steuerpflichtigen Gläubigers (Steuerschuldner) vorzunehmen. ³Er hat die innerhalb eines Kalendervierteljahrs einbehaltene Steuer jeweils bis zum 10. des dem Kalendervierteljahr folgenden Monats an das für ihn zuständige Finanzamt abzuführen. ⁴Der beschränkt Steuerpflichtige ist beim Steuerabzug von Aufsichtsratsvergütungen oder von Vergütungen Steuerschuldner. ⁵Der Schuldner der Aufsichtsratsvergütungen oder der Vergütungen haftet aber für die Einbehaltung und Abführung der Steuer. ⁶Der Steuerschuldner wird nur in Anspruch genommen,

1. wenn der Schuldner der Aufsichtsratsvergütung oder der Vergütungen diese nicht vorschriftsmäßig gekürzt hat oder

2. wenn der beschränkt steuerpflichtige Gläubiger weiß, daß der Schuldner die einbehaltene Steuer nicht vorschriftsmäßig abgeführt hat, und dies dem Finanzamt nicht unverzüglich mitteilt.

⁷Der Schuldner der Vergütungen ist verpflichtet, dem beschränkt steuerpflichtigen Gläubiger auf Verlangen die folgenden Angaben nach amtlich vorgeschriebenem Muster zu bescheinigen:

1. den Namen und die Anschrift des beschränkt steuerpflichtigen Gläubigers;

2. die Art der Tätigkeit und Höhe der Vergütung in Deutsche Mark;

3. den Zahlungstag;

4. den Betrag der einbehaltenen und abgeführten Steuer nach § 50a Abs. 4;

5. das Finanzamt, an das die Steuer abgeführt worden ist.

(6) Durch Rechtsverordnung kann bestimmt werden, daß bei Vergütungen für die Nutzung oder das Recht auf Nutzung von Urheberrechten (Absatz 4 Nr. 3), wenn die Vergütungen nicht unmittelbar an den Gläubiger, sondern an einen Beauftragten geleistet werden, an Stelle des Schuldners der Vergütung der Beauftragte die Steuer einzubehalten und abzuführen hat und für die Einbehaltung und Abführung haftet.

---

¹) Anm.: Durch das Steuerentlastungsgesetz 1999/2000/2002 wurde Absatz 4 Satz 1 Nr. 1 wie folgt gefaßt:
„1. bei Einkünften, die durch im Inland ausgeübte oder verwertete künstlerische, sportliche, artistische oder ähnliche Darbietungen erzielt werden, einschließlich der Einkünfte aus anderen mit diesen Leistungen zusammenhängenden Leistungen, unabhängig davon, wem die Einnahmen zufließen (§ 49 Abs. 1 Nr. 2 Buchstabe d),".
Zur erstmaligen Anwendung → § 52 Abs. 28 i.d.F. des Steuerentlastungsgesetzes 1999/2000/2002.

§ 50a EStG §§ 73a, 73b EStDV

S 2411
[1)]

(7) ¹Das Finanzamt kann anordnen, daß der Schuldner der Vergütung für Rechnung des beschränkt steuerpflichtigen Gläubigers (Steuerschuldner) die Einkommensteuer von beschränkt steuerpflichtigen Einkünften, soweit diese nicht bereits dem Steuerabzug unterliegen, im Wege des Steuerabzugs einzubehalten und abzuführen hat, wenn dies zur Sicherstellung des Steueranspruchs zweckmäßig ist. ²Der Steuerabzug beträgt 25 vom Hundert der gesamten Einnahmen, solange der beschränkt steuerpflichtige Gläubiger nicht glaubhaft macht, daß die voraussichtlich geschuldete Steuer niedriger ist. ³Absatz 5 Satz 1, 2, 4 und 5 gilt entsprechend. ⁴§ 50 Abs. 5 Satz 1 ist nicht anzuwenden.

EStDV

S 2303
S 2412

§ 73a
Begriffsbestimmungen

(1) Inländisch im Sinne des § 50 a Abs. 1 des Gesetzes sind solche Unternehmen, die ihre Geschäftsleitung oder ihren Sitz im Geltungsbereich des Gesetzes haben.

(2) Urheberrechte im Sinne des § 50a Abs. 4 Nr. 3 des Gesetzes sind Rechte, die nach Maßgabe des Urheberrechtsgesetzes vom 9. September 1965 (BGBl. I S. 1273) geschützt sind.

(3) Gewerbliche Schutzrechte im Sinne des § 50a Abs. 4 Nr. 3 des Gesetzes sind Rechte, die nach Maßgabe des Geschmacksmustergesetzes in der im Bundesgesetzblatt Teil III, Gliederungsnummer 442-1, veröffentlichten bereinigten Fassung, des Patentgesetzes in der Fassung der Bekanntmachung vom 2. Januar 1968 (BGBl. I S. 1, 2)²), des Gebrauchsmustergesetzes in der Fassung der Bekanntmachung vom 2. Januar 1968 (BGBl. I S. 1, 24)³) und des Markengesetzes vom 25. Oktober 1994 (BGBl. I S. 3082)⁴) geschützt sind.

§ 73b
– weggefallen –

[1)] Anm.: Durch das Steuerentlastungsgesetz 1999/2000/2002 wurde
  – Absatz 7 wie folgt gefaßt:
  „(7) ¹Der Schuldner einer Vergütung für die Herstellung eines Werks im Inland hat für Rechnung des im Ausland ansässigen Gläubigers einen Steuerabzug vorzunehmen, soweit die Vergütung nicht bereits dem Steuerabzug nach den Absätzen 1 bis 6 unterliegt. ²Der Steuerabzug beträgt 25 vom Hundert der Vergütung ohne jeden Abzug, wenn der Gläubiger keine Bescheinigung des für ihn zuständigen Finanzamts oder in den Fällen des § 50d des Bundesamtes für Finanzen vorlegt, nach der der Steuerabzug unterbleiben kann oder ein anderer Vomhundertsatz anzuwenden ist. ³Absatz 5 gilt entsprechend mit der Maßgabe, daß die einbehaltene Steuer innerhalb von acht Tagen nach Zahlung der Vergütung abzuführen ist; innerhalb desselben Zeitraums ist auf amtlich vorgeschriebenem Vordruck eine Steueranmeldung einzureichen, in der der Steuerabzug für jeden Gläubiger gesondert auszuweisen und der jeweilige Gläubiger mit Name, Vorname und Anschrift zu bezeichnen ist. ⁴Eine Erstattung der nach Satz 1 einbehaltenen und abgeführten Steuer an den Gläubiger oder eine Verrechnung kommt erst in Betracht, wenn der Gläubiger nachweist, daß er im Inland nicht steuerpflichtig ist, jedoch nicht vor Ablauf des Veranlagungszeitraums. ⁵§ 50 Abs. 5 Satz 1 ist nicht anzuwenden."
  – nach Absatz 7 folgender Absatz 8 angefügt:
  „(8) ¹Das Finanzamt des Vergütungsschuldners kann anordnen, daß der Schuldner der Vergütung für Rechnung des beschränkt steuerpflichtigen Gläubigers (Steuerschuldner) die Einkommensteuer von beschränkt steuerpflichtigen Einkünften, soweit diese nicht bereits dem Steuerabzug unterliegen, im Wege des Steuerabzugs einzubehalten und abzuführen hat, wenn dies zur Sicherung des Steueranspruchs zweckmäßig ist. ²Der Steuerabzug beträgt 25 vom Hundert der gesamten Einnahmen, wenn der beschränkt steuerpflichtige Gläubiger nicht glaubhaft macht, daß die voraussichtlich geschuldete Steuer niedriger ist. Absatz 5 Satz 1, 2, 4 und 5 gilt entsprechend. ³§ 50 Abs. 5 Satz 1 ist nicht anzuwenden."
  Zur erstmaligen Anwendung → § 52 Abs. 58 EStG i.d.F. des Steuerentlastungsgesetzes 1999/2000/2002.
[2)] Anm.: Neugefaßt durch Bekanntmachung vom 16.12.1980 (BGBl. I 1981 I S. 1); zuletzt geändert durch Artikel 2 des Gesetzes vom 16.7.1998 (BGBl. I S. 1827).
[3)] Anm.: Neugefaßt durch Bekanntmachung vom 28.8.1986 (BGBl. I S. 1455); zuletzt geändert durch Artikel 3 des Gesetzes vom 16.7.1998 (BGBl. I S. 1827).
[4)] Anm.: Zuletzt geändert durch Artikel 5 des Gesetzes vom 16.7.1998 (BGBl. I S. 1827).

§ 73c

Zeitpunkt des Zufließens im Sinne des § 50a Abs. 5 Satz 1 des Gesetzes

Die Aufsichtsratsvergütungen oder die Vergütungen im Sinne des § 50 a Abs. 4 des Gesetzes fließen dem Gläubiger zu

1. im Fall der Zahlung, Verrechnung oder Gutschrift:
   bei Zahlung, Verrechnung oder Gutschrift;
2. im Fall der Hinausschiebung der Zahlung wegen vorübergehender Zahlungsunfähigkeit des Schuldners:
   bei Zahlung, Verrechnung oder Gutschrift;
3. im Fall der Gewährung von Vorschüssen:
   bei Zahlung, Verrechnung oder Gutschrift der Vorschüsse.

§ 73d

Aufzeichnungen, Steueraufsicht

(1) ¹Der Schuldner der Aufsichtsratsvergütungen oder der Vergütungen im Sinne des § 50 a Abs. 4 des Gesetzes (Schuldner) hat besondere Aufzeichnungen zu führen. ²Aus den Aufzeichnungen müssen ersichtlich sein

1. Name und Wohnung des beschränkt steuerpflichtigen Gläubigers (Steuerschuldners),
2. Höhe der Aufsichtsratsvergütungen oder der Vergütungen in Deutscher Mark,
3. Tag, an dem die Aufsichtsratsvergütungen oder die Vergütungen dem Steuerschuldner zugeflossen sind,
4. Höhe und Zeitpunkt der Abführung der einbehaltenen Steuer.

(2) Bei der Veranlagung des Schuldners zur Einkommensteuer (Körperschaftsteuer) und bei Außenprüfungen, die bei dem Schuldner vorgenommen werden, ist auch zu prüfen, ob die Steuern ordnungsmäßig einbehalten und abgeführt worden sind.

§ 73e

Einbehaltung, Abführung und Anmeldung der Aufsichtsratsteuer und der Steuer von Vergütungen im Sinne des § 50a Abs. 4 des Gesetzes (§ 50a Abs. 5 des Gesetzes)

¹Der Schuldner hat die innerhalb eines Kalendervierteljahrs einbehaltene Aufsichtsratsteuer oder die Steuer von Vergütungen im Sinne des § 50a Abs. 4 des Gesetzes unter der Bezeichnung „Steuerabzug von Aufsichtsratsvergütungen" oder „Steuerabzug von Vergütungen im Sinne des § 50a Abs. 4 des Einkommensteuergesetzes" jeweils bis zum 10. des dem Kalendervierteljahr folgenden Monats an das für seine Besteuerung nach dem Einkommen zuständige Finanzamt (Finanzkasse) abzuführen; ist der Schuldner keine Körperschaft und stimmen Betriebs- und Wohnsitzfinanzamt nicht überein, so ist die einbehaltene Steuer an das Betriebsfinanzamt abzuführen. ²Bis zum gleichen Zeitpunkt hat der Schuldner dem nach Satz 1 zuständigen Finanzamt eine Steueranmeldung über den Gläubiger und die Höhe der Aufsichtsratsvergütungen oder der Vergütungen im Sinne des § 50a Abs. 4 des Gesetzes und die Höhe des Steuerabzugs zu übersenden. ³Satz 2 gilt entsprechend, wenn ein Steuerabzug auf Grund eines Abkommens zur Vermeidung der Doppelbesteuerung nicht oder nicht in voller Höhe vorzunehmen ist. ⁴Die Steueranmeldung muß vom Schuldner oder von einem zu seiner Vertretung Berechtigten unterschrieben sein. ⁵Ist es zweifelhaft, ob der Gläubiger beschränkt oder unbeschränkt steuerpflichtig ist, so darf der Schuldner die Einbehaltung der Steuer nur dann unterlassen, wenn der Gläubiger durch eine Bescheinigung des nach den abgabenrechtlichen Vorschriften für die Besteuerung seines Einkommens zuständigen Finanzamts nachweist, daß er unbeschränkt steuerpflichtig ist.

§ 50a EStG §§ 73f, 73g EStDV
R 227a

§ 73f
Steuerabzug in den Fällen des § 50a Abs. 6 des Gesetzes

S 2303
S 2411

¹Der Schuldner der Vergütungen für die Nutzung oder das Recht auf Nutzung von Urheberrechten im Sinne des § 50a Abs. 4 Nr. 3 des Gesetzes braucht den Steuerabzug nicht vorzunehmen, wenn er diese Vergütungen auf Grund eines Übereinkommens nicht an den beschränkt steuerpflichtigen Gläubiger (Steuerschuldner), sondern an die Gesellschaft für musikalische Aufführungs- und mechanische Vervielfältigungsrechte (Gema) oder an einen anderen Rechtsträger abführt und die obersten Finanzbehörden der Länder mit Zustimmung des Bundesministeriums der Finanzen einwilligen, daß dieser andere Rechtsträger an die Stelle des Schuldners tritt. ²In diesem Fall hat die Gema oder der andere Rechtsträger den Steuerabzug vorzunehmen; § 50a Abs. 5 des Gesetzes sowie die §§ 73d und 73e gelten entsprechend.

§ 73g
Haftungsbescheid

S 2303
S 2411
S 2412

(1) Ist die Steuer nicht ordnungsmäßig einbehalten oder abgeführt, so hat das Finanzamt die Steuer von dem Schuldner, in den Fällen des § 73f von dem dort bezeichneten Rechtsträger, durch Haftungsbescheid oder von dem Steuerschuldner durch Steuerbescheid anzufordern.

(2) Der Zustellung des Haftungsbescheids an den Schuldner bedarf es nicht, wenn der Schuldner die einbehaltene Steuer dem Finanzamt ordnungsmäßig angemeldet hat (§ 73e) oder wenn er vor dem Finanzamt oder einem Prüfungsbeamten des Finanzamts seine Verpflichtung zur Zahlung der Steuer schriftlich anerkannt hat.

R 227a   **227a. Steuerabzug bei Lizenzgebühren, Vergütungen für die Nutzung von Urheberrechten und bei Veräußerungen von Schutzrechten usw.**

S 2303

(1) ¹Lizenzgebühren für die Verwertung gewerblicher Schutzrechte und Vergütungen für die Nutzung von Urheberrechten, deren Empfänger im Inland weder einen Wohnsitz noch ihren gewöhnlichen Aufenthalt haben, unterliegen nach § 49 Abs. 1 Nr. 6 EStG der beschränkten Einkommensteuerpflicht, wenn die Patente in die deutsche Patentrolle eingetragen sind oder wenn die gewerblichen Erfindungen oder Urheberrechte in einer inländischen Betriebsstätte oder in einer anderen Einrichtung verwertet werden. ²Als andere Einrichtungen sind öffentlich-rechtliche Rundfunkanstalten anzusehen, soweit sie sich in dem durch Gesetz oder Staatsvertrag bestimmten Rahmen mit der Weitergabe von Informationen in Wort und Bild beschäftigen und damit hoheitliche Aufgaben wahrnehmen, so daß sie nicht der Körperschaftsteuer unterliegen und damit auch keine Betriebsstätte begründen. ³In den übrigen Fällen ergibt sich die beschränkte Steuerpflicht für Lizenzgebühren aus § 49 Abs. 1 Nr. 2 Buchstabe a oder Nr. 9 EStG. ⁴Dem Steuerabzug unterliegen auch Lizenzgebühren, die den Einkünften aus selbständiger Arbeit zuzurechnen sind (§ 49 Abs. 1 Nr. 3 EStG).

(2) Dem Steuerabzug unterliegen auch die Vergütungen aus der Veräußerung von Rechten, insbesondere von Urheberrechten, gewerblichen Schutzrechten, z. B. Patentrechten, sowie von gewerblichen, technischen, wissenschaftlichen und ähnlichen Erfahrungen, Kenntnissen und Fähigkeiten, z. B. Plänen, Mustern und Verfahren, soweit diese Vergütungen zu den inländischen Einkünften im Sinne des § 49 Abs. 1 Nr. 2 Buchstaben a und f oder Nr. 3 EStG gehören.

227b. Steuerabzug bei Einkünften aus künstlerischen, sportlichen, artistischen und ähnlichen Darbietungen

R 227b

¹Zu den Einkünften nach § 50a Abs. 4 Nr. 1 EStG gehören auch andere mit diesen Leistungen zusammenhängende Leistungen. ²Voraussetzung für die Einbeziehung dieser Nebenleistungen in die Bemessungsgrundlage für die Abzugssteuer gem. § 50a Abs. 4 EStG ist, daß diese auf Grund des bestehenden Vertragsverhältnisses Teil einer von dem beschränkt Steuerpflichtigen erbrachten Gesamtleistung sind, für die eine Gesamtvergütung gezahlt wird. ³Werden die Nebenleistungen dagegen auf der Grundlage besonderer Verträge, die der inländische Veranstalter mit Dritten abgeschlossen hat, von einem anderen als dem Darbieter oder dem die Darbietungen Verwertenden erbracht, so sind die dafür gezahlten Entgelte nicht in die Bemessungsgrundlage für die Abzugsteuer einzubeziehen.

S 2303

227c. Berechnung des Steuerabzugs nach § 50a EStG in besonderen Fällen

R 227c

(1) Übernimmt das Unternehmen die Aufsichtsratsteuer, ist auf die ausgezahlte Vergütung ein Steuersatz von 42,85 v. H. anzuwenden.

S 2303

(2) Entsprechendes gilt für den Steuerabzug nach § 50a Abs. 4 EStG und nach R 227b mit der Maßgabe, daß in diesen Fällen bei Übernahme der Abzugsteuer durch den Schuldner der Vergütung

bei einem Steuersatz von 25 v. H.   33,33 v. H.

der ausgezahlten Vergütung zu erheben sind.

(3) Werden die Vergütungen nach § 50a Abs. 4 EStG mit einem niedrigeren Steuersatz besteuert (§ 50d EStG), ist der bei der Übernahme der Steuer durch den Schuldner maßgebende Berechnungssatz entsprechend zu ermitteln.

(4) In Fällen, in denen zwischen dem ausländischen Unternehmer und einem inländischen Leistungsempfänger die sog. Null-Regelung nach § 52 Abs. 2 UStDV angewandt wird, stellt die nicht erhobene Umsatzsteuer einen Bestandteil der Bemessungsgrundlage für die Abzugsteuer nach § 50a Abs. 1 und 4 EStG dar.

(5) Entlassungsabfindungen nach § 3 Nr. 9 EStG sind nicht in die Bemessungsgrundlage für die Abzugsteuer einzubeziehen.

Hinweise

H 227c

Abzugsteuer bei künstlerischen, sportlichen, artistischen oder ähnlichen Darbietungen gemäß § 50a Abs. 4 EStG

→ BMF vom 23.1.1996 (BStBl I S. 89)

Anhang 21

Auslandskorrespondenten

→ BMF vom *13.3.1998* (BStBl I S. 351)

Ausländische Kulturvereinigungen

→ BMF vom 20.7.1983 (BStBl I S. 382) und BMF vom 30.5.1995 (BStBl I S. 336)

Anhang 19

Bemessungsgrundlage nach § 50a EStG bei Anwendung der sog. Null-Regelung nach § 52 Abs. 2 UStDV

Bei Anwendung der sog. Null-Regelung liegt die Einnahme des ausländischen Unternehmers (§ 8 Abs. 1 EStG) in der Befreiung von seiner Umsatzsteuerschuld. Sie ist gemäß § 8 Abs. 2 EStG in deren Höhe anzusetzen (→ BFH vom 30.5.1990 – BStBl 1991 II S. 235).

Doppelbesteuerungsabkommen

Nach § 50d Abs. 1 Satz 1 EStG sind die Vorschriften über die Einbehaltung, Abführung und Anmeldung der Steuer durch den Schuldner der Vergütung nach § 50a EStG ungeachtet eines DBA anzuwenden, wenn Einkünfte nach dem Abkommen nicht oder nur nach einem niedrigeren Steuersatz besteuert werden können (→ BFH vom 13.7.1994 – BStBl 1995 II S. 129).

Quellensteuerabzug nach § 50a Abs. 4 Nr. 1, Abs. 5 EStG
Der Quellensteuerabzug bei Einkünften durch künstlerische Darbietungen im Sinne des § 49 Abs. 1 Nr. 2 Buchstabe d EStG steht nicht im Widerspruch zum DBA-Großbritannien. Er verstößt nicht gegen höherrangiges Recht. § 50a Abs. 5 Satz 2 EStG behindert weder den freien Dienstleistungsverkehr oder die Niederlassungsfreiheit noch wirkt diese Vorschrift diskriminierend. Der Quellensteuerabzug als solcher ist verfassungsgemäß (→ BFH vom 2.2.1994 – BFH/NV 1994 S. 864).

Sicherungseinbehalt bei beschränkt Steuerpflichtigen nach § 50a Abs. 7 EStG
Anhang 21 → BMF vom 4.3.1996 (BStBl I S. 162)

Steueranmeldung nach § 50a Abs. 5 EStG i.V.m. § 73e EStDV
Im Falle einer Aussetzung (Aufhebung) der Vollziehung dürfen ausgesetzte Steuerbeträge nur an den Vergütungsschuldner und nicht an den Vergütungsgläubiger erstattet werden (→ BFH vom 13.8.1997 BStBl II S. 700).

Steuerbescheinigung nach § 50a Abs. 5 Satz 7 EStG
Amtliches Muster → BMF vom 19.12.1996 (BStBl I S. 1500).

Übersicht
Aus der folgenden Übersicht ergeben sich die maßgebenden %-Sätze für den Steuerabzug nach § 50a EStG sowie für die in die Bemessungsgrundlage einzubeziehende Umsatzsteuer, die auf die jeweiligen Netto-Vergütungen anzuwenden sind, sofern der Schuldner der Vergütungen die ESt und USt übernimmt:

Steuersätze in %			Berechnungssätze in % **ohne** Übernahme von Abzugsteuern und SolZ			Berechnungssätze in % **und** Übernahme von Abzugsteuern und SolZ		
§ 50a EStG	SolZ[1]	USt	§ 50a EStG	SolZ[1]	USt	§ 50a EStG	SolZ[1]	USt
25	5,5	–	25	1,37	–	33,96	1,86	–
25	5,5	7	26,75	1,47	7	37,27	2,04	9,75
25	5,5	15	28,75	1,58	15	41,27	2,26	21,53
25	5,5	16	29,00	1,59	16	41,78	2,29	23,05

Beispiel:

Die Netto-Vergütung, die im Juni 199**8** ausgezahlt wird, unterliegt dem Steuerabzug nach § 50a Abs. 4 Satz 2 EStG i.H. v. 25 %. Darüber hinaus wird Umsatzsteuer in Höhe von 16 % geschuldet.

Ausgezahlte Netto-Vergütung	1.000,00 DM
41,78 % nach § 50a Abs. 4 EStG	**417,80 DM**
	1.417,80 DM
2,29 % nach § 3 Abs. 1 SolZG	**22,90 DM**
	1.440,70 DM
23,05 % nach § 12 UStG	**230,50 DM**
Brutto-Vergütung	**1.671,20 DM**

[1] SolZ = Solidaritätszuschlag nach dem Solidaritätszuschlagsgesetz 1995. Der Solidaritätszuschlag bemißt sich nach § 3 Abs. 1 Nr. 6 SolZG – soweit bei beschränkt Steuerpflichtigen ein Steuerabzug nach § 50a EStG einzubehalten ist – nach dem 1.1.1998 zu erhebenden Steuerabzugsbetrag.

§ 50a EStG
H 227c

Danach ergeben sich als:
ESt/KSt nach § 50a Abs. 4 EStG:
25 % von **1.671,20** DM = **417,80 DM**

SolZ nach § 3 Abs. 1 SolZG:
5,5 % von 417,80 DM = **22,90 DM**

USt nach § 12 UStG:
16 % von 1.440,70 DM = **230,50 DM**

Zuständigkeit
Örtlich zuständig für den Erlaß eines Nachforderungsbescheides gemäß § 73g Abs. 1 EStDV gegen den Vergütungsgläubiger (Steuerschuldner) ist das für die Besteuerung des Vergütungsschuldners nach dem Einkommen zuständige Finanzamt (§ 73e Satz 1 EStDV).

IX. Sonstige Vorschriften, Bußgeld-, Ermächtigungs- und Schlußvorschriften

EStG

§ 50b
Prüfungsrecht

¹Die Finanzbehörden sind berechtigt, Verhältnisse, die für die Anrechnung oder Vergütung von Körperschaftsteuer oder für die Anrechnung oder Erstattung von Kapitalertragsteuer sowie für die Nichtvornahme des Steuerabzugs von Bedeutung sind oder der Aufklärung bedürfen, bei den am Verfahren Beteiligten zu prüfen. ²Die §§ 193 bis 203 der Abgabenordnung gelten sinngemäß.

EStG

§ 50c
Wertminderung von Anteilen durch Gewinnausschüttungen

(1) ¹Hat ein zur Anrechnung von Körperschaftsteuer berechtigter Steuerpflichtiger einen Anteil an einer in dem Zeitpunkt des Erwerbs oder in dem Zeitpunkt der Gewinnminderung unbeschränkt steuerpflichtigen Kapitalgesellschaft von einem nichtanrechnungsberechtigten Anteilseigner oder von einem Sondervermögen im Sinne der *§§ 38, 43a, 44, 50a oder des § 50c des* Gesetzes über Kapitalanlagegesellschaften erworben, sind Gewinnminderungen, die[1])

1. durch den Ansatz des niedrigeren Teilwerts oder
2. durch Veräußerung oder Entnahme des Anteils

im Jahr des Erwerbs oder in einem der folgenden neun Jahre entstehen, bei der Gewinnermittlung nicht zu berücksichtigen, soweit der Ansatz des niedrigeren Teilwerts oder die sonstige Gewinnminderung nur auf Gewinnausschüttungen oder auf organschaftliche Gewinnabführungen zurückgeführt werden kann und die Gewinnminderungen insgesamt den Sperrbetrag im Sinne des Absatzes 4 nicht übersteigen. ²Als Erwerb im Sinne des Satzes 1 gilt auch die Vermögensmehrung durch verdeckte Einlage des Anteils, nicht aber der Erbanfall oder das Vermächtnis.

(2) Setzt die Kapitalgesellschaft nach dem Erwerb des Anteils ihr Nennkapital herab, ist Absatz 1 sinngemäß anzuwenden, soweit für Leistungen an den Steuerpflichtigen verwendbares Eigenkapital im Sinne des § 29 Abs. 3 des Körperschaftsteuergesetzes als verwendet gilt.

(3) ¹Wird die Kapitalgesellschaft im Jahr des Erwerbs oder in einem der folgenden neun Jahre aufgelöst und abgewickelt, erhöht sich der hierdurch entstehende Gewinn des Steuerpflichtigen um den Sperrbetrag. ²Das gleiche gilt, wenn die Abwicklung der Gesellschaft unterbleibt, weil über ihr Vermögen das Konkursverfahren[3]) eröffnet worden ist.

(4) ¹Sperrbetrag ist der Unterschiedsbetrag zwischen den Anschaffungskosten und dem Nennbetrag des Anteils, bei Stückaktien des auf sie im Zeitpunkt des Erwerbs entfallenden anteiligen Betrags des Grundkapitals. ²Hat der Erwerber keine Anschaffungskosten, tritt an deren Stelle der für die steuerliche Gewinnermittlung maßgebende Wert. ³Der Sperrbetrag verringert sich, soweit eine Gewinnminderung nach Absatz 1 nicht anerkannt worden ist. ⁴In den Fällen der Kapitalherabsetzung sowie der Auflösung der Kapitalgesellschaft erhöht sich der Sperrbetrag um den Teil des Nennkapitals, der auf den erworbenen Anteil entfällt und im Zeitpunkt des Erwerbs nach § 29 Abs. 3 des Körperschaftsteuergesetzes zum verwendbaren Eigenkapital der Kapitalgesellschaft gehört.

(5) ¹Wird ein Anteil an einer unbeschränkt steuerpflichtigen Kapitalgesellschaft zu Bruchteilen oder zur gesamten Hand erworben, gelten die Absätze 1 bis 4 sinngemäß, soweit die Gewinnminderungen anteilig auf anrechnungsberechtigte Steuerpflichtige ent-

---

[1]) Zur Anwendung → § 52 Abs. 31a EStG.
[2]) Absatz 3 Satz 2 wurde durch das EGInsOÄndG ab VZ 1999 geändert.
[3]) Anm.: In § 50c Abs. 3 Satz 2 wurde mit Wirkung ab dem VZ 1999 das Wort „Konkursverfahren" durch das EGInsOÄndG durch das Wort „Insolvenzverfahren" ersetzt.

fallen. ²Satz 1 gilt sinngemäß für anrechnungsberechtigte stille Gesellschafter, die Mitunternehmer sind.

(6) ¹Wird ein nichtanrechnungsberechtigter Anteilseigner mit einem Anteil an einer Kapitalgesellschaft anrechnungsberechtigt, sind die Absätze 1 bis 5 insoweit sinngemäß anzuwenden. ²Gehört der Anteil zu einem Betriebsvermögen, tritt an die Stelle der Anschaffungskosten der Wert, mit dem der Anteil nach den Vorschriften über die steuerliche Gewinnermittlung in einer Bilanz zu dem Zeitpunkt anzusetzen wäre, in dem die Anrechnungsberechtigung eintritt.

(7) ¹Bei einem Anteil an einer Kapitalgesellschaft, die unmittelbar oder mittelbar einen Anteil im Sinne des Absatzes 1 erworben hat, sind Gewinnminderungen, die durch den Ansatz des niedrigeren Teilwerts oder durch die Veräußerung oder Entnahme des Anteils oder bei Auflösung oder Herabsetzung des Nennkapitals der Kapitalgesellschaft entstehen, bei der Gewinnermittlung nicht zu berücksichtigen, soweit der Ansatz des niedrigeren Teilwerts oder die sonstige Gewinnminderung darauf zurückzuführen ist, daß Gewinnausschüttungen im Sinne des Absatzes 1 weitergeleitet worden sind. ²Die Absätze 1 bis 6 gelten entsprechend.

(8) ¹Bei Rechtsnachfolgern des anrechnungsberechtigten Steuerpflichtigen, die den Anteil innerhalb des in Absatz 1 bezeichneten Zeitraums erworben haben, sind während der Restdauer dieses Zeitraums die Absätze 1 bis 7 sinngemäß anzuwenden. ²Das gleiche gilt bei jeder weiteren Rechtsnachfolge.

(9) ¹Die Absätze 1 bis 7 sind nicht anzuwenden, wenn die Anschaffungskosten der im Veranlagungszeitraum erworbenen Anteile höchstens 100.000 Deutsche Mark betragen.

(10) Werden die Anteile über die Börse erworben, sind die Absätze 1 bis 9 nur anzuwenden, soweit nicht § 36 Abs. 2 Nr. 3 Satz 4 Buchstabe g anzuwenden ist und

a) zwischen dem Erwerb der Anteile und der Veräußerung dieser oder gleichartiger Anteile nicht mindestens 10 Tage liegen und der Gewinnverwendungsbeschluß der ausschüttenden Kapitalgesellschaft in diesen Zeitraum fällt oder

b) die oder gleichartige Anteile unmittelbar oder mittelbar zu Bedingungen rückveräußert werden, die allein oder im Zusammenhang mit anderen Vereinbarungen dazu führen, daß das Kursrisiko begrenzt ist oder

c) die Gegenleistung für den Erwerb der Anteile ganz oder teilweise in der Verpflichtung zur Übertragung nicht oder nicht voll dividendenberechtigter Aktien besteht,

es sei denn, der Erwerber macht glaubhaft, daß der Veräußerer, bei mittelbarem Erwerb über zwischengeschaltete Veräußerer jeder Veräußerer, anrechnungsberechtigt ist.

(11) ¹Hat ein zur Anrechnung von Körperschaftsteuer berechtigter Steuerpflichtiger einen Anteil an einer Kapitalgesellschaft im Sinne des Absatzes 1 von einem anrechnungsberechtigten Anteilseigner erworben, sind die Absätze 1 bis 8 entsprechend anzuwenden. ²Dies gilt nicht, wenn die Veräußerung durch den Rechtsvorgänger bei diesem steuerpflichtig ist. ³Satz 1 gilt entsprechend bei unentgeltlich erworbenen oder in ein Betriebsvermögen eingelegten Anteile, es sei denn, eine Veräußerung der Anteile anstelle der unentgeltlichen Übertragung oder der Einlage wäre steuerpflichtig gewesen.

227d. Wertminderung von Anteilen durch Gewinnausschüttungen

Sachlicher Anwendungsbereich

(1) ¹Die Vorschrift des § 50c EStG gilt für Gewinnminderungen im Rahmen des Betriebsvermögens und bei Veräußerungsgewinnen im Sinne der §§ 17 und 23 EStG. ²Gehören die Anteile zu einem Betriebsvermögen des Erwerbers, wirkt sich die Nichtberücksichtigung der Gewinnminderungen außerhalb der Steuerbilanz aus. ³Die Besteuerung der Ausschüttungen auf die erworbenen Anteile und die Anrechnung von Körperschaftsteuer bei dem Erwerber werden durch § 50c EStG nicht berührt.

Ausschüttungsbedingte Gewinnminderungen

(2) ¹Nach § 50c Abs. 1 EStG werden Gewinnminderungen steuerlich nicht berücksichtigt, die nur auf Gewinnausschüttungen der Kapitalgesellschaft zurückgeführt werden können.

²Soweit der Erwerber glaubhaft macht, daß die Gewinnminderung auf anderen Ursachen als auf einer vorangegangenen Gewinnausschüttung beruht, z. B. auf Verlusten der Kapitalgesellschaft oder auf der Verringerung ihrer stillen Reserven, ist sie steuerlich zu berücksichtigen. ³Beruht die Gewinnminderung auf mehreren Ursachen, ist davon auszugehen, daß sie vorrangig auf andere Gründe als auf Gewinnausschüttungen zurückzuführen ist.

Sperrbetrag

(3) ¹Der verbleibende Sperrbetrag im Sinne des § 50c Abs. 4 Satz 3 EStG ist bis zum Ablauf der Sperrzeit formlos fortzuschreiben. ²Zur Vermeidung unbilliger Härten ist der Sperrbetrag gemäß § 163 AO auch um den Betrag zu verringern, der nachweislich von einem früheren Anteilseigner im Inland als Veräußerungsgewinn versteuert worden ist.

Kapitalherabsetzung

(4) ¹Der Betrag des verwendbaren Eigenkapitals im Sinne des § 29 Abs. 3 KStG, um den sich der Sperrbetrag erhöht, ist unter Einschaltung des für die Kapitalgesellschaft zuständigen Finanzamts zu ermitteln. ²Maßgebend für die Berechnung sind die Verhältnisse am Tag des Anteilserwerbs.

Rechtsnachfolger des Erwerbers

(5) ¹Bei Rechtsnachfolgern des Ersterwerbers sind ausschüttungsbedingte Gewinnminderungen auch bei Anschaffungskosten von nicht mehr als 100.000 DM steuerlich nicht zu berücksichtigen. ²Auf Anfrage hat das für den Ersterwerber der Anteile zuständige Finanzamt dem Rechtsnachfolger den für ihn maßgeblichen restlichen Sperrbetrag und die restliche Sperrzeit mitzuteilen.

Anschaffungskosten im Sinne des § 50c Abs. 9 EStG

(6) In den Fällen des § 50c Abs. 5 EStG ist auf die Anschaffungskosten der Gemeinschaft abzustellen.

Hinweise

Ausschüttungsbedingte Gewinnminderung (R 227d Abs. 2)

Beispiel:

Nach dem Anteilserwerb und einer anschließenden Gewinnausschüttung nimmt der Erwerber eine Teilwertabschreibung vor in Höhe von	180.000 DM
hiervon entfallen auf Verluste der Kapitalgesellschaft	100.000 DM
steuerlich nicht zu berücksichtigen ist nach § 50c EStG eine Gewinnminderung in Höhe von	80.000 DM

Begründung einer Anrechnungsberechtigung gem. § 50c Abs. 6 EStG

Ein nichtanrechnungsberechtigter Anteilseigner mit Anteilen an einer Kapitalgesellschaft wird z. B. anrechnungsberechtigt, wenn

- ein ausländischer Anteilseigner seinen Wohnsitz oder gewöhnlichen Aufenthalt oder seine Geschäftsleitung oder seinen Sitz in das Inland verlegt,
- Anteilseigner eine steuerbefreite inländische Körperschaft ist, die steuerpflichtig wird.

§ 50c Abs. 6 EStG betrifft auch Einlagen nichtanrechnungsberechtigter Anteilseigner

1. in eine inländische Betriebsstätte des nichtanrechnungsberechtigten Anteilseigners,
2. in einen steuerpflichtigen wirtschaftlichen Geschäftsbetrieb des nichtanrechnungsberechtigten Anteilseigners,
3. in einen steuerpflichtigen Betrieb gewerblicher Art des nichtanrechnungsberechtigten Anteilseigners.

Erwerb im Sinne des § 50c Abs. 1 EStG

Dazu gehören auch

§ 50c EStG
H 227d

- Schenkungen durch nichtanrechnungsberechtigte Anteilseigner
- gesellschaftsrechtliche oder verdeckte Einlagen durch nichtanrechnungsberechtigte Anteilseigner in eine unbeschränkt steuerpflichtige Kapitalgesellschaft

Erwerb vom anrechnungsberechtigten Anteilseigner
Sachliche und zeitliche Anwendung des § 50c Abs. 11 EStG → BMF vom 13.7.1998 (BStBl I S. 912) Anhang 26

Kapitalherabsetzung
Beispiel:
1. Sachverhalt:
   Nennwert der erworbenen Anteile
   (Alleinbeteiligung) .... 1.000.000 DM
   bei der Kapitalgesellschaft vorhandene offene Rück-
   lagen (ungemildert mit Körperschaftsteuer belastet) .... 500.000 DM
   Anschaffungskosten .... 1.500.000 DM
   Die Kapitalgesellschaft hat vor dem Anteilserwerb ihr Nennkapital unter Umwandlung der vorhandenen offenen Rücklagen auf 1.500.000 DM erhöht. Nach dem Anteilserwerb setzt die Kapitalgesellschaft das Nennkapital wieder auf 1.000.000 DM herab und zahlt den Herabsetzungsbetrag an den Erwerber aus. Die erworbenen Anteile rechnen zum Betriebsvermögen des Erwerbers.
2. Sperrbetragsberechnung:
   Anschaffungskosten .... 1.500.000 DM
   Nennwert der erworbenen Anteile .... −1.500.000 DM
                                                                            0 DM
   Erhöhung nach § 50c Abs. 4 Satz 4 EStG .... + 500.000 DM
   Sperrbetrag .... 500.000 DM
3. Nicht zu berücksichtigende Gewinnminderung bei späterer Kapitalherabsetzung:
   a) Bezüge auf Grund der Kapitalherabsetzung (§ 20 Abs. 1 Nr. 2 EStG):
      Leistung aus dem ungemildert (mit 45 v. H.) mit Körperschaftsteuer belasteten Teilbetrag des verwendbaren Eigenkapitals der Kapitalgesellschaft
      ($^{55}/_{70}$ von 500.000 DM; → A 95 Abs. 2 KStR) .... 392.857 DM
      zuzüglich Körperschaftsteuer-Minderung
      ($^{15}/_{55}$ von 392.857 DM) .... + 107.143 DM
                                                            500.000 DM
   b) Anzurechnende Körperschaftsteuer
      $^{3}/_{7}$ von 500.000 DM (§ 20 Abs. 1 Nr. 3 EStG) .... + 214.286 DM
                                                            714.286 DM
      Verringert sich der Teilwert der erworbenen Anteile in Höhe des für die Leistung verwendeten Eigenkapitals von 392.857 DM, ist diese Gewinnminderung nach § 50c Abs. 2 EStG steuerlich nicht zu berücksichtigen.
4. Rest-Sperrbetrag
   Ursprünglicher Sperrbetrag .... 500.000 DM
   nicht zu berücksichtigende Gewinnminderung .... − 392.857 DM
   Rest-Sperrbetrag .... 107.143 DM

Maßgebender Wert im Sinne des § 50c Abs. 4 Satz 2 EStG (fehlende Anschaffungskosten)
1. In den Fällen des § 7 Abs. 2 EStDV:
   der Betrag, den der Erwerber für den Anteil hätte aufwenden müssen.
2. In den Fällen des § 17 Abs. 2 Satz 2 EStG, § 11d EStDV:
   ein Betrag in Höhe der Anschaffungskosten des Rechtsvorgängers.
3. Bei der Einlage des Anteils in das Betriebsvermögen des Erwerbers: der nach § 6 Abs. 1 Nr. 5 EStG anzusetzende Betrag.

§ 50c EStG
H 227d

Sperrbetrag (R 227d Abs. 3)

Beispiele:

1. Erworbene Anteile gehören zum Betriebsvermögen des Erwerbers

   a) Sachverhalt:

   Der anrechnungsberechtigte Steuerpflichtige E erwirbt im Jahr 01 vom nichtanrechnungsberechtigten Veräußerer V die Hälfte der Aktien der inländischen Z-AG.

Nennbetrag der erworbenen Aktien	1.000.000 DM
Anschaffungskosten	1.600.000 DM

   In den Jahren 01 bis 04 zahlt die Z-AG Dividenden von jährlich 200.000 DM, die zu 50 v. H. auf den Erwerber entfallen.

   Im Jahr 07 macht E eine Teilwertabschreibung in Höhe von 400.000 DM auf die erworbenen Anteile geltend. Er legt glaubhaft dar, daß eine Teilwertverringerung in Höhe von 300.000 DM darauf zurückzuführen ist, daß die Z-AG ab dem Jahr 05 in eine längerwährende Verlustsituation geraten ist.

   b) Berechnung des Sperrbetrags und der steuerlich anzuerkennenden Gewinnminderung infolge der Teilwertabschreibung:

   aa) Sperrbetrag zum 31.12. des Jahres 01:

Anschaffungskosten	1.600.000 DM
Nennwert der erworbenen Anteile	– 1.000.000 DM
Sperrbetrag	600.000 DM

   bb) Rest-Sperrbetrag zum 31.12. des Jahres 07:

Bisheriger Sperrbetrag		600.000 DM
vorgenommene Teilwertabschreibung	400.000	
steuerlich zu berücksichtigende Gewinnminderung	– 300.000	
nach § 50c EStG nicht zu berücksichtigende Gewinnminderung	100.000	100.000 DM
Rest-Sperrbetrag zum 31.12.07		500.000 DM

2. Erworbene Anteile gehören zum Privatvermögen des Erwerbers

   Sachverhalt wie Beispiel bei Nummer 1 mit der Abweichung, daß der Erwerber die erworbene wesentliche Beteiligung im Jahr 07 für 1.200.000 DM veräußert.

   Der erklärte Veräußerungsverlust im Sinne des § 17 EStG von (Erlös 1.200.000 DM – Anschaffungskosten 1.600.000 DM =) 400.000 DM ist nach § 50c EStG in Höhe von 100.000 DM nicht zu berücksichtigen. Der Rest-Sperrbetrag zum 31.12. des Jahres 07 von (600.000 DM – 100.000 DM =) 500.000 DM ist nach § 50c Abs. 8 EStG für die Besteuerung bei dem Rechtsnachfolger des Erwerbers von Bedeutung.

Sperrbetragskürzung aus Billigkeitsgründen (R 227d Abs. 3 Satz 2)

Beispiel

Der inländische Erwerber A hat im Jahr 03 sämtliche Anteile an der unbeschränkt steuerpflichtigen X-GmbH im Nennwert von 1.000.000 DM zu 1.440.000 DM erworben. A weist nach, daß B die Anteile im Jahr 01 von dem inländischen Vorveräußerer C erworben hat, der für die Anteilsveräußerung deutsche Einkommensteuer auf einen Veräußerungsgewinn von 100.000 DM zu zahlen hatte.

Der Sperrbetrag nach § 50c Abs. 4 EStG beträgt	
1.440.000 DM – 1.000.000 DM	440.000 DM
Er ist im Billigkeitswege zu kürzen um den im Inland bereits versteuerten Veräußerungsgewinn von	– 100.000 DM
verbleibender Sperrbetrag	340.000 DM

Übergang des Vermögens der Kapitalgesellschaft durch Gesamtrechtsnachfolge

1. Übergang auf eine Personengesellschaft: → § 4 Abs. 5 UmwStG: Erhöhung des Übernahmegewinns um den Sperrbetrag im Sinne des § 50c EStG.
2. Übergang auf eine andere Körperschaft: → § 12 Abs. 2 Satz 3 UmwStG.
3. In den Fällen der Verschmelzung, in denen die erworbenen Anteile untergehen und an ihre Stelle Anteile an der übernehmenden Gesellschaft treten, ist § 50c EStG auch auf die Anteile anzuwenden, die an die Stelle der untergegangenen Anteile treten (§ 13 Abs. 4 UmwStG).

Verwendbares Eigenkapital im Sinne des § 29 Abs. 3 KStG

→ § 50c Abs. 2 EStG

Nach § 29 Abs. 3 KStG rechnen zum verwendbaren Eigenkapital auch die Beträge, um die das Nennkapital durch Umwandlung von Rücklagen aus dem Gewinn eines nach dem 31.12.1976 endenden Wirtschaftsjahrs erhöht worden ist.

§ 50d
Besonderheiten im Fall von Doppelbesteuerungsabkommen

(1) ¹Können Einkünfte, die dem Steuerabzug vom Kapitalertrag oder dem Steuerabzug auf Grund des § 50a unterliegen, nach § 44d oder nach einem Abkommen zur Vermeidung der Doppelbesteuerung nicht oder nur nach einem niedrigeren Steuersatz besteuert werden, so sind die Vorschriften über die Einbehaltung, Abführung und Anmeldung der Steuer durch den Schuldner der Kapitalerträge oder Vergütungen im Sinne des § 50a ungeachtet des § 44d und des Abkommens anzuwenden. ²Unberührt bleibt der Anspruch des Gläubigers der Kapitalerträge oder Vergütungen auf völlige oder teilweise Erstattung der einbehaltenen und abgeführten Steuer; der Anspruch ist durch Antrag nach amtlich vorgeschriebenem Vordruck geltend zu machen. ³Für die Erstattung der Kapitalertragsteuer gilt § 45 entsprechend. ⁴Der Schuldner kann sich im Haftungsverfahren nicht auf die Rechte des Gläubigers aus dem Abkommen berufen.

(1a) Eine ausländische Gesellschaft hat keinen Anspruch auf Steuerentlastung (Steuerbefreiung oder -ermäßigung nach § 44d oder nach einem Abkommen zur Vermeidung der Doppelbesteuerung), soweit Personen an ihr beteiligt sind, denen die Steuerentlastung nicht zustände, wenn sie die Einkünfte unmittelbar erzielten, und für die Einschaltung der ausländischen Gesellschaft wirtschaftliche oder sonst beachtliche Gründe fehlen und sie keine eigene Wirtschaftstätigkeit entfaltet.

(2) ¹Der Gläubiger der Kapitalerträge oder Vergütungen im Sinne des § 50a hat auf amtlich vorgeschriebenem Vordruck durch eine Bestätigung der für ihn zuständigen Steuerbehörde des anderen Staates nachzuweisen, daß er dort ansässig ist. ²Das Bundesministerium der Finanzen kann im Einvernehmen mit den obersten Finanzbehörden der Länder erleichterte Verfahren oder vereinfachte Nachweise zulassen.

(3) ¹In den Fällen des § 44d und des § 50a Abs. 4 kann der Schuldner den Steuerabzug nach Maßgabe des § 44d oder des Abkommens unterlassen oder nach einem niedrigeren Steuersatz vornehmen, wenn das Bundesamt für Finanzen auf Antrag bescheinigt, daß die Voraussetzungen dafür vorliegen (Freistellungsverfahren); das gilt auch bei Kapitalerträgen, die einer nach einem Abkommen zur Vermeidung der Doppelbesteuerung im anderen Vertragsstaat ansässigen Kapitalgesellschaft, die am Nennkapital einer unbeschränkt steuerpflichtigen Kapitalgesellschaft im Sinne des § 1 Abs. 1 Nr. 1 des Körperschaftsteuergesetzes in dem in § 8b Abs. 5 des Körperschaftsteuergesetzes festgelegten Umfang unmittelbar beteiligt ist und im Staat ihrer Ansässigkeit den Steuern vom Einkommen oder Gewinn unterliegt, ohne davon befreit zu sein, von der unbeschränkt steuerpflichtigen Kapitalgesellschaft zufließen. ²Die Freistellung nach Satz 1 kann in den Fällen des § 50a Abs. 4 von der Bedingung abhängig gemacht werden, daß die Erfüllung der Verpflichtungen nach § 50a Abs. 5 nachgewiesen wird, soweit die Vergütungen an andere beschränkt Steuerpflichtige weitergeleitet werden. ³Das Freistellungsverfahren ist in den Fällen des § 50a Abs. 4 auch anzuwenden, wenn das Bundesamt für Finanzen den Schuldner auf

§ 50d EStG
R 227e   H 227e

Antrag hierzu allgemein ermächtigt (Kontrollmeldeverfahren). ⁴Die Ermächtigung nach Satz 2 kann in Fällen geringer steuerlicher Bedeutung erteilt und die Freistellung nach den Sätzen 1 und 2 kann mit Auflagen verbunden werden. ⁵Einer Bestätigung nach Absatz 2 Satz 1 bedarf es im Kontrollmeldeverfahren nicht. ⁶Inhalt der Auflage kann die Angabe des Namens, des Wohnortes oder des Ortes des Sitzes oder der Geschäftsleitung des Schuldners und des Gläubigers, der Art der Vergütung, des Bruttobetrags und des Zeitpunkts der Zahlungen sowie des einbehaltenen Steuerbetrags sein. ⁷Mit dem Antrag auf Teilnahme am Kontrollmeldeverfahren gilt die Zustimmung des Gläubigers und des Schuldners zur Weiterleitung der Angaben des Schuldners an den Wohnsitz- oder Sitzstaat des Gläubigers als erteilt. ⁸Die Bescheinigung oder die Ermächtigung nach den Sätzen 1 und 2 ist als Beleg aufzubewahren. ⁹Bestehende Anmeldeverpflichtungen bleiben unberührt.¹⁾

¹⁾ (4) Werden Einkünfte im Sinne des § 49 Abs. 1 Nr. 4 aus einer Kasse einer juristischen Person des öffentlichen Rechts im Sinne der Vorschrift eines Abkommens zur Vermeidung der Doppelbesteuerung über den öffentlichen Dienst gewährt, so ist diese Vorschrift bei Bestehen eines Dienstverhältnisses mit einer anderen Person in der Weise auszulegen, daß die Vergütungen für der erstgenannten Person geleistete Dienste gezahlt werden, wenn sie ganz oder im wesentlichen aus öffentlichen Mitteln aufgebracht werden.

R 227e   227e. Besonderheiten im Fall von Doppelbesteuerungsabkommen

– unbesetzt –

H 227e   Hinweise

Anhang 21

Entlastung von deutscher Abzugsteuer gemäß § 50a Abs. 4 EStG bei künstlerischer, sportlicher Tätigkeit oder ähnlichen Darbietungen → BMF vom 23.1.1996 (BStBl I S. 89).

Freistellungsverfahren nach § 50d EStG
Das in § 50d EStG vorgesehene Freistellungsverfahren verstößt nicht gegen Völkerrecht und geht § 155 Abs. 1 Satz 3 AO vor (→ BFH vom 21.5.1997 – BFH/NV 1997 S. 760).

Gestaltungsmißbrauch
Werden im Inland erzielte Einnahmen zur Vermeidung inländischer Steuer durch eine ausländische Kapitalgesellschaft »durchgeleitet«, so kann ein Gestaltungsmißbrauch auch dann vorliegen, wenn der Staat, in dem die Kapitalgesellschaft ihren Sitz hat, kein sog. Niedrigbesteuerungsland ist (→ BFH vom 29.10.1997 – BStBl 1998 II S. 235).

Anhang 21

Kontrollmeldeverfahren auf Grund von Doppelbesteuerungsabkommen → BMF vom 21.12.1993 (BStBl 1994 I S. 4)

Merkblatt des BMF zur Entlastung von

Anhang 21

– deutscher Abzugsteuer gemäß § 50a Abs. 4 EStG auf Grund von DBA vom 1.3.1994 (BStBl I S. 201)

Anhang 21

– deutscher Kapitalertragsteuer von Dividenden und bestimmten anderen Kapitalerträgen gemäß § 44d EStG, den DBA oder sonstigen zwischenstaatlichen Abkommen vom 1.3.1994 (BStBl I S. 203)

Merkblatt des BfF zur Entlastung vom Steuerabzug im Sinne von § 50a Abs. 4 EStG auf Grund von DBA

– bei Vergütungen an ausländische Künstler und Sportler vom 31.8.1998 (BStBl I S. 1161)
– bei Lizenzgebühren und ähnlichen Vergütungen vom 31.8.1998 (BStBl I S. 1170)

Zuständige Behörde
Zuständige Behörde für das Erstattungs-, Freistellungs- und Kontrollmeldeverfahren ist das Bundesamt für Finanzen, 53221 Bonn.

---

¹) Zur Anwendung → § 52 Abs. 31a EStG.

§ 50e
Bußgeldvorschriften

EStG

(1) Ordnungswidrig handelt, wer vorsätzlich oder leichtfertig entgegen § 45d Abs. 1 Satz 1 eine Mitteilung nicht, nicht richtig, nicht vollständig oder nicht rechtzeitig abgibt.

(2) Die Ordnungswidrigkeit kann mit einer Geldbuße bis zu zehntausend Deutsche Mark geahndet werden.

§ 51
Ermächtigung

EStG

(1) Die Bundesregierung wird ermächtigt, mit Zustimmung des Bundesrates
1. zur Durchführung dieses Gesetzes Rechtsverordnungen zu erlassen, soweit dies zur Wahrung der Gleichmäßigkeit bei der Besteuerung, zur Beseitigung von Unbilligkeiten in Härtefällen, zur Steuerfreistellung des Existenzminimums oder zur Vereinfachung des Besteuerungsverfahrens erforderlich ist, und zwar:
    a) über die Abgrenzung der Steuerpflicht, die Beschränkung der Steuererklärungspflicht auf die Fälle, in denen eine Veranlagung in Betracht kommt, und über die den Einkommensteuererklärungen beizufügenden Unterlagen und über die Beistandspflichten Dritter,
    b) über die Ermittlung der Einkünfte und die Feststellung des Einkommens einschließlich der abzugsfähigen Beträge,
    c) über die Höhe von besonderen Betriebsausgaben-Pauschbeträgen für Gruppen von Betrieben, bei denen hinsichtlich der Besteuerungsgrundlagen annähernd gleiche Verhältnisse vorliegen, wenn der Steuerpflichtige Einkünfte aus Gewerbebetrieb (§ 15) oder selbständiger Arbeit (§ 18) erzielt, in Höhe eines Vomhundertsatzes der Umsätze im Sinne des § 1 Abs. 1 Nr. 1 des Umsatzsteuergesetzes; Umsätze aus der Veräußerung von Wirtschaftsgütern des Anlagevermögens sind nicht zu berücksichtigen. ^{2}Einen besonderen Betriebsausgaben-Pauschbetrag dürfen nur Steuerpflichtige in Anspruch nehmen, die ihren Gewinn durch Einnahme-Überschußrechnung nach § 4 Abs. 3 ermitteln. ^{3}Bei der Festlegung der Höhe des besonderen Betriebsausgaben-Pauschbetrags ist der Zuordnung der Betriebe entsprechend der Klassifikation der Wirtschaftszweige, Fassung für Steuerstatistiken, Rechnung zu tragen. ^{4}Bei der Ermittlung der besonderen Betriebsausgaben-Pauschbeträge sind alle Betriebsausgaben mit Ausnahme der an das Finanzamt gezahlten Umsatzsteuer zu berücksichtigen. ^{5}Bei der Veräußerung oder Entnahme von Wirtschaftsgütern des Anlagevermögens sind die Anschaffungs- oder Herstellungskosten vermindert um die Absetzungen für Abnutzung nach § 7 Abs. 1 oder 4 sowie die Veräußerungskosten neben dem besonderen Betriebsausgaben-Pauschbetrag abzugsfähig. ^{6}Der Steuerpflichtige kann im folgenden Veranlagungszeitraum zur Ermittlung der tatsächlichen Betriebsausgaben übergehen. ^{7}Wechselt der Steuerpflichtige zur Ermittlung der tatsächlichen Betriebsausgaben, sind die abnutzbaren Wirtschaftsgüter des Anlagevermögens mit ihren Anschaffungs- oder Herstellungskosten, vermindert um die Absetzungen für Abnutzung nach § 7 Abs. 1 oder 4, in ein laufend zu führendes Verzeichnis aufzunehmen. ^{8}§ 4 Abs. 3 Satz 5 bleibt unberührt. ^{9}Nach dem Wechsel zur Ermittlung der tatsächlichen Betriebsausgaben ist eine erneute Inanspruchnahme des besonderen Betriebsausgaben-Pauschbetrags erst nach Ablauf der folgenden vier Veranlagungszeiträume zulässig; die §§ 140, 141 der Abgabenordnung bleiben unberührt;
    d) über die Veranlagung, die Anwendung der Tarifvorschriften und die Regelung der Steuerentrichtung einschließlich der Steuerabzüge,
    e) über die Besteuerung der beschränkt Steuerpflichtigen einschließlich eines Steuerabzugs,
    f) über eine Kurzveranlagung mit vereinfachter Erklärung und Ermittlung der Besteuerungsgrundlagen. ^{2}Die Kurzveranlagung soll mit Wirkung ab dem Veranlagungszeitraum 1997 eingeführt werden;

2. Vorschriften durch Rechtsverordnung zu erlassen
   a) über die sich aus der Aufhebung oder Änderung von Vorschriften dieses Gesetzes ergebenden Rechtsfolgen, soweit dies zur Wahrung der Gleichmäßigkeit bei der Besteuerung oder zur Beseitigung von Unbilligkeiten in Härtefällen erforderlich ist;
   b) (weggefallen);
   c) über eine Beschränkung des Abzugs von Ausgaben zur Förderung steuerbegünstigter Zwecke im Sinne des § 10b auf Zuwendungen an bestimmte Körperschaften, Personenvereinigungen oder Vermögensmassen, über den Ausschluß des Abzugs von Mitgliedsbeiträgen sowie über eine Anerkennung gemeinnütziger Zwecke als besonders förderungswürdig;
   d) ¹über Verfahren, die in den Fällen des § 38 Abs. 1 Satz 1 Nr. 2 den Steueranspruch der Bundesrepublik Deutschland sichern oder die sicherstellen, daß bei Befreiungen im Ausland ansässiger Leiharbeitnehmer von der Steuer der Bundesrepublik Deutschland auf Grund von Abkommen zur Vermeidung der Doppelbesteuerung die ordnungsgemäße Besteuerung im Ausland gewährleistet ist. ²Hierzu kann nach Maßgabe zwischenstaatlicher Regelungen bestimmt werden, daß
      aa) der Entleiher in dem hierzu notwendigen Umfang an derartigen Verfahren mitwirkt,
      bb) er sich im Haftungsverfahren nicht auf die Freistellungsbestimmungen des Abkommens berufen kann, wenn er seine Mitwirkungspflichten verletzt;
   e) bis l) (weggefallen);
   ¹) m) nach denen jeweils zu bestimmende Wirtschaftsgüter des Umlaufvermögens ausländischer Herkunft, deren Preis auf dem Weltmarkt wesentlichen Schwankungen unterliegt und die nach dem Erwerb weder bearbeitet noch verarbeitet worden sind, für Wirtschaftsjahre, die vor dem 1. Januar 1990 enden, statt mit dem sich nach § 6 Abs. 1 Nr. 2 ergebenden Wert mit einem Wert angesetzt werden können, der bis zu 20 vom Hundert unter den Anschaffungskosten oder dem niedrigeren Börsen- oder Marktpreis (Wiederbeschaffungspreis) des Bilanzstichtags liegt. ²Für das erste Wirtschaftsjahr, das nach dem 31. Dezember 1989 endet, kann ein entsprechender Wertansatz bis zu 15 vom Hundert und für die darauf folgenden Wirtschaftsjahre bis zu 10 vom Hundert unter den Anschaffungskosten oder dem niedrigeren Börsen- oder Marktpreis (Wiederbeschaffungspreis) zugelassen werden. ³Für Wirtschaftsgüter, für die das Land Berlin vertraglich das mit der Einlagerung verbundene Preisrisiko übernommen hat, ist ein Wertansatz nach Satz 1 oder 2 nicht zulässig;
   n) über Sonderabschreibungen
      aa) im Tiefbaubetrieb des Steinkohlen-, Pechkohlen-, Braunkohlen- und Erzbergbaues bei Wirtschaftsgütern des Anlagevermögens unter Tage und bei bestimmten mit dem Grubenbetrieb unter Tage in unmittelbarem Zusammenhang stehenden, der Förderung, Seilfahrt, Wasserhaltung und Wetterführung sowie der Aufbereitung des Minerals dienenden Wirtschaftsgütern des Anlagevermögens über Tage, soweit die Wirtschaftsgüter

         für die Errichtung von neuen Förderschachtanlagen, auch in Form von Anschlußschachtanlagen,

         für die Errichtung neuer Schächte sowie die Erweiterung des Grubengebäudes und durch Wasserzuflüsse aus stilliegenden Anlagen bedingten Ausbau der Wasserhaltung bestehender Schachtanlagen,

         für Rationalisierungsmaßnahmen in der Hauptschacht-, Blindschacht-, Strecken- und Abbauförderung, im Streckenvortrieb, in der Gewinnung, Versatzwirtschaft, Seilfahrt, Wetterführung und Wasserhaltung sowie in der Aufbereitung,

         für die Zusammenfassung von mehreren Förderschachtanlagen zu einer einheitlichen Förderschachtanlage und

---

¹) Anm.: Durch das Steuerentlastungsgesetz 1999/2000/2002 wurde Absatz 1 Nr. 2 Buchstabe m mit Wirkung ab dem VZ 1999 aufgehoben.

für den Wiederaufschluß stilliegender Grubenfelder und Feldesteile,

bb) im Tagebaubetrieb des Braunkohlen- und Erzbergbaues bei bestimmten Wirtschaftsgütern des beweglichen Anlagevermögens (Grubenaufschluß, Entwässerungsanlagen, Großgeräte sowie Einrichtungen des Grubenrettungswesens und der Ersten Hilfe und im Erzbergbau auch Aufbereitungsanlagen), die

für die Erschließung neuer Tagebaue, auch in Form von Anschlußtagebauen,

für Rationalisierungsmaßnahmen bei laufenden Tagebauen,

beim Übergang zum Tieftagebau für die Freilegung und Gewinnung der Lagerstätte und

für die Wiederinbetriebnahme stillgelegter Tagebaue

von Steuerpflichtigen, die den Gewinn nach § 5 ermitteln, vor dem 1. Januar 1990 angeschafft oder hergestellt werden. ²Die Sonderabschreibungen können bereits für Anzahlungen auf Anschaffungskosten und für Teilherstellungskosten zugelassen werden. ³Hat der Steuerpflichtige vor dem 1. Januar 1990 die Wirtschaftsgüter bestellt oder mit ihrer Herstellung begonnen, so können die Sonderabschreibungen auch für nach dem 31. Dezember 1989 und vor dem 1. Januar 1991 angeschaffte oder hergestellte Wirtschaftsgüter sowie für vor dem 1. Januar 1991 geleistete Anzahlungen auf Anschaffungskosten und entstandene Teilherstellungskosten in Anspruch genommen werden. ⁴Voraussetzung für die Inanspruchnahme der Sonderabschreibungen ist, daß die Förderungswürdigkeit der bezeichneten Vorhaben von der obersten Landesbehörde für Wirtschaft im Einvernehmen mit dem Bundesminister für Wirtschaft bescheinigt worden ist. ⁵Die Sonderabschreibungen können im Wirtschaftsjahr der Anschaffung oder Herstellung und in den vier folgenden Wirtschaftsjahren in Anspruch genommen werden, und zwar bei beweglichen Wirtschaftsgütern des Anlagevermögens bis zu insgesamt 50 vom Hundert, bei unbeweglichen Wirtschaftsgütern des Anlagevermögens bis zu insgesamt 30 vom Hundert der Anschaffungs- oder Herstellungskosten. ⁶Bei den begünstigten Vorhaben im Tagebaubetrieb des Braunkohlen- und Erzbergbaues kann außerdem zugelassen werden, daß die vor dem 1. Januar 1991 aufgewendeten Kosten für den Vorabraum bis zu 50 vom Hundert als sofort abzugsfähige Betriebsausgaben behandelt werden;

o) (weggefallen);

p) über die Bemessung der Absetzungen für Abnutzung oder Substanzverringerung bei nicht zu einem Betriebsvermögen gehörenden Wirtschaftsgütern, die vor dem 21. Juni 1948 angeschafft oder hergestellt oder die unentgeltlich erworben sind. ²Hierbei kann bestimmt werden, daß die Absetzungen für Abnutzung oder Substanzverringerung nicht nach den Anschaffungs- oder Herstellungskosten, sondern nach Hilfswerten (am 21. Juni 1948 maßgebender Einheitswert, Anschaffungs- oder Herstellungskosten des Rechtsvorgängers abzüglich der von ihm vorgenommenen Absetzungen, fiktive Anschaffungskosten an einem noch zu bestimmenden Stichtag) zu bemessen sind. ³Zur Vermeidung von Härten kann zugelassen werden, daß an Stelle der Absetzungen für Abnutzung, die nach dem am 21. Juni 1948 maßgebenden Einheitswert zu bemessen sind, der Betrag abgezogen wird, der für das Wirtschaftsgut in dem Veranlagungszeitraum 1947 als Absetzung für Abnutzung geltend gemacht werden konnte. ⁴Für das Land Berlin tritt in den Sätzen 1 bis 3 an die Stelle des 21. Juni 1948 jeweils der 1. April 1949;

q) über erhöhte Absetzungen bei Herstellungskosten

aa) für Maßnahmen, die für den Anschluß eines im Inland belegenen Gebäudes an eine Fernwärmeversorgung einschließlich der Anbindung an das Heizsystem erforderlich sind, wenn die Fernwärmeversorgung überwiegend aus Anlagen der Kraft-Wärme-Kopplung, zur Verbrennung von Müll oder zur Verwertung von Abwärme gespeist wird,

bb) für den Einbau von Wärmepumpenanlagen, Solaranlagen und Anlagen zur Wärmerückgewinnung in einem im Inland belegenen Gebäude einschließlich der Anbindung an das Heizsystem,

cc) für die Errichtung von Windkraftanlagen, wenn die mit diesen Anlagen erzeugte Energie überwiegend entweder unmittelbar oder durch Verrechnung mit Elektrizitätsbezügen des Steuerpflichtigen von einem Elektrizitäts-

§ 51 EStG

versorgungsunternehmen zur Versorgung eines im Inland belegenen Gebäudes des Steuerpflichtigen verwendet wird, einschließlich der Anbindung an das Versorgungssystem des Gebäudes,

dd) für die Errichtung von Anlagen zur Gewinnung von Gas, das aus pflanzlichen oder tierischen Abfallstoffen durch Gärung unter Sauerstoffabschluß entsteht, wenn dieses Gas zur Beheizung eines im Inland belegenen Gebäudes des Steuerpflichtigen oder zur Warmwasserbereitung in einem solchen Gebäude des Steuerpflichtigen verwendet wird, einschließlich der Anbindung an das Versorgungssystem des Gebäudes,

ee) für den Einbau einer Warmwasseranlage zur Versorgung von mehr als einer Zapfstelle und einer zentralen Heizungsanlage oder bei einer zentralen Heizungs- und Warmwasseranlage für den Einbau eines Heizkessels, eines Brenners, einer zentralen Steuerungseinrichtung, einer Wärmeabgabeeinrichtung und eine Änderung der Abgasanlage in einem im Inland belegenen Gebäude oder in einer im Inland belegenen Eigentumswohnung, wenn mit dem Einbau nicht vor Ablauf von zehn Jahren seit Fertigstellung dieses Gebäudes begonnen worden ist und der Einbau nach dem 30. Juni 1985 fertiggestellt worden ist; entsprechendes gilt bei Anschaffungskosten für neue Einzelöfen, wenn keine Zentralheizung vorhanden ist.

²Voraussetzung für die Gewährung der erhöhten Absetzungen ist, daß die Maßnahmen vor dem 1. Januar 1992 fertiggestellt worden sind; in den Fällen des Satzes 1 Doppelbuchstabe aa müssen die Gebäude vor dem 1. Juli 1983 fertiggestellt worden sein, es sei denn, daß der Anschluß nicht schon im Zusammenhang mit der Errichtung des Gebäudes möglich war. ³Die erhöhten Absetzungen dürfen jährlich 10 vom Hundert der Aufwendungen nicht übersteigen. ⁴Sie dürfen nicht gewährt werden, wenn für dieselbe Maßnahme eine Investitionszulage in Anspruch genommen wird. ⁵Sind die Aufwendungen Erhaltungsaufwand und entstehen sie bei einer zu eigenen Wohnzwecken genutzten Wohnung im eigenen Haus, für die der Nutzungswert nicht mehr besteuert wird, und liegen in den Fällen des Satzes 1 Doppelbuchstabe aa die Voraussetzungen des Satzes 2 zweiter Halbsatz vor, so kann der Abzug dieser Aufwendungen wie Sonderausgaben mit gleichmäßiger Verteilung auf das Kalenderjahr, in dem die Arbeiten abgeschlossen worden sind, und die neun folgenden Kalenderjahre zugelassen werden, wenn die Maßnahme vor dem 1. Januar 1992 abgeschlossen worden ist;

r) nach denen Steuerpflichtige größere Aufwendungen

aa) für die Erhaltung von nicht zu einem Betriebsvermögen gehörenden Gebäuden, die überwiegend Wohnzwecken dienen,

bb) zur Erhaltung eines Gebäudes in einem förmlich festgelegten Sanierungsgebiet oder städtebaulichen Entwicklungsbereich, die für Maßnahmen im Sinne des § 177 des Baugesetzbuchs sowie für bestimmte Maßnahmen, die der Erhaltung, Erneuerung und funktionsgerechten Verwendung eines Gebäudes dienen, das wegen seiner geschichtlichen, künstlerischen oder städtebaulichen Bedeutung erhalten bleiben soll, und zu deren Durchführung sich der Eigentümer neben bestimmten Modernisierungsmaßnahmen gegenüber der Gemeinde verpflichtet hat, aufgewendet worden sind,

cc) zur Erhaltung von Gebäuden, die nach den jeweiligen landesrechtlichen Vorschriften Baudenkmale sind, soweit die Aufwendungen nach Art und Umfang zur Erhaltung des Gebäudes als Baudenkmal und zu seiner sinnvollen Nutzung erforderlich sind,

auf zwei bis fünf Jahre gleichmäßig verteilen können. ²In den Fällen der Doppelbuchstaben bb und cc ist Voraussetzung, daß der Erhaltungsaufwand vor dem 1. Januar 1990 entstanden ist. ³In den Fällen von Doppelbuchstabe cc sind die Denkmaleigenschaft des Gebäudes und die Voraussetzung, daß die Aufwendungen nach Art und Umfang zur Erhaltung des Gebäudes als Baudenkmal und zu seiner sinnvollen Nutzung erforderlich sind, durch eine Bescheinigung der nach Landesrecht zuständigen oder von der Landesregierung bestimmten Stelle nachzuweisen;

s) nach denen bei Anschaffung oder Herstellung von abnutzbaren beweglichen und bei Herstellung von abnutzbaren unbeweglichen Wirtschaftsgütern des Anlagevermögens auf Antrag ein Abzug von der Einkommensteuer für den Veranlagungszeitraum der Anschaffung oder Herstellung bis zur Höhe von 7,5 vom Hundert der Anschaffungs- oder Herstellungskosten dieser Wirtschaftsgüter vorgenommen werden kann, wenn eine Störung des gesamtwirtschaftlichen Gleichgewichts eingetreten ist oder sich abzeichnet, die eine nachhaltige Verringerung der Umsätze oder der Beschäftigung zur Folge hatte oder erwarten läßt, insbesondere bei einem erheblichen Rückgang der Nachfrage nach Investitionsgütern oder Bauleistungen. ²Bei der Bemessung des von der Einkommensteuer abzugsfähigen Betrags dürfen nur berücksichtigt werden

aa) die Anschaffungs- oder Herstellungskosten von beweglichen Wirtschaftsgütern, die innerhalb eines jeweils festzusetzenden Zeitraums, der ein Jahr nicht übersteigen darf (Begünstigungszeitraum), angeschafft oder hergestellt werden,

bb) die Anschaffungs- oder Herstellungskosten von beweglichen Wirtschaftsgütern, die innerhalb des Begünstigungszeitraums bestellt und angezahlt werden oder mit deren Herstellung innerhalb des Begünstigungszeitraums begonnen wird, wenn sie innerhalb eines Jahres, bei Schiffen innerhalb zweier Jahre, nach Ablauf des Begünstigungszeitraums geliefert oder fertiggestellt werden. ²Soweit bewegliche Wirtschaftsgüter im Sinne des Satzes 1 mit Ausnahme von Schiffen nach Ablauf eines Jahres, aber vor Ablauf zweier Jahre nach dem Ende des Begünstigungszeitraums geliefert oder fertiggestellt werden, dürfen bei Bemessung des Abzugs von der Einkommensteuer die bis zum Ablauf eines Jahres nach dem Ende des Begünstigungszeitraums aufgewendeten Anzahlungen und Teilherstellungskosten berücksichtigt werden,

cc) die Herstellungskosten von Gebäuden, bei denen innerhalb des Begünstigungszeitraums der Antrag auf Baugenehmigung gestellt wird, wenn sie bis zum Ablauf von zwei Jahren nach dem Ende des Begünstigungszeitraums fertiggestellt werden;

dabei scheiden geringwertige Wirtschaftsgüter im Sinne des § 6 Abs. 2 und Wirtschaftsgüter, die in gebrauchtem Zustand erworben werden, aus. ³Von der Begünstigung können außerdem Wirtschaftsgüter ausgeschlossen werden, für die Sonderabschreibungen, erhöhte Absetzungen oder die Investitionszulage nach § 19 des Berlinförderungsgesetzes in Anspruch genommen werden. ⁴In den Fällen der Doppelbuchstaben bb und cc können bei Bemessung des von der Einkommensteuer abzugsfähigen Betrags bereits die im Begünstigungszeitraum, im Fall des Doppelbuchstabens bb Satz 2 auch die bis zum Ablauf eines Jahres nach dem Ende des Begünstigungszeitraums aufgewendeten Anzahlungen und Teilherstellungskosten berücksichtigt werden; der Abzug von der Einkommensteuer kann insoweit schon für den Veranlagungszeitraum vorgenommen werden, in dem die Anzahlungen oder Teilherstellungskosten aufgewendet worden sind. ⁵Übersteigt der von der Einkommensteuer abzugsfähige Betrag die für den Veranlagungszeitraum der Anschaffung oder Herstellung geschuldete Einkommensteuer, so kann der übersteigende Betrag von der Einkommensteuer des darauffolgenden Veranlagungszeitraums abgezogen werden. ⁶Entsprechendes gilt, wenn in den Fällen der Doppelbuchstaben bb und cc der Abzug von der Einkommensteuer bereits für Anzahlungen oder Teilherstellungskosten geltend gemacht wird. ⁷Der Abzug von der Einkommensteuer darf jedoch die für den Veranlagungszeitraum der Anschaffung oder Herstellung und den folgenden Veranlagungszeitraum insgesamt zu entrichtende Einkommensteuer nicht übersteigen. ⁸In den Fällen des Doppelbuchstabens bb Satz 2 gilt dies mit der Maßgabe, daß an die Stelle des Veranlagungszeitraums der Anschaffung oder Herstellung der Veranlagungszeitraum tritt, in dem zuletzt Anzahlungen oder Teilherstellungskosten aufgewendet worden sind. ⁹Werden begünstigte Wirtschaftsgüter von Gesellschaften im Sinne des § 15 Abs. 1 Satz 1 Nr. 2 und 3 angeschafft oder hergestellt, so ist der abzugsfähige Betrag nach dem Verhältnis der Gewinnanteile einschließlich der Vergütungen aufzuteilen. ¹⁰Die Anschaffungs- oder Herstellungskosten der Wirtschaftsgüter, die bei Bemessung des von der Einkommensteuer abzugsfähigen Betrags berücksichtigt worden sind, werden durch den Abzug von der Einkommensteuer nicht gemindert. ¹¹Rechtsverordnungen auf Grund dieser Ermächtigung bedürfen der Zustimmung des Bundestages. ¹²Die Zustimmung gilt als erteilt, wenn der Bundestag nicht binnen vier Wochen nach Eingang der Vorlage der Bundesregierung die Zustimmung verweigert hat;

t) (weggefallen);

S 2185   u) über Sonderabschreibungen bei abnutzbaren Wirtschaftsgütern des Anlagevermögens, die der Forschung oder Entwicklung dienen und nach dem 18. Mai 1983 und vor dem 1. Januar 1990 angeschafft oder hergestellt werden. ²Voraussetzung für die Inanspruchnahme der Sonderabschreibungen ist, daß die beweglichen Wirtschaftsgüter ausschließlich und die unbeweglichen Wirtschaftsgüter zu mehr als $33^{1}/_{3}$ vom Hundert der Forschung oder Entwicklung dienen. ³Die Sonderabschreibungen können auch für Ausbauten und Erweiterungen an bestehenden Gebäuden, Gebäudeteilen, Eigentumswohnungen oder im Teileigentum stehenden Räumen zugelassen werden, wenn die ausgebauten oder neu hergestellten Gebäudeteile zu mehr als $33^{1}/_{3}$ vom Hundert der Forschung oder Entwicklung dienen. ⁴Die Wirtschaftsgüter dienen der Forschung oder Entwicklung, wenn sie verwendet werden

     aa) zur Gewinnung von neuen wissenschaftlichen oder technischen Erkenntnissen und Erfahrungen allgemeiner Art (Grundlagenforschung) oder

     bb) zur Neuentwicklung von Erzeugnissen oder Herstellungsverfahren oder

     cc) zur Weiterentwicklung von Erzeugnissen oder Herstellungsverfahren, soweit wesentliche Änderungen dieser Erzeugnisse oder Verfahren entwickelt werden.

⁵Die Sonderabschreibungen können im Wirtschaftsjahr der Anschaffung oder Herstellung und in den vier folgenden Wirtschaftsjahren in Anspruch genommen werden, und zwar

     aa) bei beweglichen Wirtschaftsgütern des Anlagevermögens bis zu insgesamt 40 vom Hundert,

     bb) bei unbeweglichen Wirtschaftsgütern des Anlagevermögens, die zu mehr als $66^{2}/_{3}$ vom Hundert der Forschung oder Entwicklung dienen, bis zu insgesamt 15 vom Hundert,

        die nicht zu mehr als $66^{2}/_{3}$ vom Hundert, aber zu mehr als $33^{1}/_{3}$ vom Hundert der Forschung oder Entwicklung dienen, bis zu insgesamt 10 vom Hundert,

     cc) bei Ausbauten und Erweiterungen an bestehenden Gebäuden, Gebäudeteilen, Eigentumswohnungen oder im Teileigentum stehenden Räumen, wenn die ausgebauten oder neu hergestellten Gebäudeteile zu mehr als $66^{2}/_{3}$ vom Hundert der Forschung oder Entwicklung dienen, bis zu insgesamt 15 vom Hundert,

        zu nicht mehr als $66^{2}/_{3}$ vom Hundert, aber zu mehr als $33^{1}/_{3}$ vom Hundert der Forschung oder Entwicklung dienen, bis zu insgesamt 10 vom Hundert

der Anschaffungs- oder Herstellungskosten. ⁶Sie können bereits für Anzahlungen auf Anschaffungskosten und für Teilherstellungskosten zugelassen werden. ⁷Die Sonderabschreibungen sind nur unter der Bedingung zuzulassen, daß die Wirtschaftsgüter und die ausgebauten oder neu hergestellten Gebäudeteile mindestens drei Jahre nach ihrer Anschaffung oder Herstellung in dem erforderlichen Umfang der Forschung oder Entwicklung in einer inländischen Betriebsstätte des Steuerpflichtigen dienen;

v) (weggefallen);

S 2185   w) über Sonderabschreibungen bei Handelsschiffen, die auf Grund eines vor dem 25. April 1996 abgeschlossenen Schiffbauvertrags hergestellt, in einem inländischen Seeschiffsregister eingetragen und vor dem 1. Januar 1999 von Steuerpflichtigen angeschafft oder hergestellt worden sind, die den Gewinn nach § 5 ermitteln. ²Im Fall der Anschaffung ist weitere Voraussetzung, daß das Schiff vor dem 1. Januar 1996 in ungebrauchtem Zustand vom Hersteller oder nach dem 31. Dezember 1995 auf Grund eines vor dem 25. April 1996 abgeschlossenen Kaufvertrags bis zum Ablauf des vierten auf das Jahr der Fertigstellung folgenden Jahres erworben worden ist. ³Bei Steuerpflichtigen, die in eine Gesellschaft im Sinne des § 15 Abs. 1 Satz 1 Nr. 2 und Abs. 3 nach Abschluß des Schiffbauvertrags (Unterzeichnung des Hauptvertrags) eingetreten sind, dürfen Sonderabschreibungen nur zugelassen werden, wenn sie der Gesellschaft vor dem 1. Januar 1999 beitreten. ⁴Die Sonderabschreibungen können im Wirtschaftsjahr der Anschaffung oder Herstellung und in den vier folgenden Wirtschaftsjahren bis zu insgesamt 40 vom Hundert der Anschaffungs- oder Herstellungskosten in Anspruch genommen werden. ⁵Sie können bereits für Anzahlungen auf Anschaffungskosten und für Teilherstellungskosten zugelassen werden. ⁶Die Sonderabschreibungen sind nur unter der Bedingung zuzulassen, daß die Handelsschiffe innerhalb eines Zeitraums von acht Jahren nach ihrer Anschaffung oder Herstellung nicht veräußert werden; für Anteile an einem Handelsschiff gilt dies entsprechend. ⁷Die Sätze 1 bis 6 gelten für Schiffe, die der Seefischerei dienen, entsprechend. ⁸Für Luftfahrzeuge, die vom Steuerpflichtigen hergestellt oder in ungebrauchtem Zustand vom Hersteller erworben worden sind und die zur gewerbsmäßigen Beförderung von Personen oder Sachen im internationalen Luftverkehr oder zur Verwendung zu sonstigen gewerblichen Zwecken im Ausland bestimmt sind, gelten die Sätze 1 bis 4 und 6 mit der Maßgabe entsprechend, daß an die Stelle der Eintragung in ein inländisches Seeschiffsregister die Eintragung in die deutsche Luftfahrzeugrolle, an die Stelle des Höchstsatzes von 40 vom Hundert ein Höchstsatz von 30 vom Hundert und bei der Vorschrift des Satzes 6 an die Stelle des Zeitraums von acht Jahren ein Zeitraum von sechs Jahren treten;

x) über erhöhte Absetzungen bei Herstellungskosten für Modernisierungs- und Instandsetzungsmaßnahmen im Sinne des § 177 des Baugesetzbuchs sowie für bestimmte Maßnahmen, die der Erhaltung, Erneuerung und funktionsgerechten Verwendung eines Gebäudes dienen, das wegen seiner geschichtlichen, künstlerischen oder städtebaulichen Bedeutung erhalten bleiben soll, und zu deren Durchführung sich der Eigentümer neben bestimmten Modernisierungsmaßnahmen gegenüber der Gemeinde verpflichtet hat, die für Gebäude in einem förmlich festgelegten Sanierungsgebiet oder städtebaulichen Entwicklungsbereich aufgewendet worden sind; Voraussetzung ist, daß die Maßnahmen vor dem 1. Januar 1991 abgeschlossen worden sind. ²Die erhöhten Absetzungen dürfen jährlich 10 vom Hundert der Aufwendungen nicht übersteigen;

y) über erhöhte Absetzungen für Herstellungskosten an Gebäuden, die nach den jeweiligen landesrechtlichen Vorschriften Baudenkmale sind, soweit die Aufwendungen nach Art und Umfang zur Erhaltung des Gebäudes als Baudenkmal und zu seiner sinnvollen Nutzung erforderlich sind; Voraussetzung ist, daß die Maßnahmen vor dem 1. Januar 1991 abgeschlossen worden sind. ²Die Denkmaleigenschaft des Gebäudes und die Voraussetzung, daß die Aufwendungen nach Art und Umfang zur Erhaltung des Gebäudes als Baudenkmal und zu seiner sinnvollen Nutzung erforderlich sind, sind durch eine Bescheinigung der nach Landesrecht zuständigen oder von der Landesregierung bestimmten Stelle nachzuweisen. ³Die erhöhten Absetzungen dürfen jährlich 10 vom Hundert der Aufwendungen nicht übersteigen;

3. die in § 3 Nr. 52¹), § 4a Abs. 1 Satz 2 Nr. 1, § 10 Abs. 5, § 19a Abs. 9, § 22 Nr. 1 Satz 3 Buchstabe a, § 26a Abs. 3, § 34c Abs. 7, § 46 Abs. 5 und § 50a Abs. 6 vorgesehenen Rechtsverordnungen zu erlassen.

(2) ¹Die Bundesregierung wird ermächtigt, durch Rechtsverordnung Vorschriften zu erlassen, nach denen die Inanspruchnahme von Sonderabschreibungen und erhöhten Absetzungen sowie die Bemessung der Absetzung für Abnutzung in fallenden Jahresbeträgen ganz oder teilweise ausgeschlossen werden können, wenn eine Störung des gesamtwirtschaftlichen Gleichgewichts eingetreten ist oder sich abzeichnet oder die erhebliche Preissteigerungen mit sich gebracht hat oder erwarten läßt, insbesondere, wenn die Inlandsnachfrage nach Investitionsgütern oder Bauleistungen das Angebot wesentlich übersteigt. ²Die Inanspruchnahme von Sonderabschreibungen und erhöhten Absetzungen sowie die Bemessung der Absetzung für Abnutzung in fallenden Jahresbeträgen darf nur ausgeschlossen werden

---

¹) Anm.: Durch das Steuerentlastungsgesetz 1999/2000/2002 wurde die Angabe „§ 3 Nr. 52," in Absatz Nr. 3 mit Wirkung ab dem VZ 1999 gestrichen.

1. für bewegliche Wirtschaftsgüter, die innerhalb eines jeweils festzusetzenden Zeitraums, der frühestens mit dem Tage beginnt, an dem die Bundesregierung ihren Beschluß über die Verordnung bekanntgibt, und der ein Jahr nicht übersteigen darf, angeschafft oder hergestellt werden. ²Für bewegliche Wirtschaftsgüter, die vor Beginn dieses Zeitraums bestellt und angezahlt worden sind oder mit deren Herstellung vor Beginn dieses Zeitraums angefangen worden ist, darf jedoch die Inanspruchnahme von Sonderabschreibungen und erhöhten Absetzungen sowie die Bemessung der Absetzung für Abnutzung in fallenden Jahresbeträgen nicht ausgeschlossen werden;
2. für bewegliche Wirtschaftsgüter und für Gebäude, die in dem in Nummer 1 bezeichneten Zeitraum bestellt werden oder mit deren Herstellung in diesem Zeitraum begonnen wird. ²Als Beginn der Herstellung gilt bei Gebäuden der Zeitpunkt, in dem der Antrag auf Baugenehmigung gestellt wird.

³Rechtsverordnungen auf Grund dieser Ermächtigung bedürfen der Zustimmung des Bundestages und des Bundesrates. ⁴Die Zustimmung gilt als erteilt, wenn der Bundesrat nicht binnen drei Wochen, der Bundestag nicht binnen vier Wochen nach Eingang der Vorlage der Bundesregierung die Zustimmung verweigert hat.

(3) ¹Die Bundesregierung wird ermächtigt, durch Rechtsverordnung mit Zustimmung des Bundesrates Vorschriften zu erlassen, nach denen die Einkommensteuer einschließlich des Steuerabzugs vom Arbeitslohn, des Steuerabzugs vom Kapitalertrag und des Steuerabzugs bei beschränkt Steuerpflichtigen

1. um höchstens 10 vom Hundert herabgesetzt werden kann. ²Der Zeitraum, für den die Herabsetzung gilt, darf ein Jahr nicht übersteigen; er soll sich mit dem Kalenderjahr decken. ³Voraussetzung ist, daß eine Störung des gesamtwirtschaftlichen Gleichgewichts eingetreten ist oder sich abzeichnet, die eine nachhaltige Verringerung der Umsätze oder der Beschäftigung zur Folge hatte oder erwarten läßt, insbesondere bei einem erheblichen Rückgang der Nachfrage nach Investitionsgütern und Bauleistungen oder Verbrauchsgütern;
2. um höchstens 10 vom Hundert erhöht werden kann. ²Der Zeitraum, für den die Erhöhung gilt, darf ein Jahr nicht übersteigen; er soll sich mit dem Kalenderjahr decken. ³Voraussetzung ist, daß eine Störung des gesamtwirtschaftlichen Gleichgewichts eingetreten ist oder sich abzeichnet, die erhebliche Preissteigerungen mit sich gebracht hat oder erwarten läßt, insbesondere wenn die Nachfrage nach Investitionsgütern und Bauleistungen oder Verbrauchsgütern das Angebot wesentlich übersteigt.

²Rechtsverordnungen auf Grund dieser Ermächtigung bedürfen der Zustimmung des Bundestages.

(4) Das Bundesministerium der Finanzen wird ermächtigt,
1. im Einvernehmen mit den obersten Finanzbehörden der Länder die Vordrucke für
   a) (weggefallen)
   b) die in § 36b Abs. 2 vorgesehene Bescheinigung,
   c) die Erklärungen zur Einkommensbesteuerung sowie die in § 39 Abs. 3a Satz 4 und § 39a Abs. 2 vorgesehenen Anträge,[1)]
   d) die Lohnsteuer-Anmeldung (§ 41a Abs. 1), die Lohnsteuerbescheinigung (§ 41b Abs. 1 Satz 3),
   e) die Anmeldung der Kapitalertragsteuer (§ 45a Abs. 1) und den Freistellungsauftrag nach § 44a Abs. 2 Satz 1 Nr. 1,
   f) die Anmeldung der Abzugsteuer (§ 50a),
   g) die Entlastung von der Kapitalertragsteuer und vom Steuerabzug nach § 50a auf Grund von Abkommen zur Vermeidung der Doppelbesteuerung

und die Muster des Antrags auf Vergütung von Körperschaftsteuer (§ 36 b Abs. 3), der Lohnsteuerkarte (§ 39), der in § 45a Abs. 2 und 3 und § 50a Abs. 5 Satz 7 vorgesehenen Bescheinigungen und des Erstattungsantrags nach § 50 Abs. 5 Satz 4 Nr. 3 zu bestimmen;

[1)] Anm.: Durch das Gesetz zur Neuregelung der geringfügigen Beschäftigungsverhältnisse wurde Absatz 4 Nr. 1 Buchstabe c mit Wirkung ab dem VZ 1999 wie folgt gefaßt:
„c) die Erklärungen zur Einkommensbesteuerung, die in § 39 Abs. 3a Satz 4 und § 39a Abs. 2 und 6 vorgesehenen Anträge sowie die Bescheinigung nach § 39a Abs. 6,"

2. den Wortlaut dieses Gesetzes und der zu diesem Gesetz erlassenen Rechtsverordnungen in der jeweils geltenden Fassung satzweise numeriert mit neuem Datum und in neuer Paragraphenfolge bekanntzumachen und dabei Unstimmigkeiten im Wortlaut zu beseitigen.

§§ 74 bis 79

– weggefallen –

228. – 233.

– unbesetzt –

§ 80[1)]
Bewertungsabschlag für bestimmte Wirtschaftsgüter des Umlaufvermögens ausländischer Herkunft, deren Preis auf dem Weltmarkt wesentlichen Schwankungen unterliegt

(1) [1]Steuerpflichtige, die den Gewinn nach § 5 des Gesetzes ermitteln, können die in der Anlage 3 zu dieser Verordnung bezeichneten Wirtschaftsgüter des Umlaufvermögens für Wirtschaftsjahre, die vor dem 1. Januar 1990 enden, statt mit dem sich nach § 6 Abs. 1 Nr. 2 des Gesetzes ergebenden Wert mit einem Wert ansetzen, der bis zu 20 vom Hundert unter den Anschaffungskosten oder dem niedrigeren Börsen- oder Marktpreis (Wiederbeschaffungspreis) des Bilanzstichtags liegt. [2]Für das erste Wirtschaftsjahr, das nach dem 31. Dezember 1989 endet, kann ein entsprechender Wert bis zu 15 vom Hundert und für die darauffolgenden Wirtschaftsjahre bis zu 10 vom Hundert unter den Anschaffungskosten oder dem niedrigeren Börsen- oder Marktpreis (Wiederbeschaffungspreis) angesetzt werden.

(2) [1]Voraussetzung für die Anwendung des Absatzes 1 ist, daß

1. das Wirtschaftsgut im Ausland erzeugt oder hergestellt worden ist,
2. das Wirtschaftsgut nach der Anschaffung nicht bearbeitet oder verarbeitet worden ist,
3. das Land Berlin für das Wirtschaftsgut nicht vertraglich das mit der Einlagerung verbundene Preisrisiko übernommen hat,
4. das Wirtschaftsgut sich am Bilanzstichtag im Inland befunden hat oder nachweislich zur Einfuhr in das Inland bestimmt gewesen ist. [2]Dieser Nachweis gilt als erbracht, wenn sich das Wirtschaftsgut spätestens neun Monate nach dem Bilanzstichtag im Inland befindet und
5. der Tag der Anschaffung und die Anschaffungskosten aus der Buchführung ersichtlich sind.

[3]Ob eine Bearbeitung oder Verarbeitung im Sinne der Nummer 2 vorliegt, bestimmt sich nach § 12 der Durchführungsbestimmungen zum Umsatzsteuergesetz in der Fassung der Bekanntmachung vom 1. September 1951 (BGBl. I S. 796), zuletzt geändert durch das Steueränderungsgesetz 1966 vom 23. Dezember 1966 (BGBl. I S. 702). [4]Die nach § 4 Ziff. 4 des Umsatzsteuergesetzes in der Fassung der Bekanntmachung vom 1. September 1951 (BGBl. I S. 791), zuletzt geändert durch das Steueränderungsgesetz 1966 und das Siebzehnte Gesetz zur Änderung des Umsatzsteuergesetzes vom 23. Dezember 1966 (BGBl. I S. 709), in Verbindung mit der Anlage 2 zu diesem Gesetz oder nach § 22 der bezeichneten Durchführungsbe-

---

[1)] Anm.: Durch das Steuerentlastungsgesetz 1999/2000/2002 für Wirtschaftsjahre, die nach dem 31.12.1998 enden, aufgehoben.

stimmungen zum Umsatzsteuergesetz besonders zugelassenen Bearbeitungen und Verarbeitungen schließen die Anwendung des Absatzes 1 nicht aus, es sei denn, daß durch die Bearbeitung oder Verarbeitung ein Wirtschaftsgut entsteht, das nicht in der Anlage 3 aufgeführt ist.

Anlage 3 zur Einkommensteuer-Durchführungsverordnung
(zu § 80 Abs. 1 EStDV)

Verzeichnis der Wirtschaftsgüter im Sinne des § 80 Abs. 1

1. Haare, Borsten, Därme, Bettfedern und Daunen
2. Hülsenfrüchte, Rohreis und geschälter Reis im Sinne der Unterpositionen 1006 1091, 1006 1099 und 1006 20 des Zolltarifs, Buchweizen, Hirse, Hartweizen im Sinne der Unterposition 1001 10 des Zolltarifs
3. Früchte oder Teile von Früchten der im Zolltarif Kapitel 8 bezeichneten Art, deren Wassergehalt durch einen natürlichen oder künstlichen Trocknungsprozeß zur Gewährleistung der Haltbarkeit herabgesetzt ist, Erdnüsse, Johannisbrot, Gewürze, konservierte Südfrüchte und Säfte aus Südfrüchten, Aprikosenkerne, Pfirsichkerne
4. Rohkaffee, Rohkakao, Tee, Mate
5. Tierische und rohe pflanzliche Öle und Fette sowie Ölsaaten und Ölfrüchte, Ölkuchen, Ölkuchenmehle und Extraktionsschrote; Fettsäuren, Rohglyzerin
6. Rohdrogen, ätherische Öle
7. Wachse, Paraffine
8. Rohtabak
9. Asbest
10. Pflanzliche Gerbstoffe
11. Harze, Gummen, Terpentinöle und sonstige Lackrohstoffe; Kasein
12. Kautschuk, Balata und Guttapercha
13. Häute und Felle (auch für Pelzwerk)
14. Roh- und Schnittholz, Furniere, Naturkork, Zellstoff, Linters (nicht spinnbar)
15. Kraftliner
16. Wolle (auch gewaschene Wolle und Kammzüge), andere Tierhaare, Baumwolle und Abfälle dieser Wirtschaftsgüter
17. Flachs, Ramie, Hanf, Jute, Sisal, Kokosgarne, Manila, Hartfasern und sonstige pflanzliche Spinnstoffe (einschließlich Kokosfasern), Werg und verspinnbare Abfälle dieser Wirtschaftsgüter
18. Pflanzliche Bürstenrohstoffe und Flechtrohstoffe (auch Stuhlrohr)
19. Seidengarne, Seidenkammzüge
20. Hadern und Lumpen
21. Unedle NE-Metalle, roh und deren Vormaterial einschließlich Alkali- und Erdalkalimetalle, Metalle der seltenen Erden, Quecksilber, metallhaltige Vorstoffe und Erze zur Herstellung von Ferrolegierungen, feuerfesten Erzeugnissen und chemischen Verbindungen, Silicium, Selen und seine Vorstoffe; Silber, Platin, Iridium, Osmium, Palladium, Rhodium und deren Vorstoffe; die Vorstoffe von Gold, Fertiggold aus der eigenen Herstellung sowie Gold zur Be- oder Verarbeitung im eigenen Betrieb
22. Eisen- und Stahlschrott (einschließlich Schiffe zum Zerschlagen), Eisenerz
23. Bergkristalle sowie Edelsteine und Schmucksteine, roh oder einfach gesägt, gespalten oder angeschliffen, Pulver von Edelsteinen und Schmucksteinen, synthetisches Diamantpulver, Perlen
24. Feldfuttersaaten, Gemüse- und Blumensaaten einschließlich Saatgut von Gemüsehülsenfrüchten
25. Fleischextrakte

26. Fischmehl, Fleischmehl, Blutmehl, Pellets von Tapioka-(Cassava-, Maniok-)Chips
27. Sintermagnesit

233a. Bewertungsabschlag für bestimmte Wirtschaftsgüter des Umlaufvermögens ausländischer Herkunft

R 233a

(1) ¹Für die Abgrenzung der in der Anlage 3 zu § 80 EStDV bezeichneten Wirtschaftsgüter (begünstigte Wirtschaftsgüter) sind wie bei der Umsatzsteuer der jeweils geltende Zolltarif und die zu seiner Anwendung erlassenen Vorschriften maßgebend, soweit sie zu einer vergleichsweisen Heranziehung geeignete Begriffsabgrenzungen enthalten. ²Ist dies nicht der Fall, enthält aber die Freiliste 3 (Anlage 1 zu § 4 Ziff. 4 UStG 1951 in der zuletzt geltenden Fassung) oder die Freiliste 2 (Anlage 1 zu § 20 Abs. 2 Ziff. 1 und § 21 Ziff. 1 UStDB 1951 in der zuletzt geltenden Fassung) vergleichbare Begriffe, so gelten die nach diesen Vorschriften maßgebenden Abgrenzungen.

S 2174

(2) § 80 EStDV findet nur auf die begünstigten Wirtschaftsgüter selbst, nicht auf Ansprüche auf Lieferung dieser Wirtschaftsgüter (schwebende Einkaufsverträge) Anwendung (→ BFH vom 14.7.1966 – BStBl 1967 III S. 20).

(3) ¹Die Bearbeitung oder Verarbeitung eines Wirtschaftsguts durch einen Steuerpflichtigen liegt auch dann vor, wenn der Steuerpflichtige sie durch einen anderen ausführen läßt. ²Ist durch eine in § 80 Abs. 2 EStDV besonders zugelassene Bearbeitung oder Verarbeitung ein Wirtschaftsgut entstanden, das in der Anlage 3 nicht bezeichnet ist, so entfällt die Begünstigung nach § 80 EStDV.

(4) ¹Entsteht durch eine in § 80 Abs. 2 EStDV besonders zugelassene Bearbeitung oder Verarbeitung ein Wirtschaftsgut, das in der Anlage 3 bezeichnet ist, so können für die Bemessung des Bewertungsabschlags die Kosten einer besonders zugelassenen Bearbeitung oder Verarbeitung den Anschaffungskosten hinzugerechnet werden. ²Werden begünstigte Wirtschaftsgüter bei einer zugelassenen Bearbeitung oder Verarbeitung mit nicht begünstigten Wirtschaftsgütern verarbeitet oder vermischt und ist das entstandene Wirtschaftsgut in der Anlage 3 bezeichnet, so kann der Steuerpflichtige den Bewertungsabschlag nach § 80 EStDV nur in Höhe des wertmäßigen Anteils, der von dem entstandenen Wirtschaftsgut auf das verarbeitete oder vermischte begünstigte Wirtschaftsgut entfällt, in Anspruch nehmen.

(5) ¹Hat der Steuerpflichtige ein begünstigtes Wirtschaftsgut vor dem Bilanzstichtag in anderer als in einer der nach § 80 Abs. 2 EStDV zugelassenen Weise bearbeitet oder verarbeitet, so ist § 80 EStDV nicht anwendbar. ²Das gilt auch dann, wenn das durch die Bearbeitung oder Verarbeitung entstandene Wirtschaftsgut in der Anlage 3 bezeichnet ist.

(6) Bei Verhüttungsmaterialien kann der Abschlag nach § 80 EStDV für am Bilanzstichtag vorhandene Erze auch dann nur von den Anschaffungskosten oder dem niedrigeren Börsen- oder Marktpreis (Wiederbeschaffungspreis) des Erzes vorgenommen werden, wenn bei der Anschaffung des Erzes der Wert des ausbringbaren Metalls (Erzpreis zuzüglich Verhüttungskosten) in Rechnung gestellt worden ist und über die Verhüttungskosten eine besondere Gutschrift erteilt wird.

(7) Anschaffungskosten im Sinne des § 80 Abs. 1 EStDV sind die tatsächlichen Anschaffungskosten, nicht der Bilanzansatz am Schluß des vorangegangenen Wirtschaftsjahres.

(8) Der Wertansatz eines nach § 80 EStDV angesetzten Wirtschaftsguts darf den Wertansatz in der Handelsbilanz nicht unterschreiten.

Hinweise

H 233a

Anschaffungskosten im Sinne des § 80 Abs. 1 EStDV
Beispiel:
In der Schlußbilanz des Vorjahres sind 100 Einheiten der Ware A (Wirtschaftsgut der Anlage 3), die für 4.000 DM erworben wurden, mit dem Börsenpreis des Bilanzstichtags, der je Einheit 30 DM betrug, mit 3.000 DM abzüglich 10 v. H. = 2.700 DM bewertet. Diese Ware

ist an dem folgenden Bilanzstichtag noch vorhanden. Der Börsenpreis beträgt an diesem Bilanzstichtag 35 DM je Einheit. Die Ware kann mit einem Abschlag von 10 v. H. von 3.500 DM, also mit 3.150 DM bewertet werden. Da der bisherige Wertansatz nur 2.700 DM beträgt, darf der Steuerpflichtige nach § 6 Abs. 1 Nr. 2 Satz 3 EStG aber auch den bisherigen Wertansatz beibehalten. Ein Bewertungsabschlag von diesem Wertansatz ist jedoch nicht zulässig, weil es sich hierbei nicht um Anschaffungskosten handelt.

EStDV

S 2185

§ 81

(gegenstandslos)

§ 82

– weggefallen –

§ 82a
Erhöhte Absetzungen von Herstellungskosten und Sonderbehandlung von Erhaltungsaufwand für bestimmte Anlagen und Einrichtungen bei Gebäuden

(zu § 21 EStG abgedruckt)

§ 82b
Behandlung größeren Erhaltungsaufwands bei Wohngebäuden

(zu § 21 EStG abgedruckt)

§§ 82c bis 82e

– weggefallen –

R 234 **234. Weitergeltung der Anordnungen zu § 82d EStDV**

Abschnitt 234 EStR 1990 ist weiter anzuwenden.

R 235 **235.**

– unbesetzt –

§ 82f

Bewertungsfreiheit für Handelsschiffe, für Schiffe, die der Seefischerei dienen, und für Luftfahrzeuge

(1) ¹Steuerpflichtige, die den Gewinn nach § 5 des Gesetzes ermitteln, können bei Handelsschiffen, die in einem inländischen Seeschiffsregister eingetragen sind, im Wirtschaftsjahr der Anschaffung oder Herstellung und in den vier folgenden Wirtschaftsjahren Sonderabschreibungen bis zu insgesamt 40 vom Hundert der Anschaffungs- oder Herstellungskosten vornehmen. ²§ 9a gilt entsprechend.

(2) Im Fall der Anschaffung eines Handelsschiffs ist Absatz 1 nur anzuwenden, wenn das Handelsschiff vor dem 1. Januar 1996 in ungebrauchtem Zustand vom Hersteller oder nach dem 31. Dezember 1995 bis zum Ablauf des vierten auf das Jahr der Fertigstellung folgenden Jahres erworben worden ist.

(3) ¹Die Inanspruchnahme der Abschreibungen nach Absatz 1 ist nur unter der Bedingung zulässig, daß die Handelsschiffe innerhalb eines Zeitraums von acht Jahren nach ihrer Anschaffung oder Herstellung nicht veräußert werden. ²Für Anteile an Handelsschiffen gilt dies entsprechend.

(4) Die Abschreibungen nach Absatz 1 können bereits für Anzahlungen auf Anschaffungskosten und für Teilherstellungskosten in Anspruch genommen werden.

(5) ¹Die Abschreibungen nach Absatz 1 können nur in Anspruch genommen werden, wenn das Handelsschiff vor dem 1. Januar 1999 angeschafft oder hergestellt wird und der Kaufvertrag oder Bauvertrag vor dem 25. April 1996 abgeschlossen worden ist. ²Bei Steuerpflichtigen, die in eine Gesellschaft im Sinne des § 15 Abs. 1 Nr. 2 und 3 des Einkommensteuergesetzes nach Abschluß des Schiffbauvertrags (Unterzeichnung des Hauptvertrags) eintreten, sind Sonderabschreibungen nur zulässig, wenn sie der Gesellschaft vor dem 1. Januar 1999 beitreten.

(6) ¹Die Absätze 1 bis 5 gelten für Schiffe, die der Seefischerei dienen, entsprechend. ²Für Luftfahrzeuge, die vom Steuerpflichtigen hergestellt oder in ungebrauchtem Zustand vom Hersteller erworben worden sind und die zur gewerbsmäßigen Beförderung von Personen oder Sachen im internationalen Luftverkehr oder zur Verwendung zu sonstigen gewerblichen Zwecken im Ausland bestimmt sind, gelten die Absätze 1 und 3 bis 5 mit der Maßgabe entsprechend, daß an die Stelle der Eintragung in ein inländisches Seeschiffsregister die Eintragung in die deutsche Luftfahrzeugrolle, an die Stelle des Höchstsatzes von 40 vom Hundert ein Höchstsatz von 30 vom Hundert und bei der Vorschrift des Absatzes 3 an die Stelle des Zeitraums von acht Jahren ein Zeitraum von sechs Jahren treten.

Hinweise

Bewertungsfreiheit für Handelsschiffe, für Schiffe, die der Seefischerei dienen, und für Luftfahrzeuge

— Anwendungsbereich
  → BMF vom 17.2.1997 (BStBl I S. 194)

**Sonderabschreibungen für Handelsschiffe und Luftfahrzeuge
(§ 51 Abs. 1 Nr. 2 Buchstabe w EStG, § 82f EStDV)**

BMF vom 17.2.1997 (BStBl I S. 194)

IV B 3 – S 2185 – 1/97

Mein Schreiben vom 27. September 1995 (BStBl I S. 628)

§ 51 Abs. 1 Nr. 2 Buchstabe w EStG i. V. mit § 82f EStDV sieht für Handelsschiffe und Luftfahrzeuge Sonderabschreibungen vor. Nachdem durch das Standortsicherungsgesetz die gesetzliche Frist für die Anschaffung oder Herstellung von Handelsschiffen und Luftfahrzeugen über den 31. Dezember 1994 hinaus um fünf Jahre verlängert worden ist, habe ich

Ihnen mit o. a. Schreiben mitgeteilt, daß die Verlängerung der Sonderabschreibungen unter dem Vorbehalt der Genehmigung durch die Europäische Kommission steht. Die Europäische Kommission hat die Verlängerung der Sonderabschreibungen für Handelsschiffe mit Bescheid vom 15. Oktober 1996 genehmigt. Dadurch ist mein o. a. Schreiben insoweit gegenstandslos geworden.

Die Vorschriften über die Sonderabschreibungen nach § 51 Abs. 1 Nr. 2 Buchstabe w EStG in Verbindung mit § 82f EStDV sind inzwischen durch die Artikel 8 und 9 des Jahressteuergesetzes 1997 vom 20. Dezember 1996 (BGBl. I S. 2049, BStBl I S. 1523) eingeschränkt worden. Zur derzeitigen Rechtslage weise ich auf folgendes hin:

1. Handelsschiffe

   Nach § 51 Abs. 1 Nr. 2 Buchstabe w Satz 1 EStG und § 82f Abs. 5 EStDV kommen für Handelsschiffe die Sonderabschreibungen nur in Betracht, wenn der Kaufvertrag oder Bauvertrag vor dem 25. April 1996 abgeschlossen worden ist und das Handelsschiff vor dem 1. Januar 1999 angeschafft oder hergestellt wird. Da die Europäische Kommission die Sonderabschreibungen für Handelsschiffe genehmigt hat, die vor dem 1. Januar 2000 angeschafft oder hergestellt werden, unterliegen die eingeschränkten Vorschriften nicht der Sperrwirkung des Artikels 93 Abs. 3 Satz 3 EG-Vertrag. Sonderabschreibungen für Handelsschiffe können deshalb entsprechend den durch das Jahressteuergesetz 1997 geänderten gesetzlichen Vorschriften in Anspruch genommen werden.

2. Luftfahrzeuge

   Für Luftfahrzeuge gelten nach § 51 Abs. 1 Nr. 2 Buchstabe w Satz 8 EStG und § 82f Abs. 6 Satz 2 EStDV dieselben zeitlichen Voraussetzungen wie für Handelsschiffe. Für Luftfahrzeuge hat die Europäische Kommission die Sonderabschreibungen jedoch nur genehmigt, wenn sie vor dem 1. Januar 1995 angeschafft oder hergestellt worden sind. Sonderabschreibungen für Luftfahrzeuge können deshalb abweichend von den durch das Jahressteuergesetz 1997 geänderten gesetzlichen Vorschriften nur in dem bisher von der Europäischen Kommission genehmigten Umfang in Anspruch genommen werden.

– Eintritt in den Kaufvertrag oder Bauvertrag eines Dritten
  → BMF vom 13.5.1997 (BStBl I S. 565)

Mit Schreiben vom 17.2.1997 hatte ich darauf hingewiesen, daß die Sonderabschreibungen nach § 51 Abs. 1 Nr. 2 Buchst. w EStG und § 82f Abs. 5 EStDV in der Fassung des Jahressteuergesetzes 1997 für Handelsschiffe in Betracht kommen, wenn der Kaufvertrag oder Bauvertrag vor dem 25.4.1996 abgeschlossen worden ist und das Handelsschiff vor dem 1.1.1999 angeschafft oder hergestellt wird.

Im Einvernehmen mit den obersten Finanzbehörden der Länder bleibt für die Anwendung dieser Vorschriften im Fall des Eintritts eines Steuerpflichtigen oder einer Personengesellschaft in den von einem Dritten abgeschlossenen Kaufvertrag oder Bauvertrag der Zeitpunkt des Vertragsabschlusses durch den Dritten maßgebend.

– **Wechsel des Verkäufers**

  → BMF vom 26.1.1998 (DB 1998 S. 548):

  Es ist gefragt worden, ob Sonderabschreibungen nach § 82f EStDV zulässig sind, wenn bei einem vor dem 25.4.1996 abgeschlossenen Schiffbauvertrag oder Kaufvertrag der Hersteller oder der Verkäufer nach dem 24.4.1996 wechselt. Hierzu teile ich im Einvernehmen mit den obersten Finanzbehörden der Länder folgendes mit:

  Das zum Eintritt in den Kaufvertrag oder Bauvertrag eines Dritten ergangene BMF-Schreiben vom 13.5.1997 (BStBl I S. 565) betrifft lediglich den Fall des Käuferwechsels.

  Die Sonderabschreibungen nach § 82f EStDV können nur in Anspruch genommen werden, wenn das vor dem 25.4.1996 bestellte und das tatsächlich gelieferte Schiff identisch sind. Diese Voraussetzung liegt bei einem Wechsel des Herstellers oder Verkäufers nicht vor. Deshalb ist der Zeitpunkt des Vertragsabschlusses mit dem neuen Verkäufer oder des Eintritts des neuen Verkäufers in den bereits abgeschlossenen Kauf- oder Bauvertrag maßgebend.

§ 82g
Erhöhte Absetzungen von Herstellungskosten für bestimmte Baumaßnahmen

(zu § 21 EStG abgedruckt)

§ 82h

– weggefallen –

§ 82i
Erhöhte Absetzungen von Herstellungskosten bei Baudenkmälern

(zu § 21 EStG abgedruckt)

§ 83

– weggefallen –

§ 51a
Festsetzung und Erhebung von Zuschlagsteuern

(1) Auf die Festsetzung und Erhebung von Steuern, die nach der Einkommensteuer bemessen werden (Zuschlagsteuern), sind die Vorschriften dieses Gesetzes entsprechend anzuwenden.

(2) Bemessungsgrundlage ist die Einkommensteuer, die abweichend von § 2 Abs. 6 unter Berücksichtigung von Kinderfreibeträgen in allen Fällen des § 32 festzusetzen wäre.

(2a) [1]Beim Steuerabzug vom Arbeitslohn ist Bemessungsgrundlage die Lohnsteuer; beim Steuerabzug vom laufenden Arbeitslohn und beim Jahresausgleich ist die Lohnsteuer maßgebend, die sich ergibt, wenn in die Hinzurechnung nach § 38c Abs. 1 Satz 5 für die Steuerklassen I, II und III ein Kinderfreibetrag von 6.912 Deutsche Mark und für die Steuerklasse IV ein Kinderfreibetrag von 3.456 Deutsche Mark für jedes Kind einbezogen wird, für das eine Kürzung des Kinderfreibetrags nach § 32 Abs. 6 Satz 4 nicht in Betracht kommt. [2]Das Bundesministerium der Finanzen hat in den nach § 38c aufzustellenden Lohnsteuertabellen die Bemessungsgrundlage für Arbeitnehmer mit 0,5 bis 6 Kinderfreibeträgen gesondert auszuweisen. [3]§ 38c Abs. 1 Satz 6 gilt sinngemäß. [4]Bei der Anwendung des § 39b für die Ermittlung der Zuschlagsteuern ist die auf der Lohnsteuerkarte eingetragene Zahl der Kinderfreibeträge maßgebend.

(3) Ist die Einkommensteuer für Einkünfte, die dem Steuerabzug unterliegen, durch den Steuerabzug abgegolten oder werden solche Einkünfte bei der Veranlagung zur Einkommensteuer oder beim Lohnsteuer-Jahresausgleich nicht erfaßt, gilt dies für die Zuschlagsteuer entsprechend.

(4) [1]Die Vorauszahlungen auf Zuschlagsteuern sind gleichzeitig mit den festgesetzten Vorauszahlungen auf die Einkommensteuer zu entrichten; § 37 Abs. 5 ist nicht anzuwenden. [2]Solange ein Bescheid über die Vorauszahlungen auf Zuschlagsteuern nicht erteilt worden ist, sind die Vorauszahlungen ohne besondere Aufforderung nach Maßgabe der für die Zuschlagsteuern geltenden Vorschriften zu entrichten. [3]§ 240 Abs. 1 Satz 3 der Abgabenordnung ist insoweit nicht anzuwenden; § 254 Abs. 2 der Abgabenordnung gilt insoweit sinngemäß.

§§ 51a, 52 EStG
51a H

(5) ¹Mit einem Rechtsbehelf gegen die Zuschlagsteuer kann weder die Bemessungsgrundlage noch die Höhe des zu versteuernden Einkommens angegriffen werden. ²Wird die Bemessungsgrundlage geändert, ändert sich die Zuschlagsteuer entsprechend.

51a H

Hinweise

Kirchensteuersätze und Kappungsmöglichkeiten 1998

	Zuschlag zur ESt/ LSt in %	Kappung bei % des zvE	Zuschlag bei pauschalierter LSt in %	Allgemeines Kirchgeld[1]) in DM	Besonderes Kirchgeld (glaubensversch. Ehen) in DM	Mindestbetrag in DM (jährlich)
Baden-Württemberg	8	3,5[1])	7[1])	6–60	216–4.500	7,20
Bayern	8	–	7[1])	3–30	–	–
Berlin	9	3	5[1])	–	216–3.996[1])	–
Brandenburg	9	3	5	5–60	216–3.996[1])	–
Bremen	8[1])	3	7	–	–	–
Hamburg	8[1])	3[1])	4,5[1])	–	216–4.500[1])	7,20[1])
Hessen	9	4[1])	7	6–60	216–4.500[1])	3,60
Mecklenburg-Vorpommern	9	–[1])	5	5–60	216–4.500	–
Niedersachsen	9	3,5	6	6–120	–	7,20
Nordrhein-Westfalen	9	4[1])	7	3–60	–	–
Rheinland-Pfalz	9	4[1])	7	6–300	216–4.500[1])	–
Saarland	9	4[1])	7	6–60	–	–
Sachsen	9	3,5	5	6–60	216–4.500	7,20[1])
Sachsen-Anhalt	9	3,5	5	6–50	216–4.500	7,20[1])
Schleswig-Holstein	9	3,5	7	–	216–4.500	7,20
Thüringen	9	3,5	5	6–48	216–4.500	7,20[1])

Einzelne Länder sehen Kirchensteuer vom Vermögen und vom Grundbesitz vor.

EStG

§ 52[2])
Anwendungsvorschriften

(1) ¹Diese Fassung des Gesetzes ist, soweit in den folgenden Absätzen nichts anderes bestimmt ist, erstmals für den Veranlagungszeitraum 1997 anzuwenden. ²Beim Steuerabzug vom Arbeitslohn gilt Satz 1 mit der Maßgabe, daß diese Fassung erstmals auf den laufenden Arbeitslohn anzuwenden ist, der für einen nach dem 31. Dezember 1996 endenden Lohnzahlungszeitraum gezahlt wird, und auf sonstige Bezüge, die nach dem 31. Dezember 1996 zufließen.

(2) § 1a Abs. 1 ist für Staatsangehörige eines Mitgliedstaates der Europäischen Union auf Antrag auch für Veranlagungszeiträume vor 1996 anzuwenden, soweit Steuerbescheide noch nicht bestandskräftig sind; für Staatsangehörige und für das Hoheitsgebiet Finnlands,

---

[1]) Ausnahmen oder Abweichungen regional möglich. Zu Einzelheiten → Meyer in NWB Fach 12 S. 1459.
[2]) Anm.: § 52 wurde durch das Steuerentlastungsgesetz 1999/2000/2002 vollständig neu gefaßt. Die Neufassung ist im Anschluß an die hier abgedruckte Fassung dargestellt.
[3]) Durch das Steuerentlastungsgesetz 1999 fortgeschrieben auf den VZ 1999.

§ 52 EStG

Islands, Norwegens, Österreichs und Schwedens gilt dies ab dem Veranlagungszeitraum 1994.

(2a) § 2a Abs. 3 Satz 6 ist erstmals für den Veranlagungszeitraum 1996 anzuwenden.

(2b) § 3 Nr. 2 in der Fassung des Gesetzes vom 16. Dezember 1997 *(BGBl. I S. 2970)* ist erstmals für den Veranlagungszeitraum 1998 anzuwenden. [1)]

(2c) ¹§ 3 Nr. 7 in der Fassung des Gesetzes vom 21. Dezember 1993 (BGBl. I S. 2310) ist erstmals für den Veranlagungszeitraum 1993 anzuwenden. ²§ 3 Nr. 7 in der Fassung des Gesetzes vom 27. September 1994 (BGBl. I S. 2624) ist erstmals für den Veranlagungszeitraum 1994 anzuwenden. [2)]

(2d) § 3 Nr. 24 in der Fassung des Gesetzes vom 20. Dezember 1996 (BGBl. I S. 2049) ist erstmals für den Veranlagungszeitraum 1996 anzuwenden. [2)]

(2e) § 3 Nr. 28 in der Fassung des Gesetzes vom 16. Dezember 1997 (BGBl. I S. 2970) ist auf Zahlungen des Arbeitgebers zur Übernahme der Beiträge im Sinne des § 187a des Sechsten Buches Sozialgesetzbuch anzuwenden, die nach dem 31. Dezember 1996 zufließen. [2)]

(2f) § 3 Nr. 36 in der Fassung des Gesetzes vom 11. Oktober 1995 (BGBl. I S. 1250) ist auf Einnahmen für Pflegeleistungen, die ab dem 1. April 1995 erbracht werden, anzuwenden. [2)]

(2g) § 3 Nr. 37 in der Fassung des Gesetzes vom 20. Dezember 1996 (BGBl. I S. 2049) ist erstmals für den Veranlagungszeitraum 1996 anzuwenden. [1)]

(2h) ¹§ 3 Nr. 38 und § 37a sind auch auf Prämien anzuwenden, die vor dem 1. Januar 1997 gewährt worden sind. ²Abweichend von § 37a Abs. 3 Satz 2 kann die Pauschbesteuerung auch für zurückliegende Zeiträume genehmigt werden, wenn der Antrag bis zum 30. Juni 1997 gestellt wird. [1)]

(2i) § 3 Nr. 66 des Einkommensteuergesetzes in der Fassung der Bekanntmachung vom 16. April 1997 (BGBl. I S. 821) ist letztmals auf Erhöhungen des Betriebsvermögens anzuwenden, die in dem Wirtschaftsjahr entstehen, das vor dem 1. Januar *1998* endet. [2)]

(2j) ¹§ 3 Nr. 68 des Einkommensteuergesetzes 1987 in der Fassung der Bekanntmachung vom 27. Februar 1987 (BGBl. I S. 657) ist vorbehaltlich des Satzes 2 letztmals für das Kalenderjahr 1988 anzuwenden. ²Die Vorschrift ist für die Kalenderjahre 1989 bis 2000 weiter anzuwenden auf Zinsersparnisse und Zinszuschüsse bei Darlehen, die der Arbeitnehmer vor dem 1. Januar 1989 erhalten hat, soweit die Vorteile nicht über die im Kalenderjahr 1988 gewährten Vorteile hinausgehen und soweit die Zinszuschüsse zusätzlich zum ohnehin geschuldeten Arbeitslohn gezahlt werden.

(2k) § 3 Nr. 69 in der Fassung des Gesetzes vom 11. Oktober 1995 (BGBl. I S. 1250) ist erstmals für den Veranlagungszeitraum 1994 anzuwenden. [2)]

(3) § 4 Abs. 3 Satz 4 ist nicht anzuwenden, soweit die Anschaffungs- oder Herstellungskosten vor dem 1. Januar 1971 als Betriebsausgaben abgesetzt worden sind.

(4) ¹§ 4 Abs. 5 Satz 1 Nr. 6a ist ab dem Veranlagungszeitraum 1996 mit der Maßgabe anzuwenden, daß die zeitliche Begrenzung einer aus betrieblichem Anlaß begründeten doppelten Haushaltsführung auf zwei Jahre auch für Fälle einer bereits vor dem 1. Januar 1996 bestehenden doppelten Haushaltsführung gilt. ²§ 4 Abs. 5 Satz 1 Nr. 8 Satz 4 ist auch für Veranlagungszeiträume vor 1992 anzuwenden, soweit Steuerbescheide noch nicht bestandskräftig sind, unter dem Vorbehalt der Nachprüfung stehen oder die Steuer hinsichtlich der Abzugsfähigkeit der festgesetzten Geldbußen als Betriebsausgaben vorläufig festgesetzt worden ist.

(5) ¹§ 4d ist erstmals für Wirtschaftsjahre anzuwenden, die nach dem 31. Dezember 1995 beginnen. ²§ 4d Abs. 1 Nr. 1 Buchstabe c Satz 5 ist erstmals für Wirtschaftsjahre anzuwenden, die nach dem 31. Dezember 1991 beginnen. ³§ 4d Abs. 1 Nr. 1 Satz 3 ist erstmals für Wirtschaftsjahre anzuwenden, die nach dem 31. Dezember 1995 enden. [2)]

(6) ¹Rückstellungen für die Verpflichtung zu einer Zuwendung anläßlich eines Dienstjubiläums dürfen nur gebildet werden, soweit der Zuwendungsberechtigte seine Anwartschaft nach dem 31. Dezember 1992 erwirbt. ²Bereits gebildete Rückstellungen sind in den Bilanzen des nach dem 30. Dezember 1988 endenden Wirtschaftsjahrs und der beiden folgenden Wirtschaftsjahre mit mindestens je einem Drittel gewinnerhöhend aufzulösen.

---

1) Durch das Steuerentlastungsgesetz 1999 fortgeschrieben auf den VZ 1999.
2) Mit Inkrafttreten des Steuerentlastungsgesetzes 1999 am 1.1.1999 aufgehoben.

(6a) ¹§ 5 Abs. 4a ist erstmals für das Wirtschaftsjahr anzuwenden, das nach dem 31. Dezember 1996 endet. ²Rückstellungen für drohende Verluste aus schwebenden Geschäften, die am Schluß des letzten vor dem 1. Januar 1997 endenden Wirtschaftsjahrs zulässigerweise gebildet worden sind, sind in den Schlußbilanzen des ersten nach dem 31. Dezember 1996 endenden Wirtschaftsjahrs und der fünf folgenden Wirtschaftsjahre mit mindestens 25 vom Hundert im ersten und jeweils mindestens 15 vom Hundert im zweiten bis sechsten Wirtschaftsjahr gewinnerhöhend aufzulösen.

(6b) ¹§ 5a Abs. 1 bis 3, 4a bis 6 ist erstmals für das Wirtschaftsjahr anzuwenden, das nach dem 31. Dezember 1998 endet. ²§ 5a Abs. 4 ist erstmals für das letzte Wirtschaftsjahr anzuwenden, das vor dem 1. Januar 1999 endet. ³Für Gewerbebetriebe, in denen der Steuerpflichtige vor dem 1. Januar 1999 bereits Einkünfte aus dem Betrieb von Handelsschiffen im internationalen Verkehr erzielt hat, kann der Antrag nach § 5a Abs. 3 Satz 1 auf Anwendung der Gewinnermittlung nach § 5a Abs. 1 in dem Wirtschaftsjahr, das nach Inkrafttreten des Artikels 6 des Gesetzes vom 9. September 1998 (BGBl. I S. 2860) beginnt, oder in einem der beiden folgenden Wirtschaftsjahre gestellt werden (Erstjahr).

(7) ¹§ 6 Abs. 1 Nr. 1 Satz 4 und Nr. 2a ist erstmals für das Wirtschaftsjahr anzuwenden, das nach dem 31. Dezember 1989 endet. ²§ 6 Abs. 1 Nr. 4 Satz 4 ist erstmals auf Entnahmen anzuwenden, die nach dem 31. Dezember 1993 vorgenommen werden. ³§ 6 Abs. 1 Nr. 5 Satz 1 Buchstabe b ist erstmals auf Einlagen anzuwenden, die nach dem 31. Dezember 1991 vorgenommen werden.

(7a) ¹§ 6a Abs. 4 Satz 2 und 6 ist erstmals für das Wirtschaftsjahr anzuwenden, das nach dem 30. September 1998 endet. In 1998 veröffentlichte neue oder geänderte biometrische Rechnungsgrundlagen sind erstmals für das Wirtschaftsjahr anzuwenden, das nach dem 31. Dezember 1998 endet; § 6a Abs. 4 Satz 2 und 6 ist in diesen Fällen mit der Maßgabe anzuwenden, daß die Verteilung gleichmäßig auf drei Wirtschaftsjahre vorzunehmen ist. ²Satz 2 erster Halbsatz ist bei der Bewertung von anderen Rückstellungen, bei denen ebenfalls anerkannte Grundsätze der Versicherungsmathematik zu berücksichtigen sind, entsprechend anzuwenden.

¹⁾ (8) ¹§ 6b Abs. 1 Satz 2 Nr. 5 ist auf Gewinne, die bei der Veräußerung von Anteilen an Kapitalgesellschaften in Wirtschaftsjahren entstehen, die nach dem 31. Dezember 1995 beginnen und vor dem 1. Januar 1999 enden, in der folgenden Fassung mit der Maßgabe anzuwenden, daß abweichend von § 6b Abs. 1 Satz 1 ein Betrag bis zur vollen Höhe des bei der Veräußerung entstandenen Gewinns abgezogen werden kann:

„5. Anteilen an Kapitalgesellschaften,

a) die eine Unternehmensbeteiligungsgesellschaft angeschafft hat, die nach dem Gesetz über Unternehmensbeteiligungsgesellschaften anerkannt ist. ²Für Unternehmensbeteiligungsgesellschaften im Sinne des § 25 Abs. 1 des Gesetzes über Unternehmensbeteiligungsgesellschaften haben der Widerruf der Anerkennung und der Verzicht auf die Anerkennung Wirkung für die Vergangenheit, wenn nicht Aktien der Unternehmensbeteiligungsgesellschaft öffentlich angeboten worden sind; entsprechendes gilt, wenn eine solche Gesellschaft nach § 25 Abs. 3 des Gesetzes über Unternehmensbeteiligungsgesellschaften die Anerkennung als Unternehmensbeteiligungsgesellschaft verliert. ³Für offene Unternehmensbeteiligungsgesellschaften im Sinne des § 1a Abs. 1 Satz 1 des Gesetzes über Unternehmensbeteiligungsgesellschaften haben der Widerruf der Anerkennung und der Verzicht auf die Anerkennung innerhalb der in § 7 Abs. 1 Satz 1 des Gesetzes über Unternehmensbeteiligungsgesellschaften genannten Frist Wirkung für die Vergangenheit. ⁴Bescheide über die Anerkennung, die Rücknahme oder den Widerruf der Anerkennung und über die Feststellung, ob Aktien der Unternehmensbeteiligungsgesellschaft im Sinne des § 25 Abs. 1 des Gesetzes über Unternehmensbe-

---

¹⁾ Anm.: Die befristete Erweiterung des § 6b EStG stand seit ihrer Einführung durch das JStG 1996 unter dem Vorbehalt der Genehmigung durch die EU-Kommission (→ BMF vom 2.1.1996 – BStBl I S. 2). Die Kommission hat mit Schreiben vom 21.1.1998 mitgeteilt, daß diese Regelung nicht genehmigt werden kann. Die Bundesregierung hat gegen die Entscheidung der EU-Kommission, die Regelung des § 52 Abs. 8 EStG aus beihilferechtlichen Gründen nicht zu genehmigen, Klage erhoben. Das BMF-Schreiben vom 2.1.1996 (BStBl I S. 2) hat bezüglich der Regelung des § 52 Abs. 8 EStG weiterhin Gültigkeit (→ BMF vom 7.5.1998 – DStR 1998 S. 977).

teiligungsgesellschaften öffentlich angeboten worden sind, sind Grundlagenbescheide im Sinne der Abgabenordnung; die Bekanntmachung der Aberkennung der Eigenschaft als Unternehmensbeteiligungsgesellschaft nach § 25 Abs. 3 des Gesetzes über Unternehmensbeteiligungsgesellschaften steht einem Grundlagenbescheid gleich;

b) soweit sie durch Erhöhung des Kapitals dieser Gesellschaften angeschafft werden, wenn die Gesellschaften ihren Sitz und ihre Geschäftsleitung im Fördergebiet nach § 1 Abs. 2 des Fördergebietsgesetzes haben und im Zeitpunkt des Erwerbs der Beteiligungen jeweils nicht mehr als 250 Arbeitnehmer in einem gegenwärtigen Dienstverhältnis beschäftigen, die Arbeitslohn, Kurzarbeitergeld oder Schlechtwettergeld beziehen; entsprechendes gilt, wenn die Anteile durch Neugründung von Kapitalgesellschaften angeschafft werden;

c) soweit sie durch Erhöhung des Kapitals dieser Gesellschaften angeschafft werden, wenn die Satzung oder der Gesellschaftsvertrag dieser Gesellschaften (Beteiligungsgesellschaften) als Unternehmensgegenstand ausschließlich

    aa) den Erwerb von Anteilen an Kapitalgesellschaften, die durch Erhöhung ihres Kapitals entstehen;

    bb) den Erwerb von Mitunternehmeranteilen (§ 15 Abs. 1 Satz 1 Nr. 2), die durch Einlagen der Kapitalgesellschaften entstehen;

    cc) die Verwaltung und die Veräußerung der in Doppelbuchstaben aa und bb genannten Anteile oder

    dd) die Beteiligung als stiller Gesellschafter an Unternehmen

bestimmt, die genannten Kapitalgesellschaften, Personengesellschaften oder Unternehmen ihren Sitz und ihre Geschäftsleitung im Fördergebiet nach § 1 Abs. 2 des Fördergebietsgesetzes haben und im Zeitpunkt des Erwerbs der Anteile, Mitunternehmeranteile oder stillen Beteiligungen nicht mehr als 250 Arbeitnehmer in einem gegenwärtigen Dienstverhältnis beschäftigen, die Arbeitslohn, Kurzarbeitergeld oder Schlechtwettergeld beziehen. ²Spätestens drei Monate nach dem Erwerb der Anteile an der Beteiligungsgesellschaft muß jeweils die Summe der Anschaffungskosten aller von der Gesellschaft gehaltenen Anteile an Kapitalgesellschaften und Personengesellschaften zuzüglich der von ihr als stiller Beteiligter geleisteten Einlagen mindestens 90 vom Hundert ihres Eigenkapitals umfassen. ³Entsprechendes gilt, wenn die Anteile durch Neugründung einer Beteiligungsgesellschaft angeschafft werden."

²Ist in den Fällen des Satzes 1 eine Rücklage nach § 6b Abs. 3 Satz 1 von mehr als 50 vom Hundert des bei der Veräußerung entstandenen Gewinns gebildet worden, so ist ein Abzug nach § 6b Abs. 1 Satz 2 Nr. 1 und 4 ausgeschlossen; ist der Steuerpflichtige keine Unternehmensbeteiligungsgesellschaft im Sinne des Satzes 1 Buchstabe a, kann der Abzug abweichend von § 6b Abs. 3 Satz 2 von den Anschaffungskosten der in Satz 1 Buchstabe b und c genannten Anteile an Kapitalgesellschaften erfolgen, die in den folgenden zwei Wirtschaftsjahren angeschafft worden sind; sie ist spätestens am Schluß des zweiten auf ihre Bildung folgenden Wirtschaftsjahrs gewinnerhöhend aufzulösen. *³§ 6b Abs. 1 Satz 2 Nr. 5 und Abs. 4 Satz 1 Nr. 2 ist erstmals auf Veräußerungen anzuwenden, die nach dem Inkrafttreten des Artikels 7 des Dritten Finanzmarktförderungsgesetzes vorgenommen werden.*

(8a) . . . ¹⁾

(9) ¹§ 7 Abs. 2 Satz 2 ist erstmals bei beweglichen Wirtschaftsgütern des Anlagevermögens anzuwenden, die nach dem 29. Juli 1981 angeschafft oder hergestellt worden sind. ²Bei beweglichen Wirtschaftsgütern des Anlagevermögens, die nach dem 31. August 1977 und vor dem 30. Juli 1981 angeschafft oder hergestellt worden sind, ist § 7 Abs. 2 Satz 2 des Einkommensteuergesetzes 1981 in der Fassung der Bekanntmachung vom 6. Dezember 1981 (BGBl. I S. 1249, 1560) weiter anzuwenden. ³Bei beweglichen Wirtschaftsgütern des Anlagevermögens, die vor dem 1. September 1977 angeschafft oder hergestellt worden sind, sind § 7 Abs. 2 Satz 2 und § 52 Abs. 8 und 9 des Einkommensteuergesetzes 1975 in der

---

¹) Durch das EuroEG mit Wirkung ab VZ 1999 eingefügt.
   Anm.: „(8a) § 6d ist erstmals für das Wirtschaftsjahr anzuwenden, das nach dem 31. Dezember 1998 endet."

§ 52 EStG

Fassung der Bekanntmachung vom 5. September 1974 (BGBl. I S. 2165) weiter anzuwenden.

(9a) ¹§ 7 Abs. 5 in der durch Gesetz vom 30. Juni 1989 (BGBl. I S. 1267) geänderten Fassung ist erstmals für den Veranlagungszeitraum 1989 anzuwenden. ²§ 7 Abs. 4 und 5 in der durch Gesetz vom 19. Dezember 1985 (BGBl. I S. 2434) geänderten Fassung ist erstmals für den Veranlagungszeitraum 1985 anzuwenden. ³§ 7 Abs. 5 in den vor Inkrafttreten des in Satz 1 bezeichneten Gesetzes geltenden Fassungen und § 52 Abs. 8 des Einkommensteuergesetzes 1985 in der Fassung der Bekanntmachung vom 12. Juni 1985 (BGBl. I S. 977; 1986 I S. 138) sind weiter anzuwenden.

(10) § 7a Abs. 6 des Einkommensteuergesetzes 1979 in der Fassung der Bekanntmachung vom 21. Juni 1979 (BGBl. I S. 721) ist letztmals für das Wirtschaftsjahr anzuwenden, das dem Wirtschaftsjahr vorangeht, für das § 15a erstmals anzuwenden ist.

(11) ¹§ 7g Abs. 2 ist erstmals bei Wirtschaftsgütern anzuwenden, die nach dem 31. Dezember 1996 angeschafft oder hergestellt worden sind. ²§ 7g Abs. 3 Satz 3 Nr. 4 ist erstmals für Wirtschaftsjahre anzuwenden, die nach dem 31. Dezember 1995 beginnen. ³§ 7g Abs. 3 Satz 5 ist erstmals für Wirtschaftsjahre anzuwenden, die nach dem 31. Dezember 1994 beginnen. ⁴§ 7g Abs. 3 Satz 3 Nr. 2 und Abs. 7 ist erstmals für Wirtschaftsjahre anzuwenden, die nach dem 31. Dezember 1996 beginnen.

¹⁾ (11a) § 9 Abs. 1 Satz 3 Nr. 5 Satz 3 ist ab 1996 mit der Maßgabe anzuwenden, daß die zeitliche Begrenzung einer aus beruflichem Anlaß begründeten doppelten Haushaltsführung auf zwei Jahre auch für Fälle einer bereits vor dem 1. Januar 1996 bestehenden doppelten Haushaltsführung gilt.

(12) ¹§ 10 Abs. 1 Nr. 2 Buchstabe b Satz 2 und 3 ist erstmals für Verträge anzuwenden, die nach dem 31. Dezember 1990 abgeschlossen worden sind. ²§ 10 Abs. 1 Nr. 2 Buchstabe b Satz 5 in der Fassung des Gesetzes vom 20. Dezember 1996 (BGBl. I S. 2049) ist erstmals auf Versicherungen auf den Erlebens- oder Todesfall anzuwenden, bei denen die Ansprüche nach dem 31. Dezember 1996 entgeltlich erworben worden sind. ³§ 10 Abs. 1 Nr. 8 Satz 2 Buchstabe c ist erstmals für den Veranlagungszeitraum 1995 anzuwenden. ⁴§ 10 Abs. 2 Satz 2 ist erstmals anzuwenden, wenn die Ansprüche aus dem Versicherungsvertrag nach dem 13. Februar 1992 zur Tilgung oder Sicherung eines Darlehens dienen, es sei denn, der Steuerpflichtige weist nach, daß bis zu diesem Zeitpunkt die Darlehensschuld entstanden war und er sich verpflichtet hatte, die Ansprüche aus dem Versicherungsvertrag zur Tilgung oder Sicherung dieses Darlehens einzusetzen. ⁵§ 10 Abs. 3 Nr. 4 in der Fassung des Artikels 26 des Gesetzes vom 26. Mai 1994 (BGBl. I S. 1014) ist erstmals für den Veranlagungszeitraum 1995 anzuwenden. ⁶§ 10 Abs. 5 Satz 1 Nr. 2 gilt entsprechend bei Versicherungen auf den Erlebens- oder Todesfall gegen Einmalbeitrag, wenn dieser nach § 10 Abs. 1 Nr. 2 Buchstabe b des Einkommensteuergesetzes in den Fassungen, die vor dem in Absatz 1 Satz 1 bezeichneten Zeitraum gelten, als Sonderausgabe abgezogen worden ist und nach dem 8. November 1991 ganz oder zum Teil zurückgezahlt wird. ⁷§ 10 Abs. 5 Nr. 3 in der Fassung des Gesetzes vom 25. Februar 1992 (BGBl. I S. 297) ist letztmals für den Veranlagungszeitraum 2005 anzuwenden.

(13) § 10d Abs. 2 ist erstmals auf nicht ausgeglichene Verluste des Veranlagungszeitraums 1985 anzuwenden.

(14) ¹Für nach dem 31. Dezember 1986 und vor dem 1. Januar 1991 hergestellte oder angeschaffte Wohnungen im eigenen Haus oder Eigentumswohnungen sowie in diesem Zeitraum fertiggestellte Ausbauten oder Erweiterungen ist § 10e des Einkommensteuergesetzes 1990 in der Fassung der Bekanntmachung vom 7. September 1990 (BGBl. I S. 1898) weiter anzuwenden. ²Für nach dem 31. Dezember 1990 hergestellte oder angeschaffte Wohnungen im eigenen Haus oder Eigentumswohnungen sowie in diesem Zeitraum fertiggestellte Ausbauten oder Erweiterungen ist § 10e des Einkommensteuergesetzes in der durch Gesetz vom 24. Juni 1991 (BGBl. I S. 1322) geänderten Fassung weiter anzuwenden. ³Abweichend von Satz 2 ist § 10e Abs. 1 bis 5 und 6 bis 7 in der durch Gesetz vom 25. Februar 1992 (BGBl. I S. 297) geänderten Fassung erstmals für den Veranlagungszeitraum 1991 bei Objekten im Sinne des § 10e Abs. 1 und 2 anzuwenden, wenn im Fall der Herstellung der Steuerpflichtige nach dem 30. September 1991 den Bauantrag gestellt oder mit der Herstellung begonnen hat oder im Fall der Anschaffung der Steuerpflichtige das Objekt nach dem 30. September 1991 auf Grund eines nach diesem Zeitpunkt rechtswirk-

---

¹⁾ Mit Inkrafttreten des Steuerentlastungsgesetzes 1999 am 1.1.1999 aufgehoben.

§ 52 EStG

sam abgeschlossenen obligatorischen Vertrags oder gleichstehenden Rechtsakts angeschafft hat oder mit der Herstellung des Objekts nach dem 30. September 1991 begonnen worden ist. ⁴§ 10e Abs. 5a ist erstmals bei in § 10e Abs. 1 und 2 bezeichneten Objekten anzuwenden, wenn im Fall der Herstellung der Steuerpflichtige den Bauantrag nach dem 31. Dezember 1991 gestellt oder, falls ein solcher nicht erforderlich ist, mit der Herstellung nach diesem Zeitpunkt begonnen hat, oder im Fall der Anschaffung der Steuerpflichtige das Objekt auf Grund eines nach dem 31. Dezember 1991 rechtswirksam abgeschlossenen obligatorischen Vertrags oder gleichstehenden Rechtsakts angeschafft hat. ⁵§ 10e Abs. 1 Satz 4 in der Fassung des Gesetzes vom 23. Juni 1993 (BGBl. I S. 944) und Abs. 6 Satz 3 in der Fassung des Gesetzes vom 21. Dezember 1993 (BGBl. I S. 2310) ist erstmals anzuwenden, wenn der Steuerpflichtige das Objekt auf Grund eines nach dem 31. Dezember 1993 rechtswirksam abgeschlossenen obligatorischen Vertrags oder gleichstehenden Rechtsakts angeschafft hat. ⁶§ 10e ist letztmals anzuwenden, wenn der Steuerpflichtige im Fall der Herstellung vor dem 1. Januar 1996 mit der Herstellung des Objekts begonnen hat oder im Fall der Anschaffung das Objekt auf Grund eines vor dem 1. Januar 1996 rechtswirksam abgeschlossenen obligatorischen Vertrags oder gleichstehenden Rechtsakts angeschafft hat. ⁷Als Beginn der Herstellung gilt bei Objekten, für die eine Baugenehmigung erforderlich ist, der Zeitpunkt, in dem der Bauantrag gestellt wird; bei baugenehmigungsfreien Objekten, für die Bauunterlagen einzureichen sind, der Zeitpunkt, in dem die Bauunterlagen eingereicht werden.

(14a) ¹§ 10g ist erstmals auf Aufwendungen für Maßnahmen anzuwenden, die nach dem 31. Dezember 1991 abgeschlossen worden sind. ²Hat der Steuerpflichtige Aufwendungen für vor dem 1. Januar 1992 abgeschlossene Maßnahmen nach § 7i oder 10f oder § 82i der Einkommensteuer-Durchführungsverordnung oder § 52 Abs. 21 Satz 4 und 7 in Verbindung mit § 82i der Einkommensteuer-Durchführungsverordnung abgezogen, so kann er für den restlichen Verteilungszeitraum, in dem er das Gebäude oder den Gebäudeteil nicht mehr zur Einkunftserzielung oder zu eigenen Wohnzwecken nutzt, § 10g in Anspruch nehmen. ³Aufwendungen für nach dem 31. Dezember 1991 abgeschlossene Maßnahmen, die bereits für einen Veranlagungszeitraum vor 1992 berücksichtigt worden sind, können nicht in die Bemessungsgrundlage nach § 10g einbezogen werden.

(14b) ¹§ 10h ist letztmals anzuwenden, wenn der Steuerpflichtige vor dem 1. Januar 1996 mit der Herstellung begonnen hat. ²Als Beginn der Herstellung gilt bei Baumaßnahmen, für die eine Baugenehmigung erforderlich ist, der Zeitpunkt, in dem der Bauantrag gestellt wird; bei baugenehmigungsfreien Baumaßnahmen, für die Bauunterlagen einzureichen sind, der Zeitpunkt, in dem die Bauunterlagen eingereicht werden.

(14c) ¹§ 10i ist für Veranlagungszeiträume vor dem Veranlagungszeitraum 1996 anzuwenden, wenn der Steuerpflichtige im Fall der Herstellung nach dem 31. Dezember 1995 mit der Herstellung des Objekts begonnen hat oder im Fall der Anschaffung das Objekt nach dem 31. Dezember 1995 auf Grund eines nach diesem Zeitpunkt rechtswirksam abgeschlossenen Vertrags oder gleichstehenden Rechtsakts angeschafft hat. ²§ 10i ist auch anzuwenden, wenn der Steuerpflichtige den Antrag nach § 19 Abs. 2 des Eigenheimzulagengesetzes stellt; dies gilt auch für Veranlagungszeiträume vor dem Veranlagungszeitraum 1996. ³Als Beginn der Herstellung gilt bei Objekten, für die eine Baugenehmigung erforderlich ist, der Zeitpunkt, in dem der Bauantrag gestellt wird; bei baugenehmigungsfreien Objekten, für die Bauunterlagen einzureichen sind, der Zeitpunkt, in dem die Bauunterlagen eingereicht werden.

(15) ¹§ 13 Abs. 2 Nr. 2 und § 13a Abs. 3 Nr. 4 und Abs. 7 sind letztmals für den Veranlagungszeitraum 1986 anzuwenden. ²Sind im Veranlagungszeitraum 1986 bei einem Steuerpflichtigen für die von ihm zu eigenen Wohnzwecken oder zu Wohnzwecken des Altenteilers genutzte Wohnung die Voraussetzungen für die Anwendung des § 13 Abs. 2 Nr. 2 und des § 13a Abs. 3 Nr. 4 und Abs. 7 erfüllt, so sind diese Vorschriften letztmals für den Veranlagungszeitraum 1998 anzuwenden. ³Wird auf einem zum land- und forstwirtschaftlichen Betriebsvermögen gehörenden Grund und Boden vom Steuerpflichtigen eine Wohnung zu eigenen Wohnzwecken oder eine Altenteilerwohnung errichtet und erst nach dem 31. Dezember 1986 fertiggestellt, so gilt Satz 2 entsprechend, wenn der Antrag auf Baugenehmigung vor dem 1. Januar 1987 gestellt worden ist und die Wohnung im Jahr der Fertigstellung zu eigenen Wohnzwecken des Steuerpflichtigen oder zu Wohnzwecken des Altenteilers genutzt wird. ⁴Der Steuerpflichtige kann in den Fällen der Sätze 2 und 3 für einen Veranlagungszeitraum nach dem Veranlagungszeitraum 1986 unwiderruflich beantragen,

Anhang 27

daß § 13 Abs. 2 Nr. 2 und § 13a Abs. 3 Nr. 4 und Abs. 7 ab diesem Veranlagungszeitraum nicht mehr angewendet werden. ⁵Absatz 21 Satz 4 und 6 ist entsprechend anzuwenden. ⁶Im Fall des Satzes 4 gelten die Wohnung des Steuerpflichtigen und die Altenteilerwohnung sowie der dazugehörende Grund und Boden zu dem Zeitpunkt als entnommen, bis zu dem § 13 Abs. 2 und § 13a Abs. 3 Nr. 4 und Abs. 7 letztmals angewendet werden, in den anderen Fällen zum Ende des Veranlagungszeitraums 1998. ⁷Der Entnahmegewinn bleibt außer Ansatz. ⁸Werden nach dem 31. Dezember 1986

¹)
1. die Wohnung und der dazugehörende Grund und Boden entnommen oder veräußert, bevor sie nach Satz 6 als entnommen gelten, oder
2. eine vor dem 1. Januar 1987 einem Dritten entgeltlich zur Nutzung überlassene Wohnung und der dazugehörende Grund und Boden vor dem 1. Januar 1999 für eigene Wohnzwecke oder für Wohnzwecke eines Altenteilers entnommen,

so bleibt der Entnahme- oder Veräußerungsgewinn ebenfalls außer Ansatz; Nummer 2 ist nur anzuwenden, soweit nicht Wohnungen vorhanden sind, die Wohnzwecken des Eigentümers des Betriebs oder Wohnzwecken eines Altenteilers dienen und die unter Satz 6 oder unter Nummer 1 fallen. ⁹Die Sätze 1 bis 8 sind auch anzuwenden, wenn die Wohnung im Veranlagungszeitraum 1986 zu einem land- und forstwirtschaftlichen Betriebsvermögen gehört hat und einem Dritten unentgeltlich überlassen worden ist; die Wohnung des Steuerpflichtigen sowie der dazugehörende Grund und Boden gelten zum 31. Dezember 1986 als entnommen, wenn der Nutzungswert beim Nutzenden anzusetzen war. ¹⁰Wird Grund und Boden nach dem 31. Dezember 1986 dadurch entnommen, daß auf diesem Grund und Boden die Wohnung des Steuerpflichtigen oder eine Altenteilerwohnung errichtet wird, bleibt der Entnahmegewinn ebenfalls außer Ansatz; der Steuerpflichtige kann die Regelung nur für eine zu eigenen Wohnzwecken genutzte Wohnung und für eine Altenteilerwohnung in Anspruch nehmen. ¹¹Hat das Grundstück im Veranlagungszeitraum 1986 zu einem gewerblichen oder einem der selbständigen Arbeit dienenden Betriebsvermögen gehört, so gelten die Sätze 6 bis 10 sinngemäß. ¹²Bei einem Gebäude oder Gebäudeteil des Betriebsvermögens, das nach den jeweiligen landesrechtlichen Vorschriften ein Baudenkmal ist, sind die Sätze 2 bis 8 auch über das in den Sätzen 2 und 6 genannte Datum 1998 hinaus anzuwenden.

(15a) § 13 Abs. 1 Nr. 1 Satz 2 in der Fassung des Gesetzes vom 29. Juni 1998 (BGBl. I S. 1692) ist erstmals für Wirtschaftsjahre anzuwenden, die nach dem 30. Juni 1998 beginnen.

(16) Für die erstmalige Anwendung des § 13 Abs. 5 und des § 18 Abs. 4 gilt Absatz 19 sinngemäß.

(17) ¹§ 14a ist erstmals für Veräußerungen und Entnahmen anzuwenden, die nach dem 31. Dezember 1995 vorgenommen worden sind. ²Für Veräußerungen und Entnahmen, die vor dem 1. Januar 1996 vorgenommen worden sind, ist § 14a in den vor dem 1. Januar 1996 geltenden Fassungen anzuwenden.

(18) ¹§ 15 Abs. 1 Satz 1 Nr. 2 ist erstmals für das Wirtschaftsjahr anzuwenden, das nach dem 31. Dezember 1991 endet. ²Bereits gebildete Pensionsrückstellungen sind spätestens in der Schlußbilanz des Wirtschaftsjahrs, das nach dem 31. Dezember 1991 endet, in voller Höhe gewinnerhöhend aufzulösen.

(19) ¹§ 15a ist erstmals auf Verluste anzuwenden, die in dem nach dem 31. Dezember 1979 beginnenden Wirtschaftsjahr entstehen. ²Dies gilt nicht

1. für Verluste, die in einem vor dem 1. Januar 1980 eröffneten Betrieb entstehen; Sonderabschreibungen nach § 82f der Einkommensteuer-Durchführungsverordnung können nur in dem Umfang berücksichtigt werden, in dem sie nach § 82f Abs. 5 und Abs. 7 Satz 1 der Einkommensteuer-Durchführungsverordnung in der Fassung der Bekanntmachung vom 5. Dezember 1977 (BGBl. I S. 2443) zur Entstehung oder Erhöhung von Verlusten führen durften. ²Wird mit der Erweiterung oder Umstellung eines Betriebs nach dem 31. Dezember 1979 begonnen, so ist § 15a auf Verluste anzuwenden, soweit sie mit der Erweiterung oder Umstellung oder mit dem erweiterten oder umgestellten

---

¹) Anm.: Zum Umfang des dazugehörigen Grund und Bodens → BFH vom 24.10.1996 (BStBl 1997 II S. 50), BMF vom 4.6.1997 (BStBl I S. 630) und BMF vom 13.1.1998 (BStBl I S. 129).

Teil des Betriebs wirtschaftlich zusammenhängen und in nach dem 31. Dezember 1979 beginnenden Wirtschaftsjahren entstehen,

2. für Verluste, die im Zusammenhang mit der Errichtung und dem Betrieb einer in Berlin (West) belegenen Betriebsstätte des Hotel- oder Gaststättengewerbes, die überwiegend der Beherbergung dient, entstehen,

3. für Verluste, die im Zusammenhang mit der Errichtung und der Verwaltung von Gebäuden entstehen, die mit öffentlichen Mitteln im Sinne des § 6 Abs. 1 oder nach § 88 des Zweiten Wohnungsbaugesetzes, im Saarland mit öffentlichen Mitteln im Sinne des § 4 Abs. 1 oder nach § 51a des Wohnungsbaugesetzes für das Saarland, gefördert sind,

4. für Verluste, soweit sie

   a) durch Sonderabschreibungen nach § 82f der Einkommensteuer-Durchführungsverordnung,

   b) durch Absetzungen für Abnutzung in fallenden Jahresbeträgen nach § 7 Abs. 2 von den Herstellungskosten oder von den Anschaffungskosten von in ungebrauchtem Zustand vom Hersteller erworbenen Seeschiffen, die in einem inländischen Seeschiffsregister eingetragen sind,

   entstehen; Buchstabe a gilt nur bei Schiffen, deren Anschaffungs- oder Herstellungskosten zu mindestens 30 vom Hundert durch Mittel finanziert werden, die weder unmittelbar noch mittelbar in wirtschaftlichem Zusammenhang mit der Aufnahme von Krediten durch den Gewerbebetrieb stehen, zu dessen Betriebsvermögen das Schiff gehört.

³§ 15a ist erstmals anzuwenden

1. in den Fällen des Satzes 2 Nr. 1 und 2 auf Verluste, die in nach dem 31. Dezember 1984 beginnenden Wirtschaftsjahren entstehen; in den Fällen der Nummer 1 tritt an die Stelle des 31. Dezember 1984 der 31. Dezember 1989, soweit die Gesellschaft aus dem Betrieb von in einem inländischen Seeschiffsregister eingetragenen Handelsschiffen Verluste erzielt und diese Verluste gesondert ermittelt, und der 31. Dezember 1979, wenn der Betrieb nach dem 10. Oktober 1979 eröffnet worden ist,

2. in den Fällen des Satzes 2 Nr. 3 auf Verluste, die in nach dem 31. Dezember 1994 beginnenden Wirtschaftsjahren entstehen,

3. in den Fällen des Satzes 2 Nr. 4

   a) auf Verluste, die in nach dem 31. Dezember 1989 beginnenden Wirtschaftsjahren entstehen, wenn die Gesellschaft das Schiff vor dem 16. November 1984 bestellt oder mit seiner Herstellung begonnen hat,

   b) auf Verluste, die in nach dem 31. Dezember 1995 beginnenden Wirtschaftsjahren entstehen, wenn die Gesellschaft das Schiff nach dem 15. November 1984 angeschafft, bestellt oder mit seiner Herstellung begonnen hat; an die Stelle des 31. Dezember 1995 tritt der 31. Dezember 1999, wenn der Schiffbauvertrag vor dem 25. April 1996 abgeschlossen worden ist und der Gesellschafter der Gesellschaft vor dem 1. Januar 1999 beigetreten ist; soweit Verluste, die in dem Betrieb der Gesellschaft entstehen und nach Satz 2 Nr. 4 oder nach § 15a Abs. 1 Satz 1 ausgleichsfähig oder abzugsfähig sind, zusammen das Eineinhalbfache der insgesamt geleisteten Einlage übersteigen, ist § 15a auf Verluste anzuwenden, die in nach dem 15. November 1984 beginnenden Wirtschaftsjahren entstehen; das Eineinhalbfache ermäßigt sich für Verluste, die in nach dem 31. Dezember 1994 beginnenden Wirtschaftsjahren entstehen, auf das Eineinviertelfache der insgesamt geleisteten Einlage.

⁴Scheidet ein Kommanditist oder ein anderer Mitunternehmer, dessen Haftung der eines Kommanditisten vergleichbar ist und dessen Kapitalkonto in der Steuerbilanz der Gesellschaft auf Grund von ausgleichs- oder abzugsfähigen Verlusten negativ geworden ist, aus der Gesellschaft aus oder wird in einem solchen Fall die Gesellschaft aufgelöst, so gilt der Betrag, den der Mitunternehmer nicht ausgleichen muß, als Veräußerungsgewinn im Sinne des § 16. ⁵In Höhe der nach Satz 4 als Gewinn zuzurechnenden Beträge sind bei den anderen Mitunternehmern unter Berücksichtigung der für die Zurechnung von Verlusten geltenden Grundsätze Verlustanteile anzusetzen. ⁶Bei der Anwendung des § 15a Abs. 3 sind nur Verluste zu berücksichtigen, auf die § 15a Abs. 1 anzuwenden ist.

(19a) ¹§ 16 Abs. 2 Satz 3 und Abs. 3 Satz 2 ist erstmals auf Veräußerungen anzuwenden, die nach dem 31. Dezember 1993 erfolgen. ²§ 16 Abs. 4 ist erstmals auf Veräußerungen anzuwenden, die nach dem 31. Dezember 1995 erfolgen; hat der Steuerpflichtige bereits für Veräußerungen vor dem 1. Januar 1996 Veräußerungsfreibeträge in Anspruch genommen, bleiben diese unberücksichtigt.

(19b) Für die Anwendung des § 19a Abs. 1 Satz 2 ist § 17 Abs. 5 Satz 1 des Fünften Vermögensbildungsgesetzes in der Fassung der Bekanntmachung vom 4. März 1994 (BGBl. I S. 406) sinngemäß anzuwenden.

(20) ¹§ 20 Abs. 1 Nr. 6 des Einkommensteuergesetzes 1990 ist erstmals auf nach dem 31. Dezember 1974 zugeflossene Zinsen aus Versicherungsverträgen anzuwenden, die nach dem 31. Dezember 1973 abgeschlossen worden sind. ²Für die Anwendung des § 20 Abs. 1 Nr. 6 in der Fassung des Gesetzes vom 25. Februar 1992 (BGBl. I S. 297) gilt Absatz 12 Satz 4 entsprechend. ³Wenn die Dividende zivilrechtlich nicht dem Anteilseigner zusteht, ist § 20 Abs. 2 Satz 1 Nr. 2 Buchstabe a und Abs. 2a erstmals in den Fällen anzuwenden, in denen die Trennung zwischen Stammrecht und Dividendenanspruch nach dem 31. Dezember 1993 erfolgt. ⁴§ 20 Abs. 2 Satz 1 Nr. 3 Satz 2 des Einkommensteuergesetzes 1990 ist letztmals auf Stückzinsen anzuwenden, die vor dem 1. Januar 1994 gezahlt werden. ⁵§ 20 Abs. 1 Nr. 6 in der Fassung des Gesetzes vom 20. Dezember 1996 (BGBl. I S. 2049) ist erstmals auf Zinsen aus Versicherungsverträgen anzuwenden, bei denen die Ansprüche nach dem 31. Dezember 1996 entgeltlich erworben worden sind.

(21) ¹§ 21 Abs. 2 Satz 1 und § 21a sind letztmals für den Veranlagungszeitraum 1986 anzuwenden. ²Haben bei einer Wohnung im eigenen Haus bei dem Steuerpflichtigen im Veranlagungszeitraum 1986 die Voraussetzungen für die Ermittlung des Nutzungswerts als Überschuß des Mietwerts über die Werbungskosten oder die Betriebsausgaben vorgelegen, so ist § 21 Abs. 2 Satz 1 für die folgenden Veranlagungszeiträume, in denen diese Voraussetzungen vorliegen, weiter anzuwenden; der Nutzungswert ist insoweit bis einschließlich Veranlagungszeitraum 1998 nach § 2 Abs. 2 zu ermitteln. ³Der Steuerpflichtige kann für einen Veranlagungszeitraum nach dem Veranlagungszeitraum 1986 unwiderruflich beantragen, daß Satz 2 ab diesem Veranlagungszeitraum nicht mehr angewendet wird. ⁴Haben bei einer Wohnung im eigenen Haus bei dem Steuerpflichtigen im Veranlagungszeitraum 1986 die Voraussetzungen für die Inanspruchnahme von erhöhten Absetzungen vorgelegen und findet Satz 2 keine Anwendung, können die den erhöhten Absetzungen entsprechenden Beträge wie Sonderausgaben bis einschließlich des Veranlagungszeitraums abgezogen werden, in dem der Steuerpflichtige die erhöhten Absetzungen letztmals hätte in Anspruch nehmen können. ⁵Entsprechendes gilt für Aufwendungen nach § 51 Abs. 1 Nr. 2 Buchstabe q Satz 5 in Verbindung mit § 82a Abs. 3 der Einkommensteuer-Durchführungsverordnung in der jeweils anzuwendenden Fassung und für den erweiterten Schuldzinsenabzug nach § 21a Abs. 4. ⁶Werden an einer zu eigenen Wohnzwecken genutzten Wohnung im eigenen Haus nach dem 31. Dezember 1986 und vor dem 1. Januar 1992 Herstellungskosten für Maßnahmen im Sinne des § 51 Abs. 1 Nr. 2 Buchstabe q aufgewendet, die im Fall der Vermietung nach § 82a der Einkommensteuer-Durchführungsverordnung in der jeweils anzuwendenden Fassung zur Vornahme von erhöhten Absetzungen berechtigen würden und die der Steuerpflichtige nicht in die Bemessungsgrundlage des § 10e einbezogen hat, so können die Herstellungskosten im Jahr der Herstellung und in den folgenden neun Kalenderjahren jeweils bis zu 10 vom Hundert wie Sonderausgaben abgezogen werden; dies gilt entsprechend für Herstellungskosten im Sinne der §§ 7 und 12 Abs. 3 des Schutzbaugesetzes und für Aufwendungen im Sinne des § 51 Abs. 1 Nr. 2 Buchstabe q Satz 5 in Verbindung mit § 82a Abs. 3 der Einkommensteuer-Durchführungsverordnung in der jeweils anzuwendenden Fassung. ⁷Satz 6 gilt entsprechend für Herstellungskosten, die nach dem 31. Dezember 1986 und vor dem 1. Januar 1991 aufgewendet werden und im Fall der Vermietung nach § 51 Abs. 1 Nr. 2 Buchstabe x oder y in Verbindung mit § 82g oder § 82i der Einkommensteuer-Durchführungsverordnung in der jeweils anzuwendenden Fassung zur Vornahme von erhöhten Absetzungen berechtigen würden. ⁸Die Sätze 6 und 7 sind in den Fällen des Satzes 2 nicht anzuwenden.

(21a) § 22 Nr. 4 Satz 1 und 4 Buchstabe a in der Fassung des Gesetzes vom 11. Oktober 1995 (BGBl. I S. 1250) ist erstmals für den Veranlagungszeitraum 1995 anzuwenden.

(22) § 23 Abs. 3 Satz 2 ist auf Veräußerungsgeschäfte anzuwenden, bei denen der Steuerpflichtige das Wirtschaftsgut nach dem 31. Juli 1995 anschafft und veräußert.

(22a) ¹§ 32 in der Fassung des Gesetzes vom 20. Dezember 1996 (BGBl. I S. 2049) ist für den Veranlagungszeitraum 1996 mit der Maßgabe anzuwenden, daß in Absatz 6 Satz 1 an die Stelle der Zahl 288 die Zahl 261 und in Absatz 6 Satz 2 und 3 jeweils an die Stelle der Zahl 576 die Zahl 522 tritt. ²§ 32 Abs. 4 Satz 2 ist anzuwenden

a) für den Veranlagungszeitraum 1998 mit der Maßgabe, daß an die Stelle des Betrags von 12.000 Deutsche Mark der Betrag von 12.360 Deutsche Mark tritt, und
b) ab dem Veranlagungszeitraum 1999 mit der Maßgabe, daß an die Stelle des Betrags von 12.000 Deutsche Mark der Betrag von 13.020 Deutsche Mark tritt.

(22b) § 32a Abs. 1 ist anzuwenden

1. für den Veranlagungszeitraum 1998 in der folgenden Fassung:

   „(1) ¹Die tarifliche Einkommensteuer bemißt sich nach dem zu versteuernden Einkommen. ²Sie beträgt vorbehaltlich der §§ 32b, 34, 34b und 34c jeweils in Deutsche Mark für zu versteuernde Einkommen

   1. bis 12.365 Deutsche Mark (Grundfreibetrag):
      0;
   2. von 12.366 Deutsche Mark bis 58.643 Deutsche Mark:
      $(91{,}19 \cdot y + 2.590) \cdot y$;
   3. von 58.644 Deutsche Mark bis 120.041 Deutsche Mark:
      $(151{,}96 \cdot z + 3.434) \cdot z + 13.938$;
   4. von 120.042 Deutsche Mark an:
      $0{,}53 \cdot x - 22.843$.

   ³„y" ist ein Zehntausendstel des 12.312 Deutsche Mark übersteigenden Teils des abgerundeten zu versteuernden Einkommens. ⁴„z" ist ein Zehntausendstel des 58.590 Deutsche Mark übersteigenden Teils des abgerundeten zu versteuernden Einkommens. ⁵„x" ist das abgerundete zu versteuernde Einkommen.";

2. für den Veranlagungszeitraum 1999 und die folgenden Veranlagungszeiträume in der folgenden Fassung:

   „(1) ¹Die tarifliche Einkommensteuer bemißt sich nach dem zu versteuernden Einkommen. ²Sie beträgt vorbehaltlich der §§ 32b, 34, 34b und 34c jeweils in Deutsche Mark für zu versteuernde Einkommen

   1. bis 13.067 Deutsche Mark (Grundfreibetrag):
      0;
   2. von 13.068 Deutsche Mark bis 66.365 Deutsche Mark:
      $(101{,}22 \cdot y + 2.590) \cdot y$;
   3. von 66.366 Deutsche Mark bis 120.041 Deutsche Mark:
      $(151{,}93 \cdot z + 3.669) \cdot z + 16.679$;
   4. von 120.042 Deutsche Mark an:
      $0{,}53 \cdot x - 22.844$.

   ³„y" ist ein Zehntausendstel des 13.014 Deutsche Mark übersteigenden Teils des abgerundeten zu versteuernden Einkommens. ⁴„z" ist ein Zehntausendstel des 66.312 Deutsche Mark übersteigenden Teils des abgerundeten zu versteuernden Einkommens. ⁵„x" ist das abgerundete zu versteuernde Einkommen."

(22c) § 32a Abs. 4 ist anzuwenden

1. für den Veranlagungszeitraum 1998 in der folgenden Fassung:

   „(4) Für zu versteuernde Einkommen bis 120.041 Deutsche Mark ergibt sich die nach den Absätzen 1 bis 3 berechnete tarifliche Einkommensteuer aus der diesem Gesetz beigefügten Anlage 4 (Einkommensteuer-Grundtabelle).";

2. für den Veranlagungszeitraum 1999 und die folgenden Veranlagungszeiträume in der folgenden Fassung:

   „(4) Für zu versteuernde Einkommen bis 120.041 Deutsche Mark ergibt sich die nach den Absätzen 1 bis 3 berechnete tarifliche Einkommensteuer aus der diesem Gesetz beigefügten Anlage 5 (Einkommensteuer-Grundtabelle)."

(22d) § 32a Abs. 5 Satz 2 ist anzuwenden

---

1) Mit Inkrafttreten des Steuerentlastungsgesetzes 1999 am 1.1.1999 aufgehoben.

1. für den Veranlagungszeitraum 1998 in der folgenden Fassung:

   „Für zu versteuernde Einkommen bis 240.083 Deutsche Mark ergibt sich die nach Satz 1 berechnete tarifliche Einkommensteuer aus der diesem Gesetz beigefügten Anlage 4a (Einkommensteuer-Splittingtabelle).";

2. für den Veranlagungszeitraum 1999 und die folgenden Veranlagungszeiträume in der folgenden Fassung:

   „Für zu versteuernde Einkommen bis 240.083 Deutsche Mark ergibt sich die nach Satz 1 berechnete tarifliche Einkommensteuer aus der diesem Gesetz beigefügten Anlage 5a (Einkommensteuer-Splittingtabelle)."

(23) ¹§ 32b Abs. 1 Nr. 1 Buchstabe a in der Fassung des Gesetzes vom 16. Dezember 1997 (BGBl. I S. 2970) ist erstmals für den Veranlagungszeitraum 1998 anzuwenden. ²§ 32b Abs. 2 in der Fassung des Gesetzes vom 11. Oktober 1995 (BGBl. I S. 1250) ist auch auf vor dem Veranlagungszeitraum 1996 erzielte Einkünfte im Sinne des § 32b Abs. 1 Nr. 2 und 3 anzuwenden, soweit diese ansonsten bei der Berechnung des Steuersatzes für Veranlagungszeiträume ab 1996 einzubeziehen wären. ³§ 32b Abs. 1 Nr. 1 Buchstabe a in der Fassung des Gesetzes vom 20. Dezember 1996 (BGBl. I S. 2049) ist auf die aus Landesmitteln ergänzten Leistungen aus dem Europäischen Sozialfonds zur Aufstockung der Leistungen nach § 55a des Arbeitsförderungsgesetzes anzuwenden, für die der Bewilligungsbescheid nach dem 31. Dezember 1995 erteilt worden ist.

¹⁾ (24) ¹§ 33b Abs. 5 in der durch Gesetz vom 20. Dezember 1996 (BGBl. I S. 2049) geänderten Fassung ist erstmals für den Veranlagungszeitraum 1996 anzuwenden. ²§ 33b Abs. 6 in der durch Gesetz vom 11. Oktober 1995 (BGBl. I S. 1250) geänderten Fassung ist erstmals für den Veranlagungszeitraum 1995 anzuwenden.

(24a) § 34 Abs. 1 ist anzuwenden

1. für die Veranlagungszeiträume 1998 bis 2000 in der folgenden Fassung:

   „(1) ¹Sind in dem zu versteuernden Einkommen außerordentliche Einkünfte enthalten, so ist die darauf entfallende Einkommensteuer nach einem ermäßigten Steuersatz zu bemessen. ²Dieser beträgt für den Teil der außerordentlichen Einkünfte, der den Betrag von 15 Millionen Deutsche Mark nicht übersteigt, die Hälfte des durchschnittlichen Steuersatzes, der sich ergäbe, wenn die tarifliche Einkommensteuer nach dem gesamten zu versteuernden Einkommen zuzüglich der dem Progressionsvorbehalt unterliegenden Einkünfte zu bemessen wäre. ³In den Fällen, in denen nach dem 31. Dezember 1997 mit zulässiger steuerlicher Rückwirkung eine Vermögensübertragung nach dem Umwandlungssteuergesetz erfolgt oder ein Veräußerungsgewinn im Sinne des Absatzes 2 Nr. 1 erzielt wird, gelten die außerordentlichen Einkünfte als nach dem 31. Juli 1997 erzielt. ⁴Auf das verbleibende zu versteuernde Einkommen ist vorbehaltlich des Absatzes 3 die Einkommensteuertabelle anzuwenden. ⁵Die Sätze 1 bis 4 gelten nicht, wenn der Steuerpflichtige auf die außerordentlichen Einkünfte ganz oder teilweise § 6b oder § 6c anwendet.";

2. für den Veranlagungszeitraum 2001 und die folgenden Veranlagungszeiträume in der folgenden Fassung:

   "(1) ¹Sind in dem zu versteuernden Einkommen außerordentliche Einkünfte enthalten, so ist die darauf entfallende Einkommensteuer nach einem ermäßigten Steuersatz zu bemessen. ²Dieser beträgt für den Teil der außerordentlichen Einkünfte, der den Betrag von 10 Millionen Deutsche Mark nicht übersteigt, die Hälfte des durchschnittlichen Steuersatzes, der sich ergäbe, wenn die tarifliche Einkommensteuer nach dem gesamten zu versteuernden Einkommen zuzüglich der dem Progressionsvorbehalt unterliegenden Einkünfte zu bemessen wäre. ³In den Fällen, in denen nach dem 31. Dezember 2000 mit zulässiger steuerlicher Rückwirkung eine Vermögensübertragung nach dem Umwandlungssteuergesetz erfolgt oder ein Veräußerungsgewinn im Sinne des Absatzes 2 Nr. 1 erzielt wird, gelten die außerordentlichen Einkünfte als nach dem 31. Dezember 2000 erzielt. ⁴Auf das verbleibende zu versteuernde Einkommen ist vorbehaltlich des Absatzes 3 die Einkommensteuertabelle anzuwenden. ⁵Die Sätze 1 bis 4 gelten nicht, wenn der Steuerpflichtige auf die außerordentlichen Einkünfte ganz oder teilweise § 6b oder § 6c anwendet."

(24b) § 34c Abs. 4 ist letztmals im Veranlagungszeitraum 1998 anzuwenden.

---

¹) Mit Inkrafttreten des Steuerentlastungsgesetzes 1999 am 1.1.1999 aufgehoben.

(25) § 34c Abs. 6 Satz 2 Halbsatz 2 ist erstmals für den Veranlagungszeitraum 1996 anzuwenden, wenn das den Einkünften zugrundeliegende Rechtsgeschäft vor dem 11. November 1993 abgeschlossen worden ist.

(26) [1]§ 34f in der jeweils geltenden Fassung ist mit der Maßgabe anzuwenden, daß der Abzug der den erhöhten Absetzungen nach § 7b oder nach § 15 des Berlinförderungsgesetzes entsprechenden Beträge wie Sonderausgaben als die Inanspruchnahme erhöhter Absetzungen nach § 34f gilt. [2]§ 34f Abs. 2 ist erstmals anzuwenden bei Inanspruchnahme der Steuerbegünstigung nach § 10e Abs. 1 bis 5 oder nach § 15b des Berlinförderungsgesetzes für nach dem 31. Dezember 1990 hergestellte oder angeschaffte Objekte. [3]Für nach dem 31. Dezember 1989 und vor dem 1. Januar 1991 hergestellte oder angeschaffte Objekte ist § 34f Abs. 2 des Einkommensteuergesetzes 1990 anzuwenden, für vor dem 1. Januar 1990 hergestellte oder angeschaffte Objekte ist § 34f Abs. 2 des Einkommensteuergesetzes 1987 weiter anzuwenden. [4]§ 34f Abs. 3 und 4 Satz 2 in der Fassung des Gesetzes vom 25. Februar 1992 (BGBl. I S. 297) ist erstmals anzuwenden bei Inanspruchnahme der Steuerbegünstigung nach § 10e Abs. 1 bis 5 in der Fassung des Gesetzes vom 25. Februar 1992 (BGBl. I S. 297). [5]§ 34f Abs. 4 Satz 1 ist erstmals anzuwenden bei Inanspruchnahme der Steuerbegünstigung nach § 10e Abs. 1 bis 5 oder nach § 15b des Berlinförderungsgesetzes für nach dem 31. Dezember 1991 hergestellte oder angeschaffte Objekte.

(27) [1]§ 36 Abs. 2 Nr. 2 und Nr. 3 Satz 1 bis 3 in der Fassung des Artikels 1 des Gesetzes vom 13. September 1993 (BGBl. I S. 1569) gilt erstmals

a) für Ausschüttungen, die auf einem den gesellschaftsrechtlichen Vorschriften entsprechenden Gewinnverteilungsbeschluß für ein abgelaufenes Wirtschaftsjahr beruhen und die in dem ersten nach dem 31. Dezember 1993 endenden Wirtschaftsjahr der ausschüttenden Körperschaft erfolgen, und

b) für andere Ausschüttungen und sonstige Leistungen, die in dem letzten vor dem 1. Januar 1994 endenden Wirtschaftsjahr der ausschüttenden Körperschaft erfolgen.

[2]Für die Veranlagungszeiträume 1993 und 1994 ist weitere Voraussetzung für die Anwendung des Satzes 1, daß eine Steuerbescheinigung vorliegt, die nach § 36 Abs. 2 Nr. 3 Satz 1 und 2 anrechenbare Körperschaftsteuer in Höhe von $^3/_7$ sowie die Höhe der Leistung, für die der Teilbetrag im Sinne des § 30 Abs. 2 Nr. 1 des Körperschaftsteuergesetzes als verwendet gilt, ausweist.

(27a) § 36b Abs. 1 Satz 3, § 36c Abs. 1 und 2 Nr. 1 und 2 sowie § 36d Abs. 2 und 3 Nr. 2 sind erstmals auf Einnahmen aus Kapitalvermögen im Sinne des § 20 Abs. 1 Nr. 1 oder 2 anzuwenden, die nach dem 28. Oktober 1997 zufließen. [1)]

(28) [1]§ 37 Abs. 3 Satz 5 in der Fassung dieses Gesetzes ist erstmals für den Veranlagungszeitraum 1991 anzuwenden. [2]Für negative Einkünfte aus Vermietung und Verpachtung, die bei Inanspruchnahme erhöhter Absetzungen nach § 14c oder § 14d des Berlinförderungsgesetzes entstehen, ist § 37 Abs. 3 Satz 8 nur anzuwenden, wenn die Voraussetzungen für die Inanspruchnahme der erhöhten Absetzungen erstmals nach dem 31. Dezember 1990 eingetreten sind.

(28a) [1]Für den Veranlagungszeitraum 1998 ist § 38c Abs. 1 Satz 4 mit der Maßgabe anzuwenden, daß an die Stelle des Betrags von 62.856 Deutsche Mark der Betrag von 63.342 Deutsche Mark tritt. [2]Für den Veranlagungszeitraum 1999 und die folgenden Veranlagungszeiträume ist § 38c Abs. 1 Satz 4 mit der Maßgabe anzuwenden, daß an die Stelle des Betrags von 62.856 Deutsche Mark der Betrag von 64.476 Deutsche Mark tritt. [1)]

(28b) [1]§ 39 Abs. 1 in der Fassung des Gesetzes vom 16. Dezember 1997 (BGBl. I S. 2970) ist erstmals für das Kalenderjahr 1998 anzuwenden. [1)]

(28c) [1]§ 39b Abs. 3 Satz 10 in der Fassung des Artikels 1 des Gesetzes vom 29. Oktober 1997 (BGBl. I S. 2590) ist erstmals anzuwenden auf Entschädigungen, die nach dem 31. Juli 1997 zufließen. [2]Für das Kalenderjahr 1997 ist § 34 Abs. 1 Satz 4 und 5 sinngemäß anzuwenden. [3]Ab dem Kalenderjahr 2001 ist § 39b Abs. 3 Satz 10 in der folgenden Fassung anzuwenden:

„Von steuerpflichtigen Entschädigungen im Sinne des § 34 Abs. 1 und 2 Nr. 2 ist, soweit sie 10 Millionen Deutsche Mark im Kalenderjahr nicht übersteigen, die nach Satz 7 ermittelte Lohnsteuer zur Hälfte einzubehalten."

[1)] Mit Inkrafttreten des Steuerentlastungsgesetzes 1999 am 1.1.1999 aufgehoben.

§ 52 EStG

¹)³) (28d) ...

¹) (28e) § 42d Abs. 6 in der Fassung des Gesetzes vom 16. Dezember 1997 (BGBl. I S. 2970) ist erstmals für das Kalenderjahr 1998 anzuwenden.

(29) ¹Bei der Veräußerung oder Einlösung von Wertpapieren und Kapitalforderungen, die vor dem 1. Januar 1994 von der die Kapitalerträge auszahlenden Stelle für den Gläubiger erworben oder an ihn veräußert und seitdem verwahrt oder verwaltet worden sind, bemißt sich der Steuerabzug nach dem Unterschied zwischen dem Entgelt für den Erwerb und den Einnahmen aus der Veräußerung oder Einlösung der Wertpapiere und Kapitalforderungen, wenn die Laufzeit der Wertpapiere oder Kapitalforderungen nicht länger als ein Jahr ist oder ein Fall des § 43 Abs. 1 Satz 1 Nr. 7 Buchstabe b vorliegt; dies gilt letztmals für Kapitalerträge, die vor dem 1. August 1994 zufließen. ²Bei der Veräußerung oder Einlösung von Wertpapieren und Kapitalforderungen, die von der Bundesschuldenverwaltung oder einer Landesschuldenverwaltung verwahrt oder verwaltet werden können, bemißt sich der Steuerabzug nach den bis zum 31. Dezember 1993 geltenden Vorschriften, wenn sie vor dem 1. Januar 1994 emittiert worden sind; dies gilt nicht für besonders in Rechnung gestellte Stückzinsen. ³§ 43a Abs. 2 bis 4 in der Fassung des Gesetzes vom 26. Juli 1994 (BGBl. I S. 1749) ist erstmals auf Kapitalerträge anzuwenden, die nach dem 31. Juli 1994 zufließen.

(29a) ¹§ 45a Abs. 1 Satz 2 ist erstmals auf Kapitalerträge anzuwenden, die nach dem 28. Dezember 1996 zufließen. ²*§ 45a Abs. 2 Satz 1 Nr. 4 ist erstmals auf Kapitalerträge anzuwenden, die nach dem 31. Dezember 1998 zufließen.*

¹) (29b) § 46 in der Fassung des Gesetzes vom 20. Dezember 1996 (BGBl. I S. 2049) ist erstmals für den Veranlagungszeitraum 1996 anzuwenden.

¹) (29c § 43 Abs. 1 Satz 1 Nr. 7 Buchstabe b und Doppelbuchstabe aa, § 43a Abs. 4, § 44 Abs. 1 Satz 4 Nr. 1 und 2 und Abs. 5 Satz 2 Nr. 3, § 44a Abs. 4 Satz 3, § 45a Abs. 3 und 6 sowie § 49 Abs. 1 Nr. 5 Buchstabe c Doppelbuchstabe cc sind erstmals auf Kapitalerträge anzuwenden, die nach dem 28. Oktober 1997 zufließen.

(29d) § 44d Abs. 2 ist auch für Veranlagungszeiträume vor 1998 anzuwenden.

¹) (30) § 49 Abs. 1 Nr. 5 Buchstabe a *in der Fassung des Gesetzes vom 24. März 1998 (BGBl. I S. 529)* ist erstmals *auf Kapitalerträge anzuwenden, die ab dem 1. April 1998 zufließen.*

(31) ¹Für die Anwendung des § 50 Abs. 5 Satz 4 Nr. 2 gilt Absatz 2 entsprechend. ²§ 50 Abs. 5 Satz 4 Nr. 3 ist erstmals für Vergütungen anzuwenden, die nach dem 31. Dezember 1995 zufließen.

(31a) § 50c Abs. 1 des Einkommensteuergesetzes in der Fassung des Artikels 8 des Gesetzes vom 24. März 1998 (BGBl. I S. 529) ist erstmals für den Veranlagungszeitraum 1998 anzuwenden.

(31b) § 50d Abs. 4 ist auch für Veranlagungszeiträume vor 1997 anzuwenden.

(32) §§ 53 und 54 des Einkommensteuergesetzes 1990 sind weiter anzuwenden.

(32a) Die §§ 62 und 65 in der Fassung des Gesetzes vom 16. Dezember 1997 (BGBl. I S. 2970) sind erstmals für den Veranlagungszeitraum 1998 anzuwenden.

*(32b) § 66 Abs. 3 des Einkommensteuergesetzes 1997 in der Fassung der Bekanntmachung vom 16. April 1997 (BGBl. I S. 821) ist letztmals für das Kalenderjahr 1997 anzuwenden, so daß Kindergeld auf einen nach dem 31. Dezember 1997 gestellten Antrag rückwirkend längstens bis einschließlich Juli 1997 gezahlt werden kann.*²)

³) (32c) § 73 in der Fassung der Bekanntmachung vom 16. April 1997 (BGBl. I S. 821) ist weiter für Kindergeld anzuwenden, das der private Arbeitgeber für Zeiträume vor dem 1. Januar 1999 auszuzahlen hat.

(33) Die Anlage 7 (zu § 44d) in der Fassung des Gesetzes vom 11. Oktober 1995 (BGBl. I S. 1250) gilt erstmals für den Veranlagungszeitraum 1995.

---

1) Mit Inkrafttreten des Steuerentlastungsgesetzes 1999 am 1.1.1999 aufgehoben.
2) Durch das Seeschiffahrtsanpassungsgesetz ab 1999 eingefügt.
3) Durch das Steuerentlastungsgesetz 1999 ab 1.1.1999 eingefügt.

Durch das Steuerentlastungsgesetz 1999/2000/2002 wurde § 52 wie folgt gefaßt:

„§ 52
Anwendungsvorschriften

(1) Diese Fassung des Gesetzes ist, soweit in den folgenden Absätzen nichts anderes bestimmt ist, erstmals für den Veranlagungszeitraum 1999 anzuwenden. Beim Steuerabzug vom Arbeitslohn gilt Satz 1 mit der Maßgabe, daß diese Fassung erstmals auf den laufenden Arbeitslohn anzuwenden ist, der für einen nach dem 31. Dezember 1998 endenden Lohnzahlungszeitraum gezahlt wird, und auf sonstige Bezüge, die nach dem 31. Dezember 1998 zufließen.

(2) § 1a Abs. 1 ist für Staatsangehörige eines Mitgliedstaates der Europäischen Union auf Antrag auch für Veranlagungszeiträume vor 1996 anzuwenden, soweit Steuerbescheide noch nicht bestandskräftig sind; für Staatsangehörige und für das Hoheitsgebiet Finnlands, Islands, Norwegens, Österreichs und Schwedens gilt dies ab dem Veranlagungszeitraum 1994.

(3) § 2a Abs. 3 und 4 in der Fassung der Bekanntmachung vom 16. April 1997 (BGBl. I S. 821) ist letztmals für den Veranlagungszeitraum 1998 anzuwenden. § 2a Abs. 3 Satz 3 bis 6 sowie Abs. 4 in der Fassung der Bekanntmachung vom 16. April 1997 (BGBl. I S. 821) ist bis zum Veranlagungszeitraum 2008 weiter anzuwenden, soweit sich ein positiver Betrag im Sinne des § 2a Abs. 3 Satz 3 ergibt oder soweit eine in einem ausländischen Staat belegene Betriebsstätte im Sinne des § 2a Abs. 4 in der Fassung der Bekanntmachung vom 16. April 1997 (BGBl. I S. 821) in eine Kapitalgesellschaft umgewandelt wird. Insoweit ist in § 2a Abs. 3 Satz 5, letzter Halbsatz, die Bezeichnung „§ 10d Abs. 3" durch „§ 10d Abs. 4" zu ersetzen.

(4) § 2b ist für negative Einkünfte aus einer Einkunftsquelle im Sinne des § 2b anzuwenden, die der Steuerpflichtige nach dem 4. März 1999 rechtswirksam erworben oder begründet hat. § 2b ist für negative Einkünfte im Sinne des § 2b aus einer Beteiligung an einer Gesellschaft oder Gemeinschaft nicht anzuwenden, wenn die Gesellschaft oder Gemeinschaft in den Fällen der Herstellung vor dem 5. März 1999 mit der Herstellung des Wirtschaftsguts der Einkunftserzielung begonnen hat, in den Fällen der Anschaffung das Wirtschaftsgut der Einkunftserzielung auf Grund eines vor dem 5. März 1999 rechtswirksam abgeschlossenen obligatorischen Vertrags oder gleichstehenden Rechtsakts angeschafft hat oder anschafft und der Steuerpflichtige der Gesellschaft oder Gemeinschaft vor dem 1. Januar 2001 beigetreten ist oder beitritt. Das gleiche gilt, wenn der obligatorische Vertrag oder gleichstehende Rechtsakt im Sinne des Satzes 2 vor dem 5. März 1999 auf die in Satz 2 genannte Gesellschaft oder Gemeinschaft übergegangen ist. Als Beginn der Herstellung gilt bei Wirtschaftsgütern, für die eine Baugenehmigung erforderlich ist, der Zeitpunkt, in dem der Bauantrag gestellt wird; bei baugenehmigungsfreien Wirtschaftsgütern, für die Bauunterlagen einzureichen sind, der Zeitpunkt, in dem die Bauunterlagen eingereicht werden. Besteht die Einkunftsquelle im Sinne des § 2b nicht aus einer Beteiligung an einer Gesellschaft oder Gemeinschaft, sind die Sätze 2 bis 4 sinngemäß anzuwenden.

(5) Für vor dem 1. Januar 1999 abgeschlossene Verträge über Abfindungen ist § 3 Nr. 9 in der Fassung der Bekanntmachung vom 16. April 1997 (BGBl. I S. 821) weiter anzuwenden, soweit die Abfindung dem Arbeitnehmer vor dem 1. April 1999 zufließt; dies gilt auch, wenn die Abfindung wegen einer vor dem 1. Januar 1999 getroffenen Gerichtsentscheidung gezahlt wird.

(6) § 3 Nr. 10 in der Fassung der Bekanntmachung vom 16. April 1997 (BGBl. I S. 821) ist weiter anzuwenden, soweit die Übergangsgelder und Übergangsbeihilfen auf Grund gesetzlicher Vorschriften wegen Entlassung aus einem Dienstverhältnis dem Arbeitnehmer vor dem 1. April 1999 zufließen.

(7) Bei der Anwendung des § 3 Nr. 39 im Veranlagungszeitraum 1999 bleibt versicherungsfreies Arbeitsentgelt aus einer geringfügigen Beschäftigung im Sinne des § 8 Abs. 1 Nr. 1 des Vierten Buches Sozialgesetzbuch außer Ansatz.

(8) § 3 Nr. 68 des Einkommensteuergesetzes 1987 in der Fassung der Bekanntmachung vom 27. Februar 1987 (BGBl. I S. 657) ist vorbehaltlich des Satzes 2 letztmals für das Kalenderjahr 1988 anzuwenden. Die Vorschrift ist für die Kalenderjahre 1989 bis 2000 weiter anzuwenden auf Zinsersparnisse und Zinszuschüsse bei Darlehen, die der Arbeitnehmer vor dem 1. Januar 1989 erhalten hat, soweit die Vorteile nicht über die im

§ 52 EStG

Kalenderjahr 1988 gewährten Vorteile hinausgehen und soweit die Zinszuschüsse zusätzlich zum ohnehin geschuldeten Arbeitslohn gezahlt werden.

(9) § 4 Abs. 2 Satz 2 ist auch für Veranlagungszeiträume vor 1999 anzuwenden.

(10) § 4 Abs. 3 Satz 4 ist nicht anzuwenden, soweit die Anschaffungs- oder Herstellungskosten vor dem 1. Januar 1971 als Betriebsausgaben abgesetzt worden sind.

(11) § 4 Abs. 4a gilt erstmals für Schuldzinsen, die nach dem 31. Dezember 1998 wirtschaftlich entstehen.

(12) § 4 Abs. 5 Satz 1 Nr. 10 in der Fassung des Gesetzes vom 24. März 1999 (BGBl. I S. 402) gilt erstmals für Zuwendungen, die im ersten nach dem 31. Dezember 1998 beginnenden Wirtschaftsjahr geleistet werden.

(13) § 5 Abs. 4a ist erstmals für das Wirtschaftsjahr anzuwenden, das nach dem 31. Dezember 1996 endet. Rückstellungen für drohende Verluste aus schwebenden Geschäften, die am Schluß des letzten vor dem 1. Januar 1997 endenden Wirtschaftsjahrs zulässigerweise gebildet worden sind, sind in den Schlußbilanzen des ersten nach dem 31. Dezember 1996 endenden Wirtschaftsjahrs und der fünf folgenden Wirtschaftsjahre mit mindestens 25 vom Hundert im ersten und jeweils mindestens 15 vom Hundert im zweiten bis sechsten Wirtschaftsjahr gewinnerhöhend aufzulösen.

(14) Soweit Rückstellungen für Aufwendungen, die Anschaffungs- oder Herstellungskosten für ein Wirtschaftsgut sind, in der Vergangenheit gebildet worden sind, sind sie in dem ersten Veranlagungszeitraum, dessen Veranlagung noch nicht bestandskräftig ist, in vollem Umfang aufzulösen.

(15) § 5a Abs. 1 bis 3, 4a bis 6 ist erstmals für das Wirtschaftsjahr anzuwenden, das nach dem 31. Dezember 1998 endet. § 5a Abs. 4 ist erstmals für das letzte Wirtschaftsjahr anzuwenden, das vor dem 1. Januar 1999 endet. Für Gewerbebetriebe, in denen der Steuerpflichtige vor dem 1. Januar 1999 bereits Einkünfte aus dem Betrieb von Handelsschiffen im internationalen Verkehr erzielt hat, kann der Antrag nach § 5a Abs. 3 Satz 1 auf Anwendung der Gewinnermittlung nach § 5a Abs. 1 in dem Wirtschaftsjahr, das nach Inkrafttreten des Artikels 6 des Gesetzes vom 9. September 1998 (BGBl. I S. 2860) beginnt, oder in einem der beiden folgenden Wirtschaftsjahre gestellt werden (Erstjahr). § 5a Abs. 5 Satz 2 in der Fassung des Gesetzes vom 24. März 1999 (BGBl. I. S. 402) ist erstmals in dem Wirtschaftsjahr anzuwenden, das nach dem 31. Dezember 1998 endet.

(16) § 6 Abs. 1 in der Fassung der Bekanntmachung vom 16. April 1997 (BGBl. I S. 821) ist letztmals für das vor dem 1. Januar 1999 endende Wirtschaftsjahr (Letztjahr) anzuwenden. § 6 Abs. 1 in der Fassung des Gesetzes vom 24. März 1999 (BGBl. I. S. 402) ist erstmals für das erste nach dem 31. Dezember 1998 endende Wirtschaftsjahr (Erstjahr) anzuwenden. In Höhe von vier Fünftel des im Erstjahr durch die Anwendung des § 6 Abs. 1 Nr. 1 und 2 in der Fassung des Gesetzes vom 24. März 1999 (BGBl. I. S. 402) entstehenden Gewinns kann im Erstjahr eine den steuerlichen Gewinn mindernde Rücklage gebildet werden, die in den dem Erstjahr folgenden vier Wirtschaftsjahren jeweils mit mindestens einem Viertel gewinnerhöhend aufzulösen ist (Auflösungszeitraum). Wird ein der Regelung nach den Sätzen 1 bis 3 unterliegendes Wirtschaftsgut im Auflösungszeitraum veräußert oder entnommen, ist im Wirtschaftsjahr der Veräußerung oder Entnahme der für das Wirtschaftsgut verbleibende Teil der Rücklage nach Satz 3 in vollem Umfang gewinnerhöhend aufzulösen. Soweit ein der Regelung nach den Sätzen 1 bis 3 unterliegendes Wirtschaftsgut im Auflösungszeitraum erneut auf den niedrigeren Teilwert abgeschrieben wird, ist für das Wirtschaftsgut verbleibende Teil der Rücklage nach Satz 3 in Höhe der Abschreibung gewinnerhöhend aufzulösen. § 6 Abs. 1 Nr. 3 in der Fassung des Gesetzes vom 24. März 1999 (BGBl. I. S. 402) ist auch für Verbindlichkeiten, die bereits zum Ende eines vor dem 1. Januar 1999 endenden Wirtschaftsjahrs angesetzt worden sind, anzuwenden. Für den Gewinn, der sich aus der erstmaligen Anwendung des § 6 Abs. 1 Nr. 3 bei den in Satz 6 genannten Verbindlichkeiten ergibt, kann jeweils in Höhe von neun Zehntel eine den Gewinn mindernde Rücklage gebildet werden, die in den folgenden neun Wirtschaftsjahren jeweils mit mindestens einem Neuntel gewinnerhöhend aufzulösen ist (Auflösungszeitraum); scheidet die Verbindlichkeit während des Auflösungszeitraums aus dem Betriebsvermögen aus, ist die Rücklage zum Ende des Wirtschaftsjahrs des Ausscheidens in vollem Umfang gewinnerhöhend aufzulösen. § 6 Abs. 1 Nr. 3a in der Fassung des Gesetzes vom 24. März 1999 (BGBl. I. S. 402) ist auch auf Rückstellungen, die bereits zum Ende eines vor dem 1. Januar 1999 endenden Wirtschaftsjahrs gebil-

det worden sind, anzuwenden. Steht am Schluß des Erstjahrs der Zeitpunkt des Beginns der Stillegung des Kernkraftwerks nicht fest, sind bisher gebildete Rückstellungen bis zu dem Betrag gewinnerhöhend aufzulösen, der sich bei Anwendung des § 6 Abs. 1 Nr. 3a Buchstabe d Satz 2 und Buchstabe e Satz 3 ergibt. Satz 7 ist für die in Satz 8 genannten Rückstellungen entsprechend anzuwenden. § 6 Abs. 4, 5 und 6 Satz 1 ist erstmals auf den Erwerb von Wirtschaftsgütern anzuwenden, bei denen der Erwerb auf Grund eines nach dem 31. Dezember 1998 rechtswirksam abgeschlossenen obligatorischen Vertrags oder gleichstehenden Rechtsakts erfolgt. § 6 Abs. 6 Satz 2 und 3 ist erstmals für Einlagen anzuwenden, die nach dem 31. Dezember 1998 vorgenommen werden.

(17) § 6a Abs. 4 Satz 2 und 6 ist erstmals für das Wirtschaftsjahr anzuwenden, das nach dem 30. September 1998 endet. In 1998 veröffentlichte neue oder geänderte biometrische Rechnungsgrundlagen sind erstmals für das Wirtschaftsjahr anzuwenden, das nach dem 31. Dezember 1998 endet; § 6a Abs. 4 Satz 2 und 6 ist in diesen Fällen mit der Maßgabe anzuwenden, daß die Verteilung gleichmäßig auf drei Wirtschaftsjahre vorzunehmen ist. Satz 2, erster Halbsatz ist bei der Bewertung von anderen Rückstellungen, bei denen ebenfalls anerkannte Grundsätze der Versicherungsmathematik zu berücksichtigen sind, entsprechend anzuwenden.

(18) § 6b in der Fassung des Gesetzes vom 24. März 1999 (BGBl. I. S. 402) ist erstmals auf Veräußerungen anzuwenden, die nach dem 31. Dezember 1998 vorgenommen werden. Für Veräußerungen, die vor diesem Zeitpunkt vorgenommen worden sind, ist § 6b in der im Veräußerungszeitpunkt geltenden Fassung weiter anzuwenden.

(19) § 6c in der Fassung des Gesetzes vom 24. März 1999 (BGBl. I. S. 402) ist erstmals auf Veräußerungen anzuwenden, die nach dem 31. Dezember 1998 vorgenommen werden. Für Veräußerungen, die vor diesem Zeitpunkt vorgenommen worden sind, ist § 6c in der im Veräußerungszeitpunkt geltenden Fassung weiter anzuwenden.

(20) § 6d ist erstmals für das Wirtschaftsjahr anzuwenden, das nach dem 31. Dezember 1998 endet.

(21) § 7 Abs. 1 Satz 4 in der Fassung des Gesetzes vom 24. März 1999 (BGBl. I. S. 402) ist erstmals für Einlagen anzuwenden, die nach dem 31. Dezember 1998 vorgenommen werden. § 7 Abs. 1 Satz 6 in der Fassung des Gesetzes vom 24. März 1999 (BGBl. I. S. 402) ist erstmals für das nach dem 31. Dezember 1998 endende Wirtschaftsjahr anzuwenden.

(22) § 7a Abs. 6 des Einkommensteuergesetzes 1979 in der Fassung der Bekanntmachung vom 21. Juni 1979 (BGBl. I S. 721) ist letztmals für das Wirtschaftsjahr anzuwenden, das dem Wirtschaftsjahr vorangeht, für das § 15a erstmals anzuwenden ist.

(23) § 7g Abs. 2 Nr. 3 ist erstmals bei Wirtschaftsgütern anzuwenden, die nach dem 31. Dezember 2000 angeschafft oder hergestellt werden.

(24) § 10 Abs. 1 Nr. 2 Buchstabe b Satz 2 und 3 ist erstmals für Verträge anzuwenden, die nach dem 31. Dezember 1990 abgeschlossen worden sind. § 10 Abs. 1 Nr. 2 Buchstabe b Satz 5 in der Fassung des Gesetzes vom 20. Dezember 1996 (BGBl. I S. 2049) ist erstmals auf Versicherungen auf den Erlebens- oder Todesfall anzuwenden, bei denen die Ansprüche nach dem 31. Dezember 1996 entgeltlich erworben worden sind. § 10 Abs. 2 Satz 2 ist erstmals anzuwenden, wenn die Ansprüche aus dem Versicherungsvertrag nach dem 13. Februar 1992 zur Tilgung oder Sicherung eines Darlehens dienen, es sei denn, der Steuerpflichtige weist nach, daß bis zu diesem Zeitpunkt die Darlehnsschuld entstanden war und er sich verpflichtet hatte, die Ansprüche aus dem Versicherungsvertrag zur Tilgung oder Sicherung dieses Darlehens einzusetzen. § 10 Abs. 5 Satz 1 Nr. 2 gilt entsprechend bei Versicherungen auf den Erlebens- oder Todesfall gegen Einmalbeitrag, wenn dieser nach § 10 Abs. 1 Nr. 2 Buchstabe b des Einkommensteuergesetzes in den Fassungen, die vor dem in Absatz 1 Satz 1 bezeichneten Zeitraum gelten, als Sonderausgabe abgezogen worden ist und nach dem 8. November 1991 ganz oder zum Teil zurückgezahlt wird. § 10 Abs. 5 Nr. 3 in der Fassung des Gesetzes vom 25. Februar 1992 (BGBl. I S. 297) ist letztmals für den Veranlagungszeitraum 2005 anzuwenden.

(25) Auf den am Schluß des Veranlagungszeitraums 1998 festgestellten verbleibenden Verlustabzug ist § 10d in der Fassung des Gesetzes vom 16. April 1997 (BGBl. I. S. 821) anzuwenden. § 10d Abs. 1 ist ab dem Veranlagungszeitraum 2001 mit der Maßgabe anzuwenden, daß an die Stelle des Betrags von 2 Millionen Deutsche Mark der Betrag von 1 Million Deutsche Mark tritt.

§ 52 EStG

(26) Für nach dem 31. Dezember 1986 und vor dem 1. Januar 1991 hergestellte oder angeschaffte Wohnungen im eigenen Haus oder Eigentumswohnungen sowie in diesem Zeitraum fertiggestellte Ausbauten oder Erweiterungen ist § 10e des Einkommensteuergesetzes 1990 in der Fassung der Bekanntmachung vom 7. September 1990 (BGBl. I S. 1898) weiter anzuwenden. Für nach dem 31. Dezember 1990 hergestellte oder angeschaffte Wohnungen im eigenen Haus oder Eigentumswohnungen sowie in diesem Zeitraum fertiggestellte Ausbauten oder Erweiterungen ist § 10e des Einkommensteuergesetzes in der durch Gesetz vom 24. Juni 1991 (BGBl. I S. 1322) geänderten Fassung weiter anzuwenden. Abweichend von Satz 2 ist § 10e Abs. 1 bis 5 und 6 bis 7 in der durch Gesetz vom 25. Februar 1992 (BGBl. I S. 297) geänderten Fassung erstmals für den Veranlagungszeitraum 1991 bei Objekten im Sinne des § 10e Abs. 1 und 2 anzuwenden, wenn im Fall der Herstellung der Steuerpflichtige nach dem 30. September 1991 den Bauantrag gestellt oder mit der Herstellung begonnen hat oder im Fall der Anschaffung der Steuerpflichtige das Objekt nach dem 30. September 1991 auf Grund eines nach diesem Zeitpunkt rechtswirksam abgeschlossenen obligatorischen Vertrags oder gleichstehenden Rechtsakts angeschafft hat oder mit der Herstellung des Objekts nach dem 30. September 1991 begonnen worden ist. § 10e Abs. 5a ist erstmals bei in § 10e Abs. 1 und 2 bezeichneten Objekten anzuwenden, wenn im Fall der Herstellung der Steuerpflichtige den Bauantrag nach dem 31. Dezember 1991 gestellt oder, falls ein solcher nicht erforderlich ist, mit der Herstellung nach diesem Zeitpunkt begonnen hat, oder im Fall der Anschaffung der Steuerpflichtige das Objekt auf Grund eines nach dem 31. Dezember 1991 rechtswirksam abgeschlossenen obligatorischen Vertrags oder gleichstehenden Rechtsakts angeschafft hat. § 10e Abs. 1 Satz 4 in der Fassung des Gesetzes vom 23. Juni 1993 (BGBl. I S. 944) und Abs. 6 Satz 3 in der Fassung des Gesetzes vom 21. Dezember 1993 (BGBl. I S. 2310) ist erstmals anzuwenden, wenn der Steuerpflichtige das Objekt auf Grund eines nach dem 31. Dezember 1993 rechtswirksam abgeschlossenen obligatorischen Vertrags oder gleichstehenden Rechtsakts angeschafft hat. § 10e ist letztmals anzuwenden, wenn der Steuerpflichtige im Fall der Herstellung vor dem 1. Januar 1996 mit der Herstellung des Objekts begonnen hat oder im Fall der Anschaffung das Objekt auf Grund eines vor dem 1. Januar 1996 rechtswirksam abgeschlossenen obligatorischen Vertrags oder gleichstehenden Rechtsakts angeschafft hat. Als Beginn der Herstellung gilt bei Objekten, für die eine Baugenehmigung erforderlich ist, der Zeitpunkt, in dem der Bauantrag gestellt wird; bei baugenehmigungsfreien Objekten, für die Bauunterlagen einzureichen sind, der Zeitpunkt, in dem die Bauunterlagen eingereicht werden.

(27) Hat der Steuerpflichtige Aufwendungen für vor dem 1. Januar 1992 abgeschlossene Maßnahmen nach § 7i oder § 10f oder § 82i der Einkommensteuer-Durchführungsverordnung oder § 52 Abs. 21 Satz 4 und 7 in der Fassung der Bekanntmachung vom 16. April 1997 (BGBl. I S. 821) in Verbindung mit § 82i der Einkommensteuer-Durchführungsverordnung abgezogen, so kann er für die restlichen Verteilungszeitraum, in dem er das Gebäude oder den Gebäudeteil nicht mehr zur Einkunftserzielung oder zu eigenen Wohnzwecken nutzt, § 10g in Anspruch nehmen.

(28) § 10h ist letztmals anzuwenden, wenn der Steuerpflichtige vor dem 1. Januar 1996 mit der Herstellung begonnen hat. Als Beginn der Herstellung gilt bei Baumaßnahmen, für die eine Baugenehmigung erforderlich ist, der Zeitpunkt, in dem der Bauantrag gestellt wird; bei baugenehmigungsfreien Baumaßnahmen, für die Bauunterlagen einzureichen sind, der Zeitpunkt, in dem die Bauunterlagen eingereicht werden.

(29) § 10i in der Fassung der Bekanntmachung vom 16. April 1997 (BGBl. I S. 821) ist letztmals anzuwenden, wenn der Steuerpflichtige im Fall der Herstellung vor dem 1. Januar 1999 mit der Herstellung des Objekts begonnen hat oder im Fall der Anschaffung das Objekt auf Grund eines vor dem 1. Januar 1999 rechtswirksam abgeschlossenen obligatorischen Vertrags oder gleichstehenden Rechtsakts angeschafft hat. Als Beginn der Herstellung gilt bei Objekten, für die eine Baugenehmigung erforderlich ist, der Zeitpunkt, in dem der Bauantrag gestellt wird; bei baugenehmigungsfreien Objekten, für die Bauunterlagen einzureichen sind, der Zeitpunkt, in dem die Bauunterlagen eingereicht werden.

(30) § 13 Abs. 1 Nr. 1 Satz 2 in der Fassung des Gesetzes vom 29. Juni 1998 (BGBl. I S. 1692) ist erstmals für Wirtschaftsjahre anzuwenden, die nach dem 30. Juni 1998 beginnen.

(31) § 13a in der Fassung der Bekanntmachung vom 16. April 1997 (BGBl. I S. 821) ist letztmals für das Wirtschaftsjahr anzuwenden, das vor dem 31. Dezember 1999 endet.

§ 13a in der Fassung des Gesetzes vom 24. März 1999 (BGBl. I. S. 402) ist erstmals für das Wirtschaftsjahr anzuwenden, das nach dem 30. Dezember 1999 endet.

(32) § 14a ist erstmals für Veräußerungen und Entnahmen anzuwenden, die nach dem 31. Dezember 1995 vorgenommen worden sind. Für Veräußerungen und Entnahmen, die vor dem 1. Januar 1996 vorgenommen worden sind, ist § 14a in den vor dem 1. Januar 1996 geltenden Fassungen anzuwenden.

(33) § 15a ist nicht auf Verluste anzuwenden, soweit sie

1. durch Sonderabschreibungen nach § 82f der Einkommensteuer-Durchführungsverordnung,
2. durch Absetzungen für Abnutzung in fallenden Jahresbeträgen nach § 7 Abs. 2 von den Herstellungskosten oder von den Anschaffungskosten von in ungebrauchtem Zustand vom Hersteller erworbenen Seeschiffen, die in einem inländischen Seeschiffsregister eingetragen sind,

entstehen; Nummer 1 gilt nur bei Schiffen, deren Anschaffungs- oder Herstellungskosten zu mindestens 30 vom Hundert durch Mittel finanziert werden, die weder unmittelbar noch mittelbar in wirtschaftlichem Zusammenhang mit der Aufnahme von Krediten durch den Gewerbebetrieb stehen, zu dessen Betriebsvermögen das Schiff gehört.

§ 15a ist in diesen Fällen erstmals anzuwenden auf Verluste, die in nach dem 31. Dezember 1999 beginnenden Wirtschaftsjahren entstehen, wenn der Schiffbauvertrag vor dem 25. April 1996 abgeschlossen worden ist und der Gesellschafter der Gesellschaft vor dem 1. Januar 1999 beigetreten ist; soweit Verluste, die in dem Betrieb der Gesellschaft entstehen und nach Satz 1 oder nach § 15a Abs. 1 Satz 1 ausgleichsfähig oder abzugsfähig sind, zusammen das Eineinviertelfache der insgesamt geleisteten Einlage übersteigen, ist § 15a auf Verluste anzuwenden, die in nach dem 31. Dezember 1994 beginnenden Wirtschaftsjahren entstehen. Scheidet ein Kommanditist oder ein anderer Mitunternehmer, dessen Haftung der eines Kommanditisten vergleichbar ist und dessen Kapitalkonto in der Steuerbilanz der Gesellschaft auf Grund von ausgleichs- oder abzugsfähigen Verlusten negativ geworden ist, aus der Gesellschaft aus oder wird in einem solchen Fall die Gesellschaft aufgelöst, so gilt der Betrag, den der Mitunternehmer nicht ausgleichen muß, als Veräußerungsgewinn im Sinne des § 16. In Höhe der nach Satz 3 als Gewinn zuzurechnenden Beträge sind bei den anderen Mitunternehmern unter Berücksichtigung der für die Zurechnung von Verlusten geltenden Grundsätze Verlustanteile anzusetzen. Bei der Anwendung des § 15a Abs. 3 sind nur Verluste zu berücksichtigen, auf die § 15a Abs. 1 anzuwenden ist.

(34) § 16 Abs. 2 Satz 3 und Abs. 3 Satz 2 in der Fassung der Bekanntmachung vom 16. April 1997 (BGBl. I S. 821) ist erstmals auf Veräußerungen anzuwenden, die nach dem 31. Dezember 1993 erfolgen. § 16 Abs. 3 Satz 1 und 2 in der Fassung des Gesetzes vom 24. März 1999 (BGBl. I. S. 402) ist erstmals auf Veräußerungen und Realteilungen anzuwenden, die nach dem 31. Dezember 1998 erfolgen. § 16 Abs. 4 in der Fassung der Bekanntmachung vom 16. April 1997 (BGBl. I S. 821) ist erstmals auf Veräußerungen anzuwenden, die nach dem 31. Dezember 1995 erfolgen; hat der Steuerpflichtige bereits für Veräußerungen vor dem 1. Januar 1996 Veräußerungsfreibeträge in Anspruch genommen, bleiben diese unberücksichtigt.

(35) Für die Anwendung des § 19a Abs. 1 Satz 2 ist § 17 Abs. 5 Satz 1 des Fünften Vermögensbildungsgesetzes in der Fassung der Bekanntmachung vom 4. März 1994 (BGBl. I S. 406) sinngemäß anzuwenden.

(36) § 20 Abs. 1 Nr. 6 in der Fassung des Gesetzes vom 7. September 1990 (BGBl. I S. 1898) ist erstmals auf nach dem 31. Dezember 1974 zugeflossene Zinsen aus Versicherungsverträgen anzuwenden, die nach dem 31. Dezember 1973 abgeschlossen worden sind. § 20 Abs. 1 Nr. 6 in der Fassung des Gesetzes vom 20. Dezember 1996 (BGBl. I S. 2049) ist erstmals auf Zinsen aus Versicherungsverträgen anzuwenden, bei denen die Ansprüche nach dem 31. Dezember 1996 entgeltlich erworben worden sind.

(37) § 20 Abs. 4 in der Fassung des Gesetzes vom 24. März 1999 (BGBl. I. S. 402) ist erstmals für den Veranlagungszeitraum 2000 anzuwenden.

(38) § 21 Abs. 2 Satz 1 und § 21a sind letztmals für den Veranlagungszeitraum 1986 anzuwenden.

(39) § 23 Abs. 1 Satz 1 Nr. 1 bis 3 ist auf Veräußerungsgeschäfte anzuwenden, bei denen die Veräußerung auf einem nach dem 31. Dezember 1998 rechtswirksam abgeschlossenen obligatorischen Vertrag oder gleichstehenden Rechtsakt beruht.

§ 23 Abs. 1 Satz 1 Nr. 4 ist auf Termingeschäfte anzuwenden, bei denen der Erwerb des Rechts auf einen Differenzausgleich, Geldbetrag oder Vorteil nach dem 31. Dezember 1998 erfolgt. § 23 Abs. 3 Satz 3 ist auf Veräußerungsgeschäfte anzuwenden, bei denen der Steuerpflichtige das Wirtschaftsgut nach dem 31. Juli 1995 anschafft und veräußert.

(40) § 32 Abs. 4 Satz 2 ist anzuwenden

1. für die Veranlagungszeiträume 2000 und 2001 mit der Maßgabe, daß an die Stelle des Betrags von 13.020 Deutsche Mark der Betrag von 13.500 Deutsche Mark tritt, und

2. ab dem Veranlagungszeitraum 2002 mit der Maßgabe, daß an die Stelle des Betrags von 13.020 Deutsche Mark der Betrag von 14.040 Deutsche Mark tritt.

(41) § 32a Abs. 1 ist anzuwenden

1. für die Veranlagungszeiträume 2000 und 2001 in der folgenden Fassung:

   „(1) Die tarifliche Einkommensteuer bemißt sich nach dem zu versteuernden Einkommen. Sie beträgt vorbehaltlich der §§ 32b, 34, 34b und 34c jeweils in Deutsche Mark für zu versteuernde Einkommen

   1. bis 13.499 Deutsche Mark (Grundfreibetrag):
      0;
   2. von 13.500 Deutsche Mark bis 17.495 Deutsche Mark:
      $(262{,}76 \cdot y + 2.290) \cdot y$;
   3. von 17.496 Deutsche Mark bis 114.695 Deutsche Mark:
      $(133{,}74 \cdot z + 2.500) \cdot z + 957$;
   4. von 114.696 Deutsche Mark an:
      $0{,}51 \cdot x - 20.575$.

   „y" ist ein Zehntausendstel des 13.446 Deutsche Mark übersteigenden Teils des abgerundeten zu versteuernden Einkommens. „z" ist ein Zehntausendstel des 17.442 Deutsche Mark übersteigenden Teils des abgerundeten zu versteuernden Einkommens. „x" ist das abgerundete zu versteuernde Einkommen";

2. ab dem Veranlagungszeitraum 2002 in der folgenden Fassung:

   „(1) Die tarifliche Einkommensteuer bemißt sich nach dem zu versteuernden Einkommen. Sie beträgt vorbehaltlich der §§ 32b, 34, 34b und 34c jeweils in Deutsche Mark für zu versteuernde Einkommen

   1. bis 14.093 Deutsche Mark (Grundfreibetrag):
      0;
   2. von 14.094 Deutsche Mark bis 18.089 Deutsche Mark:
      $(387{,}89 \cdot y + 1.990) \cdot y$;
   3. von 18.090 Deutsche Mark bis 107.567 Deutsche Mark:
      $(142{,}49 \cdot z + 2.300) \cdot z + 857$;
   4. von 107.568 Deutsche Mark an:
      $0{,}485 \cdot x - 19.299$.

   „y" ist ein Zehntausendstel des 14.040 Deutsche Mark übersteigenden Teils des abgerundeten zu versteuernden Einkommens. „z" ist ein Zehntausendstel des 18.036 Deutsche Mark übersteigenden Teils des abgerundeten zu versteuernden Einkommens. „x" ist das abgerundete zu versteuernde Einkommen."

(42) § 32a Abs. 4 ist anzuwenden

1. für die Veranlagungszeiträume 2000 und 2001 in der folgenden Fassung:

   „(4) Für zu versteuernde Einkommen bis 114.695 Deutsche Mark ergibt sich die nach den Absätzen 1 bis 3 berechnete tarifliche Einkommensteuer aus der diesem Gesetz beigefügten Anlage 4 (Einkommensteuer-Grundtabelle).";

2. ab dem Veranlagungszeitraum 2002 in der folgenden Fassung:

„(4) Für zu versteuernde Einkommen bis 107.567 Deutsche Mark ergibt sich die nach den Absätzen 1 bis 3 berechnete tarifliche Einkommensteuer aus der diesem Gesetz beigefügten Anlage 5 (Einkommensteuer-Grundtabelle)."

(43) § 32a Abs. 5 ist anzuwenden

1. für die Veranlagungszeiträume 2000 und 2001 in der folgenden Fassung:
   „(5) Bei Ehegatten, die nach den §§ 26, 26b zusammen zur Einkommensteuer veranlagt werden, beträgt die tarifliche Einkommensteuer vorbehaltlich der §§ 32b, 34, 34b und 34c das Zweifache des Steuerbetrags, der sich für die Hälfte ihres gemeinsam zu versteuernden Einkommens nach den Absätzen 1 bis 3 ergibt (Splitting-Verfahren). Für zu versteuernde Einkommen bis 229.391 Deutsche Mark ergibt sich die nach Satz 1 berechnete tarifliche Einkommensteuer aus der diesem Gesetz beigefügten Anlage 4a (Einkommensteuer-Splittingtabelle).";
2. ab dem Veranlagungszeitraum 2002 in der folgenden Fassung:
   „(5) Bei Ehegatten, die nach den §§ 26, 26b zusammen zur Einkommensteuer veranlagt werden, beträgt die tarifliche Einkommensteuer vorbehaltlich der §§ 32b, 34, 34b und 34c das Zweifache des Steuerbetrags, der sich für die Hälfte ihres gemeinsam zu versteuernden Einkommens nach den Absätzen 1 bis 3 ergibt (Splitting-Verfahren). Für zu versteuernde Einkommen bis 215 135 Deutsche Mark ergibt sich die nach Satz 1 berechnete tarifliche Einkommensteuer aus der diesem Gesetz beigefügten Anlage 5a (Einkommensteuer-Splittingtabelle)."

(44) § 32c Abs. 1 ist anzuwenden

1. für die Veranlagungszeiträume 2000 und 2001 in der folgenden Fassung:
   „(1) Sind in dem zu versteuernden Einkommen gewerbliche Einkünfte im Sinne des Absatzes 2 enthalten, deren Anteil am zu versteuernden Einkommen mindestens 84.834 Deutsche Mark beträgt, ist von der tariflichen Einkommensteuer ein Entlastungsbetrag nach Absatz 4 abzuziehen.";
2. ab dem Veranlagungszeitraum 2002 in der folgenden Fassung:
   „(1) Sind in dem zu versteuernden Einkommen gewerbliche Einkünfte im Sinne des Absatzes 2 enthalten, deren Anteil am zu versteuernden Einkommen mindestens 88.290 Deutsche Mark beträgt, ist von der tariflichen Einkommensteuer ein Entlastungsbetrag nach Absatz 4 abzuziehen."

(45) § 32c Abs. 4 Satz 2 ist anzuwenden

1. für die Veranlagungszeiträume 2000 und 2001 in der folgenden Fassung:
   „Von diesem Steuerbetrag sind die Einkommensteuer, die nach § 32a auf ein zu versteuerndes Einkommen in Höhe von 84.780 Deutsche Mark entfällt, sowie 43 vom Hundert des abgerundeten gewerblichen Anteils, soweit er 84.780 Deutsche Mark übersteigt, abzuziehen.";
2. ab dem Veranlagungszeitraum 2002 in der folgenden Fassung:
   „Von diesem Steuerbetrag sind die Einkommensteuer, die nach § 32a auf ein zu versteuerndes Einkommen in Höhe von 88.236 Deutsche Mark entfällt, sowie 43 vom Hundert des abgerundeten gewerblichen Anteils, soweit er 88.236 Deutsche Mark übersteigt, abzuziehen."

(46) § 33a Abs. 1 Satz 1 und 4 ist anzuwenden

1. für die Veranlagungszeiträume 2000 und 2001 mit der Maßgabe, daß jeweils an die Stelle des Betrags von 13.020 Deutsche Mark der Betrag von 13.500 Deutsche Mark tritt und
2. ab dem Veranlagungszeitraum 2002 mit der Maßgabe, daß jeweils an die Stelle des Betrags von 13.020 Deutsche Mark der Betrag von 14.040 Deutsche Mark tritt.

(47) § 34 in der Fassung der Bekanntmachung vom 16. April 1997 (BGBl. I S. 821) ist letztmals für den Veranlagungszeitraum 1998 anzuwenden. § 34 in der Fassung des Gesetzes vom 24. März 1999 (BGBl. I S. 402) ist erstmals für den Veranlagungszeitraum 1999 anzuwenden. In den Fällen, in denen nach dem 31. Dezember 1998 mit zulässiger steuerlicher Rückwirkung eine Vermögensübertragung nach dem Umwandlungssteuergesetz erfolgt oder ein Veräußerungsgewinn nach § 34 Abs. 2 Nr. 1 erzielt wird, gelten die außerordentlichen Einkünfte als nach dem 31. Dezember 1998 erzielt.

(48) § 34c Abs. 4 ist letztmals im Veranlagungszeitraum 1998 anzuwenden.

§ 52 EStG

(49) § 34c Abs. 6 Satz 2 Halbsatz 2 ist erstmals für den Veranlagungszeitraum 1996 anzuwenden, wenn das den Einkünften zugrundeliegende Rechtsgeschäft vor dem 11. November 1993 abgeschlossen worden ist.

(50) § 34f Abs. 3 und 4 Satz 2 in der Fassung des Gesetzes vom 25. Februar 1992 (BGBl. I S. 297) ist erstmals anzuwenden bei Inanspruchnahme der Steuerbegünstigung nach § 10e Abs. 1 bis 5 in der Fassung des Gesetzes vom 25. Februar 1992 (BGBl. I S. 297). § 34f Abs. 4 Satz 1 ist erstmals anzuwenden bei Inanspruchnahme der Steuerbegünstigung nach § 10e Abs. 1 bis 5 oder nach § 15b des Berlinförderungsgesetzes für nach dem 31. Dezember 1991 hergestellte oder angeschaffte Objekte.

(51) Für negative Einkünfte aus Vermietung und Verpachtung, die bei Inanspruchnahme erhöhter Absetzungen nach § 14c oder § 14d des Berlinförderungsgesetzes entstehen, ist § 37 Abs. 3 Satz 9 nur anzuwenden, wenn die Voraussetzungen für die Inanspruchnahme der erhöhten Absetzungen erstmals nach dem 31. Dezember 1990 eingetreten sind.

(52) § 38c Abs. 1 Satz 4 ist anzuwenden
1. für den Veranlagungszeitraum 2000 und 2001 mit der Maßgabe, daß an die Stelle der Zahlen „23,9" und „53" die Zahlen „22,9" und „51" treten und an die Stelle des Betrags von 64.476 Deutsche Mark der Betrag von 57.348 Deutsche Mark tritt;
2. ab dem Veranlagungszeitraum 2002 mit der Maßgabe, daß an die Stelle der Zahlen „23,9" und „53" die Zahlen „19,9" und „48,5" treten und an die Stelle des Betrags von 64.476 Deutsche Mark der Betrag von 53.784 Deutsche Mark tritt.

(53) § 40 Abs. 3 in der Fassung der Bekanntmachung vom 16. April 1997 (BGBl. I S. 821) ist weiter anzuwenden, soweit der Arbeitslohn vor dem 1. April 1999 zufließt.

(54) Bei der Veräußerung oder Einlösung von Wertpapieren und Kapitalforderungen, die von der Bundesschuldenverwaltung oder einer Landesschuldenverwaltung verwahrt oder verwaltet werden können, bemißt sich der Steuerabzug nach den bis zum 31. Dezember 1993 geltenden Vorschriften, wenn sie vor dem 1. Januar 1994 emittiert worden sind; dies gilt nicht für besonders in Rechnung gestellte Stückzinsen.

(55) Für die Anwendung des § 44a Abs. 1 Satz 1 Nr. 1 und Abs. 2 Satz 1 Nr. 1 auf Kapitalerträge, die nach dem 31. Dezember 1999 zufließen, gilt folgendes: Ist der Freistellungsauftrag vor dem 1. Januar 2000 unter Beachtung des § 20 Abs. 4 in der bis dahin geltenden Fassung erteilt worden, darf der nach § 44 Abs. 1 zum Steuerabzug Verpflichtete den angegebenen Freistellungsbetrag nur zur Hälfte berücksichtigen. Sind in dem Freistellungsauftrag der gesamte Sparer-Freibetrag nach § 20 Abs. 4 in der Fassung des Gesetzes vom 16. April 1997 (BGBl. I S. 821) und der gesamte Werbungskosten-Pauschbetrag nach § 9a Satz 1 Nr. 1 Buchstabe b in der Fassung des Gesetzes vom 16. April 1997 (BGBl. I S. 821) angegeben, ist der Werbungskosten-Pauschbetrag in voller Höhe zu berücksichtigen.

(56) § 44d Abs. 2 ist auch für Veranlagungszeiträume vor 1998 anzuwenden.

(57) § 45a Abs. 2 Satz 1 Nr. 4 ist erstmals auf Kapitalerträge anzuwenden, die nach dem 31. Dezember 1998 zufließen.

(58) § 50a Abs. 4 Satz 1 Nr. 1, Abs. 7 und 8 in der Fassung des Gesetzes vom 24. März 1999 (BGBl. I. S. 402) ist erstmals auf Vergütungen anzuwenden, die nach dem 31. März 1999 gezahlt werden.

(59) § 50c Abs. 1 in der Fassung des Artikels 8 des Gesetzes vom 24. März 1998 (BGBl. I S. 529) ist erstmals für den Veranlagungszeitraum 1998 anzuwenden.

(60) § 55 in der Fassung des Gesetzes vom 24. März 1999 (BGBl. I S. 402) ist auch für Veranlagungszeiträume vor 1999 anzuwenden.

(61) Die §§ 62 und 65 in der Fassung des Gesetzes vom 16.12.1997 (BGBl. I S. 2970) sind erstmals für den Veranlagungszeitraum 1998 anzuwenden.

(62) § 66 Abs. 3 in der Fassung der Bekanntmachung vom 16. April 1997 (BGBl. I S. 821) ist letztmals für das Kalenderjahr 1997 anzuwenden, so daß Kindergeld auf einen nach dem 31. Dezember 1997 gestellten Antrag rückwirkend längstens bis einschließlich Juli 1997 gezahlt werden kann.

(63) § 73 in der Fassung der Bekanntmachung vom 16. April 1997 (BGBl. I S. 821) ist weiter für Kindergeld anzuwenden, das der private Arbeitgeber für Zeiträume vor dem 1. Januar 1999 auszuzahlen hat."

§ 84
Anwendungsvorschriften

(1) Die vorstehende Fassung dieser Verordnung ist, soweit in den folgenden Absätzen nichts anderes bestimmt ist, erstmals für den Veranlagungszeitraum 1996 anzuwenden.

(1a) Die §§ 8 und 8a der Einkommensteuer-Durchführungsverordnung 1986 in der Fassung der Bekanntmachung vom 24. Juli 1986 (BGBl. I S. 1239) sind letztmals für das Wirtschaftsjahr anzuwenden, das vor dem 1. Januar 1990 endet.

(2) ¹§ 8c Abs. 1 und 2 Satz 3 in der Fassung dieser Verordnung ist erstmals für Wirtschaftsjahre anzuwenden, die nach dem 31. August 1993 beginnen. ²§ 8c Abs. 2 Satz 1 und 2 ist erstmals für Wirtschaftsjahre anzuwenden, die nach dem 30. Juni 1990 beginnen. ³Für Wirtschaftsjahre, die vor dem 1. Mai 1984 begonnen haben, ist § 8c Abs. 1 und 2 der Einkommensteuer-Durchführungsverordnung 1981 in der Fassung der Bekanntmachung vom 23. Juni 1982 (BGBl. I S. 700) weiter anzuwenden.

(2a) § 29 Abs. 3 bis 6, §§ 31 und 32 sind in der vor dem 1. Januar 1996 geltenden Fassung für vor diesem Zeitpunkt an Bausparkassen geleistete Beiträge letztmals für den Veranlagungszeitraum 2005 anzuwenden.

(3) § 29 Abs. 1 ist auch für Veranlagungszeiträume vor 1996 anzuwenden, soweit die Fälle, in denen Ansprüche aus Versicherungsverträgen nach dem 13. Februar 1992 zur Tilgung oder Sicherung von Darlehen eingesetzt wurden, noch nicht angezeigt worden sind.

(3a) § 56 ist mit der Maßgabe anzuwenden, daß der Gesamtbetrag der Einkünfte
1. für den Veranlagungszeitraum 1998
    a) in Satz 1 Nr. 1 Buchstabe a mehr als 24.947 Deutsche Mark,
    b) in Satz 1 Nr. 2 Buchstabe a mehr als 12.473 Deutsche Mark
    beträgt;
2. für Veranlagungszeiträume ab 1999
    a) in Satz 1 Nr. 1 Buchstabe a mehr als 26.351 Deutsche Mark,
    b) in Satz 1 Nr. 2 Buchstabe a mehr als 13.175 Deutsche Mark
    beträgt.

(3b) ...

(3c) § 65 in der durch Gesetz vom 11. Oktober 1995 (BGBl. I S. 1250) geänderten Fassung ist erstmals für den Veranlagungszeitraum 1995 anzuwenden.

(4) ¹§ 82a ist auf Tatbestände anzuwenden, die in dem in Artikel 3 des Einigungsvertrages genannten Gebiet nach dem 31. Dezember 1990 und vor dem 1. Januar 1992 verwirklicht worden sind. ²Auf Tatbestände, die im Geltungsbereich dieser Verordnung ausschließlich des in Artikel 3 des Einigungsvertrages genannten Gebiets verwirklicht worden sind, ist

---

1) Anm.: Durch das Steuerentlastungsgesetz 1999/2000/2002 wurde
   – nach Absatz 1 folgender Absatz 1a eingefügt:
     „(1a) § 7 der Einkommensteuer-Durchführungsverordnung 1997 in der Fassung der Bekanntmachung vom 18. Juni 1997 (BGBl. I S. 1558) ist letztmals für das Wirtschaftsjahr anzuwenden, das vor dem 1. Januar 1999 endet."
   – der bisherige Absatz 1a zu Absatz 1b.
   – Absatz 3a wird wie folgt gefaßt:
     „(3a) § 56 ist mit der Maßgabe anzuwenden, daß der Gesamtbetrag der Einkünfte
     1. für die Veranlagungszeiträume 2000 und 2001
         a) in Satz 1 Nr. 1 Buchstabe a mehr als 27.215 Deutsche Mark,
         b) in Satz 1 Nr. 2 Buchstabe a mehr als 13.607 Deutsche Mark
         beträgt;
     2. für Veranlagungszeiträume ab 2002
         a) in Satz 1 Nr. 1 Buchstabe a mehr als 28.403 Deutsche Mark,
         b) in Satz 1 Nr. 2 Buchstabe a mehr als 14.201 Deutsche Mark
         beträgt."
2) Durch das Seeschiffahrtsanpassungsgesetz ab 1999 eingefügt.
   Anm.: „(3b) § 60 Abs. 1 und 3 ist erstmals für das Wirtschaftsjahr anzuwenden, das nach dem 31. Dezember 1998 endet."
3) Durch das Seeschiffahrtsanpassungsgesetz wird der bisherige Absatz 3b ab 1999 neuer Absatz 3c.

1. § 82a Abs. 1 und 2 bei Herstellungskosten für Einbauten von Anlagen und Einrichtungen im Sinne von dessen Absatz 1 Nr. 1 bis 5 anzuwenden, die nach dem 30. Juni 1985 und vor dem 1. Januar 1992 fertiggestellt worden sind,
2. § 82a Abs. 3 Satz 1 ab dem Veranlagungszeitraum 1987 bei Erhaltungsaufwand für Arbeiten anzuwenden, die vor dem 1. Januar 1992 abgeschlossen worden sind,
3. § 82a Abs. 3 Satz 2 ab dem Veranlagungszeitraum 1987 bei Aufwendungen für Einzelöfen anzuwenden, die vor dem 1. Januar 1992 angeschafft worden sind,
4. § 82a Abs. 3 Satz 1 in der Fassung der Bekanntmachung vom 24. Juli 1986 für Veranlagungszeiträume vor 1987 bei Erhaltungsaufwand für Arbeiten anzuwenden, die nach dem 30. Juni 1985 abgeschlossen worden sind,
5. § 82a Abs. 3 Satz 2 in der Fassung der Bekanntmachung vom 24. Juli 1986 für Veranlagungszeiträume vor 1987 bei Aufwendungen für Einzelöfen anzuwenden, die nach dem 30. Juni 1985 angeschafft worden sind,
6. § 82a bei Aufwendungen für vor dem 1. Juli 1985 fertiggestellte Anlagen und Einrichtungen in den vor diesem Zeitpunkt geltenden Fassungen weiter anzuwenden.

[1]) (4a) § 82d der Einkommensteuer-Durchführungsverordnung 1986 ist auf Wirtschaftsgüter sowie auf ausgebaute und neu hergestellte Gebäudeteile anzuwenden, die im Geltungsbereich dieser Verordnung ausschließlich des in Artikel 3 des Einigungsvertrages genannten Gebiets nach dem 18. Mai 1983 und vor dem 1. Januar 1990 hergestellt oder angeschafft worden sind.

(5) § 82f Abs. 5 und Abs. 7 Satz 1 der Einkommensteuer-Durchführungsverordnung 1979 in der Fassung der Bekanntmachung vom 24. September 1980 (BGBl. I S. 1801) ist letztmals für das Wirtschaftsjahr anzuwenden, das dem Wirtschaftsjahr vorangeht, für das § 15a des Gesetzes erstmals anzuwenden ist.

(6) [1]§ 82g ist auf Maßnahmen anzuwenden, die nach dem 30. Juni 1987 und vor dem 1. Januar 1991 in dem Geltungsbereich dieser Verordnung ausschließlich des in Artikel 3 des Einigungsvertrages genannten Gebiets abgeschlossen worden sind. [2]Auf Maßnahmen, die vor dem 1. Juli 1987 in dem Geltungsbereich dieser Verordnung ausschließlich des in Artikel 3 des Einigungsvertrages genannten Gebiets abgeschlossen worden sind, ist § 82g in der vor diesem Zeitpunkt geltenden Fassung weiter anzuwenden.

(7) [1]§ 82h in der durch die Verordnung vom 19. Dezember 1988 (BGBl. I S. 2301) geänderten Fassung ist erstmals auf Maßnahmen, die nach dem 30. Juni 1987 in dem Geltungsbereich dieser Verordnung ausschließlich des in Artikel 3 des Einigungsvertrages genannten Gebiets abgeschlossen worden sind, und letztmals auf Erhaltungsaufwand, der vor dem 1. Januar 1990 in dem Geltungsbereich dieser Verordnung ausschließlich des in Artikel 3 des Einigungsvertrages genannten Gebiets entstanden ist, mit der Maßgabe anzuwenden, daß der noch nicht berücksichtigte Teil des Erhaltungsaufwands in dem Jahr, in dem das Gebäude letztmals zur Einkunftserzielung genutzt wird, als Betriebsausgaben oder Werbungskosten abzusetzen ist. [2]Auf Maßnahmen, die vor dem 1. Juli 1987 in dem Geltungsbereich dieser Verordnung ausschließlich des in Artikel 3 des Einigungsvertrages genannten Gebiets abgeschlossen worden sind, ist § 82h in der vor diesem Zeitpunkt geltenden Fassung weiter anzuwenden.

(8) § 82i ist auf Herstellungskosten für Baumaßnahmen anzuwenden, die nach dem 31. Dezember 1977 und vor dem 1. Januar 1991 in dem Geltungsbereich dieser Verordnung ausschließlich des in Artikel 3 des Einigungsvertrages genannten Gebiets abgeschlossen worden sind.

---

[1]) Anm.: Durch das Steuerentlastungsgesetz 1999/2000/2002 wurde
– nach Absatz 3c folgender Absatz 3d eingefügt:
„(3d) § 80 der Einkommensteuer-Durchführungsverordnung 1997 in der Fassung der Bekanntmachung vom 18. Juni 1997 (BGBl. I S. 1558) ist letztmals für das Wirtschaftsjahr anzuwenden, das vor dem 1. Januar 1999 endet."
– nach Absatz 4 folgender Absatz 4a eingefügt:
„(4a) § 82b der Einkommensteuer-Durchführungsverordnung 1997 in der Fassung der Bekanntmachung vom 18. Juni 1997 (BGBl. I S. 1558) ist letztmals auf Erhaltungsaufwand anzuwenden, der vor dem 1. Januar 1999 entstanden ist."
– der bisherige Absatz 4a zu Absatz 4b.

§§ 84, 85 EStDV   §§ 52–55 EStG

(9) § 82k der Einkommensteuer-Durchführungsverordnung 1986 ist auf Erhaltungsaufwand, der vor dem 1. Januar 1990 in dem Geltungsbereich dieser Verordnung ausschließlich des in Artikel 3 des Einigungsvertrages genannten Gebiets entstanden ist, mit der Maßgabe anzuwenden, daß der noch nicht berücksichtigte Teil des Erhaltungsaufwands in dem Jahr, in dem das Gebäude letztmals zur Einkunftserzielung genutzt wird, als Betriebsausgaben oder Werbungskosten abzusetzen ist.

(10) ¹In Anlage 3 (zu § 80 Abs. 1) ist die Nummer 26 erstmals für das Wirtschaftsjahr anzuwenden, das nach dem 31. Dezember 1990 beginnt. ²Für Wirtschaftsjahre, die vor dem 1. Januar 1991 beginnen, ist die Nummer 26 in Anlage 3 in der vor diesem Zeitpunkt geltenden Fassung anzuwenden.

§ 85

(gegenstandslos)

---

§§ 53 und 54¹⁾

(weggefallen)

EStG

§ 55
Schlußvorschriften

EStG
S 2188

(Sondervorschriften für die Gewinnermittlung nach § 4 oder nach Durchschnittssätzen bei vor dem 1. Juli 1970 angeschafftem Grund und Boden)

(1) ¹Bei Steuerpflichtigen, deren Gewinn für das Wirtschaftsjahr, in das der 30. Juni 1970 fällt, nicht nach § 5 zu ermitteln ist, gilt bei Grund und Boden, der mit Ablauf des 30. Juni 1970 zu ihrem Anlagevermögen gehört hat, als Anschaffungs- oder Herstellungskosten (§ 4 Abs. 3 Satz 4 und § 6 Abs. 1 Nr. 2 Satz 1) das Zweifache des nach den Absätzen 2 bis 4 zu ermittelnden Ausgangsbetrags. ²Zum Grund und Boden im Sinne des Satzes 1 gehören nicht die mit ihm in Zusammenhang stehenden Wirtschaftsgüter und Nutzungsbefugnisse.²⁾

(2) ¹Bei der Ermittlung des Ausgangsbetrags des zum land- und forstwirtschaftlichen Vermögen (§ 33 Abs. 1 Satz 1 Bewertungsgesetz in der Fassung der Bekanntmachung vom 10. Dezember 1965 – BGBl. I S. 1861 –, zuletzt geändert durch das Bewertungsänderungsgesetz 1971 vom 27. Juli 1971 – BGBl. I S. 1157) gehörenden Grund und Bodens ist seine Zuordnung zu den Nutzungen und Wirtschaftsgütern (§ 34 Abs. 2 Bewertungsgesetz) am 1. Juli 1970 maßgebend; dabei sind die Hof- und Gebäudeflächen sowie die Hausgärten im Sinne des § 40 Abs. 3 des Bewertungsgesetzes nicht in die einzelne Nutzung einzubeziehen. ²Es sind anzusetzen:

1. Bei Flächen, die nach dem Bodenschätzungsgesetz in der im Bundesgesetzblatt Teil III, Gliederungsnummer 610-8, veröffentlichten bereinigten Fassung, zuletzt geändert durch Artikel 95 Nr. 4 des Einführungsgesetzes zur Abgabenordnung vom 14. Dezember 1976 (BGBl. I S. 3341), zu schätzen sind, für jedes katastermäßig abgegrenzte Flurstück der Betrag in Deutscher Mark, der sich ergibt, wenn die für das Flurstück am 1. Juli 1970 im amtlichen Verzeichnis nach § 2 Abs. 2 der Grundbuchordnung (Liegen-

---

¹) §§ 53 und 54 des Einkommensteuergesetzes 1990 sind weiter anzuwenden (→ § 52 Abs. 32 EStG).
²) Anm.: Satz 2 angefügt durch das Steuerentlastungsgesetz 1999/2000/2002. Zur Anwendung → § 52 Abs. 60 EStG i.d.F. des Steuerentlastungsgesetzes 1999/2000/2002.

§ 55 EStG

schaftskataster) ausgewiesene Ertragsmeßzahl vervierfacht wird. Abweichend von Satz 1 sind für Flächen der Nutzungsteile

    a)   Hopfen, Spargel, Gemüsebau und Obstbau

             4,00 Deutsche Mark je Quadratmeter,

    b)   Blumen- und Zierpflanzenbau sowie Baumschulen

             5,00 Deutsche Mark je Quadratmeter

anzusetzen, wenn der Steuerpflichtige dem Finanzamt gegenüber bis zum 30. Juni 1972 eine Erklärung über die Größe, Lage und Nutzung der betreffenden Flächen abgibt,

2. für Flächen der forstwirtschaftlichen Nutzung je Quadratmeter 1,00 Deutsche Mark,

3. für Flächen der weinbaulichen Nutzung der Betrag, der sich unter Berücksichtigung der maßgebenden Lagenvergleichszahl (Vergleichszahl der einzelnen Weinbaulage, § 39 Abs. 1 Satz 3 und § 57 Bewertungsgesetz), die für ausbauende Betriebsweise mit Faßweinerzeugung anzusetzen ist, aus der nachstehenden Tabelle ergibt:

Lagenvergleichszahl	Ausgangsbetrag je Quadratmeter in DM
bis 20	2,50
21 bis 30	3,50
31 bis 40	5,00
41 bis 50	7,00
51 bis 60	8,00
61 bis 70	9,00
71 bis 100	10,00
über 100	12,50

4. für Flächen der sonstigen land- und forstwirtschaftlichen Nutzung, auf die Nummer 1 keine Anwendung findet,
je Quadratmeter   1,00 Deutsche Mark,

5. für Hofflächen, Gebäudeflächen und Hausgärten im Sinne des § 40 Abs. 3 des Bewertungsgesetzes
je Quadratmeter   5,00 Deutsche Mark,

6. für Flächen des Geringstlandes
je Quadratmeter   0,25 Deutsche Mark,

7. für Flächen des Abbaulandes
je Quadratmeter   0,50 Deutsche Mark,

8. für Flächen des Unlandes
je Quadratmeter   0,10 Deutsche Mark.

(3) [1]Lag am 1. Juli 1970 kein Liegenschaftskataster vor, in dem Ertragsmeßzahlen ausgewiesen sind, so ist der Ausgangsbetrag in sinngemäßer Anwendung des Absatzes 2 Nr. 1 Satz 1 auf der Grundlage der durchschnittlichen Ertragsmeßzahl der landwirtschaftlichen Nutzung eines Betriebs zu ermitteln, die die Grundlage für die Hauptfeststellung des Einheitswerts auf den 1. Januar 1964 bildet. [2]Absatz 2 Nr. 1 Satz 2 bleibt unberührt.

(4) Bei nicht zum land- und forstwirtschaftlichen Vermögen gehörendem Grund und Boden ist als Ausgangsbetrag anzusetzen:

1. [1]Für unbebaute Grundstücke der auf den 1. Januar 1964 festgestellte Einheitswert. [2]Wird auf den 1. Januar 1964 kein Einheitswert festgestellt oder hat sich der Bestand des Grundstücks nach dem 1. Januar 1964 und vor dem 1. Juli 1970 verändert, so ist der Wert maßgebend, der sich ergeben würde, wenn das Grundstück nach seinem Bestand vom 1. Juli 1970 und nach den Wertverhältnissen vom 1. Januar 1964 zu bewerten wäre;

2. für bebaute Grundstücke der Wert, der sich nach Nummer 1 ergeben würde, wenn das Grundstück unbebaut wäre.

(5) ¹Weist der Steuerpflichtige nach, daß der Teilwert für Grund und Boden im Sinne des Absatzes 1 am 1. Juli 1970 höher ist als das Zweifache des Ausgangsbetrags, so ist auf Antrag des Steuerpflichtigen der Teilwert als Anschaffungs- oder Herstellungskosten anzusetzen. ²Der Antrag ist bis zum 31. Dezember 1975 bei dem Finanzamt zu stellen, das für die Ermittlung des Gewinns aus dem Betrieb zuständig ist. ³Der Teilwert ist gesondert festzustellen. ⁴Vor dem 1. Januar 1974 braucht diese Feststellung nur zu erfolgen, wenn ein berechtigtes Interesse des Steuerpflichtigen gegeben ist. ⁵Die Vorschriften der Abgabenordnung und der Finanzgerichtsordnung über die gesonderte Feststellung von Besteuerungsgrundlagen gelten entsprechend.

(6) ¹Verluste, die bei der Veräußerung oder Entnahme von Grund und Boden im Sinne des Absatzes 1 entstehen, dürfen bei der Ermittlung des Gewinns in Höhe des Betrags nicht berücksichtigt werden, um den der ausschließlich auf den Grund und Boden entfallende Veräußerungspreis oder der an dessen Stelle tretende Wert nach Abzug der Veräußerungskosten unter dem Zweifachen des Ausgangsbetrags liegt. ²Entsprechendes gilt bei Anwendung des § 6 Abs. 1 Nr. 2 Satz 2.¹)

(7) Grund und Boden, der nach § 4 Abs. 1 Satz 5 des Einkommensteuergesetzes 1969 nicht anzusetzen war, ist wie eine Einlage zu behandeln; er ist dabei mit dem nach Absatz 1 oder 5 maßgebenden Wert anzusetzen.

236. Bodengewinnbesteuerung

– unbesetzt –

Hinweise

Abschreibung auf den niedrigeren Teilwert

- Abschreibung auf den niedrigeren Teilwert ist bei Grund und Boden, der mit dem Zweifachen des Ausgangsbetrags als Einlage anzusetzen war, auch dann ausgeschlossen, wenn für die Minderung des Werts des Grund und Bodens eine Entschädigung gezahlt und diese als Betriebseinnahme erfaßt wird (→ BFH vom 10.8.1978 – BStBl 1979 II S. 103).
- **Ein außer Betracht bleibender Veräußerungs- oder Entnahmeverlust kann nicht im Wege der Teilwertabschreibung vorweggenommen werden** (→ BFH vom 16.10.1997 – BStBl 1998 II S. 185).

Ausschlußfrist

Versäumt ein Land- und Forstwirt es, rechtzeitig vor Ablauf der Ausschlußfrist die Feststellung des höheren Teilwerts nach § 55 Abs. 5 EStG zu beantragen, und ist auch die Wiedereinsetzung in den vorigen Stand wegen Ablaufs der Jahresfrist nicht mehr möglich, kann er aus Billigkeitsgründen nicht so gestellt werden, als hätte das Finanzamt den höheren Teilwert festgestellt (→ BFH vom 26.5.1994 – BStBl II S. 833).

Bodengewinnbesteuerung

Zu Fragen der Bodengewinnbesteuerung → BMWF vom 29.2.1972 (BStBl I S. 102) – Tz. 1 bis 6 und 9 bis 13.²)

Personenhandelsgesellschaften

§ 55 EStG ist für gewerblich tätige Personenhandelsgesellschaften sowie auf **Sonderbetriebsvermögen** solcher Gesellschaften (R 13 Abs. 2) nicht anwendbar (→ BFH vom 11.3.1992 – BStBl II S. 797).

Teilwert im Sinne des § 55 Abs. 5 EStG entspricht in der Regel den Wiederbeschaffungskosten (→ BFH vom 25.8.1983 – BStBl 1984 II S. 33).

---

¹) Anm.: Satz 1 in der durch das Steuerentlastungsgesetz 1999/2000/2002 geänderten Fassung. Zur Anwendung → § 52 Abs. 60 EStG i. d. F. des Steuerentlastungsgesetzes 1999/2000/2002.
²) Anm.: Tz. 13 überholt durch BFH vom 10.8.1978 (BStBl 1979 II S. 103).

Verlustausschlußklausel

– Verlustausschlußklausel des § 55 Abs. 6 EStG zwingt bei Hinzuerwerb eines Miteigentumsanteils dazu, für den neu erworbenen Anteil als Buchwert die Anschaffungskosten getrennt von dem schon bisher diesem Miteigentümer gehörenden Anteil anzusetzen; gilt entsprechend bei Gesamthandseigentum. Bei einer **späteren Veräußerung** dieser Grundstücksflächen ist der **Veräußerungsgewinn** für beide Buchwerte gesondert zu ermitteln (→ BFH vom 8.8.1985 – BStBl 1986 II S. 6).

– *Für die Anwendung des § 55 Abs. 6 EStG ist unerheblich, auf welchen Umständen der Veräußerungsverlust oder Entnahmeverlust oder die Teilwertabschreibung des Grund und Bodens beruhen. Demgemäß sind vom Abzugsverbot auch Wertminderungen betroffen, die nicht auf eine Veränderung der Preisverhältnisse, sondern auf tatsächliche Veränderungen am Grundstück zurückgehen. Überläßt ein Landwirt einem Dritten das Recht, ein Sandvorkommen – das in einem bisher landwirtschaftlich genutzten und weiterhin zum Betriebsvermögen rechnenden Grundstück vorhanden ist – abzubauen, so vollzieht sich die Nutzung des Sandvorkommens im Privatbereich und der Landwirt erzielt hieraus Einkünfte aus Vermietung und Verpachtung. Die von den Einnahmen aus dem Sandvorkommen abzuziehenden Werbungskosten können auch das Betriebsvermögen des Landwirts betreffen. Die dadurch bewirkte Vermögensminderung kann jedoch , weil nicht betrieblich veranlaßt, den betrieblichen Gewinn nicht mindern. Ihr ist deswegen eine gewinnerhöhende Entnahme gegenüberzustellen. Die Höhe der Entnahme legt insoweit den Umfang der Werbungskosten bei den Einkünften aus Vermietung und Verpachtung fest (→ BFH vom 16.10.1997 – BStBl 1998 II S. 185).*

EStG
S 2259a

§ 56
Sondervorschriften für Steuerpflichtige in dem in Artikel 3 des Einigungsvertrags genannten Gebiet

Bei Steuerpflichtigen, die am 31. Dezember 1990 einen Wohnsitz oder ihren gewöhnlichen Aufenthalt in dem in Artikel 3 des Einigungsvertrags genannten Gebiet und im Jahre 1990 keinen Wohnsitz oder gewöhnlichen Aufenthalt im bisherigen Geltungsbereich dieses Gesetzes hatten, gilt folgendes:

1. § 7 Abs. 5 ist auf Gebäude anzuwenden, die in dem Artikel 3 des Einigungsvertrags genannten Gebiet nach dem 31. Dezember 1990 angeschafft oder hergestellt worden sind.

2. § 52 Abs. 2 bis 33 ist nicht anzuwenden, soweit darin die Anwendung einzelner Vorschriften für Veranlagungszeiträume oder Wirtschaftsjahre vor 1991 geregelt ist.

EStG
S 2259b

§ 57
Besondere Anwendungsregeln aus Anlaß der Herstellung der Einheit Deutschlands

(1) Die §§ 7c, 7f, 7g, 7k und 10e dieses Gesetzes, die §§ 76, 78, 82a und 82f der Einkommensteuer-Durchführungsverordnung sowie die §§ 7 und 12 Abs. 3 des Schutzbaugesetzes sind auf Tatbestände anzuwenden, die in dem in Artikel 3 des Einigungsvertrags genannten Gebiet nach dem 31. Dezember 1990 verwirklicht worden sind.

(2) Die §§ 7b und 7d dieses Gesetzes sowie die §§ 81, 82d, 82g und 82i der Einkommensteuer-Durchführungsverordnung sind nicht auf Tatbestände anzuwenden, die in dem in Artikel 3 des Einigungsvertrags genannten Gebiet verwirklicht worden sind.

§§ 57, 58 EStG
H 237 R 237

(3) Bei der Anwendung des § 7g Abs. 2 Nr. 1, des § 13a Abs. 4 und 8 und des § 14a Abs. 1 [1] ist in dem in Artikel 3 des Einigungsvertrags genannten Gebiet anstatt vom maßgebenden Einheitswert des Betriebs der Land- und Forstwirtschaft und den darin ausgewiesenen Werten vom Ersatzwirtschaftswert nach § 125 des Bewertungsgesetzes auszugehen.

(4) [1]§ 10d Abs. 1 ist mit der Maßgabe anzuwenden, daß der Sonderausgabenabzug erstmals von dem für die zweite Hälfte des Veranlagungszeitraums 1990 ermittelten Gesamtbetrag der Einkünfte vorzunehmen ist. [2]§ 10d Abs. 2 und 3 ist auch für Verluste anzuwenden, die in dem in Artikel 3 des Einigungsvertrags genannten Gebiet im Veranlagungszeitraum 1990 entstanden sind.

(5) § 22 Nr. 4 ist auf vergleichbare Bezüge anzuwenden, die auf Grund des Gesetzes über Rechtsverhältnisse der Abgeordneten der Volkskammer der Deutschen Demokratischen Republik vom 31. Mai 1990 (GBl. I Nr. 30 S. 274) gezahlt worden sind.

(6) § 34f Abs. 3 Satz 3 ist erstmals auf die in dem in Artikel 3 des Einigungsvertrags genannten Gebiet für die zweite Hälfte des Veranlagungszeitraums 1990 festgesetzte Einkommensteuer anzuwenden.

237. Verlustabzug nach § 57 Abs. 4 EStG   R 237

– unbesetzt –

Hinweise   H 237

Steuerabzugsbetrag nach § 9 DBStÄndG DDR
Der Verlustrücktrag geht der Anrechnung des Steuerabzugsbetrags vor (→ BFH vom 30.7.1997 – BStBl II S. 730).

Verlustabzug
bei festgestellten negativen Einkünften des Jahres 1990 aus dem Beitrittsgebiet oder aus den alten Bundesländern bei unbeschränkter Steuerpflicht im jeweils anderen Gebiet zur Vermeidung doppelter Verlustberücksichtigung → BMF vom 13.5.1992 (BStBl I S. 336).

§ 58   EStG
Weitere Anwendung von Rechtsvorschriften, die vor Herstellung der Einheit Deutschlands in dem in Artikel 3 des Einigungsvertrages genannten Gebiet gegolten haben

S 2259c

(1) Die Vorschriften über Sonderabschreibungen nach § 3 Abs. 1 des Steueränderungsgesetzes vom 6. März 1990 (GBl. I Nr. 17 S. 136) in Verbindung mit § 7 der Durchführungsbestimmung zum Gesetz zur Änderung der Rechtsvorschriften über die Einkommen-, Körperschaft- und Vermögensteuer – Steueränderungsgesetz – vom 16. März 1990 (GBl. I Nr. 21 S. 195) sind auf Wirtschaftsgüter weiter anzuwenden, die nach dem 31. Dezember 1989 und vor dem 1. Januar 1991 in dem in Artikel 3 des Einigungsvertrages genannten Gebiet angeschafft oder hergestellt worden sind.

(2) [1]Rücklagen nach § 3 Abs. 2 des Steueränderungsgesetzes vom 6. März 1990 (GBl. I Nr. 17 S. 136) in Verbindung mit § 8 der Durchführungsbestimmung zum Gesetz zur Ände-

---

[1] Anm.: Durch das Steuerentlastungsgesetz 1999/2000/2002 wurde Absatz 3 mit Wirkung ab dem VZ 1999 wie folgt gefaßt:
„(3) Bei der Anwendung des § 7g Abs. 2 Nr. 1 und des § 14a Abs. 1 ist in dem in Artikel 3 des Einigungsvertrags genannten Gebiet anstatt vom maßgebenden Einheitswert des Betriebs der Land- und Forstwirtschaft und den darin ausgewiesenen Werten vom Ersatzwirtschaftswert nach § 125 des Bewertungsgesetzes auszugehen."

rung der Rechtsvorschriften über die Einkommen-, Körperschaft- und Vermögensteuer – Steueränderungsgesetz – vom 16. März 1990 (GBl. I Nr. 21 S. 195) dürfen, soweit sie zum 31. Dezember 1990 zulässigerweise gebildet worden sind, auch nach diesem Zeitpunkt fortgeführt werden. ²Sie sind spätestens im Veranlagungszeitraum 1995 gewinn- oder sonst einkünfteerhöhend aufzulösen. ³Sind vor dieser Auflösung begünstigte Wirtschaftsgüter angeschafft oder hergestellt worden, sind die in die Rücklage eingestellten Beträge von den Anschaffungs- oder Herstellungskosten abzuziehen; die Rücklage ist in Höhe des abgezogenen Betrags im Veranlagungszeitraum der Anschaffung oder Herstellung gewinn- oder sonst einkünfteerhöhend aufzulösen.

(3) Die Vorschrift über den Steuerabzugsbetrag nach § 9 Abs. 1 der Durchführungsbestimmung zum Gesetz zur Änderung der Rechtsvorschriften über die Einkommen-, Körperschaft- und Vermögensteuer – Steueränderungsgesetz – vom 16. März 1990 (GBl. I Nr. 21 S. 195) ist für Steuerpflichtige weiter anzuwenden, die vor dem 1. Januar 1991 in dem in Artikel 3 des Einigungsvertrages genannten Gebiet eine Betriebsstätte begründet haben, wenn sie von dem Tag der Begründung der Betriebsstätte an zwei Jahre lang die Tätigkeit ausüben, die Gegenstand der Betriebsstätte ist.

EStG §§ **59 bis 61**

(weggefallen)

X. Kindergeld

§ 62
Anspruchsberechtigte

EStG
S 2470

(1) Für Kinder im Sinne des § 63 hat Anspruch auf Kindergeld nach diesem Gesetz, wer
1. im Inland einen Wohnsitz oder seinen gewöhnlichen Aufenthalt hat oder
2. ohne Wohnsitz oder gewöhnlichen Aufenthalt im Inland
   a) nach § 1 Abs. 2 unbeschränkt einkommensteuerpflichtig ist oder
   b) nach § 1 Abs. 3 als unbeschränkt einkommensteuerpflichtig behandelt wird.

(2) ¹Ein Ausländer hat nur Anspruch auf Kindergeld, wenn er im Besitz einer Aufenthaltsberechtigung oder Aufenthaltserlaubnis ist. ²Ein ausländischer Arbeitnehmer, der zur vorübergehenden Dienstleistung in das Inland entsandt ist, hat keinen Anspruch auf Kindergeld; sein Ehegatte hat Anspruch auf Kindergeld, wenn er im Besitz einer Aufenthaltsberechtigung oder Aufenthaltserlaubnis ist und *in einem Versicherungspflichtverhältnis zur Bundesanstalt für Arbeit nach § 24 des Dritten Buches Sozialgesetzbuch steht oder versicherungsfrei nach § 28 Nr. 1 des Dritten Buches Sozialgesetzbuch ist.*

---

238. Anspruchsberechtigung

R 238

(1)¹ Anspruch auf Kindergeld für seine Kinder hat, wer unbeschränkt steuerpflichtig ist bzw. als unbeschränkt steuerpflichtig behandelt wird. ²Unbeschränkt steuerpflichtig ist, wer im Inland einen Wohnsitz (→ § 8 AO) oder gewöhnlichen Aufenthalt (→ § 9 AO) hat. ³Als unbeschränkt steuerpflichtig im Sinne des § 1 Abs. 2 EStG gelten bei Vorliegen der einschränkenden Voraussetzungen des § 1 Abs. 2 Satz 2 EStG deutsche Staatsangehörige, die im Ausland leben, aber zu einer inländischen Person des öffentlichen Rechts in einem Dienstverhältnis stehen und dafür Arbeitslöhne aus einer inländischen öffentlichen Kasse beziehen sowie ihre Angehörigen, soweit diese ebenfalls die deutsche Staatsangehörigkeit besitzen **oder** keine oder nur im Inland einkommensteuerpflichtige Einkünfte beziehen. ⁴Als unbeschränkt einkommensteuerpflichtig im Sinne des § 1 Abs. 3 EStG werden solche Personen behandelt, die zwar im Ausland leben, aber über inländische Einkünfte im Sinne des § 49 EStG verfügen und die weiteren Voraussetzungen des § 1 Abs. 3 Satz 2 bis 4 EStG erfüllen.

(2) ¹Ausländer haben nur dann Anspruch auf Kindergeld, wenn sie im Besitz einer → Aufenthaltsberechtigung oder → Aufenthaltserlaubnis sind. ²Erfüllt ein Ausländer diese Voraussetzung nicht, so wird die steuerliche Freistellung des Existenzminimums seiner Kinder ausschließlich durch den steuerrechtlichen Kinderfreibetrag gem. § 32 Abs. 6 EStG bewirkt. ³Ausländer im Sinne des § 62 Abs. 2 EStG ist, wer nicht die deutsche Staatsangehörigkeit besitzt.

Hinweise

H 238

Aufenthaltsberechtigung
→ § 27 AuslG

Aufenthaltserlaubnis
→ § 15 AuslG

Ausnahmen
Kein Erfordernis des Besitzes einer Aufenthaltsberechtigung oder Aufenthaltserlaubnis für Staatsangehörige des **Europäischen Wirtschaftsraumes** (→ *H 239*) und der Schweiz → DA-FamEStG 62.3.3 (BStBl *1998* I S. **400**)

DA 62.3.3 Staatsangehörige aus einem anderen EWR-Staat und der Schweiz

¹Das Erfordernis des Besitzes einer Aufenthaltsberechtigung oder Aufenthaltserlaubnis gilt nicht für Staatsangehörige des Europäischen Wirtschaftsraumes (EWR) und die sie begleitenden Familienangehörigen. ²Nach den Rechtsvorschriften der EU i. V. m. dem EWR-Abkommen haben diese Personen, wenn sie im Inland wohnen, unter denselben Voraussetzungen Anspruch auf Kindergeld wie Deutsche. ³Dasselbe gilt für Staatsangehörige der Schweiz aufgrund des deutsch-schweizerischen Abkommens über Soziale Sicherheit.

⁴Zum europäischen Wirtschaftsraum gehören neben der Bundesrepublik Deutschland folgende Staaten:

Belgien, Dänemark, Finnland, Frankreich, Griechenland, Großbritannien, Irland, Island, Italien, Liechtenstein, Luxemburg, Niederlande, Norwegen, Österreich, Portugal, Schweden und Spanien.

Unbeschränkte Steuerpflicht

→ H 1

EStG
S 2471

§ 63
Kinder

(1) ¹Als Kinder werden berücksichtigt
1. Kinder im Sinne des § 32 Abs. 1,
2. vom Berechtigten in seinen Haushalt aufgenommene Kinder seines Ehegatten,
3. vom Berechtigten in seinen Haushalt aufgenommene Enkel.

²§ 32 Abs. 3 bis 5 gilt entsprechend. ³Kinder, die weder einen Wohnsitz noch ihren gewöhnlichen Aufenthalt im Inland, in einem Mitgliedstaat der Europäischen Union oder in einem Staat, auf den das Abkommen über den Europäischen Wirtschaftsraum Anwendung findet, haben, werden nicht berücksichtigt, es sei denn, sie leben im Haushalt eines Berechtigten im Sinne des § 62 Abs. 1 Nr. 2 Buchstabe a.

(2) Die Bundesregierung wird ermächtigt, durch Rechtsverordnung, die nicht der Zustimmung des Bundesrates bedarf, zu bestimmen, daß einem Berechtigten, der im Inland erwerbstätig ist oder sonst seine hauptsächlichen Einkünfte erzielt, für seine in Absatz 1 Satz 3 erster Halbsatz bezeichneten Kinder Kindergeld ganz oder teilweise zu leisten ist, soweit dies mit Rücksicht auf die durchschnittlichen Lebenshaltungskosten für Kinder in deren Wohnsitzstaat und auf die dort gewährten, dem Kindergeld vergleichbaren Leistungen geboten ist.

R 239

239. Berücksichtigungsfähige Kinder

¹Als Kinder berücksichtigt werden alle im ersten Grad mit dem Anspruchsberechtigten verwandte Kinder. ²Desweiteren sind zu berücksichtigen Pflegekinder, Stiefkinder und Enkelkinder. ³Voraussetzung für die in Satz 2 genannten Kinder ist deren Zugehörigkeit zum Haushalt des Anspruchsberechtigten. ⁴Über 18 Jahre alte Kinder werden nur berücksichtigt, wenn sie die in § 32 Abs. 4 und 5 EStG genannten Voraussetzungen erfüllen.

H 239

Hinweise

Abkommen über den Europäischen Wirtschaftsraum

→ Abkommen vom 2.5.1992 *i.d.F. des Anpassungsprotokolls vom 17.3.1993* (BGBl. 1993 II S. 1294)

§ 63 EStG
H 239

Berücksichtigung von Kindern
→ R 176–180f
→ DA-FamEStG 63.1–63.5 (BStBl 1998 I S. 405–438)

Europäischer Wirtschaftsraum
Belgien, Deutschland, Dänemark, Finnland, Frankreich, Griechenland, Großbritannien, Irland, Island, Italien, Liechtenstein, Luxemburg, Niederlande, Norwegen, Österreich, Portugal, Schweden und Spanien

Territoriale Voraussetzungen
→ DA-FamEStG 63.6.1 (BStBl *1998* I S. *438*)

DA 63.6.1 Territoriale Voraussetzungen

(1) ¹Für den Kindergeldanspruch sind nach § 63 Abs. 1 Satz 3 EStG grundsätzlich nur Kinder zu berücksichtigen, die einen Wohnsitz oder ihren gewöhnlichen Aufenthalt im Inland oder in einem anderen EU- bzw. EWR-Staat haben. ²Für die Begriffe des Wohnsitzes und des gewöhnlichen Aufenthaltes gelten die Begriffsbestimmungen der §§ 8, 9 AO; vgl. hierzu AEAO.

(2) ¹Kinder, die sich lediglich zum Zwecke einer zeitlich begrenzten Schul- oder Berufsausbildung im Ausland aufhalten, behalten in der Regel ihren Wohnsitz im Inland bei. ²Wohnt ein Kind im Ausland unter Umständen, die erkennen lassen, daß es dort nicht nur vorübergehend verweilt, so liegt der Wohnsitz des Kindes im Ausland, auch wenn die Eltern ihren Wohnsitz im Inland haben. ³Begibt sich ein Kind eines ausländischen Staatsangehörigen in sein Heimatland und hält es sich dort länger auf als z. B. im allgemeinen die Schulferien dauern, gibt es damit in der Regel auch seinen Wohnsitz und gewöhnlichen Aufenthalt im Inland auf. ⁴Die Rückkehr eines Ausländerkindes in sein Heimatland zur Ausbildung ist ihrer Natur nach – ebenso wie das Verbleiben im Heimatland bei Übersiedlung der Eltern ins Inland – auf unbestimmte Zeit angelegt. ⁵Daraus folgt, daß ein zur Ausbildung in die Heimat zurückgekehrtes wie auch ein dort verbliebenes Kind nicht mehr den Wohnsitz der Eltern im Inland teilt und hier auch nicht mehr seinen gewöhnlichen Aufenthalt hat (vgl. BFH vom 22. April 1994 – BStBl II S. 887). ⁶Satz 3 bis 5 sind Regel-Vermutungen, die nicht von einer Prüfung im Einzelfall entheben, ob nicht doch Umstände für die Absicht des Kindes sprechen, nach der Ausbildung zu den Eltern zurückzukehren.

(3) ¹Wird im Ausland ein Kind geboren, dessen Mutter im Inland einen Wohnsitz oder ihren gewöhnlichen Aufenthalt hat und lediglich zur Entbindung vorübergehend im Ausland weilt, so hat auch das Kind seinen Wohnsitz bzw. gewöhnlichen Aufenthalt von der Geburt an im Inland, wenn es innerhalb angemessener Zeit hierhin gebracht wird. ²Ein minderjähriges Kind ausländischer Staatsangehörigkeit, das nach deutschem Recht wirksam als Kind angenommen wird, erwirbt mit der Adoption die deutsche Staatsangehörigkeit (§ 6 des Reichs- und Staatsangehörigkeitsgesetzes vom 22.7.1913, BGBl. III Gliederungs-Nr. 102-1). ³Nehmen im Inland lebende deutsche Eltern ein solches Kind zunächst in Adoptionspflege und bescheinigt das Jugendamt, daß der beabsichtigten Adoption nach deutschem Recht keine Hinderungsgründe entgegenstehen, kann spätestens mit Beginn der Adoptionspflege von einem Wohnsitz bzw. dem gewöhnlichen Aufenthalt des Kindes im Inland ausgegangen werden.

(4) ¹Kinder von Ausländern und Staatenlosen können einen inländischen Wohnsitz oder gewöhnlichen Aufenthalt unabhängig von den ausländerrechtlichen Voraussetzungen begründen. ²Eine Berücksichtigung ist dann vom Monat der Einreise oder der Geburt an möglich.

(5) Ein Inlandswohnsitz kann auch für Kinder angenommen werden, die sich mit ihrer Mutter während deren Erziehungsurlaubs im Heimatland aufhalten, wenn glaubhaft gemacht wird, daß sie anschließend mit der Mutter ins Inland zurückkehren; nach dem Ende des Erziehungsurlaubs ist zu überprüfen, ob der Inlandswohnsitz fortbesteht oder ggf. schon von vornherein oder zwischenzeitlich aufgegeben wurde.

Die territorialen Voraussetzungen gelten nicht, wenn die Voraussetzungen nach einem zwischenstaatlichen Abkommen über die Soziale Sicherheit → H 175 (Familienleistungsausgleich) erfüllt sind → DA-FamEStG 63.6.2 Abs. 2 (BStBl 1998 I S. 439).

§ 64 EStG
R 240   H 240

EStG
S 2472

§ 64
Zusammentreffen mehrerer Ansprüche

(1) Für jedes Kind wird nur einem Berechtigten Kindergeld gezahlt.

(2) ¹Bei mehreren Berechtigten wird das Kindergeld demjenigen gezahlt, der das Kind in seinen Haushalt aufgenommen hat. ²Ist ein Kind in den gemeinsamen Haushalt von Eltern, einem Elternteil und dessen Ehegatten, Pflegeeltern oder Großeltern aufgenommen worden, so bestimmen diese untereinander den Berechtigten. ³Wird eine Bestimmung nicht getroffen, so bestimmt das Vormundschaftsgericht auf Antrag den Berechtigten. ⁴Den Antrag kann stellen, wer ein berechtigtes Interesse an der Zahlung des Kindergeldes hat. ⁵Lebt ein Kind im gemeinsamen Haushalt von Eltern und Großeltern, so wird das Kindergeld vorrangig einem Elternteil gezahlt; es wird an einen Großelternteil gezahlt, wenn der Elternteil gegenüber der zuständigen Stelle auf seinen Vorrang schriftlich verzichtet hat.

(3) ¹Ist das Kind nicht in den Haushalt eines Berechtigten aufgenommen, so erhält das Kindergeld derjenige, der dem Kind eine Unterhaltsrente zahlt. ²Zahlen mehrere Berechtigte dem Kind Unterhaltsrenten, so erhält das Kindergeld derjenige, der dem Kind die höchste Unterhaltsrente zahlt. ³Werden gleich hohe Unterhaltsrenten gezahlt, so bestimmen die Berechtigten untereinander, wer das Kindergeld erhalten soll. ⁴Wird eine Bestimmung nicht getroffen oder zahlt keiner der Berechtigten dem Kind Unterhalt, so gilt Absatz 2 Satz 3 und 4 entsprechend.

R 240

240. Zusammentreffen mehrerer Ansprüche

¹Haben mehrere Personen für dasselbe Kind einen Kindergeldanspruch, so entscheidet das Kriterium der Haushaltszugehörigkeit über die Vorrangigkeit des Anspruchs. ²Lebt das Kind in einem gemeinsamen Haushalt der Eltern, bestimmen diese – auch wenn sie nicht verheiratet sind – untereinander den Berechtigten, ansonsten auf Antrag das Vormundschaftsgericht. ³Den Antrag kann stellen, wer ein berechtigtes Interesse an der Zahlung des Kindergeldes hat. ⁴Dies ist dann zu bejahen, wenn der Antragsteller dem Kind gegenüber unterhaltsverpflichtet ist bzw. zu seinen Gunsten eine Auszahlung erfolgen könnte (§§ 74, 76 EStG).

H 240

Hinweise

Barunterhalt

Ist ein Kind nicht im Haushalt einer der berechtigten Personen aufgenommen, so steht demjenigen die Leistung zu, der das Kind in bar unterhält. Etwaige Sach- oder Betreuungskosten sowie gelegentliche höhere finanzielle Zuwendungen bleiben außer Betracht.

→ DA-Fam EStG 64.3 (BStBl **1998** I S. **441**)

DA 64.3 Nicht in den Haushalt eines Berechtigten aufgenommene Kinder

(1) ¹Ist ein Kind von keinem der Anspruchsberechtigten in den Haushalt aufgenommen, so erhält derjenige das Kindergeld, der dem Kind (laufend) Barunterhalt zahlt. ²Zahlen mehrere Berechtigte dem Kind Unterhalt, steht das Kindergeld vorrangig demjenigen zu, der dem Kind (laufend) den höheren Unterhalt zahlt. ³Einmalige oder gelegentliche (höhere) finanzielle Zuwendungen an das Kind sind für die Bestimmung des Vorrangs unerheblich. ⁴Eventuelle Sach- oder Betreuungsleistungen bleiben ebenfalls außer Ansatz.

(2) ¹Sollten Anspruchsberechtigte (laufend) Barunterhalt in derselben Höhe zahlen, so können sie unter sich den Berechtigten bestimmen; DA 64.2 Abs. 6 gilt hier entsprechend. ²Eine getroffene Berechtigten-Bestimmung wird nicht dadurch gegenstandslos, daß einer der Berechtigten einmalig oder gelegentlich Unterhalt in geringerer Höhe zahlt.

(3) ¹Wird eine Berechtigten-Bestimmung nicht getroffen, so bestimmt das Amtsgericht als Vormundschaftsgericht auf Antrag einer Person, die ein berechtigtes Interesse an der

Zahlung des Kindergeldes hat, den vorrangig Berechtigten. ²Das gleiche gilt, wenn keiner der Anspruchsberechtigten Unterhalt für das Kind zahlt; DA 64.2 Abs. 4 gilt entsprechend. ³Die Bestimmung durch das Vormundschaftsgericht ist bindend, bis es zu einer Änderung in den tatsächlichen Verhältnissen kommt. ⁴Wird z. B. das Kind wieder in den Haushalt eines Elternteils aufgenommen, so ist damit die Entscheidung des Vormundschaftsgerichts gegenstandslos geworden.

Bestimmung des Berechtigten durch das Vormundschaftsgericht

Das Amtsgericht als Vormundschaftsgericht bestimmt auf Antrag der Person, die ein berechtigtes Interesse an der Zahlung hat, den vorrangig Berechtigten. Der Beschluß des Vormundschaftsgerichts wird nach § 16 des Gesetzes über die Angelegenheiten der freiwilligen Gerichtsbarkeit mit Bekanntgabe an die Beteiligten wirksam. Für die Zeit vor Bekanntgabe des Beschlusses kann dem Berechtigten Kindergeld gezahlt werden, wenn für die Zeit vor der Beschlußfassung keine entgegengesetzte Auffassung des Gerichts augenscheinlich war. Bei erneuter Beschlußfassung durch das Gericht wird der frühere Beschluß durch den neuen aufgehoben. Der neue Beschluß entfaltet jedoch Rechtswirkungen nur für die Zukunft. Das bereits gezahlte Kindergeld wurde mit befreiender Wirkung an den ehemals Berechtigten geleistet.

→ DA-FamEStG 64.2 Abs. 4 (BStBl **1998** I S. **440**)

Haushaltszugehörigkeit des Kindes

→ R 195 Abs. 3
→ DA-FamEStG 63.2.2.2 (BStBl **1998** I S. **407**)

DA 63.2.2.2 Haushaltsaufnahme

(1) ¹Unter Haushaltsaufnahme ist das örtlich gebundene Zusammenleben von Pflegekind und Pflegeperson in einer gemeinsamen Familienwohnung zu verstehen. ²Das Kind muß ferner in diesem Haushalt seine persönliche Versorgung und Betreuung finden und sich nicht nur zeitweise, sondern durchgängig im Haushalt der Pflegeperson aufhalten. ³Ein Kind, das sich wechselweise bei der Pflegeperson und bei seinen Eltern aufhält, ist deshalb nicht in dem Haushalt der Pflegeperson aufgenommen.

(2) ¹Eine räumliche Trennung steht dem Fortbestand der Haushaltsaufnahme dann nicht entgegen, wenn die auswärtige Unterbringung nur von vorübergehender Natur ist. ²Von einem vorübergehenden Zustand kann im allgemeinen ausgegangen werden, wenn das Kind im Rahmen seiner Möglichkeiten regelmäßig in den Haushalt der Pflegeperson zurückkehrt. ³Durch eine zeitweilige auswärtige Unterbringung zur Schul- oder Berufsausbildung wird die Haushaltszugehörigkeit in der Regel nicht unterbrochen (vgl. aber DA 63.6.1 Abs. 2). ⁴Die Haushaltsaufnahme endet jedoch in der Regel, wenn ein Kind in Heimerziehung überwechselt; ansonsten ist das Vorliegen des Unterhaltserfordernisses zu prüfen, vgl. DA 63.2.2.5.

§ 65
Andere Leistungen für Kinder

(1) ¹Kindergeld wird nicht für ein Kind gezahlt, für das eine der folgenden Leistungen zu zahlen ist oder bei entsprechender Antragstellung zu zahlen wäre:
1. Kinderzulagen aus der gesetzlichen Unfallversicherung oder Kinderzuschüsse aus den gesetzlichen Rentenversicherungen,
2. Leistungen für Kinder, die im Ausland gewährt werden und dem Kindergeld oder einer der unter Nummer 1 genannten Leistungen vergleichbar sind,
3. Leistungen für Kinder, die von einer zwischen- oder überstaatlichen Einrichtung gewährt werden und dem Kindergeld vergleichbar sind.

²Soweit es für die Anwendung von Vorschriften dieses Gesetzes auf den Erhalt von Kindergeld ankommt, stehen die Leistungen nach Satz 1 dem Kindergeld gleich. ³*Steht ein Berechtigter in einem Versicherungspflichtverhältnis zur Bundesanstalt für Arbeit nach*

§ 65 EStG
R 241   H 241

§ 24 des Dritten Buches Sozialgesetzbuch oder ist er versicherungsfrei nach § 28 Nr. 1 des Dritten Buches Sozialgesetzbuch oder steht er im Inland in einem öffentlich-rechtlichen Dienst- oder Amtsverhältnis, so wird sein Anspruch auf Kindergeld für ein Kind nicht nach Satz 1 Nr. 3 mit Rücksicht darauf ausgeschlossen, daß sein Ehegatte als Beamter, Ruhestandsbeamter oder sonstiger Bediensteter der Europäischen Gemeinschaften für das Kind Anspruch auf Kinderzulage hat.

(2) Ist in den Fällen des Absatzes 1 Satz 1 Nr. 1 der Bruttobetrag der anderen Leistung niedriger als das Kindergeld nach § 66, wird Kindergeld in Höhe des Unterschiedsbetrags gezahlt, wenn er mindestens 10 Deutsche Mark beträgt.

R 241   241. Andere Leistungen für Kinder

¹Der Anspruch auf Kindergeld ist grundsätzlich ausgeschlossen, wenn irgendeiner Person für das Kind eine der in § 65 Abs. 1 Satz 1 EStG genannten Leistungen zusteht. ²Dabei kann es sich um inländische, ausländische oder um vergleichbare Leistungen handeln. ³Inländische Leistungen sind Kinderzulagen aus der gesetzlichen Unfallversicherung (§ 217 Abs. 3 SGB VII) sowie Kinderzuschüsse aus der gesetzlichen Rentenversicherung (§ 270 SGB VI). ⁴Zu den ausländischen Leistungen gehören z. B. **der Steuerabzugsbetrag für Kinder sowie** bestimmte Kinderrenten in einer Alters- oder Invalidenrente nach bundesrechtlichen Vorschriften der USA, staatliche türkische Kinderzuschläge für Kinder von Bediensteten des Staates und der staatlichen Betriebe sowie die in der Schweiz **nach Kantonsrecht oder nach Bundesrecht** gezahlten **Familienzulagen**. ⁵Keine vergleichbaren Leistungen sind z. B. die in einzelnen EWR-Staaten oder Vertragsstaaten zur Aufstockung des Kindergeldes gezahlten Ausgleichsbeträge. ⁶Der Ausschluß wirkt nicht nur gegenüber derjenigen Person, der selbst die Leistung zusteht, sondern auch gegenüber jeder anderen Person, zu der das Kind in einem Kindschaftsverhältnis steht. ⁷Für den Ausschluß des Kindergeldanspruchs kommt es nicht auf die tatsächliche Zahlung der anderen Leistung an, sondern darauf, ob ein Rechtsanspruch besteht.

H 241   Hinweise

Teilkindergeld
→ DA-FamEStG 65.2 (BStBl **1998** I S. **446**)

DA 65.2   Teilkindergeld

(1) ¹Stehen einer Person noch Kinderzulagen aus der gesetzlichen Unfallversicherung oder Kinderzuschüsse aus einer gesetzlichen Rentenversicherung zu, deren Bruttobetrag geringer ist als die nach § 66 EStG in Betracht kommenden Kindergeldsätze ist Teilkindergeld in Höhe des Unterschiedsbetrages zu leisten, wenn der dem Berechtigten zustehende Gesamtunterschiedsbetrag mindestens 10,– DM monatlich beträgt; DA 71.2 Abs. 6 ist zu beachten. ²Anders als im Kindergeldrecht wurde die Einkommensgrenze für über 18 Jahre alte Kinder im Rentenrecht ab 1996 nicht angehoben. ³Ein Anspruch auf Kinderzuschuß besteht deshalb nur, wenn dem volljährigen Kind eine monatliche (Brutto-)Ausbildungsvergütung von nicht mehr als 750,– DM bzw. ein monatliches Unterhaltsgeld oder Übergangsgeld von weniger als 610,– DM zusteht. ⁴Es ist daher möglich, daß das Kind eines Rentenempfängers zwar die rentenrechtliche Einkommensgrenze überschreitet und keinen Kinderzuschuß mehr auslöst, aber die kindergeldrechtliche Grenze der Einkünfte und Bezüge nicht überschreitet und einen Kindergeldanspruch begründet. ⁵Eine entsprechende Situation kann bei der Kinderzulage zur Rente aus der Unfallversicherung eintreten. ⁶Bei gegebenem Anlaß ist deshalb auf eine Aufklärung der Berechtigten hinzuwirken.

(2) ¹§ 65 EStG sieht kein Teilkindergeld vor, wenn für ein Kind eine Leistung i. S. v. § 65 Abs. 1 Nr. 2 oder 3 EStG zusteht, die niedriger ist als der Kindergeldsatz für dieses Kind. ²Stehen dagegen für ein Kind Familienleistungen eines anderen EWR-Staates zu, richtet

sich der Anspruch auf einen Kindergeld-Unterschiedsbetrag nach den Regelungen der Verordnung (EWG) Nr. 1408/71 (VO) und der Durchführungsverordnung (EWG) Nr. 574/72 (DVO). [3]Soweit sich dabei die Anspruchskonkurrenz nach Art. 12 Abs. 2 VO in Verbindung mit Art. 7 Abs. 1 DVO bestimmt (danach ist der an sich zustehende Betrag durch die Anzahl der in den Mitgliedsstaaten zustehende Leistungen zu teilen), steht dem Berechtigten ab Januar 1996 immer die Hälfte des jeweiligen Kindergeldsatzes zu. [4]DA 72.2 ist zu beachten.

Vergleichbare ausländische Leistungen

→ Bundesamt für Finanzen vom 30.6.1998 (BStBl I S. 888)

§ 66
Höhe des Kindergeldes, Zahlungszeitraum

EStG
S 2474

(1) Das Kindergeld beträgt für das erste und zweite Kind jeweils 220 Deutsche Mark, für das dritte Kind 300 Deutsche Mark und für das vierte und jedes weitere Kind jeweils 350 Deutsche Mark monatlich.

(2) Das Kindergeld wird vom Beginn des Monats an gezahlt, in dem die Anspruchsvoraussetzungen erfüllt sind, bis zum Ende des Monats, in dem die Anspruchsvoraussetzungen wegfallen.

(3) *(weggefallen)*

(4) *(weggefallen)*

242. Höhe des Kindergeldes, Zahlungszeitraum

R 242

Höhe des Kindergeldes

(1) [1]Welches Kind bei einer Person als erstes bzw. weiteres Kind zu berücksichtigen ist, bestimmt sich danach, an welcher Stelle das Kind bei dieser Person in der Reihenfolge der Geburten steht. [2]Entsprechend werden bei dem Berechtigten zu berücksichtigende Zählkinder mitgezählt. [3]Zählkinder sind solche Kinder, für die dem Berechtigten selbst kein Kindergeld zusteht, weil ein Ausschlußtatbestand nach § 65 EStG vorliegt oder eine andere Person, zu der das Kind gleichfalls in einem Kindschaftsverhältnis steht, nach § 64 Abs. 2 oder 3 EStG oder nach über- oder zwischenstaatlichem Recht einen vorrangigen Kindergeldanspruch hat.

(2) [1]Für Vollwaisen ist im Rahmen des steuerlichen Familienleistungsausgleichs Kindergeld nicht vorgesehen. [2]Ihr Kindergeldanspruch ergibt sich aus dem Bundeskindergeldgesetz.

Zahlungszeitraum

(3) [1]Der Anspruch auf Kindergeld besteht für jeden Monat, in dem wenigstens an einem Tag die Anspruchsvoraussetzungen vorgelegen haben. [2]Übersteigen die Einkünfte/Bezüge des Kindes die maßgebliche Einkommensgrenze, fällt der Kindergeldanspruch für das ganze Kalenderjahr bzw. den Zeitraum weg, für den das Kind nach § 32 Abs. 4 EStG zu berücksichtigen gewesen wäre.

---

1) Absatz 1 wurde durch das Steuerentlastungsgesetz 1999 ab VZ 1999 geändert.
   Anm.: Durch das Steuerentlastungsgesetz 1999 mit Wirkung ab VZ 1999 auf 250 Deutsche Mark erhöht.
2) Absätze 3 und 4 wurden durch das 1. SGB III-ÄndG mit Wirkung ab 1998 aufgehoben; § 66 Abs. 3 ist letztmals für das Kalenderjahr 1997 anzuwenden, so daß Kindergeld auf einen nach dem 31.12.1997 gestellten Antrag rückwirkend längstens bis einschließlich Juli 1997 gezahlt werden kann → § 52 Abs. 32b EStG in der Fassung des 1. SGB III-ÄndG.

Hinweise

Ausschlußfrist im Falle eines Berechtigtenwechsels
→ Bundesamt für Finanzen vom 30.6.1997 (BStBl I S. 654) und vom 25.8.1997 (BStBl I S. 797).

Höhe des Kindergeldes
→ DA-FamEStG 66.1 (BStBl *1998* I S. *447*)

DA 66.1 Höhe des Kindergeldes

(1) § 66 Abs. 1 EStG legt die Höhe des Kindergeldes für die einzelnen Kinder fest.

(2) [1]Welches Kind bei einem Elternteil erstes oder weiteres Zahlkind ist, bestimmt sich danach, an welcher Stelle das bei diesem Elternteil zu berücksichtigende Kind in der Reihenfolge der Geburten steht. [2]Das älteste Kind ist also stets das erste Kind. [3]In der Reihenfolge der Kinder werden auch diejenigen mitgezählt, für die der Berechtigte nur deshalb keinen Anspruch auf Kindergeld hat, weil für sie der Anspruch vorrangig einem anderen Elternteil zusteht oder weil wegen des Vorliegens eines Ausschlußtatbestandes nach § 65 EStG oder entsprechenden Vorschriften des über- und zwischenstaatlichen Rechts der Anspruch auf Kindergeld ausgeschlossen ist (Zählkinder). [4]Kinder, die nur Ansprüche nach dem BKGG auslösen, können nicht als Zählkinder Ansprüche nach dem EStG erhöhen.

Rückwirkung des Antrags
→ DA-FamEStG 66.3 (BStBl *1998* I S. *448*)

DA 66.3 Rückwirkung des Antrags

[1]Das Verstreichen der Sechsmonatsfrist des § 66 Abs. 3 EStG führt für Monate, die vor dieser Frist liegen, zum Erlöschen des Kindergeldanspruchs (§ 47 AO). [2]Die Sechsmonatsfrist des § 66 Abs. 3 EStG ist keine wiedereinsetzungsfähige Frist im Sinne des § 110 AO. [3]Sie ist nur für Anspruchszeiträume in den Jahren 1996 und 1997 anzuwenden. [4]Für Anspruchszeiträume ab dem 1.1.1998 gelten die allgemeinen Vorschriften zur Festsetzungsverjährung nach §§ 169 ff. AO. [5]Eine rückwirkende Zahlung ist auch in diesen Fällen längstens bis einschließlich Juli 1997 möglich, vgl. § 52 Abs. 32b EStG.

Zählkinder
Beispiel:
Ein Berechtigter hat aus einer vorehelichen Beziehung zwei Kinder, für die die Mutter das Kindergeld erhält. Diese Kinder werden bei dem Berechtigten, der zwischenzeitlich mit einer anderen Partnerin verheiratet ist, als Zählkinder berücksichtigt, so daß er für das jüngere Kind aus der ehelichen Beziehung, also sein drittes Kind, Kindergeld in Höhe von 300 DM erhält.

Zahlungszeitraum
→ DA-FamEStG 66.2 (BStBl *1998* I S. *447*)

DA 66.2 Leistungszeitraum

(1) Ein Anspruch auf Kindergeld besteht grundsätzlich für jeden Monat, in dem wenigstens an einem Tage die Anspruchsvoraussetzungen vorgelegen haben (vgl. aber Abs. 5).

(2) [1]Der Kindergeldanspruch des nach § 1 Abs. 2 EStG unbeschränkt einkommensteuerpflichtigen Ehegatten eines im Ausland ansässigen Angehörigen des deutschen öffentlichen Dienstes endet mit Ablauf desjenigen Monats, in dem die Hausgemeinschaft auf Dauer beendet wird. [2]Besitzt dieser Ehegatte nicht die deutsche Staatsangehörigkeit, endet sein Kindergeldanspruch ferner mit Ablauf desjenigen Monats, in dem er erstmals Einkünfte erzielt, die nicht ausschließlich im Inland einkommensteuerpflichtig sind. [3]Ist der Ehegatte des öffentlich Bediensteten ebenfalls deutscher Staatsangehöriger, endet der Kindergeldanspruch außer in Fällen des Satzes 1 mit Ablauf desjenigen Monats, in dem er erstmals Einkünfte erzielt, die im Wohnland zur unbeschränkten Einkommensteuerpflicht führen.

(3) In Fällen des § 1 Abs. 3 EStG besteht der Kindergeldanspruch für jedes volle Kalenderjahr, in dem die inländischen Einkünfte des Berechtigten den Grenzbetrag von 90 v. H. der Gesamteinkünfte nicht unterschreiten, oder in dem die ausländischen Einkünfte nicht mehr als 12.000,– DM betragen.

(4) ¹Übersteigen die Einkünfte und Bezüge eines über 18 Jahre alten Kindes die nach § 32 Abs. 4 Satz 2 oder Satz 4 EStG maßgebliche Einkommensgrenze, ist der Kindergeldanspruch für das gesamte Kalenderjahr bzw. den Zeitraum ausgeschlossen, für den das Kind nach § 32 Abs. 4 Satz 1 Nr. 1 oder 2 EStG zu berücksichtigen gewesen wäre (siehe DA 63.4.1.1 Abs. 3 und DA 63.4.2.8 Abs. 4). ²Dies gilt auch dann, wenn dem Kind anspruchsschädliche Einkünfte und Bezüge nur während einzelner Monate zugeflossen sind.

(5) ¹Begründet ein Kind, für das bisher Kindergeld in der durch ein Abkommen über Soziale Sicherheit bestimmten Höhe gezahlt worden ist, im Inland seinen gewöhnlichen Aufenthalt, so ist grundsätzlich vom Einreisemonat an Kindergeld nach den Sätzen des § 66 EStG zu leisten. ²Abweichend hiervon ist aufgrund zwischenstaatlicher Regelungen für Kinder aus Marokko und Tunesien erst von dem auf den Einreisemonat folgenden Monat an Kindergeld nach den Sätzen des § 66 EStG zu leisten. ³Für ein Kind, das im Laufe eines Monats seinen gewöhnlichen Aufenthalt im Inland aufgibt, ist für den Ausreisemonat Kindergeld in Höhe der Sätze des § 66 EStG zu zahlen. ⁴Handelt es sich bei dem im Inland lebenden Kind um ein Kind aus einer Mehrlingsgeburt (z. B. Zwillinge), so ist anzunehmen, daß es das jüngere Kind aus dieser Geburt ist. ⁵Von Anfragen an die zuständigen ausländischen Verbindungsstellen für Familienbeihilfen über die tatsächliche Geburtenfolge ist abzusehen, da diese Stellen keine Auskunft über die Reihenfolge der Geburt erteilen können. ⁶Zur Frage der Zuständigkeit siehe DA 72.3.

§ 67
Antrag

(1) ¹Das Kindergeld ist bei der örtlich zuständigen Familienkasse schriftlich zu beantragen. ²Den Antrag kann außer dem Berechtigten auch stellen, wer ein berechtigtes Interesse an der Leistung des Kindergeldes hat.

(2) Vollendet ein Kind das 18. Lebensjahr, so wird es nur dann weiterhin berücksichtigt, wenn der Berechtigte der zuständigen Familienkasse schriftlich anzeigt, daß die Voraussetzungen des § 32 Abs. 4 oder 5 vorliegen.

243. Antrag

Antrag

(1) ¹Kindergeld wird nur auf Antrag gewährt. ²Der Antrag ist auch dann wirksam gestellt, wenn er innerhalb der Frist schriftlich – wenn auch nicht auf amtlichem Vordruck – gestellt wird.

Anzeige

(2) Kindergeld wird nach Vollendung des 18. Lebensjahres des Kindes gewährt, wenn der Berechtigte das Vorliegen der Voraussetzungen (§ 32 Abs. 4 oder Abs. 5 EStG) anzeigt.

Hinweise

Antragstellung
→ DA-FamEStG 67.2 (BStBl **1998** I S. *449*)

DA 67.2 Antragstellung
DA 67.2.1 Allgemeines

(1) [1]Nach § 67 Abs. 1 Satz 1 EStG ist der Antrag auf Kindergeld schriftlich zu stellen. [2]Er kann auch mittels Telefax gestellt werden. [3]Die Verwendung eines Vordrucks ist nicht erforderlich. [4]Die Familienkassen haben dafür zu sorgen, daß eine organisatorische Ablageform gewählt wird, die die Wahrung des Steuergeheimnisses sicherstellt und nach Möglichkeit bei Vorlage von Akten bei Gericht ein nachträgliches Ausheften von Vorgängen und damit den Eindruck lückenhafter Akten vermeiden hilft. [5]Die Aufbewahrungsfrist für Kindergeld-Akten beträgt 10 Jahre nach Ablauf des Kalenderjahrs, in dem die letzte in dem Aktenband befindliche Festsetzung unanfechtbar geworden ist.

(2) [1]Der Antrag auf Kindergeld ist nach § 67 Abs. 1 Satz 1 EStG bei der örtlich zuständigen Familienkasse zu stellen. [2]§ 72 Abs. 7 EStG bestimmt für Angehörige des öffentlichen Dienstes, daß örtlich zuständig die Familienkassen der öffentlichen Arbeitgeber sind, die die Bezüge oder das Arbeitsentgelt festsetzen. [3]Regelungen des über- und zwischenstaatlichen Rechts, wonach der Antrag auf Kindergeld auch beim zuständigen Träger oder einer entsprechenden Stelle eines anderen EU- bzw. EWR- oder Vertragsstaates gestellt werden kann, bleiben hiervon unberührt (§ 2 AO).

(3) Soweit Anträge auf Kindergeld bei der Familienkasse des öffentlichen Dienstes eingehen, aus denen ersichtlich ist, daß Ansprüche (auch) für im Ausland lebende Kinder nach über- oder zwischenstaatlichen Rechtsvorschriften berührt sein können, ist nach DA 72.4.1 zu verfahren.

(4) [1]Wird der Antrag durch einen Bevollmächtigten gestellt, ist ein schriftlicher Nachweis der Vollmacht nur zu verlangen, wenn begründete Zweifel an der Vertretungsmacht bestehen. [2]Bei Angehörigen der steuerberatenden Berufe, die für den Antragsteller handeln, ist eine ordnungsgemäße Bevollmächtigung zu vermuten.

(5) [1]Ein neuer Antrag ist nicht erforderlich, wenn

- ein Berechtigter aus dem Zuständigkeitsbereich der einen Familienkasse in den einer anderen überwechselt (DA 67.2.2 Abs. 6 ist zu beachten),
- ein Berechtigter, dem bisher das Kindergeld durch den Arbeitgeber ausgezahlt worden ist, es künftig durch die Familienkasse erhält,
- sich die Rechtsgrundlage für den Kindergeldanspruch ändert (z. B. vom Steuerrecht zum Sozialrecht oder umgekehrt).

[2]Ein Zuständigkeitswechsel sollte zum Anlaß genommen werden, das Vorliegen aller Anspruchsvoraussetzungen erneut zu prüfen. [3]Zu diesem Zweck empfiehlt es sich, den Antragsvordruck als Fragebogen zu verwenden.

(6) Minderjährige bedürfen zur Beantragung von Kindergeld für ihre Kinder der Einwilligung/Genehmigung ihres gesetzlichen Vertreters (§ 79 AO); sie ist grundsätzlich in Schriftform beizubringen.

(7) [1]Für den Antrag auf Kindergeld ist ein Vordruck vorgesehen. [2]Personen, deren Anspruch von einer Berufstätigkeit abhängt, ist der hierfür vorgesehene Vordruck auszuhändigen. [3]Dieser Vordruck ist zur Feststellung des vorrangig leistungspflichtigen Staates künftig auch dann zu verwenden, wenn der Anspruch zwar nicht von einer Berufstätigkeit abhängt, aber ein Kind zu berücksichtigen ist, das in einem anderen EU- bzw. EWR-Staat lebt.

(8) Zum Fehlen der Einverständniserklärung des nicht dauernd getrenntlebenden Ehegatten bzw. des anderen im gemeinsamen Haushalt lebenden Elternteils siehe DA 64.2 Abs. 3.

DA 67.2.2 Zuständigkeit der Familienkasse

(1) [1]Die örtliche Zuständigkeit bestimmt sich grundsätzlich nach § 19 Abs. 1 AO. [2]Sie richtet sich in erster Linie nach dem Wohnsitz des Berechtigten. [3]Hat der Berechtigte keinen Wohnsitz im Inland, bestimmt sich die Zuständigkeit nach dem Ort seines gewöhnlichen Aufenthalts. [4]Hat ein Berechtigter einen zweiten oder mehrere Wohnsitze im Inland, ist für die Zuständigkeit derjenige Wohnsitz maßgebend, an dem sich der Berechtigte vorwiegend aufhält. [5]Bei mehreren Wohnsitzen eines verheirateten, nicht dauernd getrennt lebenden Berechtigten ist der Familienwohnsitz maßgebend. [6]Für die nach § 1 Abs. 2 EStG unbeschränkt einkommensteuerpflichtigen Personen ist diejenige Familienkasse

örtlich zuständig, in deren Bezirk die zahlende öffentliche Kasse, also die für die Bezügefestsetzung zuständige Stelle, ihren Sitz hat.

(2) ¹Soweit für bestimmte Personengruppen nach § 24 BKGG a. F. ein anderes Arbeitsamt als das in Abs. 1 genannte zuständig war, bleibt diese Zuständigkeit nach der gemäß § 5 Abs. 1 Nr. 11 Finanzverwaltungsgesetz abgeschlossenen Verwaltungsvereinbarung zwischen dem Bundesamt für Finanzen und der Bundesanstalt für Arbeit weiterhin bestehen. ²Für Personen ohne Wohnsitz oder gewöhnlichen Aufenthalt im Inland, die hier erwerbstätig sind, ist somit das Arbeitsamt – Familienkasse – zuständig, in dessen Bezirk sie erwerbstätig sind. ³Bei fehlender Erwerbstätigkeit im Inland ist das Arbeitsamt Nürnberg – Familienkasse – zuständig. ⁴Für Berechtigte mit Wohnsitz oder gewöhnlichem Aufenthalt im Bezirk des Arbeitsamtes München ist, wenn der Nachname mit den Buchstaben A bis K beginnt, das Arbeitsamt Deggendorf zuständig, für die Buchstaben L bis Z das Arbeitsamt Passau. ⁵Beruht der Anspruch aber auf Kindergeld auf zwischenstaatlichem Recht oder lebt ein Kind in einem anderen EU- oder EWR-Staat, so ist das Arbeitsamt Deggendorf zuständig.

(3) Für die Entscheidung über Ansprüche auf Kindergeld von Personen, die im Inland zwar keinen festen Wohnsitz, aber ihren gewöhnlichen Aufenthalt haben (Nichtseßhafte), ist das Arbeitsamt Nürnberg – Familienkasse – zuständig.

(4) ¹Bei Binnenschiffern, die keine Wohnung an Land haben und ständig an Bord eines Binnenschiffes wohnen, das in einem Schiffsregister der Bundesrepublik Deutschland eingetragen ist, ist für die Entscheidung über den Anspruch auf Kindergeld diejenige Familienkasse zuständig, in deren Bezirk der Heimatort des Schiffes liegt. ²Für Seeleute, die keine Wohnung an Land haben und ständig an Bord eines unter der Bundesflagge fahrenden Schiffes wohnen, ist die Familienkasse zuständig, in deren Bezirk der Heimathafen des Schiffes liegt.

(5) ¹Geht die Zuständigkeit auf eine andere Familienkasse über, so tritt der Zuständigkeitswechsel nach § 26 Satz 1 AO zu dem Zeitpunkt ein, zu dem eine der beiden Familienkassen davon erfährt. ²Ist es der bisher zuständigen Familienkasse im Sinne des § 72 EStG nicht möglich, das örtlich zuständige Arbeitsamt – Familienkasse – zu ermitteln, so hat sie die Vergleichsmitteilung an das nächstgelegene Arbeitsamt – Familienkasse – abzugeben. ³Von der in § 26 Satz 2 AO vorgesehenen Möglichkeit, daß die bisher zuständige Familienkasse mit Zustimmung der nunmehr zuständigen Familienkasse ein noch nicht abgeschlossenes Verwaltungsverfahren bis zur Entscheidung fortführt, ist nur in besonders gelagerten Einzelfällen Gebrauch zu machen. ⁴Die neu zuständige Familienkasse ist zuständig für die Korrektur erfolgter Festsetzungen und eventuell damit verbundener Erstattungs- und Nachzahlungsansprüche. ⁵Dies schließt jedoch nicht aus, daß die bisher zuständige Familienkasse bereits begonnene Feststellungen unabhängig von der Abgabe der Kindergeldakte zum Abschluß bringt; das Ergebnis ist der neu zuständigen Familienkasse umgehend mitzuteilen. ⁶Die Festsetzung des Kindergeldanspruchs der ursprünglich zuständigen Familienkasse wird durch den Wechsel der örtlichen Zuständigkeit nicht berührt. ⁷Stellt der Berechtigte bei der neu zuständigen Familienkasse einen Antrag auf Festsetzung, ohne auf die weiterhin wirksame Kindergeldfestsetzung hinzuweisen, ist die erneute Festsetzung durch die neu zuständige Familienkasse rechtswidrig und nach § 173 Abs. 1 Nr. 1 AO aufzuheben. ⁸Rechtsgrund für die Kindergeldzahlung der neu zuständigen Familienkasse ist die ursprüngliche Kindergeldfestsetzung.

(6) ¹Tritt durch einen Wechsel des Wohnsitzes oder gewöhnlichen Aufenthaltes oder aus sonstigen Gründen ein Zuständigkeitswechsel zwischen Arbeitsämtern ein, so ist die Kindergeld-Akte an die zuständige Familienkasse abzugeben. ²Findet ein Zuständigkeitswechsel zwischen dem Arbeitsamt – Familienkasse – und einer Familienkasse i. S. d. § 72 EStG oder zwischen zwei Familienkassen i. S. d. § 72 EStG statt, ist grundsätzlich eine Vergleichsmitteilung an die neu zuständige Familienkasse abzugeben. ³In Ausnahmefällen kann die neu zuständige Familienkasse Auszüge aus der bisherigen Kindergeld-Akte anfordern. ⁴Ist ein Einspruchs- oder Klageverfahren anhängig, ist die Rechtsbehelfsstelle vor der Aktenabgabe über den Zuständigkeitswechsel zu informieren, damit das Rechtsbehelfsverfahren zügig fortgesetzt werden kann. ⁵Damit der Berechtigte bei einem Zuständigkeitswechsel möglichst keine Nachteile erleidet, sind alle Vorgänge, die in diesem Zusammenhang anfallen (z. B. Mitteilung des Berechtigten über den Zuständigkeitswechsel), als Sofortsachen zu behandeln.

§ 67 EStG
H 243

Auskunfts- und Beratungspflicht der Familienkassen

→ DA-FamEStG 67.1 (BStBl 1998 I S. *449*)

DA 67.1 Beratung, Auskunft

(1) ¹Die Auskunfts- und Beratungspflicht der Familienkassen im Rahmen des steuerrechtlichen Familienleistungsausgleichs ist in § 89 AO geregelt. ²Die Familienkasse soll nach § 89 Satz 1 AO die Abgabe von Erklärungen, die Stellung von Anträgen oder die Berichtigung von Erklärungen oder Anträgen anregen, wenn diese offensichtlich nur versehentlich oder aus Unkenntnis unterblieben oder unrichtig abgegeben oder gestellt worden sind. ³Eine Verpflichtung zu einer umfassenden Beratung über alle rechtlich zulässigen Gestaltungsmöglichkeiten zur Ausschöpfung des höchstmöglichen Kindergeldanspruchs besteht nicht. ⁴Auf eine notwendige Antragstellung, die sich beim gegebenen Sachverhalt aufdrängt, ist stets hinzuweisen. ⁵Hat z. B. der im gemeinsamen Haushalt lebende Ehegatte des Antragstellers Kinder, die beim Antragsteller selbst nicht zu berücksichtigen sind, ist der Ehegatte darauf hinzuweisen, daß im Falle seiner Antragstellung ein höherer Kindergeldanspruch bestehen kann.

(2) ¹Gem. § 89 Satz 2 AO erteilt die Familienkasse, soweit erforderlich, Auskunft über die den Beteiligten im Verwaltungsverfahren zustehenden Rechte und die ihnen obliegenden Pflichten. ²Beteiligte sind nach § 78 AO der Antragsteller sowie diejenigen, an die die Familienkasse einen Verwaltungsakt richten will oder gerichtet hat. ³Die Auskunftserteilung bezieht sich nur auf verfahrensrechtliche Fragen (z. B. Bestellung eines Bevollmächtigten, Möglichkeit des Einspruchs gegen eine belastende Entscheidung), nicht jedoch auf die materielle Rechtslage. ⁴Die Erteilung von Auskünften materiellrechtlicher Art ist zwar nicht ausgeschlossen, ein Anspruch hierauf besteht jedoch nicht. ⁵Eine Verpflichtung zur Auskunft in verfahrensrechtlichen Fragen besteht soweit sie erforderlich ist; Auskunftserteilung bzw. Beratung von Amts wegen sieht § 89 Satz 2 AO nicht vor.

(3) ¹Eine Auskunft der Familienkasse an einen nachrangig Berechtigten über die Kindergeldfestsetzung des vorrangig Berechtigten ist nach § 30 AO nicht zulässig. ²Dem Nachrangigen kann zugemutet werden, sich die notwendigen Kenntnisse auf zivilrechtlichem Wege zu beschaffen.

Kinder über 18 Jahre

→ DA-FamEStG 67.4 (BStBl *1998* I S. *452*)

DA 67.4 Anzeige bei Kindern über 18 Jahren

(1) ¹Vollendet ein Kind das 18. Lebensjahr, so wird es nach § 67 Abs. 2 EStG nur dann weiterhin berücksichtigt, wenn der Berechtigte anzeigt, daß die Voraussetzungen des § 32 Abs. 4 oder 5 EStG vorliegen. ²Die Anzeige muß schriftlich erfolgen und die zur Feststellung der Anspruchsvoraussetzungen erforderlichen Tatsachen enthalten. ³Sie ist erst dann wirksam erstattet, wenn sie bei der zuständigen Familienkasse (vgl. hierzu DA 67.2.2) eingeht. ⁴Eine wirksame Anzeigeerstattung ist auch durch Personen oder Stellen, die ein berechtigtes Interesse an der Weiterzahlung des Kindergeldes haben, möglich.

(2) ¹Erfolgt die Anzeige nach § 67 Abs. 2 EStG spätestens in dem Monat, in dem das Kind das 18. Lebensjahr vollendet, wird Kindergeld mit Wirkung ab Eintritt der Volljährigkeit neu festgesetzt. ²Mit Vollendung des 18. Lebensjahres hat sich die bisherige Kindergeldfestsetzung erledigt (§ 124 Abs. 2 AO).

(3) ¹Ein Neuantrag (§ 67 Abs. 1 EStG) ist erforderlich, wenn die Familienkasse nach Ablauf des Monats, in dem das Kind sein 18. Lebensjahr vollendet, informiert wird, daß die Voraussetzungen des § 32 Abs. 4 oder 5 EStG vorliegen. ²Erfolgt die Information schriftlich, so ist dies der Antrag im Sinne des § 67 Abs. 1 EStG. ³DA 66.3 ist zu beachten.

(4) ¹Wird Kindergeld aufgrund einer Anzeige des Berechtigten oder eines Neuantrages nach Vollendung des 18. Lebensjahres des Kindes festgesetzt, bedarf es bei Wegfall der Anspruchsvoraussetzungen stets eines Korrekturbescheides. ²Korrekturbescheide sind immer mit einer Rechtsbehelfsbelehrung zu versehen.

Mitwirkungspflicht des Berechtigten

→ § 68 EStG

→ DA-FamEStG 67.6 (BStBl *1998* I S. *454*)

DA 67.6 Mitwirkungspflichten
DA 67.6.1 Allgemeines

(1) ¹Die Mitwirkungspflichten eines Beteiligten (siehe DA 67.1 Abs. 2 Satz 2) und anderer Personen (anderer Elternteil, Kind) bestimmen sich nach §§ 90 bis 95 AO. ²Sonderregelungen enthält § 68 EStG (vgl. DA 68).

(2) ¹Ein Beteiligter hat selbst kein Auskunftsverweigerungsrecht. ²Aus seiner Nichtmitwirkung können nachteilige Schlüsse gezogen werden.

(3) ¹Andere Personen als die Beteiligten sollen nach § 93 Abs. 1 Satz 3 AO erst dann zur Auskunft angehalten werden, wenn die Sachverhaltsaufklärung über die Beteiligten nicht zum Ziel führt oder mangels Erfolgsaussichten zwecklos erscheint. ²Werden andere Auskunftspflichtige durch Verwaltungsakt zur Auskunft herangezogen, sind sie auf Antrag nach § 107 Satz 1 AO zu entschädigen. ³Freiwillig vorgelegte Auskünfte und Sachverständigengutachten führen selbst dann nicht zu einer Entschädigung, wenn die Familienkasse sie verwertet.

(4) ¹In Auskunftsersuchen ist gemäß § 93 Abs. 2 AO stets anzugeben, über welchen Sachverhalt Auskünfte erteilt werden sollen und ob diese Auskünfte für den Kindergeldanspruch des Auskunftspflichtigen selbst oder denjenigen anderer Personen erforderlich sind. ²Auskünfte können schriftlich, mündlich oder fernmündlich erteilt werden (§ 93 Abs. 4 AO). ³Die Familienkasse kann ferner anordnen, daß ein Beteiligter mündliche Auskünfte zur Niederschrift an Amtsstelle erteilt (§ 93 Abs. 5 AO). ⁴Dies kommt ausnahmsweise in Betracht, wenn trotz Aufforderung eine schriftliche Auskunft nicht erteilt worden ist oder aber die schriftliche Auskunft zu keiner Klärung des Sachverhaltes geführt hat. ⁵Die Aufwendungen für die persönliche Vorsprache eines Beteiligten können nicht erstattet werden (§ 107 Satz 2 AO).

(5) ¹Bei Sachverhalten im Ausland müssen sich die Beteiligten nach § 90 Abs. 2 AO in besonderem Maße um Aufklärung und Beschaffung geeigneter Beweismittel, in besonderen Fällen auch zusätzlicher Unterlagen bemühen. ²Insoweit besteht eine erhöhte Mitwirkungspflicht. ³In der Regel genügt der Beteiligte dieser Verpflichtung durch die Vorlage von Bescheinigungen auf den von der Verwaltungskommission der EU eingeführten bzw. mit den Verbindungsstellen vereinbarten Vordrucken. ⁴§ 90 Abs. 2 AO schließt im übrigen nicht aus, daß sich die Familienkasse zur Klärung des Sachverhaltes in Zweifelsfällen direkt an den zuständigen ausländischen Träger bzw. die jeweilige Verbindungsstelle wendet.

DA 67.6.2 Pflicht zu Auskünften und Angaben
DA 67.6.2.1 Allgemeines

(1) ¹Der Beteiligte hat nach § 93 Abs. 1 Satz 1 AO alle für die Feststellung des Sachverhaltes erheblichen Auskünfte zu erteilen. ²Dies gilt sowohl für das Antragsverfahren als auch für die Dauer der Kindergeld-Festsetzung, wenn begründeter Anlaß besteht, Auskünfte vom Kindergeld-Berechtigten zu verlangen.

(2) ¹Der Auskunftsverpflichtung genügt der Antragsteller bzw. Kindergeld-Berechtigte in der Regel, wenn er den Antragsvordruck, den Fragebogen oder einen der sonstigen Vordrucke ausfüllt. ²Falls aus den sonstigen Angaben oder den Aktenunterlagen zu dieser Frage kein ausreichender Aufschluß gewonnen werden kann, ist der Verpflichtete aufzufordern, die Angabe nachzuholen; je nach den Umständen des Falles ist entweder der Vordruck zur Vervollständigung zurückzugeben oder die Angabe mit einem gesonderten Schreiben zu verlangen.

(3) In der Regel kann nicht erwartet werden, daß ein Antragsteller oder Kindergeld-Berechtigter von sich aus erkennt, ob über die in den Vordrucken verlangten Antworten hinaus weitere Angaben erforderlich sind; Angaben zu weiteren festsetzungserheblichen Tatsachen müssen daher grundsätzlich gesondert erfragt werden.

DA 67.6.2.2 Pflicht zur Vorlage von Beweisurkunden

(1) ¹Ein Beteiligter ist auf Verlangen der Familienkasse zur Vorlage von Beweisurkunden verpflichtet (§ 97 Abs. 2 AO). ²Im Kindergeld-Verfahren ist die Ausfertigung der erforderlichen Urkunden nicht kostenfrei gestellt. ³Soweit bestimmte Beweisurkunden nicht vorgelegt werden können, ist zu prüfen, ob die glaubhaften Angaben des Berechtigten in

§ 67 EStG

Verbindung mit dem Akteninhalt ausreichenden Aufschluß über das (weitere) Vorliegen der Anspruchsvoraussetzungen geben.

(2) ¹Beweisurkunden sind Schriftstücke, die von einer zuständigen Person oder Stelle ausgestellt sind und aus deren Inhalt sich die zu beweisende Tatsache ergibt. ²Als Beweisurkunden sind auch auf mechanischem Wege angefertigte Bescheinigungen (z. B. Immatrikulationsbescheinigungen) anzuerkennen. ³Auf fotomechanischem Wege angefertigte, nicht beglaubigte (nicht bestätigte) Ablichtungen von Originalurkunden können anerkannt werden, wenn sie

– gut leserlich sind,
– keine Anzeichen einer Manipulation wie Übermalen, Ausradieren, Hinzufügen, Weißen oder Abdecken von Teilen des abgelichteten Originals aufweisen,
– in sich nicht widersprüchlich sind und
– keine Abweichungen vom üblichen Inhalt von Originalurkunden einer bestimmten Art erkennen lassen.

⁴Dies gilt auch für die Übersendung von Dokumenten per Telefax.

(3) ¹Bei Geburtsurkunden sowie sonstigen amtlichen Beweisurkunden, die für Belange des Kindergeldes bestimmt sind, sind nur Originale und amtlich beglaubigte Ablichtungen hiervon anzuerkennen. ²Werden in der Familienkasse Ablichtungen von Beweisurkunden für die Kindergeld-Akten gefertigt, so ist auf ihnen zu vermerken: „Original hat vorgelegen"; der Vermerk ist mit Namenszeichen und Datum zu versehen.

(4) ¹Die Beweiskraft einer Urkunde wird nicht beeinträchtigt, wenn einzelne Angaben, die für die Entscheidung über den Anspruch nicht benötigt werden, aus Geheimhaltungs- oder Datenschutzgründen unleserlich gemacht worden sind. ²Auf Anfrage oder bei ersichtlichem Beratungsbedürfnis ist auf die Möglichkeit der Unkenntlichmachung einzelner Angaben in Nachweisunterlagen hinzuweisen.

DA 67.6.2.3 Nachweis des Vorhandenseins der Kinder

(1) ¹Das Vorhandensein der Kinder und ihre Zugehörigkeit zum Haushalt des Berechtigten ist in der Regel durch eine Haushaltsbescheinigung nachzuweisen. ²Für Kinder, die außerhalb des Haushalts leben, ist dieser Nachweis grundsätzlich durch eine Lebensbescheinigung zu führen. ³Diese Nachweise sind durch Bescheinigung der zuständigen Meldebehörde oder einer anderen hierzu befugten öffentlichen Dienststelle zu erbringen. ⁴Für Kinder, die in einem Heim untergebracht sind oder die sich in Schul- oder Berufsausbildung befinden, kann die Bescheinigung auch von der Heim- oder Schulleitung oder vom Ausbildungsbetrieb (Ausbildungsstätte) abgegeben werden. ⁵Falls ein außerhalb des Haushalts lebendes Kind eine Schule bzw. Hochschule besucht, reicht auch eine Bescheinigung der Schule bzw. Hochschule über den Schulbesuch auf einem anderen Vordruck aus; eine solche Bescheinigung darf jedoch zum Zeitpunkt ihrer Einreichung nicht älter als sechs Monate sein.

(2) Anläßlich der Überprüfung der allgemeinen Anspruchsvoraussetzungen ist keine Haushaltsbescheinigung zu fordern, wenn ein entsprechender Nachweis beim maschinellen Abgleich mit den Daten der Meldebehörden erfolgt ist.

(3) ¹Auf eine Haushaltsbescheinigung kann verzichtet werden, wenn innerhalb von sechs Monaten nach der Geburt unter Vorlage einer standesamtlichen Urkunde oder Bescheinigung über die Abstammung bzw. Geburt Kindergeld für ein erstes Kind beantragt wird, der Wohnort sich daraus ergibt und keine Zweifel bestehen, daß das Kind in den Haushalt der Eltern aufgenommen ist. ²Bei einem nichtehelichen Kind kommt es dementsprechend darauf an, daß der Wohnort eines Elternteils angegeben ist und an der Aufnahme des Kindes in dessen Haushalt keine Zweifel bestehen.

(4) ¹Auf eine Haushaltsbescheinigung für ein im Haushalt des Berechtigten lebendes Kind kann ferner verzichtet werden, wenn für dieses Kind ein Nachweis über die Ausbildung vorgelegt wird und die Haushaltszugehörigkeit keine besondere Anspruchsvoraussetzung ist (vgl. aber § 32 Abs. 1 Nr. 2 und § 63 Abs. 1 EStG). ²Neben einem solchen Nachweis ist auch keine Lebensbescheinigung erforderlich.

(5) Für Kinder von Aussiedlern bedarf es keiner Haushaltsbescheinigung, wenn ihr Vorhandensein, ihre Zugehörigkeit zum Haushalt sowie der Tag der Einreise durch den Auf-

nahmebescheid, den Registrierschein oder eine Anmeldebescheinigung der Meldebehörde nachgewiesen worden ist.

(6) Ist der Antragsteller Ehegatte eines Mitglieds der Truppe oder des zivilen Gefolges der NATO-Streitkräfte, so ist zum Nachweis der Kinder, wenn diese nicht bei einem deutschen Einwohnermeldeamt erfaßt sind, hilfsweise eine Familienstandsbescheinigung zu verwenden.

DA 67.6.2.4 Nachweis der aufenthaltsrechtlichen Voraussetzungen

[1]Bei Ausländern oder Staatenlosen ist anläßlich der Antragstellung zu prüfen, ob sie die aufenthaltsrechtlichen Voraussetzungen des § 62 Abs. 2 Satz 1 EStG erfüllen. [2]Bei Staatsangehörigen aus EWR-Staaten und der Schweiz ist eine solche Prüfung entbehrlich. [3]Ist der Antragsteller nur im Besitz einer Aufenthaltsbefugnis, ist zu prüfen, ob er vom Bundesamt für die Anerkennung ausländischer Flüchtlinge als sonstiger politisch Verfolgter im Sinne von § 3 AsylVfG anerkannt worden ist. [4]Wer im Besitz einer Aufenthaltserlaubnis oder -berechtigung ist, hat zu erklären, daß er nicht zum Personenkreis der Entsandten im Sinne von § 62 Abs. 2 Satz 2 EStG gehört. [5]Bestehen Zweifel, ob eine Entsendung im Sinne von § 62 Abs. 2 Satz 2 EStG vorliegt, ist bei der zuständigen deutschen Krankenkasse anzufragen, ob Beiträge zur deutschen Sozialversicherung entrichtet werden.

DA 67.6.3 Mitwirkungspflichten anderer Personen als des Beteiligten

(1) [1]Das EStG enthält keine eigenständigen Regelungen zu den Mitwirkungspflichten des nachrangigen Elternteils. [2]Vielmehr hat der Ehegatte des Berechtigten – auch der getrennt lebende oder geschiedene – nach § 101 Abs. 1 in Verbindung mit § 15 AO ein Auskunftsverweigerungsrecht, soweit er nicht selbst Beteiligter ist. [3]Der andere Elternteil eines nichtehelichen Kindes ist jedoch unabhängig davon nach den allgemeinen Regelungen der §§ 93, 97 AO zur Auskunft und zur Vorlage von Beweisurkunden verpflichtet. [4]Zur Mitwirkungspflicht von Kindern vgl. § 68 Abs. 1 EStG.

(2) [1]§ 101 AO schließt nicht aus, daß die hiervon erfaßten Personen gleichwohl zur Auskunftserteilung aufgefordert werden. [2]Sie sind dann jedoch über ihr Auskunftsverweigerungsrecht zu belehren; die Belehrung ist aktenkundig zu machen.

(3) Ist die erforderliche Belehrung über das Auskunftsverweigerungsrecht unterblieben, dürfen die auf der Aussage beruhenden Kenntnisse nicht verwertet werden (BFH vom 31. Oktober 1990 – BStBl 1991 II S. 204), es sei denn, der Betreffende stimmt nachträglich zu oder wiederholt nach Belehrung seine Aussage (BFH vom 7. November 1985 – BStBl 1986 II S. 435).

DA 67.6.4 Folgen fehlender Mitwirkung

(1) Kommt ein Antragsteller bzw. Kindergeldberechtigter seiner Mitwirkungspflicht nicht nach, ist deshalb das Kindergeld wegen Nichtfeststellbarkeit der Anspruchsvoraussetzungen auf Null festzusetzen (Grundsatz der Feststellungslast).

(2) [1]Wird im Rahmen der allgemeinen Überprüfung der Anspruchsvoraussetzungen der Fragebogen nicht zurückgegeben, ist die Kindergeldfestsetzung nach § 70 Abs. 2 EStG ab dem Zeitpunkt für das betroffene Kind aufzuheben, ab dem keine sichere Erkenntnis über das Bestehen anspruchsbegründender Voraussetzungen mehr besteht. [2]Das gleiche gilt, wenn in einem laufenden Kindergeldfall aus anderen Gründen eine Mitwirkung des Berechtigten erforderlich ist und diese nicht erbracht wird. [3]Wirkt der Berechtigte nach Bestandskraft des Aufhebungsbescheides mit (etwa durch Einreichung des Fragebogens), so ist dies als Neuantrag zu werten. [4]DA 66.3 ist zu beachten.

(3) [1]Wird in einem laufenden Kindergeldfall eine Erklärung über die Einkünfte und Bezüge eines über 18 Jahre alten Kindes erforderlich und wird diese nicht vorgelegt, so ist die Kindergeld-Festsetzung für das betreffende Kind nach § 175 Abs. 1 Satz 1 Nr. 2 AO für das Kalenderjahr zu korrigieren, vgl. DA 63.4.1.2 Abs. 7. [2]Das für den Korrekturzeitraum bereits gezahlte Kindergeld ist nach § 37 Abs. 2 AO zu erstatten.

(4) [1]Wirkt der Berechtigte in Schriftform (z. B. Vorlage von Urkunden) noch während der Einspruchsfrist mit, ist dies in der Regel als Einspruch zu behandeln. [2]Soweit die Anspruchsvoraussetzungen vorliegen, ist ein Abhilfebescheid nach § 172 Abs. 1 Satz 1 Nr. 2 Buchstabe a AO zu erteilen, mit dem die bisherige Entscheidung korrigiert wird. [3]Anstelle einer Teilabhilfe kann auch eine Einspruchsentscheidung ergehen (§ 367 Abs. 2 Satz 3

AO). ⁴Stellt der Berechtigte ausdrücklich einen Antrag auf schlichte Änderung (§ 172 Abs. 1 Satz 1 Nr. 2 Buchstabe a AO), ist diesem zu folgen, so weit die Anspruchsvoraussetzungen vorliegen. ⁵Wirkt der Berechtigte nach Ablauf der Einspruchsfrist mit, ist dies ein Antrag auf Änderung der Nullfestsetzung nach §§ 172 ff. AO oder ein Antrag nach § 67 EStG.

Zuständigkeit

Dem Bundesamt für Finanzen obliegt die Durchführung des Familienleistungsausgleichs nach Maßgabe des § 31 EStG. Die Bundesanstalt für Arbeit stellt dem Bundesamt für Finanzen zur Durchführung dieser Aufgaben ihre Behörden als Familienkassen zur Verfügung; die Fachaufsicht obliegt dem Bundesamt für Finanzen (Finanzverwaltungsgesetz vom 30.8.1971, BGBl. I S. 1426, zuletzt geändert durch Art. *4 des Gesetzes vom 4.5.1998, BStBl I S. 528*).

§ 68
Besondere Mitwirkungspflichten

(1) ¹Wer Kindergeld beantragt oder erhält, hat Änderungen in den Verhältnissen, die für die Leistung erheblich sind oder über die im Zusammenhang mit der Leistung Erklärungen abgegeben worden sind, unverzüglich der zuständigen Familienkasse mitzuteilen. ²Ein Kind, das das 18. Lebensjahr vollendet hat, ist auf Verlangen der Familienkasse verpflichtet, an der Aufklärung des für die Kindergeldzahlung maßgebenden Sachverhalts mitzuwirken; § 101 der Abgabenordnung findet insoweit keine Anwendung.

(2) Soweit es zur Durchführung des § 63 erforderlich ist, hat der jeweilige Arbeitgeber der in dieser Vorschrift bezeichneten Personen der Familienkasse auf Verlangen eine Bescheinigung über den Arbeitslohn, einbehaltene Steuern und Sozialabgaben sowie den auf der Lohnsteuerkarte eingetragenen Freibetrag auszustellen.

(3) Auf Antrag des Berechtigten erteilt die das Kindergeld auszahlende Stelle eine Bescheinigung über das im Kalenderjahr ausgezahlte Kindergeld.

(4) Die Familienkassen dürfen den die Bezüge im öffentlichen Dienst anweisenden Stellen Auskunft über den für die jeweilige Kindergeldzahlung maßgebenden Sachverhalt erteilen.

244. Besondere Mitwirkungspflichten

Allgemeines

(1) ¹Die Vorschriften der AO über die Mitwirkungspflichten sind nicht ohne weiteres auf die Gewährung von Kindergeld anzuwenden. ²Dementsprechend sind die Regelungen in § 68 EStG vorrangig im Verhältnis zu § 153 AO.

Änderungen in den Verhältnissen

(2) ¹Änderungen in den Verhältnissen, die für den Kindergeldanspruch erheblich sind, hat der Kindergeldempfänger unverzüglich mitzuteilen. ²Die Mitwirkungspflicht beginnt mit der Antragstellung. ³Treten nach Beendigung des Kindergeldbezuges Veränderungen ein, die den Anspruch rückwirkend beeinflussen, besteht auch insoweit eine Mitwirkungspflicht. ⁴Die Mitwirkungspflicht hat auf Verlangen der Familienkassen auch das über 18 Jahre alte Kind zu erfüllen.

Verpflichtung des Arbeitgebers

(3) Der Arbeitgeber des Kindes, für das ein Antrag auf Kindergeld vorliegt, hat auf Verlangen der Familienkasse eine Bescheinigung mit den in § 68 Abs. 2 EStG genannten Daten auszustellen.

Bescheinigung

(4) ¹*Kommt der Abzug eines Kinderfreibetrags in Betracht, bestehen jedoch Zweifel darüber, ob und in welcher Höhe Kindergeld gezahlt worden ist, so ist der Sachverhalt grundsätzlich durch Anfrage bei der Familienkasse zu klären.* ²*Wenn die Angaben des Steuerpflichtigen für eine solche Anfrage nicht ausreichen, ist eine Bescheinigung der Familienkasse über das für den Veranlagungszeitraum ausgezahlte Kindergeld beim Steuerpflichtigen selbst anzufordern.* ³*Zu den geleisteten Kindergeldbeträgen zählen auch Beträge, die nicht an den Berechtigten gezahlt wurden (Aufrechnung, Leistung an Dritte), ihm jedoch zugestanden haben.*

Steuergeheimnis

(5) ¹§ 68 Abs. 4 EStG befreit insoweit die Familienkassen von der Verpflichtung zur Wahrung des Steuergeheimnisses, als Vergleichsmitteilungen zwischen den einzelnen Familienkassen der Arbeitsämter und Bezügestellen des öffentlichen Dienstes zulässig sind. ²Die Auskunftsmöglichkeit betrifft Kindergelddaten hinsichtlich der Festsetzung kindergeldabhängiger Leistungen des Besoldungs-, Versorgungs- und Tarifrechts, soweit die Bezügestellen diese benötigen. Ausgenommen sind jedoch derartige Informationen an Beihilfestellen.

Hinweise

Bescheinigung über ausgezahltes Kindergeld
→ *DA-FamEStG 68.4 (BStBl I 1998 S. 460)*

DA 68.4 Bescheinigung über ausgezahltes Kindergeld

(1) ¹Wird bei der Einkommensteuer-Veranlagung durch das Finanzamt der Kinderfreibetrag abgezogen, so erhöht sich die Einkommensteuer um das für das Veranlagungsjahr gezahlte Kindergeld. ²Hat das Finanzamt bei der Steuerfestsetzung Zweifel, ob Kindergeld gezahlt worden ist, soll es diese nach der Gesetzesbegründung zu § 36 Abs. 2 EStG i. d. F. des Jahressteuer-Ergänzungsgesetzes (BStBl 1995 I S. 786) durch Anfrage bei der Familienkasse ausräumen. ³Eine Bescheinigung nach § 68 Abs. 3 EStG ist deshalb nur in Ausnahmefällen auszustellen.

(2) ¹Dem Finanzamt gegenüber zu bescheinigen sind grundsätzlich die dem Kindergeld-Berechtigten für das Veranlagungsjahr gezahlten Beträge. ²Anzugeben sind auch diejenigen Beträge, die wegen einer Abzweigung an Dritte oder einer Aufrechnung nicht an den Kindergeld-Berechtigten ausgezahlt worden sind, ihm aber zugestanden haben.

(3) ¹Ist Kindergeld zu Unrecht gezahlt und die Erstattungsforderung bindend festgesetzt worden, ist das zuständige Finanzamt hierüber zu unterrichten, falls zuvor eine Bescheinigung ausgestellt oder eine Auskunft erteilt worden ist. ²Entsprechendes gilt bei nachträglicher Zahlung von Kindergeld.

Zu Unrecht oder nachträglich gezahltes Kindergeld
Ist Kindergeld zu Unrecht gezahlt worden, hat die Familienkasse das Finanzamt davon im Falle einer vorher erteilten Bescheinigung oder Auskunft zu unterrichten, sobald die Erstattungsforderung bindend festgesetzt worden ist. Entsprechendes gilt bei nachträglicher Zahlung von Kindergeld → *DA-FamEStG 68.4 (BStBl 1998 I S. 460).*

§ 69
Überprüfung des Fortbestehens von Anspruchsvoraussetzungen durch Meldedaten-Übermittlung

Die Meldebehörden übermitteln in regelmäßigen Abständen den Familienkassen nach Maßgabe einer auf Grund des § 20 Abs. 1 des Melderechtsrahmengesetzes zu erlassenden Rechtsverordnung die in § 18 Abs. 1 des Melderechtsrahmengesetzes genannten Daten aller Einwohner, zu deren Person im Melderegister Daten von minderjährigen Kindern gespeichert sind, und dieser Kinder, soweit die Daten nach ihrer Art für die Prüfung der Rechtmäßigkeit des Bezuges von Kindergeld geeignet sind.

245. Überprüfung des Fortbestehens von Anspruchsvoraussetzungen durch Meldedaten-Übermittlung

– unbesetzt –

Hinweise

Meldedatenabgleich

→ DA-FamEStG 69 (BStBl **1998** I S. *461*)

> **DA 69 Meldedatenabgleich**
>
> (1) ¹§ 69 EStG bildet zusammen mit § 3 der Zweiten Meldedaten-Übermittlungsverordnung des Bundes vom 31. Juli 1995 (BGBl. I S. 1011 – 2. BMeldDÜV) in der durch Artikel 25 des Jahressteuer-Ergänzungsgesetzes 1996 geänderten Fassung die Rechtsgrundlage für den Datenabgleich zwischen der Bundesanstalt für Arbeit und den Meldebehörden zur Prüfung der Rechtmäßigkeit des Bezuges von Kindergeld. ²Durch den Datenabgleich wird die Existenz und der Inlandsaufenthalt des Berechtigten und der Kinder festgestellt.
>
> (2) Die Familienkassen des öffentlichen Dienstes nehmen am Meldedatenabgleich nicht teil.

§ 70
Festsetzung und Zahlung des Kindergeldes

(1) ¹Das Kindergeld nach § 62 wird von der Familienkasse durch Bescheid festgesetzt und ausgezahlt, soweit nichts anderes bestimmt ist.¹) ²§ 157 der Abgabenordnung gilt nicht, soweit

1. dem Antrag entsprochen wird,
2. der Berechtigte anzeigt, daß die Voraussetzungen für die Berücksichtigung eines Kindes nicht mehr erfüllt sind, oder
3. das Kind das 18. Lebensjahr vollendet, ohne daß eine Anzeige nach § 67 Abs. 2 erstattet ist.

(2) Soweit in den Verhältnissen, die für den Anspruch auf Kindergeld erheblich sind, Änderungen eintreten, ist die Festsetzung des Kindergeldes mit Wirkung vom Zeitpunkt der Änderung der Verhältnisse aufzuheben oder zu ändern.

(3) ¹Materielle Fehler der letzten Festsetzung können durch Neufestsetzung oder durch Aufhebung der Festsetzung beseitigt werden. ²Neu festgesetzt oder aufgehoben wird mit Wirkung ab dem auf die Bekanntgabe der Neufestsetzung oder der Aufhebung der Festsetzung folgenden Monat. ³Bei der Neufestsetzung oder Aufhebung der Festsetzung nach Satz 1 ist § 176 der Abgabenordnung entsprechend anzuwenden; dies gilt nicht für Monate, die nach der Verkündung der maßgeblichen Entscheidung eines obersten Gerichtshofes des Bundes beginnen.

---

¹) Anm.: Durch das Steuerentlastungsgesetz 1999/2000/2002 wurde Absatz 1 Satz 1 mit Wirkung ab dem VZ 1999 wie folgt gefaßt:
„Das Kindergeld nach § 62 wird von den Familienkassen durch Bescheid festgesetzt und ausgezahlt."

246. Festsetzung und Zahlung des Kindergeldes

– unbesetzt –

§ 71
Zahlungszeitraum

Das Kindergeld wird monatlich gezahlt.

247. Zahlungszeitraum

– unbesetzt –

§ 72
Festsetzung und Zahlung des Kindergeldes an Angehörige des öffentlichen Dienstes

(1) ¹Steht Personen, die
1. in einem öffentlich-rechtlichen Dienst-, Amts- oder Ausbildungsverhältnis stehen, mit Ausnahme der Ehrenbeamten, oder
2. Versorgungsbezüge nach beamten- oder soldatenrechtlichen Vorschriften oder Grundsätzen erhalten oder
3. Arbeitnehmer des Bundes, eines Landes, einer Gemeinde, eines Gemeindeverbandes oder einer sonstigen Körperschaft, einer Anstalt oder einer Stiftung des öffentlichen Rechts sind, einschließlich der zu ihrer Berufsausbildung Beschäftigten,

Kindergeld nach Maßgabe dieses Gesetzes zu, wird es von den Körperschaften, Anstalten oder Stiftungen des öffentlichen Rechts festgesetzt und ausgezahlt. ²Die genannten juristischen Personen sind insoweit Familienkasse.

(2) Der Deutschen Post AG, der Deutschen Postbank AG und der Deutschen Telekom AG obliegt die Durchführung dieses Gesetzes für ihre jeweiligen Beamten und Versorgungsempfänger in Anwendung des Absatzes 1.

(3) Absatz 1 gilt nicht für Personen, die ihre Bezüge oder Arbeitsentgelt
1. von einem Dienstherrn oder Arbeitgeber im Bereich der Religionsgesellschaften des öffentlichen Rechts oder
2. von einem Spitzenverband der Freien Wohlfahrtspflege, einem diesem unmittelbar oder mittelbar angeschlossenen Mitgliedsverband oder einer einem solchen Verband angeschlossenen Einrichtung oder Anstalt

erhalten.

(4) Die Absätze 1 und 2 gelten nicht für Personen, die voraussichtlich nicht länger als sechs Monate in den Kreis der in Absatz 1 Satz 1 Nr. 1 bis 3 und Absatz 2 Bezeichneten eintreten.

(5) Obliegt mehreren Rechtsträgern die Zahlung von Bezügen oder Arbeitsentgelt (Absatz 1 Satz 1) gegenüber einem Berechtigten, so ist für die Durchführung dieses Gesetzes zuständig:
1. bei Zusammentreffen von Versorgungsbezügen mit anderen Bezügen oder Arbeitsentgelt der Rechtsträger, dem die Zahlung der anderen Bezüge oder des Arbeitsentgelts obliegt;
2. bei Zusammentreffen mehrerer Versorgungsbezüge der Rechtsträger, dem die Zahlung der neuen Versorgungsbezüge im Sinne der beamtenrechtlichen Ruhensvorschriften obliegt;

3. bei Zusammentreffen von Arbeitsentgelt (Absatz 1 Satz 1 Nr. 3) mit Bezügen aus einem der in Absatz 1 Satz 1 Nr. 1 bezeichneten Rechtsverhältnisse der Rechtsträger, dem die Zahlung dieser Bezüge obliegt;
4. bei Zusammentreffen mehrerer Arbeitsentgelte (Absatz 1 Satz 1 Nr. 3) der Rechtsträger, dem die Zahlung des höheren Arbeitsentgelts obliegt oder – falls die Arbeitsentgelte gleich hoch sind – der Rechtsträger, zu dem das zuerst begründete Arbeitsverhältnis besteht.

(6) ¹Scheidet ein Berechtigter im Laufe eines Monats aus dem Kreis der in Absatz 1 Satz 1 Nr. 1 bis 3 Bezeichneten aus oder tritt er im Laufe eines Monats in diesen Kreis ein, so wird das Kindergeld für diesen Monat von der Stelle gezahlt, die bis zum Ausscheiden oder Eintritt des Berechtigten zuständig war. ²Dies gilt nicht, soweit die Zahlung von Kindergeld für ein Kind in Betracht kommt, das erst nach dem Ausscheiden oder Eintritt bei dem Berechtigten nach § 63 zu berücksichtigen ist. ³Ist in einem Fall des Satzes 1 das Kindergeld bereits für einen folgenden Monat gezahlt worden, so muß der für diesen Monat Berechtigte die Zahlung gegen sich gelten lassen.

(7) Der nach § 67 Abs. 1 erforderliche Antrag auf Kindergeld sowie die Anzeige nach § 67 Abs. 2 sind an die Stelle zu richten, die für die Festsetzung der Bezüge oder des Arbeitsentgelts zuständig ist.

(8) ¹In den Abrechnungen der Bezüge und des Arbeitsentgelts ist das Kindergeld gesondert auszuweisen. ²Der Rechtsträger hat die Summe des von ihm für alle Berechtigten ausgezahlten Kindergeldes dem Betrag, den er insgesamt an Lohnsteuer einzubehalten hat, zu entnehmen und bei der nächsten Lohnsteuer-Anmeldung gesondert abzusetzen. ³Übersteigt das insgesamt ausgezahlte Kindergeld den Betrag, der insgesamt an Lohnsteuer abzuführen ist, so wird der übersteigende Betrag dem Rechtsträger auf Antrag von dem Finanzamt, an das die Lohnsteuer abzuführen ist, aus den Einnahmen der Lohnsteuer ersetzt.

(9) ¹Abweichend von Absatz 1 Satz 1 werden Kindergeldansprüche auf Grund über- oder zwischenstaatlicher Rechtsvorschriften nach § 70 festgesetzt. ²Für die Auszahlung gilt § 73 Abs. 1 Satz 2 entsprechend.

---

248. Festsetzung und Zahlung des Kindergeldes an Angehörige des öffentlichen Dienstes

Die Familienkassen des öffentlichen Dienstes sind zuständig für beurlaubte und entsandte Beschäftigte, für Beschäftigte, die sich im Mutterschaftsurlaub oder im Erziehungsurlaub befinden, solange dieser Kreis Ansprüche auf Kindergeld nach dem EStG hat.

EStG

§ 73²)
Zahlung des Kindergeldes an andere Arbeitnehmer

(1) ¹Der Arbeitgeber hat das Kindergeld
1. bei monatlichen oder längeren Lohnabrechnungszeiträumen jeweils zusammen mit dem Arbeitslohn,

---

¹) Absatz 9 wurde durch das Steuerentlastungsgesetz 1999 ab VZ 1999 geändert.
  Anm.: „(9) ¹Abweichend von Absatz 1 Satz 1 werden Kindergeldansprüche auf Grund über- oder zwischenstaatlicher Rechtsvorschriften durch die Familienkassen der Bundesanstalt für Arbeit festgesetzt und ausgezahlt. ²Dies gilt auch für Fälle, in denen Kindergeldansprüche sowohl nach Maßgabe dieses Gesetzes als auch auf Grund über- oder zwischenstaatlicher Rechtsvorschriften bestehen."
²) Mit Inkrafttreten des Steuerentlastungsgesetzes 1999 am 1.1.1999 aufgehoben; zur Anwendung → § 52 (32c) in der Fassung des Steuerentlastungsgesetzes 1999.

2. bei kürzeren als monatlichen Lohnabrechnungszeiträumen jeweils für alle in einem Kalendermonat endenden Lohnabrechnungszeiträume zusammen mit dem Arbeitslohn für den letzten in dem Kalendermonat endenden Lohnabrechnungszeitraum

nach der von der Familienkasse festgesetzten und bescheinigten Höhe auszuzahlen. ²Die Familienkasse setzt das monatlich auszuzahlende Kindergeld fest und erteilt dem Arbeitnehmer darüber eine Bescheinigung, die dem Arbeitgeber vorzulegen ist. ³Der Arbeitgeber hat die Bescheinigung aufzubewahren. ⁴Satz 1 gilt nicht für Arbeitnehmer, die voraussichtlich nicht länger als sechs Monate bei dem Arbeitgeber beschäftigt sind. ⁵§ 72 Abs. 8 gilt entsprechend.

(2) Dem Arbeitgeber steht kein Zurückbehaltungsrecht hinsichtlich des Kindergeldes zu.

(3) ¹Die Bundesregierung wird ermächtigt, durch Rechtsverordnung mit Zustimmung des Bundesrates Ausnahmen von Absatz 1 Satz 1 zuzulassen und das Verfahren bei der Festsetzung und Auszahlung des Kindergeldes näher zu regeln, soweit dies zur Vereinfachung des Verfahrens oder zur Vermeidung von Härten erforderlich ist. ²Dabei können insbesondere die Bescheinigung des auszuzahlenden Kindergeldes auf der Lohnsteuerkarte, Mitwirkungs-, Aufzeichnungs- und Mitteilungspflichten des Arbeitnehmers und des Arbeitgebers sowie die Haftung des Arbeitgebers geregelt werden. ³Es kann auch bestimmt werden, daß das Finanzamt das Kindergeld dem Arbeitgeber vor Auszahlung an den Arbeitnehmer überweist.

249. Zahlung des Kindergeldes an andere Arbeitnehmer   R 249

Zuständigkeit bei Anwendung von Zwangsmitteln

(1) Kommt ein Arbeitgeber seiner Auszahlungspflicht nicht nach, ist die Familienkasse berechtigt, die Zahlung durch Androhung und ggf. durch Festsetzung von Zwangsmitteln zu erreichen.

Befreiung von der Auszahlungspflicht

(2) ¹Die Familienkasse hat gem. § 3 Satz 4 KAV dem zuständigen Betriebsstättenfinanzamt auf Anfrage diejenigen Arbeitgeber namentlich mitzuteilen, die von der Pflicht zur Auszahlung des Kindergeldes befreit sind; eine Unterrichtung von Amts wegen unterbleibt.

Hinweise   H 249

Befreiung von der Auszahlungspflicht
→ DA-FamEStG 73.5 (BStBl 1996 I S. 801)

Kindergeld-Auszahlungsverordnung
→ BStBl 1995 I S. 715

Merkblatt für den Arbeitgeber
→ BStBl 1995 I S. 719

§ 74
Zahlung des Kindergeldes in Sonderfällen

EStG
S 2486

(1) ¹Kindergeld kann in angemessener Höhe an den Ehegatten oder Kinder des Kindergeldberechtigten ausgezahlt werden, wenn der Kindergeldberechtigte ihnen gegenüber seinen gesetzlichen Unterhaltspflichten nicht nachkommt. ²Kindergeld kann an Kinder, die bei der Festsetzung des Kindergeldes berücksichtigt werden, bis zur Höhe des Betrages, der sich bei entsprechender Anwendung des § 76 ergibt, ausgezahlt werden. ³Dies gilt auch, wenn der Kindergeldberechtigte mangels Leistungsfähigkeit nicht unterhaltspflich-

tig ist oder nur Unterhalt in Höhe eines Betrages zu leisten braucht, der geringer ist als das für die Auszahlung in Betracht kommende Kindergeld. ⁴Die Auszahlung kann auch an die Person oder Stelle erfolgen, die dem Ehegatten oder den Kindern Unterhalt gewährt.

(2) Ist ein Kindergeldberechtigter auf Grund richterlicher Anordnung länger als einen Kalendermonat in einer Anstalt oder Einrichtung untergebracht, ist das Kindergeld an den Unterhaltsberechtigten auszuzahlen, soweit der Kindergeldberechtigte kraft Gesetzes unterhaltspflichtig ist und er oder die Unterhaltsberechtigten es beantragen.

(3) Ist der Kindergeldberechtigte untergebracht (Absatz 2), kann die Stelle, der die Kosten der Unterbringung zur Last fallen, das Kindergeld durch schriftliche Anzeige an die Familienkasse auf sich überleiten.

(4) Die Anzeige bewirkt den Anspruchsübergang nur insoweit, als das Kindergeld nicht an Unterhaltsberechtigte zu zahlen ist, der Kindergeldberechtigte die Kosten der Unterbringung zu erstatten hat und die Leistung auf den für die Erstattung maßgebenden Zeitraum entfällt.

(5) Für Erstattungsansprüche der Träger von Sozialleistungen gegen die Familienkasse gelten die §§ 102 bis 109 und 111 bis 113 des Zehnten Buches Sozialgesetzbuch entsprechend.

250. Zahlung des Kindergeldes in Sonderfällen

Zahlung an Dritte, Abzweigungsvoraussetzungen

(1) ¹Verletzt ein Unterhaltsverpflichteter seine Zahlungsverpflichtung gegenüber dem Ehegatten, einem Zahlkind bzw. gegenüber einem an-spruchserhöhenden Zählkind, kann das Kindergeld an die für den Unterhalt aufkommende Person bzw. Stelle ausgezahlt (abgezweigt) werden. ²Dabei begründet eine einmalige oder nur unwesentliche Unterhaltspflichtverletzung keine Abzweigung von Kindergeld. ³Die Entscheidung über die Abzweigung erfolgt von Amts wegen. ⁴Bei der Abzweigung bleibt der Inhaber des Anspruchs weiterhin der Berechtigte.

Abtretung, Verpfändung

(2) ¹Gemäß § 46 AO kann ein Anspruch auf Kindergeld an einen Dritten abgetreten werden. ²Die §§ 398 ff BGB sind darauf entsprechend anzuwenden. ³§ 400 BGB begrenzt diese Möglichkeit. ⁴Eine Forderung kann nur insoweit abgetreten werden, als sie der Pfändung unterliegt. ⁵Im übrigen ist eine Abtretung des steuerlichen Kindergeldes wegen anderer Unterhaltsansprüche unwirksam.

§ 75
Aufrechnung

(1) Mit Ansprüchen auf Rückzahlung von Kindergeld kann die Familienkasse gegen Ansprüche auf laufendes Kindergeld bis zu deren Hälfte aufrechnen, soweit der Berechtigte nicht hilfebedürftig im Sinne der Vorschriften des Bundessozialhilfegesetzes über die Hilfe zum Lebensunterhalt wird.

(2) Absatz 1 gilt für die Aufrechnung eines Anspruchs auf Erstattung von Kindergeld gegen einen späteren Kindergeldanspruch des nicht dauernd von dem Erstattungspflichtigen getrennt lebenden Ehegatten entsprechend.

251. Aufrechnung

– unbesetzt –

Hinweise

Aufrechnung

→ DA-FamEStG 75.1–75.*4* (BStBl *1998* I S. *480*)

DA 75.1 Allgemeines

(1) ¹Für die Aufrechnung eines Erstattungsanspruchs wegen überzahltem Kindergeld mit laufendem Kindergeld gilt § 75 EStG. ²Danach kann ein Anspruch auf Erstattung von Kindergeld sowohl gegen den Kindergeld-Anspruch des Erstattungspflichtigen als auch gegen denjenigen seines nicht dauernd von ihm getrennt lebenden Ehegatten aufgerechnet werden. ³Für die Aufrechnung eines Erstattungsanspruchs wegen überzahlten Kindergeldes mit anderen Ansprüchen (z. B. Besoldungs-, Vergütungs-, Versorgungs- und Lohnansprüchen) unter Beachtung der Pfändungsfreigrenzen gelten nach § 226 Abs. 1 AO die §§ 387 bis 396 BGB sinngemäß. ⁴Die Aufrechnung erfolgt im Steuerrecht durch einseitige zugangsbedürftige Willenserklärung der Familienkasse und stellt im Gegensatz zum Sozialrecht keinen anfechtbaren Verwaltungsakt dar (BFH vom 2. April 1987, BStBl 1987 II S. 536).

(2) ¹Der Aufrechnung nach § 75 EStG kommt für die Erstattung zu Unrecht geleisteten Kindergeldes wegen des einfachen Verfahrens bei der Einbehaltung vom laufenden Kindergeld besondere Bedeutung zu. ²Von der Aufrechnungsmöglichkeit ist daher stets Gebrauch zu machen.

(3) ¹Ein Anspruch auf Erstattung von zu Unrecht geleistetem Kindergeld kann nach § 75 EStG nicht gegen einen Anspruch des Erstattungspflichtigen auf Arbeitslosengeld, Arbeitslosenhilfe oder andere Leistungen des Arbeitsamtes aufgerechnet werden. ²Genauso können gegen den Erstattungspflichtigen oder seinen nicht dauernd getrennt lebenden Ehegatten festgesetzte Geldbußen oder Verwarnungsgelder nicht mit deren Kindergeld-Ansprüchen aufgerechnet werden, weil es sich bei Geldbußen sowie Verwarnungsgeldern nicht um Ansprüche aus einem Steuerschuldverhältnis handelt (vgl. hierzu § 37 Abs. 1 AO).

(4) ¹Erheben der Berechtigte bzw. – im Falle des § 75 Abs. 2 EStG – sein nicht dauernd getrennt lebender Ehegatte Einwände gegen die Aufrechnung und sind diese nicht begründet, ist die Wirksamkeit der Aufrechnung in einem Abrechnungsbescheid nach § 218 Abs. 2 AO festzustellen. ²Der Einspruch gegen einen Korrektur- bzw. Erstattungsbescheid ist dabei nur dann als Einwand gegen eine Aufrechnung zu werten, wenn nach dem Inhalt des Einspruchs das Vorliegen der Aufrechnungslage bestritten wird. ³Der Abrechnungsbescheid selbst kann gesondert mit Einspruch angefochten werden.

(5) Ansprüche auf Kindergeld können ohne Zustimmung des Betroffenen nicht gegen oder mit Ansprüchen von Sozialleistungsträgern verrechnet werden.

(6) ¹Zur Vollstreckung von Bescheiden über Kindergeld – z. B. wenn das Beschäftigungsverhältnis nicht mehr besteht oder Aufrechnungen nicht möglich sind und eine Rückzahlung nach entsprechender Aufforderung des Verpflichteten nicht erfolgt – wird auf das als Anhang abgedruckte Schreiben des Bundesministeriums der Finanzen vom 14. November 1995 – Z C 1 – S 0500 – 20/95 – hingewiesen. ²Vollstreckungsersuchen sind regelmäßig an das Hauptzollamt zu richten, in dessen Vollstreckungsbezirk der Vollstreckungsschuldner ansässig ist. Dabei ist zu berücksichtigen, daß nicht jedes Hauptzollamt zur Durchführung der Vollstreckung befugt ist.

(7) ¹Aus Vereinfachungsgründen ist es zweckmäßig, wenn Familienkassen der Länder, Gemeinden, Gemeindeverbände und der unter Landesaufsicht stehenden sonstigen Körperschaften sowie Anstalten und Stiftungen des öffentlichen Rechts ihre Rückforderungsbescheide im Wege der Amtshilfe auch weiterhin von den bisher zuständigen Vollstreckungsbehörden vollstrecken lassen. ²Sollen gleichwohl in größerem Umfang Hauptzollämter um Vollstreckung ersucht werden, ist das Bundesamt für Finanzen zu unterrichten, mit wievielen Vollstreckungsfällen jährlich zu rechnen ist.

DA 75.2 Aufrechnung einer Erstattungsforderung gegen den Kindergeldanspruch des Berechtigten

(1) ¹Nach § 75 Abs. 1 EStG kann eine Aufrechnung höchstens bis zur Hälfte des laufenden Anspruchs auf Kindergeld erfolgen, soweit der Berechtigte dadurch nicht hilfebedürf-

tig im Sinne der Vorschriften des BSHG über die Hilfe zum Lebensunterhalt wird. ²Hat der Berechtigte mehrere Kinder, so kann eine Aufrechnung mit weniger als der Hälfte des Kindergeldes vorzunehmen sein.

(2) Ist bereits bei Erlaß eines Korrektur- bzw. Erstattungsbescheides bekannt, daß der Berechtigte Sozialhilfe bezieht, ist zu prüfen, ob wegen voraussichtlich dauernder Sozialhilfebedürftigkeit die Forderung gemäß § 261 AO niederzuschlagen ist.

DA 75.3 Aufrechnung einer Erstattungsforderung gegen den Kindergeldanspruch des nicht dauernd getrennt lebenden Ehegatten

¹Gemäß § 75 Abs. 2 EStG kann ein Anspruch auf Erstattung von Kindergeld gegen einen späteren Kindergeld-Anspruch des nicht dauernd getrennt lebenden Ehegatten bis zur Hälfte dieses Anspruchs aufgerechnet werden. ²Eine Aufrechnung ist jedoch auch hier nur zulässig, soweit der nicht dauernd getrennt lebende Ehegatte durch die Aufrechnung nicht sozialhilfebedürftig wird. ³DA 75.2 gilt entsprechend.

DA 75.4 Zusammentreffen einer Aufrechnung mit anderen Verfügungen über den Kindergeldanspruch

(1) ¹Eine Abzweigung von Kindergeld gemäß § 74 Abs. 1 oder 2 EStG an eine andere Person oder Stelle als den Berechtigten steht einer Aufrechnung nicht entgegen. ²Durch die Entscheidung über eine anderweitige Auszahlung wird der Anspruch auf Kindergeld in der Person des Berechtigten nicht berührt; daher kann ihm gegenüber die Aufrechnung mit Erstattungsansprüchen erklärt werden. ³Die Kürzung des auszuzahlenden Kindergeldes einerseits dem Berechtigten und andererseits dem Abzweigungsempfänger gegenüber sollte entsprechend ihrer Verantwortlichkeit für die Entstehung des Erstattungsanspruchs vorgenommen werden, im Zweifel im gleichen Verhältnis.

(2) ¹Wird aufgrund einer Abtretung oder Verpfändung das steuerliche Kindergeld laufend an einen Dritten ausgezahlt, kann die Familienkasse die Aufrechnung nur mit Kindergeld-Ansprüchen erklären, die nach Eintritt der Fälligkeit des Erstattungsanspruchs entstehen. ²Die Familienkasse kann ferner die Aufrechnung erklären, wenn die Aufrechnungslage schon im Zeitpunkt der Anzeige über die Abtretung oder Verpfändung bestand, d. h., wenn der Erstattungsanspruch zum Zeitpunkt der Anzeige des Berechtigten bereits fällig war. ³Eine Aufrechnungserklärung ist aber ausgeschlossen, wenn der Erstattungsanspruch der Familienkasse erst nach Eingang der Anzeige über eine Abtretung oder Verpfändung und später als der abgetretene bzw. verpfändete Kindergeld-Anspruch fällig geworden ist. ⁴Kindergeld-Ansprüche werden im Laufe des Monats fällig, für den sie bestimmt sind, bzw. bei Auszahlung durch den Arbeitgeber zu dem nach § 73 Abs. 1 Satz 1 EStG maßgeblichen Zeitpunkt. ⁵Erstattungsansprüche der Familienkasse werden mit Zugang des Erstattungsbescheides beim Erstattungspflichtigen bzw. mit Ablauf einer dem Berechtigten eingeräumten Zahlungsfrist fällig (§ 220 Abs. 2 AO).

EStG

S 2487

§ 76
Pfändung

¹Der Anspruch auf Kindergeld kann nur wegen gesetzlicher Unterhaltsansprüche eines Kindes, das bei der Festsetzung des Kindergeldes berücksichtigt wird, gepfändet werden. ²Für die Höhe des pfändbaren Betrages bei Kindergeld gilt:

1. Gehört das unterhaltsberechtigte Kind zum Kreis der Kinder, für die dem Leistungsberechtigten Kindergeld gezahlt wird, so ist eine Pfändung bis zu dem Betrag möglich, der bei gleichmäßiger Verteilung des Kindergeldes auf jedes dieser Kinder entfällt. ²Ist das Kindergeld durch die Berücksichtigung eines weiteren Kindes erhöht, für das einer dritten Person Kindergeld oder dieser oder dem Leistungsberechtigten eine andere Geldleistung für Kinder zusteht, so bleibt der Erhöhungsbetrag bei der Bestimmung des pfändbaren Betrages des Kindergeldes nach Satz 1 außer Betracht.

2. Der Erhöhungsbetrag (Nummer 1 Satz 2) ist zugunsten jedes bei der Festsetzung des Kindergeldes berücksichtigten unterhaltsberechtigten Kindes zu dem Anteil pfändbar,

der sich bei gleichmäßiger Verteilung auf alle Kinder, die bei der Festsetzung des Kindergeldes zugunsten des Leistungsberechtigten berücksichtigt werden, ergibt.

252. Pfändung

¹Die Pfändbarkeit des Kindergeldes ist beschränkt auf die gesetzlichen Unterhaltsansprüche eines Kindes. ²Eine Pfändung im Hinblick auf Steuerschulden ist demnach ausgeschlossen.

§ 77
Erstattung von Kosten im Vorverfahren

(1) ¹Soweit der Einspruch gegen die Kindergeldfestsetzung erfolgreich ist, hat die Familienkasse demjenigen, der den Einspruch erhoben hat, die zur zweckentsprechenden Rechtsverfolgung oder Rechtsverteidigung notwendigen Aufwendungen zu erstatten. ²Dies gilt auch, wenn der Einspruch nur deshalb keinen Erfolg hat, weil die Verletzung einer Verfahrens- oder Formvorschrift nach § 126 der Abgabenordnung unbeachtlich ist. ³Aufwendungen, die durch das Verschulden eines Erstattungsberechtigten entstanden sind, hat dieser selbst zu tragen; das Verschulden eines Vertreters ist dem Vertretenen zuzurechnen.

(2) Die Gebühren und Auslagen eines Bevollmächtigten oder Beistandes, der nach den Vorschriften des Steuerberatungsgesetzes zur geschäftsmäßigen Hilfeleistung in Steuersachen befugt ist, sind erstattungsfähig, wenn dessen Zuziehung notwendig war.

(3) ¹Die Familienkasse setzt auf Antrag den Betrag der zu erstattenden Aufwendungen fest. ²Die Kostenentscheidung bestimmt auch, ob die Zuziehung eines Bevollmächtigten oder Beistandes im Sinne des Absatzes 2 notwendig war.

253. Erstattung von Kosten im Vorverfahren

– unbesetzt –

Hinweise

Dienstanweisung zur Durchführung von Rechtsbehelfsverfahren im Zusammenhang mit dem steuerlichen Familienleistungsausgleich nach dem X. Abschnitt des EStG.
→ BStBl 1996 I S. 913

§ 78
Übergangsregelungen

(1) ¹Kindergeld, das bis zum 31. Dezember 1995 nach den Vorschriften des Bundeskindergeldgesetzes gewährt wurde, gilt als nach den Vorschriften dieses Gesetzes festgesetzt. ²In Fällen des § 72 Abs. 9 und des § 73 kann der Arbeitgeber bis zur Vorlage der Bescheinigung ¹)

---

¹) Anm.: Durch das Steuerentlastungsgesetz 1999/2000/2002 wurden die Absätze 1 bis 3 mit Wirkung ab dem VZ 1999 aufgehoben.

§ 78 EStG
R 254   H 254

nach § 73 Abs. 1 Satz 2 das Kindergeld für die Monate Januar bis März 1996 vorläufig auf der Grundlage einer Erklärung des Arbeitnehmers über die Zahl der Kinder, für die er Anspruch auf Zahlung von Kindergeld hat, auszahlen. ³Legt der Arbeitnehmer bis zum 20. April 1996 keine Bescheinigung im Sinne des § 73 Abs. 1 Satz 2 vor, hat der Arbeitgeber im nächsten Lohnzahlungszeitraum den Arbeitslohn und bei der entsprechenden Lohnsteuer-Anmeldung den dort gesondert abzusetzenden Betrag des insgesamt ausgezahlten Kindergeldes um das bisher ausgezahlte Kindergeld zu kürzen. ⁴Hat der Arbeitnehmer keinen Lohnanspruch, der für die Kürzung ausreicht, so hat der Arbeitgeber dies der Familienkasse unverzüglich anzuzeigen. ⁵Die Familienkasse fordert sodann das zuviel ausgezahlte Kindergeld vom Arbeitnehmer zurück.

¹) (2) ¹Abweichend von § 63 steht Berechtigten, die für Dezember 1995 für Enkel oder Geschwister Kindergeld bezogen haben, das Kindergeld für diese Kinder zu, solange die Voraussetzungen nach § 2 Abs. 1 Nr. 3 des Bundeskindergeldgesetzes in der bis zum 31. Dezember 1995 geltenden Fassung und die weiteren Anspruchsvoraussetzungen erfüllt sind, längstens bis zum 31. Dezember 1996. ²Sind diese Kinder auch bei anderen Personen zu berücksichtigen, gilt die Rangfolge nach § 3 Abs. 2 des Bundeskindergeldgesetzes in der bis zum 31. Dezember 1995 geltenden Fassung.

¹) (3) Auf ein Kind, das am 31. Dezember 1995 das 16. Lebensjahr vollendet hatte, ist zugunsten des Berechtigten, dem für dieses Kind ein Kindergeldanspruch zuerkannt war, § 2 Abs. 2 des Bundeskindergeldgesetzes in der bis zum 31. Dezember 1995 geltenden Fassung anzuwenden, solange die entsprechenden Anspruchsvoraussetzungen ununterbrochen weiter erfüllt sind, längstens bis zum 31. Dezember 1996.

(4) Ist für die Nachzahlung und Rückforderung von Kindergeld und Zuschlag zum Kindergeld für Berechtigte mit geringem Einkommen der Anspruch eines Jahres vor 1996 maßgeblich, finden die §§ 10, 11 und 11a des Bundeskindergeldgesetzes in der bis zum 31. Dezember 1995 geltenden Fassung Anwendung.

(5) ¹Abweichend von § 64 Abs. 2 und 3 steht Berechtigten, die für Dezember 1990 für ihre Kinder Kindergeld in dem in Artikel 3 des Einigungsvertrages genannten Gebiet bezogen haben, das Kindergeld für diese Kinder auch für die folgende Zeit zu, solange sie ihren Wohnsitz oder gewöhnlichen Aufenthalt in diesem Gebiet beibehalten und die Kinder die Voraussetzungen ihrer Berücksichtigung weiterhin erfüllen. ²§ 64 Abs. 2 und 3 ist insoweit erst für die Zeit vom Beginn des Monats an anzuwenden, in dem ein hierauf gerichteter Antrag bei der zuständigen Stelle eingegangen ist; der hiernach Berechtigte muß die nach Satz 1 geleisteten Zahlungen gegen sich gelten lassen.

R 254   254. Übergangsregelungen

– unbesetzt –

H 254   **Hinweise**

Sonderregelung für Berechtigte in den neuen Bundesländern
→ DA-FamEStG 78.2 (BStBl *1998* I S. *487*)

> **DA 78.2   Sonderregelung für Berechtigte in den neuen Bundesländern**
>
> (1) ¹Nach § 78 Abs. 5 EStG erhalten diejenigen Personen, die noch für Dezember 1990 Kindergeld in der früheren DDR bezogen hatten, ohne Prüfung des Anspruchsvorrangs nach § 63 Abs. 2 und 3 EStG solange das Kindergeld, als sie in den neuen Bundesländern ihren Wohnsitz oder gewöhnlichen Aufenthalt beibehalten, die Kinder bei ihnen weiterhin zu berücksichtigen sind und keine andere Person für diese Kinder Kindergeld beantragt. ²Die Zahlung des Kindergeldes abweichend von der Rangfolgeregelung des § 63 Abs. 2 und 3 EStG ist hier nur solange gerechtfertigt, als die Anspruchsvoraussetzungen bei die-

---

1) Anm.: Durch das Steuerentlastungsgesetz 1999/2000/2002 wurden die Absätze 1 bis 3 mit Wirkung ab dem VZ 1999 aufgehoben.

sen Kindern nach Dezember 1990 ununterbrochen erfüllt bleiben. ³Der eigentliche Vorrang ist jedoch festzustellen, sobald sich etwa der Familienstand des bisherigen Berechtigten ändert oder die Kinder bzw. der Berechtigte den gemeinsamen Haushalt verlassen.

(2) ¹Sind die Voraussetzungen für die Berücksichtigung eines Kindes für einen vollen Kalendermonat weggefallen, ist bei erneuter Antragstellung für dieses Kind der Vorrang nach § 64 Abs. 2 und 3 EStG zu prüfen und eine entsprechende Entscheidung zu treffen. ²Der Vorrang nach § 64 Abs. 2 und 3 EStG ist ferner zu prüfen, wenn ein anderer Elternteil Kindergeld beantragt. ³Steht diesem das Kindergeld zu, ist die Festsetzung gegenüber dem bisherigen Berechtigten nach § 70 Abs. 2 EStG von dem Monat an aufzuheben, in dem der nunmehr vorrangige Elternteil Kindergeld beantragt hat. ⁴Ein darüber hinaus bereits gezahltes Kindergeld ist vom bisherigen Berechtigten zu erstatten (§ 37 Abs. 2 EStG), soweit er es nicht an den neuen Berechtigten weitergeleitet hat.

(3) Ergibt sich durch einen Berechtigtenwechsel ein höherer Kindergeldanspruch, sind die Unterschiedsbeträge vom Monat des Berechtigtenwechsels an zu zahlen.

B.
Anlagen zu den Einkommensteuer-Richtlinien 1998

Anlage 1 (zu R 17)

Übersicht
über die Berichtigung des Gewinns bei Wechsel der Gewinnermittlungsart

Übergang	Berichtigung des Gewinns im ersten Jahr nach dem Übergang:
1. von der Einnahmenüberschußrechnung zum Bestandvergleich, zur Durchschnittssatzgewinnermittlung oder zur Richtsatzschätzung	Der Gewinn des ersten Jahres ist insbesondere um die folgenden Hinzurechnungen und Abrechnungen zu berichtigen: + Warenbestand + Warenforderungsanfangsbestand + Sonstige Forderungen − Warenschuldenanfangsbestand + Anfangsbilanzwert (Anschaffungskosten) der nicht abnutzbaren Wirtschaftsgüter des Anlagevermögens (mit Ausnahme des Grund und Bodens), soweit diese während der Dauer der Einnahmenüberschußrechnung angeschafft und ihre Anschaffungskosten vor dem 1.1.1971 als Betriebsausgaben abgesetzt wurden, ohne das ein Zuschlag nach § 4 Abs. 3 Satz 2 EStG in den vor dem Steuerneuordnungsgesetz geltenden Fassungen gemacht wurde.
2. vom Bestandsvergleich, von der Durchschnittssatzgewinnermittlung oder von der Richtsatzschätzung zur Einnahmenüberschußrechnung	Der Überschuß der Betriebseinnahmen oder die Betriebsausgaben ist im ersten Jahr insbesondere um die folgenden Hinzurechnungen und Abrechnungen zu Berichtigen: + Warenschuldenbestand des Vorjahrs − Warenendbestand des Vorjahrs − Warenforderungsbestand des Vorjahrs − Sonstige Forderungen. Sind in früheren Jahren Korrektivposten gebilet und noch nicht oder noch nicht in voller Höhe aufgelöst worden, so ist dies bei Hinzurechnung des Unterschiedsbetrags zu berücksichtigen; noch nicht aufgelöste Zuschläge vermindern, noch nicht aufgelöste Abschläge erhöhen den Unterschiedsbetrag.

Die vorstehende Übersicht ist nicht erschöpfend. Beim Wechsel der Gewinnermittlungsart sind auch andere als die oben bezeichneten Positionen durch Zu- und Abrechnungen zu berücksichtigen. Das gilt insbesondere für die Rechnungsabgrenzungsposten, z.B. im voraus gezahlte Miete und im voraus vereinnahmte Zinsen, sowie für Rückstellungen, z.B. für Gewerbesteuer des Abgelaufenen Wirtschaftsjahrs.

Anlagen 2 und 3

– unbesetzt –

Anlage 4
(zu R 111 Abs. 4)

Aussteller (Bezeichnung der jur. Person oder Dienststelle)

Muster 1

Bestätigung
über Zuwendungen an juristische Personen des öffentlichen Rechts oder öffentliche Dienststellen

Name und Wohnort des Spenders		
Betrag/Wert der Spende in Ziffern	in Buchstaben	Tag der Spende
Bei Sachspenden: genaue Bezeichnung des Gegenstandes		

Es wird bestätigt, daß die Spende nur zu folgenden – angekreuzten – Zwecken verwendet wird, und zwar zu

☐ mildtätigen Zwecken (§ 53 Abgabenordnung).

☐ kirchlichen oder religiösen Zwecken (§§ 52, 54 Abgabenordnung).

☐ wissenschaftlichen Zwecken (§ 52 Abgabenordnung).

☐ kulturellen Zwecken im Sinne der Nummer 4

☐ als besonders förderungswürdig anerkannten gemeinnützigen Zwecken im Sinne der Nummer _____

} der Anlage 7 Einkommensteuer-Richtlinien

☐ Der Verwendungszweck liegt im Ausland.

Die Spende wird

☐ von uns unmittelbar für den angegebenen Zweck verwendet.

☐ entsprechend den Angaben des Spenders an die folgende Körperschaft, Personenvereinigung oder Vermögensmasse im Sinne des § 5 Abs. 1 Nr. 9 des Körperschaftsteuergesetzes weitergeleitet, die vom Finanzamt _____ Steuernummer _____ mit Bescheid vom _____/vorläufiger Bescheinigung vom _____ als begünstigte Empfängerin anerkannt ist:[1])

Ort, Datum und Unterschrift

---

[1]) Diese Bestätigung wird nicht als Nachweis für den Spendenabzug anerkannt, wenn das Datum des Steuerbescheides/Freistellungsbescheides länger als 5 Jahre bzw. das Datum der vorläufigen Bescheinigung länger als 3 Jahre seit der Ausstellung der Spendenbestätigung zurückliegt (BMF vom 15.12.1994 – BStBl I S. 884).

Anlage 4
(zu R 111 Abs. 4)

Aussteller (Bezeichnung der Körperschaft o.ä.)

Muster 2

Bestätigung

über Zuwendungen an eine der in § 5 Abs. 1 Nr. 9 des Körperschaftsteuergesetzes bezeichneten Körperschaften, Personenvereinigungen oder Vermögensmassen

Name und Wohnort des Zuwendenden		
Betrag/Wert der Zuwendung in Ziffern	in Buchstaben	Tag der Zuwendung
Bei Sachzuwendungen: genaue Bezeichnung des Gegenstandes		

Wir sind wegen Förderung der (genaue Angabe der Zwecke)

_____

☐ nach dem letzten uns zugegangenen Steuerbescheid/Freistellungsbescheid des Finanzamts für die Jahre .... [1]
als _____ Zwecken dienend anerkannt und
nach § 5 Abs. 1 Nr. 9 des Körperschaftsteuergesetzes von der Körperschaftsteuer befreit.

☐ durch Bescheinigung des Finanzamts vorläufig ab .... [1]
als

Zwecken dienend und zu den in § 5 Abs. 1 Nr. 9 des Körperschaftsteuergesetzes bezeichneten Körperschaften, Personenvereinigungen oder Vermögensmassen gehörig anerkannt worden.

Bezeichnung des Finanzamts	Steuernummer	Datum des Bescheids/der Bescheinigung [1]

Es wird bestätigt, daß die Zuwendung nur zu folgenden – angekreuzten – Zwecken verwendet wird, und zwar zu

☐ mildtätigen Zwecken (§ 53 Abgabenordnung).
☐ kirchlichen oder religiösen Zwecken (§§ 52, 54 Abgabenordnung).
☐ wissenschaftlichen Zwecken (§ 52 Abgabenordnung).
☐ kulturellen Zwecken im Sinne der Nummer 4
  (nur bei nach § 48 Abs. 4 EStDV anerkannten Körperschaften)
☐ als besonders förderungswürdig anerkannten
  gemeinnützigen Zwecken im Sinne der Nummer _____ } der Anlage 7 Einkommensteuer-Richtlinien
☐ Der Verwendungszweck liegt im Ausland.

Der zugewendete Betrag wird entsprechend den Angaben des Zuwendenden an die folgende Körperschaft, Personenvereinigung oder Vermögensmasse im Sinne des § 5 Abs. 1 Nr. 9 des Körperschaftsteuergesetzes weitergeleitet, die vom Finanzamt als begünstigte Empfängerin anerkannt ist:

_____
_____

Ort, Datum und Unterschrift
_____

[1] Diese Bestätigung wird nicht als Nachweis für den Spendenabzug anerkannt, wenn das Datum des Steuerbescheids/Freistellungsbescheids länger als 5 Jahre bzw. das Datum der vorläufigen Bescheinigung länger als 3 Jahre seit der Ausstellung der Spendenbestätigung zurückliegt (BMF vom 15.12.1994 – BStBl I S. 884).

Anlagen 5, 6

Anlage 5

(gegenstandslos)

Anlage 6

(gegenstandslos)

Anlage 7
(zu R 111 Abs. 1)

Verzeichnis
der allgemein als besonders förderungswürdig im Sinne des § 10 b Abs. 1 EStG anerkannten Zwecke

Die nachstehend aufgeführten gemeinnützigen Zwecke sind als besonders förderungswürdig anerkannt:

1. Die Förderung der öffentlichen Gesundheitspflege, insbesondere die Bekämpfung von Seuchen und seuchenähnlichen Krankheiten; dies gilt auch für Krankenhäuser im Sinne des § 67 AO;
2. die Förderung der Jugendpflege und Jugendfürsorge;
3. die Förderung des Sports, wenn der Empfänger der Zuwendung eine juristische Person des öffentlichen Rechts oder eine öffentliche Dienststelle ist;
4. die Förderung kultureller Zwecke, wenn der Empfänger der Zuwendung eine juristische Person des öffentlichen Rechts oder eine öffentliche Dienststelle ist.
   Förderung kultureller Zwecke ist die ausschließliche und unmittelbare Förderung der Kunst, die Förderung der Pflege und Erhaltung von Kulturwerten sowie die Förderung der Denkmalpflege.

   a) Die Förderung der Kunst umfaßt die Bereiche der Musik, der Literatur, der darstellenden und bildenden Kunst und schließt die Förderung von kulturellen Einrichtungen, wie Theater und Museen, sowie von kulturellen Veranstaltungen, wie Konzerte und Kunstausstellungen, mit ein.

   b) Kulturwerte sind Gegenstände von künstlerischer und sonstiger kultureller Bedeutung, Kunstsammlungen und künstlerische Nachlässe, Bibliotheken, Museen, Archive sowie andere vergleichbare Einrichtungen.

   c) Die Förderung der Denkmalpflege bezieht sich auf die Erhaltung und Wiederherstellung von nach den jeweiligen landesrechtlichen Vorschriften anerkannten Bau- und Bodendenkmälern. Die Anerkennung ist durch eine Bescheinigung der nach Landesrecht zuständigen oder von der Landesregierung bestimmten Stelle nachzuweisen.
5. die Förderung der Erziehung, Volks- und Berufsbildung einschließlich der Studentenhilfe;
6. die Förderung des Küstenschutzes, wenn der Empfänger der Zuwendung eine juristische Person des öffentlichen Rechts oder eine öffentliche Dienststelle ist;
7. die Förderung der Heimatpflege und Heimatkunde, wenn der Empfänger der Zuwendung eine juristische Person des öffentlichen Rechts oder eine öffentliche Dienststelle oder eine Vereinigung von außerhalb des Bundesgebiets beheimatet gewesenen Personen ist;
8. die Zwecke der Spitzenverbände der freien Wohlfahrtspflege (Arbeiterwohlfahrt, Diakonisches Werk der Evangelischen Kirche in Deutschland, Deutscher Caritasverband, Der Paritätische Wohlfahrtsverband, Deutsches Rotes Kreuz, Zentralwohlfahrtsstelle der Juden in Deutschland), ihre Unterverbände und der diesen Verbänden angeschlossenen Einrichtungen und Anstalten;
9. unbesetzt;
10. die Förderung der Fürsorge für politisch, rassisch und religiös Verfolgte, für Flüchtlinge, Vertriebene, Kriegsopfer, Kriegshinterbliebene, Kriegs- und Körperbeschädigte und Blinde, für Kriegsgefangene, ehemalige Kriegsgefangene, die sich noch im Ausland befinden, und Heimkehrer, ferner die Förderung der Kriegsgräberfürsorge, des Suchdienstes für Vermißte und der Altersfürsorge;
11. die Förderung der Rettung aus Lebensgefahr (Rettung Ertrinkender und Schiffbrüchiger, Bergwacht und ähnliches);
12. die Förderung internationaler Gesinnung, der Toleranz auf allen Gebieten der Kultur und des Völkerverständigungsgedankens;
13. Feuerschutz, Arbeitsschutz, Katastrophenschutz, Zivilschutz und Unfallverhütung;
14. die Errichtung von Ehrenmalen für Kriegsopfer, Gedenkstätten für Katastrophenopfer und Gedenkstätten für ehemalige KZ-Häftlinge;
15. unbesetzt;
16. die Förderung des Tierschutzes;
17. die Bekämpfung der Tierseuchen;
18. die Förderung des Naturschutzes und der Landschaftspflege im Sinne des Bundesnaturschutzgesetzes und der Naturschutzgesetze der Länder, wenn der Empfänger der Zuwendung eine juristische Person des öffentlichen Rechts oder eine öffentliche Dienststelle ist;
19. unbesetzt;
20. unbesetzt;
21. die Förderung der Tierzucht, der Pflanzenzucht, der Kleingärtnerei, des traditionellen Brauchtums einschließlich des Karnevals, der Fastnacht und des Faschings, der Soldaten- und Reservistenbetreuung, des Amateurfunkens, des Modellflugs und des Hundesports, wenn der Empfänger der Zuwendung eine juristische Person des öffentlichen Rechts oder eine öffentliche Dienststelle ist;
22. die Förderung der Entwicklungshilfe, wenn der Empfänger der Zuwendung eine juristische Person des öffentlichen Rechts oder eine öffentliche Dienststelle ist;
23. Verbraucherberatung;
24. der Umweltschutz, soweit die Reinhaltung von Luft und Wasser, die Bekämpfung des Lärms, die Abfallbeseitigung, die Verringerung der Strahlenbelastung durch kerntechnische Anlagen und die Verbesserung der Sicherheit kerntechnischer Anlagen gefördert werden, wenn der Empfänger der Zuwendung eine juristische Person des öffentlichen Rechts oder eine öffentliche Dienststelle ist;
25. die Förderung der Fürsorge für Strafgefangene und ehemalige Strafgefangene;
26. die Förderung der Gleichberechtigung von Männern und Frauen, wenn der Empfänger der Zuwendung eine juristische Person des öffentlichen Rechts oder eine öffentliche Dienststelle ist.

Anlage 8
(zu R 212a)

Verzeichnis

ausländischer Steuern, die der deutschen Einkommensteuer entsprechen

Äthiopien
income tax (Einkommen- und Körperschaftsteuer) einschließlich trade profits tax (Steuer auf gewerbliche Einkünfte)

Afghanistan
income tax (Einkommen- und Körperschaftsteuer)

Algerien
contribution foncière des propriétés bâties (Steuer auf Einkünfte aus bebauten Grundstücken),
contribution foncière des propriétés non bâties (Steuer auf Einkünfte aus unbebauten Grundstücken),
impôt sur les bénéfices industriels et commerciaux (Steuer auf gewerbliche Einkünfte),
impôt sur les bénéfices d'exploitation agricole (Steuer auf landwirtschaftliche Einkünfte),
impôt sur les traitements publics et privés, les indemnités et émoluments, les pensions et les rentes viagères (Steuer auf Gehälter aus öffentlicher und privater Hand, auf Entschädigungen und Nebeneinkünfte, auf Löhne, Ruhegehälter und Leibrenten),
impôt sur les bénéfices non commerciaux (Steuer auf nichtgewerbliche Gewinne),
impôt complémentaire sur l'ensemble du revenu (Ergänzugsteuer auf das Gesamteinkommen),
impôt sur les revenus des contribuables n'ayant pas en Algérie d'installation professionnelle permanente (Steuer auf Einkünfte Nichtansässiger ohne ständige Niederlassung in Algerien),
impôt sur les revenus des entreprises étrangères de construction (Steuer auf Einkünfte ausländischer Bauunternehmen)

Angola
contribuiçao industrial (Steuer auf gewerbliche Einkünfte),
imposto predial urbano (Steuer auf Einkünfte aus bebauten Grundstücken),
imposto profissional (Steuer auf Einkünfte aus selbständiger und nichtselbständiger Arbeit),
imposto sobre el exploraçoes agricolas, florestais, pecuárias, de pesca, de minas e de sal (Steuer auf Einkünfte aus Landwirtschaft, Forstwirtschaft, Viehwirtschaft, Fischerei, Bergbau und Salzgewinnung),
imposto complementar (Ergänzungsteuer)

Barbados
income tax (Einkommen- und Körperschaftsteuer)

Botsuana
income tax (Einkommen- und Körperschaftsteuer) einschließlich withholding tax (Abzugsteuer) für Steuerausländer auf Zinsen, Dividenden und Nutzungsgebühren

Chile
impuesto a la renta (Einkommen- und Körperschaftsteuer), impuesto global complementario (Ergänzungsteuer auf das Gesamteinkommen),
impuesto adicional (Zusatzsteuer),
sobretasa adicional (Zuschlag auf Einkommen- und Zusatzsteuer)

China (Taiwan)
individual income tax (Einkommensteuer der natürlichen Personen),
profit-seeking enterprise income tax (Einkommensteuer der gewerblichen Unternehmen) einschließlich withholding tax (Abzugsteuer) für Steuerausländer,
corporation income tax (Zusatzsteuer zur Einkommensteuer auf einbehaltene Gewinne)

Cookinseln
income tax (Einkommen- und Körperschaftsteuer)

Costa Rica
impuesto sobre la renta (Einkommen- und Körperschaftsteuer)

Dominikanische Republik
impuesto sobre la renta (Einkommen- und Körperschaftsteuer)
contribucion adicional al impuesto sobre la renta (Zuschlag zur Einkommensteuer)

El Salvador
impuesto sobre la renta (Einkommen- und Körperschaftsteuer)

Fidschi
income tax (Einkommen- und Körperschaftsteuer) einschließlich surtax (Zusatzsteuer), surcharge (Zuschlag) und dividend tax (Quellensteuer auf Dividenden)

Gabun
impôt général sur le revenu des personnes physiques (allgemeine Einkommensteuer) einschließlich retenue à la source (Quellensteuer),
impôt sur les sociétés (Körperschaftsteuer) einschließlich retenue à la source (Quellensteuer),
taxe complémentaire sur les traitements publics et privés, les indemnités et émoluments, les salaires (Zusatzsteuer auf Einkünfte aus nichtselbständiger Arbeit)

Gambia
income tax (Einkommen- und Körperschaftsteuer)

Ghana
income tax (Einkommen- und Körperschaftsteuer)

Gibraltar
income tax (Einkommen- und Körperschaftsteuer)

Guatemala
impuesto sobre la renta (Einkommen- und Körperschaftsteuer) einschließlich impuesto adicional (Zuschlag)

Anlage 8
(zu R 212a)

Guinea
impôt général sur le revenu des personnes physiques (Einkommensteuer)

impôt sur les traitements et salaires (Steuer auf Einkünfte aus nichtselbständiger Arbeit),

impôt sur les bénéfices industriels, commerciaux et non commerciaux (Steuer auf gewerbliche Einkünfte und auf Einkünfte aus selbständiger Arbeit),

impôt sur le revenu des obligations et autres titres d'emprunts négociables (Steuer auf Kapitalerträge)

Guyana
income tax (Einkommen- und Körperschaftsteuer),

national development surtax (Zusatzsteuer für die nationale Entwicklung)

Haiti
impôt sur le revenu (Einkommen- und Körperschaftsteuer)

Honduras
impuesto sobre la renta (Einkommen- und Körperschaftsteuer)

Hongkong
salaries and annuities tax (Steuer auf Gehälter und Renten),

business profits tax (Steuer auf gewerbliche Gewinne),

corporation profits tax (Körperschaftsteuer),

interest tax (Steuer auf Zinsen)

Irak
income tax (Einkommen- und Körperschaftsteuer),

surtax (Zusatzsteuer)

Jordanien
income tax (Einkommen- und Körperschaftsteuer),

social service tax (soweit diese zur Finanzierung bestimmter Sozialdienste erhobene Steuer in der Form eines Zuschlags zur Einkommensteuer- und Körperschaftsteuer festgesetzt wird)

Kamerun
impôt sur le revenu des personnes physiques (Einkommensteuer) einschließlich taxe proportionnelle bzw. proportionnal tax (Proportionalsteuer) und surtaxe progressive bzw. graduaded surtax (progressive Zusatzsteuer),

taxe spéciale sur les revenus bzw. prélèvement spécial (Quellensteuer auf Autorenhonorare, Lizenzerträge, Nutzungsgebühren und ähnliche Einkünfte Nichtansässiger),

impôt sur les sociétés bzw. company tax (Körperschaftsteuer),

centimes additionnels bzw. additional council tax (Steuerzuschlag der Gemeinden), soweit auf Einkommensteuer- oder Körperschaftsteuer erhoben,

taxes communales directes bzw. direct council taxes (direkte Gemeindesteuern), soweit auf Einkünfte aus nichtselbständiger Arbeit erhoben,

contribution au crédit foncier bzw. contribution to the construction fund (Beitrag zum Aufbaufonds), soweit auf Einkünfte aus nichtselbständiger Arbeit erhoben,

prélèvement spécial sur les redevances et sur les autres rémunérations pour études, assistance technique, financière ou comptable (Sondersteuer auf Lizenzgebühren und andere Zahlungen für Studien oder technische, finanzielle oder buchhaltungsmäßige Unterstützung)

Katar
income tax (Körperschaftsteuer)

Kolumbien
impuesto sobre la renta (Einkommensteuer) einschließlich complemento del impuesto basico de renta (Überweisungssteuer),

impuesto complementario sobre el exceso de utilidades (Übergewinnsteuer),

impuesto complementario sobre el patrimonio (Vermögenszuschlag auf Einkommensteuer)

Kongo
impôt sur le revenu des personnes physiques (Einkommensteuer),

impôt complémentaire (Ergänzungsteuer zur Einkommensteuer),

impôt sur les sociétés (Körperschaftsteuer),

impôt sur le revenu des valeurs mobilières (Steuern auf Kapitalerträge),

taxe spéciale sur les sociétés (Sondersteuer der Kapitalgesellschaften),

taxe civique d'investissement (Zusatzsteuer zur Einkommen- und Körperschaftsteuer)

Lesotho
income tax (Einkommen- und Körperschaftsteuer),

graded tax (Zusatzsteuer vom Einkommen)

Libanon
impôt sur le revenu (Einkommen- und Körperschaftsteuer)

Libyen
income tax (Steuer auf Einkünfte),

general tax on income (allgemeine Einkommensteuer),

company tax (allgemeine Körperschaftsteuer),

Jihad-Steuer (Steuer für den Jihad-Fonds)

Liechtenstein
Erwerbsteuer (Einkommensteuer),

Ertragsteuer (Körperschaftsteuer),

Couponabgabe (Kapitalertragsteuer)

Madagaskar
impôt général sur le revenu (Einkommensteuer),

taxe annuelle sur les bénéfices non distribués (jährliche Steuer auf nichtausgeschüttete Gewinne)

Malawi
income tax (Einkommen- und Körperschaftsteuer)

Mali
impôt général sur le revenu (Einkommen- und Körperschaftsteuer) einschließlich der impôt sur les bénéfices industriels et commerciaux (Steuer auf gewerbliche und freiberufliche Einkünfte)

Mauretanien
impôt général sur le revenu (Einkommensteuer),

impôt sur les bénéfices industriels et commerciaux et sur les bénéfices de l'exploitation agricole (Steuer auf gewerbliche und landwirtschaftliche Einkünfte),

impôt sur les bénéfices non commerciaux (Steuer auf nichtgewerbliche Einkünfte),

Anlage 8
(zu R 212a)

impôt sur les traitements, salaires, pensions et rentes viagères (Steuer auf Gehälter, Löhne, Ruhegehälter und Altersrenten),

impôt sur le revenu des capitaux mobiliers (Steuer auf Einkünfte aus Kapitalvermögen)

Monaco
impôt sur les bénéfices (Steuer auf gewerbliche Gewinne)

Mosambik
imposto de rendimento (Einkommen- und Körperschaftsteuer),
imposto supplementar (Ergänzungsteuer),
contribuiçao predial (Steuer auf Einkünfte aus Grundvermögen)

Myanmar
income tax (Einkommen- und Körperschaftsteuer),
super tax (Zusatzsteuern)

Nepal
income tax (Einkommen- und Körperschaftsteuer)

Nicaragua
impuesto sobre la renta (Einkommen- und Körperschaftsteuer)

Niederländische Antillen
inkomstenbelasting (Einkommensteuer),
winstbelasting (Körperschaftsteuer)

Niger
impôt général sur les revenus (Einkommensteuer),
impôt sur les bénéfices industriels, commerciaux et agricols (Steuer auf gewerbliche und landwirtschaftliche Einkünfte),
impôt sur les traitements publics et privés, les indemnités et émoluments, les salaires, les pensions ou indemnités annuelles et rentes viagères (Steuer auf öffentliche und private Bezüge, auf Entschädigungen, Löhne, Ruhegehälter, Leibrenten und Altersrenten),
impôt sur les revenus des capitaux mobiliers (Steuer auf Einkünfte aus Kapitalvermögen)

Nigeria
federal income tax (Bundeseinkommensteuer für Ausländer),
income tax (Einkommensteuer, ab 1.4.1974),
companies income tax (Bundeskörperschaftsteuer), die von den drei Regionen Nigerias bis 31.3.1974 von Inländern (Africans) erhobene income tax ist keine anrechenbare Steuer,
capital gains tax (Veräußerungsgewinnsteuer)

Oman
income tax (Einkommen- und Körperschaftsteuer)

Panama
impuesto sobre la renta (Einkommen- und Körperschaftsteuer) einschließlich
impuesto complementario a cargo de las personas juridicas (Zusatzsteuer für juristische Personen)

Paraguay
impuesto a la renta (Einkommen- und Körperschaftsteuer)

Peru
impuesto a la renta (Einkommen- und Körperschaftsteuer) einschließlich Abzugsteuer für Steuerausländer von Zinsen und Dividenden und einschließlich Zusatzsteuer für Steuerausländer auf Lizenzgebühren und Zweigstellengewinne,
impuesto complementario a las capitalizaciones (Ergänzungsteuer auf Gewinnumwandlungen)

Puerto Rico
income tax (Einkommen- und Körperschaftsteuer),
surtax (Zusatzsteuer)

Ruanda
impôt sur les revenus locatifs (Steuer auf Mieteinkünfte),
impôt sur les revenus professionnels ou impôt professionnel (Steuer auf Gewerbe- und Berufseinkünfte),
impôt sur les revenus des capitaux mobiliers ou impôt mobilier (Steuer auf Kapitalerträge)

San Marino
Imposta Generale sui Redditi (Einkommensteuer)

Saudi-Arabien
income tax (Einkommen- und Körperschaftsteuer)

Senegal
impôt général sur les revenus (Einkommensteuer),
impôt sur les bénéfices industriels et commerciaux et sur les bénéfices de l'exploitation agricole (Steuer auf gewerbliche Einkünfte und auf Einkünfte aus Landwirtschaft),
impôt sur les bénéfices des professions non commerciales (Steuer auf Einkünfte aus nichtgewerblichen Tätigkeiten),
impôt sur les revenus des valeurs mobilières (Steuer auf Kapitalerträge)

Seschellen
income tax (Einkommen- und Körperschaftsteuer)

Sierra Leone
income tax (Einkommen- und Körperschaftsteuer)

Somalia
income tax (Einkommen- und Körperschaftsteuer),
local administration additional tax (Gemeindeeinkommensteuer)

Sudan
business profits tax (Steuer auf gewerbliche Gewinne),
personal income tax (Steuer auf Einkünfte aus nichtselbständiger Arbeit),
land rent income tax (Steuer auf Einkünfte aus Landwirtschaft und aus Grundbesitz)

Suriname
inkomstenbelasting (Einkommen- und Körperschaftsteuer)

Swasiland
income tax (Einkommen- und Körperschaftsteuer),
non-resident shareholder tax (Steuer auf Dividenden der Nichtansässigen)

Syrien
impôt sur le revenu (Einkommen- und Körperschaftsteuer),

Anlage 8
(zu R 212a)

municipality tax (Gemeindesteuer),
non resident tax (Steuer der Nichtansässigen),
war tax (Kriegssteuer)

Taiwan
siehe China (Taiwan)

Tansania
income tax (Einkommen- und Körperschaftsteuer)

Togo
impôt général sur le revenu (Einkommensteuer),
impôt sur les bénéfices industriels et commerciaux (Steuer auf gewerbliche Einkünfte),
impôt sur les bénéfices des professions nun commerciales (Steuer auf Einkünfte aus nichtgewerblichen Tätigkeiten),
taxe progressive sur les traitements publics et privés, les indemnités et émoluments, les salaires, les pensions et les rentes viagères (Steuer auf Gehälter aus öffentlicher und privater Hand, auf Entschädigungen und Nebeneinkünfte, auf Löhne, Ruhegehälter und Leibrenten),

impôt sur le revenu des valeurs mobilières ou capitaux mobiliers (Steuer auf Kapitalerträge)

Uganda
income tax (Einkommen- und Körperschaftsteuer),
surtax (Zusatzsteuer)

Venezuela
impuesto sobre la renta (Einkommen- und Körperschaftsteuer) einschließlich Sondersteuer von 15 v.H. auf Einkünfte aus inländischen Betriebsstätten und auf sonstige inländische gewerbliche und ähnliche Einkünfte ausländischer Kapitalgesellschaften,
impuesto retenido por pagar (Steuer auf Zinseinkünfte)

Zaire
contribution sur les revenus locatifs (Steuer auf Einkünfte aus Vermietung), contribution mobilière sur les revenus des capitaux mobiliers (Steuer auf Einkünfte aus beweglichem Vermögen),
contribution sur les revenus professionnels (Steuer auf Erwerbseinkünfte)

C.
Anhänge

Übersicht
über die degressiven Absetzungen für Gebäude
nach § 7 Abs. 5 EStG (zu R 44)

	Zeitlicher Geltungsbereich	Begünstigte Objekte	Begünstigte Maßnahmen	AfA-Sätze	Gesetzliche Vorschriften
	1	2	3	4	5
1.	Fertigstellung nach dem 9.10.1962 und vor dem 1.1.1965 und Bauantrag nach dem 9.10.1962	Gebäude und Eigentumswohnungen, die zu mehr als 66 $^2/_3$ % Wohnzwecken dienen und nicht nach § 7b oder § 54 EStG begünstigt sind			§ 7 Abs. 5 Satz 2 EStG 1965
2.	Fertigstellung nach dem 31.12.1964 und vor dem 1.9.1977 und Bauantrag vor dem 9.5.1973	Gebäude und Eigentumswohnungen jeder Art, soweit nicht infolge der Beschränkungen unter Nr. 3 ausgeschlossen			§ 7 Abs. 5 Satz 1 EStG 1965, § 7 Abs. 5 Satz 1 EStG 1974/75, § 52 Abs. 8 Satz 2 EStG 1977
3.	Fertigstellung vor dem 1.2.1972 und Bauantrag nach dem 5.7.1970 und vor dem 1.2.1971	wie Nr. 2, soweit die Gebäude und Eigentumswohnungen nicht zum Anlagevermögen gehören oder soweit sie zu mehr als 66 $^2/_3$ % Wohnzwecken dienen	Herstellung	12 × 3,5 % 20 × 2 % 18 × 1 %	§ 1 Abs. 3 der 2. KonjVO
4.	Fertigstellung vor dem 1.9.1977 und Bauantrag nach dem 8.5.1973	Gebäude und Eigentumswohnungen, deren Nutzfläche zu mehr als 66 $^2/_3$ % mit Mitteln des sozialen Wohnungsbaus gefördert worden sind			§ 7 Abs. 5 Satz 2 EStG 1974/75, § 52 Abs. 8 Satz 2 EStG 1977
5.	Fertigstellung nach dem 31.8.1978 und vor dem 1.1.1979	Gebäude und Eigentumswohnungen, deren Nutzfläche zu mehr als 66 $^2/_3$ % mit Mitteln des sozialen Wohnungsbaus gefördert worden sind			§ 7 Abs. 5 EStG 1977, § 52 Abs. 8 Satz 1 EStG 1977, § 52 Abs. 8 Satz 2 EStG 1979
6.	Fertigstellung nach dem 31.12.1978 und vor dem 1.1.1983	wie Nr. 5, soweit im Ausland	Herstellung sowie Anschaffung, wenn Erwerb spätestens im Jahr der Fertigstellung	12 × 3,5 % 20 × 2 % 18 × 1 %	§ 7 Abs. 5 EStG 1979/81, § 52 Abs. 8 Satz 3 EStG 1981/85

Anhang 1

AfA-Vorschriften

	Zeitlicher Geltungsbereich	Begünstigte Objekte	Begünstigte Maßnahmen	AfA-Sätze	Gesetzliche Vorschriften
	1	2	3	4	5
7.	Fertigstellung nach dem 31.12.1978 und a) Bauantrag und Herstellungsbeginn bzw. Abschluß des obligatorischen Vertrags vor dem 30.7.81	Gebäude, Eigentumswohnungen und im Teileigentum stehende Räume, soweit im Inland	Herstellung sowie Anschaffung, wenn Erwerb spätestens im Jahr der Fertigstellung	12 × 3,5 % 20 × 2 % 18 × 1 %	§ 7 Abs. 5 EStG 1979/81, § 52 Abs. 8 Satz 3 EStG 1981/83, § 7 Abs. 5 EStG 1981/83, § 52 Abs. 8 Sätze 1 und 2 EStG 1981/85, § 7 Abs. 5 Nr. 2 EStG 1987, § 52 Abs. 8 Satz 2 EStG 1987, § 7 Abs. 5 Satz 1 Nr. 2 EStG 1990, § 52 Abs. 11 Satz 3 EStG 1990, § 7 Abs. 5 Satz 1 Nr. 2 EStG 1993
	b) Bauantrag oder Herstellungsbeginn bzw. Abschluß des obligatorischen Vertrags nach dem 29.7.81 (soweit nicht Nummer 8) und Bauantrag bzw. Abschluß des obligatorischen Vertrags vor dem 1.1.1995			8 × 5 % 6 × 2,5 % 36 × 1,25 %	
8.	Bauantrag nach dem 31.3.1985 und Bauantrag bzw. Abschluß des obligatorischen Vertrags vor dem 1.1.1994	Gebäude, Eigentumswohnungen und im Teileigentum stehende Räume, soweit sie zu einem Betriebsvermögen gehören und nicht Wohnzwecken dienen		4 × 10 % 3 × 5 % 18 × 2,5 %	§ 7 Abs. 5 Nr. 1 EStG 1987, § 52 Abs. 8 Satz 1 EStG 1987, § 7 Abs. 5 Satz 1 Nr. 1 EStG 1990, § 52 Abs. 11 Satz 2 EStG 1990, § 7 Abs. 5 Satz 1 Nr. 1 EStG 1993
9.	Bauantrag oder Anschaffung und Abschluß des obligatorischen Vertrags nach dem 28.2.89 und Bauantrag bzw. Abschluß des obligatorischen Vertrags vor dem 1.1.1996	Gebäude, Eigentumswohnungen und im Teileigentum stehende Räume, soweit sie Wohnzwecken dienen		4 × 7 % 6 × 5 % 6 × 2 % 24 × 1,25 %	§ 7 Abs. 5 Satz 2 EStG 1990, § 52 Abs. 11 Satz 1 EStG 1990, § 7 Abs. 5 Satz 1 Nr. 3 Buchstabe a EStG 1993
10.	Bauantrag oder Abschluß des obligatorischen Vertrags nach dem 31.12.95	wie zu 9.		8 × 5 % 6 × 2,5 % 36 × 1,25 %	§ 7 Abs. 5 Satz 1 Nr. 3 Buchstabe b EStG 1996

Übersicht

I   Steuerliche Anerkennung von Darlehensverträgen zwischen Angehörigen
BMF vom 1.12.1992 (BStBl I S. 729)

II   Steuerliche Anerkennung von Darlehensverträgen zwischen Angehörigen
BMF vom 25.5.1993 (BStBl I S. 410)

III   Berücksichtigung ausländischer Verhältnisse; Ländergruppeneinteilung ab 1996
BMF vom 27.2.1996 (BStBl I S. 115)

IV   Unterhaltsaufwendungen für Personen im Ausland als außergewöhnliche Belastung
(§ 33a Abs. 1 EStG ab 1996)
BMF vom 15.9.1997 (BStBl I S. 826)

I
Steuerliche Anerkennung von Darlehensverträgen[1])
zwischen Angehörigen

BMF vom 1.12.1992 (BStBl I S. 729)

IV B 2 – S 2144 – 76/92

Abschnitt 23 Abs. 4 i.V.m. Abs. 1 der Einkommensteuer-Richtlinien – EStR – regelt die steuerliche Behandlung von Darlehensverhältnissen zwischen Angehörigen. Der Bundesfinanzhof hat in den Urteilen vom 7. November 1990 (BStBl 1991 II S. 291), 18. Dezember 1990 (BStBl 1991 II S. 391, 581, 882 und 911), 4. Juni 1991 (BStBl II S. 838) und 12. Februar 1992 (BStBl II S. 468) die Verwaltungsregelungen grundsätzlich bestätigt und dabei die Voraussetzungen für die steuerliche Anerkennung von Darlehensverhältnissen genauer festgelegt. Nach Erörterung mit den obersten Finanzbehörden der Länder gilt danach für die Beurteilung von Darlehensverträgen zwischen Angehörigen oder zwischen einer Personengesellschaft und Angehörigen der die Gesellschaft beherrschenden Gesellschafter folgendes:

1. Allgemeine Voraussetzungen der steuerlichen Anerkennung

Voraussetzung für die steuerliche Anerkennung ist, daß der Darlehensvertrag bürgerlich-rechtlich wirksam geschlossen worden ist und tatsächlich wie vereinbart durchgeführt wird; dabei müssen Vertragsinhalt und Durchführung dem zwischen Fremden Üblichen entsprechen (Fremdvergleich); vgl. BFH-Urteile vom 18. Dezember 1990 und vom 12. Februar 1992 (a. a. O.).

Der Darlehensvertrag und seine tatsächliche Durchführung müssen die Trennung der Vermögens- und Einkunftssphären der vertragschließenden Angehörigen (z. B. Eltern und Kinder) gewährleisten. Eine klare, deutliche und einwandfreie Abgrenzung von einer Unterhaltsgewährung oder einer verschleierten Schenkung der Darlehenszinsen muß in jedem Einzelfall und während der gesamten Vertragsdauer möglich sein; vgl. BFH-Urteile vom 7. November 1990 und vom 4. Juni 1991 (a. a. O.).

2. Fremdvergleich bei Darlehensverträgen zwischen Angehörigen
a) Allgemeines

Es steht Angehörigen grundsätzlich frei, ihre Rechtsverhältnisse untereinander so zu gestalten, daß sie für sie steuerlich möglichst günstig sind. Das Vereinbarte muß jedoch in jedem Einzelfall und während der gesamten Vertragsdauer nach Inhalt und Durchführung dem entsprechen, was fremde Dritte bei der Gestaltung eines entsprechenden Darlehensverhältnisses üblicherweise vereinbaren würden; vgl. BFH-Urteile vom 7. November 1990 (a. a. O.), 18. Dezember 1990, BStBl 1991 II S. 391, und vom 12. Februar 1992 (a. a. O.). Vergleichsmaßstab sind die Vertragsgestaltungen, die zwischen Darlehensnehmern und Kreditinstituten üblich sind.

Das setzt insbesondere voraus, daß

– eine Vereinbarung über die Laufzeit und über Art und Zeit der Rückzahlung des Darlehens getroffen worden ist,

---

[1]) → Anhang 2 II.

- die Zinsen zu den Fälligkeitszeitpunkten entrichtet werden und
- der Rückzahlungsanspruch ausreichend besichert ist.[1])

6   Der Fremdvergleich ist auch durchzuführen, wenn Vereinbarungen nicht unmittelbar zwischen Angehörigen getroffen werden, sondern zwischen einer Personengesellschaft und Angehörigen der Gesellschafter, wenn die Gesellschafter, mit deren Angehörigen die Vereinbarungen getroffen wurden, die Gesellschaft beherrschen; vgl. BFH-Urteil vom 18. Dezember 1990, BStBl 1991 II S. 581. Gleiches gilt, wenn beherrschende Gesellschafter einer Personengesellschaft Darlehensforderungen gegen die Personengesellschaft an Angehörige schenkweise abtreten (vgl. Abschnitt 23 Abs. 4 Satz 7 ff. EStR).

b) Fremdvergleich bei wirtschaftlich voneinander unabhängigen Angehörigen

7   Ein Darlehensvertrag zwischen volljährigen, voneinander wirtschaftlich unabhängigen Angehörigen kann ausnahmsweise steuerrechtlich bereits anerkannt werden, wenn er zwar nicht in allen Punkten dem zwischen Fremden Üblichen entspricht (vgl. Rdnrn. 2 bis 6), aber die Darlehensmittel, die aus Anlaß der Herstellung oder Anschaffung von Vermögensgegenständen gewährt werden (z. B. Bau- oder Anschaffungsdarlehen), ansonsten bei einem fremden Dritten hätten aufgenommen werden müssen. Entscheidend ist, daß die getroffenen Vereinbarungen tatsächlich vollzogen werden, insbesondere die Darlehenszinsen regelmäßig gezahlt werden. Die Modalitäten der Darlehenstilgung und die Besicherung brauchen in diesen Fällen nicht geprüft zu werden (BFH-Urteil vom 4. Juni 1991 – a. a. O.).

3. Schenkweise begründete Darlehensforderung

8   Wird die unentgeltliche Zuwendung eines Geldbetrags an einen Angehörigen davon abhängig gemacht, daß der Empfänger den Betrag als Darlehen wieder zurückgeben muß, ist ertragsteuerlich weder die vereinbarte Schenkung noch die Rückgabe als Darlehen anzuerkennen. Der Empfänger erhält nicht die alleinige und unbeschränkte Verfügungsmacht über die Geldmittel, da er sie nur zum Zwecke der Rückgabe an den Zuwendenden oder an eine Personengesellschaft, die der Zuwendende oder dessen Angehörige beherrschen, verwenden darf. Entsprechendes gilt im Verhältnis zwischen Eltern und minderjährigen Kindern, wenn das Kindesvermögen nicht einwandfrei vom Elternvermögen getrennt wird. Da die Schenkung tatsächlich nicht vollzogen wurde, begründet die Rückgewähr der Geldbeträge kein mit ertragsteuerlicher Wirkung anzuerkennendes Darlehensverhältnis. Die Vereinbarungen zwischen den Angehörigen sind vielmehr ertragsteuerlich als eine modifizierte Schenkung zu beurteilen, die durch die als Darlehen bezeichneten Bedingungen gegenüber dem ursprünglichen Schenkungsversprechen in der Weise abgeändert sind, daß der Vollzug der Schenkung bis zur Rückzahlung des sog. Darlehens aufgeschoben und der Umfang der Schenkung durch die Zahlung sog. Darlehenszinsen erweitert ist. Daher dürfen die als Darlehenszinsen geltend gemachten Aufwendungen nicht als Betriebsausgaben oder Werbungskosten abgezogen werden.

9   Die Abhängigkeit zwischen Schenkung und Darlehen ist insbesondere in folgenden Fällen **unwiderleglich** zu vermuten:

- Vereinbarung von Schenkung und Darlehen in ein und derselben Urkunde, oder zwar in mehreren Urkunden, aber innerhalb einer kurzen Zeit,
- Schenkung unter der Auflage der Rückgabe als Darlehen,
- Schenkungsversprechen unter der aufschiebenden Bedingung der Rückgabe als Darlehen.

10 Die Abhängigkeit zwischen Schenkung und Darlehen ist insbesondere bei folgenden Vertragsgestaltungen **widerleglich** zu vermuten:

- Vereinbarungsdarlehen nach § 607 Abs. 2 BGB,
- Darlehenskündigung nur mit Zustimmung des Schenkers,
- Zulässigkeit von Entnahmen durch den Beschenkten zu Lasten des Darlehenskontos nur mit Zustimmung des Schenkers.

11 Die Vermutung ist widerlegt, wenn Schenkung und Darlehen sachlich und zeitlich unabhängig voneinander vorgenommen worden sind. Voraussetzung hierfür ist, daß die Schenkung zivilrechtlich wirksam vollzogen wurde. Der Schenkende muß endgültig, rechtlich und tatsächlich entreichert und der Empfänger entsprechend bereichert sein; eine nur vorübergehende oder formale Vermögensverschiebung reicht nicht aus; vgl. BFH-Urteile vom 22. Mai 1984, BStBl 1985 II S. 243, 18. Dezember 1990, BStBl 1991 II S. 581, 4. Juni 1991 und vom 12. Februar 1992, a. a. O.

---

[1]) → Anhang 2 II.

Die Grundsätze zu schenkweise begründeten Darlehensforderungen gelten auch für partiarische Darlehen und für nach dem 31. Dezember 1992 schenkweise begründete stille Beteiligungen, es sei denn, es ist eine Beteiligung am Verlust vereinbart, oder der stille Beteiligte ist als Mitunternehmer anzusehen. Im übrigen ist Abschnitt 138 a EStR anzuwenden.

Dieses Schreiben ersetzt das BMF-Schreiben vom 1. Juli 1988, BStBl I S. 210.

II

Steuerliche Anerkennung von Darlehensverträgen zwischen Angehörigen

BMF vom 25.5.1993 (BStBl I S. 410)

IV B 2 – S 2144 – 43/93

Im Einvernehmen mit den obersten Finanzbehörden der Länder gilt zur Frage, wann ein Rückzahlungsanspruch i.S. d. Rdnr. 5 des BMF-Schreibens vom 1. Dezember 1992 (BStBl I S. 729)[1]) ausreichend besichert ist, folgendes:

Eine ausreichende Besicherung liegt bei Hingabe banküblicher Sicherheiten vor. Dazu gehören vornehmlich die dingliche Absicherung durch Hypothek oder Grundschuld. Außerdem kommen alle anderen Sicherheiten, die für das entsprechende Darlehen banküblich sind, in Betracht, wie Bankbürgschaften, Sicherungsübereignung von Wirtschaftsgütern, Forderungsabtretungen sowie Schuldmitübernahme oder Schuldbeitritt eines fremden Dritten oder eines Angehörigen, wenn dieser über entsprechende ausreichende Vermögenswerte verfügt.

III

Berücksichtigung ausländischer Verhältnisse; hier Ländergruppeneinteilung ab 1996

BMF vom 27.2.1996 (BStBl I S. 115)

IV B 6 –S 2365 –4/96

Unter Bezugnahme auf die Abstimmung mit den obersten Finanzbehörden der Länder sind die Beträge des § 1 Abs. 3 Satz 2, des § 32 Abs. 6 Satz 4 und des § 33a Abs. 1 Satz 5 und Abs. 2 Satz 3 EStG mit Wirkung ab 1. Januar 1996 wie folgt anzusetzen:

in voller Höhe	mit $^2/_3$		mit $^1/_3$	
Wohnsitzstaat des Steuerpflichtigen bzw. der unterhaltenen Person				
1	2		3	
Australien	Argentinien	Afghanistan	Jordanien	Ruanda
Europäische Union	Bahamas	Ägypten	Jugoslawien	Rumänien
Gibraltar	Bahrein	Äquatorialguinea	Kamerun	Russische Föderation
Island	Barbados	Äthiopien	Kambodscha	Salomonen
Israel	Bermudas	Albanien	Kap Verde	Sambia
Japan	Chile	Algerien	Kasachstan	Samoa
Kanada	China (Taiwan)	Angola	Kenia	Senegal
Katar	Hongkong	Armenien	Kirgistan	Seychellen
Kuwait	Korea, Republik	Aserbaidschan	Kiribati	Sierra Leone
Liechtenstein	Libyen	Bangladesch	Kolumbien	Simbabwe
Monaco	Malta	Belize	Komoren	Slowakei
Neuseeland	Mexiko	Benin	Kongo	Somalia
Norwegen	Oman	Bolivien	Korea, Demokr. VR	Sri Lanka
San Marino	Saudi-Arabien	Bosnien-Herzegowina	Kroatien	Sudan
Schweiz	Singapur	Botsuana	Kuba	Suriname
Verein. Arab. Emirate	Slowenien	Brasilien	Laos	Swasiland
	Südafrika	Bulgarien	Lesotho	Syrien
Vereinigte Staaten	Zypern	Burkina Faso	Lettland	Tadschikistan

[1]) → Anhang 2 I.

Anhang 2
III, IV   Angehörige

in voller Höhe	mit ²/₃	mit ¹/₃		
Wohnsitzstaat des Steuerpflichtigen bzw. der unterhaltenen Person				
1	2	3		
		Burundi China (Volksrep.) Costa Rica Côte d'Ivoire Domenica Dominikan. Republik Dschibuti Ecuador El Salvador Eritrea Estland Fidschi Gabun Gambia Georgien Ghana Guatemala Guinea Guinea-Bissau Guyana Haiti Honduras Indien Indonesien Irak Iran, Islam. Republik Jamaika Jemen	Libanon Liberia Litauen Macao Port. Madagaskar Malawi Malaysia Malediven Mali Marokko Mauretanien Mauritius Mazedonien Moldavien Mongolei Mosambik Myanmar (fr. Burma) Namibia Nepal Nicaragua Niger Nigeria Pakistan Panama Papua-Neuguinea Paraguay Peru Philippinen Polen	Tansania Thailand Togo Tonga Trinidad und Tobago Tschad Tschechische Republik Tunesien Türkei Turkmenistan Tuvalu Uganda Ukraine Ungarn Uruguay Usbekistan Vanuatu Venezuela Vietnam Weißrußland Zaire Zentralafrikanische Republik	

IV

Unterhaltsaufwendungen für Personen im Ausland als außergewöhnliche Belastung
(§ 33a Abs. 1 EStG ab 1996)

BMF vom 15.9.1997 (BStBl I S. 826)

IV B 5 – S 2285 – 40/97

Die bisher erteilten Weisungen zum Abzug von Unterhaltsaufwendungen für Personen im Ausland als außergewöhnliche Belastung – zuletzt im BMF-Schreiben vom 22. Dezember 1994 (BStBl I S. 928) – sind aufgrund der Einführung des neuen Familienleistungsausgleichs und der Änderungen des § 33a Abs. 1 EStG teilweise überholt. Unter Bezugnahme auf das Ergebnis der Erörterungen mit den obersten Finanzbehörden der Länder sind für die Beurteilung ab dem Veranlagungszeitraum 1996 folgende Grundsätze zu beachten:

1. Allgemeines

1.1 Ab dem Veranlagungszeitraum 1996 dürfen Unterhaltsaufwendungen für eine Person im Ausland nach § 33a Abs. 1 EStG nur abgezogen werden, wenn der Unterhaltsempfänger gegenüber dem Steuerpflichtigen oder seinem Ehegatten gesetzlich unterhaltsberechtigt ist. Ob dies der Fall ist, beurteilt sich nach inländischen Maßstäben. Gesetzlich unterhaltsberechtigt können danach neben dem Ehegatten (auch wenn die Ehegatten dauernd getrennt leben oder geschieden sind) Verwandte in gerader Linie, d.h. insbesondere Kinder, Enkel, Eltern und Großeltern, sein. Aufwendungen für Kinder oder Enkel kommen jedoch für den Abzug nur in Betracht, wenn für sie kein Anspruch auf Kinderfreibetrag, Kindergeld oder eine andere Leistung für Kinder (§ 65 EStG) besteht.

1.2 Erhöhte Mitwirkungspflicht

Bei Sachverhalten im Ausland müssen sich die Steuerpflichtigen in besonderem Maße um Aufklärung und Beschaffung geeigneter, in besonderen Fällen auch zusätzlicher Beweismittel bemühen (§ 90 Abs. 2 AO). Insoweit besteht eine erhöhte Mitwirkungspflicht (BFH-Urteile vom 20. Januar 1978 – BStBl II S. 338, vom 3. Juni 1987 – BStBl II S. 675). Da der Steuerpflichtige für Steuerermäßigungen die objektive Beweislast (Feststellungslast) trägt, geht es zu seinen Lasten, wenn das Vorliegen der gesetzlichen Voraussetzungen nicht im gebotenen Umfang nachgewiesen oder glaubhaft gemacht wird. Aus § 90 Abs. 2 AO ist ferner abzuleiten, daß den Steuerpflichtigen bei der Gestaltung der tatsächlichen Verhältnisse eine Pflicht zur Beweisvorsorge trifft. Deshalb sind insbesondere Eigenerklärungen oder eidesstattliche Versicherungen allein keine ausreichenden Mittel zur Glaubhaftmachung.

2. Ausgeschlossene Unterhaltsempfänger

2.1 Ein Abzug nach § 33a Abs. 1 EStG kommt nicht in Betracht, wenn
- Unterhaltsempfänger der nicht dauernd getrennt lebende und nicht unbeschränkt einkommensteuerpflichtige Ehegatte (Feststellungslast) trägt und das Veranlagungswahlrecht nach § 26 Abs. 1 Satz 1 i.V.m. § 1a Abs. 1 Nr. 2 EStG gegeben ist, es sei denn, § 26c EStG kommt zur Anwendung;
- für Unterhaltsleistungen des Steuerpflichtigen der Sonderausgabenabzug nach § 10 Abs. 1 Nr. 1 EStG vorgenommen wird.

2.2 Ist der nicht unbeschränkt einkommensteuerpflichtige Unterhaltsempfänger Kind oder Enkel des Steuerpflichtigen, so ist eine Berücksichtigung von Unterhaltsaufwendungen als außergewöhnliche Belastungen wegen § 33a Abs. 1 Satz 3 EStG auch dann ausgeschlossen, wenn irgendeiner Person eine andere Leistung im Sinne von § 65 EStG zusteht.

3. Unterhaltsbedürftigkeit

Voraussetzung für den Abzug nach § 33a Abs. 1 EStG ist, daß der Steuerpflichtige die Unterhaltsbedürftigkeit der im Ausland lebenden unterhaltenen Person nachweist (Tz. 1.2). Die Unterhaltsbedürftigkeit ist durch detaillierte Angaben in amtlichen Bescheinigungen der Heimatbehörden dieser Person mit deutscher Übersetzung durch einen amtlich zugelassenen Dolmetscher, durch ein Konsulat oder durch sonstige zuständige (ausländische) Dienststellen nachzuweisen (BFH-Urteil vom 20. Januar 1978 – BStBl II S. 338).

Die amtlichen Bescheinigungen der Heimatbehörden müssen enthalten:

a) Namen, Alter, ausgeübten Beruf und Anschrift der unterhaltenen Person sowie deren Verwandtschaftsverhältnis zum Steuerpflichtigen,

b) Angaben über Art und Umfang der eigenen Einnahmen im Kalenderjahr und des eigenen Vermögens der Unterhaltsempfänger,

c) Angaben darüber, ob noch andere Personen unterhaltspflichtig waren, welche Unterhaltsbeiträge sie gegebenenfalls geleistet haben und ab wann und aus welchen Gründen die Unterhaltsempfänger nicht selbst für ihren Lebensunterhalt aufkommen konnten.

Ist für Unterhaltsbescheinigungen von einer ausländischen Botschaft oder einer anderen Stelle nach Abstimmung zwischen den obersten Finanzbehörden des Bundes und der Länder zur Vereinheitlichung und Beschleunigung des Nachweisverfahrens ein Vordruck erstellt worden, so kann dieser als Nachweis anerkannt werden, wenn er vollständig ausgefüllt und die Richtigkeit der Angaben von der zuständigen Heimatbehörde bescheinigt ist. Die Verwendung des Vordrucks schließt nicht aus, daß das Finanzamt von der widerlegbaren Vermutung ausgehen kann, daß erwerbstätige Angehörige im Ausland nicht unterhaltsbedürftig sind, und im Einzelfall weitere Nachweise verlangt.

Ist ein Steuerpflichtiger wegen der besonderen Situation im Wohnsitzstaat der unterhaltenen Person nicht in der Lage, amtliche Bescheinigungen zu erlangen, so ist ihm dies nur nach Würdigung der Umstände des Einzelfalls anzulasten.

4. Unterhaltsaufwendungen

Unterhaltszahlungen sind grundsätzlich durch Post- oder Bankbelege nachzuweisen, die die unterhaltene Person als Empfänger ausweisen. Werden mehrere Personen (Eltern, Ehefrau), die in einem gemeinsamen Haushalt oder im selben Ort leben, unterhalten, so genügt es, wenn die Überweisungsbelege auf den Namen einer dieser Personen lauten.

Überweist der Steuerpflichtige Geldbeträge auf ein Konto im Ausland, das nicht auf den Namen des Unterhaltsempfängers lautet, und behauptet er, die bedürftigen Angehörigen oder ein Bevollmächtigter könnten über dieses Konto verfügen, so muß er dazu folgende Unterlagen vorlegen:

a) Inländische Einzahlungs- oder Überweisungsbelege,
b) Bescheinigung der Bank über die Kontovollmacht und
c) Bescheinigung der Bank über Zeitpunkt, Höhe und Empfänger der Auszahlung. Dies gilt nicht, wenn das Konto auf den Namen des Steuerpflichtigen lautet und Unterhaltsaufwendungen nur für Ehegatten und/oder Kinder geleistet worden sind.

Werden für den Unterhalt von im Ausland lebenden Personen bestimmte Beträge vom Steuerpflichtigen zunächst auf das Konto einer ausländischen Bank bei einem inländischen Institut (z. B. in bar oder mittels Überweisung) eingezahlt, so ist regelmäßig neben der Einzahlungsquittung oder dem Überweisungsbeleg und der Bescheinigung der ausländischen Bank über die Weiterleitung an eine Filiale im Ausland auch eine Bestätigung dieser Filiale über die tatsächliche Auszahlung dieser Beträge an die unterhaltene Person oder über die Gutschrift auf ein Konto zugunsten dieser Person erforderlich. Anstelle der Bescheinigung über die Weiterleitung kann auch eine Bescheinigung der ausländischen Bank vorgelegt werden, aus der sich ergibt, daß der Steuerpflichtige den Auftrag zur Auszahlung oder Überweisung an den Empfänger erteilt hat und dieser Auftrag ausgeführt wird.

Sind einem Steuerpflichtigen Einzahlungsbelege abhanden gekommen, so ist ihm aufzugeben, Ersatzbelege des Instituts zu beschaffen, über das die Überweisungen vorgenommen worden sind.

Wird von einem Steuerpflichtigen ein anderer Zahlungsweg gewählt, z. B. die Mitnahme von Bargeld durch ihn selbst anläßlich einer Familienheimfahrt oder durch beauftragte Personen, so sind wegen der oft schwer überschaubaren Verhältnisse an den Nachweis oder die Glaubhaftmachung einer Zahlung erhöhte Anforderungen zu stellen (§ 90 Abs. 2 AO, Tz. 1.2). In derartigen Fällen sind inländische Belege über das Vorhandensein entsprechender Mittel (z. B. Abhebungsnachweis) und detaillierte Empfängerbestätigungen vorzulegen.

Bei Familienheimfahrten des Steuerpflichtigen kann auf den Nachweis oder auf die Glaubhaftmachung verzichtet werden, wenn für den Unterhalt des Ehegatten, der Kinder und anderer am Ort des Haushalts des Ehegatten lebender Angehöriger je Heimfahrt nicht mehr als die Mitnahme eines Nettomonatslohns, höchstens aber insgesamt ein Betrag geltend gemacht wird, der sich ergibt, wenn der vierfache Nettomonatslohn um die auf andere Weise erbrachten und nachgewiesenen oder glaubhaft gemachten Zahlungen gekürzt wird.

5. Verteilung einheitlicher Unterhaltszahlungen auf mehrere Personen

Werden Unterhaltszahlungen für mehrere Personen, die in einem gemeinsamen Haushalt oder am selben Ort leben, zur Berücksichtigung nach § 33a Abs. 1 EStG geltend gemacht, so sind die insgesamt nachgewiesenen und glaubhaft gemachten Unterhaltszahlungen nach Köpfen aufzuteilen, und zwar auch, soweit unterhaltene Personen nicht unterhaltsberechtigt sind (vgl. BFH-Urteil vom 12. November 1993, BStBl 1994 II S. 731). Werden neben Personen, für deren Unterhalt eine Steuerermäßigung nach § 33a Abs. 1 EStG möglich ist, auch eigene Kinder unterhalten, für die Anspruch auf Kinderfreibetrag, Kindergeld oder eine andere Leistung für Kinder besteht, so sind diese Kinder für die Aufteilung ebenfalls zu berücksichtigen. Ausbildungsfreibeträge bleiben für die Aufteilung außer Betracht.

6. Abzugsbeschränkungen

Der Abzug von Unterhaltsaufwendungen kann außer durch den Höchstbetrag auch auf andere Weise beschränkt sein:

6.1 Die Notwendigkeit und Angemessenheit der Unterhaltsaufwendungen – bezogen auf den Empfänger – beurteilt sich nach den Verhältnissen seines Wohnsitzstaates (§ 33a Abs. 1 Satz 5 EStG). Hierfür sind als Maßstab grundsätzlich die Durchschnittsstundenlöhne in der verarbeitenden Industrie heranzuziehen. Sind solche nicht verfügbar oder für den gesamten ausländischen Staat nicht repräsentativ, können andere Maßstäbe zugrunde gelegt werden, z. B. das Durchschnittseinkommen oder das Sozialprodukt je Einwohner.

Die in § 33a Abs. 1 Sätze 1 und 4 EStG bezeichneten Beträge ermäßigen sich um

- ein Drittel, wenn der zugrunde gelegte ausländische Wert nicht mehr als 50 v. H., aber mehr als 20 v. H. des entsprechenden inländischen Wertes beträgt,
- zwei Drittel, wenn der zugrunde gelegte ausländische Wert nicht mehr als 20 v. H. des entsprechenden inländischen Wertes beträgt.

Dabei ist der Wert des zweiten Jahres, das dem Jahr der Unterhaltsaufwendung vorangeht, zugrunde zu legen. Soweit dieser Wert vor dem Beginn des Kalenderjahrs der Unterhaltsaufwendung noch nicht feststeht, ist der zuletzt ermittelbare Wert unter Anwendung der Wachstumsrate des Sozialprodukts, die für das Jahr des maßgeblichen Werts ggf. in Betracht kommt, hochzurechnen.

Die hiernach für die einzelnen Staaten in Betracht kommenden Kürzungen und die sich daraus ergebende Ländergruppeneinteilung werden durch BMF-Schreiben bekannt gemacht, zuletzt durch BMF-Schreiben vom 27. Februar 1996 (BStBl I S. 115).[1]

6.2 Darüber hinaus ist zu prüfen, inwieweit der Steuerpflichtige zur Unterhaltsleistung unter Berücksichtigung seiner Verhältnisse verpflichtet ist. Dies ist nur der Fall, soweit die Unterhaltsaufwendungen in einem vernünftigen Verhältnis zu seinen Einkünften stehen und ihm nach Abzug der Unterhaltsaufwendungen genügend Mittel zur Bestreitung des Lebensbedarfs für sich und ggf. für seinen Ehegatten und seine Kinder verbleiben (BFH-Urteil vom 30. Juni 1989 – BStBl II S. 1009). In Anlehnung an diese Grundsätze sind Unterhaltsaufwendungen nach § 33a Abs. 1 EStG im allgemeinen höchstens insoweit als außergewöhnliche Belastung anzuerkennen, als sie einen bestimmten Vomhundertsatz des Nettoeinkommens nicht übersteigen, sog. Opfergrenze. Dieser Satz beträgt 1 v. H. je volle 1.000 DM des Nettoeinkommens, höchstens 50 v. H. Der Vomhundertsatz ist um je 5 v. H.-Punkte für den Ehegatten und für jedes Kind, für das der Steuerpflichtige einen Kinderfreibetrag, Kindergeld oder eine andere Leistung für Kinder erhält, zu kürzen, höchstens um 25 v. H.-Punkte.

Die Opfergrenze ist bei Unterhaltsaufwendungen für den Ehegatten nicht anzuwenden. Bei der Ermittlung des Nettoeinkommens sind alle steuerpflichtigen und steuerfreien Einnahmen (z. B. Kindergeld und vergleichbare Leistungen, Leistungen nach dem AFG, ausgezahlte Arbeitnehmer-Sparzulagen nach § 13 5. VermBG) sowie etwaige Steuererstattungen anzusetzen. Davon abzuziehen sind die gesetzlichen Lohnabzüge (Lohn- und Kirchensteuern, Solidaritätszuschlag, Sozialabgaben) und Werbungskosten (einschließlich etwaiger steuerlich anzuerkennender Mehraufwendungen für doppelte Haushaltsführung). Macht der Steuerpflichtige keine erhöhten Werbungskosten geltend, ist der Arbeitnehmer-Pauschbetrag abzuziehen.

7. Anrechnung eigener Bezüge der unterhaltenen Personen

Bei der Feststellung der anzurechnenden Bezüge unterhaltener Personen im Ausland ist wie bei Bezügen im Inland grundsätzlich eine Kostenpauschale von 360 DM abzuziehen. Abweichend davon sind Bezüge, die – wenn sie im Inland anfielen – Einkünfte wären, wie inländische Einkünfte zu ermitteln. Sachbezüge sind nach der jeweils geltenden Sachbezugsverordnung entsprechend der Ländergruppeneinteilung (Tz. 6.1) zu ermitteln.

8. Zeitanteilige Ermäßigung der Höchstbeträge nach § 33a Abs. 4 EStG

8.1 Es ist festzustellen, für welche Monate Unterhalt geleistet wird, weil Unterhaltsaufwendungen nach § 33a Abs. 1 EStG nur abgezogen werden dürfen, soweit sie dem laufenden Lebensbedarf des Empfängers im Kalenderjahr der Leistung dienen. Bei gelegentlichen oder einmaligen Leistungen ist dies besonders sorgfältig zu prüfen (H 190 „Allgemeines zum Abzug von Unterhaltsaufwendungen" EStH). Für jeden vollen Monat, in dem diese Voraussetzung nicht erfüllt ist, ermäßigt sich der nach Tz. 6.1 in Betracht kommende Höchstbetrag um ein Zwölftel (§ 33a Abs. 4 Satz 1 EStG).

8.2 Zahlungen können grundsätzlich nicht auf Monate des Jahres der Zahlung zurückbezogen werden, die vor dem Zahlungsmonat liegen. Etwas anderes gilt, wenn damit Schulden getilgt werden, die dem Empfänger in den vorangegangenen Monaten des Jahres durch Bestreitung von Lebenshaltungskosten entstanden sind, und der Steuerpflichtige dies nachweist (BFH-Urteil vom 22. Mai 1981 – BStBl II S. 713).

Soweit Zahlungen dazu bestimmt sind, den Unterhaltsbedarf des folgenden Jahres abzudecken, können sie weder für das Jahr der Zahlung noch für das Folgejahr berücksichtigt werden (BFH-Urteil vom 22. Mai 1981 a. a. O.).

8.3 Aus Vereinfachungsgründen kann davon ausgegangen werden, daß
- Unterhaltsaufwendungen zur Deckung des Lebensbedarfs des gesamten Kalenderjahrs bestimmt sind, soweit sie für den Ehegatten geltend gemacht werden, oder – in anderen Fällen – wenn in jedem Vierteljahr mindestens eine Unterhaltsrate geleistet wird,

---

[1] → Anhang 2 III.

Anhang 2
IV Angehörige

- die jeweils letzte Unterhaltsrate der Bedarfsdeckung bis zum Schluß des Kalenderjahrs dient,
- bei jeder Familienheimfahrt Unterhalt geleistet wird,
- Unterhaltsaufwendungen an den Ehegatten auch zum Unterhalt der Angehörigen bestimmt sind, die mit dem Ehegatten in einem gemeinsamen Haushalt oder am selben Ort leben.

8.4 Eigene Einkünfte und Bezüge der unterhaltenen Person, die auf Kalendermonate entfallen, in denen die Voraussetzungen für die Anerkennung von Unterhaltsaufwendungen nicht vorliegen, sind auf den Höchstbetrag nicht anzurechnen (§ 33a Abs. 4 Satz 2 EStG).

9. Beispiel

Ein unbeschränkt steuerpflichtiger ausländischer Arbeitnehmer unterhält seine im Heimatland lebenden Angehörigen, und zwar am Ort A seine Ehefrau, sein minderjähriges Kind und seine verwitwete Mutter sowie am Ort B seine Schwiegereltern.

Von den unterhaltenen Personen haben eigene Einkünfte und Bezüge: die Mutter eine Sozialrente von – umgerechnet – 2.360 DM im Kalenderjahr und der Schwiegervater Einkünfte aus Gewerbebetrieb von – umgerechnet – 3.000 DM im Kalenderjahr. Das Heimatland gehört zur Ländergruppe 2 ($^2/_3$ der Beträge nach § 33a Abs. 1 EStG).

Der Steuerpflichtige hat im Kalenderjahr 1996 drei Zahlungen für seinen Familienhaushalt in Höhe von jeweils 2.900 DM (am 5. März, 8. Mai und 9. Oktober) und zwei Zahlungen an die Schwiegereltern in Höhe von jeweils 2.500 DM (am 3. April und 2. September) nachgewiesen. Er hat zwei Heimfahrten (im Juli und Dezember) unternommen und macht die Mitnahme von jeweils 3.000 DM geltend, ohne sie nachweisen zu können. Er beantragt die Anerkennung von Unterhaltsaufwendungen für die Ehefrau, die Mutter und die Schwiegereltern. Die Unterhaltsbedürftigkeit der unterhaltenen Personen ist nachgewiesen (Tz. 3).

Das Kindergeld, das der Steuerpflichtige für das Kind erhält, reicht aus, um die Steuerfreistellung des zu versteuernden Einkommens in Höhe des Kinderfreibetrags sicherzustellen.

Der Nettolohn des Steuerpflichtigen beträgt 2.625 DM monatlich. Ihm sind Aufwendungen für doppelte Haushaltsführung in Höhe von 8.420 DM entstanden, die in dieser Höhe abgezogen werden können.

Der Betrag der nach § 33a Abs. 1 EStG abziehbaren außergewöhnlichen Belastungen errechnet sich wie folgt:

1. Ermittlung des Gesamtbetrags der Unterhaltsleistungen (Tz. 4)
    Geltend gemacht:
    a) Zahlungen an den Familienhaushalt in A:
       aa) mit Nachweis: (3 × 2.900 DM =) 8.700 DM
       bb) ohne Nachweis: (2 × 3.000 DM =) 6.000 DM
          davon anzusetzen für 2 Heimfahrten bei einem Nettolohn von
          2.625 DM: (2 × 2.625 DM =) 5.250 DM
          jährlich jedoch höchstens anzusetzen: (4 × 2.625 DM =) 10.500 DM
          bereits angesetzte nachgewiesene Leistungen   – 8.700 DM
          noch zu berücksichtigen   + 1.800 DM
          anzusetzen für den Familienhaushalt insgesamt   =10.500 DM
    b) Zahlungen an die Schwiegereltern in B: mit Nachweis: (2 × 2.500 DM =)   5.000 DM
2. Verteilung der Unterhaltsleistungen auf mehrere Personen (Tz. 5)
    a) Ehefrau, Kind und Mutter des Steuerpflichtigen in A:
       Unterhaltsleistungen pro Person: (10.500 DM : 3 =) 3.500 DM
    b) Schwiegereltern in B:
       Unterhaltsleistungen pro Person: (5.000 DM : 2 =) 2.500 DM
3. Anrechnung eigener Einkünfte und Bezüge auf den maßgeblichen Höchstbetrag
    a) Familienhaushalt in A:
       keine Ermäßigung der jeweiligen Höchstbeträge nach § 33a Abs. 4 EStG
       (Tz. 8.3 – in jedem Vierteljahr ist Unterhalt geleistet worden; andere Gründe
       für eine zeitanteilige Ermäßigung liegen nicht vor),
       wohl aber nach der Ländergruppeneinteilung (Tz. 6.1)
       auf je ($^2/_3$ von 12.000 DM =)   8.000 DM

aa) Kind: insoweit kommt § 33a Abs. 1 EStG nicht in Betracht.

bb) Ehefrau: keine anzurechnenden Einkünfte und Bezüge, anzusetzen also insoweit der anteilige Unterhaltsbetrag von 3.500 DM

cc) Mutter: auf den maßgebenden Höchstbetrag sind eigene Bezüge (Abschnitt 190 Abs. 5 Satz 4 EStR 1996) anzurechnen, soweit sie den anrechnungsfreien Betrag übersteigen.

Maßgeblicher Höchstbetrag Mutter (s.o.)		8.000 DM
Sozialrente	2.360 DM	
Werbungskostenpauschbetrag	– 200 DM	
Unkostenpauschale	– 360 DM	
eigene Bezüge (vgl. Tz. 7)	=1.800 DM	
anrechnungsfrei: ²/₃ von 1.200 DM	– 800 DM	
anzurechnender Betrag		–1.000 DM
höchstens abziehbar		=7.000 DM

anzusetzen jedoch höchstens der auf sie entfallende anteilige Unterhaltsbetrag von 3.500 DM.

b) Schwiegereltern in B:

Die für die Schwiegereltern maßgebenden Höchstbeträge sind wegen ihrer Haushaltsgemeinschaft zusammengefaßt zu ermitteln (H 190, Stichwort „Unterhalt für mehrere Personen"):
(2 × 12.000 DM =) 24.000 DM,
ermäßigen sich zeitanteilig (keine Zahlungen im ersten Kalendervierteljahr) um ³/₁₂ auf ⁹/₁₂ nach § 33a Abs. 4 EStG (Tz. 8.1):
(⁹/₁₂ von 24.000 DM =) 18.000 DM
sowie nach der Ländergruppeneinteilung auf
(²/₃ von 18.000 DM =) 12.000 DM.

Auf den maßgebenden Höchstbetrag sind – zeitanteilige (Tz. 8.2) – eigene Bezüge (Abschnitt 190 Abs. 5 Satz 4 EStR 1996), soweit sie den anrechnungsfreien Betrag beider Ehegatten (H 190 a. a. O.) übersteigen, anzurechnen.

Maßgeblicher Höchstbetrag Schwiegereltern:		12.000 DM
zeitanteilige gewerbliche Einkünfte:		
(⁹/₁₂ von 3.000 DM =)	2.250 DM	
übersteigen		
2 × 1.200 DM = 2.400 DM		
⁹/₁₂ von 2.400 DM = 1.800 DM		
²/₃ von 1.800 DM	= 1.200 DM	
um den anzurechnenden Betrag		– 1.050 DM
höchstens abziehbar		10.950 DM

anzusetzen jedoch höchstens die nachgewiesenen Aufwendungen von 5.000 DM.

4. Ermittlung der Opfergrenze

Bruttoarbeitslohn zzgl. Steuererstattungen und Kindergeld	54.758 DM
Steuerabzüge	– 8.340 DM
Arbeitnehmerbeiträge zur Sozialversicherung	–10.558 DM
Werbungskosten wegen doppelter Haushaltsführung	– 8.420 DM
Nettoeinkommen für die Ermittlung der Opfergrenze	= 27.440 DM
1 v. H. je volle 1.000 DM des Nettoeinkommens ergibt	27 v. H.
abzgl. je 5 v. H.-Punkte für Ehefrau und Kind (Tz. 6.2)	–10 v. H.
Opfergrenze	17 v. H.

5. Berechnung des nach § 33a Abs. 1 EStG insgesamt abziehbaren Betrags der außergewöhnlichen Belastungen:

für die Ehefrau (ohne Opfergrenze)		3.500 DM
für Mutter und Schwiegereltern von (3.500 DM + 5.000 DM =) 8.500 DM		
bis zur Höhe der Opfergrenze von 17 v. H. von 27.440 DM =	4.665 DM	+ 4.665 DM
Abziehbare außergewöhnliche Belastungen insgesamt		= 8.165 DM

Anhang 3 Außergewöhnliche Belastungen

Berücksichtigung von Aufwendungen für typischen Unterhalt und außergewöhnlichen Bedarf einer anderen Person nach §§ 33 und 33a Abs. 1 EStG

BMF vom 26.2.1999

$$\frac{\text{IV C 4 – S 2285 – 7/99}}{\text{IV C 4 – S 2284 – 9/99}}$$

Im Einvernehmen mit den obersten Finanzbehörden der Länder gilt zu der Frage, wie §§ 33 und 33a Abs. 1 EStG anzuwenden sind, wenn einem Steuerpflichtigen Aufwendungen für typischen Unterhalt und zugleich für außergewöhnlichen Bedarf (z. B. wegen Krankheit oder Pflegebedürftigkeit) einer anderen Person erwachsen, ab dem VZ 1996 folgendes:

1. Die Aufwendungen für den typischen Unterhalt und für außergewöhnlichen Bedarf sind nach folgenden Kriterien abzugrenzen:
   - Der typische Unterhalt umfaßt den notwendigen Lebensunterhalt, wie er im Bundessozialhilfegesetz (BSHG) umschrieben wird. Dazu gehören insbesondere Aufwendungen für Ernährung, Unterkunft, Kleidung, Körperpflege, Hausrat, Heizung und persönliche Bedürfnisse des täglichen Lebens (vgl. § 12 BSHG).
   - Außergewöhnlicher Bedarf ist nur bei Bedürfnissen in besonderen Lebenslagen anzuerkennen, die über den typischen Unterhalt hinausgehen, wie z. B. im Fall der Pflegebedürftigkeit oder der Behinderung oder im Krankheitsfall.

   Der Steuerpflichtige hat im Rahmen seiner Mitwirkungspflicht (§ 90 AO) Unterlagen vorzulegen, die die Abgrenzung ermöglichen. Bei Unterbringung zur Pflege ist die Vorlage einer getrennten Rechnung üblicherweise zumutbar.

2. § 33a Abs. 1 EStG ist <u>vor</u> § 33 EStG zu prüfen.

   Ein Abzug der Aufwendungen für außergewöhnlichen Bedarf nach § 33 EStG kommt nur in Betracht, soweit die eigenen Einkünfte und die zur Bestreitung des Unterhalts bestimmten oder geeigneten Bezüge des Unterhaltsempfängers zur Deckung dieses Bedarfs nicht ausreichen. Bei der Beurteilung, ob sie nicht ausreichen, ist ein angemessener Betrag für zusätzlichen persönlichen Bedarf zu berücksichtigen. Als angemessen kann in Anlehnung an § 21 Abs. 3 BSHG regelmäßig der für den zusätzlichen persönlichen Bedarf erklärte Betrag anerkannt werden, wenn er 3.000 DM jährlich nicht übersteigt.

   Folgende Fallgestaltungen sind zu unterscheiden:

   a) Ergibt sich eine Steuerermäßigung nach § 33a Abs. 1 EStG, so sind die Aufwendungen für den außergewöhnlichen Bedarf uneingeschränkt, jedoch gemindert um die zumutbare Belastung, nach § 33 EStG abzuziehen.

   Beispiel

   Der pflegebedürftige (Pflegestufe II), vermögenslose Vater A (R 188 Abs. 1 Satz 1 bzw. Abs. 4 EStR 1996) hat seinen eigenen Haushalt aufgelöst und ist während des gesamten Kalenderjahrs 1998 in einem Pflegeheim untergebracht.

   Dafür werden 66.000 DM in Rechnung gestellt, und zwar (12 × 2.300 DM =) 27.600 DM für den typischen Unterhalt und (12 × 3.200 DM =) 38.400 DM für Pflege. Die Pflegeversicherung übernimmt Pflegekosten bis zu 30.000 DM. A zahlt aus seinen anrechenbaren Einkünften und Bezügen in Höhe von 9.000 DM auf die Heimkosten 6.600 DM und behält 2.400 DM für zusätzlichen persönlichen Bedarf zurück. Die restlichen Heimkosten von (66.000 DM – 30.000 DM – 6.600 DM =) 29.400 DM trägt der Sohn B.

   Die Abzugsbeträge für B berechnen sich wie folgt:

   - nach § 33a Abs. 1 EStG

In den Gesamtkosten enthaltener Anteil für den typischen Unterhalt	27.600 DM	
abziehbarer Höchstbetrag	12.000 DM	
anrechenbare Einkünfte und Bezüge des A	9.000 DM	
anrechnungsfreier Betrag	–1.200 DM	
anzurechnende Einkünfte und Bezüge des A	7.800 DM	–7.800 DM

verbleibender Betrag	4.200 DM	
abzuziehender Betrag		4.200 DM

- nach § 33 EStG
 Der in den Gesamtkosten enthaltene Anteil für Pflege (38.000 DM − 30.000 DM =) 8.400 DM kommt uneingeschränkt für den Abzug in Betracht, da er niedriger ist als
 (die gesamten Aufwendungen des B von 29.400 DM abzüglich des nach
 § 33a Abs. 1 EStG abzuziehenden Betrags von 4.200 DM =) 25.200 DM.   **8. 400 DM**
 Der Betrag von 8.400 DM ist nach Minderung um die zumutbare Belastung vom Gesamtbetrag der Einkünfte des B abzuziehen.

b) Ergibt sich wegen der anrechenbaren Einkünfte und Bezüge des Unterhaltsempfängers keine Steuerermäßigung nach § 33a Abs. 1 EStG, so ist der Abzug der Aufwendungen für außergewöhnlichen Bedarf unter Berücksichtigung der Einkünfte und Bezüge zu berechnen, die der Unterhaltsempfänger für den außergewöhnlichen Bedarf einzusetzen hat. Dazu sind von der Summe der anrechenbaren Einkünfte und Bezüge die Kosten des typischen Unterhalts sowie ein angemessener Betrag für zusätzlichen persönlichen Bedarf abzuziehen.

Beispiel
Sachverhalt wie im ersten Beispiel, jedoch hat A anrechenbare Einkünfte und Bezüge von 36.000 DM. Er zahlt daraus auf die Gesamtkosten 30.000 DM und behält 6.000 DM für zusätzlichen persönlichen Bedarf zurück. Die restlichen Heimkosten von (66.000 DM − 30.000 DM − 30.000 DM =) 6.000 DM trägt der Sohn B.

Da die anrechenbaren Einkünfte und Bezüge des A höher sind als die Summe aus Höchstbetrag und anrechnungsfreiem Betrag von (12.000 DM + 1.200 DM =) 13.200 DM, scheidet ein Abzug nach § 33a Abs. 1 EStG aus. Daher kommt für B nur ein Abzug nach § 33 EStG in Betracht. Dieser berechnet sich wie folgt:

Pflegekosten (abzüglich Pflegeversicherungsleistungen)		8.400 DM
Einkünfte und Bezüge des A	36.000 DM	
Kosten des typischen Unterhalts	−27.600 DM	
angemessener Betrag für zusätzlichen persönlichen Bedarf	− 3.000 DM	
einzusetzender Betrag des A	14;5.400 DM	− 5.400 DM
Der verbleibende Betrag von		3.000 DM

kommt in vollem Umfang für den Abzug in Betracht, da er
niedriger ist als die insgesamt von B getragenen Aufwendungen
von 6.000 DM.
Der Betrag von 3.000 DM ist nach Minderung um die zumutbare Belastung vom Gesamtbetrag der Einkünfte des B abzuziehen.

Anhang 4

Berechnungsverordnung, Zweite

Verordnung
über wohnungswirtschaftliche Berechnungen
(Zweite Berechnungsverordnung – II. BV)

in der Fassung der Bekanntmachung vom 12.10.1990
(BGBl. I S. 2178, BStBl I S. 735)

zuletzt geändert am 23.7.1996
(BGBl. I S. 1167)
– Auszug –

Teil IV
Wohnflächenberechnung

§ 42
Wohnfläche

(1) Die Wohnfläche einer Wohnung ist die Summe der anrechenbaren Grundflächen der Räume, die ausschließlich zu der Wohnung gehören.

(2) Die Wohnfläche eines einzelnen Wohnraumes besteht aus dessen anrechenbarer Grundfläche; hinzuzurechnen ist die anrechenbare Grundfläche der Räume, die ausschließlich zu diesem einzelnen Wohnraum gehören. Die Wohnfläche eines untervermieteten Teils einer Wohnung ist entsprechend zu berechnen.

(3) Die Wohnfläche eines Wohnheimes ist die Summe der anrechenbaren Grundflächen der Räume, die zur alleinigen und gemeinschaftlichen Benutzung durch die Bewohner bestimmt sind.

(4) Zur Wohnfläche gehört nicht die Grundfläche von
1. Zubehörräumen; als solche kommen in Betracht:
   Keller, Waschküchen, Abstellräume außerhalb der Wohnung, Dachböden, Trockenräume, Schuppen (Holzlegen), Garagen und ähnliche Räume;
2. Wirtschaftsräume; als solche kommen in Betracht:
   Futterküchen, Vorratsräume, Backstuben, Räucherkammern, Ställe, Scheunen, Abstellräume und ähnliche Räume;
3. Räumen, die den nach ihrer Nutzung zu stellenden Anforderungen des Bauordnungsrechts nicht genügen;
4. Geschäftsräumen.

§ 43
Berechnung der Grundfläche

(1) Die Grundfläche eines Raumes ist nach Wahl des Bauherrn aus den Fertigmaßen oder den Rohbaumaßen zu ermitteln. Die Wahl bleibt für alle späteren Berechnungen maßgebend.

(2) Fertigmaße sind die lichten Maße zwischen den Wänden ohne Berücksichtigung von Wandgliederungen, Wandbekleidungen, Scheuerleisten, Öfen, Heizkörpern, Herden und dergleichen.

(3) Werden die Rohbaumaße zugrunde gelegt, so sind die errechneten Grundflächen um 3 vom Hundert zu kürzen.

(4) Von den errechneten Grundflächen sind abzuziehen die Grundflächen von
1. Schornsteinen und anderen Mauervorlagen, freistehenden Pfeilern und Säulen, wenn sie in der ganzen Raumhöhe durchgehen und ihre Grundflächen mehr als 0,1 Quadratmeter beträgt,
2. Treppen mit über drei Steigungen und deren Treppenabsätze.

(5) Zu den errechneten Grundflächen sind hinzuzurechnen die Grundflächen von
1. Fenster- und offenen Wandnischen, die bis zum Fußboden herunterreichen und mehr als 0,13 Meter tief sind,
2. Erkern und Wandschränken, die eine Grundfläche von mindestens 0,5 Quadratmeter haben,

3. Raumteilen unter Treppen, soweit die lichte Höhe mindestens 2 Meter ist.

Nicht hinzuzurechnen sind die Grundflächen der Türnischen.

(6) Wird die Grundfläche auf Grund der Bauzeichnung nach den Rohbaumaßen ermittelt, so bleibt die hiernach berechnete Wohnfläche maßgebend, außer wenn von der Bauzeichnung abweichend gebaut ist. Ist von der Bauzeichnung abweichend gebaut worden, so ist die Grundfläche auf Grund der berichtigten Bauzeichnung zu ermitteln.

§ 44
Anrechenbare Grundfläche

(1) Zur Ermittlung der Wohnfläche sind anzurechnen

1. voll

    die Grundflächen von Räumen und Raumteilen mit einer lichten Höhe von mindestens 2 Metern;

2. zur Hälfte

    die Grundflächen von Räumen und Raumteilen mit einer lichten Höhe von mindestens 1 Meter und weniger als 2 Metern und von Wintergärten, Schwimmbädern und ähnlichen, nach allen Seiten geschlossenen Räumen;

3. nicht

    die Grundflächen von Räumen oder Raumteilen mit einer lichten Höhe von weniger als 1 Meter.

(2) Gehören ausschließlich zu dem Wohnraum Balkone, Loggien, Dachgärten oder gedeckte Freisitze, so können deren Grundflächen zur Ermittlung der Wohnfläche bis zur Hälfte angerechnet werden.

(3) Zur Ermittlung der Wohnfläche können abgezogen werden

1. bei einem Wohngebäude mit einer Wohnung bis zu 10 vom Hundert der ermittelten Grundfläche der Wohnung,

2. bei einem Wohngebäude mit zwei nicht abgeschlossenen Wohnungen bis zu 10 vom Hundert der ermittelten Grundfläche beider Wohnungen,

3. bei einem Wohngebäude mit einer abgeschlossenen und einer nicht abgeschlossenen Wohnung bis zu 10 vom Hundert der ermittelten Grundfläche der nicht abgeschlossenen Wohnung.

(4) Die Bestimmung über die Anrechnung oder den Abzug nach Absatz 2 oder 3 kann nur für das Gebäude oder die Wirtschaftseinheit einheitlich getroffen werden. Die Bestimmung bleibt für alle späteren Berechnungen maßgebend.

Anhang 5

| Beitrittsgebiet

Übersicht

I   Einkommensteuerrechtliche Fragen im Zusammenhang mit der Vermögensrückgabe im Beitrittsgebiet bei den Einkünften aus Vermietung und Verpachtung
BMF vom 11.1.1993 (BStBl I S. 18)

II   Unternehmensrückgabe nach dem Vermögensgesetz;
hier: Grundzüge der Unternehmensrückgabe sowie deren bilanzielle und ertragsteuerliche Behandlung
BMF vom 10.5.1994 (BStBl I S. 286, 380)

III   Ermittlung der Wiederherstellungs- / Wiederbeschaffungskosten zum 1. Juli 1990 für im Beitrittsgebiet gelegene Gebäude und der AfA-Bemessungsgrundlage
BMF vom 21.7.1994 (BStBl I S. 599)

IV   Ermittlung der Wiederherstellungs- / Wiederbeschaffungskosten zum 1. Juli 1990 für im Beitrittsgebiet gelegene Gebäude und der AfA-Bemessungsgrundlage
BMF vom 15.1.1995 (BStBl I S. 14)

I

Einkommensteuerrechtliche Fragen im Zusammenhang mit der Vermögensrückgabe im Beitrittsgebiet bei den Einkünften aus Vermietung und Verpachtung

BMF vom 11.1.1993 (BStBl I S. 18)

IV B 3 – S 2211 – 66/92

Unter Bezugnahme auf das Ergebnis der Erörterung mit den obersten Finanzbehörden der Länder wird zu Fragen der Rückgabe von bebauten oder unbebauten Gründstücken im Beitrittsgebiet, die der Erzielung von Einnahmen aus Vermietung und Verpachtung dienen, wie folgt Stellung genommen:

1. Steuerliche Behandlung der Rückübertragung, Rückgabe nach Aufhebung der staatlichen Verwaltung und Entschädigung nach dem Vermögensgesetz

Die Rückübertragung von enteignetem Grundbesitz oder dessen Rückgabe nach Aufhebung der staatlichen Verwaltung aufgrund des Gesetzes zur Regelung offener Vermögensfragen vom 23. September 1990 in der Fassung der Bekanntmachung vom 3. August 1992 (VermG, BGBl. I S. 1446) ist keine Anschaffung im steuerlichen Sinne (§ 52 Abs. 2 Satz 2 D-Markbilanzgesetz i.d. F. vom 18. April 1991, DMBilG, BStBl I S. 713). In Fällen der Rückübertragung oder Rückgabe gilt für die Bemessung der Absetzungen für Abnutzung als Anschaffungs- oder Herstellungskosten der Wert, der sich in entsprechender Anwendung des § 52 Abs. 1 Satz 1 DMBilG ergibt. Das ist regelmäßig der Verkehrswert des Grundstücks zum 1. Juli 1990, soweit er auf das Gebäude entfällt. § 11d EStDV ist entsprechend anzuwenden.

Eine anstelle der Rückübertragung gezahlte Entschädigung gehört nicht zu den steuerpflichtigen Einkünften im Sinne des Einkommensteuergesetzes.

2. Aufwendungen im Zusammenhang mit der Rückübertragung oder Rückgabe nach Aufhebung der staatlichen Verwaltung

Soweit Aufwendungen im Zusammenhang mit der Rückübertragung oder Rückgabe von vermietetem Grundbesitz (z. B. Kosten für Nachforschungen, Reisekosten; vgl. aber Tz. 3) entstanden sind, können diese als vorweggenommene Werbungskosten bei den Einkünften aus Vermietung und Verpachtung abziehbar sein. Dies gilt auch dann, wenn es entgegen den Erwartungen des Antragstellers nicht zu einer Rückübertragung an ihn kommt. Der Abzug als Werbungskosten setzt voraus, daß ein ausreichender wirtschaftlicher Zusammenhang zwischen den Aufwendungen und der späteren Erzielung von Einnahmen aus Vermietung und Verpachtung besteht. Im Zeitpunkt des Anfalls der Aufwendungen müssen Umstände erkennbar sein, wonach auf ein auf Einkunftserzielung gerichtetes Handeln geschlossen werden kann. Derartige, den Sachverhalt konkretisierende Umstände können z. B. Angaben über Art und Lage des Grundstücks, die derzeitige und die beabsichtigte Nutzung durch den Steuerpflichtigen, die derzeitigen Eigentumsverhältnisse, der Rechtsgrund, auf den der Steuerpflichtige seinen Anspruch auf Rückübertragung oder Rückgabe stützt, sowie die Vorlage einer Ablichtung des Antrags auf Rückübertragung oder Rückgabe sein.

Aufwendungen für ein bebautes Grundstück, bei dem eine Rückübertragung ausgeschlossen ist und nur ein Anspruch auf Entschädigung besteht (§§ 4, 5 VermG, § 3a VermG i.d. F. der Bekanntmachung vom 18. April 1991 (BGBl. I S. 957), § 11 Abs. 2 Investitionsvorranggesetz – InVorG) oder für das der Steuerpflichtige eine Entschädigung zu wählen beabsichtigt (§§ 8, 11 VermG, 17 InVorG), stellen keine Werbungskosten dar.

Soweit und solange der Sachverhalt unsicher oder unklar ist, kann das Finanzamt die Steuer vorläufig festsetzen (§ 165 der Abgabenordnung).

3. **Ablösung von Aufbauhypotheken, vergleichbaren Grundpfandrechten und Aufbaukrediten, Wertausgleich nach § 7 VermG**

Ist ein Grundstückseigentümer zur Übernahme einer auf seinem Grundstück lastenden Aufbauhypothek, eines vergleichbaren Grundpfandrechts oder Aufbaukredites verpflichtet und löst er diese Verbindlichkeiten ab, sind diese Zahlungen als Leistung auf der Vermögensebene einkommensteuerrechtlich unbeachtlich. Sie können nicht als Werbungskosten im Rahmen der Einkünfte aus Vermietung und Verpachtung abgezogen werden und erhöhen nicht die Anschaffungs- oder Herstellungkosten (vgl. dazu Tz. 1). Das gleiche gilt im Fall eines bei Rückübertragung des enteigneten Grundstücks oder Rückgabe nach Aufhebung der staatlichen Verwaltung zu leistenden Wertausgleichs nach § 7 VermG.

4. **Veräußerung innerhalb von zwei Jahren nach Rückübertragung**

Veräußert der Steuerpflichtige das Grundstück innerhalb von zwei Jahren nach Rückübertragung, findet § 23 EStG (Spekulationsgeschäfte) keine Anwendung (vgl. dazu Tz. 1), es sei denn, mit der Rückübertragung wurde ein entgeltlich erworbener Anspruch (§ 3 Abs. 1 Satz 2 VermG) erfüllt.

II
Unternehmensrückgabe nach dem Vermögensgesetz;
hier: Grundzüge der Unternehmensrückgabe sowie deren bilanzielle und ertragsteuerliche Behandlung

BMF vom 10.5.1994 (BStBl I S. 286, 380)

IV B 2 – S 1901 – 56/94

Inhaltsübersicht

			Tz.
A.	Grundzüge des Vermögensgesetzes		1
B.	Grundsätze der Unternehmensrückgabe		2 – 6
C.	Begriffsbestimmungen		
	I.	Unternehmen	7, 8
		1. Zurückzugebendes Unternehmen	9
		2. Geschädigtes Unternehmen	10
	II.	Unternehmensträger	11, 12
	III.	Berechtigter	
		1. Berechtigter nach § 6 Abs. 1a Satz 1 VermG	13, 14
		2. Wiederaufleben des Berechtigten (§ 6 Abs. 1a und Abs. 10 VermG)	15
		3. Sonderregelung § 6 Abs. 1a Satz 4 VermG	16, 17
	IV.	Verfügungsberechtigter	18
D.	Rückübertragung des Unternehmens		
	I.	Übertragung der Rechte und Entflechtung	19, 20
	II.	Rückgabeformen	21

		Tz.
III.	Rückgabeansprüche der Gesellschafter oder Mitglieder des geschädigten Unternehmensträgers	22
IV.	Staatliche Beteiligung	23
E.	**Ausgleichsleistungen**	
I.	Grundsätze	24, 25
II.	Ausgleichsbilanz	26
III.	Ausgleichsformen	
1.	Ausgleichsforderungen wegen wesentlicher Verschlechterung der Vermögenslage (§ 6 Abs. 2 VermG)	27
2.	Ausgleichsverbindlichkeiten wegen wesentlicher Verbesserung der Vermögenslage (§ 6 Abs. 3 VermG)	28
3.	Erstattungsansprüche oder Ausgleichsverbindlichkeiten wegen wesentlicher Veränderung der Ertragslage (§ 6 Abs. 4 VermG)	29
F.	**Entschädigung**	30
G.	**Verfahren**	31 – 33
H.	**Bilanzielle und ertragsteuerliche Behandlung**	
I.	Grundsätze der Bilanzierung	34 – 37
II.	Rückgabe lebender Unternehmen	
1.	Rückgabe durch Übertragung der Anteile oder Mitgliedschaftsrechte an dem derzeitigen Unternehmensträger auf den geschädigten Unternehmensträger (§ 6 Abs. 5a Buchstabe a VermG)	
	a) Berechtigte innerhalb des Beitrittsgebiets	38
	aa) Geschädigter Unternehmensträger	39, 40
	bb) Gesellschafter oder Mitglieder des geschädigten Unternehmensträgers oder deren Rechtsnachfolger	41
	b) Berechtigte außerhalb des Beitrittsgebiets	42
	aa) Geschädigter Unternehmensträger	43 – 46
	bb) Gesellschafter oder Mitglieder des geschädigten Unternehmensträgers oder deren Rechtsnachfolger	47
	c) Verfügungsberechtigte	
	aa) Gesellschafter des derzeitigen Unternehmensträgers	48 – 50
	bb) Derzeitiger Unternehmensträger	51, 52
2.	Rückgabe durch Übertragung der Wirtschaftsgüter von dem derzeitigen Unternehmensträger auf den geschädigten Unternehmensträger (§ 6 Abs. 5a Buchstabe b VermG)	
	a) Berechtigte innerhalb des Beitrittsgebiets	53
	aa) Geschädigter Unternehmensträger	54, 55
	bb) Gesellschafter oder Mitglieder des geschädigten Unternehmensträgers oder deren Rechtsnachfolger	56
	b) Berechtigte außerhalb des Beitrittsgebiets	57
	aa) Geschädigter Unternehmensträger	58, 59
	bb) Gesellschafter oder Mitglieder des geschädigten Unternehmensträgers oder deren Rechtsnachfolger	60
	c) Verfügungsberechtigte	
	aa) Derzeitiger Unternehmensträger	61 – 63
	bb) Gesellschafter des derzeitigen Unternehmensträgers	64, 65
3.	Rückgabe durch Übertragung der Anteile oder Mitgliedschaftsrechte an dem derzeitigen Unternehmensträger auf die Gesellschafter oder Mitglieder des geschädigten Unternehmensträgers oder deren Rechtsnachfolger (§ 6 Abs. 5a Buchstabe c VermG)	

		Tz.
a)	Berechtigte innerhalb des Beitrittsgebiets	66
	aa) Geschädigter Unternehmensträger	67
	bb) Gesellschafter oder Mitglieder des geschädigten Unternehmensträgers oder deren Rechtsnachfolger	68
b)	Berechtigte außerhalb des Beitrittsgebiets	69
	aa) Geschädigter Unternehmensträger	70
	bb) Gesellschafter oder Mitglieder des geschädigten Unternehmensträgers oder deren Rechtsnachfolger	71
c)	Verfügungsberechtigte	
	aa) Gesellschafter des derzeitigen Unternehmensträgers	72, 73
	bb) Derzeitiger Unternehmensträger	74

4. Staatliche Beteiligung — 75, 76
5. Eigenkapitalgliederung — 77, 78

III. Rückgabe einzelner Wirtschaftsgüter eines stillgelegten Unternehmens
1. Grundsatz — 79
2. Berechtigte innerhalb des Beitrittsgebiets — 80
3. Berechtigte außerhalb des Beitrittsgebiets — 81

IV. Vorbesitzzeit im Sinne des § 6b EStG — 82

V. Ausgleichsleistungen
1. Rückgabe lebender Unternehmen — 83
2. Rückgabe einzelner Wirtschaftsgüter eines stillgelegten Unternehmens — 84

VI. Entschädigung — 85

VII. Abtretung der Ansprüche nach dem VermG (§ 3 Abs. 1 Satz 2 VermG)
1. Veräußerer — 86
2. Erwerber — 87

VIII. Gewinnermittlung nach § 4 Abs. 3 EStG / EStG-DDR — 88, 89

Im Einvernehmen mit den obersten Finanzbehörden der Länder wird zur Frage der Unternehmensrückgabe nach dem Vermögensgesetz wie folgt Stellung genommen:

A. Grundzüge des Vermögensgesetzes

Das Vermögensgesetz vom 23. September 1990 in der Fassung der Bekanntmachung vom 3. August 1992 (VermG – BGBl. Teil I S. 1446) regelt die vermögensrechtlichen Ansprüche von Berechtigten (§ 2 Abs. 1 VermG), die in der ehemaligen DDR (Beitrittsgebiet) enteignet oder durch staatliche Verwaltung in ihrer Verfügungsbefugnis beschränkt worden sind (§§ 1, 2, 4 VermG), sowie von deren Rechtsnachfolgern. Grundsätzlich sind diese Ansprüche durch Rückgabe (Restitution) der bisher einem Verfügungsberechtigten (§ 2 Abs. 3 VermG) zuzurechnenden Vermögenswerte (§ 2 Abs. 2 VermG) an die Berechtigten zu erfüllen. Der Grundsatz der Rückgabe wird zugunsten des redlichen Erwerbs von Eigentum oder dinglichen Nutzungsrechten durchbrochen (§ 4 Abs. 2 und 3 VermG). Das gilt auch für die Fälle, in denen eine Rückgabe aus tatsächlichen oder wirtschaftlichen Gründen ausgeschlossen ist (§§ 4 Abs. 1, 5 VermG) oder der Anspruch auf Rückgabe mit der Erteilung eines Investitionsvorrangbescheids entfällt (§ 11 Abs. 2 Investitionsvorranggesetz – InVorG – BGBl. 1992 Teil I S. 1268 –). Ist eine Rückgabe hiernach nicht möglich, hat der Berechtigte Anspruch auf Entschädigung; diese kann er im übrigen stets anstelle der Rückgabe oder der Inanspruchnahme sonstiger Rechte wählen (§§ 6 Abs. 6a und Abs. 7, 8 und 11 VermG; § 17 InVorG). 1

B. Grundsätze der Unternehmensrückgabe

Für die Rückgabe von Unternehmen gelten insbesondere die Vorschriften der §§ 6 bis 6b VermG sowie die Verordnung zum VermG über die Rückgabe von Unternehmen (Unternehmensrückgabeverordnung – URüV – BGBl. 1991 I S. 1542). 2

Anhang 5
II Beitrittsgebiet

3 Ein Unternehmen ist auf Antrag an den Berechtigten zurückzugeben, wenn das heutige Unternehmen unter Berücksichtigung des technischen Fortschritts und der allgemeinen wirtschaftlichen Entwicklung mit dem vormals enteigneten Unternehmen im Zeitpunkt der Enteignung vergleichbar ist (§ 6 Abs. 1 Satz 1 VermG, § 2 URüV). Die Unternehmensrückgabe setzt somit stets ein noch bestehendes Unternehmen mit laufendem Geschäftsbetrieb voraus.

4 Ein Berechtigter, der einen Antrag auf Rückgabe eines Unternehmens stellt oder stellen könnte, kann diesen grundsätzlich nicht auf die Rückgabe nur einzelner Vermögensgegenstände des Unternehmens beschränken, die sich im Zeitpunkt der Schädigung in seinem Eigentum befanden (§ 3 Abs. 1 Satz 3 VermG).

5 Wurde der Geschäftsbetrieb eingestellt und fehlen die tatsächlichen Voraussetzungen für die Wiederaufnahme des Geschäftsbetriebs, ist die Rückgabe des Unternehmens ausgeschlossen (§ 4 Abs. 1 Satz 2 VermG). In diesem besonderen Fall kann der Berechtigte aus Billigkeitsgründen die Rückgabe der Vermögensgegenstände beanspruchen, die sich im Zeitpunkt der Schädigung in seinem Eigentum befanden oder später an deren Stelle getreten sind (§ 6 Abs. 6a Satz 1 VermG).

6 Statt der Rückgabe kann der Berechtigte eine Entschädigung für den Wert des Unternehmens im Zeitpunkt der Schädigung nach Maßgabe des § 6 Abs. 7 VermG verlangen.

C. Begriffsbestimmungen

I. Unternehmen

7 Für Zwecke der Unternehmensrückgabe ist zwischen dem zurückzugebenden und dem enteigneten bzw. dem entzogenen (geschädigten) Unternehmen zu unterscheiden (§ 1 Abs. 1 Satz 3 URüV). Die Unterscheidung ist notwendig, um Veränderungen zu erfassen, die sich während der Dauer der Schädigung zwischen dem damaligen und dem heutigen Unternehmen ergeben haben. Das zurückzugebende Unternehmen ist somit regelmäßig auf den Zeitpunkt der Rückgabe und das geschädigte Unternehmen auf den Zeitpunkt der Schädigung zu betrachten.

8 Unternehmen im Sinne der Tz. 7 ist auch die Zweigniederlassung oder Betriebsstätte eines Unternehmens mit Hauptniederlassung außerhalb des Beitrittsgebiets (§ 2 Abs. 2 Satz 2 VermG).

1. Zurückzugebendes Unternehmen

9 Das zurückzugebende Unternehmen ist das Unternehmen, das in seiner Gesamtheit und mit allen Aktiva und Passiva zum gegenwärtigen Zeitpunkt vorhanden ist (§ 1 Abs. 1 Satz 2 URüV). Es ist grundsätzlich in dem Zustand an den früheren Unternehmensträger zurückzugeben, in dem es sich im Zeitpunkt der Rückgabe befindet (§ 1 Abs. 1 Satz 1 URüV).

2. Geschädigtes Unternehmen

10 Das geschädigte Unternehmen ist das Unternehmen, das einer Enteignung oder sonstigen schädigenden Maßnahme im Sinne von § 1 VermG unterlegen hat.

II. Unternehmensträger

11 Von dem zurückzugebenden oder geschädigten Unternehmen als solchem ist der jeweilige Unternehmensträger zu unterscheiden. Das Unternehmen ist keine rechtsfähige Person und kann deshalb nicht selbst im Rechtsverkehr auftreten. Zu diesem Zweck bedarf es eines Unternehmensträgers, der Inhaber des Unternehmens ist und als solcher für das Unternehmen handelt. Dem Unternehmensträger werden die Vermögensgegenstände und Schulden zugerechnet.

12 Als Unternehmensträger sind insbesondere Einzelunternehmer, Personenhandelsgesellschaften (OHG, KG, GmbH & Co. KG), Kapitalgesellschaften (AG, GmbH) oder Erwerbs- und Wirtschaftsgenossenschaften anzusehen (§ 2 Abs. 1 Satz 1 VermG). Zu den Unternehmensträgern rechnen auch die Gesellschaften des bürgerlichen Rechts und Erbengemeinschaften.

III. Berechtigter

1. Berechtigter nach § 6 Abs. 1a Satz 1 VermG

13 Anspruch auf Rückgabe eines Unternehmens hat nur der frühere Unternehmensträger (vgl. Tzn. 11, 12) als **unmittelbar** geschädigter Inhaber des entzogenen Unternehmens.

14 Hiervon zu unterscheiden sind die Gesellschafter oder Mitglieder (z. B. Aktionäre, Genossen) eines Unternehmensträgers. Die Gesellschafter oder Mitglieder eines Unternehmensträgers sind durch

den Entzug des Unternehmens nur **mittelbar** geschädigt worden und deshalb nicht berechtigt, die Rückgabe des geschädigten Unternehmens zu verlangen. Sie sind nur Berechtigte, soweit anstelle der Unternehmensrückgabe die Herausgabe des Veräußerungserlöses oder Entschädigung verlangt werden kann (§ 6 Abs. 6a Satz 4, Abs. 7 VermG).

2. Wiederaufleben des Berechtigten (§ 6 Abs. 1a und Abs. 10 VermG)

Aufgrund der Schädigung ist der Unternehmensträger als Gesellschaft vielfach im Handels- oder Genossenschaftsregister gelöscht worden und damit rechtlich erloschen. Damit das geschädigte Unternehmen zurückgegeben werden kann, lebt in diesen Fällen der ursprünglich erloschene Unternehmensträger grundsätzlich nach Maßgabe des § 6 Abs. 1a Satz 2 VermG unter seiner früheren Firma in Nachliquidation wieder auf. Kommt es nicht zum Fortbestand des erloschenen Unternehmensträgers, kann das geschädigte Unternehmen nicht zurückgefordert werden (§ 6 Abs. 1a Satz 3 VermG). Diese Regelung ist auf Einzelunternehmer entsprechend anzuwenden, und zwar unabhängig davon, ob sie in einem Register eingetragen waren oder nicht. In diesen Fällen wird ebenfalls ein Unternehmen in Nachliquidation unterstellt. Mehrere Erben müssen den Anspruch auf Rückgabe des Unternehmens gemeinsam geltend machen. Für die interne Willensbildung der Erbengemeinschaft sind die §§ 2038 bis 2040 BGB maßgebend.

3. Sonderregelung § 6 Abs. 1a Satz 4 VermG

Einer Wiederbelebung des Unternehmensträgers bedarf es nicht, soweit der Unternehmensträger nur sein im Beitrittsgebiet belegenes Vermögen verloren hat, aber außerhalb des Beitrittsgebiets als Gesellschaft oder Stiftung werbend tätig blieb (§ 6 Abs. 1a Satz 4 VermG). In diesen Fällen ist der außerhalb des Beitrittsgebiets fortbestehende Unternehmensträger unmittelbar Berechtigter (§ 6 Abs. 1a Satz 4 zweiter Halbsatz VermG). Ist die Gesellschaft oder Stiftung nicht mehr werbend tätig, ist zur Rückgabe des Unternehmens das Wiederaufleben des Unternehmensträgers im Wege der Nachliquidation erforderlich (§ 6 Abs. 1a Satz 2 VermG).

Die Vorschrift des § 6 Abs. 1a Satz 4 VermG erfaßt sowohl die Unternehmensträger mit Sitz außerhalb des Beitrittsgebiets als auch die sog. Spaltgesellschaften. Spaltgesellschaften sind Gesellschaften mit ursprünglichem Sitz im Beitrittsgebiet und Vermögen sowohl innerhalb als auch außerhalb des Beitrittsgebiets. Diese Gesellschaften haben mit der Schädigung im Beitrittsgebiet ihre Rechtspersönlichkeit nicht verloren. Sie bestehen auch nach der Schädigung im Beitrittsgebiet außerhalb dieses Gebiets mit dem auf das außerhalb des Beitrittsgebiets beschränkten Vermögen fort.

IV. Verfügungsberechtigter

Verpflichtet zur Rückgabe des Unternehmens ist der Verfügungsberechtigte (§§ 6 Abs. 1 Satz 1, 2 Abs. 3 VermG), also derjenige, in dessen Eigentum oder Verfügungsmacht das zurückzugebende Unternehmen zum Zeitpunkt der Rückgabe steht.

Der Anspruch auf Rückgabe richtet sich daher

a) im Falle der Rückgabe von Anteils- oder Mitgliedschaftsrechten gegen den Inhaber dieser Rechte und

b) im Falle der Rückgabe der Vermögensgegenstände und Schulden direkt gegen den derzeitigen Unternehmensträger.

Bei Treuhandunternehmen ist der Anspruch auf Rückgabe gegen die Treuhandanstalt zu richten (§ 2 Abs. 3 Satz 3 VermG).

D. Rückübertragung des Unternehmens

I. Übertragung der Rechte und Entflechtung

Die Rückgabe des geschädigten Unternehmens an den Berechtigten erfolgt durch Übertragung der Rechte, die dem Eigentümer nach der jeweiligen Rechtsform zustehen (§ 6 Abs. 5 Satz 1 VermG).

Ist lediglich ein Teil des zum Zeitpunkt der Rückgabe bestehenden Unternehmens zurückzugeben, so kann das Unternehmen entweder entflochten werden (§ 6b VermG) oder die Rückübertragung auf bestimmte Anteile an diesem Unternehmen beschränkt werden (§ 6 Abs. 5 Satz 2 VermG). Die Entflechtung nach § 6b VermG ist nicht gleichzusetzen mit der Herausgabe einzelner Wirtschaftsgüter i.S. des § 6 Abs. 6a VermG. Die Entflechtung dient vielmehr der Aufteilung eines einheitlichen Unternehmens in mehrere rechtlich selbständige Unternehmen oder Vermögensmassen, die im Anschluß an die Entflechtung sodann in ihrer jeweiligen Gesamtheit zurückgegeben werden können.

II. Rückgabeformen

Zur Durchführung der Rückgabe stehen drei Möglichkeiten zur Wahl:

21 1. Übertragung der Anteile oder Mitgliedschaftsrechte an dem derzeitigen Unternehmensträger auf den geschädigten Unternehmensträger (§ 6 Abs. 5a Buchstabe a VermG).
2. Übertragung der Vermögensgegenstände und Schulden von dem derzeitigen Unternehmensträger auf den geschädigten Unternehmensträger (§ 6 Abs. 5a Buchstabe b VermG).
3. Übertragung der Anteile oder Mitgliedschaftsrechte an dem derzeitigen Unternehmensträger auf die Gesellschafter oder Mitglieder des geschädigten Unternehmensträgers oder deren Rechtsnachfolger (§ 6 Abs. 5a Buchstabe c VermG, § 10 URüV).

III. Rückgabeansprüche der Gesellschafter oder Mitglieder des geschädigten Unternehmensträgers

22 Von der unmittelbaren Schädigung des früheren Unternehmensträgers ist die mittelbare Schädigung der Gesellschafter oder Mitglieder dieses Unternehmensträgers zu unterscheiden (vgl. Tzn. 13, 14). Den Gesellschaftern oder Mitgliedern des geschädigten Unternehmensträgers oder deren Rechtsnachfolgern wird die ihnen entzogene Rechtsposition auf Antrag wieder eingeräumt (§ 6 Abs. 5b Satz 1 VermG). Mit der Wiedereinräumung der ehemaligen Rechtsposition und der Rückgabe des Unternehmens an den geschädigten Unternehmensträger sind sodann auch alle weitergehenden Ansprüche der betroffenen Gesellschafter oder Mitglieder des geschädigten Unternehmensträgers und ihrer Rechtsnachfolger erfüllt (§ 6 Abs. 5b Satz 2 VermG).

IV. Staatliche Beteiligung

23 Sofern der geschädigte Unternehmensträger (hier grundsätzlich eine Personengesellschaft) staatlichen Stellen aufgrund unlauterer Machenschaften eine Beteiligung einräumen mußte, steht die Beteiligung bei Treuhandunternehmen der Treuhandanstalt zu. Die Gesellschafter des geschädigten Unternehmensträgers oder deren Rechtsnachfolger können die Beteiligung gegen Rückgewähr der beim Erwerb der Beteiligung erbrachten Einlage oder Vergütung beanspruchen (§ 6 Abs. 5c Satz 1 und 3 VermG). Die Gesellschafter des geschädigten Unternehmensträgers oder deren Rechtsnachfolger können die staatliche Beteiligung fortbestehen lassen; sie können sie auch auf sich übertragen lassen oder deren Löschung verlangen (§ 6 Abs. 5c Satz 2 und 5 VermG).

E. Ausgleichsleistungen

I. Grundsätze

24 Ein Unternehmen ist grundsätzlich in dem Zustand zurückzugeben, in dem es sich im Zeitpunkt der Rückgabe tatsächlich befindet (§ 1 Abs. 1 Satz 1 URüV). Weicht der Zustand des zurückzugebenden Unternehmens im Zeitpunkt der Rückgabe von dem Zustand des geschädigten Unternehmens im Zeitpunkt der Schädigung ab, sind die Abweichungen auszugleichen (§ 6 Abs. 1 Satz 2, Abs. 2 bis 4 VermG).

25 Mit dem Ausgleich wird gleichzeitig sichergestellt, daß das zurückzugebende Unternehmen zum Zeitpunkt der Rückgabe zumindest mit dem gesetzlichen Mindestkapital ausgestattet ist und nicht schon aus rechtlichen Gründen liquidiert werden muß.

II. Ausgleichsbilanz

26 Zur Ermittlung der zutreffenden Ausgleichsleistungen ist für das zurückzugebende Unternehmen grundsätzlich eine auf den Zeitpunkt der Rückgabe bezogene Bilanz aufzustellen. Dabei kann es sich um die fortgeschriebene D-Markeröffnungsbilanz (DMEB) oder um eine gesonderte Schlußbilanz handeln. Über § 3 URüV sind in jedem Fall die Wertansätze zugrunde zu legen, die sich nach Maßgabe des D-Markbilanzgesetzes (DMBilG) auf den Zeitpunkt der Rückgabe ergeben. Durch § 3 URüV wird die

Anwendung des DMBilG auf alle anläßlich der Unternehmensrückgabe aufzustellenden Schlußbilanzen erstreckt und wirkt – entgegen § 36 Abs. 4 DMBilG – auch über den 31. Dezember 1994 hinaus.

III. Ausgleichsformen

1. Ausgleichsforderungen wegen wesentlicher Verschlechterung der Vermögenslage (§ 6 Abs. 2 VermG)

   Eine wesentliche Verschlechterung der Vermögenslage liegt vor, wenn sich bei Aufstellung der DMEB oder der für die Rückgabe maßgeblichen Bilanz (vgl. Tz. 26) eine Überschuldung oder Unterdeckung des für die Rechtsform des zurückzugebenden Unternehmens gesetzlich vorgeschriebenen Mindestkapitals ergibt. In diesem Fall können sich für das zurückzugebende Unternehmen Ansprüche (regelmäßig gegenüber der Treuhandanstalt) auf Einräumung einer Ausgleichsforderung zur Beseitigung einer Überschuldung nach § 24 DMBilG, auf Einzahlung des nach der Rechtsform vorgeschriebenen Mindestkapitals nach § 26 Abs. 3 DMBilG und auf Einzahlung von Kapital in Höhe eines Kapitalentwertungskontos nach § 28 DMBilG ergeben, die, anders als nach den §§ 24, 26 Abs. 3 DMBilG, nicht abgelehnt werden können. Die genannten Ansprüche entfallen jedoch, soweit nachgewiesen wird, daß die Eigenkapitalverhältnisse im Zeitpunkt der Schädigung nicht günstiger waren.   27

2. Ausgleichsverbindlichkeiten wegen wesentlicher Verbesserung der Vermögenslage (§ 6 Abs. 3 VermG)

   Eine wesentliche Verbesserung der Vermögenslage liegt vor, wenn sich bei Aufstellung der DMEB oder der für die Rückgabe maßgeblichen Bilanz (vgl. Tz. 26) eine Ausgleichsverbindlichkeit nach § 25 DMBilG für das zurückzugebende Unternehmen ergibt. In diesem Fall hat das zurückzugebende Unternehmen in Höhe der Ausgleichsverbindlichkeit Zahlungen grundsätzlich an die Treuhandanstalt zu leisten.   28

3. Erstattungsansprüche oder Ausgleichsverbindlichkeiten wegen wesentlicher Veränderung der Ertragslage (§ 6 Abs. 4 VermG)

   Im Falle der Unternehmensrückgabe können Erstattungsansprüche und Ausgleichsverbindlichkeiten auch entstehen, weil sich die Ertragslage wesentlich verändert hat. Dabei ist grundsätzlich auf die Umsätze in Einheiten der voraussichtlich absetzbaren Produkte oder Leistungen abzustellen (§ 6 URüV).   29

F. Entschädigung

Soweit den Berechtigten ein Anspruch auf Rückgabe eines Unternehmens zusteht, können sie statt dessen Entschädigung wählen (§ 6 Abs. 7 VermG). Ein entsprechendes Gesetz ist in Vorbereitung. Ist dem Verfügungsberechtigten die Rückgabe in bestimmten Fällen nicht möglich, weil er das Unternehmen oder nach § 6 Abs. 6a Satz 1 VermG zurückzugebende Vermögensgegenstände ganz oder teilweise veräußert hat (§ 6 Abs. 6a Satz 4 VermG, § 16 InVorG), können die Berechtigten unter bestimmten Voraussetzungen die Herausgabe des Erlöses oder die Zahlung eines Betrages in Höhe des Verkehrswerts verlangen. Alle Entschädigungsansprüche stehen grundsätzlich dem geschädigten Unternehmensträger (Berechtigten) zu (§ 18 Abs. 2 URüV). Lebt der Berechtigte nicht wieder in Nachliquidation auf (§ 6 Abs. 1a Satz 2 und 3 VermG), können die Gesellschafter oder Mitglieder des Berechtigten Entschädigung beanspruchen; diesen stehen auch die Ansprüche nach § 6 Abs. 6a Satz 4 VermG zu (§ 18 Abs. 1 Satz 2 und 3 VermG).   30

G. Verfahren

Der Anspruch auf Unternehmensrückgabe ist bei der zuständigen Behörde mittels Antrag geltend zu machen (§§ 6 Abs. 6 Satz 1 und 2, 30 Abs. 1 VermG). Über den Antrag ist grundsätzlich durch Verwaltungsakt zu entscheiden (§ 32 Abs. 1 VermG). Das gilt nicht, soweit die Rückgabe zwischen dem Berechtigten und dem Verfügungsberechtigten einvernehmlich zustande kommt (§ 30 Abs. 1 Satz 2 VermG). In diesen Fällen ergeht ein der gütlichen Einigung entsprechender Verwaltungsakt (Feststellungsbescheid) erst auf weiteren Antrag (§ 31 Abs. 5 Satz 3 VermG).   31

Mit der Unanfechtbarkeit der Entscheidung geht das Eigentum an dem Unternehmen im Wege der Gesamtrechtsnachfolge auf den Berechtigten über (§ 34 Abs. 4 VermG). Wird in den Fällen der gütlichen Einigung ein Verwaltungsakt nicht beantragt, erfolgt die Übertragung der Vermögensgegenstände und Schulden des Unternehmens im Wege der Einzelrechtsnachfolge (§ 9 Abs. 1 URüV). Dies   32

Anhang 5
Beitrittsgebiet

gilt auch, soweit anstelle des Unternehmens nur die Herausgabe einzelner Vermögensgegenstände verlangt werden kann (§ 6 Abs. 6 a VermG).

33 Der Anspruch auf Rückgabe eines Unternehmens kann auch abgetreten, verpfändet oder gepfändet werden (§ 3 Abs. 1 Satz 2 VermG).

H. Bilanzielle und ertragsteuerliche Behandlung

I. Grundsätze der Bilanzierung

34 Maßgebend für die bilanz- und ertragsteuerlichen Folgerungen ist der Inhalt des jeweiligen unanfechtbaren Verwaltungsakts oder der Vereinbarung über die gütliche Einigung (§ 31 Abs. 5 Satz 1 VermG). Dies gilt für die Fragen, was an wen zurückzugeben ist, ob Ausgleichsleistungen zu erbringen sind oder eine Entschädigung an die Stelle der Unternehmensrückgabe tritt. Für den Zeitpunkt der Rückgabe kommt es auf die steuerliche Zurechnung der Wirtschaftsgüter beim Berechtigten an (§ 39 Abgabenordnung).

35 Die Ansprüche und Verpflichtungen nach dem VermG werden grundsätzlich neutral behandelt, es sei denn, es handelt sich um eine entgeltliche Rechtsnachfolge (vgl. Tzn. 86, 87).

36 Zur Bilanzierung der Ansprüche und Verpflichtungen nach dem VermG ist grundsätzlich zwischen Berechtigten mit Sitz zum Zeitpunkt der Schädigung innerhalb und außerhalb des Beitrittsgebiets zu unterscheiden.

Bei den Berechtigten innerhalb des Beitrittsgebiets richtet sich die Bilanzierung nach den Grundsätzen des D-Markbilanzgesetzes vom 23. September 1990 in der Fassung der Bekanntmachung vom 18. April 1991 (DMBilG – BGBl. I S. 971).

Bei den Berechtigten außerhalb des Beitrittsgebiets richtet sich die Bilanzierung nach den Grundsätzen des D-Markbilanzgesetzes vom 21. April 1949 (DMBG 1948, WiGBl. S. 279, bereinigte Fassung veröffentlicht im BGBl.III, Gliederungs-Nr. 4140-1) sowie des 4. D-Markbilanzergänzungsgesetzes vom 7. April 1961 (4. DMBG-EG 1961 – BGBl. I S. 413). Das DMBilG gilt zwar auch für die Besteuerung der Berechtigten außerhalb des Beitrittsgebiets. Dennoch gehen dem DMBilG die Grundsätze des DMBG 1948 und des 4. DMBG-EG 1961 als spezielle Regelungen vor.

37 Auf der Seite des Verfügungsberechtigten bedarf es einer Unterscheidung innerhalb und außerhalb des Beitrittsgebiets nicht, da Verfügungsberechtigter nur ein Unternehmensträger oder dessen Gesellschafter innerhalb des Beitrittsgebiets sein kann. Als Verfügungsberechtigter kommt regelmäßig eine Treuhand-GmbH oder -AG oder die Treuhandanstalt selbst als Gesellschafter der vorgenannten Gesellschaften in Betracht.

II. Rückgabe lebender Unternehmen

Zur Durchführung der Rückgabe stehen drei Möglichkeiten zur Wahl (vgl. Tz. 21):

1. Rückgabe durch **Übertragung der Anteile oder Mitgliedschaftsrechte** an dem derzeitigen Unternehmensträger auf den geschädigten Unternehmensträger (§ 6 Abs. 5a Buchstabe a VermG).

38 a) Berechtigte innerhalb des Beitrittsgebiets

Beispiel 1

Die X-GmbH & Co. KG (Gesellschafter: A-GmbH und B) mit Sitz und Geschäftsleitung in Leipzig wurde 1972 in Volkseigentum übergeleitet und als VEB fortgeführt. Zum 1. Juli 1990 wurde der VEB in die Y-GmbH umgewandelt. Alleiniger Gesellschafter der Y-GmbH ist die Treuhandanstalt. Die Rückgabe erfolgt durch Übertragung der Anteile an der Y-GmbH von der Treuhandanstalt auf die X-GmbH & Co. KG, die zu diesem Zweck in Nachliquidation wiederauflebt.

aa) Geschädigter Unternehmensträger

39 Der geschädigte Unternehmensträger als Berechtigter nach dem VermG besteht grundsätzlich in Nachliquidation fort (§ 6 Abs. 1a Satz 2 VermG). Für das Unternehmen i.L. ist eine DMEB auf den 1. Juli 1990 nach den Grundsätzen des DMBilG aufzustellen (§ 1 Abs. 3 DMBilG). Darin ist der Anspruch auf Herausgabe des Unternehmens als Forderung nach dem VermG zu aktivieren und in Höhe des aktivierten Betrags innerhalb der Gewinnrücklagen eine Sonderrücklage zu bilden (§ 7 Abs. 6 DMBilG). Bis zum Zeitpunkt der Rückgabe sind die Bilanzposten nach allgemeinen bilanzsteuerlichen Grundsätzen fortzuführen.

Zum Zeitpunkt der Rückgabe wird die Forderung nach dem VermG durch die rücküber- 40
tragenen Anteile oder Mitgliedschaftsrechte an dem derzeitigen Unternehmensträger
(Beteiligung) ersetzt. Die Beteiligung ist dabei mit dem Wert anzusetzen, der sich für das
zurückzugebende Unternehmen auf den Zeitpunkt der Rückgabe nach den Grundsätzen
des DMBilG ergibt (§ 3 URüV, § 11 Abs. 1 DMBilG). Der Wertansatz der Beteiligung führt
zur korrespondierenden Berichtigung der bisherigen Wertansätze der Forderung nach
dem VermG und der Sonderrücklage in der DMEB und etwaigen Folgebilanzen (§§ 36, 50
Abs. 3 DMBilG). Der angesetzte Wert gilt für die Folgezeit als Anschaffungskosten der
Beteiligung (§§ 7 Abs. 1, 50 Abs. 1 DMBilG).

bb) Gesellschafter oder Mitglieder des geschädigten Unternehmensträgers oder deren Rechtsnachfolger

Die Zurechnung der Anteile oder Mitgliedschaftsrechte an dem geschädigten Unterneh- 41
mensträger zum Privat- oder Betriebsvermögen richtet sich nach den allgemeinen steuerlichen Grundsätzen. Als Anschaffungskosten der Anteile oder Mitgliedschaftsrechte an
dem geschädigten Unternehmensträger gilt für die Folgezeit der anteilige Wert, der sich
für das zurückzugebende Unternehmen auf den Zeitpunkt der Rückgabe nach den
Grundsätzen des DMBilG ergibt (§ 3 URüV).

b) Berechtigte außerhalb des Beitrittsgebiets 42

Beispiel 2

Die E-GmbH (Gesellschafter F und G) mit Sitz und Geschäftsleitung in Dortmund hatte eine
Betriebsstätte in Dresden. Die Betriebsstätte wurde verstaatlicht und zum 1. Juli 1990 in die
H-GmbH umgewandelt. Alleiniger Gesellschafter der H-GmbH ist die Treuhandanstalt. Die
Rückgabe der Betriebsstätte erfolgt durch Übertragung der Anteile an der H-GmbH von der
Treuhandanstalt auf die E-GmbH.

aa) Geschädigter Unternehmensträger

Für den Regelfall ist davon auszugehen, daß der letzte Wertansatz der Wirtschaftsgüter 43
des geschädigten Unternehmens (Betriebsstätte) vor der Schädigung (§ 2 Abs. 4 VermG)
nach den Grundsätzen des DMBG 1948 (vgl. Tz. 36) zustande gekommen ist. Hiernach
waren die Wirtschaftsgüter außerhalb des damaligen Währungsgebiets, aber innerhalb
Deutschlands, wegen der Ungewißheit über den ihnen beizulegenden Wert in der auf den
21. Juni 1948 aufzustellenden D-Markeröffnungsbilanz (DMEB 1948) nur mit einem Erin-
nerungsposten oder mit einem sonstigen vorläufigen Wert anzusetzen (§ 17 DMBG 1948).
Gemäß § 4 Abs. 1 und 2 des 4. DMBG-EG 1961 können Wirtschaftsgüter, die in einer
DMEB 1948 nach den Vorschriften des DMBG 1948 vorläufig mit einem Erinnerungswert
anzusetzen oder sonst vorläufig zu bewerten waren, endgültig mit dem Wert angesetzt
werden, der ihnen in dem Zeitpunkt beizulegen ist, in dem der Grund für die vorläufige
Bewertung entfallen ist. Die Wirtschaftsgüter sind deshalb zum Zeitpunkt der Rückgabe
mit dem Wert anzusetzen, der sich auf diesen Zeitpunkt nach den Grundsätzen des
DMBilG ergibt (§ 3 URüV).

Die so in der Handelsbilanz erfolgswirksam vorzunehmende Werterhöhung ist in der Steu- 44
erbilanz nachzuvollziehen. Der Unterschiedsbetrag zwischen dem bisherigen Wertansatz
und dem endgültigen Wertansatz ist jedoch bei der steuerlichen Gewinnermittlung nicht
zu berücksichtigen (§ 12 Abs. 1 Satz 2 und Abs. 6 4. DMBG-EG 1961). Für die Steuern
vom Einkommen und Ertrag ergeben sich dadurch keine steuerlichen Auswirkungen aus
zwischenzeitlich eingetretenen Werterhöhungen, und zwar unabhängig davon, ob es sich
um zum 21. Juni 1948 (Stichtag: DMEB 1948) oder um erst später eingetretene Werterhöhungen handelt.

Sind Wirtschaftsgüter, die in der DMEB 1948 des geschädigten Unternehmensträgers 45
anzusetzen waren, später wegen der tatsächlichen Entwicklung aus der Bilanz ausgeschieden, sind sie dennoch so zu behandeln, als seien sie mit einem Erinnerungswert oder
einem sonstigen Wertansatz in der Bilanz fortgeführt worden. Sodann sind die Tzn. 43, 44
anzuwenden.

Die an den geschädigten Unternehmensträger zurückübertragenen Anteile oder Mitglied- 46
schaftsrechte an dem derzeitigen Unternehmensträger (Beteiligung) treten an die Stelle
der bei dem geschädigten Unternehmensträger mit einem Erinnerungswert oder einem
sonstigen vorläufigen Wert angesetzten Wirtschaftsgüter. Der angesetzte Wert gilt für die
Folgezeit als Anschaffungskosten der Beteiligung (§§ 7 Abs. 1, 50 Abs. 1 DMBilG entsprechend).

	bb)	Gesellschafter oder Mitglieder des geschädigten Unternehmensträgers oder deren Rechtsnachfolger
47		Die Zurechnung der Anteile oder Mitgliedschaftsrechte an dem geschädigten Unternehmensträger zum Privat- oder Betriebsvermögen richtet sich nach den allgemeinen steuerlichen Grundsätzen. Als Anschaffungskosten der Anteile oder Mitgliedschaftsrechte an dem geschädigten Unternehmensträger gilt für die Folgezeit der anteilige Wert, der sich für das zurückzugebende Unternehmen auf den Zeitpunkt der Rückgabe nach den Grundsätzen des DMBilG ergibt (§ 3 URüV).
	c)	Verfügungsberechtigte
		aa) Gesellschafter des derzeitigen Unternehmensträgers
48		Zur Rückgabe der Anteile oder Mitgliedschaftsrechte an dem derzeitigen Unternehmensträger ist dessen Gesellschafter verpflichtet.
49		Der Gesellschafter des derzeitigen Unternehmensträgers hat auf den 1. Juli 1990 grundsätzlich eine DMEB aufzustellen (§ 1 Abs. 1 bis 3 DMBilG). Darin sind die Anteile oder Mitgliedschaftsrechte an dem derzeitigen Unternehmensträger (Beteiligung) aufzunehmen und neu zu bewerten (§§ 7 Abs. 1, 11 Abs. 1 Satz 1 DMBilG). Daneben ist wegen der Verpflichtung zur Rückgabe der Beteiligung in deren Höhe eine Verbindlichkeit nach dem VermG zu passivieren (§ 7 Abs. 6 DMBilG). Damit wird der Ansatz der Beteiligung neutralisiert.
50		Mit der Übertragung der Beteiligung auf den geschädigten Unternehmensträger sind die Beteiligung und die Verbindlichkeit nach dem VermG aus der Bilanz auszubuchen.
	bb)	Derzeitiger Unternehmensträger
51		Der derzeitige Unternehmensträger hat auf den 1. Juli 1990 grundsätzlich ebenfalls eine DMEB aufzustellen (§ 1 Abs. 1 bis 3 DMBilG). Darin sind die Wirtschaftsgüter des zurückzugebenden Unternehmens aufzunehmen und neu zu bewerten (§ 7 Abs. 1 DMBilG). In der Folgezeit werden die Bilanzposten nach allgemeinen bilanzsteuerlichen Grundsätzen fortgeführt.
52		Die Übertragung der Anteile oder Mitgliedschaftsrechte an dem derzeitigen Unternehmensträger auf den geschädigten Unternehmensträger hat grundsätzlich keinen Einfluß auf die Bilanzierung. Veränderungen ergeben sich insoweit nur auf der Gesellschafterebene. Nach der Rückgabe wird der derzeitige Unternehmensträger mit neuen Anteilseignern fortgeführt.
2.	Rückgabe durch **Übertragung der Wirtschaftsgüter** von dem derzeitigen Unternehmensträger auf den geschädigten Unternehmensträger (§ 6 Abs. 5a Buchstabe b VermG)	
	a)	Berechtigte innerhalb des Beitrittsgebiets
53		Beispiel **3**
		Wie Beispiel 1; die Rückgabe erfolgt jedoch durch Übertragung der Wirtschaftsgüter von der Y-GmbH auf die X-GmbH & Co. KG, die zu diesem Zweck in Nachliquidation wieder auflebt.
		aa) Geschädigter Unternehmensträger
54		Bis zum Zeitpunkt der Rückgabe erfolgt die steuerliche Behandlung des geschädigten Unternehmensträgers nach den Grundsätzen der Tz. 39.
55		Zum Zeitpunkt der Rückgabe wird die Forderung nach dem VermG durch die Übernahme der Wirtschaftsgüter von dem derzeitigen Unternehmensträger ersetzt. Die Wirtschaftsgüter sind dabei mit dem Wert anzusetzen, der sich auf den Zeitpunkt der Rückgabe nach den Grundsätzen des DMBilG ergibt (§ 3 URüV, Tz. 40). Der Wertansatz der übernommenen Wirtschaftsgüter führt zur korrespondierenden Berichtigung der bisherigen Wertansätze der Forderung nach dem VermG und der Sonderrücklage in der DMEB und etwaigen Folgebilanzen (§§ 36, 50 Abs. 3 DMBilG). Der angesetzte Wert gilt für die Folgezeit als Anschaffungs- oder Herstellungskosten der Wirtschaftsgüter (§§ 7 Abs. 1, 50 Abs. 1 DMBilG). Wegen des Umfangs der übergehenden Wirtschaftsgüter vgl. § 1 Abs. 1 Satz 2 URüV.
	bb)	Gesellschafter oder Mitglieder des geschädigten Unternehmensträgers oder deren Rechtsnachfolger
56		Die steuerliche Behandlung der Gesellschafter oder Mitglieder des geschädigten Unternehmensträgers oder deren Rechtsnachfolger richtet sich nach den Grundsätzen der Tz. 41.

b) Berechtigte außerhalb des Beitrittsgebiets 57

   Beispiel 4

   Wie Beispiel 2; die Rückgabe der Betriebsstätte erfolgt jedoch durch Übertragung der Wirtschaftsgüter von der H-GmbH auf die E-GmbH.

   aa) Geschädigter Unternehmensträger

   Die steuerliche Behandlung des geschädigten Unternehmensträgers richtet sich nach den Grundsätzen der Tzn. 43 bis 45. 58

   Der angesetzte Wert gilt für die Folgezeit als Anschaffungs- oder Herstellungskosten der übernommenen Wirtschaftsgüter (§§ 7 Abs. 1, 50 Abs. 1 DMBilG entsprechend). 59

   bb) Gesellschafter oder Mitglieder des geschädigten Unternehmensträgers oder deren Rechtsnachfolger

   Die steuerliche Behandlung der Gesellschafter oder Mitglieder des geschädigten Unternehmensträgers oder deren Rechtsnachfolger richtet sich nach den Grundsätzen der Tz. 47. 60

c) Verfügungsberechtigte

   aa) Derzeitiger Unternehmensträger

   Zur Rückgabe der Wirtschaftsgüter ist der derzeitige Unternehmensträger verpflichtet. 61

   Bis zum Zeitpunkt der Rückgabe richtet sich die steuerliche Behandlung des derzeitigen Unternehmensträgers nach den Grundsätzen der Tz. 51. 62

   Auf den Zeitpunkt der Rückgabe sind die Wertansätze der Wirtschaftsgüter nach den Grundsätzen des DMBilG zu ermitteln (§ 3 URüV). Des weiteren ist wegen der Verpflichtung zur Rückgabe der Wirtschaftsgüter eine Verbindlichkeit nach dem VermG in Höhe des (ggf. anteiligen) Eigenkapitals zu passivieren (§ 7 Abs. 6 DMBilG). Der Wertansatz der Verbindlichkeit nach dem VermG führt zur Berichtigung der DMEB und etwaiger Folgebilanzen (§§ 36, 50 Abs. 3 DMBilG). Mit der Rückgabe der Wirtschaftsgüter verliert der derzeitige Unternehmensträger sein Betriebsvermögen. Bei Rückgabe sämtlicher Wirtschaftsgüter bleibt grundsätzlich nur die Gesellschaft zurück, die wegen Vermögenslosigkeit zu löschen ist. 63

   bb) Gesellschafter des derzeitigen Unternehmensträgers

   Bis zum Zeitpunkt der Rückgabe richtet sich die steuerliche Behandlung des Gesellschafters des derzeitigen Unternehmensträgers nach den Grundsätzen der Tz. 49. 64

   Nach der Übertragung der Wirtschaftsgüter von dem derzeitigen auf den geschädigten Unternehmensträger behält der Gesellschafter zwar die Anteile an dem derzeitigen Unternehmensträger. Dieser besitzt jedoch nach der Rückgabe grundsätzlich kein Vermögen mehr (vgl. Tz. 63); die Anteile an ihm sind deshalb auf den niedrigeren Teilwert (= 0 DM) abzuschreiben. Die Rückgabeverbindlichkeit nach dem VermG des Gesellschafters erlischt aufgrund der Übertragung der Wirtschaftsgüter von dem derzeitigen auf den geschädigten Unternehmensträger. Damit ist der Vorgang im Ergebnis erfolgsneutral. 65

3. Rückgabe durch **Übertragung der Anteile oder Mitgliedschaftsrechte** an dem derzeitigen Unternehmensträger auf die Gesellschafter oder Mitglieder des geschädigten Unternehmensträgers oder deren Rechtsnachfolger (§ 6 Abs. 5a Buchstabe c VermG)

   a) Berechtigte innerhalb des Beitrittsgebiets 66

   Beispiel 5

   Wie Beispiel 1; die Rückgabe erfolgt jedoch durch Übertragung der Anteile an der Y-GmbH von der Treuhandanstalt auf die A-GmbH und B als Gesellschafter der X-GmbH & Co. KG.

   aa) Geschädigter Unternehmensträger

   Wegen der unmittelbaren Übertragung der Anteile an dem derzeitigen Unternehmensträger auf die Gesellschafter oder Mitglieder des geschädigten Unternehmensträgers oder deren Rechtsnachfolger lebt der geschädigte Unternehmensträger letztlich nicht mehr in Nachliquidation auf (§ 6 Abs. 10 letzter Satz VermG). Aus diesem Grund sind insoweit keine bilanz- oder ertragsteuerlichen Folgerungen zu ziehen. 67

   bb) Gesellschafter oder Mitglieder des geschädigten Unternehmensträgers oder deren Rechtsnachfolger

   Die Zurechnung der Anteile oder Mitgliedschaftsrechte an dem derzeitigen Unternehmensträger zum Privat- oder Betriebsvermögen richtet sich nach den allgemeinen steuer- 68 lichen Grundsätzen. Als Anschaffungskosten der Anteile oder Mitgliedschaftsrechte an dem derzeitigen Unternehmensträger gilt für die Folgezeit der anteilige Wert, der sich für das zurückzugebende Unternehmen auf den Zeitpunkt der Rückgabe nach den Grundsätzen des DMBilG ergibt (§ 3 URüV).

69 b) Berechtigte außerhalb des Beitrittsgebiets

Beispiel **6**

Wie Beispiel 2; die Rückgabe der Betriebsstätte erfolgt jedoch durch Übertragung der Anteile an der H-GmbH von der Treuhandanstalt auf die Gesellschafter F und G der E-GmbH.

aa) Geschädigter Unternehmensträger

70 Die Bilanz des geschädigten Unternehmensträgers ist von der Unternehmensrückgabe nur betroffen, soweit darin die Wirtschaftsgüter der Betriebsstätte am 1. Juli 1990 noch mit einem Erinnerungs- oder sonstigen vorläufigen Wert angesetzt waren. In diesem Fall sind die Wertansätze erfolgsneutral auszubuchen.

bb) Gesellschafter oder Mitglieder des geschädigten Unternehmensträgers oder deren Rechtsnachfolger

71 Die Zurechnung der Anteile oder Mitgliedschaftsrechte an dem derzeitigen Unternehmensträger zum Privat- oder Betriebsvermögen richtet sich nach den allgemeinen steuerlichen Grundsätzen. Als Anschaffungskosten der Anteile oder Mitgliedschaftsrechte an dem derzeitigen Unternehmensträger gilt für die Folgezeit der anteilige Wert, der sich für das zurückzugebende Unternehmen auf den Zeitpunkt der Rückgabe nach den Grundsätzen des DMBilG ergibt (§ 3 URüV).

c) Verfügungsberechtigte

aa) Gesellschafter des derzeitigen Unternehmensträgers

72 Zur Rückgabe der Anteile oder Mitgliedschaftsrechte an dem derzeitigen Unternehmensträger ist dessen Gesellschafter verpflichtet (vgl. Tz. 48).

73 Die steuerliche Behandlung des Gesellschafters des derzeitigen Unternehmensträgers richtet sich nach den Grundsätzen der Tzn. 49, 50.

bb) Derzeitiger Unternehmensträger

74 Die steuerliche Behandlung des derzeitigen Unternehmensträgers richtet sich nach den Grundsätzen der Tzn. 51, 52.

4. Staatliche Beteiligung

75 Verlangen die Gesellschafter des geschädigten Unternehmensträgers oder deren Rechtsnachfolger die Übertragung oder Löschung einer staatlichen Beteiligung (§ 6 Abs. 5c VermG), richtet sich die bilanzielle und ertragsteuerliche Behandlung nach den vorstehenden Grundsätzen (vgl. Tzn. 38–74).

76 Die mit der Übertragung oder Löschung verbundene Erstattungspflicht stellt für die Gesellschafter des geschädigten Unternehmensträgers oder deren Rechtsnachfolger eine Verbindlichkeit nach dem VermG dar. Soweit die angewachsenen oder übertragenen Anteile zum Betriebsvermögen rechnen, führt der Ansatz der Verbindlichkeit nach dem VermG zur Berichtigung der DMEB und etwaiger Folgebilanzen (§§ 7 Abs. 6, 30, 50 Abs. 3 DMBilG).

5. Eigenkapitalgliederung

77 In der erstmaligen Eigenkapitalgliederung einer Kapitalgesellschaft im Beitrittsgebiet (1. Januar 1991) ist der mit der Aktivierung des Rückgabeanspruchs in der DMEB verbundene Vermögenszuwachs dem EK 04 zuzuordnen.

78 In der Eigenkapitalgliederung einer Kapitalgesellschaft in den alten Bundesländern ist es nicht zu beanstanden, wenn der mit der tatsächlichen Rückgabe verbundene Vermögenszuwachs dem Teilbetrag EK 03 statt dem Teilbetrag EK 02 zugeordnet wird.

III. Rückgabe einzelner Wirtschaftsgüter eines stillgelegten Unternehmens

1. Grundsatz

79 Für die bilanz- und ertragsteuerliche Behandlung der Rückgabe einzelner Wirtschaftsgüter eines stillgelegten Unternehmens an den geschädigten Unternehmensträger gelten die Grundsätze über die Rückgabe eines lebenden Unternehmens durch Übertragung der Wirtschaftsgüter von dem

derzeitigen auf den geschädigten Unternehmensträger entsprechend (vgl. Tzn. 53–65). Die Wirtschaftsgüter rechnen somit zum Betriebsvermögen des geschädigten Unternehmensträgers.

2. Berechtigte innerhalb des Beitrittsgebiets

Es ist zu unterstellen, daß die zurückgegebenen Wirtschaftsgüter unmittelbar nach der Rückgabe entnommen oder an die Gesellschafter und Mitglieder des nur zum Zwecke der Unternehmensrückgabe wiederaufgelebten Berechtigten verteilt werden und das Unternehmen danach endgültig aufgegeben wird oder der Berechtigte endgültig erlischt, es sei denn, die Tätigkeit des Berechtigten ist in der Folgezeit als Gewerbebetrieb anzusehen. 80

3. Berechtigte außerhalb des Beitrittsgebiets

Das außerhalb des Beitrittsgebiets bestehende Unternehmen des Berechtigten wird mit den dem Betriebsvermögen zugeführten Wirtschaftsgütern fortgeführt. 81

IV. Vorbesitzzeit im Sinne des § 6b EStG

Für Zwecke der Ermittlung der Vorbesitzzeit (§ 6b Abs. 4 Nr. 2 EStG) der Wirtschaftsgüter des Betriebsvermögens ist der Zeitraum zwischen ihrer Anschaffung oder Herstellung durch den Verfügungsberechtigten und der tatsächlichen Rückgabe mitzurechnen. Die Zugehörigkeit der Wirtschaftsgüter zum Betriebsvermögen des Berechtigten gilt nach den vorstehenden Grundsätzen als nicht unterbrochen. In den Fällen der Umwandlung nach der Umwandlungsverordnung vom 1. März 1990 (GBl. Teil I Nr. 14 S. 107) oder des Treuhandgesetzes vom 17. Juni 1990 (GBl. Teil I Nr. 33 S. 30) ist die Besitzzeit des Rechtsvorgängers dem Verfügungsberechtigten zuzurechnen. 82

V. Ausgleichsleistungen

1. Rückgabe lebender Unternehmen

Der Wertansatz der bei dem zurückzugebenden Unternehmen nach Maßgabe des VermG anzusetzenden und zu berechnenden Ausgleichsleistungen (Forderungen und Verbindlichkeiten nach dem VermG) führt zur Berichtigung der DMEB und etwaiger Folgebilanzen (§ 6 Abs. 2 bis 4 VermG, § 6 Abs. 4 URüV, §§ 7 Abs. 6, 36, 50 Abs. 3 DMBilG). 83

2. Rückgabe einzelner Wirtschaftsgüter eines stillgelegten Unternehmens

Ein Anspruch auf Ausgleich wesentlicher Veränderungen der Vermögens- oder Ertragslage kann nicht geltend gemacht werden, da das Unternehmen stillgelegt ist und lediglich das noch vorhandene Vermögen zurückgegeben wird. Insoweit ergeben sich keine bilanz- und ertragsteuerlichen Folgen. 84

VI. Entschädigung

Auf Entschädigungsansprüche sind die vorstehenden Grundsätze entsprechend anzuwenden. Das gilt auch in den Fällen, in denen eine besondere Entschädigung in Höhe des Erlöses, zumindest aber in Höhe des Verkehrswerts, gewährt wird (§ 6 Abs. 6a Satz 4 ff. VermG, § 16 InVorG). 85

VII. Abtretung der Ansprüche nach dem VermG (§ 3 Abs. 1 Satz 2 VermG)

Die entgeltliche Übertragung eines zum Betriebsvermögen rechnenden Anspruchs nach dem VermG stellt für den Übertragenden steuerlich ein Veräußerungsgeschäft und für den Erwerber einen Anschaffungsvorgang dar.

1. Veräußerer

Mit der Veräußerung erlischt der Anspruch auf Rückgabe des Unternehmens. Der Veräußerungserlös tritt in Höhe des Werts an die Stelle des Anspruchs nach dem VermG, der sich für das zurückzugebende Unternehmen auf den Zeitpunkt der Veräußerung nach den Grundsätzen des DMBilG ergibt (§ 3 URüV). Hiernach kommt die Berücksichtigung eines unentgeltlich erworbenen Geschäfts- oder Firmenwerts nicht in Betracht (§ 8 Abs. 1 DMBilG). Im übrigen gelten die vorstehenden Grundsätze. 86

2. Erwerber

Beim Erwerber ist der erworbene Anspruch nach dem VermG nach allgemeinen steuerlichen Grundsätzen zu aktivieren. Die in Höhe des gezahlten Kaufpreises entstandenen tatsächlichen Anschaffungskosten sind der weiteren steuerlichen Behandlung zugrunde zu legen. Die mit der 87

Unternehmensrückgabe nach vorstehenden Grundsätzen verbundenen Wertansätze lassen die tatsächlichen Anschaffungskosten der Forderung unberührt.

VIII. Gewinnermittlung nach § 4 Abs. 3 EStG / EStG-DDR

88 Die vorstehenden Grundsätze gelten für die Gewinnermittlung nach § 4 Abs. 3 EStG / EStG-DDR entsprechend. Die Pflicht zur Aufstellung einer DMEB entfällt; mit der Rückgabe des Unternehmens sind die Wirtschaftsgüter des Anlagevermögens in das Anlageverzeichnis des Berechtigten aufzunehmen (§ 52 Abs. 1 Satz 2 DMBilG).

89 Geldbeträge, die zur Ablösung von Verbindlichkeiten nach dem VermG geleistet werden, stellen keine Betriebsausgaben und Geldbeträge, die zur Erfüllung von Forderungen nach dem VermG zufließen, keine Betriebseinnahmen dar.

III

Ermittlung der Wiederherstellungs- / Wiederbeschaffungskosten zum 1. Juli 1990 für im Beitrittsgebiet gelegene Gebäude und der AfA-Bemessungsgrundlage[1])

BMF vom 21.7.1994 (BStBl I S. 599)

IV B 2 – S 1901 – 132/94

Nach den §§ 7, 50 und 52 D-Markbilanzgesetz sind im Beitrittsgebiet gelegene Gebäude zum 1. Juli 1990 neu zu bewerten. Die Gebäude sind dabei mit ihren Wiederbeschaffungskosten (§ 7 Abs. 2 DMBilG) oder ihren Wiederherstellungskosten (§ 7 Abs. 3 DMBilG) anzusetzen (Neuwert); sie dürfen jedoch höchstens mit dem Zeitwert angesetzt werden (§§ 7 Abs. 1 Satz 2, 10 Abs. 1 DMBilG). Bei der Ermittlung des Zeitwerts sind die bisherige Nutzung und das Zurückbleiben hinter dem technischen Fortschritt durch einen Abschlag vom Neuwert zu berücksichtigen (§ 7 Abs. 1 Satz 4, Abs. 4 DMBilG). Als Zeitwert kann auch der Verkehrswert angesetzt werden (§ 10 Abs. 2 DMBilG). Die ermittelten Werte gelten für die Folgezeit als Anschaffungs- oder Herstellungskosten, soweit Berichtigungen nach § 36 DMBilG nicht vorzunehmen sind (§ 7 Abs. 1 Satz 5 DMBilG). Sie bilden somit zugleich die Bemessungsgrundlage für Absetzungen für Abnutzung.

Unter Bezugnahme auf das Ergebnis der Erörterung mit den obersten Finanzbehörden der Länder ist es nicht zu beanstanden, wenn der Wertansatz der im Beitrittsgebiet gelegenen Gebäude zum 1. Juli 1990 wie folgt ermittelt wird (auf die schematische Darstellung in der Anlage wird hingewiesen):

1   Vor dem 1. Juli 1990 angeschaffte oder hergestellte Gebäude

1.1 Wiederbeschaffungs- oder Wiederherstellungsneuwert (Neuwert)

Der Neuwert der Gebäude ist anhand der Normalherstellungskosten nach den Baupreisverhältnissen des Jahres 1913 gemäß der folgenden Tabelle zu ermitteln:

Baujahr	Normalherstellungskosten DM/m^3
bis 1925	15
ab 1926	19

Bei Plattenbauten ist stets der Satz von 15 DM/m^3 anzuwenden.

Der umbaute Raum ist nach DIN 277 (November 1950) zu berechnen. Liegt die Anzahl der m^3 des umbauten Raums nicht vor, so ist sie sachgerecht zu schätzen. Es ist nicht zu beanstanden, wenn ein Verhältnis von 5 m^3 umbauten Raums je 1 m^2 Wohnfläche (berechnet nach der Zweiten Berechnungsverordnung vom 5. April 1984 – BStBl I S. 284) ggf. zuzüglich Gewerbefläche angenommen wird.

Die Normalherstellungskosten sind mit dem für 1913 geltenden Baupreisindex (Jahresdurchschnitt) auf den Stichtag 1. Juli 1990 hochzurechnen. Hierbei ist der Baupreisindex 1.744,5 (vgl. Veröffentlichung des Statistischen Bundesamts in Fachserie 17 Reihe 4) zugrunde zu legen.

---

[1]) → Anhang 5 IV.

1.2 Wiederbeschaffungs- oder Wiederherstellungszeitwert (Zeitwert)

Zur Ermittlung des Zeitwerts auf den 1. Juli 1990 ist der Neuwert vom Zeitpunkt der Anschaffung oder Herstellung an zunächst um eine jährliche Abschreibung von
- bei Gebäuden in herkömmlicher Bauweise (Stein auf Stein) 1 v. H.
- bei Plattenbauten u. ä. 1,66 v. H.

zu mindern (= Zwischenwert). Ist ein einheitliches Gebäude zum Teil Stein auf Stein und zum Teil in Plattenbauweise errichtet worden, ist für den anzuwendenden Abschreibungssatz der Gebäudeteil maßgebend, der – nach den Verhältnissen der Wohn- ggf. zuzüglich Gewerbeflächen – überwiegt.

Darüber hinaus ist wegen des allgemein schlechten Erhaltungszustands aller Gebäude im Beitrittsgebiet ein weiterer Angleichungsabschlag vorzunehmen.

Der Angleichungsabschlag beträgt bei Gebäuden, die überwiegend in herkömmlicher Bauweise errichtet worden sind, 20 v. H. und bei Gebäuden, die überwiegend in Plattenbauweise errichtet worden sind, 40 v. H. des Zwischenwerts.

1.3 Mindestwert

Als Zeitwert darf ein Wert angesetzt werden, der 20 v. H. des Neuwerts nicht unterschreitet.

2 Zum 1. Juli 1990 im Bau befindliche Gebäude

Für Gebäude, die sich zum 1. Juli 1990 im Bau befanden, gelten die unter 1. dargestellten Grundsätze entsprechend.

Der Neuwert ist jedoch nur mit dem prozentualen Anteil anzusetzen, der sich für das Gebäude nach dem Grad der Fertigstellung zum 1. Juli 1990 ergibt. Der Grad der Fertigstellung ist vom Steuerpflichtigen anhand geeigneter Unterlagen darzulegen und nachzuweisen. Kommt der Steuerpflichtige seiner Verpflichtung nicht nach, ist der Grad der Fertigstellung z. B. in Anlehnung an die in § 3 Abs. 2 Nr. 2 der Makler- und Bauträgerverordnung (BGBl. 1990 I S. 2479) genannten Vom-Hundert-Sätze sachgerecht zu schätzen.

Es bleibt dem Steuerpflichtigen unbenommen, den Wertansatz der Gebäude (Verkehrswert) zum 1. Juli 1990 abweichend von dem o.a. Verfahren durch ein Sachverständigengutachten nachzuweisen.

Zu Fragen der Restnutzungsdauer und zum AfA-Satz für die Zeit ab dem 1. Juli 1990 wird auf das BMF-Schreiben vom 29. November 1991 (BStBl I S. 977) und die entsprechenden Erlasse der obersten Finanzbehörden der Länder hingewiesen.

Anlage

Ermittlungsschema

Lfd. Nr.	Bezeichnung	DM
1	Normalherstellungskosten	
2	× Baupreisindex (1.744,5 v. H.)	
3	= Neuwert des Gebäudes	
4	− Abschreibung (1 v. H. bzw. 1,66 v. H. jährlich von Nr. 3)	
5	= Zwischenwert	
6	− Angleichungsabschlag (20 v. H. bzw. 40 v. H. von Nr. 5)	
7	= Zeitwert des Gebäudes (mindestens 20 v. H. von Nr. 3)	

IV

Ermittlung der Wiederherstellungs-/Wiederbeschaffungskosten zum 1. Juli 1990 für im Beitrittsgebiet gelegene Gebäude und der AfA-Bemessungsgrundlage[1])

BMF vom 15.1.1995 (BStBl I S. 14)
IV B 2 – S 1901 – 204/94

Unter Bezugnahme auf das Ergebnis der Erörterung mit den obersten Finanzbehörden der Länder wird zur Frage der Ermittlung der Wiederherstellungs-/Wiederbeschaffungskosten zum 1. Juli 1990 für im Beitrittsgebiet gelegene Gebäude und der AfA-Bemessungsgrundlage folgendes klargestellt:

1. Anwendung nur auf in Wohnbauweise errichtete Gebäude im Beitrittsgebiet

Die Grundsätze des BMF-Schreibens vom 21. Juli 1994 – IV B 2 – S 1901 – 132/94 – (BStBl I S. 599)[1]) sind ausschließlich auf in üblicher Wohnbauweise errichtete Gebäude im Beitrittsgebiet anzuwenden (vgl. z. B. den Zusatz in Absatz 2 der Tz. 1.2 „nach den Verhältnissen der Wohn- ggf. zuzüglich Gewerbeflächen"). Sie gelten dagegen nicht für die Bewertung von Industriebauten, Lagerhallen, Scheunen und ähnlichen Betriebsgebäuden. Für die Zurechnung eines Gebäudes zu den in üblicher Wohnbauweise errichteten Gebäuden ist es grundsätzlich unschädlich, wenn das Gebäude neben Wohnzwecken auch betrieblichen Zwecken dient (z. B. Mietwohnhaus mit Ladengeschäft im Erdgeschoß); auch in diesen Fällen ist auf die Wohnüblichkeit der tatsächlichen Bauweise abzustellen.

2. Maßgeblicher Zeitpunkt für die Minderung um die jährliche AfA zur Ermittlung des Zeitwerts

Bei der Ermittlung der Wiederherstellungs-/Wiederbeschaffungskosten zum 1. Juli 1990 für im Beitrittsgebiet gelegene und in Wohnbauweise errichtete Gebäude ist stets von den Normalherstellungskosten auszugehen. Hieraus folgt, daß der Neuwert zur Ermittlung des Zeitwerts allein ab dem Herstellungszeitpunkt, d.h. vom Baujahr des Gebäudes an und nicht ab einem später liegenden Anschaffungszeitpunkt, um die jährliche AfA zu mindern ist. Daher ist Satz 1 der Tz. 1.2 des BMF-Schreibens vom 21. Juli 1994 (a. a. O.) in folgender Fassung anzuwenden:

„1.2 Wiederbeschaffungs- oder Wiederherstellungszeitwert (Zeitwert)

Zur Ermittlung des Zeitwerts auf den 1. Juli 1990 ist der Neuwert vom Zeitpunkt der Herstellung an zunächst um eine jährliche Abschreibung von

– bei Gebäuden in herkömmlicher Bauweise (Stein auf Stein) 1 v. H.
– bei Plattenbauten u. ä. 1,66 v. H.
zu mindern (= Zwischenwert)."

---

[1]) → Anhang 5 III.

Anhang 6

Übersicht

I Ertragsteuerrechtliche Behandlung von Mietereinbauten und Mieterumbauten; hier: Anwendung der Grundsätze der BFH-Urteile vom 26.2.1975 (BStBl II S. 443)
BMF vom 15.1.1976 (BStBl I S. 66)

II Bilanzsteuerrechtliche Behandlung des Geschäfts- oder Firmenwerts, des Praxiswerts und sogenannter firmenwertähnlicher Wirtschaftsgüter
BMF vom 20.11.1986 (BStBl I S. 532)

III Zuordnung einer Verbindlichkeit zum Betriebs- oder Privatvermögen
BMF vom 27.7.1987 (BStBl I S. 508)

IV Bewertung des beweglichen Anlagevermögens und des Vorratsvermögens (§ 6 Abs. 1 Nrn. 1 und 2 EStG)
hier: Voraussetzungen für den Ansatz von Festwerten sowie deren Bemessung
BMF vom 8.3.1993 (BStBl I S. 276)

V Ertragsteuerliche Behandlung von im Eigentum des Grundeigentümers stehenden Bodenschätzen
BMF vom 9.8.1993 (BStBl I S. 678)

VI Rückstellungen für Zuwendungen anläßlich eines Dienstjubiläums
BMF vom 29.10.1993 (BStBl I S. 898)

VII Steuerrechtliche Behandlung des Wirtschaftsguts „Praxiswert";
Änderung der Rechtsprechung
BMF vom 15.1.1995 (BStBl I S. 14)

VIII Pauschalwertberichtigung bei Kreditinstituten
BMF vom 10.1.1994 (BStBl I S. 98)
BMF vom 9.5.1995
Ausnahmeregelungen für die Kreditinstitute in den neuen Ländern und in Berlin (Ost)
BMF vom 26.11.1996 (BStBl I S. 1438)

I

Ertragsteuerrechtliche Behandlung von Mietereinbauten und Mieterumbauten;
hier: Anwendung der Grundsätze der BFH-Urteile vom 26.2.1975 (BStBl II S. 443)

BMF vom 15.1.1976 (BStBl I S. 66)

IV B 2 – S 2133 – 1/76

Unter Bezugnahme auf das Ergebnis der Besprechung mit den obersten Finanzbehörden der Länder wird zur Frage der ertragsteuerrechtlichen Behandlung von Einbauten in ein Gebäude oder Umbauten eines Gebäudes durch den Mieter oder Pächter des Gebäudes oder eines Gebäudeteils wie folgt Stellung genommen:

1. Mietereinbauten und Mieterumbauten sind solche Baumaßnahmen, die der Mieter eines Gebäudes oder Gebäudeteils auf seine Rechnung an dem gemieteten Gebäude oder Gebäudeteil vornehmen läßt, wenn die Aufwendungen des Mieters nicht Erhaltungsaufwand sind.
   Mietereinbauten und Mieterumbauten können sein:
   a) Scheinbestandteile (Nr. 2),
   b) Betriebsvorrichtungen (Nr. 3),
   c) sonstige Mietereinbauten oder Mieterumbauten (Nr. 4).

2.[1]) Ein Scheinbestandteil entsteht, wenn durch die Baumaßnahmen des Mieters Sachen „zu einem vorübergehenden Zweck" in das Gebäude eingefügt werden (§ 95 BGB). Der Mieter ist rechtlicher und wirtschaftlicher Eigentümer des Scheinbestandteils.
   Nach der Rechtsprechung des Bundesfinanzhofs ist eine Einfügung zu einem vorübergehenden Zweck anzunehmen, wenn die Nutzungsdauer der eingefügten Sache länger als die voraussicht-

---

[1]) Anm.: → R 42 Abs. 4 EStR 1998.

Anhang 6

Bilanzierung

liche Mietdauer ist, die eingefügten Sachen auch nach ihrem Ausbau nicht nur einen Schrottwert, sondern noch einen beachtlichen Wiederverwendungswert repräsentieren und nach den gesamten Umständen, insbesondere nach Art und Zweck der Verbindung, damit gerechnet werden kann, daß die eingebauten Sachen später wieder entfernt werden (vgl. BFH-Urteile vom 24.11.1970 – BStBl 1971 II S. 157 und vom 4.12.1970 – BStBl 1971 II S. 165).

3. Die Frage, ob durch die Aufwendungen des Mieters eine Betriebsvorrichtung des Mieters entsteht, ist nach den allgemeinen Grundsätzen zu entscheiden (vgl. hierzu Abschn. 43 Abs. 2 EStR[1])). Entsteht durch die Aufwendungen des Mieters eine Betriebsvorrichtung, so handelt es sich bei der Betriebsvorrichtung nicht um einen Teil des Gebäudes, sondern um ein besonderes Wirtschaftsgut.

4. Aufwendungen des Mieters für Mietereinbauten oder Mieterumbauten, durch die weder ein Scheinbestandteil (vgl. Nr. 2) noch eine Betriebsvorrichtung (vgl. Nr. 3) entsteht (sonstige Mietereinbauten und Mieterumbauten), sind Aufwendungen für die Herstellung eines materiellen Wirtschaftsguts des Anlagevermögens, wenn

   a) entweder der Mieter wirtschaftlicher Eigentümer der von ihm geschaffenen sonstigen Mietereinbauten oder Mieterumbauten ist (vgl. Nr. 6) oder

   b) die Mietereinbauten oder Mieterumbauten unmittelbar den besonderen betrieblichen oder beruflichen Zwecken des Mieters dienen und mit dem Gebäude nicht in einem einheitlichen Nutzungs- und Funktionszusammenhang stehen (vgl. Nr. 7).

5. Durch Aufwendungen für Mietereinbauten oder Mieterumbauten, die weder Scheinbestandteile noch Betriebsvorrichtungen noch materielle Wirtschaftsgüter im vorstehenden Sinne sind, entsteht beim Mieter ein immaterielles Wirtschaftsgut des Anlagevermögens (vgl. Nr. 9).

6. Der Mieter ist wirtschaftlicher Eigentümer eines sonstigen Mietereinbaus oder Mieterumbaus, wenn der mit Beendigung des Mietvertrags entstehende Herausgabeanspruch des Eigentümers zwar auch die durch den Einbau oder Umbau geschaffene Substanz umfaßt, dieser Anspruch jedoch keine wirtschaftliche Bedeutung hat. Das ist in der Regel der Fall, wenn

   a) die eingebauten Sachen während der voraussichtlichen Mietdauer technisch oder wirtschaftlich verbraucht werden oder

   b) der Mieter bei Beendigung des Mietvertrags vom Eigentümer mindestens die Erstattung des noch verbliebenen gemeinen Werts des Einbaus oder Umbaus verlangen kann.

7. Entsteht durch die Aufwendungen des Mieters weder ein Scheinbestandteil (vgl. Nr. 2) noch eine Betriebsvorrichtung (vgl. Nr. 3) noch ein dem Mieter als wirtschaftlichem Eigentümer zuzurechnendes Wirtschaftsgut (vgl. Nr. 6), so sind die durch solche Aufwendungen entstehenden Einbauten oder Umbauten dem Mieter nach dem BFH-Urteil vom 26.2.1975 (BStBl II S. 443) als materielle Wirtschaftsgüter des Anlagevermögens zuzurechnen, wenn sie unmittelbar den besonderen betrieblichen oder beruflichen Zwecken des Mieters dienen und mit dem Gebäude nicht in einem einheitlichen Nutzungs- und Funktionszusammenhang stehen.

   Mietereinbauten oder Mieterumbauten dienen unmittelbar den betrieblichen oder beruflichen Zwecken des Mieters, wenn sie eine unmittelbare sachliche Beziehung zum Betrieb aufweisen. Ein daneben bestehender Zusammenhang mit dem Gebäude tritt in diesen Fällen gegenüber dem Zusammenhang mit dem Betrieb des Mieters zurück.

8. Ist der Mieter wirtschaftlicher Eigentümer von sonstigen Mietereinbauten oder Mieterumbauten (Nr. 6) oder sind sonstige Mietereinbauten oder Mieterumbauten nach den in Nr. 7 dargestellten Grundsätzen dem Mieter zuzurechnen, so ist es für die Aktivierung als materielles Wirtschaftsgut des Anlagevermögens beim Mieter ohne Bedeutung, ob die Aufwendungen, hätte sie der Eigentümer getragen, nach den Grundsätzen des Beschlusses des Großen Senats vom 26.11.1973 (vgl. hierzu das BMF-Schreiben vom 26.7.1974, BStBl I S. 498, und die entsprechenden Erlasse der obersten Finanzbehörden der Länder) nicht zur Entstehung selbständiger Gebäudeteile geführt hätten, sondern vom Eigentümer als unselbständige Gebäudeteile einheitlich mit dem Gebäude abzuschreiben wären.

   Beispiele:

   a) Der Mieter schafft durch Entfernen von Zwischenwänden ein Großraumbüro.

   b) Der Mieter entfernt die vorhandenen Zwischenwände und teilt durch neue Zwischenwände den Raum anders ein.

---

[1]) Anm.: → R 42 Abs. 4 EStR 1998.

c) Der Mieter gestaltet das Gebäude so um, daß es für seine besonderen gewerblichen Zwecke nutzbar wird, z. B. Entfernung von Zwischendecken, Einbau eines Tors, das an die Stelle einer Tür tritt.
d) Der Mieter ersetzt eine vorhandene Treppe durch eine Rolltreppe.

9. Eine unmittelbare sachliche Beziehung zum Betrieb des Mieters (vgl. Nr. 7) liegt nicht vor, wenn es sich um Baumaßnahmen handelt, die auch unabhängig von der vom Mieter vorgesehenen betrieblichen oder beruflichen Nutzung hätten vorgenommen werden müssen. Das ist z. B. der Fall, wenn in ein Gebäude, für das von Anfang an der Einbau einer Zentralheizung vorgesehen war, anstelle des Eigentümers der Mieter die Zentralheizung einbaut. In diesen Fällen entsteht beim Mieter – soweit nicht ein Fall der Nr. 6 vorliegt – kein körperliches, sondern ein immaterielles Wirtschaftsgut des Anlagevermögens, so daß er nach § 5 Abs. 2 EStG für die Aufwendungen, sofern nicht wegen vereinbarter Verrechnung mit der Miete ein Rechnungsabgrenzungsposten zu bilden ist, in seiner Bilanz keinen Aktivposten ausweisen darf.

10. Entsteht durch die Baumaßnahme des Mieters ein Scheinbestandteil (vgl. Nr. 2) oder eine Betriebsvorrichtung (vgl. Nr. 3), so handelt es sich um ein bewegliches Wirtschaftsgut des Anlagevermögens. Ist das durch die Baumaßnahme entstandene materielle Wirtschaftsgut dem Mieter nach den Grundsätzen unter Nr. 6 oder Nr. 7 zuzurechnen, so handelt es sich um ein unbewegliches Wirtschaftsgut. Die Absetzungen für Abnutzung richten sich nach der voraussichtlichen Mietdauer; ist die voraussichtliche betriebsgewöhnliche Nutzungsdauer kürzer, so ist diese maßgebend.

11. Die vorstehenden Grundsätze gelten für alle Gewinnermittlungsarten.

12. Für die ertragsteuerrechtliche Behandlung von Einbauten und Umbauten des Eigentümers des Gebäudes gelten die Anordnungen in Abschnitt 42a Abs. 4 bis 6 EStR 1975.

II
Bilanzsteuerrechtliche Behandlung des Geschäfts- oder Firmenwerts, des Praxiswerts und sogenannter firmenwertähnlicher Wirtschaftsgüter

BMF vom 20.11.1986 (BStBl I S. 532)

IV B 2 – S 2172 – 13/86

Durch Artikel 10 Abs. 15 des Bilanzrichtlinien-Gesetzes vom 19. Dezember 1985 (BGBl. I S. 2355 – BStBl I S. 704) sind in § 6 Abs. 1 Nr. 2 EStG die Worte „Geschäfts- oder Firmenwert" gestrichen und in § 7 Abs. 1 EStG für den Geschäfts- oder Firmenwert eine betriebsgewöhnliche Nutzungsdauer von 15 Jahren festgelegt worden.

Zu der Frage, welche Folgen sich aus diesen Gesetzesänderungen für die bilanzsteuerrechtliche Behandlung des Geschäfts- oder Firmenwerts, des Praxiswerts und sogenannter firmenwertähnlicher Wirtschaftsgüter ergeben, wird unter Bezugnahme auf das Ergebnis der Erörterung mit den Vertretern der obersten Finanzbehörden der Länder wie folgt Stellung genommen:

I. Geschäfts- oder Firmenwert

Der Geschäfts- oder Firmenwert eines Gewerbebetriebs oder eines Betriebs der Land- und Forstwirtschaft gehört nach der Änderung der §§ 6 und 7 EStG zu den abnutzbaren Wirtschaftsgütern des Anlagevermögens (§ 6 Abs. 1 Nr. 1 EStG). Entgeltlich erworbene Geschäfts- oder Firmenwerte sind wie bisher zu aktivieren (§ 5 Abs. 2 EStG). Auf den Aktivposten sind Absetzungen für Abnutzung (AfA) während der gesetzlich festgelegten Nutzungsdauer von 15 Jahren vorzunehmen (§ 7 Abs. 1 Satz 3 EStG). Die AfA dürfen auch dann nicht nach einer kürzeren Nutzungsdauer bemessen werden, wenn im Einzelfall Erkenntnisse dafür vorliegen, daß die tatsächliche Nutzungsdauer kürzer als 15 Jahre sein wird, beispielsweise bei sogenannten personenbezogenen Betrieben, bei denen der Unternehmenswert so eng mit der Person des Betriebsinhabers verbunden ist, daß nach dessen Ausscheiden mit einer kürzeren Nutzungsdauer des erworbenen Geschäfts- oder Firmenwerts zu rechnen ist.

Die Möglichkeit des Ansatzes eines niedrigeren Teilwerts bleibt grundsätzlich unberührt. Die gesetzliche Festlegung der betriebsgewöhnlichen Nutzungsdauer auf 15 Jahre ist jedoch auch hierbei zu beachten. Der Ansatz eines niedrigeren Teilwerts ist deshalb nur in dem von der Rechtsprechung bisher als zulässig erachteten Rahmen anzuerkennen (vgl. BFH-Urteil vom 13. April 1983 – BStBl II S. 667).

II. Praxiswert[1]

Daran, daß der entgeltlich erworbene Wert eines freiberuflichen Unternehmens (Praxiswert) grundsätzlich abnutzbar ist, hat sich nichts geändert. AfA sind entsprechend der bisherigen Rechtsprechung des BFH (vgl. Urteil vom 15. April 1958 – BStBl III S. 330) nach der im Einzelfall zu schätzenden Nutzungsdauer zu bemessen. In den Fällen, in denen nach der Rechtsprechung des BFH der erworbene Praxiswert sich nicht abnutzt, weil der Praxisinhaber weiterhin entscheidenden Einfluß im Unternehmen ausübt (vgl. Urteil vom 23. Januar 1975 – BStBl II S. 381, zum Fall einer Sozietät), ist es nicht zu beanstanden, wenn die nunmehr für den Geschäfts- oder Firmenwert maßgebenden Vorschriften über Nutzungsdauer (§ 7 Abs. 1 Satz 3 EStG) und Abschreibungsbeginn (§ 52 Abs. 6a EStG) analog angewandt werden. Das gilt z. B. auch, wenn eine Einzelpraxis in eine GmbH eingebracht wird und der frühere Praxisinhaber Alleingesellschafter der GmbH wird oder wenn eine freiberufliche Gemeinschaft unter Beibehaltung des bisherigen persönlichen Einflusses aller Beteiligten lediglich ihre Rechtsform ändert. Insoweit ist das BMF-Schreiben vom 30. Juli 1979 – BStBl I S. 481, für Wirtschaftsjahre, die nach dem 31. Dezember 1986 beginnen, nicht mehr zu beachten.

III. Sogenannte firmenwertähnliche Wirtschaftsgüter

a) Verkehrsgenehmigungen

Aufwendungen für den wirtschaftlichen Vorteil, der mit einer behördlichen Verkehrsgenehmigung verbunden ist, sind nach der Rechtsprechung des BFH aktivierungspflichtige Aufwendungen für den Erwerb eines nichtabnutzbaren immateriellen Wirtschaftsguts (vgl. die Urteile vom 13. März 1956 – BStBl III S. 149, zum Fall einer Omnibuslinie, oder vom 8. Mai 1963 – BStBl III S. 377, zum Fall einer Güterverkehrsgenehmigung). Das immaterielle Wirtschaftsgut nutzt sich nach den Ausführungen des BFH nicht durch Zeitablauf ab, weil der Erwerber der Genehmigung nach der Verfahrensübung der Genehmigungsbehörden mit einer Verlängerung oder Erneuerung der Genehmigung rechnen kann, solange der Betrieb besteht. AfA sind deshalb nicht zulässig. Aus diesem Grunde wurden die Wirtschaftsgüter als „firmenwertähnlich" bezeichnet. Die Unzulässigkeit der AfA beruhte jedoch bei Verkehrsgenehmigungen anders als beim Geschäfts- oder Firmenwert nicht auf der gesetzlichen Fiktion als nicht abnutzbares Wirtschaftsgut, sondern auf der tatsächlichen Nichtabnutzbarkeit. Die bilanzielle Behandlung wird deshalb von der Gesetzesänderung nicht berührt.

b) Verlagswerte

Nach dem BFH-Urteil vom 5. August 1970 – BStBl II S. 804 ist der Verlagswert ein vom Geschäfts- oder Firmenwert abzugrenzendes immaterielles Einzelwirtschaftsgut, das bei entgeltlichem Erwerb vom Geschäfts- oder Firmenwert gesondert zu aktivieren ist, aber wie dieser nicht nach § 7 EStG abgeschrieben werden darf. Beim entgeltlich erworbenen Verlagswert ergab sich die Begründung für die Unzulässigkeit von AfA daraus, daß der tatsächliche Abnutzungsverlauf dem des entgeltlich erworbenen Geschäfts- oder Firmenwerts vergleichbar ist. Mit dem Wegfall des Abschreibungsverbots für den Geschäfts- oder Firmenwert entfällt deshalb in diesem Fall auch das Abschreibungsverbot für das dem Geschäfts- oder Firmenwert vergleichbare Wirtschaftsgut. Entsprechend der bisherigen Gleichbehandlung sind die nunmehr für den Geschäfts- oder Firmenwert maßgebenden Vorschriften über Nutzungsdauer (§ 7 Abs. 1 Satz 3 EStG) und Abschreibungsbeginn (§ 52 Abs. 6a EStG) auch bei der bilanziellen Behandlung von Verlagswerten anzuwenden.

---

[1] → Anhang 6 VII.

III
Zuordnung einer Verbindlichkeit zum Betriebs- oder Privatvermögen[1])

BMF vom 27.7.1987 (BStBl I S. 508)

IV B 2 – S 2134 – 1/87

Der BFH hat in jüngster Zeit in mehreren Entscheidungen zu der Frage Stellung genommen, unter welchen Voraussetzungen eine Verbindlichkeit zum Betriebsvermögen gehört. Danach hängt die Zuordnung einer Verbindlichkeit zum Betriebs- oder Privatvermögen im Grundsatz von dem Anlaß ihrer Entstehung ab; eine Betriebsschuld ist grundsätzlich nur anzuerkennen, wenn sie durch einen betrieblichen Vorgang ausgelöst wird. Nach den BFH-Urteilen vom 17. April 1985 (BStBl II S. 510) und 5. Juni 1985 (BStBl II S. 619) kann jedoch eine dem Privatvermögen zugeordnete Verbindlichkeit unter bestimmten Voraussetzungen durch Umschuldung zu einer Betriebsschuld werden. Eine Privatschuld werde zwar nicht schon dadurch zu einer Betriebsschuld, daß sie in der Handelsbilanz als Verbindlichkeit des Betriebs ausgewiesen oder durch betrieblich genutztes Grundvermögen dinglich gesichert werde oder dadurch, daß vorhandenes Betriebsvermögen Grundlage für Entstehen und Höhe einer privaten Schuld sei; eine Umschuldung sei aber grundsätzlich dadurch möglich, daß im Betrieb vorhandenes Eigenkapital entnommen und durch Fremdkapital ersetzt werden könne.

Fälle, in denen Umschuldungen mit der Begründung der Ersetzung von Eigen- durch Fremdkapital geltend gemacht werden, sind nach dem Ergebnis der Erörterung mit den obersten Finanzbehörden der Länder wie folgt zu beurteilen:

Wird einem Betrieb ein Darlehen zugeführt und werden die Barmittel daraus innerhalb kurzer Zeit wieder entnommen, findet keine Ersetzung von Eigen- durch Fremdkapital statt, sondern eine Finanzierung von Entnahmen aus Darlehensmitteln (vgl. BFH-Urteil vom 17. April 1985 – BStBl II S. 512 unter d). Die Verbindlichkeit ist von Anfang an als Privatschuld zu behandeln.

Werden im Betrieb erzielte Einnahmen zur Tilgung eines privaten Darlehens entnommen und wird deshalb ein neues Darlehen zur Finanzierung von betrieblichen Aufwendungen aufgenommen, so sind die Verwendung der betrieblichen Mittel zur Tilgung der Privatschuld und die Neuaufnahme der Betriebsschuld steuerrechtlich anzuerkennen. Voraussetzung ist die Aufnahme zweier Darlehen, von denen das eine bis zur vollständigen Tilgung Privatvermögen bleibt und das andere von Anfang an zum Betriebsvermögen gehört.

Entgegen den vorgenannten BFH-Urteilen kann ein privates Darlehen nicht allein deshalb als Betriebsschuld steuerrechtlich anerkannt werden, weil im Betrieb entnahmefähige Mittel vorhanden sind. Das Darlehen kann nicht in einen (noch nicht durch entnahmefähige Mittel abgedeckten) privaten und einen (durch Änderung des Verwendungszwecks umgewidmeten) betrieblichen Teil aufgegliedert werden. Daran ändert auch die bilanzielle Behandlung der Darlehensverbindlichkeit durch den Steuerpflichtigen als Betriebsschuld nichts; denn die Frage, ob eine Schuld zum Betriebsvermögen oder zum Privatvermögen gehört, ist nach objektiven Gesichtspunkten zu beurteilen. Eine Verbindlichkeit kann nicht allein durch die Willensentscheidung des Steuerpflichtigen die Eigenschaft als Betriebs- oder Privatschuld erlangen, also grundsätzlich kein gewillkürtes Betriebsvermögen sein (BFH-Urteile vom 1. Juni 1978 – BStBl II S. 618 und vom 12. September 1985 – BStBl 1986 II S. 255).

Bei betrieblichen Kontokorrentkonten, über die auch private Zahlungen abgewickelt werden (vgl. Abschnitt 14 a Abs. 3 EStR)[2]), kann ausnahmsweise unterstellt werden, daß durch die laufenden Geldeingänge vorrangig die privaten Schuldenteile getilgt werden.

---

[1]) → auch BFH vom 8.12.1997 II S. 193 (BStBl 1998).
[2]) 1990; → R 13 (15) EStR 1998.

IV

Bewertung des beweglichen Anlagevermögens und des Vorratsvermögens

(§ 6 Abs. 1 Nrn. 1 und 2 EStG);

hier: Voraussetzungen für den Ansatz von Festwerten sowie deren Bemessung

BMF vom 8.3.1993 (BStBl I S. 276)

IV B 2 – S 2174 a – 1/93

Nach §§ 5 Abs. 1, 6 Abs. 1 Nrn. 1 und 2 EStG in Verbindung mit §§ 240 Abs. 3, 256 Satz 2 HGB[1]) können Wirtschaftsgüter des Sachanlagevermögens sowie Roh-, Hilfs- und Betriebsstoffe mit einem Festwert angesetzt werden, wenn sie regelmäßig ersetzt werden, ihr Gesamtwert für das Unternehmen von nachrangiger Bedeutung ist und ihr Bestand in seiner Größe, seinem Wert und seiner Zusammensetzung nur geringen Veränderungen unterliegt. Zudem ist in der Regel alle drei Jahre eine körperliche Bestandsaufnahme durchzuführen.

Zu der Frage, unter welchen Voraussetzungen der Gesamtwert der für einen einzelnen Festwert in Betracht kommenden Wirtschaftsgüter von nachrangiger Bedeutung ist, sowie zu der Frage, welche Abschreibungsmethoden bei der Ermittlung der Wertigkeit beweglicher Wirtschaftsgüter des Sachanlagevermögens (sog. Anhaltewert) zugrunde zu legen sind, nehme ich im Einvernehmen mit den obersten Finanzbehörden der Länder wie folgt Stellung:

1. Nachrangigkeit

Zur Beurteilung der Nachrangigkeit ist auf die Bilanzsumme abzustellen. Der Gesamtwert der für einen einzelnen Festwert in Betracht kommenden Wirtschaftsgüter ist für das Unternehmen grundsätzlich von nachrangiger Bedeutung, wenn er an den dem Bilanzstichtag vorangegangenen fünf Bilanzstichtagen im Durchschnitt 10 v. H. der Bilanzsumme nicht überstiegen hat.

2. Ermittlung des sog. Anhaltewerts

Der Anhaltewert von beweglichen Wirtschaftsgütern des Sachanlagevermögens ist anhand der steuerlich zulässigen linearen oder degressiven Absetzungen für Abnutzung nach § 7 EStG zu ermitteln. Erhöhte Absetzungen oder Sonderabschreibungen dürfen dagegen bei der Ermittlung des Anhaltewerts nicht berücksichtigt werden.

V

Ertragsteuerliche Behandlung von im Eigentum des Grundeigentümers stehenden Bodenschätzen

BMF vom 9.8.1993 (BStBl I S. 678)

IV B 2 – S 2134 – 208/93

Zu der Frage, wann ein im Eigentum des Grundeigentümers stehender Bodenschatz als Wirtschaftsgut entsteht und ob ein solches Wirtschaftsgut dem Betriebs- oder Privatvermögen zuzuordnen ist, wird nach Erörterung mit den obersten Finanzbehörden der Länder wie folgt Stellung genommen:

1. Bergrechtliche Einteilung der Bodenschätze

    Nach § 3 des Bundesberggesetzes sind Bodenschätze entweder bergfrei oder stehen im Eigentum des Grundeigentümers. Zur Gewinnung bergfreier Bodenschätze bedarf es nach dem Bundesberggesetz einer Bergbauberechtigung, die das Recht zur Gewinnung und Aneignung der jeweiligen Bodenschätze gewährt. Dagegen ergibt sich das Recht zur Gewinnung der im Eigentum des Grundeigentümers stehenden Bodenschätze aus dem Inhalt des Grundeigentums selbst

---

[1]) → Anhang 7 I.

(§§ 903, 93, 94 BGB). Die im Eigentum des Grundeigentümers stehenden Bodenschätze gehören entweder zu den grundeigenen Bodenschätzen im Sinne des Bundesberggesetzes, deren Abbau dem Bergrecht unterliegt, oder zu den sonstigen Grundeigentümerbodenschätzen, auf die das Bundesberggesetz keine Anwendung findet.

Ob ein Bodenschatz bergfrei oder grundeigen ist, bestimmt sich nach dem Bundesberggesetz. Im Gebiet der ehemaligen DDR (Beitrittsgebiet) gilt gem. Anlage I Kap. V Abschn. III Nr. 1 Buchst. a des Einigungsvertrages vom 31.8.1990 i. V. m. Art. 1 des Gesetzes vom 23.9.1990 (BGBl. II S. 885, 1004) ein erweiterter Geltungsbereich des Bergrechts.

Bergfreie Bodenschätze sind z. B. Stein- und Braunkohle, Erdöl und Erdgas; im Beitrittsgebiet auch weitere mineralische Rohstoffe (z. B. hochwertige Kiese und Sande). Grundeigene Bodenschätze sind z. B. bestimmte Tone, Quarz und Quarzit; im Beitrittsgebiet alle nicht zur Kategorie der bergfreien Bodenschätze gehörenden mineralischen Rohstoffe. Außerhalb des Beitrittsgebiets sind im Eigentum des Grundeigentümers stehende Bodenschätze auch die nicht zum Geltungsbereich des Bundesberggesetzes gehörenden sonstigen Grundeigentümerbodenschätze (z. B. gewöhnliche Kiese und Sande).

Sowohl bergfreie als auch im Eigentum des Grundeigentümers stehende Bodenschätze dürfen regelmäßig erst dann abgebaut werden, wenn die erforderlichen behördlichen Genehmigungen erteilt sind.

2. Entstehung eines im Eigentum des Grundeigentümers stehenden Bodenschatzes als Wirtschaftsgut

   a) Abbau des Bodenschatzes durch den ursprünglichen Grundeigentümer

   Der Bodenschatz entsteht als ein vom Grund und Boden getrennt zu behandelndes Wirtschaftsgut, wenn er zur nachhaltigen Nutzung in den Verkehr gebracht wird, indem mit seiner Aufschließung begonnen wird. Es genügt, daß mit der alsbaldigen Aufschließung zu rechnen ist. Mit der Aufschließung darf regelmäßig erst begonnen werden, wenn alle zum Abbau notwendigen öffentlich-rechtlichen Erlaubnisse, Genehmigungen, Bewilligungen oder sonstigen behördlichen Maßnahmen erteilt worden sind. Wenn diese Verwaltungsakte vorliegen, entsteht der Bodenschatz als selbständig bewertbares Wirtschaftsgut. Bis zu seiner Entstehung bleibt er unselbständiger Teil des Grund und Bodens (vgl. BFH-Urteil vom 7.12.1989, BStBl 1990 II S. 317).

   b) Veräußerung des den Bodenschatz enthaltenden Grundstücks

   Wird ein bodenschatzführendes Grundstück veräußert und liegen im Zeitpunkt des Abschlusses des notariellen Kaufvertrages die für den Abbau erforderlichen behördlichen Genehmigungen vor, so entsteht der Bodenschatz als ein Wirtschaftsgut des Veräußerers, wenn neben dem Kaufpreis für den Grund und Boden ein besonderes Entgelt für den Bodenschatz zu zahlen ist. Sind die Genehmigungen noch nicht erteilt, entsteht der Bodenschatz nur dann als Wirtschaftsgut des Veräußerers, wenn der Anspruch auf die Zahlung des auf den Bodenschatz entfallenden Teils des Kaufpreises von der Bedingung abhängig gemacht wird, daß die Genehmigungen erteilt werden. Hängt die Verpflichtung zur Zahlung des auf den Bodenschatz entfallenden Entgelts dagegen nicht von der Erteilung der Genehmigungen ab, wird dieser Mehrpreis nicht für ein bereits entstandenes Wirtschaftsgut Bodenschatz, sondern für eine dem Veräußerer entgehende Nutzungsmöglichkeit des Grundstücks geleistet, die sich noch nicht zu einem eigenständigen Wirtschaftsgut entwickelt hat (vgl. BFH-Urteil vom 7.12.1989 a. a. O.).

3. Zuordnung des Wirtschaftsguts „Bodenschatz" zum Betriebsvermögen oder Privatvermögen

   Hat der Grundstückseigentümer einen Betrieb der Land- und Forstwirtschaft oder einen Gewerbebetrieb, ist der Bodenschatz als Wirtschaftsgut entsprechend seiner Nutzung dem Privatvermögen oder dem Betriebsvermögen zuzuordnen, und zwar unabhängig von der Zugehörigkeit des Grundstücks, in dem er lagert (vgl. Urteil des BFH vom 28.10.1982, BStBl 1983 II S. 106).

   a) Notwendiges Betriebsvermögen einer Land- und Forstwirtschaft ist der Bodenschatz, wenn er unter dem land- und forstwirtschaftlich genutzten Grund und Boden entdeckt und von Anfang an überwiegend für Zwecke der Land- und Forstwirtschaft gewonnen und verwertet wird (z. B. Bau von Forstwegen oder Betriebsgebäuden). Notwendiges Betriebsvermögen eines Gewerbebetriebs ist der Bodenschatz, wenn er in einem zum Gewerbebetrieb gehörenden Grundstück entdeckt und gewerbsmäßig abgebaut und verwertet wird (Urteil des BFH vom 28.10.1982 a. a. O.).

b) Privatvermögen ist der Bodenschatz, wenn er in einem land- und forstwirtschaftlich genutzten Grundstück entdeckt, aber nicht überwiegend für land- und forstwirtschaftliche Zwecke des Grundstückseigentümers verwertet wird. Privatvermögen ist der Bodenschatz auch dann, wenn ein zum land- und forstwirtschaftlichen Betriebsvermögen gehörendes Grundstück, für das im Zeitpunkt des Abschlusses des notariellen Kaufvertrages die behördlichen Genehmigungen für den Abbau bereits vorliegen, veräußert wird und ein besonderes Entgelt für den Bodenschatz zu entrichten ist. Dies gilt auch, wenn die Genehmigungen zwar bei Abschluß des notariellen Kaufvertrages noch nicht vorliegen, der auf den Bodenschatz entfallende Anteil des Kaufpreises aber nur unter der Bedingung zu zahlen ist, daß die Genehmigungen erteilt worden sind.

c) Der im Rahmen eines land- und forstwirtschaftlichen Betriebs i. S. des § 13 Abs. 1 EStG aufgeschlossene und dem Privatvermögen zuzuordnende Bodenschatz kann regelmäßig nicht als Betriebsvermögen gewillkürt werden. Gewillkürtes Betriebsvermögen in der Land- und Forstwirtschaft können nämlich nur solche Wirtschaftsgüter sein, deren Nutzung innerhalb der Land- und Forstwirtschaft möglich ist. Wirtschaftsgüter, die dem Betrieb der Land- und Forstwirtschaft wesensfremd sind und denen eine sachliche Beziehung zum Betrieb fehlt, können dagegen auch nicht im Wege der Willkürung zum Betriebsvermögen werden (vgl. Beschluß des BFH vom 19.1.1982, BStBl II S. 526, und Urteil des BFH vom 28.10.1982 a. a. O.).

4. Anwendungszeitpunkt

Soweit die vorstehenden Regelungen zu einer Änderung der bisherigen Verwaltungspraxis über die Entstehung und Zurechnung von Bodenschätzen führen, sind sie nur auf Verträge anzuwenden, die nach dem 30.9.1993 abgeschlossen werden. Sie können aber auch in allen noch offenen Veranlagungsfällen angewandt werden, wenn Veräußerer und Erwerber dies übereinstimmend beantragen.

VI

Rückstellungen für Zuwendungen anläßlich eines Dienstjubiläums

BMF vom 29.10.1993 (BStBl I S. 898)

IV B 2 – S 2175 – 47/93

Anlg.: – 1 –

Nach dem Ergebnis der Erörterung mit den obersten Finanzbehörden der Länder gilt für den Ansatz und die Bewertung von Rückstellungen für Zuwendungen anläßlich eines Dienstjubiläums (Jubiläumsrückstellung) für Bilanzstichtage nach dem 31. Dezember 1992 folgendes:

1. **Allgemeines**

   Unternehmen (Arbeitgeber), die gegenüber ihren Arbeitnehmern die Verpflichtung eingehen, diesen aus Anlaß eines Dienstjubiläums eine Zuwendung zu erbringen, haben für diese Verpflichtung grundsätzlich unter den allgemeinen Voraussetzungen des Abschnitts 31c Abs. 2 EStR eine Rückstellung zu bilden. Eine Rückstellung darf nicht ausgewiesen werden, wenn die Verpflichtung von anderen Bedingungen als der Betriebszugehörigkeit des Arbeitnehmers zum Jubiläumszeitpunkt, beispielsweise von der späteren Ertrags- und Liquiditätslage des Unternehmens abhängig gemacht wird. Daneben müssen die besonderen Voraussetzungen des § 5 Abs. 4 und § 52 Abs. 6 Satz 1 EStG erfüllt sein.

2. **Begriff der Jubiläumszuwendung**

   Eine Jubiläumszuwendung ist jede Einmalzuwendung in Geld- oder Geldeswert an den Arbeitnehmer anläßlich eines Dienstjubiläums, die dieser neben laufendem Arbeitslohn und anderen sonstigen Bezügen erhält. Dazu gehören auch zusätzliche Urlaubstage im Jubiläumsjahr. Ein Dienstjubiläum kann steuerlich nur berücksichtigt werden, wenn die Jubiläumsarbeitszeit (Dauer des Dienstverhältnisses, für die eine Jubiläumsleistung zugesagt ist) durch fünf Jahre ohne Rest teilbar ist. Eine Ausnahme gilt in den Fällen, in denen eine Jubiläumszuwendung anläßlich der Beendigung des Dienstverhältnisses wegen des Eintritts in den Ruhestand höchstens fünf Jahre vor Ableisten der vollen Jubiläumsarbeitszeit gewährt wird. Wegen der maßgebenden Dauer des Dienstverhältnisses vgl. Abschnitt 23 LStR.

3. **Schriftformerfordernis**

   Rückstellungen für Jubiläumszuwendungen können nur gebildet werden, wenn die Zusage gegenüber dem berechtigten Arbeitnehmer schriftlich erteilt ist (§ 5 Abs. 4 EStG). Auf das Schriftformerfordernis sind die Grundsätze des Abschnitts 41 Abs. 7 EStR entsprechend anzuwenden.

4. **Bewertung der Verpflichtung**

   a) Umfang der Verpflichtung

   Für die Bewertung der zugesagten Leistungen sind die Wertverhältnisse am Bilanzstichtag maßgebend. Die Grundsätze des Abschnitts 41 Abs. 20 EStR sind entsprechend anzuwenden. Soll der Arbeitgeber die Lohnsteuerbelastung des Arbeitnehmers tragen (Nettolohnvereinbarung), ist der am Bilanzstichtag geltende Steuertarif zu berücksichtigen. Änderungen der Bemessungsgrundlage bzw. des Steuertarifs, die erst nach dem Bilanzstichtag wirksam werden, sind zu berücksichtigen, wenn sie am Bilanzstichtag bereits feststehen.

   b) Berücksichtigung der Wahrscheinlichkeit des Ausscheidens

   Nach den Grundsätzen des § 5 Abs. 4 EStG können Rückstellungen für die Verpflichtung zur Leistung einer Zuwendung anläßlich eines Dienstjubiläums u. a. erst gebildet werden, wenn das Dienstverhältnis mindestens zehn Jahre bestanden hat. Mit dieser Regelung wird das Ausscheiden von Arbeitnehmern aufgrund von Kündigungen (Fluktuation) in pauschaler Weise berücksichtigt. Ein gesonderter Fluktuationsabschlag zum jeweiligen Bilanzstichtag ist deshalb nicht vorzunehmen. Demgegenüber ist die Wahrscheinlichkeit des Ausscheidens wegen Tod oder Invalidität gesondert zu berücksichtigen. Für die Bestimmung des Zeitpunkts, zu dem der Begünstigte wegen Eintritts in den Ruhestand aus dem Unternehmen ausscheidet, ist das dienstvertragliche Pensionierungsalter, spätestens das vollendete 65. Lebensjahr, zugrunde zu legen. Sofern für den Begünstigten auch eine Pensionszusage besteht, ist dasselbe Alter zugrunde zu legen, das nach Abschnitt 41 Abs. 13 EStR bei der Bewertung der Pensionsrückstellung zugrunde gelegt wird.

   c) Bewertungsverfahren

   – Teilwertverfahren

   Der Teilwert der Verpflichtung zur Leistung der einzelnen Jubiläumszuwendung ist grundsätzlich unter Berücksichtigung der anerkannten Regeln der Versicherungsmathematik als Barwert der künftigen Jubiläumszuwendung am Schluß des Wirtschaftsjahrs abzüglich des sich auf denselben Zeitpunkt ergebenden Barwerts betragsmäßig gleichbleibender Jahresbeträge (Teilwertverfahren) zu ermitteln. Die Jahresbeträge sind dabei so zu bemessen, daß ihr Barwert zu Beginn des Wirtschaftsjahres, in dem die Jubiläumsarbeitszeit begonnen hat, gleich dem Barwert der künftigen Jubiläumszuwendung ist. Die künftige Jubiläumszuwendung ist dabei mit dem Betrag anzusetzen, der sich nach den Verhältnissen am Bilanzstichtag ergibt. Bei der Bewertung der Verpflichtung ist zur Ermittlung des Teilwertes abzuzinsen. Hierbei ist ein Zinssatz von mindestens 5,5 v. H. zugrunde zu legen.

   – Pauschalwertverfahren

   Es ist nicht zu beanstanden, wenn der Teilwert statt dessen nach einem pauschalen Verfahren ermittelt wird (Pauschalwertverfahren). Hierbei sind zwingend die Werte der in der Anlage beigefügten Tabelle zugrunde zu legen. Diese Werte berücksichtigen bereits die Wahrscheinlichkeit des Ausscheidens und die Abzinsung. Auf die Beispiele unter Buchstabe e wird verwiesen.

   Das Unternehmen darf die Teilwerte für alle Verpflichtungen nur nach einem einheitlichen Verfahren ermitteln. An der getroffenen Wahl ist grundsätzlich fünf Wirtschaftsjahre lang festzuhalten.

   d) Kürzung der Jubiläumsrückstellung bei Beginn des Dienstverhältnisses vor dem 1. Januar 1993

   Nach § 52 Abs. 6 Satz 1 EStG dürfen Jubiläumsrückstellungen nur gebildet werden, soweit der Zuwendungsberechtigte seine Anwartschaft nach dem 31. Dezember 1992 erwirbt. Der nach Buchstabe c ermittelte Rückstellungsbetrag ist demnach in den Fällen, in denen das Dienstverhältnis vor dem 1. Januar 1993 begonnen hat, um denjenigen Teilbetrag der Rückstellung zu kürzen, der sich bezogen auf die Verhältnisse am Bilanzstichtag als Rückstellungsbetrag nach dem gleichen Verfahren des Buchstaben c zum 31. Dezember 1992 ergeben hätte. Der Kürzungsbetrag ist bei einer Veränderung der Jubiläumsleistung jeweils neu

Anhang 6
Bilanzierung

zu ermitteln. Eine Kürzung kommt auch in Betracht, wenn die Zusage nach dem 31. Dezember 1992 erstmals erteilt wird oder sich eine bereits erteilte Zusage der Höhe nach verändert.

e) Beispiele für die Teilwertermittlung nach dem Pauschalwertverfahren

Beispiel 1:

Leistung der Jubiläumszuwendung nach	25 Dienstjahren
Höhe der Jubiläumszuwendung	2.000 DM
Zeitpunkt des Beginns der Jubiläumsarbeitszeit	1.4.1984
10 abgeleistete Dienstjahre	31.3.1994
Erstmalige Rückstellungsbildung zum 31.12.1994	
Berechnung:	
Rückstellungswert zum 31.12.1994 für 11 Dienstjahre (gerundet) $81 \times 2 =$	162 DM
Rückstellungswert zum 31.12.1992 für 9 Dienstjahre (gerundet) $58 \times 2 =$	116 DM
Differenz der beiden Werte = Rückstellung zum 31.12.1994:	46 DM

Beispiel 2:

Leistung der Jubiläumszuwendung nach	40 Dienstjahren
Höhe der Jubiläumszuwendung	1 Monatsgehalt
Monatsgehalt zum 31.12.1993	4.000 DM
Monatsgehalt zum 31.12.1994	5.000 DM
Zeitpunkt des Beginns der Jubiläumsarbeitszeit	1.10.1970
Berechnung:	
Rückstellungswert zum 31.12.1993 für 23 Dienstjahre (gerundet) $87 \times 4 =$	348 DM
Rückstellungswert zum 31.12.1992 für 22 Dienstjahre (gerundet) $78 \times 4 =$	312 DM
Differenz der beiden Werte = Rückstellung zum 31.12.1993:	36 DM
Rückstellungswert zum 31.12.1994 für 24 Dienstjahre (gerundet) $97 \times 5 =$	485 DM
Rückstellungswert zum 31.12.1992 für 22 Dienstjahre (gerundet) $78 \times 5 =$	390 DM
Differenz der beiden Werte = Rückstellung zum 31.12.1994:	95 DM

Anlage

Höhe des Teilwerts nach dem Pauschalwertverfahren bei Verpflichtung zur Leistung einer Jubiläumszuwendung in Höhe von je 1.000 DM

(Als Rechnungsgrundlagen wurden im wesentlichen die „Richttafeln" von Dr. Klaus Heubeck mit einem Rechnungszinsfuß von 5,5 % verwendet.)

abgeleistete Dienstjahre (gerundet)	Leistung der Jubiläumszuwendung nach									abgeleistete Dienstjahre (gerundet)
	15 Dienstjahren	20 Dienstjahren	25 Dienstjahren	30 Dienstjahren	35 Dienstjahren	40 Dienstjahren	45 Dienstjahren	50 Dienstjahren	55 Dienstjahren	60 Dienstjahren	
1	12	7	4	2	2	1	1	0	0	0	1
2	26	14	8	5	3	2	2	1	0	0	2
3	42	23	13	8	5	4	2	2	1	0	3
4	61	32	19	12	8	5	3	2	1	0	4
5	82	43	25	16	10	7	5	3	1	0	5
6	107	55	32	20	13	8	6	4	1	0	6
7	137	69	40	25	16	10	7	5	2	0	7
8	172	85	49	30	19	13	9	6	2	1	8
9	215	103	58	36	23	15	10	7	2	1	9
10	270	123	69	42	27	18	12	8	3	1	10
11	345	147	81	49	31	21	14	9	3	1	11
12	441	176	95	57	36	24	16	11	3	1	12
13	578	209	110	66	42	27	18	12	4	1	13
14	765	250	128	75	48	31	21	14	4	1	14
15	1.000	304	148	86	54	35	24	16	5	1	15
16		377	172	98	61	40	27	18	6	2	16
17		469	199	112	69	45	30	20	6	2	17
18		600	232	127	78	50	34	23	7	2	18
19		778	272	145	88	56	37	25	8	2	19

abgeleistete Dienstjahre (gerundet)	Leistung der Jubiläumszuwendung nach										abgeleistete Dienstjahre (gerundet)
	15 Dienstjahren	20 Dienstjahren	25 Dienstjahren	30 Dienstjahren	35 Dienstjahren	40 Dienstjahren	45 Dienstjahren	50 Dienstjahren	55 Dienstjahren	60 Dienstjahren	
20		1.000	324	164	99	63	42	28	9	3	20
21			396	188	111	70	46	31	10	3	21
22			486	215	124	78	52	35	11	3	22
23			613	247	139	87	57	39	12	4	23
24			786	286	157	97	63	43	13	4	24
25			1.000	338	176	108	70	47	15	4	25
26				408	199	120	77	52	16	5	26
27				497	226	133	86	57	18	5	27
28				622	258	148	94	63	20	6	28
29				792	296	165	104	69	22	6	29
30				1.000	347	185	115	76	24	7	30
31					417	208	127	83	26	8	31
32					504	234	140	91	29	8	32
33					628	266	155	100	32	9	33
34					796	304	172	110	35	10	34
35					1.000	354	192	121	38	11	35
36						424	214	133	42	12	36
37						510	241	146	46	14	37
38						633	272	161	51	15	38
39						799	310	178	56	16	39
40						1.000	360	197	63	18	40
41							429	220	70	20	41
42							515	246	78	23	42
43							637	277	88	26	43
44							801	315	100	29	44
45							1.000	365	116	34	45
46								433	137	40	46
47								519	164	48	47
48								640	203	59	48
49								803	254	74	49
50								1.000	317	92	50
51									397	116	51
52									498	145	52
53									627	183	53
54									790	231	54
55									1.000	292	55
56										370	56
57										472	57
58										603	58
59										775	59
60										1.000	60

VII

Steuerrechtliche Behandlung des Wirtschaftsguts „Praxiswert"; Änderung der Rechtsprechung[1]

BMF vom 15.1.1995 (BStBl I S. 14)

IV B 2 – S 2172 – 15/94

Der BFH hat seine Rechtsprechung zur steuerrechtlichen Behandlung des Wirtschaftsguts „Praxiswert" geändert (BFH vom 24. Februar 1994, BStBl II S. 590). Im Einvernehmen mit den obersten Finanzbehörden der Länder sind die Urteilsgrundsätze wie folgt anzuwenden:

Der anläßlich der Gründung einer Sozietät aufgedeckte Praxiswert stellt ebenso wie der Wert einer erworbenen Einzelpraxis ein abnutzbares immaterielles Wirtschaftsgut dar. § 7 Abs. 1 Satz 3 EStG ist

---
[1] → Anhang 6 II.

jedoch auf die Bemessung der AfA für den (Einzel- oder Sozietäts-)Praxiswert nicht anzuwenden. Wegen der Beteiligung und der weiteren Mitwirkung des bisherigen Praxisinhabers (Sozius) ist vielmehr davon auszugehen, daß die betriebsgewöhnliche Nutzungsdauer des anläßlich der Gründung einer Sozietät aufgedeckten Praxiswerts doppelt so lang ist wie die Nutzungsdauer des Werts einer erworbenen Einzelpraxis. Die betriebsgewöhnliche Nutzungsdauer ist nach den Umständen des einzelnen Falles sachgerecht zu schätzen. Dabei ist es nicht zu beanstanden, wenn für den anläßlich der Gründung einer Sozietät aufgedeckten Praxiswert eine betriebsgewöhnliche Nutzungsdauer von sechs bis zehn Jahren und für den Wert einer erworbenen Einzelpraxis eine betriebsgewöhnliche Nutzungsdauer von drei bis fünf Jahren angenommen wird.

Die Grundsätze dieses Schreibens gelten entsprechend für den Erwerb eines Praxiswerts durch eine Wirtschaftsprüfer- oder Steuerberater-GmbH. Sie sind in noch offenen Fällen ab dem Veranlagungszeitraum 1993, auf Antrag auch ab einem früheren Veranlagungszeitraum, anzuwenden; eine ggf. aufgestellte Bilanz ist zu berichtigen. Aufgrund der Änderung der höchstrichterlichen Rechtsprechung können die Anschaffungskosten des Praxiswerts, vermindert um die bisher abgezogenen AfA, d.h. der Restbuchwert, auf die restliche Nutzungsdauer verteilt werden. Wird der Gewinn nach den §§ 4 Abs. 1, 5 EStG ermittelt, kann der Restbuchwert auch auf den niedrigeren Teilwert abgeschrieben und dieser auf die restliche Nutzungsdauer verteilt werden.

Das BMF-Schreiben vom 30. Juli 1979 (BStBl I S. 481) sowie Abschnitt II des BMF-Schreibens vom 20. November 1986 (BStBl I S. 532) sind nicht weiter anzuwenden.

VIII
Pauschalwertberichtigung bei Kreditinstituten

BMF vom 10.1.1994 (BStBl I S. 98)

IV B 2 – S 2174 – 45/93

1 Kreditinstitute können für das Ausfallrisiko ihrer Kundenforderungen (§ 15 der Verordnung über die Rechnungslegung der Kreditinstitute vom 10. Februar 1992 – RechKredV – BGBl. I S. 203), das am Bilanzstichtag besteht, aber bis zur Bilanzaufstellung noch nicht erkennbar geworden ist und daher nicht durch Einzelwertberichtigungen (EWB) oder Direktabschreibungen der Forderungen berücksichtigt werden kann (latentes Ausfallrisiko), Pauschalwertberichtigungen (PWB) nach den Grundsätzen ordnungsmäßiger Buchführung bilden. Im Einvernehmen mit den obersten Finanzbehörden der Länder sind bei Kreditinstituten PWB steuerlich nur anzuerkennen, soweit sie die nach folgenden Grundsätzen zu berechnenden Beträge nicht übersteigen:

I. Vomhundertsatz der PWB bei Kreditinstituten

2 Der Vomhundertsatz der PWB für den Bilanzstichtag ist nach den Erfahrungen der Vergangenheit zu bemessen. Zu seiner Berechnung ist grundsätzlich der Durchschnitt des tatsächlichen Forderungsausfalls für die dem Bilanzstichtag vorangehenden fünf Wirtschaftsjahre und des risikobehafteten Kreditvolumens für die dem Bilanzstichtag vorangehenden fünf Bilanzstichtage zu ermitteln und ins Verhältnis zu setzen. Der tatsächliche Forderungsausfall umfaßt neben dem latenten auch das bereits erkennbare (akute) Ausfallrisiko. Zur Begrenzung der PWB auf das latente Ausfallrisiko ist deshalb von dem ermittelten Durchschnitt des tatsächlichen Forderungsausfalls ein Betrag in Höhe von 40 v. H. abzuziehen, höchstens jedoch der Betrag der EWB am Bilanzstichtag. In begründeten Einzelfällen können die Durchschnittswerte für einen längeren Vergleichszeitraum, bei Neugründungen und im Beitrittsgebiet auch für einen kürzeren Vergleichszeitraum, ermittelt werden.

1. Tatsächlicher Forderungsausfall

3 Als tatsächlicher Forderungsausfall gilt der tatsächlich realisierte, wirtschaftliche Verlust der Forderung insgesamt oder eines Teils. Von einem tatsächlichen Forderungsausfall ist grundsätzlich auszugehen, wenn die Forderung uneinbringlich geworden ist, d. h., soweit nach vernünftiger kaufmännischer Beurteilung weder vom Schuldner noch von dritter Seite (z. B. Bürge) noch aus der Verwertung evtl. verbliebener Sicherheiten ein Zahlungseingang zu erwarten ist. Eine bestrittene Forderung muß hiernach ausgeklagt sein. Sicherheiten müssen verwertet sein, ohne daß ein Surrogat an die Stelle der ausgefallenen Forderung getreten ist. Umschuldungen oder Schuldnovationen führen dementsprechend nicht zu einem tatsächlichen Ausfall der Forderung, die der Umschuldung oder Novation

zugrunde liegt. Forderungsausfälle, die auf Risiken beruhen, die nicht in der Person des Schuldners liegen (z. B. Transfer- oder Devisenrisiko), rechnen nicht zum tatsächlichen Forderungsausfall.

Rechnerisch ergibt sich der tatsächliche Forderungsausfall – bezogen auf das jeweilige Wirtschaftsjahr – wie folgt:

Verbrauch von EWB
+ Direktabschreibungen von Forderungen
– Eingang abgeschriebener Forderungen
= tatsächlicher Forderungsausfall

2. Risikobehaftetes Kreditvolumen

Zum risikobehafteten Kreditvolumen rechnen die Kundenforderungen des Kreditinstituts nach § 15 RechKredV mit Ausnahme der Forderungen, die

a) aus Gründen, die nicht in der Person des Schuldners liegen (z. B. Transfer- oder Devisenrisiko), wertzuberichtigen sind;

b) als sichere Forderungen anzusehen sind. Zu den sicheren Forderungen rechnen:

– Forderungen gegen öffentlich-rechtliche Körperschaften oder sonstige Körperschaften, für die eine Gebietskörperschaft als Gewährträger haftet;

– Forderungen gegen ausländische Staaten, ausländische Gebietskörperschaften oder sonstige ausländische Körperschaften und Anstalten des öffentlichen Rechts im OECD-Bereich;

– Forderungen, die durch eine der vorstehend genannten Stellen verbürgt oder in anderer Weise gewährleistet sind;

– Forderungen, für die eine Delkredere-Versicherung durch das Kreditinstitut abgeschlossen ist.

Forderungen aus Vor- oder Zwischenfinanzierungskrediten für noch nicht zugeteilte Bauspardarlehen rechnen zum risikobehafteten Kreditvolumen nur, soweit sie das Bausparguthaben übersteigen.

3. Berechnungsschema des Vomhundertsatzes der PWB

Der Vomhundertsatz der PWB ist in zwei Schritten zu berechnen. Zunächst ist aus dem durchschnittlichen Forderungsausfall der maßgebliche Forderungsausfall abzuleiten; sodann ist der maßgebliche Forderungsausfall zu dem durchschnittlichen risikobehafteten Kreditvolumen ins Verhältnis zu setzen:

a) durchschnittlicher Forderungsausfall (Tzn. 2 bis 4)

– 40 v. H. des durchschnittlichen Forderungsausfalls, höchstens EWB des Bilanzstichtags (Tz. 2 Satz 4)

= maßgeblicher Forderungsausfall

b) maßgeblicher Forderungsausfall

(Tz. 6)   100 = v. H.-Satz

durchschnittliches risikobehaftetes Kreditvolumen (Tzn. 2, 5)

II. Bemessungsgrundlage der PWB bei Kreditinstituten

Der Vomhundertsatz der PWB für den Bilanzstichtag (Tzn. 2 bis 7) ist auf das risikobehaftete Kreditvolumen (Tz. 5) des Bilanzstichtags anzuwenden. Dabei sind einzelwertberichtigte Forderungen und Kreditengagements in vollem Umfang aus dem risikobehafteten Kreditvolumen auszuscheiden; der nicht einzelwertberichtigte Teil einer Forderung darf nicht in der Bemessungsgrundlage für die PWB verbleiben, weil eine bestimmte Forderung nur entweder einzeln oder pauschal wertberichtigt werden kann.

Pauschalwertberichtigung bei Kreditinstituten

BMF vom 9.5.1995

IV B 2 – S 2174 – 13/95

Zu der Frage, ob ein nach vernünftiger kaufmännischer Beurteilung feststehender Verlust aus einer Abwicklungsforderung bei der Bemessung des tatsächlichen Forderungsausfalls im Sinne des BMF-Schreibens vom 10. Januar 1994 (BStBl I S. 98) für Zwecke der Pauschalwertberichtigung berücksichtigt werden kann, wenn am Bilanzstichtag keine Teilausbuchung vorgenommen, sondern die gebildete Einzelwertberichtigung (EWB) beibehalten wurde, nehme ich wie folgt Stellung:

Kreditinstitute können für das Ausfallrisiko ihrer Kundenforderungen, das am Bilanzstichtag besteht, aber bis zur Bilanzaufstellung noch nicht erkennbar geworden ist und daher nicht durch EWB oder Direktabschreibungen der Forderungen berücksichtigt werden kann, Pauschalwertberichtigungen nach den Grundsätzen ordnungsmäßiger Buchführung bilden (Tz. 1 des BMF-Schreibens vom 10. Januar 1994 – a. a. O.). Der Vomhundertsatz der Pauschalwertberichtigung für den Bilanzstichtag ist nach den Erfahrungen der Vergangenheit zu bemessen. Zu seiner Berechnung ist grundsätzlich der Durchschnitt des tatsächlichen Forderungsausfalls für die dem Bilanzstichtag vorangehenden fünf Wirtschaftsjahre und des risikobehafteten Kreditvolumens für die dem Bilanzstichtag vorangehenden fünf Bilanzstichtage zu ermitteln und ins Verhältnis zu setzen (Tz. 2 des BMF-Schreibens vom 10. Januar 1994 – a. a. O.). Als tatsächlicher Forderungsausfall gilt der tatsächlich realisierte, wirtschaftliche Verlust der Forderung insgesamt oder eines Teils. Rechnerisch ergibt sich der tatsächliche Forderungsausfall – bezogen auf das jeweilige Wirtschaftsjahr – aus dem Verbrauch von EWB zuzüglich Direktabschreibungen von Forderungen und abzüglich des Eingangs abgeschriebener Forderungen (Tzn. 3 und 4 des BMF-Schreibens vom 10. Januar 1994 – a. a. O.).

Der Verbrauch von EWB mißt sich in der Besteuerungspraxis an der „Ausbuchung" einer Forderung. Wird eine Forderung am Bilanzstichtag nicht ausgebucht und stattdessen eine EWB beibehalten, sind die Voraussetzungen für den Verbrauch von EWB nach Tz. 4 der Verwaltungsregelung somit nicht erfüllt. In diesen Fällen kann ein auch bereits abschätzbarer Verlust einer Forderung noch nicht zum Zwecke der Ermittlung des tatsächlichen Forderungsausfalls im Sinne der Verwaltungsregelung berücksichtigt werden.

Pauschalwertberichtigung bei Kreditinstituten; Ausnahmeregelung für die Kreditinstitute in den neuen Ländern und in Berlin (Ost)

BMF vom 26.11.1996 (BStBl I S. 1438)

IV B 2 – S 2194 – 48/96

Kreditinstitute können für das Ausfallrisiko ihrer Kundenforderungen (§ 15 der Verordnung über die Rechnungslegung der Kreditinstitute vom 10. Februar 1992 – RechKredV – BGBl. I S. 203), das am Bilanzstichtag besteht, aber bis zur Bilanzaufstellung noch nicht erkennbar geworden ist und daher nicht durch Einzelwertberichtigungen (EWB) oder Direktabschreibungen der Forderungen berücksichtigt werden kann (latentes Ausfallrisiko), Pauschalwertberichtigungen (PWB) nach den Grundsätzen ordnungsmäßiger Buchführung bilden. Steuerlich sind PWB nur anzuerkennen, soweit sie die nach den Grundsätzen des BMF-Schreibens vom 10. Januar 1994 (BStBl I S. 98) zu berechnenden Beträge nicht übersteigen.

In den neuen Ländern sowie in dem Teil Berlins, in dem das Grundgesetz vor dem 3. Oktober 1990 nicht gegolten hat – Berlin (Ost) –, haben sich die tatsächlichen Voraussetzungen für die Nachfrage und die Gewährung von Kreditausreichungen im wesentlichen erst ab dem Jahr 1991 entwickelt. Für die Festsetzung eines Vomhundertsatzes der PWB ist auf den Erstbeginn des Kreditgeschäfts abzustellen. Eine Direktabschreibung von Forderungen oder ein Verbrauch an EWB kommen dabei so gut wie noch nicht in Betracht.

Hieraus ergäbe sich nach Tz. 4 des BMF-Schreibens vom 10. Januar 1994 (a. a. O.) rechnerisch ein Vomhundertsatz von nahezu 0 v. H. Dieses Ergebnis trägt den besonderen Verhältnissen der Risikolage im Kreditgeschäft der Kreditinstitute in den neuen Ländern und in Berlin (Ost) nicht ausreichend Rechnung.

Anhang 6

Bilanzierung VIII

Abweichend von Abschnitt I – Vomhundertsatz der PWB bei Kreditinstituten – des BMF-Schreibens vom 10. Januar 1994 (a. a. O.) ist es deshalb nicht zu beanstanden, wenn die Kreditinstitute in den neuen Ländern und in Berlin (Ost) für Veranlagungszeiträume bis einschließlich 1995 ihre PWB nach einem festen Vomhundertsatz in Höhe von 0,5 v. H. bemessen.

Anhang 7

Übersicht

I Handelsgesetzbuch (HGB – Auszug)

II Buchführung in land- und forstwirtschaftlichen Betrieben
BMF vom 15.12.1981 (BStBl I S. 878)

III Grundsätze ordnungsmäßiger Buchführung (GoB); Verbuchung von Bargeschäften im Einzelhandel
BMF vom 14.12.1994 (BStBl 1995 I S. 7)

IV Grundsätze ordnungsmäßiger DV-gestützter Buchführungssysteme (GoBS)
BMF vom 7.11.1995 (BStBl I S. 738)

I
Handelsgesetzbuch

zuletzt geändert durch Artikel 2 Abs. 12 des Gesetzes vom 22.10.1997
(BGBl. I S. 3108)[1])

– Auszug –

Drittes Buch. Handelsbücher
Erster Abschnitt. Vorschriften für alle Kaufleute
Erster Unterabschnitt. Buchführung. Inventar

§ 238
Buchführungspflicht

(1) Jeder Kaufmann ist verpflichtet, Bücher zu führen und in diesen seine Handelsgeschäfte und die Lage seines Vermögens nach den Grundsätzen ordnungsmäßiger Buchführung ersichtlich zu machen. Die Buchführung muß so beschaffen sein, daß sie einem sachverständigen Dritten innerhalb angemessener Zeit einen Überblick über die Geschäftsvorfälle und über die Lage des Unternehmens vermitteln kann. Die Geschäftsvorfälle müssen sich in ihrer Entstehung und Abwicklung verfolgen lassen.

(2) Der Kaufmann ist verpflichtet, eine mit der Urschrift übereinstimmende Wiedergabe der abgesandten Handelsbriefe (Kopie, Abdruck, Abschrift oder sonstige Wiedergabe des Wortlauts auf einem Schrift-, Bild- oder anderen Datenträger) zurückzubehalten.

§ 239
Führung der Handelsbücher

(1) Bei der Führung der Handelsbücher und bei den sonst erforderlichen Aufzeichnungen hat sich der Kaufmann einer lebenden Sprache zu bedienen. Werden Abkürzungen, Ziffern, Buchstaben oder Symbole verwendet, muß im Einzelfall deren Bedeutung eindeutig festlegen.

(2) Die Eintragungen in Büchern und die sonst erforderlichen Aufzeichnungen müssen vollständig, richtig, zeitgerecht und geordnet vorgenommen werden.

(3) Eine Eintragung oder eine Aufzeichnung darf nicht in einer Weise verändert werden, daß der ursprüngliche Inhalt nicht mehr feststellbar ist. Auch solche Veränderungen dürfen nicht vorgenommen werden, deren Beschaffenheit es ungewiß läßt, ob sie ursprünglich oder erst später gemacht worden sind.

(4) Die Handelsbücher und die sonst erforderlichen Aufzeichnungen können auch in der geordneten Ablage von Belegen bestehen oder auf Datenträgern geführt werden, soweit diese Formen der Buchführung einschließlich des dabei angewandten Verfahrens den Grundsätzen ordnungsmäßiger Buchführung entsprechen. Bei der Führung der Handelsbücher und der sonst erforderlichen Aufzeichnungen auf Datenträgern muß insbesondere sichergestellt sein, daß die Daten während der Dauer der Auf-

---

[1]) Anm.: Zuletzt geändert durch das Steueränderungsgesetz 1998 vom 19.12.1998 (BGBl. I S. 3816).

bewahrungsfrist verfügbar sind und jederzeit innerhalb angemessener Frist lesbar gemacht werden können. Absätze 1 bis 3 gelten sinngemäß.

§ 240
Inventar

(1) Jeder Kaufmann hat zu Beginn seines Handelsgewerbes seine Grundstücke, seine Forderungen und Schulden, den Betrag seines baren Geldes sowie seine sonstigen Vermögensgegenstände genau zu verzeichnen und dabei den Wert der einzelnen Vermögensgegenstände und Schulden anzugeben.

(2) Er hat demnächst für den Schluß eines jeden Geschäftsjahrs ein solches Inventar aufzustellen. Die Dauer des Geschäftsjahrs darf zwölf Monate nicht überschreiten. Die Aufstellung des Inventars ist innerhalb der einem ordnungsmäßigen Geschäftsgang entsprechenden Zeit zu bewirken.

(3) Vermögensgegenstände des Sachanlagevermögens sowie Roh-, Hilfs- und Betriebsstoffe können, wenn sie regelmäßig ersetzt werden und ihr Gesamtwert für das Unternehmen von nachrangiger Bedeutung ist, mit einer gleichbleibenden Menge und einem gleichbleibenden Wert angesetzt werden, sofern ihr Bestand in seiner Größe, seinem Wert und seiner Zusammensetzung nur geringen Veränderungen unterliegt. Jedoch ist in der Regel alle drei Jahre eine körperliche Bestandsaufnahme durchzuführen.

(4) Gleichartige Vermögensgegenstände des Vorratsvermögens sowie andere gleichartige oder annähernd gleichwertige bewegliche Vermögensgegenstände und Schulden können jeweils zu einer Gruppe zusammengefaßt und mit dem gewogenen Durchschnittswert angesetzt werden.

§ 241
Inventurvereinfachungsverfahren

(1) Bei der Aufstellung des Inventars darf der Bestand der Vermögensgegenstände nach Art, Menge und Wert auch mit Hilfe anerkannter mathematisch-statistischer Methoden auf Grund von Stichproben ermittelt werden. Das Verfahren muß den Grundsätzen ordnungsmäßiger Buchführung entsprechen. Der Aussagewert des auf diese Weise aufgestellten Inventars muß dem Aussagewert eines auf Grund einer körperlichen Bestandsaufnahme aufgestellten Inventars gleichkommen.

(2) Bei der Aufstellung des Inventars für den Schluß eines Geschäftsjahrs bedarf es einer körperlichen Bestandsaufnahme der Vermögensgegenstände für diesen Zeitpunkt nicht, soweit durch Anwendung eines den Grundsätzen ordnungsmäßiger Buchführung entsprechenden anderen Verfahrens gesichert ist, daß der Bestand der Vermögensgegenstände nach Art, Menge und Wert auch ohne die körperliche Bestandsaufnahme für diesen Zeitpunkt festgestellt werden kann.

(3) In dem Inventar für den Schluß eines Geschäftsjahrs brauchen Vermögensgegenstände nicht verzeichnet zu werden, wenn

1. der Kaufmann ihren Bestand auf Grund einer körperlichen Bestandsaufnahme oder auf Grund eines nach Absatz 2 zulässigen anderen Verfahrens nach Art, Menge und Wert in einem besonderen Inventar verzeichnet hat, das für einen Tag innerhalb der letzten drei Monate vor oder der ersten beiden Monate nach dem Schluß des Geschäftsjahrs aufgestellt ist, und

2. auf Grund des besonderen Inventars durch Anwendung eines den Grundsätzen ordnungsmäßiger Buchführung entsprechenden Fortschreibungs- oder Rückrechnungsverfahrens gesichert ist, daß der am Schluß des Geschäftsjahrs vorhandene Bestand der Vermögensgegenstände für diesen Zeitpunkt ordnungsgemäß bewertet werden kann.

Zweiter Unterabschnitt. Eröffnungsbilanz. Jahresabschluß

Erster Titel. Allgemeine Vorschriften

§ 242
Pflicht zur Aufstellung

(1) Der Kaufmann hat zu Beginn seines Handelsgewerbes und für den Schluß eines jeden Geschäftsjahrs einen das Verhältnis seines Vermögens und seiner Schulden darstellenden Abschluß (Eröffnungsbilanz, Bilanz) aufzustellen. Auf die Eröffnungsbilanz sind die für den Jahresabschluß geltenden Vorschriften entsprechend anzuwenden, soweit sie sich auf die Bilanz beziehen.

(2) Er hat für den Schluß eines jeden Geschäftsjahrs eine Gegenüberstellung der Aufwendungen und Erträge des Geschäftsjahrs (Gewinn- und Verlustrechnung) aufzustellen.

(3) Die Bilanz und die Gewinn- und Verlustrechnung bilden den Jahresabschluß.

§ 243
Aufstellungsgrundsatz

(1) Der Jahresabschluß ist nach den Grundsätzen ordnungsmäßiger Buchführung aufzustellen.

(2) Er muß klar und übersichtlich sein.

(3) Der Jahresabschluß ist innerhalb der einem ordnungsmäßigen Geschäftsgang entsprechenden Zeit aufzustellen.

§ 244[1])
Sprache. Währungseinheit

Der Jahresabschluß ist in deutscher Sprache und in Deutscher Mark aufzustellen.

§ 245
Unterzeichnung

Der Jahresabschluß ist vom Kaufmann unter Angabe des Datums zu unterzeichnen. Sind mehrere persönlich haftende Gesellschafter vorhanden, so haben sie alle zu unterzeichnen.

Zweiter Titel. Ansatzvorschriften

§ 246
Vollständigkeit. Verrechnungsverbot

(1) Der Jahresabschluß hat sämtliche Vermögensgegenstände, Schulden, Rechnungsabgrenzungsposten, Aufwendungen und Erträge zu enthalten, soweit gesetzlich nichts anderes bestimmt ist. Vermögensgegenstände, die unter Eigentumsvorbehalt erworben oder an Dritte für eigene oder fremde Verbindlichkeiten verpfändet oder in anderer Weise als Sicherheit übertragen worden sind, sind in die Bilanz des Sicherungsgebers aufzunehmen. In die Bilanz des Sicherungsnehmers sind sie nur aufzunehmen, wenn es sich um Bareinlagen handelt.

(2) Posten der Aktivseite dürfen nicht mit Posten der Passivseite, Aufwendungen nicht mit Erträgen, Grundstücksrechte nicht mit Grundstückslasten verrechnet werden.

§ 247
Inhalt der Bilanz

(1) In der Bilanz sind das Anlage- und das Umlaufvermögen, das Eigenkapital, die Schulden sowie die Rechnungsabgrenzungsposten gesondert auszuweisen und hinreichend aufzugliedern.

---

[1]) Anm.: Durch das Gesetz zur Einführung des Euro – EuroEG wurde § 244 ab VZ 1998 wie folgt gefaßt:
Die Wörter „Deutscher Mark" wurden durch das Wort „Euro" ersetzt.

(2) Beim Anlagevermögen sind nur die Gegenstände auszuweisen, die bestimmt sind, dauernd dem Geschäftsbetrieb zu dienen.

(3) Passivposten, die für Zwecke der Steuern vom Einkommen und vom Ertrag zulässig sind, dürfen in der Bilanz gebildet werden. Sie sind als Sonderposten mit Rücklageanteil auszuweisen und nach Maßgabe des Steuerrechts aufzulösen. Einer Rückstellung bedarf es insoweit nicht.

§ 248
Bilanzierungsverbote

(1) Aufwendungen für die Gründung des Unternehmens und für die Beschaffung des Eigenkapitals dürfen in die Bilanz nicht als Aktivposten aufgenommen werden.

(2) Für immaterielle Vermögensgegenstände des Anlagevermögens, die nicht entgeltlich erworben wurden, darf ein Aktivposten nicht angesetzt werden.

(3) Aufwendungen für den Abschluß von Versicherungsverträgen dürfen nicht aktiviert werden.

§ 249
Rückstellungen

(1) Rückstellungen sind für ungewisse Verbindlichkeiten und für drohende Verluste aus schwebenden Geschäften zu bilden. Ferner sind Rückstellungen zu bilden für

1. im Geschäftsjahr unterlassene Aufwendungen für Instandhaltung, die im folgenden Geschäftsjahr innerhalb von drei Monaten, oder für Abraumbeseitigung, die im folgenden Geschäftsjahr nachgeholt werden,
2. Gewährleistungen, die ohne rechtliche Verpflichtung erbracht werden.

Rückstellungen dürfen für unterlassene Aufwendungen für Instandhaltung auch gebildet werden, wenn die Instandhaltung nach Ablauf der Frist nach Satz 2 Nr. 1 innerhalb des Geschäftsjahrs nachgeholt wird.

(2) Rückstellungen dürfen außerdem für ihrer Eigenart nach genau umschriebene, dem Geschäftsjahr oder einem früheren Geschäftsjahr zuzuordnende Aufwendungen gebildet werden, die am Abschlußstichtag wahrscheinlich oder sicher, aber hinsichtlich ihrer Höhe oder des Zeitpunkts ihres Eintritts unbestimmt sind.

(3) Für andere als die in den Absätzen 1 und 2 bezeichneten Zwecke dürfen Rückstellungen nicht gebildet werden. Rückstellungen dürfen nur aufgelöst werden, soweit der Grund hierfür entfallen ist.

§ 250
Rechnungsabgrenzungsposten

(1) Als Rechnungsabgrenzungsposten sind auf der Aktivseite Ausgaben vor dem Abschlußstichtag auszuweisen, soweit sie Aufwand für eine bestimmte Zeit nach diesem Tag darstellen. Ferner dürfen ausgewiesen werden

1. als Aufwand berücksichtigte Zölle und Verbrauchsteuern, soweit sie auf am Abschlußstichtag auszuweisende Vermögensgegenstände des Vorratsvermögens entfallen,
2. als Aufwand berücksichtigte Umsatzsteuer auf am Abschlußstichtag auszuweisende oder von den Vorräten offen abgesetzte Anzahlungen.

(2) Auf der Passivseite sind als Rechnungsabgrenzungsposten Einnahmen vor dem Abschlußstichtag auszuweisen, soweit sie Ertrag für eine bestimmte Zeit nach diesem Tag darstellen.

(3) Ist der Rückzahlungsbetrag einer Verbindlichkeit höher als der Ausgabebetrag, so darf der Unterschiedsbetrag in den Rechnungsabgrenzungsposten auf der Aktivseite aufgenommen werden. Der Unterschiedsbetrag ist durch planmäßige jährliche Abschreibungen zu tilgen, die auf die gesamte Laufzeit der Verbindlichkeit verteilt werden können.

§ 251
Haftungsverhältnisse

Unter der Bilanz sind, sofern sie nicht auf der Passivseite auszuweisen sind, Verbindlichkeiten aus der Begebung und Übertragung von Wechseln, aus Bürgschaften, Wechsel- und Scheckbürgschaften und aus Gewährleistungsverträgen sowie Haftungsverhältnisse aus der Bestellung von Sicherheiten für fremde Verbindlichkeiten zu vermerken; sie dürfen in einem Betrag angegeben werden. Haftungsverhältnisse sind auch anzugeben, wenn ihnen gleichwertige Rückgriffsforderungen gegenüberstehen.

Dritter Titel. Bewertungsvorschriften

§ 252
Allgemeine Bewertungsgrundsätze

(1) Bei der Bewertung der im Jahresabschluß ausgewiesenen Vermögensgegenstände und Schulden gilt insbesondere folgendes:

1. Die Wertansätze in der Eröffnungsbilanz des Geschäftsjahrs müssen mit denen der Schlußbilanz des vorhergehenden Geschäftsjahrs übereinstimmen.
2. Bei der Bewertung ist von der Fortführung der Unternehmenstätigkeit auszugehen, sofern dem nicht tatsächliche oder rechtliche Gegebenheiten entgegenstehen.
3. Die Vermögensgegenstände und Schulden sind zum Abschlußstichtag einzeln zu bewerten.
4. Es ist vorsichtig zu bewerten, namentlich sind alle vorhersehbaren Risiken und Verluste, die bis zum Abschlußstichtag entstanden sind, zu berücksichtigen, selbst wenn diese erst zwischen dem Abschlußstichtag und dem Tag der Aufstellung des Jahresabschlusses bekanntgeworden sind; Gewinne sind nur zu berücksichtigen, wenn sie am Abschlußstichtag realisiert sind.
5. Aufwendungen und Erträge des Geschäftsjahrs sind unabhängig von den Zeitpunkten der entsprechenden Zahlungen im Jahresabschluß zu berücksichtigen.
6. Die auf den vorhergehenden Jahresabschluß angewandten Bewertungsmethoden sollen beibehalten werden.

(2) Von den Grundsätzen des Absatzes 1 darf nur in begründeten Ausnahmefällen abgewichen werden.

§ 253
Wertansätze der Vermögensgegenstände und Schulden

(1) Vermögensgegenstände sind höchstens mit den Anschaffungs- oder Herstellungskosten, vermindert um Abschreibungen nach den Absätzen 2 und 3 anzusetzen. Verbindlichkeiten sind zu ihrem Rückzahlungsbetrag, Rentenverpflichtungen, für die eine Gegenleistung nicht mehr zu erwarten ist, zu ihrem Barwert und Rückstellungen nur in Höhe des Betrags anzusetzen, der nach vernünftiger kaufmännischer Beurteilung notwendig ist; Rückstellungen dürfen nur abgezinst werden, soweit die ihnen zugrunde liegenden Verbindlichkeiten einen Zinsanteil enthalten.

(2) Bei Vermögensgegenständen des Anlagevermögens, deren Nutzung zeitlich begrenzt ist, sind die Anschaffungs- oder Herstellungskosten um planmäßige Abschreibungen zu vermindern. Der Plan muß die Anschaffungs- oder Herstellungskosten auf die Geschäftsjahre verteilen, in denen der Vermögensgegenstand voraussichtlich genutzt werden kann. Ohne Rücksicht darauf, ob ihre Nutzung zeitlich begrenzt ist, können bei Vermögensgegenständen des Anlagevermögens außerplanmäßige Abschreibungen vorgenommen werden, um die Vermögensgegenstände mit dem niedrigeren Wert anzusetzen, der ihnen am Abschlußstichtag beizulegen ist; sie sind vorzunehmen bei einer voraussichtlich dauernden Wertminderung.

(3) Bei Vermögensgegenständen des Umlaufvermögens sind Abschreibungen vorzunehmen, um diese mit einem niedrigeren Wert anzusetzen, der sich aus einem Börsen- oder Marktpreis am Abschlußstichtag ergibt. Ist ein Börsen- oder Marktpreis nicht festzustellen und übersteigen die Anschaffungs- oder Herstellungskosten den Wert, der den Vermögensgegenständen am Abschlußstichtag beizulegen ist, so ist auf diesen Wert abzuschreiben. Außerdem dürfen Abschreibungen vorge-

nommen werden, soweit diese nach vernünftiger kaufmännischer Beurteilung notwendig sind, um zu verhindern, daß in der nächsten Zukunft der Wertansatz dieser Vermögensgegenstände auf Grund von Wertschwankungen geändert werden muß.

(4) Abschreibungen sind außerdem im Rahmen vernünftiger kaufmännischer Beurteilung zulässig.

(5) Ein niedrigerer Wertansatz nach Absatz 2 Satz 3, Absatz 3 oder 4 darf beibehalten werden, auch wenn die Gründe dafür nicht mehr bestehen.

§ 254
Steuerrechtliche Abschreibungen

Abschreibungen können auch vorgenommen werden, um Vermögensgegenstände des Anlage- oder Umlaufvermögens mit dem niedrigeren Wert anzusetzen, der auf einer nur steuerrechtlich zulässigen Abschreibung beruht. § 253 Abs. 5 ist entsprechend anzuwenden.

§ 255
Anschaffungs- und Herstellungskosten

(1) Anschaffungskosten sind die Aufwendungen, die geleistet werden, um einen Vermögensgegenstand zu erwerben und ihn in einen betriebsbereiten Zustand zu versetzen, soweit sie dem Vermögensgegenstand einzeln zugeordnet werden können. Zu den Anschaffungskosten gehören auch die Nebenkosten sowie die nachträglichen Anschaffungskosten. Anschaffungspreisminderungen sind abzusetzen.

(2) Herstellungskosten sind die Aufwendungen, die durch den Verbrauch von Gütern und die Inanspruchnahme von Diensten für die Herstellung eines Vermögensgegenstands, seine Erweiterung oder für eine über seinen ursprünglichen Zustand hinausgehende wesentliche Verbesserung entstehen. Dazu gehören die Materialkosten, die Fertigungskosten und die Sonderkosten der Fertigung. Bei der Berechnung der Herstellungskosten dürfen auch angemessene Teile der notwendigen Materialgemeinkosten, der notwendigen Fertigungsgemeinkosten und des Wertverzehrs des Anlagevermögens, soweit er durch die Fertigung veranlaßt ist, eingerechnet werden. Kosten der allgemeinen Verwaltung sowie Aufwendungen für soziale Einrichtungen des Betriebs, für freiwillige soziale Leistungen und für betriebliche Altersversorgung brauchen nicht eingerechnet zu werden. Aufwendungen im Sinne der Sätze 3 und 4 dürfen nur insoweit berücksichtigt werden, als sie auf den Zeitraum der Herstellung entfallen. Vertriebskosten dürfen nicht in die Herstellungskosten einbezogen werden.

(3) Zinsen für Fremdkapital gehören nicht zu den Herstellungskosten. Zinsen für Fremdkapital, das zur Finanzierung der Herstellung eines Vermögensgegenstands verwendet wird, dürfen angesetzt werden, soweit sie auf den Zeitraum der Herstellung entfallen; in diesem Falle gelten sie als Herstellungskosten des Vermögensgegenstands.

(4) Als Geschäfts- oder Firmenwert darf der Unterschiedsbetrag angesetzt werden, um den die für die Übernahme eines Unternehmens bewirkte Gegenleistung den Wert der einzelnen Vermögensgegenstände des Unternehmens abzüglich der Schulden im Zeitpunkt der Übernahme übersteigt. Der Betrag ist in jedem folgenden Geschäftsjahr zu mindestens einem Viertel durch Abschreibungen zu tilgen. Die Abschreibung des Geschäfts- oder Firmenwerts kann aber auch planmäßig auf die Geschäftsjahre verteilt werden, in denen er voraussichtlich genutzt wird.

§ 256
Bewertungsvereinfachungsverfahren

Soweit es den Grundsätzen ordnungsmäßiger Buchführung entspricht, kann für den Wertansatz gleichartiger Vermögensgegenstände des Vorratsvermögens unterstellt werden, daß die zuerst oder daß die zuletzt angeschafften oder hergestellten Vermögensgegenstände zuerst oder in einer sonstigen bestimmten Folge verbraucht oder veräußert worden sind. § 240 Abs. 3 und 4 ist auch auf den Jahresabschluß anwendbar.

Dritter Unterabschnitt. Aufbewahrung und Vorlage

§ 257
Aufbewahrung von Unterlagen – Aufbewahrungsfristen

(1) Jeder Kaufmann ist verpflichtet, die folgenden Unterlagen geordnet aufzubewahren:
1. Handelsbücher, Inventare, Eröffnungsbilanzen, Jahresabschlüsse, Lageberichte, Konzernabschlüsse, Konzernlageberichte sowie die zu ihrem Verständnis erforderlichen Arbeitsanweisungen und sonstigen Organisationsunterlagen,
2. die empfangenen Handelsbriefe,
3. Wiedergabe der abgesandten Handelsbriefe,
4. Belege für Buchungen in den von ihm nach § 238 Abs. 1 zu führenden Büchern (Buchungsbelege).

(2) Handelsbriefe sind nur Schriftstücke, die ein Handelsgeschäft betreffen.

(3) Mit Ausnahme der Eröffnungsbilanzen, Jahresabschlüsse und der Konzernabschlüsse können die in Absatz 1 aufgeführten Unterlagen auch als Wiedergabe auf einem Bildträger oder auf anderen Datenträgern aufbewahrt werden, wenn dies den Grundsätzen ordnungsmäßiger Buchführung entspricht und sichergestellt ist, daß die Wiedergabe oder die Daten
1. mit den empfangenen Handelsbriefen und den Buchungsbelegen bildlich und mit den anderen Unterlagen inhaltlich übereinstimmen, wenn sie lesbar gemacht werden,
2. während der Dauer der Aufbewahrungsfrist verfügbar sind und jederzeit innerhalb angemessener Frist lesbar gemacht werden können.

Sind Unterlagen auf Grund des § 239 Abs. 4 Satz 1 auf Datenträgern hergestellt worden, können statt des Datenträgers die Daten auch ausgedruckt aufbewahrt werden; die ausgedruckten Unterlagen können auch nach Satz 1 aufbewahrt werden.

(4) Die in Absatz 1 Nr. 1 aufgeführten Unterlagen sind zehn Jahre und die sonstigen in Absatz 1 aufgeführten Unterlagen sechs Jahre aufzubewahren.[1]

(5) Die Aufbewahrungsfrist beginnt mit dem Schluß des Kalenderjahrs, in dem die letzte Eintragung in das Handelsbuch gemacht, das Inventar aufgestellt, die Eröffnungsbilanz oder der Jahresabschluß festgestellt, der Konzernabschluß aufgestellt, der Handelsbrief empfangen oder abgesandt worden oder der Buchungsbeleg entstanden ist.

§ 258
Vorlegung im Rechtsstreit

(1) Im Laufe eines Rechtsstreits kann das Gericht auf Antrag oder von Amts wegen die Vorlegung der Handelsbücher einer Partei anordnen.

(2) Die Vorschriften der Zivilprozeßordnung über die Verpflichtung des Prozeßgegners zur Vorlegung von Urkunden bleiben unberührt.

§ 259
Auszug bei Vorlegung im Rechtsstreit

Werden in einem Rechtsstreit Handelsbücher vorgelegt, so ist von ihrem Inhalt, soweit er den Streitpunkt betrifft, unter Zuziehung der Parteien Einsicht zu nehmen und geeignetenfalls ein Auszug zu fertigen. Der übrige Inhalt der Bücher ist dem Gericht insoweit offenzulegen, als es zur Prüfung ihrer ordnungsmäßigen Führung notwendig ist.

---

[1] Anm.: Durch das Steueränderungsgesetz 1998 wurde Absatz 4 ab 1998 wie folgt gefaßt:
„Die in Absatz 1 Nr. 1 und 4 aufgeführten Unterlagen sind zehn Jahre, die sonstigen in Absatz 1 aufgeführten Unterlagen sechs Jahre aufzubewahren."

§ 260
Vorlegung bei Auseinandersetzungen

Bei Vermögensauseinandersetzungen, insbesondere in Erbschafts-, Gütergemeinschafts- und Gesellschaftsteilungssachen, kann das Gericht die Vorlegung der Handelsbücher zur Kenntnisnahme von ihrem ganzen Inhalt anordnen.

§ 261
Vorlegung von Unterlagen auf Bild- oder Datenträgern

Wer aufzubewahrende Unterlagen nur in der Form einer Wiedergabe auf einem Bildträger oder auf anderen Datenträgern vorlegen kann, ist verpflichtet, auf seine Kosten diejenigen Hilfsmittel zur Verfügung zu stellen, die erforderlich sind, um die Unterlagen lesbar zu machen; soweit erforderlich, hat er die Unterlagen auf seine Kosten auszudrucken oder ohne Hilfsmittel lesbare Reproduktionen beizubringen.

Vierter Unterabschnitt. Sollkaufleute. Landesrecht

§ 262
Anwendung auf Sollkaufleute

Für Unternehmer, die nach § 2 verpflichtet sind, die Eintragung ihres Unternehmens in das Handelsregister herbeizuführen, gelten die Vorschriften dieses Abschnitts schon von dem Zeitpunkt an, in dem diese Verpflichtung entstanden ist.

§ 263
Vorbehalt landesrechtlicher Vorschriften

Unberührt bleiben bei Unternehmen ohne eigene Rechtspersönlichkeit einer Gemeinde, eines Gemeindeverbands oder eines Zweckverbands landesrechtliche Vorschriften, die von den Vorschriften dieses Abschnitts abweichen.

Zweiter Abschnitt. Ergänzende Vorschriften für Kapitalgesellschaften (Aktiengesellschaften, Kommanditgesellschaften auf Aktien und Gesellschaften mit beschränkter Haftung)

Erster Unterabschnitt. Jahresabschluß der Kapitalgesellschaft und Lagebericht

Erster Titel. Allgemeine Vorschriften

...

Zweiter Titel. Bilanz

§ 266
Gliederung der Bilanz

(1) ¹Die Bilanz ist in Kontoform aufzustellen. ²Dabei haben große und mittelgroße Kapitalgesellschaften (§ 267 Abs. 3, 2) auf der Aktivseite die in Absatz 2 und auf der Passivseite die in Absatz 3 bezeichneten Posten gesondert und in der vorgeschriebenen Reihenfolge auszuweisen. ³Kleine Kapitalgesellschaften (§ 267 Abs. 1) brauchen nur eine verkürzte Bilanz aufzustellen, in die nur die in den Absätzen 2 und 3 mit Buchstaben und römischen Zahlen bezeichneten Posten gesondert und in der vorgeschriebenen Reihenfolge aufgenommen werden.

(2) Aktivseite

A. Anlagevermögen

I. Immaterielle Vermögensgegenstände:
    1. Konzessionen, gewerbliche Schutzrechte und ähnliche Rechte und Werte sowie Lizenzen an solchen Rechten und Werten;

2. Geschäfts- oder Firmenwert;
   3. geleistete Anzahlungen;
II. Sachanlagen:
   1. Grundstücke, grundstücksgleiche Rechte und Bauten einschließlich der Bauten auf fremden Grundstücken;
   2. technische Anlagen und Maschinen;
   3. andere Anlagen, Betriebs- und Geschäftsausstattung;
   4. geleistete Anzahlungen und Anlagen im Bau;
III. Finanzanlagen:
   1. Anteile an verbundenen Unternehmen;
   2. Ausleihungen an verbundene Unternehmen;
   3. Beteiligungen;
   4. Ausleihungen an Unternehmen, mit denen ein Beteiligungsverhältnis besteht;
   5. Wertpapiere des Anlagevermögens;
   6. sonstige Ausleihungen.
B. Umlaufvermögen:
I. Vorräte:
   1. Roh-, Hilfs- und Betriebsstoffe;
   2. unfertige Erzeugnisse, unfertige Leistungen;
   3. fertige Erzeugnisse und Waren;
   4. geleistete Anzahlungen;
II. Forderungen und sonstige Vermögensgegenstände:
   1. Forderungen aus Lieferungen und Leistungen;
   2. Forderungen gegen verbundene Unternehmen;
   3. Forderungen gegen Unternehmen, mit denen ein Beteiligungsverhältnis besteht;
   4. sonstige Vermögensgegenstände;
III. Wertpapiere:
   1. Anteile an verbundenen Unternehmen;
   2. eigene Anteile;
   3. sonstige Wertpapiere;
IV. Schecks, Kassenbestand, Bundesbank- und Postgiroguthaben, Guthaben bei Kreditinstituten.
C. Rechnungsabgrenzungsposten.
   (3) Passivseite
A. Eigenkapital:
I. Gezeichnetes Kapital;
II. Kapitalrücklage;
III. Gewinnrücklagen:
   1. gesetzliche Rücklage;
   2. Rücklage für eigene Anteile;
   3. satzungsmäßige Rücklagen;
   4. andere Gewinnrücklagen;
IV. Gewinnvortrag / Verlustvortrag;
V. Jahresüberschuß / Jahresfehlbetrag.
B. Rückstellungen:
   1. Rückstellungen für Pensionen und ähnliche Verpflichtungen;
   2. Steuerrückstellungen;
   3. sonstige Rückstellungen.

C. Verbindlichkeiten:
1. Anleihen,
   davon konvertibel;
2. Verbindlichkeiten gegenüber Kreditinstituten;
3. erhaltene Anzahlungen auf Bestellungen;
4. Verbindlichkeiten aus Lieferungen und Leistungen;
5. Verbindlichkeiten aus der Annahme gezogener Wechsel und der Ausstellung eigener Wechsel;
6. Verbindlichkeiten gegenüber verbundenen Unternehmen;
7. Verbindlichkeiten gegenüber Unternehmen, mit denen ein Beteiligungsverhältnis besteht;
8. sonstige Verbindlichkeiten,
   davon aus Steuern,
   davon im Rahmen der sozialen Sicherheit.
D. Rechnungsabgrenzungsposten.

...

II
Buchführung in land- und forstwirtschaftlichen Betrieben

BMF vom 15.12.1981 (BStBl I S. 878)

$$\frac{\text{IV B 4} - \text{S 2163} - 63/81}{\text{IV A 7} - \text{S 0312} - 6/81}$$

Die Buchführung in land- und forstwirtschaftlichen Betrieben ist durch das Gesetz zur Neuregelung der Einkommensbesteuerung der Land- und Forstwirtschaft und durch die Abgabenordnung 1977 auf eine neue Rechtsgrundlage gestellt worden. Unter Bezugnahme auf das Ergebnis der Erörterungen mit den obersten Finanzbehörden der Länder gelten für sie folgende Grundsätze:

Inhaltsübersicht

1 Voraussetzungen der Buchführungspflicht
1.1 Gesetzliche Grundlagen
1.2 Außersteuerliche Buchführungs- und Aufzeichnungspflichten
1.3 Buchführungsgrenzen
2 Beginn und Ende der Buchführungspflicht
2.1 Beginn der Buchführungspflicht
2.2 Ende der Buchführungspflicht
2.3 Übergang der Buchführungspflicht
2.4 Befreiung von der Buchführungspflicht
3 Ordnungsmäßigkeit der Buchführung
3.1 Erleichterungen
3.2 Bewertung von Pflanzenbeständen und Kulturen
3.3 Anbauverzeichnis
3.4 Besonderheiten bei Forstbetrieben
3.5 Nach außersteuerlichen Vorschriften zu führende Bücher und sonstige Aufzeichnungen
4 Aufzeichnung des Warenausgangs
5 Übergangsregelung
6 Anwendungs- und Schlußbestimmung

Anhang 7

Buchführung

1 Voraussetzung der Buchführungspflicht

1.1 Der **Buchführungspflicht** unterliegen Land- und Forstwirte, die einen land- und forstwirtschaftlichen Betrieb als Eigentümer, Pächter, Nießbraucher oder sonstiger Nutzungsberechtigter bewirtschaften, ferner Verpächter, die einen Betrieb im ganzen verpachtet, aber nicht aufgegeben haben, wenn die Voraussetzungen des § 140 AO erfüllt sind oder eine der in § 141 Abs. 1 AO festgelegten Buchführungsgrenzen überschritten wird.

Hat der Steuerpflichtige einen **Antrag nach § 13a Abs. 2 Nr. 1 EStG** gestellt und für das Erstjahr Bücher geführt und einen Abschluß gemacht, so ist der Gewinn des Betriebs für vier aufeinanderfolgende Wirtschaftsjahre durch Betriebsvermögensvergleich zu ermitteln. Diese Buchführungspflicht steht selbständig neben einer sich aus den §§ 140, 141 AO ergebenden Verpflichtung. Tz. 2 gilt für diese Fälle nicht.

1.2 Durch § 140 AO werden die **außersteuerlichen Buchführungs- und Aufzeichnungsvorschriften**, die auch für die Besteuerung von Bedeutung sind, für das Steuerrecht nutzbar gemacht. In Betracht kommen einmal die allgemeinen Buchführungs- und Aufzeichnungsvorschriften des Handels-, Gesellschafts- und Genossenschaftsrechts. Zum anderen fallen hierunter die Buchführungs- und Aufzeichnungsvorschriften für bestimmte Betriebe und Berufe, die sich aus einer Vielzahl von Gesetzen und Verordnungen ergeben (vgl. dazu im einzelnen die beispielhafte Aufzählung zu § 140 AO im Einführungserlaß zur AO 1977 vom 1.10.1976 – BStBl I S. 576).

Soweit Land- und Forstwirte zwecks Inanspruchnahme staatlicher Förderungsmittel nach den einzelbetrieblichen Förderungsprogrammen der Bundesregierung oder der Landesregierungen verpflichtet sind, für einen bestimmten Zeitraum Bücher zu führen und Abschlüsse zu machen und der zuständigen Landwirtschaftsbehörde alljährlich den Buchführungsabschluß in der vorgeschriebenen Form vorzulegen (sog. Auflagenbuchführung), begründet diese auf Verwaltungsvorschriften beruhende Verpflichtung für sich allein keine Buchführungspflicht i.S. des § 140 AO. Entsprechendes gilt für eine Buchführung als Testbetrieb nach dem Landwirtschaftsgesetz vom 5.9.1955 (BGBl. I S. 565), geändert durch Artikel 75 des Einführungsgesetzes zur AO vom 14.12.1976 (BGBl. I S. 3341).

1.3 Bei der Prüfung, ob eine der **Buchführungsgrenzen** nach § 141 AO überschritten ist, ist folgendes zu beachten:

1.3.1 Zu den **Umsätzen** im Sinne des § 141 Abs. 1 Nr. 1 AO gehören auch die nicht steuerbaren Auslandsumsätze. Soweit Land- und Forstwirte mit Durchschnittssatzbesteuerung nach § 24 UStG ihre Umsätze nicht aufzeichnen brauchen (§ 67 UStDV) und auch tatsächlich nicht aufzeichnen, sind diese ggf. anhand von Richtsätzen zu schätzen. Maßgebend sind die im Kalenderjahr erzielten Umsätze.

1.3.2 **Wirtschaftswert** im Sinne des § 141 Abs. 1 Nr. 3 und Satz 3 AO ist der nach den Grundsätzen des § 46 BewG errechnete Wert der selbstbewirtschafteten land- und forstwirtschaftlichen Flächen.

1.3.3 Maßgebend ist der **Gewinn** des Kalenderjahrs (§ 141 Abs. 1 Nr. 5 AO). Das ist bei vom Kalenderjahr abweichenden Wirtschaftsjahren die Summe der zeitlich aufgeteilten Gewinne aus zwei Wirtschaftsjahren. Erhöhte Absetzungen oder Sonderabschreibungen dürfen nach § 7a Abs. 6 EStG bei der Prüfung, ob die Gewinngrenze überschritten ist, nicht berücksichtigt werden. Dies gilt auch für Gewinnabzüge nach den §§ 77, 78 EStDV. Sie sind daher den Gewinnen vor der Aufteilung wieder hinzuzurechnen. Steuerfreie Rücklagen brauchen dagegen nicht hinzugerechnet zu werden, weil § 7a Abs. 6 EStG für sie nicht gilt (vgl. z. B. § 3 Abs. 5 des Forstschäden-Ausgleichsgesetzes vom 29.8.1969 – BStBl I S. 513).

1.3.4 Die Buchführungsgrenzen beziehen sich stets auf den einzelnen land- und forstwirtschaftlichen **Betrieb**. Wird das Vorhandensein mehrerer Betriebe behauptet, so ist zu prüfen, ob es sich dabei nicht nur um Teilbetriebe oder Betriebsteile handelt, die insgesamt einheitlich bewirtschaftet werden. Eine einheitliche Bewirtschaftung spricht regelmäßig für einen Betrieb.

1.3.5 Hat ein Land- und Forstwirt Teile seines im übrigen selbstbewirtschafteten Betriebs verpachtet, so sind bei der Berechnung der Umsatz- und Gewinngrenze die Pachteinnahmen einzubeziehen, wenn die Einkünfte aus der Verpachtung zu den Einkünften aus Land- und Forstwirtschaft gehören. Bei der Berechnung der Wirtschaftswertgrenze bleibt der auf die verpachteten Flächen entfallende Anteil am Wirtschaftswert außer Ansatz.

1.3.6 Hat ein Land- und Forstwirt den land- und forstwirtschaftlichen Betrieb ganz oder zum Teil gepachtet oder auf Grund einer anderen vertraglichen Vereinbarung zur Nutzung übernommen, so ist bei ihm der Wirtschaftswert aller selbstbewirtschafteten Flächen maßgebend (§ 141 Abs. 1 Satz 3 AO).

Zugepachtete Flächen sind beim Pächter mit dem Vergleichswert zu berücksichtigen, mit dem sie im Wirtschaftswert des Verpächters enthalten sind; besteht für zugepachtete Flächen kein eigener Vergleichswert oder sind sie bei der Einheitsbewertung nach § 69 BewG dem Grundvermögen zugerechnet und mit dem gemeinen Wert bewertet, so ist deren Wert nach dem Hektarwert zu errechnen, der bei der Einheitsbewertung für den eigenen Betrieb beim Vergleichswert der entsprechenden Nutzung zugrunde gelegt worden ist oder zugrunde zu legen wäre. Bei der Berechnung des Wirtschaftswerts sind auch Zu- und Abgänge von Flächen zu berücksichtigen, die nicht oder noch nicht zu einer Fortschreibung des Einheitswerts geführt haben. Als Zu- und Abgänge von Flächen gelten auch Nutzungsänderungen innerhalb eines Betriebs (Abschnitt 5 Abs. 3 Nr. 1 Buchstabe b Fortschreibungs-Richtlinien vom 2.12.1971 – BStBl I S. 638).

Wegen der Berechnung des Wirtschaftswerts bei Pachtung eines Betriebs und bei ausschließlicher Bewirtschaftung zugepachteter Flächen wird auf Abschnitt 130a Abs. 3 EStR hingewiesen.

1.3.7 Die Grundsätze von Tz. 1.3.6 gelten – über den dort genannten Fall hinaus – auch für land- und forstwirtschaftlich genutzte Flächen, die nach § 69 BewG als Grundvermögen bewertet sind.

1.3.8 Bei gemeinschaftlichem Betrieb der Land- und Forstwirtschaft durch mehrere Personen gilt für die Buchführungspflicht die Gemeinschaft oder Gesellschaft als Land- und Forstwirt. Es müssen daher Bücher geführt werden, wenn der im gemeinschaftlichen Betrieb erzielte Umsatz oder Gewinn oder der Wirtschaftswert des gemeinschaftlich bewirtschafteten Betriebs die maßgebende Grenze überschreitet.

2 Beginn und Ende der Buchführungspflicht

2.1 Für den **Beginn der Buchführungspflicht** ist u.a. Voraussetzung, daß nach den Feststellungen der Finanzbehörde eine der maßgebenden Buchführungsgrenzen überschritten ist. Diese Feststellung kann nicht nur die für die Besteuerung zuständige, sondern im Namen dieser auch die Finanzbehörde treffen, die nach § 195 AO mit der Durchführung von Außenprüfungen beauftragt ist. Die Feststellungen setzen nicht zwingend einen Steuerbescheid, Feststellungsbescheid oder eine Rechtsbehelfsentscheidung voraus. Sie können auch in anderer Weise getroffen werden. Es genügt z. B., wenn die Finanzbehörde aus Steuererklärungen oder auf Grund einer Außenprüfung Sachverhalte erkennt, die eine Buchführungspflicht auslösen.

2.1.1 In der **Mitteilung über die Verpflichtung zur Buchführung** (§ 141 Abs. 2 AO) ist anzugeben, auf welche Sachverhalte sich die Feststellung der Finanzbehörde stützt.

Die Mitteilung nach § 141 Abs. 2 AO ist Voraussetzung für den Beginn der Buchführungspflicht. Das gilt selbst dann, wenn der Steuerpflichtige die tatsächliche Höhe des Umsatzes, Gewinns oder Wirtschaftswerts nicht richtig erklärt oder überhaupt keine Steuererklärungen abgegeben hat (vgl. BFH-Urteile vom 31.3.1977 – BStBl II S. 549 – und vom 17.3.1977 – BStBl II 1978 S. 76).

2.1.2 Die Mitteilung über die Buchführungspflicht ist ein Verwaltungsakt i.S. der §§ 118 ff. AO. Sie kann mit einem Steuerbescheid verbunden werden. Eine solche Verbindung setzt eine entsprechende Rechtsbehelfsbelehrung voraus, weil gegen den Steuerbescheid der Einspruch, gegen die Mitteilung aber die Beschwerde als Rechtsbehelf gegeben ist. Der Steuerpflichtige soll jedoch nach Möglichkeit eine gesonderte Mitteilung erhalten. Dies ist insbesondere dann erforderlich, wenn der Umsatz oder aber bei Pächtern und anderen Nutzungsberechtigten der Wirtschaftswert für den Beginn der Buchführungspflicht maßgebend ist, weil Steuerbescheide bzw. Feststellungsbescheide insoweit nicht in Frage kommen.

Die Mitteilung soll möglichst frühzeitig, mindestens aber einen Monat vor Beginn des Wirtschaftsjahres bekanntgegeben werden, von dessen Beginn an die Buchführungspflicht zu erfüllen ist.

2.1.3 Die Buchführungspflicht beginnt auch dann, wenn gegen die Mitteilung Beschwerde eingelegt ist (vgl. im übrigen den BFH-Beschluß vom 6.12.1979 – BStBl 1980 II S. 427).

2.1.4 Der Land- und Forstwirt ist aufzufordern, nach Beginn der Buchführungspflicht eine Eröffnungsbilanz vorzulegen.

2.2 § 141 Abs. 2 AO sieht eine förmliche Mitteilung über den Wegfall der Buchführungspflicht nicht vor. Aus Gründen der Rechtssicherheit ist jedoch ein entsprechender Hinweis im Steuerbescheid oder eine besondere Mitteilung zweckmäßig. Die Buchführungspflicht endet nicht bereits mit dem Ablauf des Wirtschaftsjahres, in dem die Feststellung getroffen worden ist, sondern erst mit Ablauf des darauffolgenden Wirtschaftsjahrs (§ 141 Abs. 2 Satz 2 AO), sofern die Finanzbehörde bis dahin nicht erneut das Bestehen der Buchführungspflicht feststellt und dem Steuerpflichtigen dies mitgeteilt hat.

2.3 Die **Buchführungspflicht geht** kraft Gesetzes (§ 141 Abs. 3 Satz 1 AO) auf denjenigen über, der den Betrieb im ganzen als Erwerber, Pächter, Nießbraucher oder sonstiger Nutzungsberechtigter übernimmt. Eine besondere Mitteilung (siehe Tz. 2.1.1 bis 2.1.3) an den Übernehmer ist nicht erforderlich (§ 141 Abs. 3 Satz 2 AO). Der Erwerb kann z. B. von Todes wegen, auf Grund vorweggenommener Erbfolge, durch Kauf sowie durch Einbringung oder Umwandlung eines Einzelbetriebs in eine Personengesellschaft und umgekehrt erfolgen.

Eine Übernahme des Betriebs im ganzen liegt vor, wenn seine Identität gewahrt bleibt. Das ist der Fall, wenn die wesentlichen Grundlagen des Betriebs als einheitliches Ganzes erhalten bleiben (vgl. hierzu die koordinierten Ländererlasse zur Verpachtung von Betrieben vom 17.12.1965 – BStBl 1966 II S. 34 –). Eine Übernahme im ganzen ist danach grundsätzlich auch dann anzunehmen, wenn sie sich auf die Hofstelle und den Grund und Boden beschränkt. Bei Pachtbetrieben bildet auch das lebende und tote Inventar die wesentliche Grundlage. Die anderweitige Verwendung einzelner Wirtschaftsgüter ändert nichts an der Identität des Betriebs.

Strukturelle Veränderungen des Betriebs im Zusammenhang mit der Übernahme oder im Anschluß daran wirken sich auf den Übergang der Buchführungspflicht nicht aus. Erst wenn das Finanzamt feststellt, daß diese Veränderungen zu einem Fortfall der Voraussetzungen des § 141 Abs. 1 AO geführt haben, endet die Buchführungspflicht mit Ablauf des darauffolgenden Wirtschaftsjahres (§ 141 Abs. 2 Satz 2 AO).

2.4 Beim Überschreiten einer Buchführungsgrenze auf Grund außergewöhnlicher Umstände (z. B. Veräußerung von Grund und Boden) soll auf Antrag nach § 148 AO Befreiung von der Buchführungspflicht bewilligt werden, wenn zu erwarten ist, daß künftig keine der Buchführungsgrenzen überschritten wird.

3 Ordnungsmäßigkeit der Buchführung

3.1 Für die Buchführung der Land- und Forstwirte gelten grundsätzlich die gleichen Vorschriften wie für Gewerbetreibende (§§ 140 ff. AO, § 22 UStG i.V.m. §§ 63 ff. UStDV sowie Abschn. 13 und 29–31 EStR). Aus Vereinfachungsgründen werden jedoch folgende Erleichterungen zugelassen:

3.1.1 Die geordnete und übersichtliche Sammlung und Aufbewahrung der Kontoauszüge von ständigen Geschäftspartnern ersetzt die betreffenden Grundbücher, wenn die darin ausgewiesenen Geschäftsvorfälle unter Hinweis auf den dazugehörigen Beleg mit dem erforderlichen Buchungstext erläutert werden. Voraussetzung ist jedoch, daß diese Auszüge in regelmäßigen Zeitabständen – etwa nach einem Monat – vorliegen.

3.1.2 Zu den **Entnahmen** im Sinne des § 4 EStG gehört auch der Eigenverbrauch (Naturalentnahmen). Werden hierfür die von den Oberfinanzdirektionen aufgestellten Richtsätze angesetzt, so genügt es, wenn der Richtsatzbetrag am Ende des Wirtschaftsjahres gebucht wird.

3.1.3 Nach § 141 Abs. 1 Satz 2 AO braucht sich die **Bestandsaufnahme** nicht auf das stehende Holz zu erstrecken.

Bei Betrieben mit jährlicher Fruchtfolge kann auch für das Feldinventar und die stehende Ernte (Abschn. 131 Abs. 2 EStR) sowie für selbstgewonnene, nicht zum Verkauf bestimmte Vorräte (z. B. Heu, Stroh, Silofutter, Trockenfutter, Dünger) auf eine Bestandsaufnahme und Bewertung verzichtet werden. Diese Wirtschaftsgüter brauchen auch in der für die Gewinnermittlung nach § 4 Abs. 1 EStG maßgebenden Bilanz nicht erfaßt zu werden.

3.2 Für die **Bewertung von Pflanzenbeständen und Kulturen** gelten – soweit nicht die Vereinfachungsregelungen nach Tz. 3.1.3, Tz. 3.2.1 oder Absatz 2 in Betracht kommen – die allgemeinen Vorschriften des § 6 EStG. Mehrjährige Kulturen und Dauerkulturen sind danach zu aktivieren. Dies gilt auch für Topfpflanzen, soweit es sich um mehrjährige Kulturen handelt. Mehrjährige Kulturen sind Pflanzen, die nach einer Kulturzeit im Betrieb von mehr als einem Jahr einen einmaligen Ertrag liefern, der zum Verkauf bestimmt ist (z. B. Baumschulkulturen). Sie gehören zum Umlaufvermögen und sind nach § 6 Abs. 1 Nr. 2 EStG zu bewerten. Dauerkulturen sind Pflanzungen, die während einer Reihe von Jahren Erträge durch ihre zum Verkauf bestimmten Blüten, Früchte oder anderen Pflanzenteile liefern (z. B. Spargel-, Rhabarber- und Hopfenanlagen, Obstanlagen sowie Rebanlagen). Sie stellen abnutzbares Anlagevermögen dar, dessen Bewertung sich nach § 6 Abs. 1 Nr. 1 EStG richtet.

Es ist nicht zu beanstanden, wenn Topfpflanzen erstmals zum Schluß des Wirtschaftsjahres aktiviert werden, daß nach ihrer Anschaffung oder Herstellung beginnt.

3.2.1 Bei mehrjährigen Kulturen und Dauerkulturen entsprechen die Anlagekosten den Anschaffungs- oder Herstellungskosten. Dazu gehören z. B. die Aufwendungen für Jungpflanzen, für die Aushebung der Pflanzgruben, für Baumpfähle und Bindematerial, für Umzäunungen oder Drahtschutz gegen Wildverbiß und für Veredelungsarbeiten. Pflegekosten sind aus Vereinfachungsgründen nicht zu aktivieren. Gemeinkosten werden in den meisten Fällen von so geringer Bedeutung sein, daß in der Regel auf ihre Aktivierung ebenfalls verzichtet werden kann. Das Aktivierungsrecht des Steuerpflichtigen bleibt unberührt.

3.3 Land- und Forstwirte haben nach § 142 AO neben der jährlichen Bestandsaufnahme und dem jährlichen Abschluß ein **Anbauverzeichnis** zu führen. In dem Anbauverzeichnis ist nachzuweisen, mit welchen Fruchtarten die selbstbewirtschafteten Flächen im abgelaufenen Wirtschaftsjahr bestellt waren. In das Anbauverzeichnis sind alle dem Betrieb dienenden Flächen, also auch Pachtflächen und andere zur Nutzung überlassenen Flächen, aufzunehmen. Die selbstbewirtschaftete Fläche ist unter Angabe ihrer Größe in die einzelnen Nutzungs- und Kulturarten aufzuteilen; Flur- und Parzellenbezeichnungen oder ortsübliche Bezeichnungen sind anzugeben. Unproduktive Flächen, wie z. B. Hofraum, Dauerwege, Lagerplätze, Gebäudeflächen, sollen gleichfalls angegeben werden.

3.3.1 Das Anbauverzeichnis muß grundsätzlich nach den Verhältnissen zum Beginn eines Wirtschaftsjahres aufgestellt werden. Fruchtarten, die innerhalb eines Wirtschaftsjahres bestellt und abgeerntet werden, sind fortlaufend zusätzlich anzugeben.

Im gärtnerischen Gemüsebau und im Blumen- und Zierpflanzenbau ist zum 1. eines jeden Kalendervierteljahres anzugeben, welche Kulturen am Stichtag in den einzelnen Quartieren, Gewächshäusern usw. stehen.

3.3.2 In den Anbauverzeichnissen der **gärtnerischen Betriebe**, Teilbetriebe oder Betriebsteile sind die Nutzungsteile Gemüsebau, Blumen- und Zierpflanzenbau, Obstbau, Baumschulen gesondert auszuweisen. Zu den einzelnen Nutzungsteilen gehören auch die Mutterpflanzenquartiere, Saatkämpen und Jungpflanzenanzuchtflächen. Sie sind besonders zu kennzeichnen. Das gilt auch für Dauerkulturen und mehrjährige Kulturen. Es ist zwischen Freiland-, Niederglas- sowie heizbaren und nicht heizbaren Hochglasflächen zu unterscheiden. Bei mehrstöckiger Bepflanzung ist die insgesamt bepflanzte Fläche anzugeben.

Beim **Gemüse-, Blumen- und Zierpflanzenanbau** sind die einzelnen Arten mit ihren handelsüblichen Bezeichnungen anzugeben. Als Grundlage für die Anbauverzeichnisse im gärtnerischen Gemüsebau und im Blumen- und Zierpflanzenbau haben sich maßstabsgerechte Lagepläne und – insbesondere Glasflächen – Grundrißzeichnungen bewährt.

Beim **Obstbau** sind die einzelnen Arten und diese wiederum unterteilt nach Sorten und Erziehungsformen (z. B. Halbstamm, Hochstamm) anzugeben. Bei den Obstbäumen ist unter Angabe der Zahl der Bäume eine weitere Aufgliederung in Jungpflanzen und im Ertrag stehende Bäume erforderlich. Bei Beeren ist die Fläche anzugeben.

Der Nutzungsteil **Baumschulen** ist mindestens wie folgt aufzugliedern:

Rhododendron und Azaleen

sonstige Ziergehölze aller Art

Forstpflanzen, die üblicherweise als Massenartikel gezogen werden

Heckenpflanzen, die üblicherweise als Massenartikel gezogen werden

Obstgehölze aller Art.

Die in Containern gezogenen Pflanzen sind gesondert auszuweisen.

Bei Samen-, Saat- und sonstigen **Pflanzenzuchtbetrieben** sind Lage, Art und Umfang des Vermehrungsanbaues anzugeben.

3.3.3 **Forstwirtschaftlich genutzte Flächen** sind in Holzboden-, Nichtholzboden- und sonstige Flächen (Nebenflächen) aufzugliedern. Die Holzbodenflächen sind nach Holzarten unter Angabe der Altersklassen aufzuteilen. Die im Wirtschaftsjahr kultivierten Flächen sind getrennt nach Wiederaufforstungen und Erstaufforstungen auszuweisen. Diese Angaben stellen in der Forstwirtschaft das Anbauverzeichnis dar.

Ein Anbauverzeichnis erübrigt sich, wenn für einen Forstbetrieb oder Forstbetriebsteil ein amtlich anerkanntes Betriebsgutachten oder ein Betriebswerk vorliegt.

3.4 Forstbetriebe haben die Holzaufnahme und den Holzeingang aufzuzeichnen. Zu diesem Zweck ist das eingeschlagene und aufgearbeitete Nutzholz und Brennholz (Derbholz) aufzumessen und mit fortlaufenden Nummern zu versehen. Aus den Aufzeichnungen muß sich auch die Holzart, die Holzsorte (Güte und Stärkeklasse) und die Holzmenge (Kubikmeter, Stückzahl u. a.) ergeben.

3.4.1 Der Nachweis über die Holzaufnahme und den Holzeingang kann in entsprechend aufgegliederter Form durch Führung von Holzaufnahmelisten oder Nummernbüchern und Holzeingangsbüchern (Holzeinschlagsbuch, Holzeinnahmebuch, Fällungsnachweise) geführt werden. Er ist insbesondere im Hinblick auf § 34b EStG geboten, um die Voraussetzung der Angabe der unterschiedlichen Nutzungen zu erfüllen.

3.4.2 Werden Nummernbücher geführt, sind die Nummernbücher eines Wirtschaftsjahres fortlaufend zu kennzeichnen. Die Schlußnachweisung eines jeden Nummernbuchs ist in das Holzeinschlagsbuch zu übertragen. Am Ende des Wirtschaftsjahres ist das Holzeinschlagsbuch mengenmäßig abzuschließen.

Dabei soll erläutert werden, ob es sich um Mengen mit Rinde oder ohne Rinde handelt. Außerdem ist das am Schluß des Wirtschaftsjahres vorhandene eingeschlagene Holz in das Holzeingangsbuch – getrennt nach Holzsorten – einzutragen. Auf diese Weise ist unter Berücksichtigung der Anfangsbestände eine Abstimmung mit dem Holzausgangsbuch möglich.

3.4.3 Forstbetriebe haben außerdem nach Maßgabe der Tz. 4 sämtliche entgeltlichen und unentgeltlichen Holzlieferungen – Holzausgang – aufzuzeichnen (§ 144 Abs. 5 AO).

Aus den Aufzeichnungen müssen sich ergeben:

das Verkaufsdatum,

die Anschrift des Erwerbers,

die Holzart,

die Holzsorte (Stärke und Güteklasse),

die Menge,

der Preis.

Zur Vollständigkeit der Aufzeichnungen gehört auch die Angabe der Entnahmen und der Lieferungen an Betriebsangehörige.

3.4.4 Der Nachweis über den Holzausgang kann anhand von Durchschlägen der fortlaufend numerierten Holzzettel geführt werden.

Diese können auch in Verkaufslisten zusammengefaßt werden. Holzart und Holzsorte können sich auch aus dem Nummernbuch ergeben.

3.4.5 Werden in einem forstwirtschaftlichen Betrieb das Holzeinschlagsbuch (Holzeinnahmebuch, Fällungsnachweis) und das Holzausgangsbuch (Holzausgabebuch, Verwertungsnachweis) ordnungsgemäß geführt, so kann für das eingeschlagene Holz eine permanente Inventur im Sinne des Abschn. 30 Abs. 2 EStR erstellt werden.

3.5 Bestandteil der Buchführung sind im übrigen auch die nach außensteuerlichen Vorschriften zu führenden Bücher und sonstigen Aufzeichnungen.

4 **Aufzeichnung des Warenausgangs**

Nach § 144 Abs. 5 AO gelten die Vorschriften über die gesonderte Aufzeichnung des Warenausgangs auch für buchführungspflichtige Land- und Forstwirte. Diese Aufzeichnungen sollen eine bessere Überprüfung der Käufer land- und forstwirtschaftlicher Produkte ermöglichen. Es sind daher die Waren aufzuzeichnen, die erkennbar zur gewerblichen Weiterverwendung bestimmt sind.

Unter die Aufzeichnungspflicht fallen auch solche Produkte, die vom Erwerber nicht unmittelbar weiterveräußert, sondern zuvor be- oder verarbeitet werden.

5 **Übergangsregelung**

Nach der Tz. 3.2 sind mehrjährige Kulturen und Dauerkulturen zu aktivieren. Soweit dies bisher noch nicht geschehen ist, ist der Aktivposten erstmals in der Schlußbilanz des Wirtschaftsjahrs anzusetzen, das nach dem 31.12.1980 beginnt. Der dadurch entstehende Gewinn kann in der Weise auf fünf Wirtschaftsjahre verteilt werden, daß in derselben Schlußbilanz eine den steuerlichen Gewinn mindernde Rücklage von höchstens $^4/_5$ des Gewinns gebildet wird. Die Rücklage ist in den folgenden Wirtschaftsjahren mit mindestens je ¼ gewinnerhöhend aufzulösen.

6 **Anwendungs- und Schlußbestimmung**

Die vorstehenden Regelungen sind erstmals für Wirtschaftsjahre anzuwenden, die nach dem 31.12.1980 beginnen. Der RdF-Erlaß vom 5. Juli 1935 – S 2140 – 50 III (RStBl S. 953), die Verwaltungsanordnung über die Buchführung gärtnerischer Betriebe vom 15. Juni 1951 (BStBl I S. 235), die gleichlautenden Ländererlasse aus dem Jahre 1958 über die Buchführung forstwirtschaftlicher Betriebe, die gleichlautenden Ländererlasse aus dem Jahre 1970 über die land- und forstwirtschaftliche Buchführung (BMF-Schreiben vom 22.1.1970 – IV B 4 – S 2163 – 4/70 – BStBl I S. 184) sind überholt.

III

Grundsätze ordnungsmäßiger Buchführung (GoB); Verbuchung von Bargeschäften im Einzelhandel

BMF vom 14.12.1994 (BStBl 1995 I S. 7)

IV A 8 – S 0315 – 22/94

Nach dem Ergebnis der Erörterungen mit den obersten Finanzbehörden der Länder zur Verbuchung von Bargeschäften im Einzelhandel gilt folgendes:

Die Grundsätze ordnungsmäßiger Buchführung erfordern grundsätzlich die Aufzeichnung jedes einzelnen Handelsgeschäfts in einem Umfang, der eine Überprüfung seiner Grundlagen, seines Inhalts und seiner Bedeutung für den Betrieb ermöglicht. Das bedeutet nicht nur die Aufzeichnung der in Geld bestehenden Gegenleistung, sondern auch des Inhalts des Geschäfts und des Namens oder der Firma und der Anschrift des Vertragspartners (Identität).

Eine Einzelaufzeichnung der baren Betriebseinnahmen im Einzelhandel ist nach der Rechtsprechung des Bundesfinanzhofs unter dem Aspekt der Zumutbarkeit nicht erforderlich, wenn Waren von geringem Wert an eine unbestimmte Vielzahl nicht bekannter und auch nicht feststellbarer Personen verkauft werden (BFH vom 12. Mai 1966, BStBl 1966 III S. 371).

Von der Zumutbarkeit von Einzelaufzeichnungen über die Identität ist jedenfalls bei einer Annahme von Bargeld im Wert von 20.000 DM und mehr auszugehen. Außersteuerliche Buchführungs- und Aufzeichnungspflichten bleiben unberührt.

Dieses Schreiben tritt an die Stelle meines Schreibens vom 30. Juni 1994 – IV A 8 – S 0315 – 10/94 –.

IV

Grundsätze ordnungsmäßiger DV-gestützter Buchführungssysteme (GoBS)

BMF vom 7.11.1995 (BStBl I S. 738)

IV A 8 – S 0316 – 52/95

1 Anlage (GoBS)

Die beigefügten „Grundsätze ordnungsmäßiger DV-gestützter Buchführungssysteme" (GoBS) sind von der Arbeitsgemeinschaft für wirtschaftliche Verwaltung e.V. (AWV), Eschborn, ausgearbeitet worden. Unter Bezugnahme auf das Ergebnis der Erörterungen mit den obersten Finanzbehörden der Länder gilt für die Anwendung dieser Grundsätze folgendes:

I. Anwendungsbereich (Tz. 1 der GoBS)

a) Die nach steuerlichen Vorschriften zu führenden Bücher und sonst erforderlichen Aufzeichnungen können nach § 146 Abs. 5 Abgabenordnung 1977 (AO) auf Datenträgern geführt werden, soweit diese Form der Buchführung einschließlich des dabei angewandten Verfahrens den Grundsätzen ordnungsmäßiger Buchführung (GoB) entspricht; § 147 Abs. 2 AO läßt unter gewissen Voraussetzungen die Aufbewahrung von Unterlagen auf Datenträgern zu. Als Datenträger kommen neben den Bildträgern insbesondere auch die maschinell lesbaren Datenträger (z. B. Diskette, Magnetband, Magnetplatte, elektro-optische Speicherplatte) in Betracht.

b) Die Ordnungsmäßigkeit einer DV-gestützten Buchführung ist grundsätzlich nach den gleichen Prinzipien zu beurteilen wie die einer manuell erstellten Buchführung. Mit den GoBS sollen die allgemeinen GoB – der Maßstab für die Ordnungsmäßigkeit der Buchführung – für den Bereich der DV-gestützten Buchführung präzisiert werden. Zu beachten sind neben den handelsrechtlichen Grundsätzen ordnungsmäßiger Buchführung (vgl. hierzu insbesondere §§ 238, 239, 257 und 261 HGB) die §§ 145 bis 147 AO. Die wichtigsten GoB sind in R 29 der Einkommensteuerrichtlinien 1993 (EStR 1993) dargestellt.

Anhang 7

c) Die GoBS beziehen sich nicht nur auf die konventionelle Speicherbuchführung. Sie sind neben dem COM-Verfahren auch bei ähnlichen Verfahren (z. B. COLD) sowie bei Dokumenten-Management-Systemen entsprechend anzuwenden.

II. Beleg-, Journal- und Kontenfunktionen (Tz. 2 der GoBS)

a) Auch an die DV-gestützte Buchführung wird die Anforderung gestellt, daß Geschäftsvorfälle retrograd und progressiv prüfbar bleiben müssen.

Die progressive Prüfung beginnt beim Beleg, geht über die Grundaufzeichnungen zu den Konten und schließlich zur Bilanz/Gewinn- und Verlustrechnung bzw. zur Steueranmeldung/Steuererklärung. Die retrograde Prüfung verläuft umgekehrt.

Zur Erfüllung der Belegfunktionen sind deshalb Angaben zur Kontierung, zum Ordnungskriterium für die Ablage und zum Buchungsdatum **auf dem Beleg** erforderlich. Die Reihenfolge der Buchungen ist zu dokumentieren.

Die ordnungsgemäße Anwendung des jeweiligen Verfahrens ist zu belegen. Der Nachweis der Durchführung der in dem jeweiligen Verfahren vorgesehenen Kontrollen ist u.a. durch Programmprotokolle sowie durch die Verfahrensdokumentation (vgl. zu IV.) zu erbringen.

b) Das zum Einsatz kommende DV-Verfahren muß die Gewähr dafür bieten, daß alle Informationen, die in den „Verarbeitungsprozeß" eingeführt werden, erfaßt werden und zudem nicht mehr unterdrückt werden können (§ 146 Abs. 4 AO).

c) Bei der Auflösung verdichteter Zahlen sind die Einzelpositionen übersichtlich darzustellen. Die Ordnungsmäßigkeit der Buchung verdichteter Zahlen erfordert den Nachweis der in den verdichteten Zahlen enthaltenen Einzelposten.

Der Buchführungspflichtige ist nach § 147 Abs. 5 AO verpflichtet, auf Verlangen der Finanzbehörde gespeicherte Informationen unverzüglich ganz oder teilweise auszudrucken oder ohne Hilfsmittel lesbare Reproduktionen beizubringen (vgl. zu VIII.).

III. Buchung (Tz. 3 der GoBS)

Eine einmal erfolgte Buchung darf nicht verändert werden. Fehlerhafte Buchungen können wirksam und nachvollziehbar durch Stornierungen oder Neubuchungen geändert werden. Es besteht deshalb weder ein Bedarf noch die Notwendigkeit für weitere nachträgliche Veränderungen einer einmal erfolgten Buchung. Sollte eine Buchung ausnahmsweise verändert werden, ist § 146 Abs. 4 AO zu beachten.

IV. Internes Kontrollsystem (IKS/Tz. 4 der GoBS)

Das Interne Kontrollsystem ist nur eines von vielen Kriterien zur Erfüllung der Ordnungsmäßigkeit einer DV-gestützten Buchführung. Das IKS allein indiziert noch nicht die Ordnungsmäßigkeit der DV-gestützten Buchführung.

Die Beschreibung des IKS ist Bestandteil der Verfahrensdokumentation (vgl. zu VI.). Eine Wahlmöglichkeit für den Buchführungspflichtigen, welche Beschreibung er für erforderlich hält, besteht nicht.

Die Wirksamkeit eingerichteter Kontrollen und Sicherungen sollte als Systemprüfungshandlung in die Prüfung einbezogen werden. Dadurch können Prüfungsfelder eingegrenzt oder ganz abgehandelt werden (kombinierte System- und Einzelfallprüfung). Die Überprüfung des IKS sollte jedoch nicht als Formalprüfung im Rahmen der GoB angelegt werden.

V. Datensicherheit (Tz. 5 der GoBS)

Zu sichern und zu schützen sind neben den genannten „Informationen" auch die Änderungen der Tabellen- und Stammdaten. Ihre Sicherung ist ebenso von Bedeutung wie die Sicherung anderer Programm- und Stammdaten.

Der Schutz der sensiblen Informationen des Unternehmens auch gegen unberechtigte Kenntnisnahme bezieht sich nicht auf die Vorlage von Unterlagen im Rahmen einer Außenprüfung.

Ziel der Datensicherungsmaßnahmen ist es, die Risiken für die gesicherten Programme/Datenbestände hinsichtlich Unauffindbarkeit, Vernichtung und Diebstahl zu vermeiden. Systematische Verzeichnisse über die gesicherten Programme/Datenbestände sollen das Risiko der Unauffindbarkeit ausschließen. Das Risiko der Vernichtung der Datenträger ist durch geeignete Aufbewahrungsorte zu vermeiden.

VI. Dokumentation und Prüfbarkeit (Tz. 6 der GoBS)

a) Für jedes DV-gestütze Buchführungssystem ist eine Dokumentation zu erstellen (Verfahrensdokumentation).
Tz. 6.2 der GoBS zeigt Bereiche auf, auf die sich die Verfahrensdokumentation „insbesondere" erstrecken muß. Es handelt sich nicht um eine abschließende Aufzählung aller aufbewahrungspflichtigen Dokumentationsunterlagen, sondern lediglich um einen Rahmen für den Umfang der Dokumentation. Der Umfang der im Einzelfall erforderlichen Dokumentation wird dadurch bestimmt, was zum Verständnis der Buchführung notwendig ist.

b) Bestandteil der Verfahrensdokumentation ist auch eine Beschreibung der vom Programm zugelassenen Änderungen von Systemeinstellungen durch den Anwender. Die Beschreibung der variablen, benutzerdefinierten Aufgabenstellungen ist Teil der sachlogischen Beschreibung.

c) Die Beschreibung der programmtechnischen Lösung beinhaltet auch die Gültigkeitsdauer einer Tabelle.
Zum Nachweis der Programmidentität ist das sog. Programmprotokoll (Umwandlungsliste, Übersetzungsliste) erforderlich. Als Teil der Verfahrensdokumentation stellt dieses Protokoll regelmäßig den einzigen genauen Nachweis über den Inhalt des tatsächlich verwendeten Programms dar (§ 147 Abs. 1 Nr. 1 AO).

VII. Aufbewahrungsfristen (Tz. 7 der GoBS)

Die in Tz. 7 der GoBS genannten Aufbewahrungsfristen können sich gemäß § 147 Abs. 3 Satz 2 AO verlängern. Zur Anwendung dieser Bestimmung ist eine Verwaltungsregelung ergangen (Bundessteuerblatt 1977 Teil I S. 487).

VIII. Wiedergabe der auf Datenträgern geführten Unterlagen (Tz. 8 der GoBS)

a) Der Buchführungspflichtige, der aufzubewahrende Unterlagen nur in Form einer Wiedergabe auf einem Datenträger vorlegen kann, ist verpflichtet, auf seine Kosten diejenigen Hilfsmittel zur Verfügung zu stellen, die erforderlich sind, um die Unterlagen lesbar zu machen; auf Verlangen der Finanzbehörde hat er auf seine Kosten die Unterlagen **unverzüglich** ganz oder teilweise auszudrucken bzw. lesbare Reproduktionen beizubringen (vgl. zu II.).

b) § 147 Abs. 2 AO schreibt zur Archivierung von Unterlagen (Dokumenten) auf digitalen Datenträgern keine besondere Technik vor. Die Regelung ist bewußt so gefaßt worden, daß sie keine bestimmte Technologie vorschreibt. Mit Ausnahme der Jahresabschlüsse und der Eröffnungsbilanz ist damit die Speicherung / Archivierung der aufbewahrungspflichtigen Unterlagen (Dokumente) auf digitalen Datenträgern als sog. „andere Datenträger" i.S.d. § 147 Abs. 2 AO zulässig.

Dabei sind grundsätzlich zwei Verfahren zu unterscheiden:

1. Speicherung von analogen Dokumenten (in Papierform verkörperte Dokumente)

    Analoge Dokumente werden im Anschluß an den Scannvorgang auf digitalen Datenträgern archiviert. Der Scannvorgang bedarf einer genauen Organisationsanweisung darüber,

    – wer scannen darf
    – zu welchem Zeitpunkt gescannt wird
    – welches Schriftgut gescannt wird
    – ob eine bildliche oder inhaltliche Übereinstimmung mit dem Original erforderlich ist (§ 147 Abs. 1 Nr. 2 oder 3 AO)
    – wie die Qualitätskontrolle auf Lesbarkeit und Vollständigkeit und
    – wie die Protokollierung von Fehlern zu erfolgen hat.

    Das mittels Scannen entstandene digitale Dokument ist mit einem unveränderbaren Index zu versehen. Hard- und softwaremäßig muß sichergestellt sein, daß das Scannergebnis unveränderbar ist.

    Im Anschluß an den Scannvorgang darf die weitere Bearbeitung nur mit dem gespeicherten Beleg erfolgen (z. B. Buchungsvermerke).

Anhang 7
IV Buchführung

2. Speicherung von originär digitalen Dokumenten

Originär digitale Dokumente werden durch Übertragung der Inhalts- und Formatierungsdaten auf einen digitalen Datenträger archiviert.

Bei originär digitalen Dokumenten muß hard- und softwaremäßig sichergestellt sein, daß während des Übertragungsvorgangs auf das Speichermedium eine Bearbeitung nicht möglich ist. Die Indexierung hat wie bei gescannten Dokumenten zu erfolgen.

Das so archivierte digitale Dokument kann nur unter dem zugeteilten Index bearbeitet und verwaltet werden. Die Bearbeitungsvorgänge sind zu protokollieren und mit dem Dokument zu speichern. Das bearbeitete Dokument ist als „Kopie" zu kennzeichnen.

Die gespeicherten Dokumente müssen während der gesamten Aufbewahrungsfrist jederzeit reproduzierbar, d.h. lesbar sein (vgl. zu VII.).

c) Bei der Speicherung auf Datenträgern ist bei bestimmten Unterlagen sicherzustellen, daß die Wiedergabe mit der Originalunterlage bildlich übereinstimmt (§ 147 Abs. 2 Nr. 1 AO). Eine vollständige Farbwiedergabe ist erforderlich, wenn der Farbe Beweisfunktion zukommt.

Der Verzicht auf einen herkömmlichen Beleg darf die Möglichkeit der Prüfung des betreffenden Buchungsvorgangs in formeller und sachlicher Hinsicht nicht beeinträchtigen. Der Erhalt der Verknüpfung zwischen Index, digitalem Dokument und Datenträger muß während der gesamten Aufbewahrungsfrist gewährleistet sein.

Die Originalunterlagen können darüber hinaus nur vernichtet werden, soweit sie nicht nach anderen Rechtsvorschriften im Original aufzubewahren sind.

Dieses Schreiben tritt an die Stelle meines Schreibens vom 5. Juli 1978 – IV A 7 – S 0316 – 7/78 – (BStBl I S. 250).

IX.

Im übrigen bleiben die Regelungen des BMF-Schreibens vom 1. Februar 1984 (Bundessteuerblatt 1984 Teil I S. 155) unberührt.

Anlage

zum BMF-Schreiben vom 7.11.1995

IV A 8 – S 0316 – 52/95

**Grundsätze ordnungsmäßiger
DV-gestützter Buchführungssysteme (GoBS)**

Inhaltsverzeichnis

	Seite
Vorwort	1116
1 Anwendungsbereich	1117
2 Beleg-, Journal- und Kontenfunktion	1118
3 Buchung	1120
4 Internes Kontrollsystem (IKS)	1121
5 Datensicherheit	1122
6 Dokumentation und Prüfbarkeit	1124
7 Aufbewahrungsfristen	1126
8 Wiedergabe der auf Datenträgern geführten Unterlagen	1126
9 Verantwortlichkeit	1127

Vorwort

DV-gestützte Buchführungssysteme – oder auch kurz DV-Buchführung genannt – führen in bezug auf die Erfüllung der GoB zu Fragen, auf die die folgenden Grundsätze eine Antwort geben.

Seit erstmaliger Veröffentlichung der Grundsätze ordnungsmäßiger Speicherbuchführung (GoS) im Jahre 1978 hat sich die Technik und Anwendung der DV weiterentwickelt und zu Veränderungen im Bereich des kaufmännischen Rechnungswesens und seinen Arbeitsabläufen geführt.

Die seinerzeit verfaßten GoS beruhen auf der Basis einer reinen Speicherbuchführung, bei der die Buchungen auf maschinell lesbaren Datenträgern gespeichert und nur für bestimmte Zwecke lesbar gemacht werden sollten. Es setzte sich allerdings rasch die heute herrschende Auffassung durch, daß die GoS als Auslegung der Grundsätze ordnungsmäßiger Buchführung (GoB) für **alle** DV-gestützten rechnungsrelevanten Verfahren generell gelten müssen. Zur Anpassung an die heute eingerichteten und zukünftigen Informationssysteme in den Unternehmen werden daher die bisherigen „Grundsätze ordnungsmäßiger Speicherbuchführung" als **„Grundsätze ordnungsmäßiger DV-gestützter Buchführungssysteme"** (GoBS) neu gefaßt.

Die Entwicklungen der letzten Jahre im Bereich der DV haben weiterhin zu einer veränderten Betrachtungsweise der DV-gestützten Buchführung geführt. Von wesentlicher Bedeutung ist dabei, daß die Unternehmensfunktion „Buchhaltung" nicht mehr ohne weiteres – wie früher – eindeutig abgrenzbar ist. Durch den Einsatz integrierter DV-Systeme können „Buchhaltungsdaten", die bereits in außerhalb der Abteilung „Buchhaltung" vorgesehenen Arbeitsabläufen entstehen, unmittelbar in das Buchführungssystem einfließen, z. B. bei Betriebsdatenerfassung (BDE) und Datenübermittlung (z. B. Electronic Data Interchange – EDI). Derartige Verfahren im weiteren Sinne können somit Belegfunktion erlangen, wodurch sie dann ebenfalls den GoB und damit den Regeln der GoBS unterliegen. Der Begriff der Belegfunktion, der in Kapitel 2 näher erläutert wird, verdeutlicht, daß die Buchführung mehr als bislang in den Bereich der DV-gestützten Verfahren, die nicht immer auf den ersten Blick dem DV-gestützten Buchführungssystem zugeordnet werden, integriert sein kann. Aus diesem Grund ist es sinnvoll, den Begriff EDV-Buchführung durch den Begriff **DV-gestütztes Buchführungssystem** zu ersetzen.

Da die GoBS die Anforderungen an die Kontrollen, Regelungen und Maßnahmen beinhalten, die der Buchführungspflichtige vorsehen und umsetzen muß, um den GOB beim Einsatz der DV zu genügen, ist es erforderlich, den Begriff des **Internen Kontrollsystems** (IKS) in die GoBS einzuführen. Das IKS stellt unter anderem darauf ab, daß die Ausgestaltung organisatorischer Kontrollmechanismen, wie z. B. Funktionstrennungen und Abstimmkontrollen, die Ordnungsmäßigkeit einer Buchführung bestimmt.

Moderne Verfahren und Hilfsmittel der Programmerstellung und der Programmpflege und der daraus gewonnenen Dokumentation eines Programms führen unter Umständen zu weiteren bisher nicht bekannten Dokumentationsformen. Diese Entwicklung wird in dieser Schrift ebenso Rechnung getragen wie beispielsweise auch den Fragen der Herstellung der Programmidentität und des Zugriffsschutzes.

1 Anwendungsbereich

1.0 Die gesetzlichen Voraussetzungen für eine Buchführung, die auf Datenträgern geführt wird (DV-Buchführung), enthalten das Handelsgesetzbuch (HGB) und die Abgabenordnung (AO). Nach § 239 Abs. 4 HGB und § 146 Abs. 5 AO können Handelsbücher oder Bücher und die sonst erforderlichen Aufzeichnungen auch in der geordneten Ablage von Belegen bestehen oder auf Datenträgern geführt werden, soweit diese Firmen der Buchführung einschließlich des dabei angewandten Verfahrens den GoB entsprechen.

Die Grundsätze ordnungsmäßiger DV-gestützter Buchführungssysteme ersetzen nicht die GoB; die stellen lediglich eine Präzisierung der GoB im Hinblick auf die DV-Buchführung dar und beschreiben die Maßnahmen, die der Buchführungspflichtige ergreifen muß, will er sicherstellen, daß die Buchungen und sonst erforderlichen Aufzeichnungen vollständig, richtig, zeitgerecht und geordnet vorgenommen werden. Für die Einhaltung der GoB ist auch bei der DV-Buchführung der Buchführungspflichtige verantwortlich.

1.1 Als **DV-gestütztes Buchführungssystem** soll nachfolgend eine Buchführung bezeichnet werden, die insgesamt oder in Teilbereichen kurzfristig oder auf Dauer unter Nutzung von Hardware und Software auf DV-Datenträgern geführt wird. Dabei ist sicherzustellen, daß während der Dauer der DV-Speicherung die Bücher, Belege und sonst erforderlichen Aufzeichnungen jederzeit innerhalb angemessener Frist verfügbar und lesbar gemacht werden können. Zu den DV-Datenträgern gehören neben den magnetischen Datenträgern insbesondere auch elektro-optische Datenträger. Da die Erstellung der Mikrofilme mit Hilfe des COM-Verfahrens (Computer-Output-Microfilm) die integrierte Fortsetzung des EDV-Verfahrens ist, unterliegt dieses Verfahren ebenfalls den GoBS.

In einem DV-gestützten Buchführungssystem sind auch solche Prozesse zu berücksichtigen, in denen außerhalb des eigentlichen Buchhaltungsbereiches buchführungsrelevante Daten erfaßt, erzeugt, verarbeitet und / oder übermittelt werden.

1.2 Bei einer DV-Buchführung sind, wie bei jeder anderen Buchführung, die GoB, insbesondere die Ordnungsvorschriften der §§ 238, 239 und 257 HGB und die §§ 145 und 146 AO zu beachten. Danach gilt vor allem folgendes:

- Die buchungspflichtigen Geschäftsvorfälle müssen richtig, vollständig und zeitgerecht erfaßt sein sowie sich in ihrer Entstehung und Abwicklung verfolgen lassen (Beleg- und Journalfunktion).
- Die Geschäftsvorfälle sind so zu verarbeiten, daß sie geordnet darstellbar sind und ein Überblick über die Vermögens- und Ertragslage gewährleistet ist (Kontenfunktion).
- Die Buchungen müssen einzeln und geordnet nach Konten und diese fortgeschrieben nach Kontensummen oder Salden sowie nach Abschlußposition dargestellt und jederzeit lesbar gemacht werden können.
- Ein sachverständiger Dritter muß sich in dem jeweiligen Verfahren der Buchführung in angemessener Zeit zurechtfinden und sich einen Überblick über die Geschäftsvorfälle und die Lage des Unternehmens verschaffen können.
- Das Verfahren der DV-Buchführung muß durch eine Verfahrensdokumentation, die sowohl die aktuellen als auch die historischen Verfahrensinhalte nachweist, verständlich und nachvollziehbar gemacht werden.
- Es muß gewährleistet sein, daß das in der Dokumentation beschriebene Verfahren dem in der Praxis eingesetzten Programm (Version) voll entspricht (Programmidentität).

2 Beleg-, Journal- und Kontenfunktion

2.1 Grundsatz

Dem Prinzip, daß ein **sachlicher und zeitlicher Nachweis** über sämtliche buchführungspflichtigen Geschäftsvorfälle erbracht werden muß, hat auch die DV-Buchführung zu entsprechen.

Die **Nachvollziehbarkeit** des einzelnen buchführungspflichtigen Geschäftsvorfalls wird durch die Beachtung der Beleg-, Journal- und Kontenfunktion gewährleistet.

Der Zusammenhang zwischen dem zugrundeliegenden Geschäftsvorfall und dessen Buchung bzw. dessen DV-Verarbeitung muß durch eine aussagekräftige Verfahrensdokumentation – ergänzt durch den **Nachweis ihrer ordnungsmäßigen Anwendung** – dargestellt werden (vgl. Kapitel 6 „Dokumentation und Prüfbarkeit"). Der Buchführungspflichtige muß im Einzelfall durch Hinzuziehung der Verfahrensdokumentation die Erfüllung der Beleg-, Journal- und Kontenfunktion sicherstellen, um damit einem sachverständigen Dritten in angemessener Zeit einen ausreichend sicheren, eindeutigen und verständlichen Nachweis der Geschäftsvorfälle und deren Verarbeitung zu ermöglichen.

2.2 Belegfunktion

2.2.1 Die Belegfunktion stellt die Basis für die Beweiskraft der Buchführung dar. Sie ist der nachvollziehbare Nachweis über den Zusammenhang zwischen den unternehmensexternen und -internen buchungspflichtigen Vorgängen in der Realität einerseits und dem gebuchten Inhalt in den Geschäftsbüchern andererseits. Selbstverständlich muß auch für die Buchungen in DV-Buchführungen die Belegfunktion erfüllt sein.

2.2.2 Aus dem Geschäftsverkehr mit Kunden, Lieferanten, Banken, Versicherungen, Behörden etc. ergeben sich **unternehmensexterne** buchführungspflichtige Geschäftsvorfälle, die die Vermögens-, Ertrags- und Finanzlage des Buchführungspflichtigen beeinflussen.

2.2.3 Soweit buchungspflichtige Vorgänge auf einem internen Leistungsprozeß beruhen oder zur Abgrenzung von Abrechnungsperioden dienen, handelt es sich um **unternehmensinterne** Geschäftsvorfälle.

2.2.4 Bei einer DV-Buchführung kann die Belegfunktion auf verschiedene Arten erfüllt werden. Das ergibt sich dadurch, daß bei DV-Buchführungen Buchungen nicht nur aufgrund vorliegender konventioneller Papierbelege, sondern zunehmend auch durch automatische Datenerfassung

(z. B. Betriebsdatenerfassung), durch programminterne Routinen sowie durch Austausch maschinell lesbarer Datenträger oder durch Datenfernübertragung (z. B. EDI) ausgelöst werden können.

2.2.5 Unabhängig von der Art der Erfüllung der Belegfunktion müssen zum Buchungsvorgang die folgenden **Inhalte** belegt werden:

- hinreichende Erläuterung des Vorganges,
- zu buchender Betrag oder Mengen- und Wertangaben, aus denen sich der zu buchende Betrag ergibt,
- Zeitpunkt des Vorganges (Bestimmung der Buchungsperiode),
- Bestätigung des Vorganges (Autorisation) durch den Buchführungspflichtigen.

2.2.6 Bei Vorliegen konventioneller Belege ist eine erfassungsgerechte Aufbereitung der Belege sicherzustellen. Aus dem Beleg müssen die einzelnen zu buchenden Angaben eindeutig erkennbar sein.

Die Aufbereitung der Belege ist insbesondere bei Fremdbelegen von Bedeutung, da der Buchführungspflichtige im allgemeinen keinen Einfluß auf die Gestaltung der ihm zugesandten Handelsbriefe, z. B. Rechnungen, hat.

2.2.7 Im Unterschied zu den konventionell abgewickelten Geschäftsvorfällen muß die Belegfunktion zu programminternen Buchungen, Buchungen auf der Basis einer automatischen Betriebsdatenerfassung (BDE) und Buchungen auf der Basis eines elektronischen Datentransfers (EDI, Datenträgeraustausch) durch das jeweilige Verfahren erfüllt werden. Das Verfahren ist in diesem Zusammenhang wie ein Dauerbeleg zu betrachten.

Die Erfüllung der Belegfunktion ist in diesen Fällen durch die ordnungsgemäße Anwendung des jeweiligen Verfahrens nachzuweisen. Dies ist durch den Nachweis der Durchführung der in dem jeweiligen Verfahren vorgesehenen Kontrollen sowie durch die Verfahrensdokumentation (vgl. Kapitel 6 „Dokumentation und Prüfbarkeit") zu erbringen.

Durch die Verfahrenskontrollen (vgl. Kapitel 4 „Internes Kontrollsystem") ist die Vollständigkeit und Richtigkeit der Geschäftsvorfälle sowie deren Bestätigung (Autorisation) durch den Buchführungspflichtigen sicherzustellen.

2.3 Journalfunktion

2.3.1 Der Nachweis der vollständigen, zeitgerechten und formal richtigen Erfassung der Geschäftsvorfälle kann durch **Protokollierung** auf verschiedenen Stufen des Verarbeitungsprozesses erbracht werden (bei der Datenerfassung/-übernahme, im Verlauf der Verarbeitung, am Ende der Verarbeitung). Erfolgt die Protokollierung nicht bereits bei der Datenerfassung/-übernahme (z. B. Primanota), sondern erst auf einer nachfolgenden Verarbeitungsstufe (z. B. maschineninterne Buchungsprotokolle), dann muß durch Maßnahmen/Kontrollen in dem Verfahren die Vollständigkeit der Geschäftsvorfälle von deren Entstehung bis zur Protokollierung sichergestellt sein.

Die Protokollierung kann sowohl auf Papier als auch auf einem Bildträger oder anderen Datenträgern erfolgen (siehe auch Kapitel 8 „Wiedergabe der auf Datenträgern geführten Unterlagen").

2.3.2 Der Nachweis (Journalfunktion) über die vollständige, zeitgerechte und formal richtige Erfassung, Verarbeitung und Wiedergabe eines Geschäftsvorfalls muß während der gesetzlichen Aufbewahrungsfrist innerhalb eines angemessenen Zeitraumes darstellbar sein.

Die Geschäftsvorfälle müssen dabei in zeitlicher Reihenfolge sowie in übersichtlicher und verständlicher Form sowohl vollständig als auch auszugsweise dargestellt werden können.

2.4 Kontenfunktion

Zur Erfüllung der **Kontenfunktion** müssen die Geschäftsvorfälle nach Sach- und Personenkonten geordnet dargestellt werden können.

Die Ordnungsmäßigkeit bei Buchung verdichteter Zahlen auf Sach- und Personenkonten erfordert die Möglichkeit des Nachweises der in den verdichteten Zahlen enthaltenen Einzelposten.

Die Darstellung der Konten kann per Bildschirmanzeige, auf Papier sowie auf einem Bild- oder anderen Datenträger erfolgen. Soweit eine Darstellung per Bildschirmanzeige oder anderem Datenträger erfolgt, ist bei berechtigter Anforderung eine ohne Hilfsmittel lesbare Wiedergabe bereitzustellen (siehe auch Kapitel 8 „Wiedergabe der auf Datenträgern geführten Unterlagen").

3 Buchung

3.1 Geschäftsvorfälle bei DV-Buchführungen (batch-/dialogorientierte Verfahren) sind dann ordnungsgemäß gebucht, wenn sie nach einem **Ordnungsprinzip vollständig, formal richtig, zeitgerecht** und **verarbeitungsfähig erfaßt und gespeichert** sind:

- Das **Ordnungsprinzip** bei DV-gestützten Buchführungssystemen setzt die Erfüllung der Belegfunktion sowie der Kontenfunktion voraus. Die Speicherung der Geschäftsvorfälle nach einem bestimmten Ordnungsmerkmal ist nicht vorgeschrieben. Die Forderung nach einem Ordnungsprinzip ist erfüllt, wenn auf die gespeicherten Geschäftsvorfälle und/oder Teile von diesen gezielt zugegriffen werden kann.

- Die **Verarbeitungsfähigkeit** der Buchungen muß, angefangen von der maschinellen Erfassung über die weiteren Bearbeitungsstufen, sichergestellt sein. Sie setzt voraus, daß – neben den Daten zum Geschäftsvorfall selbst – auch die für die Verarbeitung erforderlichen Tabellendaten und Programme gespeichert sind.

- Durch **Kontrollen** ist sicherzustellen, daß **alle** Geschäftsvorfälle **vollständig** erfaßt werden und nach erfolgter Buchung nicht unbefugt (d.h. nicht ohne Zugriffsschutzverfahren) und nicht ohne Nachweis des vorausgegangenen Zustandes verändert werden können.
Der Nachweis der Kontrollen kann in Form von Buchungsprotokollen oder in anderer protokollierbarer, verfahrensabhängiger Darstellungsweise (maschinell erstellte Erfassungs-, Übertragungs- und Verarbeitungsprotokolle) geschehen (siehe auch Ausführungen in Kapitel 4 „Internes Kontrollsystem").

- Die **formale Richtigkeit** der Buchungen muß durch Erfassungskontrollen sichergestellt werden, um zu gewährleisten, daß alle für die – unmittelbar oder zeitlich versetzt – nachfolgende Verarbeitung erforderlichen Merkmale einer Buchung vorhanden und plausibel sind. Insbesondere müssen die Merkmale für eine zeitliche Darstellung sowie eine Darstellung nach Sach- und Personenkonten gespeichert sein.

- Die Forderung nach zeitgerechter Verbuchung bezieht sich auf die zeitnahe und periodengerechte (der richtigen Abrechnungsperiode zugeordnete) Erfassung der Geschäftsvorfälle.

3.2 Aus den vorangehend dargestellten Anforderungen für den Zeitpunkt der Buchung ergibt sich, daß der Vollzug der Buchung vom gewählten Verfahren abhängig ist. Der Zeitpunkt der Buchung muß in der Verfahrensdokumentation (z. B. im Anwenderhandbuch) definiert sein.

Werden erfaßte Daten vor dem Buchungszeitpunkt z. B. wegen **offensichtlicher Unrichtigkeit** korrigiert, braucht der ursprünglich gespeicherte Inhalt nicht feststellbar zu sein.

Werden Merkmale (Belegbestandteile, Kontierung) einer erfolgten Buchung **verändert**, so muß der Inhalt der ursprünglichen Buchung feststellbar bleiben, z. B. durch Aufzeichnungen über durchgeführte Änderungen (Storno- und Neubuchung). Diese Änderungsnachweise sind Bestandteil der Buchführung und aufzubewahren.

4 Internes Kontrollsystem (IKS)

4.1 Als IKS wird grundsätzlich die Gesamtheit **aller aufeinander abgestimmten und miteinander verbundenen Kontrollen, Maßnahmen und Regelungen** bezeichnet, die die folgenden Aufgaben haben:

- Sicherung und Schutz des vorhandenen Vermögens und vorhandener Informationen vor Verlusten aller Art;
- Bereitstellung vollständiger, genauer und aussagefähiger sowie zeitnaher Aufzeichnungen;
- Förderung der betrieblichen Effizienz durch Auswertung und Kontrolle der Aufzeichnungen und
- Unterstützung der Befolgung der vorgeschriebenen Geschäftspolitik.

4.2 Ziel des IKS im Zusammenhang mit einer DV-Buchführung muß es sein, den Buchführungspflichtigen dahingehend zu unterstützen, die Gesetz- und Satzungsmäßigkeit von Buchführung und Jahresabschluß sicherzustellen sowie sich einen Überblick über die wirtschaftliche Lage des Unternehmens zu verschaffen.

Für die Erfüllung der GoBS ist daher die Bereitstellung vollständiger, genauer, aussagefähiger und zeitgerechter Aufzeichnungen eine wesentliche Voraussetzung. Die Sicherung und der Schutz des vorhandenen Vermögens und vorhandener Informationen vor Verlusten aller Art ist zur Erfüllung der GoBS gegebenenfalls auch zu beachten.

4.3 Zum Nachweis der Ordnungsmäßigkeit einer DV-Buchführung muß daher das IKS im Hinblick auf die beiden in 4.2 genannten Aufgaben (Bereitstellen der Aufzeichnungen; Vermögensschutz i.w.S.) beurteilt werden. Dabei reichen wegen komplexer Abläufe und Strukturen beim Buchführungspflichtigen einzelne, voneinander isolierte Kontrollmaßnahmen keinesfalls aus. Vielmehr bedarf es einer planvollen und lückenlosen Vorgehensweise, um ein effizientes Kontrollsystem im Unternehmen zu installieren.

4.4 Bei der Gestaltung und Beurteilung eines IKS sind bei DV-Einsatz im Hinblick auf diese beiden Aufgabenstellungen folgende Punkte zu beachten:

a) Komplexe und integrierte Systeme erfordern maschinelle und manuelle Kontrollen zur Vollständigkeit und Richtigkeit. Die manuellen und maschinellen Kontrollen müssen aufeinander abgestimmt sein.

b) Die Zuständigkeit/Verantwortung für betriebliche Funktionen muß **eindeutig** geregelt sein. Bei der Zuständigkeits- bzw. Verantwortungsregelung ist das Prinzip der **Funktionstrennung** zu beachten. Ist eine Funktionstrennung nicht möglich bzw. wirtschaftlich nicht zumutbar, so sind weitere organisatorische Kontrollen in angemessener Form notwendig.

c) Buchungsrelevante Arbeitsabläufe müssen definiert und in ihrer Reihenfolge festgelegt sein.

d) Ausgeführte manuelle und maschinelle Kontrollen müssen dokumentiert werden (Abstimmungskontrollen/Plausibilitätskontrollen, Freigabeverfahren).

Bei den Kontrollmaßnahmen ist zu beachten, daß **manuelle Kontrollen** umgehbar sind oder gegebenenfalls nicht mit der gebotenen Sorgfalt ausgeführt werden. Sie bedürfen daher **grundsätzlich** einer **nachträglichen Überwachung. Maschinelle Kontrollen** sind in Programmabläufe integrierte Prüfbedingungen, die die Verarbeitung von nicht plausiblen und unvollständigen Daten verhindern sollen. Sie können sowohl auf den Ebenen der Betriebssysteme und betriebssystemnahen Software als auch auf der Ebene der Anwendungsprogramme eingerichtet werden.

e) Im Rahmen eines funktionsfähigen IKS muß auch die Programmidentität sichergestellt werden, d.h. es muß periodenbezogen geprüft werden, ob die eingesetzte DV-Buchführung auch tatsächlich dem dokumentierten System entsprochen hat (siehe auch Kapitel 6.2.3).

Die Notwendigkeit der Sicherstellung der Programmidentität besteht unabhängig von der Art der eingesetzten Rechnersysteme (von der Groß-DV bis zum Stand-alone-PC).

Wichtige Voraussetzung für die Sicherstellung der Programmidentität ist insbesondere das Vorhandensein und das abgestimmte Ineinanderwirken aktueller, den unternehmensspezifischen Besonderheiten Rechnung tragender

- Richtlinien für
  - Programmierung
  - Programmtests
  - Programmfreigaben
  - Programmänderungen
  - Änderungen von Stamm- und Tabellendaten
  - Zugriffs- und Zugangsverfahren
  - den ordnungsgemäßen Einsatz von Datenbanken, Betriebssystemen und Netzwerken
- Einsatz von Testdatenbeständen/-systemen
- Programmeinsatzkontrollen.

Entsprechend den generellen Anforderungen an Transparenz, Kontrollierbarkeit und Verläßlichkeit des eingesetzten maschinellen Verarbeitungssystems muß gewährleistet sein, daß jedes produktiv eingesetzte Programm autorisiert für den richtigen Zweck eingesetzt wird. Dabei muß die jeweils aktuelle Programmversion feststellbar sein und dokumentiert werden.

4.5 Das IKS ist zu beschreiben; insbesondere ist hierbei den „Mensch-Maschine-Schnittstellen" besondere Bedeutung beizumessen.

Die Beschreibung des IKS – soweit für das Verständnis des DV-Buchführungssystems relevant – ist Bestandteil der Verfahrensdokumentation (vgl. Kapitel 6).

Anhang 7

5 Datensicherheit

5.1 Die starke Abhängigkeit der Unternehmung von ihren gespeicherten Informationen macht ein ausgeprägtes Datensicherheitskonzept für das Erfüllen der GoBS unabdingbar. Dabei muß dem Unternehmen bewußt und klar sein, daß Datensicherheit nur dann hergestellt und auf Dauer gewährleistet werden kann, wenn bekannt ist, was, wogegen, wie lange und wie zu sichern ist und geschützt werden soll.

5.2 Zu sichern und zu schützen sind neben den auf Datenträgern gespeicherten, für die Buchführung relevanten Informationen zugleich die weiteren Informationen, an deren Sicherung und Schutz das Unternehmen ein Eigeninteresse hat oder dies aufgrund anderer Rechtsgrundlagen erforderlich ist.

Unter „Informationen" sind in diesem Zusammenhang die Software (Betriebssystem, Anwendungsprogramme), die Tabellen- und Stammdaten, die Bewegungsdaten (z. B. die Daten eines Geschäftsvorfalles) sowie die sonstigen Aufzeichnungen zu verstehen.

Belege und sonstige Aufzeichnungen, die vom Buchführungspflichtigen in konventioneller Form (Papier) aufbewahrt werden, sind ebenfalls zu sichern und zu schützen.

5.3 Diese Informationen sind gegen Verlust zu sichern und gegen unberechtigte Veränderung zu schützen. Über die Anforderungen der GoBS hinaus sind die sensiblen Informationen des Unternehmens auch gegen unberechtigte Kenntnisnahme zu schützen.

5.4 Die buchhalterisch relevanten Informationen sind zumindest für die Dauer der gesetzlichen Aufbewahrungspflicht zu sichern und zu schützen (vgl. Kapitel 7 „Aufbewahrungsfristen"). Vom Unternehmen ist zu entscheiden, ob und für welche Informationen aus unternehmensinternen Gründen eine längere Aufbewahrungsdauer gelten soll.

Da zur Erfüllung der Anforderung, die buchhalterisch relevanten Informationen während der Dauer der Aufbewahrungspflicht jederzeit lesbar machen zu können, nicht nur die Verfügbarkeit der Daten und der Software, sondern auch der Hardware gewährleistet sein muß, muß das Datensicherungskonzept im weiteren Sinne auch die Sicherung der EDV-technischen Installationen (Hardware, Leitungen etc.) umfassen.

5.5 Wie im einzelnen Unternehmen die erforderliche Datensicherheit hergestellt und auf Dauer gewährleistet werden kann, ist von den im Einzelfall gegebenen technischen Bedingungen sowie den sich aus diesen ergebenden Möglichkeiten abhängig.

5.5.1 Der Schutz der Informationen gegen unberechtigte Veränderungen ist durch wirksame Zugriffs- bzw. Zugangskontrollen zu gewährleisten. Dies sind einmal die Zugriffsberechtigungskontrollen, die so zu gestalten sind, daß nur berechtigte Personen in dem ihrem Aufgabenbereich entsprechenden Umfang auf Programme und Daten zugreifen können. Es sind zum anderen die Zugangskontrollen zu den Räumen, in denen die Datenträger aufbewahrt werden. Diese Zugangskontrollen müssen verhindern, daß unberechtigte Personen Zugang zu Datenträgern haben. Sie müssen insbesondere auch für die Räumlichkeiten gelten, in die die Datenträger der Datensicherung ausgelagert sind.

5.5.2 Die Sicherung der Informationen vor Verlust erfordert im ersten Schritt die Durchführung von Datensicherungsprozeduren zu den auf dem EDV-System geführten Programmen und Daten. Die Durchführung von Datensicherungsprozeduren ist verbindlich anzuweisen. Es ist zweckmäßig, periodische Datensicherungsprozeduren vorzusehen und ergänzend zu diesen ad hoc Sicherungen durchzuführen, wenn im Zeitraum zwischen zwei Datensicherungen außergewöhnlich intensiv Programme und/oder Daten geändert/verarbeitet wurden. Zu den aufbewahrungspflichtigen und weiteren sensiblen Daten und Programmen sollten Sicherungskopien zusätzlich erstellt und an einem anderen Standort (anderer Sicherheitsbereich) aufbewahrt werden.

Der zweite Schritt der Sicherung der Informationen vor Verlust umfaßt die Maßnahmen, durch die für die gesicherten Programme / Datenbestände die Risiken hinsichtlich Unauffindbarkeit, Vernichtung und Diebstahl im erforderlichen Maß reduziert werden.

Das Risiko der Unauffindbarkeit ist durch das Führen eines systematischen Verzeichnisses über die gesicherten Programme / Datenbestände zu reduzieren. Aus dem Verzeichnis muß sich zu dem einzelnen Datenträger dessen Standort, dessen Inhalt, Datum der Sicherung und frühestes Datum des Löschens des Datenträgerinhaltes ergeben.

Das Risiko der Vernichtung der Datenträger ist dadurch zu reduzieren, daß für die Aufbewahrungsstandorte die Bedingungen geschaffen werden, durch die eine Vernichtung/Beeinträchtigung der gesicherten Informationen durch Feuer, Temperatur/Feuchtigkeit, Magnetfelder etc. weitestgehend ausgeschlossen ist.

Das Risiko des Diebstahls der Datenträger ist dadurch zu reduzieren, daß diese in verschlossenen und ausreichend gegen Einbruch gesicherten Räumen bzw. Tresoren aufbewahrt werden.

Um bei Langzeitspeicherung der aufbewahrungspflichtigen Informationen die Lesbarkeit der Datenträger sicherzustellen, ist anzuweisen, in welchen Zeitabständen die Lesbarkeit der Datenträger zu überprüfen ist. Wie groß diese Zeitabstände sein dürfen, ist von der benutzten Speicherungstechnik abhängig.

5.6 Das das „Wie" der Datensicherheit von dem jeweils gegebenen Stand der EDV-Technik abhängt, ergibt sich aus der technischen Entwicklung für das Unternehmen die Notwendigkeit, ihr Datensicherheitskonzept den jeweils aktuellen Anforderungen und Möglichkeiten anzupassen.

5.7 Das Datensicherungskonzept des Unternehmens ist zu dokumentieren. Dies gilt insbesondere für das Verfahren / die Prozeduren der Datensicherung (vgl. Kapitel 6 „Dokumentation und Prüfbarkeit").

6 Dokumentation und Prüfbarkeit

6.0 Die DV-Buchführung muß – wie jede Buchführung – von einem sachverständigen Dritten hinsichtlich ihrer formellen und sachlichen Richtigkeit in angemessener Zeit prüfbar sein. Dies bezieht sich auf die Prüfbarkeit einzelner Geschäftsvorfälle (Einzelprüfung) als auch auf die Prüfbarkeit des Abrechnungsverfahrens (Verfahrens- oder Systemprüfung). Weiterhin muß sich aus der Dokumentation ergeben, daß das Verfahren entsprechend seiner Beschreibung durchgeführt worden ist.

6.1 Aus der zugrunde zu legenden Verfahrensdokumentation müssen Inhalt, Aufbau und Ablauf des Abrechnungsverfahrens vollständig ersichtlich sein. Insbesondere muß sich aus der Verfahrensdokumentation die Umsetzung der in den Kapiteln 1 bis 5 enthaltenen Anforderungen an ein ordnungsmäßiges Verfahren ergeben.

Wie die erforderliche Verfahrensdokumentation formal gestaltet und technisch geführt wird, kann der Buchführungspflichtige individuell entscheiden. Die jeweilige Verfahrensdokumentation muß für einen sachverständigen Dritten aber verständlich sein.

Der Umfang der erforderlichen Verfahrensdokumentation richtet sich nach der Komplexität der DV-Buchführung (z. B. Anzahl und Größe der Programme, Struktur ihrer Verbindungen untereinander, Nutzung von Tabellen). Die Anforderungen an die Verfahrensdokumentation sind unabhängig von der Größe/Kapazität der genutzten DV-Anlage (Hardware) zu stellen, das heißt, sowohl bei Großrechnersystemen als auch bei PC-Systemen ist für eine entsprechende Verfahrensdokumentation zu sorgen.

Auch bei fremderworbener Software, bei der die Dokumentation vom Software-Ersteller angefertigt wird, ist der Buchführungspflichtige für die Vollständigkeit und den Informationsgehalt der Verfahrensdokumentation verantwortlich. Er ist deshalb auch dafür verantwortlich, daß im Bedarfsfalle die Teile der Verfahrensdokumentation eingesehen werden können, die ihm nicht ausgehändigt worden sind.

6.2 Die Verfahrensdokumentation muß insbesondere beinhalten:
- eine Beschreibung der sachlogischen Lösung
- die Beschreibung der programmtechnischen Lösung
- eine Beschreibung, wie die Programm-Identität gewährt wird
- Beschreibung, wie die Integrität von Daten gewahrt wird
- Arbeitsanweisungen für den Anwender.

Die Beschreibung eines jeden der vorgenannten Bereiche muß den Umfang und die Wirkungsweise des internen Kontrollsystems erkennbar machen.

6.2.1 Die sachlogische Beschreibung enthält die Darstellung der fachlichen Aufgabe aus der Sicht des Anwenders.

Diese enthält insbesondere folgende Punkte:
- Generelle Aufgabenstellung
- Beschreibung der Anwenderoberflächen für Ein- und Ausgabe einschließlich der manuellen Arbeiten
- Beschreibung der Datenbestände
- Beschreibung von Verarbeitungsregeln
- Beschreibung des Datenaustausches (Datenträgeraustausch/Datentransfer)

- Beschreibung der maschinellen und manuellen Kontrollen
- Beschreibung der Fehlermeldungen und der sich aus den Fehlern ergebenden Maßnahmen
- Schlüsselverzeichnisse
- Schnittstellen zu anderen Systemen.

6.2.2 Die Beschreibung der programmtechnischen Lösung hat zu zeigen, wo und wie die sachlogischen Forderungen in Programmen umgesetzt sind. Tabellen, über die die Funktionen der Programme beeinflußt werden können, sind wie Programme zu behandeln.

Programmänderungen sind in der Verfahrensdokumentation auszuweisen. Soweit die Programmänderungen nicht automatisch dokumentiert werden, muß durch zusätzliche organisatorische Maßnahmen gewährleistet werden, daß Alt- und Neuzustand eines geänderten Programms nachweisbar sind. Änderungen von Tabellen mit Programmfunktion sind in der Weise zu dokumentieren, daß für die Dauer der Aufbewahrungsfrist der jeweilige Inhalt einer Tabelle festgestellt werden kann.

6.2.3 In der Beschreibung, wie die Programmidentität gewahrt wird, hat der Buchführungspflichtige nachzuweisen, daß die sachlogischen Forderungen durch die eingesetzten Programme erbracht werden bzw. erbracht worden sind. Hierzu gehören die präzise Beschreibung des Freigabeverfahrens mit Regelungen über Freigabekompetenzen, der durchzuführenden Testläufe und die dabei zu verwendenden Daten sowie Anweisungen für Programmeinsatzkontrollen.

Zum Nachweis der Programmidentität gehört im wesentlichen die Freigabeerklärung in Verbindung mit vorhandenen Testdatenbeständen. Aus der Freigabeerklärung muß sich ergeben, welche Programmversion ab welchem Zeitpunkt für den produktiven Einsatz vorgesehen ist.

6.2.4 Als Maßnahmen zur Wahrung der Datenintegrität sind alle Vorkehrungen zu beschreiben, durch die erreicht wird, daß Daten und Programme nicht von Unbefugten geändert werden können. Hierzu gehören neben der Beschreibung des Zugriffsberechtigungsverfahrens der Nachweis der sachgerechten Vergabe von Zugriffsberechtigungen.

6.2.5 Die Arbeitsanweisungen, die für den Anwender zur sachgerechten Erledigung und Durchführung seiner Aufgaben vorhanden sein müssen, gehören ebenfalls zur Verfahrensdokumentation und sind schriftlich zu fixieren. Das ist insbesondere die Beschreibung der im Verfahren vorgesehenen manuellen Kontrollen und Abstimmungen. Die Schnittstellen zu vor- und nachgelagerten Systemen sind hierbei zu berücksichtigen.

7 Aufbewahrungsfristen

Daten mit Belegfunktion sind grundsätzlich sechs Jahre, Daten und sonst erforderliche Aufzeichnungen mit Grundbuch- oder Kontenfunktion sind grundsätzlich zehn Jahre aufzubewahren.

Die Verfahrensdokumentation zur DV-Buchführung gehört zu den Arbeitsanweisungen und sonstigen Organisationsunterlagen im Sinne des § 257 Abs. 1 HGB bzw. § 147 Abs. 1 AO und ist grundsätzlich zehn Jahre aufzubewahren. Teile der Verfahrensdokumentation, denen ausschließlich Belegfunktion zukommt (z. B. die Dokumentation zur DV-Verkaufsabrechnung, aus der sich die Buchungen zu den Forderungen ergeben), sind grundsätzlich sechs Jahre aufzubewahren. Die Verfahrensdokumentation kann auch auf Bildträgern oder auf anderen Datenträgern aufbewahrt werden.

Die Aufbewahrungsfristen für die Verfahrensdokumentation beginnen mit dem Schluß des Kalenderjahres, in dem buchhaltungsrelevante Daten in Anwendung des jeweiligen Verfahrens erfaßt wurden, entstanden sind oder bearbeitet wurden.

8 Wiedergabe der auf Datenträgern geführten Unterlagen

8.0 Der Buchführungspflichtige hat zu gewährleisten, daß die gespeicherten Buchungen sowie die zu ihrem Verständnis erforderlichen Arbeitsanweisungen und sonstigen Organisationsunterlagen jederzeit innerhalb angemessener Frist lesbar gemacht werden können. Er muß die dafür erforderlichen Daten, Programme sowie Maschinenzeiten und sonstigen Hilfsmittel, z. B. Personal, Bildschirme, Lesegeräte, bereitstellen. Auf Verlangen eines berechtigten Dritten (z. B. Finanzbehörde, Abschlußprüfer) hat er **in angemessener Zeit** die gespeicherten Buchungen **lesbar** zu machen sowie die zu ihrem Verständnis erforderlichen Arbeitsanweisungen und sonstigen Organisationsunterlagen **vorzulegen** und auf Anforderung ohne Hilfsmittel lesbare Reproduktionen beizubringen.

8.1 Die inhaltliche Übereinstimmung der Wiedergabe mit den auf den maschinell lesbaren Datenträgern geführten Unterlagen muß durch das jeweilige Archivierungsverfahren sichergestellt sein.

Ist eine bildliche Übereinstimmung der Wiedergabe mit der Originalunterlage gefordert – dies trifft gemäß § 257 HGB und § 147 Abs. 2 Ziffer 1 AO für empfangene Handelsbriefe und Buchungsbelege zu, soweit sie ursprünglich bildlich vorgelegen haben –, muß das jeweilige Archivierungsverfahren eine originalgetreue, bildliche Wiedergabe sicherstellen. Die Anforderung nach bildlicher Wiedergabe ist erfüllt, wenn alle auf der Originalunterlage enthaltenen Angaben zur Aussage- oder Beweiskraft des Geschäftsvorfalles originalgetreu bildlich wiedergegeben werden.

8.2 Das Verfahren für die Wiedergabe der auf Bildträgern und auf anderen Datenträgern geführten Unterlagen (Datenausgabe) ist in einer Arbeitsanweisung des Buchführungspflichtigen schriftlich niederzulegen (z. B. Druckanweisung, COM-Anweisungen, Anweisungen für den Dialogverkehr zur Selektion und Darstellung der gespeicherten Unterlagen auf Sichtgeräten, z. B. bei Einsatz optischer Speichersysteme).

In der Arbeitsanweisung ist das Ordnungsprinzip für die Wiedergaben zu beschreiben und das Verfahren zur Feststellung der Vollständigkeit und der Richtigkeit der Wiedergaben zu regeln. Die Wiedergaben müssen der Rechnungslegung des Buchführungspflichtigen eindeutig zugeordnet werden können.

Die inhaltliche Übereinstimmung der selektiven Wiedergabe mit den auf maschinell lesbaren Datenträgern geführten Unterlagen muß nachprüfbar sein.

9 Verantwortlichkeit

Für die Einhaltung der GoB – und damit auch der GoBS – ist auch bei einer DV-Buchführung allein der Buchführungspflichtige verantwortlich.

Die Verantwortlichkeit erstreckt sich dabei auf den Einsatz sowohl von selbst- als auch fremderstellter DV-Buchführungssysteme.

Wird die DV-Buchführung im Auftrag durch Fremdfirmen durchgeführt, obliegt die Einhaltung der GoB/GoBS ebenfalls dem auftraggebenden Buchführungspflichtigen.

Anhang 8

Doppelbesteuerungsabkommen

Stand der Doppelbesteuerungsabkommen

1. Januar 1999
BMF vom 5.1.1999 (BStBl I S. 122) *IV D 3 – S 1300-143/98*

I. Geltende Abkommen

Abkommen		Fundstelle				Inkrafttreten				Anwendung grundsätzlich ab
		BGBl. II		BStBl I		BGBl. II		BStBl I		
mit	vom	Jg.	S.	Jg.	S.	Jg.	S.	Jg.	S.	
1. Abkommen auf dem Gebiet der Steuern vom Einkommen und vom Vermögen										
Ägypten	08.12.87	90	278	90	280	91	1.042	92	7	01.01.92
Argentinien	13.07.78	79	585	79	326	79	1.332	80	51	01.01.76
Australien	24.11.72	74	337	74	423	75	216	75	386	01.01.71
Bangladesch[1]	29.05.90	91	1.410	92	34	93	847	93	466	01.01.90
Belgien	11.04.67	69	17	69	38	69	1.465	69	468	01.01.66
Bolivien	30.09.92	94	1.086	94	575	95	907	95	758	01.01.91
Brasilien	27.06.75	75	2.245	76	47	76	200	76	86	01.01.75
Bulgarien	02.06.87	88	770	88	389	88	1.179	89	34	01.01.89
China (ohne Hongkong)	10.06.85	86	446	86	329	86	731	86	339	01.01.85
Côte d'Ivoire	03.07.79	82	153	82	357	82	637	82	628	01.01.82
Dänemark	22.11.95	96	2.565	96	1.219	97	728	97	624	01.01.97
Ecuador	07.12.82	84	466	84	339	86	781	86	358	01.01.87
Estland	29.11.96	98	547	98	543					01.01.94
Finnland	05.07.79	81	1.164	82	201	82	577	82	587	01.01.81
Frankreich	21.07.59/	61	397	61	342	61	1.659	61	712	01.01.57
	09.06.69/	70	717	70	900	70	1.189	70	1.072	01.01.68
	28.09.89	90	770	90	413	91	387	91	93	01.01.90
Griechenland	18.04.66	67	852	67	50	68	30	68	296	01.01.64
Indien	19.06.95	96	706	96	599	97	751	97	363	01.01.97
Indonesien	30.10.90	91	1.086	91	1.001	91	1.401	92	186	01.01.92
Iran, Islamische Republik	20.12.68	69	2.133	70	768	69	2.288	70	777	01.01.70
						70	282			
Irland	17.10.62	64	266	64	320	64	632	64	366	01.01.59
Island	18.03.71	73	357	73	504	73	1.567	73	730	01.01.68
Israel	09.07.62/	66	329	66	700	66	767	66	946	01.01.61
	20.07.77	79	181	79	124	79	1.031	79	603	01.01.70
Italien	18.10.89	90	742	90	396	93	59	93	172	01.01.93
Jamaika	08.10.74	76	1.194	76	407	76	1.703	76	632	01.01.73
Japan	22.04.66/	67	871	67	58	67	2.028	67	336	01.01.67
	17.04.79/	80	1.182	80	649	80	1.426	80	772	01.01.77
	17.02.83	84	194	84	216	84	567	84	388	01.01.81
Jugoslawien	26.03.87	88	744	88	372	88	1.179	89	35	01.01.89
Kanada	17.07.81	82	801	82	752	83	652	83	502	01.01.83
Kasachstan	26.11.97	98	1.592	98	1.029					01.01.96
Kenia	17.05.77	79	606	79	337	80	1.357	80	792	01.01.80
Korea, Republik	14.12.76	78	191	78	148	78	861	78	230	01.01.76
Kuwait	04.12.87	89	354	89	150	89	637	89	268	01.01.84–31.12.97
Lettland	21.02.97	98	330	98	531	98	2.630	98	1.219	01.01.96
Liberia	25.11.70	73	1.285	73	615	75	916	75	943	01.01.70
Litauen	22.07.97	98	1.571	98	1.016	98	2.962	99	121	01.01.95
Luxemburg	23.08.58/	59	1.269	59	1.022	60	1.532	60	398	01.01.57
	15.06.73	78	109	78	72	78	1.396	79	83	01.01.71
Malaysia	08.04.77	78	925	78	324	79	288	79	196	01.01.71
Malta	17.09.74	76	109	76	56	76	1.675	76	497	01.01.73
Marokko	07.06.72	74	21	74	59	74	1.325	74	1.009	01.01.74

Änderungen durch seitliche Striche gekennzeichnet

---

[1]) Gilt nicht für die VSt.

Anhang 8
Doppelbesteuerungsabkommen

Abkommen		Fundstelle				Inkrafttreten				Anwendung grundsätzlich ab
		BGBl. II		BStBl I		BGBl. II		BStBl I		
mit	vom	Jg.	S.	Jg.	S.	Jg.	S.	Jg.	S.	
(noch 1. Abkommen auf dem Gebiet der Steuern vom Einkommen und vom Vermögen)										
Mauritius	15.03.78	80	1.261	80	667	81	8	81	34	01.01.79
Mexiko	23.02.93	93	1.966	93	964	94	617	94	310	01.01.94
Mongolei	22.08.94	95	818	95	607	96	1.220	96	1.135	01.01.97
Namibia	02.12.93	94	1.262	94	673	95	770	95	678	01.01.93
Neuseeland	20.10.78	80	1.222	80	654	80	1.485	80	787	01.01.78
Niederlande	16.06.59/	60	1.781	60	381	60	2.216	60	626	01.01.56
	13.03.80/	80	1.150	80	646	80	1.486	80	787	01.01.79
	21.05.91	91	1.428	92	94	92	170	92	382	02.02.92
Norwegen	04.10.91	93	970	93	655	93	1.895	93	926	01.01.91
Österreich	04.10.54/	55	749	55	369	55	891	55	557	01.01.55
	08.07.92	94	122	94	227	94	1.147	94	598	01.01.92
Pakistan[1])	14.07.94	95	836	95	617	96	467	96	445	01.01.95
Philippinen	22.07.83	84	878	84	544	84	1.008	84	612	01.01.85
Polen	18.12.72/	75	645	75	665	75	1.349	76	6	01.01.72
	24.10.79	81	306	81	466	81	1.075	81	778	01.01.77
Portugal	15.07.80	82	129	82	347	82	861	82	763	01.01.83
Rumänien	29.06.73	75	601	75	641	75	1.495	75	1.074	01.01.72
Russische Föderation	29.05.96	96	2.710	96	1.490	97	752	97	363	01.01.97
Sambia	30.05.73	75	661	75	688	75	2.204	76	7	01.01.71
Schweden	14.07.92	94	686	94	422	95	29	95	88	01.01.95
Schweiz	11.08.71/	72	1.021	72	518	73	74	73	61	01.01.72
	30.11.78/	80	751	80	398	80	1.281	80	678	01.01.77
	17.10.89/	90	766	90	409	90	1.698	91	93	01.01.90
	21.12.92	93	1.886	93	927	94	21	94	110	01.01.94
Simbabwe	22.04.88	89	713	89	310	90	244	90	178	01.01.87
Singapur	19.02.72	73	373	73	513	73	1.528	73	688	01.01.68
Spanien	05.12.66	68	9	68	296	68	140	68	544	01.01.68
Sri Lanka	13.09.79	81	630	81	610	82	185	82	373	01.01.83
Südafrika	25.01.73	74	1.185	74	850	75	440	75	640	01.01.65
Thailand	10.07.67	68	589	68	1.046	68	1.104	69	18	01.01.67
Trinidad und Tobago	04.04.73	75	679	75	697	77	263	77	192	01.01.72
Tschechoslowakei	19.12.80	82	1.022	82	904	83	692	83	486	01.01.84
Türkei	16.04.85	89	866	89	471	89	1.066	89	482	01.01.90
Tunesien	23.12.75	76	1.653	76	498	76	1.927	77	4	01.01.76
UdSSR (s. auch Russische Föderation)	24.11.81	83	2	83	90	83	427	83	352	01.01.80
Ukraine	03.07.95	96	498	96	675	96	2.609	96	1.421	01.01.97
Ungarn	18.07.77	79	626	79	348	79	1.031	79	602	01.01.80
Uruguay	05.05.87	88	1.060	88	531	90	740	90	365	01.01.01
Venezuela	08.02.95	96	727	96	611	97	1.809	97	938	01.01.97
Vereinigte Arabische Emirate	09.04.95	96	518	96	588	96	1.221	96	1.135	01.01.92
Vereinigtes Königreich	26.11.64/	66	358	66	729	67	828	67	40	01.01.60
	23.03.70	71	45	71	139	71	841	71	340	30.05.71
Vereinigte Staaten	29.08.89	91	354	91	94	92	235	92	262	01.01.90
Vietnam	16.11.95	96	2.622	96	1.422	97	752	97	364	01.01.97
Zypern	09.05.74	77	488	77	340	77	1.204	77	618	01.01.70

Änderungen durch seitliche Striche gekennzeichnet

---

[1]) Gilt nicht für die VSt.

Anhang 8

Doppelbesteuerungsabkommen

Abkommen mit	vom	Fundstelle BGBl. II Jg.	S.	BStBl I Jg.	S.	Inkrafttreten BGBl. II Jg.	S.	BStBl I Jg.	S.	Anwendung grundsätzlich ab
2. Abkommen auf dem Gebiet der Erbschaft- und Schenkungsteuern										
Dänemark[1]	22.11.95	96	2.565	96	1.219	97	728	97	624	01.01.97
Griechenland	18.11.10/ 01.12.10	12	173[2])	–	–	53	525	53	377	01.01.53
Österreich	04.10.54	55	755	55	375	55	891	55	557	08.09.55
Schweden[1]	14.07.92	94	686	94	422	95	29	95	88	01.01.95
Schweiz	30.11.78	80	594	80	243	80	1.341	80	786	28.09.80
Vereinigte Staaten	03.12.80	82	847	82	765	86	860	86	478	01.01.79
3. Sonderabkommen betreffend Einkünfte und Vermögen von Schiffahrt (S)- und Luftfahrt (L)-Unternehmen[3]										
Brasilien (S) (Protokoll)	17.08.50	51	11	–	–	52	604	–	–	10.05.52
Chile (S) (Handelsvertrag)	02.02.51	52	325	–	–	53	128	–	–	08.01.52
China (S) (Seeverkehrsvertrag)	31.10.75	76	1.521	76	496	77	428	77	452	29.03.77
Jugoslawien (S)	26.06.54	59	735	–	–	59	1.259	–	–	23.10.59
Kolumbien (S, L)	10.09.65	67	762	67	24	71	855	71	340	01.01.62
Paraguay (L)	27.01.83	84	644	84	456	85	623	85	222	01.01.79
Venezuela (S, L)	23.11.87	89	373	89	161	89	1.065	90	2	01.01.90
4. Abkommen auf dem Gebiet der Rechts- und Amtshilfe										
Belgien[1]	11.04.67	69	17	69	38	69	1.465	69	468	01.01.66
Dänemark[1]	22.11.95	96	2.565	96	1.219	97	728	97	624	01.01.97
Finnland	25.09.35	36	372)	36	942)	54	740	54	404	01.01.36
Frankreich[1]	21.07.59	61	397	61	342	61	1.659	61	712	01.01.57
Italien	09.06.38	39	1242)	39	3772)	56	2.154	57	142	23.01.39
Luxemburg[1]	23.08.58	59	1.269	59	1.022	60	1.532	60	398	01.01.57
Österreich	04.10.54	55	833	55	434	55	926	55	743	26.11.55
Norwegen[1]	04.10.91	93	970	93	655	93	1.895	93	926	01.01.91
Schweden[1]	14.07.92	94	686	94	422	95	29	95	88	01.01.95

Änderungen durch seitliche Striche gekennzeichnet

---

[1]) Die Erbschaftsteuer bzw. Vorschriften zur Rechts- und Amtshilfe sind in den unter I.1 bzw. II.1 aufgeführten Abkommen enthalten.
[2]) Angabe bezieht sich auf RGBl bzw. RStBl.
[3]) Siehe auch Bekanntmachungen über die Steuerbefreiungen nach § 49 AbS. 4 EStG (und § 2 Abs. 3 VStG):

Äthiopien L (BStBl 1962 I S. 536),
Afghanistan L (BStBl 1964 I S. 411),
Bangladesch L (BStBl 1996 I S. 643),
Brunei Darussalam L (BStBl 1995 I S. 679),
Chile L (BStBl 1977 I S. 350),
China L (BStBl 1980 I S. 284),
Ghana S, L (BStBl 1985 I S. 222),
Irak S, L (BStBl 1972 I S. 490),
Zaire S, L (BStBl 1990 I S. 178).

Jordanien L (BStBl 1976 I S. 278),
Libanon S, L (BStBl 1959 I S. 198),
Litauen L (BStBl 1995 I S. 416),
Papua-Neuguinea L (BStBl 1989 I S. 115),
Seychellen L (BStBl 1998 I S. 582),
Sudan L (BStBl 1983 I S. 370),
Syrien, Arabische Republik S, L (BStBl 1974 I S. 510),
Taiwan S (BStBl 1988 I S. 423) und

Anhang 8
Doppelbesteuerungsabkommen

II. Künftige Abkommen und laufende Verhandlungen

Abkommen mit	Art des Abkommens[1])	Sachstand[2])	Geltung für Veranlagungssteuern[3]) ab	Geltung für Abzugsteuern[4]) ab	Bemerkungen
1. Abkommen auf dem Gebiet der Steuern vom Einkommen und dem Vermögen					
Argentinien	R-P	U: 16.09.1996	1996	1996	Text: BGBl. 1998 II S. 18 BStBl 1998 I S. 187
Australien	R-A	P: 05.10.1995	KR	KR	
Belgien	R-A	V:	–	–	
Costa Rica	A	U: 25.01.1993	KR	KR	
Finnland	R-A	P: 06.06.1997	KR	KR	
Griechenland	E-P	V:	–	–	
Großbritannien	R-A	V:	–	–	
Island	R-A	V:	–	–	
Jamaika	R-A	P: 30.09.1989	KR	KR	
Kanada	R-A	V:	–	–	
Kroatien	A	V:	–	–	
Kuwait	R-P	P: 20.02.1997	01.01.1998	01.01.1998	
Malta	R-A	P: 11.06.1997	KR	KR	
Niederlande	R-A	V:	–	–	
Österreich	R-A	V:	–	–	
Papua-Neuguinea	A	U: 17.01.1995	ab dem Jahr des Inkrafttretens	ab dem Jahr des Inkrafttretens	
Polen	R-A	P: 04.06.1998	KR	KR	
Singapur	R-A	V:	–	–	
Slowenien	R-A	V:	–	–	
Südafrika	R-A	P: 13.01.1998	KR	KR	
Südkorea	R-A	V:	–	–	
Usbekistan	A	P: 27.08.1997	KR	KR	
Weißrußland	A	P: 14.11.1996	KR	KR	
2. Abkommen auf dem Gebiet der Erbschaft- und Schenkungsteuern					
Finnland	A	P: 06.06.1997	KR	KR	
Frankreich	A	V:	–	–	
Großbritannien	A	V:	–	–	
Vereinigte Staaten	E-P	P: 31.10.1997	1988	1988	
3. Sonderabkommen betreffend Einkünfte und Vermögen von Schiffahrt (S)- und Luftfahrt (L)-Unternehmen					
Algerien	A (L)	P: 10.04.1981	1969 (S, L)/	–	
	A (S, L)	P: 27.01.1988	1988 (S)	–	
Jemen	A (L)	P: 24.06.1988	1982	–	
Hongkong (Fluglinienverkehrsvertrag)	A (L)	U: 08.05.1997	1998	1998	Text: BGBl. 1998 II S. 2.065 BStBl 1998 I S. 1.156
Saudi-Arabien	A (L)	P: 09.01.1996			
4. Abkommen auf dem Gebiet der Amtshilfe					
Finnland	A	P: 06.06.1997	KR	KR	
Niederlande	A	P: 25.04.1997	KR	KR	

Änderungen durch seitliche Striche gekennzeichnet

---

[1]) A: Erstmaliges Abkommen
R-A: Revisionsabkommen als Ersatz eines bestehenden Abkommens
R-P: Revisionsprotokoll zu einem bestehenden Abkommen
E-P: Ergänzungsprotokoll zu einem bestehenden Abkommen
[2]) V: Verhandlung
P: Paraphierung
U: Unterzeichnung hat stattgefunden, Gesetzgebungs- oder Ratifikationsverfahren noch nicht abgeschlossen
[3]) Einkommen-, Körperschaft-, Gewerbe- und Vermögensteuer   KR: Keine Rückwirkung vorgesehen
[4]) Abzugsteuern von Dividenden, Zinsen und Lizenzgebühren   KR: Keine Rückwirkung vorgesehen

Anhang 9

Düsseldorfer Tabelle

Düsseldorfer Tabelle[1])
Unterhaltsrichtlinien des OLG Düsseldorf zum Kindes- und Ehegattenunterhalt
(Stand: 1.7.1998)[2])[3])

A. Kindesunterhalt

	Nettoeinkommen des Barunterhaltspflichtigen (Anm. 3, 4)	Altersstufen in Jahren (§ 1612 a Abs. 3 BGB)				Vomhundertsatz	Bedarfskontrollbetrag (Anm. 6)
		0–5	6–11	12–17	ab 18		
1.	bis 2.400	349	424	502	580	100	1.300/1.500
2.	2.400–2.700	374	454	538	621	107	1.600
3.	2.700–3.100	398	484	573	662	114	1.700
4.	3.100–3.500	423	514	608	702	121	1.800
5.	3.500–3.900	447	543	643	743	128	1.900
6.	3.900–4.300	471	570	677	783	135	2.000
7.	4.300–4.700	496	603	713	824	142	2.100
8.	4.700–5.100	524	636	753	870	150	2.200
9.	5.100–5.800	559	679	804	928	160	2.350
10.	5.800–6.500	594	721	854	986	170	2.500
11.	6.500–7.200	629	764	904	1.044	180	2.650
12.	7.200–8.000	664	806	954	1.102	190	2.800
13.	über 8.000	nach den Umständen des Falles					

Anmerkungen:

1. Die Tabelle weist monatliche Unterhaltsrichtsätze aus, bezogen auf einen gegenüber einem Ehegatten und zwei Kindern Unterhaltspflichtigen.

   Bei einer größeren/geringeren Anzahl Unterhaltsberechtigter sind **Ab- oder Zuschläge** in Höhe eines Zwischenbetrages oder durch Einstufung in niedrigere/höhere Gruppen angemessen. Bei überdurchschnittlicher Unterhaltslast ist Anmerkung 6 zu beachten. Zur Deckung des notwendigen Mindestbedarfs aller Beteiligten – einschließlich des Ehegatten – ist gegebenenfalls eine Herabstufung bis in die unterste Tabellengruppe vorzunehmen. Reicht das verfügbare Einkommen auch dann nicht aus, erfolgt eine Mangelberechnung nach Abschnitt C.

2. Die Richtsätze der 1. Einkommensgruppe entsprechen dem **Regelbetrag** nach der Regelbetrag-VO für den Westteil der Bundesrepublik (Art. 2 des Kindesunterhaltsgesetzes vom 6.4.1998 – BGBl. 1998 I S. 666). Der Vomhundertsatz drückt die Steigerung des Richtsatzes der jeweiligen Einkommensgruppe gegenüber dem Regelbetrag (= 1. Einkommensgruppe) aus. Die durch Multiplikation des Regelbetrages mit dem Vomhundertsatz errechneten Richtsätze sind entsprechend § 1612 a Abs. 2 BGB aufgerundet. Die Beträge der 6. Einkommensgruppe sind geringfügig niedriger festgesetzt als die sich rechnerisch ergebenden Beträge, damit die Übereinstimmung mit der für das Beitrittsgebiet geltenden Berliner Tabelle gewahrt bleibt.

3. **Berufsbedingte Aufwendungen,** die sich von den privaten Lebenshaltungskosten nach objektiven Merkmalen eindeutig abgrenzen lassen, sind vom Einkommen abzuziehen, wobei bei entsprechenden Anhaltspunkten eine Pauschale von 5 % des Nettoeinkommens – mindestens 90 DM, bei geringfügiger Teilzeitarbeit auch weniger, und höchstens 260 DM monatlich – geschätzt werden kann. Übersteigen die berufsbedingten Aufwendungen die Pauschale, sind sie insgesamt nachzuweisen.

4. Berücksichtigungsfähige **Schulden** sind in der Regel vom Einkommen abzuziehen.

5. Der **notwendige Eigenbedarf (Selbstbehalt)**
   – gegenüber minderjährigen unverheirateten Kindern,

---

[1]) JMBl. NW 1998 S. 193.
[2]) Die neue Tabelle nebst Anmerkungen beruht auf Koordinierungsgesprächen, die zwischen Richtern der Familiensenate der Oberlandesgerichte Düsseldorf, Köln und Hamm sowie der Unterhaltskommission des Deutschen Familiengerichtstages e.V. unter Berücksichtigung des Ergebnisses einer Umfrage bei allen Oberlandesgerichten stattgefunden haben.
[3]) Die Zahlenwerte der neuen Tabelle gelten ab 1.7.1998. Bis zum 30.6.1998 sind die Zahlenwerte der bisherigen Tabelle (Stand: 1.1.1996, JMBl. NW 1995, S. 261, Anm.: abgedruckt in Anh. 12a I der Einkommensteuer-Handausgabe 1997) anzuwenden.

- gegenüber volljährigen unverheirateten Kindern bis zur Vollendung des 21. Lebensjahres, die im Haushalt der Eltern oder eines Elternteils leben und sich in der allgemeinen Schulausbildung befinden,

beträgt beim nicht erwerbstätigen Unterhaltspflichtigen monatlich 1.300 DM, beim erwerbstätigen Unterhaltspflichtigen monatlich 1.500 DM. Hierin sind bis 650 DM für Unterkunft einschließlich umlagefähiger Nebenkosten und Heizung (Warmmiete) enthalten. Der Selbstbehalt kann angemessen erhöht werden, wenn dieser Betrag im Einzelfall erheblich überschritten wird und dies nicht vermeidbar ist.

Der **angemessene Eigenbedarf,** insbesondere gegenüber anderen volljährigen Kindern, beträgt in der Regel mindestens monatlich 1.800 DM. Darin ist eine Warmmiete bis 800 DM enthalten.

6. Der **Bedarfskontrollbetrag** des Unterhaltspflichtigen ab Gruppe 2 ist nicht identisch mit dem Eigenbedarf. Er soll eine ausgewogene Verteilung des Einkommens zwischen dem Unterhaltspflichtigen und den unterhaltsberechtigten Kindern gewährleisten. Wird er unter Berücksichtigung auch des Ehegattenunterhalts (vgl. auch B V und VI) unterschritten, ist der Tabellenbetrag der nächst niedrigeren Gruppe, deren Bedarfskontrollbetrag nicht unterschritten wird, oder ein Zwischenbetrag anzusetzen.

7. Bei **volljährigen Kindern,** die noch im Haushalt der Eltern oder eines Elternteils wohnen, bemißt sich der Unterhalt nach der 4. Altersstufe der Tabelle.

   Der angemessene Gesamtunterhaltsbedarf eines **Studierenden,** der nicht bei seinen Eltern oder einem Elternteil wohnt, beträgt in der Regel monatlich 1.100 DM. Dieser Bedarfssatz kann auch für ein Kind mit eigenem Haushalt angesetzt werden.

8. Die **Ausbildungsvergütung** eines in der Berufsausbildung stehenden Kindes, das im Haushalt der Eltern oder eines Elternteils wohnt, ist vor ihrer Anrechnung in der Regel um einen ausbildungsbedingten Mehrbedarf von monatlich 150 DM zu kürzen.

9. In den Unterhaltsbeträgen (Anmerkungen 1 und 7) sind **Beiträge zur Kranken- und Pflegeversicherung** nicht enthalten.

B. Ehegattenunterhalt

I. **Monatliche Unterhaltsrichtsätze des berechtigten Ehegatten ohne gemeinsame unterhaltsberechtigte Kinder (§§ 1361, 1569, 1578, 1581 BGB):**

   1. gegen einen **erwerbstätigen Unterhaltspflichtigen:**

      a) wenn der Berechtigte kein Einkommen hat: $3/7$ des anrechenbaren Erwerbseinkommens zuzüglich $1/2$ der anrechenbaren sonstigen Einkünfte des Pflichtigen, nach oben begrenzt durch den vollen Unterhalt, gemessen an den zu berücksichtigenden ehelichen Verhältnissen;

      b) wenn der Berechtigte ebenfalls Einkommen hat:

         aa) Doppelverdienerehe: $3/7$ der Differenz zwischen den anrechenbaren Erwerbseinkommen der Ehegatten, insgesamt begrenzt durch den vollen ehelichen Bedarf; für sonstige anrechenbare Einkünfte gilt der Halbteilungsgrundsatz;

         bb) Alleinverdienerehe: Unterschiedsbetrag zwischen dem vollen ehelichen Bedarf und dem anrechenbaren Einkommen des Berechtigten, wobei Erwerbseinkommen um $1/7$ zu kürzen ist; der Unterhaltsanspruch darf jedoch nicht höher sein als bei einer Berechnung nach aa);

      c) wenn der Berechtigte erwerbstätig ist, obwohl ihn keine Erwerbsobliegenheit trifft: gemäß § 1577 Abs. 2 BGB;

Anhang 9

Düsseldorfer Tabelle

2. gegen einen **nicht erwerbstätigen Unterhaltspflichtigen** (z. B. Rentner): wie zu 1 a, b oder c, jedoch 50 %.

II. Fortgeltung früheren Rechts:
   1. Monatliche Unterhaltsrichtsätze des nach dem Ehegesetz berechtigten Ehegatten **ohne gemeinsame unterhaltsberechtigte Kinder:**
      a) §§ 58, 59 EheG: in der Regel wie I,
      b) § 60 EheG: in der Regel $^1/_2$ des Unterhalts zu I,
      c) § 61 EheG: nach Billigkeit bis zu den Sätzen I.
   2. Bei Ehegatten, die vor dem 3.10.1990 in der früheren DDR geschieden worden sind, ist das DDR-FGB in Verbindung mit dem Einigungsvertrag zu berücksichtigen (Art. 234 § 5 EGBGB).
III. Monatliche Unterhaltsrichtsätze des berechtigten Ehegatten bei Vorhandensein gemeinsamer unterhaltsberechtigter minderjähriger Kinder und ihnen gleichgestellter volljähriger Kinder im Sinne des § 1603 Abs. 2 Satz 2 BGB:

Wie zu I bzw. II 1., jedoch wird vorab der Kindesunterhalt (Tabellenbetrag ohne Abzug von Kindergeld) vom Nettoeinkommen des Pflichtigen abgezogen.

IV. **Monatlicher notwendiger Eigenbedarf (Selbstbehalt) gegenüber dem getrennt lebenden und dem geschiedenen Berechtigten:**
   1. wenn der Unterhaltspflichtige **erwerbstätig** ist: 1.500 DM,
   2. wenn der Unterhaltspflichtige **nicht erwerbstätig** ist: 1.300 DM.

Dem geschiedenen Unterhaltspflichtigen ist nach Maßgabe des § 1581 BGB u. U. ein höherer Betrag zu belassen.

V. **Monatlicher notwendiger Eigenbedarf (Existenzminimum) des unterhaltsberechtigten Ehegatten einschließlich des trennungsbedingten Mehrbedarfs in der Regel:**
   1. falls erwerbstätig: 1.500 DM.
   2. falls nicht erwerbstätig: 1.300 DM.
VI. Monatlicher notwendiger Eigenbedarf (Existenzminimum) des Ehegatten, der in einem **gemeinsamen Haushalt mit dem Unterhaltspflichtigen** lebt:
   1. falls erwerbstätig: 1.100 DM,
   2. falls nicht erwerbstätig: 950 DM.

Anmerkung zu I.–III.:
Hinsichtlich **berufsbedingter Aufwendungen** und **berücksichtigungsfähiger Schulden** gelten Anmerkungen A. 3 und 4 – auch für den erwerbstätigen Unterhaltsberechtigten – entsprechend. Diejenigen berufsbedingten Aufwendungen, die sich **nicht** nach objektiven Merkmalen eindeutig von den privaten Lebenshaltungskosten abgrenzen lassen, sind pauschal im Erwerbstätigenbonus von $^1/_7$ enthalten.

C. Mangelfälle

Reicht das Einkommen zur Deckung des Bedarfs des Unterhaltspflichtigen und der gleichrangigen Unterhaltsberechtigten nicht aus (sog. Mangelfälle), ist die nach Abzug des notwendigen Eigenbedarfs (Selbstbehalts) des Unterhaltspflichtigen verbleibende Verteilungsmasse auf die Unterhaltsberechtigten im Verhältnis ihrer jeweiligen Bedarfssätze gleichmäßig zu verteilen.

Der Einsatzbetrag für den **Kindesunterhalt** entspricht in der Regel dem Regelbetrag (= 1. Einkommensgruppe), da der Bedarfskontrollbetrag einer höheren Gruppe nicht gewahrt ist.

Der Einsatzbetrag für den **Ehegattenunterhalt** wird mit einer Quote des Einkommens des Unterhaltspflichtigen angenommen. Trennungsbedingter Mehrbedarf kommt ggf. hinzu. Der Erwerbstätigenbonus von $^1/_7$ kann ermäßigt werden (BGH FamRZ 1997, 806) oder entfallen, wenn berufsbedingte Aufwendungen berücksichtigt worden sind (BGH, FamRZ 1992, 539, 541).

Eine Anrechnung des **Kindergeldes** unterbleibt, soweit der Unterhaltspflichtige außerstande ist, den Unterhalt in Höhe des Regelbetrages zu leisten (§ 1612 b Abs. 5 BGB).

Beispiel:

Bereinigtes Nettoeinkommen des Unterhaltspflichtigen (V): 2.250 DM. Drei unterhaltsberechtigte Kinder: K 1 (Schüler, 18 Jahre), K 2 (11 Jahre), K 3 (5 Jahre), die beim wiederverheirateten, nicht leistungsfähigen anderen Elternteil (M) leben. M bezieht das Kindergeld von 740 DM.

Notwendiger Eigenbedarf des V:	1.500 DM.
Verteilungsmasse: 2.250 DM – 1.500 DM =	750 DM,
Notwendiger Gesamtbedarf der berechtigten Kinder:	580 DM (K 1) + 424 DM (K 2) + 349 DM (K 3) = 1.353 DM.

Unterhalt:

K 1: 580 × 750/1.353 = 322 DM,

K 2: 424 × 750/1.353 = 235 DM,

K 3: 349 × 750/1.353 = 193 DM.

Zahlbeträge nach Anrechnung des Kindergeldes (§ 1612 b Abs. 1, 5 BGB):

K 1: 322 – 0 = 322 DM, da weniger als 470 DM (580 – 110 DM Kindergeldanteil),

K 2: 235 – 0 = 235 DM, da weniger als 314 DM (424 – 110 DM Kindergeldanteil),

K 3: 193 – 0 = 193 DM, da weniger als 199 DM (349 – 150 DM Kindergeldanteil).

V zahlt insgesamt 750 DM. Die Kindergeldanteile des V von 110 + 110 + 150 = 370 DM dienen zur Aufstockung des Kindesunterhalts auf die Regelbeträge.

D. Verwandtenunterhalt und Unterhalt nach § 1615 I BGB

1. **Angemessener Selbstbehalt gegenüber den Eltern:** mindestens monatlich 2.250 DM (einschließlich 800 DM Warmmiete). Der angemessene Unterhalt des mit dem Unterhaltspflichtigen zusammenlebenden Ehegatten beträgt mindestens 1.750 DM (einschließlich 600 DM Warmmiete).

2. **Bedarf der Mutter und des Vaters eines nichtehelichen Kindes** (§ 1615 I Abs. 1, 2, 5 BGB): nach der Lebensstellung des betreuenden Elternteils, mindestens aber 1.300 DM, bei Erwerbstätigkeit 1.500 DM.

   Angemessener Selbstbehalt gegenüber der Mutter und dem Vater eines nichtehelichen Kindes (§§ 1615 I Abs. 3 Satz 1, 5, 1603 Abs. 1 BGB): mindestens monatlich 1.800 DM.

Anhang 10

I Erbfolgeregelungen

Übersicht

I Ertragsteuerliche Behandlung der Erbengemeinschaft und ihrer Auseinandersetzung
BMF vom 11.1.1993 (BStBl I S. 62)

II Ertragsteuerliche Behandlung der vorweggenommenen Erbfolge;
hier: Anwendung des Beschlusses des Großen Senats vom 5.7.1990 (BStBl II S. 847)
BMF vom 13.1.1993 (BStBl I S. 80)

III Abzug von Schuldzinsen als Betriebsausgaben oder Werbungskosten
– Aufgabe der sog. Sekundärfolgerechtsprechung durch den BFH;
Anwendung der BFH-Urteile vom 2.3.1993 – VIII R 47 / 90 – (BStBl 1994 II S. 619), vom 25.11.1993
– IV R 66 / 93 – (BStBl 1994 II S. 623) und vom 27.7.1993 – VIII R 72 / 90 – (BStBl 1994 II S. 625)
BMF vom 11.8.1994 (BStBl I S. 603)

IV Einkommensteuerrechtliche Behandlung von wiederkehrenden Leistungen im Zusammenhang
mit der Übertragung von Privat- oder Betriebsvermögen
BMF vom 23.12.1996 (BStBl I S. 1508)

I
Ertragsteuerliche Behandlung der Erbengemeinschaft und ihrer Auseinandersetzung

BMF vom 11.1.1993 (BStBl I S. 62)

IV B 2 – S 2242 – 86 / 92

Inhaltsübersicht

	Tz.
A. Allgemeines	1
B. Zurechnung der laufenden Einkünfte zwischen Erbfall und Erbauseinandersetzung	2–9
1. Allgemeines	2
2. Zurechnung laufender Gewinneinkünfte	3–5
3. Zurechnung laufender Überschußeinkünfte	6
4. Beendigung der Erbengemeinschaft und rückwirkende Zurechnung der laufenden Einkünfte	7–9
C. Erbauseinandersetzung durch Realteilung des Nachlasses	10–39
I. Erbauseinandersetzung über Betriebsvermögen	10–22
1. Realteilung ohne Abfindungszahlungen	10–13
a) Allgemeines	10
b) Gewinnrealisierung nach den Grundsätzen über die Betriebsaufgabe	11
c) Wahlrecht zur Buchwertfortführung	12–13
2. Realteilung mit Abfindungszahlungen	14–22
a) Allgemeines	14–16
b) Übernahme von Verbindlichkeiten über die Erbquote hinaus	17
c) Möglichkeit der Buchwertfortführung im Zusammenhang mit Abfindungszahlungen	18–20
d) Tarifbegünstigung des Veräußerungsgewinns	21–22
II. Erbauseinandersetzung über Privatvermögen	23–32
1. Realteilung ohne Abfindungszahlungen	23–27
a) Allgemeines	23–24

			Tz.
	b)	Behandlung von Nachlaßverbindlichkeiten	25–27
2.	Realteilung mit Abfindungszahlungen		28–32
	a)	Allgemeines	28
	b)	Aufteilung von Abfindungsleistungen	29–30
	c)	Behandlung liquider Mittel des Nachlasses	31
	d)	AfA-Bemessungsgrundlage und AfA-Satz nach Erbauseinandersetzung	32
III. Erbauseinandersetzung über einen Mischnachlaß			33–39
1.	Realteilung ohne Abfindungszahlungen		33–37
	a)	Allgemeines	33–34
	b)	Schaffung von Privatvermögen im engen zeitlichen Zusammenhang mit der Auseinandersetzung	35
	c)	Behandlung von Nachlaßverbindlichkeiten bei Mischnachlässen, insbesondere Schuldzinsenabzug	36–37
2.	Realteilung mit Abfindungszahlungen		38–39
	a)	Allgemeines	38
	b)	Tarifbegünstigung des Veräußerungsgewinns	39
D. Veräußerung eines Erbteils			40–50
1.	Allgemeines		40
2.	Zum Nachlaß gehört nur Betriebsvermögen		41–42
	a)	Schenkung eines Erbteils	41
	b)	Verkauf eines Erbteils	42
3.	Zum Nachlaß gehört nur Privatvermögen		43–46
	a)	Schenkung eines Erbteils	43
	b)	Verkauf eines Erbteils	44–46
4.	Mischnachlaß		47–50
	a)	Schenkung eines Erbteils	48
	b)	Verkauf eines Erbteils	49–50
E. Ausscheiden eines Miterben			51–55
1.	Allgemeines		51
2.	Ausscheiden ohne Abfindung		52
3.	Ausscheiden gegen Barabfindung		53
4.	Ausscheiden gegen Sachwertabfindung		54–55
	a)	Grundsatz	54
	b)	Buchwertfortführung	55
F. Erbauseinandersetzung durch Veräußerung des Nachlasses			56–58
1.	Allgemeines		56
2.	Betriebsvermögen		57
3.	Privatvermögen		58
G. Teilerbauseinandersetzung			59–66
1.	Behandlung wie Gesamtauseinandersetzung		59–61
2.	Behandlung von umgekehrten Abfindungen		62–66
H. Vermächtnisse, Vorausvermächtnisse, Teilungsanordnung			67–77
1.	Steuerliche Auswirkungen von Vermächtnissen		67–71
2.	Besonderheiten bei Vorausvermächtnissen		72–75

Anhang 10

Erbfolgeregelungen

		Tz.
3.	Steuerliche Auswirkungen von Teilungsanordnungen	76– 77
I. Sonderfragen		78– 95
I.	Erbfolge bei der Beteiligung an einer Personengesellschaft	78– 85
1.	Fortsetzungsklausel	78
2.	Eintrittsklausel	79
3.	Einfache Nachfolgeklausel	80– 82
4.	Qualifizierte Nachfolgeklausel	83– 85
II.	Sonderfragen im Bereich der Land- und Forstwirtschaft	86– 95
1.	Erbfolge im Bereich der Land- und Forstwirtschaft	86– 94
2.	Behandlung von Abfindungen, die das Kapitalkonto unterschreiten	95
J. Übergangsregelung		96–100
I.	Allgemeines	96– 97
II.	Nachholung unterbliebener AfA	98–100

Unter Bezugnahme auf das Ergebnis der Erörterungen mit den obersten Finanzbehörden der Länder wird zur ertragsteuerlichen Behandlung der Erbengemeinschaft und ihrer Auseinandersetzung wie folgt Stellung genommen:

A. Allgemeines

1   Mit dem Tod des Erblassers geht der gesamte Nachlaß unentgeltlich im Wege der Gesamtrechtsnachfolge auf den Alleinerben oder die Erbengemeinschaft über. Der Nachlaß ist Gesamthandsvermögen der Erben (§ 1922 BGB). Die Erbengemeinschaft wird bis zu ihrer Auseinandersetzung (§ 2042 BGB) steuerlich bei den Überschußeinkünften wie eine Bruchteilsgemeinschaft (§ 39 Abs. 2 Nr. 2 AO) und bei den Gewinneinkünften als Mitunternehmerschaft behandelt.

B. Zurechnung der laufenden Einkünfte zwischen Erbfall und Erbauseinandersetzung

1. Allgemeines

2   Der BFH geht in seinem Beschluß vom 5. Juli 1990 (BStBl II S. 837) sowohl für den Bereich des Betriebsvermögens als auch für den Bereich des Privatvermögens davon aus, daß Erbfall und Erbauseinandersetzung für die Einkommensbesteuerung keine rechtliche Einheit bilden. Hinterläßt ein Erblasser mehrere Erben, so geht sein Vermögen mit dem Tod im ganzen auf die Erben über und wird bei ihnen zu gemeinschaftlichem Vermögen. Die Miterben verwalten den Nachlaß gemeinsam und können über Nachlaßgegenstände auch nur gemeinschaftlich verfügen. Die Erbengemeinschaft kann grundsätzlich ohne zeitliche Begrenzung fortgesetzt werden. Das Ergebnis ihrer Betätigung wird Bestandteil des gemeinschaftlichen Vermögens. Hieraus ergeben sich Folgerungen für das Entstehen und die Zurechnung von steuerlichen Einkünften bei den Miterben.

2. Zurechnung laufender Gewinneinkünfte

3   Gehört ein gewerbliches, freiberufliches oder land- und forstwirtschaftliches Unternehmen zum Nachlaß, dann geht es mit dem Erbfall auf die Erbengemeinschaft über (§ 1922 BGB). Sämtliche Miterben werden – abgesehen von bestimmten, in Tz. 78–95 genannten Sonderfällen – Mitunternehmer im Sinne von § 15 Abs. 1 Satz 1 Nr. 2 EStG. Auf Grund ihrer Stellung als Miterben tragen sie ein Mitunternehmerrisiko und können Mitunternehmerinitiative entfalten. Diese Beurteilung hängt nicht von der Länge des Zeitraums ab, in dem die Erbengemeinschaft das Unternehmen weiterführt. Auch wenn die Erben ein Unternehmen alsbald nach dem Erbfall abwickeln und einstellen oder es auf einen anderen übertragen, haben sie zunächst die Eigenschaft von Mitunternehmern erlangt und behalten diese bis zur Betriebsbeendigung oder Auseinandersetzung über den Betrieb. Als solche beziehen die Erben

ihre Einkünfte nicht unter Gesichtspunkten der Rechtsnachfolge aus einer ehemaligen Tätigkeit des Erblassers, sondern kraft eigener Verwirklichung des Einkünftetatbestandes. Die laufenden Einkünfte sind den einzelnen Miterben als Mitunternehmern nach dem allgemeinen Gewinnverteilungsschlüssel zuzurechnen, der sich bei den Miterben grundsätzlich nach ihren Erbteilen bestimmt (§ 2038 Abs. 2, § 743 Abs. 1 BGB). Zur rückwirkenden Zurechnung laufender Einkünfte vgl. Tz. 8 ff., zur Zurechnung der Einkünfte an einen Vermächtnisnehmer als wirtschaftlichem Eigentümer eines Gewerbebetriebes vgl. Tz. 68.

Gehört zu einem Nachlaß neben einem Gewerbebetrieb eine freiberufliche Praxis, ein land- und forstwirtschaftlicher Betrieb oder Privatvermögen, so findet § 15 Abs. 3 Nr. 1 EStG (sog. Abfärberegelung) keine Anwendung. 4

Ist der Erblasser Freiberufler gewesen, so erzielt die Erbengemeinschaft Einkünfte aus selbständiger Arbeit im Sinne von § 18 EStG allerdings nur dann, wenn keine berufsfremden Erben an der Erbengemeinschaft beteiligt sind. Berufsfremd ist, wer nicht die erforderliche freiberufliche Qualifikation besitzt. Ist zumindest ein Miterbe berufsfremd, so erzielt die Erbengemeinschaft grundsätzlich Einkünfte aus Gewerbebetrieb (vgl. Abschnitt 136 Abs. 9 Satz 5 und Abs. 10 Satz 2 EStR 1990). Zur rückwirkenden Zurechnung laufender Einkünfte vgl. Tz. 8 ff. Ist mit dem Übergang eines freiberuflichen Betriebsvermögens eine Umqualifizierung des bisher freiberuflichen Vermögens in gewerbliches Betriebsvermögen und eine entsprechende Umqualifizierung der aus dem Betrieb erzielten Einkünfte verbunden, weil der Erbe, ein Miterbe oder der Vermächtnisnehmer nicht über die besondere freiberufliche Qualifikation verfügt, kommt es nicht zu einer Betriebsaufgabe (BFH-Urteil vom 12. März 1992 – BStBl 1993 II S. 36). 5

3. Zurechnung laufender Überschußeinkünfte

Hat der Erblasser Einkünfte aus Kapitalvermögen oder aus vermietetem oder verpachtetem Vermögen gehabt, so wird dieses Vermögen nach dem Erbfall durch die Erbengemeinschaft zur Nutzung oder zum Gebrauch überlassen. Die Miterben bestimmen über die Verwendung des Vermögens, ihnen fließt der Vermögensertrag zu. Sie verwirklichen damit gemeinsam den Tatbestand der Einkunftserzielung nach §§ 20 bzw. 21 EStG. Die erzielten Einkünfte werden ihnen grundsätzlich nach ihren Erbanteilen zugerechnet (§ 2038 Abs. 2, § 743 Abs. 1 BGB). 6

4. Beendigung der Erbengemeinschaft und rückwirkende Zurechnung der laufenden Einkünfte

Die Einkunftserzielung durch die Erbengemeinschaft und damit die Zurechnung der laufenden Einkünfte an die Miterben nach Tz. 3 ff. findet ihr Ende, soweit sich die Miterben hinsichtlich des gemeinsamen Vermögens auseinandersetzen. 7

In den Fällen der Auseinandersetzung von Erbengemeinschaften – auch in den Fällen der Auseinandersetzung einer Mitunternehmerschaft – ist eine steuerlich unschädliche Rückwirkung auf den Zeitpunkt des Erbfalls in engen Grenzen anzuerkennen, da die Erbengemeinschaft eine gesetzliche Zufallsgemeinschaft ist, die auf Teilung angelegt ist. Bei der Auseinandersetzungsvereinbarung wird in der Regel eine rückwirkende Zurechnung laufender Einkünfte für sechs Monate anerkannt. Die Frist beginnt mit dem Erbfall. In diesen Fällen können die laufenden Einkünfte daher ohne Zwischenzurechnung ab dem Erbfall ungeschmälert dem die Einkunftsquelle übernehmenden Miterben zugerechnet werden. Dies gilt auch bei Teilauseinandersetzungen. Soweit laufende Einkünfte rückwirkend zugerechnet werden, ist die Auseinandersetzung steuerlich so zu behandeln, als ob sich die Erbengemeinschaft unmittelbar nach dem Erbfall auseinandergesetzt hätte (Durchgangserwerb der Erbengemeinschaft). 8

Allerdings reicht es nicht aus, wenn die Miterben innerhalb dieser Sechsmonatsfrist lediglich den Entschluß fassen, sich auseinanderzusetzen. Vielmehr muß innerhalb der Frist von sechs Monaten eine klare und rechtlich bindende Vereinbarung über die Auseinandersetzung und ihre Modalitäten vorliegen. Diese Auseinandersetzungsvereinbarung muß den Übergang von Nutzungen und Lasten für die von dieser Auseinandersetzung betroffenen Wirtschaftsgüter auf den Zeitpunkt des Erbfalls festlegen; sie muß auch tatsächlich entsprechend durchgeführt werden. Soweit noch eine Wertfindung erforderlich ist, kann diese jedoch auch außerhalb der Sechsmonatsfrist erfolgen. 9

Anhang 10
Erbfolgeregelungen

C. Erbauseinandersetzung durch Realteilung des Nachlasses
I. Erbauseinandersetzung über Betriebsvermögen
1. Realteilung ohne Abfindungszahlungen
a) Allgemeines

10 Gehört zum Nachlaß nur Betriebsvermögen und wird der Nachlaß ohne Zahlung von Abfindungen real geteilt, so ist die Realteilung kein entgeltlicher Vorgang. Denn einkommensteuerrechtlich ist eine Realteilung ohne Abfindungszahlung weder Tausch von (Miteigentums-)Anteilen an den einzelnen Wirtschaftsgütern des Nachlasses noch Tausch eines Gesamthandsanteils gegen Alleineigentum an den zugeteilten Wirtschaftsgütern, sondern die Erfüllung des durch die Auseinandersetzungsvereinbarung konkretisierten gesetzlichen Auseinandersetzungsanspruchs. Durch die Realteilung können also weder Anschaffungskosten noch Veräußerungserlöse entstehen.

b) Gewinnrealisierung nach den Grundsätzen über die Betriebsaufgabe

11 Die Realteilung eines Betriebsvermögens der Erbengemeinschaft ohne Betriebsfortführung ist aber zugleich eine Betriebsaufgabe; durch diese entsteht regelmäßig ein tarifbegünstigter Aufgabegewinn (§ 16 Abs. 3, § 34 EStG).

Beispiel 1

A und B sind Miterben zu ½. Zum Nachlaß gehört ein Betriebsvermögen, das lediglich aus zwei Grundstücken besteht, die beide einen Buchwert von 200.000 DM und einen Verkehrswert von 2 Mio. DM haben. A und B setzen sich unter Aufgabe des Betriebs in der Weise auseinander, daß A das Grundstück 1 und B das Grundstück 2 erhält.

Im Beispiel 1 entsteht durch die Betriebsaufgabe ein Aufgabegewinn von 3,6 Mio. DM in der Erbengemeinschaft, den A und B je zur Hälfte zu versteuern haben. A und B müssen für die künftigen Gebäude-AfA jeweils von den Entnahmewerten (Abschnitt 43 Abs. 6 EStR 1990 und 44 Abs. 12 EStR 1990) ausgehen.

c) Wahlrecht zur Buchwertfortführung

12 Die Miterben haben jedoch nach den Grundsätzen des BFH-Urteils vom 19. Januar 1982 (BStBl 1982 II S. 456) das Recht, die Buchwerte fortzuführen, wenn die bei der Realteilung erworbenen Wirtschaftsgüter in ein anderes Betriebsvermögen überführt werden. Das Wahlrecht ist von den Miterben einheitlich in der Schlußbilanz der Miterbengemeinschaft auszuüben (Abschnitt 139 Abs. 8 EStR 1990; BFH-Urteil vom 10. Dezember 1991 – BStBl 1992 II S. 385). Das Wahlrecht besteht nicht nur bei der Fortführung von Teilbetrieben durch die Miterben, sondern auch bei der Realteilung durch Übertragung einzelner Wirtschaftsgüter des Betriebsvermögens auf die Miterben (BFH-Urteil vom 10. Dezember 1991 – BStBl 1992 II S. 385). Werden durch Realteilung übertragene Wirtschaftsgüter, die zu den wesentlichen Betriebsgrundlagen gehören, von den Miterben ganz oder teilweise ins Privatvermögen überführt, liegt dagegen zwingend eine Betriebsaufgabe vor. Werden demgegenüber nur Wirtschaftsgüter ins Privatvermögen überführt, die nicht zu den wesentlichen Betriebsgrundlagen gehören, und werden im übrigen die Buchwerte fortgeführt, liegt eine Entnahme vor. Ein etwaiger Entnahmegewinn ist allen Miterben zuzurechnen.

13 Zum Nachlaß und damit zum gesamthänderisch gebundenen Vermögen der Erbengemeinschaft können auch mehrere Betriebe gehören. Dies gilt unabhängig davon, ob die zum Nachlaß gehörenden Betriebe zu unterschiedlichen Einkunftsarten (z.B. Gewerbebetrieb und Land- und Forstwirtschaft) oder zur gleichen Einkunftsart (z.B. zwei Gewerbebetriebe) gehören.

Werden im Rahmen der Realteilung des Betriebsvermögens der Erbengemeinschaft (= Realteilung des Nachlasses) von den einzelnen Miterben nicht lediglich einzelne Wirtschaftsgüter oder Teilbetriebe, sondern ganze Betriebe übernommen, so gilt das Wahlrecht zwischen Gewinnrealisierung und Buchwertfortführung nicht, sondern es sind zwingend die Buchwerte gemäß § 7 Abs. 1 EStDV fortzuführen.

Beispiel 2

S und T sind Miterben zu je ½. Zum Nachlaß gehören zwei Betriebe im Wert von je 1 Mio. DM. S erhält Betrieb 1, T erhält Betrieb 2.

Im Beispiel 2 ist eine Betriebsaufgabe zu verneinen. Denn jeder der beiden Betriebe bleibt auch nach der Realteilung der Erbengemeinschaft bestehen und wird in dieser unveränderten Form auf den jeweiligen Miterben übertragen. Deshalb kommt mangels Betriebs-

Anhang 10
Erbfolgeregelungen

aufgabe ein Wahlrecht hier nicht in Betracht; für jeden Betrieb müssen gemäß § 7 Abs. 1 EStDV die Buchwerte fortgeführt werden.

2. Realteilung mit Abfindungszahlungen

a) Allgemeines

Wird im Rahmen einer Erbauseinandersetzung ein Nachlaß real geteilt und erhält ein Miterbe wertmäßig mehr, als ihm nach seiner Erbquote zusteht, und zahlt er für dieses „Mehr" an seine Miterben eine Abfindung, so liegt insoweit ein Anschaffungs- und Veräußerungsgeschäft vor. In Höhe der Abfindungszahlung liegen Anschaffungskosten vor. Derjenige, der die Abfindung erhält, erzielt einen Veräußerungserlös.   14

Die vorstehenden Grundsätze gelten auch, soweit sich die Erbengemeinschaft gemäß § 2042 Abs. 2, § 753 Abs. 1 BGB durch Zwangsversteigerung zum Zwecke der Aufhebung der Gemeinschaft auseinandersetzt und die Erben dabei Nachlaßgegenstände erwerben (BFH-Urteil vom 29. April 1992 – BStBl 1992 II S. 727).

Bei der Realteilung im Rahmen einer Erbauseinandersetzung bezieht sich das Entgelt nicht auf das, was ein Miterbe auf Grund seiner Erbquote erhält, sondern nur auf das „Mehr", das er auf Grund eines neben der Realteilung bestehenden besonderen entgeltlichen Rechtsgeschäfts bekommt. Es handelt sich hier also nicht um die bloße Aufteilung eines einheitlichen Rechtsvorgangs, sondern um die Beurteilung von zwei rechtlich selbständigen Vorgängen, von denen der eine unentgeltlich und der andere entgeltlich ist. Für die Zahlung einer Abfindung bedarf es daher regelmäßig einer gesonderten Vereinbarung zwischen den Beteiligten, da sich eine derartige Abwicklung nicht aus dem erbrechtlichen Auseinandersetzungsanspruch ergibt; die Zahlung einer Abfindung kann sich allerdings auch auf Grund einer Teilungsanordnung des Erblassers oder auf Grund einer vom Erblasser angeordneten Testamentsvollstreckung ergeben. Die Vereinbarung ist bei der Berechnung des Anteils des Miterben am Aufgabegewinn in den Fällen der Betriebsaufgabe zu berücksichtigen.   15

Die Abfindungszahlung ist bei der Übertragung von Betrieben oder Teilbetrieben dem Teil des Kapitalkontos gegenüberzustellen, der dem Verhältnis von Abfindungszahlung zum Wert des übernommenen Betriebsvermögens entspricht. Abschnitt 139 Abs. 8 Satz 7 EStR 1990, der die Realteilung von Personengesellschaften regelt, ist insoweit überholt.   16

Beispiel 3

S und T sind Miterben zu je ½. Zum Nachlaß gehören zwei gewerbliche Betriebe. Betriebsvermögen 1 hat einen Wert von 2 Mio. DM und einen Buchwert von 200.000 DM. Betriebsvermögen 2 hat einen Wert von 1,6 Mio. DM und einen Buchwert von 160.000 DM. Im Wege der Erbauseinandersetzung erhält S das Betriebsvermögen 1 und T das Betriebsvermögen 2. Außerdem zahlt S an T eine Abfindung von 200.000 DM.

Im Beispiel 3 stehen dem S wertmäßig am Nachlaß 1,8 Mio. DM zu. Da er aber 2 Mio. DM erhält, also 200.000 DM mehr, zahlt er diesen Betrag für $^1/_{10}$ des Betriebsvermögens 1, das er mehr erhält. S erwirbt also $^9/_{10}$ des Betriebsvermögens 1 unentgeltlich und $^1/_{10}$ entgeltlich. Auf diese $^1/_{10}$ entfällt ein Buchwert von 20.000 DM, so daß S die Aktivwerte um 180.000 DM aufstocken muß und T einen Veräußerungsgewinn von 180.000 DM (200.000 DM ./. 20.000 DM) zu versteuern hat. Ein Wahlrecht, die Realteilung als Betriebsaufgabe zu behandeln, besteht für S und T im Beispiel 3 nicht. Denn eine Betriebsaufgabe ist zu verneinen, da jeder der beiden Betriebe nach der Realteilung der Erbengemeinschaft von dem jeweiligen Miterben fortgeführt wird (vgl. Tz. 13).

b) Übernahme von Verbindlichkeiten über die Erbquote hinaus

Eine Übernahme von Schulden über die Erbquote hinaus führt nicht zu Anschaffungskosten. Deshalb entsteht auch kein Veräußerungserlös, soweit ein Miterbe Verbindlichkeiten über die Erbquote hinaus übernimmt. Zur Übernahme von Verbindlichkeiten vgl. im übrigen Tz. 25 ff.   17

Beispiel 4

Wie Beispiel 3 mit der Abwandlung, daß S den T von Betriebsschulden in Höhe von 200.000 DM, die zum Betriebsvermögen 2 gehören, freistellt, also zum gesamthänderisch gebundenen Nachlaß gehörende Verbindlichkeiten in Höhe von 200.000 DM übernimmt.

Im Beispiel 4 erhält S wertmäßig nur 1,8 Mio. DM und braucht an T keine Abfindung zu zahlen. Es liegt dann keine entgeltliche Realteilung vor.

Anhang 10
Erbfolgeregelungen

c) Möglichkeit der Buchwertfortführung im Zusammenhang mit Abfindungszahlungen

18 Werden Abfindungszahlungen geleistet, haben die Miterben, abgesehen von der notwendigen teilweisen Gewinnrealisierung nach Maßgabe der Abfindung, wiederum ein Wahlrecht zwischen voller Gewinnrealisierung (Betriebsaufgabe) und Buchwertfortführung, soweit die zugeteilten Wirtschaftsgüter oder Teilbetriebe Betriebsvermögen bleiben (BFH-Urteil vom 10. Dezember 1991 – BStBl 1992 II S. 385).

Beispiel 5

S und T sind Miterben zu je ½. Zum Nachlaß gehört ein Betriebsvermögen, das aus dem Grundstück 1 (Teilwert 2 Mio. DM, Buchwert 200.000 DM) und dem Grundstück 2 (Teilwert 1,6 Mio. DM, Buchwert 160.000 DM) besteht. S erhält das Grundstück 1 und zahlt an T 200.000 DM Abfindung. T erhält Grundstück 2 und die Abfindung. Beide wollen die Grundstücke zum Buchwert in ein ihnen gehörendes Betriebsvermögen einbringen.

Im Beispiel 5 stehen dem S an dem Nachlaß wertmäßig 1,8 Mio. DM zu. Da er aber das Grundstück 1 im Wert von 2 Mio. DM erhält, zahlt er 200.000 DM mehr, zahlt er diesen Betrag für $1/10$ des Grundstücks 1, das er erhält. S erwirbt also $9/10$ des Grundstücks 1 unentgeltlich und $1/10$ entgeltlich. Auf diese $1/10$ entfällt ein Buchwert von 20.000 DM, so daß S den Grundstücksbuchwert in seiner Bilanz um 180.000 DM aufstocken muß und T einen Veräußerungsgewinn von 180.000 DM (200.000 DM ./. 20.000 DM) zu versteuern hat. Das Wahlrecht, die Realteilung als Betriebsaufgabe zu behandeln, ist im Beispiel 5 gegeben, da im Zuge der Realteilung der Erbengemeinschaft keine ganzen Betriebe, sondern lediglich einzelne Wirtschaftsgüter übertragen werden (vgl. Tz. 13).

19 Soweit Wirtschaftsgüter gegen Abfindungszahlungen übernommen werden und Betriebsvermögen bleiben, gilt für die AfA folgendes: Bei der Übernahme eines Grundstücks ergeben sich hinsichtlich des Gebäudes zwei AfA-Reihen. Hinsichtlich des unentgeltlich erworbenen Gebäudeteils muß der übernehmende Miterbe die Buchwerte der Erbengemeinschaft fortführen (§ 7 Abs. 1 EStDV). Bezüglich des entgeltlich erworbenen Gebäudeteils hat er Anschaffungskosten in Höhe der Abfindungszahlung, die Bemessungsgrundlage für die weitere AfA hinsichtlich des entgeltlich erworbenen Teils des Gebäudes sind. Entsprechendes gilt im Grundsatz, wenn kein Gebäude, sondern ein bewegliches Wirtschaftsgut übernommen wird; da jedoch die Nutzungsdauer des entgeltlich erworbenen Teils des Wirtschaftsguts hier regelmäßig mit der Restnutzungsdauer des unentgeltlich erworbenen Teils des Wirtschaftsguts übereinstimmt, kann in diesen Fällen auf eine Aufspaltung in zwei AfA-Reihen verzichtet werden.

20 Soweit Wirtschaftsgüter gegen Abfindungszahlungen übernommen werden, gilt für die Anwendung des § 6b EStG folgendes:

Was den entgeltlich erworbenen Teil des Wirtschaftsguts angeht, kann auf die durch die Abfindungszahlungen entstandenen Anschaffungskosten eine Rücklage nach § 6b EStG übertragen werden.

Hinsichtlich des unentgeltlich erworbenen Teils des Wirtschaftsguts ist im Falle einer späteren Veräußerung die Besitzzeit der Erbengemeinschaft und des Erblassers für die Besitzzeit i.S. des § 6b EStG zu berücksichtigen (vgl. Abschnitt 41c Abs. 6 EStR 1990).

d) Tarifbegünstigung des Veräußerungsgewinns

21 §§ 16, 34 EStG sind auf den Veräußerungsgewinn, der sich auf Grund der Abfindung ergibt, anzuwenden, wenn bei der Realteilung eines Nachlasses Betriebe oder Teilbetriebe mit Abfindungszahlungen zugeteilt werden oder wenn z. B. bei einem Mischnachlaß nur ein Betrieb vorhanden ist, der unter Ausscheiden der übrigen Miterben mit Abfindung allein auf einen bestimmten Miterben übertragen wird.

22 §§ 16, 34 EStG sind dagegen auf den Veräußerungsgewinn, der sich auf Grund der Abfindung ergibt, nicht anzuwenden, wenn durch die Realteilung lediglich einzelne betrieblich genutzte Wirtschaftsgüter zugeteilt werden, denn die Übertragung einzelner Wirtschaftsgüter ist auch sonst nicht tarifbegünstigt.

Nach den Grundsätzen der Tz. 21 und 22 ist im Beispiel 3 der von T zu versteuernde Veräußerungsgewinn tarifbegünstigt. Denn S ist dort im Wege der Realteilung mit Abfindungszahlungen ein ganzer Betrieb zugeteilt worden. Dagegen ist im Beispiel 5 der von T zu versteuernde Veräußerungsgewinn als laufender Gewinn zu behandeln, weil dort im Zuge der Realteilung mit Abfindungszahlungen keine Betriebe oder Teilbetriebe, sondern lediglich einzelne Wirtschaftsgüter zugeteilt wurden und die Realteilung nicht als Betriebsaufgabe behandelt worden ist.

II. Erbauseinandersetzung über Privatvermögen
1. Realteilung ohne Abfindungszahlungen
a) Allgemeines

Auch bei der Erbauseinandersetzung über Privatvermögen führt eine Realteilung ohne Abfindungszahlungen nicht zur Entstehung von Anschaffungskosten oder Veräußerungserlösen. Eine Erbauseinandersetzung kann auch in der Weise durchgeführt werden, daß einem Miterben ein Nutzungsrecht an einem zum Nachlaß gehörenden Wirtschaftsgut eingeräumt wird, das einem anderen Miterben zugeteilt wird (z. B. Wohnrecht an einem Gebäude). Dieses Nutzungsrecht ist nicht gegen Entgelt bestellt. Die Ablösung des Nutzungsrechts durch den Miterben führt zu nachträglichen Anschaffungskosten (BFH-Urteil vom 28. November 1991 – BStBl 1992 II S. 381). 23

Ein unentgeltlicher Vorgang liegt auch vor, wenn Gesamthandseigentum in Bruchteilseigentum umgewandelt wird und ein Miterbe Anteile an der Bruchteilsgemeinschaft von einem anderen Miterben im Tauschwege gegen eigene Anteile erwirbt. 24

b) Behandlung von Nachlaßverbindlichkeiten

Eine Schuldübernahme führt auch insoweit nicht zu Anschaffungskosten, als sie die Erbquote übersteigt. Tz. 7 des BMF-Schreibens vom 31. Dezember 1988, BStBl 1988 I S. 546, ist durch den Beschluß des BFH vom 5. Juli 1990 (BStBl 1990 II S. 837) überholt. Dies bedeutet gleichzeitig, daß Nachlaßverbindlichkeiten einen wertmäßigen Ausgleich unter den Miterben bei einer Realteilung und damit einen unentgeltlichen Rechtsvorgang ermöglichen. Dabei kommt es nicht darauf an, ob die übernommenen Verbindlichkeiten in einem Finanzierungszusammenhang mit zugeteilten Nachlaßgegenständen stehen. 25

Beispiel 6

A und B sind Erben zu je ½. Zum Nachlaß gehört ein Grundstück (Wert 2 Mio. DM), das mit einer noch voll valutierten Hypothek von 1 Mio. DM belastet ist. Zum Nachlaß gehören außerdem Wertpapiere (Wert 3 Mio. DM). Die Erben setzen sich dahin auseinander, daß A das Grundstück und B die Wertpapiere erhält. B übernimmt außerdem die Verbindlichkeit in voller Höhe.

Im Beispiel 6 liegt eine Realteilung ohne Abfindungszahlung, also ein unentgeltlicher Rechtsvorgang vor. A erhält einen Wert von 2 Mio. DM (Grundstück). B erhält ebenfalls einen Wert von 2 Mio. DM (Wertpapiere im Wert von 3 Mio. DM abzüglich einer übernommenen Verpflichtung von 1 Mio. DM).

Die Übernahme von Verbindlichkeiten der Erbengemeinschaft durch einzelne Miterben über die Erbquote hinaus führt auch dann nicht zu Anschaffungskosten, wenn durch die Art der Verteilung von Verbindlichkeiten zusätzlich Abfindungsbedarf geschaffen wird. Dies gilt unabhängig davon, ob durch die Art der Verteilung von Verbindlichkeiten ein bisher bestehender Finanzierungszusammenhang zwischen Wirtschaftsgut und Schuld erhalten bleibt oder nicht. Regelmäßig wird der Übernahme von Verbindlichkeiten eine interne Freistellungsverpflichtung zugrunde liegen. 26

Beispiel 7

A und B sind Erben zu je ½. Zum Nachlaß gehören zwei Grundstücke im Wert von je 1 Mio. DM, die mit Hypotheken von je 500.000 DM belastet sind. A erhält Grundstück 1 und übernimmt auch die das Grundstück 2 betreffende Hypothek. B erhält das Grundstück 2 und zahlt an A 500.000 DM.

Im Beispiel 7 liegt eine Realteilung ohne Abfindungszahlung vor. B hat mit der Zahlung von 500.000 DM an A die Freistellung von der das Grundstück 2 belastenden Schuld intern beglichen.

Beispiel 8

A und B sind Erben zu je ½. Zum Nachlaß gehört ein Grundstück (Wert 2 Mio. DM), das mit einer noch voll valutierten Hypothek von 1 Mio. DM belastet ist. Die zugrundeliegende Verpflichtung betrifft ein Darlehen, das zur Anschaffung des Grundstücks verwendet worden ist. Zum Nachlaß gehört außerdem eine wesentliche Beteiligung (Wert 3 Mio. DM). Die Erben setzen sich dahin auseinander, daß A das Grundstück und das dazugehörige Darlehen und B die wesentliche Beteiligung übernimmt. B leistet zusätzlich an A eine Zahlung von 1 Mio. DM.

Anhang 10
Erbfolgeregelungen

Im Beispiel 8 bezahlt B mit der Leistung von 1 Mio. DM an A eine interne Schuldfreistellung wegen der Übernahme des hypothekarisch gesicherten Darlehens durch A in Höhe von 1 Mio. DM. Im Ergebnis hat somit A infolge der Freistellungsverpflichtung des B ein unbelastetes Grundstück im Wert von 2 Mio. DM erhalten und B hat die wesentliche Beteiligung zugeteilt bekommen, ist allerdings durch die Zahlung für die Freistellung belastet, so daß er im Ergebnis ebenfalls einen Wert von 2 Mio. DM erhalten hat. Daß die Übernahme der Darlehensschuld durch A nach außen hin den Finanzierungszusammenhang zwischen Wirtschaftsgut und Schuld aufrechterhält, ist dabei ohne Bedeutung.

27   Die vom BFH in seinem Beschluß vom 5. Juli 1990 (BStBl 1990 II S. 837) zur Wertangleichung zugelassene Möglichkeit der Übernahme von Verbindlichkeiten der Erbengemeinschaft über die Erbquote hinaus bezieht sich nur auf Nachlaßverbindlichkeiten. Dabei kommt es nicht darauf an, ob die Verbindlichkeit bereits im Zeitpunkt des Erbfalls bestanden hat oder ob sie erst im Zuge der Verwaltung des Nachlasses entstanden ist. Geht die Erbengemeinschaft dagegen im engen zeitlichen Zusammenhang mit der Erbauseinandersetzung Verbindlichkeiten ein, um insoweit eine gewinneutrale Realteilung zu ermöglichen, handelt es sich nicht mehr um Nachlaßverbindlichkeiten (§ 42 AO).

2. Realteilung mit Abfindungszahlungen
a) Allgemeines

28   Wird im Rahmen einer Erbauseinandersetzung ein Nachlaß real geteilt und erhält ein Miterbe wertmäßig mehr, als ihm nach seiner Erbquote zusteht, und zahlt er für dieses „Mehr" an seine Miterben eine Abfindung, so liegt insoweit – wie bei der Erbauseinandersetzung über Betriebsvermögen – ein Anschaffungs- und Veräußerungsvorgang vor. In Höhe der Abfindungszahlung entstehen Anschaffungskosten. Das gilt auch, soweit sich die Erbengemeinschaft durch Zwangsversteigerung zum Zwecke der Aufhebung der Gemeinschaft auseinandersetzt (vgl. Tz. 14). Wird ein Wirtschaftsgut gegen Abfindungszahlung erworben, berechnen sich der entgeltlich und der unentgeltlich erworbene Teil des Wirtschaftsguts nach dem Verkehrswert (vgl. BFH-Urteil vom 29. Oktober 1991 – BStBl 1992 II S. 512). In der Regel kann davon ausgegangen werden, daß der Verkehrswert dem Wert entspricht, den die Miterben der Erbauseinandersetzung zugrunde legen (Anrechnungswert).

Beispiel 9

A und B sind Miterben zu je ½. Der Nachlaß besteht aus einem Gebäude auf einem Erbbaugrundstück (Verkehrswert 1 Mio. DM) und Bargeld (500.000 DM). A erhält das Gebäude und zahlt an B eine Abfindung in Höhe von 250.000 DM. B erhält das Bargeld und die Abfindungszahlung.

A hat Anschaffungskosten in Höhe von 250.000 DM. Es ist unerheblich, aus welchem Vermögensbereich der die Abfindung Zahlende die Mittel für die Abfindungszahlung entnimmt. A zahlt die Abfindung nicht für das ganze Gebäude, auch nicht für den gesamten Anteil des B an dem Gebäude (½), sondern nur für das wertmäßige „Mehr", das er bei der Erbteilung erhalten hat. Das Gebäude ist 1 Mio. DM wert. 750.000 DM stehen dem A nach seiner Erbquote zu, so daß A mithin ¼ des Gebäudes für 250.000 DM entgeltlich und ¾ des Gebäudes unentgeltlich erworben hat.

Der Veräußerungsgewinn ist nur steuerpflichtig, wenn die Voraussetzungen des § 17 EStG (wesentliche Beteiligung an einer Kapitalgesellschaft), des § 23 EStG (Spekulationsgeschäft) oder des § 21 UmwStG (einbringungsgeborene Anteile) vorliegen. Gehört zum Nachlaß eine wesentliche Beteiligung, ist Abschnitt 140 Abs. 3 Sätze 1 und 9 EStR 1990 zu beachten.

Beispiel 10

Erblasser E, zu dessen ertragsteuerlichem Privatvermögen eine 50%ige Beteiligung an einer GmbH gehörte, wird von A und B beerbt. Im Zuge der Erbauseinandersetzung erhält A die gesamte 50%ige Beteiligung gegen Ausgleichszahlung an B für dessen hälftigen Anteil, und zwar bezogen auf den Erbfall

a)   innerhalb von 5 Jahren,

b)   nach Ablauf von 5 Jahren.

A erlangt – auf der Grundlage getrennter Rechtsgeschäfte – die Beteiligung zum einen in Höhe von ½ (25 v.H.) in Erfüllung seines erbrechtlichen Auseinandersetzungsanspruchs entsprechend § 11d EStDV und zum anderen bezüglich des Mehrempfangs entgeltlich von B. B erzielt in Höhe der Ausgleichszahlung einen Veräußerungserlös. Da die Beteiligung an der Kapitalgesellschaft nach dem Erbfall den Miterben A und B jeweils zur Hälfte gemäß § 39 Abs. 2 Nr. 2 AO zuzurechnen ist, überträgt B eine nicht wesentliche Beteiligung gegen Entgelt auf A. Im Beispielsfall 10a) – Veräußerung innerhalb von 5 Jahren – kommt allerdings auf Grund der wesentlichen Beteiligung des Erblassers der erweiterte Besteuerungstatbestand des § 17 Abs. 1 Satz 5 EStG zum Zuge. A führt hier die Anschaffungskosten des Erblassers zur Hälfte, nämlich für die auf ihn entfallende 25%ige Beteiligung, fort; im übrigen ist die Zahlung des A als Anschaffungskosten für die von B erhaltene 25%ige Beteiligung anzusehen. Im Beispielsfall 10b) – Veräußerung nach Ablauf von 5 Jahren – greift der erweiterte Besteuerungstatbestand des § 17 Abs. 1 Satz 5 EStG nicht mehr ein mit der Folge, daß die Veräußerung von § 17 EStG nicht erfaßt wird.

b) Aufteilung von Abfindungsleistungen

Erhält ein Miterbe alle oder mehrere Wirtschaftsgüter des Nachlasses gegen Leistung einer Abfindung an die übrigen Miterben, so ist die Abfindung nach dem Verhältnis der Verkehrswerte der Wirtschaftsgüter aufzuteilen.

Beispiel 11

Erben sind A und B je zur Hälfte. Zum Nachlaß gehören Grundstück 1 (Verkehrswert 800.000 DM) und Grundstück 2 (Verkehrswert 400.000 DM). A übernimmt beide Grundstücke und zahlt an B 600.000 DM.

Die Abfindungszahlungen sind Anschaffungskosten, die mit 400.000 DM dem Grundstück 1 und mit 200.000 DM dem Grundstück 2 zuzuordnen sind.

Erhalten bei einer Erbauseinandersetzung mit Abfindungszahlungen mehrere Miterben Wirtschaftsgüter des Nachlasses, so sind die Anschaffungskosten ebenfalls im Verhältnis der Verkehrswerte auf die erlangten Nachlaßgegenstände zu verteilen. Ein Wahlrecht besteht nicht. Tz. 9 des BMF-Schreibens vom 31. Dezember 1988 (BStBl 1988 I S. 546) ist überholt.

Beispiel 12

Erben sind A und B je zur Hälfte. Zum Nachlaß gehören Grundstück 1 (Verkehrswert 800.000 DM), Grundstück 2 (Verkehrswert 600.000 DM) und Grundstück 3 (Verkehrswert 400.000 DM). A erhält Grundstück 1, B die Grundstücke 2 und 3. B zahlt an A eine Abfindung von 100.000 DM.

Die Abfindung von 100.000 DM stellt für B Anschaffungskosten dar. B muß diese Abfindung im Verhältnis der Verkehrswerte (6 : 4) auf Grundstück 2 und 3 verteilen. Dann erwirbt er jedes Grundstück zu $^1/_{10}$ entgeltlich und zu $^9/_{10}$ unentgeltlich.

c) Behandlung liquider Mittel des Nachlasses

Keine Anschaffungskosten liegen vor, soweit eine Abfindungszahlung dem Wert übernommener liquider Mittel des Nachlasses (z. B. Bargeld, Bankguthaben, Schecks) entspricht, weil es sich wirtschaftlich um einen Leistungsaustausch „Geld gegen Geld" handelt, der einer Rückzahlung der Abfindungszahlung gleichsteht.

Beispiel 13

Ein Nachlaß besteht aus einem Grundstück (Verkehrswert 2 Mio. DM) und aus Bankguthaben (Verkehrswert 2 Mio. DM). Miterben sind A und B zu je ½. A erhält das Grundstück und das Bankguthaben und zahlt an B eine Abfindung von 2 Mio. DM.

Es ist steuerlich davon auszugehen, daß der Nachlaß im Wege der Naturalteilung verteilt wurde, bei der A das Grundstück und B das Bankguthaben erhalten hat. A hat deshalb keine Anschaffungskosten von 2 Mio. DM (vgl. auch das unter Tz. 26 geschilderte Beispiel 7).

d) AfA-Bemessungsgrundlage und AfA-Satz nach Erbauseinandersetzung

Nach der Erbauseinandersetzung ist hinsichtlich der weiteren Abschreibung zwischen dem unentgeltlich erworbenen Teil des Wirtschaftsguts und dem entgeltlich erworbenen Teil zu unterscheiden.

Auf den unentgeltlich erworbenen Teil ist § 11d Abs. 1 EStDV anzuwenden. Der Miterbe führt die von der Erbengemeinschaft vorgenommene Abschreibung anteilig fort.

Soweit der Miterbe das Wirtschaftsgut entgeltlich erworben hat, sind der weiteren AfA seine Anschaffungskosten zugrunde zu legen. Für den entgeltlich erworbenen Teil des Wirtschaftsguts bemessen sich die AfA

– bei beweglichen Wirtschaftsgütern und bei unbeweglichen Wirtschaftsgütern, die keine Gebäude sind, nach der tatsächlichen künftigen Nutzungsdauer des Wirtschaftsguts im Zeitpunkt der Erbauseinandersetzung (vgl. aber auch Tz. 19);

- bei Gebäuden nach den hierfür geltenden Vorschriften (i.d.R. § 7 Abs. 4 EStG).

Danach kann sich bei Gebäuden für den unentgeltlich und den entgeltlich erworbenen Teil eine unterschiedliche Abschreibungsdauer ergeben.

Beispiel 14

Miterben sind S und T je zu ½. Zum Nachlaß gehören ein bebautes Grundstück (Verkehrswerte: Gebäude 1,5 Mio. DM, Grund und Boden 500.000 DM) und Bargeld (1 Mio. DM). Die ursprünglichen Anschaffungskosten des Gebäudes in Höhe von 2 Mio. DM sind bei der Auseinandersetzung der Erbengemeinschaft am 01.01.04 bereits mit jährlich 2 v. H. bis auf 800.000 DM abgeschrieben. S erhält das Grundstück und zahlt an T eine Abfindung in Höhe von 500.000 DM. T erhält das Bargeld und die Abfindungszahlung.

S hat das Grundstück zu ¼ entgeltlich erworben. Nach dem Verhältnis der Verkehrswerte entfallen auf das Gebäude 375.000 DM und auf den Grund und Boden 125.000 DM der Abfindungszahlung. Die AfA, die S nach der Erbauseinandersetzung vornehmen kann, bemessen sich wie folgt: Hinsichtlich ¾ des Gebäudes hat S gemäß § 11d Abs. 1 EStDV die AfA-Reihe der Erbengemeinschaft fortzuführen und mithin jährlich 2 v. H. von 1.500 000 DM (¾ von 2 Mio. DM Anschaffungskosten des Erblassers) = 30.000 DM über den verbliebenen Abschreibungszeitraum von 20 Jahren abzuschreiben. Hinsichtlich ¼ des Gebäudes liegt ein entgeltlicher Erwerb vor. S hat insofern – soweit keine kürzere Nutzungsdauer als 50 Jahre in Betracht kommt (§ 7 Abs. 4 Satz 2 EStG) – über 50 Jahre 2 v. H. von 375.000 DM (= 7.500 DM) jährlich abzusetzen.

III. Erbauseinandersetzung über einen Mischnachlaß
1. Realteilung ohne Abfindungszahlungen
a) Allgemeines

33   Auch beim Mischnachlaß führt eine Realteilung ohne Abfindung nach dem Beschluß des BFH vom 5. Juli 1990 (BStBl 1990 II S. 837) nicht zur Entstehung von Anschaffungskosten oder Veräußerungserlösen. Demzufolge können auch hier keine Veräußerungsgewinne entstehen.

Beispiel 15

Erben sind A und B zu je ½. Zum Nachlaß gehört ein Betriebsvermögen (Wert 3 Mio. DM) und privater Grundbesitz (Wert 3 Mio. DM). A und B setzen sich in der Weise auseinander, daß A den Betrieb und B den privaten Grundbesitz erhält.

Im Beispiel 15 liegen keine Anschaffungs- oder Veräußerungsgeschäfte vor mit der Folge, daß weder für A noch für B Anschaffungskosten entstehen. Der Mitunternehmeranteil des B geht ohne Gewinnrealisierung auf A zum Buchwert über. Dies gilt auch dann, wenn die Erbauseinandersetzung erst viele Jahre nach dem Erbfall stattfindet und der Umfang des Betriebsvermögens sich zwischenzeitlich verändert hat. A muß gemäß § 7 Abs. 1 EStDV die Buchwerte fortführen. B tritt gemäß § 11 Abs. 1 EStDV in die Abschreibungsreihe der Erbengemeinschaft ein. Im Beispiel 15 hat der den Betrieb erhaltende Miterbe kein Wahlrecht zwischen Gewinnrealisierung und Buchwertfortführung, da die Übergabe des Betriebs an A im Wege der Realteilung der Erbengemeinschaft nicht zu einer Betriebsaufgabe führt (vgl. Tz. 13).

34   In der Realteilung eines Mischnachlasses ohne Abfindungszahlungen liegt – ebenso wie in der Realteilung eines nur aus Betriebsvermögen bestehenden Nachlasses – nicht nur keine entgeltliche Anschaffung oder Veräußerung, sondern auch keine zur Gewinnrealisierung führende Aufgabe eines Mitunternehmeranteils gemäß § 16 Abs. 3 EStG.

b) Schaffung von Privatvermögen im engen zeitlichen Zusammenhang mit der Auseinandersetzung

35   Die Realteilung eines Mischnachlasses ohne Abfindungszahlung führt nicht zur Entstehung von Anschaffungskosten einerseits sowie eines Veräußerungs- bzw. Aufgabegewinns andererseits. Dabei kommt es nicht darauf an, ob bereits im Zeitpunkt des Erbfalls ein Mischnachlaß bestanden hat oder ob sich im Zuge der Verwaltung des Nachlasses privates Nachlaßvermögen gebildet hat. Wird dagegen durch Entnahmen liquider Mittel im engen zeitlichen Zusammenhang mit der Auseinandersetzung Privatvermögen geschaffen, um insoweit eine gewinnneutrale Realteilung zu ermöglichen, so ist diese Gestaltung nach § 42 AO steuerlich nicht anzuerkennen.

c) **Behandlung von Nachlaßverbindlichkeiten bei Mischnachlässen, insbesondere Schuldzinsenabzug**

Auch bei einem Mischnachlaß kann die Abstimmung mit dem Auseinandersetzungsguthaben des Miterben dadurch erreicht werden, daß der Miterbe Verbindlichkeiten der Erbengemeinschaft übernimmt. Wie sich derartige Schulden in der Folge bei den Miterben auswirken, hängt davon ab, mit welchem Vermögen sie in Zusammenhang stehen und wie dieses Vermögen beim Erben verwendet wird. So kann Privatvermögen der Erbengemeinschaft beim Miterben Betriebsvermögen und die damit zusammenhängende Verbindlichkeit Betriebsschuld werden. 36

Die Übernahme von Schulden über die Erbquote hinaus kann trotz fehlender Anschaffungskosten zu Betriebsvermögen führen, das den Schuldzinsenabzug ermöglicht. 37[1])

Beispiel 16

A und B sind Miterben zu je ½. Zum Nachlaß gehören ein Betrieb (Wert 3 Mio. DM) sowie ein privates Grundstück (Wert 2 Mio. DM), das mit einer Hypothek von 1 Mio. DM belastet ist. A übernimmt den Betrieb und die Verbindlichkeit, B erhält das Grundstück.

Im Beispiel 16 ist von einer gewinneutralen Realteilung eines Mischnachlasses auszugehen, da nach dem Beschluß des BFH vom 5. Juli 1990 (BStBl 1990 II S. 837) auch beim Mischnachlaß eine Wertangleichung zur Vermeidung von Ausgleichszahlungen durch überproportionale Übernahme von Nachlaßverbindlichkeiten erreicht werden kann. Die von A zusätzlich zum Betrieb übernommene private Nachlaßschuld bleibt keine Privatschuld, sondern wandelt sich nach der Übernahme durch A in eine Betriebsschuld um mit der Folge, daß A künftig die auf diese Schuld entfallenden Schuldzinsen als Betriebsausgaben abziehen kann.

Die Begleichung von Erbfallschulden (Pflichtteils- und Erbersatzansprüche) führt zwar nicht zu Anschaffungskosten. Dennoch dürfen nach der sog. Sekundärfolgen-Rechtsprechung die Aufwendungen für die Finanzierung von Pflichtteils- und Erbersatzansprüchen in bestimmtem Umfang als Betriebsausgaben oder Werbungskosten abgezogen werden (BFH-Urteile vom 2. April 1987 – BStBl 1987 II S. 621, vom 28. April 1989 – BStBl 1989 II S. 618 und vom 17. Oktober 1991 – BStBl 1992 II S. 392). Dies gilt unter bestimmten Voraussetzungen auch für die Aufwendungen zur Finanzierung von Vermächtnissen (vgl. Tz. 70).

2. **Realteilung mit Abfindungszahlungen**

a) **Allgemeines**

Auch beim Mischnachlaß liegt Entgeltlichkeit nur vor, soweit Abfindungszahlungen geleistet werden. Hat daher im Rahmen einer Realteilung ein Miterbe an andere Miterben Abfindungszahlungen zu leisten, führt dies zu Anschaffungskosten einerseits und zu einem – ggf. einkommensteuerpflichtigen – Veräußerungserlös andererseits. 38

Beispiel 17

Erben sind A und B je zur Hälfte. Zum Nachlaß gehören ein Betrieb (Wert 1 Mio. DM, Buchwert 200.000 DM) und ein Privatgrundstück (Wert 500.000 DM). A erhält den Betrieb, B das Grundstück und eine Abfindung von A in Höhe von 250.000 DM.

Die Abfindung stellt im Beispiel 17 bei A Anschaffungskosten, bei B Veräußerungserlös für die Übertragung eines Mitunternehmeranteils dar. Da A und B jeweils im Wert von 750.000 DM am Gesamtnachlaß beteiligt sind (= ½ von 1,5 Mio. DM), erwirbt A ³/₄ des Betriebs unentgeltlich und führt insoweit die Buchwerte nach § 7 Abs. 1 EStDV fort. B erzielt durch die Übertragung eines Mitunternehmeranteils von ¼ einen Veräußerungsgewinn von 200.000 DM (= 250.000 DM ./. 50.000 DM). A stockt die Buchwerte um 200.000 DM auf, da B ¼ des Betriebs entgeltlich an A übertragen hat. Das restliche ¼, das dem B als Mitunternehmer zuzurechnen war, ist unentgeltlich auf A übergegangen. 39

b) **Tarifbegünstigung des Veräußerungsgewinns**

Die Tarifbegünstigung von Veräußerungsgewinnen beurteilt sich nach Tz. 21 und 22.

Danach ist der im Beispiel 17 von B erzielte Veräußerungsgewinn nach §§ 16, 34 EStG tarifbegünstigt. Denn ein Veräußerungsgewinn ist nicht nur dann tarifbegünstigt, wenn bei der Realteilung eines Nachlasses Betriebe oder Teilbetriebe mit Abfindungszahlungen zugeteilt werden, sondern auch dann, wenn – z. B. bei der Realteilung eines Mischnach-

---

[1]) → hierzu BMF vom 11.8.1994 (BStBl I S. 603).

Anhang 10
Erbfolgeregelungen

lasses – nur ein Betrieb vorhanden ist, der unter Ausscheiden der übrigen Miterben mit Abfindung allein auf einen bestimmten Miterben übertragen wird.

D. Veräußerung eines Erbteils

1. Allgemeines

40 Ein Miterbe kann seinen Anteil am Nachlaß (seinen Erbteil) an einen anderen Miterben oder an einen Dritten verschenken oder verkaufen (§ 2033 Abs. 1 BGB). Wird ein Erbteil verschenkt, entstehen weder Anschaffungskosten noch Veräußerungserlöse. Wird ein Erbteil verkauft, hat der Käufer dagegen Anschaffungskosten und der Verkäufer einen Veräußerungserlös. Die Ausschlagung der Erbschaft gegen eine Abfindung steht der entgeltlichen Veräußerung des Erbteils gleich.

2. Zum Nachlaß gehört nur Betriebsvermögen

a) Schenkung eines Erbteils

41 Wird ein Erbteil verschenkt und gehört zum Nachlaß nur Betriebsvermögen, liegt ein Fall des § 7 Abs. 1 EStDV vor. Der Beschenkte hat das Kapitalkonto des Schenkers fortzuführen.

b) Verkauf eines Erbteils

42 Die entgeltliche Übertragung des Erbanteils an einer gewerblich tätigen Erbengemeinschaft bedeutet nach dem Beschluß des BFH vom 5. Juli 1990 (BStBl II S. 837) die Veräußerung eines Mitunternehmeranteils i.S. von § 16 Abs. 1 Nr. 2 EStG, und zwar auch dann, wenn der Erwerber Miterbe ist. Anschaffungskosten und Veräußerungsgewinn errechnen sich wie bei der Übertragung eines Gesellschaftsanteils.

Beispiel 18

Der Nachlaß besteht allein aus einem Einzelunternehmen. Das Kapitalkonto betrug 600.000 DM. Erben sind A, B und C zu je einem Drittel, so daß auf jeden Miterben ein Kapitalkonto von 200.000 DM entfällt. C verkauft seinen Erbteil und damit gleichzeitig seinen Mitunternehmeranteil an D für 320.000 DM.

In diesem Fall liegt ein entgeltliches Veräußerungsgeschäft vor. Für C entsteht nach § 16 Abs. 2 EStG ein Veräußerungsgewinn in Höhe von 120.000 DM (320.000 DM Veräußerungserlös ./. 200.000 DM Buchwert), der nach §§ 16, 34 EStG tarifbegünstigt ist. D hat Anschaffungskosten von 320.000 DM, mit denen er seinen Anteil in der Bilanz der Erbengemeinschaft ausweisen muß. Das geschieht in Höhe von 200.000 DM in der Hauptbilanz (Fortführung des Kapitalkontos des C) und in Höhe von 120.000 DM in einer für D aufzustellenden positiven Ergänzungsbilanz.

3. Zum Nachlaß gehört nur Privatvermögen

a) Schenkung eines Erbteils

43 Wird ein Erbteil verschenkt und gehört zum Nachlaß nur Privatvermögen, findet § 11d Abs. 1 EStDV Anwendung. Durch den unentgeltlichen Erwerb des Erbteils ist der Beschenkte in die Rechtsstellung des Schenkers eingetreten, die dieser innerhalb der Erbengemeinschaft gehabt hat. Die anteilige AfA, die dem Beschenkten an den zum Nachlaß gehörenden abnutzbaren Wirtschaftsgütern des Privatvermögens zusteht, bemißt sich demzufolge (weil der Schenker ebenfalls unentgeltlich erworben hat) nach der AfA-Bemessungsgrundlage der Erbengemeinschaft (§ 11d Abs. 1 Satz 1 EStDV). Der Beschenkte kann – anteilmäßig – nur noch das nicht bereits verbrauchte AfA-Volumen abschreiben.

b) Verkauf eines Erbteils

44 Verkauft ein Miterbe seinen Erbteil und gehört zum Nachlaß nur Privatvermögen, ist § 11d Abs. 1 EStDV nicht anwendbar. Der Erwerber muß seine AfA nach § 7 EStG, also ausgehend von seinen Anschaffungskosten, bemessen.

Beispiel 19

E wird von seinen Söhnen A, B und C zu je ⅓ beerbt. Zum Nachlaß gehört nur ein privates Mietwohnhaus, das E für 2,5 Mio. DM (Anteil Gebäude 2 Mio. DM) erworben und jährlich mit 2 v. H. abgeschrieben hatte. C veräußert seinen Erbteil zum 01.01.04 für 700.000 DM an D. Hiervon entfallen 560.000 DM auf das Gebäude und 140.000 DM auf den Grund und Boden. Im Zeitpunkt der Veräußerung hatte das Gebäude einen Restwert von 1,2 Mio. DM.

Die AfA für das immer noch zum Nachlaß gehörende Gebäude kann nicht mehr einheitlich vorgenommen werden. A und B haben als Miterben ihre Anteile am Nachlaß und damit an dem Grundstück, aus dem der Nachlaß besteht, unentgeltlich erworben. Sie müssen demzufolge nach § 11d Abs. 1 EStDV die AfA der Erbengemeinschaft – anteilig – fortführen. A und B können also jährlich je 13.334 DM (je von 40.000 DM) für einen verbleibenden AfA-Zeitraum von 30 Jahren absetzen. Für D hingegen ist, da er entgeltlich erworben hat, seine anteilige AfA nach seinen Anschaffungskosten zu bemessen. Er muß seinen Gebäudeanteil mit 2 v.H. von 560.000 DM, also über 50 Jahre, mit jährlich 11.200 DM abschreiben. Zu einem anderen Ergebnis kann D nur dann kommen, wenn er nachweist, daß die Nutzungsdauer kürzer ist.

Wird ein Erbteil entgeltlich erworben und gehören mehrere Wirtschaftsgüter zum Nachlaß, sind die Anschaffungskosten für den Erbteil auf alle zum Nachlaß gehörenden Wirtschaftsgüter nach dem Verhältnis der Verkehrswerte zu verteilen. Das erfordert eine Bewertung aller zum Nachlaß gehörenden Wirtschaftsgüter auf den Zeitpunkt des Erbteilkaufs. 45

Verkauft ein Miterbe seinen Erbteil, so ist ein Veräußerungsgewinn nur steuerpflichtig, wenn die Voraussetzungen des § 17 EStG (wesentliche Beteiligung an einer Kapitalgesellschaft), des § 23 EStG (Spekulationsgeschäft) oder des § 21 UmwStG (einbringungsgeborene Anteile) vorliegen (vgl. auch Tz. 28). 46

4. Mischnachlaß

Wird der Anteil an einem Mischnachlaß veräußert, gelten die unter Tz. 41 bis Tz. 46 genannten Grundsätze. 47

a) Schenkung eines Erbteils

Eine Bewertung der Nachlaßgegenstände ist hier nicht erforderlich. Im privaten Bereich des Nachlasses hat der Erwerber die AfA der Erbengemeinschaft nach § 11d Abs. 1 EStDV und im betrieblichen Bereich die Buchwerte der Erbengemeinschaft nach § 7 Abs. 1 EStDV fortzuführen. 48

b) Verkauf eines Erbteils

Wird bei einem Mischnachlaß ein Erbteil verkauft, muß der für den Erbteil erzielte Veräußerungserlös aufgeteilt werden. Dabei ist der Veräußerungserlös im Verhältnis des Verkehrswertes des Mitunternehmeranteils und der anteiligen Verkehrswerte der Wirtschaftsgüter des Privatvermögens zu verteilen. Der Kaufpreis ist beim Erbschaftskäufer entsprechend aufzuteilen. 49

§ 15 Abs. 3 Nr. 1 EStG (sog. Abfärberegelung) ist auch dann nicht auf die Erbengemeinschaft anzuwenden, wenn ein Miterbe seinen Erbteil veräußert und ein fremder Dritter in die Erbengemeinschaft eintritt (vgl. Tz. 4). 50

E. Ausscheiden eines Miterben

1. Allgemeines

Scheidet ein Miterbe freiwillig aus der Erbengemeinschaft aus, so wächst zivilrechtlich sein Anteil am Gemeinschaftsvermögen den verbliebenen Miterben zu (vgl. Urteil des Kammergerichts vom 12. August 1965 – 1 W 2095/65 –, Entscheidungen der Oberlandesgerichte in Zivilsachen – OLGZ – 1965, 244). Die Anwachsung eines Erbteils für den Fall, daß mehrere Erben in der Weise eingesetzt sind, daß sie die gesetzliche Erbfolge ausschließen, und daß einer der Erben vor oder nach dem Eintritt des Erbfalls wegfällt, ist in § 2094 BGB geregelt. 51

Die Anwachsung ist ein Unterfall der Veräußerung des Erbteils. Ertragsteuerlich ist das Anwachsen als – entgeltliche oder unentgeltliche – Übertragung des Anteils des ausscheidenden Miterben auf die verbleibenden Miterben anzusehen.

2. Ausscheiden ohne Abfindung

Scheidet ein Miterbe ohne Abfindung aus der Erbengemeinschaft aus, finden die Grundsätze über die Schenkung eines Erbteils Anwendung. 52

3. Ausscheiden gegen Barabfindung

Scheidet ein Miterbe mit Barabfindung aus der Erbengemeinschaft aus, finden die Grundsätze über den Verkauf eines Erbteils Anwendung. 53

4. Ausscheiden gegen Sachwertabfindung

a) Grundsatz

Beim Ausscheiden gegen Sachwertabfindung können sich zusätzlich zu dem vom ausscheidenden Miterben zu versteuernden Veräußerungsgewinn auch für die verbleibenden Miterben Veräußerungsgewinne ergeben. 54

Beispiel 20

A, B und C sind Miterben zu je $^1/_3$. Der Nachlaß besteht nur aus einem Betriebsvermögen. Der Wert des Betriebsvermögens beträgt 3 Mio. DM, der Buchwert 300.000 DM. Die Bilanz des Unternehmens sieht wie folgt aus:

Wirtschaftsgut 1	100.000	KapKto A	100.000
	(TW 1 Mio. DM)	KapKto B	100.000
Wirtschaftsgut 2	200.000	KapKto C	100.000
	(TW 2 Mio. DM)		
	300.000		300.000

C scheidet gegen eine Abfindung von 1 Mio. DM aus dem Unternehmen aus.

Nach dem Ausscheiden des C hat die Bilanz folgendes Bild:

Wirtschaftsgut 1	100.000		KapKto A	100.000
	+ 300.000	400.000	KapKto B	100.000
Wirtschaftsgut 2	200.000		AusglAn-	
	+ 600.000	800.000	spruch C	1.000 000
		1.200 000		1.200 000

Für C ist ein tarifbegünstigter Veräußerungsgewinn von 900.000 DM (1.000 000 DM ./. 100.000 DM) entstanden.

A und B müssen die Buchwerte der Wirtschaftsgüter 1 und 2 entsprechend aufstocken. Da die Wirtschaftsgüter zu entgeltlich erworben wurden, erhöht sich die AfA-Bemessungsgrundlage um 900.000 DM (Anschaffungskosten 1 Mio. DM ./. Buchwert 100.000 DM). Wenn C das Wirtschaftsgut 1 (Buchwert nunmehr 400.000 DM) zur Tilgung seiner Ausgleichsforderung von 1 Mio. DM erhält, müssen A und B dieses Wirtschaftsgut aus dem Betrieb nehmen. Da das Wirtschaftsgut 1 Mio. DM wert ist, entsteht dadurch ein Veräußerungsgewinn in Höhe von 600.000 DM, den A und B je zur Hälfte als laufenden Gewinn versteuern müssen. Ein Veräußerungsgewinn – und kein Entnahmegewinn – entsteht deshalb, weil die Hingabe des Sachwerts zum Wegfall der Schuld führt. Darin ist keine Entnahme, sondern eine Veräußerung, verbunden mit einer Gewinnrealisierung hinsichtlich des den Buchwert des Wirtschaftsguts übersteigenden Schuldenteils (Ausgleichsanspruch des C), zu sehen.

b) Buchwertfortführung

55 Gelangt die Sachwertabfindung beim ausscheidenden Miterben in ein Betriebsvermögen, können die Miterben nach dem Beschluß des BFH vom 5. Juli 1990 (BStBl II S. 837) die Buchwerte der Erbengemeinschaft fortführen.

Im Beispiel 20 kann die Versteuerung des Veräußerungsgewinns vermieden werden, wenn C das ihm zur Abfindung übereignete Wirtschaftsgut 1 in ein ihm gehörendes Betriebsvermögen zum Buchwert überführt. Für diesen Fall wird das Wirtschaftsgut 1 dem C zum Buchwert gegen Minderung seiner Beteiligungsrechte am Betrieb der Erbengemeinschaft übertragen. Da der Buchwert des Wirtschaftsguts 100.000 DM beträgt, sinkt dadurch das Kapitalkonto des C unter gleichzeitigem Ausscheiden des C aus dem Betrieb auf Null. C muß das Wirtschaftsgut in seinen eigenen Betrieb mit 100.000 DM erfolgsneutral (gegen entsprechende Erhöhung seines Kapitalkontos) einlegen. Für C entsteht weder ein Entnahme- noch ein Veräußerungsgewinn. Auch für A und B ergeben sich keine Gewinnauswirkungen.

F. Erbauseinandersetzung durch Veräußerung des Nachlasses

1. Allgemeines

56 Die Erbauseinandersetzung kann gemäß §§ 2046 ff. BGB auch in der Weise erfolgen, daß alle Wirtschaftsgüter des Nachlasses veräußert werden. Anschließend werden alle Nachlaßverbindlichkeiten berichtigt. Der Rest der Veräußerungserlöse wird den Erbquoten entsprechend anteilmäßig unter den Miterben verteilt.

Anhang 10
Erbfolgeregelungen

2. **Betriebsvermögen**

   Gehört zum Nachlaß ein Betriebsvermögen, so kann der gesamte Betrieb von der Erbengemeinschaft veräußert werden. Dann liegt ein Fall des § 16 Abs. 1 EStG vor. Der von der Erbengemeinschaft erzielte Veräußerungsgewinn ist von den Miterben tarifbegünstigt (§§ 16, 34 EStG) zu versteuern. 57

   Wird der Betrieb von den Miterben nicht fortgeführt und werden die einzelnen Wirtschaftsgüter des Betriebsvermögens veräußert, so wird der Betrieb beendet. Wegen der Abgrenzung des Aufgabegewinns vom laufenden Gewinn vgl. Abschnitt 139 Abs. 2 EStR 1990.

3. **Privatvermögen**

   Soweit zum Nachlaß Privatvermögen gehört, ist die Veräußerung einkommensteuerrechtlich nur dann zu erfassen, wenn die §§ 17, 23 EStG oder § 21 UmwStG zur Anwendung kommen. 58

G. Teilerbauseinandersetzung

1. **Behandlung wie Gesamtauseinandersetzung**

   Der BFH hat in seinem Beschluß vom 5. Juli 1990 (BStBl II S. 837) hinsichtlich der Behandlung der gegenständlichen Teilauseinandersetzung die Verwaltungsauffassung bestätigt, wonach die bei einer Teilauseinandersetzung geleisteten Abfindungen Anschaffungskosten und Veräußerungsentgelt darstellen, und zwar unabhängig davon, daß die Miterben am Restnachlaß beteiligt bleiben (vgl. BMF-Schreiben vom 31. Dezember 1988 – BStBl 1988 I S. 546, Tz. 10). 59

   Beispiel 21

   Erben sind A und B je zur Hälfte. Zum Nachlaß gehören ein Betrieb (Wert 1 Mio. DM, Buchwert 200.000 DM) und ein Privatgrundstück (Wert 500.000 DM). Bei einer Teilauseinandersetzung erhält A den Betrieb, B bekommt eine Abfindung von A in Höhe von 500.000 DM.

   B erzielt im Beispiel 21 einen tarifbegünstigten Veräußerungsgewinn von 400.000 DM. A stockt die Buchwerte des Betriebs um 400.000 DM auf. Der Wert und die spätere Verteilung des Restnachlasses bleiben zunächst außer Betracht.

   Soweit im Rahmen einer Teilauseinandersetzung ein Wirtschaftsgut des Betriebsvermögens einem Miterben zu Lasten seiner Beteiligung am Restnachlaß zugewiesen wird, das er in sein Privatvermögen übernimmt, entsteht ein Entnahmegewinn. Der Entnahmegewinn ist Teil des Gesamtgewinns der Mitunternehmerschaft. Dieser ist den Mitunternehmern (Miterben) nach dem allgemeinen Gewinnverteilungsschlüssel zuzurechnen, der sich bei den Miterben nach ihrem Anteil am Nachlaß bestimmt (§ 2038 Abs. 2, § 743 Abs. 1 BGB). 60

   Wird im Rahmen einer Teilauseinandersetzung ein Wirtschaftsgut aus dem Betriebsvermögen der Erbengemeinschaft (Mitunternehmerschaft) in ein anderes Betriebsvermögen eines der Miterben überführt, so entsteht, wenn das überführte Wirtschaftsgut mit dem Teilwert angesetzt wird, ein Veräußerungsgewinn bei allen Miterben; es besteht hier aber das Wahlrecht zur – gewinneutralen – Buchwertfortführung. 61

2. **Behandlung von umgekehrten Abfindungen**

   Abfindungen in umgekehrter Richtung vermindern grundsätzlich die bei einer Teilauseinandersetzung angenommenen Anschaffungskosten und Veräußerungserlöse, wenn die Miterben eine weitere Auseinandersetzung im Auge hatten, bei der es zu umgekehrten Abfindungen kommt (BFH-Beschluß vom 5. Juli 1990 – BStBl II S. 837). Davon ist auszugehen, wenn seit der vorausgegangenen Teilauseinandersetzung nicht mehr als fünf Jahre vergangen sind. 62

   Eine spätere (weitere) Teilauseinandersetzung oder Endauseinandersetzung ist nicht mehr mit vorangegangenen Teilauseinandersetzungen als Einheit zu betrachten, sondern wie eine selbständige Auseinandersetzung zu behandeln (vgl. Tz. 59). 63

   Ist bei einer vorangegangenen Teilauseinandersetzung eine Abfindung für den Erwerb mehrerer Wirtschaftsgüter geleistet worden (Tz. 31), so ist die umgekehrte Abfindung auf diese Wirtschaftsgüter nach dem Verhältnis ihrer Verkehrswerte im Zeitpunkt der vorangegangenen Teilauseinandersetzung aufzuteilen. 64

   Beispiel 22

   Erben sind A und B je zur Hälfte. Zum Nachlaß gehören ein Betrieb (Wert 1 Mio. DM, Buchwert 200.000 DM) und ein Privatgrundstück. Bei einer Teilauseinandersetzung erhält A den Betrieb und muß an B eine Abfindung in Höhe von 500.000 DM zahlen. Im Rahmen der vier (sechs) Jahre später erfolgenden Endauseinandersetzung erhält B das Grundstück, dessen

971

Wert auf 500.000 DM festgestellt wurde, und zahlt deshalb an A eine Abfindung in Höhe von 250.000 DM.

Die von B bei der Endauseinandersetzung an A zu zahlende umgekehrte Abfindung in Höhe von 250.000 DM bewirkt, daß der Veräußerungsgewinn des B von ursprünglich 400.000 DM nunmehr nur noch 200.000 DM beträgt. Denn im Ergebnis hat B nur eine Abfindung von 500.000 DM ./. 250.000 DM = 250.000 DM erhalten, worauf ein Buchwert von 50.000 DM entfällt. Die bisherige Aufstockung der Buchwerte bei A um 400.000 DM muß auf einen Aufstockungsbetrag von 200.000 DM gemindert werden. Dagegen würde sich die ursprüngliche Behandlung der Teilauseinandersetzung nicht mehr ändern, wenn die Endauseinandersetzung sechs Jahre später erfolgt.

65 Werden im Rahmen einer Teilauseinandersetzung entstandene Veräußerungsgewinne durch umgekehrte Abfindungen gemindert, so ist dies ein Ereignis, das Rückwirkung für die Vergangenheit hat (§ 175 Abs. 1 Nr. 2 AO), weshalb die Ermäßigung des Veräußerungsgewinns rückwirkend erfolgen muß.

66 Auch die bei dem die ursprüngliche Abfindung leistenden Miterben durch die umgekehrte Abfindung eintretende Verminderung der Anschaffungskosten hat rückwirkend zu erfolgen (§ 175 Abs. 1 Nr. 2 AO). Umgekehrte Abfindungen sind insoweit nicht erst ab dem Jahr ihrer Zahlung zu berücksichtigen. Tz. 14 des BMF-Schreibens vom 31. Dezember 1988, BStBl 1988 I S. 546 ist überholt.

H. Vermächtnisse, Vorausvermächtnisse, Teilungsanordnung

1. Steuerliche Auswirkungen von Vermächtnissen

67 Im Falle der Erbeinsetzung liegt in vollem Umfang ein unentgeltlicher Erwerb unmittelbar vom Erblasser vor. Der Erbe ist an die Buch- und Steuerwerte gem. §§ 7 Abs. 1, 11d Abs. 1 EStDV gebunden, auch wenn ihm die Erfüllung von Vermächtnissen auferlegt wird. Die Erfüllung eines Vermächtnisses durch den beschwerten Erben stellt kein Entgelt für den Erwerb des Erbteils dar und führt daher bei ihm nicht zu Anschaffungskosten (BFH-Urteil vom 17. Oktober 1991 – BStBl 1992 II S. 392). Dies gilt auch, wenn ein Sachvermächtnis hinsichtlich eines Wirtschaftsguts des Betriebsvermögens ausgesetzt wird und dieses Sachvermächtnis vom Erben und Betriebsübernehmer erfüllt wird. Geht daher ein Betrieb durch Erbeinsetzung mit der Verpflichtung über, daß der Erbe oder die Erbengemeinschaft ein Wirtschaftsgut des Betriebsvermögens an einen Dritten herausgeben muß, so führt dies zur Entnahme dieses Wirtschaftsguts. Dies gilt auch dann, wenn das Wirtschaftsgut beim Vermächtnisnehmer Betriebsvermögen wird; § 7 Abs. 1 EStDV ist insoweit nicht anwendbar (vgl. aber Tz. 74). Der Entnahmegewinn ist dem Alleinerben bzw. allen Miterben zuzurechnen. Damit ist die bisherige Auffassung, wonach der Vermächtnisnehmer die Entnahme zu versteuern hatte, überholt.

Beispiel 23

A wurde vom Erblasser als Alleinerbe eingesetzt. Zum Nachlaß gehört ein Gewerbebetrieb. In Erfüllung eines Vermächtnisses überträgt A auf B ein Betriebsgrundstück (Teilwert 1 Mio. DM, Buchwert 400.000 DM).

A führt nach § 7 Abs. 1 EStDV die Buchwerte des Erblassers fort. Er erzielt bei der Übertragung des Grundstücks auf B einen laufenden Entnahmegewinn in Höhe von 600.000 DM (= 1 Mio. DM ./. 400.000 DM). Das gilt auch, wenn das Grundstück beim Vermächtnisnehmer ins Betriebsvermögen übernommen wird.

Der Alleinerbe bzw. die Miterben können bei der Entnahme von Grund und Boden aus einem land- und forstwirtschaftlichen Betrieb ggf. den Freibetrag nach § 14a Abs. 4 EStG in Anspruch nehmen.

68 Betrifft das Sachvermächtnis dagegen einen ganzen Betrieb, so erzielt die Erbengemeinschaft (oder der Alleinerbe) keinen Veräußerungs- oder Aufgabegewinn. Der Vermächtnisnehmer führt nach § 7 Abs. 1 EStDV die Buchwerte der Erbengemeinschaft fort (BFH-Urteil vom 7. Dezember 1990 – BStBl 1991 II S. 350). Ist ein Gewerbebetrieb (Einzelunternehmen) auf Grund eines Sachvermächtnisses an einen der Miterben oder einen Dritten (Vermächtnisnehmer) herauszugeben, so sind die nach dem Erbfall bis zur Erfüllung des Vermächtnisses erzielten gewerblichen Einkünfte grundsätzlich den Miterben als Mitunternehmern zuzurechnen. Abweichend von diesem Grundsatz sind die zwischen Erbfall und Erfüllung des Vermächtnisses angefallenen Einkünfte dem Vermächtnisnehmer zuzurechnen, wenn dieser schon vor der Erfüllung des Vermächtnisses als Inha-

ber des Gewerbebetriebs (Unternehmer) anzusehen ist (BFH-Urteil vom 24. September 1991 – BStBl 1992 II S. 330).

Besteht das Vermächtnis darin, daß dem Bedachten ein privates Wirtschaftsgut zu übertragen ist, so ist er nach § 11d Abs. 1 EStDV an die bisher für den Alleinerben oder die Erbengemeinschaft maßgebenden Steuerwerte gebunden.[1] 69

Wie die Erfüllung eines Vermächtnisses führt auch die Begleichung von Erbfallschulden (Pflichtteils- und Erbersatzansprüche) nicht zu Anschaffungskosten. Dennoch dürfen Aufwendungen für die Finanzierung von Pflichtteils- und Erbersatzansprüchen als Betriebsausgaben oder Werbungskosten abgezogen werden (vgl. Tz. 37). Hinsichtlich der Aufwendungen für die Finanzierung von Vermächtnissen ist ein Betriebsausgaben- oder Werbungskostenabzug aber nur möglich, soweit das Vermächtnis zur Abdeckung eines Pflichtteilsanspruches dient, wenn also der Vermächtnisnehmer Pflichtteilsberechtigter ist und ihm ein Geldvermächtnis bis zur Höhe des Pflichtteils vermacht ist (vgl. § 2307 BGB); nur in diesem Fall kann in hinreichendem Maße ein entsprechender Veranlassungszusammenhang angenommen werden. Ist ein Geldvermächtnis bis zur Höhe des Pflichtteils vermacht und liegt ein Mischnachlaß vor, müssen die Finanzierungsaufwendungen zwischen Betriebs- und Privatvermögen aufgeteilt werden. Entsprechendes gilt bei Erbersatzansprüchen, wenn das Geldvermächtnis auf den Erbersatzanspruch anzurechnen ist. 70[1]

Ein Vermächtnis führt ausnahmsweise dann zu einem Veräußerungserlös des beschwerten Erben oder der beschwerten Miterben und zu Anschaffungskosten des Vermächtnisnehmers, wenn der Vermächtnisnehmer für den Erwerb des vermachten Gegenstands eine Gegenleistung zu erbringen hat. 71

2. Besonderheiten bei Vorausvermächtnissen

Wird ein Miterbe durch ein Vermächtnis bedacht (Vorausvermächtnis), so hat er – ebenso wie ein nicht zu den Miterben gehörender Vermächtnisnehmer – lediglich einen schuldrechtlichen Anspruch gegenüber der Erbengemeinschaft. Die ihm durch das Vorausvermächtnis zugewandten Vermögensgegenstände des Erblassers erwirbt er daher nicht unmittelbar vom Erblasser, sondern von der Erbengemeinschaft. 72

Betrifft das Vorausvermächtnis einen Betrieb, so erzielt die Erbengemeinschaft keinen Veräußerungs- oder Aufgabegewinn. Der Vermächtnisnehmer führt nach § 7 Abs. 1 EStDV die Buchwerte der Erbengemeinschaft fort. Demgegenüber liegt eine Entnahme durch die Erbengemeinschaft (nicht durch den Erblasser) vor, wenn ein Einzelwirtschaftsgut des Betriebsvermögens in Erfüllung eines Vorausvermächtnisses auf einen der Miterben übertragen wird (vgl. aber Tz. 74). 73

Beispiel 24

Erben sind A und B je zur Hälfte. Der Nachlaß umfaßt neben anderen Nachlaßgegenständen einen Betrieb. A erhält im Wege des Vorausvermächtnisses ein Grundstück dieses Betriebs (Teilwert 500.000 DM, Buchwert 200.000 DM), das er privat nutzt.

Die Erfüllung des Vorausvermächtnisses durch Übertragung des Betriebsgrundstücks auf A führt zu einem laufenden Entnahmegewinn bei der Erbengemeinschaft in Höhe von 300.000 DM, der den beiden Miterben A und B im Rahmen der einheitlichen und gesonderten Feststellung der Gewinneinkünfte je hälftig zuzurechnen ist.

Wird in Erfüllung eines Vorausvermächtnisses ein Einzelwirtschaftsgut aus dem Betriebsvermögen der Erbengemeinschaft in ein anderes Betriebsvermögen eines der Miterben überführt, so entsteht, wenn das überführte Wirtschaftsgut mit dem Teilwert angesetzt wird, ein Entnahmegewinn bei allen Miterben; es besteht hier aber das Wahlrecht zur gewinneutralen Buchwertfortführung. 74

Beispiel 25

Erben sind A und B je zur Hälfte. Zum Nachlaß gehört u.a. ein Betrieb. A erhält im Wege des Vorausvermächtnisses ein Grundstück dieses Betriebs (Teilwert 500.000 DM, Buchwert 200.000 DM), das er in einem eigenen Betrieb nutzt.

Ein Entnahmegewinn kann hier vermieden werden, da A als Mitunternehmer zur Fortführung des Buchwertes berechtigt ist.

Besteht das Vorausvermächtnis darin, daß dem Bedachten ein privates Wirtschaftsgut zu übertragen ist, so ist er nach § 11d Abs. 1 EStDV an die bisher für die Erbengemeinschaft maßgebenden Steuerwerte gebunden. 75

---

[1] → hierzu BMF vom 11.8.1994 (BStBl I S. 603).

Anhang 10

Erbfolgeregelungen

3. Steuerliche Auswirkungen von Teilungsanordnungen

76 Durch eine Teilungsanordnung (§ 2048 BGB) wird lediglich die Art und Weise der Erbauseinandersetzung durch den Erblasser festgelegt. Deshalb gehen auch bei der Teilungsanordnung zunächst alle Nachlaßgegenstände auf die Erbengemeinschaft und nicht einzelne Nachlaßgegenstände unmittelbar auf denjenigen Miterben über, der sie auf Grund der Teilungsanordnung erhalten soll. Dies gilt auch bei Anordnung einer Testamentsvollstreckung. Die entsprechend der Teilungsanordnung durchgeführte Erbauseinandersetzung wird daher nach den allgemeinen steuerlichen Grundsätzen zur Erbauseinandersetzung behandelt. Setzen sich die Miterben einverständlich über die Teilungsanordnung hinweg, ist für die steuerliche Beurteilung die tatsächliche Auseinandersetzung maßgeblich.

77 Zur Abgrenzung zwischen Teilungsanordnung und Vorausvermächtnis ist von Bedeutung, daß sich die Teilungsanordnung in der Zuweisung bestimmter Nachlaßgegenstände innerhalb des Rahmens des Erbteils erschöpft, während das Vorausvermächtnis in der Zuweisung bestimmter Nachlaßgegenstände außerhalb des Erbteils, d.h. über den Erbteil hinaus, besteht. Mit dem Vorausvermächtnis will der Erblasser einem der Erben einen zusätzlichen Vermögensvorteil zuwenden. Bei der Teilungsanordnung fehlt ein derartiger Begünstigungswille, sie beschränkt sich auf die Verteilung der Nachlaßgegenstände bei der Erbauseinandersetzung. Bei der Abgrenzung zwischen Teilungsanordnung und Vorausvermächtnis kommt es nicht auf die formale Bezeichnung, sondern auf das tatsächlich Gewollte an.

I. Sonderfragen

I. Erbfolge bei der Beteiligung an einer Personengesellschaft
1. Fortsetzungsklausel

78 Im Fall der sog. Fortsetzungsklausel, wonach lediglich die überlebenden Gesellschafter die Gesellschaft fortsetzen und die Erben des verstorbenen Gesellschafters abgefunden werden, geht zivilrechtlich der Gesellschaftsanteil nicht auf die Erben über. Diese erlangen lediglich einen privaten Abfindungsanspruch gegenüber den verbleibenden Gesellschaftern. Steuerlich realisiert der Erblasser durch Aufgabe seines Mitunternehmeranteils unter Anwachsung bei den verbleibenden Gesellschaftern einen tarifbegünstigten Veräußerungsgewinn in Höhe des Unterschieds zwischen dem Abfindungsanspruch und dem Buchwert seines Kapitalkontos im Todeszeitpunkt (BFH-Urteil vom 26. März 1981 – BStBl 1981 II S. 614).

2. Eintrittsklausel

79 Ist im Gesellschaftsvertrag eine Eintrittsklausel des Inhalts vereinbart worden, daß ein oder mehrere Erben mit dem Tod eines Gesellschafters das Recht haben, in die Gesellschaft einzutreten, so wird die Gesellschaft zunächst mit den verbleibenden Gesellschaftern fortgesetzt. Der Gesellschaftsanteil des verstorbenen Gesellschafters wächst mithin den übrigen Gesellschaftern an und die eintrittsberechtigten Erben erben lediglich das Eintrittsrecht. Hieraus folgt grundsätzlich, daß bei Zahlung einer Abfindung im Fall des Nichteintritts – wie bei der Fortsetzungsklausel – der Erblasser einen tarifbegünstigten Veräußerungsgewinn erzielt. Wird allerdings das Eintrittsrecht innerhalb von 6 Monaten nach dem Erbfall ausgeübt, so gelten, wenn alle Erben von ihrem Eintrittsrecht Gebrauch machen, die Ausführungen über die einfache Nachfolgeklausel (Tz. 80 ff.), wenn nur einige oder einzelne Erben von ihrem Eintrittsrecht Gebrauch machen, die Ausführungen über die qualifizierte Nachfolgeklausel (Tz. 83 ff.) entsprechend.

3. Einfache Nachfolgeklausel

80 Im Fall der sog. einfachen Nachfolgeklausel wird die Gesellschaft beim Tod eines Gesellschafters mit allen Erben dieses Gesellschafters fortgesetzt. Mitunternehmeranteile, die vom Erblasser gesondert auf die Miterben übergegangen sind, können im Fall der sog. einfachen Nachfolgeklausel in die Erbauseinandersetzung einbezogen und abweichend aufgeteilt werden. Ausgleichszahlungen an die weichenden Miterben führen auch in diesem Fall zu Anschaffungskosten (BFH-Urteil vom 13. Dezember 1990 – BStBl 1992 II S. 510 sowie BFH-Urteil vom 29. Oktober 1991 – BStBl 1992 II S. 512).

81 Die unter Tz. 80 geschilderte Betrachtungsweise hat zur Folge, daß durch die Einbeziehung von Mitunternehmeranteilen in die Erbauseinandersetzung im Fall der sog. einfachen Nachfolgeklausel eine gewinneutrale Realteilung eines Nachlasses erreicht werden kann.

Beispiel 26 (bei Mischnachlaß)

Gesellschafter einer OHG sind A, B und C. A stirbt. Erben sind D und E je zur Hälfte. Zum Nachlaß gehören ein OHG-Anteil (Wert 2 Mio. DM) sowie ein Privatgrundstück (Wert 2 Mio. DM). D und E treten auf Grund der im Gesellschaftsvertrag verbrieften einfachen Nachfolgeklausel in die OHG ein. Das Grundstück wird zunächst in Erbengemeinschaft verwaltet. Nach einiger Zeit setzen sich D und E dergestalt auseinander, daß E dem D seinen Gesellschaftsanteil überläßt und dafür aus der Erbengemeinschaft das Privatgrundstück erhält. Ausgleichszahlungen erfolgen nicht.

Im Beispiel 26 ist von einer gewinnneutralen Realteilung eines Mischnachlasses auszugehen, bei der D den Gesellschaftsanteil und E das Grundstück erhalten hat. Anschaffungskosten und Veräußerungsgewinne entstehen mangels Ausgleichszahlungen nicht.

Aus der unter Tz. 80 geschilderten Betrachtungsweise ergibt sich weiter, daß auch beim Vorhandensein von Sonderbetriebsvermögen eine gewinnneutrale Realteilung eines Nachlasses möglich ist.

Beispiel 27 (bei Mischnachlaß)

Gesellschafter einer OHG sind A, B und C. A stirbt. Erben sind D und E je zu Hälfte. Zum Nachlaß gehören ein OHG-Anteil (Wert 1,2 Mio. DM), ein der OHG überlassenes Grundstück (Wert 800.000 DM) und ein Privatgrundstück (Wert 2 Mio. DM). D und E treten auf Grund der im Gesellschaftsvertrag verbrieften einfachen Nachfolgeklausel in die OHG ein. Das Privatgrundstück wird zunächst von der Erbengemeinschaft verwaltet. Nach einiger Zeit setzen sich D und E dergestalt auseinander, daß E dem D seinen Gesellschaftsanteil und seinen Anteil an dem der OHG überlassenen Grundstück überträgt und dafür aus der Erbengemeinschaft das Privatgrundstück erhält. Ausgleichszahlungen erfolgen nicht.

Im Beispiel 27 liegt eine gewinnneutrale Realteilung eines Mischnachlasses vor, bei der D den Gesellschaftsanteil an der OHG und das der OHG überlassene Grundstück und E das Privatgrundstück erhält. Anschaffungskosten und Veräußerungs- bzw. Entnahmegewinne entstehen mangels Ausgleichszahlungen nicht.

4. Qualifizierte Nachfolgeklausel

In den Fällen der sog. qualifizierten Nachfolgeklausel folgen nicht alle Miterben, sondern nur einer oder einzelne von mehreren Miterben dem Erblasser in seiner Gesellschafterstellung nach. Nach dem BFH-Urteil vom 29. Oktober 1991 (BStBl 1992 II S. 512) hat dies zur Folge, daß nur die qualifizierten Miterben, nicht dagegen die nicht qualifizierten Miterben als Mitunternehmer anzusehen sind (kein Durchgangserwerb). Werden von den qualifizierten Miterben an die nicht qualifizierten Miterben Abfindungen geleistet, entstehen deshalb weder Veräußerungsgewinne noch Anschaffungskosten.

Daraus ergibt sich weiter, daß es mit dem Erbfall zu einer anteiligen Entnahme etwaigen Sonderbetriebsvermögens kommt, soweit das Sonderbetriebsvermögen auf nicht qualifizierte Miterben entfällt (§ 39 Abs. 2 Nr. 2 AO). Denn das Sonderbetriebsvermögen geht – im Gegensatz zum Gesellschaftsanteil – zivilrechtlich auf die Erbengemeinschaft als Ganzes über. Dies gilt auch, wenn bei einer zeitnahen Auseinandersetzung das Sonderbetriebsvermögen auf den qualifizierten Miterben übergeht.

Der Entnahmegewinn ist dem Erblasser zuzurechnen, da der nicht qualifizierte Miterbe nicht Mitunternehmer geworden ist.

II. Sonderfragen im Bereich der Land- und Forstwirtschaft

1. Erbfolge im Bereich der Land- und Forstwirtschaft

Die Erbfolge im Bereich der Land- und Forstwirtschaft ist zivilrechtlich nach Landesrecht unterschiedlich geregelt. Im übrigen gibt es bundesrechtliche Besonderheiten.

Während in den nordwestdeutschen Bundesländern Hamburg, Niedersachsen, Nordrhein-Westfalen und Schleswig-Holstein für bestimmte Höfe die sog. Höfeordnung (HöfeO) Anwendung findet, sind in anderen Ländern (z.B. in Hessen und in Baden-Württemberg) für bestimmte Höfe sog. Landesanerbengesetze maßgebend. Es gibt aber auch Bundesländer, die weder eine HöfeO noch ein Landesanerbenrecht kennen (Bayern, Berlin, Brandenburg, Mecklenburg-Vorpommern, Saarland, Sachsen, Sachsen-Anhalt und Thüringen). Soweit keine Sonderregelung eingreift, können das Landgutrecht nach dem BGB (§ 2049 BGB) sowie das Zuweisungsverfahren nach §§ 13–17 Grundstücksverkehrsgesetz bedeutsam sein.

Anhang 10

Erbfolgeregelungen

88   Abfindungen an weichende Erben sind stets Entgelte, wenn nach den jeweiligen landesrechtlichen Vorschriften der Hof nicht unmittelbar vom Altbauer im Wege der Sondererbfolge auf den Hoferben als Alleinerben übergeht („Höferecht"), sondern zunächst auf die Erbengemeinschaft („Anerbenrecht"). Im letzteren Falle erwirbt der Hoferbe den Hof von der Erbengemeinschaft (Durchgangserwerb).

89[1])   Was die als partielles Bundesrecht in den nordwestdeutschen Bundesländern geltende HöfeO angeht, so bestimmt § 4 HöfeO, daß der Hof als Teil der Erbschaft kraft Gesetzes nur einem der Erben zufällt und an seine Stelle im Verhältnis der Miterben zueinander der Hofeswert tritt. Diese Norm ist zivilrechtlich so zu verstehen, daß im Rahmen eines gespaltenen Nachlasses der Hof unmittelbar und sofort dem Hoferben als Alleinerben zufällt, während daneben zugleich für das hofesfreie Vermögen eine Erbengemeinschaft besteht. Wie der BGH in BGHZ 28, 194 (199 f) ausgeführt hat, ist in den Fällen der HöfeO eine Miterbengemeinschaft hinsichtlich des Hofes ausgeschlossen, die weichenden Miterben erhalten vielmehr insoweit schuldrechtliche Abfindungsansprüche im Sinne gesetzlich angeordneter Vermächtnisse. Aufwendungen für die Finanzierung der Abfindung sind nach den Grundsätzen über die Finanzierung von Vermächtnissen zu beurteilen (vgl. Tz. 70). Auch der BFH hat unter Berufung auf die einschlägige BGH-Rechtsprechung in seinem Urteil vom 26. März 1987 (BStBl 1987 II S. 561) festgestellt, daß § 4 HöfeO keine Erbengemeinschaft begründet. Die weichenden Erben erhalten daher die Abfindung nach § 12 HöfeO nicht für eine Erbquote am Hof als Entgelt für deren Aufgabe. Die Abfindung einschließlich einer Nachabfindung nach § 13 HöfeO ist daher kein Entgelt.

90   Diese Betrachtungsweise gilt auch für die übrigen Landes-Höfegesetze. Nach § 9 Abs. 1 des Bremischen HöfeG fällt der Hof als Teil der Erbschaft nur einem Erben zu. § 14 des Rheinland-Pfälzischen Landesgesetzes über die HöfeO regelt die Erbfolge in gleicher Weise wie § 4 der HöfeO. Nach Art. 9 des Württembergischen Anerbengesetzes erwirbt der Anerbe das Eigentum an dem Anerbengut mit dem Erwerb der Erbschaft, also durch Nachlaßspaltung wie im System des Höferechts.

91   Nehmen in den Fällen der Tz. 89 und 90 Wirtschaftsgüter des Betriebsvermögens nicht an der Sonderrechtsnachfolge teil (hofesfreies Vermögen), sind sie auch steuerlich der Erbengemeinschaft zuzurechnen. Soweit diese Wirtschaftsgüter nicht anteilig dem Hoferben zuzurechnen sind, liegt eine Entnahme durch den Erblasser vor. Im übrigen gelten die allgemeinen Regeln über die Behandlung der Erbauseinandersetzung.

92   Nehmen umgekehrt Wirtschaftsgüter des Privatvermögens an der Sonderrechtsnachfolge teil (z. B. Wohnung des Betriebsinhabers), findet insoweit ein unentgeltlicher Erwerb vom Erblasser statt und die Abfindung führt nicht zu Anschaffungskosten.

93   Anders als bei land- und forstwirtschaftlichen Betrieben, die unter den Anwendungsbereich der HöfeO oder unter vergleichbare Landes-Höferechte fallen („Höferecht"), ist die Erbfolge bei Betrieben zu beurteilen, in denen der Hof zunächst auf die Erbengemeinschaft übergeht. Dies ist insbesondere nach dem Badischen Hofgütergesetz und der Hessischen Landgüterordnung der Fall („Anerbenrecht"). Die Abfindung der „weichenden Erben" nach Badischem und Hessischem Landesrecht sowie deren Ergänzungsabfindungen (wenn die Berechtigung zur erbrechtlichen Schlechterstellung der Nicht-Hoferben entfällt) sind Entgelte. Denn der Hofübernehmer hat im Sinne der neuen Rechtsprechung des BFH mehr an land- und forstwirtschaftlichem Betriebsvermögen bekommen, als ihm nach seiner Erbquote zustand. Insoweit vollzieht sich die Erbauseinandersetzung nach den allgemeinen Regeln.

94   Nach den allgemeinen Regeln vollzieht sich die Erbauseinandersetzung über einen land- und forstwirtschaftlichen Betrieb auch in den Bundesländern, die weder eine HöfeO noch ein Landesanerbenrecht kennen (Bayern, Berlin, Brandenburg, Mecklenburg-Vorpommern, Saarland, Sachsen, Sachsen-Anhalt und Thüringen).

2. Behandlung von Abfindungen, die das Kapitalkonto unterschreiten

95   Gehört zum Nachlaß ein land- und forstwirtschaftlicher Betrieb, wird dieser gemäß § 2049 BGB im Rahmen der Erbauseinandersetzung in den meisten Fällen nur mit dem Ertragswert berücksichtigt. Wegen der geringen Ertragsfähigkeit liegen die Ertragswerte solcher Betriebe deutlich unter dem Verkehrswert und regelmäßig auch unter dem Buchwert. Das bedeutet, daß die weichenden Erben nach erbrechtlichen Regelungen eine geringere Abfindung erhalten, als ihrem Kapitalkonto (gemessen an der Erbquote) entspricht. Abfindungen, die das Kapitalkonto unterschreiten, sind ertragsteuerlich in der Weise zu behandeln, daß in solchen Fällen der Betriebsübernehmer gemäß

---

[1]) → hierzu BMF vom 11.8.1994 (BStBl I S. 603).

Anhang 10

§ 7 Abs. 1 EStDV die Buchwerte fortführt. Dies bedeutet, daß keine Abstockung der Buchwerte erforderlich ist und die weichenden Erben keinen Veräußerungsverlust erleiden.

J. Übergangsregelung

I. Allgemeines

Die Grundsätze dieses Schreibens sind in allen noch offenen Fällen anzuwenden. Soweit die Erbauseinandersetzung vor dem 1. Januar 1991 rechtlich bindend festgelegt und bis spätestens 31. Dezember 1993 vollzogen worden ist, sind auf Antrag die Rechtsgrundsätze anzuwenden, die auf Grund der Rechtsprechung vor Ergehen des Beschlusses des BFH vom 5. Juli 1990 (BStBl 1990 II S. 837) gegolten haben; für den Bereich der Erbauseinandersetzung über Wirtschaftsgüter des Privatvermögens sind in diesen Fällen weiterhin die Grundsätze des BMF-Schreibens vom 31. Dezember 1988 (BStBl 1988 I S. 564) anzuwenden. 96

Im Falle der Tz. 96 Satz 2 ist ein Veräußerungsgewinn bei den weichenden Miterben unabhängig von der steuerlichen Behandlung bei den übernehmenden Miterben gemäß § 163 AO oder § 176 AO außer Ansatz zu lassen. Zugunsten der übernehmenden Miterben sind auch in diesen Fällen die Grundsätze dieses Schreibens anzuwenden. 97

II. Nachholung unterbliebener AfA

Soweit eine Erbauseinandersetzung über abnutzbare Wirtschaftsgüter, die nach der Erbauseinandersetzung der Erzielung steuerpflichtiger Einkünfte im Sinne von § 2 Abs. 1 Nr. 1 bis 7 EStG dienen, nach den bisher maßgebenden Grundsätzen nicht als entgeltlicher Vorgang behandelt worden ist (Altfälle), sind die AfA für den entgeltlich erworbenen Teil des Wirtschaftsguts zu niedrig angesetzt worden. 98

Die AfA bereits veranlagter Kalenderjahre können nur berichtigt werden, soweit eine Aufhebung oder Änderung der Steuerfestsetzung verfahrensrechtlich möglich ist (§§ 164, 165, 172 ff. AO). Eine Aufhebung oder Änderung nach § 173 Abs. 1 Nr. 2 AO ist dabei ausgeschlossen, weil das Finanzamt bei ursprünglicher Kenntnis des Sachverhalts nach damaliger Rechtslage nicht anders entschieden hätte (BFH-Beschluß vom 23. November 1987 – BStBl 1988 II S. 180).

AfA, die bei den entgeltlich erworbenen Teil eines Gebäudes unterblieben sind, für die die AfA nach § 7 Abs. 4 Satz 1 EStG zu bemessen gewesen wären, sind in der Weise nachzuholen, daß die weiteren AfA von der nach den Grundsätzen dieses Schreibens ermittelten Bemessungsgrundlage mit dem für den entgeltlich erworbenen Teil des Gebäudes maßgebenden Vomhundertsatz vorgenommen werden. Die AfA können bis zu dem Betrag abgezogen werden, der von der nach den Grundsätzen dieses Schreibens ermittelten Bemessungsgrundlage nach Abzug der bisherigen AfA, erhöhten Absetzungen und Sonderabschreibungen verbleibt. Hierbei verlängert sich der Abschreibungszeitraum für den entgeltlich erworbenen Teil des Gebäudes über 25, 40 bzw. 50 Jahre hinaus (BFH-Urteil vom 3. Juli 1984 – BStBl II S. 709). 99

> **Beispiel 28**
>
> A und B waren seit dem 30. Juni 1978 zu gleichen Teilen Miterben. Der Nachlaß bestand aus einem gewerblichen Betrieb, zu dessen Betriebsvermögen ein bebautes Grundstück gehört, das der Erblasser zum 1. Januar 1974 erworben hatte. Der Erblasser hatte nach § 7 Abs. 4 Satz 1 Nr. 2 a) EStG als AfA jährlich 2 v. H. der Anschaffungskosten des Gebäudes von 300.000 DM abgezogen. A übernahm den Betrieb zum 1. Januar 1979 gegen Zahlung einer Abfindung an B. Die Abfindung entfiel mit 200.000 DM auf das Gebäude. Das Gebäude hatte am 1. Januar 1979 eine tatsächliche Nutzungsdauer von mindestens 50 Jahren. A hatte seitdem die AfA des Erblassers unverändert fortgeführt. Die Einkommensteuerbescheide für A bis einschließlich 1990 sind bestandskräftig. In 1991 unterrichtet A das Finanzamt über die am 1. Januar 1979 geleistete Abfindung.
>
> A hat die über seine Erbquote hinausgehende Hälfte des Betriebsvermögens von B gegen Abfindungszahlung entgeltlich erworben (vgl. Tz. 14). Auf den danach entgeltlich erworbenen Teil des Gebäudes entfallen Anschaffungskosten in Höhe von 200.000 DM.

Ab 1991 berechnen sich die AfA wie folgt:

	unentgeltlich	entgeltlich
	erworbener Teil des Gebäudes	
Bemessungsgrundlage ab 1991	150.000 DM	200.000 DM
./. AfA 1974 bis 1990 für den unentgeltlich erworbenen Teil: 17 × 2 v. H. = 34 v. H. von 150.000 DM	51.000 DM	
./. AfA 1979 bis 1990 für den durch Erbauseinandersetzung entgeltlich erworbenen Teil, die A nach damaliger Rechtslage nach § 7 Abs. 1 EStDV bemessen hat: 12 × 2 v. H. = 24 v. H. von 150.000 DM		36.000 DM
insgesamt verbleibende AfA ab 1991	99.000 DM	164.000 DM
jährliche AfA ab 1991 2 v. H.	3.000 DM	4.000 DM
verbliebener Absetzungszeitraum ab 1991	33 Jahre	41 Jahre
bis einschließlich	2023	2031

100 Die AfA betragen mithin in den Jahren 1991 bis 2023 insgesamt 7.000 DM und in den Jahren 2024 bis 2031 4.000 DM.

Sind die AfA bei dem entgeltlich erworbenen Teil des Gebäudes unterblieben, den der übernehmende Miterbe nunmehr nach § 7 Abs. 4 Satz 2 EStG abschreibt, bemessen sich die weiteren AfA nach seinen um die bereits abgezogenen AfA, erhöhten Absetzungen und Sonderabschreibungen verminderten Anschaffungskosten und der Restnutzungsdauer des Gebäudes. Entsprechendes gilt für den entgeltlich erworbenen Teil eines beweglichen Wirtschaftsgutes.

II

Ertragsteuerliche Behandlung der vorweggenommenen Erbfolge; hier: Anwendung des Beschlusses des Großen Senats vom 5.7.1990 (BStBl II S. 847)

BMF vom 13.1.1993 (BStBl I S. 80)

IV B 3 – S 2190 – 37/92

Inhaltsübersicht

		Tz.
A. Allgemeines		
1.	Begriff der vorweggenommenen Erbfolge	1
2.	Abgrenzung zu voll entgeltlichen Geschäften	2
B. Übertragung von Privatvermögen		
I.	Arten der Vermögensübertragung	3
1.	Versorgungsleistungen	4–6
2.	Ausgleichs- und Abstandsverpflichtungen	7–8
3.	Übernahme von Verbindlichkeiten	9

			Tz.
	4.	Vorbehalt oder Einräumung von Nutzungsrechten an dem übertragenen Vermögen	10
II.	Höhe der Anschaffungskosten		
	1.	Unverzinsliche Geldleistungspflichten	11
	2.	Leistungen in Sachwerten	12
	3.	Anschaffungsnebenkosten	13
III.	Aufteilung des Veräußerungs- und Anschaffungsvorgangs in einen entgeltlichen und einen unentgeltlichen Teil		14–15
IV.	Absetzungen für Abnutzung		
	1.	Bemessungsgrundlage	16
	2.	Vomhundertsatz	17–18
V.	Bedingung und Befristung		19–21
VI.	Schuldzinsenabzug		22
VII.	Steuerpflicht der Veräußerungsgewinne		23

C. Übertragung von Betriebsvermögen

I.	Arten der Vermögensübertragung		24
	1.	Versorgungsleistungen	25–26
	2.	Übernahme von Verbindlichkeiten	27–31
	3.	Verpflichtung zur Übertragung von Gegenständen des Betriebsvermögens	32
II.	Übertragung einzelner Wirtschaftsgüter des Betriebsvermögens		
	1.	Unentgeltliche Übertragung	33
	2.	Teilentgeltliche Übertragung	34
III.	Übertragung eines Betriebs, Teilbetriebs oder Mitunternehmeranteils		
	1.	Über dem Kapitalkonto liegendes Veräußerungsentgelt	35–37
	2.	Veräußerungsentgelt bis zur Höhe des Kapitalkontos	38
IV.	Abschreibungen		39
V.	Schuldzinsen		40
VI.	Verbleibensfristen und Vorbesitzzeiten		41

D. Übertragung von land- und forstwirtschaftlichen Vermögen — 42

	1.	Freibetrag nach § 14a Abs. 4 EStG	43
	2.	Abfindungen nach der Höfeordnung	44
	3.	Gutabstandsgelder	45
	4.	Nach § 55 EStG pauschal bewerteter Grund und Boden	46

E. Mischfälle — 47

F. Übergangsregelung

	1.	Allgemeines	48–49
	2.	Nachholung unterbliebener AfA	50–54
	3.	Anschaffungsnaher Aufwand	55

Unter Bezugnahme auf das Ergebnis der Erörterung mit den obersten Finanzbehörden der Länder nehme ich zur ertragsteuerlichen Behandlung der vorweggenommenen Erbfolge wie folgt Stellung:

Anhang 10

A. Allgemeines

1. Begriff der vorweggenommenen Erbfolge

1 Unter vorweggenommener Erbfolge sind Vermögensübertragungen unter Lebenden mit Rücksicht auf die künftige Erbfolge zu verstehen. Der Übernehmer soll nach dem Willen der Beteiligten wenigstens teilweise eine unentgeltliche Zuwendung erhalten (Beschluß des Großen Senats des BFH vom 5. Juli 1990 – BStBl II S. 847). Der Vermögensübergang tritt nicht kraft Gesetzes, sondern aufgrund einzelvertraglicher Regelungen ein.

2. Abgrenzung zu voll entgeltlichen Geschäften

2 Im Gegensatz zum Vermögensübergang durch vorweggenommene Erbfolge ist ein Vermögensübergang durch voll entgeltliches Veräußerungsgeschäft anzunehmen, wenn die Werte der Leistung und Gegenleistung wie unter Fremden nach kaufmännischen Gesichtspunkten gegeneinander abgewogen sind (vgl. Abschnitt 23 Abs. 1 und 123 Abs. 3 EStR 1990). Trotz objektiver Ungleichwertigkeit von Leistung und Gegenleistung kann ein Veräußerungs-/Erwerbsgeschäft vorliegen, wenn die Beteiligten subjektiv von der Gleichwertigkeit ausgegangen sind (BFH-Urteil vom 29. Januar 1992 – BStBl 1992 II S. 465).

B. Übertragung von Privatvermögen

I. Arten der Vermögensübertragung

3 Je nach Art der anläßlich der Vermögensübertragung durch vorweggenommene Erbfolge vereinbarten Leistungen liegt eine voll unentgeltliche oder eine teilentgeltliche Übertragung vor.

1. Versorgungsleistungen

4 Eine unentgeltliche Übertragung liegt vor, soweit Versorgungsleistungen (Versorgungsrenten und dauernde Lasten) bei der Übertragung von Vermögen vom Übernehmer dem Übergeber oder Dritten (z. B. Ehegatten des Übergebers, Geschwister des Übernehmers) zugesagt werden. Sie sind von den als Anschaffungskosten zu beurteilenden Veräußerungsleistungen und von steuerlich nicht abziehbaren Unterhaltsleistungen abzugrenzen.

5 Eine als Anschaffungskosten zu beurteilende Veräußerungsleistung ist anzunehmen, wenn die beiderseitigen Leistungen nach den unter Tz. 2 dargestellten Grundsätzen nach kaufmännischen Gesichtspunkten gegeneinander abgewogen sind. Bei Vermögensübertragungen auf Abkömmlinge besteht eine nur in Ausnahmefällen zu widerlegende Vermutung dafür, daß die Übertragung aus familiären Gründen, nicht aber im Wege eines Veräußerungsgeschäfts unter kaufmännischer Abwägung von Leistung und Gegenleistung erfolgt (Beschluß des Großen Senats des BFH vom 5. Juli 1990 a. a. O.).

Bei der Abgrenzung zu nicht abziehbaren Unterhaltsleistungen ist Abschnitt 123 Absatz 3 EStR 1990 zu beachten (Beschluß des Großen Senats des BFH vom 15. Juli 1991 – BStBl 1992 II S. 78).

6 Versorgungsleistungen können mit dem Ertragsanteil zu berücksichtigende Leibrenten (§ 10 Abs. 1 Nr. 1a Satz 2, § 22 Nr. 1 Satz 1 i.V.m. Satz 3 Buchstabe a EStG) oder in voller Höhe zu berücksichtigende dauernde Lasten (§ 10 Abs. 1 Nr. 1a Satz 1 EStG) darstellen (vgl. Beschluß des Großen Senats des BFH vom 5. Juli 1990 a. a. O.). Das gilt auch, wenn die Versorgungsleistung nicht aus den Erträgen des übertragenen Vermögens geleistet werden kann (BFH-Urteil vom 23. Januar 1992 – BStBl II S. 526). Versorgungsleistungen in Geld sind als dauernde Last abziehbar, wenn sich ihre Abänderbarkeit entweder aus einer ausdrücklichen Bezugnahme auf § 323 ZPO oder in anderer Weise aus dem Vertrag ergibt (Beschluß des Großen Senats des BFH vom 15. Juli 1991, a. a. O.).

2. Ausgleichs- und Abstandsverpflichtungen

7 Ein Veräußerungs- und Anschaffungsgeschäft liegt vor, soweit sich der Übernehmer zur Zahlung eines bestimmten Geldbetrags an andere Angehörige des Übergebers oder an Dritte (Gleichstellungsgeld) oder zu einer Abstandszahlung an den Übergeber verpflichtet. Entsprechendes gilt, wenn der Übernehmer verpflichtet ist, bisher in seinem Vermögen stehende Wirtschaftsgüter auf Dritte zu übertragen, oder wenn er zunächst zu einer Ausgleichszahlung verpflichtet war und diese Verpflichtung später durch Hingabe eines Wirtschaftsguts erfüllt.

8 Der Übernehmer erwirbt nicht deshalb entgeltlich, weil er Teile des übernommenen Vermögens an Angehörige oder Dritte zu übertragen hat.

3. **Übernahme von Verbindlichkeiten**

Die Übernahme von Verbindlichkeiten des Übergebers durch den Übernehmer führt zu einem Veräußerungsentgelt und zu Anschaffungskosten. Hierbei macht es keinen Unterschied, ob die Verbindlichkeiten im wirtschaftlichen oder rechtlichen Zusammenhang mit dem übernommenen Wirtschaftsgut stehen oder ob es sich um Verbindlichkeiten handelt, die nicht mit einer Einkunftsart in Zusammenhang stehen (vgl. BMF-Schreiben vom 7. August 1992 – BStBl I S. 522). 9

4. **Vorbehalt oder Einräumung von Nutzungsrechten an dem übertragenen Vermögen**

Behält sich der Übergeber ein dingliches oder obligatorisches Nutzungsrecht (z. B. Nießbrauch, Wohnrecht) an übertragenen Wirtschaftsgütern vor oder verpflichtet er den Übernehmer, ihm oder einem Dritten ein solches Nutzungsrecht einzuräumen, wird das bereits mit dem Nutzungsrecht belastete Vermögen erworben. Ein entgeltlicher Erwerb liegt insoweit nicht vor (vgl. BFH-Urteil vom 24. April 1991 – BStBl II S. 793). 10

II. **Höhe der Anschaffungskosten**

1. **Unverzinsliche Geldleistungspflichten**

Hat sich der Übernehmer zu einer unverzinslichen Geldleistung verpflichtet, die nach mehr als einem Jahr zu einem bestimmten Zeitpunkt fällig wird, liegen Anschaffungskosten nicht in Höhe des Nennbetrags, sondern in Höhe des nach den Vorschriften des Bewertungsgesetzes abgezinsten Gegenwartswerts vor (BFH-Urteil vom 21. Oktober 1980 – BStBl 1981 II S. 160). 11

Den Zinsanteil kann der Übernehmer nach § 9 Abs. 1 Nr. 1 EStG als Werbungskosten im Jahr der Zahlung abziehen. Der Inhaber des aufgrund der getroffenen Vereinbarungen entstandenen Forderungsrechts hat insoweit steuerpflichtige Einkünfte nach § 20 Abs. 1 Nr. 7 EStG. Das ist bei echten Verträgen zugunsten Dritter der Begünstigte.

Beispiel:

V überträgt im Wege der vorweggenommenen Erbfolge auf seinen Sohn S zum 1. Januar 1992 ein schuldenfreies vermietetes Mehrfamilienhaus. S verpflichtet sich gegenüber V an seine Schwester T am 1. Januar 1995 200.000 DM zu zahlen.

Lösung:

S hat Anschaffungskosten für das Mehrfamilienhaus i.H. des Gegenwartswerts der unverzinslichen Geldleistungspflicht. Der Gegenwartswert beträgt nach § 12 Abs. 3 BewG 170.322 DM. Den Zinsanteil i.H.v. 29.678 DM kann S im Jahr der Zahlung als Werbungskosten nach § 9 Abs. 1 Nr. 1 EStG abziehen. T hat im Jahr der Zahlung in gleicher Höhe Einnahmen i.S.d. § 20 Abs. 1 Nr. 7 EStG.

2. **Leistungen in Sachwerten**

Ist der Übernehmer verpflichtet, Leistungen in Sachwerten zu erbringen (vgl. Tz. 7), hat er Anschaffungskosten in Höhe des gemeinen Werts der hingegebenen Wirtschaftsgüter. Entnimmt er ein Wirtschaftsgut aus dem Betriebsvermögen, ist der Teilwert maßgebend. 12

3. **Anschaffungsnebenkosten**

Im Rahmen eines teilentgeltlichen Erwerbs aufgewandte Anschaffungsnebenkosten (z. B. Notar-, Gerichtsgebühren) werden in voller Höhe den Anschaffungskosten zugerechnet (BFH-Urteil vom 10. Oktober 1991 – BStBl 1992 II S. 239). Nebenkosten eines in vollem Umfang unentgeltlichen Erwerbs führen weder zu Anschaffungskosten noch zu Werbungskosten. Nicht zu den Anschaffungskosten gehört die Schenkungsteuer (§ 12 Nr. 3 EStG). 13

III. **Aufteilung des Veräußerungs- und Anschaffungsvorgangs in einen entgeltlichen und einen unentgeltlichen Teil**

Wird ein Wirtschaftsgut teilentgeltlich übertragen, ist der Vorgang in einen entgeltlichen und einen unentgeltlichen Teil aufzuteilen. Dabei berechnen sich der entgeltlich und der unentgeltlich erworbene Teil des Wirtschaftsguts nach dem Verhältnis des Entgelts (ohne Anschaffungsnebenkosten) zu dem Verkehrswert des Wirtschaftsguts. Werden mehrere Wirtschaftsgüter teilentgeltlich übertragen, sind die Anschaffungskosten vorweg nach dem Verhältnis der Verkehrswerte den einzelnen Wirtschaftsgütern anteilig zuzurechnen. 14

Hat sich der Übergeber ein Nutzungsrecht an dem übertragenen Wirtschaftsgut vorbehalten, ist bei Aufteilung des Rechtsgeschäfts in den entgeltlichen und den unentgeltlichen Teil dem Entgelt 15

Anhang 10
Erbfolgeregelungen

der um den Kapitalwert des Nutzungsrechts geminderte Wert des Wirtschaftsguts gegenüberzustellen (BFH-Urteil vom 24. April 1991 – BStBl II S. 793).

IV. Absetzungen für Abnutzung

1. Bemessungsgrundlage

Soweit der Übernehmer das Wirtschaftsgut unentgeltlich erworben hat, führt er die AfA des Übergebers fort. Er kann die AfA nur bis zu dem Betrag abziehen, der anteilig von der Bemessungsgrundlage des Übergebers nach Abzug der AfA, der erhöhten Absetzungen und Sonderabschreibungen verbleibt (§ 11d Abs. 1 EStDV). Soweit er das Wirtschaftsgut entgeltlich erworben hat, bemessen sich die AfA nach seinen Anschaffungskosten.

Beispiel:

V überträgt seinem Sohn S im Wege der vorweggenommenen Erbfolge ein schuldenfreies Mietwohngrundstück mit einem Verkehrswert von 2 Millionen DM (Gebäude 1,6 Millionen DM, Grund und Boden 400.000 DM). V hatte das Mietwohngrundstück zum 1. Januar 1970 erworben und die auf das Gebäude entfallenden Anschaffungskosten von 700.000 DM mit jährlich 2 v. H. abgeschrieben. S hat seiner Schwester T einen Betrag von 1 Million DM zu zahlen. Der Übergang von Nutzungen und Lasten erfolgt zum 1. Januar 1992.

Lösung:

S hat Anschaffungskosten in Höhe von 1 Million DM. Nach dem Verhältnis der Verkehrswerte entfallen auf das Gebäude 800.000 DM und auf den Grund und Boden 200.000 DM. Eine Gegenüberstellung von Anschaffungskosten und Verkehrswert ergibt, daß S das Gebäude zu ½ unentgeltlich und zu ½ entgeltlich für 800.000 DM erworben hat.

Die AfA-Bemessungsgrundlage und das AfA-Volumen ab 1992 berechnen sich wie folgt:

	unentgeltlich	entgeltlich
	erworbener Teil des Gebäudes	
Bemessungsgrundlage ab 1992	350.000 DM ($^1/_2$ von 700.000 DM)	800.000 DM
./. bereits von V für den unentgeltlich erworbenen Gebäudeteil in Anspruch genommene AfA 22 × 2 v. H. von 350.000 DM ($^1/_2$ von 700.000 DM)	154.000 DM	
AfA-Volumen ab 1992	196.000 DM	800.000 DM

2. Vomhundertsatz

Hinsichtlich des weiteren AfA-Satzes des Erwerbers ist zwischen dem unentgeltlich und dem entgeltlich erworbenen Teil des Wirtschaftsguts zu unterscheiden.

Für den unentgeltlich erworbenen Teil des Wirtschaftsguts hat der Übernehmer die vom Übergeber begonnene Abschreibung anteilig fortzuführen (§ 11d Abs. 1 EStDV).

Für den entgeltlich erworbenen Teil des Wirtschaftsguts bemessen sich die AfA

- bei beweglichen Wirtschaftsgütern und bei unbeweglichen Wirtschaftsgütern, die keine Gebäude sind, nach der tatsächlichen künftigen Nutzungsdauer des Wirtschaftsguts im Zeitpunkt des Übergangs von Nutzungen und Lasten,

- bei Gebäuden regelmäßig nach § 7 Abs. 4 EStG.

Danach ergibt sich bei Gebäuden für den unentgeltlich und den entgeltlich erworbenen Teil regelmäßig eine unterschiedliche Abschreibungsdauer.

Beispiel:

Beträgt im vorigen Beispiel die tatsächliche Nutzungsdauer des Gebäudes am 1. Januar 1992 nicht weniger als 50 Jahre, sind folgende Beträge als AfA abzuziehen:

	unentgeltlich	entgeltlich
	erworbener Teil des Gebäudes	
AfA-Satz (§ 7 Abs. 4 Satz 1 Nr. 2a EStG)	2 v. H.	2 v. H.
AfA jährlich	7.000 DM	16.000 DM
Abschreibungszeitraum	1992–2019	1992–2041

Die abzuziehenden AfA betragen mithin in den Jahren 1992 bis 2019 insgesamt 23.000 DM jährlich und in den Jahren 2020 bis 2041 16.000 DM jährlich.

Entsprechendes gilt im Grundsatz, wenn kein Gebäude, sondern ein bewegliches Wirtschaftsgut übernommen wird; da jedoch die Nutzungsdauer des entgeltlich erworbenen Teils des Wirtschaftsguts hier regelmäßig mit der Restnutzungsdauer des unentgeltlich erworbenen Teils des Wirtschaftsguts übereinstimmt, kann in diesen Fällen auf eine Aufspaltung in zwei AfA-Reihen verzichtet werden.

V. Bedingung und Befristung

Eine Leistungsverpflichtung des Übernehmers steht i.d.R. unter einer aufschiebenden Bedingung, wenn ihre Entstehung von einem Ereignis abhängt, dessen Eintritt ungewiß ist (z. B. Heirat); sie steht i.d.R. unter einer aufschiebenden Befristung, wenn ihre Entstehung von einem Ereignis abhängt, dessen Eintritt sicher, der Zeitpunkt aber ungewiß ist (z. B. Tod).

Von der Befristung ist die bloße Betagung zu unterscheiden, bei der lediglich der Eintritt der Fälligkeit der bereits bei Begründung des Schuldverhältnisses entstandenen Forderung von einem bestimmten Termin abhängt (BFH-Urteil vom 24. November 1972 – BStBl 1973 II S. 354). Hier liegen Anschaffungskosten bereits im Zeitpunkt der Vermögensübertragung vor. Die Grundsätze der Tz. 11 sind zu beachten.

Aufschiebend bedingte oder befristete Leistungsverpflichtungen des Übernehmers führen erst bei Eintritt des Ereignisses, von dem die Leistungspflicht abhängt, zu Veräußerungsentgelten und Anschaffungskosten (vgl. §§ 6, 8 BewG). Der Umfang des entgeltlichen Erwerbs des Wirtschaftsguts bestimmt sich nach dem Verhältnis seines Verkehrswertes zur Höhe der Leistungsverpflichtung im Zeitpunkt ihrer Entstehung und hat Auswirkungen für die Bemessung der künftigen AfA.

Beispiel:

V überträgt im Wege der vorweggenommenen Erbfolge auf seinen Sohn S zum 1. Januar 1985 ein schuldenfreies Mehrfamilienhaus. V hat die Herstellungskosten in Höhe von 400.000 DM mit jährlich 2 v. H. bis auf 320.000 DM abgeschrieben. S verpflichtet sich, an seine Schwester T im Zeitpunkt ihrer Heirat einen Betrag von 300.000 DM zu zahlen. T heiratet am 1. Januar 1990. Das Mehrfamilienhaus hat zu diesem Zeitpunkt einen Wert von 600.000 DM (Grund und Boden 120.000 DM, Gebäude 480.000 DM).

Lösung:

S hat das Mehrfamilienhaus zunächst unentgeltlich erworben und setzt gem. § 11d EStDV die AfA des V fort. Zum 1. Januar 1990 entstehen dem S Anschaffungskosten in Höhe von 300.000 DM. Nach dem Verhältnis der Verkehrswerte zum 1. Januar 1990 entfallen auf das Gebäude 240.000 DM und auf den Grund und Boden 60.000 DM. Die Gegenüberstellung der Anschaffungskosten und des Verkehrswertes des Gebäudes ergibt, daß S das Gebäude jeweils zur Hälfte entgeltlich für 240.000 DM und zur Hälfte unentgeltlich erworben hat.

Die AfA berechnen sich ab 1985 wie folgt:

AfA 1. Januar 1985 bis 31. Dezember 1989:
5 Jahre × 2 v. H. = 10 v. H. von 400.000 DM =   40.000 DM

ab 1. Januar 1990:

AfA unentgeltlich erworbener Gebäudeteil:
2 v. H. von 200.000 DM (½ von 400.000 DM) =   4.000 DM

AfA entgeltlich erworbener Gebäudeteil:
2 v. H. von 240.000 DM =   4.800 DM

Der verbleibende Abschreibungszeitraum beträgt für den unentgeltlich erworbenen Gebäudeteil 35 Jahre und für den entgeltlich erworbenen Gebäudeteil 50 Jahre, wenn keine kürzere Nutzungsdauer nachgewiesen wird.

VI. Schuldzinsenabzug

22 Schuldzinsen für Verbindlichkeiten, die im Rahmen der vorweggenommenen Erbfolge übernommen werden oder die aufgenommen werden, um Abfindungszahlungen zu leisten, sind als Werbungskosten abziehbar, wenn und soweit der Übernehmer das betreffende Wirtschaftsgut zur Erzielung steuerpflichtiger Einkünfte einsetzt. Dies gilt auch, wenn die Verbindlichkeiten, die der Übernehmer übernehmen muß, beim Übergeber ursprünglich privat veranlaßt waren (BFH-Urteil vom 8. November 1990 – BStBl 1991 II S. 450).

VII. Steuerpflicht der Veräußerungsgewinne

23 Die teilentgeltliche Veräußerung von Wirtschaftsgütern des Privatvermögens führt beim Übergeber nur unter den Voraussetzungen der §§ 17 und 23 EStG und der §§ 20, 21 Umwandlungssteuergesetz zu steuerpflichtigen Einkünften. Die Übertragung ist zur Ermittlung der steuerpflichtigen Einkünfte nach dem Verhältnis des nach den vorstehenden Grundsätzen ermittelten Veräußerungsentgelts zum Verkehrswert des übertragenen Wirtschaftsguts aufzuteilen (BFH-Urteil vom 17. Juli 1980 – BStBl 1981 II S. 11).

Beispiel:

V hält Aktien einer Aktiengesellschaft (Grundkapital 100.000 DM) im Nennwert von 30.000 DM (Verkehrswert 120.000 DM). Er überträgt seine Aktien im Wege der vorweggenommenen Erbfolge auf seinen Sohn S. S leistet V eine Abstandszahlung von 60.000 DM. V hatte die Anteile für 94.000 DM erworben.

Lösung:

V erhält ein Veräußerungsentgelt i.H.v. 60.000 DM. Nach dem Verhältnis des Veräußerungsentgelts zum Verkehrswert ist die Beteiligung zu ½ entgeltlich übertragen worden. Der Veräußerungsgewinn wird nach § 17 Abs. 3 EStG nur insoweit zur Einkommensteuer herangezogen, als er den Teil von 20.000 DM übersteigt, der dem Nennwert des entgeltlich übertragenen Anteils (½ von 30.000 DM = 15.000 DM) entspricht.

Der steuerpflichtige Veräußerungsgewinn i.S.d. § 17 EStG beträgt:

Veräußerungspreis	60.000 DM
./. ½ Anschaffungskosten des V	47.000 DM
	13.000 DM
./. Freibetrag nach § 17 Abs. 3 EStG	
$\frac{15}{100}$ von 20.000 DM	3.000 DM
Kürzung des Freibetrags	
Veräußerungsgewinn	13.000 DM
./. $\frac{15}{100}$ von 80.000 DM	12.000 DM
	1.000 DM
verbleibender Freibetrag	2.000 DM
	11.000 DM

In den Fällen des § 17 EStG ist bei einer späteren Veräußerung des unentgeltlich übertragenen Anteils durch den Übernehmer § 17 Abs. 1 Satz 5 EStG zu beachten.

C. Übertragung von Betriebsvermögen

I. Arten der Vermögensübertragung

24 Für die Übertragung von Betriebsvermögen im Wege der vorweggenommenen Erbfolge gelten die unter den Tz. 3 bis 10 dargelegten Grundsätze entsprechend. Folgende Besonderheiten sind zu beachten:

1. Versorgungsleistungen

25 Private Versorgungsleistungen stellen wie bei der Übertragung von Privatvermögen weder Veräußerungsentgelt noch Anschaffungskosten dar, sondern können wiederkehrende Bezüge (§ 22 Nr. 1 EStG) und Sonderausgaben (§ 10 Abs. 1 Nr. 1a EStG) sein (vgl. Tz. 4).

26 Sie sind von betrieblichen Versorgungsleistungen und betrieblichen Veräußerungsrenten abzugrenzen. Betriebliche Versorgungsleistungen sind nur in Ausnahmefällen anzunehmen (vgl. BFH-Urteil vom 20. Dezember 1988 – BStBl 1989 II S. 585). Eine betriebliche Veräußerungsrente ist gegeben, wenn bei der Veräußerung eines Betriebs, eines Teilbetriebs, eines Mitunternehmeranteils oder einzelner Wirtschaftsgüter des Betriebsvermögens Leistung und Gegenleistung nach den unter Tz. 2 dargestellten Grundsätzen gegeneinander abgewogen werden. Bei Betriebsübertragungen zwischen nahen Angehörigen gegen wiederkehrende Leistungen spricht, unabhängig vom Wert der übertragenen Vermögenswerte, eine widerlegbare Vermutung für eine private Versorgungsrente (BFH-Urteile vom 9. Oktober 1985 – BStBl 1986 II S. 51 und vom 29. Januar 1992 – BStBl II S. 465). Dies gilt auch, wenn der Übernehmer Versorgungsleistungen an Angehörige des Übergebers zusagt (BFH-Beschluß vom 5. Juli 1990, a. a. O.).

2. **Übernahme von Verbindlichkeiten**

Im Zusammenhang mit der šbertragung von Betriebsvermögen im Wege der vorweggenommenen Erbfolge übernommene private Verbindlichkeiten des Übergebers stellen Veräußerungsentgelte und Anschaffungskosten dar. Die Verbindlichkeiten sind, soweit sich aus ihrer Übernahme Anschaffungskosten des Betriebsvermögens ergeben, als Betriebsschulden zu passivieren (vgl. BFH-Urteil vom 8. November 1990 – BStBl 1991 II S. 450). 27

Die Übernahme betrieblicher Verbindlichkeiten führt zu einem Veräußerungsentgelt und zu Anschaffungskosten, wenn sie im Zusammenhang mit der Übertragung einzelner Wirtschaftsgüter des Betriebsvermögens steht. 28

Bei der Übertragung eines Betriebs, Teilbetriebs oder Mitunternehmeranteils stellen die übernommenen Verbindlichkeiten des übertragenen Betriebs, Teilbetriebs oder Mitunternehmeranteils kein Veräußerungsentgelt und keine Anschaffungskosten dar, so daß der Betriebsübernehmer hinsichtlich der übernommenen positiven und negativen Wirtschaftsgüter die Buchwerte des Übergebers fortzuführen hat. 29

Dies gilt grundsätzlich auch bei der Übertragung eines Betriebs, Teilbetriebs oder Mitunternehmeranteils, dessen steuerliches Kapitalkonto negativ ist, das Vorhandensein eines negativen Kapitalkontos einer unentgeltlichen Betriebsübertragung nicht entgegensteht (BFH-Urteile vom 23. April 1971 – BStBl II S. 686, und vom 24. August 1972 – BStBl 1973 II S. 111). 30

Ist allerdings neben der Übernahme des negativen Kapitalkontos noch ein Gleichstellungsgeld oder eine Abstandszahlung zu leisten oder wird eine private Verbindlichkeit übernommen, handelt es sich um eine entgeltliche Vermögensübertragung. 31

Der Übergeber erhält ein Veräußerungsentgelt in Höhe der ihm zusätzlich gewährten Leistungen zuzüglich des übertragenen negativen Kapitalkontos, das in der Regel auch der Veräußerungsgewinn ist, und der Übernehmer hat Anschaffungskosten in entsprechender Höhe.

Beispiel:

V überträgt seinen Gewerbebetrieb mit einem Verkehrswert von 600.000 DM im Wege der vorweggenommenen Erbfolge auf seinen Sohn S. V hat ein negatives Kapitalkonto von 100.000 DM (Aktiva 300.000 DM, Passiva 400.000 DM). S hat an seine Schwester T ein Gleichstellungsgeld in Höhe von 150.000 DM zu zahlen.

Lösung:

Das an T zu zahlende Gleichstellungsgeld zuzüglich des übertragenen negativen Kapitalkontos führen zu einem Veräußerungsentgelt i.H.v. 250.000 DM, das auch gleichzeitig der Veräußerungsgewinn ist, und zu Anschaffungskosten bei S in gleicher Höhe.

3. **Verpflichtung zur Übertragung von Gegenständen des Betriebsvermögens**

Überträgt der Übernehmer auf Grund einer Verpflichtung gegenüber dem Übergeber einem Dritten ein Wirtschaftsgut des übernommenen Betriebsvermögens in unmittelbarem Anschluß an die Übertragung oder hält der Übergeber ein Wirtschaftsgut des Betriebsvermögens zurück und verliert das Wirtschaftsgut dadurch seine Eigenschaft als Betriebsvermögen, handelt es sich um eine Entnahme des Wirtschaftsguts durch den Übergeber. Ist der Übernehmer verpflichtet, das Wirtschaftsgut zu einem späteren Zeitpunkt auf einen Dritten zu übertragen, erfolgt die Entnahme regelmäßig durch den Übernehmer, der den durch die Entnahme realisierten Gewinn zu versteuern hat. 32

II. **Übertragung einzelner Wirtschaftsgüter des Betriebsvermögens**

1. **Unentgeltliche Übertragung**

Die unentgeltliche Übertragung einzelner Wirtschaftsgüter des Betriebsvermögens stellt beim Übergeber regelmäßig eine Entnahme des Wirtschaftsguts dar. Die anschließende Übertra- 33

Anhang 10

II   Erbfolgeregelungen

gung im Rahmen der vorweggenommenen Erbfolge erfolgt im Privatvermögen nach den hierfür geltenden Grundsätzen. Der Übernehmer des Wirtschaftsguts hat daher seine Abschreibung regelmäßig nach dem Entnahmewert des Übergebers zu bemessen (§ 11d Abs. 1 EStDV).

2. Teilentgeltliche Übertragung

34   Werden einzelne Wirtschaftsgüter des Betriebsvermögens teilentgeltlich auf den Übernehmer übertragen, handelt es sich in Höhe des unentgeltlich übertragenen Teils um eine Entnahme in Höhe des anteiligen Teilwerts und in Höhe des entgeltlich übertragenen Teils um eine Veräußerung.

Beispiel:

V überträgt ein bebautes Betriebsgrundstück im Wege der vorweggenommenen Erbfolge auf seinen Sohn S. Der Teilwert des Gebäudes beträgt 1.000.000 DM (Buchwert 100.000 DM). S hat an V eine Abstandszahlung zu leisten, die mit 250.000 DM auf das Gebäude entfällt.

Lösung:

Nach dem Verhältnis Veräußerungsentgelt zum Teilwert hat V das Gebäude zu $^3/_4$ entnommen (anteiliger Teilwert 750.000 DM) und zu $^1/_4$ veräußert (Veräußerungserlös 250.000 DM). S hat, soweit das Gebäude von V entnommen wurde, seine AfA nach dem Entnahmewert des V i.H.v. 750.000 DM ($^3/_4$ von 1.000.000 DM) und, soweit er das Gebäude entgeltlich erworben hat, nach seinen Anschaffungskosten von 250.000 DM zu bemessen.

III. Übertragung eines Betriebs, Teilbetriebs oder Mitunternehmeranteils

1. Über dem Kapitalkonto liegendes Veräußerungsentgelt

35   Führen die vom Vermögensübernehmer zu erbringenden Leistungen bei Erwerb eines Betriebs, Teilbetriebs oder Mitunternehmeranteils zu einem Veräußerungspreis, der über dem steuerlichen Kapitalkonto des Übergebers liegt, ist von einem entgeltlichen Erwerb des Betriebs, Teilbetriebs oder Mitunternehmeranteils auszugehen. Der Veräußerungsgewinn im Sinne des § 16 Abs. 2 EStG ist durch Gegenüberstellung des Entgelts und des steuerlichen Kapitalkontos des Übergebers zu ermitteln (BFH-Urteil vom 10. Juli 1986 – BStBl II S. 811). Zur Ermittlung der Anschaffungskosten muß zunächst festgestellt werden, in welchen Buchwerten stille Reserven enthalten sind und wieviel sie insgesamt betragen. Diese stillen Reserven sind dann gleichmäßig um den Vomhundertsatz aufzulösen, der dem Verhältnis des aufzustockenden Betrages (Unterschied zwischen dem Buchwert des übertragenen Betriebsvermögens und dem Veräußerungspreis) zum Gesamtbetrag der vorhandenen stillen Reserven des beim Veräußerer ausgewiesenen Betriebsvermögens entspricht.

Zu einer Aufdeckung der stillen Reserven, die auf einen in dem vom Übertragenden selbst geschaffenen Geschäfts- oder Firmenwert entfallen, kommt es erst nach vollständiger Aufdeckung der stillen Reserven, die in den übrigen Wirtschaftsgütern des Betriebsvermögens enthalten sind.

Beispiel:

V überträgt im Wege der vorweggenommenen Erbfolge seinen Gewerbebetrieb mit einem Verkehrswert von 10.000 000 DM einschließlich der betrieblichen Verbindlichkeiten auf seinen Sohn S. S verpflichtet sich, an seinen Vater V eine Abstandszahlung von 500.000 DM und an seine Schwester T einen Gleichstellungsbetrag von 2 Mio. DM zu zahlen. Die Bilanz des Gewerbebetriebs zum Übertragungszeitpunkt stellt sich wie folgt dar:

	Buchwert	(Teilwert)		Buchwert
Geschäfts- oder Firmenwert	–	(3 Mio.)	Kapital	1 Mio. DM
Anlagevermögen	4 Mio. DM	(9 Mio.)	Verbindlichkeiten	7 Mio. DM
Umlaufvermögen	5 Mio. DM	(6 Mio.)	Rückstellungen	1 Mio. DM
	9 Mio. DM	18 Mio. DM		9 Mio. DM

Lösung:

Zum Erwerb des Betriebs wendet S 2.500 000 DM auf. Nicht zu den Anschaffungskosten gehören die übernommenen betrieblichen Verbindlichkeiten. V erzielt durch die entgeltliche Übertragung seines Betriebs einen nach §§ 16, 34 EStG begünstigten Veräußerungsgewinn in Höhe von 1.500.000 DM (Veräußerungsentgelt 2.500.000 DM ./. Betriebsvermögen 1 Mio. DM).

S hat V neben dem Kapitalkonto von 1 Mio. DM auch Teile der bisher nicht aufgedeckten stillen Reserven bezahlt (vgl. BFH-Urteil vom 10. Juli 1986 – BStBl II S. 811). Für S ergeben sich folgende Wertansätze:

Im Anlage- und Umlaufvermögen sind folgende stille Reserven enthalten:

Anlagevermögen	5 Mio. DM
Umlaufvermögen	1 Mio. DM
Umlaufvermögen	6 Mio. DM

Diese stillen Reserven werden i.H.v. 1.500 000 DM (= 25 v. H.) aufgedeckt. Zu einer Aufdeckung der in dem von V selbst geschaffenen Geschäfts- oder Firmenwert enthaltenen stillen Reserven kommt es nicht.

S hat die Buchwerte um die anteilig aufgedeckten stillen Reserven wie folgt aufzustocken:

Anlagevermögen:

bisheriger Buchwert	4.000.000 DM
+ anteilig aufgedeckte stille Reserven (25 v. H. von 5 Mio. DM)	1.250.000 DM
Umlaufvermögen:	5.250.000 DM
bisheriger Buchwert	5.000.000 DM
+ anteilig aufgedeckte stille Reserven (25 v. H. von 1 Mio. DM)	250.000 DM
Die Eröffnungsbilanz des S lautet:	5.250.000 DM

Geschäfts- oder Firmenwert	0 DM	Kapital	2.500.000 DM
		Verbindlichkeiten	7.000.000 DM
Anlagevermögen	5.250.000 DM	Rückstellungen	1.000.000 DM
Umlaufvermögen	5.250.000 DM		
	10.500.000 DM		10.500.000 DM

Der Freibetrag nach § 16 Abs. 4 EStG wird in den Fällen, in denen das Entgelt den Verkehrswert des Betriebs, Teilbetriebs oder Mitunternehmeranteils nicht erreicht, nur im Verhältnis des bei der Veräußerung tatsächlich entstandenen Gewinns zu dem bei einer unterstellten Veräußerung des ganzen Betriebs erzielbaren Gewinns gewährt (BFH-Urteil vom 10. Juli 1986 – BStBl II S. 811). 36

Überschreiten die Anschaffungskosten das steuerliche Kapitalkonto des Übergebers, bestimmt sich der entgeltlich und der unentgeltlich erworbene Teil der einzelnen Wirtschaftsgüter nach dem Verhältnis der gesamten Anschaffungskosten zum Verkehrswert des Betriebs, Teilbetriebs oder Mitunternehmeranteils. 37

Aus Vereinfachungsgründen können die Aufstockungsbeträge wie nachträgliche Anschaffungskosten behandelt werden.

2. **Veräußerungsentgelt bis zur Höhe des Kapitalkontos**

Wendet der Übernehmer Anschaffungskosten bis zur Höhe des steuerlichen Kapitalkontos auf, hat er die Buchwerte des Übergebers fortzuführen. Ein Veräußerungsverlust liegt beim Übergeber nicht vor. 38

Beispiel:

V überträgt seinen Gewerbebetrieb mit einem Verkehrswert von 1.000.000 DM (steuerliches Kapitalkonto 500.000 DM) im Wege der vorweggenommenen Erbfolge auf seinen Sohn S. S hat an seine Schwester T eine Abstandszahlung in Höhe von 200.000 DM zu leisten, die er durch Kredit finanziert.

Lösung:

V erzielt keinen Veräußerungsgewinn. S führt die Buchwerte des V unverändert fort (§ 7 Abs. 1 EStDV). Der Kredit führt zu einer Betriebsschuld, die zu passivieren ist.

IV. Abschreibungen

39 Der Übernehmer hat, soweit ein entgeltlicher Erwerb nicht gegeben ist, die Abschreibungen des Übergebers fortzuführen (§ 7 Abs. 1 EStDV).

V. Schuldzinsen

40 Schuldzinsen für einen Kredit, der zur Finanzierung von Abstandszahlungen und Gleichstellungsgeldern aufgenommen wird, sind als Betriebsausgaben abziehbar, wenn und soweit sie im Zusammenhang mit der Übertragung des Betriebsvermögens stehen. Dies gilt auch, wenn die Schuldzinsen auf einer vom Rechtsvorgänger übernommenen privat veranlaßten Verbindlichkeit beruhen (vgl. Tz. 27).

VI. Verbleibensfristen und Vorbesitzzeiten

41 Fordern einzelne Regelungen (z. B. § 6b EStG, § 3 Zonenrandförderungsgesetz, § 5 Abs. 6 Investitionszulagengesetz 1986, § 2 Fördergebietsgesetz) ein Verbleiben der begünstigten Wirtschaftsgüter für einen bestimmten Zeitraum im Betriebsvermögen des Steuerpflichtigen, können die Verbleibensfristen nur hinsichtlich des nach Tz. 24 bis 37 unentgeltlich übertragenen Teils des Betriebsvermögens beim Rechtsvorgänger und beim Rechtsnachfolger zusammengefaßt werden (vgl. BFH-Urteil vom 10. Juli 1986 – BStBl II S. 811). Hinsichtlich des entgeltlich erworbenen Teils der Wirtschaftsgüter handelt es sich um eine Anschaffung, die gegebenenfalls neue Fristen in Gang setzt. Zu den Verbleibensvoraussetzungen für die Sonderabschreibungen nach § 3 Zonenrandförderungsgesetz vgl. das BMF-Schreiben vom 27. Dezember 1989 – BStBl I S. 518).

D. Übertragung von land- und forstwirtschaftlichen Vermögen

42 Die vorstehenden Grundsätze gelten für die Übertragung land- und forstwirtschaftlichen Vermögens im Wege einer vorweggenommenen Erbfolge entsprechend. Folgende Besonderheiten sind zu beachten:

1. Freibetrag nach § 14a Abs. 4 EStG

43 Veräußert der Hofübernehmer Grund und Boden, um mit dem Veräußerungserlös weichende Erben abzufinden, können ggf. die Freibeträge nach § 14a Abs. 4 EStG beansprucht werden (vgl. Abschnitt 133b Abs. 3 EStR 1990).

2. Abfindungen nach der Höfeordnung

44 Auf Abfindungen und Ergänzungsabfindungen, die der Übernehmer eines land- und forstwirtschaftlichen Betriebs nach §§ 12, 13, 17 Abs. 2 Höfeordnung an andere Abkömmlinge des Übergebers zahlen muß, sind die Grundsätze der ertragsteuerlichen Behandlung der Erbauseinandersetzung (Tz. 89 des BMF-Schreibens vom 11.1.1993 – BStBl I S. 62) anzuwenden.

Für die Übertragung von hofesfreiem Vermögen gelten die Grundsätze der vorweggenommenen Erbfolge.

3. Gutabstandsgelder

45 Bei der Hofübergabe neben Altenteilsleistungen vereinbarte unverzinsliche Geldansprüche des Übergebers, die nur auf sein Verlangen zu erbringen sind und die mit seinem Tod erlöschen (Gutabstandsgelder), führen erst bei ihrer Entstehung zu Veräußerungsentgelten des Übergebers und Anschaffungskosten des Übernehmers.

4. Nach § 55 EStG pauschal bewerteter Grund und Boden

46 Bei Übertragung von nach § 55 Abs. 1 EStG mit pauschalen Buchwerten angesetztem Grund und Boden ist die Verlustklausel des § 55 Abs. 6 EStG zu beachten. Der entgeltlich erworbene Teil des Grund und Bodens ist beim Übernehmer mit den tatsächlichen Anschaffungskosten zu bilanzieren. Veräußerungsverluste, die sich für den entgeltlich übertragenen Teil aufgrund der pauschalen Werte ergeben, dürfen nach § 55 Abs. 6 EStG nicht berücksichtigt werden; d.h., der Veräußerungsgewinn ist um die Differenz aus pauschalem Wert und Entgelt für den entgeltlich übertragenen Teil des Grund und Bodens zu erhöhen.

Beispiel:

V überträgt seinen land- und forstwirtschaftlichen Betrieb mit einem Verkehrswert von 800.000 DM (steuerliches Kapitalkonto 300.000 DM) im Wege der vorweggenommenen Erbfolge auf seinen Sohn S. S hat an seine Schwester T ein Gleichstellungsgeld in Höhe von 400.000 DM zu leisten. Bei Aufstellung einer Bilanz zum Übertragungszeitpunkt ergeben sich folgende Werte:

Anhang 10
Erbfolgeregelungen II

	Buchwert (Teilwert)		Buchwert (Teilwert)
pauschal bewerteter		Kapital	300.000 (800.000)
Grund und Boden	390.000 (260.000)	Verbindlichkeiten	150.000 (150.000)
sonstige Aktiva	60.000 (690.000)		
	450.000 (950.000)		450.000 (950.000)

Lösung:
Mit dem Gleichstellungsgeld von 400.000 DM erwirbt S 100.000 DM stille Reserven (400.000 DM Gleichstellungsgeld ./. 300.000 DM Kapital). Er hat damit $^1/_5$ der gesamten stillen Reserven aufzudecken (500.000 DM gesamte stille Reserven zu 100.000 DM entgeltlich erworbene stille Reserven). Die sonstigen Aktiva sind somit um 126.000 DM ($^1/_5$ von 630.000 DM) aufzustocken, der Grund und Boden ist um 26.000 DM ($^1/_5$ von 130.000 DM) abzustocken. Der Betrag von 26.000 DM fällt unter das Verlustausgleichsverbot des § 55 Abs. 6 EStG.

E. Mischfälle

Besteht das übertragene Vermögen sowohl aus Privatvermögen als auch aus Betriebsvermögen, sind der steuerlichen Beurteilung die für die jeweiligen Vermögensarten geltenden Grundsätze zugrunde zu legen. Werden zusammen mit dem Betrieb auch Wirtschaftsgüter des Privatvermögens übernommen, ist das Entgelt vorweg nach dem Verhältnis der Verkehrswerte des Betriebsvermögens und der privaten Wirtschaftsgüter aufzustellen. 47

Beispiel:
Im Rahmen der vorweggenommenen Erbfolge erhält S von seinem Vater V einen Gewerbebetrieb mit einem Verkehrswert von 2 Mio. DM (Buchwert 200.000 DM) und ein Mehrfamilienhaus mit einem Verkehrswert von 1.000.000 DM, das mit Verbindlichkeiten in Höhe von 300.000 DM belastet ist. Die Verbindlichkeiten stehen im Zusammenhang mit dem Erwerb des Mehrfamilienhauses. S ist verpflichtet, seiner Schwester T einen Betrag von 1,2 Mio. DM zu zahlen.

Lösung:
S hat Anschaffungskosten für den Gewerbebetrieb und das Mehrfamilienhaus von insgesamt 1,5 Mio. DM (Verbindlichkeiten 300.000 DM, Gleichstellungsgeld 1,2 Mio. DM). Nach dem Verhältnis der Verkehrswerte (Gewerbebetrieb 2 Mio. DM, Mehrfamilienhaus 1 Mio. DM) entfallen die Anschaffungskosten zu $^2/_3$ auf den Gewerbebetrieb und zu $^1/_3$ auf das Mehrfamilienhaus. S hat danach Anschaffungskosten für den Gewerbebetrieb i.H.v. 1 Mio. DM und für das Mehrfamilienhaus von 500.000 DM. Das Mehrfamilienhaus (Verkehrswert 1 Mio. DM) erwirbt er zu ½ entgeltlich und zu ½ unentgeltlich. Die auf den Betriebserwerb entfallenden Verbindlichkeiten i.H.v. 200.000 DM ($^2/_3$ von 300.000 DM) stellen betriebliche Verbindlichkeiten des S dar.

F. Übergangsregelung

1. Allgemeines

Die Grundsätze dieses Schreibens sind in allen noch offenen Fällen anzuwenden. Soweit die Vermögensübertragung vor dem 1. Januar 1991 rechtlich bindend festgelegt und bis spätestens 31. Dezember 1993 vollzogen worden sind, sind auf Antrag die Rechtsgrundsätze anzuwenden, die aufgrund der Rechtsprechung vor Ergehen des Beschlusses des BFH vom 5. Juli 1990 (BStBl 1990 II S. 847) gegolten haben; in diesen Fällen ist nach den bisher maßgebenden Grundsätzen (vgl. BFH-Urteil vom 26. November 1985 – BStBl 1986 II S. 161) zu verfahren. 48

Im Falle der Tz. 48 Satz 2 ist ein Veräußerungsgewinn beim Übergeber unabhängig von der steuerlichen Behandlung beim Übernehmer gemäß § 163 AO oder § 176 AO außer Ansatz zu lassen. Zugunsten des Übernehmers sind auch in diesen Fällen die Grundsätze dieses Schreibens anzuwenden. 49

2. Nachholung unterbliebener AfA

Soweit eine vorweggenommene Erbfolge über abnutzbare Wirtschaftsgüter, die nach der Übertragung zur Erzielung von Einkünften im Sinne von § 2 Abs. 1 Nrn. 1 bis 7 EStG dienen, nach den bisher anzuwendenden Grundsätzen als unentgeltlicher Vorgang behandelt worden ist, sind die AfA in der Regel für den entgeltlich erworbenen Teil des Wirtschaftsguts zu niedrig angesetzt worden. 50

Anhang 10
II Erbfolgeregelungen

51 Für bereits veranlagte Kalenderjahre können die AfA nur berichtigt werden, soweit eine Aufhebung oder Änderung der Steuerfestsetzung verfahrensrechtlich zulässig ist (§§ 164, 165, 172 ff. AO). Eine Aufhebung oder Änderung nach § 173 Abs. 1 Nr. 2 AO scheidet aus, weil das Finanzamt bei ursprünglicher Kenntnis des Sachverhalts nach damaliger Rechtslage nicht anders entschieden hätte (BFH-Beschluß vom 23. November 1987 – BStBl 1988 II S. 180).

52 AfA, die bei dem entgeltlich erworbenen Teil eines Gebäudes unterblieben sind, für den die AfA nach § 7 Abs. 4 Satz 1 EStG zu bemessen gewesen wäre, sind in der Weise nachzuholen, daß die weiteren AfA von der nach den Grundsätzen dieses Schreibens ermittelten Bemessungsgrundlage mit dem für den entgeltlich erworbenen Teil des Gebäudes maßgebenden Vomhundertsatz vorgenommen werden. Die AfA können bis zu dem Betrag abgezogen werden, der von dieser Bemessungsgrundlage nach Abzug der bisherigen AfA, der erhöhten Absetzungen und Sonderabschreibungen verbleibt. Hierbei verlängert sich der Abschreibungszeitraum für den entgeltlich erworbenen Teil des Gebäudes über 25, 40 bzw. 50 Jahre hinaus (BFH-Urteil vom 3. Juli 1984 – BStBl II S. 709).

Beispiel:

V übertrug mit Wirkung zum 1. Januar 1980 im Wege der vorweggenommenen Erbfolge ein bebautes Grundstück mit einem Verkehrswert von 1 Mio. DM (Gebäude 800.000 DM, Grund und Boden 200.000 DM) auf seinen Sohn S. V hatte das Grundstück zum 1. Januar 1970 für 600.000 DM (Gebäude 480.000 DM, Grund und Boden 120.000 DM) erworben. S übernahm auf dem Grundstück lastende Verbindlichkeiten in Höhe von 400.000 DM und hatte an seine Schwester T 300.000 DM zu zahlen. Das Gebäude hatte am 1. Januar 1980 eine tatsächliche Nutzungsdauer von 50 Jahren. S hat seitdem die AfA des V, der das Gebäude nach § 7 Abs. 4 Nr. 2a EStG mit jährlich 2 v. H. abgeschrieben hat, unverändert fortgeführt. Die Einkommensteuerbescheide für S bis einschließlich 1989 sind bestandskräftig. In 1990 legte S dem Finanzamt den Sachverhalt dar.

Lösung:

S hat zum Erwerb des Grundstücks insgesamt 700.000 DM (Abfindungszahlung 300.000 DM und übernommene Verbindlichkeiten 400.000 DM) aufgewendet. Nach dem Verhältnis der Verkehrswerte entfallen auf das Gebäude 560.000 DM und auf den Grund und Boden 140.000 DM. Eine Gegenüberstellung der Anschaffungskosten und des Verkehrswerts des Gebäudes ergibt, daß S das Gebäude zu $^3/_{10}$ unentgeltlich und zu $^7/_{10}$ entgeltlich für Anschaffungskosten in Höhe von 560.000 DM erworben hat.

Ab 1990 berechnen sich die AfA wie folgt:

	unentgeltlich	entgeltlich
	erworbener Teil des Gebäudes	
Bemessungsgrundlage ab 1990	144.000 DM ($^3/_{10}$ von 480.000 DM)	560.000 DM
./. AfA 1970 bis 1989 für den unentgeltlich erworbenen Teil: 20 Jahre × 2 v. H. = 40 v. H. von 144.000 DM	57.600 DM	
./. AfA 1980 bis 1989 für den entgeltlich erworbenen Teil, die S nach § 11 d EStDV bemessen hat: 10 Jahre × 2 v. H. = 20 v. H. von 336.000 DM (= $^7/_{10}$ von 480.000 DM)		67.200 DM
Insgesamt verbleibende AfA ab 1990	86.400 DM	492.800 DM
jährliche AfA ab 1990 2 v. H.	2.880 DM	11.200 DM
Verbleibender Absetzungszeitraum ab 1990	30 Jahre	44 Jahre
bis einschließlich:	2019	2033

Die AfA betragen mithin in den Jahren 1990 bis 2019 insgesamt 14.080 DM jährlich und in den
Jahren 2020 bis 2033 11.200 DM jährlich.

Sind AfA bei dem entgeltlich erworbenen Teil des Gebäudes teilweise unterblieben, den der Übernehmer nunmehr nach § 7 Abs. 4 Satz 2 EStG abschreibt, bemessen sich die weiteren AfA nach seinen um die bereits abgezogenen AfA, erhöhten Absetzungen und Sonderabschreibungen verminderten Anschaffungskosten und der Restnutzungsdauer des Gebäudes. Entsprechendes gilt für den entgeltlich erworbenen Teil eines beweglichen Wirtschaftsgutes. 53

Die vorstehenden Grundsätze sind entsprechend anzuwenden, wenn die Aufstockungsbeträge wie nachträgliche Anschaffungskosten behandelt werden (Tz. 36). 54

3. **Anschaffungsnaher Aufwand**

Erhaltungsaufwand, den der Übernehmer bereits in bestandskräftig veranlagten Kalenderjahren – ausgehend von den bisher für die vorweggenommene Erbfolge angewandten Grundsätzen – als Werbungskosten abgezogen hat, und der sich bei Annahme eines teilentgeltlichen Erwerbs als anschaffungsnaher Aufwand (Abschnitt 157 Abs. 5 EStR 1990) darstellt, ist nicht nachträglich in die AfA-Bemessungsgrundlage einzubeziehen. 55

III

Abzug von Schuldzinsen als Betriebsausgaben oder Werbungskosten
– Aufgabe der sog. Sekundärfolgenrechtsprechung durch den BFH; Anwendung der BFH-Urteile vom 2.3.1993 – VIII R 47/90 – (BStBl 1994 II S. 619), vom 25.11.1993 – IV R 66/93 – (BStBl 1994 II S. 623) und vom 27.7.1993 – VIII R 72/90 – (BStBl 1994 II S. 625)

BMF vom 11.8.1994 (BStBl I S. 603)

IV B 2 – S 2242 – 33/94

Mit Urteil vom 2. März 1993 – VIII R 47/90 – (BStBl 1994 II S. 619) hat der VIII. Senat des BFH mit Zustimmung des I., III. und IV. Senats die sog. Sekundärfolgenrechtsprechung (vgl. BFH-Urteile vom 2. April 1987 – BStBl II S. 621 –, vom 28. April 1989 – BStBl II S. 618 – und vom 17. Oktober 1991 – BStBl 1992 II S. 392 –) unter Hinweis auf die Beschlüsse des Großen Senats zur steuerlichen Behandlung von Kontokorrentzinsen vom 4. Juli 1990 (BStBl II S. 817) und zur Erbauseinandersetzung vom 5. Juli 1990 (BStBl II S. 837) als überholt aufgegeben.

Wird ein Pflichtteilsanspruch aufgrund einer Vereinbarung mit dem Erben eines Betriebes verzinslich gestundet, dürfen die hierauf entfallenden Schuldzinsen nach dem Urteil des VIII. Senats vom 2. März 1993 (a. a. O.) mangels Vorliegens einer Betriebsschuld nicht als Betriebsausgaben abgezogen werden.

Hat ein Hoferbe ein Darlehen aufgenommen, um damit die höferechtlichen Abfindungsansprüche der weichenden Erben zu tilgen, dürfen die Darlehenszinsen nach dem Urteil des IV. Senats vom 25. November 1993 – IV R 66/93 – (BStBl 1994 II S. 623) nicht als Betriebsausgaben abgezogen werden.

Ist eine OHG-Beteiligung aufgrund einer sog. qualifizierten Nachfolgeklausel unmittelbar und ausschließlich auf einen Miterben mit der Maßgabe übergegangen, daß er die übrigen Miterben insoweit abzufinden hat, stellen die durch die Finanzierung dieser – privaten – Wertausgleichsverbindlichkeit entstandenen Schuldzinsen keine Sonderbetriebsausgaben dar, wie der VIII. Senat mit Urteil vom 27. Juli 1993 – VIII R 72/90 – (BStBl 1994 II S. 625) entschieden hat.

Zur Anwendung der genannten BFH-Urteile nehme ich unter Bezugnahme auf das Ergebnis der Erörterungen mit den obersten Finanzbehörden der Länder wie folgt Stellung:

Das Urteil des VIII. Senats vom 2. März 1993 (a. a. O.) ist auch für Aufwendungen zur Finanzierung von Vermächtnisschulden, Erbersatzverbindlichkeiten und Zugewinnausgleichsschulden (vgl. zu letzteren auch das BFH-Urteil vom 8. Dezember 1992 – IX R 68/89 – BStBl 1993 II S. 434) zu beachten. Solche Aufwendungen sind nach der neuen Rechtsprechung privat veranlaßt. Die geänderte Rechtsprechung des BFH hat deshalb zur Folge, daß Aufwendungen für die Stundung bzw. Finanzierung von

– Pflichtteilsverbindlichkeiten

– Vermächtnisschulden

– Erbersatzverbindlichkeiten

Anhang 10
III, IV   Erbfolgeregelungen

- Zugewinnausgleichsschulden
- Abfindungsschulden nach der Höfeordnung
- Abfindungsschulden im Zusammenhang mit der Vererbung eines Anteils an einer Personengesellschaft im Wege der qualifizierten Nachfolgeklausel oder im Wege der qualifizierten Eintrittsklausel

nicht als Betriebsausgaben oder Werbungskosten abgezogen werden dürfen.

Die Tzn. 37 letzter Absatz, 70 und 89 Satz 4 des BMF-Schreibens zur ertragsteuerlichen Behandlung der Erbengemeinschaft und ihrer Auseinandersetzung (BStBl 1993 I S. 62 ff.) sind damit überholt. Dies gilt nicht, soweit nach Tzn. 36, 37 des BMF-Schreibens Privatschulden, die von Miterben im Rahmen der Realteilung eines Mischnachlasses übernommen werden, Betriebsschulden werden können.

Die geänderte Rechtsprechung und Verwaltungsauffassung ist für Werbungskosten erstmals für den Veranlagungszeitraum 1995 und für Betriebsausgaben erstmals für Wirtschaftsjahre, die nach dem 31. Dezember 1994 beginnen, anzuwenden.

IV

Einkommensteuerrechtliche Behandlung von wiederkehrenden Leistungen im Zusammenhang mit der Übertragung von Privat- oder Betriebsvermögen

BMF vom 23.12.1996 (BStBl I S. 1508) IV B 3 – S 2257 – 54/96
unter Berücksichtigung der Änderungen durch BMF vom 30.10.1998
(BStBl I S. 1417) IV C 3 – S 2255 – 6/98

A.	Arten von wiederkehrenden Leistungen		Tz. 1
B.	Unentgeltliche Vermögensübertragung gegen Versorgungsleistungen		Tz. 2
	I. Vermögensübergabe		
	1. Begriff der Vermögensübergabe		Tz. 3
	2. Abgrenzung zu voll entgeltlichen Geschäften		Tz. 4 – 4a
	3. Gegenstand der Vermögensübergabe		Tz. 5–6
		a) Existenzsichernde Wirtschaftseinheit	Tz. 7–10
		b) Ausreichend ertragbringende Wirtschaftseinheit (Typus 1)	Tz. 11–13
		aa) Ermittlung der Erträge	Tz. 14–15
		bb) Ermittlung der Erträge bei teilentgeltlichem Erwerb	Tz. 16
		c) Existenzsichernde Wirtschaftseinheit ohne ausreichende Erträge (Typus 2)	Tz. 17–19
	4. Nachträgliche Umschichtung des übertragenen Vermögens		Tz. 20–21
	5. Wiederkehrende Leistungen auf die Lebenszeit des Empfängers		Tz. 22
	6. Empfänger des Vermögens		Tz. 23
	7. Empfänger der Versorgungsleistungen		Tz. 24
	8. Anforderungen an den Versorgungsvertrag		Tz. 25–27
	II. Versorgungsleistungen aufgrund einer Verfügung von Todes wegen		Tz. 28–29
	III. Umfang der Versorgungsleistungen		Tz. 30–34
	IV. Rechtliche Einordnung der Versorgungsleistungen		
	1. Korrespondenzprinzip		Tz. 35
	2. Versorgungsleistungen bei Übergabe einer existenzsichernden und ausreichend ertragbringenden Wirtschaftseinheit (Typus 1)		Tz. 36–37
	3. Versorgungsleistungen bei Übergabe einer existenzsichernden Wirtschaftseinheit ohne ausreichende Erträge (Typus 2)		Tz. 38–40
	V. Rechtliche Einordnung von wiederkehrenden Leistungen, die keine Versorgungsleistungen sind		Tz. 41

Anhang 10

Erbfolgeregelungen IV

C. **Entgeltliche Vermögensübertragung gegen wiederkehrende Leistungen**
 I. Übertragung von Privatvermögen
  1. Vermögensübertragung gegen wiederkehrende Leistungen auf Lebenszeit
   a) Wiederkehrende Leistungen im Austausch mit einer Gegenleistung — Tz. 42
   b) Behandlung beim Verpflichteten
    aa) Anschaffungskosten — Tz. 43–44
    bb) Zinsanteil — Tz. 45–46
   c) Behandlung beim Berechtigten
    aa) Veräußerungspreis — Tz. 47–48
    bb) Zinsanteil — Tz. 49
  2. Vermögensübertragung gegen wiederkehrende Leistungen auf bestimmte Zeit
   a) Wiederkehrende Leistungen im Austausch mit einer Gegenleistung — Tz. 50–52
   b) Anschaffungskosten und Veräußerungspreis — Tz. 53
   c) Zinsanteil — Tz. 54
   d) Steuerrechtliche Behandlung — Tz. 55
 II. Übertragung von Betriebsvermögen — Tz. 56–57
D. **Anwendungsregelung** — Tz. 58–59

Unter Bezugnahme auf das Ergebnis der Erörterungen mit den obersten Finanzbehörden der Länder nehme ich zur einkommensteuerrechtlichen Behandlung von wiederkehrenden Leistungen im Zusammenhang mit der Übertragung von Privat- und Betriebsvermögen wie folgt Stellung:

A. Arten von wiederkehrenden Leistungen

Wiederkehrende Leistungen im Zusammenhang mit einer Vermögensübertragung können Versorgungsleistungen, Unterhaltsleistungen oder wiederkehrende Leistungen im Austausch mit einer Gegenleistung sein. Versorgungsleistungen sind bei dem Verpflichteten Sonderausgaben nach § 10 Abs. 1 Nr. 1a EStG und bei dem Berechtigten wiederkehrende Bezüge nach § 22 Nr. 1 EStG (Renten oder dauernde Lasten) (vgl. B.). Unterhaltsleistungen (Zuwendungen) dürfen nach § 12 Nr. 2 EStG nicht abgezogen werden. Wiederkehrende Leistungen im Austausch mit einer Gegenleistung enthalten eine nichtsteuerbare oder steuerbare Vermögensumschichtung und einen Zinsanteil (vgl. C.). 1

B. Unentgeltliche Vermögensübertragung gegen Versorgungsleistungen

Versorgungsleistungen (Renten oder dauernde Lasten) sind wiederkehrende Leistungen im Zusammenhang mit einer Vermögensübertragung zur vorweggenommenen Erbfolge (Vermögensübergabe). Versorgungsleistungen können auch auf Verfügungen von Todes wegen beruhen (vgl. Tz. 28). Soweit im Zusammenhang mit der Vermögensübergabe Versorgungsleistungen zugesagt werden, sind diese weder Veräußerungsentgelt noch Anschaffungskosten (Beschluß des BFH vom 5. Juli 1990 – BStBl II S. 847). 2

I. Vermögensübergabe

1. Begriff der Vermögensübergabe

Vermögensübergabe ist die Vermögensübertragung kraft einzelvertraglicher Regelung unter Lebenden mit Rücksicht auf die künftige Erbfolge, bei der sich der Vermögensübergeber in Gestalt der Versorgungsleistungen typischerweise Erträge seines Vermögens vorbehält, die nunmehr allerdings vom Vermögensübernehmer erwirtschaftet werden müssen (Beschluß des BFH vom 15. Juli 1991 – BStBl 3[1])

---
[1]) Tz. in der Fassung des BMF-Schreibens vom 30.10.1998 (BStBl I S. 1417).

993

1992 II S. 78). Eine solche Übergabe ist auch unter Fremden nicht ausgeschlossen (BFH-Urteil vom 16.12.1997 – BStBl 1998 II S. 718)

2. Abgrenzung zu voll entgeltlichen Geschäften

4[1]) Nach dem Willen der Beteiligten soll der Vermögensübernehmer wenigstens teilweise eine unentgeltliche Zuwendung erhalten. Bei einer Vermögensübergabe an Angehörige spricht eine widerlegbare Vermutung dafür, daß die wiederkehrenden Leistungen unabhängig vom Wert des übertragenen Vermögens nach dem Versorgungsbedürfnis des Berechtigten und nach der wirtschaftlichen Leistungsfähigkeit des Verpflichteten bemessen worden sind. Diese Vermutung ist widerlegt, wenn die Beteiligten Leistung und Gegenleistung nach kaufmännischen Gesichtspunkten gegeneinander abgewogen haben und subjektiv von der Gleichwertigkeit der beiderseitigen Leistungen ausgehen durften, auch wenn Leistung und Gegenleistung objektiv ungleichgewichtig sind (BFH-Urteil vom 29. Januar 1992 – BStBl II S. 465 und vom 16. Dezember 1993 – BStBl 1996 II S. 669). In diesem Fall gelten die Grundsätze über die einkommensteuerrechtliche Behandlung wiederkehrender Leistungen im Austausch mit einer Gegenleistung (vgl. C.).

4a[1]) Unter Fremden besteht eine nur in Ausnahmefällen widerlegbare Vermutung, daß bei der Übertragung von Vermögen Leistung und Gegenleistung kaufmännisch gegeneinander abgewogen sind. Ein Anhaltspunkt für ein entgeltliches Rechtsgeschäft kann sich auch daraus ergeben, daß die wiederkehrenden Leistungen auf Dauer die erzielbaren Erträge übersteigen. Die für die Entgeltlichkeit des Übertragungsvorgangs sprechende Vermutung kann hingegen zum Beispiel widerlegt sein, wenn der Übernehmer aufgrund besonderer persönlicher (insbesondere familienähnlicher) Beziehungen zum Übergeber ein persönliches Interesse an der lebenslangen angemessenen Versorgung des Übergebers hat (BFH-Urteil vom 16. Dezember 1997 – BStBl 1998 II S. 718).

3. Gegenstand der Vermögensübergabe

5 Gegenstand der Vermögensübergabe muß eine die Existenz des Vermögensübergebers wenigstens teilweise sichernde Wirtschaftseinheit sein. Gleichzeitig muß auch die Versorgung des Übergebers aus dem übernommenen Vermögen wenigstens teilweise sichergestellt sein. Dabei behält sich der Übergeber typischerweise vom Übernehmer zu erwirtschaftende Erträge seines Vermögens vor (Beschluß des BFH vom 5. Juli 1990 – BStBl II S. 847).

6 Eine Vermögensübergabe gegen Versorgungsleistungen ist gegeben, wenn eine existenzsichernde und ertragbringende Wirtschaftseinheit des Privat- und/oder Betriebsvermögens übertragen wird, deren Erträge ausreichen, um die wiederkehrenden Leistungen zu erbringen (Typus 1). Gegenstand der Vermögensübergabe kann auch eine existenzsichernde und ihrem Wesen nach ertragbringende Wirtschaftseinheit sein, deren Erträge aber nicht ausreichen, um die wiederkehrenden Leistungen zu erbringen (Typus 2).

a) Existenzsichernde Wirtschaftseinheit

7 Das übertragene Vermögen muß für eine generationenübergreifende dauerhafte Anlage geeignet und bestimmt sein und dem Übernehmer zur Fortsetzung des Wirtschaftens überlassen werden, um damit wenigstens teilweise die Existenz des Übergebers zu sichern.

8 Wirtschaftseinheiten in diesem Sinne sind typischerweise Betriebe, Teilbetriebe, Mitunternehmeranteile, Anteile an Kapitalgesellschaften, Geschäfts- oder Mietwohngrundstücke, Einfamilienhäuser, Eigentumswohnungen und verpachtete unbebaute Grundstücke. Zu Wirtschaftsüberlassungsverträgen vgl. BFH-Urteile vom 18. Februar 1993 – BStBl II S. 546 und 548.

9 Wird ein Vorbehaltsnießbrauch oder ein durch Vermächtnis eingeräumter Nießbrauch abgelöst, kann dieser Nießbrauch auch Gegenstand einer Vermögensübergabe gegen Versorgungsleistungen sein, wenn er für den Nießbraucher eine existenzsichernde Wirtschaftseinheit darstellt (BFH-Urteile vom 25. November 1992 – BStBl 1996 II S. 663 und – BStBl 1996 II S. 666)[2]). Zur Ablösung eines Nießbrauchs im Rahmen einer zeitlich gestreckten „gleitenden" Vermögensübergabe vgl. Tz. 10.

10 Keine existenzsichernde Wirtschaftseinheit ist dagegen Vermögen, das dem Übernehmer nicht zur Fortsetzung des Wirtschaftens überlassen wird. Hierzu gehören

---

[1]) Tz. in der Fassung des BMF-Schreibens vom 30.10.1998 (BStBl I S. 1417).
[2]) Siehe aber BFH vom 27.11.1996 (BStBl 1997 II S. 284) zur Ablösung eines Vermächtnisnießbrauchs und Pflichtteilsanspruchs.

- ertragloses Vermögen wie z. B. Hausrat, Wertgegenstände, Kunstgegenstände, Sammlungen und unbebaute Grundstücke (Brachland)[1]),
- Wertpapiere und typische stille Beteiligungen,
- Vermögen, dessen gesamte Erträge der Übergeber sich mittels eines Nießbrauchs vorbehält (sog. Totalnießbrauch, vgl. BFH-Urteile vom 25. März 1992 – BStBl II S. 803 und vom 14. Juli 1993 – BStBl 1994 II S. 19).

Die Anerkennung von Versorgungsleistungen ist jedoch nicht ausgeschlossen, wenn der Vorbehalt des Nießbrauchs lediglich Sicherungszwecken dient und der Übergeber gleichzeitig mit der Bestellung des Nießbrauchs dessen Ausübung nach § 1059 BGB dem Übernehmer überläßt. Wird das vom Übergeber des Vermögens vorbehaltene Nutzungsrecht später gegen wiederkehrende Leistungen abgelöst, können diese im sachlichen Zusammenhang mit der Vermögensübergabe stehen und daher Versorgungsleistungen sein (zeitlich gestreckte – „gleitende" – Vermögensübergabe, vgl. BFH-Urteil vom 3. Juni 1992 – BStBl 1993 II S. 23). Für die Anerkennung von Versorgungsleistungen kommt es nicht darauf an, ob die Versorgungsleistungen im Vermögensübergabevertrag selbst oder erst im Zusammenhang mit der Ablösung des Nießbrauchs vereinbart werden (BFH-Urteil vom 3. Juni 1992 – BStBl 1993 II S. 98). Wiederkehrende Leistungen im Zusammenhang mit der Übertragung eines Geldbetrags sind Zuwendungen i.S. des § 12 Nr. 2 EStG[2]).

b) **Ausreichend ertragbringende Wirtschaftseinheit (Typus 1)**

Von einer ausreichend ertragbringenden Wirtschaftseinheit ist auszugehen, wenn nach überschlägiger Berechnung die Versorgungsleistungen nicht höher sind als der langfristig erzielbare Ertrag des übergebenen Vermögens. 11

Zu Erträgen führen nur Einnahmen aus einer Tätigkeit, die den Tatbestand einer Einkunftsart i.S. d. § 2 Abs. 1 EStG erfüllt. Einnahmen aus einer Tätigkeit ohne Einkunfts- oder Gewinnerzielungsabsicht sind daher nicht als Erträge zu beurteilen. 12

Zu den Erträgen des übergebenen Vermögens gehört auch der Nutzungswert der vom Übernehmer eigengenutzten Wohnung (vgl. Tz. 14). Der Nutzungswert der Wohnung, die vom Übergeber aufgrund vorbehaltenen Nutzungsrechts zu eigenen Wohnzwecken genutzt wird, gehört dagegen nicht zu den Erträgen des übergebenen Vermögens (vgl. dazu auch Tz. 10). 13

aa) **Ermittlung der Erträge**

Wird das übernommene Vermögen zur Einkunftserzielung genutzt, sind die Erträge auf der Grundlage der steuerlichen Einkünfte zu ermitteln. Der Nutzungswert der vom Übernehmer eigengenutzten Wohnung ist in entsprechender Anwendung von R 162 Abs. 2 EStR zu ermitteln. Hinzuzurechnen sind Absetzungen für Abnutzung, erhöhte Absetzungen und Sonderabschreibungen sowie außerordentliche Aufwendungen, z. B. größere Erhaltungsaufwendungen, die nicht jährlich üblicherweise anfallen. 14

Die Versorgungsleistungen müssen durch entsprechende Erträge aus dem übernommenen Vermögen abgedeckt sein. Davon ist auszugehen, wenn nach den Verhältnissen im Zeitpunkt der Vermögensübergabe der durchschnittliche jährliche Ertrag ausreicht, um die jährlichen Versorgungsleistungen zu erbringen. Bei Ablösung eines vom Übergeber vorbehaltenen Nutzungsrechts in den Fällen der zeitlich gestreckten Vermögensübergabe (vgl. Tz. 10) sind die Verhältnisse im Zeitpunkt der Ablösung maßgeblich. Aus Vereinfachungsgründen ist es nicht zu beanstanden, wenn zur Ermittlung des durchschnittlichen Ertrags die Einkünfte des Jahres der Vermögensübergabe und der beiden vorangegangenen Jahre herangezogen werden. 15

bb) **Ermittlung der Erträge bei teilentgeltlichem Erwerb**

Wird Vermögen zum Teil entgeltlich und zum Teil unentgeltlich übertragen, ist zu prüfen, ob Erträge, die auf den unentgeltlich erworbenen Teil entfallen, zur Erbringung der Versorgungsleistungen ausreichen. Für die Aufteilung in einen entgeltlich und einen unentgeltlich erworbenen Teil gelten die Grundsätze im BMF-Schreiben vom 13. Januar 1993 – BStBl I S. 80. Bei der Ermittlung der Erträge bleiben im Falle der Übertragung von Privatvermögen sowie einzelner Wirtschaftsgüter des Betriebsvermögens auch Schuldzinsen außer Betracht, soweit sie der Finanzierung von Anschaffungskosten dienen. Schuldzinsen für übernommene betriebliche 16

---
[1]) Ergänzend BFH vom 27.8.1997 (BStBl II S. 813) für Grundstück mit Rohbau.
[2]) Bestätigt durch BFH vom 26.11.1997 (BStBl 1998 II S. 190).

Verbindlichkeiten sind dagegen zu berücksichtigen, wenn ein Betrieb, Teilbetrieb oder Mitunternehmeranteil übertragen wird (vgl. BMF-Schreiben vom 13. Januar 1993, a. a. O., Tz. 29).

Beispiel:

S erhält im Januar 1996 im Rahmen einer vorweggenommenen Erbfolgeregelung von seinem Vater V ein Mehrfamilienhaus mit einem Verkehrswert von 1 Mio. DM, das mit einer Verbindlichkeit von 300.000 DM belastet ist. S verpflichtet sich, die Verbindlichkeit zu übernehmen, an seinen Bruder B ein Gleichstellungsgeld von 200.000 DM und an V wiederkehrende Leistungen i. H. von jährlich 18.000 DM zu zahlen.

Die Einkünfte aus Vermietung und Verpachtung betragen:

1994	6.000 DM
1995	20.000 DM
1996 (V + S insgesamt)	10.000 DM
durchschnittliche Einkünfte	12.000 DM

Schuldzinsen und AfA haben die Einkünfte wie folgt gemindert:

	AfA	Schuldzinsen
1994	15.000 DM	10.000 DM
1995	15.000 DM	10.000 DM
1996 (V + S insgesamt)	18.750 DM	13.000 DM
im Durchschnitt:	16.250 DM	11.000 DM

S hat Anschaffungskosten für das Mehrfamilienhaus von insgesamt 500.000 DM (Gleichstellungsgeld 200.000 DM, Verbindlichkeit 300.000 DM). S erwirbt nach dem Verhältnis des Verkehrswerts des Grundstücks zu den Anschaffungskosten das Mehrfamilienhaus zu $^1/_2$ entgeltlich und zu $^1/_2$ unentgeltlich.

Bei Ermittlung der Erträge sind den Einkünften aus Vermietung und Verpachtung die AfA und die Schuldzinsen hinzuzurechnen.

	durchschnittliche Einkünfte	durchschnittliche AfA	durchschnittliche Schuldzinsen	Durchschnittsertrag
Erträge aus Vermietung und Verpachtung	12.000 DM	+ 16.250 DM	+ 11.000 DM =	39.250 DM

Die auf den unentgeltlich übertragenen Teil des Vermögens entfallenden Erträge von 19.625 DM ($^1/_2$ von 39.250 DM) reichen demnach aus, um die wiederkehrenden Leistungen an V (18.000 DM) erbringen zu können. Es ist daher eine Vermögensübergabe i.S. des Typus 1 gegeben.

c) Existenzsichernde Wirtschaftseinheit ohne ausreichende Erträge (Typus 2)

17[1]) Gegenstand der Vermögensübergabe kann auch eine existenzsichernde und ihrem Wesen nach ertragbringende Wirtschaftseinheit sein, deren Erträge aber nicht ausreichen, um die wiederkehrenden Leistungen zu erbringen (BFH-Urteil vom 23. Januar 1992 – BStBl II S. 526); zu Vermögensübergaben unter fremden Dritten vgl. Tz. 4a). Wirtschaftseinheiten in diesem Sinne sind typischerweise Betriebe mit geringen Gewinnen oder Mietwohngrundstücke mit geringen oder negativen Einkünften.

18 Voraussetzung für eine Vermögensübergabe in diesen Fällen ist, daß der Wert des Vermögens im Zeitpunkt der Vermögensübergabe bei überschlägiger und großzügiger Berechnung mindestens die Hälfte des Kapitalwerts der wiederkehrenden Leistungen beträgt (vgl. Beschluß des BFH vom 15. Juli 1991 – BStBl 1992 II S. 78). Bei der zeitlich gestreckten „gleitenden" Vermögensübergabe (vgl. Tz. 10) ist auf den Wert des Vermögens im Zeitpunkt der Vermögensübertragung unter Nießbrauchsvorbehalt abzustellen. Dabei ist der Nießbrauch nicht wertmindernd zu berücksichtigen. Beträgt der Wert des Vermögens weniger als die Hälfte des Kapitalwerts der wiederkehrenden Leistungen, sind die wiederkehrenden Leistungen nach § 12 Nr. 2 EStG nicht abziehbare Unterhaltsleistungen (R 123 Satz 6 EStR).

---

[1]) Tz. in der Fassung des BMF-Schreibens vom 30.10.1998 (BStBl I S. 1417).

Bei teilentgeltlichem Erwerb ist Voraussetzung, daß der auf den unentgeltlich erworbenen Teil entfallende Wert des übernommenen Vermögens mindestens die Hälfte des Kapitalwerts der wiederkehrenden Leistungen beträgt. 19

Beispiel:

M überträgt im Wege der vorweggenommenen Erbfolge ein Mietwohngrundstück an ihre Tochter T mit einem Verkehrswert von 1 Mio. DM. T verpflichtet sich, eine Grundschuldverbindlichkeit i. H. von 600.000 DM zu übernehmen und wiederkehrende Leistungen an M von jährlich 50.000 DM mit einem Kapitalwert von 700.000 DM zu erbringen. Die nach Tz. 16 ermittelten Erträge aus Vermietung und Verpachtung betragen jährlich 30.000 DM.

T hat Anschaffungskosten in Höhe von 600.000 DM. Nach dem Verhältnis des Verkehrswerts des Grundstücks zu den Anschaffungskosten erwirbt T das Grundstück zu 40 % unentgeltlich und zu 60 % entgeltlich.

Eine Vermögensübergabe i.S. des Typus 1 ist nicht gegeben, weil die auf den unentgeltlichen Teil entfallenden Erträge i.S. der Tz. 16 nicht ausreichen, die wiederkehrenden Leistungen zu erbringen. Er handelt sich jedoch um Versorgungsleistungen im Rahmen einer Vermögensübergabe i.S. des Typus 2. Das übertragene Mietwohngrundstück ist eine existenzsichernde und ihrem Wesen nach ertragbringende Wirtschaftseinheit. Der auf den unentgeltlich erworbenen Teil des übernommenen Mietwohngrundstücks entfallende Wert (40 % von 1 Mio. DM) übersteigt die Hälfte des Kapitalwerts der wiederkehrenden Leistungen (350.000 DM).

4. Nachträgliche Umschichtung des übertragenen Vermögens

Der sachliche Zusammenhang der wiederkehrenden Leistungen mit der Vermögensübergabe endet nicht, wenn das übernommene Vermögen nachträglich in Vermögen i.S. der Tz. 8 umgeschichtet wird, (z. B. wenn ein Mietwohngrundstück durch ein anderes Mietwohngrundstück ersetzt wird). 20

Bei Umschichtung in Vermögen i.S. der Tz. 10 sind die wiederkehrenden Leistungen dagegen nur dann als Versorgungsleistungen zu beurteilen, wenn sich der Übernehmer aufgrund eines frühestens nach Ablauf von 5 Jahren seit der Übergabe abgeschlossenen Vertrags zur Veräußerung des Vermögens verpflichtet (z. B. Veräußerung eines Mietwohngrundstücks nach 6 Jahren seit Übergabe und Anlage des Veräußerungserlöses in Wertpapieren). Veräußert aber z. B. der Übernehmer ein ihm unter Vorbehalt des Nießbrauchs übertragenes Mietwohngrundstück und verzichtet der Übergeber in diesem Zusammenhang auf sein Nutzungsrecht gegen Vereinbarung wiederkehrender Leistungen, sind diese nicht als Versorgungsleistungen anzuerkennen (vgl. BFH-Urteil vom 14. Februar 1996 – BStBl II S. 687). In diesem Fall werden die wiederkehrenden Leistungen vom Zeitpunkt der Vermögensübertragung an entgeltlich im Austausch mit einer Gegenleistung erbracht (vgl. C.). Sind die wiederkehrenden Leistungen bereits als Versorgungsleistungen berücksichtigt worden, ist die Veräußerung ein Ereignis, das Rückwirkung für die Vergangenheit hat (§ 175 Abs. 1 Satz 1 Nr. 2 AO). 21

5. Wiederkehrende Leistungen auf die Lebenszeit des Empfängers

Versorgungsleistungen sind regelmäßig nur wiederkehrende Leistungen auf die Lebenszeit des Empfängers (vgl. Tz. 24). Wiederkehrende Leistungen auf bestimmte Zeit, auf eine Mindest- oder eine Höchstzeit sind dagegen nur ausnahmsweise Versorgungsleistungen (vgl. Tz. 50). 22

6. Empfänger des Vermögens

Empfänger des Vermögens können die Abkömmlinge und grundsätzlich auch gesetzlich erbberechtigte entferntere Verwandte des Übergebers, ausnahmsweise auch familienfremde Dritte sein (vgl. dazu auch BFH-Urteile vom 16. Dezember 1993 – BStBl 1996 II S. 669 – und vom 16. Dezember 1997 – BStBl 1998 II S. 718). 23[1]

7. Empfänger der Versorgungsleistungen

Als Empfänger der Versorgungsleistungen kommen in erster Linie der Übergeber, dessen Ehegatte und die gesetzlich erbberechtigten Abkömmlinge des Übergebers in Betracht (BFH-Urteil vom 27. Februar 1992 – BStBl II S. 612). Familienfremde Dritte können nicht Empfänger von Versorgungsleistungen sein (BFH-Urteil vom 14. Dezember 1994 – BStBl 1996 II S. 680). 24

---

[1]) Tz. in der Fassung des BMF-Schreibens vom 30.10.1998 (BStBl I S. 1417).

8. Anforderungen an den Versorgungsvertrag

25 Die steuerrechtliche Anerkennung des Übergabevertrages setzt voraus, daß die gegenseitigen Rechte und Pflichten klar und eindeutig sowie rechtswirksam vereinbart und ernsthaft gewollt sind und die Leistungen wie vereinbart tatsächlich erbracht werden. Als wesentlicher Inhalt des Übergabevertrages müssen der Umfang des übertragenen Vermögens, die Höhe der Versorgungsleistungen und die Art und Weise der Zahlung vereinbart sein (BFH-Urteil vom 15. Juli 1992 – BStBl II S. 1020).

26 Die Vereinbarungen müssen zu Beginn des durch den Übergabevertrag begründeten Rechtsverhältnisses oder bei Änderung dieses Verhältnisses für die Zukunft getroffen werden. Änderungen der Versorgungsleistungen sind steuerrechtlich nur anzuerkennen, wenn sie durch ein in der Regel langfristig verändertes Versorgungsbedürfnis des Berechtigten und/oder die veränderte wirtschaftliche Leistungsfähigkeit des Verpflichteten veranlaßt sind (BFH-Urteil vom 15. Juli 1992 – BStBl II S. 1020). Rückwirkende Vereinbarungen sind steuerrechtlich nicht anzuerkennen, es sei denn, die Rückbeziehung ist nur von kurzer Zeit und hat lediglich technische Bedeutung (BFH-Urteile vom 21. Mai 1987 – BStBl II S. 710 und vom 29. November 1988 – BStBl 1989 II S. 281).

27 Werden die auf der Grundlage eines Vermögensübergabevertrages geschuldeten Versorgungsleistungen ohne Änderung der Verhältnisse, also willkürlich nicht mehr erbracht, sind sie steuerrechtlich nicht anzuerkennen, auch wenn die vereinbarten Zahlungen später wieder aufgenommen werden. Tz. 25 und 26 bleiben unberührt.

II. Versorgungsleistungen aufgrund einer Verfügung von Todes wegen

28 Versorgungsleistungen können ihren Entstehungsgrund auch in einer Verfügung von Todes wegen (Erbeinsetzung, Vermächtnis) haben, wenn sie bei einer Vermögensübergabe im Wege vorweggenommener Erbfolge zu Lebzeiten des Erblassers als Versorgungsleistungen zu beurteilen wären (BFH-Urteil vom 27. Februar 1992 – BStBl II S. 612). Hiervon ist insbesondere auszugehen, wenn das nach gesetzlichem Erbrecht an sich dem überlebenden Ehegatten zumindest zum Teil zustehende Vermögen auf den Übernehmer übergeht.

29 Die aufgrund einer Verfügung von Todes wegen zu erbringenden wiederkehrenden Leistungen sind hingegen nicht als Versorgungsleistungen, sondern als Veräußerungs- oder Unterhaltsleistungen zu beurteilen, wenn der Empfänger der Versorgungsleistungen im Erbwege existenzsicherndes Vermögen erhält (BFH-Urteil vom 26. Januar 1994 – BStBl II S. 633).

III. Umfang der Versorgungsleistungen

30 Versorgungsleistungen sind alle im Vermögensübergabevertrag vereinbarten wiederkehrenden Leistungen in Geld oder Geldeswert. Hierzu gehören insbesondere Geldleistungen, Übernahme von Aufwendungen und Sachleistungen.

31 Leistungen in Geld sind mit dem vom Verpflichteten tatsächlich aufgewendeten Geldbetrag anzusetzen. Bei Sachleistungen sind mit Ausnahme persönlicher Dienstleistungen und der Wohnraumüberlassung die Werte nach § 8 Abs. 2 EStG maßgebend. Zur Bewertung von Altenteilsleistungen vgl. BFH-Urteil vom 18. Dezember 1990 – BStBl 1991 II S. 354.

32 Die Verpflichtung zur Erbringung wiederkehrender persönlicher Dienstleistungen durch persönliche Arbeit ist keine Versorgungsleistung. Stellt der Verpflichtete dagegen eine fremde Arbeitskraft, sind die Dienstleistungen Versorgungsleistungen in Höhe des Lohnaufwands (BFH-Urteil vom 22. Januar 1992 – BStBl II S. 552).

33 Die Überlassung einzelner Räume im Rahmen eines Leibgedinges ist mit dem Wert der Nutzung anzusetzen, wenn der Übernehmer den ihm nach § 21 Abs. 2 Satz 1 EStG zuzurechnenden Nutzungswert zu versteuern hat (§ 52 Abs. 15 Satz 1 bis 4 EStG oder § 52 Abs. 21 Satz 1 bis 3 EStG). Der Wert der Nutzung bemißt sich in diesem Fall nach dem auf die überlassenen Räume entfallenden Mietwert, der in sinngemäßer Anwendung von § 8 Abs. 2 EStG zu schätzen ist (BFH-Urteile vom 11. August 1992 – BStBl 1993 II S. 31 und vom 26. Juli 1995 – BStBl II S. 836).

34 Ist dagegen der Nutzungswert dem Übergeber zuzurechnen (z. B. bei Überlassung einer ganzen Wohnung) oder ist die Nutzungswertbesteuerung nicht mehr anzuwenden, sind nur die mit der Nutzungsüberlassung tatsächlich zusammenhängenden Aufwendungen anzusetzen. Hierzu gehören insbesondere Aufwendungen für Sachleistungen wie Strom, Heizung, Wasser und Instandhaltungskosten, zu denen der Übernehmer sich verpflichtet hat. Ein Abzug anteiliger Absetzungen für Abnutzung und

Schuldzinsen sowie anteiliger – vor allem öffentlicher – Lasten des Grundstücks, die vom Übernehmer als Eigentümer geschuldet werden, kommt nicht in Betracht (BFH-Urteil vom 25. März 1992 – BStBl II S. 1012).

IV. Rechtliche Einordnung der Versorgungsleistungen

1. Korrespondenzprinzip

Im Zusammenhang mit einer Vermögensübergabe vereinbarte Versorgungsleistungen sind vom Berechtigten als Einkünfte aus wiederkehrenden Bezügen nach § 22 Nr. 1 EStG zu versteuern, soweit der Verpflichtete zum Abzug der Leistungen als Sonderausgaben nach § 10 Abs. 1 Nr. 1a EStG (Leibrente oder dauernde Last) berechtigt ist (BFH-Urteil vom 26. Juli 1995 – BStBl 1996 II S. 157).

35

2. Versorgungsleistungen bei Übergabe einer existenzsichernden und ausreichend ertragbringenden Wirtschaftseinheit (Typus 1)

Versorgungsleistungen sind beim Empfänger in vollem Umfang steuerpflichtige wiederkehrende Bezüge und beim Verpflichteten in vollem Umfang als Sonderausgabe abziehbare dauernde Lasten (§§ 22 Nr. 1 Satz 1, 10 Abs. 1 Nr. 1a EStG), wenn sie abänderbar sind. Versorgungsleistungen, die im Rahmen einer Vermögensübergabe i.S.d. Typus 1 (vgl. Tz. 11) vereinbart werden, sind regelmäßig abänderbar (BFH-Urteil vom 11. März 1992 – BStBl II S. 499). Eine Bezugnahme auf § 323 ZPO oder eine gleichwertige Änderungsklausel nach den Bedürfnissen des Übergebers und/oder der Leistungsfähigkeit des Übernehmers sind nicht erforderlich.

36

Versorgungsleistungen sind dagegen nur mit dem Ertragsanteil steuerpflichtige und als Sonderausgaben abziehbare Leibrente (§§ 22 Nr. 1 Satz 3 Buchst. a, 10 Abs. 1 Nr. 1a Satz 2 EStG), wenn und soweit die Vertragsparteien ihre Abänderbarkeit ausdrücklich ausschließen. Die bloße Vereinbarung einer Wertsicherungsklausel schließt die Abänderbarkeit der wiederkehrenden Leistungen nicht aus (BFH-Urteil vom 11. März 1992 – BStBl II S. 499). Bei Sachleistungen können die Vertragsparteien die Abänderbarkeit nur ausschließen, soweit es sich um vertretbare Sachen handelt. Haben Geldleistungen schwankende Bezugsgrößen wie z. B. Umsatz oder Gewinn oder hängen sie von dem Bedürfnis des Empfängers oder von der Leistungsfähigkeit des Gebers ab, kann die Abänderbarkeit auch nicht hinsichtlich eines festen Mindestbetrages ausgeschlossen werden (BFH-Urteil vom 30. Mai 1980 – BStBl II S. 575). Haben die Vertragsparteien bei bürgerlich-rechtlich unterschiedlichen Leistungsverpflichtungen in einem einheitlichen Vertrag die Abänderbarkeit nur einzelner Leistungen ausdrücklich ausgeschlossen, sind nur diese als Leibrenten und die übrigen als dauernde Lasten zu beurteilen.

37

3. Versorgungsleistungen bei Übergabe einer existenzsichernden Wirtschaftseinheit ohne ausreichende Erträge (Typus 2)

Versorgungsleistungen im Rahmen einer Vermögensübergabe i.S. des Typus 2 (vgl. Tz. 17) sind regelmäßig unabänderbar und daher nur mit dem Ertragsanteil steuerpflichtige und als Sonderausgaben abziehbare Leibrenten (§§ 22 Nr. 1 Satz 3 Buchst. a, 10 Abs. 1 Nr. 1a Satz 2 EStG). Anders als bei der Vermögensübergabe i.S. des Typus 1 ergibt sich die Abänderbarkeit der Versorgungsleistungen nicht allein aus ihrer Rechtsnatur als vorbehaltene Vermögenserträge (BFH-Urteil vom 16. Dezember 1993 – BStBl 1996 II S. 669).

38

Die Versorgungsleistungen sind nur ausnahmsweise in folgenden Fällen mangels Gleichmäßigkeit als dauernde Lasten zu behandeln:

39

– Die Vertragsparteien nehmen ausdrücklich auf § 323 ZPO oder auf eine gleichwertige Änderungsklausel nach den Bedürfnissen des Übergebers und/oder der Leistungsfähigkeit des Übernehmers Bezug. Die Bezugnahme auf § 323 ZPO reicht jedoch für die Annahme der Abänderbarkeit nicht aus, wenn die Höhe der Leistungen materiell-rechtlich von Voraussetzungen abhängig gemacht wird, die einer Wertsicherungsklausel entsprechen (BFH-Urteil vom 28. Januar 1986 – BStBl II S. 348).

– Es handelt sich um Sachleistungen, die nicht vertretbar sind oder die nach dem Übergabevertrag nicht in gleichbleibender Höhe zu erbringen sind.

– Es handelt sich um Geldleistungen, die schwankende Bezugsgrößen wie z. B. Umsatz oder Gewinn haben oder deren Höhe von dem Bedürfnis des Empfängers oder von der Leistungsfähigkeit des Gebers abhängt.

40 Sind bei bürgerlich-rechtlich unterschiedlichen Leistungsverpflichtungen in einem einheitlichen Vertrag nur einzelne Leistungen als ungleichmäßig zu beurteilen, sind nur diese als dauernde Lasten und die übrigen als Leibrenten zu behandeln.

V. Rechtliche Einordnung von wiederkehrenden Leistungen, die keine Versorgungsleistungen sind

41 Liegt keine unentgeltliche Vermögensübertragung gegen Versorgungsleistungen vor, z. B. weil keine existenzsichernde Wirtschaftseinheit übertragen worden ist, gelten die Grundsätze zu C.

C. Entgeltliche Vermögensübertragung gegen wiederkehrende Leistungen

I. Übertragung von Privatvermögen

1. Vermögensübertragung gegen wiederkehrende Leistungen auf Lebenszeit

a) Wiederkehrende Leistungen im Austausch mit einer Gegenleistung

42 Wiederkehrende Leistungen im Austausch mit einer Gegenleistung enthalten bis zur Grenze der Angemessenheit eine nichtsteuerbare oder steuerbare Vermögensumschichtung in Höhe ihres Barwerts (Tilgungsanteil) und einen Zinsanteil. Wiederkehrende Leistungen werden entgeltlich im Austausch mit einer Gegenleistung erbracht, wenn die Beteiligten Leistung und Gegenleistung nach kaufmännischen Gesichtspunkten gegeneinander abgewogen haben und subjektiv von der Gleichwertigkeit der beiderseitigen Leistungen ausgehen durften. Wiederkehrende Leistungen werden teilentgeltlich erbracht, wenn der Wert des übertragenen Vermögens höher ist als der Barwert der wiederkehrenden Leistungen. Ist der Barwert der wiederkehrenden Leistungen höher als der Wert des übertragenen Vermögens, ist Entgeltlichkeit in Höhe des angemessenen Kaufpreises anzunehmen. Der übersteigende Betrag ist eine Zuwendung i.S. des § 12 Nr. 2 EStG. Ist der Barwert der wiederkehrenden Leistungen mehr als doppelt so hoch wie der Wert des übertragenen Vermögens, liegt insgesamt eine Zuwendung i.S. des § 12 Nr. 2 EStG vor.

b) Behandlung beim Verpflichteten

aa) Anschaffungskosten

43 Die Anschaffungskosten bemessen sich nach dem Barwert der wiederkehrenden Leistungen, ggf. nach dem anteiligen Barwert (vgl. Tz. 42), der nach §§ 12 ff. BewG (bei lebenslänglichen Leistungen nach § 14 Abs. 1 BewG i.V. m. Anlage 9) oder nach versicherungsmathematischen Grundsätzen berechnet werden kann (vgl. R 32a Abs. 2 Satz 2 EStR). Bei der Berechnung des Barwerts ungleichmäßig wiederkehrender Leistungen (dauernde Lasten) ist als Jahreswert der Betrag zugrunde zu legen, der aus der Sicht des Anschaffungszeitpunkts in Zukunft im Durchschnitt der Jahre voraussichtlich erzielt wird (BFH-Urteil vom 18. Oktober 1994 – BStBl 1995 II S. 169).

44 Werden die wiederkehrenden Leistungen für den Erwerb eines zur Einkunftserzielung dienenden abnutzbaren Wirtschaftsguts gezahlt, ist der Barwert der Rente oder dauernden Last Bemessungsgrundlage für die Absetzungen für Abnutzung, erhöhten Absetzungen und Sonderabschreibungen (BFH-Urteil vom 9. Februar 1994 – BStBl 1995 II S. 47). Der in den dauernden Lasten enthaltene Tilgungsanteil kann nicht abgezogen werden.

bb) Zinsanteil

45 Der Zinsanteil von Veräußerungsleibrenten ist nach der Ertragsanteilstabelle des § 22 Nr. 1 Satz 3 Buchst. a EStG i.V. m. § 55 Abs. 1 EStDV zu ermitteln (BFH-Urteil vom 25. November 1992 – BStBl 1996 II S. 666). Der Zinsanteil von dauernden Lasten ist in entsprechender Anwendung der Ertragsanteilstabelle des § 22 Nr. 1 Satz 3 Buchst. a EStG i.V. m. § 55 EStDV zu berechnen (BFH-Urteil vom 9. Februar 1994 – BStBl 1995 II S. 47). Der Zinsanteil von dauernden Lasten kann auch nach finanzmathematischen Grundsätzen unter Verwendung eines Zinsfußes von 5,5 v. H. berechnet werden. Bei der Berechnung nach finanzmathematischen Grundsätzen ist die voraussichtliche Laufzeit nach der Allgemeinen Deutschen Sterbetafel (Anhang 4 VStR 1995) zu bemessen (BFH-Urteil vom 25. November 1992 – BStBl 1996 II S. 663).

46 Der Zinsanteil von Renten und dauernden Lasten darf grundsätzlich nicht abgezogen werden (BFH-Urteil vom 25. November 1992 – BStBl 1996 II S. 666). Dient das gegen Zahlung einer Rente oder dauernden Last erworbene Wirtschaftsgut der Einkunftserzielung, ist der in den einzelnen Zahlungen enthaltene Zinsanteil dagegen als Werbungskosten oder Betriebsausgaben abzuziehen (BFH-Urteil vom 9. Februar 1994 – BStBl 1995 II S. 47).

c) Behandlung beim Berechtigten
aa) Veräußerungspreis

Der Berechtigte erzielt für das entgeltlich im Austausch mit wiederkehrenden Leistungen übertragene Vermögen einen Veräußerungspreis in Höhe des nach Tz. 43 zu ermittelnden Barwerts der wiederkehrenden Leistungen.

Veräußerungspreis bei Spekulationsgeschäften (§ 22 Nr. 2 EStG) gegen wiederkehrende Leistungen (Renten oder dauernde Lasten) ist – bis zur Höhe des nach Tz. 43 ermittelten Barwerts der wiederkehrenden Leistungen – der Unterschiedsbetrag zwischen der Summe der jährlichen Zahlungen und dem nach Tz. 45 zu ermittelnden Zinsanteil. Ein Gewinn aus Spekulationsgeschäften entsteht erstmals in dem Veranlagungszeitraum, in dem der in der Summe der jährlichen Zahlungen enthaltene Veräußerungspreis die ggf. um die Absetzungen für Abnutzung, erhöhten Absetzungen und Sonderabschreibungen verminderten Anschaffungs- oder Herstellungskosten sowie die zugehörigen Werbungskosten übersteigt. Bei Veräußerungsgewinnen i.S. des § 17 Abs. 2 EStG entsteht der Gewinn im Zeitpunkt der Veräußerung. Wird eine wesentliche Beteiligung i.S. des § 17 EStG gegen eine Leibrente oder gegen einen in Raten zu zahlenden Kaufpreis veräußert, gilt R 139 Abs. 11 EStR entsprechend.

bb) Zinsanteil

Der in dauernden Lasten enthaltene Zinsanteil ist auf die Laufzeit der wiederkehrenden Leistungen zu verteilendes Entgelt (Zinsen) für die Stundung des Veräußerungspreises. In diesen Fällen ist der nach Tz. 45 zu ermittelnde Zinsanteil als Einkünfte aus Kapitalvermögen nach § 20 Abs. 1 Nr. 7 EStG zu versteuern (vgl. BFH-Urteile vom 25. November 1992 – BStBl 1996 II S. 663 und vom 26. November 1992 – BStBl 1993 II S. 298). Der in Veräußerungsleibrenten enthaltene Ertragsanteil ist nach § 22 Nr. 1 Satz 3 Buchst. a EStG zu versteuern.

Beispiel:

Der 70jährige V überträgt seinem Sohn S im Wege der vorweggenommenen Erbfolge Wertpapiere (Kurswert im Zeitpunkt der Übertragung: 200.000 DM). S verpflichtet sich, V eine an seinen Bedürfnissen orientierte lebenslängliche Rente i.H. von monatlich 3.900 DM (jährlich 46.800 DM) zu zahlen. Der Barwert der wiederkehrenden Leistungen beträgt 351.515 DM.

Da Wertpapiere keine existenzsichernde Wirtschaftseinheit darstellen (vgl. Tz. 10), liegt keine Vermögensübergabe gegen Versorgungsleistungen (vgl. B.), sondern bis zur Höhe eines angemessenen Kaufpreises ein entgeltliches Geschäft gegen wiederkehrende Leistungen vor. Die Gegenleistung ist in dem Umfang als unangemessen anzusehen, in dem der Barwert der wiederkehrenden Leistungen (351.515 DM) den Verkehrswert des übertragenen Vermögens (200.000 DM) übersteigt (151.515 : 351.515 = 43,1 v. H.). Der übersteigende Betrag (43,1 v. H. von 46.800 DM =) i. H. von 20.170 DM ist als Zuwendung i.S. des § 12 Nr. 2 EStG zu beurteilen. Der verbleibende Betrag von 46.800 DM ./. 20.170 DM =) 26.630 DM ist in einen Tilgungs- und einen Zinsanteil zu zerlegen. Der nach der Ertragsanteilstabelle des § 22 Nr. 1 Satz 3 Buchst. a EStG ermittelte Zinsanteil der Veräußerungsleibrente beträgt (21 % von 26.630 DM =) 5.592 DM. V als Berechtigter hat den Zinsanteil nach § 22 Nr. 1 Satz 3 Buchst. a EStG zu versteuern. S als Verpflichteter kann den Zinsanteil nach § 9 Abs. 1 Satz 3 Nr. 1 EStG im Rahmen seiner Einkünfte aus Kapitalvermögen abziehen.

2. Vermögensübertragung gegen wiederkehrende Leistungen auf bestimmte Zeit
a) Wiederkehrende Leistungen im Austausch mit einer Gegenleistung

In Zusammenhang mit einer Vermögensübertragung vereinbarte wiederkehrende Leistungen auf bestimmte Zeit oder die Lebenszeit des Berechtigten, die auf eine bestimmte Zeit beschränkt sind (sog. abgekürzte Leibrenten oder dauernde Lasten), sind regelmäßig nach den Grundsätzen über wiederkehrende Leistungen im Austausch mit einer Gegenleistung zu behandeln. Dies gilt auch, wenn Leistung und Gegenleistung nicht wie unter Fremden nach kaufmännischen Gesichtspunkten abgewogen sind. Die wiederkehrenden Leistungen können ausnahmsweise Versorgungsleistungen sein, wenn die zeitliche Beschränkung dem etwaigen künftigen Wegfall der Versorgungsbedürftigkeit des Berechtigten Rechnung trägt (BFH-Urteil vom 26. Januar 1994 – BStBl II S. 633). Hiervon ist auszugehen, wenn die wiederkehrenden Leistungen dazu bestimmt sind, eine Versorgungslücke beim Berechtigten zu schließen (z. B. bis zum erstmaligen Bezug einer Sozialversicherungsrente vgl. BFH-Urteil vom 31. August 1994 – BStBl 1996 II S. 676).

51[1]) Wiederkehrende Leistungen auf die Lebenszeit des Berechtigten, die jedoch für eine Mindestlaufdauer zu erbringen sind (sog. Mindestzeitrenten oder verlängerte Leibrenten oder dauernde Lasten), sind als wiederkehrende Leistungen im Austausch mit einer Gegenleistung zu behandeln, wenn die Mindestlaufzeit die nach Anhang 4, Tabelle 6 VStR 1995 zu bemessende Lebenserwartung des Berechtigten übersteigt (BFH-Urteil vom 31. August 1994 – BStBl 1996 II S. 672).[1]) Tz. 42 gilt entsprechend.

52

b) Anschaffungskosten und Veräußerungspreis

53 Bei wiederkehrenden Leistungen auf bestimmte Zeit und bei für eine Mindestlaufzeit zu erbringenden wiederkehrenden Leistungen (vgl. Tz. 51) liegen Anschaffungskosten in Höhe des nach § 13 Abs. 1 BewG i.V. m. Anlage 9a zu § 13 BewG zu ermittelnden (ggf. anteiligen) Barwerts (Tilgungsanteil) vor. Bei wiederkehrenden Leistungen auf die Lebenszeit des Berechtigten, die auf eine bestimmte Zeit beschränkt sind, hat der Verpflichtete Anschaffungskosten in Höhe des nach § 13 Abs. 1 Satz 2 BewG i.V. m. § 14 BewG zu ermittelnden Barwerts. Der Barwert kann auch nach versicherungsmathematischen Grundsätzen ermittelt werden.

c) Zinsanteil

54 Der Zinsanteil wiederkehrender Leistungen auf bestimmte Zeit ist der Unterschiedsbetrag zwischen der Summe der jährlichen Zahlungen (vgl. aber Tz. 42) und der jährlichen Minderung des Barwerts der wiederkehrenden Leistungen, der nach finanzmathematischen Grundsätzen unter Verwendung eines Zinsfußes von 5,5 v. H. zu ermitteln ist (BFH-Urteil vom 26. November 1992 – BStBl 1993 II S. 298). Die jährliche Barwertminderung ist nach § 13 Abs. 1 BewG i.V.m. Anlage 9a zu § 13 BewG, bei sog. verlängerten Leibrenten oder dauernden Lasten nach § 13 Abs. 1 Satz 2 BewG i.V. m. § 14 BewG zu bestimmen. Aus Vereinfachungsgründen kann der Zinsanteil auch in Anlehnung an die Ertragswerttabelle des § 55 Abs. 2 EStDV bestimmt werden.

d) Steuerrechtliche Behandlung

55 Zur steuerrechtlichen Behandlung von Anschaffungskosten, Veräußerungspreis und Zinsanteil vgl. Tz. 42–49.

II. Übertragung von Betriebsvermögen

56 Zur ertragsteuerlichen Behandlung der Veräußerung von Wirtschaftsgütern des Betriebsvermögens gegen Leibrenten, Veräußerungsrenten oder Kaufpreisraten im Fall der Gewinnermittlung nach § 4 Abs. 3 EStG siehe R 16 Abs. 4 und 5 EStR.

57 Das in R 139 Abs. 11 EStR behandelte Wahlrecht im Fall der Veräußerung eines Betriebs gegen Leibrente bleibt unberührt.

D. Anwendungsregelung

58 Die Grundsätze dieses Schreibens sind vorbehaltlich der Tz. 59 in allen noch offenen Fällen anzuwenden.

59 Bei Übertragung von unbebauten Grundstücken, Wertpapieren und typischen stillen Beteiligungen ist Tz. 10 nicht anzuwenden, wenn die Vermögensübertragung vor dem 1. Januar 1997 rechtswirksam geworden ist und Berechtigter und Verpflichteter übereinstimmend an der bisherigen steuerrechtlichen Beurteilung festhalten. In Fällen des Totalnießbrauchs tritt an die Stelle des 1. Januar 1997 der 30. September 1992.

Vor dem 1. Januar 1997 im Rahmen einer Vermögensübergabe i.S. des Typus 1 nicht ausdrücklich als unabänderbar vereinbarte wiederkehrende Leistungen können entgegen Tz. 37 weiterhin als Leibrenten behandelt werden, wenn dies dem Willen der Vertragsparteien entspricht.

Nutzt der Steuerpflichtige das übertragene Vermögen nicht zur Einkunftserzielung, sind die Grundsätze in Tz. 44 und 46 erstmals ab dem Veranlagungszeitraum 1997 anzuwenden.

Nutzt der Steuerpflichtige das übertragene Vermögen zur Einkunftserzielung, können abweichend von den Grundsätzen in Tz. 44 und 46 dauernde Lasten, die aufgrund einer vor dem 1. März 1995 begründeten Verpflichtung erbracht werden, in voller Höhe als Werbungskosten nach § 9 Abs. 1 Satz 3 Nr. 1 EStG abgezogen werden, soweit ihr Wert den Wert der Gegenleistung übersteigt.

---

[1]) Auf Antrag der Steuerpflichtigen sind die Grundsätze der Tz. 51 nicht anzuwenden, wenn die Vermögensübertragung vor dem 31.3.1997 rechtswirksam geworden ist und Berechtigter und Verpflichteter übereinstimmend an der bisherigen steuerrechtlichen Beurteilung festhalten (→ BMF vom 31.12.1997 – BStBl 1998 I S. 21).

Anhang 11

Fördergebiet

Übersicht

I   Gesetz über Sonderabschreibungen und Abzugsbeträge im Fördergebiet (Fördergebietsgesetz – FördG)

II   Zweifelsfragen bei der Anwendung des Fördergebietsgesetzes
BMF vom 29.3.1993 (BStBl I S. 279)

III   Inanspruchnahme von Sonderabschreibungen nach dem Fördergebietsgesetz und Zugehörigkeits-, Verbleibens- und Verwendungsvoraussetzungen bei
1. Vermögensübergang im Sinne des Umwandlungssteuergesetzes
2. Realteilung einer Personengesellschaft
3. Ausscheiden von Gesellschaftern aus einer Personengesellschaft mit der Folge des Entstehens eines Einzelunternehmens
BMF vom 14.7.1995 (BStBl I S. 374)

IV   Zweifelsfragen bei der Anwendung des Fördergebietsgesetzes
BMF vom 24.12.1996 (BStBl I S. 1516)

V   Ausdehnung der Investitionszulage von 10 v. H. und der Sonderabschreibungen nach dem Fördergebietsgesetz auf bestimmte Betriebe in Berlin (West)
(§ 11 Abs. 2 Satz 2 Nr. 3 InvZulG 1996, § 8 Abs. 1a FördG)
BMF vom 1.10.1997 (BStBl I S. 864).

VI   Willkürlichkeit von Anzahlungen auf Anschaffungskosten
(§ 7a EStG, R 45 Abs. 5 S. 7 bis 9 EStR)
BMF vom 10.12.1997 (BStBl I S. 1019)

VII   Zweifelsfragen bei der Anwendung des Fördergebietsgesetzes
BMF vom 17.9.1998 (BStBl I S. 1128)

I
Gesetz über Sonderabschreibungen und Abzugsbeträge im Fördergebiet
(Fördergebietsgesetz – FördG)

in der Fassung der Bekanntmachung vom 23.9.1993
(BGBl. I S. 1654, BStBl I S. 853),

zuletzt geändert durch Artikel 4 des Gesetzes vom 18.8.1997[1])
(BGBl. I S. 2070, BStBl I S. 790)

§ 1
Anspruchsberechtigter, Fördergebiet

(1) Für begünstigte Investitionen im Sinne der §§ 2 und 3, die im Fördergebiet durchgeführt werden, können Steuerpflichtige Sonderabschreibungen nach § 4 oder Gewinnabzüge nach § 5 vornehmen oder Rücklagen nach § 6 bilden. Bei Personengesellschaften und Gemeinschaften tritt an die Stelle des Steuerpflichtigen die Gesellschaft oder Gemeinschaft.

(2) Fördergebiet sind die Länder Berlin, Brandenburg, Mecklenburg-Vorpommern, Sachsen, Sachsen-Anhalt und Thüringen nach dem Gebietsstand vom 3. Oktober 1990.

§ 2
Bewegliche Wirtschaftsgüter des Anlagevermögens[2])

Begünstigt sind die Anschaffung und die Herstellung von abnutzbaren beweglichen Wirtschaftsgütern des Anlagevermögens sowie nachträgliche Herstellungsarbeiten an abnutzbaren beweglichen Wirtschaftsgütern des Anlagevermögens, die

---

[1]) Anm.: Zuletzt geändert durch das Steuerentlastungsgesetz 1999 vom 19.12.1998 (BGBl. I S. 3779, BStBl 1999 I S. 81).
[2]) Einschränkungen ergeben sich durch Beschlüsse der EU-Kommission → BMF-Schreiben vom 18.9.1998 (BStBl I S. 1132 und S. 1137).

Anhang 11
Fördergebiet

1. keine Luftfahrzeuge sind,
2. mindestens 3 Jahre nach ihrer Anschaffung oder Herstellung zum Anlagevermögen einer Betriebsstätte des Steuerpflichtigen im Fördergebiet gehören und während dieser Zeit in einer solchen Betriebsstätte verbleiben und
3. in jedem Jahr des in Nummer 2 genannten Zeitraums vom Steuerpflichtigen zu nicht mehr als 10 vom Hundert privat genutzt werden.

§ 3
Baumaßnahmen[1])

Begünstigt sind die Anschaffung und die Herstellung von abnutzbaren unbeweglichen Wirtschaftsgütern sowie Modernisierungsmaßnahmen und andere nachträgliche Herstellungsarbeiten an abnutzbaren unbeweglichen Wirtschaftsgütern. Die Anschaffung eines abnutzbaren unbeweglichen Wirtschaftsguts ist nur begünstigt, wenn

1. das Wirtschaftsgut bis zum Ende des Jahres der Fertigstellung angeschafft worden ist und für das Wirtschaftsgut weder Absetzungen für Abnutzung nach § 7 Abs. 5 des Einkommensteuergesetzes noch erhöhte Absetzungen oder Sonderabschreibungen in Anspruch genommen worden sind oder
2. das Wirtschaftsgut beim Erwerber zu einem Betriebsvermögen gehört, nach dem Jahr der Fertigstellung und
   a) vor dem 1. Januar 1994 angeschafft worden ist oder
   b) nach dem 31. Dezember 1993 angeschafft worden ist und mindestens fünf Jahre nach seiner Anschaffung zu eigenbetrieblichen Zwecken verwendet wird oder
3. das Wirtschaftsgut nach dem Jahr der Fertigstellung und auf Grund eines nach dem 31. Dezember 1991 rechtswirksam abgeschlossenen obligatorischen Vertrags oder gleichstehenden Rechtsakts angeschafft worden ist, soweit Modernisierungsmaßnahmen und andere nachträgliche Herstellungsarbeiten nach dem Abschluß dieses Vertrags oder Rechtsakts durchgeführt worden sind.

§ 4
Sonderabschreibungen

(1) Bemessungsgrundlage für die Sonderabschreibungen sind die Anschaffungs- oder Herstellungskosten der angeschafften oder hergestellten Wirtschaftsgüter oder die Herstellungskosten, die für die nachträglichen Herstellungsarbeiten aufgewendet worden sind, oder die Anschaffungskosten, die auf Modernisierungsmaßnahmen und andere nachträglichen Herstellungsarbeiten im Sinne des § 3 Satz 2 Nr. 3 entfallen. Die Sonderabschreibungen können im Jahr des Investitionsabschlusses und in den folgenden vier Jahren in Anspruch genommen werden. Investitionen sind in dem Zeitpunkt abgeschlossen, in dem die Wirtschaftsgüter angeschafft oder hergestellt oder die nachträglichen Herstellungsarbeiten beendet worden sind. In den Fällen des § 3 Satz 2 Nr. 3 tritt an die Stelle des Jahres der Anschaffung das Jahr der Beendigung der nachträglichen Herstellungsarbeiten. Die Sonderabschreibungen können bereits für Anzahlungen auf Anschaffungskosten und für Teilherstellungskosten in Anspruch genommen werden.[2])

(2) Die Sonderabschreibungen betragen vorbehaltlich des Satzes 2 bei Investitionen, die

1. nach dem 31. Dezember 1990 und vor dem 1. Januar 1997 abgeschlossen werden, bis zu 50 vom Hundert der Bemessungsgrundlage,
2. nach dem 31. Dezember 1996 und vor dem 1. Januar 1999 abgeschlossen werden,
   a) bis zu 50 vom Hundert, soweit vor dem 1. Januar 1997 Anzahlungen auf Anschaffungskosten geleistet worden oder Teilherstellungskosten entstanden sind, und

---

[1]) Einschränkungen ergeben sich durch Beschlüsse der EU-Kommission → BMF-Schreiben vom 18.9.1998 (BStBl I S. 1132 und S. 1137).
[2]) Anm.: Durch das Steuerentlastungsgesetz 1999 wurde dem Absatz 1 folgender neuer Satz ab VZ 1999 angefügt:
„Die Sonderabschreibungen für Investitionen, die zu einem Investitionsvorhaben gehören, das die Anmeldungsvoraussetzungen gemäß dem multisektoralen Regionalbeihilferahmen für große Investitionsvorhaben (ABl. EG 1998 Nr. C 107 S. 7) erfüllt, können erst in Anspruch genommen werden, wenn die Europäische Kommission die höchstzulässige Beihilfeintensität festgelegt hat."

b) bis zu 40 vom Hundert, soweit die Bemessungsgrundlage die vor dem 1. Januar 1997 geleisteten Anzahlungen auf Anschaffungskosten oder entstandenen Teilherstellungskosten übersteigt,
3. nach dem 31. Dezember 1998 abgeschlossen werden,
   a) bis zu 50 vom Hundert, soweit nach dem 31. Dezember 1990 und vor dem 1. Januar 1997 Anzahlungen auf Anschaffungskosten geleistet worden oder Teilherstellungskosten entstanden sind, und
   b) bis zu 40 vom Hundert, soweit nach dem 31. Dezember 1996 und vor dem 1. Januar 1999 Anzahlungen auf Anschaffungskosten geleistet worden oder Teilherstellungskosten entstanden sind.

Bei Baumaßnahmen im Sinne des § 3 tritt an die Stelle des Satzes von 40 vom Hundert jeweils
1. der Satz von 25 vom Hundert, soweit die unbeweglichen Wirtschaftsgüter mindestens fünf Jahre nach ihrer Anschaffung oder Herstellung Wohnzwecken dienen,
2. der Satz von 20 vom Hundert, soweit die unbeweglichen Wirtschaftsgüter nicht mindestens fünf Jahre nach ihrer Anschaffung oder Herstellung
   a) in einem Betrieb des verarbeitenden Gewerbes zu eigenbetrieblichen Zwecken verwendet werden oder
   b) Wohnzwecken dienen.

Satz 2 gilt nicht bei Modernisierungsmaßnahmen und anderen nachträglichen Herstellungsarbeiten an unbeweglichen Wirtschaftsgütern und nicht in den Fällen des § 3 Satz 2 Nr. 3. Hat ein Betrieb Betriebsstätten im Fördergebiet und außerhalb des Fördergebiets, gilt für die Einordnung eines Betriebs in das verarbeitende Gewerbe die Gesamtheit aller Betriebsstätten im Fördergebiet als ein Betrieb.

(3) Bei Herstellungskosten, die für nachträgliche Herstellungsarbeiten im Sinne des § 3 Satz 1 aufgewendet worden sind, und bei Anschaffungskosten, die auf Modernisierungsmaßnahmen und andere nachträgliche Herstellungsarbeiten im Sinne des § 3 Satz 2 Nr. 3 entfallen, ist der Restwert von dem auf das Jahr der Inanspruchnahme der insgesamt zulässigen Sonderabschreibungen folgenden Jahr an, spätestens vom fünften auf das Jahr der Beendigung der Herstellungsarbeiten folgenden Jahr an, bis zum Ende des neunten Jahres nach dem Jahr der Beendigung der Herstellungsarbeiten in gleichen Jahresbeträgen abzusetzen.

§ 5
Gewinnabzug

Land- und Forstwirte, deren Gewinn nach § 13a des Einkommensteuergesetzes zu ermitteln ist, können im Wirtschaftsjahr der Anschaffung oder Herstellung oder Beendigung der nachträglichen Herstellungsarbeiten 25 vom Hundert der Anschaffungs- oder Herstellungskosten der angeschafften oder hergestellten Wirtschaftsgüter oder der Herstellungskosten, die für die nachträglichen Herstellungsarbeiten aufgewendet worden sind, vom Gewinn abziehen. Die abzugsfähigen Beträge dürfen insgesamt 4.000 Deutsche Mark nicht übersteigen und nicht zu einem Verlust aus Land- und Forstwirtschaft führen. § 7a Abs. 5 und 6 des Einkommensteuergesetzes gilt entsprechend.

§ 6
Steuerfreie Rücklage

(1) Steuerpflichtige, die den Gewinn nach § 4 Abs. 1 oder § 5 des Einkommensteuergesetzes ermitteln, können eine den steuerlichen Gewinn mindernde Rücklage für Investitionen im Sinne der §§ 2 und 3 bilden, mit denen vor dem 1. Januar 1992 begonnen worden ist. Die Rücklage kann bis zu der Höhe gebildet werden, in der voraussichtlich Sonderabschreibungen nach § 4 Abs. 1 in Anspruch genommen werden können, höchstens jedoch im Wirtschaftsjahr in Höhe von jeweils 20 Millionen Deutsche Mark.

(2) Die Rücklage ist gewinnerhöhend aufzulösen, sobald und soweit Sonderabschreibungen nach § 4 Abs. 1 für Investitionen, die vor dem 1. Januar 1995 abgeschlossen worden sind, in Anspruch genommen werden können, spätestens jedoch zum Schluß des ersten nach dem 30. Dezember 1994 endenden Wirtschaftsjahrs.

(3) Soweit eine nach Absatz 1 gebildete Rücklage gewinnerhöhend aufgelöst wird, ohne daß in gleicher Höhe Sonderabschreibungen nach § 4 vorgenommen werden, ist der Gewinn des Wirtschafts-

jahrs, in dem die Rücklage aufgelöst wird, für jedes volle Wirtschaftsjahr, in dem die Rücklage bestanden hat, um 6 vom Hundert des aufgelösten Rücklagebetrags zu erhöhen.

§ 7
Abzugsbetrag bei zu eigenen Wohnzwecken genutzten Gebäuden

(1) Aufwendungen, die auf an einem eigenen Gebäude vorgenommene Herstellungs- und Erhaltungsarbeiten entfallen, können im Jahr der Zahlung und den folgenden neun Jahren jeweils bis zu 10 vom Hundert wie Sonderausgaben abgezogen werden. Die Aufwendungen sind nur begünstigt, wenn das Gebäude in dem Teil des Fördergebiets liegt, in dem das Grundgesetz vor dem 3. Oktober 1990 nicht gegolten hat, und soweit sie

1. nicht zu den Betriebsausgaben oder Werbungskosten gehören,
2. nicht in die Bemessungsgrundlage nach §§ 10e, 10f, 52 Abs. 21 Satz 6 des Einkommensteuergesetzes oder des Eigenheimzulagengesetzes einbezogen und nicht nach § 10e Abs. 6 oder § 10i des Einkommensteuergesetzes abgezogen werden,
3. auf das Gebäude oder Gebäudeteil entfallen, das im jeweiligen Jahr des Zeitraums nach Satz 1 zu eigenen Wohnzwecken genutzt wird,
4. während des Anwendungszeitraums nach § 8 Abs. 3 40.000 Deutsche Mark nicht übersteigen.

Eine Nutzung zu eigenen Wohnzwecken liegt auch vor, wenn Teile einer zu eigenen Wohnzwecken genutzten Wohnung unentgeltlich zu Wohnzwecken überlassen werden.

(2) Für Zeiträume, für die von Aufwendungen, die auf Herstellungsarbeiten entfallen, Absetzungen für Abnutzung, erhöhte Absetzungen oder Sonderabschreibungen abgezogen worden sind, können für diese Aufwendungen keine Abzugsbeträge nach Absatz 1 Satz 1 in Anspruch genommen werden. Soweit das Gebäude während des Zeitraums nach Absatz 1 Satz 1 zur Einkunftserzielung genutzt wird, ist der noch nicht berücksichtigte Teil der Aufwendungen, die auf Erhaltungsarbeiten entfallen, im Jahr des Übergangs zur Einkunftserzielung wie Sonderausgaben abzuziehen.

(3) Die Absätze 1 und 2 sind auf Gebäudeteile, die selbständige unbewegliche Wirtschaftsgüter sind, und auf Eigentumswohnungen entsprechend anzuwenden.

§ 7a
Steuerermäßigung für Darlehen zur Verstärkung des haftenden Kapitals von kleinen und mittleren Betrieben

(1) Bei unbeschränkt Steuerpflichtigen im Sinne des Einkommensteuergesetzes, die Darlehen nach Absatz 2 gewähren, ermäßigt sich die Einkommensteuer für den Veranlagungszeitraum der Darlehensgewährung um 12 vom Hundert der gewährten Darlehen, höchstens jedoch um 50 vom Hundert der Einkommensteuer, die sich ohne die Ermäßigung ergeben würde.

(2) Voraussetzung für die Steuerermäßigung ist, daß

1. die Darlehen der Kreditanstalt für Wiederaufbau oder der Deutschen Ausgleichsbank (Kapitalsammelstellen) nach dem 31. Dezember 1995 und vor dem 1. Januar 1999 gewährt werden,
2. die Darlehen nach den vertraglichen Vereinbarungen eine Laufzeit von mindestens zehn Jahren haben, am Ende der Laufzeit in einem Betrag zu tilgen sind und nicht vorzeitig gekündigt werden dürfen und
3. der Zeitpunkt der Gewährung der Darlehen, ihre Höhe und die in den Nummern 1 und 2 genannten Voraussetzungen durch eine Bescheinigung der Kapitalsammelstelle nachgewiesen werden.

(3) Die Kapitalsammelstellen haben den Abschluß von Darlehensverträgen abzulehnen, wenn die bereits aufgenommenen Darlehen den Betrag von insgesamt 1.500 Millionen Deutsche Mark erreicht haben. Die Kapitalsammelstellen haben die Mittel aus den Darlehen mittelbar als haftendes Kapital an kleine und mittlere Gewerbebetriebe weiterzuleiten zur Finanzierung von Betriebsstätten, die in dem Teil des Fördergebiets liegen, in dem das Grundgesetz vor dem 3. Oktober 1990 nicht gegolten hat. Kleine und mittlere Gewerbebetriebe sind Unternehmen mit einem Jahresumsatz bis zu 500 Millionen Deutsche Mark. Die Kapitalsammelstellen haben die Entgelte für die Zuführung der Mittel aus den Darlehen so festzulegen, daß die Rückzahlung und Verzinsung der Darlehen gewährleistet erscheint. Die Vergabe und Verwaltung der Mittel aus den Darlehen erfolgt nach einer Richtlinie, die das Bundesministerium für Wirtschaft im Einvernehmen mit dem Bundesministerium der Finanzen erläßt.

§ 8
Anwendung

(1) § 5 ist anzuwenden bei

1. Wirtschaftsgütern, die nach dem 31. Dezember 1990 und vor dem 1. Januar 1999 angeschafft oder hergestellt werden, und bei nachträglichen Herstellungsarbeiten, die in diesem Zeitraum beendet werden, sowie
2. nach dem 31. Dezember 1990 und vor dem 1. Januar 1999 geleisteten Anzahlungen auf Anschaffungskosten und entstandenen Teilherstellungskosten. [1]

(1a) Bei beweglichen Wirtschaftsgütern, die im Zeitpunkt der Anschaffung oder Herstellung zum Anlagevermögen einer Betriebsstätte in dem Teil des Landes Berlin gehören, in dem das Grundgesetz schon vor dem 3. Oktober 1990 gegolten hat (Berlin-West), bei unbeweglichen Wirtschaftsgütern in Berlin-West und bei nachträglichen Herstellungsarbeiten an diesen Wirtschaftsgütern sind die §§ 1 bis 5 anzuwenden, wenn der Steuerpflichtige sie

1. nach dem 30. Juni 1991 bestellt oder herzustellen begonnen hat und die Wirtschaftsgüter nach dem 31. Dezember 1990 und vor dem 1. Januar 1995 angeschafft oder hergestellt oder die nachträglichen Herstellungsarbeiten in diesem Zeitpunkt beendet worden sind oder
2. nach dem 30. Juni 1991 und vor dem 1. Januar 1995 bestellt oder herzustellen begonnen hat und die Wirtschaftsgüter nach dem 31. Dezember 1994 angeschafft oder hergestellt oder die nachträglichen Herstellungsarbeiten nach diesem Zeitpunkt beendet worden sind, soweit vor dem 1. Januar 1995 Anzahlungen geleistet worden oder Teilherstellungskosten entstanden sind, oder
3. nach dem 31. Dezember 1995 bestellt oder herzustellen begonnen hat und die Wirtschaftsgüter nach dem 31. Dezember 1995 und vor dem 1. Januar 1999 angeschafft oder hergestellt worden sind oder [2]
4. nach dem 31. Dezember 1995 bestellt oder herzustellen begonnen hat und die Wirtschaftsgüter nach dem 31. Dezember 1998 angeschafft oder hergestellt worden sind, soweit nach dem 31. Dezember 1995 und vor dem 1. Januar 1999 Anzahlungen auf Anschaffungskosten geleistet worden oder Teilherstellungskosten entstanden sind.

Soweit unbewegliche Wirtschaftsgüter oder durch nachträgliche Herstellungsarbeiten an unbeweglichen Wirtschaftsgütern geschaffene Teile mindestens fünf Jahre nach ihrer Anschaffung oder Herstellung oder nach Beendigung der nachträglichen Herstellungsarbeiten Wohnzwecken dienen und nicht zu einem Betriebsvermögen gehören,

1. tritt in Satz 1 Nr. 1 an die Stelle des 1. Januar 1995 der 1. Januar 1999,
2. sind bei nach dem 31. Dezember 1998 angeschafften oder hergestellten Wirtschaftsgütern oder beendeten nachträglichen Herstellungsarbeiten die §§ 1 bis 5 anzuwenden, soweit nach dem 31. Dezember 1990 und vor dem 1. Januar 1999 Anzahlungen auf Anschaffungskosten geleistet worden oder Teilherstellungskosten entstanden sind.

Satz 1 Nr. 3 und 4 ist nur anzuwenden

1. bei der Anschaffung oder Herstellung von unbeweglichen Wirtschaftsgütern, soweit sie mindestens fünf Jahre nach ihrer Anschaffung oder Herstellung in einem Betrieb des verarbeitenden Gewerbes zu eigenbetrieblichen Zwecken verwendet werden,
2. bei der Anschaffung oder Herstellung von beweglichen Wirtschaftsgütern, die mindestens drei Jahre nach ihrer Anschaffung oder Herstellung

    a) zum Anlagevermögen eines Betriebs des Steuerpflichtigen gehören, der in die Handwerksrolle oder das Verzeichnis handwerksähnlicher Betriebe eingetragen ist, oder eines Betriebs des verarbeitenden Gewerbes des Steuerpflichtigen gehören und

---

[1] Anm.: Durch das Steuerentlastungsgesetz 1999 wurde dem Absatz 1 folgender neuer Satz angefügt:
„Die §§ 2 bis 5 sind nicht anzuwenden bei nach dem 2. September 1998 abgeschlossenen Investitionen gemäß Nummer 1.2 zweiter oder dritter Gedankenstrich oder Nummer 2 des Anhangs der Entscheidung der Europäischen Kommission 94/173/EG vom 22. März 1994 zur Festlegung der Auswahlkriterien für Investitionen zur Verbesserung der Verarbeitungs- und Vermarktungsbedingungen für land- und forstwirtschaftliche Erzeugnisse und zur Aufhebung der Entscheidung 90/342/EWG – ABl. EG Nr. L 79 S. 29 – (Land- und Forstwirtschaftsentscheidung)."

[2] Anm.: Durch das Steuerentlastungsgesetz 1999 wurde Nummer 3 wie folgt gefaßt:
3. wenn es sich um Erstinvestitionen handelt und wenn die Investitionen nicht in Nummer 1.2 zweiter oder dritter Gedankenstrich oder Nummer 2 des Anhangs der Land- und Forstwirtschaftsentscheidung genannt sind,".

b) in einem solchen Betrieb des Steuerpflichtigen verbleiben,
3. wenn es sich um Erstinvestitionen handelt,
4. wenn der Betrieb zu Beginn des Wirtschaftsjahres, in dem die Wirtschaftsgüter angeschafft oder hergestellt werden, nicht mehr als 250 Arbeitnehmer in einem gegenwärtigen Dienstverhältnis beschäftigt, die Arbeitslohn, Kurzarbeitergeld, Schlechtwettergeld oder Winterausfallgeld beziehen, und
5. wenn sich die Betriebsstätte in dem Zeitpunkt, in dem die Wirtschaftsgüter bestellt oder herzustellen begonnen worden sind, in einem Gebiet befindet, das im jeweils gültigen Rahmenplan nach dem Gesetz über die Gemeinschaftsaufgabe „Verbesserung der regionalen Wirtschaftsstruktur" vom 6. Oktober 1969 (BGBl. I S. 1861) ausgewiesen ist.

Als Beginn der Herstellung im Sinne des Satzes 1 und des Satzes 3 Nr. 5 gilt bei Baumaßnahmen, für die eine Baugenehmigung erforderlich ist, der Zeitpunkt, in dem der Bauantrag gestellt wird. Erstinvestitionen im Sinne des Satzes 3 Nr. 3 sind die Anschaffung oder Herstellung von Wirtschaftsgütern bei der Errichtung einer neuen Betriebsstätte, bei der Erweiterung einer bestehenden Betriebsstätte, bei einer grundlegenden Änderung eines Produkts oder eines Produktionsverfahrens eines bestehenden Betriebs oder einer bestehenden Betriebsstätte oder bei der Übernahme eines Betriebs, der geschlossen worden ist oder geschlossen worden wäre, wenn der Betrieb nicht übernommen worden wäre.

(2) § 6 Abs. 1 ist erstmals für das Wirtschaftsjahr anzuwenden, das nach dem 31. Dezember 1990 endet, und letztmals für das Wirtschaftsjahr, das nach dem 30. Dezember 1991 endet. § 6 ist für Investitionen in Berlin-West nicht anzuwenden.

(3) § 7 ist auf Aufwendungen anzuwenden, die auf nach dem 31. Dezember 1990 und vor dem 1. Januar 1999 vorgenommene Herstellungs- oder Erhaltungsarbeiten entfallen.

II
Zweifelsfragen bei der Anwendung des Fördergebietsgesetzes

BMF vom 29.3.1993 (BStBl I S. 279)
IV B 3 – S 1988 – 28 / 93

Unter Bezugnahme auf das Ergebnis der Erörterungen mit den obersten Finanzbehörden der Länder gilt bei der Anwendung des Fördergebietsgesetzes in der Fassung vom 24. Juni 1991 (BGBl. I S. 1322, 1331, BStBl I S. 665, 674) folgendes:

I. Anspruchsberechtigter

1[1]) Werden begünstigte Investitionen im Sinne der §§ 2 und 3 Fördergebietsgesetz (FördG) von einer Personengesellschaft oder Gemeinschaft vorgenommen, so ist sie selbst berechtigt, Sonderabschreibungen nach § 4 FördG und Gewinnabzüge nach § 5 FördG vorzunehmen und Rücklagen nach § 6 FördG zu bilden. Das bedeutet, daß bei einem entgeltlichen Gesellschafterwechsel der neu eintretende Gesellschafter hinsichtlich der von ihm anteilig erworbenen Wirtschaftsgüter keinen eigenen Anspruch auf die genannten Steuervergünstigungen erlangt. Die Steuervergünstigungen wirken sich bei ihm nur aus, soweit ihm das Betriebsergebnis der Gesellschaft zuzurechnen ist. Dem ausscheidenden Gesellschafter wird das Betriebsergebnis der Gesellschaft entsprechend seiner Beteiligung bis zum Ausscheiden auch dann einschließlich der Sonderabschreibungen zugerechnet, wenn er vor Ablauf des Verbleibenszeitraums im Sinne des § 2 Nr. 2 FördG ausscheidet. Entsprechendes gilt bei Änderung der Beteiligungsverhältnisse.

Beispiel:

A, B, C sind zu je ⅓ an der Grundstücksgemeinschaft „Leipziger Straße" mit Einkünften aus Vermietung und Verpachtung beteiligt. Die Gemeinschaft errichtet ein Gebäude mit Herstellungskosten von 900.000 DM, das im Januar 1993 fertiggestellt wird. Sie nimmt im Jahr 1993 Sonderabschreibungen von 30 v. H. der Herstellungskosten in Anspruch. Zum 1. Juli 1994 veräußert C seinen Anteil an der Gemeinschaft an D für 350.000 DM. Die Grundstücksgemeinschaft nimmt im Jahr 1994 die restlichen Sonderabschreibungen in Anspruch.

---
[1]) → Anhang 11 I.

Anhang 11

Fördergebiet II

	DM	DM
Herstellungskosten 1993		900.000
30 v. H. Sonderabschreibungen 1993	270.000	
2 v. H. lineare AfA 1993	18.000	
Abschreibungen 1993	288.000	288.000
Restwert 31. Dezember 1993		612.000
20 v. H. Sonderabschreibungen 1994	180.000	
2 v. H. lineare AfA 1994	18.000	
Abschreibungen 1994	198.000	
davon ½ für 1. Januar bis 30. Juni 1994		99.000
Restwert 30. Juni 1994		513.000
Anteil des C ()	171.000	
Veräußerungspreis	350.000	
Mehrwert	179.000	
Lineare AfA 1994 auf den von D gezahlten Mehrwert: $^6/_{12}$ von 2 v. H. von 179.000 DM =		1.790

Die Einkünfte der Gemeinschaft des Jahres 1994 werden A und B zu je und C und D zu je $^1/_6$ zugerechnet. Daneben ist bei D die AfA von 1.790 DM auf den von ihm gezahlten Mehrwert zu berücksichtigen.

Bei Eintritt eines weiteren Gesellschafters in eine bestehende Gesellschaft im Laufe eines Wirtschaftsjahrs können die Steuervergünstigungen entweder zeitanteilig oder außerhalb der Verteilung des übrigen Betriebsergebnisses entsprechend der jeweiligen Beteiligung auf die Gesellschafter verteilt werden.

II. Begünstigte Maßnahmen

1. Anschaffung oder Herstellung

Wegen der unterschiedlichen Bemessungsgrundlage für die Sonderabschreibungen ist zu unterscheiden, ob das begünstigte Wirtschaftsgut angeschafft oder hergestellt worden ist. Dies gilt insbesondere bei Beauftragung eines Generalunternehmers. Hersteller (Bauherr) eines Gebäudes ist, wer es auf eigene Rechnung und Gefahr baut oder bauen läßt und das Baugeschehen beherrscht. Der Auftraggeber ist somit als Hersteller anzusehen, wenn er das umfassend zu verstehende Bauherrenwagnis, d.h. das wirtschaftlich für die Durchführung des Bauvorhabens auf seinem Grundstück typische Risiko, tragen muß sowie rechtlich und tatsächlich die Planung und Ausführung in der Hand hat. Vgl. im einzelnen BMF-Schreiben vom 31. August 1990 (BStBl I S. 366)[1]).

2

2. Nachträgliche Herstellungsarbeiten

(1) Nachträgliche Herstellungsarbeiten im Sinne des § 2 Satz 1 und des § 3 Satz 1 FördG sind Arbeiten an einem bereits gelieferten oder fertiggestellten Wirtschaftsgut, die in sachlicher und zeitlicher Hinsicht gegenüber der Lieferung oder Fertigstellung dieses Wirtschaftsguts abgrenzbar sind (vgl. BFH-Urteil vom 4. Dezember 1979 – BStBl 1980 II S. 203), durch die an dem vorhandenen Wirtschaftsgut etwas Neues, bisher nicht Vorhandenes geschaffen wird (BFH-Urteil vom 29. August 1989 – BStBl 1990 II S. 430) oder durch die das vorhandene Wirtschaftsgut wesentlich in seiner Substanz vermehrt, in seinem Wesen verändert oder über seinen bisherigen Zustand hinaus erheblich verbessert wird (Abschnitt 157 Abs. 3 EStR 1990).

3

(2) Bei Gebäuden gehören zu den nachträglichen Herstellungsarbeiten insbesondere Anbauten, Ausbauten, Umbauten und Erweiterungen, Modernisierungsmaßnahmen, soweit die entstehenden Aufwendungen nicht Erhaltungsaufwand sind, sowie Baumaßnahmen im Zusammenhang mit der Anschaffung des Gebäudes (vgl. Abschnitt 157 Abs. 5 EStR 1990). Bei Umbauten und Modernisierungsmaßnahmen handelt es sich um nachträgliche Herstellungsarbeiten und nicht um die Herstellung eines neuen Gebäudes, wenn die tragenden Teile und die Fundamente des bisherigen Gebäudes Verwendung finden (vgl. BFH-Urteile vom 28. Juni 1977 – BStBl II S. 725, und vom 31. März 1992 – BStBl II

4

---

[1]) → Anhang 23 I.

S. 808). Die Höhe der Aufwendungen für die Baumaßnahmen und der Wert des bisherigen Gebäudes sind ohne Bedeutung.

III. Zugehörigkeits- und Verbleibensvoraussetzung

5   (1) Die Anschaffung und die Herstellung von abnutzbaren beweglichen Wirtschaftsgütern des Anlagevermögens ist nach § 2 Nr. 2 FördG nur begünstigt, wenn die Wirtschaftsgüter mindestens 3 Jahre nach ihrer Anschaffung oder Herstellung zum Anlagevermögen einer Betriebsstätte des Steuerpflichtigen im Fördergebiet gehören und während dieser Zeit in einer solchen Betriebsstätte verbleiben. Sind an einem abnutzbaren beweglichen Wirtschaftsgut des Anlagevermögens nachträgliche Herstellungsarbeiten vorgenommen worden, so kommen die Sonderabschreibungen für die hierdurch eingebauten neuen Teile des Wirtschaftsguts ebenfalls nur in Betracht, wenn diese Teile mindestens 3 Jahre nach Beendigung der nachträglichen Herstellungsarbeiten zum Anlagevermögen einer Betriebsstätte des Steuerpflichtigen im Fördergebiet gehören und während dieser Zeit in einer solchen Betriebsstätte verbleiben.

6   (2) Bei einer Betriebsaufspaltung sind Besitzunternehmen und Betriebsunternehmen jeweils rechtlich selbständige Unternehmen (BFH-Beschluß vom 8. November 1971 – BStBl 1972 II S. 63, BFH-Urteil vom 17. Juli 1991 – BStBl 1992 II S. 246). Für bewegliche Wirtschaftsgüter des Anlagevermögens eines Besitzunternehmens kommen deshalb Sonderabschreibungen nur in Betracht, wenn sie einem Betrieb oder einer Betriebsstätte des Besitzunternehmens im Fördergebiet zuzurechnen sind. Entsprechendes gilt für bewegliche Wirtschaftsgüter eines Betriebsunternehmens, wenn die Wirtschaftsgüter einem Betrieb oder einer Betriebsstätte des Betriebsunternehmens im Fördergebiet zuzurechnen sind. Die Verbleibensvoraussetzung im Sinne des § 2 Nr. 2 FördG ist jedoch auch dann erfüllt, wenn diese Wirtschaftsgüter vom Besitz- an das Betriebsunternehmen oder umgekehrt überlassen oder übertragen werden und in dessen Betrieb oder in dessen Betriebsstätte im Fördergebiet verbleiben.

IV. Abschreibungen

1. Bemessungsgrundlage

7   (1) In den Fällen der Anschaffung kommen als Bemessungsgrundlage im Sinne des § 4 Abs. 1 und 2 FördG die Anschaffungskosten oder Anzahlungen auf Anschaffungskosten, in den Fällen der Herstellung dagegen nur die tatsächlich entstandenen Herstellungskosten oder Teilherstellungskosten in Betracht.

8   (2) Wegen des Begriffs der Anzahlungen auf Anschaffungskosten und der Teilherstellungskosten vgl. Abschnitt 45 Abs. 5 und 6 EStR 1990. Anzahlungen auf Anschaffungskosten sind somit die vor der Lieferung eines Wirtschaftsguts auf die endgültigen Anschaffungskosten geleisteten Zahlungen, soweit sie diese nicht übersteigen. Ohne Bedeutung ist, ob die Zahlungen verzinst werden oder zu einer Kaufpreisminderung führen. Anzahlungen auf Anschaffungskosten liegen nicht vor, soweit eine Vorauszahlung als willkürliche Zahlung und damit als Mißbrauch von Gestaltungsmöglichkeiten des Rechts im Sinne von § 42 AO zu werten ist (vgl. BFH-Urteil vom 3. Februar 1987 – BStBl II S. 492). Eine Vorauszahlung gilt nicht als willkürlich, wenn das Wirtschaftsgut spätestens im folgenden Jahr geliefert wird. Bei einem Gebäude, das von einem Bauträger im Sinne von § 3 der Makler- und Bauträgerverordnung (MaBV; BGBl. 1990 I S. 2479) erworben wird, ist die Willkürlichkeit von Vorauszahlungen auch nicht anzunehmen, soweit sie nicht höher als die Zahlungen sind, die nach § 3 Abs. 2 MaBV im laufenden und im folgenden Jahr voraussichtlich zu leisten wären. Das gilt auch dann, wenn nach § 7 MaBV über die Teilbeträge nach § 3 Abs. 2 MaBV hinaus Zahlungen geleistet werden. Nach § 3 Abs. 2 MaBV sind zu leisten:[1)]

– 30 v. H. der Vertragssumme in den Fällen, in denen Eigentum an einem Grundstück übertragen werden soll, oder 20 v. H. der Vertragssumme in den Fällen, in denen ein Erbbaurecht bestellt oder übertragen werden soll, nach Beginn der Erdarbeiten,

– vom restlichen Teil der Vertragssumme
40 v. H. nach Rohbaufertigstellung,
25 v. H. nach Fertigstellung der Rohinstallation einschließlich Innenputz, ausgenommen Beiputzarbeiten,
15 v. H. nach Fertigstellung der Schreiner- und Glaserarbeiten, ausgenommen Türblätter,
15 v. H. nach Bezugsfertigkeit und Zug um Zug gegen Besitzübergabe,
5 v. H. nach vollständiger Fertigstellung.

[1)] → Anhang 11 VI.

Zahlungen können auch dann willkürlich sein, wenn sie vertraglich vereinbart sind.

Beispiel:

Im Dezember 1993 schließt A mit dem Bauträger B einen Kaufvertrag über eine noch zu errichtende Eigentumswohnung in Leipzig ab. Der Kaufpreis wurde vereinbarungsgemäß noch in 1993 fällig und bezahlt. Mit den Erdarbeiten soll im Februar 1994 begonnen werden. Bis zum Ende des Jahres 1994 wird voraussichtlich der Rohbau fertiggestellt sein; der Übergang von Besitz, Nutzungen und Lasten soll im Mai 1995 erfolgen.

Die Vorauszahlung ist willkürlich, soweit sie die Teilbeträge übersteigt, die nach § 3 Abs. 2 MaBV bis Ende 1994 fällig geworden wären. Anzahlungen auf Anschaffungskosten des bebauten Grundstücks liegen daher in 1993 nur zu 58 v. H. (30 v. H. der Vertragssumme zuzüglich 40 v. H. der verbleibenden 70 v. H.) der in 1993 abgeflossenen Zahlung vor. Da der Restbetrag nach § 3 Abs. 2 MaBV erst im Jahr 1995 zu leisten gewesen wäre, kann er im Jahr 1994 als Anzahlung auf Anschaffungskosten berücksichtigt werden.

(3) Anzahlungen auf die Anschaffungskosten eines bebauten Grundstücks sind nach dem voraussichtlichen Verhältnis der Verkehrswerte oder Teilwerte auf den Grund und Boden und das Gebäude aufzuteilen. Für den auf den Grund und Boden entfallenden Teil kommen keine Sonderabschreibungen in Betracht.

2. Begünstigungszeitraum

(1) Bei nachträglichen Herstellungsarbeiten an unbeweglichen Wirtschaftsgütern endet der Begünstigungszeitraum mit Ablauf des Jahres, in dem Sonderabschreibungen von 50 v. H. der Herstellungskosten tatsächlich in Anspruch genommen worden sind, spätestens mit Ablauf des vierten auf das Jahr der Beendigung der Herstellungsarbeiten folgenden Jahres.

(2) Wird ein Wirtschaftsgut vor dem 1. Januar 1995 angeschafft oder werden nachträgliche Herstellungsarbeiten vor diesem Zeitpunkt beendet, so endet der Begünstigungszeitraum für Anzahlungen auf Anschaffungskosten oder für Teilherstellungskosten mit Ablauf des Jahres, das dem Jahr der Anschaffung oder Herstellung oder der Beendigung der nachträglichen Herstellungsarbeiten vorangegangen ist. Wird ein Wirtschaftsgut nach dem 31. Dezember 1994 angeschafft oder hergestellt oder werden nachträgliche Herstellungsarbeiten an einem beweglichen Wirtschaftsgut nach diesem Zeitpunkt beendet, so endet der Begünstigungszeitraum für vor dem 1. Januar 1995 geleistete Anzahlungen auf Anschaffungskosten oder für vor diesem Zeitpunkt entstandene Teilherstellungskosten mit Ablauf des vierten auf das Jahr der jeweiligen Anzahlung oder der Teilherstellung folgenden Jahres. Werden nachträgliche Herstellungsarbeiten an einem unbeweglichen Wirtschaftsgut nach dem 31. Dezember 1994 beendet, so endet der Begünstigungszeitraum für vor dem 1. Januar 1995 entstandene Teilherstellungskosten mit Ablauf des Jahres, in dem Sonderabschreibungen von 50 v. H. der Teilherstellungskosten tatsächlich in Anspruch genommen worden sind, spätestens mit Ablauf des vierten auf das Jahr der jeweiligen Teilherstellung folgenden Jahres. Zur AfA vom Restwert vgl. Tz. 16 und 17.

3. Lineare AfA

(1) Bei den durch nachträgliche Herstellungsarbeiten geschaffenen neuen Teilen eines Wirtschaftsguts ist neben den Sonderabschreibungen die lineare AfA unabhängig davon vorzunehmen, ob für das Wirtschaftsgut selbst lineare oder degressive AfA oder Sonderabschreibungen vorgenommen werden. Vom Zeitpunkt der Beendigung der nachträglichen Herstellungsarbeiten an richtet sich die AfA nach den Verhältnissen, die bei den neu geschaffenen Teilen des Wirtschaftsguts vorliegen. Dabei sind die nachträglichen Herstellungskosten so zu berücksichtigen, als wären sie zu Beginn des Jahres aufgewendet worden.

(2) Haben die neu geschaffenen Teile die Merkmale eines Gebäudes (z. B. bei Anbauten, Erweiterungen und Aufstockungen), so ist die AfA nach § 7 Abs. 4 EStG vorzunehmen. In den übrigen Fällen bemißt sich die AfA nach § 7 Abs. 1 Satz 1 EStG nach der Nutzungsdauer der neu geschaffenen Teile. Diese Nutzungsdauer entspricht der Restnutzungsdauer des Wirtschaftsguts im Zeitpunkt der Beendigung der nachträglichen Herstellungsarbeiten; bei nachträglichen Herstellungsarbeiten an Gebäuden bestehen jedoch keine Bedenken, wenn der Steuerpflichtige die AfA für die neu geschaffenen Teile nach dem für das Gebäude nach § 7 Abs. 4 EStG maßgebenden AfA-Satz bemißt.

---

[1]) Tz. 11 Satz 2 und 3 überholt durch Abschnitt III Nr. 1 des BMF-Schreibens vom 24.11.1996 (Anhang 11 IV).

Beispiele:

Fall 1:

Ein Gebäude mit einer geschätzten tatsächlichen Nutzungsdauer von mindestens 50 Jahren wird nach § 7 Abs. 4 Satz 1 EStG mit 2 v. H. abgeschrieben. Im zweiten auf das Jahr des Abschreibungsbeginns folgenden Jahr werden Umbaumaßnahmen an dem Gebäude beendet. Die Restnutzungsdauer des Gebäudes im Zeitpunkt der Beendigung der Umbaumaßnahmen wird auf 80 Jahre geschätzt.

Die AfA für die neu geschaffenen Teile kann entweder nach der Restnutzungsdauer des Gebäudes im Zeitpunkt der Beendigung der nachträglichen Herstellungsarbeiten (80 Jahre = 1,25 v. H.) oder **höher** wie für das Gebäude (mit 2 v. H.) bemessen werden.

Fall 2:

Ein Gebäude wird nach der geschätzten tatsächlichen Nutzungsdauer von 30 Jahren nach § 7 Abs. 4 Satz 2 EStG mit 3,33 v. H. abgeschrieben. Im dritten auf das Jahr des Abschreibungsbeginns folgenden Jahr werden Umbaumaßnahmen an dem Gebäude beendet. Die Restnutzungsdauer des Gebäudes im Zeitpunkt der Beendigung der Umbaumaßnahmen wird auf 25 Jahre geschätzt.

Die AfA für die neu geschaffenen Teile kann entweder nach der Restnutzungsdauer des Gebäudes im Zeitpunkt der Beendigung der nachträglichen Herstellungsarbeiten (25 Jahre = 4 v. H.) oder **niedriger** wie für das Gebäude (mit 3,33 v. H.) bemessen werden.

4. Restwertabschreibung

14 (1) Bei Gebäuden und bei sonstigen Wirtschaftsgütern ist die AfA vom Restwert nach Ablauf des Begünstigungszeitraums nach § 7a Abs. 9 EStG vorzunehmen. Wegen der Restabschreibungsdauer bei Gebäuden vgl. BMF-Schreiben vom 20. Juli 1992 (BStBl I S. 415).

15 (2) Bei nachträglichen Herstellungsarbeiten an beweglichen Wirtschaftsgütern ist der Restwert nach Ablauf des Begünstigungszeitraums der Anschaffungs- oder Herstellungskosten des beweglichen Wirtschaftsguts oder dem an deren Stelle tretenden Wert hinzuzurechnen. Die weiteren AfA sind einheitlich für das gesamte Wirtschaftsgut nach dem sich hiernach ergebenden Betrag und der Restnutzungsdauer des beweglichen Wirtschaftsguts zu bemessen.

16[1)] (3) Sind Sonderabschreibungen für Anzahlungen auf Anschaffungskosten oder für Teilherstellungskosten vorgenommen worden, so ist die AfA nach § 7 Abs. 1 Satz 1 oder Abs. 4 EStG grundsätzlich im Jahr der Anschaffung oder Herstellung des Wirtschaftsguts und in den folgenden Jahren des Begünstigungszeitraums von den Anschaffungs- oder Herstellungskosten des Wirtschaftsguts vorzunehmen. Wird ein Wirtschaftsgut nach dem 31. Dezember 1994 angeschafft oder hergestellt (vgl. Tz. 11 Satz 2), beginnt die AfA vom Restwert im Sinne des § 7a Abs. 9 EStG nach Ablauf des für die Anzahlungen oder Teilherstellungskosten maßgebenden Begünstigungszeitraums.

Beispiel:

Ein zur Vermietung bestimmtes Gebäude des Privatvermögens wird im Juli 1995 fertiggestellt. Die Teilherstellungskosten im Jahr 1994 betragen 400.000 DM, die restlichen Herstellungskosten im Jahr 1995 betragen 300.000 DM.

Der Begünstigungszeitraum für die Sonderabschreibungen auf Teilherstellungskosten umfaßt die Jahre 1994 bis 1998. Die lineare AfA ist ab 1. Juli 1995 von den Herstellungskosten und vom Jahr 1999 an vom Restwert zum 31. Dezember 1998 zu bemessen:

Teilherstellungskosten 1994		400.000 DM
50 v. H. Sonderabschreibungen 1994	200.000 DM =	
restliche Herstellungskosten 1995		300.000 DM
lineare AfA 1995 bis 1998 = 3 ½ Jahre × 2 v. H. = 7 v. H.	49.000 DM =	249.000 DM
Restwert 31. Dezember 1998		451.000 DM
AfA ab 1999 jährlich $^{1}/_{46}$		

17 (4) Bei nachträglichen Herstellungsarbeiten gilt Tz. 16 entsprechend.

Beispiel:

Die Umbaumaßnahmen an einem fremden Wohnzwecken dienenden Gebäude des Privatvermögens, das nach § 7 Abs. 4 Satz 1 EStG mit 2 v. H. abgeschrieben wird, werden im Juli 1995 beendet.

[1)] Tz. 11 Satz 2 und 3 überholt durch Abschnitt III Nr. 1 des BMF-Schreibens vom 24.11.1996 (Anhang 11 IV).

Die Teilherstellungskosten im Jahr 1994 betragen 250.000 DM, die restlichen Herstellungskosten im Jahr 1995 betragen 60.000 DM.

Fall 1:
Sonderabschreibungen auf Teilherstellungskosten werden im Jahr 1994 in Höhe von 50 v. H. in Anspruch genommen.

Der Begünstigungszeitraum für die Sonderabschreibungen auf Teilherstellungskosten umfaßt das Jahr 1994. Die lineare AfA ist ab 1. Juli 1995 vom Restwert zu bemessen:

Teilherstellungskosten 1994	250.000 DM
50 v. H. Sonderabschreibungen 1994	–125.000 DM
restliche Herstellungskosten 1995	+ 60.000 DM
Restwert 30. Juni 1995	185.000 DM

AfA ab 1995 jährlich $^{1}/_{10}$

Fall 2:
Sonderabschreibungen auf Teilherstellungskosten werden im Jahr 1994 in Höhe von 40 v. H. und im Jahr 1995 in Höhe von 10 v. H. in Anspruch genommen.

Der Begünstigungszeitraum für die Sonderabschreibungen auf Teilherstellungskosten umfaßt die Jahre 1994 und 1995. Die lineare AfA ist ab 1. Juli 1995 von den Herstellungskosten und vom Jahr 1996 an vom Restwert zum 31. Dezember 1995 zu bemessen:

Teilherstellungskosten 1994		250.000 DM
40 v. H. Sonderabschreibungen 1994	100.000 DM =	
restliche Herstellungskosten 1995		60.000 DM
Herstellungskosten insgesamt		310.000 DM
10 v. H. Sonderabschreibungen 1995	25.000 DM	
lineare AfA 1995 = ½ Jahr × 2 v. H. = 1 v. H.	3.100 DM =	128.100 DM
Restwert 31. Dezember 1995		181.900 DM

AfA ab 1996 jährlich $^{1}/_{9}$

V. Rücklage

(1) Eine Rücklage nach § 6 FördG kann nur für begünstigte Investitionen gebildet werden, mit denen vor dem 1. Januar 1992 begonnen worden ist. Diese Voraussetzung muß bereits zum Bilanzstichtag erfüllt sein. Investitionen sind in dem Zeitpunkt begonnen, in dem der Steuerpflichtige erstmals seine Entscheidung zur Anschaffung oder Herstellung eines Wirtschaftsguts für sich bindend und unwiderruflich nach außen hin erkennbar macht. Als Investitionsbeginn ist deshalb der Zeitpunkt anzusehen, in dem ein bewegliches Wirtschaftsgut bestellt oder über ein unbewegliches Wirtschaftsgut der Kaufvertrag abgeschlossen oder mit der Herstellung eines Wirtschaftsguts oder mit den nachträglichen Herstellungsarbeiten begonnen worden ist. Als Beginn der Herstellung gilt bei Baumaßnahmen, für die eine Baugenehmigung erforderlich ist, der Zeitpunkt, in dem der Bauantrag gestellt wird.

(2) Tritt ein Steuerpflichtiger in den Vertrag über die Anschaffung eines Wirtschaftsguts ein, so ist als Zeitpunkt der Bestellung nicht der Zeitpunkt der Bestellung durch den Dritten, sondern der Zeitpunkt des Vertragseintritts durch den Steuerpflichtigen maßgebend. Stellt ein Steuerpflichtiger ein Wirtschaftsgut fertig, mit dessen Herstellung ein Dritter begonnen hat, so ist als Herstellungsbeginn nicht der Zeitpunkt des Herstellungsbeginns durch den Dritten, sondern der Zeitpunkt maßgebend, in dem der Steuerpflichtige mit der Fertigstellung des Wirtschaftsguts beginnt. Das gilt auch dann, wenn das Wirtschaftsgut aufgrund einer Baugenehmigung hergestellt wird, die der Dritte beantragt hat.

(3) Eine Rücklage darf nicht gebildet werden, soweit Sonderabschreibungen für Anzahlungen auf Anschaffungskosten oder für Teilherstellungskosten in Anspruch genommen werden.

VI. Sonderausgabenabzug

(1) Der Steuerpflichtige kann wählen, ob er hinsichtlich der Aufwendungen für nachträgliche Herstellungsarbeiten an einem zu eigenen Wohnzwecken genutzten Gebäude den Abzugsbetrag nach § 7

FördG oder bei Vorliegen der sonstigen Voraussetzungen die Steuerbegünstigung nach § 10e Abs. 1 oder 2 oder § 10f EStG in Anspruch nehmen will.

22 (2) Sind zu den Aufwendungen im Sinne des § 7 Abs. 1 FördG Zuschüsse aus öffentlichen oder privaten Mitteln gezahlt worden, so sind nur die um die Zuschüsse geminderten Aufwendungen, höchstens aber 40.000 DM, begünstigt.

23 (3) Sind Zahlungen im Sinne des § 7 Abs. 1 FördG in mehreren Jahren geleistet worden, so beginnt in jedem Jahr ein selbständiger Abzugszeitraum.

24 (4) Für vor dem 1. Januar 1991 geleistete Zahlungen beginnt der 10jährige Abzugszeitraum mit dem Jahr 1991, soweit die Aufwendungen auf nach dem 31. Dezember 1990 vorgenommene Herstellungs- und Erhaltungsarbeiten entfallen (§ 8 Abs. 3 FördG). Ein Abzug der auf vor dem 1. Januar 1991 durchgeführte Arbeiten entfallenden Aufwendungen ist auch dann ausgeschlossen, wenn die Zahlungen nach dem 31. Dezember 1990 geleistet worden sind. Es ist ggf. eine Aufteilung vorzunehmen. Die vorstehenden Grundsätze gelten entsprechend für im Jahr 1994 vorgenommene Herstellungs- und Erhaltungsarbeiten, für die eine Zahlung erst nach dem 31. Dezember 1994 erfolgt, bzw. für nach dem 31. Dezember 1994 durchgeführte Arbeiten, für die eine Zahlung bereits vor dem 1. Januar 1995 geleistet worden ist.

VII. Anwendung in Berlin (West)

25 Bei Investitionen in Berlin (West) kommen Sonderabschreibungen nur in Betracht, wenn der Steuerpflichtige nach dem 30. Juni 1991 die Wirtschaftsgüter bestellt oder mit ihrer Herstellung oder mit den nachträglichen Herstellungsarbeiten begonnen hat. Tz. 18 und 19 gelten entsprechend. Die Bildung von Rücklagen ist bei Investitionen in Berlin (West) nicht zulässig (vgl. BMF-Schreiben vom 21. Februar 1992 – BStBl I S. 215, und vom 3. Juli 1992 – BStBl I S. 394).

III

Inanspruchnahme von Sonderabschreibungen nach dem Fördergebietsgesetz und Zugehörigkeits-, Verbleibens- und Verwendungsvoraussetzung bei
1. Vermögensübergang im Sinne des Umwandlungssteuergesetzes
2. Realteilung einer Personengesellschaft
3. Ausscheiden von Gesellschaftern aus einer Personengesellschaft mit der Folge des Entstehens eines Einzelunternehmens

BMF vom 14.7.1995 (BStBl I S. 374)

IV B 3 – S 1988 – 73/95

Bezug: Tz. 1 des BMF-Schreibens vom 29. März 1993 (BStBl I S. 279)

Persönlich berechtigt zur Inanspruchnahme von Sonderabschreibungen nach dem Fördergebietsgesetz sind Steuerpflichtige im Sinne des Einkommensteuergesetzes und des Körperschaftsteuergesetzes. Bei Personengesellschaften und Gemeinschaften tritt an die Stelle des Steuerpflichtigen die Gesellschaft oder Gemeinschaft (§ 1 Abs. 1 Satz 2 FördG).

Zu den begünstigten Investitionen gehört nach den §§ 2 und 3 FördG u.a. die Anschaffung beweglicher Wirtschaftsgüter des Anlagevermögens und unbeweglicher Wirtschaftsgüter.

Voraussetzung für die Inanspruchnahme der Sonderabschreibungen ist

– bei beweglichen Wirtschaftsgütern, daß sie mindestens drei Jahre nach ihrer Anschaffung oder Herstellung (Bindungszeitraum) zum Anlagevermögen einer Betriebsstätte des Steuerpflichtigen im Fördergebiet gehören (Zugehörigkeitsvoraussetzung) und während dieser Zeit in einer solchen Betriebsstätte verbleiben (Verbleibensvoraussetzung; § 2 Nr. 2 FördG),

– bei unbeweglichen Wirtschaftsgütern, die nach dem Jahr der Fertigstellung und nach dem 31. Dezember 1993 angeschafft werden und beim Erwerber zu einem Betriebsvermögen gehören, daß sie mindestens fünf Jahre nach ihrer Anschaffung (Bindungszeitraum) zu eigenbetrieblichen Zwecken verwendet werden (Verwendungsvoraussetzung; § 3 Satz 2 Nr. 2 Buchstabe b FördG).

Unter Bezugnahme auf das Ergebnis der Erörterungen mit den obersten Finanzbehörden der Länder gilt zur Inanspruchnahme von Sonderabschreibungen und zu der Zugehörigkeits-, Verbleibens- und Verwendungsvoraussetzung (Bindungsvoraussetzungen) bei einem Vermögensübergang im Sinne des Umwandlungssteuergesetzes, bei Realteilung einer Personengesellschaft und bei Ausscheiden von Gesellschaftern aus einer Personengesellschaft mit der Folge des Entstehens eines Einzelunternehmens folgendes:

1. Vermögensübergang im Sinne des Umwandlungssteuergesetzes
a) Inanspruchnahme von Sonderabschreibungen nach einem Vermögensübergang

Die Übernahme von Wirtschaftsgütern durch einen Vermögensübergang im Sinne des Umwandlungssteuergesetzes stellt beim Übernehmenden eine Anschaffung im Sinne des Fördergebietsgesetzes dar, wenn die übergegangenen oder eingebrachten Wirtschaftsgüter als angeschafft gelten. Bemessungsgrundlage der Sonderabschreibungen ist der Wert, mit dem die Wirtschaftsgüter als angeschafft gelten. In folgenden Fällen gelten die Wirtschaftsgüter als angeschafft:

aa) Umwandlungssteuergesetz 1977
- Vermögensübergang von einer Körperschaft auf eine Personengesellschaft (§ 5 Abs. 1 und 2 i.V.m. § 3 UmwStG) oder auf eine natürliche Person (§ 11 UmwStG)
- Vermögensübergang von einer Körperschaft auf eine andere Körperschaft, wenn die Wirtschaftsgüter mit dem Wert der für die Übertragung gewährten Gegenleistung oder mit dem Teilwert angesetzt werden (§ 15 Abs. 4 i.V.m. § 14 Abs. 1 UmwStG)
- Einbringung eines Betriebs, Teilbetriebs oder Mitunternehmeranteils in eine Kapitalgesellschaft gegen Gewährung von Gesellschaftsanteilen oder in eine Personengesellschaft, wenn das eingebrachte Betriebsvermögen mit dem Teilwert angesetzt wird (§ 23 Abs. 3 und § 24 Abs. 4 UmwStG)

bb) Umwandlungssteuergesetz 1995
- Einbringung eines Betriebs, Teilbetriebs oder Mitunternehmeranteils im Wege der Einzelrechtsnachfolge in eine Kapitalgesellschaft gegen Gewährung von Gesellschaftsanteilen oder in eine Personengesellschaft, wenn das eingebrachte Betriebsvermögen mit dem Teilwert angesetzt wird (§ 22 Abs. 3 erster Teilsatz und § 24 Abs. 4 UmwStG)

In den Fällen, in denen die Wirtschaftsgüter nicht als angeschafft gelten, tritt der Übernehmende hinsichtlich der Sonderabschreibungen in die Rechtsstellung des Übertragenden ein mit der Folge, daß er Sonderabschreibungen noch in der Höhe und in dem Zeitraum vornehmen kann, wie es auch der Übertragende noch könnte. Wird in den Fällen der Einbringung im Sinne der §§ 20 oder 24 UmwStG das eingebrachte Betriebsvermögen mit einem über dem Buchwert, aber unter dem Teilwert liegenden Wert (Zwischenwert) angesetzt, bleibt somit der Unterschiedsbetrag zwischen dem Buchwert und dem Zwischenwert bei der Inanspruchnahme von Sonderabschreibungen unberücksichtigt. Für den Unterschiedsbetrag kann lediglich lineare AfA vorgenommen werden.

b) Auswirkung eines Vermögensübergangs auf die Bindungsvoraussetzungen

Gehen Wirtschaftsgüter innerhalb eines Bindungszeitraums durch einen Vermögensübergang im Sinne des Umwandlungssteuergesetzes über, sind die Bindungsvoraussetzungen beim Übertragenden nicht erfüllt, wenn die übergegangenen oder eingebrachten Wirtschaftsgüter beim Übernehmenden als angeschafft gelten. Vom Übertragenden in Anspruch genommene Sonderabschreibungen sind durch Änderung des Steuerbescheids nach § 175 Abs. 1 Satz 1 Nr. 2 AO rückwirkend zu versagen.

In den Fällen, in denen die Wirtschaftsgüter nicht als angeschafft gelten, sind die Zeiträume der Bindung eines Wirtschaftsguts an die Betriebsstätte des Übertragenden und an die Betriebsstätte des Übernehmenden zusammenzurechnen.

2. Realteilung einer Personengesellschaft

Die Realteilung einer Personengesellschaft ist ihrem Wesen nach der umgekehrte Fall einer Einbringung nach § 24 UmwStG. Deshalb gelten die Regelungen unter 1. entsprechend. Das gilt auch dann, wenn die bisherigen Gesellschafter bei der Realteilung keinen Teilbetrieb, sondern einzelne Wirtschaftsgüter erhalten, die sie in einen Betrieb einbringen (BFH-Urteil vom 10. Dezember 1991, BStBl 1992 II S. 385). Das bedeutet im einzelnen folgendes:

Anhang 11
III Fördergebiet

a) Inanspruchnahme von Sonderabschreibungen nach einer Realteilung

Wird die Realteilung als Betriebsaufgabe (§ 16 Abs. 3 EStG) behandelt, d.h. werden die Wirtschaftsgüter in der Schlußbilanz der Personengesellschaft und in den Bilanzen der bisherigen Gesellschafter mit dem Teilwert angesetzt, so stellt die Übernahme der Wirtschaftsgüter durch die bisherigen Gesellschafter eine Anschaffung im Sinne des Fördergebietsgesetzes dar. Bemessungsgrundlage der Sonderabschreibungen ist der Teilwert der Wirtschaftsgüter.

Führen die bisherigen Gesellschafter in ihren Bilanzen die Buchwerte der übernommenen Wirtschaftsgüter fort, treten sie in die Rechtsstellung der Personengesellschaft ein mit der Folge, daß sie Sonderabschreibungen noch in der Höhe und in dem Zeitraum vornehmen können, wie es auch die Personengesellschaft noch könnte.

Diese Grundsätze gelten auch bei der Realteilung einer Personengesellschaft mit Abfindungszahlung (Spitzenausgleich), d.h.:

- Werden die Wirtschaftsgüter mit dem Teilwert angesetzt, ist dieser Bemessungsgrundlage der Sonderabschreibungen und der daneben vorzunehmenden linearen AfA; die Abfindungszahlung ist ohne Bedeutung.
- Werden im Fall der Buchwertfortführung die Buchwerte aufgrund der Abfindungszahlung aufgestockt (vgl. Tz. 18 des BMF-Schreibens vom 11. Januar 1993, BStBl I S. 62, i.V.m. dem BMF-Schreiben vom 11. August 1994, BStBl I S. 601), bleibt der Aufstockungsbetrag – wie bei einer Einbringung zu Zwischenwerten nach § 24 UmwStG – bei der Inanspruchnahme von Sonderabschreibungen unberücksichtigt. Hierfür kann lediglich lineare AfA vorgenommen werden.

b) Auswirkung einer Realteilung auf die Bindungsvoraussetzungen

Werden bei einer Realteilung innerhalb eines Bindungszeitraums die Wirtschaftsgüter mit dem Teilwert angesetzt, sind die Bindungsvoraussetzungen bei der Personengesellschaft nicht erfüllt. Sonderabschreibungen, die die Personengesellschaft in Anspruch genommen hat, sind durch Änderung des Steuerbescheids nach § 175 Abs. 1 Satz 1 Nr. 2 AO rückwirkend zu versagen.

Führen die bisherigen Gesellschafter in ihren Bilanzen die Buchwerte der übernommenen Wirtschaftsgüter fort, sind die Zeiträume der Bindung eines Wirtschaftsguts an die Betriebsstätte der Personengesellschaft und an die Betriebsstätte des bisherigen Gesellschafters zusammenzurechnen. Das gilt auch dann, wenn die Buchwerte der übernommenen Wirtschaftsgüter aufgrund einer Abfindungszahlung (Spitzenausgleich) aufgestockt werden.

3. Ausscheiden von Gesellschaftern aus einer Personengesellschaft mit der Folge des Entstehens eines Einzelunternehmens

a) Inanspruchnahme von Sonderabschreibungen nach Entstehen des Einzelunternehmens

Scheiden aus einer betrieblich tätigen Personengesellschaft die Gesellschafter bis auf einen aus, der den Betrieb als Einzelunternehmen fortführt, tritt der Verbleibende (Einzelunternehmer) hinsichtlich der Sonderabschreibungen in die Rechtsstellung der Personengesellschaft ein mit der Folge, daß Sonderabschreibungen noch in der Höhe und in dem Zeitraum vornehmen kann, wie es auch die Personengesellschaft noch könnte. Soweit die Buchwerte der Wirtschaftsgüter aufgestockt werden, bleibt somit der Aufstockungsbetrag bei der Inanspruchnahme von Sonderabschreibungen außer Betracht.

b) Auswirkung auf die Bindungsvoraussetzungen

Scheiden aus einer betrieblich tätigen Personengesellschaft die Gesellschafter bis auf einen aus, der den Betrieb als Einzelunternehmen fortführt, sind die Zeiträume der Bindung eines Wirtschaftsguts an die Betriebsstätte der Personengesellschaft und an die Betriebsstätte des Einzelunternehmers zusammenzurechnen.

IV
Zweifelsfragen bei der Anwendung des Fördergebietsgesetzes

BMF vom 24.12.1996 (BStBl I S. 1516)

IV B 3 – S 1988 – 170 / 96

Bezug: BMF vom 29.3.1993 (BStBl I S. 279)

Unter Bezugnahme auf das Ergebnis der Erörterungen mit den obersten Finanzbehörden der Länder und in Ergänzung des o.a. Schreibens gilt bei Anwendung des Fördergebietsgesetzes in der durch Artikel 19 des Jahressteuer-Ergänzungsgesetzes 1996 vom 18. Dezember 1995 (BGBl.I S. 1959, BStBl I S. 786) geänderten Fassung (vgl. die Neufassung des Fördergebietsgesetzes im Bundessteuerblatt 1996 I S. 104) folgendes:

I. Abgrenzung der Anschaffungs- und Veräußerungsvorgänge von den Fällen der Fortsetzung der Sonderabschreibungen

1. Realteilung von Gesellschaften mit Einkünften aus Vermietung und Verpachtung

Die Realteilung einer Gesellschaft mit Einkünften aus Vermietung und Verpachtung ist hinsichtlich der Abschreibungen nach den Grundsätzen der Erbauseinandersetzung über Privatvermögen zu behandeln (Tz. 23 bis 32 des BMF-Schreibens vom 11. Januar 1993, BStBl I S. 62). Das bedeutet für die Sonderabschreibungen folgendes:

Bei einer Realteilung ohne Abfindungszahlungen werden die Wirtschaftsgüter in vollem Umfang unentgeltlich erworben. Der Alleineigentümer tritt in die Rechtsstellung der Gesellschaft ein mit der Folge, daß er Sonderabschreibungen noch in der Höhe und in dem Zeitraum vornehmen kann, wie es auch die Gesellschaft noch gekonnt hätte.

Erhält ein Gesellschafter bei der Realteilung mehr, als ihm nach seinem Gesellschafts-/Miteigentumsanteil zusteht und zahlt er dafür eine Abfindung, liegt insoweit eine Anschaffung vor. Für die Abfindungszahlung können Sonderabschreibungen vorgenommen werden, wenn das unbewegliche Wirtschaftsgut bis zum Ende des Jahres der Fertigstellung angeschafft worden ist und für das Wirtschaftsgut weder degressive AfA nach § 7 Abs. 5 EStG noch Sonderabschreibungen in Anspruch genommen worden sind (§ 3 Satz 2 Nr. 1 FördG). Soweit der Gesellschafter das Wirtschaftsgut entsprechend seinem Gesellschafts-/Miteigentumsanteil unentgeltlich erwirbt, tritt er in die Rechtsstellung der Gesellschaft ein mit der Folge, daß er insoweit Sonderabschreibungen noch in der Höhe und in dem Zeitraum vornehmen kann, wie es auch die Gesellschaft noch gekonnt hätte. Bei Erwerb eines Wirtschaftsguts gegen Abfindungszahlung berechnen sich der entgeltlich und der unentgeltlich erworbene Teil des Wirtschaftsguts nach dem Verkehrswert. In der Regel kann davon ausgegangen werden, daß der Verkehrswert dem Wert entspricht, den die Gesellschafter der Realteilung zugrunde legen.

Beispiel 1:

A und B sind je zur Hälfte an einer Grundstücksgesellschaft bürgerlichen Rechts (GbR) beteiligt, die im Jahr 1996 zwei Mietwohngebäude fertigstellt. Die Herstellungskosten betragen bei Gebäude I 650.000 DM und bei Gebäude II 500.000 DM. Die GbR nimmt in den Jahren 1996 und 1997 Sonderabschreibungen für das Gebäude I von insgesamt 20 v. H. und für das Gebäude II von insgesamt 30 v. H. der Herstellungskosten vor. Bei der Realteilung zum 1. Januar 1998 beträgt der Verkehrswert bei Gebäude I 700.000 DM und bei Gebäude II 500.000 DM. A erhält das Grundstück I und zahlt hierfür eine Abfindung an B, die in Höhe von 100.000 DM auf das Gebäude I entfällt. B erhält das Grundstück II und die Abfindungszahlung.

A hat für das Gebäude I Anschaffungskosten von 100.000 DM. Er kann hierfür nur lineare AfA nach § 7 Abs. 4 Satz 1 Nr. 2 Buchstabe a EStG von jährlich 2 v. H. vornehmen. Sonderabschreibungen sind hierfür nicht zulässig, weil A das Gebäude nach dem Jahr seiner Fertigstellung angeschafft hat. A zahlt die Abfindung weder für das ganze Gebäude I noch für den gesamten Anteil des B an dem Gebäude I (½), sondern nur für das wertmäßige „Mehr", das er bei der Realteilung erhalten hat. Das Gebäude I ist 700.000 DM wert. 600.000 DM stehen A nach seinem Gesellschafts-/Miteigentumsanteil zu, so daß er ¹/₇ des Gebäudes für 100.000 DM entgeltlich und ⁶/₇ des Gebäudes unentgeltlich erworben hat. A kann deshalb von ⁶/₇ der Herstellungskosten des Gebäudes I (= 557.143 DM) in den Jahren 1998 bis 2000 Sonderabschreibungen bis zu 30 v. H. vornehmen.

Anhang 11

B erwirbt das Gebäude II in vollem Umfang unentgeltlich. Er kann von den Herstellungskosten (500.000 DM) in den Jahren 1998 bis 2000 Sonderabschreibungen bis zu 20 v. H. vornehmen.

Diese Grundsätze gelten entsprechend, wenn an einem Gebäude zum Zweck der Realteilung Wohnungseigentum oder Teileigentum im Sinne des Wohnungseigentumsgesetzes begründet wird.

Beispiel 2:

A und B sind je zur Hälfte an einer GbR beteiligt, die im Jahr 1996 ein Zweifamilienhaus mit zwei gleich großen Mietwohnungen fertigstellt. Die Herstellungskosten betragen 600.000 DM. Die GbR nimmt in den Jahren 1996 bis 1999 Sonderabschreibungen von insgesamt 40 v. H. der Herstellungskosten vor. Zum 1. Januar 2000 wird das Gebäude in zwei Eigentumswohnungen umgewandelt und die GbR in der Weise real geteilt, daß A und B jeweils eine Eigentumswohnung zu Alleineigentum erhalten.

A und B erwerben die Eigentumswohnungen jeweils in vollem Umfang unentgeltlich. Sie können jeweils von den halben Herstellungskosten des Zweifamilienhauses (= 300.000 DM) im Jahr 2000 Sonderabschreibungen bis zu 10 v. H. vornehmen.

2. Beendigung einer Gesellschaft

Scheiden aus einer GbR mit Einkünften aus Vermietung und Verpachtung die Gesellschafter bis auf einen aus, tritt der Verbleibende (Alleineigentümer) hinsichtlich der Sonderabschreibungen in die Rechtsstellung der Gesellschaft ein mit der Folge, daß er Sonderabschreibungen noch in der Höhe und in dem Zeitraum vornehmen kann, wie es auch die Gesellschaft noch gekonnt hätte. Werden an die ausscheidenden Gesellschafter Abfindungen gezahlt, können hierfür keine Sonderabschreibungen in Anspruch genommen werden.

3. Änderungen im Bestand der Gesellschafter

Tritt ein weiterer Gesellschafter in eine bestehende Gesellschaft ein oder veräußert ein Gesellschafter seine Gesellschafts-/Miteigentumsanteile an einen anderen, der an seine Stelle tritt, hat dies keine Auswirkungen auf die Sonderabschreibungen für die Investitionen, die die Gesellschaft vor dem Eintritt des neuen Gesellschafters oder vor dem Gesellschafterwechsel vorgenommen hat (vgl. Tz. 1 des o.a. Schreibens). Das gilt unabhängig von der Höhe des Gesellschafts-/Miteigentumsanteils des neu eintretenden Gesellschafters und auch bei einem gleichzeitigen Wechsel aller Gesellschafter.

4. Anschaffung oder Herstellung eines Gebäudes durch eine natürliche Person und anschließende Veräußerung von Gesellschafts-/Miteigentumsanteilen

Erwirbt oder erstellt eine natürliche Person ein Gebäude des Privatvermögens, für das sie Sonderabschreibungen vornehmen kann, und überträgt sie anschließend das entsprechende Grundstück auf eine GbR mit Einkünften aus Vermietung und Verpachtung, an der die natürliche Person selbst beteiligt ist, so gilt für die Ermittlung der Bemessungsgrundlage für die Sonderabschreibungen folgendes:

Zur Bemessungsgrundlage für die Sonderabschreibungen der GbR gehören die auf das Gebäude entfallenden anteiligen Anschaffungs- oder Herstellungskosten der natürlichen Person, soweit es ihrem Gesellschafts-/Miteigentumsanteil entspricht. Soweit die Anschaffungskosten der GbR auf die übrigen Gesellschafter entfallen, gehören sie zur Bemessungsgrundlage, wenn das Grundstück bis zum Ende des Jahres der Fertigstellung übertragen wird und für das Gebäude weder degressive AfA nach § 7 Abs. 5 EStG noch Sonderabschreibungen in Anspruch genommen worden sind.

Beispiel 3:

A stellt zum 1. August 1996 ein Mietwohngebäude mit Herstellungskosten von 600.000 DM fertig und veräußert das bebaute Grundstück zum 1. Dezember 1996 an eine GbR, an der A zu 60 v. H. und B zu 40 v. H. beteiligt sind. Zum Zeitpunkt der Veräußerung gehört das Grundstück zum Privatvermögen des A. Von dem Kaufpreis entfallen 700.000 DM auf das Gebäude.

Die GbR A & B ist zur Inanspruchnahme von Sonderabschreibungen berechtigt. Zur Bemessungsgrundlage gehören die anteiligen Herstellungskosten des A (60 v. H. von 600.000 DM = 360.000 DM) sowie die Anschaffungskosten der GbR, soweit sie auf B entfallen (40 v. H. von 700.000 DM = 280.000 DM). Die GbR A & B kann mithin in den Jahren 1996 bis 2000 Sonderabschreibungen bis zu 50 v. H. von 640.000 DM vornehmen.

Beispiel 4:

Sachverhalt wie in Beispiel 3 mit dem Unterschied, daß A das bebaute Grundstück erst zum 1. Januar 1997 an die GbR A & B veräußert.

Die GbR A & B ist zur Inanspruchnahme von Sonderabschreibungen berechtigt. Zur Bemessungsgrundlage gehören nur die anteiligen Herstellungskosten des A von 360.000 DM. Die GbR A & B kann mithin in den Jahren 1997 bis 2000 nur von diesem Betrag Sonderabschreibungen bis zu 50 v. H. vornehmen. Soweit die Anschaffungskosten der GbR auf B entfallen, gehören sie nicht zur Bemessungsgrundlage für die Sonderabschreibungen, weil B den Gesellschafts-/Miteigentumsanteil nach dem Jahr der Fertigstellung des Gebäudes erworben hat. Hierfür kann nur lineare AfA von jährlich 2 v. H. vorgenommen werden.

Die Sonderabschreibungen sind den Gesellschaftern – wie das übrige Ergebnis – nach dem Verhältnis der nach bürgerlichem Recht anzusetzenden Anteile zuzurechnen.

Beispiel 5:

Sachverhalt wie in Beispiel 4. Das Ergebnis der GbR A & B vor Abschreibungen beträgt im Jahr 1997	+ 40.000 DM
Sonderabschreibungen 30 v. H. von 360.000 DM	–108.000 DM
lineare AfA 2 v. H. von (anteilige Herstellungskosten des A von 360.000 DM zuzüglich anteilige Anschaffungskosten von 280.000 DM =) 640.000 DM	– 12.800 DM
Einkünfte 1997	– 80.800 DM
Anteil von A 60 v. H.	– 48.480 DM
Anteil von B 40 v. H.	– 32.320 DM

5. Entnahme und Einlage

Die Überführung eines Wirtschaftsguts aus einem Betriebsvermögen in das Privatvermögen des Steuerpflichtigen ist ein anschaffungsähnlicher Vorgang, weil die stillen Reserven des entnommenen Wirtschaftsguts aufgedeckt und versteuert werden (vgl. BFH-Beschluß vom 2. Juli 1992, BStBl II S. 909, und BFH-Urteil vom 8. November 1994, BStBl 1995 II S. 170). Die Überführung ist deshalb wie eine Veräußerung bzw. wie eine Anschaffung zu behandeln. Ist die Anschaffung eine begünstigte Investition im Sinne von §§ 2 und 3 FördG, bemessen sich die Sonderabschreibungen – wie die lineare AfA nach § 7 Abs. 1 oder Abs. 4 EStG – nach dem Teilwert (§ 6 Abs. 1 Nr. 4 EStG) oder gemeinen Wert (§ 16 Abs. 3 Satz 4 EStG), mit dem das Wirtschaftsgut bei der Überführung steuerlich erfaßt worden ist.

Die Überführung eines Wirtschaftsguts aus dem Privatvermögen in ein Betriebsvermögen des Steuerpflichtigen ist dagegen kein anschaffungsähnlicher Vorgang, weil die stillen Reserven des überführten Wirtschaftsguts nicht versteuert werden. Der Steuerpflichtige kann deshalb die Sonderabschreibungen im Betriebsvermögen in der Höhe und in dem Zeitraum vornehmen, wie er es ohne die Überführung in das Betriebsvermögen noch gekonnt hätte. Die lineare AfA bemißt sich hingegen von dem nach § 6 Abs. 1 Nr. 5 EStG maßgebenden Wert.

6. Verteilung der Sonderabschreibungen

Tritt ein Steuerpflichtiger einer Gesellschaft nach dem Jahr des Entstehens der Gesellschaft bei, kann er im Jahr des Beitritts einen höheren Anteil an den Sonderabschreibungen als die bisherigen Gesellschafter erhalten, wenn dies im Gesellschaftsvertrag zu Beginn des Jahrs vereinbart worden ist. Der Anteil des beitretenden Gesellschafters an den insgesamt zulässigen Sonderabschreibungen darf jedoch nicht höher sein als dies seinem Anteil an der Gesellschaft entspricht.

7. Anwendung bei Gemeinschaften

Bei Gemeinschaften gelten die Grundsätze unter den Nummern 1 bis 6 entsprechend.

II. Verwendungsvoraussetzungen

1. Dienen zu Wohnzwecken

Für Baumaßnahmen im Sinne des § 3 FördG betragen die Sonderabschreibungen ab 1997 nur dann bis zu 40 v. H., wenn es sich um nachträgliche Herstellungsarbeiten, um Fälle des § 3 Satz 2 Nr. 3 FördG oder um unbewegliche Wirtschaftsgüter handelt, die mindestens fünf Jahre nach ihrer Anschaffung oder Herstellung in einem Betrieb des verarbeitenden Gewerbes zu eigenbetrieblichen Zwecken verwendet werden. Sonderabschreibungen bis zu 25 v. H. sind nur zulässig, soweit das unbewegliche Wirtschaftsgut mindestens fünf Jahre nach seiner Anschaffung oder Herstellung Wohnzwecken dient (§ 4 Abs. 2 FördG).

Bei unbeweglichen Wirtschaftsgütern und bei nachträglichen Herstellungsarbeiten an unbeweglichen Wirtschaftsgütern in Berlin-West kommen Sonderabschreibungen in Betracht, wenn die Wirtschaftsgüter oder die daran geschaffenen Teile nicht zu einem Betriebsvermögen gehören und mindestens fünf Jahre nach ihrer Anschaffung oder Herstellung oder nach Beendigung der nachträglichen Herstellungsarbeiten Wohnzwecken dienen (§ 8 Abs. 1a Satz 3 FördG).

Unter „Wohnzwecken" sind sowohl fremde als auch eigene Wohnzwecke zu verstehen. Dient ein Gebäude zunächst fremden Wohnzwecken, werden deshalb die Sonderabschreibungen bis zu 25 v. H. nicht dadurch ausgeschlossen, daß das Gebäude innerhalb des Fünfjahreszeitraums zeitweise zu eigenen Wohnzwecken genutzt wird. Die Sonderabschreibungen können aber – wie alle anderen Werbungskosten – nur in den Jahren berücksichtigt werden, in denen das Gebäude zumindest zeitweise fremden Wohnzwecken dient. Entsprechendes gilt in den Fällen des § 8 Abs. 1a Satz 3 FördG.

2. Eigenbetriebliche Zwecke

Unter einer Verwendung zu eigenbetrieblichen Zwecken (§ 3 Satz 2 Nr. 2 Buchstabe b, § 4 Abs. 2 Satz 2 Nr. 2 Buchstabe a, 8 Abs. 1a Satz 4 Nr. 1 FördG) ist eine Verwendung zu verstehen, die nicht fremdbetrieblichen Zwecken, fremden Wohnzwecken oder eigenen Wohnzwecken dient (vgl. BFH-Urteile vom 21. April 1983, BStBl II S. 532, und vom 6. Juli 1983, BStBl II S. 699). Wohnräume, die wegen Vermietung an Arbeitnehmer des Steuerpflichtigen notwendiges Betriebsvermögen sind, gehören zu den zu eigenbetrieblichen Zwecken verwendeten Gebäudeteilen (R 13 Abs. 4 Satz 3 EStR 1993). Vermietete oder verpachtete Gebäude werden zu eigenbetrieblichen Zwecken verwendet, wenn die Vermietung oder Verpachtung über eine bloße Vermögensverwaltung hinausgeht (R 137 Abs. 1 bis 3 EStR 1993), das Gebäude nicht Wohnzwecken dient und der Mieter oder Pächter in dem Gebäude selbst keine Betriebsstätte unterhält und auch keine gemeinnützige oder hoheitliche Tätigkeit ausübt. Es genügt nicht, wenn die Vermietung oder Verpachtung von Gebäuden zum Betriebszweck gehört. Eine Verwendung zu eigenbetrieblichen Zwecken ist z. B. die gewerbliche Vermietung einer Ferienwohnung, nicht hingegen die Vermietung einer Lagerhalle für gewerbliche Zwecke des Mieters (vgl. BFH-Urteil vom 21. April 1983, BStBl II S. 532), die Vermietung eines Ladengeschäfts, eines Restaurants und eines Schnellimbisses durch den Betreiber eines Campingplatzes (vgl. BFH-Urteil vom 6. Juli 1983, BStBl II S. 699), die Verpachtung eines Gaststättengebäudes durch eine Brauerei (vgl. BFH-Urteil vom 10. Februar 1988, BStBl II S. 653) oder die Vermietung eines Bürohauses an eine Körperschaft des öffentlichen Rechts (vgl. BFH-Urteil vom 21. Februar 1986, BStBl II S. 493) oder an eine von der Steuer befreite Körperschaft zu gemeinnützigen Zwecken (vgl. BHF-Urteil vom 14. Juli 1989, BStBl II S. 903). Wird bei einer Betriebsaufspaltung ein unbewegliches Wirtschaftsgut von dem Besitzunternehmen an das Betriebsunternehmen oder umgekehrt übertragen oder zur Nutzung überlassen, liegt eine Verwendung zu eigenbetribichen Zwecken vor, wenn das nutzende Unternehmen das Wirtschaftsgut zu eigenbetrieblichen Zwecken verwendet und die Betriebsaufspaltung nicht nur aufgrund tatsächlicher Beherrschung besteht, sondern das Besitz- und das Betriebsunternehmen auch betriebsvermögensmäßig miteinander verbunden sind (vgl. BFH-Beschluß vom 26. März 1993, BStBl II S. 723, BFH-Urteil vom 16. September 1994, BStBl 1995 II S. 75, und BMF-Schreiben vom 20. September 1993, BStBl I S. 803).

3. Verwendung zu eigenbetrieblichen Zwecken und Wohnzwecken

Wird ein unbewegliches Wirtschaftsgut in dem Zeitraum von fünf Jahren nach seiner Anschaffung oder Herstellung zeitweise zu Wohnzwecken und zeitweise in einem Betrieb des verarbeitenden Gewerbes zu eigenbetrieblichen Zwecken verwendet (§ 4 Abs. 2 Satz 2 FördG), können Sonderabschreibungen bis zu 25 v. H. in Anspruch genommen werden (vgl. BFH-Urteil vom 17. Dezember 1976, BStBl 1977 II S. 234).

III. Investitionsabschluß nach dem 31. Dezember 1998 bzw. 31. Dezember 1994

1. Begünstigungszeitraum und Beginn der Restwertabschreibung

Der Begünstigungszeitraum für Anzahlungen auf Anschaffungskosten und für Teilherstellungskosten endet mit Ablauf des Jahres, das dem Jahr der Anschafffung oder Herstellung oder der Beendigung der nachträglichen Herstellungsarbeiten vorangeht. Im Jahr der Anschaffung oder Herstellung oder Beendigung der nachträglichen Herstellungsarbeiten beginnt ein neuer Begünstigungszeitraum für die Anschaffungs- oder Herstellungskosten (R 45 Abs. 2 EStR 1993). Das gilt auch dann, wenn ein Wirtschaftsgut nach dem 31. Dezember 1998 (bei Investitionen in Berlin-West, die nicht die Voraussetzungen des § 8 Abs. 1a Satz 3 bis 5 FördG erfüllen: nach dem 31. Dezember 1994) angeschafft oder hergestellt wird oder nachträgliche Herstellungsarbeiten nach diesem Zeitpunkt beendet werden. Für die Dauer des Begünstigungszeitraums ist es also ohne Bedeutung, daß Sonderabschreibungen nur für die vor dem 1. Januar 1999 (in Berlin-West ggf. vor dem 1. Januar 1995) geleisteten Anzahlungen auf Anschaffungskosten oder entstandenen Teilherstellungskosten vorgenommen werden können. Die AfA vom Restwert im Sinne des § 7a Abs. 9 EStG oder des § 4 Abs. 3 FördG beginnt nach Ablauf des für die Anschaffungs- oder Herstellungskosten maßgebenden Begünstigungszeitraums. Tz. 11 Satz 2 und 3 sowie Tz. 16 Satz 2 des BMF-Schreibens vom 29. März 1993 a. a. O. sind nicht mehr anzuwenden.

Beispiel 6:

Ein Gebäude wird ab seiner Fertigstellung im Juli 1999 in einem Betrieb des verarbeitenden Gewerbes zu eigenbetrieblichen Zwecken verwendet. Die Teilherstellungskosten des Jahres 1998 betragen 400.000 DM, die restlichen Herstellungskosten im Jahr 1999 betragen 300.000 DM.

Die zulässigen Sonderabschreibungen bis zu 40 v. H. von 400.000 DM = 160.000 DM können innerhalb der Begünstigungszeiträume beliebig verteilt werden. Der Begünstigungszeitraum für die Sonderabschreibungen auf Teilherstellungskosten umfaßt das Jahr 1998. Der Begünstigungszeitraum für die Herstellungskosten umfaßt die Jahre 1999 bis 2003. Die lineare AfA ist ab 1. Juli 1999 von den Herstellungskosten und vom Jahr 2004 an vom Restwert zum 31. Dezember 2003 vorzunehmen:

Teilherstellungskosten 1998		400.000 DM
in Anspruch genommene Sonderabschreibungen 1998	80.000 DM	
restliche Herstellungskosten 1999		300.000 DM
Herstellungskosten insgesamt		700.000 DM
in Anspruch genommene Sonderabschreibungen 1999	40.000 DM	
in Anspruch genommene Sonderabschreibungen 2000	40.000 DM	
lineare AfA 1999 bis 2003 =		
4 ½ Jahre 62 v. H. = 9 v. H.	63.000 DM	223.000 DM
Restwert 31. Dezember 2003		477.000 DM
AfA ab 2004 jährlich $^{17}/_{45}$		

2. Abschreibungen bei nachträglichen Herstellungsarbeiten an unbeweglichen Wirtschaftsgütern und bei Erwerb eines vom Veräußerer zu modernisierenden Gebäudes

Werden nachträgliche Herstellungsarbeiten an einem unbeweglichen Wirtschaftsgut nach dem 31. Dezember 1998 beendet, und entstehen hierfür vor dem 1. Januar 1999 Teilherstellungskosten, für die Sonderabschreibungen vorgenommen werden, so gehören zum Restwert im Sinne von § 4 Abs. 3 FördG nur die vor dem 1. Januar 1999 entstandenen Teilherstellungskosten abzüglich der hierfür vorgenommenen Sonderabschreibungen und linearen AfA. Für die Abschreibung der restlichen nachträglichen Teil-Herstellungskosten, die nach dem 31. Dezember 1998 entstehen, gelten die allgemeinen Regeln (vgl. H 43 und H 44 EStH 1995 jeweils unter „Nachträgliche Anschaffungs- oder Herstellungskosten").

Beispiel 7:

Die Umbaumaßnahmen an einem fremden Wohnzwecken dienenden Gebäude des Privatvermögens, das der Steuerpflichtige im Jahr 1996 für 400.000 DM erworben hat und nach § 7 Abs. 4 Satz 1 EStG mit jährlich 2 v. H. abschreibt, werden im Juli 1999 beendet. Die Teilherstellungskosten im Jahr 1998 betragen 250.000 DM, die restlichen Herstellungskosten im Jahr 1999 betragen 60.000 DM. Sonderabschreibungen werden im Jahr 1998 in Höhe von 30 v. H. und im Jahr 1999 in Höhe von 10 v. H. der Teilherstellungskosten 1998 in Anspruch genommen.

Da die zulässigen Sonderabschreibungen von 40 v. H. im Jahr 1999 ausgeschöpft worden sind, beginnt die Restwertabschreibung im Jahr 2000. Die Abschreibungen berechnen sich wie folgt:

Anschaffungskosten 1996	400.000 DM	
Teilherstellungskosten 1998	250.000 DM	
30 v. H. Sonderabschreibungen 1998	75.000 DM	
restliche Herstellungskosten 1999	60.000 DM	
AfA-Bemessungsgrundlage ab 1999	460.000 DM	
lineare AfA ab 1999 jährlich 2 v. H. =		9.200 DM

10 v. H. Sonderabschreibungen 1999	25.000 DM
lineare AfA 1999 2 v. H. von 250.000 DM	5.000 DM
Restwert 31. Dezember 1999	145.000 DM
Restwertabschreibung 2000 bis 2008 jährlich $^1/_9$ =	16.111 DM

Entsprechendes gilt bei Erwerb eines vom Veräußerer noch zu modernisierenden und sanierenden Gebäudes oder Gebäudeteils im Sinne des § 7 Abs. 5a EStG (§ 3 Satz 2 Nr. 3 FördG) nach dem 31. Dezember 1998, wenn vor dem 1. Januar 1999 Anzahlungen auf Anschaffungskosten geleistet und hierfür Sonderabschreibungen vorgenommen werden.

Soweit sich aus Tz. 16 des BMF-Schreibens vom 29. März 1993 a. a. O. etwas anderes ergibt, wird hieran nicht festgehalten. Aus Gründen des Vertrauensschutzes ist Tz. 16 des o.a. Schreibens vom 29. März 1993 jedoch in Berlin (West) weiter anzuwenden, soweit die Sonderabschreibungen für nachträgliche Herstellungsarbeiten an unbeweglichen Wirtschaftsgütern und für die Fälle des § 3 Satz 2 Nr. 3 FördG zum 31. Dezember 1994 ausgelaufen sind, d.h. in folgenden Fällen:

1. Bei nachträglichen Herstellungsarbeiten an unbeweglichen Wirtschaftsgütern in Berlin (West), wenn
   - die nachträglichen Herstellungsarbeiten nach dem 31. Dezember 1994 abgeschlossen werden und hierfür vor dem 1. Januar 1995 Teilherstellungskosten entstanden sind, für die Sonderabschreibungen vorgenommen werden, und
   - die durch die nachträglichen Herstellungsarbeiten geschaffenen Teile während des Zeitraums von fünf Jahren nach Beendigung der nachträglichen Herstellungsarbeiten betrieblichen Zwecken dienen oder zu einem Betriebsvermögen gehören

   (§ 8 Abs. 1a Satz 1 Nr. 2 Buchstabe a in Verbindung mit Satz 3 FördG) und

2. bei Erwerb eines vom Veräußerer noch zu modernisierenden und sanierenden Gebäudes oder Gebäudeteils im Sinne des § 7 Abs. 5a EStG in Berlin (West) nach dem 31. Dezember 1994, wenn
   - vor dem 1. Januar 1995 Anzahlungen auf Anschaffungskosten geleistet worden sind, für die Sonderabschreibungen vorgenommen werden, und
   - das Gebäude während des Zeitraums von fünf Jahren nach seiner Anschaffung nicht in einem Betrieb des verarbeitenden Gewerbes zu eigenbetrieblichen Zwecken verwendet wird

   (§ 8 Abs. 1a Satz 1 Nr. 2 Buchstabe b und c in Verbindung mit Satz 4 Nr. 1 FördG).

IV. Sonderausgabenabzug bei Miteigentum bei Zwei- oder Mehrfamilienhäusern

Bewohnt ein Miteigentümer eines Zwei- oder Mehrfamilienhauses eine Wohnung alleine, kann er den vollen Abzugsbetrag nach § 7 Abs. 1 Nr. 4 FördG von 40.000 DM erhalten, wenn der Wert der zu eigenen Wohnzwecken genutzten Wohnung den Wert des Miteigentumsanteils nicht übersteigt (vgl. Tz. 62 des BMF-Schreibens vom 31. Dezember 1994, BStBl I S. 887). Übersteigt der Wert der zu eigenen Wohnzwecken genutzten Wohnung den Wert des Miteigentumsanteils, ist der Höchstbetrag von 40.000 DM im Verhältnis des Werts des Miteigentumsanteils zum Wert der Wohnung zu kürzen. Bewohnen die Miteigentümer eines Zwei- oder Mehrfamilienhauses mehrere Wohnungen gemeinsam, kommt der Abzugsbetrag von 40.000 DM nur einmal für das gesamte Gebäude in Betracht.

V

Ausdehnung der Investitionszulage von 10 v. H. und der Sonderabschreibungen nach dem Fördergebietsgesetz auf bestimmte Betriebe in Berlin (West);

(§ 11 Abs. 2 Satz 2 Nr. 3 InzZulG 1996, § 8 Abs. 1a FördG)

BMF vom 1.10.1997 (BStBl I S. 864)

IV B 3 – S 2056 – 50/97

Bezug: BMF vom 14.8.1996 (BStBl I S. 1121)

Die Kommission der Europäischen Gemeinschaften (EU-Kommission) hat über das Hauptprüfverfahren nach Abs. 93 Abs. 2 EG-Vertrag zur Anwendung des § 5 Abs. 3 InvZulG 1996 und des Fördergebietsgesetzes in Berlin (West) entschieden. Diese Entscheidung ist durch das Gesetz zur Fortsetzung der wirtschaftlichen Förderung in den neuen Ländern vom 18. August 1997 (BGBl.I S. 2070, BStBl I S. 790) umgesetzt worden. § 11 Abs. 2 Satz 2 Nr. 3 Investitionszulagengesetz 1996 (Artikel 3; Anwendung der erhöhten Investitionszulage in Berlin [West]) und § 8 Abs. 1a Fördergebietsgesetz (Artikel 4 Nr. 2; Anwendung der Sonderabschreibungen in Berlin (West)) wurden den Vorgaben der EU- Kommission angepaßt. Das BMF-Schreiben vom 14. August 1996 ist damit insoweit gegenstandslos. Das weitere Hauptprüfverfahren zur Verlängerung der Investitionszulage von 8 v. H. nach § 3 Nr. 2, § 5 Abs. 1 Nr. 2 InvZulG 1996 ist noch nicht abgeschlossen. Insoweit ist das BMF-Schreiben vom 14. August 1996 weiterhin zu beachten.

Unter Bezugnahme auf das Ergebnis der Erörterung mit den obersten Finanzbehörden der Länder gilt zur Anwendung des § 11 Abs. 2 Satz 2 Nr. 3 InvZulG 1996 und des § 8 Abs. 1a FördG folgendes:

I. Investitionszulage

1. Erstinvestitionen

§ 5 Abs. 3 InvZulG 1996 ist bei Investitionen in Betriebsstätten in Berlin-West nur anzuwenden, wenn es sich um Erstinvestitionen handelt. Nach § 11 Abs. 2 Nr. 3 Satz 2 InvZulG 1996 sind Erstinvestitionen die Anschaffung und Herstellung von Wirtschaftsgütern bei folgenden Vorgängen:

1. Errichtung einer neuen Betriebsstätte,
2. Erweiterung einer bestehenden Betriebsstätte,
3. grundlegende Änderung eines Produkts oder eines Produktionsverfahrens eines bestehenden Betriebs oder einer bestehenden Betriebsstätte, oder
4. Übernahme eines Betriebs, der geschlossen worden ist oder geschlossen worden wäre, wenn der Betrieb nicht übernommen worden wäre.

Grundsätzlich ist es bei der Beurteilung einer Investition als Erstinvestition ohne Bedeutung, ob ein vergleichbares Wirtschaftsgut bereits im Betrieb vorhanden war und durch das angeschaffte oder hergestellte Wirtschaftsgut ersetzt wird. Ausschlaggebend ist ausschließlich, ob die Investition im zeitlichen und sachlichen Zusammenhang mit einem begünstigten Vorgang im Sinne der Nummern 1 bis 4 (Tz. 1) vorgenommen worden ist.

Eine Errichtung einer Betriebsstätte im Sinne der **Nr. 1** (Tz. 1) erfordert, daß Anlagen oder Einrichtungen geschaffen werden, die zur Aufnahme einer betrieblichen Tätigkeit durch den Investor dienen und die neu geschaffenen Anlagen oder Einrichtungen mit vorhandenen Anlagen oder Einrichtungen in räumlicher Sicht kein einheitliches Ganzes bilden. Um eine Errichtung einer Betriebsstätte handelt es sich auch, wenn eine aufgegebene Betriebsstätte an einer anderen Stelle neu angesiedelt wird. Dies gilt auch dann, wenn diese Betriebsverlagerung innerhalb von Berlin (West) durchgeführt wird.

Eine Erweiterung einer bestehenden Betriebsstätte im Sinne der **Nr. 2** (Tz. 1) setzt nicht voraus, daß der abgegrenzte räumliche Bereich der unternehmerischen Tätigkeit in seiner Substanz vergrößert wird (z. B. durch bauliche Maßnahmen). Die bloße Erweiterung der unternehmerischen Tätigkeit (z. B. auf einen weiteren Produktionszweig) oder der Kapazität der vorhandenen Anlagen reicht hierzu aus.

Eine grundlegende Änderung eines Produkts oder eines Produktionsverfahrens im Sinne der **Nr. 3** (Tz. 1) liegt vor, wenn wesentliche Änderungen im bisherigen Verfahrensablauf eintreten. Dabei ist es ohne Bedeutung, ob diese Änderungen durch die Anschaffung oder Herstellung der zulagebegünstigten Wirtschaftsgüter veranlaßt wurde. Soweit das neue Wirtschaftsgut lediglich als Ersatz eines aus dem

Produktionsprozeß ausgeschiedenen Wirtschaftsguts dient und der Produktionsprozeß im übrigen nicht verändert wird, stellt ein ggf. eintretender geringfügiger Rationalisierungseffekt keine Änderung des Produktionsverfahrens dar. Eine vollständige oder teilweise Rationalisierung oder Modernisierung eines Produktionsverfahrens gilt stets als grundlegende Änderung des Produktionsverfahrens mit der Folge, daß in diesem Zusammenhang angeschaffte oder hergestellte Wirtschaftsgüter stets als Erstinvestitionen gelten. Dies gilt auch, wenn die Investitionen wegen der Änderung eines Produkts erforderlich sind.

6 Eine Übernahme eines geschlossenen Betriebs im Sinne der **Nr. 4** (Tz. 1) erfordert, daß er seine werbende Tätigkeit eingestellt hat. Es ist nicht erforderlich, daß über den Betrieb ein Konkurs-, Gesamtvollstreckungs- oder Vergleichsverfahren eröffnet wurde oder die Liquidation erfolgt ist. Die bloße Abwicklung noch ausstehender Forderungen und Verbindlichkeiten, etwa im Falle einer Liquidation des Betriebs, steht in der Regel der Annahme eines geschlossenen Betriebes nicht entgegen.

7 Von einem Betrieb, der ohne Übernahme geschlossen worden wäre, ist auszugehen, wenn nach objektiven Kriterien mittelfristig mit der Einstellung der werbenden Tätigkeit des Betriebs zu rechnen ist. Dies ist nicht bereits dann der Fall, wenn der bisherige Inhaber die Schließung beabsichtigt, sondern nur dann, wenn ein von außen, also von dritter Seite her bevorstehendes, unabwendbares Ereignis die Schließung bedingt. Ausnahmsweise kann auch ein in der Person des Betriebsinhabers liegender, unüberwindbarer Umstand (z. B. schwere oder berufsbedingte Erkrankung) eine solche Schließung erzwingen.

8 Übernahme eines Betriebs ist die Anschaffung aller wesentlichen Betriebsgrundlagen eines Betriebs, von mehr als der Hälfte der Anteile an einer bestehenden oder neu gegründeten Personengesellschaft und von mehr als der Hälfte des Kapitals und der Stimmrechte einer Körperschaft. Es ist nicht erforderlich, daß der Betrieb nach der Übernahme als solcher bestehen bleibt, wenn die bisherige Tätigkeit des übernommenen Betriebs vom übernehmenden Betrieb fortgeführt wird.

2. Begünstigte und ausgeschlossene Betriebsstätten

9 Nach § 5 Abs. 3 InvZulG 1996 dürfen in dem Betrieb nicht mehr als 250 Arbeitnehmer zu Beginn des Jahres des Investitionsabschlusses beschäftigt werden. Bei Investitionen in Berlin-West ist diese Grenze nur dann maßgebend, wenn sich die Betriebsstätte im Zeitpunkt des Investitionsbeginns in einem Gebiet befindet, das im jeweils gültigen Rahmenplan nach dem Gesetz über die Gemeinschaftsaufgabe „Verbesserung der regionalen Wirtschaftsstruktur" ausgewiesen ist (GA-Gebiet). Befindet sich die Betriebsstätte im Zeitpunkt des Investitionsbeginns nicht im GA-Gebiet, darf die Obergrenze der im gesamten Betrieb beschäftigten Arbeitnehmer zu Beginn des Jahres des Investitionsabschlusses 50 nicht überschreiten. Für die Berechnung der Zahl der Arbeitnehmer gelten Tz. 11 des BMF-Schreibens vom 30. Dezember 1994 (BStBl 1995 I S. 18) und Tz. 1 des BMF-Schreibens vom 12. Februar 1996 (BStBl I S. 111) entsprechend.

10 Zusätzlich darf bei Investitionen in Betriebsstätten außerhalb des GA-Gebiets der gesamte Betrieb die in § 11 Abs. 2 Nr. 3 Buchstabe b InvZulG genannten Grenzen nicht überschreiten (kleine Unternehmen). Die Grenzen müssen nicht beide eingehalten werden; es reicht aus, wenn eine der beiden Grenzen nicht überschritten wird.

Beispiel:

Der Umsatz des Gesamtbetrieb, in dessen Betriebsstätte außerhalb des GA-Gebiets in Berlin (West) in 1996 investiert wurde, betrug im Wirtschaftsjahr 1995 10 Mio. DM. Die Bilanzsumme zum 31. Dezember 1995 belief sich auf 12 Mio. DM.

Die Investition ist bei Vorliegen der übrigen Voraussetzungen begünstigt, da die Umsatzgrenze des § 11 Abs. 2 Nr. 3 Buchstabe b InvZulG nicht überschritten wurde.

11 Personen- und Kapitalgesellschaften haben bei Investitionen in Betriebsstätten außerhalb des GA-Gebiets die Beteiligungsobergrenzen nach § 11 Abs. 2 Nr. 3 Buchstaben c und d InvZulG zu beachten. Die Beteiligungsgrenze von 25 v. H. für Unternehmen, die nicht kleine Unternehmen sind, gilt sowohl für unmittelbare als auch für mittelbare Beteiligungen. Wenn danach in der Summe zu mehr als 25 v. H. große Unternehmen beteiligt sind, ist keine Investitionszulage zu gewähren, auch wenn das investierende Unternehmen selbst als kleines Unternehmen anzusehen ist.

Beispiel:

Am Stammkapital der A-GmbH bestehen folgende Beteiligungen:

Natürliche Person B:	60 %
C-GmbH:	20 %
D-AG:	20 %

An der C-GmbH sind B und die E-AG zu je 50 % beteiligt. B ist nicht unternehmerisch tätig. A-GmbH und C-GmbH sind jeweils kleine Unternehmen, D-AG und E-AG sind keine kleinen Unternehmen im Sinne des § 11 Abs. 2 Nr. 3 Buchstaben a bis d.

Investitionen der A-GmbH außerhalb des GA-Gebiets in Berlin (West) sind nicht begünstigt, da zu 30 % nicht als kleine Unternehmen geltende Anteilseigner am Kapital beteiligt sind (20 % D-AG unmittelbar, 10 % E-AG mittelbar).

Die Beteiligungsobergrenzen des § 11 Abs. 2 Nr. 3 Buchstaben c und d InvZulG 1996 müssen zu Beginn des Jahres des Investitionsabschlusses eingehalten werden. Ohne Bedeutung ist es, wenn sich die Beteiligungsverhältnisse oder die Größenmerkmale der Beteiligten nach diesem Zeitpunkt ändern, es sei denn, es liegt ein Mißbrauch von Gestaltungsmöglichkeiten des Rechts i.S. des § 42 AO vor.

II. Fördergebietsgesetz

Für betriebliche Investitionen, mit denen nach dem 31. Dezember 1994 und vor dem 1. Januar 1996 begonnen worden ist, können Sonderabschreibungen insgesamt nicht mehr in Anspruch genommen werden (§ 8 Abs. 1a Satz 1 Nr. 2, 3 und 4 FördG). Bei Wirtschaftsgütern, die im Zeitraum vom 1. Juli 1991 bis zum 31. Dezember 1994 bestellt wurden oder mit deren Herstellung in diesem Zeitraum begonnen worden ist und die nach dem 31. Dezember 1994 angeschafft, hergestellt oder an denen nachträgliche Herstellungsarbeiten nach diesem Zeitpunkt beendet worden sind, sind Sonderabschreibungen nur für die vor dem 1. Januar 1995 geleisteten Anzahlungen oder entstandenen Teilherstellungskosten zulässig (§ 8 Abs. 1a Satz 1 Nr. 2 FördG). Die bisher bei Anschaffung oder Herstellung des Wirtschaftsguts in der Zeit nach dem 31. Dezember 1995 zugelassene Sonderabschreibungsmöglichkeit nach § 8 Abs. 1a Satz 1 Nr. 2 Buchst. b und c FördG (alte Fassung) für den Teil der Aufwendungen, der die im Jahr 1995 geleisteten Anzahlungen oder Teilherstellungskosten übersteigt, ist weggefallen.

Die Anschaffung oder Herstellung unbeweglicher Wirtschaftsgüter ist weiterhin nur begünstigt, soweit die Wirtschaftsgüter mindestens fünf Jahre nach Anschaffung oder Herstellung in einem Betrieb des verarbeitenden Gewerbes zu eigenbetrieblichen Zwecken verwendet werden. Bewegliche Wirtschaftsgüter müssen unverändert mindestens drei Jahre nach Anschaffung oder Herstellung zum Anlagevermögen eines eingetragenen Handwerksbetriebs oder Betriebs des verarbeitenden Gewerbes des Steuerpflichtigen gehören und in einem solchen Betrieb des Steuerpflichtigen verbleiben. Zusätzlich müssen folgende Voraussetzungen erfüllt werden:

a) Es muß sich um Erstinvestitionen handeln. Tz. 1 bis 8 gelten entsprechend.
b) Die Höchstzahl der beschäftigten Arbeitnehmer im gesamten Betrieb darf 250 nicht überschreiten.
c) Investitionen sind nur dann begünstigt, wenn die Betriebsstätte im Zeitpunkt des Investitionsbeginns im GA-Gebiet gelegen ist.

III. EU-Vorbehalt

Nach Abs. 5 Abs. 2 des Gesetzes zur Fortsetzung der wirtschaftlichen Förderung in den neuen Ländern vom 18. August 1997 (BGBl S. 2070, BStBl I S. 790) steht die Anwendung des § 11 Abs. 2 Nr. 3 InvZulG und des § 8 Abs. 1a FördG teilweise weiterhin unter dem Vorbehalt der Genehmigung der EU-Kommission. Dieser Vorbehalt betrifft den Bereich der Verarbeitung und Vermarktung landwirtschaftlicher Produkte. Für Investitionen, die in diesem Bereich erfolgen, können somit vor der Genehmigung der EU-Kommission Investitionszulagen und Sonderabschreibungen nicht bewilligt werden. Läßt sich bei Betrieben mit gemischter Tätigkeit eine Investition nicht eindeutig dem Bereich der Verarbeitung und Vermarktung landwirtschaftlicher Produkte zuordnen, kommt eine Bewilligung gleichwohl nicht in Betracht, wenn der Schwerpunkt der wirtschaftlichen Tätigkeit in der Verarbeitung und Vermarktung landwirtschaftlicher Produkte liegt. Die Bearbeitung von Anträgen auf Investitionszulage ist weiterhin zurückzustellen; Steuererklärungen, in denen Sonderabschreibungen nach dem FördG geltend gemacht werden, sind vorläufig ohne Berücksichtigung dieser Sonderabschreibungen zu bearbeiten.

Landwirtschaftliche Produkte im Sinne des EU-Vorbehalts sind grundsätzliche Produkte, die in Anhang II zum EG-Vertrag aufgeführt sind. Eine Übersicht zu den in Anhang II zum EG-Vertrag (mit späteren Änderungen) aufgeführten Produkten ist als Anlage beigefügt. Außerdem zählen zu den landwirtschaftlichen Produkten bestimmte Korkerzeugnisse (grob zugerichteter Naturkork, Waren aus Naturkork wie Stopfen, Waren aus Presskork) und Imitations- und Substitutionserzeugnisse von Milch und Milcherzeugnissen, die in ihrer Zusammensetzung sich von letzteren dadurch unterscheiden, daß sie neben etwaigen Milchbestandteilen Fett- bzw. Eiweißstoffe enthalten, die nicht aus Milch stammen.

Anhang 11

V Fördergebiet

Nicht zu den landwirtschaftlichen Produkten im Sinne des EU-Vorbehalts gehören trotz ihrer Erwähnung in der Übersicht zu Anhang II zum EG-Vertrag Fischereierzeugnisse. Hierunter fallen Fische, Krebstiere, Weichtiere und Verarbeitungserzeugnisse aus diesen Tieren (z. B. Fette und Öle von Fischen oder Meeressäugetieren, auch raffiniert).

17 Unter Verarbeitung wird die tatsächliche Einwirkung auf ein landwirtschaftliches Erzeugnis verstanden. Entsteht aus dem Verarbeitungsvorgang ein Erzeugnis, das weiterhin als landwirtschaftliches Produkt zu qualifizieren ist (Beispiele: Gewinnung von Most aus Trauben, Schlachtung von Tieren zur Fleischgewinnung, nicht aber: Produktion von Backwaren aus Getreide und anderen Erzeugnissen, Herstellung von Zigaretten aus Tabak), liegt eine Verarbeitung im Sinne des Gemeinschaftsrahmens betreffend staatlicher Investitionsbeihilfen für die Verarbeitung und Vermarktung landwirtschaftlicher Erzeugnisse (Abl. der EG Nr. C 29 S. 4) vor. Der EU-Vorbehalt wirkt demnach grundsätzlich nur, wenn durch den Verarbeitungsvorgang Produkte entstehen, die im Anhang II zum EG-Vertrag aufgeführt sind.

18 Vermarktung landwirtschaftlicher Produkte ist die tatsächliche Aufmachung für den Markt, z. B. die Verpackung der in der Übersicht zu Anhang II zum EG-Vertrag (siehe Anlage) aufgeführten landwirtschaftlichen Erzeugnisse.

IV. Bericht

19 Die EU-Kommission hat die Bundesrepublik Deutschland in ihrer Entscheidung zum Abschluß des Hauptprüfverfahrens zur jährlichen Berichterstattung über die Anwendung der geänderten Regelungen aufgefordert. Ich bitte, jährlich zum 31. Mai über die Höhe der Sonderabschreibungen nach dem Fördergebietsgesetz und Investitionszulagen nach dem Investitionszulagengesetz 1996 zu berichten, die für Investitionen in Betrieben in Berlin (West) im abgelaufenen Veranlagungszeitraum bewilligt bzw. festgesetzt worden sind.

Anlage

zum BMF-Schreiben vom 1.10.1997

Übersicht über die in der Liste zu Art. 38 des EG-Vertrags aufgeführten landwirtschaftlichen Erzeugnisse

(Anhang II zum EG-Vertrag mit späteren Änderungen)

Nr. des Brüsseler Zolltarifschemas	Warenbezeichnung
Kapitel 1	Lebende Tiere
Kapitel 2	Fleisch und genießbarer Schlachtabfall
Kapitel 3	Fische, Krebstiere und Weichtiere
Kapitel 4	Milch und Milcherzeugnisse; Vogeleier; natürlicher Honig
Kapitel 5	
05.04	Därme, Blasen und Mägen von anderen Tieren als Fischen, ganz oder geteilt
05.15	Waren tierischen Ursprungs, anderweitig weder genannt noch inbegriffen; nicht lebende Tiere des Kapitels 1 oder 3, ungenießbar
Kapitel 6	Lebende Pflanzen und Waren des Blumenhandels
Kapitel 7	Lebende Pflanzen, Wurzeln und Knollen, die zu Ernährungszwecken verwendet werden
Kapitel 8	Genießbare Früchte; Schalen von Zitrusfrüchten oder von Melonen
Kapitel 9	Kaffee, Tee und Gewürze, ausgenommen Mate (Position 09.03)
Kapitel 10	Getreide
Kapitel 11	Müllereierzeugnisse; Malz; Stärke; Kleber; Inulin
Kapitel 12	Ölsaaten und ölhaltige Früchte; verschiedene Samen und Früchte; Pflanzen zum Gewerbe- und Heilgebrauch; Stroh und Futter
Kapitel 13	
ex 13.03	Pektin

Anhang 11

Kapitel 15
- 15.01 Schweineschmalz; Geflügelfett, ausgepreßt oder ausgeschmolzen
- 15.02 Talg von Rindern, Schafen und Ziegen, roh oder ausgeschmolzen, einschließlich Premier Jus
- 15.03 Schmalzstearin; Oleostearin; Schmalzöl, Oleomargarine und Talgöl, weder emulgiert, vermischt noch anders verarbeitet
- 15.04 Fette und Öle von Fischen oder Meeressäugetieren, auch raffiniert
- 15.07 Fette pflanzlicher Öle, flüssig oder fest, roh, gereinigt oder raffiniert
- 15.12 Tierische und pflanzliche Fette und Öle, gehärtet, auch raffiniert, jedoch nicht weiter verarbeitet
- 15.13 Margarine, Kunstspeisefett und andere genießbare verarbeitete Fette
- 15.17 Rückstände aus der Verarbeitung von Fettstoffen oder von tierischen oder pflanzlichen Wachsen

Kapitel 16 Zubereitung von Fleisch, Fischen, Krebstieren und Weichtieren

Kapitel 17
- 17.01 Rüben- und Rohrzucker, fest
- 17.02 Andere Zucker; Sirupe; Kunsthonig, auch mit natürlichem Honig vermischt; Zucker und Melassen, karamelisiert
- 17.03 Melassen, auch entfärbt
- 17.05 Zucker, Sirupe und Melassen, aromatisiert oder gefärbt (einschließlich Vanille- und Vanillinzucker), ausgenommen Fruchtsäfte mit beliebigem Zusatz von Zucker

Kapitel 18
- 18.01 Kakaobohnen, auch Bruch, roh oder geröstet
- 18.02 Kakaoschalen, Kakaohäutchen und anderer Kakaoabfall

Kapitel 20 Zubereitungen von Gemüse, Küchenkräutern, Früchten und anderen Pflanzen oder Pflanzenteilen

Kapitel 22
- 22.04 Traubenmost, teilweise vergoren, auch ohne Alkohol stummgemacht
- 22.05 Wein aus frischen Weintrauben; mit Alkohol stummgemachter Most aus frischen Weintrauben
- 22.07 Apfelwein, Birnenwein, Met und andere gegorene Getränke
- ex 22.08
- ex 22.09 Äthylalkohol und Sprit, vergällt und unvergällt, mit einem beliebigen Äthylalkoholgehalt, hergestellt aus landwirtschaftlichen Erzeugnissen, die in Anhang II des Vertrages aufgeführt sind (ausgenommen Branntwein, Likör und andere alkoholische Getränke, zusammengesetzte alkoholische Zubereitungen – Essenzen – zur Herstellung von Getränken)
- ex 22.10 Speiseessig

Kapitel 23 Rückstände und Abfälle der Lebensmittelindustrie; zubereitetes Futter

Kapitel 24
- 24.01 Tabak, unverarbeitet; Tabakabfälle

Kapitel 45
- 45.01 Naturkork, unverarbeitet, und Korkabfälle; Korkschrot, Korkmehl

Kapitel 54
- 54.01 Flachs, roh, geröstet, geschwungen, gehechelt oder anders bearbeitet, jedoch nicht versponnen; Werg und Abfälle (einschließlich Reißspinnstoff)

Kapitel 57
- 57.01 Hanf (Cannabis sativa), roh, geröstet, geschwungen, gehechelt oder anders bearbeitet, jedoch nicht versponnen; Werg und Abfälle (einschließlich Reißspinnstoff)

VI

Willkürlichkeit von Anzahlungen auf Anschaffungskosten

(§ 7a EStG, R 45 Abs. 5 Satz 7 bis 9 EStR)

BMF vom 10.12.1997 (BStBl I S. 1019)

IV B 3 – S 2181 – 5 / 97

Nach R 45 Abs. 5 Satz 7 EStR 1996 sind Zahlungen für den Erwerb eines Gebäudes nicht willkürlich, soweit sie nicht höher als die Zahlungen sind, die nach § 3 Abs. 2 der Makler- und Bauträgerverordnung (MaBV; BGBl. 1990 I S. 2479) im laufenden und im folgenden Jahr voraussichtlich zu leisten wären. Soweit die Zahlungen höher sind als die im laufenden und im folgenden Jahr voraussichtlich nach § 3 Abs. 2 MaBV zu leistenden Zahlungen, sind sie nach R 45 Abs. 5 Satz 9 EStR 1996 in dem Jahr als Anzahlung zu berücksichtigen, das dem Jahr vorausgeht, in dem ein entsprechender Teilbetrag nach § 3 Abs. 2 MaBV voraussichtlich zu leisten wäre.

§ 3 Abs. 2 MaBV ist durch die Dritte Verordnung zur Änderung der Makler- und Bauträgerverordnung vom 14. Februar 1997 (BGBl. 1997 I S. 272) geändert worden. Die Änderung ist am 1. Juni 1997 in Kraft getreten. Nach Artikel 2 der Änderungsverordnung können Gewerbetreibende, die Vermögenswerte des Auftraggebers nach § 3 Abs. 2 oder 3 MaBV in der bis zum 31. Mai 1997 geltenden Fassung abzusichern haben, die Verträge nach den bisherigen Vorschriften abwickeln.

Unter Bezugnahme auf das Ergebnis der Erörterungen mit den obersten Finanzbehörden der Länder gilt für die Beurteilung der Willkürlichkeit von Zahlungen nach R 45 Abs. 5 EStR 1996 folgendes:

Sind die dem Zahlungsvorgang zugrundeliegenden Kauf-, Werk- oder Werklieferungsverträge vor dem 1. Juni 1997 abgeschlossen und die zu beurteilenden Zahlungen vor diesem Stichtag geleistet worden, richtet sich die Beurteilung der Willkürlichkeit ausschließlich nach § 3 Abs. 2 MaBV in der bisherigen Fassung (BGBl. 1990 I S. 2479). Werden die dem Zahlungsvorgang zugrundeliegenden Verträge nach dem 31. Mai 1997 abgeschlossen, ist die Willkürlichkeit der Zahlungen nach § 3 MaBV in der ab 1. Juni 1997 anzuwendenden Fassung zu beurteilen. Sind die der Zahlung zugrundeliegenden Verträge vor dem 1. Juni 1997 abgeschlossen worden und werden die Zahlungen nach dem 31. Mai 1997 geleistet, ist von einer Willkürlichkeit der Zahlungen auszugehen, soweit im Jahr der Zahlung und im folgenden Kalenderjahr voraussichtlich keine Gegenleistung erbracht wird, die die Anforderung eines Teilbetrages nach § 3 Abs. 2 MaBV entweder in der bisherigen oder in der ab 1. Juni 1997 anzuwendenden Fassung rechtfertigen würde.

Nach § 3 Abs. 2 MaBV in der ab 1. Juni 1997 anzuwendenden Fassung ist der Bauträger ermächtigt, Abschlagszahlungen entsprechend dem Bauablauf in bis zu sieben Teilbeträgen anzufordern, wobei die Teilbeträge aus den folgenden Vomhundertsätzen zusammengesetzt werden können:

– 30 v. H. der Vertragssumme in den Fällen, in denen Eigentum an einem Grundstück übertragen werden soll, oder 20 v. H. der Vertragssumme in den Fällen, in denen ein Erbbaurecht bestellt oder übertragen werden soll, nach Beginn der Erdarbeiten,

– von der restlichen Vertragssumme

    40 v. H. nach Rohbaufertigstellung, einschließlich Zimmererarbeiten,

    8 v. H. für die Herstellung der Dachflächen und Dachrinnen,

    3 v. H. für die Rohinstallation der Heizungsanlagen,

    3 v. H. für die Rohinstallation der Sanitäranlagen,

    3 v. H. für die Rohinstallation der Elektroanlagen,

    10 v. H. für den Fenstereinbau, einschließlich der Verglasung,

    6 v. H. für den Innenputz, ausgenommen Beiputzarbeiten,

    3 v. H. für den Estrich,

    4 v. H. für Fliesenarbeiten im Sanitärbereich,

    12 v. H. nach Bezugsfertigkeit und Zug um Zug gegen Besitzübergabe,

    3 v. H. für die Fassadenarbeiten,

    5 v. H. nach vollständiger Fertigstellung.

Soweit einzelne der genannten Leistungen nicht anfallen, wird der jeweilige Vomhundertsatz anteilig auf die übrigen Raten verteilt.

VII
Zweifelsfragen bei der Anwendung des Fördergebietsgesetzes

BMF vom 17.9.1998 (BStBl I S. 1128)
Bezug: BMF vom 29.3.1993 (BStBl I S. 279) und vom 24.12.1996 (BStBl I S. 1516)

Unter Bezugnahme auf das Ergebnis der Erörterungen mit den obersten Finanzbehörden der Länder und in Ergänzung der o.a. Schreiben gilt zur Anwendung des Fördergebietsgesetzes folgendes:

I. Abgrenzung der Anschaffungs- und Veräußerungsvorgänge von den Fällen der Fortsetzung der Sonderabschreibungen

1. Teilherstellung oder Anzahlungen auf die Anschaffungskosten eines Gebäudes und anschließende Veräußerung von Gesellschafts-/Miteigentumsanteilen vor Fertigstellung des Gebäudes

Die Grundsätze unter I. 4 des BMF-Schreibens vom 24. Dezember 1996 zur Anschaffung oder Herstellung eines Gebäudes durch eine natürliche Person und anschließenden Veräußerung von Gesellschafts-/Miteigentumsanteilen gelten entsprechend, wenn eine natürliche Person mit der Herstellung eines Gebäudes des Privatvermögens beginnt oder Anzahlungen auf die Anschaffungskosten eines Gebäudes des Privatvermögens leistet und das entsprechende Grundstück vor Fertigstellung des Gebäudes auf eine Gesellschaft bürgerlichen Rechts (GbR) mit Einkünften aus Vermietung und Verpachtung überträgt, an der die natürliche Person selbst beteiligt ist.

Das bedeutet, daß die Berechtigung zur Vornahme von Sonderabschreibungen von der natürlichen Person entsprechend ihrem Gesellschafts-/Miteigentumsanteil auf die GbR übergeht. Die GbR kann Sonderabschreibungen ab dem Jahr in Anspruch nehmen, in dem ihr die natürliche Person das Grundstück überträgt. Dabei sind die Sonderabschreibungen den Gesellschaftern – wie das übrige Ergebnis – nach dem Verhältnis der nach bürgerlichem Recht anzusetzenden Anteile zuzurechnen.

Sonderabschreibungen, die die natürliche Person für die ihr entstandenen Teilherstellungskosten oder die von ihr geleisteten Anzahlungen in Anspruch genommen hat, sind durch Änderung des Steuerbescheids nach § 175 Abs. 1 Satz 1 Nr. 2 AO in vollem Umfang rückwirkend zu versagen, weil die natürliche Person selbst kein begünstigtes Wirtschaftsgut herstellt oder anschafft.

Beispiel 1:
A schließt am 15. Dezember 1996 den Kaufvertrag über den Erwerb eines von V noch zu errichtenden Mietwohngebäudes ab und leistet gleichzeitig eine Anzahlung. Es entfallen auf das Gebäude von dem Kaufpreis 600.000 DM und von der Anzahlung 500.000 DM. A nimmt für das Jahr 1996 Sonderabschreibungen von 250.000 DM in Anspruch. Am 20. Oktober 1997 veräußert A das Grundstück mit dem noch nicht fertiggestellten Gebäude an eine GbR, an der A zu 60 v. H. und B zu 40 v. H. beteiligt sind. Zum Zeitpunkt der Veräußerung gehört das Grundstück zum Privatvermögen des A. Auf das Gebäude entfallen von dem Kaufpreis 700.000 DM. Das wirtschaftliche Eigentum an dem Grundstück geht auf die GbR mit Fertigstellung des Gebäudes im Dezember 1997 über.

Die GbR kann in den Jahren 1997 bis 2001 folgende Sonderabschreibungen in Anspruch nehmen:

Bemessungsgrundlage		Sonderabschreibungen v. H.-Satz / DM
Anteilige Anschaffungskosten des A (60 v. H. von 600.000 DM) =	360.000 DM	
Anschaffungskosten der GbR, soweit sie auf B entfallen (40 v. H. von 700.000 DM) =	+ 280.000 DM	
Bemessungsgrundlage der GbR	640.000 DM	
Anteilige Anzahlung des A (60 v. H. von 500.000 DM) =	– 300.000 DM	
	340.000 DM	50 v. H. = 150.000 DM
		25 v. H. = 85.000 DM
		235.000 DM

Die Sonderabschreibungen von 250.000 DM, die A für das Jahr 1996 in Anspruch genommen hat, sind rückgängig zu machen.

Anhang 11
VII Fördergebiet

2. Anwendung bei Gemeinschaften
Bei Gemeinschaften gelten die Grundsätze unter Nummer 1 entsprechend.

3. Gebäudeinvestition durch einen Gewerbetreibenden und Veräußerung an eine Gesellschaft
Die Grundsätze unter I.4 des BMF-Schreibens vom 24. Dezember 1996 und unter Nummer 1 gelten nicht, wenn ein Steuerpflichtiger oder eine Personengesellschaft mit gewerblichen Einkünften (Erstinvestor) ein Gebäude erstellt oder erwirbt oder Anzahlungen auf die Anschaffungskosten eines Gebäudes leistet und das entsprechende Grundstück auf eine Personengesellschaft (Zweitinvestor) überträgt, an der der Erstinvestor selbst beteiligt ist. Das bedeutet, daß dem Grunde nach für die gesamten Anschaffungskosten des Zweitinvestors Sonderabschreibungen in Betracht kommen.

Beispiel 2:
Die A-GmbH beginnt im September 1996 mit der Herstellung eines Bürogebäudes. Am 15. Dezember 1996 veräußert die A-GmbH das Grundstück mit dem noch nicht fertiggestellten Gebäude an die vermögensverwaltende B-KG, an deren Kommanditkapital die A-GmbH zu 60 v. H. beteiligt ist. Bis zum Zeitpunkt der Veräußerung sind Teilherstellungskosten von 200.000 DM entstanden. Die A-GmbH verpflichtet sich zur Fertigstellung des Gebäudes. Die B-KG leistet am 15. Dezember 1996 eine Anzahlung, von der 700.000 DM auf das Gebäude entfallen. Das wirtschaftliche Eigentum an dem Grundstück geht auf die B-KG mit Fertigstellung des Gebäudes im Dezember 1997 über. Die auf das Gebäude entfallenden Anschaffungskosten der B-KG betragen insgesamt 800.000 DM und sind angemessen.

Die B-KG kann im Jahr 1996 Sonderabschreibungen bis zu (50 v. H. von 700.000 DM =) 350.000 DM in Anspruch nehmen. Die in den Jahren 1996 bis 2001 insgesamt zulässigen Sonderabschreibungen betragen bis zu (350.000 DM + 20 v. H. von 100.000 DM =) 370.000 DM.

4. Wechsel der Vermögensart bei einer Personengesellschaft
Die Grundsätze unter I. 5 des BMF-Schreibens vom 24. Dezember 1996 zur Einlage oder Entnahme eines Wirtschaftsguts gelten entsprechend, wenn bei einer Personengesellschaft die Vermögensart wechselt, z. B. weil die gewerbliche Prägung im Sinne des § 15 Abs. 3 Nr. 2 EStG aufgrund eines Gesellschafterwechsels oder eines Wechsels in der Geschäftsführungsbefugnis eintritt oder wegfällt.

Das bedeutet folgendes:

– Wird aus einer vermögensverwaltenden Gesellschaft eine gewerbliche Gesellschaft, kann die gewerbliche Gesellschaft die Sonderabschreibungen im Betriebsvermögen in der Höhe und in dem Zeitraum vornehmen, wie es auch die vermögensverwaltende Gesellschaft noch gekonnt hätte.

– Wird aus einer gewerblichen Gesellschaft eine vermögensverwaltende Gesellschaft, ist die Überführung der Wirtschaftsgüter aus dem Betriebsvermögen in das Privatvermögen wie eine Anschaffung zu behandeln. Ist die Anschaffung eine begünstigte Investition im Sinne von §§ 2 und 3 FördG, bemessen sich die Sonderabschreibungen – wie die lineare AfA nach § 7 Abs. 1 oder Abs. 4 EStG – nach dem gemeinen Wert (§ 16 Abs. 3 Satz 4 EStG), mit dem das Wirtschaftsgut bei der Überführung steuerlich erfaßt worden ist. Wechselt die Vermögensart vor dem Abschluß der Investition, sind Sonderabschreibungen, die die gewerbliche Gesellschaft für die von ihr geleisteten Anzahlungen bzw. die ihr entstandenen Teilherstellungskosten in Anspruch genommen hat, durch Änderung des Feststellungsbescheids nach § 175 Abs. 1 Satz 1 Nr. 2 AO in vollem Umfang rückwirkend zu versagen (Erhöhung des laufenden Gewinns), weil die gewerbliche Gesellschaft selbst keine begünstigte Investition (Anschaffung oder Herstellung) durchführt.

Wird eine gewerbliche Gesellschaft nach dem Leisten von Anzahlungen auf Anschaffungskosten bzw. dem Entstehen von Teilherstellungskosten und vor Investitionsabschluß zur vermögensverwaltenden Gesellschaft, ist der Wert, mit dem die Anzahlungen bzw. das teilfertiggestellte Wirtschaftsgut bei der Überführung in das Privatvermögen steuerlich erfaßt worden ist, wie Anzahlungen bzw. Teilherstellungskosten zu behandeln, die im Zeitpunkt der Überführung als geleistet bzw. entstanden gelten.

Beispiel 3:
Eine gewerblich geprägte Personengesellschaft schließt am 15. Dezember 1996 den Kaufvertrag über den Erwerb eines von V noch zu errichtenden Bürogebäudes ab und leistet gleichzeitig eine Anzahlung. Auf das Gebäude entfallen von dem Kaufpreis 600.000 DM und von der Anzahlung 500.000 DM. Die gewerblich geprägte Personengesellschaft nimmt für das Jahr 1996 Sonderabschreibungen von 250.000 DM in Anspruch. Am 20. Oktober 1997 entfällt die gewerbliche Prägung, so daß die Personengesellschaft vermögensverwaltend wird. Aufgrund eines Überangebots

an Büroflächen beträgt der gemeine Wert, mit dem die Anzahlung von 500.000 DM bei der Überführung in das Privatvermögen steuerlich erfaßt wird, 450.000 DM. Das wirtschaftliche Eigentum an dem Grundstück geht auf die vermögensverwaltende Gesellschaft mit Fertigstellung des Gebäudes im Januar 1998 über. Die vermögensverwaltende Gesellschaft zahlt den Restkaufpreis von 100.000 DM.

Die vermögensverwaltende Gesellschaft kann im Jahr 1997 Sonderabschreibungen bis zu (20 v. H. von 450.000 DM =) 90.000 DM in Anspruch nehmen. Die in den Jahren 1997 bis 2002 insgesamt zulässigen Sonderabschreibungen betragen bis zu (20 v. H. von [450.000 DM + 100.000 DM] =) 110.000 DM.

Die Sonderabschreibungen von 250.000 DM, die die gewerblich geprägte Gesellschaft für das Jahr 1996 in Anspruch genommen hat, sind rückgängig zu machen. Bei der gewerblich geprägten Gesellschaft verbleibt ein Verlust von 50.000 DM aus dem Ansatz der Anzahlung mit dem gemeinen Wert bei der Überführung in das Privatvermögen.

Da die Überführung eines Wirtschaftsguts aus einem Betriebsvermögen in das Privatvermögen wie eine Anschaffung zu behandeln ist, löst sie dieselben Rechtsfolgen aus wie der Abschluß eines neuen Kaufvertrags. Deshalb hat der obligatorische Vertrag, den eine gewerbliche Gesellschaft über den Erwerb eines vom Veräußerer noch zu modernisierenden und sanierenden Gebäudes abgeschlossen hat (§ 3 Satz 2 Nr. 3 FördG), für die Sonderabschreibungen keine Bedeutung mehr, wenn die gewerbliche Gesellschaft vor Investitionsabschluß vermögensverwaltend wird. Die vermögensverwaltende Gesellschaft kann Sonderabschreibungen nur für den Teil der Anschaffungskosten vornehmen, der auf nachträgliche Herstellungsarbeiten entfällt, die der Veräußerer nach dem Wechsel der Vermögensart der Gesellschaft durchgeführt hat.

Beispiel 4:

Eine gewerblich geprägte Personengesellschaft schließt am 15. Dezember 1996 rechtswirksam den Kaufvertrag über den Erwerb eines von V noch zu modernisierenden und sanierenden Mietwohngebäudes ab und leistet gleichzeitig eine Anzahlung in Höhe des Gesamtkaufpreises. Die Anschaffungskosten des Gebäudes betragen 1 Mio. DM. Davon entfallen 700.000 DM auf nachträgliche Herstellungsarbeiten, die V nach dem 15. Dezember 1996 durchführt. Die gewerblich geprägte Personengesellschaft nimmt für das Jahr 1996 Sonderabschreibungen von 350.000 DM in Anspruch. Am 20. Oktober 1997 entfällt die gewerbliche Prägung, so daß die Personengesellschaft vermögensverwaltend wird. Die nachträglichen Herstellungsarbeiten, die V nach dem 20. Oktober 1997 durchführt, haben einen Anteil an den Anschaffungskosten des Gebäudes von 200.000 DM. Das wirtschaftliche Eigentum an dem Grundstück geht auf die vermögensverwaltende Gesellschaft mit Beendigung der nachträglichen Herstellungsarbeiten im Dezember 1997 über.

Die vermögensverwaltende Gesellschaft kann in den Jahren 1997 bis 2001 Sonderabschreibungen bis zu (40 v. H. von 200.000 DM =) 80.000 DM in Anspruch nehmen.

Die Sonderabschreibungen von 350.000 DM, die die gewerblich geprägte Gesellschaft für das Jahr 1996 in Anspruch genommen hat, sind rückgängig zu machen.

5. Formwechselnde Umwandlung einer GmbH in eine vermögensverwaltende Personengesellschaft

Wird eine GmbH formwechselnd in eine vermögensverwaltende Personengesellschaft umgewandelt, werden zwar die stillen Reserven der übergegangenen Wirtschaftsgüter aufgedeckt und versteuert. Die Grundsätze unter I. 5 des BMF-Schreibens vom 24. Dezember 1996 zur Entnahme eines Wirtschaftsguts sind jedoch nicht entsprechend anzuwenden, weil die Wertungen von § 8 Abs. 1 i.V. m. § 4 Abs. 2 UmwStG 1995 vorrangig sind.

Das bedeutet, daß die Wirtschaftsgüter, die von der GmbH auf die vermögensverwaltende Personengesellschaft übergegangen sind, nicht als angeschafft gelten. Die vermögensverwaltende Personengesellschaft tritt hinsichtlich der Sonderabschreibungen in die Rechtsstellung der GmbH ein mit der Folge, daß sie Sonderabschreibungen noch in der Höhe und in dem Zeitraum vornehmen kann, wie es auch die GmbH noch gekonnt hätte (vgl. Nr. 1 Buchstabe a Doppelbuchstabe bb des BMF-Schreibens vom 14. Juli 1995, BStBl I S. 374).

II. Änderungen an dem im Kaufvertrag beschriebenen Wirtschaftsgut nach Leistung einer Anzahlung

Anzahlungen sind Zahlungen, die aufgrund eines abgeschlossenen Kaufvertrags geleistet werden. Deshalb müssen das in dem Kaufvertrag genannte Wirtschaftsgut und das gelieferte Wirtschaftsgut in

Anhang 11
VII Fördergebiet

tatsächlicher Hinsicht übereinstimmen. Dabei sind unwesentliche Änderungen des bestellten Wirtschaftsguts ohne Bedeutung. Werden nach dem Leisten von Zahlungen auf die Anschaffungskosten eines Wirtschaftsguts wesentliche Änderungen an dem bestellten Wirtschaftsgut vereinbart, stellen die Zahlungen erst in dem Zeitpunkt Anzahlungen dar, in dem die wesentlichen Änderungen vereinbart werden.

Ob eine Änderung der Bestellung wesentlich ist, ist nach den Gesamtumständen des Einzelfalls zu entscheiden. Anhaltspunkte für eine wesentliche Änderung können der Abschluß eines neuen Kaufvertrags oder Änderungen der Anschaffungskosten sein, bei Gebäuden auch Änderungen des Bauantrags oder der Anzahl der Wohnungen oder Räume. Eine wesentliche Änderung liegt z. B. in folgenden Fällen vor:

1. Es wird ein anderes Grundstück als ursprünglich vereinbart bebaut.
2. Statt eines Bürogebäudes wird ein Mietwohngebäude errichtet.
3. Im Kaufvertrag wird der Erwerb eines 12stöckigen Gebäudes mit 12 Wohnungen 120 m^2 Wohnfläche vereinbart. Errichtet wird jedoch ein 12stöckiges Gebäude mit 24 Wohnungen 60 m^2 Wohnfläche. Dabei ist eine wesentliche Änderung auch dann anzunehmen, wenn sich der Kaufpreis nicht oder nur geringfügig ändert.
4. Im Kaufvertrag wird der Erwerb eines Dreifamilienhaus mit einer Grundfläche von $10\,\text{m} \times 12\,\text{m}$ (Erdgeschoß und 1. Obergeschoß: je 90 m^2 Wohnfläche, Dachgeschoß: 60 m^2 Wohnfläche) vereinbart. Errichtet wird jedoch ein Fünffamilienhaus mit einer Grundfläche von $12\,\text{m} \times 13\,\text{m}$ (Souterrain: 60 m^2 Wohnfläche; Erdgeschoß, 1. und 2. Obergeschoß: je 120 m^2 Wohnfläche; Dachgeschoß: 70 m^2 Wohnfläche).
5. Statt der ursprünglich bestellen Flaschenverschlußmaschine vom Typ A 100 mit einem Kaufpreis von 50.000 DM wird die Flaschenverschlußmaschine vom Typ A 150 mit einem Kaufpreis von 65.000 DM und einer um 40 v. H. höheren Leistungsfähigkeit geliefert.

Unwesentliche Änderungen liegen z. B. in folgenden Fällen vor:

1. Bei einem Gebäude wird allein die Fenstergröße geändert. Dabei ist ohne Bedeutung, ob deshalb der Bauantrag geändert wird.
2. Bei einem Gebäude wird auf den ursprünglich vorgesehenen Ausbau des Dachgeschosses zu einer Wohnung verzichtet.

Die Übereinstimmung des in dem Kaufvertrag genannten Gebäudes mit dem errichteten Gebäude wird allein durch die ursprünglich nicht vereinbarte Begründung von Wohnungs- oder Teileigentum oder den Verzicht auf die ursprünglich vereinbarte Begründung von Wohnungs- oder Teileigentum nicht beeinträchtigt.

III. Verhältnis der Sonderabschreibungen zu einer Teilwertabschreibung

Bei Wirtschaftsgütern des Anlagevermögens kommt eine Teilwertabschreibung in demselben Jahr, in dem Sonderabschreibungen in Anspruch genommen werden, nur in Betracht, wenn der Teilwert niedriger als der Buchwert des Wirtschaftsguts ist, der sich nach Vornahme der linearen AfA und Sonderabschreibungen ergibt (vgl. BFH-Urteil vom 5. Februar 1981, BStBl II S. 432).

Beispiel 5:
Der Teilwert eines im Januar 1997 für 1 Mio. DM hergestellten Bürogebäudes des Anlagevermögens beträgt aufgrund eines Überangebots an Büroflächen 800.000 DM. Im Jahr 1997 werden Sonderabschreibungen von 20 v. H. in Anspruch genommen.

Herstellungskosten 1997	1.000.000 DM
lineare AfA 1997: 4 v. H.	40.000 DM
Sonderabschreibungen: 20 v. H.	200.000 DM
Buchwert 31. Dezember 1997	760.000 DM

Da der Buchwert zum 31. Dezember 1997 unter dem Teilwert von 800.000 DM liegt, kommt eine Teilwertabschreibung nicht in Betracht.

Lineare AfA 1998 bis 2001	
4 × (4 v. H. =) 40.000 DM	160.000 DM
Buchwert 31. Dezember 2001	600.000 DM
Restwertabschreibung ab 2002 jährlich $^1/_{20}$	je 30.000 DM

Anhang 11
Fördergebiet VII

Eine Teilwertabschreibung schließt in den folgenden Jahren die Vornahme von linearen AfA und Sonderabschreibungen nicht aus. Bei Gebäuden mindert die Teilwertabschreibung sowohl die Bemessungsgrundlage der linearen AfA (§ 11 c Abs. 2 Satz 2 EStDV) als auch die Bemessungsgrundlage der Sonderabschreibungen.

Beispiel 6:

Der Teilwert eines im Januar 1997 für 1 Mio. DM hergestellten Bürogebäudes des Anlagevermögens beträgt ab Dezember 1998 800.000 DM. In den Jahren 1997 und 1999 werden Sonderabschreibungen von jeweils 10 v. H. in Anspruch genommen.

Herstellungskosten 1997	1.000.000 DM	1.000.000 DM
lineare AfA 1997: 4 v. H.		40.000 DM
Sonderabschreibungen: 10 v. H.		100.000 DM
Buchwert 31. Dezember 1997		860.000 DM
lineare AfA 1998: 4 v. H.		40.000 DM
Teilwertabschreibung 1998	20.000 DM	20.000 DM
Buchwert = Teilwert 31. Dezember 1998		800.000 DM
Bemessungsgrundlage ab 1999	980.000 DM	
lineare AfA 1999 bis 2001: 3 × (4 v. H. =) 39.200 DM		117.600 DM
Sonderabschreibungen 1999: 10 v. H.		98.000 DM
Buchwert 31. Dezember 2001		584.400 DM
Restwertabschreibung ab 2002 jährlich $^{1}/_{20}$		je 29.220 DM

Anhang 12

Gewinnermittlung

Übersicht

I   Schuldzinsen für Kontokorrentkredite als Betriebsausgaben oder Werbungskosten
BMF vom 10.11.1993 (BStBl I S. 930)

II   Geschenke und Zugaben
BMF vom 8.5.1995

III   Ertragsteuerliche Behandlung von Incentive-Reisen
BMF vom 14.10.1996 (BStBl I S. 1192)

IV   Berücksichtigung von Aufwendungen bei der unentgeltlichen Nutzungsüberlassung von Gebäuden oder Gebäudeteilen
BMF vom 5.11.1996 (BStBl I S. 1257)

V   Ertragsteuerliche Erfassung der Nutzung eines betrieblichen Kraftfahrzeugs zu Privatfahrten, zu Fahrten zwischen Wohnung und Betriebsstätte sowie zu Familienheimfahrten nach § 4 Abs. 5 Satz 1 Nr. 6 und § 6 Abs. 1 Nr. 4 Sätze 2 und 3 EStG
BMF vom 12.5.1997 (BStBl I S. 562)

VI   Privatnutzung betrieblicher Kraftfahrzeuge
BMF vom 9.5.1996

VII   Steuerliche Behandlung der Privatnutzung eines nach dem „Zwei-Vertrags-Modell" geleasten Kfz
BMF vom 11.11.1996

VIII   Ertragsteuerliche Erfassung der Nutzung betrieblicher Kraftfahrzeuge zu Privatfahrten, zu Fahrten zwischen Wohnung und Betriebsstätte sowie zu Familienheimfahrten
BMF vom 1.8.1997

IX   Ertragsteuerliche Behandlung des Sponsoring
BMF 18.2.1998 (BStBl I S. 212)

X   Einkommensteuerrechtliche Behandlung der Aufwendungen für ein häusliches Arbeitszimmer nach § 4 Abs. 5 Satz 1 Nr. 6 b, § 9 Abs. 5 und § 10 Abs. 1 Nr. 7 EStG
BMF vom 16.6.1998 (BStBl I S. 863)

I

Schuldzinsen für Kontokorrentkredite als Betriebsausgaben oder Werbungskosten

BMF vom 10.11.1993 (BStBl I S. 930)

IV B 2 – S 2144 – 94 / 93

1[1])   Nach dem Beschluß des Großen Senats des Bundesfinanzhofs vom 4. Juli 1990 (BStBl II S. 817) sind Schuldzinsen steuerlich als Betriebsausgaben oder Werbungskosten nur anzuerkennen, wenn sie für eine Verbindlichkeit geleistet werden, die durch einen Betrieb oder durch Aufwendungen zur Erwerbung, Sicherung und Erhaltung von Einnahmen veranlaßt und deshalb einem Betriebsvermögen oder einer Einkunftsart im Sinne des § 2 Abs. 1 Nr. 4 bis 7 EStG zuzurechnen ist. Zu den Folgerungen, die sich aus dieser Rechtsprechung für die steuerliche Behandlung von Schuldzinsen für Kontokorrentkredite und für die steuerliche Nichtanerkennung von Gestaltungen insbesondere bei Kombination mehrerer Kontokorrentkonten ergeben, nehme ich im Einvernehmen mit den obersten Finanzbehörden der Länder wie folgt Stellung:

---

[1]) Anm.: Der Große Senat hat mit Beschluß vom 8.12.1997 (Grs 1-2/95) das sog. Zwei- oder Dreikontenmodell steuerlich anerkannt und damit auch den Schuldzinsenabzug als Betriebsausgaben anerkannt → im einzelnen dazu H 13 (Kontokorrentschulden) EStH.

Anhang 12

Gewinnermittlung

A. Schuldzinsen als Betriebsausgaben

Der Zahlungsverkehr des Steuerpflichtigen kann betrieblich oder privat (durch die persönliche Lebenssphäre) veranlaßt sein. Für die steuerliche Behandlung eines Kontokorrentkontos kommt es deshalb darauf an, wie die einzelnen darüber geleisteten Zahlungen veranlaßt sind.

I. Getrennte Kontokorrentkonten

1. Kontokorrentkonten für den betrieblich und privat veranlaßten Zahlungsverkehr

Unterhält der Steuerpflichtige für den betrieblich und den privat veranlaßten Zahlungsverkehr getrennte, rechtlich selbständige Kontokorrentkonten, ist zu unterscheiden:

Das Kontokorrentkonto für den betrieblich veranlaßten Zahlungsverkehr (betriebliches Konto) rechnet zum Betriebsvermögen, soweit über das Kontokorrentkonto nicht auch privat veranlaßte Aufwendungen geleistet werden, durch die ein Sollsaldo auf dem Kontokorrentkonto entsteht oder sich erhöht. Schuldzinsen für das betriebliche Konto sind grundsätzlich als Betriebsausgaben abzuziehen.

Das Kontokorrentkonto für den privat veranlaßten Zahlungsverkehr (privates Konto) rechnet zum Privatvermögen, soweit über das Kontokorrentkonto nicht auch betrieblich veranlaßte Aufwendungen geleistet werden, durch die ein Sollsaldo auf dem Kontokorrentkonto entsteht oder sich erhöht. Schuldzinsen für das private Konto können nicht als Betriebsausgaben abgezogen werden.

Entsteht oder erhöht sich durch privat veranlaßte Aufwendungen ein Sollsaldo auf dem betrieblichen Konto oder durch betrieblich veranlaßte Aufwendungen ein Sollsaldo auf dem privaten Konto, ist das betreffende Konto nach den für ein gemischtes Kontokorrentkonto geltenden Grundsätzen (vgl. Tzn. 11 – 18) zu behandeln (BFH-Urteile vom 21. Februar 1991, BStBl II S. 514 und vom 5. März 1991, BStBl II S. 516).

Beispiel:

	betriebliches Kontokorrentkonto DM		privates Kontokorrentkonto DM
1. 1.	+ 5.000		0
3. 1. Entnahme	– 5.000		+ 5.000
Saldo	0		+ 5.000
10. 1. Wareneinkauf	– 10.000		
Saldo	– 10.000		+ 5.000
15. 1. Prämie Lebensversicherung			– 5.000
Saldo	– 10.000		0
20. 1. Maschine	– 5.000		
Einkommensteuer	– 2.000		
Saldo	– 17.000		0
	betriebliches Unterkonto	privates Unterkonto	
	– 15.000	– 2.000	
25. 1. Wareneinkauf	– 5.000		
Saldo	– 20.000	– 2.000	0
	– 22.000		

2. Mehrere Kontokorrentkonten für den betrieblich veranlaßten Zahlungsverkehr

Unterhält der Steuerpflichtige für den betrieblich veranlaßten Zahlungsverkehr mehrere rechtlich selbständige Kontokorrentkonten, gelten die Tzn. 3 und 5 für jedes Kontokorrentkonto. Darüber hinaus sind Umbuchungen von einem auf ein anderes Konto auf ihren Zusammenhang mit einer Entnahme hin zu prüfen.

Anhang 12
Gewinnermittlung

8[1] Entsteht oder erhöht sich ein Sollsaldo auf einem betrieblichen Konto (Schuldkonto) durch Umbuchungen auf ein anderes betriebliches Konto (Guthabenkonto), sind die sich aus der Umbuchung (Darlehensaufnahme) ergebenden Schuldzinsen nur als Betriebsausgaben abzuziehen, soweit die Umbuchung zu Lasten des Schuldkontos nicht der Finanzierung einer Entnahme dient (BFH-Urteil vom 5. März 1991, a. a. O.). Für die Frage der Finanzierung einer Entnahme kommt es auf die wirtschaftliche Verbindung zwischen Umbuchung und Entnahme an. Die wirtschaftliche Verbindung ist nach den Umständen des einzelnen Falles zu beurteilen. Von einer wirtschaftlichen Verbindung ist stets auszugehen, wenn zwischen Umbuchung und Entnahme ein enger zeitlicher Zusammenhang besteht und beide Vorgänge auch betragsmäßig völlig oder nahezu völlig übereinstimmen. Dient die Umbuchung der Finanzierung einer Entnahme, ist der Sollsaldo insoweit nicht betrieblich veranlaßt (BFH-Urteile vom 15. November 1990, BStBl 1991 II S. 238 und vom 21. Februar 1991, a. a. O.) und das Schuldkonto nach den für ein gemischtes Kontokorrentkonto geltenden Grundsätzen (vgl. Tzn. 11 – 18) zu behandeln.

3. Umschuldungsdarlehen

9[1] Werden der Sollsaldo eines betrieblichen Kontos (Schuldkonto) durch Umschuldung und daneben der Habensaldo eines anderen betrieblichen Kontos (Guthabenkonto) durch Entnahme gemindert, liegt eine wirtschaftliche Verbindung i.S. der Tz. 8 vor, wenn zwischen Darlehensaufnahme (Umschuldungsdarlehen) und Entnahme ein enger zeitlicher Zusammenhang besteht und beide Vorgänge auch betragsmäßig völlig oder nahezu völlig übereinstimmen. In diesen Fällen dient das Umschuldungsdarlehen der Finanzierung einer Entnahme; es ist somit nicht betrieblich veranlaßt und Schuldzinsen für dieses Darlehen dürfen nicht als Betriebsausgaben abgezogen werden.

4. Zinskompensation

10[2] Vereinbart der Steuerpflichtige mit seinem Kreditinstitut zum Zwecke der Zinsberechnung eine bankinterne Verrechnung der Salden der getrennten Kontokorrentkonten, handelt es sich wirtschaftlich betrachtet um ein einheitliches Kontokorrentkonto, das grundsätzlich nach den für ein gemischtes Kontokorrentkonto geltenden Grundsätzen (vgl. Tzn. 11 – 18) zu behandeln ist.

II. Gemischtes Kontokorrentkonto

11 Unterhält der Steuerpflichtige für den betrieblich und den privat veranlaßten Zahlungsverkehr ein einheitliches – gemischtes – Kontokorrentkonto, ist für die Ermittlung der als Betriebsausgaben abziehbaren Schuldzinsen der Sollsaldo grundsätzlich aufzuteilen.

1. Ermittlung des dem Betriebsvermögen zuzurechnenden Sollsaldos

12 Der Sollsaldo rechnet zum Betriebsvermögen, soweit er betrieblich veranlaßt ist. Zur Bestimmung des – anteiligen – betrieblich veranlaßten Sollsaldos sind die auf dem Kontokorrentkonto erfolgten Buchungen nach ihrer privaten und betrieblichen Veranlassung zu trennen. Hierzu ist das Kontokorrentkonto rechnerisch in ein betriebliches und ein privates Unterkonto aufzuteilen. Auf dem betrieblichen Unterkonto sind die betrieblich veranlaßten und auf dem privaten Unterkonto die privat veranlaßten Sollbuchungen zu erfassen. Habenbuchungen sind vorab dem privaten Unterkonto bis zur Tilgung von dessen Schuldsaldo gutzuschreiben (BFH-Urteil vom 11. Dezember 1990, BStBl 1991 II S. 390); nur darüber hinausgehende Beträge sind dem betrieblichen Unterkonto zuzurechnen. Betriebseinnahmen werden nicht zuvor mit Betriebsausgaben des gleichen Tages saldiert (BFH-Urteil vom 15. November 1990, BStBl 1991 II S. 226).

13 In der Schlußbilanz ist nur der nach diesen Grundsätzen für den Bilanzstichtag ermittelte Sollsaldo des betrieblichen Unterkontos auszuweisen.

2. Berechnung der als Betriebsausgaben abziehbaren Schuldzinsen

14 Schuldzinsen sind abzuziehen, soweit sie durch Sollsalden des betrieblichen Unterkontos veranlaßt sind (vgl. Tz. 12). Ihre Berechnung erfolgt grundsätzlich nach der Zinszahlenstaffelmethode.

15 Bei der Zinszahlenstaffelmethode wird nicht auf die einzelne Buchung, sondern auf die jeweiligen Soll- oder Habensalden (Zwischensalden) abgestellt. Dies hat zur Folge, daß dem Steuerpflichtigen

---

1) → aber BFH vom 8.12.1997 (BStBl 1998 II S. 193).
2) → aber BFH vom 19.3.1998 (BStBl II S. 513).

Anhang 12
Gewinnermittlung

eine Schuld nur zuzurechnen ist, soweit diese Zwischensalden negativ sind. Entsprechend sind auch nur dann Schuldzinsen zu berechnen. Ausgehend von einem Zwischensaldo wird die Zinszahl für diesen Saldo für die Zeit (Tage) seiner unveränderten Dauer (Wertstellung) nach einer besonderen Formel berechnet (Zinszahlenstaffel):

$$\text{Zinszahl} = \frac{\text{Kapital} \times \text{Tage}}{100}$$

Am Ende der Rechnungsperiode werden die Zinszahlensummen der Soll- und Habenseite addiert und durch einen Zinsdivisor ($\frac{360}{\text{Zinsfuß}}$) geteilt.

Beispiel:

		Buchungen gesamt DM	betrieblich DM	Zinstage	Zinszahlen	privat DM	Zinstage	Zinszahlen
Saldo	1.1.	0	0			0		
Abbuchung	2.1.	− 15.000	− 10.000			− 5.000		
Saldo	2.1.	− 15.000	− 10.000	1	$\frac{10.000 \times 1}{100}$ = 100 S	− 5.000	1	$\frac{5.000 \times 1}{100}$ = 50 S
bis Einlage	3.1.	+ 5.000				+ 5.000		
Saldo	3.1.	− 10.000	− 10.000	7	$\frac{10.000 \times 7}{100}$ = 700 S	0		
bis Betriebseinnahme	10.1.	+ 15.000	+ 15.000					
Saldo	10.1.	+ 5.000	+ 5.000	10	$\frac{5.000 \times 10}{100}$ = 500 H	0		
bis Abbuchung	20.1.	− 8.000	− 8.000					
Saldo	20.1.	− 3.000	− 3.000	11	$\frac{3.000 \times 11}{100}$ = 330 S	0		
bis Betriebseinnahme	31.1.	+ 3.000	+ 3.000					
Saldo	31.1.	0	0		500 H 1.130 S	0		50 S

Bei einem Schuldzinssatz in Höhe von 9 v. H. und einem Guthabenzinssatz in Höhe von 1 v. H. ergeben sich am Ende der Rechnungsperiode folgende Zinsen:

- private Schuldzinsen: $\frac{50 \times 9}{360}$ = 1,25 DM
- betriebliche Schuldzinsen: $\frac{1.130 \times 9}{360}$ = 28,25 DM
- betriebliche Guthabenzinsen: $\frac{500 \times 1}{360}$ = 1,38 DM

3. Schätzung

Grundsätzlich muß der Steuerpflichtige die Unterteilung des gemischten Kontokorrentkontos vornehmen und die Entwicklung der Unterkonten darstellen; dies kann auch nachträglich geschehen. Kommt der Steuerpflichtige seiner Mitwirkungspflicht nicht nach, sind die als Schuldzinsen abziehbaren Betriebsausgaben im Wege der Schätzung zu ermitteln. Die Schätzung ist an den Umständen des einzelnen Falles auszurichten. Sie muß das Ergebnis anstreben, das sich bei einer Aufteilung des gemischten Kontokorrentkontos in ein betriebliches und ein privates Unterkonto unter Anwendung der Zinszahlenstaffelrechnung ergeben würde (BFH-Urteil vom 15. November 1990, BStBl 1991 II S. 226).

18 Im Einzelfall kann eine Schätzung nach dem – unter Umständen überschlägig ermittelten – Verhältnis der Summe der betrieblich und privat veranlaßten Sollbeträge in Betracht kommen, soweit diese zu einem Sollsaldo führen. Zu diesem Zweck kann der Besteuerungszeitraum auch in geeignete Zeitabschnitte – etwa die banküblichen Abrechnungszeiträume – unterteilt werden. Es bestehen keine Bedenken, nach diesem Verhältnis auch den zu Beginn der Zinszahlenstaffelrechnung bestehenden Sollsaldo aufzuteilen.

B. Schuldzinsen als Werbungskosten

19 Die vorstehenden Grundsätze gelten für den Abzug von Kontokorrentschuldzinsen als Werbungskosten entsprechend.

C. Zeitliche Anwendung

20 Die Grundsätze dieses Schreibens sind in allen noch offenen Fällen anzuwenden.
21 In Fällen der Gewinnermittlung nach § 4 Abs. 1 oder § 5 EStG ist es nicht zu beanstanden, wenn bei vor dem 1. Januar 1991 entstandenen Schuldzinsen weiterhin nach den Grundsätzen des Abschnitts 14a Abs. 4 Sätze 5 und 6 EStR 1990 verfahren wird.
22 Das BMF-Schreiben vom 15. März 1991 (BStBl I S. 331) wird aufgehoben.

II
Geschenke und Zugaben

BMF vom 8.5.1995

IV B 2 – S 2145 – 18/95 II

Zur Frage der steuerrechtlichen Behandlung von Geschenken und Zugaben gilt im Einvernehmen mit den obersten Finanzbehörden der Länder folgendes:
Betriebsausgaben sind die Aufwendungen, die durch den Betrieb veranlaßt sind (§ 4 Abs. 4 EStG). Dazu gehören u.a. auch Aufwendungen für betrieblich veranlaßte Geschenke sowie für Zugaben i.S. der ZugabeVO.

1. Geschenke

Betrieblich veranlaßte Aufwendungen für Geschenke an Personen, die nicht Arbeitnehmer des Steuerpflichtigen sind, dürfen nur dann als Betriebsausgaben abgezogen werden, wenn die Anschaffungs- oder Herstellungskosten der dem Empfänger im Wirtschaftsjahr zugewendeten Gegenstände insgesamt 75 DM nicht übersteigen (§ 4 Abs. 5 Satz 1 Nr. 1 EStG) und sie einzeln und getrennt von den sonstigen Betriebsausgaben aufgezeichnet worden sind (§ 4 Abs. 7 EStG).
Ein Geschenk setzt nach allgemeiner Verkehrsauffassung eine **unentgeltliche Vermögenszuwendung** voraus. Die Zuwendung muß ohne rechtliche Verpflichtung und ohne zeitlichen oder sonstigen unmittelbaren Zusammenhang mit einer Leistung des Empfängers erbracht werden. Die Unentgeltlichkeit ist nicht gegeben, wenn die Zuwendung als Entgelt für eine bestimmte Gegenleistung des Empfängers anzusehen ist. Um ein Geschenk handelt es sich danach nur in den Fällen, in denen sich beide Seiten über die Unentgeltlichkeit einig sind (vgl. R 21 Abs. 2 EStR 1993; BFH vom 28. November 1986, BStBl 1987 II S. 296).

2. Zugaben i.S. der ZugabeVO

Keine Geschenke sind z. B. Zugaben im Sinne der ZugabeVO, die im geschäftlichen Verkehr neben einer Ware oder Leistung gewährt werden (R 21 Abs. 2 Satz 5 Nr. 4 EStR 1993; BFH vom 28. November 1986, a. a. O., und vom 21. September 1993, BStBl 1994 II S. 170).

Um eine nach § 1 Abs. 2 ZugabeVO zulässige Zugabe handelt es sich z. B., wenn lediglich Reklamegegenstände von geringem Wert, die als solche durch eine **dauerhafte und deutlich sichtbare Bezeichnung der reklametreibenden Firma gekennzeichnet** sind, oder **geringwertige Kleinigkeiten** gewährt werden (§ 1 Abs. 2 Buchst. a ZugabeVO), wenn die Zugabe zu Waren in einer bestimmten oder auf bestimmte Art zu berechnenden Menge gleicher Waren besteht (§ 1 Abs. 2 Buchst. c ZugabeVO) oder wenn die Zugabe nur in **handelsüblichem Zubehör zur Ware** oder in **handelsüblichen Nebenleistungen** besteht (§ 1 Abs. 2 Buchst. d ZugabeVO).

Dabei ist es nach § 1 Abs. 3 ZugabeVO nicht zulässig, bei dem Angebot, der Ankündigung und der Gewährung einer der genannten zugelassenen Zugaben, diese Zuwendung als unentgeltlich, wie z. B. als Geschenk oder Gratiszugabe, zu bezeichnen oder anderweitig den Eindruck der Unentgeltlichkeit zu erwecken.

Weitere Voraussetzung für die Anerkennung einer Zuwendung als Zugabe ist die **Abhängigkeit ihrer Gewährung vom Erwerb der Hauptware**. Dabei ist es nicht Voraussetzung, daß der Kunde die Zugabe **subjektiv** erwartet. Das Anbieten, Ankündigen oder Gewähren der Nebenware oder -leistung muß lediglich **objektiv** geeignet sein, den Kunden in seiner Kaufentschließung zu beeinflussen (BFH vom 21. September 1993, a. a. O.). Die Zugabe kann daher für sich allein gesehen nicht als Geschenk angesehen werden und ist, soweit die Verknüpfung für den Kunden auch erkennbar ist, Teil des hauptsächlichen Leistungsaustauschs (vgl. R 21 Abs. 3 Satz 5 Nr. 4 EStR i.V.m. BFH vom 28. November 1986 und vom 21. September 1993, a. a. O.). Je nach Umfang des hauptsächlichen Leistungsaustauschs kann es sich auch bei der Gewährung eines Wandkalenders im Wert von 30 DM oder bei der Gewährung einer Gedenkmünze im Wert von 42 DM um eine Zugabe handeln. In den Fällen, in denen solche Zuwendungen unentgeltlich und unabhängig von einer Hauptleistung gewährt werden, sind es jedoch Geschenke.

2. Aufzeichnungspflichten

Handelt es sich bei den Zuwendungen um Geschenke i.S. des § 4 Abs. 5 Satz 1 Nr. 1 EStG, so sind die Aufwendungen hierfür getrennt von den übrigen Betriebsausgaben aufzuzeichnen (§ 4 Abs. 7 EStG). Eine gesonderte Aufzeichnung liegt nicht vor, wenn die besonders aufzuzeichnenden Aufwendungen auf Konten gebucht werden, auf denen auch nicht unter § 4 Abs. 5 Satz 1 Nr. 1 bis 5 und 7 EStG fallende Aufwendungen gebucht sind (R 22 Abs. 1 Satz 5 EStR). Werden Aufwendungen für Zugaben und Aufwendungen für Geschenke vermischt auf einem Konto gebucht, ist die Voraussetzung der getrennten Buchung nicht erfüllt. Ein Verstoß gegen die besondere Aufzeichnungspflicht nach § 4 Abs. 7 EStG hat zur Folge, daß die nicht besonders aufgezeichneten Aufwendungen, also die Aufwendungen für Geschenke, nicht abgezogen werden können (R 22 Abs. 3 Satz 1 EStR). Aufwendungen für Zugaben dürfen auch ohne getrennte Aufzeichnung als Betriebsausgaben abgezogen werden, da für diese Aufwendungen keine getrennte Aufzeichnungspflicht besteht.

Sind in einem Buchführungssystem Konten eingerichtet, auf denen eindeutig erkennbar Aufwendungen i.S. des § 4 Abs. 5 Nr. 1 bis 5 und 7 EStG einzeln und getrennt von den sonstigen Betriebsausgaben aufgezeichnet werden, liegt noch keine Verletzung der Aufzeichnungspflicht vor, wenn auf diesen Konten eine oder einzelne Fehlbuchungen vorgenommen worden sind, die auf Abgrenzungsschwierigkeiten oder Schreib- und Eingabefehlern beruhen und diese den Charakter eines Kontos als Aufzeichnungen „getrennt von den sonstigen Betriebsausgaben" unberührt lassen.

III

Ertragsteuerliche Behandlung von Incentive-Reisen

BMF vom 14.10.1996 (BStBl I S. 1192)

IV B 2 – S 2143 – 23/96

Im Einvernehmen mit den obersten Finanzbehörden der Länder nehme ich zur ertragsteuerlichen Behandlung von Incentive-Reisen bei den Unternehmen, die die Leistungen gewähren, und den Empfängern der Leistungen wie folgt Stellung:

Incentive-Reisen werden von einem Unternehmen gewährt, um Geschäftspartner oder Arbeitnehmer des Betriebs für erbrachte Leistungen zu belohnen und zu Mehr- oder Höchstleistungen zu motivieren. Reiseziel, Unterbringung, Transportmittel und Teilnehmerkreis werden von dem die Reiseleistung gewährenden Unternehmen festgelegt. Der Ablauf der Reise und die einzelnen Veranstaltungen dienen allgemein-touristischen Interessen.

1. Behandlung der Aufwendungen bei dem die Reiseleistung gewährenden Unternehmen:
   a) Aufwendungen für Geschäftspartner

   Wird eine Incentive-Reise mit Geschäftspartnern des Steuerpflichtigen durchgeführt, ist bei der Beurteilung der steuerlichen Abzugsfähigkeit der für die Reise getätigten Aufwendungen danach zu unterscheiden, ob die Reise als Belohnung zusätzlich zum vereinbarten Entgelt oder zur Anknüpfung, Sicherung oder Verbesserung von Geschäftsbeziehungen gewährt wird.

   Wird die Reise in sachlichem und zeitlichem Zusammenhang mit den Leistungen des Empfängers als – zusätzliche – Gegenleistung gewährt, sind die tatsächlich entstandenen Fahrtkosten sowie die Unterbringungskosten in vollem Umfang als Betriebsausgaben abzugsfähig. Nutzt der Unternehmer allerdings ein eigenes Gästehaus, das sich nicht am Ort des Betriebs befindet, dürfen die Aufwendungen für die Unterbringung den Gewinn nicht mindern (§ 4 Abs. 5 Satz 1 Nr. 3 EStG). Die Aufwendungen für die Gewährung von Mahlzeiten sind als Bewirtungskosten in Höhe von 80 v. H. der angemessenen und nachgewiesenen Kosten abzugsfähig (§ 4 Abs. 5 Satz 1 Nr. 2 EStG).

   Wird die Reise mit gegenwärtigen oder zukünftigen Geschäftspartnern durchgeführt, um allgemeine Geschäftsbeziehungen erst anzuknüpfen, zu erhalten oder zu verbessern, handelt es sich um ein Geschenk (§ 4 Abs. 5 Satz 1 Nr. 1 EStG). Fahrt- und Unterbringungskosten dürfen dann den Gewinn nicht mindern (BFH-Urteil vom 23. Juni 1993, BStBl II S. 806); Aufwendungen für die Bewirtung sind nach § 4 Abs. 5 Satz 1 Nr. 2 EStG zu beurteilen.

   b) Aufwendungen für Arbeitnehmer

   Wird die Reise mit Arbeitnehmern des Betriebs durchgeführt, sind die hierdurch veranlaßten Aufwendungen als Betriebsausgaben in voller Höhe berücksichtigungsfähig; die Abzugsbeschränkungen nach § 4 Abs. 5 Satz 1 Nr. 1, 2 und 3 EStG greifen nicht ein.

2. Behandlung der Reise beim Empfänger
   a) Gewährung der Reiseleistungen an Geschäftspartner
      aa) Erfassung als Betriebseinnahmen

      Wendet der Unternehmer einem Geschäftspartner, der in einem Einzelunternehmen betriebliche Einkünfte erzielt, eine Incentive-Reise zu, hat der Empfänger den Wert der Reise im Rahmen seiner steuerlichen Gewinnermittlung als Betriebseinnahme zu erfassen (BFH-Urteile vom 22. Juli 1988, BStBl II S. 995; vom 20. April 1989, BStBl II S. 641). Wird der Wert der Incentive-Reise einer Personengesellschaft oder einer Kapitalgesellschaft zugewandt, haben sie in Höhe des Sachwerts der Reise eine Betriebseinnahme anzusetzen. Der Wert einer Reise ist auch dann als Betriebseinnahme anzusetzen, wenn das die Reiseleistungen gewährende Unternehmen die Aufwendungen nicht als Betriebsausgaben abziehen darf (BFH-Urteil vom 26. September 1995, BStBl II 1996 S. 273).

      bb) Verwendung der erhaltenen Reiseleistungen

      Mit der Teilnahme an der Reise wird eine Entnahme verwirklicht, da mit der Reise regelmäßig allgemein-touristische Interessen befriedigt werden. Dies gilt auch, wenn eine Personengesellschaft die empfangene Reiseleistung an ihre Gesellschafter weiterleitet (BFH-Urteil vom 26. September 1995 a. a. O.). Leitet die Kapitalgesellschaft die erhaltene Reiseleistung an ihre Gesellschafter weiter, so liegt hierin grundsätzlich eine verdeckte Gewinnausschüttung.

   b) Gewährung der Reiseleistungen an Arbeitnehmer

   Wird Arbeitnehmern des Unternehmens eine Incentive-Reise gewährt, liegt steuerpflichtiger Arbeitslohn vor (BFH-Urteil vom 9. März 1990, BStBl II S. 711), der unter den Voraussetzungen des § 40 Abs. 1 EStG pauschal versteuert werden kann.

   c) Wert der Reise

   Die Gewährung der Reise ist steuerlich in ihrer Gesamtheit zu beurteilen. Ihr Wert entspricht nach ihren Leistungsmerkmalen und ihrem Erlebniswert regelmäßig einer am Markt angebotenen Gruppenreise, bei der Reiseziel, Reiseprogramm und Reisedauer festgelegt und der Teilnehmerkreis begrenzt sind; deshalb können einzelne Teile der Durchführung und der Organisation aus der Sicht des Empfängers nur im Zusammenhang gesehen werden (vgl. BFH-Beschluß vom 27. November 1978, BStBl II 1979 S. 213). Bei der Wertermittlung ist weder den tatsächlichen Aufwendungen des zuwendenden Unternehmers noch der subjektiven Vorstellung des Empfängers entscheidende Bedeutung beizumessen (BFH-Urteil vom 22. Juli 1988, a. a. O.); ihr Wert kann daher grundsätzlich nicht aus den Aufwendungen – auch nicht vermindert um einen pauschalen Abschlag bei über das übliche Maß hinausgehenden Aufwendungen – abgeleitet werden. Der Wert der zugewandten Reise ist daher in ihrer Gesamtheit mit dem üblichen Endpreis am Abgabeort anzusetzen (§ 8 Abs. 2 EStG). Er entspricht regelmäßig dem Preis der von Reiseveranstaltern am Markt angebotenen Gruppenreisen mit vergleichbaren Leistungsmerkmalen (z. B. Hotelkategorie, Besichtigungsprogramme); eine Wertminderung wegen des vom zuwendenden Unternehmen festgelegten Reiseziels, des Reiseprogramms, der Reisedauer und des fest umgrenzten Teilnehmerkreises kommt nicht in Betracht. Rabatte, die dem die Leistung gewährenden Unternehmen eingeräumt werden, bleiben für die Bewertung beim Empfänger ebenfalls außer Betracht; gleiches gilt für Preisaufschläge, die das Unternehmen speziell für die Durchführung der Reise aufwenden muß.

d) Aufwendungen des Empfängers der Reiseleistungen

Aufwendungen, die im Zusammenhang mit der Teilnahme an der Reise stehen, darf der Empfänger nicht als Betriebsausgaben oder Werbungskosten abziehen, da die Teilnahme an der Reise durch private Interessen, die nicht nur von untergeordneter Bedeutung sind, veranlaßt ist (BFH-Urteil vom 22. Juli 1988 a. a. O.; vgl. auch R 117a EStR). Zur Berücksichtigung von einzelnen Aufwendungen als Betriebsausgaben wird auf H 117a („Einzelaufwendungen") EStH hingewiesen; hinsichtlich des Werbungskostenabzugs wird ergänzend auf Abschnitt 35 LStR verwiesen.

IV

Berücksichtigung von Aufwendungen bei der unentgeltlichen Nutzungsüberlassung von Gebäuden oder Gebäudeteilen

BMF vom 5.11.1996 (BStBl I S. 1257)

IV B 2 – S 2134 – 66/96

Im Einvernehmen mit den obersten Finanzbehörden der Länder nehme ich zur Berücksichtigung von Aufwendungen für Gebäude oder Gebäudeteile, die einem Steuerpflichtigen unentgeltlich zur betrieblichen Nutzung überlassen worden sind, wie folgt Stellung:

Nach dem Beschluß des BFH vom 30. Januar 1995 (BStBl II S. 281) ist zu unterscheiden zwischen den eigenen Aufwendungen, die der Steuerpflichtige für ein fremdes Wirtschaftsgut trägt (Eigenaufwand), und Aufwendungen eines Dritten, die durch die Einkunftserzielung des Steuerpflichtigen veranlaßt sind (Drittaufwand).

1. Berücksichtigung von Eigenaufwand

Trägt der Steuerpflichtige aus betrieblichem Anlaß auf eigene Rechnung Anschaffungs- oder Herstellungskosten für ein Gebäude oder einen Gebäudeteil, die im Alleineigentum eines Dritten oder im gemeinsamen Eigentum des Steuerpflichtigen und des Dritten stehen, so hat er die durch die Baumaßnahmen geschaffene Nutzungsmöglichkeit an dem fremden Gebäude oder Gebäudeteil wie ein eigenes materielles Wirtschaftsgut mit den Anschaffungs- oder Herstellungskosten anzusetzen und nach den für Gebäude geltenden Regelungen abzuschreiben (Beschluß des BFH vom 30. Januar 1995 a. a. O.; vgl. dazu auch R 42 Abs. 5 Satz 3 EStR; BMF-Schreiben vom 3. Mai 1985, BStBl I S. 188). 1

Endet das Nutzungsverhältnis vor Ablauf der betriebsgewöhnlichen Nutzungsdauer des Gebäudes oder Gebäudeteils, hat der Steuerpflichtige bei Gewinnermittlung durch Bestandsvergleich den Aktivposten mit dem Restbuchwert auszubuchen (BFH-Urteil vom 11. Dezember 1987, BStBl II 1988 S. 493 und 17. März 1989, BStBl II 1990 S. 6) und einen Ausgleichsanspruch gemäß §§ 951, 812 BGB in Höhe des Verkehrswerts des Gebäudes oder des Gebäudeteils gegen den Eigentümer anzusetzen. Bei der Gewinnermittlung durch Einnahmenüberschußrechnung sind die Anschaffungs- oder Herstellungskosten des Gebäudes oder Gebäudeteils, soweit sie noch nicht im Wege der Absetzungen für Abnutzung 2

Anhang 12
IV, V — Gewinnermittlung

(AfA) berücksichtigt worden sind oder die AfA nicht willkürlich unterlassen wurde, als Betriebsausgaben abzuziehen (BFH-Urteil vom 16. Februar 1995, BStBl II S. 635). Die Ausgleichsleistung gem. §§ 951, 812 BGB ist im Zeitpunkt des Zuflusses als Betriebseinnahme zu erfassen.

3   Wird der Ausgleichsanspruch nicht in unmittelbarem sachlichem und zeitlichem Zusammenhang mit der Beendigung des Nutzungsverhältnisses geltend gemacht, liegt hierin eine Entnahme, die mit dem Teilwert (§ 6 Abs. 1 Nr. 4 EStG), der dem Verkehrswert des Gebäudes oder Gebäudeteils entspricht, zu bewerten ist.

4   Soweit der Steuerpflichtige auch laufende Aufwendungen (z. B. Gebäudeversicherungsbeiträge, Instandhaltungskosten) für dieses Gebäude oder diesen Gebäudeteil trägt, sind sie als Betriebsausgaben abzuziehen.

2. Berücksichtigung von Drittaufwand

a) Allgemeine Grundsätze

5   Trägt ein Dritter die Anschaffungs- oder Herstellungskosten für ein Wirtschaftsgut, das der Steuerpflichtige unentgeltlich zur Einkunftserzielung nutzt, so darf der Steuerpflichtige die Aufwendungen des Dritten nicht als Betriebsausgaben abziehen (BFH vom 20. September 1990, BStBl II 1991 S. 82). Tragen der Steuerpflichtige und der Dritte die Anschaffungs- oder Herstellungskosten für ein im Miteigentum stehendes Wirtschaftsgut und die laufenden Aufwendungen im Umfang ihrer Miteigentumsanteile, so darf der Steuerpflichtige nur die auf seinen Miteigentumsanteil entfallenden Aufwendungen als Betriebsausgaben geltend machen (BFH-Urteil vom 23. November 1995, BStBl 1996 II S. 193). Der Dritte kann die auf seinen Miteigentumsanteil entfallenden Aufwendungen nur geltend machen, wenn er ihn zur Erzielung eigener Einkünfte nutzt (BFH vom 9. November 1995, BStBl II 1996 S. 192); R 164 Abs. 2 EStR und H 164 EStH bleiben unberührt.

b) Übergangsregelung

6   Die Grundsätze des BMF-Schreibens vom 10. Juli 1984 (BStBl I S. 460) zur Bewertung von Nutzungsrechten an Grundstücken bei Einlage in das Betriebsvermögen sind nicht mehr anzuwenden.

7   Soweit die Finanzbehörden der Länder nach dem Vorlagebeschluß des IV. Senats des BFH vom 9. August 1992 (BStBl II S. 948) übergangsweise zugelassen haben, weiterhin nach den Grundsätzen des BMF-Schreibens vom 10. Juli 1984 (a. a. O.) zu verfahren, wird es nicht beanstandet, wenn ein aufgrund einer gesicherten Rechtsposition angesetztes Nutzungsrecht spätestens zum Schluß des ersten Wirschaftsjahrs, das nach dem 30. Dezember 1996 endet, erfolgsneutral ausgebucht wird oder wenn bei Gewinnermittlung durch Einnahmenüberschußrechnung letztmals für das erste Wirtschaftsjahr, das nach dem 30. Dezember 1996 endet, Absetzungen für Abnutzung, erhöhte Absetzungen oder Sonderabschreibungen für das Nutzungsrecht in Anspruch genommen werden; dies gilt auch – soweit es übergangsweise zugelassen war – für den Abzug von laufenden Aufwendungen.

8   Hat der Steuerpflichtige mit dem Dritten bereits vor dem Ende des Wirtschaftsjahres, für das letztmals die Grundsätze des BMF-Schreibens vom 10. Juli 1984 (a. a. O.) angewandt werden durften, ein steuerlich anzuerkennendes Mietverhältnis abgeschlossen (vgl. R 19 Abs. 4, R 164 Abs. 2 EStR), dürfen Abschreibungen auf das Nutzungsrecht nur bis zum Beginn des Mietverhältnisses vorgenommen werden.

V
Ertragsteuerliche Erfassung der Nutzung eines betrieblichen Kraftfahrzeugs zu Privatfahrten, zu Fahrten zwischen Wohnung und Betriebsstätte sowie zu Familienheimfahrten nach § 4 Abs. 5 Satz 1 Nr. 6 und § 6 Abs. 1 Nr. 4 Sätze 2 und 3 EStG

BMF vom 12. Mai 1997 (BStBl I S. 562)

IV B 2 – S 2177 – 29/97

Im Einvernehmen mit den obersten Finanzbehörden der Länder gilt für die ertragsteuerliche Erfassung der Nutzung eines betrieblichen Kraftfahrzeugs zu Privatfahrten, zu Fahrten zwischen Wohnung und

Betriebsstätte sowie zu Familienheimfahrten nach § 4 Abs. 5 Satz 1 Nr. 6 und § 6 Abs. 1 Nr. 4 Sätze 2 und 3 EStG folgendes:

I. Anwendungsbereich des § 4 Abs. 5 Satz 1 Nr. 6 und des § 6 Abs. 1 Nr. 4 Sätze 2 und 3 EStG

1. Betriebsvermögen

Die Anwendung von § 4 Abs. 5 Satz 1 Nr. 6 und des § 6 Abs. 1 Nr. 4 Sätze 2 und 3 EStG setzt voraus, daß ein Kraftfahrzeug des Steuerpflichtigen zu seinem Betriebsvermögen gehört und auch für Privatfahrten, für Fahrten zwischen Wohnung und Betriebsstätte oder für Familienheimfahrten genutzt wird. Die Regelung gilt auch für gemietete oder geleaste Kraftfahrzeuge, die zu mehr als 50 % für betrieblich veranlaßte Fahrten genutzt werden. Ist im folgenden von Kraftfahrzeugen im Betriebsvermögen die Rede, sind deshalb auch gemietete oder geleaste Kraftfahrzeuge gemeint, die zu mehr als 50 % für betrieblich veranlaßte Fahrten genutzt werden. Die Regelung ist auf Kraftfahrzeuge, die kraftfahrzeugsteuerrechtlich Zugmaschinen oder Lastkraftwagen sind, nicht anzuwenden.

Die bloße Behauptung, das Kraftfahrzeug werde nicht für Privatfahrten genutzt oder Privatfahrten würden ausschließlich mit anderen Fahrzeugen durchgeführt, reicht nicht aus, von der Anwendung der Regelung des § 6 Abs. 1 Nr. 4 Sätze 2 und 3 EStG abzusehen. Vielmehr trifft den Steuerpflichtigen die objektive Beweislast, wenn ein nach der Lebenserfahrung untypischer Sachverhalt, wie z. B. die ausschließlich betriebliche Nutzung des einzigen betrieblichen Kraftfahrzeugs eines Unternehmers, der Besteuerung zugrunde gelegt werden soll.

2. Methodenwahl

Die Wahl zwischen der Besteuerung aufgrund der pauschalen Nutzungswerte oder der tatsächlich angefallenen Kosten nimmt der Steuerpflichtige durch Einreichen der Steuererklärung beim Finanzamt vor; die Methodenwahl muß für das Wirtschaftsjahr einheitlich getroffen werden. Im Falle des Fahrzeugwechsels (vgl. Rn. 4) ist auch während eines Wirtschaftsjahres der Übergang zu einer anderen Ermittlungsmethode zulässig.

3. Fahrzeugwechsel

Wird das auch privat genutzte Kraftfahrzeug im laufenden Wirtschaftsjahr ausgewechselt, z. B. bei Veräußerung des bisher genutzten und Erwerb eines neuen Fahrzeugs, ist der Ermittlung der Nutzungswerte im Monat des Fahrzeugwechsels der inländische Listenpreis des Fahrzeugs zugrunde zu legen, das der Steuerpflichtige nach der Anzahl der Tage überwiegend genutzt hat.

4. Vom Kalenderjahr abweichendes Wirtschaftsjahr

Nach § 52 Abs. 1 EStG i.d.F. des Jahressteuergesetzes 1996 sind § 6 Abs. 1 Nr. 4 Sätze 2 und 3 und § 4 Abs. 5 Satz 1 Nr. 6 EStG erstmals für den Veranlagungszeitraum 1996 anzuwenden. Wird der Gewinn nach einem vom Kalenderjahr abweichenden Wirtschaftsjahr ermittelt, sind die Vorschriften ebenfalls ab 1. Januar 1996 anzuwenden. Für den Teil des Wirtschaftsjahres, der vor dem 1. Januar 1996 liegt, ist R 118 EStR 1993 maßgebend.

II. Pauschale Ermittlung des privaten Nutzungswerts

1. Listenpreis

Für den pauschalen Nutzungswert ist der inländische Listenpreis des Kraftfahrzeugs im Zeitpunkt seiner Erstzulassung zuzüglich der Kosten für Sonderausstattungen einschließlich der Umsatzsteuer maßgebend. Das gilt auch für reimportierte Fahrzeuge. Soweit das reimportierte Fahrzeug mit zusätzlichen Sonderausstattungen versehen ist, die sich im inländischen Listenpreis nicht niedergeschlagen haben, ist der Wert der Sonderausstattung zusätzlich zu berücksichtigen. Soweit das reimportierte Fahrzeug geringwertiger ausgestattet ist, ist der Wert der „Minderausstattung" anhand des inländischen Listenpreises eines vergleichbaren inländischen Fahrzeugs angemessen zu berücksichtigen. Kosten für nur betrieblich nutzbare Sonderausstattungen, wie z. B. der zweite Pedalsatz eines Fahrschulfahrzeugs, sind nicht anzusetzen. Für Fahrzeuge, für die der inländische Listenpreis nicht ermittelt werden kann, ist dieser zu schätzen.

7 Zeitpunkt der Erstzulassung ist der Tag, an dem das Fahrzeug das erste Mal zum Straßenverkehr zugelassen worden ist. Das gilt auch für gebraucht erworbene Kraftfahrzeuge. Zeitpunkt der Erstzulassung des Kraftfahrzeugs ist nicht der Zeitpunkt der Erstzulassung des Fahrzeugtyps, sondern des jeweiligen individuellen Fahrzeugs. Bei inländischen Fahrzeugen ergibt sich das Datum aus den Zulassungspapieren (Kfz-Schein). Macht der Steuerpflichtige geltend, daß für ein importiertes oder ein reimportiertes Fahrzeug ein anderes Datum maßgebend sei, trifft ihn die objektive Beweislast.

2. Nutzung mehrerer Kraftfahrzeuge

a) Einzelunternehmen

8 Gehören gleichzeitig mehrere Kraftfahrzeuge zum Betriebsvermögen, so ist der pauschale Nutzungswert grundsätzlich für jedes Fahrzeug anzusetzen, das vom Unternehmer oder von zu seiner Privatsphäre gehörenden Personen für Privatfahrten genutzt wird (vgl. Rn. 2). Kann der Steuerpflichtige glaubhaft machen, daß die betrieblichen Kraftfahrzeuge durch Personen, die zur Privatsphäre des Steuerpflichtigen gehören, nicht genutzt werden, ist der pauschalen Nutzungswertermittlung aus allen vom Steuerpflichtigen privat mitgenutzten Kraftfahrzeugen das Fahrzeug mit dem höchsten Listenpreis zugrunde zu legen.

Beispiel 1:
Zum Betriebsvermögen des alleinstehenden Unternehmers B gehören 3 Limousinen, die von B auch zu Privatfahrten genutzt werden. B hat glaubhaft gemacht, daß keine der zu seiner Privatsphäre gehörenden Personen eines dieser Fahrzeuge nutzt. Die private Nutzungsentnahme ist monatlich mit 1 % des höchsten Listenpreises anzusetzen.

Beispiel 2:
Zum Betriebsvermögen des Unternehmers C gehören 5 Pkw, die von C, seiner Ehefrau und dem erwachsenen Sohn auch zu Privatfahrten genutzt werden. Es befindet sich kein weiteres Fahrzeug im Privatvermögen. Die private Nutzungsentnahme nach § 6 Abs. 1 Nr. 4 Satz 2 EStG ist für 3 Kraftfahrzeuge anzusetzen, und zwar mit jeweils 1 % der drei höchsten Listenpreise.

Beispiel 3:
Zum Betriebsvermögen des Unternehmers D gehören 5 Pkw, die von D, seiner Lebensgefährtin und den beiden erwachsenen Söhnen auch zu Privatfahrten genutzt werden. Zusätzlich befindet sich ein Kraftfahrzeug im Privatvermögen, das hauptsächlich von einem der Söhne gefahren wird. In diesem Fall ist die private Nutzungsentnahme nach § 6 Abs. 1 Nr. 4 Satz 2 EStG grundsätzlich für 4 Kraftfahrzeuge anzusetzen, und zwar mit jeweils 1 % der vier höchsten Listenpreise.

b) Personengesellschaft

9 Befinden sich Kraftfahrzeuge im Betriebsvermögen einer Personengesellschaft, die von Gesellschaftern auch zu Privatfahrten genutzt werden, ist ein pauschaler Nutzungswert für den Gesellschafter anzusetzen, dem die Nutzung des Kraftfahrzeugs zuzurechnen ist. Rn. 8 ist entsprechend anzuwenden.

Beispiel 4:
Der IJK-OHG gehören die Gesellschafter I, J und K an. Es befinden sich 4 Pkw im Betriebsvermögen. Die Gesellschafter I und K sind alleinstehend. Niemand aus ihrer Privatsphäre nutzt die betrieblichen Pkw. Der Gesellschafter J ist verheiratet. Seine Ehefrau nutzt einen betrieblichen Pkw zu Privatfahrten. Die Listenpreise der Fahrzeuge betragen 80.000 DM, 65.000 DM, 50.000 DM und 40.000 DM. I nutzt das 80.000 DM-Kfz, J das 50.000 DM-Kfz, K das 65.000 DM-Kfz und Frau J das 40.000 DM-Kfz. Die private Nutzungsentnahme ist monatlich für den Gesellschafter I mit 1 % von 80.000 DM, für den Gesellschafter K mit 1 % von 65.000 DM und für den Gesellschafter J mit 1 % von 50.000 DM zuzüglich 1 % von 40.000 DM anzusetzen.

Beispiel 5:
Der XYZ-OHG gehören die Gesellschafter X, Y und Z an. Es befindet sich ein Pkw im Betriebsvermögen, den aufgrund einer vertraglichen Vereinbarung unter den Gesellschaftern nur der Gesellschafter Z nutzen darf. Die private Nutzungsentnahme ist nur für den Gesellschafter Z anzusetzen.

3. Nur gelegentliche Nutzung des Kraftfahrzeugs

10 Der pauschale Ansatz des Nutzungswerts und die pauschale Ermittlung der nicht abziehbaren Betriebsausgaben erfolgen mit den Monatswerten auch dann, wenn das Kraftfahrzeug nur gelegentlich zu Privatfahrten oder zu Fahrten zwischen Wohnung und Betriebsstätte genutzt wird.

Anhang 12

Gewinnermittlung V

Die Monatswerte sind nicht anzusetzen für volle Kalendermonate, in denen eine private Nutzung oder eine Nutzung zu Fahrten zwischen Wohnung und Betriebsstätte ausgeschlossen ist. 11

Hat ein Steuerpflichtiger mehrere Betriebsstätten in unterschiedlicher Entfernung von der Wohnung, und wird das Kraftfahrzeug höchstens fünfmal pro Monat zu Fahrten zwischen der Wohnung und der weiter entfernt gelegenen Betriebsstätte eingesetzt, kann bei der pauschalen Berechnung der nicht abziehbaren Betriebsausgaben nach § 4 Abs. 5 Satz 1 Nr. 6 EStG die Entfernung zur näher gelegenen Betriebsstätte zugrunde gelegt werden. Die Fahrten zur weiter entfernt gelegenen Betriebsstätte sind zusätzlich mit dem positiven Unterschiedsbetrag zwischen 0,002 % des inländischen Listenpreises für jeden Entfernungskilometer und dem sich nach § 9 Abs. 1 Satz 3 Nr. 4 oder Abs. 2 EStG ergebenden Betrag anzusetzen. 12

Beispiel 6:

Der Unternehmer A wohnt in A-Stadt und hat dort eine Betriebsstätte (Entfernung zur Wohnung: 10 km). Eine zweite Betriebsstätte unterhält er in B-Stadt (Entfernung zur Wohnung 100 km). A fährt zwischen Wohnung und Betriebsstätte mit dem Betriebs-Pkw (inländischer Listenpreis einschließlich Sonderausstattung und USt: 45.000 DM). 1996 ist er viermal im Monat von der Wohnung zur Betriebsstätte in B-Stadt gefahren (insgesamt an 40 Tagen), an den anderen Tagen zur Betriebsstätte in A-Stadt (insgesamt an 178 Tagen). Die nicht abziehbaren Betriebsausgaben sind für 1996 wie folgt zu ermitteln:

a) 45.000 DM × 0,03 % × 10 km × 12 Monate = 1.620,00 DM
./. 178 × 10 km × 0,70 DM/km = 1.246,00 DM
374,00 DM 374,00 DM

b) 45.000 DM × 0,002 % × 100 km × 40 = 3.600,00 DM
./. 40 × 100 km × 0,70 DM/km = 2.800,00 DM
800,00 DM 800,00 DM
1.174,00 DM

Beispiel 7:

Der Unternehmer C wohnt in C-Stadt und hat dort eine Betriebsstätte (Entfernung zur Wohnung: 8 km). Eine zweite Betriebsstätte unterhält er in D-Stadt (Entfernung zur Wohnung: 120 km), eine dritte Betriebsstätte in E-Stadt (Entfernung zur Wohnung: 300 km). C fährt zwischen Wohnung und Betriebsstätte mit dem Betriebs-Pkw (inländischer Listenpreis einschließlich Sonderausstattung und USt: 55.000 DM). 1996 ist er zweimal im Monat von der Wohnung zur Betriebsstätte in D-Stadt (insgesamt an 20 Tagen) und zweimal im Monat zur Betriebsstätte in E-Stadt gefahren (insgesamt an 21 Tagen), an den anderen Tagen zur Betriebsstätte in C-Stadt (insgesamt an 180 Tagen). Die nicht abziehbaren Betriebsausgaben sind für 1996 wie folgt zu ermitteln:

a) 55.000 DM × 0,03 % × 8 km × 12 Monate = 1.584,00 DM
./. 180 × 8 km × 0,70 DM/km = 1.008,00 DM
576,00 DM 576,00 DM

b) 55.000 DM × 0,002 % × 120 km × 20 = 2.640,00 DM
./. 20 × 120 km × 0,70 DM/km = 1.680,00 DM
960,00 DM 960,00 DM

c) 55.000 DM × 0,002 % × 300 km × 21 = 6.930,00 DM
./. 21 × 300 km × 0,70 DM/km = 4.410,00 DM
2.520,00 DM 2.520,00 DM
4.056,00 DM

4. Begrenzung der pauschalen Wertansätze (sog. Kostendeckelung)

Der pauschale Nutzungswert nach § 6 Abs. 1 Nr. 4 Satz 2 sowie die nicht abziehbaren Betriebsausgaben nach § 4 Abs. 5 Satz 1 Nr. 6 EStG können die für das genutzte Kraftfahrzeug insgesamt tatsächlich entstandenen Aufwendungen übersteigen. Wird dies im Einzelfall nachgewiesen, so sind der Nutzungswert und der Betrag nach § 4 Abs. 5 Satz 1 Nr. 6 EStG nicht abziehbare Betriebsausgaben höchstens mit dem Betrag der Gesamtkosten des Kraftfahrzeugs anzusetzen. Bei mehreren privat genutzten Kraftfahrzeugen können die zusammengefaßten pauschal ermittelten Wertansätze auf die nachgewiesenen tatsächlichen Gesamtaufwendungen dieser Kraftfahrzeuge begrenzt werden; eine fahrzeugbezogene „Kostendeckelung" ist zulässig. 13

Anhang 12
V — Gewinnermittlung

5. Abziehbare Aufwendungen bei Behinderten für Fahrten zwischen Wohnung und Betriebsstätte sowie für Familienheimfahrten

14 Behinderte, deren Grad der Behinderung mindestens 70 beträgt, sowie Behinderte, deren Grad der Behinderung weniger als 70, aber mindestens 50 beträgt und die in ihrer Bewegungsfähigkeit im Straßenverkehr erheblich beeinträchtigt sind, können ihre tatsächlichen Kosten für die Benutzung eines eigenen Kraftfahrzeugs für Fahrten zwischen Wohnung und Betriebsstätte sowie für Familienheimfahrten als Betriebsausgaben absetzen. Dabei ist der Gewinn nicht um Aufwendungen in Höhe des in § 4 Abs. 5 Satz 1 Nr. 6 EStG jeweils genannten positiven Unterschiedsbetrags zu erhöhen.

II. Tatsächliche Ermittlung des privaten Nutzungswerts

1. Führung eines Fahrtenbuches

15 Wird der Nutzungswert anhand der Fahrtenbuchmethode ermittelt, ist ein Fahrtenbuch mindestens für die Kraftfahrzeuge zu führen, für die 1 % des inländischen Listenpreises anzusetzen wäre. Werden mehrere betriebliche Fahrzeuge zu Privatfahrten genutzt, und soll der Nutzungswert nicht pauschal ermittelt werden, ist für jedes privat genutzte Fahrzeug ein Fahrtenbuch zu führen. Ein Fahrtenbuch soll die Zuordnung von Fahrten zur betrieblichen und beruflichen Sphäre darstellen und ermöglichen. Es muß laufend geführt werden.

Beispiel 8:
Zum Betriebsvermögen des Unternehmers A gehören 5 Kraftfahrzeuge. Davon nutzt er 3 Fahrzeuge auch für Privatfahrten. Er ermittelt den Nutzungswert nach der Fahrtenbuchmethode. Für die 3 privat genutzten Kraftfahrzeuge ist jeweils ein Fahrtenbuch zu führen. Führt er kein Fahrtenbuch, oder führt er nicht für jedes privat genutzte Kraftfahrzeug ein Fahrtenbuch, ist der pauschalen Nutzungswertermittlung das privat genutzte Fahrzeug mit dem höchsten Listenpreis zugrunde zu legen.

2. Elektronisches Fahrtenbuch

16 Ein elektronisches Fahrtenbuch ist anzuerkennen, wenn sich daraus dieselben Erkenntnisse wie aus einem manuell geführten Fahrtenbuch gewinnen lassen. Beim Ausdrucken von elektronischen Aufzeichnungen müssen nachträgliche Veränderungen der aufgezeichneten Angaben technisch ausgeschlossen, zumindest aber dokumentiert werden.

3. Anforderungen an ein Fahrtenbuch

17 Ein Fahrtenbuch muß mindestens folgende Angaben enthalten (vgl. Abschn. 31 Abs. 7 Nr. 2 LStR 1996): Datum und Kilometerstand zu Beginn und Ende jeder einzelnen betrieblich/beruflich veranlaßten Fahrt, Reiseziel, Reisezweck und aufgesuchte Geschäftspartner. Wird ein Umweg gefahren, ist dieser aufzuzeichnen. Auf einzelne dieser Angaben kann verzichtet werden, soweit wegen der besonderen Umstände im Einzelfall die betriebliche/berufliche Veranlassung der Fahrten und der Umfang der Privatfahrten ausreichend dargelegt sind und Überprüfungsmöglichkeiten nicht beeinträchtigt werden. So sind z. B. folgende berufsspezifisch bedingte Erleichterungen möglich:

18 a) Handelsvertreter, Kurierdienstfahrer, Automatenlieferanten und andere Steuerpflichtige, die regelmäßig aus betrieblichen/beruflichen Gründen große Strecken mit mehreren unterschiedlichen Reisezielen zurücklegen

Zu Reisezweck, Reiseziel und aufgesuchtem Geschäftspartner ist anzugeben, welche Kunden an welchem Ort besucht wurden. Angaben zu den Entfernungen zwischen den verschiedenen Orten sind nur bei größerer Differenz zwischen direkter Entfernung und tatsächlich gefahrenen Kilometern erforderlich.

19 b) Taxifahrer, Fahrlehrer

Bei Fahrten eines Taxifahrers im sog. Pflichtfahrgebiet ist es in bezug auf Reisezweck, Reiseziel und aufgesuchtem Geschäftspartner ausreichend, täglich zu Beginn und Ende der Gesamtheit dieser Fahrten den Kilometerstand anzugeben mit der Angabe „Taxifahrten im Pflichtfahrgebiet" o. ä. Wurden Fahrten durchgeführt, die über dieses Gebiet hinausgehen, kann auf die genaue Angabe des Reiseziels nicht verzichtet werden.

20 Für Fahrlehrer ist es ausreichend, in bezug auf Reisezweck, Reiseziel und aufgesuchtem Geschäftspartner „Lehrfahrten", „Fahrschulfahrten" o. ä. anzugeben.

21 Werden regelmäßig dieselben Kunden aufgesucht, wie z. B. bei Lieferverkehr, und werden die Kunden mit Name und (Liefer-)Adresse in einem Kundenverzeichnis unter einer Nummer geführt, unter der sie

später identifiziert werden können, bestehen keine Bedenken, als Erleichterung für die Führung eines Fahrtenbuches zu Reiseziel, Reisezweck und aufgesuchtem Geschäftspartner jeweils zu Beginn und Ende der Lieferfahrten Datum und Kilometerstand sowie die Nummern der aufgesuchten Geschäftspartner aufzuzeichnen. Das Kundenverzeichnis ist dem Fahrtenbuch beizufügen.

Für Privatfahrten genügen jeweils Kilometerangaben; für Fahrten zwischen Wohnung und Betriebsstätte genügt jeweils ein kurzer Vermerk im Fahrtenbuch.

4. Nichtanerkennung eines Fahrtenbuches

Wird die Ordnungsmäßigkeit der Führung eines Fahrtenbuches von der Finanzverwaltung z. B. anläßlich einer Betriebsprüfung nicht anerkannt, ist die Nutzung des Kraftfahrzeugs zu Privatfahrten, zu Fahrten zwischen Wohnung und Betriebsstätte oder zu Familienheimfahrten nach den Pauschsätzen zu bewerten.

VI
Privatnutzung betrieblicher Kraftfahrzeuge

BMF vom 9.5.1996[1])

IV B 2 – S 2145 – 169/96

Anforderungen an ein Fahrtenbuch

Sinn eines Fahrtenbuches ist es, die betriebliche/berufliche Veranlassung der Fahrten nachzuweisen bzw. schlüssig glaubhaft zu machen und den Umfang der Privatfahrten zu dokumentieren. Das Fahrtenbuch muß den in H 118 EStH 1995[2]) sowie in Abschn. 31 Abs. 7 Nr. 2 LStR 1996 dargestellten Anforderungen entsprechen. Die Frage, inwieweit ein Fahrtenbuch als ordnungsgemäß anzuerkennen ist, ist zusätzlich von den Besonderheiten der jeweiligen Berufsgruppe abhängig. Danach ist z. B. folgende Erleichterung zulässig: Ärzte, die regelmäßig Hausbesuche machen, müssen zu Reisezweck, Reiseziel und Reiseroute neben Datum und Kilometerstand nur „Patientenbesuch" angeben sowie den Ort, an dem sie diese Tätigkeit durchgeführt haben. Privatfahrten sind freilich stets besonders zu erfassen (neben Datum und Kilometerstand am Anfang und am Ende einer Fahrt nur der Eintrag „Privatfahrt"). Für Fahrten zwischen Wohnung und Arbeits- oder Betriebsstätte genügt ein kurzer Vermerk im Fahrtenbuch. Diese Erleichterungen beruhen auf den besonderen Verhältnissen der „Vielfahrer". Sie gelten weder für Ärzte noch – sinngemäß – für Angehörige anderer freier Berufe, auch wenn die Angabe der Namen von Patienten oder Mandanten standesrechtlichen Verschwiegenheitspflichten unterliegt. Diesen Bestimmungen ist durch das Steuergeheimnis Rechnung getragen, dem alle Angehörigen der Finanzverwaltung unterliegen.

VII
Steuerliche Behandlung der Privatnutzung eines nach dem „Zwei-Vertrags-Modell" geleasten Kfz

BMF vom 11.11.1996

IV B 6 – S 2334 – 292/96

Zur steuerlichen Behandlung des von Leasing-Gesellschaften angebotenen „Zwei-Vertrags-Modells" im Rahmen der seit 1996 geltenden Dienstwagenregelung wird in Abstimmung mit den obersten Finanzbehörden der Länder folgende Auffassung vertreten: Nach dem Ergebnis dieser Besprechung kann die Aufteilung eines Leasing-Verhältnisses für dasselbe Fahrzeug in einen Vertrag mit dem Arbeitgeber hinsichtlich der betrieblichen Nutzung und in einen Vertrag mit dem Arbeitnehmer hinsichtlich der privaten Nutzung steuerlich nicht anerkannt werden. Vielmehr ist dieses Modell bei wirtschaftlicher Betrachtungsweise so zu beurteilen, daß der Arbeitgeber das Fahrzeug least und sei-

---

[1]) Anm.: → siehe auch Anhang 12 VIII.
[2]) Anm.: → ESt-Handausgabe 1995; R 118 EStR 1998 sowie H 118 EStH 1998 unbesetzt.

nen Arbeitnehmern zur beruflichen und privaten Nutzung sowie für Fahrten zwischen Wohnung und Arbeitsstätte überläßt. Der dem Arbeitgeber zufließende steuerpflichtige Nutzungsvorteil ist deshalb nach § 8 Abs. 2 EStG zu erfassen. Dabei sind die vom Arbeitnehmer an den Leasing-Geber gezahlten Leasing-Raten als pauschale Nutzungsvergütung i. S. d. Abschn. 31 Abs. 7 Nr. 4 LStR 1996 anzusehen und auf den nach § 8 Abs. 2 EStG ermittelten Nutzungswert anzurechnen. Wird der Nutzungsvorteil anhand eines Fahrtenbuchs auf der Grundlage der tatsächlichen Kfz-Aufwendungen ermittelt, sind die Leasing-Raten des Arbeitnehmers auch bei der Feststellung der gesamten Kfz-Aufwendungen zu berücksichtigen.

VIII

Ertragsteuerliche Erfassung der Nutzung betrieblicher Kraftfahrzeuge zu Privatfahrten, zu Fahrten zwischen Wohnung und Betriebsstätte sowie zu Familienheimfahrten

BMF vom 1.8.1997

IV B 2 – S 2177 – 80/97

Das BMF hat zur Führung von **Fahrtenbüchern** durch Ärzte folgendes mitgeteilt:
Ärzte haben zwar nach § 102 Abs. 1 Nr. 3 Buchst. c AO gegenüber Finanzbehörden ein Auskunftsverweigerungsrecht. Berufliche Verschwiegenheitspflichten berechtigen aber bei Personen, die zum Kreis der nach § 102 Abs. 1 Nr. 3 AO Auskunftsverweigerungsberechtigten gehören, nicht dazu, zu Reisezweck, Reiseziel und aufgesuchtem „Geschäftspartner" auf die Angabe der Namen von Patienten, Mandanten oder Kunden zu verzichten. Anders als Abgeordnete und Medienberufe dürfen nämlich Freiberufler nicht die Auskunft über die Person verweigern, die ihnen in ihrer Eigenschaft als Freiberufler Tatsachen anvertraut hat, sondern nur über diese Tatsachen selbst. Es gelten deshalb auch für sie die allgemeinen Grundsätze des BMF-Schr. vom 12.5.1997 (BStBl I S. 562)[1]. Ärzte, die regelmäßig Hausbesuche machen, und die aufgrund bisheriger Mitteilungen der FinVerw zu Reisezweck, Reiseziel und aufgesuchtem „Geschäftspartner" neben Datum und Kilometerstand nur „Patientenbesuch" angegeben haben sowie den Ort, an dem diese Tätigkeit durchgeführt wurde, **können bis 31.12.1997** weiterhin so verfahren. Danach haben auch sie den aufgesuchten Patienten – als „Geschäftspartner" – zusätzlich zu der Angabe „Patientenbesuch" – als Reisezweck – genau zu bezeichnen. Sind die erforderlichen Angaben im Fahrtenbuch des genannten Personenkreises nicht enthalten, ist das Fahrtenbuch nicht ordnungsgemäß geführt. Die Nutzung des betrieblichen Kfz zu Privatfahrten, zu Fahrten zwischen Wohnung und Betriebsstätte und zu Familienheimfahrten ist sodann nach den Pauschsätzen zu bewerten.

IX

Ertragsteuerliche Behandlung des Sponsoring

BMF vom 18.2.1998 (BStBl I S. 212)

IV B 2 – S 2144 – 40/98
IV B 7 – S 0183 – 62/98

Für die ertragsteuerliche Behandlung des Sponsoring gelten – unabhängig von dem gesponserten Bereich (z. B. Sport-, Kultur-, Sozio-, Öko- und Wissenschaftssponsoring) – im Einvernehmen mit den obersten Finanzbehörden der Länder folgende Grundsätze:

I. Begriff des Sponsoring

1 Unter Sponsoring wird üblicherweise die Gewährung von Geld oder geldwerten Vorteilen durch Unternehmen zur Förderung von Personen, Gruppen und/oder Organisationen in sportlichen, kulturellen,

---
[1] Anm.: → Anhang 12 V.

kirchlichen, wissenschaftlichen, sozialen, ökologischen oder ähnlich bedeutsamen gesellschaftspolitischen Bereichen verstanden, mit der regelmäßig auch eigene unternehmensbezogene Ziele der Werbung oder Öffentlichkeitsarbeit verfolgt werden. Leistungen eines Sponsors beruhen häufig auf einer vertraglichen Vereinbarung zwischen dem Sponsor und dem Empfänger der Leistungen (Sponsoring-Vertrag), in dem Art und Umfang der Leistungen des Sponsors und des Empfängers geregelt sind.

II. Steuerliche Behandlung beim Sponsor

Die im Zusammenhang mit dem Sponsoring gemachten Aufwendungen können

– Betriebsausgaben i.S. des § 4 Abs. 4 EStG,
– Spenden, die unter den Voraussetzungen der §§ 10b EStG, 9 Abs. 1 Nr. 2 KStG, 9 Nr. 5 GewStG abgezogen werden dürfen, oder
– steuerlich nicht abziehbare Kosten der Lebensführung (§ 12 Nr. 1 EStG), bei Kapitalgesellschaften verdeckte Gewinnausschüttungen (§ 8 Abs. 3 Satz 2 KStG) sein.

1. Berücksichtigung als Betriebsausgaben

Aufwendungen des Sponsors sind Betriebsausgaben, wenn der Sponsor wirtschaftliche Vorteile, die insbesondere in der Sicherung oder Erhöhung seines unternehmerischen Ansehens liegen können (vgl. BFH vom 3. Februar 1993, BStBl II S. 441, 445), für sein Unternehmen erstrebt oder für Produkte seines Unternehmens werben will. Das ist insbesondere der Fall, wenn der Empfänger der Leistungen auf Plakaten, Veranstaltungshinweisen, in Ausstellungskatalogen, auf den von ihm benutzten Fahrzeugen oder anderen Gegenständen auf das Unternehmen oder auf die Produkte des Sponsors werbewirksam hinweist. Die Berichterstattung in Zeitungen, Rundfunk oder Fernsehen kann einen wirtschaftlichen Vorteil, den der Sponsor für sich anstrebt, begründen, insbesondere wenn sie in seine Öffentlichkeitsarbeit eingebunden ist oder der Sponsor an Pressekonferenzen oder anderen öffentlichen Veranstaltungen des Empfängers mitwirken und eigene Erklärungen über sein Unternehmen oder seine Produkte abgeben kann.

Wirtschaftliche Vorteile für das Unternehmen des Sponsors können auch dadurch erreicht werden, daß der Sponsor durch Verwendung des Namens, von Emblemen oder Logos des Empfängers oder in anderer Weise öffentlichkeitswirksam auf seine Leistungen aufmerksam macht.

Für die Berücksichtigung der Aufwendungen als Betriebsausgaben kommt es nicht darauf an, ob die Leistungen notwendig, üblich oder zweckmäßig sind; die Aufwendungen dürfen auch dann als Betriebsausgaben abgezogen werden, wenn die Geld- oder Sachleistungen des Sponsors und die erstrebten Werbeziele für das Unternehmen nicht gleichwertig sind. Bei einem krassen Mißverhältnis zwischen den Leistungen des Sponsors und dem erstrebten wirtschaftlichen Vorteil ist der Betriebsausgabenabzug allerdings zu versagen (§ 4 Abs. 5 Satz 1 Nr. 7 EStG).

Leistungen des Sponsors im Rahmen des Sponsoring-Vertrags, die die Voraussetzungen der RdNrn. 3, 4 und 5 für den Betriebsausgabenabzug erfüllen, sind keine Geschenke i.S. des § 4 Abs. 5 Satz 1 Nr. 1 EStG.

2. Berücksichtigung als Spende

Zuwendungen des Sponsors, die keine Betriebsausgaben sind, sind als Spenden (§ 10 b EStG) zu behandeln, wenn sie zur Förderung steuerbegünstigter Zwecke freiwillig oder aufgrund einer freiwillig eingegangenen Rechtspflicht erbracht werden, kein Entgelt für eine bestimmte Leistung des Empfängers sind und nicht in einem tatsächlichen wirtschaftlichen Zusammenhang mit dessen Leistungen stehen (BFH vom 25. November 1987, BStBl II 1988 S. 220; vom 12. September 1990, BStBl II 1991 S. 258).

3. Nichtabziehbare Kosten der privaten Lebensführung oder verdeckte Gewinnausschüttungen

Als Sponsoringaufwendungen bezeichnete Aufwendungen, die keine Betriebsausgaben und keine Spenden sind, sind nicht abziehbare Kosten der privaten Lebensführung (§ 12 Nr. 1 Satz 2 EStG). Bei entsprechenden Zuwendungen einer Kapitalgesellschaft können verdeckte Gewinnausschüttungen vorliegen, wenn der Gesellschafter durch die Zuwendungen begünstigt wird, z. B. eigene Aufwendungen als Mäzen erspart (vgl. Abschnitt 31 Abs. 2 Satz 4 KStR 1995).

III. Steuerliche Behandlung bei steuerbegünstigten Empfängern

9   Die im Zusammenhang mit dem Sponsoring erhaltenen Leistungen können, wenn der Empfänger eine steuerbegünstigte Körperschaft ist, steuerfreie Einnahmen im ideellen Bereich, steuerfreie Einnahmen aus der Vermögensverwaltung oder steuerpflichtige Einnahmen eines wirtschaftlichen Geschäftsbetriebs sein. Die steuerliche Behandlung der Leistungen beim Empfänger hängt grundsätzlich nicht davon ab, wie die entsprechenden Aufwendungen beim leistenden Unternehmen behandelt werden.

Für die Abgrenzung gelten die allgemeinen Grundsätze (vgl. insbesondere Anwendungserlaß zur Abgabenordnung, zu § 67a, Tz.I/9). Danach liegt kein wirtschaftlicher Geschäftsbetrieb vor, wenn die steuerbegünstigte Körperschaft dem Sponsor nur die Nutzung ihres Namens zu Werbezwecken in der Weise gestattet, daß der Sponsor selbst zu Werbezwecken oder zur Imagepflege auf seine Leistungen an die Körperschaft hinweist. **Ein wirtschaftlicher Geschäftsbetrieb liegt auch dann nicht vor, wenn der Empfänger der Leistungen z. B. auf Plakaten, Veranstaltungshinweisen, in Ausstellungskatalogen oder in anderer Weise auf die Unterstützung durch einen Sponsor lediglich hinweist. Dieser Hinweis kann unter Verwendung des Namens, Emblems oder Logos des Sponsors, jedoch ohne besondere Hervorhebung, erfolgen.** Ein wirtschaftlicher Geschäftsbetrieb liegt dagegen vor, wenn die Körperschaft an den Werbemaßnahmen mitwirkt. Der wirtschaftliche Geschäftsbetrieb kann kein Zweckbetrieb (§§ 65 bis 68 AO) sein.

Dieses Schreiben ersetzt das BMF-Schreiben vom 9. Juli 1997 (BStBl I S. 726).

X

Einkommensteuerrechtliche Behandlung der Aufwendungen für ein häusliches Arbeitszimmer nach § 4 Abs. 5 Satz 1 Nr. 6b, § 9 Abs. 5 und § 10 Abs. 1 Nr. 7 EStG

BMF vom 16.6.1998 (BStBl I S. 863)

IV B 2 – S 2145 – 359 / 98

Im Einvernehmen mit den obersten Finanzbehörden der Länder gilt zur einkommensteuerrechtlichen Behandlung der Aufwendungen für ein häusliches Arbeitszimmer nach § 4 Abs. 5 Satz 1 Nr. 6b, § 9 Abs. 5 und § 10 Abs. 1 Nr. 7 EStG folgendes:

I. Grundsatz

1   Die Berücksichtigung der Aufwendungen für ein häusliches Arbeitszimmer als Betriebsausgaben oder Werbungskosten ist durch das Jahressteuergesetz 1996 (BGBl. 1995 I S. 1250, BStBl 1995 I S. 438) von zusätzlichen Voraussetzungen abhängig gemacht worden. Unverändert muß zunächst weiterhin nach den auch schon vor dem Veranlagungszeitraum 1996 geltenden Grundsätzen geprüft werden, ob ein häusliches Arbeitszimmer vom Grundsatz her steuerlich anzuerkennen ist. Auch wenn danach ein häusliches Arbeitszimmer vorliegt, kann ab 1996 der Abzug der Aufwendungen für das häusliche Arbeitszimmer als Betriebsausgaben oder Werbungskosten nach § 4 Abs. 5 Satz 1 Nr. 6b i.V. m. § 9 Abs. 5 EStG ausgeschlossen oder eingeschränkt sein. Durch das Jahressteuergesetz 1997 (BGBl. 1996 I S. 2049, BStBl 1996 I S. 1523) wurden die Einschränkungen ab Veranlagungszeitraum 1997 auf den Sonderausgabenbereich ausgedehnt (Aufwendungen für die Berufsausbildung oder Weiterbildung in einem nicht ausgeübten Beruf, § 10 Abs. 1 Nr. 7 EStG).

II. Inhalt der gesetzlichen Regelung

2   Unter die Regelungen des § 4 Abs. 5 Satz 1 Nr. 6b und § 9 Abs. 5 EStG i.d.F. des Jahressteuergesetzes 1996 fällt die Nutzung eines häuslichen Arbeitszimmers zur Erzielung von Einkünften sämtlicher Einkunftsarten, also auch z. B. im Rahmen von Einkünften aus Vermietung und Verpachtung, von Kapitaleinkünften oder von sonstigen Einkünften. Eine Mitbenutzung zu eigenen Ausbildungszwecken ist unbeachtlich. Danach sind drei Fallgruppen zu unterscheiden:

1. Unbegrenzter Abzug

Steuerpflichtige, bei denen das häusliche Arbeitszimmer den Mittelpunkt der gesamten betrieblichen und beruflichen Betätigung bildet, dürfen die Aufwendungen unbegrenzt als Betriebsausgaben oder Werbungskosten abziehen.

2. Auf 2.400 DM begrenzter Abzug

Ist das Arbeitszimmer nicht Mittelpunkt der gesamten betrieblichen und beruflichen Betätigung, dürfen die Aufwendungen für ein häusliches Arbeitszimmer insgesamt nur bis zu 2.400 DM je Wirtschaftsjahr bzw. Veranlagungszeitraum als Betriebsausgaben oder Werbungskosten abgezogen werden, wenn die betriebliche oder berufliche Nutzung des Arbeitszimmers

a) mehr als die Hälfte der gesamten betrieblichen und beruflichen Tätigkeit beansprucht (Zeitgrenze) oder

b) für die betriebliche oder für die berufliche Tätigkeit kein anderer Arbeitsplatz zur Verfügung steht.

Der Betrag von 2.400 DM ist kein Pauschbetrag. Die Aufwendungen dürfen daher nur bis zu 2.400 DM als Betriebsausgaben oder Werbungskosten abgezogen werden, wenn sie – bis zu dieser Höhe – nachgewiesen oder glaubhaft gemacht werden. Es handelt sich um einen personenbezogenen Höchstbetrag, der nicht mehrfach für verschiedene Tätigkeiten in Anspruch genommen werden kann, sondern ggf. auf die unterschiedlichen Tätigkeiten aufzuteilen ist (Rn. 14 – 16).

3. Abzugsverbot

In allen anderen Fällen dürfen Aufwendungen für ein häusliches Arbeitszimmer nicht als Betriebsausgaben oder Werbungskosten abgezogen werden, und zwar unabhängig davon, ob das Arbeitszimmer vor dem 1. Januar 1996 steuerlich anerkannt war.

III. Begriff des häuslichen Arbeitszimmers

Ein häusliches Arbeitszimmer ist ein zur Wohnung gehörender, aber vom übrigen Wohnbereich abgetrennter Raum, der ausschließlich oder nahezu ausschließlich zu betrieblichen und/oder beruflichen Zwecken genutzt wird. Auch ein Raum z. B. im Keller oder unter dem Dach (Mansarde) des Wohnhauses, in dem der Steuerpflichtige seine Wohnung hat, kann ein häusliches Arbeitszimmer sein. Dabei ist das Gesamtbild der Verhältnisse im Einzelfall entscheidend. Für die Anwendung des § 4 Abs. 5 Satz 1 Nr. 6b, des § 9 Abs. 5 und des § 10 Abs. 1 Nr. 7 EStG ist es ohne Bedeutung, ob die Wohnung, zu der das häusliche Arbeitszimmer gehört, gemietet ist oder ob sie sich im Eigentum des Steuerpflichtigen befindet. Auch mehrere Räume können als ein häusliches Arbeitszimmer anzusehen sein.

Beispiele:

a) Ein häusliches Arbeitszimmer liegt in folgenden Fällen regelmäßig vor:
   – häusliches Büro des selbständigen Handelsvertreters, des selbständigen Übersetzers oder des selbständigen Journalisten,
   – häusliches ausschließlich beruflich genutztes Musikzimmer der freiberuflich tätigen Konzertpianistin, in dem diese Musikunterricht erteilt.

b) Ein häusliches Arbeitszimmer liegt in folgenden Fällen regelmäßig nicht vor:
   – Arzt-, Steuerberater- oder Anwaltspraxis grenzt an das Einfamilienhaus an oder befindet sich im selben Gebäude wie die Privatwohnung.
   – In einem Geschäftshaus befinden sich neben der Wohnung des Bäckermeisters die Backstube, der Verkaufsraum, ein Aufenthaltsraum für das Verkaufspersonal und das Büro, in dem die Buchhaltungsarbeiten durchgeführt werden. Das Büro ist in diesem Fall aufgrund der Nähe zu den übrigen Betriebsräumen nicht als häusliches Arbeitszimmer zu werten.

IV. Mittelpunkt der gesamten betrieblichen und beruflichen Tätigkeit

Ein häusliches Arbeitszimmer ist der Mittelpunkt der gesamten betrieblichen und beruflichen Betätigung des Steuerpflichtigen, wenn es unter Berücksichtigung des Gesamtbildes der Verhältnisse und der Tätigkeitsmerkmale den Schwerpunkt aller im betrieblichen und beruflichen Bereich ausgeübten, zu einkommensteuerpflichtigen und einkommensteuerfreien Einnahmen führenden Tätigkeiten bildet und der Steuerpflichtige deshalb nicht dauerhaft außerhalb des Arbeitszimmers – und sei es auch an verschiedenen Orten – tätig wird. Bei einem Unternehmer kommt es nicht darauf an, wo er seine geschäftsleitenden Vorstellungen entwickelt und unternehmensbezogene Entscheidungen trifft, sondern darauf, wo er tatsächlich nachhaltig tätig wird. Übt ein Steuerpflichtiger mehrere betriebliche oder berufliche Tätigkeiten nebeneinander aus, bildet das häusliche Arbeitszimmer nur dann den Mittelpunkt der gesamten betrieblichen und beruflichen Tätigkeit, wenn sich der Mittelpunkt jeder einzelnen betrieblichen oder beruflichen Tätigkeit im Arbeitszimmer befindet. Der unbegrenzte Abzug der Aufwendungen scheidet daher aus, wenn neben einer Haupttätigkeit, deren Mittelpunkt sich im häuslichen Arbeitszimmer befindet, eine weitere Tätigkeit mit anderweitigem Mittelpunkt ausgeübt wird. Das gilt nicht, wenn alle weiteren Tätigkeiten mit anderweitigem Mittelpunkt zusammen von ganz untergeordneter Bedeutung sind.

Beispiele, in denen das häusliche Arbeitszimmer nicht Mittelpunkt der gesamten betrieblichen und beruflichen Betätigung bildet:

– Bei einem – freien oder angestellten – Handelsvertreter liegt der Tätigkeitsschwerpunkt regelmäßig außerhalb des häuslichen Arbeitszimmers, und zwar im Geschäftsbezirk, den er zu betreuen hat.

– Ein kaufmännischer Angestellter einer Handelsfirma ist nebenbei noch für eine Bausparkasse selbständig tätig und empfängt Kunden zu Beratungsgesprächen in seinem häuslichen Arbeitszimmer oder wickelt diese Geschäfte dort ab. Für diese Nebentätigkeit ist das Arbeitszimmer zwar der Tätigkeitsmittelpunkt. Aufgrund der erforderlichen Gesamtbetrachtung ist das Arbeitszimmer jedoch nicht Mittelpunkt seiner gesamten betrieblichen und beruflichen Betätigung.

V. Die betriebliche oder berufliche Nutzung des Arbeitszimmers beträgt mehr als die Hälfte der gesamten betrieblichen und beruflichen Tätigkeit (Zeitgrenze)

9   Bei der Beurteilung, ob die betriebliche oder berufliche Nutzung des häuslichen Arbeitszimmers mehr als die Hälfte der gesamten betrieblichen und beruflichen Betätigung beträgt, ist jeweils die tatsächliche zeitliche Dauer der Nutzung in dem Zeitraum (Wirtschafts- oder Kalenderjahr) maßgebend, in dem die Tätigkeit ausgeübt wird (vgl. Abschn. 45 Abs. 3 Satz 4 Nr. 1 Satz 2 LStR). Eine qualitative Beurteilung ist nicht vorzunehmen. So ist es z. B. ohne Bedeutung, welcher Anteil am Gesamtumsatz oder an den Gesamteinnahmen im Arbeitszimmer erwirtschaftet wurde. Die Beurteilung, ob die Nutzung des Arbeitszimmers für eine betriebliche oder berufliche Tätigkeit mehr als 50 % der gesamten Tätigkeit beträgt, ist tätigkeitsbezogen vorzunehmen (z. B. die Nutzung des häuslichen Arbeitszimmers entfällt zu 40 % der gesamten betrieblichen und beruflichen Tätigkeit auf die Erzielung von Einkünften aus selbständiger Arbeit, zu 20 % auf die Erzielung von Einkünften aus Gewerbebetrieb; zusammen entfallen in diesem Fall [40 + 20 =] 60 % der gesamten betrieblichen und beruflichen Tätigkeit auf die Nutzung des häuslichen Arbeitszimmers mit der Folge, daß Betriebsausgaben bis zu 2.400 DM abgezogen werden können). Hierbei sind auch verschiedene Tätigkeiten einer Einkunftsart (z. B. aus zwei Dienstverhältnissen) getrennt zu beurteilen (vgl. Rn. 15). Es ist nicht erforderlich, daß jede der einkunftsrelevanten Tätigkeiten des Steuerpflichtigen – anteilig – im häuslichen Arbeitszimmer ausgeübt wird. Es genügt, wenn er einer seiner einkunftsrelevanten Tätigkeiten im häuslichen Arbeitszimmer nachgeht und der zeitliche Anteil dieser Tätigkeit im häuslichen Arbeitszimmer 50 % der gesamten betrieblichen und beruflichen Tätigkeit des Steuerpflichtigen übersteigt. Hierbei ist die Zeit, die auf betriebliche oder berufliche Fahrten, wie z. B. auf Fahrten zwischen Wohnung und Arbeits- oder Betriebsstätte, entfällt, nicht in die Ermittlung der Zeit der gesamten betrieblichen oder beruflichen Tätigkeit einzubeziehen.

Beispiel:

Einem angestellten Rechtsanwalt steht ein Arbeitsplatz bei seinem Arbeitgeber zur Verfügung. Er arbeitet dennoch überwiegend in seinem häuslichen Arbeitszimmer und fährt zu den Verhandlungen ins Gericht. Seine wöchentliche Arbeitszeit entfällt im Durchschnitt wie folgt auf die verschiedenen Tätigkeiten:

– Verhandlungen und Besprechungen im Gericht   10 Stunden
– Besprechungen in der Kanzlei des Arbeitgebers   10 Stunden
– Vorbereitungen im häuslichen Arbeitszimmer   30 Stunden

Die Nutzung des Arbeitszimmers zur Vorbereitung der Gerichtsverhandlungen (30 Stunden) beträgt mehr als die Hälfte der gesamten betrieblichen und beruflichen Tätigkeit (50 Stunden). Damit können die Aufwendungen für das häusliche Arbeitszimmer bis zu 2.400 DM/Jahr als Werbungskosten abgezogen werden, obwohl dem Anwalt für diese Tätigkeit ein anderer Arbeitsplatz zur Verfügung steht.

Der Steuerpflichtige muß konkret darlegen, daß das häusliche Arbeitszimmer zu mehr als der Hälfte der gesamten betrieblichen und beruflichen Tätigkeit dient. Dabei kann das Berufsbild einen Anhaltspunkt für oder gegen eine mehr als hälftige Nutzung des häuslichen Arbeitszimmers bieten.

VI. Für die betriebliche oder berufliche Tätigkeit steht kein anderer Arbeitsplatz zur Verfügung

Die Beurteilung, ob für die betriebliche oder berufliche Tätigkeit kein anderer Arbeitsplatz zur Verfügung steht, ist jeweils tätigkeitsbezogen vorzunehmen. Ein anderer Arbeitsplatz steht auch dann zur Verfügung, wenn er außerhalb der üblichen Arbeitszeiten, wie z. B. am Wochenende oder in den Ferien, nicht zugänglich ist. Ändern sich die Nutzungsverhältnisse des Arbeitszimmers während eines Veranlagungszeitraums, ist auf den Zeitraum der begünstigten Nutzung abzustellen. Werden in einem Arbeitszimmer sowohl Tätigkeiten, für die ein anderer Arbeitsplatz zur Verfügung steht, als auch Tätigkeiten, für die ein anderer Arbeitsplatz nicht zur Verfügung steht, ausgeübt, sind die Aufwendungen dem Grunde nach nur zu berücksichtigen, soweit sie auf Tätigkeiten entfallen, für die ein anderer Arbeitsplatz nicht zur Verfügung steht. Übt ein Steuerpflichtiger mehrere betriebliche oder berufliche Tätigkeiten nebeneinander aus, ist daher für jede einzelne Tätigkeit zu prüfen, ob ein anderer Arbeitsplatz zur Verfügung steht. Dabei kommt es nicht darauf an, ob ein für eine Tätigkeit zur Verfügung stehender Arbeitsplatz auch für eine andere Tätigkeit genutzt werden kann (z. B. Firmenarbeitsplatz auch für schriftstellerische Nebentätigkeit).

Ob für die betriebliche oder berufliche Tätigkeit ein anderer Arbeitsplatz zur Verfügung steht, ist nach objektiven Gesichtspunkten zu beurteilen. Subjektive Erwägungen des Steuerpflichtigen zur Annehmbarkeit des Arbeitsplatzes sind unbeachtlich. Auch ein Schreibtisch in einem Großraumbüro des Arbeitgebers kann deshalb ein anderer Arbeitsplatz sein. Die Ausstattung des häuslichen Arbeitszimmers mit Arbeitsmitteln, die in dem vom Arbeitgeber zur Verfügung gestellten Raum nicht vorhanden sind, ist ohne Bedeutung.

Beispiele (kein anderer Arbeitsplatz):
- Ein Lehrer hat für seine Unterrichtsvorbereitung in der Schule keinen Schreibtisch (Abschn. 45 Abs. 3 Satz 4 Nr. 2 Satz 2 LStR). Das jeweilige Klassenzimmer oder das Lehrerzimmer stellt keinen Arbeitsplatz im Sinne der Abzugsbeschränkung dar.
- Ein angestellter oder selbständiger Orchestermusiker hat im Konzertsaal keine Möglichkeit zu üben. Hierfür hat er sich ein häusliches Arbeitszimmer eingerichtet.
- Ein angestellter Krankenhausarzt übt eine freiberufliche Gutachtertätigkeit aus. Dafür steht ihm im Krankenhaus kein Arbeitsplatz zur Verfügung.

Der Steuerpflichtige muß konkret darlegen, daß ein anderer Arbeitsplatz für die jeweilige betriebliche oder berufliche Tätigkeit nicht zur Verfügung steht. Der Arbeitnehmer kann dies durch eine entsprechende Bescheinigung des Arbeitgebers belegen. Bei den übrigen Steuerpflichtigen gibt die Art der Tätigkeit einen Anhaltspunkt.

VII. Nutzung des Arbeitszimmers durch mehrere Steuerpflichtige

Die Abzugsbeschränkung ist personenbezogen anzuwenden (vgl. auch Rn. 5). Daher kann jeder Nutzende die Aufwendungen, die er getragen hat, je nach Fallgruppe unbegrenzt, bis zu 2.400 DM oder gar nicht abziehen. Nutzen mehrere Personen, wie z. B. Ehegatten, ein Arbeitszimmer gemeinsam, sind die Voraussetzungen des § 4 Abs. 5 Satz 1 Nr. 6 b EStG bezogen auf die einzelne steuerpflichtige Person zu prüfen.

VIII. Nutzung des Arbeitszimmers zur Erzielung unterschiedlicher Einkünfte

Nutzt ein Steuerpflichtiger sein häusliches Arbeitszimmer für mehrere Tätigkeiten im Rahmen mehrerer Einkunftsarten, muß die Abzugsmöglichkeit oder -begrenzung zunächst für jede Tätigkeit selbständig geprüft werden. Ist danach für die im Arbeitszimmer ausgeübten Tätigkeiten ein Abzug dem Grunde nach möglich, können die auf diese Nutzungen entfallenden Aufwendungen, je nach Fallgruppe unbegrenzt, bis zu 2.400 DM oder gar nicht abgezogen werden.

Ist nur ein beschränkter Abzug der Aufwendungen möglich, erfaßt die gesetzliche Abzugsbeschränkung von 2.400 DM personenbezogen die gesamte betriebliche und berufliche Tätigkeit des Steuerpflichtigen. Dabei sind die Aufwendungen für das Arbeitszimmer entsprechend dem Nutzungsumfang den darin ausgeübten Tätigkeiten zuzuordnen. Soweit der Kostenabzug für eine oder mehrere Tätigkeiten möglich ist, kann der Steuerpflichtige diese anteilig insgesamt bis zum Höchstbetrag abziehen. Eine Vervielfachung des Höchstbetrages ist ausgeschlossen.

Anhang 12
Gewinnermittlung

Beispiele:

- Ein Angestellter nutzt sein Arbeitszimmer zu 40 % für seine nichtselbständige Tätigkeit und zu 60 % für eine unternehmerische Nebentätigkeit. Nur für die Nebentätigkeit steht ihm kein anderer Arbeitsplatz zur Verfügung. An Aufwendungen sind für das Arbeitszimmer insgesamt 5.000 DM entstanden. Diese sind nach dem Nutzungsverhältnis aufzuteilen. Auf die nichtselbständige Tätigkeit entfallen 40 % von 5.000 DM = 2.000 DM, die nicht abgezogen werden können. Auf die Nebentätigkeit entfallen 60 % von 5.000 DM = 3.000 DM, die bis zu 2.400 DM als Betriebsausgaben abgezogen werden können.

- Ein Universitätsprofessor ist nebenbei schriftstellerisch tätig. Er hält sich zu mehr als 50 % seiner gesamten betrieblichen und beruflichen Tätigkeit in seinem Arbeitszimmer auf (Anteil der beruflichen Tätigkeit an der Nutzung des Arbeitszimmers 80 %). Für seine schriftstellerische Tätigkeit steht ihm kein anderer Arbeitsplatz zur Verfügung (Anteil an der Nutzung des Arbeitszimmers 20 %). Die Aufwendungen für das Arbeitszimmer betragen 4.500 DM, anteilig bis zum Höchstbetrag von 2.400 DM, und zwar 1.920 DM (= 80 % von 2.400 DM) als Werbungskosten und 480 DM (= 20 % von 2.400 DM) als Betriebsausgaben abgezogen werden können.

IX. Nicht ganzjährige Nutzung des häuslichen Arbeitszimmers und zeitliche Zuordnung des Arbeitszimmers zu der jeweiligen Tätigkeit

17 Bei der zeitlichen Bewertung der gesamten betrieblichen und beruflichen Tätigkeit ist ausschließlich auf den Zeitraum der begünstigten Nutzung bzw. der Zuordnung des Arbeitszimmers zu der jeweiligen Tätigkeit abzustellen. Ändern sich die Nutzungsverhältnisse innerhalb eines Wirtschafts- bzw. Kalenderjahres, können die auf den Zeitraum der Tätigkeit, für die das Arbeitszimmer den Mittelpunkt der gesamten betrieblichen und beruflichen Tätigkeit bildet, entfallenden Aufwendungen in voller Höhe abgezogen werden. Für den übrigen Zeitraum kommt bei Vorliegen der Voraussetzungen nach § 4 Abs. 5 Satz 1 Nr. 6b Satz 2 EStG ein Abzug bis zum Höchstbetrag von 2.400 DM in Betracht. Der Höchstbetrag von 2.400 DM ist auch bei nicht ganzjähriger Nutzung eines häuslichen Arbeitszimmers in voller Höhe zum Abzug zuzulassen.

Beispiele:

- Ein Arbeitnehmer hat im 1. Halbjahr den Mittelpunkt seiner gesamten betrieblichen und beruflichen Tätigkeit in seinem häuslichen Arbeitszimmer. Im 2. Halbjahr übt er die Tätigkeit am Arbeitsplatz bei seinem Arbeitgeber aus. Die Aufwendungen für das Arbeitszimmer, die auf das 1. Halbjahr entfallen, sind in voller Höhe als Werbungskosten abziehbar. Für das 2. Halbjahr kommt ein Abzug nicht in Betracht.

- Ein Arbeitnehmer hat ein häusliches Arbeitszimmer, das er nur nach Feierabend und am Wochenende auch für seine nichtselbständige Tätigkeit nutzt. Seit 15. Juni 1996 ist er in diesem Raum auch schriftstellerisch tätig. Aus der schriftstellerischen Tätigkeit erzielt er Einkünfte aus selbständiger Arbeit. Fortan nutzt der Steuerpflichtige sein Arbeitszimmer zu 30 % für die nichtselbständige Tätigkeit und zu 70 % für die schriftstellerische Tätigkeit, wofür ihm kein anderer Arbeitsplatz zur Verfügung steht. Die Gesamtaufwendungen für das Arbeitszimmer betrugen 1996 10.000 DM. Davon entfallen auf den Zeitraum ab 15. Juni 1996 ($^{6.5}/_{12}$ =) 5.417 DM. Der auf die nichtselbständige Tätigkeit entfallende Kostenanteil ist insgesamt nicht abziehbar. Auf die selbständige Tätigkeit entfallen 70 % von 5.417 DM = 3.792 DM, die bis zum Höchstbetrag von 2.400 DM als Betriebsausgaben abgezogen werden können. Eine zeitanteilige Kürzung des Höchstbetrages ist nicht vorzunehmen.

X. Nutzung eines häuslichen Arbeitszimmers zu Ausbildungszwecken

18 Nach § 10 Abs. 1 Nr. 7 Satz 5 EStG i.d. F. des Jahressteuergesetzes 1997 (a. a. O.) ist die Regelung des § 4 Abs. 5 Satz 1 Nr. 6b EStG ab Veranlagungszeitraum 1997 auch für Aufwendungen für ein häusliches Arbeitszimmer anzuwenden, das für die Berufsausbildung und Weiterbildung in einem nicht ausgeübten Beruf genutzt wird. Im Rahmen der Ausbildungskosten können jedoch in jedem Fall Aufwendungen nur bis zu insgesamt 1.800 DM bzw. 2.400 DM als Sonderausgaben abgezogen werden (§ 10 Abs. 1 Nr. 7 Sätze 1 und 2 EStG).

19 Da die Regelung für Veranlagungszeiträume bis 1996 noch nicht anzuwenden ist, können die Aufwendungen für ein häusliches Arbeitszimmer bis 1996 einschließlich entsprechend dem zeitlichen Nutzungsanteil zusätzlich zu den nach § 4 Abs. 5 Satz 1 Nr. 6b oder § 9 Abs. 5 EStG begrenzt abziehbaren

Aufwendungen im Rahmen der Höchstbeträge des § 10 Abs. 1 Nr. 7 EStG a.F. als Sonderausgaben abgezogen werden.

Beispiele:

- Ein angestellter Bankkaufmann studiert Jura an der Fernuniversität. Nebenbei verfaßt er Aufsätze für Fachzeitschriften. Sowohl für seine Studienzwecke als auch für seine schriftstellerische Tätigkeit nutzt er sein häusliches Arbeitszimmer (Gesamtaufwendungen für das Arbeitszimmer in den Jahren 1996 und 1997 jeweils 6.500 DM; geschätzter Anteil der Studienzwecke 60 %, geschätzter Anteil der schriftstellerischen Tätigkeit 40 %). Nach § 10 Abs. 1 Nr. 7 Satz 1 EStG kann der Bankkaufmann Aufwendungen für seine Berufsausbildung – ohne auswärtige Unterbringung – bis zu 1.800 DM im Kalenderjahr als Sonderausgaben geltend machen.

    a) 1996:

    - Schriftstellerische Tätigkeit: 40 % von 6.500 DM = 2.600 DM. Die Mitbenutzung des Arbeitszimmers zu Ausbildungszwecken ist unbeachtlich. Da der Bankkaufmann für seine schriftstellerische Tätigkeit keinen anderen Arbeitsplatz zur Verfügung hat, können die Aufwendungen bis zu 2.400 DM als Betriebsausgaben abgezogen werden.
    - Ausbildungskosten: 60 % von 6.500 DM = 3.900 DM. Diese Aufwendungen können zusammen mit den anderen nachgewiesenen Ausbildungskosten bis zum Höchstbetrag von insgesamt 1.800 DM als Sonderausgaben abgezogen werden.

    b) 1997:

    Ab 1997 ist der Höchstbetrag wie folgt aufzuteilen:

    - Schriftstellerische Tätigkeit: 40 % von 2.400 DM = 960 DM Betriebsausgaben.
    - Ausbildungskosten: 60 % von 2.400 DM = 1.440 DM, die zusammen mit den anderen nachgewiesenen Ausbildungskosten bis zu 1.800 DM als Sonderausgaben abgezogen werden können.

- Ein angestellter Rechtsanwalt möchte promovieren. Sein häusliches Arbeitszimmer (Gesamtaufwendungen im Jahr 1997 5.000 DM) nutzt er nur nach Feierabend und am Wochenende zur Bearbeitung von Akten, zum gelegentlichen Empfang von Mandanten (Zeitanteil 80 %) sowie zur Vorbereitung auf das Doktorexamen (Zeitanteil 20 %). Die auf seine nichtselbständige Tätigkeit entfallenden Aufwendungen für das häusliche Arbeitszimmer (80 % von 5.000 DM = 4.000 DM) kann der Anwalt nicht als Werbungskosten abziehen, da ihm ein anderer Arbeitsplatz zur Verfügung steht und er sich nicht zu mehr als 50 % seiner gesamten betrieblichen und beruflichen Tätigkeit im häuslichen Arbeitszimmer aufhält. Die auf die Vorbereitung für das Doktorexamen entfallenden Aufwendungen i.H. von 20 % von 5.000 DM = 1.000 DM kann er im Rahmen des Ausbildungs-Höchstbetrages als Sonderausgaben abziehen.

XI. Betroffene Aufwendungen

Zu den Aufwendungen, die unter die Begrenzung in Höhe von 2.400 DM oder unter das Abzugsverbot fallen, gehören insbesondere die anteiligen Aufwendungen für

- Miete,
- Gebäude-AfA, Absetzungen für außergewöhnliche technische oder wirtschaftliche Abnutzung, Sonderabschreibungen,
- Schuldzinsen für Kredite, die zur Anschaffung, Herstellung oder Reparatur des Gebäudes oder der Eigentumswohnung verwendet worden sind,
- Wasser- und Energiekosten,
- Reinigungskosten,
- Grundsteuer, Müllabfuhrgebühren, Schornsteinfegergebühren, Gebäudeversicherungen,
- Renovierungskosten

sowie die Aufwendungen für die Ausstattung des Zimmers. Hierzu gehören z. B. Tapeten, Teppiche, Fenstervorhänge, Gardinen und Lampen. **Nicht zur Ausstattung gehören Arbeitsmittel (BFH-Urteil vom 21. November 1997, BStBl 1998 II S. 351).**

Anhang 12

XII. Besondere Aufzeichnungspflichten

21 Nach § 4 Abs. 7 EStG dürfen Aufwendungen für ein häusliches Arbeitszimmer bei der Gewinnermittlung nur berücksichtigt werden, wenn sie besonders aufgezeichnet sind. Es bestehen keine Bedenken, wenn die auf das Arbeitszimmer anteilig entfallenden Finanzierungskosten im Wege der Schätzung ermittelt werden und nach Ablauf des Wirtschafts- bzw. Kalenderjahres eine Aufzeichnung bzw. Anpassung aufgrund der Jahresabrechnung des Kreditinstitutes erfolgt. Entsprechendes gilt für die verbrauchsabhängigen Kosten wie z. B. Wasser- und Energiekosten. Es ist ausreichend, Abschreibungsbeträge einmal jährlich – zeitnah nach Ablauf des Kalender- bzw. Wirtschaftsjahres – aufzuzeichnen.

Dieses Schreiben ersetzt das BMF-Schreiben vom 22. Januar 1998 (BStBl I S. 129).

Anhang 13

Abgrenzung zwischen privater Vermögensverwaltung und gewerblichem Grundstückshandel

BMF vom 20.12.1990 (BStBl I S. 884)

IV B 2 – S 2240 – 61/90

Nach § 15 Abs. 2 EStG setzt das Vorliegen eines Gewerbebetriebs eine selbständige nachhaltige Betätigung voraus, die mit Gewinnabsicht unternommen wird und sich als Beteiligung am allgemeinen wirtschaftlichen Verkehr darstellt. Die Betätigung darf weder als Ausübung von Land- und Forstwirtschaft noch als Ausübung eines freien Berufs noch als eine andere selbständige Arbeit anzusehen sein. Sie muß über den Rahmen einer Vermögensverwaltung hinausgehen (BFH-Beschluß vom 25. Juni 1984 GrS 4/82 – III 3 b aa (1) – BStBl II S. 751). Eine Vermögensverwaltung liegt in der Regel vor, wenn Vermögen genutzt, zum Beispiel unbewegliches Vermögen vermietet oder verpachtet wird (vgl. § 14 AO).

Zu der Frage, welche Folgen sich aus diesen allgemeinen Grundsätzen für die Abgrenzung zwischen privater Vermögensverwaltung und gewerblichem Grundstückshandel ergeben, wird unter Bezugnahme auf das Ergebnis der Erörterungen mit den obersten Finanzbehörden der Länder wie folgt Stellung genommen:

I. Allgemeines

Werden von Privatpersonen Grundstücke veräußert, kommt es für die Frage der gewerblichen Betätigung wesentlich auf die Dauer der Nutzung vor der Veräußerung an. Sind **bebaute Grundstücke** bis zur Veräußerung während eines langen Zeitraums (mindestens zehn Jahre) durch Vermietung oder zu eigenen Wohnzwecken genutzt worden und gehören die Einkünfte aus der Vermietung zu den Einkünften aus Vermietung und Verpachtung im Sinne des § 21 EStG, so gehört grundsätzlich auch noch die Veräußerung der bebauten Grundstücke zur privaten Vermögensverwaltung (vgl. BFH-Urteil vom 6. April 1990 – BStBl II S. 1057). Das gilt auch, wenn es sich um umfangreichen Grundbesitz handelt und sämtliche Objekte in einem verhältnismäßig kurzen Zeitraum an verschiedene Erwerber veräußert werden. Bei Grundstücken, die durch Erbfolge oder vorweggenommene Erbfolge auf den Grundstücksveräußerer übergegangen sind, bestehen im Hinblick auf die Berechnung der Nutzungsdauer keine Bedenken, die Besitzdauer des Rechtsvorgängers wie eine eigene Besitzzeit des Veräußerers zu werten.

Werden **Mietwohnungen in Eigentumswohnungen umgewandelt** und anschließend veräußert, so ist die Aufteilung eines Gebäudes in Eigentumswohnungen für sich allein kein Umstand, der die Veräußerung der durch den Aufteilungsvorgang entstandenen Eigentumswohnungen zu einer gewerblichen Tätigkeit macht. Deshalb ist die Veräußerung von in Eigentumswohnungen umgewandeltem Hausbesitz, der langfristig zur Fruchtziehung, z. B. durch Eigennutzung, Vermietung oder Verpachtung, genutzt worden war, als Beendigung der vermögensverwaltenden Tätigkeit anzusehen (vgl. BFH-Urteil vom 8. August 1979 – BStBl 1980 II S. 106).

Bei **unbebauten Grundstücken**, die vor der Veräußerung durch Eigennutzung, z. B. als Gartenland, oder durch Verpachtung genutzt worden sind, führt die bloße Parzellierung vor der Veräußerung für sich allein nicht zur Annahme eines Gewerbebetriebs.

Beim **An- und Verkauf von Grundstücken** über mehrere Jahre sind dagegen im Regelfall die Merkmale eines Gewerbebetriebs gegeben. Die Beteiligung am allgemeinen wirtschaftlichen Verkehr zeigt sich darin, daß mit einer Mehrzahl von Verkäufern und Käufern in Verbindung getreten wird (vgl. die BFH-Urteile vom 20. Dezember 1963 – BStBl 1964 III S. 139 und vom 29. März 1973 – BStBl II S. 661). Ein gewerblicher Grundstückshandel liegt auch vor, wenn ein Grundstückseigentümer, ähnlich wie ein Grundstückshändler oder wie ein Baulandaufschließungsunternehmen, seinen Grundbesitz ganz oder teilweise durch Baureifmachung in Baugelände umzugestalten beginnt und zu diesem Zweck das Gelände nach einem bestimmten Bebauungsplan in einzelne Parzellen aufteilt und diese an Interessenten veräußert (vgl. die BFH-Urteile vom 28. September 1961 – BStBl 1962 III S. 32, vom 25. Juli 1968 – BStBl II S. 655, vom 22. Oktober 1969 – BStBl 1970 II S. 61, vom 17. Dezember 1970 – BStBl 1971 II S. 456, vom 14. November 1972 – BStBl 1973 II S. 239, vom 7. Februar 1973 – BStBl II S. 642 und vom 29. März 1973 – BStBl II S. 682). Alle Aktivitäten des Veräußerers bei der Baureifmachung, Erschließung und Bebauung sind einzeln zu untersuchen und im Zusammenhang zu würdigen (BFH-Urteil vom 29. August 1973 – BStBl 1974 II S. 6).

Anhang 13
Grundstückshandel

6   Wegen der Zugehörigkeit der Grundstücke zum Umlaufvermögen vgl. BFH-Urteile vom 16. Januar 1969 – BStBl II S. 375 und vom 17. März 1981 – BStBl II S. 522 und wegen des Umfangs des gewerblichen Grundstückshandels vgl. Tz. 28. Auch die Veräußerung land- und forstwirtschaftlicher Grundstücke oder Betriebe kann Gegenstand eines selbständigen gewerblichen Unternehmens sein (BFH-Urteil vom 28. Juni 1984 – BStBl II S. 798).

II. Abgrenzung anhand der sog. „Drei-Objekt-Grenze"

7   Mit Urteil vom 9. Dezember 1986 – VIII R 317/82 – (BStBl 1988 II S. 244) hat der VIII. Senat des Bundesfinanzhofs bei der Veräußerung von nur drei Wohneinheiten einen gewerblichen Grundstückshandel verneint. Er hat dabei der Anzahl der veräußerten Wohneinheiten die entscheidende Bedeutung beigemessen, weil eine zahlenmäßige Begrenzung der gebotenen Vereinfachung Rechnung trage. Der III. Senat des Bundesfinanzhofs hat sich mit Urteilen vom 3. Juni 1987 – III R 209/83 – (BStBl 1988 II S. 277), vom 23. Oktober 1987 – III R 275/83 – (BStBl 1988 II S. 293) und vom 1. Dezember 1989 – III R 56/85 – (BStBl 1990 II S. 1054) sowie der X. Senat des Bundesfinanzhofs mit Urteil vom 18. Januar 1989 – X R 108/88 – (BStBl 1990 II S. 1051) der Rechtsprechung des VIII. Senats angeschlossen.

Aus dieser Rechtsprechung ergibt sich für die Abgrenzung der privaten Vermögensverwaltung vom gewerblichen Grundstückshandel im einzelnen folgendes:

1. Gemeinsame Grundsätze

8   Die Veräußerung von bis zu drei Objekten ist grundsätzlich nicht gewerblich (sog. „Drei-Objekt-Grenze"). Dies gilt auch dann, wenn der veräußernde Steuerpflichtige eine dem Bau- und Grundstücksmarkt nahestehende Person (z. B. Architekt, Bauunternehmer, Immobilienmakler) ist (BFH-Urteile vom 14. März 1989 – BStBl 1990 II S. 1053 und vom 29. November 1989 – BStBl 1990 II S. 1060), es sei denn, daß die betreffenden Objekte ohnehin zu einem Betriebsvermögen des betreffenden Steuerpflichtigen gehören (z. B. Grundstückshändler). Wenn der Steuerpflichtige zu mindestens 10 v. H. an einer Personengesellschaft beteiligt ist, die als Mitunternehmerschaft i.S. des § 15 EStG selbst einen gewerblichen Grundstückshandel betreibt (vgl. Tz. 12), sind die Objekte, die die Personengesellschaft veräußert hat, bei dem Gesellschafter mitzuzählen. Die Veräußerung von mehr als drei Objekten führt bei Vorliegen der übrigen Voraussetzungen (§ 15 Abs. 2 EStG) zur Gewerblichkeit aller – d.h. auch der ersten drei – Objektveräußerungen.

Für die Frage, ob die „Drei-Objekt-Grenze" überschritten wird, gilt folgendes:

9   a) „Objekte" im Sinne der genannten „Drei-Objekt-Grenze" sind Zweifamilienhäuser, Einfamilienhäuser, Eigentumswohnungen sowie die für eine Bebauung mit solchen Objekten vorgesehenen Bauparzellen. Der vom Bundesfinanzhof als Begründung für die Rechtfertigung der „Drei-Objekt-Grenze" herangezogene Vereinfachungsgedanke reicht nur aus, soweit es sich um Objekte geht, die im Regelfall Wohnzwecken dienen und die auch regelmäßig eine bestimmte Größe nicht überschreiten.

Bei anderen Objekten (z. B. Mehrfamilienhäusern, Büro-, Hotel-, Fabrik- oder Lagergrundstücken) können deshalb – sofern die übrigen Voraussetzungen vorliegen – auch weniger als vier Veräußerungsvorgänge einen gewerblichen Grundstückshandel begründen. Dies bedeutet, daß z. B. ein gewerblicher Grundstückshandel vorliegen kann, wenn ein Steuerpflichtiger lediglich zwei Fabrikgrundstücke oder zwei Eigentumswohnungen und ein Fabrikgrundstück veräußert; in derartigen Fällen ist die Abgrenzung zwischen Gewerbebetrieb und privater Vermögensverwaltung ohne Rücksicht auf die „Drei-Objekt-Grenze" nach den allgemeinen Grundsätzen vorzunehmen.

10   b) Bei Prüfung der Frage, ob die „Drei-Objekt-Grenze" überschritten ist, sind alle Objektveräußerungen innerhalb eines Fünfjahreszeitraums einzubeziehen. Bei dieser Prüfung sind im Regelfall nur solche Objekte mitzuzählen, bei denen ein enger zeitlicher Zusammenhang zwischen Errichtung, Erwerb und Modernisierung einerseits und Veräußerung der Objekte andererseits (vgl. Tz. 18, Tz. 21 und Tz. 20, Tz. 23) besteht. Ist ein derartiger enger zeitlicher Zusammenhang nicht gegeben, können bis zur zeitlichen Obergrenze von zehn Jahren (vgl. Tz. 2) Objekte nur mitgerechnet werden, wenn weitere Umstände den Schluß rechtfertigen, daß im Zeitpunkt der Errichtung, des Erwerbs oder der Modernisierung eine Veräußerungsabsicht vorgelegen hat. Solche weiteren Umstände liegen beispielsweise vor, wenn ein branchenkundiger Steuerpflichtiger innerhalb eines Zeitraums von fünf Jahren nach der Errichtung eines Gebäudes weniger als vier, danach aber in relativ kurzer Zeit planmäßig weitere Objekte veräußert (BFH-Urteil vom 5. September 1990 – BStBl II S. 1060).

c) Bei **Ehegatten** ist eine Zusammenfassung der Grundstücksaktivitäten im Regelfall nicht zulässig, da die Vermutung gleichgerichteter Interessen von Ehegatten nicht allein auf das Bestehen der ehelichen Lebens- und Wirtschaftsgemeinschaft gestützt werden darf (vgl. Beschluß des BVerfG vom 12. März 1985 – BStBl 1985 II S. 475). Das bedeutet, daß jeder Ehegatte bis zu drei Objekte im Bereich der Vermögensverwaltung veräußern kann. Die Grundstücksaktivitäten der Ehegatten müssen jedoch dann zusammengerechnet werden, wenn die Ehegatten eine über ihre Ehe hinausgehende, also zusätzliche enge Wirtschaftsgemeinschaft, z. B. in Gestalt einer Gesellschaft des bürgerlichen Rechts eingegangen sind, in die sie alle bzw. den größeren Teil der Grundstücke eingebracht haben (BFH-Urteil vom 24. Juli 1986 – BStBl II S. 913).

d) Beteiligt sich ein Steuerpflichtiger an einer oder mehreren **Grundstücksgesellschaften** oder **Grundstücksgemeinschaften** zur Verwertung von Grundstücken (z. B. durch Verkauf oder Bebauung und Verkauf), so ist zunächst zu prüfen, ob die betreffende Gesellschaft oder Gemeinschaft selbst (d.h. die Gesellschafter bzw. Gemeinschafter in ihrer gesamthänderischen Verbundenheit) ein gewerbliches Unternehmen im Sinne des § 15 Abs. 2 EStG betreibt (vgl. BFH-Beschluß vom 25. Juni 1984 – BStBl II S. 751), so daß steuerlich gesehen eine Mitunternehmerschaft im Sinne des § 15 Abs. 1 Nr. 2 EStG vorliegt. Für die Beurteilung dieser Frage ist die „Drei-Objekt-Grenze" auf der Ebene der Gesellschaft anzuwenden; auf eventuelle Grundstücksveräußerungen durch den einzelnen Gesellschafter kommt es insoweit nicht an.

Ergibt die Prüfung der Tätigkeit der Gesellschaft oder Gemeinschaft, daß diese selbst nicht gewerblich, sondern vermögensverwaltend tätig ist, muß ihre Betätigung (Erwerb, Bebauung und Verkauf der Grundstücke usw.) den einzelnen Gesellschaftern in gleicher Weise wie bei einer Bruchteilsgemeinschaft anteilig zugerechnet werden (§ 39 Abs. 2 Nr. 2 AO) und bei diesen einkommensteuerrechtlich nach den für den einzelnen Gesellschafter und seine Betätigung maßgeblichen Kriterien beurteilt und erfaßt werden. Dabei sind zwei Fallgruppen zu unterscheiden:

aa) Hält eine natürliche Person die **Beteiligung** an einer nicht gewerblich tätigen Grundstücksgesellschaft **in einem** bereits bestehenden **gewerblichen Unternehmen** (z. B. Handels- oder Fabrikationsbetrieb), dann erzielt sie aus ihrer Beteiligung gewerbliche Einkünfte.

bb) Für eine Prüfung des gewerblichen Grundstückshandels, ggf. anhand der „Drei-Objekt-Grenze" in Fällen der Beteiligung an einer vermögensverwaltenden Grundstücksgesellschaft – regelmäßig eine Gesellschaft bürgerlichen Rechts (BFH-Urteil vom 25. April 1985 – BStBl II S. 622) – kommen daher nur die Fälle in Betracht, in denen der Steuerpflichtige die **Beteiligung im Privatvermögen** hält. In diesen Fällen gilt folgendes:

aaa) Überschreiten die von der vermögensverwaltenden Gesellschaft getätigten und dem einzelnen Gesellschafter anteilig wie Bruchteilseigentum gemäß § 39 Abs. 2 Nr. 2 AO zuzurechnenden **Grundstücksveräußerungen** entweder für sich gesehen oder aber unter Zusammenrechnung mit der Veräußerung von Objekten, die dem betreffenden Gesellschafter allein oder im Rahmen einer anderen Personengesellschaft gehören, den Rahmen der bloßen Vermögensverwaltung, so wird beim betreffenden Gesellschafter ein gewerbliches Unternehmen auf Grund gewerblichen Grundstückshandels begründet. Zu der insoweit erforderlichen Prüfung, ob die jeweils an der vermögensverwaltenden Grundstücksgesellschaft beteiligte natürliche Person ein gewerbliches Unternehmen durch gewerblichen Grundstückshandel begründet, ist im Falle der Beteiligung an mehreren vermögensverwaltenden Grundstücksgesellschaften der Anteil des Steuerpflichtigen an dem Objekt der jeweiligen Gesellschaft für die Ermittlung der „Drei-Objekt-Grenze" jeweils einem Objekt gleichzustellen. Insofern ist die getrennte Zurechnung der Wirtschaftsgüter der Gesellschaft (regelmäßig nur das Grundstück) an die jeweiligen Teilhaber erforderlich, um zu einer sachlich zutreffenden Besteuerung – nämlich der jeweils nur einmaligen Gewährung der „Drei-Objekt-Grenze" für einen Steuerpflichtigen – zu gelangen (vgl. auch BFH-Beschluß vom 25. Juni 1984, BStBl II S. 751 [763]). Voraussetzung für die Anrechnung von Objektveräußerungen der Gesellschaft, insbesondere auf die „Drei-Objekt-Grenze" beim Gesellschafter, ist allerdings, daß der Gesellschafter an der jeweiligen Gesellschaft zu mindestens 10 v. H. beteiligt ist. Ansonsten findet keine Anrechnung auf die „Drei-Objekt-Grenze" beim Gesellschafter statt.

bbb) In den Fällen, in denen nicht die vermögensverwaltende Grundstücksgesellschaft selbst aus ihrem Gesamthandsvermögen Grundstücke veräußert, sondern der oder

Anhang 13
Grundstückshandel

die Gesellschafter ihre Anteile an der Grundstücksgesellschaft veräußern, ist die Veräußerung der Beteiligung gem. § 39 Abs. 2 Nr. 2 AO einer anteiligen Grundstücksveräußerung gleichzustellen. Für die „Drei-Objekt-Grenze" kommt es dabei auf die Zahl der im Gesellschaftsvermögen (Gesamthandsvermögen) befindlichen Grundstücke an. Dies bedeutet, daß beispielsweise drei Beteiligungen an verschiedenen Gesellschaften, zu deren Gesellschaftsvermögen jeweils ein Grundstück gehört oder eine Beteiligung an einer einzigen Gesellschaft zu deren Gesellschaftsvermögen weniger als vier Grundstücke gehören, ohne Überschreitung der „Drei-Objekt-Grenze" veräußert werden können. Dagegen wäre die „Drei-Objekt-Grenze" beispielsweise überschritten, wenn zwei Beteiligungen an verschiedenen Gesellschaften veräußert werden, zu deren Gesellschaftsvermögen jeweils zwei Grundstücke gehören. Voraussetzung für die Anrechnung von Anteilsveräußerungen auf die „Drei-Objekt-Grenze" ist auch hier, daß der Gesellschafter an der jeweiligen Gesellschaft zu mindestens 10 v. H. beteiligt ist.

Die vorstehenden Ausführungen gelten entsprechend für **Grundstücksgemeinschaften** (Bruchteilsgemeinschaften).

2. Errichtung von Objekten

17 a) Bebaut ein Steuerpflichtiger ein Grundstück oder erwirbt er ein unbebautes Grundstück zur Bebauung, liegt stets ein gewerblicher Grundstückshandel vor, wenn mehr als drei Objekte in engem zeitlichen Zusammenhang (vgl. Tz. 18) mit ihrer **Errichtung** veräußert werden und der Steuerpflichtige mit Veräußerungsabsicht (vgl. Tz. 19) handelt. Ein gewerblicher Grundstückshandel liegt in diesem Fall auch dann vor, wenn die Objekte zwischenzeitlich vermietet oder eigengenutzt werden (BFH-Urteil vom 11. April 1989 – BStBl II S. 621). Ferner ist unerheblich, ob die veräußerten Wohneinheiten in der rechtlichen Gestalt von Eigentumswohnungen entstanden sind oder ob sie zunächst rechtlich unselbständige, zur Vermietung an verschiedene Interessenten bestimmte Teile eines Gesamtobjekts (z. B. Mehrfamilienhaus) waren.

18 b) Ein **enger zeitlicher Zusammenhang** zwischen Errichtung und Veräußerung der Objekte ist dann gegeben, wenn die Zeitspanne zwischen Fertigstellung und Veräußerung der Objekte nicht mehr als fünf Jahre beträgt (BFH-Urteil vom 23. Oktober 1987 – BStBl 1988 II S. 293 und vom 22. März 1990 – BStBl II S. 637) oder wenn die Objekte bereits vor Fertigstellung veräußert werden.

19 c) Die **Veräußerungsabsicht** ist anhand äußerlicher Merkmale zu beurteilen; die bloße Erklärung des Steuerpflichtigen, er habe eine solche Absicht nicht gehabt, reicht nicht aus. Werden die Objekte in engem zeitlichen Zusammenhang mit der Errichtung veräußert (vgl. Tz. 18), zwingt dies nach den Regeln der Lebenserfahrung zu der Schlußfolgerung, daß bei der Errichtung der Objekte zumindest eine bedingte Veräußerungsabsicht bestanden hat, auch wenn die eigentliche Absicht auf eine anderweitige Nutzung als die Veräußerung gerichtet war, wenn keine eindeutigen gegenteiligen Anhaltspunkte vorliegen. Der Steuerpflichtige kann sich dabei nicht darauf berufen, die Verkaufsabsicht sei erst später wegen Finanzierungsschwierigkeiten und zu hoher finanzieller Belastungen gefaßt worden (vgl. BFH-Urteil vom 6. April 1990 – BStBl II S. 1057).

20 d) Besteht kein enger zeitlicher Zusammenhang (vgl. Tz. 18) zwischen der Errichtung und der Veräußerung der Objekte, kann ein gewerblicher Grundstückshandel vorliegen, wenn der Steuerpflichtige die Objekte vor der Veräußerung in nicht unerheblichem Maße **modernisiert** (vgl. Tz. 22). Für die Veräußerungsabsicht (vgl. Tz. 19) kommt es dann auf den engen zeitlichen Zusammenhang mit der Modernisierung an.

3. Erwerb von Objekten

21 Beim **Erwerb** von Objekten liegt grundsätzlich ein gewerblicher Grundstückshandel vor, wenn mehr als drei Objekte in engem zeitlichen Zusammenhang mit ihrem Erwerb veräußert werden und der Steuerpflichtige mit Veräußerungsabsicht handelt. Hinsichtlich des **engen zeitlichen Zusammenhangs** gilt Tz. 18, hinsichtlich der **Veräußerungsabsicht** gilt Tz. 19 entsprechend.

Im Falle des Erwerbs bebauter Grundstücke gelten folgende Besonderheiten:

22 a) Wandelt der Steuerpflichtige bisher vermietete Wohnungen eines erworbenen Miethauses in Eigentumswohnungen um und versetzt er die Wohnungen vor der sich anschließenden Veräußerung lediglich in einen zum vertragsmäßigen Gebrauch geeigneten Zustand, wozu unter Berücksichtigung des bei Mietwohnungen Ortsüblichen auch die Ausführungen von Schönheitsreparaturen gehören kann (vgl. BFH-Urteil vom 10. August 1983 – BStBl 1984 II S. 137), so ist ein gewerblicher Grundstückshandel nur anzunehmen, wenn innerhalb eines überschaubaren Zeit-

raums (in der Regel fünf Jahre) ein oder mehrere bereits **in Veräußerungsabsicht** erworbene Gebäude aufgeteilt und nach dieser Aufteilung mehr als drei Eigentumswohnungen veräußert werden.

b) Ein gewerblicher Grundstückshandel ist auch dann anzunehmen, wenn sich der Grundstückseigentümer bei der Aufteilung des – **ohne Veräußerungsabsicht** erworbenen – Grundbesitzes in Eigentumswohnungen nicht auf die bloße Herstellung der Verkaufsfähigkeit beschränkt, sondern zuvor in erheblichem Umfang für Modernisierungsmaßnahmen investiert, die zu einem Verkehrsgut anderer Marktgängigkeit führen (BFH-Urteile vom 10. August 1983 – BStBl 1984 II S. 137 und vom 28. September 1987 – BStBl 1988 II S. 65). Dies gilt auch dann, wenn auf Grund langjähriger Vermietung oder Eigennutzung der Objekte kein enger zeitlicher Zusammenhang zwischen dem Erwerb des Miethauses und der Veräußerung der Eigentumswohnungen besteht; in diesem Falle kommt es nur auf den engen zeitlichen Zusammenhang (vgl. Tz. 18) zwischen der Modernisierung und der Veräußerung an.

c) Hinsichtlich des Vorliegens der Veräußerungsabsicht gelten die Ausführungen unter Tz. 19 entsprechend mit der Maßgabe, daß auf den engen zeitlichen Zusammenhang zwischen dem Erwerb bzw. der Modernisierung der Objekte und ihrer Veräußerung abzustellen ist.

4. Mischfälle

Treffen bei einem Steuerpflichtigen, der eine bestimmte Anzahl von Objekten veräußert hat, diejenigen Fälle, in denen das veräußerte Objekt vom Steuerpflichtigen selbst errichtet worden ist (vgl. Tz. 17 bis 20), mit solchen Fällen zusammen, in denen das Objekt von einem Dritten erworben worden ist (vgl. Tz. 21 bis 24), so ist die Frage, ob die Veräußerung eines Objekts der einen oder anderen Gruppe bei Prüfung der „Drei-Objekt-Grenze" mitzuzählen ist, jeweils nach den Kriterien (vgl. Tz. 17 bis 24) zu entscheiden, die für die betreffende Gruppe bei Veräußerung von mehr als drei Objekten gelten.

5. Unbebaute Grundstücke

Für den Handel mit unbebauten Grundstücken gelten die für den Erwerb und die Veräußerung bebauter Grundstücke dargestellten Grundsätze (vgl. Tz. 21 bis 24) entsprechend. Dies bedeutet, daß der Erwerb, die Parzellierung und die Veräußerung von mehr als drei unbebauten Grundstücken (Bauparzellen) nur dann gewerblich ist, wenn

– die Grundstücke (Bauparzellen) in Veräußerungsabsicht erworben wurden (vgl. Tz. 19) oder
– der Steuerpflichtige über die Parzellierung hinaus Tätigkeiten entwickelt hat (z. B. Erschließung, Bebauungsplanung, Baureifmachung – vgl. Tz. 5).

Bei Mischfällen gilt Tz. 25 entsprechend.

III. Beginn, Umfang und Ende des gewerblichen Grundstückshandels

1. Beginn

Als Beginn des gewerblichen Grundstückshandels ist regelmäßig der Zeitpunkt anzusehen, in dem der Steuerpflichtige mit Tätigkeiten beginnt, die objektiv erkennbar auf die Vorbereitung der Grundstücksgeschäfte gerichtet sind (BFH-Urteile vom 9. Februar 1983 – BStBl II S. 451 und vom 23. Oktober 1987 – BStBl 1988 II S. 293). Dabei sind folgende Fallgruppen zu unterscheiden:

a) Bei Errichtung und Veräußerung in engem zeitlichen Zusammenhang (vgl. Tz. 18) beginnt der gewerbliche Grundstückshandel grundsätzlich im Zeitpunkt der Fertigstellung des Objekts.
b) Bei Erwerb und Veräußerung in engem zeitlichen Zusammenhang (vgl. Tz. 21 und 22) beginnt der gewerbliche Grundstückshandel grundsätzlich im Zeitpunkt des Grundstückserwerbs.
c) Bei Modernisierung und Veräußerung in engem zeitlichen Zusammenhang (Tz. 20 und 23) beginnt der gewerbliche Grundstückshandel in dem Zeitpunkt, in dem mit den Modernisierungsmaßnahmen begonnen wird.

2. Umfang

Der Umfang eines bestehenden gewerblichen Grundstückshandels wird grundsätzlich durch den veräußerten Grundbesitz bestimmt. Dabei ist auch die Vermutung des § 344 Abs. 1 HGB zu beachten, wonach die von einem Kaufmann vorgenommenen Rechtsgeschäfte im Zweifel als zum Betrieb seines Handelsgewerbes gehörig gelten. Diese Zugehörigkeitsvermutung wird insbesondere bei branchengleichen Wirtschaftsgütern angenommen und rechtfertigt sich aus der Nähe der Tätigkeit zum gewerblichen Betrieb und der Schwierigkeit, einzelne Wirtschaftsgüter oder Geschäfte als Privatangelegenheit auszusondern (vgl. BFH-Urteile vom 16. Januar 1969 – BStBl II S. 375 und vom 25. Juni 1975 – BStBl II S. 850).

Im übrigen hat die Prüfung des Umfangs der gewerblichen Tätigkeit eines bereits bestehenden gewerblichen Grundstückshandels – abgesehen davon, daß es auf die Anzahl der veräußerten Objekte im Sinne der „Drei-Objekt-Grenze" nicht mehr ankommt – nach den gleichen Kriterien wie denjenigen für die Abgrenzung zwischen gewerblichem Grundstückshandel und privater Vermögensverwaltung zu erfolgen. Dabei sind Objektveräußerungen, die unter Tz. 2 fallen – das sind die Fälle, in denen bebaute Grundstücke bis zum Verkauf während eines langen Zeitraums (mindestens zehn Jahre) durch Vermietung oder zu eigenen Wohnzwecken genutzt worden sind – nicht mit einzubeziehen.

3. Ende

29   Veräußerungsgewinne sind regelmäßig nicht begünstigte laufende Gewinne, auch wenn zugleich der Gewerbebetrieb aufgegeben wird (vgl. BFH-Urteile vom 29. September 1976 – BStBl 1977 II S. 71 und vom 23. Juni 1977 – BStBl II S. 721).

IV. Anwendungszeitpunkt

Dieses Schreiben tritt an die Stelle des BMF-Schreibens vom 31. März 1988 (BStBl I S. 125), welches hiermit aufgehoben wird. Es ist auf alle Fälle anzuwenden, die noch nicht bestandskräftig sind oder unter dem Vorbehalt der Nachprüfung stehen.

Anhang 14

Übersicht

I Investitionszulagengesetz 1996 (InvZulG 1996)

II Gewährung von Investitionszulagen nach der Investitionszulagenverordnung und nach dem Investitionszulagengesetz 1991
BMF vom 28.8.1991 (BStBl I S. 768)

III Gewährung von Investitionszulagen nach der Investitionszulagenverordnung und nach dem Investitionszulagengesetz 1991
BMF vom 31.3.1992 (BStBl I S. 236)

IV Zweifelsfragen bei der Anwendung des Investitionszulagengesetzes 1993
(BGBl. I S. 1650, BStBl 1993 I S. 856)
BMF vom 28.10.1993 (BStBl I S. 904)

V Investitionszulage für Personenkraftwagen;
hier: Anwendung des BFH-Urteils vom 16.7.1993 (BStBl 1994 II S. 304)
BMF vom 6.3.1994 (BStBl I S. 230)

VI Zweifelsfragen bei der Anwendung des Investitionszulagengesetzes;
1. Verbleibensvoraussetzung bei Transportmitteln,
2. Abgrenzung der Gewerbezweige nach der Klassifikation der Wirtschaftszweige, Ausgabe 1993,
3. Anzahl der Arbeitnehmer bei der auf 10 v. H. erhöhten Investitionszulage nach § 5 Abs. 3 InvZulG 1993,
4. Erhöhte Investitionszulage nach § 5 Abs. 2 oder 3 InvZulG 1993 bei Betriebsaufspaltung
BMF vom 30.12.1994 (BStBl 1995 I S. 18)

VII Zweifelsfragen zu den Änderungen des Investitionszulagengesetzes 1993 durch Artikel 18 des Jahressteuergesetzes 1996
BMF vom 12.2.1996 (BStBl I S. 111)

VIII Investitionszulage nach § 5 Abs. 2 und 3 InvZulG 1996 bei Investitionsabschluß vor Eintragung in die Handwerksrolle oder das Verzeichnis handwerksähnlicher Betriebe; Anwendung des BFH-Urteils vom 12.11.1996 (BStBl 1998 II S. 29)
BMF vom 19.12.1997 (BStBl 1998 I S. 139)

IX Gewährung von Investitionszulagen nach dem Investitionszulagengesetz 1996 und 1999 an ausländische Körperschaften
BMF vom 13.5.1998 (BStBl I S. 623)

I

Investitionszulagengesetz 1996 (InvZulG 1996)

in der Fassung der Bekanntmachung vom 22.1.1996
(BGBl. I S. 60, BStBl I S. 107),

zuletzt geändert durch Art. 3 des Gesetzes vom 18.8.1997
(BGBl. I S. 2070, BStBl I S. 790)

§ 1

Anspruchsberechtigter, Fördergebiet

(1) Steuerpflichtige im Sinne des Einkommensteuergesetzes und des Körperschaftsteuergesetzes, die im Fördergebiet begünstigte Investitionen im Sinne der §§ 2 und 3 vornehmen, haben Anspruch auf eine Investitionszulage, soweit sie nicht nach § 5 des Körperschaftsteuergesetzes von der Körperschaftsteuer befreit sind. Bei Gesellschaften im Sinne des § 15 Abs. 1 Satz 1 Nr. 2 und Abs. 3 des Einkommensteuergesetzes tritt an die Stelle des Steuerpflichtigen die Gesellschaft als Anspruchsberechtigte.[1]

---

[1] Anm.: Spielbankunternehmen sind investitionszulagenberechtigt (→ FinMin Sachsen-Anhalt vom 12.11.1996 – 45 – InvZ 1160–11).

Anhang 14
Investitionszulage

(2) Fördergebiet sind die Länder Berlin, Brandenburg, Mecklenburg-Vorpommern, Sachsen, Sachsen-Anhalt und Thüringen nach dem Gebietsstand vom 3. Oktober 1990.

§ 2
Art der Investitionen[1]

Begünstigte Investitionen sind die Anschaffung und die Herstellung von neuen abnutzbaren beweglichen Wirtschaftsgütern des Anlagevermögens, die mindestens 3 Jahre nach ihrer Anschaffung oder Herstellung

[2] 1. zum Anlagevermögen eines Betriebs oder einer Betriebsstätte im Fördergebiet gehören,
2. in einer Betriebsstätte im Fördergebiet verbleiben und
3. in jedem Jahr zu nicht mehr als 10 vom Hundert privat genutzt werden.

[3] Nicht begünstigt sind

[4] 1. geringwertige Wirtschaftsgüter im Sinne des § 6 Abs. 2 des Einkommensteuergesetzes,
2. Luftfahrzeuge, die der Anspruchsberechtigte vor dem 5. Juli 1990 oder nach dem 31. Oktober 1990 bestellt oder herzustellen begonnen hat, und
3. Personenkraftwagen.

§ 3
Investitionszeiträume

Die Investitionen sind begünstigt, wenn sie der Anspruchsberechtigte

1. nach dem 31. Dezember 1990 und vor dem 1. Juli 1992 abgeschlossen hat oder
2. vor dem 1. Januar 1993 begonnen sowie nach dem 30. Juni 1992 und vor dem 1. Januar 1995 abgeschlossen hat oder
3. nach dem 31. Dezember 1992 und vor dem 1. Juli 1994 begonnen sowie vor dem 1. Januar 1999 abgeschlossen hat oder
4. nach dem 30. Juni 1994 begonnen sowie vor dem 1. Januar 1999 abgeschlossen hat und es sich um Investitionen in Betrieben des verarbeitenden Gewerbes oder um Investitionen im Sinne des § 5 Abs. 2, 3 oder 4 handelt oder
5. nach dem 30. Juni 1994 begonnen sowie vor dem 1. Januar 1997 abgeschlossen hat und es sich nicht um Investitionen im Sinne der Nummer 4 handelt.

Hat ein Betrieb Betriebsstätten im Fördergebiet und außerhalb des Fördergebiets, gilt bei Investitionen im Sinne der Nummer 4 für die Einordnung eines Betriebs in das verarbeitende Gewerbe die Gesamtheit aller Betriebsstätten im Fördergebiet als ein Betrieb. Die Nummern 3 bis 5 gelten nicht bei

---

[1] Einschränkungen ergeben sich durch Beschlüsse der EU-Kommission → BMF-Schreiben vom 18.9.1998 (BStBl I S. 1132 und S. 1137)

[2] Anm.: Für nachträglich angeschaffte maschinengebundene Werkzeuge (Maschinenwerkzeuge) kommt eine Investitionszulage in Betracht → BFH vom 6.10.1995 (BStBl 1996 II S. 166).

[3] Anm.: Durch das Steuerentlastungsgesetz 1999 ab VZ 1999 wird Satz 2 wie folgt gefaßt:
„Nicht begünstigt sind
1. geringwertige Wirtschaftsgüter im Sinne des § 6 Abs. 2 des Einkommensteuergesetzes,
2. Luftfahrzeuge, die der Anspruchsberechtigte vor dem 5. Juli 1990 oder nach dem 31. Oktober 1990 bestellt oder herzustellen begonnen hat,
3. Personenkraftwagen und
4. Wirtschaftsgüter, die der Anspruchsberechtigte nach dem 2. September 1998 angeschafft oder hergestellt hat und die in Nummer 1.2 zweiter oder dritter Gedankenstrich oder in Nummer 2 des Anhangs der Entscheidung der Europäischen Kommission 94/173/EG vom 22. März 1994 zur Festlegung der Auswahlkriterien für Investitionen zur Verbesserung der Verarbeitungs- und Vermarktungsbedingungen für land- und forstwirtschaftliche Erzeugnisse und zur Aufhebung der Entscheidung 90/342/EWG – ABl. EG Nr. L 79 S. 29 – (Land- und Forstwirtschaftsentscheidung) genannt sind."

[4] Anm.: FG Brandenburg hat mit Urteil vom 18.6.1997 (3 K 1280/96) bestätigt, daß die Investitionszulage nicht zu gewähren ist, wenn durch die Auflösung der **Akkumulationsrücklage** ein geringwertiges Wirtschaftsgut. i.S. von § 2 Satz 2 InvZulG entstanden ist. Gegen das Urteil wurde Revision eingelegt (→ OFD Cottbus vom 29.9.1997 – InvZ 1260 – 33 – St 118).

Investitionen in Betriebsstätten der Kreditinstitute, des Versicherungsgewerbes – ausgenommen der Versicherungsvertreter und Versicherungsmakler –, der Elektrizitätsversorgung, der Gasversorgung und vorbehaltlich des § 5 Abs. 4 nicht bei Investitionen in Betriebsstätten des Handels. Investitionen sind in dem Zeitpunkt abgeschlossen, in dem die Wirtschaftsgüter angeschafft oder hergestellt werden. Investitionen sind in dem Zeitpunkt begonnen, in dem die Wirtschaftsgüter bestellt oder herzustellen begonnen worden sind.

§ 4
Bemessungsgrundlage

Bemessungsgrundlage für die Investitionszulage ist die Summe der Anschaffungs- und Herstellungskosten der im Wirtschaftsjahr abgeschlossenen begünstigten Investitionen. In die Bemessungsgrundlagen können die im Wirtschaftsjahr geleisteten Anzahlungen auf Anschaffungskosten und entstandenen Teilherstellungskosten einbezogen werden. In den Fällen des Satzes 2 dürfen im Wirtschaftsjahr der Anschaffung oder Herstellung der Wirtschaftsgüter die Anschaffungs- oder Herstellungskosten bei der Bemessung der Investitionszulage nur berücksichtigt werden, soweit sie die Anzahlungen oder Teilherstellungskosten übersteigen. § 7a Abs. 2 Satz 3 bis 5 des Einkommensteuergesetzes gilt entsprechend.

§ 5
Höhe der Investitionszulage

(1) Die Investitionszulage beträgt
1. bei Investitionen im Sinne des § 3 Nr. 1   12 vom Hundert,
2. bei Investitionen im Sinne des § 3 Nr. 2 und 3   8 vom Hundert,
3. bei Investitionen im Sinne des § 3 Nr. 4 und 5   5 vom Hundert

der Bemessungsgrundlage.

(2) Die Investitionszulage erhöht sich bei Investitionen im Sinne des § 3 Nr. 3 und 4, die der Anspruchsberechtigte vor dem 1. Januar 1995 begonnen und vor dem 1. Januar 1997 abgeschlossen hat, auf 20 vom Hundert der Bemessungsgrundlage, soweit die Bemessungsgrundlage im Wirtschaftsjahr 1 Million Deutsche Mark nicht übersteigt, wenn

1. die Investitionen vorgenommen werden von
    a) Steuerpflichtigen im Sinne des Einkommensteuergesetzes, die am 9. November 1989 einen Wohnsitz oder ihren gewöhnlichen Aufenthalt in dem in Artikel 3 des Einigungsvertrages genannten Gebiet hatten, oder
    b) Gesellschaften im Sinne des § 15 Abs. 1 Satz 1 Nr. 2 und Abs. 3 des Einkommensteuergesetzes, bei denen mehr als die Hälfte der Anteile unmittelbar Steuerpflichtigen im Sinne des Buchstabens a zuzurechnen sind, oder
    c) Steuerpflichtigen im Sinne des Körperschaftsteuergesetzes, an deren Kapital zu mehr als der Hälfte unmittelbar Steuerpflichtige im Sinne des Buchstabens a beteiligt sind[1]), und
2. die Wirtschaftsgüter mindestens 3 Jahre nach ihrer Anschaffung oder Herstellung
    a) zum Anlagevermögen des Betriebs eines Gewerbetreibenden, der in die Handwerksrolle oder das Verzeichnis handwerksähnlicher Betriebe eingetragen ist, oder eines Betriebs des verarbeitenden Gewerbes gehören und
    b) in einem solchen Betrieb verbleiben.

§ 19 Abs. 1 Satz 2 der Abgabenordnung gilt sinngemäß.

(3) Die Investitionszulage erhöht sich bei Investitionen im Sinne des § 3 Nr. 4 auf 10 vom Hundert der Bemessungsgrundlage, soweit die Bemessungsgrundlage im Wirtschaftsjahr 5 Millionen Deutsche Mark nicht übersteigt, wenn

---

[1]) Anm.: Kapital im Sinne des Abs. 2 Satz 1 Nr. 1 Buchst. c ist nicht das gesamte Eigenkapital im Sinne des § 266 Abs. 3 A HGB einschließlich der Kapitalrücklage, der Gewinnrücklagen, des Gewinnvortrags und des Jahresüberschusses, sondern lediglich das gezeichnete Kapital im Sinne des § 266 Abs. 3 A I HGB, das gemäß § 42 Abs. 1 GmbHG das Stammkapital darstellt (→ FG Brandenburg vom 27.8.1996 – 3 K 1266/95 I).

Anhang 14

Investitionszulage

1. der Betrieb zu Beginn des Wirtschaftsjahrs, in dem die Investitionen vorgenommen werden, nicht mehr als 250 Arbeitnehmer in einem gegenwärtigen Dienstverhältnis beschäftigt, die Arbeitslohn, Kurzarbeitergeld, Schlechtwettergeld oder Winterausfallgeld beziehen, und

2. die Wirtschaftsgüter mindestens 3 Jahre nach ihrer Anschaffung oder Herstellung

    a) zum Anlagevermögen eines Betriebs des Anspruchsberechtigten, der in die Handwerksrolle oder das Verzeichnis handwerksähnlicher Betriebe eingetragen ist, oder eines Betriebs des verarbeitenden Gewerbes des Anspruchsberechtigten gehören und

    b) in einem solchen Betrieb des Anspruchsberechtigten verbleiben.

Satz 1 gilt nicht bei Investitionen, die der Anspruchsberechtigte vor dem 1. Januar 1995 begonnen hat und bei denen die Voraussetzungen von Absatz 2 Nr. 1 vorliegen.

(4) Die Investitionszulage erhöht sich bei Investitionen im Sinne des § 3 Nr. 4, die der Anspruchsberechtigte nach dem 31. Dezember 1995 begonnen hat, auf 10 vom Hundert der Bemessungsgrundlage, soweit die Bemessungsgrundlage im Wirtschaftsjahr 250.000 Deutsche Mark nicht übersteigt, wenn

1. der Betrieb zu Beginn des Wirtschaftsjahrs, in dem die Investitionen vorgenommen werden, nicht mehr als 50 Arbeitnehmer in einem gegenwärtigen Dienstverhältnis beschäftigt, die Arbeitslohn, Kurzarbeitergeld, Schlechtwettergeld oder Winterausfallgeld beziehen,

2. die Wirtschaftsgüter mindestens 3 Jahre nach ihrer Anschaffung oder Herstellung

    a) zum Anlagevermögen eines Betriebs des Groß- oder Einzelhandels des Anspruchsberechtigten gehören und

    b) in einer Betriebsstätte des Groß- oder Einzelhandels des Anspruchsberechtigten verbleiben und

3. der Anspruchsberechtigte durch eine Bescheinigung der zuständigen Gemeindebehörde nachweist, daß die Betriebsstätte im Zeitpunkt des Abschlusses der Investitionen nicht in einem Gebiet liegt, das durch Bebauungsplan oder sonstige städtebauliche Satzung als Industriegebiet, Gewerbegebiet oder als Sondergebiet im Sinne des § 11 Abs. 3 der Baunutzungsverordnung festgesetzt ist oder in dem aufgrund eines Aufstellungsbeschlusses entsprechende Festsetzungen getroffen werden sollen oder das aufgrund der Bebauung der näheren Umgebung einem dieser Gebiete entspricht.

Satz 1 gilt nicht bei Investitionen, bei denen die Voraussetzungen des Absatzes 3 vorliegen.

§ 6
Antrag auf Investitionszulage

(1) Der Antrag auf Investitionszulage ist bis zum 30. September des Kalenderjahrs zu stellen, das auf das Wirtschaftsjahr folgt, in dem die Investitionen abgeschlossen worden, Anzahlungen geleistet worden oder Teilherstellungskosten entstanden sind.

(2) Der Antrag ist bei dem für die Besteuerung des Anspruchsberechtigten nach dem Einkommen zuständigen Finanzamt zu stellen. Ist eine Gesellschaft im Sinne des § 15 Abs. 1 Satz 1 Nr. 2 oder Abs. 3 des Einkommensteuergesetzes Anspruchsberechtigter, so ist der Antrag bei dem Finanzamt zu stellen, das für die einheitliche und gesonderte Feststellung der Einkünfte zuständig ist.

(3) Der Antrag ist nach amtlichem Vordruck zu stellen und vom Anspruchsberechtigten eigenhändig zu unterschreiben. In dem Antrag sind die Investitionen, für die eine Investitionszulage beansprucht wird, innerhalb der Antragsfrist so genau zu bezeichnen, daß ihre Feststellung bei einer Nachprüfung möglich ist.

§ 7
Anwendung der Abgabenordnung, Festsetzung und Auszahlung

(1) Die für Steuervergütungen geltenden Vorschriften der Abgabenordnung sind entsprechend anzuwenden. Dies gilt nicht für § 163 der Abgabenordnung. In öffentlich-rechtlichen Streitigkeiten über die aufgrund dieses Gesetzes ergehenden Verwaltungsakte der Finanzbehörden ist der Finanzrechtsweg gegeben.

(2) Die Investitionszulage ist nach Ablauf des Wirtschaftsjahrs festzusetzen und innerhalb von 3 Monaten nach Bekanntgabe des Bescheids aus den Einnahmen an Einkommensteuer oder Körperschaftsteuer auszuzahlen.¹)

§ 8
Verzinsung des Rückforderungsanspruchs

Ist der Bescheid über die Investitionszulage aufgehoben oder zuungunsten des Anspruchsberechtigten geändert worden, so ist der Rückzahlungsanspruch nach § 238 der Abgabenordnung vom Tag der Auszahlung der Investitionszulage, in den Fällen des § 175 Abs. 1 Satz 1 Nr. 2 der Abgabenordnung vom Tag des Eintritts des rückwirkenden Ereignisses an, zu verzinsen. Die Festsetzungsfrist beginnt mit Ablauf des Kalenderjahres, in dem der Bescheid aufgehoben oder geändert worden ist.

§ 9
Verfolgung von Straftaten

Für die Verfolgung einer Straftat nach § 264 des Strafgesetzbuches, die sich auf die Investitionszulage bezieht, sowie der Begünstigung einer Person, die eine solche Straftat begangen hat, gelten die Vorschriften der Abgabenordnung über die Verfolgung von Steuerstraftaten entsprechend.

§ 10
Ertragsteuerliche Behandlung der Investitionszulage

Die Investitionszulage gehört nicht zu den Einkünften im Sinne des Einkommensteuergesetzes. Sie mindert nicht die steuerlichen Anschaffungs- und Herstellungskosten.

§ 10a
Ermächtigung

Das Bundesministerium der Finanzen wird ermächtigt, den Wortlaut dieses Gesetzes in der jeweils geltenden Fassung mit neuem Datum, unter neuer Überschrift und in neuer Paragraphenfolge bekanntzumachen und dabei Unstimmigkeiten des Wortlauts zu beseitigen.

§ 11
Anwendungsbereich

(1) Dieses Gesetz ist vorbehaltlich des Absatzes 2 bei Investitionen anzuwenden, die nach dem 31. Dezember 1990 abgeschlossen werden. Bei Investitionen, die vor dem 1. Januar 1991 abgeschlossen worden sind, ist die Investitionszulagenverordnung vom 4. Juli 1990 (GBl. I Nr. 41 S. 621), zuletzt geändert durch Artikel 9 des Gesetzes vom 13. Dezember 1990 (BGBl. I S. 2775), weiter anzuwenden.

(2) In dem Teil des Landes Berlin, in dem das Grundgesetz schon vor dem 3. Oktober 1990 gegolten hat (Berlin-West), ist dieses Gesetz bei Investitionen anzuwenden, mit denen der Anspruchsberechtigte nach dem 30. Juni 1991 begonnen hat. Dabei gilt abweichend von § 3 Satz 1 und § 5 folgendes:

---

¹) Anm.: Dem Absatz 2 wird durch das Steuerentlastungsgesetz 1999 ab VZ 1999 folgender Satz angefügt:
„Die Investitionszulage für Investitionen, die zu einem Investitionsvorhaben gehören, das die Anmeldungsvoraussetzungen gemäß dem multisektoralen Regionalbeihilferahmen für große Investitionsvorhaben (ABl. EG 1998 Nr. C 107 S. 7) erfüllt, ist erst festzusetzen, wenn die Europäische Kommission die höchstzulässige Beihilfeintensität festgelegt hat."

Anhang 14

Investitionszulage

1. Die Investitionszulage beträgt 12 vom Hundert der Bemessungsgrundlage bei Investitionen, die der Anspruchsberechtigte

   a) vor dem 1. Januar 1992 abgeschlossen hat oder

   b) nach dem 31. Dezember 1991 und vor dem 1. Juli 1992 abgeschlossen hat, soweit vor dem 1. Januar 1992 Anzahlungen auf Anschaffungskosten geleistet worden oder Teilherstellungskosten entstanden sind.

2. Die Investitionszulage beträgt 8 vom Hundert der Bemessungsgrundlage bei Investitionen, die der Anspruchsberechtigte

   a) nach dem 31. Dezember 1991 und vor dem 1. Juli 1992 abgeschlossen hat, soweit die Anschaffungs- oder Herstellungskosten die vor dem 1. Januar 1992 geleisteten Anzahlungen auf Anschaffungskosten oder entstandenen Teilherstellungskosten übersteigen, oder

   b) nach dem 30. Juni 1992 und vor dem 1. Januar 1993 abgeschlossen hat oder

   c) vor dem 1. Januar 1993 begonnen sowie nach dem 31. Dezember 1992 und vor dem 1. Januar 1995 abgeschlossen hat, soweit vor dem 1. Januar 1993 Anzahlungen auf Anschaffungskosten geleistet worden oder Teilherstellungskosten entstanden sind.

¹) 3. § 5 Abs. 3 ist bei Erstinvestitionen anzuwenden, mit denen der Anspruchsberechtigte nach dem 31. Dezember 1995 begonnen hat. Erstinvestitionen sind die Anschaffung oder Herstellung von Wirtschaftsgütern bei der Errichtung einer neuen Betriebsstätte, bei der Erweiterung einer bestehenden Betriebsstätte oder bei einer grundlegenden Änderung eines Produkts oder eines Produktionsverfahrens eines bestehenden Betriebs oder einer bestehenden Betriebsstätte sowie bei der Übernahme eines Betriebs, der geschlossen worden ist oder geschlossen worden wäre, wenn der Betrieb nicht übernommen worden wäre. Befindet sich die Betriebsstätte im Zeitpunkt des Beginns der Investitionen nicht in einem Gebiet, das im jeweils gültigen Rahmenplan nach dem Gesetz über die Gemeinschaftsaufgabe „Verbesserung der regionalen Wirtschaftsstruktur" vom 6. Oktober 1969 (BGBl. I S. 1861) ausgewiesen ist,

   a) tritt in § 5 Abs. 3 Nr. 1 an die Stelle der Zahl von 250 Arbeitnehmern die Zahl von 50 Arbeitnehmern,

   b) ist § 5 Abs. 3 nur anzuwenden, wenn der steuerbare Umsatz des Betriebs im Sinne des § 1 Abs. 1 Nr. 1 bis 3 des Umsatzsteuergesetzes in den 12 Monaten vor Beginn des Wirtschaftsjahres der Anschaffung oder Herstellung 13 Millionen Deutsche Mark oder die Bilanzsumme des Betriebs, zu dessen Anlagevermögen das Wirtschaftsgut gehört, am Ende des dem Jahr der Anschaffung oder Herstellung vorangehenden Wirtschaftsjahres, nach Abzug eines auf der Aktivseite ausgewiesenen Fehlbetrages im Sinne des § 268 Abs. 3 des Handelsgesetzbuchs 9 Millionen Deutsche Mark nicht übersteigt,

   c) ist § 5 Abs. 3 bei Gesellschaften im Sinne des § 15 Abs. 1 Satz 1 Nr. 2 oder Abs. 3 des Einkommensteuergesetzes, die die Voraussetzungen der Buchstaben a und b erfüllen, nur anzuwenden, wenn nicht mehr als 25 vom Hundert der Anteile Unternehmen zuzurechnen sind, die die Voraussetzungen der Buchstaben a und b nicht erfüllen,

   d) ist § 5 Abs. 3 bei Steuerpflichtigen im Sinne des Körperschaftsteuergesetzes, die die Voraussetzungen der Buchstaben a und b erfüllen, nur anzuwenden, wenn an deren Kapital zu nicht mehr als 25 vom Hundert Unternehmen beteiligt sind, die die Voraussetzungen der Buchstaben a und b nicht erfüllen.

---

¹) Anm.: Nummer 3 Satz 1 wird durch das Steuerentlastungsgesetz 1999 ab VZ 1999 wie folgt gefaßt:
„§ 5 Abs. 3 ist nur anzuwenden, wenn es sich um Erstinvestitionen handelt, mit denen der Anspruchsberechtigte nach dem 31. Dezember 1995 begonnen hat, und wenn die Investitionen nicht in Nummer 1.2 zweiter oder dritter Gedankenstrich oder in Nummer 2 des Anhangs der Land- und Forstwirtschaftsentscheidung genannt sind."

II
Gewährung von Investitionszulagen nach der Investitionszulagenverordnung und nach dem Investitionszulagengesetz 1991

BMF vom 28.8.1991 (BStBl I S. 768)

IV B 3 – InvZ 1010 – 13/91

Das Investitionszulagengesetz 1991 (InvZulG 1991) in der Fassung der Bekanntmachung vom 24. Juni 1991 (BGBl. I S. 1322, 1333, BStBl I S. 665, 676) ist mit Wirkung vom 1. Januar 1991 an die Stelle der Investitionszulagenverordnung vom 4. Juli 1990 getreten (vgl. § 11 Abs. 1 InvZulG 1991). Beide Gesetze sehen die Gewährung von Investitionszulagen in einem Fördergebiet vor.

Fördergebiet sind mit Wirkung vom 1. Juli 1990 die Gebiete der Länder Brandenburg, Mecklenburg-Vorpommern, Sachsen, Sachsen-Anhalt und Thüringen sowie der Teil des Landes Berlin, in dem das Grundgesetz bis zum 3. Oktober 1990 nicht gegolten hat. Zum Fördergebiet gehört auch das Drei-Seemeilen-Gebiet vor der Küste des Landes Mecklenburg-Vorpommern. Die Investitionszulagenverordnung ist bei Investitionen anzuwenden, die im Fördergebiet vor dem 1. Januar 1991 abgeschlossen worden sind. Das Investitionszulagengesetz 1991 ist bei Investitionen anzuwenden, die im Fördergebiet nach dem 31. Dezember 1990 abgeschlossen werden. Mit Wirkung vom 1. Januar 1991 gehört das gesamte Land Berlin zum Fördergebiet. Investitionen im ehemaligen Gebiet von Berlin (West) sind aber nur begünstigt, wenn sie der Anspruchsberechtigte nach dem 30. Juni 1991 begonnen hat (§ 11 Abs. 2 InvZulG 1991).

Die Investitionszulagenverordnung und das Investitionszulagengesetz 1991 sind Steuergesetze. Die darin verwendeten Begriffe sind grundsätzlich nach den für die Einkommensbesteuerung maßgebenden Grundsätzen auszulegen (BFH-Urteile vom 25. Januar 1985 – BStBl II S. 309 und vom 15. November 1985 – BStBl 1986 II S. 367). Soweit die Gesetze mit Vorschriften früherer Fassungen des Investitionszulagengesetzes und mit § 19 BerlinFG übereinstimmen, sind höchstrichterliche Entscheidungen grundsätzlich auch für beide Gesetze anzuwenden.

Unter Bezugnahme auf das Ergebnis der Erörterungen mit den obersten Finanzbehörden der Länder gelten bei der Anwendung der Investitionszulagenverordnung und des Investitionszulagengesetzes 1991 die folgenden Grundsätze:

Erster Teil
Materiellrechtliche Vorschriften
I. Anspruchsberechtigter

1. Allgemeines

Zur Inanspruchnahme von Investitionszulagen sind unbeschränkt und beschränkt Steuerpflichtige im Sinne des Einkommensteuergesetzes und des Körperschaftsteuergesetzes sowie Gesellschaften im Sinne des § 15 Abs. 1 Satz 1 Nr. 2 oder Abs. 3 EStG berechtigt, die bestimmte betriebliche Investitionen im Fördergebiet vornehmen. 1

2. Steuerpflichtige im Sinne des Einkommensteuergesetzes und des Körperschaftsteuergesetzes

(1) Die Anspruchsberechtigung setzt nicht voraus, daß der Steuerpflichtige mit einem Betrag oder überhaupt zur Einkommensteuer oder Körperschaftsteuer veranlagt wird. Von der Körperschaftsteuer befreite Körperschaften, Personenvereinigungen und Vermögensmassen sowie juristische Personen des öffentlichen Rechts sind ebenfalls zur Inanspruchnahme der Investitionszulage berechtigt, soweit sie die Voraussetzungen (vgl. z. B. Tz. 24 und 25) erfüllen. 2

(2) Anspruchsberechtigt nach § 1 Investitionszulagenverordnung sind auch landwirtschaftliche und gärtnerische Produktionsgenossenschaften sowie Fischereigenossenschaften. 3

(3) Bei Organschaftsverhältnissen im Sinne der §§ 14 bis 19 KStG ist anspruchsberechtigt entweder der Organträger oder die Organgesellschaft, je nachdem, wer die Voraussetzungen für die Gewährung der Investitionszulage in seiner Person erfüllt. 4

3. Personengesellschaften und Gemeinschaften

(1) Die Regelung über die Anspruchsberechtigung von Gesellschaften im Sinne des § 15 Abs. 1 Satz 1 Nr. 2 EStG gilt entsprechend für Gesellschaften, deren Gewinn aus Land- und Forstwirtschaft oder selbständiger Arbeit mehreren Beteiligten zuzurechnen ist (vgl. § 13 Abs. 5 und § 18 Abs. 4 EStG).

(2) Zu den anspruchsberechtigten Gesellschaften im Sinne des § 15 Abs. 1 Satz 1 Nr. 2 EStG gehören auch Innengesellschaften, die Mitunternehmerschaften sind, z. B. atypische stille Gesellschaften.

(3) Bei Wirtschaftsgütern, die zum Sonderbetriebsvermögen eines oder mehrerer Gesellschafter gehören, ist die Personengesellschaft anspruchsberechtigt.

(4) Arbeitsgemeinschaften sind bei der Investitionszulage auch dann selbständig anspruchsberechtigt, wenn bei ihnen eine gesonderte Feststellung der einkommensteuerpflichtigen und körperschaftsteuerpflichtigen Einkünfte nicht vorzunehmen ist (§ 180 Abs. 4 AO und § 2a GewStG). Wird bei Gesellschaften und Gemeinschaften ohne Gewinnerzielungsabsicht, z. B. bei Labor- und Maschinengemeinschaften im Sinne der Verordnung zu § 180 Abs. 2 AO, ein Wirtschaftsgut von einem oder mehreren Anspruchsberechtigten für die betrieblichen Zwecke der Miteigentümer angeschafft oder hergestellt, so ist jeder Miteigentümer anteilig zur Inanspruchnahme der Investitionszulage berechtigt.

4. Rechtsnachfolge

(1) In den Fällen der Gesamtrechtsnachfolge (z. B. Erbfall, Vermögensübergang im Sinne des Umwandlungsgesetzes) tritt der Rechtsnachfolger hinsichtlich der Anspruchsberechtigung in die Stellung seines Rechtsvorgängers ein. Das gilt auch dann, wenn ein Betrieb oder Teilbetrieb unentgeltlich übertragen (§ 7 Abs. 1 EStDV) oder nach § 20 oder § 24 UmwStG in eine Kapital- oder eine Personengesellschaft eingebracht wird; in diesen Fällen hat der Rechtsnachfolger Anspruch auf die Investitionszulage, soweit sie nicht der Rechtsvorgänger zulässigerweise beantragt hat. Der Rechtsnachfolger kann die Investitionszulage auch dann beanspruchen, wenn die Voraussetzungen teilweise von ihm und teilweise von seinem Rechtsvorgänger erfüllt sind.

(2) Die Grundsätze der Tz. 9 gelten auch in den Fällen der Rechtsnachfolge nach § 1 Abs. 5, § 4 Abs. 3 in Verbindung mit § 50 Abs. 1 D-Markbilanzgesetz in der Fassung vom 18. April 1991 (BGBl. 1991 I S. 971) und im Sinne des Spaltungsgesetzes vom 5. Juli 1991 (BGBl. I S. 854).

II. Begünstigte Investitionen

1. Allgemeines

(1) Als begünstigte Investitionen kommen nur in Betracht:

– die Anschaffung oder Herstellung (Tz. 13 bis 19)

– abnutzbarer beweglicher Wirtschaftsgüter (Tz. 17 und 18) des Anlagevermögens (Tz. 22 bis 29),

– die keine geringwertigen Wirtschaftsgüter sind (Tz. 30 und 31) und

– für die bei Anschaffung oder Herstellung vor dem 1. Januar 1991 keine Sonderabschreibungen vorgenommen worden sind (Tz. 32),

– die neu sind (Tz. 33 bis 35),

– die keine Personenkraftwagen (Tz. 36 bis 38) und keine Luftfahrzeuge im Sinne der Tz. 39 sind und

– die mindestens drei Jahre bestimmte Zugehörigkeits-, Verbleibens- und Verwendungsvoraussetzungen erfüllen (Tz. 40), nämlich

– zum Anlagevermögen eines Betriebs oder einer Betriebsstätte im Fördergebiet gehören (Tz. 41 bis 45),

– in einer Betriebsstätte im Fördergebiet verbleiben (Tz. 46 bis 51),

– zu nicht mehr als 10 v. H. privat genutzt werden (Tz. 52 bis 54) und

– innerhalb bestimmter Investitionszeiträume angeschafft oder hergestellt (Tz. 55) und ggf. bestellt oder herzustellen begonnen werden (Tz. 56 bis 62).

(2) Die Gewährung einer Investitionszulage wird nicht dadurch ausgeschlossen, daß das Wirtschaftsgut im Ausland hergestellt worden ist.

2. Begriff und Zeitpunkt der Anschaffung oder Herstellung

(1) Anschaffung ist der entgeltliche Erwerb eines Wirtschaftsguts durch Lieferung (Übergang der wirtschaftlichen Verfügungsmacht). Die Verschaffung der wirtschaftlichen Verfügungsmacht über ein Wirtschaftsgut ist ein Vorgang vorwiegend tatsächlicher Art, der zwar in aller Regel mit dem bürgerlich-rechtlichen Eigentumsübergang verbunden ist, aber nicht notwendigerweise verbunden sein muß. Für die Zurechnung ist die Begründung des wirtschaftlichen Eigentums maßgebend (§ 39 Abs. 2 Nr. 1 AO). Ein Wirtschaftsgut ist deshalb z. B. bereits dann angeschafft worden, wenn es unter Eigentumsvorbehalt verkauft und übergeben worden ist. Auch in den Fällen der Nutzungsüberlassung kann eine Anschaffung durch den Nutzenden in Betracht kommen. Fälle dieser Art sind Leasingverträge, bei denen der Leasinggegenstand dem Leasingnehmer zuzurechnen ist (vgl. z. B. BMF-Schreiben vom 19. April 1971 – BStBl I S. 264). Entsprechendes gilt bei Mietkaufverträgen, bei denen der Mietgegenstand dem Mieter zuzurechnen ist, z. B. weil er ihm für eine unkündbare Dauer überlassen wird, wobei dem Mieter sämtliche Gefahren auferlegt und die Mietzahlungen auf den späteren Kaufpreis angerechnet werden.

(2) Die Überführung eines Wirtschaftsguts aus dem Umlaufvermögen oder aus dem Privatvermögen in das Anlagevermögen ist keine Anschaffung (BFH-Urteil vom 29. Juli 1966 – BStBl 1967 III S. 62). Die Anschaffung oder Herstellung eines Wirtschaftsguts kann jedoch dann angenommen werden, wenn ein für das Umlaufvermögen angeschafftes oder hergestelltes Wirtschaftsgut eindeutig noch vor Ablauf desselben Kalender- bzw. Wirtschaftsjahrs in das Anlagevermögen überführt wird (BFH-Urteil vom 11. Dezember 1970 – BStBl 1971 II S. 198).

(3) Zeitpunkt der Anschaffung ist der Zeitpunkt der Lieferung (§ 9a EStDV). Danach ist ein Wirtschaftsgut in dem Zeitpunkt angeschafft, in dem der Erwerber nach dem Willen der Vertragsparteien darüber wirtschaftlich verfügen kann. Das ist in der Regel der Fall, wenn Eigenbesitz, Gefahr, Nutzen und Lasten auf den Erwerber übergehen (vgl. BFH-Urteil vom 28. April 1977 – BStBl II S. 553). Investitionszulagenrechtlich ist ein Wirtschaftsgut aber erst dann angeschafft, wenn der Anspruchsberechtigte in der Lage ist, es in seinem Betrieb einzusetzen (BFH-Urteile vom 2. September 1988 – BStBl II S. 1009, und vom 7. Dezember 1990 – BStBl 1991 II S. 377). Sind für die Nutzbarkeit eines Wirtschaftsguts zunächst noch Montagearbeiten im Betrieb des Anspruchsberechtigten erforderlich, so ist das Wirtschaftsgut erst in dem Zeitpunkt angeschafft, in dem es nach Beendigung der Montagearbeiten betriebsbereit ist. Ein vom Veräußerer zur Abholung bereitgestelltes Wirtschaftsgut ist erst im Zeitpunkt der Abholung durch den Anspruchsberechtigten angeschafft. Wirtschaftsgüter, deren Einsatz einer behördlichen Genehmigung (z. B. Kraftfahrzeug-Zulassung oder TÜV-Abnahme) bedarf, sind in dem Zeitpunkt angeschafft, in dem die Genehmigung erteilt ist.[1]

(4) Herstellung ist die Schaffung eines bisher noch nicht vorhandenen Wirtschaftsguts. Werden Wirtschaftsgüter mit der Bestimmung angeschafft, mit anderen Wirtschaftsgütern zur Herstellung eines Wirtschaftsguts vermischt oder verbunden zu werden, so liegt insgesamt ein Herstellungsvorgang vor (vgl. BFH-Urteile vom 20. März 1981 – BStBl II S. 785, vom 27. November 1981 – BStBl 1982 II S. 176 und vom 9. November 1990 – BStBl 1991 II S. 425).

(5) Die Herstellung eines Wirtschaftsguts ist in dem Zeitpunkt abgeschlossen, in dem es fertiggestellt ist (§ 9a EStDV). Ein Wirtschaftsgut ist fertiggestellt, sobald es seiner Zweckbestimmung entsprechend genutzt werden kann.

(6) Ein Tier ist fertiggestellt, wenn es ausgewachsen ist. Als Zeitpunkt der Fertigstellung gilt bei männlichen Zuchttieren der Zeitpunkt, in dem sie zur Zucht eingesetzt werden können, bei weiblichen Zuchttieren die Vollendung der ersten Geburt (BFH-Urteil vom 9. Dezember 1988 – BStBl II 1989 S. 244) und bei Gebrauchstieren die erste Ingebrauchnahme, z. B. bei Reitpferden der Beginn des Zureitens.

(7) Eine Dauerkultur ist bei Beginn ihrer Ertragsreife fertiggestellt. Die Ertragsreife tritt in der Regel ein

– bei Rosen
im Wirtschaftsjahr der Anpflanzung,

– bei Stauden, bei Beerenobst, bei Äpfeln und Birnen in Dichtpflanzung (über 1.600 Stück/ha Bodenfläche)
im ersten Wirtschaftsjahr,

– bei Hopfen und bei Spargel
im zweiten Wirtschaftsjahr und

---

[1] Zum Zeitpunkt der Anschaffung bei Kraftfahrzeugen → BFH vom 25.9.1996 (BStBl 1998 II S. 70) und vom 19.6.1997 (BStBl 1998 II S. 72).

- bei Weinbau, bei den übrigen Obstgehölzen, bei Ziergehölzen (einschließlich Schnitt- und Bindegrün) und bei Mutterpflanzen aller Arten
im dritten Wirtschaftsjahr

nach dem Wirtschaftsjahr der Anpflanzung.

3. Begünstigte abnutzbare bewegliche Wirtschaftsgüter

a) Abnutzbare bewegliche Wirtschaftsgüter

20 (1) Ein Wirtschaftsgut ist abnutzbar, wenn sich sein Wert durch Zeitablauf infolge technischer oder wirtschaftlicher Abnutzung verzehrt. Zu den abnutzbaren beweglichen Wirtschaftsgütern gehören Sachen (§ 90 BGB), Tiere (§ 90 a BGB), Betriebsvorrichtungen und Scheinbestandteile. Vgl. im einzelnen Abschnitt 42 Abs. 2 bis 4 EStR 1990. Zur Abgrenzung zu Gebäuden vgl. Abschnitt 42 Abs. 7 EStR 1990.

21 (2) Der Begriff des Wirtschaftsguts setzt voraus, daß das Wirtschaftsgut selbständig bewertungsfähig ist. Wird ein bewegliches Wirtschaftsgut angeschafft oder hergestellt, das bestimmungsgemäß mit einem anderen Wirtschaftsgut vermischt oder verbunden werden soll, so kann die Anschaffung oder Herstellung eines solchen Wirtschaftsguts nur begünstigt sein, wenn das Wirtschaftsgut trotz des Vermischens oder Verbindens seine Eigenschaft als selbständiges bewegliches Wirtschaftsgut behält. Für die Selbständigkeit ist nicht allein die Funktion entscheidend, in der eine Sache nach ihrer Verbindung steht, sondern die Festigkeit der Verbindung (§ 93 BGB), die Zeitdauer, auf die die Verbindung angelegt ist, sowie das äußere Erscheinungsbild vor und nach der Verbindung. Die selbständige Bewertungsfähigkeit einer verbundenen Sache geht regelmäßig verloren, wenn die Hauptsache ohne die Verbindung unvollständig erscheint oder gar ein negatives Gepräge erhält (BFH-Urteil vom 28. September 1990 – BStBl 1991 II S. 187). Wird das Wirtschaftsgut durch das Vermischen oder Verbinden unselbständiger Teil eines anderen Wirtschaftsguts, so kommt eine Begünstigung für die Anschaffungs- oder Herstellungskosten für das andere begünstigte Wirtschaftsgut in Betracht (BFH-Urteile vom 20. März 1981 – BStBl II S. 785, vom 27. November 1981 – BStBl 1982 II S. 176 und vom 4. Dezember 1981 – BStBl 1984 II S. 630).

b) Anlagevermögen

22 (1) Zum Anlagevermögen gehören nur solche Wirtschaftsgüter, die dazu bestimmt sind, einem Betrieb dauernd zu dienen. Hierfür sind die Verhältnisse im Zeitpunkt der Anschaffung oder Herstellung nach den ertragsteuerrechtlichen Grundsätzen maßgebend. Ist die Zweckbestimmung eines Wirtschaftsguts nicht eindeutig feststellbar, so begründet die Bilanzierung eine Vermutung. Vgl. Abschnitt 32 EStR 1990.

23 (2) Wirtschaftsgüter dienen nicht einem Betrieb, wenn sie zur Erzielung von Einkünften aus Vermietung und Verpachtung oder aus Kapitalvermögen eingesetzt werden. Kein Anlagevermögen ist daher das Sondervermögen von Kapitalanlagegesellschaften (§ 1 des Gesetzes über Kapitalanlagegesellschaften in der Fassung der Bekanntmachung vom 14. Januar 1970 [BGBl. I S. 127, BStBl I S. 187], zuletzt geändert durch Artikel 2 des Steueränderungsgesetzes 1991 vom 24. Juni 1991 [BGBl. I S. 1322, 1325]). Bei Personengesellschaften mit gewerblicher Tätigkeit und bei Kapitalgesellschaften gilt stets deren gesamte Tätigkeit als einheitlicher Gewerbebetrieb (vgl. § 15 Abs. 3 Nr. 1 EStG und § 2 Abs. 2 GewStG).

24 (3) Bei Körperschaften, Personenvereinigungen und Vermögensmassen im Sinne des § 1 Abs. 1 Nr. 3 bis 5 KStG kann Anlagevermögen nur vorliegen, wenn dieses im wirtschaftlichen Zusammenhang mit Einkünften im Sinne des § 2 Abs. 1 Nr. 1 bis 3 EStG steht. Juristische Personen des öffentlichen Rechts können Anlagevermögen nur in ihren Betrieben gewerblicher Art (§ 1 Abs. 1 Nr. 6, § 4 KStG, Abschnitt 5 KStR 1990) haben, soweit diese steuerpflichtig sind.

25 (4) Von der Körperschaftsteuer befreite Körperschaften, Personenvereinigungen und Vermögensmassen sind zur Inanspruchnahme der Investitionszulage nur berechtigt, soweit sie einen steuerpflichtigen wirtschaftlichen Geschäftsbetrieb mit Einkünften im Sinne des § 2 Abs. 1 Nr. 1 bis 3 EStG unterhalten. Voraussetzung für die Inanspruchnahme der Investitionszulage ist daher, daß das Anlagevermögen diesem Geschäftsbetrieb zuzurechnen ist.

26 (5) Zum Anlagevermögen gehören z. B. die technischen Anlagen und Maschinen sowie die Betriebs- und Geschäftsausstattung, aber auch die Erstausstattung von Zusatzgeräten einer maschinellen

Anlage sowie die Erstausstattung an Ersatz- oder Reserveteilen, die bei der Lieferung oder Herstellung der Anlage mitgeliefert oder mithergestellt worden sind. Im übrigen gehören Reparaturmaterialien und Ersatzteile nicht zum Anlagevermögen.[1]

(6) Tiere gehören nur dann zum Anlagevermögen, wenn sie der Anspruchsberechtigte nach Beendigung der Aufzucht nicht verkaufen, sondern selbst auf Dauer in seinem Betrieb nutzen will (z. B. Zucht- oder Gebrauchstiere). Zum Verkauf bestimmte Tiere, zu denen auch alle Masttiere gehören, sind Umlaufvermögen. 27

(7) Eine Pflanzenanlage gehört zum Anlagevermögen, wenn sie während einer Reihe von Jahren regelmäßig Erträge durch ihre zum Verkauf bestimmten Früchte oder Pflanzenteile liefert (Dauerkultur). Dauerkulturen in diesem Sinne sind z. B. Obst-, Reb-, Beeren-, Hopfen-, Spargel-, Stauden- und Gehölzanlagen. Eine Pflanzenanlage, bei der die einzelnen Pflanzen zum Verkauf bestimmt sind (z. B. in einer Baumschule), gehört zum Umlaufvermögen. 28

(8) Wirtschaftsgüter, die vor dem Beginn der betrieblichen Tätigkeit angeschafft oder hergestellt werden, gehören vom Zeitpunkt der Anschaffung oder Herstellung an zum Anlagevermögen, wenn sie bei ihrer Lieferung oder Fertigstellung dazu bestimmt sind, dem Betrieb dauernd zu dienen (vgl. BFH-Urteile vom 30. September 1960 – BStBl III S. 489 und vom 3. November 1961 – BStBl 1962 III S. 123). Diese Voraussetzung kann als erfüllt angesehen werden, wenn die betriebliche Tätigkeit innerhalb eines Jahres nach der Lieferung oder Fertigstellung des Wirtschaftsguts begonnen wird. 29

c) Geringwertige Wirtschaftsgüter, Sonderabschreibungen

(1) Für geringwertige Wirtschaftsgüter im Sinne des § 6 Abs. 2 EStG wird eine Investitionszulage auch dann nicht gewährt, wenn die Bewertungsfreiheit nicht in Anspruch genommen wird. Wegen des Begriffs des geringwertigen Wirtschaftsguts vgl. Abschnitt 40 EStR 1990. 30

(2) Die Gewährung einer Investitionszulage wird nicht deshalb ausgeschlossen, weil die Nutzungsdauer eines Wirtschaftsguts nicht mehr als ein Jahr beträgt (BFH-Urteil vom 13. März 1979 – BStBl II S. 578) oder weil das Wirtschaftsgut im Jahr der Anschaffung oder Herstellung gemäß § 6 Abs. 1 Nr. 1 EStG auf einen Erinnerungswert (Teilwert) von 1 DM abgeschrieben werden kann (BFH-Urteil vom 28. Oktober 1977 – BStBl 1978 II S. 115). 31

(3) Ist ein Wirtschaftsgut vor dem 1. Januar 1991 angeschafft oder hergestellt worden, kommt eine Investitionszulage nicht in Betracht, wenn dafür Sonderabschreibungen vorgenommen werden. 32

d) Neue Wirtschaftsgüter

(1) Ein Wirtschaftsgut ist für den Anspruchsberechtigten neu, wenn er es im ungebrauchten Zustand erworben hat und beim Hersteller die Voraussetzungen vorliegen, die für die Annahme eines neuen Wirtschaftsguts bei der Selbstherstellung erforderlich sind (fabrikneu). Ein Wirtschaftsgut, das der Anspruchsberechtigte selbst hergestellt hat, ist stets als neu anzusehen, wenn der Teilwert der bei der Herstellung verwendeten gebrauchten Wirtschaftsgüter 10 v. H. des Teilwerts des hergestellten Wirtschaftsguts nicht übersteigt (BFH-Urteil vom 4. August 1983 – BStBl 1984 II S. 631) oder bei der Herstellung eine neue Idee verwirklicht wird. Vgl. im einzelnen Abschnitt 83 Abs. 4 EStR 1990. 33

(2) Ein Wirtschaftsgut ist für den Erwerber neu, wenn es der Veräußerer im neuen Zustand zum Zweck der Veräußerung angeschafft oder hergestellt und bis zur Veräußerung nicht genutzt hat. Bei Erwerb eines Kraftfahrzeugs gilt dies auch dann, wenn der Veräußerer das Kraftfahrzeug zunächst auf seinen Namen zugelassen und nachweislich ungenutzt an den Anspruchsberechtigten im Fördergebiet veräußert hat. Allein die Überführung des Kraftfahrzeugs zum neuen Standort im Fördergebiet ist keine schädliche Nutzung. Ein Wirtschaftsgut ist nicht mehr neu, wenn es beim Veräußerer zum Anlagevermögen gehört hat und von diesem im Sinne von Tz. 15 und 16 angeschafft oder hergestellt worden war. 34

(3) Angeschaffte Tiere sind nur im unmittelbaren Anschluß an die „Fertigstellung" neue Wirtschaftsgüter (Tz. 18). 35

e) Ausschluß von Personenkraftwagen

(1) Die Investitionszulage wird nicht für Personenkraftwagen gewährt. Der Begriff des Personenkraftwagens richtet sich – wie bei der Anwendung des Kraftfahrzeugsteuergesetzes – nach den verkehrsrechtlichen Vorschriften. Für die Abgrenzung des Personenkraftwagens von anderen Kraftfahrzeugen gilt vorbehaltlich Tz. 37 und 38 die erste Eintragung im Kraftfahrzeugbrief. Personenkraftwa- 36

---

[1]) Durch BFH vom 6.10.1995 (BStBl 1996 II S. 166) teilweise überholt.

gen sind danach Kraftfahrzeuge, die nach ihrer Bauart und Ausstattung zur Beförderung von nicht mehr als neun Personen (einschließlich Führer) geeignet und bestimmt sind (§ 4 Abs. 4 Nr. 1 des Personenbeförderungsgesetzes in der Fassung vom 8. August 1990 – BGBl. I S. 1690). Zu den Personenkraftwagen gehören z. B. auch Schwimmwagen. Nicht zu den Personenkraftwagen gehören z. B. Zugmaschinen, Anhänger jeder Art, Kranken-, Rettungs-, Leichen-, Sparkassen- und Bürowagen. Als Personenkraftwagen sind nach § 23 Abs. 1 StVZO auch Kraftfahrzeuge mit einem zulässigen Gesamtgewicht von nicht mehr als 2,8 t anzusehen, die nach ihrer Bauart und Einrichtung geeignet und bestimmt sind, wahlweise vorwiegend der Beförderung von Personen oder vorwiegend der Beförderung von Gütern zu dienen und die außer dem Führersitz Plätze für nicht mehr als acht Personen haben (Kombinationswagen). Ein Kraftfahrzeug ist wahlweise zur Beförderung von Personen oder Gütern geeignet und bestimmt, wenn sein technischer Zustand im Zeitpunkt der Zulassung es erlaubt, eine Änderung der Eignung und Zweckbestimmung mit bordseitigen Werkzeugen herbeizuführen. Ein vom Kraftfahrzeughalter zur Güterbeförderung genutztes Kraftfahrzeug ist deshalb ein Personenkraftwagen, wenn es ohne größeren Aufwand durch Herausnahme der Trennwand zum Laderaum und Einbau von Sitzbänken in die vorhandenen Halterungen umgerüstet werden kann.

37 (2) Abweichend von der Eintragung im Kraftfahrzeugbrief gehören zu den Personenkraftwagen auch Wohnmobile mit einem zulässigen Gesamtgewicht von nicht mehr als 2,8 t (BFH-Urteil vom 22. Juni 1983 – BStBl II S. 747).

38 (3) Wird ein Kraftfahrzeug nach seiner Erstzulassung auf Dauer umgestaltet, so wird bei Gewährung der Investitionszulage die Umgestaltung zu einer anderen als der bisherigen Fahrzeugart nur dann berücksichtigt, wenn sie im zeitlichen Zusammenhang mit der Anschaffung vorgenommen und die Änderung im Kraftfahrzeugbrief eingetragen ist.

f) Ausschluß von Luftfahrzeugen

39 Für Luftfahrzeuge, die vor dem 5. Juli 1990 und nach dem 31. Oktober 1990 vom Anspruchsberechtigten bestellt worden sind, wird eine Investitionszulage nicht gewährt. Im übrigen kommt eine Investitionszulage nur in Betracht, wenn insbesondere die Verbleibensvoraussetzungen erfüllt sind (vgl. Tz. 48).

4. Zugehörigkeit, Verbleibens- und Nutzungsvoraussetzungen
a) Dreijahreszeitraum

40 Zu den Voraussetzungen für die Gewährung der Investitionszulage gehört, daß die Wirtschaftsgüter mindestens drei Jahre nach ihrer Anschaffung oder Herstellung
  1. zum Anlagevermögen eines Betriebs oder einer Betriebsstätte im Fördergebiet gehören (vgl. Tz. 41 bis 45),
  2. in einer Betriebsstätte im Fördergebiet verbleiben (vgl. Tz. 46 bis 51) und
  3. in jedem Jahr zu nicht mehr als 10 v. H. privat genutzt werden (vgl. Tz. 52 bis 54).

Der Dreijahreszeitraum beginnt im Zeitpunkt der Anschaffung oder Herstellung des Wirtschaftsguts.

Soweit die Investitionszulagenvoraussetzungen nach den vorstehenden Nummern 1 bis 3 infolge Veräußerung oder Nutzungsüberlassung nicht im Betrieb des Anspruchsberechtigten vorliegen müssen, ist der Anspruchsberechtigte verpflichtet, die Einhaltung der Voraussetzungen in geeigneter Weise nachzuweisen oder glaubhaft zu machen.

b) Zugehörigkeit zum Anlagevermögen eines Betriebs oder einer Betriebsstätte im Fördergebiet

41 (1) Die Voraussetzung der Zugehörigkeit zum Anlagevermögen eines Betriebs oder einer Betriebsstätte im Fördergebiet erfordert, daß das Wirtschaftsgut mindestens drei Jahre zum Anlagevermögen irgendeiner Betriebsstätte im Fördergebiet gehört. Wegen des Begriffs des Betriebs vgl. § 15 Abs. 2 EStG in Verbindung mit § 13 Abs. 5 und § 18 Abs. 4 EStG. Für den Begriff der Betriebsstätte ist § 12 AO maßgebend (vgl. auch Abschnitt 24 GewStR 1990).

42 (2) Hat ein Anspruchsberechtigter Betriebsstätten innerhalb und außerhalb des Fördergebiets, so setzt die Zuordnung von Wirtschaftsgütern zu einer Betriebsstätte im Fördergebiet voraus, daß diese Wirtschaftsgüter dieser Betriebsstätte zu dienen bestimmt sind. Dazu gehören insbesondere die Wirtschaftsgüter, die dieser Betriebsstätte körperlich und räumlich zugeordnet werden können. Ein Wirtschaftsgut, das außerhalb des Fördergebiets mit der Zweckbestimmung angeschafft oder hergestellt worden ist, einer Betriebsstätte des Anspruchsberechtigten im Fördergebiet zu dienen, und erstmals

dort genutzt wird, ist bereits im Zeitpunkt der Anschaffung oder Herstellung Anlagevermögen dieser Betriebsstätte. Allein die Zulassung eines Kraftfahrzeugs außerhalb des Fördergebiets schließt die Zugehörigkeit dieses Kraftfahrzeugs zum Anlagevermögen einer Betriebsstätte im Fördergebiet nicht aus.

(3) Soweit Wirtschaftsgüter nicht körperlich in einer Betriebsstätte des Anspruchsberechtigten im Fördergebiet bleiben, z. B. Transportmittel, Baugeräte oder Wirtschaftsgüter, die anderen zur Nutzung überlassen werden, können diese Wirtschaftsgüter nur dann dem Anlagevermögen einer solchen Betriebsstätte zugeordnet werden, wenn die Erträge aus diesen Wirtschaftsgütern durch diese Betriebsstätte erwirtschaftet werden. In den Fällen der Nutzungsüberlassung ist diese Voraussetzung in der Regel erfüllt, wenn Mitarbeiter dieser Betriebsstätte die Werbung, Akquisition einschließlich Preis- und Vertragsverhandlungen, Vorbereitung des Vertrages und Einholung der Unterschrift des Vertragsnehmers durchführen (Vertragsvorbereitung) sowie den Vertrag – insbesondere den Zahlungsverkehr – abwickeln und die Kunden später betreuen. Dabei ist die Mitwirkung der Hauptniederlassung bei einzelnen Tätigkeiten, z. B. die Verwendung einer zentralen EDV-Anlage zur Durchführung des Zahlungsverkehrs, unschädlich, wenn die übrigen Tätigkeiten von Mitarbeitern der Betriebsstätte im Fördergebiet ausgeübt werden. Wirtschaftsgüter, für die der Nutzungsüberlassungsvertrag vor dem 1. Juni 1991 abgeschlossen worden ist und bei denen die Mitarbeiter der Betriebsstätte im Fördergebiet nur die Vertragsvorbereitung vorgenommen haben, gehören zum Anlagevermögen dieser Betriebsstätten, wenn bei den nach dem 31. Mai 1991 abgeschlossenen Verträgen alle in Satz 2 und 3 genannten Voraussetzungen erfüllt sind.

(4) Der Anspruch auf Investitionszulage entfällt nicht, wenn der Anspruchsberechtigte ein begünstigtes Wirtschaftsgut an einen anderen Steuerpflichtigen veräußert, bei dem es ebenfalls Anlagevermögen eines Betriebs oder einer Betriebsstätte im Fördergebiet wird (vgl. BFH-Urteil vom 18. Februar 1965 – BStBl III S. 362). Der Anspruch auf Investitionszulage entfällt aber, wenn das Wirtschaftsgut innerhalb des Dreijahreszeitraums z. B. in das Anlagevermögen einer Betriebsstätte außerhalb des Fördergebiets, das Umlaufvermögen, in das Privatvermögen oder in den hoheitlichen oder ideellen Bereich überführt wird.

(5) Unschädlich ist das vorzeitige Ausscheiden eines Wirtschaftsguts aus dem Anlagevermögen nur dann, wenn dies infolge einer kürzeren als dreijährigen Nutzungsdauer (vgl. BFH-Urteil vom 9. März 1967 – BStBl III S. 238), infolge höherer Gewalt wie Brand, Diebstahl oder Unfall, infolge wirtschaftlichen Verbrauchs (BFH-Urteil vom 15. Oktober 1976 – BStBl 1977 II S. 59) oder infolge eines Totalschadens (vgl. BFH-Urteil vom 1. Juli 1977 – BStBl II S. 793) geschieht, oder wenn das Wirtschaftsgut wegen Mangelhaftigkeit gegen ein anderes Wirtschaftsgut gleicher oder auch besserer Qualität umgetauscht wird (vgl. BFH-Urteil vom 8. März 1968 – BStBl II S. 430).

c) Verbleiben in einer Betriebsstätte im Fördergebiet

(1) Die Voraussetzung des Verbleibens erfordert, daß das Wirtschaftsgut mindestens drei Jahre in irgendeiner Betriebsstätte im Fördergebiet verbleibt. Das ist z. B. auch dann der Fall, wenn die Wirtschaftsgüter im Betrieb in einem Betrieb gewerblicher Art, soweit dieser steuerpflichtig ist, nicht hingegen, wenn sie in einem Hoheitsbetrieb oder in einem Zweckbetrieb verbleiben. Wirtschaftsgüter, die einem anderen zur Nutzung überlassen werden, verbleiben in der Betriebsstätte desjenigen, der die Nutzung überläßt, wenn die Nutzungsüberlassung kurzfristig ist, das heißt, nicht länger als jeweils drei Monate dauert (vgl. BFH-Urteil vom 23. Mai 1986 – BStBl II S. 916) oder im Rahmen eines Dienstverhältnisses erfolgt (vgl. BFH-Urteil vom 23. Mai 1986 – BStBl II S. 919). Wirtschaftsgüter, die einem anderen langfristig zur Nutzung überlassen werden, z. B. in Leasingfällen, verbleiben dagegen beim Nutzungsberechtigten (vgl. BFH-Urteil vom 13. Oktober 1989 – BStBl 1990 II S. 84). In diesen Fällen ist zu prüfen, ob die Wirtschaftsgüter beim Nutzungsberechtigten im Fördergebiet in einer Betriebsstätte verbleiben. Werden Wirtschaftsgüter des Anlagevermögens eines Betriebs oder einer Betriebsstätte im Fördergebiet an eine Betriebsstätte im Fördergebiet vermietet, so ist eine Zwischenvermietung auch dann unschädlich, wenn der Zwischenmieter seinen Betrieb oder seine Betriebsstätte außerhalb des Fördergebiets hat.

(2) Die Verbleibensvoraussetzung setzt eine dauerhafte räumliche Beziehung des Wirtschaftsguts zu einer Betriebsstätte im Fördergebiet voraus. Nicht erforderlich ist, daß das Wirtschaftsgut im räumlich abgegrenzten Bereich einer Betriebsstätte bleiben muß (vgl. BFH-Urteil vom 23. Mai 1986 – BStBl II S. 916). Bei Wirtschaftsgütern, die ihrer Art nach nicht dazu bestimmt und geeignet sind, im räumlich abgegrenzten Bereich einer Betriebsstätte eingesetzt zu werden, gelten für die Anwendung der Verbleibensregelung die Tz. 48 bis 50. Bei anderen als den in Tz. 48 bis 50 bezeichneten Wirtschaftsgütern ist auch ein nur kurzfristiger Einsatz außerhalb des Fördergebiets schädlich (vgl. BFH-Urteil vom 23. Mai 1990 – BStBl II S. 1013). Im übrigen gilt Tz. 45 entsprechend.

Anhang 14
II Investitionszulage

48 (3) Bei Transportmitteln ist die Voraussetzung des Verbleibens erfüllt, wenn sie in jedem Jahr des Dreijahreszeitraums überwiegend und regelmäßig im Fördergebietsverkehr eingesetzt werden. Transportmittel sind insbesondere Kraftfahrzeuge, Kraftfahrzeuganhänger sowie See- und Binnenschiffe (vgl. BFH-Urteile vom 11. Mai 1983 – BStBl II S. 581, und vom 23. Mai 1990 – BStBl II S. 1013). Als Transportmittel in diesem Sinne gelten außerdem Container und Wechselaufbauten. Als Einsatz im Fördergebietsverkehr sind Fahrten anzusehen, die innerhalb des Fördergebiets sowie von einem Ort im Fördergebiet zu einem Ort außerhalb des Fördergebiets und umgekehrt durchgeführt werden. Fahrten zwischen Orten außerhalb des Fördergebiets gehören auch dann nicht zum Fördergebietsverkehr, wenn sie im Zusammenhang mit Fahrten von und nach dem Fördergebiet, z. B. zur Aufnahme von Zwischenfrachten, durchgeführt werden. Transportmittel werden überwiegend im Fördergebietsverkehr eingesetzt, wenn sie in jedem Jahr des Dreijahreszeitraums in mehr als der Hälfte der Betriebstage für diese Fahrten eingesetzt werden. Aus Vereinfachungsgründen ist davon auszugehen, daß Transportmittel in einem Jahr überwiegend im Fördergebietsverkehr eingesetzt werden, wenn sie mindestens 183 Tage im Fördergebietsverkehr eingesetzt werden. Transportmittel werden regelmäßig im Fördergebietsverkehr eingesetzt, wenn sie ohne größere zeitliche Unterbrechung für diese Fahrten eingesetzt werden. Eine größere zeitliche Unterbrechung liegt nicht vor, wenn der Zeitraum zwischen der Ausfahrt aus dem Fördergebiet und der Wiedereinfahrt in dieses Gebiet nicht mehr als 14 Tage beträgt (vgl. BFH-Urteil vom 14. Januar 1986 – BStBl II S. 494).

49 (4) Bei Baugeräten ist die Voraussetzung des Verbleibens erfüllt, wenn sie innerhalb des Fördergebiets oder nur kurzfristig außerhalb des Fördergebiets eingesetzt werden. Zu den Baugeräten in diesem Sinne gehören insbesondere Baumaschinen, Baubaracken und Baufahrzeuge, z. B. Bagger, Radlader, Betonmischfahrzeuge, Kräne, Teleskopkranwagen, Betonpumpen u. ä. Ein kurzfristiger Einsatz in diesem Sinne liegt vor, wenn die Baugeräte in jedem Jahr des Dreijahreszeitraums nicht länger als insgesamt fünf Monate außerhalb des Fördergebiets eingesetzt werden und nicht einer Betriebsstätte außerhalb des Fördergebiets zuzurechnen sind.

50 (5) Bei anderen Wirtschaftsgütern, die ihrer Art nach nicht dazu bestimmt und geeignet sind, im räumlich abgegrenzten Bereich einer Betriebsstätte eingesetzt zu werden, ist die Voraussetzung des Verbleibens erfüllt, wenn sie innerhalb des Fördergebiets oder nur kurzfristig außerhalb des Fördergebiets eingesetzt werden. Wirtschaftsgüter dieser Art sind z. B. Messestände, Geräte von Schaustellern, Meßgeräte sowie Film- und Fernsehkameras. Ein kurzfristiger Einsatz in diesem Sinne liegt vor, wenn diese Wirtschaftsgüter in jedem Jahr des Dreijahreszeitraums nicht länger als einen Monat außerhalb des Fördergebiets eingesetzt werden.

51 (6) Die Tz. 48 bis 50 gelten auch, wenn die Wirtschaftsgüter von einem Erwerber oder von einem Nutzungsberechtigten eingesetzt werden.

d) Private Nutzung von nicht mehr als 10 v. H.

52 (1) Die Nutzungsvoraussetzung muß in jedem Jahr des Dreijahreszeitraums erfüllt sein. Bei Körperschaften tritt an die Stelle der privaten Nutzung die Nutzung für außerbetriebliche Zwecke (vgl. BFH-Urteil vom 6. April 1990 – BStBl II S. 752), insbesondere auch im hoheitlichen oder ideellen Bereich.

53 (2) Ist ein Wirtschaftsgut einem anderen zur Nutzung überlassen worden, so sind Art und Umfang der Nutzung aus der Sicht desjenigen zu beurteilen, bei dem das Wirtschaftsgut verblieben ist (vgl. BFH-Urteile vom 23. Mai 1986 – BStBl II S. 916 und 919, und vom 14. Juli 1989 – BStBl II S. 903). Ist das Wirtschaftsgut in einer Betriebsstätte des Anspruchsberechtigten verblieben und beruht die Nutzungsüberlassung eines Wirtschaftsguts nicht auf privaten Erwägungen, so liegt in der Nutzungsüberlassung eine betriebliche Nutzung. In diesen Fällen ist es unerheblich, wie das Wirtschaftsgut durch den Nutzungsberechtigten genutzt wird. Die private Nutzung von kurzfristig vermieteten Kraftfahrzeugen oder Freizeitgegenständen ist deshalb unschädlich. Das gleiche gilt, wenn ein Wirtschaftsgut an einen Arbeitnehmer des eigenen Betriebs zur Nutzung überlassen wird. In diesen Fällen ist es aber erforderlich, daß die Nutzungsüberlassung aufgrund eines Dienst- oder Mietvertrags außerhalb eines gesellschaftsrechtlichen Verhältnisses erfolgt (BFH-Urteil vom 6. April 1990 – BStBl II S. 752).

54 (3) Ist das Wirtschaftsgut nicht Anlagevermögen des Anspruchsberechtigten geblieben (vgl. Tz. 44) oder nicht in seiner Betriebsstätte verblieben (vgl. Tz. 46), so ist die Nutzungsvoraussetzung vom Erwerber oder vom Nutzungsberechtigten zu erfüllen.

5. Investitionsabschluß und Investitionsbeginn
a) Investitionsabschluß

55 Die Investitionszulage kommt nur für Investitionen in Betracht, die nach dem 30. Juni 1990 und vor dem 1. Januar 1995 abgeschlossen werden. Investitionen sind zu dem Zeitpunkt abgeschlossen, in dem

die Wirtschaftsgüter angeschafft oder hergestellt worden sind. Wegen des Zeitpunkts der Anschaffung und der Herstellung vgl. Tz. 15 und 17 bis 19.

b) Investitionsbeginn

(1) Der Investitionsbeginn ist insbesondere bei Luftfahrzeugen, bei Investitionen in Berlin (West) und für die Investitionszulage von 8 v. H. von Bedeutung (vgl. § 2 Satz 2 Nr. 2, § 11 Abs. 2 und § 3 Satz 2 InvZulG 1991). Investitionen sind in dem Zeitpunkt begonnen, in dem die Wirtschaftsgüter bestellt worden sind oder mit ihrer Herstellung begonnen worden ist.

(2) Der Begriff der Bestellung ist nach steuerrechtlichen und nicht nach zivilrechtlichen Grundsätzen auszulegen (BFH-Urteil vom 12. November 1982 – BStBl 1983 II S. 29). Unter Bestellung ist sowohl das Angebot des Bestellers zum Abschluß eines Vertrages auf Lieferung eines Wirtschaftsguts als auch die Annahme eines ihm vom Lieferer gemachten Angebots zu verstehen. Ein Wirtschaftsgut ist jedenfalls dann bestellt, wenn ein rechtswirksamer Vertrag über die Lieferung des Wirtschaftsguts abgeschlossen worden ist (BFH-Urteile vom 1. Juni 1979 – BStBl II S. 580 und 638). Das gilt auch, wenn der Vertrag unter einem Rücktrittsvorbehalt oder einer Bedingung abgeschlossen worden ist, auf dessen oder deren Eintritt der Anspruchsberechtigte keinen Einfluß hat (BFH-Urteile vom 1. Juni 1979 – BStBl II S. 580, und vom 9. November 1990 – BStBl 1991 II S. 425).

(3) Eine Bestellung ist in dem Zeitpunkt vorgenommen worden, in dem das Auftragsschreiben an den Lieferanten nachweislich zur Post gegeben worden ist (BFH-Urteil vom 6. Juni 1986 – BStBl 1987 II S. 37). Hat der Verkäufer einen Vertragsantrag abgelehnt und der Anspruchsberechtigte daraufhin ein Gegenangebot des Verkäufers angenommen, ist der Zeitpunkt der neuen Bestellung maßgebend. Bei einer Änderung der Bestellung ist grundsätzlich der Zeitpunkt der geänderten Bestellung maßgebend (BFH-Urteil vom 14. März 1980 – BStBl II S. 476). Tritt ein Anspruchsberechtigter in einen Vertrag über die Anschaffung eines Wirtschaftsguts ein, so ist als Investitionsbeginn nicht der Zeitpunkt des ursprünglichen Vertragsabschlusses, sondern der Zeitpunkt des Eintritts in den Vertrag maßgebend.

(4) Das bestellte und das gelieferte Wirtschaftsgut müssen identisch sein. Das gilt insbesondere bei einer Änderung der Bestellung (vgl. BFH-Urteil vom 12. November 1982 – BStBl 1983 II S. 29). Ein Wechsel des Lieferanten führt grundsätzlich dazu, daß das bestellte und das gelieferte Wirtschaftsgut nicht mehr identisch sind und daß daher als Beginn der Investition der Zeitpunkt der Bestellung beim neuen Lieferanten anzusehen ist. Wird jedoch ein Lieferantenwechsel aus Gründen notwendig, die ausschließlich außerhalb des Einflußbereichs des Investors liegen und von ihm nicht zu vertreten sind, so kann in Ausnahmefällen vom Zeitpunkt der ursprünglichen Bestellung ausgegangen werden. Den Anspruchsberechtigten trifft die Darlegungs- und Beweislast für die Gründe zum Lieferantenwechsel (BFH-Urteil vom 22. April 1982 – BStBl II S. 571). Entsprechendes gilt, wenn das zunächst bestellte Wirtschaftsgut vom gleichen Lieferanten aus Gründen, die vom Anspruchsberechtigten nicht zu vertreten sind, nicht mehr geliefert werden kann.

(5) Die Herstellung eines Wirtschaftsguts beginnt grundsätzlich an dem Tage, an dem mit den eigentlichen Herstellungsarbeiten begonnen wird. Als Beginn der Herstellung kann jedoch ein früherer Zeitpunkt in Betracht kommen, wenn der Anspruchsberechtigte Material, das er für die Herstellung des Wirtschaftsguts benötigt, bestellt (BFH-Urteile vom 13. Juli 1990 – BStBl II S. 923, und vom 9. November 1990 – BStBl 1991 II S. 425), oder wenn er einen Dritten mit der Herstellung des Wirtschaftsguts beauftragt. Planungsarbeiten sind, gleichgültig, ob der Anspruchsberechtigte sie in seiner Betriebsstätte ausführt oder ob er damit einen Dritten beauftragt, nicht als Beginn der Herstellung eines Wirtschaftsguts anzusehen. Wird ein Generalunternehmer beauftragt, im eigenen Namen und für eigene Rechnung eine Anlage herzustellen, die aus mehreren Wirtschaftsgütern besteht, so ist für alle Wirtschaftsgüter, die Gegenstand des Auftrags sind, grundsätzlich der Zeitpunkt der Bestellung bei dem Generalunternehmer maßgebend. Der Auftrag muß so genau beschrieben sein, daß der Anspruchsberechtigte nach Fertigstellung der gesamten Anlage den Zusammenhang zwischen den angeschafften oder hergestellten Wirtschaftsgütern und dem Auftrag nachweisen kann.

(6) Bei Tieren ist als Beginn der Herstellung der Zeitpunkt der Geburt anzusehen. Ist ein in der Aufzucht befindliches Tier erworben worden, so ist der Zeitpunkt der Bestellung dieses Tieres maßgebend.

(7) Bei Dauerkulturen ist Beginn der Herstellung der Beginn der Bodenarbeiten für die neue Pflanzung. Ist die Bestellung der Pflanzen oder des für die Bepflanzung erforderlichen Materials (z. B. Pfähle, Draht) zu einem früheren Zeitpunkt vorgenommen worden, so ist dieser Zeitpunkt maßgebend. Arbeiten, die zur Beseitigung der Vorkultur erforderlich sind, z. B. Rodung usw., sind noch nicht als Beginn der Herstellung anzusehen.

Zweiter Teil
Bemessung der Investitionszulage

1. Bemessungsgrundlage
a) Allgemeines

63 (1) Die Investitionszulage wird für die begünstigten Investitionen eines Wirtschaftsjahrs gewährt. Bemessungsgrundlage ist die Summe aus den Anschaffungs- oder Herstellungskosten für begünstigte Wirtschaftsgüter, die im Wirtschaftsjahr geliefert oder fertiggestellt worden sind. In die Bemessungsgrundlage können außerdem die im Wirtschaftsjahr geleisteten Anzahlungen auf Anschaffungskosten und entstandenen Teilherstellungskosten für begünstigte Wirtschaftsgüter einbezogen werden. In diesen Fällen gehören im Wirtschaftsjahr der Lieferung oder Fertigstellung der Wirtschaftsgüter nur die um die Anzahlungen oder Teilherstellungskosten verminderten Anschaffungs- oder Herstellungskosten zur Bemessungsgrundlage.

64 (2) Werden Wirtschaftsgüter zulässigerweise mit einem Festwert angesetzt, so sind bei der Ermittlung der Bemessungsgrundlage die Anschaffungs- oder Herstellungskosten dieser Wirtschaftsgüter und nicht der Festwert zu berücksichtigen (vgl. BFH-Urteil vom 29. Juli 1966 – BStBl 1967 III S. 151).

65 (3) Die Vorschrift des § 4 Abs. 5 Nr. 7 EStG ist bei der Ermittlung der Bemessungsgrundlage zu berücksichtigen (BFH-Urteil vom 19. Juni 1975 – BStBl 1976 II S. 97). Das bedeutet, daß bei der Investitionszulage der Teil der Anschaffungs- oder Herstellungskosten eines die Lebensführung berührenden Wirtschaftsguts in die Bemessungsgrundlage nicht einbezogen werden darf, der nach der allgemeinen Verkehrsauffassung als unangemessen anzusehen und deshalb nach § 4 Abs. 5 Nr. 7 EStG nicht abzugfähige Betriebsausgabe ist. Auf die BFH-Urteile vom 2. Februar 1979 (BStBl II S. 387) und vom 2. Februar 1980 (BStBl II S. 340) wird hingewiesen.

66 (4) Die Anschaffungs- und Herstellungskosten sowie die Anzahlungen auf Anschaffungskosten und die Teilherstellungskosten werden durch Zuschüsse aus öffentlichen oder privaten Mitteln (vgl. Abschnitt 34 EStR 1990) und durch die Übertragung aufgedeckter stiller Reserven (z. B. auf Grund des § 6b EStG oder des Abschnitts 35 EStR 1990) nicht gemindert.

67 (5) Für die Frage, ob die Umsatzsteuer zu den Anschaffungs- oder Herstellungskosten gehört, ist § 9b EStG zu beachten.

b) Anschaffungskosten

68 (1) Anschaffungskosten sind nach Abschnitt 32a EStR 1990 alle Aufwendungen, die geleistet werden, um ein Wirtschaftsgut zu erwerben und es in einen betriebsbereiten Zustand zu versetzen. Dazu gehören der Anschaffungspreis und die Nebenkosten der Anschaffung, soweit sie dem Wirtschaftsgut einzeln zugeordnet werden können. Nicht zu den Anschaffungskosten gehören die Finanzierungs- (Geldbeschaffungs-)kosten, wie z. B. Kreditkosten und Teilzahlungszuschläge (vgl. BFH-Urteil vom 24. Mai 1968 – BStBl II S. 574).

69 (2) Anschaffungskosten für ein Wirtschaftsgut, die nach Ablauf des Wirtschaftsjahrs seiner Lieferung entstehen, sind grundsätzlich bei der Bemessung der Investitionszulage für das Wirtschaftsjahr der Lieferung zu berücksichtigen. Es ist jedoch nicht zu beanstanden, wenn solche Anschaffungskosten erst für das Wirtschaftsjahr ihrer Entstehung geltend gemacht werden.

70 (3) Die Anschaffungskosten werden durch Preisnachlässe (Skonti, Rabatte oder ähnliches) gemindert (BFH-Urteil vom 13. August 1957 – BStBl III S. 349). Freiwillig zurückgewährte Preisnachlässe erhöhen nicht die Anschaffungskosten (BFH-Urteil vom 12. März 1976 – BStBl II S. 527).

c) Herstellungskosten

71 (1) Wegen des Begriffs der Herstellungskosten wird auf Abschnitt 33 EStR 1990 hingewiesen. Herstellungskosten sind danach alle Aufwendungen, die durch den Verbrauch von Gütern und die Inanspruchnahme von Diensten für die Herstellung eines Wirtschaftsguts entstehen. Zu den Herstellungskosten eines Wirtschaftsguts gehören deshalb auch die Anschaffungskosten beweglicher Wirtschaftsgüter, soweit sie bestimmungsgemäß zur Herstellung eines Wirtschaftsguts angeschafft werden (BFH-Urteil vom 20. März 1981 – BStBl II S. 785). Soweit in die Herstellungskosten vor dem 1. Juli 1990 entstandene Teilherstellungskosten einzubeziehen sind, sind diese nach den §§ 7 und 10 D-Markbilanzgesetz zu bewerten.

72 (2) Aufwendungen, die nach Abschnitt 33 EStR 1990 zu den Herstellungskosten gerechnet werden können, aber nicht müssen, gehören für die Bemessung der Investitionszulage zu den Herstellungskosten, wenn sie vom Anspruchsberechtigten bei der Einkommensbesteuerung als Teil der Herstellungs-

kosten behandelt worden sind. Das Wahlrecht, ob Aufwendungen in die Herstellungskosten eines Wirtschaftsguts einbezogen oder nicht einbezogen werden sollen, kann für die Investitionszulage und für die Ertragsbesteuerung mithin nur einheitlich ausgeübt werden.

(3) Unter Herstellungskosten ist bei Tieren die Summe der Aufwendungen zu verstehen, die dem Anspruchsberechtigten bis zu ihrer Fertigstellung entstanden sind. Hat der Anspruchsberechtigte ein in der Aufzucht befindliches Tier angeschafft, so gehören zu den Herstellungskosten die Anschaffungskosten für das Jungtier und die Summe der nach der Anschaffung bis zur Fertigstellung entstandenen Aufzuchtkosten. Zu den Herstellungskosten einer Dauerkultur gehören alle Aufwendungen, die dem Anspruchsberechtigten bis zu ihrer Fertigstellung entstanden sind. Die Herstellungskosten sind grundsätzlich nachzuweisen. Ist der Nachweis nicht möglich, sind die Herstellungskosten zu schätzen. Dabei sind, soweit es sich um die Herstellungskosten von Tieren und von Dauerkulturen handelt, die in der Anlage aufgeführten Erfahrungswerte zugrunde zu legen. Bei der Anschaffung noch nicht fertiggestellter Tiere sind neben den Anschaffungskosten nur die nach der Anschaffung angefallenen Herstellungskosten zu berücksichtigen. 73

d) Anzahlungen

Wegen des Begriffs der Anzahlungen auf Anschaffungskosten und wegen des Zeitpunkts, in dem eine Anzahlung geleistet worden ist, wird auf Abschnitt 45 Abs. 5 EStR 1990 und auf § 7a Abs. 2 Satz 3 bis 5 EStG hingewiesen. Die Höhe der Anzahlungen auf Anschaffungskosten wird durch die Höhe der tatsächlichen Anschaffungskosten begrenzt. 74

e) Teilherstellungskosten

Wegen des Begriffs der Teilherstellungskosten wird auf Abschnitt 45 Abs. 6 EStR 1990 hingewiesen. 75

2. Höhe der Investitionszulage

Die Investitionszulage wird für jedes Wirtschaftsjahr gesondert bemessen. Die Höhe der Investitionszulage richtet sich nach der Summe der Anschaffungs- und Herstellungskosten des abgelaufenen Wirtschaftsjahrs. Soweit Anzahlungen auf Anschaffungskosten oder Teilherstellungskosten in die Bemessungsgrundlage einbezogen werden, richtet sich die Höhe der Investitionszulage nach der Summe der Anzahlungen und Teilherstellungskosten und dem voraussichtlichen Zeitpunkt des Investitionsabschlusses. Anzahlungen auf Anschaffungskosten und Teilherstellungskosten sind deshalb immer nur in der Höhe begünstigt, in der die Anschaffungs- und Herstellungskosten der Wirtschaftsgüter im Zeitpunkt der künftigen Lieferung oder Fertigstellung begünstigt sein werden (vgl. Tz. 87). 76

Dritter Teil

Verfahrensrechtliche Vorschriften

I. Antragstellung

1. Antragsfrist

Der Antrag auf Investitionszulage kann nur bis zum Ablauf von neun Monaten nach Ende des Kalenderjahrs gestellt werden, in dem das Wirtschaftsjahr der Anschaffung oder Herstellung begünstigter Wirtschaftsgüter oder der begünstigten Anzahlungen auf Anschaffungskosten oder der begünstigten Teilherstellungskosten endet. Für begünstigte Investitionen, die bereits vor Betriebseröffnung vorgenommen worden sind, ist der Antrag innerhalb von neun Monaten nach Ablauf des Kalenderjahrs zu stellen, in dem die Investitionen abgeschlossen worden sind (vgl. BFH-Urteil vom 11. März 1988 – BStBl II S. 636). Die Antragsfrist kann nicht verlängert werden. Ihre Versäumung führt zum Verlust des Antragsrechts, es sei denn, daß gemäß § 110 AO Wiedereinsetzung in den vorigen Stand zu gewähren ist (vgl. BFH-Urteil vom 7. November 1975 – BStBl 1976 II S. 225). Der Antrag kann rechtswirksam auch schon vor Ablauf des maßgebenden Kalenderjahrs gestellt werden (BFH-Urteil vom 23. Juli 1976 – BStBl II S. 759). Vgl. jedoch Tz. 86. 77

2. Zuständiges Finanzamt

Der Antrag auf Investitionszulage ist bis zum Ablauf der Antragsfrist an das für die Gewährung der Investitionszulage zuständige Finanzamt (vgl. Tz. 82 und 83) zu richten (BFH-Urteil vom 10. Juni 1975 – BStBl II S. 762). 78

3. Form und Inhalt des Antrags

79 (1) Der Antrag auf Investitionszulage ist nach amtlich vorgeschriebenem Vordruck zu stellen. In dem Antrag müssen innerhalb der Antragsfrist die Wirtschaftsgüter, für die eine Investitionszulage beansprucht wird, so genau bezeichnet werden, daß ihre Feststellung bei einer Nachprüfung möglich ist. Das gilt auch für den Fall, daß eine Investitionszulage für Anzahlungen auf Anschaffungskosten oder für Teilherstellungskosten beantragt wird (BFH-Urteil vom 30. März 1979 – BStBl II S. 450). Der Antrag ist nur wirksam, wenn er vom Anspruchsberechtigten oder seinem Vertreter innerhalb der Antragsfrist unterschrieben worden ist. Ein innerhalb der Antragsfrist vom Vertreter des Anspruchsberechtigten unterschriebener Antrag ist vor Erlaß des Investitionszulagenbescheids um die eigenhändige Unterschrift des Anspruchsberechtigten zu ergänzen. Auf diese eigenhändige Unterschrift kann nicht verzichtet werden, da die im Antragsvordruck geforderten Absichtserklärungen (z. B. hinsichtlich der weiteren zeitlichen Bindung von Wirtschaftsgütern an eine Betriebsstätte oder an einen Betrieb) und die Erklärungen mit strafrechtlicher Bedeutung für den Anspruchsberechtigten nur von ihm selbst abgegeben werden können.

80 (2) Sind in dem Antrag auf Investitionszulage Wirtschaftsgüter des Wirtschaftsjahres nicht aufgeführt, so kann deren Bezeichnung innerhalb der Antragsfrist nachgeholt werden. Das gilt jedoch nur, solange für das Wirtschaftsjahr ein Bescheid über die Investitionszulage noch nicht erteilt ist oder nach den verfahrensrechtlichen Vorschriften noch geändert werden kann (vgl. BFH-Urteil vom 19. Oktober 1984 – BStBl 1985 II S. 63).

81 (3) In dem Antrag sind außerdem alle weiteren Anspruchsvoraussetzungen, insbesondere die Anschaffungskosten, Herstellungskosten, Anzahlungen auf Anschaffungskosten und Teilherstellungskosten der begünstigten Investitionen anzugeben, für die die Investitionszulage beantragt wird. Diese Angaben können auch noch nach Ablauf der Antragsfrist nachgeholt, ergänzt oder berichtigt werden, solange für das Wirtschaftsjahr ein Investitionszulagebescheid noch nicht erteilt ist oder nach den verfahrensrechtlichen Vorschriften noch geändert werden kann.

II. Gewährung der Investitionszulage

1. Zuständiges Finanzamt

82 (1) Zuständiges Finanzamt für die Gewährung der Investitionszulage ist

1. bei Steuerpflichtigen im Sinne des Einkommensteuergesetzes und des Körperschaftsteuergesetzes

   das für die Besteuerung nach dem Einkommen zuständige Finanzamt (§§ 19, 20 AO);

2. bei Gesellschaften im Sinne des § 15 Abs. 1 Satz 1 Nr. 2 und Abs. 3 EStG und bei Gesellschaften, deren Gewinne aus Land- und Forstwirtschaft oder selbständiger Arbeit mehreren Beteiligten zuzurechnen sind,

   das für die gesonderte Feststellung der Einkünfte zuständige Finanzamt (§ 18 Abs. 1 Nr. 1 bis 3 in Verbindung mit § 180 Abs. 1 Nr. 2 Buchstabe a AO).

Satz 1 Nr. 1 gilt auch bei Anspruchsberechtigten, deren Einkünfte aus Land- und Forstwirtschaft, Gewerbebetrieb oder selbständiger Arbeit nach § 180 Abs. 1 Nr. 2 Buchstabe b AO gesondert festzustellen sind; das Betriebsfinanzamt soll im Wege der Amtshilfe beteiligt werden.

Satz 1 Nr. 2 gilt auch, wenn die Investitionszulage für Wirtschaftsgüter beantragt wird, die Sonderbetriebsvermögen sind (vgl. Tz. 7).

83 (2) Arbeitsgemeinschaften, bei denen keine gesonderten Feststellungen vorzunehmen sind (vgl. Tz. 8), ist die Investitionszulage von dem für die Umsatzbesteuerung der Gemeinschaft zuständigen Finanzamt (§ 21 AO) zu gewähren. Den für die Beteiligten zuständigen Finanzämtern ist die Gewährung der Investitionszulage mitzuteilen.

84 (3) Für die vor dem 1. Januar 1991 entstandenen Investitionszulagen sind ausschließlich die Finanzämter im Fördergebiet örtlich zuständig. Insoweit bleibt diese Zuständigkeit auch nach dem 31. Dezember 1990 bestehen (Artikel 97a § 1 EGAO). Hat eine natürliche Person weder einen Wohnsitz noch ihren gewöhnlichen Aufenthalt bzw. eine juristische Person weder ihre Geschäftsleitung noch ihren Sitz im Fördergebiet, so ist für die Investitionszulage 1990 das Finanzamt im Fördergebiet örtlich zuständig, in dessen Bezirk sich das Vermögen der steuerpflichtigen Person befindet; trifft dies für mehrere Finanzämter zu, so ist das Finanzamt zuständig, in dessen Bezirk sich der wertvollste Teil des Vermögens befindet (§ 6 Abs. 2 der Verordnung in Verbindung mit § 19 Abs. 2 und § 20 Abs. 3 AO). Bei Gesellschaften im Sinne des § 15 EStG ohne Geschäftsleitung im Fördergebiet ist das Finanzamt örtlich zuständig, in dessen Bezirk eine Betriebsstätte – bei mehreren Betriebsstätten die wirtschaftlich bedeutendste – unterhalten wird (§ 6 Abs. 2 der Verordnung in Verbindung mit § 18 Abs. 1 Nr. 2 AO).

2. Investitionszulagebescheid

(1) Die für die Steuerfestsetzung geltenden Vorschriften der Abgabenordnung sind sinngemäß anzuwenden. 85

(2) Eine Investitionszulage darf nicht vor Ablauf des maßgeblichen Wirtschaftsjahres festgesetzt werden. Wirtschaftsgüter, die der Anspruchsberechtigte nicht genau bezeichnet hat oder für die der Anspruchsberechtigte das Vorliegen der weiteren für die Begünstigung erforderlichen Voraussetzungen nicht nachweist oder glaubhaft macht, sind bei der Bemessung der Investitionszulage nicht zu berücksichtigen. Für das Jahr 1990 ist die Investitionszulage für Anschaffungskosten und Herstellungskosten nach § 4 Satz 1 in Verbindung mit § 5 Nr. 1 InvZulVO und für Anzahlungen und Teilherstellungskosten nach § 4 Satz 2 in Verbindung mit § 5 Nr. 1 und 2 InvZulG 1991 in einem einheitlichen Bescheid festzusetzen. Im Bescheid ist auf die Rechtsgrundlagen hinzuweisen. 86

(3) Sind bei der Ermittlung der Bemessungsgrundlage Anzahlungen auf Anschaffungskosten oder Teilherstellungskosten berücksichtigt worden, ist die Investitionszulage insoweit nach § 165 AO vorläufig festzusetzen. In diesen Fällen ist zu überwachen, ob die Wirtschaftsgüter auch geliefert oder fertiggestellt werden. Wird festgestellt, daß Anzahlungen auf Anschaffungskosten oder Teilherstellungskosten ganz oder teilweise zu Unrecht berücksichtigt worden sind, z. B. weil die entsprechenden Wirtschaftsgüter nicht oder nicht fristgerecht geliefert oder fertiggestellt worden sind, ist der Investitionszulagebescheid zu ändern oder aufzuheben (§ 165 Abs. 2 AO). 87

(4) In den Fällen, in denen das Vorliegen der Voraussetzungen über die Gewährung der Investitionszulage nicht abschließend geprüft werden kann, ist die Investitionszulage nach § 164 AO unter dem Vorbehalt der Nachprüfung festzusetzen. 88

(5) Bei Gesellschaften oder Gemeinschaften ohne Gewinnerzielungsabsicht (z. B. Labor- und Maschinengemeinschaften) können die für die Gewährung der Investitionszulage bei den Beteiligten maßgebenden Grundlagen nach § 1 Abs. 1 Satz 1 Nr. 1 der Verordnung zu § 180 Abs. 2 AO gesondert festgestellt werden. Diese sollte insbesondere dann erfolgen, wenn auch die Betriebseinnahmen und -ausgaben der Beteiligten gesondert festgestellt werden (vgl. Tz. 1 Buchstabe b des BMF-Schreibens vom 5. Dezember 1990 – BStBl I S. 764). Die Durchführung des Feststellungsverfahrens steht im pflichtgemäßen Ermessen des Finanzamts (§ 4 der Verordnung zu § 180 Abs. 2 AO). 89

(6) Bei der atypischen stillen Gesellschaft ist abweichend von der Anspruchsberechtigung (Tz. 6) der Inhaber des Handelsgeschäfts antragsberechtigt, so daß dem Inhaber auch der Bescheid bekanntzugeben ist (vgl. BFH-Urteil vom 20. Mai 1988 – BStBl II S. 961). Der Anspruchsberechtigte ist im Bescheid anzugeben. 90

3. Aufhebung und Änderung des Investitionszulagebescheids

(1) Die Rückforderung der Investitionszulage setzt die Aufhebung oder eine Änderung des Investitionszulagebescheids, die zu einer Herabsetzung der festgesetzten Investitionszulage führt, voraus (BFH-Urteil vom 16. Januar 1986 – BStBl II S. 467). Die für die Berichtigung, Aufhebung und Änderung von Steuerbescheiden geltenden Vorschriften der §§ 129 und 172 bis 177 AO sind entsprechend anzuwenden. Ein Investitionszulagebescheid ist insbesondere aufzuheben oder zu ändern, wenn Wirtschaftsgüter die Zugehörigkeits-, Verbleibens- und Nutzungsvoraussetzungen im Sinne der Tz. 40 nicht erfüllen. Ist der Bescheid in diesen Fällen bereits bestandskräftig, ist er nach § 175 Abs. 1 Satz 1 Nr. 2 in Verbindung mit Abs. 2 AO aufzuheben oder zu ändern. 91

(2) Ein Investitionszulagenbescheid, der unter dem Vorbehalt der Nachprüfung erlassen worden ist, kann ohne Einschränkung aufgehoben oder geändert werden, solange der Vorbehalt wirksam ist (§ 164 AO) und soweit § 176 AO der Aufhebung oder Änderung nicht entgegensteht. Entsprechendes gilt, wenn ein Investitionszulagebescheid als vorläufiger Bescheid erlassen worden ist, soweit und solange die Vorläufigkeit reicht (§ 165 AO). Der Bescheid ist in diesen Fällen von Amts wegen zu ändern, wenn aufgrund des § 3 Nr. 1 in Verbindung mit § 5 Nr. 1 InvZulG 1991 für Anzahlungen auf Anschaffungskosten oder für Teilherstellungskosten des Jahres 1990 anstelle einer Investitionszulage von 8 v. H. eine Investitionszulage von 12 v. H. beansprucht werden kann. 92

(3) Der Anspruch auf Investitionszulage entsteht mit Ablauf des Wirtschaftsjahrs, in dem die begünstigten Investitionen vorgenommen, die Anzahlungen geleistet oder die Teilherstellungskosten entstanden sind. Die Festsetzungsfrist beginnt mit Ablauf des Kalenderjahrs, in dem der Anspruch entstanden ist (§ 170 Abs. 1 AO). Die Festsetzungsfrist beträgt vier Jahre (§ 169 Abs. 2 AO). Die Festsetzungsfrist läuft nicht ab, bevor über den Antrag unanfechtbar entschieden worden ist (§ 171 Abs. 3 AO). Die Frist für die Aufhebung oder Änderung der Festsetzung der Investitionszulage beginnt nicht vor Ablauf des Kalenderjahrs, in dem der Antrag gestellt wurde (§ 170 Abs. 3 AO). 93

III. Weitere Verfahrensvorschriften

1. Zulässigkeit von Billigkeitsmaßnahmen

94 Eine entsprechende Anwendung des § 163 AO auf die Investitionszulage ist nicht zulässig. Das bedeutet, daß eine Investitionszulage aus Billigkeitsgründen nicht gewährt und nicht höher festgesetzt werden darf, als dies aus Rechtsgründen möglich ist (BFH-Urteil vom 2. Dezember 1977 – BStBl 1978 II S. 272). Dagegen sind die Vorschriften über Stundung und Erlaß (§§ 222, 227 AO) auf die Investitionszulage entsprechend anwendbar. Hieraus folgt, daß im Einzelfall aus Billigkeitsgründen bei Ansprüchen auf Rückzahlung einer Investitionszulage Stundung gewährt oder auf die Rückzahlung ganz oder teilweise verzichtet werden kann. Aus Vereinfachungsgründen kann auf die Rückzahlung in der Weise verzichtet werden, daß von der Änderung eines Investitionszulagebescheids zum Zwecke der Herabsetzung der Investitionszulage abgesehen wird (vgl. BFH-Urteil vom 10. Juni 1975 – BStBl II S. 789).

2. Stundung fälliger Steuern im Hinblick auf später fällig werdende Investitionszulagenansprüche

95 Eine Aufrechnung durch den Steuerpflichtigen mit noch nicht festgesetzter Investitionszulage gegen fällige Steuern kommt nicht in Betracht (§ 226 Abs. 3 AO). Dagegen können im Hinblick auf eine zu erwartende Investitionszulage fällige Steuern auf Antrag nach § 222 AO gestundet werden. Voraussetzung hierfür ist, daß ein fristgerecht gestellter Antrag auf Investitionszulage und alle für die Festsetzung der Investitionszulage erforderlichen Angaben und Unterlagen (vgl. Tz. 79 bis 81) vorliegen. In diesen Fällen soll gemäß § 234 Abs. 2 AO auch auf die Festsetzung von Stundungszinsen verzichtet werden. Eine Stundung aus sachlichen Billigkeitsgründen vor Ablauf des nach Tz. 77 maßgebenden Wirtschaftsjahrs ist auch dann nicht möglich, wenn der Investitionszulageantrag vor diesem Zeitpunkt gestellt worden ist.

3. Abtretung, Pfändung und Verpfändung von Ansprüchen auf Investitionszulage

96 Ein Anspruch auf Investitionszulage kann nach Maßgabe des § 46 AO abgetreten, verpfändet und gepfändet werden, sobald er entstanden ist (vgl. Tz. 93 Satz 2).

4. Zinsen und Säumniszuschläge

97 (1) Für die Rückzahlung einer Investitionszulage ist in der Regel eine Frist von einem Monat nach Bekanntgabe des Aufhebungs- oder Änderungsbescheids zu bestimmen. Der Rückforderungsanspruch ist zu verzinsen. Der Zinslauf beginnt am Tag der Auszahlung der Investitionszulage, in den Fällen einer Verletzung der Zugehörigkeits-, Verbleibens- oder Nutzungsvoraussetzungen am Tag des Eintritts dieses Ereignisses. Der Zinslauf endet mit Ablauf des Fälligkeitstages. Wird vor dem Fälligkeitstag gezahlt, endet der Zinslauf mit dem Tag der Zahlung. Die Zinsen betragen für jeden vollen Monat 0,5 v. H. des auf volle hundert Deutsche Mark abgerundeten Rückzahlungsbetrages (§ 238 AO). Sie sind auf volle DM-Beträge abgerundet festzusetzen (§ 8 Abs. 1 Satz 1 KBV); Beträge unter 20 DM werden nicht festgesetzt (§ 239 Abs. 2 AO).

98 (2) Wird die Investitionszulage nicht bis zum Ablauf des Fälligkeitstages zurückgezahlt, sind Säumniszuschläge verwirkt (§ 240 AO). Bei Stundung des Rückzahlungsanspruchs werden Stundungszinsen nach § 234 AO erhoben. Im Falle der Aussetzung der Vollziehung richtet sich die Zinspflicht nach § 237 AO. Wird durch eine rechtskräftige gerichtliche Entscheidung eine Investitionszulage gewährt oder ein Aufhebungs- oder Änderungsbescheid zugunsten des Anspruchsberechtigten aufgehoben oder geändert, so ist die zu gewährende Investitionszulage bzw. der wieder auszuzahlende Betrag nach § 236 AO zu verzinsen.

5. Verfolgung von Straftaten

99 Unrichtige oder unvollständige Angaben in bezug auf die Gewährung einer Investitionszulage können als Subventionsbetrug nach § 264 StGB in der Fassung des Ersten Gesetzes zur Bekämpfung der Wirtschaftskriminalität vom 29. Juli 1976 (BGBl. I S. 2034, BStBl I S. 433) strafbar sein. Insoweit ist das Finanzamt Strafverfolgungsbehörde; im übrigen gelten die Vorschriften der Abgabenordnung über die Verfolgung von Steuerstraftaten entsprechend.

6. EG-Vorbehalt

100 Bei Gewährung der Investitionszulage sind der Gemeinschaftsrahmen für staatliche Beihilfen an die Kfz-Industrie (vgl. mein Schreiben vom 13. Dezember 1990 – BStBl I S. 889) und die Rahmenregelung für bestimmte, nicht unter den EGKS-Vertrag fallende Stahlbereiche (vgl. mein Schreiben vom 13. Dezember 1990 – BStBl 1991 I S. 13) zu beachten.

Anhang 14

Investitionszulage   II

Dieses Schreiben tritt an die Stelle meiner Schreiben vom 27. Dezember 1990 (BStBl I S. 906) und vom 31. Mai 1991 (BStBl I S. 531).

Anlage

a) Dauerkulturen

Rebanlagen	Hangneigung	Erziehungsart	Zeilenbreite in cm ca.	Herstellungskosten in DM je Hektar*)
	Flach- und Hanglage	normale Drahtrahmen-erziehung	160	30.000
			200	26.600
			250	23.600
		Pfahlerziehung	160	33.000
	Steillage (Seilzugl.)	normale Drahtrahmenerziehung	160	34.000

Äpfel	– Normalpflanzung	Pflanzabstand ca. 4 × 2,5 m	8.600
	– Dichtpflanzung	Pflanzabstand ca. 3,75 × 1,5 m	13.500
Birnen	– Normalpflanzung	Pflanzabstand ca. 4 × 2,5 m	9.600
Johannisbeeren			
– Rote, Busch		Pflanzabstand ca. 3 × 1,25 m	6.900
– Rote, Hecke		Pflanzabstand ca. 2,5 × 1 m	9.800
– Schwarze, Busch		Pflanzabstand ca. 2,5 × 2 m	5.500
Stachelbeeren		Pflanzabstand ca. 2 × 1 m	19.000
Himbeeren, Drahtrahmenerziehung (ca. 12.000 Pflanzen)			16.800
Brombeeren, Drahtrahmenerziehung (ca. 1.300 Pflanzen)			13.300
Sauerkirschen		Pflanzabstand ca. 4,5 × 4 m	5.100
Süßkirschen			4.600
Pflaumen/Zwetschen Mirabellen		Pflanzabstand nach Sorte und Unterlage verschieden	5.400
Pfirsiche			5.300
Hopfen	– Hallertauer Gerüst – jede 5. Reihe Säulen		37.800
	– Hallertauer Gerüst – jede 6. Reihe Säulen		34.300
	– Weitspannanlage		26.800
Spargel			9.850
Rhabarber			3.500

b) Tiere (Kühe und Pferde**)

		Herstellungskosten je Lebensmonat in DM/Stück
Weibliche Zuchtrinder im 1. Lebensjahr		70
	ab 2. Lebensjahr	60
Pferde	ab 2. Lebensjahr	100

*) Vorstehende Werte sind die Herstellungskosten **ohne** Lohnkosten; angefallene Fremdlohnkosten sind gesondert zu berücksichtigen.

**) Die Herstellungskosten für alle nichtgenannten Tiere (insbesondere wertvolle Zuchttiere) sind im Einzelfall besonders zu schätzen, sofern es sich nicht um geringwertige Wirtschaftsgüter handelt.

III
Gewährung von Investitionszulagen nach der Investitionszulagenverordnung und nach dem Investitionszulagengesetz 1991

BMF vom 31.3.1992 (BStBl I S. 236)

IV B 3 – InvZ 1010 – 10/92

Bezug: BMF vom 28.8.1991 (BStBl I S. 768)

Unter Bezugnahme auf das Ergebnis der Erörterungen mit den obersten Finanzbehörden der Länder und in Ergänzung zu dem o.a. Schreiben gilt bei Anwendung der Investitionszulagenverordnung und des Investitionszulagengesetzes 1991 folgendes:

1. Steuerpflichtige im Sinne des Körperschaftsteuergesetzes

Steuerpflichtige im Sinne des Körperschaftsteuergesetzes sind nach der durch Artikel 9 des Steueränderungsgesetzes 1992 geänderten Fassung des § 1 InvZulG 1991 nur anspruchsberechtigt, soweit sie nicht nach § 5 KStG von der Körperschaftsteuer befreit sind. Diese Fassung des § 1 InvZulG 1991 ist klarstellender Art und entspricht hinsichtlich der steuerbefreiten inländischen Körperschaften der bisherigen Rechtslage (vgl. Tz. 25 des Bezugsschreibens). Ausländische Körperschaften, die inländische Betriebsstätten unterhalten, sind hingegen auch dann anspruchsberechtigt, wenn die Betriebsstätten nicht als Betriebsstätten im Sinne eines Doppelbesteuerungsabkommens gelten und die Körperschaften deshalb nicht der deutschen Körperschaftsteuer unterliegen. Die Anspruchsberechtigung setzt in diesen Fällen jedoch voraus, daß die ausländischen Körperschaften inländische Einkünfte im Sinne des § 49 EStG erzielen.[1]

2. Neue Wirtschaftsgüter

Nach Tz. 33 des Bezugsschreibens ist ein Wirtschaftsgut als neu anzusehen, wenn der Teilwert der bei der Herstellung verwendeten gebrauchten Wirtschaftsgüter 10 v. H. des Teilwerts des hergestellten Wirtschaftsguts nicht übersteigt. Dies gilt auch bei einem erworbenen Wirtschaftsgut (Tz. 34 des Bezugsschreibens). Nicht als gebrauchte Wirtschaftsgüter im Sinne dieser 10-v.H.-Regelung gelten neuwertige Bauteile, die vom Hersteller neben gleichartigen neuen Bauteilen in einem Produktionsprozeß wiederverwendet werden, wenn der Verkaufspreis des hergestellten Wirtschaftsguts unabhängig vom Anteil der zur Herstellung verwendeten neuen und neuwertigen Bauteile ist. Neuwertig sind gebrauchte Bauteile, die dem Standard neuer Bauteile entsprechen oder verschleißfrei sind und die nach Fertigstellung des Wirtschaftsguts nicht von neuen Bauteilen unterschieden werden können.

3. Begriff des Personenkraftwagens

Für die Abgrenzung der Personenkraftwagen von den begünstigten Kraftfahrzeugen gilt nach Tz. 36 des Bezugsschreibens grundsätzlich die erste Eintragung im Kraftfahrzeugbrief. Eine geänderte Eintragung ist – außer in den Fällen der Tz. 38 des Bezugsschreibens – unbeachtlich, es sei denn, der Anspruchsberechtigte legt dar, daß die Änderung vorgenommen worden ist, weil die Eintragung im Kraftfahrzeugbrief unrichtig gewesen ist oder weil ein Wahlrecht hinsichtlich der Eintragung als Personen- oder Lastkraftwagen bestanden hat.

4. Betriebsstätte im Fördergebiet

(1) Zu den Betriebsstätten im Sinne des § 12 AO gehören u.a. auch Verkaufs-, Spiel- und Fotoautomaten. Soweit diese Automaten im Fördergebiet aufgestellt werden, stellen sie zugleich Wirtschaftsgüter des Anlagevermögens einer Betriebsstätte im Fördergebiet dar.

(2) Anlagen oder Einrichtungen, die in räumlicher, organisatorischer, technischer und wirtschaftlicher Hinsicht ein einheitliches Ganzes bilden, sind eine einheitliche Betriebsstätte. Fehlt es bei einer Anlage oder Einrichtung an einem dieser vier Merkmale, so handelt es sich jeweils um eine selbständige Betriebsstätte. Das ist insbesondere der Fall, wenn die Verbindung einer Anlage mit

---

[1] Das anderslautende BFH-Urteil vom 14.8.1997 (BStBl 1998 II S. 355) ist erstmals für das InvZulG 1999 anzuwenden → BMF-Schreiben vom 13.5.1998 (Anhang 14 IX).

anderen Anlagen nur über öffentliche Straßen gewährleistet ist (BFH-Urteil vom 25. September 1968 – BStBl II S. 827).

(3) Zu den Anlagen und Einrichtungen eines Landwirts gehören die Hofstelle sowie die von ihm bewirtschafteten Flächen. Soweit Hofstelle und bewirtschaftete Flächen eine einheitliche Betriebsstätte darstellen, ist diese Betriebsstätte eine Betriebsstätte im Fördergebiet, wenn die Gesamtheit der Flächen überwiegend im Fördergebiet liegt. Selbständige Betriebsstätten sind nur dann Betriebsstätten im Fördergebiet, wenn sie selbst überwiegend im Fördergebiet liegen.

5. Anlagevermögen eines Betriebs im Fördergebiet bei Betriebsaufspaltung

Bei einer Betriebsaufspaltung sind Besitzunternehmen und Betriebsunternehmen jeweils rechtlich selbständige Unternehmen (BFH-Beschluß vom 8. November 1971 – BStBl 1972 II S. 24). Die personelle und sachliche Verflechtung dieser Unternehmen führt nicht dazu, daß Wirtschaftsgüter und für die Besteuerung maßgebliche Verhältnisse des einen Unternehmens dem an der Betriebsaufspaltung beteiligten anderen Unternehmen zuzurechnen sind (vgl. BFH-Urteil vom 17. Juli 1991 – BStBl 1992 II S. 246). Für Wirtschaftsgüter des Anlagevermögens eines Besitzunternehmens kommt deshalb eine Investitionszulage nur in Betracht, wenn sie einem Betrieb oder einer Betriebsstätte des Besitzunternehmens im Fördergebiet zuzurechnen ist.

6. Transportmittel, Baugeräte und vergleichbare Wirtschaftsgüter

(1) Transportmittel im Sinne der Tz. 48 des Bezugsschreibens sind Wirtschaftsgüter, deren Hauptzweck die Beförderung von Personen oder Gütern ist. Hierzu gehören auch Traktoren und landwirtschaftliche Anhänger. Nicht dazu gehören die nach § 3 Nr. 1 KfzStG steuerbefreiten Fahrzeuge, die vom Bundesminister für Verkehr als selbstfahrende Arbeitsmittel im Sinne des § 18 Abs. 2 Nr. 1 StVZO anerkannt sind, wie z. B. Bagger, Straßenwalzen, Straßenkehrmaschinen und Maschinen, die für land- und forstwirtschaftliche Arbeiten bestimmt sind.

(2) Zu den anderen Wirtschaftsgütern, die ihrer Art nach nicht dazu bestimmt und geeignet sind, im räumlich abgegrenzten Bereich einer Betriebsstätte eingesetzt zu werden (Tz. 50 des Bezugsschreibens), gehören auch Wirtschaftsgüter, deren Hauptzweck die Freizeitbeschäftigung ist, wie z. B. Segel-, Ruder-, Paddel- und Motorboote sowie Hochseeyachten.

(3) Landwirtschaftliche Fahrzeuge und Arbeitsgeräte, die ihrer Art nach nicht dazu bestimmt und geeignet sind, außerhalb der Betriebsstätte des Landwirts (Hofstelle und bewirtschaftete Flächen) eingesetzt zu werden (z. B. Mähdreschmaschinen, Zuckerrüben- und Kartoffelmaschinen), gehören nicht zu den Wirtschaftsgütern im Sinne der Tz. 48 bis 50 des Bezugsschreibens. Auch ein nur kurzfristiger Einsatz dieser landwirtschaftlichen Fahrzeuge und Arbeitsgeräte außerhalb des Fördergebiets ist deshalb schädlich (vgl. Tz. 47 vorletzter Satz des Bezugsschreibens).

7. Einsatz im Fördergebiet

(1) Als Einsatz im Fördergebietsverkehr sind nach Tz. 48 des Bezugsschreibens Fahrten anzusehen, die innerhalb des Fördergebiets sowie von einem Ort im Fördergebiet zu einem Ort außerhalb des Fördergebiets und umgekehrt durchgeführt werden. Fahrten, die an einem Ort außerhalb des Fördergebiets beginnen und an einem Ort außerhalb des Fördergebiets enden, gehören auch dann nicht zu den Fördergebietsfahrten, wenn sie durch das Fördergebiet führen.

(2) Zu den Tagen des Einsatzes gehören nur die tatsächlichen Betriebstage des Transportmittels. Zeiten, in denen ein Transportmittel, z. B. wegen fehlender Aufträge oder für Wartungs- oder Reparaturzwecke, ruht (Standtage), sind bei der Berechnung der Betriebstage nicht zu berücksichtigen. Wird ein Transportmittel zu nicht mehr als der Hälfte der Betriebstage im Fördergebietsverkehr eingesetzt, so sind die Verbleibensvoraussetzungen auch dann nicht erfüllt, wenn die Betriebstage im Fördergebietsverkehr und die Standtage im Fördergebiet zusammen in jedem Jahr des Verbleibenszeitraums überwiegen (vgl. BFH-Urteil vom 11. April 1990 – BStBl II S. 783). Zu den Betriebstagen gehören auch die Tage, an denen eine Fahrt beginnt oder endet und an denen das Transportmittel beladen oder entladen wird.

(3) Bei Baugeräten (Tz. 49 des Bezugsschreibens) und bei vergleichbaren Wirtschaftsgütern (Tz. 50 des Bezugsschreibens) gehören zu den Tagen des Einsatzes außerhalb des Fördergebiets auch die Tage, an denen die Beförderung dieser Wirtschaftsgüter begonnen oder beendet wird.

8. Eigenhändige Unterschrift

(1) Nach Tz. 79 Satz 4 des Bezugsschreibens ist der Antrag auf Investitionszulage nur wirksam, wenn er vom Anspruchsberechtigten oder seinem Vertreter innerhalb der Antragsfrist unterschrieben worden ist. Vertreter in diesem Sinne ist nur der gesetzliche Vertreter. Ein nur vom Bevollmächtigten des Anspruchsberechtigten unterschriebener Antrag ist deshalb innerhalb der Antragsfrist um die eigenhändige Unterschrift des Anspruchsberechtigten oder des gesetzlichen Vertreters zu ergänzen.

(2) Ist der Antrag für das Kalenderjahr 1990 innerhalb der Antragsfrist nur vom Bevollmächtigten unterschrieben worden, bestehen im Hinblick auf Tz. 79 Satz 5 des Bezugsschreibens keine Bedenken, wenn er auch noch nach Ablauf der Antragsfrist um die eigenhändige Unterschrift des Anspruchsberechtigten oder des gesetzlichen Vertreters ergänzt wird.

IV
Zweifelsfragen bei der Anwendung des Investitionszulagengesetzes 1993 (BGBl. I S. 1650, BStBl 1993 I S. 856)

BMF vom 28.10.1993 (BStBl I S. 904)

IV B 3 – InvZ 1010 – 8/93

Bezug: BMF vom 28.8.1991 (BStBl I S. 768) und
vom 31.3.1992 (BStBl I S. 236)

Für Investitionen in Betriebsstätten der Kreditinstitute, des Versicherungsgewerbes – ausgenommen der Versicherungsvertreter und Versicherungsmakler –, der Elektrizitätsversorgung, der Gasversorgung und des Handels, die nach dem 31. Dezember 1992 begonnen worden sind, besteht kein Anspruch auf Investitionszulage (§ 3 Satz 2 InvZulG 1993). Für Investitionen bestimmter Betriebe des verarbeitenden Gewerbes und von Handwerksbetrieben, die nach dem 31. Dezember 1992 begonnen worden sind, kommt eine auf 20 v. H. erhöhte Investitionszulage in Betracht (§ 5 Abs. 2 InvZulG 1993). Für Investitionen in Berlin (West) ist die Investitionszulage eingeschränkt (§ 11 Abs. 2 InvZulG 1993). Unter Bezugnahme auf das Ergebnis der Erörterungen mit den obersten Finanzbehörden der Länder und in Ergänzung zu den o.a. Schreiben gilt hierzu folgendes:

I. Abgrenzung der Gewerbezweige

1. Abgrenzungsmerkmale

a) Systematik der Wirtschaftszweige

1 (1) Die Abgrenzung des Versicherungsgewerbes, der Versicherungsvertreter und Versicherungsmakler, der Elektrizitätsversorgung, der Gasversorgung, des Handels und des verarbeitenden Gewerbes von den übrigen Wirtschaftszweigen ist entsprechend der Einordnung nach der Systematik der Wirtschaftszweige[1]) vorzunehmen (vgl. z. B. BFH-Urteil vom 30. Juni 1989, BStBl II S. 809).

In der Systematik der Wirtschaftszweige sind aufgeführt

- das Versicherungsgewerbe in Abteilung 6, davon die Versicherungsvertreter und -makler in Nrn. 657 01 und 657 05,
- die Elektrizitätsversorgung in Abteilung 1 Gruppe 101 und die Gasversorgung in Abteilung 1 Gruppe 103,
- der Handel in Abteilung 4 und
- das verarbeitende Gewerbe in Abteilung 2.

2 (2) Die Entscheidung über die Einordnung trifft das Finanzamt. Hierfür sind die Abgrenzungsmerkmale maßgebend, die in der Systematik der Wirtschaftszweige, insbesondere in den Allgemeinen Vorbemerkungen und in den Vorbemerkungen der Abteilungen 2 und 4, genannt sind. Die in dem BFH-Urteil vom 23. Juli 1976 (BStBl II S. 705) genannten Merkmale sind nicht mehr maßgebend. Ohne

---

[1]) Herausgegeben vom Statistischen Bundesamt im Verlag Metzler-Poeschel Stuttgart.

Bedeutung sind die Rechtsform des Unternehmens und die Einkunftsart (vgl. BFH-Urteil vom 23. Februar 1979, BStBl II S. 455).

(3) Bei einer gemischten Tätigkeit ist die Einordnung in die Systematik der Wirtschaftszweige grundsätzlich nach dem Schwerpunkt der wirtschaftlichen Tätigkeit vorzunehmen, d.h. nach der Tätigkeit, auf die der größte Teil der entstandenen Wertschöpfung entfällt. Werden mehrere Tätigkeiten ausgeübt und sind diese verschiedenen Abteilungen zuzuordnen, so ist für die Einordnung des Betriebs bzw. der Betriebsstätte (vgl. Tz. 8 und 10) die Abteilung maßgebend, auf die der höchste Anteil der Wertschöpfung entfällt. Entfallen z. B. 40 v. H. der Wertschöpfung auf das verarbeitende Gewerbe, 30 v. H. auf den Handel und 30 v. H. auf Dienstleistungen, ist der Betrieb oder die Betriebsstätte in die Abteilung „verarbeitendes Gewerbe" einzuordnen.

Anhaltspunkt für die Wertschöpfungsanteile der verschiedenen Tätigkeiten ist der jeweilige steuerbare Umsatz nach § 1 Abs. 1 Nr. 1 bis 3 UStG. Der Steuerpflichtige kann die Wertschöpfungsanteile jedoch auch berechnen. Sie sind dann wie folgt zu ermitteln:

Umsätze nach § 1 Abs. 1 Nr. 1 bis 3 UStG
+ nicht steuerbare Lieferungen und sonstige Leistungen
+/− Veränderungen des Bestands an fertigen und unfertigen Erzeugnissen
+ selbsterstellte Anlagen zu Herstellungskosten
− Vorleistungen (Roh-, Hilfs- und Betriebsstoffe, Fremdleistungen − nicht jedoch Löhne und Gehälter, Mieten und Pachten, Fremdkapitalzinsen)
− lineare und degressive AfA
= Wertschöpfung

(4) In der Systematik der Wirtschaftszweige gehören zu der Abteilung „Verarbeitendes Gewerbe" alle Institutionen, deren wirtschaftliche Tätigkeit überwiegend darin besteht, Erzeugnisse, gleich welcher Art, zu be- oder verarbeiten, und zwar in der Regel mit dem Ziel, dabei andere Produkte herzustellen. Die Tätigkeit kann jedoch auch darin bestehen, bestimmte Erzeugnisse lediglich zu veredeln, zu montieren oder zu reparieren. Das verarbeitende Gewerbe umfaßt daneben auch die Institutionen, deren überwiegende Tätigkeit in der Gewinnung von Steinen und Erden besteht. Für die Zuordnung zum verarbeitenden Gewerbe ist es ohne Bedeutung, ob die be- oder verarbeiteten Produkte in das Eigentum des Be- oder Verarbeiters übergehen; es sind also auch Institutionen einbezogen, die lediglich Lohnarbeiten ausführen. Nicht zum verarbeitenden Gewerbe gehört das Baugewerbe, das in der Abteilung 3 dargestellt ist.

(5) Zur Abteilung „Handel" gehören alle Institutionen, deren wirtschaftliche Tätigkeit überwiegend darin besteht, bewegliche Sachgüter zu beziehen und ohne mehr als handelsübliche Be- oder Verarbeitung weiter zu veräußern (Handelswaren) und/oder zwischen Verkäufern und Käufern von Waren zu vermitteln. Für die Zuordnung zum Handel ist es ohne Bedeutung, ob die Waren in eigenem Namen für eigene Rechnung oder für fremde Rechnung (Kommissionsgeschäft) im engeren Wortsinn „gehandelt" oder ob sie nur vermittelt – d.h. in fremdem Namen für fremde Rechnung abgesetzt – werden.

Zu der handelsüblichen Be- oder Verarbeitung, die den Charakter einer Ware als Handelsware nicht berührt, gehören außer dem Sortieren, Verteilen, Mischen, Verpacken usw. auch einige geringfügige Bearbeitungsvorgänge, z. B. das „Anarbeiten" von Stahl, das u.a. das Biegen, Lochen, Bohren, Anschweißen, Verformen, Abkanten, Gewindeschneiden und Sandstrahlen von Stahl umfaßt. Hierzu sind ferner Leistungen zu rechnen, die üblicherweise eng mit dem Absatz bestimmter Waren verbunden sind, z. B. das Anschließen eines elektrischen Geräts durch den Händler an eine vorhandene Leitung. In Wirtschaftszweigen des Großhandels ist die handelsübliche Be- oder Verarbeitung von erheblicher Bedeutung. So ist es z. B. im Großhandel mit Altmaterial unerläßlich, das Material im Betrieb zu sortieren, u.U. zu zerkleinern, zu reinigen und zu handelsüblichen, für den Transport geeigneten Ballen zu pressen und zu packen. Obgleich hierfür zum Teil beträchtliche maschinelle Vorrichtungen erforderlich sind, wird dies als handelsüblich angesehen. Zu der handelsüblichen Be- oder Verarbeitung gehört z. B. auch das Herrichten von Fleisch beim Einzelhandel mit Fleisch.

Unter Handel ist die Veräußerung fremdbezogener Waren zu verstehen. Werden selbsthergestellte Waren veräußert, so handelt es sich um „Vertrieb"; ohne Bedeutung ist, ob die Waren innerhalb oder außerhalb des Fördergebiets selbst hergestellt wurden.

b) Gesetz über das Kreditwesen

Die Kreditinstitute sind nach der Begriffsbestimmung im Gesetz über das Kreditwesen in der Fassung der Bekanntmachung vom 11. Juli 1985 (BGBl. I S. 1472), zuletzt geändert durch Artikel 1 des

Gesetzes vom 21. Dezember 1992 (BGBl. I S. 2211), abzugrenzen. Danach gehören z. B. Leasing-Unternehmen nicht zu den Kreditinstituten.

c) Handwerksrolle und Verzeichnis handwerksähnlicher Betriebe

7   Bei Gewerbetreibenden, die in die Handwerksrolle oder das Verzeichnis handwerksähnlicher Betriebe eingetragen sind, kommt die erhöhte Investitionszulage unabhängig von der Einordnung in die Systematik der Wirtschaftszweige in Betracht (vgl. Tz. 11). Die Eintragung hat die Wirkung eines Grundlagenbescheids im Sinne des § 171 Abs. 10 AO. Stellt das Finanzamt fest, daß die Voraussetzungen für die Eintragung offensichtlich ganz oder teilweise nicht erfüllt sind, hat es die zuständige Handwerkskammer zu veranlassen, die Eintragung zu überprüfen.

2. Ausschluß von Investitionen in bestimmten Betriebsstätten

8   (1) Der Ausschluß bestimmter Gewerbezweige nach § 3 Satz 2 InvZulG 1993 bezieht sich auf die einzelne Betriebsstätte. Für den Begriff der Betriebsstätte ist die Begriffsbestimmung des § 12 AO maßgebend. Besteht ein Betrieb aus mehreren Betriebsstätten, ist vorbehaltlich der Tz. 9 entscheidend, wie die einzelne Betriebsstätte in die Systematik der Wirtschaftszweige einzuordnen wäre (vgl. Tz. 2 und 3), wenn sie einen selbständigen Betrieb darstellen würde; die Einordnung des gesamten Betriebs ist ohne Bedeutung. Daher sind z. B. Investitionen in Betriebsstätten des Handels oder der Elektrizitätsversorgung auch dann von der Investitionszulage ausgeschlossen, wenn der gesamte Betrieb nicht in die Abteilung 4 „Handel" oder nicht in die Abteilung 1 unter Nr. 101 „Elektrizitätsversorgung" eingeordnet ist. Andererseits kommt z. B. für Investitionen in Betriebsstätten der Abteilung 7 „Dienstleistungen" eine Investitionszulage auch dann in Betracht, wenn der gesamte Betrieb in die Abteilung 4 „Handel" eingeordnet ist.

9   (2) Bei Investitionen in Betriebsstätten, in denen überwiegend Dienstleistungen erbracht werden und die der Steuerpflichtige als Teil seines Unternehmens betreibt (z. B. Erholungs- und Ferienheime, Wohnheime, Kinderkrippen u. ä., Kantinen sowie Schulen der beruflichen Aus- und Fortbildung), ist die Einordnung des gesamten Betriebs maßgebend. Diese Betriebsstätten sind nicht der Abteilung 7, sondern der Abteilung zuzuordnen, in die der gesamte Betrieb eingeordnet wird. Für Investitionen in solchen Betriebsstätten ist daher keine Investitionszulage zu gewähren, wenn der gesamte Betrieb zu einem ausgeschlossenen Gewerbezweig gehört.

3. Erhöhte Investitionszulage bei Investitionen bestimmter Betriebe

10 (1) Die auf 20 v. H. erhöhte Investitionszulage nach § 5 Abs. 2 InvZulG 1993 bezieht sich bei Betrieben des verarbeitenden Gewerbes auf den gesamten Betrieb. Daher sind bei der Einordnung in die Systematik der Wirtschaftszweige die Tätigkeiten aller Betriebsstätten im Fördergebiet zu berücksichtigen, d.h. auch der Betriebsstätten, die von der Investitionszulage ausgeschlossen oder in Berlin (West) belegen sind. Betriebsstätten außerhalb des Fördergebiets bleiben außer Betracht (§ 5 Abs. 2 letzter Satz InvZulG 1993). Deshalb kann die Gesamtheit aller Betriebsstätten im Fördergebiet einen Betrieb des verarbeitenden Gewerbes darstellen, auch wenn der gesamte Betrieb einschließlich der Betriebsstätten außerhalb des Fördergebiets nicht zum verarbeitenden Gewerbe gehört. Bei Betrieben des verarbeitenden Gewerbes kommt die erhöhte Investitionszulage auch für Investitionen in Betriebsstätten in Betracht, die für sich betrachtet nicht zum verarbeitenden Gewerbe gehören würden. Das gilt jedoch nicht für Betriebsstätten, die nach § 3 Satz 2 InvZulG 1993 von der Investitionszulage ausgeschlossen sind.

11 (2) Wird ein Handwerk oder ein handwerksähnliches Gewerbe betrieben, kommt die erhöhte Investitionszulage für die Wirtschaftsgüter in Betracht, die überwiegend den in die Handwerksrolle oder das Verzeichnis handwerksähnlicher Betriebe eingetragenen Gewerken dienen. Das gilt auch, wenn das Handwerk oder handwerksähnliche Gewerbe in einer Betriebsstätte betrieben wird, die nach § 3 Satz 2 InvZulG 1993 von der Investitionszulage ausgeschlossen ist.

4. Zeitpunkt der Abgrenzung

12 (1) Investitionen sind von der Investitionszulage ausgeschlossen, wenn die Betriebsstätte im Zeitpunkt des Investitionsabschlusses zu einem ausgeschlossenen Gewerbezweig gehört. Daher ist die spätere Zugehörigkeit einer Betriebsstätte zu einem ausgeschlossenen Gewerbezweig für die vorher abgeschlossenen Investitionen grundsätzlich ohne Bedeutung. Befindet sich eine Betriebsstätte jedoch in einem Strukturwandel, ist die geänderte Einordnung in die Systematik der Wirtschaftszweige auch

für die Investitionen maßgebend, die im Wirtschaftsjahr der Beendigung des Strukturwandels und im vorhergehenden Wirtschaftsjahr abgeschlossen werden und den Strukturwandel bewirken.

(2) Voraussetzung für die erhöhte Investitionszulage ist, daß im Zeitpunkt des Investitionsabschlusses der Betrieb zum verarbeitenden Gewerbe gehört oder der Gewerbetreibende in die Handwerksrolle oder das Verzeichnis handwerksähnlicher Betriebe eingetragen ist (vgl. BFH-Urteil vom 30. Juni 1989, BStBl II S. 809). Befindet sich ein Betrieb in einem Strukturwandel zu einem erhöht begünstigten Betrieb, kommt die erhöhte Investitionszulage jedoch auch für die Investitionen in Betracht, die im Wirtschaftsjahr der Beendigung des Strukturwandels und im vorhergehenden Wirtschaftsjahr abgeschlossen werden und den Strukturwandel bewirken. Wegen des Wegfalls der Voraussetzungen für die erhöhte Investitionszulage vgl. Tz. 20.

(3) Bei Wirtschaftsgütern, die vor dem Beginn der betrieblichen Tätigkeit angeschafft oder hergestellt werden, ist die Abgrenzung in dem Jahr nach Beginn der betrieblichen Tätigkeit maßgebend. Für die erhöhte Investitionszulage ist zusätzlich erforderlich, daß der Betrieb des verarbeitenden Gewerbes oder der Handwerksbetrieb innerhalb des Wirtschaftsjahrs der Anschaffung oder Herstellung des Wirtschaftsguts zur Entstehung gelangt (vgl. BFH-Urteil vom 3. April 1973, BStBl II S. 578).

II. Mehrheitsbeteiligung bei der erhöhten Investitionszulage

(1) Anspruch auf die erhöhte Investitionszulage haben

1. Steuerpflichtige im Sinne des Einkommensteuergesetzes, die am 9. November 1989 ihren Haupt- oder Familienwohnsitz oder ihren gewöhnlichen Aufenthalt im Beitrittsgebiet hatten,

2. Gesellschaften im Sinne des § 15 Abs. 1 Satz 1 Nr. 2 und Abs. 3 EStG, bei denen mehr als die Hälfte der Anteile unmittelbar Steuerpflichtigen im Sinne der Nummer 1 zuzurechnen sind, und

3. Steuerpflichtige im Sinne des Körperschaftsteuergesetzes, an deren Kapital zu mehr als der Hälfte unmittelbar Steuerpflichtige im Sinne der Nummer 1 beteiligt sind.

(2) In den Fällen der Tz. 15 Nrn. 2 und 3 wird auf die unmittelbare Beteiligung durch natürliche Personen abgestellt. Die Beteiligung einer anderen Gesellschaft ist deshalb auch nicht zu berücksichtigen, soweit an der anderen Gesellschaft natürliche Personen im Sinne der Tz. 15 Nr. 1 beteiligt sind.

(3) Maßgebend ist bei Personengesellschaften die gesellschaftsvertraglich vereinbarte Einlage, bei Kapitalgesellschaften der Anteil am Grund- oder Stammkapital.

(4) In den Fällen der Tz. 15 Nrn. 2 und 3 muß die überwiegende unmittelbare Beteiligung natürlicher Personen im Sinne der Tz. 15 Nr. 1 im Zeitpunkt des Investitionsabschlusses vorliegen. Vorbehaltlich des § 42 AO ist es ohne Bedeutung, wenn sich beim Anspruchsberechtigten die Beteiligungsverhältnisse nach Abschluß der Investition ändern. Unschädlich ist es auch, wenn Wirtschaftsgüter durch Erbfall auf einen anderen übergehen, der nicht die Voraussetzungen der Tz. 15 erfüllt. Das gilt bei einem Vermögensübergang im Sinne des Umwandlungssteuergesetzes nicht dann, wenn die übergegangenen oder eingebrachten Wirtschaftsgüter nicht als angeschafft gelten (§ 14 Abs. 2 und § 23 Abs. 1 und 2 UmwStG).

III. Zugehörigkeits- und Verbleibensvoraussetzungen

1. Grundzulage (8 v. H. oder 5 v. H.)

Die Überführung eines Wirtschaftsguts in eine von der Investitionszulage ausgeschlossene Betriebsstätte des Anspruchsberechtigten ist vorbehaltlich des § 42 AO ohne Bedeutung.

Bei einer Veräußerung, Nutzungsüberlassung und in den Fällen des Vermögensübergangs im Sinne des Umwandlungssteuergesetzes, in denen die übergegangenen oder eingebrachten Wirtschaftsgüter als angeschafft gelten (§ 5 Abs. 2, § 15 Abs. 4 und § 23 Abs. 3 UmwStG), innerhalb von drei Jahren nach der Anschaffung oder Herstellung des Wirtschaftsguts hängt der Anspruch auf die Investitionszulage davon ab, ob und in welcher Höhe der Erwerber, Nutzende oder Übernehmende Investitionszulage erhalten würde, wenn er an Stelle des Anspruchsberechtigten die Investition vorgenommen hätte (vgl. BFH-Urteil vom 2. März 1990, BStBl II S. 750). Das bedeutet z. B., daß der Anspruch auf die Investitionszulage entfällt, wenn das Wirtschaftsgut im Anschluß an die Veräußerung, Nutzungsüberlassung oder den Vermögensübergang in einer von der Investitionszulage ausgeschlossenen Betriebsstätte verwendet wird. Schädlich ist daher z. B. die Nutzungsüberlassung einer Ladeneinrichtung durch ein Leasing-Unternehmen an eine Betriebsstätte des Handels.

2. Erhöhte Investitionszulage

20 (1) Die erhöhte Investitionszulage setzt nach § 5 Abs. 2 Nr. 2 InvZulG 1993 voraus, daß das Wirtschaftsgut mindestens drei Jahre nach seiner Anschaffung oder Herstellung zum Anlagevermögen eines Betriebs des verarbeitenden Gewerbes oder eines Handwerksbetriebs gehört und in einem solchen Betrieb verbleibt. Die Überführung eines erhöht begünstigten Wirtschaftsguts in eine von der Investitionszulage ausgeschlossene Betriebsstätte des Anspruchsberechtigten ist vorhaltlich des § 42 AO unschädlich, wenn die Betriebsstätte zu einem Betrieb des verarbeitenden Gewerbes oder einem Handwerksbetrieb gehört.

Verliert der Betrieb des Anspruchsberechtigten vor Ablauf des Dreijahreszeitraums die Zugehörigkeit zum verarbeitenden Gewerbe oder wird er in der Handwerksrolle oder dem Verzeichnis handwerksähnlicher Betriebe gelöscht, ist die erhöhte Investitionszulage auf die Grundzulage zu mindern. Das gilt auch bei dem Strukturwandel eines Betriebs des verarbeitenden Gewerbes zu einem ausgeschlossenen Gewerbezweig. Wandelt jedoch innerhalb eines Betriebs des verarbeitenden Gewerbes nur eine Betriebsstätte ihre Struktur zu einem ausgeschlossenen Gewerbezweig, bleibt für die dort durchgeführten Investitionen der Anspruch auf die erhöhte Investitionszulage erhalten.

21 (2) Bei einer Veräußerung, Nutzungsüberlassung und in den Fällen des Vermögensübergangs im Sinne des Umwandlungssteuergesetzes, in denen die übergegangenen oder eingebrachten Wirtschaftsgüter als angeschafft gelten (§ 5 Abs. 2, § 15 Abs. 4, § 23 Abs. 3 UmStG), innerhalb von drei Jahren nach der Anschaffung oder Herstellung des Wirtschaftsguts ergeben sich die Auswirkungen auf die Investitionszulage danach, ob und in welcher Höhe der Erwerber, Nutzende oder Übernehmende Investitionszulage erhalten würde, wenn er an Stelle des Anspruchsberechtigten die Investition vorgenommen hätte (vgl. BFH-Urteil vom 2. März 1990, BStBl II S. 750). Das bedeutet z. B., daß der Anspruch auf die erhöhte Investitionszulage vorbehaltlich des letzten Satzes nur erhalten bleibt, wenn das Wirtschaftsgut während des Dreijahreszeitraums als Anlagevermögen in einem Betrieb des verarbeitenden Gewerbes oder einem Handwerksbetrieb verbleibt und der Erwerber, Nutzende oder Übernehmende im Zeitpunkt des Erwerbs, der Nutzungsüberlassung oder des Vermögensübergangs die Voraussetzung der Tz. 15 erfüllt. Ist eine dieser Voraussetzungen nicht erfüllt, ist die erhöhte Investitionszulage auf die Grundzulage zu mindern. Wird das Wirtschaftsgut im Anschluß an die Veräußerung, Nutzungsüberlassung oder den Vermögensübergang in einer von der Investitionszulage ausgeschlossenen Betriebsstätte verwendet, entfällt der Anspruch auf die gesamte Investitionszulage.

IV. Einschränkung in Berlin (West)

22 (1) Für Wirtschaftsgüter, die im Zeitpunkt der Anschaffung oder Herstellung zum Anlagevermögen einer Betriebsstätte in Berlin (West) gehören, wird nach § 11 Abs. 2 InvZulG 1993 eine Investitionszulage nur gewährt, wenn die Wirtschaftsgüter

1. vor dem 1. Januar 1993 angeschafft oder hergestellt worden sind, oder
2. nach dem 31. Dezember 1992 und vor dem 1. Januar 1995 angeschafft oder hergestellt worden sind, soweit vor dem 1. Januar 1993 Anzahlungen auf Anschaffungskosten geleistet worden oder Teilherstellungskosten entstanden sind.

Berlin (West) gehört jedoch weiterhin zum Fördergebiet im Sinne des § 1 Abs. 2 InvZulG 1993.

23 (2) Die Überführung eines Wirtschaftsguts, das im Zeitpunkt der Anschaffung oder Herstellung nicht zum Anlagevermögen einer Betriebsstätte in Berlin (West) gehört, in eine Betriebsstätte des Anspruchsberechtigten in Berlin (West) ist vorbehaltlich des § 42 AO ohne Bedeutung.

Bei einer Veräußerung, Nutzungsüberlassung und in den Fällen des Vermögensübergangs im Sinne des Umwandlungssteuergesetzes, in denen die übergegangenen oder eingebrachten Wirtschaftsgüter als angeschafft gelten (§ 5 Abs. 2, § 15 Abs. 4, § 23 Abs. 3 UmStG), innerhalb von drei Jahren nach der Anschaffung oder Herstellung des Wirtschaftsguts ergeben sich die Auswirkungen auf die Investitionszulage danach, ob und in welcher Höhe der Erwerber, Nutzende oder Übernehmende Investitionszulage erhalten würde, wenn er an Stelle des Anspruchsberechtigten die Investition vorgenommen hätte (vgl. BFH-Urteil vom 2. März 1990, BStBl II S. 750). Das bedeutet z. B., daß bei einem Wirtschaftsgut, das im Anschluß an die Veräußerung, Nutzungsüberlassung oder den Vermögensübergang in einer Betriebsstätte in Berlin (West) verwendet wird,

- die Investitionszulage auf den Betrag nach § 11 Abs. 2 InvZulG 1993 zu mindern ist, wenn das Wirtschaftsgut die Voraussetzungen der Tz. 22 erfüllt,
- der Anspruch auf Investitionszulage entfällt, wenn das Wirtschaftsgut nicht die Voraussetzungen der Tz. 22 erfüllt.

V
Investitionszulage für Personenkraftwagen;
hier: Anwendung des BFH-Urteils vom 16.7.1993 (BStBl 1994 II S. 304)

BMF vom 6.3.1994 (BStBl I S. 230)

IV B 3 – InvZ 1260 – 19/94

Bezug: Tz. 36 und 38 des BMF-Schreibens vom 28.8.1991 (BStBl I S. 768) und Nummer 3 des BMF-Schreibens vom 31.3.1992 (BStBl I S. 236)

Das geltende Investitionszulagenrecht schließt Personenkraftwagen von der Investitionszulage aus. Bei der Entscheidung über die Gewährung von Investitionszulagen ist für die Abgrenzung des Personenkraftwagens von anderen Kraftfahrzeugen nach den o.a. BMF-Schreiben grundsätzlich die Eintragung im Kraftfahrzeugbrief maßgebend. Das o.a. BFH-Urteil stellt für den Begriff des Personenkraftwagens dagegen unabhängig von der Eintragung im Kraftfahrzeugbrief ausschließlich darauf ab, ob das Kraftfahrzeug objektiv nach Bauart und Einrichtung dazu geeignet und bestimmt ist, bei Privatfahrten Personen zu befördern.

Unter Bezugnahme auf das Ergebnis der Erörterungen mit den obersten Finanzbehörden der Länder ist bei der Entscheidung, ob ein Kraftfahrzeug ein Personenkraftwagen im Sinne des § 2 Nr. 4 InvZV oder des § 2 Nr. 3 InvZulG ist, nach folgenden Grundsätzen zu verfahren:

Im Regelfall können die Finanzbehörden den tatsächlichen Feststellungen und der rechtlichen Würdigung durch die Zulassungsbehörden folgen. Die Finanzbehörden sind jedoch nicht an die Entscheidungen der Zulassungsbehörden, insbesondere an die Eintragung im Kraftfahrzeugbrief, gebunden.

Unabhängig von der Eintragung im Kraftfahrzeugbrief handelt es sich z. B. dann um ein begünstigtes Kraftfahrzeug, wenn der Laderaum aufgrund seiner Beschaffenheit (z. B. unzureichende Beleuchtung, fehlende Belüftung und Beheizbarkeit) und seiner Einrichtung (Fehlen von Vorrichtungen zum Einbau von Sitzgelegenheiten und Sicherheitsgurten) nicht zum Personentransport geeignet und eine Umrüstung hierzu nur unter erschwerten Bedingungen möglich ist.

Soweit sich aus den im Bezug genannten BMF-Schreiben etwas anderes ergibt, wird daran nicht mehr festgehalten.

Die Grundsätze dieses Schreibens sind in allen noch offenen Fällen anzuwenden.

VI
Zweifelsfragen bei der Anwendung des Investitionszulagengesetzes;

1. **Verbleibensvoraussetzung bei Transportmitteln,**
2. **Abgrenzung der Gewerbezweige nach der Klassifikation der Wirtschaftszweige, Ausgabe 1993,**
3. **Anzahl der Arbeitnehmer bei der auf 10 v. H. erhöhten Investitionszulage nach § 5 Abs. 3 InvZulG 1993,**
4. **Erhöhte Investitionszulage nach § 5 Abs. 2 oder 3 InvZulG 1993 bei Betriebsaufspaltung**

BMF vom 30.12.1994 (BStBl 1995 I S. 18)

IV B 3 – InvZ 1010 – 13/94

Bezug: BMF-Schreiben vom 28. August 1991 (BStBl I S. 768), vom 31. März 1992 (BStBl I S. 236) und vom 28. Oktober 1993 (BStBl I S. 904)

Unter Bezugnahme auf das Ergebnis der Erörterungen mit den obersten Finanzbehörden der Länder und in Ergänzung zu den o.g. Schreiben gilt bei Anwendung des Investitionszulagengesetzes folgendes:

I. Verbleibensvoraussetzung bei Transportmitteln
1. Leerfahrten von Transportmitteln

1 Als Einsatz im Fördergebietsverkehr sind nach Tz. 48 des BMF-Schreibens vom 28. August 1991 unter anderem Fahrten anzusehen, die von einem Ort im Fördergebiet zu einem Ort außerhalb des Fördergebiets und umgekehrt durchgeführt werden. Befördert ein Transportmittel auf einer derartigen Fahrt keine Güter oder Personen (Leerfahrt), so handelt es sich dabei nur dann um eine Fördergebietsfahrt, wenn die nächste Fahrt, bei der Güter oder Personen befördert werden, eine Fördergebietsfahrt ist.

2. Mehrtägige Omnibusreisen zu Orten außerhalb des Fördergebiets

2 Wird ein Omnibus für eine Fahrt von einem Ort im Fördergebiet zu einem Ort außerhalb des Fördergebiets und zurück (Bring- und Abholfahrt) oder für eine Rundreise von einem Ort im Fördergebiet zu verschiedenen Orten außerhalb des Fördergebiets und zurück ins Fördergebiet eingesetzt, so stellt die gesamte Reise einen einheitlichen Einsatz im Fördergebietsverkehr dar, wenn die Bring- und Abholfahrt oder die Rundreise in dem Reisevertrag vereinbart sind und hieran dieselben Personen teilnehmen. Zu den Betriebstagen im Fördergebietsverkehr gehören auch die Tage zwischen der Bring- und Abholfahrt bzw. während der Rundreise, an denen der Omnibus ruht oder für Ausflüge der Reiseteilnehmer außerhalb des Fördergebiets eingesetzt wird. Das gilt auch für Ausflüge, die gegen zusätzliches Entgelt angeboten werden.

3. Zeitraum zwischen der Ausfahrt aus dem Fördergebiet und der Wiedereinfahrt

3 Nach Tz. 48 des BMF-Schreibens vom 28. August 1991 setzt die Verbleibensvoraussetzung neben dem überwiegenden Einsatz einen regelmäßigen Einsatz des Transportmittels im Fördergebietsverkehr voraus. Transportmittel werden regelmäßig im Fördergebietsverkehr eingesetzt, wenn sie ohne größere zeitliche Unterbrechung für diese Fahrten eingesetzt werden. Eine größere zeitliche Unterbrechung liegt nicht vor, wenn der Zeitraum zwischen der Ausfahrt aus dem Fördergebiet und der Wiedereinfahrt in dieses Gebiet nicht mehr als 14 Tage beträgt. Eine größere zeitliche Unterbrechung liegt deshalb stets vor, wenn dieser Zeitraum mehr als 14 Tage beträgt.

II. Abgrenzung der Gewerbezweige nach der Klassifikation der Wirtschaftszweige
1. Abgrenzungsmerkmale

4 (1) Die Abgrenzung des Versicherungsgewerbes, der Versicherungsvertreter und Versicherungsmakler, der Elektrizitätsversorgung, der Gasversorgung, des Handels und des verarbeitenden Gewerbes von den übrigen Wirtschaftszweigen ist nach Tz. 1 des BMF-Schreibens vom 28. Oktober 1993 entsprechend der Einordnung nach dem Systematik der Wirtschaftszweige, Ausgabe 1979, vorzunehmen. Die Systematik der Wirtschaftszweige wird durch die Klassifikation der Wirtschaftszweige, Ausgabe 1993[1]), ersetzt, und zwar grundsätzlich bei den Investitionen, die nach dem 31. Dezember 1994 begonnen werden (vgl. Tz. 9 und 10).

In der Klassifikation der Wirtschaftszweige sind aufgeführt

- das Versicherungsgewerbe in Abschnitt J Unterabschnitt JA Abteilung 66, die Versicherungsvertreter und -makler in Abschnitt J Unterabschnitt JA Abteilung 67 Unterklassen 67. 20. 1 und 67. 20. 2,
- die Elektrizitätsversorgung in Abschnitt E Unterabschnitt EA Abteilung 40 Gruppe 40. 1 und die Gasversorgung in Abschnitt E Unterabschnitt EA Abteilung 40 Gruppe 40. 2,
- der Handel in Abschnitt G Unterabschnitt GA Abteilungen 50 bis 52; zum Handel gehören jedoch nicht die Instandhaltung und Reparatur von Kraftwagen, Gebrauchsgütern und Krafträdern, die in den Gruppen 50. 2 und 52. 7 und der Unterklasse 50. 40. 4 aufgeführt sind, und
- das verarbeitende Gewerbe in Abschnitt D Unterabschnitte DA bis DN Abteilungen 15 bis 37.

Wegen der aus investitionszulagenrechtlicher Sicht wesentlichen Änderungen zwischen der Einordnung nach der Systematik der Wirtschaftszweige und der Einordnung nach der Klassifikation der Wirtschaftszweige vgl. die beiliegende Übersicht.

5 (2) Für die Einordnung sind die Abgrenzungsmerkmale maßgebend, die in der Klassifikation der Wirtschaftszweige, insbesondere in den Vorbemerkungen unter 2. 3, 3. 1 und 3. 3 bis 3. 5, genannt

---

[1]) Herausgegeben vom Statistischen Bundesamt im Verlag Metzler-Poeschel, Stuttgart.

sind. Tz. 3 des BMF-Schreibens vom 28. Oktober 1993, die die Regelungen zur Einordnung bei einer gemischten Tätigkeit enthält, bleibt unberührt.

(3) Tz. 4 und 5 des BMF-Schreibens vom 28. Oktober 1993, die die in der Systematik der Wirtschaftszweige genannten Merkmale zur Abgrenzung des verarbeitenden Gewerbes und des Handels enthalten, sind durch die Klassifikation der Wirtschaftszweige überholt und nicht mehr maßgebend.

(4) In der Klassifikation der Wirtschaftszweige gehören zu der Abteilung „Handel" alle Einheiten, deren wirtschaftliche Haupttätigkeit im Erwerb (im allgemeinen Kauf) beweglicher Waren und ihrem Weiterverkauf und/oder in der Vermittlung zwischen Verkäufern und Käufern von Waren besteht. An der Einordnung als Handel ändert sich nichts, wenn die Waren nicht mehr als im Handel üblich verändert werden. Zur handelsüblichen Veränderung, die die wesentliche Beschaffenheit der Ware nicht beeinträchtigt, zählen z. B. das Sortieren, Trennen, Zusammenstellen und Verpacken sowie Dienstleistungen im Zusammenhang mit dem Verkauf der Waren, wie z. B. Anlieferung und Installation elektrischer Geräte durch den Einzelhändler. Im Großhandel gibt es eine Reihe von Wirtschaftszweigen, in denen die handelsübliche Veränderung von großer Bedeutung ist. Ein typisches Beispiel ist die Umverpackung von Waren vor der Auslieferung an den Einzelhandel.

Einheiten, die zwar fremdbezogene Waren oder Dienstleistungen in eigenem Namen verkaufen, jedoch erheblichen Einfluß auf die Gestaltung und Entwicklung des Produkts nehmen (z. B. Design) und das Produktionsrisiko tragen (z. B. wenn sie Eigentümer des Materials sind, aus dem die Waren hergestellt werden), gehören nicht zum Handel, sondern werden so eingeordnet, als stellten sie die Waren selbst her.

Werden selbsthergestellte Waren veräußert, so handelt es sich um „Vertrieb"; ohne Bedeutung ist, ob die Waren innerhalb oder außerhalb des Fördergebiets selbst hergestellt wurden.

(5) Tz. 9 des BMF-Schreibens vom 28. Oktober 1993 ist durch die Klassifikation der Wirtschaftszweige überholt und nicht mehr anzuwenden.

2. Zeitlicher Anwendungsbereich

a) Änderungen zuungunsten des Anspruchsberechtigten aufgrund der Einordnung nach der Klassifikation der Wirtschaftszweige

Die Einordnung des Betriebs bzw. der Betriebsstätte nach der Klassifikation der Wirtschaftszweige (Tz. 4 bis 7) ist abweichend von Tz. 12 und 13 des BMF-Schreibens vom 28. Oktober 1993 grundsätzlich für die Investitionen maßgebend, die nach dem 31. Dezember 1994 begonnen werden. Bei Investitionen, die nach dem 31. Dezember 1992 und vor dem 1. Januar 1995 begonnen worden sind, hat der Übergang von der Systematik der Wirtschaftszweige auf die Klassifikation der Wirtschaftszweige allein keine Auswirkungen auf die Zugehörigkeits- und Verbleibensvoraussetzungen:

– Gehört eine Betriebsstätte allein aufgrund des Übergangs auf die Klassifikation der Wirtschaftszweige zu einem von der Investitionszulage ausgeschlossenen Gewerbezweig, ist dies für die Grundzulage ohne Bedeutung.

– Gehört ein Betrieb allein aufgrund des Übergangs auf die Klassifikation der Wirtschaftszweige nicht mehr zum verarbeitenden Gewerbe, ist abweichend von Tz. 20 des BMF-Schreibens vom 28. Oktober 1993 aus Vertrauensschutzgründen die erhöhte Investitionszulage nicht auf die Grundzulage zu mindern.

Beispiel:

Ein Tonstudio oder ein fotografisches Laboratorium gehört nach der Systematik der Wirtschaftszweige zum verarbeitenden Gewerbe und nach der Klassifikation der Wirtschaftszweige zu einem Wirtschaftszweig, für den nur die Grundzulage in Betracht kommt. Für die nach dem 31. Dezember 1992 und vor dem 1. Januar 1995 begonnenen Investitionen kommt die erhöhte Investitionszulage von 20 v. H. oder 10 v. H. in Betracht, und zwar auch dann, wenn die Investitionen nach dem 31. Dezember 1994 abgeschlossen werden. Für die nach dem 31. Dezember 1994 begonnenen Investitionen kommt eine Investitionszulage von 5 v. H. in Betracht.

b) Änderungen zugunsten des Anspruchsberechtigten aufgrund der Einordnung nach der Klassifikation der Wirtschaftszweige

Gehört allein aufgrund des Übergangs von der Systematik der Wirtschaftszweige auf die Klassifikation der Wirtschaftszweige eine Betriebsstätte nicht mehr zu einem von der Investitionszulage ausgeschlossenen Gewerbezweig oder ein Betrieb zum verarbeitenden Gewerbe, ist abweichend von Tz. 12 und 13 des BMF-Schreibens vom 28. Oktober 1993 in allen noch offenen Fällen die Einordnung nach der Klassifikation der Wirtschaftszweige auch für die Investitionen maßgebend, die nach dem 31. Dezember 1992 und vor dem 1. Januar 1995 begonnen worden sind (vgl. BFH-Urteil vom 30. Juni 1989, BStBl II S. 809).

Beispiel:

Das Recyceln von Schrott, Altmaterialien oder Reststoffen gehört nach der Systematik der Wirtschaftszweige zum Handel und nach der Klassifikation der Wirtschaftszweige zum verarbeitenden Gewerbe. Die erhöhte Investitionszulage kommt nicht nur für die nach dem 31. Dezember 1994 begonnenen Investitionen in Betracht (vgl. Tz. 9), sondern in noch offenen Fällen auch für die nach dem 31. Dezember 1992 und vor dem 1. Januar 1995 begonnenen Investitionen. Das gilt auch dann, wenn die Investitionen vor dem 1. Januar 1995 abgeschlossen worden sind.

III. Anzahl der Arbeitnehmer bei der auf 10 v. H. erhöhten Investitionszulage nach § 5 Abs. 3 InvZulG 1993

11 Die im Bundesgesetzblatt 1994 I S. 1395, 1399 verkündete Fassung von Artikel 3 Nr. 2 des Grenzpendlergesetzes (§ 5 Abs. 3 Nr. 2 InvZulG) weicht aufgrund eines redaktionellen Versehens bei der Abfassung der Urschrift dieses Gesetzes von der Fassung ab, die die gesetzgebenden Körperschaften beschlossen haben. Aus Gründen der Rechtsklarheit ist die im Bundesgesetzblatt verkündete Fassung der beschlossenen Fassung angepaßt worden (vgl. Berichtigung vom 8. Dezember 1994, BGBl. I S. 3856, BStBl 1995 I S. 76).

Danach gehört zu den Voraussetzungen für die auf 10 v. H. erhöhte Investitionszulage, daß der Betrieb zu Beginn des Wirtschaftsjahrs, in dem die Investitionen vorgenommen werden, nicht mehr als 250 Arbeitnehmer in einem gegenwärtigen Dienstverhältnis beschäftigt, die Arbeitslohn, Kurzarbeitergeld oder Schlechtwettergeld beziehen. Die Anzahl der Arbeitnehmer bezieht sich auf den gesamten Betrieb. Daher sind auch die Arbeitnehmer zu berücksichtigen, die in Betriebsstätten außerhalb des Fördergebiets oder in Betriebsstätten beschäftigt sind, die von der Investitionszulage ausgeschlossen oder in Berlin (West) belegen sind.

Für die Entscheidung, ob ein Betrieb des verarbeitenden Gewerbes vorliegt, bleiben jedoch wie bisher die Betriebsstätten außerhalb des Fördergebiets außer Betracht (Tz. 10 des BMF-Schreibens vom 28. Oktober 1993).

IV. Erhöhte Investitionszulage nach § 5 Abs. 2 oder 3 InvZulG 1993 bei Betriebsaufspaltung

12 Die auf 20 v. H. erhöhte Investitionszulage setzt nach § 5 Abs. 2 Nr. 2 InvZulG 1993 voraus, daß das Wirtschaftsgut mindestens drei Jahre nach seiner Anschaffung oder Herstellung zum Anlagevermögen eines Betriebs des verarbeitenden Gewerbes oder eines Handwerksbetriebs gehört und in einem solchen Betrieb verbleibt. Die auf 10 v. H. erhöhte Investitionszulage setzt nach § 5 Abs. 3 Nr. 2 InvZulG 1993 voraus, daß das Wirtschaftsgut mindestens drei Jahre nach seiner Anschaffung oder Herstellung zum Anlagevermögen eines Betriebs des verarbeitenden Gewerbes des Anspruchsberechtigten oder eines Handwerksbetriebs des Anspruchsberechtigten gehört und in einem solchen Betrieb des Anspruchsberechtigten verbleibt.

Bei einer Betriebsaufspaltung sind Besitzunternehmen und Betriebsunternehmen jeweils rechtlich selbständige Unternehmen. Die personelle und sachliche Verflechtung dieser Unternehmen führt nicht dazu, daß Wirtschaftsgüter und für die Besteuerung maßgebliche Verhältnisse des einen Unternehmens dem an der Betriebsaufspaltung beteiligten anderen Unternehmen zuzurechnen sind (Nr. 5 des BMF-Schreibens vom 31. März 1992). Für Wirtschaftsgüter des Anlagevermögens eines Besitzunternehmens kommt deshalb die auf 20 v. H. oder 10 v. H. erhöhte Investitionszulage regelmäßig nicht in Betracht, weil das Besitzunternehmen kein Betrieb des verarbeitenden Gewerbes sein kann und nur in Ausnahmefällen in die Handwerksrolle oder das Verzeichnis handwerksähnlicher Betriebe eingetragen ist.

Ist das Besitzunternehmen in die Handwerksrolle oder das Verzeichnis handwerksähnlicher Betriebe eingetragen, hat das Finanzamt die zuständige Handwerkskammer zu einer Überprüfung der Eintragung zu veranlassen.

Ist das Besitzunternehmen ein Handwerksbetrieb, ist es bei der auf 10 v. H. erhöhten Investitionszulage für die Voraussetzung des Verbleibens unschädlich, wenn Wirtschaftsgüter des Besitzunternehmens in einer Betriebsstätte des Betriebsunternehmens verwendet werden. Sowohl bei der auf 20 v. H. erhöhten Investitionszulage als auch bei der auf 10 v. H. erhöhten Investitionszulage ist jedoch Voraussetzung, daß das Betriebsunternehmen, das die Wirtschaftsgüter verwendet, entweder ein Handwerksbetrieb ist und die Wirtschaftsgüter überwiegend den in die Handwerksrolle oder das Verzeichnis handwerksähnlicher Betriebe eingetragenen Gewerken dienen (vgl. Tz. 11 des BMF-Schreibens vom 28. Oktober 1993), oder zum verarbeitenden Gewerbe gehört.

Entsprechendes gilt bei der Übertragung von Wirtschaftsgütern zwischen Besitz- und Betriebsunternehmen.

Anlage

Wesentliche Änderungen zwischen der Einordnung nach der Systematik der Wirtschaftszweige und der Einordnung nach der Klassifikation der Wirtschaftszweige

Durch den Übergang von der Systematik der Wirtschaftszweige auf die Klassifikation der Wirtschaftszweige ergeben sich aus investitionszulagenrechtlicher Sicht insbesondere die folgenden wesentlichen Änderungen bei der Einordnung von Betrieben bzw. Betriebsstätten (vgl. Anhang 3 zur Klassifikation der Wirtschaftszweige „Umsteigeschlüssel von der Systematik der Wirtschaftszweige, Ausgabe 1979, zur Klassifikation der Wirtschaftszweige, Ausgabe 1993"); dabei sind jeweils die Gewerbekennzahlen angegeben. Gehört ein Betrieb nach der Klassifikation der Wirtschaftszweige nicht zum verarbeitenden Gewerbe, kann die erhöhte Investitionszulage dennoch in Betracht kommen, wenn der Gewerbetreibende in die Handwerksrolle oder das Verzeichnis handwerksähnlicher Betriebe eingetragen ist.

Systematik der Wirtschaftszweige	Klassifikation der Wirtschaftszweige	
Wirtschaftszweig außerhalb des verarbeitenden Gewerbes, der nicht von der Investitionszulage ausgeschlossen ist	Verarbeitendes Gewerbe	
110 15	23. 10. 0	Herstellung von Steinkohlenkoks
111 00	23. 10. 0	Herstellung von Braunkohlenkoks und Braunkohlenrohteer (ohne Torfkoks)
118 50	23. 10. 0	Herstellung von Torfkoks
	26. 82. 0	Herstellung von Waren aus Torf
300 55	20. 30. 0	Herstellung von Fertighäusern aus Holz
300 56	20. 30. 0	Herstellung von sonstigen Fertigbauteilen aus Holz im Hochbau
760 11	22. 11. 1	Buchverlag (ohne Adreßbuchverlag)
760 15	22. 11. 2	Adreßbuchverlag
760 30	22. 11. 3	Musikverlag
	22. 14. 0	Verlag von bespielten Tonträgern
760 51	22. 13. 1	Verlag von Fachzeitschriften (ohne Mode- und Sportzeitschriftenverlag)
	22. 13. 2	Verlag von Mode- und Sportzeitschriften
760 55	22. 11. 1	Verlag von Kinderbüchern und Malbüchern
	22. 13. 2	Verlag von allgemeinen Zeitschriften (ohne Verlag von Kinder- und Malbüchern)
760 59	22. 12. 2	Verlag von Anzeigenblättern
	22. 13. 2	Verlag von Rätselzeitschriften
	22. 13. 3	Verlag von sonstigen Zeitschriften
760 71	22. 12. 1	Verlag von Tageszeitungen
760 75	22. 12. 2	Verlag von Wochen- und Sonntagszeitungen
760 91	22. 15. 0	Verlag von Bildern, Gravierungen, Postkarten
760 99	22. 11. 1	Verlag von Atlanten, Landkarten und Globen
	22. 15. 0	Verlag von Fahrplänen, Kursbüchern, Formularen und Mikroveröffentlichungen
900 01	15. 11. 0	Schlachten durch kommunale Schlachthöfe (ohne Geflügel)
	15. 12. 0	Schlachten von Geflügel durch kommunale Schlachthöfe

Anhang 14
VI   Investitionszulage

Systematik der Wirtschaftszweige Von der Investitionszulage ausgeschlossener Gewerbezweig	Klassifikation der Wirtschaftszweige Verarbeitendes Gewerbe	
408 31	37. 10. 1	Recycling von Eisen- und Stahlschrott
408 35	37. 10. 2	Recycling von NE-Metallschrott
408 71	37. 20. 1	Recycling von textilen Altmaterialien und Reststoffen
	37. 20. 2	Recycling von Altmaterialien und Reststoffen aus Papier, Karton und Pappe
	37. 20. 3	Recycling von Altmaterialien und Reststoffen aus Glas
	37. 20. 4	Recycling von Altmaterialien und Reststoffen aus Kunststoff
	37. 20. 5	Recycling von sonstigen Altmaterialien und Reststoffen
408 74	37. 20. 1	Recycling von textilen Altmaterialien und Reststoffen
408 77	37. 20. 2	Recycling von Altmaterialien und Reststoffen aus Papier, Karton und Pappe
	37. 20. 3	Recycling von Altmaterialien und Reststoffen aus Glas
408 79	37. 20. 4	Recycling von Altmaterialien und Reststoffen aus Kunststoff
	37. 20. 5	Recycling von sonstigen Altmaterialien und Reststoffen

Verarbeitendes Gewerbe	Wirtschaftszweig außerhalb des verarbeitenden Gewerbes, der nicht von der Investitionszulage ausgeschlossen ist	
216 00	50. 20. 1	Reparatur von Bereifungen
221 10	14. 11. 0	Gewinnung von Naturwerksteinen und Natursteinen
	14. 21. 0	Brechen und Mahlen von Steinen
221 20	14. 21. 0	Gewinnung von Sand, Kies
221 31	14. 12. 0	Gewinnung von Kalkstein
221 35	14. 12. 0	Gewinnung von Kreide, Gips- und Anhydritstein
221 41	14. 13. 0	Gewinnung von Schiefer
221 45	14. 22. 0	Gewinnung von Ton und Kaolin
221 51	14. 12. 0	Gewinnung von Dolomit
221 54	14. 50. 0	Gewinnung von Bims
221 57	14. 30. 0	Gewinnung von Farberden
	14. 50. 0	Gewinnung von Feldspat, Kieselgur, Glimmer, Talk, Schmucksteinen, Steinen und Erden a.n.g.
243 50	72. 50. 0	Instandhaltung und Reparatur von Büromaschinen, Datenverarbeitungsgeräten und -einrichtungen
249 11	50. 20. 1	Reparatur von Kraftwagen (ohne Elektrik) einschl. Umbauten an Kraftwagen und deren Motoren und Fahrgestellen; Rostschutzbehandlung
	50. 20. 2	Reparatur von Kraftwagenelektrik
249 14	50. 40. 4	Instandhaltung und Reparatur von Krafträdern
	52. 74. 1	Reparatur von Fahrrädern

Systematik der Wirtschaftszweige	Klassifikation der Wirtschaftszweige	
249 17	50. 20. 3	Lackierung von Kraftwagen
249 50	52. 74. 2	Reparatur von Haushaltsnäh- und -schreibmaschinen
250 75	92. 32. 4	Tonstudios
250 80	45. 31. 0	Montage von nachrichtentechnischen Geräten und Einrichtungen, Lautsprecheranlagen, Lichtreklame
	45. 34. 0	Montage von Antennen-Großanlagen; Installation von Beleuchtungs- und Signalanlagen für Straßen, Flughäfen und Häfen; Montage von Fahrleitungen, Freileitungen, Installation von Kabeln (auch verbunden mit Verlegen)
257 75	74. 81. 2	Fotografische Laboratorien
259 10	52. 72. 0	Reparatur von elektrischen Haushaltsgeräten sowie Rundfunk-, Fernseh- und phonotechnischen Geräten
259 40	52. 73. 0	Reparatur von Uhren und Schmuck
259 70	52. 74. 2	Reparatur von sonstigen Gebrauchsgütern aus der Unterabteilung 25 „Herstellung von Gummi- und Kunststoffwaren"
269 00	52. 74. 2	Reparatur von Gebrauchsgütern aus Holz u.ä.
276 12	52. 74. 2	Reparatur von Herren- und Knabenoberbekleidung
	93. 01. 1	Mit dem Waschen verbundenes Ausbessern und geringfügiges Ändern von Herrenoberbekleidung
	93. 01. 3	Mit der Reinigung verbundenes Ausbessern und geringfügiges Ändern von Herrenoberbekleidung
276 16	93. 01. 1	Mit dem Waschen verbundenes Ausbessern und geringfügiges Ändern von Damen- und Kinderoberbekleidung
	93. 01. 3	Mit der Reinigung verbundenes Ausbessern und geringfügiges Ändern von Damen- und Kinderoberbekleidung
276 22	52. 74. 2	Reparatur von gewebter Wäsche (ohne Miederwaren)
	93. 01. 1	Mit dem Waschen verbundenes Ausbessern und geringfügiges Ändern von Herren-, Damen- und Kinderwäsche
	93. 01. 3	Mit der Reinigung verbundenes Ausbessern und geringfügiges Ändern von Damen-, Herren- und Kinderwäsche

Anhang 14
VI, VII Investitionszulage

Systematik der Wirtschaftszweige	Klassifikation der Wirtschaftszweige	
276 28	52. 74. 2	Reparatur von Miederwaren
	93. 01. 1	Mit dem Waschen verbundenes Ausbessern und geringfügiges Ändern von Miederwaren
	93. 01. 3	Mit der Reinigung verbundenes Ausbessern und geringfügiges Ändern von Miederwaren
276 44	52. 74. 2	Reparatur von Kopfbedeckungen
276 50	74. 84. 4	Ateliers für Textil-Design
276 81	93. 01. 1	Mit dem Waschen verbundenes Ausbessern und geringfügiges Ändern von Haus-, Bett- und Tischwäsche
	93. 01. 3	Mit der Reinigung verbundenes Ausbessern und geringfügiges Ändern von Haus-, Bett- und Tischwäsche
276 91	45. 43. 6	Textile Raumausstattung
279 10	52. 71. 0	Reparatur von Schuhen und Lederwaren
279 50	52. 74. 2	Reparatur von Schirmen
Verarbeitendes Gewerbe	**Von der Investitionszulage ausgeschlossener Gewerbezweig**	
252 15	52. 48. 4	Augenoptiker

VII

Zweifelsfragen zu den Änderungen des Investitionszulagengesetzes 1993 durch Artikel 18 des Jahressteuergesetzes 1996

BMF vom 12.2.1996 (BStBl I S. 111)

IV B 3 – InvZ 1010 – 3/96

Das Investitionszulagengesetz 1993 ist durch Artikel 18 des Jahressteuergesetzes 1996 vom 11. Oktober 1995 (BGBl. I S. 1250, 1390; BStBl I S. 438, 578) geändert worden. Insbesondere sind eine auf 10 v. H. erhöhte Investitionszulage für bestimmte Investitionen des Groß- oder Einzelhandels eingeführt (§ 3 Satz 1 Nr. 4 i.V.m. § 5 Abs. 4 InvZulG) sowie die Investitionszulage von 5 v. H. (Grundzulage) für das verarbeitende Gewerbe (§ 3 Satz 1 Nr. 4 i.V.m. § 5 Abs. 1 Nr. 3 InvZulG) und die auf 10 v. H. erhöhte Investitionszulage für das verarbeitende Gewerbe und das Handwerk verlängert worden (§ 3 Satz 1 Nr. 4 i.V.m. § 5 Abs. 3 InvZulG).

Unter Bezugnahme auf das Ergebnis der Erörterungen mit den obersten Finanzbehörden der Länder und in Ergänzung zu den o.a. Schreiben gilt hierzu folgendes:

I. Erhöhte Investitionszulage für Betriebe des Groß- oder Einzelhandels

1. Arbeitnehmerzahl

1 Zu den Voraussetzungen für die erhöhte Investitionszulage gehört, daß der Betrieb zu Beginn des Wirtschaftsjahrs, in dem die Investitionen vorgenommen werden, nicht mehr als 50 Arbeitnehmer in einem gegenwärtigen Dienstverhältnis beschäftigt, die Arbeitslohn, Kurzarbeitergeld, Schlechtwettergeld oder Winterausfallgeld beziehen (§ 5 Abs. 4 Satz 1 Nr. 1 InvZulG). Die Anzahl der Arbeitnehmer bezieht sich auf den gesamten Betrieb. Daher sind z. B. die Arbeitnehmer zu berücksichtigen, die in Betriebsstätten außerhalb des Fördergebiets oder in Betriebsstätten in Berlin (West) beschäftigt sind. Der zeitliche Umfang der Beschäftigung ist ohne Bedeutung. Deshalb zählen z. B. Teilzeitbeschäftigte und Kurzarbeiter ebenso wie vollbeschäftigte Arbeitnehmer.

2. Abgrenzung des Groß- und des Einzelhandels

Zum Groß- und Einzelhandel gehören die Wirtschaftszweige, die in Abschnitt G der Klassifikation der Wirtschaftszweige, Ausgabe 1993, als „Einzelhandel (mit . . .)" oder „Großhandel (mit . . .)" bezeichnet sind. Zum Groß- und Einzelhandel gehören deshalb nicht die folgenden in Abschnitt G genannten Wirtschaftszweige:

- Handelsvermittlung von Kraftwagen (Unterklasse 50. 10. 1),
- Instandhaltung und Reparatur von Kraftwagen (Gruppe 50. 2),
- Handelsvermittlung von Kraftwagenteilen und Zubehör (Unterklasse 50. 30. 1),
- Handelsvermittlung von Krafträdern, Teilen und Zubehör (Unterklasse 50. 40. 1),
- Instandhaltung und Reparatur von Krafträdern (Unterklasse 50. 40. 4),
- Tankstellen mit Absatz in fremden Namen (Agenturtankstellen; Unterklasse 50. 50. 1),
- Handelsvermittlung (Gruppe 51. 1) und
- Reparatur von Gebrauchsgütern (Gruppe 52. 7).

Die erhöhte Investitionszulage bezieht sich auf den gesamten Betrieb. Bei der Einordnung in die Klassifikation der Wirtschaftszweige sind daher die Tätigkeiten aller Betriebsstätten zu berücksichtigen, d.h. auch der Betriebsstätten, die außerhalb des Fördergebiets belegen sind. Die erhöhte Investitionszulage kommt jedoch nur für Investitionen in den Betriebsstätten in Betracht, die auch für sich betrachtet zum Groß- oder Einzelhandel gehören (§ 5 Abs. 4 Satz 1 Nr. 2 Buchstabe b InvZulG).

3. Zugehörigkeits- und Verbleibensvoraussetzung

(1) Die erhöhte Investitionszulage setzt nach § 5 Abs. 4 Satz 1 Nr. 2 Buchstabe a InvZulG voraus, daß das Wirtschaftsgut mindestens drei Jahre nach seiner Anschaffung oder Herstellung zum Anlagevermögen eines Betriebs des Groß- oder Einzelhandels des Anspruchsberechtigten gehört. Die Veräußerung eines Wirtschaftsguts oder ein Vermögensübergang im Sinne des Umwandlungssteuergesetzes, bei dem die übergegangen Wirtschaftsgüter als angeschafft gelten, innerhalb des Dreijahreszeitraums ist deshalb schädlich. Bei einer Betriebsaufspaltung kommt die erhöhte Investitionszulage für Wirtschaftsgüter des Anlagevermögens des Besitzunternehmens nur in Betracht, wenn das Besitzunternehmen ein Betrieb des Groß- oder Einzelhandels ist.

(2) Die erhöhte Investitionszulage setzt nach § 5 Abs. 4 Satz 1 Nr. 2 Buchstabe b InvZulG voraus, daß das Wirtschaftsgut mindestens drei Jahre nach seiner Anschaffung oder Herstellung in einer Betriebsstätte des Groß- oder Einzelhandels des Anspruchsberechtigten verbleibt. Schädlich sind deshalb

- die langfristige Nutzungsüberlassung (länger als drei Monate), und zwar auch dann, wenn das Wirtschaftsgut in einer Betriebsstätte des Groß- oder Einzelhandels verwendet wird,

und

- die Überführung in eine Betriebsstätte des Anspruchsberechtigten, die nicht zum Groß- oder Einzelhandel gehört.

Unschädlich ist es jedoch, wenn bei einer Betriebsaufspaltung Wirtschaftsgüter des Anlagevermögens des Besitzunternehmens, das ein Betrieb des Groß- oder Einzelhandels ist, in einer Betriebsstätte des Groß- oder Einzelhandels des Betriebsunternehmens verwendet werden.

4. Bescheinigungsverfahren

(1) Voraussetzung für die erhöhte Investitionszulage ist, daß die Betriebsstätte im Zeitpunkt des Abschlusses der jeweiligen Investition nicht in einem der in § 5 Abs. 4 Satz 1 Nr. 3 InvZulG genannten Gebiete liegt. Diese bauplanungsrechtliche Voraussetzung ist durch eine Bescheinigung der zuständigen Gemeindebehörde nachzuweisen. Bei Streitigkeiten im Bescheinigungsverfahren ist der Verwaltungsrechtsweg gegeben.

(2) Die Bescheinigung ist materiellrechtliche Voraussetzung für die Gewährung der Investitionszulage und Grundlagenbescheid im Sinne des § 171 Abs. 10 AO. Sie ist für die Finanzbehörden und Finanzgerichte bindend, soweit sie außersteuerliche Feststellungen enthält, nicht hingegen, soweit darin spezifisch steuerrechtliche Fragen beurteilt werden oder eine bestimmte Beurteilung solcher Fragen vorausgesetzt wird, z. B. der Zeitpunkt des Investitionsabschlusses (vgl. BFH-Urteile vom 19. März 1981, BStBl II S. 538, und vom 29. August 1986, BStBl II S. 920). Stellt das Finanzamt fest, daß die in der Bescheinigung bezeichneten bauplanungsrechtlichen Voraussetzungen offensichtlich nicht vorliegen, hat es die zuständige Gemeindebehörde zu veranlassen, die Bescheinigung zu überprüfen.

Anhang 14

5. Höchstbemessungsgrundlage

7 Die Höchstbemessungsgrundlage für die Investitionszulage nach § 5 Abs. 4 InvZulG beträgt im Wirtschaftsjahr 250.000 DM. Für den übersteigenden Betrag wird keine Investitionszulage gewährt (§ 3 Satz 3 InvZulG).

6. Verhältnis zur erhöhten Investitionszulage nach § 5 Abs. 3 InvZulG

8 Die erhöhte Investitionszulage nach § 5 Abs. 4 InvZulG wird nicht für Investitionen gewährt, bei denen die Voraussetzungen des § 5 Abs. 3 InvZulG vorliegen (§ 5 Abs. 4 Satz 2 InvZulG). Diese Regelung hat Bedeutung bei Betrieben, die nach der Klassifikation der Wirtschaftszweige zum Groß- oder Einzelhandel gehören und gleichzeitig in die Handwerksrolle oder das Verzeichnis handwerksähnlicher Betriebe eingetragen sind. Für die Wirtschaftsgüter, die überwiegend den eingetragenen Gewerken dienen, kommt deshalb die Investitionszulage nach § 5 Abs. 3 InvZulG in Betracht mit der Folge, daß die Höchstbemessungsgrundlage im Wirtschaftsjahr 250.000 DM übersteigen kann.

Beispiel:

Ein Betrieb verkauft und repariert Kraftfahrzeuge. Hinsichtlich des Kfz-Mechaniker- und Kfz-Elektrikerhandwerks besteht eine Eintragung in die Handwerksrolle. Der größte Teil der entstandenen Wertschöpfung entfällt auf den Handel, so daß der Betrieb in den „Einzelhandel mit Kraftwagen" (Unterklasse 50. 10. 3) eingeordnet wird. Im Kalenderjahr 1996 betragen die Anschaffungskosten

- von Wirtschaftsgütern, die überwiegend den eingetragenen Gewerken dienen (a)   300.000 DM
- anderer Wirtschaftsgüter (b)   280.000 DM

Die Investitionszulage für das Kalenderjahr 1996 beträgt:

10 v. H. von 300.000 DM nach § 5 Abs. 3 InvZulG (a)	30.000 DM
10 v. H. von 250.000 DM nach § 5 Abs. 4 InvZulG (b)	25.000 DM
insgesamt	55.000 DM

Für den Teil der Anschaffungskosten der „anderen Wirtschaftsgüter", der 250.000 DM übersteigt (30.000 DM aus b), wird keine Investitionszulage gewährt (siehe Tz. 7).

7. Berlin (West)

9 Die Investitionszulage nach § 5 Abs. 4 InvZulG wird nicht für Investitionen in Berlin (West) gewährt (§ 11 Abs. 2 InvZulG).

II. Verlängerung der Investitionszulage von 5 v. H. (Grundzulage)

10 (1) Bei nach dem 31. Dezember 1996 abgeschlossenen Investitionen kommt die Grundzulage nur noch in Betracht, wenn es sich um Investitionen in Betrieben des verarbeitenden Gewerbes handelt. Gehört ein Betrieb nach der Klassifikation der Wirtschaftszweige zum verarbeitenden Gewerbe, kommt die Grundzulage auch für Investitionen in Betriebsstätten in Betracht, die für sich betrachtet nicht zum verarbeitenden Gewerbe gehören würden. Ausgeschlossen sind jedoch Investitionen in den in § 3 Satz 3 InvZulG genannten Betriebsstätten (vgl. Tz. 10 des BMF-Schreibens vom 28. Oktober 1993). Das gilt bei Investitionen in Betriebsstätten des Handels auch dann, wenn ein Teil der Voraussetzungen des § 5 Abs. 4 InvZulG erfüllt ist.

Beispiel:

Ein Betrieb, der insgesamt 30 Arbeitnehmer beschäftigt, stellt in Plauen Damenoberbekleidung her, die er teilweise in einem Einzelhandelsgeschäft in der Innenstadt von Leipzig verkauft. Dort wird auch Kleidung anderer Hersteller verkauft. Die Wertschöpfung der Betriebsstätte in Leipzig entfällt zu 45 v. H. auf den Verkauf selbsthergestellter Kleidung („Vertrieb"; vgl. Tz. 7 des BMF-Schreibens vom 30. Dezember 1994) und zu 55 v. H. auf den Verkauf fremdbezogener Kleidung, so daß die Betriebsstätte zum Einzelhandel gehört (Unterklasse 52. 42. 3). Die Wertschöpfung des gesamten Betriebs entfällt überwiegend auf die Herstellung von Bekleidung und deren Vertrieb, so daß der Betrieb zum verarbeitenden Gewerbe gehört (Unterklasse 18. 22. 2).

Für Investitionen von Leipzig kann die Grundzulage nicht gewährt werden, weil die Betriebsstätte zum Handel gehört. Die erhöhte Investitionszulage nach § 5 Abs. 4 InvZulG ist ausgeschlossen, weil die

Wirtschaftsgüter nicht Anlagevermögen eines Betriebs des Groß- oder Einzelhandels, sondern eines Betriebs des verarbeitenden Gewerbes sind. Dabei ist ohne Bedeutung, daß der Betrieb nicht mehr als 50 Arbeitnehmer beschäftigt, die Betriebsstätte zum Einzelhandel gehört und nicht in einem der in § 5 Abs. 4 Satz 1 Nr. 3 InvZulG genannten Gebiete liegt.

Für Investitionen in Plauen kommen die Grundzulage von 5 v. H. und die auf 10 v. H. erhöhte Investitionszulage nach § 5 Abs. 3 InvZulG in Betracht.

(2) Anders als bei der erhöhten Investitionszulage nach § 5 Abs. 3 InvZulG ist nicht erforderlich, daß das Wirtschaftsgut zum Anlagevermögen eines Betriebs des verarbeitenden Gewerbes gehört. Wird ein Wirtschaftsgut innerhalb von drei Jahren nach seiner Anschaffung oder Herstellung zur Nutzung überlassen oder veräußert oder findet in diesem Zeitraum ein Vermögensübergang im Sinne des Umwandlungssteuergesetzes statt, bei dem die übergegangenen Wirtschaftsgüter als angeschafft gelten, hängt der Anspruch auf die Grundzulage davon ab, ob der Nutzende, Erwerber oder Übernehmende die Grundzulage erhalten würde, wenn er an Stelle des Anspruchsberechtigten die Investition vorgenommen hätte (vgl. BFH-Urteil vom 2. März 1990, BStBl II S. 750). Die Grundzulage kommt deshalb z. B. auch dann in Betracht, wenn ein Leasing-Unternehmen ein Wirtschaftsgut einem Betrieb des verarbeitenden Gewerbes zur Nutzung überläßt. Schädlich ist jedoch z. B., wenn ein Betrieb des verarbeitenden Gewerbes ein Wirtschaftsgut einem Betrieb zur Nutzung überläßt, der nicht zum verarbeitenden Gewerbe gehört.

11

(3) Handwerksbetrieben im Sinne des § 5 Abs. 3 InvZulG, die nicht gleichzeitig Betriebe des verarbeitenden Gewerbes sind, kann für den Teil der Bemessungsgrundlage, der im Wirtschaftsjahr 5 Mio. DM übersteigt und auf nach dem 31. Dezember 1996 abgeschlossene Investitionen entfällt, keine Investitionszulage mehr gewährt werden. Bei Betrieben mit einem vom Kalenderjahr abweichenden Wirtschaftsjahr ist im Wirtschaftsjahr 1996/1997 die Investitionszulage von 10 v. H. zuerst für die nach dem 31. Dezember 1996 abgeschlossenen Investitionen zu gewähren.

12

VIII

Investitionszulage nach § 5 Abs. 2 und 3 InvZulG 1996 bei Investitionsabschluß vor Eintragung in die Handwerksrolle oder das Verzeichnis handwerksähnlicher Betriebe; Anwendung des BFH-Urteils vom 12. November 1996 (BStBl 1998 II S. 29)

BMF vom 19.12.1997 (BStBl 1998 I S. 139)

IV B 3 – InvZ 1010 – 10/97

Nach bisheriger Verwaltungsauffassung setzt der Anspruch auf die Investitionszulage nach § 5 Abs. 2 oder 3 InvZulG 1996 bei Handwerksbetrieben voraus, daß der Betrieb im Zeitpunkt des Investitionsabschlusses in die Handwerksrolle oder das Verzeichnis handwerksähnlicher Betriebe eingetragen ist (vgl. Tz. 13 des BMF-Schreibens vom 28. Oktober 1993, BStBl I S. 904).

Nach dem BFH-Urteil vom 12. November 1996 (BStBl 1998 II S. 29) ist dagegen die Investitionszulage jedenfalls für eine Übergangszeit auch dann zu gewähren, wenn die Eintragung in die Handwerksrolle von einem schon tätigen Unternehmen bereits im Jahr des Investitionsabschlusses beantragt ist, aber erst im Folgejahr von der Handwerkskammer vorgenommen wird.

Nach dem Ergebnis der Erörterung mit den obersten Finanzbehörden der Länder sind die Grundsätze des BFH-Urteils vom 12. November 1996 (a. a. O.) anzuwenden, und zwar auch bei neu gegründeten Betrieben und nicht nur für eine Übergangszeit, sondern für die gesamte Geltungsdauer des § 5 Abs. 2 und 3 InvZulG 1996.

Die Grundsätze des BFH-Urteils vom 12. November 1996 (a. a. O.) gelten für die dreijährigen Zugehörigkeits- und Verbleibensvoraussetzungen nach § 5 Abs. 2 Nr. 2 und Abs. 3 Nr. 2 InvZulG 1996 entsprechend. Das bedeutet, daß z. B. in den Fällen des § 5 Abs. 2 InvZulG 1996 bei der Veräußerung oder Nutzungsüberlassung eines Wirtschaftsguts das Fehlen der Eintragung des Erwerbers oder Nutzenden in die Handwerksrolle oder das Verzeichnis handwerksähnlicher Betriebe im Zeitpunkt des Erwerbs oder der Nutzungsüberlassung geheilt werden kann, wenn die Eintragung bis zum Ende des Jahres beantragt und im Folgejahr von der Handwerkskammer vorgenommen wird. In den Fällen des § 5 Abs. 3 Nr. 2 InvZulG 1996 ist dabei zu beachten, daß die Veräußerung, die langfristige Nutzungsüberlassung oder ein Vermögensübergang im Sinne des Umwandlungssteuergesetzes, bei dem die übergegangenen Wirtschaftsgüter als angeschafft gelten, innerhalb des Dreijahreszeitraums zu einer Rückforderung der erhöhten Investitionszulage führt.

Dieses Schreiben ist in allen noch offenen Fällen anzuwenden.

IX
Gewährung von Investitionszulagen nach dem Investitionszulagengesetz 1996 und 1999 an ausländische Körperschaften

BMF vom 13.5.1998 (BStBl I S. 623)

IV B 3 – InvZ 1160 – 2/98

Nach § 1 Abs. 1 InvZulG 1996 sind Steuerpflichtige im Sinne des Körperschaftsteuergesetzes nur anspruchsberechtigt, soweit sie nicht nach § 5 KStG von der Körperschaftsteuer befreit sind. Ausländische Körperschaften, die inländische Betriebsstätten unterhalten, sind hingegen nach Nr. 1 des BMF-Schreibens vom 31. März 1992 (BStBl I S. 236) auch dann anspruchsberechtigt, wenn die Betriebsstätten nicht als Betriebsstätten im Sinne eines Doppelbesteuerungsabkommens gelten und die Körperschaften deshalb nicht der deutschen Körperschaftsteuer unterliegen. Die Anspruchsberechtigung setzt in diesen Fällen jedoch voraus, daß die ausländischen Körperschaften inländische Einkünfte im Sinne des § 49 EStG erzielen.

Nach dem zur Forschungs- und Entwicklungszulage nach § 4 InvZulG 1986 ergangenen BFH-Urteil vom 14. August 1997 (BStBl 1998 II S. 355) sind dagegen ausländische Körperschaften nicht anspruchsberechtigt, wenn ihre inländischen Betriebsstätten nicht als Betriebsstätten im Sinne eines Doppelbesteuerungsabkommens gelten und die Körperschaften deshalb nicht der deutschen Körperschaftsteuer unterliegen.

Im Einvernehmen mit den obersten Finanzbehörden der Länder sind die Grundsätze des BFH-Urteils vom 14. August 1997 für das Investitionszulagengesetz 1996 aus Vertrauensschutzgründen nicht anzuwenden. Für das Investitionszulagengesetz 1999 sind die Grundsätze des BFH-Urteils vom 14. August 1997 jedoch anzuwenden.

Übersicht

I Investitionszulagengesetz 1999 (InvZulG 1999)

II Investitionszulage nach § 3 InvZulG 1999 für Modernisierungsmaßnahmen an Mietwohngebäuden sowie Mietwohnungsneubau im innerörtlichen Bereich
BMF vom 24.8.1998 (BStBl I S. 1114)

I
Investitionszulagengesetz 1999
(InvZulG 1999)

in der Fassung des Artikels 1 des Gesetzes zur Fortsetzung der wirtschaftlichen Förderung in den neuen Ländern vom 18.8.1997

(BGBl. I S. 3070, BStBl I S. 790)[1])

§ 1
Anspruchsberechtigter, Fördergebiet

(1) ¹Steuerpflichtige im Sinne des Einkommensteuergesetzes und des Körperschaftsteuergesetzes, die im Fördergebiet begünstigte Investitionen im Sinne der §§ 2 bis 4 vornehmen, haben Anspruch auf eine Investitionszulage, soweit sie nicht nach § 5 Abs. 1 Nr. 1 bis 9 und 11 bis 22 des Körperschaftsteuergesetzes von der Körperschaftsteuer befreit sind. ²Bei Personengesellschaften und Gemeinschaften, die begünstigte Investitionen im Sinne der §§ 2 und 3 vornehmen, tritt an die Stelle des Steuerpflichtigen die Gesellschaft oder die Gemeinschaft als Anspruchsberechtigte.

(2) ¹Fördergebiet sind die Länder Berlin, Brandenburg, Mecklenburg-Vorpommern, Sachsen, Sachsen-Anhalt und Thüringen nach dem Gebietsstand vom 3. Oktober 1990. ²Bei Investitionen im Sinne der §§ 3 und 4 gehört zum Fördergebiet nicht der Teil des Landes Berlin, in dem das Grundgesetz vor dem 3. Oktober 1990 gegolten hat.

§ 2
Betriebliche Investitionen[2])

(1) ¹Begünstigte Investitionen sind die Anschaffung und die Herstellung von neuen abnutzbaren beweglichen Wirtschaftsgütern des Anlagevermögens, die mindestens drei Jahre nach ihrer Anschaffung oder Herstellung (Dreijahreszeitraum)

1. zum Anlagevermögen eines Betriebs oder einer Betriebsstätte im Fördergebiet gehören,
2. in einer Betriebsstätte im Fördergebiet verbleiben,
3. in jedem Jahr zu nicht mehr als 10 vom Hundert privat genutzt werden und
4. die Voraussetzungen des Absatzes 2 erfüllen.

²Nicht begünstigt sind geringwertige Wirtschaftsgüter im Sinne des § 6 Abs. 2 des Einkommensteuergesetzes, Luftfahrzeuge und Personenkraftwagen.

(2) Begünstigt sind die folgenden beweglichen Wirtschaftsgüter:
1. Wirtschaftsgüter, die während des Dreijahreszeitraums in Betrieben des verarbeitenden Gewerbes oder in Betrieben der produktionsnahen Dienstleistungen verbleiben. Betriebe der produktionsnahen Dienstleistungen sind die folgenden Betriebe:
   a) Betriebe der Datenverarbeitung und Datenbanken,
   b) Betriebe der Forschung und Entwicklung,

---

[1]) Das InvZulG 1999 tritt am 1. Januar 1999 in Kraft (vgl. Art. 5 Abs. 1 des Gesetzes zur Fortsetzung der wirtschaftlichen Förderung in den neuen Ländern).

[2]) § 2 des InvZulG 1999 tritt vorbehaltlich der Genehmigung der Kommission der Europäischen Gemeinschaften am 1. Januar 1999 in Kraft (vgl. Art. 5 Abs. 2 des Gesetzes zur Fortsetzung der wirtschaftlichen Förderung in den neuen Ländern).

Anhang 15

Investitionszulagengesetz 1999

  c) Betriebe der Markt- und Meinungsforschung,
  d) Ingenieurbüros für bautechnische Gesamtplanung,
  e) Ingenieurbüros für technische Fachplanung,
  f) Büros für Industrie-Design,
  g) Betriebe der technischen, physikalischen und chemischen Untersuchung,
  h) Betriebe der Werbung und
  i) Betriebe des fotografischen Gewerbes.

³Hat ein Betrieb Betriebsstätten im Fördergebiet und außerhalb des Fördergebiets, gelten für die Einordnung des Betriebs in das verarbeitende Gewerbe die gesamten Betriebsstätten in Fördergebiet als ein Betrieb;

2. Wirtschaftsgüter, die während des Dreijahreszeitraums ausschließlich kleinen und mittleren Betrieben des Handwerks dienen. ²Betriebe des Handwerks sind die Gewerbe, die in die Handwerksrolle oder in das Verzeichnis handwerksähnlicher Betriebe eingetragen sind. ³Kleine und mittlere Betriebe sind Betriebe, die nicht mehr als 250 Arbeitnehmer in einem gegenwärtigen Dienstverhältnis beschäftigen, die Arbeitslohn oder Kurzarbeitergeld beziehen;

3. Wirtschaftsgüter, die während des Dreijahreszeitraums in kleinen und mittleren Betrieben des Groß- oder Einzelhandels und in Betriebsstätten des Groß- oder Einzelhandels in den Innenstädten verbleiben. ²Kleine und mittlere Betriebe sind Betriebe, die nicht mehr als 50 Arbeitnehmer in einem gegenwärtigen Dienstverhältnis beschäftigen, die Arbeitslohn oder Kurzarbeitergeld beziehen. ³Eine Betriebsstätte liegt in der Innenstadt, wenn der Anspruchsberechtigte durch eine Bescheinigung der zuständigen Gemeindebehörde nachweist, daß die Betriebsstätte nicht in einem Gebiet liegt, das durch Bebauungsplan oder sonstige städtebauliche Satzung als Industriegebiet, Gewerbegebiet oder als Sondergebiet im Sinne des § 11 Abs. 3 der Baunutzungsverordnung festgesetzt ist oder in dem auf Grund eines Aufstellunesbeschlusses entsprechende Festsetzungen getroffen werden sollen oder das auf Grund der Bebauung der näheren Umgebung einem dieser Gebiete entspricht.

(3) ¹Begünstigte Investitionen sind die Anschaffung neuer Gebäude, Eigentumswohnungen, im Teileigentum stehender Räume und anderer Gebäudeteile, die selbständige unbewegliche Wirtschaftsgüter sind (Gebäude), bis zum Ende des Jahres der Fertigstellung sowie die Herstellung neuer Gebäude, soweit die Gebäude mindestens fünf Jahre nach ihrer Anschaffung oder Herstellung

1. in einem Betrieb des verarbeitenden Gewerbes oder in einem Betrieb der produktionsnahen Dienstleistungen im Sinne des Absatzes 2 Nr. 1,
2. in einem kleinen und mittleren Betrieb des Handwerks im Sinne des Absatzes 2 Nr. 2 oder
3. in einem kleinen und mittleren Betrieb des Groß- oder Einzelhandels und in einer Betriebsstätte des Groß- oder Einzelhandels in der Innenstadt im Sinne des Absatzes 2 Nr. 3

verwendet werden. ²Im Fall der Anschaffung kann Satz 1 nur angewendet werden, wenn für das Gebäude keine Investitionszulage in Anspruch genommen worden ist.

(4) ¹Die Investitionen sind begünstigt, wenn sie der Anspruchsberechtigte nach dem 31. Dezember 1998 und

1. bei Investitionen im Sinne des Absatzes 2 Nr. 1 und des Absatzes 3 Nr. 1 vor dem 1. Januar 2005,
2. bei Investitionen im Sinne des Absatzes 2 Nr. 2 und 3 und des Absatzes 3 Nr. 2 und 3 vor dem 1. Januar 2002

abschließt. ²Investitionen sind in dem Zeitpunkt abgeschlossen, in dem die Wirtschaftsgüter angeschafft oder hergestellt worden sind.

(5) ¹Bemessungsgrundlage für die Investitionszulage ist die Summe der Anschaffungs- und Herstellungskosten der im Wirtschaftsjahr abgeschlossenen begünstigten Investitionen, soweit sie die vor dem 1. Januar 1999 geleisteten Anzahlungen auf Anschaffungskosten und entstandenen Teilherstellungskosten übersteigen. ²In die Bemessungsgrundlage können die im Wirtschaftsjahr geleisteten Anzahlungen auf Anschaffungskosten und entstandenen Teilherstellungskosten einbezogen werden. ³In den Fällen des Satzes 2 dürfen im Wirtschaftsjahr der Anschaffung oder Herstellung der Wirtschaftsgüter die Anschaffungs- oder Herstellungskosten bei der Bemessung der Investitionszulage nur berücksichtigt werden, soweit sie die Anzahlungen oder Teilherstellungskosten übersteigen. ⁴§ 7a Abs. 2 Satz 3 bis 5 das Einkommensteuergesetzes gilt entsprechend.

(6) ¹Die Investitionszulage beträgt 10 vom Hundert der Bemessungsgrundlage. ²Sie erhöht sich auf 20 vom Hundert für den Teil der Bemessungsgrundlage, der auf Investitionen im Sinne des Absatzes 2

Nr. 1 entfällt, wenn die Wirtschaftsgüter während des Dreijahreszeitraums in Betrieben verbleiben, die nicht mehr als 250 Arbeitnehmer in einem gegenwärtigen Dienstverhältnis beschäftigen, die Arbeitslohn oder Kurzarbeitergeld beziehen.

§ 3
Modernisierungsmaßnahmen an Mietwohngebäuden sowie Mietwohnungsneubau im innerörtlichen Bereich

(1) ¹Begünstigte Investitionen sind:
1. nachträgliche Herstellungsarbeiten an Gebäuden, die vor dem 1. Januar 1991 fertiggestellt worden sind,
2. die Anschaffung von Gebäuden, die vor dem 1. Januar 1991 fertiggestellt worden sind, soweit nachträgliche Herstellungsarbeiten nach dem rechtswirksamen Abschluß des obligatorischen Vertrags oder gleichstehenden Rechtsakts durchgeführt worden sind, und
3. Erhaltungsarbeiten an Gebäuden, die vor dem 1. Januar 1991 fertiggestellt worden sind,

soweit die Gebäude mindestens fünf Jahre nach Beendigung der nachträglichen Herstellungsarbeiten oder der Erhaltungsarbeiten der entgeltlichen Überlassung zu Wohnzwecken dienen,

4. die Anschaffung neuer Gebäude bis zum Ende des Jahres der Fertigstellung und die Herstellung neuer Gebäude,
   a) soweit die Gebäude mindestens fünf Jahre nach ihrer Anschaffung oder Herstellung der entgeltlichen Überlassung zu Wohnzwecken dienen und
   b) wenn der Anspruchsberechtigte durch eine Bescheinigung der zuständigen Gemeindebehörde nachweist, daß das Gebäude im Zeitpunkt der Anschaffung oder Herstellung in einem förmlich festgelegten Sanierungsgebiet nach dem Baugesetzbuch, einem förmlich festgelegten Erhaltungssatzungsgebiet nach § 172 Abs. 1 Satz 1 Nr. 1 des Baugesetzbuches oder in einem Gebiet liegt, das durch Bebauungsplan als Kerngebiet im Sinne des § 7 der Baunutzungsverordnung festgesetzt ist oder das auf Grund der Bebauung der näheren Umgebung diesem Gebiet entspricht.

²Satz 1 Nr. 1 und 2 kann nur angewendet werden, wenn keine erhöhten Absetzungen in Anspruch genommen worden sind. ³Im Fall der Anschaffung kann Satz 1 nur angewendet werden, wenn für das Gebäude keine Investitionszulage in Anspruch genommen worden ist.

(2) ¹Die Investitionen sind begünstigt, wenn sie der Anspruchsberechtigte nach dem 31. Dezember 1998 und
1. bei Investitionen im Sinne des Absatzes 1 Nr. 1 bis 3 vor dem 1. Januar 2005,
2. bei Investitionen im Sinne des Absatzes 1 Nr. 4 vor dem 1. Januar 2002

abschließt. ²Investitionen im Sinne des Absatzes 1 Nr. 1 bis 3 sind in dem Zeitpunkt abgeschlossen, in dem die nachträglichen Herstellungsarbeiten oder die Erhaltungsarbeiten beendet worden sind. ³Investitionen im Sinne des Absatzes 1 Nr. 4 sind in dem Zeitpunkt abgeschlossen, in dem die Gebäude angeschafft oder hergestellt worden sind.

(3) ¹Bemessungsgrundlage für die Investitionszulage ist die den Betrag von 5.000 Deutsche Mark übersteigende Summe der Anschaffungs- und Herstellungskosten und Erhaltungsaufwendungen der im Kalenderjahr abgeschlossenen begünstigten Investitionen, soweit sie die vor dem 1. Januar 1999 geleisteten Anzahlungen auf Anschaffungskosten, Anzahlungen auf Erhaltungsaufwendungen und entstandenen Teilherstellungskosten übersteigen. ²Zur Bemessungsgrundlage gehören jedoch nicht

1. bei Investitionen im Sinne des Absatzes 1 Nr. 1 und 3 die nachträglichen Herstellungskosten und die Erhaltungsaufwendungen, soweit sie insgesamt in den Jahren 1999 bis 2004 1.200 Deutsche Mark je Quadratmeter Wohnfläche übersteigen. ²Betreffen nachträgliche Herstellungsarbeiten oder Erhaltungsarbeiten mehrere Gebäudeteile, die selbständig unbewegliche Wirtschaftsgüter sind, sind die nachträglichen Herstellungskosten und die Erhaltungsaufwendungen nach dem Verhältnis der Nutzflächen auf die Gebäudeteile aufzuteilen, soweit eine unmittelbare Zuordnung nicht möglich ist. ³Bei Investitionen im Sinne des Absatzes 1 Nr. 2 gelten die Sätze 1 und 2 mit der Maßgabe entsprechend, daß an die Stelle der nachträglichen Herstellungskosten die Anschaffungskosten treten, die auf nachträgliche Herstellungsarbeiten im Sinne des Absatzes 1 Nr. 2 entfallen;
2. bei Investitionen im Sinne des Absatzes 1 Nr. 4 die Anschaffungs- oder Herstellungskosten, soweit sie 4.000 Deutsche Mark je Quadratmeter Wohnfläche des Gebäudes übersteigen.

³§ 2 Abs. 5 Satz 2 bis 4 gilt entsprechend. ⁴In die Bemessungsgrundlage können die im Kalenderjahr geleisteten Anzahlungen auf Erhaltungsaufwendungen einbezogen werden.

(4) Die Investitionszulage beträgt

1. 15 vom Hundert für den Teil der Bemessungsgrundlage, der auf Investitionen im Sinne des Absatzes 1 Nr. 1 bis 3 entfällt, und
2. 10 vom Hundert für den Teil der Bemessungsgrundlage, der auf Investitionen im Sinne des Absatzes 1 Nr. 4 entfällt.

§ 4

Modernisierungsmaßnahmen an einer eigenen Wohnzwecken dienenden Wohnung im eigenen Haus

(1) Begünstigt sind Herstellungs- und Erhaltungsarbeiten an einer Wohnung im eigenen Haus oder an einer eigenen Eigentumswohnung, wenn

1. das Haus oder die Eigentumswohnung vor dem 1. Januar 1991 fertiggestellt worden ist,
2. der Anspruchsberechtigte die Arbeiten nach dem 31. Dezember 1998 und vor dem 1. Januar 2005 vornimmt und
3. die Wohnung im Zeitpunkt der Beendigung der Arbeiten eigenen Wohnzwecken dient. ²Eine Wohnung dient auch eigenen Wohnzwecken, soweit sie unentgeltlich an einen Angehörigen im Sinne des § 15 der Abgabenordnung zu Wohnzwecken überlassen wird.

(2) ¹Bemessungsgrundlage sind die nach dem 31. Dezember 1998 im Kalenderjahr geleisteten Zahlungen für begünstigte Arbeiten, soweit sie den Betrag von 5.000 Deutsche Mark übersteigen. ²Zur Bemessungsgrundlage gehören nicht Aufwendungen für eine Wohnung, soweit die Aufwendungen

1. zu den Betriebsausgaben oder Werbungskosten gehören,
2. in die Bemessungsgrundlage nach § 10e oder § 10f des Einkommensteuergesetzes oder nach dem Eigenheimzulagengesetz einbezogen oder nach § 10e Abs. 6 oder § 10i des Einkommensteuergesetzes abgezogen worden sind und
3. in den Jahren 1999 bis 2004 40.000 Deutsche Mark übersteigen. ²Bei einem Anteil an der Wohnung gehören zur Bemessungsgrundlage nicht Aufwendungen, die den entsprechenden Teil von 40.000 Deutsche Mark übersteigen. ³Der Betrag nach den Sätzen 1 und 2 mindert sich um die Aufwendungen, für die der Anspruchsberechtigte einen Abzugsbetrag nach § 7 des Fördergebietsgesetzes abgezogen hat.

(3) Die Investitionszulage beträgt 15 vom Hundert der Bemessungsgrundlage.

§ 5

Antrag auf Investitionszulage

(1) Der Antrag auf Investitionszulage ist bis zum 30. September des Kalenderjahres zu stellen, das auf das Wirtschaftsjahr oder Kalenderjahr folgt, in dem die Investitionen abgeschlossen worden, Anzahlungen auf Anschaffungskosten, Anzahlungen auf Erhaltungsaufwendungen oder Zahlungen im Sinne des § 4 Abs. 2 geleistet worden oder Teilherstellungskosten entstanden sind.

(2) ¹Der Antrag ist bei dem für die Besteuerung des Anspruchsberechtigten nach dem Einkommen zuständigen Finanzamt zu stellen. ²Ist eine Personengesellschaft oder Gemeinschaft Anspruchsberechtigter, so ist der Antrag bei dem Finanzamt zu stellen, das für die einheitliche und gesonderte Feststellung der Einkünfte zuständig ist.

(3) ¹Der Antrag ist nach amtlichem Vordruck zu stellen und vom Anspruchsberechtigten eigenhändig zu unterschreiben. ²In dem Antrag sind die Investitionen, für die eine Investitionszulage beansprucht wird, innerhalb der Antragsfrist so genau zu bezeichnen, daß ihre Feststellung bei einer Nachprüfung möglich ist.

§ 6

Anwendung der Abgabenordnung, Festsetzung und Auszahlung

(1) ¹Die für Steuervergütungen geltenden Vorschriften der Abgabenordnung sind entsprechend anzuwenden. ²Dies gilt nicht für § 163 der Abgabenordnung. ³In öffentlich-rechtlichen Streitigkeiten

über die auf Grund dieses Gesetzes ergehenden Verwaltungsakte der Finanzbehörden ist der Finanzrechtsweg, gegen die Versagung von Bescheinigungen ist der Verwaltungsrechtsweg gegeben.

(2) Die Investitionszulage ist nach Ablauf des Wirtschaftsjahrs oder Kalenderjahrs festzusetzen und innerhalb eines Monats nach Bekanntgabe des Bescheids aus den Einnahmen an Einkommensteuer oder Körperschaftsteuer auszuzahlen.

§ 7
Verzinsung des Rückforderungsanspruchs

¹Ist der Bescheid über die Investitionszulage aufgehoben oder zuungunsten des Anspruchsberechtigten geändert worden, so ist der Rückzahlungsanspruch nach § 238 der Abgabenordnung vom Tag der Auszahlung der Investitionszulage, in den Fällen des § 175 Abs. 1 Satz 1 Nr. 2 der Abgabenordnung vom Tag des Eintritts des rückwirkenden Ereignisses an, zu verzinsen. ²Die Festsetzungsfrist beginnt mit Ablauf des Kalenderjahrs, in dem der Bescheid aufgehoben oder geändert worden ist.

§ 8
Verfolgung von Straftaten

Für die Verfolgung einer Straftat nach § 264 des Strafgesetzbuches, die sich auf die Investitionszulage bezieht, sowie der Begünstigung einer Person, die eine solche Straftat begangen hat, gelten die Vorschriften der Abgabenordnung über die Verfolgung von Steuerstraftaten entsprechend.

§ 9
Ertragsteuerliche Behandlung der Investitionszulage

¹Die Investitionszulage gehört nicht zu den Einkünften im Sinne des Einkommensteuergesetzes. ²Sie mindert nicht die steuerlichen Anschaffungs- und Herstellungskosten und nicht die Erhaltungsaufwendungen.

§ 10
Ermächtigung

Das Bundesministerium der Finanzen wird ermächtigt, den Wortlaut dieses Gesetzes in der jeweils geltenden Fassung mit neuem Datum bekanntzumachen.

II

Investitionszulage nach § 3 InvZulG 1999 für Modernisierungsmaßnahmen an Mietwohngebäuden sowie Mietwohnungsneubau im innerörtlichen Bereich

BMF vom 24.8.1998 (BStBl I S. 1114)

IV B 3 – InvZ 1010 – 10/98

Unter Bezugnahme auf das Ergebnis der Erörterungen mit den obersten Finanzbehörden der Länder gilt für die Anwendung von § 3 des Investitionszulagengesetzes 1999 vom 18. August 1997 (BGBl. I S. 2070, BStBl I S. 790) folgendes:

I. Begünstigte Investitionen
1. Gebäude

Unter Gebäuden im Sinne von § 3 InvZulG sind auch Eigentumswohnungen, im Teileigentum stehende Räume und andere Gebäudeteile, die selbständige unbewegliche Wirtschaftsgüter sind, zu verstehen (vgl. § 2 Abs. 3 Satz 1 InvZulG 1999). Ohne Bedeutung ist, ob ein im Fördergebiet belegenes Gebäude zum Privatvermögen, zum Anlagevermögen einer Betriebsstätte im Fördergebiet oder zum Anlagevermögen einer Betriebsstätte außerhalb des Fördergebiets gehört.

2. Modernisierungsmaßnahmen an Gebäuden, die vor dem 1. Januar 1991 fertiggestellt worden sind

Bei nachträglichen Herstellungsarbeiten und bei Erhaltungsarbeiten an einem Gebäude (§ 3 Abs. 1 Nr. 1 und 3 InvZulG) und bei der Anschaffung eines vom Veräußerer noch zu modernisierenden Gebäudes (§ 3 Abs. 1 Nr. 2 InvZulG) kommt eine Investitionszulage nur in Betracht, wenn das Gebäude vor dem 1. Januar 1991 fertiggestellt worden ist. Diese Voraussetzung ist nicht erfüllt, wenn ein Gebäude zwar erstmals vor dem 1. Januar 1991 fertiggestellt worden ist, aber Baumaßnahmen durchgeführt worden sind, durch die nach dem 31. Dezember 1990 ein anderes Gebäude oder ein neues Gebäude entstanden ist oder aufgrund derer der Steuerpflichtige nach dem 31. Dezember 1990 von der Herstellung eines anderen Gebäudes ausgegangen ist (vgl. R 43 Abs. 5 EStR 1996).

3. Kumulationsverbot

(1) Bei nachträglichen Herstellungsarbeiten an einem Gebäude (§ 3 Abs. 1 Nr. 1 InvZulG) und der Anschaffung eines vom Veräußerer noch zu modernisierenden Gebäudes (§ 3 Abs. 1 Nr. 2 InvZulG) kommt eine Investitionszulage nur in Betracht, wenn der Anspruchsberechtigte selbst keine erhöhten Absetzungen in Anspruch nimmt, z. B. nach §§ 7h oder 7i EStG. Die Sonderabschreibungen nach dem Fördergebietsgesetz sind keine erhöhten Absetzungen. Das Kumulationsverbot bezieht sich nur auf dieselben nachträglichen Herstellungsarbeiten. Deshalb schließt z. B. die Inanspruchnahme erhöhter Absetzungen nach § 7h EStG für die Aufwendungen zur Sanierung der Gebäudefassade die Gewährung von Investitionszulage für die Aufwendungen zur Neueindeckung des Daches nicht aus. Nimmt der Anspruchsberechtigte erhöhte Absetzungen erst in Anspruch, nachdem ihm die Investitionszulage ausgezahlt worden ist, ist die Investitionszulage zurückzufordern. Ist der Investitionszulagebescheid bereits bestandskräftig, ist er nach § 175 Abs. 1 Satz 1 Nr. 2 AO aufzuheben oder zu ändern.

(2) Bei der Anschaffung eines vom Veräußerer noch zu modernisierenden Gebäudes (§ 3 Abs. 1 Nr. 2 InvZulG) und eines Mietwohnungsneubaus (§ 3 Abs. 1 Nr. 4 InvZulG) wird eine Investitionszulage nicht gewährt, wenn der Veräußerer oder ein Zwischenerwerber für nachträgliche Herstellungsarbeiten an diesem Gebäude oder für die Herstellung oder Anschaffung dieses Gebäudes Investitionszulage in Anspruch genommen hat. Das gilt auch dann, wenn der Veräußerer oder ein Zwischenerwerber Investitionszulage für das ungeteilte Gebäude in Anspruch genommen hat und später Wohnungs- oder Teileigentum begründet, so daß der Anspruchsberechtigte eine Eigentumswohnung oder im Teileigentum stehende Räume erwirbt. Nimmt der Veräußerer oder ein Zwischenerwerber die Investitionszulage erst in Anspruch, nachdem dem Anspruchsberechtigten die Investitionszulage ausgezahlt worden ist, ist die Investitionszulage des Anspruchsberechtigten zurückzufordern. Ist der Investitionszulagebescheid bereits bestandskräftig, ist er nach § 175 Abs. 1 Satz 1 Nr. 2 AO aufzuheben oder zu ändern.

4. Neues Gebäude

Ein neues Gebäude im Sinne von § 3 Abs. 1 Nr. 4 InvZulG entsteht durch Umbauten und Modernisierungsmaßnahmen nicht bereits dann, wenn sich dadurch die Zweckbestimmung des Gebäudes ändert. Es entsteht nur, wenn die eingefügten Neubauteile dem Gesamtgebäude das Gepräge geben, so daß es in bautechnischer Hinsicht neu ist. Das ist insbesondere der Fall, wenn verbrauchte Teile ersetzt werden, die für die Nutzungsdauer des Gebäudes bestimmend sind, z. B. Fundamente, tragende Außen- und Innenwände, Geschoßdecken und die Dachkonstruktion (vgl. BFH-Urteile vom 28. Juni 1977, BStBl II S. 725, und vom 31. März 1992, BStBl II S. 808). Für die Investitionszulage genügt es nicht, daß ein anderes Gebäude entsteht oder der Steuerpflichtige aufgrund der Höhe des Bauaufwands nach R 43 Abs. 5 EStR 1996 von der Herstellung eines anderen Gebäudes ausgehen kann. Durch den Ausbau eines unausgebauten Dachgeschosses und die Aufstockung eines Gebäudes entsteht ein neues Gebäude, soweit das ausgebaute oder aufgestockte Dachgeschoß in einem anderen Nutzungs- und Funktionszusammenhang als das übrige Gebäude steht. Um die Herstellung eines neuen Gebäudes handelt es sich auch bei dem Ausbau eines unausgebauten Dachgeschosses, an dem Wohnungs- oder Teileigentum begründet ist (vgl. Tz. 9 und 10 des BMF-Schreibens vom 10. Juli 1996, BStBl I S. 689).

5. Bescheinigungsverfahren

(1) Die Investitionszulage nach § 3 Abs. 1 Nr. 4 InvZulG setzt voraus, daß der Mietwohnungsneubau im Zeitpunkt der Anschaffung oder Herstellung in einem der in § 3 Abs. 1 Nr. 4 Buchstabe b InvZulG genannten Gebiete liegt. Diese bauplanungsrechtliche Voraussetzung ist durch eine Bescheinigung der zuständigen Gemeindebehörde nachzuweisen. Bei Streitigkeiten im Bescheinigungsverfahren ist der Verwaltungsrechtsweg gegeben (§ 6 Abs. 1 Satz 3 InvZulG).

(2) Die Bescheinigung ist materiellrechtliche Voraussetzung für die Gewährung der Investitionszulage und Grundlagenbescheid im Sinne des § 171 Abs. 10 AO. Sie ist für die Finanzbehörden und Finanzgerichte bindend, soweit sie die in § 3 Abs. 1 Nr. 4 Buchstabe b InvZulG bestimmten außersteuerlichen Feststellungen enthält, nicht hingegen, soweit darin steuerrechtliche Fragen beurteilt werden oder eine bestimmte Beurteilung solcher Fragen vorausgesetzt wird, z. B. der Zeitpunkt der Anschaffung oder Herstellung (vgl. BFH-Urteile vom 19. März 1981, BStBl II S. 538, und vom 29. August 1986, BStBl II S. 920). Stellt das Finanzamt fest, daß die in der Bescheinigung bezeichneten bauplanungsrechtlichen Voraussetzungen offensichtlich nicht vorliegen, hat es die zuständige Gemeindebehörde zu veranlassen, die Bescheinigung zu überprüfen.

6. Nutzungsvoraussetzung

Die Investitionszulage kommt nur in Betracht, soweit das Gebäude mindestens fünf Jahre nach Beendigung der nachträglichen Herstellungsarbeiten (§ 3 Abs. 1 Nr. 1 und 2 InvZulG), der Erhaltungsarbeiten (§ 3 Abs. 1 Nr. 3 InvZulG) oder der Anschaffung oder Herstellung (§ 3 Abs. 1 Nr. 4 InvZulG) der entgeltlichen Überlassung zu Wohnzwecken dient. Für die Auslegung des Begriffs Wohnzwecke ist R 42a Abs. 1 bis 3 EStR 1996 maßgebend. Ein Gebäude dient auch der entgeltlichen Überlassung zu Wohnzwecken, soweit es zwar vorübergehend leersteht, aber zur entgeltlichen Überlassung zu Wohnzwecken bereitgehalten wird. Werden für die Überlassung des Gebäudes weniger als 50 v. H. der ortsüblichen Marktmiete gezahlt, ist die Nutzungsüberlassung als unentgeltlich anzusehen. Überträgt der Anspruchsberechtigte das Gebäude vor Ablauf des Fünfjahreszeitraums entgeltlich oder unentgeltlich im Wege der Einzelrechtsnachfolge, muß das Gebäude dem Rechtsnachfolger bis zum Ende des Fünfjahreszeitraums der entgeltlichen Überlassung zu Wohnzwecken dienen. Wird das Gebäude während des Fünfjahreszeitraums zu eigenen Wohnzwecken oder zu betrieblichen Zwecken genutzt oder unentgeltlich zu Wohnzwecken überlassen, ist eine gewährte Investitionszulage zurückzufordern, soweit die Nutzungsvoraussetzung in räumlicher Hinsicht nicht erfüllt ist.

II. Bemessungsgrundlage
1. Allgemeines

Die Investitionszulage wird für die nach § 3 InvZulG begünstigten Investitionen eines Kalenderjahrs gewährt. Die Bemessungsgrundlage berechnet sich wie folgt:

	Summe der Anschaffungs- und Herstellungskosten und Erhaltungsaufwendungen für begünstigte Gebäude, die im Kalenderjahr angeschafft oder hergestellt worden sind, und begünstigte Arbeiten, die im Kalenderjahr beendet worden sind (Ausgangsbetrag)
./.	vor dem 1. Januar 1999 geleistete Anzahlungen auf Anschaffungskosten, Anzahlungen auf Erhaltungsaufwendungen und entstandene Teilherstellungskosten
./.	bei nachträglichen Herstellungsarbeiten, Erhaltungsarbeiten und Erwerb eines vom Veräußerer noch zu modernisierenden Gebäudes der Teil der nachträglichen Herstellungskosten, Erhaltungsaufwendungen und Anschaffungskosten, der insgesamt in den Jahren 1999 bis 2004 1.200 DM je Quadratmeter Wohnfläche übersteigt
./.	bei Mietwohnungsneubauten der Teil der Anschaffungs- oder Herstellungskosten, der 4.000 DM je Quadratmeter Wohnfläche übersteigt
	Begünstigungsfähiges Volumen
./.	5.000 DM
	Bemessungsgrundlage

In den Ausgangsbetrag können außerdem die im Kalenderjahr geleisteten Anzahlungen auf Anschaffungskosten, Anzahlungen auf Erhaltungsaufwendungen und entstandenen Teilherstellungskosten einbezogen werden. In diesen Fällen dürfen im Kalenderjahr der Anschaffung oder Herstellung der Gebäude oder Beendigung der Arbeiten nur die um die Anzahlungen oder Teilherstellungskosten verminderten Anschaffungs- oder Herstellungskosten oder Erhaltungsaufwendungen berücksichtigt werden.

2. Erhaltungsarbeiten

(1) Eine Investitionszulage kommt nur für die Erhaltungsarbeiten in Betracht, die der Anspruchsberechtigte selbst durchführt oder durchführen läßt. Bei der Anschaffung eines vom Veräußerer noch zu modernisierenden Gebäudes (§ 3 Abs. 1 Nr. 2 InvZulG) sind die Anschaffungskosten, soweit sie auf Erhaltungsarbeiten des Veräußerers entfallen, nicht begünstigt.

11 (2) Aufwendungen für Erhaltungsarbeiten, die im Kalenderjahr beendet worden sind, gehören auch zum Ausgangsbetrag für die Investitionszulage, soweit noch keine Zahlungen geleistet worden sind. Für Erhaltungsarbeiten, die im Kalenderjahr noch nicht beendet worden sind, kommt eine Investitionszulage nur in Betracht, soweit im Kalenderjahr Anzahlungen auf Erhaltungsaufwendungen geleistet worden sind. Anzahlungen auf Erhaltungsaufwendungen sind Zahlungen, die vor Beendigung der Erhaltungsarbeiten auf die endgültigen Erhaltungsaufwendungen geleistet werden, soweit sie diese nicht übersteigen.

3. Ausschluß der vor dem 1. Januar 1999 geleisteten Anzahlungen und entstandenen Teilherstellungskosten

12 Die vor dem 1. Januar 1999 geleisteten Anzahlungen auf Anschaffungskosten, Anzahlungen auf Erhaltungsaufwendungen und entstandenen Teilherstellungskosten gehören nicht zum begünstigungsfähigen Volumen für die Investitionszulage. Das gilt auch dann, wenn für die Anzahlungen auf Anschaffungskosten und die Teilherstellungskosten keine Sonderabschreibungen nach dem Fördergebietsgesetz in Anspruch genommen werden und sich die Anzahlungen auf Erhaltungsaufwendungen ertragsteuerlich nicht auswirken.

Beispiel 1:

In einer Mietwohnung wird das Badezimmer erneuert. Der Anspruchsberechtigte kauft im Dezember 1998 für 10.000 DM Fliesen und die Sanitäreinrichtung. Der Fliesenleger und der Installateur führen die Arbeiten im Januar 1999 aus und berechnen insgesamt 8.000 DM.

Zum begünstigungsfähigen Volumen der Investitionszulage für das Jahr 1999 rechnen 8.000 DM.

4. Ausschluß der 1.200 DM je Quadratmeter Wohnfläche übersteigenden Aufwendungen (§ 3 Abs. 1 Nr. 1 bis 3 InvZulG)

13 (1) Bei nachträglichen Herstellungsarbeiten (§ 3 Abs. 1 Nr. 1 InvZulG) und Erhaltungsarbeiten (§ 3 Abs. 1 Nr. 3 InvZulG) gehören die nachträglichen Herstellungskosten und Erhaltungsaufwendungen nicht zum begünstigungsfähigen Volumen, soweit sie 1.200 DM je Quadratmeter Wohnfläche übersteigen. Die Wohnfläche ist in sinngemäßer Anwendung der §§ 42 bis 44 der Zweiten Berechnungsverordnung[1]) zu ermitteln. Maßgebend ist die Wohnfläche, die bei Beendigung der Arbeiten vorhanden ist und der entgeltlichen Überlassung zu Wohnzwecken dient. Ohne Bedeutung ist die Größe der Wohnfläche, an der die Arbeiten unmittelbar vorgenommen werden.

Beispiel 2:

Ein Mietwohngebäude mit 400 m^2 Wohnfläche wird im Jahr 1999 für 520.000 DM modernisiert, ohne daß sich hierdurch die Wohnfläche verändert.

Zum begünstigungsfähigen Volumen der Investitionszulage für das Jahr 1999 rechnen (400 m^2 × 1.200 DM =) 480.000 DM.

Beispiel 3:

Bei einem Mietwohngebäude mit 400 m^2 Wohnfläche wird im Jahr 1999 nur die Erdgeschoßwohnung, die eine Wohnfläche von 120 m^2 hat, für 156.000 DM modernisiert.

Zum begünstigungsfähigen Volumen der Investitionszulage für das Jahr 1999 rechnet der Betrag von 156.000 DM, weil er (400 m^2 × 1.200 DM =) 480.000 DM nicht übersteigt.

Beispiel 4:

Bei einem Gebäude, in dem sich drei Eigentumswohnungen mit einer Gesamtwohnfläche von 400 m^2 befinden, wird im Jahr 1999 die Eigentumswohnung im Erdgeschoß, die eine Wohnfläche von 120 m^2 hat, für 156.000 DM modernisiert.

Zum begünstigungsfähigen Volumen der Investitionszulage für das Jahr 1999 rechnen (120 m^2 × 1.200 DM =) 144.000 DM.

Beispiel 5:

Ein Mietwohngebäude mit 400 m^2 Wohnfläche wird im Jahr 1999 modernisiert. Gleichzeitig wird das unausgebaute Dachgeschoß zu einer Mietwohnung mit einer Wohnfläche von 60 m^2 ausgebaut. Die nachträglichen Herstellungskosten betragen insgesamt 580.000 DM.

Zum begünstigungsfähigen Volumen der Investitionszulage für das Jahr 1999 rechnen (460 m^2 × 1.200 DM =) 552.000 DM.

---

[1]) → Anhang 4.

(2) Der Betrag von 1.200 DM pro Quadratmeter Wohnfläche bezieht sich auf die Summe der nachträglichen Herstellungskosten und Erhaltungsaufwendungen für ein bestimmtes Gebäude, die insgesamt in den Jahren 1999 bis 2004 entstehen. Erstreckt sich eine einheitliche Baumaßnahme über mehr als ein Kalenderjahr oder werden an einem Gebäude in verschiedenen Jahren nicht zusammenhängende Baumaßnahmen durchgeführt, gehören die im zweiten oder einem späteren Kalenderjahr entstehenden nachträglichen Herstellungskosten und Erhaltungsaufwendungen nur zum begünstigungsfähigen Volumen, soweit in den Vorjahren der Betrag von 1.200 DM noch nicht erreicht worden ist.

Beispiel 6:

Sachverhalt wie in Beispiel 3 mit der Ergänzung, daß bei dem Mietwohngebäude im Jahr 2002 die Wohnungen im 1. und 2. Obergeschoß, die eine Wohnfläche von insgesamt 200 m^2 haben, für 350.000 DM modernisiert werden.

Zum begünstigungsfähigen Volumen der Investitionszulage für das Jahr 2002 rechnen (Höchstbetrag 480.000 DM abzüglich 156.000 DM aus 1999 =) 324.000 DM.

Das gilt bei einer einheitlichen Baumaßnahme, die sich über mehr als ein Kalenderjahr erstreckt, auch dann, wenn die Investitionszulage bereits für die Teilherstellungskosten oder die Anzahlungen auf Erhaltungsaufwendungen beantragt wird.

Beispiel 7:

Ein Mietwohngebäude mit 400 m^2 Wohnfläche wird in den Jahren 1999 und 2000 modernisiert. Die Teilherstellungskosten im Jahr 1999 betragen 420.000 DM, die restlichen Herstellungskosten im Jahr 2000 betragen 100.000 DM. Der Anspruchsberechtigte stellt Investitionszulagenanträge für die Jahre 1999 und 2000.

Zum begünstigungsfähigen Volumen der Investitionszulage für das Jahr 1999 rechnen die Teilherstellungskosten von 420.000 DM, weil sie (400 m^2 × 1.200 DM =) 480.000 DM nicht übersteigen.

Zum begünstigungsfähigen Volumen der Investitionszulage für das Jahr 2000 rechnen (Höchstbetrag 480.000 DM abzüglich 420.000 DM aus 1999 =) 60.000 DM.

(3) Für die Berechnung, ob die nachträglichen Herstellungskosten und Erhaltungsaufwendungen 1.200 DM je Quadratmeter Wohnfläche übersteigen, sind bei vor dem 1. Januar 1999 begonnenen nachträglichen Herstellungsarbeiten und Erhaltungsarbeiten die vor diesem Zeitpunkt entstandenen Teilherstellungskosten und geleisteten Anzahlungen auf Erhaltungsaufwendungen nicht zu berücksichtigen.

Beispiel 8:

Ein Mietwohngebäude mit 400 m^2 Wohnfläche wird in den Jahren 1998 und 1999 modernisiert. Die Teilherstellungskosten im Jahr 1998 betragen 420.000 DM, die restlichen Herstellungskosten im Jahr 1999 betragen 100.000 DM.

Zum begünstigungsfähigen Volumen der Investitionszulage für das Jahr 1999 rechnen die restlichen Herstellungskosten von 100.000 DM, weil sie (400 m^2 × 1.200 DM =) 480.000 DM nicht übersteigen.

(4) Bei der Anschaffung eines vom Veräußerer noch zu modernisierenden Gebäudes (§ 3 Abs. 1 Nr. 2 InvZulG) gelten die Tz. 13 bis 15 mit der Maßgabe entsprechend, daß an die Stelle der nachträglichen Herstellungskosten die Anschaffungskosten treten, die auf nachträgliche Herstellungsarbeiten entfallen, die nach dem rechtswirksamen Abschluß des obligatorischen Vertrags oder gleichstehenden Rechtsakts durchgeführt worden sind, und an die Stelle der Teilherstellungskosten die Anzahlungen auf Anschaffungskosten.

Beispiel 9:

Der Kaufpreis für eine im Jahr 1999 erworbene und modernisierte Eigentumswohnung mit 100 m^2 Wohnfläche beträgt 320.000 DM. Davon entfallen auf den Grund und Boden 50.000 DM, die Altbausubstanz 70.000 DM, die vom Veräußerer vor Kaufvertragsabschluß durchgeführten nachträglichen Herstellungsarbeiten 90.000 DM und die vom Veräußerer nach Kaufvertragsabschluß durchgeführten nachträglichen Herstellungsarbeiten 110.000 DM.

Zum begünstigungsfähigen Volumen der Investitionszulage für das Jahr 1999 rechnet der Anschaffungskostenteilbetrag von 110.000 DM, der auf die nach Kaufvertragsabschluß vom Veräußerer durchgeführten nachträglichen Herstellungsarbeiten entfällt, weil er (100 m^2 × 1.200 DM =) 120.000 DM nicht übersteigt.

5. Ausschluß der 4.000 DM je Quadratmeter Wohnfläche übersteigenden Aufwendungen (§ 3 Abs. 1 Nr. 4 InvZulG)

17 Bei der Anschaffung oder Herstellung eines Mietwohnungsneubaus gehören die Anschaffungs- oder Herstellungskosten nicht zum begünstigungsfähigen Volumen, soweit sie 4.000 DM je Quadratmeter Wohnfläche übersteigen. Die Wohnfläche ist in sinngemäßer Anwendung der §§ 42 bis 44 der Zweiten Berechnungsverordnung[1]) zu ermitteln. Für die Berechnung, ob die Anschaffungs- oder Herstellungskosten 4.000 DM je Quadratmeter Wohnfläche übersteigen, sind bei Gebäuden mit Kaufvertragsabschluß oder Herstellungsbeginn vor dem 1. Januar 1999 die vor diesem Zeitpunkt geleisteten Anzahlungen auf Anschaffungskosten und entstandenen Teilherstellungskosten zu berücksichtigen.

Beispiel 10:

Ein Mietwohnungsneubau mit 400 m² Wohnfläche wird in den Jahren 1998 und 1999 hergestellt. Die Teilherstellungskosten im Jahr 1998 betragen 1,5 Mio. DM, die restlichen Herstellungskosten im Jahr 1999 betragen 300.000 DM.

Zum begünstigungsfähigen Volumen der Investitionszulage für das Jahr 1999 rechnen (Höchstbetrag 400 m² 4.000 DM abzüglich 1,5 Mio. DM aus 1998 =) 100.000 DM.

6. Minderung des begünstigungsfähigen Volumens um 5.000 DM

18 (1) Bemessungsgrundlage für die Investitionszulage ist das den Betrag von 5.000 DM übersteigende begünstigungsfähige Volumen. Der Abzug von 5.000 DM ist somit in jedem Kalenderjahr vorzunehmen, für das eine Investitionszulage beantragt wird.

Beispiel 11:

In einer Mietwohnung wird das Badezimmer erneuert. Der Anspruchsberechtigte kauft im Dezember 1999 für 10.000 DM Fliesen und die Sanitäreinrichtung. Der Fliesenleger und der Installateur führen ihre Arbeiten im Februar 2000 aus und berechnen insgesamt 8.000 DM. Beantragt der Anspruchsberechtigte die Investitionszulage bereits für die in 1999 geleisteten Anzahlungen auf Erhaltungsaufwendungen, beträgt die Bemessungsgrundlage der Investitionszulage

für das Jahr 1999 (10.000 DM abzüglich 5.000 DM =)	5.000 DM
und für das Jahr 2000 (8.000 DM abzüglich 5.000 DM =)	3.000 DM
insgesamt	8.000 DM

Beantragt der Anspruchsberechtigte die Investitionszulage erst nach Beendigung der Erhaltungsarbeiten, beträgt die Bemessungsgrundlage der Investitionszulage für das Jahr 2000 (18.000 DM abzüglich 5.000 DM =) 13.000 DM.

19 (2) Beträgt die Investitionszulage für einen Teil der Bemessungsgrundlage 15 v. H. und für einen Teil 10 v. H. (§ 3 Abs. 4 InvZulG), mindert der Abzugsbetrag von 5.000 DM zunächst den Teil, für den die Investitionszulage 10 v. H. beträgt.

Beispiel 12:

Im Dezember 1999 werden vom Anspruchsberechtigten für 3.000 DM Fliesen für das Badezimmer in einer Mietwohnung gekauft, das im Januar 2000 erneuert wird, und 4.000 DM Architektenhonorar für einen Mietwohnungsneubau gezahlt, bei dem die Erdarbeiten im Herbst 2000 beginnen.

Für das Jahr 1999 beträgt die Bemessungsgrundlage für die Investitionszulage (7.000 DM abzüglich 5.000 DM =) 2.000 DM und die Investitionszulage 15 v. H. = 300 DM.

---

[1]) → Anhang 4.

Übersicht

I Steuerliche Behandlung der rechnungsmäßigen und außerrechnungsmäßigen Zinsen aus Lebensversicherungen
BMF vom 31.8.1979 (BStBl I S. 592)
BMF vom 13.11.1985 (BStBl I S. 661)

II Ermittlung des einkommensteuerpflichtigen Kapitalertrags aus Zero Coupon Bonds, die zu einem Privatvermögen gehören
BMF vom 24.1.1985 (BStBl I S. 77)
BMF vom 1.3.1991 (BStBl I S. 422)

III Einkommensteuerrechtliche Behandlung von
a) Emissionsdisagio, Emissionsdiskont und umlaufbedingtem Unterschiedsbetrag zwischen Marktpreis und höherem Nennwert bei festverzinslichen Wertpapieren,
b) unverzinslichen Schatzanweisungen,
die zu einem Privatvermögen gehören
BMF vom 24.11.1986 (BStBl I S. 539)

IV Behandlung von Einnahmen aus partiarischen Darlehen nach den deutschen Doppelbesteuerungsabkommen;
hier: Abgrenzung zu Einnahmen aus stillen Beteiligungen
BMF vom 16.11.1987 (BStBl I S. 740)

V Steuerliche Behandlung verschiedener Formen von Kapitalanlagen
BMF vom 30.4.1993 (BStBl I S. 343)

VI Einkommensteuerrechtliche Behandlung von Options- und Finanztermingeschäften an der Deutschen Terminbörse (DTB) und von anderen als Optionsscheine bezeichneten Finanzinstrumenten im Bereich der privaten Vermögensverwaltung
BMF vom 10.11.1994 (BStBl I S. 816)

VII Zurechnung von Kapitalerträgen aus Anderkonten
BMF vom 6.6.1995

VIII Berechnung des steuerpflichtigen Ertrags nach der Marktrendite bei Anlageinstrumenten in Fremdwährung
BMF vom 24.10.1995

IX Anwendung des Disagioerlasses auf sogenannte Kurzläufer
OFD Düsseldorf vom 6.5.1998 (ESt-Kartei NRW, § 20 EStG, Fach 3 Nr. 800)

X Einkommensteuerrechtliche Behandlung der Kapitalerträge aus Schuldverschreibungen des Entschädigungsfonds nach dem Entschädigungs- und Ausgleichsleistungsgesetz vom 27.9.1994 (BGBl. I S. 2624)
BMF vom 9.10.1998 (BStBl I S. 1226)

I

Steuerliche Behandlung der rechnungsmäßigen und außerrechnungsmäßigen Zinsen aus Lebensversicherungen

BMF vom 31.8.1979 (BStBl I S. 592)

IV B 4 – S 2252 – 77/79

Außerrechnungsmäßige und rechnungsmäßige Zinsen aus Lebensversicherungen gehören unter bestimmten Voraussetzungen zu den Einkünften aus Kapitalvermögen (§ 20 Abs. 1 Nr. 6 EStG). Die Zinsen unterliegen der Kapitalertragsteuer (§ 43 Abs. 1 Nr. 4 EStG). Zur Anwendung dieser Vorschriften wird unter Bezugnahme auf das Ergebnis der Erörterungen mit den obersten Finanzbehörden der Länder wie folgt Stellung genommen.

1. Art der Versicherung

1.1 Zu den Einnahmen aus Kapitalvermögen rechnen nach § 20 Abs. 1 Nr. 6 EStG außerrechnungsmäßige und rechnungsmäßige Zinsen aus den Sparanteilen, die in den Beiträgen zu Versiche-

Anhang 16
Kapitalvermögen

rungen auf den Erlebens- oder Todesfall enthalten sind. Zu den Einnahmen aus Kapitalvermögen gehören stets Zinsen aus

a) Kapitalversicherungen gegen Einmalbeitrag,
b) Rentenversicherungen mit Kapitalwahlrecht gegen Einmalbeitrag,
c) Rentenversicherungen mit Kapitalwahlrecht gegen laufende Beitragsleistung, bei denen die Auszahlung des Kapitals zu einem Zeitpunkt vor Ablauf von 12 Jahren seit Vertragsabschluß verlangt werden kann,
d) Kapitalversicherungen gegen laufende Beitragsleistung, wenn der Vertrag nicht für die Dauer von mindestens 12 Jahren abgeschlossen ist.

1.2 Zinsen aus Versicherungen im Sinne des § 10 Abs. 1 Nr. 2 Buchst. b EStG rechnen grundsätzlich nicht zu den steuerpflichtigen Einnahmen (§ 20 Abs. 1 Nr. 6 Satz 2 EStG). Dazu gehören folgende Versicherungen auf den Erlebens- oder Todesfall:

a) Risikoversicherungen, die nur für den Todesfall eine Leistung vorsehen,
b) Rentenversicherungen ohne Kapitalwahlrecht,
c) Rentenversicherungen mit Kapitalwahlrecht gegen laufende Beitragsleistung, bei denen die Auszahlung des Kapitals nicht zu einem Zeitpunkt vor Ablauf von 12 Jahren seit Vertragsabschluß verlangt werden kann,
d) Kapitalversicherungen gegen laufende Beitragsleistung, wenn der Vertrag für die Dauer von mindestens 12 Jahren abgeschlossen worden ist.

1.3 Die Zinsen gehören bei den unter 1.2 genannten Versicherungsverträgen nicht zu den Einnahmen aus Kapitalvermögen, soweit sie

- mit Beiträgen desselben Versicherungsvertrages oder gleichartiger Verträge bei demselben Versicherungsunternehmen verrechnet oder
- im Versicherungsfall – auch vor Ablauf von 12 Jahren seit dem Vertragsabschluß – ausgezahlt oder
- im Fall des Rückkaufs oder der Auflösung des Vertrages nach Ablauf von 12 Jahren seit dem Vertragsabschluß ausgezahlt

werden.

Die Zinsen gehören bei diesen Verträgen jedoch zu den Einnahmen aus Kapitalvermögen, soweit diese

- zu dem laufenden Vertrag oder
- im Fall des Rückkaufs des Vertrages vor Ablauf von 12 Jahren seit dem Vertragsabschluß mit dem Rückkaufswert

ausgezahlt werden.

2 Sparanteil

Der von den Lebensversicherungsunternehmen zu Versicherungen mit Sparanteil erhobene Versicherungsbeitrag, dessen Höhe sich nach dem Eintrittsalter des Versicherten, der Dauer der Versicherung und der Höhe der Versicherungsleistungen richtet, setzt sich zusammen aus dem

- Kostenanteil (Beitragsteil insbesondere für Verwaltungsausgaben des Unternehmens),
- Risikoanteil (Beitragsteil für vorzeitige Leistungen z. B. in Todesfällen),
- Sparanteil.

Die Finanzierung der vertraglich festgelegten Versicherungsleistung wird durch die Sparanteile ermöglicht, die einschließlich ihrer rechnungsmäßigen Verzinsung die Versicherungssumme im Erlebensfall ergeben. Die verzinsliche Ansammlung der Sparanteile während der Vertragsdauer bildet das Deckungskapital der einzelnen Versicherung.

3 Rechnungsmäßige Zinsen

3.1 Das Deckungskapital wird verzinst. Der Zinssatz ist geschäftsplanmäßig festgelegt und bedarf der Genehmigung durch die Aufsichtsbehörde. Er beträgt z. Z. für alle Lebensversicherungen einheitlich 3 v. H. Es handelt sich hierbei um die sog. rechnungsmäßigen Zinsen.

3.2 Zu den Einnahmen aus Kapitalvermögen gehören nur die Zinsen aus den Sparanteilen. Gewinne aus dem Kostenanteil oder dem Risikoanteil sowie Erträge aus der Anlage des Eigenkapitals des Versicherungsunternehmens gehören nicht dazu.

Anhang 16
Kapitalvermögen

4 Außerrechnungsmäßige Zinsen

Die Versicherungsunternehmen erzielen aus ihren Kapitalanlagen in der Regel einen höheren Ertrag, als es dem rechnungsmäßigen Zins entspricht. Der Mehrertrag wird als außerrechnungsmäßiger oder überrechnungsmäßiger Zins bezeichnet. Er ist nach § 20 Abs. 1 Nr. 6 EStG insoweit steuerpflichtig, als er auf Grund des Geschäftsberichts des Lebensversicherungsunternehmens an den Versicherungsnehmer auszuschütten ist.

5 Ermittlung der Zinserträge

5.1[1]) Nicht alle Lebensversicherungsunternehmen sind in der Lage, die rechnungsmäßigen und außerrechnungsmäßigen Zinsen im Einzelfall mit einem vertretbaren Aufwand genau festzustellen. In diesen Fällen ist nicht zu beanstanden, wenn die rechnungsmäßigen und außerrechnungsmäßigen Zinsen nach dem folgenden Näherungsverfahren ermittelt werden:

$(3{,}2 \cdot m - 0{,}1 \cdot n - 4{,}5) \cdot RW : 100$

Bei dem Näherungsverfahren wird der Zinsertrag in Abhängigkeit vom Rückkaufswert (RW) der Versicherung in Deutscher Mark angegeben. Die Höhe des Rückkaufswerts ist in der Regel zu den einzelnen Stichtagen in einer Anlage zu jedem Versicherungsvertrag vermerkt. Sie ist damit jedem Versicherungsnehmer bekannt. Die Formel berücksichtigt die vereinbarte Beitragszahlungsdauer der Versicherung (n) und die abgelaufene Dauer der Versicherung (m).

Beispiel:

Ein Steuerpflichtiger schließt im Alter von 30 Jahren eine Lebensversicherung mit einer Beitragszahlungsdauer von 35 Jahren ab. Die Versicherungssumme beträgt 10.000 DM. Nach einer Laufzeit von 10 Jahren kündigt er die Versicherung. Der Rückkaufswert beträgt nach der Anlage zu dem Versicherungsvertrag 160 DM je Tausend Versicherungssumme.

Es sind anzusetzen:

$n = 35$

$m = 10$

$RW = 160 \cdot 10 = 1.600$

Nach der Näherungsformel errechnen sich die rechnungsmäßigen und außerrechnungsmäßigen Zinsen wie folgt:

$(3{,}2 \cdot 10 - 0{,}1 \cdot 35 - 4{,}5) \cdot 1.600 : 100 = 384 \text{ DM}$

5.2 Handelt es sich um eine Versicherung, bei der in der Vergangenheit Versicherungssumme und Beiträge planmäßig laufend erhöht worden sind, so ist folgende Formel maßgebend:

$0{,}5 \cdot (1 + \dfrac{mR}{mR^A}) \cdot (3{,}2 \cdot m - 0{,}1 \cdot n - 4{,}5) \cdot mR^A : 100$

Dabei ist

mR = Rückkaufswert nach m Jahren, wenn keine planmäßigen Erhöhungen stattgefunden hätten.

mR^A = Rückkaufswert nach m Jahren der Versicherung mit planmäßigen Erhöhungen.

Beispiel:

Ein Steuerpflichtiger schließt im Alter von 30 Jahren eine Lebensversicherung mit einer Vertragsdauer von 35 Jahren ab. Die Versicherungssumme beträgt 10.000 DM. Die Beiträge werden planmäßig jährlich um 6 v. H. erhöht. Nach einer Laufzeit von 10 Jahren wird die Versicherung gekündigt.

Der Rückkaufswert beträgt nach der Anlage zu dem Versicherungsvertrag 201 DM je Tausend Versicherungssumme.

Die rechnungsmäßigen und außerrechnungsmäßigen Zinsen errechnen sich nach der Näherungsformel wie folgt:

$0{,}5 \cdot (1 + \dfrac{1600}{2010}) \cdot (3{,}2 \cdot 10 - 0{,}1 \cdot 35 - 4{,}5) \cdot 2010 : 100 = 433{,}20 \text{ DM}$

---

[1]) Anm.: Beachte BMF vom 13.11.1985 (BStBl I S. 661); Abdruck siehe folgende Seiten.

Anhang 16
Kapitalvermögen

5.3 In Ausnahmefällen sind nur die rechnungsmäßigen Zinsen zu ermitteln, z. B. weil die außerrechnungsmäßigen Zinsen laufend mit Beiträgen verrechnet oder ausgezahlt worden sind. In diesen Fällen können die rechnungsmäßigen Zinsen unter den in Tz. 5.1 genannten Voraussetzungen nach der folgenden Formel ermittelt werden:

$$(1,4 \cdot m - 0,1 \cdot n + 1,5) \cdot RW : 100$$

5.4 Handelt es sich um eine Versicherung, bei der in der Vergangenheit Versicherungssumme und Beiträge planmäßig laufend erhöht worden sind, so ist für die Ermittlung lediglich der rechnungsmäßigen Zinsen folgende Formel maßgebend:

$$0,5 \cdot (1 + \frac{mR}{mR^A}) \cdot (1,4 \cdot m - 0,1 \cdot n - 1,5) \cdot mR^A : 100$$

6 Zufluß

Die rechnungsmäßigen und außerrechnungsmäßigen Zinsen fließen dem Steuerpflichtigen in dem Zeitpunkt zu, in dem sie ihm in bar oder durch Überweisung

- ausgezahlt oder
- mit Beiträgen verrechnet oder
- im Fall des Rückkaufs des Vertrages mit dem Rückkaufswert ausgezahlt oder
- im Versicherungsfall mit der Versicherungssumme ausgezahlt

werden.

7 Vertragsänderungen

7.1 Allgemeines

7.1.1 Lebensversicherungsverträge haben in der Regel eine längere Laufzeit. Während dieser Laufzeit können sich die wirtschaftlichen Umstände oder die Erfordernisse des Versicherungsnehmers ändern.

7.1.2 Anpassungen an die neuen Erfordernisse verlangen mitunter Vertragsänderungen (z. B. Verkürzung oder Verlängerung der Vertragslaufzeit, Erhöhung oder Minderung der Versicherungssumme). Soweit die Beiträge auch nach der Vertragsänderung zu Lebensversicherungen im Sinne des § 10 Abs. 1 Nr. 2 Buchst. b EStG geleistet werden, gehören die rechnungsmäßigen und außerrechnungsmäßigen Zinsen grundsätzlich nicht zu den Einnahmen aus Kapitalvermögen. Die Ausführungen in Tz. 1.2 und 1.3 gelten sinngemäß.

7.2 Zuzahlungen

7.2.1 Die Ausführungen zu Tz. 7.1.2 gelten auch für Zuzahlungen zur Aufstockung der Versicherungssumme oder zur Abkürzung der Vertragslaufzeit; diese Zuzahlungen können von vornherein oder nachträglich vereinbart werden.

7.2.2 Die rechnungsmäßigen und außerrechnungsmäßigen Zinsen gehören auch bei Versicherungen im Sinne des § 10 Abs. 1 Nr. 2 Buchst. b EStG in voller Höhe zu den Einnahmen aus Kapitalvermögen, wenn der Vertrag vor Ablauf der Mindestvertragsdauer von 12 Jahren zurückgekauft wird. Ist die ursprüngliche Mindestvertragsdauer von 12 Jahren bei Rückkauf des Vertrages bereits abgelaufen und gilt für die Zuzahlung eine neue Mindestvertragsdauer von 12 Jahren, die bei Rückkauf des Vertrages noch nicht abgelaufen ist, so gehören die Zinsen, die auf die Zuzahlungen entfallen, ebenfalls zu den Einnahmen aus Kapitalvermögen.

7.3 Zusammenfassung von Verträgen

7.3.1 Die Lebensversicherungsunternehmen fassen aus Verwaltungsvereinfachungsgründen gelegentlich mehrere kleinere Lebensversicherungen zusammen.

7.3.2 Zinsen aus zusammengefaßten Verträgen gehören beim Vorliegen der übrigen Voraussetzungen nicht zu den Einnahmen aus Kapitalvermögen, wenn das versicherte Risiko bei allen Verträgen identisch war, alle Verträge die Voraussetzungen des § 10 Abs. 1 Nr. 2 Buchst. b EStG erfüllen und die ursprüngliche Mindestvertragsdauer bei jedem der früheren Einzelverträge auch nach der Zusammenfassung eingehalten wird. Geringe Aufrundungen der Versicherungssumme, der Beiträge oder der Laufzeit des Vertrages, die gelegentlich der Zusammenfassung zur Verwaltungsvereinfachung vorgenommen werden, sind unbedenklich.

---

[1]) Anm.: Überholt durch BMF vom 20.7.1990 (BStBl I S. 324).

8 Gewährung eines Policendarlehens

8.1 Der Versicherungsnehmer kann beim Lebensversicherungsunternehmen in der Regel ein Darlehen bis zur Höhe der Deckungsrückstellung seiner Lebensversicherung (Policendarlehen) beantragen.

8.2 Die Darlehenszinsen des Policendarlehens sind nicht als Beiträge zu einer Lebensversicherung anzusehen (vgl. BFH-Urteile vom 19.12.1973 – BStBl 1974 II S. 237 und vom 1.3.1974 – BStBl II S. 382). Außerrechnungsmäßige Zinsen, die mit Darlehenszinsen verrechnet werden, gehören daher zu den Einnahmen aus Kapitalvermögen. Eine Ausnahme besteht lediglich für die außerrechnungsmäßigen Zinsen aus Versicherungen i. S. des § 10 Abs. 1 Nr. 2 Buchst. b EStG (vgl. Tz. 1.2 und 1.3), die im Versicherungsfall oder im Fall des Rückkaufs des Vertrages nach Ablauf von 12 Jahren seit dem Vertragsabschluß mit Darlehenszinsen verrechnet werden (§ 20 Abs. 1 Nr. 6 Satz 2 EStG).

9 Vermögensbildungsversicherung

Für die vermögensbildende Lebensversicherung ist gesetzlich festgelegt, daß der Rückkaufswert die Hälfte der gezahlten Beiträge nicht unterschreiten darf (§ 2 Abs. 1 Buchst. e Ziff. 3 des 3. VermBG). Ist die Hälfte der gezahlten Beiträge höher als die Deckungsrückstellung, so wird in der Bilanz der Garantiewert (Hälfte der gezahlten Beiträge) passiviert.

Solange das Deckungskapital nicht höher ist als dieser Garantiewert, gehören die Zinsen nicht zu den Einnahmen aus Kapitalvermögen.

10 Rentenversicherungen

10.1 Wird bei einer Rentenversicherung mit Kapitalwahlrecht von dem Kapitalwahlrecht kein Gebrauch gemacht oder besteht kein Wahlrecht, so daß ausschließlich Renten zu zahlen sind, so sind diese nach § 22 EStG als sonstige Einkünfte mit dem Ertragsanteil zu versteuern.

10.2 Wird bei einer Rentenversicherung mit Kapitalwahlrecht durch Ausübung des Kapitalwahlrechts anstelle der vorgesehenen Rente ein Kapital zur Zahlung fällig, so sind die damit zur Auszahlung gelangenden rechnungsmäßigen und außerrechnungsmäßigen Zinsen nach den gleichen Grundsätzen zu ermitteln, wie dies bei der Kapitalversicherung auf den Erlebens- oder Todesfall zu erfolgen hat.

11 Fondsgebundene Lebensversicherungen

11.1 Fondsgebundene Lebensversicherungen sind Kapitalversicherungen auf den Todes- und Erlebensfall. Sie unterscheiden sich von konventionellen Lebensversicherungen dadurch, daß der Teil des Beitrags, der nicht zur Deckung des versicherungstechnischen Risikos und der Verwaltungskosten bestimmt ist, nicht in Werten jeder Art, sondern in Wertpapieren (z. B. in Aktien und Investmentanteilen) angelegt wird. Diese werden gesondert von übrigen Vermögen innerhalb einer selbständigen Abteilung des Deckungsstocks (Anlagestock) geführt. Die Erträge des Anlagestocks (Dividenden, Zinsen, Kursgewinne u. ä.) verbleiben im Anlagestock und erhöhen ihn damit. Die Versicherungsleistung besteht aus dem Deckungskapital, zu dem im Todesfall noch eine DM-Summe (Risikosumme) hinzukommt. Das Deckungskapital wird in Wertpapieren erbracht, der Berechtigte kann jedoch eine Geldleistung in Höhe des DM-Wertes der Wertpapiere verlangen. Wegen der einzelnen Modelle bei der fondsgebundenen Lebensversicherung vgl. BMF-Schreiben vom 19.8.1974 – IV B 3 – S 2221 – 33/74.

11.2 Die Kapitalerträge aus fondsgebundenen Lebensversicherungen gehören unter den gleichen Voraussetzungen zu den Einnahmen aus Kapitalvermögen wie die rechnungsmäßigen und außerrechnungsmäßigen Zinsen aus konventionellen Lebensversicherungen. Die Vorschriften über die Erfassung der rechnungsmäßigen und außerrechnungsmäßigen Zinsen sind entsprechend anzuwenden (§ 20 Abs. 1 Nr. 6 Satz 3 EStG). Das Näherungsverfahren (vgl. Tz. 5) ist nicht anzuwenden.

12 Pensionskassen

12.1 Diese Bestimmungen gelten sinngemäß für Versicherungsverhältnisse der in Tz. 1.1 bis 1.3 genannten Art, die mit Pensionskassen bestehen und bei denen ein Rückkaufswert gewährt wird, jedoch mit folgender Änderung:

Die nach den Formeln der Tz. 5.1 und 5.2 ermittelten Werte werden mit 0,83 multipliziert.

12.2 Für den Fall, daß nur rechnungsmäßige Zinsen zu erfassen sind, werden die nach den Formeln der Tz. 5.3 und 5.4 ermittelten Werte mit 1,17 multipliziert.

12.3 In besonders gelagerten Fällen – z. B. bei abweichendem rechnungsmäßigen Zinssatz –, in denen die o. g. Verfahren zu unzutreffenden Ergebnissen führen, kann ein anderes, diesen be-

Anhang 16

sonderen Verhältnissen angepaßtes Verfahren vom Steuerpflichtigen angewendet oder vom Finanzamt für künftige Berechnungen verlangt werden.

13 **Kapitalertragsteuer**

13.1 ...

13.2 ...

13.3 ...

13.4 ...

14 **Anwendungsvorschriften**

...

Steuerliche Behandlung der rechnungsmäßigen und außerrechnungsmäßigen Zinsen aus Lebensversicherungen

BMF vom 13.11.1985 (BStBl I S. 661)

IV B 4 – S 2252 – 150/85

Nach Tz. 5.1 des BMF-Schreibens vom 31.8.1979 (BStBl I S. 592) ist zugelassen worden, rechnungsmäßige und außerrechnungsmäßige Zinsen aus Lebensversicherungen durch ein Näherungsverfahren mit der Formel

$(3,2 \cdot m - 0,1 \cdot n - 4,5) \cdot RW : 100$ zu ermitteln.

Dieses Näherungsverfahren geht von einem in der Vergangenheit üblichen Zinsgewinnanteilsatz für außerrechnungsmäßige Zinsen von 3 v. H. aus.

Nachdem die Lebensversicherungsunternehmen die Zinsgewinnanteile erhöht haben, ist eine Anpassung des Näherungsverfahrens durch Erweiterung der Formel um den Faktor F erforderlich:

$[1,4 \cdot m - 0,1 \cdot n + 1,5 + F(1,8m - 6)] \cdot RW : 100$.

Dieser Faktor F drückt das Verhältnis zwischen dem arithmetischen Mittel der tatsächlichen Gewinnanteilsätze und dem bisher unterstellten einheitlichen Gewinnanteilsatz von 3 v. H. aus.

Beispiel:

> Vertragskündigung nach 10 Jahren. Die Zinsen für die ersten 3 Jahre bleiben außer Betracht, da keine oder nur geringe außerrechnungsmäßige Zinsen ausgeschüttet werden. In den 4 folgenden Jahren gilt der bisherige Satz von 3 %. Ab dem 8. bis 10. Jahr erhöht sich der Ausschüttungssatz auf 3,5 %. Dann ist der Durchschnittszinssatz:
>
> 4 Jahre à 3 % = 12 %
> + 3 Jahre à 3,5 % = 10,5 %
>
> 22,5 % dividiert durch 7 = 3,2143 %
>
> Daraus folgt: $F = \dfrac{\text{Durchschnittszinssatz}}{\text{bisheriger Zinssatz}} = \dfrac{3,2143\ \%}{3,000\ \%} = \underline{1,0714}$

d. h., es ergeben sich um 7,14 % höhere außerrechnungsmäßige Zinsen im Vergleich zu der bisherigen Berechnung.

Auf Grund des Ergebnisses der Erörterung mit den obersten Finanzbehörden der Länder ist die erweiterte Formel zur Ermittlung von nach dem 31.12.1985 zugeflossenen steuerpflichtigen rechnungsmäßigen und außerrechnungsmäßigen Zinsen mit der Maßgabe anzuwenden, daß für vor dem 1.1.1984 endende Wirtschaftsjahre der bisherige einheitliche Zinsgewinnanteilsatz von 3 v. H. und für nach dem 31.12.1983 endende Wirtschaftsjahre der unternehmensindividuelle Zinsanteilsatz zugrunde gelegt werden kann.

II
Ermittlung des einkommensteuerpflichtigen Kapitalertrags aus Zero Coupon Bonds, die zu einem Privatvermögen gehören[1])

BMF vom 24.1.1985 (BStBl I S. 77)

IV B 4 – S 2252 – 4/85

Auf Grund des Ergebnisses der Erörterung mit den obersten Finanzbehörden der Länder bitte ich, den einkommensteuerpflichtigen Kapitalertrag aus Zero Coupon Bonds, die zu einem Privatvermögen gehören, nach folgenden Regeln zu ermitteln:

1. **Rechtsgrundlage**

   Der einkommensteuerpflichtige Kapitalertrag aus Zero Coupon Bonds, die zu einem Privatvermögen gehören, wird nach folgenden Grundsätzen zur Einkommensteuer herangezogen:

   a) Zero Coupon Bonds sind ihrer Natur nach festverzinsliche Wertpapiere, bei denen die Zinsen nicht wie gewöhnlich zu bestimmten Terminen in festen Beträgen an den Inhaber geleistet werden, sondern in dem Unterschiedsbetrag zwischen Emissionspreis und Einlösungspreis (Diskont) liegen. Dieser Kapitalertrag fließt dem Inhaber bei der Einlösung am Ende der Laufzeit zu; er ist nach § 20 Abs. 1 Nr. 8 EStG zu versteuern.

   b) Veräußert ein Steuerpflichtiger ein Zero Coupon Bond während der Laufzeit, ist der Zinsertrag bei ihm mit dem Betrag der Einkommensteuer zu unterwerfen, der rechnerisch auf die Zeit entfällt, in der er das Wertpapier innehatte. Erzielt der Veräußerer einen Preis von geringerer Höhe, als es dem Emissionspreis zuzüglich der rechnerisch bis zum Veräußerungszeitpunkt ermittelten Zinsen entspricht, sind gleichwohl die rechnerisch ermittelten Zinsen der Besteuerung zugrunde zu legen, während der Verlust dem auf der einkommensteuerrechtlich unbeachtlichen Vermögensebene befindlichen Kapitalstamm zugerechnet wird. Dasselbe gilt für den Teil eines Veräußerungserlöses, der den Emissionspreis zuzüglich der rechnerisch bis zum Veräußerungszeitpunkt ermittelten Zinsen übersteigt.

   Beim Erwerber sind die Zinsen dementsprechend ab dem Erwerbszeitpunkt rechnerisch zu ermitteln und der Einkommensteuer zugrunde zu legen, wenn er entweder das Zero Coupon Bond vor dem Ende der Laufzeit weiterveräußert oder das Wertpapier am Ende der Laufzeit einlöst.

2. **Berechnung des Kapitalertrags**

   Bei der Berechnung des Kapitalertrags ist von den rechnerisch ermittelten Anschaffungs- und Veräußerungskursen der Zero Coupon Bonds auszugehen. Sie sind mit einem aus der Emissionsrendite abgeleiteten und vom Emissionsdatum ausgehenden Aufzinsungsfaktor auf den Übertragungszeitpunkt (Tag der Anschaffung und Tag der Veräußerung) aufzuzinsen. Dazu dient folgende Gleichung:

   Rechnerischer Anschaffungs-/Veräußerungskurs = Emissionskurs × Aufzinsungsfaktor F.

   Der Aufzinsungsfaktor F wird nach folgender Formel näherungsweise ermittelt:

   $$F = q^n \times \left(\frac{R \times T}{360 \times 100} + 1\right)$$

   Dabei ist q^n = Aufzinsungsfaktor für volle n Jahre: $(1 + \frac{R}{100})^n$

   R = Emissionsrendite

   T = Jahresbruchteile in Tagen (Monate und Tage)

   Der Unterschiedsbetrag zwischen dem Anschaffungskurs und dem Veräußerungskurs (oder Einlösungskurs am Ende der Laufzeit) stellt den steuerpflichtigen Ertrag dar. Die Umrechnung dieses in ausländischer Währung ermittelten Ertrags in Deutsche Mark erfolgt zum amtlichen Mittelkurs der ausländischen Währung am Tage des Verkaufs oder der Einlösung des Wertpapiers.

   Beim Fehlen von Angaben über die Emissionsrendite R oder in Fällen der Nachprüfung von R kann die Emissionsrendite aus der Formel

---

[1]) Anm.: Vgl. hierzu BMF vom 1.3.1991 (BStBl I S. 422) und BFH vom 8.10.1991 (BStBl 1992 II S. 174).

Anhang 16

Kapitalvermögen

$(1 + \frac{R}{100})^n = \frac{K_n}{K_o}$ errechnet werden.

Hierbei gilt:

K_o = Emissionswert des Wertpapiers

K_n = Rücknahmewert des Wertpapiers nach Beendigung der Gesamtlaufzeit

n = Gesamtlaufzeit des Wertpapiers.

3. **Beispiel**

			Kauf /Verkauf
Emissionsdatum:	1.2.1982	Ersterwerber	10.2.1982/ 4.1.1983
Emissionskurs:	19,94 v. H.	1. Nacherwerber	4.1.1983/10.8.1987
Emissionsrendite:	14,3 v. H.	2. Nacherwerber	10.8.1987/11.2.1994 (Einlösung)

Zur Ermittlung des jeweils einkommensteuerpflichtigen Ertrags werden folgende Teilschritte erforderlich:

a) Ermittlung der Laufzeiten vom Emissionsdatum bis zum Kauf oder Verkauf

	bis Kauf			bis Verkauf		
	Jahre	Monate	Tage	Jahre	Monate	Tage
Ersterwerber	0	0	9	0	11	3
1. Nacherwerber	0	11	3	5	6	9
2. Nacherwerber	5	6	9	Einlösung zu 100 v. H.		

b) Aufzinsungsfaktor q^n für volle Jahre zur Ermittlung des Aufzinsungsfaktors F und Jahresbruchteile in Tagen (T)

	bis Kauf		bis Verkauf	
	q^n	T	q^n	T
Ersterwerber	–	9	–	333
1. Nacherwerber	–	333	$1{,}143^5$	189
2. Nacherwerber	$1{,}143^5$	189	Einlösung zu 100 v. H.	

c) Ermittlung des Aufzinsungsfaktors F (vgl. Formel in Nr. 2)

	Kauf	
Ersterwerber	$\frac{14{,}3 \times 9}{360 \times 100} + 1 =$	$1{,}003575 \left(\frac{14{,}3 \times 333}{360 \times 100} + 1\right) = 1{,}132275$
1. Nacherwerber	$1{,}132275$	$1{,}143^5 \times \left(\frac{14{,}3 \times 189}{360 \times 100} + 1\right) = 2{,}097345$
2. Nacherwerber	$2{,}097345$	Einlösung zu 100 v. H.

d) Ermittlung der rechnerischen Anschaffungs- und Veräußerungskurse durch Aufzinsung des Emissionskurses (hier: 19,94 v. H.) mit dem Aufzinsungsfaktor F sowie des einkommensteuerpflichtigen Ertrags (angenommene Währungskurse bezogen auf einen Einlösungsbetrag von nominell 100.000 US-$).

	Kauf		Verkauf		
	Steuerkurs v. H.	Währung nominell	Steuerkurs v. H.	Währung nominell	Kurs US-$
Ersterwerber	20,1	20.100	22,57	22.570	2,38
1. Nacherwerber	22,6	22.600	41,82	41.820	2,25
2. Nacherwerber	41,9	41.900	100	100.000	2,40

Währungsertrag in US-$/steuerpflichtiger Ertrag in DM

Ersterwerber	2.470 US-$	5.878 DM
1. Nacherwerber	19.220 US-$	43.245 DM
2. Nacherwerber	58.100 US-$	139.440 DM

Dabei ist zu berücksichtigen, daß durch die Rückbeziehung der Laufzeit jeweils auf den ersten Tag des Begebungsmonats (Laufzeitstreckung) für Zwecke der Renditeermittlung sowie durch Abrundung der Emissionsrendite auf eine Stelle hinter dem Komma im Ergebnis erreicht wird, daß sich etwaige Unterschiede bei der Ermittlung des einkommensteuerpflichtigen Ertrages für verschiedene Inhaber eines Zero Coupon Bonds nicht auswirken und mögliche Unterschiede bei der rechnerischen Ermittlung des Kapitalertrags durch Rundungsdifferenzen nicht zu Lasten des Steuerpflichtigen wirken. Dies bedingt, daß der rechnerische Kaufkurs eines Nacherwerbers zur Vermeidung von Nachteilen auf eine Stelle hinter dem Komma aufgerundet werden muß, um die Abrundungswirkung aus der Laufzeitstreckung und aus der Abrundung der Emissionsrendite auszugleichen.

4. **Verzeichnis der Zero Coupon Bonds**
   Nachstehendes Verzeichnis[1]) der Zero Coupon Bonds, das von den Verbänden des Kreditgewerbes zusammengestellt wurde, enthält nur diejenigen Papiere, die aus dem Euro-Bereich stammen und nach den Feststellungen der Kreditinstitute in inländischen Depots verzeichnet sind. Bei nicht in dem Verzeichnis aufgeführten Zero Coupon Bonds wird dem Steuerpflichtigen empfohlen, im Einzelfall die notwendigen Daten (Emissionsdatum, -kurs und -rendite) bei dem Kreditinstitut zu erfragen, bei dem er die Zero Coupon Bonds erworben hat.
5. Dieses Schreiben tritt an die Stelle des BMF-Schreibens vom 14.1.1983 – IV B 4 – S 2252 – 2/83.

Ermittlung des einkommensteuerpflichtigen Kapitalertrags aus Zero Coupon Bonds (Nullkuponanleihen), die zu einem Privatvermögen gehören

BMF vom 1.3.1991 (BStBl I S. 422)

Bezug: BMF vom 24.1.1985 – BStBl I S. 77

Im Nachgang zu dem Bezugsschreiben wird nachfolgend die bisherige Anlage als neue Anlage 1[2]) mit aktualisiertem Inhalt veröffentlicht. Ergänzend wird aufgrund der Erörterung mit den obersten Finanzbehörden der Länder wegen der Erträge aus sog. stripped bonds auf folgendes hingewiesen:

Bei sog. stripped bonds handelt es sich um Zero Coupon Bonds, denen bestimmte US-amerikanische oder kanadische Staatsanleihen zugrunde liegen. Sie entstehen durch Trennung von Stammrecht und Zinsscheinen dieser Staatsanleihen und verbriefen entweder den Anspruch auf Zahlung des Nominalwerts der jeweiligen Staatsanleihe bei deren Fälligkeit oder den Anspruch auf Zahlung der Zinsen entsprechend der Fälligkeit der Zinsscheine der jeweiligen Anleihe.

Wie bei anderen Daueremissionen kann bei diesen aus der Trennung von Stammrecht und Zinsscheinen entstandenen Zero Coupon Bonds der Fall eintreten, daß sich die Plazierung der einzelnen Emissionen über einen längeren Zeitraum erstreckt, wobei der Emissionskurs (unter Umständen täglich) entsprechend der Entwicklung des Kapitalmarktzinses angepaßt wird. Von den für die Ermittlung der Kapitalerträge maßgeblichen Daten liegen in diesen Fällen der Rückzahlungszeitpunkt und

---
[1]) Anm.: Hier nicht abgedruckt, da überholt durch BMF vom 1.3.1991.
[2]) Anm.: Hier nicht abgedruckt; → BStBl 1991 I S. 423–448.

der Rückzahlungsbetrag fest. Festzulegen ist jedoch in diesen Fällen der maßgebliche Emissionskurs und -zeitpunkt.

Bei der Berechnung der Emissionsrendite ist jeweils für Wertpapiere mit derselben Wertpapier-Kennnummer einheitlich der erste Ausgabekurs und das erste Plazierungsdatum entsprechend den Emissionsunterlagen (z. B. Verkaufsprospekten) zugrunde zu legen. Läßt sich die Emissionsrendite der ersten Ausgabe eines stripped bond nicht feststellen, sind die monatlichen Durchschnittsrenditen für US-amerikanische oder kanadische Bundesanleihen zugrunde zu legen. Die entsprechenden Angaben sind in den neuen Anlagen 2 und 3[1]) enthalten.

III
Einkommensteuerrechtliche Behandlung von
a) **Emissionsdisagio, Emissionsdiskont und umlaufbedingtem Unterschiedsbetrag zwischen Marktpreis und höherem Nennwert bei festverzinslichen Wertpapieren,**
b) **unverzinslichen Schatzanweisungen,**

die zu einem Privatvermögen gehören

BMF vom 24.11.1986 (BStBl I S. 539)

IV B 4 – S 2252 – 180/86

Unter Bezug auf die Erörterungen mit den obersten Finanzbehörden der Länder vertrete ich zur einkommensteuerrechtlichen Behandlung von Emissionsdisagio, Emissionsdiskont und umlaufbedingtem Unterschiedsbetrag zwischen Marktpreis und höherem Nennwert bei festverzinslichen Wertpapieren, die zu einem Privatvermögen gehören, sowie zu unverzinslichen Schatzanweisungen, die zu einem Privatvermögen gehören, folgende Auffassung:

1. Ein bei der Emission eines festverzinslichen Wertpapiers gewährtes Disagio stellt einen Abschlag vom Nennwert dar, mit dem der Emittent vornehmlich auf eine Erhöhung des Kapitalmarktzinses in der Zeit zwischen dem Antrag auf Genehmigung der Emission und der Ausgabe der Emission auf dem Kapitalmarkt reagiert (sog. Feineinstellung des Zinses).

    Davon zu unterscheiden ist der Emissionsdiskont. Dieser Abschlag vom Nennwert beinhaltet wirtschaftlich ganz oder teilweise (wenn daneben ein deutlich unter dem Kapitalmarktzins für Wertpapiere gleicher Laufzeit liegender laufender Zins gewährt wird) den Ertrag des Wertpapiers, wenn dieses am Ende seiner Laufzeit zum Nennwert eingelöst wird (sog. Abzinsungspapier).

    Vom Emissionsdisagio und Emissionsdiskont ist der umlaufbedingte Unterschiedsbetrag zwischen Marktpreis und höherem Nennwert eines festverzinslichen Wertpapiers zu unterscheiden, der sich dadurch ergeben kann, daß der Kapitalmarktzins während der Laufzeit eines Wertpapiers steigt; in diesen Fällen sinkt der Kurs aller festverzinslichen Wertpapiere mit einer Verzinsung unter dem Kapitalmarktzins unter den Nennwert ab.

2. Für die einkommensteuerrechtliche Behandlung der genannten Abschläge und Unterschiedsbeträge bei den Einkünften aus Kapitalvermögen gilt bei festverzinslichen Wertpapieren, die zu einem Privatvermögen gehören, folgendes:[2])
    a) Auf Grund seiner Funktion als Feineinstellung des Zinses stellt ein Emissionsdisagio grundsätzlich einen der Einkommensteuer zu unterwerfenden Kapitalertrag dar. Ebenso stellt ein Emissionsdiskont, da er wirtschaftlich ganz oder teilweise den Ertrag des Wertpapiers beinhaltet, grundsätzlich einen der Einkommensteuer zu unterwerfenden Kapitalertrag dar. Aus Vereinfachungsgründen wird ein Emissionsdisagio oder ein Emissionsdiskont jedoch steuerlich nicht erfaßt, wenn diese folgende Vomhundertsätze des Nennwerts in Abhängigkeit von der Laufzeit nicht übersteigen:

---
[1]) Anm.: Hier nicht abgedruckt; → BStBl 1991 I S. 423–448.
[2]) Anm.: Auf das bestätigende BFH-Urteil vom 13.10.1987 (BStBl 1988 I S. 252) wird hingewiesen.

Laufzeit	Disagio in v. H.
bis unter 2 Jahre[1]	1
2 Jahre bis unter 4 Jahre	2
4 Jahre bis unter 6 Jahre	3
6 Jahre bis unter 8 Jahre	4
8 Jahre bis unter 10 Jahre	5
ab 10 Jahre	6

Dies gilt auch für außerhalb des Anwendungsbereichs der §§ 795, 808a BGB begebene Wertpapiere, nicht jedoch für Schuldscheindarlehen und Darlehen nach § 17 Abs. 2 BerlinFG. Bei Daueremissionen ist für die Ermittlung des Emissionsdisagios von dem im Genehmigungsantrag bezeichneten Emissionskurs auszugehen; ist im Genehmigungsantrag ein Emissionskurs nicht bezeichnet oder handelt es sich um nicht genehmigungspflichtige Schuldverschreibungen, ist der erste Verkaufskurs maßgebend.

Werden die obengenannten Vomhundertsätze überschritten, ist zur Berechnung des Kapitalertrags das BMF-Schreiben vom 24.1.1985 (BStBl I S. 77) während der gesamten Laufzeit der Emission anzuwenden. Das gilt auch, wenn nach den Emissionsbedingungen ein Agio zum Nennwert, das bei der Rückzahlung des Kapitals gewährt wird, allein oder zusammen mit einem Emissionsdisagio die oben in Abhängigkeit von der Laufzeit genannten Vomhundertsätze überschreitet.

Wird bei der Emission von festverzinslichen Wertpapieren dem Erwerber ein Abschlag vom Emissionskurs deshalb eingeräumt, weil er eine größere Menge von Wertpapieren erwirbt, handelt es sich insoweit stets um einen steuerpflichtigen besonderen Vorteil im Sinne des § 20 Abs. 2 Nr. 1 EStG.

b) Demgegenüber stellt der umlaufbedingte Unterschiedsbetrag zwischen Marktpreis und höherem Nennwert wirtschaftlich eine Abwertung des Kapitalstamms dar, der in der Regel durch eine seit dem Zeitpunkt der Emission eines festverzinslichen Wertpapiers eingetretene Steigerung des Kapitalmarktzinses bedingt ist. Der Unterschiedsbetrag gehört deshalb im Falle der Veräußerung oder bei Einlösung des Wertpapiers nicht zum Kapitalertrag, sondern zur einkommensteuerrechtlich unbeachtlichen Vermögensebene; dasselbe gilt für den Fall, daß der Marktpreis eines festverzinslichen Wertpapiers umlaufbedingt den Nennwert infolge einer seit dem Zeitpunkt der Emission eingetretenen Senkung des Kapitalmarktzinses übersteigt.

3. Werden unverzinsliche Schatzanweisungen vor Einlösung durch die Bundesbank an einen Dritten veräußert, gehört der Diskont, der rechnerisch auf die Zeit entfällt, während der der Veräußerer die Titel gehalten hat, bei diesem zu den Einkünften aus Kapitalvermögen im Sinne des § 20 Abs. 1 Nr. 7 EStG. Veräußerungserlöse, die den rechnerisch auf die Zeit der Innehabung entfallenden Betrag über- oder unterschreiten, bleiben als der Vermögensebene zugehörige Beträge außer Ansatz.

Für die Berechnung des steuerpflichtigen Kapitalertrags ist das BMF-Schreiben vom 24.1.1985 – IV B 4 – S 2252 – 4/85 – (BStBl I S. 77) anzuwenden. Das BMF-Schreiben vom 29.6.1973 – IV B 4 – S 2252 – 76/73 – und die entsprechenden Erlasse der obersten Finanzbehörden der Länder sind damit überholt.

---

[1] Anm.: Siehe aber Kurzläufererlaß der OFD Düsseldorf vom 6.5.1996; Anhang 16 IX.

IV
Behandlung von Einnahmen aus partiarischen Darlehen nach den deutschen Doppelbesteuerungsabkommen; hier: Abgrenzung zu Einnahmen aus stillen Beteiligungen

BMF vom 16.11.1987 (BStBl I S. 740)

IV C 5 – S 1300 – 331/87

Unter Bezugnahme auf das Ergebnis der Erörterungen mit den Vertretern der obersten Finanzbehörden der Länder gilt für die Behandlung der Einnahmen aus partiarischen Darlehen nach den von der Bundesrepublik Deutschland abgeschlossenen Doppelbesteuerungsabkommen folgendes:

In § 20 Abs. 1 Nr. 4 EStG sind Einnahmen aus partiarischen Darlehen den Einnahmen aus stillen Beteiligungen gleichgestellt. Diese Gleichstellung gilt jedoch nicht für Abkommenszwecke. Die Einnahmen aus partiarischen Darlehen können nach dem einzelnen Doppelbesteuerungsabkommen als Zinsen oder – wie Einnahmen aus stillen Beteiligungen, die meist den Dividenden zugeordnet sind – als Dividenden zu behandeln sein. In Einzelfällen (z. B. Artikel 10 Abs. 6 DBA-Schweiz) sind die Einnahmen aus partiarischen Darlehen ausdrücklich den Dividenden zugeordnet. Sind sie nicht ausdrücklich zugeordnet, so sind die in dem einzelnen Abkommen enthaltenen Begriffsbestimmungen anzuwenden.

Wenn das Abkommen die Zinsen allgemein als Einnahmen aus Forderungen (Schuldverpflichtungen) bestimmt (z. B. Artikel VII Abs. 2 Buchstabe a DBA-Großbritannien, Artikel VII Abs. 1 DBA-USA), sind Einnahmen aus partiarischen Darlehen abkommensrechtlich den Zinsen zuzuordnen. Voraussetzung ist aber, daß es sich im Einzelfall tatsächlich um eine Darlehensgewährung handelt. Andernfalls sind die Einnahmen auch nach dem Abkommen als Einnahmen aus stillen Beteiligungen zu behandeln und ggf. den Dividenden zuzuordnen.

Die Frage, ob im Einzelfall ein Darlehensverhältnis oder ein stilles Gesellschaftsverhältnis vorliegt, ist nicht allein nach der Bezeichnung des Vertragsverhältnisses durch die Vertragsparteien, sondern unter umfassender Berücksichtigung des Vertragszwecks, der wirtschaftlichen Ziele der Vertragsparteien, ihrer bisherigen wirtschaftlichen und persönlichen Beziehungen, der geplanten Dauer des Vertragsverhältnisses und der Risikobereitschaft des Geldgebers zu beurteilen (vgl. BFH-Urteile vom 21.6.1983 – BStBl II S. 563 und vom 8.3.1984 – BStBl II S. 623).

Wesentliches Merkmal einer stillen Gesellschaft ist der Wille der Beteiligten, sich zur Erreichung eines gemeinsamen Zwecks zu verbinden, so daß die schuldrechtlichen Beziehungen gleichzeitig ein gesellschaftsrechtliches Element in sich tragen. Bei einem partiarischen Darlehen steht dagegen nicht die gemeinsame Verfolgung eines Unternehmenszwecks, sondern das Geldgeberinteresse im Vordergrund.

Für die Beurteilung, ob ein Darlehensverhältnis oder ein stilles Gesellschaftsverhältnis vorliegt, können auch außerhalb des Wortlauts des Vertrags liegende Umstände von Bedeutung sein. So kann z. B. der Umstand, daß es sich um ein Vertragsverhältnis zwischen einer Kapitalgesellschaft und ihrem beherrschenden Gesellschafter handelt, wegen der besonderen Einwirkungsmöglichkeiten dieses Gesellschafters und der gemeinsamen wirtschaftlichen Interessen ein wichtiges Anzeichen dafür sein, daß das Vertragsverhältnis ein gesellschaftsrechtliches Element in sich trägt und es sich nicht um eine bloße Darlehensgewährung handelt. Anders kann dies bei kurzfristigen Geldhingaben des beherrschenden Gesellschafters oder bei Verträgen zu beurteilen sein, die hinsichtlich Laufzeit, Zinssatz, Sicherheiten u. a. wie übliche Darlehensverträge ausgestattet sind. Die Beherrschung einer Gesellschaft durch einen Gesellschafter reicht für sich allein nicht aus, Fremdkapital-Zuführungen durch diesen Gesellschafter als stille Beteiligungen und nicht als bloße Darlehensgewährungen zu behandeln.

V
Steuerliche Behandlung verschiedener Formen von Kapitalanlagen

BMF vom 30.4.1993 (BStBl I S. 343)

IV B 4 – S 2252 – 480/93

Im Zusammenhang mit dem ab 1. Januar 1993 eingeführten Zinsabschlag werden vermehrt neue Kapitalanlagemodelle angeboten. Zu der Frage, ob und in welchem Umfang aus diesen Kapitalanlagen Einkünfte aus Kapitalvermögen im Sinne des § 20 Abs. 1 Nr. 7 und Abs. 2 EStG erzielt werden, nehme ich aufgrund der Erörterung mit den obersten Finanzbehörden der Länder wie folgt Stellung:

Zu den Einkünften aus Kapitalvermögen gehören Zinsen, Entgelte und Vorteile, die unabhängig von ihrer Bezeichnung und der zivilrechtlichen Gestaltung bei wirtschaftlicher Betrachtung für die Überlassung von Kapitalvermögen zur Nutzung erzielt werden.

Dies bedeutet im einzelnen:

1. Bei der Kapitalüberlassung zur Nutzung ist für das Vorliegen von Kapitalertrag entscheidend, daß bei Ausgabe des Papiers von vornherein eine Rendite versprochen wird, die bei Einlösung mit Sicherheit erzielt werden kann (Emissionsrendite). Diese schlägt sich im Kurs des Papiers und damit bei Zwischenveräußerungen im Kaufpreis nieder. Lediglich marktzinsbedingte Kursschwankungen während der Laufzeit sind der Vermögenssphäre zuzuordnen, so daß bei Zwischenveräußerung bzw. -erwerb nur die besitzzeitanteilige Emissionsrendite als Kapitalertrag anzusehen ist.

2. Bei Kapitalforderungen mit feststehenden, unterschiedlich hohen Kapitalerträgen (z. B. Kombizins-Anleihen, Gleitzins-Anleihen, Festzins-Anleihen mit getrennt handelbaren Zinsscheinen) sind die Zinsen bei Zufluß zu versteuern (§ 20 Abs. 1 Nr. 7 EStG). Wird das Wertpapier über die gesamte Laufzeit gehalten, ergeben sich keine Besonderheiten.

   Ist die Besitzzeit dagegen kürzer als die Laufzeit des Wertpapiers, wäre die Summe der insgesamt in der Besitzzeit zufließenden Zinsen je nach Ausgestaltung des Modells höher oder niedriger als die nach der Emissionsrendite errechneten besitzzeitanteiligen Zinsen. Diese Differenz muß bei Veräußerung und Einlösung des Wertpapiers durch entsprechende Hinzurechnungen oder Abzüge ausgeglichen werden. Infolgedessen sind im Zeitpunkt der Veräußerung/Einlösung die in dem betreffenden Veranlagungszeitraum zugeflossenen Zinsen um die Differenz zwischen der Summe aller in der Besitzzeit zugeflossenen Zinsen und den nach der Emissionsrendite errechneten besitzzeitanteiligen Zinsen zu erhöhen oder zu kürzen (§ 20 Abs. 2 Nr. 3 und 4 EStG).

3. Ist bei als Optionsgeschäften bezeichneten Modellen (z. B. Capped warrants, range warrants) ähnlich wie bei einem festverzinslichen Wertpapier die Rückzahlung des eingesetzten Kapitals garantiert und mit der Zahlung eines festbezifferten zusätzlichen Betrages zu rechnen, dann ist dieser Betrag wirtschaftlich betrachtet der Zins für das überlassene Kapital und folglich Kapitalertrag. Bei Zwischenveräußerung während der Laufzeit wird dieser Betrag besitzzeitanteilig auf die jeweiligen Inhaber aufgeteilt (§ 20 Abs. 2 Nr. 4 EStG).

4. Wird nur die Rückzahlung des eingesetzten Kapitals garantiert (z. B. Grois, Giros und Saros), sind zusätzlich geleistete Beträge ebenfalls Kapitalertrag.

   Bei einer Veräußerung des Papiers ist der Unterschiedsbetrag zwischen Kaufpreis und Verkaufspreis Kapitalertrag. Dies gilt bei Veräußerung durch einen Ersterwerber nur hinsichtlich positiver Kapitalerträge.

   Diese Regelung gilt auch für Papiere, bei denen neben der Rückzahlung des eingesetzten Kapitals nur ein Mindestertrag garantiert wird (z. B. Mega-Zertifikate).

5. Der Erwerb eines Papiers ohne Zinsscheine oder von Zinsscheinen ohne Papier zu einem abgezinsten Preis steht wirtschaftlich betrachtet dem Erwerb einer abgezinsten Forderung (Zero-Bond) gleich. Infolgedessen erzielt der erste Erwerber eines solchen Papiers oder Zinsscheins bei der Einlösung Ertrag nach § 20 Abs. 1 Nr. 7 EStG, jeder weitere Erwerber bei Einlösung besitzzeitanteiligen Kapitalertrag nach § 20 Abs. 1 Nr. 7 EStG. Die Veräußerung führt bei allen diesen Personen zu besitzzeitanteiligem Kapitalertrag nach § 20 Abs. 2 Nr. 4 EStG.

   Dies gilt auch für Wertpapiere, bei denen der Ertrag – anders als bei Zinsscheinen – von vornherein nicht gesondert verbrieft ist (wie z. B. bei den Optionsmodellen).

VI

Einkommensteuerrechtliche Behandlung von Options- und Finanztermingeschäften an der Deutschen Terminbörse (DTB)[1]) und von anderen als Optionsscheine bezeichneten Finanzinstrumenten im Bereich der privaten Vermögensverwaltung

BMF vom 10.11.1994 (BStBl I S. 816)

IV B 3 – S 2256 – 34/94

Unter Bezugnahme auf das Ergebnis der Erörterungen mit den obersten Finanzbehörden der Länder nehme ich zur einkommensteuerrechtlichen Behandlung von Options- und Finanztermingeschäften an der Deutschen Terminbörse (DTB) und von anderen als Optionsscheine bezeichneten Finanzinstrumenten im Bereich der privaten Vermögensverwaltung (zur Abgrenzung vom gewerblichen Wertpapierhandel vgl. BFH-Urteil vom 31. Juli 1990 – BStBl 1991 II S. 66) wie folgt Stellung:

I. Begriffsbestimmungen

1 Optionsgeschäfte

1 Beim Optionsgeschäft erwirbt der Käufer der Option (Optionsnehmer) vom Verkäufer der Option (Optionsgeber oder sog. Stillhalter) gegen Bezahlung einer Optionsprämie das Recht, eine bestimmte Anzahl zum Optionshandel zugelassener Basiswerte (z. B. Aktien) am Ende der Laufzeit oder jederzeit innerhalb der Laufzeit der Option (so möglich bei DTB-Optionen) zum vereinbarten Basispreis entweder vom Verkäufer der Option zu kaufen (Kaufoption oder „call") oder an ihn zu verkaufen (Verkaufsoption oder „put"). Diesem Recht des Optionskäufers steht die entsprechende Verpflichtung des Verkäufers der Option gegenüber, die Basiswerte zu liefern oder abzunehmen, wenn der Optionskäufer sein Optionsrecht ausübt. Ist die effektive Abnahme oder Lieferung des Basiswertes aufgrund der Natur der Sache (z. B. bei Indices) oder aufgrund von Handelsbedingungen (z. B. bei DTB-Optionen auf Namensaktien) ausgeschlossen, besteht die Verpflichtung des Optionsgebers bei Ausübung der Option durch den Optionskäufer in der Zahlung der Differenz zwischen vereinbartem Basispreis und Tageskurs des Basiswerts (Barausgleich oder „Cash-Settlement").

2 Die Option erlischt

– mit Ablauf der Optionsfrist durch Verfall,
– durch Ausübung der Option oder
– an der DTB auch durch sog. Glattstellung.

Bei Glattstellung tätigt der Anleger ein Gegengeschäft, d. h. z. B. der Inhaber einer Kaufoption oder Verkaufsoption verkauft eine Option der gleichen Serie, aus der er zuvor gekauft hat. Kennzeichnet er das Geschäft als Glattstellungs- oder Closinggeschäft, bringt er damit Rechte und Pflichten aus beiden Geschäften zum Erlöschen. Umgekehrt kann sich auch der Optionsverkäufer (Stillhalter) vor Ablauf der Optionsfrist durch Kauf einer Option der gleichen Serie aus seiner Verpflichtung lösen. An der DTB ist es einem Anleger nicht möglich, die erworbene Option auf einen Dritten zu übertragen.

3 Anleger können vier Grundpositionen mit Optionskontrakten eingehen:

– Kauf einer Kaufoption („long call")
– Kauf einer Verkaufsoption („long put")
– Verkauf einer Kaufoption („short call")
– Verkauf einer Verkaufsoption („short put").

Darüber hinaus ist an der DTB auch der standardisierte Abschluß von sog. Kombinationsgeschäften, d. h. die Kombination von jeweils zwei Grundgeschäften in einem Abschluß möglich.

Zu unterscheiden sind:

– „Spreads":
  Gleichzeitiger Kauf und Verkauf von Optionen der gleichen Serie, aber mit unterschiedlichem Basispreis und/oder Verfalldatum
– „Straddles":
  Gleichzeitiger Kauf einer Kauf- und einer Verkaufsoption mit gleichem Basiswert, Basispreis und Verfalldatum

---

[1]) Anm.: Jetzt Eurex Deutschland (EuTB).

– „Strangles":
 Gleichzeitiger Kauf einer Kauf- und einer Verkaufsoption mit gleichem Basiswert und Verfalldatum, aber unterschiedlichem Basispreis.

2 Finanzterminsgeschäfte (Financial Futures)

Financial Futures stellen im Gegensatz zu Optionen für Käufer und Verkäufer die feste Verpflichtung dar, nach Ablauf einer Frist einen bestimmten Basiswert (z. B. Anleihen) zu standardisierten Bedingungen und zum vereinbarten Preis zu erwerben bzw. zu liefern. Bei physisch nicht lieferbaren Basiswerten (z. B. Aktienindex) wandelt sich die Verpflichtung auf Lieferung oder Abnahme in einen Barausgleich in Höhe der Differenz zwischen Kaufpreis des Kontrakts und dem Wert des Basisobjekts am letzten Handelstag.

II. Einkommensteuerrechtliche Behandlung von Optionsgeschäften an der DTB im Bereich der privaten Vermögensverwaltung

1 Kauf einer Kaufoption auf Aktien

1.1 Kauf einer Kaufoption

Die gezahlten Optionsprämien sind Anschaffungskosten für das in der Person des Käufers entstandene Wirtschaftsgut „Optionsrecht". Beim Erwerb der Kaufoption anfallende Bankspesen, Provisionen und andere Transaktionskosten sind Anschaffungsnebenkosten.

1.2 Ausübung einer Kaufoption

Übt der Käufer die Kaufoption aus und veräußert er die erworbenen Aktien innerhalb eines Zeitraumes von sechs Monaten nach Anschaffung der Aktien, liegt ein steuerpflichtiges Spekulationsgeschäft vor (§ 23 Abs. 1 Satz 1 Nr. 1 Buchstabe b EStG). Zu den Anschaffungskosten der Aktien gehören auch die gezahlte Optionsprämie und die bei Erwerb der Option angefallenen Nebenkosten.

1.3 Verfall einer Kaufoption

Läßt der Inhaber der Kaufoption diese verfallen, kann die gezahlte Optionsprämie steuerlich keine Berücksichtigung finden.

1.4 Glattstellung einer Kaufoption durch ein Gegengeschäft

Verkauft der Inhaber einer Kaufoption eine Kaufoption der gleichen Serie mit Closing-Vermerk (glattstellender Abschluß eines Stillhaltergeschäfts, vgl. Rz. 2), stellt dieser Vorgang ein Veräußerungsgeschäft dar. Die Differenz zwischen der gezahlten und der aus dem glattstellenden Abschluß des Stillhaltergeschäfts erzielten Optionsprämie ist unter den weiteren Voraussetzungen des § 23 EStG als Spekulationsgewinn oder -verlust anzusehen.

> **Beispiel:**
> Privatkunde K erwirbt Anfang Juli über seine Bank DTB-Kaufoptionen über 500 Aktien der X-AG zum Basispreis von 340 DM, weil er für die nächsten Monate mit einem Kursanstieg der Aktie rechnet (Kurs der X-AG-Aktie Anfang Juli 320 DM). Verfallmonat der Kaufoptionen ist der September. K entrichtet eine Optionsprämie von 500 × 20 DM = 10.000 DM zuzüglich 210 DM Spesen. Anfang August ist der Kurs der X-AG-Aktie auf 380 DM gestiegen. Das Recht, die X-AG-Aktien zu einem Basispreis von 340 DM zu kaufen, ist jetzt 55 DM wert (innerer Wert der Option: 40 DM; Zeitwert der Option: 15 DM). K beschließt daher, seine Position durch ein Gegengeschäft glattzustellen, d. h., er verkauft über seine Bank DTB-Kaufoptionen über 500 Aktien der X-AG zum Basispreis von 340 DM (Verfallmonat September) mit Closing-Vermerk. K vereinnahmt hierfür eine Optionsprämie von 500 × 55 DM = 27.500 DM abzüglich 395 DM Spesen. K hat einen steuerpflichtigen Spekulationsgewinn in Höhe von 16.895 DM erzielt.

2 Kauf einer Verkaufsoption auf Aktien

2.1 Kauf einer Verkaufsoption

Die Zahlung einer Optionsprämie für den Erwerb einer Verkaufsoption stellt einen steuerlich unbeachtlichen Vorgang auf der Vermögensebene dar.

2.2 Ausübung einer Verkaufsoption

Hat der Optionsinhaber die durch Ausübung der Option verkauften Aktien innerhalb eines Zeitraums von sechs Monaten vor Optionsausübung angeschafft, liegt ein Spekulationsgeschäft i. S. des § 23

Abs. 1 Satz 1 Nr. 1 Buchstabe b EStG vor. Die gezahlte Optionsprämie sowie angefallene Nebenkosten für den Optionserwerb dürfen bei der Ermittlung des Spekulationsgewinns nach § 23 Abs. 4 Satz 1 EStG als Werbungskosten (Veräußerungskosten) abgezogen werden.

2.3 Verfall einer Verkaufsoption

11 Läßt der Inhaber der Verkaufsoption diese verfallen, dürfen die gezahlte Optionsprämie sowie die für den Erwerb der nichtausgeübten Option aufgewandten Nebenkosten nicht als Werbungskosten i. S. des § 23 Abs. 4 Satz 1 EStG abgezogen werden.

2.4 Glattstellung einer Verkaufsoption durch ein Gegengeschäft

12 Verkauft der Inhaber einer Verkaufsoption eine Verkaufsoption der gleichen Serie mit Closing-Vermerk, ist die Differenz zwischen der gezahlten und der aus dem glattstellenden Abschluß des Stillhaltergeschäfts erzielten Optionsprämie unter den weiteren Voraussetzungen des § 23 EStG als Spekulationsgewinn oder -verlust anzusehen.

3 Verkauf einer Kaufoption auf Aktien

3.1 Verkauf

13 Der Verkäufer der Kaufoption (sog. Stillhalter in Wertpapieren) erhält die Optionsprämie als Vergütung für seine Bindung und die Risiken, die er durch die Einräumung des Optionsrechts während der Optionsfrist eingeht. Die Optionsprämie stellt demnach ein Entgelt für eine sonstige Leistung i. S. des § 22 Nr. 3 EStG dar (vgl. BFH-Urteil vom 28. November 1990 – BStBl 1991 II S. 300).

3.2 Ausübung der Kaufoption durch den Käufer

14 Übt der Inhaber der Kaufoption diese aus und veräußert ihm der Stillhalter Aktien, die er selbst erst noch erwerben muß oder innerhalb von sechs Monaten vor Optionsausübung erworben hat, liegt beim Stillhalter ein Spekulationsgeschäft i. S. des § 23 Abs. 1 Satz 1 Nr. 1 Buchstabe b EStG vor. Die vereinnahmte Optionsprämie, die nach § 22 Nr. 3 EStG zu versteuern ist, bleibt bei der Ermittlung des Spekulationsgewinns außer Ansatz. Ebenso kann der Stillhalter Verluste aus dem Ausführungsgeschäft nicht als Werbungskosten bei seinen Einkünften aus § 22 Nr. 3 EStG abziehen (BFH-Urteil vom 28. November 1990, a. a. O.).

3.3 Glattstellung der Kaufoption durch ein Gegengeschäft

15 Kauft der Verkäufer einer Kaufoption eine Kaufoption der gleichen Serie unter Closing-Vermerk (Glattstellung der Stillhalterposition), handelt es sich bei der gezahlten Optionsprämie wirtschaftlich betrachtet um Aufwendungen zur Befreiung von der zuvor eingegangenen Stillhalterbindung und damit um Aufwendungen zur Sicherung der vereinnahmten Optionsprämie. Die für den glattstellenden Kauf einer Kaufoption vom Stillhalter gezahlte Optionsprämie einschließlich der Nebenkosten dürfen daher als Werbungskosten bei seinen Einkünften aus § 22 Nr. 3 EStG abgezogen werden.

Beispiel:

K verkauft Anfang Juli über seine Bank DTB-Kaufoptionen über 500 Aktien der Y-AG zum Basispreis von 300 DM (Kurs der Y-Aktie zum Verkaufszeitpunkt 300 DM; Verfallmonat der Optionen September), weil er mit einem stagnierenden Kurs rechnet. Er erzielt eine Optionsprämie von 500 × 15 DM = 7.500 DM abzüglich 200 DM Spesen. Bis Anfang August hat sich der Kurs der Aktie nicht bewegt, K erwartet jedoch nunmehr einen Kursanstieg. Er beschließt, sich aus seiner Stillhalterposition zu lösen und kauft DTB-Kaufoptionen über 500 Aktien der Y-AG zum Basispreis von 300 DM (Verfallmonat September) mit Closing-Vermerk. Er zahlt hierfür eine Optionsprämie in Höhe von 500 × 10 DM zuzüglich 150 DM Spesen. K erzielt steuerpflichtige Einkünfte im Sinne des § 22 Nr. 3 EStG in Höhe von 2.150 DM.

4 Verkauf einer Verkaufsoption auf Aktien

16 Für den Verkäufer einer Verkaufsoption (sog. Stillhalter in Geld) gelten die Ausführungen zu Rzn. 13 bis 15 entsprechend.

5 Optionen auf Namensaktien und den Deutschen Aktienindex (DAX)

5.1 Kauf von Kauf- oder Verkaufsoptionen

Da eine Option auf Namensaktien oder den DAX dem Inhaber bei Ausübung der Option lediglich einen Anspruch auf Barausgleich gewährt, kommt ein steuerpflichtiges Spekulationsgeschäft nicht in Betracht (vgl. BFH-Urteile vom 8. Dezember 1981 – BStBl 1982 II S. 618 und 25. August 1987 – BStBl 1988 II S. 248).

17

Bei Glattstellung solcher Optionsgeschäfte durch ein Gegengeschäft gelten die Ausführungen zu Rzn. 8 und 12 entsprechend.

5.2 Verkauf von Kauf- oder Verkaufsoptionen

Es gelten die Ausführungen zu Rzn. 13, 15 und 16 entsprechend.

18

6 Sog. Kombinationsgeschäfte

Da jedes sog. Kombinationsgeschäft (vgl. Rz. 3) aus zwei rechtlich selbständigen Grundgeschäften besteht, gelten für ihre einkommensteuerliche Behandlung die Regelungen für die Grundgeschäfte entsprechend.

19

III. Einkommensteuerrechtliche Behandlung von Finanztermingeschäften (Financial Futures) im Bereich der privaten Vermögensverwaltung

1 Bund-Futures

Bei den Bund-Futures der DTB kauft oder verkauft der Anleger eine idealtypische Bundesanleihe mit sechs Prozent Nominalverzinsung und einer Restlaufzeit von 8,5 bis 10 Jahren (langfristig) oder 3,5 bis 5 Jahren (mittelfristig, sog. Bobl-Future) per Termin. Im Regelfall ist es Ziel des Käufers oder Verkäufers eines Future-Kontraktes, durch ein glattstellendes Gegengeschäft einen Differenzgewinn aus Eröffnungs- und Gegengeschäft zu erzielen. In diesen Fällen kommt daher regelmäßig ein steuerpflichtiges Spekulationsgeschäft nicht in Betracht. Kommt es entgegen der ursprünglichen Differenzerzielungsabsicht ausnahmsweise zu einer Lieferung von Bundesanleihen, kann für den Verkäufer eines Future-Kontraktes ein Spekulationsgeschäft nach § 23 Abs. 1 Satz 1 Nr. 2 EStG, für den Käufer im Fall der Veräußerung der erworbenen Bundesanleihen innerhalb von sechs Monaten ein Spekulationsgeschäft nach § 23 Abs. 1 Satz 1 Nr. 1 Buchstabe b EStG vorliegen.

20

2 DAX-Futures

Da bei DAX-Futures das Basisprojekt nicht lieferbar ist (vgl. Rz. 4), sind Gewinne oder Verluste aus der Glattstellung oder aus dem zu erbringenden Barausgleich steuerlich unbeachtlich.

21

IV. Einkommensteuerrechtliche Behandlung anderer als Optionsscheine bezeichneter Finanzinstrumente im Bereich der privaten Vermögensverwaltung

1 Capped warrants (gekappte „Optionsscheine")

Bei den capped warrants handelt es sich um eine Kombination einer Kaufoption und einer Verkaufsoption zumeist auf Indices (z. B. DAX). Gegen Zahlung einer Optionsprämie erwirbt der Käufer der capped warrants das Recht, am Verfalltag durch Ausübung der Option vom Emittenten eine Zahlung zu verlangen. Ein Recht auf Abnahme oder Lieferung von Wertpapieren besteht bei den capped warrants nicht. Kauf- und Verkaufsoption lauten auf unterschiedlich hohe Basispreise und sind mit Preisbegrenzungen (sog. caps) ausgestattet, die jeweils mit dem Basispreis der anderen Option übereinstimmen. Durch diese Kombination beider Optionen sichert sich der Käufer, der bis zur Ausübung am Verfalltag sowohl Kauf- als auch Verkaufsoption innehat, einen im voraus bestimmbaren Ertrag, der nach § 20 Abs. 1 Nr. 7 EStG steuerpflichtig ist. Verkauft er beide „Optionsscheine" zusammen, erzielt er Kapitalertrag nach § 20 Abs. 2 EStG. Dies gilt unabhängig davon, ob der Anleger Kauf- und Verkaufsoption von dem Emittenten gemeinsam oder getrennt erworben hat. Erwirbt der Anleger dagegen nur die Kaufoption oder nur die Verkaufsoption und erhält er durch Ausübung der Option am Verfallstag einen Barausgleich, ist diese Ausgleichszahlung nicht steuerbar (vgl. BFH-Urteile vom 8. Dezember 1981 – BStBl 1982 II S. 618 und 25. August 1987 – BStBl 1988 II S. 248). Werden Kauf- oder Verkaufsoption innerhalb von sechs Monaten nach Anschaffung getrennt veräußert, liegt hinsichtlich des Optionsrechts ein Spekulationsgeschäft nach § 23 Abs. 1 Satz 1 Nr. 1 Buchstabe b EStG vor.

22

2 Range warrants („Bandbreiten-Optionsscheine")

23 Bei range warrants handelt es sich um ein Paket von „Optionsscheinen", die meist auf Indices (z. B. den Kurs einer bestimmten Aktie) lauten. Befindet sich der betreffende Wert am Fälligkeitstag („Ausübungstag") innerhalb der vereinbarten Bandbreite eines der „Optionsscheine", hat dessen Inhaber das Recht, von dem Emittenten neben der Rückzahlung des überlassenen Kapitalvermögens die Zahlung eines zusätzlichen Betrags („Ausübungsbetrag") zu verlangen; aus den übrigen „Optionsscheinen" erhält der Anleger lediglich das überlassene Kapitalvermögen zurück. Da in jedem Fall die Rückzahlung des Kapitalvermögens zugesagt wird, handelt es sich bei dem „Ausübungsbetrag" um Einkünfte aus Kapitalvermögen (§ 20 Abs. 1 Nr. 7 EStG).

Der Veräußerer des gesamten Pakets oder einzelner „Bandbreiten-Optionsscheine" erzielt Kapitalertrag nach § 20 Abs. 2 Satz 1 Nr. 4 EStG. Entsprechendes gilt für den Fall der Einlösung eines getrennten „Bandbreiten-Optionsscheins" (§ 20 Abs. 2 Satz 1 Nr. 4 Satz 4 EStG).

V. Erstmalige Anwendung

24 Die vorstehenden Regelungen sind in allen noch offenen Fällen anzuwenden.

VII

Zurechnung von Kapitalerträgen aus Anderkonten

BMF vom 6.6.1995

IV B 4 – S 2252 – 186/95

Zur Frage der Zurechnung von Kapitalerträgen aus noch nicht abgeschlossenen Anderkonten nehme ich im Einvernehmen mit den obersten Finanzbehörden der Länder wie folgt Stellung:

Auf dem Anderkonto eines Notars anfallende Guthabenzinsen sind dem Treugeber zuzurechnen. Wer Treugeber ist, ergibt sich grundsätzlich aus der Hinterlegungsvereinbarung der Vertragsparteien.

Nach dem Urteil des BFH vom 30.1.1986 (BStBl II S. 404) fließen auf dem Anderkonto anfallende Zinsen dem Treugeber im Zeitpunkt der Gutschrift zu. Dies gilt auch dann, wenn der Vollzug des Kaufvertrags (noch) nicht garantiert ist. Eine Vereinbarung der Vertragsparteien, daß neben dem Kaufpreis auch die Zinsen gesperrt bleiben sollen, steht dem Zufluß nicht entgegen (BFH vom 23.4.1980 – BStBl II S. 643).

Kommt der Kaufvertrag endgültig nicht zustande und wird der hinterlegte Kaufpreis einschließlich der Hinterziehungszinsen an den Käufer zurückgezahlt, erzielt dieser Einnahmen aus Kapitalvermögen. Bei dem Veräußerer entstehen im gleichen Zeitpunkt in Höhe der ausgekehrten Hinterlegungszinsen negative Einnahmen (BFH vom 13.12.1963 – BStBl 1964 III S. 184).

VIII

Berechnung des steuerpflichtigen Ertrags nach der Marktrendite bei Anlageinstrumenten in Fremdwährung

BMF vom 24.10.1995

IV B 4 – S 2252 – 289/95

Zu der Frage, wie in den Fällen des § 20 Abs. 2 Nr. 4 EStG der Unterschied zwischen dem Entgelt für den Erwerb und den Einnahmen aus der Veräußerung, Abtretung oder Einlösung von Wertpapieren und Kapitalforderungen zu ermitteln ist, wenn die Kapitalanlage nicht auf Deutsche Mark lautet, wird im Einvernehmen mit den obersten Finanzbehörden der Länder folgende Auffassung vertreten:

Das Entgelt für den Erwerb von Wertpapieren und Kapitalforderungen einerseits sowie die Einnahmen aus der Veräußerung, Abtretung oder Einlösung andererseits sind nach dem Wechselkurs in Deutsche Mark umzurechnen, der im Zeitpunkt des jeweiligen Vorgangs maßgebend ist. Der Unterschied der so ermittelten Beträge in Deutsche Mark ergibt den Kapitalertrag im Sinne des § 20 Abs. 2 Nr. 4 Satz 2 EStG.

IX
Anwendung des Disagioerlasses auf sogenannte Kurzläufer

OFD Düsseldorf vom 6.5.1996 (ESt-Kartei NW, § 20 EStG, Fach 3 Nr. 800)

S 2252 A – St 121

Nach den Regelungen des Disagioerlasses (FinMin vom 24.11.1986, EStGK NRW § 20 EStG Fach 3 Nr. 10; entspricht BMF-Schreiben vom 24.11.1986 IV B 4 – S 2252 – 180/86, BStBl 1986 I S. 539) sind ein bei der Emission eines festverzinslichen Wertpapiers gewährtes Disagio bzw. gewährter Diskont nur dann gem. § 20 Abs. 2 Satz 1 Nr. 1 i. V. m. Abs. 1 Nr. 7 EStG zu versteuern, wenn sie in Abhängigkeit von der Laufzeit einen bestimmten Vomhundertsatz des Nennwerts übersteigen.

Die kürzer laufenden Papiere werden dabei durch den Erlaß ohne weitere Unterscheidung unter der Rubrik „Laufzeit bis unter 2 Jahre" mit dem maximal steuerfreien Disagio von 1 v. H. zusammengefaßt.

Trotz dieses an sich eindeutigen Wortlauts ist bei Papieren dieser Laufzeit wie folgt zu **differenzieren:**

– Die Erlaßregelung hinsichtlich des Maximaldisagios/-diskonts von 1 v. H. des Nennwerts ist nur auf Papiere mit einer Laufzeit von einem Jahr bis unter zwei Jahren anzuwenden.

– Bei Laufzeiten von unter einem Jahr werden Emissionsdisagio oder Emissionsdiskont nur dann steuerlich **nicht** erfaßt, wenn sie **umgerechnet auf eine Laufzeit von einem Jahr höchstens 1 v. H. des Nennwerts betragen.**

Es ist also umzurechnen:

$$\frac{\text{Emissionsdisagio/-diskont in v. H.} \times 12}{\text{Laufzeit in Monaten}} = \text{Disagio/Diskont für 1 Jahr}$$

Beispiel: Papier mit Laufzeit von 9 Monaten, Emissionsdisagio 0,75 %:

$$\frac{0{,}75 \times 12}{9} = 1 \text{ v. H.} \qquad \textbf{Folge:} \text{ Disagio ist noch steuerfrei.}$$

Diese Einschränkung des Disagioerlasses ergibt sich aus der Erwägung heraus, daß die steuerliche Freistellung eines Disagios im Rahmen der Disagiostaffel nur der Verwaltungsvereinfachung in denjenigen Fällen dient, in denen das Disagio gegenüber der Verzinsung des Papiers wirtschaftlich nicht ins Gewicht fällt. Das wirtschaftliche Gewicht des Disagios nimmt aber bei einer Verkürzung der Laufzeit unter 1 Jahr immer mehr zu. So würde etwa ein Disagio von 1 % bei einer Laufzeit von 3 Monaten eine auf ein Jahr hochgerechnete Rendite von 4 % ergeben. Die hier vorgenommene Differenzierung ist daher zur Vermeidung einer steuerlichen Bevorzugung von Papieren mit kurzer Laufzeit erforderlich.

Das Fehlen einer entsprechenden Regelung im Disagioerlaß beruht darauf, daß bei Erlaßherausgabe noch eine Genehmigungspflicht für Schuldverschreibungen bestand und Papiere mit einer kürzeren Laufzeit als 1 Jahr praktisch nicht genehmigt wurden. Erst mit dem Erscheinen solcher Papiere am Markt nach Wegfall der Genehmigungspflicht im Jahre 1991 ist ein Regelungsbedürfnis für diese Fälle entstanden.

Die hier getroffene Regelung stimmt mit der Rechtsauffassung der deutschen Bankenverbände überein. Bei ab dem 1.1.1996 herausgegebenen Kurzläufern wurde eine entsprechende Schlüsselung in den Wertpapier-Mitteilungen der Kreditinstitute zugesagt.

X
Einkommensteuerrechtliche Behandlung der Kapitalerträge aus Schuldverschreibungen des Entschädigungsfonds nach dem Entschädigungs- und Ausgleichsleistungsgesetz vom 27. September 1994 (BGBl. I S. 2624)

BMF vom 9.10.1998 (BStBl I S. 1226)

IV C 1 – S 2121 – 1/98

Von einem Verband des Kreditgewerbes bin ich nach der einkommensteuerrechtlichen Behandlung der Erträge aus Schuldverschreibungen gefragt worden, die nach der Schuldverschreibungsverordnung vom 21. Juli 1995 (BGBl. I S. 846) begeben worden sind. Nach Abstimmung mit den obersten Finanzbehörden der Länder nehme ich hierzu wie folgt Stellung:

Nach der Schuldverschreibungsverordnung laufen die Schuldverschreibungen vom 1. Januar 1995 bis längstens zum 1. Januar 2008. Der Nennwert beträgt 1.000 DM oder ein ganzes Vielfaches davon. Ab dem Jahr 2004 werden sie in fünf gleichen Jahresraten durch Auslosung zum Nennwert getilgt, erstmals zum 1. Januar 2004. Die Auslosung findet jeweils drei Monate vor dem Tilgungstermin statt. Die Schuldverschreibungen werden bis 31. Dezember 2003 nicht verzinst, ab 1. Januar 2004 werden sie mit 6 % verzinst.

1. Der Entschädigte, der die Schuldverschreibung bis zur Fälligkeit hält („Durchhalter"), erzielt in Form der Zinsen ab 1. Januar 2004 Kapitalerträge nach § 20 Abs. 1 Nr. 7 EStG. Aus der Einlösung der Schuldverschreibung erzielt er keinen Kapitalertrag. Er ist daran zu erkennen, daß die Depotgutschrift von dem Konto 7273 des Entschädigungsfonds bei dem Deutschen Kassenverein vorgenommen wurde.

2. Vor dem 1. Januar 2004 handelt es sich um eine Schuldverschreibung ohne Zinsforderungen, die in aller Regel nur zu einem abgezinsten Preis veräußert werden kann. Die Besteuerung der Erträge aus der Veräußerung oder Abtretung der Schuldverschreibung erfolgt nach § 20 Abs. 2 Nr. 4 Buchstabe b EStG. Eine Veräußerung durch den Entschädigten vor dem 1. Januar 2004 findet somit auf der nicht steuerbaren Vermögensebene statt, er erzielt also keine positiven oder negativen Einkünfte aus Kapitalvermögen.

   Erwerber der Schuldverschreibung erzielen aus der (Weiter-)Veräußerung und der Einlösung der Schuldverschreibung bei Fälligkeit steuerpflichtigen Kapitalertrag nach § 20 Abs. 2 Nr. 4 Buchstabe b EStG (bei Einlösung i. V. m. § 20 Abs. 2 Nr. 4 Satz 4 EStG).

3. Wird die Schuldverschreibung nach dem 31. Dezember 2003 veräußert, erfolgt die Besteuerung weiterhin nach § 20 Abs. 2 Nr. 4 Buchstabe b EStG, wegen der Zinsforderung ggf. i. V. m. § 20 Abs. 2 Nr. 3 EStG (vgl. § 20 Abs. 2 Nr. 4 Satz 3 EStG). Unter den Voraussetzungen des § 43a Abs. 2 Satz 3 EStG hat die auszahlende Stelle die Möglichkeit, den Zinsabschlag von der Ersatzbemessungsgrundlage zu bemessen.

   Eine Veräußerung der Schuldverschreibung durch den Entschädigten nach dem 1. Januar 2004 findet weiterhin auf der nicht steuerbaren Vermögensebene statt. Er erzielt lediglich aus der Veräußerung oder Einlösung der Zinsforderung Kapitalertrag.

# Anhang 17
Leasing

Übersicht

I Ertragsteuerliche Behandlung von Leasing-Verträgen über bewegliche Wirtschaftsgüter
   BMF vom 19.4.1971 (BStBl I S. 264)

II Ertragsteuerliche Behandlung von Finanzierungs-Leasing-Verträgen über unbewegliche Wirtschaftsgüter
   BMWF vom 21.3.1972 (BStBl I S. 188)

III Steuerrechtliche Zurechnung des Leasing-Gegenstandes beim Leasing-Geber
    BMF vom 22.12.1975

IV Ertragsteuerliche Behandlung von Teilamortisations-Leasing-Verträgen über unbewegliche Wirtschaftsgüter
   BMF vom 23.12.1991 (BStBl 1992 I S. 13)

V Bilanz- und gewerbesteuerrechtliche Behandlung der Forfaitierung von Forderungen
   BMF vom 9.1.1996 (BStBl I S. 9)

VI Leasing-Verträge – Ermittlung des Kaufoptionspreises
   BMF vom 16.4.1996

I
Ertragsteuerliche Behandlung von Leasing-Verträgen über bewegliche Wirtschaftsgüter

BMF vom 19.4.1971 (BStBl I S. 264)

IV B/2 – S 2170 – 31/71

Unter Bezugnahme auf das Ergebnis der Erörterungen mit den obersten Finanzbehörden der Länder wird zu der Frage der steuerlichen Behandlung von Leasing-Verträgen über bewegliche Wirtschaftsgüter wie folgt Stellung genommen:

I. Allgemeines

Der Bundesfinanzhof hat mit Urteil vom 26. Januar 1970 (BStBl 1970 II S. 264) zur steuerlichen Behandlung von sogenannten Finanzierungs-Leasing-Verträgen über bewegliche Wirtschaftsgüter Stellung genommen.

Um eine einheitliche Rechtsanwendung durch die Finanzverwaltung zu gewährleisten, kann bei vor dem 24. April 1970 abgeschlossenen Leasing-Verträgen aus Vereinfachungsgründen von dem wirtschaftlichen Eigentum des Leasing-Gebers am Leasing-Gut und einer Vermietung oder Verpachtung an den Leasing-Nehmer ausgegangen werden, wenn die Vertragsparteien in der Vergangenheit übereinstimmend eine derartige Zurechnung zugrunde gelegt haben und auch in Zukunft daran festhalten. Das gilt auch, wenn die Vertragslaufzeit über den genannten Stichtag hinausreicht (vgl. Schreiben vom 21. Juli 1970

$$\frac{\text{(IVB/2 – S2170 – 52/70}}{\text{IVA/1 – S7471 – 10/70)}} - \text{BStBl 1970 I S. 913).}$$

Für die steuerliche Behandlung von nach dem 23. April 1970 abgeschlossenen Leasing-Verträgen über bewegliche Wirtschaftsgüter sind die folgenden Grundsätze zu beachten. Dabei ist als betriebsgewöhnliche Nutzungsdauer der in den amtlichen AfA-Tabellen angegebene Zeitraum zugrunde zu legen.

II. Begriff und Abgrenzung des Finanzierungs-Leasing-Vertrages bei beweglichen Wirtschaftsgütern

1. Finanzierungs-Leasing im Sinne dieses Schreibens ist nur dann anzunehmen, wenn
   a) der Vertrag über eine bestimmte Zeit abgeschlossen wird, während der der Vertrag bei vertragsgemäßer Erfüllung von beiden Vertragsparteien nicht gekündigt werden kann (Grundmietzeit),
   und

Anhang 17
Leasing

b) der Leasing-Nehmer mit den in der Grundmietzeit zu entrichtenden Raten mindestens die Anschaffungs- oder Herstellungskosten sowie alle Nebenkosten einschließlich der Finanzierungskosten des Leasing-Gebers deckt.

2. Beim Finanzierungs-Leasing von beweglichen Wirtschaftsgütern sind im wesentlichen folgende Vertragstypen festzustellen:

   a) Leasing-Verträge ohne Kauf- oder Verlängerungsoption

   Bei diesem Vertragstyp sind zwei Fälle zu unterscheiden:

   Die Grundmietzeit

   aa) deckt sich mit der betriebsgewöhnlichen Nutzungsdauer des Leasing-Gegenstandes,

   bb) ist geringer als die betriebsgewöhnliche Nutzungsdauer des Leasing-Gegenstandes.

   Der Leasing-Nehmer hat nicht das Recht, nach Ablauf der Grundmietzeit den Leasing-Gegenstand zu erwerben oder den Leasing-Vertrag zu verlängern.

   b) Leasing-Verträge mit Kaufoption

   Der Leasing-Nehmer hat das Recht, nach Ablauf der Grundmietzeit, die regelmäßig kürzer ist als die betriebsgewöhnliche Nutzungsdauer des Leasing-Gegenstandes, den Leasing-Gegenstand zu erwerben.

   c) Leasing-Verträge mit Mietverlängerungsoption

   Der Leasing-Nehmer hat das Recht, nach Ablauf der Grundmietzeit, die regelmäßig kürzer ist als die betriebsgewöhnliche Nutzungsdauer des Leasing-Gegenstandes, das Vertragsverhältnis auf bestimmte oder unbestimmte Zeit zu verlängern.

   Leasing-Verträge ohne Mietverlängerungsoption, bei denen nach Ablauf der Grundmietzeit eine Vertragsverlängerung für den Fall vorgesehen ist, daß der Mietvertrag nicht von einer der Vertragsparteien gekündigt wird, sind steuerlich grundsätzlich ebenso wie Leasing-Verträge mit Mietverlängerungsoption zu behandeln. Etwas anderes gilt nur dann, wenn nachgewiesen wird, daß der Leasing-Geber bei Verträgen über gleiche Wirtschaftsgüter innerhalb eines Zeitraums von neun Zehnteln der betriebsgewöhnlichen Nutzungsdauer in einer Vielzahl von Fällen das Vertragsverhältnis auf Grund seines Kündigungsrechts beendet.

   d) Verträge über Spezial-Leasing

   Es handelt sich hierbei um Verträge über Leasing-Gegenstände, die speziell auf die Verhältnisse des Leasing-Nehmers zugeschnitten und nach Ablauf der Grundmietzeit regelmäßig nur noch beim Leasing-Nehmer wirtschaftlich sinnvoll verwendbar sind. Die Verträge kommen mit oder ohne Optionsklausel vor.

III. Steuerliche Zurechnung des Leasing-Gegenstandes

Die Zurechnung des Leasing-Gegenstandes ist von der von den Parteien gewählten Vertragsgestaltung und deren tatsächlicher Durchführung abhängig. Unter Würdigung der gesamten Umstände ist im Einzelfall zu entscheiden, wem der Leasing-Gegenstand steuerlich zuzurechnen ist. Bei den unter II. 2. genannten Grundvertragstypen gilt für die Zurechnung das Folgende:

1. Leasing-Verträge ohne Kauf- oder Verlängerungsoption

   Bei Leasing-Verträgen ohne Optionsrecht ist der Leasing-Gegenstand regelmäßig zuzurechnen

   a) dem Leasing-Geber,

   wenn die Grundmietzeit mindestens 40 v. H. und höchstens 90 v. H. der betriebsgewöhnlichen Nutzungsdauer des Leasing-Gegenstandes beträgt,

   b) dem Leasing-Nehmer,

   wenn die Grundmietzeit weniger als 40 v. H. oder mehr als 90 v. H. der betriebsgewöhnlichen Nutzungsdauer beträgt.

2. Leasing-Verträge mit Kaufoption

   Bei Leasing-Verträgen mit Kaufoption ist der Leasing-Gegenstand regelmäßig zuzurechnen

   a) dem Leasing-Geber,

   wenn die Grundmietzeit mindestens 40 v. H. und höchstens 90 v. H. der betriebsgewöhnlichen Nutzungsdauer des Leasing-Gegenstandes beträgt

   und der für den Fall der Ausübung des Optionsrechts vorgesehene Kaufpreis nicht niedriger ist als der unter Anwendung der linearen AfA nach der amtlichen AfA-Tabelle ermittelte Buchwert oder der niedrigere gemeine Wert im Zeitpunkt der Veräußerung,

b) dem Leasing-Nehmer,

    aa) wenn die Grundmietzeit weniger als 40 v. H. oder mehr als 90 v. H. der betriebsgewöhnlichen Nutzungsdauer beträgt oder

    bb) wenn bei einer Grundmietzeit von mindestens 40 v. H. und höchstens 90 v. H. der betriebsgewöhnlichen Nutzungsdauer der für den Fall der Ausübung des Optionsrechts vorgesehene Kaufpreis niedriger ist als der unter Anwendung der linearen AfA nach der amtlichen AfA-Tabelle ermittelte Buchwert oder der niedrigere gemeine Wert im Zeitpunkt der Veräußerung.

Wird die Höhe des Kaufpreises für den Fall der Ausübung des Optionsrechts während oder nach Ablauf der Grundmietzeit festgelegt oder verändert, so gilt Entsprechendes. Die Veranlagungen sind gegebenenfalls zu berichtigen.

3. Leasing-Verträge mit Mietverlängerungsoption

Bei Leasing-Verträgen mit Mietverlängerungsoption ist der Leasing-Gegenstand regelmäßig zuzurechnen

  a) dem Leasing-Geber,

    wenn die Grundmietzeit mindestens 40 v. H. und höchstens 90 v. H. der betriebsgewöhnlichen Nutzungsdauer des Leasing-Gegenstandes beträgt

    und die Anschlußmiete so bemessen ist, daß sie den Wertverzehr für den Leasing-Gegenstand deckt, der sich auf der Basis des unter Berücksichtigung der linearen Absetzung für Abnutzung nach der amtlichen AfA-Tabelle ermittelten Buchwerts oder des niedrigeren gemeinen Werts und der Restnutzungsdauer lt. AfA-Tabelle ergibt.

  b) dem Leasing-Nehmer,

    aa) wenn die Grundmietzeit weniger als 40 v. H. oder mehr als 90 v. H. der betriebsgewöhnlichen Nutzungsdauer des Leasing-Gegenstandes beträgt oder

    bb) wenn bei einer Grundmietzeit von mindestens 40 v. H. und höchstens 90 v. H. der betriebsgewöhnlichen Nutzungsdauer die Anschlußmiete so bemessen ist, daß sie den Wertverzehr für den Leasing-Gegenstand nicht deckt, der sich auf der Basis des unter Berücksichtigung der linearen AfA nach der amtlichen AfA-Tabelle ermittelten Buchwerts oder des niedrigeren gemeinen Werts und der Restnutzungsdauer lt. AfA-Tabelle ergibt.

Wird die Höhe der Leasing-Raten für den Verlängerungszeitraum während oder nach Ablauf der Grundmietzeit festgelegt oder verändert, so gilt entsprechendes.

Abschnitt II Nr. 2 Buchstabe c Sätze 2 und 3 sind zu beachten.

4. Verträge über Spezial-Leasing

Bei Spezial-Leasing-Verträgen ist der Leasing-Gegenstand regelmäßig dem Leasing-Nehmer ohne Rücksicht auf das Verhältnis von Grundmietzeit und Nutzungsdauer und auf Optionsklauseln zuzurechnen.

IV. Bilanzmäßige Darstellung von Leasing-Verträgen bei Zurechnung des Leasing-Gegenstandes beim Leasing-Geber

1. Beim Leasing-Geber

Der Leasing-Geber hat den Leasing-Gegenstand mit seinen Anschaffungs- oder Herstellungskosten zu aktivieren. Die Absetzung für Abnutzung ist nach der betriebsgewöhnlichen Nutzungsdauer vorzunehmen.

Die Leasing-Raten sind Betriebseinnahmen.

2. Beim Leasing-Nehmer

Die Leasing-Raten sind Betriebsausgaben.

V. Bilanzmäßige Darstellung von Leasing-Verträgen bei Zurechnung des Leasing-Gegenstandes beim Leasing-Nehmer

1. Beim Leasing-Nehmer

Der Leasing-Nehmer hat den Leasing-Gegenstand mit seinen Anschaffungs- oder Herstellungskosten zu aktivieren. Als Anschaffungs- oder Herstellungskosten gelten die Anschaffungs- oder Herstellungskosten des Leasing-Gebers, die der Berechnung der Leasing-Raten zugrunde gelegt wor-

Anhang 17
I, II   Leasing

den sind, zuzüglich etwaiger weiterer Anschaffungs- oder Herstellungskosten, die nicht in den Leasing-Raten enthalten sind (vgl. Schreiben vom 5. Mai 1970 – IV B/2 – S 2170 – 4/70 –).

Dem Leasing-Nehmer steht die AfA nach der betriebsgewöhnlichen Nutzungsdauer des Leasing-Gegenstandes zu.

In Höhe der aktivierten Anschaffungs- oder Herstellungskosten mit Ausnahme der nicht in den Leasing-Raten berücksichtigten Anschaffungs- oder Herstellungskosten des Leasing-Nehmers ist eine Verbindlichkeit gegenüber dem Leasing-Geber zu passivieren.

Die Leasing-Raten sind in einen Zins- und Kostenanteil sowie einen Tilgungsanteil aufzuteilen. Bei der Aufteilung ist zu berücksichtigen, daß sich infolge der laufenden Tilgung der Zinsanteil verringert und der Tilgungsanteil entsprechend erhöht.

Der Zins- und Kostenanteil stellt eine sofort abzugsfähige Betriebsausgabe dar, während der andere Teil der Leasing-Rate als Tilgung der Kaufpreisschuld erfolgsneutral zu behandeln ist.

2. Beim Leasing-Geber

Der Leasing-Geber aktiviert eine Kaufpreisforderung an den Leasing-Nehmer in Höhe der den Leasing-Raten zugrunde gelegten Anschaffungs- oder Herstellungskosten. Dieser Betrag ist grundsätzlich mit der vom Leasing-Nehmer ausgewiesenen Verbindlichkeit identisch.

Die Leasing-Raten sind in einem Zins- und Kostenanteil sowie in einen Anteil Tilgung der Kaufpreisforderung aufzuteilen. Wegen der Aufteilung der Leasing-Raten und deren steuerlicher Behandlung gelten die Ausführungen unter V. 1. entsprechend.

VI. Die vorstehenden Grundsätze gelten entsprechend auch für Verträge mit Leasing-Nehmern, die ihren Gewinn nicht durch Bestandsvergleich ermitteln.

II

Ertragsteuerliche Behandlung von Finanzierungs-Leasing-Verträgen über unbewegliche Wirtschaftsgüter

BMWF vom 21.3.1972 (BStBl I S. 188)

F/IV B 2 – S 2170 – 11/72

Unter Bezugnahme auf das Ergebnis der Erörterungen mit den obersten Finanzbehörden der Länder wird zu der Frage der ertragsteuerlichen Behandlung von Finanzierungs-Leasing-Verträgen über unbewegliche Wirtschaftsgüter wie folgt Stellung genommen:

I. Finanzierungs-Leasing-Verträge

1. Allgemeines

a) In meinem Schreiben vom 19. April 1971 – IV B/2 – S 2170 – 31/71 – habe ich unter Berücksichtigung des BFH-Urteils vom 26.1.1970 (BStBl II S. 264) zur steuerlichen Behandlung von Finanzierungs-Leasing-Verträgen über bewegliche Wirtschaftsgüter Stellung genommen. Die in Abschnitt II dieses Schreibens enthaltenen Ausführungen über den Begriff und die Abgrenzung des Finanzierungs-Leasing-Vertrages bei beweglichen Wirtschaftsgütern gelten entsprechend für Finanzierungs-Leasing-Verträge über unbewegliche Wirtschaftsgüter.

b) Ebenso wie bei den Finanzierungs-Leasing-Verträgen über bewegliche Wirtschaftsgüter kann bei vor dem 24. April 1970 abgeschlossenen Finanzierungs-Leasing-Verträgen über unbewegliche Wirtschaftsgüter zur Gewährleistung einer einheitlichen Rechtsanwendung und aus Vereinfachungsgründen von dem wirtschaftlichen Eigentum des Leasing-Gebers am Leasing-Gegenstand, einer Vermietung oder Verpachtung an den Leasing-Nehmer und von der bisherigen steuerlichen Behandlung ausgegangen werden, wenn die Vertragsparteien in der Vergangenheit übereinstimmend eine derartige Zurechnung zugrunde gelegt haben und auch in Zukunft daran festhalten. Das gilt auch, wenn die Vertragslaufzeit über den genannten Stichtag hinausreicht.

c) Für die steuerliche Zurechnung von unbeweglichen Wirtschaftsgütern bei Finanzierungs-Leasing-Verträgen, die nach dem 23. April 1970 abgeschlossen wurden, gelten unter Berücksichtigung der in Abschnitt III meines Schreibens vom 19.4.1971 aufgestellten Grundsätze und des BFH-Urteils vom 18.11.1970 (BStBl 1971 II S. 133) über Mietkaufverträge bei unbeweglichen Wirtschaftsgütern die in Nummer 2 aufgeführten Kriterien.

d) Die Grundsätze für die Behandlung von unbeweglichen Wirtschaftsgütern gelten nicht für Betriebsvorrichtungen, auch wenn sie wesentliche Bestandteile eines Grundstücks sind (§ 50 Abs. 1 Satz 2 BewG a.F.). Die Zurechnung von Betriebsvorrichtungen, die Gegenstand eines Finanzierungs-Leasing-Vertrages sind, ist vielmehr nach den Grundsätzen für die ertragsteuerliche Behandlung von beweglichen Wirtschaftsgütern zu beurteilen. Für die Abgrenzung der Betriebsvorrichtungen von den Gebäuden sind die Anweisungen in dem übereinstimmenden Ländererlaß über die Abgrenzung der Betriebsvorrichtungen vom Grundvermögen vom 28.3.1960 (BStBl 1960 II S. 93) maßgebend.

2. Steuerliche Zurechnung unbeweglicher Leasing-Gegenstände

a) Die Zurechnung des unbeweglichen Leasing-Gegenstandes ist von der von den Parteien gewählten Vertragsgestaltung und deren tatsächlicher Durchführung abhängig. Unter Würdigung der gesamten Umstände ist im Einzelfall zu entscheiden, wem der Leasing-Gegenstand zuzurechnen ist.

Die Zurechnungs-Kriterien sind dabei für Gebäude und Grund und Boden getrennt zu prüfen.

b) Bei Finanzierungs-Leasing-Verträgen ohne Kauf- oder Verlängerungsoption und Finanzierungs-Leasing-Verträgen mit Mietverlängerungsoption ist der Grund und Boden grundsätzlich dem Leasing-Geber zuzurechnen, bei Finanzierungs-Leasing-Verträgen mit Kaufoption dagegen regelmäßig dem Leasing-Nehmer, wenn nach Buchstabe c auch das Gebäude dem Leasing-Nehmer zugerechnet wird. Für die Zurechnung des Grund und Bodens in Fällen des Spezial-Leasings ist entsprechend zu verfahren.

c) Für die Zurechnung der Gebäude gilt im einzelnen das Folgende:

aa) Ist die Grundmietzeit kürzer als 40 v. H. oder länger als 90 v. H. der betriebsgewöhnlichen Nutzungsdauer des Gebäudes, so ist das Gebäude regelmäßig dem Leasing-Nehmer zuzurechnen. Wird die Absetzung für Abnutzung des Gebäudes nach § 7 Abs. 4 Satz 1 oder Abs. 5 EStG bemessen, so gilt als betriebsgewöhnliche Nutzungsdauer ein Zeitraum von 50 Jahren. Hat der Leasing-Nehmer dem Leasing-Geber an dem Grundstück, das Gegenstand des Finanzierungs-Leasing-Vertrages ist, ein Erbbaurecht eingeräumt und ist der Erbbaurechtszeitraum kürzer als die betriebsgewöhnliche Nutzungsdauer des Gebäudes, so tritt bei Anwendung des vorstehenden Satzes an die Stelle der betriebsgewöhnlichen Nutzungsdauer des Gebäudes der kürzere Erbbaurechtszeitraum.

bb) Beträgt die Grundmietzeit mindestens 40 v. H. und höchstens 90 v. H. der betriebsgewöhnlichen Nutzungsdauer, so gilt unter Berücksichtigung der Sätze 2 und 3 des vorstehenden Doppelbuchstabens aa folgendes:

Bei Finanzierungs-Leasing-Verträgen ohne Kauf- oder Mietverlängerungsoption ist das Gebäude regelmäßig dem Leasing-Geber zuzurechnen.

Bei Finanzierungs-Leasing-Verträgen mit Kaufoption kann das Gebäude regelmäßig nur dann dem Leasing-Geber zugerechnet werden, wenn der für den Fall der Ausübung des Optionsrechtes vorgesehene Gesamtkaufpreis nicht niedriger ist als der unter Anwendung der linearen AfA ermittelte Buchwert des Gebäudes zuzüglich des Buchwertes für den Grund und Boden oder der niedrigere gemeine Wert des Grundstücks im Zeitpunkt der Veräußerung. Wird die Höhe des Kaufpreises für den Fall der Ausübung des Optionsrechtes während oder nach Ablauf der Grundmietzeit festgelegt oder verändert, so gilt entsprechendes. Die Veranlagungen sind ggf. zu berichtigen.

Bei Finanzierungs-Leasing-Verträgen mit Mietverlängerungsoption kann das Gebäude regelmäßig nur dann dem Leasing-Geber zugerechnet werden, wenn die Anschlußmiete mehr als 75 v. H. des Mietentgeltes beträgt, das für ein nach Art, Lage und Ausstattung vergleichbares Grundstück üblicherweise gezahlt wird. Wird die Höhe der Leasing-Raten für den Verlängerungszeitraum während oder nach Ablauf der Grundmietzeit festgelegt oder verändert, so gilt Entsprechendes. Die Veranlagungen sind ggf. zu berichtigen.

Verträge ohne Mietverlängerungsoption, bei denen nach Ablauf der Grundmietzeit eine Vertragsverlängerung für den Fall vorgesehen ist, daß der Mietvertrag nicht von einer der Vertragsparteien gekündigt wird, sind steuerlich grundsätzlich ebenso wie Finanzierungs-Leasing-Verträge mit Mietverlängerungsoption zu behandeln.

d) Bei Spezial-Leasing-Verträgen ist das Gebäude stets dem Leasing-Nehmer zuzurechnen.

II. Bilanzmäßige Darstellung

1. Zurechnung des Leasing-Gegenstandes beim Leasing-Geber

a) Darstellung beim Leasing-Geber

Der Leasing-Geber hat den Leasing-Gegenstand mit seinen Anschaffungs- oder Herstellungskosten zu aktivieren.

Die Leasing-Raten sind Betriebseinnahmen.

b) Darstellung beim Leasing-Nehmer

Die Leasing-Raten sind grundsätzlich Betriebsausgaben.

2. Zurechnung des Leasing-Gegenstandes beim Leasing-Nehmer

a) Bilanzierung beim Leasing-Nehmer

Der Leasing-Nehmer hat den Leasing-Gegenstand mit seinen Anschaffungs- oder Herstellungskosten zu aktivieren. Als Anschaffungs- oder Herstellungskosten gelten die Anschaffungs- oder Herstellungskosten des Leasing-Gebers, die der Berechnung der Leasing-Raten zugrunde gelegt worden sind, zuzüglich etwaiger weiterer Anschaffungs- oder Herstellungskosten, die nicht in den Leasing-Raten enthalten sind (vgl. Schreiben vom 5. Mai 1970 – IV B/2 – S 2170 – 4/70 –).

In Höhe der aktivierten Anschaffungs- oder Herstellungskosten mit Ausnahme der nicht in den Leasing-Raten berücksichtigten Anschaffungs- oder Herstellungskosten des Leasing-Nehmers ist eine Verbindlichkeit gegenüber dem Leasing-Geber zu passivieren.

Die Leasing-Raten sind in einen Zins- und Kostenanteil sowie einen Tilgungsanteil aufzuteilen. Bei der Aufteilung ist zu berücksichtigen, daß sich infolge der laufenden Tilgung der Zinsanteil verringert und der Tilgungsanteil entsprechend erhöht.

Der Zins- und Kostenanteil stellt eine sofort abzugsfähige Betriebsausgabe dar, während der andere Teil der Leasing-Rate als Tilgung der Kaufpreisschuld erfolgsneutral zu behandeln ist.

b) Bilanzierung beim Leasing-Geber

Der Leasing-Geber aktiviert eine Kaufpreisforderung an den Leasing-Nehmer in Höhe der den Leasing-Raten zugrunde gelegten Anschaffungs- oder Herstellungskosten. Dieser Betrag ist grundsätzlich mit der vom Leasing-Nehmer ausgewiesenen Verbindlichkeit identisch.

Die Leasing-Raten sind in einen Zins- und Kostenanteil sowie in einen Anteil Tilgung der Kaufpreisforderung aufzuteilen. Wegen der Aufteilung der Leasing-Raten und deren steuerlicher Behandlung gelten die Ausführungen unter a entsprechend.

III. Andere Verträge

Erfüllen Verträge über unbewegliche Wirtschaftsgüter nicht die Merkmale, die als Voraussetzung für den Begriff des Finanzierungs-Leasings in Abschnitt II meines Schreibens vom 19.4.1971 aufgeführt sind, so ist nach allgemeinen Grundsätzen, insbesondere auch nach den von der Rechtsprechung aufgestellten Grundsätzen über Mietkaufverträge zu entscheiden, wem der Leasing- oder Mietgegenstand zuzurechnen ist (vgl. hierzu insbesondere BFH-Urteile vom 5.11.1957 – BStBl 1957 III S. 445 –, 25.10.1963 – BStBl 1964 III S. 44 –, 2.8.1966 – BStBl 1967 III S. 63 – und 18.11.1970 – BStBl 1971 II S. 133).

III

Steuerrechtliche Zurechnung des Leasing-Gegenstandes beim Leasing-Geber

BMF vom 22.12.1975

IV B 2 – S 2170 – 161/75

Unter Bezugnahme auf das Ergebnis der Erörterung mit den obersten Finanzbehörden der Länder hat der Bundesminister der Finanzen zu einem Schreiben des Deutschen Leasing-Verbandes vom 24.7.1975 wie folgt Stellung genommen:

1. Gemeinsames Merkmal der in dem Schreiben des Deutschen Leasing-Verbandes dargestellten Vertragsmodelle ist, daß eine unkündbare Grundmietzeit vereinbart wird, die mehr als 40 v. H., jedoch nicht mehr als 90 v. H. der betriebsgewöhnlichen Nutzungsdauer des Leasing-Gegenstandes beträgt

und daß die Anschaffungs- oder Herstellungskosten des Leasing-Gebers sowie alle Nebenkosten einschließlich der Finanzierungskosten des Leasing-Gebers in der Grundmietzeit durch die Leasing-Raten nur zum Teil gedeckt werden. Da mithin Finanzierungs-Leasing im Sinne des BdF-Schreibens über die ertragsteuerrechtliche Behandlung von Leasing-Verträgen über bewegliche Wirtschaftsgüter vom 19.4.1971 (BStBl I S. 264) nicht vorliegt, ist die Frage, wem der Leasing-Gegenstand zuzurechnen ist, nach den allgemeinen Grundsätzen zu entscheiden.

2. Die Prüfung der Zurechnungsfrage hat folgendes ergeben:

a) *Vertragsmodell mit Andienungsrecht des Leasing-Gebers, jedoch ohne Optionsrecht des Leasing-Nehmers*

Bei diesem Vertragsmodell hat der Leasing-Geber ein Andienungsrecht. Danach ist der Leasing-Nehmer, sofern ein Verlängerungsvertrag nicht zustande kommt, auf Verlangen des Leasing-Gebers verpflichtet, den Leasing-Gegenstand zu einem Preis zu kaufen, der bereits bei Abschluß des Leasing-Vertrags fest vereinbart wird. Der Leasing-Nehmer hat kein Recht den Leasing-Gegenstand zu erwerben.

Der Leasing-Nehmer trägt bei dieser Vertragsgestaltung das Risiko der Wertminderung, weil er auf Verlangen des Leasing-Gebers den Leasing-Gegenstand auch dann zum vereinbarten Preis kaufen muß, wenn der Wiederbeschaffungspreis für ein gleichwertiges Wirtschaftsgut geringer als der vereinbarte Preis ist. Der Leasing-Geber hat jedoch die Chance der Wertsteigerung, weil er sein Andienungsrecht nicht ausüben muß, sondern das Wirtschaftsgut zu einem über dem Andienungspreis liegenden Preis verkaufen kann, wenn ein über dem Andienungspreis liegender Preis am Markt erzielt werden kann.

Der Leasing-Nehmer kann unter diesen Umständen nicht als wirtschaftlicher Eigentümer des Leasing-Gegenstandes angesehen werden.

b) *Vertragsmodell mit Aufteilung des Mehrerlöses*

Nach Ablauf der Grundmietzeit wird der Leasing-Gegenstand durch den Leasing-Geber veräußert. Ist der Veräußerungserlös niedriger als die Differenz zwischen den Gesamtkosten des Leasing-Gebers und den in der Grundmietzeit entrichteten Leasing-Raten (Restamortisation), so muß der Leasing-Nehmer eine Abschlußzahlung in Höhe der Differenz zwischen Restamortisation und Veräußerungserlös zahlen. Ist der Veräußerungserlös hingegen höher als die Restamortisation, so erhält der Leasing-Geber 25 v. H., der Leasing-Nehmer 75 v. H. des die Restamortisation übersteigenden Teils des Veräußerungserlöses.

Durch die Vereinbarung, daß der Leasing-Geber 25 v. H. des die Restamortisation übersteigenden Teils des Veräußerungserlöses erhält, wird bewirkt, daß der Leasing-Geber noch in einem wirtschaftlich ins Gewicht fallenden Umfang an etwaigen Wertsteigerungen des Leasing-Gegenstandes beteiligt ist. Der Leasing-Gegenstand ist daher dem Leasing-Geber zuzurechnen.

Eine ins Gewicht fallende Beteiligung des Leasing-Gebers an Wertsteigerungen des Leasing-Gegenstandes ist hingegen nicht mehr gegeben, wenn der Leasing-Geber weniger als 25 v. H. des die Restamortisation übersteigenden Teils des Veräußerungserlöses erhält. Der Leasing-Gegenstand ist in solchen Fällen dem Leasing-Nehmer zuzurechnen.

c) *Kündbarer Mietvertrag mit Anrechnung des Veräußerungserlöses auf die vom Leasing-Nehmer zu leistende Schlußzahlung*

Der Leasing-Nehmer kann den Leasing-Vertrag frühestens nach Ablauf einer Grundmietzeit, die 40 v. H. der betriebsgewöhnlichen Nutzungsdauer beträgt, kündigen. Bei Kündigung ist eine Abschlußzahlung in Höhe der durch die Leasing-Raten nicht gedeckten Gesamtkosten des Leasing-Gebers zu entrichten. Auf die Abschlußzahlung werden 90 v. H. des vom Leasing-Geber erzielten Veräußerungserlöses angerechnet. Ist der anzurechnende Teil des Veräußerungserlöses zuzüglich der vom Leasing-Nehmer bis zur Veräußerung entrichteten Leasing-Raten niedriger als die Gesamtkosten des Leasing-Gebers, so muß der Leasing-Nehmer in Höhe der Differenz eine Abschlußzahlung leisten. Ist jedoch der Veräußerungserlös höher als die Differenz zwischen Gesamtkosten des Leasing-Gebers und den bis zur Veräußerung entrichteten Leasing-Raten, so behält der Leasing-Geber diesen Differenzbetrag in vollem Umfang.

Bei diesem Vertragsmodell kommt eine während der Mietzeit eingetretene Wertsteigerung in vollem Umfang dem Leasing-Geber zugute. Der Leasing-Geber ist daher nicht nur rechtlicher, sondern auch wirtschaftlicher Eigentümer des Leasing-Gegenstandes.

Anhang 17
III, IV Leasing

Die vorstehenden Ausführungen gelten nur grundsätzlich, d.h. nur insoweit, wie besondere Regelungen in Einzelverträgen nicht zu einer anderen Beurteilung zwingen.

IV

Ertragsteuerliche Behandlung von Teilamortisations-Leasing-Verträgen über unbewegliche Wirtschaftsgüter

BMF vom 23.12.1991 (BStBl 1992 I S. 13)

IV B 2 – S 2170 – 115/91

1 In meinem Schreiben vom 21. März 1972 (BStBl I S. 188) habe ich zur ertragsteuerlichen Behandlung von Finanzierungs-Leasing-Verträgen über unbewegliche Wirtschaftsgüter Stellung genommen. Dabei ist unter Finanzierungs-Leasing das Vollamortisations-Leasing verstanden worden. Zu der Frage der ertragsteuerlichen Behandlung von Teilamortisations-Leasing-Verträgen über unbewegliche Wirtschaftsgüter wird unter Bezugnahme auf das Ergebnis der Erörterung mit den obersten Finanzbehörden der Länder wie folgt Stellung genommen:

I. Begriff und Abgrenzung des Teilamortisations-Leasing-Vertrages bei unbeweglichen Wirtschaftsgütern

2 1. Teilamortisations-Leasing im Sinne dieses Schreibens ist nur dann anzunehmen, wenn

   a) der Vertrag über eine bestimmte Zeit abgeschlossen wird, während der er bei vertragsgemäßer Erfüllung von beiden Vertragsparteien nur aus wichtigem Grund gekündigt werden kann (Grundmietzeit),

   und

3 b) der Leasing-Nehmer mit den in der Grundmietzeit zu entrichtenden Raten die Anschaffungs- oder Herstellungskosten sowie alle Nebenkosten einschließlich der Finanzierungskosten des Leasing-Gebers nur zum Teil deckt.

4 2. Wegen der möglichen Vertragstypen weise ich auf Abschnitt II Ziffer 2 meines Schreibens vom 19. April 1971 (BStBl I S. 264) hin. Die dortigen Ausführungen gelten beim Teilamortisations-Leasing von unbeweglichen Wirtschaftsgütern entsprechend.

II. Steuerrechtliche Zurechnung des Leasing-Gegenstandes

5 1. Die Zurechnung des unbeweglichen Leasing-Gegenstandes hängt von der Vertragsgestaltung und deren tatsächlicher Durchführung ab. Unter Würdigung der gesamten Umstände ist im Einzelfall zu entscheiden, wem der Leasing-Gegenstand zuzurechnen ist. Dabei ist zwischen Gebäude sowie Grund und Boden zu unterscheiden.

   2. Für die Zurechnung der **Gebäude** gilt im einzelnen folgendes:

6 a) Der Leasing-Gegenstand ist – vorbehaltlich der nachfolgenden Ausführungen – grundsätzlich dem **Leasing-Geber** zuzurechnen.

   b) Der Leasing-Gegenstand ist in den nachfolgenden Fällen ausnahmsweise dem **Leasing-Nehmer** zuzurechnen:

7 aa) Verträge über Spezial-Leasing

   Bei Spezial-Leasing-Verträgen ist der Leasing-Gegenstand regelmäßig dem Leasing-Nehmer ohne Rücksicht auf das Verhältnis von Grundmietzeit und Nutzungsdauer und auf etwaige Optionsklauseln zuzurechnen.

8 bb) Verträge mit Kaufoption

   Bei Leasing-Verträgen mit Kaufoption ist der Leasing-Gegenstand regelmäßig dem Leasing-Nehmer zuzurechnen,

   wenn die Grundmietzeit mehr als 90 v. H. der betriebsgewöhnlichen Nutzungsdauer beträgt oder der vorgesehene Kaufpreis geringer ist als der Restbuchwert des Leasing-Gegenstandes unter Berücksichtigung der AfA gemäß § 7 Abs. 4 EStG nach Ablauf der Grundmietzeit.

Die betriebsgewöhnliche Nutzungsdauer berechnet sich nach der Zeitspanne, für die AfA nach § 7 Abs. 4 Satz 1 EStG vorzunehmen ist, in den Fällen des § 7 Abs. 4 Satz 2 EStG nach der tatsächlichen Nutzungsdauer.

cc) Verträge mit Mietverlängerungsoption

Bei Leasing-Verträgen mit Mietverlängerungsoption ist der Leasing-Gegenstand regelmäßig dem Leasing-Nehmer zuzurechnen,

wenn die Grundmietzeit mehr als 90 v. H. der betriebsgewöhnlichen Nutzungsdauer des Leasing-Gegenstandes beträgt oder die Anschlußmiete nicht mindestens 75 v. H. des Mietentgelts beträgt, das für ein nach Art, Lage und Ausstattung vergleichbares Grundstück üblicherweise gezahlt wird.

Wegen der Berechnung der betriebsgewöhnlichen Nutzungsdauer vgl. unter Tz. 9.

dd) Verträge mit Kauf- oder Mietverlängerungsoption und besonderen Verpflichtungen

Der Leasing-Gegenstand ist bei Verträgen mit Kauf- oder Mietverlängerungsoption dem Leasing-Nehmer stets zuzurechnen, wenn ihm eine der nachfolgenden Verpflichtungen auferlegt wird:

- Der Leasing-Nehmer trägt die Gefahr des zufälligen ganzen oder teilweisen Untergangs des Leasing-Gegenstandes. Die Leistungspflicht aus dem Mietvertrag mindert sich in diesen Fällen nicht.
- Der Leasing-Nehmer ist bei ganzer oder teilweiser Zerstörung des Leasing-Gegenstandes, die nicht von ihm zu vertreten ist, dennoch auf Verlangen des Leasing-Gebers zur Wiederherstellung bzw. zum Wiederaufbau auf seine Kosten verpflichtet oder die Leistungspflicht aus dem Mietvertrag mindert sich trotz der Zerstörung nicht.
- Für den Leasing-Nehmer mindert sich die Leistungspflicht aus dem Mietvertrag nicht, wenn die Nutzung des Leasing-Gegenstandes aufgrund eines nicht von ihm zu vertretenden Umstands langfristig ausgeschlossen ist.
- Der Leasing-Nehmer hat dem Leasing-Geber die bisher nicht gedeckten Kosten ggf. auch einschließlich einer Pauschalgebühr zur Abgeltung von Verwaltungskosten zu erstatten, wenn es zu einer vorzeitigen Vertragsbeendigung kommt, die der Leasing-Nehmer nicht zu vertreten hat.
- Der Leasing-Nehmer stellt den Leasing-Geber von sämtlichen Ansprüchen Dritter frei, die diese hinsichtlich des Leasing-Gegenstandes gegenüber dem Leasing-Geber geltend machen, es sei denn, daß der Anspruch des Dritten von dem Leasing-Nehmer verursacht worden ist.
- Der Leasing-Nehmer als Eigentümer des Grund und Bodens, auf dem der Leasing-Geber als Erbbauberechtigter den Leasing-Gegenstand errichtet, ist aufgrund des Erbbaurechtsvertrags unter wirtschaftlichen Gesichtspunkten gezwungen, den Leasing-Gegenstand nach Ablauf der Grundmietzeit zu erwerben.

3. Der **Grund und Boden** ist grundsätzlich demjenigen zuzurechnen, dem nach den Ausführungen unter Tz. 6 bis 17 das Gebäude zugerechnet wird.

III. Bilanzmäßige Darstellung

Die bilanzmäßige Darstellung erfolgt nach den Grundsätzen unter Abschnitt II meines Schreibens vom 21. März 1972 (BStBl I S. 188).

IV. Übergangsregelung

Soweit die vorstehend aufgeführten Grundsätze zu einer Änderung der bisherigen Verwaltungspraxis für die Zurechnung des Leasing-Gegenstandes bei Teilamortisations-Leasing-Verträgen über unbewegliche Wirtschaftsgüter führen, sind sie nur auf Leasing-Verträge anzuwenden, die nach dem 31. Januar 1992 abgeschlossen werden.

V
Bilanz- und gewerbesteuerrechtliche Behandlung der Forfaitierung von Forderungen

BMF vom 9.1.1996 (BStBl I S. 9)

IV B 2 – S 2170 – 135/95

Forfaitiert der Leasing-Geber künftige Forderungen auf Leasing-Raten, die vom Leasing-Nehmer zu entrichten sind, oder forfaitiert er den künftigen Anspruch auf den Erlös aus der nach Ablauf der Grundmietzeit anstehenden Verwertung des Leasing-Gegenstands an eine Bank, so hat dies nach dem Ergebnis einer Erörterung mit den obersten Finanzbehörden der Länder folgende Auswirkungen:

I. Allgemeine Rechtsfolgen der Forfaitierung einer Forderung

Der Abtretung der künftigen Forderungen aus Leasing-Verträgen liegt in schuldrechtlicher Hinsicht eine Forfaitierung zugrunde. Es handelt sich um einen Kaufvertrag zwischen einem Forderungsverkäufer (Forfaitist) und einer Bank oder einem Spezialinstitut als Forderungskäufer (Forfaiteur). Aufgrund der Forfaitierung gehen alle Rechte aus der Forderung, aber auch das Risiko der Zahlungsunfähigkeit des Schuldners auf den Forderungskäufer über. Der Forderungsverkäufer trägt bei einer Forfaitierung lediglich das Risiko des rechtlichen Bestands der Forderung.

II. Zurechnung des Leasing-Gegenstands

Die Forfaitierung der künftigen Forderungen auf Leasing-Raten beeinflußt die Zurechnung des Leasing-Gegenstands nicht. Entsprechendes gilt grundsätzlich auch dann, wenn der künftige Anspruch auf den Erlös aus der Verwertung des Leasing-Gegenstands nach Ablauf der Grundmietzeit forfaitiert wird.

III. Bilanzierung des Erlöses

1. Übernimmt der Leasing-Geber auch die Haftung für die Zahlungsunfähigkeit des Leasing-Nehmers oder verpflichtet er sich zum Rückkauf der Forderung im Fall der Uneinbringlichkeit, so ist dieser Vorgang als Darlehensgewährung der Bank an den Leasing-Geber zu beurteilen. Der Leasing-Geber hat die erhaltenen Erlöse als Darlehensschuld zu passivieren. Dies gilt auch, wenn der Vorgang als Forfaitierung der künftigen Forderungen auf Leasing-Raten oder als Forfaitierung des künftigen Anspruchs auf den Erlös aus der Verwertung des Leasing-Gegenstands bezeichnet wird.

2. Steht der Leasing-Geber nur für den rechtlichen Bestand der Forderung und für die Freiheit von Einreden im Zeitpunkt des Verkaufs bzw. bis zum Ablauf der Grundmietzeit ein, so ist diese Forderung forfaitiert und daher wie folgt zu bilanzieren:

a) Im Falle der Forfaitierung der künftigen Forderung auf Leasing-Raten erhält der Leasing-Geber von dem Forderungskäufer den Betrag der Leasing-Raten als Forfaitierungserlös. Wegen seiner Verpflichtung zur Nutzungsüberlassung gegenüber dem Leasing-Nehmer hat der Leasing-Geber den Forfaitierungserlös in einen passiven Rechnungsabgrenzungsposten einzustellen und diesen verteilt auf die restliche Grundmietzeit linear gewinnerhöhend aufzulösen;

b) im Falle der Forfaitierung des künftigen Anspruchs auf den Erlös aus der Verwertung des Leasing-Gegenstands (Restwertforfaitierung) hat der Leasing-Geber den Forfaitierungserlös wie eine Anzahlung zu passivieren, und zwar wegen seiner künftigen Verpflichtung zur Verschaffung des Eigentums an dem Leasing-Gegenstand. Der Passivposten ist verteilt über die Zeitspanne bis zum Ablauf der Grundmietzeit linear auf den Wert aufzustocken, der Grundlage für die Festlegung des Forfaitierungserlöses war. Dies ist grundsätzlich der im Leasing-Vertrag vereinbarte Andienungspreis. Nach Ablauf der Grundmietzeit ist der Passivposten gewinnerhöhend aufzulösen.

IV. Gewerbesteuerrechtliche Behandlung

Der Passivposten aus der Forfaitierung des Anspruchs auf die Leasing-Raten (vgl. unter III. 2. Buchst. a) ist nicht als Dauerschuld gemäß § 12 Abs. 2 Nr. 1 GewStG zu behandeln. Dagegen handelt es sich bei der unter III. 1. beschriebenen Darlehensgewährung sowie bei dem Passivposten aus der Restwertforfaitierung für die Verpflichtung zur Verschaffung des Eigentums an dem Leasing-Gegenstand (vgl. unter III. 2. Buchst. b) um eine Dauerschuld. Das für die Darlehensgewährung vereinbarte

Entgelt sowie der dem jährlichen Aufstockungsbetrag unter III. 2. Buchst. b entsprechende Aufwand sind als Entgelt für eine Dauerschuld im Sinne des § 8 Nr. 1 GewStG anzusehen.

VI
Leasing-Verträge – Ermittlung des Kaufoptionspreises

BMF vom 16.4.1996

IV B 2 – S 2170 – 49/96

Nach den Grundsätzen für die ertragsteuerrechtliche Behandlung von Leasing-Verträgen (vgl. ESt-Handbuch 1994 Anhang 21[1])) ist der Leasing-Gegenstand nur dann dem Leasing-Geber zuzurechnen, wenn als Kaufpreis, der vom Leasing-Nehmer bei Ausübung einer Kaufoption zu entrichten ist (Kaufoptionspreis), ein Mindestbetrag zu zahlen ist. Der Kaufoptionspreis muß mindestens dem Buchwert, der sich unter Anwendung der linearen AfA nach der amtlichen AfA-Tabelle ergibt, oder dem niedrigeren gemeinen Wert im Zeitpunkt der Veräußerung entsprechen. Bei der Ermittlung des Buchwerts ist von den Anschaffungs- oder Herstellungskosten auszugehen.

Nach dem Ergebnis einer Erörterung mit den obersten Finanzbehörden der Länder ist ein vom Leasing-Geber vereinnahmter Investitionszuschuß – unabhängig von der bilanzsteuerrechtlichen Behandlung – bei der Ermittlung des Kaufoptionspreises nicht anschaffungs- oder herstellungskostenmindernd zu berücksichtigen. Entsprechendes gilt, wenn sich die Anschaffungs- oder Herstellungskosten des Leasing-Gegenstands wegen einer Gewinnübertragung (z. B. nach § 6b Abs. 1 oder Abs. 3 EStG oder nach R 35 Abs. 5 oder Abs. 7 EStR 1993[2])) gemindert haben. Für die Ermittlung des Kaufoptionspreises ist in derartigen Fällen also von den „ungeminderten" Anschaffungs- oder Herstellungskosten auszugehen.

---

[1]) Anm.: → ESt-Handbuch 1998 – Anhang 17.
[2]) Anm.: → R 35 Abs. 3 und 4 EStR 1998.

Anhang 18
Mitunternehmer

Übersicht

I   Besteuerung der Mitunternehmer von Personengesellschaften
BMF vom 20.12.1977 (BStBl 1978 I S. 8)

II   Schenkweise als Kommanditisten in eine Kommanditgesellschaft aufgenommene minderjährige Kinder als Mitunternehmer (Anwendung des BFH-Urteils vom 10.11.1987 – BStBl 1989 II S. 758)
BMF vom 5.10.1989 (BStBl I S. 378)

III   Beteiligung einer nicht gewerblich tätigen Personengesellschaft an einer gewerblich tätigen Personengesellschaft; Anwendung des BFH-Urteils vom 8. Dezember 1994 (BStBl 1996 II S. 264)
BMF vom 13.5.1996 (BStBl I S. 621)

IV   Gewinnrealisierung bei Mitgliedern von Bau-Arbeitsgemeinschaften; Anwendung des Mitunternehmererlasses auf sog. „kleine" Arbeitsgemeinschaften
BMF vom 27.1.1998 (BStBl I S. 251)

V   1. Sonderbetriebsvermögen bei Vermietung an eine Schwestergesellschaft;
Anwendung der BFH-Urteile vom 16. Juni 1994 (BStBl 1996 I S. 82), vom 22. November 1994 (BStBl 1996 II S. 93) und vom 26. November 1996 (BStBl 1998 II S. 328)
    2. Verhältnis des § 15 Abs. 1 Nr. 2 EStG zur mitunternehmerischen Betriebsaufspaltung;
Anwendung des BFH-Urteils vom 23. April 1996 – VIII R 13/95 – (BStBl 1998 II S. 325)
BMF vom 28.4.1998 (BStBl I S. 583)

I
Besteuerung der Mitunternehmer von Personengesellschaften[1]

BMF vom 20.12.1977 (BStBl 1978 I S. 8)

IV B 2 – S 2241 – 231 / 77

Inhaltsübersicht

		Tz.
I.	**Allgemeines**	1 – 3
II.	**Steuerliches Betriebsvermögen**	4 – 20
	1. Allgemeines	4
	2. Gesamthandsvermögen	5 – 9
	a) Begriff	5 – 6
	b) Wirtschaftsgüter, die unmittelbar dem Betrieb dienen oder zu dienen bestimmt sind	7
	c) Wirtschaftsgüter, die nicht unmittelbar dem Betrieb dienen oder zu dienen bestimmt sind	8
	d) Wirtschaftsgüter, die nicht Betriebsvermögen der Personengesellschaft sein können	9
	3. Sonderbetriebsvermögen	10 – 17
	a) Begriff	10 – 12
	b) Notwendiges Sonderbetriebsvermögen	13 – 14
	c) Gewillkürtes Sonderbetriebsvermögen	15 – 16
	d) Betriebseinnahmen und Betriebsausgaben bei zum Sonderbetriebsvermögen gehörenden Wirtschaftsgütern	17
	4. Einzelfragen	18 – 20
	a) Einheitliche Gewinnermittlungsart	18

---

[1] Zur Anwendung des Mitunternehmererlasses auf sog. „kleine" Arbeitgemeinschaften → BMF vom 27.1.1998 (BStBl I S. 251).

			Tz.
	b)	Buchführungsgrenzen	19
	c)	Verlustklausel	20
III.	\multicolumn{2}{l}{Übertragung eines Wirtschaftsguts aus Sonderbetriebsvermögen in Gesamthandsvermögen, aus Gesamthandsvermögen in Sonderbetriebsvermögen und aus einem Sonderbetriebsvermögen in ein anderes Sonderbetriebsvermögen}	21 – 39

III. Übertragung eines Wirtschaftsguts aus Sonderbetriebsvermögen in Gesamthandsvermögen, aus Gesamthandsvermögen in Sonderbetriebsvermögen und aus einem Sonderbetriebsvermögen in ein anderes Sonderbetriebsvermögen — Tz. 21 – 39

1. Übertragung aus einem Sonderbetriebsvermögen in das Gesamthandsvermögen — 21 – 28
   a) Überblick — 21
   b) Entgeltliche Veräußerung — 22 – 23
   c) Übertragung gegen Gewährung von Gesellschaftsrechten — 24 – 27
   d) Übertragung gegen Gewährung von Gesellschaftsrechten und sonstiges Entgelt — 28
2. Übertragung aus dem Gesamthandsvermögen in ein Sonderbetriebsvermögen — 29 – 35
   a) Überblick — 29
   b) Entgeltliche Veräußerung — 30 – 31
   c) Übertragung gegen Minderung von Gesellschaftsrechten — 32 – 34
   d) Übertragung gegen Minderung von Gesellschaftsrechten und sonstiges Entgelt — 35
3. Übertragung aus einem Sonderbetriebsvermögen in ein anderes Sonderbetriebsvermögen — 36 – 39
   a) Überblick — 36
   b) Entgeltliche Veräußerung — 37
   c) Unentgeltliche Übertragung — 38
   d) Teilweise unentgeltliche Übertragung — 39

IV. Übertragung eines Wirtschaftsguts in das Privatvermögen eines Mitunternehmers — 40 – 44

1. Übertragung aus dem Gesamthandsvermögen in das Privatvermögen — 40 – 43
   a) Überblick — 40
   b) Entgeltliche Veräußerung — 41
   c) Unentgeltliche Übertragung — 42 – 43
2. Überführung aus dem Sonderbetriebsvermögen in das Privatvermögen — 44

V. Übertragung eines Wirtschaftsguts aus dem Privatvermögen eines Mitunternehmers in das Betriebsvermögen der Personengesellschaft — 45 – 50

1. Überblick — 45
2. Übertragung in das Gesamthandsvermögen — 46 – 49
   a) Überblick — 46
   b) Entgeltliche Veräußerung — 47 – 48
   c) Übertragung gegen Gewährung von Gesellschaftsrechten — 49
3. Einlage in das Sonderbetriebsvermögen — 50

VI. Übertragung eines Wirtschaftsguts aus einem anderen Betrieb eines Mitunternehmers in das Betriebsvermögen der Personengesellschaft sowie sonstige Leistungen des anderen Betriebs für die Personengesellschaft — 51 – 74

1. Überblick — 51
2. Entgeltliche Veräußerung — 52 – 55
3. Übertragung gegen Gewährung von Gesellschaftsrechten — 56 – 65
   a) Begriff — 56
   b) Wahlrecht der Personengesellschaft — 57 – 63
   c) Einbringung in eine Gesellschaft, die nichtgewerbliche Einkünfte bezieht — 64

Anhang 18

I Mitunternehmer

		Tz.
	d) Überführung in eine ausländische Betriebstätte	65
4.	Übertragung gegen Gewährung von Gesellschaftsrechten und sonstiges Entgelt	66
5.	Überführung in das Sonderbetriebsvermögen	67
6.	Sonstige Leistungen des anderen Betriebs für die Personengesellschaft	68 – 74
	a) Leistungen im Rahmen eines inländischen gewerblichen Betriebs	68 – 72
	b) Leistungen im Rahmen eines Betriebs, der kein inländischer Gewerbebetrieb ist	73 – 74
VII.	**Übertragung eines Wirtschaftsguts aus dem Betriebsvermögen der Personengesellschaft in ein anderes Betriebsvermögen eines Mitunternehmers sowie sonstige Leistungen der Personengesellschaft für den Betrieb des Mitunternehmers**	**75 – 80**
1.	Überblick	75
2.	Entgeltliche Veräußerung eines Wirtschaftsguts	76
3.	Übertragung gegen Minderung der Gesellschaftsrechte	77
4.	Übertragung gegen Minderung von Gesellschaftsrechten und sonstiges Entgelt	78
5.	Überführung aus dem Sonderbetriebsvermögen in ein anderes Betriebsvermögen	79
6.	Sonstige Leistungen der Personengesellschaft für den anderen Betrieb	80
VIII.	**Vergütungen für Tätigkeiten im Dienste der Gesellschaft, für Hingabe von Darlehen und für Überlassung von Wirtschaftsgütern**	**81 – 88**
1.	Grundsatz	81 – 82
2.	Vergütungen, die Betriebseinnahmen in einem der inländischen Besteuerung unterliegenden Gewerbebetrieb sind	83
3.	Vergütungen für von einem Mitunternehmer erbrachte Leistungen	84
4.	Behandlung von Pensionsrückstellungen und Pensionszahlungen in Fällen, in denen ein Arbeitnehmer Mitunternehmer wird	85
5.	Veräußerung eines Wirtschaftsguts an die Gesellschaft	86 – 87
6.	Leistungen im Rahmen des gewöhnlichen Geschäftsbetriebs	88

Unter Bezugnahme auf das Ergebnis der Erörterung mit den obersten Finanzbehörden der Länder nehme ich zu einzelnen Rechtsfragen der Besteuerung der Mitunternehmer von Personengesellschaften wie folgt Stellung:

I. Allgemeines

1   Der Bundesfinanzhof hat in jüngerer Zeit in einer Reihe von Urteilen zu Rechtsfragen der Besteuerung der Mitunternehmer von Personengesellschaften Stellung genommen, insbesondere zu Fragen der Abgrenzung der in den Betriebsvermögensvergleich einzubeziehenden Wirtschaftsgüter (vgl. z. B. die BFH-Urteile vom 24.4.1975 – BStBl II S. 580, vom 22.5.1975 – BStBl II S. 804, vom 23.7.1975 – BStBl 1976 II S. 180, vom 21.10.1976 – BStBl 1977 II S. 160) sowie zur steuerrechtlichen Beurteilung von Rechtsgeschäften zwischen Gesellschaft und Gesellschafter (vgl. z. B. die BFH-Urteile vom 28.1.1976 – BStBl II S. 744, vom 15.7.1976 – BStBl II S. 748, vom 21.10.1976 – BStBl 1977 II S. 145, vom 31.3.1977 – BStBl II S. 415). Diese Entscheidungen und die ihnen zugrunde liegenden Erwägungen geben Veranlassung, die in den genannten Bereichen geltenden Rechtsgrundsätze zusammenfassend darzustellen.

2   Für die Entscheidung ist in Zweifelsfällen von Bedeutung, daß nicht die Personengesellschaft als solche, sondern die Gesellschafter mit ihren Gewinnanteilen der Einkommen- oder Körperschaftsteuer unterliegen. Der Gesellschafter einer Personengesellschaft steht deshalb für die ertragsteuerliche Behandlung grundsätzlich nicht dem Gesellschafter einer Kapitalgesellschaft, sondern dem Einzelunternehmer gleich. Das bedeutet, daß im Zweifel dem Ergebnis der Vorzug zu geben ist, das bei wirtschaftlich vergleichbaren Sachverhalten zu einer gleichmäßigen Besteuerung von Einzelunternehmern und Mitunternehmern führt.

3   Der Grundsatz in Tz. 2 schließt es nicht aus, in bestimmten Fällen auch Rechtsbeziehungen zwischen der Gesellschaft und ihren Gesellschaftern anzuerkennen und dem Gedanken der Einheit der Gesellschaft Vorrang gegenüber dem Gedanken der Vielheit der Gesellschafter einzuräumen.

II. Steuerliches Betriebsvermögen

1. Allgemeines

Zum Betriebsvermögen der Personengesellschaft (§ 4 Abs. 1, § 5 EStG) gehören grundsätzlich die Wirtschaftsgüter, die gemeinschaftliches Eigentum der Gesellschafter sind oder ihnen nach den für die Zurechnung wirtschaftlichen Eigentums geltenden Grundsätzen zuzurechnen sind (Gesamthandsvermögen). Zum Betriebsvermögen der Personengesellschaft gehören ferner die Wirtschaftsgüter, die zwar nicht Gesamthandsvermögen sind, aber einem, mehreren oder allen Mitunternehmern zuzurechnen sind und nach den allgemein für die Abgrenzung des Privatvermögens vom Betriebsvermögen geltenden Grundsätzen dem Bereich der gewerblichen Betätigung des Mitunternehmers im Rahmen der Personengesellschaft zuzurechnen sind (Sonderbetriebsvermögen). 4

2. Gesamthandsvermögen

a) Begriff

Gesamthandsvermögen sind die Beiträge der Gesellschafter, die durch die Geschäftsführung für die Gesellschaft erworbenen Gegenstände und das, was auf Grund eines zu dem Gesellschaftsvermögen gehörenden Rechtes oder als Ersatz für die Zerstörung, Beschädigung oder Entziehung eines zu dem Gesellschaftsvermögen gehörenden Gegenstandes erworben wird (§ 718 BGB). 5

Zum Gesamthandsvermögen gehören auch Wirtschaftsgüter, die zwar nicht im bürgerlich-rechtlichen, aber im wirtschaftlichen Eigentum der Personengesellschaft stehen. 6

b) Wirtschaftsgüter, die unmittelbar dem Betrieb dienen oder zu dienen bestimmt sind

Zum notwendigen Betriebsvermögen der Personengesellschaft rechnen die Wirtschaftsgüter des Gesamthandsvermögens, die unmittelbar dem Betrieb der Personengesellschaft dienen oder zu dienen bestimmt sind. 7

c) Wirtschaftsgüter, die nicht unmittelbar dem Betrieb dienen oder zu dienen bestimmt sind

Wirtschaftsgüter, die zum Gesamthandsvermögen gehören, dem Betrieb der Personengesellschaft jedoch nicht unmittelbar dienen oder zu dienen bestimmt sind, gehören vorbehaltlich der Regelung in Tz. 9 solange zum Betriebsvermögen der Personengesellschaft, bis sie aus dem Gesamthandsvermögen ausgeschieden sind. Das ergibt sich aus dem Grundsatz der Maßgeblichkeit der Handelsbilanz für die Steuerbilanz. 8

d) Wirtschaftsgüter, die nicht Betriebsvermögen der Personengesellschaft sein können

Der Umstand, daß ein Wirtschaftsgut zivilrechtlich zum Gesellschaftsvermögen i.S. des § 718 BGB (Gesamthandsvermögen) gehört, reicht nach dem BFH-Urteil vom 22.5.1975 (BStBl II S. 804) nicht aus, es zum Betriebsvermögen zu rechnen. Fehlt aus der Sicht der Personengesellschaft jeglicher betrieblicher Anlaß für den Erwerb des Wirtschaftsguts, so kann es nicht in deren Betriebsvermögen einbezogen werden. Der Grundsatz der Maßgeblichkeit der Handelsbilanz für die Steuerbilanz wird insoweit durch die steuerrechtlichen Vorschriften über das Betriebsvermögen (§ 4 Abs. 1 EStG) und über die Betriebsausgaben (§ 4 Abs. 4 EStG) durchbrochen (vgl. das BFH-Urteil vom 22.5.1975, a. a. O.). Deshalb kann z. B. eine Personengesellschaft die zum Gesamthandsvermögen gehörigen, aus außerbetrieblichen Erwägungen erworbenen Anteile an einer gemeinnützigen Wohnungsbaugesellschaft nicht als gewillkürtes Betriebsvermögen behandeln (BFH-Urteil vom 2.3.1967 – BStBl III S. 391). Das gleiche gilt, wenn der Veräußerer des Wirtschaftsguts Gesellschafter der Personengesellschaft ist oder einem dieser Gesellschafter nahesteht und es nach Lage des Falles als ausgeschlossen angesehen werden muß, daß die Personengesellschaft das Wirtschaftsgut auch von einem Fremden erworben hätte (BFH-Urteil vom 22.5.1975, a. a. O.). Ein zum Gesamthandsvermögen gehörendes Wirtschaftsgut kann unter Berücksichtigung dieser Grundsätze auch dann nicht zum Betriebsvermögen gezogen werden, wenn es ausschließlich oder fast ausschließlich der privaten Lebensführung eines, mehrerer oder aller Mitunternehmer der Gesellschaft dient. Deshalb gehört z. B. ein zum Gesamthandsvermögen gehörendes Einfamilienhaus, das von einem Gesellschafter für eigene Wohnzwecke genutzt wird, nicht zum steuerlichen Betriebsvermögen der Personengesellschaft; soweit in Abschnitt 14 Abs. 9 EStR unter Hinweis auf das BFH-Urteil vom 29.11.1960 (BStBl 1961 III S. 183) etwas anderes angeordnet ist, kann hieran nicht festgehalten werden. 9

3. Sonderbetriebsvermögen

a) Begriff

10 Zum Sonderbetriebsvermögen gehören die Wirtschaftsgüter, die zwar nicht zum Gesamthandsvermögen gehören, gleichwohl aber in den Betriebsvermögensvergleich einbezogen werden (vgl. Tz. 4). Das Sonderbetriebsvermögen kann notwendiges und gewillkürtes Betriebsvermögen enthalten.

11 Zum Sonderbetriebsvermögen können gehören

- Wirtschaftsgüter, die einem Mitunternehmer allein gehören,
- Wirtschaftsgüter, die einer Bruchteilsgemeinschaft gehören, an der ein Gesellschafter oder mehrere Gesellschafter oder alle Gesellschafter beteiligt sind,
- Wirtschaftsgüter, die einer neben der Personengesellschaft bestehenden Gesamthandsgemeinschaft gehören, an der ein Gesellschafter oder mehrere Gesellschafter oder alle Gesellschafter beteiligt sind.

12 Sind an der Bruchteilsgemeinschaft oder an der Gesamthandsgemeinschaft auch Personen beteiligt, die nicht Mitunternehmer der Personengesellschaft sind, so kann das Wirtschaftsgut nur insoweit Sonderbetriebsvermögen sein, als es anteilig auf die Beteiligten entfällt, die auch Mitunternehmer sind (vgl. BFH-Urteil vom 18.3.1958 – BStBl III S. 262).

b) Notwendiges Sonderbetriebsvermögen

13[1] Das Wirtschaftsgut ist notwendiges Sonderbetriebsvermögen, wenn es unmittelbar für betriebliche Zwecke der Personengesellschaft genutzt wird. Das gilt unabhängig davon, ob das Wirtschaftsgut der Gesellschaft auf Grund einer im Gesellschaftsverhältnis begründeten Beitragspflicht oder auf Grund eines neben dem Gesellschaftsvertrag bestehenden Mietvertrags, Pachtvertrags, Leihvertrags oder anderen Rechtsverhältnisses zur Nutzung überlassen wird. Gehört das zur Nutzung überlassene Wirtschaftsgut jedoch zum Betriebsvermögen eines inländischen Gewerbebetriebs des Mitunternehmers, so bleibt es Betriebsvermögen dieses Betriebs, es sei denn, es ist in diesem Betrieb nicht notwendiges Betriebsvermögen und der Mitunternehmer erklärt, das Wirtschaftsgut solle künftig Sonderbetriebsvermögen im Rahmen des Betriebs der Personengesellschaft sein (vgl. auch Tz. 83).

14[1] Notwendiges Sonderbetriebsvermögen sind auch Wirtschaftsgüter, die nicht unmittelbar für betriebliche Zwecke der Personengesellschaft genutzt werden (Tz. 13), aber in einem unmittelbaren wirtschaftlichen Zusammenhang mit der Beteiligung eines Mitunternehmers an der Personengesellschaft stehen (vgl. BFH-Urteil vom 24.9.1976 – BStBl 1977 II S. 69). Wegen der Beteiligung eines Kommanditisten an der Komplementär-GmbH einer GmbH & Co KG wird auf die BFH-Urteile vom 15.11.1967 (BStBl 1968 II S. 152), vom 5.7.1972 (BStBl II S. 928), vom 13.10.1972 (BStBl 1973 II S. 116) und vom 15.10.1975 (BStBl 1976 II S. 188) hingewiesen. Der unmittelbare Zusammenhang besteht z. B. bei einem Darlehen, das zum Erwerb oder zur Aufstockung der Beteiligung aufgenommen wird. Tz. 13 Satz 3 gilt sinngemäß.

c) Gewillkürtes Sonderbetriebsvermögen

15 Gewillkürtes Sonderbetriebsvermögen können grundsätzlich alle Wirtschaftsgüter sein, die auch ein Alleinunternehmer zu gewillkürtem Betriebsvermögen machen kann (vgl. BFH-Urteile vom 23.7.1975 – BStBl 1976 II S. 180 und vom 21.10.1976 – BStBl 1977 II S. 150).

16 Die Behandlung als gewillkürtes Betriebsvermögen setzt voraus, daß das Wirtschaftsgut in der Steuerbilanz ausgewiesen wird.

d) Betriebseinnahmen und Betriebsausgaben bei zum Sonderbetriebsvermögen gehörenden Wirtschaftsgütern

17 Einnahmen und Ausgaben im Zusammenhang mit dem Erwerb, der Nutzung oder der Veräußerung von Wirtschaftsgütern des Sonderbetriebsvermögens sind Betriebseinnahmen bzw. Betriebsausgaben, die im Rahmen der gesonderten Gewinnfeststellung (§§ 179, 180 AO) zu erfassen sind. Ob sie dem bürgerlich-rechtlichen Eigentümer bei der Gewinnverteilung vorab zuzurechnen sind, hängt von den Verhältnissen des Einzelfalls ab.

---

[1] Teilweise überholt, → BMF vom 10.12.1979 (BStBl I S. 683).

4. Einzelfragen

a) Einheitliche Gewinnermittlungsart

Die zum (betrieblichen) Gesamthandsvermögen (Tz. 5–8) und die zum Sonderbetriebsvermögen (Tz. 10–16) gehörenden Wirtschaftsgüter bilden eine Einheit in dem Sinne, daß das Betriebsergebnis nur einheitlich durch Betriebsvermögensvergleich (§§ 4, 5 EStG) oder durch Überschußrechnung (§ 4 Abs. 3 EStG) ermittelt werden kann.

b) Buchführungsgrenzen

Bei Prüfung der Buchführungspflicht bezieht sich der Betrag von 24.000 DM (§ 141 Abs. 1 Nr. 4 AO) auf das gesamte Betriebsergebnis einschließlich des Sonderbetriebsvermögens.

c) Verlustklausel

Bei Anwendung der Verlustklausel (§ 7a Abs. 6 EStG) ist auf das gesamte Betriebsergebnis einschließlich des Sonderbetriebsvermögens abzustellen. Sonderabschreibungen oder erhöhte Absetzungen auf ein Wirtschaftsgut des Sonderbetriebsvermögens sind infolgedessen auch dann unzulässig, wenn ein Verlust zwar nicht im Sonderbetriebsvermögen, wohl aber in der wirtschaftlichen Einheit des Gesamthandsvermögens und der Sonderbetriebsvermögen aller Gesellschafter entstehen würde. Andererseits sind erhöhte Absetzungen und Sonderabschreibungen auf Wirtschaftsgüter des Gesamthandsvermögens zulässig, wenn dadurch zwar ein Verlust in der Handelsbilanz der Personengesellschaft entsteht, insgesamt aber in der wirtschaftlichen Einheit des Gesamthandsvermögens und der Sonderbetriebsvermögen kein Verlust entsteht.

III. Übertragung eines Wirtschaftsguts aus Sonderbetriebsvermögen in Gesamthandsvermögen, aus Gesamthandsvermögen in Sonderbetriebsvermögen und aus einem Sonderbetriebsvermögen in ein anderes Sonderbetriebsvermögen

1. Übertragung aus einem Sonderbetriebsvermögen in das Gesamthandsvermögen

a) Überblick

Ein Wirtschaftsgut, das bisher Sonderbetriebsvermögen eines Mitunternehmers war, kann Gesamthandsvermögen insbesondere dadurch werden, daß

– der Mitunternehmer das Eigentum an dem Wirtschaftsgut auf Grund eines Kaufvertrags oder eines sonstigen schuldrechtlichen Vertrags gegen Entgelt auf die Gesellschaft überträgt (entgeltliche Veräußerung) oder

– das Wirtschaftsgut gegen Gewährung von Gesellschaftsrechten des Mitunternehmers von diesem in die Gesellschaft eingebracht wird (Übertragung gegen Gewährung von Gesellschaftsrechten).

In beiden Fällen bleibt das Wirtschaftsgut Betriebsvermögen der Personengesellschaft.

b) Entgeltliche Veräußerung

Nach dem BFH-Urteil vom 31.3.1977 (BStBl II S. 415) tritt in vollem Umfang Gewinnrealisierung ein, wenn ein Mitunternehmer einer Personengesellschaft ein Wirtschaftsgut, das zu seinem Sonderbetriebsvermögen gehört, an die Gesellschaft zu Bedingungen veräußert, die denen der Veräußerung des Wirtschaftsguts an einen fremden Dritten entsprechen. Dabei kommt es auf die Höhe der Beteiligung des veräußernden Mitunternehmers nicht an. Ein in vollem Umfang zur Gewinnrealisierung bei dem veräußernden Mitunternehmer führendes Veräußerungsgeschäft und ein entgeltlicher Erwerbsvorgang i.S. des § 6 Abs. 1 Nr. 1 EStG bei der Personengesellschaft liegt also z. B. auch dann vor, wenn der veräußernde Mitunternehmer an der Personengesellschaft zu mehr als 50 v. H. beteiligt ist.

Übersteigt das vereinbarte Entgelt den Preis, den die Personengesellschaft einem fremden Dritten zahlen würde, so liegt hinsichtlich des Mehrbetrages eine Entnahme des Mitunternehmers vor. Zur Behandlung von Fällen, in denen der vereinbarte Preis unter dem bei Erwerb von einem fremden Dritten zu zahlenden Preis liegt und dem Veräußerer zusätzliche Gesellschaftsrechte eingeräumt werden, wird auf Tz. 28 verwiesen.

---

[1]) Jetzt 48.000 DM.

Anhang 18

Mitunternehmer

c) Übertragung gegen Gewährung von Gesellschaftsrechten

24 Eine Übertragung gegen Gewährung von Gesellschaftsrechten (Einbringung) liegt vor, wenn die durch die Übertragung eintretende Erhöhung des Vermögens der Gesellschaft dem Kapitalkonto des einbringenden Gesellschafters gutgeschrieben wird, das für seine Beteiligung am Gesellschaftsvermögen maßgebend ist.

25 Die Übertragung eines Wirtschaftsguts aus einem Sonderbetriebsvermögen in das Gesamthandsvermögen ist steuerlich nicht anders als eine Übertragung aus dem Privatvermögen ins Gesamthandsvermögen als tauschähnlicher Vorgang anzusehen. Die Grundsätze des BFH-Urteils vom 15.7.1976 (BStBl II S. 748), das zur Einbringung eines Wirtschaftsguts aus einem anderen Betriebsvermögen ergangen ist, sind deshalb entsprechend anzuwenden. Auf die Höhe der Beteiligung des übertragenden Mitunternehmers an der Personengesellschaft kommt es nicht an.

26 Die Personengesellschaft kann das Wirtschaftsgut in ihrer Bilanz einschließlich der Ergänzungsbilanzen für ihre Gesellschafter mit seinem Buchwert oder mit einem höheren Wert, höchstens jedoch mit dem Teilwert ansetzen. Die Anweisungen in Tz. 57 ff. gelten sinngemäß.

27 In Höhe der Differenz zwischen dem von der Personengesellschaft angesetzten Wert (Tz. 26) und dem Buchwert, den das Wirtschaftsgut im Zeitpunkt der Übertragung im Sonderbetriebsvermögen hatte, entsteht Gewinn im Sonderbetriebsvermögen des übertragenden Mitunternehmers.

d) Übertragung gegen Gewährung von Gesellschaftsrechten und sonstiges Entgelt

28 Wird ein Wirtschaftsgut gegen Gewährung von Gesellschaftsrechten und gegen sonstiges Entgelt übertragen, so kann die Personengesellschaft es insoweit, als es gegen Gewährung von Gesellschaftsrechten übertragen wird, mit dem anteiligen Buchwert, dem anteiligen Teilwert oder einem Zwischenwert ansetzen. Vgl. auch Tz. 35 und Tz. 66.

2. Übertragung aus dem Gesamthandsvermögen in ein Sonderbetriebsvermögen

a) Überblick

29 Ein Wirtschaftsgut, das bisher zum Gesamthandsvermögen gehört hat, kann Sonderbetriebsvermögen eines oder mehrerer Mitunternehmer insbesondere dadurch werden, daß

- die Gesellschaft das Wirtschaftsgut entgeltlich an den bzw. an die Mitunternehmer veräußert (vgl. Tz. 21) oder
- das Wirtschaftsgut gegen eine Minderung von Gesellschaftsrechten des erwerbenden Mitunternehmers auf diesen übertragen wird (Übertragung gegen Minderung der Gesellschaftsrechte).

In beiden Fällen bleibt das Wirtschaftsgut als Sonderbetriebsvermögen Betriebsvermögen der Personengesellschaft.

b) Entgeltliche Veräußerung

30 Die Grundsätze des BFH-Urteils vom 31.3.1977 (s. Tz. 22) gelten auch, wenn die Personengesellschaft ein Wirtschaftsgut, das zum Gesamthandsvermögen gehört, an einen oder mehrere Mitunternehmer veräußert, bei denen es Sonderbetriebsvermögen wird. Auch in diesen Fällen tritt daher durch die Veräußerung in vollem Umfange Gewinnrealisierung ein, wenn die Veräußerung zu Bedingungen erfolgt, die denen bei einer Veräußerung des Wirtschaftsguts an einen fremden Dritten entsprechen. Die Ausführungen in Tz. 22 gelten sinngemäß.

31 Übersteigt das vereinbarte Entgelt den Preis, den der Mitunternehmer einem fremden Dritten zahlen würde, so liegt hinsichtlich des Mehrbetrags eine Einlage des Mitunternehmers vor. Zur Behandlung von Fällen, in denen der vereinbarte Preis unter dem bei Erwerb von einem fremden Dritten zu zahlenden Preis liegt und die Gesellschaftsrechte des erwerbenden Mitunternehmers gemindert werden, wird auf Tz. 35 verwiesen.

c) Übertragung gegen Minderung von Gesellschaftsrechten

32 Eine Übertragung gegen Minderung von Gesellschaftsrechten liegt vor, wenn die durch die Übertragung eintretende Minderung des Vermögens der Gesellschaft dem Kapitalkonto (vgl. Tz. 24) des Gesellschafters belastet wird, in dessen Sonderbetriebsvermögen das Wirtschaftsgut übertragen wird.

33 Der erwerbende Mitunternehmer kann das Wirtschaftsgut im Sonderbetriebsvermögen mit dem bisherigen Buchwert oder mit einem höheren Wert, höchstens jedoch mit dem Teilwert ansetzen.

In Höhe der Differenz zwischen dem im Sonderbetriebsvermögen angesetzten Wert und dem Buchwert, den das Wirtschaftsgut im Zeitpunkt der Übertragung im Gesamthandsvermögen hatte, entsteht Gewinn der Personengesellschaft. 34

d) Übertragung gegen Minderung von Gesellschaftsrechten und sonstiges Entgelt

Erwirbt ein Mitunternehmer ein Wirtschaftsgut gegen Minderung seiner Gesellschaftsrechte und gegen sonstiges Entgelt, so kann er das Wirtschaftsgut insoweit, als es gegen Minderung der Gesellschaftsrechte übertragen worden ist, mit dem anteiligen Buchwert, dem anteiligen Teilwert oder einem Zwischenwert ansetzen. Vgl. auch Tz. 28 und Tz. 66. 35

3. Übertragung aus einem Sonderbetriebsvermögen in ein anderes Sonderbetriebsvermögen

a) Überblick

Überträgt ein Mitunternehmer ein Wirtschaftsgut seines Sonderbetriebsvermögens auf einen Mitunternehmer, der das Wirtschaftsgut der Gesellschaft zur Nutzung überläßt oder bei dem das Wirtschaftsgut ebenfalls der Beteiligung dient, so bleibt das Wirtschaftsgut Betriebsvermögen der Personengesellschaft, wird aber steuerlich nicht mehr dem Veräußerer, sondern dem Erwerber zugerechnet. 36

b) Entgeltliche Veräußerung

Veräußert ein Mitunternehmer ein Wirtschaftsgut seines Sonderbetriebsvermögens entgeltlich an einen anderen Mitunternehmer, bei dem das Wirtschaftsgut ebenfalls zum Sonderbetriebsvermögen derselben Personengesellschaft gehört, so erzielt der veräußernde Gesellschafter einen Gewinn in Höhe des Unterschieds zwischen dem Veräußerungserlös und dem Buchwert des Wirtschaftsguts. Das Wirtschaftsgut muß nach der Veräußerung mit den Anschaffungskosten des erwerbenden Mitunternehmers ausgewiesen werden. Bei der Ermittlung der Anschaffungskosten ist als Anschaffungspreis der Kaufpreis anzusetzen. 37

c) Unentgeltliche Übertragung

Wird das Wirtschaftsgut unentgeltlich auf einen Mitunternehmer übertragen, der es der Personengesellschaft weiterhin zur Nutzung überläßt, so liegt eine zur Gewinnrealisierung führende Entnahme nicht vor; vgl. die BFH-Urteile vom 13.5.1966 (BStBl III S. 505) und vom 28.8.1974 (BStBl 1975 II S. 166). 38

d) Teilweise unentgeltliche Übertragung

Wird das Wirtschaftsgut teilweise unentgeltlich auf einen Mitunternehmer übertragen, der es der Personengesellschaft weiterhin zur Nutzung überläßt, so entsteht beim veräußernden Gesellschafter ein Gewinn in Höhe der Differenz zwischen dem Veräußerungspreis und dem anteilig auf den Veräußerungspreis entfallenden Buchwert des Wirtschaftsguts. Der Erwerber hat das Wirtschaftsgut mit dem Erwerbspreis zuzüglich des Buchwerts des Veräußerers anzusetzen, der anteilig auf den unentgeltlich erworbenen Teil des Wirtschaftsguts entfällt. 39

IV. Übertragung eines Wirtschaftsguts in das Privatvermögen eines Mitunternehmers

1. Übertragung aus dem Gesamthandsvermögen in das Privatvermögen

a) Überblick

Die Übertragung eines Wirtschaftsguts aus dem Gesamthandsvermögen in das Privatvermögen eines Mitunternehmers kann ebenso wie die Übertragung in das Sonderbetriebsvermögen eines Mitunternehmers (vgl. Tz. 30) insbesondere durch entgeltliche Veräußerung an den Mitunternehmer oder durch Übertragung gegen Minderung von Gesellschaftsrechten erfolgen. 40

b) Entgeltliche Veräußerung

Bei Mitunternehmern sind Wertbewegungen zwischen der betrieblichen und der privaten Sphäre grundsätzlich auch dann nach den für Entnahmen und Einlagen geltenden Grundsätzen zu behandeln, wenn ihnen ein gegenseitiger Vertrag mit der Personengesellschaft zugrundeliegt. Veräußert die Per- 41[1])

---
[1]) Überholt, → BMF vom 6.2.1981 (BStBl I S. 76).

sonengesellschaft ein Wirtschaftsgut an einen oder mehrere ihrer Mitunternehmer, bei dem oder bei denen das Wirtschaftsgut zum Privatvermögen gehört, zu Bedingungen, die denen der Veräußerung des Wirtschaftsguts an einen Fremden entsprechen, so kann hiernach das Rechtsgeschäft ertragsteuerlich nur insoweit als Veräußerung angesehen werden, als das Wirtschaftsgut vor dem Verkauf anteilig (vgl. § 39 Abs. 2 Nr. 2 AO) den anderen Gesellschaftern zuzurechnen war. Aus dem Veräußerungsgeschäft entsteht Gewinn in Höhe der Differenz zwischen anteiligem Kaufpreis und anteiligem Buchwert. Soweit das Wirtschaftsgut schon vor dem Verkauf dem erwerbenden Gesellschafter gehört, liegt eine Entnahme vor. Für die Bewertung der Entnahme gilt § 6 Abs. 1 Nr. 4 EStG. Die Vorschrift des § 6b EStG kann nur auf einen durch die Veräußerung, nicht hingegen auf einen durch die Entnahme entstandenen Gewinn angewendet werden. Erfolgt die Veräußerung zu einem unter dem Teilwert liegenden Preis, so liegt auch in Höhe der Differenz zwischen dem Teilwert und dem vereinbarten Preis eine Entnahme des Erwerbers vor.

c) Unentgeltliche Übertragung

42 Überträgt die Personengesellschaft ein Wirtschaftsgut an einen oder mehrere ihrer Mitunternehmer, bei dem oder bei denen das Wirtschaftsgut Privatvermögen wird, unentgeltlich, so liegt eine Entnahme vor. Der Umstand, daß der Erwerb mit einer Minderung der Gesellschaftsrechte des Erwerbers verbunden ist, rechtfertigt es nicht, einen tauschähnlichen Vorgang anzunehmen.

43 Eine Entnahme, die nach § 6 Abs. 1 Nr. 4 EStG mit dem Teilwert zu bewerten ist, liegt auch vor, wenn die Personengesellschaft durch die unentgeltliche Übertragung eine gegenüber dem erwerbenden Mitunternehmer bestehende rechtliche Verpflichtung erfüllt. Das BFH-Urteil vom 31.3.1977 (BStBl II S. 823) betrifft einen besonders gelagerten Einzelfall, aus dem keine über diesen Einzelfall hinausreichenden Schlußfolgerungen gezogen werden können.

2. Überführung aus dem Sonderbetriebsvermögen in das Privatvermögen

44 Ein Wirtschaftsgut des Sonderbetriebsvermögens wird insbesondere dadurch Privatvermögen, daß der Gesellschafter das Wirtschaftsgut nicht mehr der Personengesellschaft zur Nutzung überläßt oder (vgl. BFH-Urteil vom 24.4.1975 – BStBl II S. 580) die Stellung als Mitunternehmer der Personengesellschaft verliert. In diesen Fällen liegt eine Entnahme oder ein Vorgang nach § 16 EStG vor.

V. Übertragung eines Wirtschaftsguts aus dem Privatvermögen eines Mitunternehmers in das Betriebsvermögen der Personengesellschaft

1. Überblick

45 Ein Wirtschaftsgut, das bisher Privatvermögen war, kann Betriebsvermögen dadurch werden, daß es durch entgeltliche Veräußerung an die Gesellschaft oder durch Einlage Gesamthandsvermögen wird. Es kann auch dadurch Betriebsvermögen (Sonderbetriebsvermögen) werden, daß der Mitunternehmer es der Gesellschaft zur Nutzung überläßt oder daß es der Beteiligung dient.

2. Übertragung in das Gesamthandsvermögen

a) Überblick

46 Die Übertragung aus dem Privatvermögen in das Gesamthandsvermögen kann durch entgeltliche Veräußerung an die Gesellschaft und durch Einbringung gegen Gewährung oder Erhöhung von Gesellschaftsrechten erfolgen.

b) Entgeltliche Veräußerung

47[1]) Veräußert ein Mitunternehmer ein Wirtschaftsgut seines Privatvermögens zu Bedingungen, die denen der Veräußerung an einen Fremden entsprechen, so ist das Rechtsgeschäft insoweit, als das Wirtschaftsgut nach der Veräußerung anteilig (vgl. § 39 Abs. 2 Nr. 2 AO) den anderen Gesellschaftern zuzurechnen ist, bei der Gesellschaft ein Anschaffungsgeschäft und beim Gesellschafter ein Veräußerungsgeschäft. Soweit das Wirtschaftsgut nach wie vor der Veräußerung dem bisherigen Alleineigentümer zuzurechnen ist, liegt eine Einlage vor, für deren Bewertung ausschließlich § 6 Abs. 1 Nr. 5 EStG gilt. Das von der Gesellschaft gezahlte Entgelt ist insoweit, als es anteilig auf die Einlage entfällt, eine Entnahme.

---
[1]) Überholt, → BMF vom 6.2.1981 (BStBl I S. 76).

Das BFH-Urteil vom 21.10.1976 (BStBl 1977 II S. 145), nach dem in Fällen dieser Art das gesamte Geschäft einheitlich als Veräußerungsgeschäft zu behandeln ist, ist über den entschiedenen Einzelfall hinaus nicht anzuwenden (vgl. BMF-Schreiben vom 7.3.1977 – BStBl I S. 89). 48[1])

c) Übertragung gegen Gewährung von Gesellschaftsrechten

Überträgt der Mitunternehmer ein bisher zu seinem Privatvermögen gehörendes Wirtschaftsgut gegen Gewährung von Gesellschaftsrechten auf die Personengesellschaft, so liegt eine Einlage vor. Für die Bewertung der Einlage gilt § 6 Abs. 1 Nr. 5 EStG. 49

3. Einlage in das Sonderbetriebsvermögen

Wird ein bisher zum Privatvermögen gehörendes Wirtschaftsgut dadurch, daß es der Gesellschaft zur Nutzung überlassen wird oder der Beteiligung dient, Sonderbetriebsvermögen, so liegt eine Einlage vor. Für die Bewertung der Einlage gilt § 6 Abs. 1 Nr. 5 EStG. 50

VI. Übertragung eines Wirtschaftsguts aus einem anderen Betrieb eines Mitunternehmers in das Betriebsvermögen der Personengesellschaft sowie sonstige Leistungen des anderen Betriebs für die Personengesellschaft

1. Überblick

Ein Wirtschaftsgut, das bisher Betriebsvermögen in einem anderen Betrieb des Mitunternehmers war, kann Betriebsvermögen der Personengesellschaft insbesondere durch 51
- entgeltliche Veräußerung an die Gesellschaft,
- Einbringung in das Gesamthandsvermögen gegen Gewährung von Gesellschaftsrechten oder
- Überführung in das Sonderbetriebsvermögen des Mitunternehmers

werden.

Sonstige Leistungen für die Personengesellschaft können insbesondere gegen Zahlung des üblichen Entgelts oder auf gesellschaftsrechtlicher Grundlage erfolgen.

2. Entgeltliche Veräußerung

Veräußert ein Mitunternehmer zu Bedingungen, die denen der Veräußerung an einen Fremden entsprechen, ein Wirtschaftsgut seines Betriebsvermögens an die Personengesellschaft, so ist der Besteuerung sowohl bei Ermittlung des Veräußerungserlöses im Betrieb des veräußernden Mitunternehmers als auch bei Ermittlung der Anschaffungskosten der Personengesellschaft grundsätzlich der vereinbarte Preis zugrundezulegen (vgl. das zum Fall der Veräußerung durch die Personengesellschaft ergangene BFH-Urteil vom 28.1.1976 – BStBl II S. 744). 52

Übersteigt das vereinbarte Entgelt den Preis, den die Personengesellschaft einem fremden Dritten zahlen würde, so liegt hinsichtlich des Mehrbetrags eine Entnahme des Veräußerers vor. Zur Behandlung von Fällen, in denen der vereinbarte Preis unter dem bei Erwerb von einem fremden Dritten zu zahlenden Preis liegt und dem Veräußerer als zusätzliches Entgelt Gesellschaftsrechte eingeräumt werden, wird auf Tz. 66 verwiesen. 53

Erzielt die Gesellschaft, an die das Wirtschaftsgut veräußert wird, Einkünfte aus Land- und Forstwirtschaft oder aus selbständiger Arbeit, während das abgebende Unternehmen ein Gewerbebetrieb ist, so liegt in Fällen, in denen der vereinbarte Preis niedriger als der Teilwert des Wirtschaftsguts im abgebenden Gewerbebetrieb ist, in Höhe der Differenz zwischen Teilwert und Veräußerungspreis eine Entnahme aus dem Gewerbebetrieb vor. Diese steuerliche Behandlung ist erforderlich, weil anderenfalls stille Reserven der Erfassung durch die Gewerbesteuer entzogen würden und weil infolgedessen der weite Betriebsbegriff nicht anwendbar ist (vgl. Abschnitt 13a Abs. 1 EStR). 54[2])

Wird das veräußerte Wirtschaftsgut in einer Betriebsstätte der Personengesellschaft in einem Land eingesetzt, mit dem ein Doppelbesteuerungsabkommen besteht, auf Grund dessen Gewinne aus dieser Betriebsstätte nicht der deutschen Besteuerung unterliegen, so liegt aus den in Tz. 54 genannten Gründen in Fällen, in denen der vereinbarte Veräußerungspreis niedriger als der Teilwert des Wirtschaftsguts im abgebenden Unternehmen ist, in Höhe der Differenz zwischen Teilwert und Veräußerungspreis eine Entnahme aus dem abgebenden Unternehmen vor. 55[3])

---
[1]) Überholt, → BMF vom 6.2.1981 (BStBl I S. 76).
[2]) Überholt, → R 14 Abs. 2.
[3]) → BMF vom 12.2.1990 (BStBl I S. 72).

3. Übertragung gegen Gewährung von Gesellschaftsrechten

a) Begriff

56   Auf Tz. 24 wird Bezug genommen.

b) Wahlrecht der Personengesellschaft

57   Die Übertragung eines Wirtschaftsguts aus einem anderen Betriebsvermögen in das Gesamthandsvermögen der Mitunternehmer der Personengesellschaft ist ebenso wie die Übertragung aus dem Sonderbetriebsvermögen in das Gesamthandsvermögen (vgl. Tz. 25 ff.) als tauschähnlicher Vorgang anzusehen. Die Personengesellschaft kann das Wirtschaftsgut in ihrer Bilanz einschließlich der Ergänzungsbilanzen für ihre Gesellschafter mit seinem Buchwert oder mit einem höheren Wert, höchstens jedoch mit dem Teilwert ansetzen (vgl. BFH-Urteil vom 15.7.1976 – BStBl II S. 748).

58   Das Wahlrecht besteht unabhängig davon, ob die Beteiligung an der Personengesellschaft zum Betriebsvermögen des Unternehmens gehört, aus dem das Wirtschaftsgut eingebracht wird. Auf die Höhe der Beteiligung des Einbringenden an der Personengesellschaft kommt es nicht an. Das Wahlrecht gilt nicht nur für Einbringungen in Zusammenhang mit der Gründung einer Personengesellschaft, sondern auch für Einbringungen in eine bereits seit längerer Zeit bestehende Personengesellschaft.

59   In Höhe der Differenz zwischen dem von der Personengesellschaft angesetzten Wert und dem Buchwert, den das Wirtschaftsgut im Zeitpunkt der Übertragung in dem anderen Betriebsvermögen hatte, entsteht in diesem Betriebsvermögen ein Gewinn des übertragenden Mitunternehmers; der durch die Übertragung des Wirtschaftsguts eingetretenen Minderung dieses Betriebsvermögens steht eine Erhöhung des Bilanzwerts der Beteiligung an der Personengesellschaft oder, sofern die Beteiligung nicht zum Betriebsvermögen des anderen Betriebs gehört, eine Entnahme gegenüber.

60   Das Wahlrecht (Tz. 57) wird in der Bilanz der Personengesellschaft einschließlich der Ergänzungsbilanzen für ihre Gesellschafter ausgeübt. § 4 Abs. 2 Satz 2 EStG (Bilanzänderung) ist nicht anwendbar (vgl. BFH-Urteil vom 15.7.1976 – BStBl II S. 748, 750). An den von der Personengesellschaft angesetzten Wert ist der Einbringende gebunden.

61   Das eingebrachte Wirtschaftsgut darf höchstens mit dem Teilwert im Zeitpunkt der Einbringung angesetzt werden. Maßgebend sind die Verhältnisse bei der Personengesellschaft. Bei Ansatz des Teilwerts gilt das eingebrachte Wirtschaftsgut als im Zeitpunkt der Einbringung von der Personengesellschaft zum Teilwert angeschafft.

62   Das eingebrachte Wirtschaftsgut muß mindestens mit dem Buchwert angesetzt werden, den es im Zeitpunkt der Einbringung im Betrieb des Einbringenden hat. Wegen des Begriffs „Buchwert" wird auf Abschnitt 41 a Abs. 9 EStR Bezug genommen. Bei Ansatz des Buchwerts gilt § 24 Abs. 4 i.V. m. § 5 Abs. 2 Satz 2 und § 15 Abs. 3 UmwStG sinngemäß.

63   Das eingebrachte Wirtschaftsgut kann statt mit dem Teilwert (Tz. 61) oder dem Buchwert (Tz. 62) auch mit einem Zwischenwert angesetzt werden. Zwischenwert ist jeder Wert, der unter dem Teilwert und über dem Buchwert liegt. Bei Ansatz eines Zwischenwerts gilt § 24 Abs. 4 i.V. m. § 23 Abs. 2 UmwStG sinngemäß.

c) Einbringung in eine Gesellschaft, die nichtgewerbliche Einkünfte bezieht

64[1])   Erzielt die Gesellschaft, in die das Wirtschaftsgut eingebracht wird, Einkünfte aus Land- und Forstwirtschaft oder aus selbständiger Arbeit, während das abgebende Unternehmen ein Gewerbebetrieb ist, so ist die Einbringung aus den in Tz. 54 dargelegten Gründen als mit dem Teilwert zu bewertende Entnahme anzusehen.

d) Überführung in eine ausländische Betriebstätte

65[2])   Wird das eingebrachte Wirtschaftsgut in einer Betriebstätte der Personengesellschaft in einem Land eingesetzt, mit dem ein Doppelbesteuerungsabkommen besteht, auf Grund dessen Gewinne aus dieser Betriebstätte nicht der deutschen Besteuerung unterliegen, so ist die Einbringung als mit dem Teilwert zu bewertende Entnahme anzusehen (vgl. Abschn. 13a Abs. 1 Satz 3 EStR und Tz. 55).

---

[1]) Überholt, → R 14 Abs. 2.
[2]) → BMF vom 12.2.1990 (BStBl I S. 72).

4. Übertragung gegen Gewährung von Gesellschaftsrechten und sonstiges Entgelt

Wird ein Wirtschaftsgut gegen Gewährung von Gesellschaftsrechten und gegen sonstiges Entgelt übertragen, so kann die Personengesellschaft es insoweit, als es gegen Gewährung von Gesellschaftsrechten übertragen wird, mit dem anteiligen Buchwert, dem anteiligen Teilwert oder einem Zwischenwert ansetzen. Vgl. auch Tz. 28 und Tz. 35. 66

5. Überführung in das Sonderbetriebsvermögen

Bei der Überführung des Wirtschaftsguts aus einem anderen gewerblichen Betrieb des Mitunternehmers in sein Sonderbetriebsvermögen handelt es sich nicht um einen tauschähnlichen Vorgang. Es sind die Grundsätze anzuwenden, die für die Überführung von Wirtschaftsgütern aus einem Betrieb in einen anderen Betrieb des Steuerpflichtigen gelten (vgl. Abschnitt 13a EStR). 67

6. Sonstige Leistungen des anderen Betriebs für die Personengesellschaft

a) Leistungen im Rahmen eines inländischen gewerblichen Betriebs

Die Grundsätze in Tz. 52 bis 55 gelten sinngemäß, wenn ein Mitunternehmer im Rahmen seines inländischen gewerblichen Betriebs für die Personengesellschaft Leistungen erbringt, bei denen es sich nicht um die Übereignung von Wirtschaftsgütern handelt, sondern um die Herstellung eines Wirtschaftsguts für die Personengesellschaft oder um Dienst- oder Werkleistungen, die bei der Personengesellschaft nicht zur Aktivierung eines Wirtschaftsguts führen. § 15 Abs. 1 Nr. 2 EStG ist auf ein von der Personengesellschaft für Leistungen dieser Art gezahltes Entgelt nicht anzuwenden (vgl. auch Tz. 83). 68

Wird die Leistung nicht gegen das übliche Entgelt, sondern auf gesellschaftsrechtlicher Grundlage erbracht, so kann die Personengesellschaft in entsprechender Anwendung der Grundsätze des BFH-Urteils vom 15.7.1976 (BStBl II S. 748) die Leistung in ihrer Bilanz einschließlich der Ergänzungsbilanzen für ihre Gesellschafter mit dem Buchwert (Tz. 70) oder mit einem höheren Wert, höchstens jedoch mit dem Teilwert (Tz. 71) ansetzen. Die Weisungen in Tzn. 57 bis 66 gelten sinngemäß. 69

Buchwert (Tz. 69) sind die im Betrieb des Mitunternehmers in Zusammenhang mit der Leistung angefallenen Aufwendungen. 70

Teilwert (Tz. 69) ist der Betrag, den die Personengesellschaft einem fremden Dritten für dieselbe Leistung zahlen müßte. 71

In Höhe der Differenz zwischen dem von der Personengesellschaft angesetzten Wert (Tz. 69) und den im Betrieb des leistenden Mitunternehmers angefallenen Aufwendungen entsteht ein Gewinn im Betrieb des leistenden Mitunternehmers. 72

b) Leistungen im Rahmen eines Betriebs, der kein inländischer Gewerbebetrieb ist

Werden Leistungen im Sinne der Tz. 68 im Rahmen eines Betriebs, der kein inländischer Gewerbebetrieb ist, für eine gewerblich tätige Personengesellschaft gegen Zahlung des üblichen Entgelts erbracht, so ist das Entgelt gem. § 15 Abs. 1 Nr. 2 EStG dem Gewinnanteil des leistenden Mitunternehmers zuzurechnen (vgl. Tz. 81). Der zuzurechnende Betrag mindert sich um die Betriebsausgaben, die im Betrieb des leistenden Mitunternehmers angefallen sind. 73

Wird die Leistung nicht gegen Zahlung der üblichen Vergütung, sondern auf gesellschaftsrechtlicher Grundlage erbracht, so handelt es sich bei den Ausgaben, die in Zusammenhang mit der Leistung anfallen, um Betriebsausgaben, die den Anteil des leistenden Mitunternehmers am Gewinn der Personengesellschaft mindern. 74

VII. Übertragung eines Wirtschaftsguts aus dem Betriebsvermögen der Gesellschaft in ein anderes Betriebsvermögen eines Mitunternehmers sowie sonstige Leistungen der Personengesellschaft für den Betrieb des Mitunternehmers

1. Überblick

Ein Wirtschaftsgut, das bisher Betriebsvermögen der Personengesellschaft war, kann Betriebsvermögen eines anderen Betriebs eines Mitunternehmers insbesondere durch 75

– entgeltliche Veräußerung an den Mitunternehmer,

– Übertragung aus dem Gesamthandsvermögen gegen Minderung der Gesellschaftsrechte des Mitunternehmers und

– Überführung aus dem Sonderbetriebsvermögen in das Betriebsvermögen des anderen Betriebs werden.

Sonstige Leistungen kann die Personengesellschaft insbesondere gegen Zahlung des üblichen Entgelts oder auf gesellschaftsrechtlicher Grundlage erbringen.

2. Entgeltliche Veräußerung eines Wirtschaftsguts

76 Die Ausführungen in Tz. 52 bis 55 gelten sinngemäß.

3. Übertragung gegen Minderung der Gesellschaftsrechte

77 Die Ausführungen in Tz. 57 bis 65 gelten sinngemäß.

4. Übertragung gegen Minderung von Gesellschaftsrechten und sonstiges Entgelt

78 Die Ausführungen in Tz. 66 gelten sinngemäß.

5. Überführung aus dem Sonderbetriebsvermögen in ein anderes Betriebsvermögen

79[1])[2]) Die Überführung eines Wirtschaftsguts aus dem Sonderbetriebsvermögen in ein anderes Betriebsvermögen liegt vor, wenn die Nutzung des Wirtschaftsguts durch die Personengesellschaft beendigt wird oder das Wirtschaftsgut nicht mehr der Beteiligung an der Personengesellschaft dient und gleichzeitig das Wirtschaftsgut als notwendiges oder gewillkürtes Betriebsvermögen einem anderen Betrieb des Mitunternehmers gewidmet wird. In diesen Fällen liegt eine zur Gewinnrealisierung führende Entnahme vor, wenn das Wirtschaftsgut in einer ausländischen Betriebsstätte des anderen Betriebs in einem Land eingesetzt wird, mit dem ein Doppelbesteuerungsabkommen besteht, auf Grund dessen Gewinne aus dieser Betriebstätte nicht der deutschen Besteuerung unterliegen (vgl. auch Tz. 65). Eine zur Gewinnrealisierung führende Entnahme liegt ferner vor, wenn die Personengesellschaft Einkünfte aus Gewerbebetrieb, der andere Betrieb nichtgewerbliche Einkünfte hat (vgl. Abschn. 13a Abs. 1 Satz 5 und 6 EStR). Bei Überführung aus einer nichtgewerblich tätigen Personengesellschaft in einen gewerblichen Betrieb gilt Abschn. 13a Abs. 1 Satz 6 EStR.

6. Sonstige Leistungen der Personengesellschaft für den anderen Betrieb

80 Die Ausführungen in Tz. 68–72 gelten sinngemäß. Wird eine Leistung von einer gewerblich tätigen Personengesellschaft für einen nichtgewerblichen Betrieb eines Mitunternehmers erbracht und wird dafür eine Gegenleistung vereinbart, die niedriger als der Teilwert der Leistung ist, so ist die Differenz zwischen Teilwert und vereinbarter Gegenleistung bei der Personengesellschaft als Entnahme des Mitunternehmers zu erfassen.

VIII. Vergütungen für Tätigkeiten im Dienst der Gesellschaft, für Hingabe von Darlehen und für Überlassung von Wirtschaftsgütern

1. Grundsatz

81[3])[4]) Nach § 15 Abs. 1 Nr. 2 EStG gehören zu den Einkünften aus Gewerbebetrieb auch die Vergütungen, die der Gesellschafter von der Gesellschaft für seine Tätigkeit im Dienst der Gesellschaft oder für die Hingabe von Darlehen oder für die Überlassung von Wirtschaftsgütern bezogen hat. Für die Anwendung der Vorschrift ist es vorbehaltlich der Regelung in Tz. 83 grundsätzlich ohne Bedeutung, ob die Leistung des Gesellschafters auf einer gesellschaftsrechtlichen Beitragspflicht im Sinne der §§ 705 bis 707 BGB oder auf einer anderen Rechtsgrundlage beruht. Sie ist also z. B. auch dann anzuwenden, wenn der Gesellschafter für die Gesellschaft im Rahmen seines freien Berufs von Fall zu Fall gegen das übliche Honorar tätig wird und seine Tätigkeit nicht auf gesellschaftsrechtlichen Vereinbarungen beruht (BFH-Urteil vom 18.9.1969 – BStBl 1970 II S. 43). Auf Vergütungen für Arbeitsleistungen ist § 15 Abs. 1 Nr. 2 EStG auch anzuwenden, wenn der Dienstleistende an der Gesellschaft nur geringfügig beteiligt ist, die Tätigkeitsvergütung den Tariflohn eines vergleichbaren Arbeitnehmers nicht übersteigt und die geleisteten Dienste von untergeordneter Bedeutung sind (vgl. hierzu die BFH-Urteile

---

1) → BMF vom 12.2.1990 (BStBl I S. 72).
2) → R 14 Abs. 2.
3) → BMF vom 19.3.1982 (BStBl I S. 384).
4) → BMF vom 5.12.1979 (BStBl I S. 698).

vom 29.9.1959 – DB 1959 S. 1422, vom 19.11.1964 – StRK R. 571 zu § 15 EStG und den Beschluß des Großen Senats vom 19.10.1970 – BStBl 1971 II S. 177).

Entstehen dem Gesellschafter im Zusammenhang mit der Dienstleistung (Tz. 81) Aufwendungen, so mindern diese Aufwendungen als Sonderbetriebsausgaben den Gewinnanteil des Gesellschafters. Sind die Aufwendungen in einem anderen Betrieb angefallen, so liegt vorbehaltlich der Regelung in Tz. 83 in Höhe der bei der Personengesellschaft berücksichtigten Sonderbetriebsausgaben eine Entnahme aus dem anderen Betrieb vor. 82

2. Vergütungen, die Betriebseinnahmen in einem der inländischen Besteuerung unterliegenden Gewerbebetrieb sind

Durch § 15 Abs. 1 Nr. 2 EStG soll die Verlagerung von Einkünften in einen nichtgewerblichen Bereich verhindert werden. Deshalb werden Vergütungen, die die Gesellschaft einem Mitunternehmer für die Leistung von Diensten, für die Überlassung von Kapital und für die Überlassung sonstiger Wirtschaftsgüter zahlt, als Einkünfte aus Gewerbebetrieb qualifiziert. Die Qualifikationsnorm des § 15 Abs. 1 Nr. 2 EStG bezieht sich nur auf Vergütungen, die – gäbe es die Qualifikationsnorm nicht – nicht als inländische gewerbliche Einkünfte anzusehen wären. Fallen die Vergütungen hingegen im Rahmen eines inländischen Gewerbebetriebs an, so sind sie als Betriebseinnahmen im Rahmen dieses Betriebs ohnehin Einkünfte aus Gewerbebetrieb, so daß § 15 Abs. 1 Nr. 2 EStG auf sie nicht anwendbar ist. Unerheblich ist, ob die Vergütung bei der Gesellschaft als Anschaffungs- oder Herstellungskosten eines Wirtschaftsguts zu aktivieren oder sofort abziehbare Betriebsausgabe ist. Unerheblich ist ferner, ob es sich um eine Vergütung im Rahmen des laufenden Geschäfts handelt. 83[1]

3. Vergütungen für von einem Mitunternehmer erbrachte Leistungen

§ 15 Abs. 1 Nr. 2 EStG gilt nur für Vergütungen, die der Gesellschafter von der Gesellschaft für seine Tätigkeit im Dienst der Gesellschaft oder für die Hingabe von Darlehen oder für die Überlassung von Wirtschaftsgütern bezogen hat. Bei Dauerschuldverhältnissen, z. B. bei Arbeitsverträgen, Mietverträgen, fallen nur solche Vergütungen unter § 15 Abs. 1 Nr. 2 EStG, welche auf einen Zeitraum entfallen, in dem der Leistende Mitunternehmer der Gesellschaft ist. Auf die Fälligkeit und den Zeitpunkt der Zahlung kommt es nicht an. 84

4. Behandlung von Pensionsrückstellungen und Pensionszahlungen in Fällen, in denen ein Arbeitnehmer Mitunternehmer wird

Wegen der Behandlung von Pensionsrückstellungen in Fällen, in denen ein Arbeitnehmer Mitunternehmer wird, vgl. das BFH-Urteil vom 8.1.1975 (BStBl II S. 437). Danach muß eine Personengesellschaft die Pensionsrückstellung, die sie für die Verpflichtung aus einer Pensionszusage gegenüber einem Arbeitnehmer zulässigerweise gebildet hat, nicht gewinnerhöhend auflösen, wenn dieser Arbeitnehmer Gesellschafter der Personengesellschaft wird. Die bisher gebildete Pensionsrückstellung stellt keine Vergütung für die Tätigkeit eines Gesellschafters im Dienst der Gesellschaft im Sinne von § 15 Abs. 1 Nr. 2 EStG, sondern eine Vergütung für die Tätigkeit als Arbeitnehmer dar. Der neue Gesellschafter mit einer Anwartschaft auf Ruhegehalt überläßt der Gesellschaft auch kein Kapital zur Nutzung. Die Pensionsrückstellung bleibt deshalb auch in der Steuerbilanz der Gesellschaft bestehen und teilt das Schicksal jeder anderen Pensionsrückstellung. 85

Da das Dienstverhältnis endet, wenn der Arbeitnehmer Gesellschafter wird, darf bei aufrechterhaltener Pensionsanwartschaft die Pensionsrückstellung höchstens mit dem Barwert der künftigen Pensionsleistungen (Anwartschaftsbarwert) gebildet werden (§ 6a Abs. 3 Nr. 2 EStG). Bei der Berechnung des Anwartschaftsbarwerts am Schluß des Wirtschaftsjahrs, in dem der Arbeitnehmer Gesellschafter geworden ist, sowie jeweils am Schluß der folgenden Wirtschaftsjahre ist wie bei ausgeschiedenen Arbeitnehmern der in der Zeit der Arbeitnehmereigenschaft ratierlich erdiente Pensionsanspruch zugrundezulegen (vgl. § 2 Abs. 1 Satz 1 BetrAVG). Dabei ist es unerheblich, ob die in § 1 Abs. 1 Satz 1 BetrAVG festgesetzten Fristen für die Unverfallbarkeit der Anwartschaft erfüllt sind. Die Zuführungen zur Rückstellung auf Grund der Fortentwicklung des Anwartschaftsbarwerts sind als Nachwirkung der früheren Arbeitnehmereigenschaft nicht nach § 15 Abs. 1 Nr. 2 EStG dem Gewinn der Gesellschaft zuzurechnen. 86

---

[1] Überholt, → BMF vom 10.12.1979 (BStBl I S. 683).

5. Veräußerung eines Wirtschaftsguts an die Gesellschaft

87   Die Veräußerung eines Wirtschaftsguts durch den Gesellschafter an die Gesellschaft fällt nicht unter § 15 Abs. 1 Nr. 2 EStG. Das gilt sowohl für Lieferungen im Rahmen des gewöhnlichen Geschäftsverkehrs als auch für Veräußerungen außerhalb des gewöhnlichen Geschäftsverkehrs. Für die Veräußerung und den Erwerb von Wirtschaftsgütern gelten die Grundsätze in Tz. 45 ff. und Tz. 51 ff.

Wird der Kaufpreis gestundet oder ist er in Raten zu zahlen, so sind Stundungszinsen sowie in den Kaufpreisraten enthaltene Zinsanteile Vergütungen für die Überlassung von Kapital.

6. Leistungen im Rahmen des gewöhnlichen Geschäftsbetriebs

88   § 15 Abs. 1 Nr. 2 EStG gilt auch für Leistungen, die der Mitunternehmer im Rahmen des gewöhnlichen Geschäftsbetriebs eines anderen Betriebs erbringt (vgl. Tz. 81), es sei denn (vgl. Tz. 83), die Gegenleistung ist Betriebseinnahme in einem der Besteuerung im Inland unterliegenden Gewerbebetrieb. Auf die Veräußerung von Wirtschaftsgütern (Lieferung, Werklieferung) findet § 15 Abs. 1 Nr. 2 EStG keine Anwendung (Tz. 86).

II
Schenkweise als Kommanditisten in eine Kommanditgesellschaft aufgenommene minderjährige Kinder als Mitunternehmer
(Anwendung des BFH-Urteils vom 10.11.1987 – BStBl 1989 II S. 758)

BMF vom 5.10.1989 (BStBl I S. 378)

IV B 2 – S 2241 – 48/89

Der BFH hat in seinem Urteil vom 10.11.1987 (BStBl 1989 II S. 758) schenkweise als Kommanditisten in einer KG aufgenommene minderjährige Kinder als Mitunternehmer anerkannt, obwohl in dem Entscheidungsfall das Widerspruchsrecht der Kommanditisten nach § 164 HGB ausgeschlossen, das Gewinnentnahmerecht der Kommanditisten weitgehend beschränkt und das Kündigungsrecht für die Kommanditisten langfristig abbedungen war und die Kommanditisten für den Fall ihres vorzeitigen Ausscheidens auf Grund eigener Kündigung zum Buchwert abgefunden werden sollten. Der BFH sieht darin keine nennenswerten und nicht auch zwischen Fremden üblichen Abweichungen vom Regelstatut des HGB. Dabei macht es für den BFH keinen Unterschied, ob die besonderen Bedingungen einzeln oder zusammen vorliegen.

Zu der Frage, welche Folgerungen aus diesem Urteil für die steuerliche Anerkennung von schenkweise als Kommanditisten in eine KG aufgenommenen minderjährigen Kindern als Mitunternehmer zu ziehen sind, wird unter Bezugnahme auf das Ergebnis der Erörterungen mit den Vertretern der obersten Finanzbehörden der Länder wie folgt Stellung genommen:

Die Frage, ob eine Mitunternehmerschaft minderjähriger Kinder gegeben ist, muß nach dem Gesamtbild der Verhältnisse entschieden werden (Beschluß des Großen Senats des BFH vom 25.6.1984 – BStBl II S. 751, 769). Dabei sind alle Umstände des Einzelfalles in ihrer Gesamtheit zu würdigen. Das minderjährige Kind eines Gesellschafters einer Personengesellschaft kann nur als Mitunternehmer anerkannt werden, wenn es Mitunternehmerinitiative entfalten kann und Mitunternehmerrisiko trägt. Es kommt deshalb darauf an, ob dem minderjährigen Kommanditisten nach dem Gesellschaftsvertrag wenigstens annäherungsweise diejenigen Rechte eingeräumt werden, die einem Kommanditisten nach dem HGB zustehen. Maßstab ist das nach dem HGB für den Kommanditisten vorgesehene Regelstatut. Dazu gehören auch die gesetzlichen Regelungen, die im Gesellschaftsvertrag abbedungen werden können.

Wie der Große Senat des BFH im Beschluß vom 25.6.1984 (BStBl II S. 751, 769) ausgeführt hat, können Mitunternehmerinitiative und Mitunternehmerrisiko im Einzelfall mehr oder weniger ausgeprägt sein. Beide Merkmale müssen jedoch gemeinsam vorliegen. Ein Kommanditist ist beispielsweise dann mangels Mitunternehmerinitiative kein Mitunternehmer, wenn sowohl sein Stimmrecht als auch sein Widerspruchsrecht durch Gesellschaftsvertrag faktisch ausgeschlossen sind (BFH-Urteil vom 11.10.1988 – BStBl 1989 II S. 762).

Besondere Bedeutung kommt, wie auch vom BFH im Urteil vom 10.11.1987 (BStBl 1989 II S. 758) ausgeführt wird, der Frage zu, ob die minderjährigen Kommanditisten durch Kündigung oder Änderung des Gesellschaftsvertrags gegen ihren Willen aus der KG verdrängt werden können. Ist der Komplementär nach dem Gesellschaftsvertrag berechtigt, nach freiem Ermessen weitere Kommanditisten in die KG aufzunehmen und kann er dadurch die für eine Änderung des Gesellschaftsvertrags im Einzelfall erforderlichen Mehrheitsverhältnisse (z. B. Erfordernis einer $^2/_3$-Mehrheit) zu seinen Gunsten so verändern, daß die als Kommanditisten in die KG aufgenommenen minderjährigen Kinder gegen ihren Willen aus der KG verdrängt werden können, so spricht dies gegen eine Mitunternehmerstellung der Kinder. Das gilt auch dann, wenn der Komplementär tatsächlich noch keine weiteren Kommanditisten in die KG aufgenommen hat.

Der BFH hat in dem Urteil vom 10.11.1987 (BStBl 1989 II S. 758) allein die Tatsache, daß der Komplementär derzeit nicht die im Einzelfall erforderliche Stimmrechtsmehrheit bezüglich der Änderung des Gesellschaftsvertrags und der Auflösung der Gesellschaft hat, für ausreichend gehalten, um die Mitunternehmerinitiative der Kommanditisten – und zwar auch bei Ausschluß des Widerspruchsrechts nach § 164 HGB – zu bejahen. Ich bitte, die Grundsätze dieses BFH-Urteils insoweit nicht über den entschiedenen Einzelfall hinaus anzuwenden.

III
Beteiligung einer nicht gewerblich tätigen Personengesellschaft an einer gewerblich tätigen Personengesellschaft; Anwendung des BFH-Urteils vom 8. Dezember 1994 (BStBl 1996 II S. 264)

BMF vom 13.5.1996 (BStBl I S. 621)

IV B 2 – S 2241 – 33/96

Der BFH hat mit Urteil vom 8. Dezember 1994 (BStBl 1996 II S. 264) entschieden, daß eine Land- und Forstwirtschaft betreibende oder Vermögen verwaltende Personengesellschaft, die sich an einer gewerblich tätigen Personengesellschaft beteiligt, nach § 15 Abs. 3 Nr. 1 EStG in vollem Umfang gewerbliche Einkünfte erzielt. Der BFH begründet seine Entscheidung im wesentlichen mit den Regelungen zur doppelstöckigen Personengesellschaft in § 15 Abs. 1 Satz 1 Nr. 2 EStG.

Unter Bezugnahme auf das Ergebnis der Erörterung mit den obersten Finanzbehörden der Länder nehme ich zur Anwendung der Grundsätze des BFH-Urteils wie folgt Stellung:

Das Urteil betrifft einen Fall, in dem die Beteiligung an der gewerblich tätigen Personengesellschaft (Untergesellschaft) zum Gesamthandsvermögen einer ansonsten land- und forstwirtschaftlich tätigen Personengesellschaft (Obergesellschaft) gehört. Nur auf diese Fälle sowie die Fälle, in denen die Beteiligung an der Untergesellschaft zum Gesamthandsvermögen einer ansonsten freiberuflich oder vermögensverwaltend tätigen Obergesellschaft gehört, ist die Abfärberegelung des § 15 Abs. 3 Nr. 1 EStG anzuwenden.

Die Abfärberegelung ist auf die ansonsten nicht gewerblich tätige Personengesellschaft nicht anzuwenden, wenn die Beteiligung an der gewerblich tätigen Gesellschaft

a) von einem, mehreren oder allen Gesellschaftern der ansonsten nicht gewerblich tätigen Gesellschaft persönlich oder

b) von einer Schwestergesellschaft gehalten wird.

Im Fall a) sind die Beteiligungserträge nicht in die gesonderte und einheitliche Feststellung der ansonsten nicht gewerblich tätigen Personengesellschaft einzubeziehen, sondern unmittelbar bei der Einkommensteuer- oder Körperschaftsteuerveranlagung des Gesellschafters zu erfassen.

Im Fall b) sind die Beteiligungserträge in die gesonderte und einheitliche Feststellung der Schwestergesellschaft einzubeziehen.

Die Grundsätze des BFH-Urteils vom 8. Dezember 1994 (a. a. O.) und von R 138 Absatz 5 Satz 4 EStR 1993 sind erstmals auf Wirtschaftsjahre anzuwenden, die nach dem 31. Dezember 1996 beginnen.

IV

Gewinnrealisierung bei Mitgliedern von Bau-Arbeitsgemeinschaften; Anwendung des Mitunternehmererlasses auf sog. „kleine" Arbeitsgemeinschaften

BMF vom 27.1.1998 (BStBl I S. 251)

IV B 2 – S 2241 – 5/98

Unternehmen der Bauwirtschaft wickeln einen Teil ihrer Aktivitäten im Rahmen von Arbeitsgemeinschaften ab. Soweit eine Arbeitsgemeinschaft das erforderliche Anlagevermögen nicht von Dritten beschafft, tritt sie regelmäßig mit ihren Partnern in schuldrechtliche Beziehungen, indem sie zu unter Fremden üblichen Bedingungen von den Partnern z. B. die Betriebsausstattung mietet oder kauft. Bei den Partnern entstehen hierdurch häufig nicht unwesentliche Leistungserträge.

Nach § 180 Abs. 4 AO gilt § 180 Abs. 1 Nr. 2 Buchstabe a AO nicht für Arbeitsgemeinschaften, deren alleiniger Zweck in der Erfüllung eines einzigen Werkvertrages (§ 631 BGB) oder Werklieferungsvertrages (§ 651 BGB) besteht. Der Gesetzgeber hat bei derartigen Arbeitsgemeinschaften das Bedürfnis für eine einheitliche Feststellung verneint (sog. „kleine" Arbeitsgemeinschaften). Die früher in § 180 Abs. 4 AO enthaltene Einschränkung, es müsse bei Vertragsabschluß anzunehmen sein, daß der entsprechende Vertrag innerhalb von drei Jahren erfüllt werde, hat sich in der Praxis nicht bewährt und ist durch das Steuerbereinigungs- und Mißbrauchsbekämpfungsgesetz vom 21. Dezember 1993 (BGBl. I S. 2310, 2346) mit Wirkung vom 1. Januar 1995 aufgehoben worden (vgl. Artikel 97 § 10 b EGAO).

Unter Bezugnahme auf das Ergebnis der Erörterungen mit den obersten Finanzbehörden der Länder nehme ich zum Zeitpunkt der Gewinnrealisierung bei Leistungen der Partner gegenüber Bau-Arbeitsgemeinschaften, die nicht der gesonderten Feststellung nach § 180 Abs. 1 Nr. 2 Buchstabe a AO unterliegen (sog. „kleine" Arbeitsgemeinschaften), wie folgt Stellung:

Die Leistungen der einzelnen Partner gegenüber „kleinen" Arbeitsgemeinschaften sind steuerlich wie Fremdleistungen gegenüber einer außenstehenden Gesamthandsgemeinschaft nach den allgemeinen ertragsteuerlichen Grundsätzen zu behandeln. Die Realisierung des Gewinns bei dem Partner tritt somit bereits bei Erbringung der Leistung ein.

Die Leistungen der einzelnen Partner gegenüber der „kleinen" Arbeitsgemeinschaft können deshalb nicht entsprechend den Grundsätzen des BMF-Schreibens vom 20. Dezember 1977 (BStBl 1978 I Seite 8 – sog. Mitunternehmererlaß) über die gewinneutrale Übertragung eines Wirtschaftsguts aus einem anderen Betrieb eines Mitunternehmers in das Gesamthandsvermögen der Personengesellschaft (Tzn. 56, 57) oder über die gewinneutrale Übertragung eines Wirtschaftsguts aus dem Sonderbetriebsvermögen in das Gesamthandsvermögen (Tz. 26) behandelt werden. Da es sich hier um entgeltliche Fremdleistungen gegenüber einer außenstehenden Gesamthandsgemeinschaft handelt, liegt eine entgeltliche, zur sofortigen Gewinnrealisierung führende Leistung vor (vgl. Tzn. 52 und 22 des BMF-Schreibens vom 20. Dezember 1977, a. a. O.) vor.

V

1. **Sonderbetriebsvermögen bei Vermietung an eine Schwestergesellschaft; Anwendung der BFH-Urteile vom 16. Juni 1994 (BStBl 1996 I S. 82), vom 22. November 1994 (BStBl 1996 II S. 93) und vom 26. November 1996 (BStBl 1998 II S. 328)**
2. **Verhältnis des § 15 Abs. 1 Nr. 2 EStG zur mitunternehmerischen Betriebsaufspaltung; Anwendung des BFH-Urteils vom 23. April 1996 - VIII R 13/95 – (BStBl 1998 II S. 325)**

BMF vom 28.4.1998 (BStBl I S. 583)

IV B 2 – S 2241 – 42/98

Der BFH hat mit Urteilen vom 16. Juni 1994 (BStBl 1996 II S. 82) und vom 22. November 1994 (BStBl 1996 II S. 93) entschieden, daß die Wirtschaftsgüter, die eine gewerblich tätige oder gewerblich geprägte Personengesellschaft an eine ganz oder teilweise personenidentische Personengesellschaft

(Schwestergesellschaft) vermietet, zum Betriebsvermögen der vermietenden Personengesellschaft und nicht der nutzenden Personengesellschaft gehören. Diese Rechtsgrundsätze gelten auch, wenn leistende Gesellschaft eine gewerblich geprägte atypisch stille Gesellschaft ist (BFH-Urteil vom 26. November 1996, BStBl 1998 II S. 328). Mit Urteil vom 23. April 1996 (BStBl 1998 II S. 325) hat der BFH unter Aufgabe der bisherigen Rechtsprechung schließlich die Auffassung vertreten, bei einer Betriebsaufspaltung habe die Qualifikation des überlassenen Vermögens als Betriebsvermögen der Besitzpersonengesellschaft sowie der Einkünfte aus der Verpachtung dieses Vermögens als gewerbliche Einkünfte der Gesellschafter der Besitzpersonengesellschaft Vorrang vor der Qualifikation des Vermögens als Sonderbetriebsvermögen und der Einkünfte aus der Verpachtung als Sonderbetriebseinkünfte der Gesellschafter bei der Betriebspersonengesellschaft.

Unter Bezugnahme auf das Ergebnis der Erörterung mit den obersten Finanzbehörden der Länder nehme ich zur Anwendung der Rechtsgrundsätze der genannten BFH-Urteile wie folgt Stellung:

1. Bedeutung und Abgrenzung des Anwendungsbereichs der neuen Rechtsprechung

Nach früherer Rechtsprechung und Verwaltungsauffassung hatte die Vorschrift des § 15 Abs. 1 Satz 1 Nr. 2 Satz 1 Halbsatz 2 EStG Vorrang vor dem Rechtsinstitut der mitunternehmerischen Betriebsaufspaltung (BFH-Urteil vom 25. April 1985, BStBl 1985 II S. 622 sowie R 137 Abs. 4 EStR 1993). Das BFH-Urteil vom 23. April 1996 (a. a. O.) führt nunmehr zu einem Vorrang der Rechtsgrundsätze der Betriebsaufspaltung vor der Anwendung des § 15 Abs. 1 Satz 1 Nr. 2 Satz 1 Halbsatz 2 EStG und schließt damit – ebenso wie die BFH-Urteile vom 16. Juni 1994 (a. a. O.), vom 22. November 1994 (a.a.O) und vom 26. November 1996 (BStBl 1998 II S. 328) – die Behandlung der vermieteten Wirtschaftsgüter als Sonderbetriebsvermögen der mietenden Gesellschaft bei sog. Schwester-Personengesellschaften aus. Im Falle einer unentgeltlichen Überlassung von Wirtschaftsgütern ist allerdings auch nach der neuen Rechtsprechung keine mitunternehmerische Betriebsaufspaltung anzunehmen, weil es in diesem Fall an einer Gewinnerzielungsabsicht und damit an einer eigenen gewerblichen Tätigkeit der Besitzpersonengesellschaft fehlt. In diesem Fall bleibt § 15 Abs. 1 Nr. 2 EStG weiterhin anwendbar. Auch bei einer lediglich teilentgeltlichen Nutzungsüberlassung ist eine eigene gewerbliche Tätigkeit der Besitzpersonengesellschaft und damit eine mitunternehmerische Betriebsaufspaltung nur anzunehmen, wenn die Voraussetzung der Gewinnerzielungsabsicht bei der Besitzpersonengesellschaft vorliegt.

Die Rechtsgrundsätze des BFH-Urteils vom 23. April 1996 sind – ebenso wie die der BFH-Urteile vom 16. Juni 1994 (a. a. O.), vom 22. November 1994 (a. a. O.) und vom 26. November 1996 (BStBl 1998 II S. 328) – nur in den Fällen sog. Schwestergesellschaft anzuwenden, d.h., wenn sowohl an der vermietenden als auch an der mietenden Personengesellschaft ganz oder teilweise dieselben Personen als Gesellschafter beteiligt sind. Nicht betroffen von der neuen Rechtsprechung sind die Fälle der sog. doppel- oder mehrstöckigen Personengesellschaft, also diejenigen Fälle, in denen eine Personengesellschaft selbst unmittelbar oder mittelbar an einer anderen Personengesellschaft als Mitunternehmer beteiligt ist. In diesen Fällen verbleibt es bei der Anwendung der gesetzlichen Regelung zur doppelstöckigen Personengesellschaft in § 15 Abs. 1 Satz 1 Nr. 2 Satz 2 EStG.

2. Ertragsteuerliche Folgen der Änderung der BFH-Rechtsprechung

Die Anwendung der Rechtsgrundsätze des BFH-Urteils vom 23. April 1996 (a. a. O.) führt insbesondere zu folgenden steuerlichen Änderungen:

a) Auf der Grundlage der bisherigen Rechtsprechung und Verwaltungspraxis sind bei einem Gesellschafter, der nur an der Besitz-, nicht aber an der Betriebspersonengesellschaft beteiligt ist („Nur-Besitz-Gesellschafter"), vielfach lediglich Einkünfte aus Vermietung und Verpachtung angenommen und seine Anteile an den Wirtschaftsgütern dem Privatvermögen zugeordnet worden. Nach der geänderten Rechtsprechung erzielt er Einkünfte aus Gewerbebetrieb und die Wirtschaftsgüter gehören zum Betriebsvermögen, so daß auch die Veräußerungsgewinne steuerpflichtig sind.

b) Die Besitzpersonengesellschaft unterfällt ggf. der Abfärbung gemäß § 15 Abs. 3 Nr. 1 EStG (Beispiel: Eine Grundstücks-GbR vermietet einige Grundstücke an private Dritte und ein Grundstück an die mit ihr personell verflochtene KG).

c) Durch die Begründung der Eigengewerblichkeit werden die bisherigen Verpachtungspersonengesellschaften der Gewerbesteuer unterworfen, die Wirtschaftsgüter an von der Gewerbesteuer befreite Personengesellschaften zur Nutzung überlassen haben, die Krankenhäuser, Rehabilitationskliniken oder sonstige Gesundheitseinrichtungen betreiben, die in den Anwendungsbereich von § 67 AO fallen. Die über die bisherige Zurechnungsvorschrift des § 15 Abs. 1 Nr. 2 EStG wirksame Befreiungsvorschrift des § 3 Nr. 20 Gewerbesteuergesetz kommt insoweit nicht mehr zum Tragen.

d) Zwischen Schwester-Personengesellschaften vereinbarte Darlehen, die als Dauerschulden zu qualifizieren sind, führen bei der mitunternehmerischen Betriebsaufspaltung in Höhe des hälftigen Entgelts zu einer gewerbesteuerlichen Doppelbelastung, da das hälftige Entgelt bei der das Darlehen empfangenden Gesellschaft gemäß § 8 Nr. 1 GewStG hinzuzurechnen ist. Waren die Darlehenszinsen nach bisheriger Rechtsprechung Sondervergütungen i.S. des § 15 Abs. 1 Nr. 2 EStG der Gesellschafter der Besitzpersonengesellschaft, erhöhten sie zwar bei der das Darlehen empfangenden Personengesellschaft den Gewerbeertrag (Abschnitt 40 Abs. 2 GewStR). Da aber die Hinzurechnungsvorschrift des § 8 Nr. 1 GewStG auf Sondervergütungen i.S. des § 15 Abs. 1 Nr. 2 EStG nicht anzuwenden ist, ergab sich bisher keine gewerbesteuerliche Doppelbelastung.

e) Ein negativer Gewerbeertrag der Besitzpersonengesellschaft darf nicht mit einem positiven Gewerbeertrag der Betriebspersonengesellschaft verrechnet werden (oder umgekehrt), während bisher eine Saldierung zwischen Gesamthandsergebnis und Sonderbetriebsergebnis grundsätzlich möglich war.

f) Bei der Investitionszulage und bei den Sonderabschreibungen nach dem Fördergebietsgesetz ist nicht mehr die Betriebspersonengesellschaft, sondern die Besitzpersonengesellschaft anspruchsberechtigt. Es gelten die allgemeinen Regelungen zur Betriebsaufspaltung, z. B. bei der Investitionszulage Nr. 5 des BMF-Schreibens vom 31. März 1992 (BStBl I S. 236) und Abschnitt IV des BMF-Schreibens vom 30. Dezember 1994 (BStBl 1995 I S. 18) sowie bei dem Fördergebietsgesetz Tz. 6 des BMF-Schreibens vom 29. März 1993 (BStBl I S. 279) und Abschnitt II Nr. 2 des BMF-Schreibens vom 24. Dezember 1996 (BStBl I S. 1516).

3. Uneingeschränkte Anwendung der Rechtsprechung zur Vermietung von gewerblich tätigen oder geprägten Personengesellschaften an Schwestergesellschaften

Die Rechtsgrundsätze der BFH-Urteile vom 16. Juni 1994 (a. a. O.), vom 22. November 1994 (a. a. O.) und vom 26. November 1996 (a. a. O.) sind für Wirtschaftsjahre, die nach dem 31. Dezember 1998 beginnen, **uneingeschränkt** anzuwenden. Das BMF-Schreiben vom 18. Januar 1996 (BStBl I S. 86), nach dem die Grundsätze der BFH-Urteile vom 16. Juni 1994 (BStBl 1996 II S. 82) und vom 22. November 1994 (BStBl 1996 II S. 93) nur unter den dort genannten Einschränkungen für anwendbar erklärt worden sind, ist für Wirtschaftsjahre, die nach dem 31. Dezember 1998 beginnen, nicht mehr anzuwenden. Sind die vermieteten Wirtschaftsgüter aufgrund der in dem BMF-Schreiben vom 18. Januar 1996 (a. a. O.) enthaltenen Einschränkungen bisher zum Betriebsvermögen der nutzenden Personengesellschaft gerechnet worden, so gelten die Ausführungen unter Nr. 4 zur erfolgsneutralen Übertragung der überlassenen Wirtschaftsgüter in die Bilanz der vermietenden Personengesellschaft entsprechend.

4. Erstmalige Anwendung der Rechtsprechung zur Betriebsaufspaltung zwischen Schwester-Personengesellschaften nebst Übergangsregelung

Die Rechtsgrundsätze des BFH-Urteils vom 23. April 1996 (a. a. O.) werden **aus Vertrauensschutzgründen** erstmals für Wirtschaftsjahre angewendet, die nach dem 31. Dezember 1998 beginnen.

Auf Antrag sind die Rechtsgrundsätze des BFH-Urteils vom 23. April 1996 (a. a. O.) auch für Wirtschaftsjahre anzuwenden, die vor dem 1. Januar 1999 beginnen. Der Antrag kann nur einheitlich für alle vor dem 1. Januar 1999 beginnenden Wirtschaftsjahre und für alle Steuerarten einschließlich der Investitionszulage und für alle Beteiligten gestellt werden. Entsprechende Anträge sind bis zum 31. Dezember 1999 bei den jeweils zuständigen Finanzämtern zu stellen; die Anträge sind unwiderruflich.

Die Anwendung der neuen Rechtsprechung führt in den Fällen, in denen die vermieteten Wirtschaftsgüter bisher wegen des Vorrangs des § 15 Abs. 1 Satz 1 Nr. 2 Satz 1 Halbsatz 2 EStG vor der mitunternehmerischen Betriebsaufspaltung als Sonderbetriebsvermögen der mietenden Gesellschaft behandelt worden sind, entsprechend den Grundsätzen der Bilanzberichtigung zu einer – erfolgsneutralen – Übertragung der überlassenen Wirtschaftsgüter in die – ggf. erstmals aufzustellende – Bilanz der Besitzpersonengesellschaft und einer entsprechenden Ausbuchung in den (Sonder-)Bilanzen der Betriebspersonengesellschaft. Aus Vereinfachungsgründen ist es nicht zu beanstanden, wenn die erforderlichen Korrekturen wie die Überführung eines Wirtschaftsguts von einem Betrieb in einen anderen Betrieb (R 14 Abs. 2 Satz 2 EStR 1996) dargestellt werden. Die Wirtschaftsgüter sind dann bei der Besitzpersonengesellschaft mit dem Buchwert anzusetzen, den sie in der letzten Bilanz der Betriebspersonengesellschaft hatten. Die weiteren AfA sind in diesen Fällen (Behandlung gemäß R 14 Abs. 2 Satz 2 EStR 1996) nach der bisherigen Bemessungsgrundlage und dem bisherigen Absetzungsverfahren zu bemessen. Die

Besitzpersonengesellschaft darf Sonderabschreibungen nach dem Fördergebietsgesetz noch in der Höhe und in dem Zeitraum vornehmen, wie es auch die Betriebspersonengesellschaft noch dürfte.

Nach der neuen Rechtsprechung sind auch die Anteile an Wirtschaftsgütern eines „Nur-Besitz-Gesellschafters" (vgl. oben unter Nr. 2 Buchstabe a) sowie alle Wirtschaftsgüter einer Besitzpersonengesellschaft, die nunmehr der Abfärbung gemäß § 15 Abs. 3 Nr. 1 EStG unterliegt (vgl. oben unter Nr. 2 Buchstabe b), im Betriebsvermögen der Besitzpersonengesellschaft angeschafft oder hergestellt worden. Die o.g. Grundsätze zur Anwendung von R 14 Abs. 2 Satz 2 EStR 1996 gelten in diesen Fällen entsprechend mit der Maßgabe, daß es nicht beanstandet wird, wenn die Anteile an den Wirtschaftsgütern des „Nur-Besitz-Gesellschafters" und die Wirtschaftsgüter der der Abfärbung unterliegenden Besitzpersonengesellschaft mit ihren Restwerten angesetzt werden.

Die Betriebspersonengesellschaft bleibt für die Investitionszulage von Wirtschaftsgütern, die die Besitzpersonengesellschaft vor der erstmaligen Anwendung der Rechtsgrundsätze des BFH-Urteils vom 23. April 1996 (a. a. O.) angeschafft oder hergestellt und der Betriebspersonengesellschaft seit der Anschaffung oder Herstellung zur Nutzung überlassen hat, antragsberechtigt.

Die Änderung der Rechtsprechung allein hat keine Auswirkungen auf die Zugehörigkeits-, Verbleibens- und Verwendungsvoraussetzungen nach dem Investitionszulagengesetz und dem Fördergebietsgesetz.

Beispiel:

Bei einer mitunternehmerischen Betriebsaufspaltung hat die Besitzpersonengesellschaft im November 1996 ein neues bewegliches Wirtschaftsgut mit Anschaffungskosten von 100.000 DM angeschafft. Die Rechtsgrundsätze des BFH-Urteils vom 23. April 1996 (a. a. O.) werden erstmalig im Kalenderjahr 1997 angewendet.

a) Die Besitzpersonengesellschaft hat ihren Sitz in München und überläßt das Wirtschaftsgut einer Betriebspersonengesellschaft zur Nutzung in deren Betriebsstätte in Dresden. Im Jahr 1996 nimmt die Betriebspersonengesellschaft Sonderabschreibungen von 30.000 DM in Anspruch.

Der Antrag auf Investitionszulage für 1996 ist von der Betriebspersonengesellschaft zu stellen. Für die Investitionszulage von 5 v. H. und die Sonderabschreibungen nach dem Fördergebietsgesetz ist es ohne Bedeutung, daß das Wirtschaftsgut ab 1. Januar 1997 zum Anlagevermögen der Besitzpersonengesellschaft in München gehört. Die Verbleibensvoraussetzung im Sinne des § 2 Nr. 2 FördG ist auch nach dem 31. Dezember 1996 erfüllt, weil das Wirtschaftsgut im Rahmen einer Betriebsaufspaltung zur Nutzung überlassen wird und in einer Betriebsstätte der Betriebspersonengesellschaft im Fördergebiet verbleibt (vgl. Tz. 6 des BMF-Schreibens vom 29. März 1993, BStBl I S. 279). Die Besitzpersonengesellschaft kann in den Jahren 1997 bis 2000 die restlichen Sonderabschreibungen von 20.000 DM in Anspruch nehmen.

b) Die Besitzpersonengesellschaft gehört nicht zum verarbeitenden Gewerbe und überläßt das Wirtschaftsgut einer zum verarbeitenden Gewerbe gehörenden Betriebspersonengesellschaft zur Nutzung in deren Betriebsstätte im Fördergebiet.

Für die Investitionszulage nach § 5 Abs. 3 InvZulG 1996 von 10 v. H. ist es ohne Bedeutung, daß das Wirtschaftsgut ab 1. Januar 1997 nicht mehr zum Anlagevermögen eines Betriebs des verarbeitenden Gewerbes gehört. Die Verbleibensvoraussetzung im Sinne des § 5 Abs. 3 Nr. 2 Buchstabe b InvZulG gilt auch nach dem 31. Dezember 1996 erfüllt, weil das Wirtschaftsgut im Rahmen einer Betriebsaufspaltung zur Nutzung überlassen wird und die Betriebspersonengesellschaft zum verarbeitenden Gewerbe gehört (vgl. Tz. 12 des BMF-Schreibens vom 30. Dezember 1994, BStBl 1995 I S. 18).

5. Steuerneutrale Vermeidung bzw. Beendigung der mitunternehmerischen Betriebsaufspaltung

a) Mitunternehmererlaß vom 20. Dezember 1977 (BStBl 1978 I S. 8)

Vor Anwendung der neuen BFH-Rechtsprechung kann die Annahme einer mitunternehmerischen Betriebsaufspaltung im Sinne des BFH-Urteils vom 23. April 1996 (a. a. O.) vermieden werden, indem die vermieteten Wirtschaftsgüter nach dem sog. Mitunternehmererlaß (vgl. Tz. 28, Tz. 35 und Tz. 66 des BMF-Schreibens vom 20. Dezember 1977 – BStBl 1978 I S. 8), d.h. erfolgsneutral ohne Aufdeckung der stillen Reserven, auf die Betriebspersonengesellschaft übertragen werden. Das setzt allerdings voraus, daß keine Verbindlichkeiten übernommen werden. Es muß Unentgeltlichkeit in dem Sinne gegeben sein, daß lediglich Gesellschaftsrechte bei der aufnehmenden Gesellschaft gewährt werden. Der erfolgsneutralen Übertragung von Wirtschaftsgütern auch unter Übernahme von Verbindlichkeiten stehen die Tz. 28 und Tz. 66 des Mitunternehmer-Erlasses entgegen. Danach kann, wenn ein Wirtschaftsgut gegen Gewährung von Gesellschaftsrechten und gegen sonstiges Entgelt aus dem Sonderbetriebsvermögen oder einem anderen Betrieb des Mitunternehmers in das Gesamthandsvermögen übertragen wird, die Personengesellschaft das Wirtschaftsgut nur insoweit mit dem anteiligen Buchwert ansetzen, als es gegen Gewährung von Gesellschaftsrechten übertragen wird. Die Übernahme von Verbindlichkeiten ist als sonstiges Entgelt im Sinne des Mitunternehmer-Erlasses anzusehen. Beides gilt auch für den umgekehrten Fall der Übertragung von der Gesellschaft in ein Betriebsvermögen des Gesellschafters. In derartigen Fällen ist der Vorgang in ein entgeltliches Veräußerungsgeschäft und in einen steuerneutralen Übertragungsvorgang aufzuspalten.

b) Umwandlungssteuergesetz

Hat der Steuerpflichtige die vorzeitige Anwendung der neuen Rechtsprechung beantragt (vgl. oben unter 3.), so ist eine steuerneutrale Beendigung der bestehenden mitunternehmerischen Betriebsaufspaltung, z. B. durch Einbringung sämtlicher Mitunternehmeranteile der Gesellschafter der Besitzpersonengesellschaft in die Betriebspersonengesellschaft, nach § 24 UmwStG möglich. Denn bei Anwendung der neuen Rechtsprechung, nach der die Besitzpersonengesellschaft aufgrund der Betriebsaufspaltung als eigengewerblicher Betrieb anzusehen ist, haben die Gesellschafter der Besitzpersonengesellschaft Mitunternehmeranteile, die sie nach § 24 UmwStG in die Betriebspersonengesellschaft einbringen können. Hat der Steuerpflichtige keinen Antrag auf vorzeitige Anwendung der neuen Rechtsprechung gestellt, so ist die neue Rechtsprechung erstmals für das nach dem 31. Dezember 1998 beginnende Wirtschaftsjahr anzuwenden. In diesem Fall ist in den vor dem 1. Januar 1999 beginnenden Wirtschaftsjahren eine steuerneutrale Beendigung der bestehenden mitunternehmerischen Betriebsaufspaltung nicht nach § 24 UmwStG möglich. Denn für die Frage der Anwendung des § 24 UmwStG muß in diesem Fall die bis zum Ergehen des BFH-Urteils vom 23. April 1996 vertretene Rechtsauffassung zugrunde gelegt werden: Wegen des Vorrangs des § 15 Abs. 1 Nr. 2 EStG würde es sich hier um eine Einbringung von Sonderbetriebsvermögen einer Personengesellschaft in das Gesamthandsvermögen derselben Personengesellschaft handeln. Die Einbringung von Wirtschaftsgütern des Sonderbetriebsvermögens fällt nicht unter § 24 UmwStG, sondern ist ausschließlich nach den Regeln des Mitunternehmer-Erlasses zu beurteilen (vgl. oben unter a).

6. Weitere Anwendung des BMF-Schreibens vom 10. Dezember 1979 (BStBl I S. 683)

Das BMF-Schreiben vom 10. Dezember 1979 (BStBl I S. 683) zu den Fällen, in denen der Mitunternehmer einen gewerblichen Betrieb unterhält und er im Rahmen dieses Betriebs Wirtschaftsgüter entgeltlich der Mitunternehmerschaft zur Nutzung überläßt, ist weiterhin anzuwenden.

Anhang 19

Übersicht

I Steuerliche Behandlung ausländischer Kulturvereinigungen
   BMF vom 20.7.1983 (BStBl I S. 382)
   BMF vom 30.5.1995 (BStBl I S. 336)

II Pauschalierung der Einkommensteuer und Körperschaftsteuer für ausländische Einkünfte gemäß § 34c Abs. 5 EStG und § 26 Abs. 6 KStG
   BMF vom 10.4.1984 (BStBl I S. 252)

I
Steuerliche Behandlung ausländischer Kulturvereinigungen

BMF vom 20.7.1983 (BStBl I S. 382) und vom 30.5.1995 (BStBl I S. 336)

IV B 4 – S 2303 – 34/83 und 63/95

Auf Grund der Erörterungen mit den Vertretern der obersten Finanzbehörden der Länder wird zur steuerlichen Behandlung ausländischer Kulturvereinigungen folgende Auffassung vertreten:

1. Ausländische Kulturvereinigungen sind, soweit eine Freistellung im Inland nicht schon nach den Vorschriften eines Abkommens zur Vermeidung der Doppelbesteuerung zu erfolgen hat, von der inländischen Einkommensteuer nach § 50 Abs. 7 EStG freizustellen, wenn ihr Auftritt im Inland wesentlich aus inländischen oder ausländischen öffentlichen Mitteln gefördert wird.

1.1 Als Kulturvereinigung ist ohne Rücksicht auf ihre Rechtsform jede Gruppierung zu verstehen, die eine künstlerische Gemeinschaftsleistung darbietet (z. B. Theater, Musik, Tanz), sofern es sich nicht um Solisten (vgl. Tz. 4) handelt.

1.2 Eine wesentliche Förderung aus inländischen oder ausländischen öffentlichen Mitteln ist dann anzunehmen, wenn sie ein Drittel der Kosten des Auftritts im Inland deckt. Der Umfang der Förderung aus öffentlichen Mitteln ist durch eine Bescheinigung nachzuweisen, die im Fall inländischer öffentlicher Mittel von der inländischen Förderungsbehörde (z. B. Auswärtiges Amt, Kultusbehörde) und im Fall ausländischer öffentlicher Mittel von der ausländischen Förderungsbehörde oder von der diplomatischen Vertretung des Herkunftslandes der Kulturvereinigung ausgestellt wird. Eine Bescheinigung ist von jeder Stelle auszustellen, die eine unmittelbare öffentliche Förderung gewährt hat. Als öffentliche Mittel sind alle Leistungen aus öffentlichen Kassen (Bar- und Sachleistungen) zu behandeln, die unmittelbar für einen Auftritt oder mehrere Auftritte einer ausländischen Kulturvereinigung im Inland gewährt werden. Keine öffentlichen Mittel sind dagegen Beiträge, die aus einem öffentlichen Haushalt z. B. an eine gemeinnützige Körperschaft geleistet werden, die diese ihrerseits an eine Kulturvereinigung weiterleitet.

Zu den Kosten des Auftritts gehören alle Aufwendungen, die in unmittelbarem wirtschaftlichem Zusammenhang mit der Gastspielreise stehen (z. B. Kosten für Reise, Werbung, Beschäftigung zusätzlichen Personals, Raummiete), nicht dagegen Löhne und Gehälter des Personals der Kulturvereinigung selbst.

Werden öffentliche Mittel nur für einen Teil der Auftritte im Inland gewährt, kommt eine Freistellung von der inländischen Einkommensteuer nach § 50 Abs. 7 EStG nur für diesen Teil der Auftritte in Betracht. Auch in derartigen Fällen ist durch entsprechende Bescheinigungen nachzuweisen, daß die öffentlichen Mittel mindestens ein Drittel der Kosten dieses Teils der Auftritte decken.

1.3 Die Bescheinigung über die Freistellung vom Steuerabzug nach § 50a EStG wird von dem Finanzamt ausgestellt, das für den ersten Vergütungsschuldner (ersten Veranstalter) gemäß § 50a Abs. 5 EStG, § 73e EStDV zuständig ist; soweit die Freistellung auf Grund von Vorschriften eines Abkommens zur Vermeidung der Doppelbesteuerung vorzunehmen ist, wird die Bescheinigung vom Bundesamt für Finanzen ausgestellt. Dies gilt auch, wenn die Gastspielreise nur einen Auftritt beinhaltet.

Werden alle Auftritte im Rahmen einer Gastspielreise in dem nach Tz. 1.2 erforderlichen Umfang aus öffentlichen Mitteln gefördert, gilt die Bescheinigung nach Satz 1 für die gesamte Gastspielreise. Für Vergütungen für einzelne Auftritte, die nicht nach Tz. 1. 2 gefördert werden, gelten die allgemeinen Grundsätze.

1165

2. Bei angestellten Mitgliedern ausländischer Kulturvereinigungen (z. B. bei Personen, die im Rahmen eines ausländischen Symphonieorchesters angestellt und besoldet sind) ist bei Auftritten im Inland nach § 50 Abs. 7 EStG vom Steuerabzug nach § 50a Abs. 4 EStG abzusehen. Der Steuerabzug ist vorzunehmen, soweit von einem inländischen Veranstalter Vergütungen unmittelbar an alle oder einzelne Mitglieder der Kulturvereinigung gezahlt werden.
3. Für Künstler, die im Inland als Angestellte einer in einem Niedrigsteuerland im Sinne des § 8 Außensteuergesetz ansässigen Basisgesellschaft auftreten, kommt eine Freistellung vom Steuerabzug nicht in Betracht.
4. Bei ausländischen Solisten kommt eine Freistellung vom Steuerabzug im Sinne des § 50a Abs. 4 EStG nach § 50 Abs. 7 EStG selbst dann nicht in Betracht, wenn ihr Auftritt aus öffentlichen Mitteln gefördert wird. Solisten im Sinne dieser Regelung sind Künstler, die einzeln oder in solistisch besetzten Ensembles (z. B. Duo, Trio, Quartett) auftreten.

II

Pauschalierung der Einkommensteuer und Körperschaftsteuer für ausländische Einkünfte gemäß § 34c Abs. 5 EStG und § 26 Abs. 6 KStG

BMF vom 10.4.1984 (BStBl I S. 252)
IV C 6 – S 2293 – 11/84

1 Allgemeiner Grundsatz

Die auf ausländische Einkünfte entfallende Einkommen- bzw. Körperschaftsteuer kann nach § 34c Abs. 5 EStG (§ 26 Abs. 6 KStG) im Einzelfall ganz oder zum Teil erlassen oder in einem Pauschbetrag festgesetzt werden, wenn es aus volkswirtschaftlichen Gründen zweckmäßig oder die Anrechnung ausländischer Steuer nach § 34c Abs. 1 EStG besonders schwierig ist. Zur Erzielung einer einheitlichen Beurteilung solcher volkswirtschaftlicher Gründe gelten unter Bezugnahme auf das Ergebnis der Erörterungen mit den obersten Finanzbehörden der Länder für die Anwendung dieser Vorschrift nachstehende Grundsätze. Liegen die darin beschriebenen Voraussetzungen vor, gilt die nach § 34c Abs. 5 EStG erforderliche Zustimmung des Bundesministers der Finanzen als erteilt. Die Finanzämter sind in diesen Fällen ermächtigt, über die pauschale Steuerfestsetzung in eigener Zuständigkeit zu entscheiden.

2 Erfordernis der Antragstellung

Die pauschale Festsetzung der Einkommen- bzw. Körperschaftsteuer wird auf Antrag vorgenommen. Bezüglich des Antragsrechts gelten die allgemeinen Grundsätze, die auch sonst für Erklärungen des Steuerpflichtigen im Besteuerungsverfahren anzuwenden sind, wenn von bestimmten in den Steuergesetzen vorgesehenen Wahlmöglichkeiten Gebrauch gemacht werden kann. Der Antrag kann gestellt werden, solange die Steuerfestsetzung noch nicht unanfechtbar ist oder unter dem Vorbehalt der Nachprüfung steht. Er ist für jeden Veranlagungszeitraum neu zu stellen.

3 Pauschal zu besteuernde Einkünfte

3.1 Die Einkommen- bzw. Körperschaftsteuer von unbeschränkt steuerpflichtigen natürlichen Personen, Körperschaften, Personenvereinigungen und Vermögensmassen, die ihren Gewinn durch Betriebsvermögensvergleich ermitteln, kann pauschal festgesetzt werden

3.1.1 für Einkünfte aus Gewerbebetrieb, die durch die Tätigkeit einer in einem ausländischen Staat befindlichen Betriebsstätte (§ 12 AO, BFH-Urteil vom 7.3.1979 – BStBl I S. 527) erzielt werden, wenn die ausländische Betriebsstätte von dem inländischen Teil des Gesamtunternehmens durch organisatorische Maßnahmen, z. B. in der Buchführung oder durch eine Kostenträgerrechnung, so getrennt ist, daß die Ausgliederung des Teils der Einkünfte sichergestellt ist, für den die pauschale Besteuerung beantragt wird,

3.1.2 für Einkünfte aus der Beteiligung an einer ausländischen Personengesellschaft, bei der der Gesellschafter als Unternehmer (Mitunternehmer) anzusehen ist, wenn die Beteiligung zum Betriebsvermögen eines inländischen gewerblichen Unternehmens gehört,

3.1.3 für Einkünfte aus selbständiger Arbeit, wenn diese Einkünfte auf der technischen Beratung, Planung und Überwachung bei Anlagenerrichtung beruhen und in einer in einem ausländischen Staat unterhaltenen Betriebsstätte (festen Einrichtung) erzielt werden. Die Ausführungen in Tz. 3.1.1 zur Möglichkeit der Ausgliederung der pauschal zu besteuernden Einkünfte gelten entsprechend.

Die Körperschaftsteuer von unbeschränkt steuerpflichtigen Körperschaften, Personenvereinigungen und Vermögensmassen (Muttergesellschaft) kann für Einkünfte aus einer zu ihrem inländischen Betriebsvermögen gehörenden Beteiligung an einer Kapitalgesellschaft mit Geschäftsleitung und Sitz im Ausland (Tochtergesellschaft) pauschal festgesetzt werden, wenn die Muttergesellschaft nachweislich seit mindestens 12 Monaten vor dem Ende des Veranlagungszeitraums oder des davon abweichenden Gewinnermittlungszeitraums mindestens zu einem Zehntel unmittelbar am Nennkapital der Tochtergesellschaft beteiligt ist. Bei der Ermittlung dieser Einkünfte ist Abschnitt 76 Abs. 15 Satz 3 KStR[1]) zu beachten. 3.2

Veräußerungsgewinne 4

Tz. 3 gilt nicht für Einkünfte aus der Veräußerung der Betriebsstätte und von Anteilen an einer Personengesellschaft oder an einer Tochtergesellschaft.

Tätigkeitsmerkmale 5

In den Fällen der Tz. 3.1.1, 3.1.2 und 3.2 setzt die pauschale Besteuerung voraus, daß die ausländische Betriebsstätte, Personengesellschaft oder Tochtergesellschaft, aus der die Einkünfte bezogen werden, jeweils ausschließlich oder fast ausschließlich (vgl. Abschn. 76 Abs. 9 Satz 1 und 2 KStR) die Herstellung oder Lieferung von Waren außer Waffen, die Gewinnung von Bodenschätzen oder das Bewirken gewerblicher Leistungen zum Gegenstand hat, soweit diese nicht in der Errichtung oder dem Betrieb von Anlagen, die dem Fremdenverkehr dienen, oder in der Vermietung und Verpachtung von Wirtschaftsgütern einschließlich der Überlassung von Rechten, Plänen, Verfahren, Erfahrungen und Kenntnissen oder im Betrieb von Handelsschiffen im internationalen Verkehr bestehen.

Verluste 6

Bezieht der Steuerpflichtige aus einem ausländischen Staat Einkünfte i.S. der Tz. 3 aus mehreren Einkunftsquellen, so ist auf das Gesamtergebnis abzustellen. Die Steuer kann also nur für den Betrag der in Tz. 3 genannten Einkünfte pauschal festgesetzt werden, der sich nach Ausgleich mit den im selben Veranlagungszeitraum erzielten negativen Einkünften ergibt. Ein negatives Gesamtergebnis mindert pauschal zu besteuernde Einkünfte der folgenden Veranlagungszeiträume nicht.

Umfang der pauschal zu besteuernden Einkünfte 7

Stammen Einkünfte im Sinne dieser Grundsätze aus mehreren ausländischen Staaten, so kann der Steuerpflichtige den Antrag auf Pauschalierung auf die Einkünfte aus einem oder mehreren dieser Staaten beschränken. 7.1

Der Antrag auf pauschale Besteuerung kann nicht auf einen beliebigen Teilbetrag der Einkünfte, für die die pauschale Besteuerung in Betracht kommt, begrenzt werden, um z. B. durch die Inanspruchnahme der in den Steuertabellen enthaltenen Freibeträge insgesamt einen Steuersatz zu erreichen, der unter 25 vom Hundert liegt. 7.2

In den Antrag auf pauschale Besteuerung brauchen jedoch Einkünfte der in § 26 Abs. 3 KStG genannten Art nicht einbezogen zu werden. 7.3

Gesonderte Feststellung der Einkünfte 7.4

Sind pauschal zu besteuernde Einkünfte im Rahmen einer gesonderten Gewinnfeststellung (§ 180 AO) zu berücksichtigen, so hat das Betriebsfinanzamt auf Antrag die für die pauschale Besteuerung erforderlichen Feststellungen zu treffen und dem Wohnsitzfinanzamt mitzuteilen. 7.4.1

Ein Mitunternehmer kann unter Beachtung der Tz. 6 die pauschale Besteuerung für seinen Anteil an den ausländischen Einkünften beantragen. Es ist nicht erforderlich, daß die übrigen Mitunternehmer einen entsprechenden Antrag gestellt haben. 7.4.2

Steuerberechnung 8

Die Einkommen- bzw. Körperschaftsteuer auf die pauschal zu besteuernden Einkünfte beträgt 25 vom Hundert der Einkünfte, höchstens 25 vom Hundert des zu versteuernden Einkommens. Wird die Steuer pauschal festgesetzt, so kann eine auf diese Einkünfte ggf. entfallende ausländische Steuer vom

---

[1]) KStR 1995 → Abschnitt 76 Abs. 15 Satz 4.

Anhang 19

II   Pauschalierung

Einkommen weder auf die deutsche Einkommen- bzw. Körperschaftsteuer angerechnet noch bei der Ermittlung des Gesamtbetrags der Einkünfte[1]) abgezogen werden. Die pauschale Besteuerung schließt aber weder die Anrechnung noch den Abzug ausländischer Steuern aus demselben Staat aus, die auf andere als die pauschal besteuerten Einkünfte erhoben worden sind. Die pauschal besteuerten Einkünfte sind bei der Ermittlung der auf die übrigen Einkünfte anzuwendenden Steuersätze nicht zu berücksichtigen. Kommt im selben Veranlagungsfall neben der pauschalen Besteuerung die Anrechnung ausländischer Steuern nach § 34c Abs. 1 EStG in Betracht, so sind vor der Berechnung des Anrechnungshöchstbetrags der Betrag der pauschal zu besteuernden Einkünfte aus dem Gesamtbetrag der Einkünfte[2]) und die Pauschsteuer aus dem aufzuteilenden Steuerbetrag herauszurechnen.

9 **Organschaft**

Werden Einkünfte i.S. der Tz. 3 von einer unbeschränkt steuerpflichtigen Kapitalgesellschaft (Organgesellschaft) bezogen, deren Einkünfte nach den §§ 14 bis 18 KStG einem inländischen gewerblichen Unternehmen (Organträger) zuzurechnen sind, so kann der Organträger die pauschale Steuerfestsetzung beantragen. Dabei sind alle dem Organträger zuzurechnenden begünstigungsfähigen Einkünfte aus einem Staat zusammenzufassen.

10 **Verhältnis zu Doppelbesteuerungsabkommen**

Die vorstehenden Grundsätze gelten nicht für Einkünfte aus einem Staat, mit dem ein Doppelbesteuerungsabkommen besteht.

11 Nach diesen Grundsätzen ist ab Veranlagungszeitraum 1984 zu verfahren.

---

[1]) Ab VZ 1992: bei der Ermittlung der Einkünfte.
[2]) Ab VZ 1992: Summe der Einkünfte.

Anhang 20

Steuerliche Behandlung von Reisekosten und Reisekostenvergütungen bei Auslandsdienstreisen und -geschäftsreisen

BMF vom 28.11.1997 (BStBl I S. 985)

IV B 6 – S 2353 – 139/97

(geändert durch BMF vom 3.6.1998 – IV B 6 – S 2353 – 48/98 – BStBl I S. 626 und vom 10.9.1998 – BStBl I S. 1195)

Auf Grund des § 4 Abs. 5 Satz 1 Nr. 5 EStG werden im Einvernehmen mit den obersten Finanzbehörden der Länder die in der anliegenden Übersicht ausgewiesenen Pauschbeträge für Verpflegungsmehraufwendungen und Übernachtungskosten für Auslandsdienstreisen bekanntgemacht. Diese Pauschbeträge gelten für Reisetage ab dem 1. Januar 1998. Bei Dienstreisen vom Inland in das Ausland bestimmt sich der Pauschbetrag nach dem Ort, den der Steuerpflichtige vor 24.00 Uhr Ortszeit zuletzt erreicht hat. Für eintägige Reisen ins Ausland und für Rückreisetage aus dem Ausland in das Inland ist der Pauschbetrag des letzten Tätigkeitsorts im Ausland maßgebend.

Dieses Schreiben gilt entsprechend für Geschäftsreisen in das Ausland und doppelte Haushaltsführungen im Ausland.

Übersicht
über die ab 1. Januar 1998 geltenden Pauschbeträge
für Verpflegungsmehraufwendungen und Übernachtungskosten

Land	Pauschbeträge für Verpflegungsmehraufwendungen bei einer Abwesenheitsdauer je Kalendertag von			Pauschbetrag für Übernachtungskosten
	mindestens 24 Stunden	weniger als 24, aber mindestens 14 Stunden	weniger als 14, aber mindestens 8 Stunden	
	DM	DM	DM	DM
Ägypten	48	32	16	120
– Kairo	48	32	16	160
Äquatorialguinea	74	50	25	130 *140¹)*
Äthiopien	54	36	18	130 *140¹)*
Afghanistan	74	50	25	140
Albanien	54	36	18	130
Algerien	72	48	24	90
Andorra	66 *60¹)*	44 *40¹)*	22 *20¹)*	140 *160¹)*
Angola	90	60	30	200
Argentinien	108	72	36	220
Armenien	60 *36¹)*	40 *24¹)*	20 *12¹)*	70 *90¹)*
Aserbaidschan	48	32	16	100
Australien	72	48	24	140
– Canberra	78	52	26	160
Bahamas	74	50	25	140
Bahrain	78	52	26	130
Bangladesch	60	40	20	260
Barbados	74	50	25	140
Belgien	74	50	25	130
Benin	54	36	18	80
Bolivien	42	28	14	120
Bosnien–Herzegowina	72	48	24	110

¹) Anm.: ab 1.3.1999 geändert (→ BMF vom 28.1.1999 – BStBl I S. 216).

Anhang 20

Reisekosten

Land	Pauschbeträge für Verpflegungsmehraufwendungen bei einer Abwesenheitsdauer je Kalendertag von			Pauschbetrag für Übernachtungskosten
	mindestens 24 Stunden	weniger als 24, aber mindestens 14 Stunden	weniger als 14, aber mindestens 8 Stunden	
	DM	DM	DM	DM
Botsuana	60	40	20	120
Brasilien	90	60	30	130
Brunei (Darussalam)	96	64	32	140
Bulgarien	42	28	14	150
Burkina Faso	54	36	18	80
Burundi	72 78[1])	48 52[1])	24 26[1])	100 180[1])
Chile	60	40	20	140
China	78	52	26	140
– Hongkong	78	52	26	240
– Kanton	78	52	26	170
– Shanghai	78 96[1])	52 64[1])	26 32[1])	220 160[1])
(China) Taiwan	84	56	28	200
Costa Rica	54	36	18	130
Côte d'Ivoire	60	40	20	100
Dänemark	96	64	32	100
– Kopenhagen	96	64	32	150
Dominikanische Republik	72	48	24	160
Dschibuti	74	50	25	140
Ecuador	54	36	18	140
El Salvador	48	32	16	140
Eritrea	54	36	18	140
Estland	42 66[1])	28 44[1])	14 22[1])	110 140[1])
Fidschi	60	40	20	110
Finnland	72	48	24	130
Frankreich	78	52	26	100
– Paris*)	96	64	32	160
Gabun	72	48	24	140
Gambia	74	50	25	140
Georgien	84	56	28	250
Ghana	60	40	20	150
Griechenland	60	40	20	100
Guatemala	72	48	24	150
Guinea	66	44	22	120
Guinea–Bissau	54	36	18	120
Guyana	74	50	25	140
Haiti	90	60	30	140
Honduras	42	28	14	120
Indien	48	32	16	160
– Bombay	48	32	16	230
Indonesien	84 48[2])	56 32[2])	28 16[2])	180
Irak	74	50	25	140
Iran, Islamische Republik	42	28	14	180
Irland	90	60	30	150

*) einschl. der Departements Haute-Seine, Seine-Saint Denis und Val-de-Marne.
1) Anm.: ab 1.3.1999 geändert (→ BMF vom 28.1.1999 – BStBl I S. 216).
2) Änderung ab 1.10.1998 → BMF vom 10.9.1998 (BStBl I S. 1195).

Anhang 20

Reisekosten

Land	Pauschbeträge für Verpflegungsmehraufwendungen bei einer Abwesenheitsdauer je Kalendertag von			Pauschbetrag für Übernachtungskosten
	mindestens 24 Stunden	weniger als 24, aber mindestens 14 Stunden	weniger als 14, aber mindestens 8 Stunden	
	DM	DM	DM	DM
Island	96	64	32	200
Israel	72	48	24	150
Italien	78	52	26	150
Jamaika	66	44	22	160 150[1])
Japan	132 114[1])	88 76[1])	44 38[1])	220 140[1])
– Tokio	114	76	38	170
Jemen	96	64	32	200
Jordanien	60	40	20	100
Jugoslawien (Serbien/Montenegro)	72	48	24	130
Kambodscha	84	56	28	160
Kamerun	60	40	20	80
Kanada	78	52	26	150
Kap Verde	74	50	25	140
Kasachstan	48	32	16	120
Katar	60	40	20	120
Kenia	60	40	20	160
Kirgisistan	36	24	12	120
Kolumbien	60	40	20	120
Komoren	74	50	25	140
Kongo	66	44	22	120
Kongo, Demokratische Republik (früher: Zaire)	102	68	34	220
Korea, Demokratische Republik	96	64	32	130
Korea, Republik	108	72	36	220
Kroatien	78	52	26	120
Kuba	60	40	20	140
Kuwait	78	52	26	240
Laotische Demokr. Volksrepublik	54	36	18	100
Lesotho	48	32	16	110
Lettland	54	36	18	140
Libanon	72	48	24	180
Liberia	74	50	25	140
Libysch-Arabische Dschamahirija	120	80	40	200
Liechtenstein	90	60	30	160
Litauen	36 42[1])	24 28[1])	12 14[1])	100
Luxemburg	74	50	25	140
Madagaskar	42	28	14	150
Malawi	48	32	16	120
Malaysia	60	40	20	120 80[1])
Malediven	60	40	20	160
Mali	60	40	20	150

[1]) Anm.: ab 1.3.1999 geändert (→ BMF vom 28.1.1999 – BStBl I S. 216).

Anhang 20

Reisekosten

Land	Pauschbeträge für Verpflegungsmehraufwendungen bei einer Abwesenheitsdauer je Kalendertag von			Pauschbetrag für Übernachtungskosten
	mindestens 24 Stunden	weniger als 24, aber mindestens 14 Stunden	weniger als 14, aber mindestens 8 Stunden	
	DM	DM	DM	DM
Malta	54	36	18	100
Marokko	72	48	24	110
Mauretanien	72	48	24	140
Mauritius	74	50	25	140
Mazedonien	42	28	14	110
Mexiko	48	32	16	140
Moldau, Republik	36	24	12	170
Monaco	78	52	26	100
Mongolei	54	36	18	110
Mosambik	66	44	22	150
Myanmar (früher Burma)	54	36	18	130
Namibia	48	32	16	90
Nepal	48	32	16	150
Neuseeland	84	56	28	160
Nicaragua	60	40	20	110
Niederlande	78	52	26	140
Niger	42 60[1])	28 40[1])	14 20[1])	70 140[1])
Nigeria	84	56	28	180
Norwegen	84	56	28	170
Österreich	72	48	24	110
– Wien	72	48	24	160
Oman	84	56	28	120
Pakistan	48	32	16	140
Panama	66	44	22	120
Papua–Neuguinea	72	48	24	170
Paraguay	48	32	16	120
Peru	72	48	24	210
Philippinen	72	48	24	150
Polen	48	32	16	100
– Breslau[2])	*48[2])*	*32[2])*	*16[2])*	*130[2])*
– Danzig	48	32	16	110
– Warschau	60 66[1])	40 44[1])	20 22[1])	190 200[1])
Portugal[2])	60 66[2])	40 44[2])	20 22[2])	130
Ruanda	74	50	25	140
Rumänien	48	32	16	200
Russische Föderation	102	68	34	250
– Nowosibirsk	30	20	10	50
– Saratow	24	16	8	50
– St. Petersburg	90	60	30	180
Sambia	42	28	14	130
Samoa	54	36	18	110
San Marino	78	52	26	150
Sao Tomé und Principe	74	50	25	140
Saudi–Arabien	78	52	26	130
Schweden	84	56	28	170

[1]) Anm.: ab 1.3.1999 geändert (→ BMF vom 28.1.1999 – BStBl I S. 216).
[2]) Änderung ab 1.10.1998 → BMF vom 10.9.1998 (BStBl I S. 1195).

Anhang 20

Reisekosten

Land	Pauschbeträge für Verpflegungsmehraufwendungen bei einer Abwesenheitsdauer je Kalendertag von			Pauschbetrag für Übernachtungskosten
	mindestens 24 Stunden DM	weniger als 24, aber mindestens 14 Stunden DM	weniger als 14, aber mindestens 8 Stunden DM	DM
Schweiz	90	60	30	160
Senegal[1])	54 66[1])	36 44[1])	18 22[1])	120 130[1])
Sierra Leone	66	44	22	150
Simbabwe	36	24	12	120
Singapur	84 66[2])	56 44[2])	28 22[2])	200 140[2])
Slowakei	42	28	14	100
Slowenien	60	40	20	110
Somalia	74	50	25	140
Spanien	60	40	20	160
Sri Lanka	42	28	14	150
Sudan	84	56	28	210
Südafrika	48	32	16	100
Swasiland	74	50	25	140
Syrien, Arabische Republik	60	40	20	180
Tadschikistan	42	28	14	90
Tansania, Vereinigte Republik	42	28	14	120
Thailand[1])	66 48[1]) 60[2])	44 32[1]) 40[2])	22 16[1]) 20[2])	150 140[1]) 120[2])
Togo	48	32	16	100
Tonga	60	40	20	70
Trinidad und Tobago	72	48	24	140
Tschad	66	44	22	120
Tschechische Republik	42	28	14	130
Türkei	48	32	16	130
– Ankara	48	32	16	120
– übriger asiatischer Teil	48	32	16	90
Tunesien[3])	54 60[3])	36 40[3])	18 20[3])	120
Turkmenistan	60	40	20	160
Uganda	60	40	20	140
Ukraine[3])	42 90[3])	28 60[3])	14 30[3])	180 220[3])
Ungarn	48	32	16	140
Uruguay[3])	66 84[3])	44 56[3])	22 28[3])	90 150[3])
Usbekistan	60	40	20	100
Vatikanstadt	78	52	26	150
Venezuela[3])	48 60[3])	32 40[3])	18 20[3])	120 180[3])
Vereinigte Arabische Emirate	84	56	28	180
Vereinigte Staaten	96	64	32	170
– Houston[3])	84[3])	56[3])	28[3])	170[3])
– New York	120	80	40	180
– Washington*)	114	76	38	180
Vereinigtes Königreich	84	56	28	130
– London	96	64	32	210

*) einschl. Alexandria/Virginia und Arlington/Virginia.
[1]) Änderung ab 1.10.1998 → BMF vom 10.9.1998 (BStBl I S. 1195).
[2]) Anm.: ab 1.3.1999 geändert (→ BMF vom 28.1.1999 – BStBl I S. 216).
[3]) Änderung ab 1.7.1998 → BMF vom 3.6.1998 (BStBl I S. 626).

Anhang 20

Reisekosten

Land	Pauschbeträge für Verpflegungsmehraufwendungen bei einer Abwesenheitsdauer je Kalendertag von			Pauschbetrag für Übernachtungskosten
	mindestens 24 Stunden	weniger als 24, aber mindestens 14 Stunden	weniger als 14, aber mindestens 8 Stunden	
	DM	DM	DM	DM
Vietnam	60	40	20	120
Weißrußland	48	32	16	80
Zentralafrikanische Republik	54	36	18	100
Zypern	72	48	24	100

Übersicht

I   Steuerabzug von Vergütungen im Sinne des § 50a Abs. 4 EStG, die beschränkt Steuerpflichtigen zufließen; hier: Entlastung von den deutschen Abzugsteuern aufgrund von Doppelbesteuerungsabkommen – DBA – nach einem vereinfachten Verfahren („Kontrollmeldeverfahren")
BMF vom 21.12.1993 (BStBl 1994 I S. 4)

II   Merkblatt; Entlastung von deutscher Abzugsteuer gemäß § 50a Abs. 4 EStG aufgrund von Doppelbesteuerungsabkommen (DBA)
BMF vom 1.3.1994 (BStBl I S. 201)

III Merkblatt; Entlastung von deutscher Kapitalertragsteuer von Dividenden und bestimmten anderen Kapitalerträgen gemäß § 44d EStG, den Doppelbesteuerungsabkommen (DBA) oder sonstigen zwischenstaatlichen Abkommen
BMF vom 1.3.1994 (BStBl I S. 203)

IV   Abzugsteuer bei künstlerischen, sportlichen, artistischen oder ähnlichen Darbietungen gemäß § 50a Abs. 4 EStG
BMF vom 23.1.1996 (BStBl I S. 89)

V   Steuerabzug bei beschränkt Steuerpflichtigen nach § 50a Abs. 7 EStG
BMF vom 4.3.1996 (BStBl I S. 162)

I
Steuerabzug von Vergütungen im Sinne des § 50a Abs. 4 EStG, die beschränkt Steuerpflichtigen zufließen;
hier: Entlastung von den deutschen Abzugsteuern aufgrund von Doppelbesteuerungsabkommen – DBA – nach einem vereinfachten Verfahren („Kontrollmeldeverfahren")

BMF vom 21.12.1993 (BStBl 1994 I S. 4)

IV C 5 – S 1300 – 191/93

Anlg.: – 1 –

Unter Bezugnahme auf das Ergebnis der Erörterungen mit den obersten Finanzbehörden der Länder übersende ich den in der Anlage beigefügten Erlaß an das Bundesamt für Finanzen, mit dem die Voraussetzungen für die Teilnahme am Kontrollmeldeverfahren (§ 50d Abs. 3 Satz 2 EStG) neu geregelt werden. Der Erlaß gilt für Zahlungen, die von dem Schuldner ab dem 1. Januar 1994 geleistet werden.

Er tritt an die Stelle der Erlasse des BMF vom 26. März 1976 – IV C 5 – S 1300 – 107/76 – (BStBl I S. 279) und vom 30. Januar 1978 – IV C 5 – S 1300 – 16/78 – (sog. Kleindarsteller-Regelung).

Anlage

I. Kontrollmeldeverfahren

1. Gemäß § 50d Abs. 3 Satz 2 ff. EStG kann das Bundesamt für Finanzen auf Antrag den deutschen Schuldner von Vergütungen i. S. des § 50a Abs. 4 EStG ermächtigen, in Fällen von geringer steuerlicher Bedeutung ein vereinfachtes Verfahren (Kontrollmeldeverfahren) anzuwenden. Die Ermächtigung kann mit Auflagen verbunden werden. Im Kontrollmeldeverfahren unterlassen die deutschen Schuldner von sich aus bei Gläubigern, die in einem ausländischen Staat ansässig sind, mit dem ein entsprechendes DBA besteht, den Steuerabzug oder nehmen diesen nur nach dem gemäß dem DBA höchstens zulässigen Satz vor. Nach Ablauf des Kalenderjahres haben die Schuldner für jeden Gläubiger dem Bundesamt für Finanzen eine „Jahreskontrollmeldung" zu übersenden.

II. Ermächtigung zur Anwendung des Kontrollmeldeverfahrens

2. Ein deutscher Schuldner von Vergütungen im Sinne des § 50a Abs. 4 EStG kann das Kontrollmeldeverfahren nur anwenden, wenn er auf seinem formlosen Antrag hin dazu vom Bundesamt für Finanzen ermächtigt worden ist. In dem Antrag hat sich der Schuldner zu verpflichten,

Anhang 21

a) die Jahreskontrollmeldung (Tz. 10) bis zum Ablauf des Monats April jeden Jahres für das vorhergehende Kalenderjahr zu übersenden;

b) den Ermächtigungsbescheid (Tz. 3) und je einen Abdruck der Jahreskontrollmeldung (Tz. 10) als Belege zu seinen Unterlagen zu nehmen;

c) dem Gläubiger die in Tz. 8 bezeichnete Mitteilung zu machen.

Der Schuldner hat außerdem anzuerkennen, daß die Ermächtigung zum Kontrollmeldeverfahren die Haftung nach § 50a Abs. 5 EStG unberührt läßt.

3. Die Ermächtigung, dieses Verfahren anzuwenden, wird vom Bundesamt für Finanzen durch Bescheid erteilt, und zwar im allgemeinen unbefristet, jedoch unter dem Vorbehalt jederzeitigen Widerrufs; eine Abschrift des Ermächtigungsbescheides erhält das für den Schuldner der Vergütungen nach § 73e Satz 1 EStDV örtlich zuständige Finanzamt. In dem Ermächtigungsbescheid weist das Bundesamt für Finanzen auf die nach Tz. 2 zu übernehmenden Verpflichtungen ausdrücklich hin. Die Ermächtigung zur Anwendung des Kontrollmeldeverfahrens darf bis zum Beginn des laufenden Kalenderjahres rückwirkend erteilt werden.

III. Anwendungsbereich des Kontrollmeldeverfahrens

4. Das Kontrollmeldeverfahren kann nur auf Vergütungen im Sinne des § 50a Abs. 4 EStG und die in Abschnitt 227 b der Einkommensteuer-Richtlinien angeführten Vergütungen angewendet werden. Das Bundesamt für Finanzen kann es auf Zahlungen aus einer bestimmten (z. B. im Inland lediglich verwerteten) Tätigkeit und auf bestimmte Personen oder Personengruppen beschränken sowie Abweichungen zulassen.

5. Das Kontrollmeldeverfahren kann nur bei Gläubigern zugelassen werden, bei denen

   – die jeweilige Zahlung (Einzelzahlung) den Bruttobetrag von 10.000 DM und

   – die während eines Kalenderjahres geleisteten gesamten Zahlungen den Bruttobetrag von 70.000 DM

   nicht übersteigen.

6. Hat der Schuldner Personen in das Kontrollmeldeverfahren einbezogen, bei denen diese Höchstbeträge überschritten werden, so ist für diese Personen zu dem Zeitpunkt eine Freistellungsbescheinigung zu beantragen, in dem eine Einzelzahlung von mehr als 10.000 DM geleistet wird oder die gesamten Zahlungen den Betrag von 70.000 DM überschreiten. Die Jahreskontrollmeldung (Tz. 10) hat jedoch alle an diese Personen geleisteten Zahlungen zu umfassen. Wird die Höchstgrenze im Laufe eines Jahres überschritten und weigert sich der Gläubiger, einen Freistellungsbescheid zu beantragen, so hat der Schuldner gemäß § 50a Abs. 5 EStG in Verbindung mit § 50 Abs. 1 EStG von der die Jahreshöchstgrenze überschreitenden Vergütung die gesetzliche Steuer einzubehalten und an das Finanzamt abzuführen.

7. Für die obengenannten Höchstbeträge sind Vorschüsse, Teil-, Abschlags- und Abschlußzahlungen sowie Kostenerstattungen (Fahrkosten, Mehraufwand für Verpflegung, Übernachtung u. ä.) mit zu berücksichtigen und alle während eines Kalenderjahres geleisteten Zahlungen zusammenzurechnen, die sich auf dieselbe Tätigkeit oder Leistung des Gläubigers beziehen.

   Bei der Berechnung der Höchstbeträge und der Ermittlung der Bemessungsgrundlage für die Abzugsteuer ist die Umsatzsteuer auch dann zu berücksichtigen, wenn der deutsche Schuldner nicht gem. § 52 Abs. 2 UStDV verpflichtet ist, die Umsatzsteuer für den Gläubiger einzubehalten und abzuführen (Nullregelung).

8. Ein deutscher Schuldner, der seine Zahlungen an einen bestimmten Gläubiger in das Kontrollmeldeverfahren einbezieht und daher keine oder nur eine reduzierte Abzugsteuer einbehält, hat dies so früh wie möglich, spätestens bei der ersten so geleisteten Zahlung, dem Gläubiger mit dem Bemerken mitzuteilen, daß die Steuerverwaltung seines Heimatstaates von dieser und allen künftigen Zahlungen durch die deutsche Finanzverwaltung Mitteilung erhalten kann.

9. Bei den einzelnen Gläubigern kann das Verfahren innerhalb desselben Kalendervierteljahres, für das die einzubehaltende Abzugsteuer abzuführen ist (§ 73e EStDV), auch rückwirkend angewendet werden. Die nach dem einschlägigen DBA zuviel einbehaltene, aber noch nicht an das zuständige Finanzamt abgeführte Abzugsteuer ist dann gesondert oder zusammen mit weiteren Zahlungen an den betreffenden Gläubiger auszuzahlen. Der Schuldner hat das in seinen Unterlagen zu vermerken. Soweit die Abzugsteuer bereits an das zuständige Finanzamt abgeführt worden ist, kann das Kontrollmeldeverfahren nicht rückwirkend angewendet werden.

IV. Jahreskontrollmeldungen

10. Von den deutschen Schuldnern ist für jeden Gläubiger bis zum 30. April jeden Kalenderjahres für das vorhergehende Kalenderjahr eine Jahreskontrollmeldung beim Bundesamt für Finanzen einzureichen und als „Meldung über die im Jahr ... gezahlten Lizenzgebühren und/oder Vergütungen für eine in der Bundesrepublik Deutschland ausgeübte persönliche Tätigkeit" zu bezeichnen. Sie muß mindestens folgende Angaben enthalten:

   - Name, Vorname sowie Wohnort oder Geschäftsleitung des Schuldners;
   - Name, Vorname sowie Staat und Ort des Wohnsitzes oder der Geschäftsleitung des Gläubigers (einschließlich Postleitzahl, Straße, Hausnummer). Die Angabe eines Postfaches oder einer c/o-Anschrift ist nicht ausreichend;
   - bei Zahlungen an Empfänger mit Wohnsitz oder Sitz in den Vereinigten Staaten ist deren „Social Security Number", „Employer's Identification Number" oder „Taxpayer Identification Number" anzugeben;
   - Bruttobetrag (einschließlich gesondert ausgewiesener etwaiger Umsatzsteuer) und Art der Vergütungen, ausgedrückt durch genaue Angabe der Vorschrift des § 50a Abs. 4 Nr. 1, 2 oder 3 EStG;
   - von den Vergütungen einbehaltener Steuerbetrag.

   Das Bundesamt für Finanzen kann die Übersendung der Jahreskontrollmeldung auf Magnetband oder einem anderen Datenträger nach einem von ihm vorgegebenen Datensatz zulassen.

   Die Einreichung der Jahreskontrollmeldung läßt die Meldeverpflichtung nach § 73e EStDV unberührt.

11. Dem für den Schuldner der Vergütungen zuständigen Betriebsfinanzamt obliegt es, im Rahmen von Prüfungen nach § 73d Abs. 2 EStDV die ordnungsmäßige Abwicklung des Verfahrens zu prüfen.

12. Das Bundesamt für Finanzen wird nach Weisung des BMF aufgrund der bestehenden Regelungen über den Austausch von Auskünften zur Durchführung der DBA Daten aus den Jahreskontrollmeldungen den zuständigen Finanzbehörden der in Betracht kommenden Staaten übermitteln. Mit dem Antrag auf Teilnahme am Kontrollmeldeverfahren gilt die Zustimmung des Gläubigers und des Schuldners zur Weiterleitung der Angaben des Schuldners an den Wohnsitz- oder Sitzstaat des Gläubigers als erteilt (§ 50d Abs. 3 Satz 6 EStG).

13. Filmproduzenten kann die Abgabe einer Jahreskontrollmeldung für Vergütungen an Kleindarsteller (Komparsen, Statisten) erlassen werden, sofern die gesamten Vergütungen für die Mitwirkung an einem bestimmten Film je Kleindarsteller nicht mehr als 200,– DM betragen. Voraussetzung für die Anwendung dieser Vereinfachung ist, daß der Produzent nach den Umständen annehmen konnte, daß der Kleindarsteller Anspruch auf die Anwendung des DBA hat. In diesem Fall entfällt auch die Unterrichtung nach Tz. 8. Davon unberührt bleiben die Meldeverpflichtungen nach § 73e EStDV und die für den Betriebsausgabenabzug bestehende Verpflichtung der Benennung von Zahlungsempfängern gem. § 160 AO.

V. Haftung

14. Die Ermächtigung zur Anwendung des Kontrollmeldeverfahrens läßt die Haftung im Sinne des § 50a Abs. 5 EStG unberührt. Hat der Schuldner der Vergütungen das Kontrollmeldeverfahren nicht ordnungsgemäß angewendet, so wird eine nicht oder zu wenig einbehaltene oder abgeführte Steuer durch Haftungsbescheid nach § 73g EStDV nacherhoben. Von der Geltendmachung der Haftung wird abgesehen, wenn die nicht ordnungsgemäße Anwendung des Kontrollmeldeverfahrens darauf beruht, daß der Schuldner der Vergütungen vom Gläubiger hinsichtlich seiner Person oder seines Wohnsitzes getäuscht worden ist, sofern sich dem Schuldner der Vergütungen nicht nach den Umständen des Falles Zweifel an der Richtigkeit der Angaben des Gläubigers hätten aufdrängen müssen.

15. Der Haftungsbescheid wird von dem für den Schuldner der Vergütungen nach § 73e EStDV örtlich zuständigen Finanzamt erlassen; dieses wird aufgrund eigener Feststellungen (vgl. Tz. 11) oder auf Ersuchen des Bundesamtes für Finanzen tätig.

II
Merkblatt

Entlastung von deutscher Abzugsteuer gemäß § 50a Abs. 4 EStG aufgrund von Doppelbesteuerungsabkommen (DBA)

BMF vom 1.3.1994 (BStBl I S. 201)

IV C 5 – S 1300 – 41/94

Inhaltsübersicht

1 **Allgemeines**
1.1 Grundlagen des Entlastungsverfahrens
1.2 Persönliche Abkommensberechtigung und ihr Nachweis
1.3 Verfahrensarten
1.3.1 Freistellungsverfahren
1.3.2 Erstattungsverfahren
1.3.3 Kontrollmeldeverfahren
1.4 Gemeinsame Bestimmungen
1.4.1 Antragsberechtigter
1.4.2 Antragsfrist
1.4.3 Antragstellung und Vordrucke
1.4.4 Mißbrauch
1.4.5 Informationsaustausch
2 **Freistellungsverfahren**
2.1 Anwendungsbereich
2.2 Freistellungsbescheid
2.3 Zeitraum
2.4 Nachweise
2.5 Nachträgliche Antragstellung
3 **Erstattungsverfahren**
3.1 Anwendungsbereich
3.2 Erstattungsanspruch
3.3 Zusammenfassung von Anträgen
3.4 Nachweise
4 **Kontrollmeldeverfahren**
5 **Sonderfälle**
5.1 Gläubiger in den Vereinigten Staaten
5.2 Zwischenschaltung von Gesellschaften zur Wahrung von Schutzrechten
6 **Merkblätter des Bundesamtes für Finanzen**

Die Entlastung von deutscher Abzugsteuer nach § 50a Abs. 4 EStG durch das Bundesamt für Finanzen (§ 5 Abs. 1 Nr. 2 FVG) ist nach folgendem Verfahren durchzuführen:

1 **Allgemeines**

1.1 **Grundlagen des Entlastungsverfahrens**

Bei Einkünften im Sinne des § 50a Abs. 4 EStG wird Abzugsteuer in der Regel zum Satz von 25 v. H. oder 15 v. H. erhoben. Ausländische Empfänger (Gläubiger) derartiger Einkünfte sind nach Maßgabe der DBA von dieser Abzugsteuer zu entlasten (Steuerbefreiung oder Steuerermäßigung). Rechtsgrundlage des Verfahrens ist § 50d EStG.

1.2 Persönliche Abkommensberechtigung und ihr Nachweis

Abkommensberechtigt ist, wer im Abkommensstaat ansässig ist. Die Ansässigkeit richtet sich nach den Vorschriften des einzelnen DBA. Für die Frage, wem die Einkünfte zuzurechnen sind, ist das deutsche Recht maßgebend, sofern das betreffende DBA keine Sonderbestimmungen enthält.

Bei der Ansässigkeit handelt es sich um ein steuerrechtliches Merkmal, über dessen Voraussetzungen allein der Wohnsitzstaat verläßlich Auskunft geben kann. Die Ansässigkeit ist daher regelmäßig durch eine Bescheinigung der für den Gläubiger der Einkünfte nach § 50a Abs. 4 EStG zuständigen ausländischen Steuerbehörde auf dem Antragsvordruck nachzuweisen. Hierbei sowie beim Nachweis der sonstigen Voraussetzungen für die Abkommensberechtigung ist § 90 Abs. 2 AO zu beachten.

Der im anderen Vertragsstaat ansässige Gläubiger der Einkünfte nach § 50a Abs. 4 EStG hat keinen Anspruch auf Entlastung nach den Abkommen, wenn diese Einkünfte seiner im Inland gelegenen Betriebsstätte oder festen Einrichtung zuzurechnen sind.

Einige DBA verlangen zusätzlich, daß die Einkünfte im Ansässigkeitsstaat steuerpflichtig sind und/oder dorthin überwiesen werden.

1.3 Verfahrensarten

1.3.1 Freistellungsverfahren (vgl. Tz. 2)

Bei diesem Verfahren wird durch das Bundesamt für Finanzen vor der Auszahlung der Vergütungen im Sinne von § 50a Abs. 4 EStG bescheinigt, daß die Abkommensvoraussetzungen vorliegen (Freistellungsbescheid); der inländische Zahlungsverpflichtete (Vergütungsschuldner) darf aufgrund einer Bescheinigung des Bundesamtes für Finanzen den Steuerabzug ganz oder teilweise unterlassen.

1.3.2 Erstattungsverfahren (vgl. Tz. 3)

Bei diesem Verfahren wird die Abzugsteuer zunächst vom Vergütungsschuldner einbehalten und an das für ihn zuständige Finanzamt abgeführt. Das Bundesamt für Finanzen erstattet die zuviel gezahlte Steuer auf Antrag des Gläubigers.

1.3.3 Kontrollmeldeverfahren (vgl. Tz. 4)

Bei diesem Verfahren kann ein Vergütungsschuldner von sich aus den Steuerabzug ganz oder teilweise unterlassen. Voraussetzung ist, daß der Vergütungsschuldner vom Bundesamt für Finanzen zur Anwendung des Kontrollmeldeverfahrens ermächtigt wurde und die Zahlungen die in Tz. 4 genannten Höchstbeträge nicht übersteigen. Der Vergütungsschuldner muß die Beträge dem Bundesamt für Finanzen jährlich mitteilen; dieses kann die für den Gläubiger zuständige ausländische Steuerbehörde über die Zahlungen unterrichten.

1.4 Gemeinsame Bestimmungen

1.4.1 Antragsberechtigter

Der Antrag auf Erstattung oder Freistellung ist vom Gläubiger zu stellen. Er kann vom Vergütungsschuldner oder von einem Dritten gestellt werden, wenn der Gläubiger hierzu Vollmacht erteilt hat. Eine Vollmacht zur Stellung des Antrags kann vermutet werden, wenn der Vergütungsschuldner oder der Dritte einen mit der amtlichen Ansässigkeitsbescheinigung versehenen Antrag vorlegt. Falls der Vergütungsschuldner oder ein Dritter die Erstattung der Abzugsteuer auf ein anderes Konto als das des Gläubigers beantragt, ist eine ausdrückliche schriftliche Vollmacht des Gläubigers notwendig. Bei Gläubigern in den Vereinigten Staaten gilt Tz. 5. 1 entsprechend.

Der Antrag auf Teilnahme am Kontrollmeldeverfahren ist vom Vergütungsschuldner zu stellen.

1.4.2 Antragsfrist

Der Antrag auf Freistellung (vgl. Tz. 2) oder Erstattung (vgl. Tz. 3) ist innerhalb von vier Jahren zu stellen (vgl. § 169 Abs. 2 Nr. 2 AO). Dies gilt auch, wenn ein DBA eine kürzere Frist vorsieht. Die Antragsfrist beginnt mit Ablauf des Kalenderjahres, in dem die Vergütung dem Gläubiger zugeflossen ist (vgl. § 170 Abs. 1 AO).

1.4.3 Antragstellung und Vordrucke

Anträge im Entlastungsverfahren sind beim Bundesamt für Finanzen, 53221 Bonn, nach amtlichem Muster zu stellen. Antragsvordrucke sind beim Bundesamt für Finanzen erhältlich.

1.4.4 Mißbrauch

Die Entlastung erfolgt nicht, wenn das DBA mißbräuchlich in Anspruch genommen wird (vgl. § 50d Abs. 1 a EStG).

1.4.5 Informationsaustausch

Im Rahmen der internationalen Amtshilfe können Kontrollmitteilungen an den ausländischen Wohnsitz- oder Sitzstaat des Gläubigers übersandt werden.

2 Freistellungsverfahren

2.1 Anwendungsbereich

Das Freistellungsverfahren kann grundsätzlich in allen Fällen des § 50a Abs. 4 EStG angewendet werden (§ 50d Abs. 3 EStG).

2.2 Freistellungsbescheid

Dem Vergütungsgläubiger wird auf förmlichen Antrag ein Freistellungsbescheid für einen bestimmten Vergütungsschuldner erteilt. Der inländische Vergütungsschuldner wird vom Bundesamt für Finanzen durch eine Ausfertigung dieses Freistellungsbescheids ermächtigt, den Steuerabzug zu unterlassen oder nach einem niedrigeren Satz vorzunehmen. Die Ausfertigung ist von ihm als Beleg sechs Jahre aufzubewahren. Die Aufbewahrungsfrist beginnt mit Ablauf des Kalenderjahrs ihrer erstmaligen Gültigkeit und endet nicht vor Ablauf des sechsten Kalenderjahrs nach dem Jahr ihrer letztmaligen Anwendung.

2.3 Zeitraum

Die Freistellung kann für eine einzelne Zahlung (Einmalfreistellung) oder für mehrere Zahlungen (Dauerfreistellung), die der Gläubiger von demselben Vergütungsschuldner erhält, beantragt werden. Die Dauerfreistellung wird für einen Zeitraum von höchstens drei Jahren ab Antragstellung erteilt.

2.4 Nachweise

Der Freistellungsantrag muß mit der Ansässigkeitsbescheinigung der für den Gläubiger zuständigen ausländischen Steuerbehörde versehen sein. Außerdem sind Angaben über den Rechtsgrund der Zahlung zu machen und zu belegen, ggf. durch Vorlage der Verträge.

2.5 Nachträgliche Antragstellung

Wurde die Abzugsteuer in gesetzlicher Höhe abgeführt und anschließend ein Freistellungsbescheid erteilt, so erstattet das Bundesamt für Finanzen auf Antrag des Gläubigers den zuviel gezahlten Steuerbetrag. Ist bereits ein Freistellungsbescheid erteilt und trotzdem Abzugsteuer in voller Höhe an das Finanzamt abgeführt worden, so ist die zuviel gezahlte Steuer vom Finanzamt zu erstatten.

3 Erstattungsverfahren

3.1 Anwendungsbereich

Hat der Vergütungsschuldner Abzugsteuer in gesetzlicher Höhe einbehalten und abgeführt, kann der Gläubiger nach Erteilung des Freistellungsbescheids beim Bundesamt für Finanzen die Erstattung der zuviel gezahlten Steuer beantragen.

Für Erstattungen, die nicht auf einem DBA beruhen (z. B. bei irrtümlicher oder doppelter Abführung der Abzugsteuer), ist das Finanzamt zuständig, an das die Abzugsteuer abgeführt worden ist.

3.2 Erstattungsanspruch

Im Erstattungsverfahren wird der Unterschiedsbetrag zwischen der Steuer, die der Bundesrepublik Deutschland nach dem jeweiligen DBA zusteht, und der einbehaltenen und abgeführten deutschen Abzugsteuer ermittelt und ein Bescheid erteilt. Der Erstattungsbetrag wird an den Gläubiger überwiesen.

3.3 Zusammenfassung von Anträgen

Der Gläubiger kann in einen Antrag die Erstattung mehrerer Abzugsbeträge für unterschiedliche Vergütungen einbeziehen.

3.4 Nachweise

Tz. 2.4 gilt entsprechend.

4 Kontrollmeldeverfahren

Das Kontrollmeldeverfahren kann auf Antrag des Vergütungsschuldners angewendet werden bei Einkünften im Sinne von § 50a Abs. 4 EStG, sofern bestimmte Betragsgrenzen nicht überschritten werden.[1]

5 Sonderfälle

5.1 Gläubiger in den Vereinigten Staaten

Anstelle des Nachweises durch die Ansässigkeitsbescheinigung der amerikanischen Steuerbehörde kann der Gläubiger das Formblatt „Certification of Filing a Tax Return" unter Angabe seiner „Social Security Number" (S. S. N.), seiner „Employer's Identification Number" (E. I. N.) oder seiner „Taxpayer Identification Number" (T. I. N.) einreichen.

5.2 Zwischenschaltung von Gesellschaften zur Wahrung von Schutzrechten (Verwertungsgesellschaften)

Werden von den ausländischen Vergütungsgläubigern Verwertungsgesellschaften (z. B. die GEMA) zwischengeschaltet, so sind diese Vergütungsschuldner, wenn die in § 73f EStDV genannten Voraussetzungen vorliegen.

Ausländische Verwertungsgesellschaften sind nur insoweit abkommensberechtigt, als sie im eigenen Namen als Nutzungsberechtigte über die überlassenen Rechte verfügen.

6 Merkblätter des Bundesamtes für Finanzen

Beim Bundesamt für Finanzen sind jährlich aktualisierte Merkblätter mit zusätzlichen Informationen (Übersicht über die DBA-Regelungen, Behandlung von Künstlern/Sportlern, Behandlung von Film- und Fernsehfilmschaffenden) erhältlich.

III

Merkblatt

Entlastung von deutscher Kapitalertragsteuer von Dividenden und bestimmten anderen Kapitalerträgen gemäß § 44d EStG, den Doppelbesteuerungsabkommen (DBA) oder sonstigen zwischenstaatlichen Abkommen

BMF vom 1.3.1994 (BStBl I S. 203)

IV C 5 – S 1300 – 49/94

Inhaltsübersicht

1 **Allgemeines**
1.1 Grundlagen des Entlastungsverfahrens
1.2 Persönliche Abkommensberechtigung und ihr Nachweis
1.3 Verfahrensarten
1.3.1 Erstattungsverfahren
1.3.2 Freistellungsverfahren
1.4 Gemeinsame Bestimmungen
1.4.1 Antragsberechtigter
1.4.2 Antragsfrist
1.4.3 Antragstellung und Vordrucke
1.4.4 Mißbrauch
1.4.5 Informationsaustausch

---

[1] Zur Zeit gelten folgende Betragsgrenzen: Die jeweilige Zahlung (Einzelzahlung) darf den Bruttobetrag von 10.000 DM und die während eines Kalenderjahrs geleisteten gesamten Zahlungen dürfen den Bruttobetrag von 70.000 DM je Gläubiger nicht übersteigen. Einzelheiten des Verfahrens ergeben sich aus dem BMF-Schreiben vom 21. Dezember 1993, BStBl 1994 I S. 4.

Anhang 21

Steuerabzug

2 **Erstattungsverfahren**
2.1 Anwendungsbereich
2.2 Erstattungsanspruch
2.3 Zusammenfassung von Anträgen
2.4 Nachweise
2.5 Antragsfrist
3 **Freistellungsverfahren**
3.1 Anwendungsbereich
3.2 Freistellungsbescheid
3.3 Zeitraum
3.4 Nachweise
3.5 Nachträgliche Antragstellung
4 **Sonderfälle**
4.1 Gläubiger in den Vereinigten Staaten
4.2 Internationale Organisationen
5 **Anwendungsregelung**

Die Entlastung von deutscher Kapitalertragsteuer durch das Bundesamt für Finanzen (§ 5 Abs. 1 Nr. 2 FVG) bei Dividenden und bestimmten anderen Kapitalerträgen ist nach folgendem Verfahren durchzuführen:

1 **Allgemeines**

1.1 **Grundlagen des Entlastungsverfahrens**

Bei Dividenden und bestimmten anderen Kapitalerträgen (z. B. Erträgen aus Wandelanleihen, Gewinnobligationen, Genußrechten, typischen stillen Beteiligungen, partiarischen Darlehen) wird Kapitalertragsteuer in der Regel zum Satz von 25 v. H. oder 35 v. H. erhoben (§§ 43 und 43a EStG). Ausländische Empfänger (Gläubiger) derartiger Kapitalerträge sind nach Maßgabe der DBA oder gemäß § 44d EStG von dieser Abzugsteuer zu entlasten (Steuerbefreiung oder Steuerermäßigung). Rechtsgrundlage des Verfahrens ist § 50d EStG.

1.2 **Persönliche Abkommensberechtigung und ihr Nachweis**

Abkommensberechtigt ist, wer im Abkommensstaat ansässig ist. Die Ansässigkeit richtet sich nach den Vorschriften des einzelnen DBA. Für die Frage, wem die Kapitalerträge zuzurechnen sind, ist das deutsche Recht maßgebend, sofern das betreffende DBA keine Sonderbestimmungen enthält. Anspruch auf Entlastung hat auch eine in einem anderen EG-Staat ansässige Muttergesellschaft i. S. von § 44d Abs. 2 EStG.

Bei der Ansässigkeit handelt es sich um ein steuerrechtliches Merkmal, über dessen Voraussetzungen allein der Wohnsitzstaat verläßlich Auskunft geben kann. Die Ansässigkeit ist daher regelmäßig durch eine Bescheinigung der für den Gläubiger der Kapitalerträge zuständigen ausländischen Steuerbehörde auf dem Antragsvordruck nachzuweisen. Hierbei sowie beim Nachweis der sonstigen Voraussetzungen für die Abkommensberechtigung ist § 90 Abs. 2 AO zu beachten.

Der im Ausland ansässige Gläubiger der Kapitalerträge hat keinen Anspruch auf Entlastung nach den Abkommen, wenn diese Erträge seiner im Inland gelegenen Betriebsstätte oder festen Einrichtung zuzurechnen sind.

Einige DBA verlangen zusätzlich, daß die Einkünfte im Ansässigkeitsstaat steuerpflichtig sind und/oder dorthin überwiesen werden.

1.3 **Verfahrensarten**

1.3.1 **Erstattungsverfahren (vgl. Tz. 2)**

Bei diesem Verfahren wird die Kapitalertragsteuer zunächst vom inländischen Zahlungsverpflichteten (Schuldner) einbehalten und an das für ihn zuständige Finanzamt abgeführt. Das Bundesamt für Finanzen erstattet die zuviel gezahlte Steuer auf Antrag des Gläubigers. Für Erstattungen, die nicht auf einem DBA oder § 44d EStG beruhen (z. B. Erstattung der Zinsabschlagsteuer, die trotz Ansässigkeit des Empfängers im Ausland einbehalten wurde), ist das Finanzamt zuständig, an das die Kapitalertragsteuer abgeführt worden ist.

Das Erstattungsverfahren ist stets zulässig, auch wenn ein anderes Verfahren (Freistellungsverfahren) möglich gewesen wäre. Bei Dividenden aus Streubesitz ist nur das Erstattungsverfahren möglich (vgl. im einzelnen Tz. 2), da hier in der Regel der Schuldner den Gläubiger nicht kennt.

1.3.2 Freistellungsverfahren (vgl. Tz. 3)

Bei diesem Verfahren darf der Schuldner unter bestimmten Voraussetzungen den Steuerabzug ganz oder teilweise unterlassen.

1.4 Gemeinsame Bestimmungen

1.4.1 Antragsberechtigter

Der Antrag auf Erstattung oder Freistellung ist vom Gläubiger zu stellen. Er kann vom Schuldner oder von einem Dritten gestellt werden, wenn der Gläubiger hierzu Vollmacht erteilt hat. Eine Vollmacht zur Stellung des Antrags kann vermutet werden, wenn der Schuldner oder der Dritte einen mit der amtlichen Ansässigkeitsbescheinigung versehenen Antrag vorlegt. Falls der Vergütungsschuldner oder ein Dritter die Erstattung der Kapitalertragsteuer auf ein anderes Konto als das des Gläubigers beantragt, ist eine ausdrückliche schriftliche Vollmacht des Gläubigers notwendig. Bei Gläubigern in den Vereinigten Staaten gilt Tz. 4.1 entsprechend.

1.4.2 Antragsfrist

Der Antrag ist innerhalb von vier Jahren zu stellen (vgl. § 169 Abs. 2 Nr. 2 AO). Dies gilt auch, wenn ein DBA eine kürzere Frist vorsieht. Die Antragsfrist beginnt mit Ablauf des Kalenderjahrs, in dem der Kapitalertrag dem Gläubiger zugeflossen ist (vgl. § 170 Abs. 1 AO).

1.4.3 Antragstellung und Vordrucke

Anträge im Entlastungsverfahren sind beim Bundesamt für Finanzen, 53221 Bonn, nach amtlichem Muster zu stellen. Antragsvordrucke sind beim Bundesamt für Finanzen erhältlich.

1.4.4 Mißbrauch

Die Entlastung erfolgt nicht, wenn das DBA mißbräuchlich in Anspruch genommen wird (vgl. § 50d Abs. 1a EStG).

1.4.5 Informationsaustausch

Im Rahmen der internationalen Amtshilfe können Kontrollmitteilungen an den ausländischen Wohnsitz- oder Sitzstaat des Gläubigers übersandt werden.

2 Erstattungsverfahren

2.1 Anwendungsbereich

Bei Dividenden und bestimmten anderen Kapitalerträgen, die nach deutschem Recht der Kapitalertragsteuer unterliegen und nach Maßgabe des § 44d EStG oder eines DBA zu entlasten sind, ist das Erstattungsverfahren möglich.

2.2 Erstattungsanspruch

Im Erstattungsverfahren wird der Unterschiedsbetrag zwischen der Steuer, die der Bundesrepublik Deutschland nach dem jeweiligen Abkommen oder § 44d EStG zusteht, und der in gesetzlicher Höhe einbehaltenen und abgeführten deutschen Kapitalertragsteuer einschließlich etwaiger Zuschläge ermittelt und ein Bescheid erteilt.

Der Erstattungsanspruch wird an den Gläubiger überwiesen.

2.3 Zusammenfassung von Anträgen

Der Gläubiger kann in einen Antrag die Erstattung mehrerer Abzugsbeträge für unterschiedliche Kapitalerträge einbeziehen; dies gilt auch dann, wenn die Kapitalertragsteuer zu unterschiedlichen Sätzen oder von verschiedenen Schuldnern einbehalten wurde oder wenn die Kapitalerträge in verschiedenen Jahren zugeflossen sind.

Ein gemeinsamer Bevollmächtigter kann die einzelnen Anträge für verschiedene Gläubiger gesammelt einreichen und erhält dann einen Bescheid, in dem die Gläubiger mit ihren Erstattungsbeträgen einzeln aufgeführt sind. Der Erstattungsbetrag wird sodann in einer Summe überwiesen. Im Interesse einer zügigen Antragsbearbeitung sollten nicht mehr als 50 Anträge zusammengefaßt werden.

2.4 Nachweise

Der Erstattungsantrag muß mit der Ansässigkeitsbescheinigung der für den Gläubiger zuständigen ausländischen Steuerbehörde versehen sein. Dem Antrag sind Belege beizufügen, aus denen sich Art, Höhe und Tag jedes Zuflusses der Kapitalerträge sowie die einbehaltene Kapitalertragsteuer ergeben, z. B. Kapitalertragsteuerbescheinigung, Quittung der Finanzkasse, Depotbescheinigung, Gutschriftenanzeige, Unterlagen über Erwerb und Veräußerung von Wertpapieren.

Das Bundesamt für Finanzen kann im Einzelfall weitere Nachweise verlangen.

3 Freistellungsverfahren

3.1 Anwendungsbereich

Das Freistellungsverfahren kann grundsätzlich angewendet werden bei Kapitalerträgen, die bei wesentlichen zwischengesellschaftlichen Beteiligungen nach Maßgabe eines DBA oder gemäß § 44d EStG von der deutschen Kapitalertragsteuer zu entlasten sind.

3.2 Freistellungsbescheid

Dem Gläubiger wird auf förmlichen Antrag ein Freistellungsbescheid für einen bestimmten Schuldner erteilt. Der Schuldner wird vom Bundesamt für Finanzen durch eine Ausfertigung dieses Freistellungsbescheids ermächtigt, den Steuerabzug zu unterlassen oder nach einem niedrigeren Satz vorzunehmen.

Die Ausfertigung ist von ihm als Beleg sechs Jahre aufzubewahren. Die Aufbewahrungsfrist endet nicht vor Ablauf des sechsten Kalenderjahrs nach dem Ablauf ihrer Gültigkeit.

3.3 Zeitraum

Die Freistellung wird in der Regel für einen Zeitraum von höchstens drei Jahren erteilt. Sie darf nicht weiter rückwirkend als bis zum Ersten des Monats, in dem der Antrag beim Bundesamt für Finanzen eingeht, erteilt werden. Zur Fristwahrung reicht bereits ein formloser Antrag aus.

3.4 Nachweise

Der Freistellungsantrag muß mit der Ansässigkeitsbescheinigung der für den Gläubiger zuständigen ausländischen Steuerbehörde versehen sein. Außerdem sind Angaben über den Rechtsgrund der Zahlung zu machen und zu belegen.

3.5 Nachträgliche Antragstellung

Wurde die Kapitalertragsteuer in gesetzlicher Höhe abgeführt und anschließend ein Freistellungsbescheid erteilt, so erstattet das Bundesamt für Finanzen auf Antrag des Gläubigers den zuviel gezahlten Steuerbetrag. Ist bereits ein Freistellungsbescheid erteilt und trotzdem Kapitalertragsteuer in voller Höhe an das Finanzamt abgeführt worden, so ist die zuviel gezahlte Steuer vom Finanzamt zu erstatten.

4 Sonderfälle

4.1 Gläubiger in den Vereinigten Staaten

Anstelle des Nachweises durch die Ansässigkeitsbescheinigung der amerikanischen Steuerbehörde kann der Gläubiger das Formblatt „Certification of Filing a Tax Return" unter Angabe seiner „Social Security Number" (S. S. N.), seiner „Employer's Identification Number" (E. I. N.) oder seiner „Taxpayer Identification Number" (T. I. N.) einreichen.

4.2 Internationale Organisationen

Soweit internationale Organisationen aufgrund sonstiger zwischenstaatlicher Abkommen mit den Erträgen, die sie aus der Bundesrepublik Deutschland beziehen, hier steuerfrei sind, gilt – soweit nicht bereits nach innerstaatlichem Recht der Steuerabzug unterbleibt – grundsätzlich das Erstattungsverfahren. Eine Ansässigkeitsbescheinigung ist aus Vereinfachungsgründen nicht erforderlich.

5 Anwendungsregelung

Dieses Merkblatt tritt an die Stelle des „Vorläufigen Merkblattes" vom Dezember 1988 – IV C 5 – S 1300 – 239/88 – BStBl 1988 I S. 492 ff.

IV
Abzugsteuer bei künstlerischen, sportlichen, artistischen oder ähnlichen Darbietungen gemäß § 50a Abs. 4 EStG

BMF vom 23.1.1996 (BStBl I S. 89)

IV B 4 – S 2303 – 14/96

Inhaltsübersicht

1	**Allgemeines**
1.1	Steuerpflicht nach dem EStG
1.2	Steuerabzug
1.3	Einschränkungen des Besteuerungsrechts aufgrund von Doppelbesteuerungsabkommen (DBA)
1.4	Einschränkungen des Besteuerungsrechts nach § 50 Abs. 7 EStG
2	**Voraussetzungen der abzugspflichtigen Einkünfte gemäß § 50a Abs. 4 Satz 1 i. V. m. § 49 Abs. 1 EStG**
2.1	Allgemeines
2.2	Gewerbliche Einkünfte aus Darbietungen (§ 50a Abs. 4 Satz 1 Nr. 1 i. V. m. § 49 Abs. 1 Nr. 2 Buchst. d EStG)
2.2.1	Darbietung im Inland
2.2.2	Verwertung der Darbietung im Inland
2.2.3	Mit Darbietungen oder deren Verwertung zusammenhängende Leistungen
2.2.3.1	Ausrüstungsverträge, Werbeverträge und andere Leistungen
2.2.3.2	Nebenleistungen
2.3	Einkünfte aus der Ausübung oder Verwertung einer Tätigkeit als Künstler oder Berufssportler (§ 50a Abs. 4 Satz 1 Nr. 2 i. V. m. § 49 Abs. 1 Nr. 2 bis 4 EStG)
2.4	Einkünfte aus Vergütungen für die Nutzung von Rechten (§ 50a Abs. 4 Satz 1 Nr. 3 i. V. m. § 49 Abs. 1 Nr. 6 EStG)
2.5	Besteuerung bei verschiedenen hintereinander geschalteten beschränkt Steuerpflichtigen
2.6	Verhältnis zum Lohnsteuerabzug
3	**Steuerabzug**
3.1	Abzugsverpflichteter (§ 50a Abs. 5 Satz 2 EStG)
3.2	Bemessungsgrundlage für den Steuerabzug (§ 50a Abs. 4 Sätze 3 und 4 EStG)
3.3	Höhe des Steuersatzes (§ 50a Abs. 4 Satz 2 EStG)
4	**Zuständigkeit, Verfahren**
4.1	Zuständigkeit
4.2	Verfahren
5	**Entlastung aufgrund von Doppelbesteuerungsabkommen (DBA)**
5.1	Verhältnis der DBA zum innerstaatlichen Recht
5.2	Begriff der Künstler und Sportler im Sinne der DBA
5.3	Einkünfte aus künstlerischer oder sportlicher Tätigkeit im Sinne der DBA
5.4	Abgrenzung zwischen Tätigkeitsvergütungen und Lizenzgebühren
6	**Beispiele**
7	**Anwendungsregelung**

Anhang 21

Im Einvernehmen mit den obersten Finanzbehörden der Länder gilt zur Frage der Abzugsteuer bei künstlerischen, sportlichen, artistischen oder ähnlichen Darbietungen gemäß § 50a Abs. 4 EStG folgendes:

1 Allgemeines

1.1 Steuerpflicht nach dem EStG

Natürliche Personen, die im Inland weder einen Wohnsitz noch ihren gewöhnlichen Aufenthalt haben, unterliegen ebenso wie Körperschaften, Personenvereinigungen und Vermögensmassen, die im Inland weder ihre Geschäftsleitung noch ihren Sitz haben, mit ihren inländischen Einkünften im Sinne des § 49 EStG der beschränkten Steuerpflicht (§ 1 Abs. 4 EStG bzw. § 2 Nr. 1 KStG), wenn sie nicht nach § 1 Abs. 2 EStG unbeschränkt steuerpflichtig sind oder soweit sie nicht nach § 1 Abs. 3 EStG als unbeschränkt einkommensteuerpflichtig zu behandeln sind.

Bei bestimmten, in § 50a Abs. 4 Satz 1 EStG aufgezählten Einkünften beschränkt Steuerpflichtiger wird die Einkommensteuer oder Körperschaftsteuer im Wege des Steuerabzugs erhoben. Es handelt sich um folgende Einkünfte:

1. Einkünfte, die durch künstlerische, sportliche, artistische oder ähnliche Darbietungen im Inland oder durch deren Verwertung im Inland erzielt werden, einschließlich der Einkünfte aus anderen, mit diesen Leistungen zusammenhängenden Leistungen, unabhängig davon, wem die Einnahmen zufließen (§ 49 Abs. 1 Nr. 2 Buchst. d EStG),
2. Einkünfte aus der Ausübung oder Verwertung einer Tätigkeit als Künstler, Berufssportler, Schriftsteller, Journalist oder Bildberichtserstatter einschließlich solcher Tätigkeiten für den Rundfunk oder Fernsehfunk (§ 49 Abs. 1 Nr. 2 bis 4 EStG), es sei denn, es handelt sich um Einkünfte aus nichtselbständiger Arbeit, die dem Steuerabzug vom Arbeitslohn nach § 38 Abs. 1 Nr. 1 EStG unterliegen,
3. Einkünfte, die aus Vergütungen für die Nutzung beweglicher Sachen im Inland oder für die Überlassung der Nutzung oder des Rechts auf Nutzung von Rechten, insbesondere von Urheberrechten und gewerblichen Schutzrechten, von gewerblichen, technischen, wissenschaftlichen und ähnlichen Erfahrungen, Kenntnissen und Fertigkeiten, z. B. Plänen, Mustern und Verfahren, herrühren (§ 49 Abs. 1 Nr. 2, 3, 6 und 9 EStG).

Bei einem beschränkt steuerpflichtigen Künstler oder Sportler ist der Steuerabzug nach § 50a EStG auch dann vorzunehmen, wenn er einen Antrag zur unbeschränkten Steuerpflicht nach § 1 Abs. 3 EStG stellt.

1.2 Steuerabzug

Der Steuerabzug beträgt 25 v. H. der **Einnahmen**.

Dem Steuerabzug unterliegt der volle Betrag der Einnahmen. Abzüge (z. B. für Betriebsausgaben, Werbungskosten, Sonderausgaben und Steuern) sind nicht zulässig (§ 50a Abs. 4 Sätze 3 und 4 EStG).

Der Schuldner der Vergütungen im Sinne des § 50a Abs. 4 EStG hat den Steuerabzug für Rechnung des beschränkt steuerpflichtigen Gläubigers (Steuerschuldner) vorzunehmen, die Steuer bei dem für ihn zuständigen Finanzamt anzumelden und sie dorthin abzuführen (§ 50a Abs. 5 EStG, § 73e EStDV; siehe Tz. 4. 1 und 4. 2). Ist es zweifelhaft, ob der Gläubiger beschränkt oder unbeschränkt steuerpflichtig ist, so darf der Schuldner die Einbehaltung der Steuer nur dann unterlassen, wenn der Gläubiger durch eine Bescheinigung des nach den abgabenrechtlichen Vorschriften für die Besteuerung seines Einkommens zuständigen Finanzamts nachweist, daß er unbeschränkt steuerpflichtig ist (§ 73e Satz 5 EStDV).

1.3 Einschränkungen des Besteuerungsrechts aufgrund von Doppelbesteuerungsabkommen (DBA)

Der Steuerabzug nach § 50a Abs. 4 EStG ist grundsätzlich ungeachtet eines DBA in voller Höhe vorzunehmen (§ 50d Abs. 1 Satz 1 EStG).

Ist in einem DBA festgelegt, daß die abzugspflichtigen Vergütungen nicht oder nur nach einem vom EStG abweichenden niedrigeren Steuersatz besteuert werden können, so darf der Schuldner der Vergütungen den Steuerabzug nur unterlassen oder nach dem niedrigeren Steuersatz vornehmen, wenn das Bundesamt für Finanzen, 53221 Bonn, eine entsprechende Bescheinigung erteilt hat (Freistellungsbescheinigung, § 50d EStG); auch in diesem Fall hat er dem Finanzamt eine Steueranmeldung zu übersenden (§ 73e Satz 3 EStDV). Wegen Einzelheiten hierzu vgl. das BMF-Merkblatt zur Entlastung von deutscher Abzugsteuer gemäß § 50a Abs. 4 EStG aufgrund von Doppelbesteuerungsabkommen (BMF-Schreiben vom 1. März 1994, BStBl I S. 201) und Tz. 5.

Beim Bundesamt für Finanzen sind jährlich aktualisierte Merkblätter mit zusätzlichen Informationen (Übersicht über die DBA-Regelungen, Behandlung von Künstlern/Sportlern, Behandlung von Film- und Fernsehschaffenden) erhältlich.

1.4 Einschränkungen des Besteuerungsrechts nach § 50 Abs. 7 EStG

Die obersten Finanzbehörden der Länder oder die von ihnen beauftragten Finanzbehörden können mit Zustimmung des Bundesministeriums der Finanzen die Einkommensteuer bei beschränkt Steuerpflichtigen ganz oder zum Teil erlassen oder in einem Pauschbetrag festsetzen, wenn es aus volkswirtschaftlichen Gründen zweckmäßig ist oder eine gesonderte Berechnung der Einkünfte besonders schwierig ist. Bei der Anwendung dieser Vorschrift sind auch wettbewerbs- sowie kultur- und sportpolitische Aspekte zu berücksichtigen. Danach kann ein Erlaß oder eine Steuerermäßigung für im internationalen Wettbewerb stehende Großveranstaltungen (z. B. Europa- oder Weltmeisterschaften, Olympische Spiele) in Betracht kommen.

Ausländische Kulturvereinigungen, die nicht bereits aufgrund der Vorschriften eines DBA vom Steuerabzug nach § 50a Abs. 4 EStG freizustellen sind, können unter bestimmten Voraussetzungen nach § 50 Abs. 7 EStG von der inländischen Einkommensteuer befreit werden. Zuständig für diese Freistellung ist nicht das Bundesamt für Finanzen, sondern das Finanzamt. Weitere Einzelheiten hierzu sind den BMF-Schreiben vom 20. Juli 1983, BStBl I S. 382, und vom 30. Mai 1995, BStBl I S. 336, zu entnehmen.

2 Voraussetzungen der abzugspflichtigen Einkünfte gemäß § 50a Abs. 4 Satz 1 i. V. m. § 49 Abs. 1 EStG

2.1 Allgemeines

Bei der Besteuerung nach einem der Tatbestände des § 49 Abs. 1 EStG sind in erster Linie die im Inland entfalteten Aktivitäten maßgebend. Ausländische Besteuerungsgrundlagen sind unbeachtlich, soweit ihre Berücksichtigung eine nach den Verhältnissen im Inland begründete Steuerpflicht ausschließen würde (§ 49 Abs. 2 EStG).

Hinweis auf Tz. 6, Beispiel 1.

2.2 Gewerbliche Einkünfte aus Darbietungen (§ 50a Abs. 4 Satz 1 Nr. 1 i. V. m. § 49 Abs. 1 Nr. 2 Buchst. d EStG)

Die Regelung findet in erster Linie Anwendung in Fällen, in denen ausländische Unternehmen die Künstler usw. dem inländischen Veranstalter nicht im Wege der Vermittlung, sondern im eigenen Namen und für eigene Rechnung zur Verfügung stellen, und der Veranstalter die Vergütung an diese Unternehmen zahlt. Die Regelung ist aber auch Grundlage für die Besteuerung gewerblich tätiger Berufssportler, Artisten, Entertainer oder ähnliches sowie allgemein für die Besteuerung der mit der künstlerischen usw. Darbietung zusammenhängenden Einkünfte.

Hinweis auf Tz. 6, Beispiele 3, 3 a, 4 a.

2.2.1 Darbietung im Inland

Darbietungen liegen vor, wenn etwas aufgeführt, gezeigt oder vorgeführt wird, z. B. Ausstellungen, Konzerte, Theateraufführungen, Shows, Turniere, Wettkämpfe. Der Begriff ist weit zu verstehen; auch nichtöffentliche Auftritte und Studioaufnahmen für Film, Funk, Fernsehen und zur Herstellung von Tonträgern fallen hierunter. Zu den Darbietungen, die den künstlerischen, sportlichen oder artistischen Darbietungen ähnlich sind, gehören Darbietungen mit vergleichbarem Unterhaltungscharakter wie beispielsweise Talkshows und Quizsendungen; auch Modeschauen können hierunter fallen. Nicht hierzu zählen z. B. wissenschaftliche Vorträge und Seminare.

Die Darbietung findet im Inland statt, wenn die künstlerische, sportliche, artistische oder ähnliche Tätigkeit tatsächlich im Inland ausgeübt wird. Ort der Darbietung ist bei Filmaufnahmen der Ort der Dreharbeiten, bei Schallplattenaufnahmen der tatsächliche Aufnahmeort. Live-Übertragungen im Hör- und Fernsehfunk von einer Darbietung im Inland sind unabhängig davon, wer die Leistung anbietet, nicht zur Verwertung, sondern zur Darbietung zu rechnen.

2.2.2 Verwertung der Darbietung im Inland

Unter Verwerten ist der Vorgang zu verstehen, durch den der Inhaber der Nutzungsrechte an einer Darbietung sich das Ergebnis der Darbietung durch eine zusätzliche Handlung nutzbar macht, insbesondere durch Übertragung der Nutzungsrechte. Verwerten kann auch ein Dritter, der die Leistung nicht selbst erbracht hat.

Sowohl inländische als auch ausländische Darbietungen können im Inland verwertet werden. Live-Übertragungen im Hör- und Fernsehfunk von einer Darbietung im Ausland sind Teil der Verwertung.

Hinweis auf Tz. 6, Beispiel 10.

2.2.3 Mit Darbietungen oder deren Verwertung zusammenhängende Leistungen

2.2.3.1 Ausrüstungsverträge, Werbeverträge und andere Leistungen

Einkünfte aus Ausrüstungsverträgen (Sponsoring), Werbeverträgen, Vergütungen für Autogrammstunden, Interviews, Auftritten in Talkshows usw. gehören zu den Einkünften aus mit den Darbietungen oder deren Verwertung zusammenhängenden Leistungen, soweit diese Leistungen in sachlichem Zusammenhang mit der jeweiligen Darbietung stehen. Gesamtvergütungen sind ggf. aufzuteilen.

Einkünfte aus Verträgen über die Einräumung von Rechten zur rundfunk- und fernsehmäßigen Verwertung von Sportveranstaltungen gehören ebenfalls zu den Einkünften aus mit den Darbietungen oder deren Verwertung zusammenhängenden Leistungen. Das gilt auch für die Erbringung von hiermit zusammenhängenden weiteren Leistungen wie die Erstellung des Bildsignals.

Hinweis auf Tz. 6, Beispiele 3, 10, 11.

2.2.3.2 Nebenleistungen

Zu den Leistungen, die mit den Darbietungen zusammenhängen, zählen auch **technische Nebenleistungen** wie Bühnenbild, Beleuchtung, Tontechnik, Kostüme usw. und Vermittlungsleistungen, soweit sie Teil der Gesamtleistung sind. Voraussetzung für die Einbeziehung dieser Nebenleistungen ist, daß sie auf Grund des bestehenden Vertragsverhältnisses Teil einer von dem beschränkt Steuerpflichtigen erbrachten Gesamtleistung sind, für die eine Gesamtvergütung gezahlt wird. Werden diese Nebenleistungen dagegen auf der Grundlage besonderer Verträge, die der inländische Veranstalter mit **Dritten** abgeschlossen hat, von einem anderen als dem Darbieter oder dem die Darbietungen Verwertenden erbracht, so sind die dafür gezahlten Entgelte nicht in die Bemessungsgrundlage für die Abzugsteuer einzubeziehen (siehe R 222 Abs. 3 und R 227 b EStR 1993).

Hinweis auf Tz. 6, Beispiel 4 b.

2.3 Einkünfte aus der Ausübung oder Verwertung einer Tätigkeit als Künstler oder Berufssportler (§ 50a Abs. 4 Satz 1 Nr. 2 i. V. m. § 49 Abs. 1 Nr. 2 bis 4 EStG)

Für den Steuerabzug ist zu prüfen, ob es sich um eine selbständig oder nichtselbständig ausgeübte Tätigkeit handelt (siehe auch Tz. 2.6.).

Die Tätigkeit wird dort ausgeübt, wo der Steuerpflichtige persönlich tätig wird (siehe auch Tz. 2.2.1).

Die Tätigkeit wird im Inland verwertet, wenn das Ergebnis einer im Ausland ausgeübten Tätigkeit im Inland genutzt wird. Unter Verwerten ist der Vorgang zu verstehen, durch den der Inhaber der Nutzungsrechte sich das Ergebnis der Tätigkeit als Künstler oder Berufssportler durch eine zusätzliche Handlung nutzbar macht. Unter die Regelung fällt nur die Verwertung durch denjenigen, der selbst die Leistung erbracht hat. Ausübenden Künstlern, die bei der Herstellung eines Filmwerkes mitwirken, stehen hinsichtlich der Verwertung des Filmwerkes im Regelfall keine Urheberrechte zu (§ 92 UrhG), so daß der Verwertungstatbestand meist nicht erfüllt ist. Auch bei Live-Fernsehsendungen wird die Gage der Künstler üblicherweise nicht für die Übertragung der Urheberrechte, sondern für die künstlerische Tätigkeit gezahlt.

Stammen die Einkünfte aus einer Tätigkeit, die im Inland sowohl ausgeübt als auch verwertet wird oder worden ist, bleibt für den Verwertungstatbestand kein Raum, da die Ausübung als Grundtatbestand Vorrang hat. Dabei ist unerheblich, ob die Art der Verwertung im Zeitpunkt der Ausübung bereits vorhersehbar war und ob zwischen der Tätigkeit und der wirtschaftlichen Nutzung ein größerer Zeitraum liegt.

Hinweis auf Tz. 6, Beispiele 3, 6, 6 a, 7, 8, 9, 9 b.

2.4 Einkünfte aus Vergütungen für die Nutzung von Urheberrechten (§ 50a Abs. 4 Satz 1 Nr. 3 i. V. m. § 49 Abs. 1 Nr. 2, 3, 6 und 9 EStG)

Bei der Übertragung von Urheberrechten **im Rahmen von gewerblichen oder selbständigen Einkünften** gem. § 49 Abs. 1 Nr. 2 Buchst. a oder d oder Nr. 3 EStG kommt es nicht darauf an, ob die Urheberrechte zeitlich begrenzt oder unbegrenzt (Rechtekauf) übertragen werden (siehe R 227a Abs. 2 EStR 1993). Liegen Einkünfte nach § 49 Abs. 1 Nr. 2 Buchst. a oder Nr. 3 EStG vor, ist der Steuerabzug nach § 50a Abs. 4 Satz 1 Nr. 2 oder 3 EStG vorzunehmen.

Liegen Einkünfte gem. § 49 Abs. 1 Nr. 2 Buchst. d EStG vor, ist der Steuerabzug nach § 50a Abs. 4 Satz 1 Nr. 1 EStG vorzunehmen.

Bei der Übertragung von Urheberrechten **außerhalb gewerblicher oder selbständiger Einkünfte** liegen Einkünfte gem. § 49 Abs. 1 Nr. 6 i. V. m. § 21 Abs. 1 Nr. 3 EStG nur bei der zeitlich begrenzten Übertragung vor. Der Steuerabzug ist gemäß § 50a Abs. 4 Satz 1 Nr. 3 EStG vorzunehmen. Bei einem Rechtekauf hingegen ist in diesen Fällen ein Besteuerungstatbestand nach § 49 EStG nicht gegeben.

Die Erlaubnis des Veranstalters zur rundfunkmäßigen Verwertung einer Sportveranstaltung ist im Rechtssinn keine Übertragung von Rechten, sondern eine Einwilligung in Eingriffe, die der Veranstalter aufgrund seiner Rechtsposition (insbes. aus § 823 Abs. 1 BGB, § 1 UWG und seinem Hausrecht nach §§ 858, 1004 BGB) verbieten könnte. Die an den ausländischen Ausrichter einer im Ausland stattfindenden Sportveranstaltung gezahlten Vergütungen für die Rundfunk- oder Fernsehübertragung der Sportveranstaltung ins Inland sind bei dem Vergütungsgläubiger daher keine Einkünfte aus der Übertragung von Urheberrechten; sie gehören aber zu den gewerblichen Einkünften aus Darbietungen, siehe Tz. 2.2.3.1. Die Fernsehübertragung hingegen ist urheberrechtlich geschützt (Laufbilder gem. § 95 UrhG), so daß Einkünfte aus der Weitergabe der Fernsehbilder unter die Regelung fallen können.

Hinweis auf Tz. 6, Beispiele 6, 10, 11.

2.5 Besteuerung bei verschiedenen hintereinander geschalteten beschränkt Steuerpflichtigen

Wird die Vergütung für die Darbietung eines Künstlers usw. nicht diesem unmittelbar, sondern einem beschränkt steuerpflichtigen Dritten, z. B. einer ausländischen Künstlerverleihgesellschaft oder einem ausländischen darbietenden Unternehmen gezahlt, so ist sowohl die an den Dritten gezahlte Vergütung als auch die von dem Dritten an den Künstler weitergeleitete Vergütung gemäß § 49 Abs. 1 Nr. 2 Buchst. d, Nr. 3 oder Nr. 4 i. V. m. § 50a Abs. 4 Satz 1 Nr. 1 oder Nr. 2 EStG zu besteuern. Das gilt auch für den Fall eines ausländischen Veranstalters. Zu Billigkeitsmaßnahmen siehe Tz. 4.2.

Hinweis auf Tz. 6, Beispiele 3 a, 4 a, 5, 11.

2.6 Verhältnis zum Lohnsteuerabzug

Bezüge beschränkt steuerpflichtiger Künstler, Sportler, Schriftsteller, Journalisten oder Bildberichterstatter unterliegen grundsätzlich nicht dem Steuerabzug nach § 50a Abs. 4 EStG, sondern dem Lohnsteuerabzug nach § 39d EStG, wenn sie zu den Einkünften aus nichtselbständiger Arbeit gehören und ein inländischer Arbeitgeber im Sinne des § 38 Abs. 1 Nr. 1 EStG zum Steuerabzug verpflichtet ist (§ 50a Abs. 4 Satz 1 Nr. 2 EStG). In diesen Fällen hat der Arbeitgeber den Lohnsteuerabzug nach den dafür geltenden Vorschriften durchzuführen. Wegen der Abgrenzung nichtselbständiger/selbständiger Arbeit vgl. BMF-Schreiben vom 5. Oktober 1990, BStBl I S. 638, das auch für den Bereich der beschränkten Einkommensteuerpflicht entsprechend anzuwenden ist. Zum Lohnsteuerabzug bei beschränkt steuerpflichtigen gastspielverpflichteten Künstlern wird auf das BMF-Schreiben vom 15. Januar 1996, BStBl 1996 I S. 55, verwiesen. § 50d Abs. 1 EStG gilt nicht für den Lohnsteuerabzug; über die Beschränkungen des Besteuerungsrechts aufgrund von Doppelbesteuerungsabkommen (DBA) ist im Lohnsteuerabzugsverfahren zu entscheiden, Abschn. 125 LStR 1996.

Kann die Lohnsteuer nicht erhoben werden, weil kein inländischer Arbeitgeber vorhanden ist, hat wie bisher der ausländische Vergütungsschuldner den Steuerabzug nach § 50a Abs. 4 Satz 1 Nr. 2 EStG vorzunehmen. Aus Vereinfachungsgründen kann bei beschränkt steuerpflichtigen Artisten, deren nichtselbständige Arbeit im Inland ausgeübt oder verwertet wird, die darauf entfallende Lohnsteuer mit einem Pauschsteuersatz von 25 v. H. erhoben werden, wenn der Artist die Lohnsteuer trägt; übernimmt der Arbeitgeber die Lohnsteuer, beträgt der Pauschsteuersatz 33,33 v. H. (Abschn. 125 Abs. 6 LStR 1996).

Hinweis auf Tz. 6, Beispiele 9, 9 a.

3 Steuerabzug

3.1 Abzugsverpflichteter (§ 50a Abs. 5 Satz 2 EStG)

Der Vergütungsschuldner (in der Regel der Veranstalter) hat den Steuerabzug für Rechnung des beschränkt steuerpflichtigen Gläubigers vorzunehmen. Vergütungsschuldner ist, wer zivilrechtlich die Vergütungen schuldet, die die Tatbestände der dem Steuerabzug unterliegenden beschränkten Einkommensteuerpflicht erfüllen. Veranstalter ist, wer in organisatorischer und finanzieller Hinsicht für die Veranstaltung verantwortlich ist, wer deren Vorbereitung und Durchführung übernimmt und dabei das unternehmerische Risiko trägt. Tritt als Veranstalter nach außen ein zivilrechtlich nicht rechtsfähiges Gebilde auf, so ist dieses steuerrechtlich als Abzugsverpflichteter im Sinne des § 50a Abs. 5 EStG anzusehen; das BFH-Urteil vom 17. Februar 1995, BStBl II S. 390, ist entsprechend anzuwenden. Entsprechend § 38 Abs. 1 EStG ist derjenige Vergütungsschuldner zum Steuerabzug verpflichtet, der im Inland seinen Wohnsitz, seinen gewöhnlichen Aufenthalt, seine Geschäftsleitung, seinen Sitz, eine Betriebsstätte oder einen ständigen Vertreter im Sinne der §§ 8 bis 13 der AO hat. Darüber hinaus ist ab 1. Juni 1995 auch der Vergütungsschuldner zum Steuerabzug verpflichtet, der nicht die Voraussetzungen des § 38 Abs. 1 EStG erfüllt, wenn ein Inlandsbezug gegeben ist. Dies ist z. B. bei einer ausländischen Künstlerverleih- oder Verwertungsgesellschaft, die einen Künstler ins Inland verleiht, oder bei einer Veranstaltung im Inland mit ausländischem Veranstalter stets der Fall.

Nach § 50 Abs. 5 Satz 1 EStG ist bei beschränkt Steuerpflichtigen die Einkommensteuer für Einkünfte, die dem Steuerabzug nach § 50a Abs. 4 EStG unterliegen, grundsätzlich durch den Steuerabzug abgegolten. Solche Einkünfte dürfen – vorbehaltlich der Regelungen in §§ 1 Abs. 3, 1a, 50 Abs. 5 Satz 3 und Satz 4 EStG – nicht in die Veranlagung zur Einkommen-/Körperschaftsteuer einbezogen werden, und zwar auch dann nicht, wenn der an sich gebotene Steuerabzug unterblieben ist. Der Vergütungsschuldner **haftet** aber für die Einbehaltung und Abführung der Steuer gem. § 50a Abs. 5 Satz 5 EStG. Der beschränkt Steuerpflichtige ist gem. § 50a Abs. 5 Satz 6 EStG durch **Nachforderungsbescheid** in Anspruch zu nehmen. Soweit die Haftung des Vergütungsschuldners reicht, sind der Vergütungsschuldner und der Vergütungsgläubiger Gesamtschuldner. Die Steuer- oder Haftungsschuld kann vom zuständigen Finanzamt nach pflichtgemäßem Ermessen gegenüber jedem Gesamtschuldner geltend gemacht werden. Muß ein gegen den Steuerschuldner zu richtender Nachforderungsbescheid im Ausland vollstreckt werden, so rechtfertigt dieser Umstand im Rahmen der Ermessensausübung die Inanspruchnahme eines inländischen Haftungsschuldners, ohne daß dies einer weiteren Begründung bedarf.

Organisiert ein beschränkt steuerpflichtiger Künstler usw. im Inland eine Veranstaltung selbst (Eigenveranstalter), so sind die Voraussetzungen für den Steuerabzug nach § 50a Abs. 4 EStG dem Grunde nach erfüllt. Dasselbe gilt für den Fall, daß eine Darbietung durch einen ausländischen Veranstalter ausgerichtet wird. Vergütungsschuldner wären hiernach – bei öffentlichen Veranstaltungen – die Eintrittskartenkäufer. Aus tatsächlichen Gründen wird jedoch in diesen Fällen weder der Steuerabzug für die Eintrittsgelder einbehalten, noch kann der einzelne Eintrittskartenkäufer als Haftungsschuldner in Anspruch genommen werden. In diesen Fällen ist die Steuer durch Nachforderungsbescheid vom ausländischen Künstler usw. oder Veranstalter als Vergütungsgläubiger zu erheben. Soweit der ausländische Veranstalter Vergütungen an Künstler usw. weiterleitet, ist er seinerseits als Vergütungsschuldner zum Steuerabzug verpflichtet, siehe Tz. 2.5.

Die Abgeltungswirkung nach § 50 Abs. 5 Satz 1 EStG tritt unabhängig davon ein, ob die Steuer nach § 50a Abs. 4 EStG einbehalten oder über einen Haftungs- oder Nachforderungsbescheid erhoben wurde.

Hinweis auf Tz. 6, Beispiele 2 a, 3, 4, 4 a, 11.

3.2 Bemessungsgrundlage für den Steuerabzug (§ 50a Abs. 4 Sätze 3 und 4 EStG)

Dem Steuerabzug unterliegt der volle Betrag der Einnahmen einschließlich der Beträge im Sinne des § 3 Nr. 13 und 16 EStG. Damit sind auch an beschränkt Steuerpflichtige erstattete Fahrtkosten in nachgewiesener Höhe sowie Tage- und Übernachtungsgelder dem Steuerabzug nach § 50a Abs. 4 EStG zu unterwerfen (siehe auch BMF-Schreiben vom 25. Februar 1992, BStBl I S. 187). Die §§ 8 und 11 EStG sind unabhängig von der Einkunftsart anzuwenden. Werden Amateuren (Amateurmannschaften, Amateurmusikern, Laienschauspielern) ausschließlich Kosten erstattet bzw. übernimmt der Veranstalter die Kosten, ist aus Billigkeitsgründen kein Steuerabzug nach § 50a Abs. 4 EStG vorzunehmen.

Hinweis auf Tz. 6, Beispiele 1, 2.

3.3 Höhe des Steuersatzes (§ 50a Abs. 4 Satz 2 EStG)

Der Steuersatz beträgt 25 v. H.

Die maßgeblichen Berechnungssätze auch unter Berücksichtigung der Umsatzsteuer mit und ohne Übernahme der Abzugsteuern nach § 50a Abs. 4 EStG und des Solidaritätszuschlages durch den Schuldner der Vergütung können der nachfolgenden Tabelle entnommen werden und sind auf die jeweilige Netto-Vergütung anzuwenden. Die Berechnungssätze gelten unverändert auch bei Anwendung der umsatzsteuerlichen Null-Regelung gem. § 52 Abs. 2 Umsatzsteuer-Durchführungsverordnung.

Anhang 21

Steuerabzug   IV

Steuersätze in v. H.			Berechnungssätze in v. H. ohne Übernahme von Abzugsteuern u. SolZ			Berechnungssätze in v. H. und Übernahme von Abzugsteuern u. SolZ		
§ 50a EStG	SolZ*)[1])	USt[1])	§ 50a EStG	SolZ[1])	USt[1])	§ 50a EStG	SolZ[1])	USt[1])
25	7,5	–	25	1,87	–	34,19	2,56	–
25	7,5	7	26,75	2,01	7	37,55	2,82	9,83
25	7,5	15	28,75	2,16	15	41,61	3,12	21,71

*) SolZ = Solidaritätszuschlag nach dem Solidaritätszuschlaggesetz 1995. Der Solidaritätszuschlag bemißt sich nach § 3 Abs. 1 Nr. 6 SolZG – soweit bei beschränkt Steuerpflichtigen ein Steuerabzug nach § 50a EStG einzubehalten ist – nach dem ab 1. Januar 1995 zu erhebenden Steuerabzugsbetrag.

Beispiel:
Die Netto-Vergütung, die im Juni 1996 ausgezahlt wird, unterliegt dem Steuerabzug nach § 50a Abs. 4 Satz 2 EStG i. H. v. 25 v. H. Darüber hinaus wird Umsatzsteuer i. H. v. 15 v. H. geschuldet.

Ausgezahlte Netto-Vergütung	1.000,00 DM
41,61 v. H. nach § 50a Abs. 4 EStG	416,10 DM
	1.416,10 DM
3,12 v. H. nach § 3 Abs. 1 SolZG	31,20 DM
	1.447,30 DM
21,71 v. H. nach § 12 UStG	217,10 DM
Brutto-Vergütung	1.664,40 DM

Danach ergeben sich als:
ESt/KSt nach § 50a Abs. 4 EStG:	25 v. H. von 1.664,40 DM = 416,10 DM
SolZ nach § 3 Abs. 1 SolZG:	7,5 v. H. von 416,10 DM = 31,20 DM
USt nach § 12 UStG:	15 v. H. von 1.447,30 DM = 217,10 DM

4 Zuständigkeit, Verfahren

4.1 Zuständigkeit

Die nach § 50a Abs. 4 EStG einbehaltene Steuer ist an das für den Vergütungsschuldner zuständige Finanzamt anzumelden und abzuführen (§ 73e EStDV). Ist der Vergütungsschuldner keine Körperschaft und stimmen Betriebs- und Wohnsitzfinanzamt nicht überein, ist die einbehaltene Steuer an das Betriebsfinanzamt abzuführen.

Ist für den Vergütungsschuldner kein Finanzamt nach § 73e EStDV zuständig, ist die Steuer an das Finanzamt anzumelden und abzuführen, in dessen Bezirk der Anlaß für die Amtshandlung hervortritt (§ 24 AO). Bei einer Tournee mit ausländischem Veranstalter ist daher das Finanzamt zuständig, in dessen Bezirk die Tournee beginnt. Bei mehrfacher örtlicher Zuständigkeit ist die Zuständigkeit nach § 25 AO zu bestimmen.

Für Haftungs- und Nachforderungsbescheide ist das Finanzamt zuständig, an das der Steuerabzug nach § 50a Abs. 4 EStG durch den Vergütungsschuldner hätte abgeführt werden müssen, vgl. BFH-Urteil vom 18. Mai 1994, BStBl II S. 697. Entsprechendes gilt für Anträge auf Billigkeitsmaßnahmen nach §§ 163, 227 AO (siehe Tz. 4.2) und nach § 50 Abs. 7 EStG.

In einzelnen Ländern können abweichende Zuständigkeitsbestimmungen aufgrund landesrechtlicher Vorschriften gelten.

4.2 Verfahren

Der Vergütungsschuldner hat die innerhalb eines Kalendervierteljahrs einbehaltene Steuer von Vergütungen im Sinne des § 50a Abs. 4 EStG bis zum 10. des dem Kalendervierteljahr folgenden Monats bei dem zuständigen Finanzamt anzumelden und abzuführen. Die Steueranmeldung hat die Wirkung einer Steuerfestsetzung (§ 168 AO). Sie greift in die Rechte des Vergütungsgläubigers und des Vergütungsschuldners ein. Jeder von ihnen kann sie daher mit dem Rechtsbehelf des Einspruchs anfechten (§ 348 AO). Aus dem Anfechtungsrecht folgt das Recht, Aussetzung der Vollziehung der Steueranmeldung zu beantragen. Ein Anspruch auf Steuerbefreiung nach einem DBA kann nicht im Rahmen der Steueranmeldung, sondern nur in einem besonderen Erstattungsverfahren gem. § 50d Abs. 1 Satz 2 EStG gegenüber dem Bundesamt für Finanzen geltend gemacht werden.

---

[1]) Anm.: Beachte Absenkung des SolZ ab VZ 1998 sowie Erhöhung der USt ab 1.4.1998; zu den neuen Berechnungssätzen → H 227 c.

Gegen einen Haftungs- oder Nachforderungsbescheid besteht als Rechtsmittel der Einspruch.

In Fällen der Tz. 2.5 (verschiedene hintereinandergeschaltete beschränkt Steuerpflichtige) kann es in Ausnahmefällen zu einer Überbesteuerung kommen. In diesen Fällen kommt im Einzelfall eine Billigkeitsmaßnahme in Betracht.

5 Entlastung aufgrund von Doppelbesteuerungsabkommen (DBA)

5.1 Verhältnis der DBA zum innerstaatlichen Recht

Der Steuerabzug nach § 50a Abs. 4 EStG ist ungeachtet eines DBA in voller Höhe vorzunehmen (§ 50d Abs. 1 Satz 1 EStG).

Der Vergütungsschuldner kann den Steuerabzug nach § 50a Abs. 4 EStG unterlassen oder nach einem niedrigeren Steuersatz vornehmen, wenn das Bundesamt für Finanzen auf Antrag bescheinigt, daß die Voraussetzungen dafür nach einem DBA vorliegen (Freistellungsverfahren nach § 50d EStG, siehe Tz. 1.3). Das Freistellungsverfahren ist in den Fällen des § 50a Abs. 4 EStG auch anzuwenden, wenn das Bundesamt für Finanzen den Schuldner auf Antrag hierzu allgemein ermächtigt (Kontrollmeldeverfahren), § 50d Abs. 3 EStG.

Auch Haftungsbescheide gem. § 50a Abs. 5 Satz 5 EStG (siehe Tz. 3.1) sind zunächst ungeachtet eines DBA von den zuständigen Finanzämtern zu erlassen; das Freistellungsverfahren nach § 50d EStG ist anzuwenden.

Wurde der Steuerabzug nicht oder nicht ordnungsgemäß durchgeführt, kann die Steuer auch gegenüber dem beschränkt steuerpflichtigen Vergütungsgläubiger (Steuerschuldner) nachgefordert werden. In diesen Fällen ist das Verfahren nach § 50d EStG nicht einzuhalten. Das zuständige Finanzamt darf einen Nachforderungsbescheid nur erlassen, wenn nach dem DBA ein Steueranspruch besteht. Erforderlichenfalls erteilt das Bundesamt für Finanzen dem zuständigen Finanzamt im Wege der Amtshilfe Auskunft über die abkommensrechtliche Rechtslage.

Vorbehaltlich des § 50d EStG gehen die Regelungen der DBA dem inländischen Steuerrecht als Sonderregelungen vor (§ 2 AO). Deshalb besteht nach dem DBA für die Einkünfte eines ausländischen Unternehmens ohne Betriebsstätte im Sinne der DBA im Inland aus künstlerischen, sportlichen, artistischen oder ähnlichen Darbietungen oder deren Verwertung im Inland nur ein inländisches Besteuerungsrecht, wenn die Abkommensbestimmungen über die Besteuerung von Künstlern und Sportlern (vgl. Artikel 17 OECD-Musterabkommen 1992 – OECD-MA) dies zulassen. In diesen Fällen kann eine Freistellungsbescheinigung nach § 50d Abs. 3 EStG vom Bundesamt für Finanzen nicht erteilt werden.

5.2 Begriff der Künstler und Sportler im Sinne der DBA

Die Definition der unter Art. 17 Abs. 1 OECD-MA fallenden Personen ist enger gefaßt als der Begriff der künstlerischen, sportlichen, artistischen oder ähnlichen Darbietungen und des Künstlers i. S. des § 50a Abs. 4 Satz 1 Nr. 1 und 2 EStG.

So muß die Tätigkeit als Künstler, Musiker oder Sportler i. S. des Art. 17 Abs. 1 OECD-MA im Inland **persönlich ausgeübt** werden (z. B. bei öffentlichen Veranstaltungen). Unter den Begriff „Künstler" fallen nur vortragende Künstler, nicht jedoch Kunstausübungen, die in der Herstellung eines Werkes bestehen (z. B. Maler, Bildhauer, Komponisten, Regisseure, Bühnenbildner, Choreographen). Auf diese nicht vortragenden Künstler sind Art. 14 oder Art. 15 OECD-MA anzuwenden.

5.3 Einkünfte aus künstlerischer oder sportlicher Tätigkeit im Sinne der DBA

Zu den Einkünften des individuellen Auftritts des Künstlers oder Sportlers gehören auch die Einkünfte aus Werbe-, Ausrüstungs- und ähnlichen Verträgen, soweit sie unmittelbar oder mittelbar mit dem Auftritt im Inland zusammenhängen (siehe Tz. 9 des Kommentars zu Art. 17 OECD-MA). Insoweit ist eine Freistellung nach § 50d EStG nicht möglich.

Unter Art. 17 Abs. 1 OECD-MA fallen jedoch **nicht** die Einkünfte

- aus Werbeverträgen von Sportlern/Künstlern, die zwar das Image und den Namen des Sportlers/ Künstlers verwerten, aber nicht in Zusammenhang mit einer sportlichen/künstlerischen Darbietung stehen (sog. sportfremde Werbung),
- aus Vermittlungstätigkeit und
- aus der Verwertung einer im Ausland ausgeübten Tätigkeit im Inland.

Art. 17 Abs. 2 OECD-MA erweitert das Besteuerungsrecht des Staates, in dem der Künstler oder Sportler seine Tätigkeit ausübt, auf die Fälle, in denen die Einkünfte nicht dem Künstler oder Sportler, sondern einer abkommensberechtigten dritten Person zufließen.

Enthält das DBA eine dem Artikel 17 Abs. 2 des OECD-MA entsprechende Vorschrift, bleibt die Besteuerung nach §§ 49 Abs. 1 Nr. 2 Buchst. d, 50a Abs. 4 Nr. 1 EStG aufrechterhalten, abgesehen von Einkünften aus Nebenleistungen, die auf mit Dritten abgeschlossenen Verträgen beruhen, und Einkünften aus der inländischen Verwertung einer im Ausland stattfindenden Darbietung. Eine Freistellungsbescheinigung kann in der Regel nicht erteilt werden.

5.4 Abgrenzung zwischen Tätigkeitsvergütungen und Lizenzgebühren

Art. 12 OECD-MA enthält eine eigenständige Begriffsbestimmung der Lizenzgebühren und Regelung zu der Besteuerung der Einkünfte aus Lizenzen. Unter Art. 12 des OECD-MA – Lizenzgebühren – fallen insbesondere Einkünfte aus der Überlassung von Urheberrechten zur Nutzung, auch wenn sie nicht nach § 50a Abs. 4 Nr. 3, sondern nach Nr. 1 oder 2 EStG zu besteuern sind (siehe Tz. 2.4).

Bei Entscheidung der Frage, ob und inwieweit Vergütungen, die an Künstler gezahlt werden, als Tätigkeitsvergütungen oder Lizenzgebühren im Sinne der DBA zu behandeln sind, ist folgendes zu beachten:

a) Das Entgelt ist eine Lizenzgebühr, wenn es für eine nicht öffentliche Studioaufnahme auf Bild- und Tonträgern gezahlt wird (Übertragung von Verwertungsrechten).

b) Das Entgelt ist aufzuteilen, wenn es für einen öffentlichen Auftritt und für die Verwertung auf Bild- und Tonträgern gezahlt wird. Aufgeteilt wird nach dem Verhältnis ein Drittel persönliche Tätigkeit und zwei Drittel Verwertung, falls keine Anhaltspunkte für eine anderweitige Aufteilung vorliegen (z. B. Dienstleistungs- und Verwertungsvertrag wird mit verschiedenen Vertragspartnern abgeschlossen).

c) Vergütungen an Filmschauspieler werden für – in der Regel nichtselbständige – künstlerische Tätigkeit gezahlt.

Die DBA weisen das Besteuerungsrecht an Lizenzgebühren grundsätzlich dem Staat zu, in dem der nutzungsberechtigte Lizenzgeber ansässig ist. In diesen Fällen kann eine Freistellungsbescheinigung erteilt werden. Allerdings gibt es auch DBA, die Deutschland ein der Höhe nach begrenztes Besteuerungsrecht einräumen. Eine Freistellungsbescheinigung zur teilweisen Unterlassung des Steuerabzugs kann dann nur erteilt werden, wenn der Steuerabzug nach § 50a Abs. 4 EStG höher ist als nach dem DBA zulässig.

Beim Bundesamt für Finanzen ist ein jährlich aktualisiertes Merkblatt mit einer Übersicht, ob und ggf. inwieweit die verschiedenen deutschen DBA von Artikel 17 Abs. 1 und 2 OECD-MA abweichen, erhältlich.

Hinweis auf Tz. 6, alle Beispiele.

6 Beispiele

Bei den nachfolgenden Beispielen ist zu beachten, daß sich die Entlastung aufgrund von DBA ausschließlich nach den Regelungen des jeweiligen DBA richtet, die vom OECD-MA abweichen können.

Soweit im folgenden die Begriffe inländisch oder ausländisch in Verbindung mit Personen verwendet werden, sind sie im Sinne von unbeschränkter oder beschränkter Einkommen-/Körperschaftsteuerpflicht zu verstehen.

Beispiel 1: zu Tz. 2.1, 3.2

Ein ausländischer Amateurfußballverein, dessen Rechtsform einem e. V. entspricht, erhält über die Erstattung der Reisekosten hinaus eine Vergütung für ein Gastspiel bei einem deutschen Fußballverein. Die Vergütung wird nicht an die einzelnen Spieler weitergegeben.

Der inländische Sachverhalt erfüllt regelmäßig die Voraussetzungen einer gewerblichen Tätigkeit nach § 49 Abs. 1 Nr. 2 Buchst. d EStG; allerdings wäre ggf. die gesamte Inlandstätigkeit zu betrachten. Unbeachtlich ist, ob der Verein einen Totalgewinn in der Zeit der Gründung bis zur Veräußerung/Aufgabe anstrebt. Außerdem bleiben nach § 49 Abs. 2 EStG ausländische Besteuerungsmerkmale, die z. B. zu einer steuerlichen Freistellung des Vereins im Ausland führen würden, außer Betracht. Der Verein ist mit den gesamten Einnahmen steuerpflichtig, die er für das Gastspiel erhält. Die Einnahmen unterliegen einer Abzugsteuer in Höhe von 25 v. H. gemäß § 50a Abs. 4 Satz 1 Nr. 1 und Satz 2 i. V. m. § 49 Abs. 1 Nr. 2 Buchst. d EStG. Werden dagegen nur Reisekosten erstattet, ist aus Billigkeitsgründen kein Steuerabzug nach § 50a Abs. 4 EStG vorzunehmen, siehe Tz. 3.2.

Enthält das DBA keine dem Art. 17 Abs. 2 OECD-MA entsprechende Vorschrift, kann eine Freistellungsbescheinigung nach § 50d EStG erteilt werden.

Beispiel 2: zu Tz. 3.2

Ein inländischer Sportverein führt einen international besetzten Marathonlauf durch. Hierbei treten aufgrund mündlicher Absprachen auch ausländische Läufer an, die ein Startgeld und die Erstattung von Reise- und Übernachtungskosten erhalten. Einige der ausländischen Läufer erhalten als Siegprämien von einem Sponsor bereitgestellte Sachpreise.

a) Die Sachpreise werden vom Sponsor zunächst dem Veranstalter übereignet.

b) Die Sachpreise werden vom Sponsor unmittelbar dem ausländischen Sportler übereignet.

Nach den Statuten des internationalen Sport-Verbandes gelten die ausländischen Läufer als Amateur-Sportler.

a) Sportler, die bei Sportveranstaltungen Startgelder und Siegprämien erhalten, erzielen gem. § 15 Abs. 2 EStG Einkünfte aus Gewerbebetrieb. Die ausländischen Sportler sind mit ihren inländischen Einkünften gem. § 49 Abs. 1 Nr. 2 Buchst. d EStG beschränkt steuerpflichtig. Der sog. „Amateur"-Status nach den Grundsätzen des internationalen Sport-Verbandes ist steuerlich ohne Bedeutung. Gemäß § 50a Abs. 4 Satz 1 Nr. 1 EStG wird die Einkommensteuer im Wege des Steuerabzugs mit 25 v. H. der Einnahmen erhoben. Dem Steuerabzug unterliegt gemäß § 50a Abs. 4 Satz 3 EStG der volle Betrag der Einnahmen. Der Begriff der Einnahmen bestimmt sich unabhängig von der Einkunftsart nach § 8 EStG. Einnahmen sind danach alle Güter, die in Geld oder Geldeswert bestehen; Einnahmen, die nicht in Geld bestehen, sind mit den üblichen Endpreisen am Abgabeort anzusetzen. Zur Bemessungsgrundlage gehört deshalb auch der Betrag der erstatteten Reise- und Übernachtungskosten sowie der Wert des Sachpreises. Der Steuerabzug ist gemäß § 50a Abs. 5 Sätze 2 u. 3 EStG vom inländischen Sportverein als Schuldner der Vergütung vorzunehmen und an das für ihn zuständige Finanzamt abzuführen.

Art. 17 Abs. 1 OECD-MA teilt das Besteuerungsrecht Deutschland zu, da hier die sportliche Tätigkeit ausgeübt wird.

b) Lobt ein Unternehmen einen Sachpreis für den Gewinner einer Sportveranstaltung aus, ohne den Sachpreis zunächst dem Veranstalter zu übereignen, ist das Unternehmen der Vergütungsschuldner. Es hat daher auch insoweit den Steuerabzug gemäß § 50a Abs. 4 Satz 1 Nr. 1 EStG in Höhe von 25 v. H. vorzunehmen. Der Veranstalter hat nur für die von ihm unmittelbar gezahlten Vergütungen den entsprechenden Steuerabzug vorzunehmen.

Beispiel 2 a: zu Tz. 3.1

Wie **Beispiel 2**, aber mit dem Unterschied, daß der jährliche Marathonlauf von einer Gesellschaft bürgerlichen Rechts (GbR), deren Gesellschafter drei Leichtathletikvereine e. V. sind, durchgeführt wird. Die Gesellschaft verfügt über ein Organisationsbüro und tritt als Vertragspartner und Veranstalter auf.

Ob bei einer GbR die Abzugsverpflichtung gem. § 50a Abs. 5 EStG von der Gesellschaft oder dem einzelnen Gesellschafter zu erfüllen ist, hängt davon ab, wer nach außen als Vertragspartner auftritt. Dies ist hier die GbR selbst. Der Steuerabzug gem. § 50a Absatz 5 Sätze 2 und 3 EStG ist von der GbR als Schuldnerin der Vergütung vorzunehmen und an das für sie zuständige Finanzamt abzuführen.

Beispiel 3: zu Tz. 2.2, 2.2.3.1, 2.3, 3.1

Ein ausländischer Berufstennisspieler nimmt an einem Tennisturnier im Inland teil. Er hat einen langfristigen Ausrüstungsvertrag mit einem inländischen Sportartikelhersteller, der ihn verpflichtet, bei allen sportlichen Veranstaltungen dessen Ausrüstung zu tragen. Weiterhin hat er einen langfristigen Werbevertrag mit einem ausländischen Bankhaus, der die Bank zur Verwendung von Namen und Bild des Sportlers berechtigt. Anläßlich des Turniers gibt der Sportler bezahlte Interviews für inländische und ausländische Zeitungen und Rundfunkanstalten und tritt in einer Fernseh-Talkshow auf.

Bei dem **Preisgeld** aus dem Tennisturnier handelt es sich um Einkünfte aus der Ausübung einer Tätigkeit als Berufssportler nach § 49 Abs. 1 Nr. 2 Buchst. d i. V. m. § 50a Abs. 4 Satz 1 Nr. 2 EStG.

Das Besteuerungsrecht steht nach Art. 17 Abs. 1 OECD-MA Deutschland zu.

Die Einkünfte aus dem **Ausrüstungsvertrag** stehen anteilig im Zusammenhang mit dem Tennisturnier; der Ausrüster hat als Vergütungsschuldner von der Gesamtvergütung einen auf die inländische Darbietung entfallenden Teilbetrag der Abzugsteuer nach § 49 Abs. 1 Nr. 2 Buchst. d i. V. m. § 50a Abs. 4 Satz 1 Nr. 1 EStG zu unterwerfen.

Das Besteuerungsrecht steht nach Art. 17 Abs. 1 OECD-MA Deutschland zu.

Die Vergütungen aus dem **Werbevertrag** stehen in keinem ausreichenden sachlichen Zusammenhang mit der sportlichen Darbietung. Mangels inländischer Betriebsstätte oder ständigen Vertreters liegen keine inländischen Einkünfte gemäß § 49 Abs. 1 EStG vor.

Die Vergütungen für die **Interviews** und die **Talkshow** sind Einkünfte aus mit sportlichen Darbietungen zusammenhängenden Leistungen und unterliegen der Abzugsteuer nach § 49 Abs. 1 Nr. 2 Buchst. d i. V. m. § 50a Abs. 4 Satz 1 Nr. 1 EStG in Höhe von 25 v. H., die die Vergütungsschuldner (hier: in- und ausländische Zeitungen, Rundfunkanstalten) anmelden und abführen müssen.

Das Besteuerungsrecht steht nach Art. 17 Abs. 1 OECD-MA Deutschland zu.

Beispiel 3 a: zu Tz. 2.2, 2.5

Wie **Beispiel 3**; *der Berufstennisspieler hat jedoch alle Rechte einer ausländischen Gesellschaft übertragen, die Vergütungsgläubigerin hinsichtlich aller Leistungen ist.*

Besteuerung der Gesellschaft

Die Gesellschaft erzielt Einkünfte aus § 50a Abs. 4 Satz 1 Nr. 1 i. V. m. § 49 Abs. 1 Nr. 2 Buchst. d EStG hinsichtlich aller nach Beispiel 3 steuerpflichtigen Vergütungen (Preisgeld, Ausrüstungsvertrag, Interviews und Talkshow). Die Abzugsteuer beträgt 25 v. H.

Enthält das DBA keine dem Art. 17 Abs. 2 OECD-MA entsprechende Vorschrift, kann eine Freistellungsbescheinigung erteilt werden.

Besteuerung des Tennisspielers

Hinsichtlich der Steuerpflicht der Einkünfte wie Beispiel 3. Allerdings ist die ausländische Gesellschaft Vergütungsschuldnerin i. S. des § 50a Abs. 5 EStG, da sie mit Inlandsbezug tätig wird. Ggf. ist gegen die ausländische Gesellschaft ein Haftungsbescheid und/oder gegen den Tennisspieler ein Nachforderungsbescheid zu erlassen.

Beispiel 4: zu Tz. 3.1

Eine inländische Musik-Veranstaltungs-GmbH engagiert für Konzerte in Deutschland ein aus ausländischen Künstlern zusammengesetztes Quartett. Der Zusammenschluß der Künstler ist einer deutschen GbR vergleichbar. Die Konzerte werden örtlich von „Konzert-Veranstaltern" organisiert, die im Auftrag der GmbH gegen eine prozentuale Beteiligung an den Einnahmen tätig werden.

Die ausländischen Musiker sind mit ihren inländischen Einkünften gem. § 49 Abs. 1 Nr. 3 EStG beschränkt steuerpflichtig. Die Einkommensteuer wird im Wege des Steuerabzugs gem. § 50a Abs. 4 Satz 1 Nr. 2 EStG mit 25 v. H. erhoben. § 50a Abs. 4 EStG erfaßt auch gesamthänderisch erzielte Einkünfte.

Der Steuerabzug ist gem. § 50a Abs. 5 Sätze 2 und 3 EStG von der GmbH als Schuldnerin der Vergütungen vorzunehmen und an das zuständige Finanzamt abzuführen. Vergütungsschuldner ist, wer zivilrechtlich die Vergütungen schuldet. Soweit keine selbständigen Vergütungsverpflichtungen gegenüber den ausländischen Künstlern übernommen werden, ist ohne Belang, wer die Konzerte jeweils örtlich organisiert und z. B. in der Werbung als „Veranstalter" des Konzerts am betreffenden Ort auftritt.

Art. 17 Abs. 1 OECD-MA teilt das Besteuerungsrecht Deutschland zu, weil hier die künstlerische Tätigkeit ausgeübt wird.

Beispiel 4 a: zu Tz. 2.2, 2.5, 3.1

Wie **Beispiel 4**, *jedoch mit dem Unterschied, daß die inländische Musik-Veranstaltungs-GmbH das Quartett durch* **Vertrag mit einer ausländischen Künstlerverleihgesellschaft** *engagiert (die Verleihgesellschaft entspricht einer deutschen Kapitalgesellschaft); zwischen dem* **Quartett** *und der inländischen Musik-Veranstaltungs-GmbH bestehen keine vertraglichen Beziehungen.*

Besteuerung der Künstlerverleihgesellschaft:

Sie ist mit inländischen Einkünften aus Gewerbebetrieb gem. § 2 Nr. 1 KStG i. V. m. § 49 Abs. 1 Nr. 2 Buchst. d EStG beschränkt körperschaftsteuerpflichtig. Die Körperschaftsteuer wird gem. § 49 KStG i. V. m. § 50a Abs. 4 Satz 1 Nr. 1 EStG im Wege des Steuerabzugs mit 25 v. H. der Einnahmen erhoben. Bemessungsgrundlage sind alle Einnahmen i. S. d. § 8 EStG, die die Künstlerverleihgesellschaft für die künstlerische Darbietung des Quartetts erhält.

Der Steuerabzug ist gem. § 50a Abs. 5 Sätze 2 und 3 EStG von der Musik-Veranstaltungs-GmbH als Schuldnerin der Vergütungen vorzunehmen und an das zuständige Finanzamt abzuführen.

Enthält das DBA keine dem Art. 17 Abs. 2 OECD-MA entsprechende Regelung, kann eine Freistellungsbescheinigung erteilt werden.

Besteuerung des Quartetts:

Die ausländischen Musiker sind mit ihren inländischen Einkünften gem. § 1 Abs. 4, § 49 Abs. 1 Nr. 3 EStG beschränkt einkommensteuerpflichtig. Die Einkommensteuer wird gem. § 50a Abs. 4 Satz 1 Nr. 2 EStG im Wege des Steuerabzugs erhoben. Bemessungsgrundlage sind alle Einnahmen i. S. d. § 8 EStG, die den ausländischen Musikern für die im Inland ausgeübte selbständige Tätigkeit zufließen.

Die Künstlerverleihgesellschaft ist als Vergütungsschuldnerin zum Steuerabzug verpflichtet, da sie mit Inlandsbezug tätig wird. Wird der Steuerabzug nicht ordnungsgemäß vorgenommen, haftet sie gem. § 50a Abs. 5 Satz 5 EStG. Ferner können gegenüber den Vergütungsgläubigern (jeder einzelne ausländische Musiker) gem. § 50a Abs. 5 Satz 6 EStG Nachforderungsbescheide erlassen werden. Die Einkommensteuer ist in Höhe des Steuerabzugsbetrages gegen die ausländischen Künstler festzusetzen.

Art. 17 Abs. 1 OECD-MA teilt das Besteuerungsrecht Deutschland zu, weil hier die künstlerische Tätigkeit ausgeführt worden ist.

Beispiel 4 b: zu Tz. 2.2, 3.2

Wie **Beispiel 4**, *das Quartett wird jedoch durch eine ausländische Künstleragentur vermittelt. Die Künstleragentur erhält von der inländischen Musik-Veranstaltungs-GmbH nur für ihre Vermittlungsleistung eine Vergütung.*

Die Einkünfte der ausländischen Künstleragentur aus der Vermittlungstätigkeit sind Einkünfte aus Gewerbebetrieb. Gleichwohl wären die Voraussetzungen des § 49 Abs. 1 Nr. 2 EStG nur erfüllt, wenn eine Betriebsstätte oder ständiger Vertreter im Inland i. S. von § 49 Abs. 1 Nr. 2 Buchst. a EStG vorhanden wäre. Es handelt sich nicht um Einkünfte nach § 49 Abs. 1 Nr. 2 Buchst. d EStG, da kein Zusammenhang mit einer künstlerischen Darbietung der Künstleragentur oder einer Verwertung einer solchen Darbietung besteht.

Zur Besteuerung des Quartetts wird auf Beispiel 4 verwiesen.

Beispiel 5: zu Tz. 2.5

Ein ausländisches Orchester mit ausländischen Musikern wird für ein Konzert im Inland von einem inländischen Unternehmen engagiert. Das Orchester ist nach deutschem Rechtsverständnis einem rechtsfähigen Verein vergleichbar.

Besteuerung des Orchesters

Das ausländische Orchester erzielt Einkünfte nach § 18 Abs. 1 Nr. 1 i. V. m. § 49 Abs. 1 Nr. 3 EStG. Körperschaftsteuerpflichtige Personen, die nicht zur Führung von Büchern verpflichtet sind, können grundsätzlich Bezieher sämtlicher Einkünfte i. S. von § 2 Abs. 1 EStG sein (siehe Abschn. 27 Abs. 2 KStR 1995).

Die Einkünfte unterliegen dem Steuerabzug nach § 50a Abs. 4 Satz 1 Nr. 2 EStG. Der Steuersatz beträgt 25 v. H., § 50a Abs. 4 Satz 2 EStG.

Enthält das DBA keine dem Art. 17 Abs. 2 OECD-MA entsprechende Vorschrift, kann für das Orchester eine Freistellungsbescheinigung erteilt werden.

Besteuerung der Musiker

Die einzelnen Musiker des Orchesters sind, soweit sie selbständig sind, mit ihren Einkünften aus der Darbietung gem. § 49 Abs. 1 Nr. 3 oder 4 i. V. m. § 50a Abs. 4 Satz 1 Nr. 2 EStG im Wege des Steuerabzugs nach § 50a EStG zu besteuern, da es sich um eine inländische künstlerische Darbietung handelt. Sind die Musiker nichtselbständig tätig, hat der Lohnsteuerabzug nach § 39d i. V. m. § 49 Abs. 1 Nr. 4 EStG Vorrang, wenn das Orchester ein inländischer Arbeitgeber im Sinne des § 38 Abs. 1 Nr. 1 EStG ist. Erfüllt das ausländische Orchester die Anforderungen an einen inländischen Arbeitgeber im Sinne des § 38 Abs. 1 Nr. 1 EStG nicht, ist für die Einkünfte der Musiker aus dieser Darbietung der Steuerabzug nach § 50a Abs. 4 Satz 1 Nr. 2 und Satz 2 EStG in Höhe von 25 v. H. durchzuführen. Den Steuerabzug hat der Vergütungsschuldner (das Orchester) anzumelden und abzuführen. Wird der Steuerabzug nicht ordnungsgemäß durchgeführt, haftet der Vergütungsschuldner (und zwar unabhängig davon, ob der Verein selbst gemäß Art. 17 Abs. 2 OECD-MA im Inland besteuert wird); gegenüber den einzelnen Musikern des Orchesters kann die Einkommensteuer durch einen Nachforderungsbescheid in Höhe des Steuerabzuges nach § 50a Abs. 4 EStG festgesetzt werden.

Art. 17 Abs. 1 OECD-MA teilt das Besteuerungsrecht Deutschland zu, weil hier die künstlerische Tätigkeit ausgeübt wird.

Beispiel 6: zu Tz. 2.3, 2.4

Ein ausländischer Künstler dirigiert im Inland ein öffentliches Konzert. Gegen eine zusätzliche Vergütung überträgt er das zeitlich begrenzte Recht, diese Produktion

a) live für Fernsehzwecke

b) als Aufzeichnung für Fernseh- und Videozwecke

zu nutzen, auf ein inländisches Unternehmen.

Die Vergütungen, die der ausländische Künstler für die Verwertung seiner Leistungsschutzrechte erzielt, sind – sowohl bei a) als auch bei b) – als Einkünfte aus der Ausübung einer Tätigkeit als Künstler anzusehen. Die Abzugsteuer beträgt gemäß § 50a Abs. 4 Satz 1 Nr. 2 i. V. m. § 49 Abs. 1 Nr. 3 EStG 25 v. H.

Im Falle a) ist Art. 17 Abs. 1 OECD-MA anwendbar. Die Einkünfte aus der Live-Übertragung stammen aus der persönlich ausgeübten Tätigkeit des Künstlers, da sie unmittelbar mit dem Auftritt im Inland zusammenhängen. Das Besteuerungsrecht steht nach Art. 17 Abs. 1 OECD-MA Deutschland zu.

Im Falle b) fallen die Vergütungen für die Verwertung von Urheberrechten nicht unter Art. 17 OECD-MA. Es handelt sich um eine zeitlich begrenzte Rechteübertragung, die unter Art. 12 OECD-MA (Lizenzgebühren) fällt.

Die Erteilung der Freistellungsbescheinigung hängt vom Inhalt der Lizenzgebührenregelung des jeweiligen DBA ab.

Werden die Rechte nach a) und b) gegen ein Gesamtentgelt übertragen, wird regelmäßig im Verhältnis ein Drittel (persönlich ausgeübte Tätigkeit) zu zwei Drittel (Lizenzgebühren) aufgeteilt.

Beispiel 6 a: zu Tz. 2.3

Wie **Beispiel 6,** das Konzert findet jedoch im Ausland statt.

Im Falle a) steht Deutschland das Besteuerungsrecht nicht zu, da Einkünfte aus der Verwertung einer im Ausland ausgeübten Tätigkeit im Inland nicht unter Art. 17 Abs. 1 OECD-MA fallen. Eine Freistellungsbescheinigung kann nach jedem DBA erteilt werden.

Im Falle b) handelt es sich um eine zeitlich begrenzte Rechteübertragung, die unter Art. 12 OECD-MA (Lizenzgebühren) fällt. Die Erteilung der Freistellungsbescheinigung hängt vom Inhalt der Lizenzgebührenregelung des jeweiligen DBA ab.

Beispiel 7: zu Tz. 2.3

Ein im Ausland ansässiger Produzent nimmt im Ausland von einem ausländischen Künstler einen Tonträger auf. Ein inländischer Musikverlag erwirbt die Tonträger und die damit verbundenen

a) zeitlich begrenzten

b) zeitlich unbegrenzten

Rechte zur Verbreitung, Vervielfältigung und Wiedergabe.

Da die Rechteübertragung im Rahmen des Gewerbebetriebs des im Ausland ansässigen Produzenten erfolgt, ist der Verwertungstatbestand des § 49 Abs. 1 Nr. 2 Buchst. d EStG gegeben. Auf die Unterscheidung zwischen a) und b) kommt es nicht an (siehe Tz. 2.4). Die Abzugsteuer beträgt 25 v. H.

Im Falle a) fällt die zeitlich begrenzte Rechteübertragung unter Art. 12 OECD-MA (Lizenzgebühren). Die Erteilung der Freistellungsbescheinigung hängt vom Inhalt der Lizenzgebührenregelung des jeweiligen DBA ab.

Im Falle b) kann eine Freistellungsbescheinigung hinsichtlich der zeitlich unbegrenzten Nutzungsrechte (Rechtekauf) mangels inländischer Betriebsstätte (Art. 7 OECD-MA) nach jedem DBA erteilt werden; Art. 12 OECD-MA ist nicht einschlägig.

Beispiel 8: zu Tz. 2.6

Ein ausländischer Filmschauspieler wirkt für einen inländischen Produzenten **im Ausland** an Dreharbeiten an einem Film mit, der im Inland zur Aufführung kommt.

Der Filmschauspieler, der seine Tätigkeit regelmäßig im Rahmen eines Arbeitsverhältnisses erbringt, wird ausschließlich im Ausland tätig. Da er im Gegensatz z. B. zum Regisseur nach § 92 UrhG regelmäßig kein Urheberrecht an dem Filmwerk erwirbt und deshalb ein solches Recht nicht übertragen kann, erfolgt regelmäßig keine Verwertung im Inland. Demnach liegen keine Inlandseinkünfte nach § 49 Abs. 1 Nr. 4 EStG vor. Ein Steuerabzug nach § 50a oder ein Lohnsteuerabzug kommt nicht in Betracht.

Beispiel 9: zu Tz. 2.3, 2.6

Ein inländischer privater Fernsehsender produziert im Ausland eine Unterhaltungssendung mit angestellten ausländischen Künstlern zur unmittelbaren Ausstrahlung nach Deutschland.

Die Künstler sind mit ihren Einkünften aus nichtselbständiger Arbeit regelmäßig nicht nach § 49 Abs. 1 Nr. 4 EStG beschränkt steuerpflichtig. Die Tätigkeit wird nicht im Inland verwertet, da bei Vergütungen für Auftritte in Live-Sendungen die künstlerische Tätigkeit im Vordergrund steht.

Beispiel 9 a: zu Tz. 2.6

Wie **Beispiel 9***; es handelt sich jedoch um eine öffentlich-rechtliche Rundfunkanstalt. Der Produktionsort liegt nicht im Wohnsitzstaat der Künstler.*

Die Künstler sind mit ihren Einkünften gem. § 49 Abs. 1 Nr. 4 EStG beschränkt steuerpflichtig, weil sie Einkünfte aus einer inländischen öffentlichen Kasse beziehen. Die inländische, öffentlich-rechtliche Rundfunkanstalt hat gemäß § 39d EStG Lohnsteuer einzubehalten.

Da die Voraussetzungen des Art. 17 Abs. 1 OECD-MA (Ausübung im Inland) nicht erfüllt sind und die Kassenstaatsklausel des Art. 19 Abs. 1 a OECD-MA nur für öffentliche Kassen des Vertragsstaates und seiner Gebietskörperschaften anzuwenden ist, kann eine Befreiung von der beschränkten Einkommensteuerpflicht nach Maßgabe des Abschnittes 125 Abs. 3 LStR 1996 in Betracht kommen. Einige DBA beziehen jedoch in die sog. „große Kassenstaatsklausel" auch öffentlich-rechtliche Rundfunkanstalten ein.

Beispiel 9 b: zu Tz. 2.3

Wie **Beispiel 9***, es handelt sich jedoch um selbständig tätige Künstler.*

Die Künstler sind mit ihren Einkünften aus selbständiger Arbeit nicht nach § 49 Abs. 1 Nr. 3 EStG beschränkt steuerpflichtig. Die Tätigkeit wird nicht im Inland verwertet, da bei Vergütungen für Auftritte in Live-Sendungen die künstlerische Tätigkeit im Vordergrund steht.

Beispiel 10: zu Tz. 2.2.2, 2.2.3.1, 2.4

Ein inländischer Fernsehsender erwirbt von einem ausländischen Fußballverein die Live-Ausstrahlungsrechte für ein im Ausland stattfindendes Europacupspiel. Ein ausländischer Fernsehsender überläßt dem inländischen Sender gegen Entgelt das Bildsignal.

Die Vergütung, die der Fußballverein erhält, unterliegt dem Steuerabzug nach § 50a Abs. 4 Satz 1 Nr. 1 i. V. m. § 49 Abs. 1 Nr. 2 Buchst. d EStG in Höhe von 25 v. H.; der Steuerabzug ist vom inländischen Fernsehsender als Vergütungsschuldner vorzunehmen.

Das Entgelt für die Leistung des ausländischen Senders unterliegt gleichfalls dem Steuerabzug nach § 50a Abs. 4 Satz 1 Nr. 1 i. V. m. § 49 Abs. 1 Nr. 2 Buchst. d EStG in Höhe von 25 v. H.; der Steuerabzug ist vom inländischen Fernsehsender vorzunehmen. Die Erstellung des Bildsignals durch den ausländischen Sender ist eine technische Leistung, ohne die die inländische Rundfunkanstalt live nicht ausstrahlen könnte. Sie ist daher eine mit der Verwertung im Inland zusammenhängende Leistung und damit gem. § 49 Abs. 1 Nr. 2 Buchst. d EStG beschränkt steuerpflichtig.

Die Vergütungen des ausländischen Senders und des ausländischen Fußballvereins für die Rechteerwerbe unterfallen grundsätzlich Art. 17 Abs. 2 OECD-MA. Weil die sportliche Tätigkeit nicht im Inland ausgeübt wird, sind dessen Voraussetzungen aber nicht erfüllt. Eine Freistellungsbescheinigung kann nach jedem DBA erteilt werden.

Beispiel 11: zu Tz. 2.2.3.1, 2.4, 2.5, 3.1

Entsprechend dem für alle Mitgliedsverbände verbindlichen Reglement eines europäischen Dach-Sportverbandes mit Sitz im Ausland findet eine Europameisterschaft statt. Der Dachverband betraut den deutschen Landesverband mit der Organisation der Endrunde im Inland. Als Einnahmen sind im Reglement die Erlöse aus **Kartenverkauf***, aus* **Werbung** *und aus dem Verkauf von Maskottchen und Fan-Artikeln (im Reglement als* **Merchandising** *bezeichnet) aufgeführt. Der Landesverband hat seine Erlöse aus Kartenverkauf, Werbung und Merchandising abzüglich eines Selbstbehalts an den Dachverband abzuführen. Nach Beendigung der Endrunde wird der* **Überschuß** *entsprechend dem Reglement auf die in der Endrunde verbliebenen ausländischen Landesverbände sowie auf den deutschen Landesverband verteilt. Das Recht zur Vergabe der* **Fernsehrechte** *steht nach dem Reglement dem Dachverband zu. Der Dachverband hat die Fernsehrechte durch langfristigen Vertrag an eine ausländische Verwertungsgesellschaft übertragen.*

Als Veranstalter der Europameisterschaft kommen

- *der deutsche Landesverband*
- *der europäische Dachverband*

- *beide gemeinsam*
in Betracht (siehe Tz. 3.1).

a) **Einnahmen des Dachverbands aus Kartenverkauf, Werbung und Merchandising**

Der Dachverband stellt den sportrechtlichen Rahmen für die Durchführung der sportlichen Veranstaltung bereit. Diese Leistung ist ein untrennbarer Bestandteil der Veranstaltung. Es spielt keine Rolle, wer durch die in dem Reglement vorgesehene Aufgaben- und Risikoverteilung zwischen Dach- und Landesverband als Veranstalter der Europameisterschaft zu betrachten ist. Die Einnahmen des Dachverbands aus Kartenverkauf, Werbung und Merchandising sind Einkünfte aus sportlichen Darbietungen gem. § 50a Abs. 4 Satz 1 Nr. 1 i. V. m. § 49 Abs. 1 Nr. 2 Buchst. d EStG, die dem Steuerabzug von 25 v. H. unterliegen.

Soweit der Landesverband als Vergütungsschuldner anzusehen ist, hat er die Steuer anzumelden und die einbehaltene Steuer abzuführen.

Soweit der Dachverband selbst die Leistungen (Eintrittskarten, Werberechte, Merchandising) an andere inländische Personen erbringt, sind diese zum Steuerabzug verpflichtet. Soweit er in unmittelbare Rechtsbeziehungen zum Publikum tritt und daher die Einbehaltung der Abzugsteuer faktisch unmöglich ist, ist die Steuer gegenüber dem Dachverband im Wege eines Nachforderungsbescheides zu erheben.

Enthält das DBA keine dem Art. 17 Abs. 2 OECD-MA entsprechende Vorschrift, kann eine Freistellungsbescheinigung erteilt werden.

b) **Verteilung des Überschusses an teilnehmende Landesverbände**

Der vom Dachverband ausgezahlte Überschuß aus der Endrunde an die **ausländischen** Landesverbände, die teilgenommen haben, stellt eine Vergütung für eine sportliche Darbietung im Inland im Sinne des § 49 Abs. 1 Nr. 2 Buchst. d EStG dar, die dem Steuerabzug nach § 50a Abs. 4 Satz 1 Nr. 1 EStG unterliegt. Soweit der Dachverband als Vergütungsschuldner den Steuerabzug nicht ordnungsgemäß vornimmt, haftet er gem. § 50a Abs. 5 Satz 5 EStG. Gegenüber den Vergütungsgläubigern kann ein Nachforderungsbescheid gem. § 50a Abs. 5 Satz 6 EStG erlassen werden.

Enthält das jeweilige DBA keine dem Art. 17 Abs. 2 OECD-MA entsprechende Vorschrift, kann eine Freistellungsbescheinigung erteilt werden.

c) **Fernsehrechte**

Originärer Inhaber der Fernsehübertragungsrechte an der Europameisterschafts-Endrunde ist der Veranstalter (siehe Tz. 2.4). Falls der deutsche Landesverband nach dem Reglement als Allein- oder Mitveranstalter anzusehen ist, hat er seine Fernsehübertragungsrechte bzw. seinen Anteil hieran dem Dachverband zur Verfügung gestellt. Diese Leistung des Landesverbandes ist nur im Rahmen dessen unbeschränkter Steuerpflicht zu berücksichtigen. Für die Besteuerung der Einnahmen aus der Übertragung der Fernsehrechte ist entsprechend dem Reglement davon auszugehen, daß der Dachverband Alleininhaber der Fernsehrechte (geworden) ist. Bei den Fernsehrechten handelt es sich – unabhängig von der Person des Inhabers – nicht um Urheberrechte, sondern um eine Einwilligung in Eingriffe, die der Veranstalter aufgrund seiner Rechtsposition verbieten könnte.

Der Dachverband erzielt durch die Veräußerung der Fernsehrechte (Live-Ausstrahlungsrechte und Aufzeichnungsrechte) an die ausländische Verwertungsgesellschaft Einkünfte durch eine sportliche Darbietung im Inland bzw. durch deren Verwertung nach § 49 Abs. 1 Nr. 2 Buchst. d EStG. Die Einnahmen unterliegen dem Steuerabzug von 25 v. H.

Das Gesamtentgelt, das der Dachverband für die langfristige Vergabe aller Fernsehrechte erzielt, ist aufzuteilen. Von der Gesamtvergütung unterliegt der auf die inländische Darbietung entfallende Teilbetrag der Abzugsteuer. Die ausländische Verwertungsgesellschaft ist, da sie mit Inlandsbezug tätig wird, zum Steuerabzug verpflichtet. Ggf. ist gegen den Dachverband ein Nachforderungsbescheid und/oder gegen die Verwertungsgesellschaft ein Haftungsbescheid zu erlassen.

Vergütungen für Live-Übertragungen fallen unter Art. 17 OECD-MA. Enthält das DBA keine dem Art. 17 Abs. 2 OECD-MA entsprechende Vorschrift, kann eine Freistellungsbescheinigung erteilt werden.

Vergütungen für Aufzeichnungsrechte fallen nicht unter Art. 17 Abs. 2 OECD-MA, sondern Art. 12 OECD-MA. Die Erteilung der Freistellungsbescheinigung hängt vom Inhalt der Lizenzgebührenregelung des jeweiligen DBA ab.

7 Anwendungsregelung

Die vorstehenden Regelungen sind auf Bezüge anzuwenden, die nach dem 31. Dezember 1995 zufließen. Sie ersetzen das BMF-Schreiben vom 30. Mai 1995 (BStBl I S. 337).

V
Steuerabzug bei beschränkt Steuerpflichtigen nach § 50a Abs. 7 EStG

BMF vom 4.3.1996 (BStBl I S. 162)

IV B 4 – S 2303 – 62/96

Im Einvernehmen mit den obersten Finanzbehörden der Länder vertrete ich zum Steuerabzug bei beschränkt Steuerpflichtigen nach § 50a Abs. 7 EStG folgende Auffassung:

Nach dieser Vorschrift kann das Finanzamt den Steueranspruch aus beschränkt steuerpflichtigen Einkünften im Sinne des § 49 EStG, die nicht bereits dem Steuerabzug vom Arbeitslohn oder vom Kapitalertrag oder dem Steuerabzug nach § 50a Absätze 1 bis 4 EStG unterliegen, durch Steuerabzug sicherstellen, wenn er gefährdet erscheint. Der Steuerabzug beträgt 25 v. H. der gesamten Einnahmen, solange der beschränkt Steuerpflichtige dem Finanzamt nicht glaubhaft macht, daß die voraussichtlich geschuldete Steuer niedriger ist.

Über die Anordnung des Steuerabzugs nach § 50a Abs. 7 EStG entscheidet das Finanzamt, das nach § 19 Abs. 2 Satz 2 und § 20 Abs. 4 AO für den beschränkt Steuerpflichtigen örtlich zuständig ist, nach pflichtgemäßem Ermessen. Es ordnet den Steuerabzug gegenüber dem Abzugsverpflichteten an. Abzugsverpflichteter ist der Vergütungsschuldner. Er hat die Steuer für Rechnung des beschränkt Steuerpflichtigen einzubehalten und an das für den beschränkt Steuerpflichtigen zuständige Finanzamt abzuführen. Die Anordnung des Steuerabzugs nach § 50a Abs. 7 EStG hat Vorauszahlungscharakter.

In die Bemessungsgrundlage nach § 50a Abs. 7 EStG ist auch die Umsatzsteuer einzubeziehen. Sonstige Abzüge, z. B. für Betriebsausgaben, sind nicht zulässig. Die Steuer entsteht in dem Zeitpunkt, in dem die Vergütungen, für die ein Steuerabzug nach § 50a Abs. 7 EStG angeordnet ist, dem beschränkt Steuerpflichtigen zufließen. Sind Teilvergütungen bereits vor der Anordnung des Steuerabzugs nach § 50a Abs. 7 EStG an den beschränkt steuerpflichtigen Gläubiger gezahlt worden, so kann der Sicherungseinbehalt, der sich nach der Gesamtvergütung bemißt, von den verbleibenden Teilvergütungen einbehalten werden. Werden Vergütungen nach Anordnung des Steuerabzugs nach § 50a Abs. 7 EStG ohne einen Sicherungseinbehalt an den beschränkt Steuerpflichtigen ausgezahlt, so haftet der Vergütungsschuldner für die Einbehaltung und Abführung der Steuer (§ 50a Abs. 7 Satz 3 EStG).

Übersicht

I Begriff des Kapitalkontos i.S. des § 15a EStG und Begriff der nicht unwahrscheinlichen Vermögensminderung i.S. des § 15a EStG;
hier: Anwendung der BFH-Urteile vom 14.5.1991 – VIII R 31/88 – und – VIII R 111/86 –
BMF vom 20.2.1992 (BStBl I S. 123)

II Zweifelsfragen zu § 15a EStG;
hier: Saldierung von Gewinnen und Verlusten aus dem Gesellschaftsvermögen mit Gewinnen und Verlusten aus dem Sonderbetriebsvermögen
BMF vom 15.12.1993 (BStBl I S. 976)

III § 15a EStG;
Umfang des Kapitalkontos i.S. des § 15a Abs. 1 Satz 1 EStG
BMF vom 30.5.1997 (BStBl I S. 627)

I
Begriff des Kapitalkontos i.S. des § 15a EStG und Begriff der nicht unwahrscheinlichen Vermögensminderung i.S. des § 15a EStG;

hier: Anwendung der BFH-Urteile vom 14.5.1991 – VIII R 31/88 – und – VIII R 111/86 –

BMF vom 20.2.1992 (BStBl I S. 123)

IV B 2 – S 2241a – 8/92

Der Bundesfinanzhof (BFH) hat mit Urteil vom 14. Mai 1991 – VIII R 31/88 – (BStBl II 1992 S. 167) zum Begriff des Kapitalkontos i.S. des § 15a EStG und mit Urteil vom gleichen Tage – VIII R 111/86 – (BStBl II 1992 S. 164) zum Begriff der nicht unwahrscheinlichen Vermögensminderung i.S. des § 15a EStG entschieden. Zu der Frage, welche Folgerungen aus den vorgenannten BFH-Urteilen zu ziehen sind, wird unter Bezugnahme auf das Ergebnis der Erörterungen mit den obersten Finanzbehörden der Länder wie folgt Stellung genommen:

1 Kapitalkonto i.S. des § 15a EStG

1.1 Keine Einbeziehung des Sonderbetriebsvermögens

Mit Urteil vom 14. Mai 1991 – VIII R 31/88 – (BStBl II 1992 S. 167) hat der BFH entschieden, daß bei der Ermittlung des Kapitalkontos i.S. des § 15a EStG das – positive und negative – Sonderbetriebsvermögen des Kommanditisten außer Betracht zu lassen ist. Nach dem BFH-Urteil ist für die Anwendung des § 15a EStG das Kapitalkonto nach der Steuerbilanz der KG unter Berücksichtigung etwaiger Ergänzungsbilanzen maßgeblich. Die bisherige Verwaltungsauffassung, wonach auch das Sonderbetriebsvermögen des Kommanditisten in die Ermittlung des Kapitalkontos i.S. des § 15a EStG einzubeziehen war (vgl. Abschnitt 138 d Abs. 2 EStR 1990), ist überholt.

1.2 Anwendungsregelung

1.2.1 Negatives Sonderbetriebsvermögen

Die Grundsätze des BFH-Urteils vom 14. Mai 1991 – VIII R 31/88 – (BStBl II 1992 S. 167) sind auf negatives Sonderbetriebsvermögen in allen Fällen anzuwenden, in denen ein bestandskräftiger Feststellungsbescheid noch nicht vorliegt. Bei der erstmaligen Anwendung der Grundsätze dieses BFH-Urteils ist bereits in die Ermittlung des Kapitalkontos i.S. des § 15a EStG zu Beginn des Wirtschaftsjahres ein etwaiges Sonderbetriebsvermögen des Kommanditisten nicht mehr einzubeziehen.

1.2.2 Positives Sonderbetriebsvermögen

Soweit einem Kommanditisten ein positives Sonderbetriebsvermögen zugerechnet wird, ist es nicht zu beanstanden, wenn die bisherige Verwaltungsauffassung, nach der das positive Sonderbetriebsvermögen in die Ermittlung des Kapitalkontos i.S. des § 15a EStG einzubeziehen ist, für eine Übergangszeit weiter angewendet wird, jedoch begrenzt auf die Höhe des am 31. Dezember 1991 vorhandenen positi-

Anhang 22

I, II Verluste bei beschränkter Haftung

ven Sonderbetriebsvermögens. Spätestens zu Beginn des letzten im Jahre 1993 endenden Wirtschaftsjahres der KG ist auch das positive Sonderbetriebsvermögen bei der Ermittlung des Kapitalkontos i.S. des § 15a EStG außer Betracht zu lassen.

2 Nicht unwahrscheinliche Vermögensminderung i.S. des § 15a EStG

2.1 Vermutung der Wahrscheinlichkeit einer Vermögensminderung

Mit Urteil vom 14. Mai 1991 – VIII R 111/86 – (BStBl II 1992 S. 164) hat der BFH auch zum Begriff der nicht unwahrscheinlichen Vermögensminderung i.S. des § 15a EStG Stellung genommen. Mit der Eintragung der Haftsumme in das Handelsregister ist danach in der Regel ein echtes wirtschaftliches Risiko für den Kommanditisten verbunden. Eine Vermögensminderung für ihn ist nur dann unwahrscheinlich, wenn die finanzielle Ausstattung der KG und deren gegenwärtige sowie zu erwartende Liquidität im Verhältnis zu dem vertraglich festgelegten Gesellschaftszweck und dessen Umfang so außergewöhnlich günstig ist, daß die finanzielle Inanspruchnahme des zu beurteilenden Kommanditisten nicht zu erwarten ist. Bei der Wertung dieser Voraussetzungen ist nicht allein auf die Verhältnisse am Bilanzstichtag, sondern auch auf die voraussichtliche zukünftige Entwicklung des Unternehmens abzustellen.

Damit ist die von dieser Gesetzesauslegung abweichende bisherige Verwaltungsauffassung überholt, wonach nur in Ausnahmefällen davon auszugehen war, daß eine Vermögensminderung bei dem Kommanditisten aufgrund seiner im Handelsregister eingetragenen, aber noch nicht geleisteten Hafteinlage wahrscheinlich ist. Das gilt auch für die bisherige Verwaltungsauffassung, nach der allein auf die Verhältnisse am Bilanzstichtag abzustellen war. Vgl. hierzu Abschnitt 138d Abs. 3 Sätze 8 bis 11 EStR 1990 und das BMF-Schreiben vom 8. Mai 1981 – BStBl I S. 308 (Tzn. 7 bis 10).

2.2 Anwendungsregelung

Die Grundsätze des BFH-Urteils vom 14. Mai 1991 – VIII R 111/86 – (BStBl II 1992 S. 164) sind in allen Fällen anzuwenden, in denen ein bestandskräftiger Feststellungsbescheid noch nicht vorliegt.

3 Bisherige Verwaltungsanweisungen

Soweit die bisherigen Verwaltungsanweisungen in Abschnitt 138d Abs. 2 und Abs. 3 Sätze 8 bis 11 EStR und in den BMF-Schreiben vom 8. Mai 1981 – BStBl I S. 308 (Tzn. 2 und 7 bis 10), vom 9. Februar 1981 (BStBl I S. 75), vom 14. September 1981 (BStBl I S. 620) und vom 22. Dezember 1989 (BStBl I S. 484) diesem Schreiben entgegenstehen, tritt es an deren Stelle.

II
Zweifelsfragen zu § 15a EStG;

hier: Saldierung von Gewinnen und Verlusten aus dem Gesellschaftsvermögen mit Gewinnen und Verlusten aus dem Sonderbetriebsvermögen

BMF vom 15.12.1993 (BStBl I S. 976)

IV B 2 – S 2241a – 57/93

Zur Frage der Saldierung von Gewinnen und Verlusten aus dem Gesellschaftsvermögen mit Gewinnen und Verlusten aus dem Sonderbetriebsvermögen wird unter Bezugnahme auf das Ergebnis der Erörterungen mit den obersten Finanzbehörden der Länder wie folgt Stellung genommen:

Nach dem Urteil des Bundesfinanzhofs vom 14. Mai 1991 (BStBl 1992 II S. 167) sind das Gesellschaftsvermögen laut Gesellschaftsbilanz einschließlich einer etwaigen Ergänzungsbilanz und das Sonderbetriebsvermögen für die Anwendung des § 15a EStG zu trennen. Deshalb ist das Sonderbetriebsvermögen eines Kommanditisten nicht in die Ermittlung seines Kapitalkontos im Sinne des § 15a EStG einzubeziehen (vgl. BMF-Schreiben vom 20. Februar 1992 – BStBl I S. 123).

Aus der Trennung der beiden Vermögensbereiche folgt, daß
- in die Ermittlung der ausgleichs- und abzugsfähigen Verluste nach § 15a Abs. 1 EStG nur die Verluste aus dem Gesellschaftsvermögen einschließlich einer etwaigen Ergänzungsbilanz ohne vorherige Saldierung mit Gewinnen aus dem Sonderbetriebsvermögen einbezogen werden können; nur ein nach Anwendung des § 15a Abs. 1 EStG verbleibender ausgleichs- und abzugsfähiger Verlust ist mit Gewinnen aus dem Sonderbetriebsvermögen zu saldieren,
- Gewinne späterer Jahre aus dem Gesellschaftsvermögen einschließlich einer etwaigen Ergänzungsbilanz mit verrechenbaren Verlusten der Vorjahre verrechnet werden müssen (§ 15a Abs. 2 EStG) und Verluste aus dem Sonderbetriebsvermögen nur mit einem danach verbleibenden Gewinn aus dem Gesellschaftsvermögen einschließlich einer etwaigen Ergänzungsbilanz ausgeglichen werden können.

Die Abgrenzung zwischen dem Anteil am Gewinn oder Verlust der KG und dem Sonderbilanzgewinn bzw. -verlust richtet sich nach der Abgrenzung zwischen Gesellschafts- und Sonderbetriebsvermögen. Dem Kommanditisten gutgeschriebene Tätigkeitsvergütungen beruhen im Hinblick auf § 164 HGB mangels anderweitiger Vereinbarungen im Zweifel auf schuldrechtlicher Basis und sind damit als Sondervergütungen zu behandeln. Sie zählen hingegen zum Gewinnanteil aus der Personengesellschaft, wenn die Tätigkeit auf gesellschaftsrechtlicher Basis geleistet wird (vgl. BFH-Urteile vom 14. November 1985 – BStBl 1986 II S. 58, vom 7. April 1987 – BStBl II S. 707 und vom 10. Juni 1987 – BStBl II S. 816).

Solange für einen Kommanditisten aufgrund der Übergangsregelung in dem BMF-Schreiben vom 20. Februar 1992 (BStBl I S. 123) das positive Sonderbetriebsvermögen in die Ermittlung des Kapitalkontos i.S. des § 15a EStG einbezogen wird, können weiterhin Verluste aus dem Gesellschaftsvermögen unter Einbeziehung einer etwaigen Ergänzungsbilanz mit Gewinnen des Kommanditisten aus dem Sonderbetriebsvermögen verrechnet werden, so daß nur der verbleibende Verlust der Beschränkung des § 15a Abs. 1 EStG unterliegt. In diesen Fällen können Gewinne aus dem Sonderbetriebsvermögen auch mit verrechenbaren Verlusten der Vorjahre verrechnet werden (§ 15a Abs. 2 EStG).

Für Entnahmen aus dem Sonderbetriebsvermögen während der Anwendung der Übergangsregelung in dem BMF-Schreiben vom 20. Februar 1992 (BStBl I S. 123) kommt auch eine Gewinnzurechnung aufgrund von Einlageminderungen unter den Voraussetzungen des § 15a Abs. 3 EStG in Betracht.

III

§ 15a EStG;

hier: Umfang des Kapitalkontos i.S. des § 15a Abs. 1 Satz 1 EStG

BMF vom 30.5.1997 (BStBl I S. 627)

IV B 2 – S 2241a – 51/93 II

Mit Urteil vom 14. Mai 1991 (BStBl 1992 II S. 167) hat der BFH entschieden, daß bei der Ermittlung des Kapitalkontos i.S. des § 15a EStG das – positive und negative – Sonderbetriebsvermögen des Kommanditisten außer Betracht zu lassen ist. Nach dem Urteil ist für die Anwendung des § 15a EStG das Kapitalkonto nach der Steuerbilanz der KG unter Berücksichtigung etwaiger Ergänzungsbilanzen maßgeblich. Die bisherige Verwaltungsauffassung, wonach auch das Sonderbetriebsvermögen des Kommanditisten in die Ermittlung des Kapitalkontos i.S. des § 15a EStG einzubeziehen war (vgl. Abschnitt 138 d Abs. 2 EStR 1990), ist überholt (vgl. BMF-Schreiben vom 20. Februar 1992, BStBl I S. 123 – nebst der darin getroffenen Übergangsregelung).

Zu der Frage, wie der Umfang des Kapitalkontos i.S. des § 15a Abs. 1 Satz 1 EStG unter Zugrundelegung dieser Rechtsprechung zu bestimmen ist, nehme ich unter Bezugnahme auf das Ergebnis der Erörterungen mit den obersten Finanzbehörden der Länder wie folgt Stellung:

Das Kapitalkonto i.S. des § 15a Abs. 1 Satz 1 EStG setzt sich aus dem Kapitalkonto des Gesellschafters in der Steuerbilanz der Gesellschaft und dem Mehr- oder Minderkapital aus einer etwaigen positiven oder negativen Ergänzungsbilanz des Gesellschafters (BFH-Urteil vom 30. März 1993, BStBl II S. 706) zusammen. Bei der Ermittlung des Kapitalkontos sind im einzelnen folgende Positionen zu berücksichtigen:

1. Geleistete Einlagen; hierzu rechnen insbesondere erbrachte Haft- und Pflichteinlagen, aber auch z. B. verlorene Zuschüsse zum Ausgleich von Verlusten. Pflichteinlagen gehören auch dann zum Kapitalkonto i.S. des § 15a Abs. 1 Satz 1 EStG, wenn sie unabhängig von der Gewinn- oder Verlustsituation verzinst werden.
2. In der Bilanz ausgewiesene Kapitalrücklagen. Wenn eine KG zur Abdeckung etwaiger Bilanzverluste ihr Eigenkapital vorübergehend durch Kapitalzuführung von außen im Wege der Bildung einer Kapitalrücklage erhöht, so verstärkt sich das steuerliche Eigenkapital eines jeden Kommanditisten nach Maßgabe seiner Beteiligung an der Kapitalrücklage.
3. In der Bilanz ausgewiesene Gewinnrücklagen. Haben die Gesellschafter einer KG durch Einbehaltung von Gewinnen Gewinnrücklagen in der vom Gesellschaftsvertrag hierfür vorgesehenen Weise gebildet, so verstärkt sich das steuerliche Eigenkapital eines jeden Kommanditisten nach Maßgabe seiner Beteiligung an der Gewinnrücklage.

   Der Umstand, daß durch die Bildung von Kapital- (siehe Nr. 2) und Gewinnrücklagen das steuerliche Eigenkapital der KG nur vorübergehend verstärkt und die Haftung im Außenverhältnis nicht nachhaltig verbessert wird, ist für die Zugehörigkeit ausgewiesener Kapital- und Gewinnrücklagen zum Kapitalkonto i.S. des § 15a Abs. 1 Satz 1 EStG ohne Bedeutung.
4. **Beteiligungskonto in Abgrenzung zu einem Forderungskonto (Darlehenskonto)**

   Nach § 167 Abs. 2 HGB wird der Gewinnanteil des Kommanditisten seinem Kapitalanteil nur so lange gutgeschrieben, wie dieser die Höhe der vereinbarten Pflichteinlage nicht erreicht. Nach § 169 HGB sind nicht abgerufene Gewinnanteile des Kommanditisten, soweit sie seine Einlage übersteigen, außerhalb seines Kapitalanteils gutzuschreiben. In diesem Fall sind die auf einem weiteren Konto (Forderungskonto oder Darlehenskonto) ausgewiesenen Gewinnanteile dem Sonderbetriebsvermögen des Kommanditisten zuzuordnen, weil sie ein selbständiges Forderungsrecht des Kommanditisten gegenüber der Gesellschaft begründen.

   § 169 HGB kann jedoch durch Gesellschaftsvertrag abbedungen werden. Die Vertragspraxis hat daher ein System kombinierter Kapitalanteile mit geteilten Kapitalkonten entwickelt. Die Kapitalbeteiligung, das Stimmrecht und die Gewinn- bzw. Verlustbeteiligung richten sich regelmäßig nach dem Verhältnis der festen Kapitalanteile, wie sie auf dem sog. Kapitalkonto I ausgewiesen werden. Auf diesem Konto wird in der Regel der ursprünglich vereinbarte Pflichteinlage gebucht. Daneben wird ein zweites variables Gesellschafterkonto geführt, das eine Bezeichnung wie Kapitalkonto II, Darlehenskonto, Kontokorrentkonto o.a. zu tragen pflegt. Dieses Konto dient dazu, über das Kapitalkonto I hinausgehende Einlagen, Entnahmen oder Gewinn- und Verlustanteile auszuweisen. Es kann aber auch Gesellschafterdarlehen aufnehmen (BFH-Urteil vom 3. Februar 1988 – BStBl II S. 551). Soweit deshalb ein Gesellschaftsvertrag die Führung mehrerer Gesellschafterkonten vorschreibt, kann nicht mehr die Rechtslage nach dem HGB zugrunde gelegt werden. Vielmehr ist entscheidend darauf abzustellen, welche Rechtsnatur das Guthaben auf dem gesellschaftsvertraglich vereinbarten zweiten Gesellschafterkonto hat (BFH-Urteil vom 3. Februar 1988, a. a. O.).

   Werden auch Verluste auf dem separat geführten Gesellschafterkonto verrechnet, so spricht dies grundsätzlich für die Annahme eines im Gesellschaftsvermögen gesamthänderisch gebundenen Guthabens. Denn nach § 120 Abs. 2 HGB besteht der Kapitalanteil begrifflich aus der ursprünglichen Einlage und den stehengelassenen Gewinnen, vermindert um Verluste sowie Entnahmen. Damit werden stehengelassene Gewinne wie eine Einlage behandelt, soweit vertraglich nicht etwas anderes vereinbart ist; sie begründen keine Forderung des Gesellschafters gegen die Gesellschaft. Verluste mindern die Einlage und mindern nicht eine Forderung des Gesellschafters gegen die Gesellschaft. Insoweit fehlt es an den Voraussetzungen der §§ 362 bis 397 BGB. Die Einlage einschließlich der stehengelassenen Gewinne und abzüglich der Verluste und der Entnahmen stellt damit für die Gesellschaft Eigen- und nicht Fremdkapital dar. Deshalb läßt sich die Verrechnung von Verlusten auf dem separat geführten Gesellschafterkonto mit der Annahme einer individualisierten Gesellschafterforderung nur vereinbaren, wenn der Gesellschaftsvertrag dahin verstanden werden kann, daß die Gesellschafter im Verlustfall eine Nachschußpflicht trifft und die nachzuschießenden Beträge durch Aufrechnung mit Gesellschafterforderungen zu erbringen sind (BFH-Urteil vom 3. Februar 1988, a. a. O.).

   Sieht der Gesellschaftsvertrag eine Verzinsung der separat geführten Gesellschafterkonten im Rahmen der Gewinnverteilung vor, so spricht dies weder für noch gegen die Annahme individualisierter Gesellschafterforderungen, weil eine Verzinsung von Fremdkapital (§ 110, § 111 HGB) und eine Verzinsung der Kapitalanteile im Rahmen der Gewinnverteilung (§ 121 Abs. 1 und 2, § 168 Abs. 1 HGB) gleichermaßen üblich und typisch sind. Sieht der Gesellschaftsvertrag eine Ermäßigung der Verzinsung entsprechend der Regelung in § 121 Abs. 1 Satz 2 HGB vor, so spricht dies allerdings für die Annahme eines noch zum Gesellschaftsvermögen gehörenden Guthabens (BFH-Urteil vom 3. Februar 1988, a. a. O.).

Ob ein Gesellschafterdarlehen zum steuerlichen Eigenkapital der Gesellschaft oder zum steuerlichen Sonderbetriebsvermögen des Gesellschafters gehört, läßt sich danach nur anhand der Prüfung der Gesamtumstände des Einzelfalls anhand der vom BFH aufgezeigten Kriterien entscheiden. Ein wesentliches Indiz für die Abgrenzung eines Beteiligungskontos von einem Forderungskonto ist, ob – nach der gesellschaftsvertraglichen Vereinbarung – auf dem jeweiligen Kapitalkonto auch Verluste verbucht werden.

5. **Verlustvortrag in Abgrenzung zu Darlehen der Gesellschaft an den Gesellschafter**

    Nach § 167 Abs. 3 HGB nimmt der Kommanditist an dem Verlust nur bis zum Betrag seines Kapitalanteils und seiner noch rückständigen Einlage teil. Getrennt geführte Verlustvortragskonten mindern regelmäßig das Kapitalkonto des Kommanditisten i.S. des § 15a Abs. 1 Satz 1 EStG. Dies gilt **auch**, wenn die Regelung des § 167 Abs. 3 HGB von den Gesellschaftern abbedungen wird, so daß den Gesellschafter **im Verlustfall** eine Nachschußpflicht trifft. Derartige Verpflichtungen berühren die Beschränkung des Verlustausgleichs nach § 15a EStG nicht. Die Forderung der Gesellschaft gegen den Gesellschafter auf Übernahme bzw. Ausgleich des Verlustes entspricht steuerlich einer Einlageverpflichtung des Kommanditisten (BFH-Urteil vom 14. Dezember 1995, BStBl 1996 II S. 226) und ist damit erst bei tatsächlicher Erbringung in das Gesamthandsvermögen zu berücksichtigen (BFH-Urteil vom 11. Dezember 1990, BStBl. 1992 II S. 232). Dem zur Verlustübernahme verpflichteten Gesellschafter ist steuerlich zum Bilanzstichtag im Verlustentstehungsjahr ein Verlustanteil zuzurechnen, der zu diesem Stichtag auch sein Kapitalkonto i.S. des § 15a Abs. 1 Satz 1 EStG vermindert. Eine Berücksichtigung der Verpflichtung im Sonderbetriebsvermögen ist nicht möglich (BFH-Urteil vom 14. Dezember 1995, a. a. O.).

6. Außer Betracht zu lassen sind kapitalersetzende Darlehen. Handels- und steuerrechtlich sind eigenkapitalersetzende Darlehen als Fremdkapital zu behandeln; eine Gleichbehandlung mit Eigenkapital ist nicht möglich (BFH-Urteil vom 5. Februar 1992 – BStBl II S. 532).

Dieses Schreiben ersetzt mein Schreiben vom 24. November 1993 – IV B 2 – S 2241a – 51/93 – (BStBl I S. 934).

Anhang 23

Vermietung und Verpachtung

Übersicht

I Negative Einkünfte aus der Vermietung und Verpachtung im Rahmen von sog. Bauherrenmodellen und vergleichbaren Modellen sowie geschlossenen Immobilienfonds
BMF vom 31.8.1990 (BStBl I S. 366)

II Verfahren bei der Geltendmachung von negativen Einkünften aus der Beteiligung an Verlustzuweisungsgesellschaften und vergleichbaren Modellen
BMF vom 13.7.1992 (BStBl I S. 404)
BMF vom 28.6.1994 (BStBl I S. 420)

III Einkunftserzielung bei den Einkünften aus Vermietung und Verpachtung
BMF vom 23.7.1992 (BStBl I S. 434)

IV Einkunftsermittlung bei im Betriebsvermögen gehaltenen Beteiligungen an vermögensverwaltenden Personengesellschaften
BMF vom 29.4.1994 (BStBl I S. 282)

V Abgrenzung der Eigen- und Fremdnutzung bei Ferienwohnungen
BMF vom 4.5.1994 (BStBl I S. 285)

VI Sinngemäße Anwendung des § 15a Abs. 5 Nr. 2 2. Alt. EStG bei den Einkünften aus Vermietung und Verpachtung von Gesellschaften bürgerlichen Rechts;
hier: Anwendung der BFH-Urteile vom 17.12.1992 und vom 30.11.1993 (BStBl 1994 II S. 490, 492, 496)
BMF vom 30.6.1994 (BStBl I S. 355)

VII Zurechnung von Einkünften aus Vermietung und Verpachtung bei Treuhandverhältnissen;
BFH-Urteil vom 27.1.1993 (BStBl 1994 II S. 615)
BMF vom 1.9.1994 (BStBl I S. 604)

VIII Ertragsteuerliche Beurteilung von Aufwendungen eines geschlossenen Immobilienfonds im Zusammenhang mit dem Erwerb eines Grundstücks; rechtliche Einordnung der aufzubringenden Eigenkapitalvermittlungsprovision; Anwendung des BFH-Urteils vom 11. Januar 1994 (BStBl 1995 II S. 166)
BMF vom 1.3.1995 (BStBl I S. 167)

IX Einkommensteuerrechtliche Behandlung in einem Betrag gezahlter Erbbauzinsen bei den Einkünften aus Vermietung und Verpachtung
BMF vom 10.12.1996 (BStBl I S. 1440)

X Abgrenzung von Herstellungs- und Erhaltungsaufwendungen bei Instandsetzung und Modernisierung von Gebäuden
BMF vom 16.12.1996 (BStBl I S. 1442)

XI Anwendung des Werbungskosten-Pauschbetrags nach § 9a Satz 1 Nr. 2 EStG bei den Einkünften aus Vermietung und Verpachtung
BMF vom 23.9.1997 (BStBl I S. 895)

XII Einkommensteuerrechtliche Behandlung des Nießbrauchs und anderer Nutzungsrechte bei Einkünften aus Vermietung und Verpachtung
BMF vom 24.7.1998 (BStBl I S. 914)

I

Negative Einkünfte aus der Vermietung und Verpachtung im Rahmen von sog. Bauherrenmodellen und vergleichbaren Modellen sowie geschlossenen Immobilienfonds

BMF vom 31.8.1990 (BStBl I S. 366)

IV B 3 – S 2253 a – 49 / 90

Unter Bezugnahme auf das Ergebnis der Erörterungen mit den obersten Finanzbehörden der Länder wird zu der Frage der einkommensteuerrechtlichen Behandlung von Einkünften aus der Vermietung und Verpachtung aufgrund der Errichtung, Sanierung, Modernisierung oder des Erwerbs von Gebäuden und Eigentumswohnungen im Rahmen von Gesamtobjekten (§ 1 Abs. 1 Nr. 2 der Verordnung zu

§ 180 Abs. 2 AO), von vergleichbaren Modellen mit nur einem Kapitalanleger sowie von sog. geschlossenen Immobilienfonds wie folgt Stellung genommen:

I. Gesamtobjekte und vergleichbare Modelle mit nur einem Kapitalanleger

1 Abgrenzung des Bauherrn zum Erwerber

1.1 Der Anleger, der sich aufgrund eines von den Projektanbietern vorformulierten Vertragswerks beteiligt und sich bei den damit zusammenhängenden Rechtsgeschäften durch die Projektanbieter oder von ihnen eingeschalteten sonstigen Personen (z. B. Treuhänder, Geschäftsbesorger, Betreuer) umfassend vertreten läßt, ist regelmäßig nicht Bauherr, sondern Erwerber des bebauten und gegebenenfalls sanierten oder modernisierten Grundstücks (BFH-Urteil vom 14.11.1989, BStBl 1990 II S. 299, m.w.N.). Das gilt auch, wenn der Anleger unter Verzicht auf eine dazu bevollmächtigte Person die Verträge selbst unterzeichnet, falls die Verträge vorher vom Projektanbieter bereits ausgehandelt bzw. vorformuliert worden sind, oder wenn die vertraglichen Vereinbarungen vorsehen, daß einzelne der in dem Vertragswerk angebotenen Leistungen abgewählt werden können.

1.2 Der Anleger ist nur Bauherr, wenn er auf eigene Rechnung und Gefahr ein Gebäude baut oder bauen läßt und das Baugeschehen beherrscht (BFH-Urteil vom 14.11.1989, a. a. O., vgl. auch BFH-Urteil vom 13.9.1989, BStBl II S. 986). Der Bauherr muß das umfassend zu verstehende Bauherrenwagnis, d.h. wirtschaftlich das für die Durchführung des Bauvorhabens auf seinem Grundstück typische Risiko, tragen, sowie rechtlich und tatsächlich die Planung und Ausführung in der Hand haben. Das ist regelmäßig nicht der Fall, wenn eine Vielzahl von Wohnungen oder gleichförmig ausgestalteten Wohngebäuden nach einem bereits vor Beitritt des einzelnen Anlegers ausgearbeiteten Vertragswerk errichtet werden und der einzelne Anleger demzufolge weder die Vertragsgestaltung noch die Vertragsdurchführung wesentlich beeinflussen kann.

1.3 Die Entscheidung darüber, ob die Voraussetzungen für die Erwerber- oder Bauherreneigenschaft vorliegen, ist nach dem Gesamtbild unter Berücksichtigung aller Umstände des Einzelfalls zu treffen, und zwar unabhängig von den in den Verträgen gewählten Bezeichnungen nach dem wirklichen Gehalt der von den Beteiligten getroffenen Vereinbarungen und deren tatsächlicher Durchführung.

1.4 Wird für den Gesamtaufwand (einschließlich der bis zur Fertigstellung des Bauobjekts angefallenen Finanzierungskosten) ein Höchstpreis vereinbart, über den nach Abschluß der Bauarbeiten nicht gegenüber dem Beteiligten selbst detailliert Rechnung gelegt zu werden braucht, ist der Beteiligte ebenfalls Erwerber. Das gilt auch, wenn die tatsächlichen Baukosten zwar abgerechnet werden, der Unterschiedsbetrag zu dem vereinbarten Höchstpreis jedoch als Gebühr für die Höchstpreisgarantie beansprucht wird.

2 Allgemeines zur rechtlichen Einordnung der aufzubringenden Kosten

2.1 Die mit der Errichtung und dem Vertrieb der Objekte befaßten Personen sind regelmäßig bestrebt, möglichst hohe Werbungskosten auszuweisen. Hierzu wird der Gesamtaufwand durch eine Vielzahl von Verträgen und durch Einschaltung zahlreicher, zum Teil finanziell und personell verbundener Unternehmen aufgespalten. Die geltend gemachten Aufwendungen können, auch wenn sie im Einzelfall nach dem Wortlaut der Vereinbarungen Werbungskosten sind, nicht als solche anerkannt werden, wenn sie in Wirklichkeit für andere als die in den Verträgen bezeichneten Leistungen gezahlt werden, die nicht zu Werbungskosten führen können. Die vereinbarten Kosten sind deshalb nicht nach der vertraglichen Bezeichnung, sondern nach dem tatsächlichen wirtschaftlichen Gehalt der erbrachten Leistungen zu beurteilen (vgl. BFH-Urteil vom 29.10.1985, BStBl 1986 II S. 217).

Diese Beurteilung ist auch vorzunehmen, wenn Leistungen, die zu Anschaffungs- oder Herstellungskosten führen, nicht oder zu niedrig berechnet werden. Erfahrungsgemäß erfolgt in diesen Fällen ein Ausgleich, der dem tatsächlichen wirtschaftlichen Gehalt der Leistungen entspricht.

Die Beurteilung nach dem tatsächlichen wirtschaftlichen Gehalt ist auch dann maßgebend, wenn für den Teil der Aufwendungen, der den Werbungskosten zuzurechnen ist, im folgenden Vom-Hundert-Sätze oder Bruchteile angegeben werden.

2.2 Der Anleger muß im einzelnen nachweisen, welche tatsächlichen Leistungen an ihn erbracht worden sind und welches Entgelt er dafür leisten mußte.

2.3 Soweit für Werbungskosten nachfolgend Vom-Hundert-Sätze oder Bruchteile angegeben sind, handelt es sich um Nettobeträge (ohne Umsatzsteuer).

Anhang 23

3 Rechtliche Einordnung der vom Erwerber aufzubringenden Kosten

3.1 Die Kosten, die der Erwerber im Zusammenhang mit der Errichtung, Sanierung oder Modernisierung des Gebäudes oder der Eigentumswohnung aufzubringen hat, können Anschaffungskosten des Grund und Bodens, Anschaffungskosten des Gebäudes oder der Eigentumswohnung oder sofort abziehbare Werbungskosten sein.

Zu den einzelnen Aufwendungen gilt folgendes:

3.2 Anschaffungskosten

3.2.1 Zu den Anschaffungskosten gehören grundsätzlich alle auf Grund des vorformulierten Vertragswerks an die Anbieterseite geleisteten Aufwendungen, die auf den Erwerb des Grundstücks mit dem bezugsfertigen Gebäude gerichtet sind, insbesondere die Baukosten für die Errichtung des Gebäudes, die Baubetreuungsgebühren, Treuhandgebühren, Finanzierungsvermittlungsgebühren, Zinsfreistellungsgebühren, Gebühren für die Vermittlung des Objekts oder Eigenkapitals und des Treuhandauftrags, Abschlußgebühren, Courtage, Agio, Beratungs- und Bearbeitungsgebühren, Plazierungsgarantiegebühren, Kosten für die Ausarbeitung der technischen, wirtschaftlichen und steuerlichen Grundkonzeption, für die Werbung der Bauinteressenten, für die Prospektprüfung und sonstige Vorbereitungskosten sowie Gebühren für die Übernahme von Garantien und Bürgschaften (vgl. BFH-Urteil vom 14.11.1989, a. a. O.).

Eine Aufspaltung dieser Aufwendungen in sofort abziehbare Werbungskosten und Anschaffungskosten danach, ob sie auf die Finanzierung, die steuerliche Beratung oder die Errichtung des Gebäudes entfallen, kommt nicht in Betracht (vgl. BFH-Urteil vom 14.11.1989, a. a. O.).

3.2.2 Besonderheit bei Baumaßnahmen i.S. der §§ 7h und 7i EStG

Der Gesamtaufwand ist, soweit das eindeutig möglich ist, unmittelbar dem Grund und Boden, der Altbausubstanz des Gebäudes, den bescheinigten Baumaßnahmen i.S. der §§ 7h, 7i EStG, den übrigen Baumaßnahmen und den sofort abziehbaren Werbungskosten zuzuordnen. Aufwendungen, die sich nicht eindeutig zuordnen lassen, sind auf die Kostenarten, mit denen sie zusammenhängen, aufzuteilen. Die Aufteilung erfolgt im Verhältnis der auf diese Kostenarten eindeutig entfallenden Kosten. Die eindeutig den bescheinigten Baumaßnahmen i.S. der §§ 7h, 7i EStG zuzuordnenden Aufwendungen zuzüglich der nach den vorstehenden Grundsätzen ermittelten Anteile der nicht eindeutig zuzuordnenden Anschaffungskosten, die den Aufwendungen für bescheinigte Baumaßnahmen i.S. der §§ 7h, 7i EStG zuzurechnen sind, ergeben die begünstigten Anschaffungskosten i.S. der §§ 7h, 7i EStG.

Ist der Erwerber dem Gesamtobjekt erst nach Beginn der begünstigten Baumaßnahmen i.S. der §§ 7h, 7i EStG beigetreten, gehören die Aufwendungen für Baumaßnahmen, soweit sie bis zu seinem Beitritt durchgeführt worden sind, zu den nicht begünstigten Anschaffungskosten.

Der Erwerber hat die Aufteilung darzulegen. Ist er später beigetreten, hat er darzulegen, inwieweit die anteilig den Baumaßnahmen i.S. der §§ 7h, 7i EStG zuzurechnenden Aufwendungen auf Maßnahmen entfallen, die nach dem rechtswirksamen Abschluß des obligatorischen Erwerbsvertrags oder eines gleichstehenden Rechtsakts durchgeführt worden sind.

3.3 Werbungskosten

Aufwendungen, die nicht auf den Erwerb des Grundstücks mit dem bezugsfertigen Gebäude gerichtet sind und die auch der Erwerber eines bebauten Grundstücks außerhalb eines Gesamtobjekts als Werbungskosten abziehen könnte, sind nicht den Anschaffungskosten des Objekts zuzurechnen.

Werden sie an die Anbieterseite geleistet, sind sie unter den nachfolgenden Voraussetzungen Werbungskosten (vgl. BFH-Urteil vom 14.11.1989, a. a. O.):

a) Bereits vor der Zahlung müssen klare Vereinbarungen über den Grund und die Höhe dieser Aufwendungen bestehen.

b) Die vereinbarten Leistungen und das jeweils zugehörige Entgelt müssen den tatsächlichen Gegebenheiten entsprechen; der Rechtsgedanke des § 42 AO darf dem Werbungskostenabzug in der begehrten Höhe nicht entgegenstehen.

c) Die Aufwendungen müssen von den übrigen Aufwendungen, die mit der Anschaffung des Erwerbsgegenstandes in Zusammenhang stehen, einwandfrei abgrenzbar sein.

d) Die Vergütung darf nur dann zu zahlen sein, wenn der Anleger die Gegenleistung in Anspruch nimmt.

e) Die rechtliche und tatsächliche Abwahlmöglichkeit der Leistung und die dann eintretende Ermäßigung des Gesamtpreises muß in dem Vertrag klar und eindeutig zum Ausdruck kommen.

3.3.1 Zinsen der Zwischen- und Endfinanzierung

Zinsen und Bearbeitungskosten des Kreditinstituts sind, wenn der Anleger sie aufgrund eigener Verpflichtung gegenüber dem Darlehensgeber zahlt, Entgelt für die Überlassung des Kredits und damit Werbungskosten.

Eine andere Beurteilung ist jedoch z. B. dann geboten, wenn hinsichtlich der Bauzeitzinsen eine Vereinbarung mit der Anbieterseite besteht, nach der eine bestimmte Zinsbelastung garantiert wird, und hierbei höhere Zinsen vom Garantiegeber getragen, niedrigere Zinsen jedoch dem Erwerber nicht erstattet werden. In einem derartigen Fall stellen die vom Darlehensnehmer zu zahlenden Zinsen und die Gebühr für die Zinsgarantie lediglich einen Kalkulationsbestandteil des Gesamtpreises und damit Anschaffungskosten dar.

3.3.2 Vorauszahlung von Schuldzinsen

Zinsen sind im Regelfall spätestens am Ende des jeweiligen Jahres zu entrichten. Bei einer Vorauszahlung liegt ein Zahlungsabfluß nur vor, wenn für die Vorauszahlung ein wirtschaftlich vernünftiger Grund maßgebend ist. Hiervon kann ausgegangen werden, wenn Schuldzinsen für einen Zeitraum von nicht mehr als zwölf Monaten vorausgezahlt werden. Bei einer Vorauszahlung für einen Zeitraum von mehr als zwölf Monaten ist der wirtschaftlich vernünftige Grund vom Steuerpflichtigen im Einzelfall darzulegen. Bestehen für die Vorauszahlung von Schuldzinsen für einen Zeitraum von mehr als einem Jahr keine vernünftigen wirtschaftlichen Gründe, sind die vorausgezahlten Schuldzinsen anteilig in den Jahren als Werbungskosten abziehbar, zu denen sie wirtschaftlich gehören.

3.3.3 Zinsfreistellungsgebühren

Vereinbarungen, nach denen der Anleger für mehrere Jahre von Zinszahlungsverpflichtungen gegenüber dem Darlehensgläubiger gegen Entrichtung von Gebühren an diesen freigestellt wird, haben den Charakter eines zusätzlichen Darlehens. Die gezahlten Gebühren sind deshalb anteilig in den Jahren als Werbungskosten abziehbar, für die der Anleger von Zinszahlungsverpflichtungen freigestellt worden ist.

3.3.4 Damnum, Disagio, Bearbeitungs- und Auszahlungsgebühren

Diese Aufwendungen sind in Höhe des vom jeweiligen Darlehensnehmer an das Kreditinstitut gezahlten Betrags als Werbungskosten abziehbar, soweit unter Berücksichtigung der jährlichen Zinsbelastung die marktüblichen Beträge nicht überschritten werden. Der über die marktüblichen Beträge hinausgehende Teil ist auf den Zinsfestschreibungszeitraum bzw. bei dessen Fehlen auf die Laufzeit des Darlehens zu verteilen. Eine Zinsvorauszahlung ist regelmäßig anzunehmen, wenn der Nominalzins ungewöhnlich niedrig und das Damnum entsprechend hoch bemessen sind.

Aus Vereinfachungsgründen kann von der Marktüblichkeit ausgegangen werden, wenn für ein Darlehen mit einem Zinsfestschreibungszeitraum von mindestens fünf Jahren ein Damnum in Höhe von bis zu 10 v. H. vereinbart worden ist. Ist ein Damnum nicht mehr als drei Monate vor Auszahlung der Darlehensvaluta oder einer ins Gewicht fallenden Teilauszahlung des Darlehens geleistet worden, kann davon ausgegangen werden, daß ein wirtschaftlich vernünftiger Grund besteht (BFH-Urteil vom 3.2.1987, BStBl II S. 492).

3.3.5 Kosten der Darlehenssicherung

Die anteiligen Notariats- und Grundbuchkosten für die Darlehenssicherung sind in der Höhe sofort abziehbare Werbungskosten, in der sie an den Notar und das Grundbuchamt abgeführt worden sind.

3.3.6 Gebühren für die Übernahme von Garantien und Bürgschaften im Zusammenhang mit der Vermietung

Die Anerkennung von Gebühren für die Übernahme von Garantien und Bürgschaften als Werbungskosten setzt stets voraus, daß das vom Garantiegeber oder Bürgen getragene Risiko im Verhältnis zu der dafür erhobenen Gebühr als eine wirtschaftlich ernsthafte Gegenleistung anzusehen ist. Außerdem muß der Garantiegeber oder Bürge wirtschaftlich (einkommens- und vermögensmäßig) in der Lage sein, die Garantieverpflichtung zu erfüllen. Alle diese Voraussetzungen sind vom Anleger darzulegen.

Gebühren für die erstmalige Vermietung des Objekts sind Werbungskosten, soweit sie die ortsübliche Maklerprovision nicht überschreiten. Im allgemeinen kann eine Gebühr in Höhe von bis zu zwei Monatsmieten als angemessen angesehen werden.

An einer wirtschaftlich ernsthaften Gegenleistung fehlt es, wenn z. B. das Objekt schon von der Planung her für einen ganz bestimmten Mieter errichtet werden soll oder wenn bereits zum Beitrittszeitpunkt des Anlegers ein Mietvertrag oder eine entsprechende Vorvereinbarung mit dem Mieter bestand. Eine Mietervermittlungsgebühr ist auch nicht anzuerkennen, wenn der Vermittler mit dem Mieter identisch oder wirtschaftlich verflochten ist, der Anleger das Objekt selbst bezieht oder aus anderen Gründen die angebotenen Leistungen nicht in Anspruch nimmt. In diesen Fällen stellen die erhobenen Gebühren anteilig Anschaffungskosten des Grund und Bodens und des Gebäudes oder der Eigentumswohnung dar.

Gebühren für die Mietgarantie sind Werbungskosten, wenn tatsächlich ein Mietausfallwagnis besteht. Bei dem üblicherweise vereinbarten Garantiezeitraum von fünf Jahren kann das wirtschaftliche Risiko durch eine Gebühr bis zur Höhe von vier Monatsmieten als abgedeckt angesehen werden. War das Objekt im Zeitpunkt des Vertragsabschlusses bereits vermietet, muß das Risiko entsprechend geringer bewertet werden; es ist regelmäßig mit einer Gebühr in Höhe von bis zu zwei Monatsmieten angemessen abgegolten.

3.3.7 Gebühren im Zusammenhang mit der Endfinanzierung

Geldbeschaffungskosten, Bürgschafts- und Garantiegebühren für die Endfinanzierung sind unter den Voraussetzungen der Tz. 3.3.6 Abs. 1 sowie der Tzn. 4.1.1 und 4.1.6 als Werbungskosten abzuziehen. Die Tzn. 4.1.1 und 4.1.6 sind für die Bestimmung der Höhe des abziehbaren Betrags entsprechend anzuwenden.

3.3.8 Vergütungen an Steuer- und Rechtsberater

Beratungskosten im Zusammenhang mit der Anschaffung des Grund und Bodens oder der Errichtung des Gebäudes oder der Eigentumswohnung sind den jeweiligen Anschaffungskosten zuzurechnen. Soweit auch der Erwerber eines bebauten Grundstücks außerhalb eines Gesamtobjekts die Gebühren sofort als Werbungskosten abziehen könnte, können sie, insbesondere, soweit die Leistungen den Zeitraum nach Bezugsfertigkeit betreffen (z. B. Abgabe von Feststellungserklärungen, Rechtsbehelfsverfahren), als Werbungskosten berücksichtigt werden. Ist der Steuer- und Rechtsberater zugleich Vermittler, Initiator oder Treuhänder, ist bei vereinbarter gesonderter Berechnung der Gebühren zu prüfen, ob die Gebühren dem jeweiligen Leistungsumfang angemessen sind. Ist für die Vermittler-, Initiatoren- oder Treuhandtätigkeit und die Steuer- und Rechtsberatungstätigkeit ein Gesamthonorar vereinbart, gehören die Gebühren zu den Anschaffungskosten. Das gilt auch, wenn ein pauschales Steuer- und Rechtsberatungshonorar, das die Zeit vor und nach Bezugsfertigkeit umfaßt, vereinbart worden ist und die Tätigkeit vor Bezugsfertigkeit mit der Anschaffung des bebauten Grundstücks wirtschaftlich zusammenhängt.

3.3.9 Beiträge zu Sach- und Haftpflichtversicherungen

Beiträge zu den Sach- und Haftpflichtversicherungen für während der Bauzeit eintretende Schäden sind Werbungskosten, soweit sie der Erwerber als Versicherungsnehmer gezahlt hat.

4 **Rechtliche Einordnung der vom Bauherrn aufzubringenden Kosten**

4.1 Die Kosten, die der Bauherr im Zusammenhang mit der Errichtung des Gebäudes oder der Eigentumswohnung aufzubringen hat, können Anschaffungskosten des Grund und Bodens und – bei Beitritt nach Baubeginn – des bereits erstellten Teils des Gebäudes oder der Eigentumswohnung, Herstellungskosten des Gebäudes oder der Eigentumswohnung oder sofort abziehbare Werbungskosten sein.

Zu den nachstehenden Aufwendungen gilt folgendes:

4.1.1 Gebühren für die Vermittlung und die damit verbundene Bearbeitung der Zwischen- und Endfinanzierung

Diese Geldbeschaffungskosten sind in Höhe der marktüblichen Konditionen als Werbungskosten abziehbar. Erfahrungsgemäß betragen sie insgesamt 2 v. H. des jeweils vermittelten Darlehens. Der darüber hinausgehende Teil ist den Herstellungskosten des Gebäudes oder der Eigentumswohnung und den Anschaffungskosten anteilig hinzuzurechnen. Hat der Bauinteressent derartige Gebühren gezahlt, obwohl er die Finanzierung selbst beschafft, sind diese in vollem Umfang wie vorstehend aufzuteilen.

4.1.2 Gebühren für die Vermittlung des Objekts oder Eigenkapitals und des Treuhandauftrags, Abschlußgebühren, Courtage, Agio, Beratungs- und Bearbeitungsgebühren sowie Plazierungsgarantiegebühren

Diese Kosten sollen Leistungen des Anlageberaters an den Bauherrn abgelten. Sie sind auf die Erlangung des Bauobjekts gerichtet und gehören deshalb anteilig zu den Herstellungskosten des Gebäudes oder der Eigentumswohnung und zu den Anschaffungskosten (vgl. BFH-Urteil vom 13.10.1983, BStBl 1984 II S. 101).

4.1.3 Kosten für die Ausarbeitung der technischen, wirtschaftlichen und steuerlichen Grundkonzeption, für die Werbung der Bauinteressenten, für die Prospektprüfung und sonstige Vorbereitungskosten

Diese Kosten decken regelmäßig Kosten der Initiatoren des Bauvorhabens ab. Werden solche Aufwendungen vom Bauherrn übernommen, gehören sie anteilig zu den Herstellungskosten des Gebäudes oder der Eigentumswohnung und zu den Anschaffungskosten.

4.1.4 Treuhandgebühren

Die Leistungen des Treuhänders betreffen zum Teil die Geldbeschaffung und die spätere Vermietung. Die hierauf entfallenden Teile der Treuhandgebühren können als Werbungskosten abgezogen werden. Zum Teil betreffen die Leistungen des Treuhänders die Anschaffung des Grund und Bodens. Deshalb gehört z. B. das Entgelt für die Mitwirkung beim Abschluß des Grundstückskaufvertrags oder für die Bewirkung der Grundbuchumschreibung bezüglich des Grunderwerbs im Namen des Bauherrn zu den Anschaffungskosten des Grund und Bodens. Zum Teil stehen die Leistungen des Treuhänders mit der Herstellung des Gebäudes oder der Eigentumswohnung im Zusammenhang. Die darauf entfallenden Teile der Treuhandgebühren gehören deshalb zu den Anschaffungs- oder Herstellungskosten des Gebäudes oder der Eigentumswohnung. Hierzu rechnen z. B. Entgeltsanteile für

a) die Vergabe der Gebäudeplanung durch den Treuhänder im Namen des Bauherrn,
b) die Vertretung des Bauherrn gegenüber Baubehörden,
c) die sachliche und zeitliche Koordination aller für die Durchführung des Bauvorhabens erforderlichen Leistungen,
d) die Stellung des Antrags auf Baugenehmigung für den Bauherrn oder für die Abgabe der zur Begründung des Wohnungseigentums von den künftigen Eigentümern erforderlichen Erklärungen,
e) die Entgegennahme und Verwaltung der Geldmittel,
f) die Beaufsichtigung des Baubetreuers.

Erfahrungsgemäß betrifft die Tätigkeit des Treuhänders überwiegend den Herstellungsbereich, während auf den Finanzierungsbereich und den Bereich der späteren Vermietung nur ein geringer Teil seiner gesamten Tätigkeit entfällt. Deshalb kann ein Viertel der Kosten für die Leistungen des Treuhänders, in aller Regel jedoch nicht mehr als 0,5 v. H. der Gesamtaufwendungen abzüglich der in den Tzn. 3.3.4 und 4.1.2 genannten Aufwendungen den Werbungskosten zugeordnet werden.

4.1.5 Baubetreuungskosten

Im Rahmen der Baubetreuung ist eine Vielzahl von unterschiedlichen Leistungen zu erbringen. Auch hierbei ist stets zu prüfen, ob die Aufwendungen des Bauherrn zu den Herstellungskosten des Gebäudes oder der Eigentumswohnung, den Anschaffungskosten oder den sofort abziehbaren Werbungskosten gehören.

Anschaffungskosten des Grund und Bodens sind z. B. Kosten für die Regelung der eigentums- und bauplanungsrechtlichen Verhältnisse am Grundstück, z. B. betreffend Abtretung von Straßenland, Vorbereitung und Abschluß von Erschließungs- und Versorgungsverträgen sowie für Maßnahmen bei Vermessung und Erschließung des Grundstücks.

Im wesentlichen betreffen die Leistungen die Herstellung des Gebäudes oder der Eigentumswohnung.

Zu den Herstellungskosten gehören z. B. Entgeltsanteile für

a) die Vertretung des Bauherrn gegenüber Baubehörden, den an der Baudurchführung beteiligten Architekten, Ingenieuren und bauausführenden Unternehmen,
b) die Aufstellung eines Baufristenplans,
c) die Aufstellung eines Geldbedarfs- und Zahlungsplans in Koordination mit dem Baufristenplan,
d) die Führung eines Baugeld-Sonderkontos für den Bauherrn,
e) die Vornahme des gesamten das Bauobjekt betreffenden Zahlungsverkehrs,
f) die laufende Unterrichtung des Treuhänders,
g) die Übersendung von Auszügen des Baukontos,
h) die Erstellung der Schlußabrechnung und die Erteilung der dazu erforderlichen Informationen an den Treuhänder,

i) die sachliche und zeitliche Koordination aller für die Durchführung des Bauvorhabens erforderlichen Leistungen,

j) eine Wirtschaftlichkeitsberechnung, die zur Beurteilung der Wirtschaftlichkeit des Herstellungsvorgangs für den Bauherrn erstellt worden ist.

Zu den sofort abziehbaren Werbungskosten gehören z. B. Entgeltsanteile für

k) eine Wirtschaftlichkeitsberechnung, die Finanzierungszwecken des Bauherrn zu dienen bestimmt ist,

l) Leistungen, die den Vermietungsbereich betreffen,

m) Leistungen, die den Betreuungsbereich nach Fertigstellung des Objekts (z. B. Abschluß von Wartungsverträgen) betreffen.

Nach allgemeiner Erfahrung können die Werbungskosten ein Achtel der Baubetreuungskosten, in aller Regel jedoch nicht mehr als 0,5 v. H. des Gesamtaufwands abzüglich der in den Tzn. 3.3.4 und 4.1.2 genannten Aufwendungen zugeordnet werden.

4.1.6 Bürgschaftsgebühren für die Zwischen- und Endfinanzierung, Ausbietungsgarantie

Neben den Voraussetzungen der Tz. 3.3.6 Abs. 1 ist eine weitere vom Anleger darzulegende Voraussetzung für die Anerkennung der im Zusammenhang mit der Finanzierung stehenden Gebühren, daß die selbstschuldnerische Garantie oder Bürgschaft vom Darlehensgläubiger nachweislich gefordert und bei diesem auch hinterlegt worden ist.

Gebühren für die Übernahme von Bürgschaftsverpflichtungen gegenüber dem Kreditgeber zur Sicherstellung der Zwischenfinanzierung können unabhängig von der Zahl der Bürgen in Höhe einer banküblichen Avalprovision (insgesamt 2 v. H. jährlich des verbürgten und zugesagten Betrags) den Werbungskosten zugerechnet werden.

Mit Rücksicht auf die übrigen bestehenden Sicherungen können Gebühren für die Übernahme der Bürgschaft für die Endfinanzierung und der Ausbietungsgarantie einmalig, d.h. für den gesamten Zeitraum und unabhängig von der Zahl der Bürgen und Garantiegeber, in Höhe von insgesamt 0,5 v. H. der in Anspruch genommenen Darlehensmittel den Werbungskosten zugerechnet werden.

4.1.7 Gebühren für die Preissteigerungs-, Kosten-, Vertragsdurchführungs-(Fertigstellungs-)Garantie

Vergütungen für die Übernahme solcher Garantien gegenüber dem Bauherrn sind keine sofort abziehbaren Werbungskosten. Sie sind den Herstellungskosten des Gebäudes oder der Eigentumswohnung zuzurechnen. Gebühren für die Vertragsdurchführungsgarantie gehören in den Fällen, in denen die Garantie z. B. auf die Werbung von Bauinteressenten gerichtet ist, anteilig zu den Herstellungskosten des Gebäudes oder der Eigentumswohnung und den Anschaffungskosten.

Bezieht sich bei der Herstellung von Eigentumswohnungen die Garantie auf die Finanzierung des gesamten Bauvorhabens, handelt es sich in der Regel um eine Vertragsdurchführungsgarantie, so daß die Kosten hierfür anteilig zu den Herstellungskosten des Gebäudes oder der Eigentumswohnung und den Anschaffungskosten gehören.

4.2 Als Werbungskosten kommen darüber hinaus Aufwendungen in Betracht, die nach den Grundsätzen der Tzn. 3.3.1 bis 3.3.9 sofort abziehbar sind.

II. Geschlossene Immobilienfonds

5 **Einkunftserzielung**

Erfüllt ein geschlossener Immobilienfonds in der Rechtsform der KG oder Gesellschaft bürgerlichen Rechts in der gesellschaftsrechtlichen Verbundenheit seiner Gesellschafter den Tatbestand der Einkunftserzielung, ist auf der Ebene der Gesellschaft zu entscheiden, ob Aufwendungen, die die Gesellschaft trägt, Herstellungskosten, Anschaffungskosten oder Werbungskosten sind. Der auf der Ebene der Gesellschaft ermittelte Überschuß der Einnahmen über die Werbungskosten ist den einzelnen Gesellschaftern zuzurechnen (vgl. BFH-Beschluß vom 19.8.1986, BStBl 1987 II S. 212 m.w.N.).

6 **Abgrenzung des Bauherrn zum Erwerber**

Die Fondsgesellschaft kann Bauherr i.S. der Tz. 1.2 sein, wenn das der Errichtung des Fondsobjekts zugrundeliegende konkrete Vertragswerk von einem Gesellschafter der Fondsgesellschaft in seiner Eigenschaft als Gesellschafter entwickelt worden ist. Dieser Gesellschafter darf nicht nur aus steuerlichen Gründen Gesellschafter der Fondsgesellschaft sein (§ 42 AO). Lediglich steuerliche Gründe sind anzunehmen, wenn er hinsichtlich der Kündigung und der gesellschaftsrechtlichen Mindestbeteiligung nicht den gleichen Bedingungen wie die übrigen vergleichbaren Gesellschafter unterliegt. Wird der Fondsgesellschaft ein Vertragsbündel angeboten und von ihr angenommen, ist sie Erwerberin (vgl. Tz. 1.1). In diesem Fall sind die Tzn. 3 und 7.1 entsprechend anzuwenden.

7 Rechtliche Einordnung der von dem als Bauherrn anzusehenden Immobilienfonds aufzubringenden Kosten[1])

Tzn. 2 und 4 gelten, soweit im nachfolgenden keine abweichende Regelung getroffen ist, entsprechend.

Ferner können insbesondere folgende Aufwendungen sofort abziehbare Werbungskosten sein:

7.1 Eigenkapitalvermittlungsprovisionen

Provisionen, die die Fondsgesellschaft für die Vermittlung des Eintritts von Gesellschaftern zahlt, sind in der Regel Werbungskosten (BFH-Urteil vom 24.2.1987, BStBl II S. 810). Bemessungsgrundlage ist das jeweils vermittelte Eigenkapital. Hierzu gehören neben der Einlage des Gesellschafters auch ein an die Gesellschaft zu leistendes Agio sowie ein Gesellschafterdarlehen, wenn es eigenkapitalähnlichen Charakter hat. Das ist grundsätzlich der Fall, wenn das Darlehen derselben zeitlichen Bindung wie die Gesellschaftereinlage unterliegt und zur Erreichung des Gesellschaftszwecks notwendig ist. Ist bei Refinanzierung der Einlage oder des Gesellschafterdarlehens das Refinanzierungsdarlehen durch Gesellschaftsvermögen gesichert, gehören die Beträge nur zum Eigenkapital, soweit das Refinanzierungsdarlehen gleichzeitig durch Vermögen des Gesellschafters tatsächlich gesichert ist. Provisionen von bis zu insgesamt höchstens 6 v. H. des vermittelten Eigenkapitals können den Werbungskosten zugerechnet werden. Damit sind sämtliche Vertriebsleistungen Dritter, die auf die Werbung von Gesellschaftern gerichtet und nicht den Anschaffungs- oder Herstellungskosten zuzurechnen sind, abgegolten. Hierzu gehören insbesondere die Aufwendungen für die Prospekterstellung, Prospektprüfung und Übernahme der Prospekthaftung, für den Außenvertrieb, für Werbung und für Marketing.

7.2 Haftungsvergütungen und Geschäftsführungsgebühren für Komplementäre

Vergütungen, die der Komplementär für die Übernahme der Haftung oder Geschäftsführung aufgrund gesellschaftsrechtlich wirksamer Vereinbarung erhält, mindern, soweit sie nicht unangemessen sind, die Ergebnisanteile der übrigen Gesellschafter (vgl. BFH-Urteil vom 7.4.1987, BStBl II S. 707). Die Haftungsvergütungen können wie Bürgschaftsgebühren entsprechend Tz. 4.1.6 behandelt werden, soweit die in dieser Tz. genannten Höchstbeträge noch nicht ausgeschöpft sind.

7.3 Geschäftsführungsgebühren bei schuldrechtlichem Leistungsaustausch

Vergütungen, die ein Gesellschafter für die Übernahme der Geschäftsführung erhält, können wie entsprechende Leistungen an einen Nichtgesellschafter auf einem schuldrechtlichen Leistungsaustausch beruhen. In diesem Fall kommt ein Werbungskostenabzug auf der Gesellschaftsebene in Betracht.

Die Geschäftsführung während der Investitionsphase betrifft im wesentlichen die Tätigkeiten i.S. der Tzn. 4.1.4 und 4.1.5. Hierzu zählen z. B. auch die „Verwaltung" der Gesellschaft, die Mittelverwaltung und die „Buchführung", die Unterrichtung der Beteiligten über den Fortgang des Projekts und die Einberufung von Gesellschafterversammlungen (Gesellschafterbetreuung). Diese Tätigkeiten sind untrennbar mit der Erstellung des Fondsobjekts verbunden. Die während der Investitionsphase geleisteten Geschäftsführungsgebühren einschließlich der auf die Zeit nach Abschluß der Investition entfallenden Beträge sind in dem Verhältnis aufzuteilen, in dem die Geschäftsführungstätigkeit die Baubetreuung und die Treuhandtätigkeit im Sinne der Tzn. 4.1.4 und 4.1.5 betrifft. Die jeweiligen Anteile sind gegebenenfalls mit weiteren für die Baubetreuung oder Treuhandtätigkeit gezahlten Gebühren zusammenzufassen und nach den Grundsätzen der Tzn. 4.1.4 und 4.1.5 zu behandeln.

7.4 Vergütungen für Treuhandkommanditisten

Vergütungen von Treugebern an Treuhandkommanditisten für die Wahrnehmung ihrer Interessen in der Gesellschaft sind Sonderwerbungskosten der Treugeber, soweit sie die Verwaltung der treuhänderisch gehaltenen Gesellschaftsanteile betreffen (z. B. Vertretung in der Gesellschafterversammlung). Werden diese Vergütungen von der Gesellschaft gezahlt, ist nicht zu beanstanden,

---

[1]) → BMF vom 1.3.1995 (BStBl I S. 167); Anhang 23 VIII.

Anhang 23
I, II — Vermietung und Verpachtung

wenn sie als Werbungskosten der Gesellschaft behandelt werden, soweit sie ausschließlich den jeweiligen Treugebern zugerechnet werden.

7.5 Zinsen und Gebühren für die Vermittlung und die damit verbundene Bearbeitung der Zwischen- und Endfinanzierung

Zinsen sowie Vermittlungs- und Bearbeitungsgebühren, die bei der Einkunftsermittlung auf der Ebene der Gesellschaft Werbungskosten sind, stellen auch für den Gesellschafter Werbungskosten dar.

7.6 Konzeptionsgebühren und Plazierungsgarantiegebühren gehören nicht zu den Werbungskosten (vgl. Tzn. 4.1.2 und 4.1.3 sowie BFH-Beschluß vom 19.8.1986, a. a. O.).

7.7 Späterer Beitritt von Gesellschaftern

Aufwendungen, die vor dem Beitritt eines Gesellschafters zu einer Fondsgesellschaft rechtlich entstanden und gezahlt worden sind, gehören bei dem Gesellschafter zu den Anschaffungskosten.

Rechtlich entstandene Aufwendungen, die nach dem Beitritt eines Gesellschafters von der Gesellschaft gezahlt werden und bei der Ermittlung der Einkünfte auf der Ebene der Gesellschaft den Werbungskosten zuzurechnen sind, sind bei dem neu eintretenden Gesellschafter Werbungskosten, wenn er mit ihnen belastet wird (vgl. BFH-Beschluß vom 19.8.1986, a. a. O.).

7.8 Bei geschlossenen Immobilienfonds in der Rechtsform der GmbH & Co. KG sind die Tzn. 5 bis 7.6 sinngemäß anzuwenden.

III. Erstmalige Anwendung

Dieses BMF-Schreiben ist in allen Fällen anzuwenden, in denen ein bestandskräftiger Steuerbescheid noch nicht vorliegt. Soweit die Anwendung dieser Regelungen zu einer Verschärfung der Besteuerung gegenüber der bisher geltenden Verwaltungspraxis führt, ist dieses Schreiben nicht anzuwenden, wenn

a) vor dem 1. Juni 1990 der Steuerpflichtige dem Bauherrenmodell oder dem vergleichbaren Modell beigetreten ist, das Modell insgesamt übernommen oder der Außenvertrieb der Anteile eines geschlossenen Immobilienfonds begonnen hat oder

b) der Antrag auf Baugenehmigung vor dem 1. Juni 1990 gestellt worden ist und vor dem 1. August 1990 einer der in Buchstabe a genannten Tatbestände verwirklicht worden ist.

Soweit die Anwendung der Tz. 7.1 zu einer Verschärfung der Besteuerung gegenüber der bisher geltenden Verwaltungspraxis führt, ist die Tz. 7.1 erstmals auf geschlossene Immobilienfonds anzuwenden, für deren Anteile der Außenvertrieb nach dem 31. Dezember 1990 begonnen hat.

Dieses BMF-Schreiben tritt an die Stelle des BMF-Schreibens vom 13. August 1981 (BStBl I S. 604).

II
Verfahren bei der Geltendmachung von negativen Einkünften aus der Beteiligung an Verlustzuweisungsgesellschaften und vergleichbaren Modellen

BMF vom 13.7.1992 (BStBl I S. 404)

IV A 5 – S 0361 – 19/92

BMF vom 28.6.1994 (BStBl I S. 420)

IV A 4 – S 0361 – 14/94

Unter Bezugnahme auf das Ergebnis der Erörterungen mit den obersten Finanzbehörden der Länder gilt für die gesonderte Feststellung und zur ertragsteuerlichen Berücksichtigung von negativen Einkünften aus der Beteiligung an Verlustzuweisungsgesellschaften und vergleichbaren Modellen folgendes:

1   Anwendungsbereich

1.1 Die nachstehenden Verfahrensgrundsätze gelten insbesondere für Beteiligungen an Verlustzuweisungsgesellschaften und an Gesamtobjekten i. S. d. § 1 Abs. 1 Satz 1 Nr. 2 und Satz 2 der Verordnung über die gesonderte Feststellung von Besteuerungsgrundlagen nach § 180 Abs. 2 AO (V zu § 180 Abs. 2 AO) sowie für vergleichbare Modelle mit nur einem Kapitalanleger.

1.2 Verlustzuweisungsgesellschaften

1.2.1 Es handelt sich hierbei um Personenzusammenschlüsse in gesellschafts- oder gemeinschaftsrechtlicher Form, deren Gegenstand insbesondere die Herstellung oder die Anschaffung eines Anlageobjekts und dessen Nutzungsüberlassung ist und an der eine Beteiligung in der Absicht erworben wird, Verluste aus den Einkunftsarten des § 2 Abs. 1 Nr. 1–3 EStG oder negative Einkünfte i. S. des § 20 Abs. 1 Nr. 4 oder des § 21 EStG zu erzielen. Die Kapitalanleger werden dadurch zum Beitritt zur Verlustzuweisungsgesellschaft bewogen, daß sie auf der Basis eines im voraus gefertigten Konzepts zwecks Erzielung steuerlicher Vorteile – zumindest für eine gewisse Zeit – an den von der Gesellschaft erzielten negativen Einkünften beteiligt werden sollen. Verlustzuweisungsgesellschaften in diesem Sinne sind daher insbesondere sog. gewerbliche Abschreibungsgesellschaften sowie vermögensverwaltende Gesellschaften, wenn von den Initiatoren mit negativen Einkünften geworben wird.

1.2.2 Die im Rahmen einer mit Einkünfteerzielungsabsicht betriebenen Verlustzuweisungsgesellschaft erzielten negativen Einkünfte sind nach § 180 Abs. 1 Nr. 2 Buchstabe a der Abs. 5 AO gesondert und einheitlich festzustellen. Ist eine Einkünfteerzielungsabsicht nicht anzunehmen, ist ein negativer Feststellungsbescheid nach § 181 Abs. 1 Satz 1 i. V. m. § 155 Abs. 1 Satz 3 AO zu erlassen.

1.3 Gesamtobjekte

Es handelt sich hierbei insbesondere um Beteiligungen an Bauherrenmodellen und Erwerbermodellen, einschließlich der Bauträger- und Sanierungsmodelle (vgl. hierzu BMF-Schreiben vom 31. August 1990 – IV B 3 – S 2253 a – 49/90 –, BStBl I S. 366 und vom 5. Dezember 1990 – IV A 5 – S 0361 – 20/90 –, BStBl I S. 764). Gesondert und einheitlich festgestellt werden nur die auf den gleichartigen Rechtsbeziehungen und Verhältnissen beruhenden Besteuerungsgrundlagen. Soweit im folgenden die Behandlung von Einkünften geregelt ist, gilt dies für die nach der V zu § 180 Abs. 2 AO festzustellenden Besteuerungsgrundlagen entsprechend.

1.4 Modelle mit nur einem Kapitalanleger

Sind die Einkünfte eines vergleichbaren Modells nur einem Steuerpflichtigen zuzurechnen, kommt nur in den Fällen des § 180 Abs. 1 Nr. 2 Buchstabe b AO (Einkünfte aus Land- und Forstwirtschaft, Gewerbebetrieb oder freiberuflicher Tätigkeit) eine gesonderte Feststellung in Betracht. In den übrigen Fällen – insbesondere bei Einkünften aus Vermietung und Verpachtung – obliegt die Ermittlungskompetenz allein dem für den Erlaß des Einkommensteuerbescheides zuständigen Finanzamt.

2 Allgemeines

2.1 Rechtsfragen, die im Zusammenhang mit der Beteiligung an einem Modell i. S. der Tz. 1 gestellt werden, dürfen nur im Rahmen des nachfolgend dargestellten Prüfungs- oder Feststellungsverfahrens beantwortet werden.

2.2 Eine verbindliche Auskunft aufgrund des BMF-Schreibens vom 24. Juni 1987 – IV A 5 – S 0430 – 9/87 – (BStBl I S. 474) kommt bei diesen Modellen nicht in Betracht.

2.3 Die Bezeichnung „Betriebsfinanzamt" wird im folgenden zur Kennzeichnung des für die gesonderte Feststellung der Einkünfte zuständigen Finanzamts verwendet.

Die Bezeichnung „Wohnsitzfinanzamt" gilt für jedes Finanzamt, das die Mitteilung über die Einkünfte des Beteiligten auszuwerten hat.

2.4 Die Beteiligten haben bei der Ermittlung des Sachverhaltes, unbeschadet der Untersuchungspflicht der Finanzbehörde, mitzuwirken (§ 90 Abs. 1 AO). Wird die Mitwirkungspflicht verletzt, sind gegebenenfalls die Besteuerungsgrundlagen zu schätzen (§ 162 AO). Bei Auslandsinvestitionen besteht eine gesteigerte Mitwirkungsverpflichtung. Hier haben die Beteiligten Beweisvorsorge zu treffen, unter Ausschöpfung aller bestehenden rechtlichen und tatsächlichen Möglichkeiten selbst den Sachverhalt aufzuklären und Beweismittel nicht nur zu benennen, sondern auch zu beschaffen (§ 90 Abs. 2 AO). Werden diese Pflichten nicht oder nicht ausreichend erfüllt und bleiben deshalb Unklarheiten im Sachverhalt, gehen diese zu Lasten der Beteiligten.

Anhang 23

Vermietung und Verpachtung

2.5 Bei Gesamtobjekten sind auch die Verfahrensregelungen des BMF-Schreibens vom 5. Dezember 1990 – IV A 5 – S 0361 – 20/90 – (BStBl I S. 764) zu beachten.

3 Verfahren beim Betriebsfinanzamt

3.1 Geltendmachung von negativen Einkünften für Zwecke des Vorauszahlungsverfahrens/der Lohnsteuerermäßigung

3.1.1 Wird beim Betriebsfinanzamt zum Zwecke der Herabsetzung der Vorauszahlungen oder zur Eintragung eines Freibetrags auf der Lohnsteuerkarte der Beteiligten an einem Modell i. S. der Tz. 1 geltend gemacht, daß negative Einkünfte eintreten werden, so ermittelt das Betriebsfinanzamt im Wege der Amtshilfe (§§ 111–115 AO) für die Wohnsitzfinanzämter die Höhe der voraussichtlichen negativen Einkünfte der Beteiligten (Vorprüfung).

3.1.2 Ein Vorprüfungsverfahren findet nicht statt, soweit negative Einkünfte aus Vermietung und Verpachtung bei der Festsetzung der Einkommensteuervorauszahlungen oder im Lohnsteuerermäßigungsverfahren nicht berücksichtigt werden dürfen (§ 37 Abs. 3 Sätze 6 ff. und § 39a Abs. 1 Nr. 5 EStG). Wird gleichwohl ein Antrag i. S. d. Tz. 3.1.1 beim Betriebsfinanzamt gestellt, so sind die Wohnsitzfinanzämter hierüber zu unterrichten.

3.1.3 Das Betriebsfinanzamt beginnt mit der Vorprüfung erst, wenn nachgewiesen ist, daß die Planung des Investitionsvorhabens abgeschlossen und durch konkrete Maßnahmen bereits mit ihrer Umsetzung begonnen worden ist (z. B. Beginn der Bau- oder Herstellungsmaßnahmen).

Bei Verlustzuweisungsgesellschaften (Tz. 1.2) ist zusätzlich Voraussetzung, daß mindestens 75 v. H. des von den Beteiligten selbst aufzubringenden Kapitals rechtsverbindlich gezeichnet sind; der Beitritt eines Treuhänders für noch zu werbende Treugeber reicht nicht aus.

3.1.4 Weitere Voraussetzung ist, daß sämtliche Unterlagen vorgelegt werden, die für die Beurteilung der geltend gemachten voraussichtlichen negativen Einkünfte dem Grunde und der Höhe nach sowie hinsichtlich ihrer Ausgleichsfähigkeit erforderlich sind. In einer Fremdsprache abgefaßte Verträge und Unterlagen sind ggf. in beglaubigter deutscher Übersetzung vorzulegen (vgl. § 87 AO).

3.1.5 Zu diesen Unterlagen gehören insbesondere

a) Prospekte, Objektbeschreibungen und Unterlagen für den Vertrieb (z. B. Baubeschreibungen, Musterverträge);

b) alle von den Projektanbietern und sonstigen Personen abgeschlossenen Verträge mit den Beteiligten (z. B. Beitrittserklärungen und Nebenabreden über Zahlungen), mit den an der Planung und Ausführung des Investitionsobjekts beteiligten Unternehmen, mit den in die Finanzierung eingeschalteten Firmen und ggf. mit den Personen, die das Investitionsobjekt nutzen;

c) ein spezifizierter Finanzierungsplan (mit Kreditzusagen und Kreditverträgen) über den Gesamtfinanzierungsaufwand und den voraussichtlichen Einsatz der Finanzierungsmittel (Objektkalkulation);

d) Angaben über den Projektstand (z. B. Baugenehmigung, Baubeginnanzeige, Baufortschrittsanzeige, Teilungserklärung);

e) eine voraussichtliche Gewinn- und Verlustrechnung/Einnahmen-Überschußrechnung, aus der sich die Betriebsausgaben/Werbungskosten im einzelnen ergeben, bzw. bei Gesamtobjekten (Tz. 1.3) eine entsprechende Aufstellung über die voraussichtlichen Besteuerungsgrundlagen aus den gleichgelagerten Sachverhalten;

f) eine Darstellung des angestrebten Totalgewinns/-überschusses;

g) ein Verzeichnis der Beteiligten mit Anschrift, Angabe des zuständigen Finanzamtes und der Steuernummer.

Die Antragsteller haben schriftlich zu versichern, daß die Unterlagen vollständig sind und daneben keine weiteren Vereinbarungen getroffen worden sind.

3.1.6 Das Betriebsfinanzamt kann von den Projektanbietern, der Verlustzuweisungsgesellschaft, den Verfahrensbeteiligten i. S. der V zu § 180 Abs. 2 AO oder sonstigen Personen (ggf. auf der Grundlage des § 93 AO) auch Erklärungen verlangen, wonach bestimmte Verträge nicht abgeschlossen oder bestimmte Unterlagen nicht vorhanden sind (Negativ-Erklärungen).

3.1.7 Soweit es sich bei den Projektanbietern und den von ihnen zur Ausführung oder Finanzierung des Investitionsvorhabens sowie zur Nutzung des Investitionsobjekts beauftragten Unternehmen um nahestehende Personen i. S. des § 1 Abs. 2 AStG handelt, sind diese Beziehungen bekanntzugeben.

3.1.8 Innerhalb eines Zeitraums von sechs Monaten nach Vorlage aller erforderlichen prüfungsfähigen Unterlagen (Tzn. 3.1.3–3.1.7) sollen die Vorprüfung der geltend gemachten negativen Einkünfte vorgenommen und das Ergebnis den Wohnsitzfinanzämtern mitgeteilt werden. Hierbei ist auch mitzuteilen, ob eine gesonderte und einheitliche Feststellung nach § 180 Abs. 1 Nr. 2 Buchstabe a AO oder nach § 1 Abs. 1 Satz 1 Nr. 2 und Satz 2 V zu § 180 Abs. 2 AO durchgeführt wird. Sind Sachverhalte vor Ort zu ermitteln, soll das Betriebsfinanzamt einen Betriebsprüfer hiermit beauftragen, sobald alle erforderlichen Unterlagen vorliegen.

3.1.9 Werden die geltend gemachten negativen Einkünfte ganz oder teilweise nicht anerkannt, so soll die Mitteilung eine für das Wohnsitzfinanzamt in einem etwaigen Rechtsbehelfsverfahren verwertbare Begründung und eine Aussage darüber enthalten, ob und ggf. in welcher Höhe eine Aussetzung der Vollziehung in Betracht kommt. Die Entscheidung über einen Antrag auf Aussetzung der Vollziehung obliegt dem Wohnsitzfinanzamt.

3.1.10 Kann eine Vorprüfung nicht innerhalb von sechs Monaten nach Vorlage sämtlicher Unterlagen (Tzn. 3.1.3–3.1.7) abgeschlossen werden und liegen auch die Voraussetzungen der Tz. 3.1.12 nicht vor, teilt das Betriebsfinanzamt den Wohnsitzfinanzämtern nach Ablauf dieser Frist mit, ob und in welchem Umfang nach dem gegenwärtigen Stand der Prüfung die geltend gemachten negativen Einkünfte anerkannt werden können. Die Mitteilung soll eine im Rechtsbehelfsverfahren verwertbare Begründung enthalten (= begründeter Schätzungsvorschlag).

3.1.11 Eingehende Anfragen der Wohnsitzfinanzämter (Tz. 4.1.1) sind vom Betriebsfinanzamt unverzüglich nach dem gegenwärtigen Verfahrensstand zu beantworten. Hierbei ist der Ablauf der Sechsmonatsfrist mitzuteilen sowie anzugeben, ob die prüfungsfähigen Unterlagen vorliegen. Hierbei ist auch mitzuteilen, ob eine gesonderte und einheitliche Feststellung nach § 180 Abs. 1 Nr. 2 Buchstabe a AO oder nach § 1 Abs. 1 Satz 1 Nr. 2 und Satz 2 V zu § 180 Abs. 2 AO durchgeführt wird.

3.1.12 Das Betriebsfinanzamt kann auf die Vorprüfung verzichten und dem Wohnsitzfinanzamt die Höhe der voraussichtlichen negativen Einkünfte des Steuerpflichtigen mitteilen, wenn es keine ernstlichen Zweifel hinsichtlich der Entstehung und der Höhe der geltend gemachten negativen Einkünfte hat, weil es sich

a) um ein Projekt handelt, das in tatsächlicher und rechtlicher Hinsicht mit vom Betriebsfinanzamt bereits überprüften anderen Projekten derselben Projektanbieter vergleichbar ist und die negativen Einkünfte ohne wesentliche Beanstandung anerkannt worden sind, oder

b) um negative Einkünfte aus einem Projekt handelt, für das bereits für Vorjahre negative Einkünfte überprüft und ohne wesentliche Beanstandung anerkannt worden sind.

3.2 Gesonderte Feststellung der negativen Einkünfte durch das Betriebsfinanzamt

3.2.1 Das Betriebsfinanzamt soll die gesonderte Feststellung der Einkünfte bei Modellen i. S. der Tz. 1 beschleunigt durchführen.

3.2.2 Im Rahmen der Feststellungserklärung sind grundsätzlich die gleichen Angaben zu machen und die gleichen Unterlagen vorzulegen wie im Vorauszahlungsverfahren (vgl. Tzn. 3.1.4–3.1.7). Soweit einzelne nach der Konzeption vorgesehene Verträge noch nicht abgeschlossen sind oder bestimmte Angaben nicht oder noch nicht gemacht werden können, ist hierauf besonders hinzuweisen.

3.2.3 Die Fristen für die Abgabe der Erklärungen zur gesonderten Feststellung der Einkünfte sind in der Regel nicht zu verlängern.

3.2.4 Wird die Erklärung trotz Erinnerung nicht abgegeben oder werden die nach den Tzn. 3.1.3–3.1.7 vorzulegenden Unterlagen und Angaben trotz ergänzender Rückfragen nicht eingereicht, sollen die negativen Einkünfte im Feststellungsverfahren geschätzt werden (ggf. auf 0 DM). Gleiches gilt bei Auslandssachverhalten, wenn die Beteiligten ihrer erhöhten Mitwirkungspflicht nicht nachkommen (vgl. Tz. 2.4).

3.2.5 Für die Bearbeitung und Prüfung vorliegender Feststellungserklärungen und für die Beantwortung von Anfragen der Wohnsitzfinanzämter gelten die für das Vorprüfungsverfahren getroffenen Regelungen (vgl. Tzn. 3.1.8 und 3.1.10 bis 3.1.12) entsprechend. Ist innerhalb der Sechsmonatsfrist eine abschließende Überprüfung des Sachverhalts nicht möglich, kann aufgrund einer vorläufigen Beurteilung ein unter dem Vorbehalt der Nachprüfung (§ 164 AO) stehender Feststellungsbescheid erlassen werden. Unsicherheiten bei der Ermittlung der festzustellenden Einkünfte, die die Beteiligten (z. B. wegen ausstehender Unterlagen oder Angaben i. S. d. Tzn. 3.1.3–3.1.7) zu vertreten haben, sind zu deren Lasten bei der vorläufigen Beurteilung zu berücksichtigen. Die abschließende Prüfung der festzustellenden Einkünfte ist rechtzeitig vor Eintritt der Feststellungsverjährung nachzuholen.

3.2.6 Bei Feststellungen nach der V zu § 180 Abs. 2 AO ist der sachliche und zeitliche Umfang der Feststellung im Feststellungsbescheid und in der Feststellungsmitteilung zu erläutern (vgl. BMF-Schreiben vom 5. Dezember 1990 – IV A 5 – S 0361 – 20/90 –, BStBl I S. 764). Wird eine gesonderte Feststellung abgelehnt, kann das Betriebsfinanzamt im Wege der Amtshilfe Ermittlungen für das Wohnsitzfinanzamt vornehmen.

3.2.7 Ist bei einer Verlustzuweisungsgesellschaft keine Einkünfteerzielungsabsicht anzunehmen, dürfen negative Einkünfte nicht gesondert und einheitlich festgestellt werden (vgl. Tz. 1.2.2). Beantragen die Beteiligten oder die Gesellschaft die Durchführung einer Vorprüfung, ist dies abzulehnen. Wird eine gesonderte und einheitliche Feststellung beantragt, ist ein negativer Feststellungsbescheid zu erlassen. Die Wohnsitzfinanzämter sind hierüber zu unterrichten.

3.2.8 Sind bei Modellen mit nur einem Kapitalanleger (Tz. 1.4) die Voraussetzungen für eine gesonderte Feststellung nach § 180 Abs. 1 Nr. 2 Buchstabe b AO nicht erfüllt, kann bei Einkünften aus Vermietung und Verpachtung das Betriebsfinanzamt bei der Festsetzung der Vorauszahlungen und der Jahressteuer zu berücksichtigende Besteuerungsgrundlagen im Wege der Amtshilfe für das Wohnsitzfinanzamt ermitteln. Die Regelungen der Tzn. 3.1 bis 3.2.5 gelten sinngemäß. Die Entscheidungskompetenz hinsichtlich der zu berücksichtigenden Besteuerungsgrundlagen hat allein das Wohnsitzfinanzamt. Als Betriebsfinanzamt gilt hierbei das Finanzamt, von dessen Bezirk die Verwaltung der Einkünfte aus Vermietung und Verpachtung ausgeht.

3.2.9 Hat ein Wohnsitzfinanzamt eine Anfrage an das Betriebsfinanzamt nach Tz. 4.2.1 gerichtet und stellt dieses fest, daß die Voraussetzungen für eine gesonderte Feststellung nach § 180 Abs. 1 Nr. 2 Buchstabe a AO nicht erfüllt sind, so muß das Betriebsfinanzamt einen negativen Feststellungsbescheid erlassen. Gleiches gilt, wenn das Betriebsfinanzamt nach § 4 der V zu § 180 Abs. 2 AO auf die Durchführung eines Feststellungsverfahrens verzichtet. Die Wohnsitzfinanzämter sind hierüber zu unterrichten.

4 Verfahren beim Wohnsitzfinanzamt

4.1 Geltendmachung von negativen Einkünften für Zwecke des Vorauszahlungsverfahrens/der Lohnsteuerermäßigung

4.1.1 Beantragt ein Beteiligter unter Hinweis auf seine voraussichtlichen negativen Einkünfte Vorauszahlungen herabzusetzen, hat das Wohnsitzfinanzamt im Rahmen seiner Pflicht zur Ermittlung der voraussichtlichen Jahreseinkommensteuer unverzüglich eine Anfrage an das Betriebsfinanzamt zu richten.

4.1.2 Legt der Beteiligte Unterlagen vor, die den Schluß zulassen, daß das Betriebsfinanzamt noch nicht eingeschaltet ist, so leitet das Wohnsitzfinanzamt eine Ausfertigung dieser Unterlagen mit seiner Anfrage an das Betriebsfinanzamt zu.

4.1.3 Während der dem Betriebsfinanzamt zur Verfügung stehenden Bearbeitungszeit von sechs Monaten (Tz. 3.1.8) soll das Wohnsitzfinanzamt in der Regel von weiteren Rückfragen nach dem Stand der Bearbeitung absehen.

4.1.4 Eine Anfrage an das Betriebsfinanzamt unterbleibt, wenn die Prüfung des Wohnsitzfinanzamts ergibt, daß eine Herabsetzung der Vorauszahlungen oder eine Lohnsteuerermäßigung aus Rechtsgründen nicht in Betracht kommt (vgl. Tz. 3.1.2). Bei der Einkunftsart Vermietung und Verpachtung ist eine Herabsetzung der Vorauszahlungen danach erstmals für Jahre möglich, die dem Jahr der Fertigstellung oder Anschaffung des Objekts folgen. Bei Inanspruchnahme erhöhter Absetzungen nach §§ 14a, 14c oder 14d BerlinFG oder Sonderabschreibungen nach § 4 Fördergebietsgesetz kommt eine Herabsetzung der Vorauszahlungen bereits für das Jahr der Fertigstellung/Anschaffung oder für das Jahr, in dem Teilherstellungskosten/Anzahlungen auf Anschaffungskosten als Bemessungsgrundlage geltend gemacht werden, in Betracht.

4.1.5 Nach Eingang des Antrags auf Herabsetzung der Vorauszahlungen kann das Wohnsitzfinanzamt zwischenzeitlich fällig werdende Vorauszahlungen so lange stunden, bis das Betriebsfinanzamt verwertbare Angaben mitgeteilt hat, längstens jedoch für sechs Monate. Die Stundung kann über diesen Zeitraum hinaus gewährt werden, wenn die Gründe für die Verlängerung nicht von den Beteiligten zu vertreten sind. Die gestundeten Steuerbeträge sind nicht zu verzinsen, soweit der Herabsetzungsantrag Erfolg hat.

4.1.6 Teilt das Betriebsfinanzamt die Höhe der voraussichtlichen negativen Einkünfte mit, so berücksichtigt das Wohnsitzfinanzamt diese Mitteilung bei der Entscheidung über den Antrag auf Herabsetzung der Vorauszahlungen.

4.1.7 Teilt das Betriebsfinanzamt mit, daß ihm die nach Tzn. 3.1.3–3.1.7 erforderlichen Unterlagen und Angaben nicht oder nicht vollständig vorliegen, und hat sie auch der Beteiligte selbst nicht beigebracht, ist der Antrag auf Herabsetzung der Vorauszahlungen abzulehnen. Das gilt auch, wenn die Voraussetzungen der Tz. 3.1.3 nicht vorliegen. § 30 AO steht entsprechenden begründenden Erläuterungen nicht entgegen.

4.1.8 Liegt dem Wohnsitzfinanzamt – entgegen den in Tz. 3.1.10 vorgesehenen Regelungen – nach Ablauf der dem Betriebsfinanzamt eingeräumten Sechsmonatsfrist keine Mitteilung über die Höhe der voraussichtlichen negativen Einkünfte vor und kommt eine Verlängerung der Stundung nach Tz. 4.1.5 nicht in Betracht, entscheidet das Wohnsitzfinanzamt aufgrund überschlägiger Prüfung, in welcher – ggf. geschätzten – Höhe die negativen Einkünfte des Beteiligten als glaubhaft gemacht anzusehen sind (BFH-Beschluß vom 26.10. 1978, BStBl 1979 II S. 46).

4.1.9 Die bei einer Veranlagung berücksichtigten negativen Einkünfte dürfen nicht ungeprüft bei der Festsetzung der Vorauszahlungen für Folgejahre übernommen werden.

4.1.10 Die vorstehenden Grundsätze gelten entsprechend, wenn ein Steuerpflichtiger im Hinblick auf negative Einkünfte aus der Beteiligung an einem Modell i. S. der Tz. 1 die Eintragung eines Freibetrags auf der Lohnsteuerkarte beantragt (§ 39a EStG). Das Wohnsitzfinanzamt kann einen Freibetrag – ggf. in geschätzter Höhe – bereits dann eintragen, wenn die Voraussetzungen vorliegen, unter denen nach Tz. 4.1.5 Vorauszahlungen gestundet werden können. Teilt das Betriebsfinanzamt die Höhe der voraussichtlichen Einkünfte mit, sind nach Maßgabe des § 37 EStG Vorauszahlungen festzusetzen, wenn die negativen Einkünfte aus der Beteiligung bei Bemessung des Freibetrags zu hoch angesetzt worden sind.

4.2 Veranlagungsverfahren beim Wohnsitzfinanzamt

4.2.1 Liegt dem Wohnsitzfinanzamt bei der Bearbeitung der Steuererklärung des Beteiligten weder eine Feststellungs-Mitteilung noch eine sonstige – vorläufige – Mitteilung für Veranlagungszwecke vor, ist unverzüglich eine entsprechende Anfrage an das Betriebsfinanzamt zu richten; Tzn. 4.1.1 und 4.1.2 gelten entsprechend.

4.2.2 Teilt das Betriebsfinanzamt mit, daß es die Besteuerungsgrundlagen innerhalb der ihm nach Tz. 3.2.5 eingeräumten Bearbeitungsfrist von 6 Monaten nicht (auch nicht vorläufig) ermitteln kann, oder äußert sich das Betriebsfinanzamt entgegen der in Tzn. 3.1.10 und 3.1.11 getroffenen Regelung nach Ablauf dieser Frist nicht, hat das Wohnsitzfinanzamt die Höhe des Anteils an den negativen Einkünften bei der Veranlagung des Beteiligten – ggf. aufgrund einer überschlägigen Überprüfung – selbst zu schätzen (§ 162 Abs. 3 AO). Ein noch ausstehender Grundlagenbescheid hindert den Erlaß eines Folgebescheides nicht (§ 155 Abs. 2 AO). Von dem Beteiligten sind geeignete Unterlagen (z. B. unterschriebene Bilanz, Einnahme-Überschußrechnung, Angaben über das Beteiligungsverhältnis usw.; vgl. Tz. 3.1.5) anzufordern, die es ermöglichen, den erklärten Anteil an den negativen Einkünften dem Grunde und der Höhe nach zu beurteilen.

4.2.3 Veranlagungen mit voraussichtlich hoher Abschlußzahlung sollen nicht wegen noch fehlender Grundlagenbescheide zurückgestellt werden. Die geltend gemachten negativen Einkünfte können – trotz noch ausstehender Mitteilung des Betriebsfinanzamts – in geschätzter Höhe berücksichtigt werden.

4.2.4 Hat das Betriebsfinanzamt bereits im Vorauszahlungsverfahren für denselben Veranlagungszeitraum eine Mitteilung über die Höhe des Anteils an den negativen Einkünften übersandt, soll regelmäßig bei der Schätzung dieser Anteil an den negativen Einkünften angesetzt werden, höchstens aber die in der Steuererklärung angegebenen negativen Einkünfte. In diesen Fällen kann die Veranlagung auch vor Ablauf der Sechsmonatsfrist durchgeführt werden.

4.2.5 Beruht die zu erwartende gesonderte Feststellung auf § 1 Abs. 1 Satz 1 Nr. 2 und Satz 2 V zu § 180 Abs. 2 AO, ist die Einkommensteuer hinsichtlich der negativen Einkünfte aus der Beteiligung vorläufig festzusetzen (§ 165 AO), damit nach der späteren, ggf. nur einen Teil des Veranlagungszeitraums oder nur einen Teil der negativen Einkünfte betreffenden gesonderten

Anhang 23

II, III   Vermietung und Verpachtung

Feststellung auch die durch sie nicht erfaßten Aufwendungen (z. B. Sonderwerbungskosten, als Werbungskosten abziehbare Vorsteuerbeträge) bei der Änderung der Einkommensteuerfestsetzung noch berücksichtigt werden können.

4.2.6 Nach Eingang der Feststellungsmitteilung wertet das Wohnsitzfinanzamt das Ergebnis der gesonderten Feststellung der negativen Einkünfte durch das Betriebsfinanzamt möglichst umgehend aus. Liegt bereits ein Steuerbescheid vor, so kann die Auswertung bei nur geringfügigen steuerlichen Auswirkungen bis zu einer aus anderen Gründen erforderlichen Änderung der Einkommensteuerfestsetzung zurückgestellt werden. Die Anpassung des Folgebescheides muß rechtzeitig vor Eintritt der Festsetzungsverjährung nachgeholt werden.

4.2.7 Hat das Betriebsfinanzamt einen negativen Feststellungsbescheid erlassen (Tzn. 3.2.7 oder 3.2.9), muß das Wohnsitzfinanzamt die betreffenden Einkünfte des Beteiligten selbst ermitteln und diese im Steuerbescheid oder ggf. in einem nach § 175 Abs. 1 Satz 1 Nr. 1 AO zu erlassenden Änderungsbescheid berücksichtigen (BFH-Urteil vom 11. Mai 1993, BStBl II S. 820). Hat das Betriebsfinanzamt die Durchführung eines Feststellungsverfahrens wegen fehlender Einkünfteerzielungsabsicht abgelehnt, ist dieser Entscheidung auch im Veranlagungsverfahren zu folgen.

4.2.8 Kann bei einem Modell mit nur einem Kapitalanleger (Tz. 1.4) aus formellen Gründen keine gesonderte Feststellung durchgeführt werden und leistet das Betriebsfinanzamt nach Tz. 3.2.8 Amtshilfe, gelten die Regelungen der Tzn. 4.1 bis 4.2.4 sinngemäß. Dabei ist zu beachten, daß der Mitteilung des Betriebsfinanzamts keine Bindungswirkung i. S. des § 171 Abs. 10 und des § 175 Abs. 1 Satz 1 Nr. 1 AO zukommt. Daher ist sicherzustellen, daß Steuerbescheide des Kapitalanlegers vor Abschluß der Ermittlungen des Betriebsfinanzamts unter dem Vorbehalt der Nachprüfung (§ 164 AO) ergehen und die endgültige Überprüfung vor Eintritt der Festsetzungsverjährung und Wegfall des Vorbehalts der Nachprüfung erfolgt.

5 **Schlußbestimmung**

Dieses Schreiben tritt an die Stelle des BMF-Schreibens vom 14. Mai 1982 – IV A 7 – S 0353 – 9/82 –, BStBl 1982 I S. 550. Es wird in die AO-Kartei aufgenommen.

III

Einkunftserzielung bei den Einkünften aus Vermietung und Verpachtung

BMF vom 23.7.1992 (BStBl I S. 434)

IV B 3 – S 2253 – 29 / 92

Unter Bezugnahme auf das Ergebnis der Erörterungen mit den obersten Finanzbehörden der Länder nehme ich zur Frage der Einkunftserzielung bei Einkünften aus Vermietung und Verpachtung wie folgt Stellung:

Nach dem Beschluß des Großen Senats vom 25. Juni 1984 (BStBl 1984 II S. 751) setzt eine einkommensteuerrechtliche Betätigung oder Vermögensnutzung im Bereich der Überschußeinkünfte die Absicht voraus, auf Dauer gesehen nachhaltig Überschüsse zu erzielen (vgl. auch BFH-Urteil vom 21. Juli 1981, BStBl II S. 37, vom 23. März 1982, BStBl II S. 463 und vom 21. Oktober 1980, BStBl II S. 452). Dabei ist nicht auf das Ergebnis der Vermögensnutzung eines oder weniger Jahre, sondern auf das positive Gesamtergebnis der voraussichtlichen Vermögensnutzung durch den Steuerpflichtigen und seinen Gesamtrechtsnachfolger oder seinen voll unentgeltlichen Einzelrechtsnachfolger abzustellen. Steuerfreie Veräußerungsgewinne sind in diese Betrachtung nicht einzubeziehen (BFH-Urteil vom 23. März 1982, BStBl II S. 463). Für die Dauer der voraussichtlichen Vermögensnutzung ist bei Gebäuden grundsätzlich von einer tatsächlichen Nutzungsdauer von 100 Jahren auszugehen. Grundsätzlich spricht bei den Einkünften aus Vermietung und Verpachtung der Beweis des ersten Anscheins für das Vorliegen der Einkunftserzielungsabsicht.

Der Beweis des ersten Anscheins für das Vorliegen der Einkunftserzielungsabsicht ist entkräftet, wenn aufgrund objektiver Beweisanzeichen festgestellt werden kann, daß der Steuerpflichtige das Gebäude in der Absicht angeschafft oder hergestellt hat, die Steuervorteile in Anspruch zu nehmen und es kurze Zeit danach zu veräußern (z. B. bei sogenannten Mietkauf-Modellen, BFH-Urteil vom 31. März 1987, BStBl 1987 II S. 668 und 774). Solche Beweisanzeichen können zum Beispiel der

Abschluß eines entsprechenden Zeitmietvertrages, einer entsprechenden kurzen Fremdfinanzierung oder die Suche nach einem Käufer schon kurze Zeit nach Anschaffung oder Herstellung des Gebäudes sein. Die Inanspruchnahme von Sonderabschreibungen oder erhöhten Absetzungen bei Gebäuden reicht zur Widerlegung der Einkunftserzielungsabsicht allein nicht aus.

Auch bei Grundstücksverwaltungsgesellschaften oder -gemeinschaften mit Einkünften aus Vermietung und Verpachtung von Grundstücken spricht der Beweis des ersten Anscheins für das Vorliegen der Einkunftserzielungsabsicht. Entsprechendes gilt bei geschlossenen Immobilienfonds in den Fällen des § 15 Abs. 3 Nr. 2 EStG. Aus der rechtlichen Gestaltung des Vertragswerkes und der tatsächlichen Durchführung im Einzelfall kann sich aber ergeben, daß die Beteiligten nicht eine auf Dauer angelegte Investition anstreben, sondern im Vordergrund ihrer Entscheidung die Minderung ihrer Steuerbelastung steht. Nur in einem solchen Fall sind die Grundsätze des BFH-Urteils vom 21. August 1990 (BStBl 1991 II S. 564) anzuwenden. Bei einem Gesellschafter oder Gemeinschafter genügt allein die rechtliche oder tatsächliche Möglichkeit, die Beteiligung an der Gesellschaft oder Gemeinschaft kurzfristig aufzugeben, nicht zu einer Entkräftung des Beweises des ersten Anscheins für das Vorliegen einer Einkunftserzielungsabsicht. Etwas anderes gilt, wenn die Aufgabe der Beteiligung zu einem künftigen Zeitpunkt, in dem ein Überschuß der Einnahmen über die Werbungskosten eindeutig noch nicht erreicht sein wird, feststeht oder nach dem mutmaßlichen Geschehensablauf sicher zu erwarten ist.

IV
Einkunftsermittlung bei im Betriebsvermögen gehaltenen Beteiligungen an vermögensverwaltenden Personengesellschaften

BMF vom 29.4.1994 (BStBl I S. 282)

IV B 2 – S 2241 – 9/94
IV A 4 – S 0361 – 11/94

Unter Bezugnahme auf das Ergebnis der Erörterungen mit den obersten Finanzbehörden der Länder gilt für die Ermittlung von Einkünften aus Beteiligungen an vermögensverwaltenden Personengesellschaften, die im Betriebsvermögen gehalten werden, folgendes:

1. **Allgemeines**

   Eine vermögensverwaltende Personengesellschaft, die die Voraussetzungen des § 15 Abs. 3 Nr. 2 EStG nicht erfüllt (nicht gewerblich geprägte Personengesellschaft), erzielt Einkünfte aus Vermietung und Verpachtung oder Kapitalvermögen, die als Überschuß der Einnahmen über die Werbungskosten (§ 2 Abs. 2 Nr. 2 EStG) ermittelt werden. 1

   Schwierigkeiten ergeben sich, wenn Anteile an einer vermögensverwaltenden, nicht gewerblich geprägten Personengesellschaft von einem oder mehreren Gesellschaftern im Betriebsvermögen gehalten werden. Nach der BFH-Rechtsprechung (BFH-Beschlüsse vom 25. Juni 1984, BStBl II S. 751 und vom 19. August 1986, BStBl 1987 II S. 212 sowie BFH-Urteil vom 20. November 1990, BStBl 1991 II S. 345) ist den betrieblich beteiligten Gesellschaftern ein Anteil an den Einkünften aus Vermietung und Verpachtung oder Kapitalvermögen zuzurechnen und anschließend auf der Ebene des Gesellschafters in betriebliche Einkünfte umzuqualifizieren. 2

2. **Gesonderte und einheitliche Feststellung**

   Die Einkünfte aller Beteiligten werden auf der Ebene der Gesellschaft als Überschuß der Einnahmen über die Werbungskosten ermittelt. Die Einkünfte aus Vermietung und Verpachtung oder aus Kapitalvermögen werden gesondert und einheitlich festgestellt. Gewinne aus der Veräußerung von Wirtschaftsgütern des Gesellschaftsvermögens sind nur dann im Rahmen der gesonderten und einheitlichen Feststellung zu berücksichtigen, wenn ein Fall des § 17 EStG (Veräußerung einer wesentlichen Beteiligung) oder des § 23 EStG (Spekulationsgeschäft) vorliegt. Gewinne aus der Veräußerung der Beteiligung selbst bleiben bei der gesonderten und einheitlichen Feststellung unberücksichtigt, auch wenn diese Veräußerung ein Spekulationsgeschäft i.S. des § 23 EStG darstellt (vgl. BFH-Urteil vom 13. Oktober 1993 – BStBl 1994 II S. 86). Die vorstehenden Grundsätze gelten unabhängig davon, ob die Beteiligung in Privat- oder Betriebsvermögen gehalten wird. Sie gelten auch für den Fall, daß sämtliche Beteiligungen im Betriebsvermögen gehalten werden, es sei denn, daß die vermögensverwaltende Personengesellschaft von sich aus betriebliche Einkünfte erklärt und durch Betriebsvermögensvergleich ermittelt hat. 3

3. Folgebescheid

4   Gehören die Gesellschaftsanteile zum Betriebsvermögen des Gesellschafters, sind die gesondert und einheitlich festgestellten Überschußeinkünfte im Folgebescheid wie folgt zu behandeln:

5   a) Der Gesellschafter hat grundsätzlich alle Wirtschaftsgüter der Personengesellschaft anteilig im Rahmen seines eigenen Buchführungswerks zu erfassen und den Gewinnanteil, der sich für ihn aus den einzelnen Geschäftsvorfällen der Personengesellschaft ergibt, nach den Grundsätzen der Gewinnermittlung zu berechnen und anzusetzen. Diese Verfahrensweise ist vor allem im Hinblick darauf geboten, daß der Anteil an der Personengesellschaft steuerlich kein selbständiges Wirtschaftsgut ist (vgl. BFH-Beschluß vom 25. Juni 1984, BStBl II S. 751 [763]). Hinsichtlich der anteiligen Berücksichtigung von AfA, erhöhten Absetzungen und Sonderabschreibungen gilt § 7a Abs. 7 EStG (vgl. auch Abschnitt 44 Abs. 7 EStR).

6   b) Ermittelt die Personengesellschaft freiwillig ergänzend zur Überschußrechnung den Gewinnanteil des Gesellschafters nach § 4 Abs. 1, § 5 EStG, so bestehen keine Bedenken dagegen, den in der Feststellungserklärung angegebenen Anteil am Gewinn oder Verlust dem für den Erlaß des Folgebescheids zuständigen Finanzamt als nachrichtlichen Hinweis zu übermitteln und die Angabe dort bei der Veranlagung zur Einkommen- oder Körperschaftsteuer auszuwerten. Weist der Steuerpflichtige den übermittelten Anteil am Gewinn oder Verlust gesondert in seinem Jahresabschluß aus, so kann aus Vereinfachungsgründen auf die Einzelberechnung nach Randnummer 5 verzichtet werden, wenn der angegebene Betrag nicht offensichtlich unzutreffend ist.

7   c) Ist der Steuerpflichtige an der Gesellschaft zu weniger als 10 v. H. beteiligt, so ist regelmäßig davon auszugehen, daß er die zur Durchführung der Gewinnermittlung nach § 4 Abs. 1, § 5 EStG erforderlichen Angaben von der Gesellschaft nur unter unverhältnismäßigem Aufwand erlangen kann. Außerdem ist bei einer Beteiligung von weniger als 10 v. H. die in Tz. 15 des BMF-Schreibens vom 20. Dezember 1990, BStBl I S. 884, für den gewerblichen Grundstückshandel bestimmte Beteiligungsgrenze nicht erreicht. Vor diesem Hintergrund bestehen keine Bedenken dagegen, in einem solchen Fall den Anteil am Gewinn oder Verlust aus Vereinfachungsgründen in Höhe des Ergebnisanteils zu schätzen, der vom Betriebsfinanzamt nach den Grundsätzen der Überschußrechnung gesondert und einheitlich festgestellt worden ist. Der geschätzte Anteil am Gewinn oder Verlust ist auf einem „Beteiligungs"-Konto erfolgswirksam zu buchen. Auf dem Konto sind außerdem alle Vermögenszuführungen des Beteiligten in die Personengesellschaft und alle Vermögensauskehrungen an den Beteiligten zu erfassen.

8   Wird der Anteil an der Personengesellschaft veräußert, so ist als Gewinn der Unterschied zwischen dem Veräußerungserlös (nach Abzug von Veräußerungskosten) und dem bis dahin fortentwickelten Buchwert der „Beteiligung" anzusetzen. Auf diese Weise werden Gewinne aus der Veräußerung von Wirtschaftsgütern der Personengesellschaft spätestens im Zeitpunkt der Veräußerung der Beteiligung versteuert. Der Gewinn aus der Veräußerung des Anteils an der vermögensverwaltenden Personengesellschaft ist als laufender Gewinn aus Gewerbebetrieb zu behandeln. Diese Ausführungen gelten für den Fall der Entnahme des Gesellschaftsanteils, der Beendigung der Gesellschaft oder in anderen gleichzustellenden Fällen sinngemäß.

9   Voraussetzung für die dargestellte Verfahrensweise ist ein entsprechender Antrag des Steuerpflichtigen und die im Benehmen mit dem Betriebsfinanzamt zu erteilende Zustimmung des Wohnsitzfinanzamts, die im Fall des Drohens ungerechtfertigter Steuervorteile versagt bzw. mit Wirkung für den nächsten Veranlagungszeitraum widerrufen werden kann.

Ein ungerechtfertigter Steuervorteil droht vor allem dann, wenn

– die Vermögensauskehrungen von der Gesellschaft an den Gesellschafter zu einem Negativsaldo auf dem Beteiligungskonto führen bzw. einen bereits vorhandenen Negativsaldo erhöhen,

oder

– die aus der Veräußerung von Wirtschaftsgütern des Gesellschaftsvermögens stammenden Gewinne offenkundig so hoch sind, daß ein Aufschub ihrer Besteuerung unvertretbar erscheint.

10   Der gesondert und einheitlich festgestellte Anteil an den Überschußeinkünften der Personengesellschaft, die Entwicklung des Kontos „Beteiligung" sowie der Gewinn aus einer etwaigen Veräußerung des Anteils an der Personengesellschaft sind im Jahresabschluß des Gesellschafters gesondert auszuweisen. Ein Wechsel zu der Ermittlungsmethode nach Randnummer 5 oder 6 ist nur einmal möglich; durch Ansatz eines entsprechenden Übergangsgewinns oder -verlusts ist beim Wechsel sicherzustellen, daß der Totalgewinn zutreffend erfaßt wird.

Beispiel:

An der vermögensverwaltenden X-KG ist die Y-GmbH seit dem 1. Januar 01 als Kommanditistin mit einer Einlage von 25.000 DM beteiligt. Der Anteil der Y-GmbH an den Werbungskostenüberschüssen der Jahre 01–03 beträgt – 5.000, – 4.000 und – 3.000 DM. Im Jahr 02 veräußert die X-KG außerhalb der Spekulationsfrist ein unbebautes Grundstück. Der Erlös wird an die Gesellschafter ausgekehrt; auf die Y-GmbH entfallen 1.500 DM. Zum 31. Dezember 03 veräußert die Y-GmbH ihre Beteiligung für 40.000 DM.

Der Buchwert des „Beteiligungs"-Kontos im Zeitpunkt der Beteiligungsveräußerung ist wie folgt zu ermitteln:

	DM
Kapitaleinlage 01	25.000
Verlustanteil 01	– 5.000
Verlustanteil 02	– 4.000
Anteil an Auskehrung 02	– 1.500
Verlustanteil 03	– 3.000
Buchwert	11.500

Die Y-GmbH hat die Verlustanteile 01 und 02 in den entsprechenden Jahren jeweils mit positiven Einkünften aus ihrer übrigen Tätigkeit ausgeglichen.

Bei der Körperschaftsteuer-Veranlagung der Y-GmbH für das Jahr 03 sind anzusetzen:

	DM
Verlustanteil 03	– 3.000
+ Veräußerungserlös	40.000
– Buchwert	– 11.500
Einkünfte aus Gewerbebetrieb	25.500

d) Ermittelt der Gesellschafter seinen Gewinn nach § 4 Abs. 3 EStG, so kann sinngemäß nach den oben dargestellten Regelungen verfahren werden. Dabei ist ein dem Konto „Beteiligung" entsprechender Posten im Anlageverzeichnis des Gesellschafters zu führen und fortzuentwickeln.

V
Abgrenzung der Eigen- und Fremdnutzung bei Ferienwohnungen

BMF vom 4.5.1994 (BStBl I S. 285)

IV B 3 – S 2253 – 34/94

Zur einkommensteuerrechtlichen Behandlung einer zeitweise leerstehenden und zeitweise vermieteten Ferienwohnung vertrete ich nach Erörterung mit den obersten Finanzbehörden der Länder folgende Auffassung:

1 Aufteilung von Aufwendungen auf Zeiten der Eigen- und Fremdnutzung

Werden Ferienwohnungen zeitweise eigengenutzt und zeitweise vermietet, dürfen Aufwendungen als Werbungskosten bei der Ermittlung der Einkünfte aus Vermietung und Verpachtung nur abgezogen werden, soweit sie mit der Vermietung zusammenhängen.

Aufwendungen, die ausschließlich durch die Vermietung verursacht sind, sind in voller Höhe Werbungskosten. Aufwendungen, die sowohl durch die Vermietung als auch durch die Eigennutzung verursacht sind – z. B. für Instandhaltungsmaßnahmen oder die Anschaffung von Wirtschaftsgütern, die nicht ausschließlich der Vermietung dienen –, sind auf die Zeit der Eigennutzung und die Zeit der Vermietung aufzuteilen. Aufteilungsmaßstab ist das Verhältnis der Zeiträume der unterschiedlichen Nutzung in dem jeweiligen Veranlagungszeitraum.

2 Abgrenzung der Zeiten der Eigen- und Fremdnutzung

2.1 Grundsatz

Eigennutzung ist die Nutzung durch den Steuerpflichtigen selbst sowie die unentgeltliche Überlassung. Als Zeiten der Eigennutzung sind grundsätzlich auch die Zeiträume zu behandeln, in denen die Wohnung zwar leersteht, aber vom Steuerpflichtigen jederzeit genutzt werden kann. Dies ist anzunehmen, wenn der Steuerpflichtige jeweils darüber entscheiden kann, ob er die Ferienwohnung vermietet oder selbst nutzt (BFH-Urteile vom 25. Juni 1991 – BStBl 1992 II S. 24 und vom 30. Juli 1991 – BStBl 1992 II S. 27).

2.2 Bereithalten zur ausschließlichen Vermietung

Leerstandszeiten sind nicht der Eigennutzung, sondern der Vermietung zuzurechnen, wenn der Steuerpflichtige Umstände vorträgt, die eine Eigennutzung ausgeschlossen erscheinen lassen, und die Wohnung ausschließlich zur Vermietung bereitgehalten wird.

2.2.1 Einschalten eines Vermittlers

Ein ausschließliches Bereithalten zur Vermietung ist anzunehmen, wenn der Steuerpflichtige die Entscheidung über die Vermietung der Ferienwohnung während des Zeitraums, in dem er die Wohnung nicht selbst nutzt oder unentgeltlich überläßt, einem ihm nicht nahestehenden Vermittler (z. B. einem überregionalem Reiseveranstalter) überträgt und eine Eigennutzung vertraglich ausschließt. Wird der Vertrag nicht für den gesamten Veranlagungszeitraum geschlossen, sind die Leerstandszeiten, in denen der Steuerpflichtige über die Vermietung selbst entscheiden konnte, als Zeiten der Eigennutzung zu behandeln.

2.2.2 Sonderfälle

Auch bei Eigenvermietung durch den Steuerpflichtigen sind die Zeiten des Leerstands ausnahmsweise nicht der Eigennutzung zuzurechnen, wenn der Steuerpflichtige die Ferienwohnung im jeweiligen Veranlagungszeitraum weder selbst nutzt noch unentgeltlich überläßt, und er glaubhaft macht, während der Leerstandszeit die Vermietung beabsichtigt zu haben. Das kann insbesondere der Fall sein, wenn

- die Ferienwohnung in der (regional unterschiedlichen) Saison mit Ausnahme eines kurzzeitigen Leerstands nahezu durchgängig vermietet wird und die tatsächliche Vermietungsdauer mindestens 100 Tage beträgt;

- der Steuerpflichtige an demselben Ort mehr als eine Ferienwohnung hat und nur eine dieser Ferienwohnungen für eigene Wohnzwecke oder in Form der unentgeltlichen Überlassung nutzt. Hiervon kann ausgegangen werden, wenn beispielsweise Ausstattung und Größe einer der Wohnungen auf die besonderen Verhältnisse des Steuerpflichtigen zugeschnitten sind. Die Leerstandszeiten der anderen Ferienwohnung(en) sind in einem solchen Fall nicht als Eigennutzung zu werten.

VI

Sinngemäße Anwendung des § 15a Abs. 5 Nr. 2 2. Alt. EStG bei den Einkünften aus Vermietung und Verpachtung von Gesellschaften bürgerlichen Rechts; hier: Anwendung der BFH-Urteile vom 17.12.1992 und vom 30.11.1993 (BStBl 1994 II S. 490, 492, 496)

BMF vom 30.6.1994 (BStBl I S. 355)

IV B 3 – S 2253 b – 12/94

Die sinngemäße Anwendung des § 15a Abs. 5 EStG bei Gesellschaftern einer Gesellschaft bürgerlichen Rechts mit Einkünften aus Vermietung und Verpachtung (§ 21 Abs. 1 Satz 2 EStG) setzt voraus, daß ihre Haftung nach der gewählten tatsächlichen und rechtlichen Gestaltung der eines Kommanditisten vergleichbar ist. Liegt diese Voraussetzung vor, ist der Ausgleich und Abzug von negativen Einkünften aus Vermietung und Verpachtung über den Betrag der Einlage des jeweiligen Gesellschafters hinaus ausgeschlossen, soweit die Inanspruchnahme des Gesellschafters für Schulden der Gesellschaft im Zusammenhang mit dem Betrieb nach Art und Weise des Geschäftsbetriebs unwahrscheinlich ist. Der BFH hat mit Urteilen vom 17.12.1992 (BStBl 1994 II S. 490 und 492) und vom

30.11.1993 (BStBl 1994 II S. 496) entschieden, daß eine Inanspruchnahme der Gesellschafter einer Gesellschaft bürgerlichen Rechts unwahrscheinlich i. S. des § 15a Abs. 5 Nr. 2 2. Alt. EStG ist, wenn der kalkulierte Gesamtaufwand durch Eigenkapital und im wesentlichen dinglich gesichertes Fremdkapital gedeckt und eine Kostenerhöhung bei normalem Verlauf der Dinge nicht zu erwarten ist. Der Gesellschafter habe persönliche Haftungsrisiken, die konkret bestehen, darzulegen, die nicht aus dem Gesellschaftsvermögen – unter Umständen sogar nach Zuführung von weiterem Eigenkapital durch Einlagenerhöhung oder durch Aufnahme neuer Gesellschafter oder von zusätzlichem Fremdkapital – gedeckt werden können.

Unter Bezugnahme auf das Ergebnis der Erörterungen mit den obersten Finanzbehörden der Länder sind die BFH-Urteile vom 17.12.1992 (BStBl 1994 II S. 490 und S. 492) und vom 30.11.1993 (BStBl 1994 II S. 496) mit folgender Maßgabe anzuwenden:

Bei der Auslegung des Begriffs der nicht unwahrscheinlichen Inanspruchnahme nach § 15a Abs. 5 Nr. 2 2. Alt. EStG ist an die Auslegung des Begriffs der nicht unwahrscheinlichen Vermögensminderung nach § 15a Abs. 1 Satz 3 EStG anzuknüpfen. Eine Vermögensminderung nach § 15a Abs. 1 Satz 3 EStG ist bei gegenüber der Pflichteinlage höherer Hafteinlage nur dann unwahrscheinlich, wenn die finanzielle Ausstattung der KG und deren gegenwärtige sowie zu erwartende Liquidität im Verhältnis zu dem vertraglich festgelegten Gesellschaftszweck und dessen Umfang so außergewöhnlich günstig ist, daß die finanzielle Inanspruchnahme des zu beurteilenden Kommanditisten nicht zu erwarten ist (BFH-Urteil vom 14.5.1991, BStBl 1992 II S. 164; BMF-Schreiben vom 20.2.1992, BStBl I S. 123). Nach der Systematik der Regelung ist die Möglichkeit des Verlustausgleichs bzw. Verlustabzugs nicht an die Wahrscheinlichkeit der Inanspruchnahme geknüpft, sondern der Verlustausgleich und der Verlustabzug wird nur ausgeschlossen, wenn festgestellt wird, daß die Inanspruchnahme unwahrscheinlich ist. Der Regeltatbestand geht demnach von dem Risiko der Inanspruchnahme nach Art und Weise des Geschäftsbetriebs aus.

Die Haftung eines Gesellschafters einer Gesellschaft bürgerlichen Rechts kann nicht anders beurteilt werden als die eines Kommanditisten, dessen eingetragene Haftsumme die geleistete Einlage übersteigt. Kann nicht festgestellt werden, ob das Risiko der Inanspruchnahme des Gesellschafters einer Gesellschaft bürgerlichen Rechts für Gesellschaftsschulden unwahrscheinlich ist, ist von der Wahrscheinlichkeit der Inanspruchnahme auszugehen.

Die Wahrscheinlichkeit der Inanspruchnahme ist nicht deswegen ausgeschlossen, weil

– die Haftung des Gesellschafters der Gesellschaft bürgerlichen Rechts quotal beschränkt ist,

– das dem Immobilienfonds zugrundeliegende Vertragswerk ein geschlossenes Finanzierungskonzept vorsieht, wonach der voraussichtliche Finanzbedarf durch Eigenkapital und die Aufnahme von dinglich gesichertem Fremdkapital gedeckt ist,

– Einnahmen und Ausgaben so kalkuliert sind, daß nach Beendigung der Bauphase kein Ausgabenüberschuß entsteht.

Die Inanspruchnahme ist jedoch unwahrscheinlich, wenn durch entsprechende vertragliche Gestaltungen ein wirtschaftlich ins Gewicht fallendes Haftungsrisiko des Gesellschafters nicht mehr verbleibt, d. h. die Gesamtkosten einschließlich der Kosten der Finanzierung durch Garantie- und vergleichbare Verträge abgedeckt sind oder die Haftung des Gesellschafters auf einen bestimmten Höchstbetrag begrenzt wird. Dabei ist nicht auf den Inhalt des einzelnen Vertrags, sondern auf die Gesamtheit der Vereinbarungen abzustellen. Neben Garantieverträgen sind auch Versicherungsverträge in die Prüfung mit einzubeziehen. Die Unwahrscheinlichkeit der Inanspruchnahme kann bei folgenden Vereinbarungen in Betracht kommen:

– Übernahme der Verkehrssicherungspflichten durch den Bauunternehmer;

– Höchstzinsgarantien während und nach der Bauphase;

– Mietgarantien, sonstige Garantieverträge und vergleichbare Verträge, soweit die Haftung des Gesellschafters auf einen bestimmten Höchstbetrag begrenzt wird;

– Ausschluß einer Nachschußpflicht sowie Bindung des Geschäftsbesorgers, den Gesellschafter nur bis zu einer bestimmten Höhe in Anspruch zu nehmen;

– Schuldübernahme durch einen Dritten, soweit ein Rückgriffsanspruch gegen den Gesellschafter ausgeschlossen ist.

Bürgschaften eines Dritten mindern dagegen die Haftung der Gesellschafter nicht, soweit wegen des Rückgriffsanspruchs des Bürgen die Gesellschafter belastet bleiben.

VII
Zurechnung von Einkünften aus Vermietung und Verpachtung bei Treuhandverhältnissen; BFH-Urteil vom 27.1.1993 (BStBl 1994 II S. 615)

BMF vom 1.9.1994 (BStBl I S. 604)

IV B 3 – S 2253 a – 15/94

Mit o. a. Urteil hat der BFH entschieden, daß einem Treugeber Einkünfte aus Vermietung und Verpachtung zuzurechnen sind, wenn für ihn ein Treuhänder den Mietvertrag im eigenen Namen abschließt, der Treuhänder dabei ausschließlich auf Rechnung und Gefahr des Treugebers handelt und der Treugeber nach der Ausgestaltung des Treuhandverhältnisses und nach den sonstigen Umständen gegenüber dem Treuhänder eine derart beherrschende Stellung einnimmt, daß er wirtschaftlich die Rechte und Pflichten aus dem Mietverhältnis trägt. Zu der Frage, was eine Zurechnung von Einkünften aus Vermietung und Verpachtung beim Treugeber danach im einzelnen voraussetzt, nehme ich nach Erörterung mit den obersten Finanzbehörden der Länder wie folgt Stellung:

Nachstehende Grundsätze gelten, soweit sie im einzelnen nicht auf bestimmte Fälle beschränkt sind, für alle Treuhandgestaltungen, gleichgültig ob die Anleger sich zu einer Gesellschaft zusammenschließen und die Gesellschaft (Treugeber) ein Treuhandverhältnis mit einem Dritten (Treuhänder) eingeht oder ob die Anleger jeder für sich ein Treuhandverhältnis mit einem Dritten (Treuhänder) begründen. Dabei kann Treugut sowohl ein Grundstück oder Erbbaurecht (Fall der sog. vorgeschalteten Treuhand) als auch ein Gesellschaftsanteil (Fall des Treuhandkommanditisten oder Beteiligungstreuhänders) sein.

1. Voraussetzungen für die steuerrechtliche Anerkennung des Treuhandverhältnisses

Das Treuhandverhältnis ist steuerrechtlich anzuerkennen, wenn

- dem Treugeber im Innenverhältnis die Rechte an und aus dem Treugut zustehen und
- der Treugeber das Marktgeschehen jederzeit beherrscht und wirtschaftlich die Rechte und Pflichten aus dem Mietverhältnis trägt.

Bei einer treuhänderischen Gesellschaftsbeteiligung ist das der Fall, wenn der Treugeber durch das Treuhandverhältnis so gestellt ist wie ein unmittelbar beteiligter Gesellschafter.

1.1 Bestimmung des Treuguts

Ist Gegenstand des Treuhandverhältnisses ein Grundstück oder ein Erbbaurecht, muß der Treugeber das Treugut dem Treuhänder übertragen oder bei der Auswahl des Treuguts mitbestimmen können. Hat der Treuhänder bereits bei Begründung des Treuhandverhältnisses das Grundstück oder Erbbaurecht erworben, ist diese Voraussetzung dadurch erfüllt, daß der Treugeber mit dem Abschluß des Treuhandvertrags seine Zustimmung zur Auswahl des Treuguts erklärt. Ist Gegenstand des Treuhandverhältnisses die Beteiligung an einer KG oder Gesellschaft bürgerlichen Rechts (GbR), wird das Treugut mit Begründung des Treuhandverhältnisses bestimmt.

1.2 Einfluß auf die Gestaltung des Treuhandvertrags

Hat der Treuhänder den Treuhandvertrag vorformuliert, schließt dieser Umstand die Rechte des Treugebers an und aus dem Treugut und seine wirtschaftliche Stellung als Vermieter nicht aus. Ein Treuhandverhältnis ist hingegen steuerlich nicht oder nicht mehr anzuerkennen, wenn der Treugeber bereits mit Abschluß des Treuhandvertrags oder zu einem späteren Zeitpunkt seine Weisungs- und Mitwirkungsrechte – ganz oder teilweise – unwiderruflich überträgt. Derartige Einschränkungen der Rechte des Treugebers zugunsten des Treuhänders können sich aus dem Treuhandvertrag selbst und aus den den Vertrag ergänzenden Vereinbarungen ergeben und sind auch anzunehmen, wenn die Rechte unter Ausschluß des Treugebers, z. B. durch einen Beirat, ausgeübt werden sollen, der nicht seinen Weisungen unterliegt. Verpflichtungen der Treugeber-Gesellschafter untereinander, die ohne Zustimmung des Treuhänders geändert werden können, berühren das Treuhandverhältnis grundsätzlich nicht.

Stimmt der Treugeber bereits abgeschlossenen Verträgen, z. B. über die Bebauung eines Grundstücks, zu, bewirkt dies allein keinen Verzicht auf die Treugeberrechte. Entsprechendes gilt für die unwiderrufliche Ermächtigung zu Rechtshandlungen, die zur Erreichung des Gesellschaftszwecks unabdingbar sind (z. B. wenn zu erwarten ist, daß die Baugenehmigung für das zu errichtende Gebäude nur mit der Maßgabe erteilt wird, daß ein bestimmter Grundstücksteil zur öffentlichen Nutzung abgetreten wird, und der Treugeber schon mit Abschluß des Treuhandvertrages den Treuhänder unwiderruflich zu einer entsprechenden Abtretung ermächtigt).

1.3 Kündbarkeit des Treuhandvertrags

Der steuerrechtlichen Anerkennung eines Treuhandverhältnisses steht es nicht entgegen, wenn die Kündbarkeit des Treuhandvertrags für nicht länger als ein Jahr vertraglich ausgeschlossen ist und die Kündigungsfrist ebenfalls nicht länger als ein Jahr beträgt. Dagegen sind Vereinbarungen schädlich, nach denen

– bei Kündigung des Treuhandverhältnisses die Pflicht zur Bestellung eines neuen Treuhänders besteht oder
– im Fall der vorgeschalteten Treuhand die Kündigung nur bei Auflösung der Fondsgesellschaft möglich ist oder
– die mögliche Kündigung des Treuhandverhältnisses die Auflösung der Fondsgesellschaft zur Folge hat.

Ist der Treuhänder gleichzeitig Geschäftsführer der KG oder der GbR, an der die Treugeber unmittelbar oder mittelbar über den Treuhänder beteiligt sind, muß er durch Beschluß der Gesellschafter zum Ablauf des Treuhandvertrags abberufen werden können.

Erbringt der Treuhänder darüber hinaus sonstige Dienstleistungen wie z. B. Baubetreuung oder Architektenleistungen und ist die Kündbarkeit dieser Verträge für die Bauphase ausgeschlossen, hindert dies die steuerrechtliche Anerkennung des Treuhandverhältnisses dagegen nicht.

1.4 Herausgabe des Treuguts nach Beendigung des Treuhandverhältnisses

Der Treugeber muß die Möglichkeit haben, das Treuhandverhältnis ohne erhebliche wirtschaftliche Nachteile zu beenden. Eine bei Beendigung des Treuhandverhältnisses an den Treuhänder möglicherweise zu leistende Entschädigung darf nicht so bemessen sein, daß die Entschädigungspflicht eine nach dem Treuhandvertrag zulässige Beendigung des Treuhandverhältnisses praktisch verhindert. Der im Treuhandvertrag vereinbarte Auslagenersatz und die Freistellung des Treuhänders von den für Rechnung des Treugebers eingegangenen Verbindlichkeiten durch den Treugeber gehören nicht zu dieser Entschädigung.

Nach Beendigung des Treuhandverhältnisses muß der Treugeber über das Treugut (vgl. Rz. 1) frei verfügen können. Dabei ist ohne Bedeutung, ob der Treugeber die Verfügungsbefugnis zum bürgerlich-rechtlichen Erwerb des Treuguts, zu dessen Veräußerung – auch an den Treuhänder – oder zur Begründung eines neuen Treuhandverhältnisses nutzt.

1.5 Weisungsbefugnis für Begründung und Ausgestaltung von Mietverhältnissen

Treugeber, deren Beteiligungen an einer vermietenden GbR von einem Beteiligungstreuhänder oder bei einer vermietenden KG von einem Treuhandkommanditisten treuhänderisch gehalten werden, entfalten Vermieterinitiative, wenn ihnen durch das Treuhandverhältnis die Mitwirkungs- und Kontrollrechte eines unmittelbar Beteiligten (im Falle von Beteiligungstreugebern die Rechte nach § 716 BGB, im Falle von Treugeberkommanditisten die Rechte nach § 166 HGB) zustehen. Es reicht aus, wenn die Treugeber die jeweiligen Rechte rechtlich und tatsächlich wahrnehmen können, ohne sie auch auszuüben.

Treuhandverhältnisse, bei denen der Treuhänder nach außen als Vermieter auftritt (sog. vorgeschaltete Treuhand), sind unter dem Gesichtspunkt der Vermietungsinitiative steuerrechtlich anzuerkennen, wenn der Treugeber im Innenverhältnis dem Treuhänder kraft des Treuhandvertrags konkrete Weisungen für Beginn, Ausgestaltung und Beendigung der Mietverhältnisse geben kann; dabei ist unschädlich, daß der Treugeber mit Begründung des Treuhandverhältnisses bereits abgeschlossenen Mietverträgen zustimmt.

2. Tätigkeit des Treuhänders auf fremde Rechnung und Gefahr

Ein Treugeber kann Einkünfte aus Vermietung und Verpachtung erzielen, ohne selbst als Vermieter nach außen aufzutreten, wenn der Treuhänder im eigenen Namen, aber auf Rechnung und Gefahr des Treugebers tätig ist. Ist der Treugeber eine Personengesellschaft, werden die von den Gesellschaftern in ihrer gesamthänderischen Verbundenheit erzielten Einkünfte aus Vermietung und Verpachtung den Gesellschaftern zugerechnet.

2.1

Der Treuhänder ist für Rechnung des Treugebers tätig, wenn die Einnahmen aus Vermietung und Verpachtung im Innenverhältnis ausschließlich dem Treugeber zustehen und er alle im Zusammenhang mit dem Vermietungsobjekt stehenden Aufwendungen zu tragen hat. Das an den

Anhang 23
VII, VIII Vermietung und Verpachtung

Treuhänder für seine Treuhändertätigkeit oder sonstige Dienstleistungen zu entrichtende Entgelt schließt die Zurechnung der Vermietungstätigkeit an den Treugeber nicht aus.

2.2 Der Treuhänder ist auf Gefahr des Treugebers tätig, wenn er seine Auslagen laufend ersetzt erhält und – spätestens bei Beendigung des Treuhandverhältnisses – einen Anspruch auf Befreiung von den auf Rechnung des Treugebers eingegangenen Verbindlichkeiten hat. Ist ein Gesellschaftsanteil Gegenstand des Treuhandverhältnisses, trägt der Treugeber wirtschaftlich die Risiken, wenn ihn außerdem nach dem Treuhandvertrag eine für einen entsprechenden Gesellschafter bestehende Nachschußpflicht – gegebenenfalls begrenzt auf eine seinem Beteiligungsverhältnis entsprechende Quote – trifft.

3. **Zeitliche Anwendung**

Soweit die Anwendung der Regelungen zu einer Verschärfung der Besteuerung gegenüber der bisher geltenden Verwaltungspraxis führt, ist dieses Schreiben erstmals auf Immobilienfonds anzuwenden, für deren Anteile der Außenvertrieb nach dem 30. November 1994 begonnen hat.

VIII

Ertragsteuerliche Beurteilung von Aufwendungen eines geschlossenen Immobilienfonds im Zusammenhang mit dem Erwerb eines Grundstücks; rechtliche Einordnung der aufzubringenden Eigenkapitalvermittlungsprovision; Anwendung des BFH-Urteils vom 11. Januar 1994 – (BStBl 1995 II S. 166)

BMF vom 1.3.1995 (BStBl I S. 167)

IV B 3 – S 2253 a – 6/95

Der BFH vertritt im Urteil vom 11. Januar 1994 (BStBl II 1995 S. 166) die Auffassung, sämtliche Gebühren und Provisionen, die ein Immobilienfonds gegenüber dem Grundstücksveräußerer oder gegenüber Dritten erbringt, seien einheitlich als Anschaffungskosten des bebauten Grundstücks zu beurteilen. Dies gelte entgegen der Regelung in Tz. 6 und 7.1 des BMF-Schreibens vom 31. August 1990 – BStBl I S. 366 – auch für die von der Fondsgesellschaft zu leistende Provision zur Vermittlung des Eigenkapitals, weil auch dieser Aufwand bei wirtschaftlicher Betrachtungsweise auf den Erwerb des Grundstücks entfalle.

Der BFH begründet seine Auffassung mit der entsprechenden Anwendung der im BFH-Urteil vom 14. November 1989 – (BStBl II 1990 S. 299) entwickelten Grundsätze über die einkommensteuerrechtliche Beurteilung von modellbedingten Provisionen und Gebühren bei Bauherrenmodellen.

Unter Bezugnahme auf das Ergebnis der Erörterungen mit den obersten Finanzbehörden der Länder nehme ich zur Anwendung der Rechtsgrundsätze des BFH-Urteils vom 11. Januar 1994 (BStBl II 1995 S. 166) wie folgt Stellung:

Die Gesellschafter eines Immobilienfonds verwirklichen den Tatbestand der Einkünfteerzielung anders als die einzelnen Beteiligten an einem Bauherrenmodell in ihrer gesamthänderischen Verbundenheit als Personengesellschaft (BFH-Beschluß vom 25. Juni 1984, BStBl II S. 751, 762). Die einkommensteuerrechtliche Einordnung der von der Personengesellschaft geleisteten Zahlungen unter die Begriffe der Anschaffungskosten des Grund und Bodens, Anschaffungskosten des Gebäudes, Herstellungskosten oder sofort abzugsfähigen Werbungskosten ist demnach auf der Ebene der Fondsgesellschaft vorzunehmen.

Provisionszahlungen der Fondsgesellschaft für die Vermittlung des Eintritts von Gesellschaftern in die Fondsgesellschaft (Eigenkapitalvermittlungsprovisionen) stellen bei der Fondsgesellschaft ihrem wirtschaftlichen Gehalt nach Kosten für die Beschaffung von Eigenkapital dar. Sie gehören im Regelfall ebenso wie die Kosten für die Beschaffung von Fremdkapital nicht zu den Anschaffungs- oder Herstellungskosten des bebauten Grundstücks, sondern zu den sofort abziehbaren Aufwendungen (BFH-Urteile vom 23. Oktober 1986, BStBl II 1988 S. 128, und vom 24. Februar 1987, BStBl II S. 810).

Die Rechtsgrundsätze des Urteils des BFH vom 11. Januar 1994 – a. a. O. – sind deshalb über den entschiedenen Einzelfall hinaus nicht anzuwenden. Die rechtliche Einordnung der Kosten, die von der Fondsgesellschaft aufzubringen sind, richtet sich weiterhin nach dem BMF-Schreiben vom 31. August 1990 (BStBl I S. 366, Tz. 6 und 7).

IX
Einkommensteuerrechtliche Behandlung in einem Betrag gezahlter Erbbauzinsen bei den Einkünften aus Vermietung und Verpachtung

BMF vom 10.12.1996 (BStBl I S. 1440)

IV B 3 – S 2253 – 99/96

Unter Bezugnahme auf das Ergebnis der Erörterungen mit den obersten Finanzbehörden der Länder wird zur Frage der Behandlung der von einem Erbbauberechtigten vorausgezahlten oder in einem Betrag gezahlten Erbbauzinsen wie folgt Stellung genommen:

1. **Behandlung beim Erbbauberechtigten**

   Erbbauzinsen, die der Erbbauberechtigte vorausgezahlt oder in einem Betrag gezahlt hat, stellen bei wirtschaftlicher Betrachtung Aufwendungen für den Erwerb eines befristeten Rechts dar. Die Einmalzahlung kann nicht als laufende Leistung im Rahmen eines durch die Erbbaurechtsbestellung begründeten Dauernutzungsverhältnisses beurteilt werden. Die vorausgezahlten oder in einem Einmalbetrag gezahlten Erbbauzinsen sind daher den Anschaffungskosten des Erbbaurechts zuzuordnen.

   Der Erbbauberechtigte hat die vorausgezahlten oder in einem Einmalbetrag gezahlten Erbbauzinsen im Rahmen der Einkünfte aus Vermietung und Verpachtung als Werbungskosten verteilt auf das (verbleibende) Laufzeit des Erbbaurechts nach § 9 Abs. 1 Satz 3 Nr. 7 EStG abzuziehen.

   Soweit der Erbbauberechtigte die vorausgezahlten oder in einem Einmalbetrag gezahlten Erbbauzinsen bereits bei ihrem Abfluß in voller Höhe als Werbungskosten abgezogen hat, scheidet eine nochmalige Berücksichtigung nach § 9 Abs. 1 Satz 3 Nr. 7 EStG aus. Der Steuerpflichtige ist nach den Grundsätzen von Treu und Glauben an die bisherige steuerliche Behandlung auch in den folgenden Veranlagungszeiträumen gebunden.

2. **Behandlung beim Erbbauverpflichteten**

   Die erhaltenen Erbbauzinsen sind nach § 11 Abs. 1 EStG im Jahr des Zuflusses als Einnahmen aus Vermietung und Verpachtung nach § 21 Abs. 1 Nr. 1 EStG zu erfassen. Es ist unerheblich, ob die Erbbauzinsen in Form regelmäßig wiederkehrender Leistungen oder als Voraus- oder Einmalzahlung erbracht werden. Auf Antrag kann die Zahlung des gesamten Entgelts in einem Kalenderjahr auf die (verbleibende) Laufzeit des Erbbaurechts verteilt werden, längstens jedoch auf 10 Jahre.

3. **Erstmalige Anwendung**

   Die vorstehenden Regelungen sind in allen noch offenen Fällen anzuwenden. Soweit die Anwendung dieser Regelungen zu einer Verschärfung der Besteuerung gegenüber der bisher geltenden Verwaltungspraxis führt, sind sie nicht anzuwenden, wenn der Erbbaurechtsvertrag oder der auf Übertragung eines Erbbaurechts gerichtete Vertrag vor dem 1. Januar 1997 rechtswirksam abgeschlossen worden ist.

X

Abgrenzung von Herstellungs- und Erhaltungsaufwendungen bei Instandsetzung und Modernisierung von Gebäuden
Anwendung der BFH-Urteile vom 9. Mai 1995 – IX R 116/92 – BStBl 1996 II S. 632; – XI R 88/90 – BStBl 1996 II S. 628; – IX R 69/92 – BStBl 1996 II S. 630; – IX R 2/94 – BStBl 1996 II S. 637; vom 10. Mai 1995 – IX R 62/94 – BStBl 1996 II S. 639 und vom 16. Juli 1996 – XI R 34/94 – BStBl II S. 649

BMF vom 16.12.1996 (BStBl I S. 1442)

IV B 3 – S 2211 – 69/96

Mit o.a. Urteilen hat der BFH zur Abgrenzung von Herstellungskosten und sofort abziehbaren Erhaltungsaufwendungen bei Instandsetzung und Modernisierung eines Gebäudes Stellung genommen. Unter Bezugnahme auf das Ergebnis der Erörterung mit den obersten Finanzbehörden der Länder nehme ich zur Anwendung der Urteilsgrundsätze wie folgt Stellung:

I. Herstellungskosten

Herstellungskosten eines Gebäudes sind nach § 255 Abs. 2 Satz 1 HGB Aufwendungen für die Herstellung eines Gebäudes sowie Aufwendungen, die für die Erweiterung oder für die über den ursprünglichen Zustand hinausgehende wesentliche Verbesserung eines Gebäudes entstehen.

1. Herstellung

Instandsetzungs- und Modernisierungsarbeiten können ausnahmsweise auch im Zusammenhang mit der (Neu-)Herstellung eines Gebäudes stehen. Dies ist der Fall, wenn das Gebäude so sehr abgenutzt ist, daß es unbrauchbar geworden ist (Vollverschleiß), und durch die Instandsetzungsarbeiten unter Verwendung der übrigen noch nutzbaren Teile ein neues Gebäude hergestellt wird.

2. Erweiterung

Instandsetzungs- und Modernisierungsaufwendungen bilden unabhängig von ihrer Höhe Herstellungskosten, wenn sie für eine Erweiterung i.S. von § 255 Abs. 2 Satz 1 HGB entstehen. R 157 Abs. 3 Satz 2 EStR 1996 bleibt unberührt.

Eine Erweiterung liegt in folgenden Fällen vor:

2.1 Aufstockung oder Anbau

Ein Gebäude wird aufgestockt oder ein Anbau daran errichtet (vgl. § 17 Abs. 2 des Zweiten Wohnungsbaugesetzes – II. WoBauG –).

2.2 Vergrößerung der nutzbaren Fläche

Die nutzbare Fläche des Gebäudes wird vergrößert. Hierfür reicht es aus, wenn die Baumaßnahmen zu einer – wenn auch nur geringfügigen – Vergrößerung der Nutzfläche führen. Die Nutzfläche ist in sinngemäßer Anwendung der §§ 43 und 44 der II. Berechnungsverordnung zu ermitteln. Von Herstellungskosten ist z. B. auszugehen, wenn die Nutzfläche durch eine zuvor nicht vorhandene Dachgaube, den Anbau eines Balkons oder einer Terrasse über die ganze Gebäudebreite vergrößert wird oder durch ein das Flachdach ersetzendes Satteldach erstmals ausbaufähiger Dachraum geschaffen wird (vgl. BFH-Urteil vom 19. Juni 1991 – BStBl 1992 II S. 73).

2.3 Vermehrung der Substanz

Ein Gebäude wird in seiner Substanz vermehrt, ohne daß zugleich seine nutzbare Fläche vergrößert wird, z. B. bei Einsetzen von zusätzlichen Trennwänden, bei Errichtung einer Außentreppe, bei Einbau einer Alarmanlage (vgl. BFH-Urteil vom 16. Februar 1993 – BStBl II S. 544) einer Sonnenmarkise (vgl. BFH-Urteil vom 29. August 1989 – BStBl 1990 II S. 430), einer Treppe zum Spitzboden, eines Kachelofens oder eines Kamins.

Keine zu Herstellungsaufwendungen führende Substanzmehrung liegt dagegen vor, wenn der neue Gebäudebestandteil oder die neue Anlage die Funktion des bisherigen Gebäudebestandteils für das Gebäude in vergleichbarer Weise erfüllen. Erhaltungsaufwendungen können daher auch angenommen werden, wenn der neue Gebäudebestandteil für sich betrachtet nicht die gleiche Beschaffenheit aufweist wie der bisherige Gebäudebestandteil, oder die Anlage technisch nicht in der gleichen Weise wirkt, sondern lediglich entsprechend dem technischen Fortschritt modernisiert worden ist. Von einer Substanzmehrung ist danach regelmäßig z. B. nicht auszugehen bei

– Anbringen einer zusätzlichen Fassadenverkleidung (z. B. Eternitverkleidung oder Verkleidung mit Hartschaumplatten und Sichtklinker) zu Wärme- oder Schallschutzzwecken (vgl. BFH-Urteil vom 13. März 1979 – BStBl II S. 435),
– Umstellung einer Heizungsanlage von Einzelöfen auf eine Zentralheizung (vgl. BFH-Urteil vom 24. Juli 1979 – BStBl 1980 II S. 7),
– Ersatz eines Flachdaches durch ein Satteldach, wenn dadurch lediglich eine größere Raumhöhe geschaffen wird, ohne die nutzbare Fläche und damit die Nutzungsmöglichkeit zu erweitern,
– Vergrößern eines bereits vorhandenen Fensters oder
– Versetzen von Wänden.

Ein neuer Gebäudebestandteil erfüllt auch dann regelmäßig die Funktion des bisherigen Gebäudebestandteils in vergleichbarer Weise, wenn er dem Gebäude lediglich deshalb hinzugefügt wird, um bereits eingetretene Schäden zu beseitigen oder einen konkret drohenden Schaden abzuwenden. Das ist z. B. der Fall bei Anbringung einer Betonvorsatzschale zur Trockenlegung der durchfeuchteten Fundamente (insoweit entgegen BFH-Urteil vom 10. Mai 1995 – IX R 62/94 –, a. a. O.), bei Überdachung von Wohnungszugängen oder einer Dachterrasse mit einem Glasdach zum Schutz vor weiteren Wasserschäden (vgl. BFH-Urteil vom 24. Februar 1981 – BStBl II S. 468).

3. Über den ursprünglichen Zustand hinausgehende wesentliche Verbesserung

Instandsetzungs- oder Modernisierungsaufwendungen, die nicht schon wegen ihres engen zeitlichen Zusammenhangs mit der Anschaffung des Gebäudes als anschaffungsnahe Aufwendungen den Herstellungskosten zuzurechnen sind, sind nach § 255 Abs. 2 Satz 1 HGB als Herstellungskosten zu behandeln, wenn sie zu einer über den ursprünglichen Zustand hinausgehenden wesentlichen Verbesserung führen.

3.1 Ursprünglicher Zustand

Ursprünglicher Zustand i.S. von § 255 Abs. 2 Satz 1 HGB ist grundsätzlich der Zustand des Gebäudes im Zeitpunkt der Herstellung oder Anschaffung durch den Steuerpflichtigen oder seinen Rechtsvorgänger im Fall des unentgeltlichen Erwerbs. Erforderlich ist danach ein Vergleich des Zustands des Gebäudes, in dem es sich bei Herstellung oder Anschaffung befunden hat, mit dem Zustand, in den es durch die vorgenommenen Instandsetzungs- oder Modernisierungsarbeiten versetzt worden ist. Hiervon abweichend ist in Fällen, in denen die ursprünglichen Herstellungs- oder Anschaffungskosten zwischenzeitlich z. B. durch anderweitige Herstellungs- oder Anschaffungskosten, durch Absetzungen für außergewöhnliche Abnutzung nach § 7 Abs. 4 Satz 3 i.V.m. Abs. 1 Satz 5 EStG oder durch Teilwertabschreibung verändert worden sind, für den Vergleich auf den für die geänderte AfA-Bemessungsgrundlage maßgebenden Zustand abzustellen. Wird ein Gebäude dem Betriebsvermögen entnommen oder in das Betriebsvermögen eingelegt, kommt es für die Bestimmung des ursprünglichen Zustandes auf den Zeitpunkt der Entnahme oder der Einlage an.

3.2 Wesentliche Verbesserung

Eine wesentliche Verbesserung i.S. von § 255 Abs. 2 Satz 1 HGB liegt nicht bereits dann vor, wenn ein Gebäude generalüberholt wird, d.h. Aufwendungen, die für sich genommen als Erhaltungaufwendungen zu beurteilen sind, in ungewöhnlicher Höhe zusammengeballt in einem Veranlagungszeitraum anfallen.

Eine wesentliche Verbesserung i.S. von § 255 Abs. 2 Satz 1 HGB und damit Herstellungskosten sind vielmehr erst dann gegeben, wenn die Maßnahmen zur Instandsetzung und Modernisierung eines Gebäudes in ihrer Gesamtheit über eine zeitgemäße substanzerhaltende (Bestandteil-)Erneuerung hinausgehen, den Gebrauchswert des Gebäudes insgesamt deutlich erhöhen und damit für die Zukunft eine erweiterte Nutzungsmöglichkeit geschaffen wird. Instandsetzungs- oder Modernisierungsmaßnahmen, die über eine substanzerhaltende Erneuerung nicht hinausgehen, sind bei der Prüfung grundsätzlich außer Betracht zu lassen.

Eine substanzerhaltende (Bestandteil-)Erneuerung liegt vor, wenn ein Gebäude durch die Ersetzung einzelner Bestandteile oder Instandsetzungs- oder Modernisierungsmaßnahmen an dem Gebäude als Ganzem lediglich in ordnungsgemäßem Zustand entsprechend seinem ursprünglichen Zustand erhalten oder dieser in zeitgemäßer Form wiederhergestellt wird. Dem Gebäude wird in diesem Fall nur der zeitgemäße Wohnkomfort wiedergegeben, den es ursprünglich besessen, aber durch den technischen Fortschritt und die Veränderung der Lebensgewohnheiten verloren hat.

Von einer deutlichen Gebrauchswerterhöhung ist dagegen z. B. auszugehen, wenn

- sich der Wohnstandard des Gebäudes maßgeblich steigert z. B. durch Verwendung außergewöhnlich hochwertiger Materialien, oder eine besondere bauliche Gestaltung und dadurch eine andere Wohnungskategorie erreicht wird.

Beispiel:

Ein unscheinbarer, lediglich verputzter Altbau mit einem gemauerten einfachen Windfang als Eingangsbereich erhält neben einer Glas-Aluminiumfassade, die durch Erkervorsprünge aufgelockert ist, einen vollkommen neugestalteten Eingangsbereich mit einer bis an die Dachkante hochgezogenen Glas-Aluminium-Schrägdachkonstruktion. Durch die Instandsetzungs- und Modernisierungsmaßnahmen entsteht insgesamt ein repräsentatives Bauwerk mit besonderem Erscheinungsbild. Die Aufwendungen sind daher als Herstellungskosten zu beurteilen.

- (ausnahmsweise) die tatsächliche Gesamtnutzungsdauer deutlich verlängert wird. Diese Voraussetzungen erfüllen in der Regel nur Maßnahmen, die die Lebensdauer bestimmende Substanz des Gebäudes (z. B. tragende Wände, Decken oder Fundament) verändern. Da die die Lebensdauer bestimmende Substanz „verändert" werden muß, reicht eine bloße Reparatur oder der Ersatz vorzeitig verschlissener Teile nicht aus, um eine Herstellungskosten rechtfertigende wesentliche Verbesserung anzunehmen.

- sich ein deutlicher Anstieg der erzielbaren Miete im Vergleich zu der Miete ergibt, die bei einer Neuvermietung unmittelbar vor den Instandsetzungs- und Modernisierungsarbeiten erzielbar gewesen wäre. Hierbei sind Mietsteigerungen, die lediglich auf zeitgemäßen bestanderhaltenden Erneuerungen beruhen, nicht in die Beurteilung einzubeziehen.

Beispiel:

A ist seit 1990 Eigentümer eines 1930 erbauten Mietshauses, an dem seit 1970 keine größeren Renovierungen und Reparaturen mehr vorgenommen worden sind. Im Veranlagungszeitraum 1996 läßt er das Haus für insgesamt 250.000 DM renovieren. Es wurden folgende Arbeiten durchgeführt: Neueindeckung des Daches, Einbau von isolierverglasten Fenstern, Wärmedämmung, Erneuerung der Elektro- und Sanitäranlagen, Verlegung eines Holzparkettbodens und Ersatz der Ölzentralheizung durch eine Elektroheizung. Bei einer Neuvermietung unmittelbar vor Renovierung wäre wegen des 26jährigen Instandhaltungsrückstandes eine Miete von 6 DM/m^2 gerechtfertigt gewesen. Nach der Renovierung kann A nach den am Ort für Wohnungen mit vergleichbarer Ausstattung üblicherweise gezahlten Mieten 10 DM/m^2 erzielen. Die Mietsteigerung von 4 DM/m^2 beruht allein auf der substanzerhaltenden Erneuerung des Gebäudes, durch die sein zeitgemäßer Wohnkomfort wiederhergestellt worden ist. Hierin liegt keine deutliche Gebrauchswerterhöhung und somit auch keine wesentliche Verbesserung i.S. von § 255 Abs. 2 Satz 1 HGB. Die Renovierungsaufwendungen sind daher als Erhaltungsaufwendungen zu berücksichtigen.

II. Zusammentreffen von Herstellungskosten mit Erhaltungsaufwendungen

Sind im Rahmen einer umfassenden Instandsetzungs- und Modernisierungsmaßnahme sowohl Arbeiten zur Erweiterung des Gebäudes oder Maßnahmen, die über eine zeitgemäße substanzerhaltende Erneuerung hinausgehen, als auch Erhaltungsarbeiten durchgeführt worden, sind die hierauf jeweils entfallenden Aufwendungen grundsätzlich – ggf. im Wege der Schätzung – in Herstellungs- und Erhaltungsaufwendungen aufzuteilen, und zwar auch dann, wenn sie einheitlich in Rechnung gestellt worden sind. Aufwendungen, die mit beiden Aufwendungsarten im Zusammenhang stehen, z. B. ein für die Gesamtmaßnahme geleistetes Architektenhonorar oder Aufwendungen für Reinigungsarbeiten, sind entsprechend dem Verhältnis von Herstellungs- und Erhaltungsaufwendungen aufzuteilen.

Aufwendungen für ein Bündel von Einzelmaßnahmen, die für sich genommen teils Herstellungs-, teils Erhaltungsaufwendungen darstellen, sind (ausnahmsweise) insgesamt als Herstellungskosten zu beurteilen, wenn die Arbeiten in engem räumlichen, zeitlichen und sachlichen Zusammenhang stehen.

Ein sachlicher Zusammenhang in diesem Sinne liegt vor, wenn die einzelnen Baumaßnahmen – die sich auch über mehrere Jahre erstrecken können – bautechnisch ineinandergreifen. Ein bautechnisches Ineinandergreifen ist gegeben, wenn die Erhaltungsarbeiten

- Vorbedingungen für die Herstellungsarbeiten oder
- durch bestimmte Herstellungsarbeiten veranlaßt (verursacht) worden sind.

Beispiel 1:
Um eine Überbauung zwischen zwei vorhandenen Gebäuden durchführen zu können, sind zunächst Ausbesserungsarbeiten an den Fundamenten des einen Gebäudes notwendig (vgl. BFH-Urteil vom 9. März 1962 – BStBl III S. 195).
Ein solcher Zusammenhang wird nicht dadurch gelöst, daß die Arbeiten in verschiedenen Stockwerken des Gebäudes ausgeführt werden.

Beispiel 2:
Im Dachgeschoß eines mehrgeschossigen Gebäudes werden erstmals Bäder eingebaut. Diese Herstellungsarbeiten machen das Verlegen von größeren Fallrohren bis zum Anschluß an das öffentliche Abwassernetz erforderlich. Die hierdurch entstandenen Aufwendungen sind ebenso wie die Kosten für die Beseitigung der Schäden, die durch das Verlegen der größeren Fallrohre in den Badezimmern der darunterliegenden Stockwerke entstanden sind, den Herstellungskosten zuzurechnen.
Von einem bautechnischen Ineinandergreifen ist nicht allein deswegen auszugehen, weil der Steuerpflichtige solche Herstellungsarbeiten zum Anlaß nimmt, auch sonstige anstehende Renovierungsarbeiten vorzunehmen. Allein die gleichzeitige Durchführung der Arbeiten, z. B. um die mit den Arbeiten verbundenen Unannehmlichkeiten abzukürzen, reicht für einen solchen sachlichen Zusammenhang nicht aus. Ebenso wird ein sachlicher Zusammenhang nicht dadurch hergestellt, daß die Arbeiten unter dem Gesichtspunkt der rationellen Abwicklung eine bestimmte zeitliche Abfolge der einzelnen Maßnahmen erforderlich machen – die Arbeiten aber ebenso unabhängig voneinander hätten durchgeführt werden können.

Beispiel 3:
Wie Beispiel 2, jedoch werden die Arbeiten in den Bädern der übrigen Stockwerke zum Anlaß genommen, diese Bäder vollständig neu zu verfliesen und neue Sanitäranlagen einzubauen. Diese Mordernisierungsarbeiten greifen mit den Herstellungsarbeiten (Verlegung neuer Fallrohre) nicht bautechnisch ineinander. Die Aufwendungen führen daher zu Erhaltungsaufwendungen. Die einheitlich in Rechnung gestellten Aufwendungen für die Beseitigung der durch das Verlegen der größeren Fallrohre entstandenen Schäden und für die vollständige Neuverfliesung sind dementsprechend in Herstellungs- und Erhaltungsaufwendungen aufzuteilen.

Beispiel 4:
Durch das Aufsetzen einer Dachgaube wird die nutzbare Fläche des Gebäudes geringfügig vergrößert. Diese Maßnahme wird zum Anlaß genommen, gleichzeitig das alte, schadhafte Dach neu einzudecken. Die Erneuerung der gesamten Dachziegel steht insoweit nicht in einem bautechnischen Zusammenhang mit der Erweiterungsmaßnahme. Die Aufwendungen für Dachziegel, die zur Deckung der neuen Gauben verwendet werden, sind Herstellungskosten, die Aufwendungen für die übrigen Dachziegel sind Erhaltungsaufwendungen.

Beispiel 5:
Im Zusammenhang mit einer Erweiterungsmaßnahme erhält ein Gebäude ein zusätzliches Fenster. Zudem wird die Einfachverglasung der schon vorhandenen Fenster durch Isolierverglasung ersetzt. Die Erneuerung der bestehenden Fenster ist nicht durch die Erweiterungsmaßnahme und das Einsetzen des zusätzlichen Fensters veranlaßt, greift daher nicht bautechnisch mit diesen Maßnahmen ineinander (insoweit entgegen BFH-Urteil vom 9. Mai 1995 – IX R 2/94 –, a. a. O.). Die auf die Fenstererneuerung entfallenden Aufwendungen können demnach als Erhaltungsaufwendungen abgezogen werden.

III. Anwendungsregelung

Die Grundsätze dieses Schreibens sind in allen noch offenen Fällen anzuwenden.

XI

Anwendung des Werbungskosten-Pauschbetrags nach § 9a Satz 1 Nr. 2 EStG bei den Einkünften aus Vermietung und Verpachtung

BMF vom 23.9.1997 (BStBl I S. 895)

IV B 3 – S 2214 – 40/97

Unter Bezugnahme auf das Ergebnis der Erörterungen mit den obersten Finanzbehörden der Länder nehme ich zur Anwendung des Werbungskosten-Pauschbetrags nach § 9a Satz 1 Nr. 2 EStG bei den Einkünften aus Vermietung und Verpachtung wie folgt Stellung:

Nach § 9a Satz 1 Nr. 2 EStG, der erstmals für den Veranlagungszeitraum 1996 anzuwenden ist, kann der Steuerpflichtige auf Antrag Werbungskosten bei der Ermittlung der Einkünfte aus Vermietung und Verpachtung mit Ausnahme der Absetzungen für Abnutzung, erhöhter Absetzungen, Sonderabschreibungen und der Schuldzinsen in Höhe eines Pauschbetrags von 42 DM pro qm Wohnfläche abziehen.

1. Anwendungsbereich

1.1 Sachlicher Anwendungsbereich

Der Werbungskosten-Pauschbetrag kann nur in Anspruch genommen werden, wenn das Gebäude, der selbständige Gebäudeteil oder die Eigentumswohnung (Gebäude) der Erzielung von Einkünften aus Vermietung und Verpachtung und Wohnzwecken dient. Die Inanspruchnahme des Werbungskosten-Pauschbetrags setzt die Fertigstellung des Gebäudes voraus.

1.1.1 Erzielung von Einkünften aus Vermietung und Verpachtung

Ein Werbungskosten-Pauschbetrag kann auch angesetzt werden, wenn der Steuerpflichtige den Nutzungswert einer Wohnung im Rahmen der großen Übergangsregelung nach § 52 Abs. 21 Satz 2 EStG versteuert. Die Pauschalierung ist dagegen ausgeschlossen, wenn der Vermieter aus der Vermietung gewerbliche Einkünfte erzielt, z. B. Vermietung einer zu dem Betriebsvermögen gehörenden Wohnung an den Arbeitnehmer.

1.1.2 Wohnzwecke

Ein Gebäude dient Wohnzwecken, wenn es dazu bestimmt und geeignet ist, Menschen auf Dauer Aufenthalt und Unterkunft zu ermöglichen (vgl. im einzelnen R 42a Abs. 1 bis 3 EStR). Zu den Räumen, die Wohnzwecken dienen, gehört z. B. auch die zu einem Wohngebäude gehörende Garage, wenn sie nicht überwiegend gewerblichen, freiberuflichen oder beruflichen Zwecken dient.

Die Inanspruchnahme des Pauschbetrags ist insbesondere ausgeschlossen bei

– Nutzung des Gebäudes zu gewerblichen, freiberuflichen oder beruflichen Zwecken; lediglich das häusliche Arbeitszimmer des Mieters ist aus Vereinfachungsgründen als zu Wohnzwecken dienend anzusehen;

– Gebäuden, die zur vorübergehenden Beherbergung von Personen bestimmt sind (z. B. Ferienwohnungen).

1.2 Persönlicher Anwendungsbereich

Den Werbungskosten-Pauschbetrag können nur unbeschränkt steuerpflichtige Vermieter in Anspruch nehmen (§ 50 Abs. 1 Satz 5 EStG). Vermieter in diesem Sinne können neben dem Eigentümer auch der Erbbauberechtigte, Nießbraucher, dinglich oder obligatorisch Nutzungsberechtigte, Pächter oder untervermietende Mieter sein.

2. Höhe des Werbungskosten-Pauschbetrags

Der Werbungskosten-Pauschbetrag beträgt jährlich 42 DM pro qm Wohnfläche. Der Ansatz des Pauschbetrags ist auch zulässig, wenn sich dadurch negative Einkünfte aus Vermietung und Verpachtung ergeben oder erhöhen.

2.1 Ermittlung der Wohnfläche

Die Ermittlung der Wohnfläche ist nach §§ 42 bis 44 der II. Berechnungsverordnung – II. BV – (Anhang 4 III EStH) vorzunehmen. Wird die Wohnfläche eines Gebäudes vergrößert (z. B. bei Anbau), ist die geänderte Wohnfläche erst ab dem Zeitpunkt der Berechnung des Werbungskosten-Pauschbetrags zugrunde zu legen, an dem die Erweiterung fertiggestellt worden ist.

Der Steuerpflichtige kann die zu berücksichtigende Wohnfläche anhand der im Bauverwaltungsverfahren anläßlich der Gebäudeerrichtung einzureichenden Wohnflächenberechnungen nachweisen oder durch Angaben in Mietverträgen belegen.

2.2 Teilentgeltliche Überlassung

Beträgt das Entgelt für die Überlassung einer Wohnung, d.h. die Kaltmiete zuzüglich der gezahlten Umlagen, weniger als 50 v. H. der ortsüblichen Miete einschließlich 50 v. H. der umlagefähigen Kosten, kann der Werbungskosten-Pauschbetrag nur in dem Verhältnis der entgeltlichen Überlassung abgezogen werden (vgl. § 21 Abs. 2 Satz 2 EStG, R 162 Abs. 5 EStR).

2.3 Zeitanteilige Aufteilung

Liegen die Voraussetzungen für die Anwendung des Werbungskosten-Pauschbetrags (vgl. Tz. 1) nicht in dem gesamten Veranlagungszeitraum vor, ist der Pauschbetrag nur zeitanteilig abzuziehen, z. B. bei Fertigstellung, Anschaffung, Veräußerung oder Nutzungsänderung des Gebäudes im Laufe eines Jahres. Bei zeitweisem Leerstand des Gebäudes ist der Pauschbetrag nicht zu kürzen, wenn Einkunftserzielungsabsicht besteht (vgl. R 161 Abs. 3 EStR). Aus Vereinfachungsgründen ist eine Aufteilung nach Kalendermonaten nicht zu beanstanden.

3. Neben dem Werbungskosten-Pauschbetrag abziehbare Werbungskosten

Neben dem Werbungskosten-Pauschbetrag können nur nach § 9 Abs. 1 Satz 3 Nr. 1 EStG abziehbare Schuldzinsen, Absetzungen für Abnutzung und Substanzverringerung, erhöhte Absetzungen und Sonderabschreibungen abgezogen werden (§ 9 a Satz 1 Nr. 2 Satz 2 EStG).

Zu den Schuldzinsen i.S. des § 9 Abs. 1 Satz 3 Nr. 1 EStG gehören die Darlehenszinsen, ein Damnum, Bereitstellungszinsen und Vorfälligkeitentschädigungen. Wie Schuldzinsen sind auch laufende Erbbauzinsen zu behandeln. Schuldzinsen in diesem Sinne sind dagegen nicht Schätzgebühren, Gebühren für die Hypothekenvermittlung, Bürgschaftsgebühren, Notar- und Grundbuchgebühren sowie der Ertragsanteil von wiederkehrenden Leistungen. Vorausgezahlte oder in einem Betrag gezahlte Erbbauzinsen stellen bei wirtschaftlicher Betrachtung Aufwendungen für den Erwerb des Erbbaurechts dar (vgl. BMF-Schreiben vom 10.12.1996, BStBl I S. 1440). Sie können neben dem Werbungskosten-Pauschbetrag im Wege der Absetzungen für Abnutzung abgezogen werden.

Abgegolten sind alle nicht in § 9a Satz 1 Nr. 2 Satz 2 EStG genannten, auf das Gebäude, den dazugehörenden Garten und die Außenanlagen entfallenden Werbungskosten, z. B. Erhaltungsaufwendungen und umlagefähige Mietnebenkosten, die in dem Zeitraum, für den der Steuerpflichtige einen Werbungskosten-Pauschbetrag abzieht, gezahlt werden. Neben dem Pauschbetrag dürfen auch nicht anteilige Erhaltungsaufwendungen aus früheren Jahren abgezogen werden, wenn der Steuerpflichtige diese nach § 82b EStDV oder §§ 11a und b EStG verteilt hat und sich vor Ablauf des Verteilungszeitraums für die pauschale Ermittlung der Werbungskosten entscheidet. Der noch nicht berücksichtigte Teil des Erhaltungsaufwands kann auch nicht im letzten Veranlagungszeitraum vor dem Übergang zur pauschalen Ermittlung der Werbungskosten in sinngemäßer Anwendung des § 82b Abs. 2 EStDV abgezogen werden.

Mit dem Werbungskosten-Pauschbetrag abgegolten sind auch Aufwendungen, die auf Grundflächen entfallen, die nach der II. BV nicht oder nur zur Hälfte bei der Wohnflächenermittlung berücksichtigt werden können, z. B. Zubehörräume wie Kellerräume, Dachböden, Garagen.

Beispiel:
Zu einer vermieteten Eigentumswohnung gehört eine Garage, die jedoch nicht an den Wohnungsmieter, sondern an einen Dritten vermietet ist. Nimmt der Vermieter den Werbungskosten-Pauschbetrag für die Eigentumswohnung in Anspruch, sind damit auch die Kosten für die Reparatur des Garagentors abgegolten. Eine vermietete Eigentumswohnung mit dazugehörender Garage stellt ein Wirtschaftsgut dar, weil auch die zu einem Wohngebäude gehörenden Garagen Wohnzwecken dienen, unabhängig davon, ob Gebäude und Garage zusammen oder gesondert vermietet werden (vgl. dazu auch Tz. 1.1.2).

4. Werbungskosten-Pauschbetrag bei gemischt genutzten Gebäuden

Liegen die Voraussetzungen für die Anwendung des Werbungskosten-Pauschbetrags nur bei einem Teil des Gebäudes vor und ist eine direkte Zuordnung der Aufwendungen zu einem Gebäudeteil nicht möglich, sind die Aufwendungen nach dem Nutzflächenverhältnis den einzelnen Gebäudeteilen zuzurechnen.

Beispiel:
Der Steuerpflichtige hat für Dachreparaturen an seinem Wohngeschäftshaus 10.000 DM aufgewendet.

Das Gebäude wird wie folgt genutzt:

Erdgeschoß: als Ladenlokal vermietet	100 qm
1. Obergeschoß: als Wohnung vermietet	100 qm
2. Obergeschoß: als Wohnung vermietet	100 qm
Keller: Abstellräume für die Wohnungen	30 qm
2 Garagen für die Wohnungen insges.	30 qm
	360 qm
Gemeinschaftsflächen (Heizung, Eingangsbereich, Treppen usw.)	60 qm
	420 qm

Bei der Ermittlung der Nutzflächenanteile sind die Gemeinschaftsflächen nicht einzubeziehen, weil diese nach dem Verhältnis der übrigen Flächen den Gebäudeteilen anteilig zuzurechnen sind. Von der verbleibenden Gesamtnutzungsfläche entfallen auf den zu gewerblichen Zwecken vermieteten Gebäudeteil 28 v. H. (100 qm : 360 qm) und 72 v. H. (260 qm : 360 qm) auf den zu Wohnzwecken vermieteten Gebäudeteil. 2.800 DM (28 v. H. von 10.000 DM) können danach als Werbungskosten für den gewerblich genutzten Gebäudeteil abgezogen werden. Die übrigen 7.200 DM sind durch den Pauschbetrag in Höhe von 8.400 DM (200 qm × 42 DM) abgegolten. Bei der Ermittlung des Pauschbetrags sind die Nutzflächen des Kellers, der Garagen und der Gemeinschaftsflächen nicht zu berücksichtigen, weil es sich hierbei nicht um Wohnfläche (vgl. Tz. 2.1) handelt.

5. Anzusetzende Mieteinnahmen

Bei Ansatz des Werbungskosten-Pauschbetrags sind die Mietzahlungen einschließlich der auf den Mieter umgelegten Nebenkosten z. B. für Wärme- und Wasserversorgung, Abwasser, Müllabfuhr, Grundsteuer etc. als Mieteinnahmen anzusetzen. Dies gilt auch, wenn der Mieter die von dem Vermieter geschuldete Zahlung bestimmter Nebenkosten übernimmt (abgekürzter Zahlungsweg). Der aus Vereinfachungsgründen bisher nicht beanstandete Ansatz der „Kalt"- oder „Nettomiete" ohne Abzug der umlagefähigen Nebenkosten ist bei Inanspruchnahme des Werbungskosten-Pauschbetrags nicht zulässig. Dies gilt auch für die Ermittlung des Nutzungswerts einer Wohnung nach § 21 Abs. 2 Satz 1 EStG im Rahmen der Übergangsregelung des § 52 Abs. 21 Satz 2 EStG.

Nur soweit der Mieter selbst einen Vertrag mit einem Versorgungsunternehmen abschließt und daher Schuldner bestimmter Nebenkosten ist, sind keine entsprechenden Mieteinnahmen anzusetzen.

6. Wahlrecht

6.1 Ausübung des Wahlrechts

Der Steuerpflichtige kann bis zur Unanfechtbarkeit des Steuerbescheids wählen, ob er den Werbungskosten-Pauschbetrag oder den Abzug der tatsächlichen Werbungskosten beanspruchen will.

Das Wahlrecht bezieht sich auf das Gebäude, den selbständigen Gebäudeteil oder die Eigentumswohnung. Für ein ausschließlich zu Wohnzwecken vermietetes Mehrfamilienhaus des Privatvermögens kann daher das Wahlrecht nur einheitlich für alle Wohnungen ausgeübt werden.

Erzielen mehrere Steuerpflichtige gemeinschaftlich Einkünfte aus Vermietung und Verpachtung aus einem Gebäude, können sie das Wahlrecht nur einheitlich ausüben (§ 9 Satz 1 Nr. 2 Satz 6 EStG).

6.2 Bindungswirkung

Der Steuerpflichtige kann nach einem Veranlagungszeitraum, für den er für das Gebäude, den Gebäudeteil oder die Eigentumswohnung den Werbungskosten-Pauschbetrag in Anspruch genommen hat, zur Ermittlung der tatsächlichen Werbungskosten übergehen (§ 9a Satz 1 Nr. 2 Satz 3 EStG). In diesem Fall darf der Werbungskosten-Pauschbetrag für das der Erzielung von Einkünften aus Vermietung und Verpachtung dienende Wirtschaftsgut erst wieder nach Ablauf der vier folgenden Veranlagungszeiträume angesetzt werden (§ 9a Satz 1 Nr. 2 Satz 4 EStG). Eine Bindungswirkung tritt nicht ein, wenn der Steuerpflichtige zum Abzug der tatsächlichen Werbungskosten übergehen muß, weil die Voraussetzungen für die Anwendung des Werbungskosten-Pauschbetrags weggefallen sind.

Beispiel:
Für eine zu Wohnzwecken vermietete Eigentumswohnung nimmt A für die erste Jahreshälfte 1997 den Werbungskosten-Pauschbetrag in Anspruch. Ab 1. Juli 1997 bis 30. Juni 1999 vermietet er die Wohnung vorübergehend als Arztpraxis. Ab der zweiten Jahreshälfte 1999 kann A die Werbungskosten wieder pauschal ermitteln.

Der Einzelrechtsnachfolger ist im Gegensatz zum Gesamtrechtsnachfolger an die Wahl seines Rechtsvorgängers nicht gebunden. Für den Erwerber eines Miteigentumsanteils gilt im Hinblick auf die Pflicht zur einheitlichen Ausübung des Wahlrechts (vgl. Tz. 6.1) eine bereits eingetretene Bindungswirkung.

XII
Einkommensteuerrechtliche Behandlung des Nießbrauchs und anderer Nutzungsrechte bei Einkünften aus Vermietung und Verpachtung

BMF vom 24.7.1998 (BStBl I S. 914)

IV B 3 – S 2253 – 59/98

Inhaltsübersicht

		Rz.
A.	**Allgemeines**	
	I. Zurechnung von Einkünften	1
	II. Bestellung eines dinglichen Nutzungsrechts zugunsten naher Angehöriger	2 – 5
	III. Obligatorische Nutzungsrechte und „fehlgeschlagener" Nießbrauch	6 – 8
	IV. Sicherungsnießbrauch	9
B.	**Zurechnung von Einkünften im einzelnen**	
	I. Zugewendete Nutzungsrechte	
	1. Zuwendungsnießbrauch	
	a) Abgrenzung zwischen entgeltlicher, teilweise entgeltlicher und unentgeltlicher Bestellung	10 – 13
	b) Allgemeine Grundsätze	14 – 17
	c) Unentgeltlich bestellter Nießbrauch	
	aa) Behandlung beim Nießbraucher	18 – 22
	bb) Behandlung beim Eigentümer	23 – 25
	d) Entgeltlich bestellter Nießbrauch	
	aa) Behandlung beim Nießbraucher	26 – 27
	bb) Behandlung beim Eigentümer	28 – 30
	e) Teilweise entgeltlich bestellter Nießbrauch	31
	2. Vermächtnisnießbrauch	32
	3. Zugewendetes dingliches Wohnrecht	33 – 34
	4. Zugewendetes obligatorisches Nutzungsrecht	
	a) Allgemeines	35
	b) Behandlung beim Nutzenden	36
	c) Behandlung beim Eigentümer	37 – 38
	II. Vorbehaltene Nutzungsrechte	
	1. Vorbehaltsnießbrauch	
	a) Allgemeines	39 – 40
	b) Behandlung beim Nießbraucher	41 – 44

	c)	Behandlung beim Eigentümer	45 – 48
2.	Vorbehaltenes dingliches Wohnrecht		49 – 50
3.	Vorbehaltenes obligatorisches Nutzungsrecht		
	a)	Allgemeines	51
	b)	Behandlung beim Nutzenden	52
	c)	Behandlung beim Eigentümer	53 – 54

C. Ablösung von Nutzungsrechten

1.	Vorbehaltsnießbrauch			
	a)	Allgemeines		55
	b)	Ablösung im Zusammenhang mit einer Vermögensübergabe		
		aa)	Allgemeines	56
		bb)	Behandlung beim Eigentümer	57
		cc)	Behandlung beim Nießbraucher	58
	c)	Ablösung im Zusammenhang mit sonstigen Vermögensübertragungen		
		aa)	Behandlung beim Eigentümer	59
		bb)	Behandlung beim Nießbraucher	60
2.	Zuwendungsnießbrauch			
	a)	Unentgeltlicher Zuwendungsnießbrauch		61 – 62
	b)	Entgeltlicher Zuwendungsnießbrauch		63 – 64
3.	Vermächtnisnießbrauch			65
4.	Dingliches Wohnrecht			66
5.	Obligatorisches Nutzungsrecht			67

D. Übergangsregelung in Fällen der Ermittlung des Nutzungswerts als Überschuß des Mietwerts über die Werbungskosten

1.	Allgemeines	68
2.	Vorbehaltsnießbrauch	69
3.	Zuwendungsnießbrauch	70
4.	Vermächtnisnießbrauch	71
5.	Obligatorisches Nutzungsrecht	72

E. Anwendungsregelung   73 – 74

Unter Bezugnahme auf das Ergebnis der Erörterung mit den obersten Finanzbehörden der Länder nehme ich zur einkommensteuerrechtlichen Behandlung des Nießbrauchs und anderer Nutzungsrechte bei den Einkünften aus Vermietung und Verpachtung wie folgt Stellung:

A. Allgemeines

I. Zurechnung von Einkünften

1   Einkünfte aus Vermietung und Verpachtung sind demjenigen zuzurechnen, der den Tatbestand der Einkunftsart Vermietung und Verpachtung (§ 21 EStG) verwirklicht und dadurch Einkünfte erzielt (BFH-Urteil vom 7. April 1987 – BStBl 1987 II S. 707 m.w. N.). Den Tatbestand der Einkunftsart Vermietung und Verpachtung verwirklicht derjenige, der Träger der Rechte und Pflichten eines Vermieters ist (BFH-Urteil vom 31. Oktober 1989 – BStBl 1992 II S. 506 m.w. N.) und mit diesen Rechten und Pflichten Sachen und Rechte i. S. d. § 21 Abs. 1 EStG an andere zur Nutzung gegen Entgelt überläßt (BFH-Urteil vom 26. April 1983 – BStBl II S. 502). Einem Nutzungsberechtigten sind bei Vermietung des Grundstücks die Einkünfte im Sinne von § 21 Abs. 1 Nr. 1 EStG zuzurechnen, wenn ihm die volle Besitz- und Verwaltungsbefugnis zusteht, er die Nutzungen tatsächlich zieht, das Grundstück in Besitz hat und es verwaltet. Den Tatbestand der Einkunftsart Vermietung und Verpachtung erfüllt auch der am Gesellschaftsanteil einer Gesellschaft des bürgerlichen Rechts mit Einkünften aus Vermietung und Verpachtung Nießbrauchsberechtigte, wenn ihm kraft seines Nießbrauchs eine Stellung eingeräumt ist, die der eines Gesellschafters entspricht. Hierfür genügt die bloße Einräumung eines Anspruchs auf Gewinnbezug nicht (BFH-Urteil vom 9. April 1991 – BStBl II S. 809).

II. Bestellung eines dinglichen Nutzungsrechts zugunsten naher Angehöriger

Bürgerlich-rechtliche Gestaltungen zwischen nahen Angehörigen sind steuerrechtlich nur dann anzuerkennen, wenn sie klar vereinbart, ernsthaft gewollt und tatsächlich durchgeführt werden.

Aus der Bestellung eines Nießbrauchs oder eines anderen dinglichen Nutzungsrechts zugunsten naher Angehöriger können somit steuerrechtliche Folgerungen nur gezogen werden, wenn ein bürgerlich-rechtlich wirksames Nutzungsrecht begründet worden ist und die Beteiligten die zwischen ihnen getroffenen Vereinbarungen auch tatsächlich durchführen (BFH-Urteile vom 11. März 1976 – BStBl II S. 421 und 613 und vom 13. Mai 1980 – BStBl 1981 II S. 297). An der tatsächlichen Durchführung fehlt es, wenn äußerlich alles beim alten bleibt und etwa nur die Erträge an den Nutzungsberechtigten abgeführt werden.

Räumen Eltern ihren minderjährigen Kindern einen Nießbrauch an einem Grundstück ein, bedarf es in der Regel der Mitwirkung eines Pflegers, weil das mit dem Nießbrauch regelmäßig verbundene gesetzliche Schuldverhältnis zwischen Eigentümer und Nießbraucher neben Rechten auch Pflichten des Nießbrauchers begründet und der Nießbraucher daher nicht nur einen rechtlichen Vorteil erlangt (BFH-Urteil vom 13. Mai 1980 – BStBl 1981 II S. 297). Insbesondere der Eintritt des Nießbrauchers in die Vermieterstellung ist insoweit als rechtlich nachteilig anzusehen. Daher ist auch in den Fällen des Bruttonießbrauchs (Rz. 14) die Mitwirkung des Ergänzungspflegers erforderlich, wenn der Nießbraucher in bestehende Mietverhältnisse eintreten oder zur Vermietung verpflichtet sein soll (BMF-Schreiben vom 26. Mai 1992 – BStBl I S. 370).

Die Bestellung des Nießbrauchs ohne Mitwirkung eines Ergänzungspflegers ist in diesen Fällen einkommensteuerrechtlich auch dann nicht anzuerkennen, wenn das Vormundschaftsgericht die Mitwirkung eines Ergänzungspflegers für entbehrlich angesehen hat (BFH-Urteil vom 31. Oktober 1989 – BStBl 1992 II S. 506). Die Anordnung einer Ergänzungspflegschaft ist nur für die Bestellung, nicht für die Dauer des Nießbrauchs erforderlich (BFH-Urteil vom 13. Mai 1980 – BStBl 1981 II S. 295).

III. Obligatorisches Nutzungsrecht und „fehlgeschlagener" Nießbrauch

Den Tatbestand der Erzielung von Einkünften aus Vermietung und Verpachtung kann auch ein obligatorisch Nutzungsberechtigter erfüllen, wenn er eine gesicherte Rechtsposition erlangt hat und tatsächlich selbst die Stellung des Vermieters oder Verpächters einnimmt. Eine gesicherte Rechtsposition ist gegeben, wenn der Eigentümer dem Nutzenden den Gebrauch des Grundstücks für eine festgelegte Zeit nicht entziehen kann (BFH-Urteil vom 29. November 1983 – BStBl 1984 II S. 366).

Obligatorische Nutzungsrechte zugunsten naher Angehöriger sind nur anzuerkennen, wenn die Voraussetzungen der Rz. 2 bis 4 erfüllt sind. Ein unentgeltlich begründetes Nutzungsrecht kann regelmäßig nur anerkannt werden, wenn der Überlassungsvertrag schriftlich abgeschlossen und das Nutzungsrecht für einen festgelegten Zeitraum, mindestens für die Dauer von einem Jahr, vereinbart worden ist. Bei einem teilweise entgeltlich begründeten Nutzungsrecht ist grundsätzlich ein schriftlicher Mietvertrag erforderlich; der Festlegung einer Mindestzeit bedarf es nicht.

Ist ein Nießbrauch mangels Eintragung im Grundbuch bürgerlich-rechtlich nicht wirksam bestellt worden, sind die Grundsätze zu den obligatorischen Nutzungsrechten (Rz. 35 bis 38 und 51 bis 54) anzuwenden.

IV. Sicherungsnießbrauch

Ein Nießbrauch, der lediglich zu Sicherungszwecken eingeräumt wird, ist, soweit er nicht ausgeübt wird, einkommensteuerrechtlich unbeachtlich. Ein Sicherungsnießbrauch liegt vor, wenn die Vereinbarung des dinglichen Nutzungsrechts lediglich dazu bestimmt ist, die dem Berechtigten versprochenen Leistungen dinglich abzusichern, ohne daß der Berechtigte selbst auf Art und Umfang Einfluß nehmen kann (zum Sicherungsnießbrauch vgl. auch Rz. 10 des BMF-Schreibens vom 23. Dezember 1996 – BStBl I S. 1508).

B. Zurechnung von Einkünften im einzelnen

I. Zugewendete Nutzungsrechte

1. Zuwendungsnießbrauch

a) Abgrenzung zwischen entgeltlicher, teilweise entgeltlicher und unentgeltlicher Bestellung

Ein Nießbrauch, der vom Eigentümer dem Berechtigten bestellt ist (Zuwendungsnießbrauch), ist als entgeltlich bestellt anzusehen, wenn der Wert des Nießbrauchs und der Wert der Gegenleistung nach wirtschaftlichen Gesichtspunkten gegeneinander abgewogen sind. Beim Vergleich von Leistung und Gegenleistung sind die von den Vertragsparteien jeweils insgesamt zu erbringenden Leistungen gegenüberzustellen.

11 Ist zwischen Personen, die nicht durch verwandtschaftliche oder sonstige enge Beziehungen miteinander verbunden sind, ein Nießbrauch gegen Entgelt vereinbart worden, ist davon auszugehen, daß der Wert des Nießbrauchs und der Wert der Gegenleistung nach wirtschaftlichen Gesichtspunkten abgewogen sind.

12 Sind der Wert des Nießbrauchs und der Wert der Gegenleistung nicht nach wirtschaftlichen Gesichtspunkten abgewogen, ist von einem teilweise entgeltlich bestellten Nießbrauch auszugehen. Der Vorgang ist in einen entgeltlichen und in einen unentgeltlichen Teil aufzuteilen. Dabei berechnen sich der entgeltlich und der unentgeltlich erworbene Teil des Nießbrauchs nach dem Verhältnis des Entgelts zu dem Kapitalwert des Nießbrauchs.

13 Ist der Wert der Gegenleistung im Verhältnis zum Wert des Nießbrauchs so bemessen, daß bei Zugrundelegung einer zwischen Fremden üblichen Gestaltung nicht mehr von einer Gegenleistung ausgegangen werden kann, liegt ein unentgeltlich bestellter Nießbrauch vor. Davon ist regelmäßig auszugehen, wenn der Wert der Gegenleistung weniger als 10 v. H. des Werts des Nießbrauchs beträgt.

b) Allgemeine Grundsätze

14 Nach § 577 BGB tritt der Nießbraucher in die Rechtsstellung des Eigentümers als Vermieter ein. Die Ausgestaltung eines Nießbrauchs als Bruttonießbrauch beeinträchtigt die Vermieterstellung eines Nießbrauchers grundsätzlich nicht (BFH-Urteil vom 13. Mai 1980 – BStBl 1981 II S. 299). Es handelt sich dabei um einen Nießbrauch, bei dem sich der Nießbrauchbesteller verpflichtet, die den Nießbrauchberechtigten nach §§ 1041, 1045, 1047 BGB treffenden Kosten und Lasten zu tragen, so daß dem Nießbraucher die Bruttoerträge verbleiben.

15 Mietzahlungen sind an den Nießbraucher zu leisten. Vertreten Eltern ihre minderjährigen Kinder, müssen die Willenserklärungen im Namen der Kinder abgegeben werden (BFH-Urteil vom 13. Mai 1980 – BStBl 1981 II S. 295).

16 Bei einem Quotennießbrauch und einem Bruchteilsnießbrauch gelten für die Gemeinschaft von Nießbraucher und Eigentümer die Grundsätze in Rz. 14 und 15 entsprechend. Ein Quotennießbrauch liegt vor, wenn dem Nießbraucher ein bestimmter Anteil an den Einkünften des Grundstücks zusteht; ein Bruchteilsnießbrauch liegt vor, wenn der Nießbrauch an einem Bruchteil eines Grundstücks bestellt wird. Mietzahlungen auf ein gemeinsames Konto beeinträchtigen die Vermieterstellung des Quotennießbrauchers oder Bruchteilsnießbrauchers nicht, wenn sichergestellt ist, daß der anteilige Überschuß in die alleinige Verfügungsmacht des Nießbrauchers gelangt.

17 Hat der Nießbraucher das Gebäude oder eine Wohnung in Ausübung seines Nießbrauchsrechts an den Eigentümer vermietet, so kann darin die Rückgängigmachung des Nießbrauchs oder ein Mißbrauch von rechtlichen Gestaltungsmöglichkeiten (§ 42 AO) liegen. Bestellen Eltern ihrem Kind einen befristeten Nießbrauch an einem Grundstück und vermietet das Kind den Grundbesitz anschließend an die Eltern zurück, stellt eine solche Gestaltung regelmäßig einen Mißbrauch von rechtlichen Gestaltungsmöglichkeiten i. S. d. § 42 AO dar (BFH-Urteil vom 18. Oktober 1990 – BStBl 1991 II S. 205). Eine mißbräuchliche Gestaltung kann auch in der Unkündbarkeit eines in zeitlichem Zusammenhang mit der Nießbrauchbestellung mit dem Nießbrauchbesteller vereinbarten Mietverhältnisses oder darin liegen, daß die Dauer eines befristeten Nießbrauchs auf die Unterhaltsbedürftigkeit des Nießbrauchers abgestimmt ist.

c) Unentgeltlich bestellter Nießbrauch

aa) Behandlung beim Nießbraucher

18 Bei der Vermietung des nießbrauchsbelasteten Grundstücks sind die Grundsätze der Rz. 14 bis 17 maßgebend.

19 AfA auf das Gebäude darf der Nießbraucher nicht abziehen (BFH-Urteil vom 24. April 1990 – BStBl II S. 888). Von den Herstellungskosten für in Ausübung des Nießbrauchs eingebaute Anlagen und Einrichtungen i. S. d. § 95 Abs. 1 Satz 2 BGB darf der Nießbraucher AfA in Anspruch nehmen. Ferner darf er AfA für Aufwendungen für Einbauten zu vorübergehendem Zweck i. S. d. § 95 Abs. 1 Satz 1 BGB abziehen.

20 Auf das unentgeltlich erworbene Nießbrauchsrecht darf der Nießbraucher keine AfA vornehmen (BFH-Urteil vom 28. Juli 1981 – BStBl 1982 II S. 454).

Andere Werbungskosten darf der Nießbraucher abziehen, soweit er sie im Rahmen der Nießbrauchbestellung vertraglich übernommen und tatsächlich getragen hat oder – bei Fehlen einer vertraglichen Regelung – aufgrund der gesetzlichen Lastenverteilung getragen hat. Aufwendungen, zu denen der Nießbraucher nicht verpflichtet, aber nach § 1043 BGB berechtigt ist und die in seinem Interesse erfolgen, sind abzuziehen. Verzichtet der Nießbraucher jedoch gegenüber dem Eigentümer von vornherein auf den Ersatzanspruch nach § 1049 BGB oder steht schon bei der Aufwendung fest, daß der Ersatzanspruch nicht zu realisieren ist, ist von einer Zuwendung gemäß § 12 Nr. 2 EStG durch die Erhaltungsmaßnahme auszugehen (vgl. BFH-Urteil vom 14. November 1989 – BStBl 1990 II S. 462 und vom 5. September 1991 – BStBl 1992 II S. 192). 21

Hat der Nießbraucher größeren Erhaltungsaufwand nach § 82b EStDV auf mehrere Jahre verteilt und endet der Nießbrauch vor Ablauf des Verteilungszeitraums, darf der Nießbraucher den noch nicht berücksichtigten Teil des Erhaltungsaufwands nur noch im Jahr der Beendigung des Nießbrauchs abziehen. 22

bb) Behandlung beim Eigentümer

Dem Eigentümer sind keine Einkünfte aus dem nießbrauchsbelasteten Grundstück zuzurechnen. 23

Der Eigentümer darf AfA auf das Gebäude und Grundstücksaufwendungen, die er getragen hat, nicht als Werbungskosten abziehen, da er keine Einnahmen erzielt. 24

Bei einem Bruchteilsnießbrauch darf der Eigentümer AfA auf das Gebäude nicht abziehen, soweit sie auf den mit dem Nießbrauch belasteten Eigentumsanteil entfallen. Entsprechendes gilt für den Abzug anderer Aufwendungen. Sätze 1 und 2 gelten beim Quotennießbrauch sinngemäß. 25

d) Entgeltlich bestellter Nießbrauch

aa) Behandlung beim Nießbraucher

Im Falle der Nutzung durch Vermietung darf der Nießbraucher auf das entgeltlich erworbene Nießbrauchsrecht die nach der Dauer des Nießbrauchs bemessene AfA nach § 7 Abs. 1 EStG vornehmen (BFH-Urteil vom 27. Juni 1978 – BStBl 1979 II S. 38). Ist der Nießbrauch für die Lebenszeit des Berechtigten oder einer anderen Person eingeräumt, sind die Aufwendungen für den Erwerb des Nießbrauchs durch AfA auf die mutmaßliche Lebenszeit der betreffenden Person zu verteilen (zur Lebenserwartung vgl. gleichlautende Erlasse der obersten Finanzbehörden der Länder zur Bewertung von Kapitalforderungen/-schulden sowie von Ansprüchen/Lasten bei wiederkehrenden Nutzungen und Leistungen vom 12. Oktober 1994, BStBl I S. 775, Tabelle 6 zu § 12 BewG). Leistet der Nießbraucher als Gegenleistungen für die Einräumung des Nießbrauchs ausschließlich gleichmäßig laufende Zahlungen, ist es aus Vereinfachungsgründen nicht zu beanstanden, wenn nur die laufend gezahlten Beträge als Werbungskosten abgesetzt werden. 26

Nutzt der Nießbraucher das Gebäude durch Vermietung, darf er Aufwendungen, die er aufgrund vertraglicher Bestimmungen getragen hat, als Werbungskosten abziehen. Haben die Vertragsparteien bei Einräumung des Nießbrauchs keine besonderen Regelungen getroffen, sind Aufwendungen des Nießbrauchers als Werbungskosten zu berücksichtigen, soweit er sie nach den gesetzlichen Bestimmungen (§§ 1041, 1045, 1047 BGB) getragen hat. Zur Abziehbarkeit der Aufwendungen im einzelnen vgl. Rz. 21. 27

bb) Behandlung beim Eigentümer

Beim Eigentümer ist das für die Bestellung des Nießbrauchs gezahlte Entgelt im Jahr des Zuflusses als Einnahme aus Vermietung und Verpachtung zu erfassen. Das gilt unabhängig davon, ob beim Nießbraucher Einkünfte aus Vermietung und Verpachtung anfallen. 28

Aus Billigkeitsgründen kann auf Antrag die Zahlung des gesamten Entgelts in einem Kalenderjahr auf die Laufzeit des Nießbrauchs, längstens über einen Zeitraum von 10 Jahren, gleichmäßig verteilt werden. 29

Der Eigentümer ist – da ihm Einnahmen aus Vermietung und Verpachtung zuzurechnen sind – zur Vornahme von Abschreibungen berechtigt. Daneben darf er die von ihm aufgrund vertraglicher Vereinbarungen, bei fehlenden Vereinbarungen die aufgrund der gesetzlichen Lastenverteilung (§§ 1041, 1045, 1047 BGB), getragenen Aufwendungen für das belastete Grundstück abziehen. 30

e) Teilweise entgeltlich bestellter Nießbrauch

Bei einem teilweise entgeltlich bestellten Nießbrauch sind die Grundsätze der Rz. 26 bis 30 anzuwenden. Rz. 30 ist nicht anzuwenden, soweit der Nießbrauch unentgeltlich bestellt worden ist. Zur Aufteilung der Aufwendungen vgl. Rz. 12. 31

2. Vermächtnisnießbrauch

32 Ein Vermächtnisnießbrauch liegt vor, wenn aufgrund einer letztwilligen Verfügung des Grundstückseigentümers durch dessen Erben einem Dritten der Nießbrauch an dem Grundstück eingeräumt worden ist. Für den Vermächtnisnießbrauch gelten die Ausführungen zum unentgeltlichen Zuwendungsnießbrauch (Rz. 18 bis 25) entsprechend. Der Vermächtnisnehmer ist nicht berechtigt, die AfA für das vom Erblasser hinterlassene Gebäude in Anspruch zu nehmen (BFH-Urteil vom 28. September 1993 – BStBl 1994 II S. 319).

3. Zugewendetes dingliches Wohnrecht

33 Ist das Grundstück in der Weise belastet, daß an einer Wohnung ein im Grundbuch eingetragenes Wohnrecht zugunsten eines anderen begründet worden ist, sind die für den Zuwendungsnießbrauch geltenden Grundsätze insoweit entsprechend anzuwenden. Zur Abgrenzung von unentgeltlich, entgeltlich und teilentgeltlich zugewendeten dinglichen Wohnrechten vgl. Rz. 10 bis 13. Der Erwerb eines Grundstücks gegen die Verpflichtung, dieses mit einem Wohnhaus zu bebauen und dem Veräußerer ein dingliches Wohnrecht an einer Wohnung zu bestellen, ist wie ein entgeltlicher Zuwendungsnießbrauch zu behandeln. Der Erwerber bezieht in Höhe des Grundstückswerts bis zur Höhe des Kapitalwerts des Wohnrechts Einnahmen aus Vermietung und Verpachtung. Ein den Kapitalwert des Wohnrechts übersteigender Grundstückswert ist eine Zuwendung i. S. d. § 12 Nr. 2 EStG. Rz. 29 gilt entsprechend.

34 Der Eigentümer darf AfA auf den mit dem Wohnrecht belasteten Gebäudeteil nur in Anspruch nehmen, soweit das Wohnrecht entgeltlich zugewendet worden ist. Entsprechendes gilt für den Abzug anderer Aufwendungen.

4. Zugewendetes obligatorisches Nutzungsrecht

a) Allgemeines

35 Zur Abgrenzung zwischen der entgeltlichen, teilweise entgeltlichen und unentgeltlichen Einräumung eines Nutzungsrechts vgl. Rz. 10 bis 13.

b) Behandlung beim Nutzenden

36 Vermietet der Nutzungsberechtigte das Grundstück, hat er die erzielten Einnahmen zu versteuern. Er darf die vertraglich übernommenen und von ihm getragenen Aufwendungen einschließlich des an den Eigentümer gezahlten Entgelts als Werbungskosten absetzen. Bei bereits bestehenden Nutzungsverträgen kann der Nutzungsberechtigte nur durch eine rechtsgeschäftliche Vertragsübernahme in die Vermieterstellung eintreten (vgl. BFH-Urteil vom 26. April 1983 – BStBl II S. 502). Zur Herstellung eines Gebäudes auf fremdem Grund und Boden, die zu einem Nutzungsrecht führt, vgl. R 42 Abs. 5 Satz 3 und 4 EStR 1996. Im übrigen gelten die Ausführungen in Rz. 14 bis 22, 26 bis 27 und 31 entsprechend.

c) Behandlung beim Eigentümer

37 Beim Eigentümer ist das für die Einräumung eines Nutzungsrechts gezahlte Entgelt im Jahr des Zuflusses als Einnahme aus Vermietung und Verpachtung zu erfassen. Im übrigen gelten die Ausführungen in Rz. 14 bis 17, 23 bis 25, 28 bis 31 entsprechend.

38 Nutzt der Berechtigte eine ihm unentgeltlich überlassene Wohnung aufgrund einer gesicherten Rechtsposition, darf der Eigentümer AfA auf das Gebäude nicht in Anspruch nehmen, soweit sie auf den Gebäudeteil entfallen, auf den sich das Nutzungsrecht erstreckt. Entsprechendes gilt für den Abzug anderer Aufwendungen. Soweit sich aus den BFH-Urteilen vom 29. November 1983 und vom 13. Dezember 1983 (BStBl 1984 II S. 366, 368 und 371) etwas anderes ergibt, sind diese Urteile weiterhin über die entschiedenen Einzelfälle hinaus nicht anzuwenden.

II. Vorbehaltene Nutzungsrechte

1. Vorbehaltsnießbrauch

a) Allgemeines

39 Ein Vorbehaltsnießbrauch liegt vor, wenn bei der Übertragung eines Grundstücks gleichzeitig ein Nießbrauchsrecht für den bisherigen Eigentümer an dem übertragenen Grundstück bestellt wird. Einem Vorbehaltsnießbraucher ist ein Schenker gleichzustellen, der mit dem Beschenkten im voraus eine klare und eindeutige Schenkungsabrede über den Erwerb eines bestimmten Grundstücks und die Bestellung eines Nießbrauchsrechts an diesem Grundstück trifft (BFH-Urteil vom 15. Mai 1990 – BStBl

1992 II S. 67). Gleiches gilt für einen vorläufigen Erben, der die Erbschaft mit der Maßgabe ausgeschlagen hat, daß ihm ein Nießbrauchsrecht an den zum Nachlaß gehörenden Gegenständen eingeräumt wird (BFH-Urteil vom 4. Juni 1996 – BStBl 1998 II S. 431).

Die Bestellung des Nießbrauchs ist keine Gegenleistung des Erwerbers (BFH-Urteile vom 28. Juli 1981 – BStBl 1982 II S. 378, vom 10. April 1991 – BStBl II S. 791 und vom 24. April 1991 – BStBl II S. 793), unabhängig davon, ob das Grundstück entgeltlich oder unentgeltlich übertragen wird. 40

b) Behandlung beim Nießbraucher

Ist das mit dem Vorbehaltsnießbrauch belastete Grundstück vermietet, erzielt der Nießbraucher Einkünfte aus Vermietung und Verpachtung. Dies gilt auch, wenn der Nießbraucher das Grundstück dem Grundstückseigentümer entgeltlich zur Nutzung überläßt. 41

Der Vorbehaltsnießbraucher darf im Falle der Nutzung durch Vermietung die AfA für das Gebäude wie zuvor als Eigentümer in Anspruch nehmen (BFH-Urteil vom 28. Juli 1981 – BStBl 1982 II S. 380, vom 24. September 1985 – BStBl 1986 II S. 12 und vom 30. Januar 1995 – BStBl II S. 281). Rz. 25 ist entsprechend anzuwenden. 42

Der Vorbehaltsnießbraucher ist berechtigt, die von ihm getragenen Aufwendungen auf das Grundstück nach Maßgabe der Rz. 21 und 22 als Werbungskosten abzuziehen. 43

Ist das Grundstück unter Vorbehalt des Nießbrauchs entgeltlich übertragen worden, ist die Bemessungsgrundlage für die AfA nicht um die Gegenleistung des Erwerbers zu kürzen. 44

c) Behandlung beim Eigentümer

Sind dem Eigentümer aus dem nießbrauchsbelasteten Grundstück keine Einnahmen zuzurechnen, darf er Aufwendungen auf das Grundstück nicht als Werbungskosten abziehen. Sind dem Eigentümer Einnahmen aus dem nießbrauchsbelasteten Grundstück zuzurechnen, ist Rz. 25 entsprechend anzuwenden. 45

Nach Erlöschen des Nießbrauchs stehen dem Eigentümer die AfA auf das gesamte Gebäude zu. 46

Ist das Grundstück entgeltlich unter Vorbehalt des Nießbrauchs übertragen worden, bemessen sich die AfA nach den Anschaffungskosten des Eigentümers. Der Kapitalwert des Nießbrauchs gehört nicht zu den Anschaffungskosten. Die AfA-Bemessungsgrundlage erhöht sich um die zusätzlichen Herstellungskosten, die der Eigentümer getragen hat (BFH-Urteil vom 7. Juni 1994 – BStBl II S. 927). Das AfA-Volumen ist um die AfA-Beträge zu kürzen, die von den Anschaffungskosten des Eigentümers auf den Zeitraum zwischen Anschaffung des Grundstücks und dem Erlöschen des Nießbrauchs entfallen. 47

Ist das Grundstück unentgeltlich unter Vorbehalt des Nießbrauchs übertragen worden, führt der Eigentümer nach Erlöschen des Nießbrauchs die AfA nach § 11d EStDV fort. Bei teilentgeltlichem Erwerb gelten die Grundsätze der Tz. 14 und 15 des BMF-Schreibens vom 13. Januar 1993 (BStBl I S. 80) entsprechend. 48

2. Vorbehaltenes dingliches Wohnrecht

Ist das Grundstück gegen Einräumung eines vorbehaltenen dinglichen Wohnrechts übertragen worden, sind die für den Vorbehaltsnießbrauch geltenden Grundsätze entsprechend anzuwenden. 49

Der Eigentümer darf AfA auf das entgeltlich erworbene Gebäude nur in Anspruch nehmen, soweit sie auf den unbelasteten Teil entfallen (BFH-Urteil vom 7. Juni 1994 – BStBl I S. 927). In diesen Fällen ist die AfA-Bemessungsgrundlage nur für den unbelasteten Gebäudeteil zu ermitteln, und zwar wie folgt: Die Einräumung des Wohnrechts stellt kein Entgelt für die Übertragung des Grundstücks dar. Der Übernehmer erhält lediglich das von vornherein um das Nutzungsrecht geminderte Vermögen. Der Kaufpreis zuzüglich der Nebenkosten ist auf die beiden Wirtschaftsgüter Grund und Boden sowie Gebäude nach dem Verhältnis der Verkehrswerte aufzuteilen. Da sich das Wohnrecht nicht auf den Grund und Boden bezieht, ist nur der Verkehrswert des Gebäudes um den kapitalisierten Wert des Wohnrechts zu mindern. Der Anteil des unbelasteten Gebäudeteils an den tatsächlichen Gebäudeanschaffungskosten ergibt sich dann aus dem Verhältnis des Verkehrswerts des unbelasteten Teils zum Verkehrswert des gesamten Gebäudes abzüglich des kapitalisierten Werts des Nutzungsrechts. 50

Beispiel:
V überträgt sein Zweifamilienhaus gegen Übernahme der Verbindlichkeiten in Höhe von 350.000 DM an K. Dabei behält V sich ein lebenslängliches dingliches Wohnrecht an der Wohnung im Obergeschoß vor (Kapitalwert des Wohnrechts im Erwerbszeitpunkt 150.000 DM). Die Erdgeschoßwohnung ist weiterhin vermietet. Beide Wohnungen sind gleich groß. Die Verkehrswerte betragen für das Gebäude 500.000 DM und für den Grund und Boden 100.000 DM (ohne Berücksichtigung des Wohnrechts).

Die AfA-Bemessungsgrundlage für die unbelastete Wohnung ist wie folgt zu ermitteln:

1. Schritt: Aufteilung der Anschaffungskosten in Höhe von 350.000 DM auf Grund und Boden und Gebäude im Verhältnis der Verkehrswerte:

Verkehrswert Grund und Boden	100.000 DM	= 22,22 v. H.
Verkehrswert Gebäude	500.000 DM	
abzügl. Kapitalwert Nutzungsrecht	150.000 DM	
	350.000 DM	= 77,78 v. H.
Damit entfällt der Kaufpreis von 350.000 DM auf	22,22 v. H.	
den Grund und Boden	von 350.000 DM	77.770 DM
	77,78 v. H.	
das Gebäude	von 350.000 DM	272.230 DM

2. Schritt: Ermittlung der AfA-Bemessungsgrundlage:

		unbelastete Wohnung (50 v. H.)	wohnrechtsbelastete Wohnung (50 v. H.)
Verkehrswert Gebäude	500.000 DM	250.000 DM	250.000 DM
abzügl. Kapitalwert Nutzungsrecht	150.000 DM		150.000 DM
	350.000 DM	250.000 DM	100.000 DM
Kaufpreisanteil	350 / 350	250 / 350	100 / 350
Gebäude	272.230 DM	**194.450 DM**	77.780 DM

Da es sich hier um einen teilentgeltlichen Erwerb handelt, ist § 11d EStDV auf den unentgeltlich erworbenen und unbelasteten Anteil anzuwenden.

3. Vorbehaltenes obligatorisches Nutzungsrecht

a) Allgemeines

51 Behält sich der bisherige Eigentümer bei der Übertragung des Grundstücks ein obligatorisches Nutzungsrecht vor, stellt die Einräumung des Nutzungsrechts keine Gegenleistung des Erwerbers dar.

b) Behandlung beim Nutzenden

52 Der Nutzungsberechtigte hat bei Vermietung des Grundstücks die Einnahmen zu versteuern. Er darf die von ihm getragenen Aufwendungen einschließlich des an den Eigentümer gezahlten Entgelts als Werbungskosten absetzen. Der Nutzende darf weiterhin wie zuvor als Eigentümer die AfA für das Gebäude in Anspruch nehmen (BFH-Urteil vom 28. März 1995 – BStBl 1997 II S. 121).

c) Behandlung beim Eigentümer

53 Die für den Eigentümer geltenden Grundsätze des Vorbehaltsnießbrauchs nach Rz. 45 bis 48 sind entsprechend anzuwenden.

54 Zur AfA-Berechtigung des Eigentümers auf das Gebäude und zur Ermittlung der Bemessungsgrundlage vgl. Rz. 50.

C. Ablösung von Nutzungsrechten

1. Vorbehaltsnießbrauch

a) Allgemeines

55 Unbeachtlich ist, ob der Nießbrauch anläßlich einer entgeltlichen oder einer unentgeltlichen Grundstücksübertragung vorbehalten wurde. Bei der Ablösung ist zu unterscheiden zwischen Vermögensübertragungen im Rahmen der vorweggenommenen Erbfolge (Vermögensübergabe) und sonstigen

Vermögensübertragungen. Zur Abgrenzung der Vermögensübergabe von sonstigen Vermögensübertragungen vgl. Rz. 3, 4 und 41 des BMF-Schreibens vom 23. Dezember 1996 – a. a. O.

b) Ablösung im Zusammenhang mit einer Vermögensübergabe

aa) Allgemeines

Zum Begriff der vorweggenommenen Erbfolge und den Arten der Vermögensübertragung durch vorweggenommene Erbfolge vgl. BMF-Schreiben vom 13. Januar 1993 – BStBl I S. 80. 56

bb) Behandlung beim Eigentümer

Einmalige Zahlungen zur Ablösung des Vorbehaltsnießbrauchs sind Abstandszahlungen an den Vermögensübergeber und erhöhen die Bemessungsgrundlage für die AfA des Grundstückseigentümers (BFH-Urteil vom 28. November 1991 – BStBl 1992 II S. 381, vom 21. Juli 1992 – BStBl 1993 II S. 484 und vom 21. Juli 1992 – BStBl 1993 II S. 486). Zur Ablösung des Vorbehaltsnießbrauchs durch wiederkehrende Leistungen vgl. BMF-Schreiben vom 23. Dezember 1996 – a. a. O. 57

cc) Behandlung beim Nießbraucher

Die Ablösung des Vorbehaltsnießbrauchs gegen Einmalzahlung ist beim Nießbraucher eine nicht steuerbare Vermögensumschichtung (für den Fall eines vorbehaltenen Wohnrechts vgl. BFH-Urteil vom 9. August 1990 – BStBl II S. 1026). Zur Beurteilung der zur Ablösung empfangenen wiederkehrenden Leistungen vgl. BMF-Schreiben vom 23. Dezember 1996 – a. a. O. 58

c) Ablösung im Zusammenhang mit sonstigen Vermögensübertragungen

aa) Behandlung beim Eigentümer

Eine Einmalzahlung führt in voller Höhe, wiederkehrende Leistungen führen mit ihrem Barwert (§§ 13, 14 BewG i.V.m. Anlage 9, 9a zum BewG) zu Anschaffungskosten (BFH-Urteil vom 9. Februar 1994 – BStBl 1995 II S. 47 und vom 18. Oktober 1994 – BStBl 1995 II S. 169 – für dauernde Last –). Ist die Einmalzahlung bzw. der Barwert der wiederkehrenden Leistungen höher als der Wert des übertragenen Vermögens, ist Entgeltlichkeit in Höhe des angemessenen Kaufpreises anzunehmen. Der übersteigende Betrag ist eine Zuwendung i. S. d. § 12 Nr. 2 EStG. Ist der Barwert der wiederkehrenden Leistungen mehr als doppelt so hoch wie der Wert des übertragenen Vermögens, liegt insgesamt eine Zuwendung i. S. d. § 12 Nr. 2 EStG vor. Wiederkehrende Leistungen in Zusammenhang mit einer privaten Vermögensumschichtung dürfen weder als Rente noch als dauernde Last abgezogen werden (BFH-Urteil vom 25. November 1992 – BStBl 1996 II S. 663 m.w. N.). Der in den wiederkehrenden Leistungen enthaltene Zinsanteil, der in entsprechender Anwendung der Ertragsanteilstabellen der §§ 22 EStG, 55 EStDV zu ermitteln ist, ist im Falle der Vermietung gem. § 9 Abs. 1 Satz 3 Nr. 1 Satz 2 EStG als Werbungskosten bei den Einkünften aus Vermietung und Verpachtung abzuziehen. 59

bb) Behandlung beim Nießbraucher

Die Ablösung eines vorbehaltenen Nießbrauchs gegen Einmalzahlung ist eine beim Nießbraucher nicht steuerbare Vermögensumschichtung. Wiederkehrende Leistungen, die nicht als Versorgungsleistungen im Rahmen einer Vermögensübergabe erbracht werden, sind mit ihrem Zinsanteil nach § 20 Abs. 1 Nr. 7 EStG oder bei Veräußerungsleibrenten mit dem Ertragsanteil nach § 22 Nr. 1 Satz 3 Buchst. a Satz 3 EStG steuerbar (vgl. Rz. 49 des BMF-Schreibens vom 23. Dezember 1996 – a. a. O.). 60

2. Zuwendungsnießbrauch

a) Unentgeltlicher Zuwendungsnießbrauch

Zahlungen zur Ablösung eines unentgeltlich eingeräumten Zuwendungsnießbrauchs sind grundsätzlich als Zuwendungen i. S. d. § 12 Nr. 2 EStG zu beurteilen (vgl. bei fehlender tatsächlicher Änderung der rechtlichen oder wirtschaftlichen Verhältnisse BFH-Urteil vom 13. Oktober 1993 – BStBl 1994 II S. 451 und beim Mißbrauch von rechtlichen Gestaltungsmöglichkeiten § 42 AO BFH-Urteil vom 6. Juli 1993 – BStBl 1998 II S. 429). Sie gehören daher beim Nießbraucher nicht zu den Einkünften aus Vermietung und Verpachtung. Der Eigentümer kann sie nicht als Werbungskosten abziehen; sie erhöhen auch nicht seine Anschaffungskosten für das Grundstück. Ein anstelle des bisherigen Nießbrauchs eingeräumter Ersatznießbrauch ist als neu bestellter unentgeltlicher Zuwendungsnießbrauch zu behandeln. 61

62 Rz. 61 gilt nicht für die Fälle, in denen der ablösende Eigentümer das Grundstück selbst bereits mit der Belastung des Nießbrauchs erworben hat (vgl. BFH-Urteil vom 15. Dezember 1992 – BStBl 1993 II S. 488). In einem solchen Fall vollzieht sich die Ablösung im Rahmen eines entgeltlichen Veräußerungsgeschäfts. Eine Einmalzahlung ist in voller Höhe, wiederkehrende Leistungen sind mit ihrem Barwert Anschaffungskosten.

b) Entgeltlicher Zuwendungsnießbrauch

63 Zahlungen zur Ablösung eines entgeltlich bestellten Zuwendungsnießbrauchs sind beim Eigentümer im Jahr der Zahlung als negative Einnahmen bei den Einkünften aus Vermietung und Verpachtung zu erfassen. Ist das für die Bestellung des Nießbrauchs gezahlte Entgelt nach Rz. 29 auf mehrere Jahre verteilt worden, ist der noch nicht versteuerte Restbetrag beim Eigentümer als Einnahme aus Vermietung und Verpachtung zu erfassen. Besteht die Abfindung in wiederkehrenden Leistungen, sind diese jeweils im Jahr der Zahlung als negative Einnahmen anzusetzen.

64 Die Ablösungszahlungen sind beim Nießbraucher der privaten Vermögensebene zuzuordnen (BFH-Urteil vom 9. August 1990 – BStBl II S. 1026).

3. Vermächtnisnießbrauch

65 Aufwendungen zur Ablösung eines zugewendeten Vermächtnisnießbrauchs sind nachträgliche Anschaffungskosten des Grundstückseigentümers (BFH-Urteil vom 21. Juli 1992 – BStBl 1993 II S. 484). Die Ablösung eines Vermächtnisnießbrauchs gegen Einmalzahlung ist eine beim Nießbraucher nicht steuerbare Vermögensumschichtung. Zur Ablösung gegen wiederkehrende Leistungen vgl. Tz. 9 des BMF-Schreibens vom 23. Dezember 1996 – a. a. O.

4. Dingliches Wohnrecht

66 Für die Behandlung von Ablösungszahlungen des Eigentümers an den dinglich Wohnberechtigten sind die für die Ablösung von Nießbrauchrechten geltenden Grundsätze entsprechend anzuwenden. Aufwendungen zur Ablösung eines vom Rechtsvorgänger eingeräumten dinglichen Wohnrechts entfallen, soweit sie nachträgliche Anschaffungskosten des Grundstückseigentümers sind in vollem Umfang auf das Gebäude (BFH-Urteil vom 21. Juli 1992 – BStBl 1993 II S. 484).

5. Obligatorisches Nutzungsrecht

67 Für die Behandlung von Aufwendungen für die Ablösung obligatorischer Nutzungsrechte gelten die Grundsätze zur Ablösung eines Vorbehalts- und Zuwendungsnießbrauch (Rz. 55 bis 64) entsprechend.

D. Übergangsregelung in Fällen der Ermittlung des Nutzungswerts als Überschuß des Mietwerts über die Werbungskosten

1. Allgemeines

68 Die Besteuerung des Nutzungswerts der Wohnung im eigenen Haus (§ 21 Abs. 2 Satz 1 1. Alternative EStG) kann aufgrund der Übergangsregelung des § 52 Abs. 21 Satz 2 EStG bis einschließlich Veranlagungszeitraum 1998 fortgeführt werden, wenn im Veranlagungszeitraum 1986 und in dem jeweils in Betracht kommenden Veranlagungszeitraum, der dem Veranlagungszeitraum 1986 folgt, die Voraussetzungen für die Ermittlung des Nutzungswerts als Überschuß des Mietwerts über die Werbungskosten vorgelegen haben (vgl. hierzu BMF-Schreiben vom 19. September 1986 – BStBl I S. 480).

2. Vorbehaltsnießbrauch

69 Nutzt der Vorbehaltsnießbraucher das mit dem Vorbehaltsnießbrauch belastete Grundstück für eigene Wohnzwecke, ist ihm der Nutzungswert nach § 21 Abs. 2 Satz 1 1. Alternative EStG zuzurechnen (BFH-Urteil vom 7. Dezember 1982 – BStBl 1983 II S. 627). In einem solchen Fall kommt für den Vorbehaltsnießbraucher die Übergangsregelung nach § 52 Abs. 21 Satz 2 EStG für einen Veranlagungszeitraum in Betracht, wenn in diesem Veranlagungszeitraum und im Veranlagungszeitraum 1986 die Voraussetzungen für die Ermittlung des Nutzungswerts als Überschuß des Mietwerts über die Werbungskosten vorgelegen haben.

3. Zuwendungsnießbrauch

70 Für den Zuwendungsnießbrauch ist die Übergangsregelung nach Rz. 68 nicht anzuwenden.

4. Vermächtnisnießbrauch

Für den Vermächtnisnießbraucher gelten die Ausführungen in Rz. 69 aus Billigkeitsgründen entsprechend. 71

5. Obligatorisches Nutzungsrecht

Wird eine Wohnung aufgrund eines unentgeltlich zugewendeten oder vorbehaltenen obligatorischen Nutzungsrechts von dem Berechtigten selbst genutzt und hat der Nutzende keine gesicherte Rechtsposition, so ist dem Eigentümer der Nutzungswert nach § 21 Abs. 2 Satz 1 1. Alternative EStG zuzurechnen. Er kann den Nutzungswert im Rahmen der Übergangsregelung nach § 52 Abs. 21 Satz 2 EStG in einem Veranlagungszeitraum versteuern, wenn in diesem Veranlagungszeitraum und im Veranlagungszeitraum 1986 die Voraussetzungen für die Ermittlung des Nutzungswerts als Überschuß des Mietwerts über die Werbungskosten vorgelegen haben. 72

E. Anwendungsregelung

Die Grundsätze dieses Schreibens sind in allen noch offenen Fällen anzuwenden. 73

Die Grundsätze in Rz. 4 und 5 dieses BMF-Schreibens sind entsprechend dem BMF-Schreiben vom 26. Mai 1992 (BStBl I S. 370) in allen Fällen anzuwenden, in denen der Nießbrauch nach dem 30. Juni 1992 notariell beurkundet oder der Überlassungsvertrag nach dem 30. Juni 1992 abgeschlossen worden ist. Ist der Nießbrauch vor dem 1. Juli 1992 beurkundet oder der Überlassungsvertrag vor dem 1. Juli 1992 abgeschlossen worden, ist Rz. 4 bzw. 53 des BMF-Schreibens vom 15. November 1984 (BStBl I S. 561) weiter anzuwenden. 74

Die Grundsätze in Rz. 32 dieses BMF-Schreibens sind entsprechend dem BMF-Schreiben vom 22. April 1994 (BStBl I S. 258) in den Fällen anzuwenden, in denen der Vermächtnisnießbrauch nach dem 31. Mai 1994 notariell beurkundet worden ist. Ist der Vermächtnisnießbrauch vor dem 1. Juni 1994 notariell beurkundet worden, ist der Nießbraucher weiterhin zum Abzug der Gebäude-AfA nach Maßgabe der Rz. 51, 41 des BMF-Schreibens vom 15. November 1984 (BStBl I S. 561) berechtigt.

Anhang 24

Versicherungen

I.
Verzeichnis der ausländischen Versicherungsunternehmen, denen die Erlaubnis zum Betrieb eines nach § 10 Abs. 1 Nr. 2 EStG begünstigten Versicherungszweigs im Inland erteilt ist
Stand: 16.1.1997

Lfd. Nr.	Name des Versicherungsunternehmens	Sitz	Steuerbegünstigte Versicherungszweige	Zulassungsgebiet[1]	Hauptbevollmächtigter der Niederlassung
1	2	3	4	5	6
1	BASELER Lebens-Versicherungs-Gesellschaft	Basel	Leben	A	Dr. Fritz Becker, Baseler Straße 4, 61325 Bad Homburg v.d.H.
2	Baseler Versicherungsgesellschaft	Basel	Unfall, Haftpflicht, Kraftfahrt-Unfall, Kraftfahrt-Haftpflicht	A	Dr. Fritz Becker, Baseler Straße 4, 61325 Bad Homburg v.d.H.
3	ELVIA Reiseversicherungs-Gesellschaft AG	Zürich	Unfall, Haftpflicht	A	Dr. Alois Weber, Ludmillastraße 26, 81543 München
4	HELVETIA Schweizerische Versicherungs-Gesellschaft	St. Gallen	Unfall, Haftpflicht, Kraftfahrt-Unfall, Kraftfahrt-Haftpflicht	A	Prof. Dr. Wolfram Wrabetz, Berliner Straße 56–58, 60311 Frankfurt
5	„Schweiz" Allgemeine Versicherungs-Aktiengesellschaft	Zürich	Unfall, Haftpflicht	A	Dieter Ernst Meierhofer, Fritz-Schäffer-Straße 9, 81737 München
6	Schweizerische Lebensversicherungs- und Rentenanstalt	Zürich	Leben	A	Dipl.-Math. Jürgen Strauß, Leopoldstraße 8–10, 80802 München
7	The Continental Insurance Comp. Concord	New Hampshire / USA	Unfall, Haftpflicht	A	Lutz Blume, Karlstraße 10, 80333 München
8	The Home Insurance Company, New York	Manchester, New Hampshire / USA	Unfall, Haftpflicht	A	Jürgen Herrmann, Rennbahnstraße 72, 60528 Frankfurt
9	The Yasuda Fire and Marine Ins. Comp. Lim.	Tokio	Unfall, Haftpflicht	A	Dr. Klaus Flemming, Gereonstraße 43–65, 50670 Köln
10	United Services Automobile[2] Association	San Antonio, Texas / USA	Kraftfahrt-Haftpflicht	A	Rolf E. Metzen, Bockenheimer Landstraße 94–96, 60323 Frankfurt

---

[1] A = Geltungsbereich des Einkommensteuergesetzes.

[2] Das Unternehmen ist lediglich im Rahmen des Zusatzabkommens zu dem Abkommen zwischen den Partnern des Nordatlantikvertrags über die Rechtsstellung ihrer Truppen hinsichtlich der in der Bundesrepublik Deutschland stationierten ausländischen Truppen (BGBl. 1961 II S. 1218 II.) tätig.

Anhang 24

Versicherungen

Lfd. Nr.	Name des Versicherungsunternehmens	Sitz	Steuerbegünstigte Versicherungszweige	Zulassungsgebiet[1]	Hauptbevollmächtigter der Niederlassung
1	2	3	4	5	6
11	Vereinigte Versicherungsgesellschaft von Amerika Zweigniederlassung der COMBINED INSURANCE COMPANY OF AMERIKA	Chicago, Illinois / USA	Unfall	A	Ishral H. Khan Friedrich-Bergius-Straße 5 65203 Wiesbaden
12	WL Niederlassung Deutschland der „Winterthur" Lebensversicherungs-Gesellschaft	Winterthur	Leben	A	Dr. Walter Wupperfeld Leopoldstraße 204 80804 München
13	WV Niederlassung Deutschland der „Winterthur" Schweizerische Versicherungs-Gesellschaft	Winterthur	Unfall	A	Dr. Walter Wupperfeld Leopoldstraße 204 80804 München
14	Zürich Lebensversicherungs-Gesellschaft	Zürich	Leben	A	Generaldir. Dr. Heinrich Focke Zürich-Haus am Opernplatz 60313 Frankfurt
15	„Zürich" Versicherungs-Gesellschaft	Zürich	Unfall, Haftpflicht, Kraftfahrt-Unfall, Kraftfahrt-Haftpflicht	A	Generaldir. Dr. Heinrich Focke Zürich-Haus am Opernplatz 60313 Frankfurt

II.

Nach Inkrafttreten des Dritten Durchführungsgesetzes / EWG zum VAG am 29. Juli 1994 bedürfen Versicherungsunternehmen mit Sitz oder Geschäftsleitung in einem Mitgliedstaat der Europäischen Union (EU) nicht mehr der Erlaubnis zum Geschäftsbetrieb im Inland. Es genügt vielmehr eine Anmeldung der Aufsichtsbehörde des jeweiligen Sitzlandes (Herkunftslandes) der Versicherung beim inländischen Bundesaufsichtsamt für das Versicherungswesen (BAV). Werden Versicherungsbeiträge an ein in einem EU-Mitgliedstaat ansässigen Versicherungsunternehmen als Vorsorgeaufwendungen geltend gemacht, kann regelmäßig davon ausgegangen werden, daß eine solche Anmeldung erstattet worden ist. Das BAV führt über die Anmeldungen fortlaufend ein Register.

Versicherungsunternehmen mit Sitz oder Geschäftsleitung in Island sind wie Versicherungsunternehmen mit Sitz oder Geschäftsleitung in einem EU-Mitgliedstaat zu behandeln, da Island als EWR-Vertragsstaat die Dritte Richtlinie Lebensversicherung der EU in nationales Recht umgesetzt hat. Entsprechendes gilt bei Versicherungsunternehmen mit Sitz oder Geschäftsleitung in Norwegen und Liechtenstein, sobald diese Länder die Dritte Richtlinie Lebensversicherung ebenfalls in nationales Recht umgesetzt haben.

---

[1] A = Geltungsbereich des Einkommensteuergesetzes.

Anhang 25

Versorgungsausgleich

**Erstes Gesetz zur Reform des Ehe- und Familienrechts;
hier: Einkommensteuerrechtliche Behandlung des
Versorgungsausgleichs**

BMF vom 20.7.1981 (BStBl I S. 567)

IV B 1 – S 1900 – 25/80

Unter Bezugnahme auf das Ergebnis der Erörterungen mit den obersten Finanzbehörden der Länder gilt zur einkommensteuerrechtlichen Behandlung des Versorgungsausgleichs folgendes:

I. Öffentlich-rechtlicher Versorgungsausgleich

1. Die **Übertragung** von Anwartschaften in einer gesetzlichen Rentenversicherung (sog. Rentensplitting) – § 1587b Abs. 1 BGB – zugunsten des Ausgleichsberechtigten vollzieht sich in der Vermögenssphäre und hat keine einkommensteuerrechtlichen Auswirkungen.

   Gleicht der Ausgleichsverpflichtete die Minderung seiner Rentenanwartschaft durch zusätzliche Beiträge an den Versicherungsträger aus, kann er diese im Rahmen der Höchstbeträge des § 10 Abs. 3 EStG als Sonderausgaben abziehen.

   Die dem Ausgleichsverpflichteten und dem Ausgleichsberechtigten (später) zufließenden Renten aus der gesetzlichen Rentenversicherung sind als Leibrenten nach § 22 Nr. 1 Buchstabe a EStG zu versteuern.

2. Die **Begründung** von Anwartschaften in einer gesetzlichen Rentenversicherung zugunsten des Ausgleichsberechtigten im Falle der Scheidung eines Steuerpflichtigen mit einer Versorgung oder Versorgungsanwartschaft aus einem Dienst- oder Arbeitsverhältnis mit Anspruch auf Versorgung nach beamtenrechtlichen Vorschriften oder Grundsätzen (§ 1587b Abs. 2 BGB) vollzieht sich in der Vermögensebene und ist einkommensteuerrechtlich ohne Auswirkung.

   Etwaige Zahlungen eines Ausgleichsverpflichteten an den Dienstherrn bzw. Arbeitgeber zur Abwendung der Pensionskürzung können als Werbungskosten abgezogen werden, weil sie den ungeschmälerten Zufluß der nachträglichen Einnahmen aus nichtselbständiger Arbeit sicherstellen sollen.

   Die dem Ausgleichsberechtigten (später) zufließende Rente aus der gesetzlichen Rentenversicherung ist als Leibrente nach § 22 Nr. 1 Buchstabe a EStG zu versteuern.

   Das dem Ausgleichsverpflichteten (später) gezahlte Ruhegehalt gehört zu den Einkünften aus nichtselbständiger Arbeit (§ 19 Abs. 1 Nr. 2 EStG).

3. Zur **Begründung** von Anwartschaften in einer gesetzlichen Rentenversicherung in den Fällen, in denen keine gesetzliche Rentenversicherung oder keine Versorgung nach beamtenrechtlichen Vorschriften oder Grundsätzen besteht oder in denen neben diesen zusätzliche Anwartschaften auf Altersversorgung vorhanden sind (§ 1587b Abs. 3 BGB), hat der Ausgleichsverpflichtete zugunsten des Berechtigten einen Kapitalbetrag in die gesetzliche Rentenversicherung einzuzahlen. Kann er den Betrag nicht in einer Summe aufbringen, können gerichtlich Ratenzahlungen angeordnet werden.

   a) Der Verpflichtete kann die einmalige Zahlung und die Ratenzahlungen nicht steuerlich geltend machen. Die Ratenzahlungen sind nicht dem Ausgleichsberechtigten als wiederkehrende Bezüge im Sinne des § 22 Nr. 1 EStG zuzurechnen.

   Die Zahlungen sind keine Versicherungsbeiträge im Sinne des § 10 Abs. 1 Nr. 2 EStG, weil darunter nur solche Beiträge verstanden werden, die der Steuerpflichtige als vertraglicher oder gesetzlicher Schuldner der Versicherung leistet. Der Ausgleichsverpflichtete schuldet aber die Beitragsleistung nicht gegenüber der gesetzlichen Rentenversicherung.

   Die Zahlungen können als Vorgang, der dem Vermögensbereich angehört, auch nicht zu einer Steuerermäßigung wegen außergewöhnlicher Belastung nach § 33 EStG führen.

   b) Die (späteren) Rentenzahlungen aus der gesetzlichen Rentenversicherung an den Ausgleichsberechtigten sind bei ihm als Leibrenten nach § 22 Nr. 1 Buchstabe a EStG zu versteuern.

   Die Besteuerung der dem Ausgleichsverpflichteten (später) zufließenden Versorgungsleistungen richtet sich nach der Rechtsnatur dieser Leistungen.

Anhang 25

Versorgungsausgleich

II. Schuldrechtlicher Versorgungsausgleich

1. Wird der schuldrechtliche Versorgungsausgleich durch Zahlung einer **Geldrente** bewirkt (§ 1587g BGB; Rente auf Lebenszeit des Berechtigten, § 1587k Abs. 2 BGB), kann der Ausgleichsverpflichtete die Zahlungen wegen der Abänderbarkeit nach § 1587g Abs. 3 BGB nach § 10 Abs. 1 Nr. 1 a EStG als dauernde Last in voller Höhe abziehen.

   Der Ausgleichsberechtigte hat die Zahlungen als wiederkehrende Bezüge nach § 22 Nr. 1 Satz 1 EStG zu versteuern.

2. Verlangt der Berechtigte statt Rentenzahlung die **Abtretung** von Versorgungsansprüchen (§ 1587i BGB), sind die Versorgungsleistungen beim Ausgleichsverpflichteten auch insoweit steuerlich zu erfassen, als sie wegen der Abtretung nicht ihm, sondern dem Ausgleichsberechtigten zufließen. Der Ausgleichsverpflichtete kann jedoch den jeweils abgetretenen Teil der Versorgungsleistungen als dauernde Last in voller Höhe abziehen. Der Ausgleichsberechtigte hat die anteiligen Versorgungsbezüge als wiederkehrende Bezüge nach § 22 Nr. 1 Satz 1 EStG zu versteuern.

3. Verlangt der Ausgleichsberechtigte statt Rentenzahlung oder Abtretung eine **Abfindung**, die nur in Form von Zahlungen an eine gesetzliche Renten- oder private Lebensversicherung erfolgen kann (§ 1587l BGB), gelten die Ausführungen unter I.3 entsprechend.

Anhang 26
Wertminderung von Anteilen durch Gewinnausschüttung

Gesetz zur Fortsetzung der Unternehmenssteuerreform vom 29. Oktober 1997
(BGBl. I S. 2590, BStBl I S. 928);
Anwendung des § 50c Abs. 11 EStG

BMF vom 13.7.1998 (BStBl I S. 912)

IV B 7 – S 2189 – 12/98

Nach dem Ergebnis der Erörterungen mit den obersten Finanzbehörden der Länder nehme ich zur Anwendung des § 50 c Abs. 11 EStG wie folgt Stellung:

I. Sachliche Anwendung

1. Steuerpflicht der Veräußerung beim Rechtsvorgänger

a) Steuerpflicht der Veräußerung

Eine Steuerpflicht der Veräußerung kann sich u.a. ergeben aus §§ 13, 14, 15, 16, 17, 18, 23 EStG oder aus § 21 UmwStG. Unerheblich ist, ob es im Einzelfall tatsächlich zu einer Besteuerung kommt.

b) Rechtsvorgänger

Rechtsvorgänger im Sinne des § 50c Abs. 11 Satz 2 EStG ist bei mehreren aufeinanderfolgenden Veräußerungsvorgängen der letzte anrechnungsberechtigte Veräußerer, bei dem die Veräußerung nicht steuerpflichtig war.

Soweit bei mehreren aufeinanderfolgenden Veräußerungsvorgängen der jeweilige Erwerber den Tatbestand des § 50c Abs. 11 Satz 1 EStG verwirklicht, hat er ohne Rücksicht auf einen bereits bei einem früheren Erwerber gebildeten Sperrbetrag einen Sperrbetrag zu bilden, der gemäß § 50 c Abs. 4 EStG als Unterschied zwischen seinen Anschaffungskosten und dem Nennbetrag des Anteils zu ermitteln ist.

Sind bei aufeinanderfolgenden Veräußerungsvorgängen auch nachweislich steuerpflichtige Veräußerungen zwischengeschaltet, hat dies zur Folge, daß insoweit die stillen Reserven aufgedeckt und versteuert werden. Um zu vermeiden, daß die anschließende steuerfreie Veräußerung zu einer doppelten Versteuerung der stillen Reserven führt, ist der Sperrbetrag entsprechend der Billigkeitsregelung in R 227 d Abs. 3 Satz 2 EStR zu kürzen. Den Nachweis über die Steuerpflicht der Vorveräußerungen hat der Steuerpflichtige zu führen.

Beispiel 1:

Sachverhalt:

A veräußert eine im Privatvermögen gehaltene nicht wesentliche Beteiligung an der X-GmbH (Nennwert 100 DM) im Jahre 01 für 400 DM an B. B hält die Beteiligung ebenfalls im Privatvermögen und veräußert sie im Jahre 03 für 600 DM an C, der sie in sein Betriebsvermögen erwirbt. Im Jahre 05 erwirbt D die Beteiligung für 650 DM und hält sie wieder im Privatvermögen. Schließlich veräußert D die Beteiligung für 800 DM an E.

Lösung:

Bei B:

Es ist ein Sperrbetrag in Höhe von 300 DM (400 DM – 100 DM) gemäß § 50c Abs. 11 Satz 1 i.V.m. Abs. 4 EStG zu bilden; die Sperrzeit endet mit Ablauf des VZ 10.

Bei C:

Es ist ein neuer Sperrbetrag in Höhe von 500 DM (600 DM – 100 DM) gemäß § 50c Abs. 11 Satz 1 i.V. m. Abs. 4 EStG zu bilden. Die Sperrzeit endet mit Ablauf des VZ 12.

Bei D:

Es liegt kein Anwendungsfall von § 50c Abs. 11 Satz 1 EStG vor, denn C hat steuerpflichtig an D veräußert, vgl. § 50c Abs. 11 Satz 2 EStG. Allerdings ist ein Anwendungsfall des § 50c Abs. 8 EStG gegeben. D führt den Sperrbetrag von C in Höhe von 500 DM als Rechtsnachfolger fort. Die Sperrzeit endet mit Ablauf des VZ 12.

Bei E:

Es ist ein neuer Sperrbetrag i.H. v. 700 DM (800 DM – 100 DM) gemäß § 50c Abs. 11 Satz 1 i.V. m. Abs. 4 EStG zu bilden. Die Sperrzeit endet mit Ablauf des VZ 14. Bei der Bildung des Sperrbetrages bleibt allerdings unberücksichtigt, daß durch die steuerpflichtige Veräußerung von C an D bereits stille Reserven in Höhe von 50 DM aufgedeckt und versteuert worden sind. Entsprechend der Billigkeitsregelung in R 227d Abs. 3 Satz 2 EStR ist deshalb der Sperrbetrag um den Betrag zu ermäßigen, der nachweislich von einem früheren Anteilseigner als Veräußerungsgewinn versteuert wurde. Die Nachweispflicht hierfür obliegt dem E.

2. Unentgeltlicher Erwerb und Einlage

Zur Sicherstellung der Einmalbesteuerung der von der Kapitalgesellschaft erwirtschafteten Gewinne erfaßt § 50c Abs. 11 Satz 3 EStG auch die Fälle der unentgeltlichen Übertragung und der Einlage von Anteilen eines anrechnungsberechtigten Anteilseigners ins Betriebsvermögen. Hiervon ausdrücklich ausgenommen sind diejenigen Vorgänge, die im Falle einer Veräußerung anstelle der unentgeltlichen Übertragung oder der Einlage steuerpflichtig gewesen wären. Hier löst entweder der Einlage- oder der Übertragungsvorgang die Versteuerung aus oder der bisherige Wertansatz wird fortgeführt.

Bei Bildung des Sperrbetrages tritt an die Stelle der fehlenden Anschaffungskosten des Erwerbers gemäß § 50c Abs. 4 Satz 2 EStG der für die steuerliche Gewinnermittlung des Erwerbers maßgebende Wert. Das ist in aller Regel der Teilwert (vgl. § 6 Abs. 1 Nr. 5 Satz 1 EStG).

Bei der Einlage einer im Privatvermögen gehaltenen **wesentlichen** Beteiligung ist die steuerliche Verstrickung der stillen Reserven der Anteile durch den Ansatz der Anschaffungskosten regelmäßig sichergestellt.

Beispiel 2:
Einlage einer wesentlichen Beteiligung

Sachverhalt:

A hat sämtliche Anteile an der Z-GmbH für 1 Mio. DM gekauft und hält die Beteiligung im Privatvermögen. Der Erwerb liegt schon mehr als zehn Jahre zurück. Das Stammkapital der Z-GmbH beträgt 100.000 DM. A legt nun die Anteile in sein Betriebsvermögen ein. Die Anteile haben zu diesem Zeitpunkt einen Teilwert von 1,2 Mio. DM.

Lösung:

A hat die eingelegten Anteile im Rahmen seines Betriebsvermögens nach § 6 Abs. 1 Nr. 5 Buchstabe b EStG mit den Anschaffungskosten i.H. v. 1 Mio. DM zu aktivieren. Da die Veräußerung der Anteile gemäß § 17 EStG steuerpflichtig gewesen wäre, ist anläßlich der Einlage nach § 50c Abs. 11 Satz 3 i.V. m. Abs. 4 EStG kein Sperrbetrag zu bilden.

Bei Einlage einer **nicht wesentlichen** im Privatvermögen gehaltenen Beteiligung ist die steuerliche Verstrickung der stillen Reserven der Anteile durch den Ansatz der Anschaffungskosten sichergestellt, wenn die Anteile innerhalb der letzten drei Jahre vor der Einlage angeschafft worden sind (§ 6 Abs. 1 Nr. 5 Buchstabe a EStG). Ein Sperrbetrag nach § 50c Abs. 11 Satz 3 i.V. m. Abs. 4 EStG ist daher in diesen Fällen auch dann nicht zu bilden, wenn eine Veräußerung der Anteile anstelle der Einlage nicht steuerpflichtig gewesen wäre. § 50c Abs. 11 Satz 3 EStG ist insoweit entsprechend dem Sinn und Zweck der Regelung einschränkend auszulegen. Ein bereits aus anderen Gründen bestehender Sperrbetrag bleibt jedoch unberührt.

Beispiel 3:
Einlage einer nicht wesentlichen Beteiligung

Sachverhalt (Grundfall):

A hält seit mehr als 10 Jahren 20 % der Anteile an der Z-GmbH in seinem Privatvermögen. Seine damaligen Anschaffungskosten betrugen 1 Mio. DM. Das Stammkapital der Z-GmbH beträgt 100.000 DM. Nun legt A die Anteile in sein Betriebsvermögen ein. Die Anteile haben zu diesem Zeitpunkt einen Teilwert von 1,2 Mio. DM.

Lösung:

A hat die eingelegten Anteile in seinem Betriebsvermögen nach § 6 Abs. 1 Nr. 5 EStG mit dem Teilwert i.H.v. 1,2 Mio. DM zu aktivieren. Da eine Veräußerung der nicht wesentlichen Beteiligung nicht steuerpflichtig gewesen wäre, ist nach § 50c Abs. 11 Satz 3 EStG ein Sperrbetrag zu bilden. Dieser beträgt gemäß § 50c Abs. 4 Satz 2 EStG 1.180.000 DM (1.200.000 DM – 20.000 DM).

Variante:

Die Anschaffung der 20 % Beteiligung erfolgte **innerhalb der letzten drei** Jahre vor Einlage in das Betriebsvermögen von einem anrechnungsberechtigten Veräußerer, bei dem die Veräußerung nicht steuerpflichtig war.

Anhang 26

Wertminderung von Anteilen durch Gewinnausschüttung

Lösung:

Erfolgt die Einlage **außerhalb der Spekulationsfrist** nach § 23 Abs. 1 Nr. 1 Buchstabe b EStG, entsteht mit der Einlage in das Betriebsvermögen kein neuer Sperrbetrag. A hat die eingelegten Anteile nach § 6 Abs. 1 Nr. 5 Buchstabe a EStG mit den Anschaffungskosten von 1 Mio. DM zu aktivieren. Da eine Veräußerung der nicht wesentlichen Beteiligung nicht steuerpflichtig gewesen wäre, ist dem Grunde nach ein Sperrbetrag gemäß § 50c Abs. 11 Satz 3 i.V. m. Abs. 4 EStG zu bilden. Da die Einlage jedoch mit den Anschaffungskosten anzusetzen ist und dadurch die Verstrickung der stillen Reserven gewährleistet wird, bedarf es keiner zusätzlichen Verstrickung der stillen Reserven durch die Bildung eines Sperrbetrages nach § 50c Abs. 11 Satz 3 EStG.

Erfolgt die Einlage der Beteiligung **innerhalb der Spekulationsfrist** nach § 23 Abs. 1 Nr. 1 Buchstabe b EStG, ist anläßlich der Einlage nach § 50c Abs. 11 Satz 3 i.V.m. Abs. 4 EStG kein Sperrbetrag zu bilden, da die Veräußerung steuerpflichtig gewesen wäre.

Mit Anschaffung der Anteile für 1 Mio. DM war jedoch gemäß § 50c Abs. 4 EStG ein Sperrbetrag von 980.000 DM zu bilden. Dieser Sperrbetrag ist in **beiden** Fällen fortzuführen, da insoweit bei dem vorhergehenden Erwerbsvorgang stille Reserven unversteuert geblieben sind.

3. Feststellungslast

Nimmt der Steuerpflichtige eine Teilwertabschreibung vor, trägt er die Feststellungslast für die Wertminderung der Anteile. Er muß im übrigen glaubhaft machen, daß die Wertminderung auf anderen Ursachen als auf einer vorangegangenen Gewinnausschüttung beruht (R 227d Abs. 2 Satz 2 EStR).

Eine ausschüttungsbedingte Teilwertabschreibung ist zu versagen, wenn zweifelhaft ist, ob der Erwerb der Anteile beim Rechtsvorgänger steuerpflichtig gewesen ist. Der Steuerpflichtige trägt insoweit die Feststellungslast.

Beim Erwerb über die Börse trägt der Steuerpflichtige zusätzlich die Feststellungslast dafür, daß ein Erwerb vom Anrechnungsberechtigten vorliegt, wenn nicht feststeht, ob die Voraussetzungen des § 50c Abs. 10 Buchstaben a bis c EStG (u.a. mehr als 10 Tage zwischen Erwerb und Veräußerung der Anteile) vorliegen.

Bei Erwerb des Eigentums **vor dem 6. August 1997** wird es aus Billigkeitsgründen nicht zum Nachteil des Steuerpflichtigen berücksichtigt, wenn er im nachhinein den Nachweis der Steuerpflicht der Veräußerung beim Rechtsvorgänger nicht führen kann. Dies gilt insbesondere beim Erwerb der Anteile über die Börse. § 50c Abs. 11 EStG ist dagegen anzuwenden, wenn die Finanzbehörde in diesen Fällen nachweist, daß die Veräußerung beim Rechtsvorgänger nicht steuerpflichtig war.

II. Zeitliche Anwendung

1. Erstmalige Anwendung

Die Regelung des § 50c Abs. 11 EStG ist gemäß § 52 Abs. 1 EStG i.d. F. des Jahressteuergesetzes 1997 vom 20. Dezember 1996 (BGBl I S. 2049) erstmals für den Veranlagungszeitraum 1997 anzuwenden. Danach werden ausschüttungsbedingte Gewinnminderungen für Anteile im Sinne des § 50c Abs. 11 EStG vom Veranlagungszeitraum 1997 an nicht mehr steuerlich berücksichtigt. Die Neuregelung erfaßt auch Anteile, die ein Anrechnungsberechtigter bereits vor 1997 erworben hat.

2. Sperrzeit und Sperrbetrag

In den Fällen des § 50c Abs. 11 EStG beginnt der Zehnjahreszeitraum des § 50c Abs. 1 Satz 1 EStG im Jahr des Erwerbs von dem Rechtsvorgänger oder im Jahr des diesem Erwerb gleichgestellten Ereignisses.

Der Sperrbetrag in Höhe des Unterschiedsbetrages zwischen den Anschaffungskosten und dem Nennbetrag des Anteils im Sinne des § 50c Abs. 4 EStG mindert sich bei Erwerben vor 1997 um die vor 1997 tatsächlich vorgenommenen ausschüttungsbedingten Teilwertabschreibungen, nicht dagegen um früher mögliche, aber noch nicht vorgenommene Teilwertabschreibungen.

Beispiel 4:

Sachverhalt:

A hat in 1995 im Betriebsvermögen Anteile an einer Kapitalgesellschaft erworben, für die gemäß § 50c Abs. 11 i.V. m. Abs. 4 EStG ein Sperrbetrag i.H.v. 1.000 DM zu bilden ist. Eine mögliche Teilwertabschreibung i.H.v. 500 DM hat A in 1996 nicht beansprucht. 1998 schüttet die Kapitalgesell-

Anhang 26

Wertminderung von Anteilen durch Gewinnausschüttung

schaft ihre Rücklagen aus. A macht eine ausschüttungsbedingte Teilwertabschreibung auf die Anteile i.H.v. 1.000 DM geltend.

Lösung:

1998 ist ein Sperrbetrag i.H.v. 1.000 DM zu berücksichtigen. Die in 1996 mögliche, aber nicht beanspruchte Teilwertabschreibung mindert den Sperrbetrag nicht.

Anhang 27
I Wohneigentumsförderung

Übersicht

I   Übersicht über die steuerrechtlichen Vorschriften der §§ 7b, 10e, 10f, 10g, 10h und § 52 Abs. 14a, 14b, 14c und 21 EStG

II   Übersicht über die Steuerermäßigung für Steuerpflichtige mit Kindern bei Inanspruchnahme erhöhter Absetzungen für Wohngebäude oder der Steuerbegünstigungen für eigengenutztes Wohneigentum (§ 34f EStG)

III   Steuerbegünstigung der zu eigenen Wohnzwecken genutzten Wohnung im eigenen Haus nach § 10e EStG
BMF vom 31.12.1994 (BStBl I S. 887)

IV   Eigenheimzulagengesetz (EigZulG)

V   Änderung von Eigenheimzulagebescheiden nach § 172 AO;
Umstieg von der Folgeobjekt- auf die Zweitobjektförderung und umgekehrt
FinMin NW vom 19.8.1996

VI   Zweifelsfragen zum Eigenheimzulagengesetz und zum Vorkostenabzug bei einer nach dem Eigenheimzulagengesetz begünstigten Wohnung (§ 10i EStG)
BMF vom 10.2.1998 (BStBl I S. 190)

I
Übersicht
über die steuerrechtlichen Vorschriften der §§ 7b, 10e, 10f, 10g, 10h und § 52 Abs. 14a, 14b, 14c und 21 EStG

	Geltungs-bereich	Begünstigte Objekte	Zulässige erhöhte Absetzungen und Absetzungen vom Restwert bzw. Abzugsbetrag	Höchstgrenze der begünstigten Herstellungskosten/ Anschaffungskosten	Herstellung, Zubauten, Ausbauten, Umbauten, Erweiterungen	Begünstigung der Anschaffung	Gesetzliche Vorschriften
	1	2	3	4	5	6	7
1.	Nach dem 31.12.1948 und vor dem 1.1.1953 errichtete Gebäude	Gebäude, die zu mehr als 80 % Wohnzwecken dienen	je 10 %: Jahr der Herstellung und folgendes Jahr, je 3 %: die darauf folgenden 10 Jahre; anschließend AfA vom Restwert und nach der Restnutzungsdauer, ab 1.1.1965 (bzw. bei nach dem 31.12.1964 endenden Wj.) 2,5 % vom Restwert	keine Grenze	begünstigt, wenn die neu hergestellten Gebäudeteile zu mehr als 80 % Wohnzwecken dienen	nicht begünstigt	§ 7b EStG 1951, § 7b Abs. 8 EStG 1975
2.	Nach dem 31.12.1952 errichtete Gebäude mit Antrag auf Baugenehmigung vor dem 9.3.1960	Gebäude, die zu mehr als 66 ⅔ % Wohnzwecken dienen	wie zu 1.	120.000 DM bei Ein- und Zweifamilienhäusern, die nach dem 31.12.1958 errichtet worden sind, im übrigen unbeschränkt	wie zu 1.	Ersterwerb von Kleinsiedlungen, Kaufeigenheimen, Eigentumswohnungen und eigentumsähnlichen Dauerwohnrechten, soweit Bauherr § 7b EStG nicht in Anspruch genommen hat	§ 7b EStG 1958, § 7b Abs. 8 EStG 1975

Anhang 27
Wohneigentumsförderung

	Geltungs-bereich	Begünstigte Objekte	Zulässige erhöhte Absetzungen und Absetzungen vom Restwert bzw. Abzugsbetrag	Höchstgrenze der begünstigten Herstellungskosten/ Anschaffungskosten	Herstellung, Zubauten, Ausbauten, Umbauten, Erweiterungen	Begünstigung der Anschaffung	Gesetzliche Vorschriften
	1	2	3	4	5	6	7
3.	Antrag auf Baugenehmigung nach dem 8.3.1960 und vor dem 10.10.1962	wie zu 2.	je 7,5 %: Jahr der Fertigstellung und folgendes Jahr, je 4 %: die darauf folgenden 8 Jahre; anschließend 2,5 % vom Restwert	120.000 DM bei Ein- und Zweifamilienhäusern, im übrigen unbeschränkt	wie zu 1.	wie zu 2., jedoch muß es sich bei Eigentumswohnungen um Kaufeigentumswohnungen im Sinne des Zweiten Wohnungsbaugesetzes handeln	§ 7b EStG 1961, § 7b Abs. 8 EStG 1975
4.	Antrag auf Baugenehmigung nach dem 9.10.1962 und vor dem 1.1.1965	Eigenheime, Eigensiedlungen, eigengenutzte Eigentumswohnungen, Kaufeigenheime, Trägerkleinsiedlungen und Kaufeigentumswohnungen, die zu mehr als 66 ²/₃ % Wohnzwecken dienen	wie zu 3., beim Bauherrn von Kaufeigenheimen, Trägerkleinsiedlungen und Kaufeigentumswohnungen jedoch höchstens einmal 7,5 %	allgemein 120.000 DM	nicht begünstigt	Ersterwerb von Kaufeigenheimen, Trägerkleinsiedlungen und Kaufeigentumswohnungen, soweit Bauherr § 54 EStG nicht in Anspruch genommen hat	§ 54 EStG, § 7b Abs. 8 EStG 1975
5.	Antrag auf Baugenehmigung nach dem 31.12.1964 und vor dem 9.5.1973 bzw. nach dem 31.12.1973	Einfamilienhäuser, Zweifamilienhäuser und Eigentumswohnungen, die zu mehr als 66 ²/₃ % Wohnzwecken dienen	je 5 %: Jahr der Fertigstellung und die folgenden 7 Jahre;anschließend 2,5 % vom Restwert. Beim Bauherrn von Kaufeigenheimen, Trägerkleinsiedlungen und Kaufeigentumswohnungen je 5 % im Jahr der Fertigstellung und im folgenden Jahr	150.000 DM bei Einfamilienhäusern und Eigentumswohnungen; 200.000 DM bei Zweifamilienhäusern	begünstigt, wenn es Ausbauten oder Erweiterungen an vor dem 1.1.1964 fertiggestellten Ein- oder Zweifamilienhäusern-noder Eigentumswohnungen sind und die neu hergestellten Gebäudeteile zu mehr als 80 % Wohnzwecken dienen	Ersterwerb: bei Eigentumsübergang innerhalb von 6 Jahren nach Fertigstellung. Hat der Bauherr § 7b EStG nicht in Anspruch genommen, 8 Jahre je 5 % der Anschaffungskosten, sonst 5 % der Anschaffungskosten bis zum 7. Jahr nach dem Jahr der Fertigstellung, anschließend 2 % der Anschaffungskosten bis zum 7. Jahr nach dem Jahr des Ersterwerbs. Danach 2,5 % vom Restwert.	§ 7b EStG 1975

Anhang 27

Wohneigentumsförderung

Geltungs-bereich	Begünstigte Objekte	Zulässige erhöhte Absetzungen und Absetzungen vom Restwert bzw. Abzugsbetrag	Höchstgrenze der begünstigten Herstellungskosten/ Anschaffungskosten	Herstellung, Zubauten, Ausbauten, Umbauten, Erweiterungen	Begünstigung der Anschaffung	Gesetzliche Vorschriften
1	2	3	4	5	6	7
					Zweiterwerb: bei Eigentumsübergang innerhalb von 8 Jahren nach Fertigstellung, wenn das Gebäude nach dem 30.11.1974 angeschafft worden ist und weder der Bauherr noch der Ersterwerber erhöhte Absetzungen in Anspruch genommen hat, 8 Jahre je 5 % der Anschaffungskosten	
6. Antrag auf Baugenehmigung nach dem 8.5.1973 und vor dem 1.1.1974	keine Begünstigung des Bauherrn	nur für Ausbauten und Erweiterungen wie zu 5.		wie zu 5.	wie zu 5.	nicht begünstigt, ausgenommen bei Anschaffung auf Grund eines nach dem 31.12.1976 rechtswirksam abgeschlossenen obligatorischen Vertrags oder gleichstehenden Rechtsakts, vgl. 7.	§ 1 Abs. 4 der 3. KonjVO
7. Herstellung nach dem 31.12.1976 oder Anschaffung, wenn diese auf einem nach dem 31.12.1976 rechtswirksam abgeschlossenen obligatorischen Vertrag oder gleichstehenden Rechtsakt beruht	wie zu 5.	je 5 %: Jahr der Herstellung oder Anschaffung und die folgenden 7 Jahre; anschließend 2,5 % vom Restwert. Beim Bauherrn von Kaufeigenheimen, Trägerkleinsiedlungen und Kaufeigentumswohnungen je 5 % im Jahr der Fertigstellung und im folgenden Jahr		wie zu 5.	wie zu 5., jedoch nicht begünstigt, wenn das Objekt nach dem 31.12.1976 angeschafft worden ist	begünstigt ist jeder entgeltliche Erwerb, ausgenommen Anschaffungen zwischen zusammenzuveranlagenden Ehegatten, wechselseitige Anschaffungen, die nicht auf wirtschaftlich sinnvollen Erwägungen beruhen und Rückkäufe	§ 7b EStG 1977

Anhang 27

Wohneigentumsförderung

	Geltungs-bereich	Begünstigte Objekte	Zulässige erhöhte Absetzungen und Absetzungen vom Restwert bzw. Abzugsbetrag	Höchstgrenze der begünstig-ten Herstel-lungskosten/ Anschaf-fungskosten	Herstellung, Zubauten, Ausbauten, Umbauten, Erweiterungen	Begünstigung der Anschaffung	Gesetzliche Vorschriften
	1	2	3	4	5	6	7
8.	Antrag auf Baugenehmi-gung oder Baubeginn nach dem 29.7.1981 oder Anschaffung auf Grund eines nach dem 29.7.1981 rechtswirk-sam abge-schlossenen obligatori-schen Ver-trags oder gleichstehen-den Rechts-akts und Her-stellung oder Anschaffung vor dem 1.1.1987	Einfamilien-häuser, Zwei-familienhäuser und Eigen-tumswohnun-gen, die zu mehr als 66 2/3 % Wohnzwecken dienen	wie zu 7.: ggf. zusätzlich Steuerer-mäßigung nach § 34f EStG (vgl. Anlage 9 Nr. 1)	200.000 DM bei Einfamilien-häusern und Eigentums-wohnungen; 250.00 DM bei Zweifami-lienhäusern	wie zu 7.	wie zu 7.	§ 7b EStG 1983, § 7 b EStG 1987 (ggf. § 52 Abs. 21 Satz 4 EStG 1987)
9.	Herstellung oder An-schaffung nach dem 31.12.1986	Wohnung in einem eigenen Haus oder eigenen Eigen-tumswohnung bei Nutzung zu eigenen Wohn-zwecken	je 5 %: Jahr der Her-stellung oder Anschaffung und die folgenden 7 Jahre; ggf. zusätzli-che Steuerermäßi-gung nach § 34f Abs. 2 EStG in der jeweiligen Fassung ab 1987 (vgl. Anlage 9 Nr. 2 und 3)	300.000 DM einschließlich der Hälfte der Anschaffungs-kosten für den dazugehören-den Grund und Boden	begünstigt sind Herstellungs-kosten zu eige-nen Wohn-zwecken genutzter Ausbauten und Erweiterungen an einer zu eigenen Wohn-zwecken genutzten eigenen Wohnung	begünstigt ist jeder entgeltli-che Erwerb, ausgenommen Anschaffungen zwischen zusammenveran-lagenden Ehe-gatten	§ 10a EStG 1987
10.	Abschluß von bestimmten Herstellungs-maßnahmen vor dem 1.1.1992	zu eigenen Wohnzwecken genutze Woh-nungen im eigenen Haus, Baudenkmal oder Gebäude in einem Sanie-rungsgebiet oder städtebau-lichen Entwick-lungsbereich	je 10 %: Jahr, in dem die Maßnahme ab-geschlossen worden ist und die folgenden 9 Jahre				§ 52 Abs. 21 Sätze 2, 4 und 6 EStG i.V.m. § 82a Abs. 1, 2 und 4, §§ 82g, 82i EStG
11.	Entstehen von bestimm-tem Erhal-tungsauf-wand vor dem 1.1.1992	zu eigenen Wohnzwecken genutzte Wohnung im eigenen Haus	wie zu 10.				§ 52 Abs. 21 Sätze 5 und 6 EStG i.V.m. § 82a Abs. 3 und 4 EStDV

Anhang 27

Wohneigentumsförderung

	Geltungs-bereich	Begünstigte Objekte	Zulässige erhöhte Absetzungen und Absetzungen vom Restwert bzw. Abzugsbetrag	Höchstgrenze der begünstigten Herstellungskosten/ Anschaffungskosten	Herstellung, Zubauten, Ausbauten, Umbauten, Erweiterungen	Begünstigung der Anschaffung	Gesetzliche Vorschriften
	1	2	3	4	5	6	7
12.	Abschluß von bestimmten Herstellungsmaßnahmen nach dem 31.12.1991 oder Anschaffung*)	zu eigenen Wohnzwecken genutztes eigenes Gebäude in einem Sanierungsgebiet oder städtebaulicher Entwicklungsbereich bzw. Baudenkmal	wie zu 10.			begünstigt sind Anschaffungskosten, die auf bestimmte Baumaßnahmen entfallen	§ 10f Abs. 1 EStG i.d.F. des WoBauFG vom 22.12.1989 (BStBl I S. 505)
13.	Entstehen von bestimmtem Erhaltungsaufwand nach dem 31.12.1989*)	wie zu 12.	wie zu 10.				§ 10f Abs. 2 EStG i.d.F. des WoBaufg vom 22.12.1989 (BStBl I S. 505)
14.	Herstellung oder Anschaffung nach dem 31.12.1990*)	Wohnung in einem eigenen Haus oder eigene Eigentumswohnung bei Nutzung zu eigenen Wohnzwecken	je 5 % Jahr der Herstellung oder Anschaffung und die folgenden 7 Jahre; ggf. zusätzliche Steuerermäßigung nach § 34f Abs. 2 EStG in der jeweiligen Fassung ab 1987 (vgl. Anlage 9 Nr. 2 und 3)	330.000 DM einschließlich der Hälfte der Anschaffungskosten des dazugehörigen Grund und Bodens	begünstigt sind Herstellungskosten zu eigenen Wohnzwecken genutzter Ausbauten und Erweiterungen an einer zu eigenen Wohnzwecken genutzten eigenen Wohnung	begünstigt ist jeder entgeltliche Erwerb, ausgenommen Anschaffungen zwischen zusammenveranlagenden Ehegatten	§§ 10e, 52 Abs. 14 EStG 1990 i.d.F. des StÄndG 1991 vom 24.6.1991, BGBl. I S. 1331 (BStBl 1991 I S. 665)

Zu den Nummern 12 und 13:
Begünstigung insgesamt nur für ein Objekt, das die Voraussetzungen einer der Nummern 10 und 13 erfüllt, bei Ehegatten für zwei Objekte

*) gilt auch für das Beitrittsgebiet

Anhang 27

Wohneigentumsförderung

	Geltungs-bereich	Begünstigte Objekte	Zulässige erhöhte Absetzungen und Absetzungen vom Restwert bzw. Abzugsbetrag	Höchstgrenze der begünstigten Herstellungskosten/ Anschaffungskosten	Herstellung, Zubauten, Ausbauten, Umbauten, Erweiterungen	Begünstigung der Anschaffung	Gesetzliche Vorschriften
	1	2	3	4	5	6	7
15.	Bauantrag oder Herstellungsbeginn nach dem 30.9.1991. Abschluß des Kaufvertrags oder Herstellungsbeginn durch Veräußerer nach dem 30.9.1991 und Herstellungsbeginn (= bei Objekten, für die – eine Baugenehmigung erforderlich ist, Bauantrag vor dem 1.1.1996 – Bauunterlagen einzureichen sind, Einreichen der Bauunterlagen vor dem 1.1.1996 und Abschluß des Kaufvertrags vor dem 1.1.1996	wie zu 14.	je 6 % im Jahr der Fertigstellung und den 3 Folgejahren, je 5 % in den 4 darauffolgenden Jahren, Nachholungsmöglichkeit nicht ausgeschöpfter Beträge während des gesamten Abzugszeitraums	wie zu 14.	bei Herstellung vor dem 1.1.1995 bzw. Anschaffung vor diesem Zeitpunkt bis zum Ende des Jahres der Fertigstellung: Möglichkeit des begrenzten Schuldzinsenabzugs während der ersten 3 Jahre von jährlich höchstens 12.000 DM Nachholungsmöglichkeit von im Erstjahr nicht ausgeschöpften Beträgen im vierten Jahr	in Fällen der Anschaffung vor dem 1.1.1995 bis zum Ende des Jahres der Fertigstellung: begrenzter Schuldzinsenabzug wie in Herstellungsfällen. in Fällen der Anschaffung nach Ablauf des zweiten auf die Fertigstellung folgenden Jahres und Kaufvertrag nach dem 31.12.1993 siehe Nr. 19	§§ 10e, 52 Abs. 14 EStG 1990 i.d.F. des StÄndg 1992 vom 25.2.1992, BGBl. I S. 297 (BStBl 1992 I S. 146) 52 Abs. 14 EStG i.d.F. des JStErgG 1996 vom 18.12.1996 BGBl. I S. 1959 (BStBl 1996 I S. 786)
16.	Bauantrag oder Herstellungsbeginn nach dem 31.12.1991, Abschluß des Kaufvertrags nach dem 31.12.1991	wie zu 14.	keine Abzugsbeträge nach § 10e Abs. 1 und Abs. 2 EStG für Veranlagungszeiträume, in denen die Einkunftsgrenzen (120.000/ 240.000) überschritten sind				§ 10e Abs. 5a, § 52 Abs. 14 EStG i.d.F. des StÄndG 1992 vom 25.2.1992, BGBl. I S. 297 (BStBl 1992 I S. 146)

Anhang 27

Wohneigentumsförderung

Geltungs-bereich	Begünstigte Objekte	Zulässige erhöhte Absetzungen und Absetzungen vom Restwert bzw. Abzugsbetrag	Höchstgrenze der begünstigten Herstellungskosten/ Anschaffungskosten	Herstellung, Zubauten, Ausbauten, Umbauten, Erweiterungen	Begünstigung der Anschaffung	Gesetzliche Vorschriften
1	2	3	4	5	6	7
17. Bauantrag oder Herstellungsbeginn nach dem 30.9.1991 und Herstellungsbeginn vor dem 1.1.1996 (= bei Objekten, für die eine Baugenehmigung erforderlich ist, Bauantrag vor dem 1.1.1996 – Bauunterlagen einzureichen sind, Einreichen der Bauunterlagen vor dem 1.1.1996	an Angehörige voll unentgeltlich zu Wohnzwecken überlassene Wohnung im eigenen Haus	je 6 % im Jahr der Fertigstellung und 3 Folgejahren, je 5 % in den 4 darauffolgenden Jahren, Nachholungsmöglichkeit nicht ausgeschöpfter Beträge während des gesamten Abzugszeitraums	330.000 DM	begünstigt sind die Herstellungskosten einer an Angehörige voll unentgeltlich zu Wohnzwecken überlassenen Wohnung im eigenen Haus	nicht begünstigt	§§ 10h, 52 Abs. 14c EStG 1990 i.d.F. des StÄndg 1992 vom 25.2.1992 BGBl. I S. 297 (BStBl 1992 I S. 146), 52 Abs. 14b EStG 1990 i.d.F. des Gesetzes zur Neuregelung der steuerrechtlichen Wohneigentumsförderung vom 15.12.1996, BGBl. I S. 1783 (BStBl 1996 I S. 775)
18. Abschluß bestimmter Herstellungs- und Erhaltungsmaßnahmen nach dem 31.12.1991	schutzwürdige Kulturgüter, die weder zur Einkunftserzielung noch zu eigenen Wohnzwecken genutzt werden	je 10 % im Jahr, in dem die Maßnahme abgeschlossen worden ist und die folgenden 9 Jahre				§ 10g, 52 Abs. 14b EStG 1990 i.d.F. des StÄndG 1992 vom 25.2.1992, BGBl. I S. 297 (BStBl 1992 I S. 146)
19. Abschluß des Kaufvertrages nach dem 31.12.1993 und vor dem 1.1.1996	nicht bis zum Ende des zweiten Jahr der Fertigstellung folgenden Jahres angeschaffte Wohnung im eigenen Haus oder Eigentumswohnung, die zu eigenen Wohnzwecken genutzt wird	je 6 % im Jahr der Anschaffung und den 3 Folgejahren, je 5 % in den 4 darauffolgenden Jahren, Nachholungsmöglichkeit nicht ausgeschöpfter Beträge während des gesamten Abzugszeitraums	150.000 DM		gilt nur für Anschaffungsfälle	§§ 10e Abs. 1, 52 Abs. 14 EStG 1991/92 i.d.F. des FKPG vom 23.6.1993, BGBl. I S. 944 (BStBl 1993 I S. 510), 52 Abs. 14 EStG 1990 i.d.F. des JStErgG 1996 vom 18.12.1995, BGBl. I S. 1959 (BStBl 1996 I S. 786)
20. Abschluß des Kaufvertrags nach dem 31.12.1993 und vor dem 1.1.1996	wie zu 14.	Erhaltungsaufwand in Zusammenhang mit der Anschaffung eines Objekts insgesamt nur bis zu 15. v. H. der Anschaffungskosten des Objekts, höchstens bis zu 15 v. H. von 150.000 DM abziehbar			gilt nur für Anschaffungsfälle	§§ 10e Abs. 6 Satz 3, 52 Abs. 14 Satz 5 EStG i.d.F. des StMBG vom 21.12.1993 BGBl. I S. 2310 (BStBl 1994 I S. 50), § 52 Abs. 14 EStG 1990 i.d.F. des JStErgG 1996 vom 18.12.1995, BGBl. I S. 1959 (BStBl 1996 I S. 786)

II
Übersicht (zu R 213a)
über die Steuerermäßigung für Steuerpflichtige mit Kindern bei Inanspruchnahme erhöhter Absetzungen für Wohngebäude oder der Steuerbegünstigungen für eigengenutztes Wohneigentum (34f EStG)

	Zeitlicher Geltungsbereich	Voraussetzungen für die Steuerermäßigung	Höhe der Steuerermäßigung	Gesetzliche Vorschriften
	1	2	3	4
1.	Antrag auf Baugenehmigung oder Baubeginn nach dem 20.7.1981 oder Anschaffung auf Grund eines nach dem 29.7.1981 rechtswirksam abgeschlossenen obligatorischen Vertrags oder gleichstehenden Rechtsakts **und** Herstellung oder Anschaffung der Gebäude vor dem 1.1.1987 (dies gilt entsprechend bei Ausbauten oder Erweiterungen)	Erhöhte Absetzungen nach § 7b EStG (ab VZ 1987 auch § 15 BerlinFG oder Abzug der entsprechenden Beträge wie Sonderausgaben nach § 52 Abs. 21 Satz 4 EStG 1987). Nutzung des Objekts oder einer Wohnung zu eigenen Wohnzwecken **oder** Verhinderung der Nutzung zu eigenen Wohnzwecken wegen Wechsels des Arbeitsortes. Kinder im Sinne des § 32 Abs. 1 bis 5 EStG (bis VZ 1985 § 32 Abs. 4 Satz 1 Abs. 5 bis 7 EStG 1981, 1983). die zum Haushalt des Stpfl. gehören oder in dem maßgebenden Begünstigungszeitraum gehört haben, wenn diese Zugehörigkeit auf Dauer angelegt ist oder war	600 DM für das 2. und jedes weitere Kind	§ 34f EStG 1981, 1983, § 34f Abs. 1 EStG, § 52 Abs. 24 EStG 1987 § 52 Abs. 25e EStG 1981, § 52 Abs. 26 EStG 1983, § 7b EStG 1987
2.	Herstellung oder Anschaffung nach dem 31.12.1986 **und** vor dem 1.1.1990 (dies gilt entsprechend bei Ausbauten oder Erweiterungen)	Inanspruchnahe der Steuerbegünstigung nach § 10e Abs. 1 bis 5 EStG oder nach § 15b BerlinFG. Kinder im Sinne des § 32 Abs. 1 bis 5 EStG, wenn das Kind zum Haushalt des Stpfl. gehört oder in dem für die Steuerbegünstigung maßgebenden Zeitraum gehört hat, wenn diese Zugehörigkeit auf Dauer angelegt ist oder war	600 DM für jedes Kind	§ 34f Abs. 2 EStG 1987, § 52 Abs. 14 EStG 1987, § 52 Abs. 24 EStG i.d.F. des Steuerreformgesetzes 1990 (BStBl 1988 I S. 224)
3.	Herstellung oder Anschaffung nach dem 31.12.1989 (dies gilt entsprechend bei Ausbauten oder Erweiterungen)	wie zu 2.	750 DM für jedes Kind	§ 34f Abs. 2 und § 52 Abs. 24 EStG i.d.F. des Steuerreformgesetzes 1990 (BStBl 1988 I S. 224)
4.	Herstellung oder Anschaffung nach dem 31.12.1990*) und Herstellungsbeginn (siehe Nr. 15) oder Abschluß des Kaufvertrags vor dem 1.1.1996	wie zu 2.	1.000 DM für jedes Kind	§§ 34f Abs. 2 52 Abs. 24 EStG i.d.F. des Steueränderungsgesetzes 1991 (BStBl 1991 I S. 665). § 52 Abs. 14 EStG 1990 i.d.F. des JStErgG 1996 vom 18.12.1995, BGBl. I 1996 S. 1959 (BStBl 1996 I S. 786)

*) gilt auch im Beitrittsgebiet

Anhang 27
II, III Wohneigentumsförderung

	Zeitlicher Geltungsbereich	Voraussetzungen für die Steuerermäßigung	Höhe der Steuerermäßigung	Gesetzliche Vorschriften
	1	2	3	4
5.	Bauantrag oder Herstellungsbeginn nach dem 30.9.1991; Abschluß des Kaufvertrages oder Herstellungsbeginn durch den Veräußerer nach dem 30.9.1991	wie zu 2.	wie zu 4., zusätzlich mit Möglichkeit nicht ausgeschöpfte Beträge zwei Jahre zurückzutragen und während des Abzugszeitraums nach § 10e EStG sowie auf zwei Folgejahren vorzutragen; Rücktrag für das Beitrittsgebiet auf 2. Hälfte des VZ 1990 begrenzt	§§ 34f Abs. 2, 52 Abs. 24, 57 Abs. 6 EStG i.d.F. des StÄndG 1992 vom 25.2.1992, BGBl. I S. 297 (BStBl 1992 I S. 146)
6.	Bauantrag oder Herstellungsbeginn, falls Bauantrag nicht erforderlich, nach dem 31.12.1991; Abschluß des Kaufvertrages nach dem 31.12.1991	wie zu 2.	wie zu 4., jedoch keine Ermäßigung für die Veranlagungszeiträume in denen der Gesamtbetrag der Einkünfte 120.000 DM bzw. in Fällen des § 32a Abs. 5 EStG 240.000 DM übersteigt	wie zu 5.
7.	Herstellung oder Anschaffung nach dem 31.12.1991	wie zu 2.	wie zu 4., jedoch Beschränkung der Summe der Ermäßigungsbeträges auf die Bemessungsgrundlage nach § 10e EStG	wie zu 5.

III

Steuerbegünstigung der zu eigenen Wohnzwecken genutzten Wohnung im eigenen Haus nach § 10e EStG

BMF vom 31.12.1994 (BStBl I S. 887)

IV B 3 – S 2225 a – 294 / 94

Tz.

I.	**Steuerbegünstigung der zu eigenen Wohnzwecken genutzten Wohnung im eigenen Haus nach § 10e Abs. 1 bis 5a EStG**	
1.	Vorrang des Betriebsausgaben- und Werbungskostenabzugs	1
2.	Begünstigter Personenkreis	2
2.1	Bürgerlich-rechtlicher Eigentümer	3 – 4
2.2	Wirtschaftlicher Eigentümer	5 – 6
3.	Begünstigtes Objekt	7
3.1	Wohnung	8 – 9
3.2	Ausbauten und Erweiterungen	10
3.3	Nutzung zu eigenen Wohnzwecken	11 – 12
4.	Herstellung oder Anschaffung	13
4.1	Herstellung einer Wohnung	14 – 15
4.2	Zeitpunkt der Herstellung	16
4.3	Anschaffung einer Wohnung	17
4.4	Zeitpunkt der Anschaffung	18
5.	Ausschluß der Steuerbegünstigung	
5.1	Bauten ohne Baugenehmigung	19
5.2	Ferien- oder Wochenendwohnungen	20

		Tz.
5.3	Anschaffung vom Ehegatten	21
5.4	Überschreiten der Einkunftsgrenze nach § 10e Abs. 5a EStG	22
5.5	Objektverbrauch	23 – 24
5.5.1	Erweiterte Objektverbrauchsregelung bei Zuzug in das Beitrittsgebiet nach § 10e Abs. 4 Satz 8 bis 10 EStG	25
5.5.2	Objektverbrauch bei Ehegatten	26 – 27
5.5.3	Räumlicher Zusammenhang	28
5.5.4	Objektverbrauch bei Miteigentum	29
5.5.5	Objektverbrauch bei Hinzuerwerb von Miteigentum	30 – 32
5.5.6	Objekt im Sinne des § 10e Abs. 2 EStG	33
5.5.7	Objektverbrauch nach § 7b EStG und § 15 Abs. 1 bis 4 und § 15b BerlinFG	34
6.	Bemessungsgrundlage	35 – 36
6.1	Herstellungskosten und Anschaffungskosten	37 – 39
6.1.1	Herstellungskosten im Beitrittsgebiet	40
6.1.2	Zuschüsse	41
6.1.3	Bauten auf fremdem Grund und Boden	42
6.1.4	Teilentgeltlicher Erwerb / Erwerb im Rahmen einer vorweggenommenen Erbfolge	43
6.2	Anschaffungskosten des Grund und Bodens	44 – 47
6.3	Aufteilung der Anschaffungskosten eines bebauten Grundstücks	48
6.4	Einbeziehung von Altbausubstanz in die Bemessungsgrundlage	49 – 51
6.5	Wohnung im Zweifamilienhaus / Mehrfamilienhaus / gemischtgenutzten Grundstück	52
6.6	Fertigstellung von Teilen eines Gebäudes zu verschiedenen Zeitpunkten	53
6.7	Gemischte Nutzung einer Wohnung	54
6.8	Ermittlung der Bemessungsgrundlage bei Überlassung von Teilen einer Wohnung	55
7.	Abzugszeitraum	56
8.	Abzugsbeträge	57 – 58
8.1	Erbfall	59
8.2	Miteigentümer	60
8.2.1	Miteigentum bei Zwei- oder Mehrfamilienhäusern	61 – 63
8.3	Behandlung der Erbengemeinschaft und ihrer Auseinandersetzung	64 – 66
9.	Nachholung von Abzugsbeträgen	67 – 69
10.	Nachträgliche Herstellungs- oder Anschaffungskosten	70 – 71
11.	Folgeobjekt	72 – 82
II.	**Abzug von Aufwendungen vor der erstmaligen Nutzung zu eigenen Wohnzwecken nach § 10e Abs. 6 EStG**	
1.	Begünstigter Personenkreis	83 – 84
2.	Begünstigtes Objekt	85
3.	Begünstigte Aufwendungen	86 – 87
3.1	Keine Herstellungs- oder Anschaffungskosten	88
3.2	Entstehen vor Beginn der erstmaligen Selbstnutzung	89
3.2.1	Beginn der erstmaligen Nutzung	90
4.	Einzelfälle	
4.1	Finanzierungskosten	91
4.2	Damnum	92
4.3	Aufwendungen für ein Erbbaurecht	93

Anhang 27
III Wohneigentumsförderung

		Tz.
4.4	Gebühren für einen Bausparvertrag	94
4.5	Laufende Grundstückskosten	95
4.6	Erhaltungsaufwendungen	96 – 97
4.7	„Vergebliche" Herstellungsaufwendungen	98
5.	Erstattung von Aufwendungen	99B
6.	Zuordnung und Aufteilungsmaßstab	100 – 101
7.	Verfahrensvorschriften	102
8.	Kosten vor Bezug bei Ausbauten und Erweiterungen	103
III.	**Schuldzinsenabzug nach § 10e Abs. 6a EStG**	104 – 106
1.	Wirtschaftlich mit einem § 10e-Objekt zusammenhängende Schuldzinsen	107 – 109
2.	Schuldzinsenabzug beim Folgeobjekt	110
3.	Nachholung des Schuldzinsenabzugs	111
3.1	Nachholung beim Folgeobjekt	112
4.	Teilweise Nutzung der Wohnung zu anderen als eigenen Wohnzwecken	113
5.	Erbfall	114
6.	Miteigentümer	115 – 116
IV.	**Gesonderte und einheitliche Feststellung bei Miteigentümern nach § 10e Abs. 7 EStG**	117
V.	**Anwendungsregelung**	118 – 119

Unter Bezugnahme auf das Ergebnis der Erörterung mit den obersten Finanzbehörden der Länder nehme ich zur Anwendung des § 10e EStG wie folgt Stellung:

I. Steuerbegünstigung der zu eigenen Wohnzwecken genutzten Wohnung im eigenen Haus nach § 10e Abs. 1 bis 5a EStG

1. Vorrang des Betriebsausgaben- und Werbungskostenabzugs

1   ¹Die Inanspruchnahme des § 10e Abs. 1 bis 5 EStG scheidet wegen des Vorrangs des Betriebsausgaben- und Werbungskostenabzugs aus, solange der Steuerpflichtige mit dem zu eigenen Wohnzwecken genutzten Objekt der Nutzungswertbesteuerung unterliegt, z. B. im Rahmen der Übergangsregelung nach § 52 Abs. 15 Satz 3 oder Abs. 21 Satz 2 EStG (BFH vom 25.3.1992 – BStBl II S. 801 und vom 5.8.1992 – BStBl 1993 II S. 30). ²Der Vorrang besteht auch, wenn Aufwendungen für eine doppelte Haushaltsführung als Werbungskosten oder Betriebsausgaben geltend gemacht werden (vgl. BMF-Schreiben vom 10.5.1989 – BStBl I S. 165, und die entsprechenden Erlasse der obersten Finanzbehörden der Länder).[1])

2. Begünstigter Personenkreis

2   ¹Anspruchsberechtigt ist der bürgerlich-rechtliche Eigentümer oder der wirtschaftliche Eigentümer (§ 39 Abs. 2 Nr. 1 AO), der die Herstellungs- oder die Anschaffungskosten getragen hat, und dessen Erbe (vgl. zur Erbengemeinschaft Tz. 64 ff.). ²Die Herstellungs- oder die Anschaffungskosten hat auch der Eigentümer getragen, der Geld geschenkt erhalten und damit ein Objekt im Sinne des § 10e EStG angeschafft oder hergestellt hat. ³Der unentgeltliche Einzelrechtsnachfolger ist nicht anspruchsberechtigt (BFH vom 4.12.1991 – BStBl 1992 II S. 295).[2]) ⁴Dies gilt auch im Falle einer mittelbaren Grundstücksschenkung (vgl. BFH vom 8.6.1994 – BStBl II S. 779). ⁵Eine mittelbare Grundstücksschenkung liegt vor, wenn im voraus eine klare und eindeutige Schenkungsabrede dahingehend getroffen ist, daß der Gegenstand der Schenkung ein ganz bestimmtes Grundstück und nicht etwa ein Geldbetrag sein soll (vgl. BFH vom 15.5.1990 – BStBl 1992 II S. 67; zur Abgrenzung zwischen Grundstücks- und Geldschenkung vgl. auch die gleichlautenden Erlasse der obersten Finanzbehörden der Länder vom 2.11.1989 – BStBl I S. 443).

---
[1]) Bestätigt durch BFH vom 14.12.1994 (BStBl 1995 II S. 259) und vom 11.12.1996 (BStBl 1997 II S. 221).
[2]) Bestätigt durch BFH vom 15.11.1995 (BStBl 1996 II S. 356).

2.1 Bürgerlich-rechtlicher Eigentümer

¹Bürgerlich-rechtliches Eigentum am Gebäude kann auch nach § 95 Abs. 1 BGB bei Herstellung eines Gebäudes in Ausübung eines dinglichen Rechts (beispielsweise eines Nießbrauchs oder Erbbaurechts) an einem unbebauten Grundstück erlangt werden.

¹Anspruchsberechtigt ist auch derjenige, der eine Wohnung auf einem Grundstück nach dem 31.12.1990 hergestellt hat, an dem ihm ein Nutzungsrecht nach den §§ 287 oder 291 des Zivilgesetzbuches DDR vor dem Wirksamwerden des Beitritts verliehen worden ist (vgl. dazu auch Tz. 46).

2.2 Wirtschaftlicher Eigentümer

¹Wirtschaftliches Eigentum wird durch dinglich oder schuldrechtlich begründete Nutzungsrechte an der Wohnung in der Regel nicht vermittelt. ²Dies gilt auch, wenn die Wohnung aufgrund eines vorbehaltenen Nießbrauchs genutzt wird (BFH vom 5.5.1983 – BStBl II S. 631 und vom 8.12.1983 – BStBl 1984 II S. 202) oder das Nutzungsrecht durch Baumaßnahmen des Nutzungsberechtigten auf fremdem Grund und Boden entstanden ist (BMF-Schreiben vom 4.6.1986 – BStBl I S. 318, und die entsprechenden Erlasse der obersten Finanzbehörden der Länder; BFH vom 21.5.1992 – BStBl II S. 944).¹)

¹Der Dauerwohnberechtigte im Sinne der §§ 31 ff. Wohnungseigentumsgesetz ist nur dann als wirtschaftlicher Eigentümer der Wohnung anzusehen, wenn seine Rechte und Pflichten bei wirtschaftlicher Betrachtungsweise den Rechten und Pflichten eines Eigentümers der Wohnung entsprechen und wenn er aufgrund des Dauerwohnrechtsvertrags bei Beendigung des Dauerwohnrechts eine angemessene Entschädigung erhält. ²Ob dies zutrifft, richtet sich nach den Verhältnissen des Einzelfalls (BFH vom 11.9.1964 – BStBl 1965 III S. 8 und vom 22.10.1985 – BStBl 1986 II S. 258). ³Entspricht der Dauerwohnrechtsvertrag dem Mustervertrag über die Bestellung eines eigentumsähnlichen Dauerwohnrechts (Bundesbaublatt 1956, S. 615), so kann ohne weitere Prüfung anerkannt werden, daß der Dauerwohnberechtigte wirtschaftlicher Eigentümer der Wohnung ist.

3. Begünstigtes Objekt

¹Die Abzugsbeträge nach § 10e EStG kommen in Betracht bei einer im Inland belegenen Wohnung (vgl. Tz. 8 und 9) im eigenen Haus oder einer im Inland belegenen eigenen Eigentumswohnung (Wohnung), die der Steuerpflichtige zu eigenen Wohnzwecken nutzt (vgl. Tz. 11). ²Begünstigt sind auch die zu eigenen Wohnzwecken genutzten Ausbauten und Erweiterungen an einer solchen Wohnung (vgl. Tz. 10 und 12).

3.1 Wohnung

¹Für den Begriff der Wohnung gelten die bewertungsrechtlichen Abgrenzungsmerkmale, die nach der neueren Rechtsprechung des Bundesfinanzhofs, insbesondere zur Abgeschlossenheit und zum eigenen Zugang, maßgebend sind (vgl. gleichlautende Erlasse der obersten Finanzbehörden der Länder vom 15.5.1985 – BStBl I S. 201)²). ²Der bewertungsrechtlich im Beitrittsgebiet maßgebende Wohnungsbegriff für Wohngrundstücke, die vor dem 1.1.1994 errichtet worden sind (vgl. gleichlautende Erlasse der obersten Finanzbehörden der Länder Berlin, Brandenburg, Mecklenburg-Vorpommern, Sachsen-Anhalt, Sachsen und Thüringen vom 6.11.1991 – BStBl I S. 968), ist nicht anzuwenden. ³Auf die Art des Gebäudes, in dem sich die Wohnung befindet, kommt es nicht an.

¹Zu der begünstigten Wohnung gehören auch
1. die zur räumlichen Ausstattung der Wohnung gehörenden Räume, wie z. B. Bodenräume, Waschküchen, Kellerräume, Trockenräume, und
2. zur Wohnung gehörende Garagen, unabhängig von der Zahl der Einstellplätze; dazu können auch Garagen gehören, die sich auf einem anderen Grundstück des Steuerpflichtigen in geringer Entfernung von der Wohnung befinden (BFH vom 27.11.1962 – BStBl 1963 III S. 144, vom 9.10.1964 – BStBl 1965 III S. 13 und vom 28.6.1983 – BStBl 1984 II S. 196).

3.2 Ausbauten und Erweiterungen

¹Wegen der Begriffe Ausbauten und Erweiterungen wird auf § 17 Abs. 1 und 2 des Zweiten Wohnungsbaugesetzes (Wohnungsbau- und Familiengesetz – II. WoBauG –; im Saarland: § 11 Abs. 1 und 2 des

---

¹) Zum wirtschaftlichen Eigentum bei Bauten auf fremdem Grund und Boden abweichend BFH vom 27.11.1996 (BStBl 1998 II S. 97), vgl. auch Rz. 10 Satz 2 und 3 und Rz. 132 Satz 1 des BMF-Schreibens vom 10.2.1998 → Anhang 27 VI).
²) Ergänzend dazu BFH vom 2.4.1997 (BStBl II S. 611), → H 115 a (Wohnung).

Wohnungsbaugesetzes für das Saarland) hingewiesen. ²Begünstigt sind Erweiterungen nur, wenn durch die Baumaßnahmen neuer, bisher nicht vorhandener Wohnraum im Sinne des Baurechts geschaffen wird (BFH vom 27.1.1993 – BStBl II S. 601)¹). ³Ein begünstigter Ausbau ist das Schaffen von Wohnraum durch Ausbau des Dachgeschosses oder durch eine unter wesentlichem Bauaufwand durchgeführte Umwandlung von Räumen, die nach ihrer baulichen Anlage und Ausstattung bisher anderen als Wohnzwecken dienten (z. B. Ausbau von Kellerräumen zu Wohnräumen). ⁴Als Ausbau gilt es auch, wenn Wohnungen, die infolge Änderung der Wohngewohnheiten nicht mehr für Wohnzwecke geeignet sind, zur Anpassung an die veränderten Wohngewohnheiten unter wesentlichem Bauaufwand umgebaut werden.²) ⁵Wesentlicher Bauaufwand liegt vor, wenn die Baukosten mindestens der Kosten eines vergleichbaren Neubaus – bezogen auf die umgebauten Räume – ausmachen (BFH vom 28.4.1992 – BStBl II S. 823 und vom 16.2.1993 – BStBl II S. 659). ⁶Der Wert von Eigenleistungen ist dabei zu berücksichtigen (§ 9 II. BV – BStBl 1990 I S. 735). ⁷Mangels tatsächlicher Aufwendungen gehören die Eigenleistungen jedoch nicht zu den Herstellungskosten i.S.d. § 10e Abs. 2 EStG. ⁸Als Ausbau oder Erweiterung kann auch die nachträgliche Erstellung von Garagen angesehen werden³), nicht hingegen die nachträgliche Erstellung von Carports⁴), da diesen bereits eine räumliche Umschließung als Schutz gegen äußere Einflüsse fehlt. ⁹Der Anbau eines Wintergartens kann als Erweiterung begünstigt sein, wenn der Wintergarten nach seiner baulichen Gestaltung (insbesondere Raumhöhe, Belüftung, Beheizung und Beleuchtung) zum dauernden Aufenthalt von Menschen – auch in den Wintermonaten – objektiv geeignet ist.

3.3 Nutzung zu eigenen Wohnzwecken

11 ¹Eine Wohnung wird auch dann zu eigenen Wohnzwecken genutzt, wenn sie an ein einkommensteuerlich zu berücksichtigendes Kind i.S. d. § 32 Abs. 1 bis 5 EStG unentgeltlich überlassen wird (vgl. BFH vom 26.1.1994 – BStBl II S. 544). ²Ferner kann die Steuerbegünstigung in Anspruch genommen werden, wenn nur Teile einer ansonsten zu eigenen Wohnzwecken genutzten Wohnung unentgeltlich überlassen werden (vgl. auch Tz. 55). ³Im Bereithalten einer leerstehenden oder möblierten Wohnung liegt dagegen keine Nutzung zu eigenen Wohnzwecken.

12 ¹Wird an einer Wohnung ein Ausbau oder eine Erweiterung vorgenommen, reicht es aus, wenn die ausgebaute oder erweiterte Wohnung vom Steuerpflichtigen erst nach Fertigstellung des Ausbaus oder der Erweiterung bezogen wird.

4. Herstellung oder Anschaffung

13 ¹Die Wohnung muß nach dem 31.12.1986 hergestellt oder angeschafft, der Ausbau oder die Erweiterung nach diesem Zeitpunkt fertiggestellt worden sein. ²Ist bei der Errichtung eines Hauses in einem Zug (vgl. Abschnitt 57 EStR 1987) das Haus nach dem 31.12.1986 hergestellt worden, können Abzugsbeträge auch dann in Anspruch genommen werden, wenn eine Wohnung bereits vor dem 1.1.1987 fertiggestellt und zu eigenen Wohnzwecken genutzt worden ist. ³Im Beitrittsgebiet muß die Wohnung nach dem 31.12.1990 hergestellt oder angeschafft oder der Ausbau oder die Erweiterung nach diesem Zeitpunkt fertiggestellt worden sein (vgl. § 57 Abs. 1 EStG).

4.1 Herstellung einer Wohnung

14 ¹Eine Wohnung kann auch durch Baumaßnahmen an einem bereits bestehenden Gebäude hergestellt werden. ²Dies ist nur dann der Fall, wenn durch die Baumaßnahmen erstmals eine Wohnung im bewertungsrechtlichen Sinne entsteht (vgl. Tz. 8) und die Voraussetzungen der Tz. 15 vorliegen. ³Entstehen bei Aufteilung einer Wohnung, (z. B. bei Umwandlung eines Zweifamilienhauses nach der Rechtsprechung des BFH zum alten Wohnungsbegriff in ein Zweifamilienhaus nach der neueren Rechtsprechung des BFH) mehrere kleinere Wohnungen, kann der Steuerpflichtige bestimmen, welche Wohnung an die Stelle der bisherigen tritt und welche Wohnung neu entstanden ist.

⁴Eine Wohnung entsteht nicht bei

- Umwidmung einer Wohnung (z. B. einer bisher fremdvermieteten oder einer als Praxis genutzten Wohnung in eine eigengenutzte Wohnung),
- Instandsetzung einer leerstehenden Wohnung,
- Verkleinerung oder Vergrößerung einer Wohnung oder
- der Verbindung von Wohnungen⁴).

---

¹) Ergänzend dazu BFH vom 8.3.1995 (BStBl 1996 II S. 352), → H 115 a (Ausbauten und Erweiterungen).
²) Ergänzend dazu BFH vom 15.11.1995 (BStBl 1998 II S. 92), → H 115 a (Ausbauten und Erweiterungen).
³) Bestätigt durch BFH vom 7.2.1996 (BStBl II S. 360).
⁴) Bestätigt durch BFH vom 15.11.1995 (BStBl 1998 II S. 92).

¹Die Wohnung ist nur dann hergestellt, wenn die verwendete Gebäudesubstanz so tiefgreifend umgestaltet oder in einem solchen Ausmaß erweitert wird, daß die eingefügten Teile der entstandenen Wohnungen das Gepräge geben und die verwendeten Altteile wertmäßig untergeordnet erscheinen. ²Aus Vereinfachungsgründen kann hiervon ausgegangen werden, wenn der im zeitlichen und wirtschaftlichen Zusammenhang mit der Entstehung der Wohnung angefallene Bauaufwand zuzüglich des Werts der Eigenleistung nach überschlägiger Berechnung den Wert der Altbausubstanz (Verkehrswert) übersteigt[1]).

4.2 Zeitpunkt der Herstellung

¹Eine Wohnung ist hergestellt oder der Ausbau oder die Erweiterung ist fertiggestellt, sobald die Wohnung oder der Ausbau oder die Erweiterung nach Abschluß der wesentlichen Bauarbeiten bewohnbar ist (vgl. BFH vom 11.3.1975 – BStBl II S. 659, und vom 23.1.1980 – BStBl II S. 365). ²Der Zeitpunkt der Bauabnahme ist nicht entscheidend.

4.3 Anschaffung einer Wohnung

¹Eine Wohnung ist in der Regel auch dann angeschafft, wenn sie durch Baumaßnahmen des Nutzungsberechtigten auf fremdem Grund und Boden entstanden ist und dieser das Eigentum an dem Objekt gegen Aufgabe eines Aufwendungsersatzanspruchs erwirbt (vgl. Tz. 5, 18 und 42[2])). ²Die Aufgabe des Aufwendungsersatzanspruchs bedarf nicht der schriftlichen Vereinbarung. ³Erwirbt der Nutzungsberechtigte das Eigentum als Erbe, stellt der Eigentumserwerb keine Anschaffung dar. ⁴Wird ein im Miteigentum stehendes Gebäude in Eigentumswohnungen umgewandelt, an denen die bisherigen Miteigentümer jeweils Alleineigentum erwerben, liegt ebenfalls keine Anschaffung im Sinne des § 10e EStG vor.

4.4 Zeitpunkt der Anschaffung

¹Eine Wohnung ist angeschafft, wenn der Erwerber das wirtschaftliche Eigentum an dem Objekt erlangt; das ist regelmäßig der Zeitpunkt, zu dem Besitz, Nutzungen, Lasten und Gefahr auf ihn übergehen. ²Der Zeitpunkt des Abschlusses des notariellen Kaufvertrags oder der Eintragung im Grundbuch ist unerheblich. ³In den Fällen der Tz. 17 Satz 4 bleibt der Zeitpunkt der Herstellung oder Anschaffung des Gebäudes durch die Miteigentümer maßgebend.

5. Ausschluß der Steuerbegünstigung

5.1 Bauten ohne Baugenehmigung

¹Eine Wohnung, ein Ausbau und eine Erweiterung sind nicht begünstigt, wenn sie entgegen den baurechtlichen Vorschriften ohne Baugenehmigung errichtet worden sind[3]). ²Wird die Baugenehmigung nachträglich erteilt, können die Abzugsbeträge nach § 10e Abs. 1 oder 2 EStG – erst nach Vorlage der Genehmigung – durch Nachholung im Rahmen des § 10e Abs. 3 Satz 1 EStG in Anspruch genommen werden. ³Ist für das Objekt keine Baugenehmigung vorgeschrieben, ist davon auszugehen, daß es den baurechtlichen Vorschriften entspricht.

5.2 Ferien- oder Wochenendwohnungen[4])

¹Nicht begünstigt sind Ferien- oder Wochenendwohnungen; das sind Wohnungen, die baurechtlich nicht ganzjährig bewohnt werden dürfen oder die sich aufgrund ihrer Bauweise nicht zum dauernden Bewohnen eignen (BFH vom 28.3.1990 – BStBl II S. 815). ²Baurechtlich nicht ganzjährig bewohnt werden dürfen Wohnungen, die in einem ausgewiesenen Sondergebiet für Ferien- oder Wochenendhäuser liegen, soweit nicht ausnahmsweise ein Dauerwohnen in diesem Gebiet baurechtlich ausdrücklich zugelassen ist. ³Die stillschweigende Zustimmung der Gemeinde (z. B. durch Anmeldung mit erstem Wohnsitz) reicht nicht aus.

---

1) Bestätigt durch BFH vom 11.9.1996 (BStBl 1998 II S. 94); typische Erhaltungsarbeiten müssen bei dieser Berechnung jedoch außer Betracht bleiben. Zur zeitlichen Anwendung vgl. Rz. 132 Satz 2 des BMF-Schreibens vom 10.2.1998 (→ Anhang 27 VI).
2) Abweichend BFH vom 11.12.1996 (BStBl 1998 II S. 100): Eine Anschaffung liegt bei erwartungsgemäßer Eigentumsübertragung nicht vor, weil in diesen Fällen kein Aufwendungsersatzanspruch entsteht, auf den verzichtet werden könnte; zur zeitlichen Anwendung → Rz. 132 Satz 1 des BMF-Schreibens vom 10.2.1998 (→ Anhang 27 VI).
3) Bestätigt durch BFH vom 31.5.1995 (BStBl II S. 875).
4) Ergänzend dazu BFH vom 31.5.1995 (BStBl II S. 720), → H 115 (Ferien- oder Wochenendwohnungen).

5.3 Anschaffung vom Ehegatten

21 ¹Nach § 10e Abs. 1 Satz 8 EStG ist die Inanspruchnahme von Abzugsbeträgen ausgeschlossen, wenn der Steuerpflichtige eine Wohnung oder einen Anteil daran von seinem Ehegatten anschafft und im Zeitpunkt der Anschaffung die Ehegatten unbeschränkt einkommensteuerpflichtig sind sowie nicht dauernd getrennt leben (vgl. aber Tz. 30). ²Der Erwerb einer dem Ehegatten gehörenden Wohnung durch Zuschlag in der Zwangsversteigerung stellt keine Anschaffung „vom" Ehegatten dar (BFH vom 23.9.1992 – BStBl 1993 II S. 152).

5.4 Überschreiten der Einkunftsgrenze nach § 10e Abs. 5 a EStG

22 ¹Die Abzugsbeträge nach § 10e Abs. 1 oder 2 EStG können nicht für Veranlagungszeiträume beansprucht werden, in denen der Gesamtbetrag der Einkünfte 120.000 DM, bei nach § 26b EStG zusammenveranlagten Ehegatten 240.000 DM übersteigt (Einkunftsgrenze). ²Die Einkunftsgrenze ist erstmals bei Objekten im Sinne des § 10e Abs. 1 oder 2 EStG anzuwenden, für die der Steuerpflichtige nach dem 31.12.1991 einen Bauantrag gestellt hat oder, falls ein solcher nicht erforderlich ist, mit deren Herstellung er nach diesem Zeitpunkt begonnen hat. ³In Anschaffungsfällen ist die Einkunftsgrenze erstmals bei solchen Objekten anzuwenden, die der Steuerpflichtige aufgrund eines nach dem 31.12.1991 abgeschlossenen obligatorischen Vertrags oder gleichstehenden Rechtsakts angeschafft hat. ⁴Zur Nachholung von Abzugsbeträgen und Behandlung der nachträglichen Herstellungskosten in diesen Fällen vgl. Tz. 67 und 70.

5.5 Objektverbrauch

23 ¹Die Abzugsbeträge nach § 10e Abs. 1 und 2 EStG dürfen von jedem Steuerpflichtigen nur für ein Objekt – bei zusammenlebenden, unbeschränkt einkommensteuerpflichtigen Ehegatten für zwei, jedoch nicht gleichzeitig für zwei in räumlichem Zusammenhang belegene Objekte – in Anspruch genommen werden.

24 ¹Objektverbrauch tritt ein, wenn sich die Abzugsbeträge nach § 10e Abs. 1 oder 2 EStG ausgewirkt haben. ²Zur Ausnutzung von Abzugsbeträgen vgl. Tz. 69, 105 und R 213a Abs. 2 Satz 4 EStR 1993. ³Für den Objektverbrauch kommt es nicht darauf an, ob die Bemessungsgrundlage den maßgebenden Höchstbetrag (§ 10e Abs. 1 Sätze 1 bis 6 EStG) erreicht. ⁴Unerheblich ist auch, ob der Steuerpflichtige Abzugsbeträge für den gesamten Abzugszeitraum, nur für einzelne Jahre des Abzugszeitraums oder zu Unrecht in Anspruch genommen hat.

5.5.1 Erweiterte Objektverbrauchsregelung bei Zuzug in das Beitrittsgebiet nach § 10e Abs. 4 Satz 8 bis 10 EStG

25 ¹Ist bereits Objektverbrauch eingetreten, kann der Steuerpflichtige die Abzugsbeträge noch für ein weiteres Objekt – zusammenlebende, unbeschränkt einkommensteuerpflichtige Ehegatten für zwei weitere Objekte – in Anspruch nehmen, wenn dieses Objekt im Beitrittsgebiet liegt und vor dem 1.1.1995 hergestellt oder angeschafft oder der Ausbau oder die Erweiterung vor diesem Zeitpunkt fertiggestellt worden ist. ²Zudem muß der Steuerpflichtige im Beitrittsgebiet zugezogen sein und entweder

– dort seinen ausschließlichen Wohnsitz zu Beginn des Veranlagungszeitraums haben oder im Laufe des Veranlagungszeitraums begründet haben oder
– bei mehrfachem Wohnsitz einen Wohnsitz im Beitrittsgebiet haben und sich dort überwiegend aufhalten.

³Ein überwiegender Aufenthalt in der nach § 10e EStG geförderten Wohnung ist nicht erforderlich. ⁴Ausreichend ist auch, wenn diese Voraussetzungen bei zusammenlebenden unbeschränkt einkommensteuerpflichtigen Ehegatten von einem Ehegatten erfüllt werden.

5.5.2 Objektverbrauch bei Ehegatten

26 ¹Sind beide Objekte einem Ehegatten zuzurechnen, ist nach Wegfall der Voraussetzungen des § 26 Abs. 1 EStG für die Feststellung, ob für ihn Objektverbrauch eingetreten ist, nur das erste Objekt maßgebend (vgl. BFH vom 3.5.1983 – BStBl II S. 457). ²Für den anderen Ehegatten ergibt sich nach Wegfall der Voraussetzungen des § 26 Abs. 1 EStG kein Objektverbrauch aus den Objekten, die ihm nicht zuzurechnen waren.

27 ¹Heiraten Steuerpflichtige, nachdem für beide Objektverbrauch eingetreten ist, stehen ihnen, wenn kein Folgeobjekt vorliegt, Abzugsbeträge für ein weiteres Objekt nicht zu (Ausnahme: vgl. Tz. 25 und

29 Satz 3). ²Heiraten Steuerpflichtige, nachdem für einen von ihnen Objektverbrauch eingetreten ist, können sie die Abzugsbeträge für ein zweites Objekt in Anspruch nehmen, unabhängig davon, wer von ihnen Eigentümer ist. ³Das gilt auch, wenn für das zweite Objekt vor der Eheschließung wegen Objektverbrauchs keine Abzugsbeträge in Anspruch genommen werden konnten. ⁴Die Abzugsbeträge stehen in diesem Fall den Steuerpflichtigen nur für die verbliebenen Jahre des Abzugszeitraums zu.

Beispiel:
>A hat in den Jahren 1984 bis einschließlich 1991 erhöhte Absetzungen nach § 7b EStG in Anspruch genommen. 1992 kauft er eine Eigentumswohnung, die er zu eigenen Wohnzwecken nutzt. 1993 heiratet er. Seine Ehefrau hat bisher weder erhöhte Absetzungen nach § 7b EStG noch Abzugsbeträge nach § 10e EStG in Anspruch genommen. Die Eheleute können für die Eigentumswohnung des A Abzugsbeträge für die Jahre 1993 bis einschließlich 1999 in Anspruch nehmen.

5.5.3 Räumlicher Zusammenhang

¹Ein räumlicher Zusammenhang ist auch schädlich, wenn es sich bei dem einen Objekt um ein Objekt im Sinne des § 7b EStG handelt, für das die den erhöhten Absetzungen entsprechenden Beträge nach § 52 Abs. 21 Satz 4 EStG wie Sonderausgaben abgezogen werden (BFH vom 4.10.1990 – BStBl 1991 II S. 221). ²Von einem räumlichen Zusammenhang ist z. B. auszugehen, wenn die beiden Objekte durch geringfügige Baumaßnahmen zu einer Einheit verbunden werden können. ³Das ist z. B. bei den beiden Wohnungen eines Zweifamilienhauses, aber auch bei zwei neben- oder übereinanderliegenden Eigentumswohnungen oder nebeneinanderliegenden Reihenhäusern der Fall. ⁴Dagegen ist ein räumlicher Zusammenhang im Sinne des § 10e Abs. 4 Satz 2 EStG nicht gegeben, wenn ein Miteigentümer oder sein Ehegatte einen Anteil an der zu eigenen Wohnzwecken genutzten Wohnung von einem Dritten hinzu erwirbt. ⁵Die Einschränkung des räumlichen Zusammenhangs gilt nur, wenn zu dem Zeitpunkt, in dem die beiden Objekte fertiggestellt oder angeschafft worden sind, bei den Ehegatten die Voraussetzungen des § 26 Abs. 1 EStG vorgelegen haben. ⁶Steuerpflichtige, die die Voraussetzungen des § 26 Abs. 1 EStG erfüllen und die zwei in räumlichem Zusammenhang belegene Objekte innerhalb des Abzugszeitraums für das erste Objekt nacheinander hergestellt oder angeschafft haben, können jedoch auf die weitere Förderung des ersten Objekts zugunsten der Förderung des zweiten Objekts – mit der Folge des Objektverbrauchs – verzichten.

5.5.4 Objektverbrauch bei Miteigentum

¹Sind mehrere Steuerpflichtige Eigentümer einer Wohnung, ist jeder Anteil an dieser Wohnung ein Objekt. ²Abweichend von Satz 1 werden die Anteile von Ehegatten an einer Wohnung nicht als selbständige Objekte, sondern als ein Objekt behandelt, solange bei den Ehegatten die Voraussetzungen des § 26 Abs. 1 EStG vorliegen, und zwar auch dann, wenn außer den Ehegatten noch weitere Personen Eigentümer der Wohnung sind. ³Als ein Objekt werden die Anteile von Ehegatten auch behandelt, wenn die Ehegatten vor Eintritt der Voraussetzungen des § 26 Abs. 1 EStG Abzugsbeträge in Anspruch genommen haben und die Voraussetzungen des § 26 Abs. 1 EStG im Laufe des Abzugszeitraums oder später eingetreten sind. ⁴Fallen bei Ehegatten die Voraussetzungen des § 26 Abs. 1 EStG fort, sind deren Anteile an der Wohnung wieder als selbständige Objekte zu behandeln (vgl. Tz. 30 und 31)¹⁾.

5.5.5 Objektverbrauch bei Hinzuerwerb von Miteigentum

¹Handelt es sich um ein Objekt im Sinne der Tz. 29 Sätze 2 und 3 und wird im Falle des Todes eines Ehegatten der überlebende Ehegatte durch Gesamtrechtsnachfolge infolge Erbfalls Alleineigentümer dieses Objekts oder erwirbt er einen Miteigentumsanteil hinzu, ist der bisherige Miteigentumsanteil des überlebenden Ehegatten zusammen mit dem hinzuerworbenen Anteil als ein Objekt zu behandeln, wenn bis zum Tod des einen Ehegatten die Voraussetzungen des § 26 Abs. 1 EStG vorgelegen haben. ²Entsprechendes gilt, wenn während des Abzugszeitraums die Voraussetzungen des § 26 Abs. 1 EStG aus anderen Gründen wegfallen und ein Ehegatte den Anteil des anderen Ehegatten an der Wohnung erwirbt. ³Er braucht hierdurch nicht Alleineigentümer zu werden. ⁴In diesen Fällen kann der hinzuerwerbende Ehegatte die auf diesen Anteil entfallenden Abzugsbeträge nach § 10e Abs. 1 und 2 EStG weiterhin in der bisherigen Höhe abziehen, wenn bei ihm noch kein Objektverbrauch eingetreten ist.

¹Überträgt in den Fällen der Tz. 30 Satz 2 ein Ehegatte seinen Miteigentumsanteil entgeltlich oder unentgeltlich auf den anderen Ehegatten in einem Veranlagungszeitraum, in dem die Voraussetzungen des § 26 Abs. 1 EStG vorliegen, tritt für den übertragenden Ehegatten kein Objektverbrauch ein.

---
1) Bestätigt durch BFH vom 24.7.1996 (BStBl II S. 603).

²Dabei kommt es nicht darauf an, ob der Miteigentumsanteil während oder nach Ablauf des Abzugszeitraums übertragen wird.

32 ¹Der unentgeltlich im Rahmen einer Gesamtrechtsnachfolge erworbene Miteigentumsanteil stellt ein Objekt dar, wenn der Erbe die Abzugsbeträge fortführt. ²Erwirbt ein Miteigentümer bis zum Ende des Veranlagungszeitraums, in dem der Abzugszeitraum für den ursprünglichen Anteil beginnt, einen oder mehrere Miteigentumsanteile hinzu, stellen ursprünglicher und hinzuerworbener Miteigentumsanteil ein einheitliches Objekt dar¹) (vgl. BFH vom 28.7.1993 – BStBl 1994 II S. 921). ³Erwirbt ein Miteigentümer dagegen den oder die Miteigentumsanteile erst in einem späteren Veranlagungszeitraum, handelt es sich bei dem oder den hinzuerworbenen Anteilen um selbständige Objekte im Sinne des § 10e Abs. 5 Satz 1 EStG; das gilt auch dann, wenn der Anteilserwerber Alleineigentümer der Wohnung geworden ist (vgl. BFH vom 20.7.1982 – BStBl II S. 735)²).

5.5.6 Objekt im Sinne des § 10e Abs. 2 EStG

33 ¹Ein Objekt im Sinne des § 10e Abs. 4 Satz 1 EStG kann mehrere Ausbau- und/oder Erweiterungsmaßnahmen (§ 10e Abs. 2 EStG) umfassen, wenn diese Maßnahmen in Zusammenhang stehen und getrennt von der Herstellung des Gebäudes als einheitliche Baumaßnahme durchgeführt werden.

5.5.7 Objektverbrauch nach § 7b EStG und § 15 Abs. 1 bis 4 und § 15b BerlinFG

34 ¹Unter die Objektbeschränkung fallen auch Einfamilienhäuser, Zweifamilienhäuser, Eigentumswohnungen sowie Zubauten, Ausbauten und Umbauten, für die der Steuerpflichtige erhöhte Absetzungen nach § 7b EStG in der jeweiligen Fassung ab Inkrafttreten des Gesetzes zur Neuregelung der Absetzungen für Abnutzung bei Gebäuden vom 16.6.1964 (BStBl I S. 384) in Anspruch genommen hat; das gleiche gilt für Objekte, für die dem Steuerpflichtigen erhöhte Absetzungen nach § 15 Abs. 1 bis 4 BerlinFG in der jeweiligen Fassung ab Inkrafttreten des Gesetzes vom 11.7.1977 (BStBl I S. 360) oder Abzugsbeträge nach § 15b Abs. 1 bis 4 BerlinFG gewährt wurden.

6. Bemessungsgrundlage

35 ¹Bemessungsgrundlage für die Abzugsbeträge nach § 10e Abs. 1 EStG sind die Herstellungs- oder Anschaffungskosten einschließlich der den Herstellungskosten zuzurechnenden anschaffungsnahen Aufwendungen (vgl. R 157 Abs. 5 EStR 1993), die auf die zu eigenen Wohnzwecken genutzte Wohnung entfallen, sowie die Hälfte der zu dieser Wohnung gehörenden Anschaffungskosten des Grund und Bodens. ²Die Anschaffungs- oder Herstellungskosten sind auch dann maßgebend, wenn der Grund und Boden bzw. die Wohnung aus einem Betriebsvermögen entnommen wird.

36 ¹Für jedes Jahr des Abzugszeitraums ist gesondert zu prüfen, in welcher Höhe Herstellungs- oder Anschaffungskosten für die zu eigenen Wohnzwecken genutzte Wohnung einzubeziehen sind. ²Wird durch Umbaumaßnahmen lediglich die bereits zu eigenen Wohnzwecken genutzte Wohnung vergrößert oder verkleinert (vgl. Tz. 14 Satz 3), ist die Bemessungsgrundlage daher entsprechend dem jeweiligen Umfang der Wohnung zu erhöhen oder zu vermindern.

Beispiel:

Der Steuerpflichtige erwirbt 1991 ein Zweifamilienhaus für 250.000 DM (hierin enthaltene Anschaffungskosten Grund und Boden 100.000 DM). Eine Wohnung (50 m²) nutzt er zu eigenen Wohnzwecken, die andere (150 m²) als Praxisräume. 1994 lagert er seine Praxis aus und verbindet die beiden Wohnungen zu einer, die er jetzt weiterhin zu eigenen Wohnzwecken nutzt. 1991 bis 1993 beträgt die Bemessungsgrundlage nach § 10e EStG für die Wohnung ein Viertel von 200.000 DM = 50.000 DM. Ab 1994 erhöht sich die Bemessungsgrundlage auf 200.000 DM. Die Nachholung der auf die Praxisräume entfallenden Abzugsbeträge für die Jahre 1991 – 1993 ist nicht möglich.

6.1 Herstellungskosten und Anschaffungskosten

37 ¹Der Begriff der Herstellungskosten und Anschaffungskosten im Sinne des § 10e EStG unterscheidet sich grundsätzlich nicht von den allgemeinen Begriffen (vgl. R 32a bis 33a EStR).

38 ¹Nicht zu den Herstellungskosten und damit auch nicht zu den Anschaffungskosten gehören jedoch, auch soweit es sich um wesentliche Bestandteile des Gebäudes handelt, die Aufwendungen³)

---

1) Bestätigt durch BFH vom 9.11.1994 (BStBl 1995 II S. 258).
2) Bestätigt durch BFH vom 10.7.1996 (BStBl 1998 II S. 111).
3) Abweichend BFH vom 14.2.1996 (BStBl II S. 362), → H 115a (Herstellungs- und Anschaffungskosten).

1. für besondere Anlagen und Einrichtungen, soweit sie nicht üblich sind, wie z. B. für Schwimmbecken innerhalb und außerhalb des Gebäudes, für eine Sauna, für eine Bar oder für eine Kegelbahn (BFH vom 27.11.1962 – BStBl 1963 III S. 115, und vom 11.12.1973 – BStBl 1974 II S. 478),
2. für Einbaumöbel, wenn diese nicht bei vermieteten Wohnungen üblicherweise vom Vermieter gestellt werden (vgl. BFH vom 13.3.1990 – BStBl II S. 514); das gilt auch für eine Schranktrennwand mit der Funktion eines Raumteilers (BFH vom 11.12.1973 – BStBl 1974 II S. 476 und 477).

[1]Zu den Anschaffungskosten einer Eigentumswohnung gehört nicht der Teil des Kaufpreises, der auf die Übernahme der Instandhaltungsrückstellung nach § 21 Abs. 5 Nr. 4 WEG entfällt (vgl. BFH-Urteil vom 9.10.1991 – BStBl 1992 II S. 152). 39

6.1.1 Herstellungskosten im Beitrittsgebiet

[1]Bei Herstellung einer Wohnung im Beitrittsgebiet ist in entsprechender Anwendung des § 52 Abs. 1 Satz 1 i.V. m. §§ 7, 10 D-Markbilanz-Gesetz eine am 1.7.1990 vorhandene Bausubstanz mit ihren Wiederherstellungskosten oder Wiederbeschaffungskosten zum 1.7.1990 anzusetzen (vgl. dazu BMF-Schreiben vom 21.7.1994 – BStBl I S. 599 und die entsprechenden Erlasse der obersten Finanzbehörden der Länder). [2]In diesem Fall bleiben Zahlungen auf die am 1.7.1990 vorhandene Substanz, auch wenn sie nach dem 30.6.1990 geleistet worden sind, bei der Ermittlung der Bemessungsgrundlage außer Ansatz. [3]Soweit Herstellungsarbeiten nach dem 30.6.1990 durchgeführt, die Zahlungen dafür aber vor dem 1.7.1990 geleistet worden sind, sind die Aufwendungen im Verhältnis zwei zu eins in Deutsche Mark umzurechnen und in die Bemessungsgrundlage einzubeziehen. 40

6.1.2 Zuschüsse

[1]Zuschüsse zu den Aufwendungen für die Errichtung oder den Erwerb eines Objekts mindern die Herstellungs- oder Anschaffungskosten (vgl. R 163 Abs. 1 EStR). 41

6.1.3 Bauten auf fremdem Grund und Boden[1])

[1]Erwirbt ein Nutzungsberechtigter unter Verzicht auf den Aufwendungsersatzanspruch nach § 951 i.V. m. § 812 BGB das Eigentum an einer Wohnung, die durch von ihm durchgeführte Baumaßnahmen auf fremdem Grund und Boden entstanden ist (vgl. Tz. 5), liegen Anschaffungskosten der Wohnung in Höhe des aufgegebenen Ersatzanspruchs vor (vgl. Tz. 17). [2]Es kann davon ausgegangen werden, daß die geschätzte Höhe des Aufwendungsersatzanspruchs dem Betrag der vom Steuerpflichtigen getragenen Herstellungskosten entspricht (vgl. Tz. 48). 42

6.1.4 Teilentgeltlicher Erwerb / Erwerb im Rahmen einer vorweggenommenen Erbfolge

[1]Bei einem teilentgeltlichen Erwerb sind ausschließlich die Anschaffungskosten des Erwerbers zu berücksichtigen. [2]Bei Erwerb einer Wohnung im Rahmen einer vorweggenommenen Erbfolge sind die im BMF-Schreiben vom 13.1.1993 (BStBl I S. 80 und in den entsprechenden Erlassen der obersten Finanzbehörden der Länder) dargelegten Grundsätze entsprechend anzuwenden. [3]Die Höchstbeträge nach § 10e Abs. 1 EStG werden in diesen Fällen nicht gekürzt (vgl. BFH vom 21.3.1989 – BStBl II S. 778). [4]Zu den nachträglichen Herstellungskosten und Vorkosten bei teilentgeltlichem Erwerb vgl. Tz. 71 und 84. 43

6.2 Anschaffungskosten des Grund und Bodens

[1]Bei Ausbauten und Erweiterungen nach § 10e Abs. 2 EStG werden die Anschaffungskosten des Grund und Bodens nicht in die Bemessungsgrundlage einbezogen. 44

[1]In dem Gebiet, in dem das Grundgesetz schon vor dem 3.10.1990 gegolten hat, sind Anschaffungskosten für den Grund und Boden auch dann zur Hälfte in die Bemessungsgrundlage einzubeziehen, wenn der Grund und Boden vor dem 1.1.1987 angeschafft worden ist. [2]Ist der Grund und Boden vor dem 21.6.1948 angeschafft worden, ist der am 21.6.1948 maßgebende Einheitswert des Grundstücks, soweit er auf den Grund und Boden entfällt, zuzüglich der nach dem 20.6.1948 für den Grund und Boden entstandenen nachträglichen Anschaffungskosten zur Hälfte anzusetzen. [3]An die Stelle der vorgenannten Daten treten in dem Teil des Landes Berlin, in dem das Grundgesetz schon vor dem 45

---

[1]) Abweichend BFH vom 11.12.1996 (BStBl 1998 II S. 100): Anschaffungskosten liegen bei erwartungsgemäßer Eigentumsübertragung nicht vor, weil in diesen Fällen kein Aufwendungsersatzanspruch entsteht, auf den verzichtet werden könnte; zur zeitlichen Anwendung → Rz. 132 Satz 1 des BMF-Schreibens vom 10.2.1998 (Anhang 27 VI).

Anhang 27

III Wohneigentumsförderung

3.10.1990 gegolten hat, der 1.4.1949 und der 31.3.1949. [4]Im Saarland ist der letzte in Reichsmark festgelegte Einheitswert und der 19.11.1947 maßgebend; für Anschaffung nach dem 19.11.1947 und vor dem 6.7.1959 gelten die in Franken aufgewendeten Anschaffungskosten, umgerechnet mit dem für die D-Markeröffnungsbilanz amtlichen Umrechnungskurs (100 frs = 0,8507 DM).

46 [1]Im Beitrittsgebiet sind Anschaffungskosten für den Grund und Boden auch dann zur Hälfte in die Bemessungsgrundlage einzubeziehen, wenn der Grund und Boden vor dem 1.1.1991 angeschafft worden ist. [2]Eine Begünstigung der Anschaffungskosten des nach dem 31.12.1990 erworbenen Grund und Bodens ist nicht möglich, wenn die Wohnung bereits vor dem 1.1.1991 angeschafft oder hergestellt worden ist[1]) (vgl. Tz. 4). [3]Ist der Grund und Boden im Beitrittsgebiet vor dem 23.6.1948 angeschafft worden, ist der zum 1.1.1935 festgestellte bzw. noch festzustellende Einheitswert des Grundstücks, soweit er auf den Grund und Boden entfällt, zuzüglich der Anschaffungskosten für den Grund und Boden, die nach dem 22.6.1948 entstanden sind, zur Hälfte in die Bemessungsgrundlage einzubeziehen. [4]Die nachträglichen Anschaffungskosten sind im Verhältnis zwei Mark der Währung der SBZ bzw. DDR gleich eine Deutsche Mark umzurechnen. [5]Bei nach dem 22.6.1948 und vor dem 1.7.1990 angeschafftem Grund und Boden gelten die in der Währung der SBZ bzw. DDR aufgewendeten Anschaffungskosten, umgerechnet im Verhältnis zwei zu eins. [6]Vorauszahlungen auf Anschaffungskosten des nach dem 30.6.1990 angeschafften Grund und Bodens sind ebenfalls in diesem Verhältnis umzurechnen.

47 [1]Bei unentgeltlichem Erwerb eines unbebauten Grundstücks sind die Anschaffungskosten des Grund und Bodens des Rechtsvorgängers nur in die Bemessungsgrundlage einzubeziehen, wenn das Grundstück infolge Erbfalls erworben wird (vgl. auch Tz. 2).

6.3 Aufteilung der Anschaffungskosten eines bebauten Grundstücks

48 [1]Die Anschaffungskosten einer Wohnung (vgl. dazu auch Tz. 39) sind nach dem Verhältnis der Verkehrswerte auf Grund und Boden und auf Gebäude oder Gebäudeteil aufzuteilen (vgl. BFH vom 15.1.1985 – BStBl II S. 252). [2]Im Fall der Tz. 42 entfallen die Anschaffungskosten in vollem Umfang auf die Wohnung ohne den dazugehörenden Grund und Boden.

6.4 Einbeziehung von Altbausubstanz in die Bemessungsgrundlage

49 [1]Wird durch Baumaßnahmen an einem bereits bestehenden Gebäude oder Gebäudeteil eine neue Wohnung im Sinne des § 10e Abs. 1 EStG hergestellt (vgl. Tz. 14 und 15), so ist die zur Herstellung der Wohnung verwendete Altbausubstanz mit ihrem anteiligen Restwert in die Bemessungsgrundlage nach § 10e EStG einzubeziehen. [2]Ein Restwert ist nicht einzubeziehen, soweit die Altbausubstanz im Wege der unentgeltlichen Einzelrechtsnachfolge erworben wurde. [3]Der auf die neue Wohnung entfallende Restwert der Altgebäudes berechnet sich nach dem Verhältnis der Nutzfläche des gesamten Gebäudes zur Nutzfläche der in die neue Wohnung einbezogenen Räume des Altgebäudes vor Durchführung der Baumaßnahme. [4]Die in die Bemessungsgrundlage nach § 10e Abs. 1 EStG einzubeziehenden Anschaffungskosten des Grund und Bodens berechnen sich nach dem Verhältnis der Nutzfläche des gesamten Gebäudes zur Nutzfläche der eigengenutzten Wohnung nach Durchführung der Baumaßnahme. [5]Zur Ermittlung der Nutzfläche vgl. Tz. 52 Satz 2.

50 [1]Bei der Ermittlung des Restwerts sind die vom Steuerpflichtigen in Anspruch genommene AfA, erhöhten Absetzungen und Sonderabschreibungen abzuziehen. [2]Ist für das Gebäude AfA in Anspruch genommen worden, sind für Zeiträume, in denen die Altbausubstanz nicht der Einkunftserzielung gedient hat, die der gewählten AfA-Methode entsprechenden Beträge abzuziehen. [3]Für Jahre, in denen die den erhöhten Absetzungen nach § 7b EStG entsprechenden Beträge nach § 52 Abs. 21 Satz 4 EStG wie Sonderausgaben abgezogen worden sind, ist ein AfA-Verbrauch nach § 7 Abs. 4 EStG zu berücksichtigen. [4]Ist für die Altbausubstanz noch nie AfA vorgenommen worden, ist ebenfalls ein AfA-Verbrauch nach § 7 Abs. 4 EStG zu berücksichtigen, so z. B. wenn der Steuerpflichtige Abzugsbeträge nach § 10e EStG geltend gemacht hat.

> **Beispiel:**
> Die Eheleute EM nahmen für ein im Januar 1986 für 250.000 DM hergestelltes und im selben Monat bezogenes Einfamilienhaus (Erstobjekt) mit einer Nutzfläche von 100 qm erhöhte Absetzungen nach § 7b EStG bzw. diesen entsprechende Abzugsbeträge nach § 52 Abs. 21 Satz 4 EStG in Anspruch. Die Anschaffungskosten des Grund und Bodens betrugen 50.000 DM. Zum 1.1.1995 wird in einem Anbau eine neue Wohnung im Sinne des § 10e Abs. 1 EStG hergestellt und von den Eheleuten EM bezogen. Die bisherige Wohnung der Eheleute wird ab 1.1.1995 vermietet. Zur Errichtung der eigengenutzten Wohnung haben EM 120.000 DM aufgewendet. Die Wohnung hat

---
[1]) Bestätigt durch BFH vom 29.3.1995 (BStBl II S. 828).

unter Einbeziehung von 20 qm Nutzfläche des Einfamilienhauses eine Nutzfläche von insgesamt 60 qm.

Bemessungsgrundlage nach § 10e Abs. 1 EStG:

– anteiliger Wert der Altbausubstanz Herstellungskosten 1986	250.000 DM
./. Erhöhte Absetzungen nach § 7b EStG für 1986: 5 v. H. von 200.000 DM	10.000 DM
./. AfA nach § 7 Abs. 4 EStG für 1986: $^{1}/_{12}$ von 2 v. H. von 50.000	83 DM
$^{11}/_{12}$ von 2 v. H. von 250.000	4.583 DM
./. AfA nach § 7 Abs. 4 EStG für 1987 – 1993: 14 v. H. von 250.000 DM	35.000 DM
./. Restwert-AfA nach § 7b Abs. 1 EStG für 1994: 2,5 v. H. von 200.344 DM	5.008 DM

$$\text{davon entfallen auf die neue Wohnung} \quad \frac{195.336 \text{ DM} \times 20 \text{ m}^2}{100 \text{ m}^2} = 39.065 \text{ DM}$$

– zuzüglich Kosten der Baumaßnahme	120.000 DM
– zuzüglich anteiligem Wert des Grund und Bodens hälftige Anschaffungskosten 1986	25.000 DM

$$\text{davon entfallen auf die neue Wohnung} \quad \frac{25.000 \times 60 \text{ m}^2}{140 \text{ m}^2} = 10.714$$

– Bemessungsgrundlage nach § 10e Abs. 1 EStG	**169.779 DM**

[51] ¹In den Fällen des § 10e Abs. 2 EStG bilden allein die nachträglichen Herstellungskosten des Ausbaus oder der Erweiterung die Bemessungsgrundlage im Sinne des § 10e EStG. ²Die anteilige Altbausubstanz ist nicht einzubeziehen.

6.5 Wohnung im Zweifamilienhaus / Mehrfamilienhaus / gemischtgenutzten Grundstück

[52] ¹Wird eine Wohnung in einem Gebäude zu eigenen Wohnzwecken genutzt, das mehr als eine Wohnung enthält, sind die Herstellungs- oder Anschaffungskosten des Gebäudes und die Anschaffungskosten des Grund und Bodens nach dem Verhältnis der Nutzfläche der eigengenutzten Wohnung zur Nutzfläche des gesamten Gebäudes aufzuteilen. ²Die Nutzfläche ist in sinngemäßer Anwendung der §§ 43 und 44 der II. Berechnungsverordnung zu ermitteln. ³Dieser Aufteilungsmaßstab ist auch bei einem Einfamilienhaus anzuwenden, bei dem gewerblichen / beruflichen oder öffentlichen Zwecken dienende Räume außerhalb der Wohnung liegen. ⁴Besteht an einer Wohnung ein Wohnrecht zugunsten eines Dritten, ist die Bemessungsgrundlage entsprechend dem Beispiel in Tz. 55 zu ermitteln.

6.6 Fertigstellung von Teilen eines Gebäudes zu verschiedenen Zeitpunkten

[53] ¹Wird bei der Errichtung eines gemischtgenutzten Gebäudes zunächst die zu eigenen Wohnzwecken genutzte Wohnung fertiggestellt und werden erst danach die Teile des Gebäudes, die vermietet oder eigenbetrieblich genutzt werden sollen, fertiggestellt, sind die auf die noch nicht fertiggestellten Teile des Gebäudes entfallenden Kosten nicht in die Bemessungsgrundlage nach § 10e Abs. 1 EStG einzubeziehen. ²Anschaffungskosten des Grund und Bodens können in die Bemessungsgrundlage einbezogen werden, soweit sie unter Berücksichtigung der Gebäudeplanung auf die zu eigenen Wohnzwecken genutzte Wohnung entfallen. ³Wird zunächst ein vermieteter oder eigenbetrieblich genutzter Gebäudeteil und danach erst die zu eigenen Wohnzwecken genutzte Wohnung fertiggestellt, sind nach Fertigstellung der eigengenutzten Wohnung die gesamten Herstellungskosten des Gebäudes und die Anschaffungskosten des Grund und Bodens auf die Gebäudeteile aufzuteilen. ⁴Die Bemessungsgrundlage wird nicht um die in Anspruch genommenen Abschreibungen gemindert, die auf die in die AfA-Bemessungsgrundlage einbezogenen Herstellungskosten der noch nicht fertiggestellten eigengenutzten Wohnung entfielen.

6.7 Gemischte Nutzung einer Wohnung

[54] ¹Werden Teile der Wohnung nicht zu eigenen Wohnzwecken genutzt (z. B. Arbeitszimmer, andere gewerblich / beruflich genutzte oder vermietete Räume), ist die Bemessungsgrundlage – nicht aber der

Höchstbetrag – um den auf den nicht zu eigenen Wohnzwecken entfallenden Teil zu kürzen. ²Aufwendungen, die ausschließlich auf einen Teil der Wohnung entfallen, sind nur diesem Teil zuzuordnen. ³Dient eine Garage der Unterbringung eines Personenkraftwagens, der sowohl gewerblich / beruflich als auch privat genutzt wird, ist aus Vereinfachungsgründen von einer Kürzung der Bemessungsgrundlage abzusehen. ⁴Die Bemessungsgrundlage ist grundsätzlich nach dem Verhältnis der Grundfläche der gewerblichen oder beruflichen Zwecken dienenden Räume zur gesamten Nutzfläche der Wohnung aufzuteilen. ⁵Zur Ermittlung der Nutzfläche vgl. Tz. 52 Satz 2. ⁶Der auf ein häusliches Arbeitszimmer entfallende Anteil der Bemessungsgrundlage bestimmt sich nach dem Verhältnis der nach den §§ 42 bis 44 der II. Berechnungsverordnung zu ermittelnden Wohnfläche der gesamten Wohnung einschließlich Arbeitszimmer zur Grundfläche des häuslichen Arbeitszimmers (BFH vom 18.10.1983 – BStBl 1984 II S. 112 und vom 10.4.1987 – BStBl II S. 500). ⁷Steht eine Wohnung im Miteigentum von Ehegatten, sind in den Fällen der Zusammenveranlagung nach § 26b EStG oder bis einschließlich Veranlagungszeitraum 1989 auch bei der getrennten Veranlagung nach § 26a EStG die Anschaffungs- und Herstellungskosten beider Ehegatten abzüglich der Anschaffungs- oder Herstellungskosten, die auf das Arbeitszimmer entfallen, bei der Ermittlung der Bemessungsgrundlage zugrunde zu legen (vgl. BFH vom 12.2.1988 – BStBl II S. 764). ⁸Zur Ermittlung des Abzugsbetrags bei getrennter Veranlagung ab Veranlagungszeitraum 1990 vgl. Tz. 60 und H 174 a (Abzüge) EStH 1993.

6.8 Ermittlung der Bemessungsgrundlage bei Überlassung von Teilen einer Wohnung

55 ¹Die Bemessungsgrundlage ist nicht zu kürzen, wenn Teile einer ansonsten zu eigenen Wohnzwecken genutzten Wohnung unentgeltlich zu Wohnzwecken überlassen werden. ²Eine unentgeltliche Überlassung liegt auch vor, wenn an einen Teil der zu eigenen Wohnzwecken genutzten Wohnung ein obligatorisches oder dingliches Zuwendungs- oder Vermächtniswohnrecht zugunsten einer dritten Person besteht. ³Wird ein Teil der Wohnung aufgrund eines vorbehaltenen obligatorischen oder dinglichen Wohnrechts genutzt, handelt es sich dagegen nicht um eine unentgeltliche Überlassung. ⁴In diesen Fällen ist die Bemessungsgrundlage um den auf den wohnrechtsbelasteten Teil der Wohnung entfallenden Teil zu mindern. ⁵Dieser Anteil ermittelt sich wie folgt: Der Verkehrswert der gesamten Wohnung (ohne den dazu gehörenden Grund und Boden) ist auf den zu eigenen Wohnzwecken genutzten und den wohnrechtsbelasteten Teil im Verhältnis ihrer Nutzflächen aufzuteilen. ⁶Vom Verkehrswert des wohnrechtsbelasteten Teils ist der Kapitalwert des Wohnrechts abzuziehen. ⁷Das Verhältnis des hiernach verbleibenden Saldos zum Verkehrswert der gesamten Wohnung abzüglich des Kapitalwerts des Wohnrechts entspricht dem Anteil der auf den wohnrechtsbelasteten Teil entfallenden Anschaffungskosten. ⁸Die Anschaffungskosten sind nach dem Verhältnis der Verkehrswerte auf Grund und Boden und Gebäude oder Gebäudeteil aufzuteilen. ⁹Da sich das Wohnrecht nicht auf den Grund und Boden bezieht, ist der Verkehrswert des Gebäudes oder Gebäudeteils um den Kapitalwert des Nutzungsrechts zu mindern. ¹⁰Die Anschaffungskosten des Grund und Bodens sind nach dem Verhältnis der Nutzfläche des eigengenutzten Teils zur Nutzfläche der gesamten Wohnung aufzuteilen (vgl. BFH-Urteil vom 7.6.1994 – BStBl II S. 927).

Beispiel:

V überträgt im Rahmen der vorweggenommenen Erbfolge sein Einfamilienhaus an T. Dabei behält er sich an zwei Räumen sowie einer Küche und einem Bad im gegenüber den restlichen Räumen nicht abgeschlossenen Dachgeschoß, die bezogen auf das Gesamtgebäude einen Nutzflächenanteil von ein Viertel haben, ein lebenslängliches Wohnrecht (Kapitalwert des Wohnrechts im Erwerbszeitpunkt: 60.000 DM) vor. Die restlichen Räume (drei Viertel des Einfamilienhauses) bezieht T. T bezahlt zum Ausgleich für das Haus an ihre Geschwister 300.000 DM. Die Verkehrswerte betragen ohne Berücksichtigung des Vorbehaltswohnrechts für das Gebäude 400.000 DM und für den Grund und Boden 100.000 DM.

Die auf den eigengenutzten Teil der Wohnung entfallende Bemessungsgrundlage nach § 10e EStG ermittelt sich wie folgt:

Anschaffungskosten der eigengenutzten Räume:
Von dem Verkehrswert der gesamten Wohnung entfallen
nach dem Nutzflächenverhältnis auf den wohnrechts-

belastenden Teil (25 v. H. von 400.000 DM)	100.000 DM
abzüglich Kapitalwert des Wohnrechts	60.000 DM
Verkehrswert wohnrechtsbelasteter Teil	40.000 DM

Dies entspricht 11,76 v. H. des Verkehrswerts der gesamten Wohnung abzüglich des Kapitalwerts des Wohnrechts

$$\frac{40.000 \times 100}{(400.000 - 60.000)} = 11{,}76 \text{ v. H.}$$

Von den Anschaffungskosten der gesamten Wohnung ohne Grund und Boden

$$300.000 \times \frac{(400.000 - 60.000)}{(500.000 - 60.000)} \qquad\qquad 231.819 \text{ DM}$$

entfallen auf wohnrechtsbelasteten Teil (11,76 v. H.)	27.261 DM
Anschaffungskosten der eigengenutzten Räume	204.558 DM
Anschaffungskosten Grund und Boden:	
nach dem Nutzflächenverhältnis auf den eigengenutzten Teil entfallende Anschaffungskosten des Grund und Bodens	
75 v. H. von 300.000 $\times \dfrac{100.000}{(500.000 - 60.000)} =$	51.136 DM
davon die Hälfte	25.568 DM
Bemessungsgrundlage nach § 10e Abs. 1 EStG	230.126 DM

7. Abzugszeitraum

[1]Der achtjährige Abzugszeitraum beginnt mit dem Jahr der Fertigstellung oder Anschaffung der Wohnung bzw. mit dem Jahr der Fertigstellung des Ausbaus oder der Erweiterung der Wohnung. [2]Er endet mit dem siebenten auf dieses Jahr folgenden Kalenderjahr. [3]Dies gilt unabhängig von dem Beginn der Nutzung zu eigenen Wohnzwecken (BFH vom 13.8.1990 – BStBl II S. 977). [4]In den Fällen der Tz. 13 Satz 2 gilt als Beginn des Abzugszeitraums der 1.1.1987.

56

8. Abzugsbeträge

[1]Für nach dem 31.12.1986 und vor dem 1.1.1991 hergestellte oder angeschaffte Wohnungen sowie in diesem Zeitraum fertiggestellte Ausbauten oder Erweiterungen in dem Gebiet, in dem das Grundgesetz schon vor dem 3.10.1990 gegolten hat, kann der Steuerpflichtige in jedem Jahr des Abzugszeitraums jeweils bis zu 5 v. H. der Bemessungsgrundlage, höchstens 15.000 DM, wie Sonderausgaben abziehen. [2]Für nach dem 31.12.1990 hergestellte oder angeschaffte Wohnungen, sowie nach diesem Zeitpunkt fertiggestellte Ausbauten oder Erweiterungen erhöht sich der höchstzulässige Abzugsbetrag auf jährlich 16.500 DM. [3]Hat der Steuerpflichtige im Fall der Herstellung nach dem 30.9.1991 den Bauantrag gestellt oder mit der Herstellung des Objekts nach § 10e Abs. 1 oder 2 EStG begonnen, kann er in den ersten vier Jahren des Abzugszeitraums Abzugsbeträge von jeweils bis zu 6 v. H. der Bemessungsgrundlage, höchstens 19.800 DM in Anspruch nehmen. [4]In den Fällen der Anschaffung gelten diese Abzugsbeträge, wenn der Steuerpflichtige die Wohnung aufgrund eines nach dem 30.9.1991 rechtswirksam abgeschlossenen obligatorischen Vertrags oder gleichstehenden Rechtsakts angeschafft hat oder mit der Herstellung des Objekts nach diesem Zeitpunkt begonnen worden ist. [5]Für ein Objekt, das der Steuerpflichtige aufgrund eines nach dem 31.12.1993 rechtswirksam abgeschlossenen obligatorischen Vertrags oder gleichstehenden Rechtsakts nicht bis zum Ende des zweiten auf das Jahr der Fertigstellung folgenden Jahres angeschafft hat, kann er in den ersten vier Jahren höchstens jeweils 9.000 DM und in den darauffolgenden vier Jahren höchstens jeweils 7.500 DM abziehen.

57

Beispiel:
A hat noch im Dezember 1993 einen notariellen Kaufvertrag über eine 10 Jahre alte Eigentumswohnung abgeschlossen. Hierin ist bestimmt, daß Besitz, Nutzungen, Lasten und Gefahr am 1.4.1994 auf ihn übergehen. A bezieht die Wohnung noch im selben Jahr. Er kann die Förderung nach § 10e Abs. 1 EStG für die Jahre 1994 bis 2001 noch bis zur Höchstbemessungsgrundlage von 330.000 DM in Anspruch nehmen.

Geltungsbereich	Abzugssatz (Jahre × %)	jährlicher Höchstbetrag
Für den „Bauherrn"		
nach dem 31.12.1986 aber noch vor dem 1.1.1991 hergestellte Objekte	8 × 5 %	15.000 DM[1])
nach dem 31.12.1990 hergestellte Objekte		
– Bauantrag und Baubeginn vor dem 1.10.1991	8 × 5 %	16.500 DM[2])

Anhang 27
III Wohneigentumsförderung

Geltungsbereich	Abzugssatz (Jahre × %)	jährlicher Höchstbetrag
– Bauantrag oder Baubeginn nach dem 30.9.1991	4 × 6 %	19.800 DM[2])
	4 × 5 %	16.500 DM[2])
Für den Erwerber einer Neubauwohnung		
nach dem 31.12.1986 aber noch vor dem 1.1.1991 angeschaffte Objekte	8 × 5 %	15.000 DM[1])
nach dem 31.12.1990 angeschaffte Objekte		
– Kaufvertrag und Baubeginn vor dem 1.10.1991	8 × 5 %	16.500 DM[2])
– Kaufvertrag oder Baubeginn nach dem 30.9.1991	4 × 6 %	19.800 DM[2])
	4 × 5 %	16.500 DM
Für den Erwerber einer „Altbauwohnung"		
nach dem 31.12.1986 aber noch vor dem 1.1.1991 angeschaffte Objekte	8 × 5 %	15.000 DM[1])
nach dem 31.12.1991 angeschaffte Objekte		
– Kaufvertrag vor dem 1.10.1991	8 × 5 %	16.500 DM[2])
– Kaufvertrag nach dem 30.9.1991	4 × 6 %	19.800 DM[2])
aber noch vor dem 1.1.1994	4 × 5 %	16.500 DM[2])
– Kaufvertrag nach dem 31.12.1993	4 × 6 %	9.000 DM[3])
	4 × 5 %	7.500 DM[2])

Dem Höchstabzugsbetrag liegt eine Höchstbemessungsgrundlage von

1) 300.000 DM,
2) 330.000 DM,
3) 150.000 DM zugrunde.

58 [1]Die Abzugsbeträge können nur für die Veranlagungszeiträume des Abzugszeitraums in Anspruch genommen werden, in denen der Steuerpflichtige die Wohnung zu eigenen Wohnzwecken nutzt. [2]Der Abzugsbetrag steht dem Steuerpflichtigen auch dann in vollem Umfang zu, wenn er die Wohnung nur während eines Teils des Veranlagungszeitraums zu eigenen Wohnzwecken genutzt hat (z.B. wegen zeitweiser Vermietung). [3]Hieraus folgt u.a., daß im Jahr der Anschaffung sowohl der Veräußerer als auch der Erwerber die Möglichkeit haben, die Steuerbegünstigung des § 10e EStG jeweils im höchstzulässigen Umfang in Anspruch zu nehmen.

8.1 Erbfall

59 [1]Geht eine Wohnung im Wege der Gesamtrechtsnachfolge auf einen Erben über, kann der Gesamtrechtsnachfolger die Steuerbegünstigung nach § 10e EStG bis zum Ende des Abzugszeitraums in Anspruch nehmen, wenn in seiner Person die Voraussetzungen hierfür erfüllt sind. [2]Dies gilt auch dann, wenn beim Erblasser eine Inanspruchnahme wegen der Objektbeschränkung im Sinne des § 10e Abs. 4 Sätze 1 bis 3 EStG ausgeschlossen war (vgl. BFH vom 4.9.1990 – BStBl 1992 II S. 69). [3]Zur Nachholung nicht ausgenutzter Abzugsbeträge des Erblassers durch den Erben vgl. Tz. 67 Satz 3. [4]Erfüllen für den Veranlagungszeitraum des Erbfalls der Erblasser und der Erbe die Voraussetzungen für die Inanspruchnahme des § 10e EStG, kann der Erbe wählen, in welchem Umfang der Abzugsbetrag für dieses Jahr beim Erblasser und bei ihm zu berücksichtigen ist.

8.2 Miteigentümer

60 [1]Miteigentümer eines Einfamilienhauses oder einer Eigentumswohnung – mit Ausnahme von zusammen zur Einkommensteuer veranlagten Ehegatten, die für die Ermittlung des Abzugsbetrags eine Einheit bilden (§ 26b EStG) – können die Abzugsbeträge bei Vorliegen der übrigen Voraussetzungen höchstens im Verhältnis ihrer Miteigentumsanteile in Anspruch nehmen (§ 10e Abs. 1 Satz 6 EStG). [2]Eine abweichende Vereinbarung der Miteigentümer ist einkommensteuerrechtlich unbeachtlich (vgl. BFH vom 25.8.1992 – BStBl 1993 II S. 105 und vom 1.6.1994 – BStBl II S. 752). [3]Die Aufteilung ist unabhängig davon, ob alle Miteigentümer das Objekt zu eigenen Wohnzwecken nutzen.

8.2.1 Miteigentum bei Zwei- oder Mehrfamilienhäusern

61 [1]Bewohnen Miteigentümer eines Zwei- oder Mehrfamilienhauses – mit Ausnahme von zusammenveranlagten Ehegatten – eine Wohnung gemeinsam ist § 10e Abs. 1 Satz 6 EStG anzuwenden.

Anhang 27
Wohneigentumsförderung III

¹Bewohnt ein Miteigentümer eines Zwei- oder Mehrfamilienhauses eine Wohnung alleine, kann er die Abzugsbeträge nach § 10e EStG in Anspruch nehmen, soweit der Wert des Miteigentumsanteils den Wert der zu eigenen Wohnzwecken genutzten Wohnung einschließlich des dazugehörenden Grund und Bodens nicht übersteigt. ²Der Wert einer Wohnung einschließlich des dazugehörenden Grund und Bodens entspricht in der Regel dem Wert des Miteigentumsanteils, wenn der Nutzflächenanteil der Wohnung am Gesamtgebäude dem Miteigentumsanteil entspricht. ³Weicht der Anteil der Nutzfläche vom Miteigentumsanteil ab, spricht eine widerlegbare Vermutung dafür, daß der Wert der Wohnung dem Miteigentumsanteil entspricht, wenn keine Ausgleichszahlung vereinbart ist. ⁴Sind die Miteigentümer Angehörige, gilt dies nur, wenn auch Fremde auf Ausgleichszahlungen verzichten würden. 62

Beispiel 1:

A hat gemeinsam mit B im Veranlagungszeitraum 1993 ein Zweifamilienhaus (Miteigentumsanteile je 50 v. H.) mit zwei gleich großen Wohnungen, von denen A eine zu eigenen Wohnzwecken nutzt, errichtet. Die Gesamtherstellungskosten zuzüglich der Hälfte der Anschaffungskosten für den dazugehörenden Grund und Boden haben 800.000 DM betragen. Hiervon entfallen auf A entsprechend seinem Miteigentumsanteil an dem Haus 400.000 DM. Da dieser Betrag dem Wert der zu eigenen Wohnzwecken genutzten Wohnung einschließlich der Hälfte des dazu gehörenden Grund und Bodens entspricht, ist der Abzugsbetrag, den A in Anspruch nehmen kann, wie folgt zu berechnen:

1993 bis 1996 6 v. H. der Bemessungsgrundlage
von 400.000 DM 24.000 DM,
höchstens jedoch 19.800 DM,
1997 bis 2000 5 v. H. der Bemessungsgrundlage
von 400.000 DM 20.000 DM,
höchstens jedoch 16.500 DM.

Beispiel 2:

Wie Beispiel 1. Die von A zu eigenen Wohnzwecken genutzte Wohnung ist 120 m², die von B zu eigenen Wohnzwecken genutzte Wohnung ist 80 m² groß. Das Wertverhältnis der Wohnungen entspricht der jeweiligen m²-Zahl. A zahlt an B eine Ausgleichszahlung.

Von den Gesamtherstellungskosten zuzüglich der Hälfte der Anschaffungskosten für den Grund und Boden sind A entsprechend seinem Miteigentumsanteil 400.000 DM zuzurechnen. Auf die von ihm genutzte Wohnung entfallen 480.000 DM. Er nutzt demnach seine Wohnung zu ⁵/₆ (400.000 DM : 480.000 DM) kraft eigenen Rechts. A kann nur Abzugsbeträge in Höhe von ⁵/₆ der auf ihn entfallenden Herstellungs- bzw. Anschaffungskosten, höchstens aber aus ⁵/₆ von 330.000 DM (= 1993 bis 1996 6 v. H. von 275.000 DM = 16.500 DM, 1997 bis 2000 5 v. H. von 275.000 DM = 13.750 DM) geltend machen.

Auf B entfallen entsprechend seinem Miteigentumsanteil 400.000 DM, auf die von ihm eigengenutzte Wohnung 320.000 DM. B erhält die Förderung nach § 10e EStG aus 320.000 DM.

Beispiel 3:

Wie Beispiel 1: Die von A und B zu eigenen Wohnzwecken genutzten Wohnungen sind 125 und 75 qm groß. Bei der von B genutzten 75 qm großen Wohnung handelt es sich um eine luxuriös ausgestattete Dachgeschoßwohnung. Ausgleichszahlungen zwischen den nicht verwandten A und B sind nicht vereinbart worden.

Es ist davon auszugehen, daß der Wert der Miteigentumsanteile dem Wert der jeweiligen Wohnungen entspricht. A kann daher Abzugsbeträge wie in Beispiel 1 in Anspruch nehmen.

¹Die zulässigen Abzugsbeträge können von den Miteigentümern, die die Voraussetzungen des § 10e EStG erfüllen, dem Grunde (Objektwahl) und der Höhe (z. B. Nachholung) nach unterschiedlich geltend gemacht werden. 63

8.3 Behandlung der Erbengemeinschaft und ihrer Auseinandersetzung

¹Zur Behandlung der Erbengemeinschaft und ihrer Auseinandersetzung sind die im BMF-Schreiben vom 11.1.1993 (BStBl I S. 62) und in den entsprechenden Erlassen der obersten Finanzbehörden der Länder dargelegten Grundsätze anzuwenden. ²Hieraus ergeben sich für § 10e EStG folgende Rechtsfolgen: 64

Steht eine Wohnung im Gesamthandseigentum einer Erbengemeinschaft, kann ein Miterbe bis zur Auseinandersetzung der Erbengemeinschaft, längstens jedoch bis zum Ende des Abzugszeitraums, die

Steuerbegünstigung nach § 10e EStG in Anspruch nehmen, wenn in seiner Person die Voraussetzungen hierfür erfüllt sind (vgl. Tz. 59 bis 63).

65 ¹Erhält ein Miterbe nach Auseinandersetzung der Erbengemeinschaft durch Realteilung eine Wohnung, deren Wert dem Wert seines Anteils am Nachlaß entspricht, kann er die Steuerbegünstigung nach § 10e EStG bis zum Ende des Abzugszeitraums für die ganze Wohnung in Anspruch nehmen, wenn in seiner Person die Voraussetzungen hierfür erfüllt sind. ²Dies gilt unabhängig davon, ob die Wohnung dem Miterben bereits während des Bestehens der Erbengemeinschaft zur Nutzung überlassen worden ist. ³Ist dem Miterben die Wohnung bereits während des Bestehens der Erbengemeinschaft überlassen worden, so kann er auch für die Zeit des Bestehens der Erbengemeinschaft die Steuerbegünstigung nach § 10e EStG für die ganze Wohnung in Anspruch nehmen. ⁴Voraussetzung dafür ist, daß die Miterben innerhalb von sechs Monaten nach dem Erbfall eine Auseinandersetzungsvereinbarung treffen. Tz. 8 und 9 des BMF-Schreibens vom 11.1.1993, a. a. O., gelten entsprechend.

Beispiel 1:

A und B sind Miterben zu je ½ nach dem am 1.8.1992 verstorbenen V. Zum Nachlaß gehören Wertpapiere im Wert von 380.000 DM und ein von V am 1.7.1991 zum Preis von 380.000 DM erworbenes Einfamilienhaus (Anschaffungskosten Haus: 280.000 DM, Grund und Boden: 100.000 DM). V war wegen Objektverbrauchs an der Inanspruchnahme der Steuerbegünstigung nach § 10e EStG gehindert. Seit dem Erbfall bewohnt A das Einfamilienhaus. Im Januar 1993 vereinbaren A und B die Auseinandersetzung, wonach A das Einfamilienhaus und B die Wertpapiere erhält. A kann 1992 bis 1998 die Steuerbegünstigung nach § 10e EStG mit jährlich 16.500 DM in Anspruch nehmen.

Beispiel 2:

Wie Beispiel 1, nur A und B setzen sich in 1994 auseinander. A kann für 1992 und 1993 als Miteigentümer die Steuerbegünstigung nach § 10e EStG zur Hälfte in Anspruch nehmen. 1994 bis 1998 kann er als Alleineigentümer Abzugsbeträge i.H. von 16.500 DM jährlich geltend machen.

66 ¹Erhält ein Miterbe wertmäßig mehr, als ihm nach seiner Erbquote zusteht und zahlt er dafür an die anderen Miterben eine Abfindung, so handelt es sich insoweit um ein Anschaffungsgeschäft, das zur Inanspruchnahme der Steuerbegünstigung nach § 10e EStG berechtigt. ²Soweit er die Wohnung seiner Erbquote entsprechend unentgeltlich erwirbt, kann er die Steuerbegünstigung nach § 10e EStG des Erblassers fortführen, wenn in seiner Person die Voraussetzungen hierfür erfüllt sind. ³Zum Objektverbrauch vgl. Tz. 32.

Beispiel 3:

A und B sind Miterben zu je ½ nach dem am 1.6.1992 verstorbenen V. Zum Nachlaß gehört ein Einfamilienhaus (Wert 800.000 DM), das V am 01.07.1991 erworben hatte (Bemessungsgrundlage 600.000 DM). V war wegen Objektverbrauchs an der Inanspruchnahme der Steuerbegünstigung nach § 10e EStG gehindert. Nach Erbauseinandersetzung in 1993 erhält der verheiratete A das Einfamilienhaus, das er bereits seit dem Erbfall bewohnt und zahlt an B eine Abfindung i.H. von 400.000 DM (Anteil Grund und Boden 50.000 DM). Weder A noch sein Ehegatte haben bisher erhöhte Absetzungen nach § 7b EStG oder Abzugsbeträge nach § 10e EStG in Anspruch genommen.

A kann folgende Abzugsbeträge in Anspruch nehmen:

- als Gesamtrechtsnachfolger von V

    1992 – 1998   5 % v. 300.000 = 15.000 DM
                      höchstens   – 8.250 DM

- als Erwerber des Miteigentumsanteils von B

    1993 – 1996   6 % v. 375.000 = 22.500 DM
                      höchstens   9.900 DM
                      und
    1997 – 2000   5 % v. 375.000 = 18.750 DM
                      höchstens   8.250 DM

9. Nachholung von Abzugsbeträgen

67 ¹Der Steuerpflichtige kann Abzugsbeträge, die er in einem Jahr nicht ausgenutzt hat, nach § 10e Abs. 3 Satz 1 EStG in späteren Kalenderjahren nachholen. ²Die Nachholung von Abzugsbeträgen ist nur in Veranlagungszeiträumen und nur für Veranlagungszeiträume möglich, in denen der Steuerpflichtige die Wohnung zu eigenen Wohnzwecken genutzt hat. ³Der Erbe kann nicht ausgenutzte Abzugsbeträge des Erblassers nur dann nach § 10e Abs. 3 EStG nachholen, wenn dem Erblasser die

Nachholung zugestanden hätte. ⁴Bei Objekten i.S. der Tz. 22 ist eine Nachholung nur für Veranlagungszeiträume möglich, in denen der Gesamtbetrag der Einkünfte 120.000/240.000 DM nicht überstiegen hat. ⁵Dies gilt unabhängig davon, ob im Nachholungsjahr die Einkunftsgrenze überschritten ist.

¹Für Objekte, für die der Steuerpflichtige in den ersten vier Jahren Abzugsbeträge von jeweils bis zu 6 v. H. der Bemessungsgrundlage in Anspruch nehmen kann (vgl. Tz. 57 Satz 3 bis 5), kann er nicht ausgenutzte Abzugsbeträge bis zum Ende des Abzugszeitraum nachholen. ²Für die übrigen Objekte (vgl. Tz. 57 Satz 1 und 2) kann der Steuerpflichtige Abzugsbeträge, die er im Jahr der Fertigstellung oder Anschaffung und in den zwei folgenden Jahren nicht ausgenutzt hat, bis zum Ende des dritten auf das Jahr der Fertigstellung oder Anschaffung folgenden Jahres nachholen. 68

¹Abzugsbeträge – auch die, die nach § 10e Abs. 7 EStG festgestellt werden – sind erst dann und nur insoweit ausgenutzt, als sie in einem bestandskräftigen Steuerbescheid berücksichtigt wurden und zu einer Ermäßigung der Einkommensteuer oder aufgrund der außersteuerlichen Bindungswirkung des Steuerbescheids zu einem Kindergeldzuschlag nach § 11a BKGG geführt haben¹). ²In diesen Fällen kann der Steuerpflichtige die Abzugsbeträge auch nicht nachträglich gegen bisher nicht geltend gemachte Werbungskosten oder Sonderausgaben austauschen, um sie in einem Folgejahr nachzuholen (BFH vom 25.2.1992 – BStBl II S. 621). 69

10. Nachträgliche Herstellungs- oder Anschaffungskosten²)

¹Nachträgliche Herstellungs- oder Anschaffungskosten, die bis zum Ende des Abzugszeitraums entstehen, können vom Jahr ihrer Entstehung an so behandelt werden, als wären sie bereits im Jahr der Fertigstellung oder Anschaffung entstanden. ²Für Objekte i.S. der Tz. 57 Satz 3 bis 5 kann der Steuerpflichtige die auf die nachträglichen Herstellungs- oder Anschaffungskosten entfallenden Abzugsbeträge bis zum Ende des Abzugszeitraums nachholen. ³Entstehen nach den ersten drei Jahren des Abzugszeitraums nachträgliche Herstellungs- oder Anschaffungskosten, sind für die übrigen Objekte (vgl. Tz. 57 Satz 1 und 2) die darauf entfallenden Abzugsbeträge für die Vorjahre im Jahr der Entstehung abzuziehen. ⁴Abzugsbeträge für nachträgliche Herstellungs- oder Anschaffungskosten können nur in Veranlagungszeiträumen und nur für Veranlagungszeiträume geltend gemacht werden, in denen der Steuerpflichtige die Wohnung zu eigenen Wohnzwecken genutzt hat. ⁵Bei Objekten i.S. der Tz. 22 können Abzugsbeträge für nachträgliche Herstellungs- oder Anschaffungskosten nach § 10e Abs. 5a Satz 2 EStG nur für Veranlagungszeiträume in Anspruch genommen werden, in denen der Gesamtbetrag der Einkünfte 120.000/240.000 DM nicht überstiegen hat. ⁶Dies gilt unabhängig davon, ob im Nachholungsjahr die Einkunftsgrenze überschritten ist. 70

¹Wird eine Wohnung teilentgeltlich erworben, sind Aufwendungen für nachträgliche Herstellungsarbeiten in die Bemessungsgrundlage nach § 10e Abs. 1 EStG einzubeziehen, soweit sie auf den entgeltlich erworbenen Teil der Wohnung entfallen³). ²Die Aufwendungen sind daher im Verhältnis des Entgelts (ohne Anschaffungsnebenkosten) zu dem Verkehrswert der Wohnung aufzuteilen. 71

11. Folgeobjekt

¹Der Steuerpflichtige kann bei einer weiteren eigenen Wohnung oder bei einem Ausbau oder einer Erweiterung einer eigenen Wohnung (Folgeobjekt) Abzugsbeträge in Anspruch nehmen, wenn er beim Erstobjekt die Abzugsbeträge deshalb nicht weiter in Anspruch nehmen konnte, weil er es nicht bis zum Ablauf des Abzugszeitraums zu eigenen Wohnzwecken genutzt hat. 72

¹Das Folgeobjekt stellt ein eigenständiges Objekt im Sinne des § 10e Abs. 1 oder 2 EStG dar. ²Es ist daher § 10e EStG in der jeweils für das Folgeobjekt gültigen Fassung maßgebend. 73

Beispiel:

Der Steuerpflichtige veräußert sein zum 1.7.1991 hergestelltes, zu eigenen Wohnzwecken genutztes Einfamilienhaus in 1993. Für 1991 bis 1993 hat er Abzugsbeträge nach § 10e Abs. 1 EStG jeweils bis zu 5 v. H. der Bemessungsgrundlage, höchstens bis zu 16.500 DM, in Anspruch genommen. Ab 1.1.1994 (Übergang Nutzen und Lasten) bewohnt er ein Folgeobjekt (Kaufvertrag vom 15.12.1993). Der Abzugszeitraum beim Folgeobjekt ist um drei Jahre (1991 bis 1993) zu kürzen. Von der Bemessungsgrundlage des Folgeobjekts kann der Steuerpflichtige

---
1) Ergänzend dazu BFH vom 25.1.1995 (BStBl II S. 586), → H 115a (Nachholung von Abzugsbeträgen) und BFH vom 14.2.1996 (BStBl II S. 364).
2) Ergänzend dazu BFH vom 15.11.1995 (BStBl 1996 II S. 356), → H 115a (Nachträgliche Herstellungs- oder Anschaffungskosten).
3) Bestätigt durch BFH vom 1.10.1997 (BStBl 1998 II S. 247).

- 1994 bis zu 6 v. H., höchstens 19.800 DM,

sowie

- 1995 bis 1998 bis zu 5 v. H., höchstens jeweils bis zu 16.500 DM

abziehen.

74 ¹Voraussetzung für die Inanspruchnahme der Abzugsbeträge bei einem Folgeobjekt ist, daß der Steuerpflichtige das zu eigenen Wohnzwecken genutzte Folgeobjekt, bei dem er Abzugsbeträge in Anspruch nehmen will, innerhalb eines Zeitraums von drei Jahren nach und zwei Jahren vor dem Ende des Kalenderjahres angeschafft oder hergestellt hat, in dem er das Erstobjekt letztmals zu eigenen Wohnzwecken genutzt hat.

Beispiel:

Der Steuerpflichtige veräußert oder vermietet sein 1992 hergestelltes, zu eigenen Wohnzwecken genutztes Einfamilienhaus am 1.6.1995. Für 1992 bis 1995 hat er die Abzugsbeträge nach § 10e EStG in Anspruch genommen. Bei einem weiteren Objekt kann er Abzugsbeträge in Anspruch nehmen, wenn er dieses

- nach dem 31.12.1993 und
- vor dem 1.1.1999

hergestellt oder angeschafft und in dem jeweils in Betracht kommenden Jahr des Abzugszeitraums zu eigenen Wohnzwecken genutzt hat.

75 ¹Erstobjekte können sowohl Objekte nach § 10e EStG und § 15b Abs. 1 BerlinFG als auch solche nach § 7b EStG und § 15 Abs. 1 BerlinFG sein.

76 ¹Hat der Steuerpflichtige für das Erstobjekt erhöhte Absetzungen nach § 7b EStG oder § 15 Abs. 1 BerlinFG bzw. diesen entsprechende Beträge nach § 52 Abs. 21 Satz 4 EStG in Anspruch genommen, kann er Abzugsbeträge nach § 10e EStG für ein Folgeobjekt nur geltend machen, wenn ihm das Erstobjekt nicht bis zum Ablauf des Zeitraums zuzurechnen war, für den erhöhte Absetzungen oder diesen entsprechende Beträge zulässig sind. ²Ein Verzicht auf die weitere Geltendmachung der erhöhten Absetzungen oder der diesen entsprechenden Beträge berechtigt nicht zur Inanspruchnahme der Steuerbegünstigung nach § 10e EStG.

77 ¹Bemessungsgrundlage für die Abzugsbeträge beim Folgeobjekt nach § 10e Abs. 1 EStG sind dessen Herstellungs- oder Anschaffungskosten zuzüglich der Hälfte der Anschaffungskosten des dazugehörenden Grund und Bodens, in den Fällen des § 10e Abs. 2 EStG nur dessen Herstellungskosten. ²Der Steuerpflichtige hat beim Folgeobjekt die Nachhol- und Rückbeziehungsmöglichkeit nach § 10e Abs. 3 EStG mit der Besonderheit, daß abweichend von § 10e Abs. 1 Satz 1 EStG bei dem Folgeobjekt der Abzugszeitraum frühestens mit Ablauf des Veranlagungszeitraums beginnt, in dem der Steuerpflichtige das Erstobjekt letztmals zu eigenen Wohnzwecken genutzt hat (§ 10e Abs. 4 Satz 5 zweiter Halbsatz EStG).

Beispiel:

Der Steuerpflichtige hat für sein 1991 hergestelltes und am 1.6.1993 veräußertes Einfamilienhaus (Bemessungsgrundlage 240.000 DM) Abzugsbeträge für die Veranlagungszeiträume 1991 bis 1993 in Anspruch genommen. 1992 hat er ein weiteres Objekt angeschafft (Bemessungsgrundlage 400.000 DM), das er ab 1.6.1993 zu eigenen Wohnzwecken nutzt. Bei diesem beginnt der Abzugszeitraum erst 1994. Der Steuerpflichtige kann, wenn er das Folgeobjekt in dem jeweiligen Jahr des Abzugszeitraums zu eigenen Wohnzwecken nutzt, Abzugsbeträge von einer Bemessungsgrundlage von 330.000 DM für 1994 bis einschließlich 1998 in Anspruch nehmen. Dabei hat er die Möglichkeit, nicht ausgenutzte Abzugsbeträge für 1994 bis 1997 bis zum Ende des Abzugszeitraums nachzuholen (vgl. Tz. 68).

78 ¹Abzugsbeträge, die der Steuerpflichtige beim Erstobjekt nicht in Anspruch genommen hat, kann er beim Folgeobjekt nicht nachholen.

79 ¹Der Abzugszeitraum nach § 10e Abs. 1 EStG ist um die Anzahl der Veranlagungszeiträume zu kürzen, in denen der Steuerpflichtige für das Erstobjekt Abzugsbeträge hätte in Anspruch nehmen können. ²In die Kürzung sind auch die Veranlagungszeiträume einzubeziehen, in denen die Einkunftsgrenze überschritten wird oder der Steuerpflichtige Abzugsbeträge für das Erstobjekt wegen fehlender Nutzung zu eigenen Wohnzwecken nicht abziehen konnte; das gilt jedoch nicht für die Veranlagungszeiträume, die auf den Veranlagungszeitraum der letztmaligen Nutzung zu eigenen Wohnzwecken folgen.

Beispiel:

Der Steuerpflichtige hat für ein Einfamilienhaus, das er im November 1991 angeschafft und nur 1992 und 1993 zu eigenen Wohnzwecken genutzt hat, für 1992 und 1993 Abzugsbeträge nach

§ 10e Abs. 1 EStG in Anspruch genommen. Ab 1.1.1996 bewohnt er ein Folgeobjekt. Der Abzugszeitraum bei diesem Objekt ist um drei Jahre (1991 bis 1993) zu kürzen.

¹Kommen für das Folgeobjekt Abzugsbeträge von jeweils bis zu 6 v. H. der Bemessungsgrundlage in Betracht (vgl. Tz. 57 Satz 3 bis 5), kann der Steuerpflichtige diese erhöhten Abzugsbeträge nur noch für die vom Erstobjekt verbliebenen Jahre geltend machen. 80

Beispiel:
Der Steuerpflichtige veräußert sein zum 1.7.1991 hergestelltes, zu eigenen Wohnzwecken genutztes Einfamilienhaus am 1.6.1992. 1991 und 1992 hat er Abzugsbeträge nach § 10e Abs. 1 EStG in Höhe von 16.500 DM, in Anspruch genommen. Ab 1.8.1994 (Übergang Nutzen und Lasten) bewohnt er ein vor 20 Jahren errichtetes Folgeobjekt (Kaufvertrag vom 15.7.1994). Der Abzugszeitraum beim Folgeobjekt ist um zwei Jahre (1991 und 1992) zu kürzen. Von der Bemessungsgrundlage des Folgeobjekts kann der Steuerpflichtige 1994 und 1995 bis zu 6 v. H., höchstens bis zu 9.000 DM, 1996 bis 1999 bis zu 5 v. H., höchstens bis zu 7.500 DM abziehen.

¹Hat der Steuerpflichtige auch das Folgeobjekt nicht bis zum Ablauf des Abzugszeitraums zu eigenen Wohnzwecken genutzt, ist die Inanspruchnahme der Abzugsbeträge bei einem dritten Objekt nicht zulässig. ²Ein drittes Objekt liegt auch vor, wenn das Erstobjekt wieder zu eigenen Wohnzwecken genutzt wird. 81

¹Ehegatten, bei denen die Voraussetzungen des § 26 Abs. 1 EStG vorliegen und die bisher nur bei einem Objekt Abzugsbeträge nach § 10e EStG in Anspruch genommen haben, können wählen, ob ein innerhalb des in § 10e Abs. 4 Satz 4 EStG bezeichneten Zeitraums hergestelltes oder angeschafftes Objekt als Folgeobjekt im Sinne des § 10e Abs. 4 Satz 4 EStG oder als zweites Objekt im Sinne des § 10e Abs. 4 Satz 2 EStG gelten soll. 82

II. Abzug von Aufwendungen vor der erstmaligen Nutzung zu eigenen Wohnzwecken nach § 10e Abs. 6 EStG

1. Begünstigter Personenkreis

¹Aufwendungen nach § 10e Abs. 6 EStG können nur von dem Eigentümer, der Herstellungs- und / oder Anschaffungskosten getragen hat, abgezogen werden¹). ²Der Erbe kann in dem Umfang, in dem auch beim Erblasser ein Vorkostenabzug möglich gewesen wäre, Aufwendungen nach § 10e Abs. 6 EStG abziehen. 83

Beispiel:
A ist Erbe nach dem am 1.2.1993 verstorbenen V. Zum Nachlaß gehört ein Einfamilienhaus, das V im Jahr 1987 angeschafft und seitdem vermietet hat. Die Vermietung endet am 30.9.1993. A zieht am 1.12.1993 in das Haus ein. Für den Zeitraum vom 1.10. bis 1.12.1993 sind laufende Grundstückskosten und Schuldzinsen entstanden. Die laufenden Grundstückskosten sind nicht nach § 10e Abs. 6 EStG abziehbar, weil das Haus vermietet war (vgl. Tz. 95 Satz 2). Die Schuldzinsen sind nach Tz. 91 Satz 2 zu berücksichtigen. Hat V das Haus zu eigenen Wohnzwecken genutzt, ist auch der Schuldzinsenabzug nicht zulässig, weil keine erstmalige Nutzung zu eigenen Wohnzwecken vorliegt. A muß sich die Nutzung durch den Rechtsvorgänger zurechnen lassen.

³Der unentgeltliche Einzelrechtsnachfolger kann Aufwendungen nach § 10e Abs. 6 EStG nicht geltend machen (BFH vom 13.1.1993 – BStBl II S. 346).

¹Wird eine Wohnung teilentgeltlich erworben, können die vor Bezug entstandenen Aufwendungen nach § 10e Abs. 6 EStG abgezogen werden, soweit sie auf den entgeltlich erworbenen Teil der Wohnung entfallen²). ²Die Aufwendungen sind daher, soweit sie nicht eindeutig dem entgeltlichen – wie z. B. Schuldzinsen – oder unentgeltlichen Teil zugeordnet werden können, im Verhältnis des Entgelts (ohne Anschaffungsnebenkosten) zu dem Verkehrswert der Wohnung aufzuteilen (BFH vom 24.3.1993 – BStBl II S. 704). 84

2. Begünstigtes Objekt

¹Aufwendungen im Sinne des § 10e Abs. 6 können für eine Wohnung abgezogen werden, für die der Steuerpflichtige die Abzugsbeträge nach § 10e Abs. 1 EStG in Anspruch nimmt oder nehmen könnte oder für die er Abzugsbeträge wegen Objektverbrauchs, räumlichen Zusammenhangs im Sinne des § 10e Abs. 4 EStG oder Überschreitens der Einkunftsgrenze nach § 10e Abs. 5a EStG nicht geltend 85

---
1) Bestätigt durch BFH vom 20.9.1995 (BStBl 1996 II S. 186).
2) Bestätigt durch BFH vom 1.10.1997 (BStBl 1998 II S. 247).

machen kann. ²Aufwendungen, die im Zusammenhang stehen mit der Herstellung oder Anschaffung von Objekten ohne die erforderliche Baugenehmigung (vgl. Tz. 19), von Ferien- oder Wochenendwohnungen im Sinne von Tz. 20 sowie von Objekten, die vom Ehegatten (vgl. Tz. 21) oder unentgeltlich (vgl. Tz. 83 Satz 3) erworben worden sind, können nicht abgezogen werden. ³Aufwendungen im Sinne des § 10e Abs. 6 EStG können für Objekte im Beitrittsgebiet erstmals im Veranlagungszeitraum 1991 abgezogen werden.

3. Begünstigte Aufwendungen

86 ¹Nach § 10e Abs. 6 EStG können solche Aufwendungen wie Sonderausgaben abgezogen werden, die dem Steuerpflichtigen vor der erstmaligen Nutzung der eigenen Wohnung zu eigenen Wohnzwecken entstanden sind und die in einem engen wirtschaftlichen Zusammenhang mit der Herstellung oder Anschaffung stehen. ²Dazu können bei einer Anschaffung auch Aufwendungen gehören, die nach Beendigung einer Vermietung bis zum Beginn der erstmaligen Nutzung zu eigenen Wohnzwecken entstehen¹) (vgl. aber Tz. 95 Satz 2 und 3 und Tz. 96 Satz 2). ³Ein Mieter, der seine bisher gemietete Wohnung kauft, oder ein Nutzungsberechtigter (vgl. Tz. 5 Satz 2) kann entsprechende, vor Übergang des Eigentums entstandene Aufwendungen ebenfalls abziehen (vgl. Tz. 90 Satz 3).

87 ¹Aufwendungen, die im Zusammenhang mit nicht realisierten Bauvorhaben, nicht erworbenen Objekten oder entgegen ursprünglicher Planung nicht zu eigenen Wohnzwecken genutzten Objekte anfallen, z. B. Planungskosten, Fahrtkosten, Kosten für Fachliteratur, Finanzierungskosten für ein unbebautes Grundstück, oder Vorauszahlungen für ein Bauvorhaben, für die wegen des Konkurses des Bauunternehmers keine Herstellungsleistungen erbracht worden sind (vgl. dazu aber auch Tz. 98), stehen nicht in einem engen wirtschaftlichen Zusammenhang mit der Herstellung oder Anschaffung der zu eigenen Wohnzwecken genutzten Wohnung; sie können daher nicht nach § 10e Abs. 6 EStG abgezogen werden.²)

3.1 Keine Herstellungs- oder Anschaffungskosten³)

88 ¹Der Abzug hängt davon ab, daß die Aufwendungen im Fall der Vermietung Werbungskosten wären. ²Die Aufwendungen dürfen nicht zu den Herstellungs- oder Anschaffungskosten der Wohnung, zu den Anschaffungskosten des Grund und Bodens oder zu Betriebsausgaben oder Werbungskosten gehören. ³Als abziehbare Aufwendungen kommen z. B. Finanzierungs- und Reparaturkosten sowie Abstandszahlungen in Betracht, die der Steuerpflichtige an den Mieter der von ihm gekauften Wohnung geleistet hat, um das Mietverhältnis im Interesse der Eigennutzung zu beenden. ⁴Zu den „vergeblichen" Herstellungsaufwendungen vgl. Tz. 98.

3.2 Entstehen vor Beginn der erstmaligen Selbstnutzung⁴)

89 ¹Vorausgezahlte Aufwendungen können grundsätzlich nur bis zu der Höhe abgezogen werden, in der sie auf den Zeitraum bis zur erstmaligen Nutzung der Wohnung zu eigenen Wohnzwecken entfallen (vgl. BFH vom 8.6.1994 – BStBl II S. 893).

3.2.1 Beginn der erstmaligen Nutzung

90 ¹Es können diejenigen Aufwendungen abgezogen werden, die bis einschließlich des Tages der erstmaligen Nutzung entstanden sind. ²Unter Beginn der erstmaligen Nutzung ist der tatsächliche Einzugszeitpunkt des Eigentümers zu verstehen. ³War der Eigentümer bisher Mieter oder Nutzungsberechtigter (vgl. Tz. 5 Satz 2) der Wohnung, ist der Zeitpunkt maßgebend, in dem das wirtschaftliche Eigentum auf ihn übergeht (vgl. Tz. 18)⁵).

---

1) Ergänzt durch BFH vom 20.9.1995 (BStBl 1996 II S. 186), vgl. H 115 a (Vorkostenabzug).
2) Bestätigt durch BFH vom 23.7.1997 (BStBl 1998 II S. 15) bei Aufgabe der Eigennutzungsabsicht.
3) Ergänzt durch BFH vom 6.12.1995 (BStBl 1996 II S. 358), → H 115 a (Vorkostenabzug).
4) Ergänzt durch BFH vom 27.8.1997 (BStBl 1998 II S. 18), → H 115 a (Vorkostenabzug).
5) Bestätigt durch BFH vom 28.5.1998 (BStBl II S. 563).

4. Einzelfälle

4.1 Finanzierungskosten

[1]Finanzierungskosten stehen stets im engen wirtschaftlichen Zusammenhang mit der Herstellung oder Anschaffung der Wohnung. [2]Deshalb können die Finanzierungskosten auch dann abgezogen werden, wenn die Wohnung zunächst vermietet war[1]). [3]Unerheblich ist, ob der Steuerpflichtige in ein Mietverhältnis eingetreten ist oder die Wohnung selbst vermietet hat. [4]Schuldzinsen, die auf die Zeit vor der erstmaligen Nutzung der eigenen Wohnung zu eigenen Wohnzwecken entfallen, können im Veranlagungszeitraum der Zahlung – ggf. nach Kürzung um Zuschüsse – wie Sonderausgaben abgezogen werden. [5]Schuldzinsen, die auf die Zeit nach Beginn der erstmaligen Nutzung der eigenen Wohnung zu eigenen Wohnzwecken entfallen, können auch dann nicht wie Sonderausgaben abgezogen werden, wenn sie vor der erstmaligen Nutzung geleistet worden sind (vgl. BFH vom 8.6.1994 – BStBl II S. 893). [6]Wie Schuldzinsen sind Geldbeschaffungskosten (z. B. Schätzungsgebühren, Gebühren für Hypothekenvermittlung, Bürgschaftsgebühren, Bereitstellungszinsen für Bankkredite, Notariatsgebühren, Aufwendungen für Fahrten zur Einholung von Kreditangeboten zur Finanzierung der Wohnung) zu behandeln. [7]Die vorstehenden Grundsätze gelten entsprechend für Bauzeitzinsen, die für den Erwerber Finanzierungskosten sind. [8]Erstattet dagegen der Erwerber dem Veräußerer ein bei dessen Darlehensaufnahme einbehaltenes Disagio, gehört der Erstattungsbetrag zu den Anschaffungskosten des Erwerbers (BFH-Urteil vom 17.2.1981, BStBl II S. 466). [9]Voraussetzung für den Abzug der Finanzierungskosten eines Nutzungsberechtigten (vgl. Tz. 5 Satz 2) oder Mieters ist, daß sie mit der Anschaffung der Wohnung zusammenhängen. [10]Diese Finanzierungskosten sind ab dem Zeitpunkt abziehbar, an dem Maßnahmen eingeleitet worden sind, die zum Eigentumserwerb geführt haben.

91

4.2 Damnum

[1]Ein vor Beginn der erstmaligen Nutzung der eigenen Wohnung zu eigenen Wohnzwecken geleistetes Damnum, das in einem engen wirtschaftlichen Zusammenhang mit der Herstellung oder Anschaffung steht, ist im Veranlagungszeitraum der Zahlung in voller Höhe wie Sonderausgaben abzuziehen (vgl. BFH vom 8.6.1994 – BStBl II S. 930)[2]). [2]Wird das Damnum der vertraglichen Vereinbarung entsprechend bereits vor Auszahlung des Darlehens entrichtet, ist dieser Zahlungszeitpunkt nur dann steuerlich anzuerkennen, wenn die Vorausleistung des Damnums wirtschaftlich sinnvoll ist. [3]Ist ein Damnum nicht mehr als drei Monate vor Auszahlung der Darlehensvaluta oder einer ins Gewicht fallenden Teilauszahlung des Darlehens geleistet worden, kann davon ausgegangen werden, daß ein wirtschaftlich sinnvoller Grund besteht (vgl. BFH-Urteil vom 3.2.1987 – BStBl II S. 492). [4]Wird das Damnum nach dem Beginn der erstmaligen Nutzung der eigenen Wohnung zu eigenen Wohnzwecken geleistet, entfällt es jedoch teilweise auf die Zeit vor der erstmaligen Nutzung, kann der Teilbetrag in entsprechender Anwendung des BFH-Urteil vom 25.11.1954 (BStBl 1955 III S. 26) in dem Veranlagungszeitraum, in dem es gezahlt wird, wie Sonderausgaben abgezogen werden. [5]Soweit für das Damnum ein Tilgungsstreckungsdarlehen aufgenommen wird, fließt das Damnum mit den Tilgungsraten des Tilgungsstreckungsdarlehens ab (BFH vom 26.11.1974 – BStBl 1975 II S. 330 und vom 21.1.1975 – BStBl II S. 503).

92

4.3 Aufwendungen für ein Erbbaurecht

[1]Vor Bezug entstandene Aufwendungen für ein Erbbaurecht, z. B. zeitanteilige Anschaffungskosten des Erbbaurechts, Erbbauzinsen, können nach § 10e Abs. 6 EStG abgezogen werden. [2]Für die Erbbauzinsen gilt Tz. 91 sinngemäß. [3]Zu den Anschaffungskosten des Erbbaurechts gehören auch die vom Erbbauberechtigten übernommenen Erschließungskosten (vgl. dazu BMF-Schreiben vom 16.12.1991 – BStBl I S. 1011 und entsprechende Erlasse der obersten Finanzbehörden der Länder, BFH vom 27.7.1994 – BStBl II S. 934 und Tz. 119).

93

4.4 Gebühren für einen Bausparvertrag

[1]Vor Bezug entstandene Vertragsabschlußgebühren und Kontoführungsgebühren für einen Bausparvertrag können abgezogen werden, wenn ein enger wirtschaftlicher Zusammenhang zwischen dem Abschluß des Bausparvertrags und der Herstellung oder Anschaffung der Wohnung oder des dazugehörigen Grund und Bodens besteht und die Gebühren nicht ausnahmsweise als Werbungskosten oder Betriebsausgaben abzuziehen sind. [2]Der enge wirtschaftliche Zusammenhang muß aus äußeren Tatsa-

94

---

1) Bestätigt durch BFH vom 27.6.1995 (BStBl 1996 II S. 151).
2) Im Hinblick auf das BFH-Urteil vom 8.6.1994 – X R 26 / 92 – wird die Frage, ob das Disagio künftig auf die Laufzeit des Darlehens gleichmäßig zu verteilen ist, zwischen den obersten Finanzbehörden des Bundes und der Länder noch erörtert.

chen erkennbar und die Verwendung der erstrebten Kreditmittel zur Errichtung oder zum Erwerb einer eigengenutzten Wohnung oder des dazugehörigen Grund und Bodens alleiniger Grund des Vertragsabschlusses sein (vgl. BFH vom 24.7.1990 – BStBl II S. 975).

4.5 Laufende Grundstückskosten

95 [1]Laufende Grundstückskosten, wie z. B. Grundsteuer und Gebäudeversicherungsprämien, sind auch abziehbar, soweit sie auf die Zeit entfallen, in der die Wohnung zwischen Herstellung oder Anschaffung und Nutzung zu eigenen Wohnzwecken weder vermietet noch vom Steuerpflichtigen unentgeltlich überlassen war (BFH vom 24.3.1993 – BStBl II S. 704). [2]Sie stehen nicht in einem engen wirtschaftlichen Zusammenhang mit der Herstellung oder Anschaffung, wenn der Steuerpflichtige die Wohnung zwischen Erwerb oder Herstellung und Selbstnutzung vermietet hatte[1]). [3]Dagegen kann dieser Zusammenhang unter Berücksichtigung der Verhältnisse des Einzelfalls vorliegen, wenn der Steuerpflichtige durch den Kauf einer vermieteten Wohnung in ein Mietverhältnis eingetreten ist, um dessen Beendigung er sich im Interesse der Eigennutzung umgehend bemüht hat.

4.6 Erhaltungsaufwendungen

96 [1]Erhaltungsaufwendungen z. B. für Reparaturen, die in einem engen wirtschaftlichen Zusammenhang mit der Anschaffung der Wohnung stehen und vor deren erstmaliger Nutzung zu eigenen Wohnzwecken ausgeführt wurden, sind – sofern es sich nicht um den Herstellungskosten zuzurechnende anschaffungsnahe Aufwendungen (R 157 Abs. 5 EStR 1993; BFH vom 23.9.1992 – BStBl II S. 338) handelt – im Veranlagungszeitraum der Zahlung wie Sonderausgaben abziehbar. [2]Das gilt auch für nach Beendigung einer Vermietung und vor der erstmaligen Nutzung zu eigenen Wohnzwecken entstandene Reparaturaufwendungen, wenn der Steuerpflichtige eine vermietete Wohnung gekauft und sich im Interesse der Eigennutzung umgehend um die Beendigung des Mietverhältnisses bemüht hat. [3]War der Steuerpflichtige bisher Mieter oder Nutzungsberechtigter (vgl. Tz. 5 Satz 2) der Wohnung, sind Erhaltungsaufwendungen ab dem Zeitpunkt abziehbar, an dem Maßnahmen eingeleitet worden sind, die zum Eigentumserwerb geführt haben. [4]§ 82b EStDV ist nicht anwendbar.

97 [1]Hat der Steuerpflichtige das Objekt aufgrund eines nach dem 31.12.1993 rechtswirksam abgeschlossenen obligatorischen Vertrags oder gleichstehenden Rechtsakts angeschafft, dürfen Erhaltungsaufwendungen insgesamt nur bis zu 15 v. H. der Anschaffungskosten des Gebäudes oder der Eigentumswohnung, höchstens aber bis zu 22.500 DM abgezogen werden (zum zeitlichen Anwendungsbereich vgl. auch das Beispiel in Tz. 57). [2]Bei Erwerb eines Miteigentumsanteils ist eine dem Anteil entsprechende Kürzung des Höchstbetrags von 22.500 DM vorzunehmen. [3]Tzn. 60 bis 62 sind entsprechend anzuwenden. [4]Werden Teile der Wohnung nicht zu eigenen Wohnzwecken genutzt (z. B. Arbeitszimmer, andere gewerblich/beruflich genutzte oder vermietete Räume), sind die mit der Wohnung in Zusammenhang stehenden Erhaltungsaufwendungen – nicht aber der Höchstbetrag von 22.500 DM – insoweit zu kürzen, als sie auf den nicht zu eigenen Wohnzwecken genutzten Teil entfallen (zu den Aufteilungsmaßstäben vgl. Tz. 52 und 54).

4.7 „Vergebliche" Herstellungsaufwendungen

98 [1]Vorauszahlungen, für die keine Herstellungsleistungen erbracht worden sind (z. B. wegen Konkurses des Bauunternehmers) können nach § 10e Abs. 6 EStG abgezogen werden (vgl. BFH vom 4.7.1990 – BStBl II S. 830), wenn das Bauvorhaben realisiert worden ist, und das Objekt entsprechend der ursprünglichen Planung zu eigenen Wohnzwecken genutzt wird (vgl. BFH vom 17.7.1991 – BStBl II S. 916). [2]Eine „vergebliche" Vorauszahlung kann erst in dem Veranlagungszeitraum wie Sonderausgaben abgezogen werden, in dem deutlich wird, daß sie ohne Gegenleistung bleibt und eine Rückzahlung nicht zu erwarten ist (vgl. BFH vom 31.3.1992 – BStBl II S. 805). [3]Für den Entstehungszeitpunkt ist hingegen maßgeblich, wann die Leistung hätte erbracht werden sollen. [4]Bei Herstellungsleistungen kann regelmäßig davon ausgegangen werden, daß diese vor Bezug hätten erbracht werden sollen.

5. Erstattung von Aufwendungen[2])

99 [1]Werden Aufwendungen, die im Zeitpunkt ihrer Verausgabung nach § 10e Abs. 6 EStG abgezogen worden sind, später rückerstattet, kommt im Veranlagungszeitraum der Erstattung nur eine Verrechnung mit abzugsfähigen Aufwendungen nach § 10e Abs. 6 EStG in Betracht. [2]Erstattete Schuldzinsen müssen zudem mit nach § 10e Abs. 6a EStG abzugsfähigen Schuldzinsen verrechnet werden.

---
[1]) Bestätigt durch BFH vom 27.6.1995 (BStBl 1996 II S. 151).
[2]) Ergänzt durch BFH vom 28.2.1996 (BStBl 1996 II S. 566), → H 115 a (Vorkostenabzug).

6. Zuordnung und Aufteilungsmaßstab

¹Aufwendungen, die nur zum Teil im Rahmen des § 10e Abs. 6 EStG zu berücksichtigen sind, z. B. weil sie auf mehrere Wohnungen entfallen oder in den Fällen der Tz. 52 und 54, sind den verschiedenen Teilen des Grundstücks, des Gebäudes oder der Wohnung zuzuordnen. ²Soweit sich die Aufwendungen nach objektiven Merkmalen und Unterlagen nicht leicht und einwandfrei einem Teil des Grundstücks, des Gebäudes oder der Wohnung eindeutig zuordnen lassen, sind sie aufzuteilen (zu den Aufteilungsmaßstäben vgl. Tz. 52 und 54). 100

¹Die Zuordnungsgrundsätze der Tz. 100 gelten auch bei Wohnungen, die im Miteigentum stehen. ²Ein Miteigentümer, der eine Wohnung aufgrund seiner Eigentümerstellung zu eigenen Wohnzwecken nutzt (vgl. Tz. 62 Beispiel 1 und 3), kann die Aufwendungen im Sinne des § 10e Abs. 6 EStG, die auf diese Wohnung entfallen, daher in vollem Umfang (vgl. aber § 10e Abs. 6 Satz 3 EStG) abziehen. ³Nutzt ein Miteigentümer die zu eigenen Wohnzwecken genutzte Wohnung teilweise aufgrund einer Nutzungsüberlassung (vgl. Tz. 62 Beispiel 2), sind die anteiligen Aufwendungen, die auf diesen Teil der Wohnung entfallen, nicht abziehbar. ⁴Sie stehen nicht in einem engen wirtschaftlichen Zusammenhang mit der Anschaffung oder Herstellung des Miteigentumsanteils durch den Steuerpflichtigen. 101

7. Verfahrensvorschriften

¹Werden Aufwendungen in einem Veranlagungszeitraum abgezogen, in dem die Nutzung der Wohnung zu eigenen Wohnzwecken noch nicht begonnen hat, ist die Veranlagung insoweit vorläufig durchzuführen (§ 165 Abs. 1 Satz 1 AO). 102

8. Kosten vor Bezug bei Ausbauten und Erweiterungen

¹Die Tz. 83 bis 102 gelten mit Ausnahme der Tzn. 96 und 97 entsprechend bei zu eigenen Wohnzwecken genutzten Ausbauten und Erweiterungen, die der Steuerpflichtige an einer Wohnung hergestellt hat, die er spätestens nach Abschluß der Maßnahme zu eigenen Wohnzwecken nutzt. 103

III. Schuldzinsenabzug nach § 10e Abs. 6a EStG

¹Der Schuldzinsenabzug nach § 10e Abs. 6a EStG kann nur für Objekte in Anspruch genommen werden, 104

– die der Eigentümer als Bauherr aufgrund eines nach dem 30. September 1991 gestellten Bauantrags hergestellt hat
  oder
– die der Eigentümer in Erwerbsfällen aufgrund eines nach dem 30. September 1991 rechtswirksam abgeschlossenen Kaufvertrags angeschafft hat oder
– mit deren Herstellung durch den Bauherrn oder Veräußerer nach dem 30. September 1991 begonnen worden ist.

²Der Steuerpflichtige kann den Schuldzinsenabzug vornehmen, wenn er

– Abzugsbeträge für ein Objekt im Sinne des § 10e Abs. 1 oder 2 EStG, das er vor dem 1.1.1995 hergestellt oder vor diesem Zeitpunkt bis zum Ende des Jahres der Fertigstellung angeschafft hat, in Anspruch nimmt
  oder
– an der Inanspruchnahme von Abzugsbeträgen für ein solches Objekt allein wegen Überschreitens der Einkunftsgrenze (vgl. Tz. 22) nach § 10e Abs. 5 a EStG gehindert ist.

³Für eine Wohnung, die zwar vor dem 1.1.1995 angeschafft, aber erst zu einem späteren Zeitpunkt fertiggestellt wird, können Schuldzinsen nicht abgezogen werden. ⁴Ein unentgeltlicher Erwerb im Rahmen der Einzelrechtsnachfolge berechtigt nicht zur Inanspruchnahme des Schuldzinsenabzugs.

¹Der Schuldzinsenabzug ist auch dann zulässig, wenn im Veranlagungszeitraum der Abzugsbetrag nach § 10e Abs. 1 oder Abs. 2 EStG wegen der Nachholungsmöglichkeit nach § 10e Abs. 3 Satz 1 EStG nicht geltend gemacht wird. ²In der Geltendmachung des Schuldzinsenabzugs kommt in diesem Fall die Inanspruchnahme der Steuerbegünstigung nach § 10e Abs. 1 bis 5 EStG zum Ausdruck. 105

¹Ist die Einkunftsgrenze nach § 10e Abs. 5 a EStG überschritten, tritt bei Inanspruchnahme des Schuldzinsenabzugs kein Objektverbrauch nach § 10e Abs. 4 EStG ein. 106

1. Wirtschaftlich mit einem § 10e-Objekt zusammenhängende Schuldzinsen

107 ¹Nach § 10e Abs. 6a EStG können Schuldzinsen abgezogen werden, die mit einem Objekt im Sinne des § 10e Abs. 1 oder 2 EStG in wirtschaftlichem Zusammenhang stehen. ²Schuldzinsen können auch dann abgezogen werden, wenn sie mit der Finanzierung eines vor dem 1.10.1991 angeschafften unbebauten Grundstücks zusammenhängen. ³Wird durch Baumaßnahmen an einem bereits bestehenden Gebäude oder Gebäudeteil eine Wohnung im Sinne des § 10e Abs. 1 EStG hergestellt (vgl. Tz. 14 und 15), können Schuldzinsen auch abgezogen werden, soweit sie mit der zur Herstellung der Wohnung verwendeten Altbausubstanz wirtschaftlich zusammenhängen.

108 ¹In den Fällen des § 10e Abs. 2 EStG sind allein die mit dem Ausbau oder der Erweiterung in wirtschaftlichem Zusammenhang stehenden Schuldzinsen nach § 10e Abs. 6a EStG begünstigt.

109 ¹Zu den Schuldzinsen im Sinne des § 10e Abs. 6a EStG gehören neben den laufenden Schuldzinsen auch die Erbbauzinsen, das Damnum und die Geldbeschaffungskosten (z. B. Schätzungsgebühren, Gebühren für die Hypothekenvermittlung, Bürgschaftsgebühren, Bereitstellungszinsen für Bankkredite, Notariatsgebühren), soweit sie nicht bereits nach § 10e Abs. 6 EStG abgezogen werden können (vgl. Tz. 91 und 92).

2. Schuldzinsenabzug beim Folgeobjekt

110 ¹Bei einem Folgeobjekt (§ 10e Abs. 4 Satz 4 EStG) kann der Steuerpflichtige den Schuldzinsenabzug nur für die vom Erstobjekt verbliebenen Jahre des Abzugszeitraums nach § 10e Abs. 1 EStG geltend machen.

Beispiel:

Der Steuerpflichtige hat für ein 1988 hergestelltes Einfamilienhaus die Abzugsbeträge nach § 10e EStG für die Jahre 1988 bis 1994 in Anspruch genommen. Ab 1.6.1994 bewohnt er ein im selben Jahr hergestelltes Folgeobjekt. Da der Steuerpflichtige wegen § 10e Abs. 4 Satz 5, 2. Halbsatz EStG für das Folgeobjekt den Abzugsbetrag nach § 10e Abs. 1 EStG nur für 1995 abziehen kann, kann er den Schuldzinsenabzug auch nur für 1995 in Anspruch nehmen.

3. Nachholung des Schuldzinsenabzugs

111 ¹Soweit der Schuldzinsenabzug nicht in vollem Umfang im Jahr der Herstellung oder Anschaffung in Anspruch genommen werden kann, kann er nach § 10e Abs. 6a Satz 2 EStG im dritten auf das Jahr der Herstellung oder Anschaffung folgenden Jahr nachgeholt werden. ²Die Nachholung ist nur in Veranlagungszeiträumen und nur für Veranlagungszeiträume möglich, in denen der Steuerpflichtige die Wohnung zu eigenen Wohnzwecken genutzt hat. ³Eine Nachholung ist bis zur Höhe der im Nachholungsjahr gezahlten Schuldzinsen möglich. ⁴Sie ist nicht zulässig, soweit sich der Schuldzinsenabzug im Jahr der Herstellung oder Anschaffung mangels ausreichend hohem zu versteuerndem Einkommen nicht steuermindernd ausgewirkt oder der Steuerpflichtige auf die Inanspruchnahme verzichtet hat.

Beispiel 1:

Der Steuerpflichtige bezieht sein neu errichtetes Einfamilienhaus am 31.10.1992. Seine monatlichen Schuldzinsen betragen 1.200 DM. Er kann die im November und Dezember 1992 entstandenen und gezahlten Schuldzinsen von insgesamt 2.400 DM nach § 10e Abs. 6a EStG abziehen. In Höhe von (12.000 DM – 2.400 DM =) 9.600 DM kann er den Schuldzinsenabzug nicht in Anspruch nehmen. Im Jahre 1995 zahlt der Steuerpflichtige Schuldzinsen in Höhe von 10.000 DM. Der Steuerpflichtige kann für das Jahr 1995 Schuldzinsen in Höhe von 9.600 DM abziehen.

Beispiel 2:

Der Steuerpflichtige bezieht sein im Dezember 1994 fertiggestelltes Einfamilienhaus im Februar 1995. Für 1994 kommt ein Schuldzinsenabzug nach § 10e Abs. 6a EStG wegen fehlender Eigennutzung nicht in Betracht. Der Schuldzinsenabzug nach § 10e Abs. 6a EStG beschränkt sich auf die Jahre 1995 und 1996.

3.1 Nachholung beim Folgeobjekt

112 ¹Macht der Steuerpflichtige den Schuldzinsenabzug für ein Folgeobjekt (§ 10e Abs. 4 EStG) geltend, hat er die Nachholungsmöglichkeit auch dann nicht, wenn er im Jahr der Herstellung oder Anschaffung des Folgeobjekts nur wegen § 10e Abs. 4 Satz 5, 2. Halbsatz EStG noch nicht zur Inanspruchnahme von Abzugsbeträgen nach § 10e Abs. 1 oder 2 EStG berechtigt war.

4. Teilweise Nutzung der Wohnung zu anderen als eigenen Wohnzwecken

¹Werden Teile der Wohnung nicht zu eigenen Wohnzwecken genutzt (z. B. Arbeitszimmer, andere gewerblich / beruflich genutzte oder vermietete Räume), sind die mit der Wohnung in wirtschaftlichem Zusammenhang stehenden Schuldzinsen – nicht aber der Höchstbetrag – insoweit zu kürzen, als sie auf den nicht zu eigenen Wohnzwecken genutzten Teil entfallen (zu den Aufteilungsmaßstäben vgl. Tz. 52 und 54). ²Sie sind nicht zu kürzen, wenn Teile einer ansonsten zu eigenen Wohnzwecken genutzten Wohnung unentgeltlich zu Wohnzwecken überlassen werden (vgl. Tz. 55). 113

5. Erbfall

¹Geht eine zu einem Nachlaß gehörende Wohnung auf einen Erben über, kann dieser bis zum Ende des Abzugszeitraums nach § 10e Abs. 6a EStG den Schuldzinsenabzug in Anspruch nehmen, wenn in seiner Person die Voraussetzungen hierfür erfüllt sind (vgl. Tz. 59). ²Der Erbe kann den nicht ausgenutzten Schuldzinsenabzug des Erblassers nach § 10e Abs. 6a Satz 2 EStG nachholen, soweit die Nachholung dem Erblasser zugestanden hätte. ³Erfüllen für den Veranlagungszeitraum des Erbfalls der Erblasser und der Erbe die Voraussetzungen für die Inanspruchnahme des § 10e Abs. 6a EStG, können die Schuldzinsen beim Erblasser bzw. beim Erben jeweils bis zu der Höhe berücksichtigt werden, in der sie ihnen entstanden und von ihnen gezahlt worden sind. ⁴Übersteigen die Schuldzinsen insgesamt den Höchstbetrag von 12.000 DM, kann der Erbe wählen, in welchem Umfang die Schuldzinsen für dieses Jahr beim Erblasser und bei ihm abzuziehen sind. 114

6. Miteigentümer

¹Die Tz. 60 bis 62 sind entsprechend anzuwenden. 115

¹Steht das Objekt im Miteigentum von Ehegatten und erwirbt ein Ehegatte infolge Erbfalls einen Miteigentumsanteil vom anderen Ehegatten hinzu, kann der hinzuerwerbende Ehegatte die auf diesen Anteil entfallenden Schuldzinsen nach § 10e Abs. 6a EStG – unter Beachtung des Höchstbetrags – weiterhin abziehen, wenn bis zum Tod des anderen Ehegatten die Voraussetzungen des § 26 Abs. 1 EStG vorgelegen haben und bei ihm noch kein Objektverbrauch eingetreten ist. ²Entsprechendes gilt, wenn während des Abzugszeitraums die Voraussetzungen des § 26 Abs. 1 EStG aus anderen Gründen wegfallen und ein Ehegatte den Anteil des anderen Ehegatten an der Wohnung erwirbt. 116

IV. Gesonderte und einheitliche Feststellung bei Miteigentümern nach § 10e Abs. 7 EStG

¹Eine gesonderte und einheitliche Feststellung nach § 10e Abs. 7 EStG ist nur durchzuführen, wenn mehrere Miteigentümer einen anteiligen Abzugsbetrag für die von ihnen gemeinschaftlich genutzte Wohnung in Anspruch nehmen. ²Sie ist nicht erforderlich, wenn die Wohnung im Miteigentum von nach § 26b EStG zusammen zur Einkommensteuer veranlagten Ehegatten steht oder nur durch einen der Miteigentümer bewohnt wird oder ein Zwei- oder Mehrfamilienhaus im Miteigentum mehrerer Steuerpflichtiger steht und die Wohnungen jeweils von den einzelnen Miteigentümern bewohnt werden (vgl. Tz. 62). ³Eine gesonderte und einheitliche Feststellung ist entsprechend § 180 Abs. 3 Nr. 2 AO nicht durchzuführen, wenn es sich um einen Fall von geringer Bedeutung handelt, insbesondere weil die Höhe der Abzugsbeträge und die Aufteilung feststehen. 117

V. Anwendungsregelung

¹Soweit die Anwendung dieser Regelungen zu einer günstigeren Besteuerung gegenüber der bisherigen Verwaltungspraxis führt, können Abzugsbeträge, die in Veranlagungszeiträumen mit bestandskräftigem Steuerbescheid nicht ausgenutzt worden sind, nach Maßgabe des § 10e Abs. 3 EStG nachgeholt werden. 118

¹Soweit die Anwendung der Regelungen in Tz. 71 zu einer Verschärfung der Besteuerung gegenüber der bisher geltenden Verwaltungspraxis führt, ist dieses Schreiben nicht anzuwenden, wenn der Steuerpflichtige das Objekt aufgrund eines Kaufvertrags angeschafft hat, der vor dem 1.2.1995 rechtswirksam abgeschlossen worden ist. ²Soweit die Anwendung der Regelungen zu Tz. 84 zu einer Verschärfung der Besteuerung führt, ist dieses Schreiben nicht anzuwenden, wenn der Steuerpflichtige das Objekt aufgrund eines Kaufvertrags angeschafft hat, der vor dem 1.12.1993 rechtswirksam abgeschlossen worden ist. ³Soweit die Anwendung der Tz. 93 Satz 3 zu einer Verschärfung der Besteuerung führt, können vor dem Beginn der erstmaligen Selbstnutzung gezahlte Erschließungskosten in voller Höhe nach § 10e Abs. 6 EStG abgezogen werden, wenn der rechtswirksame Abschluß eines Erbbaurechts- 119

vertrags oder eines auf die Übertragung eines Erbbaurechts gerichteten Vertrags vor dem 1.1.1992 liegt.

[4]Die BMF-Schreiben vom 25.10.1990 (BStBl I S. 626) und vom 22.10.1993 (BStBl I S. 827) werden aufgehoben.

IV

Eigenheimzulagengesetz (EigZulG)

in der Fassung der Bekanntmachung vom 26.3.1997

(BGBl. I S. 734, BStBl I S. 364)

zuletzt geändert durch Artikel 2 des Gesetzes zur Änderung des § 42 Abs. 2 des Wohngeldgesetzes und des § 9 Abs. 3 und 4 des Eigenheimzulagengesetzes vom 16.7.1998 (BGBl. I S. 1860, BStBl I S. 965)

§ 1
Anspruchberechtigter

Unbeschränkt Steuerpflichtige im Sinne des Einkommensteuergesetzes haben Anspruch auf eine Eigenheimzulage nach Maßgabe der folgenden Vorschriften.

§ 2
Begünstigtes Objekt

(1) Begünstigt ist die Herstellung oder Anschaffung einer Wohnung in einem im Inland belegenen eigenen Haus oder einer im Inland belegenen eigenen Eigentumswohnung. Nicht begünstigt ist eine Ferien- oder Wochenendwohnung oder eine Wohnung, für die Absetzungen für Abnutzung als Betriebsausgaben oder Werbungskosten im Rahmen der doppelten Haushaltsführung abgezogen werden oder § 52 Abs. 15 Satz 2 oder 3 oder Abs. 21 Satz 2 des Einkommensteuergesetzes gilt. Nicht begünstigt sind auch eine Wohnung oder ein Anteil daran, die der Anspruchberechtigte von seinem Ehegatten anschafft, wenn bei den Ehegatten im Zeitpunkt der Anschaffung die Voraussetzungen des § 26 Abs. 1 des Einkommensteuergesetzes vorliegen.

(2) Ausbauten und Erweiterungen an einer Wohnung in einem im Inland belegenen eigenen Haus oder einer im Inland belegenen eigenen Eigentumswohnung stehen der Herstellung einer Wohnung im Sinne des Absatzes 1 gleich.

§ 3
Förderzeitraum

Der Anspruchsberechtigte kann die Eigenheimzulage im Jahr der Fertigstellung oder Anschaffung und in den sieben folgenden Jahren (Förderzeitraum) in Anspruch nehmen.

§ 4
Nutzung zu eigenen Wohnzwecken

Der Anspruch besteht nur für Kalenderjahre, in denen der Anspruchsberechtigte die Wohnung zu eigenen Wohnzwecken nutzt. Eine Nutzung zu eigenen Wohnzwecken liegt auch vor, soweit eine Wohnung unentgeltlich an einen Angehörigen im Sinne des § 15 der Abgabenordnung zu Wohnzwecken überlassen wird.

§ 5
Einkunftsgrenze

Der Anspruchsberechtigte kann die Eigenheimzulage ab dem Jahr in Anspruch nehmen (Erstjahr), in dem der Gesamtbetrag der Einkünfte nach § 2 Abs. 3 des Einkommensteuergesetzes des Erstjahrs zuzüglich des Gesamtbetrags der Einkünfte des vorangegangenen Jahres (Vorjahr) 240.000 Deutsche Mark nicht übersteigt. Bei Ehegatten, die im Erstjahr nach § 26b des Einkommensteuergesetzes zusammenveranlagt werden oder die nicht zur Einkommensteuer veranlagt werden und die Voraussetzungen des § 26 Abs. 1 des Einkommensteuergesetzes erfüllen, tritt an die Stelle des Betrags von 240.000 Deutsche Mark der Betrag von 480.000 Deutsche Mark. Ist in den Fällen des Satzes 1 im Vorjahr für den Anspruchsberechtigten eine Zusammenveranlagung nach § 26b des Einkommensteuergesetzes durchgeführt worden oder ist er nicht zur Einkommensteuer veranlagt worden und waren die Voraussetzungen des § 26 Abs. 1 des Einkommensteuergesetzes erfüllt, ist der auf den Anspruchsberechtigten entfallende Anteil am Gesamtbetrag der Einkünfte des Vorjahrs zu berücksichtigen. Liegen in den Fällen des Satzes 2 im Vorjahr die dort genannten Voraussetzungen nicht vor, ist der Gesamtbetrag der Einkünfte des Vorjahres beider Ehegatten zu berücksichtigen.

§ 6
Objektbeschränkung

(1) Der Anspruchsberechtigte kann die Eigenheimzulage nur für eine Wohnung oder einen Ausbau oder eine Erweiterung (Objekt) in Anspruch nehmen. Ehegatten, bei denen die Voraussetzungen des § 26 Abs. 1 des Einkommensteuergesetzes vorliegen, können die Eigenheimzulage für insgesamt zwei Objekte beanspruchen, jedoch nicht gleichzeitig für zwei in räumlichem Zusammenhang belegene Objekte, wenn bei den Ehegatten im Zeitpunkt der Fertigstellung oder Anschaffung der Objekte die Voraussetzungen des § 26 Abs. 1 des Einkommensteuergesetzes vorliegen.

(2) Sind mehrere Anspruchsberechtigte Eigentümer einer Wohnung, steht jeder Anteil an dieser Wohnung einer Wohnung gleich; Entsprechendes gilt bei dem Ausbau oder der Erweiterung der Wohnung. Satz 1 ist nicht anzuwenden, wenn Ehegatten Eigentümer der Wohnung sind und bei den Ehegatten die Voraussetzungen des § 26 Abs. 1 des Einkommensteuergesetzes vorliegen. Erwirbt im Fall des Satzes 2 ein Ehegatte infolge Erbfalls einen Miteigentumsanteil an der Wohnung hinzu, so kann er den auf diesen Anteil entfallenden Förderungsgrundbetrag nach § 9 Abs. 2 bis 4 weiter in der bisherigen Höhe in Anspruch nehmen; Entsprechendes gilt, wenn im Fall des Satzes 2 während des Förderzeitraums die Voraussetzungen des § 26 Abs. 1 des Einkommensteuergesetzes wegfallen und ein Ehegatte den Anteil des anderen Ehegatten an der Wohnung erwirbt.

(3) Der Eigenheimzulage stehen die erhöhten Absetzungen nach § 7b des Einkommensteuergesetzes in der jeweiligen Fassung ab Inkrafttreten des Gesetzes vom 16. Juni 1964 (BGBl. I S. 353) und nach § 15 Abs. 1 bis 4 des Berlinförderungsgesetzes in der jeweiligen Fassung ab Inkrafttreten des Gesetzes vom 11. Juli 1977 (BGBl. I S. 1213) sowie die Abzugsbeträge nach § 10e des Einkommensteuergesetzes und nach § 15b des Berlinförderungsgesetzes in der jeweiligen Fassung ab Inkrafttreten des Gesetzes vom 15. Mai 1986 (BGBl. I S. 730) gleich.

§ 7
Folgeobjekt

Nutzt der Anspruchsberechtigte die Wohnung (Erstobjekt) nicht bis zum Ablauf des Förderzeitraums zu eigenen Wohnzwecken und kann er deshalb die Eigenheimzulage nicht mehr in Anspruch nehmen, kann er die Eigenheimzulage für ein weiteres Objekt (Folgeobjekt) beanspruchen. Das Folgeobjekt ist ein eigenständiges Objekt im Sinne des § 2. Der Förderzeitraum für das Folgeobjekt ist um die Kalenderjahre zu kürzen, in denen der Anspruchsberechtigte die Eigenheimzulage für das Erstobjekt in Anspruch hätte nehmen können; hat der Anspruchsberechtigte das Folgeobjekt in einem Jahr, in dem er das Erstobjekt noch zu eigenen Wohnzwecken genutzt hat, hergestellt, angeschafft, ausgebaut oder erweitert, so beginnt der Förderzeitraum für das Folgeobjekt mit Ablauf des Jahres, in dem der Anspruchsberechtigte das Erstobjekt letztmals zu eigenen Wohnzwecken genutzt hat. Dem Erstobjekt im Sinne des Satzes 1 steht ein Erstobjekt im Sinne der §§ 7b Abs. 5 Satz 4 und 10e Abs. 4 Satz 4 des Einkommensteuergesetzes sowie § 15 Abs. 1 und § 15b Abs. 1 des Berlinförderungsgesetzes gleich.

§ 8
Bemessungsgrundlage

Bemessungsgrundlage für den Fördergrundbetrag nach § 9 Abs. 2 sind die Herstellungskosten oder Anschaffungskosten der Wohnung zuzüglich der Anschaffungskosten für den dazugehörenden Grund und Boden. Bei Ausbauten oder Erweiterungen nach § 2 Abs. 2 sind Bemessungsgrundlage die Herstellungskosten. Werden Teile der Wohnung nicht zu eigenen Wohnzwecken genutzt, ist die Bemessungsgrundlage um den hierauf entfallenden Teil zu kürzen.

§ 9
Höhe der Eigenheimzulage

(1) Die Eigenheimzulage umfaßt den Fördergrundbetrag nach Absatz 2 bis 4 und die Kinderzulage nach Absatz 5.

(2) Der Fördergrundbetrag beträgt jährlich 5 vom Hundert der Bemessungsgrundlage, höchstens 5.000 Deutsche Mark. Bei Anschaffung der Wohnung nach Ablauf des zweiten auf das Jahr der Fertigstellung folgenden Jahres sowie bei Ausbauten und Erweiterungen nach § 2 Abs. 2 beträgt der Fördergrundbetrag jährlich 2,5 vom Hundert der Bemessungsgrundlage, höchstens 2.500 Deutsche Mark. Sind mehrere Anspruchsberechtigte Eigentümer einer Wohnung, kann der Anspruchsberechtigte den Fördergrundbetrag entsprechend seinem Miteigentumsanteil in Anspruch nehmen. Der Fördergrundbetrag für die Herstellung oder Anschaffung einer Wohnung mindert sich jeweils um den Betrag, den der Anspruchsberechtigte im jeweiligen Kalenderjahr des Förderzeitraums für die Anschaffung von Genossenschaftsanteilen nach § 17 in Anspruch genommen hat.

(3) Der Fördergrundbetrag nach Absatz 2 erhöht sich jährlich um 2 vom Hundert der Bemessungsgrundlage nach Satz 3, höchstens um 500 Deutsche Mark. Dies gilt nicht bei Ausbauten und Erweiterungen nach § 2 Abs. 2. Bemessungsgrundlage sind

1. die Aufwendungen für den Einbau einer verbrennungsmotorisch oder thermisch angetriebenen Wärmepumpenanlage mit einer Leistungszahl von mindestens 1,3 einer Elektro-Wärmepumpenanlage mit einer Leistungszahl von mindestens 3,5, einer Solaranlage oder einer Anlage zur Wärmerückgewinnung einschließlich der Anbindung an das Heizsystem, wenn der Anspruchsberechtigte die Maßnahme vor Beginn der Nutzung der Wohnung zu eigenen Wohnzwecken und vor dem 1. Januar 2001 abgeschlossen hat, oder
2. die Anschaffungskosten einer Wohnung, die der Anspruchsberechtigte bis zum Ende des zweiten auf das Jahr der Fertigstellung folgenden Jahres und vor dem 1. Januar 2001 angeschafft hat, soweit sie auf die in Nummer 1 genannten Maßnahmen entfallen.

(4) Der Fördergrundbetrag nach Absatz 2 erhöht sich um jährlich 400 Deutsche Mark, wenn

1. die Wohnung in einem Gebäude belegen ist, dessen Jahres-Heizwärmebedarf den für dieses Gebäude geforderten Wert nach der Wärmeschutzverordnung vom 16. August 1994 (BGBl. I S. 2121) um mindestens 25 vom Hundert unterschreitet, und
2. der Anspruchsberechtigte die Wohnung vor dem 1. Januar 2001 fertiggestellt oder vor diesem Zeitpunkt bis zum Ende des Jahres der Fertigstellung angeschafft hat.

Dies gilt nicht bei Ausbauten und Erweiterungen nach § 2 Abs. 2. Der Anspruchsberechtigte kann den Betrag nach Satz 1 nur in Anspruch nehmen, wenn er durch einen Wärmebedarfsausweis im Sinne des § 12 der Wärmeschutzverordnung nachweist, daß die Voraussetzungen des Satzes 1 Nr. 1 vorliegen.

(5) Die Kinderzulage beträgt jährlich für jedes Kind, für das der Anspruchsberechtigte oder sein Ehegatte im jeweiligen Kalenderjahr des Förderzeitraums einen Kinderfreibetrag oder Kindergeld erhält, 1.500 Deutsche Mark. Voraussetzung ist, daß das Kind im Förderzeitraum zum inländischen Haushalt des Anspruchsberechtigten gehört oder gehört hat. Sind mehrere Anspruchsberechtigte Eigentümer einer Wohnung, und haben sie zugleich für ein Kind Anspruch auf die Kinderzulage, ist bei jedem die Kinderzulage zur Hälfte anzusetzen. Der Anspruchsberechtigte kann die Kinderzulage im Kalenderjahr nur für eine Wohnung in Anspruch nehmen. Der Kinderzulage steht die Steuerermäßigung nach § 34f des Einkommensteuergesetzes gleich. Absatz 2 Satz 4 ist entsprechend anzuwenden.

(6) Die Summe der Fördergrundbeträge nach Absatz 2 und der Kinderzulagen nach Absatz 5 darf die Bemessungsgrundlage nach § 8 nicht überschreiten. Sind mehrere Anspruchsberechtigte Eigentümer der Wohnung, darf die Summe der Beträge nach Satz 1 die auf den Anspruchsberechtigten entfallende Bemessungsgrundlage nicht überschreiten. Bei Ausbauten und Erweiterungen nach § 2 Abs. 2 darf die Summe der Beträge nach Satz 1 50 v. H. der Bemessungsgrundlage, in den Fällen des

Satzes 2 50 v. H. der auf den Anspruchsberechtigten entfallenden Bemessungsgrundlage nicht überschreiten.

§ 10
Entstehung des Anspruchs auf Eigenheimzulage

Der Anspruch auf Eigenheimzulage entsteht mit Beginn der Nutzung der hergestellten oder angeschafften Wohnung zu eigenen Wohnzwecken, für jedes weitere Jahr des Förderzeitraums mit Beginn des Kalenderjahres, für das eine Eigenheimzulage festzusetzen ist.

§ 11
Festsetzung der Eigenheimzulage

(1) Die Eigenheimzulage wird für das Jahr, in dem erstmals die Voraussetzungen für die Inanspruchnahme der Eigenheimzulage vorliegen, und die folgenden Jahre des Förderzeitraums von dem für die Besteuerung des Anspruchsberechtigten nach dem Einkommen zuständigen Finanzamt festgesetzt. Für die Höhe des Fördergrundbetrags nach § 9 Abs. 2 und die Zahl der Kinder nach § 9 Abs. 5 Satz 1 und 2 sind die Verhältnisse bei Beginn der Nutzung der hergestellten oder angeschafften Wohnung zu eigenen Wohnzwecken maßgeblich. Liegen die Voraussetzungen für die Inanspruchnahme der Eigenheimzulage erst zu einem späteren Zeitpunkt vor, sind die Verhältnisse zu diesem Zeitpunkt maßgeblich. Die Festsetzungsfrist für die Eigenheimzulage endet nicht vor Ablauf der Festsetzungsfrist für die Einkommensteuer der nach § 5 maßgebenden Jahre. Ist der Ablauf der Festsetzungsfrist nach Satz 4 hinausgeschoben, verlängert sich die Festsetzungsfrist für die folgenden Jahre des Förderzeitraums um die gleiche Zeit.

(2) Haben sich die Verhältnisse für die Höhe des Fördergrundbetrags nach § 9 Abs. 2 oder die Zahl der Kinder nach § 9 Abs. 5 Satz 1 und 2, die bei der zuletzt festgesetzten Eigenheimzulage zugrunde gelegt worden sind, geändert, ist die Eigenheimzulage neu festzusetzen (Neufestsetzung). Neu festgesetzt wird mit Wirkung ab dem Kalenderjahr, für das sich die Abweichung bei der Eigenheimzulage ergibt.

(3) Entfallen die Voraussetzungen nach den §§ 1, 2, 4 und 6 während eines Jahres des Förderzeitraums und kann der Anspruchsberechtigte die Eigenheimzulage nicht mehr in Anspruch nehmen, ist die Festsetzung mit Wirkung ab dem folgenden Kalenderjahr aufzuheben. Liegen die Voraussetzungen für die Inanspruchnahme erneut vor, ist Absatz 1 entsprechend anzuwenden.

(4) Der Bescheid über die Festsetzung der Eigenheimzulage ist aufzuheben oder zu ändern, wenn nachträglich bekannt wird, daß der Gesamtbetrag der Einkünfte in den nach § 5 maßgebenden Jahren insgesamt die Einkunftsgrenze über- oder unterschreitet.

(5) Materielle Fehler der letzten Festsetzung können durch Neufestsetzung und durch Aufhebung der Festsetzung beseitigt werden. Neu festgesetzt wird mit Wirkung ab dem Kalenderjahr, in dem der Fehler dem Finanzamt bekannt wird, bei einer Aufhebung oder einer Neufestsetzung zuungunsten des Anspruchsberechtigten jedoch frühestens mit Wirkung ab dem Kalenderjahr, in dem das Finanzamt aufhebt oder neu festsetzt. Bei der Neufestsetzung oder Aufhebung der Festsetzung nach Satz 1 ist § 176 der Abgabenordnung entsprechend anzuwenden; dies gilt nicht für ein Kalenderjahr, das nach der Verkündung der maßgeblichen Entscheidung eines obersten Gerichts des Bundes beginnt.

(6) Sind mehrere Anspruchsberechtigte Eigentümer einer Wohnung, kann die Bemessungsgrundlage nach § 8 und § 9 Abs. 3 gesondert und einheitlich festgestellt werden. Die für die gesonderte Feststellung von Einkünften nach § 180 Abs. 1 Nr. 2 Buchstabe a der Abgabenordnung geltenden Vorschriften sind entsprechend anzuwenden. Bei Ehegatten, die gemeinsam Eigentümer einer Wohnung sind, ist die Festsetzung der Zulage für Jahre des Förderzeitraums, in denen die Voraussetzungen des § 26 Abs. 1 des Einkommensteuergesetzes vorliegen, zusammen durchzuführen. Die Eigenheimzulage ist neu festzusetzen, wenn die Voraussetzungen des § 26 Abs. 1 des Einkommensteuergesetzes während des Förderzeitraums entfallen oder eintreten.

§ 12
Antrag auf Eigenheimzulage

(1) Der Antrag auf Eigenheimzulage ist nach amtlichem Vordruck zu stellen und eigenhändig zu unterschreiben.

(2) Der Anspruchsberechtigte ist verpflichtet, dem zuständigen Finanzamt unverzüglich eine Änderung der Verhältnisse mitzuteilen, die zu einer Minderung oder dem Wegfall der Eigenheimzulage führen.

§ 13
Auszahlung

(1) Für das Jahr der Bekanntgabe des Bescheids und die vorangegangenen Jahre ist die Eigenheimzulage innerhalb eines Monats nach Bekanntgabe des Bescheids, für jedes weitere Jahr des Förderzeitraums am 15. März auszuzahlen. Ergibt sich auf Grund der Neufestsetzung eine Erhöhung der Eigenheimzulage, ist der Unterschiedsbetrag innerhalb eines Monats nach Bekanntgabe des Bescheids auszuzahlen. Ist die Eigenheimzulage nach § 11 Abs. 6 Satz 3 für beide Ehegatten zusammen festgesetzt worden, wirkt die Auszahlung der Eigenheimzulage an einen Ehegatten auch für und gegen den anderen Ehegatten; dies gilt auch, wenn die Eigenheimzulage nach der Auszahlung nach § 11 Abs. 6 Satz 4 neu festgesetzt wird.

(2) Die Eigenheimzulage ist aus den Einnahmen an Einkommensteuer auszuzahlen.

§ 14
Rückforderung

Ergibt sich auf Grund der Neufestsetzung eine Minderung der Eigenheimzulage oder wird die Festsetzung aufgehoben, sind überzahlte Beträge innerhalb eines Monats nach Bekanntgabe des Bescheids zurückzuzahlen.

§ 15
Anwendung der Abgabenordnung

(1) Die für Steuervergütungen geltenden Vorschriften der Abgabenordnung sind entsprechend anzuwenden. Dies gilt nicht für § 163 der Abgabenordnung. In öffentlich-rechtlichen Streitigkeiten über die auf Grund dieses Gesetzes ergehenden Verwaltungsakte der Finanzbehörden ist der Finanzrechtsweg gegeben.

(2) Für die Verfolgung einer Straftat nach § 264 des Strafgesetzbuches, die sich auf die Eigenheimzulage bezieht, sowie die Begünstigung einer Person, die eine solche Straftat begangen hat, gelten die Vorschriften der Abgabenordnung über die Verfolgung von Steuerstraftaten entsprechend.

§ 16
Ertragsteuerliche Behandlung der Eigenheimzulage

Die Eigenheimzulage gehört nicht zu den Einkünften im Sinne des Einkommensteuergesetzes. Sie mindert nicht die steuerlichen Herstellungs- und Anschaffungskosten.

§ 17
Eigenheimzulage bei Anschaffung von Genossenschaftsanteilen

Der Anspruchsberechtigte kann die Eigenheimzulage einmal für die Anschaffung von Geschäftsanteilen in Höhe von mindestens 10.000 Deutsche Mark an einer nach dem 1. Januar 1995 in das Genossenschaftsregister eingetragenen Genossenschaft (Genossenschaftsanteile) in Anspruch nehmen. Voraussetzung ist, daß die Satzung der Genossenschaft unwiderruflich den Genossenschaftsmitgliedern, die Förderung erhalten, das vererbliche Recht auf Erwerb des Eigentums an der von ihnen zu Wohnzwecken genutzten Wohnung für den Fall einräumt, daß die Mehrheit der in einem Objekt wohnenden Genossenschaftsmitglieder der Begründung von Wohnungseigentum und Veräußerung der Wohnungen schriftlich zugestimmt hat. Bemessungsgrundlage ist die geleistete Einlage. Der Fördergrundbetrag beträgt jährlich 3 vom Hundert der Bemessungsgrundlage, höchstens 2.400 Deutsche Mark für jedes Jahr, in dem der Anspruchsberechtigte die Genossenschaftsanteile inne hat. Die Kinderzulage nach § 9 Abs. 5 Satz 1 beträgt jährlich 500 Deutsche Mark. Die Summe der Fördergrundbeträge und der Kinderzulage darf die Bemessungsgrundlage nicht überschreiten. Der Anspruch auf Eigenheimzulage entsteht mit dem Jahr der Anschaffung der Genossenschaftsanteile. Im übrigen sind die §§ 1, 3, 5, 7, 10 bis 16 entsprechend anzuwenden.

§ 18
Ermächtigung

Das Bundesministerium der Finanzen wird ermächtigt, den Wortlaut dieses Gesetzes in der jeweils geltenden Fassung satzweise numeriert mit neuem Datum, unter neuer Überschrift und in neuer Paragraphenfolge bekanntzumachen und dabei Unstimmigkeiten des Wortlauts zu beseitigen und im Einvernehmen mit den obersten Finanzbehörden der Länder den Vordruck für den nach § 12 Abs. 1 vorgesehenen Antrag zu bestimmen.

§ 19
Anwendungsbereich

(1) Dieses Gesetz ist erstmals anzuwenden, wenn der Anspruchsberechtigte im Fall der Herstellung nach dem 31. Dezember 1995 mit der Herstellung des Objekts begonnen oder im Fall der Anschaffung die Wohnung oder die Genossenschaftsanteile nach dem 31. Dezember 1995 auf Grund eines nach diesem Zeitpunkt rechtswirksam abgeschlossenen obligatorischen Vertrags oder gleichstehenden Rechtsakts angeschafft hat.

(2) Das Gesetz kann auf Antrag des Anspruchsberechtigten auch angewandt werden, wenn der Anspruchsberechtigte

1. die Wohnung als Mieter auf Grund einer Veräußerungspflicht des Wohnungsunternehmens nach § 5 des Altschuldenhilfe-Gesetzes anschafft, und der Zeitpunkt des zugrundeliegenden rechtswirksam abgeschlossenen obligatorischen Vertrags oder gleichstehenden Rechtsakts nach dem 28. Juni 1995 liegt, oder
2. im Fall der Herstellung nach dem 26. Oktober 1995 mit der Herstellung des Objekts begonnen oder im Fall der Anschaffung die Wohnung nach dem 26. Oktober 1995 auf Grund eines nach diesem Zeitpunkt rechtswirksam abgeschlossenen obligatorischen Vertrags oder gleichstehenden Rechtsakts angeschafft hat.

Stellt der Anspruchsberechtigte den Antrag nach Satz 1, finden die §§ 10e, 10h und 34f des Einkommensteuergesetzes keine Anwendung. Der Antrag ist unwiderruflich. Er ist ausgeschlossen, wenn der Anspruchsberechtigte für das Objekt in einem Jahr Abzugsbeträge nach § 10e Abs. 1 bis 5 oder § 10h des Einkommensteuergesetzes, die Steuerermäßigung nach § 34f des Einkommensteuergesetzes in Anspruch genommen oder für Veranlagungszeiträume nach dem Veranlagungszeitraum 1994 Aufwendungen nach § 10e Abs. 6 oder § 10h Satz 3 des Einkommensteuergesetzes abgezogen hat.

(3) § 9 Abs. 2 Satz 2 und Abs. 6 Satz 3 ist erstmals auf Ausbauten und Erweiterungen nach § 2 Abs. 2 anzuwenden, wenn der Anspruchsberechtigte mit der Herstellung nach dem 31. Dezember 1996 begonnen hat.

(4) Als Beginn der Herstellung gilt bei Objekten, für die eine Baugenehmigung erforderlich ist, der Zeitpunkt, in dem der Bauantrag gestellt wird; bei baugenehmigungsfreien Objekten, für die Bauunterlagen einzureichen sind, der Zeitpunkt, in dem die Bauunterlagen eingereicht werden.

V

Änderung von Eigenheimzulagebescheiden nach § 172 AO; Umstieg von der Folgeobjekt- auf die Zweitobjektförderung und umgekehrt

FinMin NW vom 19.8.1996

S 0350 – 22 – V C 2

Die AO-Referatsleiter der obersten Finanzbehörden des Bundes und der Länder haben die Frage, ob Ehegatten nach Bestandskraft des Eigenheimzulagebescheides ihre einmal getroffene Wahl zugunsten der Zweitobjekt- bzw. Folgeobjektförderung ändern können, mit folgendem Ergebnis erörtert:

1. **Wechsel von der Zweitobjektförderung zur Folgeobjektförderung**

   In diesem Fall ist eine Korrektur nach § 172 Abs. 1 Satz 1 Nr. 2 Buchstabe a AO nicht möglich. Diese Vorschrift gestattet es nicht, einen rechtmäßigen Eigenheimzulagebescheid zwecks anderweitiger Ausübung eines Wahlrechts zu ändern.

2. **Wechsel von der Folgeobjektförderung zur Zweitobjektförderung**

   In diesem Fall bestehen keine verfahrensrechtlichen Bedenken dagegen, für die restlichen Jahre des ungekürzten Förderzeitraums erstmals Eigenheimzulage festzusetzen. Die bestandskräftige Festsetzung der Eigenheimzulage für den verkürzten Förderzeitraum schließt eine darüber hinausgehende erstmalige Festsetzung der Zulage für die Folgejahre des ungekürzten Förderzeitraums nicht aus. Ein Wechsel von der Folgeobjektförderung zur Zweitobjektförderung hat lediglich zur Folge, daß für die restlichen Jahre des ungekürzten Förderzeitraums erstmals Eigenheimzulage festzusetzen ist. Die bisher erfolgte Festsetzung bleibt in ihrem Tenor unverändert.

VI

Zweifelsfragen zum Eigenheimzulagengesetz und zum Vorkostenabzug bei einer nach dem Eigenheimzulagengesetz begünstigten Wohnung (§ 10i EStG)

BMF vom 10.2.1998 (BStBl I S. 190)

IV B 3 – EZ 1010 – 11/98

		Rz.
A.	**Eigenheimzulage**	
I.	**Anspruchsberechtigter (§ 1 EigZulG)**	1
II.	**Begünstigtes Objekt (§ 2 EigZulG)**	2
1.	**Wohnung im eigenen Haus**	
1.1	Begriff der Wohnung	3
1.2	Wohnung „im eigenen Haus"	4
1.2.1	Bürgerlich rechtlicher Eigentümer	5 – 6
1.2.2	Wirtschaftlicher Eigentümer	7 – 8
2.	**Herstellung oder Anschaffung**	9 – 10
2.1	Herstellung einer Wohnung	11 – 12
2.2	Anschaffung einer Wohnung	13 – 14
3.	**Ausbauten und Erweiterungen**	15 – 16
4.	**Ausschluß der Steuerbegünstigung**	
4.1	Ferien- oder Wochenendwohnungen	17
4.2	Im Rahmen der doppelten Haushaltsführung genutzte Wohnungen und Wohnungen, die der Nutzungswertbesteuerung unterliegen	18
4.3	Anschaffung vom Ehegatten	19

Anhang 27

Wohneigentumsförderung VI

		Rz.
4.4	Bauten ohne Baugenehmigung	20
5.	**Erbfall**	21
III.	**Förderzeitraum (§ 3 EigZulG)**	22
1.	**Zeitpunkt der Herstellung**	23
2.	**Zeitpunkt der Anschaffung**	24
IV.	**Nutzung zu eigenen Wohnzwecken (§ 4 EigZulG)**	25 – 27
V.	**Einkunftsgrenze (§ 5 EigZulG)**	28 – 30
VI.	**Objektbeschränkung (§ 6 EigZulG)**	
1.	**Allgemeines**	33 – 37
2.	**Objektverbrauch bei Ehegatten**	38 – 40
2.1	Räumlicher Zusammenhang	41
2.2	Objektverbrauch nach Trennung, Scheidung oder Tod eines Ehegatten	42 – 45
VII.	**Folgeobjekt (§ 7 EigZulG)**	46 – 53
VIII.	**Bemessungsgrundlage für den Fördergrundbetrag nach § 9 Abs. 2 EigZulG (§ 8 EigZulG)**	54 – 55
1.	**Herstellungs- oder Anschaffungskosten**	56
1.1	Nachträgliche Herstellungskosten	57
1.2	Anschaffungskosten des Grund und Bodens	58
1.3	Teilentgeltlicher Erwerb / Erwerb im Rahmen einer vorweggenommenen Erbfolge	59
2.	**Bemessungsgrundlage bei Ausbauten und Erweiterungen**	60
3.	**Kürzung der Bemessungsgrundlage**	61
IX.	**Höhe der Eigenheimzulage (§ 9 EigZulG)**	62
1.	**Fördergrundbetrag (§ 9 Abs. 2 EigZulG)**	
1.1	Miteigentum	63
1.1.1	Miteigentum bei Zwei- oder Mehrfamilienhäusern	64 – 65
1.1.2	Behandlung der Erbengemeinschaft und ihrer Auseinandersetzung	66 – 70
2.	**Zusatzförderung für energiesparende Anlagen (§ 9 Abs. 3 EigZulG)**	71 – 73
2.1	Wärmepumpenanlagen	74
2.2	Solaranlagen	75
2.3	Wärmerückgewinnungsanlagen	76 – 77
2.4	Höhe der Förderung	78 – 80
2.5	Verhältnis zu anderen Vorschriften	81
3.	**Zusatzförderung von Niedrigenergiehäusern (§ 9 Abs. 4 EigZulG)**	82 – 83
4.	**Kinderzulage (§ 9 Abs. 5 EigZulG)**	
4.1	Voraussetzungen	84 – 86
4.2	Ausschluß mehrfacher Förderung (§ 9 Abs. 5 Satz 4 und 5 EigZulG)	87
4.3	Kinderzulage bei Miteigentum (§ 9 Abs. 5 Satz 3 EigZulG)	88
5.	**Förderbegrenzung (§ 9 Abs. 6 EigZulG)**	89 – 91
X.	**Entstehung des Anspruchs auf Eigenheimzulage (§ 10 EigZulG)**	92
XI.	**Verfahren (§§ 11 bis 15 EigZulG)**	
1.	**Erstmalige Festsetzung (§ 11 Abs. 1 EigZulG)**	93
2.	**Neufestsetzung oder Aufhebung bei Änderung der Verhältnisse (§ 11 Abs. 2 und 3 EigZulG)**	94 – 96
3.	**Aufhebung oder Änderung bei Über- oder Unterschreiten der Einkunftsgrenze (§ 11 Abs. 4 EigZulG)**	97 – 98
4.	**Fehlerbeseitigende Neufestsetzung (§ 11 Abs. 5 EigZulG)**	99

		Rz.
5.	Gesonderte und einheitliche Feststellung bei Miteigentümern (§ 11 Abs. 6 Satz 1 und 2 EigZulG)	100
6.	Festsetzung bei Ehegatten (§ 11 Abs. 6 Satz 3 und 4 EigZulG)	101
7.	Auszahlung der Eigenheimzulage (§ 13 EigZulG)	102
8.	Anwendung der Abgabenordnung (§ 15 EigZulG)	103 – 105
XII.	Genossenschaftsförderung (§ 17 EigZulG)	
1.	Anforderungen an die Genossenschaft	106 – 107
2.	Persönliche Voraussetzungen	108 – 110
3.	Förderzeitraum und Höhe der Eigenheimzulage	111 – 115
4.	Kürzung der Eigenheimzulage für ein Wohnobjekt bei Inanspruchnahme der Genossenschaftsförderung	116 – 117
XIII.	Zeitlicher Anwendungsbereich (§ 19 EigZulG)	
1.	Allgemeines	118
2.	Beginn der Herstellung	119 – 121
B.	Vorkostenabzug nach § 10i EStG	
I.	Vorkostenpauschale (§ 10i Abs. 1 Satz 1 Nr. 1 EStG)	122 – 123
II.	Abzug von Erhaltungsaufwendungen (§ 10i Abs. 1 Satz 1 Nr. 2 EStG)	
1.	Unmittelbarer Zusammenhang mit der Anschaffung einer nach § 2 Abs. 1 EigZulG begünstigten Wohnung	124 – 126
2.	Entstehung vor Eigennutzung	127
3.	Erhaltungsaufwendungen	128 – 130
III.	Gesonderte und einheitliche Feststellung (§ 10i Abs. 2 EStG)	131
C.	Zeitliche Anwendung	132

Unter Bezugnahme auf das Ergebnis der Erörterung mit den obersten Finanzbehörden der Länder nehme ich zur Anwendung des Eigenheimzulagengesetzes wie folgt Stellung:

A. Eigenheimzulage

I. Anspruchsberechtigter (§ 1 EigZulG)

1   ¹Anspruchsberechtigt sind unbeschränkt Einkommensteuerpflichtige i.S.d. § 1 Abs. 1 und Abs. 2 EStG oder Personen, die nach § 1 Abs. 3 EStG auf Antrag als unbeschränkt steuerpflichtig zu behandeln sind. ²Nicht Voraussetzung ist, daß der Anspruchsberechtigte tatsächlich zur Einkommensteuer veranlagt wird und eine Einkommensteuer festzusetzen ist.

II. Begünstigtes Objekt (§ 2 EigZulG)

2   Begünstigt ist die Herstellung oder Anschaffung einer im Inland belegenen Wohnung im eigenen Haus oder einer im Inland belegenen eigenen Eigentumswohnung (§ 2 Abs. 1 EigZulG) sowie Ausbauten und Erweiterungen an einer solchen Wohnung (§ 2 Abs. 2 EigZulG).

1. Wohnung im eigenen Haus

1.1 Begriff der Wohnung

3   ¹Für den Begriff der Wohnung gelten die bewertungsrechtlichen Abgrenzungsmerkmale, die nach der Rechtsprechung des Bundesfinanzhofs, insbesondere zur Abgeschlossenheit und zum eigenen Zugang, maßgebend sind (vgl. gleichlautende Erlasse der obersten Finanzbehörden der Länder vom 28. Mai 1997 – BStBl I S. 592; zur Mindestgröße vgl. BFH vom 2. April 1997 – BStBl I S. 611. ²Auf die Art des Gebäudes, in dem sich die Wohnung befindet, kommt es nicht an.

1.2 Wohnung „im eigenen Haus"

Der Anspruchsberechtigte muß bürgerlich-rechtlicher oder wirtschaftlicher Eigentümer (§ 39 Abs. 2 Nr. 1 Satz 1 AO) der Wohnung sein.

1.2.1 Bürgerlich-rechtlicher Eigentümer

[1]Bürgerlich-rechtliches Eigentum am Gebäude kann auch nach § 95 Abs. 1 BGB bei Herstellung eines Gebäudes in Ausübung eines dinglichen Rechts (beispielsweise eines Nießbrauchs oder Erbbaurechts) an einem unbebauten Grundstück erlangt werden.

[1]Bürgerlich-rechtliches Eigentum am Gebäude hat auch derjenige, der dieses auf einem Grundstück hergestellt hat, an dem ihm ein Nutzungsrecht nach den §§ 287 oder 291 des Zivilgesetzbuches DDR vor dem Wirksamwerden des Beitritts verliehen worden ist.

1.2.2 Wirtschaftlicher Eigentümer

[1]Wirtschaftliches Eigentum wird durch dinglich oder schuldrechtlich begründete Nutzungsrechte an der Wohnung in der Regel nicht vermittelt. [2]Dies gilt auch, wenn das Nutzungsrecht durch das stillschweigende Einverständnis des bürgerlich-rechtlichen Eigentümers mit Baumaßnahmen auf fremdem Grund und Boden entstanden ist (vgl. aber Rz. 10).

[1]Der Dauerwohnberechtigte im Sinne der §§ 31 ff. Wohnungseigentumsgesetz ist nur dann als wirtschaftlicher Eigentümer der Wohnung anzusehen, wenn seine Rechte und Pflichten bei wirtschaftlicher Betrachtungsweise den Rechten und Pflichten eines Eigentümers der Wohnung entsprechen und wenn er aufgrund des Dauerwohnrechtsvertrags bei Beendigung des Dauerwohnrechts eine angemessene Entschädigung erhält. [2]Ob dies zutrifft, richtet sich nach den Verhältnissen des Einzelfalls (BFH vom 11. September 1964 – BStBl 1965 III S. 8 und vom 22. Oktober 1985 – BStBl 1986 II S. 258). [3]Entspricht der Dauerwohnrechtsvertrag dem Mustervertrag über die Bestellung eines eigentumsähnlichen Dauerwohnrechts (Bundesbaublatt 1956, S. 615), so kann ohne weitere Prüfung anerkannt werden, daß der Dauerwohnberechtigte wirtschaftlicher Eigentümer der Wohnung ist.

2. Herstellung oder Anschaffung

[1]Der Anspruchsberechtigte muß eine Wohnung hergestellt oder angeschafft und die Herstellungs- oder Anschaffungskosten getragen haben. [2]Die Herstellungs- oder die Anschaffungskosten hat auch der Anspruchsberechtigte getragen, der Geld geschenkt erhalten und damit ein Objekt im Sinne des § 2 EigZulG angeschafft oder hergestellt hat (zur Abgrenzung von Geldschenkung zur mittelbaren Grundstücksschenkung vgl. Rz. 13).

[1]Hersteller ist, wer auf eigene Gefahr und eigene Rechnung eine Wohnung errichtet.

[2]Der Hersteller ist auch anspruchsberechtigt, wenn er auf einem fremden Grundstück mit Zustimmung des Eigentümers eine Wohnung für eigene Wohnzwecke errichtet und ihm aufgrund eindeutiger, vor Bebauung getroffener Vereinbarung ein Nutzungsrecht für die voraussichtliche Nutzungsdauer der Wohnung zusteht (vgl. BFH vom 27. November 1996 – BStBl 1998 II S. 97). [3]Voraussetzung ist, daß das Nutzungsrecht vererblich ist.

[4]Der Hersteller wird auch anspruchsberechtigt, wenn er auf einem fremden Grundstück eine Wohnung für eigene Wohnzwecke errichtet hat und innerhalb des Förderzeitraums (vgl. Rz. 22 und 23) das bürgerlich-rechtliche Eigentum an dem Grundstück erhält. [5]Der Anspruch auf Eigenheimzulage besteht für den verbleibenden Förderzeitraum ab dem Jahr, in dem der notarielle Vertrag abgeschlossen worden ist[1]).

2.1 Herstellung einer Wohnung

[1]Eine Wohnung kann nicht nur durch Neubau hergestellt werden (vgl. BFH vom 31. März 1992 – BStBl II S. 808), sondern auch, wenn durch Baumaßnahmen erstmals eine Wohnung im bewertungsrechtlichen Sinne entsteht (vgl. Rz. 3) und die Voraussetzungen der Rz. 12 vorliegen. [2]Entstehen bei Aufteilung einer Wohnung (z. B. bei Umwandlung eines Zweifamilienhauses nach der Rechtsprechung des BFH zum alten Wohnungsbegriff in ein Zweifamilienhaus nach der neueren Rechtsprechung des BFH) mehrere kleinere Wohnungen, kann der Steuerpflichtige bestimmen, welche Wohnung an die Stelle der bisherigen tritt und welche Wohnung neu entstanden ist. [3]Eine Wohnung entsteht nicht bei

---

[1]) Eine Anschaffung liegt bei erwartungsgemäßer Eigentumsübertragung nicht vor, weil in diesen Fällen kein Aufwendungsersatzanspruch entsteht, auf den verzichtet werden könnte (→ BFH vom 11.12.1996 – BStBl 1998 II S. 100); zur zeitlichen Anwendung → Rz. 132 Satz 1.

- Umwidmung einer Wohnung (z. B. einer bisher fremdvermieteten oder einer als Praxis genutzten Wohnung in eine eigengenutzte Wohnung),
- Instandsetzung einer leerstehenden Wohnung,
- Verkleinerung oder Vergrößerung einer Wohnung oder
- der Verbindung von Wohnungen (BFH vom 15. November 1995 – BStBl 1998 II S. 92).

12 [1]Die Wohnung ist nur dann hergestellt, wenn die verwendete Gebäudesubstanz so tiefgreifend umgestaltet oder in einem solchen Ausmaß erweitert wird, daß die eingefügten Teile der entstandenen Wohnung das Gepräge geben und die verwendeten Altteile wertmäßig untergeordnet erscheinen. [2]Aus Vereinfachungsgründen kann hiervon ausgegangen werden, wenn der im zeitlichen und sachlichen Zusammenhang mit der Entstehung der Wohnung angefallene Bauaufwand zuzüglich des Werts der Eigenleistung nach überschlägiger Berechnung den Wert der Altbausubstanz (Verkehrswert) übersteigt. [3]Typische Erhaltungsaufwendungen bleiben bei dieser Gegenüberstellung jedoch außer Betracht (vgl. BFH vom 11. September 1996 – BStBl 1998 II S. 94). [4]Mangels tatsächlicher Aufwendungen gehören die Eigenleistungen nicht zu den Herstellungskosten i.S.d. § 8 EigZulG.

2.2 Anschaffung einer Wohnung

13 [1]Der Anspruchsberechtigte schafft eine Wohnung an, wenn er sie entgeltlich erwirbt. [2]Eine mittelbare Grundstücksschenkung führt zu einem unentgeltlichen Erwerb (vgl. BFH vom 8. Juni 1994 – BStBl II S. 779). [3]Eine mittelbare Grundstücksschenkung liegt vor, wenn im voraus eine klare und eindeutige Schenkungsabrede dahingehend getroffen ist, daß der Gegenstand der Schenkung ein ganz bestimmtes Grundstück und nicht etwa ein Geldbetrag sein soll (vgl. BFH vom 15. Mai 1990 – BStBl 1992 II S. 67; zur Abgrenzung zwischen Grundstücks- und Geldschenkung vgl. auch die gleichlautenden Erlasse der obersten Finanzbehörden der Länder vom 2. November 1989 – BStBl I S. 443, geändert durch gleichlautende Erlasse vom 10. September 1996 – BStBl I S. 1173). [4]Zur Inanspruchnahme der Eigenheimzulage durch den Erben vgl. Rz. 21.

14 [1]Wird ein im Miteigentum stehendes Gebäude in Eigentumswohnungen umgewandelt, an denen die bisherigen Miteigentümer jeweils Alleineigentum erwerben, liegt keine Anschaffung im Sinne des § 2 EigZulG vor.

3. Ausbauten und Erweiterungen

15 [1]Wegen der Begriffe Ausbauten und Erweiterungen wird auf § 17 Abs. 1 und 2 des Zweiten Wohnungsbaugesetzes (Wohnungsbau- und Familienheimgesetz – II. WoBauG –; im Saarland: § 11 Abs. 1 und 2 des Wohnungsbaugesetzes für das Saarland) hingewiesen. [2]Erweiterung ist danach das Schaffen von neuem, bisher nicht vorhandenem Wohnraum durch Aufstockung des Gebäudes oder Anbau an das Gebäude (BFH vom 27. Januar 1993 – BStBl II S. 601). [3]Ausbau ist das Schaffen von Wohnraum durch Ausbau des Dachgeschosses oder durch eine unter wesentlichem Bauaufwand durchgeführte Umwandlung von Räumen, die nach ihrer baulichen Anlage und Ausstattung bisher anderen als Wohnzwecken dienten (z. B. Ausbau von Kellerräumen zu Wohnräumen, die die bauordnungsrechtlichen Anforderungen an Aufenthaltsräume erfüllen). [4]Als Ausbau gilt es auch, wenn Wohnungen, die infolge Änderung der Wohngewohnheiten objektiv nicht mehr für Wohnzwecke geeignet sind, zur Anpassung an die veränderten Wohngewohnheiten unter wesentlichem Bauaufwand umgebaut werden (vgl. BFH vom 28. April 1992 – BStBl II S. 823, vom 16. Februar 1993 – BStBl II S. 659 und vom 15. November 1995 – BStBl II 1998 S. 92). [5]Wesentlicher Bauaufwand liegt vor, wenn die Baukosten mindestens der Kosten eines vergleichbaren Neubaus – bezogen auf die umgebauten Räume – ausmachen (BFH vom 28. April 1992 – BStBl II S. 823 und vom 16. Februar 1993 – BStBl II S. 659). [6]Der Wert von Eigenleistungen ist dabei zu berücksichtigen (§ 9 der Zweiten Berechnungsverordnung [II. BV] – BStBl 1990 I S. 735). [7]Mangels tatsächlicher Aufwendungen gehören die Eigenleistungen jedoch nicht zu den Herstellungskosten i.S. d. § 8 EigZulG.

16 [1]Begünstigt sind Ausbauten und Erweiterungen nur, wenn durch die Baumaßnahmen nach § 44 Abs. 1 Nr. 1 II. BV voll auf die Wohnfläche anzurechnender Wohnraum entsteht (vgl. BFH vom 8. März 1995 – BStBl II 1996 S. 352). [2]Als Ausbau oder Erweiterung kann daher nicht die nachträgliche Erstellung von Garagen angesehen werden. [3]Der Anbau eines Wintergartens ist als Erweiterung begünstigt, wenn der Wintergarten nach seiner baulichen Gestaltung (insbesondere Raumhöhe, Belüftung, Beheizung und Beleuchtung) zum dauernden Aufenthalt von Menschen – auch in den Wintermonaten – objektiv geeignet ist. [4]Unter diesen Voraussetzungen handelt es sich nicht um einen Wintergarten i.S.d. § 44 Abs. 1 Nr. 2 II. BV. [5]Nicht voll auf die Wohnfläche anzurechnende Räume oder Raumteile sind nur „mit" begünstigt, wenn sie im Zuge einer einheitlichen Baumaßnahme zusammen mit nach § 44 Abs. 1 Nr. 1 II. BV voll anrechenbaren Räumen oder Raumteilen hergestellt werden (z. B. bei einem unterkel-

lerten Anbau oder bei Ausbau eines Raums im Dachgeschoß, bei dem Teile wegen der Dachschrägen nicht voll auf die Wohnfläche angerechnet werden).

4. Ausschluß der Steuerbegünstigung

4.1 Ferien- oder Wochenendwohnungen

[1]Nicht begünstigt sind Ferien- oder Wochenendwohnungen; das sind Wohnungen, die baurechtlich nicht ganzjährig bewohnt werden dürfen oder die sich aufgrund ihrer Bauweise nicht zum dauernden Bewohnen eignen (BFH vom 28. März 1990 – BStBl II S. 815). [2]Baurechtlich nicht ganzjährig bewohnt werden dürfen Wohnungen, die in einem ausgewiesenen Sondergebiet für Ferien- oder Wochenendhäuser liegen, soweit nicht ausnahmsweise ein Dauerwohnen in diesem Gebiet baurechtlich ausdrücklich zugelassen ist. [3]Die stillschweigende Zustimmung der Gemeinde (z. B. durch Anmeldung mit erstem Wohnsitz) reicht nicht aus. [4]Die Eigenheimzulage ist in diesem Fall auch ausgeschlossen, wenn diese Wohnung die einzige Wohnung des Anspruchsberechtigten ist (BFH vom 31. Mai 1995 – BStBl II S. 720).

17

4.2 Im Rahmen der doppelten Haushaltsführung genutzte Wohnungen und Wohnungen, die der Nutzungswertbesteuerung unterliegen

[1]Der Förderausschluß besteht nur für die Jahre des Förderzeitraums, für die Absetzungen für Abnutzung für das Objekt als Werbungskosten oder Betriebsausgaben im Rahmen der doppelten Haushaltsführung oder der Nutzungswertbesteuerung (§ 52 Abs. 15 Satz 2 oder 3 oder Abs. 21 Satz 2 EStG) abzuziehen sind. [2]Die Inanspruchnahme der Eigenheimzulage für einen Ausbau oder Erweiterung von untergeordneter Bedeutung an einer der Nutzungswertbesteuerung unterliegenden Wohnung setzt daher voraus, daß der Anspruchsberechtigte auf die Nutzungswertbesteuerung verzichtet (vgl. BFH vom 5. August 1992 – BStBl II 1993 S. 30 und 14. Februar 1995 – BStBl II S. 512). [3]Die Förderung ist aber nicht ausgeschlossen, wenn der Werbungskosten- oder Betriebsausgabenabzug nur für einen Teil des Jahres vorgenommen wird, weil im Laufe des Jahres die Voraussetzungen für die Nutzungswertbesteuerung entfallen oder der Zweijahreszeitraum für die doppelte Haushaltsführung endet.

18

4.3 Anschaffung vom Ehegatten

[1]Ein neuer Anspruch auf Eigenheimzulage wird nicht begründet, wenn der Anspruchsberechtigte eine Wohnung oder einen Anteil daran von seinem Ehegatten anschafft und die Ehegatten im Zeitpunkt der Anschaffung unbeschränkt einkommensteuerpflichtig sind und nicht dauernd getrennt leben. [2]Der erwerbende Ehegatte kann jedoch die Eigenheimzulage von dem Jahr an, das auf das Jahr des Erwerbs folgt, bis zum Ende des Förderzeitraums in der bisherigen Höhe weiter erhalten, solange die Voraussetzungen des § 26 Abs. 1 EStG vorliegen. [3]Zum Erwerb eines Ehegatten-Miteigentumsanteils nach Wegfall der Voraussetzungen des § 26 Abs. 1 EStG vgl. Rz. 45.
[4]Der Erwerb einer dem Ehegatten gehörenden Wohnung durch Zuschlag in der Zwangsversteigerung stellt keine Anschaffung „vom" Ehegatten dar (BFH vom 23. September 1992 – BStBl 1993 II S. 152).

19

4.4 Bauten ohne Baugenehmigung

[1]Eine Wohnung, ein Ausbau oder eine Erweiterung sind nicht begünstigt, wenn sie entgegen den baurechtlichen Vorschriften ohne Baugenehmigung errichtet worden sind (vgl. BFH vom 31. Mai 1995 – BStBl II S. 875). [2]Wird die Baugenehmigung nachträglich erteilt, kann die Eigenheimzulage für den restlichen Förderzeitraum in Anspruch genommen werden. [3]Ist für das Objekt keine Baugenehmigung vorgeschrieben, ist davon auszugehen, daß es den baurechtlichen Vorschriften entspricht, wenn die bauordnungsrechtlich notwendigen Bauunterlagen eingereicht wurden und die zuständige Behörde innerhalb der gesetzlich vorgeschriebenen Frist keine Einwendungen erhoben hat.

20

5. Erbfall

[1]Geht eine Wohnung im Wege der Gesamtrechtsnachfolge auf einen Erben über, kann der Erbe den Fördergrundbetrag bis zum Ende des Förderzeitraums in Anspruch nehmen. [2]Voraussetzung ist, daß der Erblasser ein begünstigtes Objekt i.S.d. § 2 EigZulG angeschafft oder hergestellt hat und der Erbe die persönlichen Fördervoraussetzungen (vgl. §§ 1 und 4 bis 6 EigZulG) erfüllt. [3]Der Erbe kann die Eigenheimzulage auch erhalten, wenn eine Inanspruchnahme beim Erblasser z. B. wegen der Objektbeschränkung nach § 6 EigZulG ausgeschlossen war (vgl. BFH vom 4. September 1990 – BStBl 1992 II S. 69). [4]Zur Einkunftsgrenze beim Erben vgl. Rz. 29 Satz 4. [5]Erfüllen im Todesjahr Erblasser und Erbe die Voraussetzungen für die Inanspruchnahme der Eigenheimzulage, kann der Erbe die Eigenheimzulage erst ab dem folgenden Jahr erhalten (vgl. § 11 Abs. 3 EigZulG).

21

III. Förderzeitraum (§ 3 EigZulG)

22 ¹Der achtjährige Förderzeitraum beginnt mit dem Jahr der Fertigstellung oder Anschaffung der Wohnung bzw. mit dem Jahr der Fertigstellung des Ausbaus oder der Erweiterung der Wohnung. ²Er endet mit dem siebenten auf dieses Jahr folgenden Kalenderjahres. ³Dies gilt unabhängig von dem Beginn der Nutzung zu eigenen Wohnzwecken (BFH vom 13. August 1990 – BStBl II S. 977). ⁴In den Fällen der Rz. 14 bleibt der Zeitpunkt der Herstellung oder Anschaffung des Gebäudes durch die Miteigentümer maßgebend.

1. Zeitpunkt der Herstellung

23 ¹Eine Wohnung ist hergestellt oder der Ausbau oder die Erweiterung ist fertiggestellt, sobald die Wohnung oder der Ausbau oder die Erweiterung nach Abschluß der wesentlichen Bauarbeiten bewohnbar ist (vgl. H 44 EStH 1996 Fertigstellung). Der Zeitpunkt der Bauabnahme ist nicht entscheidend.

2. Zeitpunkt der Anschaffung

24 ¹Eine Wohnung ist angeschafft, wenn der Erwerber das wirtschaftliche Eigentum an dem Objekt erlangt; das ist regelmäßig der Zeitpunkt, zu dem Besitz, Nutzungen, Lasten und Gefahr auf ihn übergehen. ²Der Zeitpunkt des Abschlusses des notariellen Kaufvertrags oder der Eintragung im Grundbuch ist unerheblich.

IV. Nutzung zu eigenen Wohnzwecken (§ 4 EigZulG)

25 ¹Eine Wohnung wird nur zu Wohnzwecken genutzt, wenn sie tatsächlich bewohnt wird. ²Im Bereithalten einer leerstehenden oder möblierten Wohnung liegt keine Nutzung zu Wohnzwecken. ³Satz 2 gilt auch, wenn eine Wohnung zur vorübergehenden Beherbergung von Personen bestimmt ist (vgl. R 42 a Abs. 1 Satz 3 EStR 1996).

26 ¹Eine Nutzung zu eigenen Wohnzwecken liegt auch vor, soweit eine Wohnung unentgeltlich an einen Angehörigen im Sinne des § 15 AO zu Wohnzwecken überlassen wird (§ 4 Satz 2 EigZulG). ²Um eine begünstigte Überlassung handelt es sich auch, wenn ein Angehöriger die Wohnung ganz oder teilweise aufgrund eines obligatorischen oder dinglichen Zuwendungs- oder Vermächtniswohnrechts nutzt, nicht jedoch, wenn die Nutzung auf einem vorbehaltenen obligatorischen oder dinglichen Wohnrecht beruht (vgl. BFH vom 28. Juli 1981 – BStBl II 1982 S. 378 und vom 3. Juni 1992 – BStBl II 1993 S. 98). ³Die Überlassung ist auch unentgeltlich, wenn der Nutzende die verbrauchsabhängigen und umlagefähigen Betriebskosten (z. B. für Strom, Wasser, Abwasser und Heizung) übernimmt. ⁴Bei teilentgeltlicher Überlassung besteht kein Anspruch auf Eigenheimzulage.

27 ¹Wird an einer Wohnung ein Ausbau oder eine Erweiterung vorgenommen (§ 2 Abs. 2 EigZulG), reicht es aus, wenn die ausgebaute oder erweiterte Wohnung erst nach Fertigstellung des Ausbaus oder der Erweiterung zu eigenen Wohnzwecken genutzt wird.

V. Einkunftsgrenze (§ 5 EigZulG)

28 ¹Der Anspruchsberechtigte kann die Eigenheimzulage ab dem Jahr in Anspruch nehmen (Erstjahr), in dem der Gesamtbetrag der Einkünfte nach § 2 Abs. 3 EStG des Erstjahres zuzüglich des Gesamtbetrags der Einkünfte des vorangegangenen Jahres (Vorjahr) 240.000 DM bzw. 480.000 DM nicht übersteigt (§ 5 Satz 1 EigZulG). ²Ausländische Einkünfte sind, soweit sie nicht im Gesamtbetrag der Einkünfte nach § 2 Abs. 3 EStG enthalten sind, ohne Bedeutung. ³Die Einkunftsgrenzen i.H.v. 240.000 DM/480.000 DM sind auch dann maßgebend, wenn der Anspruchsberechtigte in einem der beiden maßgebenden Jahre keine dem EStG unterliegenden Einkünfte hatte. ⁴Die Einkommensverhältnisse sind nur zu Beginn der Förderung zu prüfen. ⁵Der Anspruchsberechtigte kann daher die Eigenheimzulage für ein Objekt auch weiter erhalten, wenn er im Laufe des Förderzeitraums die Einkunftsgrenze überschreitet.

29 ¹Erstjahr ist das Jahr, in dem in der Person des Anspruchsberechtigten erstmals alle Voraussetzungen für die Inanspruchnahme der Eigenheimzulage vorliegen. ²Dies kann auch ein auf das Jahr der Herstellung oder Anschaffung (vgl. hierzu Rz. 23 und 24) folgendes Jahr sein, z. B. wenn der Anspruchsberechtigte die Wohnung erst dann bezogen hat.

Beispiel:
N vermietet seine in 1997 angeschaffte Eigentumswohnung. 1998 zieht er selbst ein. Maßgebend ist der Gesamtbetrag der Einkünfte in den Jahren 1998 (Erstjahr) und 1997 (Vorjahr).

³Beim Folgeobjekt ist Erstjahr frühestens das auf das Kalenderjahr folgende Jahr, in dem der Anspruchsberechtigte das Erstobjekt letztmals zu eigenen Wohnzwecken nutzt. ⁴Kann der Erbe die Eigenheimzulage erhalten (vgl. Rz. 21), ist Erstjahr das Jahr, in dem er erstmals die Voraussetzungen für die Inanspruchnahme der Eigenheimzulage erfüllt. ⁵In den Fällen der Rz. 21 Satz 5 ist Erstjahr frühestens das auf das Todesjahr folgende Jahr.

¹Für Anspruchsberechtigte, die im Erstjahr nicht die Voraussetzungen für die Zusammenveranlagung nach § 26 Abs. 1 EStG erfüllen (z. B. Ledige, Geschiedene, Verwitwete, getrennt lebende Ehegatten), gilt die Einkunftsgrenze von 240.000 DM. ²Für Ehegatten, die im Erstjahr die Voraussetzungen für die Zusammenveranlagung nach § 26 Abs. 1 EStG erfüllen (zusammenlebende, unbeschränkt einkommensteuerpflichtige Ehegatten), gilt die Einkunftsgrenze von 480.000 DM. ³Wählen die Ehegatten jedoch im Erstjahr die getrennte Veranlagung nach § 26a EStG oder die besondere Veranlagung nach § 26c EStG, ist für sie auch die Einkunftsgrenze von 240.000 DM maßgebend.

30

Beispiel:

Die Ehegatten M und N schaffen 1997 zusammen ein Einfamilienhaus an. Für 1996 (Vorjahr) sind sie zusammen zur Einkommensteuer veranlagt worden. Von dem gemeinsamen Gesamtbetrag der Einkünfte (260.000 DM) entfallen auf M 100.000 DM und auf N 160.000 DM. Für 1997 (Erstjahr) wählen sie die getrennte Veranlagung nach § 26a EStG. M hat einen Gesamtbetrag der Einkünfte i.H.v. 120.000 DM und N i.H. v. 150.000 DM.

M überschreitet mit 220.000 DM (100.000 DM + 120.000 DM) nicht die für sie maßgebende Einkunftsgrenze i.H. v. 240.000 DM. Sie kann daher die Eigenheimzulage für ihren Miteigentumsanteil erhalten. N ist wegen Überschreitens der Einkunftsgrenze zumindest für 1997 von der Inanspruchnahme der Eigenheimzulage ausgeschlossen.

¹Überschreitet der Anspruchsberechtigte zunächst die Einkunftsgrenze, ist er nicht endgültig von der Inanspruchnahme der Eigenheimzulage ausgeschlossen. ²Bleibt der Gesamtbetrag der Einkünfte in einem späteren Zweijahreszeitraum innerhalb der Einkunftsgrenze, kann der Anspruchsberechtigte die Zulage für den Rest des Förderzeitraums erhalten.

31

Beispiel 1:

Der ledige N schafft 1997 eine Eigentumswohnung an, die er noch im selben Jahr bezieht. Er ermittelt für die einzelnen Jahre folgende Einkunftsbeträge (Gesamtbetrag der Einkünfte):

1996   140.000 DM
1997   110.000 DM
1998   120.000 DM

N überschreitet erstmals in dem Zweijahreszeitraum 1998 (Erstjahr) und 1997 (Vorjahr) nicht die Einkunftsgrenze. N kann Eigenheimzulage für die Jahre 1998 (Erstjahr) bis 2004 erhalten.

Beispiel 2:

wie Beispiel 1, aber N ermittelt für die Jahre 1996 bis 1998 jeweils einen Gesamtbetrag der Einkünfte i.H. v. 140.000 DM. In 1998 heiratet er F, deren Gesamtbetrag der Einkünfte in den entsprechenden Jahren jeweils 50.000 DM beträgt, und beantragt die Zusammenveranlagung bei der Einkommensteuer.

N überschreitet mit 380.000 DM (2 × 140.000 DM und 2 × 50.000 DM) nicht die für ihn ab 1998 geltende Einkunftsgrenze von 480.000 DM. Er kann daher die Eigenheimzulage für die Jahre 1998 (Erstjahr) bis 2004 erhalten.

¹Der in den Einkommensteuerveranlagungen ermittelte Gesamtbetrag der Einkünfte ist für die Feststellung, ob die Einkunftsgrenze überschritten ist, nicht bindend.

32

Beispiel:

Der ledige N hat 1997 eine Wohnung angeschafft. Sein Gesamtbetrag der Einkünfte beträgt ausweislich des Steuerbescheides für 1996 119.000 DM und für 1997 122.000 DM. Mit dem Antrag auf Eigenheimzulage weist er für 1996 zusätzliche Werbungskosten i.H.v. 1.500 DM nach. N hat die Einkunftsgrenze nicht überschritten. Der für das Eigenheimzulagengesetz maßgebende Gesamtbetrag der Einkünfte beträgt für 1996 117.500 DM, auch wenn eine Änderung des Einkommensteuerbescheides 1996 nach den Vorschriften der AO nicht mehr zulässig ist.

²Stehen die maßgeblichen Einkünfte im Zeitpunkt des Antrags noch nicht fest, hat der Anspruchsberechtigte glaubhaft zu machen, daß er die Einkunftsgrenze nicht überschreiten wird. ³Zu den verfahrensrechtlichen Vorschriften vgl. Rz. 97 und 98.

VI. Objektbeschränkung (§ 6 EigZulG)

1. Allgemeines

33 ¹Der Anspruchsberechtigte kann die Eigenheimzulage nur für eine Wohnung oder einen Ausbau oder eine Erweiterung (Objekt) in Anspruch nehmen (§ 6 Abs. 1 Satz 1 EigZulG). ²Zum Objektverbrauch bei Ehegatten vgl. Rz. 38 bis 41.

34 ¹Ein Objekt kann mehrere Ausbau- und/oder Erweiterungsmaßnahmen (§ 2 Abs. 2 EigZulG) umfassen, wenn diese Maßnahmen als einheitliche Baumaßnahme durchgeführt werden.

35 ¹Sind mehrere Anspruchsberechtigte Eigentümer einer Wohnung, ist jeder Anteil an dieser Wohnung ein Objekt (vgl. § 6 Abs. 2 Satz 1 EigZulG). ²Zur Ausnahme bei einer im Miteigentum von Ehegatten stehenden Wohnung vgl. Rz. 39. ³Auch ein unentgeltlich im Rahmen der Gesamtrechtsnachfolge erworbene Miteigentumsanteil stellt ein Objekt dar, wenn der Erbe die Eigenheimzulage weiter erhält. ⁴Erwirbt ein Miteigentümer bis zum Ende des Kalenderjahres, in dem der Förderzeitraum für den ursprünglichen Anteil beginnt, einen oder mehrere Miteigentumsanteile hinzu, stellen ursprünglicher und hinzuerworbener Miteigentumsanteil ein einheitliches Objekt dar. ⁵Erwirbt ein Miteigentümer dagegen den oder die Miteigentumsanteile erst in einem späteren Kalenderjahr, handelt es sich bei dem oder den hinzuerworbenen Anteilen um selbständige Objekte im Sinne des § 6 EigZulG; das gilt auch dann, wenn der Anteilserwerber Alleineigentümer der Wohnung geworden ist.

36 ¹Für den Objektverbrauch kommt es nicht darauf an, ob der Anspruchsberechtigte Eigenheimzulage für den gesamten Förderzeitraum, nur für einzelne Jahre des Förderzeitraums oder zu Unrecht in Anspruch genommen hat.

37 ¹Unter die Objektbeschränkung fallen auch Einfamilienhäuser, Zweifamilienhäuser, Eigentumswohnungen sowie Zubauten, Ausbauten, Umbauten und Erweiterungen, für die der Anspruchsberechtigte erhöhte Absetzungen nach § 7b EStG in der jeweiligen Fassung ab Inkrafttreten des Gesetzes vom 16. Juni 1964 (BGBl. I S. 353) oder § 15 Abs. 1 bis 4 BerlinFG in der jeweiligen Fassung ab Inkrafttreten des Gesetzes vom 11. Juli 1977 (BGBl. I S. 1213) bzw. diesen entsprechende Beträge nach § 52 Abs. 21 Satz 4 EStG oder Abzugsbeträge nach § 10e EStG und nach § 15b BerlinFG in der jeweiligen Fassung ab Inkrafttreten des Gesetzes vom 15. Mai 1986 (BGBl. I S. 730) in Anspruch genommen hat.

2. Objektverbrauch bei Ehegatten

38 ¹Ehegatten können, solange sie unbeschränkt einkommensteuerpflichtig sind und nicht dauernd getrennt leben, die Eigenheimzulage für zwei, jedoch nicht gleichzeitig für zwei in räumlichem Zusammenhang belegene Objekte in Anspruch nehmen. ²Ein räumlicher Zusammenhang ist auch schädlich, wenn es sich bei dem einen Objekt um ein Objekt im Sinne des § 10e EStG oder der §§ 15 Abs. 1 bis 4 oder 15b BerlinFG handelt.

39 ¹Die Anteile von Ehegatten an einer gemeinsamen Wohnung werden nicht als selbständige Objekte, sondern als ein Objekt behandelt, solange bei den Ehegatten die Voraussetzungen des § 26 Abs. 1 EStG vorliegen (vgl. § 6 Abs. 1 Satz 2 EigZulG). ²Dies gilt auch, wenn außer den Ehegatten noch weitere Personen Eigentümer der Wohnung sind. ³Als ein Objekt werden die Anteile von Ehegatten auch behandelt, wenn die Ehegatten vor Eintritt der Voraussetzungen des § 26 Abs. 1 EStG Eigenheimzulage in Anspruch genommen haben und die Voraussetzungen des § 26 Abs. 1 EStG im Laufe des Förderzeitraums oder später eingetreten sind.

40 ¹Heiraten Anspruchsberechtigte, nachdem für beide Objektverbrauch eingetreten ist, steht ihnen, wenn kein Folgeobjekt vorliegt, Eigenheimzulage für ein weiteres Objekt nicht zu (Ausnahme: vgl. Rz. 39 Satz 3). ²Heiraten Anspruchsberechtigte, nachdem für einen von ihnen Objektverbrauch eingetreten ist, können sie die Eigenheimzulage für ein zweites Objekt in Anspruch nehmen, unabhängig davon, wer von ihnen Eigentümer ist. ³Das gilt auch, wenn für das zweite Objekt vor der Eheschließung wegen Objektverbrauchs keine Eigenheimzulage in Anspruch genommen werden konnte. ⁴Der Anspruch auf Eigenheimzulage besteht in diesem Fall nur für die verbleibenden Jahre des Förderzeitraums.

> **Beispiel:**
>
> A hat in den Jahren 1984 bis einschließlich 1991 erhöhte Absetzungen nach § 7b EStG in Anspruch genommen. 1997 kauft er eine Eigentumswohnung, die er zu eigenen Wohnzwecken nutzt. 1998 heiratet er. Seine Ehefrau hat bisher weder erhöhte Absetzungen nach § 7b EStG noch Abzugsbeträge nach § 10e EStG oder Eigenheimzulage in Anspruch genommen. A kann Eigenheimzulage für die Jahre 1998 bis einschließlich 2004 erhalten.

2.1 Räumlicher Zusammenhang

¹Von einem räumlichen Zusammenhang ist z. B. auszugehen, wenn die beiden Objekte durch geringfügige Baumaßnahmen zu einer Einheit verbunden werden können. ²Das ist z. B. bei den beiden Wohnungen eines Zweifamilienhauses, aber auch bei zwei neben- oder übereinanderliegenden Eigentumswohnungen oder nebeneinanderliegenden Reihenhäusern der Fall. ³Dagegen ist ein räumlicher Zusammenhang nicht gegeben, wenn ein Miteigentümer oder sein Ehegatte einen Anteil an der zu eigenen Wohnzwecken genutzten Wohnung von einem Dritten hinzuerwirbt. ⁴Die Einschränkung des räumlichen Zusammenhangs gilt nur, wenn zu dem Zeitpunkt, in dem die beiden Objekte fertiggestellt oder angeschafft worden sind, bei den Ehegatten die Voraussetzungen des § 26 Abs. 1 EStG vorgelegen haben.

2.2 Objektverbrauch nach Trennung, Scheidung oder Tod eines Ehegatten

¹Fallen bei Ehegatten die Voraussetzungen des § 26 Abs. 1 EStG fort, gilt für jeden Ehegatten wieder die Ein-Objekt-Grenze (§ 6 Abs. 1 Satz 1 EigZulG). ²Zudem sind ihre Anteile an einer gemeinsamen Wohnung wieder als selbständige Objekte zu behandeln (vgl. § 6 Abs. 2 Satz 1 EigZulG).

¹Waren zwei Objekte einem Ehegatten zuzurechnen, ist nach Wegfall der Voraussetzungen des § 26 Abs. 1 EStG für die Feststellung, ob für ihn Objektverbrauch eingetreten ist, nur das erste Objekt maßgebend (vgl. BFH vom 3. Mai 1983 – BStBl II S. 457). ²Für den anderen Ehegatten ergibt sich nach Wegfall der Voraussetzungen des § 26 Abs. 1 EStG kein Objektverbrauch aus den Objekten, die ihm nicht zugerechnet waren.

¹Haben Ehegatten als Eigentümer einer gemeinsamen Wohnung die Eigenheimzulage in Anspruch genommen, ist nach Wegfall der Voraussetzungen des § 26 Abs. 1 EStG für beide Objektverbrauch eingetreten. ²Überträgt ein Ehegatte seinen Miteigentumsanteil entgeltlich oder unentgeltlich auf den anderen Ehegatten in einem Veranlagungszeitraum, in dem die Voraussetzungen des § 26 Abs. 1 EStG vorliegen, tritt für den übertragenden Ehegatten jedoch kein Objektverbrauch ein. ³Dabei kommt es nicht darauf an, ob der Miteigentumsanteil während oder nach Ablauf des Förderzeitraums übertragen wird. ⁴Ein Ehegatte, dem eine Wohnung alleine zuzurechnen ist, kann sich jedoch nicht durch Übertragung auf den anderen Ehegatten vom Objektverbrauch befreien.

¹Erwirbt ein Ehegatte infolge eines Erbfalls den Miteigentumsanteil des Ehegatten an einer gemeinsamen Wohnung hinzu, ist der bisherige Miteigentumsanteil des überlebenden Ehegatten zusammen mit dem hinzuerworbenen Anteil als ein Objekt zu behandeln, wenn bis zum Tod des einen Ehegatten die Voraussetzungen des § 26 Abs. 1 EStG vorgelegen haben. ²Entsprechendes gilt, wenn während des Förderzeitraums die Voraussetzungen des § 26 Abs. 1 EStG aus anderen Gründen wegfallen und im sachlichen Zusammenhang ein Ehegatte den Anteil des anderen Ehegatten an der Wohnung erwirbt. ³In beiden Fällen braucht der hinzuerwerbende Ehegatte nicht Alleineigentümer zu werden. ⁴Er kann die auf diesen Anteil entfallende Eigenheimzulage weiterhin in der bisherigen Höhe erhalten, wenn bei ihm noch kein Objektverbrauch eingetreten ist.

VII. Folgeobjekt (§ 7 EigZulG)

¹Der Anspruchsberechtigte kann bei einer weiteren eigenen Wohnung oder bei einem Ausbau oder einer Erweiterung einer eigenen Wohnung (Folgeobjekt) Eigenheimzulage in Anspruch nehmen, wenn er beim Erstobjekt die Eigenheimzulage deshalb nicht weiter in Anspruch nehmen konnte, weil er es nicht bis zum Ablauf des Förderzeitraums zu eigenen Wohnzwecken genutzt hat.

¹Dem Erstobjekt sind Objekte nach §§ 7b, 10e EStG oder §§ 15 Abs. 1, 15b Abs. 1 BerlinFG gleichgestellt. ²Hat der Steuerpflichtige für das Erstobjekt erhöhte Absetzungen nach § 7b EStG oder § 15 Abs. 1 BerlinFG bzw. diesen entsprechende Beträge nach § 52 Abs. 21 Satz 4 EStG in Anspruch genommen, kann er Eigenheimzulage für ein Folgeobjekt nur geltend machen, wenn ihm das Erstobjekt nicht bis zum Ablauf des Zeitraums zuzurechnen war, für den erhöhte Absetzungen oder diesen entsprechende Beträge zulässig waren. ³Ein Verzicht auf die weitere Geltendmachung der erhöhten Absetzungen, diesen entsprechenden Beträge nach § 52 Abs. 21 Satz 4 EStG oder Abzugsbeträge nach § 10e EStG berechtigt nicht zur Inanspruchnahme der Eigenheimzulage für ein Folgeobjekt.

¹Hat der Anspruchsberechtigte auch das Folgeobjekt nicht bis zum Ablauf des Förderzeitraums zu eigenen Wohnzwecken genutzt, ist die Inanspruchnahme der Eigenheimzulage bei einem dritten Objekt nicht zulässig. ²Ein drittes Objekt liegt auch vor, wenn das Erstobjekt wieder zu eigenen Wohnzwecken genutzt wird.

¹Das Folgeobjekt ist ein eigenständiges Objekt im Sinne des § 2 EigZulG (§ 7 Satz 2 EigZulG). ²Die Voraussetzungen für die Inanspruchnahme der Eigenheimzulage sind daher für das Folgeobjekt gesondert

zu prüfen. ³So ist z. B. bei einem Folgeobjekt, das unter den zeitlichen Anwendungsbereich des Eigenheimzulagengesetzes fällt (§ 19 EigZulG), die Eigenheimzulage die einzige Fördermöglichkeit, auch wenn der Anspruchsberechtigte für das Erstobjekt Abzugsbeträge nach § 10e EStG in Anspruch genommen hat. ⁴Zur Einkunftsgrenze beim Folgeobjekt vgl. Rz. 29 Satz 3. ⁵Auch die Höhe der Eigenheimzulage (§§ 8 und 9 EigZulG) ist für das Folgeobjekt unabhängig von den Verhältnissen beim Erstobjekt zu ermitteln.

50 ¹Die Inanspruchnahme der Eigenheimzulage für ein Folgeobjekt setzt nicht voraus, daß der Anspruchsberechtigte das Folgeobjekt innerhalb eines bestimmten Zeitraums nach der letztmaligen Nutzung des Erstobjekts zu eigenen Wohnzwecken angeschafft oder hergestellt hat.

51 ¹Der Förderzeitraum (§ 3 EigZulG) beginnt beim Folgeobjekt frühestens mit Ablauf des Kalenderjahres, in dem der Anspruchsberechtigte das Erstobjekt letztmals zu eigenen Wohnzwecken genutzt hat (vgl. § 7 Satz 3 2. Halbsatz EigZulG).

> **Beispiel:**
> W hat für sein 1994 hergestelltes und am 1.6.1997 veräußertes Einfamilienhaus (Erstobjekt) Abzugsbeträge nach § 10e EStG in Anspruch genommen. 1997 hat er ein weiteres Objekt (Folgeobjekt) angeschafft, das er am 1.6.1997 bezieht.
> Der Förderzeitraum für das Folgeobjekt beginnt abweichend von § 3 EigZulG 1998.

²Er ist um die Anzahl der Kalenderjahre zu kürzen, in denen der Anspruchsberechtigte für das Erstobjekt Eigenheimzulage, Abzugsbeträge nach § 10e EStG oder § 15b BerlinFG oder erhöhte Absetzungen nach § 7b EStG oder § 15 Abs. 1 BerlinFG bzw. diesen entsprechende Beträge nach § 52 Abs. 21 Satz 4 EStG hätte in Anspruch nehmen können (§ 7 Satz 3 1. Halbsatz EigZulG). ³In die Kürzung sind auch die Kalenderjahre einzubeziehen, in denen der Anspruchsberechtigte das Erstobjekt nicht zu eigenen Wohnzwecken genutzt oder die Einkunftsgrenze überschritten hat; das gilt jedoch nicht für die Kalenderjahre, die auf das Kalenderjahr der letztmaligen Nutzung zu eigenen Wohnzwecken folgen.

> **Beispiel:**
> W hat für ein Einfamilienhaus (Erstobjekt), das er im November 1994 angeschafft und nur 1995 und 1996 zu eigenen Wohnzwecken genutzt hat, für 1995 und 1996 Abzugsbeträge nach § 10e Abs. 1 EStG in Anspruch genommen. Ab 1.1.1997 bewohnt er ein zu diesem Zeitpunkt angeschafftes Folgeobjekt. Der Förderzeitraum beim Folgeobjekt ist um drei Jahre (1994 bis 1996) zu kürzen. W kann für das Folgeobjekt für die Jahre 1997 bis 2001 Eigenheimzulage erhalten.

52 ¹Ehegatten, bei denen die Voraussetzungen des § 26 Abs. 1 EStG vorliegen und die bisher nur bei einem Objekt die steuerliche Wohneigentumsförderung nach den §§ 7 b, 10 e EStG oder §§ 15 Abs. 1, 15b Abs. 1 BerlinFG oder dem EigZulG in Anspruch genommen haben, können wählen, ob ein weiteres Objekt als Folgeobjekt im Sinne des § 7 EigZulG oder als zweites Objekt im Sinne des § 6 Abs. 1 Satz 2 EigZulG gelten soll. ²Wählen die Ehegatten zunächst die Folgeobjektförderung, ist die Eigenheimzulage nach § 11 Abs. 1 EigZulG für die Jahre des gekürzten Förderzeitraums (vgl. Rz. 51) festzusetzen. ³Entscheiden sich die Ehegatten nachträglich für die Zweitobjektförderung, ist ein weiterer Zulagenbescheid nach § 11 Abs. 1 EigZulG für die restlichen Jahre des Förderzeitraums für das Zweitobjekt zu erlassen.

> **Beispiel:**
> Die Ehegatten A und B beantragen Eigenheimzulage für ein 1996 angeschafftes Folgeobjekt. Erstobjekt war eine von A in 1980 angeschaffte und 1985 veräußerte selbstbewohnte Eigentumswohnung. Das Finanzamt setzt die Eigenheimzulage für die Jahre 1996 und 1997 fest. 1998 beantragen die Ehegatten die Fortsetzung der Eigenheimzulage für das Objekt als Zweitobjekt. Das Finanzamt erläßt einen weiteren Zulagenbescheid für die Jahre 1998 bis 2003. A und B können die zwei vom Erstobjekt verbleibenden Jahre auf ein anderes Folgeobjekt übertragen.

53 Wird die Eigenheimzulage hingegen für ein Objekt als Zweitobjekt über den ungekürzten Förderzeitraum bestandskräftig festgesetzt, ist ein späterer Umstieg zur Folgeobjektförderung insbesondere durch Änderung des Zulagenbescheides nach § 172 Abs. 1 Satz 1 Nr. 2 AO nicht zulässig.

VIII. Bemessungsgrundlage für den Fördergrundbetrag nach § 9 Abs. 2 EigZulG (§ 8 EigZulG)

54 ¹Bemessungsgrundlage für den Fördergrundbetrag nach § 9 Abs. 2 EigZulG sind die Herstellungs- oder Anschaffungskosten der Wohnung zuzüglich der Anschaffungskosten für den dazugehörenden Grund und Boden (§ 8 Satz 1 EigZulG). ²Die Anschaffungs- oder Herstellungskosten sind auch dann maßgebend, wenn der Grund und Boden bzw. die Wohnung aus einem Betriebsvermögen entnommen wird.

Anhang 27
Wohneigentumsförderung VI

Zur Bemessungsgrundlage bei einer Wohnung in einem Gebäude mit mehr als einer Wohnung bzw. bei Fertigstellung eines gemischtgenutzten Gebäudes zu verschiedenen Zeitpunkten vgl. Rz. 52 bis 54 des BMF-Schreibens vom 31. Dezember 1994 – BStBl I S. 887. 55

1. Herstellungs- oder Anschaffungskosten
^{1}Für das Eigenheimzulagengesetz gilt der allgemeine Herstellungs- oder Anschaffungskostenbegriff (vgl. R 32a bis 33a EStR, so auch BFH vom 14. Februar 1996 – BStBl II S. 362). ^{2}Zuschüsse zu den Aufwendungen für die Errichtung oder den Erwerb eines Objekts mindern die Herstellungs- oder Anschaffungskosten (vgl. R 163 Abs. 1 EStR). ^{3}Zu den Zuschüssen zum Einbau einer energiesparenden Anlage vgl. Rz. 78 Satz 2. ^{4}Zu den Herstellungskosten gehören auch die anschaffungsnahen Aufwendungen (vgl. R 157 Abs. 4 EStR) sowie die zur Herstellung einer Wohnung verwendete Altbausubstanz (vgl. hierzu im einzelnen Rz. 49 und 50 des BMF-Schreibens vom 31. Dezember 1994 – BStBl I S. 887). 56

1.1 Nachträgliche Herstellungskosten
^{1}Im Förderzeitraum entstandene nachträgliche Herstellungs- oder Anschaffungskosten erhöhen die Bemessungsgrundlage ab dem Jahr ihrer Entstehung. ^{2}Wird eine Wohnung teilentgeltlich erworben, sind Aufwendungen für nachträgliche Herstellungsarbeiten in die Bemessungsgrundlage einzubeziehen, soweit sie auf den entgeltlich erworbenen Teil der Wohnung entfallen. ^{3}Die Aufwendungen sind daher im Verhältnis des Entgelts (ohne Anschaffungsnebenkosten) zu dem Verkehrswert der Wohnung aufzuteilen. 57

1.2 Anschaffungskosten des Grund und Bodens
^{1}Bei unentgeltlichem Erwerb eines unbebauten Grundstücks sind die Anschaffungskosten des Grund und Bodens des Rechtsvorgängers nur in die Bemessungsgrundlage einzubeziehen, wenn das Grundstück infolge Erbfalls erworben wird. ^{2}Zu den Anschaffungskosten des Grund und Bodens sind Rz. 45 und 46 des BMF-Schreibens vom 31. Dezember 1994 – BStBl I S. 887 sinngemäß anzuwenden. 58

1.3 Teilentgeltlicher Erwerb / Erwerb im Rahmen einer vorweggenommenen Erbfolge
^{1}Bei einem teilentgeltlichen Erwerb sind ausschließlich die Anschaffungskosten des Erwerbers zu berücksichtigen. ^{2}Bei Erwerb einer Wohnung im Rahmen einer vorweggenommenen Erbfolge sind die im BMF-Schreiben vom 13. Januar 1993 – BStBl I S. 80 dargelegten Grundsätze entsprechend anzuwenden. ^{3}Der Förderhöchstbetrag nach § 9 Abs. 2 EigZulG wird in diesen Fällen nicht gekürzt (vgl. BFH vom 21. März 1989 – BStBl II S. 778). 59

2. Bemessungsgrundlage bei Ausbauten und Erweiterungen
^{1}Bei Ausbauten und Erweiterungen nach § 2 Abs. 2 EigZulG bilden allein die nachträglichen Herstellungskosten des Ausbaus oder der Erweiterung die Bemessungsgrundlage im Sinne des § 8 EigZulG. ^{2}In die Bemessungsgrundlage sind weder die Anschaffungskosten des Grund und Bodens noch der Wert der anteiligen Altbausubstanz einzubeziehen. 60

3. Kürzung der Bemessungsgrundlage
^{1}Werden Teile der Wohnung nicht zu eigenen Wohnzwecken genutzt, ist die Bemessungsgrundlage – nicht aber der Förderhöchstbetrag nach § 9 Abs. 2 EigZulG – um den hierauf entfallenden Teil zu kürzen (vgl. § 8 Satz 3 EigZulG). ^{2}Eine Kürzung ist danach vorzunehmen, wenn Teile der Wohnung 61
- gewerblich oder beruflich genutzt oder vermietet werden (vgl. hierzu Rz. 54 des BMF-Schreibens vom 31. Dezember 1994 – BStBl I S. 887); dies gilt auch, wenn die Aufwendungen für das häusliche Arbeitszimmer einkommensteuerlich nicht mehr abgezogen werden können.
- nicht zu eigenen Wohnzwecken genutzt werden. Zur Nutzung zu eigenen Wohnzwecken vgl. Rz. 25 bis 27, zur Ermittlung der Bemessungsgrundlage vgl. Rz. 55 des BMF-Schreibens vom 31. Dezember 1994 – BStBl I S. 887.

^{3}Die Bemessungsgrundlage ist jedoch nicht zu kürzen, wenn neben dem Anspruchsberechtigten oder einem Angehörigen i.S.d. § 15 AO eine weitere Person die Wohnung ganz oder teilweise mitbenutzt.

IX. Höhe der Eigenheimzulage (§ 9 EigZulG)

62 ¹Die Eigenheimzulage steht dem Anspruchsberechtigten auch dann in vollem Umfang zu, wenn er die Wohnung nur während eines Teils des Jahres zu eigenen Wohnzwecken genutzt hat (z. B. wegen zeitweiser Vermietung; vgl. aber Rz. 25 Satz 3). ²Hieraus folgt u.a., daß im Jahr der Anschaffung sowohl der Veräußerer als auch der Erwerber die Möglichkeit haben, die Zulage jeweils im höchstzulässigen Umfang in Anspruch zu nehmen.

1. Fördergrundbetrag (§ 9 Abs. 2 EigZulG)

63 ¹Der Fördergrundbetrag beträgt jährlich 5 % der Bemessungsgrundlage, höchstens 5.000 DM. ²Abweichend von Satz 1 beträgt der Fördergrundbetrag 2,5 %, höchstens 2.500 DM bei Anschaffung einer Wohnung nach Ablauf des zweiten auf das Jahr der Fertigstellung (vgl. Rz. 23) folgenden Kalenderjahres sowie bei Ausbauten und Erweiterungen nach § 2 Abs. 2 EigZulG, mit deren Herstellung der Anspruchsberechtigte nach dem 31. Dezember 1996 begonnen hat (vgl. Rz. 119). ³Der Anspruchsberechtigte hat auch Anspruch auf den Fördergrundbetrag i.H.v. 5 %, höchstens 5.000 DM, wenn er eine im Sinne von Rz. 11 und 12 hergestellte Wohnung vor Ablauf des zweiten auf das Jahr der Fertigstellung folgenden Kalenderjahres anschafft.

1.1 Miteigentum

64 ¹Bei einem Anteil an einem Einfamilienhaus oder einer Eigentumswohnung kann der Anspruchsberechtigte nur den entsprechenden Teil des Fördergrundbetrags erhalten (vgl. § 9 Abs. 2 Satz 3 EigZulG). ²Eine abweichende Vereinbarung der Miteigentümer über die Verteilung des Fördergrundbetrags ist unbeachtlich. ³Die Aufteilung ist unabhängig davon, ob bei allen Miteigentümern die Voraussetzungen für die Inanspruchnahme der Eigenheimzulage vorliegen.

1.1.1 Miteigentum bei Zwei- oder Mehrfamilienhäusern

65 ¹Nutzen Miteigentümer eines Zwei- oder Mehrfamilienhauses eine Wohnung gemeinsam zu eigenen Wohnzwecken, ist Rz. 64 entsprechend anzuwenden.

66 ¹Nutzt ein Miteigentümer eines Zwei- oder Mehrfamilienhauses eine Wohnung alleine zu eigenen Wohnzwecken, kann er den Fördergrundbetrag in Anspruch nehmen, soweit der Wert der zu eigenen Wohnzwecken genutzten Wohnung einschließlich des dazugehörenden Grund und Bodens den Wert des Miteigentumsanteils nicht übersteigt. ²Der Wert einer Wohnung einschließlich des dazugehörenden Grund und Bodens entspricht in der Regel dem Wert des Miteigentumsanteils, wenn der Nutzflächenanteil der Wohnung am Gesamtgebäude dem Miteigentumsanteil entspricht. ³Weicht der Anteil der Nutzfläche vom Miteigentumsanteil ab, spricht eine widerlegbare Vermutung dafür, daß der Wert der Wohnung dem Miteigentumsanteil entspricht, wenn keine Ausgleichszahlung vereinbart ist. ⁴Sind die Miteigentümer Angehörige, gilt dies nur, wenn auch Fremde auf Ausgleichszahlungen verzichten würden.

Beispiel 1:

A hat gemeinsam mit B ein schlüsselfertiges Zweifamilienhaus (Miteigentumsanteile je 50 %) mit zwei gleich großen Wohnungen (je 100 m^2) angeschafft, von denen A eine zu eigenen Wohnzwecken nutzt. Die Gesamt-Anschaffungskosten haben 800.000 DM betragen.

A kann einen Fördergrundbetrag i.H.v. 5.000 DM erhalten. § 9 Abs. 2 Satz 3 EigZulG findet keine Anwendung, weil der Nutzflächenanteil der von A genutzten Wohnung am Gesamtgebäude (100 m^2 : 200 m^2) seinem Miteigentumsanteil (50 %) entspricht.

Beispiel 2:

Wie Beispiel 1. Die von A zu eigenen Wohnzwecken genutzte Wohnung ist 120 m^2, die von B zu eigenen Wohnzwecken genutzte Wohnung ist 80 m^2 groß. Das Wertverhältnis der Wohnungen entspricht der jeweiligen m^2-Zahl. A zahlt an B eine Ausgleichszahlung.

Von den Gesamt-Anschaffungskosten sind A entsprechend seinem Miteigentumsanteil 400.000 DM zuzurechnen. Auf die von ihm genutzte Wohnung entfallen 480.000 DM. Er nutzt demnach seine Wohnung zu $5/6$ (400.000 DM : 480.000 DM) kraft eigenen Rechts. Er kann daher nur einen Fördergrundbetrag i.H.v. $5/6$ von 5.000 DM erhalten.

Auf B entfallen entsprechend seinem Miteigentumsanteil 400.000 DM, auf die von ihm eigengenutzte Wohnung 320.000 DM. B erhält den Fördergrundbetrag i.H.v. 5 % von 320.000 DM, höchstens 5.000 DM.

Beispiel 3:

Wie Beispiel 1: Die von A und B zu eigenen Wohnzwecken genutzten Wohnungen sind 125 m² und 75 m² groß. Bei der von B genutzten 75 m² großen Wohnung handelt es sich um eine luxuriös ausgestattete Dachgeschoßwohnung. Ausgleichszahlungen zwischen den nicht verwandten A und B sind nicht vereinbart worden.

Es ist davon auszugehen, daß der Wert der Miteigentumsanteile dem Wert der jeweiligen Wohnungen entspricht. A kann daher Eigenheimzulage wie in Beispiel 1 in Anspruch nehmen.

1.1.2 Behandlung der Erbengemeinschaft und ihrer Auseinandersetzung

¹Zur Behandlung der Erbengemeinschaft und ihrer Auseinandersetzung sind die im BMF-Schreiben vom 11. Januar 1993 – BStBl I S. 62 und in den entsprechenden Erlassen der obersten Finanzbehörden der Länder dargelegten Grundsätze anzuwenden. ²Hieraus ergeben sich für das Eigenheimzulagengesetz folgende Rechtsfolgen:

¹Steht eine Wohnung im Gesamthandseigentum einer Erbengemeinschaft, kann ein Miterbe bis zur Auseinandersetzung der Erbengemeinschaft, längstens jedoch bis zum Ende des für den Erblasser maßgebenden Förderzeitraums, den Fördergrundbetrag in Anspruch nehmen, wenn in seiner Person die Voraussetzungen hierfür erfüllt sind (vgl. Rz. 21). ²Zur Höhe der Förderung vgl. Rz. 64 bis Rz. 66 und Rz. 69 Satz 3 und 4.

¹Erhält ein Miterbe nach Auseinandersetzung der Erbengemeinschaft durch Realteilung eine Wohnung, deren Wert dem Wert seines Anteils am Nachlaß entspricht, kann er den Fördergrundbetrag bis zum Ende des Förderzeitraums für die ganze Wohnung in Anspruch nehmen, wenn in seiner Person die Voraussetzungen hierfür erfüllt sind (vgl. Rz. 21). ²Dies gilt unabhängig davon, ob die Wohnung dem Miterben bereits während des Bestehens der Erbengemeinschaft zur Nutzung überlassen worden ist. ³Ist dem Miterben die Wohnung bereits während des Bestehens der Erbengemeinschaft überlassen worden, so kann er auch für die Zeit des Bestehens der Erbengemeinschaft den Fördergrundbetrag für die ganze Wohnung in Anspruch nehmen. ⁴Voraussetzung dafür ist, daß die Miterben innerhalb von sechs Monaten nach dem Erbfall eine Auseinandersetzungsvereinbarung treffen. ⁵Tz. 8 und 9 des BMF-Schreibens vom 11. Januar 1993, a. a. O., gelten entsprechend.

Beispiel 1:

A und B sind Miterben zu je ¹/₃₂ nach dem am 1.8.1997 verstorbenen V. Zum Nachlaß gehören Wertpapiere im Wert von 380.000 DM und ein von V in 1996 zum Preis von 380.000 DM erworbenes schlüsselfertiges Einfamilienhaus. V war wegen Objektverbrauchs an der Inanspruchnahme der Eigenheimzulage gehindert. Seit dem Erbfall bewohnt A das Einfamilienhaus. Im Januar 1998 vereinbaren A und B die Auseinandersetzung, wonach A das Einfamilienhaus und B die Wertpapiere erhält. A kann 1997 bis 2003 den Fördergrundbetrag i.H.v. 5.000 DM jährlich in Anspruch nehmen.

Beispiel 2:

Wie Beispiel 1, nur A und B setzen sich in 1999 auseinander. A kann für 1997 und 1998 als Miteigentümer den Fördergrundbetrag zur Hälfte in Anspruch nehmen. 1999 bis 2003 kann er als Alleineigentümer den Fördergrundbetrag i.H. von 5.000 DM jährlich erhalten.

¹Erhält ein Miterbe wertmäßig mehr, als ihm nach seiner Erbquote zusteht, und zahlt er dafür an die anderen Miterben eine Abfindung, so handelt es sich insoweit um ein Anschaffungsgeschäft, das zur Inanspruchnahme des Fördergrundbetrags berechtigt. ²Soweit er die Wohnung seiner Erbquote entsprechend unentgeltlich erwirbt, kann er den Fördergrundbetrag des Erblassers fortführen, wenn in seiner Person die Voraussetzungen hierfür erfüllt sind (vgl. Rz. 21). ³Zum Objektverbrauch vgl. Rz. 35 Satz 3.

Beispiel 3:

A und B sind Miterben zu je ¹/₂ nach dem am 1.8.1997 verstorbenen V. Zum Nachlaß gehört ein Einfamilienhaus, das V in 1996 schlüsselfertig für 500.000 DM erworben hatte. V war wegen Objektverbrauchs an der Inanspruchnahme der Eigenheimzulage gehindert. Nach Erbauseinandersetzung in 1999 erhält der verheiratete A das Einfamilienhaus, das er bereits seit dem Erbfall bewohnt, und zahlt an B eine Abfindung i.H. von 250.000 DM. Weder A noch sein Ehegatte haben bisher die steuerliche Wohneigentumsförderung nach §§ 7b oder 10e EStG oder dem EigZulG in Anspruch genommen.

A kann mit der Folge doppelten Objektverbrauchs Eigenheimzulage erhalten:

- als Gesamtrechtsnachfolger von V
 1997 – 2003

 ¹/₂ v. 5 % v. 500.000 DM   höchstens ¹/₂ von 5.000 DM

- als Erwerber des Miteigentumsanteils von B
  1999 – 2006
  2,5 % v. 250.000 DM   höchstens ½ von 2.500 DM

2. Zusatzförderung für energiesparende Anlagen (§ 9 Abs. 3 EigZulG)

71 ¹§ 9 Abs. 3 EigZulG begünstigt den Einbau von Wärmepumpenanlagen mit bestimmten Leistungszahlen, Solaranlagen und Anlagen zur Wärmerückgewinnung. ²Förderfähig sind Anlagen, die der Beheizung von Räumen, der Warmwasserbereitung oder der Stromerzeugung dienen.

72 ³Ebenfalls begünstigt sind Baumaßnahmen, die erforderlich sind, um die Anlage zweckentsprechend nutzen zu können, z. B.

– erforderliche Demontage der bisherigen Heizungsanlage,
– Anbindung der Anlage an das Heizsystem,
– Verbindung der Anlage mit dem Verteilungsnetz des Energieversorgungsunternehmens,
– Nebenarbeiten, z. B. Beseitigung von Schäden, die durch den Einbau der Anlage verursacht worden sind.

73 ¹Die energiesparenden Anlagen müssen vor Beginn der Nutzung der Wohnung zu eigenen Wohnzwecken eingebaut werden. ²War der Eigentümer bisher Mieter, ist der Zeitpunkt maßgebend, in dem er wirtschaftlicher Eigentümer der Wohnung wird. ³Die Aufwendungen sind ab dem Zeitpunkt begünstigt, in dem Maßnahmen eingeleitet worden sind, die zum Eigentumserwerb geführt haben.

2.1 Wärmepumpenanlagen

74 ¹Die bei Wärmepumpen geforderte Mindest-Leistungszahl ist durch entsprechende Unterlagen des Anlagenherstellers (Bauartzulassung, Typprüfung) oder Gutachten von geeigneter Stelle nachzuweisen.

2.2 Solaranlagen

75 ¹Zu den Solaranlagen gehören sowohl Solarkollektoranlagen als auch Photovoltaikanlagen. ²Zu welchem Zweck der erzeugte Strom verwandt wird, ist unerheblich. ³Nicht begünstigt sind dagegen Anlagen zur passiven Sonnenenergienutzung. ⁴Das sind Teile des Baukörpers, insbesondere Glasflächen (z. B. Wintergärten), die die Sonnenenergie zur Erwärmung der Räume durch die bloße Sonneneinstrahlung nutzen.

2.3 Wärmerückgewinnungsanlagen

76 ¹Der Einbau einer Anlage zur Rückgewinnung von Wärme aus Abluft ist nur dann begünstigt, wenn die Anlage die energetischen Voraussetzungen der Wärmeschutzverordnung (BGBl. I 1994 S. 2121) erfüllt. ²Voraussetzung ist daher, daß Lüftungsanlagen mit Wärmerückgewinnung je kWh aufgewendeter elektrischer Arbeit mindestens 5,0 kWh – bei Anlagen mit zusätzlicher Wärmepumpe 4,0 kWh – nutzbare Wärme abgeben müssen (vgl. Anlage 1 Ziff. 1.6.3 und Ziff. 2 der Wärmeschutzverordnung). ³Diese Voraussetzungen müssen durch einen bauaufsichtlichen Verwendbarkeitsnachweis oder – solange die Zulassung des Deutschen Instituts für Bautechnik (DIBt-Zulassung) noch nicht vorliegt – durch eine entsprechende Erklärung des Herstellers nachgewiesen werden.

77 ¹Bei Anlagen zur Rückgewinnung von Wärme aus Abgas ist ein bauaufsichtlicher Verwendungsnachweis (in aller Regel die DIBt-Zulassung) zu erbringen. ²Dieser weist das Gerät als „Abgas-Wärmetauscher" aus. ³Zu den begünstigten Wärmerückgewinnungs-Anlagen aus Abgas gehört nicht der in einem Brennwertkessel enthaltene Kondensationsteil.

2.4 Höhe der Förderung

78 ¹Die Zusatzförderung nach § 9 Abs. 3 EigZulG beträgt jährlich 2 % der Aufwendungen für die begünstigten Maßnahmen (Bemessungsgrundlage), höchstens 500 DM. ²Zuschüsse aus öffentlichen oder privaten Mitteln zu den Aufwendungen für den Einbau einer energiesparenden Anlage mindern die Bemessungsgrundlage nach § 9 Abs. 3 EigZulG. ³Entsprechendes gilt, wenn die Aufwendungen auch in die allgemeine Bemessungsgrundlage nach § 8 EigZulG einbezogen worden sind (vgl. dazu auch Rz. 56 Satz 2 und R 163 EStR).

[79] ¹Stehen die begünstigten Anlagen im Gemeinschaftseigentum i.S. des WEG, kann jeder Wohnungseigentümer, der die Voraussetzungen für die Inanspruchnahme der Eigenheimzulage erfüllt, eine Zusatzförderung i.H.v. jährlich 2 % der auf ihn entfallenden Kosten der Anlage, höchstens 500 DM, erhalten.

[80] ¹Miteigentümer einer Wohnung können grundsätzlich die Zusatzförderung nur im Verhältnis ihrer Miteigentumsanteile erhalten.

Beispiel:

Die nichtverheirateten A und B bauen vor Einzug in ihr neuerworbenes Einfamilienhaus eine Photovoltaikanlage für 30.000 DM ein. Die Zusatzförderung beträgt für jeden jährlich 2 % von 15.000 DM, höchstens 250 DM.

²Eine Ausnahme gilt nur dann, wenn ein Miteigentümer eines Zwei- oder Mehrfamilienhauses eine Wohnung alleine bewohnt. In diesen Fällen gilt Rz. 66 und Rz. 79 entsprechend.

Beispiel:

A und B schaffen zu je $\frac{1}{2}$ ein Zweifamilienhaus mit zwei gleich großen Wohnungen an. A und B beziehen jeweils eine Wohnung. Für die vor Einzug gemeinsam errichtete Photovoltaikanlage für 30.000 DM beträgt die Zusatzförderung für jeden jährlich 300 DM (2 % von 15.000 DM).

2.5 Verhältnis zu anderen Vorschriften

[81] ¹Handelt es sich bei den Aufwendungen für eine begünstigte Anlage i.S. des § 9 Abs. 3 EigZulG um nachträgliche Herstellungs- oder Erhaltungsaufwendungen an einer Wohnung im Beitrittsgebiet, kann der Anspruchsberechtigte wählen, ob er hinsichtlich dieser Aufwendungen den Abzugsbetrag nach § 7 FördG oder die Zusatzförderung in Anspruch nehmen will. ²Sind die Aufwendungen als Erhaltungsaufwendungen zu qualifizieren, kann der Anspruchsberechtigte hierfür auch den Vorkostenabzug nach § 10i EStG in Anspruch nehmen (vgl. hierzu Rz. 130 Satz 4).

3. Zusatzförderung von Niedrigenergiehäusern (§ 9 Abs. 4 EigZulG)

[82] ¹Die Zusatzförderung nach § 9 Abs. 4 EigZulG setzt voraus, daß der berechnete Jahres-Heizwärmebedarf eines Gebäudes den nach der Wärmeschutzverordnung vom 16. August 1994 (BGBl. I 1994 S. 2121) maximal zulässigen Jahres-Heizwärmebedarf um mindestens 25 % unterschreitet. ²Diese Voraussetzungen sind durch Vorlage eines Wärmebedarfsausweises nach Muster A nachzuweisen. ³Dies gilt auch dann, wenn die Wärmeschutzverordnung für das Gebäude lediglich einen vereinfachten Nachweis nach Muster B fordert.

Beispiel:

Der vorgelegte Wärmebedarfsausweis nach Muster A enthält folgende Angaben:

A / v	Maximal zulässiger Jahres-Heizwärmebedarf	Berechneter Jahres-Heizwärmebedarf
(Wärmeübertr. Umfassungsfläche $A = \ldots 589{,}7\,m^2$	$Q'_{Hzul} = kWh/(m^3 \times a)^*$	$Q'_H = kWh/(m^3 \times a)^*$
Beheiztes Bauwerksvolumen $V = \ldots 973{,}2 \ldots m^3)$	oder	oder
$A/V = \ldots 0{,}61 \ldots m^{-1}$	$Q'_{Hzul} = 75{,}98\,kWh/(m^2 \times a)$	$Q'_H = 56{,}87\,kWh/(m^2 \times a)$

(Sind alternativ die mit *gekennzeichneten Rubriken ausgefüllt, ändert dies an der Berechnung nichts.)

Der zulässige Jahres-Heizwärmebedarf des Gebäudes von $75{,}98\,kWh/(m^2 \times a)$ wird um $19{,}11\,kWh/(m^2 \times a)$, das sind mehr als 25 v. H. ($0{,}25 \times 75{,}98 = 19{,}00$), unterschritten. Die technischen Voraussetzungen für die Zusatzförderung nach § 9 Abs. 4 EigZulG sind damit gegeben.

[83] ¹Die Zusatzförderung beträgt jährlich 400 DM. ²Miteigentümer eines Gebäudes können die Zusatzförderung nur entsprechend ihrem Miteigentumsanteil erhalten. ³Rz. 80 gilt sinngemäß.

4. Kinderzulage (§ 9 Abs. 5 EigZulG)

4.1 Voraussetzungen

84 ¹Die Inanspruchnahme der Kinderzulage setzt voraus, daß im Zeitpunkt des Bezugs des Objekts oder zu einem späteren Zeitpunkt der Anspruchsberechtigte oder sein Ehegatte für das jeweilige Jahr des Förderzeitraums zumindest für einen Monat für das Kind Kindergeld oder einen Kinderfreibetrag erhält (vgl. Rz. 85) und das Kind im Förderzeitraum zum inländischen Haushalt des Anspruchsberechtigten gehört oder gehört hat (vgl. Rz. 86).

Beispiel:
A schafft im Oktober 1997 ein Einfamilienhaus an, das er noch im gleichen Monat mit seinen beiden Kindern bezieht. Für ein Kind erhält er ab März 1997 (Abschluß der Berufsausbildung) kein Kindergeld mehr.
Für dieses Kind ist die Kinderzulage ausgeschlossen.
²Nicht Voraussetzung ist, daß das Kind in dem begünstigten Objekt wohnt.

85 ¹Dem Kindergeld gleich stehen Leistungen i.S.d. § 65 Abs. 1 Satz 1 EStG. ²Kindergeld erhält nicht nur der Elternteil, an den das Kindergeld gezahlt wird, sondern auch der barunterhaltspflichtige Elternteil, dem das halbe Kindergeld im Wege eines zivilrechtlichen Ausgleichs zusteht und der seiner Unterhaltspflicht nachkommt.

86 ¹Ein Kind gehört zum Haushalt des Anspruchsberechtigten, wenn es bei einheitlicher Wirtschaftsführung unter Leitung des Anspruchsberechtigten dessen Wohnung teilt oder sich mit seiner Einwilligung vorübergehend außerhalb seiner Wohnung aufhält. ²Für das Verhältnis von Kinderzulage und Ausbildungsfreibetrag sind die Grundsätze des BMF-Schreibens vom 21. November 1994 – BStBl I S. 855 entsprechend anzuwenden. ³Es reicht aus, wenn die Haushaltszugehörigkeit in einem früheren Jahr des Förderzeitraums einmal vorgelegen hat (vgl. jedoch Rz. 84). ⁴Der Wegfall der Haushaltszugehörigkeit im Laufe des Förderzeitraums ist unschädlich (vgl. BFH vom 21. November 1989 – BStBl 1990 II S. 216).

4.2 Ausschluß mehrfacher Förderung (§ 9 Abs. 5 Satz 4 und 5 EigZulG)

87 ¹Bei zusammenlebenden unbeschränkt einkommensteuerpflichtigen Ehegatten ist die gleichzeitige Inanspruchnahme der Kinderzulage für ein Kind in einem Kalenderjahr für zwei Wohnungen ausgeschlossen, wenn beide Wohnungen im Alleineigentum eines Ehegatten oder im Miteigentum beider Ehegatten stehen. ²Ausgeschlossen ist in diesen Fällen auch die gleichzeitige Inanspruchnahme von Kinderzulage und Baukindergeld nach § 34f EStG. ³Die Ehegatten können jedoch auf die weitere Inanspruchnahme des Baukindergeldes nach § 34f EStG zugunsten der Kinderzulage nach § 9 Abs. 5 EigZulG verzichten.

4.3 Kinderzulage bei Miteigentum (§ 9 Abs. 5 Satz 3 EigZulG)

88 ¹Haben Miteigentümer einer Wohnung zugleich für ein Kind Anspruch auf Kinderzulage, ist sie bei jedem zur Hälfte anzusetzen. ²Ist ein Elternteil von der Inanspruchnahme der Eigenheimzulage ausgeschlossen, z. B. weil für ihn Objektverbrauch eingetreten ist oder er die Einkunftsgrenze überschritten hat, kann der andere Elternteil die Kinderzulage voll erhalten.

5. Förderbegrenzung (§ 9 Abs. 6 EigZulG)

89 ¹Bei Herstellung oder Anschaffung einer Wohnung sowie bei Ausbauten und Erweiterungen, mit denen der Anspruchsberechtigte vor dem 1. Januar 1997 begonnen hat, darf die Summe der für den Förderzeitraum gezahlten Fördergrundbeträge nach § 9 Abs. 2 EigZulG und der Kinderzulagen nach § 9 Abs. 5 EigZulG die Bemessungsgrundlage nach § 8 EigZulG nicht übersteigen. ²Die ökologische Zusatzförderung nach § 9 Abs. 3 und 4 EigZulG ist nicht in die Förderbegrenzung einzubeziehen.

Beispiel 1:
Die Ehegatten A und B schaffen 1996 ein älteres Einfamilienhaus für 40.000 DM an, das sie mit ihren vier Kindern noch im selben Jahr beziehen. Vor Einzug bauen sie einen Abgaswärmetauscher für 6.000 DM ein.

Sie haben in folgender Höhe Anspruch auf Eigenheimzulage:
- für 1996 bis 2001 jeweils 7.270 DM

  Fördergrundbetrag: 2,5 % v. 46.000 DM, Zusatzförderung: 2 % v. 6.000 DM, Kinderzulage 4 × 1.500 DM
- für 2002   3.220 DM

Bemessungsgrundlage nach § 8 EigZulG	46.000 DM
Fördergrundbeträge und Kinderzulagen für 1996 bis 2001	42.900 DM
Restbetrag nach § 9 Abs. 6 EigZulG	3.100 DM
Zusatzförderung	120 DM
insgesamt	3.220 DM

- für 2003   120 DM

Aufgrund der Förderbegrenzung nach § 9 Abs. 6 EigZulG steht A und B für das Jahr 2003 kein Fördergrundbetrag oder Kinderzulage mehr zu. Sie können jedoch weiterhin die Zusatzförderung erhalten.

Beispiel 2:

wie Beispiel 1, A und B lassen jedoch im Jahr 2003 nachträgliche Herstellungsarbeiten für 10.000 DM durchführen.

Die nachträglichen Herstellungskosten erhöhen im Jahr 2003 die Bemessungsgrundlage auf 56.000 DM. A und B können daher für das Jahr 2003 Eigenheimzulage i.H.v. insgesamt 7.520 DM erhalten. Eine rückwirkende Erhöhung der Eigenheimzulage für das Jahr 2002 kommt nicht in Betracht.

[1]Bei Ausbauten und Erweiterungen, mit denen der Anspruchsberechtigte nach dem 31. Dezember 1996 begonnen hat, sind Fördergrundbeträge und Kinderzulagen insgesamt auf 50 % der Bemessungsgrundlage beschränkt. [2]Zum Beginn der Herstellung vgl. Rz. 119.   90

[3]Bei Miteigentümern einer Wohnung, darf die Summe der Fördergrundbeträge und der Kinderzulagen die auf den anspruchsberechtigten Miteigentümer entfallende Bemessungsgrundlage bzw. 50 % der auf den anspruchsberechtigen Miteigentümer entfallende Bemessungsgrundlage (vgl. Rz. 90) nicht übersteigen.   91

X. Entstehung des Anspruchs auf Eigenheimzulage (§ 10 EigZulG)

[1]Der Anspruch auf Eigenheimzulage entsteht mit Beginn der Nutzung der hergestellten oder angeschafften Wohnung zu eigenen Wohnzwecken, für jedes weitere Jahr mit Beginn des Kalenderjahres, für das eine Eigenheimzulage festzusetzen ist.   92

XI. Verfahren (§§ 11 bis 15 EigZulG)

1. Erstmalige Festsetzung (§ 11 Abs. 1 EigZulG)

[1]Eigenheimzulage ist auf einmaligen Antrag für alle Jahre des Förderzeitraums, für die Anspruch auf Eigenheimzulage besteht, von dem für die Besteuerung des Anspruchsberechtigten nach dem Einkommen zuständigen Finanzamt festzusetzen. [2]Der erstmaligen Festsetzung sind die Verhältnisse (Höhe der Herstellungs- oder Anschaffungskosten und Zahl der Kinder) im Zeitpunkt des Bezugs der Wohnung zugrunde zu legen. [3]Liegen die Voraussetzungen für die Inanspruchnahme der Eigenheimzulage noch nicht im Zeitpunkt des Einzugs, sondern erst zu einem späteren Zeitpunkt vor, sind für die erstmalige Festsetzung die Verhältnisse in diesem Zeitpunkt maßgebend.   93

Beispiel:

Der ledige A, für den bereits Objektverbrauch eingetreten ist, schafft 1996 eine Eigentumswohnung an, die er sofort zusammen mit seiner Freundin B bezieht. Nach Geburt eines gemeinsamen Kindes in 1997 heiraten A und B noch im selben Jahr.

Da für B bislang noch kein Objektverbrauch eingetreten ist, kann A ab 1997 die Eigenheimzulage in Anspruch nehmen. Im Rahmen der erstmaligen Festsetzung der Eigenheimzulage kann das gemeinsame Kind bereits berücksichtigt werden, weil auf die Verhältnisse im Zeitpunkt der Eheschließung abzustellen ist.

2. Neufestsetzung oder Aufhebung bei Änderung der Verhältnisse (§ 11 Abs. 2 und 3 EigZulG)

[1]Ergeben sich nach dem Zeitpunkt, in dem erstmals die Voraussetzungen für die Inanspruchnahme der Eigenheimzulage vorliegen, Änderungen, die zu einer Erhöhung oder Minderung der Eigenheimzu-   94

lage führen (z. B. ein Kind wird geboren oder der Anspruchsberechtigte erhält für das Kind kein Kindergeld mehr), ist eine Neufestsetzung nach § 11 Abs. 2 EigZulG durchzuführen. ²Neu festgesetzt wird mit Wirkung ab dem Kalenderjahr, für das sich nach den materiell-rechtlichen Vorschriften eine Abweichung ergibt (§ 11 Abs. 2 Satz 2 EigZulG).

95 ¹Ist bereits bei erstmaliger Festsetzung bekannt, daß sich die Verhältnisse geändert haben, können die geänderten Verhältnisse nicht im Rahmen der erstmaligen Festsetzung berücksichtigt werden. ²In diesen Fällen ist mit der erstmaligen Festsetzung gleichzeitig eine Neufestsetzung durchzuführen.

Beispiel:
A und B beziehen die von ihnen angeschaffte Wohnung am 15.12.1996. Am 2.1.1997 wird die gemeinsame Tochter geboren. A und B beantragen im Februar 1997 die Eigenheimzulage. Es ist eine auf 1996 beschränkte erstmalige Festsetzung ohne Berücksichtigung der Kinderzulage durchzuführen. Gleichzeitig wird die Eigenheimzulage ab 1997 neu festgesetzt.

96 ¹Entfallen die Voraussetzungen für die Inanspruchnahme der Eigenheimzulage nach den §§ 1, 2, 4 und 6 EigZulG während eines Jahres des Förderzeitraums und kann der Anspruchsberechtigte deshalb die Eigenheimzulage nicht mehr in Anspruch nehmen, ist die Festsetzung aufzuheben. ²Die Aufhebung ist mit Wirkung ab dem folgenden Kalenderjahr durchzuführen (vgl. § 11 Abs. 3 EigZulG). ³Liegen die Voraussetzungen erneut vor, ist eine erneute erstmalige Festsetzung (vgl. Rz. 93) durchzuführen.

3. Aufhebung oder Änderung bei Über- oder Unterschreiten der Einkunftsgrenze (§ 11 Abs. 4 EigZulG)

97 ¹Legt der Anspruchsberechtigte dar, daß er die Einkunftsgrenze nach § 5 EigZulG nicht überschreitet (vgl. Rz. 32 Satz 2), kann die Eigenheimzulage festgesetzt werden, auch wenn die genaue Höhe der Einkünfte noch nicht feststeht. ²Wird nachträglich bekannt, daß der Gesamtbetrag der Einkünfte in den nach § 5 EigZulG maßgebenden Jahren insgesamt die Einkunftsgrenze überschreitet, ist die Festsetzung der Eigenheimzulage nach § 11 Abs. 4 EigZulG aufzuheben.

98 ¹Ist andererseits die Festsetzung der Eigenheimzulage zunächst bestandskräftig abgelehnt worden, weil das Finanzamt davon ausgegangen ist, daß der Anspruchsberechtigte die Einkunftsgrenze überschreiten wird, kann der Bescheid nach § 11 Abs. 4 EigZulG geändert werden, wenn sich die Prognose als unzutreffend herausstellt.

4. Fehlerbeseitigende Neufestsetzung (§ 11 Abs. 5 EigZulG)

99 ¹Die Eigenheimzulage kann nach § 11 Abs. 5 EigZulG neu festgesetzt werden, wenn die Festsetzung der Eigenheimzulage zu Unrecht abgelehnt worden ist oder die Eigenheimzulage rechtsfehlerhaft zu hoch oder zu niedrig festgesetzt worden ist. ²Die Festsetzung der Eigenheimzulage kann aufgehoben werden, wenn die Festsetzung zu Unrecht durchgeführt worden ist. ³Die fehlerbeseitigende Neufestsetzung zugunsten des Anspruchsberechtigten wird mit Wirkung ab dem Kalenderjahr, in dem der Fehler dem Finanzamt bekannt wird, durchgeführt. ⁴Die Aufhebung oder Neufestsetzung zuungunsten des Anspruchsberechtigten wird jedoch frühestens ab dem Kalenderjahr wirksam, in dem das Finanzamt aufhebt oder ändert.

5. Gesonderte und einheitliche Feststellung bei Miteigentümern (§ 11 Abs. 6 Satz 1 und 2 EigZulG)

100 ¹Sind mehrere Anspruchsberechtigte Eigentümer einer Wohnung, ist die Eigenheimzulage für jeden gesondert festzusetzen. ²Die Bemessungsgrundlage nach §§ 8 und § 9 Abs. 3 EigZulG kann in diesen Fällen gesondert und einheitlich festgestellt werden. ³Nicht festgestellt wird die Höhe des Fördergrundbetrags und der Zusatzförderung nach § 9 Abs. 3 oder 4 EigZulG. ⁴Eine gesonderte und einheitliche Feststellung nach § 11 Abs. 6 Satz 1 und 2 EigZulG ist nur durchzuführen, wenn mehrere Miteigentümer einen anteiligen Zulagebetrag für die gemeinsame Wohnung in Anspruch nehmen (vgl. Rz. 64 und 65) und es sich nicht um einen Fall von geringer Bedeutung handelt (vgl. § 180 Abs. 3 Nr. 2 AO), insbesondere weil die Höhe der Bemessungsgrundlage und die Aufteilung feststehen.

6. Festsetzung bei Ehegatten (§ 11 Abs. 6 Satz 3 und 4 EigZulG)

101 ¹Ist ein Ehegatte Alleineigentümer der Wohnung, ist die Eigenheimzulage nur für ihn festzusetzen. ²Für Ehegatten, die die Voraussetzungen des § 26 Abs. 1 EStG erfüllen, ist die Festsetzung der Eigenheimzulage für eine gemeinsame Wohnung zusammen durchzuführen (vgl. jedoch Beispiel zu Rz. 30). ³Heiraten Miteigentümer einer Wohnung im Laufe des Förderzeitraums, ist die Eigenheimzulage ab

dem Jahr der Eheschließung nach § 11 Abs. 6 Satz 4 EigZulG neu festzusetzen. [4]Die bisherigen Einzelfestsetzungen sind nicht aufzuheben. [5]Liegt für einen Ehegatten für seinen Miteigentumsanteil noch keine Festsetzung vor (z. B. weil dieser wegen Objektverbrauchs keine Eigenheimzulage beantragt hat), handelt es sich insoweit um eine Erstfestsetzung. [6]Entfallen die Voraussetzungen des § 26 Abs. 1 EStG im Laufe des Förderzeitraums, z. B. weil sich die Ehegatten trennen, ist zu unterscheiden:

- Können beide Ehegatten nach der Trennung die Eigenheimzulage weiter in Anspruch nehmen, ist ab dem auf das Jahr der Trennung folgenden Jahr die Eigenheimzulage für jeden Ehegatten gesondert neu festzusetzen. Die Zusammenfestsetzung ist in diesem Fall nicht aufzuheben.
- Kann nur ein Ehegatte die Eigenheimzulage weiter in Anspruch nehmen, ist diese für ihn ab dem auf das Jahr, in dem die Voraussetzungen des § 26 Abs. 1 EStG entfallen sind, folgenden Jahr neu festzusetzen und die Zusammenfestsetzung gegenüber dem anderen Ehegatten nach § 11 Abs. 3 i.V. m. § 11 Abs. 6 EigZulG aufzuheben.

7. Auszahlung der Eigenheimzulage (§ 13 EigZulG)

Für das Jahr der Bekanntgabe des Bescheids und die vorangegangenen Jahre ist die Eigenheimzulage innerhalb eines Monats nach Bekanntgabe des Bescheids, für jedes weitere Jahr des Förderzeitraums am 15. März auszuzahlen.

8. Anwendung der Abgabenordnung (§ 15 EigZulG)

[1]Eigenheimzulagenbescheide können nach §§ 129, 164,165 und 172 bis 177 AO berichtigt, aufgehoben und geändert werden, im übrigen kann die Eigenheimzulage nach § 11 EigZulG neu festgesetzt oder aufgehoben werden.

[2]Die Festsetzungsfrist beginnt mit Ablauf des Kalenderjahres, in dem der Anspruch entstanden ist (§ 170 Abs. 1 AO). [3]Zur Entstehung vgl. Rz. 92. [4]Die Festsetzungsfrist beträgt vier Jahre (§ 169 Abs. 2 AO) und läuft nicht ab, bevor über den Antrag unanfechtbar entschieden worden ist (§ 171 Abs. 3 AO). [5]Sie endet nicht vor Ablauf der Festsetzungsfrist für die Einkommensteuer der nach § 5 EigZulG maßgebenden Jahre (vgl. Rz. 28 und 29). [6]Für die folgenden Jahre des Förderzeitraums verlängert sich die Festsetzungsfrist entsprechend (§ 11 Abs. 1 Satz 4 und 5 EigZulG). [7]Die Frist für die Aufhebung oder Änderung der Festsetzung der Eigenheimzulage beginnt nicht vor Ablauf des Kalenderjahres, in dem der Antrag gestellt worden ist (§ 170 Abs. 3 AO).

[1]Eine Eigenheimzulage darf nicht aus Billigkeitsgründen gewährt oder höher festgesetzt werden, als dies aus Rechtsgründen möglich ist. [2]Die entsprechende Anwendung des § 163 AO auf die Eigenheimzulage ist ausgeschlossen (§ 15 Abs. 1 Satz 2 EigZulG).

[1]Der Anspruch auf Eigenheimzulage kann nach Maßgabe des § 46 AO abgetreten, verpfändet und gepfändet werden. [2]Die Abtretung wird erst wirksam, wenn sie der Gläubiger dem Finanzamt in der nach § 46 Abs. 3 AO vorgeschriebenen Form nach Entstehung des Anspruchs anzeigt (§ 46 Abs. 2 AO). [3]Zur Entstehung vgl. Rz. 92.

XII. Genossenschaftsförderung (§ 17 EigZulG)

1. Anforderungen an die Genossenschaft

[1]Gefördert wird der Erwerb von Geschäftsanteilen an einer nach dem 1. Januar 1995 in das Genossenschaftsregister eingetragenen Wohnungsbaugenossenschaft. [2]Die Satzung muß dem Genossenschaftsmitglied ein unwiderrufliches und vererbliches Recht auf Erwerb der von ihm genutzten Wohnung für den Fall einräumen, daß die Mehrheit der in einem Gebäude Objekt wohnenden Genossenschaftsmitglieder der Begründung von Wohnungseigentum und Veräußerung der Wohnungen schriftlich zugestimmt hat. [3]Die Begründung von Wohneigentum und die Veräußerung der Wohnungen darf nicht für eine bestimmte Zeit ausgeschlossen sein.

[1]Ist bei Gründung der Genossenschaft kein Wohnungsbestand vorhanden, muß das Handeln der Genossenschaft auf die Herstellung oder Anschaffung von Wohnungen ausgerichtet sein. [2]In diesen Fällen ist die Eigenheimzulage nach § 165 Abs. 1 AO vorläufig festzusetzen. [3]Die errichteten Wohnungen müssen überwiegend an Genossenschaftsmitglieder überlassen werden.

2. Persönliche Voraussetzungen

[1]Der Anspruchsberechtigte muß sich mit Geschäftsanteilen von mindestens 10.000 DM beteiligen. [2]Er beteiligt sich mit Geschäftsanteilen, indem er Gründungsmitglied der Genossenschaft wird, nach

Gründung der Genossenschaft beitritt oder weitere Geschäftsanteile übernimmt. ³Der Beitritt erfolgt durch schriftliche Beitrittserklärung und Zulassung durch die Genossenschaft (vgl. § 15 Abs. 1 des Gesetzes betreffend die Erwerbs- und Wirtschaftsgenossenschaften (GenG) i.d. F. der Bekanntmachung vom 19. August 1994 – BGBl. I S. 2202). ⁴Der Anspruchsberechtigte kann die Eigenheimzulage auch für die Jahre des Förderzeitraums erhalten, in denen er keine Genossenschaftswohnung zu eigenen Wohnzwecken nutzt. ⁵Die Selbstnutzung muß jedoch spätestens im letzten Jahr des Förderzeitraums beginnen.

109 ¹Der Anspruchsberechtigte kann die Eigenheimzulage für Genossenschaftsanteile nur einmal im Leben erhalten (Objektbeschränkung). ²In einem einheitlichen Vorgang übernommene Geschäftsanteile stellen ein Objekt dar. ³Die Sonderregelungen für Ehegatten nach § 6 Abs. 1 Satz 2 und Abs. 2 Satz 2 EigZulG gelten nicht.

110 ¹Die Eigenheimzulage für Genossenschaftsanteile kann auch dann beansprucht werden, wenn bereits Objektverbrauch nach § 6 EigZulG (vgl. Rz. 33 bis 45) eingetreten ist.

3. Förderzeitraum und Höhe der Eigenheimzulage

111 ¹Förderzeitraum ist das Jahr, in dem der Anspruchsberechtigte Gründungsmitglied geworden, der Genossenschaft beigetreten ist oder weitere Geschäftsanteile übernommen hat, und die sieben darauf folgenden Jahre. ²Der Anspruchsberechtigte kann die Eigenheimzulage nur für die Jahre des Förderzeitraums in Anspruch nehmen, in denen er die Geschäftsanteile inne hat.

112 ¹Wird der Förderzeitraum (vgl. Rz. 111) nicht ausgeschöpft, kann der Anspruchsberechtigte die Eigenheimzulage nach Maßgabe der Rz. 46 bis 53 für ein Folgeobjekt in Anspruch nehmen.

113 ¹Der Fördergrundbetrag beträgt jährlich 3 % der Bemessungsgrundlage, höchstens 2.400 DM. ²Bemessungsgrundlage ist die auf die begünstigten Geschäftsanteile geleistete Einlage. ³Zuschüsse mindern die Bemessungsgrundlage im Jahr ihrer Bewilligung (vgl. R 163 Abs. 1 EStR 1996). ⁴Leistet der Anspruchsberechtigte Einzahlungen auf die Einlage sukzessiv, erhöht sich die Bemessungsgrundlage ab dem Jahr ihrer Leistung.

Beispiel:

M zahlt auf seinen 1996 erworbenen Geschäftsanteil i.H.v. 20.000 DM 1997 und 1999 jeweils 10.000 DM.

Der Fördergrundbetrag beträgt 1997 und 1998 jeweils 300 DM. Er erhöht sich 1999 auf 600 DM und wird in dieser Höhe bis 2003 gezahlt.

114 ¹Die Kinderzulage beträgt 500 DM für jedes Kind, für das der Anspruchsberechtigte Kindergeld oder Kinderfreibetrag erhält und das zu seinem Haushalt gehört (vgl. Rz. 84 bis 86).

115 ¹Die Summe der Fördergrundbeträge und Kinderzulagen darf die Bemessungsgrundlage jedoch nicht überschreiten.

Beispiel:

M (drei Kinder) ist 1997 einer Genossenschaft mit einem Geschäftsanteil von 10.000 DM beigetreten und hat die Einlage in voller Höhe geleistet.

Die Eigenheimzulage beträgt 1997 bis 2001 jeweils 1.800 DM (Fördergrundbetrag 300 DM, Kinderzulage 1.500 DM), 2002 letztmalig 1.000 DM (10.000 DM ./. 5 × 1.800 DM).

4. Kürzung der Eigenheimzulage für ein Wohnobjekt bei Inanspruchnahme der Genossenschaftsförderung

116 ¹Der Fördergrundbetrag und die Kinderzulage nach § 17 EigZulG werden auf Fördergrundbetrag und Kinderzulage für die Herstellung oder Anschaffung einer Wohnung angerechnet (§ 9 Abs. 2 Satz 4, Abs. 5 Satz 6 EigZulG). ²Die Anrechnung erfolgt jeweils nach den entsprechenden Jahren der Förderzeiträume: z. B. kürzt der Fördergrundbetrag, der für das erste Jahr des Förderzeitraums nach § 17 EigZulG gewährt wird, den Fördergrundbetrag, der für das erste Jahr des Förderzeitraums nach § 9 EigZulG gewährt wird.

Beispiel:

A (verheiratet, zwei Kinder) erhält für einen 1996 erwobenen Geschäftsanteil an einer Genossenschaft i. H. v. 20.000 DM ab 1996 Eigenheimzulage von jährlich 1.600 DM (Fördergrundbetrag: 3 v.H. von 20.000 DM und Kinderzulage: 2 × 500 DM). 1999 erwirbt er die von ihm bewohnte Genossenschaftswohnung für 150.000 DM. Auf den Kaufpreis wird die Einlage in Höhe von 20.000 DM angerechnet, zugleich verliert A seine Mitgliedschaft bei der Genossenschaft.

Für 2000 bis 2003 besteht kein Anspruch auf Eigenheimzulage nach § 17 EigZulG mehr.

Die Eigenheimzulage für die Anschaffung der Wohnung ermittelt sich wie folgt:
- 1999 bis 2002 jährlich 3.900 DM (Fördergrundbetrag: 2.500 DM ./. 600 DM) + (Kinderzulage: 2 × 1.500 DM ./. 2 × 500 DM)
- Ab 2003 entfällt die Anrechnung der Zulage nach § 17 EigZulG auf die Zulage für den Erwerb der Wohnung; die Eigenheimzulage für den Erwerb der Wohnung ist neu festzusetzen.

[3]Die Anrechnung erfolgt auch, wenn der Anspruchsberechtigte zunächst die Wohnung hergestellt oder angeschafft und dann sich mit Geschäftsanteilen an der Genossenschaft beteiligt hat. [4]In diesen Fällen ist der Eigenheimzulagenbescheid für die Wohnung nach § 175 Abs. 1 Nr. 2 AO (rückwirkendes Ereignis) zu ändern. [5]Bei Ausbauten und Erweiterungen i.S.d. § 2 Abs. 2 EigZulG erfolgt keine Anrechnung.

[1]Bei Ehegatten erfolgt die Anrechnung personenbezogen. [2]Bei Ehegatten, die Miteigentümer einer Wohnung sind und die Voraussetzungen des § 26 Abs. 1 EStG erfüllen, ist die Eigenheimzulage für die Wohnung nur insoweit zu mindern, als sie auf den Ehegatten entfällt, der die Eigenheimzulage nach § 17 EigZulG in Anspruch genommen hat.

Beispiel:

Der verheiratete A (1 Kind) erhält für einen 1996 erworbenen Geschäftsanteil i.H.v. 50.000 DM ab 1996 Eigenheimzulage i.H.v. jährlich 2.000 DM (3 v. H. von 50.000 DM und Kinderzulage: 500 DM). 1999 erwirbt er zusammen mit seiner Ehefrau B die von ihnen bewohnte Genossenschaftswohnung für 150.000 DM. Auf den Kaufpreis wird die Einlage voll angerechnet.

Ab dem Jahr 2000 hat A keinen Anspruch mehr auf Eigenheimzulage nach § 17 EigZulG.

Die Eigenheimzulage für die Anschaffung der Wohnung ermittelt sich wie folgt:
- 1999 bis 2002 jährlich 2.250 DM (Fördergrundbetrag: 2.500 DM ./. 1.250 DM) + (Kinderzulage: 1.500 DM ./. 500 DM). Der Fördergrundbetrag wird nicht gekürzt soweit er auf B entfällt.
- 2003 bis 2006 jährlich 4.000 DM (Fördergrundbetrag: 2.500 DM) + (Kinderzulage: 1.500 DM)

XIII. Zeitlicher Anwendungsbereich (§ 19 EigZulG)

1. Allgemeines

[1]Der Anspruchsberechtigte erhält die Eigenheimzulage, wenn er nach dem 31. Dezember 1995 im Fall der Herstellung mit der Herstellung des Objekts begonnen oder im Fall der Anschaffung den Kaufvertrag abgeschlossen hat. [2]Hat der Anspruchsberechtigte nach dem 26. Oktober 1995 und vor dem 1. Januar 1996 mit der Herstellung begonnen oder den Kaufvertrag abgeschlossen, kann er zwischen der Eigenheimzulage und der Steuerbegünstigung nach §§ 10e oder 10h EStG wählen. [3]Ein Wahlrecht besteht zudem für Anspruchsberechtigte, die eine Wohnung im Beitrittsgebiet als Mieter aufgrund einer Veräußerungspflicht des Wohnungsunternehmens nach § 5 Altschuldenhilfegesetz angeschafft und den Kaufvertrag nach dem 28. Juni 1995 und vor dem 1. Januar 1996 abgeschlossen haben. [4]Ein Anspruchsberechtigter hat die Wohnung auch dann als Mieter angeschafft, wenn er nicht die von ihm bewohnte, sondern eine andere Wohnung des gleichen Wohnungsunternehmens erwirbt. [5]In den Wahlrechtsfällen ist der Antrag auf Eigenheimzulage ausgeschlossen, wenn der Anspruchsberechtigte für das Objekt Abzugsbeträge nach §§ 10e Abs. 1 bis 5 oder 10h EStG, das Baukindergeld nach § 34f EStG oder für 1995 oder darauf folgende Jahre Vorkosten nach §§ 10e Abs. 6 oder 10h Satz 3 EStG abgezogen hat. [6]Der Vorkostenabzug für 1994 oder früher schließt nicht die Inanspruchnahme der Eigenheimzulage aus. [7]Die Ausschlußwirkung tritt mit Bestandskraft des entsprechenden Einkommensteuerbescheides ein. [8]Hat der Anspruchsberechtigte den Antrag auf Eigenheimzulage gestellt, kann er das Wahlrecht nicht mehr zugunsten der Abzugsbeträge nach §§ 10e Abs. 1 bis 5 oder 10h EStG und des Baukindergeldes nach § 34f EStG ausüben (vgl. § 19 Abs. 2 Satz 2 EigZulG).

2. Beginn der Herstellung

[1]Als Beginn der Herstellung gilt bei Objekten, für die eine Baugenehmigung erforderlich ist, der Zeitpunkt, in dem der Bauantrag gestellt wird, bei baugenehmigungsfreien Objekten, für die Bauunterlagen einzureichen sind, der Zeitpunkt, in dem die Bauunterlagen eingereicht werden.

[1]Bei wiederholter Antragstellung bleibt der erste Bauantrag maßgebend, es sei denn, daß wirtschaftlich sinnvolle Erwägungen (z. B. Änderung der ursprünglichen Bauplanung) für die Rücknahme des ersten und die Stellung eines neuen Bauantrags maßgebend waren. [2]Je größer die Zeitspanne zwischen Rücknahme und erneuter Antragstellung ist, desto weniger besteht die Vermutung, daß ausschließlich

steuerliche Gründe und nicht wirtschaftlich sinnvolle Erwägungen für die erneute Antragstellung entscheidend waren.

121 ¹Bei Erwerb eines unbebauten Grundstücks oder teilfertigen Gebäudes, für das der Veräußerer bereits eine Baugenehmigung beantragt hat, ist nicht der Bauantrag des Veräußerers maßgebend, sondern der Herstellungsbeginn des Erwerbers. ²Dies ist der Zeitpunkt, in dem der Anspruchsberechtigte den Kaufvertrag über das teilfertige Gebäude abgeschlossen oder bei Erwerb eines unbebauten Grundstücks mit den Bauarbeiten tatsächlich begonnen hat.

B. Vorkostenabzug nach § 10i EStG

I. Vorkostenpauschale (§ 10i Abs. 1 Satz 1 Nr. 1 EStG)

122 ¹Der Steuerpflichtige kann eine Vorkostenpauschale abziehen, wenn er für die Anschaffung oder Herstellung einer Wohnung oder einen Miteigentumsanteil daran oder für einen Ausbau oder eine Erweiterung für das Jahr der Fertigstellung oder Anschaffung oder für ein der zwei darauf folgenden Jahre Eigenheimzulage erhält. ²Der Steuerpflichtige kann die Vorkostenpauschale auch für ein Folgeobjekt i.S.d. § 7 EigZulG abziehen. ³Abzugszeitpunkt ist das Jahr der Fertigstellung oder Anschaffung (vgl. Rz. 23 und 24). ⁴Dies gilt auch, wenn der Steuerpflichtige für dieses Jahr noch keine Eigenheimzulage erhält, z. B. weil er die Wohnung in diesem Jahr vermietet hat. ⁵Insoweit ist die Einkommensteuerveranlagung nach § 165 AO vorläufig durchzuführen.

123 ¹Die Vorkostenpauschale beträgt 3.500 DM. ²Bei einem Anteil an der Wohnung kann der Steuerpflichtige die Vorkostenpauschale ebenso wie den Fördergrundbetrag nach § 9 Abs. 2 EigZulG nur anteilig erhalten. Vgl. hierzu Rz. 64 bis 66.

II. Abzug von Erhaltungsaufwendungen (§ 10i Abs. 1 Satz 1 Nr. 2 EStG)

1. Unmittelbarer Zusammenhang mit der Anschaffung einer nach § 2 Abs. 1 EigZulG begünstigten Wohnung

124 ¹Die Erhaltungsaufwendungen müssen unmittelbar mit der Anschaffung einer nach § 2 Abs. 1 EigZulG begünstigten Wohnung im Zusammenhang stehen (vgl. § 10i Abs. 1 Satz 2 EStG). ²Stehen Aufwendungen z. B. mit der Herstellung oder Anschaffung von Objekten ohne die erforderliche Baugenehmigung, von Ferien- oder Wochenendwohnungen sowie von Objekten, die vom Ehegatten oder unentgeltlich erworben worden sind, im Zusammenhang, können sie nicht abgezogen werden (vgl. Rz. 3 bis 8 und Rz. 17 bis 20). ³Unerheblich ist, ob der Steuerpflichtige die Eigenheimzulage tatsächlich in Anspruch nimmt oder von der Inanspruchnahme der Eigenheimzulage ausgeschlossen ist (z. B. wegen Objektverbrauchs oder Überschreitens der Einkunftsgrenze).

125 ¹Der unentgeltliche Einzelrechtsnachfolger kann mangels Anschaffung Erhaltungsaufwendungen nach § 10i EStG nicht abziehen (vgl. BFH vom 13. Januar 1993 – BStBl II S. 346, zum Begriff der Anschaffung vgl. Rz. 13 und 14). ²Wird eine Wohnung teilentgeltlich erworben, können Erhaltungsaufwendungen nur abgezogen werden, soweit sie auf den entgeltlich erworbenen Teil der Wohnung entfallen. ³Die Aufwendungen sind im Verhältnis des Entgelts (ohne Anschaffungsnebenkosten) zu dem Verkehrswert der Wohnung aufzuteilen (BFH vom 24. März 1993 – BStBl II S. 704). ⁴Der Erbe kann als Gesamtrechtsnachfolger in dem Umfang, in dem auch beim Erblasser ein Vorkostenabzug möglich gewesen wäre, Erhaltungsaufwendungen nach § 10i EStG abziehen. ⁵Der Erbe muß sich die Nutzung der Wohnung durch den Erblasser zurechnen lassen (BFH vom 13. Januar 1993 – BStBl II S. 346).

> **Beispiel:**
> A ist Erbe nach dem am 1. Februar 1997 verstorbenen V. Zum Nachlaß gehört ein Einfamilienhaus, das V in 1996 angeschafft und anschließend selbst bezogen hat. Vor Einzug führt A umfangreiche Renovierungsarbeiten durch.
>
> Die Erhaltungsaufwendungen sind nicht nach § 10i EStG als Vorkosten abzugsfähig, weil auch V der Vorkostenabzug nicht zugestanden hätte.

126 ¹Die Erhaltungsarbeiten müssen sich ohne zeitlichen Abstand unmittelbar an die Anschaffung anschließen. ²Erhaltungsaufwendungen sind ab dem Zeitpunkt abziehbar, in dem Maßnahmen eingeleitet worden sind, die zum Eigentumserwerb geführt haben. ³Aufwendungen für nach Beendigung einer Vermietung und vor Eigennutzung durchgeführte Erhaltungsmaßnahmen kann der Steuerpflichtige nur abziehen, wenn er eine vermietete Wohnung gekauft und sich im Interesse der Eigennutzung umgehend um die Beendigung des Mietverhältnisses bemüht hat.

2. Entstehung vor Eigennutzung

[1]Der Steuerpflichtige muß die Erhaltungsarbeiten durchführen   127

- bis einschließlich des Tages der erstmaligen Nutzung einer Wohnung zu eigenen Wohnzwecken oder
- wenn er die bisher von ihm als Mieter genutzte Wohnung anschafft, bis zum Ablauf des auf das Jahr der Anschaffung folgenden Kalenderjahres.

[2]Unter Beginn der erstmaligen Nutzung ist der tatsächliche Einzugszeitpunkt des Eigentümers oder eines Angehörigen i.S.d. § 15 AO, an den er die Wohnung unentgeltlich überläßt (vgl. Rz. 26), zu verstehen.

3. Erhaltungsaufwendungen

[1]Erhaltungsaufwendungen liegen vor, wenn ein Gebäude durch die Ersetzung einzelner Bestandteile   128
oder Instandsetzungs- oder Modernisierungsmaßnahmen an dem Gebäude als Ganzem lediglich in ordnungsgemäßem Zustand entsprechend seinem ursprünglichen Zustand erhalten oder dieser in zeitgemäßer Form wieder hergestellt wird und es sich nicht um den Herstellungskosten zuzurechnende anschaffungsnahe Aufwendungen (vgl. R 157 Abs. 4 EStR 1996) handelt. [2]Zur Abgrenzung zwischen Herstellungskosten und Erhaltungsaufwendungen vgl. BMF-Schreiben vom 16. Dezember 1996 – BStBl I S. 1442.

[1]Der Abzug von Erhaltungsaufwendungen ist begrenzt auf 22.500 DM. [2]Bei Erwerb eines Miteigen-   129
tumanteils ist eine dem Anteil entsprechende Kürzung des Höchstbetrags von 22.500 DM vorzunehmen. [3]Rz. 64 bis 66 sind entsprechend anzuwenden. [4]Werden Teile der Wohnung nicht zu eigenen Wohnzwecken genutzt (z. B. Arbeitszimmer, andere gewerblich/beruflich genutzte oder vermietete Räume), sind die mit der Wohnung in Zusammenhang stehenden Erhaltungsaufwendungen – nicht aber der Höchstbetrag von 22.500 DM – insoweit zu kürzen, als sie auf den nicht zu eigenen Wohnzwecken genutzten Teil entfallen (zu den Aufteilungsmaßstäben vgl. Rz. 52 und 54 des BMF-Schreibens vom 31. Dezember 1994 – BStBl I S. 887).

[1]Erhaltungsaufwendungen sind im Veranlagungszeitraum der Zahlung als Vorkosten abziehbar. [2]§ 82b   130
EStDV ist nicht anwendbar. [3]Steht bereits im Veranlagungszeitraum der Zahlung fest, daß die Erhaltungsaufwendungen dem Steuerpflichtigen erstattet werden, ist nur der um die Erstattungsleistung gekürzte Betrag als Vorkosten abziehbar, auch wenn der Erstattungsbetrag erst in einem späteren Veranlagungszeitraum zufließt (BFH vom 28. Februar 1996, BStBl II S. 566). [4]Die abziehbaren Erhaltungsaufwendungen mindern sich auch um die nach § 9 Abs. 3 EigZulG festgesetzten Eigenheimzulagenbeträge. [5]Steht die Erstattung erst später fest, bleibt sie steuerlich unberücksichtigt, soweit der Erstattungsbetrag im Erstattungsjahr nicht mit anderen nach § 10i Abs. 1 Satz 1 Nr. 2 EStG abziehbaren Erhaltungsaufwendungen verrechnet werden kann.

III. Gesonderte und einheitliche Feststellung (§ 10i Abs. 2 EStG)

[1]Zur gesonderten und einheitlichen Feststellung von nach § 10i EStG abziehbaren Erhaltungsaufwen-   131
dungen ist Rz. 100 entsprechend anzuwenden. [2]Die Vorkostenpauschale nach § 10i Abs. 1 Satz 1 Nr. 1 EStG kann nicht gesondert und einheitlich festgestellt werden.

C. Zeitliche Anwendung

[1]Abweichend von Rz. 10 können auf unwiderruflichen Antrag des Anspruchsberechtigten die Grund-   132
sätze der Rz. 17 und 42 des BMF-Schreibens vom 31. Dezember 1994 – BStBl I S. 887 angewandt werden, wenn der Anspruchsberechtigte mit der Herstellung der Wohnung vor dem 1. Januar 1998 begonnen und hierfür nicht bereits als Bauherr Eigenheimzulage oder Abzugsbeträge nach § 10e EStG erhalten hat. [2]Soweit die Anwendung der Rz. 12 Satz 3 zu Nachteilen gegenüber der bisherigen Verwaltungspraxis führt, ist sie erstmals auf Wohnungen anzuwenden, mit deren Herstellung der Anspruchsberechtigte nach dem 31. Dezember 1997 begonnen hat. [3]Soweit die Anwendung der Rz. 25 Satz 3 zu Nachteilen gegenüber der bisherigen Verwaltungspraxis führt, ist sie ausgeschlossen, wenn der Anspruchsberechtigte vor dem 1. Januar 1998 mit der Herstellung des Objekts begonnen oder die Wohnung auf Grund eines vor diesem Zeitpunkt rechtswirksam abgeschlossenen obligatorischen Vertrags erworben hat. Rz. 108 Satz 5 ist nicht für Anspruchsberechtigte anzuwenden, die vor dem 15. Februar 1998 einer bereits gegründeten Genossenschaft beigetreten sind. Unerheblich ist, ob die Genossenschaft in diesem Zeitpunkt bereits im Genossenschaftsregister eingetragen ist. [4]Zum Beginn der Herstellung vgl. Rz. 119 bis 121.

Anhang 28

Zinsabschlag

Übersicht

I Freistellungsauftrag
BMF vom 3.9.1992 (BStBl I S. 582)
II Einzelfragen zur Anwendung des Zinsabschlaggesetzes
BMF vom 26.10.1992 (BStBl I S. 693)
III Zinsabschlaggesetz;
hier: NV-Bescheinigungen und Freistellungsbescheide bei Körperschaften
BMF vom 27.11.1992 (BStBl I S. 772)
IV Zinsabschlaggesetz;
hier: Anwendung bei Personenzusammenschlüssen
BMF vom 18.12.1992 (BStBl 1993 I S. 58)
V Erstattung des Zinsabschlags von Erträgen einer juristischen Person des öffentlichen Rechts aus Kapital auf Treuhandkonten
BMF vom 1.3.1993 (BStBl I S. 276)
VI Erstattung einbehaltenen Zinsabschlags in Treuhandfällen bei Steuerausländern
BMF vom 18.1.1994 (BStBl I S. 139)
VII Berücksichtigung von gezahlten Stückzinsen bei Personenverschiedenheit von Käufer und Depotinhaber
BMF vom 15.3.1994 (BStBl I S. 230)
VIII Zinsen aus Mietkautionen
BMF vom 9.5.1994 (BStBl I S. 312)
IX Zinsabschlag von Kapitalerträgen aus unverzinslichen Schatzanweisungen des Bundes einschließlich Bundesbank-Liquiditäts-U-Schätzen
BMF vom 12.10.1994 (BStBl I S. 815)
X Steuerbescheinigungen nach § 45a EStG
BMF vom 17.5.1995 (BStBl I S. 280)
XI Einkommensteuerrechtliche Behandlung der Einnahmen aus festverzinslichen Anleihen und Schuldverschreibungen mit Vorschaltkupons
BMF vom 29.5.1995 (BStBl I S. 283)
XII Freistellungsaufträge nach dem Tod eines Ehegatten
BMF vom 6.5.1997 (BStBl I S. 561)
XIII Jahressteuerbescheinigung
BMF vom 17.7.1997 (BStBl I S. 727)
XIV Bond-Stripping
BMF vom 3.9.1997 (DB 1997 S. 1951)

I

Freistellungsauftrag

BMF vom 3.9.1992 (BStBl I S. 582)
an den Deutschen Sparkassen- und Giroverband e.V., Bonn

IV B 4 – S 2252 – 398/92

Sehr geehrte Damen und Herren!

Als Anlage übersende ich Ihnen das mit den obersten Finanzbehörden der Länder abgestimmte Muster des Freistellungsauftrags.

Für die Erstellung des nach § 44a Abs. 2 Nr. 1 EStG vorgeschriebenen amtlichen Vordrucks bitte ich, von dem Muster nach Inhalt und Reihenfolge nicht abzuweichen. Dabei gehe ich davon aus, daß der Freistellungsauftrag maschinell lesbar gestaltet werden kann und dem Kunden eine Durchschrift oder Zweitausfertigung seines Auftrags zur Verfügung gestellt wird.

Freistellungsaufträge, die nach dem Muster der Anlage zum Gesetzentwurf der Bundesregierung bereits erteilt worden sind, bleiben unter der Voraussetzung steuerlich wirksam, daß abweichende Geburtsnamen des Antragstellers und seines Ehegatten noch in den Freistellungsauftrag aufgenommen werden.

Ich wäre Ihnen dankbar, wenn Sie die Ihnen angeschlossenen Verbände unterrichten würden.

Mit freundlichen Grüßen

im Auftrag

Weiß

Muster
– Freistellungsauftrag für Kapitalerträge –
(Gilt nicht für Betriebseinnahmen und Einnahmen aus Vermietung und Verpachtung)

_____
(Name, abweichender Geburtsname, Vorname
Geburtsdatum des Gläubiger der Kapitalerträge)

_____
(Straße, Hausnummer)

_____
(ggf. Name, abweichender Geburtsname, Vorname,
Geburtsdatum des Ehegatten)

_____
(Postleitzahl, Ort)

_____
(Datum)

An

_____
(z.B. Kreditinstitut/Bausparkasse/Lebensversicherungsunternehmen/Bundes-/Landesschuldenverwaltung)

_____
(Straße, Hausnummer)

_____
(Postleitzahl, Ort)

Hiermit erteile ich/erteilen wir*) Ihnen den Auftrag, meine/unsere*) bei Ihrem Institut anfallenden Zinseinnahmen vom Steuerabzug freizustellen und/oder bei Dividenden und ähnlichen Kapitalerträgen die Erstattung von Kapitalertragsteuer und die Vergütung von Körperschaftsteuer beim Bundesamt für Finanzen zu beantragen, und zwar

☐ bis zu einem Betrag von .... DM (bei Verteilung des Freibetrags auf mehrere Kreditinstitute).

☐ bis zur Höhe des für mich/uns*) geltenden Sparer-Freibetrages und Werbungskosten-Pauschbetrags von insgesamt 6.100 DM/12.200 DM*).

Dieser Auftrag gilt ab dem ....

☐ so lange, bis Sie einen anderen Auftrag von mir/uns*) erhalten.

☐ bis zum ....

Dieser Auftrag steht den zuständigen Finanzbehörden zu Prüfungszwecken zur Verfügung.

Ich versichere/Wir versichern*), daß mein/unser*) Freistellungsauftrag zusammen mit Freistellungsaufträgen an andere Kreditinstitute, Bausparkassen, das Bundesamt für Finanzen usw. den für mich/uns*) geltenden Höchstbetrag von insgesamt 6.100/12.200 DM*) nicht übersteigt. Ich versichere/Wir versichern*) außerdem, daß ich/wir*) mit allen für das Kalenderjahr erteilten Freistellungsaufträgen für keine höheren Kapitalerträge als insgesamt 6.100/12.200 DM*) im Kalenderjahr die Freistellung oder Erstattung von Kapitalertragsteuer in Anspruch nehme(n)*).

Die mit dem Freistellungsauftrag angeforderten Daten werden auf Grund von § 36 b Abs. 2, § 44 a Abs. 2, § 44 b Abs. 1 und § 45 d Abs. 1 EStG erhoben.

_____
(Unterschrift)

_____
(ggf. Unterschrift Ehegatte, gesetzliche(r) Vertreter)

☐ Zutreffendes bitte ankreuzen
*) Nichtzutreffendes bitte streichen.

Der Höchstbetrag von 12.200 DM gilt nur bei Zusammenveranlagung. Der Freistellungsauftrag ist z.B. nach Auflösung der Ehe oder bei dauerndem Getrenntleben zu ändern.

II
Einzelfragen zur Anwendung des Zinsabschlaggesetzes

BMF vom 26.10.1992 (BStBl I S. 693)

IV B 4 – S 2000 – 252/92

Aufgrund der Erörterungen mit den obersten Finanzbehörden der Länder nehme ich zu Einzelfragen zur Anwendung des Zinsabschlaggesetzes ab 1. Januar 1993 wie folgt Stellung:

1 Zufluß von Kapitalerträgen

Zinsen fließen als regelmäßig wiederkehrende Einnahmen dem Steuerpflichtigen nach § 11 Abs. 1 Satz 2 EStG in dem Jahr zu, zu dem sie wirtschaftlich gehören. Die wirtschaftliche Zugehörigkeit bestimmt sich nach dem Jahr, in dem sie zahlbar, d.h. fällig sind, unabhängig davon, für welchen Zeitraum die Zinsen gezahlt werden oder wann die Gutschrift tatsächlich vorgenommen wird. Auch bei auf- und abgezinsten Kapitalforderungen ist für den Zufluß nicht der Zeitraum maßgebend, für die die Zinsen gezahlt werden, sondern der Zeitpunkt der Fälligkeit.

Das Jahr der wirtschaftlichen Zugehörigkeit ist bei allen Zinsen, die zu Beginn des Jahres 1993 fällig sind, das Jahr 1993, auch wenn diese Zinsen bereits im Jahr 1992 gutgeschrieben werden. Umgekehrt ist kein Steuerabzug von Zinsen vorzunehmen, die Ende 1992 fällig sind und erst in den ersten Tagen des Jahres 1993 gutgeschrieben werden.

Vor dem 1. Januar 1993 fällige Zinsen aus festverzinslichen Wertpapieren sind auch dann im Jahr 1992 dem Gläubiger zugeflossen, wenn der Zinsschein erst im Jahr 1993 oder später zur Einlösung vorgelegt wird. Nach § 44 Abs. 1 i.V.m. § 52 Abs. 28 EStG ist deshalb in diesen Fällen von den Zinsen der Zinsabschlag nicht einzubehalten.

2 Auszahlende Stelle im Sinne des § 44 Abs. 1 EStG

2.1 Mehrstufige Verwahrung von Wertpapieren

Wertpapiere werden vielfach nicht nur von dem Kreditinstitut verwahrt, bei dem der Steuerpflichtige sein Depot unterhält, sondern auch – z. B. im Falle der Girosammelverwahrung – bei der Wertpapiersammelbank (Deutscher Kassenverein). Auszahlende Stelle im Sinne des § 44 Abs. 1 EStG ist bei mehrstufiger Verwahrung das depotführende Kreditinstitut, das als letzte auszahlende Stelle die Wertpapiere verwahrt und allein die individuellen Verhältnisse des Steuerpflichtigen (z. B. Freistellungsauftrag, NV-Bescheinigung) berücksichtigen kann.

2.2 Einlösung von auf- oder abgezinsten Wertpapieren im Tafelgeschäft

Auf- und abgezinste Wertpapiere kennen keine Zinsscheine; Stammrecht und Zinsansprüche werden in einer Urkunde verkörpert. Der Zinsabschlag beträgt ab Veranlagungszeitraum 1993 bei Fälligkeit (Einlösung) in den Fällen des § 44 Abs. 1 Satz 4 Nr. 1 Buchstabe a Doppelbuchstabe aa EStG (Depotverwahrung) 30 v. H. und in den Fällen des § 44 Abs. 1 Satz 4 Nr. 1 Buchstabe a Doppelbuchstabe bb EStG (Tafelgeschäft) 35 v. H. (§ 43a Abs. 1 Nr. 4 EStG).

Nur bei Veräußerung oder Abtretung von auf- oder abgezinsten Wertpapieren im Sinne des § 20 Abs. 2 Nr. 4 EStG vor Fälligkeit unterliegen die dabei vereinnahmten „Stückzinsen" erst ab 1. Januar 1994 dem Zinsabschlag (§ 52 Abs. 28 Satz 2 EStG).

2.3 Steuerliche Behandlung von Stückzinsen im Rahmen von Tafelgeschäften

Einnahmen aus der Veräußerung von Zinsscheinen (Stückzinsen) unterliegen unabhängig davon, ob sie mit (§ 20 Abs. 2 Nr. 3 EStG) oder ohne (§ 20 Abs. 2 Nr. 2 Buchstabe b EStG) Stammrecht veräußert werden, nur dann erst ab 1. Januar 1994 dem Zinsabschlag (§ 52 Abs. 28 Satz 2 EStG), wenn sie vor Fälligkeit der Zinsscheine veräußert werden.

2.4 Gutschriften zugunsten von ausländischen Personengesellschaften

Gläubiger der Kapitalerträge bei einem auf den Namen einer Personengesellschaft geführten Konto sind die Gesellschafter. Vom Zinsabschlag kann deshalb nur dann abgesehen werden, wenn es sich bei allen Gesellschaftern um Steuerausländer handelt.

Wird dagegen im Inland ein auf den Namen einer Personenhandelsgesellschaft lautendes Konto geführt, die weder Sitz, Geschäftsleitung noch Betriebsstätte im Inland hat, ist der Zinsabschlag wegen der Ausländereigenschaft nicht vorzunehmen.

Umfang und Zeitpunkt des Steuerabzugs 3

Bundesschatzbriefe Typ B 3.1

Bei Bundesschatzbriefen Typ B fließen die Erträge dem Steuerpflichtigen in dem Zeitpunkt zu, in dem entweder die Endfälligkeit erreicht ist oder die Titel an die Bundesschuldenverwaltung zurückgegeben werden. Dem Zinsabschlag unterliegt demnach am Ende der Laufzeit oder bei Rückgabe des Titels der gesamte Kapitalertrag. Dem steht die Übergangsregelung des BMF-Schreibens vom 30. Oktober 1989 – IV B 4 – S 2252 – 310/89 – (BStBl I S. 428) nicht entgegen, nach der dem Steuerpflichtigen für vor dem 1. Januar 1989 erworbene Bundesschatzbriefe das Wahlrecht eingeräumt worden ist, bei der Veranlagung zur Einkommensteuer entsprechend der früheren Verwaltungsregelung weiter die jährliche Besteuerung zu wählen.

Bei Bundesschatzbriefen Typ B, bei denen der Zinslauf am 1. Januar beginnt, ist der Zinsabschlag ebenfalls bei Fälligkeit, d.h. am 1. Januar, abzuziehen. Auf Antrag kann der Steuerpflichtige jedoch im Rahmen der Veranlagung zur Einkommensteuer bei Erträgen aus vor dem 1. Januar 1993 erworbenen Bundesschatzbriefen Typ B mit Zinslauf ab 1. Januar die Besteuerung entsprechend der Verwaltungsregelung vom 9. Februar 1981 – IV B 4 – S 2252 – 6/81 – wählen. Danach kann in Verbindung mit der Verwaltungsregelung in Tz. 2.4 des BMF-Schreibens vom 20. Dezember 1988 (BStBl I S. 540) der Zufluß des gesamten Kapitalertrags bereits am 31. Dezember des siebten Kalenderjahres angenommen werden. In diesem Fall wird der im achten Kalenderjahr erhobene Zinsabschlag auf die Einkommensteuer des siebten Kalenderjahres angerechnet.

Höhe des steuerpflichtigen Ertrags bei Finanzierungsschätzen und unverzinslichen Schatzanweisungen 3.2

Dem Zinsabschlag ist der Brutto-Kapitalertrag zugrunde zu legen; er ist in der Steuerbescheinigung auszuweisen. Dies ist z. B. nicht möglich bei Finanzierungsschätzen und unverzinslichen Schatzanweisungen des Bundes, die bei einer Emission während einer gewissen Zeitdauer mit unterschiedlichen Ausgabepreisen begeben werden und deshalb beim Anleger entsprechend dem Kaufdatum zu einem unterschiedlichen Ertrag führen. In diesen Fällen muß deshalb für jede Emission eine einheitliche Bemessungsgrundlage für die Erhebung der Kapitalertragsteuer bestimmt werden. [1])

Aus Vereinfachungsgründen ist es nicht zu beanstanden, wenn für die Erhebung des Zinsabschlags und die Ausstellung der Steuerbescheinigungen bei Erträgen aus Finanzierungsschätzen der höchste Ausgabekurs (= der niedrigste Ausgabeabschlag) je Begebungsmonat und bei unverzinslichen Schatzanweisungen der höchste Ausgabekurs (= der niedrigste Ausgabeabschlag) je Emission zugrunde gelegt wird.

Vorschußzinsen nach § 22 Abs. 3 KWG 3.3

Nach § 22 Abs. 1 Satz 2 KWG können von Spareinlagen mit gesetzlicher Kündigungsfrist ohne Kündigung bis zu 2.000 DM für jedes Sparkonto innerhalb von 30 Zinstagen zurückgefordert werden. Werden darüber hinaus Spareinlagen ausnahmsweise vorzeitig zurückgezahlt, so ist nach § 22 Abs. 3 Satz 1 KWG der zurückgezahlte Betrag als Vorschuß zu verzinsen. In derartigen Fällen kann der Zinsabschlag von dem saldierten Zinsbetrag (Habenzinsen abzüglich Vorschußzinsen) erhoben werden, weil es sich bei der vorzeitigen Rückzahlung einer Spareinlage nicht um ein Darlehen des Kreditinstituts an den Sparer handelt. Das ergibt sich daraus, daß die Mindesthöhe der Vorschußzinsen in § 22 Abs. 3 Satz 2 KWG vorgeschrieben ist, daß die Vorschußzinsen nach einer seit 1972 vom Bundesaufsichtsamt für das Kreditwesen gebilligten Handhabung weder den Betrag der Habenzinsen übersteigen dürfen noch für einen längeren Zeitraum als 2 Jahre berechnet werden und daß die Spareinlage in jedem Fall unangetastet bleibt, weil von ihr keine Zinsbeträge abgezogen werden.

Zinsabschlag bei Zinsen aus Kontokorrentkonten 3.4

Bei Zinsen aus Kontokorrentkonten ist der Zinsabschlag nicht auf der Grundlage des Saldos am Ende des jeweiligen Abrechnungszeitraums, sondern von den einzelnen Habenzinsbeträgen vor der Saldierung zu erheben.

---

[1]) → aber BMF vom 12.10.1994 (BStBl I S. 815); Anhang 28 IX.

Anhang 28
Zinsabschlag

3.5 Umrechnung von Währungsbeträgen

Bei in Fremdwährung bezogenen Kapitalerträgen aus Fremdwährungsanleihen und Fremdwährungskonten ist sowohl für die Gutschrift als auch für den Zinsabschlag der Devisengeldkurs der jeweiligen Fremdwährung zugrunde zu legen, der am Tag des Zuflusses der Kapitalerträge gilt. Fließen derartige Kapitalerträge in Deutscher Mark zu, ist dieser Betrag Grundlage des Zinsabschlags.

4 Freistellungsauftrag/NV-Bescheinigung

4.1 Freistellungsvolumen

Für die Frage, in welchem Umfang vom Steuerabzug nach § 44a Abs. 1 EStG Abstand genommen werden darf, sind auch Kapitalerträge im Sinne des § 43 Abs. 1 Nr. 2 EStG und solche, für die eine Vergütung von Körperschaftsteuer nach §§ 36b oder 36c EStG in Betracht kommt, in das Freistellungsvolumen einzubeziehen.

4.2 NV-Bescheinigung und Freistellungsauftrag

Von der Finanzverwaltung bereits nach geltendem Recht ausgestellte NV-Bescheinigungen sind von den Kreditinstituten auch im Hinblick auf den ab 1993 zu erhebenden Zinsabschlag zu berücksichtigen, solange ihre Geltungsdauer nicht abgelaufen ist oder sie nicht widerrufen worden sind.

Nach § 36b Abs. 2 EStG ist die NV-Bescheinigung unter dem Vorbehalt des Widerrufs mit einer Geltungsdauer von höchstens drei Jahren auszustellen; sie muß am Schluß eines Kalenderjahres enden.

Der Widerruf einer NV-Bescheinigung dürfte in der Regel mit Wirkung ab Beginn des folgenden Kalenderjahres ausgesprochen werden. Sollte die Geltungsdauer in Widerrufsfällen ausnahmsweise während des Jahres enden und der Steuerpflichtige im Anschluß daran einen Freistellungsauftrag erteilen, muß im Hinblick auf das noch zur Verfügung stehende Freistellungsvolumen (Sparer-Freibetrag) berücksichtigt werden, in welcher Höhe zuvor während des Kalenderjahres der Zinsabschlag unterblieben ist und etwaige Anträge auf Erstattung von Kapitalertragsteuer und Vergütung von Körperschaftsteuer gestellt worden sind oder noch gestellt werden.

Wird dagegen neben einem Freistellungsauftrag oder nach dessen Widerruf eine NV-Bescheinigung vorgelegt, ist es unerheblich, in welchem Umfang zuvor eine Abstandnahme vom Zinsabschlag vorgenommen wurde und Anträge auf Erstattung/Vergütung gestellt worden sind.

4.3 Errichtung von Konten auf den Namen eines nicht verfügungsberechtigten Gläubigers

Nach § 44a Abs. 6 EStG ist u.a. Voraussetzung für die Abstandnahme vom Steuerabzug, daß Einlagen und Guthaben beim Zufluß von Einnahmen unter dem Namen des Gläubigers der Kapitalerträge bei der auszahlenden Stelle verwaltet werden. Die Abstandnahme setzt also Identität von Gläubiger und Kontoinhaber voraus. Auf die Verfügungsberechtigung kommt es nicht an; denn Gläubiger von Kapitalerträgen kann auch sein, wer nicht verfügungsberechtigt ist.

4.4 Freistellungsaufträge für mehrere rechtlich selbständige Kreditinstitute

Bei Kreditinstituten ist es teilweise üblich, Geldkonten von Kunden bei den Ortsbanken zu führen, Depotkonten derselben Kunden aber aus Gründen der Rationalisierung bei anderen rechtlich selbständigen Einrichtungen (Zentralinstitute). In diesen Fällen muß jeder der beiden auszahlenden Stellen ein Freistellungsauftrag erteilt werden, um die Abstandnahme vom Steuerabzug zu erreichen.

4.5 Freistellungsauftrag bei Ehegatten

Ehegatten, die unbeschränkt einkommensteuerpflichtig sind und nicht dauernd getrennt leben, können nur gemeinsam Freistellungsaufträge erteilen. Der gemeinsame Freistellungsauftrag kann sowohl für Gemeinschaftskonten als auch für auf den Namen nur eines der Ehegatten geführte Konten oder Depots erteilt werden.

Die Kreditinstitute können bei Entgegennahme eines gemeinsamen Freistellungsauftrags von Ehegatten auf die Richtigkeit der gemachten Angaben grundsätzlich vertrauen, sofern ihnen nichts Gegenteiliges bekannt ist; bei grob fahrlässiger Unkenntnis ergeben sich Haftungsfolgen. Die Kreditinstitute müssen jedoch darauf achten, daß der Freistellungsauftrag korrekt ausgefüllt, insbesondere die Unterschrift des Ehegatten geleistet wird.

5 Freistellungsaufträge von Vereinen usw.

Unbeschränkt körperschaftsteuerpflichtigen Körperschaften, Personenvereinigungen und Vermögensmassen steht bei Einkünften aus Kapitalvermögen der Werbungskosten-Pauschbetrag von 100 DM (§ 9a Nr. 2 EStG) und der Sparer-Freibetrag von 6.000 DM (§ 20 Abs. 4 EStG) zu. Sie können deshalb auf demselben Vordruck wie natürliche Personen einen Freistellungsauftrag erteilen, wenn das Konto auf ihren Namen lautet. Dies gilt u.a. auch für nichtrechtsfähige Vereine (§ 1 Abs. 1 Nr. 5 KStG), nicht aber für Gesellschaften des bürgerlichen Rechts.

Ein nichtrechtsfähiger Verein liegt vor, wenn die Personengruppe
- einen gemeinsamen Zweck verfolgt,
- einen Gesamtnamen führt,
- unabhängig davon bestehen soll, ob neue Mitglieder aufgenommen werden oder bisherige Mitglieder ausscheiden,
- einen für die Gesamtheit der Mitglieder handelnden Vorstand hat.

Das Kreditinstitut hat sich anhand einer Satzung der Personengruppe zu vergewissern, ob die genannten Wesensmerkmale gegeben sind.

Zinsen aus Mietkautionen 6

Mit der Vereinbarung im Mietvertrag, dem Vermieter für dessen etwaige nachvertraglichen Ansprüche eine Geldsumme als Sicherheit zu leisten, trifft der Mieter eine Vorausverfügung über die Zinsen, die ihm nach § 550b Abs. 2 Satz 2 BGB zustehen und die Sicherheit erhöhen. Die Zinsen fließen dem Mieter deshalb zu dem Zeitpunkt zu, zu dem sie vom Kreditinstitut auf dem vom Vermieter für die Sicherheit eingerichteten Konto fällig werden, und sind vom Mieter zu versteuern.

Für das Verfahren zur Bescheinigung des von den Zinsen einbehaltenen Zinsabschlags gilt folgendes:

1. Hat der Vermieter ein für das Kreditinstitut als Treuhandkonto erkennbares Sparkonto eröffnet, wie es seinen Verpflichtungen nach § 550b Abs. 2 BGB entspricht, und weiß das Kreditinstitut, wer der Treugeber ist, hat es die Steuerbescheinigung auf den Namen des Treugebers auszustellen. Der Vermieter hat dem Mieter die Steuerbescheinigung zur Verfügung zu stellen (§ 34 Abs. 1 und 3 AO), damit er die Zinsen versteuern und den einbehaltenen Zinsabschlag auf seine Einkommensteuer anrechnen lassen kann.

2. Hat das Kreditinstitut von dem Treuhandverhältnis Kenntnis, ohne zu wissen, ob der Kontoinhaber Anspruch auf die Zinsen hat, ist die Steuerbescheinigung auf den Namen des Kontoinhabers auszustellen und mit dem Vermerk „Treuhandkonto" zu versehen. Auch in diesem Fall hat der Vermieter dem Mieter die Steuerbescheinigung zur Verfügung zu stellen.

3. Werden die Mietkautionen mehrerer Mieter auf demselben Konto angelegt, ohne daß dem Kreditinstitut die Treugeber (= Mieter) bekannt sind, ist die Steuerbescheinigung auf den Namen des Kontoinhabers (= Treuhänders) auszustellen und mit dem Vermerk „Treuhandkonto" zu versehen. Der Vermieter als Vermögensverwalter im Sinne des § 34 AO ist verpflichtet, gegenüber seinem Finanzamt eine Erklärung zur einheitlichen und gesonderten Feststellung der Einkünfte aus Kapitalvermögen der Mieter (§ 180 AO) abzugeben. [1]

[1])

Zinsen aus der Anlage von Instandhaltungsrücklagen von Wohnungseigentümergemeinschaften 7

Die Beteiligten einer Wohnungseigentümergemeinschaft erzielen mit den Zinsen aus der Anlage der Instandhaltungsrücklage gemeinschaftliche Einnahmen aus Kapitalvermögen. Diese sind grundsätzlich nach § 180 Abs. 1 Nr. 2 Buchst. a AO einheitlich und gesondert festzustellen.

Der Verwalter ist aufgrund der Verpflichtungen, die ihm das Wohnungseigentumsgesetz auferlegt, als Vermögensverwalter i.S. des § 34 AO anzusehen. Die obersten Finanzbehörden halten es deshalb im allgemeinen für vertretbar, gem. § 180 Abs. 3 Satz 1 Nr. 2 AO von einer gesonderten Feststellung der von der Wohnungseigentümergesellschaft erzielten Zinsen aus der Anlage der Instandhaltungsrücklage abzusehen, es reicht vielmehr aus, daß der Verwalter die anteiligen Einnahmen aus Kapitalvermögen nach dem Verhältnis der Mieteigentumsanteile aufteilt und dem einzelnen Wohnungseigentümer mitteilt.

Soweit Kapitalerträge erzielt wurden, von denen der Zinsabschlag einbehalten und abgeführt wurde, gilt folgendes:

Die Anrechnung des Zinsabschlags bei dem einzelnen Beteiligten ist nur möglich, wenn neben der Mitteilung des Verwalters über die Aufteilung der Einnahmen und des Zinsabschlags eine Ablichtung der Steuerbescheinigung des Kreditinstituts vorgelegt wird.

---

[1]) Ersetzt durch BMF vom 9.5.1994 (BStBl I S. 312); Anhang 28 VIII.

Anhang 28

II Zinsabschlag

Bedeutet dieses Verfahren allerdings für die Wohnungseigentümer und den Verwalter keine beachtliche Erleichterung, so muß im Einzelfall in Erwägung gezogen werden, die Kapitalerträge nach § 180 Abs. 1 Nr. 2a AO einheitlich und gesondert festzustellen. Dabei wird das für die gesonderte Feststellung zuständige Finanzamt auch den entrichteten und anzurechnenden Zinsabschlag ermitteln und den Wohnsitz-Finanzämtern die auf den einzelnen Wohnungseigentümer entfallenden Steuerbeträge mitteilen. In diesem Fall sind die Original-Steuerbescheinigungen dem Feststellungs-Finanzamt einzureichen; Ablichtungen der Steuerbescheinigungen für die Wohnungseigentümer sind nicht erforderlich.

8 **Zinsabschlag bei Erträgen aus Notaranderkonten**

Zu der Frage, ob die Bescheinigung über den Zinsabschlag bei Notaranderkonten auf den Namen des formell berechtigten Notars oder auf den Namen des materiell berechtigten Beteiligten ausgestellt werden soll und wie bei mehreren Berechtigten zu verfahren ist, gilt folgendes:

1. Für ab 1. Januar 1993 dem Zinsabschlag unterliegende Kapitalerträge aus Notaranderkonten ist die Steuerbescheinigung vom Kreditinstitut auf den Namen des Kontoinhabers auszustellen und durch den Hinweis „Anderkonto" zu kennzeichnen.
2. Der Notar leitet das Original dieser Steuerbescheinigung an den Berechtigten weiter. In den Fällen, in denen auf der Steuerbescheinigung des Kreditinstituts der Hinweis „Anderkonto" fehlt, erteilt der Notar dem Berechtigten zusätzlich eine Bestätigung darüber, daß er für ihn treuhänderisch tätig war. Der Berechtigte hat die Steuerbescheinigung und die Bestätigung dem für ihn zuständigen Finanzamt vorzulegen.
3. Wenn die auf dem Notaranderkonto erzielten zinsabschlagpflichtigen Zinsen zeitanteilig auf Verkäufer und Käufer entfallen, stellt der Notar eine der Anzahl der Beteiligten entsprechende Anzahl beglaubigter Abschriften der Originalbescheinigung her und vermerkt auf der an den jeweiligen Beteiligten auszuhändigenden Abschrift, in welcher Höhe er diesem Zinsen gutgeschrieben hat. Die Berechtigten haben diese beglaubigte Abschrift dem für sie zuständigen Finanzamt vorzulegen.
4. Wenn die auf einem Notaranderkonto erzielten zinsabschlagpflichtigen Zinsen an mehrere Beteiligte auszukehren sind, die nicht zusammen veranlagt werden, gilt folgendes:
   a) Sind dem Notar die Anteilsverhältnisse bekannt, teilt er die Kapitalerträge und den Zinsabschlag auf die Berechtigten auf; die Ausführungen unter Nr. 3 gelten entsprechend.
   b) Sind dem Notar die Anteilsverhältnisse nicht bekannt, sind die Kapitalerträge und der hierauf entfallende Zinsabschlag einheitlich und gesondert nach § 180 Abs. 1 Nr. 2 Buchstabe a AO festzustellen.

9 **Erstattung des Zinsabschlags in besonderen Fällen**

Ist der Zinsabschlag bei Kapitalerträgen, die steuerbefreiten inländischen Körperschaften, Personenvereinigungen und Vermögensmassen oder inländischen juristischen Personen des öffentlichen Rechts zufließen, deswegen einbehalten worden, weil dem Schuldner der Kapitalerträge die Bescheinigung nach § 44a Abs. 4 Satz 3 EStG nicht vorlag und der Schuldner von der Möglichkeit der Änderung der Steueranmeldung nach § 44b Abs. 4 EStG keinen Gebrauch macht, gilt folgendes:
Bei den genannten Einrichtungen ist die Körperschaftsteuer grundsätzlich durch den Steuerabzug vom Kapitalertrag abgegolten (§ 50 Abs. 1 KStG). Eine Veranlagung findet nicht statt. Zur Vermeidung von sachlichen Härten wird der Zinsabschlag auf Antrag der betroffenen Organisation von dem für sie zuständigen Betriebstättenfinanzamt erstattet.

10 **Ausgestaltung der Steuerbescheinigung bei der Gutschrift von Ausschüttungen auf inländische Investment-Anteilscheine**

Bei Steuerbescheinigungen für Gutschriften von Investmenterträgen ist der Zinsabschlag nach demselben Rechenschema zu ermitteln und auszuweisen, das bereits für die nach bisher geltendem Recht anrechenbare Kapitalertragsteuer anzuwenden ist. Danach wird der veröffentlichte zinsabschlagpflichtige Teil der Ausschüttung je Anteilschein mit der Zahl der Anteilscheine vervielfacht, davon wird ein Betrag von 30 v. H. berechnet und dieser kaufmännisch gerundet.

III
Zinsabschlaggesetz;
hier: NV-Bescheinigungen und Freistellungsbescheide bei Körperschaften

BMF vom 27.11.1992 (BStBl I S. 772)

IV B 4 – S 2000 – 272/92
IV B 7 – S 2299 a – 25/92

Nach dem Ergebnis der Erörterungen mit den obersten Finanzbehörden der Länder und im Vorgriff auf eine Änderung des Abschnitts 74 Absatz 3 der Körperschaftsteuer-Richtlinien gilt zur Anwendung des Zinsabschlaggesetzes bei Körperschaften bis auf weiteres folgendes:

1. **NV-Bescheinigung bei nicht steuerbefreiten Körperschaften**

    Unbeschränkt steuerpflichtige und nicht steuerbefreite Körperschaften, Personenvereinigungen und Vermögensmassen mit Einkünften aus Kapitalvermögen können einen Freistellungsauftrag erteilen, wenn die Kapitalerträge den Werbungskosten-Pauschbetrag von 100 DM und den Sparer-Freibetrag von 6.000 DM nicht übersteigen (vgl. BMF-Schreiben vom 26. Oktober 1992 – IV B 4 – S 2000 – 252/92 – zu Nr. 5).

    Unbeschränkt steuerpflichtige und nicht steuerbefreite Körperschaften, Personenvereinigungen und Vermögensmassen, deren Kapitalerträge zwar 6.100 DM übersteigen, denen aber der Freibetrag nach § 24 KStG zusteht und deren Einkommen den Freibetrag von 7.500 DM nicht übersteigt, haben Anspruch auf Erteilung einer NV-Bescheinigung (Vordruck NV 3 B). Die Bescheinigung ist mit Vordruck NV 3 A zu beantragen.

2. **Abstandnahme von Zinsabschlag bei steuerbefreiten Körperschaften**

    Bei den in § 44a Abs. 4 Nr. 1 EStG genannten steuerbefreiten Körperschaften, Personenvereinigungen und Vermögensmassen ist der Zinsabschlag bei Kapitalerträgen im Sinne des § 43 Abs. 1 Satz 1 Nrn. 4 und 7 sowie Satz 2 EStG auch dann nicht vorzunehmen, wenn die genannten Einrichtungen der auszahlenden Stelle statt der Bescheinigung nach § 44a Abs. 4 Satz 3 EStG (Vordruck NV 2 B) eine amtlich beglaubigte Kopie des zuletzt erteilten Freistellungsbescheids (z. B. Gem 2 für gemeinnützige Körperschaften, KStBer 3 für Berufsverbände, KStPart 3 für politische Parteien) überlassen, der für den fünften oder einen späteren Veranlagungszeitraum vor dem Veranlagungszeitraum des Zuflusses der Kapitalerträge erteilt worden ist.

    Entsprechendes gilt, wenn eine amtlich beglaubigte Kopie der vorläufigen Bescheinigung des Finanzamts über die Gemeinnützigkeit überlassen wird, deren Gültigkeitsdauer im Veranlagungszeitraum des Zuflusses der Kapitalerträge oder später endet.

3. **Bescheinigung nach § 44c EStG**

    Bereits nach § 44c EStG erteilte Bescheinigungen (NV 2 B-Bescheinigungen) sind auch als Bescheinigung nach § 44a Abs. 4 EStG anzusehen, soweit deren Geltungsdauer noch nicht abgelaufen ist.

4. **Amtliche Beglaubigung von NV-Bescheinigungen**

    Es bestehen keine Bedenken, neben dem Original der NV-Bescheinigung auch eine amtlich beglaubigte Ausfertigung für steuerliche Zwecke anzuerkennen.

IV

Zinsabschlaggesetz;

hier: Anwendung bei Personenzusammenschlüssen

BMF vom 18.12.1992 (BStBl 1993 I S. 58)

IV B 4 – S 2000 – 273/92

Im Einvernehmen mit den obersten Finanzbehörden der Länder wird zur Anwendung des Zinsabschlaggesetzes bei Personenzusammenschlüssen wie folgt Stellung genommen:

1. Körperschaftsteuerpflichtige Gebilde

    Unbeschränkt körperschaftsteuerpflichtigen und nicht von der Körperschaftsteuer befreiten Körperschaften, Personenvereinigungen und Vermögensmassen steht bei Einkünften aus Kapitalvermögen der Werbungskosten-Pauschbetrag von 100,– DM (§ 9a Nr. 2 EStG) und der Sparer-Freibetrag von 6.000,– DM (§ 20 Abs. 4 EStG) zu. Sie können deshalb auf demselben Vordruck wie natürliche Personen einen Freistellungsauftrag erteilen, wenn das Konto auf ihren Namen lautet. Außerdem können diese Gebilde beim Finanzamt eine sogenannte Nichtveranlagungsbescheinigung beantragen, wenn ihr zu versteuerndes Einkommen nicht mehr als 7.500,– DM beträgt. Durch Vorlage dieser Bescheinigung bei dem Kreditinstitut kann ebenfalls eine Abstandnahme vom Zinsabschlag erreicht werden.

    Diese Grundsätze gelten u.a. auch für nichtrechtsfähige Vereine (§ 1 Abs. 1 Nr. 5 KStG). Ein nichtrechtsfähiger Verein liegt vor, wenn die Personengruppe

    – einen gemeinsamen Zweck verfolgt,
    – einen Gesamtnamen führt,
    – eine Satzung hat,
    – unabhängig davon bestehen soll, ob neue Mitglieder aufgenommen werden oder bisherige Mitglieder ausscheiden,
    – einen für die Gesamtheit der Mitglieder handelnden Vorstand hat.

    Das Kreditinstitut hat sich anhand einer Satzung der Personengruppe zu vergewissern, ob die genannten Wesensmerkmale gegeben sind.

2. Nicht der Körperschaftsteuer unterliegende Zusammenschlüsse

    a) Grundsatz

    Ein nicht körperschaftsteuerpflichtiger Personenzusammenschluß (z. B. eine Gesellschaft bürgerlichen Rechts oder eine Personenvereinigung, die nicht die unter 1. beschriebenen Wesensmerkmale erfüllt) darf einen Freistellungsauftrag nicht erteilen. Die ihm zufließenden Kapitalerträge unterliegen dem Zinsabschlag nach den allgemeinen Grundsätzen.

    Die Einnahmen aus Kapitalvermögen, die Werbungskosten und die anzurechnenden Steuern (Körperschaft-, Kapitalertragsteuer und Zinsabschlag) sind grundsätzlich nach § 180 Abs. 1 Nr. 2a AO gesondert und einheitlich festzustellen.

    Die Erklärung zur gesonderten und einheitlichen Feststellung ist vom Geschäftsführer bzw. vom Vermögensverwalter abzugeben. Soweit ein Geschäftsführer oder Vermögensverwalter nicht vorhanden ist, kann sich das Finanzamt an jedes Mitglied oder jeden Gesellschafter halten.

    Die gesondert und einheitlich festgestellten Besteuerungsgrundlagen werden bei der Einkommensteuerveranlagung des einzelnen Mitglieds oder Gesellschafters berücksichtigt. Dabei wird auch der Sparer-Freibetrag angesetzt.

    Von einer gesonderten und einheitlichen Feststellung der Besteuerungsgrundlagen kann gemäß § 180 Abs. 3 Satz 1 Nr. 2 AO abgesehen werden, wenn es sich um einen Fall von geringer Bedeutung handelt. In diesen Fällen reicht es aus, daß der Geschäftsführer bzw. Vermögensverwalter (Kontoinhaber) die anteiligen Einnahmen aus Kapitalvermögen auf die Mitglieder oder Gesellschafter aufteilt und sie den Beteiligten mitteilt. Die Anrechnung des Zinsabschlags bei den einzelnen Beteiligten ist nur möglich, wenn neben der Mitteilung des Geschäftsführers bzw. Vermögensverwalters über die Aufteilung der Einnahmen und des Zinsabschlags eine Ablichtung der Steuerbescheinigung des Kreditinstituts vorgelegt wird.

b) Vereinfachungsregel

Aus Vereinfachungsgründen ist es nicht zu beanstanden, wenn bei losen Personenzusammenschlüssen (z. B. Sparclubs, Schulklassen, Sportgruppen), die aus mindestens 7 Mitgliedern bestehen, wie folgt verfahren wird:

Das Kreditinstitut kann vom Zinsabschlag Abstand nehmen, wenn

- das Konto neben dem Namen des Kontoinhabers einen Zusatz enthält, der auf den Personenzusammenschluß hinweist (z. B. Sparclub XX, Klassenkonto der Realschule YY, Klasse 5 A),
- die Kapitalerträge bei den einzelnen Guthaben des Personenzusammenschlusses im Kalenderjahr den Betrag von 20 Deutsche Mark, vervielfältigt mit der Anzahl der Mitglieder, höchstens 600 Deutsche Mark im Kalenderjahr, nicht übersteigen,
- der Kontoinhaber dem Kreditinstitut jeweils vor dem ersten Zufluß von Kapitalerträgen im Kalenderjahr eine Erklärung über die Anzahl der Mitglieder des Personenzusammenschlusses abgibt.

Das Kreditinstitut hat die Erklärung aufzubewahren.

Ein „loser Personenzusammenschluß" im Sinne dieser Vereinfachungsregel ist z. B. nicht gegeben bei

- Grundstücksgemeinschaften,
- Erbengemeinschaften,
- Wohnungseigentümergemeinschaften,
- Mietern im Hinblick auf gemeinschaftliche Mietkautionskonten.

V

Erstattung des Zinsabschlags von Erträgen einer juristischen Person des öffentlichen Rechts aus Kapital auf Treuhandkonten

BMF vom 1.3.1993 (BStBl I S. 276)

IV B 4 – S 2252 – 307/93

Bei Kapitalerträgen, die inländischen juristischen Personen des öffentlichen Rechts über einen Treuhänder zufließen, sieht das geltende Recht keine Abstandnahme vom Steuerabzug und keine Erstattung des einbehaltenen Zinsabschlags vor. Eine Veranlagung zur Körperschaftsteuer findet nicht statt; die Körperschaftsteuer ist durch den Steuerabzug vom Kapitalertrag abgegolten (§ 50 KStG).

Zur Vermeidung von sachlichen Härten wird im Einvernehmen mit den obersten Finanzbehörden der Länder zugelassen, daß der Zinsabschlag auf Antrag der betroffenen Körperschaft von dem für sie zuständigen Finanzamt erstattet wird.

VI

Erstattung einbehaltenen Zinsabschlags in Treuhandfällen bei Steuerausländern

BMF vom 18.1.1994 (BStBl I S. 139)

IV B 4 – S 2252 – 32/94

Bei Kapitalerträgen, die auf einem Treuhandkonto erzielt werden, ist mangels Identität von Gläubiger und Kontoinhaber eine Abstandnahme vom Zinsabschlag nicht möglich. Dies gilt auch, wenn der Gläubiger der Kapitalerträge ein Steuerausländer ist, der mit den Einkünften aus Kapitalvermögen nicht der beschränkten Steuerpflicht unterliegt. Da die Einkünfte mangels Steuerpflicht nicht in eine Veranlagung einbezogen werden können, kommt eine Anrechnung des Steuerabzugs im Rahmen einer Einkommensteuer-Veranlagung nicht in Betracht. Zu der Frage, auf welche Weise in solchen Fällen der Zinsabschlag erstattet werden kann, nehme ich im Einvernehmen mit den obersten Finanzbehörden der Länder wie folgt Stellung:

Eine Erstattung nach § 50d Abs. 1 EStG ist nicht möglich, weil die Kapitalerträge nicht auf Grund des § 44d EStG oder eines DBA vom Steuerabzug freizustellen sind. Der Steuerausländer hat vielmehr einen Erstattungsanspruch nach § 37 Abs. 2 AO. Der Antrag auf Erstattung des Zinsabschlags ist an das Betriebsstättenfinanzamt der Stelle zu richten, die die Kapitalertragsteuer abgeführt hat.

VII
Berücksichtigung von gezahlten Stückzinsen bei Personenverschiedenheit von Käufer und Depotinhaber

BMF vom 15.3.1994 (BStBl I S. 230)

IV B 4 – S 2252 – 173/94

Zu der Frage, ob und wie gezahlte Stückzinsen zu berücksichtigen sind, wenn Wertpapiere entgeltlich erworben und anschließend auf einen Dritten übertragen werden, nehme ich im Einvernehmen mit den obersten Finanzbehörden der Länder wie folgt Stellung:

Nach § 43a Abs. 2 EStG in der Fassung des Mißbrauchsbekämpfungs- und Steuerbereinigungsgesetzes vom 21. Dezember 1993 (BGBl. I S. 2310) kann die auszahlende Stelle Stückzinsen, die ihr der Gläubiger gezahlt hat, von bestimmten, dem Zinsabschlag unterliegenden Kapitalerträgen abziehen.

Stückzinsen sind beim Kauf von Wertpapieren stets vom Käufer zu zahlen. Sie sind bei ihm allerdings steuerlich nur als negative Einnahmen zu berücksichtigen, soweit er die Absicht hat, aus den Wertpapieren Einkünfte zu erzielen; dies gilt unabhängig davon, ob der Käufer die Wertpapiere kurze Zeit vor dem Zinstermin erwirbt oder früher.

Bei dem Dritten, auf den die vom Käufer erworbenen Wertpapiere übertragen und für den sie verwahrt und verwaltet werden, sind insoweit keine Stückzinsen zu berücksichtigen.

VIII
Zinsen aus Mietkautionen

BMF vom 9.5.1994 (BStBl I S. 312)

IV B 4 – S 2252 – 276/94

Aufgrund der Erörterungen mit den obersten Finanzbehörden der Länder nehme ich zu der Frage der Pflichten des Vermieters und des Mieters wegen der Einkommensteuer auf Zinsen aus Mietkautionen wie folgt Stellung:

Werden die Mietkautionen mehrerer Mieter auf demselben Konto angelegt, ist der Vermieter als Vermögensverwalter im Sinne des § 34 AO verpflichtet, gegenüber dem für ihn zuständigen Finanzamt eine Erklärung zur einheitlichen und gesonderten Feststellung der Einkünfte aus Kapitalvermögen der Mieter (§ 180 AO) abzugeben. Sieht das Finanzamt nach § 180 Abs. 3 Satz 1 Nr. 2 AO von einer einheitlichen und gesonderten Feststellung der Einkünfte ab, kann es dies gegenüber dem Vermieter durch negativen Feststellungsbescheid feststellen. In diesem Fall hat der Vermieter dem Mieter eine Ablichtung des Bescheids und der Steuerbescheinigung des Kreditinstituts zur Verfügung zu stellen sowie den anteiligen Kapitalertrag und den anteiligen Zinsabschlag mitzuteilen. Diese Unterlagen hat der Mieter seiner Einkommensteuererklärung beizufügen.

Diese Regelung tritt an die Stelle des BMF-Schreibens vom 26. Oktober 1992 (BStBl I S. 693) zu Tz. 6 Nr. 3.

IX
Zinsabschlag von Kapitalerträgen aus unverzinslichen Schatzanweisungen des Bundes einschließlich Bundesbank-Liquiditäts-U-Schätzen

BMF vom 12.10.1994 (BStBl I S. 815)

IV B 4 – S 2400 – 130/94

Seit 1. Januar 1994 bemißt sich der Zinsabschlag von Kapitalerträgen aus unverzinslichen Schatzanweisungen des Bundes einschließlich Bundesbank-Liquiditäts-U-Schätzen grundsätzlich nach dem Unterschied zwischen dem Entgelt für den Erwerb und den Einnahmen aus der Veräußerung oder Einlösung der Wertpapiere und Kapitalforderungen (§ 43a Abs. 2 Satz 2 EStG). In bestimmten Fällen bemißt sich der Steuerabzug nach 30 vom Hundert der Einnahmen aus der Veräußerung oder Einlösung der Wertpapiere und Kapitalforderungen (§ 43a Abs. 2 Sätze 3 und 4 EStG).

Die Vereinfachungsregelung für die Erhebung des Zinsabschlags von Kapitalerträgen aus unverzinslichen Schatzanweisungen des Bundes in Tz. 3.2 des BMF-Schreibens vom 26. Oktober 1992 (BStBl I S. 693, 694), unter die auch Bundesbank-Liquiditäts-U-Schätze fallen, ist daher seit 1. Januar 1994 überholt und wird hiermit aufgehoben. Für den Zinsabschlag von Kapitalerträgen aus Finanzierungsschätzen des Bundes bleibt sie bestehen, weil sich der Steuerabzug bei diesen Schuldbuchforderungen wie bisher nach den vollen Kapitalerträgen ohne jeden Abzug bemißt (§ 43a Abs. 2 Satz 6 i.V.m. Satz 1 EStG).

X
Steuerbescheinigungen nach § 45a EStG

BMF vom 17.5.1995 (BStBl I S. 280)

IV B 4 – S 2401 – 8/95

2 Anlagen

Unter Bezugnahme auf das Ergebnis der Sitzung ESt III/95 zu TOP 6 übersende ich zwei amtlich vorgeschriebene Muster für Steuerbescheinigungen gem. § 45a Abs. 2 EStG, von denen nach Inhalt und Reihenfolge nicht abgewichen werden darf und die ab 1. Januar 1996 zu verwenden sind.

Anhang 28
X Zinsabschlag

Anlage

....

....

....
(Bezeichnung der auszahlenden Stelle/des Schuldners der Kapitalerträge)

Steuerbescheinigung
der auszahlenden Stelle/des Schuldners der Kapitalerträge (§ 45a Abs. 2 EStG)

An ....
(Name und Anschrift des Gläubigers der Kapitalerträge)

wurden am .... – für ....
          (Zahlungstag)   (Name und Anschrift des Schuldners der Kapitalerträge)

für den Zeitraum .... folgende .... gezahlt:
                                                           (Art der Kapitalerträge)

Höhe der Kapitalerträge **und/oder** .... DM

Ersatzbemessungsgrundlage gem. § 43a Abs. 2 EStG .... DM

anrechenbare Kapitalertragsteuer .... DM

anrechenbarer Solidaritätszuschlag .... DM

Finanzamt, an das die Kapitalertragsteuer und der Solidaritätszuschlag
abgeführt worden sind ....

Steuernummer der auszahlenden Stelle/des Schuldners ....

Ich versichere, daß ich die Angaben in dieser Bescheinigung wahrheitsgemäß nach bestem Wissen und Gewissen gemacht habe.

....
(Ort, Datum, ggf. Firmenstempel)   Bitte eigenhändig unterschreiben!

*** Kapitalerträge sind einkommensteuerpflichtig ***

Bankhaus Irgendwo AG, A-Stadt **Anlage**
Zinsgutschrift und Steuerbescheinigung

Art der Kapitalerträge	WP-Kenn-	Nominalwert/Kapital	Laufzeit
Festgeld	nummer	200.000,– DM	01.07.94 – 30.06.95
	xxxxxxxxx		

Zinssatz	Zinstermin	Zinsen	KapSt	Sol.-	Gutschriftsbetrag
7 %	30. 06. 95	14.000,– DM	2.370,– DM	Zuschlag	11.452,25 DM
				177,75 DM	

Bankleitzahl	Kontonummer	Valuta
000.000 00	0000000000/01	30.06.95

Willi Musterkunde

Schoene Straße 1
60000 Frankfurt/M.

Zinsen per 30.06.95 **und/oder**	14.000,00 DM
Ersatzbemessungsgrundlage gem. § 43a Abs. 2 EStG	00,00 DM
Anrechenbare Kapitalertragsteuer	2.370,00 DM
Anrechenbarer Solidaritätszuschlag	177,75 DM
Zahlungstag	30.06.1995
KapSt und SolZ abgeführt an Finanzamt	....
Steuernummer	....

Diese Bescheinigung ist maschinell erstellt und wird nicht unterschrieben

••• Kapitalerträge sind einkommensteuerpflichtig •••

XI

Einkommensteuerrechtliche Behandlung der Einnahmen aus festverzinslichen Anleihen und Schuldverschreibungen mit Vorschaltkupons

BMF vom 29.5.1995 (BStBl I S. 283)

IV B 4 – S 2252 – 162/95

Es ist gefragt worden, wie Kapitalerträge aus Anleihen, bei denen von mehreren Kupons einer – im Ausnahmefall auch zwei – mit einem kürzeren oder längeren Zinszahlungszeitraum als die übrigen verbrieft ist und Zinsen insoweit nur zeitanteilig gezahlt werden, einkommensteuerrechtlich zu behandeln sind. Hierzu vertrete ich im Einvernehmen mit den obersten Finanzbehörden der Länder folgende Auffassung:

Auf Erträge aus Schuldverschreibungen, Schuldbuchforderungen und sonstigen Kapitalforderungen mit Zinsscheinen oder Zinsforderungen, bei denen Zinsen in regelmäßigen Abständen gezahlt werden, ein Zinszahlungszeitraum von den übrigen abweicht, die Nominalverzinsung während der gesamten Laufzeit mit der Emissionsrendite übereinstimmt und die Stückzinsen besonders abgerechnet werden, ist § 20 Abs. 2 Nr. 4 Buchstabe d EStG – Besteuerung des Unterschieds zwischen dem Entgelt für den Erwerb und den Einnahmen aus der Veräußerung, Abtretung oder Einlösung der Wertpapiere und Kapitalforderungen als Kapitalertrag – nicht anzuwenden. Vielmehr ist die Besteuerung der Erträge in diesen Fällen nach § 20 Abs. 2 Nr. 3 EStG vorzunehmen; dabei ist der Unterschiedsbetrag zwischen der Emissionsrendite und der Nominalverzinsung aufgrund eines Disagios innerhalb der sogenannten Disagiostaffel nach den Grundsätzen des BMF-Schreibens vom 24. November 1986 (BStBl I S. 539) einkommensteuerlich nicht zu erfassen.

XII
Freistellungsaufträge nach dem Tod eines Ehegatten

BMF vom 6.5.1997 (BStBl I S. 561)

IV B 4 – S 2404 – 17/97

Unter Bezugnahme auf das Ergebnis der Erörterungen mit den obersten Finanzbehörden der Länder gilt für Freistellungsaufträge nach dem Tod eines Ehegatten folgendes:

Ehegatten, die unbeschränkt einkommensteuerpflichtig sind und nicht dauernd getrennt leben, haben ein gemeinsames Freistellungsvolumen (§ 20 Abs. 4 Satz 2 EStG) und können deshalb nur gemeinsam Freistellungsaufträge erteilen. Der gemeinsame Freistellungsauftrag kann sowohl für Gemeinschaftskonten als auch für Konten oder Depots erteilt werden, die auf den Namen nur eines Ehegatten geführt werden.

Mit dem Tod eines Ehegatten entfällt die Wirkung eines gemeinsam erteilten Freistellungsauftrages für Gemeinschaftskonten der Ehegatten und Konten und Depots, die auf den Namen des Verstorbenen lauten. Da dem verwitweten Steuerpflichtigen im Todesjahr noch der gemeinsame Sparer-Freibetrag und der doppelte Werbungskosten-Pauschbetrag zustehen, bleibt der gemeinsame Freistellungsauftrag allerdings bis zum Ende des laufenden Veranlagungszeitraums noch für solche Kapitalerträge wirksam, bei denen die alleinige Gläubigerstellung des Verwitweten feststeht (§ 44a Abs. 6 EStG).

Es bestehen keine Bedenken dagegen, daß der verwitwete Steuerpflichtige Freistellungsaufträge, die er gemeinsam mit dem verstorbenen Ehegatten erteilt hatte, im Todesjahr ändert oder neue Freistellungsaufträge erstmals erteilt. In diesen Fällen sind anstelle der Unterschrift des verstorbenen Ehegatten Vorname, Name und Todestag des Verstorbenen einzutragen. Wird ein ursprünglich gemeinsam erteilter Freistellungsauftrag geändert, muß das Kreditinstitut prüfen, inwieweit das bisherige Freistellungsvolumen bereits durch Abstandnahme vom Steuerabzug ausgeschöpft ist. Durch die Änderung darf der bereits freigestellte und ausgeschöpfte Betrag nicht unterschritten werden. Für das auf das Todesjahr folgende Jahr dürfen unabhängig von der Gewährung des Splitting-Tarifs Freistellungsaufträge nur über den Sparer-Freibetrag und den Werbungskosten-Pauschbetrag des verwitweten Steuerpflichtigen, d.h. nur bis zur Höhe von insgesamt 6.100 DM erteilt werden.

XIII
Jahressteuerbescheinigung

BMF vom 17.7.1997 (BStBl I S. 727)

IV B 4 – S 2401 – 9/97

Für die Ausstellung von Jahressteuerbescheinigungen durch inländische Kreditinstitute gilt im Einvernehmen mit den obersten Finanzbehörden der Länder im Vorgriff auf eine Änderung des Abschnitts 100 Abs. 1 Satz 2 der Körperschaftsteuer-Richtlinien 1995 in der vom Veranlagungszeitraum 1996 an geltenden Fassung folgendes:

Nach § 45a Abs. 2 EStG hat der Schuldner der Kapitalerträge oder die die Kapitalerträge auszahlende Stelle dem Gläubiger der Kapitalerträge auf Verlangen eine Steuerbescheinigung nach amtlich vorgeschriebenem Muster mit den in dieser Vorschrift näher bezeichneten Angaben auszustellen. Diese Regelung gilt nicht nur für Einzelsteuerbescheinigungen, sondern auch für Jahressteuerbescheinigungen.

Eine Steuerbescheinigung ist auf Verlangen unabhängig davon auszustellen, ob und inwieweit Kapitalerträge dem Steuerabzug vom Kapitalertrag unterlegen haben.

Eine Jahressteuerbescheinigung hat danach sowohl Kapitalerträge zu enthalten, bei denen nach § 43 Abs. 1 Nr. 7 Buchstabe b Doppelbuchstaben aa bis dd EStG ein Steuerabzug nicht vorgenommen werden mußte, als auch solche, bei denen nach § 44a EStG vom Steuerabzug ganz (z.B. in NV-Fällen oder bei vollständiger Freistellung aufgrund eines Freistellungsauftrags) oder teilweise (z.B. bei nicht ausreichendem Freistellungsauftrag) Abstand zu nehmen war.

Kann nach Abschnitt 100 Abs. 1 KStR für Kapitalerträge im Sinne des § 20 Abs. 1 Nr. 1 bis 3 EStG anstelle von Einzelsteuerbescheinigungen eine Jahressteuerbescheinigung ausgestellt werden, so sind darin auch alle anderen Kapitalerträge aufzunehmen, und zwar unabhängig davon, ob ein Steuerabzug vorgenommen oder die Erstattung von Kapitalertragsteuer nach § 44b Abs. 1 bis 3 EStG beantragt worden ist.

Die vorgenannten Grundsätze gelten spätestens für Jahressteuerbescheinigungen, die für Kapitalerträge ausgestellt werden, die im Jahr 1997 erzielt worden sind.

XIV

Bond-Stripping

BMF vom 3.9.1997 (DB 1997 S. 1951)

IV B 4 – S 2252 – 337/97

In allen Fällen, in denen der auszahlenden Stelle die für die Besteuerung der Kapitalerträge notwendigen Kenntnisse fehlen, ist der Zinsabschlag nach der Ersatzbemessungsgrundlage des § 43a Abs. 2 Satz 3 EStG (30 v. H. der Einnahmen aus der Veräußerung oder Einlösung der Wertpapiere) vorzunehmen. Bei Schuldverschreibungen, bei denen Kapital- und Zinsansprüche getrennt gehandelt werden können, fehlt nach einer Depotübertragung z. B. die Kenntnis, ob der Inhaber der Wertpapiere Erst- oder Zweiterwerber ist.

Der Steuerabzug (Zinsabschlag) nach der Ersatzbemessungsgrundlage kann im Einzelfall zu niedrig oder zu hoch sein. Dies wird bei der Veranlagung zur Einkommensteuer nach dem tatsächlichen Kapitalertrag und unter Anrechnung der einbehaltenen und abgeführten Kapitalertragsteuer ausgeglichen.

D. Tabellen[1])

Einkommensteuer Grund- und Splittingtabelle 1998

Erläuterung der Tabelle

- Zu versteuerndes Einkommen:
  Das zu versteuernde Einkommen ermittelt sich nach § 2 EStG i.V. m. R 3 EStR.
- Tarifliche ESt:
  - Gr = Grundtabelle: Für Steuerpflichtige, bei denen keine Zusammenveranlagung vorgenommen wird (z. B. Alleinstehende),
  - Spl = Splittingtabelle: Für Steuerpflichtige, bei denen eine Zusammenveranlagung vorgenommen wird.

Zu versteuerndes Einkommen bis DM	Tarifliche ESt in DM		Zu versteuerndes Einkommen bis DM	Tarifliche ESt in DM		Zu versteuerndes Einkommen bis DM	Tarifliche ESt in DM		Zu versteuerndes Einkommen bis DM	Tarifliche ESt in DM	
	Gr	Spl		Gr	Spl		Gr	Spl		Gr	Spl
12.365	–	–	14.579	577	–	16.793	1.164	–	19.007	1.760	–
12.419	13	–	14.633	592	–	16.847	1.179	–	19.061	1.775	–
12.473	27	–	14.687	606	–	16.901	1.193	–	19.115	1.789	–
12.527	41	–	14.741	620	–	16.955	1.208	–	19.169	1.804	–
12.581	55	–	14.795	634	–	17.009	1.222	–	19.223	1.819	–
12.635	69	–	14.849	648	–	17.063	1.236	–	19.277	1.833	–
12.689	84	–	14.903	663	–	17.117	1.251	–	19.331	1.848	–
12.743	98	–	14.957	677	–	17.171	1.265	–	19.385	1.863	–
12.797	112	–	15.011	691	–	17.225	1.280	–	19.439	1.877	–
12.851	126	–	15.065	705	–	17.279	1.294	–	19.493	1.892	–
12.905	140	–	15.119	720	–	17.333	1.309	–	19.547	1.907	–
12.959	154	–	15.173	734	–	17.387	1.323	–	19.601	1.921	–
13.013	168	–	15.227	748	–	17.441	1.388	–	19.655	1.936	–
13.067	182	–	15.281	762	–	17.495	1.352	–	19.709	1.951	–
13.121	196	–	15.335	777	–	17.549	1.367	–	19.763	1.965	–
13.175	210	–	15.389	791	–	17.603	1.381	–	19.817	1.980	–
13.229	224	–	15.443	805	–	17.657	1.396	–	19.871	1.995	–
13.283	238	–	15.497	820	–	17.711	1.410	–	19.925	2.010	–
13.337	252	–	15.551	834	–	17.765	1.425	–	19.979	2.024	–
13.391	266	–	15.605	848	–	17.819	1.439	–	20.033	2.039	–
13.445	280	–	15.659	863	–	17.873	1.454	–	20.087	2.054	–
13.499	294	–	15.713	877	–	17.927	1.468	–	20.141	2.069	–
13.553	308	–	15.767	891	–	17.981	1.483	–	20.195	2.083	–
13.607	323	–	15.821	905	–	18.035	1.497	–	20.249	2.098	–
13.661	337	–	15.875	920	–	18.089	1.512	–	20.303	2.113	–
13.715	351	–	15.929	934	–	18.143	1.526	–	20.357	2.128	–
13.769	365	–	15.983	948	–	18.197	1.541	–	20.411	2.142	–
13.823	379	–	16.037	963	–	18.251	1.556	–	20.465	2.157	–
13.877	393	–	16.091	977	–	18.305	1.570	–	20.519	2.172	–
13.931	407	–	16.145	992	–	18.359	1.585	–	20.573	2.187	–
13.985	421	–	16.199	1.006	–	18.413	1.599	–	20.627	2.202	–
14.039	436	–	16.253	1.020	–	18.467	1.614	–	20.681	2.216	–
14.093	450	–	16.307	1.035	–	18.521	1.628	–	20.735	2.231	–
14.147	464	–	16.361	1.049	–	18.575	1.643	–	20.789	2.246	–
14.201	478	–	16.415	1.063	–	18.629	1.658	–	20.843	2.261	–
14.255	492	–	16.469	1.078	–	18.683	1.672	–	20.897	2.276	–
14.309	506	–	16.523	1.092	–	18.737	1.687	–	20.951	2.290	–
14.363	521	–	16.577	1.107	–	18.791	1.701	–	21.005	2.305	–
14.417	535	–	16.631	1.121	–	18.845	1.716	–	21.059	2.320	–
14.471	549	–	16.685	1.135	–	18.899	1.731	–	21.113	2.335	–
14.525	563	–	16.739	1.150	–	18.953	1.745	–	21.167	2.350	–

[1]) Die Einkommensteuer-Tabelle „Grund und Splitting" 1999 ist im Stollfuß Verlag unter ISBN 3-08-338099-2 erhältlich.
Auf das umfangreiche Tabellen-Programm zur Einkommen- und Lohnsteuer wird hingewiesen.

Tabellen

Einkommensteuer Grund- und Splittingtabelle 1998

Zu versteuerndes Einkommen bis DM	Tarifliche ESt in DM		Zu versteuerndes Einkommen bis DM	Tarifliche ESt in DM		Zu versteuerndes Einkommen bis DM	Tarifliche ESt in DM		Zu versteuerndes Einkommen bis DM	Tarifliche ESt in DM	
	Gr	Spl		Gr	Spl		Gr	Spl		Gr	Spl
21.221	2.365	–	24.623	3.311	–	28.025	4.279	872	31.427	5.268	1.754
21.275	2.380	–	24.677	3.327	–	28.079	4.295	872	31.481	5.284	1.782
21.329	2.394	–	24.731	3.342	–	28.133	4.310	900	31.535	5.300	1.782
21.383	2.409	–	24.785	3.357	26	28.187	4.326	900	31.589	5.316	1.810
21.437	2.424	–	24.839	3.372	26	28.241	4.341	928	31.643	5.331	1.810
21.491	2.439	–	24.893	3.387	54	28.295	4.357	928	31.697	5.347	1.840
21.545	2.454	–	24.947	3.403	54	28.349	4.372	956	31.751	5.363	1.840
21.599	2.469	–	25.001	3.418	82	28.403	4.388	956	31.805	5.379	1.868
21.653	2.484	–	25.055	3.433	82	28.457	4.403	984	31.859	5.395	1.868
21.707	2.499	–	25.109	3.448	110	28.511	4.419	984	31.913	5.411	1.896
21.761	2.514	–	25.163	3.464	110	28.565	4.435	1.012	31.967	5.427	1.896
21.815	2.528	–	25.217	3.479	138	28.619	4.450	1.012	32.021	5.443	1.926
21.869	2.543	–	25.271	3.494	138	28.673	4.466	1.042	32.075	5.459	1.926
21.923	2.558	–	25.325	3.509	168	28.727	4.481	1.042	32.129	5.475	1.954
21.977	2.573	–	25.379	3.525	168	28.781	4.497	1.070	32.183	5.491	1.954
22.031	2.588	–	25.433	3.540	196	28.835	4.513	1.070	32.237	5.506	1.984
22.085	2.603	–	25.487	3.555	196	28.889	4.528	1.098	32.291	5.522	1.984
22.139	2.618	–	25.541	3.570	224	28.943	4.544	1.098	32.345	5.538	2.012
22.193	2.633	–	25.595	3.586	224	28.997	4.559	1.126	32.399	5.554	2.012
22.247	2.648	–	25.649	3.601	252	29.051	4.575	1.126	32.453	5.570	2.040
22.301	2.663	–	25.703	3.616	252	29.105	4.591	1.154	32.507	5.586	2.040
22.355	2.678	–	25.757	3.632	280	29.159	4.606	1.154	32.561	5.602	2.070
22.409	2.693	–	25.811	3.647	280	29.213	4.622	1.184	32.615	5.618	2.070
22.463	2.708	–	25.865	3.662	308	29.267	4.638	1.184	32.669	5.634	2.098
22.517	2.723	–	25.919	3.678	308	29.321	4.653	1.212	32.723	5.650	2.098
22.571	2.738	–	25.973	3.693	336	29.375	4.669	1.212	32.777	5.666	2.126
22.625	2.753	–	26.027	3.708	336	29.429	4.685	1.240	32.831	5.682	2.126
22.679	2.768	–	26.081	3.723	364	29.483	4.700	1.240	32.885	5.698	2.156
22.733	2.783	–	26.135	3.739	364	29.537	4.716	1.268	32.939	5.714	2.156
22.787	2.798	–	26.189	3.754	392	29.591	4.732	1.268	32.993	5.730	2.184
22.841	2.813	–	26.243	3.770	392	29.645	4.747	1.296	33.047	5.746	2.184
22.895	2.828	–	26.297	3.785	420	29.699	4.763	1.296	33.101	5.762	2.214
22.949	2.843	–	26.351	3.800	420	29.753	4.779	1.326	33.155	5.778	2.214
23.003	2.858	–	26.405	3.816	448	29.807	4.794	1.326	33.209	5.794	2.242
23.057	2.873	–	26.459	3.831	448	29.861	4.810	1.354	33.263	5.810	2.242
23.111	2.888	–	26.513	3.846	476	29.915	4.826	1.354	33.317	5.826	2.270
23.165	2.903	–	26.567	3.862	476	29.969	4.842	1.382	33.371	5.842	2.270
23.219	2.918	–	26.621	3.877	504	30.023	4.857	1.382	33.425	5.858	2.300
23.273	2.933	–	26.675	3.893	504	30.077	4.873	1.410	33.479	5.875	2.300
23.327	2.948	–	26.729	3.908	532	30.131	4.889	1.410	33.533	5.891	2.328
23.381	2.963	–	26.783	3.923	532	30.185	4.904	1.440	33.587	5.907	2.328
23.435	2.978	–	26.837	3.939	560	30.239	4.920	1.440	33.641	5.923	2.358
23.489	2.993	–	26.891	3.954	560	30.293	4.936	1.468	33.695	5.939	2.358
23.543	3.009	–	26.945	3.970	588	30.347	4.952	1.468	33.749	5.955	2.386
23.597	3.024	–	26.999	3.985	588	30.401	4.967	1.496	33.803	5.971	2.386
23.651	3.039	–	27.053	4.000	616	30.455	4.983	1.496	33.857	5.987	2.416
23.705	3.054	–	27.107	4.016	616	30.509	4.999	1.524	33.911	6.003	2.416
23.759	3.069	–	27.161	4.031	646	30.563	5.015	1.524	33.965	6.019	2.444
23.813	3.084	–	27.215	4.047	646	30.617	5.031	1.554	34.019	6.035	2.444
23.867	3.099	–	27.269	4.062	674	30.671	5.046	1.554	34.073	6.052	2.472
23.921	3.114	–	27.323	4.078	674	30.725	5.062	1.582	34.127	6.068	2.472
23.975	3.129	–	27.377	4.093	702	30.779	5.078	1.582	34.181	6.084	2.502
24.029	3.145	–	27.431	4.109	702	30.833	5.094	1.610	34.235	6.100	2.502
24.083	3.160	–	27.485	4.124	730	30.887	5.110	1.610	34.289	6.116	2.530
24.137	3.175	–	27.539	4.140	730	30.941	5.125	1.640	34.343	6.132	2.530
24.191	3.190	–	27.593	4.155	758	30.995	5.141	1.640	34.397	6.148	2.560
24.245	3.205	–	27.647	4.171	758	31.049	5.157	1.668	34.451	6.165	2.560
24.299	3.220	–	27.701	4.186	786	31.103	5.173	1.668	34.505	6.181	2.588
24.353	3.235	–	27.755	4.201	786	31.157	5.189	1.696	34.559	6.197	2.588
24.407	3.251	–	27.809	4.217	814	31.211	5.204	1.696	34.613	6.213	2.618
24.461	3.266	–	27.863	4.233	814	31.265	5.220	1.726	34.667	6.229	2.618
24.515	3.281	–	27.917	4.248	842	31.319	5.236	1.726	34.721	6.245	2.646
24.569	3.296	–	27.971	4.264	842	31.373	5.252	1.754	34.775	6.262	2.646

Tabellen

Einkommensteuer Grund- und Splittingtabelle 1998

Zu versteuerndes Einkommen bis DM	Tarifliche ESt in DM		Zu versteuerndes Einkommen bis DM	Tarifliche ESt in DM		Zu versteuerndes Einkommen bis DM	Tarifliche ESt in DM		Zu versteuerndes Einkommen bis DM	Tarifliche ESt in DM	
	Gr	Spl		Gr	Spl		Gr	Spl		Gr	Spl
34.829	6.278	2.676	38.231	7.309	3.578	41.633	8.361	4.522	45.035	9.434	5.446
34.883	6.294	2.676	38.285	7.325	3.608	41.687	8.378	4.522	45.089	9.452	5.476
34.937	6.310	2.704	38.339	7.342	3.608	41.741	8.395	4.552	45.143	9.469	5.476
34.991	6.326	2.704	38.393	7.359	3.638	41.795	8.412	4.552	45.197	9.486	5.506
35.045	6.343	2.734	38.447	7.375	3.638	41.849	8.429	4.580	45.251	9.503	5.506
35.099	6.359	2.734	38.501	7.392	3.666	41.903	8.445	4.580	45.305	9.520	5.536
35.153	6.375	2.762	38.555	7.408	3.666	41.957	8.462	4.610	45.359	9.538	5.536
35.207	6.391	2.762	38.609	7.425	3.696	42.011	8.479	4.610	45.413	9.555	5.566
35.261	6.408	2.792	38.663	7.441	3.696	42.065	8.496	4.640	45.467	9.572	5.566
35.315	6.424	2.792	38.717	7.458	3.726	42.119	8.513	4.640	45.521	9.589	5.596
35.369	6.440	2.820	38.771	7.475	3.726	42.173	8.530	4.670	45.575	9.607	5.596
35.423	6.456	2.820	38.825	7.491	3.754	42.227	8.547	4.670	45.629	9.624	5.626
35.477	6.473	2.850	38.879	7.508	3.754	42.281	8.564	4.700	45.683	9.641	5.626
35.531	6.489	2.850	38.933	7.524	3.784	42.335	8.581	4.700	45.737	9.658	5.656
35.585	6.505	2.878	38.987	7.541	3.784	42.389	8.598	4.730	45.791	9.676	5.656
35.639	6.521	2.878	39.041	7.558	3.814	42.443	8.615	4.730	45.845	9.693	5.686
35.693	6.538	2.908	39.095	7.574	3.814	42.497	8.632	4.760	45.899	9.710	5.686
35.747	6.554	2.908	39.149	7.591	3.842	42.551	8.649	4.760	45.953	9.728	5.716
35.801	6.570	2.936	39.203	7.607	3.842	42.605	8.666	4.788	46.007	9.745	5.716
35.855	6.587	2.936	39.257	7.624	3.872	42.659	8.683	4.788	46.061	9.762	5.746
35.909	6.603	2.966	39.311	7.641	3.872	42.713	8.699	4.818	46.115	9.779	5.746
35.963	6.619	2.966	39.365	7.657	3.902	42.767	8.716	4.818	46.169	9.797	5.776
36.017	6.635	2.994	39.419	7.674	3.902	42.821	8.733	4.848	46.223	9.814	5.776
36.071	6.652	2.994	39.473	7.691	3.930	42.875	8.750	4.848	46.277	9.831	5.806
36.125	6.668	3.024	39.527	7.707	3.930	42.929	8.767	4.878	46.331	9.849	5.806
36.179	6.684	3.024	39.581	7.724	3.960	42.983	8.784	4.878	46.385	9.866	5.836
36.233	6.701	3.052	39.635	7.741	3.960	43.037	8.801	4.908	46.439	9.883	5.836
36.287	6.717	3.052	39.689	7.757	3.990	43.091	8.818	4.908	46.493	9.901	5.866
36.341	6.733	3.082	39.743	7.774	3.990	43.145	8.835	4.938	46.547	9.918	5.866
36.395	6.750	3.082	39.797	7.791	4.020	43.199	8.852	4.938	46.601	9.935	5.896
36.449	6.766	3.112	39.851	7.807	4.020	43.253	8.870	4.968	46.655	9.953	5.896
36.503	6.783	3.112	39.905	7.824	4.048	43.307	8.887	4.968	46.709	9.970	5.926
36.557	6.799	3.140	39.959	7.841	4.048	43.361	8.904	4.998	46.763	9.988	5.926
36.611	6.815	3.140	40.013	7.857	4.078	43.415	8.921	4.998	46.817	10.005	5.956
36.665	6.832	3.170	40.067	7.874	4.078	43.469	8.938	5.028	46.871	10.022	5.956
36.719	6.848	3.170	40.121	7.891	4.108	43.523	8.955	5.028	46.925	10.040	5.986
36.773	6.864	3.198	40.175	7.908	4.108	43.577	8.972	5.056	46.979	10.057	5.986
36.827	6.881	3.198	40.229	7.924	4.138	43.631	8.989	5.056	47.033	10.074	6.018
36.881	6.897	3.228	40.283	7.941	4.138	43.685	9.006	5.086	47.087	10.092	6.018
36.935	6.914	3.228	40.337	7.958	4.166	43.739	9.023	5.086	47.141	10.109	6.048
36.989	6.930	3.256	40.391	7.974	4.166	43.793	9.040	5.116	47.195	10.127	6.048
37.043	6.946	3.256	40.445	7.991	4.196	43.847	9.057	5.116	47.249	10.144	6.078
37.097	6.963	3.286	40.499	8.008	4.196	43.901	9.074	5.146	47.303	10.162	6.078
37.151	6.979	3.286	40.553	8.025	4.226	43.955	9.091	5.146	47.357	10.179	6.108
37.205	6.996	3.316	40.607	8.042	4.226	44.009	9.108	5.176	47.411	10.196	6.108
37.259	7.012	3.316	40.661	8.058	4.256	44.063	9.126	5.176	47.465	10.214	6.138
37.313	7.029	3.344	40.715	8.075	4.256	44.117	9.143	5.206	47.519	10.231	6.138
37.367	7.045	3.344	40.769	8.092	4.284	44.171	9.160	5.206	47.573	10.249	6.168
37.421	7.061	3.374	40.823	8.109	4.284	44.225	9.177	5.236	47.627	10.266	6.168
37.475	7.078	3.374	40.877	8.125	4.314	44.279	9.194	5.236	47.681	10.284	6.198
37.529	7.094	3.402	40.931	8.142	4.314	44.333	9.211	5.266	47.735	10.301	6.198
37.583	7.111	3.402	40.985	8.159	4.344	44.387	9.228	5.266	47.789	10.319	6.228
37.637	7.127	3.432	41.039	8.176	4.344	44.441	9.245	5.296	47.843	10.336	6.228
37.691	7.144	3.432	41.093	8.193	4.374	44.495	9.263	5.296	47.897	10.354	6.258
37.745	7.160	3.462	41.147	8.209	4.374	44.549	9.280	5.326	47.951	10.371	6.258
37.799	7.177	3.462	41.201	8.226	4.404	44.603	9.297	5.326	48.005	10.389	6.290
37.853	7.193	3.490	41.255	8.243	4.404	44.657	9.314	5.356	48.059	10.406	6.290
37.907	7.210	3.490	41.309	8.260	4.432	44.711	9.331	5.356	48.113	10.424	6.320
37.961	7.226	3.520	41.363	8.277	4.432	44.765	9.348	5.386	48.167	10.441	6.320
38.015	7.243	3.520	41.417	8.294	4.462	44.819	9.366	5.386	48.221	10.459	6.350
38.069	7.259	3.550	41.471	8.310	4.462	44.873	9.383	5.416	48.275	10.476	6.350
38.123	7.276	3.550	41.525	8.327	4.492	44.927	9.400	5.416	48.329	10.494	6.380
38.177	7.292	3.578	41.579	8.344	4.492	44.981	9.417	5.446	48.383	10.511	6.380

Tabellen

Einkommensteuer Grund- und Splittingtabelle 1998

Zu versteuerndes Einkommen bis DM	Tarifliche ESt in DM		Zu versteuerndes Einkommen bis DM	Tarifliche ESt in DM		Zu versteuerndes Einkommen bis DM	Tarifliche ESt in DM		Zu versteuerndes Einkommen bis DM	Tarifliche ESt in DM	
	Gr	Spl		Gr	Spl		Gr	Spl		Gr	Spl
48.437	10.529	6.410	51.839	11.644	7.356	55.241	12.781	8.342	58.643	13.938	9.306
48.491	10.546	6.410	51.893	11.662	7.386	55.295	12.799	8.342	58.697	13.956	9.338
48.545	10.564	6.440	51.947	11.680	7.386	55.349	12.817	8.372	58.751	13.975	9.338
48.599	10.581	6.440	52.001	11.698	7.416	55.403	12.835	8.372	58.805	13.993	9.370
48.653	10.599	6.470	52.055	11.716	7.416	55.457	12.854	8.402	58.859	14.012	9.370
48.707	10.616	6.470	52.109	11.734	7.446	55.511	12.872	8.402	58.913	14.030	9.400
48.761	10.634	6.502	52.163	11.752	7.446	55.565	12.890	8.434	58.967	14.049	9.400
48.815	10.652	6.502	52.217	11.769	7.478	55.619	12.908	8.434	59.021	14.068	9.432
48.869	10.669	6.532	52.271	11.787	7.478	55.673	12.927	8.466	59.075	14.086	9.432
48.923	10.687	6.532	52.325	11.805	7.508	55.727	12.945	8.466	59.129	14.105	9.464
48.977	10.704	6.562	52.379	11.823	7.508	55.781	12.963	8.496	59.183	14.123	9.464
49.031	10.722	6.562	52.433	11.841	7.540	55.835	12.981	8.496	59.237	14.142	9.494
49.085	10.740	6.592	52.487	11.859	7.540	55.889	13.000	8.528	59.291	14.161	9.494
49.139	10.757	6.592	52.541	11.877	7.570	55.943	13.018	8.528	59.345	14.179	9.526
49.193	10.775	6.622	52.595	11.895	7.570	55.997	13.036	8.558	59.399	14.198	9.526
49.247	10.792	6.622	52.649	11.913	7.600	56.051	13.055	8.558	59.453	14.217	9.558
49.301	10.810	6.654	52.703	11.931	7.600	56.105	13.073	8.590	59.507	14.235	9.558
49.355	10.828	6.654	52.757	11.949	7.632	56.159	13.091	8.590	59.561	14.254	9.588
49.409	10.845	6.684	52.811	11.967	7.632	56.213	13.109	8.620	59.615	14.273	9.588
49.463	10.863	6.684	52.865	11.985	7.662	56.267	13.128	8.620	59.669	14.291	9.620
49.517	10.881	6.714	52.919	12.003	7.662	56.321	13.146	8.652	59.723	14.310	9.620
49.571	10.898	6.714	52.973	12.021	7.692	56.375	13.164	8.652	59.777	14.329	9.652
49.625	10.916	6.744	53.027	12.039	7.692	56.429	13.183	8.682	59.831	14.348	9.652
49.679	10.933	6.744	53.081	12.057	7.724	56.483	13.201	8.682	59.885	14.366	9.684
49.733	10.951	6.774	53.135	12.075	7.724	56.537	13.219	8.714	59.939	14.385	9.684
49.787	10.969	6.774	53.189	12.093	7.754	56.591	13.238	8.714	59.993	14.404	9.714
49.841	10.986	6.806	53.243	12.111	7.754	56.645	13.256	8.744	60.047	14.423	9.714
49.895	11.004	6.806	53.297	12.129	7.786	56.699	13.274	8.744	60.101	14.441	9.746
49.949	11.022	6.836	53.351	12.147	7.786	56.753	13.293	8.776	60.155	14.460	9.746
50.003	11.040	6.836	53.405	12.165	7.816	56.807	13.311	8.776	60.209	14.479	9.778
50.057	11.057	6.866	53.459	12.183	7.816	56.861	13.329	8.806	60.263	14.498	9.778
50.111	11.075	6.866	53.513	12.201	7.846	56.915	13.348	8.806	60.317	14.517	9.808
50.165	11.093	6.896	53.567	12.219	7.846	56.969	13.366	8.838	60.371	14.535	9.808
50.219	11.110	6.896	53.621	12.237	7.878	57.023	13.385	8.838	60.425	14.554	9.840
50.273	11.128	6.928	53.675	12.255	7.878	57.077	13.403	8.870	60.479	14.573	9.840
50.327	11.146	6.928	53.729	12.273	7.908	57.131	13.421	8.870	60.533	14.592	9.872
50.381	11.164	6.958	53.783	12.291	7.908	57.185	13.440	8.900	60.587	14.611	9.872
50.435	11.181	6.958	53.837	12.309	7.940	57.239	13.458	8.900	60.641	14.630	9.904
50.489	11.199	6.988	53.891	12.327	7.940	57.293	13.477	8.932	60.695	14.649	9.904
50.543	11.217	6.988	53.945	12.345	7.970	57.347	13.495	8.932	60.749	14.667	9.934
50.597	11.234	7.018	53.999	12.363	7.970	57.401	13.513	8.962	60.803	14.686	9.934
50.651	11.252	7.018	54.053	12.381	8.000	57.455	13.532	8.962	60.857	14.705	9.966
50.705	11.270	7.050	54.107	12.400	8.000	57.509	13.550	8.994	60.911	14.724	9.966
50.759	11.288	7.050	54.161	12.418	8.032	57.563	13.569	8.994	60.965	14.743	9.998
50.813	11.306	7.080	54.215	12.436	8.032	57.617	13.587	9.026	61.019	14.762	9.998
50.867	11.323	7.080	54.269	12.454	8.062	57.671	13.606	9.026	61.073	14.781	10.030
50.921	11.341	7.110	54.323	12.472	8.062	57.725	13.624	9.056	61.127	14.800	10.030
50.975	11.359	7.110	54.377	12.490	8.094	57.779	13.642	9.056	61.181	14.819	10.062
51.029	11.377	7.140	54.431	12.508	8.094	57.833	13.661	9.088	61.235	14.838	10.062
51.083	11.394	7.140	54.485	12.526	8.124	57.887	13.679	9.088	61.289	14.857	10.092
51.137	11.412	7.172	54.539	12.545	8.124	57.941	13.698	9.118	61.343	14.876	10.092
51.191	11.430	7.172	54.593	12.563	8.156	57.995	13.716	9.118	61.397	14.895	10.124
51.245	11.448	7.202	54.647	12.581	8.156	58.049	13.735	9.150	61.451	14.914	10.124
51.299	11.466	7.202	54.701	12.599	8.186	58.103	13.753	9.150	61.505	14.933	10.156
51.353	11.484	7.232	54.755	12.617	8.186	58.157	13.772	9.182	61.559	14.952	10.156
51.407	11.501	7.232	54.809	12.635	8.218	58.211	13.790	9.182	61.613	14.971	10.188
51.461	11.519	7.264	54.863	12.653	8.218	58.265	13.809	9.212	61.667	14.990	10.188
51.515	11.537	7.264	54.917	12.672	8.248	58.319	13.827	9.212	61.721	15.009	10.220
51.569	11.555	7.294	54.971	12.690	8.248	58.373	13.846	9.244	61.775	15.028	10.220
51.623	11.573	7.294	55.025	12.708	8.280	58.427	13.864	9.244	61.829	15.047	10.250
51.677	11.591	7.324	55.079	12.726	8.280	58.481	13.883	9.276	61.883	15.066	10.250
51.731	11.608	7.324	55.133	12.744	8.310	58.535	13.901	9.276	61.937	15.085	10.282
51.785	11.626	7.356	55.187	12.763	8.310	58.589	13.920	9.306	61.991	15.104	10.282

Tabellen

Einkommensteuer Grund- und Splittingtabelle 1998

Zu versteuerndes Einkommen bis DM	Tarifliche ESt in DM		Zu versteuerndes Einkommen bis DM	Tarifliche ESt in DM		Zu versteuerndes Einkommen bis DM	Tarifliche ESt in DM		Zu versteuerndes Einkommen bis DM	Tarifliche ESt in DM	
	Gr	Spl		Gr	Spl		Gr	Spl		Gr	Spl
62.045	15.123	10.314	65.447	16.344	11.300	68.849	17.601	12.330	72.251	18.892	13.336
62.099	15.142	10.314	65.501	16.364	11.332	68.903	17.621	12.330	72.305	18.913	13.368
62.153	15.162	10.346	65.555	16.384	11.332	68.957	17.641	12.362	72.359	18.933	13.368
62.207	15.181	10.346	65.609	16.403	11.364	69.011	17.661	12.362	72.413	18.954	13.402
62.261	15.200	10.378	65.663	16.423	11.364	69.065	17.681	12.394	72.467	18.975	13.402
62.315	15.219	10.378	65.717	16.443	11.396	69.119	17.702	12.394	72.521	18.996	13.434
62.369	15.238	10.408	65.771	16.462	11.396	69.173	17.722	12.426	72.575	19.017	13.434
62.423	15.257	10.408	65.825	16.482	11.428	69.227	17.742	12.426	72.629	19.038	13.466
62.477	15.276	10.440	65.879	16.502	11.428	69.281	17.763	12.458	72.683	19.058	13.466
62.531	15.296	10.440	65.933	16.522	11.460	69.335	17.783	12.458	72.737	19.079	13.500
62.585	15.315	10.472	65.987	16.541	11.460	69.389	17.803	12.490	72.791	19.100	13.500
62.639	15.334	10.472	66.041	16.561	11.492	69.443	17.823	12.490	72.845	19.121	13.532
62.693	15.353	10.504	66.095	16.581	11.492	69.497	17.844	12.524	72.899	19.142	13.532
62.747	15.372	10.504	66.149	16.601	11.524	69.551	17.864	12.524	72.953	19.163	13.566
62.801	15.392	10.536	66.203	16.620	11.524	69.605	17.884	12.556	73.007	19.184	13.566
62.855	15.411	10.536	66.257	16.640	11.556	69.659	17.905	12.556	73.061	19.205	13.598
62.909	15.430	10.568	66.311	16.660	11.556	69.713	17.925	12.588	73.115	19.225	13.598
62.963	15.449	10.568	66.365	16.680	11.588	69.767	17.946	12.588	73.169	19.246	13.630
63.017	15.469	10.600	66.419	16.700	11.588	69.821	17.966	12.620	73.223	19.267	13.630
63.071	15.488	10.600	66.473	16.719	11.620	69.875	17.986	12.620	73.277	19.288	13.664
63.125	15.507	10.632	66.527	16.739	11.620	69.929	18.007	12.652	73.331	19.309	13.664
63.179	15.526	10.632	66.581	16.759	11.652	69.983	18.027	12.652	73.385	19.330	13.696
63.233	15.546	10.662	66.635	16.779	11.652	70.037	18.047	12.686	73.439	19.351	13.696
63.287	15.565	10.662	66.689	16.799	11.684	70.091	18.068	12.686	73.493	19.372	13.728
63.341	15.584	10.694	66.743	16.819	11.684	70.145	18.088	12.718	73.547	19.393	13.728
63.395	15.604	10.694	66.797	16.839	11.716	70.199	18.109	12.718	73.601	19.414	13.762
63.449	15.623	10.726	66.851	16.859	11.716	70.253	18.129	12.750	73.655	19.435	13.762
63.503	15.642	10.726	66.905	16.878	11.750	70.307	18.150	12.750	73.709	19.456	13.794
63.557	15.662	10.758	66.959	16.898	11.750	70.361	18.170	12.782	73.763	19.477	13.794
63.611	15.681	10.758	67.013	16.918	11.782	70.415	18.191	12.782	73.817	19.498	13.828
63.665	15.700	10.790	67.067	16.938	11.782	70.469	18.211	12.816	73.871	19.519	13.828
63.719	15.720	10.790	67.121	16.958	11.814	70.523	18.232	12.816	73.925	19.540	13.860
63.773	15.739	10.822	67.175	16.978	11.814	70.577	18.252	12.848	73.979	19.561	13.860
63.827	15.759	10.822	67.229	16.998	11.846	70.631	18.273	12.848	74.033	19.582	13.892
63.881	15.778	10.854	67.283	17.018	11.846	70.685	18.293	12.880	74.087	19.603	13.892
63.935	15.797	10.854	67.337	17.038	11.878	70.739	18.314	12.880	74.141	19.625	13.926
63.989	15.817	10.886	67.391	17.058	11.878	70.793	18.334	12.912	74.195	19.646	13.926
64.043	15.836	10.886	67.445	17.078	11.910	70.847	18.355	12.912	74.249	19.667	13.958
64.097	15.856	10.918	67.499	17.098	11.910	70.901	18.375	12.946	74.303	19.688	13.958
64.151	15.875	10.918	67.553	17.118	11.942	70.955	18.396	12.946	74.357	19.709	13.992
64.205	15.895	10.950	67.607	17.138	11.942	71.009	18.416	12.978	74.411	19.730	13.992
64.259	15.914	10.950	67.661	17.158	11.974	71.063	18.437	12.978	74.465	19.751	14.024
64.313	15.933	10.982	67.715	17.178	11.974	71.117	18.458	13.010	74.519	19.772	14.024
64.367	15.953	10.982	67.769	17.198	12.006	71.171	18.478	13.010	74.573	19.793	14.058
64.421	15.972	11.012	67.823	17.218	12.006	71.225	18.499	13.042	74.627	19.815	14.058
64.475	15.992	11.012	67.877	17.238	12.038	71.279	18.519	13.042	74.681	19.836	14.090
64.529	16.011	11.044	67.931	17.258	12.038	71.333	18.540	13.076	74.735	19.857	14.090
64.583	16.031	11.044	67.985	17.278	12.070	71.387	18.561	13.076	74.789	19.878	14.122
64.637	16.050	11.076	68.039	17.298	12.070	71.441	18.581	13.108	74.843	19.899	14.122
64.691	16.070	11.076	68.093	17.318	12.104	71.495	18.602	13.108	74.897	19.921	14.156
64.745	16.090	11.108	68.147	17.338	12.104	71.549	18.623	13.140	74.951	19.942	14.156
64.799	16.109	11.108	68.201	17.359	12.136	71.603	18.643	13.140	75.005	19.963	14.188
64.853	16.129	11.140	68.255	17.379	12.136	71.657	18.664	13.174	75.059	19.984	14.188
64.907	16.148	11.140	68.309	17.399	12.168	71.711	18.685	13.174	75.113	20.006	14.222
64.961	16.168	11.172	68.363	17.419	12.168	71.765	18.705	13.206	75.167	20.027	14.222
65.015	16.187	11.172	68.417	17.439	12.200	71.819	18.726	13.206	75.221	20.048	14.254
65.069	16.207	11.204	68.471	17.459	12.200	71.873	18.747	13.238	75.275	20.069	14.254
65.123	16.227	11.204	68.525	17.479	12.232	71.927	18.767	13.238	75.329	20.091	14.288
65.177	16.246	11.236	68.579	17.500	12.232	71.981	18.788	13.272	75.383	20.112	14.288
65.231	16.266	11.236	68.633	17.520	12.264	72.035	18.809	13.272	75.437	20.133	14.320
65.285	16.285	11.268	68.687	17.540	12.264	72.089	18.830	13.304	75.491	20.154	14.320
65.339	16.305	11.268	68.741	17.560	12.296	72.143	18.850	13.304	75.545	20.176	14.354
65.393	16.325	11.300	68.795	17.580	12.296	72.197	18.871	13.336	75.599	20.197	14.354

Tabellen

Einkommensteuer Grund- und Splittingtabelle 1998

Zu versteuerndes Einkommen bis DM	Tarifliche ESt in DM		Zu versteuerndes Einkommen bis DM	Tarifliche ESt in DM		Zu versteuerndes Einkommen bis DM	Tarifliche ESt in DM		Zu versteuerndes Einkommen bis DM	Tarifliche ESt in DM	
	Gr	Spl		Gr	Spl		Gr	Spl		Gr	Spl
75.653	20.218	14.386	79.055	21.580	15.414	82.457	22.977	16.486	85.859	24.409	17.534
75.707	20.240	14.386	79.109	21.602	15.448	82.511	22.999	16.486	85.913	24.432	17.568
75.761	20.261	14.420	79.163	21.624	15.448	82.565	23.022	16.520	85.967	24.455	17.568
75.815	20.282	14.420	79.217	21.646	15.482	82.619	23.044	16.520	86.021	24.478	17.602
75.869	20.304	14.452	79.271	21.668	15.482	82.673	23.067	16.554	86.075	24.501	17.602
75.923	20.325	14.452	79.325	21.690	15.514	82.727	23.089	16.554	86.129	24.524	17.636
75.977	20.347	14.486	79.379	21.712	15.514	82.781	23.112	16.588	86.183	24.547	17.636
76.031	20.368	14.486	79.433	21.734	15.548	82.835	23.134	16.588	86.237	24.570	17.670
76.085	20.389	14.518	79.487	21.756	15.548	82.889	23.157	16.620	86.291	24.593	17.670
76.139	20.411	14.518	79.541	21.778	15.582	82.943	23.179	16.620	86.345	24.617	17.704
76.193	20.432	14.552	79.595	21.799	15.582	82.997	23.202	16.654	86.399	24.640	17.704
76.247	20.454	14.552	79.649	21.821	15.614	83.051	23.225	16.654	86.453	24.663	17.740
76.301	20.475	14.584	79.703	21.843	15.614	83.105	23.247	16.688	86.507	24.686	17.740
76.355	20.497	14.584	79.757	21.865	15.648	83.159	23.270	16.688	86.561	24.709	17.774
76.409	20.518	14.618	79.811	21.887	15.648	83.213	23.292	16.722	86.615	24.732	17.774
76.463	20.539	14.618	79.865	21.910	15.682	83.267	23.315	16.722	86.669	24.755	17.808
76.517	20.561	14.650	79.919	21.932	15.682	83.321	23.337	16.756	86.723	24.778	17.808
76.571	20.582	14.650	79.973	21.954	15.714	83.375	23.360	16.756	86.777	24.802	17.842
76.625	20.604	14.684	80.027	21.976	15.714	83.429	23.383	16.790	86.831	24.825	17.842
76.679	20.625	14.684	80.081	21.998	15.748	83.483	23.405	16.790	86.885	21.848	17.876
76.733	20.647	14.718	80.135	22.020	15.748	83.537	23.428	16.824	86.939	24.871	17.876
76.787	20.668	14.718	80.189	22.042	15.782	83.591	23.450	16.824	86.993	24.894	17.910
76.841	20.690	14.750	80.243	22.064	15.782	83.645	23.473	16.858	87.047	24.917	17.910
76.895	20.711	14.750	80.297	22.086	15.816	83.699	23.496	16.858	87.101	24.941	17.944
76.949	20.733	14.784	80.351	22.108	15.816	83.753	23.518	16.890	87.155	24.964	17.944
77.003	20.755	14.784	80.405	22.130	15.848	83.807	23.541	16.890	87.209	24.987	17.978
77.057	20.776	14.816	80.459	22.152	15.848	83.861	23.564	16.924	87.263	25.010	17.978
77.111	20.798	14.816	80.513	22.174	15.882	83.915	23.586	16.924	87.317	25.034	18.012
77.165	20.819	14.850	80.567	22.197	15.882	83.969	23.609	16.958	87.371	25.057	18.012
77.219	20.841	14.850	80.621	22.219	15.916	84.023	23.632	16.958	87.425	25.080	18.046
77.273	20.862	14.882	80.675	22.241	15.916	84.077	23.655	16.992	87.479	25.103	18.046
77.327	20.884	14.882	80.729	22.263	15.948	84.131	23.677	16.992	87.533	25.127	18.080
77.381	20.906	14.916	80.783	22.285	15.948	84.185	23.700	17.026	87.587	25.150	18.080
77.435	20.927	14.916	80.837	22.307	15.982	84.239	23.723	17.026	87.641	25.173	18.114
77.489	20.949	14.948	80.891	22.330	15.982	84.293	23.745	17.060	87.695	25.197	18.114
77.543	20.971	14.948	80.945	22.352	16.016	84.347	23.768	17.060	87.749	25.220	18.148
77.597	20.992	14.982	80.999	22.374	16.016	84.401	23.791	17.094	87.803	25.243	18.148
77.651	21.014	14.982	81.053	22.396	16.050	84.455	23.814	17.094	87.857	25.266	18.182
77.705	21.036	15.016	81.107	22.418	16.050	84.509	23.837	17.128	87.911	25.290	18.182
77.759	21.057	15.016	81.161	22.441	16.084	84.563	23.859	17.128	87.965	25.313	18.216
77.813	21.079	15.048	81.215	22.463	16.084	84.617	23.882	17.162	88.019	25.337	18.216
77.867	21.101	15.048	81.269	22.485	16.116	84.671	23.905	17.162	88.073	25.360	18.252
77.921	21.122	15.082	81.323	22.507	16.116	84.725	23.928	17.196	88.127	25.383	18.252
77.975	21.144	15.082	81.377	22.530	16.150	84.779	23.951	17.196	88.181	25.407	18.286
78.029	21.166	15.114	81.431	22.552	16.150	84.833	23.973	17.230	88.235	25.430	18.286
78.083	21.187	15.116	81.485	22.574	16.184	84.887	23.996	17.230	88.289	25.453	18.320
78.137	21.209	15.148	81.539	22.597	16.184	84.941	24.019	17.264	88.343	25.477	18.320
78.191	21.231	15.148	81.593	22.619	16.218	84.995	24.042	17.264	88.397	25.500	18.354
78.245	21.253	15.182	81.647	22.641	16.218	85.049	24.065	17.298	88.451	25.524	18.354
78.299	21.274	15.182	81.701	22.664	16.250	85.103	24.088	17.298	88.505	25.547	18.388
78.353	21.296	15.214	81.755	22.686	16.250	85.157	24.111	17.332	88.559	25.571	18.388
78.407	21.318	15.214	81.809	22.708	16.284	85.211	24.134	17.332	88.613	25.594	18.422
78.461	21.340	15.248	81.863	22.731	16.284	85.265	24.156	17.366	88.667	25.618	18.422
78.515	21.362	15.248	81.917	22.753	16.318	85.319	24.179	17.366	88.721	25.641	18.456
78.569	21.383	15.282	81.971	22.775	16.318	85.373	24.202	17.398	88.775	25.665	18.456
78.623	21.405	15.282	82.025	22.798	16.352	85.427	24.225	17.398	88.829	25.688	18.490
78.677	21.427	15.314	82.079	22.820	16.352	85.481	24.248	17.432	88.883	25.712	18.490
78.731	21.449	15.314	82.133	22.842	16.386	85.535	24.271	17.432	88.937	25.735	18.526
78.785	21.471	15.348	82.187	22.865	16.386	85.589	24.294	17.466	88.991	25.759	18.526
78.839	21.493	15.348	82.241	22.887	16.418	85.643	24.317	17.466	89.045	25.782	18.560
78.893	21.514	15.382	82.295	22.910	16.418	85.697	24.340	17.500	89.099	25.806	18.560
78.947	21.536	15.382	82.349	22.932	16.452	85.751	24.363	17.500	89.153	25.829	18.594
79.001	21.558	15.414	82.403	22.955	16.452	85.805	24.386	17.534	89.207	25.853	18.594

Tabellen

Einkommensteuer Grund- und Splittingtabelle 1998

Zu versteuerndes Einkommen bis DM	Tarifliche ESt in DM		Zu versteuerndes Einkommen bis DM	Tarifliche ESt in DM		Zu versteuerndes Einkommen bis DM	Tarifliche ESt in DM		Zu versteuerndes Einkommen bis DM	Tarifliche ESt in DM	
	Gr	Spl		Gr	Spl		Gr	Spl		Gr	Spl
89.261	25.876	18.628	92.663	27.379	19.698	96.065	28.916	20.812	99.467	30.489	21.902
89.315	25.900	18.628	92.717	27.403	19.732	96.119	28.941	20.812	99.521	30.514	21.938
89.369	25.923	18.662	92.771	27.427	19.732	96.173	28.966	20.848	99.575	30.540	21.938
89.423	25.947	18.662	92.825	27.451	19.766	96.227	28.990	20.848	99.629	30.565	21.974
89.477	25.971	18.696	92.879	27.475	19.766	96.281	29.015	20.882	99.683	30.590	21.974
89.531	25.994	18.696	92.933	27.499	19.802	96.335	29.040	20.882	99.737	30.615	22.008
89.585	26.018	18.732	92.987	27.524	19.802	96.389	29.065	20.918	99.791	30.641	22.008
89.639	26.041	18.732	93.041	27.548	19.836	96.443	29.089	20.918	99.845	30.666	22.044
89.693	26.065	18.766	93.095	27.572	19.836	96.497	29.114	20.952	99.899	30.691	22.044
89.747	26.089	18.766	93.149	27.596	19.870	96.551	29.139	20.952	99.953	30.717	22.080
89.801	26.112	18.800	93.203	27.620	19.870	96.605	29.164	20.988	100.007	30.742	22.080
89.855	26.136	18.800	93.257	27.645	19.906	96.659	29.188	20.988	100.061	30.767	22.114
89.909	26.160	18.834	93.311	27.669	19.906	96.713	29.213	21.022	100.115	30.793	22.114
89.963	26.183	18.834	93.365	27.693	19.940	96.767	29.238	21.022	100.169	30.818	22.150
90.017	26.207	18.868	93.419	27.717	19.940	96.821	29.263	21.058	100.223	30.843	22.150
90.071	26.231	18.868	93.473	27.742	19.976	96.875	29.288	21.058	100.277	30.869	22.186
90.125	26.255	18.904	93.527	27.766	19.976	96.929	29.312	21.092	100.331	30.894	22.186
90.179	26.278	18.904	93.581	27.790	20.010	96.983	29.337	21.092	100.385	30.919	22.220
90.233	26.302	18.938	93.635	27.814	20.010	97.037	29.362	21.128	100.439	30.945	22.220
90.287	26.326	18.938	93.689	27.839	20.044	97.091	29.387	21.128	100.493	30.970	22.256
90.341	26.349	18.972	93.743	27.863	20.044	97.145	29.412	21.162	100.547	30.996	22.256
90.395	26.373	18.972	93.797	27.887	20.080	97.199	29.437	21.162	100.601	31.021	22.292
90.449	26.397	19.006	93.851	27.912	20.080	97.253	29.461	21.198	100.655	31.047	22.292
90.503	26.421	19.006	93.905	27.936	20.114	97.307	29.486	21.198	100.709	31.072	22.328
90.557	26.444	19.040	93.959	27.960	20.114	97.361	29.511	21.232	100.763	31.097	22.328
90.611	26.468	19.040	94.013	27.985	20.148	97.415	29.536	21.232	100.817	31.123	22.362
90.665	26.492	19.076	94.067	28.009	20.148	97.469	29.561	21.268	100.871	31.148	22.362
90.719	26.516	19.076	94.121	28.033	20.184	97.523	29.586	21.268	100.925	31.174	22.398
90.773	26.540	19.110	94.175	28.058	20.184	97.577	29.611	21.304	100.979	31.199	22.398
90.827	26.564	19.110	94.229	28.082	20.218	97.631	29.636	21.304	101.033	31.225	22.434
90.881	26.587	19.144	94.283	28.106	20.218	97.685	29.661	21.338	101.087	31.250	22.434
90.935	26.611	19.144	94.337	28.131	20.254	97.739	29.686	21.338	101.141	31.276	22.468
90.989	26.635	19.178	94.391	28.155	20.254	97.793	29.711	21.374	101.195	31.301	22.468
91.043	26.659	19.178	94.445	28.180	20.288	97.847	29.736	21.374	101.249	31.327	22.504
91.097	26.683	19.214	94.499	28.204	20.288	97.901	29.761	21.408	101.303	31.352	22.504
91.151	26.707	19.214	94.553	28.229	20.324	97.955	29.786	21.408	101.357	31.378	22.540
91.205	26.730	19.248	94.607	28.253	20.324	98.009	29.811	21.444	101.411	31.404	22.540
91.259	26.754	19.248	94.661	28.277	20.358	98.063	29.836	21.444	101.465	31.429	22.576
91.313	26.778	19.282	94.715	28.302	20.358	98.117	29.861	21.480	101.519	31.455	22.576
91.367	26.802	19.282	94.769	28.326	20.392	98.171	29.886	21.480	101.573	31.480	22.612
91.421	26.826	19.316	94.823	28.351	20.392	98.225	29.911	21.514	101.627	31.506	22.612
91.475	26.850	19.316	94.877	28.375	20.428	98.279	29.936	21.514	101.681	31.531	22.646
91.529	26.874	19.352	94.931	28.400	20.428	98.333	29.961	21.550	101.735	31.557	22.646
91.583	26.898	19.352	94.985	28.424	20.462	98.387	29.986	21.550	101.789	31.583	22.682
91.637	26.922	19.386	95.039	28.449	20.462	98.441	30.011	21.584	101.843	31.608	22.682
91.691	26.946	19.386	95.093	28.473	20.498	98.495	30.036	21.584	101.897	31.634	22.718
91.745	26.970	19.420	95.147	28.498	20.498	98.549	30.061	21.620	101.951	31.660	22.718
91.799	26.994	19.420	95.201	28.522	20.532	98.603	30.086	21.620	102.005	31.685	22.754
91.853	27.018	19.456	95.255	28.547	20.532	98.657	30.111	21.656	102.059	31.711	22.754
91.907	27.042	19.456	95.309	28.572	20.568	98.711	30.136	21.656	102.113	31.737	22.788
91.961	27.066	19.490	95.363	28.596	20.568	98.765	30.162	21.690	102.167	31.762	22.788
92.015	27.090	19.490	95.417	28.621	20.602	98.819	30.187	21.690	102.221	31.788	22.824
92.069	27.114	19.524	95.471	28.645	20.602	98.873	30.212	21.726	102.275	31.814	22.824
92.123	27.138	19.524	95.525	28.670	20.638	98.927	30.237	21.726	102.329	31.839	22.860
92.177	27.162	19.558	95.579	28.694	20.638	98.981	30.262	21.762	102.383	31.865	22.860
92.231	27.186	19.558	95.633	28.719	20.672	99.035	30.287	21.762	102.437	31.891	22.896
92.285	27.210	19.594	95.687	28.744	20.672	99.089	30.313	21.796	102.491	31.917	22.896
92.339	27.234	19.594	95.741	28.768	20.708	99.143	30.338	21.796	102.545	31.942	22.932
92.393	27.258	19.628	95.795	28.793	20.708	99.197	30.363	21.832	102.599	31.968	22.932
92.447	27.282	19.628	95.849	28.818	20.742	99.251	30.388	21.832	102.653	31.994	22.968
92.501	27.306	19.662	95.903	28.842	20.742	99.305	30.413	21.866	102.707	32.020	22.968
92.555	27.330	19.662	95.957	28.867	20.778	99.359	30.439	21.866	102.761	32.045	23.002
92.609	27.355	19.698	96.011	28.892	20.778	99.413	30.464	21.902	102.815	32.071	23.002

Tabellen

Einkommensteuer Grund- und Splittingtabelle 1998

Zu versteuerndes Einkommen bis DM	Tarifliche ESt in DM		Zu versteuerndes Einkommen bis DM	Tarifliche ESt in DM		Zu versteuerndes Einkommen bis DM	Tarifliche ESt in DM		Zu versteuerndes Einkommen bis DM	Tarifliche ESt in DM	
	Gr	Spl		Gr	Spl		Gr	Spl		Gr	Spl
102.869	32.097	23.038	106.271	33.740	24.150	109.673	35.418	25.306	113.075	37.132	26.438
102.923	32.123	23.038	106.325	33.766	24.186	109.727	35.445	25.306	113.129	37.159	26.476
102.977	32.149	23.074	106.379	33.793	24.186	109.781	35.472	25.344	113.183	37.187	26.476
103.031	32.174	23.074	106.433	33.819	24.222	109.835	35.499	25.344	113.237	37.214	26.512
103.085	32.200	23.110	106.487	33.846	24.222	109.889	35.526	25.380	113.291	37.242	26.512
103.139	32.226	23.110	106.541	33.872	24.258	109.943	35.553	25.380	113.345	37.269	26.548
103.193	32.252	23.146	106.595	33.898	24.258	109.997	35.580	25.416	113.399	37.297	26.548
103.247	32.278	23.146	106.649	33.925	24.294	110.051	35.607	25.416	113.453	37.324	26.586
103.301	32.304	23.182	106.703	33.951	24.294	110.105	35.634	25.452	113.507	37.352	26.586
103.355	32.330	23.182	106.757	33.978	24.330	110.159	35.661	25.452	113.561	37.379	26.622
103.409	32.355	23.216	106.811	34.004	24.330	110.213	35.688	25.488	113.615	37.407	26.622
103.463	32.381	23.216	106.865	34.031	24.366	110.267	35.715	25.488	113.669	37.435	26.658
103.517	32.407	23.252	106.919	34.057	24.366	110.321	35.742	25.526	113.723	37.462	26.658
103.571	32.433	23.252	106.973	34.083	24.402	110.375	35.769	25.526	113.777	37.490	26.696
103.625	32.459	23.288	107.027	34.110	24.402	110.429	35.796	25.562	113.831	37.517	26.696
103.679	32.485	23.288	107.081	34.136	24.438	110.483	35.823	25.562	113.885	37.545	26.732
103.733	32.511	23.324	107.135	34.163	24.438	110.537	35.850	25.598	113.939	37.573	26.732
103.787	32.537	23.324	107.189	34.189	24.474	110.591	35.877	25.598	113.993	37.600	26.770
103.841	32.563	23.360	107.243	34.216	24.474	110.645	35.904	25.634	114.047	37.628	26.770
103.895	32.589	23.360	107.297	34.242	24.510	110.699	35.931	25.634	114.101	37.655	26.806
103.949	32.615	23.396	107.351	34.269	24.510	110.753	35.958	25.670	114.155	37.683	26.806
104.003	32.641	23.396	107.405	34.296	24.546	110.807	35.986	25.670	114.209	37.711	26.842
104.057	32.667	23.432	107.459	34.322	24.546	110.861	36.013	25.708	114.263	37.738	26.842
104.111	32.693	23.432	107.513	34.349	24.582	110.915	36.040	25.708	114.317	37.766	26.880
104.165	32.719	23.468	107.567	34.375	24.582	110.969	36.067	25.744	114.371	37.794	26.880
104.219	32.745	23.468	107.621	34.402	24.618	111.023	36.094	25.744	114.425	37.821	26.916
104.273	32.771	23.504	107.675	34.428	24.618	111.077	36.121	25.780	114.479	37.849	26.916
104.327	32.797	23.504	107.729	34.455	24.654	111.131	36.148	25.780	114.533	37.877	26.954
104.381	32.823	23.538	107.783	34.482	24.654	111.185	36.176	25.816	114.587	37.905	26.954
104.435	32.849	23.538	107.837	34.508	24.690	111.239	36.203	25.816	114.641	37.932	26.990
104.489	32.875	23.574	107.891	34.535	24.690	111.293	36.230	25.854	114.695	37.960	26.990
104.543	32.901	23.574	107.945	34.561	24.726	111.347	36.257	25.854	114.749	37.988	27.026
104.597	32.927	23.610	107.999	34.588	24.726	111.401	36.284	25.890	114.803	38.016	27.026
104.651	32.953	23.610	108.053	34.615	24.762	111.455	36.311	25.890	114.857	38.043	27.064
104.705	32.979	23.646	108.107	34.641	24.762	111.509	36.339	25.926	114.911	38.071	27.064
104.759	33.005	23.646	108.161	34.668	24.800	111.563	36.366	25.926	114.965	38.099	27.100
104.813	33.032	23.682	108.215	34.695	24.800	111.617	36.393	25.962	115.019	38.127	27.100
104.867	33.058	23.682	108.269	34.721	24.836	111.671	36.420	25.962	115.073	38.154	27.138
104.921	33.084	23.718	108.323	34.748	24.836	111.725	36.448	26.000	115.127	38.182	27.138
104.975	33.110	23.718	108.377	34.775	24.872	111.779	36.475	26.000	115.181	38.210	27.174
105.029	33.136	23.754	108.431	34.802	24.872	111.833	36.502	26.036	115.235	38.238	27.174
105.083	33.162	23.754	108.485	34.828	24.908	111.887	36.529	26.036	115.289	38.266	27.212
105.137	33.188	23.790	108.539	34.855	24.908	111.941	36.557	26.072	115.343	38.294	27.212
105.191	33.215	23.790	108.593	34.882	24.944	111.995	36.584	26.072	115.397	38.321	27.248
105.245	33.241	23.826	108.647	34.908	24.944	112.049	36.611	26.110	115.451	38.349	27.248
105.299	33.267	23.826	108.701	34.935	24.980	112.103	36.639	26.110	115.505	38.377	27.284
105.353	33.293	23.862	108.755	34.962	24.980	112.157	36.666	26.146	115.559	38.405	27.284
105.407	33.319	23.862	108.809	34.989	25.016	112.211	36.693	26.146	115.613	38.433	27.322
105.461	33.346	23.898	108.863	35.016	25.016	112.265	36.721	26.182	115.667	38.461	27.322
105.515	33.372	23.898	108.917	35.042	25.052	112.319	36.748	26.182	115.721	38.489	27.358
105.569	33.398	23.934	108.971	35.069	25.052	112.373	36.775	26.218	115.775	38.517	27.358
105.623	33.424	23.934	109.025	35.096	25.090	112.427	36.803	26.218	115.829	38.545	27.396
105.677	33.451	23.970	109.079	35.123	25.090	112.481	36.830	26.256	115.883	38.573	27.396
105.731	33.477	23.970	109.133	35.150	25.126	112.535	36.857	26.256	115.937	38.600	27.432
105.785	33.503	24.006	109.187	35.176	25.126	112.589	36.885	26.292	115.991	38.628	27.432
105.839	33.529	24.006	109.241	35.203	25.162	112.643	36.912	26.292	116.045	38.656	27.470
105.893	33.556	24.042	109.295	35.230	25.162	112.697	36.940	26.328	116.099	38.684	27.470
105.947	33.582	24.042	109.349	35.257	25.198	112.751	36.967	26.328	116.153	38.712	27.506
106.001	33.608	24.078	109.403	35.284	25.198	112.805	36.995	26.366	116.207	38.740	27.506
106.055	33.635	24.078	109.457	35.311	25.234	112.859	37.022	26.366	116.261	38.768	27.544
106.109	33.661	24.114	109.511	35.338	25.234	112.913	37.049	26.402	116.315	38.796	27.544
106.163	33.687	24.114	109.565	35.365	25.270	112.967	37.077	26.402	116.369	38.824	27.580
106.217	33.714	24.150	109.619	35.391	25.270	113.021	37.104	26.438	116.423	38.852	27.580

Tabellen

Einkommensteuer Grund- und Splittingtabelle 1998

Zu versteuerndes Einkommen bis DM	Tarifliche ESt in DM		Zu versteuerndes Einkommen bis DM	Tarifliche ESt in DM		Zu versteuerndes Einkommen bis DM	Tarifliche ESt in DM		Zu versteuerndes Einkommen bis DM	Tarifliche ESt in DM	
	Gr	Spl		Gr	Spl		Gr	Spl		Gr	Spl
116.477	38.880	27.618	119.879	40.664	28.770	123.281	42.467	29.980	126.683	44.270	31.168
116.531	38.908	27.618	119.933	40.693	28.808	123.335	42.496	29.980	126.737	44.299	31.208
116.585	38.936	27.654	119.987	40.721	28.808	123.389	42.525	30.018	126.791	44.328	31.208
116.639	38.965	27.654	120.041	40.750	28.846	123.443	42.553	30.018	126.845	44.356	31.246
116.693	38.993	27.692	120.095	40.779	28.846	123.497	42.582	30.056	126.899	44.385	31.246
116.747	39.021	27.692	120.149	40.807	28.882	123.551	42.610	30.056	126.953	44.414	31.284
116.801	39.049	27.728	120.203	40.836	28.882	123.605	42.639	30.094	127.007	44.442	31.284
116.855	39.077	27.728	120.257	40.865	28.920	123.659	42.668	30.094	127.061	44.471	31.324
116.909	39.105	27.766	120.311	40.893	28.920	123.713	42.696	30.132	127.115	44.499	31.324
116.963	39.133	27.766	120.365	40.922	28.958	123.767	42.725	30.132	127.169	44.528	31.362
117.017	39.161	27.802	120.419	40.950	28.958	123.821	42.754	30.170	127.223	44.557	31.362
117.071	39.189	27.802	120.473	40.979	28.996	123.875	42.782	30.170	127.277	44.585	31.400
117.125	39.217	27.840	120.527	41.008	28.996	123.929	42.811	30.208	127.331	44.614	31.400
117.179	39.246	27.840	120.581	41.036	29.034	123.983	42.839	30.208	127.385	44.642	31.440
117.233	39.274	27.876	120.635	41.065	29.034	124.037	42.868	30.246	127.439	44.671	31.440
117.287	39.302	27.876	120.689	41.094	29.070	124.091	42.897	30.246	127.493	44.700	31.478
117.341	39.330	27.912	120.743	41.122	29.070	124.145	42.925	30.284	127.547	44.728	31.478
117.395	39.358	27.912	120.797	41.151	29.108	124.199	42.954	30.284	127.601	44.757	31.518
117.449	39.386	27.950	120.851	41.179	29.108	124.253	42.983	30.324	127.655	44.786	31.518
117.503	39.415	27.950	120.905	41.208	29.146	124.307	43.011	30.324	127.709	44.814	31.556
117.557	39.443	27.986	120.959	41.237	29.146	124.361	43.040	30.362	127.763	44.843	31.556
117.611	39.471	27.986	121.013	41.265	29.184	124.415	43.068	30.362	127.817	44.871	31.594
117.665	39.499	28.024	121.067	41.294	29.184	124.469	43.097	30.400	127.871	44.900	31.594
117.719	39.528	28.024	121.121	41.323	29.222	124.523	43.126	30.400	127.925	44.929	31.634
117.773	39.556	28.060	121.175	41.351	29.222	124.577	43.154	30.438	127.979	44.957	31.634
117.827	39.584	28.060	121.229	41.380	29.260	124.631	43.183	30.438	128.033	44.986	31.672
117.881	39.612	28.098	121.283	41.408	29.260	124.685	43.211	30.476	128.087	45.015	31.672
117.935	39.641	28.098	121.337	41.437	29.298	124.739	43.240	30.476	128.141	45.043	31.712
117.989	39.669	28.136	121.391	41.466	29.298	124.793	43.269	30.514	128.195	45.072	31.712
118.043	39.697	28.136	121.445	41.494	29.334	124.847	43.297	30.514	128.249	45.100	31.750
118.097	39.725	28.172	121.499	41.523	29.334	124.901	43.326	30.552	128.303	45.129	31.750
118.151	39.754	28.172	121.553	41.552	29.372	124.955	43.355	30.552	128.357	45.158	31.790
118.205	39.782	28.210	121.607	41.580	29.372	125.009	43.383	30.592	128.411	45.186	31.790
118.259	39.810	28.210	121.661	41.609	29.410	125.063	43.412	30.592	128.465	45.215	31.828
118.313	39.839	28.246	121.715	41.637	29.410	125.117	43.440	30.630	128.519	45.243	31.828
118.367	39.867	28.246	121.769	41.666	29.448	125.171	43.469	30.630	128.573	45.272	31.866
118.421	39.895	28.284	121.823	41.695	29.448	125.225	43.498	30.668	128.627	45.301	31.866
118.475	39.924	28.284	121.877	41.723	29.486	125.279	43.526	30.668	128.681	45.329	31.906
118.529	39.952	28.322	121.931	41.752	29.486	125.333	43.555	30.706	128.735	45.358	31.906
118.583	39.981	28.322	121.985	41.780	29.524	125.387	43.584	30.706	128.789	45.387	31.944
118.637	40.009	28.358	122.039	41.809	29.524	125.441	43.612	30.744	128.843	45.415	31.944
118.691	40.037	28.358	122.093	41.838	29.562	125.495	43.641	30.744	128.897	45.444	31.984
118.745	40.066	28.396	122.147	41.866	29.562	125.549	43.669	30.784	128.951	45.472	31.984
118.799	40.094	28.396	122.201	41.895	29.600	125.603	43.698	30.784	129.005	45.501	32.022
118.853	40.122	28.434	122.255	41.924	29.600	125.657	43.727	30.822	129.059	45.530	32.022
118.907	40.151	28.434	122.309	41.952	29.638	125.711	43.755	30.822	129.113	45.558	32.062
118.961	40.179	28.470	122.363	41.981	29.638	125.765	43.784	30.860	129.167	45.587	32.062
119.015	40.208	28.470	122.417	42.009	29.676	125.819	43.812	30.860	129.221	45.616	32.100
119.069	40.236	28.508	122.471	42.038	29.676	125.873	43.841	30.898	129.275	45.644	32.100
119.123	40.265	28.508	122.525	42.067	29.714	125.927	43.870	30.898	129.329	45.673	32.140
119.177	40.293	28.546	122.579	42.095	29.714	125.981	43.898	30.938	129.383	45.701	32.140
119.231	40.322	28.546	122.633	42.124	29.752	126.035	43.927	30.938	129.437	45.730	32.180
119.285	40.350	28.582	122.687	42.153	29.752	126.089	43.956	30.976	129.491	45.759	32.180
119.339	40.379	28.582	122.741	42.181	29.790	126.143	43.984	30.976	129.545	45.787	32.218
119.393	40.407	28.620	122.795	42.210	29.790	126.197	44.013	31.014	129.599	45.816	32.218
119.447	40.436	28.620	122.849	42.238	29.828	126.251	44.041	31.014	129.653	45.845	32.258
119.501	40.464	28.658	122.903	42.267	29.828	126.305	44.070	31.052	129.707	45.873	32.258
119.555	40.493	28.658	122.957	42.296	29.866	126.359	44.099	31.052	129.761	45.902	32.296
119.609	40.521	28.696	123.011	42.324	29.866	126.413	44.127	31.092	129.815	45.930	32.296
119.663	40.550	28.696	123.065	42.353	29.904	126.467	44.156	31.092	129.869	45.959	32.336
119.717	40.578	28.732	123.119	42.381	29.904	126.521	44.185	31.130	129.923	45.988	32.336
119.771	40.607	28.732	123.173	42.410	29.942	126.575	44.213	31.130	129.977	46.016	32.374
119.825	40.636	28.770	123.227	42.439	29.942	126.629	44.242	31.168	130.031	46.045	32.374

Tabellen

Einkommensteuer Grund- und Splittingtabelle 1998

Zu versteuerndes Einkommen bis DM	Tarifliche ESt in DM		Zu versteuerndes Einkommen bis DM	Tarifliche ESt in DM		Zu versteuerndes Einkommen bis DM	Tarifliche ESt in DM		Zu versteuerndes Einkommen bis DM	Tarifliche ESt in DM		Zu versteuerndes Einkommen bis DM	Tarifliche ESt in DM	
	Gr	Spl		Gr	Spl		Gr	Spl		Gr	Spl		Gr	Spl
130.085	46.073	32.414	133.487	47.877	33.638	136.889	49.680	34.918	140.291	51.483	36.176			
130.139	46.102	32.414	133.541	47.905	33.678	136.943	49.708	34.918	140.345	51.511	36.218			
130.193	46.131	32.454	133.595	47.934	33.678	136.997	49.737	34.958	140.399	51.540	36.218			
130.247	46.159	32.454	133.649	47.962	33.718	137.051	49.765	34.958	140.453	51.569	36.258			
130.301	46.188	32.492	133.703	47.991	33.718	137.105	49.794	35.000	140.507	51.597	36.258			
130.355	46.217	32.492	133.757	48.020	33.756	137.159	49.823	35.000	140.561	51.626	36.300			
130.409	46.245	32.532	133.811	48.048	33.756	137.213	49.851	35.040	140.615	51.654	36.300			
130.463	46.274	32.532	133.865	48.077	33.796	137.267	49.880	35.040	140.669	51.683	36.340			
130.517	46.302	32.570	133.919	48.105	33.796	137.321	49.909	35.080	140.723	51.712	36.340			
130.571	46.331	32.570	133.973	48.134	33.836	137.375	49.937	35.080	140.777	51.740	36.382			
130.625	46.360	32.610	134.027	48.163	33.836	137.429	49.966	35.120	140.831	51.769	36.382			
130.679	46.388	32.610	134.081	48.191	33.876	137.483	49.994	35.120	140.885	51.797	36.422			
130.733	46.417	32.650	134.135	48.220	33.876	137.537	50.023	35.160	140.939	51.826	36.422			
130.787	46.446	32.650	134.189	48.249	33.916	137.591	50.052	35.160	140.993	51.855	36.464			
130.841	46.474	32.688	134.243	48.277	33.916	137.645	50.080	35.202	141.047	51.883	36.464			
130.895	46.503	32.688	134.297	48.306	33.956	137.699	50.109	35.202	141.101	51.912	36.504			
130.949	46.531	32.728	134.351	48.334	33.956	137.753	50.138	35.242	141.155	51.941	36.504			
131.003	46.560	32.728	134.405	48.363	33.996	137.807	50.166	35.242	141.209	51.969	36.546			
131.057	46.589	32.768	134.459	48.392	33.996	137.861	50.195	35.282	141.263	51.998	36.546			
131.111	46.617	32.768	134.513	48.420	34.036	137.915	50.223	35.282	141.317	52.026	36.586			
131.165	46.646	32.806	134.567	48.449	34.036	137.969	50.252	35.322	141.371	52.055	36.586			
131.219	46.674	32.806	134.621	48.478	34.076	138.023	50.281	35.322	141.425	52.084	36.628			
131.273	46.703	32.846	134.675	48.506	34.076	138.077	50.309	35.362	141.479	52.112	36.628			
131.327	46.732	32.846	134.729	48.535	34.116	138.131	50.338	35.362	141.533	52.141	36.668			
131.381	46.760	32.886	134.783	48.563	34.116	138.185	50.366	35.404	141.587	52.170	36.668			
131.435	46.789	32.886	134.837	48.592	34.156	138.239	50.395	35.404	141.641	52.198	36.710			
131.489	46.818	32.924	134.891	48.621	34.156	138.293	50.424	35.444	141.695	52.227	36.710			
131.543	46.846	32.924	134.945	48.649	34.196	138.347	50.452	35.444	141.749	52.255	36.750			
131.597	46.875	32.964	134.999	48.678	34.196	138.401	50.481	35.484	141.803	52.284	36.750			
131.651	46.903	32.964	135.053	48.707	34.236	138.455	50.510	35.484	141.857	52.313	36.792			
131.705	46.932	33.004	135.107	48.735	34.236	138.509	50.538	35.526	141.911	52.341	36.792			
131.759	46.961	33.004	135.161	48.764	34.276	138.563	50.567	35.526	141.965	52.370	36.832			
131.813	46.989	33.044	135.215	48.792	34.276	138.617	50.595	35.566	142.019	52.398	36.832			
131.867	47.018	33.044	135.269	48.821	34.316	138.671	50.624	35.566	142.073	52.427	36.874			
131.921	47.047	33.082	135.323	48.850	34.316	138.725	50.653	35.606	142.127	52.456	36.874			
131.975	47.075	33.082	135.377	48.878	34.356	138.779	50.681	35.606	142.181	52.484	36.916			
132.029	47.104	33.122	135.431	48.907	34.356	138.833	50.710	35.646	142.235	52.513	36.916			
132.083	47.132	33.122	135.485	48.935	34.396	138.887	50.739	35.646	142.289	52.542	36.956			
132.137	47.161	33.162	135.539	48.964	34.396	138.941	50.767	35.688	142.343	52.570	36.956			
132.191	47.190	33.162	135.593	48.993	34.436	138.995	50.796	35.688	142.397	52.599	36.998			
132.245	47.218	33.202	135.647	49.021	34.436	139.049	50.824	35.728	142.451	52.627	36.998			
132.299	47.247	33.202	135.701	49.050	34.476	139.103	50.853	35.728	142.505	52.656	37.038			
132.353	47.276	33.240	135.755	49.079	34.476	139.157	50.882	35.768	142.559	52.685	37.038			
132.407	47.304	33.240	135.809	49.107	34.516	139.211	50.910	35.768	142.613	52.713	37.080			
132.461	47.333	33.280	135.863	49.136	34.516	139.265	50.939	35.810	142.667	52.742	37.080			
132.515	47.361	33.280	135.917	49.164	34.556	139.319	50.967	35.810	142.721	52.771	37.122			
132.569	47.390	33.320	135.971	49.193	34.556	139.373	50.996	35.850	142.775	52.799	37.122			
132.623	47.419	33.320	136.025	49.222	34.596	139.427	51.025	35.850	142.829	52.828	37.162			
132.677	47.447	33.360	136.079	49.250	34.596	139.481	51.053	35.892	142.883	52.856	37.162			
132.731	47.476	33.360	136.133	49.279	34.636	139.535	51.082	35.892	142.937	52.885	37.204			
132.785	47.504	33.400	136.187	49.308	34.636	139.589	51.111	35.932	142.991	52.914	37.204			
132.839	47.533	33.400	136.241	49.336	34.676	139.643	51.139	35.932	143.045	52.942	37.246			
132.893	47.562	33.438	136.295	49.365	34.676	139.697	51.168	35.972	143.099	52.971	37.246			
132.947	47.590	33.438	136.349	49.393	34.718	139.751	51.196	35.972	143.153	53.000	37.286			
133.001	47.619	33.478	136.403	49.422	34.718	139.805	51.225	36.014	143.207	53.028	37.286			
133.055	47.648	33.478	136.457	49.451	34.758	139.859	51.254	36.014	143.261	53.057	37.328			
133.109	47.676	33.518	136.511	49.479	34.758	139.913	51.282	36.054	143.315	53.085	37.328			
133.163	47.705	33.518	136.565	49.508	34.798	139.967	51.311	36.054	143.369	53.114	37.370			
133.217	47.733	33.558	136.619	49.536	34.798	140.021	51.340	36.094	143.423	53.143	37.370			
133.271	47.762	33.558	136.673	49.565	34.838	140.075	51.368	36.094	143.477	53.171	37.410			
133.325	47.791	33.598	136.727	49.594	34.838	140.129	51.397	36.136	143.531	53.200	37.410			
133.379	47.819	33.598	136.781	49.622	34.878	140.183	51.425	36.136	143.585	53.228	37.452			
133.433	47.848	33.638	136.835	49.651	34.878	140.237	51.454	36.176	143.639	53.257	37.452			

Tabellen

Einkommensteuer Grund- und Splittingtabelle 1998

Zu versteuerndes Einkommen bis DM	Tarifliche ESt in DM		Zu versteuerndes Einkommen bis DM	Tarifliche ESt in DM		Zu versteuerndes Einkommen bis DM	Tarifliche ESt in DM		Zu versteuerndes Einkommen bis DM	Tarifliche ESt in DM	
	Gr	Spl		Gr	Spl		Gr	Spl		Gr	Spl
143.693	53.286	37.494	147.095	55.089	38.786	150.497	56.892	40.138	153.899	58.695	41.466
143.747	53.314	37.494	147.149	55.117	38.828	150.551	56.920	40.138	153.953	58.724	41.510
143.801	53.343	37.534	147.203	55.146	38.828	150.605	56.949	40.182	154.007	58.752	41.510
143.855	53.372	37.534	147.257	55.175	38.870	150.659	56.978	40.182	154.061	58.781	41.552
143.909	53.400	37.576	147.311	55.203	38.870	150.713	57.006	40.224	154.115	58.809	41.552
143.963	53.429	37.576	147.365	55.232	38.912	150.767	57.035	40.224	154.169	58.838	41.596
144.017	53.457	37.618	147.419	55.260	38.912	150.821	57.064	40.266	154.223	58.867	41.596
144.071	53.486	37.618	147.473	55.289	38.954	150.875	57.092	40.266	154.277	58.895	41.638
144.125	53.515	37.660	147.527	55.318	38.954	150.929	57.121	40.308	154.331	58.924	41.638
144.179	53.543	37.660	147.581	55.346	38.996	150.983	57.149	40.308	154.385	58.952	41.682
144.233	53.572	37.700	147.635	55.375	38.996	151.037	57.178	40.352	154.439	58.981	41.682
144.287	53.601	37.700	147.689	55.404	39.038	151.091	57.207	40.352	154.493	59.010	41.724
144.341	53.629	37.742	147.743	55.432	39.038	151.145	57.235	40.394	154.547	59.038	41.724
144.395	53.658	37.742	147.797	55.461	39.080	151.199	57.264	40.394	154.601	59.067	41.768
144.449	53.686	37.784	147.851	55.489	39.080	151.253	57.293	40.436	154.655	59.096	41.768
144.503	53.715	37.784	147.905	55.518	39.122	151.307	57.321	40.436	154.709	59.124	41.812
144.557	53.744	37.826	147.959	55.547	39.122	151.361	57.350	40.480	154.763	59.153	41.812
144.611	53.772	37.826	148.013	55.575	39.164	151.415	57.378	40.480	154.817	59.181	41.854
144.665	53.801	37.866	148.067	55.604	39.164	151.469	57.407	40.522	154.871	59.210	41.854
144.719	53.829	37.866	148.121	55.633	39.206	151.523	57.436	40.522	154.925	59.239	41.898
144.773	53.858	37.908	148.175	55.661	39.206	151.577	57.464	40.564	154.979	59.267	41.898
144.827	53.887	37.908	148.229	55.690	39.250	151.631	57.493	40.564	155.033	59.296	41.942
144.881	53.915	37.950	148.283	55.718	39.250	151.685	57.521	40.608	155.087	59.325	41.942
144.935	53.944	37.950	148.337	55.747	39.292	151.739	57.550	40.608	155.141	59.353	41.984
144.989	53.973	37.992	148.391	55.776	39.292	151.793	57.579	40.650	155.195	59.382	41.984
145.043	54.001	37.992	148.445	55.804	39.334	151.847	57.607	40.650	155.249	59.410	42.028
145.097	54.030	38.034	148.499	55.833	39.334	151.901	57.636	40.694	155.303	59.439	42.028
145.151	54.058	38.034	148.553	55.862	39.376	151.955	57.665	40.694	155.357	59.468	42.072
145.205	54.087	38.076	148.607	55.890	39.376	152.009	57.693	40.736	155.411	59.496	42.072
145.259	54.116	38.076	148.661	55.919	39.418	152.063	57.722	40.736	155.465	59.525	42.114
145.313	54.144	38.116	148.715	55.947	39.418	152.117	57.750	40.778	155.519	59.553	42.114
145.367	54.173	38.116	148.769	55.976	39.460	152.171	57.779	40.778	155.573	59.582	42.158
145.421	54.202	38.158	148.823	56.005	39.460	152.225	57.808	40.822	155.627	59.611	42.158
145.475	54.230	38.158	148.877	56.033	39.502	152.279	57.836	40.822	155.681	59.639	42.202
145.529	54.259	38.200	148.931	56.062	39.502	152.333	57.865	40.864	155.735	59.668	42.202
145.583	54.287	38.200	148.985	56.090	39.544	152.387	57.894	40.864	155.789	59.697	42.244
145.637	54.316	38.242	149.039	56.119	39.544	152.441	57.922	40.908	155.843	59.725	42.244
145.691	54.345	38.242	149.093	56.148	39.586	152.495	57.951	40.908	155.897	59.754	42.288
145.745	54.373	38.284	149.147	56.176	39.586	152.549	57.979	40.950	155.951	59.782	42.288
145.799	54.402	38.284	149.201	56.205	39.630	152.603	58.008	40.950	156.005	59.811	42.332
145.853	54.431	38.326	149.255	56.234	39.630	152.657	58.037	40.994	156.059	59.840	42.332
145.907	54.459	38.326	149.309	56.262	39.672	152.711	58.065	40.994	156.113	59.868	42.374
145.961	54.488	38.368	149.363	56.291	39.672	152.765	58.094	41.036	156.167	59.897	42.374
146.015	54.516	38.368	149.417	56.319	39.714	152.819	58.122	41.036	156.221	59.926	42.418
146.069	54.545	38.410	149.471	56.348	39.714	152.873	58.151	41.078	156.275	59.954	42.418
146.123	54.574	38.410	149.525	56.377	39.756	152.927	58.180	41.078	156.329	59.983	42.462
146.177	54.602	38.450	149.579	56.405	39.756	152.981	58.208	41.122	156.383	60.011	42.462
146.231	54.631	38.450	149.633	56.434	39.798	153.035	58.237	41.122	156.437	60.040	42.506
146.285	54.659	38.492	149.687	56.463	39.798	153.089	58.266	41.164	156.491	60.069	42.506
146.339	54.688	38.492	149.741	56.491	39.842	153.143	58.294	41.164	156.545	60.097	42.548
146.393	54.717	38.534	149.795	56.520	39.842	153.197	58.323	41.208	156.599	60.126	42.548
146.447	54.745	38.534	149.849	56.548	39.884	153.251	58.351	41.208	156.653	60.155	42.592
146.501	54.774	38.576	149.903	56.577	39.884	153.305	58.380	41.250	156.707	60.183	42.592
146.555	54.803	38.576	149.957	56.606	39.926	153.359	58.409	41.250	156.761	60.212	42.636
146.609	54.831	38.618	150.011	56.634	39.926	153.413	58.437	41.294	156.815	60.240	42.636
146.663	54.860	38.618	150.065	56.663	39.968	153.467	58.466	41.294	156.869	60.269	42.680
146.717	54.888	38.660	150.119	56.691	39.968	153.521	58.495	41.336	156.923	60.298	42.680
146.771	54.917	38.660	150.173	56.720	40.012	153.575	58.523	41.336	156.977	60.326	42.724
146.825	54.946	38.702	150.227	56.749	40.012	153.629	58.552	41.380	157.031	60.355	42.724
146.879	54.974	38.702	150.281	56.777	40.054	153.683	58.580	41.380	157.085	60.383	42.766
146.933	55.003	38.744	150.335	56.806	40.054	153.737	58.609	41.422	157.139	60.412	42.766
146.987	55.032	38.744	150.389	56.835	40.096	153.791	58.638	41.422	157.193	60.441	42.810
147.041	55.060	38.786	150.443	56.863	40.096	153.845	58.666	41.466	157.247	60.469	42.810

Tabellen

Einkommensteuer Grund- und Splittingtabelle 1998

Zu versteuerndes Einkommen bis DM	Tarifliche ESt in DM		Zu versteuerndes Einkommen bis DM	Tarifliche ESt in DM		Zu versteuerndes Einkommen bis DM	Tarifliche ESt in DM		Zu versteuerndes Einkommen bis DM	Tarifliche ESt in DM	
	Gr	Spl		Gr	Spl		Gr	Spl		Gr	Spl
157.301	60.498	42.854	160.703	62.301	44.216	164.105	64.104	45.640	167.507	65.907	47.036
157.355	60.527	42.854	160.757	62.330	44.260	164.159	64.133	45.640	167.561	65.936	47.082
157.409	60.555	42.898	160.811	62.358	44.260	164.213	64.161	45.684	167.615	65.964	47.082
157.463	60.584	42.898	160.865	62.387	44.304	164.267	64.190	45.684	167.669	65.993	47.128
157.517	60.612	42.942	160.919	62.415	44.304	164.321	64.219	45.730	167.723	66.022	47.128
157.571	60.641	42.942	160.973	62.444	44.348	164.375	64.247	45.730	167.777	66.050	47.172
157.625	60.670	42.986	161.027	62.473	44.348	164.429	64.276	45.774	167.831	66.079	47.172
157.679	60.698	42.986	161.081	62.501	44.394	164.483	64.304	45.774	167.885	66.107	47.218
157.733	60.727	43.028	161.135	62.530	44.394	164.537	64.333	45.820	167.939	66.136	47.218
157.787	60.756	43.028	161.189	62.559	44.438	164.591	64.362	45.820	167.993	66.165	47.264
157.841	60.784	43.072	161.243	62.587	44.438	164.645	64.390	45.864	168.047	66.193	47.264
157.895	60.813	43.072	161.297	62.616	44.482	164.699	64.419	45.864	168.101	66.222	47.310
157.949	60.841	43.116	161.351	62.644	44.482	164.753	64.448	45.910	168.155	66.251	47.310
158.003	60.870	43.116	161.405	62.673	44.526	164.807	64.476	45.910	168.209	66.279	47.354
158.057	60.899	43.160	161.459	62.702	44.526	164.861	64.505	45.954	168.263	66.308	47.354
158.111	60.927	43.160	161.513	62.730	44.570	164.915	64.533	45.954	168.317	66.336	47.400
158.165	60.956	43.204	161.567	62.759	44.570	164.969	64.562	45.998	168.371	66.365	47.400
158.219	60.984	43.204	161.621	62.788	44.614	165.023	64.591	45.998	168.425	66.394	47.446
158.273	61.013	43.248	161.675	62.816	44.614	165.077	64.619	46.044	168.479	66.422	47.446
158.327	61.042	43.248	161.729	62.845	44.660	165.131	64.648	46.044	168.533	66.451	47.490
158.381	61.070	43.292	161.783	62.873	44.660	165.185	64.676	46.088	168.587	66.480	47.490
158.435	61.099	43.292	161.837	62.902	44.704	165.239	64.705	46.088	168.641	66.508	47.536
158.489	61.128	43.336	161.891	62.931	44.704	165.293	64.734	46.134	168.695	66.537	47.536
158.543	61.156	43.336	161.945	62.959	44.748	165.347	64.762	46.134	168.749	66.565	47.582
158.597	61.185	43.380	161.999	62.988	44.748	165.401	64.791	46.178	168.803	66.594	47.582
158.651	61.213	43.380	162.053	63.017	44.792	165.455	64.820	46.178	168.857	66.623	47.628
158.705	61.242	43.424	162.107	63.045	44.792	165.509	64.848	46.224	168.911	66.651	47.628
158.759	61.271	43.424	162.161	63.074	44.836	165.563	64.877	46.224	168.965	66.680	47.674
158.813	61.299	43.468	162.215	63.102	44.836	165.617	64.905	46.268	169.019	66.708	47.674
158.867	61.328	43.468	162.269	63.131	44.882	165.671	64.934	46.268	169.073	66.737	47.718
158.921	61.357	43.512	162.323	63.160	44.882	165.725	64.963	46.314	169.127	66.766	47.718
158.975	61.385	43.512	162.377	63.188	44.926	165.779	64.991	46.314	169.181	66.794	47.764
159.029	61.414	43.556	162.431	63.217	44.926	165.833	65.020	46.358	169.235	66.823	47.764
159.083	61.442	43.556	162.485	63.245	44.970	165.887	65.049	46.358	169.289	66.852	47.810
159.137	61.471	43.598	162.539	63.274	44.970	165.941	65.077	46.404	169.343	66.880	47.810
159.191	61.500	43.598	162.593	63.303	45.014	165.995	65.106	46.404	169.397	66.909	47.856
159.245	61.528	43.642	162.647	63.331	45.014	166.049	65.134	46.450	169.451	66.937	47.856
159.299	61.557	43.642	162.701	63.360	45.060	166.103	65.163	46.450	169.505	66.966	47.902
159.353	61.586	43.686	162.755	63.389	45.060	166.157	65.192	46.494	169.559	66.995	47.902
159.407	61.614	43.686	162.809	63.417	45.104	166.211	65.220	46.494	169.613	67.023	47.946
159.461	61.643	43.730	162.863	63.446	45.104	166.265	65.249	46.540	169.667	67.052	47.946
159.515	61.671	43.730	162.917	63.474	45.148	166.319	65.277	46.540	169.721	67.081	47.992
159.569	61.700	43.774	162.971	63.503	45.148	166.373	65.306	46.584	169.775	67.109	47.992
159.623	61.729	43.774	163.025	63.532	45.194	166.427	65.335	46.584	169.829	67.138	48.038
159.677	61.757	43.820	163.079	63.560	45.194	166.481	65.363	46.630	169.883	67.166	48.038
159.731	61.786	43.820	163.133	63.589	45.238	166.535	65.392	46.630	169.937	67.195	48.084
159.785	61.814	43.864	163.187	63.618	45.238	166.589	65.421	46.674	169.991	67.224	48.084
159.839	61.843	43.864	163.241	63.646	45.282	166.643	65.449	46.674	170.045	67.252	48.130
159.893	61.872	43.908	163.295	63.675	45.282	166.697	65.478	46.720	170.099	67.281	48.130
159.947	61.900	43.908	163.349	63.703	45.328	166.751	65.506	46.720	170.153	67.310	48.176
160.001	61.929	43.952	163.403	63.732	45.328	166.805	65.535	46.766	170.207	67.338	48.176
160.055	61.958	43.952	163.457	63.761	45.372	166.859	65.564	46.766	170.261	67.367	48.222
160.109	61.986	43.996	163.511	63.789	45.372	166.913	65.592	46.810	170.315	67.395	48.222
160.163	62.015	43.996	163.565	63.818	45.416	166.967	65.621	46.810	170.369	67.424	48.268
160.217	62.043	44.040	163.619	63.846	45.416	167.021	65.650	46.856	170.423	67.453	48.268
160.271	62.072	44.040	163.673	63.875	45.462	167.075	65.678	46.856	170.477	67.481	48.312
160.325	62.101	44.084	163.727	63.904	45.462	167.129	65.707	46.900	170.531	67.510	48.312
160.379	62.129	44.084	163.781	63.932	45.506	167.183	65.735	46.900	170.585	67.538	48.358
160.433	62.158	44.128	163.835	63.961	45.506	167.237	65.764	46.946	170.639	67.567	48.358
160.487	62.187	44.128	163.889	63.990	45.550	167.291	65.793	46.946	170.693	67.596	48.404
160.541	62.215	44.172	163.943	64.018	45.550	167.345	65.821	46.992	170.747	67.624	48.404
160.595	62.244	44.172	163.997	64.047	45.596	167.399	65.850	46.992	170.801	67.653	48.450
160.649	62.272	44.216	164.051	64.075	45.596	167.453	65.879	47.036	170.855	67.682	48.450

Tabellen

Einkommensteuer Grund- und Splittingtabelle 1998

Zu versteuerndes Einkommen bis DM	Tarifliche ESt in DM		Zu versteuerndes Einkommen bis DM	Tarifliche ESt in DM		Zu versteuerndes Einkommen bis DM	Tarifliche ESt in DM		Zu versteuerndes Einkommen bis DM	Tarifliche ESt in DM	
	Gr	Spl		Gr	Spl		Gr	Spl		Gr	Spl
170.909	67.710	48.496	174.311	69.513	49.928	177.713	71.316	51.424	181.115	73.119	52.888
170.963	67.739	48.496	174.365	69.542	49.974	177.767	71.345	51.424	181.169	73.148	52.936
171.017	67.767	48.542	174.419	69.570	49.974	177.821	71.374	51.470	181.223	73.177	52.936
171.071	67.796	48.542	174.473	69.599	50.020	177.875	71.402	51.470	181.277	73.205	52.984
171.125	67.825	48.588	174.527	69.628	50.020	177.929	71.431	51.518	181.331	73.234	52.984
171.179	67.853	48.588	174.581	69.656	50.068	177.983	71.459	51.518	181.385	73.262	53.032
171.233	67.882	48.634	174.635	69.685	50.068	178.037	71.488	51.564	181.439	73.291	53.032
171.287	67.911	48.634	174.689	69.714	50.114	178.091	71.517	51.564	181.493	73.320	53.080
171.341	67.939	48.680	174.743	69.742	50.114	178.145	71.545	51.612	181.547	73.348	53.080
171.395	67.968	48.680	174.797	69.771	50.160	178.199	71.574	51.612	181.601	73.377	53.128
171.449	67.996	48.726	174.851	69.799	50.160	178.253	71.603	51.658	181.655	73.406	53.128
171.503	68.025	48.726	174.905	69.828	50.206	178.307	71.631	51.658	181.709	73.434	53.174
171.557	68.054	48.772	174.959	69.857	50.206	178.361	71.660	51.706	181.763	73.463	53.174
171.611	68.082	48.772	175.013	69.885	50.254	178.415	71.688	51.706	181.817	73.491	53.222
171.665	68.111	48.818	175.067	69.914	50.254	178.469	71.717	51.752	181.871	73.520	53.222
171.719	68.139	48.818	175.121	69.943	50.300	178.523	71.746	51.752	181.925	73.549	53.270
171.773	68.168	48.864	175.175	69.971	50.300	178.577	71.774	51.800	181.979	73.577	53.270
171.827	68.197	48.864	175.229	70.000	50.346	178.631	71.803	51.800	182.033	73.606	53.318
171.881	68.225	48.910	175.283	70.028	50.346	178.685	71.831	51.846	182.087	73.635	53.318
171.935	68.254	48.910	175.337	70.057	50.394	178.739	71.860	51.846	182.141	73.663	53.366
171.989	68.283	48.956	175.391	70.086	50.394	178.793	71.889	51.894	182.195	73.692	53.366
172.043	68.311	48.956	175.445	70.114	50.440	178.847	71.917	51.894	182.249	73.720	53.414
172.097	68.340	49.002	175.499	70.143	50.440	178.901	71.946	51.942	182.303	73.749	53.414
172.151	68.368	49.002	175.553	70.172	50.486	178.955	71.975	51.942	182.357	73.778	53.460
172.205	68.397	49.048	175.607	70.200	50.486	179.009	72.003	51.988	182.411	73.806	53.460
172.259	68.426	49.048	175.661	70.229	50.532	179.063	72.032	51.988	182.465	73.835	53.508
172.313	68.454	49.094	175.715	70.257	50.532	179.117	72.060	52.036	182.519	73.863	53.508
172.367	68.483	49.094	175.769	70.286	50.580	179.171	72.089	52.036	182.573	73.892	53.556
172.421	68.512	49.140	175.823	70.315	50.580	179.225	72.118	52.082	182.627	73.921	53.556
172.475	68.540	49.140	175.877	70.343	50.626	179.279	72.146	52.082	182.681	73.949	53.604
172.529	68.569	49.186	175.931	70.372	50.626	179.333	72.175	52.130	182.735	73.978	53.604
172.583	68.597	49.186	175.985	70.400	50.674	179.387	72.204	52.130	182.789	74.007	53.652
172.637	68.626	49.234	176.039	70.429	50.674	179.441	72.232	52.178	182.843	74.035	53.652
172.691	68.655	49.234	176.093	70.458	50.720	179.495	72.261	52.178	182.897	74.064	53.700
172.745	68.683	49.280	176.147	70.486	50.720	179.549	72.289	52.224	182.951	74.092	53.700
172.799	68.712	49.280	176.201	70.515	50.766	179.603	72.318	52.224	183.005	74.121	53.748
172.853	68.741	49.326	176.255	70.544	50.766	179.657	72.347	52.272	183.059	74.150	53.748
172.907	68.769	49.326	176.309	70.572	50.814	179.711	72.375	52.272	183.113	74.178	53.796
172.961	68.798	49.372	176.363	70.601	50.814	179.765	72.404	52.320	183.167	74.207	53.796
173.015	68.826	49.372	176.417	70.629	50.860	179.819	72.432	52.320	183.221	74.236	53.844
173.069	68.855	49.418	176.471	70.658	50.860	179.873	72.461	52.366	183.275	74.264	53.844
173.123	68.884	49.418	176.525	70.687	50.906	179.927	72.490	52.366	183.329	74.293	53.892
173.177	68.912	49.464	176.579	70.715	50.906	179.981	72.518	52.414	183.383	74.321	53.892
173.231	68.941	49.464	176.633	70.744	50.954	180.035	72.547	52.414	183.437	74.350	53.940
173.285	68.969	49.510	176.687	70.773	50.954	180.089	72.576	52.462	183.491	74.379	53.940
173.339	68.998	49.510	176.741	70.801	51.000	180.143	72.604	52.462	183.545	74.407	53.988
173.393	69.027	49.556	176.795	70.830	51.000	180.197	72.633	52.510	183.599	74.436	53.988
173.447	69.055	49.556	176.849	70.858	51.048	180.251	72.661	52.510	183.653	74.465	54.036
173.501	69.084	49.604	176.903	70.887	51.048	180.305	72.690	52.556	183.707	74.493	54.036
173.555	69.113	49.604	176.957	70.916	51.094	180.359	72.719	52.556	183.761	74.522	54.084
173.609	69.141	49.650	177.011	70.944	51.094	180.413	72.747	52.604	183.815	74.550	54.084
173.663	69.170	49.650	177.065	70.973	51.142	180.467	72.776	52.604	183.869	74.579	54.132
173.717	69.198	49.696	177.119	71.001	51.142	180.521	72.805	52.652	183.923	74.608	54.132
173.771	69.227	49.696	177.173	71.030	51.188	180.575	72.833	52.652	183.977	74.636	54.180
173.825	69.256	49.742	177.227	71.059	51.188	180.629	72.862	52.698	184.031	74.665	54.180
173.879	69.284	49.742	177.281	71.087	51.236	180.683	72.890	52.698	184.085	74.693	54.228
173.933	69.313	49.788	177.335	71.116	51.236	180.737	72.919	52.746	184.139	74.722	54.228
173.987	69.342	49.788	177.389	71.145	51.282	180.791	72.948	52.746	184.193	74.751	54.276
174.041	69.370	49.834	177.443	71.173	51.282	180.845	72.976	52.794	184.247	74.779	54.276
174.095	69.399	49.834	177.497	71.202	51.330	180.899	73.005	52.794	184.301	74.808	54.324
174.149	69.427	49.882	177.551	71.230	51.330	180.953	73.034	52.842	184.355	74.837	54.324
174.203	69.456	49.882	177.605	71.259	51.376	181.007	73.062	52.842	184.409	74.865	54.372
174.257	69.485	49.928	177.659	71.288	51.376	181.061	73.091	52.888	184.463	74.894	54.372

1349

Tabellen

Einkommensteuer Grund- und Splittingtabelle 1998

Zu versteuerndes Einkommen bis DM	Tarifliche ESt in DM		Zu versteuerndes Einkommen bis DM	Tarifliche ESt in DM		Zu versteuerndes Einkommen bis DM	Tarifliche ESt in DM		Zu versteuerndes Einkommen bis DM	Tarifliche ESt in DM	
	Gr	Spl		Gr	Spl		Gr	Spl		Gr	Spl
184.517	74.922	54.420	187.919	76.725	55.920	191.321	78.529	57.488	194.723	80.332	59.022
184.571	74.951	54.420	187.973	76.754	55.970	191.375	78.557	57.488	194.777	80.360	59.072
184.625	74.980	54.468	188.027	76.783	55.970	191.429	78.586	57.536	194.831	80.389	59.072
184.679	75.008	54.468	188.081	76.811	56.018	191.483	78.614	57.536	194.885	80.417	59.122
184.733	75.037	54.516	188.135	76.840	56.018	191.537	78.643	57.586	194.939	80.446	59.122
184.787	75.066	54.516	188.189	76.869	56.066	191.591	78.672	57.586	194.993	80.475	59.172
184.841	75.094	54.564	188.243	76.897	56.066	191.645	78.700	57.636	195.047	80.503	59.172
184.895	75.123	54.564	188.297	76.926	56.116	191.699	78.729	57.636	195.101	80.532	59.222
184.949	75.151	54.612	188.351	76.954	56.116	191.753	78.758	57.684	195.155	80.561	59.222
185.003	75.180	54.612	188.405	76.983	56.164	191.807	78.786	57.684	195.209	80.589	59.272
185.057	75.209	54.660	188.459	77.012	56.164	191.861	78.815	57.734	195.263	80.618	59.272
185.111	75.237	54.660	188.513	77.040	56.212	191.915	78.843	57.734	195.317	80.646	59.322
185.165	75.266	54.710	188.567	77.069	56.212	191.969	78.872	57.784	195.371	80.675	59.322
185.219	75.294	54.710	188.621	77.098	56.262	192.023	78.901	57.784	195.425	80.704	59.372
185.273	75.323	54.758	188.675	77.126	56.262	192.077	78.929	57.832	195.479	80.732	59.372
185.327	75.352	54.758	188.729	77.155	56.310	192.131	78.958	57.832	195.533	80.761	59.422
185.381	75.380	54.806	188.783	77.183	56.310	192.185	78.986	57.882	195.587	80.790	59.422
185.435	75.409	54.806	188.837	77.212	56.360	192.239	79.015	57.882	195.641	80.818	59.472
185.489	75.438	54.854	188.891	77.241	56.360	192.293	79.044	57.932	195.695	80.847	59.472
185.543	75.466	54.854	188.945	77.269	56.408	192.347	79.072	57.932	195.749	80.875	59.522
185.597	75.495	54.902	188.999	77.298	56.408	192.401	79.101	57.980	195.803	80.904	59.522
185.651	75.523	54.902	189.053	77.327	56.458	192.455	79.130	57.980	195.857	80.933	59.572
185.705	75.552	54.950	189.107	77.355	56.458	192.509	79.158	58.030	195.911	80.961	59.572
185.759	75.581	54.950	189.161	77.384	56.506	192.563	79.187	58.030	195.965	80.990	59.622
185.813	75.609	54.998	189.215	77.412	56.506	192.617	79.215	58.080	196.019	81.018	59.622
185.867	75.638	54.998	189.269	77.441	56.554	192.671	79.244	58.080	196.073	81.047	59.672
185.921	75.667	55.048	189.323	77.470	56.554	192.725	79.273	58.130	196.127	81.076	59.672
185.975	75.695	55.048	189.377	77.498	56.604	192.779	79.301	58.130	196.181	81.104	59.722
186.029	75.724	55.096	189.431	77.527	56.604	192.833	79.330	58.178	196.235	81.133	59.722
186.083	75.752	55.096	189.485	77.555	56.652	192.887	79.359	58.178	196.289	81.162	59.772
186.137	75.781	55.144	189.539	77.584	56.652	192.941	79.387	58.228	196.343	81.190	59.772
186.191	75.810	55.144	189.593	77.613	56.702	192.995	79.416	58.228	196.397	81.219	59.822
186.245	75.838	55.192	189.647	77.641	56.702	193.049	79.444	58.278	196.451	81.247	59.822
186.299	75.867	55.192	189.701	77.670	56.750	193.103	79.473	58.278	196.505	81.276	59.872
186.353	75.896	55.240	189.755	77.699	56.750	193.157	79.502	58.328	196.559	81.305	59.872
186.407	75.924	55.240	189.809	77.727	56.800	193.211	79.530	58.328	196.613	81.333	59.922
186.461	75.953	55.290	189.863	77.756	56.800	193.265	79.559	58.376	196.667	81.362	59.922
186.515	75.981	55.290	189.917	77.784	56.848	193.319	79.587	58.376	196.721	81.391	59.972
186.569	76.010	55.338	189.971	77.813	56.848	193.373	79.616	58.426	196.775	81.419	59.972
186.623	76.039	55.338	190.025	77.842	56.898	193.427	79.645	58.426	196.829	81.448	60.022
186.677	76.067	55.386	190.079	77.870	56.898	193.481	79.673	58.476	196.883	81.476	60.022
186.731	76.096	55.386	190.133	77.899	56.946	193.535	79.702	58.476	196.937	81.505	60.072
186.785	76.124	55.434	190.187	77.928	56.946	193.589	79.731	58.526	196.991	81.534	60.072
186.839	76.153	55.434	190.241	77.956	56.996	193.643	79.759	58.526	197.045	81.562	60.122
186.893	76.182	55.484	190.295	77.985	56.996	193.697	79.788	58.576	197.099	81.591	60.122
186.947	76.210	55.484	190.349	78.013	57.044	193.751	79.816	58.576	197.153	81.620	60.172
187.001	76.239	55.532	190.403	78.042	57.044	193.805	79.845	58.624	197.207	81.648	60.172
187.055	76.268	55.532	190.457	78.071	57.094	193.859	79.874	58.624	197.261	81.677	60.222
187.109	76.296	55.580	190.511	78.099	57.094	193.913	79.902	58.674	197.315	81.705	60.222
187.163	76.325	55.580	190.565	78.128	57.144	193.967	79.931	58.674	197.369	81.734	60.272
187.217	76.353	55.628	190.619	78.156	57.144	194.021	79.960	58.724	197.423	81.763	60.272
187.271	76.382	55.628	190.673	78.185	57.192	194.075	79.988	58.724	197.477	81.791	60.324
187.325	76.411	55.678	190.727	78.214	57.192	194.129	80.017	58.774	197.531	81.820	60.324
187.379	76.439	55.678	190.781	78.242	57.242	194.183	80.045	58.774	197.585	81.848	60.374
187.433	76.468	55.726	190.835	78.271	57.242	194.237	80.074	58.824	197.639	81.877	60.374
187.487	76.497	55.726	190.889	78.300	57.290	194.291	80.103	58.824	197.693	81.906	60.424
187.541	76.525	55.774	190.943	78.328	57.290	194.345	80.131	58.874	197.747	81.934	60.424
187.595	76.554	55.774	190.997	78.357	57.340	194.399	80.160	58.874	197.801	81.963	60.474
187.649	76.582	55.824	191.051	78.385	57.340	194.453	80.189	58.922	197.855	81.992	60.474
187.703	76.611	55.824	191.105	78.414	57.388	194.507	80.217	58.922	197.909	82.020	60.524
187.757	76.640	55.872	191.159	78.443	57.388	194.561	80.246	58.972	197.963	82.049	60.524
187.811	76.668	55.872	191.213	78.471	57.438	194.615	80.274	58.972	198.017	82.077	60.574
187.865	76.697	55.920	191.267	78.500	57.438	194.669	80.303	59.022	198.071	82.106	60.574

Tabellen

Einkommensteuer Grund- und Splittingtabelle 1998

Zu versteuerndes Einkommen bis DM	Tarifliche ESt in DM		Zu versteuerndes Einkommen bis DM	Tarifliche ESt in DM		Zu versteuerndes Einkommen bis DM	Tarifliche ESt in DM		Zu versteuerndes Einkommen bis DM	Tarifliche ESt in DM	
	Gr	Spl		Gr	Spl		Gr	Spl		Gr	Spl
198.125	82.135	60.626	201.527	83.938	62.194	204.929	85.741	63.834	208.331	87.544	65.438
198.179	82.163	60.626	201.581	83.966	62.246	204.983	85.769	63.834	208.385	87.572	65.490
198.233	82.192	60.676	201.635	83.995	62.246	205.037	85.798	63.884	208.439	87.601	65.490
198.287	82.221	60.676	201.689	84.024	62.296	205.091	85.827	63.884	208.493	87.630	65.542
198.341	82.249	60.726	201.743	84.052	62.296	205.145	85.855	63.936	208.547	87.658	65.542
198.395	82.278	60.726	201.797	84.081	62.348	205.199	85.884	63.936	208.601	87.687	65.594
198.449	82.306	60.776	201.851	84.109	62.348	205.253	85.913	63.988	208.655	87.716	65.594
198.503	82.335	60.776	201.905	84.138	62.398	205.307	85.941	63.988	208.709	87.744	65.646
198.557	82.364	60.826	201.959	84.167	62.398	205.361	85.970	64.040	208.763	87.773	65.646
198.611	82.392	60.826	202.013	84.195	62.450	205.415	85.998	64.040	208.817	87.801	65.698
198.665	82.421	60.878	202.067	84.224	62.450	205.469	86.027	64.090	208.871	87.830	65.698
198.719	82.449	60.878	202.121	84.253	62.500	205.523	86.056	64.090	208.925	87.859	65.750
198.773	82.478	60.928	202.175	84.281	62.500	205.577	86.084	64.142	208.979	87.887	65.750
198.827	82.507	60.928	202.229	84.310	62.552	205.631	86.113	64.142	209.033	87.916	65.802
198.881	82.535	60.978	202.283	84.338	62.552	205.685	86.141	64.194	209.087	87.945	65.802
198.935	82.564	60.978	202.337	84.367	62.602	205.739	86.170	64.194	209.141	87.973	65.854
198.989	82.593	61.028	202.391	84.396	62.602	205.793	86.199	64.246	209.195	88.002	65.854
199.043	82.621	61.028	202.445	84.424	62.654	205.847	86.227	64.246	209.249	88.030	65.906
199.097	82.650	61.080	202.499	84.453	62.654	205.901	86.256	64.298	209.303	88.059	65.906
199.151	82.678	61.080	202.553	84.482	62.704	205.955	86.285	64.298	209.357	88.088	65.958
199.205	82.707	61.130	202.607	84.510	62.704	206.009	86.313	64.348	209.411	88.116	65.958
199.259	82.736	61.130	202.661	84.539	62.756	206.063	86.342	64.348	209.465	88.145	66.010
199.313	82.764	61.180	202.715	84.567	62.756	206.117	86.370	64.400	209.519	88.173	66.010
199.367	82.793	61.180	202.769	84.596	62.808	206.171	86.399	64.400	209.573	88.202	66.064
199.421	82.822	61.230	202.823	84.625	62.808	206.225	86.428	64.452	209.627	88.231	66.064
199.475	82.850	61.230	202.877	84.653	62.858	206.279	86.456	64.452	209.681	88.259	66.116
199.529	82.879	61.282	202.931	84.682	62.858	206.333	86.485	64.504	209.735	88.288	66.116
199.583	82.907	61.282	202.985	84.710	62.910	206.387	86.514	64.504	209.789	88.317	66.168
199.637	82.936	61.332	203.039	84.739	62.910	206.441	86.542	64.556	209.843	88.345	66.168
199.691	82.965	61.332	203.093	84.768	62.960	206.495	86.571	64.556	209.897	88.374	66.220
199.745	82.993	61.382	203.147	84.796	62.960	206.549	86.599	64.608	209.951	88.402	66.220
199.799	83.022	61.382	203.201	84.825	63.012	206.603	86.628	64.608	210.005	88.431	66.272
199.853	83.051	61.434	203.255	84.854	63.012	206.657	86.657	64.660	210.059	88.460	66.272
199.907	83.079	61.434	203.309	84.882	63.062	206.711	86.685	64.660	210.113	88.488	66.324
199.961	83.108	61.484	203.363	84.911	63.062	206.765	86.714	64.710	210.167	88.517	66.324
200.015	83.136	61.484	203.417	84.939	63.114	206.819	86.742	64.710	210.221	88.546	66.376
200.069	83.165	61.534	203.471	84.968	63.114	206.873	86.771	64.762	210.275	88.574	66.376
200.123	83.194	61.534	203.525	84.997	63.166	206.927	86.800	64.762	210.329	88.603	66.430
200.177	83.222	61.586	203.579	85.025	63.166	206.981	86.828	64.814	210.383	88.631	66.430
200.231	83.251	61.586	203.633	85.054	63.216	207.035	86.857	64.814	210.437	88.660	66.482
200.285	83.279	61.636	203.687	85.083	63.216	207.089	86.886	64.866	210.491	88.689	66.482
200.339	83.308	61.636	203.741	85.111	63.268	207.143	86.914	64.866	210.545	88.717	66.534
200.393	83.337	61.686	203.795	85.140	63.268	207.197	86.943	64.918	210.599	88.746	66.534
200.447	83.365	61.686	203.849	85.168	63.320	207.251	86.971	64.918	210.653	88.775	66.586
200.501	83.394	61.738	203.903	85.197	63.320	207.305	87.000	64.970	210.707	88.803	66.586
200.555	83.423	61.738	203.957	85.226	63.370	207.359	87.029	64.970	210.761	88.832	66.638
200.609	83.451	61.788	204.011	85.254	63.370	207.413	87.057	65.022	210.815	88.860	66.638
200.663	83.480	61.788	204.065	85.283	63.422	207.467	87.086	65.022	210.869	88.889	66.692
200.717	83.508	61.838	204.119	85.311	63.422	207.521	87.115	65.074	210.923	88.918	66.692
200.771	83.537	61.838	204.173	85.340	63.474	207.575	87.143	65.074	210.977	88.946	66.744
200.825	83.566	61.890	204.227	85.369	63.474	207.629	87.172	65.126	211.031	88.975	66.744
200.879	83.594	61.890	204.281	85.397	63.524	207.683	87.200	65.126	211.085	89.003	66.796
200.933	83.623	61.940	204.335	85.426	63.524	207.737	87.229	65.178	211.139	89.032	66.796
200.987	83.652	61.940	204.389	85.455	63.576	207.791	87.258	65.178	211.193	89.061	66.848
201.041	83.680	61.992	204.443	85.483	63.576	207.845	87.286	65.230	211.247	89.089	66.848
201.095	83.709	61.992	204.497	85.512	63.628	207.899	87.315	65.230	211.301	89.118	66.902
201.149	83.737	62.042	204.551	85.540	63.628	207.953	87.344	65.282	211.355	89.147	66.902
201.203	83.766	62.042	204.605	85.569	63.678	208.007	87.372	65.282	211.409	89.175	66.954
201.257	83.795	62.094	204.659	85.598	63.678	208.061	87.401	65.334	211.463	89.204	66.954
201.311	83.823	62.094	204.713	85.626	63.730	208.115	87.429	65.334	211.517	89.232	67.006
201.365	83.852	62.144	204.767	85.655	63.730	208.169	87.458	65.386	211.571	89.261	67.006
201.419	83.880	62.144	204.821	85.684	63.782	208.223	87.487	65.386	211.625	89.290	67.058
201.473	83.909	62.194	204.875	85.712	63.782	208.277	87.515	65.438	211.679	89.318	67.058

Tabellen

Einkommensteuer Grund- und Splittingtabelle 1998

Zu versteuerndes Einkommen bis DM	Tarifliche ESt in DM		Zu versteuerndes Einkommen bis DM	Tarifliche ESt in DM		Zu versteuerndes Einkommen bis DM	Tarifliche ESt in DM		Zu versteuerndes Einkommen bis DM	Tarifliche ESt in DM	
	Gr	Spl		Gr	Spl		Gr	Spl		Gr	Spl
211.733	89.347	67.112	215.135	91.150	68.750	218.537	92.953	70.460	221.939	94.756	72.134
211.787	89.376	67.112	215.189	91.179	68.804	218.591	92.982	70.460	221.993	94.785	72.188
211.841	89.404	67.164	215.243	91.207	68.804	218.645	93.010	70.514	222.047	94.813	72.188
211.895	89.433	67.164	215.297	91.236	68.856	218.699	93.039	70.514	222.101	94.842	72.242
211.949	89.461	67.216	215.351	91.264	68.856	218.753	93.068	70.568	222.155	94.871	72.242
212.003	89.490	67.216	215.405	91.293	68.910	218.807	93.096	70.568	222.209	94.899	72.296
212.057	89.519	67.270	215.459	91.322	68.910	218.861	93.125	70.622	222.263	94.928	72.296
212.111	89.547	67.270	215.513	91.350	68.964	218.915	93.153	70.622	222.317	94.956	72.352
212.165	89.576	67.322	215.567	91.379	68.964	218.969	93.182	70.676	222.371	94.985	72.352
212.219	89.604	67.322	215.621	91.408	69.016	219.023	93.211	70.676	222.425	95.014	72.406
212.273	89.633	67.374	215.675	91.436	69.016	219.077	93.239	70.730	222.479	95.042	72.406
212.327	89.662	67.374	215.729	91.465	69.070	219.131	93.268	70.730	222.533	95.071	72.460
212.381	89.690	67.428	215.783	91.493	69.070	219.185	93.296	70.782	222.587	95.100	72.460
212.435	89.719	67.428	215.837	91.522	69.122	219.239	93.325	70.782	222.641	95.128	72.514
212.489	89.748	67.480	215.891	91.551	69.122	219.293	93.354	70.836	222.695	95.157	72.514
212.543	89.776	67.480	215.945	91.579	69.176	219.347	93.382	70.836	222.749	95.185	72.568
212.597	89.805	67.532	215.999	91.608	69.176	219.401	93.411	70.890	222.803	95.214	72.568
212.651	89.833	67.532	216.053	91.637	69.230	219.455	93.440	70.890	222.857	95.243	72.622
212.705	89.862	67.586	216.107	91.665	69.230	219.509	93.468	70.944	222.911	95.271	72.622
212.759	89.891	67.586	216.161	91.694	69.282	219.563	93.497	70.944	222.965	95.300	72.678
212.813	89.919	67.638	216.215	91.722	69.282	219.617	93.525	70.998	223.019	95.328	72.678
212.867	89.948	67.638	216.269	91.751	69.336	219.671	93.554	70.998	223.073	95.357	72.732
212.921	89.977	67.692	216.323	91.780	69.336	219.725	93.583	71.052	223.127	95.386	72.732
212.975	90.005	67.692	216.377	91.808	69.390	219.779	93.611	71.052	223.181	95.414	72.786
213.029	90.034	67.744	216.431	91.837	69.390	219.833	93.640	71.106	223.235	95.443	72.786
213.083	90.062	67.744	216.485	91.865	69.442	219.887	93.669	71.106	223.289	95.472	72.840
213.137	90.091	67.796	216.539	91.894	69.442	219.941	93.697	71.160	223.343	95.500	72.840
213.191	90.120	67.796	216.593	91.923	69.496	219.995	93.726	71.160	223.397	95.529	72.896
213.245	90.148	67.850	216.647	91.951	69.496	220.049	93.754	71.214	223.451	95.557	72.896
213.299	90.177	67.850	216.701	91.980	69.550	220.103	93.783	71.214	223.505	95.586	72.950
213.353	90.206	67.902	216.755	92.009	69.550	220.157	93.812	71.268	223.559	95.615	72.950
213.407	90.234	67.902	216.809	92.037	69.604	220.211	93.840	71.268	223.613	95.643	73.004
213.461	90.263	67.956	216.863	92.066	69.604	220.265	93.869	71.322	223.667	95.672	73.004
213.515	90.291	67.956	216.917	92.094	69.656	220.319	93.897	71.322	223.721	95.701	73.058
213.569	90.320	68.008	216.971	92.123	69.656	220.373	93.926	71.376	223.775	95.729	73.058
213.623	90.349	68.008	217.025	92.152	69.710	220.427	93.955	71.376	223.829	95.758	73.114
213.677	90.377	68.062	217.079	92.180	69.710	220.481	93.983	71.430	223.883	95.786	73.114
213.731	90.406	68.062	217.133	92.209	69.764	220.535	94.012	71.430	223.937	95.815	73.168
213.785	90.434	68.114	217.187	92.238	69.764	220.589	94.041	71.484	223.991	95.844	73.168
213.839	90.463	68.114	217.241	92.266	69.816	220.643	94.069	71.484	224.045	95.872	73.222
213.893	90.492	68.166	217.295	92.295	69.816	220.697	94.098	71.538	224.099	95.901	73.222
213.947	90.520	68.166	217.349	92.323	69.870	220.751	94.126	71.538	224.153	95.930	73.278
214.001	90.549	68.220	217.403	92.352	69.870	220.805	94.155	71.592	224.207	95.958	73.278
214.055	90.578	68.220	217.457	92.381	69.924	220.859	94.184	71.592	224.261	95.987	73.332
214.109	90.606	68.272	217.511	92.409	69.924	220.913	94.212	71.646	224.315	96.015	73.332
214.163	90.635	68.272	217.565	92.438	69.978	220.967	94.241	71.646	224.369	96.044	73.386
214.217	90.663	68.326	217.619	92.466	69.978	221.021	94.270	71.700	224.423	96.073	73.386
214.271	90.692	68.326	217.673	92.495	70.032	221.075	94.298	71.700	224.477	96.101	73.442
214.325	90.721	68.378	217.727	92.524	70.032	221.129	94.327	71.754	224.531	96.130	73.442
214.379	90.749	68.378	217.781	92.552	70.084	221.183	94.355	71.754	224.585	96.158	73.496
214.433	90.778	68.432	217.835	92.581	70.084	221.237	94.384	71.808	224.639	96.187	73.496
214.487	90.807	68.432	217.889	92.610	70.138	221.291	94.413	71.808	224.693	96.216	73.550
214.541	90.835	68.484	217.943	92.638	70.138	221.345	94.441	71.862	224.747	96.244	73.550
214.595	90.864	68.484	217.997	92.667	70.192	221.399	94.470	71.862	224.801	96.273	73.606
214.649	90.892	68.538	218.051	92.695	70.192	221.453	94.499	71.916	224.855	96.302	73.606
214.703	90.921	68.538	218.105	92.724	70.246	221.507	94.527	71.916	224.909	96.330	73.660
214.757	90.950	68.592	218.159	92.753	70.246	221.561	94.556	71.972	224.963	96.359	73.660
214.811	90.978	68.592	218.213	92.781	70.300	221.615	94.584	71.972	225.017	96.387	73.714
214.865	91.007	68.644	218.267	92.810	70.300	221.669	94.613	72.026	225.071	96.416	73.714
214.919	91.035	68.644	218.321	92.839	70.352	221.723	94.642	72.026	225.125	96.445	73.770
214.973	91.064	68.698	218.375	92.867	70.352	221.777	94.670	72.080	225.179	96.473	73.770
215.027	91.093	68.698	218.429	92.896	70.406	221.831	94.699	72.080	225.233	96.502	73.824
215.081	91.121	68.750	218.483	92.924	70.406	221.885	94.727	72.134	225.287	96.531	73.824

Tabellen

Einkommensteuer Grund- und Splittingtabelle 1998

Zu versteuerndes Einkommen bis DM	Tarifliche ESt in DM		Zu versteuerndes Einkommen bis DM	Tarifliche ESt in DM		Zu versteuerndes Einkommen bis DM	Tarifliche ESt in DM		Zu versteuerndes Einkommen bis DM	Tarifliche ESt in DM	
	Gr	Spl		Gr	Spl		Gr	Spl		Gr	Spl
225.341	96.559	73.880	228.743	98.362	75.588	232.145	100.165	77.368	235.547	101.968	79.112
225.395	96.588	73.880	228.797	98.391	75.642	232.199	100.194	77.368	235.601	101.997	79.168
225.449	96.616	73.934	228.851	98.419	75.642	232.253	100.223	77.424	235.655	102.026	79.168
225.503	96.645	73.934	228.905	98.448	75.698	232.307	100.251	77.424	235.709	102.054	79.224
225.557	96.674	73.990	228.959	98.477	75.698	232.361	100.280	77.480	235.763	102.083	79.224
225.611	96.702	73.990	229.013	98.505	75.754	232.415	100.308	77.480	235.817	102.111	79.282
225.665	96.731	74.044	229.067	98.534	75.754	232.469	100.337	77.536	235.871	102.140	79.282
225.719	96.759	74.044	229.121	98.563	75.810	232.523	100.366	77.536	235.925	102.169	79.338
225.773	96.788	74.098	229.175	98.591	75.810	232.577	100.394	77.592	235.979	102.197	79.338
225.827	96.817	74.098	229.229	98.620	75.864	232.631	100.423	77.592	236.033	102.226	79.394
225.881	96.845	74.154	229.283	98.648	75.864	232.685	100.451	77.648	236.087	102.255	79.394
225.935	96.874	74.154	229.337	98.677	75.920	232.739	100.480	77.648	236.141	102.283	79.450
225.989	96.903	74.208	229.391	98.706	75.920	232.793	100.509	77.704	236.195	102.312	79.450
226.043	96.931	74.208	229.445	98.734	75.976	232.847	100.537	77.704	236.249	102.340	79.508
226.097	96.960	74.264	229.499	98.763	75.976	232.901	100.566	77.760	236.303	102.369	79.508
226.151	96.988	74.264	229.553	98.792	76.032	232.955	100.595	77.760	236.357	102.398	79.564
226.205	97.017	74.318	229.607	98.820	76.032	233.009	100.623	77.816	236.411	102.426	79.564
226.259	97.046	74.318	229.661	98.849	76.086	233.063	100.652	77.816	236.465	102.455	79.620
226.313	97.074	74.374	229.715	98.877	76.086	233.117	100.680	77.872	236.519	102.483	79.620
226.367	97.103	74.374	229.769	98.906	76.142	233.171	100.709	77.872	236.573	102.512	79.678
226.421	97.132	74.428	229.823	98.935	76.142	233.225	100.738	77.930	236.627	102.541	79.678
226.475	97.160	74.428	229.877	98.963	76.198	233.279	100.766	77.930	236.681	102.569	79.734
226.529	97.189	74.484	229.931	98.992	76.198	233.333	100.795	77.986	236.735	102.598	79.734
226.583	97.217	74.484	229.985	99.020	76.254	233.387	100.824	77.986	236.789	102.627	79.790
226.637	97.246	74.538	230.039	99.049	76.254	233.441	100.852	78.042	236.843	102.655	79.790
226.691	97.275	74.538	230.093	99.078	76.308	233.495	100.881	78.042	236.897	102.684	79.848
226.745	97.303	74.594	230.147	99.106	76.308	233.549	100.909	78.098	236.951	102.712	79.848
226.799	97.332	74.594	230.201	99.135	76.364	233.603	100.938	78.098	237.005	102.741	79.904
226.853	97.361	74.648	230.255	99.164	76.364	233.657	100.967	78.154	237.059	102.770	79.904
226.907	97.389	74.648	230.309	99.192	76.420	233.711	100.995	78.154	237.113	102.798	79.962
226.961	97.418	74.704	230.363	99.221	76.420	233.765	101.024	78.210	237.167	102.827	79.962
227.015	97.446	74.704	230.417	99.249	76.476	233.819	101.052	78.210	237.221	102.856	80.018
227.069	97.475	74.758	230.471	99.278	76.476	233.873	101.081	78.266	237.275	102.884	80.018
227.123	97.504	74.758	230.525	99.307	76.532	233.927	101.110	78.266	237.329	102.913	80.074
227.177	97.532	74.814	230.579	99.335	76.532	233.981	101.138	78.322	237.383	102.941	80.074
227.231	97.561	74.814	230.633	99.364	76.588	234.035	101.167	78.322	237.437	102.970	80.132
227.285	97.589	74.870	230.687	99.393	76.588	234.089	101.196	78.378	237.491	102.999	80.132
227.339	97.618	74.870	230.741	99.421	76.642	234.143	101.224	78.378	237.545	103.027	80.188
227.393	97.647	74.924	230.795	99.450	76.642	234.197	101.253	78.434	237.599	103.056	80.188
227.447	97.675	74.924	230.849	99.478	76.698	234.251	101.281	78.434	237.653	103.085	80.246
227.501	97.704	74.980	230.903	99.507	76.698	234.305	101.310	78.492	237.707	103.113	80.246
227.555	97.733	74.980	230.957	99.536	76.754	234.359	101.339	78.492	237.761	103.142	80.302
227.609	97.761	75.034	231.011	99.564	76.754	234.413	101.367	78.548	237.815	103.170	80.302
227.663	97.790	75.034	231.065	99.593	76.810	234.467	101.396	78.548	237.869	103.199	80.358
227.717	97.818	75.090	231.119	99.621	76.810	234.521	101.425	78.604	237.923	103.228	80.358
227.771	97.847	75.090	231.173	99.650	76.866	234.575	101.453	78.604	237.977	103.256	80.416
227.825	97.876	75.146	231.227	99.679	76.866	234.629	101.482	78.660	238.031	103.285	80.416
227.879	97.904	75.146	231.281	99.707	76.922	234.683	101.510	78.660	238.085	103.313	80.472
227.933	97.933	75.200	231.335	99.736	76.922	234.737	101.539	78.716	238.139	103.342	80.472
227.987	97.962	75.200	231.389	99.765	76.978	234.791	101.568	78.716	238.193	103.371	80.530
228.041	97.990	75.256	231.443	99.793	76.978	234.845	101.596	78.772	238.247	103.399	80.530
228.095	98.019	75.256	231.497	99.822	77.034	234.899	101.625	78.772	238.301	103.428	80.586
228.149	98.047	75.310	231.551	99.850	77.034	234.953	101.654	78.830	238.355	103.457	80.586
228.203	98.076	75.310	231.605	99.879	77.090	235.007	101.682	78.830	238.409	103.485	80.644
228.257	98.105	75.366	231.659	99.908	77.090	235.061	101.711	78.886	238.463	103.514	80.644
228.311	98.133	75.366	231.713	99.936	77.146	235.115	101.739	78.886	238.517	103.542	80.700
228.365	98.162	75.422	231.767	99.965	77.146	235.169	101.768	78.942	238.571	103.571	80.700
228.419	98.190	75.422	231.821	99.994	77.200	235.223	101.797	78.942	238.625	103.600	80.758
228.473	98.219	75.476	231.875	100.022	77.200	235.277	101.825	78.998	238.679	103.628	80.758
228.527	98.248	75.476	231.929	100.051	77.256	235.331	101.854	78.998	238.733	103.657	80.814
228.581	98.276	75.532	231.983	100.079	77.256	235.385	101.882	79.056	238.787	103.686	80.814
228.635	98.305	75.532	232.037	100.108	77.312	235.439	101.911	79.056	238.841	103.714	80.872
228.689	98.334	75.588	232.091	100.137	77.312	235.493	101.940	79.112	238.895	103.743	80.872

Tabellen

Einkommensteuer Grund- und Splittingtabelle 1998

Zu versteuerndes Einkommen bis DM	Tarifliche ESt in DM		Zu versteuerndes Einkommen bis DM	Tarifliche ESt in DM		Zu versteuerndes Einkommen bis DM	Tarifliche ESt in DM		Zu versteuerndes Einkommen bis DM	Tarifliche ESt in DM	
	Gr	Spl		Gr	Spl		Gr	Spl		Gr	Spl
238.949	103.771	80.928	241.757	105.260	82.416	244.565	106.748	83.904	247.373	108.236	85.392
239.003	103.800	80.928	241.811	105.288	82.416	244.619	106.776	83.904	247.427	108.265	85.392
239.057	103.829	80.986	241.865	105.317	82.474	244.673	106.805	83.962	247.481	108.293	85.450
239.111	103.857	80.986	241.919	105.345	82.474	244.727	106.834	83.962	247.535	108.322	85.450
239.165	103.886	81.042	241.973	105.374	82.530	244.781	106.862	84.018	247.589	108.351	85.508
239.219	103.914	81.042	242.027	105.403	82.530	244.835	106.891	84.018	247.643	108.379	85.508
239.273	103.943	81.100	242.081	105.431	82.588	244.889	106.920	84.076	247.697	108.408	85.564
239.327	103.972	81.100	242.135	105.460	82.588	244.943	106.948	84.076	247.751	108.436	85.564
239.381	104.000	81.156	242.189	105.489	82.646	244.997	106.977	84.134	247.805	108.465	85.622
239.435	104.029	81.156	242.243	105.517	82.646	245.051	107.005	84.134	247.859	108.494	85.622
239.489	104.058	81.214	242.297	105.546	82.702	245.105	107.034	84.190	247.913	108.522	85.678
239.543	104.086	81.214	242.351	105.574	82.702	245.159	107.063	84.190	247.967	108.551	85.678
239.597	104.115	81.272	242.405	105.603	82.760	245.213	107.091	84.248	248.021	108.580	85.736
239.651	104.143	81.272	242.459	105.632	82.760	245.267	107.120	84.248	248.075	108.608	85.736
239.705	104.172	81.328	242.513	105.660	82.816	245.321	107.149	84.306	248.129	108.637	85.794
239.759	104.201	81.328	242.567	105.689	82.816	245.375	107.177	84.306	248.183	108.665	85.794
239.813	104.229	81.386	242.621	105.718	82.874	245.429	107.206	84.362	248.237	108.694	85.850
239.867	104.258	81.386	242.675	105.746	82.874	245.483	107.234	84.362	248.291	108.723	85.850
239.921	104.287	81.442	242.729	105.775	82.932	245.537	107.263	84.420	248.345	108.751	85.908
239.975	104.315	81.442	242.783	105.803	82.932	245.591	107.292	84.420	248.399	108.780	85.908
240.029	104.344	81.500	242.837	105.832	82.988	245.645	107.320	84.476	248.453	108.809	85.966
240.083	104.372	81.500	242.891	105.861	82.988	245.699	107.349	84.476	248.507	108.837	85.966
240.137	104.401	81.558	242.945	105.889	83.046	245.753	107.378	84.534	248.561	108.866	86.022
240.191	104.430	81.558	242.999	105.918	83.046	245.807	107.406	84.534	248.615	108.894	86.022
240.245	104.458	81.614	243.053	105.947	83.104	245.861	107.435	84.592	248.669	108.923	86.080
240.299	104.487	81.614	243.107	105.975	83.104	245.915	107.463	84.592	248.723	108.952	86.080
240.353	104.516	81.672	243.161	106.004	83.160	245.969	107.492	84.648	248.777	108.980	86.136
240.407	104.544	81.672	243.215	106.032	83.160	246.023	107.521	84.648	248.831	109.009	86.136
240.461	104.573	81.730	243.269	106.061	83.218	246.077	107.549	84.706	248.885	109.037	86.194
240.515	104.601	81.730	243.323	106.090	83.218	246.131	107.578	84.706	248.939	109.066	86.194
240.569	104.630	81.786	243.377	106.118	83.274	246.185	107.606	84.762	248.993	109.095	86.252
240.623	104.659	81.786	243.431	106.147	83.274	246.239	107.635	84.762	249.047	109.123	86.252
240.677	104.687	81.844	243.485	106.175	83.332	246.293	107.664	84.820	249.101	109.152	86.308
240.731	104.716	81.844	243.539	106.204	83.332	246.347	107.692	84.820	249.155	109.181	86.308
240.785	104.744	81.900	243.593	106.233	83.390	246.401	107.721	84.878	249.209	109.209	86.366
240.839	104.773	81.900	243.647	106.261	83.390	246.455	107.750	84.878	249.263	109.238	86.366
240.893	104.802	81.958	243.701	106.290	83.446	246.509	107.778	84.934	249.317	109.266	86.422
240.947	104.830	81.958	243.755	106.319	83.446	246.563	107.807	84.934	249.371	109.295	86.422
241.001	104.859	82.016	243.809	106.347	83.504	246.617	107.835	84.992	249.425	109.324	86.480
241.055	104.888	82.016	243.863	106.376	83.504	246.671	107.864	84.992	249.479	109.352	86.480
241.109	104.916	82.072	243.917	106.404	83.560	246.725	107.893	85.050	249.533	109.381	86.538
241.163	104.945	82.072	243.971	106.433	83.560	246.779	107.921	85.050	249.587	109.410	86.538
241.217	104.973	82.130	244.025	106.462	83.618	246.833	107.950	85.106	249.641	109.438	86.594
241.271	105.002	82.130	244.079	106.490	83.618	246.887	107.979	85.106	249.695	109.467	86.594
241.325	105.031	82.188	244.133	106.519	83.676	246.941	108.007	85.164	249.749	109.495	86.652
241.379	105.059	82.188	244.187	106.548	83.676	246.995	108.036	85.164	249.803	109.524	86.652
241.433	105.088	82.244	244.241	106.576	83.732	247.049	108.064	85.220	249.857	109.553	86.710
241.487	105.117	82.244	244.295	106.605	83.732	247.103	108.093	85.220	249.911	109.581	86.710
241.541	105.145	82.302	244.349	106.633	83.790	247.157	108.122	85.278	249.965	109.610	86.766
241.595	105.174	82.302	244.403	106.662	83.790	247.211	108.150	85.278	250.019	109.638	86.766
241.649	105.202	82.358	244.457	106.691	83.848	247.265	108.179	85.336	250.073	109.667	86.824
241.703	105.231	82.358	244.511	106.719	83.848	247.319	108.207	85.336	250.127	109.696	86.824

E.
Stichwortverzeichnis

Es bezeichnen:

halbfette Zahlen	= die Paragraphen des EStG
kursive Zahlen	= die Paragraphen der EStDV
normale Zahlen	= Richtlinien, Hinweise, Anlagen, Anhänge
eingeklammerte Zahlen	= die Absätze der Paragraphen, Richtlinien oder Hinweise
R	= Richtlinien (z. B. **4** R 5 (2) = Richtlinie 5 Absatz 2 zu Paragraph 4)
H	= Hinweis (z. B. **4** H 5 (2) = Hinweis zu Paragraph 4 Richtlinie 5 Abs. 2; **3c** H = Hinweis zu Paragraph 3c)
Anl.	= Anlage (z. B. Anl. 5 = Anlage lfd. Nr. 5)
Anh.	= Anhang (z. B. Anh. 3 = Anhang lfd. Nr. 3)

A

Abbauland **13** H 124a; **13a** (4, 8); **55** (2)
Abbruchkosten eines Gebäudes **6** H 33a; **7** R 44, 44 (13)
Abendkurse **32** H 180
Abendkurse zur Berufsausbildung **32** R 180
Abfärberegelung **4** H 13 (2)
Abfärbetheorie **15** H 138 (5)
Abfindungen
– Arbeitnehmer-Ehegatte Betriebsausgabe **4** H 19
– Barlohnumwandlungen **3** H 6 Nr. 16
– eines angestellten Kommanditisten **15** H 138 (3)
– für Wohnungsaufgabe **22** H 168a
– steuerfreie – an Arbeitnehmer nach dem Mühlengesetz **3** H 7
– steuerfreie – wegen Auflösung eines Dienstverhältnisses **3** H 6; **24** H 170
– unter Buchwert **16** H 139 (4)
– wegen Auflösung des Dienstverhältnisses **3** H 6 Nr. 9
– weichender Erben **14a** (4); **14a** R 133b; **14a** H 133b; Anh. 10
Abfindung unter Buchwert **16** H 139 (4)
Abfließen von Ausgaben **3** (2); **4** R 16 (2); **10b** R 113; **11** (2)
Abführen von Mehrerlösen **4** R 24
Abgeltung der Steuer durch Steuerabzug **46** (4); **50** (5)
Abgeordnetengesetz **22** R 168b
Abgrenzung
– Betriebsverpachtung/Betriebsaufgabe **16** H 139 (5)
– der Gewinnerzielungsabsicht zur Liebhaberei **15** H 134b

– der wesentlichen Betriebsgrundlage bei Betriebsveräußerung zur wesentlichen Betriebsgrundlage bei Betriebsaufspaltung **16** H 139 (8)
– des Veräußerungsgewinns vom laufenden Gewinn **16** R 139 (9)
– zwischen Land- und Forstwirtschaft und Gewerbe **13** R 124a
– zwischen privater Vermögensverwaltung und gewerblichem Grundstückshandel **15** H 137 (1)
– zwischen selbständiger Arbeit und Gewerbe **15** H 136
– zwischen selbständiger und nicht selbständiger Arbeit **15** H 136
Abkommen, zwischenstaatliche **31** H 175
Abladevorrichtungen **7** H 42
Ableistung im Ausland **32** R 180c
Ablösung
– eines Wohnrechts durch Miterben **6** H 32a
– von Kosten der Anstaltsunterbringung **33** H 186–189
Abnutzungsentschädigung
– Steuerfreiheit der – für Dienstbekleidung **3**
Abraumbeseitigung
– Rückstellung für – **5** R 31c (12); **5** H 31c
Abraumvorrat **6** H 33
Abrechnungen bei Wechsel in der Gewinnermittlungsart **4** R 16, 17; Anl. 1
Abschlußgebühren für Bausparvertrag
– als Werbungskosten **20** H 153
– keine Rechnungsabgrenzungsposten **5** H 31b
Abschlußzahlung, Entrichtung der – **36** (4)
Abschreibungs- oder Buchwertverluste **15** H 138c
Absetzungen, erhöhte
– Abzug – vom Grundbetrag **21a** (3)
– Abzug – wie Sonderausgaben **10e**; **26a** (2); **26a** H 174a; **52** (21); Anh. 27

Stichwortverzeichnis

- auf Anzahlungen und Teilherstellungskosten **7a (2)**; **7a** R 45; **7a** H 45
- Ausschluß von – bei Gewährung von InvZul **21** *82a (2)*
- bei Biogasanlagen **21** *82a*
- bei dem Umweltschutz dienenden Wirtschaftsgütern **7d**
- bei einem Folgeobjekt **7b (5)**
- bei Gebäuden in Sanierungs- u. Entwicklungsgebieten **7h**; **7h** R 83a
- bei mehreren Beteiligten **7a (7)**; **7a** H 45; **7b (6)**
- bei neugeschaffenen Mietwohnungen **7c**; **7c** H 76
- bei unentgeltlich erworbenen Wirtschaftsgütern **7** *11d (1)*; **7** R 43 (3)
- bei Windkraftanlagen **21** *82a*
- Bemessungsgrundlage für – **7** R 43; **7** H 43; **21** R 163
- Berücksichtigung von – für Buchführungsgrenzen **7a (3)**
- für Einzelöfen **21** *82a (3)*
- für Wohngebäude **7b**; **7b** *15*; **13a** 52; **34f**; Anh. 27
- für Wohnungen mit Sozialbindung **7k**; **7k** R 83c
- gemeinsame Vorschriften für – **7a**; **7a** R 45; **7a** H 45
- Höchstgrenzen für – Anh. 27
- innerhalb des Begünstigungszeitraums **7a**; **7a** R 45; **7a** H 45; **7b (3)**; **7b** R 52; Anh. 27
- Kumulationsverbot bei – **7a (5)**; **7a (5)** R 45 (7)
- Nachholung nicht ausgenutzter – **7b (3)**; **7d (1)**; **7h** R 83a
- nach Wegfall der Nutzungswertbesteuerung **52 (21)**
- Objektbeschränkungen bei – **7b (5)**
- Verlustklausel bei – **7a** R 45 (8)
- von Anschlußkosten für Fernwärmeversorgung **21** *82a*
- von Einbaukosten für Wärmepumpen-, Solar-, Windkraft- u. Biogasanlagen **21** *82a*
- von Heizungs- und Warmwasseranlagen **21** *82a (1)*
- von Herstellungskosten bei Baudenkmalen **7i**; **7i** R 83b; **21** *82i*
- von Herstellungskosten bei bestimmten Baumaßnahmen i. S. d. Baugesetzbuchs **7h**; **7h** R 83a; **21** *82g*

Absetzungen für außergewöhnliche technische oder wirtschaftliche Abnutzung **7 (1)**; **7** *11c (2)*; **7** R 44 (12, 13); **7** H 44

Absetzungen für Substanzverringerung **4** R 16 (3); **5 (6)**; **7** R 44a; **7** H 44a

Abstandszahlungen zur Ablösung von Nutzungsrechten **21** H 161; **24** H 170

Abtretung **74** R 250
- von Ansprüchen auf Anrechnung von Steuerabzugsbeträgen **36** H 213f

- von Ansprüchen aus einem Versicherungsvertrag **4** H 13 (1); **4b** R 26; **10 (5)**; **10** *30*
- von Rückkaufrechten an Grundstücken **22** H 168a

Abwärme, Anlagen zur Verwertung von – **21** *82a*

Abwässerableitungen **6** H 33a

Abweichendes Wirtschaftsjahr **34e** R 213

Abweichung des Steuerbilanzgewinns vom Handelsbilanzgewinn **15** H 138 (3)

Abzinsung
- bei Geldleistungsverpflichtung **6** H 37

Abzugsbetrag
- für Land- und Forstwirte **2** R 3; **13 (3)**
- für Wohneigentum **2** R 3; **10e** 1; **26a** H 174a; **34f** R 213a; Anh. 27
- nach § 10e Abs. 3, Nachholung **10e** H 115a

Abzugssatz, erhöhter **10b** H 113

Abzugsteuer
- Entlastung von deutscher – **50d** H 227e
- Freistellung von deutschen – n auf Grund von DBA **1a** H 2

Abzugszeitraum bei Wohneigentumsförderung **10e (1)**; **10e** H 115a; Anh. 27

Abzweigung von Kindergeld **74** R 250

Adoptionskosten **33** H 186–189

AfA
- als Werbungskosten **9 (1)**
- Beginn der – **7** R 44 (1); **7** H 44; **7a** R 45
- bei abnutzbaren Anlagegütern **4** R 16 (3); **6** R 33; **6b** R 41a (8); **7**; **7** R 43; **7** H 43; **7g** R 83
- bei Ausbauten und Erweiterungen an Gebäuden **7** R 43, 44; **7** H 43
- bei Außenanlagen **7** H 42
- bei Betriebsvorrichtungen **7** R 42; **7** H 42
- bei Eigentumswohnungen **7 (5)**; **7** R 43; **7** H 44
- bei Einbauten in Gebäuden **7** R 42 (6); **7** H 42
- bei Ermittlung der Herstellungskosten **6** R 33; **21** R 163
- bei Gebäuden **7 (4, 5)**; **7** *10*; **7** R 42, 42a, 44 (6); **7e**; Anh. 27
- bei Gebäudeteilen **7 (5)**; **7** R 42, 42a, 43; **7** H 42; **43**
- bei gemischtgenutzten Grundstücken **7** R 42a, 44 (6)
- bei Gewinnermittlung nach § 4 Abs. 3 EStG **4** R 16; **7 (3)**; **7** *10*
- bei immateriellen Wirtschaftsgütern **5** R 31a (4); **7** R 42; **7** H 42
- bei im Teileigentum stehenden Räumen **7 (5)**; **7** R 44 (7); **7** H 44 (7)
- bei Ladeneinbauten und -umbauten **7** R 42 (6)
- bei Mietereinbauten **7** R 42; **7** H 42; **21** R 163
- bei Miteigentum **7** R 42; **21** R 164
- bei Miteigentum von Ehegatten **7** H 44; **21** H 164

Stichwortverzeichnis

- bei Schiffen 6b R 41a; 7 R 42
- bei Tieren 7 R 42 (2)
- bei Übertragung einer stillen Rücklage 6; 6 R 35
- bei unbeweglichen Wirtschaftsgütern 7 R 42; 7 H 42
- bei unentgeltlich erworbenen Wirtschaftsgütern 7; 7 11d; 7 R 43 (3)
- bei vom oder ins Privatvermögen übergeführten Gebäuden 7 R 43 (6); 7 H 43
- bei vor dem 21. 6. 1948 angeschafften oder hergestellten nicht betrieblichen Wirtschaftsgütern 7 10a
- bei Wirtschaftsgütern bis zur Einlage 6 R 39; 6 H 39; 7 R 44 (2)
- bei Wirtschaftsüberlassungsvertrag 7 H 42
- Bemessung der – 5 (6); 7 R 42a, 43, 44; 7 H 43, 44; 21 R 163
- Bemessung der – bei nachträglichen Anschaffungs- und Herstellungskosten 6 R 34 (3); 7 R 43, 44 (11); 7 H 43, 44; 7a R 45; 7a H 45
- beweglicher Anlagegüter 7 (2); 7 R 42, 43; 7 H 42
- degressive – 7 (2); 7 R 42a, 44; 7 H 44; Anh. 1
- einheitliche – bei Gebäuden und Gebäudeteilen 7 R 43; 7 H 42, 43
- Ende der – 7 R 44 (9)
- für außergewöhnliche technische oder wirtschaftliche Abnutzung (AfaA) 7 (1); 7 11c (2); 7 R 44 (12, 13); 7 H 44;
- Höhe der – 7 R 44
- im Anschluß an erhöhte Absetzungen/Sonderabschreibungen 7 R 44 (12); 7a (9); 7a R 45 (9); 7b (2)
- im Jahr der Anschaffung, Fertigstellung, Herstellung 7 R 44; 7 H 44
- lineare – 7 (1)
- Methode 7 R 44; 7 H 44
- nach Ablauf des Begünstigungszeitraums 7a R 45; 7a H 45; 7c; 7h
- nach Ansatz des Teilwerts 7 11c (2)
- nach Einlage/Entnahme 4 H 18; 7 R 43, 44 (12)
- Nachholung von – 7 R 44 (10); 7h R 83a
- nach Maßgabe der Leistung 7 (1); 7 R 44 (5)
- Sätze 7; 7 R 44; Anh. 27
- unterlassene/überhöhte – 7 R 44 (10); 7 H 44
- vom Firmenwert u. ä. 5 H 31a; 7 (1)
- von Bodenbefestigungen 7 R 42 (6); 7 H 42
- von Fahrstuhl-, Heizungs-, Be- und Entlüftungsanlagen 7 H 42
- von Garagen 7 R 42a (3)
- von Kfz 4 R 23
- von Wirtschaftsgebäuden bei Sonderabschreibungen 7 R 42a; 7a R 45; 7a H 45; 7g R 83
- Wahl der – Methode 7 R 44 (5, 7)
- Wechsel der – Verfahren 7 (3); 7 R 44 (8); 7 H 42
- zeitanteilige – 7 R 44; 7 H 44
- Zuschüsse bei der Bemessung der – 6 R 34; 7 R 43 (4); 21 R 163; 21 H 163

AfA-Vorschriften Anh. 1
Agio 6 R 37 (3)
Ähnliche Beteiligungen 17 H 140 (2)
AIG 2 R 3; 2a H 5
Akkumulationsrücklage 2 R 3
Aktien 20 H 154; 36b R 213k
- als Veräußerungsentgelt 17 H 140 (7)
- Überlassung von – an Arbeitnehmer 19a

Aktiengesetz 6d; 20 (1); 36c (2)
Aktivierung
- des Rückdeckungsanspruchs 4b R 26; 6a H 41
- unentgeltlich erworbener immaterieller Wirtschaftsgüter 4 H 17; 5 R 31a (2); 5 H 31a
- von Forderungen 5 H 31b

Aktivitätsklausel 2a (2)
Alleingesellschafter 16 H 139; 20 H 154
Alleinstehende, Kinderbetreuungskosten 33c; 33c R 195; 33c H 195
Allgemeines Kriegsfolgengesetz 3
Altbetriebe 15a H 138d
Altenheim 7 R 42a (2); 7 H 42a
- Aufwendungen für Unterbringung in – 33 R 188; 33a H 190, 192

Altenteilerwohnung 13a H 130a
- Entnahme einer – 4 H 14 (2–4)

Altenteilsleistungen 22 H 165
Altersentlastungsbetrag 2 (3); 2 R 3; 10c H 114; 24a; 24a R 171a; 24a H 171a; 32b R 185; 34c H 212b
Altershilfe, Gesetz über eine – für Landwirte 3
Altersrente 22 R 167
Altersruhegeld (auch flexibles, vorgezogenes –; Rente wegen Alters) 22 H 167
Altersteilzeitgesetz 3; 3 H 6 Nr. 28; 41 (1)
Altersübergangs-Ausgleichsbetrag 2 H 3; 3 H 6 Nr. 2
Altersübergangsgeld 32b (1)
Altersübergangsgeld-Ausgleichsbetrag 32b (1)
Altersversorgung, betriebliche – 6a R 41; 6a H 41
Altkreditverbindlichkeiten bei Rangrücktritt 6 H 37
Altlastenverdacht 16 H 139 (10)
Altschuldenhilfe-Gesetz
- Erwerb als Mieter 10i H 115d
- Steuervergünstigung für Zwischenerwerber 6 H 32

Altzusagen bei Pensionsverpflichtungen 6a R 41 (1)
Amtszulagen auf Grund des Abgeordnetengesetzes 22
Anbau 6b R 41c (3); 7 R 43
Anbauverzeichnis 13 R 128; 13 H 127
Anderkonten 20 H 154

Stichwortverzeichnis

Änderung
- der Bilanz **4 (2); 4** R 15 (2), 20; **4** H 15; **6** H 35
- der Kapitalertragsteuer-Anmeldung **44b (4)**
- des Steuerbescheids **7g** R 83 (5); **10d (1);** **16** H 139; **26** R 174 (3); **26a** R 174a (2); **33b** H 194
- von Bescheiden **10d** R 115 (7)

Änderungen in den Verhältnissen 68 R 244

Anerkennung
- Arbeitsverhältnis mit Kindern **4** H 19
- Arbeitsverhältnis zwischen Ehegatten **4** H 19

Angehörige
- eines Gesellschafters **4** H 13 (12)
- Rechtsverhältnisse zwischen – **4** R 19; **4** H 19; **15** R 138a; **21** R 162a; **21** H 162a, 164; Anh. 2

Angestelltenversicherungsgesetz 3; 3 H 6; **32b**

Angestellter Komplementär 15 R 138 (1)

Anlageberater 15 H 136

Anlageinstrumente in Fremdwährung
- Berechnung des steuerpflichtigen Ertrags nach der Marktrendite **20** H 154

Anlagen im Grund und Boden 6b; 6b R 41a (2), 41b; **6c; 6c** R 41d (1); **6c** H 41d

Anlagenkartei, Bestandsverzeichnis in Form einer – **5** R 31 (1)

Anlagevermögen
- Begriff **6** R 32
- Begriff und Umfang **6** H 32
- bestandsmäßige Erfassung des beweglichen – **5** R 31; **5** H 31
- Bewertungsfreiheit für geringwertige Anlagegüter **6 (2); 6** R 40; **6** H 40
- Bewertung von Wirtschaftsgütern des – **4** R 16; **6 (1)**
- das dem Umweltschutz dient **7d**
- Dauer der Zugehörigkeit von Wirtschaftsgütern zum – **6** R 32; **6b (4); 7** R 44
- Grundsätze **6** R 32; **6** H 32
- immaterielle Wirtschaftsgüter des – **5** R 31a; **5** H 31a
- von privaten Krankenhäusern **7f; 7f** R 82; **7f** H 82
- zum – gehörendes Vieh **13** R 125a

Anlaufverluste 15 H 134b

Anlieferungsreferenzmenge 13a H 130a; Anh. 6

Anonyme Alkoholiker
- als außergewöhnliche Belastung **33** H 186–189

Anrechnung
- Ausschluß der – von Körperschaftsteuer in Sonderfällen **36a**
- eigener Einkünfte und Bezüge **32** R 180d, 180e; **32** H 180e; **33a** R 190, 191; **33a** H 190, 191
- von Kapitalertragsteuer oder Körperschaftsteuer auf die ESt **36** H 213g

- von Körperschaftsteuer bei Auslandsbeziehungen **36** H 213h
- von Vorauszahlungen, Steuerabzugsbeträgen und Körperschaftsteuer auf die ESt **20** R 154; **36; 36** R 213f, 213g, 213h; **36** H 213f; **37 (3)**

Anschaffung
- Jahr der – **7** R 44; **7** H 44
- von Gebäuden und Schiffen (Gleichstellung mit Erweiterung, Ausbau und Umbau) **6b (1); 6b** R 41b
- von Haushaltsgeräten **33** H 186–189
- von Mauergrundstücken **23** H 169
- Zeitpunkt der – **7** R 44 (1); **7** H 44

Anschaffungsgeschäfte, wechselseitige – **7b (1)**

Anschaffungskosten
- Abzug des Gewinns aus der Veräußerung bestimmter Anlagegüter bei den – anderer Wirtschaftsgüter **6b; 6b** R 41b; **6b** H 41b
- AfA von – **7** R 43 (1); **7** H 43
- Aufteilung der – auf Grund und Boden sowie Gebäude **7** R 43 (1); **7** H 43
- Barwert der Rentenverpflichtung **6** R 32a
- Begriff und Umfang **6** H 32a
- bei Einlage von Wirtschaftsgütern **6** R 39; **6** H 35a
- bei Erwerb gegen Leibrente **4** R 16 (4)
- bei unentgeltlichem Erwerb **7; 7** 11d (1); **7** R 43 (3)
- bei wohnrechtsbelasteten Gebäuden **7** H 43
- Berücksichtigung von Zuschüssen bei – **6** R 34; **7** R 43 (4)
- bestimmter Anteile an Kapitalgesellschaften **17** 53; **17** R 140 (5)
- Bewertung mit den – **6 (1); 6** R 34, 36, 37; **6** H 35a, 36, 39; **7**
- der Anteile **17** H 140 (5)
- des Grund und Bodens **10e** H 115a
- des Grund und Bodens bei Veräußerung nach einer Verpachtung **16** H 139
- eines Waldes **13** R 128a; **34b** R 212
- eines Wirtschaftsguts bei Abzug des Gewinns aus der Veräußerung eines anderen Wirtschaftsguts (Rücklage) **6b (5); 6b** R 41b
- erhöhte Absetzungen von – eines Wohngebäudes **7b; 7b** 15 (2)
- im Zwangsversteigerungsverfahren **6** H 32a
- innerhalb und nach Ablauf des Begünstigungszeitraums für Sonderabschreibungen **7a; 7a** R 45; **7a** H 45
- Minderung der – **7a** R 45 (4, 5); **7a** H 45
- Mitunternehmeranteil **6** H 32a
- nachträgliche – **7** R 43 (4, 5), 44 (11); **7** H 44; **7a** R 45; **7a** H 45; **17** H 140 (4)
- Nebenkosten **6** H 32a
- Rückbeziehung von – **17** H 140 (7)
- von Verbindlichkeiten **6** R 37, 38; **6** H 37
- von Vieh **13** R 125a
- Zurechnung von Umsatzsteuer zu den – **9b; 9b** R 86; **9b** H 86

Anschaffungsnaher Aufwand 21 H 157

Stichwortverzeichnis

Anschaffungsnaher Herstellungsaufwand 21 R 157 (4)
Anschaffungs- und Herstellungskosten eines Waldes 34b H 212
Anschlußkosten (Gebühren), Kanal-, Gas-, Strom-, Wasser- 6 H 33a
Ansiedlungsbeiträge 6 H 33a
Ansparabschreibungen 7g H 82a
Ansparrücklage 7g H 82a
Anspruch auf Kindergeld 62 R 238
Ansprüche auf Kindergeld, mehrere – 64 R 240
Anspruchsberechtigter
– Kindergeld 62
– Zugehörigkeit zum Haushalt des – 63 R 239
Anspruchsberechtigung 62 R 238
Anteile 50c R 227d; 50c H 227d
– an Kapitalgesellschaften, Gewinne aus der Veräußerung von – 6b; 16; 16 R 139 (3); 17; 17 R 140; 17 H 140
– einbringungsgeborene – 17 H 140 (2)
– Veräußerung von – an Kapitalgesellschaften als Spekulationsgeschäft 23 H 169
– Wertminderung von – durch Gewinnausschüttungen 50c
Anteilseigner 20 (2); 36 (2); 36 R 213g, 213h; 36 H 213g, 213h; 36a; 36b; 36c; 36c R 213l; 36d; 36d R 213m; 50c; 50c R 227d; 50c H 227d
– Erwerb vom anrechnungsberechtigten 50c H 227d
Anteilsrotation 17 H 140 (2)
Antizipative Posten 5 R 31b (3)
Antrag
– auf Kindergeld 67 R 243
– auf Steuerermäßigung 34f; 34f R 213a (6); 35
– auf Veranlagung 46 (2); 46 H 217
– auf Vergütung von Körperschaftsteuer 36 H 213f; 36b; 36b R 213j, 213k; 36c; 36c R 213l; 36d; 36d R 213m; 36d H 213m
– Kindergeld 67
– Rückwirkung des – 66 H 242
Antragstellung 67 H 243
Antragsveranlagung 46 R 217; 46 H 217
An- und Verkauf von Wertpapieren 15 H 137 (9)
Anzahlungen
– auf Anschaffungskosten 7a R 45 (5); 7a H 45; 37 R 213n
– Leistung von – durch Hingabe von Wechsel oder Scheck 7a (2); 7a H 45
– Sonderabschreibungen auf – 7a (2); 7f (3); 51
Anzeigepflicht bei Versicherungsverträgen 10 29
Apotheken
– Inventurbüros 15 H 136
– Rezeptabrechner 15 H 136
Arbeiterwohnheim 15 H 137 (2)

Arbeitgeber 73 R 249
– Verpflichtung des – 68 R 244
Arbeitgeberzuschüsse 3 H 6 Nr. 62
Arbeitnehmer 15 H 138 (3)
Arbeitnehmererfindungen 18 R 149
Arbeitnehmer-Pauschbetrag 32b (2); 33b R 185; 34 R 200 (4)
Arbeitnehmer-Sparzulage
– als anrechenbarer Bezug 33a H 190
– als anzurechnende eigene Bezüge unterstützter Personen 33a H 190
Arbeitnehmerüberlassung 42d
Arbeitsförderungsgesetz 3; 3 H 6; 32b
– Zuordnung von Betriebsausgaben zu Einnahmen aus ausländischen Einkunftsquellen 3c H 11
Arbeitsgemeinschaften, Anwendung des Mitunternehmererlasses 15 H 138 (1)
Arbeitskleidung
– Berufskleidung 12 H 117
Arbeitsleistung
– Wert der körperlichen – in der Landwirtschaft 13a (5); 13a R 130a; 13a H 130a
Arbeitslohn 24a R 171a
– Auslandstätigkeitserlaß 1 H 1
– Besteuerung nach den DBA 1 H 1; Anh. 8
– für mehrere Jahre 34 H 200
Arbeitslosengeld 3; 32b; 33b R 185
Arbeitslosenhilfe 3; 32b; 33b R 185
– als anrechenbarer Bezug 33a H 190
Arbeitslosigkeit 32 H 179
– Verfügung über Bausparmittel bei – 13a H 130a
Arbeitsmittel, Aufwendungen für – 9 (1); 10 R 103
Arbeitsort, Wechsel des – 34f; 34f H 213a
Arbeitsplatzschutzgesetz 3; 6a R 41 (12)
Arbeitssicherstellungsgesetz 3 H 7
Arbeitsstätte 9 (1)
– Fahrten zwischen Wohnung und – 4 H 23
Arbeitsverhältnisse mit Kindern 4 R 19; 4 H 19
Arbeitsverhältnisse zwischen Ehegatten 4 H 19
– betriebliche Altersversorgung 4 H 19
– Eheschließung 4 H 19
– Gehaltsumwandlung 4 H 19
– Gehaltsverzicht 4 H 19
– Rückstellungen für Pensionsverpflichtungen 4 H 19
– Rückwirkung 4 H 19
– Sonderzuwendungen 4 H 19
– Unterarbeitsverhältnis 4 H 19
– Zukunftssicherung 4 H 19
Arbeitsverträge mit Ehegatten 4 R 19; 6a R 41 (11)

1359

Stichwortverzeichnis

Arbeitszimmer
- dient nicht Wohnzwecken **7** H 42a
- häusliches – **4 (5)**; **4** H 21 (1); **7** R 42a; **7** H 42a, 44; **10** H 103; **26a** H 174a; Anh. 12

Architekt **15** H 136; **18 (1)**; **18** H 143

Architekt/Bauunternehmer **15** H 137 (2)

Artisten **15** H 136; **49** R 222; **50a** R 227b

Arzneimittel **33** R 189 (1); **33** H 186–189

Ärzte
- Facharzt für Laboratoriumsmedizin **15** H 136
- freiberufliche Tätigkeit der – **15** H 136; **18 (1)**
- Gemeinschaft von – **15** H 136

Ärztemuster **6** R 36 (2); **6** H 36

Ärztepropagandist **15** H 136

Asbestverseuchung **33** H 186–189

Atypisch stille Gesellschaft **15** H 138 (5, 6), 138a (1)

Atypisch stille Gesellschafter **15** H 138 (1)

Atypisch stille Unterbeteiligung **15** H 138 (2, 5)

Aufbewahrungspflicht für Buchführungsunterlagen etc. **5** R 29; **5** H 29; **13** H 127; Anh. 7

Aufdeckung der stillen Reserven **16** H 139 (2)

Aufenthalt, gewöhnlicher – **1**; **1a** H 1; **17** H 140 (4)

Aufenthaltsberechtigung **62** R 238; **62** H 238

Aufenthaltserlaubnis **62** R 238; **62** H 238

Auffüllen abgebauter Hohlräume **6** R 38 (2)

Aufgabe
- der selbständigen Tätigkeit **15** H 136; **18 (3)**; **18** H 147; **18** H 147
- eines Betriebs **4** 6 (2); **14**; **14** H 131; **14a (3)**; **14a** H 133b; **16 (3)**; **16** R 139; **16** H 139
- eines Betriebs der Land- und Forstwirtschaft **14** R 131; **14a** R 133a
- eines Gewerbebetriebs **16** H 139 (2)
- eines Mitunternehmeranteils **16** H 139 (4)

Aufgeld
- steuerfreies – für Darlehen zugunsten Ausgleichsfonds **3**

Aufhebung einer Ehe **1**; **26** H 174; **32a** H 184b

Auflagen
- als außergewöhnliche Belastung **33** H 186–189

Auflagenbuchführung **4** R 16 (1)

Auflösung der Ehe **26** R 174 (2)

Auflösung des negativen Kapitalkontos **15a** H 138d

Auflösung stiller Reserven **16** H 139 (3)

Aufrechnung **46** H 213m; **68** R 244
- von Kindergeld **75**

Aufrundung anzurechnender Vorauszahlungen und Steuerabzugsbeträge **36 (3)**

Aufsichtsratssteuer **50a (2)**; **50a** R 227c
- Abführung **50a** 73e
- Anmeldung **50a** 73e
- Einbehaltung **50a** 73e

Aufsichtsratsvergütungen **18 (1)**; **50a**

Aufstiegsbeamte **32** H 180

Aufstockungsbeträge nach dem Altersteilzeitgesetz **32b**

Aufteilung
- der außergewöhnlichen Belastungen auf Ehegatten **2** R 3; **26a (2)**; **26a** R 174a (2); **46 (2)**
- der Bezüge **33a** R 192a
- des Ausbildungsfreibetrags **33a** H 191
- des Gewinns des Wirtschaftsjahrs auf Kalenderjahre **4a (2)**
- von Gebäuden in Eigentumswohnungen **6** R 32 (1)

Aufwandsentschädigungen **3** H 6 Nr. 26
- für nebenberufliche Tätigkeiten als Übungsleiter, Ausbilder, Erzieher u. a. **3**; **3** H 6
- für Tätigkeiten im Beitrittsgebiet **3** H 6 Nr. 12
- steuerfreie – aus öffentlichen Kassen **3**; **3** H 6; **22** R 168b

Aufwandsrückstellungen **5** R 31c (3); **5** H 31c

Aufwandsspenden
- an gemeinnützige Körperschaften **10b** H 111

Aufwendungen
- Berücksichtigung von – bei Bemessung der Vorauszahlungen **37** R 213n
- durch Betreuung eines Kindes **33c** R 195; **33c** H 195
- für auswärtige Unterbringung eines Kindes in Berufsausbildung **33a** R 191; **33a** H 191
- für eine Hilfe im Haushalt **33a** R 192; **33a** H 192; **33c** H 195
- für Unterhalt und Berufsausbildung bestimmter Personen **33a** R 190; **33a** H 190
- infolge Behinderung **33b** H 194
- wegen Pflegebedürftigkeit **33** R 188

Aufwendungszuschüsse **3**; **3** H 6

Aufwuchs auf Grund und Boden **6b**; **6b** R 41a (2); **6b** H 41a; **6c**; **6c** R 41d (1); **6c** H 41d

Aufzeichnungen **13** R 128
- bei Aufsichtsratsvergütungen **50a** 73d
- der Geschäftsvorfälle **5** R 29; **5** H 29
- durch Angehörige freier Berufe **18** H 142
- getrennte – der Aufwendungen i. S. d. § 4 Abs. 5 EStG **4 (7)**; **4** R 21, 22
- im Inland **50 (1)**
- über Ergebnis der Inventur **5** R 30

Aufzeichnungspflicht **17** R 147

Aufzeichnungs- und Buchführungspflichten **4** H 12

Ausbau
- von Gebäuden und Schiffen **6b (1)**; **6b** R 41a (3)
- von Wohngebäuden **7b**; **7b** R 52; Anh. 27

Ausbilder 3 H 6
Ausbildungsabschnitt 32 H 180a
Ausbildungsbeihilfen 3 H 6
Ausbildungsfreibetrag 33a (2); 33a R 191, 192a; 33a H 191, 192a; 33c R 195
Ausbildungshilfen aus öffentlichen Mitteln 3 H 6; 33a (2)
Ausbildungsplatz 32 R 180b
Ausbildungsstipendium 3 H 6
Ausbildungs- und Fortbildungsaufwendungen für Kinder 12 H 117
Ausbildungsvergütungen 4 H 19
Ausbildungszulagen 65 R 241
Ausbildungszuschüsse (Ausbildungsgelder) 3 R 6; 33a H 191
Ausbildung von Kindern 33 H 186–189
Auseinandersetzung von Mitunternehmern 24 H 171
Außenanlagen
– AfA bei – 7 H 42
– zu einem Gebäude 6 H 33a; 7 H 42
Außensteuergesetz 1a H 1; 2 R 4; 36 R 213h; 49 R 222 (4); Anh. 2
Außergewöhnliche Belastung 2 R 3; 33; 33 R 186, 188; 33 H 186–189; 33a R 191, 192; 33a H 191, 192a; 33b R 194; 33c R 195; 33c R 195; Anh. 2, 3
– als außergewöhnliche Belastung 33 H 186–189
– Aufteilung bei getrennter Veranlagung 26a R 174a
– Bedarfsgegenstände 33 H 186–189
– Behindertengerechte Hausausstattung 33 H 186–189
– Bestattungskosten 33 H 186–189
– Bewirtungsaufwendungen 33 H 186–189
– Darlehnstilgung nach dem BAföG 33 H 186–189
– Diätverpflegung 33 H 186–189
– Eltern-Kind-Verhältnis 33 H 186–189
– Fahrtkosten Behinderter 33 H 186–189
– Familienheimfahrten 33 H 186–189
– Fehlbelegungsabgabe 33 H 186–189
– Formaldehydschaden 33 H 186–189
– Führerscheinkosten 33a H 194
– in bestimmten Einzelfällen 33a
– Kapitalabfindung von Unterhaltsansprüchen 33 H 186–189
– Krankheitskosten 33a H 190
– Pflegeaufwendungen 33 H 186–189
– Prozeßkostenübernahme 33 H 186–189
– Regreßzahlungen 33 H 186–189
– Schuldzinsen 33 H 186–189
– Schulgeld 33a H 194
– Spielsucht 33 H 186–189
– Sportaufwendungen 33 H 186–189
– Sterilisation 33 H 186–189
– Toupet 33 H 186–189

– Treppenschräglift 33 H 186–189
– Trinkgelder 33 H 186–189
– Wiederbeschaffung von Hausrat und Kleidung 33 H 186–189
Außerordentliche Einkünfte 34; 34 R 197–200; 34 H 197–200
– Berechnungsbeispiele – ermäßigter Steuersatz 34 H 200
Ausgaben
– in Zusammenhang mit steuerfreien Einnahmen 3c
– Umsatzsteuer als – 9b; 9b R 86 (4)
– zur Förderung mildtätiger, kirchlicher, religiöser, wissenschaftlicher und der als besonders förderungswürdig anerkannten gemeinnützigen Zwecke 10b R 111, 113
– zur Förderung mildtätiger, kirchlicher, religiöser, wissenschaftlicher und der als besonders förderungswürdig anerkannten gemeinnützigen Zwecke sowie Beiträge 10b; 10b H 111, 112
Ausgangswert 13a; 13a R 130a
Ausgleichsanspruch eines Handelsvertreters 5 H 31c; 6a R 41 (18); 16 H 139; 24; 24 H 170; 34 H 199
Ausgleichsbeträge 65 R 241
Ausgleichsbetrag in bestimmten Veranlagungsfällen 46 (3); 46 70
Ausgleichsgeld nach dem FELEG 3
Ausgleichsleistungen nach dem LAG 3; 3 R 6
Ausgleichszahlungen in den Fällen der §§ 14, 17 und 18 KStG an Anteilseigner 4 (5)
Auskunfts- und Beratungspflicht der Familienkassen 67 H 243
Auslagenersatz, steuerfreier – eines Arbeitgebers 3; 3 H 6
Ausland
– europäisches 32 H 180c
– ins – entsandte deutsche Staatsangehörige 1 (2); 1a R 1
– Wohngrundstück im – 21 R 162 (3)
Ausländer
– Anspruch auf Kindergeld 62
Ausländische
– Abzug – Steuern 34c R 212c
– Anrechnung und Abzug – Steuern 2 R 4; 34c; 34c 68a; 34c R 212a, 212d; 34c H 212a, 212b; 50 R 224
– Einkünfte 2a; 32b; 32b H 185; 34c 68a; 34c R 212a, 212b, 212c, 212d; 34c H 212a, 212b; 34d; 34d H 212g
– Kapitalgesellschaft 17 H 140 (4)
– Kulturvereinigungen 50a H 227c
– Steuer vom Einkommen 2 R 3; 34c; 34c 68a; 34c R 212a, 212b, 212d; 34c H 212a, 212b; 50 R 224; Anl. 8
– Verbindlichkeiten 6 R 37 (2)

Stichwortverzeichnis

- vergleichbare – Leistungen beim Anspruch auf Kindergeld 65 H 241
- Verluste 2a; 15a R 138d (5)

Auslandsinvestitionsgesetz 2 R 3; 2a H 5
Auslandskinder 33a R 191
Auslandskorrespondent 1a H 1; 50a H 227c
Auslandsschulen 10 R 104
- Lehrkräfte an – 1a H 1

Ausreichende landwirtschaftliche Nutzflächen
- als Futtergrundlage 15 H 138c

Ausscheiden
- eines Miterben Anh. 10
- von Anlagegütern durch höhere Gewalt 6 R 35; 6b R 41a (7), 41c (5); 7g H 83
- von Wirtschaftsgütern aus Betriebsvermögen bei Wechsel der Gewinnermittlungsart, bei Änderung der tatsächlichen Beziehungen, bei Strukturänderungen 4 R 14 (2)

Ausschluß der Anrechnung von Körperschaftsteuer 36a
Ausschluß des Kindergeldanspruchs 65 R 241
Ausschüttungen 15 H 138 (4)
Ausschüttungsbedingte Gewinnminderung 50c H 227d
Ausschüttung von Eigenkapital 20 (1); 20 R 154; 20 H 154
Aussetzungszinsen 6 H 32a; 10 (1)
Aussteueraufwendungen 33 H 186–189
Auswärtige Unterbringung 33 H 186–189
Auswärtige Unterbringung eines Kindes in Berufsausbildung 33a H 191

Auszahlung
- einer Steuerüberzahlung 36 (4)

Auszahlungspflicht 73 R 249
- Befreiung von der – 73 H 249

Autoaufzüge 7 H 42
Autotelefon 3 H 6 Nr. 50
Avoir fiscal 34c H 212d

B

Bademeister, medizinische – 15 H 136
Baderäume 7 R 42a (3)
Bagatellgrenze bei Lebensversicherungsfinanzierung 10 (2)
Baggerprähme 6b R 41a
Bankangestellter 15 H 134a
Bankier 15 H 137 (9)
Bankspesen 20 R 153
Banküberweisung, Leistung der Einlage durch 4 H 14 (1)
Bargebotszinsen 34 H 199
Barrengold 4 H 13 (1)
- als gewillkürtes Betriebsvermögen 4 H 13 (1)

Barunterhalt 64 H 240

Barwert
- einer Leibrentenverpflichtung 4 R 16 (4); 6 R 37 (1); 16 H 139
- einer Rückstellung 6 R 38 (2)
- von Pensionsleistungen 6a H 41

Bauantrag 6b R 41b (5); 7 R 42a; 7 H 42a
Bauanzeige 7 H 42a; 21a (7)
Baubetreuer (Bauberater) 15 H 136
Baudenkmale 2 R 3; 7i; 7i R 83b; 7i H 83b; 10f; 10f R 115b; 11b; 11b R 116b; 21 *82i;* 51 (1)
Baugenehmigung, Bedeutung der – 7 R 42a; 21a (4, 7); Anh. 27
Baugesetzbuch 6 H 32a; 6b (8); 7h; 11a; Anh. 4
Bauhandwerker 15 H 134
Bauherr 7b
Bauherrenmodell 15 H 137 (1); Anh. 23
- negative Einkünfte bei – 15 H 136

Baukindergeld 34f; 34f R 213a; 34f H 213a; Anh. 27
- bei getrennter Veranlagung 26a H 174a
- Vor- und Rücktrag 34f R 213a (2)

Baukostenzuschüsse 21 R 163
Baulandumlegung 6 R 35; 6b R 41a
Bauleiter 15 H 136
Baumängel 6 H 33a

Baumaßnahmen
- bestimmte – an Baudenkmalen 7i R 83b
- des Nutzungsberechtigten 5 H 31a; 7 R 42 (5), 44 (3)

Baumschule 6b R 41a (1); 13 (1); 13 R 128; 13 H 126, 128; 15 H 135; 55 (2); Anh. 6
Bauplan, Aufwendungen für – 6 H 33a; 7 R 42a

Bausparbeiträge
- Nachversteuerung für 10 H 109a
- Nachversteuerung von – 10 R 94

Bausparverträge, Abschlußgebühren 5 H 31b; 20 H 153
Bauzeitversicherung, Beiträge an – 6 H 33a
Beaufsichtigung oder Betreuung eines Kindes 33c; 33c R 195

Bedarfsgegenstände
- Aufwendungen für – als außergewöhnliche Belastung 33 H 186–189

Beendigung
- der betrieblichen Tätigkeit 16 H 139 (3)
- der unbeschränkten Steuerpflicht 17 H 140 (4)
- einer Betriebsaufspaltung 16 H 139 (2)

Befreiung von der Auszahlungspflicht 73 R 249; 73 H 249
Befristete Gesellschafterstellung 15 H 138a (2)
Begrenzung des Verlustrücktrags 10d R 115 (3)

Begünstigungszeitraum
- für Bewertungsfreiheit für Fabrikgebäude usw. 7e (3)

- für erhöhte Absetzungen, Sonderabschreibungen (Sonderausgaben) **7a; 7a** R 45; **7a** H 45; **7b** (3, 5); **7g** R 83; **7i** R 83b; **34f**

Beherbergung
- von Fremden 15 R 135
- von Geschäftsfreunden 4 **(5); 4** R 21 (3, 22)
- von Personen – 7 R 42a (2)

Beherbergungsbetrieb 15 H 137 (2)

Beherrschender Einfluß 36a H 213i

Beherrschungsidentität 15 H 137 (6)

Behinderte
- Aufwendungen von – 33a H 192
- Kraftfahrzeugkosten bei – 4 R 23; **6; 9** (2); 33 R 189 (4); 33 H 186–189
- Pauschbeträge für – 26a R 174a; 33 R 188; **33b; 33b** R 194; **33b** H 194

Behinderung
- Eintritt der – 32 H 180d
- Krankheit 33a H 192 (2)
- schwere – **7f** R 82; 32 R 180, 180d; **33a** (3); **33a** R 192; **33b** H 194
- von Kindern 3 H 7; 22 H 167; **32** (4); 32 R 177, 180, 180d; 32 H 180d, 181a; 33 R 188; 33 H 186–189; **33a** R 192; **33b** R 194; **33b** H 194

Beihilfen
- als Herstellungskosten 6 R 33 (4)
- an Arbeitnehmer 3 H 6
- Anrechnung von – auf außergewöhnliche Belastungen 33 H 186–189
- Geburts- 3 H 6
- zu Krankheitskosten 33 R 189 (1); 33 H 186–189
- zur Berufsausbildung 3 H 6
- zur Betreuung von Kindern 3 H 6
- zur Förderung der Erziehung, Ausbildung, Kunst und Wissenschaft 2 R 3; 3 H 6

Beiträge
- an Berufsstände und Berufsverbände **6; 9** (1)
- an Bund der Steuerzahler e.V. 4 H 18; **10b** H 111
- an politische Parteien 2 R 4; **10b; 10b** H 112; 22 H 168b; **34g**
- an religiöse Gemeinschaften 10 R 101 (1)
- an Versicherungen 4 R 19; **4b** R 26; 20 R 154; 33 H 186–189; **33a** H 190
- der Ärzte zu Versorgungseinrichtungen 18 H 144
- des Trägers der Insolvenzsicherung 3 R 6
- zu Versicherungen 10 (1)

Beiträge und Spenden 4 H 18; **10b** H 111

Beiträge und Spenden, politische **10b** R 112

Beitragsbemessungsgrenze in der gesetzlichen Angestellten-Rentenversicherung **6a** H 41

Beitrittsgebiet 4 R 17, 19; **4a** R 25; 5 R 29, 31; 5 H 31; **6b** R 41c; **6b** H 41c; 12 H 117; **13a** R 130a; **13a** H 130a; 14 R 131; Anh. 5
- Wirtschaftsjahr, Wahlrecht **4a** H 25

Belasting-adviseu-NL 15 H 136

Belastung, zumutbare – 33 (1, 3)

Belegablage 5 H 29

Belegschaftsaktien
- Zufluß des Vorteils 11 H 116

Beleihung
- von Ansprüchen aus einem Versicherungsvertrag **4b** R 26 (4); **10 (5); 10** 30

Belieferungsrechte 5 R 31a; 5 H 31a

Belieferungsverträge
- verlorene Zuschüsse 5 H 31a

Bemessung der Kapitalertragsteuer 43a

Bemessungsgrundlage
- der ausländischen Einkünfte **34c** H 212b
- Einkünfte als – für das Kalenderjahr 2 R 4
- für die Abzugsteuer **50a** R 227b; **50a** H 227c
- für die AfA 4 H 18; 7 R 43, 44; **7** H 44; **7a** H 45; **7g** R 83; **7h** R 83a; 21 R 163
- für die (tarifliche) Einkommensteuer 2 (5); 2 R 3; 50 R 224
- für die Vorsorgepauschale **10c** R 114; **10c** H 114
- für Kindererziehungsleistungen 3 H 6
- für Pensionsrückstellungen **6a** H 41
- Zuwendungen an Unterstützungskassen **4d** H 27a

Bemühungen, ernsthafte – um einen Ausbildungsplatz 32 R 180b

Berechnung des Lebensalters
- des Kindes 32 H 178

Berechnungssätze für die Abzugsteuer **50a** R 227c

Berechtigtenwechsel 66 H 242

Berechtigter 64 H 240
- in den neuen Bundesländern, Sonderregelung 78 H 254
- mehrere Kindergeld- 64
- Mitwirkungspflicht des – 67 H 243

Bergbauunternehmen 15 (1)

Bergmannsprämien 3

Berichtigung
- der Schulden 24 H 171
- der Veranlagung bei Nachversteuerung 10 H 89
- des Gewinns 4 R 17; 4 H 17
- einer Bilanz **4** (2); 4 R 15 (1), 20; 4 H 15; **9b** R 86
- einer Buchung 4 R 22

BerlinFG 2 R 4 (1); 3 H 7; 6 H 34; **7a** R 45 (9); **7b** (5); **26a** H 174a; **37** (3); **39a** (1)

Berufsausbildung
- Abbruch/Abschluß der – 32 H 180, 181a
- als Voraussetzung für die Ausübung 15 H 136
- Aufwendungen für die eigene – 10 (1); 10 H 103
- Begriff 32 R 180
- Praktikum 32 H 180
- Schulbesuch 32 H 180

1363

Stichwortverzeichnis

- von Kindern **32 (4); 32** R 180; **32** H 180, 180b; **33a (2); 33a** R 191; **33a** H 191, 192a

Berufsausbildung oder Weiterbildung in einem nicht ausgeübten Beruf 10 H 103
- Abendkurse **10** H 103
- Abzugsverbot **10** H 103
- Aufbaustudium **10** H 103
- Aufwendungen im Sinne des § 10 Abs. 1 Nr. 7 EStG **10** H 103
- Aufwendungen im Sinne des § 10 Abs. 1 Nr. 7 EStG Arbeitsmittel **10** H 103
- Aufwendungen im Sinne des § 10 Abs. 1 Nr. 7 EStG Fachliteratur **10** H 103
- Aufwendungen im Sinne des § 10 Abs. 1 Nr. 7 EStG Fahrten zwischen Wohnung und Aus-/Weiterbildungsort **10** H 103
- Aufwendungen im Sinne des § 10 Abs. 1 Nr. 7 EStG häusliches Arbeitszimmer **10** H 103
- Aufwendungen im Sinne des § 10 Abs. 1 Nr. 7 EStG Lehrgangs-, Schul- und Studiengebühren **10** H 103
- Aufwendungen im Sinne des § 10 Abs. 1 Nr. 7 EStG Mehraufwand für Verpflegung **10** H 103
- Aufwendungen im Sinne des § 10 Abs. 1 Nr. 7 EStG Mehraufwand wegen doppelter Haushaltsführung **10** H 103
- Ausbildungsdarlehen **10** H 103
- Ausbildungsdienstverhältnis **10** H 103
- Auswärtige Unterbringung **10** H 103
- Beruf **10** H 103
- Berufsausbildung **10** H 103
- Berufsausbildungskosten **10** H 103
- Berufswechsel **10** H 103
- Darlehen **10** H 103
- Ergänzungsstudium **10** H 103
- Erststudium **10** H 103
- Ferien- und Freizeitjob **10** H 103
- Fort- und Weiterbildung **10** H 103
- Führerschein **10** H 103
- Gelegenheitsarbeit **10** H 103
- Habilitation **10** H 103
- Keine Berufsausbildung **10** H 103
- Kinder- und Jugendlichenpsychotherapeutin **10** H 103
- Klassenfahrt **10** H 103
- Promotion **10** H 103
- Sprachkurse **10** H 103
- Staatsprüfung **10** H 103
- Studiendarlehen **10** H 103
- Studienreisen **10** H 103
- Studium **10** H 103
- Tageskurse **10** H 103
- Tilgung von Ausbildungs-/Studiendarlehen **10** H 103
- Umschulung **10** H 103
- Weiterbildung **10** H 103
- Weiterbildung in einem nicht ausgeübten Beruf **10** H 103
- Zinsen **10** H 103

- Zuschlag bei Darlehensrückzahlung **10** H 103
- Zweitstudium **10** H 103

Berufsbildungsgesetz 32 R 180 (1)
Berufskleidung 3 H 6
- steuerfreie Überlassung von – **3**

Berufskrankheit 33b H 194
Berufssportler 15 H 134, 136; **50a (4)**
Berufsunfähigkeit
- Aufgabe oder Veräußerung eines Betriebs wegen – **16** R 139 (14); **18** H 147
- Aufgabe oder Veräußerung eines Betriebs bei – **16 (4)**
- Begriff der dauernden – **16** R 139 (14)
- bei Direktversicherung **4b** R 26 (1)
- im sozialversicherungsrechtlichen Sinne **16** H 139 (14)
- Rente wegen – (Rente wegen verminderter Erwerbsfähigkeit) **22** R 167 (7)

Besatzungssoldaten
- steuerfreie Zuwendungen von – **3**

Beschädigung von WG infolge höherer Gewalt u. ä. **6** R 35

Beschäftigungsverhältnisse
- hauswirtschaftliche – **10 (1)**

Bescheinigung
- bei Baudenkmalen **7i; 7i** R 83b; **7i** H 83b
- bei bestimmten Baußmaßnahmen **7h; 7h** R 83a
- bei erhöhten Absetzungen für Umweltschutzinvestitionen **7d (2)**
- der Familienkasse **68** R 244
- der Gesundheitsbehörden **33** 64
- des volkswirtschaftlich förderungswürdigen Erwerbs **6b (1)**
- über anzurechnende Kapitalertragsteuer und Körperschaftsteuer **20** R 154
- über Berufsausbildung **32** R 180
- über dauernde Berufsunfähigkeit **16** R 139
- über Dividenden **20** R 154
- über ein soziales oder ökologisches Jahr **32** R 180c
- über Gefährdung eines Betriebs **6d (3)**
- über (Grad der) Behinderung **32** R 180d; **33** H 186–189; **33b** H 194; **33b** 65
- über Krankheit/Kur **33** H 189 (1)
- über Nichtveranlagung **36b** R 213k; **36d** R 213m
- über Spenden **10b** R 111
- über Steuer **34c** H 212a; **36** R 213g; **36b** R 213k; **44a** R 213o
- unbeschränkte Steuerpflicht **36b (1); 36c (1)**
- zu § 3 Nr. 44 EStG **3** H 6

Bescheinigungsrichtlinien 10f H; **10g** H 115c
Bescheinigungsrichtlinien (§ 7h EStG) 7h H
Bescheinigungsrichtlinien (§ 11a EStG) 11a H
Bescheinigungsverfahren 6d H
Besen- und Straußwirtschaft 15 R 135

Stichwortverzeichnis

Besitzpersonengesellschaft
- umfassend gewerbliche 15 H 137 (4)

Besitzunternehmen 15 H 137 (5, 6); 16 H 139 (2)

Besondere Veranlagung
- von Ehegatten 32 H 174c

Besonderheiten
- bei land- und forstwirtschaftlichen Betrieben 4 H 13 (9)

Bestandsaufnahme
- des beweglichen Anlagevermögens 5 R 31
- des Vorratsvermögens 5 R 30
- für Abschluß 4 R 12
- von Pensionsverpflichtungen 6a R 41 (20)

Bestandsvergleich 34b R 212
- für das stehende Holz 14 R 131

Bestandsverzeichnis 5 R 31; 6 R 40 (2)

Bestätigungen des Empfängers von Zuwendungen (Spenden) 10b 48; 10b R 111; 10b H 111, 112; Anl. 6

Bestattungskosten 33 H 186–189

Besteuerungsmerkmale im Ausland bei beschränkter Steuerpflicht 49 (2); 49 R 223

Bestimmung
- des Kindergeldberechtigten 64; 64 H 240

Besuch
- im Krankenhaus 33 R 189 (1)
- von Privatschulen 33 R 189 (2); 33 H 186–189; 33b H 194

Betätigungswille 15 H 137 (6)

Beteiligung
- als Betriebsvermögen 4 H 13 (1)
- am allgemeinen wirtschaftlichen Verkehr 15 (2); 15 R 134c; 15 H 134c, 137 (9)
- am Firmenwert 15 H 138a (1)
- am wirtschaftlichen Verkehr 15 H 134c
- an einer ausländischen Personengesellschaft 4 R 12 (4)
- an einer gewerblich tätigen Personengesellschaft 15 H 138 (5)
- an Kapitalgesellschaften 16 H 139; 17 H 140
- an Personengesellschaft, Drei-Objekt-Grenze 15 H 137 (1)
- an Personengesellschaften 15 H 137; 15a R 138d
- an stillen Reserven 15 H 138a (3)
- Bewertung einer – 6b R 41a (1, 2)
- Bewertung einer wesentlichen – 6 H 39
- Veräußerung einer (wesentlichen) – 16 H 139; 17 R 140
- wesentliche – 6 H 39; 17; 17 R 140; 17 H 140

Beteiligungskonto/Forderungskonto 15a H 138d

Betrachtungsweise, isolierende – 2a H 5; 49 R 223 (1)

Betreuung
- der Patienten 7f R 82
- eines Kindes 26c H 174c; 32 R 177; 33c; 33c R 195; 33c H 195

Betrieb
- als selbständiger Organismus 16 H 139 (2)
- Aufgabe, Eröffnung, Erwerb, Veräußerung eines – 4 6; 14; 14 R 131; 14 H 131; 14a; 14a R 133a; 14a H 133a; 16; 16 R 139; 16 H 139
- der Land- und Forstwirtschaft 15 R 135

Betriebliche Veranlassung 4 H 13 (15)

Betriebs-AG 15 H 137 (6)

Betriebsärzte 18 R 146

Betriebsaufgabe 4 6; 13 R 127; 14 H 131; 14a (3); 14a H 133b; 15 H 136; 15a R 138d; 16 (3); 16 R 139 (2); 16 H 139, 139 (3, 6); 18 H 147; 24 H 171; 34 H 197; 34e R 213; 49 H 222

Betriebsaufgabe oder -veräußerung im ganzen 4 H 13 (15)
- Schulden 4 H 13 (15)

Betriebsaufspaltung 4a H 25; 7g R 83 (2); 7g H 83; 15 R 137 (4); 15 H 137, 137 (5, 7); 16 H 139
- Besitzunternehmen, wesentliche Betriebsgrundlage 15 H 137 (4)
- Einstimmigkeitserfordernis 15 H 137 (6)
- mitunternehmerische 15 H 137 (4); Anh. 18
- personelle Verpflechtung 15 H 137 (6)
- sachliche Verpflechtung 15 H 137 (5)
- Werkhalle als wesentliche Betriebsgrundlage 15 H 137 (5)
- Zusammenrechnung der Anteile von Eltern und Kindern 15 R 137 (8)
- Zusammenrechnung von Ehegattenzeiten 15 R 137 (7)

Betriebsausgaben
- Abfluß von – bei Überschußrechnung 4 R 16 (2)
- Abgrenzung der – von Lebenshaltungskosten 4 R 21; 12; 12 R 117; 12 H 117
- Absetzung von Anschaffungs- und Herstellungskosten ausgeschiedener Wirtschaftsgüter als – 6 R 35 (8)
- Aufwendungen für nicht abnutzbare Anlagegüter als – 4 R 16 (3)
- Begriff der – 4 (4); 5 (6)
- bei beschränkter Steuerpflicht 50 (1)
- bei Betriebsgrundstücken 4 R 18 (2); 4 H 18
- bei nach einem DBA steuerfreien Schachteldividenden 3c H 11
- bei steuerfreien Schachteldividenden 3c H 11
- bei Überschußrechnung 4 R 16
- für teilweise betrieblich genutzte Wirtschaftsgüter 4 R 16 (6), 18
- nachträgliche – 4 R 16 (7); 4 H 16 (7); 24 H 171
- nicht/beschränkt abziehbare – 4 (5); 4 R 21, 23, 24; 4 H 21, 23, 24; 6 R 33 (5)

1365

Stichwortverzeichnis

- pauschale Abgeltung der – in der Forstwirtschaft **13** 51
- pauschalierte – **34e** R 213
- Schätzung von – **4** H 18

Betriebsbesichtigungen **4** R 21 (8)

Betriebseinnahmen
- aus Betriebsgrundstücken **4** R 18; **4** H 18
- bei gemischt genutzten Wirtschaftsgütern **4** R 18
- bei Überschußrechnung **4** R 16, 16 (2); **4** H 16
- Druckbeihilfen **4** H 18
- Entschädigungsleistungen als – **6** R 35 (8)
- nachträgliche – **16** H 139
- zeitliche Erfassung von – **4** R 16, 16 (2); **4** H 16

Betriebseröffnung **6 (1); 6** H 39
- Bewertung von Wirtschaftsgütern bei – **6**
- Gewinnermittlung bei – **4** 6

Betriebsfortführung, Betriebsmittel, Betriebsveräußerung **16** H 139 (1)

Betriebsführung **15** H 134b

Betriebs-GmbH **16** H 139 (2)

Betriebsgrundlage **15** H 137; **16** R 139; **16** H 139
- wesentliche **16** H 139 (8)

Betriebsgutachten **34b** R 212; **34b** 68
- zur Festsetzung des Holz-Nutzungssatzes **34b** R 205

Betriebskapitalgesellschaft **15** H 137 (6)

Betriebsleiter **13a** R 130a

Betriebsstätte
- ausländische – **2a; 2a** R 5 (2); **2a** H 5; **7g** R 83 (5); **34d** H 212g
- ausländische – Überführung von Wirtschaftsgütern **4** H 14 (2–4)
- Fahrten zwischen Wohnung und – (Arbeitsstätte) **4 (5); 4** R 23; **4** H 23
- Finanzamt **2a** H 5
- für Lohnsteuerabzug maßgebende – **41 (2)**
- gewerbliche **2a** R 5; **2a** H 5
- inländische – **6b** R 41a, 41c; **7g** R 83 (5); **49; 49** R 222; **49** H 222; **50c** H 227d
- Prinzip **2a** R 5
- Verlust **2a** R 5

Betriebsstättenverluste bei DBA **2a** H 5

Betriebsstoffe, Bewertung der – **6** R 32, 36, 38

Betriebstypische Erzeugnisse **15** R 135

Betriebsüberlassungsvertrag **16** H 139 (5)

Betriebsübertragung **16** H 139 (6, 7)

Betriebsumstellung **6b** H 41a

Betriebsumstellung, Gewinn aus Veräußerung von lebendem Inventar bei – in der Landwirtschaft **6b; 6b** R 41a (6)

Betriebsunterbrechung **16** H 139 (2)

Betriebsunterbrechungsversicherung **6** H 34

Betriebsunternehmen **15** H 137 (6, 7)

Betriebsveräußerung **4** R 16; **6** H 35; **6b** R 41b (11); **14; 14** R 131; **14a; 14a** R 133a; **16; 16** R 139; **16** H 139; **18** H 147; **24** H 171; **34** H 197, 198
- gegen wiederkehrende Bezüge und festes Entgelt **16** H 139 (11)
- im ganzen **16** H 139 (1)

Betriebsverfassungsgesetz **5** R 31c (3)

Betriebsverlegung **16** H 139 (2)

Betriebsvermögen **15** H 138a (2, 4); **15a** H 138d
- Ausweis von Grundstücken als – in Buchführung **4** R 13
- bei Aufgabe, Eröffnung, Erwerb, Veräußerung eines Betriebs **4** 6
- bei Einnahme-Überschuß **4** H 16 (6)
- bei Einnahme-Überschuß-Rechnung **4** R 13 (16)
- bei Personengesellschaften **4** R 13 (2); **6b** R 41b (8)
- bei Selbständigkeit **15** R 134; **15** H 134
- Einheitswert des – **7g; 7g** R 83
- Genossenschaftsanteile **4** H 13 (1)
- gewillkürtes – **4** R 13
- Grundstücke als – einer Personengesellschaft **4** R 13 (11)
- Grundstücke als – unbeschadet der Einheitsbewertung **4** R 13 (13)
- Grundstücksteile von untergeordnetem Wert im – **4** R 13 (8)
- land- und forstwirtschaftliches – **13** R 125
- negatives – **16** H 139 (9)
- notwendiges – **4** R 13
- Sachspenden aus dem – **10b** R 111
- Sonder- **4** R 13 (2, 12); **15a** R 138d
- Überführung von WG aus – oder in – **23** H 169
- Übergang von – **6b** R 41a, 41b, 41c (6)
- Wegfall der Voraussetzungen für – **4** R 13 (8); **6b** R 41a
- Wohnung eines Land- und Forstwirts als – **13** H 127
- Wohnung im – **10e** R 115a
- Zugehörigkeit von Grundstücken zum – **4** R 13
- Zugehörigkeit von Verbindlichkeiten zum – **4** R 13 (15)
- Zugehörigkeit von WG zum – **4** R 13; **6b** R 41a, 41c; **7** R 42a, 43 (6), 44; **36** H 213g; **50c** R 227d

Betriebsvermögensvergleich **4** R 12; **16** H 139 (1)
- bei gewerblichen Betrieben **4** R 12 (2)
- bei Land- und Forstwirten **4** R 12 (1); **13** R 127; **13a (2)**
- bei Personengesellschaften **4** R 12 (3)
- durchlaufende Posten bei – **4** H 13 (1)
- Wechsel zum/vom – **4** R 17; **13** R 127

Betriebsverpachtung **4a** R 25 (4); **6b** R 41a; **13** R 127; **15** H 137 (1); **16** R 139 (5, 8); **16** H 139 (5)

Stichwortverzeichnis

Betriebsvorrichtungen
- Abgrenzung von – zu Gebäuden 7 R 42 (3); 7 H 42
- AfA bei – 7 R 42; 7 H 42

Betriebswerk zur Festsetzung des Holz-Nutzungssatzes 34b 68; 34b R 205

Betriebszweck 15 H 137 (5)

Betriebszweige 15 H 134b

Beurteilungszeitraum für Unterhaltszahlung 32 H 181a

Bewässerungsanlagen 6b R 41a (1, 2)

Bewertung 6 (1)
- Berücksichtigung von Zuschüssen bei der – 6 R 34; 6 H 34
- der Wirtschaftsgüter des Anlagevermögens 6
- des Umlaufvermögens 6 (1); 6 R 34
- des Vorratsvermögens 6 R 36; 6 H 36
- Durchschnitts- 6 R 36 (3)
- Gruppen – 6 R 36 (4)
- mit Anschaffungs- und Herstellungskosten 5 (6); 6 (1)
- mit Teilwert 6 (1); 6 R 39; 6 H 39
- nach unterstellten Verbrauchs- und Veräußerungsfolgen 6 (1); 6 R 36a
- von Beteiligungen 6 (1); 6 H 39
- von Edelmetall 51 (1)
- von Einlagen 6 (1); 6 R 39; 6 H 39
- von Entnahmen 6 (1); 6 R 39; 6 H 39; 13 H 125
- von Grund und Boden 6 (1)
- von mehrjährigen Baumschulkulturen 13 H 125
- von Rückstellungen 6 R 38
- von Verbindlichkeiten 6 (1); 6 R 37
- von Vieh 13 H 125
- von Wirtschaftsgütern bei Betriebseröffnung 6 (1)
- Wechsel der – Methode 6 R 36a (5)

Bewertungsabschlag für Importwaren 5 R 30 (3); 6 R 36a (7); 16 H 139; 51 (1); 51 80

Bewertungsfreiheit 15 H 134b
- für abnutzbare Wirtschaftsgüter des Anlagevermögens privater Krankenhäuser 7f; 7f R 82
- für Anlagegüter zur Forschung und Entwicklung 51 (1)
- für Anschaffung oder Herstellung bestimmter Wirtschaftsgüter usw. in der Landwirtschaft 51 (1)
- für bestimmte Anlagegüter im Kohlen- und Erzbergbau 51 (1); 51 81
- für Fabrikgebäude usw. 7e
- für geringwertige Wirtschaftsgüter 6 (2); 6 R 40; 6 H 40; 7a R 45; 9b R 86 (5)
- für Handelsschiffe, Fischereischiffe und Luftfahrzeuge 51 (1); 51 82f

Bewertungswahlrecht 4 R 15 (3); 4 H 15, 17; 13 H 125; 14 R 131

Bewirtungsaufwendungen 4 (5); 4 R 21, 22; 4 H 21; 33 H 186–189; Anh. 12

Bezirksschornsteinfeger 15 H 136

Bezüge 33a H 190
- anzurechnende eigene – unterstützter Personen 32 R 177, 180d, 180e; 33a R 190; 33a H 192a
- auf Grund von Kapitalherabsetzung 20 (1); 20 R 154; 50c H 227d
- Aufteilung der – 33b R 194
- bei Bemessungsgrundlage der Vorsorgepauschale 10c H 114
- des Kindes 32 R 180e
- für besondere Ausbildungszwecke 32 (4); 32 H 180e
- im Sinne von § 22 Nr. 4 EStG 22 R 168b
- sonstige – von Arbeitnehmern 34 R 200; 34 H 200
- steuerfreie – 3 H 6
- wiederkehrende – 16 H 139; 22; 22 R 165, 166, 168; 22 H 165–167; 24a R 171a
- zur Förderung der Aus-/Weiterbildung 10 R 103

Bezugsgrößen 6a R 41 (19)

Bezugsrechte 17 R 140 (3); 17 H 140 (4)

Bibliothek als GWG 6 H 40

Bilanz
- Anmerkungen zur – 25 60
- Aufgabe/Veräußerungsbilanz 4 H 16
- Berichtigung der – 4 (2); 4 R 15 (1)
- DM-Eröffnungs- 5 H 31
- Einreichung der – 25 60
- -stichtag 5 R 30, 31c
- Währung 4 R 12 (4)

Bilanzänderung 4 (2); 4 R 15 (3); 4 H 15; 5 (6)
- bei Land- und Forstwirten 4 H 15
- bei Verlust 4 H 15
- Bestimmung des Finanzamts 4 H 15
- Bilanzierungsfehler 4 H 15

Bilanzansatz 4 R 15 (3); 4 H 15
- Korrektur eines fehlerhaften – 4 H 15

Bilanzberichtigung 4 (2); 4 R 15 (1); 4 H 15

Bilanzierung Anh. 6

Bilanzierungshilfe 5 H 31a

Bilanzierungswahlrecht 4 H 15; 4a R 25; 4a H 25; 4d R 27a; 5 R 31c; 6 R 33, 34; 6a R 41; 6b R 41b; 7 R 43, 44; 7g R 83

Bildberichterstatter 18 (1); 50a (4)

Bildträger, Aufbewahrung der – 5 R 29 (8)

Binnenfischerei 13 (1)

Binnenschiffe 6b R 41a (4)

Biogas 15 R 135

Biogasanlagen 51 (1)

Blinde
- Merkzeichen Bl 33b H 194
- Pauschbetrag 33b (3); 33b H 194

Blumenbau 55 (2)

1367

Stichwortverzeichnis

Blumengeschenke 4 R 21 (3)
Bodenbewirtschaftung, Einkünfte aus – 4 R 15 (1)
Bodengewinnbesteuerung 55; 55 H 236
Bodenschätze 2a (2); 4 H 13 (1); 6b R 41a (1); 7 R 44a; 7 H 44a; 21 H 164a
Bodenschätzungsgesetz 55 (2)
Bodybuilding-Studio 15 H 136
Bond-Stripping Anh. 16
Börse 15 H 137 (9)
Börsenpreis, Ansatz von Wirtschaftsgütern mit dem – 6 R 36 (2); 51 H 233a
Brand (als höhere Gewalt) 6 R 35 (2, 3); 7 H 44; 7g H 83; 16 H 139; 33 R 187
Brauerei 16 H 139 (3)
Bruchteilsgemeinschaft 4 R 13 (12); 7 R 44 (7); 15 H 138 (1)
Brücken 6b R 41a (2)
Brüterei 15 H 135, 138c
Buchführung 18 H 142
– AfA nach Übergang zur – 7 R 44 (12)
– auf Datenträgern 5 H 29; Anh. 7
– bei Gartenbau-, Saatzuchtbetrieben, Baumschulen u. ä. 13 R 128; Anh. 7
– bei Gewinnermittlung nach § 4 Abs. 1 EStG 4 R 12
– Beweiskraft der – 5 H 29
– formelle und materielle Mängel der – 5 R 29
– im Beitrittsgebiet 5 H 31
– im Inland 50 (1)
– landwirtschaftliche – 4 H 12; 4a *8c (3);* 13 R 125a, 127, 128; 34b R 209, 212; Anh. 7
– Mängel in der – 4 R 12 (2); 4a H 25; 5 R 29 (6), 30 (5); 5 H 31
– ordnungsmäßige – nach handelsrechtlichen Grundsätzen 4 R 12 (4, 5), 20 (2); 5 (1); 5 R 28, 30, 31c; 6 R 35, 36a, 40
– Pflicht zur – bei Gewerbetreibenden 5 R 28; 5 H 28; 7a (6)
– Pflicht zur – bei Land- und Forstwirten sowie Angehörigen freier Berufe 4 H 12; 7a (6); 13 R 127, 128; 13 H 127; 13a (1)
– Pflicht zur – bei Personengesellschaften 4 R 12 (3)
– Verfolgung von Bildung und Auflösung einer Rücklage in der – 6b (4); 6b R 41b (4)
– Vorschriften im HGB Anh. 7
Buchführungspflicht 17 R 142
Buchmacher 15 H 136
Buchprüfer 15 H 136
Buchwert 4 R 18; 4 H 18, 21; 6 R 34, 35, 38; 6b (2); 6b R 41b; 6c R 41d; 7 (2); 7 R 43, 44; 7a R 45; 7g R 83; 13 R 127; 14 R 131; 16 H 139; 20 H 154
– Begriff des – 6b R 41a (6)
– einer Beteiligung 16 H 139 (4)
– fiktiver – bei Übergang zum Betriebsvermögensvergleich 4 R 17 (1)

– Fortführung der – bei Überführung eines Wirtschaftsguts von einem Betrieb in einen anderen 13 R 127
– Fortführung des – 6b R 41c (6)
Buchwertabfindung 15 H 138a (1, 3)
Buchwertprivileg 16 R 139 (2)
Bühnenvermittler 15 H 136
Bundesamt für Finanzen
– Anzeige/Mitteilungen an – 36c (3)
– Zuständigkeit 1a H 2; 36b (3); 36b R 213j; 44b R 213p; 44c (1); 50d H 227e
Bundesausbildungsförderungsgesetz 3 H 6
Bundesbahnversicherungsanstalt
– Zusatzrenten der – 22 H 167
Bundesbaugesetz 6 H 32a; 21 *82g;* Anh. 4
Bundesbesoldungsgesetz 3
Bundeserziehungsgeldgesetz 3
Bundesgrenzschutz 32 H 180f
Bundesgrenzschutzgesetz 32 R 180f
Bundeskindergeldgesetz
– Leistungen nach dem – 3; 3 R 6
Bundespolizeibeamtengesetz 3 H 6
Bundespräsident, steuerfreie Zuwendungen des – an verdiente Personen 3
Bundesschatzbriefe
– Zuflußzeitpunkt 11 H 116; Anh. 28
Bundes-Seuchengesetz 3; 32b; 33b H 194
Bundessozialhilfegesetz 3 H 6; 33b H 194
Bundesversorgungsgesetz 32b; 33b (4); 33b H 194; 33b 65
Bundesvertriebenengesetz 3 H 6; 7e (1)
Bürgschaft 15a H 138d; 17 H 140 (5)
Bürgschaftsprovisionen 22 H 168a; 34d
Büroräume 9 R 84 (1)
Bußgeld 4 R 24 (3)
Bußgeldvorschriften 50e

C

Campingplatz 15 H 137 (2)
Chefzimmer 4 R 21
Chelat-Therapie 33 R 189 (1)
Computer
– Nutzungsdauer eines Personalcomputers 7 H 44
– Programme 5 R 31a; 5 H 31a; 6 H 40
Computer-Software-Handel 15 H 134b

D

Dachgeschoß 7 H 43, 44
Dachinstandsetzung
– als Erhaltungsaufwand 21 H 157
Damnum 11 H 116

Stichwortverzeichnis

Darlehen 4 H 16 (2); **15** H 137 (4)
- Abgrenzung von Ausgaben bei – **5** H 31b
- als Betriebsschuld **4** H 13 (15)
- als Betriebsvermögen **4** R 13
- als Vermögensbeteiligung **19a**
- an Angehörige **4** H 19; **20** H 154
- an Arbeitnehmer **3; 3** H 6
- bei Überschußrechnung **4** R 16
- Bewertung von – **6** H 37
- des Gesellschafters an die Gesellschaft **15 (1)**
- eines wesentlich beteiligten Gesellschafters an GmbH **17** H 140 (5)
- haftungslose – **6** H 37
- Mieterzuschüsse **21** R 163 (3)
- partiarisches – **2a; 20 (1)**
- Rückzahlung von – als außergewöhnliche Belastung **33** H 186–189
- Verrechnung von Zuschüssen auf – **6** R 34
- Zinsen für Bau – **21** H 161

Darlehen an Gesellschafter **4** H 13 (2)
Darlehen, kapitalersetzende **15a** H 138d
Darlehensanspruch
- Sicherung des **4** H 19

Darlehensforderung
- als Betriebsvermögen **4** H 13 (1)
- gegenüber Betriebsangehörigen **6** H 35a; Anh. 6

Darlehensgeber **15** H 138 (3)
- Gewerbebetrieb eines –s **15** H 137 (1)

Darlehensgewährung **15** H 138a (2)
Darlehnstilgung
- nach dem BAföG als außergewöhnliche Belastung **33** H 186–189

Darlehnsverhältnisse zwischen Angehörigen **4** H 19; Anh. 2
- schenkungsbegründetes Darlehen **4** H 19
- Verknüpfung von Arbeits- und Darlehensvereinbarungen **4** H 19

Darlehnsverluste **4** H 16 (2)
Datenträger, Aufbewahrung der – **5** R 29 (8)
Datenverarbeitung
- Buchführung durch – **5** R 29; Anh. 7

Datenverarbeitungs-Berater **15** H 136
Dauerkulturen **6** H 40; **7** H 44; **13** H 127
DDR
- Besondere Anwendungsregeln aus Anlaß der Herstellung der Einheit Deutschlands **57**
- Übergang Einnahmeüberschußrechnung **4** H 17
- Übersiedlung **33** H 186–189

Deckungskapital **4b** R 26; **4d; 4d** R 27a; **4d** H 27a; **6a** R 41
Denkmaleigenschaft von Gebäuden **7i; 21** *82i (2);* **51 (1)**
Detektive **15** H 136
Devisentermingeschäfte **15** H 137 (9); **22** H 168a; **23** H 169

Diätverpflegung **33 (2); 33** H 186–189
Diebstahl **4** H 16 (2)
- als höhere Gewalt **6** R 35; **7g** H 83
- von Geld **4** H 16

Dienste im Ausland **32** H 180f
Dienstgeld nach dem Wehrsoldgesetz **3** R 6
Dienstkleidung, Steuerfreiheit des Geldwerts der – bei Uniformträgern **3**
Dienstleistungen
- Absatz eigener Erzeugnisse in Verbindung mit – **15** R 135
- land- und forstwirtschaftliche – **15** R 135

Diplomatische Vertreter **1a** R 1; **1a** H 1; **3; 3** H 6
Direktvermarktung **15** R 135
Direktversicherung **4b; 4b** R 26; **4b** H 26; **6** R 33; **6a** R 41
- Mindesttodesfallschutz bei – **10** R 88 (1)

Disagio **6** R 37; **6** H 32a; **20** H 154; **21** H 161
- Zufluß, Abfluß **11** H 116

Diskontbeträge von Wechseln **20 (1)**
Dispacheur **15** H 136
Dividenden
- Anrechnung von KSt und KapESt bei noch nicht gezahlten – **36** H 213g
- Steuerpflicht der – **20 (1); 20** H 154

Dolmetscher **18 (1)**
Doppelbesteuerungsabkommen **1a** H 1, 2; **2; 2** R 3; **2a (3); 2a** R 5; **3** H 6; **10** H 86b; **10c** H 114; **15a** R 138d; **22** R 166; **32b; 32b** H 185; **34c (2, 6); 34c** R 212b; **34c** H 212b, 212d; **36 (2); 36** R 213h; **46 (2); 46** R 217; **50** R 224; **50a** H 227c; **50d; 50d** H 227e; Anh. 8
- Entlastung (Erstattung und Freistellung) von deutschen Abzugsteuern auf Grund von – **1a** H 2; **50d** H 227e
- Progressionsvorbehalt bei – **32b; 32b** H 185
- steuerfreie Einkünfte auf Grund von – **10** R 87 (1)
- Überführung von Wirtschaftsgütern in ausländische Betriebsstätte bei – **4** H 14 (2–4)
- Verhältnis der – zur unbeschränkten Steuerpflicht **1a** H 1
- Verzeichnis der – Anh. 8

Doppelte Haushaltsführung **4 (5); 4** R 22, 23; **4** H 23; **9 (1); 34f** H 213a
Drittaufwand **5** H 31a
Drohverlustrückstellungen **5** H 31c
Druckbeihilfen, Passivierung **5** H 28
Durchgangserwerb **17** H 140 (2)
Durchlaufende Posten **4 (3); 4** H 13 (1)
Durchlaufspenden **10b** *48 (3);* **10b** R 111; **10b** H 111
Durchschnittlicher Steuersatz **34e** R 213
Durchschnittsbewertung **6** R 36; **13** H 125
- von Vieh **13** R 125, 125a

1369

Stichwortverzeichnis

Durchschnittssätze
- Gewinnermittlung nach – **4** R 16; **6** H 35; **6b** H 41b; **6c** R 41d; **7** R 43; **7** H 44; **13** R 127; **13a**; **13a** 52; **13a** R 130a; **13a** H 130a; **14** R 131

Durchschnittswerte für Sachbezüge 8 (2)

Düsseldorfer Tabelle 32 R 181a; **32** H 181a; Anh. 9

E

EDV-Berater 15 H 136

Ehe
- Aufhebung der – oder Scheidung der Ehegatten **26** H 174; **32a** H 184b
- Nichtigkeit der – **32a** H 184b

Ehegatte
- außergewöhnliche Belastungen bei getrennter Veranlagung von – **26a** 61
- ausländischer – **26** H 174
- Direktversicherung **4b** H 26
- Einkommensteuerermittlung bei – **32a (5); 32a** H 184a
- Inhaber eines land- und forstwirtschaftlichen Betriebs **34e** H 213
- Miteigentum von – **7** H 44
- Sonderausgaben bei – **10** R 86a
- Sonderausgaben und außergewöhnliche Belastungen bei – **2** R 3; **10** R 86b; **26a (2)**
- Unterhaltsverträge zwischen geschiedenen – **10** R 86b; **10** H 86b; **21** H 161; **22** H 167
- Verträge zwischen – **4** R 19; **4** H 19; **6a** R 41 (11); **6a** H 41 (11); **7b (1)**
- Zusammenrechnung der Einkünfte zusammenveranlagter – **34c** R 212e
- zu versteuerndes Einkommen bei getrennt veranlagten – **2** H 3
- zu versteuerndes Einkommen bei zusammenveranlagten – **2** H 3

Ehegatten-Unterarbeitsverhältnis 4 H 19

Ehegesetz 26 H 174

Eheliches Güterrecht 4 H 19 (4); Anh. 5
- Nichtigkeit der – **26** H 174
- Scheidungskosten und Folgekosten **21** H 161; **33** H 186–189
- Versorgungsausgleich Anh. 25

Ehrensold 3

Eigenaufwand für fremdes Wirtschaftsgut **4** H 13 (7); **7** H 42

Eigenbewirtschaftung 16 H 139 (5)

Eigene Anteile 17 H 140 (2)

Eigenheimzulagengesetz Anh. 27

Eigenkapital, verwendbares – **50c** H 227d

Eigenprovisionen 4 H 18; **22** H 168a

Eigensiedlungen 7b R 52
- erhöhte Absetzungen bei – **7b; 7b** 15

Eigentumswohnungen
- AfA bei – **7 (5); 7** H 43
- erhöhte Absetzungen bei – **7b; 7b** 15; **13a** 52; **34f;** Anh. 27
- Nutzungswert der selbstgenutzten – **21a**

Eigentum, wirtschaftliches – **6b** R 41a (7)

Eigenverbrauch, Umsatzsteuer für den – 12

Einbaumöbel und Gebäudeherstellungskosten 6 H 33a

Einbauten
- AfA von bestimmten – **21** 82a
- als Herstellungskosten eines Gebäudes **5** H 31a; **7** R 42; **7** H 42

Einbringung
- von Anteilen an Kapitalgesellschaften **17** H 140 (2)

Einbringung i. S. des Umwandlungsteuergesetzes 16 H 139; **17** H 140; **18** R 147; **18** H 147

Einbringungsgeborene Anteile 17 H 140 (2)

Einbringungsvorgänge im Sinne der §§ 20 ff. UmwStG 16 H 139 (8)

Einfamilienhaus
- erhöhte Absetzungen bei – **7b; 7b** 15; **13a** 52; **34f;** Anh. 27
- Nutzungswert der selbstgenutzten Wohnung im eigenen – **21a**

Einfriedungen bei Gebäuden 6 H 33a; **7** H 42; **21** H 157

Eingliederungsdarlehen 3 H 6

Eingliederungshilfe 32b
- als anrechenbarer Bezug **33a** H 190

Eingriff, behördlicher – **6** R 35; **6** H 35; **6b** R 41a (7), 41c (5); **14** R 132

Einheitsbewertung
- Bedeutung der – für die Einkommensbesteuerung **7a; 7a** R 83 (2); **13a; 55**
- von Grundstücken ohne Bindung für die ESt **4** R 13 (13)

Einheitswert des Betriebs der Land- und Forstwirtschaft **13a** R 130a

Einheit von Räumen 21a (1)

Einigungsvertrag 56; 58

Einkaufswert 15 R 135

Einkleidungsbeihilfen, Steuerfreiheit der – **3**

Einkommen
- Begriff des – **2 (4); 2** R
- zu versteuerndes – **2 (5); 2** R 3

Einkommensersatzleistungen 33b R 185

Einkommensgrenze 14 H 131

Einkommensteuer
- als Jahressteuer **2 (7); 2** H 4
- Bemessungsgrundlage für die tarifliche – **2 (5); 2** R 3, 4
- Erklärung **25 (3); 25** 56
- Festsetzungsgrundlage Kalenderjahr **2 (7)**
- festzusetzende – **2 (6); 2** R 4
- Pauschalierung der – durch Dritte **37a**

Stichwortverzeichnis

- tarifliche – **2 (5, 6); 2** R 4; **32a**
- Vorauszahlungen **37** R 213n

Einkommensteuererklärung 25 (3); 25 *56*
Einkommensteuertarif 32a; 32a H 184a, 184b
- bei beschränkter Steuerpflicht **50 (3)**

Einkünfte
- Absicht zur Erzielung von – **23** H 169; **24** H 170; Anh. 23
- Aufteilung der – **33b** R 194
- aus außerordentlichen Holznutzungen **34b; 34b** R 209
- aus Gewerbebetrieb **15; 15** R 134; **15** H 134, 138 (3), 138c; **15a; 16; 17; 17** H 140; **32c; 34d; 34d** H 212g; **49; 49** R 222
- aus Gewerbebetrieb, beschränkt steuerpflichtige **49** H 222
- aus Holznutzungen infolge höherer Gewalt **34b** R 209
- aus Kapitalvermögen **20; 20** R 153, 154, 156; **20** H 153, 154; **34d; 49**
- aus Land- und Forstwirtschaft **2a; 13; 13** *51*; **13** R 124; **13** H 124, 124a, 125–127; **13a; 13a** 52; **24a** R 171a; **34d; 34e; 49**
- aus nachgeholten Nutzungen **34b** R 209
- aus nichtselbständiger Arbeit **19; 19** R 150; **34d; 49**
- aus selbständiger Arbeit **18** R 147, 149; **18** H 144; **34d; 49**
- aus selbständiger Arbeit, beschränkt steuerpflichtige – **49** H 222a
- aus Unterhaltsleistungen **22**
- aus Vermietung und Verpachtung **2a; 21; 21** R 157, 161, 162, 162a, 163, 164; **21** H 157, 161, 162, 162a, 163, 164, 164a; **21** *82a, 82b, 82g;* **21a; 34d; 37 (3); 49**
- beschränkt steuerpflichtige – **49; 49** R 222, 223
- des Kindes **32** R 180e
- Ermittlung der – **34** R 200 (4)
- Gesamtbetrag der – **2 (3); 2** R 3; **13 (3)**
- im Kalenderjahr als Bemessungsgrundlage **2** H 4
- nachträgliche – **15 (1); 24** R 171 (1); **24** H 171; **34d** H 212g; **49** H 222
- negative – **37** R 213n
- negative ausländische – **2a; 34c** R 212c
- negative – oder Vorauszahlungen **37 (3)**
- sonstige **22; 22** *55;* **22** R 165–168, 168a, 168b; **22** H 165, 166, 168a, 168b; **23; 23** R 169; **23** H 169; **49**
- steuerbegünstigte außerordentliche – **34; 34** R 197, 198, 200; **34** H 197; **34b** R 210
- Steuerermäßigung bei ausländischen – **34c; 34c** *68a, 68b;* **34c** R 212a, 212b, 212c, 212d; **34c** H 212a–212d; **34d; 49;** Anh. 19
- Summe der – **2 (3); 2** R 3; **35** H 213e
- und Bezüge behinderter Kinder **32** R 180d
- und Bezüge von Kindern **32 (4)**

Einkünfteerzielungsabsicht 21 H 161
- bei Ferienwohnungen **21** H 161
- bei Gebäuden **21** H 161
- bei leerstehender Wohnung **21** H 161

Einkunftsarten 2 (1); 2 R 3
Einlageminderung 15a
Einlagen
- Begriff der – **4 (1); 4** R 14 (1); **5 (6)**
- Bewertung von – **6 (1); 6** R 39; **7** R 43 (6)
- verdeckte – **6** H 39; **17; 17** H 140 (5); **50c** H 227d
- von Grund und Boden **55 (7)**
- von immateriellen Wirtschaftsgütern **5** R 31a (4)
- von wertgeminderten wesentlichen Beteiligungen **17** R 140 (8); **17** H 140 (8)
- von Wirtschaftsgütern als gewillkürtes Betriebsvermögen **4** H 13 (1)

Einlagenrückgewähr 20 H 154
Einnahmen
- aus Kapitalvermögen **20** R 154; **20** H 154; **36** R 213g
- aus Vermietung und Verpachtung **21** R 161; **21** H 161
- Begriff der – **8**
- Umsatzsteuer als – **9b** H 86
- Zuschüsse als – aus Vermietung und Verpachtung **21** R 163; **21** H 163

Einnahmenüberschußrechnung 4 (3); 4 R 16, 17; **4** H 16; **6 7** *(3);* **6** H 35; **6c** R 41d; **13** R 127; **34b** H 212

Einrichtungsgegenstände 4 R 16 (3)
- als GWG **6** H 40

Einsatz von Lebensversicherungen zur Tilgung oder Sicherung von Darlehen **10 (2)**

Einstellung des Gewerbebetriebs 16 H 139 (3)

Einstimmigkeit, personelle Verflechtung, Gesellschaftsvertrag **15** H 137 (6)

Einzelbewertung 6 R 38 (6)

Einzelhändler
- Aufzeichnung der Kasseneinnahmen bei – **5** R 29
- Kreditgeschäfte der – **5** R 29

Einzelöfen 21 *82a (3)*
Eisbrecher 6b R 41a (4)
EK 04-Ausschüttung 17 H 140 (5)
Elternbeiräte
- Ausstellung von Spendenbescheinigungen **10b** H 111

Eltern-Kind-Verhältnis 33 H 186–189
Emissionsdisagio Anh. 16
Emissionsdisagio/Emissionsdiskont festverzinslicher Wertpapiere **20** H 154
Emissionsdiskont Anh. 16
Empfängerbenennung 4 H 18
Energieerzeugung 15 R 135
Energiesparmaßnahmen 21 *82a*

Enkelkinder 63 R 239

Entlassungsgeld nach dem Wehrsoldgesetz 3 H 6

Entlastung
- von deutschen Abzugsteuern auf Grund von DBA **1a** H 2; Anh. 21
- von deutscher Kapitalertragsteuer auf Grund der Mutter-/Tochter-Richtlinie **44d**; **50d**

Entlastungsbetrag für gewerbliche Einkünfte **32b** H 185a; **32c**

Entlohnung für mehrjährige Tätigkeit **34 (3)**; **34** H 200

Entnahme
- AfA nach Entnahme **7** H 43
- Begriff der – **4 (1)**; **4** R 14 (2)
- bei Erbauseinandersetzung **4** H 14 (2–4)
- bei Personengesellschaften **4** H 14 (2–4)
- bei privater Pkw-Nutzung **4** H 14 (2–4)
- Bewertung der – **6 (1)**; **6** R 39; **7** R 43
- degressive AfA bei Gebäuden **7** R 44 (12); **7** H 44
- durch Wegfall der Nutzungswertbesteuerung **4** H 14 (2–4)
- einer Beteiligung **16** H 139 (3)
- Ermittlung der Ausgabenhöhe von Spenden im Falle der – **10b (2)**
- Finanzierung von – **4** H 13 (15)
- keine Ersatzbeschaffungsrücklage bei – **6** R 35
- Umsatzsteuer für – **12**
- von Grundstücken durch Nutzungsänderung **4** H 14 (2–4)
- von Grund und Boden bei Überschußrechnung **4** R 18
- von immateriellen Wirtschaftsgütern **5** R 31a
- von landwirtschaftlichem Grund und Boden **4** H 14 (2–4); **13a (8)**; **14a (2, 4)**; **14a** H 133a
- von Wirtschaftsgütern durch Wechsel der Gewinnermittlung **4 (1)**; **4** R 16 (6)

Entnahmegegenstand **4** R 14 (4)

Entnahmegewinn **4** H 14 (2–4)

Entnahmehandlung **4** R 14 (3); **4** H 14 (2–4)

Entschädigungen
- auf Grund des Abgeordnetengesetzes **22**
- Besteuerung bestimmter – **24**; **24** R 170; **24** H 170; **34**; **34** R 199
- für Aufgabe eines Betriebs **14** R 131
- für ausgeschiedene oder beschädigte Wirtschaftsgüter **6** R 35
- für den Verlust von Hausrat oder Kleidung **33** R 187
- für Leistungen einer Betriebsunterbrechungsversicherung **6** H 35 (1)
- für Wirtschaftserschwernisse **13a** H 130a; **14** H 131
- im Zusammenhang mit Hochspannungsleitungen **13** H 127

- steuerfreie – nach dem Wertpapierbereinigungsschlußgesetz **3**
- steuerfreie – von Kriegsgefangenen **3**
- tarifbegünstigte **34**; **34** R 199; **34** H 197, 199

Entschädigungsrente nach dem LAG und RepG **3** H 6

Entstehung der Einkommensteuer **36**

Enttrümmerungsmaterial, Wert des – als Herstellungskosten **6** H 33a

Entwässerungsanlagen **6b** R 41a (1, 2)

Entwicklungshelfer-Gesetz **32 (5)**; **32** R 180f; **32** H 180f
- steuerfreie Leistungen nach dem – **3**
- Tätigkeit als Entwicklungshelfer i. S. d. – **32 (5)**; **32** H 180f

Entwicklungsmaßnahmen **4 (8)**; **6b (7, 8)**; **7h**; **10f**; **11a**; **21** *82g*

Erbauseinandersetzung **4** H 14 (2–4); **7** H 43; **14a** H 133b; **16** H 139, 139 (4, 6); **23** H 169; Anh. 10

Erbbaurecht
- Anschaffungskosten **6** H 32a; **21** H 161
- auf Grund – errichtete Gebäude **4** R 13; **4** H 14 (2–4); **5** H 31a; **6** H 32a; **7a** H 45
- Einkünfte aus – **21 (1)**; **23 (1)**
- gewerblicher Grundstückshandel **16** H 139 (2)

Erbbauzinsen **11** H 116; **21** H 161; Anh. 23

Erbe
- Abfindung weichender Erben **14a (4)**; **14a** H 133b
- einer freiberuflich tätig gewesenen Person **15** H 136
- Unterhaltsleistungen des – **10** H 86a

Erbengemeinschaft **15** H 138 (1, 5); Anh. 10
- Grundstücke einer – **4** R 13 (12); **23** H 169

Erbensucher **15** H 136

Erbfall, Verpachtung nach – **15** H 136

Erbfolge **16** H 139 (14)
- vorweggenommene **15** H 136; Anh. 10

Erbfolgeregelungen **4** H 19; Anh. 10

Erbschaftsteuer, Steuerermäßigung bei Belastung mit – **2** R 4; **35**; **35** H 213e

Erbschaft, unentgeltlicher Erwerb durch **23** H 169

Erdgasversorgung **21** H 157

Erfinder **18** H 149

Erfinder, estl. Behandlung der – **2** R 4; **15** H 134b; **18** H 149

Erfindungen **5** H 31a, 31c; **18** R 149

Erfüllungsrückstand **5** R 31c (10)

Ergänzungsbeiträge für Abwasserbeseitigung **6** H 33a; **21** H 157

Ergänzungsbilanz **16** H 139 (3)

Ergänzungspfleger **4** R 19

Ergänzungsschule **10**; **10** H 104

Stichwortverzeichnis

Ergebnisabführung 10d R 115 (3)
Erhaltungsaufwand 21 R 157 (1)
- bei eigengenutzten Wohnungen 21 *82a (3)*
- bei Gebäuden 21 R 157; 21 H 157
- Dachinstandsetzung 21 H 157
- Glasdach einer Dachterrasse 21 H 157
- Sonderbehandlung für bestimmten – bei Baudenkmalen 4 (9); 10f; 11b; 11b R 116b; 51 (1)
- Sonderbehandlung für bestimmten – in Sanierungsgebieten u. ä. 4 (8); 7h R 83a; 10f; 11a R 116a; 21 R 157 (2)
- Verteilung von größerem – bei Wohngebäuden 21 *82b;* 21 R 157; 21 H 157
- Zuschüsse zur Finanzierung von – 21 R 163

Erlaß der auf ausländische Einkünfte entfallenden ESt 34c (5)
Erlaß der ESt
- bei beschränkter Steuerpflicht 50 (7)

Ermittlung der eigenen Einkünfte und Bezüge 32 R 180e; 32 H 180d; 33a R 190; 33a H 190
Ermittlung des Veräußerungsgewinns (-verlusts) 17 R 140 (7); 17 H 140 (7)
Ernährung, nicht abziehbare Aufwendungen für – 12
Eröffnung eines Betriebs 4 6 *(1)*
Eröffnungsbilanz 4 R 16; 5 R 29, 31
Ersatzanspruch 33 R 187
Ersatzleistungen einer Versicherung, Anrechnung von – auf außergewöhnliche Belastungen 33 H 186–189
Ersatzschule 10; 10 H 104
Ersatzwirtschaftsgut, Übertragung einer Rücklage auf ein – 6 R 35; 6b R 41c (5)
Ersatzwirtschaftswert
- des Betriebs der Land- und Forstwirtschaft 13a R 130a

Erschließungskosten 5 H 31b; 6 H 33a
Erstattung
- von als Betriebsausgaben abgesetzten Steuern 4 R 20
- von deutschen Abzugsteuern auf Grund von DBA – 50d
- von Kapitalertragsteuer 36 H 213f; 36b R 213j; 36d R 213m; 44b (1); 44b R 213p; 44c; 46 H 213m

Erstaufforstung 4 R 16 (3); 14 R 131
Erstobjekt 7b (5)
Ertragsanteil von Renten 22; 22 55; 22 R 167; 22 H 167
Ertragszuschüsse 5 H 31b
Erweiterungen 21 R 157 (3)
- an Ein- oder Zweifamilienhaus oder Eigentumswohnung 7b; 7b R 52
- von Gebäuden und Schiffen 6b (1); 6b R 41a

Erwerb 5 H 31a; 6 (1); 7 *11d;* 7 R 43, 43 (1)
- Abgrenzung entgeltlicher und unentgeltlicher – 7 R 43

- eines unfertigen Gebäudes 7 H 43
- entgeltlicher – eines Betriebs 4 6 *(1)*
- entgeltlicher – eines immateriellen Wirtschaftsguts 5 R 31a
- unentgeltlicher – 5 R 31a

Erwerbsfähigkeit, Minderung der – Grad der Behinderung 13a (5)
Erwerbsgrundlage, Verlust der früheren – 7e (1)
Erwerbstätigkeit
- Begriff der – 33c R 195

Erwerbsunfähigkeit
- Rente wegen – (Rente wegen verminderter Erwerbsfähigkeit) 22 R 167 (6)
- völlige – 32 R 180d

Erzeugnisse, Bewertung halbfertiger und fertiger – 6 R 36, 38
Erzieher 3; 3 H 6; 33c R 195
Erziehungsbeihilfen 3 H 6
Erziehungsgeld 3; 3 H 6 Nr. 11; 33c H 195
- als anrechenbarer Bezug 33a R 190

EU-Mitgliedstaaten 3 H 6 Nr. 6
Europaabgeordnetengesetz 22; 22 R 168b
Europäischer Wirtschaftsraum 63 H 239
Europäisches Ausland 32 H 180c
Euroumrechnungsrücklage 6d
EWIV 15 H 138 (1)
Existentiell notwendige Gegenstände 33 R 187
Existenzgründer 7g (7); 7g H 82a
- Zuschüsse 3 H 6 Nr. 2

Existenzgründungsbeihilfen 3 H 6 Nr. 2

F

Fabrikationsgrundstück 15 H 137 (5)
Fabrikationsverfahren 5 H 31a
Fabrikgebäude
- Begriff der – 7e (1)
- Bewertungsfreiheit für – 4 H 22; 7e

Fachkongresse 12 R 117a
Fahrschule 15 H 136; 16 H 139 (3)
Fahrstuhlanlagen, AfA bei – 7 H 42
Fahrtenbuch 4 (5) Satz 1 Nr. 6; 4 H 23; 6 (1) Nr. 4; 8 (2); Anh. 12
Fahrten zwischen Wohnung und
- Arbeits-, Betriebs-, Tätigkeitsstätte 4 (5); 4 R 23; 4 H 23; 9 R 84; Anh. 12
- Arbeitsstätte 9 (1, 2)

Fahrtkosten
- Behinderter 33a H 194

Faktische Beherrschung 15 H 137 (5)
Falschbuchungen 4 R 22 (1); 5 H 29
Familienangehörige 15 H 138a (1, 4)
- als Mitunternehmer 13 H 126; 15 R 138a
- als stille Gesellschafter 15 R 138 (5)

Stichwortverzeichnis

- Arbeitsleistung von – in der Landwirtschaft **13a (5); 13a** R 130a; **13a** H 130a
- Beteiligung **15** H 138a (3)

Familienfideikommiß 22

Familiengesellschaft 13 H 126; **15** R 138a; **15** H 138 (1)

Familien-GmbH 15 H 138 (3)

Familienheimfahrten 4 (5); 4 R 23 (5); **4** H 23; **9 (1);** Anh. 12
- verheirateter Wehrpflichtiger **33** H 186–189

Familienkasse
- Bescheinigung der – **68** R 244
- des öffentlichen Dienstes **72** R 248

Familien-KG 15 H 138a (2)

Familienleistungsausgleich 31; 31 H 175

Familienpersonengesellschaft 15 H 138a (1)

Fassaden 4 R 13 (3)

Fehlbelegungsabgabe
- als außergewöhnliche Belastung **33** H 186–189

Fehlende gewerbliche Tätigkeit, wesentliche Betriebsgrundlagen **16** H 139 (1)

Fehlerhafte Gesellschaft 15 H 138 (1)

Fehlmaßnahme, wirtschaftliche – **6** R 35 (2)

Feiertagsarbeit, Zuschläge für – **3b**

Feldinventar 6b R 41a (1); **14** R 131
- bilanzielle Behandlung **13** H 127

FELEG 13 R 124a (3)

FELEG-Ausgleichsgeld 13 H 127

Ferienhäuser
- als notwendiges Betriebsvermögen **4** H 13 (7)
- Überlassung an Arbeitnehmer **4** H 21 (10–11)
- Vermietung von – **15** H 134b; **21** H 162

Ferienhäuser, Ferienwohnungen
- Nutzungswert der – **21** H 162
- Vermietung von – **15** H 137; **16** H 139

Ferienwohnung 15 H 137 (2); **20** H 154; Anh. 23

Fernwärmeversorgung, Anschluß an – **21** 82a

Fertigstellung
- einer Dauerkultur **7** H 44
- Jahr der – **6b** 9a; **7** H 44
- Zeitpunkt der – **7** R 44 (1)

Fertigungsbetrieb 16 H 139 (3)

Fertigungskosten (Fertigungsgemeinkosten) 6 R 33

Festlandsockel 1 (1)

Festsetzung des Kindergeldes **70**

Feststellung
- des verbleibenden Verlustabzugs **10d (3)**
- gemeinsamer Einkünfte **26** H 174b
- gesonderte – des Höchstbetrags der Steuerermäßigung bei Einkünften aus Land- und Forstwirtschaft **34e (1)**
- gesonderte und einheitliche – in Fällen des § 14a EStG **14a** R 133a, 133c

- gesonderte – von Verlusten nach § 34c Abs. 4 EStG **34c** H 212e
- von Besteuerungsgrundlagen **6b** R 41b (11); **14a** R 133a; **16** R 139 (13); **26a** H 174a; **26b** R 174b (2); **55 (5)**
- von Verlusten **15a (4)**

Festverzinsliche Anleihen 20 H 154

Festwert 5 H 31; Anh. 6
- für Gegenstände des beweglichen Anlagevermögens **5** R 31 (3, 4)

Feuerlöschanlagen 4 H 13 (5); **7** R 43 (3)

Fiktive ausländische Steuern 34c (6)

Filialen und Zweigniederlassungen **16** H 139 (3)

Filme
- immaterielles Wirtschaftsgut **5** H 31a

Finanzanalyst 15 H 136

Finanzberater 15 H 136

Finanzierungen unter Einsatz von Lebensversicherungsansprüchen **10 (2)**

Finanzierungskosten
- als Anschaffungs-/Herstellungskosten **6** R 33

Finanztermingeschäfte 20 H 154; Anh. 16

Finanz- und Kreditberater 15 H 136

Firmenwert 4 H 14 (2–4); **7 (1)**
- Absetzung des – **5** H 31a; **6** H 32; **7 (1);** Anh. 6
- verdeckte Einlage **4** H 14 (1); **5** H 31a

Fischerei, Aufwendungen für – **4 (5); 4** H 22

Fischzucht 13 (1)

Fitneß-Studio 15 H 136

Flächenstillegungsprämie 5 H 31b; **13** H 127, 128

Flachpaletten 6 H 40

Flaggenrecht 6b R 41a (4)

Flaschen
- Einsammeln und Verwerten leerer – **22** H 168a
- selbständig nutzungsfähige Wirtschaftsgüter **6** H 40

Flüchtlingshilfegesetz 3; 3 H 6

Flugzeug
- Vermietung von – **15** H 137 (3)

Flugzeug, Aufwendungen für – **4** R 21 (12)

Folgeobjekt 7b (5); 10c (4)

Fondsgebundene Lebensversicherung 10 (1)
- Mindesttodesfallschutz bei – **10** R 88 (1)

Fördergebietsgesetz Anh. 11

Förderung der Familie 31

Forderungen
- Zeitpunkt der Aktivierung von **4** H 13 (1)

Forderungsausfall 13a H 130a; **16** H 139 (10)

Forderungsverzicht 6 H 35a

1374

Förderungswürdigkeit
– volkswirtschaftlich besondere – des Erwerbs (der Veräußerung) von Anteilen an Kapitalgesellschaften **6b (1)**
Forfaitierung von Forderungen Anh. 17
Formaldehydschaden
– als außergewöhnliche Belastung 33 H 186–189
Form und Inhalt der Betriebsaufgabeerklärung 16 H 139 (5)
Forschungsinvestitionen 51 (1)
Forstschäden-Ausgleichsgesetz 34b R 209, 212
Forstwirtschaft 2a; 13; 13 *51;* 13a; 34b; **34b** *68;* 34b R 204, 210, 212; 34b H 212
Fortbildungskongresse 12 R 117a
Fortbildungsstipendium 3 H 6
Fortführung
– der Buchwerte bei Überführung eines Wirtschaftsguts von einem Betrieb in einen anderen 4 R 14 (2–4); **6b** R 41c (6)
– eines Betriebs 16 H 139 (5)
Fotograf 15 H 136
Fotomodelle 15 H 136
Freianteile 20 H 154
Freiberufliche Tätigkeit 15 H 136; **18 (1);** 18 R 147; 24 H 171
Freibetrag 16 H 139 (11)
– Aufteilung des – nach § 13 Abs. 3 **34e** R 213
– für Abfindung weichender Erben **14a (4)**
– für Land- und Forstwirte 2 R 3; **13 (3);** 13 R 124; 13 H 124
– für Schuldentilgung in der Landwirtschaft **14a (5); 14a** R 133c; **14a** H 133c
– für Veräußerungsgewinne **14; 14a;** 14a R 133a; 14a H 133a; **16 (4); 16** R 139, 139 (13); **16** H 139; **17 (3);** 18 R 147
– für weichende Erben in der Landwirtschaft 14a R 133b; **14a** H 133b
– nach § 13 Abs. 3 **34c** R 213
Freibleibender Betrag bei veranlagten Einkünften aus nichtselbständiger Arbeit 2 R 3; 46 H 217; **46** *70;* **46 (3)**
Freie Mitarbeit 15 H 134
Freigrenze bei der Besteuerung
– für Geschenke 4 R 22; **9b** R 86
– von Leistungen **22; 22** R 168a
– von Spekulationsgeschäften **23; 23** R 169 (3)
Freistellung
– als Steuervergütung 31
– von deutschen Abzugsteuern auf Grund von DBA **1a** H 1, 2; **50d; 50d** H 227e
– von deutscher Kapitalertragsteuer auf Grund der Mutter-/Tochter-Richtlinie **44d; 50d;** 50d H 227e
Freistellungsauftrag 36b R 213k; 36c R 213l; 44a R 213o; 44a H 213o; **45d; 51 (4);** Anh. 28
– verfahrensrechtliche Fragen **45d** H

Freistellungsauftrag/NV-Bescheinigung 44a (2); 44b (1)
Freistellungsbescheid 10b H 111
Freistellungsverfahren 44d; 44d H 213q; **50d;** 50d H 227e
Freiveranlagung bei getrennter Veranlagung von Ehegatten 25 R 172
Freiwilliges ökologisches Jahr 32 (4); 32 R 180c; 32 H 180c
Freiwilliges soziales Jahr 32 (4); 32 R 180c; 32 H 180c
Freiwillige Verpflichtung 32 (5)
Fremdenpension 15 H 137 (2)
Fremdenverkehr in ausl. Betriebsstätte **2a (2)**
Fremdvergleich 4 R 19; **4** H 19; **4b** R 26; 15 H 138 (3); 21 H 162a
– bei Mietverträgen unter Angehörigen 21 H 162a
– bei Rechtsverhältnissen unter Angehörigen 4 H 19
– bei Verträgen einer Personengesellschaft unter nahen Angehörigen 4 H 19
– Umfang 4 H 19
Fremdwährungsdarlehen 4 H 16 (2)
Frisch- oder Trockenzellenbehandlung 33 R 189 (1)
Frist
– für den Antrag auf Veranlagung **46 (2)**
– für den Antrag auf Vergütung von Körperschaftsteuer **36b (4); 36c (4)**
– für die Auflösung einer Rücklage 6 R 35 (6); **6b (4); 6c** R 41d
– für die Zugehörigkeit von Wirtschaftsgütern zum Anlagevermögen **6b (4); 6b** R 41c
Führerscheinkosten
– als außergewöhnliche Belastung 33a H 194
Fulbright-Abkommen 3; 3 H 6
Fürsorgefonds der Ärztekammern 18 R 144
Fußgängerzone 6 H 33a
Fußpfleger, medizinische – 15 H 136
Futterbauanteil 4a *8c*

G

Ganztagspflegestelle 33c H 195
Garagen
– AfA von – 7 R 42a (2)
– als Wohnzwecken dienende Räume 7 R 42a (3); **7b (4); 21** *82b (1)*
Garantierückstellungen 5 H 31c
Gartenanlage 5 H 31a; 6 H 33a; **21** R 157 (5); 21 H 157
Gartenbau 13 (1); 13 R 128; **13a (4, 8)**
Gartengestaltung 15 R 135
Gästehäuser, Aufwendungen für – **4 (5); 4** R 21, 22; **15** H 134b

1375

Stichwortverzeichnis

Gastlehrkräfte 1a H 1
Gaststätte
- als Teilbetrieb 16 H 139 (3)
- Bewirtungskosten 4 R 21; Anh. 12
- Einbauten in – 4 R 13

Gaststättenhandel 16 H 139 (5–9)
Gaststättenrechnung 4 (5)
Gaststättenverpachtung 16 H 139 (5, 9)
GbR 15 H 138 (5)
Gebäude
- Abbruch von – 6b R 41b; 7 H 44
- Abgrenzung von Betriebsvorrichtungen 7 R 42; 7 H 42
- AfA bei – 7; 7 R 42a, 44; 7a R 45; 11c; Anh. 27
- Anbau, Aufstockung eines – 6b R 41c; 7 H 43, 44
- auf fremdem Grund und Boden 7 R 42
- Ausbau eines – 6b R 41b
- Begriff des – 7 R 42 (5)
- Erhaltungs- und Herstellungsaufwand bei – 21 H 157
- Erweiterung eines – 6b R 41b, 41c
- Erwerb eines nicht fertiggestellten – 7 R 43; 7 H 44
- Herstellungskosten eines – 6 H 33a
- Umbau eines – 6b R 41b, 41c; 7 H 42, 43, 44
- Veräußerung betrieblicher – 6b; 6c

Gebäudeteile
- AfA von – 7 (5); 7 R 42, 44
- als selbständige Wirtschaftsgüter 7 R 42; 7 H 44; 21 R 157
- unselbständige 4 H 13 (5)

Gebrauchsmuster 5 H 31a
Gebrauchsmustergesetz 50a 73a (3)
Geburtsbeihilfen, Steuerfreiheit der – 3; 3 H 6
Gegenwert
- Berücksichtigung des – bei § 33 33 H 186–189

Gehalt
- steuerfreies – von diplomatischen und konsularischen Vertretern 3; 3 H 6

Gehaltsumwandlung, -verzicht
- bei Arbeitsverhältnissen zwischen Ehegatten 4 H 19

Geh- und Stehbehinderung 33 H 186–189; Anh. 3
Geldleistungen, steuerfreie – nach RVO, AVG, Reichsknappschaftsgesetz, Gesetz über eine Altershilfe für Landwirte 3
Geldleistungsverpflichtung
- Abzinsung 6 H 37

Geldstrafen 4 H 24; 12; 12 R 120; 12 H 120
- Abführung von Mehrerlösen – 12 H 120
- Agentenlohn – 12 H 120
- Bestechungsgelder – 12 H 120
- Einziehung von Gegenständen – 12 H 120
- Geldbußen 4 (5); 4 R 24; 12 H 120
- Kosten des Strafverfahrens/der Strafverteidigung – 12 H 120
- Leistungen zur Erfüllung von Auflagen oder Weisungen – 12 H 120
- Ordnungsgelder – 12 H 120
- Rechtsfolgen vermögensrechtlicher Art – 12 H 120
- Strafverfahren – 12 H 120
- Strafverteidigungskosten – 12 H 120
- Tatentgelte – 12 H 120
- Verfall von Gegenständen – 12 H 120
- Verfall von Tatentgelten – 12 H 120
- Verwarnungsgelder – 12 H 120

Gema 50a 73f
Gemeiner Wert 6 R 35
- Ansatz von Wirtschaftsgütern mit dem – 5 R 31a; 6 H 39; 7 R 43; 13a R 130a
- Betriebsaufgabe 16 (3); 16 H 139 (2, 10)
- von als Spenden zugewendeten Wirtschaftsgütern 10b (3); 10b H 111
- von Vermögensbeteiligungen 19a (6)
- von Wirtschaftsgütern bei Auseinandersetzung von Mitunternehmern 16 (3); 16 H 139

Gemeinkosten 6 R 33, 38; 9b R 86
Gemeinnützige Zwecke 3 H 6; 10b; 10b 48; 10b R 111; Anl. 7
Gemeinsames Eigentum von Pächter und Verpächter an wesentlichen Betriebsgrundlagen 16 H 139 (5)
Gemeinschaftliche Tierhaltung 13 R 124a
Gemischte Betriebe 15 H 138c
Gemüsebau 13 (1); 55 (2)
Generalagent 15 H 134
Generalüberholung
- Dauer der Zugehörigkeit eines Wirtschaftsguts zum Betriebsvermögen bei – 6b R 41c (2)
- Nutzungsdauer eines Wirtschaftsguts nach – 6b R 41a (3)

Genossenschaftsanteile 4 R 16 (3); 4 H 13 (1); 36d R 213m; Anh. 27
Genußscheine 19a; 20 (1)
Geringes Vermögen 33a (1); 33a R 190; 33a H 190
Geringstland 13a (4); 13a R 130a; 55 (2)
Geringwertige Wirtschaftsgüter
- Aufnahme von – in besonderes Verzeichnis 5 R 31 (1); 6 (2)
- Bewertungsfreiheit für – 6 (2); 6 R 40
- Umsatzsteuer und 800-DM-Grenze bei – 9b R 86 (5)

Gerüst- und Schalungsteile 6 H 40
Gesamtbetätigung, einheitliche 15 H 138 (5)
Gesamtbetrag der Einkünfte 2 (3); 2 R 3; 10b; 32b R 185; 34 H 198; 34c H 212b
Gesamtgut 26a R 174a
Gesamthandsvermögen 6b H 41b; 15 H 138 (1); 15a R 138d; 17 H 140 (2)

1376

Stichwortverzeichnis

Gesamtrechtsnachfolger 2a R 5 (5)
Geschäftsjubiläum 3 H 6 Nr. 52
Geschäftsreise 4 R 21, 22, 23
Geschäftswert 4 H 14 (2–4); Anh. 6
- derivativer –/originärer – 16 H 139 (5)
- verdeckte Einlage 4 H 14 (1)
- von Treuhandanstalt erworbene Apotheke 5 H 31a

Geschenke 4 R 21, 22; 9b R 86
Geschenke und Zugaben Anh. 12
Geschmacksmustergesetz 50a 73a (3)
Gesellschaft bürgerlichen Rechts 15 H 138a (1)
- Haftung von Gesellschaftern einer – 15a (5)
- Verlustausgleich/-abzug 15a R 138d
- zwischen Eltern und Kindern in der Land- und Forstwirtschaft 13 H 126
- zwischen Freiberuflern 15 H 136

Gesellschafter 15 H 138 (3)
- einer Personengesellschaft 15 H 138 (1)

Gesellschaftereigenschaft 15 H 138 (3)
Gesellschafterforderungen
- bei Ausscheiden 16 H 139 (4)

Gesellschafter-Geschäftsführer 15 H 138 (3)
- Direktversicherung 4b H 26
- Pensionszusage 6a R 41; 6a H 41
- selbständige Nebentätigkeit 15 H 134

Gesellschaft, stille –
- eines Arbeitnehmers 19a (3)
- Einkünfte aus – 2a; 15a (5); 20 (1); 20 H 154
- von Familienangehörigen 15 R 138a (4)

Gesellschaftsverhältnis 15 H 138 (3)
Gesellschaftsvermögen 15a H 138d
Gesellschaftsverträge zwischen Angehörigen 13 H 126; 15 R 138a

Gesetz
- gegen Wettbewerbsbeschränkungen 4 R 24
- über Bergmannsprämien 3
- über den Versicherungsvertrag 4b R 26 (2)
- über die Ablösung öffentlicher Anleihen 3
- über die Entschägung ehemaliger deutscher Kriegsgefangener 3
- über die Krankenversicherung der Landwirte 3
- über eine Altershilfe für Landwirte 3
- über Hilfsmaßnahmen für Deutsche aus der sowjetischen Besatzungszone und Berlin (Ost) 3
- über Ordnungswidrigkeiten 4 R 24
- über Titel, Orden und Ehrenzeichen 3
- zur Einführung eines Mutterschaftsurlaubs 3
- zur Förderung der Einstellung der landwirtschaftlichen Erwerbstätigkeit 3; 13 (2)
- zur Förderung eines freiwilligen ökologischen Jahres 32 (4)
- zur Förderung eines freiwilligen sozialen Jahres 32 (4)
- zur Verbesserung der betrieblichen Altersversorgung 4c R 27; 4d R 27a; 6a R 41
- zur wirtschaftlichen Sicherung der Krankenhäuser und zur Regelung der Krankenhauspflegesätze 7b R 82

Gesetzlicher Wehr- bzw. Zivildienst 32 H 180a
Gesetzliche unterhaltsberechtigte Person 33a R 190
Gesetzwidrige Geschäfte 4 R 21
Gesonderte Ermittlung der Einkünfte 26 H 174b
Gesonderte Feststellung – Verluste nach § 34c Abs. 4 34c H 212e

Getränke
- Absatz von selbsterzeugten – in Verbindung mit besonderen Leistungen 15 R 135

Getreideheber, schwimmende – 6b R 41a (4)
Getrennte Veranlagung 37 R 213n
- von Ehegatten 25 R 172; 26; 26 R 174 (3); 26 H 174; 26a; 26a 61, 62d; 26a R 174a

Getrenntleben, dauerndes – von Ehegatten 26 R 174; 26 H 174; 32b H 184a

Gewerbebetrieb 2 (1); 2a; 13 R 128; 15; 15 H 137 (2, 4, 9), 138 (1); 34d
- Abgrenzung des – gegenüber der Land- und Forstwirtschaft 15 R 135
- Abgrenzung des – gegenüber der selbständigen Arbeit 15 H 136
- Abgrenzung des – gegenüber der Vermögensverwaltung Anh. 13
- Abgrenzung des – von der nichtselbständigen Arbeit 15 H 134
- Abgrenzung des – von der Vermögensverwaltung 15 R 137
- Betriebsvermögensvergleich bei – 4 R 12 (2)
- einer Schönheitskönigin 15 H 136
- eines Darlehensgebers 15 H 137 (1)
- eines Pharmaberaters 15 H 136
- Einkünfte aus – 49 (1)
- Tierzucht und Tierhaltung als – 4 R 20; 13 R 124a; 15 (4); 15 R 138c
- von Personengesellschaften 15 H 136

Gewerbekapital, Maßgeblichkeit für Sonderabschreibungen 7g R 83
Gewerbesteuer 4 R 20; 6 R 33 (5); 7g R 83; 16 H 139, 139 (12); 32c
Gewerbetreibender 4 R 20, 23; 4 H 22; 6 R 35; 7g R 83; 15 R 134; 15 H 134, 136, 138c; 24 H 171
Gewerbliche Großobjekte, Veräußerung 15 H 137 (1)
Gewerbliche Prägung 15 H 138 (6)
Gewerblicher Grundstückshandel 6 H 32; 15 H 134a, 137 (1); 16 H 139 (2)
- bei Personenkraftwagen Anh. 13

Gewerbliche Tierzucht 15 H 138c
Gewerblich geprägte Personengesellschaft 15 H 134b, 138 (6)
Gewerkschaftsbeiträge 9 H 84

Stichwortverzeichnis

Gewillkürtes Betriebsvermögen 4 R 13
- Beibehaltung nach Wechsel der Gewinnermittlungsart oder Nutzungsänderung 4 H 13 (16)
- Einlage von 4 H 14 (1)

Gewillkürtes Sonderbetriebsvermögen
4 H 13 (12)

Gewinn
- aus Aufgabe oder Veräußerung eines Betriebs 4 R 17; **14; 14a; 16; 16** R 139; **34** H 197; **35** H 213e
- aus Aufgabe oder Veräußerung eines Betriebs der Land- und Forstwirtschaft **14** R 131; **34e** R 213
- aus der Veräußerung bestimmter betrieblicher Anlagegüter **6b; 6b** R 41a; **6c; 6c** R 41d
- aus Veräußerung (Aufgabe) des der selbständigen Arbeit dienenden Vermögens **18 (3)**; **18** R 147; **18** H 147
- bei Entnahme eines Wirtschaftsguts 4 H 14 (2–4)
- Einkünfte **2 (2)**
- Freibetrag für – aus Veräußerung **14; 14a; 14a** R 133a; **16 (4); 16** R 139; **34** R 197
- Totalgewinn **15** H 134b
- Zuordnung von – bei abweichendem Wirtschaftsjahr **2** H 4; **4a; 4a** H 25

Gewinnanteile **15** H 138a (4)

Gewinnaufteilung bei vom Kalenderjahr abweichendem Wirtschaftsjahr **4a** R 25; **4a (2); 4a** H 25

Gewinnausschüttung **15** H 138 (3)
- verdeckte – **20 (1)**
- Wertminderung von Anteilen durch – **50c; 50c** R 227d; Anh. 26
- Zuflußzeitpunkt **20** H 154

Gewinnbegriff **4 (1)**
- im allgemeinen **4**

Gewinnbeteiligung, bei typischer stiller Beteiligung **15** H 138a (5)

Gewinnentnahme- und Kontrollrechte **15** H 138a (2)

Gewinnermittlung **16** H 139 (1); **17** R 140 (7); **17** H 140 (7)
- bei abweichendem Wirtschaftsjahr **4a; 4a** R 25
- bei beschränkt steuerpflichtigen Schiffahrt- und Luftfahrtunternehmen **49 (3)**
- bei forstwirtschaftlichen Betrieben **34b** R 212
- bei Neugründung in der Land- und Forstwirtschaft **13** R 127
- bei Vollkaufleuten und bestimmten anderen Gewerbetreibenden **4** R 12; **5 (1); 6b (4)**
- durch Betriebsvermögensvergleich **4 (1); 4** R 12, 13, 16, 17; **5** R 31c; **6; 6** R 35 (5); **6b (4); 7a** R 45 (4); **16** H 139; **34b** H 212
- durch Überschußrechnungen **4** R 16, 17; **4 (3); 4** H 16; **6** H 35; **6c** R 41d; **7 (3); 34b** R 212

- in der Land- und Forstwirtschaft **13** R 127; **34b** R 212
- nach Durchschnittssätzen **4** R 16; **6** H 35; **6b** H 41b; **6c** R 41d; **7** R 43; **7** H 44; **13** R 127; **13a; 13a** 52; **13a** R 130a; **14** R 131; **34e** H 213
- Wechsel der Art der – **13** R 127

Gewinnermittlung, Gewinnschätzung **4** H 12

Gewinnermittlungsart **4** H 16 (1); **15** H 138 (4)
- Wechsel der – **4 (1); 4** R 17; **4** H 17; **6b** H 41b; **7** H 42d; Anl. 1
- Zugehörigkeit von Wirtschaftsgütern zum Betriebsvermögen bei Wechsel der – **4** R 16 (6)

Gewinnermittlungszeitraum **4a (1)**

Gewinnerzielungsabsicht **15** R 134b; **15 (2); 15** H 134b, 136, 137 (9), 138 (1, 5); **18** H 149
- Beweisanzeichen **15** H 134b
- Computer-Software-Handel **15** H 134b
- Erfinder **15** H 134b
- Ferienwohnung **15** H 134b
- Gästehaus **15** H 134b
- Motorbootvercharterung **15** H 134b
- Reitschule **15** H 134b
- Schriftsteller **15** H 134b
- Trabrennstall **15** H 134b
- Wohnmobilvermietung **15** H 134b

Gewinngrenze
- betriebsbezogene – **34e** H 213

Gewinnrealisierung **4** H 13 (1)

Gewinnschätzung **4** R 12 (2), 17; **4** H 16 (1); **6** H 35; **6b** R 41b (4)
- ggfs. nach Richtsätzen **13** R 127
- von Betriebsausgaben **4** H 18

Gewinnverteilung **15** R 138 (3); **15** H 138 (3), 138a (2)
- bei Familiengesellschaften **15** R 138a (3)
- bei typischer stiller Gesellschaft **15** R 138a (5)
- Mehrgewinne eines ausgeschiedenen Gesellschafters auf Grund späterer Betriebsprüfung **15** H 138 (3)

Gewinnverteilungsabrede **15** H 138a (5)

Gewinnverteilungsschlüssel **15** H 138a (3)

Gewinnzuschlag **6b (6); 6b** R 41b (6)

Glasdach
- als Erhaltungsaufwand **21** H 157

Gleichgestellte Personen **33a** R 190
- gesetzlich unterhaltsberechtigten Personen – **33a** H 190

GmbH-Beteiligung **15** H 138 (3)

GmbH & Co. KG **6a** H 41

GoB **5** R 29; Anh. 7

GoBS **5** H 29; Anh. 7

Gold **4** H 13 (1)

Grabpflege **15** R 135

Grad der Behinderung **33b**

Gratifikationen **6** H 38; **19 (1)**

„Grauer" Markt **15** H 137 (9)

Grenzgrundstücke
- Anschaffung 23 H 169

Grenzschutzdienstleistende 32 R 180f; 33b H 194

Großhandelsunternehmen 15 H 134b

Großspendenregelung 10b R 113

Grundbesitz, Grundvermögen 15 H 137 (2)

Grundbetrag 13a; 13a R 130a; 21a

Grundbuchaufzeichnungen 5 R 29

Grundbuchordnung 55 (2)

Grunderwerbsteuer 6 H 32a; 21 H 161

Grundhöchstbetrag für Vorsorgeaufwendungen 10 (3)

Grundlage
- wesentliche – eines Betriebs oder Teilbetriebs 16 H 139

Grundlagenforschung 51 (1)

Grundsteuer 10 H 86b; 13a R 130a; 34b R 209

Grundsteuermeßbescheid 13a R 130a

Grundstücke (Grundstücksteile) 16 H 139 (8)
- Ausweis von – in Buchführung 4 R 13
- Betriebseinnahmen und Betriebsausgaben bei betrieblichen – 4 R 18 (2)
- des Anlagevermögens 6 R 32
- eigenbetrieblich genutzte – 4 R 18
- Entnahme von – durch Nutzungsänderung 4 H 14 (2–4)
- gemischt-genutztes – 4 H 13 (15)
- Handel mit – 15 H 137; 16 H 139; Anh. 13
- Herstellungskosten bei – 6 R 33a
- Parzellierung von – 6 R 32 (1)
- Verkauf von – durch Landwirt 15 H 135
- verlustbringende 4 H 13 (9)
- von untergeordnetem Wert 4 8

Grundstückshandel
- gewerblicher – 15 H 137 (1)

Grundstücksteile von untergeordnetem Wert, Einlage 4 H 13 (8)

Grundstücksverwaltung 16 H 139 (3)

Grundtabelle, Einkommensteuer – 32a (4)

Grund und Boden 6b R 41a; 34b H 212
- Anlagen im – 6b R 41a (2); 6c R 41d (1); 14 R 131
- Ansatz des – auf Grund Neuregelung der Bodengewinnbesteuerung 4 R 16 (3); 55
- Anschaffungskosten des – 6 R 33a; 7 H 43; 7a R 45
- Aufwendungen für – bei Überschußrechnung 4 R 17 (1)
- Aufwuchs auf – 6b R 41a (2), 41b (1); 6c R 41d (1)
- Begriff des – 6b R 41a (1)
- bei Übergang zum Betriebsvermögensvergleich 4 R 17 (1)
- Bewertung von – 6 (1)
- Einlage von – 55 (7)
- Entnahme von – 4 H 14 (2–4)

– Gebäude auf fremdem – 7 R 42
– Veräußerung von – des Betriebsvermögens 6b; 6b R 41a, 41b; 6c R 41d; 13a (8); 14a (2, 4); 14a R 133c
– zur Wohnung eines Land- und Forstwirts gehörender – 13 H 127; 14 H 131

Grundvermögen, Vermietung und Verpachtung von – 15 R 137 (2)

Grundwehrdienst 3 H 6; 32 (5); 32 R 180f; 33a H 192a

Gruppenbewertung 6 R 36 (4); 13 R 125a
– von Vieh 13 R 125

Gutachter 15 H 136

Güterfernverkehrkonzession 5 H 31a; 6 H 35a

Gütergemeinschaft 4 H 13 (12); 13 H 126; 15 H 137 (6), 138a (1); 26a H 174a
– fortgesetzte – 28
– Sonderbetriebsvermögen bei ehelicher – 4 H 13 (12)

Güternah- und Güterfernverkehr 16 H 139 (3)
– als Teilbetriebe 16 H 139

Güterstand 26a H 174a; Anh. 5
– ehelicher – 26a H 174a
– im Beitrittsgebiet 4 H 19

Gütertrennung 26a H 174a

Gutschrift 4 H 16; 4d H 27 a; 6 H 38; 20 H 153; 51 R 233a

GWG
– Allgemeines 6 R 40 (1)

H

Habilitation, Beihilfen für die Fertigung einer -sschrift 3 H 6

Häftlingshilfegesetz 33b H 194
– steuerfreie Leistungen nach dem – 3

Haftpflichtversicherung
– Beiträge zur – als Vorsorgeaufwendungen 10 (1)

Haftung
– bei Arbeitnehmerüberlassung 42d
– beschränkte – von Kommanditisten 15a; 15a R 138d
– des Arbeitgebers 42d
– des Sammelantragstellers 36d R 213m
– des Vertreters des Anteilseigners für die zurückzuzahlende Vergütung von Körperschaftsteuer 36c (3)
– für Steuerabzugsbeträge 50a

Haftungsbetrag 15a H 138d

Haftungsminderung 15a

Handelsbilanz, Maßgeblichkeit der – 5 (1); 6a R 41 (1, 22)

Handelschemiker 18 (1)

Handelsgeschäft 15 R 135

Handelsgesetzbuch Anh. 7

Stichwortverzeichnis

Handelsrechtliche Grundsätze ordnungsmäßiger Buchführung 5 R 29 (2)
Handelsrechtliche Rechnungslegungsvorschriften 5 R 29 (1)
Handelsregister 15 H 138 (6)
– Eintragung der Kommanditeinlage im – **15a; 15a** R 138d (3)
– Gewinnermittlung bei im – eingetragenen Gewerbetreibenden **4a**
Handelsschiffe im internationalen Verkehr **34c (4)**
Handelsvertreter 16 H 139, 139 (2, 3)
– als ständiger Vertreter eines ausländischen Unternehmens **49** R 222 (1)
– Ausgleichsanspruch eines – **5** H 31c; **6a** R 41 (18); **16** H 139 (5); **24; 24** H 170
– Betriebsaufgabe eines – **15a** H 138d
– Pensionszusage an – **6a** R 41 (18)
– Selbständigkeit oder Unselbständigkeit eines – **15** H 134
Handelsware 15 R 135
Handwerksmeister
– nebenberufliche Lehrtätigkeit eines – **18** H 146
Härteausgleich 2 R 3; 46 (3, 5); 46 70; 46 H 218
Härtefonds, Leistungen aus dem – **3** H 6
Hauptentschädigung nach dem LAG 3 H 6
Hausgewerbetreibende 15 R 134 (2); **15** H 134
Haushalt
– Aufnahme in den – **64**
– Zugehörigkeit zum – des Anspruchsberechtigten **63** R 239
Haushaltsersparnis
– bei Heimunterbringung **33** R 188 (1); **33** H 186–189
– bei Krankenhausunterbringung **33** H 186–189
– bei Kuren **33** R 189 (3)
Haushaltsfreibetrag 2 (5); 2 R 3; 26c H 174c; 32 (7); 32 R 182; 32 H 181a, 182
Haushaltsführung
– doppelte – **3; 4** R 22 (1), 23 (4); **4** H 23; **9 (1)**
– nicht abziehbare Aufwendungen für – **12**
Haushaltsgeräte, Aufwendungen für die Anschaffung von – **33** H 186–189
Haushaltszugehörigkeit 64 R 240
– des Kindes **32 (7); 32** R 177 (1); **32** H 182; **33a** R 191 (3); **33c** R 195 (3); **34f; 34f** R 213a (3); **34f** H 213a; **64** R 240
Hausrat, Wiederbeschaffung von – **33** R 187; **33** H 186–189
Hausverwalter 15 H 136
Hauswirtschaftliche Beschäftigungsverhältnisse 10 (1); 10 H 103
Havariesachverständige 15 H 136
Hebamme 15 H 136
Hebeschiffe 6b R 41a (4)

Heilberufe 15 H 136
Heileurhythmist 15 H 136
Heilfürsorge, Steuerfreiheit der – **3**
Heilkur 33 R 189 (1); **33b** H 194
Heilmasseur 15 H 136
Heilpraktiker 15 H 136; **18 (1)**
– Verordnungen eines – **33** R 189 (1)
Heil- und Pflegeanstalt
– Aufwendungen für Unterbringung in – **33** R 188; **33** H 186–189
Heim 33a H 192
Heimarbeiter 15 R 134 (2); **15** H 134
Heimarbeitsgesetz 15 R 134 (2); **15** H 134
Heimatvertriebene 7e
Heimunterbringung 33a (3); **33** R 188; **33a** H 190
Heiratsbeihilfen
– Steuerfreiheit der – **3; 3** H 6
Heizungsanlagen
– AfA von – **21** 82a
– als Erhaltungsaufwand **21** H 157
– als Gebäudeteil **4** H 13 (5)
– Anschluß, Ergänzung, Umstellung von – **21** H 157
Hektarwert 13a (4); **13a** R 130a
Hellseher 15 H 136
Herabsetzung des Kaufpreises 16 H 139 (10)
Herrschaftsgewalt 6b R 41a (7)
Herstellung
– Beginn der – von Gebäuden **7** R 44 (1)
– von Gebäuden und Schiffen (Gleichstellung mit Erweiterung, Ausbau und Umbau) **6b (1); 6b** R 41b (2), 41c (3)
– Zeitpunkt/Jahr der – **5** R 31 (5); **6b** 9a; **7** R 44 (1)
Herstellungsaufwand 21 R 157 (3)
– nach Fertigstellung eines Gebäudes **21** H 157
Herstellungskosten (Herstellungsaufwand)
– Abgrenzung zu Erhaltungsaufwand **Anh. 23**
– Abzug des Gewinns aus Veräußerung bestimmter Anlagegüter bei den – anderer Wirtschaftsgüter **6b; 6c**
– allgemein **6** R 33
– bei Gebäuden **6** R 33a; **6** H 33a; **7** R 43; **21** R 157
– Bemessung der AfA bei nachträglichen – **7a** R 45 (3)
– Berücksichtigung von Zuschüssen – **6** R 34; **21** R 163
– Bewertung mit den – **6 (2); 6** R 33, 34, 36
– eines Waldes **6** R 33; **13** R 128a; **34b** R 212
– eines Wirtschaftsguts bei Abzug einer Rücklage **6b (5); 6c**
– Höchstbetrag der – für erhöhte Absetzungen bei Wohngebäuden **7b**

1380

Stichwortverzeichnis

- innerhalb und nach Ablauf des Begünstigungszeitraums für Sonderabschreibungen **7a; 7a** R 45 (9)
- Minderung der – **7a** R 45 (4)
- nachträgliche – bei Gebäuden **7** R 43 (4), 44 (11); **7a** R 45; **7b** (3); **21** *82a*
- Steuern als – **6** R 33 (5)
- von Mineralprodukten **6** H 33
- von Vieh **13** R 125a
- Zurechnung von Umsatzsteuern zu den – **9b** R 86
- Zuschüsse zu – **7** R 43 (4); **7a** R 45 (4)

Hilfe im Haushalt
- Aufwendungen für eine – **33** H 186–189; **33a** (3); **33a** R 192; **33a** H 192, 192a; **33b** H 194; **33c** H 195

Hilflosigkeit 33a R 192 (2); **33b** H 194
- ständige – **33b** (6)

Hilfsbedürftigkeit
- Begriff der – **3** H 6

Hilfsmittel, medizinisch-technische **33** H 186–189

Hilfsstoffe
- Bewertung der – **6** R 36
- Zuordnung zum Umlaufvermögen **6** R 32 (3)

Hilfswerk für behinderte Kinder, steuerfreie Leistungen nach dem Gesetz über Errichtung einer Stiftung – **3** H 7

Hilfswert 4 H 17; **7g** R 83 (1); **7g** H 83

Hinterbliebene 2 R 3; **3** H 6
- Pauschbeträge für – **26a** R 174a (2); **33b** (4); **33b** R 194; **33b** H 194

Hinterbliebenenbezüge 19 (2)

Hinterbliebenen-Pauschbetrag 26a R 174a (2); **33b** (4); **33b** R 194; **33b** H 194

Hinzuerwerb
- unentgeltlicher – **17** H 140 (3)

Hinzurechnungsbetrag
- bei Wechsel der Gewinnermittlungsart **4** R 17 (2)
- nach dem Auslandsinvestitionsgesetz **2** R 3

Hochspannungsleitungen 13 H 127

Höchstbetrag bei Kinderbetreuungskosten **33c** R 195

Hochwasserschäden 33 R 187

Hofbefestigungen 6b R 41a (2); **7** H 42

Höfeordnung 14a H 133c

Hofübergabeverträge 14a H 133b; **14a** H 133b

Höhe des Kindergeldes **66; 66** R 242

Höhere Gewalt
- Ausscheiden eines Wirtschaftsguts infolge – **6** R 35; **6b** R 41a (7), 41c (5); **7g** H 83
- Holznutzungen infolge – **34b; 34b** R 205, 206, 208, 209, 211, 212; **34b** H 206, 209

Holdingunternehmen 44a H 213o

Holz 34b H 212
- außerordentliche Nutzung von – **34b** R 204; **34b** H 206
- Nutzung von – **34b** R 212; **34b** H 205, 208, 209
- stehendes – **6b** R 41a (1); **14a** H 133c
- Veräußerung von stehendem – **14** R 131

Holznutzungen
- außerordentliche – **34b; 34b** *68;* **34b** R 204, 212; **34b** H 204, 209
- infolge höherer Gewalt **34b** (1); **34b** R 206
- nachgeholte – **34b** (1); **34b** H 205
- Zusammentreffen verschiedener – **34b** (1); **34b** R 208

Holzschutzmittelschaden
- als außergewöhnliche Belastung **33** H 186–189

Honorare 5 H 31b

Honorarforderungen
- Aktivierung von – **5** R 31a (3)
- Sicherung von – durch Darlehensgewährung **4** H 13 (1); **18** H 143
- Steuerermäßigung bei Belastung von – mit ErbSt **35; 35** H 213e

Hopfenbau 55 (2)

Hotel 15 H 137 (2)

Hundezucht 15 H 135

I

Immaterielle Wirtschaftsgüter 4 R 14 (4); **4** H 17; **5** (2); **5** R 31a; **5** H 31a; **7** R 42 (1); **7** H 42; **15** H 137 (5)
- bei Umwandlung **5** H 31a
- Einlage von – **4** H 14 (1)
- Sachanlagen, Finanzanlagen **6** R 32 (1)

Immobilienfonds Anh. 23

Immobilien-Leasing 5 H 31b; Anh. 17

Importwaren, Bewertungsabschlag für – **5** R 30 (3); **6** R 36a (7); **16** H 139; **51** *80;* **51** (1); **51** R 233a; **51** H 233a

Incentive-Reisen 4 H 14 (2–4); Anh. 12

Industrie-Designer 15 H 136

Industriepropagandisten 15 H 136

Ingenieur 15 H 136; **18** (1)

Inhaberklausel 6a R 41 (6)

Inland 1; 1a R 1; **3** H 6; **4** R 12 (4), 23 (4); **7** (5); **7b; 7d** (2); **7f; 7g** R 83 (5); **10e; 22** R 166; **26** H 174; **34c** H 212b; **49; 49** R 222, 222a, 223 (1); **50a** R 227a; **50c** R 227d; **62** R 238

Innengesellschaft 15 H 138 (1)

Insolvenzgeld 32b (1)

Insolvenzsicherung
- einer Pensionsverpflichtung **6a** R 41 (26)
- steuerfreie Beiträge zur – **3; 3** H 6

Insolvenzverwalter 15 H 136

1381

Stichwortverzeichnis

Instandhaltung, s. auch Erhaltungsaufwand
- Rückstellung für unterlassene – **5** R 31c (12)

Instandhaltungsrücklage
- Zinsen aus der Anlage der – **21** R 161 (2)

Instrumentarium eines Arztes als GWG **6** H 40

Interessengegensätze 15 H 137 (6)

Internat 15 H 136; **33c** R 195 (4)

Inventar
- Aufbewahrungsfrist **5** R 29 (7)
- Aufstellung eines – am Bilanzstichtag **5** R 30
- Veräußerung von lebendem Inventar bei Betriebsumstellung der Land- und Forstwirtschaft **6b**

Inventur
- permanente – **5** R 30 (2)
- Veräußerung von lebendem Inventar bei Betriebsumstellung der Land- und Forstwirtschaft **5** R 30 (1), 31 (4); **6a** R 41 (20)
- zeitverschobene – **5** R 30 (3)

Inventurbüro 15 H 136

Investitionszulage
- an ausländische Körperschaften Anh. 14
- bei Investitionsabschluß vor Eintragung in die Handwerksrolle/Verzeichnis der handwerkähnl. Betriebe Anh. 14
- bei Personenkraftwagen Anh. 14
- keine Minderung der Anschaffungs- und Herstellungskosten um – **6** H 34
- Steuerfreiheit der – nach dem BerlinFG und InvZulG **3** H 7

Investitionszulagengesetz 3 H 7; **6** R 34 (4); **7g** H 83

Investitionszulagengesetz 1996 Anh. 14

Investitionszulagengesetz 1999 Anh. 15

Investmentfonds
- steuerliche Erfassung der zugeflossenen Erträge aus – **20** H 154

J

Jacht, Aufwendungen für eine – **4 (5); 4** R 22 (1); **4** H 21

Jagd
- Aufwendungen für eine – **4 (5); 4** R 22 (1)
- Einkünfte aus – **13 (1)**

Jahresabschluß
- Aufstellungsfrist **5** R 29 (2)
- Kosten für – **6** R 38 (5)

Jahressteuerbescheinigung 45a H 213r; Anh. 16

Journalisten 4 H 21 (5–9); **18 (1); 50a (4)**

Jubiläumszuwendungen 3 H 6 Nr. 52
- ermäßigter Steuersatz für steuerpflichtige – **34** R 200 (2); **34** H 200
- Rückstellung für – **5** R 31c; **5 (4); 6** H 38; Anh. 6
- Steuerfreiheit der – **3** H 6

Jugendamt
- Erziehungsbeiträge des – an Pflegeeltern **3** H 6; **32** R 177 (4)

Jungpflanzen
- Schäden an – **34b** R 211

K

Kabelschiffe 6b R 41a (4)

Kahlschlag 34b H 212

Kalamitätsfolgehiebe 34b H 206

Kalamitätsnutzungen 34b (1); 34b R 206

Kanalbaubeiträge 6 H 33a

Kanalgebühren für Kanalanstich und Kanalanschluß **5** H 31b; **6** H 33a; **21** H 157

Kanalisationsanlage, Anschluß an – **5** H 31b; **6** H 33a

Kapazitätsausnutzung, Schwankungen in der – **6** R 33 (6)

Kapitalabfindung
- einer Rente **22** H 167
- Steuerfreiheit der – auf Grund gesetzl. Rentenversicherung, Knappschaftsversicherung, Beamten-Gesetze **3; 3** H 6
- von Unterhaltsansprüchen **33** H 186–189
- von Unterhaltsverpflichtungen **33a** H 190

Kapitalabfindungen von Unterhaltsansprüchen
- als außergewöhnliche Belastung **33** H 186–189

Kapitalanlage 15 H 137 (9)

Kapitalanlagemodelle 20 H 154

Kapitalbeteiligung 15 H 138a (5)
- von Arbeitnehmern **19a**

Kapitaleinlage 15 H 138 (1, 4)

Kapitalerhöhung 17 R 140 (3, 5, 9); **17** H 140 (5); **20** H 154

Kapitalersetzende Maßnahmen 17 H 140 (2)

Kapitalerträge
- bei beschränkter Steuerpflicht **49 (1)**
- mit Steuerabzug **43 (1)**
- Zufluß **11** H 116

Kapitalertragsteuer 20 R 154; **36 (3); 36** R 213g; **36** H 213f; **36b** R 213j, 213k; **43; 50b**
- Abführung der – **44**
- Abstandnahme vom Abzug **44a; 44a** R 213o
- Anmeldung **45a**
- Ausschluß der Erstattung von – **45**
- Bescheinigung **45a**
- Einbehaltung **44**
- Entrichtung der – **45c**
- Entstehung der – **44**
- Erstattung von – **36b** R 213j; **36d** R 213m; **36d** H 213m; **44b (1); 44b** R 213p; **44c**
- Erstattung von –, Zuständigkeit **44d** H 213q
- Haftung für – **45a**
- Schuldner **44**

Stichwortverzeichnis

Kapitalgesellschaft
- Anteile an – 6b R 41a (5)
- Anteile an – als Sonderbetriebsvermögen 4 H 13 (2)
- Auflösung und Abwicklung einer – 6b R 41a (7); 17 H 140; 50c R 227d; 50c H 227d
- Gewinn aus der Veräußerung von Anteilen an einer – 6b; 6b R 41a (7); 23 H 169
- Veräußerung von Beteiligungen an – 16 (1); 16 R 139 (3); 16 H 139; 17; 17 H 140
- Verlust von Beteiligungen an – 4 H 16

Kapitalherabsetzung 2a (1); 17 H 140 (7); 20 R 154; 50c (2); 50c H 227d
- Rückzahlung aus – 6 H 32a

Kapitalkonto
- Auflösung des negativen – 15a H 138d
- der Gesellschafter 16 H 139 (3)
- nachträgliche Erhöhung des – eines ausgeschiedenen Kommanditisten 15 H 138 (3)
- negatives – 15a; 15a H 138d; 16 H 139 (7); Anh. 22

Kapitalvermögen, Einkünfte aus 2 (1); 20 R 153, 154, 156; 34d
- Abgrenzung zwischen Erhaltungs- und Herstellungsaufwendungen 9a R 85; 20; 20 H 153; 49 (1)
- Schenkung unter Auflage 20 H 154

Kapitalversicherung 4b R 26 (1); 4b H 26; 10 (1); 20 R 154

Kapitalwert der Rente 16 H 139 (11)

Kasseneinnahmen bei Einzelhändlern 5 R 29 (3)

Kassenstreifen
- Verzicht auf die Aufbewahrung bei Einsatz elektronischer Registrierkassen 5 H 29

Kassettendecken 6 H 33a

Katalogberufe 1; 18 (1)

Kaufangebot, Entgelt für die Abgabe eines zeitlich befristeten – 22 H 168a

Kaufeigenheime 7b (7); 21a (7); 22 H 168a; Anh. 4, 27

Kaufeigentumswohnungen 7b (7); Anh. 4

Kaufkraftausgleich
- steuerfreier – 3; 3 H 6

Kaufkraftzuschläge 3 H 6 Nr. 64

Kaufoptionspreis, Ermittlung Anh. 17

Kaufpreisforderung, uneinbringliche – 4 R 16 (5)

Kaufpreisraten 4 R 16 (5); 16 R 139 (11); 22 R 165 (1)
- unverzinsliche 20 H 154

Kaufpreisstundung 16 H 139 (11)

Kaufvertrag, Maßgeblichkeit des Abschlusses des – 21a (7)

Kellerräume 7 R 42a (3)

Kennzeichnung von Werbeträgern 4 R 21 (2)

Kiesgrube 15 R 135 (3)

Kilometer-Pauschbeträge für Fahrten zwischen Wohnung und Betrieb 4 (5); 4 R 23; Anh. 12

Kinder 63
- arbeitslose 32 H 179
- auswärtige Unterbringung von – 33 H 186–189; 33a (2); 33a R 191 (3)
- Begriff der – 32 (1); 32 H 176
- behinderte 32 R 180d
- Behinderung von – 32 (4); 32 R 180 (2); 32 H 180d; 33b H 194
- Berücksichtigung von – 63 R 239; 63 H 239
- Betreuung von – 26c H 174c; 33c; 33c R 195; 33c H 195
- die arbeitslos sind 32 (4); 32 R 179
- die ein freiwilliges soziales oder ökologisches Jahr leisten 32 (4); 32 R 180c
- die sich in einer Übergangszeit zwischen zwei Ausbildungsabschnitten befinden 32 (4); 32 R 180; 32 H 180; 33a H 191
- die zum Haushalt gehören 34f; 34f R 213a (3, 6)
- im ersten Grad verwandt 32 H 176
- in Berufsausbildung 32 (4); 32 R 180; 33a H 191
- in einer Übergangszeit 32 R 180a
- Lebensaltersberechnung 32 H 178
- Mitarbeit von – im elterlichen Betrieb 4 R 19 (3); 4 H 19; 13 H 126
- ohne Ausbildungsplatz 32 (4); 32 R 180b; 32 H 180b
- Verlängerungstatbestände bei – 32 R 180f
- Voraussetzungen für die Berücksichtigung von – 32 (3); 32 H 178
- Voraussetzungen für die Berücksichtigung von angenommenen – 32 (2)
- Zuordnung der – bei Eltern 32 R 182
- Zuordnung der – bei Eltern oder Großeltern 32 (7)

Kinderbetreuungskosten 26c H 174c; 33 R 186 (2); 33c; 33c R 195; 33c H 195
- beiderseits erwerbstätiger Ehegatten 33c H 195

Kindererholungsheim 15 H 136

Kindererziehungsleistungen 3 R 6

Kindererziehungsleistungs-Gesetz 3

Kindererziehungszuschlagsgesetz 3

Kinderfreibetrag 2 (5); 2 R 3; 32 (6); 32 R 181a; 32 H 181a, 182; 33a H 190; 34f R 213a (6); 34f H 213a
- in Sonderfällen 32 R 181

Kindergärten
- Spenden an – 10 H 104

Kindergeld 3; 3 R 6; 66 H 242
- Abtretung 74 R 250
- Abzweigung von – 74 R 250
- als anrechenbarer Bezug 33a H 190
- als Steuervergütung 31
- an Angehörige des öffentlichen Dienstes 72

1383

Stichwortverzeichnis

- Anspruch auf 62; 62 R 238
- Antrag auf 67 R 243
- Berechtigter 62
- Bescheinigung über ausgezahltes – 68 H 244
- Erstattung von Kosten im Vorverfahren 77
- Festsetzung 70
- Höhe des – 66; 66 R 242
- mehrere Berechtigte 64
- Nachweis des gezahlten 32 H 175
- Pfändbarkeit 76 R 252
- Pfändung des Anspruchs auf – 76
- Übergangsregelungen 78
- Verpfändung 74 R 250
- Zahlung 70
- Zahlung in Sonderfällen 74; 74 R 250
- Zahlungszeitraum 67 R 242; 71
- zu Unrecht oder nachträglich gezahltes – 68 H 244

Kindergeldanspruch
- Ausschluß des – 65 R 241

Kindergeld-Auszahlungsverordnung 73 H 249

Kindergeld-Merkblatt für den Arbeitgeber 73 H 249

Kinderrenten 65 R 241

Kinderzulagen 65
- aus der gesetzlichen Unfallversicherung 65 R 141

Kinderzuschläge 65 R 241

Kinderzuschüsse aus der gesetzlichen Rentenversicherung 3; 3 R 6; 65 R 241

Kirchengemeinde
- Beiträge an – im Ausland 10 H 102
- im Ausland 10 H 102

Kirchensteuer 10 H 101; 51a
- als Sonderausgabe 10 (1); 10 R 101 (1)
- im Sinne des § 10 Abs. 1 Nr. 4 EStG – 10 H 101
- Kappung 51a H
- ohne Kirchenzugehörigkeit geleistete Zahlung 10 H 101
- Sätze 51a H
- versehentlich festgesetzte Kirchensteuern – 10 H 101
- willkürliche Zahlungen – 10 H 101

Kirchliche Zwecke 10b; 10b 48; 10b R 111

Kläranlage 5 H 31a; 21 H 157

Klassenfahrt eines Berufsschülers 12 H 117a

Klavierstimmer 15 H 136

Kleidung
- als Sachspende 10b H 111
- Arbeits- und Berufs- 3 H 6
- nicht abziehbare Aufwendungen für – 12
- Trauer – 33 H 186–189
- Wiederbeschaffung von – 33 R 187; 33 H 186–189

Klimaanlagen 7 H 42

Knappschaftsärzte 18 R 146

Know-how 5 H 31a
- Aktivitätsklausel 2a (2)

Kohlen- und Erzbergbau, Bewertungsfreiheit für bestimmte Wirtschaftsgüter im – 51 (1); 51 *81*

Kommanditaktien 15 H 138 (4)

Kommanditanteil
- Übertragung unter dem Buchwert des Anteils 6 H 39

Kommanditeinlage 15 H 138a (2)

Kommanditgesellschaft 15a H 138d
- auf Aktien 15 R 138 (4); 15 H 138 (4)
- freie Berufstätigkeit im Rahmen einer – 15 (1); 15 H 136
- schenkweise Übertragung 15 H 138a (1)
- Verlustbeschränkung bei – 15a; 15a R 138d

Kommanditisten 15 R 138a (4); 15 H 138 (1); 15a H 138d

Kommanditisten, HGB 15 H 138a (2)

Kommanditkapital 15 H 138 (3)

Kompaßkompensierer 15 H 136

Komplementär-GmbH 15 H 138 (3)

Kongreß 12 H 117a

Konkursausfallgeld 32b

Konkursverfahren 16 H 139 (2)

Konkursverwalter 15 H 137 (6)

Konsulatsangehörige 1a H 1; 3; 3 H 6

Kontaktlinsen, Verkauf von – durch Ärzte 15 H 136

Kontokorrentbuch (konto) 5 R 29

Kontokorrentschulden 4 H 13 (15); 14a R 133c

Kontokorrentzins 4 H 16; 13a H 130a; Anh. 12

Kontrollmeldeverfahren 50d H 227e; Anh. 21

Kontrollrechte 15 H 138 (1)

Konzessionen 5 H 31a

Körperschaft des öffentlichen Rechts
- als Erbin von Betriebsvermögen 16 H 139 (2)

Körperschaftsteuer 50b
- als Kapitaleinkünfte 20 (1)
- Anrechnung von – 20 R 154; 36 (2); 36 R 213g, 213h; 36 H 213f, 213g, 213h; 36a; 37 (3)
- Erstattung von 36 (2); 36 R 213g
- Vergütung von – 36 H 213f; 36b; 36b R 213j; 36d R 213m; 36d H 213m

Körperschaftsteuer-Anrechnungsanspruch 15 H 138 (3)

Korrektivposten 4 R 17

Korrekturassistent 3 H 6 Nr. 26

Kostenmiete 21 R 162 (2)

Kostenpflege 32 H 177

Kostkinder 32 R 177 (1)

Kostpflanzen 15 H 135

Kraftfahrzeug Anh. 12
- Haftpflichtversicherung für – **10** R 88 (2)
- Kosten eines – **4 (5); 4** R 23; **4** H 23; **33** H 186–189; **33b** H 194; Anh. 12
- Nutzungsüberlassung von – **3**
- private Kraftfahrzeugnutzung **4** H 14 (2–4); **6 (1)**; Anh. 12
- Sachverständige **15** H 136

Kraftfahrzeugnutzung Anh. 12
- Überlassung eines betrieblichen Kraftfahrzeuges an Arbeitnehmer **4** H 23

Kraft-Wärme-Kopplung, Anlagen der – **21** 82a
Krankengeld 33b R 185
Krankengymnasten 15 H 136; **18 (1)**
Krankenhaus
- Begriff **7f** R 82 (1); **7f** H 82
- Bewertungsfreiheit für privates – **7f; 7f** R 82; **51 (1)**
- eines Arztes **15** H 136
- Kosten der Unterbringung im – **33** H 186–189
- Notopfer – Krankenhaus (Zusatzbeitrag zur Finanzierung von Instandhaltungskosten der Krankenhäuser) **10** H 88

Krankenhausfinanzierungsgesetz (KHG) 7f R 82 (1)
Krankenhaustagegeldversicherung 33 H 186–189
Krankentagegeld 33b R 185
Krankentagegeldversicherung 33 H 186–189
Krankenversicherung
- Beiträge zur – **10 (1); 33** H 186–189; **33a** H 190
- Ersatzleistungen einer – **33** H 186–189
- steuerfreie Leistungen aus – **3; 3** H 6; **22**
- Zuschüsse zur – der Rentner **3; 3** H 6

Krankheitskosten als außergewöhnliche Belastung **33** H 186–189; **33a** H 190
Kreditberater 15 H 136
Kreditgeschäfte, Erfassung der – **5** R 29
Kreditgrundlage 4 H 13 (1)
Kreditinstitute 10b H 113
Kriegsbeschädigte 3; 3 H 6
Kriegsschadenrente nach dem LAG und RepG **3** H 6
Krisendarlehen 17 H 140 (5)
Kühleinrichtungen 7 H 42
Kühlkanäle 6 H 40
Kükensortierer 15 H 136
Kulanzleistungen 5 R 31c (13)
Kulturelle Zwecke 10b; 10b H 113
Kulturvereinigung
- ausländische **46** H 227c

Kulturvereinigungen Anh. 19
Kumulationsverbot für Sonderabschreibungen und Förderungsmaßnahmen auf Grund mehrerer Vorschriften **7a (5); 7a** R 45 (7)

Kundenstamm, Erwerb eines – **5** H 31a
Kündigung 15 H 138a (2)
Kunsthandwerker 15 H 136
Künstler 15 H 134, 136; **49** H 222; **50a (4); 50a** H 227c; **50d** H 227e
Künstleragenten 15 H 136
Künstlerhilfe, steuerfreie Zuwendungen der Deutschen – **3**
Künstlerische Tätigkeit 15 H 136
Künstlersozialkasse 3
Künstlersozialversicherungsgesetz 3
Künstliche Befruchtung 33 H 186–189
Kur 33 R 189 (1, 3); **33** H 186–189
- im Ausland **33** R 189 (3)

Kurheim 7 R 42a (2); **7** H 42a; **15** H 136
Kursgarantie 20 H 154
Kursmakler, vereidigte – **15** H 136
Kursverluste in ausländischer Währung **6** R 37 (2)
Kurzarbeitergeld 3; 32b; 41 (1); 46 (2)
Kurzfristige Beteiligung 17 H 140 (2)
Kurzläufer 20 H 154
Kürzung des Vorwegabzugs 10 H 106
- Versorgungszuschlag **10** H 106

Kuxe 20 (1)

L

Laborgemeinschaft 15 H 136
Laden, einbauten und -umbauten als selbständige Gebäudeteile **4** R 13 (3); **7** R 42 (6)
Lagenvergleichszahl 55 (2)
Lagerbücher und Lagerkarteien, Bestandsvergleich durch – **5** R 30 (2)
Lagerhäuser
- Begriff der – **7e (1)**
- Bewertungsfreiheit für – **7e**

Ländergruppeneinteilung 33a R 190; **33a** H 190; Anh. 2
Land- und Forstwirt
- Betriebsvermögensvergleich bei – **4** R 12 (1)
- Bewertungsfreiheit für die Anschaffung oder Herstellung bestimmter Wirtschaftsgüter eines – **51 (1)**
- Gewinnermittlung nach Durchschnittssätzen bei – **6** R 35 (9); **6b** R 41d; **7** R 43 (6); **7** H 44; **13a; 13a** 52; **13a** H 130a
- Wirtschaftsjahr bei – **4a; 4a** 8c; **4a** R 25; **4a** H 25
- Wohnung des – als Betriebsvermögen **7** R 43; **13** H 127; **13a** R 130a; **13a** H 130a; **14** H 131

Land- und Forstwirtschaft 34b R 204, 212; **34b** H 205, 206, 209, 212; **55** H 236
- Abgrenzung der – gegenüber dem Gewerbebetrieb **15** H 135

Stichwortverzeichnis

- Bewertungsfreiheit für Betriebsgebäude der – **7e**
- Eigenbetrieb, Pachtbetrieb **16** H 139 (8)
- Einkünfte aus – **2 (1); 2a; 13; 13** *51;* **13** R 124, 125, 125a, 127, 128, 128a; **13** H 124; **13a; 13a** *52;* **13a** R 130a; **13a** H 130a; **14; 14** R 131; **14** H 131; **14a; 14a** R 133a, 133b, 133c; **14a** H 133a, 133c; **15** R 135; **34b** H 204; **34d; 34e; 34e** R 213; **34e** H 213; **49 (1)**
- Freibetrag in der – **2** R 3; **13 (3)**
- Gewinnermittlung nach Durchschnittssätzen bei – **13** R 127; **14** R 131
- Tierzucht und Tierhaltung als – **13** R 124a
- Umstellung eines Betriebs der – **6b**

Land- und forstwirtschaftliche Tätigkeit 15 R 135

Landwirtschaft 16 H 139 (2)

Landwirtschaftliche Tätigkeit 15 H 138c

Lastenaufzüge 7 H 42

Lastenausgleichsgesetz 3; 3 H 6

Lasten, dauernde – Anh. 10
- Abzug von – als Betriebsausgaben **13a (3); 13a** R 130a
- Abzug von – als Sonderausgaben **10 (1); 10** R 87 (1)
- Abzug von – als Werbungskosten **9 (1)**
- Jahreserbschaftsteuer als **35** H 213e

Leasing
- Container-Leasing-Modell **4** H 13 (1)
- degressive Leasingraten **5** R 31b; Anh. 17
- Ertragsteuerliche Behandlung von Teilamortisierungs-Leasing-Verträgen Anh. 17
- Forfaitierung von Forderungen **5** H 31b
- Wirtschaftliches Eigentum bei Mietverlängerungs- und Kaufoption **4** H 13 (1)
- Zurechnung des Leasing-Gegenstandes **4** H 13 (1); Anh. 17

Lebensalter, Berechnung des – des Kindes **32** H 178

Lebensführung
- Abgrenzung der Kosten der von Betriebsausgaben/Werbungskosten **12** H 117, 117a
- Aufteilungs- und Abzugsverbot **12** H 117
- Bewirtungskosten **12** H 117
- Brille **12** H 117
- Bücher **12** H 117
- Computer **12** H 117
- Einbürgerungskosten **12** H 117
- Geschenke an Geschäftsfreunde **12** H 117
- Gesellschaftliche Veranstaltungen **12** H 117
- Hörapparat **12** H 117
- Karnevalsveranstaltungen **12** H 117
- Kinderbetreuungskosten **12** H 117
- Kleidung und Schuhe **12** H 117
- Kontoführungsgebühren **12** H 117
- Konzertflügel einer Musiklehrerin **12** H 117
- Körperpflegemittel, Kosmetika **12** H 117
- Kulturelle Veranstaltungen **12** H 117
- Kunstwerke **12** H 117
- Medizinisch-technische Hilfsmittel und Geräte **12** H 117
- Nachschlagewerk **12** H 117
- Promotionskosten **12** H 117
- Strafverfahren **12** H 117
- Studienreisen/Fachkongresse – Allgemeinbildende Reise **12** H 117a
- Studienreisen/Fachkongresse – Ärztefortbildung **12** H 117a
- Studienreisen/Fachkongresse – Auslandsgruppenreisen zu Informationszwecken **12** H 117a
- Studienreisen/Fachkongresse – Auslandsreise **12** H 117a
- Studienreisen/Fachkongresse – Betriebliche/berufliche Veranlassung von Studienreisen und Fachkongressen **12** H 117a
- Studienreisen/Fachkongresse – Einzelaufwendungen **12** H 117a
- Studienreisen/Fachkongresse – Klassenfahrt eines Berufsschülers **12** H 117a
- Studienreisen/Fachkongresse – Kongreß **12** H 117a
- Studienreisen/Fachkongresse – Private Interessen **12** H 117a
- Studienreisen/Fachkongresse – Schulskileiter-Lizenz **12** H 117a
- Studienreisen/Fachkongresse – Sprachkurse im und Studienreisen ins Ausland **12** H 117a
- Tageszeitung – **12** H 117
- Telefonanschluß in einer Wohnung **12** H 117
- Tonbandgerät eines Richters **12** H 117
- Videorecorder eines Lehrers **12** H 117

Lebensführungskosten 3 H 6; **4 (5); 4** R 21, 22, 23; **12; 12** R 117

Lebensgemeinschaft
- der Ehegatten **26** H 174
- Unterhalt zwischen Partnern einer nichtehelichen – **33** H 186–189; **33a** H 190
- Verträge zwischen Partnern einer nichtehelichen – **4** R 19 (4); **21** R 162a

Lebensversicherung
- Ansprüche aus Lebensversicherungsverträgen **4** H 13 (1); **10 (2)**
- Beiträge zur – als Vorsorgeaufwendungen **10 (1)**
- Beiträge zur fondsgebundenen – **10 (1)**
- Zinsen aus Lebensversicherungsverträgen **20; 20** H 154

Leergut bei Getränkeindustrie 6 H 32

Lehrtätigkeit
- als freier Beruf **15** H 136
- nebenberufliche – von Handwerksmeistern und Lehrkräften **18** H 146

Leibrente 16 H 139 (11); **22** H 167
- abgekürzte – **22** 55 (2)
- als anrechenbarer Bezug **33a** H 190
- als Betriebsausgabe **4** R 16 (4)
- als Gegenleistung für anwaltliche Betreuung **18** H 143
- als Sonderausgabe **10 (1)**

Stichwortverzeichnis

- als Werbungskosten 9 (1)
- Ansatz einer – mit Barwert 4 R 16 (4)
- auf Grund von Erbvertrag, Testament oder Vermächtnis Anh. 10
- aus Billigkeitsgründen 22 R 167 (2)
- Begriff der – 22 R 167; 22 H 167
- Besteuerung einer – 18 H 143; 22; 22 55; 22 R 167; 22 H 167
- Betriebsveräußerung gegen – 16 R 139 (11); 18 R 147
- Erhöhung und Herabsetzung einer – 22 R 167 (3, 4)
- Ertragsanteil einer – 22 H 167; 24a R 171a
- Erwerb von Anlage- und Umlaufvermögen gegen – 4 R 16 (4)
- Progressionsvorbehalt 32b H 185
- Überschußbeteiligung 22 H 167
- Veräußerung einer freiberuflichen Praxis gegen – 18 R 147
- Veräußerung einer wesentlichen Beteiligung gegen – 17 R 140 (7)
- Veräußerung eines Patentes gegen – 18 H 149
- Waisenrente 22 H 167
- Wertsicherungsklausel bei – 22 H 167
- Witwenrente 22 H 167
- Zinsanteil einer – 4 R 16 (4); 22; 22 55
- Zusatzrenten der Bundesbahn-Versicherungsanstalt 22 H 167

Leihweise Überlassung
- wesentlicher Betriebsgrundlagen 15 H 137 (5)

Leistungen
- andere – für Kinder 65 R 241
- an Dritte 68 R 244
- ausländische 65 R 241; 65 H 241
- Besteuerung von – 2a (2); 22; 22 R 168a; 22 H 168a; 34d
- gewerbliche 2a (2)
- inländische – für Kinder 65 R 241
- steuerfreie – 3; 3 H 6, 7
- vergleichbare 65 R 241; 65 H 241

Leitungsanlagen 5 H 31a

Leuchtstoffröhren 6 H 40

Liebhaberei 13a H 130a; 15 H 134b; 16 H 139 (2)
- bei Einkünften 2 H 3

Lifo-Bewertung in der Weinwirtschaft 6 H 36a

Lifo-Methode 6 R 36a

Liquidation
- einer Kapitalgesellschaft 16 H 139 (3); 50c (3)
- Kapitalkonto, negatives – 15a R 138d (4)
- Verluste bei – 15a R 138d (4)

Liquiditätsreserve 4 H 13 (1)

Listenverfahren 10b H 111

Lizenzen 5 H 31a

Lizenzgebühren 50a R 227a

Lizenzspieler 5 H 31a

Lohnersatzleistungen 32b; 32b H 185; 33b R 185

Lohnsteuer
- Abschluß des – Abzugs 41b
- Änderung des – Abzugs 41c
- Anmeldung und Abführung der – 41a
- Anrufungsauskunft 42e
- Aufzeichnungspflicht beim – Abzug 41
- Außenprüfung 42f
- Durchführung des – Abzugs 39b; 39c; 39d
- Erhebung der – 38
- Freibetrag beim – Abzug 39a
- Haftung des Arbeitgebers für – 42d
- Höhe der – 38a
- Karte 39
- Klassen 38b
- Pauschalierung der – 40; 40a; 40b
- Regelungen im Veranlagungsverfahren 3 4
- Tabellen 38c

Lohnsteuerbescheinigung 41b

Lohnsteuer-Jahresausgleich
- durch den Arbeitgeber 42b

Lohnsteuerkarte, Ausstellung der – 39

Lotse 4 R 23 (1); 18 (1)

Luftfahrzeuge 34d; 49; 49 R 222 (2); 51 (1); 51 82f

Lüftungsanlagen 7 H 42

M

Makler 15 H 134, 136; 49 R 222 (1)

Maklerprovision 4 H 18; 5 H 31b; 6 H 32a; 16 R 139 (12)
- Zusammenhang mit Mietvertrag/Rechnungsabgrenzungsposten 5 H 31b

Maler 15 H 136

Marke s. Warenzeichen

Markenrechte 5 H 31a

Marktforschungsberater 15 H 136

Marktmiete 21 R 162 (2)

Marktpreis 6 R 35, 36 (1, 2); 13a H 130a; 20 H 154; 51 R 233a

Marktrendite
- Berechnung des steuerpflichtigen Ertrags nach der – bei Anlageinstrumenten in Fremdwährung 20 H 154

Maschinen und Einrichtungsgegenstände 16 H 139 (8)

Maßgeblicher Zeitpunkt 16 H 139 (3)

Maßnahmen zur Energieeinsparung 51 (1); 51 82a

Masseure 15 H 136

Maßstabsteuer, Einkommensteuer als – 51a

Materialkosten (Materialgemeinkosten) 6 R 33

Mauergrundstücke
- Anschaffung 23 H 169

Stichwortverzeichnis

Medizinische Fachliteratur
– als außergewöhnliche Belastung
33 H 186–189
Medizinische Hilfsmittel
– als außergewöhnliche Belastung
33 H 186–189
Mehrentschädigung 6 H 35
Mehrere Pauschbeträge 33b R 194
Mehrerlöse – 4 R 24; 20 H 154
Mehrheit der Stimmrechte 15 H 137 (6)
Mehrjährige Tätigkeit, Entlohnung für – 34;
34 R 200; 34 H 200
Mehrsteuern 4 H 20
– Steuernachforderungen 4 R 20 (3)
Mehrstöckige Personengesellschaft
15 H 138 (2, 3)
Meisterfachschule 4 H 19
Meldedatenabgleich 69 H 245
Meldedaten-Übermittlung 69
Melderechtsrahmengesetz 69
Meldung
– des Kindes 32 H 182
Merkzeichen 33b 65
Meßtechnische Anlagen, Einbau von –
21 R 157 (1)
Mietereinbauten 4 R 13 (3); 4 H 13 (3); 7 H 42,
44
Mieterzuschüsse 6 H 34; 21 R 163 (3)
Mietkautionen Anh. 28
Mietpreisbindung 21 R 163 (2)
Mietverhältnisse, Beurteilung von – 4 H 19;
21 R 162a; 21 H 162a
Mietverträge
– mit Unterhaltsberechtigten 21 H 162a
– unter Angehörigen 21 H 162a
Mietvorauszahlungen 5 H 31b; 21 R 163 (3)
Mietwert der Wohnung
– als Betriebseinnahme 4 R 18; 4 H 18
– im Betriebsgrundstück 13 (2)
– im eigenen Haus 21; 21 (2); 21 R 162; 21a
Mietwohngrundstücke 4 R 13 (9); 4 H 13 (7);
21 H 161
Mietwohnungen 7c
Mikrofilm 5 R 29; 5 H 29; Anh. 7
Milchaufgabevergütung 13a H 130a; Anh. 6
Milchquotenleasing 13a H 130a; Anh. 6
– Tierhaltung im Rahmen einer GbR gem. § 51
BewG 13a H 130a
Mildtätige Zwecke 10b; 10b 48; 10b R 111, 113
Minderjährige Kinder
– Ergänzungspfleger 4 H 19
– schwebend unwirksame Verträge, Insichgeschäfte 4 H 19
Mindeststeuer bei beschränkter Steuerpflicht
50 (3); 50 R 224; 50 H 224

Mindesttodesfallschutz 10 R 88 (1); **10** H 88
Mineralgewinnung 6 H 33; **21 (1); 21** H 164a;
23 (1)
Mißbrauch 17 H 140 (2)
Mitarbeit von Kindern im elterlichen Betrieb
4 R 19; 4 H 19; **13** H 126
Miteigentum
– an einem Grundstück 4 H 13 (7)
– an Grundbesitz 21 R 164; 21 H 164
– an Grundstücken und Grundstücksteilen
4 H 13 (4)
– von Nichtgesellschaftern 4 H 13 (12)
Miteigentumsanteile, Veräußerung von
15 H 137 (1)
Mitgesellschafter 15a H 138d
Mitreeder 15a (5)
Mittagsheimfahrt
– Aufwendungen für – als außergewöhnliche
Belastung 33 H 186–189
Mitteilungen an das Bundesamt für Finanzen
45d
Mittelbare Beteiligung 15 H 137 (6);
17 H 140 (2)
Mitunternehmer 15 H 138 (1, 3, 4), 138a (2, 4);
16 H 139 (5); Anh. 18
– Begriff des – 15 R 138
Mitunternehmeranteil 16 H 139 (4)
– Veräußerung eines – 16 R 139 (4)
– Veräußerung infolge Tod eines Gesellschafters
16 H 139 (4)
– Veräußerung und Aufgabe eines – 14; 16;
16 R 139; 16 H 139
Mitunternehmererlaß 4 H 13 (2, 9), 14 (2–4);
15 H 137; Anh. 18
Mitunternehmerinitiative 15 H 138 (1)
Mitunternehmerische Betriebsaufspaltung
15 H 137 (4)
Mitunternehmerrisiko 15 H 138 (1)
Mitunternehmerschaft 13 (1); 15 (1); 15 R 135,
138; **15** H 137 (4), 138 (3), 138a (1); **15a (5);**
34e H 213
– bei Familiengesellschaften 15 R 138a
– verdeckte – 15 H 138 (1)
Mitwirkungspflichten
– besondere 68 R 244
– der Familienkasse 68
– der Kindergeld auszahlenden Stelle 68
– des Arbeitsgebers 68
– des Kindergeldberechtigten 67 H 243; 68
– des Kindes 68
Modernisierung
– Abgrenzung vom Neubau 7 H 44
– bei Gebäuden 21 82g
– Nachweis für – **7h** R 83a
Modeschöpfer 15 H 136
Motoren für Drehbänke, Webstühle 6 H 40

Mühlengesetz, Abfindungen an Arbeitnehmer nach dem – 3 H 7
Mühlenstrukturgesetz 3 H 7; 5 H 31b
Müllverbrennung, Anlagen zur – 21 *82a*
Musiker 15 H 136
Musikinstrumente 3 H 6 Nr. 30
Mutterschaftsgeld 3; 3 H 6; 32b
Mutterschutzgesetz 3; 32b
– Leistungen, Bildung von Rückstellungen 5 H 31c
Mutter-/Tochter-Richtlinie 44d

N

Nachbarschaftshilfe 33b H 194
Nachbetreuungsleistungen
– Hör- und Sehhilfen 5 H 31c (4)
Nachforderungszinsen 10 (1)
Nachhaltige Tätigkeit 15 (2); 15 R 134a; 15 H 134a
Nachhaltigkeit und Mißbrauch 15 H 137 (1)
Nachhilfestunden 33c H 195
Nachsteuer 2 R 4; 10 *30*
Nachtarbeit, Zuschläge für – 3b
Nachträgliche Änderung des Veräußerungskaufpreises 16 H 139 (10)
Nachträgliche Einlagen 15a H 138d
Nachveranlagung 13a R 130a
Nachversteuerung
– des negativen Kapitalkontos 15 H 138 (1)
– für Versicherungs- und Bausparbeiträge 10 H 109a
– nach ausländischen Verlusten 2a H 5
– von Bausparbeiträgen 10 R 94
– von nicht entnommenem Gewinn 2 R 3
– von Versicherungsbeiträgen 10 (5); 10 *30*; 10 R 89
Nachweis 33 R 188 (1), 189 (1)
– der Behinderung 32 H 180d
– der betrieblichen Veranlassung 4 R 21 (7)
– der dauernden Berufsunfähigkeit 16 R 139
– der Nichtbeschäftigung 50a R 217
– der Pflegebedürftigkeit 33 R 188
– der Vorbildung für selbständige Berufe 15 H 136
– für Krankheit/Grad der Behinderung 32 R 180d; 33b *65*; 33b H 194
– nach § 4d EStG 4d R 27a (10)
– über die Höhe ausländischer Einkünfte und Steuern 34c *68b*
– von Ausgaben für steuerbegünstigte Zwecke (Spenden) 10b *48*; 10b R 111 (4); Anl. 6
– von Ausgaben für steuerbegünstigte Zwecke (Spenden), vereinfachter 10b R 111 (6)
Nachzahlung
– von Ruhegehaltsbezügen und Renten 22 H 167; 34 R 200; 34 H 200

– von Zinsen und Nutzungsvergütungen 34 R 199 (2); 34 H 199
Näherungsverfahren 4d H 27a; 6a H 41 (14)
– bei Bewertung von Sozialversicherungsrenten 6a H 41
Natürliche Personen 15 H 134
Naturschätze des Meeresgrundes/Meeresuntergrundes 1 (1)
Nebenberufliche Tätigkeit 3 H 6 Nr. 26
– Aufwandsentschädigungen – 3; 3 H 6
Nebenbetrieb 15 H 138c
– der Land- und Forstwirtschaft 15 R 135
– land- und forstwirtschaftlicher – 13 (2); 13a (4, 8)
Nebenerwerb 13a R 130a
Nebenkosten 4 R 21; 6 R 38; 20 H 153; 33c H 195
Nebentätigkeit 15 H 134; 18 H 146
Negative Einkünfte Anh. 23
– ausländische – 2a; 2a R 5; 2a H 5
Negatives Betriebsvermögen 16 H 139 (9)
Nennwert 15 H 138a (5)
– Bewertung von Verbindlichkeiten mit – 6 R 37 (1)
Neurodermitis 33 H 186–189
Neuveranlagung 13a R 130a
Nichtausgeglichene Verluste
– aus gewerblicher Tierzucht oder Tierhaltung 15 H 138c
Nichtbeschäftigungsnachweis 50a R 217
Nicht entnommener Gewinn 2 R 3
– bei Ehegatten 26a (3)
Nichtselbständige Arbeit 2 (1); 19; 34d
– Abgrenzung der – gegenüber dem Gewerbebetrieb 15 R 134; 15 H 134
– Abgrenzung der – gegenüber der selbständigen Arbeit 18 H 146
– Einkünfte aus – 49 (1)
Nichtveranlagungs-(NV-)Bescheinigung 36b R 213k
Niederstwertprinzip 6 R 36 (1)
Nießbrauch 4 H 13 (2); 15 H 138 (1); 16 H 139 (6); 21 H 161
– an betrieblichen Wirtschaftsgütern 4 R 13
– an einem Kapitalvermögen 20 (2); 20 H 154
– an Grundstücken 4 H 18
– Belastung des – ESt und ErbSt 35 H 213e
– Vorbehalts- 16 H 139
Nießbrauchserlaß Anh. 23
Nießbrauch und andere Nutzungsrechte
– bei Einkünften aus Vermietung und Verpachtung 7 H 42; Anh. 23
– Berücksichtigung von Eigen- und Drittaufwand 7 H 42; Anh. 12
Notaranderkonto 7a R 45 (5)
Notare 18 (1)

Stichwortverzeichnis

Notwendiges Betriebsvermögen 4 R 13
Nullkupon-Anleihen 20 H 154
Null-Regelung 50a R 227c (4); 50a H 227c
Nutzfläche
- Aufteilung nach – 4 R 13 (6, 8)
- eines Gebäudes, Maßgeblichkeit für erhöhte Absetzungen u. dgl. 4 R 13 (8)
- eines Grundstücks, Maßgeblichkeit für Betriebsvermögen 4 R 13 (8)
- Ermittlung der – 4 R 13 (6)

Nutzung
- betriebliche 4 R 13, 18 (1); 7g R 83 (6)
- dauernde – 7 H 42
- eines Flugzeugs 4 R 21
- einheitliche/unterschiedliche – von Gebäuden 4 R 13; 7 R 43 (2); 7 H 43
- Holz- 34b H 204
- private – eines Wirtschaftsguts des Gesamthandsvermögens 4 H 13 (11)
- private – von Personenkraftwagen 4 R 23; 4 H 23; 33 H 186–189
- private – von Wirtschaftsgütern 4 R 18 (1), 23; 4 H 23
- selbständige – 6 R 40; 6 H 40
- von Gebäudeteilen im Rahmen mehrerer Betriebe 4 H 13 (4)
- von Räumen zu beruflichen, gewerblichen und Wohnzwecken 7 R 42a (4); 34f R 213a (2); 34f H 213a
- von Vermögen 15 R 137 (1)
- zu eigenen Wohnzwecken 34f R 213a
- zu eigenen Wohnzwecken, Behandlung von Zuschüssen 21 R 163 (4)

Nutzungsänderung 4 R 13 (16), 14 (3), 16 (6); 4 H 14 (2–4); 6 R 32 (1); 7 R 44(9, 12); 7 H 44

Nutzungsdauer
- bei Ladeneinbauten, Schaufensteranlagen, Gaststätteneinbauten 7 H 44
- bei Scheinbestandteilen 7 H 42
- betriebsgewöhnliche – 5 H 31b; 6 R 40 (4); 7; 7 R 44 (3); 7 H 44; 7a H 45; 7g H 83; 11c (1)
- eines Firmenwerts 7 (1); 7 H 44; Anh. 6
- PKW und Kombifahrzeuge 7 H 44; Anh. 6
- Rest- 7 R 44 (11); 7 H 44; 7a R 45 (10)
- Verlängerung der – durch nachträglichen Aufwand 6b R 41a (3)
- von Anlagevermögen privater Krankenhäuser 7f
- von Gartenanlagen 21 R 157 (5)
- von Gebäuden 7 R 44 (3)

Nutzungsentnahme 4 R 18 (1); 4 H 14 (2–4)
Nutzungsentschädigungen bei Gewinnermittlung nach Richtsätzen 6 R 35 (9)
Nutzungsnachweis 34b R 212
Nutzungsrecht 4 H 13 (1, 7); 5 H 31a; 13 R 127; 13 H 126; 13a R 130a; 16 H 139
- an Gebäuden 4 H 13 (1, 7); 6b R 41b; 7 R 42 (5); 7 H 42

- durch Baumaßnahmen eines Nutzungsberechtigten geschaffenes – 4 H 13 (1, 7); 5 H 31a; 6b R 41b; 7 R 44 (3)
- Nießbrauch und anderes 6 H 42; Anh. 23

Nutzungssatz für einen Wald 34b 68; 34b H 205
Nutzungsüberlassung 7g R 83 (5); 7g H 83; 10 H 86b; 13 H 126; 20 H 154
Nutzungs- und Funktionszusammenhang 6 R 40; 7 R 42 (3); 7 H 42
Nutzungsvergütungen 22 H 168a; 24; 34 (2); 34 R 199, 200; 34 H 199; 49 R 223 (2); 50a R 227a
Nutzungsvorteil 4 H 13 (1); 5 H 31a
- Einlage von – 4 H 14 (1)

Nutzungswert
- Besteuerung des – 21 R 162; 21 H 162, 162a
- der Wohnung eines Land- und Forstwirts 13 (3, 7); 13 H 127; 13a (2); 13a R 130a; 13a H 130a; 52 (15)
- einer ganz oder teilweise unentgeltlich überlassenen Wohnung 10 H 86b; 21 (2); 21 R 162; 21 H 162
- Steuerpflicht des – der Wohnung im eigenen Haus 21 (2); 21 R 162; 21 H 162
- Zurechnung des – einer Wohnung 21 R 162; 21 H 162

Nutzung zu eigenen Wohnzwecken
- Aufteilung von Aufwendungen bei gemischter Nutzung 21 R 157 (7)

NV-Bescheinigung 46 H 213m, 213o

O

Obhuts- und Pflegeverhältnis bei Pflegekindern 32 R 177 (2); 32 H 177
Objekt
- -beschränkung 10e (4); 10f (3)
- Drei-Objekt-Grenze 15 H 137 (1)

Objektbegriff, Drei-Objekt-Grenze 15 H 137 (1)
Objektverbrauch 10e H 115a
Obligatorischer Vertrag, Maßgeblichkeit des – 6d; 7 R 42a; 7 H 42a; 7h (1); 7i (1); 16 H 139; 21a (7); 22 H 168a; 23 R 169
Obstbau 6b R 41a (1); 13 (1); 55 (2)
Offene Handelsgesellschaft 4 R 13 (2); 5 H 28; 15 (1, 3); 16 H 139
- freie Berufstätigkeit im Rahmen einer – 15 H 136

Offene-Posten-Buchhaltung 5 R 29 (7); 5 H 29
Öffentliche Leistungen, Kürzung von – 33a R 190
Öffentlicher Dienst
- Familienkassen 72 R 248
- Zahlung von Kindergeld an Angehörige des – 72

Stichwortverzeichnis

OHG 15 H 138a (1)
Ökologisches Jahr, freiwilliges 32 R 180c; 32 H 180c
Omnibus, Betrieb als Teilbetrieb 16 H 139
Opernsängerin
– Selbständigkeit einer – 15 H 134
Opfergrenze 33a R 190; 33a H 190
Optionsgeschäfte 4 H 13 (1); 15 H 137 (9); 20 H 154; 22 H 169; Anh. 16
Optionsrechte 5 H 31a
Ordnungsgelder 4 (5)
Ordnungswidrigkeit 4 R 24 (2)
Organgesellschaft 15 H 138 (1)
Organische Abfälle
– Verwertung – 15 R 135
Organschaft 7g R 83 (2); 10b H 113; 10d R 115 (3)

P

Pächter 4a H 25; 7 R 42 (4); 7g R 83 (5); 13 R 127; 13a (4); 13a R 130a; 14 R 131; 14 H 131; 16 H 139; 49 H 222
Pachterneuerungsanspruch 4 H 13 (1)
Pachtzins 4 H 19; 5 R 31c; 13 R 127; 13a; 34 H 200
Parteien 10b; 10b R 112; 10b H 112; 22 H 168b; 34g; Anl. 5
– Zuwendungen an politische – 2 R 4
Parteiengesetz 10b; 10b R 112; 10b H 112
Partiarisches Darlehen 20 H 154; Anh. 16
Partner einer nichtehelichen Lebensgemeinschaft 4 R 19 (4); 21 R 162a
Partnerschaftsgesellschaft, Partnerschaftsgesellschaftsgesetz 15 H 138 (1)
Parzellenweise Verpachtung 16 H 139 (5)
Parzellierung von Grundstücken 6 R 32 (1); 23 H 169
Passagen, Einbau von – 4 R 13 (3)
Patentanwälte 4 R 24 (2); 18 (1)
Patentberichterstatter 15 H 136
Patente 5 (3); 5 R 31c (7); 5 H 31a; 18 H 149; 49 H 222a; 50a R 227a; 73a
Pauschalierung 21 H 162a; 34e R 213; 49 H 222
– der ESt durch Dritte 37a
– nach § 34c Abs. 5 EStG Anh. 19
– von Sachbezügen 8 (3)
Pauschalwertberichtigung
– bei Kreditinstituten 6 H 35a; Anh. 6
Pauschbeträge
– bei Vermietung und Verpachtung (§ 9a EStG) 9a H 85
– für Arbeitnehmer 32b H 185; 33a H 192a; 34 R 200

– für Aufwendungen für Fahrten zwischen Wohnung und Arbeitsstätte und für Familienheimfahrten 9 (1)
– für Aufwendungen für Fahrten zwischen Wohnung und Betrieb und für Familienheimfahrten 4 (5); 4 R 22, 23
– für Behinderte, Hinterbliebene und Pflegepersonen 32 H 181a; 33 R 188, 189 (2); 33 H 186–189; 33b; 33b R 194; 33b H 194
– für Behinderte und Hinterbliebene 26a R 174a
– für Dienst-/Geschäftsreisen Anh. 27
– für Kinderbetreuungskosten 33c; 33c H 195
– für Sonderausgaben und Vorsorgeaufwendungen 10c; 10c R 114; 10c H 114
– für Verpflegungsmehraufwendungen 4 R 22
– für Werbungskosten 20 R 156
– für Werbungskosten (für bestimmte Berufsgruppen) 9a R 85; 9a H 85; 34 R 200
– Steuerfestsetzung in – bei beschränkter Steuerpflicht 50 (7)
– Steuerfestsetzung in – für ausländische Einkünfte 34c (5)
Pelztiere 15 H 138c
Pelztierzucht 15 H 138c
Pensionen 22 H 167
Pensionsanwartschaften 6a; 6a R 41
Pensionsgeschäfte mit Wertpapieren 22 H 168a
Pensionskassen
– für betriebliche Teilrenten 6a R 41 (13)
– Pensionsrückstellung 6 R 33 (4); 6a; 6a R 41; 6a H 41
– Renten aus – 22 H 167
– Zuwendungen an – 3; 4c; 4c R 27; 6 R 33 (4); 6a R 41 (17)
Pensionsrückstellung
– Altersrente aus der gesetzlichen Rentenversicherung 6a H 41 (13)
– Näherungsverfahren 6a H 41 (14)
Pensionsstall 15 H 135
Pensionszusagen 5 H 31a; 6a; 6a R 41; 6a H 41
– an Schwerbehinderte 6a R 41 (10)
– bei Ehegatten 6a R 41 (11)
– in Abhängigkeit von gewinnabhängigen Gehaltsbestandteilen 6a H 41 (17)
Personelle Verflechtung 15 R 137 (6); 15 H 137 (4, 6, 8)
Personengesellschaften 4 H 19; 15 H 138 (3), 138a (2), 138c; 16 H 139 (1, 5)
– Abtretung 4 H 19
– Arbeitsverhältnisse zwischen Ehegatten 4 H 19
– Beteiligung an – 15 H 138 (1)
– Betriebsvermögen bei – 4 R 13 (2)
– Betriebsvermögensvergleich bei – 4 R 12 (3)
– Betriebsvermögensvergleich bei ausländischer – 4 R 12 (4)
– gewerbliche Tätigkeit von – 15 H 136
– gewerblich geprägte 15 R 138 (6)

Stichwortverzeichnis

- Gewinnerzielungsabsicht bei – **15** H 138 (5)
- Grundstücke bei einer – **4** R 13 (11, 12)
- mehrstöckige **15** R 138 (2)
- Mietverhältnisse zwischen – und Gesellschafter **21** R 164 (2)
- Realteilung von – **16** H 139 (2)
- Übertragung stiller Rücklagen bei einer – **6b** R 41b (8)
- umfassend gewerbliche **15** R 138 (5)
- Umwandlung einer – **6b** R 41b
- Vermögen einer – **4** H 19
- vermögensverwaltende **15** H 137 (1)
- von Familienangehörigen **15** R 138a

Personengruppentheorie 15 H 137 (6)
Personenhandelsgesellschaft 15 H 138 (3)
Pfandbriefe 15 H 137 (9)
Pfandgläubiger 20 (2)
Pfandrückstellungen 5 H 31c
Pfändung des Anspruchs auf Kindergeld **76**; **76** R 252

Pflanzenbestände
- in Baumschulbetrieben **13** H 128

Pflegeaufwendungen
- als außergewöhnliche Belastung **33** H 186–189

Pflegebedürftigkeit
- Altersunterschied **32** R 177 (3)
- Aufwendungen wegen – **33** R 188; **33b** H 194

Pflegeeltern, Zuschüsse/Pflegegeld des Jugendamtes an – **3** H 6; **32** R 177 (4)
Pflegegeld 3; 32 R 177 (4), 180d (4); **33b** H 194
- als anrechenbarer Bezug **33a** H 190
- aus öffentlichen Kassen **3** H 6 Nr. 11
- Einnahmen für Pflegeleistungen **3** H 6 Nr. 36
- für Kinder in Familienpflege **3** H 6
- häusliche Pflegeleistungen **3**

Pflegeheim 7f R 82 (4); **33** R 188; **33a** H 192
Pflegekinder 26c H 174c; **32 (1); 32** R 177; **63** R 239
- Obhuts- und Pflegeverhältnis **32** R 177

Pflegekraft
- ambulante – **33** R 188 (1); **33b (6); 33b** H 194

Pflegeleistungen 3
Pflege, nebenberufliche – **3; 3** H 6
Pflege-Pauschbetrag 33b (6); 33b R 194; **33b** H 194
Pflegestufe III 33b 65
Pflege- und Erziehungsgeld 3 H 6 Nr. 11
Pflegeversicherung 2a H 5; **3; 3** H 6
- Beiträge zu einer zusätzlichen freiwilligen **10 (1)**
- Beiträge zur – **10 (1)**

Pflichtteilsberechtigte 14a H 133b; **22** H 165; **35** H 213e
- Verzicht – **22** H 165

Pharmaberater
- gewerbliche Tätigkeit eines **15** H 136

Policendarlehen 10 H 88
Pool-Abkommen 49 (1); 49 R 222 (2)
Praktikum 32 H 180
Praxis, Aufgabe/Fortführung einer freiberuflichen – **4** R 14 (2); **15** H 136
Praxiseinbringung 18 R 147; **18** H 147
Praxisveräußerung 18 R 147; **18** H 147
Praxisverpachtung 15 H 136; **18** R 147
Praxiswert 4 R 16 (3); **5** R 31a (4); **6** R 32; **7** H 44; Anh. 6
Preise anläßlich Preisausschreiben **4** R 21 (3)
Preisgelder 2 H 3; **4** H 18
Preissteigerung/Bewertung 6 R 38 (1)
Private Krankenhäuser 7f 1; **7f** R 82; **7f** H 82
Privatschule 15 H 136; **33** R 189 (2); **33** H 186–189; **33b** H 194
Privatvermögen 16 H 139 (2)
- Erbauseinandersetzung über – **7** H 43; Anh. 10
- Überführung von Wirtschaftsgütern aus – oder in – **7** R 43 (6); **7** H 43; **7g** R 83 (2, 5); **7g** H 83; **16** H 139; **23** H 169
- Zurechnung eines Grundstücks und anderer Wirtschaftsgüter zum – **4** R 13, 18 (1); **4** H 14 (2–4); **6** R 35 (3); **6b** R 41a (7); **7** R 43 (2); **7** H 44; **10e** H 115a; **20** H 154; **24** H 171

Probenehmer 15 H 136
Produktionsaufgaberente 3; 3 H 6; **13 (1)**
Produktionsunternehmen 16 H 139 (5, 8)
Progressionsvorbehalt 2 R 4; **4** R 12 (4); **15a** R 138d (5); **32b; 32b** H 185; **33b** R 185; **34** R 200 (5); **34** H 200; **46** R 217
Promotion 9 H 84; **10** H 103
Prozeßagenten 15 H 136
Prozeßkosten 6 H 33a; **22** H 167; **33** H 186–189
Prozeßkostenübernahme
- als außergewöhnliche Belastung **33** H 186–189

Prüfungsrecht der Finanzbehörde bei Anrechnung, Vergütung, Erstattung von KSt u. KapSt **50b**
Prüfungstätigkeit, nebenberufliche – **18** H 146
Psoriasis 33 H 186–189
Psychologisches Seminar 12 H 117a

R

Ratenzahlungen 16 H 139 (11)
Räumungsverkauf 16 H 139 (9)
Realgemeinden 6b R 41b; **13 (1)**
Realteilung 6b R 41b (10); **16** H 139, 139 (5)
- von Personengesellschaften zu Buchwerten, Tarifbegünstigung des Spitzenausgleichs **16** H 139 (2)

Rebanlagen 6b R 41a (1)

Stichwortverzeichnis

Rechnungsabgrenzungsposten 4b R 26 (3); 4d (2); 5 (5); 5 R 31b; 5 H 31b; 6 R 33 (5), 37 (3); 6 H 37; 14 H 131
– bei zeitlich nicht begrenzten Dauerleistungen 5 H 31b
– Ertragszuschüsse 5 H 31b
– Flächenstillegungsprämien 5 H 31b; 13 H 128
– Garantiegebühr 5 H 31b

Rechte 5 R 31a (1), 31c (8); 6b R 41c (4); 20 H 154; 22 H 168a; 24 H 170, 171; 35 H 213e; 50a R 227a
– grundstücksgleiche – 6b R 41a (1)
– Überlassung von – im Ausland 2a (2)

Rechtsanwälte
– freiberufliche Tätigkeit der – 18 (1)
– Gemeinschaft von – 15 H 136

Rechtsbeistände 15 H 136

Rechtsformwechsel, Verlustverrechnung bei – 15a R 138d (1)

Rechtsnachfolger 6b R 41c (6); 7 R 43 (3); 16 H 139 (5); 21 R 157 (2); 24 H 171; 50c H 227d
– Bemessung der AfA beim – 7 11d (1)
– nachträgliche Einkünfte des – 24 R 171 (2); 24 H 171

Rechtsstellung 15 H 138a (2)

Rechtsverhältnisse zwischen Angehörigen 4 R 19, 21 (6); 4 H 19; 4c R 27 (4); 4d R 27a (5); 13 H 126; 15 R 138a; 20 H 154; 21 R 162a; 21 H 162a; 22 H 166; 33 H 186–189; 33a R 190; 33a H 192; 33c R 195 (4)

Registrierkassen
s. *Kassenstreifen*

Registrierkassenstreifen 5 R 29

Regreßzahlungen
– als außergewöhnliche Belastung 33 H 186–189

Rehabilitierungsgesetz 3

Reichsknappschaftsgesetz 3; 3 H 6

Reichsversicherungsordnung 3; 3 H 6

Reihenfolge
– beim Verlustabzug 10d R 115 (2)
– der Geburten 66 R 242

Reinvestitionsfrist 6 R 35 (7); 6b (3); 6b R 41b (5)

Reisekosten 4 (5); Anh. 27

Reisekostenvergütung 3 H 6 Nr. 13

Reisekostenvergütungen, steuerfreie – aus öffentl. Kassen oder im privaten Dienst 3

Reisevertreter 15 H 134

Reitschule 15 H 134b

Reitunterricht 15 H 135

Rekultivierungsrückstellung 16 H 139 (9)

Rekultivierung, Verpflichtung zur – 6 R 38 (2)

Religiöse Zwecke 10b; 10b *48;* 10b R 111

Renten 33a H 190
– abgekürzte – 22 R 167 (6); 22 H 167
– Abzug von – als Sonderausgaben 10 (1); 10 R 87 (1)
– Abzug von – als Werbungskosten 9 (1)
– Anwendung des § 34 Abs. 3 auf Nachzahlungen 34 R 200 (1)
– aufgrund DDR-Regelungen 22 H 167
– aus dem Ausland 32b H 185
– Begriff der – 22 R 167; 22 H 165, 167
– bei Berechnung einer Pensionsanwartschaft 6a R 41; 6a H 41
– Berufs-/Erwerbsunfähigkeitsrenten 22 R 167 (7)
– Besteuerung von Leibrenten 22; 22 R 167
– der Bahnversicherungsanstalt 22 H 167
– der Bundesbahn-Versicherungsanstalt 22 H 167
– Erhöhung auf Grund Wertsicherungsklausel 4 R 16 (4)
– Erhöhung und Herabsetzung von – 22 R 167 (3, 4)
– Ertragsanteil einer – 22 H 167
– Kindererziehungszeiten 3 H 6
– mit ESt und ErbSt belastete – 35 H 213e
– nach dem Umstellungsgesetz 22 R 168
– Veräußerung gegen Leibrente 4 R 16 (4, 5); 16 R 139 (11); 18 R 147; 24 H 171
– Witwen- und Waisen- 22 R 167 (8); 22 H 167
– Zeit- 22 H 167
– Zinsen aus – 20 R 154
– Zusatzrenten der Bundesbahn-Versicherungsanstalt 22 H 167

Renten und dauernde Lasten 10 H 87
– Abgrenzung Rente/Dauernde Last 10 H 87
– Ablösung 10 H 87
– Ablösung einer dauernden Last 10 H 87
– Ablösung einer Versorgungsrente 10 H 87
– Ablösung eines Nießbrauchs oder anderen Nutzungsrechts 10 H 87
– Altenteilsleistung 10 H 87
– Beihilfen zu Studienkosten 10 H 87
– Dauernde Last, Begriff 10 H 87
– Erbbauzinsen 10 H 87
– Erbschaftsteuer 10 H 87
– Erhaltungs-/Instandhaltungsaufwendungen 10 H 87
– Leibrente 10 H 87
– Mietwert 10 H 87
– Vermögensübergabe gegen Versorgungsleistungen 10 H 87
– Versorgungsausgleich 10 H 87
– Wiederkehrende Leistungen 10 H 87
– Wohnungsrecht 10 H 87
– Zuschüsse zu Studienkosten 10 H 87

Rentenverpflichtung
– Behandlung einer – bei Überschußrechnung 4 R 16 (4, 5)

1393

Stichwortverzeichnis

- Fortfall der – **4** H 13 (15)
- Wert einer – **6** R 37 (1)

Rentenversicherung
- als Direktversicherung **4b** R 26 (1)
- Beiträge zur – als Vorsorgeaufwendungen **10 (1)**
- in der Unterstützungskasse **4d** R 27a (2); **4d** H 27a
- Kinderzuschüsse aus der gesetzlichen – **3**; **3** H 6
- Renten aus der gesetzlichen – **22** R 167 (3)

Rentner
- technischer – **6a** R 41 (25)

Reparationsschädengesetz 3; 3 H 6

Repräsentationskosten 4 R 21 (1, 12)

Reserven, stille –
- bei Überführung von Wirtschaftsgütern von einem (Teil-)Betrieb in einen anderen **4** H 14 (2–4)
- bei unentgeltlichem Erwerb **7** R 43
- bei Veräußerung/Aufgabe eines gewerblichen (Teil-)Betriebs **18** H 147
- bei Zerstörung eines Wirtschaftsguts **4** R 18 (1)
- im Erbfall **35** H 213e
- Übertragung aufgedeckter – **6** R 35; **6** H 35; **6b** R 41a (2), 41b; **7** R 43 (4)

Restwert 7 (2); 7 R 43 (4, 5); **7** H 43, 44; **7a (9); 7a** R 45 (9, 10); **7a** H 45; 7b (1, 2); **21** 82a (1); **33** R 187

Rezeptabrechner für Apotheken 15 H 136

Richtigkeit, sachliche – der Buchführung **5** R 29 (1)

Richtsätze 4 R 12 (2), 17 (1); **6** R 35 (9)

Risikoversicherung 4b R 26 (1); **10 (1)**

Rohstoff 6 R 32 (3), 36 (1); **6** H 32

Rotfäule 34b H 206

Rückbeziehung von Anschaffungskosten 17 H 140 (5)

Rückdeckung
- von Pensionsverpflichtungen **6a** H 41

Rückdeckungsanspruch 6a R 41 (11); **6a** H 41
- Vereinfachungsregelung bei der Aktivierung **6a** H 41 (24, 26)

Rückdeckungsversicherung 4d R 27a (13); **6a** R 41 (3, 11, 26)

Rückfallklausel 15 H 138a (2)

Rückgewähr
- von Einlagen **20** H 154

Rückkaufsrecht 17 H 140 (7)
- Abtretung von – **22** H 168a

Rückkaufswert 6a R 41 (26); **20** H 154

Rücklage 16 H 139 (9)
- Akkumulations- **2** R 3; **58**
- bei Betriebsveräußerungen **6b** R 41b; **16** R 139
- bei Erwerb gefährdeter Betriebe **6d**
- bei gewährten Zuschüssen **6** R 34 (4)
- bei Gewinnermittlung nach § 4 Abs. 3 EStG **6** R 35 (8, 9)
- für Ersatzbeschaffung **6** R 35; **6** H 35
- für Preissteigerung **51 (1)**
- Gewinn- **5** H 31a
- gewinnerhöhende Auflösung von – **6** R 35 (7); **6b (3); 6b** R 41b (5, 6); **6c; 6c** R 41d; **16** R 139; **24** H 171
- gewinnmindernde – bei Veräußerung bestimmter Anlagegüter **6b** R 41b; **6b (3); 6c; 6c** R 41d
- Instandhaltungs- **21** H 161
- nach dem Forstschäden-Ausgleichsgesetz **34b** R 209
- nach dem ZRFG **7a** R 45
- stille – **6** R 35; **6b** R 41b
- Verfolgung der Bildung und Auflösung in der Buchführung **6b (4)**

Rücklage nach § 6b EStG
- Bilanzänderung bei – **4** H 15

Rückstellung 5 R 31c; **16** H 139 (9)
- auf Grund eines Sozialplans **5** R 31c (3)
- Auflösung von – **5** R 31c (14)
- Bewertung von – **6** R 38
- für drohende Verluste aus schwebenden Geschäften **5** H 31c
- für Gewerbesteuer **4** R 20
- für Jahresabschluß-Kosten **5** H 31c; **6** R 38 (5); **6** H 38
- für Jubiläumszuwendungen **5 (4); 6** H 38; Anh. 6
- für künftige Steuernachforderungen **4** H 20
- für Nachbetreuungsleistungen an Hör- und Sehhilfen **5** H 31c
- für Pensionsverpflichtungen bei Arbeitsverhältnissen zwischen Ehegatten **4** H 19
- für Sparprämie **6** H 38
- für Steuerabschlußzahlungen und Mehrsteuern **4** R 20
- für Steuererklärungskosten **5** R 31c (3, 6); **6** R 38 (5)
- für ungewisse Verbindlichkeiten **5** R 31c
- für (unterlassene) Instandhaltung **5** R 31c (12); **7** H 43
- für Verluste aus schwebenden Geschäften **5** R 31c (11)
- für Wirtschaftserschwernisse **14** H 131
- für Zuwendungen an Pensionskassen **4c; 4c** R 27 (5); **4d** R 27a (1)
- für Zuwendungen an Unterstützungskassen **4d (2); 4d** R 27a (1, 16)
- Garantie- **5** R 31c (7); **6** H 38
- Künftige Prozeßkosten **5** H 31c
- Leistungen nach § 14 MuSchG **5** H 31c
- Lohnfortzahlung im Krankheitsfall **5** H 31c (1)
- nach DMBilG **4** H 17
- Pfandrückstellungen **5** R 31c
- Rekultivierungs- **16** H 139 (9)
- Urlaubsverpflichtungen **5** H 31c (4)

- Verpflichtung zur Zahlung von Vorruhestandsleistungen 5 H 31c
- wegen Verletzung fremder Rechte 5 (3); 5 R 31c (8)

Rücktrittsvereinbarung 5 H 31c (1); 17 H 140 (4)
Rückübertragungsverpflichtung 15 H 138a (1)
Rückwirkende Schenkung 17 H 140 (2)
Rückwirkung
- bei Arbeitsverhältnissen zwischen Ehegatten 4 H 19
- des Antrags auf Kindergeld 66 H 242

Rückzahlung
- aus Kapitalherabsetzung 6 H 32a; 17 H 140 (5)
- der Vorsteuererstattung 9b H 86
- -sbetrag 6 R 37
- von Versicherungsbeiträgen 10 (5); 10 30

Rückzahlungsverpflichtung 5 H 31c (1)
Ruhegehaltsbezüge
- Anwendung des § 34 Abs. 3 auf Nachzahlungen 34 R 200 (1)

Ruhegeld 19 (1, 2)
Rumpfwirtschaftsjahr 4a H 25; 4a 8b; 13a R 130a
Rundfunkermittler 15 H 134, 136
Rundfunksprecher 15 H 136

S

Saatzucht 13 R 128
Saatzuchtbetrieb 5 H 28
Sachbezüge 3 R 6; 8 (2)
Sachinbegriffe 2a; 21 (1); 34d; 49 (1)
Sachleistungen 22 H 167; 33c R 195 (4); 33c H 195
Sachleistungen, steuerfreie
- an Arbeitnehmer 8 (3)
- aus der gesetzlichen Rentenversicherung 3; 3 H 6
- aus der Kranken- und Unfallversicherung 3; 3 H 6
- nach dem Gesetz über eine Altershilfe für Landwirte 3; 3 H 6

Sachliche Steuerbefreiung 16 H 139 (14)
Sachliche Verflechtung 15 R 137 (5); 15 H 137 (4, 5)
Sachprämien
- Anrechnung von – 37a

Sachspenden 10b R 111 (1, 3); 10b H 111, 112
Sachwertabfindung 16 H 139 (9)
Sägewerk 14 H 131
Saldierung, Ergebnisse Gesellschafts-/Sonderbetriebsvermögen 15a H 138d; Anh. 22
Sammelantrag
- Vergütung von KSt aufgrund von – 46 H 213m

Sammelanträge
- Vergütung von KSt auf Grund von – 36b R 213j; 36c R 213l; 36d R 213m

Sammelantrags-Datenträger-Verordnung 36c R 213l
Sammelbeförderung, unentgeltliche/verbilligte – von Arbeitnehmern 3 H 6
Sanatorium 7 R 42a (2); 7 H 42a; 15 H 136; 33 H 186–189
Sandgrube 15 R 135 (3)
Sanierungsbedürftiges Unternehmen 3 H 6 Nr. 66
Sanierungsgebiete, Aufwendungen für Gebäude in – 4 (8); 7h; 10f; 11a; 21 82g; 51
Sanierungsgewinn, Steuerfreiheit 3; 3 H 6
Sanierungsmaßnahmen 4 (8); 6b (8); 7h; 10f; 11a; 21 82g
Sanktionen, Abzugsverbot für – 4 R 24
Säumniszuschläge 6 H 32a; 12 H 121
Schachteldividende
- Betriebsausgabenzuordnung bei nach einem DBA steuerfreien – 3c H 11

Schadensersatz
- als Betriebseinnahme 4 H 18
- Auflösung einer Rückstellung 5 H 31c (13)
- Leistungen 33 H 186–189
- Renten 22 H 165

Schadensersatzforderung 4 H 13 (1)
Schadensersatzrenten 21 H 161
Schadensregulierer 15 H 136
Schadenswiedergutmachung 4 R 24 (1)
Schalterhallen 4 R 13 (3)
Schalungsteile 6 H 40
Schatzanweisungen, unverzinsliche – 20 H 154
Schaufensteranlagen als selbständige Gebäudeteile 4 R 13; 4 H 13 (3)
Schaukästen 7 H 42
Scheck, Zeitpunkt der Leistung 7a (2)
Scheidung 26 H 174
- Kosten der – als außergewöhnliche Belastung 33 H 186–189

Scheidungsklausel 4 H 19
Scheinbestandteile eines Gebäudes 7 R 42 (1); 7 H 42
Schein-KG 15 H 138 (6)
Scheinrenditen 20 H 154
Schenkung 4 R 21 (2); 4 H 19; 15 R 138a (2); 15 H 138a (5); 23 H 169
- unter Auflage 20 H 154

Schenkweise
- eingeräumte stille Beteiligung 15 H 138a (5)
- in eine KG aufgenommene Kinder 15 H 138a (2)
- übertragene Gesellschaftsanteile 15 H 138a (3)

Stichwortverzeichnis

Schiffahrt 49 H 222
Schiffe 16 H 139 (3)
- AfA bei – 7 R 42 (2), 43
- Bewertungsfreiheit für Handels- und Fischerei
  – 51 (1); 51 *82f*
- Einkünfte aus Vermietung von – 21 (1)
- Gewinn aus der Veräußerung von – 6b; 6b R 41a (4)
- Gewinnermittlung bei beschränkter Steuerpflicht 49 (3)
- im internationalen Verkehr 34c (4); 34d
- Inlandsbegriff 1a H 1

Schiffseichaufnehmer 15 H 136
Schiffssachverständiger 15 H 136
Schlachtwert 7 H 43
Schlechtwettergeld 3; 41 (1)
Schlepper 6b R 41a (4)
Schloßbesichtigung 15 H 135
Schmiergeld 4 R 21 (2); 4 (5)
Schneeballsystem 20 H 154
Schönheitskönigin
- gewerbliche Tätigkeit einer – 15 H 136

Schreibmaschinenkurs 33c H 195
Schriftenminima als GWG 6 H 40
Schriftsteller 15 H 134b
Schriftstellerische Tätigkeit 15 H 136; 49 R 222a; 50a (4)
Schrottwert 7 H 43
Schulden
- Ablösung von – 4 H 13 (15)
- Tilgung von –, die zu einem land- und forstwirtschaftlichen Betrieb gehören 14a R 133c

Schuldentilgung
- Berechnung des Freibetrags gem. § 14a Abs. 5 EStG 14a R 133c

Schuldenübernahme durch Erwerber 16 H 139 (10)
Schuldumwandlung 14a H 133c
Schuldzinsen 4 H 18
 s. auch Zinsen
- als außergewöhnliche Belastung 33 H 186–189
- für einen Kredit zur Nachentrichtung freiwilliger Beiträge zur Angestelltenversicherung 22 H 167

Schulgeld 10 (1); 10 R 104; 10 H 104; 33 R 189 (2)
- als außergewöhnliche Belastung 33a H 194
- Ergänzungsschule 10 H 104
- Ersatzschule 10 H 104
- Nachweis 10 H 104
- Schulen im Ausland 10 H 104
- Spendenabzug 10 H 104

Schutzrechte, Begriff der gewerblichen –
 5 R 31c (8); 50a *73a (3)*
Schwarzarbeiter 15 H 134

Schwarzhandelsgeschäfte 4 R 21
Schwebende Geschäfte/Verträge 5 R 31c (1, 9, 11); 6 R 38 (6); 51 R 233a
Schwerbehindertengesetz 32 R 180d (1); 33b H 194; 33b 65
Schwestergesellschaft 15 H 136; Anh. 18
- Vermietung an – 15 H 138 (6)

Schwesterpersonengesellschaften Anh. 18
- Vermietung zwischen – 15 H 138 (1)

Schwimmbecken(hallen) 7 H 42; 21 H 162
Schwimmkräne 6b R 41a (5)
Seeschiffe 6b R 41a (4); 51 *82f*
Sekundärfolgenrechtsprechung 4 H 13 (15)
Selbständige Arbeit
- Abgrenzung der – gegenüber dem Gewerbebetrieb 15 H 136
- Abgrenzung der – gegenüber der nichtselbständigen Arbeit 18 R 146
- beschränkt steuerpflichtige Einkünfte aus – 49 R 222a
- einer Opernsängerin 15 H 134
- Einkünfte aus – 2 (1); 18 R 146; 34d; 49 (1)

Selbständigkeit 15 (2); 15 R 134; 15 H 134
Selbsterzeugte Waren 16 H 139 (9)
Selbstkosten 5 R 31 (11); 6 R 36
Selbstkostendeckung 15 H 134b
Seminar
- psychologisches 12 H 117a

Serienfabrikate 15 H 137 (5)
Sicherung
- betrieblicher Kredite 4 H 13 (1)

Sicherungseinbehalt
- bei beschränkt Steuerpflichtigen 50a H 227c

Sicherungsnießbrauch 21 H 162a
Sittliche Pflicht
- als außergewöhnliche Belastung 33 H 186–189

Skonto 6 H 32
Solaranlagen, Einbau von – 21 *82a*
Soldat auf Zeit 32 H 180f
Soldatenversorgungsgesetz 3; 32b (1)
Solidaritätszuschlag 51a; 51a H 224
Sonderabschreibungen
- auf Anzahlungen und Teilherstellungskosten 7a (2); 7a R 45 (5)
- bei mehreren Beteiligten 7a (7); 7a R 45 (9)
- Berücksichtigung von – für Buchführungsgrenzen 7a (6)
- für Handelsschiffe und Luftfahrzeuge 51 H 235
- für Krankenhäuser 7f; 7f R 82
- gemeinsame Vorschriften für – 7a; 7a R 45
- im Fördergebiet/Zonenrandgebiet Anh. 11
- Kumulationsverbot bei – 7a (5); 7a R 45 (7)
- nachträgliche Herstellungskosten Anh. 11
- und Begünstigungszeitraum 7a; 7a R 45 (2, 9)

Stichwortverzeichnis

- Verlustklausel bei – **7a** R 45 (8)
- Willkürlichkeit von Anzahlungen **Anh. 11**
- zur Förderung kleiner und mittlerer Betriebe **7g** R 83
- Zusammenstellung zur Anwendung des Fördergebietsgesetzes bei Baumaßnahmen **Anh. 11**

Sonderausgaben 10 H 86a
- Abzug erhöhter Absetzungen wie – **10e; 52 (21)**
- Abzugsberechtigte Person – **10** H 86a
- Abzugshöhe – **10** H 86a
- Abzugszeitpunkt – **10** H 86a
- Abzug von Aufwendungen für selbstbewohnte Baudenkmale und Gebäude in Sanierungsgebieten u. ä. wie – **10f**
- Allgemeines zu – **2** R 3; **10** R 86a; **10** H 86a
- bei beschränkter Steuerpflicht **50 (1)**
- Berücksichtigung von – bei Bemessung von Vorauszahlungen **37 (3)**
- Dividenden, Überschuß- oder Gewinnanteile bei Versicherungen/Versicherungsvereinen auf Gegenseitigkeit – **10** H 86a
- Erstattete Aufwendungen – **10** H 86a
- Pauschbetrag **10c; 10c** R 114; **10c** H 114
- Unterhaltsleistungen der Erben **10** H 86a
- von Ehegatten **10** R 86a; **26a** 62d; **26a** R 174a (1)
- Vorsorgeaufwendungen als – **10 (1); 18** H 144; **20** R 154
- willkürlich gezahlte Kirchensteuer – **10** H 86a
- Zukunftssicherungsleistungen – **10** H 86a

Sonderbetriebsausgaben 15 H 138a (4)
Sonderbetriebseinnahmen 15 H 138 (4)
Sonderbetriebseinnahmen und -ausgaben 4 H 18
Sonderbetriebsvermögen 4 R 13 (2); **5** H 28; **6b** R 41b (4), 41c; **6b** H 41b (2); **7g** R 83 (2); **15** H 137 (4), 138 (4); **15a** R 138d (2); **15a** H 138d; **16** H 139, 139 (3, 4); **34e** R 213; **55** H 236; **Anh. 18, 22**
- bei mitunternehmerischer Betriebsaufspaltung oder Vermietung an Schwesterpersonengesellschaft **4** H 13 (2)
- gewillkürtes **4** H 13 (2)
- Grundstücke als – einer Personengesellschaft **4** R 13 (12)
- Grundstücksteile von untergeordneter Bedeutung im – **4** R 13 (12)
- Überlassung zu Wohnzwecken **4** H 13 (12)

Sonderkulturen 13a (4, 8)
Sondernutzungen 13a R 130a
Sonderunterstützung für im Familienhaushalt beschäftigte Frauen **3**
Sondervergütungen 15 H 138 (4)
Sondervorschriften auf Grund Einigungsvertrags **56; 58**

Sonderzuwendungen
- bei Arbeitsverhältnissen zwischen Ehegatten **4** H 19

Sonntagsarbeit, Zuschläge für – **3b**
Sonstige Einkünfte 2 (1); 22 R 165; **22** H 165; **23** R 169; **23** H 169; **34d; 49 (1)**
Sowjetzonenflüchtlinge 7e
Sozialbindung, Wohnungen mit – **7k**
Soziales Jahr, freiwilliges – **32 (4); 32** R 180c; **32** H 180c
Sozialgesetzbuch 8 (2)
Sozialplan 5 R 31c (3)
Sozialversicherungsbeiträge
- nachträgliche Erstattung **10** H 86a

Sozialzuschlag 22 H 167
Sparer-Freibetrag 20 (4); 20 R 156; **34** R 200 (4)
Spargelanbau 55 (2)
Spargeschenkgutscheine von Kreditinstituten **4** R 21 (3)
Sparprämie, Rückleistung für zu leistende – 6 H 38
Spätaussiedler aus den Ostblockstaaten **33** H 186–189
Spediteur 16 H 139 (3)
Speicherbuchführung
- DV-gestützte Speicherbuchführungssysteme (GoBS) **5** H 29; **Anh. 7**
- Grundsätze der – **5** R 29 (8)
- Mikrofilmaufnahmen **5** H 29; **Anh. 7**

Speicherräume 7 R 42a (3)
Spekulationsgeschäfte 22; 23; 23 R 169; **23** H 169; **34d; 49**
Spenden 12 R 122
  s. auch Ausgaben
- Allgemeines zu – **10b** R 111, 113; **10b** H 111, 113
- an Kindergärten **10** H 104
- an politische Parteien **2** R 4; **4 (6); 10b; 10b** H 112; **34g**
- an Wählervereinigungen **34g**

Spendenabzug, Überleitungsvorschrift **10b 50**
Spendenbestätigung 10b H 111, 112; **38 (3)**
- maschinell erstellte – **10b** R 111; **10b** H 111, 112
- Muster **Anl. 4, 5, 6**

Sperrbetrag 50c (4); 50c R 227d; **50c** H 227d
Sperrfrist für Vermögensbeteiligungen **19a (1, 2)**
Sperrzeit bei erworbenen Anteilen 50c R 227d
Spielsucht 33 H 186–189
Spinnkannen als GWG 6 H 40
Spitzensportler 15 H 134
Splitting-Verfahren 32a (5, 6)
- bei Wiederheirat, Auflösung der Ehe **32a** H 184a, 184b

Stichwortverzeichnis

- dauerndes Getrenntleben im Todeszeitpunkt **32a** H 184a

Sponsoring 4 H 18; **10b** H 111; **12** H 117; Anh. 12

Sport
- Aufwendungen für – als außergewöhnliche Belastung **33** H 186–189

Sportler **49** H 222; **50a (4)**; **50a** H 227c; **50d** H 227e

Sprachkurse (im Ausland) **12** R 117a

Staatsangehörige
- deutsche – im Ausland **1 (2)**; **1a** H 1
- eines Mitgliedstaates der EU oder des EWR **1a**

Städtebauförderung **7h**; **10f**; **11a**; **21** *82g, 82h*; **51 (1)**

Stahlregalteile **6** H 40

Stammrecht
- einer Leibrente **22** R 167 (3)
- eines Kapitalvermögens **20** R 153
- Wertverluste am – **20** R 153

Ständiger Vertreter **49** H 222

Steinbrüche, Absetzungen für Substanzverringerung bei – **7 (6)**

Stenografiekurs **33c** H 195

Sterbegelder auf Grund des Abgeordnetengesetzes **22**

Sterbegeldversicherung
- als außergewöhnliche Belastung **33** H 186–189

Sterilisation
- als außergewöhnliche Belastung **33** H 186–189

Steuerabzug
- Anmeldung **50a**; Anh. 21
- Anordnung des – bei beschränkt Steuerpflichtigen **50a (7)**
- bei beschränkt Steuerpflichtigen **50a**; **50a** *73a, 73g*; **50a** R 227a, 227c; **50a** H 227c
- bei Einkünften aus künstlerischen, sportlichen, artistischen Darbietungen **50a** R 227b
- bei Einkünften aus künstlerischen, sportlichen und artistischen Darbietungen **46** H 227c, 227e
- bei Lizenzgebühren **50a** R 227a
- bei Veräußerungen von Schutzrechten **50a** R 227a
- bei Vergütungen für die Nutzung von Urheberrechten **50a** R 227a
- bei Verspätungen für das Recht auf Nutzung von Urheberrechten **50a** *73f*
- bei Verspätungen für die Nutzung von Urheberrechten **50a** *73f*
- Bescheinigung **50a (5)**
- Haftung **50a** *73g*
- nach § 50a Abs. 4 EStG Anh. 21
- nach § 50a EStG in besonderen Fällen **50a** R 227a

Steuerabzugsbeträge **36** H 213f
- Anrechnung der – auf die ESt **36 (2)**
- bei Verlustrücktrag nach § 57 Abs. 4 Satz 1 i.V.m. § 10d Abs. 1 EStG **57 (4)**
- Berichtigung der Anrechnung von – **36** H 213f

Steuerbegünstigte Zwecke (Spenden) **10b**; **10b** *48*; **10b** R 111, 113; **10b** H 111

Steuerberater **15** H 136; **18 (1)**

Steuerberatungskosten **10** H 102
- als Sonderausgaben **10 (1)**; **10** R 102
- Beiträge zu Lohnsteuerhilfevereinen – **10** H 102
- Fahrtkosten **10** H 102
- Steuerfachliteratur **10** H 102
- Steuerstrafverfahren **10** H 102
- Unfallkosten **10** H 102
- Zuordnung der Steuerberatungskosten zu den Betriebsausgaben/Werbungskosten und Sonderausgaben **10** H 102
- Zustimmung zum Realsplitting **10** H 102

Steuerberechnung **34 (3)**; **34** R 200 (5)

Steuerbescheinigung **36 (2)**; **36** R 213g; **36b** R 213k; **36b (1)**; **36c** R 213l; **36c (1)**; **50a** H 227c

Steuerbilanz **25** *60 (3)*; **51** R 233a; **51** H 233a

Steuererklärungspflicht **25 (3)**; **25** *56*; **51 (1)**

Steuererklärung, Unterlagen zur – **25** *60*

Steuerermäßigung
- Baukindergeld **34f** R 213a
- bei ausländischen Einkünften aus dem Betrieb von Handelsschiffen **34c** H 212e
- bei ausländischen Einkünften **34c**; **34c** *68a*; **34c** R 212a, 212d; **34c** H 212a, 212d; **34d**
- bei Belastung mit ErbSt **2** R 4; **35**; **35** H 213e
- bei Handelsschiffen **34c (4)**; **34c** H 212e
- bei Mitgliedsbeiträgen und Spenden an Parteien und Wählervereinigungen **34g**; **34g** H 213b
- für außerordentliche Einkünfte **34**; **34** R 197, 200; **34** H 197, 200; **34b** R 209, 210, 212; **34b** R 204, 212
- für außerordentliche Einkünfte aus Forstwirtschaft **34b**
- für außerordentliche Holznutzung **34b** R 204
- für Einkünfte aus Berlin (West) **2** R 4
- für Einkünfte aus Land- und Forstwirtschaft **2** R 4; **34e**; **34e** R 213; **34e** H 213
- für Veräußerungsgewinne **34 (1)**; **34** R 197
- in Fällen der §§ 7b und 10e EStG **2** R 4; **34f**; **34f** H 213a; Anh. 27
- nach § 34c Abs. 4 **34c** R 212e

Steuererstattungsantrag **50 (5)**; **50a** H 227c

Steuergeheimnis **68** R 244

Steuern
- abziehbare – **2** R 4; **2 (3)**; **4** R 20; **4** H 20; **6** R 33 (5); **9 (1)**
- Abzug ausländischer – **34c (2, 3)**; **34c** R 212c

Stichwortverzeichnis

- Anrechnung ausländischer – **2** R 4; **34c (1)**;
  34c R 212b, 212d
- auf Grund Betriebsprüfung **4** R 20
- ausländische – vom Einkommen **2** R 3; **34c**;
  34c *68b;* **34c** R 212a, 212d; Anl. 8
- hinterzogene – **4** R 20
- nichtabziehbare – **12**
- nichtabziehbare – und Nebenleistungen
  12 H 121

Steuerpause **4a** H 25

Steuerpflicht **1**; **1a** H 1; **2 (1, 7)**
- beschränkte – **1 (4); 49; 49** R 222; **50a** R 227c
- beschränkte und unbeschränkte – **1; 1a** H 1
- erweiterte beschränkte – **1a** H 1
- erweiterte unbeschränkte – **1** H 1
- EuGH-Urteil „Schumacker" **1**
- unbeschränkte – **1 (1, 2)**
- unbeschränkte auf Antrag – **1 (3); 1a** H 1

Steuersätze
- bei außerordentlichen Einkünften **34**;
  34 R 198; **34** H 197–200
- bei außerordentlichen Einkünften aus Forstwirtschaft **34b; 34b** R 212
- Berechnung des ermäßigten – **34** R 198

Steuerschuldner **36 (4)**

Stiefkinder **63** R 239

Stiftung
- Begriff der öffentlichen – **3** H 6
- Deutsche Sporthilfe **10b** R 111
- Hilfswerk für behinderte Kinder **3** H 7

Stillegung eines Betriebs als Betriebsaufgabe
  16 H 139

Stille Reserven **15** H 137 (5), 138a (2, 3);
  15a H 138d
- Übertragung von – **14** H 132

Stiller Gesellschafter **15** H 138 (1), 138a (5);
  20 H 153, 154
- Beteiligung **15** H 138 (1, 5), 138a (4);
  17 H 140 (2); **20** H 153, 154

Stimmrechtsausschluß **15** H 137 (6)

Stipendien **3; 3** R 6; **3** H 6; **33a** H 191, 192a

Strafcharakter von Rechtsfolgen vermögensrechtlicher Art **12** Nr. 4; **12** H 120

Strafverteidigungskosten
- als außergewöhnliche Belastung
  33 H 186–189

Straßenanliegerbeiträge **6** H 33a

Straßenausbaukosten, Zuschüsse zu – **6** H 33a

Straßenbau – Kostenbeiträge **21** H 157

Straßenleuchten als GWG **6** H 40

Straßenzufahrtkosten **6** H 33a

Strukturänderung (Wandel) eines Betriebs
  4 R 14 (2), 17 (1); **6** R 35 (1); **16** H 139

Strukturwandel
- vom land- und forstwirtschaftlichen Betrieb
  zum Gewerbebetrieb **15** R 135

Stückzinsen **20 (2); 20** H 154

Studienbeihilfen **3** H 6

Studiengelder bei ausländischen Studenten und
  Schülern **22** R 166

Studienreisen **12** R 117a

Stukturwandel **16** H 139 (2)

Substanzausbeuterechte **21** H 164a

Substanzverringerung, Absetzungen für –
  4 *7 (3);* **4** R 16 (3); **7 (6); 7** *10a, 11d;* **7** R 44a

Summe der Einkünfte **2 (3); 2** R 3; **24a**

Synchronsprecher **15** H 136

Systemanalytiker **15** H 136

Systemhalle **15** H 137 (5)

T

Tageskurse **32** H 180

Tages-, Wochenmütter **33c** H 195

Tage- und Sitzungsgelder **22** R 168b

Tankschiffe **6b** R 41a (4); **51** *82f (5)*

Tankstellen **16** H 139 (3)
- als Teilbetriebe **16** H 139

Tantiemen **4** R 19 (3); **19 (1); 34** H 200

Tanzkurs **33c** H 195

Tanzorchester **15** H 136

Tarifbegrenzung
- bei gewerblichen Einkünften **32c**;
  32c R 185a; **32c** H 185a
- Ermittlung, Beispiele **32c** H 185a

Tätigkeit
- aktive – **2a (2); 2a** R 5 (3)
- als Entwicklungshelfer **32** R 180f; **32** H 180f
- Aufwandsentschädigungen für nebenberufliche – **3** H 6
- der Gesellschafter für die Gesellschaft **15 (1)**
- Einkünfte als Entlohnung für mehrjährige –
  34 (3); 34 R 200; **34** H 200
- Einkünfte aus einer ehemaligen – **22** H 167;
  24; 24 R 171
- Einkünfte aus freiberuflicher – **15** H 136
- gemischte – **15** H 136
- gewerbliche – **15** H 136
- künstlerische – **15** H 136
- wissenschaftliche – **15** H 136

Tätigkeitsstätte **9** R 84

Tatsächliche Gewinnaufteilung **15** H 138a (1)

Tausch **6b** R 41a (5); **17** H 140 (4)
- Anwendung des Tauschgutachtens
  4 H 13 (1); **6** H 32a; **17** H 140 (4)
- bei Überschußrechnung **4** H 16
- von Beteiligungen **17** H 140 (4); **17** H 140 (4)
- von Mitunternehmeranteilen **16** H 139 (4)
- von Wirtschaftsgütern **4** H 13 (1);
  6b R 41a (5), 41c (5)

1399

Stichwortverzeichnis

Tauschgutachten 17 R 140 (4)
Teichwirtschaft 13 (1)
Teilarbeitslosengeld 32b (1)
Teilbetrieb 15 H 137 (1)
– Veräußerung eines gewerblichen – 4 R 16 (7); 16 (1); 16 R 139 (3); 16 H 139
– Veräußerung eines land- und forstwirtschaftlichen – 14; 14 R 131; 14 H 131; 14a H 133a
– Verpachtung eines gewerblichen – 15 H 137; 16 R 139 (5)

Teilbetriebsaufgabe 16 H 139 (3)
Teileigentum
– AfA bei – 7 (5)
– an Grundstücken und Grundstücksteilen 4 R 13 (14)

Teilentgeltlicher Erwerb 21 R 157 (4)
Teilentgeltliche Übertragung 17 H 140 (4)
Teilherstellungskosten, Abschreibungen auf –
7a (2); 7a R 45 (6); 7a H 45; 7d (5); 37 R 213n (2); 51 (1); 51 *81 (4), 82f*

Teilkindergeld 65 H 241
Teilrenten
– betriebliche – 6a H 41 (12)

Teilungsanordnung Anh. 10
Teilveräußerung 16 H 139 (9)
Teilweise Veräußerung
– Wahlrecht 17 H 140 (5)

Teilwert 6 R 35a
– Abschreibung auf den niedrigeren – bei Grund und Boden 55 H 236
– Abschreibungen auf den – 6 R 33 (3, 6), 35 (5), 36a (6); 50c H 227d
– Ansatz des – beim Vorratsvermögen 6 R 36
– Ansatz von Wirtschaftsgütern mit dem – 2a (1); 2a H 5; 6 (1); 6 R 35a, 36a (6)
– bei der Bewertung von Vieh 13 H 125
– bei Einlagen im Zusammenhang mit einer Betriebseröffnung 6 H 39
– einer Beteiligung 6 H 35a
– einer Pensionsverpflichtung 6a R 41
– Feststellung des höheren – bei Grund und Boden 55 H 236
– Güterfernverkehrsgenehmigung 5 H 31a; 6 H 35a
– unverzinsliche und niedrig verzinsliche Darlehensforderungen gegenüber Betriebsangehörigen 6 H 35a; Anh. 6
– von stark im Preis schwankenden Waren 6 H 36
– von Verbindlichkeiten 6 R 37, 38
– Zeitpunkt der Teilwertabschreibung 6 H 35a

Teilzahlungen 34 H 199
Telefonhilfe 33a H 190
Tennisplätze 15 H 137 (2)
Termingeschäfte 4 H 13 (1); 20 H 154; 22 H 168a; 23 H 169
Testamentsvollstrecker 15 H 137 (6), 138 (1)

Textdichter, im Ausland ansässiger – mit inländischen Einkünften 49 H 222a
Tiere
– Bewertung von – 13 H 125
– in land- und forstwirtschaftlich tätigen Betrieben Anh. 6

Tierhaltung (Tierzucht) 13 (1); 13 R 124a; 15 R 138c; 15 (4); 15 H 135, 138c
– im Rahmen einer GbR 13a H 130a

Tierhandel
– gewerblicher – 15 H 138c

Tierzucht
– gewerbliche – 15 H 138c

Tilgung
– der Einkommensteuer 36
– von Darlehen 4 H 16
– von Schulden, die zu einem land- und forstwirtschaftlichen Betrieb gehören 14a (5); 14a R 133c

Tod
– eines Gesellschafters 4 H 16 (7); 16 H 139 (4)
– eines Steuerpflichtigen 16 H 139 (14)

Todeserklärung
– eines Ehegatten 26 H 174
– eines verschollenen Ehegatten 32a H 184a

Todesfallkosten als außergewöhnliche Belastung 33 H 186–189
Todesfallschutz 10 H 88
Tonträger in der Schallplattenindustrie 5 H 31a
Torfstich 15 R 135 (3)
Torfstiche 15 (1)
Totalgewinn 15 H 134b
Toupet
– als außergewöhnliche Belastung 33 H 186–189

Trabrennstall 15 H 134b
Träger
– des freiwilligen ökologischen Jahres 32 H 180c
– des freiwilligen sozialen Jahres 32 H 180c

Trägerkleinsiedlungen 7b (5); 21a (7)
Trägerunternehmen 4c; 4c R 27; 4d R 27a; 4d 27a
Transitorische Posten 5 R 31b (1)
Trauerkleidung, Ausgaben für – 33 H 186–189
Trennung, räumliche 26 R 174 (1)
Trennungsgelder 3 H 6 Nr. 13
Trennungsgeld, steuerfreies 3; 3 H 6
Trennwände 4 R 13 (3)
Treppenschlägpflicht
– als außergewöhnliche Belastung 33 H 186–189

Treugeber 15 H 138 (1)
Treuhandkonten, Zinsabschlag bei – Anh. 28
Treu und Glauben 15 H 134b

Trinkgelder
- als außergewöhnliche Belastung
  33 H 186–189
- Besteuerung freiwilliger – 3 H 6 Nr. 51
- steuerfreie – ohne Rechtsanspruch 3; 3 R 6

Trivialprogramme 5 R 31a; 6 H 40

Trockenräume 7 R 42a (3)

Trunksucht 33 H 186–189

Typisch stille Gesellschafter 15 H 138a (4)

U

Überbrückungsgeld 32b

Überführung
- von Wirtschaftsgütern aus Betriebsvermögen in Privatvermögen und umgekehrt 7 R 43 (6); 7 H 43; 7g R 83 (5); 7g H 83; 16 H 139; 23 H 169
- von Wirtschaftsgütern von einem Betrieb (Betriebsstätte) in einen anderen 4 H 14 (2–4); 6b R 41a (7); 7g R 83 (4); 16 H 139

Übergangsgelder (Übergangsbeihilfen) 3 H 6; 32b
- auf Grund des Abgeordnetengesetzes 22
- steuerfreie – 3

Übergangsgewinn 4 H 16 (7)

Übergangsregelungen, Kindergeld 78

Übergangszeit
- zwischen zwei Ausbildungsabschnitten 32 R 180a; 32 H 180a; 33a H 191

Überlassung
- einer Wohnung 10 H 86b; 21 R 162 (4); 21 H 161, 164; 34f R 213a (2)
- einer Wohnung, entgeltlich 21 R 164 (2)
- land- und forstwirtschaftlich genutzter Flächen 7 H 42; 13a R 130a
- von Wirtschaftsgütern des Gesellschafters an Gesellschaft 15 (1)

Übernachtungsaufwendungen 4 R 21 (12)

Übernutzung 34b R 205, 208

Überschuß
- der Betriebseinnahmen über die Betriebsausgaben 4 (3); 4 R 16; 13a R (3)
- der Einnahmen über die Werbungskosten 2 (2)

Überschußbeteiligung
- bei privaten Rentenversicherungen 22 H 167

Übersendung von Urkunden durch die Notare 17 54

Übersetzer 18 (1)

Übersetzungsbüro 15 H 136

Übertragung
- aufgedeckter stiller Reserven 6 R 35; 6b (3); 6b R 41b; 6c; 6c R 41d; 7 R 43 (4)
- der Verlustabzugsberechtigung 10d R 115 (5)
- des Behinderten-Pauschbetrags 33b H 194

- des Kinderfreibetrages 32 (6); 32 R 181a; 32 H 181a
- des Pauschbetrages 33b R 194
- teilentgeltliche – eines Betriebs 16 R 139 (7)
- unentgeltliche – eines Betriebs, Teilbetriebs usw. 4 7; 4 R 17 (3); 5 R 31a (4); 5 H 31a; 6b R 41c (6); 7g R 83 (5); 16 R 139 (6); 16 H 139
- Vermögens – von Eltern auf Kinder 14a R 133b; 15 R 138a (2); 22 H 165; Anh. 10
- von Wirtschaftsgütern zwischen Personengesellschaften und Gesellschaftern 4 R 14 (2)

Übungsleiter 3; 3 H 6

Umbau 3; 3 H 6
- von Gebäuden und Schiffen 6b R 41b (2), 41c (3); 6b (1); 7 H 43, 44
- von Wohngebäuden 7b; 21a (7); Anh. 27

Umdeutung 4 H 19

Umgestaltung
- eines Gebäudes 7 R 43 (5); 7 H 43; 23 H 169
- wesentlicher Betriebsgrundlagen 16 H 139 (5)

Umlaufvermögen 6 H 32; 16 H 139 (8, 9)
- Bewertung des – 6 (1); 6 R 35, 36; 6 H 36; 9b R 86 (1)
- Bewertungsabschlag beim – 51 80

Umrechnung
- ausländischer Einkünfte und Bezüge in Deutsche Mark 32 (4)
- ausländischer Steuern 34c R 212a

Umsätze 10b H 113

Umsatzgrenzen 15 R 135

Umsatzsteuer 16 H 139 (12)
- als Betriebsausgaben (Werbungskosten) 9b R 86 (4); 9b H 86
- als Betriebseinnahme 4 R 16 (3); 9b; 9b R 86 (4)
- als Teil der Anschaffungs- und Herstellungskosten 4 R 21 (2); 9b; 9b R 86
- als Teil der Veräußerungskosten 16 H 139
- als Vertriebskosten 6 R 33 (5)
- auf Anzahlungen 5 (5)
- bei Sachspenden 10b R 111 (1)
- für Eigenverbrauch und Entnahmen 12
- und Steuerabzug nach § 50a EStG 50a R 227c; 50a H 227c

Umschichtung 15 H 137 (9)

Umschuldung 4 H 13 (15); 6 H 37

Umschulungskosten 33 H 186–189

Umstellung
- des Wirtschaftsjahrs 4a (1); 4a 8; 4a R 25; 4a H 25
- eines land- und forstwirtschaftlichen Betriebs 6b; 6b R 41a (7)

Umstellungsgesetz 22 R 168

Stichwortverzeichnis

Umwandlung
- von Einzelunternehmen und Personengesellschaften **4a** H 25; **5** H 31, 31a; **6b** R 41b (10); **15a** R 138d (1)
- von Renten **22** R 167 (7)
- von Rücklagen **50c** H 227d

Umwandlungssteuergesetz 6b R 41c (1); **7g** R 83 (5); **16** H 139; **17** H 140 (2); **18** R 147; **18** H 147; **50c** H 227d

Umweltschutz, erhöhte Absetzungen bei dem – dienenden Wirtschaftsgütern **7d**

Umzäunung
- als Gebäudeherstellungskosten **21** R 157 (5)
- und Gebäudeherstellungskosten **7** H 42; **21** H 157

Umzugskosten
- als außergewöhnliche Belastung **33** H 186–189

Umzugskostenvergütungen
- steuerfreie – aus öffentl. Kassen **3**; **3** H 6
- steuerfreie – im privaten Dienst **3**

Unabwendbares Ereignis 33 R 187

Unbeschränkte Steuerpflicht 62 R 238

Unentgeltlicher Erwerb, Anwartschaftserwerb 17 R 140 (3); **17** H 140 (3)

Unentgeltliche Übertragung
- eines Betriebs, Teilbetriebs **4** 7
- eines Kommanditanteils **16** H 139 (6)

Unfallkosten 4 H 14 (2–4)

Unfallversicherung
- Beiträge zur – **4b** R 26 (1); **10** (1)
- steuerfreie Leistungen aus – **3**; **3** H 6

Unland 55 (2)

Unrichtigkeit eines Bilanzansatzes **4** H 15

Unterarbeitsverhältnis
- bei Arbeitsverhältnis zwischen Ehegatten **4** H 19

Unterbeteiligung 15 R 138a (2); **15** H 138 (2), 138a (2); **15a** R 138d (3); **20** H 154; **21** H 164

Unterbeteiligungsgesellschaft 15 R 138 (5)

Unterbringung
- Aufwendungen für auswärtige – **10** R 103; **33a (2)**; **33** H 186–189; **33a** R 191 (3); **33a** H 191; **33c** R 195 (4)
- in einem Heim oder dauernd zur Pflege **33** R 188; **33** H 186–189; **33a**; **33a** H 190, 192, 192a
- Kosten der – von Geschäftsfreunden **4** R 21 (10)

Unterhalt
- durch Sachleistungen **10** H 86b
- eines geschiedenen oder dauernd getrennt lebenden Ehegatten **10** R 86b; **10** H 86b; **21** H 161; **22** H 167; **33a** H 190
- mitarbeitender Kinder **4** R 19 (3)
- von Angehörigen **10** R 87 (2); **12**; **12** R 123; **33a** H 190

- von erwerbsunfähigen Kindern **32** R 180d; **32** H 180d
- von gesetzlich unterhaltsberechtigten Personen **33a** (1)
- von Kindern **32** R 181a; **33a** H 190
- von Personen, die der gesetzlich unterhaltsbedürftigen Person gleichgestellt sind **33a (1)**
- von Personen, für die kein Anspruch auf Kinderfreibetrag besteht **33a** H 192a
- zwischen Partnern einer nichtehelichen Lebensgemeinschaft **33a** H 190

Unterhaltsansprüche
- der Mutter des nichtehelichen Kindes **32** H 182; **33a** H 190
- gesetzliche **76** R 252

Unterhaltsbeiträge des Sozialamts **33a** H 190

Unterhaltsberechtigte Personen, Zuwendungen an – **10** R 87 (2); **12**; **12** R 123; **22** R 166; **26c** H 174c

Unterhaltsgeld
- bei ausländischen Studenten und Schülern **22** R 166
- Steuerfreiheit des – nach dem Arbeitsförderungsgesetz **3**

Unterhaltsgeld als Zuschuß 32b

Unterhaltshilfe nach dem LAG und RepG **3** H 6

Unterhaltsleistungen 10 H 86b
- der Eltern **12** H 123; **33a** H 191
- der Erben **10** H 86a
- des Ehegatten des Kindes **33a** H 191
- Ehegattenveranlagung, Haushaltsfreibetrag, Kinderbetreuungskosten **1a**

Unterhaltspflicht
- als außergewöhnliche Belastung **33** H 186–189
- fehlende **32** H 181a
- Freistellung von der – **32** H 181a
- gesetzliche – **12**; **32** R 181a; **33a** R 190; **33a** H 190
- Kindergeldzahlung **74**
- Verletzung der – **74** R 250

Unterhaltsrente, Zahlung einer – an ein Kind **64**

Unterhaltssicherungsgesetz
- steuerfreie Leistungen nach dem – **3**; **64** R 240
- Verdienstausfallentschädigung nach dem – **32b**

Unterhaltsverpflichtung
- fehlende **32** H 181a
- konkrete **32** H 181a

Unterhaltszahlungen 12; **12** R 123; **22** R 166, 167; **22** H 166, 167; **32** R 181a; **33a**; **33a** R 190; **33a** H 190; Anh. 2, 3
- Beurteilungszeitraum für – **32** H 181a

Unterhaltszeitraum 33b R 194

Unterhaltszuschüsse an Beamte im Vorbereitungsdienst **3** H 6

Unterhaltung von Geschäftsfreunden 4 R 21, 22 (1)
Unternehmen, Begriff des inländischen –
50a 73a (1)
Unternehmensform
– Geschäftswert bei Änderung der – 5 H 31a
– Rücklage bei Änderung der – 6b R 41b (10)
Unternehmensrückgabe 4 H 13 (1), 16 (1)
Unternehmensstruktur, Verbesserung der – eines Wirtschaftszweiges 6b (1)
Unternehmerinitiative 15 H 138 (3)
Unternehmerrisiko 15 H 138 (3)
Unterrichtsanstalt 15 H 136
Unterschiedsbetrag zum Kindergeld 65
Unterschrift auf Bewirtungsgeld 4 H 21 (5–9)
Unterstützung
– von Angehörigen 33 H 186–189
– von Arbeitnehmern 3 H 6
Unterstützungskassen
– Ermittlungszeitpunkt 4d H 27a
– Zuwendungen an – 4d; 4d R 27a; 4d H 27a (2, 4); 6 R 33 (4); 6a R 41 (17)
Untervermietung 4 H 13 (12); 15 H 137 (2); 21 R 161 (1)
Unverzinsliche Kaufpreisraten 20 H 154
Unwahrscheinlichkeit der Inanspruchnahme 15a H 138d
Unwetterschäden 33 R 187
– als außergewöhnliche Belastung 33 H 186–189
Urheberrechte
– als immaterielle Wirtschaftsgüter 5 H 31a
– Begriff der – 50a 73a (2)
– Einkünfte aus Nutzung ererbter – 35 H 213e
– Einkünfte aus Überlassung von – 21 (1); 49 R 222a; 50a R 227a
– Rückstellungen wegen Verletzung von – 5 R 31c (8)
Urheberrechtsgesetz 50a 73a (2)
Urlaubskassen
– Rückgriffsansprüche 6 H 38

V

VBL-Renten 22 H 167
Veranlagung
– Antragsberechtigung des Pfändungsgläubigers 46 H 217
– bei Bezug von Einkünften aus nichtselbständiger Arbeit 19 R 150; 46; 46 R 215, 217
– vorläufige – 10b H 112
– zur beschränkten Steuerpflicht auf Antrag 50 (3)
Veranlagungszeitraum 25
Veranlagung von Ehegatten 32b H 184a, 184b
– Allgemeines 9a R 85; 25 R 172; 26; 26 R 174; 26 H 174; 46 R 215

– bei Bezug von Einkünften aus nichtselbständiger Arbeit 46; 46 70; 46 R 215, 217
– besondere – für den VZ der Eheschließung 2 H 3; 25 (3); 26 R 174 (4); 26c; 26c H 174c; 46 (2)
– Ermittlung des zu versteuernden Einkommens bei – 2 H 3
– getrennte – 25 R 172; 26; 26 R 174 (3); 26a; 26a 61, 62d; 26a R 174a; 26a H 174a; 37 R 213n; 46 (2)
– Zusammen – 9a R 85; 26; 26 R 174 (3); 26a 62d; 26b R 174b
Veranlassung, betriebliche 4 H 13
Veräußerung
– auf Grund behördlichen Zwangs 6 R 35 (2); 6b R 41a (8), 41c (6); 14 R 132; 23 H 169; 34b H 204
– Begriff der – 6b R 41a (7)
– bestimmter Anlagegüter des Betriebsvermögens 6b; 6b R 41a, 41b; 6b H 41b; 6c R 41d; 6c H 41d; 7g R 83 (5)
– des der selbständigen Arbeit dienenden Vermögens 18 (3); 18 R 147; 18 (3) H 147
– des gewerblichen Betriebs (Teilbetriebs, Anteils) 16; 16 R 139; 16 H 139
– einer Beteiligung an Kapitalgesellschaft 16 (1); 16 R 139 (3); 17; 17 R 140; 17 H 140 (5); 23 H 169; 49 R 223
– eines Baudenkmals 7i H 83b
– eines Betriebs 4 6 (2)
– eines land- und forstwirtschaftlichen Betriebs im ganzen 14a H 133a
– eines land- und forstwirtschaftlichen Betriebs (Teilbetriebs) 14; 14 R 131; 14 H 131; 14a; 14a R 133a; 14a H 133b
– fehlgeschlagene 17 H 140 (6)
– von Anlagevermögen bei Gewinnermittlung nach Einnahmenüberschußrechnung 4 R 16 (3, 5); 4 H 16
– von Anlagevermögen, Zeitpunkt 4 H 16
– von Dividendenscheinen 20 (2); 36 (3)
– von Grund und Boden 55 H 236
– von Grund und Boden bei Überschußrechnung 4 R 16 (3)
– von Grund und Boden eines land- und forstwirtschaftlichen Betriebs 13a (8); 14a (4, 5); 14a R 133c
– von land- und forstwirtschaftlichem Vermögen nach dem BVFG 3
– von Schutzrechten 50a R 227a
– von teils privat genutzten Wirtschaftsgütern 4 H 21
– von Wirtschaftsgütern gegen Kaufpreisraten 4 R 16 (5)
– von Wirtschaftsgütern gegen Rente 4 R 16 (5)
– zwischen Gesellschaft und Gesellschafter 4 H 14 (2–4)
Veräußerungsgewinn 16; 16 H 139 (4, 7); 17; 17 R 140 (7); 17 H 140 (7); 34 H 197
– nach § 14a bei Gewinnermittlung 14a H 133a

1403

Stichwortverzeichnis

- verrechenbare Verluste, Aufgabegewinn **15a** H 138d
- **Veräußerungskosten** **6b (2); 14a (4); 16 (2);** **16** R 139 (12); **16** H 139 (12); **17; 17** R 140 (6)
- **Veräußerungspreis** **6b (2); 6c** R 41d; **14** R 131; **14a (4); 16** H 139 (4)
- **Veräußerungsverlust** **17 (2); 17** R 140 (9); **17** H 140 (1)
- **Verausgabung** **4b** R 26 (3); **11 (2);** **33** H 186–189
- **Verbesserung** der Unternehmensstruktur eines Wirtschaftszweigs durch Erwerb (Veräußerung) von Anteilen an Kapitalgesellschaften **6b (1)**
- **Verbesserungsvorschläge** **34** H 200
- **Verbindlichkeiten**
  - Bewertung eines Filmkredits **6** H 37
  - Bewertung von – **6 (1); 6** R 37, 38
  - eines § 10e-Objektes, vorweggenommene Erbfolge **10e** H 115a
  - haftungslose Darlehen **6** H 37
  - ungewisse – **5** R 31c (2, 5)
  - Zuordnung von – zum Betriebs-/Privatvermögen **4** R 13 (15)
- **Verbrauchsteuern,** Aktivierung von – **5 (5)**
- **Vercharterung**
  - eines Motorbootes **15** H 134b
  - von Handelsschiffen **34c (4); 49** R 222 (2)
- **Verdeckte Einlage** **16** H 139 (1, 6); **17** H 140 (5)
  - Bewertung einer verdeckt eingelegten wesentlichen Beteiligung **6** H 39
- **Verdeckte Mitunternehmerschaft** **15** H 138 (1, 3)
- **Verdienstausfallentschädigung**
  - nach dem Bundesseuchengesetz **32b**
  - nach dem USG **32b**
- **Verdienstausschlußklausel** **55** H 236
- **Vereinbarungen,** zwischenstaatliche
  - und Steuerbefreiungen **3** H 7
  - und unbeschränkte Steuerpflicht **1a** H 1
- **Vereinbarungstreuhand** **17** H 140 (3)
- **Vereinnahmung** **11 (1)**
  - von Durchlaufspenden **10b** R 111 (3)
- **Verfahrenskosten**
  - als Betriebsausgaben **4** H 24
  - der Ehescheidung als außergewöhnliche Belastung **33** H 186–189
- **Verfahren,** Überlassung von – im Ausland **2a (2)**
- **Verfassungsmäßigkeit**
  - § 15a EStG **15a** H 138d
- **Verfolgte**
  - Steuervergünstigungen für – aus Gründen der Rasse, Religion usw. **7e**
- **Verfügungsbeschränkungen** **15** H 138 (2)
- **Verfügungsmacht** **5** H 30; **6b** R 41a (7)
- **Vergleichbare Leistungen** für Kinder **65**

- **Vergleichsmitteilung** **68** R 244
- **Vergleichswert** **13a (4); 13a** R 130a
- **Vergütung(en)**
  - an Gesellschafter **15 (1)**
  - des KSt-Erhöhungsbetrags an beschränkt Einkommensteuerpflichtige **36e**
  - für die Nutzung beweglicher Sachen, Rechte usw. **50a (4); 50a** 73f; **50a** R 227c
  - für die Rücknahme des Widerspruchs gegen Baumaßnahmen **22** H 168a
  - für mehrjährige Tätigkeit **34 (3); 34** R 200; **34** H 200
  - für vertragswidrige Behandlung einer Miet- oder Pachtsache **21** H 161
  - von KSt **36 (2); 36** H 213f; **36b; 36b** R 213j, 213k; **36d** R 213m; **36d** H 213m
  - von KSt an Vertreter des Anteilseigners **36d; 36d** R 213m
  - von KSt auf Grund von Sammelanträgen **36c; 36c** R 213l; **36d**
- **Verkaufsautomaten** als Betriebsvorrichtung **7** H 42
- **Verkehrsmittel** **33** R 189 (4)
- **Verlagsrechte** **5** H 31a
- **Verlagswert** **4** H 14 (2–4)
- **Verlängerte Berücksichtigung** von Kindern **32 (5)**
- **Verlängertes Wirtschaftsjahr** **13a** R 130a
- **Verlängerungstatbestände**
  - bei arbeitslosen Kindern **32** R 180f
  - bei Kindern in Berufsausbildung **32** R 180f
- **Verlegung**
  - des Wohnsitzes in das Ausland **18** H 149; **49** R 222 (4)
  - des Wohnsitzes und Zuständigkeit bei der Besteuerung **1a** H 2
- **Verletztengeld** **32b**
- **Verlustabzug** **2** R 3; **2a; 2a** R 5; **10d (1);** **10d** H 115; **15 (4); 15a; 15a** H 138d; **50 (1);** **57 (4); 57** H 237
  - Änderung von Steuerbescheiden infolge – **10d** H 115
  - bei Ehegatten **26a (3); 26a** 62d; **26a** H 174a; **26b** R 174b
  - bei festgestellten negativen Einkünften des Jahres 1990 – **10d** H 115
  - bei Zusammenveranlagung von Ehegatten – **10d** H 115
  - Ermittlung des **10d** R 115 (1)
  - Feststellung des verbleibenden – **10d (3)**
  - im Erbfall – **10d** H 115
  - im Rahmen der beschränkten Steuerpflicht **49** R 223a
  - in Verbindung mit § 57 Abs. 4 EStG **10d** H 115
  - Konkursverfahren – **10d** H 115
  - verbleibender – **10d (3)**

Verlustanteile 15a H 138d

Verlustausgleich 2a; 2a R 5; 10d (1); 15 (4); 15a; 15a R 138d; 15a H 138d
- im Sinne des § 34c Abs. 4 EStG 34c H 212e

Verlustausschlußklausel 55 H 236

Verlustbeteiligung
- schenkweise still beteiligtes minderjähriges Kind 15 H 138a (4)

Verlustdeckung bei Schwester-Personengesellschaften 4 H 18

Verluste
- aus Entnahme oder Veräußerung von Grundstücken 55 (6)
- aus gewerblicher Tierzucht (Tierhaltung) 15 (4); 15 R 138c; 15 H 138c; 15a H 138d
- Ausgleich von – aus dem Betrieb von Handelsschiffen 34c H 212e
- aus schwebenden Geschäften 6 R 38 (6)
- aus Spekulationsgeschäften 23 (3)
- bei beschränkter Haftung 13 (5); 15a; 15a R 138d; 18 (4); 20 (1); 21 (1); Anh. 22, 23
- bei Vorauszahlungen 37 (3)
- Bilanzänderung bei – 4 H 15
- drohende – 5 R 31c
- gesonderte Feststellung von – nach § 34c Abs. 4 EStG 34c H 212e
- im Ausland 2 R 3; 2a; 2a R 5; 15a R 138d (5); 32b H 185
- verrechenbare – 15a (4); 15a R 138d

Verlustklausel bei Sonderabschreibungen 7a R 45 (8)

Verlustrücktrag 10d (1)
- wahlweiser 10d (1)

Verlustzurechnung 15a H 138d

Verlustzuweisungsgesellschaft 15 H 134b; Anh. 23
- Geltendmachung von negativen Einkünften aus – 21 H 164; 37 R 213n

Vermächtnisnehmer 18 R 147; 35 H 213e

Vermächtnisrenten 22 H 167

Vermächtniszuwendungen als Spenden 10b H 111

Vermessungsingenieure 18 (1)

Vermietung
- an Schwestergesellschaft 15 H 138 (6)
- an Unterhaltsberechtigte 21 H 162a
- beweglicher Gegenstände 15 R 137 (3)
- möblierter Zimmer 15 H 137 (2)
- von Ausstellungsräumen 15 R 137 (2)
- von Ferienwohnungen 16 H 139 (3)
- von Messeständen 15 R 137 (2)
- von Sälen 15 R 137 (2)
- wechselseitige 21 H 162a

Vermietung und Verpachtung
- Abgrenzung Vermögensverwaltung und Gewerbebetrieb 15 R 137; Anh. 13

- Einkünfte aus – 2 (1); 2a; 9 R 84; 9b H 86; 21; 21 R 157, 161; 21 H 157, 161, 164a; Anh. 23
- Werbungskosten-Pauschbetrag 9 H 84

Vermittlungen, gelegentliche – 22; 22 H 168a

Vermittlungsprovisionen bei Darlehensaufnahme 6 H 37

Vermögen
- geringfügiges – 33a R 190

Vermögensbeteiligungen von Arbeitnehmern 19a; 36c (2); 36d (2)

Vermögensbildungsgesetz 3 H 7; 10 (2)

Vermögensebene 33 H 186–189

Vermögensteuer 6 R 33

Vermögensübersicht 4 (2); 25 60

Vermögensübertragung 22 H 167

Vermögensverwaltende GbR 15 H 138

Vermögensverwaltende Personengesellschaften
- Beteiligungen 15 H 137

Vermögensverwaltung 15 H 137 (4, 9), 138 (6)
- Abgrenzung der – gegenüber dem Gewerbebetrieb 15 R 137; 15 H 137; Anh. 13

Vermögenswirksame Leistungen 10 (2)

Vermögenszuwachs 49 R 222 (4)

Verpächter 13a R 130a

Verpächterwahlrecht 16 R 139 (5); 16 H 139 (5); Anh. 8

Verpachtung
- Beginn der – 15 H 137 (1)
- Betriebsaufgabe im Fall einer – 14 R 131
- einer Praxis 15 H 136; 18 H 147
- eines Betriebs 4a R 25 (4); 7g R 83 (5); 15 R 137 (1); 15 H 137 (1); 16 R 139; 16 H 139
- eines land- und forstwirtschaftlichen Betriebs 14 R 131; 14 H 131
- Eiserne – 14 H 131

Verpfändung 74 R 250

Verpflegungsmehraufwendungen 3; 4 (5); 4 H 22; 33 R 189 (3)

Verpflegungszuschüsse, steuerfreie – 3

Verpflichtung
- des Arbeitgebers 68 R 244
- zur Abführung von Mehrerlösen 4 R 24
- zur Aufbewahrung der Inventurunterlagen 5 R 30 (2)
- zur Aufbewahrung von Buchführungsunterlagen 5 R 29
- zur Aufstellung einer Aufgabe- oder Veräußerungsbilanz 4 H 16
- zur Bestandsaufnahme 5 R 30, 31
- zur Buchführung 4 R 12 (2); 5 R 28; 13 R 127; 18 R 142

Verrechnung des Kindergeldes 31

Verschmelzung von Kapitalgesellschaften 6b R 41c (6); 20 H 154; 50c H 227d

1405

Stichwortverzeichnis

Verschollene 26 R 174 (1); **26** H 174; **32a** H 184a

Verschulden bei Schäden an Vermögensgegenständen 33 H 186–189

Versicherungen 33 R 187
- ausländische – Anh. 24
- Beiträge zu – als Vorsorgeaufwendungen (Sonderausgaben) **10 (1)**
- Unterlassen einer Versicherungsmöglichkeit 33 H 186–189
- Zinsen aus – 20 R 154

Versicherungsaufsichtsgesetz 5 R 28

Versicherungsbeiträge 10 H 88
- abzugsberechtigte Person 10 H 88
- Ausfertigungsgebühr 10 H 88
- Aussteuerversicherung 10 H 88
- beim ehelichen Versorgungsausgleich 10 H 88
- Beitragsminderungen 10 H 88
- Beitragszahlungsdauer 10 H 88
- Berufsunfähigkeitsversicherung 10 H 88
- Dividenden 10 H 88
- Dread-Disease-Versicherung 10 H 88
- Einmalbetrag 10 H 88
- Erbschaftsteuerversicherung 10 H 88
- Gewinnanteile 10 H 88
- Hausratversicherung 10 H 88
- kapitalbildende Lebensversicherung 10 H 88
- Kapitalwahlrecht 10 H 88
- Kaskoversicherung 10 H 88
- Krankentagegeldversicherung 10 H 88
- laufende Beitragsleistung im Sinne des § 10 Abs. 1 Nr. 2 Buchstabe b Doppelbuchstaben cc und dd EStG 10 H 88
- Lebensversicherung 10 H 88
- Loss-of-Licence-Versicherung 10 H 88
- Mindesttodesfallschutz 10 H 88
- Mindestvertragsdauer 10 H 88
- Nachversteuerung für – 10 H 109a
- Pensionskasse 10 H 88
- Pflegekrankenversicherung 10 H 88
- Pflegerentenversicherung 10 H 88
- Policendarlehen 10 H 88
- Rechtsschutzversicherung 10 H 88
- Rückdatierung des Versicherungsbeginns 10 H 88
- Sachversicherung 10 H 88
- Sterbekasse 10 H 88
- Todesfallschutz 10 H 88
- Überschußanteile 10 H 88
- Versicherungsteuer 10 H 88
- Versorgungsbeiträge Selbständiger 10 H 88
- Versorgungskasse 10 H 88
- Vertragsdauer 10 H 88
- Vertragseintritt 10 H 88
- Zukunftssicherungsleistungen 10 H 88
- Zuzahlungen zur Abkürzung der Vertragslaufzeit bei gleichbleibender Versicherungssumme 10 H 88

Versicherungsberater 15 H 136

Versicherungsleistungen **4b** H 26; **6** R 35; **6** H 35; **16** H 139, 139 (9)

Versicherungsprovision
- Zufluß mit Gutschrift auf Kautionskonto 11 H 116

Versicherungsunternehmen mit Erlaubnis zum Geschäftsbetrieb im Inland **10 (2)**; Anh. 24

Versicherungsvertreter **15** R 134 (1); **15** H 134, 136
- Aufgabe der bisherigen Tätigkeit **16** H 139 (1)

Versorgung, der – dienende Zuwendungen **12** R 123

Versorgungsabfindungen auf Grund des Abgeordnetengesetzes 22

Versorgungsausgleich 33 H 186–189
- Versorgungsausgleich Anh. 25

Versorgungsbeiträge bestimmter Berufsgruppen 18 H 144

Versorgungsbezüge
- als anzurechnende Bezüge unterstützter Personen 33a H 190
- auf Grund des Abgeordnetengesetzes 22
- bei Bemessung der Vorsorgepauschale **10c** H 114
- ehemaliger Bediensteter der koordinierten Organisationen und der Europäischen Patentorganisation 22 H 167
- Nachzahlung von – **34 (3); 34** H 200
- Steuerfreiheit der – auf Grund gesetzlicher Vorschriften 3
- Veranlagung bei – aus mehreren Dienstverhältnissen **46 (2)**

Versorgungseinrichtungen der Ärztekammern 18 H 144

Versorgungs-Freibetrag **10c** H 114; **19 (2); 22; 34** R 200 (4)
- als anrechenbarer Bezug **33a** H 190

Versorgungskassen, Beiträge an – als Vorsorgeaufwendungen 18 H 144

Versorgungskrankengeld 32b

Versorgungsrente **22** H 167; **24** H 171

Versteckte Mängel, Beseitigung – **21** R 157 (4)

Versteigerer 15 H 136

Verstorbene Personen
- Ermittlung der ESt bei – **32a (6); 32a** H 184b
- Wahl der Veranlagung **26** R 174 (2)

Verteilung
- des Hinzurechnungsbetrags bei Wechsel der Gewinnermittlungsart **4** R 17 (2); **4** H 17
- von größerem Erhaltungsaufwand bei Gebäuden **21** 82b; **21** R 157 (2); **21** H 157

Verträge
- zwischen Angehörigen **4** R 19 (1); **4** H 19
- zwischen Ehegatten **4** R 19 (1); **4** H 19; **7b (1)**
- zwischen Schwesterpersonengesellschaften **4** H 18

Stichwortverzeichnis

Vertraglicher Haftungsausschluß 15a H 138d
Vertragsärzte der Bundeswehr 18 R 146
Vertragstierärzte der Bundeswehr 18 R 146
Vertrauensärzte der Deutsche Bahn AG 18 R 146
Vertreterrecht 5 H 31a
Vertriebene
– Entschädigungen für Sparguthaben von – 3 H 6
– Steuervergünstigungen für – 7e
Vertriebskosten 6 R 33 (5)
Verwalterentgelt 20 H 153
Verwaltungskosten
– als Herstellungskosten 6 R 33
– bei Einkünften aus Vermietung und Verpachtung 20 H 153
Verwarnungsgelder 4 (5); 4 R 24 (1, 5)
Verwendung
– von Einkünften für besondere Ausbildungszwecke 32 (4)
– von Spenden 10b R 111; 10b H 111
Verwitwete, Ermittlung der ESt bei – 32a (6); 32a H 184a, 184b
Verzeichnis
– Anbau – 13 H 127
– Anbau – in der Land- und Forstwirtschaft 13 R 128
– der als besonders förderungswürdig anerkannten Zwecke Anl. 7
– der betrieblichen Wirtschaftsgüter bei erhöhten Absetzungen und Sonderabschreibungen 7a (8); 7a H 45
– der sofort abgesetzten GWG 5 R 31 (3); 6 (2); 6 R 40 (2, 3)
– der Wirtschaftsgüter des Anlagevermögens 4 (3); 4 R 17 (1); 5 R 31; 6c (2)
Verzicht auf Einkünfte und Bezüge 32 (4)
Vieh
– Bewertung von – 13 R 124a, 125, 125a
Vieh-Bewertung 13 H 125, 125a
Vieheinheiten 13 (1); 13 R 124a; 13a (1)
Viehmastbetrieb 15 H 138c
Volkshochschuldozenten 18 H 146
Vollarbeitskräfte 13a (5)
Vollwaisen 66 R 242
Vorabanteile 15 H 138 (3)
Vorauszahlungen 37; 37 R 213n; 37 H 213n
– abweichende Zeitpunkte für – 37 (2)
– Anrechnung der Einkommensteuer – 36 (2)
– Anrechnung der KSt bei – auf die ESt 37 (3)
– Bemessung der – 37 (3)
– Entstehung der – 37 (1)
Vorbehalt der Nachprüfung 4 R 15 (3); 10b H 112
Vorbehaltsnießbrauch 4 H 14 (2–4); 21 H 162a
– bei Anlage und Entnahme 4 H 14 (1)

Vordienstzeiten 6a R 41 (12); 6a H 41 (11)
Vordruckmuster 51 (4)
Vorführwagen 6 H 32; Anh. 6
Vorkaufsrecht, Entgelt für die Einräumung eines – 22 H 168a
Vorkostenabzug Anh. 27
– Anwendung des Eigenheimzulagengesetzes 10i H 115d
– nach § 10e Abs. 6 EStG 10e H 115a
Vormund 33 H 186–189
Vormundschaftsgericht 64 R 240
– Begründung der Annahme als Kind durch – 32 H 176
– Bestimmung des Kindergeldberechtigten durch das – 64 H 240
Vormundschaftsgerichtliche Genehmigung 15 H 138a (4)
– Pfleger, minderjähriges Kind 15 H 138a (2)
Vorratsvermögen
– Bestandsaufnahme des – 5 R 30; 5 H 30
– Bewertung des – 5 (3); 6 (1); 6 R 32 (3), 36, 36a; 6 H 32, 36
Vorruhestandsgeld 3 H 6 Nr. 9
Vorschüsse als Betriebseinnahmen oder Betriebsausgaben 4 R 16 (2)
Vorschußzahlungen
– Winterraps 13 H 127
Vorsorgeaufwendungen 10 (2); 10c; 10c R 114; 10c H 114
– Allgemeines 10 H 87a
– ausländische Versicherungsunternehmen – 10 H 87a
– nichtabziehbare Vorsorgeaufwendungen – 10 H 87a
Vorsorgekuren 33 R 189 (1)
Vorsorgepauschale 10c; 10c R 114; 10c H 114
Vorsteuer 4 R 21 (2); 6 (2); 6 R 33 (5), 40 (2); 9b; 9b R 86; 9b H 86
– nach § 15a UStG zurückzuzahlende Vorsteueransprüche 9b H 86
Vorsteuer-Ansprüche 4 H 13 (1); 9b H 86
Vorteil, geldwerter – 19a
Vorteilszuwendung 4 (5)
Vortragstätigkeit 12 H 117a
Vortragswerber 15 H 136
Vorwegabzug von Versicherungsbeiträgen 10 (2)
– Kürzung bei Ehegatten 10 H 106
Vorweggenommene Erbfolge 16 H 139 (6)
Vorzugskurs, Überlassung von Aktien an Arbeitnehmer zu – 19a
Vorzugsrenten auf Grund Gesetz über Ablösung öffentl. Anleihen 3

1407

Stichwortverzeichnis

W

Waffen, Herstellung/Lieferung von – **2a (2)**
Wahl
- der Gewinnermittlungsart **4** H 16 (1)
- der Veranlagung **26** H 174

Wählervereinigungen 2 R 4; **34g**
- Zuwendungen an – **34f** H 213b

Wählervereinigungen, Zuwendungen Anl. 6
Wahlkampfkosten 22; 22 H 168b
Wahlkonsuln 3 H 6
Wahlrecht
- beim Verlustrücktrag **10d** R 115 (4)
- bei Realteilung **16** H 139
- für Abzug oder Anrechnung ausländischer Steuern **34c** R 212d
- für die Behandlung von Zuschüssen **6** R 34 (2)
- für die Besteuerung des ermittelten Gewinns in der Land- und Forstwirtschaft **13** R 127
- für die Versteuerung einer Veräußerungsrente **16** R 139 (11); **18** R 147
- für die Versteuerung stiller Reserven bei Verpachtung **16** R 139 (5)
- für Veranlagungsart **26; 26** R 174 (3, 4); **32a** H 184b
- zur Bestimmung des Wirtschaftsjahrs **4a** R 25; **4a** H 25 (2)

Währung, Aufstellung der Bilanz **4** R 12 (4)
Währungsausgleichsgesetz 3 H 6
Währungsklauseln 22 H 167
Währungskursgewinn 23 H 169
Waisenrenten 4d R 27a (2); **6a** R 41; **22** H 167
Wald 34b R 206
- Anschaffungs- oder Herstellungskosten eines – **13** R 128a; **34b** R 211; **34b** H 212
- Aufwendungen für – bei Überschußrechnung **4** R 16 (3)
- Immissionsschäden an -beständen **34b** H 206
- Nutzungssatz für einen – **34b** R 205, 207–209, 212; **34b** H 204, 209

Wanderschäferei 13 (1)
Warenbewertung 6 R 36; **6** H 36
Wareneingangsbuch 5 R 29 (5)
Warenzeichengesetz 50a 73a (3)
Warenzeichen (Marke) 5 H 31a; **7** H 42
- Entgelt für Verzicht auf – **22** H 168a

Wartegelder 19 (1, 2)
Waschküchen 7 R 42a (3)
Waschmaschinen 6 H 33a; **33** H 186–189
Wechsel
- der AfA-Methode bei Gebäuden **7** R 44 (8); **7** H 44
- der Bewertungsmethoden **6** R 36a (5)
- der Gewinnermittlungsart **4** R 13 (16), 16 (6), 17, 19; **4** H 17; **6b** R 41b (12); **6c** R 41d; **13** R 127; **13a** H 130a; Anl. 1
- der Steuerpflicht **2 (7)**

- des Arbeitsortes **34f**
- Zeitpunkt der Leistung bei Hingabe von – **7a** H 45

Wegfall des negativen Kapitalkontos **15** H 134b
Wehr- bzw. Zivildienst, gesetzlicher **32** R 180a; **32** H 180a
Wehrdienstbeschädigte 3
Wehrdienst, freiwilliger **32** H 180f
Wehrpflichtgesetz 32 R 180f; **32** H 180f
Wehrpflichtige 33 H 186–189
- Eigene Bezüge von – **33a** H 190

Wehrsold
- als anrechenbarer Bezug **33a** H 190

Wehrsoldgesetz 3; 3 H 6
Weichende Erben, Freibetrag für – in der Landwirtschaft **14a** R 133b; **14a** H 133b
Weihnachtsgeld von Wehrpflichtigen
- als anrechenbarer Bezug **33a** H 190

Weinbau 13 (1); 13a (4, 8); 55 (2)
Weinwirtschaft
s. Lifo-Methode

Weiterbildung, Aufwendungen für die – in einem nicht ausgeübten Beruf **10 (1); 10** R 103
Werbeberater 15 H 136
Werbungskosten 9 H 84
- Abgrenzung der – von den Lebensführungskosten **12; 12** R 117
- Begriff der – **9 (1)**
- bei beschränkter Steuerpflicht **50 (1)**
- bei bestimmten Berufsgruppen **9** H 84
- bei Einkünften aus Kapitalvermögen **20** R 153; **20** H 153
- bei Ferienwohnungen **21** H 161
- bei sonstigen Einkünften **22** H 168a, 168b; **23** H 169
- bei Vermietung und Verpachtung **9** R 84; **9b** H 86; **21** H 161; **21** H 157, 161, 162
- Pauschbeträge für – **9a** R 85; **9a** H 85; **34** R 200 (4)

Werbungskosten-Pauschbetrag
- bei den Einkünften aus Vermietung und Verpachtung Anh. 23

Werkhalle 15 H 137 (5)
- als wesentliche Betriebsgrundlage einer Betriebsaufspaltung **15** H 137 (5)

Werkzeuge für Werkzeugmaschinen **6** H 40
Werkzeuggeld, steuerfreies – **3; 3** H 6
Wertaufhellende Umstände 5 R 29 (2)
Wert einer typischen stillen Beteiligung **15** H 138a (5)
Wertloser Anteil 17 H 140 (4)
Wertminderungen 50c H 227d
- des Grund und Bodens **21** H 164a
- des Vorratsvermögens **6** R 36
- von Anteilen durch Gewinnausschüttungen **50c; 50c** R 227d; Anh. 26

Wertpapierdepot 20 H 153; **36c (1)**
Wertpapiere 4 H 13 (1)
- An- und Verkauf von – als gewerbliche Tätigkeit oder Vermögensverwaltung 15 R 137 (9); 15 H 137, 137 (9)
- auf-/abgezinste – 20 H 154
- Emissionsdisagio festverzinslicher – 20 H 154
- Pensionsgeschäfte mit – 22 H 168a
- Schuldzinsen im Zusammenhang mit Erwerb von – 20 H 153
- Spekulationsgeschäfte mit – **23 (1)**

Wertpapierfonds, Anspruch auf Ausschüttungen 4 H 13 (1)
Wertpapierhandel
- gewerblicher 15 H 137 (9)
- Vermögensverwaltung 15 H 137 (9)

Wertsicherungsklauseln 4 R 16 (4); 20 H 154; 22 R 167 (3); **22** H 167
Wertverzehr des Anlagevermögens als Teil der Herstellungskosten 6 H 33 (1), 33 (3)
Wesentliche Beteiligung 6 H 39; **17; 17** R 140; **17** H 140
- maßgeblicher Zeitpunkt 17 H 140 (3)

Wesentliche Betriebsgrundlagen 15 H 137 (4, 5); **16** R 139 (2, 8); **16** H 139 (1–6, 9)
Wesentliche Verbesserung 21 R 157 (3)
Wettbewerbsverbot 4 H 14 (2–4); **17** H 140 (7); **22** H 168a; **34** H 199
Wiederaufforstungskosten 13 *51 (3);* **34b** R 212
Wiederbeschaffungskosten 5 R 31c (11); **6** R 35a, 36 (2)
Wiederbeschaffung von Hausrat oder Kleidung 33 R 187; **33** H 186–189
Wiedereingliederungshilfe
- Einkünfte aus nichtselbständiger Arbeit 3 H 6 Nr. 61
- Rückkehr mehrjähriger Auslandsaufenthalt (Pastoren) 3 H 6 Nr. 61

Wiedergutmachungsleistungen 3; **3** H 6
Wiederherstellung 33 R 187
Wiederholungsabsicht 15 H 134a
Wiederkaufrecht 6 R 35 (2)
Wiener Übereinkommen über diplomatische und konsularische Beziehungen 3 H 6
Wiesbadener Modell 15 H 137 (7)
Windkraftanlagen 21 *82a;* **51 (1)**
Winterausfallgeld **32b (1)**
Winterraps
- ertragsteuerliche Behandlung 13 H 127

Winzersekt 13 H 127; **15** H 135
WIR-Prämie 4 H 18; **6** H 34
Wirtschaftliche Bedeutung 15 H 138 (1)
Wirtschaftliches Eigentum 15 H 138 (3); **16** H 139 (1)

Wirtschaftserschwernisse 5 H 31b; **13a** H 130a; **14** H 131
- Entschädigungen für – 13a H 130a

Wirtschaftsgebäude 7 R 42a, 44; **7** H 42a
Wirtschaftsgemeinschaft der Ehegatten 26 H 174
Wirtschaftsgüter
- abnutzbare – 7 R 42
- Ausscheiden von – aus dem Betriebsvermögen infolge höherer Gewalt 6 R 35; **6** H 35
- bewegliche – 7 R 42 (2); **7** H 42
- Bewertungsabschlag für bestimmte – 51 R 233a
- Bewertung von – 4 R 15 (3); **6 (1); 6** R 35a, 36
- des Anlage- oder Umlaufvermögens 6 R 32; **6** H 32
- des Anlagevermögens privater Krankenhäuser **7f; 7f** R 82
- die dem Umweltschutz dienen **7d**
- eingetauschte – **6b** H 41a
- Einheitlichkeit eines – 7 R 42a
- Einlage von – 5 R 31a (4)
- Entnahme von – 7 H 43
- Erwerb von – gegen Leibrente 4 R 16 (4)
- Filme 5 H 31a
- firmenwertähnliche – Anh. 6
- Gartenanlage 5 H 31a
- Gebäudeteile als – 4 R 13; **7** R 42 (5); **7** H 42
- Gebäudeteile als selbständige – 4 H 13 (4)
- geringwertige – **6 (2); 6** R 40; **6** H 40; **9b** R 86 (5)
- immaterielle – 4 R 14 (4); **4** H 14 (1); **5 (2); 5** R 31a; **5** H 31a; **7** R 42; **7** H 42; **15** H 137 (5); **16** H 139 (8)
- neue – **7g** R 83 (4); **7g** H 83
- teilweise betrieblich genutzte – 4 R 16 (6), 18
- Überführung von – ins Ausland 4 H 14 (2–4)
- Übertragung von – 4 R 14 (2, 3); **5** R 31a (4)
- unbewegliche – 7 H 42
- unentgeltlich erworbene – **7** *11d (1);* **7** R 43 (3); **23** H 169
- Veräußerung bestimmter betrieblicher – **6b; 6b** R 41a; **6b** H 41b; **6c; 6c** R 41d; **6c** H 41d
- Verwendung von – außerhalb des Betriebs 15 R 135
- wertlose – 6 R 36 (1)
- Zugehörigkeit von – zum Betriebsvermögen 4 R 13

Wirtschaftsjahr 15 H 138 (4)
- bei Betriebsverpachtung **4a** R 25 (4); **4a** H 25
- bei Land- und Forstwirten 4 H 15; **4a; 4a** *8c;* **4a** R 25 (3); **4a** H 25; **13a**
- Gewinnermittlung bei abweichendem – 2 H 4; **4a** R 25; **4a** H 25
- Umstellung von – **4a (1); 4a** *8b;* **4a** R 25; **4a** H 25; **13a** R 130a
- Zeitraum des – **4a (1); 4a** *8b*

Wirtschaftsprüfer 15 H 136; **18 (1)**
Wirtschaftsstrafgesetz 4 R 24 (1)

1409

Stichwortverzeichnis

Wirtschaftsüberlassungsvertrag 4 H 19; 7 H 42; 13 H 126; Anh. 10
Wirtschaftswege 6b R 41a (2)
Wirtschaftswert 13a R 130a; **14a (1)**
Wirtschaftswissenschaftler 15 H 136
Wissenschaftliche Tätigkeit 3 H 6; 15 H 136; 18 (1)
Wissenschaftliche Zwecke 10b; 10b 48; 10b R 111, 113
Witwenpensionen 15 H 138 (3)
Witwen- und Waisengelder 19 (1)
Witwen- und Witwerrente 22 R 167 (8); 22 H 167
Wochenendhaus, Errichtung eines – auf betrieblichem Grundstück 4 H 13 (7), 14 (2–4)
Wohnbesitz im Sinne des WoBauG Anh. 4
Wohneigentumsförderung 2 R 3; **10e;** 10e H 115a; **10f; 10f** R 115b; **10h; 34f;** 34f R 213a; 34f H 213a; Anh. 27
Wohngebäude, erhöhte Absetzungen für – **7b;** 7b R 52; Anh. 27
Wohngeldgesetz 3
Wohngeld, Steuerfreiheit von – 3
Wohnmobil 22 H 168a
Wohnmobile
– Vermietung von – 15 H 137 (3)
Wohnsitz 1; 1a H 1
– Verlegung des – 1a H 2; 18 H 149
Wohnsitzstaat
– Verhältnisse im – 32 H 180e; Anh. 2
Wohnung
– als Tätigkeitsstätte 9 R 84
– eines Land- und Forstwirts 13 (3, 7); 13 H 127; **13a (2);** 13a R 130a; 13a H 130a; **14a** H 133a
– Fahrten zwischen – und Arbeits-, Ausbildungs-, Betriebs-, Tätigkeits-, Weiterbildungsstätte **4 (5);** 4 R 23; 4 H 23; **9 (1);** 9 R 84
– im Ausland 36 H 213h
– Mietwert der – im Betriebsgrundstück 4 R 18 (2); 4 H 18
– mit Sozialbindung **7k;** 7k H 83c
– nicht abziehbare Aufwendungen für – 12
– Steuerbegünstigung der zu eigenen Wohnzwecken genutzten – im eigenen Haus **10e;** 10e H 115a
– Überlassung einer – an geschiedenen Ehegatten 10 H 86b; 21 H 161
– Versteuerung des Nutzungswerts einer – **13 (2); 21 (2);** 21 R 162; 21 H 162; **21a**
– vorübergehende Vermietung einer – nach Ende der Nutzungswertbesteuerung 21 R 161 (1)
Wohnungsbaugesetz 7b 15 (3); **51 (1);** Anh. 4
Wohnungsbauunternehmen 16 H 139
Wohnungseigentümergemeinschaft
– als Besitzunternehmen 15 H 137 (4)

Wohnungseigentumsgesetz 4 R 13 (14)
Wohnzwecke 7 R 42a (2, 4); 7 H 42a; **34f**
– keine – häusliches Arbeitszimmer 7 H 42a

Z

Zählkinder 66 R 242; 66 H 242
Zahlung an Dritte 74 R 250
Zahlungszeitraum 66 R 242; 66 H 242
– des Kindergeldes 66
Zahngold 4 H 13 (1)
– notwendiges Betriebsvermögen 4 H 13
Zahnpraktiker 15 H 136
Zeitlicher Zusammenhang 16 H 139 (12)
Zeitpunkt
– der Aktivierung von Forderungen 4 H 13 (1)
– der Aufwendungen bei Anzahlungen, Hingabe von Schecks und Wechseln **7a (2); 7a** H 45
– der Gewinnverwirklichung 17 H 140 (7)
Zeitraum für die Betriebsaufgabe 16 H 139 (2)
Zeitrente 16 H 139 (11); 22 H 165, 167
Zentralheizung 21 82a
Zero Coupon Bonds 20 H 154; Anh. 16
Zertifizierungsaufwendungen, Absetzbarkeit 4 H 18
Zimmervermietung 21 R 161 (1)
Zinsabschlag 43; **43a;** 44; **44a** R 213o; 44a H 213o; Anh. 28
– Abstandnahme vom – 44a
Zinsanteil 9 (1)
– in unverzinslichen Geldleistungsverpflichtungen 6 R 38 (3)
– von Rentenzahlungen 4 R 16 (4)
Zinsen
– Abziehbarkeit privater – 4 R 16; 4 H 16; 21 H 161; 33 H 186–189
– Abzug von – als Werbungskosten **9;** 20 H 153, 154
– Abzug von – bei Pauschalierung des Nutzungswerts **21a (3, 4)**
– als außergewöhnliche Belastung 33 H 186–189
– als nachträgliche Betriebsausgaben 4 R 16 (7); 21 H 161; 24 H 171
– auf Bausparguthaben 21 H 161
– auf hinterzogene Steuern **4 (5)**
– aus Lebensversicherungen 20 H 154
– aus Mietkautionen Anh. 28
– Bargebotszinsen 34 H 199
– bei der Gewinnermittlung nach Durchschnittssätzen **13a (6); 13a** R 130a (6)
– beim beherrschenden Gesellschafter 11 H 116
– Ersparnis von – bei Arbeitgeberdarlehen 3 H 6
– für Arbeitgeberdarlehen **3;** 3 H 6
– für Kontokorrentkredite 4 H 16; Anh. 12
– für minderjährige Kinder 20 H 154

Stichwortverzeichnis

- nach Betriebsveräußerung oder Betriebsaufgabe **4** R 16 (7); **24** H 171
- Nachzahlung von – für mehr als 3 Jahre **34** R 199 (2); **34** H 199
- rechnungsmäßige und außerrechnungsmäßige – aus Sparanteilen von Versicherungsverträgen **20 (1); 20** R 154; **20** H 154; **49 (1)**
- Sonderausgabenabzug von – **10 (1)**
- steuerfreie – aus Schuldbuchforderungen **3; 3** H 7
- Steuerfreiheit bestimmter – **20** H 154
- Steuerpflicht der – **20 (1); 20** R 154; **20** H 154; **49 (1)**
- Zuschüsse zu – **3; 3** H 6; **21** R 163 (1)

Zivildienst 3; 32 (5); 32 R 180f; **32** H 180f

Zivildienstbeschädigte 3; 3 H 6

Zivildienstgesetz 3; 3 H 6; **32** R 180f; **32** H 180f; **33b** H 194

Zölle, Aktivierung der – **5 (5)**

Zonenrandförderungsgesetz 7a R 45; **7d** R 77 (2); **7d** H 77

Zubauten bei Wohngebäuden Anh. 27

Zubehörräume 4 H 13 (8)

Zufluß
- von Aufsichtsratsvergütungen und Vergütungen im Sinne des § 50a EStG **50a** 73c
- von Betriebseinnahmen bei Überschußrechnung **4** R 16 (2); **4** H 16
- von Entschädigungen **34** H 199
- von Provisionszahlungen **4** H 16

Zufluß von Einnahmen 11 (1); 11 H 116; **20** H 154
- Arbeitslohn **11** H 116
- Arzthonorar **11** H 116
- Aufrechnung **11** H 116
- Damnum **11** H 116
- Forderungsübergang **11** H 116
- Gesamtgläubiger **11** H 116
- Kassenärztliche Verrechnungsstelle **11** H 116
- Leasing-Sonderzahlung **11** H 116
- Notaranderkonto **11** H 116
- Novation (Schuldumschaffung) **11** H 116
- Nutzungsrechte **11** H 116
- Provisionen **11** H 116
- Scheck, Scheckkarte **11** H 116
- Stille Gesellschaft **11** H 116
- Überweisung **11** H 116
- Verfügungsmacht **11** H 116
- Verrechnung **11** H 116
- Verrechnungsstelle **11** H 116
- Vorauszahlung von Werbungskosten **11** H 116
- Wechsel **11** H 116
- Werbungskosten bei sonstigen Einkünften **11** H 116
- Zinsen **11** H 116

Zugabeverordnung 4 R 21 (3)

Zugehörigkeit zum Betriebsvermögen, Zeitpunkt der erstmaligen **4** H 13 (7)

Zugewinnausgleich 21 H 161

Zugewinngemeinschaft 26a H 174a

Zukauf fremder Erzeugnisse **15** R 135

Zukunftssicherung
- bei Ehegatten-Arbeitsverhältnissen **4** H 19
- steuerfreie Leistungen des Arbeitgebers für die **10 (3)**

Zukunftssicherungs-Ausgaben
- steuerfreie – des Arbeitgebers **3; 3** H 6
- zugunsten des Arbeitnehmer-Ehegatten **4** H 19; **6a** R 41 (11)

Zumutbare Belastung 33 (3); 33c (1)

Zuordnung des Kindes zu einem Elternteil **32** H 182

Zurückbehaltene Wirtschaftsgüter 16 H 139 (1, 3, 6)

Zusammenballung von Einkünften 34 R 200; **34** H 199, 200

Zusammenrechnung bei Betriebsaufspaltung
- der Anteile von Eltern und Kindern **15** R 137 (8)
- von Ehegattenanteilen **15** R 137 (7)

Zusammentreffen mehrerer Ansprüche 64 R 240

Zusammenveranlagung von Ehegatten 15 H 138c; **26a** 62d; **26** H 174
- Allgemeines **9a** H 85 (1); **13** H 124; **26; 26b; 26b** R 174b
- Ermittlung des zu versteuernden Einkommens bei – **2a; 10c** R 114; **10d** R 115 (8)
- Steuerermäßigung für Einkünfte aus Land- und Forstwirtschaft bei – **34e (2)**
- Steuerermäßigung nach § 34e bei – **34e** R 213

Zusatzrenten der Bundesbahn-Versicherungsanstalt **22** H 167

Zuschläge
- für Sonntags-, Feiertags- oder Nachtarbeit **3b**

Zuschlagsteuern 51a

Zuschreibung 6 (3); 6 R 34 (2), 35 (5); **6b** R 41b (2)

Zuschüsse 4 H 18
- bei der Bewertung von Anlagegütern **6** R 34, 40 (5); **6** H 34; **7** R 43 (4); **7a** R 45 (4)
- im Zusammenhang mit Bierlieferungsrechten **5** H 31a
- nach dem Gesetz über eine Altershilfe für Landwirte **3** H 7
- öffentliche –, Rechnungsabgrenzungsposten **5** H 31b
- steuerfreie – des Arbeitgebers **3**
- verlorene – **5** R 31a (2); **6** H 34
- von Mineralölgesellschaften **6** H 34
- wiederkehrende – **22** R 165 (2)
- zu Ausbildungskosten **33a** H 191, 192a
- zu Erhaltungsaufwendungen **21** R 163
- zu Herstellungskosten **21** R 163

1411

Stichwortverzeichnis

- zu Krankenversicherungsbeiträgen auf Grund des Abgeordnetengesetzes **22**
- zur Finanzierung von Baumaßnahmen **7h** R 83a (4); **7i** R 83b (2); **21** H 163
- zur Finanzierung von Umweltschutzinvestitionen **7d (7)**
- zur Krankenversicherung der Rentner **3**; **3** H 6
- zu Studienkosten **33a** H 192a
- zu Zinsaufwendungen **3**; **3** H 6; **21** R 163 (1)
- zweckgebundene Fördermittel **4** H 18

Zuständigkeit 67 H 243
- bei der Besteuerung **1a** H 2
- des Bundesamts für Finanzen **1a** H 2; **36b (3)**; **36b** R 213j; **36d** R 213m; **44b** R 213p; **50d** H 227e
- für die Erstattung von Kapitalertragsteuer **36b** R 213j; **36d** R 213m; **44b (1)**; **44b** R 213p; **44c**
- für die Vergütung von KSt **36b (3)**; **36b** R 213j; **36d**; **36d** R 213m
- im Lohnsteuerverfahren **39 (2)**

Zustimmung
- zum Antrag auf Sonderausgabenabzug von Unterhaltsleistungen **10** R 86b; **10** H 86b
- zur Bilanzänderung **4 (2)**; **4** R 15 (3); **4** H 15
- zur Lifo-Methode **6** R 36a (5)
- zur Übertragung des Kinderfreibetrags **32 (6)**; **32** H 182
- zur Umstellung des Wirtschaftsjahrs **4a (1)**; **4a** 8b; **4a** R 25 (2); **4a** H 25

Zuwendungen 12 H 123
- Abgrenzung zwischen Unterhalts- und Versorgungsleistungen – **12** H 123
- an kirchliche, öffentlich-rechtliche Körperschaften **10b** R 113; **10b** H 113
- an Pensionskassen **4c**; **4c** R 27
- an unterhaltsberechtigte Personen **10** R 87 (2); **12**; **12** R 123; **26c** H 174c
- an Unterstützungskassen **4d**; **4d** R 27a; **4d** H 27a; **6** R 33 (4); **6a** R 41 (17)
- auf Grund einer freiwillig begründeten Rechtspflicht **12**; **12** R 123
- freiwillige – **12**; **12** R 123
- gesetzlich unterhaltsberechtigte Personen – **12** H 123
- Leibrenten – **12** H 123
- Renten und dauernde Lasten, die freiwillig oder auf Grund einer freiwillig begründeten Rechtspflicht geleistet werden **12** H 123
- steuerbegünstigte – **10b** R 111, 113; **10b** H 111
- unentgeltliche – **4** R 21 (3)
- Unterhaltsleistungen – **12** H 123
- Wert der Gegenleistung – **12** H 123

Zuwendungsgesetz 4d R 27a (3)
Zuzug aus dem Ausland **17** H 140 (5)
Zwangsgelder 4 R 24 (4)
Zwangslage
- Veräußerung auf Grund behördlichen Zwangs **6** R 35 (2); **14** R 132
- Veräußerung in einer – **6b** R 41a (7); **23** H 169
- Veräußerung infolge wirtschaftlicher – **6** R 35 (2)

Zwangsläufigkeit 33 R 189 (1); **33** H 186–189
Zwangsversteigerung 4 H 13; **6b** R 41a (7); **21** H 161; **24** H 171
Zwangsverwalter 15 H 136
Zwangsweise Betriebsaufgabe 16 H 139 (3)
Zweckbindung von Wirtschaftsgütern, die dem Umweltschutz dienen **7d (6)**
Zweifamilienhaus, erhöhte Absetzungen bei – **7b**; **7b** 15; **13a** 52; **34f**
Zweigunternehmen, Zweigniederlassung 4 R 21 (10); **16** H 139
Zwei-/Mehrkontenmodell 4 H 13 (15); Anh. 12
Zweitwohnsitz 36 H 213h
Zwischenbilanz 5 R 29 (2)
Zwischenerwerber 6 H 32
Zwischengewinne 20 H 154
Zwischenheimfahrten zur Einnahme von Mahlzeiten **4** R 23 (2)
Zwischenmeister 4b R 26 (5); **15** R 134 (2); **15** H 134
Zwischenstaatliche Abkommen 31 H 175
Zwischenstaatliche Vereinbarungen
- Verhältnis zur unbeschränkten Steuerpflicht **1a** H 1; **3** H 7

Notizen

Notizen